高等学校

選抜クラス 全日制課程　　進学クラス 全日制課程

国士舘大学進学

目先ではない真の心　　　　

 K-Spirit　　MAKE TRUE SPIRIT

Kokushikan

国士舘高等学校
KOKUSHIKAN SENIOR HIGH SCHOOL

国士舘中学校　国士舘大学　国士舘大学大学院

限りない前進

KINJO HIGH SCHOOL

教育の特色

三兎を追う
勉強・クラブ活動・学校行事に全力を尽くす生徒をサポート。

進路に合わせたコース制

特進コース 授業の進度が早く、演習が多いことが特徴です。教科書の基礎的な内容を踏まえたハイレベルな応用力を養い、難関大学への合格を目指します。

進学コース 基礎学力の向上に重点を置き、教科書レベルの内容・知識の理解と定着を図る丁寧な授業が特徴です。

国際化に積極的に対応
外国人講師によるオーラルコミュニケーション、オーストラリア・アメリカ・ホームステイ、オーストラリア・ターム留学プログラム、留学生の受け入れ。

▌入試説明会 ［オンライン］

10月 **5** 日（土）　**10**月**26**日（土）
14:00～　　　　　　14:00～

11月 **2** 日（土）　**11**月**17**日（日）
14:00～　　　　　　9:00～

▌個別相談会・学校見学会

10月**13**日（日）　**10**月**27**日（日）
9:00～　　　　　　9:00～

11月**10**日（日）　**11**月**23**日（土）
9:00～　　　　　　9:00～

11月**30**日（土）
14:00～

▌錦城祭

9月**14**日（土）　　**9**月**15**日（日）
いずれも9:00～15:00

錦城高等学校

| 特進コース | 進学コース | 男女共学 |

ps://www.kinjo-highschool.ed.jp　〒187-0001 東京都小平市大沼町5-3-7 TEL：042（341）0741

通　・**西武新宿線** 小平駅下車 徒歩15分　・**西武池袋線** 東久留米駅西口から西武バス「武蔵小金井駅」行「錦城高校前」下車
・**JR中央線** 武蔵小金井駅北口から西武バス「東久留米駅西口」行「錦城高校前」下車

進もう！
輝く明日へ

| 学校説明会 | ・10月19日 土 ・11月2日 土 ・11月16日 土 |
| | ・11月23日 土・祝 ・11月30日 土 |

※詳細は、本校ホームページをご覧下

| 錦城学園 | Q 検 |

錦城学園高等学校

〒101-0054 東京都千代田区神田錦町3-1　TEL 03-3291-3211

ここに、君が育ち
伸びる、高校生活がある。

185

いつか花咲く君たちへ

& SEISOKU GAKUEN

咲く場所は

SCHOOL MOVIE

多摩大学目黒
高等学校

■学校説明会 ［場所:体育館］

10月26日(土) **11月9日**(土)
※いずれも14:30〜16:00

■颯戻祭（文化祭）

9月14日(土) **9月15日**(日) 10:00〜15:0
※申し込みは不要です。お気軽にご来校くださ

〒153-0064 東京都目黒区下目黒4-10-24　Tel.03-3714-2661(代)

ホームページ　https://www.tmh.ac.jp

携帯電話　https://www.tmh.ac.jp/mobile/index.html

受験相談　入学案内、入学願書ご希望の方は下記までご請求ください。

📞**0120-099-415**

わたしの学び その先へ thinking Mind

一特進類型 ｜ 特別進学類型 ｜ 選抜進学類型 ｜ 普通進学類型

学校見学会・個別相談【予約制】

7月21日(日) ①14:10〜14:50入場 ②15:00 全体会開始

7月27日(土) ① 9:10〜 9:50入場 ②10:00 全体会開始

7月28日(日) ①14:10〜14:50入場 ②15:00 全体会開始

8月24日(土) ①14:10〜14:50入場 ②15:00 全体会開始

8月25日(日) ①14:10〜14:50入場 ②15:00 全体会開始

●9月以降体験入学あり。詳しくはホームページをご確認ください。
●個別相談は全体会（約1時間）終了後、希望制で行います。

学校説明会【予約制】

6月30日(日) 10:00〜

●校舎見学・個別相談はありません。

■希望日を本校ホームページ『申し込み』
　フォームからお申し込みください。
●上履き、筆記用具をご持参ください。
●自家用車での来校はご遠慮ください。
■上記日程は諸般の事情により、中止または
　延期になることがあります。
　随時ホームページで確認ください。

学校法人 豊昭学園
豊島学院高等学校
併設/東京交通短期大学・昭和鉄道高等学校

〒170-0011 東京都豊島区池袋本町2-10-1 TEL.03-3988-5511（代表）
最寄駅：池袋／JR・西武池袋線・丸ノ内線・有楽町線 徒歩15分　副都心線 C6出口 徒歩12分
北池袋／東武東上線 徒歩7分　板橋区役所前／都営三田線 徒歩15分

ぼくらの
エナジーが
未来を創る

学校見学会・個別相談【予約制】

7月14日(日) ① 9:10〜 9:50入場 ②10:00 全体会開始

7月21日(日) ① 9:10〜 9:50入場 ②10:00 全体会開始

7月28日(日) ① 9:10〜 9:50入場 ②10:00 全体会開始

8月24日(土) ① 9:10〜 9:50入場 ②10:00 全体会開始

●9月以降体験入学あり。詳しくはホームページをご確認ください。
●個別相談は全体会（約1時間）終了後、希望制で行います。

オープンスクール【予約制】

6月 8日(土) 10:00〜

10月 6日(日) 10:00〜

11月10日(日) 10:00〜

●校舎見学・個別相談が可能です。

■希望日を本校ホームページ『申し込み』
　フォームからお申し込みください。
●上履き、筆記用具をご持参ください。
●自家用車での来校はご遠慮ください。
■上記日程は諸般の事情により、中止または
　延期になることがあります。
　随時ホームページで確認ください。

鉄道科 ｜ 共学

学校法人 豊昭学園
昭和鉄道高等学校
併設/東京交通短期大学・豊島学院高等学校

〒170-0011 東京都豊島区池袋本町2-10-1 TEL.03-3988-5511（代表）
最寄駅：池袋／JR・西武池袋線・丸ノ内線・有楽町線 徒歩15分　副都心線 C6出口 徒歩12分
北池袋／東武東上線 徒歩7分　板橋区役所前／都営三田線 徒歩15分

ダンサーになる
高校 + 専門

VAW栄光ハイスクールは、午前中は高校授業。午後はダンス。高校生活（高校卒業資格取得）と両立し、ダンサーになるために必要な「あらゆるジャンル」を学び、ダンサーに必要な「人間性」を身につけ、様々なシーンで活躍できるダンサーを育成し

ひとりじゃないって、言われた気がした。

神奈川県内32,500人の中学3年生
参加する県内最大級の合格判定模

信頼の合格判定！ 公立3校、国私立4校の合格判定

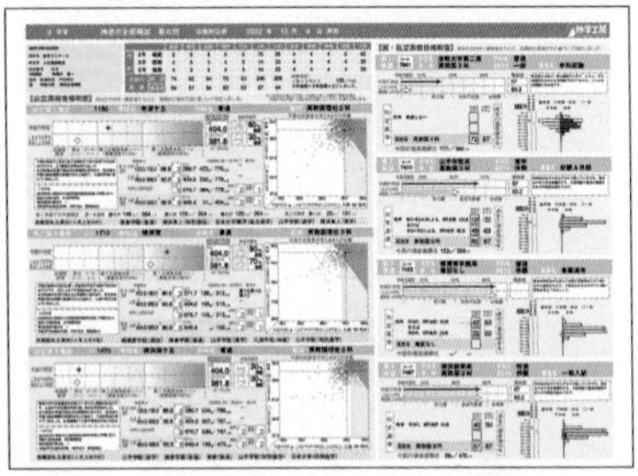

内申と得点のバランスをビジュアル
で表現し、よりわかりやすくなり
ました！

その訳は

- 48,000件もの国・公・私立高校受験結果、開示得点などのデータを
- 最新の各高校入試情報、募集変更点を反映
- 最新の志願者動向から難度の変化を反映
- 今回の模試結果だけでなく、過去の模試結果の平均による合格判定も

さらに

- ネットサポートサービスのご利用によりパソコンの画面で全ての公立
の合格判定が可能！

力が伸びる学力診断！ 現時点での弱点単元が一目でわか

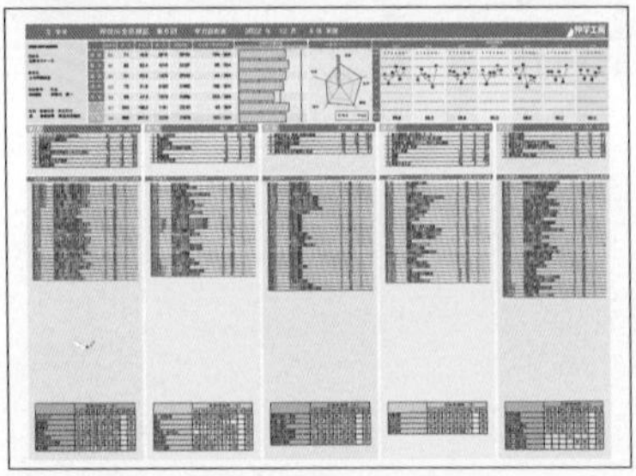

過去の模試結果も含めた単元別
正答率など、志望校合格に最適な
情報がさらに増えました！

その訳は

- 全受験者平均点とあなたの得点のチャート表示で苦手科目が一目でわ
- 過去の模試結果と今回の結果をグラフ表示
- 設問別結果で全受験生の正解率と比較した弱点単元がズバリわ
- 公立第一希望内の科目別順位は、志望校合格に向けた学習計画に役

さらに

- 模試結果から生徒一人ひとりに合わせた弱点強化問題集「FOR ON
ご用意！（第6回・第7回のみ・別途お申込み）

2025年度入試　学校説明会／個別相談会

第1回　9月　7日(土)　第4回 11月　2日(土)
第2回　9月28日(土)　第5回 11月17日(日)
第3回 10月26日(土)　第6回 11月30日(土)

オープンスクール

1日目　8月24日(土)
2日目　8月25日(日)

運輸科を知ろう！

4月29日(月祝)

岩倉祭・夏の見学

詳細は WEB でご確認く

※すべて予約制となります。詳しくはHPをご覧ください。／岩倉高等学校入試相談室　tel: 03-384

岩倉高等学校

共学
普通科
運輸科

JR上野駅・入谷口目の

入谷口　浅草口
JR上野駅
公園口

"KOSEI DREAM"
～夢をかなえる 世界のステージで～

スーパーグローバルハイスクール第1期指定校

- ●留学コース（1年間のニュージーランド留学による抜群の英語力）
- ●スーパーグローバルコース（ロンドン大学研修などで課題解決力養成）
- ●特進コース（難関大学に合格させる授業と充実した校内予備校）
- ●進学コース（部活動と両立しつつ推薦・総合型選抜入試対策で進学も安心）

夏休み学校見学会〔要予約〕

8月3日(土) *8月4日*(日) 9:00～、10:00～、11:00～

オープンスクール〔要予約〕

8月24日(土) 10:00～12:00

高校説明会〔要予約〕

7月28日(日) *9月28日*(土) *10月26日*(土) *11月23日*(土) *11月30日*(土)

各回14:30～16:00

乙女祭（学園祭）

10月19日(土)10:00～16:00 *10月20日*(日)10:00～15:00

佼成学園女子高等学校

〒157-0064 東京都世田谷区給田2-1-1 TEL:03-3300-2351 / FAX:03-3309-0617
HP:https://www.girls.kosei.ac.jp

１００年のその先へ 未来へ

国府台女子学院は
2026年に創立100周年を迎えます

生まれつきの能力差なんかない

学校法人狭山ヶ丘学園
狭山ヶ丘高等学校
西武池袋線 武蔵藤沢駅 徒歩 約13分
川越・狭山市・入曽・箱根ヶ崎 各駅からスクールバス運行

青稜中学校・高等学校
2024－2025

Tsuchiura Nihon Univ. High School

夏の学校見学会

7月14日（日）
7月15日（月・祝）
7月27日（土）
7月28日（日）

秋の入試説明会

9月28日（土）
10月20日（日）
11月 9日（土）

部活動体験会

8月18日（日）
9月 1日（日）

メールマガジン配信中
登録はこちら

 土浦日本大学高等学校

入試に関する問い合わせはこちら
TEL 029-823-4439　　URL https://www.tng.ac.jp/tsuchiura/

BUNKA

Instagram で文華をのぞいてみよう♡

体育大会

6月 1日（土）

夏休み部活動見学会

8月18日（日）

文華祭（文化祭）

9月15日（日）
　　16日（月・祝）

オープンスクール
（授業・部活の体験会）

9月29日（日）

学校説明会

第1回	7月27日（土）
第2回	9月15日（日）
第3回	9月16日（月・祝）
第4回	10月 5日（土）
第5回	10月19日（土）
第6回	11月 2日（土）
第7回	11月23日（土・祝）
第8回	11月30日（土）

学校法人　日本文華学園

文華女子高等学校

HP はこちら↓

アクセス

西武新宿線「田無駅」バス7分
西武池袋線「ひばりヶ丘駅」バス15分
JR中央線「武蔵境駅」バス20分
いずれも「文華女子高等学校」下車

〒188-0004　東京都西東京市西原町4−5−85　TEL　042-463-2903

流経大柏は進化し続けます

流通経済大学付属柏中学校
2023年4月開校

進路希望を実現させる進学指導

●国公立大・難関私大・有名私大進学への充実サポート
●流通経済大学への推薦入学

規律ある自由

●自ら考え行動する自主性を養い、世界で活躍できる国際人を育
●高い目標にチャレンジする中で培われる人間力

普通科 特別進学コース [旧・普通科Ⅰ類]　医・歯・獣医・薬学部を含めた国公立大学や最難関私大学への進学を目標とするコース。

普通科 総合進学コース [旧・普通科Ⅲ類]　国公立大学・私立大学・流通経済大学などへの進学目標とするコース。

普通科 スポーツ進学コース [旧・普通科Ⅱ類]　スポーツで活躍する多彩な才能を持つ生徒を対象とした個性あふれるアスリートコース。　男・女共学

中学生・保護者対象 2025年度学校・入試説明会 —— 詳細日程決定次第ホームページにてお知らせしま

| 流輝祭 一般公開(予定) | 9月7日(土)12:00～15:00　9月8日(日)9:30～15:00 |

流通経済大学付属柏中学校
流通経済大学付属柏高等学校

〒277-0872
千葉県柏市十余二1-2
お問い合わせ
TEL：04-7131-561
http://www.ryukei.

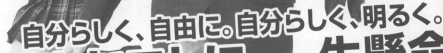

個性に合わせて選べる学習スタイル

スタンダードスタイル【5日制】	スタンダードスタイル【3日制】＋one	フリーツーデイスタイル【2日制】
集合授業5日間 ＋ スペシャル授業（ウィークリー・マンスリー） 5日の集合授業でゆっくり学習を進めます。	集合授業3日間 ＋ フリースタイル学習 ＋ スペシャル授業（ウィークリー・マンスリー） 各教科の大切なところにポイントを絞り学習します。	フリースタイル学習2日間 ＋ スペシャル授業（マンスリー） 自分のペースで学習を進めます。

フリーワンデイスタイル【1日】

フリースタイル学習1日 ＋ スペシャル授業（マンスリー）

自分時間を優先したい人に最適です。

一般通信制スタイル

年13日程度の登校 ＋ レポート ＋ テスト

加えて特別活動の出席で高校卒業を目指します。

※スペシャル授業…レポートや教科書の内容から離れて楽しく学べる授業

キミを伸ばす多彩なオリジナルコース

基礎コース	基礎コース
大学進学コース	大学進学コース
資格コース	パソコン専攻
保育コース	保育専攻
音楽コース	ボーカル専攻、ギター専攻、ベース専攻
	ドラム専攻
ダンスコース	ダンス専攻
声優・アニメコース	声優専攻、アニメ・まんが専攻
ファッションコース	トータルビューティ専攻
	ヘア・メイクアップ専攻
	ネイルアート専攻
	ソーイング専攻
プログラミングコース	プログラミング専攻
スポーツコース	eスポーツ専攻
デザイナー・クリエイターコース	デザイナー・クリエイター専攻 ※2024年度新設
特別コース	調理コース、情報メディアコース、パリ美容コース、自動車・バイクコース、ファッション・情報コース、ホースマンコース、美術・アートコース、美容師コース、ライフデザインコース、会計コース ※2024年度新設

スクールカウンセラー配置　スクールソーシャルワーカー配置

※コースの詳細は各キャンパスにお問い合わせください。

今までと違う、楽しくて参加しやすい授業スタイルで、あなたの学校生活は劇的に変わります

受業が
変わる。
あなたが
変わる。

たの魅力を最大限に引き出す、
ーク国際の「21世紀型教育」

個人に最適な学び

学習システムで個人に合ったレベ
学習を行うので、授業に遅れたりする
く、積極的な学習が可能。

協働的な学び

協働学習は仲間と一緒に楽しく学ぶ方
法。チームの課題達成のために、互いに
支え合いながら学びます。

コーチング

担任は専任コーチのように見守り、目標や
スケジュールを共に考え、高校生活をサ
ポートします。

リフレクション（振り返り）

目標進捗を振り返るための時間は、学習
定着のために重要です。自己把握・主体
性を促すきっかけにも繋がります。

ーク記念国際高等学校はクラーク博士の精神を受け継ぐ、クラーク家から認められた世界唯一の教育機関。全国に約12,000名の生徒が学ぶ広域通信制高校です。

夢・挑戦・達成
学校法人
創志学園 **クラーク記念国際高等学校**
CLARK Memorial International High School

お気軽に
お問い合わせ
ください！

◆ 資料請求・各種お問い合わせは、お電話、またはホームページで ◆

📞 **0120-833-350**   www.clark.ed.jp
クラーク高校 検索

ホームページでは各キャンパスでの学びの様子がご覧いただけます。ぜひともご覧ください！

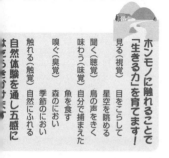

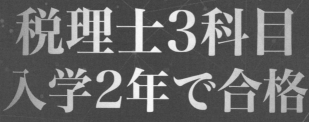

TOKYO SHIGAKU EVENT 2024

東京私立中学高等学校協会

主催イベント

5/12 (日)
Discover 私立一貫教育
東京私立中学合同相談会

▶[東京都] 私立中学校 **172** 校参加　▶東京国際フォーラム 地下2階ホール E　10:00〜17:30

8/17・18 (土・日)
**東京都
私立学校展**

▶[東京都] 私立中学校 **180** 校 私立高等学校 **237** 校参加(昨年実績)
▶東京国際フォーラム 地下2階ホール E　両日とも 10:00〜17:30(予定)

NEWS

申請により私立中学校の授業料負担が軽減されます!

私立中学校の授業料に対する助成として
所得に関わらず受給できるようになります
(東京都在住者対象)
年**100,000**円

申請により私立高校(全日制/定時制)の授業料負担が軽減されます!

所得に関わらず受給できます

就学支援金 + 授業料軽減助成金
(東京都在住者のみ)

年**484,000**円(最大)
(都内私立高校平均授業料相当)

**都認可の私立通信制高校も授業料負担が軽減されます!
就学支援金 + 授業料軽減助成金 = 265,000円 (最大)**
(都認可私立通信制高校平均授業料相当)

一般財団法人
東京私立中学高等学校協会　[東京私学ドットコム]

2024年 神奈川全私学中高展

第25回

神奈川 私学 高校 展

高校募集をおこなっている県内全私学が参加!

WEB予約制
6月21日(金)昼12時より予約開始!
詳細はこちら▼

神奈川私学　検索

来場者全員に神奈川県
全私立中学・高等学校案内
(ガイドブック)プレゼント!

神奈川私学イメージキャラクター
神奈川うさ太郎くん

2024.7.15 月祝 9:30～15:30

会場〉**パシフィコ横浜** 展示ホールC・D
アネックスホール

▶**展示ホールC・D**
各校ブースで特色ある展示・学校紹介

▶**展示ホールC・D**
制服展

▶**展示ホールC・D**
学費支援相談コーナー

▶**アネックスホール**
教育講演会 ①神奈川の高校入試
②学費支援

【主催】神奈川県私立中学高等学校協会　〒221-0833 横浜市神奈川区高島台7-5 私学会館内 TEL.045-321-1901
【後援】神奈川県／神奈川県教育委員会／神奈川の高校展実行委員会／神奈川県私学保護者会連合会／読売新聞東京本社

今だから出会ってほしい本がある──

中高生に寄り添うブックガイド

青春の本棚

高見京子 編著

学校図書館の現場から生まれた、先生と中高生のためのブックガイドです。読書会の生徒たちの反応、選書の醍醐味、子どもたちに本を手渡す状況、委員会活動の様子などが伝わる本の紹介のほか、中高生も自分たちの言葉でおすすめの本を語っています。

装画　中村ユミ

A5判・176p
定価　1,980円（税込）
ISBN978-4-7933-0100-1

◆司書教諭、学校司書12名が執筆
◆YA向きの図書約130冊を収載
◆読書活動のヒントが満載
◆中高生が紹介するおすすめ本も

内　容

☆小手鞠るいさん書きおろしのエッセイが若者たちの背中を押してくれます！

〒1034 東京都文京区湯島3-17-1 湯島大同ビル　全国学校図書館協議会　SLA School Library Association　https://www.j-sla.or.jp
☎03-6284-3722㈹　Fax 03-6284-3725

首都圏最大の参加者数が生む正確な判定!

2024 進研 Vもぎ
中学3年生対象

高校受験生向け
志望校判定会場テスト

都立Vもぎ・都立そっくりもぎ

都立高校を第一志望にしている受験生にはこちら。
8月から1月までは、より本番に近い入試そっくり版を
毎回実施します。

受験料 4,900円

教科：国語・数学・英語・社会・理科
判定：都立3校・私立（国立）2校
実施：6月より翌年1月まで毎月実施

都立自校作成対策もぎ

独自問題で入試を行う都立高校受験に照準を合わせたもぎ。
自由英作文や数学での途中式を書かせる問題など、
記述中心で難度の高い試験をVもぎで体験。
※都立自校作成対策もぎは「進研Vもぎ早割り」の対象外です。

受験料 5,700円

教科：国語・数学・英語・社会・理科
判定：都立自校作成校4校・私立（国立）2校
実施：10月・11月・12月・1月の4回実施

県立Vもぎ・県立そっくりもぎ

千葉県公立高校の出題形式をとらえた県内最大の会場もぎ。
8月から1月まではより本番に近い入試そっくり版を毎月
実施します。
※2023年12月より県立そっくりもぎはマークシート方式に対応しています。

受験料 4,900円

教科：国語・数学・英語・理科・社会
判定：公立3校・私立（国立）2校
実施：6月より翌年1月まで毎月実施

私立Vもぎ

私立・国立高校を目指している受験生向き。
最新の入試傾向に基づいた、やや難度の高い問題です。
首都圏全域の私立・国立高校を判定します。

受験料 4,900円

教科：国語・数学・英語
判定：私立（国立）6校
実施：9月・10月・11月・12月の4回実施

---

shinken 進学研究会　インターネットからお申し込みができます。https://www.shinken.co
〒165-0023 東京都中野区江原町2-12-20　〒273-0852 千葉県船橋市金杉台1-

ここが 進研Vもぎ 成績表のスゴイところ

成績はすべてWEB公開。
偏差値や志望校判定など、見やすくて充実の内容です！

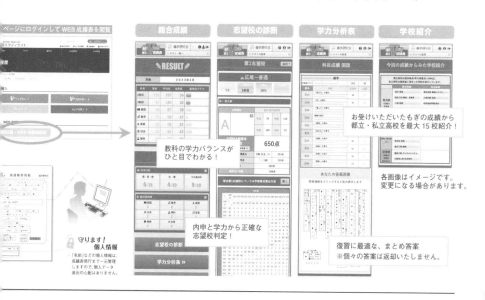

ページにログインして WEB成績表を閲覧

総合成績

教科の学力バランスが
ひと目でわかる！

守ります！
個人情報

「名前」などの個人情報は、成績表発行まで一元管理しますので、個人データ流出の心配はありません。

内申と学力から正確な志望校判定！

志望校の診断 ≫

学力分析表 ≫

志望校の診断

第1志望校

広尾一普通

650点

内申と学力から正確な志望校判定！

学力分析表

科目成績 図語

あなたの答案画像

答案画像をクリックすると拡大されます

学校紹介

今回の成績からみた学校紹介

お受けいただいたもぎの成績から
都立・私立高校を最大15校紹介！

各画像はイメージです。
変更になる場合があります。

復習に最適な、まとめ答案
※個々の答案は返却いたしません。

◯ばかりに気をとられてはダメ！
×点部分が一目でわかる！

ごとに受験者全員の正答率の高い順に、出題項目が並んでいます。

内　容	正答率	正答率グラフ	正誤
数式の計算と確率	73		25
・乗法公式と平方根	89		◯
・分配法則と式の減法	86		×→◯
・正負の数の四則	68		×→◯
・4枚のカードと確率	47		×
方程式	73		60
・二次方程式の解き方	94		◯
・連立方程式の解き方	93		◯
・一次方程式の解き方	91		◯
・長方形の横の長さ	69		×→★
・一次方程式の応用	17		×
関数	44		33
・2点を通る直線の式	63		◯
・x座標と線分の長さの範囲	59		×→★
・四角形の面積と動点の座標	12		×
三角形・四角形・円	30		33
・二等辺三角形と円周角	49		◯
・角の大きさ	34		×
・線分の長さと三角形の面積	7		×
平面・空間図形	32		50
・2つの円の長さの比	59		◯
・立体と線分の長さ	42		◯
・重正三等辺線の作図	23		◯
・角の大きさと立体の体積	4		×
証明			
・三角形の相似の証明	2.3 点		0 点

域でのあなたの正答率

、「三角形・四角形・円」の領域では33％の正答率ということになります。
いところが弱点の領域ということになります。

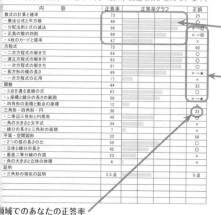

各教科別、領域別にあなたの学力を細かく分析！
どの分野に弱点があり、どこを修正すれば得点力
アップにつながるか一目瞭然！

受験者全員の正答率とその棒グラフ

CHECK！

この記号はなに？

あなたの正誤結果。受験者全員の正答率が高い問題を
間違えていたら要チェック！

×→◎はあなたの実力があれば正解できたであろう問題。
　　早とちりや単純ミスなどのケアレスミスが原因と考えられる。

×→★はもう少し理解していれば正解できる可能性が高い問題。
　　もう一度基本事項を確認し、類似問題にチャレンジする
　　アフターケアが肝心。

正答率が高いのに × という問題は、みんなができている
のだから、そんなに難問ではないはず。◎★の問題を確実
に得点できるようにして、更なるレベルアップを図ろう！

各画像はイメージです。変更になる場合があります。

年間のべ38万人以上の受験者が参加する 進研Vもぎは、首都圏最大の会場テストです。

「進研Vもぎ」は首都圏最大の参加者を誇る"高校受験のための会場もぎテスト"です。70年以上にわたり蓄積されたデータにより、これからも進学指導を全力でバックアップさせていただきます。

 **高校入試会場もぎテスト**
2024 年間実施予定

都立Vもぎ

6月	2日		
7月	14日		
8月	25日 そっくり		
9月	1日 そっくり	8日 そっくり	29日 そっくり
10月	6日 そっくり	20日 そっくり	27日 そっくり
11月	3日 そっくり	17日 そっくり	
12月	1日 そっくり	8日 そっくり	15日 そっくり
1月	12日 そっくり	19日 そっくり	

県立Vもぎ

6月	2日	
7月	14日	
8月	25日 そっくり	
9月	8日 そっくり	
10月	6日 そっくり	20日 そっくり
11月	3日 そっくり	17日 そっくり
12月	1日 そっくり	8日 そっくり
1月	12日 そっくり	

都立自校作成対策もぎ

10月	20日
11月	17日
12月	8日
1月	12日

私立Vもぎ

9月	1日
10月	6日
11月	3日
12月	1日

中3生は
Vもぎ!

お申し込みは進研ホームページから　https://www.shinken.co.jp

実施会場一覧

（例：昨年10月1日）

※下の会場は例です。
本年度は同じ会場で実施しない場合もあります。

（例：昨年10月15日）

（例：昨年10月1日）

東京会場　都立そっくりもぎ ＆ 私立Ｖもぎ

会場番号	会場名	場所
1002	神田女学園中学高校	水道橋・神保町
1101	品川エトワール女子高校	大井町
1103	東京実業高校	蒲田
1104	大森学園高校	大森町
1107	品川翔英高校	西大井・大井町
1201	富士見丘中学高校	笹塚
1202	日本大学櫻丘高校	下高井戸
1204	佼成学園女子中学高校（塾申込限定）	千歳烏山
1206	日本女子体育大学附属二階堂高校(個人申込限定)	明大前
1208	国士舘中学高校	梅ヶ丘・松陰神社前
1210	日本工業大学駒場高校	駒場東大前
1212	目黒日本大学中学高校	目黒
1214	自由ヶ丘学園高校	自由が丘
1301	東亜学園高校	新井薬師前
1303	実践学園中学高校	中野坂上
1306	杉並学院高校（塾申込限定）	高円寺・阿佐ヶ谷
1403	後藤学園（塾申込限定）	池袋
1406	城西大学附属城西中学高校(個人申込限定)	椎名町・要町
1501	岩倉高校	上端
1503	中央動物専門学校	田端
1603	芝浦工業大学 豊洲キャンパス	豊洲
1607	中央学院大学中央高校	亀戸
1608	関東第一高校	新小岩
1610	愛国学園（塾申込限定）	小岩
1614	修徳中学高校	亀有
1703	八王子学園八王子中学高校	西八王子
1705	共立女子第二高校	高尾
1706	サレジオ工業高等専門学校	多摩境
1707	青山学院大学 相模原キャンパス	淵野辺
1801	立川女子中学高校	立川
1803	国立音楽大学附属高校（塾申込限定）	国立
1810	啓明学園中学高校	拝島
1811	多摩永山情報教育センター	多摩永山
1903	大成高校	三鷹
1904	聖徳学園中学高校	武蔵境
1907	東京電機大学中学高校(東小金井)	東小金井
1909	電気通信大学	調布
1916	明治学院東村山高校	小川
1919	文華女子高校（塾申込限定）	田無

千葉会場　県立そっくりもぎ

会場番号	会場名	場所
2101	植草学園大学附属高校	千葉
2102	千葉明徳高校	蘇我・学園前
2104	千葉経済大附属高校	西千葉
2108	神田外語大学（塾申込限定）	海浜幕張・幕張
2123	千葉大学 西千葉キャンパス	西千葉
2201	東葉高校	飯山満
2202	東京学館船橋高校 ★7:45 8:00	三咲・小室
2208	千葉英和高校	勝田台
2211	昭和学院高校	本八幡
2216	光英VERITAS中学高校	秋山
2217	専修大松戸高校	北松戸
2219	流通経済大学	新松戸
2222	日本大学習志野高校	船橋日大前
2223	中山学園高校（個人申込限定）	船橋
2225	千葉工業大学 津田沼キャンパス	津田沼
2230	クロスウェーブ船橋（塾申込限定）	船橋
2237	千葉大学 松戸キャンパス	松戸
2247	日本国際工科専門学校6号館	新松戸
2306	江戸川大学	豊四季
2307	二松学舎大学附属柏高校★7:45 8:00	柏
2313	日本体育大学柏高校	柏
2401	千葉敬愛高校	四街道
2404	東京学館高校	宗吾参道
2411	成田高校	成田・京成成田
2603	千葉学芸高校	東金
2901	東海大付属市原望洋高校★7:45 8:00	五井
2902	拓大紅陵高校 ★7:45 8:00	木更津

千葉会場　私立Ｖもぎ

会場番号	会場名	場所
2102	千葉明徳高校	蘇我・学園前
2104	千葉経済大附属高校	西千葉
2123	千葉大学 西千葉キャンパス	西千葉
2201	東葉高校	飯山満
2211	昭和学院高校	本八幡
2217	専修大松戸高校	北松戸
2219	流通経済大学	新松戸
2222	日本大学習志野高校	船橋日大前
2306	江戸川大学	豊四季
2307	二松学舎大学附属柏高校 ★7:45 8:00	柏
2401	千葉敬愛高校	四街道
2902	拓大紅陵高校 ★7:45 8:00	木更津

（例：昨年10月15日）

東京会場　都立そっくりもぎ ＆ 自校作成対策もぎ

会場番号	会場名	場所
1101	品川エトワール女子高校	大井町
1103	東京実業高校	蒲田
1104	大森学園高校	大森町
1106	文教大学付属中学高校	旗の台
1107	品川翔英高校	西大井・大井町
1202	日本学園中学高校（塾申込限定）	明大前
1206	日本女子体育大学附属二階堂高校(個人申込限定)	明大前
1209	東京農業大学第一中学高校	経堂
1210	日本工業大学駒場高校	駒場東大前
1212	目黒日本大学中学高校	目黒
1301	東亜学園高校	新井薬師前
1306	杉並学院高校（塾申込限定）	高円寺・阿佐ヶ谷
1308	東京立正中学高校	新高円寺
1309	佼成学園中学高校	方南町
1401	保善高校	高田馬場
1402	豊島学院高校	池袋
1406	城西大学附属城西中学高校	椎名町・要町
1408	豊南高校	千川
1410	淑徳中学高校	ときわ台
1414	東洋大学京北高校	白山・本駒込
1417	淑徳巣鴨中学高校	西巣鴨
1418	順天中学高校	王子
1421	東京成徳大学高校(高等部)	王子神谷
1422	郁文館中学高校	東大前・白山
1423	サレジアン国際学園中学高校	赤羽
1501	岩倉高校	上野
1502	上野学園中学高校	上野
1601	安田学園中学高校	両国
1602	日本大学第一中学高校	両国
1607	中央学院大学中央高校	亀戸
1608	関東第一高校（塾申込限定）	新小岩
1610	愛国学園	小岩
1614	修徳中学高校	亀有
1701	八王子実践中学高校	八王子
1703	八王子学園八王子中学高校	西八王子
1706	サレジオ工業高等専門学校	多摩境
1708	桜美林中学高校	淵野辺
1803	国立音楽大学附属高校	国立
1806	拓殖大学第一高校	玉川上水
1807	昭和第一学園高校	立川
1810	啓明学園中学高校	拝島
1811	多摩永山情報教育センター	多摩永山
1902	成蹊中学高校	吉祥寺
1903	大成高校	三鷹
1904	聖徳学園中学高校	武蔵境
1906	錦城高校	小平
1908	中央大学附属高校	武蔵小金井
1917	明法中学高校	小川
1919	文華女子高校（塾申込限定）	田無

千葉会場　県立そっくりもぎ

会場番号	会場名	場所
2101	植草学園大学附属高校	千葉
2102	千葉明徳高校	蘇我・学園前
2104	千葉経済大附属高校	西千葉
2111	千葉敬心高校	東千葉
2202	東京学館船橋高校 ★7:45 8:00	三咲・小室
2214	東海大学付属浦安高校	浦安
2216	光英VERITAS中学高校	秋山
2217	専修大松戸高校	北松戸
2222	日本大学習志野高校	船橋日大前
2227	八千代松陰高校★7:30 7:40 7:50 8:00	勝田台
2230	クロスウェーブ船橋（塾申込限定）	船橋
2235	早稲田予備校西船橋校(塾申込限定)	西船橋
2241	和洋国府台女子高校	国府台
2243	船橋情報ビジネス専門学校(塾申込限定)	船橋
2246	和洋学園 国分キャンパス	市川
2994	江戸川女子中学高校	小岩
2247	日本国際工科専門学校6号館	新松戸
2249	船橋国際福祉専門学校(塾申込限定)	船橋
2301	芝浦工大柏高校★7:45 8:00	増尾・新柏
2306	江戸川大学	豊四季
2307	二松学舎大学附属柏高校★7:45 8:00	柏
2313	日本体育大学柏高校	柏
2314	中央学院高校	湖北・天王台
2404	東京学館高校	宗吾参道
2411	成田高校	成田・京成成田
2701	茂原北陵高校	本納
2901	東海大付属市原望洋高校★7:45 8:00	五井
2903	志学館高等部 ★7:45 8:00	木更津

★:最寄り駅送迎バス時間

進研が受験生の夏休みを徹底サポート!

夏期講習会

Vもぎの夏期講習会が選ばれる理由は・・・

1. 最適な受験対策が可能な目的別コース設定
2. 夏休みを効率よく利用した期間設定
3. 学力アップに効果的なコース設定
4. 高い学習効果が得られる能力別クラス
5. 経験豊かな講師と多彩な授業形態

6月上旬 詳しいパンフ完成

5科(国・数・英・社・理)コース・3科(国・数・英)コースを中心とした内容です。
どんなレベルの受験生にも対応できます。

 **の進研だから効果抜群!
入試直前!冬の集中講座**

冬期講習会
2024 Winter class
中学3年生対象

11月中旬より申込スタート

最後の追い込み! 実践力養成!
◆**7日間合格まっしぐらコース**

Vもぎ過去問を使った都立高校入試対策!
◆**7日間入試実践演習コース**

高倍率が予想される推薦入試では、
特別な対策が必要です。

◆**1日で身につく!
推薦作文・面接のツボ**

※コースは変更になる場合があります

学校生活を彩る

憂れの 制服特集

首都圏
324校

いつの時代も制服は学校生活への憧れの象徴となってきました。そんな制服も時代の変化に合わせて選べるスタイルが変化しています。ここでは各校の制服情報を写真と共にアイコンで紹介。未来の高校生活に想いをはせてみては？

「憂れの制服特集」が
スマホでも見られます！

制服情報を表す
4つのアイコン

👔 女子用スラックスの用意があります。

🩳 男子用スカートの用意があります。

❌ 性別による区別なく，スラックスやスカート，リボン，ネクタイなどを自由に選択して着用できる制度を導入しています。届出が必要な場合もあります。

✨ 制服デザインのリニューアル予定がある，または過去3年にリニューアルした場合
2025　に表示しています。数字はリニューアルの年度です。オプションアイテムの追加は含みません。

時の着用の可否など，細かいルールについては学校ごとに対応が違うため，詳細は学校にお問い合わせください。

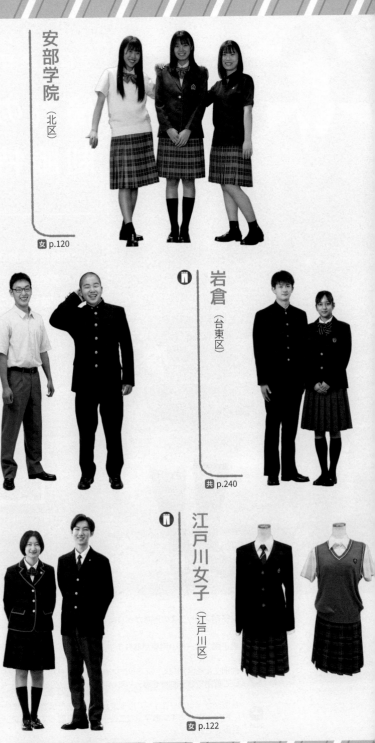

安部学院 （北区）

女 p.120

足立学園 （足立区）

男 p.200

岩倉 （台東区）

共 p.240

上野学園 （台東区）

共 p.242

江戸川女子 （江戸川区）

女 p.122

大森学園　（大田区）
共 p.248

かえつ有明　（江東区）
共 p.250

川村　（豊島区）
女 p.124

神田女学園　（千代田区）
女 p.126

関東国際　（渋谷区）
共 p.252

4

関東第一 （江戸川区）
共 p.254

北豊島 （荒川区）
2024
女 p.128

共立女子第二 （八王子市）
女 p.130

錦城 （小平市）
共 p.258

錦城学園 （千代田区）
共 p.260

京華　（文京区）

男 p.208

京華商業　（文京区）

共 p.264

京華女子　（文京区）

女 p.136

小石川淑徳学園　（文京区）

旧淑徳SC

女 p.138

工学院大学附属　（八王子市）

共 p.268

麴町学園女子 （千代田区）

女 p.140

佼成学園女子 （世田谷区）

女 p.142

国学院 （渋谷区）

共 p.270

国士舘 （世田谷区）

共 p.276

駒込 （文京区）

共 p.278

女子スラックス 男子スカート 選択制 リニューアル アイコンの説明は扉ページへ

2023

駒沢学園女子　（稲城市）
女 p.144

駒場学園　（世田谷区）
共 p.282

駒澤大学　（世田谷区）
共 p.280

実践学園　（中野区）
共 p.290

サレジアン国際学園　（北区）
共 p.286

サレジオ工業高専 （町田市）

共 p.288

※３年次以降は私服

品川エトワール女子 （品川区）

女 p.146

品川翔英 （品川区）

共 p.294

芝国際 （港区）

共 p.298

修徳 （葛飾区）

共 p.304

下北沢成徳（世田谷区）

女 p.148

十文字（豊島区）

女 p.150

淑徳巣鴨（豊島区）

共 p.308

聖徳学園（武蔵野市）

2024

共 p.316

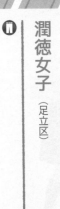

潤徳女子 （足立区）

女 p.152

昭和第一学園 （立川市）

共 p.320

白梅学園 （小平市）

2024

女 p.156

ＳＤＨ昭和第一 （文京区）

共 p.318

2023

昭和鉄道　（豊島区）

共 p.322

杉並学院　（杉並区）

共 p.324

成女　（新宿区）

女 p.158

駿台学園　（北区）

共 p.326

聖パウロ学園　（八王子市）

共 p.334

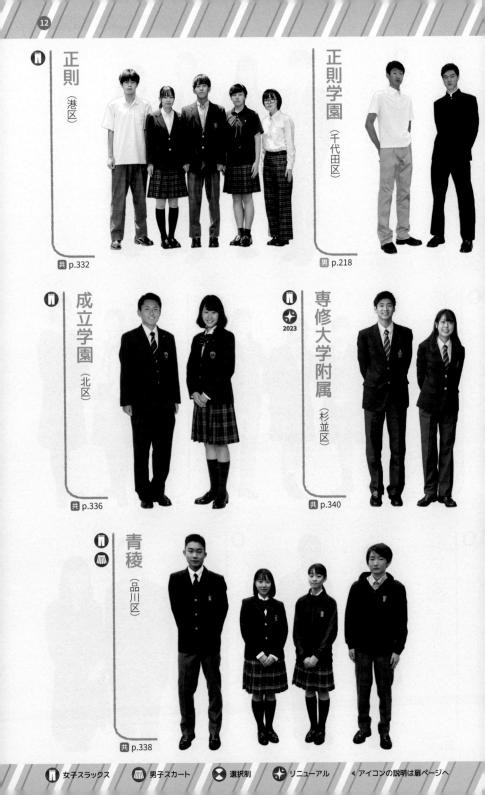

正則 (港区)
共 p.332

正則学園 (千代田区)
男 p.218

成立学園 (北区)
共 p.336

専修大学附属 (杉並区)
2023
共 p.340

青稜 (品川区)
共 p.338

大成 （三鷹市）

共 p.344

大東学園 （世田谷区）

共 p.346

大東文化大学第一 （板橋区）

共 p.348

瀧野川女子学園 （北区）

女 p.160

拓殖大学第一 （武蔵村山市）

共 p.350

立川女子 （立川市）

2025

女 p.162

※写真は旧制服

玉川聖学院 （世田谷区）

女 p.164

多摩大学附属聖ヶ丘 （多摩市）

共 p.354

多摩大学目黒 （目黒区）

2025

共 p.356

※写真は旧制服

中央学院大学中央 （江東区）

共 p.358

中央大学 （文京区）

共 p.360

女子スラックス　　男子スカート　　選択制　　リニューアル　　アイコンの説明は扉ページへ

中央大学杉並
（杉並区）

共 p.362

帝京大学
（八王子市）

共 p.366

帝京大学系属帝京
（板橋区）

共 p.368

帝京八王子
（八王子市）

共 p.370

貞静学園
（文京区）

共 p.372

東海大学菅生
（あきる野市）

共 p.376

東亜学園 （中野区）
共 p.374

⊗ 東京 （大田区）
共 p.380

🧥 東海大学付属高輪台 （港区）
共 p.378

🧥 東京家政学院 （千代田区）
女 p.166

🧥✦2025 東京家政大学附属女子 （板橋区）
女 p.168

※写真は旧制服

東京純心女子　（八王子市）

女 p.170

東京実業　（大田区）

共 p.384

東京成徳大学　（北区）

共 p.386

東京電機大学　（小金井市）

共 p.388

東京立正 （杉並区）
共 p.392

東星学園 （清瀬市）
共 p.394

東邦音楽大学附属東邦 （文京区）
共 p.396

桐朋女子 （調布市）
普通科 女 p.172
音楽科 共 p.398

東洋 （千代田区）
共 p.400

東洋女子 （文京区）
女 p.174

東洋大学京北
（文京区）

共 p.402

トキワ松学園
（目黒区）

女 p.176

中村
（江東区）

女 p.178

豊島学院
（豊島区）

共 p.404

二松学舎大学附属 （千代田区）

共 p.406

日本工業大学駒場 （目黒区）

共 p.408

日本体育大学桜華 （東村山市）

女 p.180

日本体育大学荏原 （大田区）

2024

共 p.410

新渡戸文化 （中野区）

共 p.412

日本大学櫻丘（世田谷区）
共 p.414

日本大学鶴ヶ丘（杉並区）
共 p.422

日本大学第一（墨田区）
共 p.416

日本大学第二（杉並区）
2024
共 p.418

日本女子体育大学附属二階堂（世田谷区）
女 p.182

日本大学豊山女子 （板橋区）
女 p.184

八王子学園八王子 （八王子市）
共 p.424

八王子実践 （八王子市）
2025
共 p.426

羽田国際 （大田区）
旧 蒲田女子
共 p.428

広尾学園 （港区）
共 p.430

富士見丘 （渋谷区）
女 p.188

藤村女子
（武蔵野市）

女 p.190

文化学園大学杉並
（杉並区）

共 p.432

2023

文華女子
（西東京市）

女 p.192

法政大学
（三鷹市）

共 p.436

豊南
（豊島区）

共 p.440

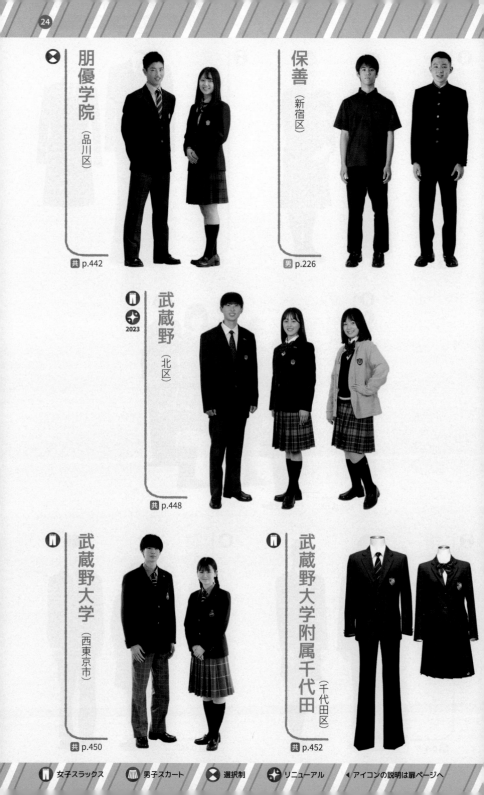

朋優学院 （品川区）

共 p.442

保善 （新宿区）

男 p.226

武蔵野 （北区）

2023

共 p.448

武蔵野大学 （西東京市）

共 p.450

武蔵野大学附属千代田 （千代田区）

共 p.452

女子スラックス　　男子スカート　　選択制　　リニューアル　　アイコンの説明は扉ページへ

明治学院　（港区）

共 p.454

明治学院東村山　（東村山市）

共 p.456

明治大学付属明治　（調布市）

共 p.460

明星　（府中市）

共 p.462

明法　（東村山市）

共 p.464

目黒日本大学　（目黒区）

共 p.468

目白研心 （新宿区）

共 p.470

八雲学園 （目黒区）

共 p.472

安田学園 （墨田区）

2023

共 p.474

立志舎 （墨田区）

※平日コースは制服着用義務あり
土曜コースは任意

共 p.476

立正大学付属立正 （大田区）

共 p.478

2023

旭丘
（小田原市）

共 p.522

アレセイア湘南
（茅ヶ崎市）

共 p.526

麻布大学附属
（相模原市）

共 p.524

英理女子学院
（横浜市）

女 p.488

柏木学園
（大和市）

共 p.530

鎌倉女子大学
（鎌倉市）

女 p.490

関東学院六浦

（横浜市）

共 p.532

函嶺白百合学園

（足柄下郡）

女 p.492

北鎌倉女子学園

（鎌倉市）

女 p.494

鵠沼

（藤沢市）

共 p.534

慶應義塾湘南藤沢

（藤沢市）

※式服

共 p.536

向上

（伊勢原市）

共 p.538

光明学園相模原 （相模原市）

共 p.540

相模女子大学 （相模原市）

女 p.496

湘南学院 （横須賀市）

共 p.542

湘南工科大学附属 （藤沢市）

 p.544

聖ヨゼフ学園 （横浜市）

共 p.546

聖和学院 （逗子市）

女 p.500

相洋 （小田原市）

共 p.548

中央大学附属横浜 （横浜市）

共 p.554

鶴見大学附属 （横浜市）

共 p.556

東海大学付属相模 （相模原市）

共 p.560

日本女子大学附属 （川崎市）

女 p.504

※式服

 女子スラックス　 男子スカート　 選択制　 リニューアル　◀ アイコンの説明は扉ページへ

日本大学藤沢
（藤沢市）
共 p.566

白鵬女子
（横浜市）
女 p.506

平塚学園
（平塚市）
共 p.568

2024
聖園女学院
（藤沢市）
女 p.508

緑ヶ丘女子
（横須賀市）
女 p.510

横須賀学院
（横須賀市）
共 p.578

横浜学園 （横浜市）

共 p.582

横浜清風 （横浜市）
共 p.588

横浜翠陵 （横浜市）
共 p.586

横浜創英 （横浜市）

共 p.590

横浜創学館 （横浜市）

共 p.592

横浜富士見丘学園 （横浜市）

共 p.596

愛国学園大学附属四街道　（四街道市）

女 p.604

我孫子二階堂　（我孫子市）

共 p.616

市川　（市川市）

共 p.618

市原中央　（市原市）

共 p.620

2024

植草学園大学附属　（千葉市）

※写真は旧制服

共 p.622

鴨川令徳　（鴨川市）

共 p.626

木更津総合 （木更津市）
2024
共 p.628

敬愛学園 （千葉市）
共 p.632

国府台女子学院 （市川市）
2023
女 p.606

光英VERITAS （松戸市）
共 p.636

芝浦工業大学柏 （柏市）
共 p.640

渋谷教育学園幕張　（千葉市）

共 p.642

昭和学院　（市川市）

共 p.648

秀明大学学校教師学部附属
秀明八千代　（八千代市）

共 p.644

昭和学院秀英　（千葉市）

共 p.650

翔凜
（君津市）

共 p.646

西武台千葉
（野田市）

共 p.652

専修大学松戸
（松戸市）

共 p.654

千葉英和
（八千代市）

共 p.658

千葉学芸
（東金市）

共 p.660

千葉経済大学附属 （千葉市）

共 p.664

千葉聖心 （千葉市）

女 p.608

千葉県安房西 （館山市）

共 p.666

千葉商科大学付属 （市川市）

共 p.668

千葉日本大学第一
（船橋市）

共 p.670

千葉萌陽
（香取市）

女 p.610

千葉明徳
（千葉市）

共 p.672

中央学院
（我孫子市）

共 p.676

東海大学付属市原望洋
（市原市）

共 p.678

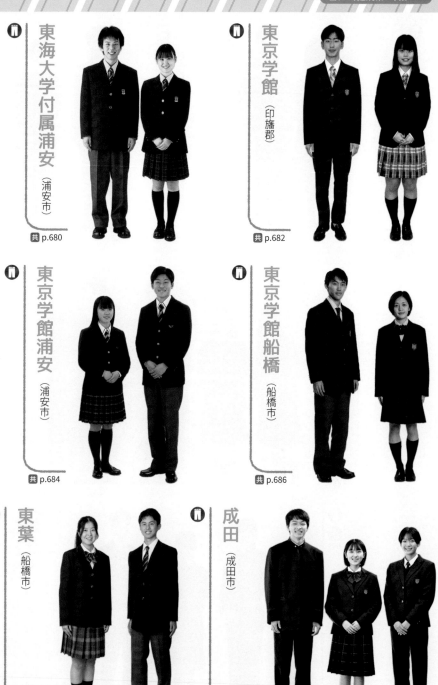

東海大学付属浦安　（浦安市）
共 p.680

東京学館　（印旛郡）
共 p.682

東京学館浦安　（浦安市）
共 p.684

東京学館船橋　（船橋市）
共 p.686

東葉　（船橋市）
共 p.688

成田　（成田市）
共 p.690

40

二松学舎大学附属柏 （柏市）

共 p.692

日出学園 （市川市）

共 p.698

日本体育大学柏 （柏市）

共 p.694

2027

日本大学習志野 （船橋市）

共 p.696

※写真は旧制服

 女子スラックス　 男子スカート　 選択制　リニューアル　◀ アイコンの説明は扉ページへ

流通経済大学付属柏 （柏市）

共 p.706

八千代松陰 （八千代市）

共 p.702

麗澤 （柏市）

共 p.708

和洋国府台女子 （市川市）

女 p.614

秋草学園 （狭山市）
女 p.714

浦和実業学園 （さいたま市）
共 p.736

浦和麗明 （さいたま市）
共 p.738

叡明 （越谷市）
共 p.740

大妻嵐山 （比企郡）
女 p.716

大宮開成 （さいたま市）
共 p.742

春日部共栄　（春日部市）

共 p.748

開智　（さいたま市）

共 p.744

国際学院　（北足立郡）

共 p.750

埼玉栄　（さいたま市）

共 p.752

埼玉平成　（入間郡）

共 p.754

栄北 （北足立郡）
共 p.756

栄東 （さいたま市）
共 p.758

狭山ヶ丘 （入間市）
共 p.760

秀明英光 （上尾市）
共 p.766

淑徳与野 （さいたま市）
女 p.718

正智深谷 （深谷市）
共 p.768

昌平
（北葛飾郡）

共 p.770

西武学園文理
（狭山市）

共 p.772

西武台
（新座市）

共 p.774

聖望学園
（飯能市）

2023

共 p.776

東京成徳大学深谷
（深谷市）

共 p.778

東京農業大学第三
（東松山市）

共 p.780

東邦音楽大学附属東邦第二（川越市）共 p.782

獨協埼玉（越谷市）共 p.784

東野（入間市）共 p.788

武南（蕨市）共 p.790

星野 女子部（川越市）女 p.720

星野 共学部（川越市）共 p.792

女子スラックス　男子スカート　選択制　リニューアル　アイコンの説明は扉ページへ

細田学園 （志木市）

共 p.794

本庄第一 （本庄市）

共 p.796

武蔵野音楽大学附属 （入間市）

共 p.802

山村学園 （川越市）

共 p.804

山村国際 （坂戸市）

共 p.806

岩瀬日本大学

（茨城県桜川市）

共 p.816

鹿島学園

（茨城県鹿嶋市）

共 p.820

常総学院

（茨城県土浦市）

共 p.824

霞ヶ浦

（茨城県稲敷郡）

共 p.822

土浦日本大学

（茨城県土浦市）

共 p.828

東洋大学附属牛久 （茨城県牛久市）

共 p.830

2025

國學院大學栃木 （栃木県栃木市）

※写真は旧制服

共 p.834

佐野日本大学 （栃木県佐野市）

共 p.836

関東学園大学附属 （群馬県館林市）

共 p.838

山梨学院 （山梨県甲府市）

共 p.844

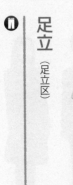 秋留台 （あきる野市）

共 p.1049

⊗ 浅草 （台東区）

※標準服

共 p.1052

飛鳥 （北区）

共 p.975

足立 （足立区）

共 p.988

足立西 （足立区）

共 p.990

⊗ 足立新田 （足立区）

共 p.989

足立東 （足立区）

共 p.1047

板橋有徳 （板橋区）

共 p.978

大泉桜 （練馬区）

共 p.982

大森 （大田区）

共 p.960

大山 （板橋区）

共 p.979

小川 （町田市）

共 p.1012

大田桜台 （大田区）

2024

共 p.1065

科学技術 （江東区）

共 p.1063

葛西南 （江戸川区）

共 p.994

片倉
（八王子市）

共 p.998
999

清瀬
（清瀬市）

共 p.1027

桐ヶ丘
（北区）

久留米西
（東久留米市）

共 p.1060

共 p.1028

江北 （足立区）
共 p.934

小金井北 （小金井市）
共 p.944

国際 （目黒区）
共 p.918

国分寺 （国分寺市）
共 p.916

小平 （小平市）
共 p.1016 1017

小平西 （小平市）
共 p.1018

女子スラックス　男子スカート　選択制　リニューアル　◀ アイコンの説明は扉ページへ

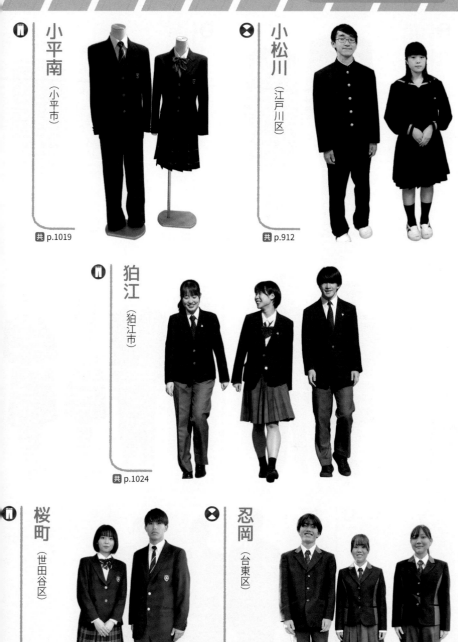

小平南
（小平市）
共 p.1019

小松川
（江戸川区）
共 p.912

狛江
（狛江市）
共 p.1024

桜町
（世田谷区）
共 p.964

忍岡
（台東区）
共 p.951
　 1085

翔陽 （八王子市）
共 p.1000

砂川 （立川市）
共 p.1055

墨田川 （墨田区）
共 p.926

杉並総合 （杉並区）
共 p.1039

世田谷総合 （世田谷区）
共 p.1038

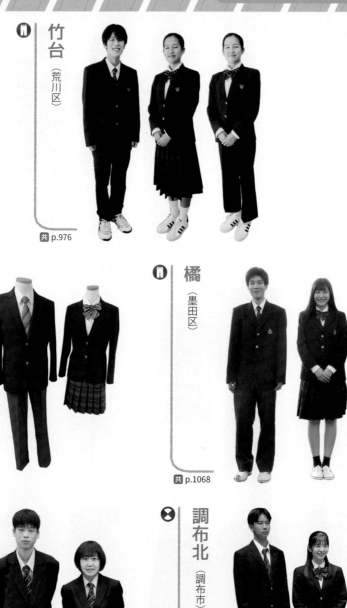

竹台　（荒川区）
共 p.976

高島　（板橋区）
共 p.980

橘　（墨田区）
共 p.1068

千歳丘　（世田谷区）
共 p.965

調布北　（調布市）
共 p.942

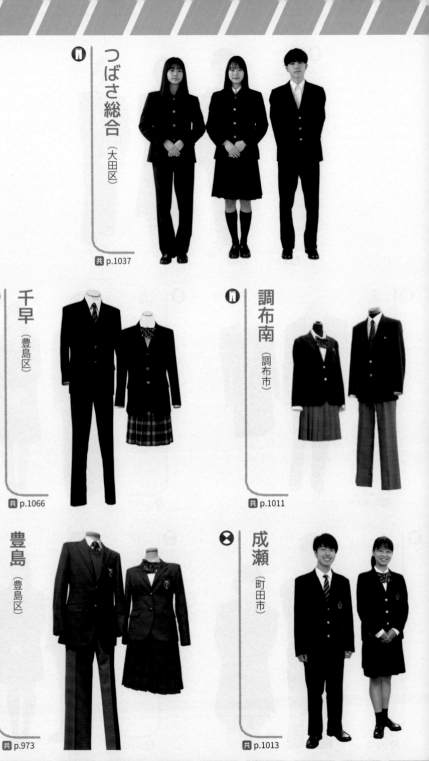

つばさ総合 （大田区）

共 p.1037

千早 （豊島区）

共 p.1066

調布南 （調布市）

共 p.1011

豊島 （豊島区）

共 p.973

成瀬 （町田市）

共 p.1013

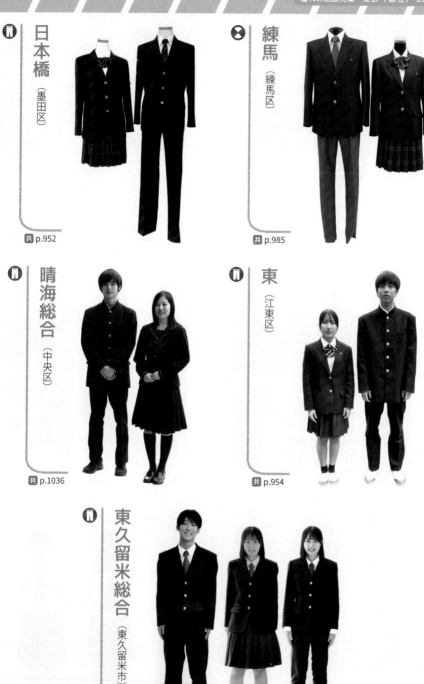

🏫 日本橋　（墨田区）

共 p.952

🚌 練馬　（練馬区）

共 p.985

🏫 晴海総合　（中央区）

共 p.1036

🏫 東　（江東区）

共 p.954

🏫 東久留米総合　（東久留米市）

共 p.1044

東村山 〈東村山市〉

共 p.1048

光丘 〈練馬区〉

共 p.986

深川 〈江東区〉

共 p.955
956

淵江 〈足立区〉

共 p.991

深沢 〈世田谷区〉

共 p.966

 女子スラックス　 男子スカート　⊗ 選択制　✦ リニューアル　◀ アイコンの説明は扉ページへ

文京 （豊島区）
共 p.974

保谷 （西東京市）
共 p.1035

本所 （墨田区）
共 p.953

三田 （港区）
共 p.920

南葛飾 （葛飾区）
共 p.993

美原 （大田区）
共 p.962

南平 （日野市）
共 p.1021

武蔵野北 （武蔵野市）
共 p.938

紅葉川 （江戸川区）
共 p.997

八潮 （品川区）
共 p.958

芦花 （世田谷区）
共 p.968

あずさ第一 （広域）

※標準服

共 p.1390

鹿島学園 （広域）

※標準服

共 p.1392

2025
鹿島山北 （広域）

※写真は旧制服

共 p.1392

クラーク記念国際 （広域）

共 p.1391

2024
さくら国際 （広域）

※写真は旧制服

共 p.1393

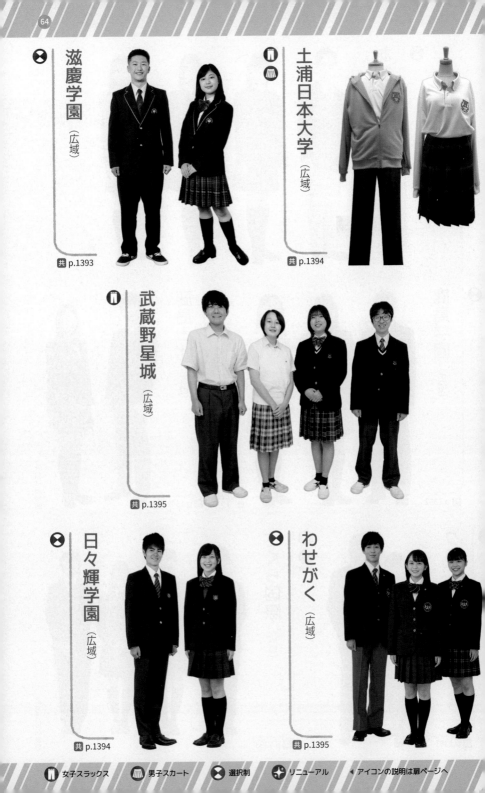

滋慶学園 （広域）

共 p.1393

土浦日本大学 （広域）

共 p.1394

武蔵野星城 （広域）

共 p.1395

日々輝学園 （広域）

共 p.1394

わせがく （広域）

共 p.1395

女子スラックス　男子スカート　選択制　リニューアル　◀ アイコンの説明は扉ページへ

公立高校案内

国立・通信

● 資料

特集

教えて先輩！
志望校・進路の決め方

　首都圏には国公私立合わせて1,000校を超える高校があります。その中から，志望校はどのように選びますか？　自分が知っている高校と，中学校や塾の先生が勧めてくれた学校の中から考えるかもしれませんね。でも，世の中には皆さんがまだ知らないけれど，すばらしい学校がたくさんあります。この『高校受験案内』や各校ホームページなどを参考にした上で，必ず学校に足を運び，その学校をよく見て，決めてほしいと思います。

　この特集では，志望校・進路の決め方に絞って何校かを詳しく紹介します。先輩達は，どのように高校の志望校を決めて進学し，高校生活をどう過ごして，高校卒業後の進路を選んだのか。私立高校の卒業生にインタビュー！　先輩達の実体験を受験生の皆さんにお伝えします。

　進路決定・実現において，高校での学びや取り組んだことは大きな影響を及ぼしますし，学校のサポートは重要です。先輩達の，学習に関すること，高校のキャリア教育やサポート体制，仲間とのエピソードといった具体的な話は，きっと受験生の皆さんの参考になるでしょう。

Web版で
各校の詳細を
紹介します！

Q 進路に応じた取り組みは？

Q 苦労をどう乗り越えたか

Q キャリア教育って何をするの？

Q 先生や仲間とのエピソード

Q 高校卒業後の進路はどう考え，選んだのか

Q 先生方はどうサポートしてくれる？

Q 大変だったことは？

Q 将来の夢 etc.

詳しくは
こちらから

所在地：東京都八王子市 ｜ 女子校 ｜ 1964年創立 ｜ (普通科) 特進プログラムコース / セレクトデザインコース

東京純心女子 高等学校

本文 p.170

カトリック的教育理念に基づき，人のために学び，平和な世界に貢献できる女性を育成する東京純心女子。体験による気づき・学びの確かさを重んじ，豊富な体験活動を用意しています。様々な活動を通して自分の使命を見つけ，その使命を果たすための進路実現に向け，単なる知識ではない，人としての総合的な学力を伸ばしていきます。

セブ島研修にて現地の高校生と交流

合格の決め手は明確な志望理由

長濱栞さんはカトリック高等学校対象特別入学試験を経て上智大学法学部法律学科に入学しました。カトリック校対象といっても合格の保証はナシ。総合型選抜に近く，評定平均値や外国語検定の基準があり，質の高い志望理由書も必要でした。

上智大学が視野に入った時，長濱さんの成績は基準の評定平均値に届かず，別の大学の指定校推薦も検討しました。長濱さんのお母様は堅実な指定校推薦を勧め，上智大学受験には大反対。失敗させたくないという親心からでしたが，最終的には彼女の意志を尊重してくれました。

長濱さんは志望理由書添削講座を受けたほか，進路部の先生に何度も何度も志望理由書を見てもらい，なぜ自分がこの大学・学部・学科を選んだのか，何をここで学びたいのかを突き詰め，志望理由を明確な言葉で紡いでいきました。

ところが，試験当日の小論文で，彼女は問題文を読み違えます。続く口頭試問で指摘され，どうにか質問に答えましたが，不合格に違いないと落ち込み，他大学の公募推薦の準備を始めました。結果はなんと合格。何が起きたのでしょう。続きは下のQRコードよりWeb版をご覧ください。

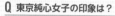

長濱 栞 さんに聞きました！

- 2024年3月セレクトデザインコース卒業
- 上智大学 法学部法律学科1年

将来の目標
文化財保護に携わる公務員となって文化財保護の制度を整えたい！

Q 東京純心女子の印象は？

A 説明会で初めて訪れた時，礼儀正しい方が多く，大人しい学校なのかなと思いました。入学すると，逆に活発で自主的に物事に取り組む方が多かったです。自分を自由に表現できる，女子校ならではの光景だと思います。

Q この学校を選んだ理由は？

A 大学入試の指定校推薦が豊富で，どの分野に興味を持っても安心して進学できると思い，決めました。英語教育も素晴らしいですし，キレイな景色，チャペルや美しい花を見て毎日癒されそうだなと感じました。

● 長濱さんから中学生へのメッセージ

好きなことを持ち，好きなことに対して疑問を見出し，それを解くためにどう調べて考えていくかというプロセスを，この学校の探究学習で学びました。好きなことへの疑問が，将来なりたいものを見つける鍵になると思います。

Q 将来の目標についてもう少し詳しく

A 公立の博物館で展示品修復のために募金しているのを見て疑問が… 文化財継承の予算がとれない行政の現状を知り，この状況を行政側から自分が変えてみたいと思ったのです。進学先は文学部史学科か法学部か悩みましたが，文化財保護の制度を整えるには法学部だと決意しました。

独自の教育の詳細はWebへ

所在地：東京都中野区 ｜ 共学校 ｜ 2022年開設 ｜ 会計エレメンタリー科

東京CPA会計学院 高等課程

56年の歴史を持つ専門学校 東京CPA会計学院は，公認会計士や税理士を多数，養成してきました。その専門課程のノウハウと実績を生かして開設されたのが，高等課程会計エレメンタリー科です。開設3年目ながら，在校生は高い実力を身につけており，企業から注目されています。

税理士試験3科目に初受験で合格
高等課程2年での快挙！

神田悠さんは，会計エレメンタリー科の1期生で現在3年生。小学生の頃よりお父さんに，専門的・実務的な勉強の重要性を教えられてきました。その影響もあり，稼ぐ力の習得に重きをおいて進路を考え，最初に，中学卒業後の志望校としたのは高等専門学校でした。しかし，"普通"に進学して就職するのは，具体的な将来が保証されない気がして不安を抱きます。そんな時，本校の専門課程に通うお姉さんの話を聞き，税理士に興味を持ち，高等課程が開設されることを知ります。神田さんは，税理士という仕事の，顧客に寄り添う点

と，職業としての堅実さに着目。また，本校の特徴的な教育（教科書を使わない授業，1日1科目集中講義，放課後のフォローアップ体制）に驚きました。将来が安心できる仕事と，この学び方なら大丈夫という学校の両方を見つけたのです。

税理士となるには，会計学に属する科目と税法に属する科目の試験のうち計5科目に合格しなければなりません。税理士について，以前はよく知らなかった神田さんですが，2年次で既に3科目に合格。日本や世界で活躍し，社会に貢献できる税理士をめざして頑張っています。

神田 悠（かんだ ひさし）さんに聞きました！

将来の目標
地元で姉と共に税理士事務所を開業
または国際的に活躍する税理士

● 東京CPA会計学院高等課程
会計エレメンタリー科3年

Q 東京CPA会計学院の印象は？

A 姉から初めて話を聞いた時は「学びに全力だな」「こんなすごい学校あるんだ」という印象でした。先生方が厳しいのかなと想像していたのですが，入学してみたら，皆さん，すごいフレンドリーで接しやすくて，今は本当に楽しく過ごしています。

Q この学校を選んだ理由は？

A 説明会で髙橋幸夫名誉学院長の話を聞き，学びに本気なところが「この学校，"普通"じゃない」と感じて惹かれました。最終的には「人と違った道に進むのは面白い！」ということで，この学校に来ました。

● 神田さんから中学生
へのメッセージ

僕は社会に出て早く活躍したいという気持ちが強く，実務の勉強，社会で役立つ勉強を重視して学校を選びました。偏差値の高い高校をめざすことだけが正解ではないということを一番に考えてほしいと思います。

Q 高等課程修了後の進路は？

A 在学中に税理士試験に合格したら，税理士事務所への就職を考えています。ただ，将来は開業したいので，一旦就職して社会を知った上で，その先の進路を決めていきたい。選択肢としては，別の資格を取る，大学に行き直すというのもありますね。

〒164-0001 東京都中野区中野3-39-9 ｜ JR―中野3分

☎ (0120)55-1937 ｜ 募集数：推薦 約25名，一般 約10名

独自の教育の詳細はWebへ

所在地：東京都八王子市 ｜ 共学校 ｜ 1926年創立 （普通科）特進コース／選抜コース／総合進学コース

八王子実践 高等学校

本文 p.426 →

進路や特性に応じた３コースのうち，総合進学コースのキャリア教育が特に特徴的。２年次からの４つのクラス（先進科学，看護医療，国際教養，総合教養）別に行われる，東京工科大学，拓殖大学，日本工学院八王子専門学校などとの専門的な連携授業が，進路選択・実現に役立ちます。

自分を見つめ，調べて考え，進路を導き出す

イラストを描くのが好きな藤江和奏さんは，中学卒業後は絵を学べる学校に行きたいと思っていました。しかし，将来，自分にイラストの仕事ができるだろうかと不安を感じ，普通科で学んでから決めても遅くないのではないかと考えました。

八王子実践で漫画研究部に入り，専門学校進学を希望していたものの，やはり高校進学時と同じように悩み，仕事で必要に迫られて描くより，趣味とすることを選びました。大学進学に切り替え，何を学ぼうかと，自分を見つめ直します。そして自分の興味を突き詰め，薬学にたどり着くのです。

藤江さんは，明確なきっかけがあって進路の方向性が定まったわけではありません。とにかく自分でいろいろと調べ，じっくり考えて将来の目標を導き出していきました。本校の分野別進路ガイダンスも参考になったようです。

彼女は指定校推薦を視野に入れながら，それに捉われずに志望校を検討し，東京薬科大学が浮上。折よく，東京薬科大学が新たに指定校推薦に加わったことが決め手になりました。真面目で努力家の藤江さんは学業成績優秀で，校内選抜で東京薬科大学の指定校推薦を見事，獲得したのです。

藤江 和奏（ふじえ わかな）さんに聞きました！

- 2024年3月総合進学コース卒業
- 東京薬科大学 生命科学部分子生命科学科1年

Q なぜ八王子実践を選びましたか？

A 自宅からあまり遠くない学校をネットや情報誌で調べていて，八王子実践を知りました。その後，見学に行って説明を聞き，進路や勉強のサポート体制がすごく整っているのがいいなと思いました。

Q 大学の志望校はどう考えましたか？

A 科学や生物が好きで，その分野で考え，複数大学のオンライン説明を聞いたり，見学に行ったりしました。そのうちの１つ，東京薬科大学には，新薬を創り出す"人財"を育てる「未来創薬人養成プログラム」があり，施設や専門性の高さが魅力でした。

（将来の目標）

医薬品の研究開発に携わりたい

- 藤江さんから中学生へのメッセージ

高校も大学もその他の進路も，決める時はたくさん調べてほしいと思います。やりたいことがなくても，調べていったら見つかるかもしれません。早めに動いて学校に行ってみてください。資料だけではわからないこともありますし，足を運ぶと学校の雰囲気も感じられます。

Q 大学受験で悩みや不安はありましたか？

A 指定校推薦で出願する前に，校内の選抜に通るかどうかが問題でした。成績基準は達していたけれど，ほかの生徒も志望して私の成績を上回ったら…。でも，担任の先生に「行けると思う」と言われ，安心して結果を待ったところ，推薦を得られました。

独自の教育の詳細はWebへ →

所在地：埼玉県所沢市 ｜ 共学校 ｜ 1988年創立

コロンビアインターナショナルスクール
専修学校高等課程

コロンビアインターナショナルスクール（以下CIS）は、カナダ・オンタリオ州のカリキュラムで学ぶ学校です。カナダの高校卒業資格を取得できるだけでなく、アメリカの認定団体WASCから、そして日本でも高校卒業と同等の資格が認められ、卒業後の進路は世界に広がります。

挑戦は新たな成長に通じる

　清水咲弥さんは小学生の頃からフィギュアスケートに取り組んできました。高校からはフィギュアスケートが制約なくでき、そのことも応援してもらえる環境を考え、以前より好きだった英語の勉強ができる、CISへの進学を決めました。

　中学までとは勝手が違い、すべて英語の教材と授業、独自性や創造性が高評価の鍵となる課題、自主性が大事な学校生活などに、苦戦する清水さん。人の何倍も努力し、シャイな性格からマインドを切り替えてどんどん先生に質問するようになり、学習面でも人としても成長していきました。

　清水さんはカナダへの短期留学経験があり、さらにCISがカナダ・オンタリオ州のカリキュラムだったことから、カナダの大学進学を志すように。10校ほど志望し、第1志望は、世界のトップレベルの教育を受けたいと、トロント大学に決定。選考は大学によりますが、高校3年間の成績、英語能力試験の成績、志望理由、エッセイなどで行われます。特に重要なのが高校の成績で、清水さんは必死に成績アップを図ります。自分を追い込みすぎる清水さんの性格を先生方は熟知し、日々、声がけをしてフォロー。努力が実を結びました。

清水 咲弥（しみず さや）さんに聞きました！

●2023年3月卒業
●University of Toronto Mississauga Campus（トロント大学ミシサガ校）1年

現在の目標
大学院に進み、心理・犯罪・法学に関わる資格を取得して将来の職業に繋げたい

Q CISを選んだ理由は？

A 私が調べたほかのインターナショナルスクールと違い、両親の英語力や私の海外生活経験が問われず、英語を学びたいという意欲重視と知り、両親が日本人で、日本で生まれ育った私にピッタリだと感じました。

Q この学校の印象は？

A 初めて学校に来た時、掲示物も教科書も英語、生徒も先生も英語で、ほんとに英語だけで勉強するんだとびっくり。同時に、賑やかな雰囲気から、楽しみな気持ちもありました。

●清水さんから中学生へのメッセージ
興味があることを見つけた時、失敗を恐れずに挑戦してください。思った通りにいかなかったとしても、私自身の経験から、必ず何かの学びは得られるし、成長に結びつくと言い切れます。

Q 高校生活で身についたことは？

A 話しかけるのが苦手で失敗が怖く、うまくいかないのが嫌でしたが、英語を上達させるにはそんなこと言っていられないと思うように。勉強以外でも頻繁に先生に話しかけて自信がつき、積極的にアプローチすることの大切さを学びました。

〒359-0027 埼玉県所沢市松郷153 ｜ JR―東所沢10分
☎(04)2946-1911 ｜ 募集数：4月生45名

独自の教育の詳細はWebへ

教育イノベーション推進中

2024年度以降に共学化や校名変更など，大きな改革を行う学校を紹介します。

都県	学校名	男女区分	実施年度	変更内容	本文紹介
東京	京華女子高等学校	女子	2024	京華中学校・高等学校（男子校），京華商業高等学校（共学校）と同キャンパスに移転	p.136
	小石川淑徳学園高等学校	女子	2024	淑徳SC高等部より校名変更	p.138
	日本学園高等学校	男子	2026	明治大学付属世田谷高等学校に校名変更・共学化予定	p.222
	英明フロンティア高等学校	共学	2025	東京女子学院高等学校より校名変更・女子校より共学化予定	p.244
	自由学園高等科	共学	2024	別学より共学化	p.302
	順天高等学校	共学	2026	学校法人北里研究所と合併，北里大学への内部進学開始の予定	p.310
	東京農業大学第一高等学校	共学	2025	高校募集停止予定	p.1538
	羽田国際高等学校	共学	2024	蒲田女子高等学校より校名変更・女子校より共学化	p.428
	広尾学園小石川高等学校	共学	2024	高校募集停止	p.1538
	明治大学付属八王子高等学校	共学	2024	明治大学付属中野八王子高等学校より校名変更	p.458
	[国立]東京科学大学附属科学技術高等学校	共学	2024秋	東京工業大学附属科学技術高等学校より校名変更予定	p.1385
			2026	大学のある大岡山キャンパスに移転・新校舎建設予定	
	[通信制]大原学園美空高等学校	共学	2024	大原学園高等学校より校名変更	p.484
神奈川	鎌倉女子大学高等部	女子	2026	校名変更・共学化予定	p.490
	聖園女学院高等学校	女子	2024	高校募集開始	p.508
	関東学院高等学校	共学	2022～2025	高校募集休止（2026年度以降は募集未定）	p.1539
埼玉	武蔵野音楽大学附属高等学校	共学	2027	東京都練馬区の武蔵野音楽大学付近に移転・新校舎建設予定	p.802
栃木	足利短期大学附属高等学校	女子	未定	足利短期大学が2025年度募集停止のため，校名変更予定	p.846

（注）2024年2月時点の情報です。

このほか，都立・公立高校は次のページを参照してください。
東京都立p.1091，神奈川県公立p.1109，千葉県公立p.1205，埼玉県公立p.1295

利用上の注意

■入試要項について

　本書は「2025年度用」として，2025年4月に高校入学を予定している中学生の参考のために，2024年度入学者に実施された入試要項を実績として紹介しています。本書の入試要項は選抜方法や入試日程など，いずれも実施済みのもです。2025年度入試については，必ず早い時期に志望校から学校案内パンフレットや入試要項を取り寄せてご確認ください。

■学校基礎情報・教育内容

　学校の特色やカリキュラム内容なども，原則として2024年度入学者に向けて公表された情報に基づいています。一部，2025年度以降の変更を先取りして紹介している場合は，「予定」と明記しています。これからの変更の可能性に十分留意して，各校の説明会やホームページなどで発表される情報をご確認ください。

■2025年度以降の変更事項

　2025年度入試に向けて，共学化や校名変更，移転など大きな変更を予定している学校については，編集時点（2024年2月現在）で判明している情報を先取りして紹介しています（p.75参照）。その他の学校に関しても，2024年4月以降に発表される可能性がありますのでご注意ください。

志望校選びはココが大事!
高校入試のポイント

目次

どんな高校があるかを知ろう！

学校の種類

　将来の目標やりたいものは決まっていますか？　決まっていれば，中学卒業後の進路はそれに沿ったものを選ぶのがよいでしょう。決まっていなくても大丈夫。むしろ，決まっていなくて当然です。今後の様々な経験を通して見つければよいのです。将来の目標はある程度見えているものの最適な進路がわからない人や，これから将来の進路を探していこうという皆さん。中学卒業後の進学先をどう決めればよいか，どういう過程を経れば入学できるのか，一緒に考えていきましょう。

　そのためにはまず，どのような進学先があるのか，選択肢を知っておきたいところ。学校の分類の仕方は何種類かあり，それぞれの違いを整理していきます。

1 教育機関：（高等学校）（高等専門学校）（高等専修学校）

　中学卒業後に進めるのはどのような学校でしょうか。最も多くの人が進学するのが「高等学校」で，その割合は中学卒業者の98％ほどです。ほかに「高等専門学校」や「高等専修学校」があります。似た名称ですが，高等専門学校は学ぶ分野が特化していて，専門性が高いと言えます。

（高等学校）

　「国家及び社会の形成者として必要な資質を養うこと」「将来の進路を決定させ，一般的な教養を高め，専門的な知識，技術及び技能を習得させること」などをめざした教育を行っています。修業年限は全日制課程3年，定時制・通信制課程は3年以上。

（高等専門学校）

　実践的・創造的技術者を養成する学校です。主に工業系と商船系の学科があり，技術者に必要な豊かな教養と体系的な専門知識を身につけます。首都圏の高等専門学校はすべて工業系で，修業年限は5年です。

　本書はp.288・1064・1387・1388に掲載しています。

（高等専修学校）

　「専修学校高等課程」とも言われ，実務面の能力育成または教養の向上のための学校です。修業年限は主に1～3年。修業年限3年以上の高等専修学校を卒業すると高等学校卒業と同等とされます（大学進学の場合は授業時間数などの要件あり）。

　実務教育の分野は8つにわたり（工業，農業，医療，衛生，教育・社会福祉，商業実務，服飾・家政，文化・教養），バラエティに富んだ学校があります。また，不登校生や支援が必要な生徒を受け入れる，基礎学力の定着からじっくり取り組むといった特色を持つ学校もあります。

学校区分

1	教育機関	高等学校	高等専門学校	高等専修学校
2	高校の課程	全日制	定時制	通信制
3	学科・コース	普通科	専門学科	総合学科	コース
4	設置者	私立	公立	国立
5	男女区分	女子校	男子校	共学校	別学校

2 高校の課程：全日制　定時制　通信制

課程とは修業年限や学習に取り組む時間，場所に関わる区分です。生活や学習のスタイルに応じて3つから選ぶとよいでしょう。

全日制

修業年限は3年。朝から夕方近くまでの日中に登校し，標準的には6時間授業を行います。高等学校における一般的な課程とされています。

本書では，「定時制」「通信制」の記載がなければ「全日制」を表します。

定時制

全日制より授業時間が短く，4時間程度の授業を学校で行います。その分，修業年限は大半が4年と長くなります。

1日をいくつかの時間帯に分け，複数の部を設定する定時制を多部制定時制と呼びます。多くは，部をまたいで単位を取得することなどで，3年での卒業が可能です。

授業時間帯により，3つに分類されます。

● 夜間定時制

昼間働く生徒のため，夜間に授業を実施。

● 昼間定時制

授業は昼間。その多くで始業時間・終業時間の異なる2つの部を設置（二部制）。

● 昼夜間定時制

二部制あるいは三部制をとり，昼間・夜間共に授業を実施。

通信制

学校に通って授業を受けるのではなく，自宅に教材が送られてきてレポートを定期的に提出し，学習を進めるスタイルです。通学コースをおき，登校して学習や質問をしたり，クラブ活動や行事に参加したりできる学校も多くあります。オンラインでの授業配信や学習指導も増えました。

卒業するには，3年以上の修業年限，74単位以上の単位取得が要件になります。

学校のある都県だけでなく広範囲の地域から生徒を募集する学校を「広域通信制」といいます。各地にキャンパスや学習センターが設置され，学習サポートやカウンセリングなどが行われています。

通信制高校サポート校と技能連携校

どちらも通信制高校（または定時制高校）に入学した上での在籍となります。何が違うのでしょう。

通信制高校サポート校

「サポート校」と略されることもあります。通信制高校は自学自習が基本ですが，一人で主体的に取り組み，期日を守って課題を提出するのは簡単ではありません。そこで，通信制高校の教材を滞りなく学び進められるように支援してくれるのが「通信制高校サポート校」です。提携する通信制高校が決まっている学校と，どの通信制高校でもサポートしてくれる学校があります。

技能連携校

通信制または定時制の高校と技能教育施設に同時に在学し，一般的な高校の勉強をしながら，職業に結びつくような，専門的な技術や知識も習得できる制度があります。各都道府県の教育委員会より，この制度の指定を受けた技能教育施設が「技能連携校」です。それは主に高等専修学校ですが，通信制高校やサポート校が運営する施設もあります。

サポート校との大きな違いは，通信制高校と技能連携校の2校の卒業資格が得られることです。

3 学科・コース： 普通科 専門学科 総合学科 コース

高等学校には必ず学科が設置されています。大きく3つに分類され，めざすものや教育内容が異なります。学びたい科目や進路につながる分野があるかどうかが，選ぶ指針となります。

普通科

私立高校の大部分が普通科を設置しており，公立高校でも大きな割合を占めます。国語・地理歴史・公民・数学・理科・保健体育・芸術・外国語・家庭・情報などの教科が中心のカリキュラムです。広く教養を身につけ，自分の可能性を探っていくことができます。大学進学をめざす人に適した学科と言えるでしょう。

専門学科

将来の仕事に直結する専門知識や技術を学ぶことができる，職業系の専門学科が多くあります。農業科・工業科・商業科・水産科・家庭科・看護科・福祉科などです。これらは進路希望がある程度固まっている人に適しています。

ほかに，外国語科・国際科・理数科など，普通教育をより高度に展開させる学科，体育科・芸術科といった，生徒の特性を伸ばすための専門学科も設置されています。

総合学科

共通科目から専門科目まで，幅広い科目の中から，自分の特性や進路希望に応じて履修できるのが特徴です。1年次必修の「産業社会と人間」という独自の授業では，自己の生き方をじっくり考え，希望の進路に沿った科目を選択する力を養います。

コース

進路に合わせて文系・理系に分かれる前から，学科の中に特徴別のコースやクラス，類型などを編成する学校が多くあります。普通科では，めざす大学の学力レベルごとに特別進学コースや総合進学コース，専門的な学びを深める外国語コース，理数コース，美術デザインコース，スポーツコース，保育コースなど。専門学科でも専門分野を細分化したコースが見られます。

学年制と単位制

これまで説明した区分のほかに，「学年制」「単位制」という枠組みがあります。全日制や定時制とはまた種類の違う区分です。どの高校もいずれかを採用しており，進級の要件に違いがあります。

学年制

学習する教科・科目が学年ごとに決まっており，すべての科目が単位として認定されると次の学年に上がれます。1科目でも単位を落とすと留年となります。

決められた時間割に従って学習するもので，学年制を採用している高校が一般的には多数です。

単位制

学年の区切りがなく，卒業に必要な科目の単位を3年間（または4年間）で修得すると卒業となります。自分の興味や関心に応じて，多様な科目の中から選択するのが一般的。自由度の高い履修ですが，3年間トータルでの自己管理が求められます。

私立の全日制課程に単位制高校はほぼありませんが，都立・公立にはある程度見られ，本書では，単位制を採用している都立・公立に「単位制」と明記しています。総合学科や多部制定時制課程，通信制課程は基本的に単位制です。

4 設置者： 私 立 公 立 国 立

学校を見るときに，設置者による区分を押さえましょう。私立高校，公立高校（都立，県立，市立），国立高校があります。

学費の違いが注目されますが，公的な補助金制度（p.105～参照），各校・各種団体による特待生・奨学金制度などを利用することで，その差は縮まってきます。

施設・設備の面では，私立の方が最新で充実している傾向がありますが，国公立でも整った学校はありますし，新設校や改築された学校は立派な設備がそろっています。

違いや特徴を下表にまとめたので，参照してください。

	私立高校	公立高校	国立高校
設置者	学校法人・株式会社	地方自治体（都・県・市など）	国立大学法人
種類	●高校単独設置，中高一貫校，大学附属校など。	●高校単独設置，中高一貫校など。 ●大半が高校単独設置だが，近年では中高一貫校も増えている。	●大学附属校。
特徴	●創立者の「建学の精神」に基づき，それぞれの学校が独自の教育方針を打ち出している。 ●通学区域の制限は基本的にない。 ●入試は都県ごとに定められたガイドラインに沿って，各校が独自の日程と選抜方法で実施している。	●原則，その都県の在住者しか受検できない。千葉県では学区制をとり，通学区域に制限がある。 ●入試は各都県で一斉に行われる。 ●私立高校ほどではないが，それぞれの伝統により校風は異なる。	●高校教育を行うと共に，教育に関する研究や教育実習に協力する「教育研究校」として設置されている。 ●一般的に通学区域の制限はなく，他県からの受験も可能。 ●附属校とは言え，併設大学への進学に優遇制度はないが，特別入試枠を設けている学校もある。
学科	●普通科の占める割合が大きい。 ●1年次からコース制を採用している学校が多く，進学・進路目標に応じた指導体制を整えている。	●普通科と並んで，専門学科の占める割合も大きい。 ●総合学科では，普通教育と専門教育の科目を幅広く選択履修できる。	●普通科，専門学科，総合学科など。
学費	●一般的には公立高校より高い。 ●海外研修を行う学校も多く，学校により金額差が大きい。 ●国や都道府県の学費等補助制度の適用があるほか，独自の特待生・奨学金制度を設けている学校が多い。	●自治体ごとに統一されており，私立高校に比べて安い。 ●年収に応じて，国による就学支援金制度が適用され，授業料が実質無料になる。	●年収に応じて，国による就学支援金制度が適用され，授業料が実質無料になる。 ●授業料以外の学費は公立高校よりはやや高い。
p.104～「学費について」参照			

5 男女区分： 女子校 男子校 共学校

性別による学校の区分もあります。女子校，男子校，共学校，そしてごく少数ですが別学校。1都3県の都立・公立高校はほとんどが共学校ですが，千葉・埼玉公立にわずかに女子校または男子校があります。

別学校は女子も男子も在籍していますが，クラスや授業は別々に学校生活を送るスタイルです。行事や学校生活は一緒に行うこともあります。女子校・男子校・共学校の特徴を合わせ持っているとも言えますが，首都圏では東京の国学院大学久我山と神奈川の桐光学園の私立2校のみです。

共学化する女子校，男子校は毎年のようにあり，女子校，男子校は減っていますが，男女別の教育効果は認知され，根強い人気があります。それぞれの主なメリット，デメリットとされる事柄を表にしました。自分の性格や家庭の教育方針・事情などと照らし合わせてみましょう。

	女子校 男子校	共学校
メリット	●女性または男性としての固定的な価値観にとらわれず，のびのびと過ごせる。 ●女子または男子特有の性質や発達段階に応じた指導を受けられ，効果的。 ●同性だから共感できることが多く，連帯感が強まったり，深くつき合えたりする。 ●すべての役割を同性だけで担うので，遠慮することなく，自主性や積極性が養われる。	●男女の性質や考え方の違いを，身をもって知ることができる。 ●異性との接し方や距離感のつかみ方，コミュニケーションのとり方を身につけられる。 ●多種多様な価値観に触れられる。 ●異性の存在が良い刺激になる。
デメリット	●異性とのコミュニケーションのとり方がわからず，卒業後が心配。 ●異性特有の価値観に触れることが少なく，価値観の幅が広がりづらい。 ●異性の目を気にする機会が少なく，マナーやモラルの乱れにつながることも。	●異性の目を気にして，自分らしさが出しづらい。 ●女性または男性としての固定的な価値観にとらわれると，言動の幅が狭まってしまう。 ●異性とのつき合いが身近で，学習に集中できなくなることも。

知っておきたい教育用語Ⅰ　教育指定校等

● ユネスコスクール ▷ ユネスコ（国際連合教育科学文化機関）の理念を教育現場で実践するネットワークへの加盟が承認された学校です。国内外の加盟校との学校間交流，ユネスコ主催の国際会議やプロジェクトへの参加，各校独自の取り組みなどを通して，地球規模の問題に関する学習，活動を行います。2023年12月現在，日本国内の加盟校は，幼稚園，小学・中学・高等学校，大学など1,090校。ほかに，国内審査を終え，ユネスコ本部に申請段階にあるキャンディデート校が188校あります。

● IB ▷ IB（International Baccalaureate）は，国際バカロレア機構が提供する教育プログラムで，同機構の認定校だけで実施できます。グローバル化に対応できるスキルを備えた人材育成のため，生徒の年齢別に4つのプログラムがあります。このうち，ディプロマ・プログラム（16〜19歳対象）のカリキュラムを2年間履修して最終試験を経ると，国際的な大学入学資格「国際バカロレア資格」が取得可能です。2023年12月現在，日本国内の認定校は125校。うちディプロマ・プログラム実施校は67校で，ほかに候補校が9校。

● SSH ▷ 先進的な理数系教育を行う高校として，文部科学省がスーパーサイエンスハイスクール（SSH）を指定しています。指定校では，理科・数学などに重点をおいたカリキュラム開発や，大学・研究機関との連携，地域の特色を生かした課題研究など様々な取り組みを進めています。各校の指定期間は原則5年間ですが，再指定などの場合もあります。2023年度は過年度指定校と新規指定校を合わせると218校。

● WWL（ワールド・ワイド・ラーニング）コンソーシアム構築支援事業 ▷ 文部科学省による，Society5.0やSDGsの達成をリードする，イノベーティブでグローバルな人材育成のためのプロジェクト。国内外の大学や企業，国際機関などと連携して，社会課題の解決に向けた探究的な学びを実現するカリキュラムを開発しています。高校および中高一貫教育校を対象に，「カリキュラム開発拠点校」が原則3年間指定されます。2023年度は過年度指定校と新規指定校を合わせると16校。2019・2020年度指定校のうち17校は，指定期間終了後も「拠点校」として，この事業に取り組んでいます。

2 志望校選び

何に注目すればよいの？

多くの情報はインターネットやSNSで収集できる時代になりました。Webで紹介されている動画は，学校が発信するだけでなく，生徒自身が作成・発信したものも多く，学校の様子を手軽に知ることができます。しかし，自分に合った学校に出合うには，実際に学校へ足を運ぶことをお勧めします。各校では受験生に向け，説明会や体験授業などのイベントを開催し，文化祭や体育祭といった行事を公開しています。学校に赴いて体感し，人と接することで得られる情報，印象は確かなものです。是非参加してはいかがでしょう。そんな機会に目で見，話を聞いて検討するポイントをまとめました。

1 教育方針

あなたはどのような人になりたいですか。思い描いてみてください。そして，気になる学校の教育方針や教育理念，校訓，建学の精神，教育目標などを見てみましょう。学校のホームページやパンフレットに書かれています。何を重んじ，どのような力を養い，どんな人を育てようとしているのかという学校の考え方に共感できるか，めざす人物像は自分のイメージに合っているかを考えてみてください。

その学校の校風に馴染めるかどうかも重要です。校長先生の話しぶりや在校生の様子，先生と生徒の関係から感じ取れることもあります。説明会のほか，授業や行事，クラブ活動，登下校の様子など，日常の学校生活を垣間見る機会を持ちたいものです。

比較的捉えやすい教育方針のポイントを整理してみます。

創立者・宗教

教育方針の独自性を表す大きな要素として，どういう人が創立したか，教育の基盤を宗教においているかが挙げられます。

学校というものは確固たる教育理念のもとに創られるわけですが，なぜこの学校を創ったのか，創立の趣旨や経緯，目的を知るのは興味深いことです。どのような人物，団体が創立したかを調べてみましょう。

宗教校は仏教やキリスト教の学校が多く，考え方は宗派により多種多様ですが，教育方針ははっきりしています。

大学附属校

大学附属校と言っても，高校卒業後に併設の大学へ進学する人の割合によってタイプが分かれます。ここでは大部分が進学するタイプを取り上げます。基本的に，大学附属校は大学と同じ教育理念のもとに創立されます。高校と大学の7年間教育によって，めざす人材を養成するということです。

大学附属校は，大学受験にとらわれない充実した高校生活や，大学で学校推薦型・総合型選抜枠が増えて一般選抜が狭き門になりつつあることなどから人気ですが，教育方針の不一致がないようにしましょう。

校則

生活指導の在り方にも教育方針が表れます。生徒の自主性を重んじる学校，細やかな生活指導を行っている学校，校則の厳しい学校など様々で，それは高校生活の過ごし方に影響します。

校則がめやすになりますが，校則の厳しさは善し悪しではありません。自分を律することができる人は規則に縛られずに過ごした方が個性や能力を伸ばせますが，社会規範を身につける上で，規定に則った生活を送るのがよいという考え方もあります。

自分の性格や高校生活をどう過ごしたいかなどを踏まえて考えましょう。

2 教育内容

学校では授業と並んで多彩な活動が総合的に人を育てますが，ここでは学習面と進路の面から教育内容を見てみます。

カリキュラム

毎日の授業はカリキュラムに基づいて時間割が組まれています。国語，地理歴史，数学，理科，外国語などの「教科」の中に，古典探究，日本史探究，数学Ⅰ，生物基礎，英語コミュニケーションⅠといった「科目」があり，各科目には単位数が設定されています。各学年でどの教科・科目を何単位学ぶかという一覧表がカリキュラム表です。これを見ると，その学校がどの教科に力を入れているか，興味や進路に合った学習ができる選択科目が配置されているか，学校独自の教科・科目があるか，といったことが読み取れます。

授業形態

「少人数授業」や「習熟度別授業」「ティームティーチング」（p.90参照）というものがあります。手法に違いはあるものの，いずれも生徒の学習理解を確実にするために多くの学校で採用されています。

以前は生徒が黙って先生の話を聞く「一斉授業」がスタンダードでしたが，今は「アクティブ・ラーニング」（p.90参照）が増えています。数々の手法がありますが，生徒の能動的な授業参加がポイントで，知識の定着や幅広い能力の養成に有効です。

タブレット端末を活用する学校は珍しくなくなりました。双方向授業，アプリを使った効率的な学習，課題の配布・作成・提出，撮影，録音，編集，オンライン英会話，海外との交流など，授業に留まらず，できることの幅が広がっています。

これらの授業形態や手法が導入されてきたのは，その教育効果の高さゆえなので，教育内容を知る要素の一つとなるでしょう。ただ，取り入れていなくても丁寧で効果的な学習指導がなされている学校はあります。その学校で学びたいと思えるかどうかが大事です。

課外授業

放課後や始業前，夏休み・冬休み・春休みの授業や講座も，大きな役割を果たします。主に，学力を補完するものと強化するものがありますが，教養を身につけたり，専門性を深めたりする授業も見られます。進学に向けた学力養成のための講座を，生徒それぞれの進路に合わせて設定し，講座数が大変多くなる学校もあります。

課外授業は，学力を保証してくれる体制か，リベラルアーツ（p.90参照）の教育を行っているか，受験指導が万全か，といったことを知る手掛かりとなります。

キャリア教育

キャリア教育とは，将来を見据えて自分の生き方をデザインし，必要な能力や心構えを育てることであり，単なる進路指導や受験指導ではありません。

例えば大学に進学するならば，合格をゴールと取り違えて燃え尽きないよう，何のために大学に行き，なぜその学部・学科で学ぶのかという目的意識をしっかりと持った上で進学してほしいと思います。そのためには，気になる高校が1年次から系統立てたキャリア教育を行っているかどうかを調べてください。具体的には，適性検査，大学学部研究，企業訪問やインターンシップ，卒業生・著名人の講演など，多くの気づきを与え，将来の可能性を広げる取り組みが用意されています。

また，キャリア教育がしっかりしている学校は，通常の授業や行事，普段の学校生活でもキャリア教育を意識しています。例えば，探究学習を進めるうちに，その分野を究めたくなり，めざす職業，志望する大学が定まってくることがあります。

3 学校生活

高校生活は授業と等しく，行事や課外活動も大切です。人間形成に大きな影響を与えるもので，学校選びの条件として外せない人も多いと思います。

行事

その学校が行事をどう位置づけているかも知っておくとよいでしょう。行事を教育活動の一環として重視し，毎月のように行事を設定する学校もあれば，高校生の本分は勉強であるとして行事が多くない学校もあります。行事の数やラインナップ，生徒の運営かどうかを参考にしてください。

学校行事の動画を学校ホームページや動画投稿サイトで公開する動きが活発ですが，文化祭や体育祭が見学可能な場合は，実際にその熱気に触れてみるのが一番です。体育祭は学年縦割りのクラス対抗なのか，学年対抗なのかということにも，教育上の理由が隠されているかもしれません。

ほかに，合唱コンクール，球技大会，宗教行事（花まつり，クリスマス礼拝など），校外学習，宿泊行事，勉強合宿，海外研修などがよく行われています。

学校独自の行事には伝統や教育理念が色濃く表れるものです。

研修旅行

多くの学校で，宿泊を伴う研修旅行が設定されています。例えば，出会ったばかりの生徒達が人間関係を築くオリエンテーション合宿，それまで研究してきた探究学習の集大成として現地に赴く修学旅行など。

海外研修の目的は英語学習が多いものの，そうとは限らず，英語圏ではない渡航先も見られます。期間は5日程度，数週間，数カ月，半年，1年と様々です。研修内容も現地校での語学研修，ホームステイ，ファームステイ，大学寮に滞在，自然・異文化体験，史跡見学，現地の高校との交流と多岐にわたります。

研修旅行には必ず教育的な意味があります。その旅行によって何が得られるのかに着目してください。特に語学研修では英語力だけでなく，自立心や人への感謝の心なども育まれ，人間的成長が見られます。学校の教育方針や理念を踏まえて研修旅行の内容を知ると，見方が変わってきます。

クラブ活動

同じ種目でも目標や雰囲気，取り組み方は学校それぞれです。大会の上位をめざすのか，趣味的な活動とするのか，高校生活

の中でどれくらいの比重をおくのか。あなたの取り組み方に合致した学校・クラブを見つけてください。活動日数・時間，活動場所の確認は基本です。よい指導者がいるかという点も入学後の活動を左右します。体験入部があれば参加してみましょう。

どのクラブにするか特に決めていない人は，現在あるクラブの種目や数のほか，同好会の数やラインナップを調べるのもよい

でしょう。同好会は小規模な傾向にありますが，同好会があるということは，人数が少なくても生徒のニーズに応えて，活動する場を学校が用意してくれていることになります。また，入りたい団体がなければ，自ら創部する道もあります。既に多種多様な同好会が活動しているならば，新しい団体を創りやすい可能性があります。選択肢が多ければ，柔軟にクラブを検討できます。

4 施設・設備

勉強やクラブ活動に励む上で，施設・設備のチェックは欠かせません。施設の新しさや設備の多さにばかり目を向けないように。興味のあるもの（例えば特定の教科やクラブ）に関する施設・設備に注目したり，頻繁に使うもの（例えばホームルーム教室やトイレ，食堂）を必ず確かめたりと，学校生活をイメージすると確認すべきポイントが見えてきます。ホームページやパンフレットで調べるだけでなく，見学会などで実際に校舎を歩いてみましょう。耐震性や感染予防対策など，安全面，衛生面に関する点も要チェックです。

🏛 教室

最近，新築・改築された校舎は，温度や湿度，換気，調光などが管理されて快適に過ごせる造りになっています。

ICT教育に対応しているかどうかは，重要度の高いポイントとなりました。電子黒板が普通教室，特別教室すべてに設置され，校内どこでもWi-Fiにつながる学校はよく整備されていると言えます。

当たり前ですが，特別教室は教科の特性に応じた施設です。例えば，理科教室が複数あることは珍しくありませんが，それがいくつあるか，各分野に特化した設備や備

品が整っているかには差が出ます。

図書室も学校の特徴が表れやすい施設です。蔵書数だけでなく，どの分野に力を入れているか，視聴覚資料やデジタル資料の量，蔵書検索ができるか，閲覧コーナーや自習スペースの規模や環境，大学附属校ならば大学図書館も利用できるかなど，見所はたくさんあります。図書室としてだけでなく，各教科と連携したり，進路指導や放課後学習の拠点となったり，グループワークを行えたりと，多面的な機能を合わせ持った複合施設となっている学校もあります。

🏛 スポーツ施設

敷地が広ければあらゆる種目の施設がそろっているかもしれませんが，狭くても思いのほか多種類の施設が整っている学校もあります。1つの設備が何通りにも使えるといった工夫も見られます。

校外にスポーツ施設を持つ学校では，特定の運動部が活動したり，体育の授業やスポーツ大会の時に利用したりしています。

🏛 廊下・フリースペース

教室やスポーツ施設以外の空間も気に掛けましょう。授業やクラブ活動以外の時間をどう過ごせるかの参考になります。

学習の用途で多いのは，廊下の自習コーナー，職員室前の質問スペース，勉強の教え合いやグループワークに使えるフリースペース，イングリッシュラウンジなどです。

心豊かな学校生活を送るため，芸術作品を飾ったり，広々とした設計になっていたり，ランチやおしゃべりに利用できるカフェスペースを設けたりする学校もあります。

5 アクセス

どんなに気に入った学校でも，通学に2時間以上かかるようでは通いきれるか不安です。交通の便や通学時間を考慮して志望校を選びましょう。本書では，都県ごとの地図を掲載しており（目次p.67参照），各

校のだいたいの位置や，おおよその最寄り駅をつかむことができます。

また，スクールバスの有無や路線，自転車利用の可否など，交通手段も確認しておきましょう。

6 学力

高校入学時だけでなく，出口となる高校卒業時の学力からも考えてみます。

立校各ページ）と自分の成績を照らし合わせて志望校を検討しましょう。

高校入学時

学力の面から学校を選ぶ時，自分の学力に合った学校，それより高い学校，低い学校の3パターンがあります。

第1志望校をどれくらいの学力にするかは，高校入学後の学習に向かう姿勢に関係します。余裕を持って勉強に取り組み，その他の活動にも励みたいという人は，現在の学力と同等か，今後の学力アップを見込んで少し高い高校を選ぶとよいでしょう。かなり高めの学校をめざす場合は，合格して満足するのではなく，入学後も意欲を持って取り組む意志が必要です。授業について行けず，高校生活を続けていくことが困難にならないよう，その覚悟があるかどうか，自分に問いかけてみてください。

押さえの学校は自分の学力と同等か，少し低い学校を選びます。

高校受験に際しての高校の学力は，偏差値や内申をめやすに知ることができます。本書の「合格のめやす」（各校ページ）や「学力段階表」（目次p.67参照），「内申基準」（私

高校卒業時

高校卒業後の進路は多様ですが，学力の点で考えると，大学合格実績が参考になります。ただ，大学進学者が多いから必ずしも学力が高いわけではないことをご理解ください。学力を知る手掛かりは，大学進学率だけでなく，どの大学にどれくらい合格しているかにもあります。合格者が多めの大学に注目すると，その高校の中心となる学力層が推測できます。特定の大学の合格者数を比べる際は，各高校の卒業生数に対する割合を見ます。また，高校入学時の学力と，合格した大学の学力を比較すると，その学校の指導力が見えてきます。

附属高校を持つ私立大学に進学したいなら，附属高校から併設大学への進学率を調べます。コースが複数あるならば，内部推薦制度を利用できるコースかどうかも重要です。他の大学も視野に入れるなら，併設大学以外にどんな大学に合格しているか，併設大学にはない学部を持っている大学か，学力は高いのかといった点を見ます。

7 入試区分

選抜方法は，都県ごとの入試のしくみや各校の入試区分，課程・学科・コースなどによって異なりますが，大まかに言うと，都立・公立で5教科，私立で3教科の筆記試験が主に行われます。ほかに，面接や作文，実技，英語検定の実績，書類審査などが組み合わされます。入試区分によっては筆記試験がなく，書類審査のみや，面接と提出書類（調査書など）による選抜もあります。

私立高校の筆記試験は国数英の3教科が多いものの，国数英でないこともありますし，1教科，2教科，5教科など様々です。

また，私立高校では多様な入試区分を設けており，幅広い受験生にチャンスがあります。その学校を第1志望とするのか，併願校として押さえるのか，自分の特技を活かした受験ができるかなど，タイプによって選ぶべき入試区分は変わってきます。入試区分の種類はp.91～，詳しく説明します。

志望校がどのような入試を行っているかを調べ，自分の特技や適性を生かせる入試があれば利用するなど，自分にプラスとなるよう対策を立てましょう。本書では各校のページに前年度の選抜方法を紹介しているので，参考にしてください。

志望校選びのチェックポイント

1 教育方針が自分に合っているか
❶教育方針・理念，校訓，建学の精神，創立者の思想，宗教校かどうかなど
❷大学附属校かどうか
❸生活指導（校則）の在り方

2 教育内容が魅力的か
❶カリキュラム
❷授業形態
❸課外授業
❹キャリア教育

3 豊かな学校生活を送れるか
❶行事：種類，数，取り組み方など
❷研修旅行：種類，目的，内容など
❸クラブ活動：種類，数，活動状況，指導者など

4 必要な施設・設備が整っているか
❶教室：普通教室，特別教室，図書室
❷スポーツ施設：屋内，屋外，校内，校外
❸廊下・フリースペース：学習面，情操面

5 3年間通えるアクセスか

6 どれくらいの学力の学校をめざすか
❶高校入学時
❷高校卒業時

7 適切な入試区分で受験する

知っておきたい教育用語II　教育編

- **アクティブ・ラーニング** ▷教員による一方向的な講義形式ではなく，生徒が能動的に参加する学習法のこと。発見学習，問題解決学習，体験学習，調査学習，グループ・ディスカッション，ディベート，グループ・ワークなど，多種多様です。認知的・倫理的・社会的能力，教養，知識，経験など，幅広い力が養われます。

- **オンライン授業** ▷インターネットを介して授業を行うこと。大きく分けると，リアルタイムで授業動画を配信する「同時双方向型（同期型）」と，あらかじめ準備された動画や資料を使って授業を行う「オンデマンド型（非同期型）」の2種類があります。

- **習熟度別授業** ▷理解の度合い（学力レベル）により，生徒を複数のグループに分けて，それぞれに合った授業を行います。数学，英語での実施が目立ちます。少人数授業は人数が少ないだけで，グループ分けにおいて学力レベルの考慮はありません。

- **シラバス** ▷各科目の詳細な授業計画書です。授業の目的，到達目標，内容，評価方法，教材などが記載されています。授業の目的や，学習期間中での各回の授業の位置づけを確認することで，学習効果向上につながります。

- **総合的な探究の時間** ▷高校の「総合的な学習の時間」が「総合的な探究の時間」に変更されました。新学習指導要領に基づき，2019年度からの移行措置を経て，2022年度より実施。横断的・総合的な学習を通じ，自己の在り方・生き方を考えながら課題を発見し，解決する資質・能力の育成をめざしています。

- **ティームティーチング** ▷複数の先生がチームを組み，授業でよりきめ細かく指導します。英語では，日本人の先生と外国人講師によるティームティーチングを行う学校もあります。

- **リベラルアーツ** ▷文系・理系や特定分野の枠組みを越え，広範囲の知識・教養を身につけるという意味合いでリベラルアーツを掲げる大学が増えています。こうした捉え方で教育を進める高校が見られます。

- **ルーブリック** ▷学習到達状況（何をどの段階までできるか）を測るための評価方法。複数の観点を評価項目とし，それぞれの観点の習熟度を評価します。どのようなことが求められ，何をどう評価されたのかがはっきりしていて，評価する側とされる側が認識を共有できます。

- **BYOD** ▷ BYOD（Bring Your Own Device）とは，生徒が各自のスマートフォン，タブレット端末などを学習活動などに活用することです。高校では授業，課題研究や調べ学習，発表，補習などで取り入れる動きが出ています。

- **PBL** ▷ PBL（Project Based Learning）とは課題解決型学習のことを言います。生徒自らが課題を発見し，解決に向けたプロジェクトを考え，探究する教育方法で，答えに達するまでの過程が大切であることを学びます。また，Problem Based Learning（問題解決型学習）を指すこともあります。この場合は，与えられた問題について解決方法を考える学びです。

- **SDGs** ▷「持続可能な開発目標（Sustainable Development Goals）」（SDGs）が2015年に国連で決定。17項目が2030年を年限とした世界の共通目標とされています。これに沿って，貧困，ジェンダー，気候変動，資源の枯渇，飢餓，平和などの様々な問題を，日本の学校教育でも生徒が自らの主体的な問題として捉え，アプローチしています。

- **Society5.0** ▷狩猟社会（Society1.0），農耕社会（Society2.0），工業社会（Society3.0），情報社会（Society4.0）に続く，未来社会を指します。Society5.0は，経済発展と社会的課題の解決を両立させる，人間中心の社会です。

- **STEM教育・STEAM教育** ▷科学（Science）・技術（Technology）・工学（Engineering）・数学（Mathematics）の頭文字を取った理数系教育の総称がSTEM教育です。芸術（Art）も含めたものがSTEAM教育。各分野の知識・技能を生かしながら，これからのAI（人工知能）社会の中で問題解決の力を育みます。

3 入試の仕組み

受けるべき入試区分はどれ？

入試の仕組みは，各都県で都立・公立高校の入試を軸に考えられています。各都県で多少異なりますが，首都圏で，私立高校の入試は都立・公立高校の入試より早く始まり，私立第1志望者は受験生活が早く終わります。都立・公立高校第1志望者は，私立高校に合格して押さえの進学先を確保した上で，都立・公立高校を受験するのが一般的です。私立高校の入学手続きは，都立・公立高校の合格発表後まで待ってもらえるので，それが可能となっています。

様々な入試区分がありますが，基本的な入試の枠組みを捉えた上で自分が受けるべき入試を知り，受験の流れをつかんで受験パターンを組み立ててください。

1 東京の入試解説

私立高校の入試

東京都により定められたガイドラインの範囲内で，各校が独自の入試日程，選抜方法を設定しています。推薦入試と一般入試があり，推薦入試の募集人員は全体の50％以内と決められています。

（●推薦入試）

推薦入試に出願するには，原則として在籍中学校の校長による推薦書が必要です。また，一般的には12月の「入試相談」を経て出願します。入試相談では各校の設定している「内申基準」をクリアしているかどうかがポイントになります。

基本的には学科試験は行われず，面接と調査書によって選抜されますが，適性検査として国数英などの基礎学力を見る学校も多くあります。

推薦入試は「単願推薦」と「併願推薦」に大別されます。東京都の私立高校では，単願推薦を「A推薦」，併願推薦を「B推薦」と呼ぶのが一般的です。

●単願推薦／A推薦

合格すれば必ずその学校に入学することを約束して受験するので，学校が設定している内申基準を満たしていれば，合格する可能性がとても高くなります。

●併願推薦／B推薦

募集対象は千葉県・埼玉県などの中学生です。東京都・神奈川県の中学生は出願できません。第1志望の高校に不合格だった場合，必ず入学することを条件とした私立高校が多くあります。内申基準は単願推薦に比べて若干高く設定されています。

（●一般入試）

多くの私立高校では一般入試でも内申基準を設定しており，基準を満たした受験生は優遇措置が受けられます。特に併願推薦で出願できない東京都・神奈川県の中学生は，「併願優遇」の利用が一般的です。一方，

私立の難関校をめざす受験生や，内申は振るわないが学力はあるという受験生は，内申基準の定めがない「一般」や「フリー」に出願することになります。

選抜は主に国数英の学科試験と面接，調査書によって行われます。

●併願優遇

募集対象は東京都・神奈川県の中学生です。多くの私立高校では，第1志望の公立高校が不合格の場合，必ず入学することが条件となっています。中には，私立高校併願可，志望順位不問の高校も見られます。いずれも推薦入試と同様，入試相談を受ける必要があります。内申基準は併願推薦と同じとする学校が大半です。

●単願／第1志望優遇

合格すれば必ずその学校に入学することを約束して受験します。内申基準を満たすと，入試得点への加点，ボーダーラインでの判定考慮などの優遇措置を受けられます。

●一般／フリー受験

内申基準の設定がなく，入試相談を経ずにだれでも出願できます。試験当日の一発勝負となるため，不合格の危険性を伴います。合格すると必ず入学しなければならない，というような制約はありません。

●再受験優遇

推薦入試で不合格になった受験生が，一般入試で同じ私立高校に再チャレンジする際に，優遇される場合があります。受験料免除とする学校が多いようです。

 都立高校の入試

東京都により定められた制度で一斉に行われます。私立高校と同様に推薦入試と学力検査による入試が実施されます。学年制普通科は男女別募集でしたが，2024年度より男女合同募集となりました。

推薦入試の募集人員は学科により上限が決まっており，普通科の場合は原則として全体の20%以内です。選抜方法は調査書，面接（一部の学校は集団討論を含む）と，小論文または作文，実技検査，学校が設定する検査より1つ以上となっています。

学力選抜は全日制の場合，前期・後期に募集人員を分けた「分割募集」を行う学校と，「第1次募集」と「第2次募集」（第1次募集で定員に達しないと実施）を行う学校があります。調査書，学力検査，中学校英語スピーキングテスト（ESAT-J）に加え，面接，小論文または作文，実技検査を実施した場合はその結果を合わせた総合成績により選抜されます。推薦不合格者は学力検査で再チャレンジできます。

詳細は「都立高校の入試要項について」（p.866〜）を参照してください。

2 神奈川の入試解説

 私立高校の入試

各校が独自の入試日程，選抜方法を設定しています。東京都と同様に推薦入試と一般入試があります。

●推薦入試

神奈川県の推薦入試は専願（第1志望）が条件で，出願には在籍中学校の校長による推薦書が必要です。また，12月の「入試相談」を経た上で出願し，各校の設定している「内申基準」を満たしているかどうかがポイントになります。

基本的には学科試験は行われず，面接と調査書によって選抜されますが，作文を課す学校も見られます。

（●一般入試）

　一般入試でも専願，併願ごとに内申基準を設定している学校が多く，入試相談を経ることで，入試得点への加点やボーダーラインでの判定考慮などの優遇措置を受けることができます。

　入試相談を要する入試として，「書類選考」を行っている学校があります。併願可とする場合も多く，試験を受けに来校しなくてもよいため，多数の受験生に利用されています。近年，多数の学校が書類選考を導入，

或いは利用を拡大し，神奈川の書類選考はより定着しました。

　このほか，学科試験の成績で合否が決まる「オープン入試」も実施されています。

公立高校の入試

　神奈川県では「共通選抜」として一本化されています。二次募集もありますが，共通選抜の不合格者が安全志向で受検することを考えれば，ボーダーラインがどのくらいになるか読めません。

　選抜は調査書，学力検査により行われます。また，特色検査として，自己表現検査や実技検査，面接を課す学校もあります。これまで全校実施だった面接は，2024年度より，第1次選考では特色検査の一つとなりました。

　詳細は「神奈川県公立高校の入試要項について」（p.1103～）を参照してください。

3 千葉の入試解説

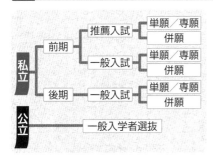

私立高校の入試

　千葉県では1月の「前期選抜」と2月の「後期選抜」に分かれて入試が行われ，入試の種類としては推薦入試と一般入試があります。

　公立高校入試が一般入学者選抜に統合されたこともあり，ほとんどの私立は募集人

員の大半を前期選抜に割り当てていて，後期選抜の募集を少なくするか，後期選抜を実施しない学校が多数です。出願する際の手順や書類などについては，募集要項をよく確認しましょう。

（●推薦入試）

　在籍中学校の校長による推薦書を必要とする「単願推薦」「併願推薦」のほか，校長推薦が不要な「自己推薦」を実施している学校もあります。また，「スポーツ・部活動推薦」を行う学校も見られます。

　推薦入試とは言え，ほとんどの学校で主に国数英の学科試験が課されます。内申基準を満たしていても，入試成績によっては不合格となることもあります。

●一般入試

一般入試では「単願（第1志望）」「併願」などの区分が設けられています。それぞれに内申基準を設定し，「合格のめやす」としている学校も多いようです。

後期選抜は一般入試によって行われますが，募集人員が少ないために競争率は高くなります。また，公立高校入試と日程が近いために両方の入試対策を同時に進める必要があり，難しい入試になります。

 公立高校の入試

千葉県では「一般入学者選抜」として，一本化されています。学力検査のほか，面接，自己表現，作文，小論文，適性検査などから1つ以上の学校設定検査も実施されます。

詳細は「千葉県公立高校の入試要項について」（p.1199〜）を参照してください。

4 埼玉の入試解説

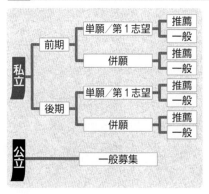

 私立高校の入試

私立高校では，推薦入試や一般入試による日程の区分はありません。募集区分や入試日程を自由に組めるため，多くの学校が1月中に2〜3回の入試を設定して入試を終えてしまいます。2月入試を行う場合も，おおむね二次募集的な意味合いで実施されるようです。そのため，多くの受験生は1月の併願受験で私立高校の合格を確保しておき，2月下旬の公立高校入試に挑むという受験パターンを組んでいます。

●推薦入試

単願・併願それぞれに「学校推薦」と「自己推薦」を行う学校が多く，入試区分ごとに内申などの基準が定められています。学科試験による選抜が多く，面接，調査書と合わせて合否判定されます。

埼玉県では中学校の先生と高校の先生との間で行われる「入試相談」がなく，受験生・保護者が個々に高校の説明会や相談会に足を運び，高校の先生との「個別相談」を経た上で入試に臨む形が定着しています。

●一般入試

多くは「単願入試」「併願入試」という区分で行われ，推薦入試と同様に内申などの基準が設けられています。高校の先生との個別相談が合格の鍵を握るのも推薦入試と同じです。

 公立高校の入試

埼玉県の公立高校入試は2月の「一般募集」に一本化されています。欠員補充はあるものの，実質的には受検機会は1回しかありません。5教科の学力検査で選抜され，面接や実技検査を実施する学校もあります。その成績に基づいて，第1次・第2次の2段階選抜か，第3次を加えた3段階選抜が行われ，合否が決まります。

詳細は「埼玉県公立高校の入試要項について」（p.1291〜）を参照してください。

知っておきたい受験用語

- **調査書** ▷ 中学校から高校に提出する書類です。各教科の5段階評定，出席の記録（千葉，埼玉），総合的な学習の時間の記録，諸活動の記録などから構成されています。私立は学校によりますが，公立は東京が中3のみ，神奈川は中2・中3，千葉と埼玉では中1〜中3の評定，東京と神奈川はほかに観点別学習状況の評価が記載されます。中1・中2は学年末，中3は通常12月末時点のものです。

- **入試相談** ▷ 私立高校の入試の優遇制度を利用する場合に，中学校の先生と高校の先生とが，受験希望者の合格の可能性について相談する制度です。東京と神奈川の私立高校で採用されており，12月15日以降に行われます。

- **内申基準** ▷ 私立の推薦入試や一般入試の優遇制度で，出願資格または相談基準として設定されます。例えば「9科36以上」，神奈川では「30/45以上」などと示されます。

- **内申加点** ▷ 内申基準（前項参照）に達しない場合に，英語・漢字検定などの資格や生徒会活動・クラブ活動の実績などをポイントとして内申に加点することを言います。素の内申が内申基準より低くても，加点により基準がクリアできることになります。

- **スライド合格** ▷ コース制の私立高校で多く採用されています。学力上位コースを受験して不合格となっても，下位コースで合格することを言います。成績優秀なため，逆に上位コースに合格する場合もあります。

- **延納** ▷ 公立高校など他校が第1志望の場合，その学校の合格発表まで入学手続きを待ってもらえる制度です。出願時や合格発表後に延納願を提出する場合や，5万円前後の延納手続き金を要する場合があります。併願者にはそもそも手続き締切を遅く（公立発表日を考慮した日程で）設定している学校もあります。

推薦入試 Q&A

Q1 推薦入試を受験するには？

A1 原則として中学校長からの推薦書が必要です。また，私立高校では各校が定める「推薦基準」を満たさなければなりません。推薦書が不要な「自己推薦」を行う私立高校もあります。

Q2 推薦基準って何ですか？

A2 私立高校の場合，多くは「9科の内申合計30以上」などのように「内申基準」として示されます。「3年次の欠席日数10日未満」などの出席状況の条件もあります。

Q3 推薦入試でもテストがある？

A3 基本的には調査書と面接，作文などで判定しますが，基礎的な学力を確かめるために「適性検査」を実施する高校も多くあります。

Q4 推薦入試でも不合格になりますか？

A4 都立高校は推薦入試の方が学力検査より高倍率の傾向があります。私立で人気の進学校は，推薦基準が出願資格にすぎず，適性検査により不合格もあります。

Q5 推薦入試のメリットは？

A5 試験の負担が軽く，早い時期に合格が決まるので，高校入学に向けて余裕をもって準備することができます。

一般入試 Q&A

Q1 一般入試って何ですか？

A1 当日の学科試験の結果を特に重視する入試のことです。公立は国数英理社の5教科が中心で，私立は主に国数英の3教科で試験を行います。

Q2 一般入試を受ける条件は？

A2 基本的にはありません。しかし私立高校では，一般入試でも優遇制度の適用を受けるには「内申基準」を満たす必要があります。

Q3 一般入試の優遇制度って何ですか？

A3 「単願優遇」や「併願優遇」などです。優遇内容は学校により様々ですが，入試得点への加点や，ボーダーラインでの判定考慮などがあります。「併願優遇」は，公立または私立第1志望の受験生が私立併願を受けるときに，合格の可能性を高く見込める入試区分です。

Q4 優遇のない一般入試はありますか？

A4 「フリー受験」や「オープン入試」では優遇がなく，学科試験での勝負となります。合格したら必ず入学する，というような制約はありません。ただし，合格するには高い学力が求められ，不合格も出やすい入試となります。

併願校を選ぶには

4 受験パターンの組み立て方

　併願校選びは，高校入試のキーポイントとなります。大本命の志望校が決まっていても，合格の可能性が極めて高い「単願推薦」で私立高校を受ける場合を除き，第1志望校のみの受験はお勧めできません。本命ではない高校については，偏差値だけで選ぶようなことはしないでください。入学する可能性のある学校ですから，本命校を選ぶのと同様に多くの側面から検討しましょう。

　ここでは，受験戦略としての併願校の選び方，スケジュールの組み立て方を理解するために，学力レベルによる志望校の分類と，代表的な受験パターンを紹介します。

1 偏差値による挑戦校・最適校・堅実校の考え方

　まずは，自分の偏差値と照らし合わせて，受験候補を学力レベルで分類しましょう。本書では「挑戦校」「最適校」「堅実校」の3つのカテゴリーで分類しています。進学研究会の「Vもぎ」や伸学工房の「神奈川全県模試」などによる自分の偏差値と，高校の偏差値を比べて，次に示す偏差値の差をめやすと考えます。

● 自分の偏差値より＋4以上 …挑戦校
● 自分の偏差値と±3の差　　…最適校
● 自分の偏差値より−4以下 …堅実校

学力的には，「最適校」の中から「本命校」を絞っていくのが妥当な考え方でしょう。

偏差値とは

　テストの成績を比較するとき，得点だけで正しい比較はできません。平均点が高いか低いかで自分の得点の意味が変わってくるからです。下表では，3回のテストで得点が高いのは2回目ですが，平均点と比べて考えれば，3回目の方が良い成績と言えます。

	1回目	2回目	3回目
得点	55点	78点	75点
平均点	49点	66点	50点

　また，全員の得点が高ければ，平均点も高くなりますが，その中に極端に悪い得点があると，それに引きずられて平均点は下がります。そのため，平均点を基準にして自分の学力を測ることもできません。

　そこで，全体の中での自分の位置を正確につかむために考え出されたのが「偏差値」です。偏差値は，平均点を偏差値50とし，そこを基準にどのように得点が分布しているかを考慮して割り出されます。テストを受ける集団が同じであれば一定の尺度として用いることができます。

2 私立志望か？ 公立志望か？

　第1志望が私立か公立かによって併願パターンの組み立て方は変わってきます。受験したい学校に，自分の条件に合った入試区分があれば積極的に利用してください。選んだ学校を上手に組み合わせることができるよう，代表的なパターンを見ておきましょう。

✏ 公立第1志望なら…

　公立高校は原則1校しか受検できません。公立が本命の場合，私立の併願校選びは重要です。公立への入学しか考えていないからと言って，公立1本での受検はとても危険です。たとえ自分の学力レベルが合格圏内に入っていても，緊張や交通トラブル，体調不良・病気など，入試当日は何が起こるかわかりません。もしもの時のために私立の併願校を用意しておきましょう。

パターン❶ まず，千葉・埼玉を中心とした受験生は「併願推薦」，東京・神奈川生ならば「併願優遇」の出願基準に達している学校を押さえます。

パターン❷ 学校によっては公立に加え，他私立との併願を認めることがあります。パターン❶の高校がそうであれば，さらに私立の挑戦校を「フリー受験」でチャレンジできます。押さえの学校を確保しながら，より高い目標をめざす道があるのです。

> パターン❶ 私立の併願推薦または併願優遇（最適校）＋公立
> パターン❷ 私立の併願推薦または併願優遇（最適校）＋私立の一般フリー（挑戦校）＋公立

✏ 私立第1志望なら…

パターン❶ まずは「単願推薦」での受験を考えます。内申による推薦基準が定められており，達していればほぼ合格となります。

パターン❷ 推薦基準に達していない場合は，一般入試で「第1志望優遇」（p.92参照）を利用すると有利です。

パターン❸ 推薦基準に達していない場合，別のパターンとして，その高校の推薦入試に「自己推薦（C推薦）」があれば，挑戦してみましょう。基準未満でも受けられ，当日の試験結果重視で合否が判定される入

試です。もし不合格で，その高校に一般入試でもう一度挑む場合，第1志望優遇や再受験優遇があれば，利用します。

　パターン❷❸の場合は，ほかに併願校を志望しておくと安心です。その併願校が私立併願を認めている場合は，最適校の「併願推薦」または「併願優遇」を受験します。私立併願を認めていない場合，その併願校は堅実校を選び，事前相談なしの「フリー受験」となります。

> パターン❶ 単願推薦
> パターン❷ 私立併願可の併願推薦または併願優遇（最適校）＋一般第1志望優遇
> パターン❸ 自己推薦またはC推薦＋一般第1志望優遇または再受験優遇＋一般フリー（堅実校）
>
> 赤字＝第1志望校の区分　アミ＝必要に応じて受験

3 受験パターンを考える

　ここでは学力レベルによる，代表的な受験パターンをいくつか挙げてみます。必ずしもこの通りに受験しなければならないということではありませんが，注意点を踏まえ，基本的な考え方として参考にしてください。

🖊 併願校選びの注意点

● 併願での優遇は併願先の指定に注意

　私立の併願推薦や併願優遇を利用する場合，併願校に条件があるかどうかを確認しておきましょう。

　「公立のみ併願可・私立併願不可」と限定されると，併願校は１校だけとなります。

　それでは不安を抱く受験生は多いと思いますが，複数校受験できる高校もあるので安心してください。「私立の中では本校が第１志望」「第１志望は公立でも私立でも可だが，本校が第２志望であること」といった条件がつく場合は要注意ですが，「他の私立を何校受験してもよいし，公立不合格の場合は他私立への入学も可」というケースもあります。

　こういった条件は入試要項に記載されていないことがあるので，入試説明会で確認したり，中学校や塾の先生とよく相談したりするとよいでしょう。

● 併願校はその高校に行くつもりで

　堅実校を「合格できそうなところならどこでも」と安易に選んではいけません。もし本命校が不合格だったら，堅実校に入学することになるからです。

　都立では，推薦入試や前期募集で合格すると，入学手続きをする・しないに関係なく，以後の都立受検資格が消滅してしまいます。受験校を選ぶ場合は，その高校に入学して３年間を過ごすことができるかどうかをよく考えて選ぶようにしましょう。

🖊 受験パターンの例

```
堅実校 ━━▶ 本命校 ━━▶ 挑戦校
```

　最初の入試はだれでも緊張するものです。もしかしたら実力を出し切れないかもしれません。そこで，堅実校をまず受験して合格を確実にしておき，入試を経験してから本命校を受験するとよいでしょう。最後に高いレベルの学校にチャレンジします。

```
私立併願推薦校または私立併願優遇校  ▶ 公立本命校
（最適校または堅実校）
```

　公立第１志望の場合は，日程的に本命校が最後になります。公立入試は学力に見合った学校を受験する場合でも何が起こるかわかりません。私立の併願推薦または併願優遇を利用して受験し，合格を押さえてから，余裕をもって臨みたいところです。

```
堅実校A ━━▶ 本命校 ━━▶ 堅実校B
```

　本命校に不安があるなら，堅実校を２つ用意しておくようにしましょう。難関私立を第１志望にしている場合は，堅実校A→本命校→堅実校Bというパターンがよいでしょう。私立３校目になると試験が続いて受験疲れをしてしまうので，本命校は２番目に受けておきます。

　本命校が絞りきれず，同じレベルの高校

ばかり選んでしまうのは危険です。そういった高校の受験が続くと，すべて不合格になる可能性があるためです。入試はその日の体調，疲労，緊張などによって結果が大きく左右されます。多少ミスをしても合格できる堅実校は必ず併願校に組み込んでおきましょう。

知っておきたい偏差値の基本

偏差値はこんなに便利!!

❶ 何回かのテストの成績を比較できる

　下の［表1］は500点満点のテストを4月から7月まで受けたときの得点と偏差値を示しています。得点は4月が最も高いのですが，偏差値で見ると7月が最も良い成績だったことがわかります。

［表1］

	4月	5月	6月	7月
得　点	300点	280点	270点	290点
偏差値	51	50	52	53

❷ 各科目の成績の比較ができる

　テストが異なれば問題の難易度も異なります。そのため，得点の高い教科が必ずしも成績の良い教科とは限りません。下の［表2］では数学の得点が最も低いのですが，偏差値は最も高いので，成績が一番良いのは数学です。以下，社会，理科，国語，英語の順になります。

［表2］

	国語	数学	英語	理科	社会
得　点	75点	60点	70点	85点	70点
偏差値	52	58	50	55	56

❸ 前年度の受験生と比較できる

　前年度，偏差値58だった受験生がA高校とB高校に合格し，C高校は不合格だったとすると，今年度偏差値58の人も同じような結果になる可能性があると推定できるのが偏差値です。

ライバルの頑張りと比較できる

　偏差値は競争相手との比較なので，絶えず変動します。仮に11月の偏差値が55で，その後コンスタントに勉強を続け，1月のテストで同じ点数を取ったとしても，偏差値が50に下がることがあります。これは，ほかの受験生がその期間に自分より頑張り，順位が逆転したからです。夏休み明けや入試直前にはこういった事例が起こりやすく，自分とライバルの頑張りにどの程度の差があるのかを知ることができます。

同じ偏差値でも合否が分かれる?

　同じ偏差値の受験生が同じ高校を受験しても，合格する人と不合格になる人がいます。その理由はいくつか考えられます。

〈理由❶〉多くの受験生は12月までの内申と偏差値をもとに志望校を決定します。そこから入試までの期間に最後の追い込みをかけて勉強したか，しなかったかが合否の差として表れます。

〈理由❷〉私立入試や国立入試では基本的な学力レベルよりも難しい問題や独自の傾向を持った問題が出されることがあります。そのための個別の対策を十分に行ったかどうかで合否が分かれることもあるでしょう。

〈理由❸〉本番の入試では，失敗できないという緊張感の中で問題を解かなければなりません。そのような緊張感や当日の体調などのコンディションが，実力を十分に発揮できるかに影響します。

5 入試の流れ

スケジュールをつかもう

　自分が今どういう状況におかれ，何をすべきなのかがわからず，先が見えないのは不安なものです。中学3年生になってから，入試が終わるまでの流れをつかみ，心構えを整えておきましょう。カレンダー形式で紹介します。

1 中学3年生の年間カレンダー

中学校のスケジュール　　　高校のスケジュール

学習アドバイス❶
1・2年生の学習範囲の総復習を始めましょう。また，3年生の授業では1学期に勉強したことは1学期中にマスターすること！

夏休み前に多くの中学校で三者面談が行われます。進路についてどう考えているのか，今の成績はどうか，などを話し合います。

学習アドバイス❷
夏休み中は1・2年生の学習範囲の総仕上げ。苦手な分野は基本事項から確認しましょう。

学習アドバイス❸
2学期は応用力の向上に努め，たくさんの練習問題をこなしましょう。わからないところは後回しにしないですぐに確認すること！

11月から12月にかけて中学校で行われる三者面談で，受験校を最終的に決定します。

学習アドバイス❹
冬休み中は基礎的な内容の最終確認をするとよいでしょう。3学期に入ったら学習の総仕上げとして過去問に取り組み，入試に臨みましょう。

中学校のスケジュール		高校のスケジュール
進路説明会	**4月**	**学校説明会・見学会・体育祭** 早い時期から週末などに説明会や見学会を開催する学校もあります。体育祭を見学するときは事前に見学の可否と会場を確認しておきましょう。
中間テスト	**5月**	
	6月	
期末テスト 三者面談①	**7月**	**合同説明会・オープンスクール** 夏休み中もイベントは盛りだくさん！　都県ごとに，私立高校の合同説明会が大きな会場を借りて行われます。各校でオープンスクールが開催されるのもこの時期です。
夏休み	**8月**	
	9月	**入試説明会・文化祭** 9月以降は説明会の開催がピークを迎えます。各校で入試日程の発表などがあるので必ず参加しましょう。個別相談を受ける場合は，通知表のコピーなど成績がわかるものを持って行くとよいでしょう。文化祭の中で入試相談コーナーを設ける学校も多数。
中間テスト	**10月**	
	11月	
期末テスト 三者面談②	**12月**	入試相談（東京・神奈川）
冬休み	**1月**	**いよいよ入試本番!** 各都県の入試日程は p.101をご覧ください。
	2月	
学年末テスト		
卒業式	**3月**	

2 12月からの都県別カレンダー

※入試日程は2024年度入試の実績です。2025年度入試は変更になる可能性があります。

東京

私　立	都立（全日制）

12月
- 上旬　三者面談
- 15日 入試相談スタート
- 下旬
- 上旬　冬休み

1月
- 推薦入試
  - 15日 出願スタート
  - 22日 試験スタート
  - 下旬 手続締切
- 25日 出願スタート
- 一般入試
  - 10日 試験スタート

都立（全日制）
- 推薦入試
  - 12～18日 出願
  - 26・27日 検査
  - 31～6日 一次・前期 出願

2月
- 一次・前期
  - 2日 推薦合格発表
  - 5日 推薦手続締切
  - 13日 願書取下げ
  - 14日 願書再提出
  - 21日 検査
- 初旬 手続締切
  - 1日 合格発表
  - 4日 手続締切

3月
- 後期・二次
  - 6日 出願
  - 7日 願書取下げ
  - 8日 願書再提出
  - 9日 検査
  - 14日 合格発表
  - 15日 手続締切

神奈川

私　立	公立（全日制）

12月
- 上旬　三者面談
- 15日 入試相談スタート
- 下旬
- 上旬　冬休み

1月
- 推薦入試
  - 16日 出願スタート
  - 22日 試験スタート
  - 下旬 手続締切
- 24日 出願スタート
- 一般入試
  - 10日 試験スタート

公立（全日制）
- 24～31日 出願
- 共通選抜
  - 5～7日 志願変更
  - 14日 学力検査等・特色検査
  - 15・16日 特色検査等

2月
- 初旬 手続締切
  - 28日 合格発表

3月
- 二次募集
  - 1・4日 出願
  - 5・6日 志願変更
  - 8日 学力検査等・特色検査
  - 13日 合格発表

千葉

私　立	公立（全日制）

12月
- 上旬　三者面談
- 中旬 出願スタート
- 下旬
- 上旬　冬休み

1月
- 前期選抜
  - 17日 試験スタート
  - 下旬 手続締切
- 下旬 出願スタート

2月
- 後期選抜
  - 15日 試験スタート
- 一般入学者選抜
  - 1～5日 出願（郵送）
  - 6～8日 出願（窓口）
  - 14・15日 志願・希望変更
  - 20・21日 学力検査等

3月
- 初旬 手続締切
  - 4日 合格発表
- 二次募集
  - 7日 出願
  - 8日 志願・希望変更
  - 12日 検査
  - 14日 合格発表

埼玉

私　立	公立（全日制）

12月
- 上旬　三者面談
- 下旬
- 上旬　冬休み

1月
- 上旬 出願スタート
- 入試
  - 22日 試験スタート

2月
- 一般募集
  - 7日 出願（郵送）
  - 8・9日 出願（窓口）
  - 14・15日 志願先変更
  - 21日 学力検査
  - 22日 実技・面接（一部）

3月
- 上旬 手続締切
  - 1日 合格発表
  - 18日 欠員補充開始

③ 入試期間の流れ

出願から順番に見てみましょう。

❶出願

出願の手続きは，その高校を受験することを願い出るための「入学願書」と共に，中学校での学業成績や諸活動について記載された「調査書」，その他の書類を受験する高校に提出し，受験票を得て完了します。

私立の出願方法はWeb出願が主流となりました。受験する前に一度は学校に足を運んでほしいといった理由で窓口受付を続ける高校や，ネット環境が十分でない家庭を考慮して窓口・郵送での出願を残している高校もあります。また，Web出願と言っても，Webでの出願手続き後に，出願書類一式を受験校に送る必要があります。

都立・公立でもインターネット出願（Web出願）が導入されています。2023年度より都立，2024年度より神奈川公立の全校で実施。千葉・埼玉公立も一部の高校でインターネット出願（Web出願）を受け付けるようになり，拡大が予想されます。

Web出願　代表的なシステムの，大まかな流れを追っていきます。

Step 1　事前登録
出願前のWeb入力期間に受験校のサイトへアクセスしてIDを取得。受験生の顔写真のアップロード，志願者情報，入試区分や試験日などの登録を済ませて，受験料を決済（クレジットカード，コンビニエンスストア，ペイジーによる）。

attention
出願最終日前にWeb入力期間が終わるケースがあるので，登録は早めに済ませましょう。

Step 2　受験票印刷
出願期間に受験票（学校によっては入学願書，写真票なども）を印刷。

attention
本書の私立高校紹介右ページ「入試日程」では，「登録・出願」として，Step1の初日からStep3の最終日までを記載しています。この期間内にいくつかの手順を踏むことを念頭におきましょう。

Step 3　書類提出
提出書類（入学願書，調査書，推薦書など）を受験校に郵送して完了。

便利ポイント 資料請求や説明会予約のために登録した情報が，そのまま出願に流用できるシステムもあります。

便利ポイント Web出願システムの会社によっては，同じシステムを採用している高校ならば，同一IDでアクセスが可能です。

便利ポイント Web出願の練習ができるサイトがあります。

❷試験日・会場

　私立の試験日は，音楽科高校が実技試験を課すにあたり，2日間ないし3日間というケースが見られますが，だいたいは1日です。複数の試験日から1日選択できることはあります。

　都立・公立の検査日（試験日）は1日とは限りません。東京の推薦（一部），千葉の一般入学者選抜，埼玉の一般募集（一部）は2日にわたり，神奈川の共通選抜は3日間設定されています。

　書類審査以外，試験は基本的に受験する高校で行われますが，併設大学を会場とする学校もあります。受験者数が多い私立高校では，イベント会場やホテル，公共施設，公立中学校などの外部会場を借りて行われることもあります。

 ❸合格発表

　私立は最速で試験日当日ですが，翌日，翌々日が多く見られます。ただ，受験者数の多い茨城，栃木，群馬，山梨の高校では，合格発表までに1週間前後を要します。

　都立・公立は試験日から合格発表まで，1週間～10日前後かかります。二次募集は2～5日で発表されます。

　発表方法は高校での掲示，郵送，Webなどがありますが，Webが主流となりました。受験番号が掲示され，受験生が一喜一憂する姿は減っています。

 ❹入学手続き・手続き金納入

　私立と都立・公立いずれも，入学手続きには書類によるものと手続き金の納入があり，決められた期限までに済ませなければ，入学の意思がないと判断されてしまいます。

　私立は手続き金の額が大きいので，いつまでにお金を用意すればよいか，保護者は気になるところです。本書では，手続き金の納入を優先して，「入試日程」に手続き締切日を記載しています。

　また，第1志望が別の学校の場合，入学手続きを待ってもらえるかどうかを確認しましょう。多くの私立では都立・公立が第1志望の受験生に配慮し，都立・公立の合格発表後まで，手続き金の納入を延期してくれます。これを「延納」と呼んでいます。本書では，「入試日程」に［延納］という項目で注記しているので，参考にしてください。

 ❺クラス分けテスト・登校日

　入学後のクラス分けの参考にするため，合格発表後に試験を行う学校があります。私立の推薦合格者は一般入試をクラス分け試験の代わりとして受験することもあります。結果が思わしくないからと言って合格が取り消されたり，認定されていた特待ランクが下がったりということはまずありません。

　また，入学するにあたっての説明会や，制服の採寸，指定品・教科書・教材の購入などのための登校日が設けられます。

6

お金は大事なコトだから
学費について

1 受験料から高校1年次まで

高校受験から高校入学，そして入学後にはどんな費用がかかるのでしょう。

受験料・入学考査料etc.

私立は2万円前後ですが，大学附属校や音楽科はもう少し高めです。同じ額で複数回受験できたり，再受験は無料だったり，2回目以降は割引されたりもします。

国公立では入学考査料，受検料，入学検定料，入学選考手数料などと言います。金額は次の通りです。

```
都立・公立高校 ……… 全日制2,200円
国立高校 …………………9,800円
高等専門学校 ……… 国立16,500円
                    都立12,600円
```

入学手続き時

私立も国公立も入学手続き時に入学金（国公立は入学料）を納入します。

私立の入学金は20〜25万円程度の学校が多いのですが，都心から離れると10万円代の学校もあります。また，大学附属校は高めの傾向で，30万円を超える学校も見られます。

私立の多くでは入学手続き時に，入学金のほか，施設費や，諸会費，教材費などの諸経費も納入します。授業料をはじめとする学費の1学期分，半年分，あるいは年間総額を同時に納入させる学校もあります。そうすると，一度に100万円近く用意することになるので，家庭の状況と合わせて検討しましょう。

国公立の入学料は次の通りです。

```
都立・公立高校 ……… 全日制5,650円
            （千葉・埼玉の市立は別途）
国立高校 ………………………56,400円
高等専門学校 ……………………84,600円
      （都立高専の都内生は42,300円）
```

私立では，施設費，施設設備費，施設拡充費，施設設備資金といった名称の，施設設備を整備するための費用が発生します。1年次を見ると5万円未満〜約40万円とまちまちです。1年次だけ納入する学校，毎年納入する学校，学年によって金額が異なる学校もあります。入学後納入の場合は分割も可能ですが，手続き時の場合は金額が大きいので準備を要します。

入学後

入学後の学費の中心となるのは授業料です。私立では月額にすると4万円前後の学校が多くなってきましたが，学校による差が大きく，月額2万円程度の学校もあれば，6万円を超える大学附属校もあります。放課後や夏休みの講習費用を別途納入するケースも少なくありません。

私立・国立高校と国立高等専門学校の1年次の学費（制服・制定品代を除く）は，各校のページを参照してください。

都立・公立では，全日制の授業料は年間11万8,800円です。ほかに積立金，諸会費，制服・制定品代などが必要となります。積立金は教材・実習費，行事費，修学旅行費，模擬試験代などに充てられるようです。

2 就学支援金制度

制度の概要・適用対象

高等学校就学支援金制度とは，教育の機会を均等にするため国公私立問わず，高校等に通う生徒に対して，国が授業料の支援として「就学支援金」を支給する制度です。以下の算定基準額世帯が対象となります。

> 課税標準額×6％−市町村民税の調整控除額＝30万4,200円未満（年収めやす約910万円未満※）

※年収のめやすのモデル世帯は両親，高校生，中学生の4人家族で，両親の一方が働く世帯。

適用対象は，2014年4月以降に入学し，以下の学校に在学する生徒。高校入学時に手続きすることで，支給を受けられます。

● 適用対象
①国公私立の高等学校（全課程）
②中等教育学校後期課程
③特別支援学校の高等部
④高等専門学校（1〜3学年）
⑤専修学校（高等課程）
⑥専修学校の一般課程や各種学校のうち国家資格者養成課程に指定されている学校
⑦各種学校のうち一定の要件を満たす外国人学校（告示で指定）

● 以下の生徒は対象外
①高等学校等を既に卒業した生徒や3年（定時制・通信制は4年）を超えて在学している生徒
②高等学校の専攻科，別科の生徒や，科目履修生，聴講生（専攻科は別の支援あり）
③保護者等の算定基準額（課税標準額×6％−市町村民税の調整控除額）が30万4,200円以上（年収めやす約910万円未満）

支給額

就学支援金は正規の生徒の授業料にのみ適用されます。入学金，教科書代や修学旅行費など，授業料以外の学費は対象になりません。支給額は以下の通りです（中等教育学校後期課程を含みます）。

国立高校		月額 9,600円
公立高校	全日制	月額 9,900円
	定時制	月額 2,700円
	通信制	月額 520円
私立高校	全課程	月額 9,900円
国公私立高等専門学校		月額 9,900円

※授業料が上記金額に達しない場合には，授業料を限度にして支給されます。単位制の場合は単位数に応じて支給額が異なります。

さらに，私立高校や高等専門学校などに通う生徒がいる，年収約590万円未満の世帯では，上記の支給額に年額27万7,200円まで加算され，合わせて39万6,000円まで支給されます。

都県ごとの補助制度

国の制度であり全国共通の「就学支援金制度」に加え，都県ごとに授業料や入学金等を補助する制度もあります。この制度は私立高校などの在校生を対象とし，世帯の収入や世帯構成等に応じて支給されます（制度の名称や適用範囲，補助額等は各都県で異なります）。

上記のほか，市町村民税所得割額と都道府県民税所得割額が非課税の世帯を対象に授業料以外の教育費を支援する奨学給付金制度もあります。

次のページより各都県の概要（過年度実績）をまとめていますが，詳細は各都県の発表で確認してください。

※全日制・定時制の過年度実績です。年度により変更となる可能性があります。

東京都の学費補助金制度

　東京都では，私立高校等に在学する都内在住の生徒・保護者への授業料の負担を軽減する制度として，「授業料軽減助成金」があります。年収約910万円未満世帯を対象に，都内私立高校の平均授業料に相当する金額まで助成する制度ですが，2024年度からは，さらなる拡充策がとられることになっています。これまでは年収約910万円未満の世帯が対象でしたが，この所得制限がなくなり，年収約910万円以上の世帯も，都内私立高校の平均授業料相当額まで助成される見通しです。

　なお，都内私立高校の平均授業料相当額は，年によって変動します。2023年度は475,000円まで軽減されました。

	授業料の負担軽減総額（最大軽減額）	475,000円			
東京都	授業料軽減助成金	79,000円			356,200円
国	就学支援金		277,200円		
		118,800円（月額9,900円）			
年収のめやす	生活保護世帯	約270万円未満	約270万〜約590万円未満	約590万〜約910万円未満	

2024年度所得制限撤廃予定！

※年収のめやすが約910万円以上の多子世帯（扶養する23歳未満の子が3人以上いる世帯）は年59,400円の「授業料軽減助成金」が出ます。
※年収のめやすは，4人家族（夫婦と子2人，給与収入は1人）のモデル世帯の場合です。
※「就学支援金」「授業料軽減助成金」の総額は，在学校の授業料が上限。ただし，在学校の授業料が，都内私立高校の平均授業料相当額を超える場合は，年収に関わらず，その差額は各家庭で負担。
※東京都の制度は，都外の私立高校に進学する場合も対象となります。

● 私立高等学校等奨学給付金（授業料以外の教育費負担軽減）：保護者が都内在住の私立高校生等

対象	住民税非課税or均等割の世帯	年収約270万円未満	通信制高校生の兄弟姉妹or中高生等ではない15〜23歳未満の扶養する兄弟姉妹or高校生等の兄姉がいる	152,000円
			15〜23歳未満の扶養する兄弟姉妹（中学生除く）がいないor高校生等の兄弟姉妹の中で最年長	137,600円
	生活保護（生業扶助）受給世帯			52,600円

※全日制・定時制の過年度実績です。年度により変更となる可能性があります。

 ## 神奈川県の学費補助金制度

　神奈川県の私立高校等に在学する県内在住の生徒・保護者は県の「学費補助金」制度を利用すると，入学金と授業料の補助を受けることができます。年収750万円未満の世帯（15歳以上23歳未満の扶養している子が3人以上の多子世帯では年収910万円未満）が対象です。

神奈川県	学費補助金	入学金	210,000円				*多子世帯のみ
				100,000円			
		授業料	60,000円		74,400円		74,400円*
国	就学支援金		277,200円	337,200円	262,800円*	337,200円*	
			118,800円（月額9,900円）				
年収のめやす			生活保護・非課税	約590万円未満	約700万円未満	約750万円未満	約800万円未満	約910万円未満

※年収のめやすは，4人家族（夫婦と子2人，給与収入は1人）のモデル世帯の場合です。

※「学費補助金」は，表の金額に関わらず，学校への納付金額が補助の上限額です。

※「学費補助金」制度は，県外の私立高校に進学する場合，対象となりません。

● 神奈川県高校生等奨学給付金（授業料以外の教育費負担軽減）：保護者が県内在住の私立高校生等

対象	住民税 非課税	中学生を除く15～23歳未満の扶養する兄弟姉妹がいる第2子以降	152,000円
		中学生を除く15～23歳未満の扶養する兄弟姉妹がいる第1子orいない	137,600円
	生活保護（生業扶助）受給世帯		52,600円

 ## 千葉県の学費補助金制度

　千葉県では県内の私立学校等に在学する生徒を対象に，授業料を補助する「授業料減免制度」があります。その他に，生活保護受給世帯・年収約350万円未満程度の世帯を対象とした「入学金軽減制度」が設けられています。

千葉県	入学金軽減制度	入学金の全額or150,000円（いずれか低い額）	←生活保護世帯または保護者等全員の算定基準額合計51,300円未満が対象		
	授業料減免制度	授業料から就学支援金を除いた額			
国	就学支援金	277,200円		*月額20,500円が上限 授業料の2/3*から就学支援金を除いた額	
		118,800円（月額9,900円）			
年収のめやす		生活保護世帯 約350万円未満	約350万～約590万円未満	約590万～約640万円未満	約640万～約750万円未満	約750万～約910万円未満
保護者等全員の算定基準額を合計した額		生活保護世帯	154,500円未満	175,500円未満	227,100円未満	304,200円未満

※保護者等全員の算定基準額：課税標準額×6％－市町村民税の調整控除額

※年収のめやすは，4人家族（夫婦と子2人，給与収入は1人）のモデル世帯の場合です。

※「入学金軽減制度」「授業料減免制度」は，県外の私立高校に進学する場合，対象となりません。

● 千葉県私立高等学校等奨学のための給付金（授業料以外の教育負担補助）：保護者が県内在住の私立高校生等

対象	生活保護（生業扶助）受給世帯		52,600円
	保護者等の道府県民税所得割及び市町村民税所得割が非課税	以下を除く高校生等	137,600円
		全日・定時制私立高校等在学の兄姉or通信制高校・専攻科在学の兄弟姉妹or高校生等ではない15～23歳未満の扶養する兄弟姉妹がいる	152,000円

※全日制の過年度実績です。年度により変更となる可能性があります。

埼玉県の学費補助金制度

生徒・保護者共に埼玉県内に在住し，県内の私立高校等に在籍する生徒は，県内私立高校の平均授業料と同等の補助を受けられる県の「父母負担軽減事業補助金」の制度を利用することができます。この制度には「入学金」「施設費等納付金」「授業料」の補助があります。

埼玉県	入学金補助		100,000円				
	施設費等納付金補助	全額	200,000円				
	授業料補助	授業料と就学支援金の差額					
国	就学支援金		277,200円		268,200円(埼玉県の授業料補助)		
		118,800円（月額9,900円）					
年収めやす	生活保護世帯家計急変	約500万円未満	約500万〜約590万円	約590万〜約609万円	約609万〜約720万円	約720万〜約910万円	

※年収のめやすは，4人家族（夫婦と子2人，給与収入は1人）のモデル世帯の場合です。
※「父母負担軽減事業補助」制度は，生徒・保護者が県内在住で県外の私立高校に進学する場合や，県外在住で県内の私立高校に進学する場合には，対象となりません。

● 埼玉県私立高等学校等奨学のための給付金（授業料以外の教育費支援）：保護者が県内在住の私立高校生等

対象	生活保護（生業扶助）受給世帯		52,600円
	保護者等全員の道府県民税所得割及び市町村民税所得割が非課税世帯	全日制高校等第1子区分	137,600円
		全日制高校等第2子以降区分	152,000円

❸ 学校独自の特待生・奨学金制度

私立高校の多くでは，学校独自の特待生制度や奨学金制度を整えています。就学支援金や都県の補助金制度と組み合わせて利用できるものも多いので，私立は学費が高いという先入観を持たずに，選択肢を広く考えてみてください。

特待生・奨学金制度は大きく分けて，入学時に認定されるものと，入学後の家計急変に対応するものがあります。ここでは，入学時の制度を取り上げます。

学校によっては複数の種別が設定され，減免・支給の金額に違いがあります。中学校での学業成績や入試得点，クラブ活動実績などで選考されるのが一般的で，評価が高ければ減免・支給額も高くなります。高校1年次のみ対象で，2年次以降は審査ありというケースが多いのですが，入学時の成績で3年間認定される制度もあります。減免・支給される費目は入学金，授業料，施設費だけでなく，海外研修費用や諸経費一切が対象となることもあります。

よほどの成績優秀者でなければ特待生・奨学金制度は関係ない，などと思わずに，気になる学校の制度を調べてみてください。意外に手が届くかもしれないのです。就学支援金制度で授業料相当額が支給されるようになると，授業料免除の特待生・奨学金制度はあまり意味をなさなくなりました。そこで，私立高校では制度の見直しが相次いでおり，より利用しやすくなっています。

本書では，各校紹介ページで制度に触れているので参考にしてください（右ページ「入試要項 2024年春（実績）」の「特待生・奨学金制度」の欄）。

知っておきたい教育用語Ⅲ　英語編

- **イマージョン教育** ▷英語以外の様々な教科を，英語を手段にして学んでいき，英語を習得する学習方法です。音楽や体育，家庭（調理実習）など実技教科でも行われます。
- **英語4技能** ▷英語の「聞く（リスニング）」「読む（リーディング）」「話す（スピーキング）」「書く（ライティング）」という4つの能力のこと。このうち，日本人の課題とされる「話すこと」「書くこと」に力を入れた教育が盛んに行われています。
- **オンライン英会話** ▷パソコンのテレビ電話などを使い，外国人講師にマンツーマンで英会話指導を受ける講座です。海外の教育機関と提携するケースが多く見られます。
- **スキット** ▷寸劇（短い劇）のことです。英語の授業では，生徒が英語で寸劇の台本を作り，実演します。
- **ダブルディプロマプログラム** ▷海外と日本，2カ国の高校卒業資格を取得できるプログラムのこと。海外の提携校に留学，日本にいながら海外提携校の授業をオンラインで受講，海外提携校のカリキュラムに沿った授業を日本で履修といった形態があります。海外の高校卒業資格を得ることで，海外大学進学も可能となります。デュアルディプロマプログラムとも言います。
- **ブリティッシュヒルズ** ▷福島県にあるイギリスを模した造りの施設で，宿泊体験を通じた英語のレッスン・プログラムが整備されています。講師，従業員に外国人がそろい，英語に浸る生活を送ることができます。
- **レシテーション** ▷レシテーション（暗唱）とは，指定された長い英文を暗記して，正しい発音で，人前で話すことを言います。
- **ALT・JET** ▷ALT（Assistant Language Teacher）は外国語指導助手のことで，ネイティヴスピーカーの外国人が外国語の授業で日本人の先生を補佐します。国が関わる国際交流事業「JETプログラム」で来日した外国人青年の大半がALTとして，全国の学校に配属されています。
- **CEFR［セファール］** ▷Common European Framework of Reference for Languagesの略で，外国語の運用能力を段階別に評価する国際指標。基礎段階のA1からA2，B1，B2，C1，そして熟練したレベルのC2までの6段階に分かれています。言語は英語に限りませんが，入試では英語の検定試験で言語能力を測ることが多くあります。
- **TGG** ▷TGG（TOKYO GLOBAL GATEWAY）は東京都にある体験型英語学習施設。BLUE OCEAN（青海）とGREEN SPRINGS（立川）があります。空港やホテル，お店などを再現した空間で英語のやり取りをしたり，学習ルームでグループワークに英語で取り組んだりするプログラムが用意されています。平日は学校単位で利用され，1日または半日のコースで英語を体験。週末や夏休みには，個人での一般利用が可能です。

高校をより詳しく知るために
学校紹介誌面の見方

> ここでは私立高校紹介誌面の見方を説明します。左ページには，この学校の概要がつかめるように，基本情報や教育の特色，進路情報などを紹介しています。どのような教育理念を持ち，それをどのように実践し，どのような進路実績を出しているのかがわかります。

❶併設校　小学校から大学までのうち，併設している機関の有無をマークで示しています。系列校を含む場合もあります。

❷学校長　学校長名や高等科長名などを記載しています。2024年4月から変更の可能性があります。

❸生徒数　2023年10月の調査によります。

❹アクセス　最寄りの駅やバス停留所からの徒歩による所要時間を記しています。

❺特色　学校の特色や取り組みを項目ごとに紹介しています。

❻スクールライフ早見表　各種制度や施設の有無などを示しています。

- **習熟度別授業**＝国数英理社のうち習熟度別授業が行われている教科を記載。

- **土曜授業**＝土曜日に授業を行う場合，毎週は「○」，毎週でなければ「隔週」「月3回」などと示しています。毎週休校は「－」。コースにより異なる学校は「特色」の【カリキュラム】で触れています。

- **文理選択**＝コースやカリキュラムが文理に分かれる学年を表示。コースにより異なる場合は人数が多いものまたは最も早い学年とし，ほかは「特色」の【カリキュラム】で触れています。

- **オンライン授業**＝「○」or「－」or「導入予定」。通常授業にオンラインでの授業を取り入れている，またはその体制が整っているかどうかを示しています。学習管理システムを導入している場合も「○」としています。

- **制服**＝「○」or「－」or「標準服」。

- **自習室**＝自習室や自習スペースがある場合，平常時の閉室時間を記載。クラブ活動終了後に自習室が利用できる場合は，「下校時刻」より遅い時間になっています。

- **食堂**＝調理設備があるものに限り，売店，憩いスペースのみの場合は「－」。全員給食の学校はこの項目を「給食」とし「○」を記しています。

- **プール**＝「○」or「－」。

- **グラウンド**＝「○」or「－」。校舎から離れた敷地にある場合，所要時間が30分未満は移動手段と所要時間を示し，30分以上は「遠隔」としています。

- **アルバイト**＝学校へ届出が不要なら「○」，届出が必要な場合は「届出」，審査を経て許可される場合は「審査」，アルバイトを認めていない場合は「－」。ただし，経済的な事情などによる例外はあります。

- **登校時刻**＝夏と冬で異なる場合は夏時間を紹介しています。

- **下校時刻**＝平日，通常授業の場合のクラブ活動終了後の下校時刻です。

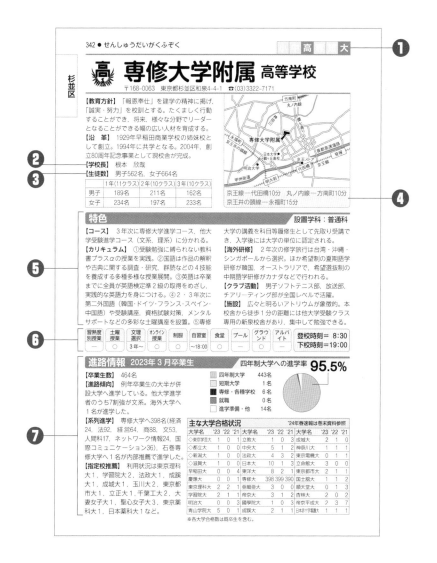

342 ● せんしゅうだいがくふぞく

杉並区

高 **専修大学附属** 高等学校

〒168-0063　東京都杉並区和泉4-4-1　☎(03)3322-7171

【教育方針】「報恩奉仕」を建学の精神に掲げ、「誠実・努力」を校訓とする。たくましく行動することができ、将来、様々な分野でリーダーとなることができる幅の広い人材を育成する。

【沿　革】1929年早稲田商業学校の姉妹校として創立。1994年に共学となる。2004年、創立80周年記念事業として現校舎が完成。

【学校長】根本　欣哉

【生徒数】男子562名、女子664名

	1年(11クラス)	2年(10クラス)	3年(10クラス)
男子	189名	211名	162名
女子	234名	197名	233名

京王線―代田橋10分　丸ノ内線―方南町10分
京王井の頭線―永福町15分

特色　　　　　　　　　　　設置学科：普通科

【コース】3年次に専修大学進学コース、他大学受験進学コース（文系、理系）に分かれる。

【カリキュラム】①受験勉強に縛られない教科書プラスαの授業を実践。②国語は作品の解釈や古典に関する調査・研究、群読などの4技能を養成する多種多様な授業展開。③英語は卒業までに全員が英語検定準2級の取得をめざし、実践的な英語力を身につける。④2・3年次に第2外国語（韓国・ドイツ・フランス・スペイン・中国語）や受験講座、資格試験対策、メンタルサポートなどの多彩な土曜講座を設置。⑤専修

大学の講義を科目等履修生として先取り受講でき、入学後には大学の単位に認定される。

【海外研修】2年次の修学旅行は台湾・沖縄・シンガポールから選択。ほか希望制の夏期語学研修が韓国、オーストラリアで、希望選抜制の中期語学研修がカナダなどで行われる。

【クラブ活動】男子ソフトテニス部、放送部、チアリーディング部が全国レベルで活躍。

【施設】広々と明るいアトリウムが象徴的。本校舎から徒歩1分の距離には他大学受験クラス専用の新泉校舎があり、集中して勉強できる。

習熟度別授業	土曜授業	文理選択	オンライン授業	制服	自習室	食堂	プール	グラウンド	アルバイト
―	○	3年～	○	○	～18:00	○	―	○	○

登校時刻＝ 8:30
下校時刻＝19:00

進路情報　2023年3月卒業生　　　　　四年制大学への進学率 **95.5%**

【卒業生数】464名

【進路傾向】例年卒業生の大半が併設大学へ進学している。他大学進学者のうち7割強が文系。海外大学へ1名が進学した。

【系列進学】専修大学へ398名（経済24、法92、経営64、商88、文53、人間科17、ネットワーク情報24、国際コミュニケーション36）、石巻専修大学へ1名が内部推薦で進学した。

【指定校推薦】利用状況は東京理科大1、学習院大2、法政大1、成蹊大1、成城大1、玉川大2、東京都市大1、立正大1、千葉工大2、大妻女子大1、聖心女子大1、東京薬科大1、日本薬科大1など。

■ 四年制大学	443名
■ 短期大学	1名
■ 専修・各種学校	6名
■ 就職	0名
■ 進学準備・他	14名

主な大学合格状況　　　'24年春速報は巻末資料参照

大学名	'23	'22	'21	大学名	'23	'22	'21	大学名	'23	'22	'21
◇東京学芸大	1	0	1	立教大	1	0	3	成城大	2	1	0
◇都立大	1	0	0	中央大	5	1	2	神奈川大	2	1	0
◇新潟大	1	0	0	法政大	4	3	2	東京電機大	0	1	1
◇滋賀大	1	0	0	日本大	10	1	3	立命館大	3	0	0
早稲田大	0	0	4	東洋大	8	2	1	東京都市大	1	1	2
慶應大	0	0	1	専修大	398	399	390	国士舘大	1	1	2
東京理科大	2	2	1	亜細亜大	3	0	0	順天堂大	0	1	3
学習院大	0	1	0	帝京大	2			杏林大	2	0	2
明治大	2			國學院大	1	0	3	帝京平成大	2	3	7
青山学院大	0	1	0	成蹊大	2	1	1	日本ハラ千葉薬大	1	0	1

※各大学合格数は既卒生を含む。

❼進路情報　2023年3月卒業生の進路情報です。円グラフで見る進路内訳、進路傾向、系列の大学・短大等への主に内部推薦による進学実績、指定校推薦の利用状況や枠のある大学、主な大学合格状況（過去3年間）を紹介しています。進路内訳・進学率の「四年制大学」には六年制大学や省庁大学校を含みます。主な大学合格状況は現役・既卒生の合計数です。（⇒2024年春の大学合格速報値についてはp.1407～巻末資料「主要大学への合格状況」に掲載しています。[データ提供：大学通信]）

　右ページには，2024年春入試の要項や学費，見学ガイドを実績として紹介しています。2025年春入試を予告するものではありませんのでご注意ください。また，下段には「併願校の例」や「合格のめやす」など，受験に役立つ，本書ならではの情報をまとめています。

❽入試要項　2024年春入試として実施済みの要項抜粋です。2025年春入試については変更の可能性がありますので，必ず各校の入試要項で確認してください。

- **内申基準**＝入試区分・コースごとに内申を主とした成績基準を記載しています。内申は記載の数値以上であること，「※」で注記している「5科に2不可」などは2以下が不可（つまり1・2が不可）であることを示しています。
- **特待生・奨学金制度**＝入試時に認定されるものを主に紹介しています。記載以外に各種制度を用意している学校もあります。
- **帰国生の受け入れ**＝国内生と別の入試か，同じ入試か，選抜方法や判定の際に考慮があるかなどを紹介しています。

❾入試日程　2024年春に実施済みの日程です。下欄には学外試験会場，入学手続金の延納制度，2次募集などについて注記しています。

- **登録・出願**＝Web上での出願の事前登録から郵送による書類提出まで，出願に関わる手続きの初日〜最終日を記載。事前登録の初日が明確でない場合や，事前登録期間を設けていない学校は，見出しを「出願」としています。
- **試験**＝選択する場合は「2/10or11」，数日にわたる場合は「2/10・11」。
- **発表**＝発表方法が複数ある場合は一番早い日付。
- **[2次募集]**＝入試日（秋発行の要項で実施日が決まっている場合のみ記載）。

❿応募状況　スペースに応じて2022〜2024年春入試の実績を掲載。「実質倍率」＝「受験数」÷「合格数」で算出しています（書類選考などは例外）。スライド合格，繰り上げ合格については原則含みません。

⓫学費　編集時点で募集要項などに公表されている情報に準じており，就学支援金が差し引かれる前の金額です。2024年度の納入予定額，2023年度実績の2パターンがあり，下欄で注記しています。表内は全員納入の費目で，希望者対象のもの，制服・制定品代は算入していません。

ほかに下欄で注記しているのは，一部のコースや入試区分で一律に免除される学費，入学手続き後から入学前に納入するもの，入学辞退者への納入金返還，授業料納入回数，ほかに納入するもの，金額不明の費目，寄付金・学校債などです。学校間の比較をする際は注意してください。

⓬併願校の例　併願に適した私立・都公立・国立高校を「挑戦校」「最適校」「堅実校」の3つの学力レベルに分類して例示しています。参考としてご覧ください。
　　　（⇒併願校の選び方についてはp.96〜）

⓭合格のめやす　「合格の可能性60％」と「合格の可能性80％」の偏差値で，2024年度入試に向けたデータに基づきます。あわせて，偏差値に対応した合否分布を掲載しています。　　（⇒詳しいみかたはp.114〜）
[資料提供：進学研究会]

⓮見学ガイド　例年公開される体育祭や文化祭などの行事や，説明会などの受験生向けイベントを紹介しています。

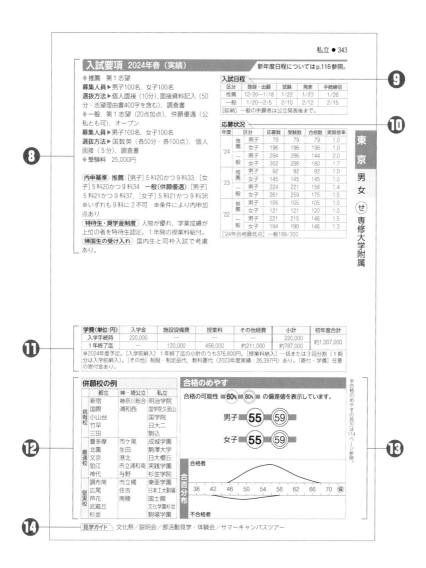

私立 ● 343

入試要項 2024年春（実績）

新年度日程についてはp.116参照。

◆ 推薦　第1志望
募集人員▶男子100名，女子100名
選抜方法▶個人面接（10分），面接資料記入（50分・志望理由書400字を含む），調査書
◆ 一般　第1志望（20点加点），併願優遇（公私とも可），オープン
募集人員▶男子100名，女子100名
選抜方法▶国数英（各50分・各100点），個人面接（5分），調査書
◆ 受験料　25,000円

（内申基準）推薦：[男子] 5科20かつ9科33，[女子] 5科20かつ9科34　一般（併願優遇）：[男子] 5科21かつ9科37，[女子] 5科21かつ9科38　※いずれも9科に2不可　※条件により内申加点あり

（特待生・奨学金制度）人物が優れ，学業成績が上位の者を特待生認定。1年間の授業料給付。
（帰国生の受け入れ）国内生と同枠入試で考慮あり。

入試日程

区分	登録・出願	試験	発表	手続締切
推薦	12/20〜1/18	1/22	1/23	1/26
一般	1/20〜2/5	2/10	2/12	2/15

[延納] 一般の併願者は公立発表後まで。

応募状況

年度	区分		応募数	受験数	合格数	実質倍率
'24	推薦	男子	79	79	79	1.0
		女子	196	196	196	1.0
	一般	男子	294	286	144	2.0
		女子	302	298	180	1.7
'23	推薦	男子	92	92	92	1.0
		女子	145	145	145	1.0
	一般	男子	224	221	156	1.4
		女子	261	259	175	1.5
'22	推薦	男子	105	105	105	1.0
		女子	121	121	120	1.0
	一般	男子	221	215	146	1.5
		女子	194	190	146	1.3

['24合格最低点] 一般199/300

東京 男女 (せ) 専修大学附属

学費（単位：円）

	入学金	施設設備費	授業料	その他経費	小計	初年度合計
入学手続時	220,000	—	—	—	220,000	約1,007,000
1年終了迄	—	120,000	456,000	約211,000	約787,000	

※2024年度予定。[入学前納入] 1年終了迄の小計のうち376,800円。[授業料納入] 一括または3回分割（1期分は入学前納入）。[その他] 制服・制定品代，教科書代（2023年度実績：26,397円）あり。[寄付・学債] 任意の寄付金あり。

併願校の例

	都立	神・埼公立	私立
挑戦校	新宿	神奈川総合	明治学院
	国際	浦和西	国学院久我山
	小山台		国学院
	竹早		日大二
	三田		駒込
最適校	豊多摩	市ケ尾	成城学園
	北園	生田	駒澤大学
	文京	港北	日大櫻丘
	狛江	市立浦和南	実践学園
	神代	与野	杉並学院
堅実校	調布南	市立橘	東亜学園
	広尾	住吉	日本工大駒場
	芦花	南稜	国士舘
	武蔵丘		文化学園杉並
	杉並		駒場学園

合格のめやす

合格の可能性 **60%** **80%** の偏差値を表示しています。

男子 **55** **59**
女子 **55** **59**

合否分布

合格者

38　42　46　50　54　58　62　66　70（偏）

不合格者

※合格のめやすの見方は114ページ参照。

（見学ガイド）文化祭／説明会／部活動見学・体験会／サマーキャンパスツアー

8 「合格のめやす」の見方

　本書では，首都圏で進学研究会が実施している「Ｖもぎ」の偏差値を主に用いた「合格のめやす」を作成しています。ここでは，私立・国立高校および都立高校の「合格のめやす」の見方を詳しく見ていきます。

　神奈川・千葉・埼玉県公立高校の「合格のめやす」の見方は，各県の解説ページで紹介しています。以下のページを参照してください。

　神奈川県公立［資料提供：神奈川全県模試］：p.1110

　千葉県公立［資料提供：進学研究会］：p.1206

　埼玉県公立［資料提供：埼玉教育ネットほか］：p.1296

私立・国立高校 の「合格のめやす」の見方

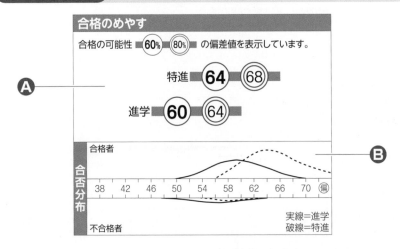

Ⓐ偏差値

「合格の可能性60％」と「合格の可能性80％」の偏差値を，学科・コース別に表示しています。2024年度入試に向けたデータに基づきます。体育・芸術に関する学科・コースでは，偏差値を設定していない場合があります。

　　　　　［資料提供：進学研究会］

Ⓑ合否分布

偏差値に対応した「合格者の分布」と「不合格者の分布」をグラフで示しています。コースが多い学校は，分布図を割愛し，偏差値のみ掲載しています。

都立高校 の「合格のめやす」の見方

「合格のめやす」の基準は，2024年度入試に向けた進学研究会のデータに基づきます。

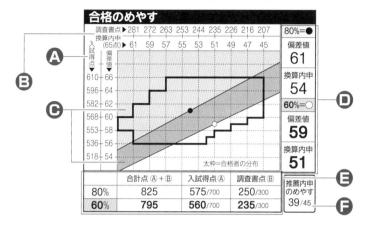

▶グラフについて

タテ軸とヨコ軸をたどって，自分の位置を確認すると，合格の可能性を知ることができます。

Ⓐタテ軸（偏差値／入試得点）

偏差値とそれに対応する入試得点をタテ軸で表示しています（対応表はp.887）。入試得点は第一次募集の比率に従って700・600点満点で表示しました。

Ⓑヨコ軸（換算内申／調査書点）

ヨコ軸は換算内申と調査書点を表示しています。第一次募集では，調査書の内申45点満点（9教科×5段階）を65・75点満点に換算します（産業技術高専は52点満点）。この換算内申を学力検査・調査書の比率に従って300・400点満点に直したものが調査書点です。

Ⓒ合格エリア

☐☐☐＝合格の可能性80％エリア
▨▨▨＝合格の可能性60％エリア

▶数値について

Ⓓ合格のめやす（偏差値・換算内申）

「合格の可能性60％」と「合格の可能性80％」のめやすとなる偏差値・換算内申を表示しています。

Ⓔ合格のめやす（入試得点・調査書点）

「合格の可能性60％」「合格の可能性80％」のめやすとなる偏差値・換算内申に対応する入試得点・調査書点を示し，この2つの合計点を算出。「/」の右の数字は満点です。スピーキングテストの得点はここに含めません。

Ⓕ推薦内申のめやす

推薦入試の合格のめやすを9教科の内申素点（9教科×5段階＝45点満点）で表しています。選考では調査書，集団討論・面接，作文または小論文，実技検査によって総合的に判断されます。

● 入試日程配信

首都圏私立・国立高校の2025年度入試日程表を公式サイト上で公開し，SNSで
ご案内します。

配信予定日：2024年10月1日以降

● 部活検索

Web上のシステムを使って，「○○部のある高校」を検索すること
ができます。右のQRコードよりご利用ください。

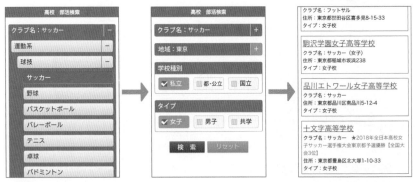

運動系・文化系にジャンル分けされた部活動を選択し，
条件を絞り込んで検索。

その部活がある高校が表示
されます。校名をタップす
ると，学校ホームページが
開きます。

● 晶文社『高校受験案内』の公式サイト・SNS

公式サイトで入試説明会レポートや学校取材記事，受験用語集，新年度入試日程表
などを随時公開。新着記事はSNSでお知らせします。

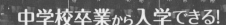

東京都
私立高校

p.118〜483で紹介する東京都の私立高校のうち，
以下の学校は定時制課程を設置しています。

駿台学園高等学校〔共学・普通科〕
〒114-0002　東京都北区王子6-1-10
☎(03)3914-5849（定時制直通）

江戸川区

愛国 高等学校

〒133-8585　東京都江戸川区西小岩5-7-1　☎(03)3658-4111

【建学の精神】　社会人としては豊かな知識と技術とをもって経済的に独立し，家庭人としては美しい情操と強い奉仕心とをもって一家幸福の源泉となる，健全な精神と身体とを備えた女子の育成を目的とする。「親切正直」が校訓。

【沿　革】　1948年設立。

【学校長】　織田　奈美

【生徒数】　女子324名

	1年(5クラス)	2年(6クラス)	3年(5クラス)
女子	109名	110名	105名

京成本線―京成小岩3分　JR―小岩10分
北総線―新柴又13分

特色

設置学科：普通科／商業科／家政科／衛生看護科

【コース】　普通科と商業科は1年次が共通カリキュラムで，2年次より学科・コースを選択する。普通科は一般教養コースと進学コースを，商業科は会計コースと情報処理コースを設置。

【カリキュラム】　①普通科は国語力向上に力を入れ，作文教育で表現力を高める。優れた作文は，学園が発行する新聞に掲載され，作文集に収められる。1年次には簿記も学び，検定3級取得を目標とする。②商業科は高度な資格取得をめざす学習により，進学にも就職にも対応できる実力を培う。各種検定に向けた補習授業を実施。③家政科（調理）は卒業時に無試験で調理師資格を取得可能。調理実習では著名な講師を招いての特別講習会も開催する。④衛生看護科は卒業時に准看護師受験資格を取得。併設の専攻科に進学し，看護師をめざすこともできる。

【海外研修】　夏休みに，3年次の希望者を対象としたアメリカ研修旅行を行う。

【クラブ活動】　書道部は全国展に毎年出品している。歴史があるソフトボール部も活発。

【施設】　自宅通学困難者のための学生寮がある。千葉県，長野県には宿泊施設があり研修に利用。

習熟度別授業	土曜授業	文理選択	オンライン授業	制服	自習室	食堂	プール	グラウンド	アルバイト	登校時刻＝ 8:30
―	隔週	―	―	○	○	○	○	○	審査	下校時刻＝18:30

進路情報　2023年3月卒業生

進学率 **88.3%**

【卒業生数】　137名

【進路傾向】　専修・各種学校進学が半数以上だが，取得資格を活かし，大学・短大進学，就職など進路は幅広い。併設の大学・短大・専門学校・専攻科への進学者は全体の53%。

【系列進学】　愛国学園大学へ4名（人間文化），愛国学園短期大学へ14名，愛国学園保育専門学校へ16名，愛国学園高等学校衛生看護専攻科へ38名が内部推薦で進学した。

■ 四年制大学	24名
□ 短期大学	14名
■ 専修・各種学校	83名
■ 就職	4名
□ 進学準備・他	12名

主な大学合格状況

'24年春速報は巻末資料参照

大学名	'23	'22	'21	大学名	'23	'22	'21	大学名	'23	'22	'21
共立女子大	1	0	0	東京未来大	1	1	1				
杏林大	1	0	0	横浜創英大	0	0	1				
創価大	3	0	0	愛国学園大	4	2	3				
東京工科大	1	0	0	明海大	1	0	1				
帝京科学大	1	0	0	平成国際大	0	1	0				
女子美大	0	1	0								
和洋女子大	6	0	0								
千葉商大	1	2	3								
聖徳大	2	0	1								
東京聖栄大	2	0	0								

※各大学合格数は既卒生を含む。

入試要項 2024年春（実績）

新年度日程についてはp.116参照。

◆ 推薦　A推薦：第1志望　B推薦：第2志望（公私とも併願可）　C推薦：自己推薦
※B・C推薦は千葉・埼玉生対象

募集人員▶普通科80名，商業科40名，家政科40名，衛生看護科20名

選抜方法▶A推薦：作文（50分・400字），保護者同伴面接，調査書　B・C推薦：基礎学力試験（国数英計60分・計100点），作文（50分・400字），保護者同伴面接，調査書
※いずれも家政科・衛生看護科はほかに適性（身体機能）検査

◆ 一般　併願優遇（公私とも可・本校第2志望）あり

募集人員▶普通科80名，商業科40名，家政科40名，衛生看護科20名

選抜方法▶国数英（国40分・数英各50分・各100点），作文（30分・300字），保護者同伴面接，調査書，ほかに家政科・衛生看護科は適性（身体機能）検査

◆ 受験料　20,000円

（内申基準） A推薦：［普通科］［商業科］9科22，［家政科］9科23，［衛生看護科］9科32　B推薦・一般（併願優遇）：［普通科］［商業科］［家政科］9科25，［衛生看護科］9科36　※いずれも9科に1不可，衛生看護科は9科に2不可　※条件により内申加点あり　※A・B推薦はスポー

ツ・文化・奉仕活動などの実績でも可

（特待生・奨学金制度） 推薦・一般ともに内申，面接により特待生を選抜。

（帰国生の受け入れ） 国内生と別枠入試。

入試日程

区分	登録・出願	試験	発表	手続締切
A推薦	12/20～1/18	1/22	1/23	1/25
B・C推薦	12/20～1/18	1/23	1/24	1/25
一般	12/20～1/31	2/10	2/11	2/13

［延納］B推薦・C推薦・一般の公立併願で本校第2志望者は公立発表後まで。

応募状況

年度	区分		応募数	受験数	合格数	実質倍率
'24	普商	推薦	53	53	53	1.0
		一般	60	48	46	1.0
	家政	推薦	22	22	20	1.1
		一般	25	19	18	1.1
	衛看	推薦	40	40	34	1.2
		一般	11	10	7	1.4
'23	普商	推薦	52	52	52	1.0
		一般	53	37	37	1.0
	家政	推薦	28	28	28	1.0
		一般	17	11	11	1.0
	衛看	推薦	37	37	34	1.1
		一般	6	6	5	1.2

※普通科と商業科は合同選抜。
［スライド制度］あり。上記に含まず。
［24年合格最低点］非公表。

学費（単位：円）

学費（単位：円）	入学金	設備費	授業料	その他経費	小計	初年度合計
入学手続時	230,000	—	—	—	230,000	730,000
1年終了迄	—	110,000	390,000	—	500,000	

※2024年度予定。［授業料納入］3回分割。［その他］制服・制定品代，諸経費・実習費・教科書代・教材費（普通科・商業科約105,000円，家政科・衛生看護科約180,000円）あり。

併願校の例　※［普通］［商業］を中心に

	都立	千公立	私立
挑戦校	東 科学技術 小岩 晴海総合	市川東 船橋芝山 市立松戸	錦城学園 東京家政学院 岩倉 上野学園 共栄学園
最適校	足立 紅葉川 日本橋 篠崎 竹台	市立船橋(普) 松戸六実 八千代(家) 柏陵 佐倉東(調理)	潤徳女子 関東一 京華商業 小石川淑徳 千葉商大付(商)
堅実校	葛飾野 葛飾総合 第三商業 葛飾商業	船橋二和 市川南 船橋法典 浦安	不二女子

合格のめやす

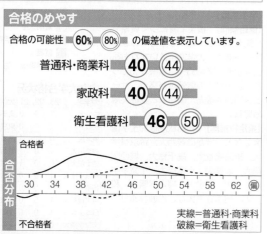

合格の可能性 **60%** **80%** の偏差値を表示しています。

普通科・商業科 **40** （**44**）

家政科 **40** （**44**）

衛生看護科 **46** （**50**）

合格者／不合格者　合否分布
30　34　38　42　46　50　54　58　62　（偏）

実線＝普通科・商業科
破線＝衛生看護科

※合格のめやすの見方は114ページ参照。

（見学ガイド） 体育祭／文化祭／戴帽式／説明会／学校公開

東京女子　あ　愛国

安部学院 高等学校

〒114-0005　東京都北区栄町35-4　☎(03)3913-2323

【教育方針】 創立以来，一貫して女子の商業教育に専念。本当の自分を見出す教育，実社会で役立つ実務的な教育，人情味豊かな教育を実践し，人間的に豊かな女性を育成する。

【沿革】 1940年滝野川第一商業女学校として創立。1950年現校名に改称。

【学校長】 安部　元彦

【生徒数】 女子304名

	1年(3クラス)	2年(3クラス)	3年(3クラス)
女子	108名	94名	102名

JR―王子3分　南北線―王子5分
都電―栄町1分

特色

設置学科：商業科

【カリキュラム】 ①1年次は全員共通カリキュラム。実社会で役立つことを目的に普通科目19単位と商業科目10単位を履修する。②2年次からは科目選択制により興味分野に分かれて商業に関する知識を深める。③情報処理の授業は表計算やビジネス文書作成などのソフトを用い，情報を適切に収集，整理，分析する力を身につける。1人1台のパソコンを活用。④ビジネス・コミュニケーションでは接客マナーなどを学び，秘書検定取得もめざす。⑤取得できる資格は簿記，パソコン，ビジネスなどのほか，英語，ペン字などもある。⑥土曜日と日曜日は休校だが検定試験で登校の場合がある。

【キャリア教育】 ビジネスマナーを学び，社会で必要な常識を身につける。就職指導室では会社案内や採用試験問題の傾向などが閲覧可能。

【生活指導】 社会人としての基本的な礼儀，特にあいさつ指導を徹底している。また，遅刻・欠席のないことを勉強と同じく重視し，卒業時に3年間の皆勤の表彰が行われる。

【クラブ活動】 レスリング部が全国大会で優勝。声優をめざす人などが集まる朗読部がユニーク。

習熟度別授業	土曜授業	文理選択	オンライン授業	制服	自習室	食堂	プール	グラウンド	アルバイト
—	—	—	導入予定	○	~16:30	—	—	—	—

登校時刻＝ 8:30
下校時刻＝17:30

進路情報　2023年3月卒業生

進学率 **83.2%**

【卒業生数】 113名

【進路傾向】 授業で身につく資格や技能を活かし，様々な分野への進路実績がある。大学進学はいずれも私立大学で，文系83%，理系17%だった。企業からの信頼度が高く，サービス関連や販売，事務など就職実績も豊富。

【指定校推薦】 利用状況は埼玉学園大2など。ほかに城西大，帝京科学大，東京福祉大，高千穂大，城西国際大，淑徳大，千葉商大，十文字学園女子大，嘉悦大，東洋学園大，和光大，日本経済大など推薦枠あり。

四年制大学	18名
短期大学	5名
専修・各種学校	71名
就職	10名
進学準備・他	9名

主な大学合格状況

'24年春速報は巻末資料参照

大学名	'23	'22	'21	大学名	'23	'22	'21	大学名	'23	'22	'21
中央大	1	0	0	高千穂大	1	0	3	山梨学院大	1	0	0
法政大	1	1	0	東京工芸大	0	1	0	東京富士大	1	2	2
東洋大	0	1	1	日本体育大	0	1	0	東洋学園大	0	0	2
神奈川大	1	0	1	城西国際大	0	1	1	和光大	0	1	0
国士舘大	1	0	0	淑徳大	1	0	0	国際武道大	0	1	0
帝京平成大	1	0	0	麗澤大	1	0	0	埼玉学園大	3	0	0
拓殖大	1	0	0	千葉商大	0	2	3	東京保健医療専門職大	1	0	1
東京福祉大	1	0	0	聖徳大	0	0	1				
日本工大	1	0	0	日本医療科学大	1	0	0				
文京学院大	0	1	0	育英大	0	1	1				

※各大学合格数は既卒生を含む。

東 京 女 子 ⓐ 安部学院

入試要項 2024年春（実績）

新年度日程についてはp.116参照。

◆推薦　A推薦：第1志望　B推薦：併願（公立のみ。都外生対象）

募集人員▶100名

選抜方法▶A推薦：個人面接（15分），調査書
B推薦：適性検査（国数英計50分・国40点・数英各30点），個人面接（15分），調査書

◆一般　単願，併願優遇（公立のみ）あり

募集人員▶100名

選抜方法▶国数または国英（各45分・各100点），個人面接（15分），調査書

◆受験料　20,000円

（内申基準）A推薦：3科7または5科12または9科20程度　B推薦・一般（併願優遇）：5科12または9科22程度　一般（単願）：9科18程度

（特待生・奨学金制度）A推薦の合格者は入学金全額免除。卒業生の子女・孫・妹，在校生の妹，姉妹が同時入学の場合は特典（入学手続時の施設設備充実費100,000円を1名分免除）あり。

（帰国生の受け入れ）国内生と同枠入試。

入試日程

区分	登録・出願	試験	発表	手続締切
推薦	12/20～1/17	1/22	1/23	1/25
一般	12/20～2/7	2/10	2/11	2/14

［延納］B推薦・一般の公立併願者は公立発表後まで。

応募状況

年度	区分	応募数	受験数	合格数	実質倍率
'24	A推薦	86	86	86	1.0
	B推薦	67	64	64	1.0
	一般	78	73	73	1.0
'23	A推薦	83	83	83	1.0
	B推薦	79	79	79	1.0
	一般	83	72	71	1.0
'22	A推薦	87	87	87	1.0
	B推薦	64	64	64	1.0
	一般	56	52	51	1.0

［'24年合格最低点］非公表。

学費（単位：円）	入学金	施設費	授業料	その他経費	小計	初年度合計
入学手続時	220,000	100,000	—	—	320,000	1,138,400
1年終了迄	—	157,600	396,000	264,800	818,400	

※2024年度予定。［免除］A推薦合格者は入学金免除。［授業料納入］毎月分割。
［その他］制服・制定品代あり。

併願校の例

	都立	埼公立	私立
挑戦校	足立 王子総合 飛鳥 板橋	浦和商業(商) 鳩ヶ谷(情報処理) 越谷東 大宮商業	上野学園 潤徳女子 京華商業 小石川淑徳 浦和実業(商)
最適校	足立西 葛飾野 足立新田 淵江	川口青陵 岩槻商業 八潮南(普・商) 吉川美南	品川エトワール 秀明英光
堅実校	第三商業 葛飾商業 大山	上尾橘	

合格のめやす

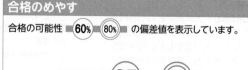

合格の可能性 60% 80% の偏差値を表示しています。

商業科 ━ **35** ━ **39**

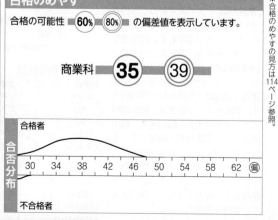

合格者

| 合否分布 | 30 | 34 | 38 | 42 | 46 | 50 | 54 | 58 | 62 | (偏) |

不合格者

※合格のめやすの見方は114ページ参照。

（見学ガイド）説明会／在校生による校内ツアー／個別相談会

江戸川区

江戸川女子 高等学校

〒133-8552　東京都江戸川区東小岩5-22-1　☎(03)3659-1241

【教育理念】　「教養ある堅実な女性」の育成を
めざして，誠実・明朗・喜働の3つの柱を基本
とした教育を行い，最終目標である「自立でき
る人」へと導く。

【沿　革】　1931年に城東高等家政女学校とし
て開校。1948年現校名となる。

【学校長】　菊池　今次

【生徒数】　女子965名

	1年(9クラス)	2年(8クラス)	3年(8クラス)
女子	342名	318名	305名

JR—小岩10分
京成本線—江戸川15分

特色

設置学科：普通科／英語科

【コース】　普通科はⅡ類とⅢ類を設置。1年次
は内部進学生と別クラス編成。

【カリキュラム】　①普通科Ⅱ類は難関私大をめ
ざす。受験科目に合わせた指導で基礎から入試
レベルまで実力を伸ばす。②普通科Ⅲ類は国公
立大や医学部が目標。7教科9科目に対応した
カリキュラムで，受験対策となる演習授業を用
意。記述・論述対策も行う。③英語科は2年次
に私立文系か国立文系のカリキュラムを選択。
異文化理解の授業や海外研修により，実践にも
通用する英語力を養う。④自宅でのオンライン

授業による希望者対象の米国デュアルディプロ
マプログラムを導入。高校卒業資格を同時取得
でき，成績により米国大学への推薦入学が可能。

【海外研修】　2年次に普通科はカナダまたは国
内への修学旅行を実施。英語科はイギリス・ニ
ュージーランド・オーストラリアから選択する
語学研修（短・中期）またはオーストラリアか
ニュージーランドへの1年間の留学が必修。希
望制のオーストラリア短期留学制度もある。

【クラブ活動】　放送部が全国大会に出場。

【施設】　2022年に3年次専用棟が完成。

習熟度別授業	土曜授業	文理選択	オンライン授業	制服	自習室	食堂	プール	グラウンド	アルバイト	登校時刻＝　8:25
数英	○	2年〜	○	○	〜18:00	○	—	徒歩10分	—	下校時刻＝18:15

進路情報　2023年3月卒業生

四年制大学への進学率 **92.1%**

【卒業生数】　292名

【進路傾向】　大学進学者のうち約6
割が文系進学。国公立大学へ文系13
名，理系20名が進学した。医学部6
名，歯学部3名，薬学部20名合格。

【系列進学】　江戸川大学への推薦制
度があるが，例年利用者なし。

【指定校推薦】　利用状況は早稲田大
3，慶應大1，上智大4，東京理科
大1，学習院大2，明治大2，青山
学院大3，立教大6，中央大1，法
政大2，日本大2，明治学院大2，
芝浦工大1，津田塾大1，東京女子
大1，東京慈恵会医大1，北里大1，
東邦大2，明治薬科大1，東京農大
1，聖路加国際大1など。

	四年制大学	269名
	短期大学	0名
	専修・各種学校	3名
	就職	0名
	進学準備・他	20名

主な大学合格状況

'24春速報は巻末資料参照

大学名	'23	'22	'21	大学名	'23	'22	'21	大学名	'23	'22	'21
◇東京大	0	0	1	早稲田大	28	21	4	日本大	34	27	28
◇一橋大	1	1	1	慶應大	14	12	5	東洋大	26	35	12
◇千葉大	11	13	13	上智大	15	27	19	成城大	14	8	7
◇筑波大	2	4	5	東京理科大	14	17	19	明治学院大	16	17	11
◇東京外大	2	4	2	学習院大	14	19	12	津田塾大	16	14	5
◇埼玉大	1		2	明治大	31	38	17	東京女子大	17	26	17
◇北海道大	1		2	青山学院大	13	11	9	日本女子大	42	43	20
◇東北大	2	1	1	立教大	46	40	23	共立女子大	21	19	27
◇東京医歯大	3	1		中央大	15	17	11	北里大	7	8	7
◇お茶の水女子大	4	0	1	法政大	25	27	23	東邦大	31	36	28

※各大学合格数は既卒生を含む。

入試要項　2024年春（実績）

新年度日程についてはp.116参照。

◆推薦　**A推薦**：第1志望　**B推薦**：併願（公私とも可。東京・神奈川生を除く）
募集人員▶普通科50名，英語科25名
選抜方法▶**A推薦**：適性検査（国数英各30分・各50点），個人面接（10分），調査書　**B推薦**：[普通科]適性検査（国数英各50分・各100点），調査書，[英語科]適性検査（国英各50分・各100点，英リスニング30分・100点），調査書

◆一般　①に併願優遇（公私とも可）あり
募集人員▶普通科50名，英語科25名
選抜方法▶**普通科**：国数英（各50分・各100点），調査書　**英語科**：国英（各50分・各100点），英リスニング（30分・100点），調査書

◆受験料　23,000円

(帰国生の受け入れ) 国内生と別枠入試。

入試日程

区分	登録・出願	試験	発表	手続締切
A推薦	12/20〜1/19	1/22	1/22	1/26
B推薦	12/20〜1/19	1/23	1/24	3/5
一般①	12/20〜2/9	2/11	2/11	3/5
一般②	12/20〜2/22	2/25	2/25	3/5

応募状況

年度	区分		応募数	受験数	合格数	実質倍率
'24	A推薦	普Ⅱ類	12	12	9	1.3
		普Ⅲ類	20	20	17	1.2
		英語科	10	10	10	1.0
	B推薦	普Ⅱ類	43	38	28	1.4
		普Ⅲ類	383	275	234	1.2
		英語科	25	22	20	1.1
	一般①	普Ⅱ類	14	14	9	1.6
		普Ⅲ類	49	43	32	1.3
		英語科	10	10	7	1.4
	一般②	普Ⅱ類	3	2	0	—
		普Ⅲ類	6	5	3	1.7
		英語科	3	3	2	1.5
'23	A推薦		41	41	31	1.3
	B推薦		424	321	273	1.2
	一般①		83	79	62	1.3
	一般②		17	14	8	1.8

[スライド制度]あり。上記に含まず。
[24年合格最低点]B推薦：普通科Ⅱ類165，普通科Ⅲ類180，英語科175（/300）　一般①：普通科Ⅱ類161，普通科Ⅲ類180，英語科175（/300）　一般②普通科Ⅲ類178（/300）

(内申基準) **A推薦**：[普通科Ⅱ類]5科21または9科37，[普通科Ⅲ類]5科23または9科40，[英語科]以下①または②。①5科22かつ英5・②9科38かつ英5　**B推薦**：[普通科Ⅱ類]5科22または9科38，[普通科Ⅲ類]5科24または9科41，[英語科]5科23または9科39　**一般①(併願優遇)**：[普通科Ⅱ類]3科13または5科22または9科37，[普通科Ⅲ類]3科15または5科24または9科40，[英語科]3科14または5科23または9科38　※条件により内申加点あり

(特待生・奨学金制度) 入試の成績優秀者を2段階の特待生認定。

学費（単位：円）

	入学金	施設設備費	授業料	その他経費	小計	初年度合計
入学手続時	300,000	6,000	38,000	259,000	603,000	1,186,000
1年終了迄	—	66,000	418,000	99,000	583,000	

※2024年度予定。[授業料納入]毎月分割（入学手続時に4月分納入）。[その他]制服・制定品代，教材費（普通科Ⅱ類・Ⅲ類42,569円，英語科46,639円）あり。

併願校の例
※[Ⅲ類]を中心に

	都立	千公立	国・私立
挑戦校	日比谷 戸山	千葉 船橋	慶應女子 お茶の水女子大附 青山学院 市川 昭和秀英
最適校	新宿 竹早 三田 小松川	千葉東 薬園台 小金 市立千葉 船橋東	明治学院 国学院 駒込 東洋 日大習志野
堅実校	城東 上野 江戸川 墨田川	八千代 鎌ヶ谷 国府台 幕張総合 千葉西	安田学園 日大一 国府台女子 光英VERITAS

合格のめやす

合格の可能性 **60%** **80%** の偏差値を表示しています。

普通科（Ⅱ類）	**57**	(61)
普通科（Ⅲ類）	**61**	(65)
英語科	**59**	(63)

合格者

| 38 | 42 | 46 | 50 | 54 | 58 | 62 | 66 | 70 | (偏) |

合否分布

不合格者

実線＝普通科（Ⅲ類）
破線＝普通科（Ⅱ類）

※合格のめやすの見方は114ページ参照。

見学ガイド 文化祭／説明会／施設見学／公開授業

豊島区

川村 高等学校

〒171-0031　東京都豊島区目白2-22-3　☎(03)3984-8321(代)・7707(入試広報室)

【教育方針】　感謝の心を基盤として，「豊かな感性と品格」「自覚と責任」「優しさと思いやり」を目標に，知・徳・体の調和のとれた教育を実践する。

【沿　革】　1924年創立。

【学校長】　寺本　明子

【生徒数】　女子196名

	1年(2クラス)	2年(3クラス)	3年(2クラス)
女子	62名	82名	52名

JR―目白1分
副都心線―雑司が谷7分

特色

設置学科：普通科

【カリキュラム】　①学年ごとに設定された「探究」「平和」「自立」のテーマに沿って，段階的に学習を進める。興味のあることを見つけ，体験実習を通し理解を深め，考えをまとめて発表することで豊かな人間性を育てる。②英語はネイティブ教員のオールイングリッシュ授業がある。英語学習アプリの活用や，スピーチコンテストで力をつけ，英語検定準1級をめざす。③科目選択制を導入し興味関心を広げる。理科では医療系学部進学に対応した科目も設置。④放課後にStudy Support Centerを利用できる。学校の

カリキュラムに対応し，教員とチューター講師が常駐して日々の学習の定着をめざす。⑤創立以来の伝統として，給食を「会食」と呼び，食育の充実と健康な身体づくりをめざす。

【情操教育】　バレエやオペラ，歌舞伎，オーケストラなどの芸術鑑賞会を催し，豊かな感性を育てる。また，テーブルマナー教室も開く。

【海外研修】　希望選抜制で英国語学研修を実施。「1家庭1人」のホームステイを体験する。

【クラブ活動】　フラダンス部やハイキング同好会などユニークなクラブも活動している。

習熟度別授業	土曜授業	文理選択	オンライン授業	制服	自習室	給食	プール	グラウンド	アルバイト	
数英	月2～3回	―	○	○	～20:00	○	○	○	届出	登校時刻＝ 8:10 下校時刻＝17:45

進路情報　2023年3月卒業生

四年制大学への進学率 **84.3%**

【卒業生数】　70名

【進路傾向】　大学進学はいずれも私立大学で，7割強が文系進学。

【系列進学】　川村学園女子大学へ8名（文5，生活創造3）が内部推薦で進学した。

【指定校推薦】　利用状況は学習院大1，成蹊大1，成城大1，大妻女子大2，聖心女子大1，白百合女子大1，北里大1，目白大1，鶴見大1など。ほかに都立大，東京理科大，日本大，東洋大，専修大，大東文化大，東京電機大，東京都市大，東京農大，清泉女子大，フェリス女学院大，東洋英和女学院大など推薦枠あり。

	四年制大学	59名
	短期大学	0名
	専修・各種学校	2名
	就職	0名
	進学準備・他	9名

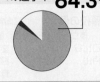

主な大学合格状況

'24年春速報は巻末資料参照

大学名	'23	'22	'21	大学名	'23	'22	'21	大学名	'23	'22	'21
慶應大	1	0	0	駒澤大	1	0	2	聖心女子大	2	3	2
上智大	1	1	1	大東文化大	2	0	2	白百合女子大	4	2	0
東京理科大	0	2	0	帝京大	2	1	0	順天堂大	1	1	0
学習院大	2	4	5	成蹊大	2	1	3	杏林大	1	2	2
明治大	0	0	1	成城大	1	0	1	北里大	1	0	0
青山学院大	0	0	0	明治学院大	2	0	0	東京薬科大	1	0	0
立教大	3	0	0	東京女子大	2	2	0	日本薬科大	2	0	0
中央大	1	0	0	日本女子大	4	2	0	武蔵野大	3	1	1
日本大	1	3	1	共立女子大	2	2	0	神田外語大	4	4	0
東洋大	3	3	0	大妻女子大	2	6	1	川村学園女子大	13	12	12

※各大学合格数は既卒生を含む。

入試要項 2024年春（実績）

新年度日程については p.116参照。

◆ 推薦　**A推薦**：単願　**B推薦**：併願（公私いずれか。東京・神奈川生を除く）

募集人員▶ A推薦20名，B推薦10名

選抜方法▶ A推薦：作文（50分・800字・100点），個人面接（10分），調査書　**B推薦**：適性検査（国数英より2科計60分・計100点），個人面接（10分），調査書　※B推薦の英語選択者で英語検定準2級は英語免除

◆ 一般　併願優遇（公私いずれか），一般

募集人員▶ 併願優遇15名，一般15名

選抜方法▶ 併願優遇：適性検査（国数英より2科計60分・計100点），個人面接（10分），調査書　**一般**：国数英より2科（各50分・各100点・国は作文800字との選択），個人面接（10分），調査書　※英語選択者で英語検定準2級は英語免除

◆ 受験料　27,000円

内申基準　A推薦：3科11または5科17または9科27　B推薦・一般（併願優遇）：3科12または5科18または9科28　※条件により内申加点あり

特待生・奨学金制度　2種類の特待生制度あり。入学金免除はA推薦で内申・入試成績により認定。授業料免除は特待生選抜試験(2/12)で認定。

帰国生の受け入れ　国内生と同枠入試で考慮あり。

入試日程

区分	出願	試験	発表	手続締切
A推薦	1/15〜19	1/22	1/22	1/23
B推薦	1/15〜19	1/22 or23	1/22 or23	公立発表翌日
併願優遇	1/25〜2/8	2/10 or11 or12	2/10 or11 or12	公立発表翌日
一般	1/25〜2/8	2/10 or11 or12	2/10 or11 or12	2/13

応募状況

年度	区分		応募数	受験数	合格数	実質倍率
'24		A推薦	25	25	25	1.0
		B推薦	5	3	3	1.0
	一般	併願優遇	18	11	11	1.0
		一般	21	13	8	1.6
'23		A推薦	13	13	13	1.0
		B推薦	7	7	7	1.0
	一般	併願優遇	23	17	17	1.0
		一般	33	15	12	1.3
'22		A推薦	22	22	22	1.0
		B推薦	3	3	3	1.0
	一般	併願優遇	23	18	18	1.0
		一般	20	11	8	1.4

[’24合格最低点] B推薦43/100　併願優遇52/100　一般100/200

学費（単位：円）	入学金	施設費	授業料	その他経費	小計	初年度合計
入学手続時	250,000	—	—	—	250,000	1,226,800
1年終了迄	—	72,000	480,000	424,800	976,800	

※2024年度予定。[返還] 一般で公立発表翌日までの入学辞退者（公立合格者）には入学金を返還。[授業料納入] 4回分割。[その他] 制服・制定品代あり。給食費は上記に含む。

併願校の例

	都立	埼公立	私立
挑戦校	井草 豊島 神代 清瀬	市立川越 浦和北 所沢西 朝霞	日大豊山女子 富士見丘 東京家政大附 麹町女子
最適校	武蔵丘 向丘 本所 保谷 鷺宮	朝霞西 入間向陽 鳩ヶ谷 浦和東 川越西	文京学院女子 京華女子 東洋女子 東京家政学院
堅実校	高島 松原 田無 千早	新座柳瀬 川口東 狭山清陵	神田女学園 貞静学園 文華女子 瀧野川女子

合格のめやす

合格の可能性 **60%** **80%** の偏差値を表示しています。

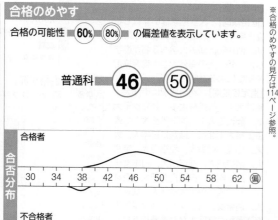

普通科　**46**　**50**

※合格のめやすの見方は114ページ参照。

見学ガイド　文化祭／説明会／見学会／作文講座

東京 女子 か 川村

千代田区

神田女学園 高等学校

〒101-0064　東京都千代田区神田猿楽町2-3-6　☎(03)6383-3751

【教育理念】 「品格ある女性」を育成。多様な価値観を理解するための言語能力・言語運用能力を高め、「深い知識を身につけ、広い教養で物事を考え、品格ある個人として本物の世界で行動できる」教育を行う。

【沿　革】 1890年創立。

【学校長】 芦澤　康宏

【生徒数】 女子443名

	1年(6クラス)	2年(6クラス)	3年(6クラス)
女子	160名	146名	137名

JR・都営三田線—水道橋5分　半蔵門線・都営三田線・都営新宿線—神保町5分

特色

設置学科：普通科

【コース】 グローバルコース、アドバンストコース、キャリアデザインコースを設置。

【カリキュラム】 ①グローバルコースは全員が英語圏で留学を経験する。現地校の卒業資格を取得できるダブルディプロマや、6〜12カ月の中長期留学のプログラムがある。②アドバンストコースは放課後一般選抜対策講座や自学専用の学習室を用意。難関大学をめざす。③キャリアデザインコースはフランス語、中国語、韓国語から第二外国語を選ぶ。大学進学に結びつく探究活動を展開し将来の方向性を考える。多様な受験形態に対応。④広域高大連携協定を約50校と締結。探究学習での専門的なアドバイスや論文の審査・表彰などのサポートを受ける。

【キャリア教育】 社会人によるキャリア講演会や教育連携ワークショップを開催。自分自身のキャリア形成や夢の実現への思いを高める。

【海外研修】 アドバンストコース、キャリアデザインコースの1年次希望者を対象とした留学制度がある。渡航先はオーストラリアなど。

【クラブ活動】 ソフトボール部が全国レベルで活躍。ダンス部も活発に活動している。

習熟度別授業	土曜授業	文理選択	オンライン授業	制服	自習室	食堂	プール	グラウンド	アルバイト
国数英	○	2年〜	○	○	〜18:00	—	—	○	審査

登校時刻＝ 8:25
下校時刻＝18:00

進路情報 2023年3月卒業生

四年制大学への進学率 **87.0%**

【卒業生数】 100名

【進路傾向】 大学進学はいずれも私立大学で、内訳は文系69%、理系21%、他10%。海外大学へ3名が進学した。40以上の海外大学へ教育協定校制度による進学が可能。

【指定校推薦】 利用状況は東洋大1、駒澤大1、桜美林大1、共立女子大5、順天堂大1、神田外語大2、東京工科大1など。ほかに日本大、大東文化大、東海大、亜細亜大、帝京大、國學院大、神奈川大、日本女子大、立命館大、白百合女子大、杏林大、立命館アジア太平洋大、武蔵野大、清泉女子大、フェリス女学院大、東洋英和女学院大など推薦枠あり。

	四年制大学	87名
	短期大学	6名
	専修・各種学校	5名
	就職	0名
	進学準備・他	2名

主な大学合格状況

'24年春速報は巻末資料参照

大学名	'23	'22	'21	大学名	'23	'22	'21	大学名	'23	'22	'21
◇都留文科大	0	1	0	中央大	0	2	1	日本女子大	4	6	1
◇長野県立大	0	1	0	法政大	1	2	0	桜美林大	4	3	3
早稲田大	1	1	0	日本大	0	10	0	共立女子大	7	2	0
慶應大	0	1	0	東洋大	6	4	4	大妻女子大	0	0	4
上智大	2	2	1	駒澤大	1	1	0	武蔵野大	1	4	1
東京理科大	0	1	0	専修大	2	1	0	順天堂大	4	1	0
学習院大	0	1	0	大東文化大	1	2	0	実践女子大	1	5	3
明治大	1	1	0	帝京大	1	3	2	昭和女子大	2	4	1
青山学院大	0	6	0	獨協大	1	1	0	神田外語大	3	1	10
立教大	2	2	0	東京女子大	1	2	1	大正大	1	2	5

※各大学合格数は既卒生を含む。

入試要項 2024年春（実績）

新年度日程については p.116参照。

◆ 推薦 単願推薦，併願推薦（公私とも可・本校第2志望。東京・神奈川生を除く）

募集人員▶グローバルコース25名，アドバンストコース25名，キャリアデザインコース50名

選抜方法▶グローバル：英，面接，調査書 アドバンスト：国数英より1科，面接，調査書 キャリアデザイン：国，面接，調査書 ※いずれも筆記試験は各50分・各100点・英にリスニングあり。面接は個人面接で10〜15分

◆ 一般 併願優遇（公私とも可・本校第2志望），一般

募集人員▶グローバルコース25名，アドバンストコース25名，キャリアデザインコース50名

選抜方法▶併願優遇：[グローバル] 英，面接，調査書，[アドバンスト] 国数英より1科，面接，調査書，[キャリアデザイン] 国，面接，調査書 一般：国数英，面接，調査書 ※いずれも筆記試験は各50分・各100点・英にリスニングあり。面接は個人面接で10〜15分

◆ 受験料 20,000円

内申基準 単願推薦：[グローバル][アドバンスト] 3科11または5科18，[キャリアデザイン] 任意の5科15 併願推薦・一般（併願優遇）：[グローバル][アドバンスト] 3科12または5科19，[キャリアデザイン]任意の5科16 ※[グローバル]は上記基準かつ，英4または英語検定3級 ※[アドバンスト]は上記基準かつ国数英のいずれか4 ※いずれも9科に1不可，[グローバル][アドバンスト]は5科に2も不可 ※条件により内申加点あり

特待生・奨学金制度 特待生選抜（推薦・併願優遇・一般の合格者が受験可）で4段階認定。

帰国生の受け入れ 国内生と別枠入試。

入試日程

区分		登録・出願	試験	発表	手続締切
推薦		12/20〜1/18	1/22	1/22	1/25
一般	併願	12/20〜2/5	2/10	2/10	2/15
	一般	12/20〜2/6	2/10	2/10	2/15

[延納] 併願推薦・併願優遇・一般の併願者は公立発表後まで。

応募状況

年度	区分		応募数	受験数	合格数	実質倍率
'24	グローバル	単推	10	10	10	1.0
		併推	0	0	0	—
		併優	6	6	6	1.0
		一般	4	4	4	1.0
	アドバンスト	単推	3	3	3	1.0
		併推	0	0	0	—
		併優	3	2	2	1.0
		一般	4	4	3	1.3
	キャリア	単推	85	85	85	1.0
		併推	10	10	10	1.0
		併優	72	60	60	1.0
		一般	19	19	14	1.4

[スライド制度] あり。上記に含まず。
['24年合格最低点] 非公表。

学費（単位：円）	入学金	施設費	授業料	その他経費	小計	初年度合計
入学手続時	250,000	50,000	—		300,000	1,239,000
1年終了迄		150,000	456,000	333,000	939,000	

※2024年度予定。[授業料納入] 毎月分割。
[その他] 制服・制定品代，ノートPC代あり。

併願校の例 ※[キャリア]を中心に

	都立	千・埼公立	私立
挑戦校	深川 東 本所 晴海総合	市川東 市立松戸 川口 朝霞西	中村 麹町女子 京華女子 東京家政学院 正則
最適校	小岩 松原 紅葉川 千早	松戸六実 市川昴 鳩ヶ谷 志木	上野学園 潤徳女子 小石川淑徳 二階堂
堅実校	日本橋 篠崎 竹台 千歳丘	市川南 川口青陵	品川エトワール 不二女子

合格のめやす

合格の可能性 **60%** **80%** の偏差値を表示しています。

グローバル **50** (54)

アドバンスト **50** (54)

キャリアデザイン **40** (44)

合否分布	30 34 38 42 46 50 54 58 62 (偏)
合格者	
不合格者	

実線＝キャリアデザイン
破線＝アドバンスト

※合格のめやすの見方は114ページ参照。

見学ガイド 文化祭／説明会／授業体験会／クラブ体験会／授業見学会／個別相談会

荒川区

北豊島 高等学校

〒116-8555　東京都荒川区東尾久6-34-24　☎(03)3895-4490

京成線・千代田線―町屋15分
都電・舎人ライナー―熊野前5分

【教育方針】　「誠実・和敬・温雅」を校訓に掲げ、社会で活躍する女性の育成をめざす。女性の能力を最大限に発揮するための土台をしっかりと築き、どんな状況にも対応できる竹のようなしなやかさを身につける教育をめざす。

【沿　革】　1926年北豊島女学校として創立。1950年に現校名となる。

【学校長】　河村　惠子

【生徒数】　女子164名

	1年(4クラス)	2年(4クラス)	3年(4クラス)
女子	49名	43名	72名

特色

設置学科：普通科

【コース】　インスパイアリングプログラム(I.P.)，グローバルプログラム(G.P.)，バリュアブルプログラム(V.P.)の3つのプログラムを展開。

【カリキュラム】　①女子校・少人数の特長を生かした独自のリベラルアーツ教育を推進。日常的に考える習慣をつけ，問題解決力を育成。②I.P.は探究活動やリーダーとしての素養を磨く研修に注力。専門性の高い研究環境の優れた大学をめざす。③G.P.はネイティヴ教員との2人担任制。英語の授業を多く設け，海外大学進学にも対応。④V.P.はスモールステップで基礎力を積み上げる。校外活動への参加などで社会性と主体性を養う。⑤順天堂大学と教育連携を締結し，キャリア教育や出張授業，大学授業の特別聴講などを実施している。⑥土曜日はホームルームがなく，任意受講の講座を開講。洋裁，手話などの教養講座と受験講座がある。

【海外研修】　希望選抜制の学期研修（カナダ），交換留学（派遣先未定）を実施。G.P.の希望者対象でフィリピン英語強化研修も行う。

【クラブ活動】　バレーボール部，ギター部が活躍している。バトン部も活発に活動。

習熟度別授業	土曜授業	文理選択	オンライン授業	制服	自習室	食堂	プール	グラウンド	アルバイト
英	―	2年～	―	○	～18:30	―	―	―	審査

登校時刻＝ 8:20
下校時刻＝18:30

進路情報　2023年3月卒業生

四年制大学への進学率 **68.2%**

【卒業生数】　85名

【進路傾向】　大学進学者の内訳は，文系・理系それぞれ半数程度。国公立大学へ3名，海外大学へ2名が進学した。海外協定大学推薦制度があり，国際英語コース（現G.P.）を中心に海外大学合格者が例年出ている。

【指定校推薦】　法政大，日本大，帝京大，成蹊大，獨協大，東京電機大，日本女子大，立命館大，武蔵大，大妻女子大，白百合女子大，東邦大，国際医療福祉大，東京農大，昭和女子大，城西大，清泉女子大，フェリス女学院大，東洋英和女学院大，女子栄養大など推薦枠あり。

	四年制大学	58名
	短期大学	6名
	専修・各種学校	18名
	就職	1名
	進学準備・他	2名

主な大学合格状況

'24年春速報は巻末資料参照

大学名	'23	'22	'21	大学名	'23	'22	'21	大学名	'23	'22	'21
◇防衛医大	0	0	1	東洋大	1	5	2	武蔵大	2	2	0
◇川崎市立看護大	1	0	0	駒澤大	3	0	2	立正大	6	0	0
早稲田大	1	0	0	専修大	1	1	3	大妻女子大	4	6	1
上智大	2	0	0	帝京大	2	4	4	北里大	1	0	2
学習院大	1	0	0	成蹊大	2	1	0	昭和女子大	1	3	2
明治大	1	1	0	成城大	3	0	0	大正大	4	3	2
青山学院大	2	0	1	明治学院大	2	4	0	清泉女子大	2	2	2
立教大	7	4	0	獨協大	6	4	2	目白大	1	1	3
法政大	5	1	0	東京電機大	1	1	0	文京学院大	3	3	3
日本大	7	1	0	日本女子大	2	0	1	鶴見学園女子大	3	3	1

※各大学合格数は既卒生を含む。

東京女子（き）北豊島

入試要項 2024年春（実績）

新年度日程についてはp.116参照。

◆推薦 推薦A：単願 推薦B：併願（公私とも可。千葉・埼玉生対象）

募集人員▶I.P.25名，G.P.25名，V.P.25名

選抜方法▶基礎学力適性検査（国数英計40分・計100点），グループ面接（10〜15分・G.P.はネイティヴの面接官を含む），調査書

◆一般 併願優遇（公私とも可），一般

募集人員▶I.P.25名，G.P.25名，V.P.25名

選抜方法▶I.P.・V.P.：国数英（各50分・各100点・英にリスニングあり），グループ面接（10〜15分），調査書 G.P.：英（70分・200点・リスニングあり），グループ面接（10〜15分・ネイティヴの面接官を含む），調査書

◆受験料 20,000円

内申基準 推薦A：[I.P.] 3科12または5科19または9科33，[G.P.]英4または英語検定3級，[V.P.] 3科9または5科14または9科26 推薦B・一般（併願優遇）：以下①または②。[I.P.]① 3科12かつ9科33・② 5科19かつ9科33，[G.P.]①英4かつ9科28・②英語検定3級かつ9科28，[V.P.]① 3科9かつ9科26・② 5科14かつ9科26 ※いずれも9科に1不可 ※条件により内申加点あり

特待生・奨学金制度 内申や一般入試の成績，資格等による事前相談に応じて4段階の特別奨学生認定。

帰国生の受け入れ 国内生と別枠入試。

入試日程

区分	出願	試験	発表	手続締切
推薦A	1/15〜18	1/22	1/23	1/30
推薦B	1/15〜18	1/22	1/23	併願校発表翌日
一般	1/25〜28	2/10	2/11	2/17

[延納]一般の併願者は併願校発表後まで。

応募状況

年度	区分		応募数	受験数	合格数	実質倍率
'24	I P	推薦	10	10	10	1.0
		一般	6	4	4	1.0
	G P	推薦	18	18	18	1.0
		一般	18	18	18	1.0
	V P	推薦	29	29	29	1.0
		一般	47	39	37	1.1
'23	特進	推薦	3	3	3	1.0
		一般	3	2	2	1.0
	国際	推薦	10	10	10	1.0
		一般	10	7	7	1.0
	総合	推薦	17	17	17	1.0
		一般	31	24	24	1.0
'22	特進	推薦	3	3	3	1.0
		一般	3	2	2	1.0
	国際	推薦	10	10	10	1.0
		一般	6	3	3	1.0
	総合	推薦	17	17	17	1.0
		一般	26	20	20	1.0

['24年合格最低点]一般：IP183/300，GP97/200，VP100/300

学費（単位：円）	入学金	施設費	授業料	その他経費	小計	初年度合計
入学手続時	230,000	100,000	—	8,000	338,000	847,600
1年終了迄			396,000	113,600	509,600	

※2024年度予定。[授業料納入] 11回分割。[その他] 制服・制定品代，積立金・教科書代・教材費（国際英語コース143,000円，特進コース・総合コース126,600円）あり。

併願校の例

※[V.P.]を中心に

	都立	千・埼公立	私立
挑戦校	江北 向丘 本所	柏中央 市川東 川口 草加南	サレジアン国際 東京成徳大 郁文館 文京学院女子 京華女子
最適校	小岩 足立 飛鳥 王子総合	流山おおたか 松戸 市川昴 草加東 鳩ヶ谷	岩倉 上野学園 潤徳女子 駿台学園 小石川淑徳
堅実校	竹台 足立西 忍岡 葛飾野	市立柏 松戸馬橋 川口青陵 八潮南	品川エトワール

合格のめやす

合格の可能性 **60%** **80%** の偏差値を表示しています。

I.P. **52** （56）

G.P. **47** （51）

V.P. **42** （46）

合格者

合否分布

| 30 | 34 | 38 | 42 | 46 | 50 | 54 | 58 | 62 | （偏 |

不合格者

実線＝V.P.
破線＝G.P.

※合格のめやすの見方は114ページ参照。

見学ガイド 文化祭／説明会／ネイティヴ授業体験／個別見学対応

八王子市

共立女子第二 高等学校

〒193-8666　東京都八王子市元八王子町1-710　☎(042)661-9952

【教育理念】「女性の社会的自立と自活」を建学の精神とし、「誠実・勤勉・友愛」を教育理念に掲げながら、セルフリーダーシップを発揮し社会貢献できる生徒の育成をめざす。

【沿　革】　1886年、女性の社会的自立の必要性を説く鳩山春子ら34名が発起人となり、共立女子職業学校設立。1970年に共立女子第二高等学校開校。

【学校長】　晴山　誠也

【生徒数】　女子510名

	1年(7クラス)	2年(7クラス)	3年(5クラス)
女子	177名	188名	145名

JR・京王高尾線―高尾、JR―八王子よりスクールバス

特色

設置学科：普通科

【コース】　特別進学、総合進学、英語の3コースを設置。2年次に特別進学コースを再選抜し、私立文系・国立文系・理系に対応。総合進学コースは文系・文理系・芸術系に対応するほか、共立進学コース（文系）が分岐する。

【カリキュラム】　①特別進学コースは受験科目5教科を手厚くしたカリキュラム。長期休業中のゼミやWEB学習システムを活用して国公立・難関私立大学をめざす。②総合進学コースは多様な進路志望に対応。数学・英語の少人数授業でレベルアップを図る。③2年次からの共立進学コースは大学付属校のメリットを生かし課外活動や検定試験の取得に力を入れる。3年次には進学後の単位になる大学授業の先取りが可能。④英語コースはネイティヴ教員による英語授業や、全員参加のニュージーランド・ターム留学で英語力を向上。課題解決型授業も英語で行う。

【海外研修】　ニュージーランドへ希望制で2週間のホームステイ（1・2年次）、希望選抜制で3カ月間のターム留学（1年次）を実施。

【クラブ活動】　ゴルフ部が全国大会出場の実績。フェンシング部は関東大会出場。

習熟度別授業	土曜授業	文理選択	オンライン授業	制服	自習室	食堂	プール	グラウンド	アルバイト
―	○	2年～	○	○	~19:00	○	○	○	―

登校時刻＝ 8:40
下校時刻＝17:50

進路情報　2023年3月卒業生

四年制大学への進学率 **89.1%**

【卒業生数】　147名

【進路傾向】　大学進学者の内訳は文系65%、理系35%。国公立大学へ理系3名が進学した。

【系列進学】　共立女子大学へ52名（文芸18、家政7、国際12、看護8、ビジネス2、建築・デザイン5）、共立女子短期大学へ1名が内部推薦で進学した。

【指定校推薦】　利用状況は学習院大1、中央大2、法政大2、成蹊大3、津田塾大1、白百合女子大3など。ほかに日本大、成城大、東京女子大、日本女子大、東京都市大、清泉女子大、フェリス女学院大、東洋英和女学院大など推薦枠あり。

	名
四年制大学	131名
短期大学	5名
専修・各種学校	10名
就職	0名
進学準備・他	1名

主な大学合格状況

'24年春速報は巻末資料参照

大学名	'23	'22	'21	大学名	'23	'22	'21	大学名	'23	'22	'21
◇東京外大	0	1	0	明治大	0	3	3	成蹊大	6	5	6
◇防衛医大	0	1	0	青山学院大	0	5	2	成城大	5	7	9
◇都立大	1	2	0	立教大	0	11	2	明治学院大	2	4	3
◇山梨大	1	0	0	中央大	6	10	8	津田塾大	2	3	2
◇国立看護大	1	1	0	法政大	9	7	3	東京女子大	6	10	8
早稲田大	0	5	4	日本大	9	7	4	日本女子大	3	9	7
慶應大	0	6	0	東洋大	1	3	4	共立女子大	75	88	85
上智大	0	4	0	専修大	8	4	2	白百合女子大	8	1	1
東京理科大	1	0	1	東海大	2	2	10	杏林大	4	1	5
学習院大	3	1	3	帝京大	4	2	4	東京薬科大	1	1	3

※各大学合格数は既卒生を含む。

私立

東京女子 (き) 共立女子第二

入試要項 2024年春（実績）

新年度日程についてはp.116参照。

◆ 推薦 第1志望

募集人員▶特別進学コース20名，総合進学コース50名，英語コース10名

選抜方法▶作文（60分・600〜800字・100点），個人面接（5〜10分），調査書

◆ 一般 併願優遇（公私とも可），フリー

募集人員▶特別進学コース①15名・②5名，総合進学コース①30名・②20名，英語コース①5名・②5名

選抜方法▶国数英（各50分・各100点・英にリスニングあり），個人面接（5〜10分），調査書

◆ 受験料 25,000円

内申基準 推薦：[特別進学]5科21または9科36，[総合進学]3科10または5科16または9科30，[英語]以下①かつ②。①3科10または5科16または9科30・②英語検定準2級または英4 **一般(併願優遇)**：[特別進学]5科22または9科38，[総合進学]3科12または5科18または9科32，[英語]以下①かつ②。①3科12または5科18または9科32・②英語検定準2級かつ英4 ※いずれも3科に2不可，9科に1不可 ※条件により内申加点あり

特待生・奨学金制度 内申，入試成績による2段階の奨学生制度あり。ほかに，スポーツ・芸術などの優秀者も奨学生認定。

帰国生の受け入れ 国内生と同枠入試で考慮あり。

入試日程

区分	登録・出願	試験	発表	手続締切
推薦	12/1〜1/17	1/22	1/22	1/25
一般①	12/1〜2/4	2/10	2/11	公立発表翌日
一般②	12/1〜2/4	2/12	2/13	公立発表翌日

応募状況

年度	区分	応募数	受験数	合格数	実質倍率
'24	推薦	65	65	65	1.0
	一般①	47	46	45	1.0
	一般②	26	19	18	1.1
'23	推薦	87	87	87	1.0
	一般①	46	46	45	1.0
	一般②	26	18	16	1.1
'22	推薦	97	97	97	1.0
	一般①	77	76	74	1.0
	一般②	40	22	22	1.0

[スライド制度]あり。上記に含まず。
[24年合格最低点]一般①130/300 一般②143/300

学費（単位：円）

学費（単位：円）	入学金	施設設備維持費	授業料	その他経費	小計	初年度合計
入学手続時	250,000	—	—	—	250,000	約1,042,180
1年終了迄	—	210,000	500,000	約82,180	約792,180	

※2024年度予定。[授業料納入]4回分割。[その他]制服・制定品代あり。
[寄付・学債]任意の施設拡充金1口10万円2口以上あり。

併願校の例 ※[総進]を中心に

	都立	神公立	私立
挑戦校	日野台 小金井北 町田 昭和 調布北	相模原 海老名	日本女子大附 桜美林 日大三 八王子学園 日大鶴ヶ丘
最適校	南平 東大和南 神代 府中 成瀬	相模原弥栄 生田 上溝南	東京純心女子 玉川学園 八王子実践 帝京八王子 相模女子大
堅実校	翔陽 松が谷 富士森 日野 小川	橋本 麻生	白梅学園 東海大菅生 駒沢女子 昭和一学園

合格のめやす

合格の可能性 **60%** **80%** の偏差値を表示しています。

特別進学 **56** （60）

総合進学 **51** （55）

英語 **54** （58）

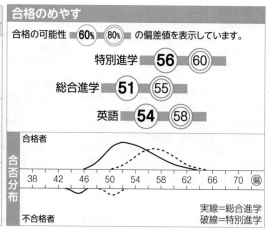

合格者 / 不合格者
38 42 46 50 54 58 62 66 70 （偏）
実線＝総合進学
破線＝特別進学

※合格のめやすの見方は114ページ参照。

見学ガイド 体育祭／文化祭／説明会／見学会／オープンキャンパス

世田谷区

国本女子 高等学校

〒157-0067　東京都世田谷区喜多見8-15-33　☎(03)3416-4722

【教育方針】　校訓に「眞心の発揮」「自然に対する素直さの涵養」「恩を知り恩に報ゆる心の育成」を掲げる。変化し続ける社会の中で，しなやかな強さをもつ女性を育成する「新しい時代の女子教育」を実践する。

【沿　革】　1942年国本高等女学校として発足。1948年現校名となる。

【学校長】　豊田　ひろ子

【生徒数】　女子112名

	1年(3クラス)	2年(2クラス)	3年(2クラス)
女子	48名	25名	39名

小田急線―喜多見3分　JR―渋谷，東急田園都市線―二子玉川よりバス二の橋3分

特色

設置学科：普通科

【コース】　総合進学コースとダブルディプロマ(DD)コースを設置している。

【カリキュラム】　①総合進学コースは日々の「学び方」指導を通して，自主的かつ意欲的な学習を実現。受験に必要な科目は各科の担当教員が個別にサポートする。看護医療や体育，音楽・美術系の大学進学にも対応し，生徒一人ひとりの第1志望への進路実現をめざす。②ダブルディプロマコースは本校と，カナダ・アルバータ州が海外校認定したKunimoto Alberta International Schoolの両校に在籍し，日本語と英語のバイリンガル教育を受ける。国際感覚や多様性を身につけ，海外大学や国際・語学系学部への進学をめざす。③茶道・華道や芸術鑑賞を通して豊かな心を育む。④1人1台のタブレット端末を授業のほか部活動や行事でも活用。

【海外研修】　ダブルディプロマコースは2年次夏のカナダ短期研修（5～6週間）または1年間のアルバータ州高校長期留学が必修。

【クラブ活動】　ソフトテニス部，吹奏楽部が全国大会に出場している。バスケットボール部は関東大会に出場の実績をもつ。

習熟度別授業	土曜授業	文理選択	オンライン授業	制服	自習室	食堂	プール	グラウンド	アルバイト
数	○	2年～	○	○	～18:30	―	―	遠隔	―

登校時刻＝ 8:20
下校時刻＝19:00

進路情報　2023年3月卒業生

四年制大学への進学率 **67.3%**

【卒業生数】　55名

【進路傾向】　大学進学はいずれも私立大学で，内訳は文系54%，理系19%，他27%。

【指定校推薦】　利用状況は専修大1，帝京大1，玉川大1，白百合女子大1，東洋英和女学院大1など。ほかに日本大，神奈川大，日本女子大，立命館大，桜美林大，大妻女子大，武蔵野大，東京農大，昭和女子大，文教大，麻布大，フェリス女学院大，女子美大，昭和音大，東京家政大，東京女子体育大など推薦枠あり。

■ 四年制大学	37名
□ 短期大学	4名
■ 専修・各種学校	11名
■ 就職	0名
□ 進学準備・他	3名

主な大学合格状況

'24年春速報は巻末資料参照

大学名	'23	'22	'21	大学名	'23	'22	'21	大学名	'23	'22	'21
上智大	0	0	1	国士舘大	1	2	1	帝京平成大	2	4	1
日本大	0	0	1	桜美林大	3	4	2	洗足学園音大	1	1	0
東洋大	0	1	0	大妻女子大	0	0	3	昭和音大	3	0	2
専修大	1	0	1	白百合女子大	1	0	0	日本体育大	2	0	0
東海大	0	5	3	杏林大	1	0	0	日本女子体育大	1	0	0
帝京大	1	2	3	東京薬科大	0	1	0	東京女子体育大	0	1	3
神奈川大	1	0	1	武蔵野大	2	2	3	フェリス女学院大	0	3	1
東京女子大	0	1	0	昭和女子大	0	2	1	相模女子大	0	2	0
玉川大	1	2	0	明星大	1	1	0	東洋英和女学院大	1	1	2
東京都市大	1	0	0	文教大	2	1	0	鎌倉女子大	2	2	0

※各大学合格数は既卒生を含む。

東京 女子 <　国本女子

入試要項 2024年春（実績）

新年度日程についてはp.116参照。

◆ 推薦　**A推薦**：単願　**B推薦**：併願（公私とも可。東京・神奈川生を除く）

募集人員 ▶ 100名

選抜方法 ▶ **総合進学**：作文，グループ面接，調査書　**ダブルディプロマ**：作文，個人面接，調査書，英語資格証明書コピー

◆ 一般　併願優遇（公私とも可），オープン入試

募集人員 ▶ 100名

選抜方法 ▶ **総合進学**：国数英（各100点・高得点２科判定），グループ面接，調査書　**ダブルディプロマ**：国数英（各100点・高得点２科判定），個人面接，調査書，ほか併願優遇は英語資格証明書コピー

※英語・漢字・数学検定の取得級により筆記試験の合計点に加点する制度あり。

◆ 受験料　20,000円

内申基準　**A推薦**：５科15または９科28　**B推薦・一般（併願優遇）**：５科16または９科29　※いずれも９科に１不可　※[ダブルディプロマ]上記かつ英語検定２級　※条件により内申加点あり

特待生・奨学金制度　内申，入試成績に応じた３段階の特待生制度あり。

帰国生の受け入れ　国内生と別枠入試を実施。

入試日程

区分	登録・出願	試験	発表	手続締切
推薦	12/20～1/17	1/22	1/22	1/25
一般	12/20～2/6	2/10or11	2/10or11	3/4

[延納] B推薦は公立発表後まで。

応募状況

年度	区分		応募数	受験数	合格数	実質倍率
'24	総進	推薦	19	19	19	1.0
		併優	23	21	21	1.0
		オープン	5	5	5	1.0
	DD	推薦	1	1	1	1.0
		併優	0	0	0	―
		オープン	3	3	3	1.0
'23	総進	推薦	29	29	29	1.0
		併優	27	27	27	1.0
		オープン	6	5	2	2.5
	DD	推薦	0	0	0	―
		併優	2	2	2	1.0
		オープン	0	0	0	―
'22	一般 2/10	A推薦	17	17	17	1.0
		B推薦	0	0	0	―
		併優	26	26	26	1.0
		オープン	5	5	5	1.0
	一般 2/11	併優	7	6	6	1.0
		オープン	8	7	7	1.0

['24年合格最低点] 非公表。

学費（単位：円）

		入学金	施設費	授業料	その他経費	小計	初年度合計
入学手続時		240,000	160,000	―	―	400,000	―
1年終了迄	総合進学	―	―	432,000	469,200	901,200	1,301,200
	DD	―	―	1,032,000	1,389,200	2,421,200	2,821,200

※2024年度予定。[授業料納入] 一括または10回分割。ダブルディプロマコースにはカナダの授業料を含む。[その他] 制服・制定品代あり。ダブルディプロマコースの海外研修積立金は上記に含む。

併願校の例　※[総進]を中心に

	都立	神公立	私立
挑戦校	調布南	生田	玉川学園
	広尾	市立橘	玉川聖学院
	成瀬	元石川	和光
	府中	住吉	佼成女子
	芦花		下北沢成徳
最適校	松が谷	市立高津	駒沢女子
	松原	荏田	藤村女子
	小川	麻生	立川女子
		百合丘	大西学園
堅実校	府中東	川崎北	二階堂
	桜町	生田東	大東学園
	片倉	上鶴間	フェリシア
	世田谷総合	白山	
	千歳丘		

合格のめやす

合格の可能性 **60%** **80%** の偏差値を表示しています。

※合格のめやすの見方は114ページ参照。

総合進学　**43**　**47**

ダブルディプロマは偏差値を設定していません。

合格者／不合格者　合否分布

30　34　38　42　46　50　54　58　62　(偏)

見学ガイド　文化祭／説明会／個別見学対応

小中高専短大

港区

慶應義塾女子 高等学校

〒108-0073　東京都港区三田2-17-23　☎(03)5427-1674

【教育理念】　創立者福澤諭吉の教えである「独立自尊」の精神を涵養する。大学入試を目的としない一貫教育の中で，生徒が自由に学び，一人ひとりの中に眠る優れたものを自ら考え，開発・発育させ，自身の生き方と新しい世界を創造していく機会や場をつくる教育を行う。

【沿　革】　1950年創立。

【学校長】　森　さち子

【生徒数】　女子603名

	1年（6クラス）	2年（5クラス）	3年（5クラス）
女子	193名	196名	214名

JR―田町10分　都営浅草線・都営三田線―三田8分　南北線・都営三田線―白金高輪10分

特色

設置学科：普通科

【カリキュラム】　①2年次より豊富な選択科目を設定。外国語（中国語，ドイツ語，フランス語）や慶應義塾大学の教員が担当する専門的な授業もある。②2年次には小説を執筆する「小説創作」や長編の漢詩の暗唱，3年次には文学作品に関する論文を作成する「国語科レポート」など，日本語力を高めるための課題がある。

【海外研修】　希望者に慶應義塾一貫教育校派遣留学制度（1年間）をはじめ，海外名門校への短期留学プログラムも用意している。諸外国からの留学生の受け入れも行い，異文化理解を深

め，国際的な視野を広げる環境を整えている。

【クラブ活動】　マンドリンクラブ，アイリッシュハープアンサンブル，奇術部，ラクロス部，バトン部など30以上のクラブが活動している。慶應義塾高等学校と連携するクラブもある。

【行事】　演劇会，運動会，十月（かんな）祭を年間三大行事とし，生徒が企画運営を行う。

【施設】　元徳川邸の敷地である校地には樹木が繁る日本庭園や純日本風の門などがあり，武家屋敷の情緒を残す。2014年に別館校舎が加わり，より充実した学習環境を整備。

習熟度別授業	土曜授業	文理選択	オンライン授業	制服	自習室	食堂	プール	グラウンド	アルバイト
数英	○	―	○	○	―	―	―	―	○

登校時刻＝ 8:10
下校時刻＝17:30

進路情報　2023年3月卒業生

【卒業生数】　197名

【進路傾向】　卒業生は原則として全員が併設大学へ推薦され，例年9割以上が進学している。他大学への進学は少数だが，主に医学部に合格実績がある。

【系列進学】　慶應義塾大学へ188名（文11，経済55，法54，商21，医5，理工25，総合政策2，環境情報6，看護医療2，薬7）が内部推薦で進学した。

【指定校推薦】　北里大など推薦枠あり。

※進路内訳は非公表。

主な大学合格状況　'24年春速報は巻末資料参照

大学名	'23	'22	'21	大学名	'23	'22	'21	大学名	'23	'22	'21
◇東京大	0	1	0	東洋大	0	0	2	聖マリアンナ医大	0	1	1
◇東京医歯大	0	1	0	明治学院大	1	0	0	国際医療福祉大	2	2	1
◇横市大	1	0	0	東京慈恵会医大	1	0	0	東京薬科大	1	0	0
早稲田大	2	0	0	順天堂大	0	1	0	東京歯大	1	0	0
慶應大	188	189	202	昭和大	1	0	2	東京家政大	1	0	0
東京理科大	1	0	0	日本医大	1	0	0	日本女子体育大	1	0	0
学習院大	0	0	0	杏林大	0	0	1	麻布大	1	0	0
明治大	0	0	0	東京女子医大	0	1	0				
中央大	1	0	0	北里大	1	1	1				
日本大	3	1	0	東邦大	0	0	1				

※各大学合格数は既卒生を含む。

入試要項 2024年春（実績）

新年度日程についてはp.116参照。

東京　女子　け　慶應義塾女子

◆ 推薦　第1志望

募集人員 ▶ 約30名

選抜方法 ▶ 適性検査（90分），面接，調査書，学習成績一覧表の評定人数分布票，活動報告書，健康調査書

◆ 一般

募集人員 ▶ 約70名

選抜方法 ▶ 国数英（各60分），作文（60分・600字），調査書，学習成績一覧表の評定人数分布票，健康調査書

◆ 帰国生

募集人員 ▶ 若干名

選抜方法 ▶ 国数英（各60分），作文（60分・600字），調査書，学習成績一覧表の評定人数分布票，健康調査書，School Report

◆ 受験料　30,000円

(内申基準) 推薦：9科42かつ理社各5　※9科に2不可

(特待生・奨学金制度) 家計基準・成績基準・出欠基準を満たす者を対象とした奨学金制度あり（年額上限25万円，毎年6名まで）。

(帰国生の受け入れ) 国内生と別枠入試（上記参照）。

入試日程

区分	登録・出願	試験	発表	手続締切
推薦	12/20～1/15	1/22	1/23	1/24
一般	12/20～1/29	2/10	2/12	2/14
帰国生	12/1～1/11	2/10	2/12	2/14

応募状況

年度	区分	応募数	受験数	合格数	実質倍率
'24	推薦	126	125	32	3.9
	一般	463	431	146	3.0
	帰国生	44	38	16	2.4
'23	推薦	113	113	25	4.5
	一般	471	450	131	3.4
	帰国生	45	42	17	2.5
'22	推薦	143	143	24	6.0
	一般	455	437	127	3.4
	帰国生	62	60	22	2.7

［'24年合格最低点］非公表。

学費（単位：円）

	入学金	教育充実費	授業料	その他経費	小計	初年度合計
入学手続時	340,000	210,000	355,000	15,000	920,000	1,275,000
1年終了迄	—	—	355,000	—	355,000	

※2024年度予定。［返還］一般・帰国生で3/7までの入学辞退者には入学金を除き返還。
［授業料納入］2回分割（入学手続時に前期分納入）。［その他］制服・制定品代あり。
［寄付・学債］任意の塾債1口10万円3口以上，教育振興資金1口3万円2口以上あり。

併願校の例

	都立	神・千・埼公立	国・私立
挑戦校			
最適校		横浜翠嵐	筑波大附 東京学芸大附 お茶の水女子大附 青山学院 早大本庄
堅実校	日比谷 西 国立 戸山 青山	湘南 川和 千葉 船橋 大宮	広尾学園(医進) 中央大学 帝京大学 国学院久我山 中大附横浜

合格のめやす

合格の可能性 **60%** **80%** の偏差値を表示しています。

普通科　**72**　**76**

合格者

| 38 | 42 | 46 | 50 | 54 | 58 | 62 | 66 | 70 | (偏) |

合否分布

不合格者

※合格のめやすの見方は114ページ参照。

(見学ガイド) 文化祭／説明会／個別相談／個別見学対応

文京区

京華女子 高等学校

〒112-8612　東京都文京区白山5-6-6　☎(03)3946-4434

都営三田線―白山3分　南北線―本駒込8分
千代田線―千駄木18分

【教育方針】　学力を高め，グローバル力を育むと共に，「共感力の習得」を重視した教育を実践し，深い知識と豊かな心を備えた，21世紀を生きる「賢い女性」を育成する。

【沿　革】　1909年創立。2024年度，文京区白山5-13-5より京華学園本部の敷地に移転。

【学校長】　塩谷　耕

【生徒数】　女子405名

	1年（5クラス）	2年（4クラス）	3年（4クラス）
女子	162名	124名	119名

特色

設置学科：普通科

【コース】　特進（特奨含む）と進学の2クラス制。2年次よりS特進クラスと進学クラスを編成。

【カリキュラム】　①特進クラスは難関大学への進学をめざす。週3日の特別進学講習や，1・2年次全員参加の夏期・冬期講習などで実力を養成する。②進学クラスは課外活動にも取り組みながら希望大学への進学に対応するカリキュラム。フォローアップゼミで基礎学力の定着をサポート。③「探究Ⅰ・Ⅱ」はグループワークが中心。2年次には企業からのミッションで課題解決に取り組む。④英語の授業では外国人講師とのオンライン英会話を行う。英語検定は，卒業までに全員2級取得が目標。⑤学校説明会を企画・運営するボランティアや，体験型プログラムでSDGsを学ぶ有志団体が活動している。

【海外研修】　1・2年次の希望者対象でオーストラリア夏期研修，セブ島語学研修，1・2年次の希望選抜制でニュージーランド中・長期留学制度（3カ月または1年）がある。

【クラブ活動】　京華学園3校合同で活動するマーチングバンド部が全国大会出場の実績。

【施設】　移転に伴い2024年4月新校舎完成。

習熟度別授業	土曜授業	文理選択	オンライン授業	制服	自習室	食堂	プール	グラウンド	アルバイト
―	○	2年〜	○	○	〜18:00	○	―	○	―

登校時刻＝8:25
下校時刻＝18:00

進路情報　2023年3月卒業生

四年制大学への進学率 **78.7%**

【卒業生数】　141名

【進路傾向】　大学進学はいずれも私立大学で，内訳は文系63％，理系28％，他9％。薬学部に2名合格。

【指定校推薦】　利用状況は法政大1，日本大1，東洋大4，大東文化大1，獨協大1，芝浦工大1，東京女子大1，武蔵大1，工学院大1，千葉工大2，共立女子大4，大妻女子大2，武蔵野大1，実践女子大2，明星大1，学習院女子大2，フェリス女学院大1，鎌倉女子大1，十文字学園女子大1，跡見学園女子大3，東京家政大1など。ほかに東海大，亜細亜大，帝京大，東京電機大，津田塾大，日本女子大など推薦枠あり。

	四年制大学	111名
	短期大学	6名
	専修・各種学校	16名
	就職	0名
	進学準備・他	8名

主な大学合格状況

'24年春速報は巻末資料参照

大学名	'23	'22	'21	大学名	'23	'22	'21	大学名	'23	'22	'21
◇国際教養大	0	0	1	青山学院大	2	0	2	獨協大	4	3	3
◇都立大	0	1	0	立教大	2	3	6	津田塾大	3	6	5
◇都留文科大	0	1	4	中央大	2	1	2	東京女子大	4	4	7
◇釧路公立大	1	3	0	法政大	5	5	3	日本女子大	1	12	7
早稲田大	2	2	3	日本大	2	4	2	共立女子大	5	11	3
慶應大	1	0	2	東洋大	13	14	9	大妻女子大	9	12	11
上智大	5	1	3	駒澤大	7	10	10	白百合女子大	2	2	3
東京理科大	3	1	0	専修大	6	7	14	武蔵野大	4	4	6
学習院大	2	0	0	大東文化大	13	5	2	昭和女子大	5	2	3
明治大	1	3	2	東海大	1	1	0	多摩美大	3	2	0

※各大学合格数は既卒生を含む。

新年度日程については p.116参照。

入試要項 2024年春（実績）

※A推薦，B推薦，一般①②で特待入試実施

◆推薦　**A推薦**：単願　**B推薦**：単願，併願（公私とも可）　※B推薦は自己推薦で東京・神奈川生を除く　**芸術・スポーツ選抜**：単願（進学クラス対象）

募集人員▶A推薦30名・特奨10名，B推薦15名・特奨5名，芸術・スポーツ選抜15名

選抜方法▶A推薦（特奨除く），芸術・スポーツ選抜：作文（60分・500～600字），面接（個人またはグループ5分），調査書　A推薦（特奨）・B推薦：適性検査（国数英各45分・各100点），面接（個人またはグループ5分），調査書

◆一般　併願優遇（公私とも可）あり

募集人員▶①50名・特奨10名，②10名・特奨5名

選抜方法▶国数英（各45分・各100点），面接（個人またはグループ5分），調査書

◆受験料　23,000円

内申基準　A推薦：[特奨]5科21，[特進]3科12または5科20，[進学]3科10・5科16・9科29　B推薦・一般（併願優遇）：[特奨]5科22，[特進]3科13または5科21，[進学]3科11・5科17・9科30　芸術・スポーツ選抜：[進学]3科10・5科16・9科29　※進学コースは3科・5科・9科のいずれか2つを満たすこと　※いずれも9科に1不可　※条件により内申加点あり

特待生・奨学金制度　入試成績により4段階の特待生認定。内申による優遇あり。ほか，学園卒業生・在校生の親族，芸術・スポーツ選抜に対する特待あり。

帰国生の受け入れ　国内生と別枠入試。

入試日程

区分	登録・出願	試験	発表	手続締切
A推薦	12/20～1/20	1/22	1/22	1/26
B推薦	12/20～1/20	1/22	1/22	1/26
芸術・スポーツ	12/20～1/20	1/22	1/22	1/26
一般①	12/20～2/8	2/10	2/10	2/14
一般②	12/20～2/10	2/12	2/12	2/16

[延納] B推薦・一般の併願者は公立発表後まで。

応募状況

年度	区分	応募数	受験数	合格数	実質倍率
'24	A推薦	69	69	68	1.0
	B推薦	19	19	18	1.1
	芸術・スポーツ	9	9	9	1.0
	一般①	83	80	63	1.3
	一般②	41	37	33	1.1
'23	A推薦	73	73	73	1.0
	B推薦	14	14	14	1.0
	芸術・スポーツ	10	10	10	1.0
	一般①	63	62	36	1.7
	一般②	25	22	11	2.0

[スライド制度] あり。上記に含まず。
['24年合格最低点] 一般①：特奨217，特進187，進学151（/300）

学費（単位：円）	入学金	施設費	授業料	その他経費	小計	初年度合計
入学手続時	250,000	60,000	—	5,000	315,000	1,143,305
1年終了迄	—	180,000	462,000	186,305	828,305	

※2024年度予定。[返還] 3/15までの入学辞退者には入学金を除き返還。
[授業料納入] 一括または4回分割。[その他] 制服・制定品代あり。
[寄付・学債] 任意の寄付金1口5万円あり。

併願校の例　※[進学]を中心に

	都立	千・埼公立	私立
挑戦校	文京	国府台	安田学園
	上野	国分	十文字
	豊島	越谷南	日大一
	江戸川	市立川越	日大豊山女子
	墨田川	与野	
最適校	江北	市川東	郁文館
	向丘	市立松戸	二松学舎
	武蔵丘	川口	豊島学院
	本所	朝霞西	文京学院女子
	晴海総合	草加南	東洋女子
堅実校	足立	松戸	潤徳女子
	高島	市川昴	豊南
	紅葉川	志木	駿台学園
	飛鳥	川口東	北豊島
		草加西	瀧野川女子

合格のめやす

合格の可能性 **60%** **80%** の偏差値を表示しています。

特進（特奨）　**60**　**63**

特進　**57**　**60**

進学　**47**　**51**

合格者

| | 34 | 38 | 42 | 46 | 50 | 54 | 58 | 62 | 66 | （偏） |

不合格者

実線＝進学
破線＝特進

※合格のめやすの見方は114ページ参照。

見学ガイド　体育祭／文化祭／説明会／オープンキャンパス／クラブ体験会／個別見学対応

小石川淑徳学園 高等学校（新校名）

小中高専短大

〒112-0002　東京都文京区小石川3-14-3　☎(03)5840-6301　旧・淑徳SC高等部

文京区

【教育方針】「進み行く世におくれることなく，有為な人間となれ」を校訓とする。「多様性」の中に「持続可能」な社会に貢献する人を育成する。

【沿革】1892年創立。小石川淑徳高等女学校，淑徳SC高等部などを経て2024年現校名に改称。

【学校長】夘木 幸男

【生徒数】女子131名

	1年（2クラス）	2年（3クラス）	3年（3クラス）
女子	32名	48名	51名

都営三田線・都営大江戸線―春日8分
丸ノ内線・南北線―後楽園8分

特色

設置学科：普通科

【コース】特別選抜コース（特別選抜クラス，デジタル教養クラス），選抜コース（選抜クラス）2コース3クラス制。

【カリキュラム】①特別選抜コースは国公立大学や難関私立大学を一般選抜などでめざす。②デジタル教養クラスは中央大学理工学部との教育連携でカリキュラムを作成。IT系の資格を取得し，情報系・メディア系の学部・学科をめざす。③選抜クラスは大学，短期大学，専門学校への多様な入試形態に対応する。④英語はオリジナル教材とレベル別のオンライン動画を活用。

選抜コースでは外部講師による英語検定対策講座も開く。⑤希望制の7限・8限講習の実施や小論文の授業などで学習をサポートする。

【宗教】情操教育「淑徳の時間」ではオリジナル教材を用いて仏教から日本人に根付く精神や人生観を学ぶ。成道会など宗教行事も実施。

【海外研修】2年次にアメリカまたはイギリスへの修学旅行を実施予定。1・2年次希望者対象のオーストラリアターム留学制度もある。

【クラブ活動】スケート部は全国大会優勝の実績。バレーボール部，華道部も全国大会に出場。

習熟度別授業	土曜授業	文理選択	オンライン授業	制服	自習室	食堂	プール	グラウンド	アルバイト
―	○	―	○	○	～18:00	―	―	○	―

登校時刻＝8:30
下校時刻＝19:00

進路情報 2023年3月卒業生

進学率 **78.0%**

【卒業生数】50名

【進路傾向】総合型・学校推薦型選抜での進学が多い。

【指定校推薦】東洋大，大東文化大，立正大，関東学院大，大妻女子大，実践女子大，東京工科大，大正大，駒沢女子大，城西大，目白大，帝京科学大，日本獣医生命科学大，東京福祉大，多摩大，ものつくり大，高千穂大，麻布大，東洋英和女学院大，鎌倉女子大，城西国際大，淑徳大，麗澤大，和洋女子大，秀明大，聖徳大，中央学院大，江戸川大，川村学園女子大，十文字学園女子大，跡見学園女子大など推薦枠あり。

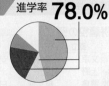

■ 四年制大学	23名
■ 短期大学	6名
■ 専修・各種学校	10名
■ 就職	4名
□ 進学準備・他	7名

主な大学合格状況　'24年春速報は巻末資料参照

大学名	'23	'22	'21	大学名	'23	'22	'21	大学名	'23	'22	'21
上智大	0	1	0	国士舘大	0	1	0	東京家政学院大	2	1	0
学習院大	0	0	1	大妻女子大	0	1	1	文化学園大	1	1	0
立教大	0	0	1	聖心女子大	0	1	0	城西国際大	1	1	1
中央大	0	1	0	帝京平成大	0	3	2	淑徳大	1	0	1
日本大	0	0	1	大正大	1	1	1	聖徳大	1	0	2
東洋大	0	5	0	日本医科生命科学大	1	0	0	東京成徳大	0	2	1
駒澤大	0	0	1	文京学院大	0	4	3	こども教育宝仙大	1	0	0
大東文化大	0	0	1	女子美大	1	0	0	東京医療保健大	1	0	0
帝京大	0	0	1	洗足学園音大	1	0	1	東洋学園大	1	1	2
獨協大	0	0	1	女子栄養大	1	0	1	明海大	1	0	0

※各大学合格数は既卒生を含む。

東京 女子 (こ) 小石川淑徳学園

入試要項 2024年春（実績）

新年度日程についてはp.116参照。

◆推薦　A推薦：単願　B推薦：併願（東京・神奈川を除く）

募集人員▶特別選抜クラス20名，デジタル教養クラス20名，選抜クラス40名　※一般を含む全体の定員

選抜方法▶適性検査（国数英各50分・各100点・英にリスニングあり），調査書，ほかにA推薦は個人面接（10分）　※B推薦は任意の1科を150点の傾斜配点

◆一般　併願優遇（公私とも可）あり

募集人員▶定員内

選抜方法▶国数英（各50分・各100点・英にリスニングあり），調査書　※任意の1科を150点の傾斜配点

◆受験料　20,000円

（内申基準）**A推薦**：[特別選抜][デジタル教養] 5科17，[選抜] 5科15または9科27　**B推薦・一般（併願優遇）**：[特別選抜][デジタル教養] 5科19，[選抜] 5科17または9科29　※いずれも9科に1不可　※条件により内申加点あり

（特待生・奨学金制度）奨学生合格者には3段階で奨学金を給付。

（帰国生の受け入れ）国内生と同枠入試。

入試日程

区分	出願	試験	発表	手続締切
A推薦	12/20〜1/19	1/22	1/23	1/27
B推薦	12/20〜1/19	1/22	1/23	公立発表翌日
一般①	12/20〜2/8	2/10	2/11	2/19
一般②	12/20〜2/8	2/13	2/13	2/19

[延納] 一般の公立併願者は公立発表後まで。

応募状況

年度	区分		応募数	受験数	合格数	実質倍率
'24	A推薦		19	19	18	1.1
	B推薦		6	6	6	1.0
	一般①		21	14	11	1.3
	一般②		32	10	6	1.7
'23	特選・選抜	単願推薦 併願推薦	20	19	19	1.0
		一般①	25	22	22	1.0
		一般②	12	12	12	1.0
'22	特選	単願推薦 併願推薦	4	4	4	1.0
		一般①	4	3	3	1.0
		一般②	0	0	0	—
		一般③	0	0	0	—
	選抜	単願推薦 併願推薦	24	24	24	1.0
		一般①	32	29	29	1.0
		一般②	4	2	2	1.0
		一般③	8	2	2	1.0

[スライド制度] あり。上記に含まず。
['24年合格最低点] A推薦：特別選抜コース176/300　B推薦：特別選抜コース183/350　一般①：特別選抜コース184，選抜コース155（/350）

学費（単位:円）	入学金	施設費	授業料	その他経費	小計	初年度合計
入学手続時	250,000	—	—	—	250,000	約1,498,800
1年終了迄		249,200	432,000	約567,600	約1,248,800	

※2024年度予定。[授業料納入] 一括または3回分割。[その他] 制服・制定品代，教科書・副教材費等（2023年度実績：約32,000円）あり。

併願校の例
※[選抜]を中心に

	都立	千・埼公立	私立
挑戦校	本所 鷺宮 杉並 小岩	市川東 朝霞西 鳩ヶ谷	佼成女子 京華女子 東京家政学院 東洋女子 川村
最適校	松原 王子総合 千早 竹台 忍岡	市川昴 志木 川口東	神田女学園 北豊島 愛国 二階堂 瀧野川女子
堅実校	板橋有徳 練馬 千歳丘 赤羽北桜	市川南 ふじみ野	安部学院

合格のめやす

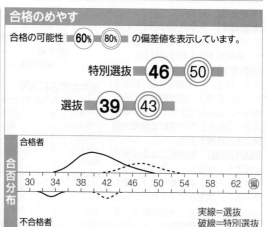

合格の可能性 60% 80% の偏差値を表示しています。

特別選抜　46　50

選抜　39　43

合格者

合否分布

30　34　38　42　46　50　54　58　62　(偏)

不合格者

実線＝選抜
破線＝特別選抜

※合格のめやすの見方は114ページ参照。

（見学ガイド）文化祭／説明会／個別相談会

千代田区

麴町学園女子 高等学校

〒102-0083　東京都千代田区麴町3-8　☎(03)3263-3011

【教育目標】 「聡明・端正」を掲げ，豊かな人生を自らデザインできる自立した女性を育てる。

【沿　革】 1905年，女性教育の向上をめざした大築佛郎により麴町女学校として創立。2017年度より「東洋大学グローバルコース」新設に伴い，高校募集再開。

【学校長】 堀口　千秋

【生徒数】 女子425名

	1年（6クラス）	2年（5クラス）	3年（5クラス）
女子	174名	130名	121名

有楽町線―麴町1分　半蔵門線―半蔵門2分
JR・南北線―市ヶ谷10分，四ツ谷10分

特色

設置学科：普通科

【コース】 高校からの入学生には東洋大学グローバルコースを設置。内部進学生とは3年間別クラス編成となる。

【カリキュラム】 ①独自の活動型英語学習「アクティブイングリッシュ」を展開。毎朝の英文音読や1分間スピーチなどで実践の場を充実させている。②ネイティブ教員が常駐するラウンジの設置，留学生との交流，海外修学旅行や留学制度などのグローバルプログラムで国際理解教育を行う。③ICTを活用し，問題発見・解決型学習を取り入れた思考型授業で思考力・判断

力・表現力を育成。④東洋大学との高大連携によるキャンパス訪問や出張講義，研究レポート作成を通して学びに対する自覚の向上を図る。

【キャリア教育】 1・2年次の「みらい科」は興味・関心を掘り下げ，10,000字の論文を書くことで，自分で考え，対処する能力を育てる。

【海外研修】 2年次にアイルランド修学旅行がある。ほか希望選抜制のニュージーランド3カ月留学を7月と2月の年2回実施している。

【クラブ活動】 ソフトテニス部が全国レベルで活躍。フェンシング部や新体操部も活発。

習熟度別授業	土曜授業	文理選択	オンライン授業	制服	自習室	食堂	プール	グラウンド	アルバイト	登校時刻＝ 8:30
国数英	○	2年～	○	○	～19:00					下校時刻＝18:00

進路情報 2023年3月卒業生

四年制大学への進学率 **89.1%**

【卒業生数】 156名

【進路傾向】 大学進学はいずれも私立大学で，内訳は文系93%，理系7%。海外大学へ1名が進学した。

【系列進学】 東洋大学へ66名（文9，法7，理工1，食環境科2，経済8，社会10，国際7，国際観光8，総合情報3，福祉社会デザイン6，健康スポーツ科5）が学校間教育連携協定による推薦で進学。

【指定校推薦】 利用状況は中央大1，成蹊大1，成城大1，芝浦工大1，日本女子大3，東京都市大1，聖心女子大3，清泉女子大2など。ほかに日本大，獨協大，東京電機大，東京女子大など推薦枠あり。

	'23	'22	'21
四年制大学	139名		
短期大学	0名		
専修・各種学校	14名		
就職	1名		
進学準備・他	2名		

主な大学合格状況

'24年春速報は巻末資料参照

大学名	'23	'22	'21	大学名	'23	'22	'21	大学名	'23	'22	'21
◇千葉大	0	0	1	東洋大	69	61	29	杏林大	6	1	4
◇東京外大	0	1	0	成蹊大	1	2	1	武蔵野大	0	3	5
早稲田大	0	1	0	成城大	2	3	2	昭和女子大	5	3	5
上智大	0	1	0	獨協大	2	2	0	学習院女子大	4	0	3
明治大	0	1	0	神奈川大	1	4	1	清泉女子大	2	1	0
青山学院大	0	1	0	東京女子大	2	2	1	目白大	2	1	7
立教大	2	1	0	日本女子大	3	1	2	多摩美大	0	1	2
中央大	1	3	0	桜美林大	3	1	3	東京医療保健大	1	2	2
法政大	0	4	0	共立女子大	7	5	4	川村学園女子大	2	0	0
日本大	3	4	0	大妻女子大	5	2	1	蹟見学園女子大	3	4	3

※各大学合格数は既卒生を含む。

東京 女子 (こ) 麹町学園女子

入試要項 2024年春（実績）

新年度日程についてはp.116参照。

◆ 推薦　A方式：単願（総合型，英語型）　B方式：併願（公私いずれか。東京・神奈川生を除く）

募集人員▶ 40名

選抜方法▶ A方式（総合型）・B方式：作文（50分・600字），個人面接（5分），調査書　A方式（英語型）：英語リスニング（20分），個人面接（10分，日本語と英語），調査書

◆ 一般　併願優遇（公私いずれか）あり

募集人員▶ ①30名，②10名

選抜方法▶ 国数英（各50分・各100点・英にリスニングあり），個人面接（5分），調査書

※英は英語検定資格証明書写し提出により，準2級で100点，3級で75点とみなし，入試得点と比べて高い方で判定。準2級は英語試験免除も可

◆ 受験料　20,000円

内申基準 推薦A方式（総合型）：5科18　推薦A方式（英語型）：英語検定準2級　推薦B方式・一般（併願優遇）：5科19　※いずれも5科に2不可，9科に1不可　※条件により内申加点あり

特待生・奨学金制度 内申，入試成績，英語検定資格により2段階の特別奨学生認定。

帰国生の受け入れ 国内生と別枠入試。

入試日程

区分	出願	試験	発表	手続締切
推薦A	1/15〜20	1/22	1/23	1/25
推薦B	1/15〜20	1/22	1/23	公立発表翌日
一般①	1/25〜2/9	2/10	2/11	2/15
一般②	1/25〜2/11	2/12	2/13	2/15

［延納］一般の併願優遇は公立発表後まで。

応募状況

年度	区分		応募数	受験数	合格数	実質倍率
'24	推薦	A方式	61	61	61	1.0
		B方式				
	一般①	併願優遇	53	52	42	1.2
		フリー	8	8	4	2.0
	一般②	併願優遇	21	16	11	1.5
		フリー	9	6	3	2.0
'23	推薦	A方式	56	56	56	1.0
		B方式				
	一般①	併願優遇	17	15	11	1.4
		フリー	3	3	3	1.0
	一般②	併願優遇	17	11	10	1.1
		フリー	5	5	5	1.0
'22	推薦A総合		56	56	56	1.0
	推薦A英語					
	推薦B					
	一般①		42	42	37	1.1
	一般②		25	20	16	1.3

［'24年合格最低点］一般併願優遇①180，一般併願優遇②189，一般フリー①196，一般フリー②202（/300）

学費（単位：円）	入学金	施設費	授業料	その他経費	小計	初年度合計
入学手続時	220,000	—	—	—	220,000	1,694,672
1年終了迄	—	166,800	468,000	839,872	1,474,672	

※2024年度予定。［授業料納入］4回分割。［その他］制服・制定品代あり。

併願校の例

	都立	千・埼公立	私立
挑戦校	駒場	鎌ヶ谷	東洋大京北
	豊多摩	国府台	東洋
	城東	川越南	十文字
	文京	市立浦和南	日大鶴ヶ丘
	上野		専修大附
最適校	墨田川	国分	富士見丘
	深川	市川東	日大豊山女子
	広尾	朝霞	東京家政大附
	雪谷	川口	文京学院女子
	田園調布		佼成女子
堅実校	本所	市立松戸	東京家政学院
	杉並	市立船橋	東洋女子
	松原	朝霞西	東京立正
	高島	鳩ヶ谷	豊南
			関東一

合格のめやす

合格の可能性 ⑥⑩% ⑧⑩% の偏差値を表示しています。

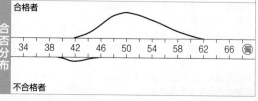

東洋大学グローバル **50** **54**

※合格のめやすの見方は114ページ参照。

見学ガイド 体育祭／文化祭／説明会／オープンキャンパス／英検対策講座／見学会／個別見学対応

佼成学園女子 高等学校

〒157-0064　東京都世田谷区給田2-1-1　☎(03)3300-2351

世田谷区

【教育理念】　国際社会で平和のために貢献できる人材を育成する。法華経精神に基づき挨拶，食前食後の感謝，校門出入り一礼，整理整頓，思いやりの宗教的情操を培う「五つの実践」を大切にする。

【沿　革】　立正佼成会を母体に1955年開校。

【学校長】　榎並　紳吉

【生徒数】　女子518名

	1年（6クラス）	2年（6クラス）	3年（5クラス）
女子	179名	169名	170名

京王線―千歳烏山5分
小田急線―千歳船橋よりバス南水無3分

特色

設置学科：普通科

【コース】　留学コース，スーパーグローバル[SG]コース），特進コース，進学コースを設置している。留学コースは3年間文系。ほかは2年次に文系と理系に分かれる。

【カリキュラム】　①留学コースは全員が1年間ニュージーランドの提携校に留学。圧倒的な英語力を身につけ，帰国後は難関大学をめざす。②SGコースはタイでの2週間のフィールドワークとロンドン大学研修が必修。③特進コースは6教科8科目対応のカリキュラムとハイレベルな授業・講習で学力を高める。④進学コースは無理なく効率的に大学進学準備をする。「食物」「保育」「芸術」「茶道」など，選択科目を他コースより多く設定。指定校推薦にも対応。⑤「英検まつり」や年間8回の学習合宿など，仲間と励まし合いながら勉強に集中できる体制が整っている。校内予備校や総合型選抜講座も開く。

【海外研修】　特進・進学コースの2年次の修学旅行はオーストラリア。希望者はそのまま短期留学として残り，1カ月滞在する。

【クラブ活動】　ダンス部，ハンドボール部が全国レベル。バスケットボール部も活躍。

習熟度別授業	土曜授業	文理選択	オンライン授業	制服	自習室	食堂	プール	グラウンド	アルバイト	登校時刻＝ 8:25
数英	○	2年〜	○	○	〜20:30	○	○	○	届出	下校時刻＝18:30

進路情報　2023年3月卒業生

四年制大学への進学率 **86.2%**

【卒業生数】　195名

【進路傾向】　大学進学者の内訳は文系78％，理系18％，他4％。国公立大学へ文系1名・理系2名，海外大学へ4名が進学した。

【指定校推薦】　利用状況は学習院大1，青山学院大3，立教大1，中央大5，法政大2，日本大1，駒澤大1，専修大2，成蹊大1，成城大3，津田塾大1，東京女子大4，日本女子大3，東京都市大1，白百合女子大2，東洋英和女学院大1など。ほかに上智大，東洋大，東海大，亜細亜大，帝京大，神奈川大，芝浦工大，東京電機大，立命館アジア太平洋大，清泉女子大など推薦枠あり。

	四年制大学	168名
	短期大学	1名
	専修・各種学校	18名
	就職	0名
	進学準備・他	8名

主な大学合格状況

※'24年春速報は巻末資料参照

大学名	'23	'22	'21	大学名	'23	'22	'21	大学名	'23	'22	'21
◇筑波大	0	0	1	学習院大	2	2	1	帝京大	12	5	7
◇東京外大	1	0	1	明治大	2	2	2	成城大	3	3	4
◇茨城大	1	0	0	青山学院大	3	7	7	津田塾大	4	1	1
◇山梨大	0	0	2	立教大	13	6	9	東京女子大	6	2	4
◇国立看護大	1	0	0	中央大	10	11	11	日本女子大	4	5	6
◇長岡造形大	1	0	0	法政大	8	9	7	桜美林大	1	9	6
早稲田大	6	5	5	日本大	7	4	4	共立女子大	5	8	5
慶應大	4	3	3	東洋大	6	5	8	白百合女子大	7	5	7
上智大	19	20	2	駒澤大	2	5	3	杏林大	7	5	2
東京理科大	5	0	2	専修大	5	2	7	昭和女子大	7	5	7

※各大学合格数は既卒生を含む。

入試要項　2024年春（実績）

新年度日程については p.116参照。

※下記は現行コース・クラス制での募集実績。2025年度より国際コース（留学クラス，SGクラス）を留学コース，SGコースとし，4コース制で募集予定

◆推薦　A推薦：単願　B推薦：併願（公私とも可。東京・神奈川生を除く）

募集人員▶留学クラス10名，SGクラス5名，特進コース35名，進学コース30名

選抜方法▶個人面接（5〜8分，留学クラスとSGクラスは英語と日本語による），調査書

◆一般　併願優遇（公私とも可），フリー

募集人員▶留学クラス10名，SGクラス5名，特進コース35名，進学コース30名

選抜方法▶国数英（各50分・各100点・英にリスニングあり），グループ面接（5〜8分，留学クラスとSGクラスは英語と日本語による個人面接8分），調査書

◆受験料　25,000円

内申基準 A推薦・B推薦：[留学][SG][特進]3科12または5科20，[進学]3科10または5科16または9科28　**一般（併願優遇）**：[留学][SG][特進]3科12または5科20，[進学]3科11または5科17または9科29　※上記基準かつ[留学]英4または英語検定3級　※いずれも9科に1不可　※条件により内申加点あり

特待生・奨学金制度 内申，入試成績により3段階の特待生認定（進学コースを除く）。ほか，兄弟姉妹優遇制度あり。

帰国生の受け入れ 国内生と別枠入試。

入試日程

区分	登録・出願	試験	発表	手続締切
推薦	12/20〜1/18	1/22	1/22	1/24
一般①	12/20〜2/7	2/10	2/10	国公立発表後
一般②	12/20〜2/12	2/12	2/12	国公立発表後

［延納］B推薦は公立発表後まで。

応募状況

年度	区分		応募数	受験数	合格数	実質倍率
'24	留学	推薦	3	3	3	1.0
		一般①	2	1	1	1.0
		一般②	3	1	1	1.0
	SG	推薦	8	8	8	1.0
		一般①	6	6	6	1.0
		一般②	9	7	7	1.0
	特進	推薦	7	7	7	1.0
		一般①	27	26	26	1.0
		一般②	29	20	20	1.0
	進学	推薦	60	60	60	1.0
		一般①	91	85	83	1.0
		一般②	44	25	23	1.1

［スライド制度］あり。上記に含まず。
［'24年合格最低点］一般①：SG169，特進155，進学98(/300)　一般②：SG127，特進166，進学95(/300)

学費（単位:円）		入学金	施設設備資金	授業料	その他経費	小計	初年度合計
入学手続時		255,000	60,000	—	—	315,000	—
1年終了迄	留学	—	—	315,000	4,378,800	4,693,800	5,008,800
	他	—	—	420,000	396,800	816,800	1,131,800

※2024年度予定。［返還］入学辞退者には入学金を除き返還。［授業料納入］毎月分割。［その他］制服・制定品代，SGコースは海外研修積立金2,150,000円，特進コース・進学コースは修学旅行積立金280,000円あり。留学コースの留学費用は上記に含む。［寄付・学債］任意の寄付金1口5万円あり。

併願校の例

※[進学]を中心に

	都立	神公立	私立
挑戦校	豊多摩 調布北 狛江 南平 神代	新城 生田 座間 麻溝台	桐朋女子（普） 桜美林 日大鶴ヶ丘 日大櫻丘 富士見丘
最適校	調布南 府中 成瀬 芦花 松が谷	住吉 大和西 市立高津	麹町女子 文化学園杉並 下北沢成徳 東京家政学院 東洋女子
堅実校	杉並 富士森 日野 松原 府中東	橋本 麻生 百合丘 川崎	駒沢女子 国本女子 藤村女子 二階堂

合格のめやす

合格の可能性 **60%** **80%** の偏差値を表示しています。

コース	60%	80%
国際（留学）	53	57
国際（スーパーグローバル）	57	61
特進	54	58
進学	48	52

※合格のめやすの見方は114ページ参照。

見学ガイド 体育祭／文化祭／説明会／見学会／オープンスクール

稲城市

駒沢学園女子 高等学校

〒206-8511　東京都稲城市坂浜238　☎(042)350-7123

【建学の精神】　曹洞宗の開祖である道元の教え「正念・行学一如」を掲げる。「正念」は自分を正しく見つめ、自己を確立すること。「行学一如」は生きることと学ぶことを一致させること。仏教の教えを礎とした心の教育、未来を切り開く教育、時代に応じた女子教育を大切にする。

【沿　革】　1927年創立。
【学校長】　土屋　登美恵
【生徒数】　女子510名

	1年(5クラス)	2年(6クラス)	3年(5クラス)
女子	168名	186名	156名

JR―稲城長沼，東急田園都市線―あざみ野よりスクールバス

特色

設置学科：普通科

【コース】　特進，進学，英語の3クラス制。
【カリキュラム】　①特進クラスは放課後セミナーや勉強合宿で難関大学合格をサポート。②進学クラスは併設大学をはじめ、多様な進路を実現する。③英語クラスは英語授業を3年間で30単位設定。1年次3学期に全員がニュージーランドへ留学する。④2・3年次には検定英語講座や韓国語入門、コ・メディカル入門、生活デザイン入門など多彩な選択科目を用意している。⑤特進・進学クラスの「Komajo Quest」では様々なプロジェクト型学習により発信力を身につける。英語クラスは「Komajo Quest English」で英語を使って探究学習を行う。⑥仏教の授業では詩や絵本を教材に自分と向き合うことを学び、思いやりや感謝の心を育む。

【キャリア教育】　様々な体験を通して将来を考える機会を設ける。人生でかかるお金をマネープラン用のボードゲームを通して実感。

【海外研修】　夏休みにアメリカ、カナダなど5カ国で希望制の英語研修を実施。選抜制の派遣留学制度（2年次・ニュージーランド）もある。

【クラブ活動】　硬式野球部が全国大会出場。

習熟度別授業	土曜授業	文理選択	オンライン授業	制服	自習室	食堂	プール	グラウンド	アルバイト
―	○	○	○	○	～17:00	○	○	○	―

登校時刻＝ 8:25
下校時刻＝18:00

進路情報　2023年3月卒業生

四年制大学への進学率 **67.1%**

【卒業生数】　140名
【進路傾向】　大学進学はいずれも私立大学で文系50%，理系31%，他19%。大学・短大の系統別進路は保育・教育系が20%と多く、看護・医療系14%，人文科学系14%と続く。

【系列進学】　駒沢女子大学へ26名（人間総合15，看護9，人間健康2），駒沢女子短期大学へ7名が内部推薦で進学した。

【指定校推薦】　利用状況は中央大1，駒澤大4，専修大1，成城大2，日本女子大1，白百合女子大3，昭和女子大1，東洋英和女学院大2など。ほかに日本大，國學院大，神奈川大，玉川大など推薦枠あり。

	四年制大学	94名
	短期大学	18名
	専修・各種学校	24名
	就職	0名
	進学準備・他	4名

主な大学合格状況
'24年春速報は巻末資料参照

大学名	'23	'22	'21	大学名	'23	'22	'21	大学名	'23	'22	'21
上智大	0	1	0	玉川大	1	2	1	昭和女子大	2	3	2
中央大	1	1	1	国士舘大	1	0	1	明星大	6	2	1
日本大	0	1	1	桜美林大	3	3	1	駒沢女子大	28	36	19
駒澤大	4	3	2	大妻女子大	3	2	1	日本女子体育大	2	2	1
専修大	1	1	1	白百合女子大	3	0	0	フェリス女学院大	2	1	0
東海大	1	1	0	杏林大	1	0	1	横浜薬科大	2	1	1
帝京大	4	3	2	東京女子医大	1	0	0	相模女子大	2	4	3
成城大	2	2	2	日本歯大	1	0	0	鎌倉英和女学院大	2	2	1
津田塾大	2	0	0	東京農大	4	1	0	桐蔭横浜大	2	1	1
日本女子大	1	1	1	実践女子大	4	0	0	東京医療学院大	1	2	2

※各大学合格数は既卒生を含む。

東 京 女 子 ㊂ 駒沢学園女子

入試要項 2024年春（実績）

新年度日程についてはp.116参照。

◆ 推薦　第1志望
募集人員▶100名
選抜方法▶個人面接（10分），調査書
◆ 一般　**併願優遇**（公私いずれか）：公立併願（①），私立併願（①または②）　**第1志望優遇・チャレンジ優遇**：入試得点に加点（①または②）　**フリー**：①または②
募集人員▶①120名・②20名
選抜方法▶国数英（各50分・各100点・英にリスニングあり），調査書
◆ **受験料**　20,000円

（内申基準）推薦：[特進]5科17，[進学]5科15または9科27，[英語]以下①または②。①5科16かつ英3・②9科29かつ英3　**一般（併願優遇）**：[特進]5科18，[進学]5科15または9科27，[英語]以下①または②。①5科17かつ英3・②9科30かつ英3　※いずれも9科に1不可（一般の第1志望優遇を含む）　※条件により内申加点あり

（特待生・奨学金制度）推薦・併願優遇は特進クラスと英語クラスを対象とした内申基準による学業特待がある。ほか，入試成績に応じた奨学生制度あり。

（帰国生の受け入れ）国内生と同枠入試。

入試日程

区分	登録・出願	試験	発表	手続締切
推薦	12/20〜1/18	1/22	1/22	1/24
一般①	12/20〜2/4	2/10	2/11	2/16
一般②	12/20〜2/4	2/12	2/12	2/16

[延納] 一般①の公立併願優遇は公立発表後まで。

応募状況

年度	区分		応募数	受験数	合格数	実質倍率
'24	特進	推薦	8	8	8	1.0
		一般①	8	8	8	1.0
		一般②	2	2	2	1.0
	進学	推薦	59	59	55	1.1
		一般①	146	146	145	1.0
		一般②	15	8	8	1.0
	英語	推薦	4	4	4	1.0
		一般①	5	5	5	1.0
		一般②	1	1	1	1.0
'23	特進	推薦	12	12	12	1.0
		一般①	35	35	35	1.0
		一般②	2	1	1	1.0
	進学	推薦	84	82	82	1.0
		一般①	167	166	164	1.0
		一般②	10	9	9	1.0
'22	特進	推薦	35	34	22	1.5
		一般①	48	46	7	6.6
		一般②	4	4	1	4.0
	進学	推薦	92	90	90	1.0
		一般①	190	180	179	1.0
		一般②	2	2	2	1.0

[スライド制度] あり。上記に含まず。
['24年合格最低点] 一般①：特進165，進学111，英語132（/300）　一般②：特進128，進学96（/300）

学費（単位：円）

学費（単位：円）	入学金	維持費	授業料	その他経費	小計	初年度合計
入学手続時	250,000	—	—	—	250,000	約1,093,767
1年終了迄	—	162,000	420,000	約261,767	約843,767	

※2024年度予定。[入学前納入] 1年終了迄の小計のうち約130,000円。[授業料納入] 一括または2回分割。[その他] 制服・制定品代あり。

併願校の例　※[進学]を中心に

	都立	神公立	私立
挑戦校	神代 調布南 府中 成瀬	市立橘 元石川 住吉	玉川学園 国立音大附（普） 共立女子二 佼成女子 相模女子大
最適校	芦花 松が谷 日野 松原 小川	市立高津 荏田 麻生 城郷 百合丘	下北沢成徳 国本女子 藤村女子
堅実校	府中西 府中東 片倉 若葉総合 町田総合	川崎北 生田東	二階堂 立川女子 大東学園 フェリシア

合格のめやす

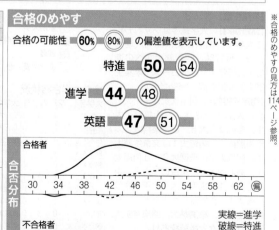

合格の可能性 **60%** **80%** の偏差値を表示しています。

特進 **50** （54）
進学 **44** （48）
英語 **47** （51）

合否分布　合格者　不合格者
30　34　38　42　46　50　54　58　62　偏

実線＝進学
破線＝特進

※合格のめやすの見方は114ページ参照。

（見学ガイド）体育祭／文化祭／合唱コンクール／説明会／オープンキャンパス／見学会

品川区

品川エトワール女子 高等学校

〒140-0004　東京都品川区南品川5-12-4　☎(03)3474-2231

【教育目標】　「人として美しく」をモットーに，品位・品格を身につけ，心豊かで国際感覚に富んだ人材の育成をめざす。

【沿　革】　1934年創立。2000年町田学園女子高等学校より現校名に改称。

【学校長】　阿部　陽一

【生徒数】　女子666名

	1年(8クラス)	2年(8クラス)	3年(8クラス)
女子	218名	230名	218名

JR・東急大井町線・りんかい線―大井町6分
京急本線―青物横丁2分

特色

設置学科：普通科

【コース】　国際キャリア，マルチメディア表現，ネイチャースタディ，保育，キャリアデザインの5コース制。国際キャリアコースは2年次より文・理に分かれる。

【カリキュラム】　①国際キャリアコースは英語と中国語の実用的なコミュニケーション能力と国際教養の習得をめざす。②マルチメディア表現コースはプロ仕様の機器とソフトを使用した実習でクリエイティヴ力を磨く。③ネイチャースタディコースは園芸，健康，環境などを探究。千葉の研修寮でファーム実習を行う。④保育コースは専門知識を養い，短期大学との連携授業や併設幼稚園での実習を行う。⑤キャリアデザインコースは2・3年次に「被服制作」「調理」「英会話」など多彩な選択科目を設置。将来の目標を考え主体的に学ぶ。⑥1人1台のタブレット端末を毎日の学びに活用している。

【海外研修】　コース別に欧米圏への修学旅行を実施（キャリアデザインコースは国内）。希望制のホームステイ，希望選抜制の留学制度あり。

【クラブ活動】　ダンス部が全国レベルで活躍。

【施設】　2018年に新校舎が完成。

習熟度別授業	土曜授業	文理選択	オンライン授業	制服	自習室	食堂	プール	グラウンド	アルバイト	登校時刻＝ 8:35
―	月1～2回	2年～	○	○	～18:00	○	―	―	届出	下校時刻＝17:00

進路情報　2023年3月卒業生

進学率 **87.5%**

【卒業生数】　176名

【進路傾向】　大学進学はいずれも私立大学で，内訳は文系62%，理系21%，他17%。四年制大学への進学率は国際キャリアコース（卒業生32名）が最も高く66%だった。

【指定校推薦】　利用状況は玉川大1，立正大1，千葉工大1，大妻女子大1，聖心女子大3，日本薬科大1，東京農大1，拓殖大1，文京学院大1，鶴見大1，聖徳大2，江戸川大1，駿河台大1，東京造形大2，東京工芸大4，横浜美大1，東京家政学院大1，杉野服飾大1など。ほかに国士舘大，桜美林大，関東学院大，実践女子大など推薦枠あり。

■ 四年制大学	81名	
□ 短期大学	8名	
■ 専修・各種学校	65名	
■ 就職	1名	
□ 進学準備・他	21名	

主な大学合格状況

'24年春速報は巻末資料参照

大学名	'23	'22	'21	大学名	'23	'22	'21	大学名	'23	'22	'21
立教大	2	0	0	玉川大	1	2	3	神田外語大	3	4	2
法政大	2	0	0	立正大	2	1	1	拓殖大	1	1	3
日本大	4	0	0	国士舘大	2	3	1	文京学院大	3	1	2
東洋大	1	2	0	桜美林大	1	2	2	東京造形大	4	1	1
駒澤大	0	1	1	大妻女子大	3	2	2	女子美大	1	2	2
専修大	1	0	1	聖心女子大	3	0	2	東京工芸大	4	3	3
東京文化大	1	0	1	白百合女子大	1	0	1	横浜美大	1	0	1
東海大	1	2	0	日本薬科大	1	1	0	文化学園大	2	1	6
帝京大	0	3	0	武蔵野大	1	0	0	相模女子大	1	0	0
明治学院大	0	2	0	帝京平成大	2	1	0	聖徳大	3	4	3

※各大学合格数は既卒生を含む。

東　京　女　子　(し)　品川エトワール女子

入試要項　2024年春（実績）

新年度日程についてはp.116参照。

◆推薦　A推薦：単願　C推薦：単願，自己推薦。マルチメディア表現コース，ネイチャースタディコース，キャリアデザインコースのみ募集
募集人員▶国際キャリアコース20名，マルチメディア表現コース25名，ネイチャースタディコース15名，保育コース20名，キャリアデザインコース70名
選抜方法▶A推薦：個人面接（7分），調査書
C推薦：［マルチメディア表現］実技審査（静物デッサン），個人面接（7分），調査書，［ネイチャースタディ］適性検査，個人面接（7分），［キャリアデザイン］作文（出願時提出・自己PR含む・400～600字），個人面接（7分），調査書
◆一般　併願優遇（公私いずれか）あり
募集人員▶国際キャリアコース20名，マルチメディア表現コース25名，ネイチャースタディコース15名，保育コース20名，キャリアデザインコース70名
選抜方法▶国数英（各50分・各100点・マークシート・国のみ記述との併用・英にリスニングあり），個人面接（7分），調査書
◆受験料　22,000円

内申基準　A推薦：［国際キャリア］［マルチメディア表現］5科15，［ネイチャースタディ］［保育］9科22，［キャリアデザイン］9科20　**一般（併願優遇）**：［国際キャリア］［マルチメディア表現］5科15，［ネイチャースタディ］［保育］9科24，［キャリアデザイン］9科22　※［マルチメディア表現］5科は国数英音美　※条件により内申加点あり

特待生・奨学金制度　内申，学科試験による4段階の奨学金制度あり。ほかに語学特待，帰国子女特典も認定。
帰国生の受け入れ　国内生と別枠入試。個別対応もあり。

入試日程

区分	登録・出願	試験	発表	手続締切
推薦	12/20～1/18	1/22	1/23	1/26
一般	12/20～2/7	2/10or11	2/12	2/15

［延納］一般の併願者は公立発表後まで。

応募状況

年度	区分		応募数	受験数	合格数	実質倍率
'24	国際	推薦	16	16	16	1.0
		一般	23	20	20	1.0
	マルチ	推薦	45	45	43	1.0
		一般	28	26	24	1.1
	ネイチャ	推薦	16	16	16	1.0
		一般	22	22	22	1.0
	保育	推薦	21	21	21	1.0
		一般	18	18	18	1.0
	キャリ	推薦	58	58	58	1.0
		一般	130	119	114	1.0

［スライド制度］あり。上記に含まず。
［24年合格最低点］一般：国際キャリア170，マルチメディア表現160，ネイチャースタディ150，保育160，キャリアデザイン140（/300）

学費（単位：円）	入学金	施設費	授業料	その他経費	小計	初年度合計
入学手続時	200,000	180,000	—	25,000	405,000	1,060,000
1年終了迄	—	—	474,000	181,000	655,000	

※2024年度予定。［入学前納入］1年修了迄の小計のうち25,000円。［授業料納入］毎月分割。［その他］制服・制定品代，実習費・海外研修積立金（国際キャリア264,000円，マルチメディア表現・ネイチャースタディ204,000円，保育144,000円），実習費（キャリアデザイン60,000円）あり。

併願校の例　※［キャリア］を中心に

	都立	神公立	私立
挑戦校	芦花 松原 つばさ総合	横浜清陵 川崎 百合丘	自由ヶ丘 大森学園 日本大荏原 羽田国際 品川学藝
最適校	大崎 桜町 世田谷総合 美原 千歳丘	市立幸 新栄 鶴見総合 白山 菅	成女 白鵬女子 横浜学園
堅実校	八潮 深沢 大森	大師 麻生総合	

合格のめやす

合格の可能性　⑥⓪%　⑧⓪%　の偏差値を表示しています。

国際キャリア　㊷　（㊻）
マルチメディア表現　㊵　（㊹）
ネイチャースタディ　㊳　（㊷）
保育　㊳　（㊷）
キャリアデザイン　㊱　（㊵）

※合格のめやすの見方は114ページ参照。

見学ガイド　文化祭／説明会／オープンキャンパス／体験授業／個別見学対応

世田谷区

下北沢成徳 高等学校

〒155-8668　東京都世田谷区代田6-12-39　☎(03)6407-8160(広報部)

【教育理念】　「広く社会で活躍する女性を育てる」という建学の精神のもと，学ぶ人を育て，品性を育むことを目標とする。学ぶ姿勢や品位，女性ならではの自主性や人を癒す力を養う。

【沿　革】　1927年成徳女子商業学校として創立。2003年現校名に改称。

【学校長】　平野　昌子

【生徒数】　女子304名

	1年（4クラス）	2年（4クラス）	3年（4クラス）
女子	95名	121名	88名

小田急線・京王井の頭線―下北沢5分

特色　　　　　　　　　　　　　　　　設置学科：普通科

【コース】　グローバルエデュケーション（GL）コースとブロードエデュケーション（BR）コースの2コース制。BRコースに国公立・難関私立大学をめざすセレクトクラスを設置。

【カリキュラム】　①GLコースはネイティヴ教員が担任に加わり英語漬けの生活を送る。他教科を英語で学ぶイマージョン教育で，総合的に英語力を高める。2・3年次には第二外国語として中国語またはフランス語を履修。②BRコースは課題解決能力を高め，一般選抜や学校推薦型・総合型選抜にも対応できる力を養う。2年

次には「調理」「看護医療福祉＆保育幼児教育」など多彩な特別講座を設置。現場に触れる体験を通して夢を具体化する。③企業インターンシップを校内で実施。チームごとに企画立案やプレゼンを行い，優秀チームは全国大会に出場する。④4学期制を採用し，授業日数を増やしている。

【海外研修】　2年次の修学旅行先はオーストラリア。ほかに希望制のカナダ研修やニュージーランドターム留学などを実施する。

【クラブ活動】　バレーボール部は全国大会常連の強豪。ダンスドリル部も活発に活動。

習熟度別授業	土曜授業	文理選択	オンライン授業	制服	自習室	食堂	プール	グラウンド	アルバイト	
数英	○	2年～	○	○	～17:40	―	―	―	審査	登校時刻＝ 8:15 下校時刻＝17:40

進路情報　2023年3月卒業生　　　　　四年制大学への進学率 84.9%

【卒業生数】　93名

【進路傾向】　大学進学者の内訳は文系67％，理系27％，他6％。国公立大学へ文系1名，理系1名が進学。

【指定校推薦】　利用状況は学習院大1，日本大1，東洋大1，東京電機大1，日本女子大5，東洋英和女学院大2，女子美大1など。ほかに駒澤大，帝京大，成城大，神奈川大，芝浦工大，東京女子大，立命館大，武蔵大，玉川大，立正大，東京経済大，桜美林大，共立女子大，大妻女子大，白百合女子大，杏林大，東邦大，東京農大など推薦枠あり。

四年制大学 79名
短期大学 1名
専修・各種学校 8名
就職 2名
進学準備・他 3名

主な大学合格状況　　　　　'24年春速報は巻末資料参照

大学名	'23	'22	'21	大学名	'23	'22	'21	大学名	'23	'22	'21
◇千葉大	0	1	0	中央大	5	0	0	日本女子大	11	6	3
◇東京学芸大	1	1	0	法政大	5	3	1	武蔵大	2	3	2
◇都留文科大	1	0	0	日本大	7	4	5	東京都市大	1	1	1
◇高知工科大	1	0	0	東洋大	10	2	3	桜美林大	9	2	4
上智大	2	0	1	駒澤大	2	3	2	共立女子大	3	3	1
東京理科大	1	0	0	専修大	4	2	3	大妻女子大	4	7	0
学習院大	1	0	0	帝京大	1	0	2	白百合女子大	3	0	2
明治大	1	1	0	成蹊大	1	1	0	順天堂大	5	2	1
青山学院大	0	2	1	神奈川大	4	1	3	実践女子大	4	4	4
立教大	2	0	0	東京女子大	1	6	1	明星大	2	2	3

※各大学合格数は既卒生を含む。

東京 女子 （し）下北沢成徳

入試要項 2024年春（実績）

新年度日程についてはp.116参照。

◆推薦　単願推薦，併願推薦（公私とも可），自己推薦（単願・併願）　※併願推薦と自己推薦は東京・神奈川生を除く

募集人員▶100名

選抜方法▶適性検査（国数英各40分・各100点・英にリスニングあり），グループ面接（10分），調査書

◆一般　オープン単願（①のみ），併願優遇（公私とも可），オープン併願

募集人員▶100名

選抜方法▶国数英（各50分・各100点・英にリスニングあり），グループ面接（10分），調査書

◆受験料　22,000円

内申基準　単願推薦・自己推薦（単願）：[GL] 3科10または5科16または9科31，[BR] 3科9または5科15または9科28，[BRセレクト] 3科11または5科18　併願推薦・自己推薦（併願）・一般（併願優遇）：[GL] 3科11または5科17または9科32，[BR] 3科10または5科16または9科29，[BRセレクト] 3科12または5科19　※3科は国数英または国英社または数英理　※GLコースは上記基準かつ，英4または英語検定3級　※いずれも9科に1不可，BRコースセレクトクラスは5科に2も不可　※条件により内申加点あり

特待生・奨学金制度　内申，入試の成績優秀者を対象に3段階の特別奨学生制度あり。

帰国生の受け入れ　国内生と別枠入試。

入試日程

区分	登録・出願	試験	発表	手続締切
推薦	12/20～1/17	1/22	1/22	1/24
一般①	12/20～2/5	2/10	2/10	2/13
一般②	12/20～2/5	2/12	2/12	2/13

[延納] 併願者は併願校発表後まで。
[2次募集] 一般③3/4

応募状況

年度	区分			応募数	受験数	合格数	実質倍率
'24	GL		推薦	5	5	5	1.0
		一般①	併優	11	11	11	1.0
			オープン	3	3	3	1.0
		一般②	併優	0	0	0	―
			オープン	1	0	0	―
	BR		推薦	37	37	37	1.0
		一般①	併優	57	57	57	1.0
			オープン	7	7	7	1.0
		一般②	併優	16	12	12	1.0
			オープン	7	4	4	1.0
	BRセレ		推薦	1	1	1	1.0
		一般①	併優	6	6	6	1.0
			オープン	2	2	2	1.0
		一般②	併優	2	2	2	1.0
			オープン	1	0	0	―

[スライド制度] あり。上記に含まず。
['24年合格最低点] 非公表。

学費（単位：円）	入学金	施設設備費	授業料	その他経費	小計	初年度合計
入学手続時	250,000	―	―	―	250,000	1,198,600
1年終了迄	―	150,000	444,000	354,600	948,600	

※2024年度予定。[授業料納入] 毎月分割。[その他] 制服・制定品代，教材費（GLコース160,000円，BRコース165,000円）あり。[寄付・学債] 任意の寄付金1口5千円あり。

併願校の例　※[BR]を中心に

	都立	神公立	私立
挑戦校	町田 狛江 神代 豊島	新城 相模原弥栄 生田 市立橘 麻溝台	日大櫻丘 日大鶴ヶ丘 玉川学園 実践学園 富士見丘
最適校	広尾 田園調布 芦花 松が谷 杉並	元石川 住吉 市立高津 荏田 橋本	松蔭大松蔭 佼成女子 駒場学園 駒沢女子 相模女子大
堅実校	松原 小川 桜町 府中東 世田谷総合	麻生 川崎北 百合丘 生田東	国本女子 藤村女子 二階堂 フェリシア

合格のめやす

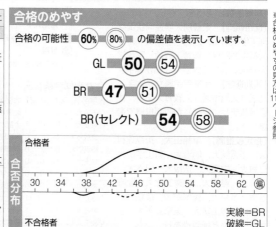

合格の可能性 60% 80% の偏差値を表示しています。

GL　50　54
BR　47　51
BR（セレクト）　54　58

合格者
不合格者

実線＝BR
破線＝GL

※合格のめやすの見方は114ページ参照。

見学ガイド　文化祭／説明会／オープンスクール／学校見学／個別相談会／土曜塾

豊島区

十文字 高等学校

〒170-0004　東京都豊島区北大塚1-10-33　☎(03)3918-3977(入試広報部直通)

【教育目標】　「主体性の伸長」「基礎学力の徹底」「社会性の涵養」を掲げ，自立した，社会で活躍できる女性の育成をめざす。毎朝行われる「自彊術（じきょうじゅつ）体操」は創立以来の伝統である。

【沿　革】　1922年創立。

【学校長】　横尾　康治

【生徒数】　女子694名

	1年(7クラス)	2年(7クラス)	3年(7クラス)
女子	246名	220名	228名

JR—大塚5分，巣鴨5分
都営三田線—巣鴨5分　都電—大塚駅前5分

特色

設置学科：普通科

【コース】　リベラルアーツ，特選（人文特選・理数特選），自己発信の3コース制。特選コースは1年次，ほかは2年次より文系と理系に分かれる。リベラルアーツコースは内部進学生と3年間別クラス編成。

【カリキュラム】　①リベラルアーツコースは一人ひとりの個性を伸ばす授業で，2年次からは文系・理系のほか，芸術系，看護栄養系など多彩な選択科目を設置。②特選コースは難関大学進学をめざす。3年次は演習重視の授業を展開。③自己発信コースは週4時間の探究活動で主体的・対話的に学ぶ姿勢を養う。ネイティヴ教員の授業で発信できる英語力も身につける。④東京薬科大学や量子科学研究所との連携講座を開講。⑤長期休業中や放課後に様々な講習を実施。外部講師による早稲田対策講座も開講。

【海外研修】　希望制で1年次にオーストラリアへ3カ月または1年間の留学，1・2年次対象でアメリカへの12日間のホームステイを実施。

【クラブ活動】　マンドリン部，サッカー部，水泳部，かるた部が全国大会に出場の実績。

【施設】　広い人工芝の校庭や室内プールを設置。

習熟度別授業	土曜授業	文理選択	オンライン授業	制服	自習室	食堂	プール	グラウンド	アルバイト	登校時刻＝ 8:15
数	○	1年〜	○	○	〜19:00	○	○	○	—	下校時刻＝18:30

進路情報　2023年3月卒業生

四年制大学への進学率 **87.9%**

【卒業生数】　215名

【進路傾向】　系統別大学進学状況は理工学系31%，人文科学系30%，社会科学系21%，教育・芸術・家政学系18%。国公立大学へ9名が進学。

【系列進学】　十文字学園女子大学に9名（人間生活3，教育人文4，社会情報デザイン2）が内部推薦で進学した。

【指定校推薦】　早稲田大，東京理科大，学習院大，明治大，青山学院大，立教大，中央大，法政大，日本大，東洋大，専修大，大東文化大，亜細亜大，帝京大，國學院大，成蹊大，成城大，津田塾大，東京女子大，日本女子大など推薦枠あり。

四年制大学	189名
短期大学	1名
専修・各種学校	7名
就職	1名
進学準備・他	17名

主な大学合格状況

'24年春速報は巻末資料参照

大学名	'23	'22	'21	大学名	'23	'22	'21	大学名	'23	'22	'21
◇千葉大	0	0	2	慶應大	7	4	0	東洋大	14	39	23
◇筑波大	0	2	1	上智大	4	2	6	帝京大	10	7	7
◇東京外大	1	1	0	東京理科大	13	4	9	成城大	9	11	12
◇横浜国大	0	2	0	学習院大	5	9	6	明治学院大	10	10	9
◇埼玉大	1	0	0	明治大	13	21	9	東京女子大	14	14	16
◇北海道大	2	0	0	青山学院大	3	3	3	日本女子大	9	21	18
◇東京医歯大	1	0	0	立教大	20	19	7	桜美林大	15	2	4
◇都立大	0	1	1	中央大	6	11	9	共立女子大	18	21	11
◇電通大	1	1	0	法政大	12	17	12	大妻女子大	12	14	10
早稲田大	7	14	6	日本大	8	24	23	十文字学園女子大	28	43	65

※各大学合格数は既卒生を含む。

東京 女子 (し) 十文字

入試要項 2024年春（実績）

新年度日程についてはp.116参照。

◆推薦　A推薦：単願　B推薦：併願（公私とも可。東京・神奈川生を除く。埼玉は保護者推薦）　※自己発信コースはB推薦の募集なし

募集人員▶100名　※一般を含む全体の定員

選抜方法▶適性検査（国数英各45分・各100点），面接，調査書，ほか自己発信コースは志望理由書

◆一般　単願優遇，併願優遇（公私とも可）あり　※自己発信コースは併願優遇なし

募集人員▶定員内

選抜方法▶国数英（各50分・各100点），面接，調査書，ほか自己発信コースは志望理由書

◆受験料　20,000円

内申基準 A推薦・一般(単願優遇)：[リベラルアーツ]9科32，[特選(人文特選・理数特選)]5科23，[自己発信]9科30かつ以下①〜④のいずれか。①9科のいずれか5・②英語・漢字・数学検定のいずれか準2級・③生徒会長の経験・④探究活動やボランティアなど主体的な活動実績　B推薦・一般(併願優遇)：[リベラルアーツ]9科33，[特選(人文特選・理数特選)]5科24　※一般(単願優遇，併願優遇)は基準に達しない場合も受験可　※条件により内申加点あり

特待生・奨学金制度 入試の成績優秀者を特待生認定。

帰国生の受け入れ 国内生と同枠入試で考慮あり。

入試日程

区分	登録・出願	試験	発表	手続締切
推薦①	12/20〜1/20	1/22	1/23	1/25
推薦②	12/20〜1/23	1/25	1/26	1/28
一般①	12/20〜2/8	2/10	2/11	2/13
一般②	12/20〜2/11	2/13	2/14	2/16

[延納] 併願は公立発表後まで。

応募状況

年度	区分		応募数	受験数	合格数	実質倍率
'24	リベ	推薦	50	45	40	1.1
		一般	40	37	31	1.2
	人文	推薦	18	15	11	1.4
		一般	14	11	6	1.8
	理数	推薦	17	17	13	1.3
		一般	26	22	14	1.6
	自己	推薦	9	8	8	1.0
		一般	0	0	0	—
'23	リベ	推薦	37	36	36	1.0
		一般	30	29	28	1.0
	人文	推薦	18	18	18	1.0
		一般	18	14	13	1.1
	理数	推薦	15	12	10	1.2
		一般	14	13	11	1.2
	自己	推薦	6	6	6	1.0
		一般	1	1	1	1.0

[スライド制度] あり。上記に含まず。
[24年合格最低点] 推薦：リベラルアーツ140，人文175，理数175（/300）　一般：リベラルアーツ140，人文185，理数185（/300）

学費（単位：円）

	入学金	施設費	授業料	その他経費	小計	初年度合計
入学手続時	200,000	50,000	—	—	250,000	1,231,600
1年終了迄	—	120,000	456,000	405,600	981,600	

※2024年度予定。[返還] 3/2（千葉は3/4）までの入学辞退者には入学金を除き返還。
[授業料納入] 3回分割。[その他] 制服・制定品代あり。

併願校の例　※[リベラル]を中心に

	都立	埼公立	私立
挑戦校	青山 新宿 竹早 三田	蕨 浦和西 所沢北 和光国際	淑徳 国学院 順天 駒込 淑徳巣鴨
最適校	北園 文京 小平 井草 豊島	川口北 川越南 市立浦和南 所沢 与野	東洋 東京大京北 桜丘 実践学園 日大豊山女子
堅実校	墨田川 清瀬 武蔵丘 向丘	所沢西 朝霞 南稜 川口	東京家政大附 大東文化一 豊島学院 文京学院女子 京華女子

合格のめやす

合格の可能性 **60%** **80%** の偏差値を表示しています。

リベラルアーツ **55** **59**

特選 **62** **66**

自己発信 **57** **61**

合格者／不合格者　合否分布
38　42　46　50　54　58　62　66　70（偏）

実線=リベラルアーツ
破線=特選

※合格のめやすの見方は114ページ参照。

見学ガイド 体育祭／文化祭／説明会／体験会／見学会／個別見学対応

足立区

潤徳女子 高等学校

〒120-0034　東京都足立区千住2-11　☎(03)3881-7161

【実践目標】　「美しい愛の心」「たすけ合う心」「たえず向上する心」の「三つの心」のもと、個性と能力を最大限に伸ばし、女性ならではの細やかな感性を加え、日本で、世界で、活躍できる女性をめざす。

【沿　革】　1924年創立。

【学校長】　木村　美和子

【生徒数】　女子543名

	1年(7クラス)	2年(7クラス)	3年(6クラス)
女子	204名	187名	152名

JR・東武スカイツリーライン・つくばEX.―北千住5分　京成本線―千住大橋10分

特色

設置学科：普通科

【コース】　進学、特進、美術の3コースを設置。進学コースと特進コースは2年次より文系と理系に分かれる。

【カリキュラム】　①進学コースは様々な入試形態に対応。テーマパークでの研修など豊富なコース行事を経験することで自分の可能性を広げ、進路を決定する。②特進コースは日々の授業を大切に、実力を養成。充実したサポートで上位大学の現役合格をめざす。③美術コースは美大進学をめざし、1年次に基礎を学び、2年次より専門分野に分かれ創作活動に取り組む。④独自教科「グローバル教養」を設置。「ユニバーサルフォレスト」の授業では現代社会の諸問題を主体的に解決しようとする力を身につける。オンライン英会話や英字新聞読解を導入し、自分の意見を英語で話す力を養う授業も実施。⑤放課後学習プログラムでは女子大学生・大学院生がメンターとしてアドバイスを行う。

【海外研修】　1・2年次の希望者対象でシンガポール語学研修を実施している。

【クラブ活動】　美術部が黒板アート甲子園で入賞。バレーボール部やバドミントン部も活発。

習熟度別授業	土曜授業	文理選択	オンライン授業	制服	自習室	食堂	プール	グラウンド	アルバイト
―	○	2年～	○	○	～18:30	―	―	―	―

登校時刻＝ 8:25
下校時刻＝18:30

進路情報　2023年3月卒業生

四年制大学への進学率 **75.9%**

【卒業生数】　220名

【進路傾向】　大学進学者の内訳は文系64%、理系16%、他20%。国公立大学へ理系1名、他2名が進学した。

【指定校推薦】　利用状況は学習院大2、日本大1、東洋大2、駒澤大1、亜細亜大1、日本女子大3、共立女子大2、大妻女子大1、聖心女子大3、文教大1、清泉女子大2、帝京科学大1など。ほかに大東文化大、東京電機大、津田塾大、立命館大、立正大、国士舘大、千葉工大、桜美林大、順天堂大、日本薬科大、実践女子大、昭和女子大、拓殖大、城西大、女子美大、東京工芸大、横浜美大、女子栄養大など推薦枠あり。

■	四年制大学　167名
□	短期大学　5名
■	専修・各種学校　23名
■	就職　3名
□	進学準備・他　22名

主な大学合格状況

'24年春速報は巻末資料参照

大学名	'23	'22	'21	大学名	'23	'22	'21	大学名	'23	'22	'21
◇筑波大	1	0	0	東海大	3	1	0	帝京科学大	8	6	10
◇東京藝術大	2	1	2	亜細亜大	3	2	2	多摩美大	4	2	1
◇茨城大	1	0	0	國學院大	1	1	0	武蔵野美大	6	1	2
東京理科大	1	1	0	日本女子大	3	3	3	東京造形大	4	2	2
学習院大	2	1	1	立正大	4	3	1	女子美大	8	4	4
法政大	1	0	0	国士舘大	4	7	1	東京工芸大	4	4	4
日本大	7	2	7	桜美林大	6	2	5	東京家政大	3	5	5
東洋大	4	7	3	共立女子大	6	7	3	淑徳大	1	1	1
駒澤大	5	0	1	大妻女子大	5	4	3	和洋女子大	5	10	5
大東文化大	5	4	2	大正大	5	4	4	聖徳大	3	9	6

※各大学合格数は既卒生を含む。

入試要項 2024年春（実績）

新年度日程については p.116 参照。

◆ 推薦　**推薦A**：単願　**推薦B**：併願（公私とも可。東京・神奈川生を除く）

募集人員 ▶ 進学コース70名，特進コース17名，美術コース35名　※推薦Bは一般に含む

選抜方法 ▶ **推薦A**：[進学][特進] 適性検査（国英または数英），作文，調査書，[美術] 適性検査（英），鉛筆デッサン（80分），作文，調査書　**推薦B**：[進学][特進] 適性検査（国数英），作文，調査書，[美術] 適性検査（国英），鉛筆デッサン（80分），作文，調査書　※いずれも適性検査は各30分・各100点，作文は2題計15分・各150字

◆ 一般　併願優遇（公私とも可），第1志望加点あり

募集人員 ▶ 進学コース70名，特進コース18名，美術コース35名　※推薦Bを含む

選抜方法 ▶ **併願優遇**：[進学][特進] 国数英（各30分），作文，調査書，[美術] 国英（各30分），鉛筆デッサン（80分），作文，調査書　**一般**：[進学][特進] 国数英（各45分・英にリスニングあり），個人面接，調査書，[美術] 国英（各30分），鉛筆デッサン（80分），個人面接，調査書　※いずれも国数英は各100点，作文は2題計15分・各150字

◆ 受験料　20,000円

内申基準　推薦A：[進学] 3科9または5科15，[特進] 3科12または5科20，[美術] 9科28かつ美4　推薦B・一般（併願優遇）：[進学] 3科10または5科16，[特進] 3科13または5科21，[美術] 9科30かつ美4　※いずれも9科に1不可
※条件により内申加点あり

特待生・奨学金制度　内申，入試成績に応じた学力特待，美術特待あり。

帰国生の受け入れ　国内生と同枠入試。

入試日程

区分	登録・出願	試験	発表	手続締切
推薦A	12/20～1/18	1/23	1/24	1/26
推薦B	12/20～1/18	1/23or23	1/24	3/11
一般（第1志望）	12/20～1/29	2/10or11	2/12	2/16
一般	12/20～1/29	2/10or11	2/12	3/11

応募状況

年度	区分		応募数	受験数	合格数	実質倍率
'24	進学	推薦A	45	45	45	1.0
		推薦B	200	198	198	1.0
		一般	124	104	99	1.1
	特進	推薦A	5	5	5	1.0
		推薦B	17	17	17	1.0
		一般	3	2	2	1.0
	美術	推薦A	38	38	38	1.0
		推薦B	55	54	54	1.0
		一般	71	55	52	1.1
'23	進学	推薦A	49	49	49	1.0
		推薦B	208	207	207	1.0
		一般	108	99	91	1.1
	特進	推薦A	3	3	3	1.0
		推薦B	13	13	13	1.0
		一般	9	8	8	1.0
	美術	推薦A	49	49	49	1.0
		推薦B	60	59	59	1.0
		一般	80	69	65	1.1

[スライド制度] あり。上記に含まず。
['24年合格最低点] 非公表。

学費（単位：円）

	入学金	施設費	授業料	その他経費	小計	初年度合計
入学手続時	220,000	100,000	—	8,000	328,000	1,026,400
1年終了迄	—	—	360,000	338,400	698,400	

※2024年度予定。[授業料納入] 3回分割。[その他] 制服・制定品代あり。

併願校の例　※[進学][美術] を中心に

	都立	埼公立	私立
挑戦校	江戸川 深川 工芸 総合芸術(美) 江北	草加 川口 大宮光陵(美) 越谷西	女子美大付 東京成徳大 成立学園 文京学院女子 京華女子
最適校	本所 小岩 足立 高島	草加南 鳩ヶ谷 草加東 越谷東	東洋女子 共栄学園 北豊島 修徳 瀬戸際院(アート)
堅実校	王子総合 竹台 足立西 葛飾野 葛飾総合	草加西 川口東 三郷北 宮代	瀧野川女子 安部学院

合格のめやす

合格の可能性 **60%** **80%** の偏差値を表示しています。

進学　43　47
特進　50　54
美術　45　49

実線＝進学　破線＝美術

※合格のめやすの見方は114ページ参照。

見学ガイド　体育祭／文化祭／説明会／体験入学／クラブ体験入部／個別相談会／個別見学対応

小中高専短大

杉並区

女子美術大学付属 高等学校

〒166-8538　東京都杉並区和田1-49-8　☎(03)5340-4541

【教育理念】　「智の美」「芸（わざ）の美」「心の美」を掲げ，我が国の文化に貢献する，有能な女性を育成する。

【沿　革】　1901年女子美術学校開校。1915年前身の女子美術学校附属高等女学校設立。佐藤高等女学校などを経て，1951年より現校名。

【学校長】　石川　康子

【生徒数】　女子612名

	1年(5クラス)	2年(5クラス)	3年(5クラス)
女子	210名	203名	199名

丸ノ内線―東高円寺8分

特色

設置学科：普通科

【コース】　2年次に絵画コース，デザインコース，工芸・立体コースに分かれる。

【カリキュラム】　①美術教育に重点をおいたカリキュラム。普通科として学習面を重視しながら美術の時間を多数確保している。②理科や数学などでも美術につながる授業を展開。英語はアートを絡めて文法を定着させる授業もある。③美術系以外の大学進学を希望する生徒は，3年次の美術（10単位）の時間に学科の演習を選択できる。④併設大学・短期大学部の教授陣による連携授業やキャンパス見学など高大連携を推進。⑤授業の課題以外にも絵画や書道など全国規模の様々なコンクールに出品している。

【海外研修】　イル・ド・フランス美術研修旅行，イタリア美術研修旅行を3月に実施。ほかオーストラリア研修では語学研修や共同制作，ホームステイなどを行う。いずれも希望者対象。

【クラブ活動】　クロッキー部，ファッションアート部などアート系のクラブが個性的。

【施設】　デザイン室，工房，デッサン室などを設置。校内各所に生徒作品を展示するギャラリーがある。土曜日は大学の食堂が利用できる。

習熟度別授業	土曜授業	文理選択	オンライン授業	制服	自習室	食堂	プール	グラウンド	アルバイト
―	○	○	○	○	○	○	―	―	○

登校時刻＝ 8:20
下校時刻＝18:00

アルバイト：審査

進路情報　2023年3月卒業生

四年制大学への進学率 **85.0%**

【卒業生数】　206名

【進路傾向】　約9割が美術系への進路をとる。併設大学・短期大学部進学者は全体の7～8割程度。

【系列進学】　女子美術大学へ158名（芸術），女子美術大学短期大学部へ1名が内部推薦で進学した。

【指定校推薦】　日本大，桜美林大，東洋英和女学院大，東京造形大，横浜美大など推薦枠あり。

四年制大学	175名
短期大学	1名
専修・各種学校	6名
就職	0名
進学準備・他	24名

主な大学合格状況

'24年春速報は巻末資料参照

大学名	'23	'22	'21	大学名	'23	'22	'21	大学名	'23	'22	'21
◇東京藝術大	0	5	3	國學院大	0	1	1	東邦大	1	0	0
◇東京学芸大	0	0	1	国際基督教大	0	1	0	東京薬科大	0	1	1
◇都立大	0	1	0	成蹊大	0	1	1	東京農大	4	0	0
◇金沢美術工芸大	0	1	0	神奈川大	0	1	0	実践女子大	2	1	0
慶應大	0	1	0	立命館大	0	1	0	昭和女子大	1	0	0
学習院大	0	1	3	玉川大	0	3	0	多摩美大	9	6	22
青山学院大	0	2	3	桜美林大	1	1	0	武蔵美大	4	8	8
立教大	0	1	0	共立女子大	1	0	0	東京造形大	0	1	1
日本大	2	0	1	大妻女子大	1	0	0	女子美大	158	159	149
東洋大	1	2	0	杏林大	2	0	1	武蔵野音大	1	0	1

※各大学合格数は既卒生を含む。

入試要項 2024年春（実績）

新年度日程についてはp.116参照。

◆ 推薦　第1志望

募集人員 ▶ 32名

選抜方法 ▶ 作品（卓上静物の水彩画と鉛筆デッサン各1点を出願時に提出），個人面接（10分），調査書

◆ 一般　第1志望優遇あり

募集人員 ▶ 33名

選抜方法 ▶ 国数英（各50分・各100点），実技（水彩または鉛筆デッサン・120分・150点），個人面接（3分），調査書

◆ 受験料　24,000円

（内申基準）推薦：9科33かつ美4　**一般**（第1志望）：9科28　※いずれも9科に1不可

（特待生・奨学金制度）一般入試の成績優秀者（1名）に対する特待生制度あり。年間授業料半額免除。

（帰国生の受け入れ）国内生と同枠入試で考慮あり。

入試日程

区分	登録・出願	試験	発表	手続締切
推薦	12/20〜1/19	1/22PM	1/22	1/23
一般	12/20〜2/8	2/10	2/10	2/13

応募状況

年度	区分	応募数	受験数	合格数	実質倍率
'24	推薦	35	35	34	1.0
	一般	108	104	45	2.3
'23	推薦	32	32	32	1.0
	一般	93	93	44	2.1
'22	推薦	34	34	34	1.0
	一般	114	114	48	2.4

['24年合格最低点] 一般264/450

学費（単位:円）

	入学金	施設費	授業料	その他経費	小計	初年度合計
入学手続時	232,000	140,000	—	2,000	374,000	1,211,800
1年終了迄	—	—	579,000	258,800	837,800	

※2024年度予定。[返還] 一般で都立合格発表日までの入学辞退者には入学金を除き返還。[授業料納入] 2回分割。[その他] 制服・制定品代あり。[寄付・学債] 任意の教育充実募金1口1万円あり。

併願校の例

	都立	神・埼公立	私立
挑戦校			
最適校	工芸（デザ） 総合芸術（美）	相模原弥栄（美） 大宮光陵（美）	明星学園 八王子学園（総合）
堅実校	市川崎総合科学（デザ） 上矢部（美） 芸術総合（美）		トキワ松（美） 昭和一学園（デザ） 潤徳女子（美） 新渡戸文化（美） 瀬学院（アート）

合格のめやす

合格の可能性 ⑥⓪% ⑧⓪% の偏差値を表示しています。

普通科　51　56

合否分布

合格者

不合格者

30 34 38 42 46 50 54 58 62 （偏）

※合格のめやすの見方は114ページ参照。

（見学ガイド）体育祭／文化祭／公開授業／説明会／夏期講習会／作品講評会／卒業制作展

小平市

白梅学園 高等学校

〒187-8570　東京都小平市小川町1-830　☎(042)346-5691

【建学の理想】「ヒューマニズム」を掲げる。科学性・社会性・芸術性の3つの基礎の上に立って個人の価値を高めると共に，各分野を通じて広く社会の幸福に建設的な役割を担う社会人の育成をめざす。

【沿　革】1942年創立の東京家庭学園を母体とし，1964年に開校。2006年白梅学園清修中学校（中高一貫部）を開設。

【学校長】武内　彰

【生徒数】女子812名

	1年(8クラス)	2年(9クラス)	3年(9クラス)
女子	246名	284名	282名

西武国分寺線―鷹の台13分

特色

設置学科：普通科

【コース】特別選抜コース（特選国公立系，特選文理系），選抜コース（選抜文理系），進学コース（進学文理系，保育・教育系）を設置。特進選抜は2年次，ほかは3年次に文系と理系に分岐。中高一貫部とは3年間別カリキュラム。

【カリキュラム】①特別選抜コースは講習や学習アプリで実力を身につける。放課後には自主学習サポートルームを開室。②選抜コースは難関私立大学受験や内部進学に対応。課外活動の充実を図り文武両道をめざす。③進学コースは内部進学や指定校推薦を中心に進路実現をめざ

す。保育・教育系には保育やソルフェージュなど特色ある科目を配置。④長期休業中やテスト前にはオンデマンドの授業が受講できる。⑤併設大学・短期大学での体験授業を実施する。

【海外研修】2年次の修学旅行はオーストラリアか国内2コースからの選択制。1・2年次対象でニュージーランドでの希望選抜制のターム留学制度や希望制の語学研修制度もある。

【クラブ活動】ハンドボール部が全国大会優勝。陸上競技部や自然科学部も全国レベル。

【施設】2014年完成の新校舎は清潔感ある空間。

習熟度別授業	土曜授業	文理選択	オンライン授業	制服	自習室	食堂	プール	グラウンド	アルバイト	登校時刻＝ 8:30
―	○	2年〜	○	○	〜19:00	○	―	○	―	下校時刻＝18:00

進路情報 2023年3月卒業生

四年制大学への進学率 76.9%

【卒業生数】242名

【進路傾向】大学進学者の内訳は文系82%，理系15%，他3%。国公立大学へ文系2名，他1名が進学した。

【系列進学】白梅学園大学へ36名（子ども），白梅学園短期大学へ15名が内部推薦で進学した。

【指定校推薦】利用状況は学習院大1，立教大1，中央大4，法政大2，日本大1，成城大1，芝浦工大1，津田塾大1，東京女子大2，日本女子大5，東京農大2，東京工科大1など。ほかに東洋大，駒澤大，大東文化大，亜細亜大など推薦枠あり。

■四年制大学　186名
□短期大学　25名
■専修・各種学校　23名
■就職　1名
□進学準備・他　7名

主な大学合格状況

'24年春速報は巻末資料参照

大学名	'23	'22	'21	大学名	'23	'22	'21	大学名	'23	'22	'21
◇一橋大	1	0	0	学習院大	3	5	6	亜細亜大	7	14	3
◇筑波大	1	1	1	明治大	1	2	1	帝京大	8	7	6
◇東京外大	1	0	0	青山学院大	5	2	1	成蹊大	3	8	3
◇防衛医大	1	0	0	立教大	7	10	3	成城大	7	3	12
◇東京学芸大	0	2	0	中央大	5	7	6	津田塾大	3	5	6
◇都留文科大	2	1	1	法政大	5	7	4	東京女子大	12	12	5
早稲田大	3	0	1	日本大	1	9	11	日本女子大	13	7	4
慶應大	1	2	0	東洋大	9	23	1	東京経済大	2	13	10
上智大	4	4	1	駒澤大	1	3	2	大妻女子大	15	11	9
東京理科大	0	0	2	専修大	6	5	1	白梅学園大	42	49	43

※各大学合格数は既卒生を含む。

入試要項 2024年春（実績）

新年度日程についてはp.116参照。

◆推薦　A推薦：単願　B推薦：併願（公私とも可。東京・神奈川生を除く）　※いずれも進学コースは特別枠あり（B推薦特別枠は公立のみ併願可）

募集人員▶特別選抜コース50名，選抜コース35名，進学コース55名　※B推薦は一般に含む

選抜方法▶A推薦：[特別選抜][選抜] 適性検査（国数英各30分・各50点・英にリスニングあり），個人面接（5分），調査書，[進学] 作文（50分・600字），個人面接（5分），調査書，面接資料票　B推薦：適性検査（国数英各30分・各50点・英にリスニングあり），グループ面接（10分），調査書，面接資料票

◆一般　併願優遇（公私とも可），併願優遇特別枠（公立のみ併願可。進学コース対象）あり

募集人員▶特別選抜コース50名，選抜コース35名，進学コース55名　※B推薦を含む

選抜方法▶国数英（各50分・各100点・英にリスニングあり），グループ面接（10分），調査書，面接資料票

◆受験料　22,000円

内申基準 [特別選抜]：A推薦・B推薦・一般（併願優遇）[特選国公立系] 5科23，[特選文理系] 3科12または5科20または9科35　[選抜]：A推薦3科11または5科17または9科32，B推薦・一般（併願優遇）3科12または5科19また

は9科33　[進学]：A推薦5科16または9科29，B推薦・一般（併願優遇）5科17または9科31，A推薦特別枠9科27，B推薦特別枠・一般（併願優遇特別枠）9科29　※いずれも9科に1不可　※条件により内申加点あり

特待生・奨学金制度 特別選抜コースを対象に4段階の学業特待生判定を行う。ほかに文化・スポーツ特待，都外生対象の奨学金制度あり。

帰国生の受け入れ 国内生と同枠入試。

入試日程

区分	登録・出願	試験	発表	手続締切
A推薦	12/20〜1/16	1/22	1/22	1/26
B推薦	12/20〜1/16	1/22	1/22	公立発表翌日
一般①	12/20〜2/3	2/10	2/11	公立発表翌日
一般②	12/20〜2/11	2/13	2/14	公立発表翌日

応募状況

年度	区分		応募数	受験数	合格数	実質倍率
'24	特選	A推薦	27	27	27	1.0
		B推薦	17	17	17	1.0
		一般	81	77	87	—
	選抜	A推薦	41	41	41	1.0
		B推薦	11	11	11	1.0
		一般	77	76	76	—
	進学	A推薦	77	76	76	1.0
		B推薦	7	6	6	1.0
		一般	110	99	93	—

[スライド制度] あり。上記に含む。
[24年合格最低点] 非公表。

学費（単位：円）	入学金	施設維持費	授業料	その他経費	小計	初年度合計
入学手続時	230,000	—	—	14,000	244,000	1,081,600
1年終了迄	—	90,000	468,000	279,600	837,600	

※2024年度予定。[授業料納入] 3回分割。[その他] 制服・制定品代あり。
[寄付・学債] 任意の寄付金1口1万円複数口あり。

併願校の例
※[進学][保育]を中心に

	都立	埼公立	私立
挑戦校	小金井北 昭和 調布北 小平 井草	川越南 所沢 市立川越 所沢西	聖徳学園 明星学園 東京純心女子 武蔵野大学 杉並学院
最適校	小平南 清瀬 府中 上水 保谷	豊岡 入間向陽 川越総合	啓明学園 大成 文化学園杉並 東京立正 昭和第一学園
堅実校	東大和 田無 府中西 杉並総合 小平西	所沢中央 狭山清陵 飯能	玉川学園(女子) 文華女子 藤村女子 日体大桜華 秋草学園

合格のめやす

合格の可能性 **60%** **80%** の偏差値を表示しています。

特別選抜（特国）　**60**　（64）

特別選抜（特文）　**55**　（59）

選抜（選抜）　**51**　（55）

進学（進学）　**47**　（51）

進学（保育）　**47**　（51）

※合格のめやすの見方は114ページ参照。

見学ガイド 文化祭／説明会／見学会／体験入学／入試相談会

新宿区

成女 高等学校

〒162-0067 東京都新宿区富久町7-30 ☎(03)3351-2330

【教育方針】 「表現教育」「リーダー教育」「キャリア教育」の3つの柱を教育の指針に掲げ，社会で活躍できる自律・自立した生徒を育成する。

【沿 革】 1899年成女学校創立。

【学校長】 小泉 潤

【生徒数】 女子43名

	1年(1クラス)	2年(1クラス)	3年(1クラス)
女子	14名	11名	18名

都営新宿線―曙橋 5 分
丸ノ内線―四谷三丁目 8 分

特色

設置学科：普通科

【カリキュラム】 ①英語はアウトプット重視で，授業の多くにネイティヴ教員が参加する。ICTを活用したオンライン英会話は自宅でも受講できる。英語検定準2級取得が目標。②1年次から行う「自主研究ゼミ」は人文・芸術・社会・生活・自然科学の5分野。成女流の探究学習で，「好き・得意」を将来の進路に結びつけていく。様々な大学との連携で，商品開発や高度な実験などにも取り組む。③授業の一環として資格取得をめざす。英語検定，漢字検定など5種が必修で，興味に応じて保育技術検定，色彩検定なども選択可。④自己表現力を磨くプログラムを展開。デザイン，ミュージカル，エッセイ，フォト，トークなど7つのクラスを設置。⑤小論文は大学入試に対応した授業を選択できるほか，短期講習や放課後の指導体制も整えている。

【海外研修】 希望制のニュージーランド短期留学を春・夏の年2回実施している。

【クラブ活動】 かいけつ部（マーケティング部）がビジネスコンテスト全国大会で優秀賞受賞。軽音楽部も全国大会に出場の実績をもつ。2024年度チアリーディング部を創部。

習熟度別授業	土曜授業	文理選択	オンライン授業	制服	自習室	食堂	プール	グラウンド	アルバイト	登校時刻＝ 8:15
英	隔週	―	○	○	~18:00	―	―	○	―	下校時刻＝18:00

進路情報 2023年3月卒業生

四年制大学への進学率 **75.0%**

【卒業生数】 16名

【進路傾向】 大学進学はいずれも私立大学で，内訳は文系50%，理系25%，他25%。

【指定校推薦】 利用状況は淑徳大1，宝塚大1，日本経済大1など。ほかに桜美林大，大妻女子大，日本薬科大，東京農大，実践女子大，拓殖大，駒沢女子大，城西大，東京福祉大，城西国際大，聖徳大，跡見学園女子大，駿河台大，女子美大，横浜美大，昭和音大，女子栄養大，東京医療保健大，東京純心大，尚美学園大など推薦枠あり。

■ 四年制大学	12名
□ 短期大学	0名
■ 専修・各種学校	4名
■ 就職	0名
□ 進学準備・他	0名

主な大学合格状況

'24年春速報は巻末資料参照

大学名	'23	'22	'21	大学名	'23	'22	'21	大学名	'23	'22	'21
◇広島大	1	0	0	杏林大	1	0	0	文化学園大	0	1	2
東京理科大	1	0	0	日本薬科大	1	1	0	淑徳大	1	1	0
大東文化大	0	0	1	武蔵野大	0	0	1	聖徳大	0	1	1
亜細亜大	0	0	1	東京農大	0	0	1	東京成徳大	1	0	0
帝京大	0	0	1	実践女子大	0	0	0	†文字学園女子大	0	2	1
玉川大	0	0	1	目白大	0	0	0	こども教育宝仙大	1	1	1
千葉工大	0	0	1	東京福祉大	0	0	0	東京富士大	0	0	0
桜美林大	0	2	0	横浜美大	0	0	0	東京未来大	0	1	0
共立女子大	1	1	0	洗足学園音大	0	0	0	埼玉学園大	0	0	0
白百合女子大	0	1	0	東京家政学院大	0	0	0	尚美学園大	1	0	0

※各大学合格数は既卒生を含む。

入試要項 2024年春（実績）

新年度日程についてはp.116参照。

◆推薦　**推薦A**：第1志望　**推薦B**：第1志望・東京・神奈川生を除く　**特別推薦**：第1志望
募集人員▶30名
選抜方法▶推薦A：作文（50分・600～800字・100点），保護者同伴面接（15分），調査書　**推薦B・特別推薦**：適性検査（国数英各50分），作文（50分・600～800字・100点），保護者同伴面接（15分），調査書，ほかに希望制で自己PR（10分・20点）　※推薦B・特別推薦は漢字・数学・英語検定3級で該当する適性検査免除

◆一般　専願（①のみ），3科目，併願優遇（公私いずれか）
募集人員▶30名
選抜方法▶専願：国数または国英（各50分・各100点），作文（50分・600～800字・100点），個人面接（10分），調査書，ほかに希望制で自己PR（10分・20点）　**3科目・併願優遇**：国数英（各50分・各100点），作文（50分・600字～800字・100点），個人面接（10分），調査書，ほかに希望制で自己PR（10分・20点）　※いずれも漢字・数学・英語検定各3級は入試得点に加点

◆受験料　20,000円

内申基準　推薦A・推薦B：5科15または9科27　一般（併願優遇）：9科30　※条件により内申加点あり

特待生・奨学金制度　併願優遇を除く各入試で内申による3段階の特待生制度あり。

帰国生の受け入れ　国内生と同枠入試。

入試日程

区分	出願	試験	発表	手続締切
推薦	1/15～19	1/22	1/23	1/25
一般①	1/25～2/8	2/10	2/14	2/16
一般②	1/25～2/8	2/11	2/14	2/16

［延納］一般で専願以外は公立発表後まで。

応募状況

年度	区分	応募数	受験数	合格数	実質倍率
'24	推薦	—	—	—	—
	一般①	—	—	—	—
	一般②	—	—	—	—
'23	推薦	—	—	—	—
	一般①	—	—	—	—
	一般②	—	—	—	—
'22	推薦	—	—	—	—
	一般①	—	—	—	—
	一般②	—	—	—	—

［'24年合格最低点］非公表。

学費(単位:円)	入学金	施設整備費	授業料	その他経費	小計	初年度合計
入学手続時	230,000	160,000	—	5,000	395,000	929,000
1年終了迄	—	—	408,000	126,000	534,000	

※2024年度予定。［返還］一般の入学辞退者には入学金を除き返還。［授業料納入］一括または毎月分割。［その他］制服・制定品代，副教材費（2023年度実績：70,000円），ノートPC代あり。

併願校の例

	都立	埼公立	私立
挑戦校	武蔵丘 芦花 鷺宮 杉並 小岩	朝霞西 鳩ヶ谷 浦和東	川村 宝仙学園(女子) 神田女学園 貞静学園 藤村女子
最適校	板橋 飛鳥 日本橋 大泉桜 忍岡	志木 川口東 新座柳瀬 川口青陵	武蔵野 小石川淑徳 二階堂 瀧野川女子 大東学園
堅実校	練馬 千歳丘 大山 深沢 葛西南	ふじみ野 川越初雁	

合格のめやす

合格の可能性 の偏差値を表示しています。

普通科 ━━ **38** ━ ⑫ ━━

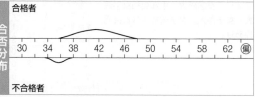

| | 30 | 34 | 38 | 42 | 46 | 50 | 54 | 58 | 62 | ㊗ |

合否分布

合格者

不合格者

見学ガイド　文化祭／説明会／オープンスクール

北区

瀧野川女子学園 高等学校

〒114-0016 東京都北区上中里1-27-7 ☎(03)3910-6315

【校 訓】 「剛く，正しく，明るく」を掲げる。自分の意志と考えで行動できる「剛さ」，正直と公正さを重んじ周りを思いやれる「正しさ」，笑顔で前向きに取り組む「明るさ」をもち，世の中に貢献できる女性を育成する。

【沿 革】 1926年瀧野川実科女学校創立。1951年瀧野川女子学園に組織変更。1958年現校名となる。

【学校長】 山口 治子

【生徒数】 女子350名

JR—上中里2分，駒込12分
南北線—西ケ原8分

	1年(6クラス)	2年(4クラス)	3年(4クラス)
女子	127名	124名	99名

特色

設置学科：普通科

【コース】 特進選抜クラス，特進コース，進学コース（文系）を設置。特進選抜クラスと特進コースは2年次より文系と理系に分かれる。内部進学生とは3年間別クラス編成。

【カリキュラム】 ①教育ICTを効果的に活用。考えや意見をリアルタイムに引き出しクラウドで共有。プレゼンテーションや論述に必要な力を養う。②2・3年次のゼミは「医療・栄養系のための化学基礎」「フードデザイン」など専門性の高い内容で希望進路につなげる。③英語はネイティブ教員と日本人教員とのチームでオールイングリッシュの実戦的な授業を行う。④礼法，茶道，華道の授業が3年間必修。

【キャリア教育】 「創造性教育」では，1年次にオリジナル商品を企画。2年次の事業化実習では模擬企業の立ち上げから販売までを体験。

【海外研修】 2年次の修学旅行はハワイ。希望者対象のカナダ語学研修も実施。

【クラブ活動】 全国レベルの書道部や，プロコーチが教えるチアダンス部，テニス部が活発。

【施設】 教室は黒板の代わりに大型ディスプレイを設置。2020年に調理室と被服室の改修完了。

習熟度別授業	土曜授業	文理選択	オンライン授業	制服	自習室	食堂	プール	グラウンド	アルバイト	登校時刻＝ 8:15
—	○	2年〜	○	○	〜18:00	○	—	○	審査	下校時刻＝18:00

進路情報 2023年3月卒業生

四年制大学への進学率 **62.6%**

【卒業生数】 115名

【進路傾向】 大学進学者の内訳は文系65%，理系22%，他13%。

【指定校推薦】 利用状況は獨協大1，日本女子大1，清泉女子大1など。ほかに日本大，東洋大，大東文化大，帝京大，成蹊大，東京電機大，国士舘大，白百合女子大，杏林大，東京農大，学習院女子大，二松學舍大，フェリス女学院大，東洋英和女学院大，女子美大，女子栄養大など推薦枠あり。

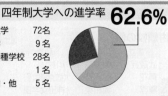

	名
四年制大学	72名
短期大学	9名
専修・各種学校	28名
就職	1名
進学準備・他	5名

主な大学合格状況

'24年春速報は巻末資料参照

大学名	'23	'22	'21	大学名	'23	'22	'21	大学名	'23	'22	'21
◇筑波大	0	0	1	日本大	1	1	1	武蔵野大	1	4	2
◇埼玉大	0	1	0	東洋大	2	3	1	昭和女子大	1	2	3
◇宇都宮大	0	0	1	大東文化大	0	4	4	学習院女子大	1	2	2
上智大	0	1	2	帝京大	6	4	13	帝京平成大	10	2	13
東京理科大	1	0	1	獨協大	2	3	1	清泉女子大	1	1	1
学習院大	0	0	2	日本女子大	4	0	6	目白大	2	3	1
明治大	1	0	0	共立女子大	1	1	2	東京家政大	5	4	4
青山学院大	0	2	0	大妻女子大	1	2	5	麗澤大	6	2	5
立教大	0	1	0	順天堂大	1	1	3	十文字学園女子大	1	1	6
法政大	0	0	2	東京薬科大	1	1	1	跡見学園女子大	1	1	4

※各大学合格数は既卒生を含む。

入試要項 2024年春（実績）

新年度日程についてはp.116参照。

◆ 推薦　A推薦：単願　B推薦：併願（公私とも可・本校第2志望。埼玉・千葉生対象）

募集人員▶ 特進選抜クラス15名，特進コース50名，進学コース70名

選抜方法▶ 適性検査（国数英計50分・計100点），個人面接，調査書

◆ 一般　一般，併願優遇（公私とも可・本校第2志望）

募集人員▶ 特進選抜クラス15名，特進コース50名，進学コース70名

選抜方法▶ 国数英（各50分・各100点・進学コースは高得点2科判定），個人面接，調査書

◆ 受験料　23,000円

内申基準 A推薦：[特進選抜]任意の5科20かつ主要5科各3，[特進]任意の5科16，[進学]任意の5科15　B推薦・一般（併願優遇）：[特進選抜]任意の5科21かつ主要5科各3，[特進]任意の5科18，[進学]任意の5科16　※いずれも9科に1不可　※条件により内申加点あり

特待生・奨学金制度 内申，入試成績により3段階の奨学給付生認定。

帰国生の受け入れ 国内生と同枠入試。

入試日程

区分	登録・出願	試験	発表	手続締切
A推薦	12/20〜1/20	1/22	1/23	1/27
B推薦①	12/20〜1/20	1/22	1/23	1/27
B推薦②	12/20〜1/20	1/23	1/24	1/27
一般	12/20〜2/8	2/10	2/13	2/17
併願優遇	12/20〜2/8	2/10	2/13	2/17

[延納] 公立併願者は公立発表後まで。

応募状況

年度	区分	応募数	受験数	合格数	実質倍率
'24	A推薦	101	100	100	1.0
	B推薦①	110	110	110	1.0
	B推薦②				
	一般	21	20	11	1.8
	併願優遇	35	34	34	1.0
'23	A推薦	98	98	98	1.0
	B推薦①	84	84	84	1.0
	B推薦②	22	22	22	1.0
	一般	12	11	6	1.8
	併願優遇	31	27	27	1.0
'22	A推薦	96	—	—	—
	B推薦①	102	—	—	—
	B推薦②	35	—	—	—
	一般① 一般	6	—	—	—
	一般① 併優	31	—	—	—
	一般② 一般	5	—	—	—
	一般② 併優	8	—	—	—

['24年合格最低点] 非公表。

東京 女子 た 瀧野川女子学園

学費（単位：円）

	入学金	設備費	授業料	その他経費	小計	初年度合計
入学手続時	180,000	30,000	—	—	210,000	1,235,800
1年終了迄	—	—	456,000	569,800	1,025,800	

※2024年度予定。[授業料納入] 毎月分割。
[その他] 制服・制定品代，教材費等あり。

併願校の例　※[進学]を中心に

	都立	埼公立	私立
挑戦校	江北 向丘 鷺宮	草加南 浦和東 鳩ヶ谷	東京家政学院 川村 豊南 上野学園 潤徳女子
最適校	高島 飛鳥 板橋 竹台 忍岡	大宮武蔵野 川口東 草加西 川口青陵	貞静学園 小石川淑徳 成女 秀明英光
堅実校	南葛飾 板橋有徳 足立新田 大山	鴻巣女子 三郷	

合格のめやす

合格の可能性 **60%** **80%** の偏差値を表示しています。

特進選抜　**53**　（56）
特進　**47**　（50）
進学　**39**　（43）

合否分布　合格者　不合格者
30　34　38　42　46　50　54　58　62　(偏)

実線＝進学　破線＝特進

※合格のめやすの見方は114ページ参照。

見学ガイド 文化祭／説明会／英検面接対策講座／オープンスクール／創造性教育発表会

立川市

立川女子 高等学校

〒190-0011　東京都立川市高松町3-12-1　☎(042)524-5188

【教育方針】　建学の精神「愛と誠」と伝統を十分に受け継ぎながら新しい時代を前向きに生きる，知性豊かな女性の育成をめざす。

【沿　革】　1925年立川女学校として設立。1948年立川女子高等学校となる。

【学校長】　加藤　隆久

【生徒数】　女子536名

	1年(7クラス)	2年(6クラス)	3年(7クラス)
女子	197名	158名	181名

JR―立川7分
多摩モノレール―立川北7分

特色

設置学科：普通科

【コース】　総合コースと特別進学コースを設置。特別進学コースは2年次より文系と理系に分岐。

【カリキュラム】　①特別進学コースは細やかな指導で私立大学や看護系学校への進学をめざす。総合コースは多様な進路に対応するためのカリキュラムを用意。②土曜日は希望制のSプロジェクトを開講。「メイクアップアーティストのための講座」「動物看護講座」「保育講座」など，進路や興味関心に合わせた多彩な講座がある。大学や専門学校から講師派遣や施設利用も行い，オリジナルの学びを提供する。③1人1台タブ

レット端末を所有し，授業や課題の提出，自宅学習などに活用。④小テストや補習を行い，苦手克服や学習の遅れを取り戻せるよう丁寧に指導。大学受験や検定試験の対策講習も開講。特別進学コースは3学年合同の勉強合宿も実施。

【海外研修】　夏休みを利用した語学研修プログラムを希望制で実施。英語コミュニケーションや文化の違いを体感することを目的とする。

【クラブ活動】　吹奏楽部と演劇部が全国大会に出場。華道部，ギター・マンドリン部，ダンス部なども活発に活動している。

習熟度別授業	土曜授業	文理選択	オンライン授業	制服	自習室	食堂	プール	グラウンド	アルバイト	登校時刻＝ 8:30
―	―	2年～	○	○	○	○	―	○	届出	下校時刻＝18:00

進路情報 2023年3月卒業生

進学率 **87.6%**

【卒業生数】　202名

【進路傾向】　大学進学は，いずれも私立大学。例年，専門学校への進学者が多く，看護・医療系など分野は多岐にわたる。

四年制大学	70名
短期大学	6名
専修・各種学校	101名
就職	11名
進学準備・他	14名

【指定校推薦】　利用状況は帝京大3，国士舘大1，桜美林大1，大妻女子大1，白百合女子大1，実践女子大1，明星大3，帝京平成大1，駒沢女子大2，東京家政学院大1，東京医療学院大1，ヤマザキ動物看護大1など。ほかに日本大，大東文化大，神奈川大，東京電機大，工学院大，東京都市大，立正大，順天堂大，国際医療福祉大，日本薬科大，武蔵野大，東京農大など推薦枠あり。

主な大学合格状況

'24年春速報は巻末資料参照

大学名	'23	'22	'21	大学名	'23	'22	'21	大学名	'23	'22	'21
法政大	0	1	0	大妻女子大	2	1	0	拓殖大	1	1	2
日本大	1	0	0	白百合女子大	2	0	1	駒沢女子大	3	0	3
駒澤大	0	1	0	杏林大	3	0	1	目白大	1	1	1
専修大	0	0	0	東京薬科大	0	2	0	帝京科学大	0	2	4
亜細亜大	1	0	0	日本薬科大	1	0	0	文京学院大	2	1	0
帝京大	6	2	1	武蔵野大	1	2	0	宝仙学園大	1	1	3
津田塾大	0	0	0	実践女子大	1	3	3	東京家政学院大	1	1	3
立正大	0	2	0	明星大	6	1	4	十文字学園女子大	3	2	7
国士舘大	3	0	1	帝京平成大	2	2	3	こども教育宝仙大	3	0	2
桜美林大	9	2	2	東京工科大	2	4	2	東京医療保健大	3	1	0

※各大学合格数は既卒生を含む。

東京 女子 た 立川女子

入試要項 2024年春（実績）

新年度日程についてはp.116参照。

◆ 推薦　第1志望

募集人員▶総合コース125名，特別進学コース25名

選抜方法▶個人面接（7分），調査書

◆ 一般　併願優遇（公私とも可・本校第2志望），第1志望優遇あり

募集人員▶総合コース125名，特別進学コース25名

選抜方法▶国数英（各50分・各100点），グループ面接（10分），調査書

◆ 受験料　推薦20,000円，一般25,000円

内申基準 推薦：[総合]9科24，[特別進学]3科10または5科16　一般（併願優遇）：[総合]9科25，[特別進学]3科11または5科17　※いずれも3科に1不可　※条件により内申加点あり

特待生・奨学金制度 入試成績により3段階の特別奨学生認定。ほか，推薦入試奨学生制度，姉妹同時入学に対する免除制度などあり。

帰国生の受け入れ 国内生と同枠入試。

入試日程

区分	登録・出願	試験	発表	手続締切
推薦	12/20～1/17	1/22	1/23	1/26
一般	12/20～2/5	2/10	2/12	公立発表翌日

応募状況

年度	区分		応募数	受験数	合格数	実質倍率
'24	総合	推薦	125	125	125	1.0
		優遇	428	414	414	1.0
		フリー	25	25	22	1.1
	特進	推薦	11	11	11	1.0
		優遇	18	18	18	1.0
		フリー	1	1	1	1.0
'23	総合	推薦	100	99	99	1.0
		優遇	369	357	357	1.0
		フリー	28	28	24	1.2
	特進	推薦	9	9	9	1.0
		優遇	14	14	14	1.0
		フリー	2	2	2	1.0
'22	総合	推薦	111	111	111	1.0
		併優	471	374	374	1.0
		フリー		20	18	1.1
	特進	推薦	4	4	4	1.0
		併優	18	13	13	1.0
		フリー		4	3	1.3

［スライド制度］あり。上記に含まず。
［'24年合格最低点］一般：総合コース113，特別進学コース205（／300）

学費（単位：円）	入学金	施設費	授業料	その他経費	小計	初年度合計
入学手続時	250,000	50,000	—	74,200	374,200	1,139,400
1年終了迄	—	60,000	468,000	237,200	765,200	

※2024年度予定。［授業料納入］一括または3回または10回分割。［その他］制服・制定品代，教科書代（総合コース19,783円，特別進学コース22,290円），特別進学コースは放課後学習支援費120,000円あり。

併願校の例
※［総合］を中心に

	都立	神・埼公立	私立
挑戦校	府中 上水 松が谷 富士森 杉並	市立高津 橋本 豊岡 入間向陽	帝京八王子 佼成女子 白梅学園 東海大菅生 昭和一学園
最適校	東大和 田無 府中東 片倉 福生	百合丘 相模原城山 飯能 狭山清陵	国本女子 藤村女子 聖パウロ 堀越
堅実校	小平西 武蔵村山 若葉総合 永山 拝島	生田東 菅 麻生総合	

合格のめやす

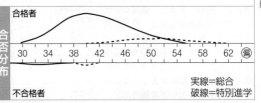

合格の可能性 **60%** **80%** の偏差値を表示しています。

総合　**40**　**44**

特別進学　**48**　**52**

合格者

合否分布

| 30 | 34 | 38 | 42 | 46 | 50 | 54 | 58 | 62 | （偏） |

不合格者

実線＝総合
破線＝特別進学

※合格のめやすの見方は114ページ参照。

見学ガイド 文化祭／説明会／学校見学／相談会

世田谷区

玉川聖学院 高等部

〒158-0083　東京都世田谷区奥沢7-11-22　☎(03)3702-4141

【教育方針】　聖書に基づいて，世界をつなげる心を育てる。自分はかけがえのない存在であること，自分と違っている他者の存在のすばらしさ，自分の可能性・使命を見出す。

【沿　革】　1950年谷口茂壽牧師により，アメリカにあるプロテスタント系キリスト教会の協力を得て創設。

【中高等部長】　櫛田　真実

【生徒数】　女子517名

女子	1年(5クラス)	2年(4クラス)	3年(4クラス)
女子	203名	169名	145名

東急大井町線—九品仏 3分
東急東横線—自由が丘 6分

特色

設置学科：普通科

【コース】　2年次より文系コース，文理系コース，理系コースに分かれる。

【カリキュラム】　①1・2年次の「総合科・人間学」では人間・自分・人生を考えるために読書レポートやグループ発表を繰り返し，知識や情報を統合する力を養う。キリスト教の世界観に立ち，複数の教科の教師と共に学ぶ。②独自の学習システム「TAP（玉聖アクティブプログラム）」では「地球共生」など5テーマに分かれた選択授業と体験プログラムを自由に選択し，主体的な学びを促進する。③1人1台タブレット端末を持ち，授業や諸活動，自宅学習などに活用する。④難関大学受験に目標を定めたプログラム「SAC（スーパーアドバンストコース）」を設置。放課後講習や勉強合宿，英語4技能スキルアップ，自学自習サポートを行う。

【宗教】　毎朝の礼拝や季節の礼拝・行事がある。

【海外研修】　1年次は希望選抜制のアメリカ英語研修を実施。2年次の修学旅行先は韓国。

【クラブ活動】　新体操部が関東大会に出場。

【施設】　校内全体がバリアフリー。情報センターは図書館を超えた機能で学習と読書を支援。

習熟度別授業	土曜授業	文理選択	オンライン授業	制服	自習室	食堂	プール	グラウンド	アルバイト	登校時刻＝ 8:10
数英	—	2年〜	○	○	〜19:30	—	—	—	届出	下校時刻＝18:00

進路情報 2023年3月卒業生

四年制大学への進学率 **84.3%**

【卒業生数】　197名

【進路傾向】　大学進学者の内訳は文系76％，理系16％，他8％。国公立大学へ理系2名が進学した。

四年制大学	166名
短期大学	5名
専修・各種学校	13名
就職	0名
進学準備・他	13名

【指定校推薦】　利用状況は学習院大1，青山学院大9，法政大3，国際基督教大1，成蹊大5，成城大1，明治学院大12，津田塾大1，東京女子大12，日本女子大2，東京都市大2，聖心女子大2，清泉女子大1，フェリス女学院大3，東洋英和女学院大1など。ほかに専修大，大東文化大，東海大，亜細亜大，國學院大，神奈川大，芝浦工大，東京電機大，武蔵大，桜美林大，大妻女子大，白百合女子大など推薦枠あり。

主な大学合格状況

'24年春速報は巻末資料参照

大学名	'23	'22	'21	大学名	'23	'22	'21	大学名	'23	'22	'21
◇東京農工大	1	0	0	東海大	2	3	3	桜美林大	12	7	13
◇信州大	1	0	0	國學院大	6	3	2	大妻女子大	12	4	3
◇川崎市立看護大	0	1	0	成蹊大	5	6	6	聖心女子大	4	9	7
慶應大	1	0	0	明治学院大	14	14	11	昭和女子大	4	4	2
上智大	3	3	3	神奈川大	3	3	2	多摩美大	2	2	1
学習院大	1	0	0	津田塾大	1	3	1	東京家政大	1	5	2
青山学院大	13	6	8	東京女子大	14	10	8	フェリス女学院大	9	5	6
立教大	2	0	0	日本女子大	4	4	6	相模女子大	3	3	5
法政大	3	2	3	玉川大	5	7	1	東洋英和女学院大	11	11	18
日本大	1	1	1	東京都市大	7	2	2	東京医療保健大	3	4	6

※各大学合格数は既卒生を含む。

東京 女子 た 玉川聖学院

入試要項 2024年春（実績）　新年度日程についてはp.116参照。

◆ 推薦　第1志望

募集人員 ▶ 約50名

選抜方法 ▶ 個人面接（15分），調査書，面接調査票

◆ 一般　一般Ⅰ（第1志望），一般Ⅱ（公立併願優遇），一般Ⅲ（公立・私立併願優遇），一般Ⅳ（フリー）

募集人員 ▶ 約90名

選抜方法 ▶ 国数英（各50分・各100点・英にリスニングあり），グループ面接（15分），調査書，ほかに一般Ⅰ・Ⅱ・Ⅲは中学校の確約書

◆ 受験料　20,000円

内申基準 推薦：5科17または9科30　**一般Ⅱ**：5科18または9科32　**一般Ⅲ**：5科21または9科36　※条件により内申加点あり

特待生・奨学金制度 内申，学科試験により特待合格となる。

帰国生の受け入れ 国内生と同枠入試で考慮あり。

入試日程

区分	登録・出願	試験	発表	手続締切
推薦	1/10〜16	1/22	1/22	1/24
一般Ⅰ	1/10〜2/5	2/10	2/10	2/12
一般Ⅱ	1/10〜2/5	2/10	2/10	公立発表翌日
一般Ⅲ	1/10〜2/5	2/10or13	2/10or13	併願校発表翌日
一般Ⅳ	1/10〜2/5	2/10or13	2/10or13	3/2

応募状況

年度	区分		応募数	受験数	合格数	実質倍率
'24		推薦	37	37	37	1.0
	一般	Ⅰ・Ⅱ・Ⅲ2/10	49	47	43	1.1
		Ⅲ2/13	11	7	7	1.0
		Ⅳ2/10	4	4	3	1.3
		Ⅳ2/13	24	9	9	1.0
'23		推薦	48	48	48	1.0
	一般	Ⅰ・Ⅱ・Ⅲ2/11	57	56	54	1.0
		Ⅲ2/13	8	6	6	1.0
		Ⅳ2/11	10	10	9	1.1
		Ⅳ2/13	21	7	7	1.0
'22		推薦	67	67	67	1.0
	一般	Ⅰ・Ⅳ2/11	24	24	16	1.5
		Ⅳ2/14	24	11	10	1.1
		Ⅱ・Ⅲ2/11	40	40	40	1.0
		Ⅲ2/14	5	4	4	1.0

['24年合格最低点] 非公表。

学費（単位：円）	入学金	施設費	授業料	その他経費	小計	初年度合計
入学手続時	290,000	—	—	—	290,000	1,155,300
1年終了迄	—	82,000	468,000	315,300	865,300	

※2024年度予定。[授業料納入] 毎月分割。
[その他] 制服・制定品代あり。

併願校の例

	都立	神公立	私立
挑戦校	国際 駒場 目黒 文京	横浜平沼 市ケ尾	成城学園 文教大付 多摩大目黒 目黒日大 日本大学
最適校	狛江 神代 雪谷 田園調布 成瀬	生田 港北 市立橘 元石川 住吉	八雲学園 東京 立正大立正 松蔭大松蔭 品川翔英
堅実校	芦花 松原 小川 大崎	岸根 市立高津 荏田 麻生 城郷	トキワ松 目黒学院 国本女子 日本大荏原 橘学苑

合格のめやす

合格の可能性 ■**60%**〇 〇**80%** の偏差値を表示しています。

普通科　**51**───**55**

※合格のめやすの見方は114ページ参照。

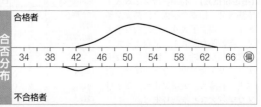

合格者

合否分布

| 34 | 38 | 42 | 46 | 50 | 54 | 58 | 62 | 66 | ⑯ |

不合格者

見学ガイド 体育祭／文化祭／音楽会／説明会／オープンスクール／保護者向け「人間学」講座

千代田区

 # 東京家政学院 高等学校

〒102-8341 東京都千代田区三番町22 ☎(03)3262-2559(入試事務室)

【教育目標】 「知識(Knowledge)を高め,技術(Art)を磨き,徳性(Virtue)を養う」を建学の精神とし,社会に貢献できる自立した女性を育てる。

【沿革】 1923年に家政研究所を設置。1939年東京家政学院高等女学校として創立。

【学校長】 佐野 金吾

【生徒数】 女子229名

	1年(4クラス)	2年(4クラス)	3年(4クラス)
女子	76名	87名	66名

JR・有楽町線・都営新宿線―市ヶ谷8分 半蔵門線―半蔵門8分 東西線―九段下10分

特色

設置学科:普通科

【コース】 リベラルアーツコースとアドバンストコースを設置。2年次からはリベラルアーツ文系,リベラルアーツ理系,アドバンスト文系,アドバンスト理系,家政・児童進学,管理栄養進学の6コースに分かれる。

【カリキュラム】 ①リベラルアーツコースは選択科目が充実。多様な入試形態にも対応し,課外活動と勉強の両立を図る。②アドバンストコースは入試問題演習中心の授業を行い,一般選抜に対応できる応用力を育成する。③家政・児童進学コースは家政学の基礎を学ぶ。保育,被服,食物など実習が豊富。④管理栄養進学コースは食と健康への理解を深め,栄養のスペシャリストをめざす。⑤1年次に茶道の作法を学ぶ。課外活動の花道・茶道では資格取得も可能。

【キャリア教育】 SDGsがテーマの探究活動で世界的課題を考え,行動力や倫理観を身につける。

【海外研修】 オーストラリア学校体験入学&ホームステイプログラムを希望制で実施。

【クラブ活動】 バドミントン部,ソングリーダー部,ボート部が全国大会出場。吹奏楽部,ソフトテニス部も活発に活動している。

習熟度別授業	土曜授業	文理選択	オンライン授業	制服	自習室	食堂	プール	グラウンド	アルバイト	登校時刻= 8:25
―	○	2年～	○	○	～18:00	○			―	下校時刻=18:00

進路情報 2023年3月卒業生

四年制大学への進学率 **81.9%**

【卒業生数】 72名

【進路傾向】 大学進学はいずれも私立大学で,文系69%,理系29%,他2%。希望者は評価基準を満たせば全員が併設大学へ進学できる。

【系列進学】 東京家政学院大学へ11名(人間栄養4,現代生活7)が内部推薦で進学した。

【指定校推薦】 利用状況は法政大1,成蹊大2,日本女子大2,共立女子大1,大妻女子大4,白百合女子大2,学習院女子大1,清泉女子大1,東洋英和女学院大3,跡見学園女子大3,女子栄養大1など。ほかに日本大,駒澤大,大東文化大,フェリス女学院大など推薦枠あり。

		四年制大学	59名
短期大学	6名
専修・各種学校	7名
就職	0名
進学準備・他	0名

主な大学合格状況

'24年春速報は巻末資料参照

大学名	'23	'22	'21	大学名	'23	'22	'21	大学名	'23	'22	'21
上智大	1	0	0	東京女子大	0	3	0	帝京平成大	1	1	2
東京理科大	0	0	1	日本女子大	2	4	4	清泉女子大	1	1	4
学習院大	1	0	0	立命館大	0	0	1	多摩美大	1	0	1
明治大	0	0	1	共立女子大	3	1	3	女子美大	0	1	2
青山学院大	0	0	0	大妻女子大	4	4	3	東京家政大	2	2	1
中央大	0	2	0	白百合女子大	1	0	0	東京家政学院大	32	25	23
法政大	2	2	1	日本薬科大	0	1	1	日本女子体育大	1	1	0
駒澤大	0	2	0	実践女子大	1	1	2	東洋英和女学院大	3	1	1
専修大	2	2	0	昭和女子大	0	2	3	十文字学園女子大	2	1	0
成蹊大	3	3	1	学習院女子大	1	2	1	跡見学園女子大	4	0	2

※各大学合格数は既卒生を含む。

入試要項　2024年春（実績）

新年度日程についてはp.116参照。

◆ 推薦　単願推薦，併願推薦（公私とも可。東京・神奈川生を除く）
募集人員▶80名
選抜方法▶**単願推薦**：個人面接（10分），調査書，志望理由書　**併願推薦**：適性テスト（国数英計60分・計100点），個人面接（10分），調査書
◆ 一般　第１志望優遇，併願優遇（公私とも可）あり
募集人員▶①60名・②20名
選抜方法▶国数英（各50分・各100点），個人面接（10分），調査書
◆ 受験料　20,000円

（**内申基準**）**単願推薦**：[リベラルアーツ]５科のうち任意の３科10または５科16または９科29，[アドバンスト]５科19または９科32　**併願推薦・一般（併願優遇）**：[リベラルアーツ]５科のうち任意の３科10または５科17または９科30，[アドバンスト]５科20または９科33　※いずれも９科に１不可　※条件により内申加点あり

（**特待生・奨学金制度**）入試得点，取得検定により４段階の特待生認定。ほか，クラブ特待あり。

（**帰国生の受け入れ**）国内生と同枠入試。

入試日程

区分	登録・出願	試験	発表	手続締切
単願推薦	12/20～1/18	1/22	1/22	1/23
併願推薦	12/20～1/18	1/22	1/22	公立発表翌日
一般①	12/20～2/7	2/10	2/10	公立発表翌日
一般②	12/20～2/7	2/12	2/12	公立発表翌日

応募状況

年度	区分		応募数	受験数	合格数	実質倍率
'24	リベラルアーツ	単願推薦	42	42	42	1.0
		併願推薦	10	10	10	1.0
		一般①	24	23	23	1.0
		一般②	4	4	4	1.0
	アドバンスト	単願推薦	9	9	9	1.0
		併願推薦	2	2	2	1.0
		一般①	4	4	4	1.0
		一般②	2	2	2	1.0
'23	リベラルアーツ	単願推薦	37	37	37	1.0
		併願推薦	4	4	4	1.0
		一般①	11	11	11	1.0
		一般②	8	8	8	1.0
	アドバンスト	単願推薦	6	6	6	1.0
		併願推薦	1	1	1	1.0
		一般①	5	5	5	1.0
		一般②	2	1	1	1.0

[スライド制度] あり。上記に含まず。
['24年合格最低点] 非公表。

学費（単位：円）	入学金	施設設備資金	授業料	その他経費	小計	初年度合計
入学手続時	200,000	—	—	—	200,000	1,261,600
１年終了迄	—	120,000	450,000	491,600	1,061,600	

※2024年度予定。[授業料納入] ３回分割。[その他] 制服・制定品代あり。

併願校の例　※[リベラル]を中心に

	都立	神・千公立	私立
挑戦校	上野 豊島 江戸川 墨田川 広尾	生田 国分	目黒日大 富士見丘 麹町女子 二松学舎 武蔵野大千代田
最適校	江北 東 芦花 小岩 晴海総合	住吉 荏田 市川東 市立船橋	文京学院女子 京華女子 下北沢成徳 目黒学院 宝仙学園(女子)
堅実校	松原 足立 大崎 杉並総合 桜町	百合丘 千葉女子(家) 八千代(家)	神田女学園 二階堂 成女

合格のめやす

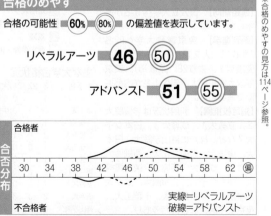

合格の可能性 60% 80% の偏差値を表示しています。

リベラルアーツ　46　50

アドバンスト　51　55

合格者

合否分布
30　34　38　42　46　50　54　58　62 （偏）

不合格者

実線＝リベラルアーツ
破線＝アドバンスト

※合格のめやすの見方は114ページ参照。

（**見学ガイド**）体育祭／文化祭／説明会／授業見学会／個別見学対応

東京女子（と）東京家政学院

板橋区

東京家政大学附属女子 高等学校

小中高専短大

〒173-8602　東京都板橋区加賀1-18-1　☎(03)3961-0748(入試広報部)

【教育方針】　建学の精神「自主自律」のもと「KASEIからSEKAIへ」を合言葉に、「愛情」「勤勉」「聡明」の３つの生活信条の実践によって未来を創造し、世界で輝く女性を育てる。

【沿革】　1881年本郷湯島に和洋裁縫伝習所開設。1949年現校名となる。

【学校長】　大澤　力

【生徒数】　女子690名

	1年(8クラス)	2年(8クラス)	3年(8クラス)
女子	232名	244名	214名

JR－十条5分　都営三田線－新板橋12分
東武東上線－下板橋15分

特色

設置学科：普通科

【コース】　G（グローバル）コース，L（リベラルアーツ）コースの２コース制。１年次は内部進学生と別クラス編成。

【カリキュラム】　①Gコースは探究的な学習を深め論理性や他者と協働する力を養う。補習，夏の勉強合宿や充実したカリキュラムなどで国公立・難関私立大学をめざす。②Lコースは基礎学力定着を徹底する。併設大学への進学（小学校教諭免許，看護師，養護教諭，心理士などの免許取得）や指定校推薦などでの多様な入試形態での私立大学進学をめざす。③併設大学との高大連携により，教科指導や学年の取り組みの中で大学教員の授業を受けることができる。

【キャリア教育】　入学直後に25歳の自分を想像した作文を書く。なりたい自分をめざすために学びの動機づけやボランティア体験を行う。

【海外研修】　２年次の希望者対象でニュージーランド夏期語学研修（３週間），オーストラリアまたはニュージーランドへのターム留学，カナダ長期留学（４月から10カ月）を実施。

【クラブ活動】　チアダンスのドリルチーム部やソフトテニス部が全国大会出場の実績。

習熟度別授業	土曜授業	文理選択	オンライン授業	制服	自習室	食堂	プール	グラウンド	アルバイト	登校時刻＝ 8:20
―	○	2年～	○	○	～20:00	○	○	○	―	下校時刻＝18:00

進路情報　2023年３月卒業生

四年制大学への進学率 **85.3%**

【卒業生数】　272名

【進路傾向】　国公立大学へ３名が進学した。

【系列進学】　東京家政大学へ92名（家政15，人文13，子ども支援13，健康科７，栄養28，児童16），東京家政大学短期大学部へ１名が内部推薦で進学した。

【指定校推薦】　利用状況は学習院大２，立教大１，成城大３，日本女子大７など。ほかに青山学院大，日本大，東洋大，大東文化大，亜細亜大，帝京大，成蹊大，獨協大，東京電機大，東京女子大，立命館大，武蔵大，工学院大，東京都市大，千葉工大，東京女子医大など推薦枠あり。

四年制大学	232名	
短期大学	11名	
専修・各種学校	23名	
就職	1名	
進学準備・他	5名	

主な大学合格状況
'24年春速報は巻末資料参照

大学名	'23	'22	'21	大学名	'23	'22	'21	大学名	'23	'22	'21
◇東工大	1	0	0	立教大	4	10	1	日本女子大	13	8	12
◇千葉大	0	1	0	中央大	2	1	5	共立女子大	9	4	5
◇横浜国大	1	0	0	法政大	1	1	5	大妻女子大	13	2	3
◇埼玉大	2	0	1	日本大	3	6	8	白百合女子大	7	1	5
早稲田大	1	0	0	東洋大	9	2	10	順天堂大	3	4	2
上智大	1	0	1	駒澤大	4	4	4	杏林大	2	2	2
東京理科大	2	0	0	大東文化大	10	4	2	昭和女子大	11	3	9
学習院大	7	3	0	帝京大	16	3	4	東京工科大	6	4	4
明治大	2	0	3	成蹊大	9	6	3	東京家政大	107	84	54
青山学院大	0	1	2	成城大	4	0	5	日本体育大	4	3	3

※各大学合格数は既卒生を含む。

東京 女子（と）東京家政大学附属女子

入試要項 2024年春（実績）

新年度日程についてはp.116参照。

※下記は現行コースでの募集実績。2025年度よりGコース，Lコースの2コースを募集予定
◆推薦　A推薦（単願），B推薦（併願）　※B推薦は東京・神奈川生を除く。公私とも併願可・本校第2志望　※東京隣接県生は自己推薦
募集人員▶特進（E）CLASS 30名，進学（i）CLASS 70名
選抜方法▶適性検査（国数英計60分・各20点），調査書
◆一般　単願優遇：進学（i）CLASS対象　併願優遇：公私とも可・本校第2志望　一般：進学（i）CLASS対象
募集人員▶特進（E）CLASS 30名，進学（i）CLASS 70名
選抜方法▶国数英（各50分・各100点・英にリスニングあり），調査書
◆受験料　20,000円

内申基準　A推薦：[E]3科12または5科20または9科36，[i]3科11または5科19または9科33　B推薦・一般（併願優遇）：[E]3科14または5科22または9科38，[i]3科12または5科20または9科36　一般（単願優遇）：[i]3科11または5科18または9科32　※いずれも9科に1不可，[E]は3科に2不可，[i]はB推薦・併願優遇で3科に2不可　※条件により内申加点あり

特待生・奨学金制度　内申，入試成績，部活動等実績による奨学金制度あり。
帰国生の受け入れ　国内生と別枠入試。

入試日程

区分		登録・出願	試験	発表	手続締切
A推薦		1/7〜18	1/22	1/22	1/24
B推薦		1/7〜18	1/22or23	1/22or23	公立発表日
一般	単優	1/17〜2/8	2/10	2/10	2/15
	併優①	1/17〜2/8	2/10	2/10	公立発表日
	併優②	1/17〜2/10	2/13	2/13	公立発表日
	一般①	1/17〜2/8	2/10	2/10	公立発表日
	一般②	1/17〜2/10	2/13	2/13	公立発表日

応募状況

年度	区分		応募数	受験数	合格数	実質倍率
'24	推薦	E（A推）	43	43	43	1.0
		E（B推）	51	50	50	1.0
		i（A推）	69	69	69	1.0
		i（B推）	52	52	52	1.0
	一般	E	93	89	89	1.0
		i	67	62	61	1.0
'23	推薦	E（A推）	61	61	61	1.0
		E（B推）	70	68	68	1.0
		i（A推）	84	84	84	1.0
		i（B推）	47	46	46	1.0
	一般	E	27	25	25	1.0
		i	25	21	12	1.8

[スライド制度] あり。上記に含まず。
['24年合格最低点] 非公表。

学費（単位：円）	入学金	施設設備維持充実費	授業料	その他経費	小計	初年度合計
入学手続時	280,000	—	—	—	280,000	1,168,120
1年終了迄	—	240,000	438,000	210,120	888,120	

※2024年度予定。[入学前納入] 1年終了迄の小計のうち26,000円。[授業料納入] 3回分割。
[その他] 制服・制定品代，修学旅行等校外授業費あり。

併願校の例　※[i]を中心に

	都立	埼公立	私立
挑戦校	北園 豊多摩 文京	和光国際 川口市立 市立大宮北 市立浦和南	淑徳巣鴨 東洋 東洋大京北 桜丘 十文字
最適校	上野 井草 豊島 墨田川 江北	与野 浦和北 朝霞 大宮光陵 川口	日大豊山女子 帝京 大東文化一 豊島学院 文京学院女子
堅実校	向丘 武蔵丘 鷺宮 杉並 飛鳥	大宮南 朝霞西 鳩ヶ谷 浦和東	京華女子 東洋女子 駿台学園 豊南 浦和実業

合格のめやす

合格の可能性 **60%** **80%** の偏差値を表示しています。

特進（E）　**56**　**60**
進学（i）　**51**　**55**

※合格のめやすの見方は114ページ参照。

合格者
合否分布
| 34 | 38 | 42 | 46 | 50 | 54 | 58 | 62 | 66 (偏) |
不合格者

実線＝進学(i)
破線＝特進(E)

見学ガイド　文化祭／説明会／部活動体験会／見学会

小 中 高 専 短 大

八王子市

ⅲ 東京純心女子 高等学校

〒192-0011　東京都八王子市滝山町2-600　☎(042)691-1345

【建学の精神】　「神様にも人にも喜ばれる，清く賢く優しい女性の育成」を掲げる。自らの能力を生かし他者のために貢献できる，自立した女性を育てるという創立者の志を大切にしている。

【沿　革】　1935年長崎に設立された純心女子学院をルーツとして，1964年創立。

【学校長】　森　扶二子

【生徒数】　女子223名

	1年（3クラス）	2年（3クラス）	3年（3クラス）
女子	83名	82名	58名

JR―八王子・拝島・秋川，京王線―京王八王子よりバス純心女子学園

特色

設置学科：普通科

【コース】　特進プログラムとセレクトデザインの2コースを設置している。

【カリキュラム】　①デジタル教材やICT機器の活用で効率的に学び14：00から3時間，放課後活動の時間を確保。②放課後には好きなことに取り組む「FYM(Find Your Mission) プログラム」を用意。企業とのコラボ活動やアントレプレナーシップ研修のほか受験学力養成講座も設置。③特進プログラムコースは5教科の力をしっかりと身につけ最難関大学をめざす。④セレクトデザインコースは国公立・難関私立大学の

ほか，看護医療系，芸術系進学にも対応。⑤英語は実技科目として捉え，英語のまま理解し，使うトレーニングを行う。⑥朝礼では聖歌を歌い，聖書を朗読。修養会などの行事もある。

【海外研修】　1年次に特進プログラムコースはニュージーランド・探究型ターム留学，セレクトデザインコースはセブ島研修が必修。ほか米国シリコンバレーで1・2年次の希望者対象のアントレプレナーシップ研修を実施。

【クラブ活動】　ソフトボール部が都大会出場。吹奏楽部や軽音楽部も活発に活動している。

習熟度別授業	土曜授業	文理選択	オンライン授業	制服	自習室	食堂	プール	グラウンド	アルバイト	登校時刻＝ 8:20
国数英	○	2年〜	○	○	〜18:30	○	―	○	審査	下校時刻＝17:15

進路情報　2023年3月卒業生

四年制大学への進学率 **78.5%**

【卒業生数】　65名

【進路傾向】　大学進学者の内訳は文系61%，理系33%，他6%。国公立大学へ文系3名・理系3名，海外大学へ1名が進学した。

【系列進学】　東京純心大学へ1名（看護）が内部推薦で進学した。

【指定校推薦】　利用状況は学習院大1，明治大1，青山学院大2，中央大1，法政大1，東京女子大2，日本女子大1，北里大1，東京薬科大1など。ほかに東京理科大，立教大，日本大，駒澤大，芝浦工大，津田塾大，東京都市大，共立女子大，大妻女子大，聖心女子大，白百合女子大，順天堂大など推薦枠あり。

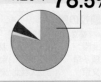

■ 四年制大学	51名
□ 短期大学	1名
■ 専修・各種学校	4名
■ 就職	0名
□ 進学準備・他	9名

主な大学合格状況

'24年春速報は巻末資料参照

大学名	'23	'22	'21	大学名	'23	'22	'21	大学名	'23	'22	'21
◇千葉大	1	0	1	青山学院大	3	4	1	桜美林大	9	2	2
◇東京外大	0	1	0	立教大	8	16	10	白百合女子大	0	4	6
◇防衛医大	0	1	0	中央大	3	12	12	杏林大	2	6	6
◇都立大	1	0	0	法政大	5	6	4	北里大	2	3	6
早稲田大	3	1	0	日本大	3	5	4	東京薬科大	2	3	6
慶應大	1	3	0	東洋大	5	6	5	武蔵野大	1	11	3
上智大	4	2	2	帝京大	1	1	0	明星大	3	3	8
東京理科大	0	2	1	津田塾大	1	8	12	日本獣医生命科学大	4	2	1
学習院大	1	1	0	東京女子大	6	11	10	多摩美大	0	0	0
明治大	9	3	5	日本女子大	2	3	17	東京純心大	2	4	1

※各大学合格数は既卒生を含む。

東　京　女　子　⓪　と　東京純心女子

入試要項　2024年春（実績）

新年度日程についてはp.116参照。

◆ **推薦　単願**

募集人員▶特進プログラムコース20名，セレクトデザインコース50名

選抜方法▶作文（40分・600字），個人面接，調査書

◆ **一般　併願優遇Ⅰ・Ⅱ（公私とも可），一般Ⅰ・Ⅱ（第1志望加点あり）** ※特進プログラム選抜・特待生選抜を兼ねる

募集人員▶併願優遇Ⅰ・Ⅱ：特進プログラムコース20名，セレクトデザインコース50名　一般Ⅰ・Ⅱ：若干名

選抜方法▶国数英（各50分・各100点・英にリスニングあり），調査書

◆ **受験料　25,000円**

内申基準 推薦：[特進プログラム] 5科22または9科38，[セレクトデザイン] 3科10または5科16または9科28　**併願優遇Ⅰ・Ⅱ**：[特進プログラム] 5科23または9科39，[セレクトデザイン] 3科11または5科18または9科30　※いずれも[特進プログラム]は3科各4かつ9科に2不可，[セレクトデザイン]は9科に1不可
※条件により内申加点あり

特待生・奨学金制度 特待生選抜により認定。1年間の教育充実費免除。また，内申による入学金減免もあり。

帰国生の受け入れ 個別対応。

入試日程

区分	登録・出願	試験	発表	手続締切
推薦	12/24～1/17	1/22	1/22	1/24
併優Ⅰ	12/24～2/5	2/10	2/11	公立発表日
併優Ⅱ	12/24～2/5	2/11	2/12	公立発表日
一般Ⅰ	12/24～2/5	2/10	2/11	公立発表日
一般Ⅱ	12/24～2/5	2/11	2/12	公立発表日

応募状況

年度	区分		応募数	受験数	合格数	実質倍率
'24	特進	推薦	2	2	2	1.0
		併優Ⅰ	6	6	5	1.2
		併優Ⅱ	1	1	1	1.0
		一般Ⅰ	0	0	0	―
		一般Ⅱ	1	1	1	1.0
	セレクト	推薦	34	34	34	1.0
		併優Ⅰ	22	22	22	1.0
		併優Ⅱ	5	3	3	1.0
		一般Ⅰ	3	3	3	1.0
		一般Ⅱ	4	4	3	1.3
'23	特進	推薦	6	6	6	1.0
		併優Ⅰ	7	7	7	1.0
		併優Ⅱ	2	2	2	1.0
		一般Ⅰ	0	0	0	―
		一般Ⅱ	1	1	1	1.0
	セレクト	推薦	29	29	29	1.0
		併優Ⅰ	25	25	21	1.2
		併優Ⅱ	8	8	8	1.0
		一般Ⅰ	3	3	2	1.5
		一般Ⅱ	2	2	1	2.0

[スライド制度] あり。上記に含まず。
['24年合格最低点] 併願優遇Ⅰ：特進プログラム 218/300，セレクトデザイン144/300　併願優遇Ⅱ：セレクトデザイン212/300

学費（単位：円）

学費（単位：円）	入学金	教育充実費	授業料	その他経費	小計	初年度合計
入学手続時	250,000	―	―	―	250,000	1,061,600
1年終了迄	―	241,200	480,000	90,400	811,600	

※2024年度予定。[授業料納入] 3回分割。[その他] 制服・制定品代，PC代，研修積立金・海外研修費用（特進プログラム約401,000円，セレクトデザイン162,500円）あり。

併願校の例

※[セレクト]を中心に

	都立	神公立	私立
挑戦校	八王子東 国分寺	相模原 大和	日本女子大附 明学東村山 拓大一 桐朋女子 桜美林
最適校	日野台 昭和 狛江 南平 井草	海老名 相模原弥栄 生田 麻溝台	日大三 八王子学園 明星学園 共立女子二 明星
堅実校	府中 成瀬 翔陽 日野	上溝南 大和西 橋本	八王子実践 啓明学園 帝京八王子 白梅学園 昭和一学園

合格のめやす

合格の可能性 **60%** **80%** の偏差値を表示しています。

特進プログラム　**58**　**62**

セレクトデザイン　**54**　**58**

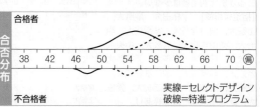

合格者

合否分布

38　42　46　50　54　58　62　66　70　(偏)

不合格者

実線＝セレクトデザイン
破線＝特進プログラム

※合格のめやすの見方は114ページ参照。

見学ガイド 文化祭／クリスマス・ページェント／説明会／オープンハイスクール／個別見学対応

小 中 高 専 短 大

調布市

桐朋女子 高等学校（普通科）

〒182-8510　東京都調布市若葉町1-41-1　☎(03)3300-2111

【教育目標】　「こころの健康　からだの健康」をモットーとする。学校生活のあらゆる場面を通して創造力を養い，新しいものを創り出すエネルギーにあふれた，時代をリードできる女性を世に送り出す。

【沿　革】　1941年山水高等女学校として開校。

【学校長】　今野　淳一

【生徒数】　女子486名

	1年（5クラス）	2年（5クラス）	3年（5クラス）
女子	171名	159名	156名

京王線ー仙川5分　小田急線ー成城学園前よりバス仙川駅入口1分

特色

設置学科：普通科

【カリキュラム】　①3年間文理混合クラスで学び，多様な価値観，多角的な見方を身につける。②個性に応じた進路実現のために2・3年次は時間割を自分で作成する。中国語，フランス語などの語学や，日本美術史や西洋美術史，素描などの芸術分野の選択科目，スキー実習も設置。教科担当者と生徒が相談して勉強会を開催することもある。③世界に通用する論理的思考力を養うため，レポートや発表など，言葉を使って論理的にまとめる場面を多く用意している。④自習室は1・2年次用に1部屋，3年次用に2部屋設置。進路実現に向け，生徒が主体的に取り組める学習環境づくりに注力する。

【キャリア教育】　自分だけの未来予想図を描き実現するために，好奇心にあふれた「学ぶ力」を育成。電気通信大学，東京女子大学，日本女子大学と連携し研究室訪問や講演会などを実施。

【海外研修】　1年次にオーストラリア・シンガポール研修，2年次にニュージーランドターム留学プログラムがある。いずれも希望選抜制。

【クラブ活動】　ギター部，新体操部，放送部が全国大会出場。書道部も活躍している。

習熟度別授業	土曜授業	文理選択	オンライン授業	制服	自習室	食堂	プール	グラウンド	アルバイト	登校時刻＝ 8:25
数英	○	―	○	○	〜19:30	○	○	○	―	下校時刻＝18:00

進路情報　2023年3月卒業生

四年制大学への進学率 **90.8%**

【卒業生数】　173名

【進路傾向】　大学進学者の内訳は文系60%，理系30%，他10%。国公立大学へ理系2名，海外大学へ1名が進学。医学部医学科1名，歯学部3名，薬学部8名の合格が出ている。

【系列進学】　桐朋学園大学，桐朋学園芸術短期大学へは指定校推薦枠があるが例年利用者は少ない。

【指定校推薦】　早稲田大，慶應大，上智大，東京理科大，学習院大，明治大，青山学院大，立教大，中央大，法政大，日本大，東洋大，亜細亜大，帝京大，國學院大，国際基督教大，成蹊大，成城大，明治学院大，獨協大，芝浦工大など推薦枠あり。

	名
四年制大学	157名
短期大学	0名
専修・各種学校	1名
就職	0名
進学準備・他	15名

主な大学合格状況
'24年春速報は巻末資料参照

大学名	'23	'22	'21	大学名	'23	'22	'21	大学名	'23	'22	'21
◇筑波大	1	0	0	東京理科大	6	2	3	成城大	3	5	4
◇東京外大	0	2	0	学習院大	6	6	8	明治学院大	2	6	5
◇横浜国大	1	2	0	明治大	11	9	12	津田塾大	4	11	2
埼玉大	0	1	0	青山学院大	10	11	9	東京女子大	11	20	9
◇東京藝大	1	0	1	立教大	19	18	7	日本女子大	11	8	4
◇お茶の水女子大	1	0	0	中央大	11	7	14	杏林大	7	7	7
◇都立大	0	1	2	法政大	9	7	10	北里大	10	3	7
早稲田大	8	5	5	日本大	16	9	14	多摩美大	4	7	2
慶應大	4	3	3	東洋大	2	4	13	武蔵野美大	8	11	8
上智大	13	5	4	帝京大	10	9	6	桐朋学園大	60	47	49

※各大学合格数は音楽科との合計。既卒生を含む。

入試要項 2024年春（実績）

新年度日程についてはp.116参照。

◆ 推薦　第1志望
募集人員 ▶ 約15名
選抜方法 ▶ 個人面接（20分），自己PRカード，調査書

◆ 一般　併願優遇（国公立のみ）あり
募集人員 ▶ 約50名
選抜方法 ▶ 国数英（各50分・各100点・英にリスニングあり），個人面接（15分），面接の資料，調査書

◆ 受験料　23,000円

（**内申基準**）推薦：5科20または9科36　**一般（併願優遇）**：5科21または9科37　※9科に2不可　※条件により内申加点あり

（**特待生・奨学金制度**）在学中の経済的理由による就学困難に対応した奨学金支給制度あり。

（**帰国生の受け入れ**）国内生と別枠入試。

入試日程

区分	出願	試験	発表	手続締切
推薦	1/16	1/22	1/22	1/23
一般	1/25～2/5	2/10	2/10	2/13

[延納] 一般の希望者は3/1まで，国公立併願者は国公立発表後まで。

応募状況

年度	区分	応募数	受験数	合格数	実質倍率
'24	推薦	10	10	10	1.0
	一般（併優）	26	24	23	1.0
	一般	9	9	8	1.1
'23	推薦	13	13	13	1.0
	一般（併優）	27	27	27	1.0
	一般	5	5	5	1.0
'22	推薦	11	11	11	1.0
	一般（併優）	26	24	24	1.0
	一般	19	18	11	1.6

['24年合格最低点] 併願優遇142/300　一般フリー130/300

学費(単位:円)	入学金	施設費	授業料	その他経費	小計	初年度合計
入学手続時	230,000	100,000	—	—	330,000	1,161,040
1年終了迄	—	150,000	518,400	162,640	831,040	

※2024年度予定。[返還]一般で3/1までの入学辞退者には入学金を除き返還。[授業料納入]11回分割。[その他]制服・制定品代あり。[寄付・学債]任意の教育環境整備寄付金1口10万円2口以上，特別教育活動基金1口5千円，桐朋学園女子部門寄付金1口3千円あり。

併願校の例

	都立	神・埼公立	私立
挑戦校	国立 新宿 八王子東	多摩 川和 浦和一女	帝京大学 明治学院 国学院久我山 宝仙学園(理数)
最適校	国分寺 豊多摩 町田 日野台 調布北	相模原 新城 浦和西 川口市立	国学院 日大二 成城学園 桜美林 日大櫻丘
堅実校	狛江 南平 神代 調布南	生田 市立橘 与野 浦和北	実践学園 玉川学園 富士見丘 麹町女子

合格のめやす

合格の可能性 60% 80% の偏差値を表示しています。

普通科　58　62

※合格のめやすの見方は114ページ参照。

（**見学ガイド**）体育祭／文化祭／説明会／個別相談会

小 中 高 専 短 大

文京区

東洋女子 高等学校

〒112-0011　東京都文京区千石3-29-8　☎(03)3941-2680

【教育方針】　創立者の想いである「天職」「中庸」「質素」「謙譲」「節操」を受け継ぐ。「知性」と「品格」を備え，積極的に社会で活躍できる女性を育成する。
【沿　革】　1905年創立。
【学校長】　村上　精一
【生徒数】　女子385名

	1年（6クラス）	2年（5クラス）	3年（4クラス）
女子	154名	139名	92名

JR・都営三田線―巣鴨7分

特色

設置学科：普通科

【コース】　特別進学コース（特進クラス）と総合進学コース（進学クラス）を設置。進学クラスは3年次に国際関係・人文社会・福祉教育・芸術・経済経営・健康科学・生命科学・数物科学の8系統に分かれる。
【カリキュラム】　①特進クラスは1年次より受験を意識。放課後や長期休業中の予備校講師の授業が必修。②進学クラスは1年次の徹底した進路指導で目標に沿った進路を段階的に絞り，3年次でそれぞれに必要な科目を受講する。アクティブ・ラーニングを取り入れた授業を展開。

③英語はネイティヴ教員と連携。英語を使う機会を多く設ける。④1人1台のタブレット端末をデジタル教科書や板書記録など資料の確認や課題提出，家庭での学習サポートなどに活用する。⑤土曜日に問題探究型学習を行う。地域活性化や経済格差などの社会問題を課題に扱う。
【海外研修】　1・2年次対象で約3カ月間のオーストラリア交換留学，全学年対象のオーストラリア語学研修をいずれも希望選抜制で実施。
【クラブ活動】　囲碁部が全国大会出場。軽音楽部が全国コンテストでグランプリを獲得した。

習熟度別授業	土曜授業	文理選択	オンライン授業	制服	自習室	食堂	プール	グラウンド	アルバイト
数英	○	2年〜	○	○	〜18:30	○	—	—	—

登校時刻＝ 8:30
下校時刻＝19:00

進路情報　2023年3月卒業生

四年制大学への進学率 **77.0%**

【卒業生数】　100名
【進路傾向】　大学進学者の内訳は文系66%，理系26%，他8%。国公立大学へ理系1名，他1名が進学した。理系は看護医療系や管理栄養士をめざす生徒が多い模様。
【指定校推薦】　利用状況は東洋大2，東京電機大1，共立女子大5，大妻女子大1，聖心女子大1，白百合女子大1，東京農大2，昭和女子大3，学習院女子大1など。ほかに日本大，神奈川大，芝浦工大，日本女子大，工学院大，実践女子大，清泉女子大，聖徳大，跡見学園女子大，駿河台大，尚美学園大など推薦枠あり。

■ 四年制大学	77名
□ 短期大学	5名
■ 専修・各種学校	15名
■ 就職	1名
□ 進学準備・他	2名

主な大学合格状況

'24年春速報は巻末資料参照

大学名	'23	'22	'21	大学名	'23	'22	'21	大学名	'23	'22	'21
◇お茶の水女子大	0	1	0	東洋大	4	13	3	聖心女子大	3	2	0
◇茨城大	0	1	0	駒澤大	4	2	2	杏林大	1	1	1
◇水産大	1	0	0	専修大	0	9	1	東京農大	3	2	1
◇県立保健医療大	1	0	0	帝京大	2	4	1	昭和女子大	6	11	2
学習院大	1	1	0	國學院大	3	0	1	大正大	3	9	3
明治大	1	0	1	東京電機大	2	2	0	清泉女子大	1	6	2
青山学院大	0	1	0	日本女子大	1	2	2	目白大	1	2	2
中央大	0	2	0	桜美林大	4	0	8	文京学院大	1	7	2
法政大	3	0	5	共立女子大	8	13	4	東京家政大	3	10	3
日本大	2	6	8	大妻女子大	2	10	4	跡見学園女子大	4	8	2

※各大学合格数は既卒生を含む。

入試要項 2024年春（実績）

新年度日程については p.116参照。

東京 女子 と 東洋女子

◆推薦　推薦Ⅰ：単願　推薦Ⅱ：併願（公私とも可。東京・神奈川生を除く）
募集人員▶特別進学コース15名，総合進学コース60名
選抜方法▶適性検査（国数英各50分・各100点），面接，調査書
◆一般　併願優遇（公私とも可）あり
募集人員▶特別進学コース15名，総合進学コース60名
選抜方法▶国数英（各50分・各100点），面接，調査書
◆受験料　20,000円

（内申基準） 推薦Ⅰ：[特別進学] 5科20，[総合進学] 5科16　推薦Ⅱ・一般（併願優遇）：[特別進学] 5科20，[総合進学] 5科17　※いずれも9科に1不可（一般フリーを含む）　※条件により内申加点あり

（特待生・奨学金制度） 世帯年収や受験コースに関係なく，就学支援金等との組み合わせにより授業料を完全無償化するプラン「everyone」を導入。全生徒に適用される。

（帰国生の受け入れ） 国内生と同枠入試。

入試日程

区分	登録・出願	試験	発表	手続締切
推薦Ⅰ	12/20～1/19	1/22	1/23	1/31
推薦Ⅱ	12/20～1/19	1/22	1/23	公立発表翌日
一般	12/20～2/8	2/10	2/11	公立発表翌日

応募状況

年度	区分		応募数	受験数	合格数	実質倍率
'24	特進	推薦Ⅰ	6	6	6	1.0
		推薦Ⅱ	16	16	13	1.2
		一般	24	24	19	1.3
	総進	推薦Ⅰ	112	112	112	1.0
		推薦Ⅱ	95	95	92	1.0
		一般	105	105	105	1.0
'23	特進	推薦Ⅰ	5	5	4	1.3
		推薦Ⅱ	13	13	11	1.2
		一般	20	20	15	1.3
	総進	推薦Ⅰ	92	92	92	1.0
		推薦Ⅱ	74	74	74	1.0
		一般	109	100	99	1.0
'22	特進	推薦Ⅰ	5	5	5	1.0
		推薦Ⅱ	8	8	8	1.0
		一般	13	11	9	1.2
	総進	推薦Ⅰ	94	94	94	1.0
		推薦Ⅱ	49	49	49	1.0
		一般	113	92	89	1.0

[スライド制度] あり。上記に含まず。
['24年合格最低点] 推薦：特別進学161，総合進学142（/300）　一般：特別進学160，総合進学140（/300）

学費(単位：円)	入学金	施設維持費	授業料	その他経費	小計	初年度合計
入学手続時	200,000	—	—	—	200,000	1,005,400
1年終了迄	—	120,000	432,000	253,400	805,400	

※2024年度予定。[授業料納入] 2回分割。
[その他] 制服・制定品代，教科書・教材費あり。

併願校の例

※[総進]を中心に

	都立	埼公立	私立
挑戦校	文京 上野 豊島 墨田川 深川	与野 浦和北 朝霞	十文字 東京家政大附 目白研心 成立学園 二松学舎
最適校	江北 向丘 武蔵丘 東 本所	朝霞西 鳩ヶ谷 草加東 浦和東	文京学院女子 京華女子 東京家政学院 宝仙学園(女子) 潤徳女子
堅実校	高島 足立 飛鳥 板橋 竹台	志木 川口東 草加西	小石川淑徳 成女

合格のめやす

合格の可能性 **60%** **80%** の偏差値を表示しています。

特別進学 **55** （59）

総合進学 **46** （50）

合格者

不合格者

30　34　38　42　46　50　54　58　62　(偏)

実線＝総合進学
破線＝特別進学

※合格のめやすの見方は114ページ参照。

（見学ガイド） 体育祭／文化祭／説明会／入試問題解説会／オープンスクール／見学会

目黒区

トキワ松学園 高等学校

〒152-0003　東京都目黒区碑文谷4-17-16　☎(03)3713-8161

小 中 高 専 短 大

【教育理念】　世界を視野に，課題を発見し，多様な価値観をもつ人々とともに未来の社会を創造する探究女子を育てる。建学の精神は，「鋼鉄（はがね）に一輪のすみれの花を添えて」。
【沿　革】　1916年常磐松女学校として創立。1951年現校名となる。
【学校長】　田村　直宏
【生徒数】　女子374名

	1年（4クラス）	2年（4クラス）	3年（4クラス）
女子	130名	125名	119名

東急東横線—都立大学8分，学芸大学12分
JR—目黒よりバス碑文谷警察署1分

特色

設置学科：普通科

【コース】　文理探究コース（英語アドバンスクラス，英語スタンダードクラス）と美術デザインコースを設置。2年次より美術デザインコースはアートコースとデザインコースに分かれる。
【カリキュラム】　①思考力教育を重視。「思考と表現」の授業では図書室を活用して情報検索力，言語力，論理力，コミュニケーション力を磨く。②「Global Studies」では世界の諸問題を英語で学び，それに対する自分の意見を英語で発表する力をつけていく。③横浜美術大学をはじめ，複数の美術大学講師の特別授業を行う。④体育の授業にプロジェクトアドベンチャーを取り入れ，様々なアクティビティを通してコミュニケーション力と積極性を伸ばす。⑤美術用自習室アトリエを設置。放課後自由に作品制作ができ，併設大学教員の指導を受ける機会もある。
【海外研修】　イギリス多文化研修や，現地美術大学教授から英語で指導を受けるアメリカアート研修を実施。約10週間のオーストラリアターム留学制度もある。いずれも希望者対象。
【クラブ活動】　写真部，ダンス部が全国大会出場。水泳部は設置の屋内プールで練習している。

習熟度別授業	土曜授業	文理選択	オンライン授業	制服	自習室	食堂	プール	グラウンド	アルバイト	登校時刻＝ 8:25
数英	○	○	○	○	～19:00	—	○	—	審査	下校時刻＝17:45

進路情報　2023年3月卒業生

四年制大学への進学率 **85.3%**

【卒業生数】　109名
【進路傾向】　大学進学はいずれも私立大学で，内訳は文系43%，理系16%，他41%。海外大学へ1名が進学した。
【系列進学】　横浜美術大学へ7名（美術）が内部推薦で進学した。
【指定校推薦】　利用状況は成蹊大1，日本女子大1，東京都市大1，聖心女子大7，白百合女子大1，清泉女子大2，東洋英和女学院大1など。ほかに立命館大，フェリス女学院大，東京造形大，女子美大など推薦枠あり。

	’23 ’22 ’21
四年制大学	93名
短期大学	1名
専修・各種学校	8名
就職	1名
進学準備・他	6名

主な大学合格状況
'24年春速報は巻末資料参照

大学名	’23	’22	’21	大学名	’23	’22	’21	大学名	’23	’22	’21
◇東京医歯大	0	1	0	中央大	3	2	2	白百合女子大	2	2	2
◇東京藝術大	1	1	0	法政大	2	0	3	昭和女子大	9	8	5
◇県立保健医大	0	0	1	日本大	4	1	1	多摩美大	3	2	5
早稲田大	0	0	1	駒澤大	2	0	5	武蔵野美大	6	1	7
慶應大	6	0	0	専修大	3	5	0	東京造形大	5	0	7
上智大	0	2	2	帝京大	2	2	2	女子美大	13	12	2
学習院大	2	1	3	明治学院大	1	3	5	東京工芸大	4	11	5
明治大	1	3	2	神奈川大	6	1	2	横浜美大	7	10	4
青山学院大	3	0	5	日本女子大	2	4	0	フェリス女学院大	2	5	4
立教大	2	1	1	聖心女子大	8	9	6	東洋英和女学院大	2	5	4

※各大学合格数は既卒生を含む。

入試要項 2024年春（実績）

新年度日程についてはp.116参照。

◆ 推薦　第1志望
募集人員▶50名
選抜方法▶英語アドバンス・英語スタンダード：作文（50分・800字），個人面接（5分），調査書　**美術デザイン：**作品審査（鉛筆デッサンと静物着彩各1点を当日持参），個人面接（5分），調査書
◆ 一般　併願優遇（公私各1校），一般
募集人員▶併願優遇・一般①計50名，一般②若干名
選抜方法▶英語アドバンス・英語スタンダード：国数英（各50分・各100点・英にリスニングあり），個人面接（5分），調査書　**美術デザイン：**国英（各50分・各100点・英にリスニングあり），美術実技（鉛筆デッサン・120分・100点），個人面接（5分），調査書
◆ 受験料　20,000円

内申基準 推薦：[英語アドバンス]5科18かつ英4，[英語スタンダード]3科10または5科16または9科29，[美術デザイン]9科28かつ美4　一般（併願優遇）：[英語アドバンス]5科19かつ英4，[英語スタンダード]3科11または5科17または9科30，[美術デザイン]9科30かつ美4　※いずれも9科に1不可　※条件により内申加点あり

特待生・奨学金制度 成績優秀者のうち，学科

試験の得点率80%以上で一般特待生，85%以上でA特待生に認定。推薦の英語アドバンスクラスと美術デザインコースは内申基準でも認定。

帰国生の受け入れ 国内生と別枠入試。

入試日程

区分	登録・出願	試験	発表	手続締切
推薦	12/20～1/18	1/22	1/22	1/24
併願優遇	12/20～1/27	2/11	2/11	併願校発表翌日
一般①	12/20～2/6	2/11	2/11	公立発表翌日
一般②	12/20～2/12	2/16	2/16	公立発表翌日

応募状況

年度	区分		応募数	受験数	合格数	実質倍率
'24	英アド	推薦	2	2	2	1.0
		併願優遇	2	1	1	1.0
		一般①	1	1	0	—
	英スタ	推薦	10	10	10	1.0
		併願優遇	8	7	7	1.0
		一般①	1	1	1	1.0
	美術	推薦	24	24	24	1.0
		併願優遇	81	64	64	1.0
		一般①	9	8	5	1.6
	一般②		6	4	4	1.0
'23	英アド	推薦	0	0	0	—
		併願優遇	5	4	4	1.0
		一般①	0	0	0	—
	英スタ	推薦	5	5	5	1.0
		併願優遇	22	20	20	1.0
		一般①	0	0	0	—
	美術	推薦	37	37	37	1.0
		併願優遇	92	65	65	1.0
		一般①	12	12	9	1.3
	一般②		6	6	6	1.0

[スライド制度] あり。上記に含まず。
[24年合格最低点] 非公表。

学費（単位：円）

	入学金	設備費	授業料	その他経費	小計	初年度合計
入学手続時	220,000	150,000	—	—	370,000	約1,325,800
1年終了迄	—	140,000	483,000	約332,800	約955,800	

※2024年度予定。[返還] 3/30までの入学辞退者には入学金を除き返還。[授業料納入] 一括または4回分割。[その他] 制服・制定品代あり。[寄付・学債] 任意の寄付金1口5万円2口以上あり。

併願校の例　※[英スタ][美術]を中心に

	都立	神公立	私立
挑戦校	目黒 工芸（デザ） 広尾 雪谷	生田 市立橘 相模原弥栄(美)	多摩大目黒 八王子学園(総合) 富士見丘 女子美大付 八雲学園
最適校	総合芸術(美) 田園調布 芦花 晴海総合	元石川 住吉 市立高津 市川崎総科(デザ) 荏田	品川翔英 駒場学園 目黒学院 新渡戸文化(美) 自由ヶ丘
堅実校	松原 つばさ総合 桜町 大泉桜 片倉(造形美術)	百合丘 川崎北 白山(美) 上矢部(美)	日本大荏原 品川学藝 羽田国際 二階堂 橘学苑

合格のめやす

合格の可能性 **60%** **80%** の偏差値を表示しています。

英語アドバンス	**54**	(58)
英語スタンダード	**46**	(50)
美術デザイン	**46**	(50)

合格者／不合格者　合否分布
30 34 38 42 46 50 54 58 62（偏）
実線＝美術デザイン
破線＝英語スタンダード

※合格のめやすの見方は114ページ参照。

見学ガイド 体育祭／文化祭／バザー／説明会／デッサン教室／見学会／個別見学対応

東京　女子（と）トキワ松学園

小 中 高 専 短 大

江東区

中村 高等学校

〒135-8404　東京都江東区清澄2-3-15　☎(03)3642-8041

【校 訓】 「清く，直く，明るく」を掲げる。建学の精神である「機に応じて活動することができる女性の育成」をめざす。

【沿 革】 1903年中村清蔵により設立された深川女子技芸学校が前身。1909年中村高等女学校設立。2022年国際科を普通科国際コースに改編し，普通科3コース体制へ。

【学校長】 藤村 富士男

【生徒数】 女子178名

	1年(5クラス)	2年(3クラス)	3年(3クラス)
女子	83名	53名	42名

半蔵門線・都営大江戸線―清澄白河3分

特色

設置学科：普通科

【コース】 先進コース，探究コース，国際コースを設置している。先進コースの一部は2年次に文系・理系に分かれる。

【カリキュラム】 ①先進コースは文理をバランスよく学習してリベラルアーツ力を高め，一般選抜を中心に難関大学をめざす。②探究コースは企業からのミッションなど様々な探究活動を通じて課題解決スキルや表現力を磨き，総合型選抜や学校推薦型選抜での受験に対応。③国際コースは1年，6カ月，3カ月から期間を選択し，米国，カナダ，オーストラリアなどへの留学が必修。海外大や難関私立大学をめざす。④AI教材を導入した放課後学習システムや，夏休み学習合宿など学習サポートが充実。

【キャリア教育】 自分も社会を構成し貢献していく一人であるという自負や気概を育てる。

【海外研修】 先進・探究コース1・2年次希望制でカンボジア・海外ボランティア研修を実施。

【クラブ活動】 テニス部や，強化クラブに指定されているバレーボール部が活躍している。

【施設】 7階には空中図書館があり，ウッドデッキのオープンテラスには足浴がある。

習熟度別授業	土曜授業	文理選択	オンライン授業	制服	自習室	食堂	プール	グラウンド	アルバイト	登校時刻＝8:25
数英	○	2年～	○	○	～20:00	○	―	徒歩1分	―	下校時刻＝17:30

進路情報 2023年3月卒業生

四年制大学への進学率 **88.6%**

【卒業生数】 44名

【進路傾向】 近年，大学への現役進学率は8割前後で推移している。

【指定校推薦】 利用状況は青山学院大1，立教大1，成蹊大1，東京女子大2，フェリス女学院大1，東洋英和女学院大1など。ほかに法政大，日本大，東洋大，駒澤大，明治学院大，獨協大，芝浦工大，東京電機大，立命館大，東京都市大，共立女子大，大妻女子大，白百合女子大，東邦大，立命館アジア太平洋大，武蔵野大，東京農大，清泉女子大，女子美大，女子栄養大など推薦枠あり。

■ 四年制大学	39名
□ 短期大学	1名
■ 専修・各種学校	3名
■ 就職	0名
□ 進学準備・他	1名

主な大学合格状況

'24年春速報は巻末資料参照

大学名	'23	'22	'21	大学名	'23	'22	'21	大学名	'23	'22	'21
◇東京大	0	1	0	青山学院大	1	5	2	成城大	1	1	2
◇千葉大	0	0	1	立教大	2	3	2	明治学院大	3	0	0
◇東京医歯大	1	0	0	中央大	0	1	0	津田塾大	2	0	0
◇東京藝術大	1	0	0	法政大	4	4	2	東京女子大	3	2	1
◇都立大	0	1	1	日本大	2	4	3	日本女子大	3	2	1
早稲田大	0	0	1	東洋大	1	0	5	立正大	6	2	2
慶應大	1	0	0	専修大	1	0	0	桜美林大	6	1	0
上智大	0	2	3	亜細亜大	3	0	0	大妻女子大	4	4	1
学習院大	1	2	1	帝京大	2	3	2	武蔵野大	4	4	1
明治大	1	1	2	成蹊大	1	1	0	昭和女子大	2	3	4

※各大学合格数は既卒生を含む。

入試要項 2024年春（実績）

新年度日程についてはp.116参照。

◆ **推薦** A推薦：単願　B推薦：併願（公私とも可。東京・神奈川生を除く）

募集人員▶ 先進コース25名，探究コース25名，国際コース10名　※一般を含む全体の定員

選抜方法▶ 先進・探究コース：作文（50分・50点），グループ面接（20分・50点），調査書，志望理由書　**国際コース**：作文（50分・50点），個人面接（10分・50点，ネイティヴによる面接を含む），調査書，志望理由書

◆ **一般**　併願優遇（公私とも可），その他

募集人員▶ 定員内

選抜方法▶ 先進・探究コース：国数英（各50分・各100点・英にリスニングあり），グループ面接（20分・50点），調査書，志望理由書　**国際コース**：国数英（各50分・各100点・英にリスニングあり），個人面接（10分・50点，ネイティヴによる面接を含む），調査書，志望理由書

◆ **受験料**　22,000円

(内申基準) A推薦：[先進] 5科19または9科33，[探究] 5科17または9科30，[国際] 5科19または9科33　B推薦・一般（併願優遇）：[先進] 5科20または9科35，[探究] 5科18または9科32，[国際] 5科20または9科35　※条件により内申加点あり

(特待生・奨学金制度) 一般入試の成績優秀者を3段階の特待生認定。

(帰国生の受け入れ) 国内生と別枠入試。

入試日程

区分	登録・出願	試験	発表	手続締切
推薦	12/20〜1/18	1/22	1/22	1/26
一般	12/20〜2/8	2/11	2/11	2/16

[延納] B推薦と一般は公立発表後（私立のみの併願者は2/16）まで。

応募状況

年度	区分		応募数	受験数	合格数	実質倍率
'24	先進	A推薦	3	3	3	1.0
		B推薦	4	4	4	1.0
		併願優遇	20	19	19	1.0
		その他	3	3	3	1.0
	探究	A推薦	7	7	7	1.0
		B推薦	3	2	2	1.0
		併願優遇	10	10	10	1.0
		その他	5	4	4	1.0
	国際	A推薦	3	3	3	1.0
		B推薦	0	0	0	—
		併願優遇	1	1	1	1.0
		その他	0	0	0	—

※併願優遇の応募数・受験数・合格数には推薦合格者の特待生チャレンジを含む。
['24年合格最低点] 非公表。

学費(単位：円)		入学金	施設費	授業料	その他経費	小計	初年度合計
先・国	入学手続時	250,000	—	—	36,000	286,000	1,265,400
	1年終了迄	—	84,000	456,000	439,400	979,400	
探究	入学手続時	250,000	—	—	48,000	298,000	1,277,400
	1年終了迄	—	84,000	456,000	439,400	979,400	

※2023年度実績。[授業料納入] 一括または4回分割。国際コースの授業料は留学期間中半額。[その他] 制服・制定品代，教科書代，教材費，タブレット端末代，国際コースは国際費（36,000円）・留学費用（2,000,000〜6,700,000円）あり。

併願校の例　※[探究]を中心に

		都立	私立
挑戦校		豊多摩／城東　目黒／上野	東洋大京北　多摩大目黒　日大鶴ヶ丘　日大一
最適校		江戸川／墨田川　深川(外国語)／田園調布　江北／東	実践学園　富士見丘　麹町女子　文京学院女子　京華女子
堅実校		晴海総合／小岩　足立／松原　紅葉川／大崎	東京家政学院　上野学園　共栄学園　関東一

合格のめやす

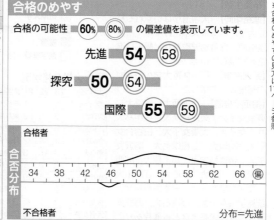

合格の可能性 60% 80% の偏差値を表示しています。

先進　54　58
探究　50　54
国際　55　59

合格者

不合格者

| 34 | 38 | 42 | 46 | 50 | 54 | 58 | 62 | 66 | (偏) |

分布＝先進

※合格のめやすの見方は114ページ参照。

(見学ガイド) 文化祭／説明会／オープンキャンパス／見学会

東村山市

日本体育大学桜華 高等学校

〒189-0024　東京都東村山市富士見町2-5-1　☎(042)391-4133

【教育目標】　「HEART of 桜華」と名付けた「自己愛」「家族愛」「仲間愛」「社会愛」の４つの愛と，「自己肯定力」「分析・思考力」「想像・創造力」「共生力」「表現力・実行力」の５つの力を養い，未来を切り拓く人材を育成する。

【沿　革】　1958年創立。2012年度より中学校の募集を再開。2018年日体桜華高等学校より現校名に改称。

【学校長】　渡邊　健

【生徒数】　女子502名

	1年(6クラス)	2年(6クラス)	3年(7クラス)
女子	131名	180名	191名

西武拝島線・西武国分寺線―小川15分
西武新宿線―久米川よりバス明法学院前３分

特色

設置学科：普通科

【コース】　アドバンスト，総合進学，総合スポーツの３コース制。２年次にアドバンストコースと総合進学コースは文理別に，総合スポーツコースは総合スポーツ専攻とダンスパフォーマンス専攻に分かれる。

【カリキュラム】　①アドバンストコースは１年次より多面的・発展的な授業を行う。②総合進学コースは課題に対して自身で考えを持ち，発信する姿勢を育む。資格取得サポートも充実。③総合スポーツ専攻はダイビングやスキーなどの実習が豊富。ダンスパフォーマンス専攻はプロのダンサーを招聘し指導を受ける。④校内塾を設置。教師と塾講師が連携して指導。

【海外研修】　２年次の修学旅行はコースごとに海外を企画。ほか希望者対象の２週間の語学研修と３カ月間の短期留学プログラムを実施。

【クラブ活動】　ダンス部，レスリング部などが全国大会上位の実績。多数のクラブで全国レベルの元選手や指導者が顧問を務める。

【施設】　全国から生徒を受け入れる寮を設置。ほか，ダンススタジオやゴルフ場，器械体操場，レスリング場など，体育施設が充実している。

習熟度別授業数	土曜授業	文理選択	オンライン授業	制服	自習室	食堂	プール	グラウンド	アルバイト
数	―	2年〜	○	○	〜19:30	○	―	○	審査

登校時刻＝ 8:30
下校時刻＝19:30

進路情報　2023年３月卒業生

四年制大学への進学率 **54.1%**

【卒業生数】　181名

【進路傾向】　大学進学はいずれも私立大学。体育系大学だけでなく，看護医療，保育幼児教育など幅広い進路を実現している。

【系列進学】　日本体育大学へ29名が内部推薦で進学した。

【指定校推薦】　亜細亜大，帝京大，東京女子大，東京経済大，桜美林大，共立女子大，大妻女子大，白百合女子大，明星大，二松學舍大，駒沢女子大，帝京科学大，高千穂大，城西国際大，淑徳大，聖徳大，江戸川大，十文字学園女子大，日本医療科学大，跡見学園女子大，駿河台大，西武文理大，女子栄養大など推薦枠あり。

- ■ 四年制大学 98名
- □ 短期大学 7名
- ■ 専修・各種学校 55名
- ■ 就職 7名
- □ 進学準備・他 14名

主な大学合格状況

'24年春速報は巻末資料参照

大学名	'23	'22	'21	大学名	'23	'22	'21	大学名	'23	'22	'21
青山学院大	0	1	1	杏林大	1	0	2	東京女子体育大	2	3	1
東洋大	3	0	2	東京歯科大	0	0	7	聖徳大	1	4	0
大東文化大	0	1	0	明星大	1	1	0	十文字学園女子大	1	4	7
亜細亜大	1	4	2	帝京平成大	2	4	1	日本医療科学大	1	2	1
帝京大	9	5	3	駒沢女子大	1	3	2	こども教育宝仙大	2	1	4
國學院大	1	0	0	帝京科学大	4	2	3	白梅学園大	1	2	2
武蔵大	1	1	1	文京学院大	1	3	0	東京医療学院大	1	1	3
国士舘大	2	1	1	東京政学院大	3	0	4	東京純心大	7	4	1
桜美林大	2	2	3	日本体育大	29	31	20	尚美学園大	1	2	3
大妻女子大	1	1	3	日本女子体育大	3	0	2	西武文理大	2	1	6

※各大学合格数は既卒生を含む。

東京女子 (に) 日本体育大学桜華

入試要項 2024年春（実績）

新年度日程についてはp.116参照。

◆推薦　**A推薦**：単願　**B推薦**：併願（公立のみ。東京・神奈川生を除く）

募集人員 ▶ アドバンストコース15名，総合進学コース35名，総合スポーツコース50名

選抜方法 ▶ **A推薦・B推薦**：適性検査（国数英各50分・マークシート），調査書

◆一般　併願優遇（公立のみ），フリー（単願・公立併願）

募集人員 ▶ アドバンストコース15名，総合進学コース35名，総合スポーツコース50名

選抜方法 ▶ 国数英（各50分・マークシート），個人面接，調査書

◆**受験料**　20,000円

内申基準 **A推薦**：[アドバンスト] 3科10または5科17，[総合進学][スポーツ] 3科7または5科11または9科20　**B推薦・一般（併願優遇）**：[アドバンスト] 3科11または5科18，[総合進学][スポーツ] 3科9または5科14または9科25　※[アドバンスト]推薦は5科に2不可（2は他4科の評定5で相殺可），一般（併願優遇）は9科に1不可，[総合進学][スポーツ]推薦・一般（併願優遇）とも評定に1不可　※条件により内申加点あり

特待生・奨学金制度 A推薦，一般を対象に内申，入試成績による成績特待生を認定。ほか，スポーツ特待制度もあり。

帰国生の受け入れ 個別対応。

入試日程

区分	登録・出願	試験	発表	手続締切
A推薦	12/20～1/17	1/22	1/23	1/25
B推薦	12/20～1/17	1/22	1/23	3/8
一般	1/25～2/6	2/10	2/11	2/14

［延納］一般の公立併願者は公立発表後まで。

応募状況

年度	区分		応募数	受験数	合格数	実質倍率
'24	アド	A推薦	7	7	7	1.0
		B推薦	1	1	1	1.0
		一般	5	5	5	1.0
	総進	A推薦	43	43	43	1.0
		B推薦	11	11	11	1.0
		一般	78	76	76	1.0
	スポ	A推薦	72	72	72	1.0
		B推薦	6	6	6	1.0
		一般	35	35	34	1.0
'23	アド	A推薦	6	6	6	1.0
		B推薦	1	1	1	1.0
		一般	2	2	2	1.0
	総進	A推薦	31	31	31	1.0
		B推薦	16	16	16	1.0
		一般	84	84	84	1.0
	スポ	A推薦	60	60	60	1.0
		B推薦	7	7	7	1.0
		一般	45	43	43	1.0
'22		A推薦	131	131	131	1.0
		B推薦	50	50	50	1.0
		AO推薦	2	2	2	1.0
		一般	169	169	169	1.0

［スライド制度］ '23・'24年度はあり。上記に含まず。
['24年合格最低点] 非公表。

学費（単位：円）

	入学金	施設費	授業料	その他経費	小計	初年度合計
入学手続時	200,000	180,000	—	—	380,000	1,102,000
1年終了迄	—	18,000	396,000	308,000	722,000	

※2024年度予定。[授業料納入] 毎月分割。
[その他] 制服・制定品代，学年費，総合スポーツコースは実習費あり。

併願校の例
※[総進]を中心に

	都立	埼公立	私立
挑戦校	鷺宮 東大和 日野 青梅総合	豊岡 入間向陽 川越総合 所沢中央	白梅学園 東海大菅生 昭和一学園 藤村女子
最適校	福生 第五商業 小平西 久留米西 武蔵村山	狭山清陵 飯能	二階堂 秋草学園 東野
堅実校	練馬 東村山西 拝島 多摩 五日市		

合格のめやす

合格の可能性 **60%** **80%** の偏差値を表示しています。

アドバンスト **46** **50**

総合進学 **38** **42**

総合スポーツは偏差値を設定していません。

合格者

| 30 | 34 | 38 | 42 | 46 | 50 | 54 | 58 | 62 | ⑱ |

合否分布

不合格者　　　　　分布＝総合進学

※合格のめやすの見方は114ページ参照。

見学ガイド 体育祭／文化祭／説明会／オープンキャンパス／部活動体験

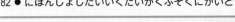

世田谷区

日本女子体育大学附属二階堂 高等学校

〒156-0043　東京都世田谷区松原2-17-22　☎(03)3322-9159

【教育理念】　「勤労，感謝，礼節」を校訓に掲げる。努力を惜しまない人材の育成と，豊かな教養や知性を兼ね備え，社会に貢献できる人材の育成をめざす。

【沿　革】　二階堂トクヨが1922年に開塾した二階堂体操塾を母体に，二階堂高等学校として1948年創立。1988年現校名に改称。

【学校長】　工藤　公彦

【生徒数】　女子209名

	1年(3クラス)	2年(2クラス)	3年(2クラス)
女子	81名	65名	63名

京王線・京王井の頭線―明大前4分

特色

設置学科：普通科

【コース】　キャリアデザイン，特別進学，ダンス，スポーツの4コース制だが，ホームルームはコース混合クラスで編成。

【カリキュラム】　①キャリアデザインコースは2年次からの選択科目が多彩。医療系，保育系，食品系などのほか「サブカルチャー作品研究」科目もある。②特別進学コースは一般受験で志望校合格をめざす。オリジナル教材やアプリを活用。③ダンスコースは併設大学と連携した特別授業や多様なジャンルのダンサー，振付師を招いたワークショップを開催。④スポーツコースは3年間を通して多くの種目を学ぶ。実習も豊富。併設大学の出張授業も実施。⑤放課後に学び直しの講座や進学講座を設置。夏期講習では授業外の内容も扱い実力をつける。⑥土曜日は選択科目受講者が登校し，それ以外は自宅学習の変則6日制を採用。クラブは午後から活動。

【クラブ活動】　ダンス部，新体操部，バレーボール部，フットサル部，チアリーディング部が全国レベル。バスケットボール部も活発。

【施設】　語学を通じて自立学習を実践するN-SALCには英語ネイティヴのスタッフが常駐。

習熟度別授業	土曜授業	文理選択	オンライン授業	制服	自習室	食堂	プール	グラウンド	アルバイト
5教科	○	2年～	○	○	～18:00	○	―	○	届出

登校時刻＝ 8:30
下校時刻＝19:30

進路情報　2023年3月卒業生

四年制大学への進学率 **57.1%**

【卒業生数】　63名

【進路傾向】　近年大学進学率は6割前後で推移している。

【系列進学】　日本女子体育大学へ9名（体育）が内部推薦で進学した。

【指定校推薦】　大東文化大，立正大，国士舘大，関東学院大，白百合女子大，国際医療福祉大，日本薬科大，東京農大，明星大，帝京平成大，東京工科大，駒沢女子大，産業能率大，城西大，目白大，帝京科学大，多摩大，文京学院大，麻布大，相模女子大，東洋英和女学院大，鎌倉女子大，桐蔭横浜大，城西国際大，淑徳大，十文字学園女子大，山梨学院大，東京女子体育大など推薦枠あり。

	四年制大学	36名
	短期大学	2名
■	専修・各種学校	19名
	就職	2名
	進学準備・他	4名

主な大学合格状況

'24年春速報は巻末資料参照

大学名	'23	'22	'21	大学名	'23	'22	'21	大学名	'23	'22	'21
◇筑波大	0	0	1	関東学院大	0	1	0	日本体育大	1	4	5
◇埼玉大	0	1	0	白百合女子大	1	1	0	日本女子体育大	10	20	15
上智大	2	0	0	創価大	0	0	2	東京女子体育大	0	5	0
日本大	1	0	1	東京農大	0	0	0	城西国際大	0	3	2
駒澤大	1	0	1	帝京平成大	4	2	0	麗澤大	0	1	0
専修大	0	0	1	産業能率大	1	1	0	東京成徳大	1	1	1
大東文化大	0	1	1	帝京科学大	4	2	1	十文字学園女子大	1	1	1
帝京大	2	4	1	文京学院大	2	0	2	日本医療科学大	1	1	1
国士舘大	3	1	1	東京家政大	0	0	1	東京純心大	2	0	1
桜美林大	1	3	2	杉野服飾大	0	0	1	田園調布学園大	1	0	0

※各大学合格数は既卒生を含む。

入試要項 2024年春（実績）

新年度日程についてはp.116参照。

◆ 推薦　A推薦：単願　B推薦：併願　C推薦：単願　舞踊推薦・スポーツ推薦：単願，併願
※併願は公私とも可，東京・神奈川生を除く。C推薦はキャリアデザインコース，舞踊推薦はダンスコース，スポーツ推薦はスポーツコース対象

募集人員▶キャリアデザインコース35名，特別進学コース5名，ダンスコース20名，スポーツコース20名

選抜方法▶面接，調査書，ほかにC推薦は作文（400字・30分），自己PRカード，舞踊推薦・スポーツ推薦は実技，競技実績証明書類

◆ 一般　併願優遇（公私とも可），フリー（単願優遇制度あり）

募集人員▶キャリアデザインコース35名，特別進学コース5名，ダンスコース20名，スポーツコース20名

選抜方法▶国数英（各50分・各100点，キャリアデザイン・ダンス・スポーツは2科を選択），面接（100点），調査書

◆ 受験料　20,000円

（**内申基準**）A推薦：[キャリアデザイン] 5科13または9科24，[特別進学] 3科10または5科16または9科29，[ダンス][スポーツ] 9科25　B推薦・一般（併願優遇）：[キャリアデザイン] 5科14または9科25，[特別進学] 3科11または5科17または9科30，[ダンス][スポーツ] 9科

26　※いずれも9科に1不可　※条件により内申加点あり

（**特待生・奨学金制度**）推薦（単願）合格者を対象とした学業・スポーツ・舞踊奨学生，一般入試合格者を対象としたスカラシップの採用試験あり。

（**帰国生の受け入れ**）国内生と別枠入試。

入試日程

区分	登録・出願	試験	発表	手続締切
A・C推薦	12/20〜1/19	1/22	1/22	1/25
B推薦	12/20〜1/19	1/22	1/22	併願校発表翌日
他推薦	12/20〜1/19	1/22	1/22	1/25
一般①	12/20〜2/7	2/10	2/10	2/14
一般②	12/20〜2/7	2/12	2/12	2/16

[延納] 舞踊推薦・スポーツ推薦の併願者，併願優遇，フリー（公立併願者）は併願校発表後まで。

応募状況

年度	区分		応募数	受験数	合格数	実質倍率
'24	キャリ	推薦	20	20	20	1.0
		一般	48	43	42	1.0
	特進	推薦	2	2	2	1.0
		一般	1	1	0	—
	ダンス	推薦	15	15	15	1.0
		一般	13	12	12	1.0
	スポ	推薦	23	23	23	1.0
		一般	12	11	11	1.0

[スライド制度] あり。上記に含まず。
['24年合格最低点] 一般①（併願優遇）：キャリアデザイン145，ダンス185，スポーツ164（/300）　一般①（フリー）：キャリアデザイン178/300

学費（単位：円）	入学金	施設費	授業料	その他経費	小計	初年度合計
入学手続時	210,000	—	—	—	210,000	約1,148,362
1年終了迄	—	132,000	456,000	約350,362	約938,362	

※2023年度実績。[授業料納入] 4回分割。[その他] 制服・制定品代あり。

併願校の例 ※[キャリア]を中心に

	都立	神公立	私立
挑戦校	府中 芦花 杉並 日野	住吉 市立高津 麻生	佼成女子 文化学園杉並 下北沢成徳 駒沢女子 国本女子
最適校	府中西 桜町 府中東 杉並総合 世田谷総合	百合丘 川崎 新栄 生田東	藤村女子 小石川淑徳 日本大桜華 大東学園 フェリシア
堅実校	若葉総合 町田総合 千歳丘 永山 深沢	菅 麻生総合	

合格のめやす

合格の可能性 **60%** **80%** の偏差値を表示しています。

キャリアデザイン **39** **43**

特別進学 **44** **48**

ダンス **40** **44**

スポーツは偏差値を設定していません。

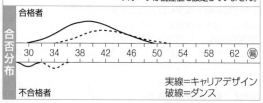

実線＝キャリアデザイン
破線＝ダンス

※合格のめやすの見方は114ページ参照。

（**見学ガイド**）文化祭／説明会／オープンキャンパス／ダンスワークショップ／部活動体験

東　京　女　子（に）日本女子体育大学附属二階堂

板橋区

日本大学豊山女子 高等学校

〒174-0064 東京都板橋区中台3-15-1 ☎(03)3934-2341

【教育目標】 日本大学の教育理念「自主創造」に基づき，ものごとを正しく判断できる素直な心と，心身共に健康で明るく，思いやりがあり，常に学習を大切にする生徒の育成をめざす。

【沿 革】 1966年日本大学が最初の独立した女子高等学校として設立。

【学校長】 柳澤 一恵

【生徒数】 女子851名

	1年(7クラス)	2年(8クラス)	3年(9クラス)
女子	270名	262名	319名

東武東上線―上板橋15分　都営三田線―志村三丁目15分　JR―赤羽などよりスクールバス

特色

設置学科：普通科／理数科

【コース】 普通科はA特進クラス，N進学クラスを設置する。A特進クラスは3年次に，N進学クラスは2年次より文系と理系に分かれる。理数科は理数Sクラスを設置している。

【カリキュラム】 ①A特進クラスは国公立・難関私立大学をめざす。入試の基礎・基本を1年次で徹底的に学習。2年次のボストン修学旅行に向けた探究学習も行う。②N進学クラスは日本大学進学に対応し，付属推薦試験の科目を中心に学ぶ。③理数Sクラスは理数のスペシャリストを育成。1年次は科学者としての倫理観育

成のためのオリエンテーションから始まる。その後，数学・物理・化学・生物の4分野からテーマを1つ選んでグループ単位で研究に取り組む。④茶道・華道を学び美しい所作を身につける。⑤放課後に希望者対象の校内予備校を開き，講義，学習状況管理，進路相談を行う。

【海外研修】 2年次にA特進クラスはアメリカ（ボストン），N進学クラスと理数Sクラスはオーストラリア（シドニー）への修学旅行を実施。

【クラブ活動】 体操部（トランポリン・ダンス），放送部が全国大会出場の実績をもつ。

習熟度別授業	土曜授業	文理選択	オンライン授業	制服	自習室	食堂	プール	グラウンド	アルバイト
―	○	2年〜	○	○	〜18:30	―	―	―	―

登校時刻＝ 8:20
下校時刻＝18:30

進路情報 2023年3月卒業生

四年制大学への進学率 **95.7%**

【卒業生数】 255名

【進路傾向】 大学進学者のうち約7割が文系。国公立大学へ2名進学。

【系列進学】 日本大学へ149名（法27，文理23，経済24，商14，芸術16，国際関係1，理工15，生産工5，歯1，生物資源科14，薬3，危機管理2，スポーツ科1，二部3）。日本大学医学部附属看護専門学校へ1名が付属推薦で進学した。日本大学短期大学部への推薦制度もある。

【指定校推薦】 利用状況は青山学院大4，立教大1，法政大1，成蹊大4，成城大4，日本女子大3，聖心女子大1，白百合女子大1，東京薬科大2，昭和薬科大1など。

		四年制大学	244名
		短期大学	1名
		専修・各種学校	6名
		就職	0名
		進学準備・他	4名

主な大学合格状況

'24年春速報は巻末資料参照

大学名	'23	'22	'21	大学名	'23	'22	'21	大学名	'23	'22	'21
◇埼玉大	0	1	0	中央大	0	1	0	日本女子大	5	5	5
◇東京藝術大	0	0	1	法政大	4	2	4	玉川大	1	7	3
◇東京学芸大	1	0	0	日本大	213	197	219	共立女子大	4	3	3
◇埼玉県立大	1	1	0	東洋大	7	2	5	白百合女子大	2	1	1
慶應大	0	0	0	駒澤大	2	2	2	東京薬科大	2	1	1
東京理科大	0	0	0	帝京大	2	2	2	日本薬科大	1	3	1
学習院大	0	0	4	成蹊大	4	2	4	学習院女子大	2	1	2
明治大	0	0	2	成城大	5	4	3	東京工科大	1	7	2
青山学院大	4	6	8	明治学院大	5	1	0	埼玉医大	2	0	1
立教大	4	2	1	東京女子大	1	1	3	日本赤十字看護大	2	3	2

※各大学合格数は既卒生を含む。

入試要項 2024年春（実績）

新年度日程についてはp.116参照。

◆推薦　A推薦：第1志望（N進学クラスはスポーツ推薦含む）　B推薦：併願（公私とも可。東京・神奈川生を除く）

募集人員▶普通科100名，理数科40名　※一般を含む全体の定員

選抜方法▶適性検査（国数英計60分・各35点・マークシート），調査書　※理数Sクラスは数の得点を2倍

◆一般　第1志望優遇（N進学クラス対象），併願優遇（公私とも可），一般

募集人員▶定員内

選抜方法▶国数英（各50分・各100点・マークシート・英にリスニングあり），調査書　※理数Sクラスは数の得点を2倍

◆受験料　20,000円

内申基準　A推薦：[A特進]3科13または5科21，[N進学][理数S]5科20または9科36　スポーツ推薦：[N進学]9科各3　**B推薦・一般（併願優遇）**：[A特進]3科14または5科22，[N進学][理数S]5科21または9科37　**一般（第1志望優遇）**：[N進学]5科18　※A推薦・B推薦・一般（併願優遇）は9科に2不可，一般（第1志望優遇）は9科に1不可　※条件により内申加点あり

特待生・奨学金制度　各入試でA特進クラス対象の特待生制度あり。

帰国生の受け入れ　国内生と同枠入試で考慮あり。

入試日程

区分	登録・出願	試験	発表	手続締切
A推薦	12/20～1/17	1/22	1/22	1/23
B推薦①	12/20～1/17	1/22	1/22	公立発表翌日
B推薦②	12/20～1/17	1/23PM	1/23	公立発表翌日
一般	12/20～2/8	2/10	2/10	2/11

[延納] 一般の併願者は公立発表後まで。

応募状況

年度	区分		応募数	受験数	合格数	実質倍率
'24	A特進	A推薦	7	7	7	1.0
		B推薦	10	10	10	1.0
		一般	6	6	5	1.2
	N進学	A推薦	77	77	66	1.2
		B推薦	32	30	29	1.0
		一般	27	26	26	1.0
	理数S	A推薦	6	6	5	1.2
		B推薦	6	6	6	1.0
		一般	8	8	8	1.0
'23	A特進	A推薦	5	5	5	1.0
		B推薦	10	10	10	1.0
		一般	8	8	7	1.1
	N進学	A推薦	77	77	58	1.3
		B推薦	58	57	46	1.2
		一般	44	44	37	1.2
	理数S	A推薦	5	5	5	1.0
		B推薦	13	13	11	1.2
		一般	10	10	7	1.4

[スライド制度] あり。上記に含まず。
['24年合格最低点] A推薦：A特進64，N進学53（/105），理数S69/140　B推薦：A特進64，N進学57（/105），併願優遇：A特進181，N進学135（/300）　一般：N進学111/300，理数S159/400

学費（単位：円）	入学金	施設設備資金	授業料	その他経費	小計	初年度合計
入学手続時	230,000	—	—	—	230,000	957,100
1年終了迄	—	190,000	474,000	63,100	727,100	

※2024年度予定。[授業料納入] 3回分割。上記授業料は普通科で，理数科480,000円。[その他] 制服・制定品代，教科書・補助教材・行事等関係費（2023年度実績：A特進クラス219,944円，N進学クラス189,944円，理数Sクラス179,944円），修学旅行費用あり。

併願校の例　※[N進学]を中心に

	都立	埼公立	私立
挑戦校	竹早	蕨	日大二
	国際	和光国際	国学院
	武蔵野北	川口市立	淑徳巣鴨
	北園	川口北	東洋
	城東	市立浦和南	東洋大京北
最適校	文京	市立川越	十文字
	墨田川	与野	東京家政大附
	井草	朝霞	麹町女子
	豊島	南稜	大東文化一
	江戸川	川口	帝京
堅実校	武蔵丘	大宮南	文京学院女子
	保谷	朝霞西	京華女子
	鷺宮	鳩ヶ谷	川村
	小岩		

合格のめやす

合格の可能性 **60%** **80%** の偏差値を表示しています。

普通科（A特進）　**57**　（61）
普通科（N進学）　**52**　（56）
理数科（理数S）　**55**　（59）

合格者

合否分布

34　38　42　46　50　54　58　62　66　（偏）

不合格者

実線＝普通科（N進学）
破線＝理数科（理数S）

※合格のめやすの見方は114ページ参照。

見学ガイド　体育祭／文化祭／説明会／見学会／個別見学対応

東京女子に日本大学豊山女子

フェリシア 高等学校

〒195-0054　東京都町田市三輪町122　☎(044)988-1126

町田市

【建学の精神】　「キリスト教の信仰を基盤とし,高潔・清貧・愛徳の志を育成することを目的とする」を掲げる。自分を愛し,人を愛するという愛の心を大切に,人の心の痛みがわかる思いやりの精神を体得することをめざす。

【沿　革】　明泉学園により1961年設立。2023年度鶴川高等学校より校名変更。

【学校長】　一之瀬　貴子

【生徒数】　女子557名

	1年(8クラス)	2年(6クラス)	3年(6クラス)
女子	242名	158名	157名

小田急線―柿生12分
東急田園都市線―市が尾よりバス新中野橋5分

特色

設置学科：普通科

【コース】　保育コースと総合コースを設置。

【カリキュラム】　①保育コースは併設幼稚園での保育体験を実施。②総合コースは文系・理系を問わず幅広い選択肢から進路選択を考える。③1時間目は10時に始まる。9時からの0時間目は希望者対象で,1・2年次には数学と英語の学び直し,2・3年次は英語・漢字・パソコン検定資格取得講座を開講。④併設短期大学の高大連携先取り授業は両コースとも履修可能で進学後の単位認定もされる。⑤ピアノ初心者のための授業など独自科目を設置。⑥英語会話は外国人講師とのティームティーチングによる授業でコミュニケーションを重視する。

【情操教育】　歌舞伎,オペラ,ミュージカルなどの芸術鑑賞を通し,日本の古典文化や異文化に触れる機会を多く設けている。

【クラブ活動】　書道部が全国大会で受賞の実績。

【施設】　2012年に新校舎,2014年に2期工事竣工。2つのパソコン教室や茶室・作法室,屋上スポーツエリア,ピアノ練習室などを備える。ピアノ練習室は1人1台使用の授業が可能。2023年11月に冷暖房完備の体育館が完成。

習熟度別授業	土曜授業	文理選択	オンライン授業	制服	自習室	食堂	プール	グラウンド	アルバイト	
―	○	○	○	○	○	―	―	―	○ 審査	登校時刻＝ 9:50 下校時刻＝16:30

進路情報 2023年3月卒業生

進学率 **86.2%**

【卒業生数】　159名

【進路傾向】　大学進学はいずれも私立大学で,内訳は文系64%,理系14%,他22%。

【系列進学】　フェリシアこども短期大学へ55名が優先入学で進学した。

【指定校推薦】　共立女子大,大妻女子大,白百合女子大,日本薬科大,駒沢女子大,城西大,帝京科学大,多摩大,フェリス女学院大,横浜薬科大,相模女子大,東洋英和女学院大,神奈川工科大,湘南工科大,城西国際大,淑徳大,聖徳大,跡見学園女子大,東京工芸大,杉野服飾大,横浜美大,昭和音大,東京家政学院大,東京女子体育大など推薦枠あり。

	四年制大学	28名
	短期大学	61名
	専修・各種学校	48名
	就職	8名
	進学準備・他	14名

主な大学合格状況

'24年春速報は巻末資料参照

大学名	'23	'22	'21	大学名	'23	'22	'21	大学名	'23	'22	'21
法政大	0	1	0	明星大	2	0	0	東京家政学院大	2	0	0
日本大	0	0	1	帝京平成大	1	1	0	文化学園大	1	1	0
東洋大	0	0	1	東京工科大	1	0	0	東京女子体育大	2	2	1
東海大	1	1	0	駒沢女子大	0	1	2	横浜薬科大	0	1	0
帝京大	0	2	1	帝京科学大	1	2	0	相模女子大	4	7	6
桜美林大	2	0	1	東京福祉大	1	0	0	東洋学園大	0	1	1
関東学院大	0	2	0	多摩大	1	0	0	日本文化大	0	2	1
大妻女子大	1	0	1	東京工芸大	0	2	3	ヤマザキ動物看護大	1	0	0
創価大	2	0	0	横浜美大	0	3	0	和光大	2	3	4
実践女子大	0	1	0	東京家政大	2	0	0	跡見学園女子大	1	1	0

※各大学合格数は既卒生を含む。

東京 女子 ⓕ フェリシア

入試要項 2024年春（実績）

新年度日程についてはp.116参照。

◆ 推薦　第1志望
募集人員▶140名
選抜方法▶面接（10分），調査書
◆ 一般　一般専願，一般併願
募集人員▶140名
選抜方法▶国数英より1科（各40分），面接（10分），調査書
◆ 受験料　20,000円（推薦は免除）

(内申基準) 推薦：9科23　一般併願：9科24
(特待生・奨学金制度) 推薦で成績基準（9科27かつ5科各2）により特待生認定。
(帰国生の受け入れ) 国内生と同枠入試。

入試日程

区分	登録・出願	試験	発表	手続締切
推薦	12/20〜1/17	1/22	1/23	1/27
一般	12/20〜2/3	2/10	2/11	2/16

［延納］一般の公立併願者は公立発表後まで。

応募状況

年度	区分		応募数	受験数	合格数	実質倍率
'24	推薦		—	—	—	—
	一般		—	—	—	—
'23	推薦		185	185	185	1.0
	一般		241	241	241	1.0
'22	保育	推薦	52	52	52	1.0
		一般	46	46	46	1.0
	総合	推薦	75	75	75	1.0
		一般	159	159	158	1.0

［'24年合格最低点］未公表。

学費（単位：円）	入学金	施設・設備費	授業料	その他経費	小計	初年度合計
入学手続時	200,000	—	—	—	200,000	855,800
1年終了迄	—	97,800	468,000	90,000	655,800	

※2024年度予定。［免除］推薦は入学金免除。［授業料納入］一括または3回・毎月分割。
［その他］制服・制定品代，預り金・諸費（保育コース約10,000円，総合コース約8,000円），修学旅行・研修旅行参加費用あり。

併願校の例

	都立	神公立	私立
挑戦校	日野 小川 松原	橋本 上溝 霧が丘 百合丘	駒沢女子 宝仙学園(女子) 国本女子 自由ヶ丘 貞静学園(幼児)
最適校	若葉総合 町田総合 永山 山崎 千歳丘	生田東 上鶴間 厚木清南 菅 綾瀬西	二階堂 成女 大東学園
堅実校	野津田(普)(福祉)	麻生総合 愛川 大和東	

合格のめやす

合格の可能性 ■■■**60%**〇〇**80%**〇〇 の偏差値を表示しています。

普通科　**36**　㊵

合否分布

合格者

| 30 | 34 | 38 | 42 | 46 | 50 | 54 | 58 | 62 | (偏) |

不合格者

※合格のめやすの見方は114ページ参照。

(見学ガイド) 体育祭／文化祭／体験学習／学校見学会

渋谷区

富士見丘 高等学校

〒151-0073　東京都渋谷区笹塚3-19-9　☎(03)3376-1481

小 中 高 専 短 大

【教育方針】　グローバル人材として必要な能力や資質（学力だけでなく未知の問題解決に必要な思考力，判断力，表現力，想像力，行動力などを含む「コンピテンシー」）を育成する。

【沿　革】　1940年創立の昭和商業実践女学校が前身。1948年現校名に改称。

【学校長】　吉田　晋

【生徒数】　女子379名

	1年(5クラス)	2年(5クラス)	3年(3クラス)
女子	152名	126名	101名

京王線―笹塚5分
JR―渋谷・中野・新宿よりバス笹塚中学3分

特色

設置学科：普通科

【コース】　アドバンストコース（英語特進）とグローバルコース（一般）を設置。アドバンストコースは英語のレベルに応じてA・B・インターに分かれる。ほかグローバルアスリート認定生としてスポーツや芸術（バレエなど）で海外遠征や対外試合に挑む生徒が各コースに在籍。

【カリキュラム】　①スーパーグローバルハイスクール指定校の実績を生かし，高大連携のグローバルワークショップや国内外でのフィールドワークを行う。②1・2年次は週1回のオンライン英会話と，週末のエッセイライティング課題に取り組む。アドバンストコースインターの英語授業はオールイングリッシュ。③朝や放課後，土曜日，長期休業中に入試対策などの講座を開講。④1人1台ノートパソコンを所持し，授業や協働学習などで有効に活用している。

【海外研修】　2年次の修学旅行先はアメリカ・ロサンゼルス。1・2年次に希望者対象のイギリス短期留学，希望者選抜制のターム留学（イギリス，カナダ，オーストラリア）も実施。

【クラブ活動】　書道部，模擬国連部が全国レベル。テニス部は過去17回全国制覇の実績。

習熟度別授業	土曜授業	文理選択	オンライン授業	制服	自習室	食堂	プール	グラウンド	アルバイト
数英	○	2年～	○	○	～18:30	―	―	―	―

登校時刻＝ 8:25
下校時刻＝18:30

進路情報　2023年3月卒業生

四年制大学への進学率 **93.1%**

【卒業生数】　101名

【進路傾向】　大学進学者の内訳は文系84％，理系16％。国公立大学へ文系2名，海外大学へ3名が進学。

【指定校推薦】　利用状況は上智大1，学習院大1，中央大1，法政大1，成蹊大3，明治学院大2，津田塾大1，東京女子大4，日本女子大1，立命館大1，関西学院大1，フェリス女学院大2など。ほかに日本大，東洋大，駒澤大，帝京大，國學院大，成城大，獨協大，東京電機大，同志社大，武蔵大，東京都市大，関西大，東京農大，学習院女子大，清泉女子大，ロンドン大キングスカレッジ，クイーンズランド大など推薦枠あり。

	名
四年制大学	94名
短期大学	1名
専修・各種学校	4名
就職	0名
進学準備・他	2名

主な大学合格状況　'24年春速報は巻末資料参照

大学名	'23	'22	'21	大学名	'23	'22	'21	大学名	'23	'22	'21
◇東京外大	0	0	2	青山学院大	11	5	7	明治学院大	4	3	3
◇埼玉大	0	0	1	立教大	21	7	18	獨協大	9	9	9
◇都立大	2	0	1	中央大	7	7	6	津田塾大	3	2	3
◇国立看護大	1	0	0	法政大	10	7	4	東京女子大	8	13	7
早稲田大	6	2	2	日本大	7	4	2	日本女子大	8	11	16
慶應大	0	0	1	東洋大	7	4	1	共立女子大	9	6	9
上智大	22	6	13	駒澤大	3	2	0	大妻女子大	3	2	3
東京理科大	2	0	0	国際基督教大	2	1	3	白百合女子大	5	6	7
学習院大	4	1	6	成蹊大	6	4	4	武蔵野大	3	6	3
明治大	10	2	1	成城大	5	3	3	フェリス女学院大	3	3	2

※各大学合格数は既卒生を含む。

入試要項 2024年春（実績）

新年度日程についてはp.116参照。

◆ **推薦 WILL推薦入試**：単願

募集人員 ▶60名

選抜方法 ▶作文（50分），個人面接（10分），調査書

◆ **一般 アドバンスト入試**：アドバンストコースA・B・インター対象 **グローバル入試**：グローバルコース対象 ※いずれも併願優遇（公私とも可）あり

募集人員 ▶アドバンストコース80名，グローバルコース80名

選抜方法 ▶アドバンスト入試：国英または数英（国数各50分・各100点，英80分・150点・リスニングあり），調査書 ※アドバンストコースB・インターはほかに英語面接（5分）。また，各種英語検定試験CEFR B2（英語検定準1級等）は英の得点を90％とみなし，入試得点と比べて高い方で判定 **グローバル入試**：国数英（各50分・各100点），調査書

◆ **受験料** 23,000円

内申基準 WILL推薦：以下①または②。[アドバンスト]①3科11かつ9科27・②5科18かつ9科27，[グローバル]①3科9かつ9科27・②5科15かつ9科27 **一般（併願優遇）**：[アドバンスト]3科12または5科19，[グローバル]3科10または5科16 ※いずれも[アドバンストA・B]は英4または英語検定準2級，[アドバンストインター]は英語検定準1級 ※条件により内申加点あり

特待生・奨学金制度 学科試験の得点率により2段階の特待認定。

帰国生の受け入れ 国内生と別枠入試。

入試日程

区分	登録・出願	試験	発表	手続締切
WILL推薦	12/20〜1/19	1/22	1/22	1/23
一般	12/20〜2/7	2/10or11or12	2/10or11or12	公立発表翌日

応募状況

年度	区分			応募数	受験数	合格数	実質倍率
'24	WILL推薦			40	40	40	1.0
	一般	アド	2/10	58	56	47	1.2
			2/11	46	43	39	1.1
			2/12	28	18	16	1.1
		グロ	2/10	30	26	25	1.0
			2/11	17	15	13	1.2
			2/12	17	14	13	1.1
'23	WILL推薦			28	28	28	1.0
	一般	アド	2/10	45	43	40	1.1
			2/11	45	42	36	1.2
			2/12	28	16	12	1.3
		グロ	2/10	29	27	25	1.1
			2/11	16	14	13	1.1
			2/12	12	9	7	1.3
'22	WILL推薦			36	36	36	1.0
	一般	アド		122	110	100	1.1
		グローバル		69	61	57	1.1

[スライド制度] あり。上記に含まず。
['24年合格最低点] 非公表。

学費（単位:円）

	入学金	施設費	授業料	その他経費	小計	初年度合計
入学手続時	250,000	—	—	—	250,000	1,576,000
1年終了迄	—	120,000	504,000	702,000	1,326,000	

※2024年度予定。[授業料納入] 10回分割。
[その他] 制服・制定品代あり。

併願校の例 ※[グローバル]を中心に

	都立	神公立	私立
挑戦校	国際 国分寺 駒場 豊多摩 日野台	神奈川総合 新城 市ケ尾	芝国際 国学院 日大二 桐朋女子(普) 成城学園
最適校	目黒 小平 神代 調布南 広尾	市立東 生田 元石川 市立みなと総合	日大鶴ヶ丘 実践学園 杉並学院 麹町女子 関東国際
堅実校	府中 芦花 松が谷 杉並	住吉 岸根 市立高津	佼成女子 文化学園杉並 下北沢成徳 駒場学園 駒沢女子

合格のめやす

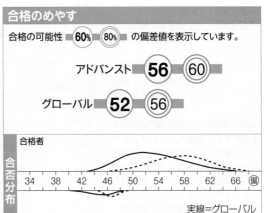

合格の可能性 **60%** **80%** の偏差値を表示しています。

アドバンスト **56** **60**

グローバル **52** **56**

合格者

34　38　42　46　50　54　58　62　66　(偏)

合否分布

不合格者

実線＝グローバル
破線＝アドバンスト

※合格のめやすの見方は114ページ参照。

見学ガイド 文化祭／説明会／学校見学会／部活動見学ツアー／個別見学対応

東京 女子 ふ 富士見丘

武蔵野市

藤村女子 高等学校

〒180-8505　東京都武蔵野市吉祥寺本町2-16-3　☎(0422)22-1266

【教育目標】　建学の精神である「心身ともに健全にして，知・徳・体を兼ね備えた，個性豊かな女子の育成」を基底とし，「自ら考え行動し，表現できる」人を育み，生徒の「自己実現」を目的とする。

【沿　革】　1932年創立。

【学校長】　廣瀬　真奈美

【生徒数】　女子316名

	1年（5クラス）	2年（4クラス）	3年（5クラス）
女子	126名	93名	97名

JR・京王井の頭線―吉祥寺5分

特色

設置学科：普通科

【コース】　アカデミッククエスト，キャリアデザイン，スポーツウェルネスの3コースを設置。スポーツウェルネスコースは2年次に教育・医療専攻とスポーツ健康専攻に分かれる。

【カリキュラム】　①アカデミッククエストコースは週に4時間ネイティヴ教員のオールイングリッシュ授業を設定。探究授業では卒業論文を作成。大学一般受験や多様な受験形態に対応する。②キャリアデザインコースは2年次の修学旅行を自らプロデュースし，楽しみながら考える力を育む。1年次には数学と英語で学び直し

の時間を設け，英語検定3級もめざす。③スポーツウェルネスコースはスクーバダイビング実習やスポーツ医学検定（2級）など28種類から15の実習を選択。土曜日は東京女子体育大学の授業に参加し専門知識を深める。

【海外研修】　アカデミッククエストコースの修学旅行はロサンゼルスでの語学研修。ほか全コース希望者対象でカナダ3カ月留学を実施。

【クラブ活動】　競泳部，吹奏楽部，水球部，器械体操部，柔道部などが全国レベルで活躍。バレーボール部，バドミントン部なども活発。

習熟度別授業	土曜授業	文理選択	オンライン授業	制服	自習室	食堂	プール	グラウンド	アルバイト	登校時刻＝ 8:15
―	○	2年〜	○	○	〜19:00	―	○	―	届出	下校時刻＝19:00

進路情報　2023年3月卒業生

四年制大学への進学率 **67.6%**

【卒業生数】　139名

【進路傾向】　大学進学者の内訳は文系80%，理系20%。国公立大学へ文系1名が進学した。

【系列進学】　東京女子体育大学へ4名（体育）が推薦で進学した。東京女子体育短期大学への優先入学制度もある。

【指定校推薦】　利用状況は東海大1，亜細亜大2，成蹊大2，日本女子大1，武蔵大1，東京農大1，白梅学園大1など。ほかに大東文化大，帝京大，立命館大，玉川大，桜美林大，共立女子大，大妻女子大，白百合女子大，杏林大，武蔵野大，明星大，フェリス女学院大など推薦枠あり。

	名数
四年制大学	94名
短期大学	4名
専修・各種学校	30名
就職	3名
進学準備・他	8名

主な大学合格状況

'24年春速報は巻末資料参照

大学名	'23	'22	'21	大学名	'23	'22	'21	大学名	'23	'22	'21
◇東京学芸大	1	1	1	東洋大	5	2	2	大妻女子大	3	1	8
◇防衛大	0	1	0	専修大	3	0	2	杏林大	3	2	3
早稲田大	0	0	1	東海大	2	3	2	武蔵野大	1	4	2
学習院大	1	0	0	亜細亜大	2	5	2	明星大	3	1	3
明治大	2	0	0	帝京大	7	5	2	帝京平成大	3	8	0
青山学院大	0	0	1	成蹊大	2	1	1	東京工科大	2	2	1
立教大	0	2	0	日本女子大	2	4	0	東京工芸大	0	3	1
中央大	0	1	0	玉川大	6	2	3	日本体育大	2	0	5
法政大	0	1	2	桜美林大	9	7	3	日本女子体育大	3	7	3
日本大	0	2	2	共立女子大	1	3	21	東京女子体育大	4	6	5

※各大学合格数は既卒生を含む。

東京 女子 ⓕ 藤村女子

入試要項 2024年春（実績）

新年度日程についてはp.116参照。

◆ **推薦** **推薦A**：単願 **推薦B**：併願（公私とも可。東京・神奈川生を除く）

募集人員▶アカデミッククエストコース20名，キャリアデザインコース60名，スポーツウェルネスコース35名

選抜方法▶学力検査（国数または国英・各50分・各100点），調査書

◆ **一般** **一般**：併願優遇（公私とも可），オープン第1志望型（加算あり），オープン併願型 **国語表現力入試**：併願優遇（①のみ），オープン第1志望型（加算あり），オープン併願型

募集人員▶アカデミッククエストコース20名，キャリアデザインコース60名，スポーツウェルネスコース35名

選抜方法▶ **一般**：国英または国数（各50分・各100点），調査書 **国語表現力**：国（日本語リスニング＋作文200字など・計50分・100点），調査書

◆ **受験料** 20,000円

(内申基準) **推薦A**：以下①または②[アカデミッククエスト]①5科のうち任意の1科5・②5科17または9科32，[キャリアデザイン][スポーツウェルネス]①9科のうち任意の1科4・②5科13または9科24 **推薦B・一般（併願優遇）**：以下①または②[アカデミッククエスト]①5科のうち任意の1科5・②5科18または9科33，[キャリアデザイン][スポーツウェルネス]①9科のうち任意の1科4・②5科14または9科25 ※条件により内申加点あり

(特待生・奨学金制度) 内申，入試成績により4段階の特待生認定。

(帰国生の受け入れ) 個別対応。

入試日程

区分	登録・出願	試験	発表	手続締切
推薦	12/20～1/17	1/22	1/23	1/25
一般①	12/20～2/6	2/10	2/11	2/13
一般②	12/20～2/6	2/11	2/12	2/13
表現力①	12/20～2/6	2/10PM	2/11	2/13

[延納] 推薦Bと一般・表現力の国公立併願者は併願校発表後まで。

応募状況

年度	区分		応募数	受験数	合格数	実質倍率
'24	アカデミック	推薦A	14	14	14	1.0
		推薦B	0	0	0	1.0
		一般	14	13	13	1.0
	キャリア	推薦A	41	41	41	1.0
		推薦B	0	0	0	—
		一般	127	124	124	1.0
	スポーツ	推薦A	45	45	45	1.0
		推薦B	3	3	3	1.0
		一般	34	31	31	1.0
'23		推薦A	73	73	73	1.0
		推薦B	1	1	1	1.0
		一般	135	131	131	1.0

[24年合格最低点] 非公表。

学費（単位：円）	入学金	施設設備費	授業料	その他経費	小計	初年度合計
入学手続時	230,000	—	—	—	230,000	943,600
1年終了迄	—	100,000	492,000	121,600	713,600	

※2024年度予定。[授業料納入]4回分割。[その他]制服・制定品代，コース別費用（アカデミッククエストコース446,500円，キャリアデザインコース296,500円，スポーツウェルネスコース326,500円）あり。

併願校の例 ※[キャリア]を中心に

	都立	神・埼公立	私立
挑戦校	小平南 府中 芦花	住吉 豊岡 朝霞西	大成 佼成女子 文化学園杉並 下北沢成徳 白梅学園
最適校	日野 府中西 田無 杉並総合 府中東	市立高津 百合丘 所沢中央 志木	駒沢女子 国本女子 文華女子 立川女子 二階堂
堅実校	第五商業 若葉総合 町田総合 練馬	生田東 飯能 ふじみ野	成女 日体大桜華 堀越 大東学園

合格のめやす

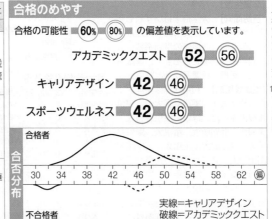

合格の可能性 **60%** **80%** の偏差値を表示しています。

アカデミッククエスト **52** (56)

キャリアデザイン **42** (46)

スポーツウェルネス **42** (46)

合格者

合否分布

| 30 | 34 | 38 | 42 | 46 | 50 | 54 | 58 | 62 | (偏) |

不合格者

実線＝キャリアデザイン
破線＝アカデミッククエスト

※合格のめやすの見方は114ページ参照。

(見学ガイド) 文化祭／説明会／オープンキャンパス／見学会／個別見学対応

西東京市

文華女子 高等学校

〒188-0004　東京都西東京市西原町4-5-85　☎(042)463-2903

【教育方針】　「学校生活は楽しくなくてはならない」をスローガンに，明るく楽しい学校＝充実した学校生活をすべての出発点に置く。その環境の中で学力の伸長だけにとどまらず「未来自立力」の育成をめざす。

【沿　革】　1916年小石川に東京家事裁縫研究所として設立。1948年現校名に改称。1970年現在地に移転。

【学校長】　梅田　浩一

【生徒数】　女子166名

	1年(2クラス)	2年(3クラス)	3年(3クラス)
女子	65名	55名	46名

西武新宿線―田無，西武池袋線―ひばりヶ丘，JR―武蔵境よりバス文華女子高等学校

特色

設置学科：普通科

【コース】　2年次より選抜と進学の2コース制。

【カリキュラム】　①選抜コースは基礎を固めながら次のステップにつなげ，難関大学をめざす。各学年の成績上位者は特進チームへ選抜される。②進学コースは幅広い進路をめざす。3年次の選択授業「子どもの発達と保育」は保育系大学の実技試験に対応している。③朝読書や朝テストを毎日実施。長期休業期間には特別講座が開講され，補習だけでなく受験対策講座も行う。④敷地内の「家庭教育寮」で1泊2日の実習を実施。自立して生活するために必要な，買い物，料理，掃除，お客様のおもてなしの仕方などを学ぶ。⑤英語検定対策，Tokyo Global Gatewayでの英語研修や有名な英語演説の暗唱やコンテストなどを行い，世界へ発信する力を養う。

【情操教育】　華道・茶道の授業がある。伝統芸能やミュージカルなどの芸術鑑賞が年3回行われ，感動体験を増やすことで豊かな感性を育む。

【海外研修】　修学旅行はオーストラリアに行き，姉妹校訪問などを通して視野を広げる。

【クラブ活動】　ハンドボール部や全国でも珍しい声優部，よさこい部が活発に活動している。

習熟度別授業	土曜授業	文理選択	オンライン授業	制服	自習室	食堂	プール	グラウンド	アルバイト
―	○	2年〜	○	○	〜18:00	―	―	―	審査

登校時刻＝ 8:25
下校時刻＝18:00

進路情報　2023年3月卒業生

四年制大学への進学率 **65.7%**

【卒業生数】　70名

【進路傾向】　大学進学はいずれも私立大学で，内訳は文系83%，理系15%，他2%。進学先の学問系統は人文科学系が26%と最も多く，家政系19%，医療・保健系12%と続く。

【指定校推薦】　利用状況は東洋大1，東京経済大1，実践女子大1，東京家政大1など。ほかに東京理科大，東海大，亜細亜大，帝京大，東京女子大，立命館大，玉川大，工学院大，国士舘大，共立女子大，大妻女子大，白百合女子大，武蔵野大，東京農大，東京工科大，拓殖大，日本獣医生命科学大，横浜薬科大，跡見学園女子大，女子栄養大など推薦枠あり。

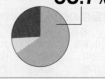

■ 四年制大学	46名
□ 短期大学	6名
■ 専修・各種学校	18名
■ 就職	0名
□ 進学準備・他	0名

主な大学合格状況

'24年春速報は巻末資料参照

大学名	'23	'22	'21	大学名	'23	'22	'21	大学名	'23	'22	'21
東京理科大	0	1	0	共立女子大	1	0	0	駒沢女子大	0	1	1
日本大	0	0	1	大妻女子大	1	2	2	目白大	5	3	3
東洋大	3	2	0	白百合女子大	1	0	0	東京工芸大	0	1	1
帝京大	1	0	0	杏林大	0	0	2	東京家政大	1	2	2
津田塾大	0	0	2	武蔵野大	0	1	0	文化学園大	0	2	0
玉川大	1	1	2	実践女子大	3	6	1	東京女子体育大	1	3	2
立正大	1	0	0	明星大	1	0	5	十文字学園女子大	6	4	1
国士舘大	0	2	0	帝京平成大	2	0	2	跡見学園女子大	2	2	1
東京経済大	1	0	1	東京工科大	2	0	0	駿河台大	3	3	1
桜美林大	3	0	3	拓殖大	0	1	3	西武文理大	0	1	3

※各大学合格数は既卒生を含む。

入試要項 2024年春（実績）

新年度日程についてはp.116参照。

◆推薦　A推薦：単願　B推薦：併願（公私とも可。埼玉県生対象）

募集人員▶120名

選抜方法▶作文（出願時提出・800字），個人面接（5分），調査書

◆一般　第1志望，併願優遇（公私とも可），一般

募集人員▶120名

選抜方法▶国数英（各50分・各100点・英にリスニングあり），個人面接（5分），調査書

◆受験料　20,000円（A推薦は免除）

内申基準　A推薦：5科14または9科25　B推薦・一般（併願優遇）：5科15または9科27　※いずれも9科に1不可　※条件により内申加点あり

特待生・奨学金制度　A推薦は入学手続き時納入金免除。在校生妹，姉妹同時入学で入学金減額。

帰国生の受け入れ　国内生と同枠入試。

入試日程

区分	登録・出願	試験	発表	手続締切
A推薦	12/20～1/18	1/22	1/22	1/23
B推薦	12/20～1/18	1/22	1/22	3/2
一般	12/20～2/7	2/10	2/11	2/11

［延納］一般は第1志望を除き公立発表後まで。

応募状況

年度	区分		応募数	受験数	合格数	実質倍率
'24	A推薦		39	39	39	1.0
	B推薦		10	10	10	1.0
	一般	第1志望・一般	3	3	1	3.0
		併願優遇	106	100	100	1.0
'23	A推薦		50	50	50	1.0
	B推薦		9	9	9	1.0
	一般	第1志望・一般	7	6	4	1.5
		併願優遇	102	99	99	1.0
'22	A推薦		36	36	36	1.0
	B推薦		17	17	17	1.0
	一般	第1志望	3	3	2	1.5
		併願優遇	86	82	82	1.0
		一般	2	2	2	1.0

［'24年合格最低点］一般（併願優遇）：94/300

東京　女子　ふ　文華女子

学費（単位：円）

学費（単位：円）	入学金	施設拡充費	授業料	その他経費	小計	初年度合計
入学手続時	180,000	120,000	—	—	300,000	1,255,400
1年終了迄	—	—	396,000	559,400	955,400	

※2024年度予定。［免除］A推薦は入学手続時納入金免除。［授業料納入］3回分割。［その他］制服・制定品代あり。［寄付・学債］任意の学園債1口5万円あり。

併願校の例

	都立	埼公立	私立
挑戦校	清瀬 小平南 上水 武蔵丘	豊岡 入間向陽 朝霞西	東亜学園 文化学園杉並 白梅学園 川村
最適校	保谷 鷺宮 東大和 田無 板橋	所沢中央 志木 新座柳瀬	昭和一学園 豊南 宝仙学園(女子) 藤村女子 秋草学園
堅実校	東久留米総合 千早 久留米西 大泉桜 小平西	狭山清陵 飯能	立川女子 日体大桜華 堀越 東野

合格のめやす

合格の可能性　60%　80%　の偏差値を表示しています。

普通科　42　46

※合格のめやすの見方は114ページ参照。

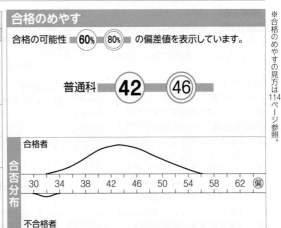

見学ガイド　体育祭／文化祭／説明会／体験講座／部活動体験会／個別見学対応

文京区

文京学院大学女子 高等学校

〒113-8667　東京都文京区本駒込6-18-3　☎(03)3946-5301

【教育理念】　「自立と共生」を掲げる。時代の行く手を読み取った教育の実践と、国際社会から必要とされる人材の育成をめざしている。

【沿　革】　1924年「女性の自立」を掲げて開学。

【学校長】　清水　直樹

【生徒数】　女子575名

	1年(6クラス)	2年(7クラス)	3年(6クラス)
女子	205名	195名	175名

JR・南北線—駒込 5 分
JR・都営三田線—巣鴨 5 分

特色

設置学科：普通科

【コース】　理数キャリアと国際教養の2コース制で、各コースにT（特進）クラスとA（進学）クラスを設置している。国際教養コースは2年次よりS（スーパーイングリッシュ）クラスが加わる。

【カリキュラム】　①Tクラスは難関大学を一般選抜型入試でめざす。Aクラスは多様な入試形態に対応。②理数キャリアコースはスーパーサイエンスハイスクール指定校の実績を生かし、「探究英語」「理数探究」など専門的な授業を行う。③国際教養コースは英語を基盤として多様な進路を実現。Sクラスは海外大学進学も視野に入れる。Aクラスは芸術や準理系（医療・栄養）にも対応。④隣接するアオバジャパンインターナショナルスクールと提携。課外講座の参加や「One Day留学」を実施。⑤運針、ペン習字などの伝統教育を大切にしている。

【海外研修】　修学旅行はマレーシアと国内の選択制。希望制のオーストラリア語学研修や理数キャリアコース選抜制のタイ科学交流を実施。

【クラブ活動】　バレーボール部がインターハイに出場。演劇部や吹奏楽部も活発に活動。

習熟度別授業	土曜授業	文理選択	オンライン授業	制服	自習室	食堂	プール	グラウンド	アルバイト	登校時刻＝ 8:35
数英	○	1年〜	○	○	〜18:00	○	—	○	—	下校時刻＝18:30

進路情報　2023年3月卒業生

四年制大学への進学率 **85.8%**

【卒業生数】　169名

【進路傾向】　大学進学はいずれも私立大学で、内訳は文系62%、理系34%、他4%。海外大学へ1名が進学した。

【系列進学】　文京学院大学へ28名（保健医療技術13、経営7、人間6、外国語2）が内部推薦で進学した。

【指定校推薦】　利用状況は学習院大2、立教大1、東洋大2、國學院大2、成蹊大3、成城大2、明治学院大1、東京女子大3、日本女子大2、聖心女子大3、立命館アジア太平洋大1、昭和女子大2、学習院女子大2、清泉女子大2など。ほかに日本大、大東文化大など推薦枠あり。

四年制大学	145名
短期大学	4名
専修・各種学校	13名
就職	0名
進学準備・他	7名

主な大学合格状況

'24年春速報は巻末資料参照

大学名	'23	'22	'21	大学名	'23	'22	'21	大学名	'23	'22	'21
◇千葉大	0	0	1	立教大	3	7	5	成蹊大	3	6	6
◇お茶の水女大	0	1	0	中央大	1	0	8	成城大	5	3	3
◇富山大	1	0	0	法政大	8	6	4	明治学院大	2	3	5
早稲田大	1	0	0	日本大	5	5	11	獨協大	1	8	3
慶應大	0	0	1	東洋大	6	13	6	東京女子大	4	2	1
上智大	1	1	3	駒澤大	3	2	4	日本女子大	3	7	2
東京理科大	0	0	1	専修大	3	1	5	共立女子大	2	4	6
学習院大	3	2	4	大東文化大	4	1	9	大妻女子大	1	4	7
明治大	2	2	3	帝京大	9	4	4	東邦大	4	3	4
青山学院大	2	3	4	國學院大	7	6	3	文京学院大	59	62	67

※各大学合格数は既卒生を含む。

入試要項 2024年春（実績）

新年度日程については p.116参照。

◆ 推薦 **推薦**：第1志望（東京・神奈川生）
A推薦：第1志望 **B推薦**：併願（公私とも可）
※A・B推薦は東京・神奈川生を除く

募集人員▶理数キャリアコース（Tクラス）25名・（Aクラス）25名，国際教養コース（Tクラス）25名・（Aクラス）50名 ※一般を含む全体の定員

選抜方法▶**推薦・A推薦**：面接，調査書 **B推薦**：適性検査（国数英各50分・各100点・英にリスニングあり），調査書

◆ 一般 一般，併願優遇（公私とも可），特別入試

募集人員▶定員内

選抜方法▶**一般・併願優遇**：国数英（各50分・各100点・英にリスニングあり），調査書 **特別入試**：数または英（50分・100点・英にリスニングあり），調査書

◆ 受験料 23,000円

内申基準 **推薦・A推薦**：[理数キャリアT][国際教養T]3科12または5科20，[理数キャリアA][国際教養A]3科10または5科17 **B推薦・一般（併願優遇）**：[理数キャリアT][国際教養T]3科13または5科21，[理数キャリアA][国際教養A]3科11または5科18 ※[理数キャリアA][国際教養A]の3科は国数英より2科＋他1科・5科は国数英理社より3科＋他2科も可 ※条件により内申加点あり

特待生・奨学金制度 内申，英語検定，入試成績などにより4段階の特待生認定。

帰国生の受け入れ 国内生と別枠入試。

入試日程

区分	登録・出願	試験	発表	手続締切
推薦・A推	12/20～1/20	1/22	1/22	1/26
B推薦①	12/20～1/20	1/22	1/23	1/26
B推薦②	12/20～1/20	1/23	1/23	1/26
一般・併優①	12/20～2/8	2/10	2/11	2/18
一般・併優②	12/20～2/8	2/11	2/11	2/18
一般・併優③	12/20～2/15	2/16	2/16	2/19
特別	12/20～2/15	2/16	2/16	2/19

[延納] B推薦と一般の併願者は併願校発表後まで。

応募状況

年度	区分		応募数	受験数	合格数	実質倍率
'24	理T	推薦	10	10	10	1.0
		一般	17	17	16	1.1
	理A	推薦	12	12	12	1.0
		一般	17	17	16	1.1
	国T	推薦	12	12	12	1.0
		一般	24	24	23	1.0
	国A	推薦	26	26	26	1.0
		一般	30	30	30	1.0

[スライド制度] あり。上記に含まず。
['24年合格最低点] 一般：理数キャリア（Tクラス）182，理数キャリア（Aクラス）146，国際教養（Tクラス）178，国際教養（Aクラス）149（/300）

学費（単位：円）	入学金	教育充実費	授業料	その他経費	小計	初年度合計
入学手続時	250,000	—	—	—	250,000	1,238,490
1年終了迄	—	135,000	414,000	439,490	988,490	

※2024年度予定。[入学前納入] 1年終了迄の小計のうち306,190円。
[授業料納入] 一括または2回・11回分割。[その他] 制服・制定品あり。

併願校の例 ※[国A]を中心に

	都立	埼公立	私立
挑戦校	北園 文京 上野 豊島 江戸川	川口北 市立浦和南 越谷南 伊奈総合（普） 与野	東洋大京北 桜丘 安田学園 十文字 日大豊山女子
最適校	墨田川 深川 江北 向丘 武蔵丘	草加 南稜 大宮光陵 川口	東京家政大附 成立学園 武蔵野大千代田 京華女子 東洋女子
堅実校	小岩 晴海総合 足立 高島	鳩ヶ谷 草加東 浦和東	共栄学園 豊南 北豊島 関東一

合格のめやす

合格の可能性 ■**60%**■ ■**80%**■ の偏差値を表示しています。

理数キャリア（T） **56** 60

理数キャリア（A） **47** 51

国際教養（T） **56** 60

国際教養（A） **48** 52

※合格のめやすの見方は114ページ参照。

見学ガイド 体育祭／文化祭／説明会／入試解説／体験入学／サイエンスフェア

中野区

宝仙学園 高等学校（女子部）

〒164-8628　東京都中野区中央2-28-3　☎(03)3371-7103

【教育方針】　現代社会に求められるセルフプロデュース力を育成する。そのための3要素として，思考力，判断力，表現力を重視。

【沿　革】　1949年発足。2010年高校（共学部）に理数インター設置。2025年4月～2028年3月，校舎建て替えのため女子部は鷺ノ宮校舎（中野区白鷺3-9-2）へ仮移転し，年20回程度の行事や実習などは中野坂上校舎で行う予定。

【学校長】　富士　晴英

【生徒数】　女子79名

	1年（1クラス）	2年（1クラス）	3年（1クラス）
女子	26名	29名	24名

丸ノ内線・都営大江戸線―中野坂上3分

特色

設置学科：普通科

【コース】　こども教育コースを設置。

【カリキュラム】　①保育士，幼稚園教諭，インストラクターなど子どもに関わる仕事をめざす。各学年で併設幼稚園や近隣幼稚園，保育園での体験実習があり，併設大学・幼稚園教員の指導も行われる。②1・2年次に計20回のオンライン英会話レッスンを実施。グローバルスキルを育成する。③独自科目が多彩。「ピアノ実習」は基礎から始め，弾き歌いまでを習得。夏期講習でもフォローする。「身体表現」では，ダンスやミュージカルを通して相互理解に必要な表現力を身につける。「こども学」では，併設大学教員の専門的な授業を受ける。④夏期講習では小論文などの受験対策や併設大学でのゼミ体験を行う。⑤お花祭りなどの仏教行事を年数回実施。

【海外研修】　希望制でニュージーランドでの2週間または長期（1年間）の語学研修，セブ島で1週間の夏期語学研修の制度がある。

【クラブ活動】　ダンス部は国際大会日本代表の実績をもつ。共学部と合同のクラブもある。

【施設】　特別教室などが入る学園共用の70周年記念棟の新築工事が2028年3月竣工予定。

習熟度別授業	土曜授業	文理選択	オンライン授業	制服	自習室	食堂	プール	グラウンド	アルバイト
―	○	○	○	○	～20:00	○	○	○	審査

登校時刻＝ 8:20
下校時刻＝18:00

進路情報　2023年3月卒業生

四年制大学への進学率 **89.2%**

【卒業生数】　37名

【進路傾向】　保育・幼児教育系の大学や短大・専門学校への進学者が多い。入試形態は，総合型選抜，公募推薦の利用者が多い。

【系列進学】　こども教育宝仙大へ総合型選抜などで15名が進学した。

【指定校推薦】　共立女子大，大妻女子大，聖心女子大，杏林大，武蔵野大，実践女子大，帝京平成大，大正大，清泉女子大，目白大，文京学院大，高千穂大，東洋英和女学院大，聖徳大，東京成徳大，女子美大，東京家政大，白梅学園大など推薦枠あり。

	名数
四年制大学	33名
短期大学	2名
専修・各種学校	2名
就職	0名
進学準備・他	0名

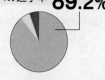

主な大学合格状況
'24年春速報は巻末資料参照

大学名	'23	'22	'21	大学名	'23	'22	'21	大学名	'23	'22	'21
◇東京大	1	0	1	◇東京学芸大	5	3	2	立教大	34	35	17
◇京都大	1	1	1	◇都立大	2	1	3	中央大	22	55	27
◇東工大	1	3	0	◇電通大	1	1	1	法政大	46	59	43
◇一橋大	0	0	1	早稲田大	16	20	21	日本大	63	62	49
◇千葉大	0	1	0	慶應大	8	8	10	東洋大	34	41	33
◇筑波大	0	0	4	上智大	27	13	10	駒澤大	18	9	12
◇東京外大	1	1	3	東京理科大	20	16	23	東海大	11	16	8
◇埼玉大	2	0	1	学習院大	9	10	6	成蹊大	15	30	16
◇北海道大	1	1	0	明治大	40	40	43	芝浦工大	13	43	36
◇東京医歯大	1	0	0	青山学院大	14	18	14	こども教育宝仙大	18	9	14

※各大学合格数は共学部との合計。既卒生を含む。

東京 女子 （ほ）宝仙学園（女子部）

入試要項 2024年春（実績）

新年度日程についてはp.116参照。

◆ 推薦　A推薦：単願　B推薦：併願（公私とも可。東京・神奈川生を除く）　C推薦：単願

募集人員▶10名

選抜方法▶A・B推薦：プレゼンテーション（発表5分，質疑応答10分），調査書，学習歴報告書，面接申請書　C推薦：作文（45分），プレゼンテーション（発表5分，質疑応答10分），調査書，学習歴報告書，面接申請書

◆ 一般　併願優遇（公私とも可），一般フリー

募集人員▶10名

選抜方法▶併願優遇：プレゼンテーション（発表5分，質疑応答10分），調査書，学習歴報告書，面接申請書　一般フリー：作文（45分），プレゼンテーション（発表5分，質疑応答10分），調査書，学習歴報告書，面接申請書

◆ 受験料　22,000円

（内申基準）A推薦：3科9または9科28　B推薦・一般（併願優遇）：3科10または9科29
※推薦は9科に1不可　※条件により内申加点あり

（特待生・奨学金制度）家計急変に対応した授業料減免制度あり。

（帰国生の受け入れ）国内生と同枠入試。

入試日程

区分	登録・出願	試験	発表	手続締切
推薦	12/20〜1/18	1/22	1/22	1/24
一般①	12/20〜2/8	2/10	2/10	2/15
一般②	12/20〜2/18	2/12	2/12	2/15

［延納］併願者は公立発表後まで。

応募状況

年度	区分	応募数	受験数	合格数	実質倍率
'24	A推薦	15	15	15	1.0
	B推薦	0	0	0	—
	C推薦	7	7	7	1.0
	一般①	12	11	11	1.0
	一般②	3	2	2	1.0
'23	A推薦	18	18	18	1.0
	B推薦	0	0	0	—
	C推薦	4	4	4	1.0
	一般①	7	7	7	1.0
	一般②	4	2	2	1.0
'22	A推薦	20	20	20	1.0
	B推薦	0	0	0	—
	C推薦	5	5	5	1.0
	一般①	15	15	13	1.2
	一般②	8	5	5	1.0

学費（単位：円）	入学金	施設費	授業料	その他経費	小計	初年度合計
入学手続時	300,000	120,000	—	—	420,000	1,086,600
1年終了迄	—	60,000	483,600	123,000	666,600	

※2024年度予定。［返還］2/29までの入学辞退者には入学金を除き返還。［授業料納入］11回分割。
［その他］制服・制定品代等あり。［寄付・学債］任意の寄付金あり。

併願校の例

	都立	埼公立	私立
挑戦校	府中 武蔵丘 芦花	朝霞 川口 大宮南	大成 豊島学院 文化学園杉並 佼成女子 白梅学園（保育）
最適校	鷺宮 保谷 杉並 高島	浦和東 志木 淑徳女子（保育）	東京家政学院 東洋女子 文華女子 貞静学園（幼児） 羽田国際（幼児）
堅実校	杉並総合 千早 小平西 練馬 赤羽北桜（保育栄養）	川口青陵 ふじみ野	成女 副エトワール（保育） 堀越 フェリシア

合格のめやす

合格の可能性 **60%** **80%** の偏差値を表示しています。

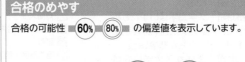

こども教育　**43**　**47**

※合格のめやすの見方は114ページ参照。

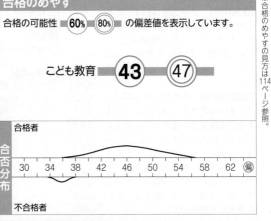

合格者

不合格者

合否分布　30　34　38　42　46　50　54　58　62　偏

（見学ガイド）体育祭／文化祭／説明会／ダンス部体験会／オープンスクール

千代田区

和洋九段女子 高等学校

〒102-0073 東京都千代田区九段北1-12-12 ☎(03)3262-4161

【校 訓】 先を見通す知性を持ち，有事へ対応しえる能力を持ち，それを奥に秘め，あわてず静かに待つという意味の「先を見て齊(ととの)える」を掲げる。

【沿 革】 1897年，和洋裁縫女学院として創立。1992年現校名に改称。2018年高等学校グローバルコースの募集開始。

【学校長】 中込 真

【生徒数】 女子171名

	1年(4クラス)	2年(3クラス)	3年(3クラス)
女子	71名	47名	53名

東西線・半蔵門線・都営新宿線―九段下3分
JR・有楽町線・南北線―飯田橋8分

特色

設置学科：普通科

【コース】 高校からの入学生はグローバルコースに所属する。

【カリキュラム】 ①英語中心の学校生活を送り，海外大学や，英語で学ぶ国内大学をめざす。②英語の授業はオールイングリッシュ。③3年次は海外大学進学に向けてTest Strategies（入試対策）での英語力強化や，Application Interviewのための練習をネイティヴ教師がサポート。④TOEFLやIELTSなどの英語資格試験対策を行う。3年次までに英語検定準1級レベルをめざす。⑤1年次の民泊・農業体験研修で学んだことを生かし，地方創生案を作成する問題解決型授業を実施。⑥個人使用のタブレット端末を授業でのデータ収集・解析やプレゼンテーション，行事運営のツールとして活用している。

【海外研修】 オーストラリアの名門女子校と20年以上の姉妹校提携があり，夏休みに希望者から選抜で15日間の語学研修を実施。ほかに希望制でアメリカやカナダなどへのターム留学，長期留学（10カ月）も用意している。

【クラブ活動】 書道部，美術部が全国規模の展覧会で受賞実績あり。管弦楽部も活発に活動。

習熟度別授業	土曜授業	文理選択	オンライン授業	制服	自習室	食堂	プール	グラウンド	アルバイト	登校時刻＝ 8:40
国数英	○	―	○	○	～20:00	○	―	―	―	下校時刻＝18:00

進路情報 2023年3月卒業生

四年制大学への進学率 **81.7%**

【卒業生数】 82名

【進路傾向】 大学進学はいずれも私立大学で，内訳は文系78%，理系22%。海外大学へ2名が進学した。

【系列進学】 和洋女子大学に3名（家政1，人文2）が内部推薦で進学した。

【指定校推薦】 利用状況は学習院大2，青山学院大1，法政大3，日本大2，成蹊大3，成城大2，東京女子大1，日本女子大1，白百合女子大1，清泉女子大3など。ほかに上智大，中央大，駒澤大，東海大，亜細亜大，國學院大，獨協大，芝浦工大，東京電機大，東京都市大，聖心女子大など推薦枠あり。

■ 四年制大学	67名	
□ 短期大学	2名	
■ 専修・各種学校	10名	
■ 就職	1名	
□ 進学準備・他	2名	

主な大学合格状況

'24年春速報は巻末資料参照

大学名	'23	'22	'21	大学名	'23	'22	'21	大学名	'23	'22	'21
早稲田大	1	1	0	亜細亜大	2	1	0	桜美林大	2	4	0
上智大	0	1	0	成蹊大	3	3	2	共立女子大	4	6	3
学習院大	2	3	1	成城大	2	3	2	大妻女子大	2	1	2
青山学院大	1	1	2	明治学院大	0	4	0	聖心女子大	1	2	1
立教大	0	2	0	津田塾大	1	0	1	白百合女子大	3	2	0
法政大	3	3	2	東京女子大	1	1	0	順天堂大	0	2	1
日本大	2	4	1	日本女子大	2	4	0	東京女子医大	0	3	1
東洋大	1	0	3	武蔵大	0	1	0	武蔵野大	1	1	2
駒澤大	1	6	0	玉川大	1	1	1	清泉女子大	3	2	0
専修大	4	0	0	国士舘大	0	2	2	和洋女子大	6	1	5

※各大学合格数は既卒生を含む。

入試要項 2024年春（実績）

新年度日程については p.116参照。

◆ **推薦** 単願推薦，併願推薦（公私とも可。東京・神奈川生除く）

募集人員▶ 10名

選抜方法▶ 個人面接（10分），調査書

◆ **一般** 英語能力検定書類審査 ※併願優遇（公私とも可）あり

募集人員▶ 10名

選抜方法▶ 個人面接（10分），調査書，英語能力検定書類

◆ **受験料** 20,000円

(内申基準) **単願推薦**：5科19または9科31 **併願推薦・一般（併願優遇）**：5科20または9科33
※いずれも英4かつ9科に1不可
※条件により内申加点あり

(特待生・奨学金制度) 入学後，成績優秀者に対する特待生制度や，経済的事由に対応した助成制度あり。

(帰国生の受け入れ) 国内生と別枠入試。

入試日程

区分	出願	試験	発表	手続締切
単願推薦	1/15〜19	1/22	1/22	1/25
併願推薦	1/15〜19	1/22	1/22	2/15
一般	1/25〜2/11	2/13	2/13	2/15

[延納] 併願推薦，一般の併願者は併願校発表後まで。

応募状況

年度	区分	応募数	受験数	合格数	実質倍率
'24	単願推薦	0	0	0	—
	併願推薦				
	一般	2	0	0	—
'23	単願推薦	0	0	0	—
	併願推薦				
	一般	2	1	1	1.0
'22	単願推薦	0	0	0	—
	併願推薦				
	一般	1	1	1	1.0

学費（単位：円）	入学金	施設費	授業料	その他経費	小計	初年度合計
入学手続時	300,000	—	—	—	300,000	1,151,700
1年終了迄	—	150,000	400,000	301,700	851,700	

※2024年度予定。[授業料納入] 一括または2回分割。[その他] 制服・制定品代あり。
[寄付・学債] 任意の和洋学園寄付金1口3千円，125周年記念寄付金1口1万円あり。

併願校の例

	都立	千公立	私立
挑戦校	竹早 国際 三田 小松川	小金 船橋東	芝国際 日大二 東洋 東洋大京北
最適校	豊多摩 城東 文京 上野 江戸川	国府台 松戸国際 津田沼 国分	安田学園 十文字 日大鶴ヶ丘 日大一 富士見丘
堅実校	深川 広尾 江北 向丘	市川東 船橋芝山 市立松戸	麴町女子 関東国際 文京学院女子 佼成女子 東洋女子

合格のめやす

合格の可能性 ⑥⓪% ⑧⓪% の偏差値を表示しています。

グローバル ㊺ **54** ㊽ **58**

※合格のめやすの見方は114ページ参照。

合否分布

合格者　　　合否分布は不明

| 30 | 34 | 38 | 42 | 46 | 50 | 54 | 58 | 62 | ⑮ |

不合格者

(見学ガイド) 文化祭／説明会

足立区

足立学園 高等学校

〒120-0026 東京都足立区千住旭町40-24 ☎(03)3888-5331

【教育理念】 「質実剛健・有為敢闘」を校訓に、「自ら学び 心ゆたかに たくましく」を教育目標に掲げる。志を持ち、自ら将来を切り拓いていける全人教育を行う。

【沿革】 1929年南足立商業学校として創立。1993年現校名に変更。

【学校長】 井上 実

【生徒数】 男子836名

	1年(9クラス)	2年(9クラス)	3年(9クラス)
男子	311名	269名	256名

JR・東武線・日比谷線・千代田線・つくばEX.
―北千住1分　京成本線―京成関屋7分

特色

設置科:普通科

【コース】 探究コース、文理コース(一般・選抜)、総合コースの3コース制。2年次より内部進学生と混合クラスとなる。

【カリキュラム】 ①探究コースは難関国公立大学や海外の難関大学をめざす。自ら学ぶ姿勢と幅広い教養、国際的視野を持った人材を育成。②文理コースは仲間と切磋琢磨しながら自主的に学び、難関大学に合格する力をつける。③総合コースは基礎的な学力を養い、総合型選抜などを視野に入れた大学進学をめざす。④「探究総合」の授業では「課題探究」と「進路探究」に取り組み、課題解決能力を身につける。⑤ICTを活用した教育に力を入れている。Microsoft Showcase School(教育ICT先進校)認定校。

【海外研修】 2年次の修学旅行の行先に海外を選択できる。ほか希望選抜制の英国オックスフォード大学での14日間のプログラム、タンザニア、ラオスなどで希望制の短期プログラム、オーストラリアでの希望制ターム留学を実施。

【クラブ活動】 柔道部が国際大会に出場。卓球部と書道部は全国大会に出場の実績。

【施設】 約300席ある自習室は朝7時開室。

習熟度別授業	土曜授業	文理選択	オンライン授業	制服	自習室	食堂	プール	グラウンド	アルバイト	登校時刻= 8:35
―	○	2年～	○	○	～20:00	○			―	下校時刻=20:00

進路情報 2023年3月卒業生

四年制大学への進学率 **82.9%**

【卒業生数】 280名

【進路傾向】 大学進学者の内訳は文系57%、理系40%、他3%。国公立大学へ理系13名が進学した。

【指定校推薦】 利用状況は慶應大1、上智大1、東京理科大6、学習院大5、明治大1、青山学院大1、中央大7、日本大6、東洋大4、成蹊大3、成城大1、明治学院大4、獨協大7、芝浦工大1、東京電機大3など。ほかに駒澤大、専修大、大東文化大、東海大、亜細亜大、帝京大、國學院大、神奈川大、東京都市大など推薦枠あり。

四年制大学	232名
短期大学	2名
専修・各種学校	3名
就職	2名
進学準備・他	41名

主な大学合格状況

'24年春速報は巻末資料参照

大学名	'23	'22	'21	大学名	'23	'22	'21	大学名	'23	'22	'21
◇東京大	1	1	0	早稲田大	7	15	11	日本大	73	93	58
◇東工大	0	2	1	慶應大	2	7	9	東洋大	47	40	35
◇一橋大	0	0	1	上智大	3	4	1	専修大	14	21	9
◇千葉大	3	0	2	東京理科大	11	15	13	大東文化大	13	22	13
◇筑波大	2	1	1	学習院大	16	5	17	東海大	20	13	8
◇横浜国大	1	0	0	明治大	20	28	24	帝京大	9	13	15
◇埼玉大	1	1	1	青山学院大	5	3	8	明治学院大	9	14	7
◇防衛医大	1	0	0	立教大	19	13	5	獨協大	31	39	15
◇防衛大	0	1	2	中央大	21	21	19	芝浦工大	10	17	6
◇茨城大	1	1	1	法政大	18	19	17	東京電機大	13	20	15

※各大学合格数は既卒生を含む。

入試要項 2024年春（実績）

新年度日程についてはp.116参照。

◆ 推薦　A推薦：単願　B推薦：併願（公私とも可。東京・神奈川生を除く）　スポーツ推薦：単願（文理・総合コース対象）　志自己推薦：単願（総合コースのみ）

募集人員 ▶探究コース20名，文理コース20名，総合コース40名

選抜方法 ▶適性検査（国数英各50分・各100点・英にリスニングあり），個人面接（5分），調査書，ほかに志自己推薦はエントリーシート

◆ 一般　一般，併願優遇（公私とも可）

募集人員 ▶探究コース20名，文理コース20名，総合コース40名

選抜方法 ▶国数英（各50分・各100点・英にリスニングあり），個人面接（3〜5分），調査書

◆ 受験料　25,000円

内申基準 A推薦・B推薦・一般（併願優遇）：[探究] 5科23，[文理] 5科20，[総合] 5科18　スポーツ推薦：[文理] 5科17，[総合] 5科15　※いずれも9科に1不可（志自己推薦含む），B推薦・一般（併願優遇）は5科に2も不可
※条件により内申加点あり

特待生・奨学金制度 一般で探究コースを対象に成績特待（併願）を実施。ほかスポーツ特待などあり。

帰国生の受け入れ 国内生と同枠入試。

入試日程

区分	登録・出願	試験	発表	手続締切
推薦	12/20〜1/18	1/22	1/23	1/27
一般①	12/20〜1/31	2/10	2/11	2/17
一般②	12/20〜1/31	2/12	2/13	2/17

[延納] B推薦と一般は公立発表後まで。

応募状況

年度	区分		応募数	受験数	合格数	実質倍率
'24	探究	A推薦	9	9	9	1.0
		B推薦	19	18	18	1.0
		一般①	26	23	17	1.4
		一般②	12	5	3	1.7
	文理	A推薦	24	24	24	1.0
		B推薦	50	47	47	1.0
		一般①	42	36	30	1.2
		一般②	23	14	9	1.6
	総合	A推薦	50	50	50	1.0
		B推薦	30	30	30	1.0
		志自己	9	9	9	1.0
		一般①	55	51	22	2.3
		一般②	47	34	22	1.5
		スポ推	17	17	17	1.0
'23	探究	推薦	36	32	32	1.0
		一般	33	28	26	1.1
	文理	推薦	60	59	59	1.0
		一般	51	35	30	1.2
	総合	推薦	67	66	66	1.0
		一般	59	52	46	1.1

[スライド制度] あり。上記に含まず。
[24年合格最低点] 一般：探究①215・②225，文理①180・②200，総合①160・②168（/300）

学費(単位:円)	入学金	施設費	授業料	その他経費	小計	初年度合計
入学手続時	230,000	100,000	—	—	330,000	1,008,800
1年終了迄	—	—	408,000	270,800	678,800	

※2024年度予定。[授業料納入] 10回分割。
[その他] 制服・制定品代，タブレット端末購入費等あり。

併願校の例
※[総合]を中心に

	都立	千・埼公立	私立
挑戦校	竹早 / 小松川 / 城東 / 文京 / 上野	小金 / 柏南 / 越ヶ谷 / 越谷南	国学院 / 駒込 / 東洋大京北 / 安田学園 / 日大一
最適校	江戸川 / 墨田川 / 産業技術高専 / 江北 / 向丘	国分 / 柏の葉 / 柏中央 / 草加 / 越谷西	京華 / 郁文館 / 東京成徳大 / 叡明
堅実校	小岩 / 足立	市立松戸 / 松戸 / 草加南 / 越谷東	共栄学園 / 修徳 / 関東一 / 日体大柏

合格のめやす

合格の可能性 **60%** **80%** の偏差値を表示しています。

探究 **60** (64)

文理 **55** (59)

総合 **50** (54)

合格者

| | 34 | 38 | 42 | 46 | 50 | 54 | 58 | 62 | 66 (偏) |

不合格者

実線＝総合
破線＝文理

見学ガイド 体育祭／文化祭／説明会／体験会

※合格のめやすの見方は114ページ参照。

荒川区

小 中 高 専 短 大

開成 高等学校

〒116-0013　東京都荒川区西日暮里4-2-4　☎(03)3822-0741

【教育方針】　「質実剛健」「自主自律」「進取の気性と自由の精神」「ペンは剣よりも強し」「開物成務」の精神を礎に，伝統を守りつつ，環境変化に的確に適応する教育を実践し，世界の未来を担う人材を育成する。

【沿　革】　1871年に共立学校として創立した。1895年東京開成中学校に改称。1948年開成高等学校が発足。

【学校長】　野水　勉

【生徒数】　男子1,213名

JR・千代田線―西日暮里2分

	1年(8クラス)	2年(8クラス)	3年(8クラス)
男子	412名	399名	402名

特色

設置学科：普通科

【カリキュラム】　①1クラス50名学級。1年次は内部進学生と別クラス編成で，進度調整のための補講を開講。2年次より混合クラス編成となる。②一部の教科では自主教材や副教材を取り入れ，担当教員により工夫された授業を展開する。③英語は週6時間の授業を行う。ネイティヴ教員の授業ではリスニングやスピーキングによりコミュニケーション能力の向上を図る。④3年次には大学受験に向けて，年4回の独自の模擬試験や夏期講習・冬期講習を行う。

【キャリア教育】　1・2年次に「卒業生の話を聞く会」が催され，社会人の先輩方に接し，進路選択のヒントを得る。また，海外大学進学に関しては専門カウンセラーへの相談も可能。

【クラブ活動】　ゲートボール部，コンピュータ一部，俳句部，ボート部が全国大会に出場。

【行事】　マラソンやボートレース（筑波大学附属高校との定期戦）などが長く続く伝統行事。

【施設】　高校敷地校舎の全面建て替えを実施。2016年度に第2グラウンドの人工芝化，2021年新校舎での授業開始，2023年に学生ホール，小体育館など使用開始，2024年度全工期完了予定。

習熟度別授業	土曜授業	文理選択	オンライン授業	制服	自習室	食堂	プール	グラウンド	アルバイト
―	○	3年～	○	○	―	○	―	○	○

登校時刻＝ 8:00
下校時刻＝17:00

進路情報　2023年3月卒業生

【卒業生数】　非公表。

【進路傾向】　例年，国公立大学への進学者が多い模様。

※進路内訳は非公表。

主な大学合格状況
'24春速報は巻末資料参照

大学名	'23	'22	'21	大学名	'23	'22	'21	大学名	'23	'22	'21
◇東京大	148	193	146	◇東京医歯大	9	14	10	明治大	66	97	46
◇京都大	10	22	10	◇防衛医大	13	16	11	青山学院大	14	11	7
◇東工大	5	16	10	◇東京農工大	2	2	2	立教大	5	14	10
◇一橋大	9	9	10	◇横浜市大	1	1	3	中央大	32	38	28
◇千葉大	19	22	21	◇山梨大	4	2		法政大	11	15	9
◇筑波大	7	7	4	早稲田大	210	261	231	東京慈恵会医大	10	8	14
◇横浜国大	7	11	10	慶應大	189	218	180	昭和大	5	3	4
◇埼玉大	2	1	1	上智大	55	34	32	日本医大	16	14	7
◇北海道大	6	7	9	東京理科大	89	89	106	邦大	8	2	3
◇東北大	8	7	6	学習院大	10	4	1	順天堂大	17	6	17

※各大学合格数は既卒生を含む。

入試要項 2024年春（実績）

新年度日程についてはp.116参照。

◆一般

募集人員▶100名

選抜方法▶国数英理社（国50分・数60分・英50分・各100点・英にリスニングあり，理社各40分・各50点），調査書

◆**受験料** 28,000円

（内申基準）特記なし。

（特待生・奨学金制度）開成会道灌山奨学金あり（約10名）。希望者は12月の個別相談会に参加のうえ申請。

（帰国生の受け入れ）国内生と同枠入試。

入試日程

区分	登録・出願	試験	発表	手続締切
一般	12/20〜1/28	2/10	2/12	2/13

応募状況

年度	区分	応募数	受験数	合格数	実質倍率
'24	一般	551	545	180	3.0
'23	一般	565	555	189	2.9
'22	一般	566	550	185	3.0

['24年合格最低点] 一般263/400

東京 男子 (か) 開成

学費（単位：円）

学費（単位：円）	入学金	施設費	授業料	その他経費	小計	初年度合計
入学手続時	320,000	120,000	—	—	440,000	1,116,200
1年終了迄	—	72,000	492,000	112,200	676,200	

※2024年度予定。[返還]3/2までの入学辞退者には入学金を除き返還。[授業料納入]一括または3回・毎月分割。
[その他] 制服・制定品代，学級費（2023年度実績：90,000円），ICT端末費あり。
[寄付・学債] 任意の寄付金1口10万円1口ないし2口あり。

併願校の例

	都立	神・千・埼公立	国・私立
挑戦校			
最適校			筑波大駒場 筑波大附 東京学芸大附 渋谷教育幕張 慶應志木
堅実校	日比谷 西 国立 戸山	横浜翠嵐 湘南 千葉 浦和 大宮	広尾学園(医進) 巣鴨 城北 昭和秀英 栄東

合格のめやす

合格の可能性 **60%** **80%** の偏差値を表示しています。

普通科 **74** **77**

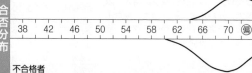

※合格のめやすの見方は114ページ参照。

（見学ガイド）体育祭／文化祭／説明会

世田谷区

科学技術学園 高等学校

〒157-8562　東京都世田谷区成城1-11-1　☎(03)5494-7711

【教育理念】　生徒個々の能力・適性に応じた教育をし、「知」「徳」「体」の調和のとれた人間を育成する。

【沿　革】　1964年日本科学技術振興財団を母体に創立し、通信制課程を開校。1978年昼間定時制課程設置。1989年より三年制。

【学校長】　吉田　修

【生徒数】　男子508名

	1年(6クラス)	2年(6クラス)	3年(5クラス)
男子	173名	190名	145名

小田急線―成城学園前12分　東急田園都市線―二子玉川よりバス東京都市大付属小前1分

特色

設置学科：普通科（昼間定時制）

【コース】　総合コースと特進コース（理数クラス、情報クラス、文系クラス）を設置。

【カリキュラム】　①総合コースは学び直しの授業や到達目標ごとの学習クラス授業があり、基礎学力を定着させ、やる気を養う。2年次からは時間割の約半分を70以上ある選択科目より選び、適性や進路に応じた学習を行う。また、専門学校の講師を招き、eスポーツ、鉄道などの多様な学びを展開する「かぎこう講座」を開講。②特進コースの理数クラスは1年次は数学・理科分野の基礎を習得し、2年次からは理数系分野の進路選択を意識した発展的学習を行う。③情報クラスは1・2年次にプログラミングの基礎・応用を学び、3年次はWebアプリ作成など実践的な学習を行う。1年次よりITパスポート対策講座も実施。④文系クラスは知識の習得だけでなく、いかに考え、表現するかを学ぶ。

【海外研修】　2年次の11月に希望者を対象としたオーストラリア語学研修を実施している。

【クラブ活動】　軟式野球部や吹奏楽部が活発。書道、陶芸など専門の先生が個別指導するマイスタークラブ（少人数制課外活動）もある。

習熟度別授業	土曜授業	文理選択	オンライン授業	制服	自習室	食堂	プール	グラウンド	アルバイト	登校時刻＝ 8:50
数英	―	1年～	○	○	～18:00	―	―	○	審査	下校時刻＝18:30

進路情報　2023年3月卒業生

進学率 **81.2%**

【卒業生数】　165名

【進路傾向】　大学進学はいずれも私立大学で、内訳は文系71%、理系19%、他10%。

【指定校推薦】　利用状況は帝京大1、明星大1、多摩大1、高千穂大1、和光大3など。ほかに駒澤大、東海大、神奈川大、工学院大、桜美林大、関東学院大、東京農大、二松学舎大、拓殖大、城西大、帝京科学大、ものつくり大、麻布大、横浜薬科大、淑徳大、江戸川大、駿河台大、東京国際大、流通経済大、東京工芸大、横浜美大など推薦枠あり。

四年制大学	68名
短期大学	2名
専修・各種学校	64名
就職	13名
進学準備・他	18名

主な大学合格状況

'24年春速報は巻末資料参照

大学名	'23	'22	'21	大学名	'23	'22	'21	大学名	'23	'22	'21
◇埼玉大	0	1	0	法政大	1	3	0	杏林大	1	1	0
◇都立大	0	2	0	駒澤大	0	2	1	東邦大	1	0	1
早稲田大	1	0	0	東海大	2	0	0	日本薬科大	1	0	0
上智大	0	1	0	亜細亜大	1	0	0	東京農大	2	1	0
東京理科大	0	3	0	帝京大	12	5	1	明星大	7	0	1
明治大	0	2	0	國學院大	1	1	0	帝京平成大	1	1	0
青山学院大	0	5	0	神奈川大	1	2	1	高千穂大	3	3	1
立教大	0	5	0	立正大	1	1	0	東京工芸大	1	1	2
中央大	0	5	0	桜美林大	3	1	0	和光大	4	4	5

※各大学合格数は既卒生を含む。

入試要項 2024年春（実績）

新年度日程についてはp.116参照。

◆ 推薦　第1志望
募集人員▶総合コース60名，特進コース20名
選抜方法▶作文（40分・400字），面接，調査書
◆ 一般　**A日程**：総合コース一般，総合コース単願，特進コース一般　**B日程**：総合コース一般，特進コース一般　※各コース一般は両日程とも併願優遇あり。総合コースは公立のみ，特進コースは公私とも併願可
募集人員▶総合コース60名，特進コース20名
選抜方法▶**総合コース一般**：国数英（各30分・各100点・マークシート），面接，調査書　**総合コース単願**：作文（40分・400字），面接，調査書　**特進コース一般**：国数英（各50分・各100点），面接，調査書　※特進コースの理数クラス・情報クラスは学科試験を国数理でも受験可
◆ 受験料　20,000円

（内申基準）**推薦**：[総合] 9科18，[特進] 3科（国数英または国数理）9または5科15または同等の学力　**一般（併願優遇）**：[総合] 9科20，[特進] 5科16または9科28または同等の学力　※条件により内申加点あり

（特待生・奨学金制度）都外生を対象とした授業料減免制度を設けている（所得制限あり）。
（帰国生の受け入れ）個別対応。

入試日程

区分	登録・出願	試験	発表	手続締切
推薦	12/20〜1/18	総合1/22	1/23	1/27
		特進1/22	1/23	1/26
一般A	12/20〜2/7	総合2/10or11	2/13	2/21
		単願2/12	2/13	2/22
		特進2/10	2/13	2/21
一般B	12/20〜2/15	2/17	2/18	2/21

[延納] 一般の併願者は公立発表後まで。

応募状況

年度	区分			応募数	受験数	合格数	実質倍率
'24	総合	推薦		117	117	117	1.0
		一般	A一般	210	206	194	1.1
			A単願	112	112	112	1.0
			B	42	30	15	2.0
	特進	推薦		15	14	14	1.0
		一般	A	24	23	22	1.0
			B	23	16	6	2.7
'23	総合	推薦		57	57	57	1.0
		一般	A一般	195	191	189	1.0
			A単願	62	62	62	1.0
			B	31	25	23	1.1
	特進	推薦		12	12	12	1.0
		一般	A	27	24	22	1.1
			B	9	7	4	1.8

[スライド制度] あり。上記に含まず。
[24年合格最低点] 非公表。

学費（単位:円）	入学金	施設設備費	授業料	その他経費	小計	初年度合計
入学手続時	200,000	60,000	—	40,000	300,000	約946,000
1年終了迄	—	—	456,000	約190,000	約646,000	

※2024年度予定。[授業料納入] 10回分割。
[その他] 制服・制定品代あり。

併願校の例

※[総合]を中心に

	都立	神公立	私立
挑戦校	松原 小川 府中西 桜町 府中東	神奈川総合産業 百合丘 川崎北	自由ヶ丘 東京実業
最適校	世田谷総合 若葉総合 千歳丘 永山 山崎	白山 向の岡工業 菅 川崎工科	大東学園 柏木学園
堅実校	深沢 府中工科 野津田	麻生総合	

合格のめやす

合格の可能性 **60%** **80%** の偏差値を表示しています。

総合　**35**　**39**

特進　**46**　**49**

※合格のめやすの見方は114ページ参照。

合否分布

合格者

| 30 | 34 | 38 | 42 | 46 | 50 | 54 | 58 | 62 | (偏) |

不合格者

実線＝総合
破線＝特進

（見学ガイド）体育祭／文化祭／説明会／オープンスクール／学校公開

豊島区

学習院 高等科

〒171-0031　東京都豊島区目白1-5-1　☎(03)5992-1032

【教育方針】　「ひろい視野」「たくましい創造力」「ゆたかな感受性」という３つの言葉に集約される教育理念に基づき，学齢に応じた身につけるべき素養と社会に貢献する多様な個性を育む。

【沿　革】　1877年創立。1947年宮内省所轄の官立学校より私立学校となる。

【高等科長】　髙城　彰吾

【生徒数】　男子590名

	1年（5クラス）	2年（5クラス）	3年（5クラス）
男子	200名	193名	197名

JR―目白5分　副都心線―雑司が谷5分

特色

設置学科：普通科

【カリキュラム】　①１年次は理科で物理・化学・生物・地学４科目を履修するなど必修科目を幅広く設定。そこで気づいた自分の興味関心や進路希望に合わせて２年次より選択科目を決める。②数学と英語では各学年で２分割の少人数授業を行い，より高度な授業を展開する。③２年次より中国語，ドイツ語，フランス語が選択可能。④２年次の総合選択科目は「演劇入門」「石碑を読み解く」「音楽と政治」「体脂肪を燃やそう」など多彩な講座を開講。⑤３年次には学習院大学の授業を履修できる制度がある。

【海外研修】　米国のセントポール校と留学協定を結んでおり，最大２名を１年間派遣。ハワイのサマープログラムには３名が参加。いずれも希望者より選抜。１年間の公認留学制度もある。

【クラブ活動】　アーチェリー，スキー，漕艇，テニス，馬術，ホッケー，陸上競技の各部が全国大会出場。書道研究部も活発に活動。

【行事】　筑波大学附属高校との運動部定期戦やボート大会などの伝統行事が開催される。

【施設】　約8,000点の標本を収めた標本保管室，蔵書約110,000冊の図書室などがある。

習熟度別授業	土曜授業	文理選択	オンライン授業	制服	自習室	食堂	プール	グラウンド	アルバイト	登校時刻＝ 8:30
―	○	2年～	○	○	～16:30	○	○	○	○	下校時刻＝18:00

進路情報　2023年3月卒業生

四年制大学への進学率 **82.7%**

【卒業生数】　196名

【進路傾向】　大学進学者の内訳は文系82%，理系16%，他２%。国公立大学へ文系１名，海外大学へ３名が進学した。例年，全体の５～６割程度が併設大学へ進学している。

【系列進学】　学習院大学へ115名(法30，経済53，文11，理４，国際社会科17）が内部推薦で進学した。

【指定校推薦】　利用状況は早稲田大３，慶應大６，上智大３，東京理科大２，中央大２，芝浦工大１，北里大１，日本歯大１など。ほかに日本大，東京歯大など推薦枠あり。

■ 四年制大学	162名
□ 短期大学	0名
■ 専修・各種学校	0名
■ 就職	0名
□ 進学準備・他	34名

主な大学合格状況

'24年春速報は巻末資料参照

大学名	'23	'22	'21	大学名	'23	'22	'21	大学名	'23	'22	'21
◇東京大	0	3	3	慶應大	11	27	38	成城大	2	2	5
◇東工大	0	1	1	上智大	7	13	19	芝浦工大	6	15	7
◇一橋大	1	0	0	東京理科大	7	23	21	東京電機大	1	2	3
◇千葉大	0	1	5	学習院大	116	121	110	東京慈恵会医大	1	1	1
◇筑波大	1	2	3	明治大	18	17	12	昭和大	1	4	4
◇東京外大	0	1	3	青山学院大	0	4	12	日本医大	0	4	2
◇横浜国大	2	3	0	立教大	10	8	18	東京医大	2	3	0
◇東京医歯大	1	1	0	中央大	9	15	26	杏林大	2	3	3
◇防衛医大	2	0	2	法政大	10	20	8	国際医療福祉大	3	2	5
早稲田大	14	18	27	日本大	21	28	17	東京歯大	1	1	2

※各大学合格数は既卒生を含む。

入試要項 2024年春（実績）

新年度日程についてはp.116参照。

◆ 一般

募集人員 ▶約20名

選抜方法 ▶ 国数英（各60分・各100点・英にリスニングあり），個人面接（10分），調査書

◆ 受験料　30,000円

（**内申基準**）特記なし。

（**特待生・奨学金制度**）入学後，家計急変等に対応する奨学金制度あり。

（**帰国生の受け入れ**）国内生と同枠入試。

入試日程

区分	登録・出願	試験	発表	手続締切
一般	1/22〜2/8	2/14	2/14	2/15

応募状況

年度	区分	応募数	受験数	合格数	実質倍率
'24	一般	172	114	28	4.1
'23	一般	174	131	36	3.6
'22	一般	178	129	25	5.2

['24年合格最低点] 一般211/300

東京　男子　か　学習院

学費(単位:円)	入学金	維持費	授業料	その他経費	小計	初年度合計
入学手続時	300,000	—	—	—	300,000	1,526,594
1年終了迄	—	292,000	718,000	216,594	1,226,594	

※2024年度予定。[授業料納入] 一括または2回分割。[その他] 制服・制定品代あり。
[寄付・学債] 任意の寄付金1口10万円3口以上あり。

併願校の例

	都立	神・千・埼公立	私立
挑戦校	西 国立	大宮 市立浦和	青山学院 国際基督教
最適校	戸山 青山 新宿 国分寺 武蔵野北	川和 船橋 川越 蕨	中大附属 明大中野 法政大 国学院 日大二
堅実校	小松川 豊多摩 文京 上野 井草	新城 国府台 川口市立 川越南	東洋大京北 明学東村山 成城学園 日大豊山(特進) 日大鶴ヶ丘

合格のめやす

合格の可能性 60% 80% の偏差値を表示しています。

普通科　**62**　**66**

※合格のめやすの見方は114ページ参照。

合否分布										
合格者										
	38	42	46	50	54	58	62	66	70	(偏)
不合格者										

（**見学ガイド**）文化祭／説明会

文京区

京華 高等学校

〒112-8612　東京都文京区白山5-6-6　☎(03)3946-4451

小 中 高 専 短 大

【教育理念】　「天下の英才を得て之を教育す」を掲げる。グローバル社会のリーダーたるに必要な実行力を身につけ，世界を舞台に活躍するたくましい男子の育成をめざす。

【沿　革】　1897年本郷に京華尋常中学校設立。1953年商業科と分かれ，普通科が京華高等学校として独立した。

【学校長】　町田　英幸

【生徒数】　男子671名

	1年（7クラス）	2年（6クラス）	3年（5クラス）
男子	259名	231名	181名

都営三田線―白山3分　南北線―本駒込8分
千代田線―千駄木18分

特色

設置学科：普通科

【コース】　S特進，特進，進学の3コース制。1年次は内部進学生と別クラス編成。2年次に特進と進学はそれぞれ文系と理系に分かれる。

【カリキュラム】　①S特進コースは総合力・記述力を高める授業で難関国公立大学をめざす。②特進コースは応用力を養うハイレベルな授業を展開。クラブ活動との両立も可能。③進学コースは私立大学受験に特化したカリキュラムで現役合格に必要な学力を確実に身につける学習支援プログラムを用意。④1年次の英会話，リスニング・ライティング演習はネイティヴ教員とのティームティーチング。⑤S特進コースは3年間，特進コースは1年次に7時間目講座が必修。3年次には全コース対象で，難関大学の受験対策講座を5教科20科目以上開講する。

【海外研修】　2年次全員参加の研修旅行はタイまたは国内（沖縄）。ほか1・2年次の希望者を対象としたオーストラリア夏期研修がある。

【クラブ活動】　ソフトボール部，水泳部，鉄道研究部が全国大会出場の実績。ほかに，吹奏楽団など，学園統合部として京華学園3校が合同で活動しているクラブがある。

習熟度別授業	土曜授業	文理選択	オンライン授業	制服	自習室	食堂	プール	グラウンド	アルバイト	登校時刻＝8:15
英	○	2年～	○	○	～18:00	○	―	○	―	下校時刻＝18:00

進路情報　2023年3月卒業生

四年制大学への進学率 **80.6%**

【卒業生数】　211名

【進路傾向】　大学進学者のうち6割弱が文系進学だった。国公立大学へ文系3名・理系5名，海外大学へ1名が進学した。

【指定校推薦】　利用状況は東京理科大1，日本大3，成蹊大2，明治学院大2，芝浦工大1，東京都市大1など。ほかに学習院大，法政大，東洋大，専修大，大東文化大，東海大，亜細亜大，帝京大，國學院大，獨協大，神奈川大，東京電機大，武蔵大，北里大など推薦枠あり。

四年制大学	170名
短期大学	0名
専修・各種学校	4名
就職	1名
進学準備・他	36名

主な大学合格状況
'24春速報は巻末資料参照

大学名	'23	'22	'21	大学名	'23	'22	'21	大学名	'23	'22	'21
◇東工大	1	0	0	上智大	0	2	0	専修大	20	22	29
◇一橋大	0	0	3	東京理科大	13	4	7	大東文化大	12	20	18
◇千葉大	0	3	2	学習院大	2	11	2	東海大	12	23	32
◇筑波大	0	0	2	明治大	14	13	20	亜細亜大	13	8	13
◇横浜国大	1	0	0	青山学院大	6	6	2	帝京大	28	37	33
◇埼玉大	1	1	1	立教大	21	24	24	獨協大	24	16	23
◇都立大	0	3	4	中央大	21	31	43	芝浦工大	12	19	10
◇防衛大	1	0	2	法政大	19	18	27	東京電機大	22	18	11
早稲田大	6	6	6	日本大	57	85	88	武蔵大	13	21	25
慶應大	2	5	8	東洋大	86	98	76	東京都市大	26	8	12

※各大学合格数は既卒生を含む。

入試要項 2024年春（実績）

新年度日程についてはp.116参照。

◆ 推薦　A推薦：単願　B推薦：公私とも併願可（自己推薦。東京・神奈川生を除く）

募集人員▶ S特進コース10名，特進コース・進学コース計40名

選抜方法▶ A推薦：[S特進] 適性検査（国数英各40分・各100点），個人面接（5〜10分），調査書，[特進][進学] 作文（60分），個人面接（5〜10分），調査書　B推薦：適性検査（国数英各40分・各100点），個人面接（5〜10分），調査書

◆ 一般　併願優遇（公私とも可）あり

募集人員▶ S特進コース10名，特進コース・進学コース計40名　※帰国生5名を含む

選抜方法▶ 国数英（各50分・各100点），個人面接（3〜5分），調査書

◆ 受験料　23,000円

内申基準　A推薦：[S特進] 5科22，[特進] 3科12または5科20，[進学] 3科10または5科17　B推薦・一般(併願優遇)：[S特進] 5科24，[特進] 3科13または5科21，[進学] 3科11または5科18　※いずれも9科に1不可　※条件により内申加点あり

特待生・奨学金制度　入試成績優秀者を4段階の特待生認定。内申による優遇あり。ほか，学園卒業生・在校生の親族，クラブ活動に対する特待あり。

帰国生の受け入れ　国内生と別枠入試。一般①②にも帰国生枠あり。

入試日程

区分	登録・出願	試験	発表	手続締切
A推薦	12/20〜1/20	1/22	1/22	1/26
B推薦	12/20〜1/20	1/22	1/22	公立発表翌日
併願優遇①	12/20〜1/30	2/10	2/10	公立発表翌日
併願優遇②	12/20〜1/30	2/13	2/13	公立発表翌日
一般①	12/20〜2/8	2/10	2/10	公立発表翌日
一般②	12/20〜2/11	2/13	2/13	公立発表翌日

応募状況

年度	区分		応募数	受験数	合格数	実質倍率
'24	S特進	A推薦	1	1	1	—
		B推薦	1	1	1	—
		併優一般①	4	4	4	—
		併優一般②	11	5	5	—
	特進	A推薦	11	11	11	—
		B推薦	12	11	11	—
		併優一般①	31	27	27	—
		併優一般②	68	40	39	—
	進学	A推薦	25	25	25	—
		B推薦	2	2	1	—
		併優一般①	41	41	32	—
		併優一般②	69	50	32	—

[スライド制度] あり。上記に含む。
[24合格最低点] B推薦：特進193（/300）
　一般①：S特進221，特進181，進学165（/300）
　一般②：S特進210，特進185，進学166（/300）

学費(単位:円)	入学金	施設費	授業料	その他経費	小計	初年度合計
入学手続時	250,000	60,000	—	5,000	315,000	1,331,550
1年終了迄	—	180,000	462,000	374,550	1,016,550	

※2024年度予定。[入学前納入] 1年終了迄の小計のうち151,550円。[返還] 3/15までの入学辞退者には入学金を除き返還。[授業料納入] 一括または3回分割。[その他] 制服・制定品代あり。[寄付・学債] 任意の寄付金1口5万円あり。

併願校の例　※[進学]を中心に

	都立	千・埼公立	私立
挑戦校	三田 北園 城東 文京	小金 越ヶ谷 川口市立	国学院 淑徳巣鴨 東洋 東洋大京北 安田学園
最適校	上野 豊島 墨田川 深川 産業技術高専	国府台 松戸国際 国分 草加 南稜	日大豊山 足立学園 郁文館 二松学舎 錦城学園
堅実校	向丘 武蔵丘 東 鷲宮 小岩	市立松戸 草加南	保善 岩倉 SDH昭和一 共栄学園 関東一

合格のめやす

合格の可能性 60% 80% の偏差値を表示しています。

S特進　62　65
特進　56　60
進学　51　55

合格者
合否分布
38 42 46 50 54 58 62 66 70 (偏)
不合格者

実線＝進学　破線＝特進

※合格のめやすの見方は114ページ参照。

見学ガイド　体育祭／文化祭／説明会／オープンキャンパス

杉並区

佼成学園 高等学校

〒166-0012　東京都杉並区和田2-6-29　☎(03)3381-7227

【建学の精神】　「平和な社会の繁栄に役立つ若者の育成」を掲げ，「自ら学び，共に成長し，チャレンジしていく」生徒を育てる。校訓は「行学二道」で，体験と学問の両立に励むことを説いている。

【沿　革】　立正佼成会を母体として1956年に開校。

【学校長】　青木　謙介

【生徒数】　男子763名

	1年(8クラス)	2年(8クラス)	3年(8クラス)
男子	261名	253名	249名

丸ノ内線―方南町8分
JR―新宿よりバス佼成会聖堂前1分

特色

設置学科：普通科

【コース】　難関国公立，グローバル，総合進学の3コースを設置している。総合進学コースの1年次は内部進学生と別クラス編成。

【カリキュラム】　①難関国公立コースは入試科目を徹底的にサポートし，ハイレベルな課外授業や学習合宿などが充実。大学の授業を体験するWEEKDAY CAMPUS VISITを開催し，大学受験への意欲を高める。②グローバルコースは英語力の養成と課題解決型授業で海外大学進学をめざす。英語の授業はネイティヴ教師によるオールイングリッシュが基本。1・2年次には必修の海外フィールドワークがある。③総合進学コースは習熟度別授業や少人数クラス制などを取り入れ，きめ細かな授業を展開。5教科の対策を行い，国公立大学受験にも対応する。④難関大学に入学した卒業生がチューターとして自習室に常駐し，生徒をサポート。

【海外研修】　1・2年次の希望制で英語語学研修，フィリピン・セブ島英語留学(いずれも短期)，ニュージーランド1年留学がある。

【クラブ活動】　自転車部，アメリカンフットボール部が全国レベル。吹奏楽部，書道部も活躍。

習熟度別授業	土曜授業	文理選択	オンライン授業	制服	自習室	食堂	プール	グラウンド	アルバイト	登校時刻 = 8:30
数英	○	2年〜	○	○	〜20:00	○	―	○	―	下校時刻 = 18:00

進路情報　2023年3月卒業生

四年制大学への進学率 **78.4%**

【卒業生数】　227名

【進路傾向】　大学進学者の内訳は国公立26名，私立152名。海外大学へ1名が進学した。大学合格状況は国公立57名，早慶上理68名，GMARCH156名など，前年度より増加した。

【指定校推薦】　利用状況は都立大1，上智大2，東京理科大4，学習院大3，明治大4，青山学院大1，立教大1，中央大2，日本大1，東洋大4，専修大3，國學院大3，成蹊大2，成城大1，明治学院大3，獨協大1，武蔵大1，工学院大4，東京都市大3，立正大1，東京経済大2，関西学院大1，武蔵野大1，東京農大3，目白大1など。

	名
■ 四年制大学	178名
□ 短期大学	1名
■ 専修・各種学校	2名
■ 就職	0名
□ 進学準備・他	46名

主な大学合格状況
'24年春速報は巻末資料参照

大学名	'23	'22	'21	大学名	'23	'22	'21	大学名	'23	'22	'21
◇京都大	0	1	0	早稲田大	13	16	1	日本大	52	34	53
◇東工大	1	1	0	慶應	5	10	3	東洋大	20	17	20
◇一橋大	0	0	1	上智大	9	17	7	専修大	10	11	29
◇千葉大	2	0	1	東京理科大	41	23	9	東海大	21	11	11
◇筑波大	3	2	0	学習院大	15	14	11	帝京大	15	14	11
◇埼玉大	0	1	1	明治大	31	31	18	成城大	11	4	6
◇東北大	2	1	0	青山学院大	18	16	14	獨協大	14	5	7
◇都立大	6	3	1	立教大	13	17	9	芝浦工大	24	22	8
◇信州大	1	1	3	中央大	36	27	17	工学院大	11	8	13
◇防衛大	13	0	2	法政大	42	27	18	近畿大	17	12	3

※各大学合格数は既卒生を含む。

入試要項 2024年春（実績）

新年度日程についてはp.116参照。

◆ 推薦　第1志望　※アスリート選抜あり

募集人員▶30名

選抜方法▶作文（60分・800字），個人面接（5分），調査書

◆ 一般　**併願優遇**：公私とも可　**一般**：総合進学コースのみ

募集人員▶90名

選抜方法▶国数英（各50分・各100点），調査書

◆ **受験料**　25,000円

内申基準 推薦：[難関国公立] 3科13または5科22，[グローバル]以下①かつ②。①3科12または5科20・②英4，[総合進学] 3科12または5科20　**一般（併願優遇）**：[難関国公立] 3科13または5科22，[グローバル]以下①かつ②。①3科13または5科22・②英4，[総合進学] 3科12または5科20　※いずれも5科に2不可，9科に1不可　※条件により内申加点あり

特待生・奨学金制度 一般入試で210点以上の成績上位者（①②各10名）を特待合格とする。

帰国生の受け入れ 国内生と別枠入試。

入試日程

区分	登録・出願	試験	発表	手続締切
推薦	12/20～1/18	1/22	1/22	1/24
一般①	12/20～2/9	2/10	2/10	公立発表翌日
一般②	12/20～2/10	2/11	2/11	公立発表翌日

応募状況

年度	区分		応募数	受験数	合格数	実質倍率
'24	難関	推薦	1	1	1	1.0
		一般①	24	23	23	1.0
		一般②	30	29	29	1.0
	グローバル	推薦	6	6	6	1.0
		一般①	14	13	13	1.0
		一般②	17	17	17	1.0
	総進	推薦	45	45	45	1.0
		一般①	47	47	41	1.1
		一般②	61	53	48	1.1
'23	難関	推薦	1	1	1	1.0
		一般①	23	23	23	1.0
		一般②	24	20	20	1.0
	グローバル	推薦	4	4	4	1.0
		一般①	2	2	2	1.0
		一般②	3	3	3	1.0
	総進	推薦	50	50	50	1.0
		一般①	52	52	41	1.3
		一般②	66	66	47	1.4

[スライド制度] あり。上記に含まず。
[''24年合格最低点] 一般①（フリー）：総合進学165/300　一般②（フリー）：総合進学162/300

学費（単位：円）	入学金	施設設備資金	授業料	その他経費	小計	初年度合計
入学手続時	255,000	90,000	—	—	345,000	1,446,529
1年終了迄	—	—	444,000	657,529	1,101,529	

※2024年度予定。[返還]入学辞退者には入学金を除き返還。[授業料納入]11回分割。上記授業料は難関国公立・総合進学コースで，グローバルコースは564,000円 [その他] 制服・制定品代，タブレット端末費（約70,000～80,000円），グローバルコースは海外研修費用約350,000円あり。[寄付・学債] 任意の寄付金1口5万円2口以上あり。

併願校の例

※[総進]を中心に

	都立	神・埼公立	私立
挑戦校	立川 新宿 竹早 国分寺	多摩 蕨	国学院久我山 成蹊 日大二 国学院 錦城
最適校	駒場 豊多摩 調布北 目黒 井草	新城 生田 和光国際 川口市立	聖徳学園 東京電機大 専修大附 日大鶴ヶ丘 実践学園
堅実校	豊島 神代 調布南 府中	住吉 朝霞 南稜	杉並学院 明星 城西大城西 大成 文化学園杉並

合格のめやす

合格の可能性 60% 80% の偏差値を表示しています。

難関国公立　**61**　(65)

グローバル　**60**　(64)

総合進学　**56**　(60)

合否分布

合格者

| | 38 | 42 | 46 | 50 | 54 | 58 | 62 | 66 | 70 | (偏) |

不合格者

実線＝総合進学
破線＝難関国公立

※合格のめやすの見方は114ページ参照。

東京　男子　(こ) 佼成学園

見学ガイド 文化祭／説明会／個別相談

板橋区

 城北 高等学校

〒174-8711 東京都板橋区東新町2-28-1 ☎(03)3956-3157

【教育目標】 「着実・勤勉・自主」の校訓のもと，「人間形成と大学進学」を掲げる。社会を支え，社会を導くリーダーとして活躍する人間，社会を支え，人と人を繋ぐことのできる人間を育成する。

【沿 革】 1941年旧私立城北中学校を再興するために創立された。

【学校長】 小俣 力

【生徒数】 男子1,053名

	1年(6クラス)	2年(7クラス)	3年(7クラス)
男子	348名	354名	351名

東武東上線―上板橋10分
有楽町線・副都心線―小竹向原20分

特色

設置科：普通科

【コース】 2年次より内部進学生と混合し，文系コースと理系コースに分岐。文理ともに選抜クラスを設ける。さらに3年次は各コースで国公立型と私立型に分かれる。

【カリキュラム】 ①1年次は内部進学生に追いつくための特別カリキュラムで学ぶ。②教員のオリジナル教材や指導法，校内実力試験，長期休業中の講習会，自学自習を進める力を磨く合宿など，大学受験に十分対応できるサポート体制。③3年次の選択ゼミでは医学部志望者向けの小論文講座を設置。医学部専門予備校と提携

し面接対策も強化。④姿勢を正し，呼吸を整える「静座」で集中力を高める伝統がある。

【キャリア教育】 保護者や卒業生を講師に「将来を考える講演会」を1年次に実施。

【海外研修】 1年次はオーストラリア語学研修，英語圏へのターム留学，1・2年次はセブ島上級語学留学を希望制または選抜制で実施。

【クラブ活動】 少林寺拳法部は世界大会出場権獲得。自転車競技部，鉄道研究部が全国レベル。

【施設】 室内温水プールや2階建ての図書館，広大な全面人工芝グラウンドを整備。

習熟度別授業	土曜授業	文理選択	オンライン授業	制服	自習室	食堂	プール	グラウンド	アルバイト
○	○	2年～	○	○	～20:00	○	○	○	―

登校時刻＝ 8:15
下校時刻＝17:50

進路情報 2023年3月卒業生

四年制大学への進学率 **68.2%**

【卒業生数】 330名

【進路傾向】 大学進学者の内訳は文系46%，理系52%，他2%。国公立大学へ文系15名・理系43名・他1名，海外大学へ1名が進学した。

【指定校推薦】 利用状況は都立大1，早稲田大7，慶應大3，上智大1，東京理科大2，中央大3，日本大1，国際基督教大1，工学院大1，北里大1など。ほかに学習院大，立教大，明治学院大，芝浦工大，東京電機大，同志社大，東京都市大，東邦大，東京薬科大，明治薬科大，東京歯科大，日本歯大，関西学院大，東京農大，鶴見大，獨協医大など推薦枠あり。

■ 四年制大学 225名
□ 短期大学 0名
■ 専修・各種学校 1名
■ 就職 0名
□ 進学準備・他 104名

主な大学合格状況
'24年春速報は巻末資料参照

大学名	'23	'22	'21	大学名	'23	'22	'21	大学名	'23	'22	'21
◇東京大	6	9	9	◇北海道大	4	9	4	明治大	119	160	159
◇京都大	3	4	3	◇東北大	9	6	10	青山学院大	23	33	25
◇東工大	7	3	9	◇防衛医大	3	6	2	立教大	48	60	37
◇一橋大	5	5	9	◇東京農工大	5	16	12	中央大	66	79	87
◇千葉大	2	6	2	◇電通大	9	4	6	法政大	80	77	64
◇筑波大	7	4	4	早稲田大	85	106	117	日本大	115	132	132
◇東京外大	3	3	1	慶應大	64	66	85	東洋大	27	35	33
◇横浜国大	2	3	8	上智大	44	33	25	成蹊大	13	12	16
◇埼玉大	1	2	3	東京理科大	108	144	150	芝浦工大	74	53	101
◇大阪大	4	7	3	学習院大	25	29	24	東京電機大	18	19	23

※各大学合格数は既卒生を含む。

入試要項 2024年春（実績）

新年度日程については p.116参照。

◆ 推薦　単願
募集人員▶約20名
選抜方法▶適性検査（国数英各50分・各100点），個人面接（10分），調査書，志願理由書
◆ 一般
募集人員▶約65名
選抜方法▶国数英（各60分・各100点），調査書
◆ 受験料　25,000円

(内申基準) 推薦：5科20　※9科に2不可
(特待生・奨学金制度) 入学後の成績に応じた特待生制度あり。
(帰国生の受け入れ) 国内生と同枠入試で考慮あり。

入試日程

区分	登録・出願	試験	発表	手続締切
推薦	12/20～1/18	1/22	1/23	1/24
一般	12/20～2/9	2/11	2/12	2/15

［延納］一般の国公立併願者は国公立発表後まで。

応募状況

年度	区分	応募数	受験数	合格数	実質倍率
'24	推薦	18	18	18	1.0
	一般	244	229	176	1.3
'23	推薦	42	42	24	1.8
	一般	340	329	176	1.9
'22	推薦	43	43	23	1.9
	一般	333	317	173	1.8

［'24年合格最低点］推薦146，一般171（/300）

東京　男子　(し) 城北

学費（単位:円）	入学金	維持費	授業料	その他経費	小計	初年度合計
入学手続時	270,000	—	—	—	270,000	1,148,700
1年終了迄	—	238,000	444,000	196,700	878,700	

※2024年度予定。［入学前納入］1年終了迄の小計のうち241,500円。［授業料納入］一括または3回分割。
［その他］制服・制定品代あり。［寄付・学債］任意の寄付金1口10万円あり。

併願校の例

	都立	埼公立	国・私立
挑戦校	日比谷		開成 筑波大附 慶應義塾 早大本庄 立教新座
最適校	西 戸山 青山 新宿 竹早	浦和 大宮 市立浦和 川越 蕨	巣鴨 桐朋 明大中野 朋優学院 淑徳
堅実校	国分寺 小松川 北園 文京	和光国際 川口市立 川口北 市立大宮北	川越東 錦城 国学院 順天 淑徳巣鴨

合格のめやす

合格の可能性 60% 80% の偏差値を表示しています。

普通科 **64** **68**

(見学ガイド) 体育祭／文化祭／説明会

豊島区

巣鴨 高等学校

〒170-0012　東京都豊島区上池袋1-21-1　☎(03)3918-5311

【教育方針】　硬教育（努力主義）による男子英才教育を実践。自らの可能性を信じ努力し続ける姿勢を養う。

【沿　革】　1922年巣鴨中学校創立。1924年商業学校を併設。1948年巣鴨高等学校となる。

【学校長】　堀内　不二夫

【生徒数】　男子742名

	1年(7クラス)	2年(6クラス)	3年(6クラス)
男子	281名	258名	203名

JR—大塚10分，池袋15分　東武東上線—北池袋10分　都営三田線—西巣鴨15分

特色

設置学科：普通科

【カリキュラム】　①1年次は7時間目授業を週2回設け，夏休みに勉強合宿を行うことで，内部進学生の学習進度に合わせる。2年次より内部進学生と合流し，文数系クラスと理数系クラスに分かれる。②2年次以降は大学入試を見据え習熟度別授業を行うなど，細かく指導する。③長期休業中に各学年に応じた講習を開く。3年次の夏期講習は60種類もの講座を用意。生徒からの要望で設定される講座もある。④1年次の希望者対象に英語のサマースクールを実施。国内6日間の合宿で，英国イートン校サマースクールと同様の体験をする。歴史，ドラマ，スポーツなど多彩なレッスンを英国人講師が展開。

【キャリア教育】　社会人との座談会から自分次第でいかなる展開も可能ということを学ぶ。

【海外研修】　希望選抜制でアメリカ，イギリスなどでの短期研修や，カナダ，オーストラリア，イギリスでのターム留学プログラムがある。

【クラブ活動】　書道部と水泳部が全国大会に出場の実績。スキー部が関東大会出場。

【施設】　人工芝グラウンドや100m直線走路，テニスコート，剣道場などスポーツ施設が充実。

習熟度別授業	土曜授業	文理選択	オンライン授業	制服	自習室	食堂	プール	グラウンド	アルバイト	登校時刻＝ 7:50
国数英理	○	2年〜	○	○	〜18:00	○	—	○	届出	下校時刻＝18:00

進路情報 2023年3月卒業生

四年制大学への進学率 **61.5%**

【卒業生数】　221名

【進路傾向】　大学進学者の文理比率は例年3：7程度になる。医学部医学科の合格実績が高く，2023年春は現役25名，既卒者82名が合格。

【指定校推薦】　利用状況は早稲田大2，日本大1，工学院大2，北里大2など。ほかに東京理科大，学習院大，中央大，東海大，芝浦工大，東京電機大，東京都市大，東邦大，東京薬科大，昭和薬科大，日本歯大，関西学院大，東京農大，鶴見大，獨協医大など推薦枠あり。

- 四年制大学　136名
- 短期大学　0名
- 専修・各種学校　0名
- 就職　1名
- 進学準備・他　84名

主な大学合格状況

'24年春速報は巻末資料参照

大学名	'23	'22	'21	大学名	'23	'22	'21	大学名	'23	'22	'21
◇東京大	3	8	8	◇防衛医大	4	5	3	立教大	19	27	9
◇京都大	2	3	1	◇群馬大	3	3	2	中央大	49	49	40
◇東工大	1	2	2	◇防衛大	3	3	2	法政大	52	43	50
◇一橋大	2	1	2	早稲田大	45	42	43	日本大	76	85	65
◇千葉大	10	5	2	慶應大	34	35	52	芝浦工大	50	59	25
◇筑波大	4	4	2	上智大	7	14	13	立命館大	14	13	3
◇横浜国大	3	4	2	東京理科大	60	52	48	東京慈恵会大	2	5	4
◇埼玉大	2	1	2	学習院大	7	7	6	昭和大	8	10	5
◇北海道大	3	3	4	明治大	53	65	68	東京医大	9	12	7
◇東北大	2	2	4	青山学院大	18	13	18	杏林大	12	11	11

※各大学合格数は既卒生を含む。

入試要項 2024年春（実績）

新年度日程についてはp.116参照。

◆ 一般

募集人員 ▶ 約70名

選抜方法 ▶ 国数英または国数英理社（国数英各60分・各100点・英にリスニングあり，理社各45分・各70点），調査書

◆ **受験料** 25,000円

（**内申基準**）特記なし。

（**特待生・奨学金制度**）特記なし。

（**帰国生の受け入れ**）国内生と同枠入試で考慮あり。

入試日程

区分	出願	試験	発表	手続締切
一般	1/25〜2/10	2/12	2/13	2/15

［延納］公立発表後まで。延納を希望しない場合は合否判定の際に優遇。

応募状況

年度	区分	応募数	受験数	合格数	実質倍率
'24	一般3科	29	24	9	2.7
	一般5科	256	237	144	1.6
'23	一般3科	47	42	12	3.5
	一般5科	339	326	134	2.4
'22	一般3科	38	36	18	2.0
	一般5科	260	246	172	1.4

［'24合格最低点］一般3科：205/300　一般5科：273/440　※合格点

東京　男子　（す）巣鴨

学費（単位：円）

学費（単位：円）	入学金	施設費	授業料	その他経費	小計	初年度合計
入学手続時	330,000	—	—	—	330,000	1,373,000
1年終了迄	—	200,000	450,000	393,000	1,043,000	

※2024年度予定。［授業料納入］3回または毎月分割。［その他］制服・制定品代あり。
［寄付・学債］任意の寄付金1口10万円あり。

併願校の例

	都立	神・千・埼公立	国・私立
挑戦校		横浜翠嵐	開成 筑波大附 早稲田実業 早大学院 慶應志木
最適校	日比谷 西 戸山 青山 新宿	多摩 千葉東 佐倉 浦和 川越	中大附属 桐朋 城北 淑徳 成蹊
堅実校	竹早 国分寺 駒場 北園 上野	光陵 薬園台 蕨 和光国際	国学院 錦城 淑徳巣鴨 佼成学園 城北埼玉

合格のめやす

合格の可能性 **60%** **80%** の偏差値を表示しています。

普通科 **65** **69**

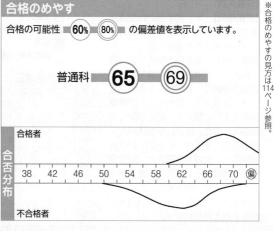

合格者

合否分布

| 38 | 42 | 46 | 50 | 54 | 58 | 62 | 66 | 70 | 偏 |

不合格者

※合格のめやすの見方は114ページ参照。

（**見学ガイド**）文化祭／体育祭／説明会

北区

聖学院 高等学校

〒114-8502　東京都北区中里3-12-1　☎(03)3917-1121

【教育理念】　Only One for Othersを掲げ、一人ひとりが神様から与えられている、かけがえのない賜物を発見するためのオンリーワン教育を展開する。多彩なグローバル教育や探究型教育を行い、世界のために創造し貢献するためのマインドやスキルを育成する。

【沿　革】　米国人宣教師H・H・ガイが1903年に設立した神学校を母体に、1906年に開校。

【学校長】　伊藤　大輔

【生徒数】　男子421名

	1年（5クラス）	2年（5クラス）	3年（5クラス）
男子	144名	133名	144名

JR—駒込5分
南北線—駒込7分

特色

設置学科：普通科

【コース】　高校からの入学生はGlobal Innovation Classに所属する。

【カリキュラム】　①週3時間の「Immersion」ではSGDsをテーマに社会科や家庭科を英語で学ぶ。②ICTスキルを活用して創造力を育てる「STEAM」を週6時間設定。③ゼミ形式の「Project」では自分で立てた課題の解決に向けて研究活動を行う。④「リベラルアーツ」でロジカルシンキング・クリティカルシンキングを学ぶ。⑤英語は習熟度別授業で、最上位のSSコースでは英字新聞の多読や英語でのプレゼンテーションを実施。⑥海外大学進学サポートとしてTOEFL・SAT対策、エッセイ指導などを行う。

【宗教】　3年間聖書の授業と毎朝の礼拝があり、クリスマス礼拝などの宗教行事も行う。

【海外研修】　希望制でタイやカンボジアでのプロジェクト型プログラム、オーストラリアやアメリカでのホームステイプログラム、英語圏への3カ月または1年間のプログラムがある。

【施設】　計8面のスクリーンを備えグループワークなどに活用できる「フューチャーセンター」や3Dプリンターが使えるファブラボを設置。

習熟度別授業	土曜授業	文理選択	オンライン授業	制服	自習室	食堂	プール	グラウンド	アルバイト
数英理社	○	2年〜	○	○	〜18:30	—	—	—	—

登校時刻＝ 8:15
下校時刻＝18:30

進路情報　2023年3月卒業生

【卒業生数】　118名

【進路傾向】　大学進学者の内訳は文系70%、理系26%、他4%。国公立大学へ文系3名が進学した。

【系列進学】　聖学院大学へ1名（政治経済1）が内部推薦で進学した。

【指定校推薦】　利用状況は青山学院大3、立教大1、日本大1、国際基督教大1、成蹊大1、明治学院大2、目白大2など。ほかに東京理科大、学習院大、東洋大、東海大、帝京大、國學院大、成城大、獨協大、東京電機大、武蔵大、工学院大、東京都市大、千葉工大、順天堂大、北里大、立命館アジア太平洋大、東京農大、麻布大など推薦枠あり。

四年制大学への進学率 **75.4%**

■	四年制大学	89名
□	短期大学	0名
■	専修・各種学校	3名
■	就職	2名
□	進学準備・他	24名

主な大学合格状況　　'24年春速報は巻末資料参照

大学名	'23	'22	'21	大学名	'23	'22	'21	大学名	'23	'22	'21
◇京都大	0	0	1	東京理科大	4	4	5	専修大	16	14	15
◇千葉大	0	0	1	学習院大	4	8	4	大東文化大	5	10	6
◇筑波大	1	0	0	明治大	9	14	18	東海大	16	13	18
◇東京外大	1	0	1	青山学院大	10	16	7	帝京大	12	19	15
◇埼玉大	1	0	0	立教大	8	14	11	成蹊大	7	2	10
◇滋賀大	1	0	0	中央大	10	9	13	成城大	6	12	7
◇長岡造形大	0	0	0	法政大	12	15	29	明治学院大	7	14	10
早稲田大	8	3	13	日本大	24	34	37	獨協大	4	22	5
慶應大	4	5	2	東洋大	40	14	16	玉川大	8	4	9
上智大	5	5	3	駒澤大	6	5	6	聖学院大	128	325	169

※各大学合格数は既卒生を含む。

入試要項 2024年春（実績）

新年度日程についてはp.116参照。

東京 男子 （せ）聖学院

◆ **国際生** オンライン，A方式，B方式

募集人員 ▶ 5名

選抜方法 ▶ **オンライン**：英作文（30分），面接（英語20分，日本語10分），海外在住証明書，調査書または成績レポート **A方式**：英（60分），面接（英語20分，日本語10分），海外在住証明書，調査書または成績レポート **B方式**：英（60分），思考力（90分），面接（日本語20分），海外在住証明書，調査書または成績レポート

◆ **国内生** **推薦**：第1志望 **一般**：一般，併願優遇（公私いずれか）

募集人員 ▶ 推薦5名，一般10名（うち併願優遇5名）

選抜方法 ▶ **推薦**：適性検査（英60分，思考力90分），面接（20分），調査書 **一般**：英（60分），思考力（90分），面接（20分），調査書

◆ **受験料** 国際生24,000円，国内生25,000円

(**内申基準**) **国内生（推薦・併願優遇）**：3科12かつ5科各3 ※条件により内申加点あり

(**特待生・奨学金制度**) 入学後の経済的理由に応じた奨学金制度あり。

(**帰国生の受け入れ**) 国内生と別枠入試（上記参照）。

入試日程

区分		出願	試験	発表	手続締切
国際生	オンライン	10/18～11/8	英作文11/11 面接11/13～25	面接翌日	1/19
	A・B方式	1/15～19	1/22	1/22	2/16
国内生	推薦	1/16～19	1/22	1/22	2/9
	一般	1/25～2/7	2/11	2/11	2/15

［延納］国内生で一般の公立併願者は公立発表後まで。

応募状況

年度	区分		応募数	受験数	合格数	実質倍率
'24	国際	オンライン	5	5	4	1.3
		A方式				
		B方式				
	国内	推薦	1	1	1	1.0
		一般	5	5	2	2.5
'23	国際	オンライン	4	4	3	1.3
		A方式				
		B方式				
	国内	推薦	1	1	1	1.0
		一般	3	3	1	3.0
'22	国際	オンライン	7	7	6	1.2
		A方式				
		B方式				
	国内	推薦	1	1	1	1.0
		一般	5	5	5	1.0

［'24年合格最低点］非公表。

学費（単位：円）	入学金	施設費	授業料	その他経費	小計	初年度合計
入学手続時	250,000	125,000	—	—	375,000	1,254,300
1年終了迄	—	48,000	444,000	387,300	879,300	

※2024年度予定。［授業料納入］毎月分割。
［その他］制服・制定品代あり。［寄付・学債］任意の聖学院教育振興資金1口10万円2口以上あり。

併願校の例

	都立	埼公立	私立
挑戦校	新宿 竹早 武蔵野北	蕨 浦和西 和光国際 越ヶ谷 川口市立	淑徳 順天 駒込 東洋 東洋大京北
最適校	北園 文京 上野 井草 豊島	市立浦和南 越谷南 与野 浦和北	桜丘 日大豊山 実践学園 京華
堅実校	深川（外国語） 江北 武蔵丘 向丘	朝霞 草加 川口 南稜	郁文館 足立学園 豊島学院

合格のめやす

合格の可能性 **60%** **80%** の偏差値を表示しています。

Global Innovation Class **55** **59**

合否分布

合格者

合否分布は不明

不合格者

| 30 | 34 | 38 | 42 | 46 | 50 | 54 | 58 | 62 | (偏) |

※合格のめやすの見方は114ページ参照。

(**見学ガイド**) 文化祭／説明会・体験会／見学会

千代田区

正則学園 高等学校

〒101-8456　東京都千代田区神田錦町3-1　☎(03)3295-3011

【建学の精神】　「正義人道」を掲げる。礼儀正しく正義を愛し、人道を重んじる、明朗誠実で情操豊かな人間像を目標とし、勇気ある誠実な人生の育成を目的としている。

【沿　革】　1896年創立の正則英語学校が母体。1973年、正則商業高等学校より現校名となる。

【学校長】　梨本　洋三

【生徒数】　男子660名

	1年（9クラス）	2年（8クラス）	3年（6クラス）
男子	271名	235名	154名

東西線―竹橋5分　半蔵門線―神保町5分
JR―御茶ノ水12分、神田12分

特色

設置学科：普通科

【コース】　進学クラスとスポーツクラスを編成。1年次の2学期より、進学クラスから20名ほどを選抜した特別選抜クラスを設ける。

【カリキュラム】　①進学クラスは生徒一人ひとりに合ったカリキュラムとフォロー体制で基礎力から応用力までを着実に身につける。②特別選抜クラスは難関大学進学を希望する生徒が対象。より高いレベルで授業を展開し、基礎と応用を踏まえた実戦力を養う。③スポーツクラスはスポーツ推薦で入学した指定強化クラブ所属生徒で構成。文武両道を志し、部活動だけでなく大学進学を見据え勉強面でも細かな指導を行う。④地元神田の土地柄を活用し企業や住民とのコミュニケーションを図り、実社会で生かせる学びとして起業体験の機会を設けている。

【海外研修】　2年次の修学旅行はシンガポールへ行く。ほかに全学年の希望者を対象としたニュージーランド夏期語学研修制度がある。

【クラブ活動】　剣道部、カヌー部、花いけ男子部、eスポーツ部が全国大会出場。ビッグバンド部や都市養蜂に取り組むSGBees！（みつばちクラブ）など、個性ある文化部が充実している。

習熟度別授業	土曜授業	文理選択	オンライン授業	制服	自習室	食堂	プール	グラウンド	アルバイト	
―	○	2年～	○	○	～18:00	―	―	―	審査	登校時刻＝ 8:10 下校時刻＝18:00

進路情報　2023年3月卒業生

【卒業生数】　184名

【進路傾向】　大学進学はいずれも私立大学で、内訳は文系74%、理系25%、他1%。海外大学へ1名が進学。総合型・推薦型選抜志向が強い。

【指定校推薦】　利用状況は東京理科大1、日本大2、東洋大2、駒澤大1、獨協大2、東京電機大2、東京農大2など。ほかに専修大、大東文化大、東海大、亜細亜大、帝京大、國學院大、神奈川大、二松學舍大など推薦枠あり。

四年制大学への進学率 **74.5%**

四年制大学	137名
短期大学	1名
専修・各種学校	29名
就職	6名
進学準備・他	11名

主な大学合格状況

'24年春速報は巻末資料参照

大学名	'23	'22	'21	大学名	'23	'22	'21	大学名	'23	'22	'21
◇東京農工大	0	0	1	東洋大	11	7	5	立正大	4	2	4
慶應大	1	0	1	駒澤大	4	3	1	国士館大	5	7	4
東京理科大	2	0	3	専修大	8	0	4	関東学院大	2	3	1
学習院大	2	2	1	大東文化大	2	1	2	杏林大	2	2	1
明治大	1	0	0	東海大	4	6	1	東京農大	5	3	2
青山学院大	0	2	0	亜細亜大	11	7	5	明星大	2	2	2
立教大	0	3	2	帝京大	10	8	2	二松學舍大	9	5	4
中央大	0	3	0	獨協大	2	2	0	帝京平成大	6	3	9
法政大	1	0	1	神奈川大	2	3	2	大正大	6	2	1
日本大	11	1	4	玉川大	1	2	1	拓殖大	4	4	6

※各大学合格数は既卒生を含む。

入試要項 2024年春（実績）

新年度日程についてはp.116参照。

◆推薦　**A推薦**：単願　**B推薦**：併願（公私とも可。東京・神奈川生を除く）　※ほかにスポーツ推薦あり（対象種目は柔道，剣道，サッカー，野球，バスケットボール）
募集人員▶125名
選抜方法▶個人面接（5分），調査書，自己PR用紙
◆一般　一般，併願優遇（公私とも可）
募集人員▶125名
選抜方法▶英（50分・100点），国数理社より2科（各60分・各50点），個人面接（5分），調査書，自己PR用紙
◆受験料　20,000円

内申基準 **A推薦**：3科9または9科25　**B推薦・一般(併願優遇)**：3科11または5科16または9科27　※3科は英と国数理社より2科　※いずれも9科に1不可　※条件により内申加点あり
特待生・奨学金制度 内申，入試得点などにより，A・B特待認定。ほかにC特待(卒業生子息等)，スポーツ特待あり。
帰国生の受け入れ 国内生と同枠入試で考慮あり。

入試日程

区分	登録・出願	試験	発表	手続締切
推薦	12/20～1/18	1/22	1/23	1/26
一般	12/20～2/5	2/11	2/12	2/17

［延納］B推薦と一般の併願者は国公立発表後まで。

応募状況

年度	区分		応募数	受験数	合格数	実質倍率
'24	A推薦		133	133	133	1.0
	B推薦					
	一般	一般	39	39	14	2.8
		併優	195	187	187	1.0
'23	A推薦		132	131	131	1.0
	B推薦					
	一般	一般	36	36	18	2.0
		併優	221	219	219	1.0
'22	A推薦		125	125	125	1.0
	B推薦		6	6	6	1.0
	一般	一般	30	30	15	2.0
		併優	220	215	215	1.0

［'24年合格最低点］一般（一般）90/200

東京 男子 ㋝ 正則学園

学費(単位:円)	入学金	施設費	授業料	その他経費	小計	初年度合計
入学手続時	210,000	—	—	—	210,000	約1,310,000
1年終了迄	—	220,000	420,000	約460,000	約1,100,000	

※2024年度予定。［入学前納入］1年終了迄の小計のうち約300,000円。［授業料納入］一括または4回分割。［その他］制服・制定品代あり。

併願校の例

	都立	千公立	私立
挑戦校	田園調布 産業技術高専 東 本所 科学技術	市川東 船橋芝山 市立松戸	錦城学園 駒場学園 保善 岩倉 共栄学園
最適校	松原 足立 紅葉川 府中東 篠崎	市立船橋 船橋啓明 松戸 市川昴	自由ヶ丘 大森学園 修徳 中央学院中央 堀越
堅実校	葛飾野 板橋有徳 淵江 八潮	市川南 松戸馬橋 船橋法典 松戸向陽	科学技術学園

合格のめやす

合格の可能性 60% 80% の偏差値を表示しています。

普通科 40 44

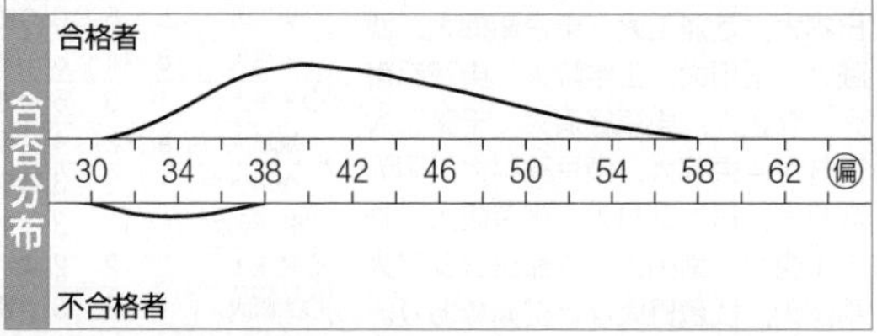
合否分布
合格者
不合格者
30
34
38
42
46
50
54
58
62
偏

※合格のめやすの見方は114ページ参照。

見学ガイド 文化祭／説明会／授業見学／個別相談会／個別見学対応

国立市

桐朋 高等学校

〒186-0004　東京都国立市中3-1-10　☎(042)577-2171

【教育方針】　教育目標は「自主・敬愛・勤労」。「桐朋生に求められる３つの姿勢」として「本質的な学問を探究する精神」「お互いを認め，共鳴し合う関係」「自ら問いを立て，主体的に生きる姿勢」を掲げ，時代を拓く「自律的な学習者」へと導く。

【沿　革】　1941年第一山水中学校として創立。1948年新学制により改編し，現校名となる。

【学校長】　原口　大助

【生徒数】　男子949名

	1年（7クラス）	2年（7クラス）	3年（7クラス）
男子	335名	314名	300名

JR―国立・谷保各15分またはバス桐朋・桐朋学園

特色

設置学科：普通科

【カリキュラム】　①ホームルームは内部進学生と混合だが，数学などでは高校入学者クラスを設けてサポートする。②数学と英語を中心に，段階別授業を展開。学校側が振り分けるのではなく，生徒自身が自分の段階を決めて授業に臨む。③理科では分野ごとに専用の実験室を活用し，実験・実習を通して現象を考える。④多くの教科で教員作成の自主教材を使用する。教科書の内容を超えた発展的なことも学べる。

【キャリア教育】　1年次は「進路・仕事とは」，2年次は「大学・学問とは」をテーマに，自分のしたいこと，進路・生き方を考える。1年次の卒業生懇談会の後に，「私の将来」と題した作文を作成し，冊子にまとめる。

【海外研修】　1・2年次の希望者から選抜でイギリス・ケンブリッジでの語学研修を夏休みに実施。イギリスの文化や生活習慣も学ぶ。

【クラブ活動】　陸上競技部，将棋部囲碁班，スキー部，地学部，生物部などが全国レベル。

【施設】　広大なグラウンドや蔵書数約65,000冊の図書館，プラネタリウムや口径40cmの反射望遠鏡，太陽観測所など学習施設が充実。

習熟度別授業	土曜授業	文理選択	オンライン授業	制服	自習室	食堂	プール	グラウンド	アルバイト
数英	○	2年～	○	―	～18:00	○	○	○	○

登校時刻＝ 8:30
下校時刻＝18:00

進路情報　2023年3月卒業生

四年制大学への進学率 **54.6%**

【卒業生数】　315名

【進路傾向】　大学進学者の内訳は，文系・理系それぞれ半数程度。国公立大学へ文系20名・理系42名・他3名，海外大学へ1名が進学した。

【指定校推薦】　利用状況は早稲田大4，慶應大3，北里大1，日本歯大1，関西学院大1など。ほかに上智大，東京理科大，学習院大，中央大，日本大，芝浦工大，東京電機大，武蔵大，玉川大，工学院大，東京都市大，立正大，東京経済大，千葉工大，杏林大，東邦大，東京薬科大，明治薬科大，日本薬科大，東京歯大，神奈川歯大，南山大，立命館アジア太平洋大，武蔵野大など推薦枠あり。

	四年制大学	172名
	短期大学	0名
	専修・各種学校	0名
	就職	0名
	進学準備・他	143名

主な大学合格状況

'24春速報は巻末資料参照

大学名	'23	'22	'21	大学名	'23	'22	'21	大学名	'23	'22	'21
◇東京大	9	11	9	◇北海道大	12	13	9	明治大	120	130	117
◇京都大	4	6	4	◇東北大	6	11	11	青山学院大	51	47	32
◇東工大	5	6	10	◇防衛医大	2	2	3	立教大	36	48	40
◇一橋大	8	14	8	◇東京農工大	8	12	10	中央大	84	97	122
◇千葉大	1	3	6	◇電通大	7	5	4	法政大	65	74	82
◇筑波大	8	2	4	早稲田大	76	101	68	日本大	74	81	81
◇東京外大	1	2	3	慶應大	60	73	74	成蹊大	19	21	11
◇横浜国大	10	13	3	上智大	42	36	21	芝浦工大	35	27	37
◇埼玉大	2	2	2	東京理科大	76	85	98	立命館大	4	6	18
◇大阪大	1	2	3	学習院大	11	19	5	順天堂大	6	7	5

※各大学合格数は既卒生を含む。

入試要項 2024年春（実績）

新年度日程についてはp.116参照。

◆一般

募集人員▶約50名

選抜方法▶国数英（各50分・各100点・英にリスニングあり），調査書

◆**受験料** 25,000円

（内申基準）特記なし。

（特待生・奨学金制度）在学中の家計急変等に対応する桐朋奨学会の救済制度あり。

（帰国生の受け入れ）国内生と同枠入試。

入試日程

区分	出願	試験	発表	手続締切
一般	1/25～2/5	2/10	2/11	2/12

応募状況

年度	区分	応募数	受験数	合格数	実質倍率
'24	一般	251	244	151	1.6
'23	一般	217	214	144	1.5
'22	一般	240	234	163	1.4

［'24年合格最低点］一般154/300

東京　男子　と　桐朋

学費

学費（単位：円）	入学金	施設拡充費	授業料	その他経費	小計	初年度合計
入学手続時	300,000	—	—	—	300,000	約1,200,900
1年終了迄	—	136,200	482,400	約282,300	約900,900	

※2024年度予定。［返還］3/1までの入学辞退者には入学金を除き返還。［授業料納入］10回分割。
［寄付・学債］任意の学園債1口10万円あり。

併願校の例

	都立	神・埼公立	国・私立
挑戦校	日比谷	横浜翠嵐	筑波大駒場
			筑波大附属
			東京学芸大附
			早大学院
			慶應志木
最適校	西	市立横浜サイエンス	巣鴨
	国立	多摩	城北
	戸山	浦和	帝京大学
	立川	川越	宝仙学園(理数)
	八王子東		国学院久我山
堅実校	国分寺	大和	日大二
	小金井北	神奈川総合	拓大一
	調布北	川口市立(理数)	佼成学園
	豊多摩	和光国際	八王子学園
	多摩科学技術		狭山ヶ丘

合格のめやす

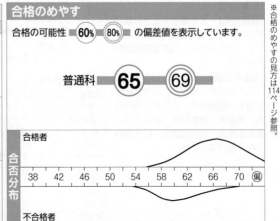

合格の可能性 ■■■ **60%** **80%** の偏差値を表示しています。

普通科 **65** **69**

合格者

| | 38 | 42 | 46 | 50 | 54 | 58 | 62 | 66 | 70 | (偏) |

不合格者

合否分布

※合格のめやすの見方は114ページ参照。

（見学ガイド）文化祭／説明会／見学会

世田谷区

日本学園 高等学校

〒156-0043　東京都世田谷区松原2-7-34　☎(03)3322-6331

小 中 高 専 短 大

【建学の精神】「身も心も清らかで，筋道の通った正しい行いをし，世界の人と交わり活躍できる人物となれ」を掲げる。

【沿　革】　1885年東京英語学校として創立。2026年度より明治大学系列校となり明治大学付属世田谷高等学校に校名変更，男女共学化予定。

【学校長】　水野　重均

【生徒数】　男子558名

	1年(8クラス)	2年(6クラス)	3年(6クラス)
男子	231名	156名	171名

京王線・京王井の頭線―明大前5分　京王線―下高井戸10分　小田急線―豪徳寺15分

特色

設置学科：普通科

【コース】　特別進学コースと進学コースを設置している。

【カリキュラム】　①特別進学コースは豊富な講習会で難関大学への現役合格をめざす。明治大学出張講義がある。②進学コースは部活動に積極的に参加し創造力・実践力を伸ばす。多様な大学受験に対応し，多角的な進路指導を行う。③オリジナルプログラム「創発学」では自己を見つめることから始め，行事などをきっかけに得意な道を見つける。探究につなげ，協働して課題解決に取り組む。④朝や放課後に選択受講できるモジュール講習や長期休業中の講習などを設置。⑤英語検定と漢字検定は全員が受験する。英語検定2次には教員が個別指導で対応する。

【海外研修】　希望選抜制で1年次1月からのオーストラリアターム留学を実施。

【クラブ活動】　トライアスロン部，モノポリー部，バレーボール部，フットサル部が全国大会に出場した。為替株式学習部が珍しい。

【施設】　15,675㎡の広大なグラウンドや3面のテニスコートなど運動施設が充実。2024年度より新校舎建築開始，2025年秋使用開始予定。

習熟度別授業	土曜授業	文理選択	オンライン授業	制服	自習室	食堂	プール	グラウンド	アルバイト
―	○	2年～	○	○	○	―	○	○	届出

登校時刻＝ 8:20
下校時刻＝18:30

進路情報　2023年3月卒業生

四年制大学への進学率 **89.2%**

【卒業生数】　120名

【進路傾向】　大学進学率は上昇傾向で2022年春80%→2023年春89%。いずれも私立大学で，内訳は文系88%，理系12%。

【指定校推薦】　明治大，日本大，東洋大，駒澤大，専修大，大東文化大，東海大，亜細亜大，帝京大，國學院大，獨協大，神奈川大，芝浦工大，東京電機大，東京都市大，日本薬科大など推薦枠あり。

四年制大学	107名
短期大学	0名
専修・各種学校	7名
就職	2名
進学準備・他	4名

主な大学合格状況

'24春速報は巻末資料参照

※各大学合格数は既卒生を含む。

大学名	'23	'22	'21	大学名	'23	'22	'21	大学名	'23	'22	'21
◇東京外大	0	1	0	立教大	0	4	4	帝京大	26	28	23
◇北海道大	0	1	0	中央大	0	8	0	國學院大	2	3	3
◇都立大	0	1	0	法政大	4	8	6	神奈川大	5	5	3
◇岐阜大	0	1	0	日本大	11	15	16	東京電機大	5	4	4
早稲田大	0	8	1	東洋大	6	9	10	東京都市大	1	8	6
上智大	0	1	3	駒澤大	7	8	7	国士舘大	10	9	12
東京理科大	0	0	1	専修大	31	7	18	東京経済大	5	4	4
学習院大	2	0	4	大東文化大	4	5	4	桜美林大	18	11	9
明治大	1	12	12	東海大	16	2	4	武蔵野大	5	6	2
青山学院大	0	3	3	亜細亜大	8	5	7	明星大	7	7	15

入試要項 2024年春（実績）

新年度日程については p.116 参照。

◆ 推薦　単願

募集人員▶124名

選抜方法▶作文（50分・400字），面接（特進は個人10分，進学はグループ10分），調査書

◆ 一般　特別進学コースの①②，進学コースの①に併願優遇（公私とも可）あり

募集人員▶①83名，②41名

選抜方法▶国数英（各50分・各100点），面接（特別進学コースは個人10分，進学コースはグループ10分），調査書

◆ 受験料　23,000円

入試日程

区分	登録・出願	試験	発表	手続締切
推薦	1/8〜19	1/22	1/23	1/24
一般①	1/8〜2/8	2/10	2/11	3/3
一般②	1/8〜2/13	2/14	2/15	3/3

（内申基準）**推薦**：[特別進学] 3科12かつ5科18，[進学] 9科28　**一般（併願優遇）**：[特別進学]以下①または②。①3科12かつ9科31・②5科18かつ9科31，[進学] 9科30　※いずれも9科に1不可，特別進学コースは5科に2も不可　※条件により内申加点あり

（特待生・奨学金制度）特別進学コースは入試成績による4段階の特待生認定する。部活動による4段階の特待生制度もある。

（帰国生の受け入れ）国内生と同枠入試。

応募状況

年度	区分		応募数	受験数	合格数	実質倍率
'24	推薦	特進	4	4	4	1.0
		進学	77	77	77	1.0
	一般①	特進	65	65	43	1.5
		進学	62	59	47	1.3
	一般②	特進	45	24	12	2.0
		進学	50	31	12	2.6
'23	推薦	特進	9	9	9	1.0
		進学	51	51	51	1.0
		スポ	42	42	42	1.0
	一般①	特進	104	102	77	1.3
		進学	92	90	83	1.1
	一般②	特進	54	37	21	1.8
		進学	27	15	6	2.5
'22	推薦	特進	1	1	1	1.0
		総進	43	43	43	1.0
		スポ	55	55	55	1.0
	一般①	特進	36	35	27	1.3
		総進	74	73	71	1.0
	一般②	特進	23	11	10	1.1
		総進	17	8	7	1.1

［スライド制度］あり。上記に含まず。
［'24年合格最低点］一般①：特別進学162，進学120（/300）　一般②：特別進学170，進学130（/300）

学費（単位：円）	入学金	施設費	授業料	その他経費	小計	初年度合計
入学手続時	250,000	—	—	—	250,000	1,243,200
1年終了迄	—	100,000	465,600	427,600	993,200	

※2024年度予定。［授業料納入］毎月分割。［その他］制服・制定品代あり。
［寄付・学債］任意の寄付金1口5万円3口以上，任意の施設設備資金寄付金1口5千円あり。

併願校の例

※[進学]を中心に

	都立	神公立	私立
挑戦校	狛江　神代　石神井　調布南　雪谷	生田　元石川	実践学園　日大豊山　杉並学院　日本工大駒場
最適校	府中　成瀬　芦花　松が谷　日野	市立高津　荏田　麻生	国士舘　駒場学園　保善　自由ヶ丘　大森学園
堅実校	松原　小川　府中東　片倉　桜町	百合丘　生田東	正則学園

合格のめやす

合格の可能性 **60%** **80%** の偏差値を表示しています。

特別進学　**51**　55

進学　**45**　49

合否分布

合格者

| | 30 | 34 | 38 | 42 | 46 | 50 | 54 | 58 | 62 | （偏） |

不合格者

実線＝進学
破線＝特別進学

※合格のめやすの見方は114ページ参照。

（見学ガイド）体育祭／文化祭／説明会／オープンキャンパス／部活動体験見学会

小 中 高 専 短 大

文京区

日本大学豊山 高等学校

〒112-0012　東京都文京区大塚5-40-10　☎(03)3943-2161

【教育目標】「強く　正しく　大らかに」を校訓に掲げる。心身共に強く，ルールを守る正しさ，思いやりの心，遊び心を持った自由な発想ができる大らかさを育む。

【沿革】1903年真言宗豊山派により旧制豊山中学校創立。1952年日本大学へ移行し，1954年に現校名となる。

【学校長】松井　靖

【生徒数】男子1,513名

	1年(12クラス)	2年(12クラス)	3年(13クラス)
男子	485名	476名	552名

有楽町線一護国寺1分

特色

設置学科：普通科

【コース】進学，特進，スポーツの3コース制。進学コースは2年次，特進コースは1年次より内部進学生と混合。スポーツコースは内部進学生と3年間別クラスで編成される。

【カリキュラム】①進学コースは部活動と勉強を両立し，日本大学進学を主とした学習を行う。②特進コースは先取り授業で国公立・難関私大合格をめざす。③スポーツコースは文系コースで，全員が運動部に所属。④日本大学の法・経済・生産工学部と連携。大学の必修科目を履修し，単位の先取りができる。⑤各種検定の対策

として放課後に各教科で講習を実施。英語検定2次試験の面接対策も行う。⑥英語の基礎内容を充実させるオリジナルプリントを用意している。図書館で解説DVDも視聴できる。

【海外研修】1・2年次の希望者から選抜でカナダでの語学研修ホームステイ（17日間）を実施している。日本大学全付属高校生を対象とした選抜制のケンブリッジ研修制度もある。

【クラブ活動】水泳部がインターハイ連覇。陸上部と放送部も全国大会出場の実績。

【施設】校舎最上の11階に25mプールがある。

習熟度別授業	土曜授業	文理選択	オンライン授業	制服	自習室	食堂	プール	グラウンド	アルバイト	登校時刻＝ 8:20
―	○	2年〜	○	○	〜17:30	○	○	―	審査	下校時刻＝17:30

進路情報 2023年3月卒業生

四年制大学への進学率 **94.3%**

【卒業生数】487名

【進路傾向】大学進学者の内訳は文系51%，理系49%。国公立大学へ文系1名，理系2名が進学した。

【系列進学】日本大学へ357名（法44，文理38，経済49，商27，理工102，芸術8，国際関係2，危機管理8，スポーツ科3，生産工21，工2，医1，松戸歯1，生物資源科37，薬6，二部8），日本大学短期大学部へ3名が内部推薦で進学した。

【指定校推薦】上智大，東京理科大，学習院大，明治大，立教大，中央大，法政大，東洋大，明治学院大，芝浦工大，北里大，東京薬科大，明治薬科大，東京歯大など推薦枠あり。

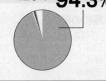

	四年制大学	459名
	短期大学	4名
	専修・各種学校	5名
	就職	1名
	進学準備・他	18名

主な大学合格状況
'24年春速報は巻末資料参照

大学名	'23	'22	'21	大学名	'23	'22	'21	大学名	'23	'22	'21
◇東京大	1	0	0	学習院大	5	5	3	國學院大	5	0	6
◇筑波大	2	0	1	明治大	18	7	7	成城大	7	1	1
◇北海道大	0	0	0	青山学院大	10	3	3	明治学院大	3	3	1
◇名古屋大	0	1	0	立教大	5	8	5	獨協大	5	1	3
◇防衛大	0	1	0	中央大	13	9	7	芝浦工大	3	5	4
◇金沢大	1	0	0	法政大	12	4	5	東京電機大	2	1	4
早稲田大	2	5	2	日本大	524	483	410	東京都市大	4	2	6
慶應大	6	4	0	東洋大	10	5	16	東京経済大	2	3	2
上智大	5	4	4	専修大	2	2	0	東京薬科大	4	1	3
東京理科大	11	11	9	帝京大	2	2	3	多摩美大	2	0	6

※各大学合格数は既卒生を含む。

入試要項 2024年春（実績）

新年度日程についてはp.116参照。

◆推薦 推薦，特別推薦（学業・スポーツ）
※いずれも第1志望
募集人員▶120名
選抜方法▶推薦・特別推薦（学業）：適性検査（国数英計70分），調査書 **特別推薦（スポーツ）**：実技，戦績や実績の証明書，調査書
◆一般 学業，併願優遇（公私とも可），スポーツコース ※学業，併願優遇は進学コースと特進コースが対象
募集人員▶120名
選抜方法▶国数英（各50分・各100点・英にリスニングあり），調査書，ほかにスポーツコースは実技，全中・都・県大会出場を証明する客観的資料
◆受験料 25,000円

内申基準 **推薦**：3科13または5科20 **特別推薦（学業）**：5科16 **特別推薦（スポーツ）**：5科または9科の評定平均3.0かつ全国大会で顕著な活躍をした者（団体の場合はレギュラーメンバー） **一般（併願優遇）**：5科22 ※推薦・一般（併願優遇）は9科に2不可，特別推薦（学業）は5科に2不可・9科に1不可，特別推薦（スポーツ）は9科に1不可 ※条件により内申加点あり

特待生・奨学金制度 入学後，学業成績優秀者に対する特待生奨学金制度あり。

帰国生の受け入れ 国内生と同枠入試。

入試日程

区分		登録・出願	試験	発表	手続締切
推薦		1/10〜15	1/22	1/23	1/25
一般	学・ス	1/10〜2/10	2/12	2/13	2/15
	併優	1/10〜26	2/12	2/13	3/4

［延納］一般の学業とスポーツコースは30,000円納入により残額は公立発表後まで。

応募状況

年度	区分	応募数	受験数	合格数	実質倍率
'24	推薦	211	211	157	1.3
	一般	240	215	141	1.5
'23	推薦	225	224	152	1.5
	一般	264	227	122	1.9
'22	推薦	253	250	158	1.6
	一般	276	254	129	2.0

［'24合格最低点］一般151/300

東京 男子 に 日本大学豊山

学費（単位：円）	入学金	施設設備資金	授業料	その他経費	小計	初年度合計
入学手続時	230,000	—	—	—	230,000	1,062,900
1年終了迄	—	192,000	480,000	160,900	832,900	

※2024年度予定。［授業料納入］3回分割。［その他］制服・制定品代あり。

併願校の例 ※［進学］を中心に

	都立	埼公立	私立
挑戦校	三田 北園 豊多摩	和光国際 川口市立 川越南 市立大宮北	日大二 国学院 淑徳巣鴨 東洋 東洋大京北
最適校	文京 上野 豊島 石神井 墨田川	所沢 市立川越 与野 浦和北 朝霞	日大鶴ヶ丘 日大一 実践学園 京華 城西大城西
堅実校	産業技術高専 向丘 武蔵丘 杉並	大宮南 朝霞西 豊岡 鳩ヶ谷	豊島学院 保善 日本学園 豊南

合格のめやす

合格の可能性 60% 80% の偏差値を表示しています。

進学 **53** **57**

特進 **57** **61**

スポーツは偏差値を設定していません。

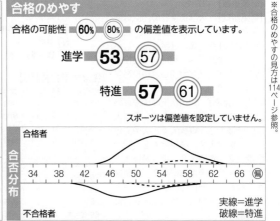

合格者

| 34 | 38 | 42 | 46 | 50 | 54 | 58 | 62 | 66 | 偏 |

合否分布

不合格者

実線＝進学
破線＝特進

※合格のめやすの見方は114ページ参照。

見学ガイド 体育大会／文化祭／説明会／授業参観Day／見学会

新宿区

保善 高等学校

〒169-0072　東京都新宿区大久保3-6-2　☎0120-845532(入試広報部)

【教育目標】　「実学尊重」「剛健質実」「報本反始」「初志貫徹」の建学の精神を踏まえ，豊かな人間性と創造性・自主性を併せ持つ人材育成をめざす。また，世界的視野や誠実さを兼ね備えた平和な社会の形成者，およびこれからの国際社会に適応する人材を育てる。

【沿　革】　1923年に東京保善商業学校として創立。1972年現校名となる。

【学校長】　戸嶋　直彦

【生徒数】　男子731名

	1年(10クラス)	2年(8クラス)	3年(7クラス)
男子	305名	241名	185名

JR・西武新宿線・東西線―高田馬場8分
副都心線―西早稲田7分

特色

設置学科：普通科

【コース】　特別進学，大進選抜，大学進学の3クラス制。特別進学クラスは文理とも3年次に国公立大コースと難関私立大コースに分かれる。

【カリキュラム】　①特別進学クラスでは1年次より「考え」「動く」ことがテーマの探究学習の場「未来考動塾」を設ける。②大進選抜クラスはGMARCHレベル以上の大学合格を目指す。③大学進学クラスは個々の実力に合わせた補習や講習で応用力を養い，志望大学合格をめざす。④月例テストや長期休業中の講習，外国人講師による集中英会話講座で学力向上を支える。

【海外研修】　夏休みに15日間，ニュージーランドでホームステイ英語研修を実施。学年末のフィリピン・セブ島での語学特訓研修（2週間）はマンツーマンでの英会話レッスンが中心。いずれも1・2年次対象の希望制。

【クラブ活動】　強化指定5クラブは陸上競技部（短距離・投擲）と空手道部が全国レベルで，ほかにラグビー部，バスケットボール部，陸上競技部（中長距離・駅伝），サッカー部がある。

【施設】　体育館にも冷暖房を完備。埼玉に入間グラウンド（サッカー・ラグビー場）がある。

習熟度別授業	土曜授業	文理選択	オンライン授業	制服	自習室	食堂	プール	グラウンド	アルバイト	登校時刻＝ 8:20
国数英	○	2年～	○	○	～19:00	○	—	○	—	下校時刻＝19:00

進路情報　2023年3月卒業生

四年制大学への進学率 **85.5%**

【卒業生数】　228名

【進路傾向】　大学進学者の内訳は文系67%，理系31%，他2%。国公立大学へ理系1名が進学した。近年は多様な受験形態を利用して現役合格をめざす生徒が増加し，現役進学率も上昇傾向。

【指定校推薦】　利用状況は東京理科大2，中央大1，日本大4，東洋大6，駒澤大2，専修大4，大東文化大1，東海大2，國學院大2，明治学院大2，獨協大2，東京電機大1，工学院大2，東京都市大2，東京農大2など。ほかに亜細亜大，帝京大，成蹊大，神奈川大，芝浦工大など推薦枠あり。

- 四年制大学　195名
- 短期大学　0名
- 専修・各種学校　12名
- 就職　3名
- 進学準備・他　18名

主な大学合格状況　'24年春速報は巻末資料参照

大学名	'23	'22	'21	大学名	'23	'22	'21	大学名	'23	'22	'21
◇東京大	0	1	0	学習院大	1	6	2	大東文化大	11	3	7
◇千葉大	0	0	1	明治大	2	16	9	東海大	23	7	24
◇筑波大	0	1	0	青山学院大	2	4	2	亜細亜大	12	8	8
◇東京外大	0	1	0	立教大	1	17	5	帝京大	16	17	21
◇防衛大	1	0	0	中央大	2	18	18	國學院大	4	11	7
◇琉球大	1	0	0	法政大	6	9	13	成蹊大	3	2	9
早稲田大	1	7	2	日本大	21	31	34	明治学院大	4	5	9
慶應大	1	1	2	東洋大	10	18	24	芝浦工大	2	5	14
上智大	1	0	2	駒澤大	9	9	5	東京電機大	20	3	5
東京理科大	5	7	2	専修大	18	11	16	立正大	11	6	7

※各大学合格数は既卒生を含む。

入試要項　2024年春（実績）

新年度日程についてはp.116参照。

◆ 推薦　単願推薦，併願推薦（公私とも可。千葉・埼玉公立中生，国立中生が対象）　※スポーツ推薦あり。対象種目はラグビー，バスケットボール，空手道，陸上競技，サッカー

募集人員▶単願推薦130名，併願推薦20名

※クラス内訳は一般との合計で，特別進学クラス30名，大進選抜クラス60名，大学進学クラス210名

選抜方法▶適性検査（国英または数英各45分・各100点），個人面接（5分），調査書

◆ 一般　第1志望加点，併願優遇（公私とも可。A・Bのみ），フリー

募集人員▶一般A85名，一般B55名，一般C10名

選抜方法▶国数英（各50分・各100点・英にリスニングあり・一般A・Bは高得点2科判定），個人面接（5分），調査書

◆ 受験料　22,000円

(内申基準) **単願推薦**：[特別進学] 5科20，[大進選抜] 5科18，[大学進学] 5科15　**併願推薦・一般（併願優遇）**：[特別進学] 5科20，[大進選抜] 5科18，[大学進学] 5科16　※いずれも9科に1不可　※条件により内申加点あり

(特待生・奨学金制度) 内申，入試の成績により2段階の特待生認定。

(帰国生の受け入れ) 国内生と同枠入試で考慮あり。

入試日程

区分	登録・出願	試験	発表	手続締切
推薦	1/6〜18	1/22	1/23	1/24
一般A	1/6〜2/6	2/10	2/11	2/13
一般B	1/6〜2/6	2/12	2/13	2/14
一般C	1/6〜2/23	2/24	2/25	2/26

[延納] 推薦と一般A・Bの私立併願者は2/22，公立併願者は公立発表後まで。一般Cの併願者は公立発表後まで。

応募状況

年度	区分	応募数	受験数	合格数		実質倍率
'24	単願推薦	124	124	特進	3	1.0
				大選	20	
				大進	101	
	併願推薦	14	14	特進	3	1.0
				大選	7	
				大進	4	
	一般A	236	228	特進	32	1.0
				大選	61	
				大進	126	
	一般B	150	108	特進	21	1.1
				大選	40	
				大進	39	
	一般C	57	54	特進	3	4.2
				大選	4	
				大進	4	

[スライド制度] あり。上記に含む。

['24年度合格最低点] 単願推薦：特別進学152，大進選抜125，大学進学96（/200）　併願推薦：特別進学163，大進選抜124，大学進学101（/200）　一般A：特別進学157，大進選抜125，大学進学95（/200）　一般B：特別進学159，大進選抜120，大学進学90（/200）　一般C：特別進学213，大進選抜173，大学進学137（/300）

学費（単位：円）

	入学金	施設費	授業料	その他経費	小計	初年度合計
入学手続時	250,000	100,000	—	34,000	384,000	1,064,000
1年終了迄	—	60,000	468,000	152,000	680,000	

※2024年度予定。[授業料納入] 3回分割。[その他] 制服・制定品代あり。

併願校の例　※[大進]を中心に

	都立	神・埼公立	私立
挑戦校	井草 石神井 豊島 東大和南 深川	港北 市立川越 浦和北	日大一 実践学園 日大豊山 目白研心 京華
最適校	武蔵丘 向丘 鷺宮 保谷 杉並	住吉 南稜 朝霞西	豊島学院 東亜学園 錦城学園 日本学園 東京立正
堅実校	松原 田無 紅葉川 板橋	百合丘 志木 川口東	正則学園 中央学院中央 堀越 大東学園

合格のめやす

合格の可能性 ■■■**60%** ⬤**80%** ■■■ の偏差値を表示しています。

特別進学　**54**　(58)

大進選抜　**50**　(54)

大学進学　**46**　(50)

合否分布

合格者

| 30 | 34 | 38 | 42 | 46 | 50 | 54 | 58 | 62 | (偏) |

不合格者

実線＝大学進学　破線＝特別進学

※合格のめやすの見方は114ページ参照。

東京　男子　(ほ) 保善

(見学ガイド) 体育祭／文化祭／説明会／個別相談

小 中 高 専 短 大

中野区

明治大学付属中野 高等学校

〒164-0003　東京都中野区東中野3-3-4　☎(03)3362-8704

【教育方針】　校訓「質実剛毅・協同自治」を柱とする。「みんなで仲良く，正直に，真面目に，精一杯努力しよう」を合い言葉として，一人ひとりの生徒に備わっている，個性的な能力を大切に育成する。

【沿　革】　1929年旧制中野中学校として開校。1949年明治大学付属校となる。

【学校長】　清水　孝

【生徒数】　男子1,233名

	1年(10クラス)	2年(10クラス)	3年(10クラス)
男子	419名	416名	398名

JR・都営大江戸線―東中野5分
東西線―落合10分

特色

設置学科：普通科

【カリキュラム】　①明治大学への推薦に備え，5教科に加え芸術や体育など全教科でバランスの取れた学力をめざす。②明治大学への進学を基軸に国公立や他大学の進学にも対応。③多彩な講習で実力を養成。平常講習，夏期講習，他大学進学支援のほか，デッサン講習や柔道・剣道昇段試験の実技講習も実施している。④明治大学との連携により簿記，語学，法書入門などの講座を開く。1年次の「明治大学特別進学講座」では，大学の先生が講師となり，各学部の目標と特色を説明する。3年次には，興味のある学部・学科の講義を聴講できる。

【キャリア教育】　キャリア教育支援NPOと連携した進路セミナーで，明確な職業観を養う。

【海外研修】　1年次3学期に希望選抜制のカナダ・ターム留学を実施。2・3年次の夏休みには希望制のアメリカ語学研修を行う。

【クラブ活動】　ゴルフ，音楽，水泳（水球），相撲，剣道，射撃，スケート（アイスホッケー）などのクラブが全国レベルで活躍。

【施設】　2016年に新高校棟，2017年に新共用棟と第二体育館，2018年に校庭が完成。

習熟度別授業	土曜授業	文理選択	オンライン授業	制服	自習室	食堂	プール	グラウンド	アルバイト
―	○	2年～	○	○	○	○	○	○	―

登校時刻＝ 8:20
下校時刻＝19:00

進路情報　2023年3月卒業生

四年制大学への進学率 **95.3%**

【卒業生数】　406名

【進路傾向】　大学進学者の内訳は文系75%，理系25%。国公立大学へ文系8名，理系8名が進学した。例年，卒業生の大半が併設大学へ進学している。

【系列進学】　明治大学へ325名（法56，商57，政治経済60，文24，理工33，農16，経営38，情報コミュニケーション20，国際日本9，総合数理12）が内部推薦で進学した。

【指定校推薦】　利用状況は慶應大3，東京理科大4，青山学院大1，日本大3など。ほかに学習院大，立教大，芝浦工大，東京電機大，東京都市大など推薦枠あり。

	四年制大学	387名
	短期大学	0名
	専修・各種学校	2名
	就職	0名
	進学準備・他	17名

主な大学合格状況
'24年春速報は巻末資料参照

大学名	'23	'22	'21	大学名	'23	'22	'21	大学名	'23	'22	'21
◇東京大	0	0	2	早稲田大	13	11	8	日本大	8	25	12
◇京都大	1	0	0	慶應大	12	8	10	東洋大	3	7	2
◇東工大	5	1	1	上智大	4	2	1	専修大	6	3	6
◇一橋大	0	0	1	東京理科大	17	22	18	大東文化大	7	1	2
◇千葉大	0	1	0	学習院大	7	5	3	帝京大	6	5	3
◇筑波大	2	0	0	明治大	356	347	336	成蹊大	2	1	2
◇東京外大	0	1	0	青山学院大	2	3	4	芝浦工大	5	5	2
◇横浜国大	1	0	1	立教大	1	3	3	立命館大	3	2	3
◇大阪大	1	0	1	中央大	8	5	8	国士舘大	4	8	5
◇北海道大	3	1	1	法政大	7	6	11	北里大	3	4	0

※各大学合格数は既卒生を含む。

入試要項　2024年春（実績）

新年度日程についてはp.116参照。

◆推薦　**推薦Ⅰ型（総合）**：第１志望　**推薦Ⅱ型（スポーツ特別）**：第１志望。対象競技は剣道，水球，相撲，柔道，卓球，バドミントン，バレーボール，野球，ラグビーフットボール，陸上競技

募集人員▶推薦Ⅰ型約30名，推薦Ⅱ型約30名

選抜方法▶**推薦Ⅰ型**：適性検査（国数英各40分・各70点），個人面接（10分），調査書，自己PRシート　**推薦Ⅱ型**：作文（45分・600字），個人面接（10分），調査書，競技実績記載資料，志望理由書

◆一般

募集人員▶約105名

選抜方法▶国数英（各50分・各100点），調査書

◆受験料　30,000円

（**内申基準**）推薦Ⅰ型：5科21かつ9科37　推薦Ⅱ型：9科30　※いずれも9科に2不可

（**特待生・奨学金制度**）入学後の家計急変などに対応した奨学金制度あり。

（**帰国生の受け入れ**）国内生と同枠入試。

入試日程

区分	登録・出願	試験	発表	手続締切
推薦Ⅰ型	12/20〜1/17	1/22	1/23	1/24
推薦Ⅱ型	1/15	1/22	1/23	1/24
一般	12/20〜2/7	2/12	2/13	2/14

応募状況

年度	区分	応募数	受験数	合格数	実質倍率
'24	推薦Ⅰ型	67	66	35	1.9
	推薦Ⅱ型	31	31	31	1.0
	一般	933	841	261	3.2
'23	推薦Ⅰ型	102	102	35	2.9
	推薦Ⅱ型	24	24	24	1.0
	一般	961	892	285	3.1
'22	推薦	29	29	29	1.0
	一般	987	915	288	3.2

［'24年合格最低点］一般185/300

東京　男子　め　明治大学付属中野

学費（単位：円）	入学金	施設設備費	授業料	その他経費	小計	初年度合計
入学手続時	280,000	—	—	8,000	288,000	1,127,000
1年終了迄	—	240,000	570,000	29,000	839,000	

※2023年度実績。［授業料納入］3回分割。［その他］制服・制定品代，教材費・学力テスト代，行事費等あり。
［寄付・学債］任意の教育環境整備協力資金1口5万円2口以上あり。

併願校の例

	都立	神・埼公立	私立
挑戦校			早稲田実業 早大学院 慶應義塾 慶應志木
最適校	日比谷 戸山 青山 立川 新宿	多摩 横浜緑ケ丘 浦和 大宮 川越	国際基督教 中大杉並 中央大学 法政大学 成蹊
堅実校	小山台 国分寺 駒場 豊多摩 北園	神奈川総合 市立横浜サイエンス 蕨 和光国際 川口市立	日大二 錦城 淑徳巣鴨 東洋 佼成学園

合格のめやす

合格の可能性 **60%** **80%** の偏差値を表示しています。

普通科　**65**　　**69**

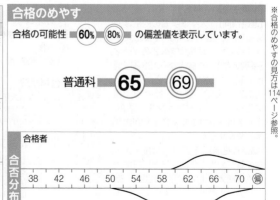

※合格のめやすの見方は114ページ参照。

（**見学ガイド**）文化祭／説明会／オープンスクール／見学会

豊島区

 # 立教池袋 高等学校

〒171-0021　東京都豊島区西池袋5-16-5　☎(03)3985-2707

【建学の精神】　「キリスト教に基づく人間教育」を掲げる。自由と自律の精神を育み、「テーマをもって真理を探究する力」「共に生きる力を育てる」を教育目標に定める。

【沿　革】　1874年築地に立教学校開設。1896年立教尋常中学校設立。2000年高等学校開校。

【学校長】　豊田　由貴夫

【生徒数】　男子432名

	1年(4クラス)	2年(4クラス)	3年(4クラス)
男子	151名	140名	141名

JR・丸ノ内線・西武池袋線・東武東上線―池袋10分　有楽町線・副都心線―要町5分

特色

設置学科：普通科

【カリキュラム】　①本物の英語に触れる機会を設定。的確な表現で自己発信できる英語力を培う。クラスを2つに分けた少人数授業も実施。②国語では日本語を通して物事を的確に捉え、深く考える。③3年次には自由選択講座を約50講座設置。立教大学特別聴講生制度もあり、高校、大学両方で単位に認定される。④週1時間ずつの聖書と礼拝の授業のほか、礼拝の行事や毎日の祈りを行う。⑤校外学習の行き先は、生徒が作成したコースから選択。4泊5日の現地学習を行い、レポートを作成する。⑥2年次より卒業研究論文に取り組み3年次秋発表する。

【キャリア教育】　1年次に職業を通して人生を考える。グループごとに職業インタビューし、ポスターとプレゼンテーションで成果を共有。

【海外研修】　1年次対象のアメリカキャンプ、1・2年次対象の英語語学研修を希望制で実施。ほか立教英国学院での1年間の留学制度、3年次進路決定者対象の1カ月間の留学制度がある。

【クラブ活動】　テニス部、文芸部、水泳部、ゴルフ部、鉄道研究部などが全国大会に出場。吹奏楽部なども活発に活動している。

習熟度別授業	土曜授業	文理選択	オンライン授業	制服	自習室	食堂	プール	グラウンド	アルバイト
―	○	○	○	○	○	○	○	○	○

登校時刻＝ 8:20
下校時刻＝19:10

進路情報　2023年3月卒業生

四年制大学への進学率 **95.1%**

【卒業生数】　144名

【進路傾向】　大学進学者の内訳は、文系88%、理系12%。国公立大学へ理系2名、海外大学へ2名が進学。

【系列進学】　立教大学へ128名（現代心理2、法24、観光2、経営16、経済27、文22、理9、社会18、異文化コミュニケーション6、GLAP1、スポーツウエルネス1）が内部推薦で進学した。

【指定校推薦】　利用状況は慶應大1、国際基督教大1など。ほかに日本大、東京電機大、工学院大、北里大、聖マリアンナ医大、明治薬科大、日本歯大、神奈川歯大、武蔵野大、東京農大、城西大など推薦枠あり。

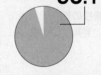

		四年制大学	137名
		短期大学	0名
		専修・各種学校	0名
		就職	0名
		進学準備・他	7名

主な大学合格状況

'24年春速報は巻末資料参照

大学名	'23	'22	'21	大学名	'23	'22	'21	大学名	'23	'22	'21
◇東京外大	0	1	0	立教大	128	127	128	芝浦工大	1	5	0
◇横浜国大	1	0	0	中央大	1	3	0	工学院大	0	3	0
◇東北大	1	0	0	法政大	0	2	0	千葉工大	0	2	0
◇東京海洋大	1	0	0	日本大	0	5	3	東京慈恵医大	0	3	0
早稲田大	5	3	1	東洋大	1	0	0	昭和大	0	0	3
慶應大	5	8	2	専修大	0	1	0	杏林大	0	1	0
上智大	0	1	0	東海大	1	1	0	北里大	0	2	1
東京理科大	6	0	0	国際基督教大	1	3	1	東邦大	0	0	1
明治大	5	2	0	成蹊大	1	0	0	東京薬科大	5	0	0
青山学院大	0	2	0	明治学院大	0	1	0	明治薬科大	1	0	0

※各大学合格数は既卒生を含む。

入試要項 2024年春（実績）

新年度日程についてはp.116参照。

◆一般　第1志望，オープン

募集人員▶若干名

選抜方法▶作文（30分），個人面接（10分），調査書，活動内容報告書

◆受験料　30,000円

(内申基準) 第1志望：5科20かつ9科40　※9科に2不可

(特待生・奨学金制度) 家計急変に対応する制度がある。

(帰国生の受け入れ) 国内生と同枠入試。

入試日程

区分	出願	試験	発表	手続締切
一般	1/29〜2/7	2/13	2/14	2/14

応募状況

年度	区分	応募数	受験数	合格数	実質倍率
'24	一般	38	34	10	3.4
'23	一般	57	53	12	4.4
'22	一般	13	13	10	1.3

['24年合格最低点] 非公表。

東京　男子

(り) 立教池袋

学費（単位：円）	入学金	維持資金	授業料	その他経費	小計	初年度合計
入学手続時	300,000	100,000	—	—	400,000	1,362,000
1年終了迄	—	278,000	624,000	60,000	962,000	

※2024年度予定。[返還] 2/15までの入学辞退者には入学金を除き返還。[授業料納入] 一括または3回分割。[その他] 制服・制定品代あり。[寄付・学債] 任意の寄付金1口10万円3口以上あり。

併願校の例

	都立	神・千・埼公立	私立
挑戦校			青山学院 明大明治
最適校	西 国立 立川 新宿 竹早	多摩 船橋 大宮 川越	国際基督教 中大杉並 中央大学 明大中野 法政大学
堅実校	駒場 小松川 北園 豊多摩 文京	新城 船橋東 和光国際 川口市立	淑徳巣鴨 東洋大京北 成城学園 佼成学園 日大鶴ヶ丘

合格のめやす

合格の可能性 **60%** **80%** の偏差値を表示しています。

普通科　**64**　**68**

合否分布

合格者

| | 38 | 42 | 46 | 50 | 54 | 58 | 62 | 66 | 70 | (偏) |

不合格者

※合格のめやすの見方は114ページ参照。

(見学ガイド) 文化祭／説明会／ミニ校舎見学会

練馬区

早稲田大学 高等学院

〒177-0044　東京都練馬区上石神井3-31-1　☎(03)5991-4210(入試専用)

【教育目的】　早稲田大学の建学の精神に基づく一貫教育により，教養を高め，健全な批判力を養い，国家及び社会の形成者として有為な人材を養成すると共に，さらに進んで深く専門の学問を研究するに必要な資質を育成する。

【沿　革】　1920年に早稲田大学が旧制高等学校として設置。1950年現校名に改称。2010年に中学部を併設。

【学院長】　武沢　護

【生徒数】　男子1,466名

西武新宿線―上石神井 7 分

	1年(12クラス)	2年(12クラス)	3年(12クラス)
男子	491名	495名	480名

特色

設置学科：普通科

【カリキュラム】　①早稲田大学進学を見据え，独自のカリキュラムを編成。専門を深く研究するために必要な知的好奇心・探究心を育成する。②2年次からゆるやかな文理別コース制をとる。多彩な選択科目を設置し，進学学部や適性，興味に合わせた深く幅広い学力を身につける。③第二外国語をドイツ語・フランス語・ロシア語・中国語から選択し，3年間履修。④2・3年次には知的探究心・探究力を磨き，卒業研究に取り組む。プレゼンテーション技術や論文執筆技法を習得し，答えのない問題に解決策を示す知性やしなやかな感性を育む。⑤3年次の「大学準備講座」「自由選択科目」には，大学での講義や大学教員が高校で行う授業もある。

【海外研修】　1・2年次対象のニュージーランド15日間のプログラムは現地校で学ぶ。ほか，カナダ，夏期のアメリカ・シアトルなどでのプログラムがあり，利用することが可能。

【クラブ活動】　50以上のクラブがあり，軟式野球部，米式蹴球部，弓道部，ヨット部，グランドホッケー部，理科部，将棋部などのクラブが全国・関東大会などで活躍している。

習熟度別授業	土曜授業	文理選択	オンライン授業	制服	自習室	食堂	プール	グラウンド	アルバイト	登校時刻＝ 8:40
―	○	2年～	○	標準服	～17:00	○	―	○	○	下校時刻＝18:00

進路情報　2023年3月卒業生

【卒業生数】　非公表

【進路傾向】　併設大学への進学者が例年大多数。

【系列進学】　早稲田大学へ470名（政治経済110，法76，文化構想27，文14，教育25，商45，基幹理工68，創造理工35，先進理工30，社会科30，国際教養10）が内部推薦で進学した。

【指定校推薦】　日本医大に高大接続連携での推薦枠あり。

※進路内訳は非公表。

主な大学合格状況

'24年春速報は巻末資料参照

大学名	'23	'22	'21	大学名	'23	'22	'21	大学名	'23	'22	'21
◇鳥取大	0	0	1	昭和大	0	1	0				
早稲田大	470	474	479	杏林大	0	1	0				
東京理科大	0	1	0	国際医療福祉大	0	1	0				
明治大	1	1	0	関西学院大	0	1	0				
中央大	1	1	0	文教大	0	2	1				
日本大	0	0	1	東京工科大	0	0	3				
東洋大	0	1	0	東邦大	0	0	1				
専修大	0	1	0								
武蔵大	0	2	0								
東京都市大	0	0	8								

※各大学合格数は既卒生を含む。

入試要項 2024年春（実績）

新年度日程についてはp.116参照。

◆ 推薦　自己推薦（第1志望）

募集人員▶ 約100名

選抜方法▶ 面接（30分），調査書，活動記録報告書，出願者調書

◆ 一般

募集人員▶ 260名（帰国生18名を含む）

選抜方法▶ 国数英（各50分），小論文（90分），調査書，ほかに帰国生は帰国生出願資格認定書（事前資格認定申請10/30～11/17必着）

◆ 受験料　30,000円

内申基準 自己推薦：9科40

特待生・奨学金制度 入学後に各種奨学金制度あり。

帰国生の受け入れ 国内生と同枠入試で考慮あり（上記参照）。

入試日程

区分	登録・出願	試験	発表	手続締切
自己推薦	12/20～1/16	1/22	1/23	1/24
一般	12/20～1/30	2/11	2/15	2/16

［試験会場］一般は早稲田大学早稲田キャンパス。
［延納］一般の公立併願者（東京・神奈川・千葉・埼玉）は入学金以外を公立発表後まで。

応募状況

年度	区分	応募数	受験数	合格数	実質倍率
'24	自己推薦	260	260	100	2.6
	一般	1,818	1,438	522	2.8
'23	自己推薦	204	204	103	2.0
	一般	1,800	1,410	516	2.7
'22	自己推薦	247	244	105	2.3
	一般	1,848	1,389	520	2.7

［'24年合格最低点］非公表。

東京　男子　（わ）早稲田大学

学費（単位：円）	入学金	教育環境整備費	授業料	その他経費	小計	初年度合計
入学手続時	260,000	114,000	342,000	15,500	731,500	1,194,500
1年終了迄	―	114,000	342,000	7,000	463,000	

※2024年度予定。［返還］一般の入学辞退者には入学金を除き返還。
［授業料納入］2回分割（入学手続時に春学期分納入）。［その他］制定品代あり。
［寄付・学債］任意の教育振興資金1口10万円2口以上あり。

併願校の例

	都立	神・埼公立	国・私立
挑戦校			
最適校	日比谷 西	横浜翠嵐 湘南 浦和 大宮	筑波大附 東京学芸大附 早稲田実業 慶應義塾 早大本庄
堅実校	国立 戸山 青山 立川 新宿	希望ケ丘 厚木 川越 春日部	中大杉並 明大中野 桐朋 国学院久我山 成蹊

合格のめやす

合格の可能性 **60%** **80%** の偏差値を表示しています。

普通科　**70**　**74**

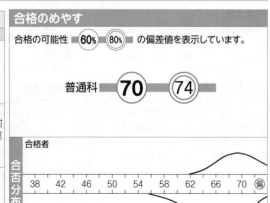

※合格のめやすの見方は114ページ参照。

見学ガイド 文化祭／説明会／学芸発表会／個別見学対応

渋谷区

青山学院 高等部

〒150-8366　東京都渋谷区渋谷4-4-25　☎(03)3409-3880(高等部直通)

【教育方針】　キリスト教信仰にもとづき，愛と奉仕の精神で，人と社会に対する責任を進んで果たす人間の形成をめざす。

【沿　革】　1874年にルーツをもつ青山学院の男子高等部と女子高等部とが1950年に合併し，男女共学となる。

【高等部部長】　渡辺　健

【生徒数】　男子591名，女子650名

	1年(10クラス)	2年(10クラス)	3年(10クラス)
男子	203名	201名	187名
女子	217名	214名	219名

銀座線・千代田線・半蔵門線―表参道10分
JR・東急東横線―渋谷12分

特色

設置学科：普通科

【カリキュラム】　①2年次より文・理の選択科目を設置し，3年次は選択科目が半分を占める。教科横断型のものも用意。②外国語の選択授業が多彩。映像作品を制作・発表する発信型授業やメディア・イングリッシュ，第二外国語（フランス語，ドイツ語，中国語，韓国・朝鮮語）などを用意。③「平和・共生」教育では，国内の被災地訪問や海外でのボランティア活動などフィールドワークを行うほか，具体的な社会課題の解決方法を研究する論文を執筆する。④帰国生がスムーズに学校生活に順応できるよう，アドバイザーの教員が対応。⑤毎日の礼拝，週1回「聖書」の授業を行う。⑥土曜日に授業はないが，行事やクラブ活動を行う。⑦併設大学教員による「学問入門講座」を開講。専門分野についての講義を聴き，進路選択に役立てる。

【海外研修】　希望制で，イギリスやイタリアの姉妹校との短期交換留学や，夏休みに2週間のカナダ・ホームステイなどを実施する。

【クラブ活動】　水泳部が活躍。聖歌隊やABF（聖書交友会）などの特設クラブもある。

【施設】　大学図書館，食堂などが利用できる。

習熟度別授業	土曜授業	文理選択	オンライン授業	制服	自習室	食堂	プール	グラウンド	アルバイト
英	―	―	○	○	―	○	○	○	○

登校時刻＝　8:10
下校時刻＝18:00

進路情報　2023年3月卒業生

四年制大学への進学率 **94.9%**

【卒業生数】　408名

【進路傾向】　大学進学者の内訳は文系91%，理系8%，他1%。国公立大学へ文系1名・理系3名，海外大学へ4名が進学した。

【系列進学】　青山学院大学へ354名（教育人間科31，文34，経済47，法31，経営85，国際政治経済60，総合文化政策47，理工14，社会情報5）が内部推薦で進学した。

【指定校推薦】　利用状況は慶應大2，上智大1，東京理科大2，北里大1など。

■ 四年制大学	387名	
□ 短期大学	0名	
■ 専修・各種学校	0名	
■ 就職	1名	
□ 進学準備・他	20名	

主な大学合格状況

'24年春速報は巻末資料参照

大学名	'23	'22	'21	大学名	'23	'22	'21	大学名	'23	'22	'21
◇東京大	2	0	1	上智大	29	9	7	明治学院大	0	3	5
◇京都大	0	1	0	東京理科大	19	12	6	芝浦工大	1	16	9
◇東工大	0	0	1	明治大	10	13	12	昭和大	3	7	6
◇一橋大	2	1	1	青山学院大	373	369	347	東京医大	0	1	4
◇千葉大	0	0	0	立教大	18	7	5	北里大	1	3	5
◇横浜国大	0	0	3	中央大	10	15	2	東邦大	0	1	4
◇横浜市大	2	0	0	法政大	5	3	9	聖マリアンナ医大	1	1	6
◇防衛大	1	1	0	日本大	12	9	18	日本歯大	0	0	3
早稲田大	21	16	13	駒澤大	3	3	3	多摩美大	0	3	2
慶應大	27	18	20	帝京大	4	3	6				

※各大学合格数は既卒生を含む。

入試要項 2024年春（実績）

新年度日程についてはp.116参照。

◆ 推薦　第1志望

募集人員▶約65名

選抜方法▶適性検査（国数英計60分・マークシート），個人面接（10分），調査書（帰国生は必要に応じて成績証明書等），作文（出願時提出・800字）

◆ 帰国生

募集人員▶約25名

選抜方法▶適性検査（国数英計60分・マークシート），グループ面接（15分），調査書または成績証明書等，帰国生調査票，海外在留証明書

◆ 一般

募集人員▶約70名

選抜方法▶国数英（各50分・各100点・英はマークシート・英にリスニングあり），調査書（帰国生は必要に応じて成績証明書等）

◆ 受験料　30,000円

（内申基準）推薦：9科40　※9科に2不可

（特待生・奨学金制度）経済的な補助を必要とする生徒や，学業・人物ともに優れた生徒に対する給付奨学金などあり。

（帰国生の受け入れ）国内生と別枠入試（上記参照）。推薦・一般入試も受験可。

入試日程

区分	登録・出願	試験	発表	手続締切
推薦	12/20～1/16	1/31	2/1	2/2
帰国生	12/1～1/10	1/31	2/1	2/2
一般	12/20～1/27	2/12	2/13	2/14

[延納] 帰国生と一般は1次納入320,000円。2次納入は残額を2/20または公立発表後まで。

応募状況

年度	区分		応募数	受験数	合格数	実質倍率
'24	推薦	男子	61	60	27	2.2
		女子	143	141	40	3.5
	帰国	男子	84	70	24	2.9
		女子	95	82	29	2.8
	一般	男子	446	374	97	3.9
		女子	513	428	99	4.3
'23	推薦	男子	88	84	32	2.6
		女子	135	134	38	3.5
	帰国	男子	87	71	25	2.8
		女子	114	94	43	2.2
	一般	男子	401	328	76	4.3
		女子	549	484	100	4.8
'22	推薦	男子	76	75	33	2.3
		女子	172	170	38	4.5
	帰国	男子	101	78	29	2.7
		女子	124	103	42	2.5
	一般	男子	448	371	101	3.7
		女子	600	519	102	5.1

['24年合格最低点] 非公表。

東京 男女 ⓐ 青山学院

学費（単位：円）

学費（単位：円）	入学金	施設設備料	授業料	その他経費	小計	初年度合計
入学手続時	320,000	250,000	—	—	570,000	1,382,000
1年終了迄	—	—	670,000	142,000	812,000	

※2024年度予定。[返還] 帰国生と一般の3/31までの入学辞退者には入学金を除き返還。
[授業料納入] 3回分割。[その他] 制服・制定品代あり。
[寄付・学債] 任意の教育充実資金1口10万円2口以上あり。

併願校の例

	都立	神・千・埼公立	私立
挑戦校			
最適校	日比谷 西 国立	横浜翠嵐 湘南 千葉 大宮 市立浦和	慶應女子 早稲田実業 国際基督教 慶應義塾 早大本庄
堅実校	戸山 青山 新宿 国際 三田	川和 多摩 東葛飾 川越女子 蕨	中大杉並 中大附属 法政大学 成蹊 朋優学院

合格のめやす

合格の可能性 **60%** **80%** の偏差値を表示しています。

男子　**67**　**71**

女子　**69**　**73**

合格者

38　42　46　50　54　58　62　66　70　（偏）

合否分布

不合格者

実線＝女子
破線＝男子

※合格のめやすの見方は114ページ参照。

（見学ガイド）文化祭／説明会

文京区

郁文館 高等学校

〒113-0023　東京都文京区向丘2-19-1　☎(03)3828-2206

【教育理念】　「子どもたちの幸せのためだけに学校はある」を掲げる。夢を持たせ，夢を追わせ，夢をかなえさせることを目的に，25歳，人生の主人公として輝いている人材を育てる。

【沿　革】　1889年創立。2020年広域通信制課程のID学園高等学校開校。

【学校長】　渡邉　美樹

【生徒数】　男子451名，女子289名

	1年（9クラス）	2年（7クラス）	3年（7クラス）
男子	182名	122名	147名
女子	122名	86名	81名

南北線―東大前5分　千代田線―根津10分，
千駄木10分　都営三田線―白山10分

特色

設置学科：普通科

【コース】　iP class（東大専科），国立選抜，特進，進学の4クラス制。特進と進学は2年次より文理別のクラスに分かれる

【カリキュラム】　①1年次は学習習慣の確立と学力の土台固めを図る。ICTの活用で，主体的に学ぶ力を身につける。②2年次はPBL型授業で思考力も育成。プレゼンテーション力を高めることで総合型・推薦型入試対策にも繋げる。③iP classと国立選抜クラスは東京大学・海外大学受験に特化したカリキュラムを導入。④デュアルディプロマプログラムでは，希望者がラ

イヴ授業をオンライン受講することでアメリカ姉妹校の卒業資格も取得できる。⑤「起業塾」は実践的な起業ノウハウを校長から学ぶ。⑥毎年実施の「夢合宿」では自然豊かな長野県の学校施設で集中学習や農作業を体験。

【海外研修】　2年次はPBLツアーに全員が参加する。カンボジア，シンガポール，国内から選択。ほか希望者対象のSDGs海外研修プログラムをカンボジアまたはバングラデシュで実施。

【クラブ活動】　剣道部，ダンス部が全国レベル。

【施設】　埼玉県戸田市に男子寮を設置。

習熟度別授業	土曜授業	文理選択	オンライン授業	制服	自習室	食堂	プール	グラウンド	アルバイト	登校時刻＝ 8:10
数英	○	2年〜	○	○	〜19:00	○	―	○	審査	下校時刻＝19:00

進路情報　2023年3月卒業生

四年制大学への進学率 **77.4%**

【卒業生数】　248名

【進路傾向】　大学合格は，のべ数で私立399名，国公立12名，海外大学3名。総合型選抜と公募制推薦入試で50名以上が合格している。

- 四年制大学　192名
- 短期大学　1名
- 専修・各種学校　15名
- 就職　2名
- 進学準備・他　38名

【指定校推薦】　利用状況は東京理科大4，学習院大2，立教大1，中央大1，法政大1，日本大1，國學院大1，明治学院大1，同志社大2，武蔵大1，東京薬科大1など。ほかに東洋大，東海大，神奈川大，立命館大，玉川大，工学院大，東京都市大，立正大，東京経済大，千葉工大，聖心女子大，北里大，昭和薬科大，日本歯大，立命館アジア太平洋大，創価大，二松學舍大など推薦枠あり。

主な大学合格状況

'24年春速報は巻末資料参照

大学名	'23	'22	'21	大学名	'23	'22	'21	大学名	'23	'22	'21
◇京大	1	0	0	東京理科大	10	3	16	専修大	14	10	11
◇一橋大	1	0	0	学習院大	6	2	4	東海大	12	15	10
◇千葉大	0	2	1	明治大	18	14	13	帝京大	15	11	17
◇東京外大	1	0	0	青山学院大	7	2	1	明治学院大	10	2	11
◇埼玉大	1	1	0	立教大	5	9	6	獨協大	12	11	4
◇防衛大	4	4	1	中央大	8	6	16	東京電機大	6	7	6
◇高崎経済大	0	3	4	法政大	18	7	10	同志社大	6	3	5
早稲田大	10	4	4	日本大	47	39	31	立命館大	6	3	5
慶應大	9	3	1	東洋大	23	15	16	武蔵大	7	7	9
上智大	6	3	2	駒澤大	6	9	7	東京薬科大	5	3	2

※各大学合格数は既卒生を含む。

入試要項 2024年春（実績）

新年度日程についてはp.116参照。

◆ **推薦** 単願，都外生併願（公私とも可。神奈川生を除く） ※スポーツ推薦あり

募集人員 ▶40名

選抜方法 適性検査（国数英各50分・各100点），個人面接（5分），調査書

◆ **一般** **一般**（特進・進学対象）：併願優遇（公私とも可），一般 **東大・国立選抜**：併願優遇（公私とも可），一般

募集人員 一般40名，東大・国立選抜20名

選抜方法 国数英（各50分・各100点），個人面接（5分），調査書

◆ **受験料** 23,000円

（内申基準） 単願推薦・都外生併願推薦・一般（併願優遇）：[国立選抜]3科14または5科22，[特進]3科13または5科20，[進学]3科11または5科18 ※いずれも5科に2不可 ※条件により内申加点あり

（特待生・奨学金制度） 国立選抜クラス合格者で得点率80%以上はiP class（東大専科）合格となり，入学金・3年間の授業料免除。ほかスポーツ特待生制度あり。

（帰国生の受け入れ） 国内生と同枠入試で考慮あり。

入試日程

区分		出願	試験	発表	手続締切
推薦	単願	1/15～17	1/22	1/23	1/27
	都外併願	1/15～17	1/22	1/23	公立発表翌日
一般	併願優遇	1/25～2/5	2/10or11	2/11or12	公立発表翌日
	一般	1/25～2/5	2/10or11	2/12	公立発表翌日
国立	併願優遇	1/25～2/5	2/11	2/12	公立発表翌日
	一般	1/25～2/5	2/11	2/12	公立発表翌日

応募状況

年度	区分		応募数	受験数	合格数	実質倍率
'24	推薦	単願	26	26	26	1.0
		都外併願	31	25	25	1.0
	一般	併願優遇	109	99	99	1.0
		一般	89	81	38	2.1
	国立	併願優遇	40	37	37	1.0
		一般	18	17	12	1.4
'23	推薦	単願	65	65	65	1.0
		都外併願	45	39	39	1.0
	一般I	併願優遇	228	214	214	1.0
		一般	70	64	35	1.8
	東大国立	併願優遇	51	39	39	1.0
		一般	14	10	5	2.0
		一般II	22	15	7	2.1

［スライド制度］あり。上記に含まず。
［'24年合格最低点］非公表。

東京 男女 （い） 郁文館

学費（単位：円）	入学金	施設設備費	授業料	その他経費	小計	初年度合計
入学手続時	250,000	—	—	—	250,000	—
終1年iて迄 iP class・国立選抜	—	80,000	501,600	164,000	745,600	995,600
特進・進学	—	80,000	453,600	164,000	697,600	947,600

※2024年度予定。［免除］iP class（東大専科）は入学金・授業料免除。［授業料納入］4回分割。［その他］制服・制定品代，学年運営費100,000～200,000円，事務管理費等3,400円，ICT機器購入費139,320円，PBLツアー積立金135,000円，夢合宿費（国立選抜クラス117,000円，特進・進学クラス58,500円）（金額は2023年度実績）。

併願校の例 ※［進学］を中心に

	都立	千・埼公立	私立
挑戦校	北園 城東 文京 目黒 上野	国府台 川口市立 川口北	東洋 東洋大京北 多摩大目黒 日大鶴ヶ丘 日大一
最適校	江戸川 墨田川 深川 江北 向丘	国分 市川東 朝霞 川口	実践学園 二松学舎 足立学園 豊島学院 錦城学園
堅実校	本所 鷺宮 杉並 足立 高島	我孫子 朝霞西 鳩ヶ谷	目黒学院 岩倉 共栄学園 豊南 関東一

合格のめやす

合格の可能性 **60%** **80%** の偏差値を表示しています。

iP（東大専科）━━ **61** ━ (65)

国立選抜 ━━ **58** ━ (62)

特進 ━ **54** ━ (58)

進学 ━ **50** ━ (54)

※合格のめやすの見方は114ページ参照。

（見学ガイド） 文化祭／説明会／オープンキャンパス／体験授業

文京区

郁文館グローバル 高等学校

〒113-0023 東京都文京区向丘2-19-1 ☎(03)3828-2206

【教育方針】 「日本一厳しく成長できる1人1校1年間の全員留学」を通じ，グローバルな視点で日本をとらえ，未来の社会と自らの人生を切り拓くことができる人材を育成する。

【沿 革】 1889年，私立郁文館創立。1993年郁文館商業高等学校を改称し，郁文館国際高等学校として開校。2006年現校名となる。

【学校長】 渡邉 美樹

【生徒数】 男子101名，女子116名

	1年（2クラス）	2年（3クラス）	3年（3クラス）
男子	25名	38名	38名
女子	31名	51名	34名

南北線―東大前5分　千代田線―根津10分，千駄木10分　都営三田線―白山10分

特色

設置学科：国際科

【コース】 Liberal Arts（リベラルアーツ）クラス，Honors（オナーズ）クラスを設置。

【カリキュラム】 ①リベラルアーツ主体のカリキュラムやSTEAM教育により，広い視野と問題解決能力を養う。②国際科独自の英語専門科目として英語で行われる理系科目の必修授業を設定。③Liberal Artsクラスは協働ゼミや個人研究を通じ特定分野で武器となる専門性も身につける。海外大学，国内難関私立大学が目標。④Honorsクラスは米国提携校のカリキュラムをオンラインで同時に履修し日米2つの高校の卒業資格と海外大学の進学連携資格を取得。1年次より海外大学への戦略的な進路指導を行う。

【海外研修】 2年次に全員が1年間の正規留学をする。渡航先はLiberal Artsクラスはカナダまたはニュージーランド，Honorsクラスはアメリカ。パートナー校から1人1校を選び全員が異なる現地校で学ぶ。ほか希望制でカンボジア，バングラデシュ，アフリカでの研修も実施。

【クラブ活動】 3割程度が加入。郁文館高校との交流がある。剣道部とダンス部が全国レベル。

【施設】 埼玉県戸田市に男子寮を設置。

習熟度別授業	土曜授業	文理選択	オンライン授業	制服	自習室	食堂	プール	グラウンド	アルバイト	
―	○	○	○	○	～19:00	○		○	審査	登校時刻＝8:10 下校時刻＝19:00

進路情報 2023年3月卒業生

四年制大学への進学率 **93.6%**

【卒業生数】 78名

【進路傾向】 海外大学へ多数の合格を出している。2023年春は8名が海外大学へ進学した。

【指定校推薦】 利用状況は上智大3，青山学院大1，法政大1，立命館アジア太平洋大1など。ほかに東京理科大，学習院大，中央大，日本大，専修大，國學院大，成蹊大，成城大，明治学院大，獨協大，東京電機大など推薦枠あり。

- ■ 四年制大学 73名
- □ 短期大学 0名
- ■ 専修・各種学校 2名
- ■ 就職 1名
- □ 進学準備・他 2名

主な大学合格状況
'24年春速報は巻末資料参照

大学名	'23	'22	'21	大学名	'23	'22	'21	大学名	'23	'22	'21
◇東工大	0	1	0	東京理科大	2	2	1	國學院大	2	1	2
◇東北大	1	0	0	学習院大	3	0	1	国際基督教大	2	1	1
◇お茶の水女子大	0	1	0	明治大	1	4	2	成城大	2	1	2
◇都立大	1	0	0	青山学院大	9	5	2	明治学院大	2	1	3
◇岡山大	1	0	1	立教大	7	5	5	獨協大	1	1	1
◇山形大	0	2	0	中央大	6	7	9	立命館大	5	1	0
◇高知大	1	0	0	法政大	9	5	2	桜美林大	6	2	4
早稲田大	0	2	3	日本大	5	3	1	立命館アジア太平洋大	0	7	10
慶應大	0	7	0	東洋大	2	4	12	武蔵大	3	2	12
上智大	8	5	7	専修大	1	1	7	武蔵野美大	4	0	0

※各大学合格数は既卒生を含む。

入試要項 2024年春（実績）

新年度日程についてはp.116参照。

◆推薦　単願，都外生併願（公私とも可。神奈川生を除く）

募集人員▶20名

選抜方法▶適性検査（国数英各50分・各100点），個人面接（5分），調査書

◆一般　併願優遇（公私とも可），オープン，インターナショナルオープン

募集人員▶20名

選抜方法▶併願優遇・オープン：国数英（各50分・各100点），個人面接（5分），調査書

インターナショナルオープン：適性検査（英・90分・100点），個人面接（5分），調査書

※インターナショナルオープンの英語資格取得者は事前申請により，Liberal Artsクラスは英語検定2級程度，Honorsクラスは英語検定準1級程度で適性検査に30点加点

◆受験料　23,000円

内申基準 単願推薦・都外生併願推薦・一般（併願優遇）：[Liberal Arts] 3科12かつ5科各3，[Honors] 3科13かつ9科各3　※条件により内申加点あり

特待生・奨学金制度 入試成績による特待生認定あり。入学金・授業料免除。

帰国生の受け入れ 国内生と別枠入試を実施。

入試日程

	区分	出願	試験	発表	手続締切
推薦	単願	1/15～17	1/22	1/23	1/27
	都外生併願	1/15～17	1/22	1/23	公立発表翌日
一般	併願優遇	1/25～2/5	2/10	2/11	公立発表翌日
	オープン	1/25～2/5	2/11	2/12	公立発表翌日
	インター	1/25～2/5	2/11	2/12	公立発表翌日

応募状況

年度	区分		応募数	受験数	合格数	実質倍率
'24	推薦	単願	12	12	12	1.0
		都外生併願	2	2	2	1.0
	一般	併願優遇	5	5	5	1.0
		オープン	33	32	15	2.1
		インター	12	10	7	1.4
'23	推薦	単願	23	23	23	1.0
		都外併願	6	5	5	1.0
	一般	併願優遇	14	13	13	1.0
		一般	27	25	16	1.6
'22	推薦	単願	28	28	28	1.0
		都外併願	0	0	0	—
	一般	併願優遇	10	10	10	1.0
		一般	44	44	31	1.4
		ルーブリック	6	6	3	2.0

[スライド制度] あり。上記に含まず。
['24年合格最低点] 非公表。

学費（単位：円）

学費（単位：円）	入学金	施設設備費	授業料	その他経費	小計	初年度合計
入学手続時	250,000	—	—	—	250,000	1,010,000
1年終了迄	—	100,000	498,000	162,000	760,000	

※2024年度予定。[授業料納入] 4回分割。
[その他] 制服・制定品代，学年運営費100,000～200,000円，事務管理費等3,400円，ICT機器購入費139,320円，夢合宿費70,200円，留学費用あり（金額は2023年度実績）。

併願校の例 ※[LA]を中心に

	都立	千・埼公立	私立
挑戦校	国際 小松川 駒場	小金 船橋東 和光国際(外国語) 蕨(外国語)	芝国際 日大二 淑徳巣鴨 江戸川女子(英語) 東洋
最適校	北園 城東 目黒 上野 豊島	国府台 松戸国際 市立川越 浦和北	桜丘 文化学園杉並(DD) 帝京(インタ) 佼成女子(留学) サレジアン国際(グロ)
堅実校	広尾 深川 向丘 東 本所	市川東 市立松戸(国際人文) 南稜(外国語) 朝霞西	麹町女子 二松学舎 関東国際 錦城学園 目黒学院

合格のめやす

合格の可能性 **60%** **80%** の偏差値を表示しています。

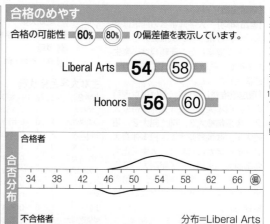

Liberal Arts　**54**　**58**

Honors　**56**　**60**

合格者

合否分布

| 34 | 38 | 42 | 46 | 50 | 54 | 58 | 62 | 66 | （偏） |

不合格者　　　　　　分布=Liberal Arts

※合格のめやすの見方は114ページ参照。

見学ガイド 文化祭／説明会／公開授業／体験授業／オープンキャンパス

台東区

岩倉 高等学校

〒110-0005　東京都台東区上野7-8-8　☎(03)3841-3009(入試相談室)

【教育目標】　「正心第一」の校訓のもと,「仲間とともに,主体的に学び,考え,創造し,そして行動できる人物に成長する」ことを「岩倉スピリット」として教育目標に掲げる。
【沿革】　1897年に創立された私立鉄道学校が前身。2014年男子校より共学化。
【学校長】　森田 勉
【生徒数】　男子923名,女子267名

	1年(13クラス)	2年(13クラス)	3年(11クラス)
男子	338名	317名	268名
女子	100名	78名	89名

JR—上野1分　銀座線—上野3分
京成本線—京成上野6分

特色

設置学科：普通科／運輸科

【コース】　普通科は7限制,6限制のクラス編成。2年次から7限制が国公立・最難関私大クラスと私大クラスに,6限制が私大クラス,6特クラスに分かれる。運輸科は6限制。
【カリキュラム】　①7限制は充実した演習時間を確保し,深い学びを実践。難関大学合格をめざす。②6限制は部活動などの課外活動への熱意ある取り組みや,自発的な学びを促進。将来に向けて幅広い進路の実現をサポートする。③運輸科は鉄道実習,鉄道概論など伝統的な鉄道教育を軸に,サービス介助を学ぶ「ホスピタリティ」や「工業技術基礎」の専門授業など,3年間で25単位の専門科目を設置している。④校内予備校,自学自習,オンライン英会話など様々な選択ができる「土曜プログラム」を導入。
【キャリア教育】　企業説明会や講演会,就職試験対策,面接練習などの進路サポートが充実。
【海外研修】　1・2年次希望者対象のオーストラリア研修(約10日間)を実施。ほか複数国から行先を選べる中・長期のプログラムもある。
【クラブ活動】　鉄道模型部,放送部,柔道部が全国大会に出場。陸上部や吹奏楽部も活躍。

習熟度別授業	土曜授業	文理選択	オンライン授業	制服	自習室	食堂	プール	グラウンド	アルバイト	登校時刻＝ 8:20 下校時刻＝18:00
—	○	2年〜	○	○	〜19:30	○	—	遠隔	審査	

進路情報　2023年3月卒業生

進学率 **60.8%**

【卒業生数】　441名
【進路傾向】　大学進学者の内訳は文系73%,理系27%。国公立大学へ文系2名が進学した。運輸科は卒業生147名で,就職率89%(主に鉄道・運輸系)だった。
【指定校推薦】　利用状況は東京理科大1,日本大1,東洋大4,帝京大2,東京電機大3,国士舘大2,拓殖大1,武蔵野音大1,日本体育大2など。ほかに立教大,大東文化大,亜細亜大,玉川大,工学院大,立正大,千葉工大,関東学院大,武蔵野大,文教大,城西大,多摩大など推薦枠あり。

■ 四年制大学	209名
□ 短期大学	4名
■ 専修・各種学校	55名
■ 就職	150名
□ 進学準備・他	23名

主な大学合格状況
*'24年春速報は巻末資料参照

大学名	'23	'22	'21	大学名	'23	'22	'21	大学名	'23	'22	'21
◇筑波大	0	1	0	学習院大	0	3	0	大東文化大	2	13	7
◇東京外大	1	0	0	明治大	6	4	4	東海大	6	13	10
◇埼玉大	2	0	0	青山学院大	2	2	5	亜細亜大	4	4	1
◇都立大	0	1	0	立教大	4	0	0	帝京大	21	18	17
◇防衛大	2	1	0	中央大	10	3	1	獨協大	9	13	4
◇高崎経済大	0	1	0	法政大	8	5	4	東京電機大	5	10	2
早稲田大	2	2	0	日本大	22	36	10	立正大	8	12	4
慶應大	1	1	0	東洋大	26	14	10	国士舘大	8	11	4
上智大	1	0	0	駒澤大	7	7	3	武蔵大	14	10	3
東京理科大	4	6	2	専修大	13	7	4	日本体育大	5	6	8

※各大学合格数は既卒生を含む。

入試要項 2024年春（実績）

新年度日程についてはp.116参照。

◆ 推薦　A推薦：単願　B推薦：併願（公私とも可。東京・神奈川生を除く）

募集人員▶ 7限制50名，6限制100名，運輸科60名

選抜方法▶ 適性検査（国数英各40分・各100点・マークシートと記述の併用），調査書，自己PRカード，ほかにA推薦は個人面接（10分）

◆ 一般　一般，併願優遇（公私とも可）

募集人員▶ 7限制50名，6限制100名，運輸科60名

選抜方法▶ 国数英または国英社または数英理（各50分・各100点・マークシートと記述の併用・英にリスニングあり），調査書，自己PRカード，ほかに一般は個人面接（10分）

◆ 受験料　24,000円

内申基準 A推薦：[7限制]3科11または5科18，[6限制]5科15または9科29，[運輸科]9科30　B推薦・一般（併願優遇）：[7限制]3科11または5科19，[6限制]5科16または9科30，[運輸科]9科31　※いずれも9科に1不可，[7限制]は5科に2も不可（一般含む）　※条件により内申加点あり

特待生・奨学金制度 内申，入試成績により5段階の奨学生認定。ほかスポーツ奨学生あり。

帰国生の受け入れ 国内生と別枠入試。

入試日程

区分	登録・出願	試験	発表	手続締切
A推薦	12/20～1/18	1/22	1/23	1/26
B推薦	12/20～1/18	1/22	1/23	
一般①	12/20～2/2	2/10	2/11	
一般②	12/20～2/2	2/12	2/13	公立発表翌日
併優①	12/20～1/31	2/10	2/11	
併優②	12/20～1/31	2/12	2/13	

応募状況

年度	区分		応募数	受験数	合格数	実質倍率
'24	7限制	A推薦	16	16	16	1.0
		B推薦	14	13	13	1.0
		一般①	2	2	2	1.0
		一般②	6	2	2	1.0
		併優①	86	68	68	1.0
		併優②	68	6	6	1.0
	6限制	A推薦	129	129	129	1.0
		B推薦	43	43	43	1.0
		一般①	59	58	25	2.3
		一般②	61	31	7	4.4
		併優①	331	271	271	1.0
		併優②	223	23	23	1.0
	運輸科	A推薦	91	91	91	1.0
		B推薦	16	14	14	1.0
		一般①	26	25	9	2.8
		一般②	23	14	2	7.0
		併優①	14	13	13	1.0
		併優②	12	1	1	1.0

[スライド制度] あり。上記に含まず。

['24年合格最低点] 推薦・一般：7限制210, 6限制195, 運輸科210(/300)　※合格基準点

東京　男女　（い）岩倉

学費（単位：円）		入学金	施設設備費	授業料	その他経費	小計	初年度合計
入学手続時		240,000	—	—	—	240,000	
1年終了迄	7限制	—	200,000	468,000	388,150	1,056,150	1,296,150
	6限制	—	200,000	468,000	381,550	1,049,550	1,289,550
	運輸科	—	200,000	468,000	372,550	1,040,550	1,280,550

※2024年度予定。[授業料納入]3回分割。[その他]制服・制定品あり。

併願校の例

※[6限制]を中心に

	都立	千・埼公立	私立
挑戦校	上野 江戸川 墨田川 深川 産業技術高専	津田沼 国分 草加 川口	日大一 二松学舎 郁文館 足立学園 東京成徳大
最適校	江北 向丘 本所 小岩 晴海総合	市立習志野 市立船橋 草加南 鳩ヶ谷	錦城学園 上野学園 共栄学園 修徳 関東一
堅実校	足立 飛鳥 王子総合 日本橋 竹台	市川昴 草加西 川口東	中央学院中央 武蔵野 愛国 瀧野川女子 堀越

合格のめやす

合格の可能性 **60%** **80%** の偏差値を表示しています。

普通科（7限制）　**51**　（55）

普通科（6限制）　**45**　（49）

運輸科　**46**　（50）

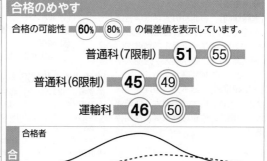

合格者／不合格者

30　34　38　42　46　50　54　58　62　（偏）

実線＝普通科（6限制）
破線＝普通科（7限制）

※合格のめやすの見方は114ページ参照。

見学ガイド 文化祭／説明会／オープンスクール／授業公開／見学会

台東区

上野学園 高等学校

小 中 高 専 短 大

〒110-8642　東京都台東区東上野4-24-12　☎(03)3847-2201

【教育方針】　「自覚」を建学の精神とし，責任感と創造性をもって自らを世に問い，前向きに努力する人間を育成する。
【沿　革】　1904年前身の上野女学校が創立。2007年より男女共学化。
【学校長】　吉田　亘
【生徒数】　男子240名，女子222名

	1年(7クラス)	2年(7クラス)	3年(6クラス)
男子	93名	97名	50名
女子	82名	71名	69名

JR・日比谷線・銀座線―上野8分
つくばEX.―浅草12分

特色

設置学科：普通科／音楽科

【コース】　普通科は特別進学コースα・βと総合進学コース，音楽科は演奏家コースと器楽・声楽コースを設置している。
【カリキュラム】　①普通科の特別進学コースは受験に直結した指導により，個々の目標や実力に応じたレベルアップを図る。放課後の受験対策講座や勉強合宿などを実施する。②総合進学コースでは情報，福祉，看護，スポーツなど，幅広い分野の四年制大学をめざす。各種検定の資格取得にも力を入れる。③普通科では情報，人文，政治経済など10のゼミに分かれて探究学習を行い，大学での研究につなげる。④音楽科の専門科目は鍵盤楽器，弦楽器，管楽器，打楽器，声楽で，ユーフォニウム，ハープ，ギター，オーボエなどを含む。専門実技のレッスンは，第一線で活躍する演奏家教授陣が指導し，演奏家コースで週120分，器楽・声楽コースは週60分。いずれも副科を週1回設置。
【海外研修】　1・2年次に希望選抜制でオーストラリアへのターム留学制度がある。
【クラブ活動】　トランポリン部が全国大会出場の実績。剣道部も活躍している。

習熟度別授業	土曜授業	文理選択	オンライン授業	制服	自習室	食堂	プール	グラウンド	アルバイト	登校時刻＝ 8:20
数	○	2年〜	○	○	〜19:00	○	—	—	—	下校時刻＝18:00

進路情報　2023年3月卒業生

四年制大学への進学率 **84.0%**

【卒業生数】　188名
【進路傾向】　普通科の大学進学者は149名で，内訳は文系72%，理系28%。国公立大学へ文系1名が進学。
【系列進学】　上野学園大学短期大学部への内部推薦制度がある。
【指定校推薦】　日本大，東洋大，専修大，大東文化大，東海大，亜細亜大，帝京大，東京電機大など推薦枠あり。

四年制大学 158名
短期大学 3名
専修・各種学校 21名
就職 1名
進学準備・他 5名

主な大学合格状況

*'24年春速報は巻末資料参照

大学名	'23	'22	'21	大学名	'23	'22	'21	大学名	'23	'22	'21
◇東京藝術大	0	0	1	法政大	4	1	1	立正大	4	1	3
◇都立大	1	0	0	日本大	8	9	10	国士舘大	2	4	2
◇信州大	0	1	0	東洋大	10	10	5	桜美林大	6	4	2
◇東京海洋大	0	1	0	駒澤大	2	3	2	日本薬科大	1	1	1
東京理科大	2	1	1	専修大	5	2	3	東京工科大	3	2	6
学習院大	2	1	0	大東文化大	3	3	1	東京工芸大	3	2	2
明治大	1	0	1	亜細亜大	2	1	2	桐朋学園大	3	2	1
青山学院大	1	0	2	帝京大	10	14	13	東京音大	2	1	2
立教大	4	0	4	東京電機大	4	14	4	武蔵野音大	1	1	1
中央大	3	1	4	玉川大	6	4	6	洗足学園音大	1	2	6

※各大学合格数は既卒生を含む。

入試要項 2024年春（実績）

新年度日程についてはp.116参照。

◆ 推薦　**A推薦**：単願　**B推薦**：併願（公私いずれか。器楽・声楽コースは公立のみ。神奈川を除く隣接県生対象）　※演奏家コース募集なし

募集人員▶ 特別進学コースα10名・β15名，総合進学コース25名，器楽・声楽コース17名

選抜方法▶ 普通科：適性検査（国数英各45分・各100点），調査書，ほかA推薦は面接　音楽科：適性検査（国英各50分・各100点），ソルフェージュ，実技（声楽志望者は副科ピアノあり），保護者同伴面接，調査書

◆ 一般　**一般**：総合進学コースに単願優遇あり

併願優遇：公私いずれか。器楽・声楽コースは原則公立。演奏家コースは対象外

募集人員▶ 特別進学コースα10名・β15名，総合進学コース25名，演奏家コース①5名，器楽・声楽コース①8名（併願含む）・②3名

選抜方法▶ 普通科：国数英（各50分・各100点），調査書，ほか一般は面接　音楽科：国英（各50分・各100点），調査書，ほか一般はソルフェージュ（演奏家コースは楽典あり），実技（声楽志望者は副科ピアノあり），保護者同伴面接

◆ **受験料** 普通科22,000円　音楽科30,000円

内申基準 A推薦：[特別進学α]5科21，[特別進学β]5科18，[総合進学]3科10または5科16または9科28，[器楽・声楽]音4かつ国英各3　B推薦・一般（併願優遇）：[特別進学α]

[特別進学β][総合進学]A推薦の基準プラス各1，[器楽・声楽]音4かつ国英各3　※いずれも9科に1不可，特別進学コースα・βは5科に2も不可　※条件により内申加点あり

特待生・奨学金制度 特別進学コースと音楽科の入試成績等優秀者から特待生を選考。

帰国生の受け入れ 国内生と同枠入試。

入試日程

区分		登録・出願	試験	発表	手続締切
普通	推薦	1/9〜16	1/22	1/22	1/27
	一般	1/9〜2/6	2/10or11	2/10or11	2/15
	併願	1/9〜25	2/10or11	2/10or11	公立発表翌日
音楽	推薦	1/9〜15	1/22	1/22	1/27
	一般①	1/6〜2/6	2/10・11	2/11	公立発表翌日
	一般②	1/6〜2/17	2/21	2/21	公立発表翌日
	併願	1/6〜25	2/10	2/10	公立発表翌日

[延納] B推薦と普通科一般併願は公立発表後まで。
[2次募集] 演奏家コース一般②3/14

応募状況

※音楽科に内部進学生を含む。

年度	区分		応募数	受験数	合格数	実質倍率
'24	特α	推薦	6	6	6	1.0
		一般	22	17	15	1.1
	特β	推薦	11	11	11	1.0
		一般	49	42	41	1.0
	総進	推薦	54	54	54	1.0
		一般	188	150	146	1.0
	演	一般①	1	1	1	1.0
	器楽	推薦	1	1	1	1.0
		一般①②	0	0	0	—

[スライド制度] あり。上記に含まず。
[24年合格最低点] 一般（併願優遇）：特別進学α200，特別進学β152，総合進学115（／300）

学費（単位：円）

		入学金	施設設備資金	授業料	その他経費	小計	初年度合計
普通	入学手続時	220,000	170,000	—	—	390,000	1,163,860
	1年終了迄	—	—	448,800	325,060	773,860	
音楽	入学手続時	220,000	190,000	—	—	410,000	1,245,060
	1年終了迄	—	—	475,800	359,260	835,060	

※2023年度実績。[授業料納入] 3回分割。音楽科の上記授業料は器楽・声楽コースで，演奏家コースは509,000円。[その他] 制服・制定品代あり。[寄付・学債] 任意の協力金1口5万円あり。

併願校の例

※[総進]を中心に

	都立	千・埼公立	私立
挑戦校	上野	国分	日大一
	江戸川	柏の葉	二松学舎
	墨田川	草加	郁文館
	深川	川口	東京成徳大
	江北		錦城学園
最適校	東	市川東	岩倉
	向丘	市立松戸	SDH昭和一
	本所	鳩ヶ谷	共栄学園
	晴海総合	草加東	駿台学園
	足立		修徳
堅実校	王子総合	市川昴	中央学院中央
	飛鳥	市立柏	武蔵野
	日本橋	草加西	愛国
	竹台	川口青陵	瀧野川女子
	忍岡		

合格のめやす

合格の可能性 **60%** **80%** の偏差値を表示しています。

特別進学α ── **54** ── （**58**）

特別進学β ── **50** ── （**54**）

総合進学 ── **44** ── （**48**）

音楽科 ── **43** ── （**47**）

見学ガイド 文化祭／音楽講習会／説明会／オープンスクール／個別相談

東京　男女　（う）上野学園

※合格のめやすの見方は114ページ参照。

練馬区

英明フロンティア 高等学校
（新校名予定）

〒177-0051　東京都練馬区関町北4-16-11　☎(03)3920-5151　現・東京女子学院高等学校

【教育理念】　「英明闊達」を掲げる。才知や見識に優れていて，物事の道理に明るく，心が広い人間を育成する。

【沿革】　1936年芙蓉女学校として創立。1949年東京女子学院に改称。2025年度，校名変更および高校男女共学化予定。2026年度，中学男女共学化予定。

【学校長】　大井　俊博

【生徒数】　初年度募集定員260名予定

西武新宿線―武蔵関3分

特色
設置学科：普通科

【コース】　フロンティアαコースとフロンティアコースの2コースを設置予定。

【カリキュラム】　①学校改革の柱となる探究型ゼミ学習では企業・団体と連携し，興味関心に沿ったテーマについて主体的に学ぶ。②仲間や外部の人と協働することにより高いコミュニケーション能力を養う。③研究成果は論文作成などで発表。発信力を培うことを重視すると共に大学へ直結する学びを提供する。④独自の放課後学習システムを導入。より高い希望進路に向け，効果的でストレスのない学習環境を提供。

【海外研修】　3年次の4月に全員参加の海外研修を実施予定。ほか希望者対象のグローバル研修や留学プログラムを用意。

【クラブ活動】　ダンス部，スキー部，フィギュアスケート部が全国大会に出場の実績。新校1期生の入学と共に新しいクラブの設置も予定。

【施設】　共学化に伴い校舎・教室をリニューアル予定。設置予定の「アカデミックストリート（仮称）」は，映像の世界にとどまらず，本物に触れることでより深く理解し，興味関心を追求できる機能をもつ施設。

習熟度別授業	土曜授業	文理選択	オンライン授業	制服	自習室	食堂	プール	グラウンド	アルバイト	登校時刻＝ 8:20
数英	○	2年～	○	○	～20:00	○		○	届出	下校時刻＝18:00

進路情報　2023年3月卒業生

2025年4月に校名変更・共学化により新校としてスタート。1期生は2028年3月に卒業を迎える。

入試要項 2024年春（実績）

新年度日程についてはp.116参照。

※下記は旧・東京女子学院高等学校3コースの募集実績。2025年度入試はフロンティアαとフロンティアの2コースを募集予定

◆ 推薦　単願推薦，併願推薦（公立のみ。東京・神奈川生を除く）

募集人員▶ セレクトラーニングコース80名，スタディアブロードコース20名，フードカルチャーコース20名

選抜方法▶ 個人面接，調査書

◆ 一般　併願優遇（①公立・私立併願，②私立併願），一般

募集人員▶ セレクトラーニングコース80名，スタディアブロードコース20名，フードカルチャーコース20名

選抜方法▶ 国数英（各50分・各100点），個人面接，調査書

◆ 受験料　20,000円

(内申基準) 非公表。

(特待生・奨学金制度) 内申により3段階の成績特待生認定。クラブ特待生制度もある。

(帰国生の受け入れ) 国内生と別枠入試。一般入試も受験可。

入試日程

区分	登録・出願	試験	発表	手続締切
単願推薦	12/20～1/18	1/22	1/22	1/25
併願推薦	12/20～1/18	1/22	1/22	公立発表翌日
併願優遇①	12/20～2/1	2/10	2/10	併願校発表翌日
併願優遇②	12/20～2/1	2/11	2/11	併願校発表翌日
一般①	12/20～2/8	2/10	2/10	2/13
一般②	12/20～2/8	2/11	2/11	2/13

［延納］一般の併願者は併願校発表後まで。

応募状況

年度	区分		応募数	受験数	合格数	実質倍率
'24	S L	推薦	—	—	—	—
		併願優遇	—	—	—	—
		一般	—	—	—	—
	S A	推薦	—	—	—	—
		併願優遇	—	—	—	—
		一般	—	—	—	—
	F C	推薦	—	—	—	—
		併願優遇	—	—	—	—
		一般	—	—	—	—

［'24合格最低点］非公表。

東京　男女　(え) 英明フロンティア

学費（単位：円）	入学金	施設設備費	授業料	その他経費	小計	初年度合計
入学手続時	200,000	100,000	—	—	300,000	約1,226,400
1年終了迄	—	—	468,000	約458,400	約926,400	

※2023年度実績。［入学前納入］1年終了迄の小計のうち約80,000円。［授業料納入］10回分割。
［その他］制服・制定品代，実習費（SA・SLコース10,000円，FCコース20,000円）あり。
［寄付・学債］任意の寄附金あり。

併願校の例

	都立	埼公立	私立
挑戦校			
最適校	受験層の変化が予測されるため掲載できません。		
堅実校			

合格のめやす

合格の可能性 ■60%■ 80% の偏差値を表示しています。

共学化・コース改編のため
偏差値は設定していません

合格者

合否分布

| | 30 | 34 | 38 | 42 | 46 | 50 | 54 | 58 | 62 | (偏) |

不合格者

※合格のめやすの見方は114ページ参照。

(見学ガイド) 文化祭／説明会／オープンスクール／個別見学対応

町田市

桜美林 高等学校

〒194-0294　東京都町田市常盤町3758　☎(042)797-2667

【建学の精神】 「キリスト教に基づく国際人の育成」を掲げる。グローバルな社会で活躍のできる，教養豊かな見識の高い国際人を育てる。

【沿革】 1946年桜美林学園創立。1948年桜美林高等学校を設立。

【学校長】 堂本 陽子

【生徒数】 男子498名，女子625名

	1年（9クラス）	2年（9クラス）	3年（13クラス）
男子	163名	136名	199名
女子	162名	195名	268名

JR―淵野辺20分　JR―淵野辺，京王線・小田急線―多摩センターよりスクールバス

特色

設置学科：普通科

【コース】 国公立，特別進学，進学の3コースを設置している。特別進学コースと進学コースの1年次は内部進学学生と別クラス編成。

【カリキュラム】 ①国公立コースは幅広い科目を必修科目に設定し，文系・理系に偏らず学ぶことで高い思考力を身につける。「探究」の授業を通し教科横断的な課題にも取り組む。②特別進学コースと進学コースは同じカリキュラム。表現力，論理的思考力を磨き，幅広く社会で活躍できる力を養う。③プログラミング，アルゴリズム，3Dモデリングなど複雑な課題に挑戦し，高度なICTリテラシーの習得をめざす。④第二外国語としてコリア語と中国語を選択履修できる。⑤キリスト教主義教育のもと，毎朝の礼拝や聖書の授業を行っている。

【キャリア教育】 キャリアガイダンスでは，学ぶ目的や意義を併設大学教員が講義する。

【海外研修】 短期留学・交流先として英国，韓国，米国など6カ国，中・長期留学先としてニュージーランドなどを設定。いずれも希望制。

【クラブ活動】 チアリーディング部，美術部，軽音楽部が全国レベル。硬式野球部も活発。

習熟度別授業	土曜授業	文理選択	オンライン授業	制服	自習室	食堂	プール	グラウンド	アルバイト
数英理社	○	2年〜	○	○	〜19:30	○	―	○	審査

登校時刻＝ 8:20
下校時刻＝18:15

進路情報 2023年3月卒業生

四年制大学への進学率 **91.9%**

【卒業生数】 420名

【進路傾向】 大学進学者のうち文系進学が7割強。国公立大学へ文系11名・理系16名，海外大学へ6名が進学した。

【系列進学】 桜美林大学へ35名（リベラルアーツ6，ビジネスマネジメント17，健康福祉7，芸術文化2，航空マネジメント3）が内部推薦で進学した。

【指定校推薦】 利用状況は都立大1，東京理科大2，学習院大2，明治大4，青山学院大11，立教大3，中央大4，法政大3，国際基督教大1，成蹊大1，成城大1，明治学院大8，東京女子大3，日本女子大1など。

■ 四年制大学	386名
□ 短期大学	0名
■ 専修・各種学校	7名
□ 就職	0名
□ 進学準備・他	27名

主な大学合格状況
'24年春速報は巻末資料参照

大学名	'23	'22	'21	大学名	'23	'22	'21	大学名	'23	'22	'21
○京都大	0	0	1	慶應大	7	3	5	東洋大	36	39	33
○東工大	0	0	1	上智大	16	16	17	駒澤大	26	30	21
○一橋大	2	0	0	東京理科大	9	11	15	専修大	83	111	75
○筑波大	2	1	0	学習院大	12	10	6	東海大	72	50	28
○東京外大	1	3	2	明治大	39	50	31	成蹊大	16	24	14
○横浜国大	1	4	5	青山学院大	33	29	30	成城大	23	25	18
○埼玉大	1	2	1	立教大	35	24	22	明治学院大	57	43	39
○東京学芸大	1	4	2	中央大	48	75	43	神奈川大	59	44	33
○都立大	11	6	7	法政大	57	61	44	日本女子大	13	20	15
早稲田大	18	7	10	日本大	72	72	46	桜美林大	97	116	117

※各大学合格数は既卒生を含む。

入試要項 2024年春（実績）

新年度日程についてはp.116参照。

◆ 一般　スポーツ専願（進学コースのみ。対象クラブは野球，男子バレーボール，男女剣道），オープン，併願優遇（公私とも可）
募集人員▶国公立コース20名，特別進学コース30名，進学コース100名
選抜方法▶スポーツ専願・オープン：国数英（各50分・各100点・英にリスニングあり），グループ面接（15分），調査書　併願優遇：調査書
※併願優遇は特待・コースアップ選考（2/10または17）を受けること
◆ 受験料　25,000円

内申基準 併願優遇：[国公立] 5科25，[特別進学] 5科24，[進学] 5科22　※いずれも上記基準かつ英4，9科に2不可　※条件により内申加点あり

特待生・奨学金制度 国公立コースと特別進学コースを対象に，入試の成績優秀者を2段階の特待生認定。

帰国生の受け入れ 国内生と別枠入試。

入試日程

区分		登録・出願	試験	発表	手続締切
一般	スポーツ	1/6〜2/3	2/10	2/11	2/14
	オープン①	1/6〜2/3	2/10	2/11	2/14
	オープン②	1/6〜2/15	2/17	2/18	2/20
	併願優遇	1/6〜2/3		2/10	2/20

[延納] 第2志望者は2/26までの30,000円納入により残額は公立発表後まで。

応募状況

年度	区分		応募数	受験数	合格数	実質倍率
'24	一般	スポーツ	18	18	18	1.0
		オープン①	45	41	24	1.7
		オープン②	48	37	16	2.3
		併願優遇	691	—	551	—
'23	一般	スポーツ	18	18	18	1.0
		オープン①	32	31	14	2.2
		オープン②	56	47	21	2.2
		併願優遇	781	—	615	—
'22	一般	スポーツ	12	12	12	1.0
		オープン①	44	43	20	2.2
		オープン②	65	52	20	2.6
		併願優遇	701	—	557	—

※一般（併願優遇）の合格数は，書類選考合格後の特待・コースアップ選考受験数。
[24年合格最低点] オープン：第1志望180，第2志望195（/300）

（欄外・縦）東京　男女　（お）桜美林

学費（単位：円）

学費（単位:円）	入学金	施設整備費	授業料	その他経費	小計	初年度合計
入学手続時	100,000	84,000	157,000	35,000	376,000	878,000
1年終了迄	—	168,000	314,000	20,000	502,000	

※2024年度予定。[返還] 3/31までの入学辞退者には入学金を除き返還。
[授業料納入] 3回分割（第1期は入学手続時に納入）。[その他] 制服・制定品代，学習支援拡充費，学年諸経費，修学旅行費あり。[寄付・学債] 任意の寄付金あり。

併願校の例　※[進学]を中心に

	都立	神公立	私立
挑戦校	日比谷	横浜翠嵐	明大八王子
	西	湘南	帝京大学
	国立	厚木	法政二
	立川	多摩	中大附横浜
	八王子東	川和	桐光学園
最適校	国分寺	相模原	拓大一
	町田	大和	成城学園
	日野台	新城	日大三
	調布北	海老名	八王子学園
	昭和	市ケ尾	桐蔭学園
堅実校	狛江	相模原弥栄	玉川学園
	南平	市立東	明星
	神代	生田	工学院大附
	調布南	麻溝台	八王子実践
	成瀬	港北	横浜翠陵

合格のめやす

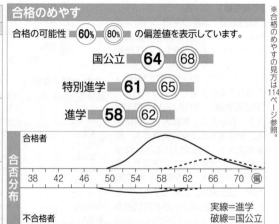

合格の可能性 60% 80% の偏差値を表示しています。

国公立　64　68
特別進学　61　65
進学　58　62

合格者

38　42　46　50　54　58　62　66　70（偏）

不合格者

実線＝進学
破線＝国公立

※合格のめやすの見方は114ページ参照。

見学ガイド 体育祭／文化祭／説明会／クリスマスキャロリング

大田区

大森学園 高等学校

〒143-0015　東京都大田区大森西3-2-12　☎(03)3762-7336

【教育方針】　校訓は「誠実・勤勉・協和・自立」。人や社会とのつながりを大切に，たくましく生きる力と他者をおもいやる心をそなえた人間を育てる。

【沿　革】　1939年創立。2005年大森工業高等学校より改称。2007年より普通科共学化。

【学校長】　畑澤　正一

【生徒数】　男子585名，女子151名

	1年(8クラス)	2年(7クラス)	3年(6クラス)
男子	205名	232名	148名
女子	60名	57名	34名

京急本線―大森町5分，平和島8分
JR―大森・蒲田よりバス富士見橋3分

特色

設置学科：普通科／工業科(男子)

【コース】　普通科は特選，選抜，総進の3コース制。総進コースは2年次の文理選択時に英語コース（文系）も選択可。工業科は2年次より情報技術，機械技術，電気技術の3コース制。

【カリキュラム】　①特選コースと選抜コースは難関大学が目標。②総進コースは基礎力の向上をめざす。大学入試の総合型選抜などにも対応。③英語コースは英語の授業を多く設定し，オンライン英会話も導入。英語系学部や海外大学をめざす。④工業科は1年次に情報・機械・電気分野の基礎を学び，具体的に進路を検討する。

進学・就職共に有利な専門技能の資格取得を講習や補習で支援。土曜日の授業はない。⑤全生徒がタブレット端末を活用している。

【ボランティア活動】　おもちゃの修理，車椅子のメンテナンスと海外への寄贈などに取り組む。

【海外研修】　希望制のオーストラリア短期研修，カナダまたはニュージーランドでの中期留学（1・2年次対象）の制度がある。英語コースの修学旅行はセブ島に7泊8日で行く。

【クラブ活動】　鉄道研究部，自動車部が全国大会に出場。男子バレーボール部も活躍している。

習熟度別授業	土曜授業	文理選択	オンライン授業	制服	自習室	食堂	プール	グラウンド	アルバイト	登校時刻＝ 8:40
―	○	2年～	○	○	～17:30	遠隔	―	遠隔	審査	下校時刻＝18:30

進路情報　2023年3月卒業生

四年制大学への進学率 **64.0%**

【卒業生数】　222名

【進路傾向】　大学進学者の内訳は文系60%，理系34%，他6%。国公立大学へ理系4名が進学した。工業科は高い求人倍率を誇り，就職内定率100%を維持している。2023年春は工業科卒業生67名で31%が就職。

【指定校推薦】　利用状況は東京理科大1，日本大3，専修大2，帝京大1，神奈川大6，東京電機大1，関東学院大2，武蔵野大1など。ほかに東洋大，大東文化大，東海大，亜細亜大，玉川大，工学院大，東京都市大，国士舘大，大妻女子大，拓殖大，城西大，日本工大など推薦枠あり。

四年制大学	142名
短期大学	2名
専修・各種学校	39名
就職	25名
進学準備・他	14名

主な大学合格状況

'24年春速報は巻末資料参照

大学名	'23	'22	'21	大学名	'23	'22	'21	大学名	'23	'22	'21
◇筑波大	1	0	1	上智大	2	2	0	駒澤大	7	13	6
◇横浜国大	1	0	0	東京理科大	6	4	6	専修大	5	14	9
◇東北大	0	1	0	学習院大	0	0	1	大東文化大	6	9	4
◇都立大	1	1	0	明治大	3	2	0	東海大	8	13	10
◇横浜市大	1	0	0	青山学院大	3	3	2	帝京大	7	7	10
◇防衛大	0	0	2	立教大	2	5	0	神奈川大	13	25	16
◇国立看護大	1	0	0	中央大	3	6	7	立正大	10	9	2
◇川崎市立看護大	0	1	0	法政大	8	5	3	国士舘大	7	5	7
早稲田大	2	0	1	日本大	15	33	18	桜美林大	5	9	3
慶應大	0	0	0	東洋大	3	26	24	関東学院大	14	31	9

※各大学合格数は既卒生を含む。

入試要項 2024年春（実績）

新年度日程についてはp.116参照。

◆ **推薦** 第1志望
募集人員▶特選コース20名，選抜コース40名，総進コース80名，工業科（男子）40名
選抜方法▶個人面接（10分），調査書
◆ **一般** ①②に併願優遇（公私とも可）あり
募集人員▶特選コース20名，選抜コース40名，総進コース80名，工業科（男子）40名
選抜方法▶国数英（各50分・各100点・マークシート），個人面接（10分），調査書 ※英語検定合格証書コピーの提出により，2級で筆記試験に80点加算，準2級で50点加算
◆ **受験料** 23,000円

内申基準 推薦：[特選]5科21または9科36または英語検定2級，[選抜]5科17または9科31または英語検定準2級，[総進]5科15または9科27または英4または英語検定3級，[工業]9科22 **一般①②（併願優遇）**：[特選]5科22または9科37，[選抜]5科19または9科32，[総進]5科16または9科29，[工業]9科24 ※いずれも9科に1不可，特選コースは9科に2も不可，選抜コースは5科に2も不可 ※条件により内申加点あり

特待生・奨学金制度 推薦と一般①②で内申または英語検定による学業特待生を，一般①～③で入試成績による特待生を認定。いずれも特選コースと選抜コースが対象。ほかに体育特待生あり。

帰国生の受け入れ 国内生と同枠入試。

入試日程

区分	登録・出願	試験	発表	手続締切
推薦	12/20～1/16	1/22	1/23	1/24
一般①	1/25～2/5	2/10	2/11	3/5
一般②	1/25～2/5	2/12	2/13	3/5
一般③	2/14～2/16	2/17	2/18	3/5

[延納] 東京・神奈川生以外は要申請。

応募状況

年度	区分		応募数	受験数	合格数	実質倍率
'24	特選	推薦	3	3	3	1.0
		一般①②	43	42	41	1.0
	選抜	推薦	29	29	29	1.0
		一般①②	149	142	138	1.0
	総進	推薦	78	78	78	1.0
		一般①②	384	348	331	1.1
	工業	推薦	45	45	45	1.0
		一般①②	117	105	103	1.0
	普通科・一般③		21	20	18	1.1
	工業科・一般③		5	5	4	1.3

[スライド制度] あり。上記に含まず。
['24年合格最低点] 非公表。

学費（単位：円）

	入学金	施設設備費	授業料	その他経費	小計	初年度合計
入学手続時	200,000	120,000	—	25,000	345,000	979,800
1年終了迄	—	—	468,000	166,800	634,800	

※2024年度予定。[入学前納入] 1年終了迄の小計のうち36,000円。[授業料納入] 毎月分割。[その他] 制服・制定品代，教科書代（15,252～27,179円），ICT教育関連費用（86,399～110,140円）あり。

併願校の例 ※[総進]を中心に

	都立	神公立	私立
挑戦校	広尾 雪谷 田園調布 産業技術高専	市立橘 鶴見 住吉	東京 立正大立正 品川翔英 目黒学院 鶴見大附
最適校	晴海総合 つばさ総合 大崎 桜町	市立高津 横浜清陵 川崎 市立川崎総合科[工] 市立幸	自由ヶ丘 日体大荏原 羽田国際 東京実業 橘学苑
堅実校	世田谷総合 美原 八潮	上矢部 生田東 鶴見総合 菅 川崎工科	品川エトワール 白鵬女子

合格のめやす

合格の可能性 **60%** **80%** の偏差値を表示しています。

普通科(特選) **55** (59)
普通科(選抜) **47** (51)
普通科(総進) **42** (46)
工業科 **37** (41)

※合格のめやすの見方は114ページ参照。

（縦書き）東京 男女 お 大森学園

見学ガイド 体育祭／文化祭／説明会／クラブ体験／iPad授業体験／工業科体験教室

江東区

かえつ有明 高等学校

〒135-8711　東京都江東区東雲2-16-1　☎0120-881-512(入試相談窓口)

小 中 高 専 短 大

【教育理念】　生徒一人ひとりが持つ個性と才能を生かして，より良い世界を創りだすために主体的に行動できる人間へと成長できる基盤を育成する。

【沿　革】　1903年創立。2006年嘉悦女子高等学校より現校名に改称し共学化，現在地に移転。2015年度より高校募集を再開。

【学校長】　石川　百代

【生徒数】　男子332名，女子252名

	1年(7クラス)	2年(6クラス)	3年(6クラス)
男子	128名	119名	85名
女子	98名	82名	72名

りんかい線—東雲8分
有楽町線—辰巳18分

特色

設置学科：普通科

【カリキュラム】　①「プロジェクト科」の授業では，探究型の学びの感性とスキルを身につける。自らの興味・関心と向き合い，答えのない問いの答えを創造する力を養う。②英語を「Language Arts」と呼ぶ。英語を技術として習得するため，日本語と同様に操るトレーニングを行う。③ディープラーニングをすべての教科・学習活動で実践。人と協働する姿勢を養うアクティブ・ラーニングに対して，1人でも能動的・創造的な深い学びを大切にする。④放課後講習・長期休暇講習などが充実。1・2年次の夏に行われる勉強合宿では，文系・理系やレベル別クラスに分かれて100分の講義を受ける。1年次は3泊4日，2年次は4泊5日で実施。

【海外研修】　1年次の5月に全員参加のイギリス・ケンブリッジ研修（2週間）を実施する。2年次の修学旅行は生徒が企画・運営する。行き先は予算内であれば海外にすることも可能。

【クラブ活動】　硬式テニス部，マーチングバンド部（カラーガード）が全国大会に出場した。

【施設】　環境に配慮し雨水，地中冷熱といった自然の力を利用する仕組みを取り入れている。

習熟度別授業	土曜授業	文理選択	オンライン授業	制服	自習室	食堂	プール	グラウンド	アルバイト
英	○	—	○	○	~18:00	—	—	—	届出

登校時刻＝ 8:15
下校時刻＝18:00

進路情報　2023年3月卒業生

四年制大学への進学率 **85.3%**

【卒業生数】　191名

【進路傾向】　大学進学者のうち文系進学が6割弱。国公立大学へ理系3名，海外大学へ4名が進学した。

【系列進学】　嘉悦大学への推薦制度がある。

【指定校推薦】　利用状況は東京理科大6，法政大13，日本大1，東洋大3，駒澤大2，國學院大2，獨協大2，武蔵大1，昭和女子大2など。ほかに成蹊大，工学院大，東京都市大，国士舘大，千葉工大，日本歯科大，学習院女子大，清泉女子大，東洋英和女学院大など推薦枠あり。

四年制大学	163名	
短期大学	0名	
専修・各種学校	0名	
就職	0名	
進学準備・他	28名	

主な大学合格状況

'24年春速報は巻末資料参照

大学名	'23	'22	'21	大学名	'23	'22	'21	大学名	'23	'22	'21
◇京都大	0	0	1	慶應大	9	11	20	東洋大	34	21	51
◇東工大	0	2	0	上智大	15	16	20	駒澤大	14	6	7
◇一橋大	0	0	1	東京理科大	16	16	11	東海大	11	3	10
◇千葉大	1	4	1	学習院大	5	5	6	帝京大	10	9	12
◇筑波大	1	1	1	明治大	25	18	19	成蹊大	5	5	9
◇横浜国大	2	0	1	青山学院大	18	10	13	成城大	14	3	9
◇国際教養大	1	0	0	立教大	26	23	21	明治学院大	9	7	5
◇東北大	1	0	1	中央大	12	14	10	芝浦工大	17	11	14
◇防衛大	1	1	2	法政大	37	23	29	立命館大	8	4	17
早稲田大	12	14	10	日本大	30	14	37	武蔵野大	14	10	26

※各大学合格数は既卒生を含む。

入試要項 2024年春（実績）

新年度日程についてはp.116参照。

◆**一般**

募集人員▶10名（帰国生入試を含む）

選抜方法▶国数英（各30分・各50点），グループワーク（90分），プレゼンテーション（プレゼンテーション5分・質疑応答10分），志望理由書，調査書

◆**受験料** 25,000円

（**内申基準**）特記なし

（**特待生・奨学金制度**）入試成績により2段階の特待生認定。Ⅰ種：入学金・授業料免除。Ⅱ種：入学金免除。

（**帰国生の受け入れ**）国内生と別枠入試。

入試日程

区分	出願	試験	発表	手続締切
一般	1/25〜2/6	2/11	2/11	2/15

［延納］公立併願者は公立発表後まで。

応募状況

年度	区分		応募数	受験数	合格数	実質倍率
'24	一般	男子	10	10	3	3.3
		女子	8	8	4	2.0
'23	一般	男子	16	15	5	3.0
		女子	15	13	4	3.3
'22	推薦	男子	6	6	6	1.0
		女子	8	8	8	1.0
	一般	男子	16	15	4	3.8
		女子	11	10	4	2.5

［24年合格最低点］非公表。

東京 男女 ㉕ かえつ有明

学費（単位：円）

	入学金	設備費	授業料	その他経費	小計	初年度合計
入学手続時	250,000	—	—	25,000	275,000	1,343,000
1年終了迄	—	168,000	480,000	420,000	1,068,000	

※2024年度予定。［授業料納入］一括または11回分割。
［その他］制服・制定品代，ケンブリッジ研修費用（2023年度実績：530,000円）あり。
［寄付・学債］任意の教育整備寄付金1口10万円あり。

併願校の例

	都立	千公立	国・私立
挑戦校	戸山 青山 新宿	船橋 千葉東	明治学院 青稜 東京科学大附 朋優学院 日大習志野
最適校	小山台 国際 三田 小松川 城東	薬園台 船橋東 八千代	国学院 安田学園 多摩大目黒 文教大付 日出学園
堅実校	江戸川 墨田川 深川 広尾	幕張総合 国府台 松戸国際 検見川	日大一 八雲学園 松蔭大松蔭 昭和学院

合格のめやす

合格の可能性 **60%** **80%** の偏差値を表示しています。

普通科 **58** **62**

※合格のめやすの見方は114ページ参照。

合格者

合否分布

不合格者

38　42　46　50　54　58　62　66　70　偏

（**見学ガイド**）体育祭／文化祭／説明会

渋谷区

関東国際 高等学校

〒151-0071　東京都渋谷区本町3-2-2　☎(03)3376-2244

【教育理念】「同じ目標を持つ諸外国の多くの学校と連携して，広く国際的な交流をめざす」「自国のみならず他国の教育，生活，歴史等を理解し視野を広める」「友愛と相互尊重の精神を培い，次代の担い手として国際社会に貢献するための教養とマナーを修得する」を掲げる。

【沿　革】　1924年創立。1986年共学制開始。

【学校長】　松平　ダリウス

【生徒数】　男子440名，女子672名

	1年(12クラス)	2年(10クラス)	3年(10クラス)
男子	167名	156名	117名
女子	257名	200名	215名

都営大江戸線—西新宿五丁目5分
京王新線—初台8分　JR—新宿17分

特色

設置学科：普通科／外国語科

【コース】　普通科は文理コースと，日本語が母語でない生徒対象のクラスとして日本文化コースを設置。文理コースは2年次より文系クラスと理系クラスに分かれる。外国語科は英語，中国語，ロシア語，韓国語，タイ語，インドネシア語，ベトナム語，イタリア語，スペイン語，フランス語の各コースに分かれて学ぶ。

【カリキュラム】　①普通科文理コースは多様な入試方式で難関大学をめざす。英語検定準2級以上が目標。日本文化コースは日本語を修得すると共に，日本の文化・習慣を体験的に学ぶ。

②外国語科英語コースは実践的プログラム。コース内に海外大学留学クラスを設置。③各国の学校間ネットワーク「世界教室」を主導。年に1度「世界教室国際フォーラム」を開催し，約2週間のワークショップや交流活動を行う。④勝浦キャンパスでは農園実習などの選択文化講座，進路対策授業など3年間に5回の宿泊研修を実施。⑤土曜日は休校だが行事等で登校あり。

【海外研修】　外国語科はコースごとに各言語を使う国での希望制の研修を行っている。

【クラブ活動】　馬術部がインターハイ優勝。

習熟度別授業	土曜授業	文理選択	オンライン授業	制服	自習室	食堂	プール	グラウンド	アルバイト
—	—	2年〜	○	○	〜17:30	○	—	—	届出

登校時刻＝ 8:25
下校時刻＝17:30

進路情報 2023年3月卒業生

四年制大学への進学率 **78.2%**

【卒業生数】　408名

【進路傾向】　国公立大学2名，早慶上理11名，GMARCH 25名。日東駒専22名など進学者が出ている。

【指定校推薦】　上智大，学習院大，青山学院大，立教大，中央大，法政大，東洋大，駒澤大，専修大，大東文化大，東海大，亜細亜大，帝京大，國學院大，成蹊大，成城大，明治学院大，獨協大，神奈川大，東京電機大，津田塾大，東京女子大，日本女子大，立命館大，武蔵大，玉川大，工学院大，東京都市大，立正大，千葉工大，桜美林大，共立女子大，大妻女子大，聖心女子大，白百合女子大，順天堂大など推薦枠あり。

	四年制大学	319名
	短期大学	0名
	専修・各種学校	34名
	就職・他	0名
	進学準備	55名

主な大学合格状況

'24年春速報は巻末資料参照

大学名	'23	'22	'21	大学名	'23	'22	'21	大学名	'23	'22	'21
◇横浜国大	0	0	1	立教大	9	10	7	成城大	2	5	3
◇岡山大	1	0	0	中央大	3	9	9	明治学院大	8	8	7
◇愛媛大	1	0	0	法政大	10	14	10	獨協大	16	10	10
早稲田大	2	2	1	日本大	9	10	10	神奈川大	6	5	6
慶應大	3	3	5	東洋大	12	9	15	立命館大	2	3	3
上智大	11	15	9	駒澤大	7	3	5	武蔵大	11	5	5
東京理科大	0	1	2	専修大	7	8	7	玉川大	3	3	6
学習院大	3	4	2	亜細亜大	7	9	10	桜美林大	14	14	25
明治大	1	2	6	帝京大	11	5	14	大妻女子大	7	7	7
青山学院大	6	14	9	成蹊大	5	7	5	関西大	3	3	7

※各大学合格数は既卒生を含む。

入試要項 2024年春（実績）

新年度日程についてはp.116参照。

◆ 推薦　単願　※日本文化コースは募集なし
募集人員▶普通科60名，外国語科120名
選抜方法▶保護者同伴面接，調査書，志望理由書
◆ 一般　一般，公立併願（①のみ。文理コース・英語コース対象），併願フリー（公私とも可。文理コース・英語コース対象），外国人生徒対象入試（①のみ。日本文化コース対象）
募集人員▶普通科60名，外国語科120名　※帰国生を含む定員
選抜方法▶一般・公立併願・併願フリー：国英または数英（各50分・各100点），面接，調査書　外国人生徒対象入試：受験資格確認面接（出願前），作文（日本語・30分），保護者同伴面接，調査書または成績証明書
◆ 帰国生
募集人員▶一般の定員内
選抜方法▶作文（英語・50分），保護者同伴面接，調査書
◆ 受験料　25,000円

内申基準 推薦：[文理] 9科27，[外国語科全コース] 9科27　一般(併願優遇)：[文理][英語] 9科28　一般(併願フリー)：[文理][英語] 3科9または9科29　※条件により優遇あり
特待生・奨学金制度 特記なし。

帰国生の受け入れ 国内生と別枠入試。外国人生徒対象入試も実施。いずれも上記参照。

入試日程

区分	出願	試験	発表	手続締切
推薦	1/15	1/22	1/22	1/23
一般①	1/25・26	2/10	2/10	2/14
一般②	1/25・26	2/13	2/13	2/14
一般③	2/15・16	2/20	2/20	2/21
帰国生①	12/18	12/20	12/20	12/21
帰国生②	1/15	1/22	1/22	1/23

[延納] 一般，帰国生の併願者は公立発表後まで。

応募状況

年度	区分			応募数	受験数	合格数	実質倍率
'24	普通科		推薦	14	14	14	1.0
			一般①	84	72	72	1.0
			外国人	38	33	33	1.0
			一般②	61	26	26	1.0
			一般③	11	9	9	1.0
	外国語科		推薦	133	133	133	1.0
			一般①	170	154	153	1.0
			一般②	75	53	53	1.0
			一般③	27	23	23	1.0
	帰国生			9	9	8	1.1
'23	普通科		推薦	29	29	29	1.0
			一般①	110	98	98	1.0
			外国人	32	28	28	1.0
			一般②	71	39	39	1.0
			一般③	30	27	27	1.0
	外国語科		推薦	170	170	170	1.0
			一般①	166	148	148	1.0
			一般②	34	22	22	1.0
			一般③	12	9	9	1.0
	帰国生			9	9	9	1.0

[スライド制度] あり。上記に含む。
['24年合格最低点] 非公表。

学費（単位：円）

	入学金	施設費	授業料	その他経費	小計	初年度合計
入学手続時	240,000	150,000	31,500	52,700	474,200	1,211,700
1年終了迄	—	—	346,500	391,000	737,500	

※2024年度予定。[入学前納入] 1年終了迄の小計のうち50,000円。[授業料納入] 毎月分割（4月分は入学手続時に納入）。上記授業料は普通科で，外国語科は入学手続時36,500円，1年終了迄401,500円。[その他] 制服・制定品代等あり。[寄付・学債] 任意の創立100周年記念事業募金5万円以上あり。

併願校の例　※[英語]を中心に

	都立	神公立	私立
挑戦校	目黒 狛江 上野 井草 小平(外国語)	横浜国際 生田	日白研心(SEC) 文化学園杉並(DD) 日大櫻丘 郁文館G 実践学園
最適校	神代 広尾 深川(外国語) 芦花 武蔵丘	市立橘(国際) 元石川 住吉 大和西	駒場学園(国際) 桜丘学院 下北沢成徳(GL) 松蔭大松蔭 駒女子(英語)
堅実校	杉並 松原 飛鳥 杉並総合 千早	市立高津 荏田 麻生	東京立正 豊南

合格のめやす

合格の可能性 ■ **60%** ○ **80%** ○ の偏差値を表示しています。

普通科(文理) ■ **47** ○ 51

外国語科(英) ■ **49** ○ 53

外国語科(中・ロ・韓) ■ **46** ○ 50

外国語科(タイ・イン・ベト) ■ **44** ○ 48

外国語科(伊・西) ■ **46** ○ 50

外国語科(仏) ■ **49** ○ 53

普通科(日本文化)は偏差値を設定していません。

※合格のめやすの見方は114ページ参照。

東京　男女　か　関東国際

見学ガイド 説明会／世界教室

小 中 **高** 専 短 大

江戸川区

関東第一 高等学校

〒132-0031　東京都江戸川区松島2-10-11　☎(03)3653-1541

【校　訓】　自らの信念に基づいて，目標に向かってやり通す「貫行」を掲げている。
【沿　革】　1925年関東商業学校創設。2004年男子校より共学化。
【学校長】　乙幡　和弘
【生徒数】　男子1,186名，女子1,052名

	1年(21クラス)	2年(20クラス)	3年(15クラス)
男子	472名	419名	295名
女子	399名	370名	283名

JR―新小岩15分　バス―江戸川高校前8分，小松川警察署前12分

特色

設置学科：普通科

【コース】　ハイパー，アドバンスト，アグレッシブ，アスリート（男子）の4コース制。アドバンストに選抜クラスを設置。ハイパーとアドバンストは2年次より文系と理系に分かれる。アグレッシブとアスリートは文系カリキュラム。
【カリキュラム】　①ハイパーコースは国公立・難関私立大学合格が目標。質の高い授業で大学入試に必要な論理的思考力を磨く。②アドバンスト・アグレッシブの各コースは私大型カリキュラムで力を養い，現役合格をめざす。学校推薦型・総合型・一般選抜に対応。③アスリートコースは硬式野球，サッカー，バドミントン，ハンドボール，バレーボールの5種目で構成。④大学合格をめざす講座「ユニパス」，授業内容定着のための「SOS講習」など，多彩な学習支援システムがある。⑤美術・デザイン系志望者を対象にデザイン講習を開き，実技を指導する。
【海外研修】　オーストラリアの姉妹校へ約1カ月間（2年次対象）と約10日間（全学年対象）の留学制度がある。希望者から選抜制。
【クラブ活動】　硬式野球，サッカー，男子バドミントン，ハンドボール部などが全国レベル。

習熟度別授業	土曜授業	文理選択	オンライン授業	制服	自習室	食堂	プール	グラウンド	アルバイト
―	―	2年～	○	○	～18:30	―	―	○	―

登校時刻＝ 8:30
下校時刻＝18:30

進路情報　2023年3月卒業生

四年制大学への進学率 **74.0%**

【卒業生数】　699名
【進路傾向】　大学進学者の内訳は文系81%，理系16%，他3%。国公立大学へ文系2名，理系4名が進学した。

四年制大学	517名
短期大学	15名
専修・各種学校	116名
就職	9名
進学準備・他	42名

【指定校推薦】　利用状況は東京理科大1，日本大10，専修大2，國學院大1，獨協大1，工学院大5，国士舘大2，武蔵野大1，二松學舍大4，横浜薬科大2など。ほかに東洋大，駒澤大，大東文化大，亜細亜大，帝京大，東京電機大，玉川大，立正大，東京経済大，千葉工大，関東学院大，共立女子大，大妻女子大，白百合女子大，杏林大，日本薬科大，東京農大，実践女子大など推薦枠あり。

主な大学合格状況

'24年春速報は巻末資料参照

大学名	'23	'22	'21	大学名	'23	'22	'21	大学名	'23	'22	'21
◇千葉大	2	0	1	学習院大	0	5	0	大東文化大	14	10	11
◇東京外大	1	0	0	明治大	11	6	7	東海大	10	3	16
◇埼玉大	0	1	0	青山学院大	2	3	0	帝京大	54	45	32
◇東京農工大	1	0	2	立教大	5	5	7	獨協大	19	13	5
◇防衛大	6	3	0	中央大	16	11	11	東京電機大	14	8	3
◇電通大	2	0	0	法政大	8	11	4	立正大	15	15	8
早稲田大	3	6	3	日本大	89	58	47	国士舘大	19	23	15
慶應大	6	0	0	東洋大	60	20	38	桜美林大	21	10	13
上智大	2	1	4	駒澤大	17	7	8	共立女子大	11	8	7
東京理科大	3	2	4	専修大	40	19	12	順天堂大	11	3	2

※各大学合格数は既卒生を含む。

入試要項 2024年春（実績）

新年度日程についてはp.116参照。

※下記は現行コース名での募集実績。2025年度より特別進学コース→ハイパーコース，進学Ａコース→アドバンストコース，進学Ｇコース→アグレッシブコース，スポーツコース→アスリートコースに名称変更予定

◆推薦　第1志望，併願（公私とも可。東京・神奈川生を除く）　※スポーツコースは第1志望のみ

募集人員▶特別進学コース40名，進学Ａコース120名，進学Ｇコース100名，スポーツコース（男子）40名

選抜方法▶適性検査（国数各50分・英60分・各100点・マークシートと記述の併用・英にリスニングあり），個人面接（5分），調査書

◆一般　第1志望優遇，併願優遇（公私とも可），フリー　※スポーツコースは第1志望優遇のみ

募集人員▶特別進学コース40名，進学Ａコース120名，進学Ｇコース100名，スポーツコース（男子）40名

選抜方法▶国数英（各50分・各100点・マークシートと記述の併用・英にリスニングあり），個人面接（5分），調査書

◆受験料　20,000円

内申基準　推薦（第1志望）・一般（第1志望優遇）：[特別進学] 5科20，[進学Ａ] 5科17，[進学Ｇ] 5科15，[スポーツ] 5科15　推薦（併願）・一般（併願優遇）：[特別進学] 5科21，[進学Ａ] 5科18，[進学Ｇ] 5科17　※いずれも9科に1

不可　※条件により内申加点あり

特待生・奨学金制度　特別進学コース・スポーツコースを対象に内申，入試得点により3段階の学業特待生認定。

帰国生の受け入れ　国内生と同枠入試。

入試日程

区分		登録・出願	試験	発表	手続締切
推薦	第1志望	12/20～1/18	1/22	1/24	1/25
	併願	12/20～1/18	1/22	1/24	3/5
一般	第1志望	12/20～1/30	2/11	2/13	2/14
	併願優遇	12/20～1/30	2/10or11	2/13	3/2
	フリー	12/20～2/6	2/10or11	2/13	3/5

応募状況

年度		区分	応募数	受験数	合格数	実質倍率
'24	特進	推薦（第1）	18	18	18	1.0
		推薦（併願）	64	56	56	1.0
		一般（第1）	0	0	0	―
		一般（併優）	230	173	173	1.0
		一般（フリー）	33	26	11	2.4
	進学A	推薦（第1）	63	63	63	1.0
		推薦（併願）	246	226	226	1.0
		一般（第1）	1	1	1	1.0
		一般（併優）	571	473	473	1.0
		一般（フリー）	32	28	6	4.7
	進学G	推薦（第1）	176	176	176	1.0
		推薦（併願）	307	299	299	1.0
		一般（第1）	1	1	1	1.0
		一般（併優）	641	528	528	1.0
		一般（フリー）	80	76	19	4.0
	スポ	推薦（第1）	73	73	73	1.0
		一般（第1）	27	27	27	1.0

[スライド制度] あり。上記に含まず。
[24年合格最低点] 非公表。

学費（単位：円）	入学金	施設設備費	授業料	その他経費	小計	初年度合計
入学手続時	220,000	―	―	―	220,000	991,980
1年終了迄	―	192,000	404,400	175,580	771,980	

※2024年度予定。[授業料納入] 10回分割。[その他] 制服・制定品代，教科書代，PC代あり。

併願校の例
※[進学Ｇ]を中心に

	都立	千公立	私立
挑戦校	江戸川 墨田川 深川 江北 東	津田沼 国分 市川東 船橋芝山	日大一 二松学舎 郁文館 錦城学園 東葉
最適校	本所 小岩 晴海総合 足立 紅葉川	市立松戸 市立船橋 船橋啓明 市川昴 実籾	岩倉 SDH 昭和一 共栄学園 修徳 中央学院中央
堅実校	日本橋 篠崎 竹台 葛飾野 葛飾総合	市川南 船橋法典	不二女子

合格のめやす

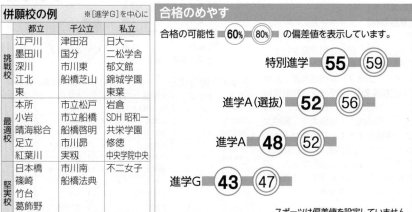

合格の可能性 **60%** **80%** の偏差値を表示しています。

特別進学 **55** 59

進学A（選抜） **52** 56

進学A **48** 52

進学G **43** 47

スポーツは偏差値を設定していません。

※合格のめやすの見方は114ページ参照。

見学ガイド　文化祭／説明会／体験授業／個別相談会

東京　男女　か　関東第一

葛飾区

共栄学園 高等学校

〒124-0003　東京都葛飾区お花茶屋2-6-1　☎0120-713601

京成本線―お花茶屋3分
JR・千代田線―亀有よりバス共栄学園

【教育方針】　「清明・誠実・創造」を校訓とし，教育理念に「文武両道」，建学の礎に「至誠一貫」を掲げる。知・徳・体が調和した全人的な人間形成をめざす。

【沿　革】　1933年創立の和裁塾を母体として，1948年設立。2003年度より共学化。

【学校長】　御宿　重夫

【生徒数】　男子417名，女子309名

	1年（8クラス）	2年（8クラス）	3年（8クラス）
男子	133名	156名	128名
女子	120名	94名	95名

特色

設置学科：普通科

【コース】　未来探究，国際共生，理数創造，探究特進，探究進学の5コース制。国際共生は3年間文系，理数創造は3年間理系クラス。

【カリキュラム】　①未来探究コースは最難関国公立・私立大学合格を目標に最先端分野の次世代リーダーを育成。②国際共生コースは国際・語学系難関私立大学などへの合格に向け英語や国語，地歴公民に重点を置いたカリキュラムで学ぶ。③理数創造は1年次より理数系や情報系，理数探究系の科目を多く設定。理系大学合格をめざす。④探究特進コースは探究的な学習を重視し新しい価値を創造する人材を育成。⑤探究進学コースは様々な体験学習から思考力や表現力の土台を作る。⑥第1志望・現役合格・学校完結主義を掲げ卒業生チューター制度や進路ガイダンス，大学入学共通テストの模擬体験などで受験をサポート。志望校が固まり始める2年次の3学期からは放課後講習も用意する。

【海外研修】　希望者を対象としたカナダ語学学習を実施。ホームステイを体験する。

【クラブ活動】　バトン部が全国大会優勝。野球部，ダンスドリル部が全国大会に出場。

習熟度別授業	土曜授業	文理選択	オンライン授業	制服	自習室	食堂	プール	グラウンド	アルバイト	登校時刻＝ 8:20
－	－	2年～	－	○	～19:00	○	－	－	○ 審査	下校時刻＝19:00

進路情報　2023年3月卒業生

四年制大学への進学率 **73.9%**

【卒業生数】　226名

【進路傾向】　大学進学者の内訳は，文系56%，理系44%。国公立大学へ文系1名，理系3名が進学した。

【系列進学】　共栄大学へ3名（国際経営1，教育2）が内部推薦で進学。

【指定校推薦】　利用状況は東京理科大1，学習院大1，日本大7，東洋大1，専修大1，成蹊大1，獨協大3，東京女子大1，白百合女子大1など。ほかに國學院大，東京電機大，武蔵大，工学院大，昭和女子大，学習院女子大，清泉女子大，東洋英和女学院大など推薦枠あり。

■ 四年制大学	167名
■ 短期大学	4名
■ 専修・各種学校	35名
■ 就職	4名
□ 進学準備・他	16名

主な大学合格状況

'24年春速報は巻末資料参照

大学名	'23	'22	'21	大学名	'23	'22	'21	大学名	'23	'22	'21
◇千葉大	0	0	1	青山学院大	0	1	1	成蹊大	3	2	2
◇筑波大	0	2	0	立教大	0	6	1	獨協大	8	10	7
◇東京外大	1	0	0	中央大	0	1	2	神奈川大	6	1	1
◇都立大	0	1	0	法政大	3	5	3	東京電機大	2	7	6
◇東京海洋大	1	0	0	日本大	18	31	14	立正大	1	10	4
早稲田大	1	1	1	東洋大	3	5	16	大妻女子大	3	3	6
慶應大	0	1	0	専修大	1	8	1	順天堂大	4	3	1
東京理科大	1	2	5	大東文化大	1	2	4	杏林大	3	2	6
学習院大	3	4	3	東海大	2	2	3	日本薬科大	5	2	2
明治大	8	3	4	國學院大	2	5	4	共栄大	5	18	12

※各大学合格数は既卒生を含む。

入試要項 2024年春（実績）

新年度日程についてはp.116参照。

◆ 推薦　A推薦：単願　B推薦：併願（公私とも可。東京・神奈川生を除く）

募集人員▶ 未来探究コース15名，国際共生コース15名，理数創造コース15名，探究特進コース35名，探究進学コース80名

選抜方法▶ A推薦：グループ面接（5分），調査書　B推薦：適性検査（国数英各50分・各100点），グループ面接（5分），調査書

◆ 一般　併願優遇（公私とも可），チャレンジ入試（フリー）

募集人員▶ 未来探究コース15名，国際共生コース15名，理数創造コース15名，探究特進コース35名，探究進学コース80名

選抜方法▶ 国数英（各50分・各100点），グループ面接（5分），ほか併願優遇は調査書

◆ 受験料　20,000円

（内申基準） A推薦：[未来探究] 5科21，[国際共生] [理数創造] [探究特進] 5科19，[探究進学] 5科17　B推薦・一般（併願優遇）：[未来探究] 5科22，[国際共生] [理数創造] [探究特進] 5科20，[探究進学] 5科18　※いずれも9科に1不可　※条件により内申加点あり

（特待生・奨学金制度） A推薦を除く各入試で内申，学科試験により3段階の特待生認定。ほかにスポーツ・文化特待生制度あり。

（帰国生の受け入れ） 国内生と同枠入試。

入試日程

区分	登録・出願	試験	発表	手続締切
A推薦	12/20～1/18	1/22	1/22	1/26
B推薦	12/20～1/18	1/22	1/22	公立発表翌日
併願優遇	12/20～2/5	2/10	2/10	公立発表翌日
チャレンジ	12/20～2/10	2/11	2/11	公立発表翌日

応募状況

年度	区分		応募数	受験数	合格数	実質倍率
'24	未来探究	A推薦	4	4	4	1.0
		B推薦	6	6	6	1.0
		併願優遇	15	15	15	—
		チャレンジ	8	8	8	—
	国際共生	A推薦	2	2	2	1.0
		B推薦	1	1	1	1.0
		併願優遇	15	15	15	—
		チャレンジ	5	4	4	—
	理数創造	A推薦	5	5	5	1.0
		B推薦	1	1	1	1.0
		併願優遇	25	25	25	—
		チャレンジ	8	5	4	—
	探究特進	A推薦	18	18	18	1.0
		B推薦	19	19	19	1.0
		併願優遇	90	86	86	—
		チャレンジ	12	10	10	—
	探究進学	A推薦	66	65	65	1.0
		B推薦	26	26	26	1.0
		併願優遇	198	186	186	—
		チャレンジ	59	55	50	—

[スライド制度] あり。上記に含む。
['24年合格最低点] B推薦：未来探究205，探究特進163，探究進学135（/300）　チャレンジ：未来探究200，国際共生188，理数創造158，探究特進180，探究進学130（/300）

東京　男女　き　共栄学園

学費（単位：円）	入学金	施設費	授業料	その他経費	小計	初年度合計
入学手続時	240,000	80,000	—	—	320,000	1,098,870
1年終了迄	—	96,000	408,000	274,870	778,870	

※2023年度実績。[授業料納入] 10回分割。[その他] 制服・制定品代あり。

併願校の例　※[探究進学] を中心に

	都立	埼公立	私立
挑戦校	上野 江戸川 墨田川 深川 江北	春日部女子 春日部東 草加 越谷西	安田学園 二松学舎 郁文館 足立学園 昭和学院
最適校	東 本所 科学技術(科学) 小岩 足立	草加南 草加東 越谷東	岩倉 SDH昭和一 上野学園 潤徳女子 関東一
堅実校	日本橋 篠崎 忍岡 葛飾野 南葛飾	草加西 三郷北 松伏	正則学園 小石川淑徳

合格のめやす

合格の可能性 ■60%■（80%）の偏差値を表示しています。

※合格のめやすの見方は114ページ参照。

未来探究　(57)　(61)
国際共生　(54)　(58)
理数創造　(54)　(58)
探究特進　(50)　(54)
探究進学　(44)　(48)

（見学ガイド） 文化祭／ジョイフルコンサート／説明会／見学会／個別相談会

小中高専短大

小平市

錦城 高等学校

〒187-0001 東京都小平市大沼町5-3-7 ☎(042)341-0741

【教育方針】 建学の精神は「国際社会に通用する人間づくり」と「実学の徹底」。校訓に「知性・進取・誠意」を掲げる。

【沿 革】 1880年創立の三田英学校が前身。1997年男子校より男女共学となる。

【学校長】 阿部 一郎

【生徒数】 男子689名、女子757名

	1年(12クラス)	2年(12クラス)	3年(13クラス)
男子	214名	245名	230名
女子	260名	256名	241名

西武新宿線—小平15分 JR—武蔵小金井,西武池袋線—東久留米よりバス錦城高校前

特色

設置学科：普通科

【コース】 特進と進学の2コース制。進学コースは2年次に文系と理系に、3年次に文系Ⅰ類、文系Ⅱ類、理系に分岐。特進コースは3年次に特進英語、特進文理、特進理数に分かれる。

【カリキュラム】 ①特進コースは進学コースと同じカリキュラムだが、授業の進度が速く、演習が多い。教科書の基礎的な内容を踏まえたハイレベルな授業で難関国公立・私立大学合格をめざす。②進学コースは丁寧な授業で教科書レベルの内容・知識の理解と定着を図る。多様な入試方式に対応する。③授業ごとに小テストを頻繁に行い、復習を促し基礎学力をつける。④長期休暇中の講習が充実。部活動との両立も可能な設定。3年次は入試に向けた演習が中心で、最大120時間受講できる。

【海外研修】 1・2年次に希望制のホームステイを実施（夏休みはオーストラリア、冬休みはアメリカ）。1年次3学期には希望選抜制のオーストラリア・ターム留学制度もある。

【クラブ活動】 陸上部、バドミントン部、映画研究部、新聞委員会、将棋部が全国レベル。専用の道場を持つ空手道部は関東大会出場。

習熟度別授業	土曜授業	文理選択	オンライン授業	制服	自習室	食堂	プール	グラウンド	アルバイト
数	○	2年～	○	○	～18:30	○	—	○	—

登校時刻＝ 8:25
下校時刻＝18:30

進路情報 2023年3月卒業生

四年制大学への進学率 **85.5%**

【卒業生数】 470名

【進路傾向】 大学進学者の内訳は文系57%、理系43%。国公立大学へ文系17名・理系37名、海外大学へ1名が進学。医学部13名（うち医学科12名）、薬学部43名の合格が出ている。

【指定校推薦】 利用状況は都立大6、早稲田大7、上智大3、東京理科大4、学習院大6、明治大5、青山学院大9、立教大6、中央大9、法政大5、日本大2、東洋大2、成蹊大4、成城大1、明治学院大2、芝浦工大1、東京電機大1、東京女子大3、日本女子大2、武蔵大2、工学院大3、東京経済大1、北里大1、東京薬科大2、武蔵野大1など。

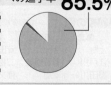

	四年制大学	402名
	短期大学	1名
	専修・各種学校	6名
	就職	0名
	進学準備・他	61名

主な大学合格状況
'24春速報は巻末資料参照

大学名	'23	'22	'21	大学名	'23	'22	'21	大学名	'23	'22	'21
◇東京大	1	0	1	◇東京農工大	6	5	6	立教大	42	44	48
◇東工大	0	1	1	◇東京学芸大	7	8	10	中央大	85	65	77
◇一橋大	0	1	0	◇都立大	18	11	10	法政大	87	64	63
◇千葉大	3	3	2	早稲田大	36	30	37	日本大	92	72	79
◇筑波大	3	0	2	慶應大	8	8	11	東洋大	78	111	64
◇東京外大	4	4	2	上智大	27	23	26	専修大	39	32	35
◇横浜国大	3	2	4	東京理科大	26	21	22	成蹊大	41	38	45
◇埼玉大	3	5	7	学習院大	26	25	31	芝浦工大	34	23	17
◇大阪大	1	2	1	明治大	85	59	49	津田塾大	28	24	17
◇北海道大	1	2	2	青山学院大	47	39	37	東京女子大	18	30	19

※各大学合格数は既卒生を含む。

入試要項 2024年春（実績）

新年度日程についてはp.116参照。

◆ 推薦　第1志望

募集人員▶ 進学コース130名

選抜方法▶ 作文（50分・600～800字），グループ面接（10分），調査書

◆ 一般　**一般①：** 第1志望加点優遇，併願加点優遇（公私とも可・公立第1志望・本校第2志望）あり　**一般②：** 特進コースのみ募集。併願加点優遇（公私とも可）あり

募集人員▶ 特進コース120名，進学コース200名

選抜方法▶ 国数英（各50分・各100点・マークシートと記述の併用・英にリスニングあり），調査書

◆ 受験料　20,000円

内申基準 推薦：[進学] 5科22　**一般①（併願加点優遇）：** [特進] 3科14かつ5科23かつ9科39，[進学] 5科22かつ9科38　**一般②（併願加点優遇）：** [特進] 以下①または②。① 3科15・② 3科14かつ5科23かつ9科39　※いずれも9科に2不可　※条件により内申加点あり

特待生・奨学金制度 一般入試の成績上位者を特待生認定。入学手続時納入金免除，授業料給付。

帰国生の受け入れ 国内生と同枠入試。

入試日程

区分	登録・出願	試験	発表	手続締切
推薦	12/20～1/16	1/22	1/23	1/25
一般①（1志）	12/20～2/3	2/10	2/11	2/13
一般①（他）	12/20～2/3	2/10	2/11	公立発表翌日
一般②	12/20～2/3	2/12	2/13	公立発表翌日

応募状況

年度	区分		応募数	受験数	合格数	実質倍率
'24	特進	一般① 一般②	1,102	969	598	1.6
	進学	推薦	191	191	191	1.0
		一般	378	363	293	1.2
'23	特進	一般①	718	694	396	1.8
		一般②	380	300	198	1.5
	進学	推薦	137	137	137	1.0
		一般	361	350	277	1.3
'22	特進	推薦	24	24	24	1.0
		一般	849	782	627	1.2
	進学	推薦	129	129	129	1.0
		一般	347	334	314	1.1

[スライド制度] あり。上記に含めます。

[24年合格最低点] 一般：特進①205・②220，進学175（/300）

（東京　男女　き　錦城）

学費（単位：円）

学費（単位：円）	入学金	施設費	授業料	その他経費	小計	初年度合計
入学手続時	230,000	130,000	—	—	360,000	約1,005,500
1年終了迄	—	36,000	372,000	約237,500	約645,500	

※2024年度予定。[授業料納入] 3回分割。
[その他] 制服・制定品代，宿泊研修費あり。

併願校の例　※[進学]を中心に

	都立	埼公立	私立
挑戦校	日比谷 西 国立 立川(創造理数) 戸山		明大明治 青山学院 巣鴨 明大八王子 帝京大学
最適校	立川(普) 新宿 国分寺 武蔵野北 小金井北	川越 川越女子 所沢北 和光国際 川越南	宝仙学園(理数) 国学院久我山 日大二 明学東村山 拓大一
堅実校	昭和 調布北 文京 小平 石神井	所沢 市立川越 朝霞	聖徳学園 八王子学園 明星学園 明法 実践学園

合格のめやす

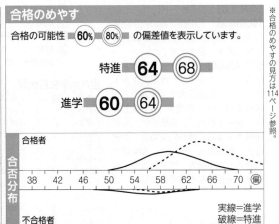

合格の可能性 **60%** **80%** の偏差値を表示しています。

特進 **64** **68**

進学 **60** **64**

合格者

| 38 | 42 | 46 | 50 | 54 | 58 | 62 | 66 | 70 | （偏） |

合否分布

不合格者

実線＝進学
破線＝特進

※合格のめやすの見方は114ページ参照。

見学ガイド 文化祭／説明会／学校見学会／個別相談会

千代田区

錦城学園 高等学校

〒101-0054　東京都千代田区神田錦町3-1　☎(03)3291-3211

【教育目標】　知育・徳育・体育の均衡のとれた人間，誠実で努力を継続できる人間，広い視野を持ち深い教養を身につけた人間の育成をめざしている。

【沿　革】　1880年慶應義塾旧医学校跡に三田予備校として創立。1881年，三田英学校に改称。2006年度より共学化。

【学校長】　及 川　勝 義

【生徒数】　男子249名，女子323名

	1年（8クラス）	2年（6クラス）	3年（4クラス）
男子	142名	62名	45名
女子	126名	118名	79名

東西線―竹橋5分　半蔵門線・都営三田線―神保町7分　JR―御茶ノ水・神田各10分

特色

設置学科：普通科

【コース】　2年次より文系コースと理系コースに分かれ，それぞれのコースに特進クラスと進学クラスを設ける。

【カリキュラム】　①好奇心を引き出す授業と充実した課外授業で，大学現役合格を実現。②1年次は基礎作り，2年次は発展的な内容，3年次は実践的な入試対策に取り組む。小テストを繰り返し効率的に学習する。③英語の要となる論理・表現の授業ではネイティヴ教師の授業もある。④1人1台のタブレットPCを授業やプリントの配信などに活用している。

【キャリア教育】　1年次から二者面談を頻繁に実施し学校生活をバックアップする。2・3年次には，具体的な進路選択から志望校の選定，受験日程の作成まで継続的にサポート。

【海外研修】　2年次の修学旅行先はイギリス・イタリア・アメリカ・沖縄の4カ所から選択する。ほか，7月に全学年の希望者を対象にしたオーストラリアでのホームステイがある。

【クラブ活動】　陸上競技部，少林寺拳法部，バドミントン部が全国大会に出場。硬式野球部，吹奏楽部，ソングリーダー部なども活発に活動。

習熟度別授業	土曜授業	文理選択	オンライン授業	制服	自習室	食堂	プール	グラウンド	アルバイト
数英理社	○	2年～	○	○	～17:00	○	―	―	―

登校時刻＝ 8:15
下校時刻＝19:00

進路情報　2023年3月卒業生

四年制大学への進学率 **81.2%**

【卒業生数】　357名

【進路傾向】　大学進学者の内訳は文系78%，理系20%，他2%。国公立大学へ文系1名が進学した。

【指定校推薦】　利用状況は日本大2，駒澤大1，専修大2，大東文化大1，帝京大1，國學院大1，獨協大3，東京電機大1，武蔵大1，千葉工大1，東京工科大2，拓殖大2，女子栄養大1など。ほかに東海大，亜細亜大，神奈川大，玉川大，工学院大，立正大，国士館大，東京経済大，創価大，大正大など推薦枠あり。

四年制大学	290名	
短期大学	6名	
専修・各種学校	47名	
就職	0名	
進学準備・他	14名	

主な大学合格状況

'24年春速報は巻末資料参照

大学名	'23	'22	'21	大学名	'23	'22	'21	大学名	'23	'22	'21
◇東京学芸大	1	0	0	日本大	40	26	13	明治学院大	2	10	0
◇琉球大	0	1	0	東洋大	28	35	4	獨協大	16	10	4
早稲田大	0	1	0	駒澤大	14	5	6	神奈川大	7	2	0
慶應大	0	1	0	専修大	24	14	3	立正大	18	12	8
東京理科大	0	4	0	大東文化大	14	8	1	国士舘大	9	18	9
学習院大	0	5	1	東海大	7	6	3	東京経済大	8	9	3
明治大	0	6	2	亜細亜大	25	28	3	杏林大	3	10	5
青山学院大	0	5	0	帝京大	15	16	6	東京工科大	12	6	2
中央大	0	3	3	國學院大	1	6	2	拓殖大	33	14	8
法政大	2	4	2	成城大	1	16	3	目白大	15	18	4

※各大学合格数は既卒生を含む。

入試要項 2024年春（実績）

新年度日程についてはp.116参照。

◆推薦　A推薦：単願　B推薦：併願（公私とも可。千葉・埼玉などを対象）

募集人員 ▶ 120名

選抜方法 ▶ A推薦：作文（40分・400〜600字），個人面接（5〜10分），調査書　B推薦：適性検査（国数英各30分・各50点・マークシート），個人面接（5〜10分），調査書

◆一般　第1志望，併願優遇（公私とも可），フリー

募集人員 ▶ 120名

選抜方法 ▶ 国数英（各50分・各100点・マークシート），個人面接（5〜10分），調査書

◆受験料　20,000円

（内申基準）A推薦・一般（第1志望）：3科10または5科16　B推薦・一般（併願優遇）：3科11または5科17　※いずれも9科に1不可　※条件により内申加点あり

（特待生・奨学金制度）一般2/10は学業奨学生試験を兼ね，上位5％以内を認定。ほかにA推薦でスポーツ奨学生制度あり。

（帰国生の受け入れ）国内生と同枠入試。

入試日程

区分	登録・出願	試験	発表	手続締切
A推薦	12/20〜1/16	1/22	1/23	1/25
B推薦	12/20〜1/16	1/22	1/23	公立発表翌日
一般 第1	12/20〜2/5	2/10	2/11	2/14
一般 併優フリー	12/20〜2/5	2/10or11	2/11or12	公立発表翌日

応募状況

年度	区分			応募数	受験数	合格数	実質倍率
'24		A推薦		129	129	129	1.0
		B推薦		19	18	18	1.0
	一般	2/10	第1併優フリー	215	200	194	1.0
		2/11	併優フリー	69	60	46	1.3
'23		A推薦		144	144	144	1.0
		B推薦		19	18	18	1.0
	一般	2/10	第1併優フリー	232	218	208	1.0
		2/11	併優フリー	96	91	82	1.1
'22		A推薦		112	112	112	1.0
		B推薦		10	9	9	1.0
	一般	2/10	第1併優フリー	182	169	160	1.0
		2/11	併優フリー	63	54	48	1.1

['24合格最低点] B推薦：57/150　一般2/10：第1志望110，併願優遇118，フリー155（/300）
一般2/11：併願優遇129，フリー169（/300）

東京　男女　（き）錦城学園

学費（単位：円）

学費（単位：円）	入学金	施設費	授業料	その他経費	小計	初年度合計
入学手続時	210,000	110,000	—	—	320,000	1,188,745
1年終了迄	—	120,000	348,000	400,745	868,745	

※2023年度実績。[授業料納入]3回分割。[その他]制服・制定品代，選択科目の教科書代あり。

併願校の例

	都立	千・埼公立	私立
挑戦校	文京 上野 江戸川 豊島	国府台 津田沼 越谷南 与野	安田学園 日大一 実践学園 日大豊山
最適校	墨田川 深川 江北 東 本所	国分 市川東 川口 草加南	二松学舎 郁文館 武蔵野大千代田 SDH昭和一 岩倉
堅実校	小岩 晴海総合 足立 高島 紅葉川	松戸 市川昴 浦和東 草加西	共栄学園 上野学園 関東一 修徳 中央学院中央

合格のめやす

合格の可能性 **60%** **80%** の偏差値を表示しています。

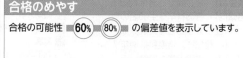

普通科　**48**　**52**

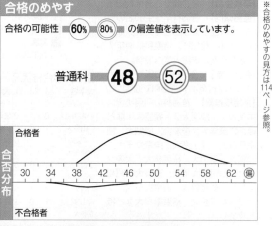

合否分布

合格者

不合格者

30　34　38　42　46　50　54　58　62　偏

※合格のめやすの見方は114ページ参照。

（見学ガイド）文化祭／説明会／オープンスクール／授業公開／個別相談会／個別見学対応

小 中 高 専 短 大

国立音楽大学附属 高等学校

〒186-0005　東京都国立市西2-12-19　☎(042)572-4111

【教育理念】「自由・自主・自律」を掲げる。のびのびとそれぞれの目標に向かって，人と人とのつながりを大切に共に成長する。

【沿革】1949年国立音楽高等学校（音楽科）設立。1963年普通科（女子）併設。2004年現校名に改称，普通科も男女共学となる。

【学校長】大友　太郎

【生徒数】男子73名，女子341名

JR—国立・矢川各13分またはバス音高

	1年（6クラス）	2年（6クラス）	3年（6クラス）
男子	25名	25名	23名
女子	113名	116名	112名

特色

設置学科：普通科／音楽科

【コース】普通科は特別進学と総合進学，音楽家は演奏・創作と総合音楽の各2コース制。

【カリキュラム】①普通科は大学教員や専門家が指導する探究授業を導入。特別進学コースは演習などのアウトプット重視の授業で主に一般選抜で難関大学をめざす。進学コースは主体的に学ぶ力や表現力の向上を重視。多様な大学入試形態にも対応。②音楽科の専攻科目はピアノ，声楽，管・弦・打楽器，作曲，オルガン，電子オルガン。レッスンは第一線で活躍する約60名の講師が指導。著名人による講座もある。併

設大学との高大連携で体験授業を実施している。③土曜日は普通科が隔週登校。

【海外研修】夏期カナダ短期研修，オーストラリアまたはニュージーランドへのターム留学を実施。いずれも1・2年次の希望者対象。

【クラブ活動】合唱部，バスケットボール部，バドミントン部，茶道同好会など普通科と音楽科の生徒が一緒に活動しているクラブもある。

【施設】新校舎2号館を2023年度より使用開始。ラーニングコモンズやコミュニケーションラウンジ，音響環境抜群のスタジオなどを備える。

習熟度別授業	土曜授業	文理選択	オンライン授業	制服	自習室	食堂	プール	グラウンド	アルバイト	登校時刻＝ 8:35
国数英	—	—	○	—	～18:15	—	—	—	届出	下校時刻＝18:15

進路情報 2023年3月卒業生

四年制大学への進学率（普通科）**91.7%**

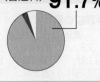

四年制大学	55名
短期大学	0名
専修・各種学校	2名
就職	0名
進学準備・他	3名

【卒業生数】普通科60名，音楽科88名

【進路傾向】普通科卒業生60名のうち，大学進学者は55名で文系64%，理系18%，他18%。音楽科は例年7～8割程度が併設大学へ進学。

【系列進学】音楽科から国立音楽大学へ53名(音楽)が内部推薦で進学した。

【指定校推薦】普通科の利用状況は中央大1，成蹊大2，獨協大1など。ほかに東洋大，東海大，成城大，東京電機大，津田塾大，東京女子大，武蔵大，玉川大，桜美林大，大妻女子大，白百合女子大，杏林大，昭和薬科大，武蔵野大，清泉女子大，フェリス女学院大，横浜薬科大など推薦枠あり。

主な大学合格状況
'24年春速報は巻末資料参照

大学名	'23	'22	'21	大学名	'23	'22	'21	大学名	'23	'22	'21
◇東京藝術大	0	1	1	中央大	10	1	8	玉川大	2	4	2
◇東京学芸大	0	1	0	法政大	2	3	1	桜美林大	3	6	8
◇山梨大	1	0	0	日本大	2	3	9	大妻女子大	2	2	2
◇都留文科大	0	1	0	東洋大	4	4	15	白百合女子大	2	2	1
早稲田大	0	3	0	帝京大	5	2	1	杏林大	2	5	0
上智大	1	0	5	成蹊大	4	2	0	実践女子大	3	1	2
学習院大	2	2	2	成城大	5	3	1	明星大	1	4	3
明治大	2	1	3	神奈川大	2	0	3	国立音大	60	59	81
青山学院大	1	0	1	東京女子大	1	0	0	東京音大	8	7	6
立教大	2	4	4	日本女子大	3	3	0	洗足学園音大	2	4	3

※各大学合格数は既卒生を含む。

入試要項 2024年春（実績）

新年度日程についてはp.116参照。

◆推薦 普通科：調査書型，プレゼン型（総合進学コース対象） 音楽科：演奏・創作型（演奏Ⅰ・Ⅱ），総合音楽型 ※いずれも第1志望
募集人員▶普通科約30名，音楽科約40名
選抜方法▶**普通科**：［調査書型］作文（50分・800字），個人面接，調査書，［プレゼン型］プレゼンテーション，個人面接，調査書，自己PRカード **音楽科**：［演奏Ⅰ］専攻実技，選択実技，個人面接，調査書，［演奏Ⅱ］演奏，個人面接，調査書，音楽推薦書，［総合音楽型］個人面接，調査書，自己推薦文
◆一般 第1志望優遇（特別進学コース除く），併願優遇（公私とも可）あり。音楽科は演奏・創作型，総合音楽型を実施
募集人員▶普通科約30名，音楽科①②計約40名
選抜方法▶**普通科**：国数英（英にリスニングあり），個人面接，調査書 **音楽科**：［演奏・創作型］国英，専攻実技，選択実技，個人面接，調査書，［総合音楽型］国数英，個人面接，調査書 ※いずれも国数英は各50分・各100点
◆受験料 普通科21,000円 音楽科26,000円

（**内申基準**）推薦（調査書型）：［特別進学］5科20，［総合進学］5科17または9科31 推薦（プレゼン型）：［総合進学］5科15または9科27 推薦（演奏Ⅰ）：9科27 推薦（演奏Ⅱ）：9科29 推薦（総合音楽型）：9科30 一般（併願優遇）：［特別進学］5科22，［総合進学］5科20または9科36，［音楽科］9科36 ※推薦は［特別進学］9科に2不可，［総合進学］9科に1不可（調査書型は5科に2も不可），［音楽科］9科に1不可。併願優遇は9科に2不可（普通科のみ） ※条件により内申加点あり

（**特待生・奨学金制度**）推薦，一般①の成績優秀者に特待生制度あり

（**帰国生の受け入れ**）国内生と同枠入試。

入試日程

	区分	登録・出願	試験	発表	手続締切
普通	推薦	12/20～1/18	1/22	1/23	1/24
	一般①	12/20～2/7	2/10	2/10	2/13
	一般②	12/20～2/12	2/13	2/13	2/14
	一般③	12/20～2/15	2/16	2/16	2/19
音	一般①	12/20～2/6	2/10	2/10	2/13

［延納］一般の併願優遇は公立発表後まで。
［2次募集］音楽科一般②3/7

応募状況

年度	区分		応募数	受験数	合格数	実質倍率
'24	普通	推薦	44	44	42	1.0
		一般①	45	44	42	1.0
		一般②	25	21	17	1.2
		一般③	82	73	64	1.1
	音楽	推薦	43	43	43	1.0
		一般①	17	17	16	1.1

［'24年合格最低点］非公表。

学費（単位：円）		入学金	施設費	授業料	その他経費	小計	初年度合計
普通	入学手続時	260,000	180,500	137,000	72,100	649,600	1,014,600
	1年終了迄	—	41,000	274,000	50,000	365,000	
音楽	入学手続時	260,000	230,500	177,000	41,600	709,100	1,174,100
	1年終了迄	—	61,000	354,000	50,000	465,000	

※2024年度予定。［返還］一般で第1志望優遇と併願優遇以外は公立発表翌日までの手続により入学金を除き返還。［授業料納入］3回分割（入学手続時に1期分納入）。［その他］副教材費等あり。

併願校の例 ※［総進］［音楽］を中心に

	都立	神・埼公立	私立
挑戦校	武蔵野北 日野台 小金井北 豊多摩	新城 所沢北	日大二 錦城 明学東村山 拓大一
最適校	昭和 南平 神代 調布南 小平南	相模原弥栄（普） 麻溝台 所沢 大宮光陵（音）	八王子学園 日大鶴ヶ丘 桐朋女子（音） 明星学園（音） 明星
堅実校	上水 府中 芦花 総合芸術（音）	元石川 相模原弥栄（音） 入間向陽 芸術総合（音）	大成 文化学園杉並 東京立正 東海大菅生 昭和一学園

合格のめやす

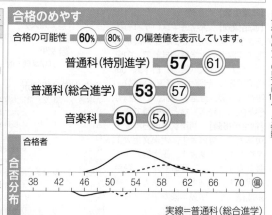

合格の可能性 **60%** **80%** の偏差値を表示しています。

普通科（特別進学） **57** **61**
普通科（総合進学） **53** **57**
音楽科 **50** **54**

合格者

| 38 | 42 | 46 | 50 | 54 | 58 | 62 | 66 | 70 |（偏）|

合否分布

不合格者

実線＝普通科（総合進学）
破線＝普通科（特別進学）

※合格のめやすの見方は114ページ参照。

（**見学ガイド**）文化祭／音楽講習会／教員演奏会

東 京 男 女 〈 国立音楽大学附属

文京区

京華商業 高等学校

〒112-8612　東京都文京区白山5-6-6　☎(03)3946-4491

【教育方針】　首都圏で唯一の私立共学商業高校として「豊かな実務知識をそなえた経済人の養成」という創立者の信念のもと，社会に有用なビジネス能力を育てる。

【沿　革】　1901年創立。

【学校長】　福原　慶明

【生徒数】　男子268名，女子120名

	1年(4クラス)	2年(4クラス)	3年(4クラス)
男子	78名	94名	96名
女子	37名	42名	41名

都営三田線―白山3分　南北線―本駒込8分
千代田線―千駄木18分

特色

設置学科：商業科

【コース】　2年次より大学進学，情報処理，ビジネスの3コースに分かれる。

【カリキュラム】　①1年次は普通科目を基礎から学習し，進路を見据える。②大学進学コースは受験に対応した実力を養成。小論文，商業の知識と実践力の習得，資格取得などもサポート。③情報処理コースは最新のIT環境を利用して情報処理の初歩から応用までを学び，IT関連・ビジネス系資格を取得。実技はティームティーチングで丁寧に指導。④ビジネスコースは商業経済検定1級，ビジネス文書実務検定などビジネス系資格取得をめざす。マーケティングやビジネスマネジメントも学ぶ。⑤企業や商店など実際の職場でのインターンシップ制度がある。

【海外研修】　夏休みに全学年の希望者を対象としたオーストラリア・ホームステイを実施。

【クラブ活動】　水泳部，珠算電卓部が全国レベル。陸上競技部，ダンス部，パソコン部も活発。

【行事】　伝統行事として，商業科目に関連した種目で競う「実科競技大会」を11月に開催。

【施設】　さいたま市の浦和運動場では体育祭や球技大会，サッカー部，野球部の練習を行う。

習熟度別授業	土曜授業	文理選択	オンライン授業	制服	自習室	食堂	プール	グラウンド 遠隔	アルバイト 審査	登校時刻＝ 8:25 下校時刻＝19:00
―	○	―	○	○	○	―	○			

進路情報　2023年3月卒業生

四年制大学への進学率 **64.1%**

【卒業生数】　153名

【進路傾向】　大学進学はいずれも私立大学で文系が約9割。全国商業高等学校協会の大学特別推薦で，中央大（商），法政大（経済），日本大（商，国際関係），駒澤大（経済，経営），専修大（商，経営），獨協大（経済），國學院大（経済）などが受験できる。

【指定校推薦】　利用状況は日本大1，東洋大2，専修大1，大東文化大1，帝京大1，武蔵大1，国士舘大1，共立女子大2，二松學舍大1，帝京平成大1，拓殖大3，淑徳大1，東京成徳大1，跡見学園女子大2など。

	四年制大学	98名
	短期大学	3名
	専修・各種学校	37名
	就職	8名
	進学準備・他	7名

主な大学合格状況

'24年春速報は巻末資料参照

大学名	'23	'22	'21	大学名	'23	'22	'21	大学名	'23	'22	'21
明治大	1	1	2	国士舘大	3	1	4	拓殖大	3	2	2
法政大	1	0	0	桜美林大	1	0	0	城西大	3	5	5
日本大	6	2	4	共立女子大	2	0	0	東京福祉大	2	2	1
東洋大	4	4	4	順天堂大	1	0	0	文京学院大	3	3	5
駒澤大	2	0	0	杏林大	1	0	0	高千穂大	6	3	2
専修大	9	14	8	武蔵野大	1	3	5	東京工芸大	1	2	0
大東文化大	2	2	4	文教大	1	3	1	城西国際大	1	0	1
帝京大	12	7	10	二松學舍大	2	1	0	千葉商大	1	8	5
獨協大	0	1	0	帝京平成大	5	2	2	東京成徳大	2	1	2
武蔵大	2	6	3	大正大	2	0	1	東京有明医療大	0	2	2

※各大学合格数は既卒生を含む。

入試要項 2024年春（実績）

新年度日程についてはp.116参照。

◆ 推薦　**A推薦**：単願　**得意技能選抜**：単願
B推薦：併願（公私とも可。自己推薦。東京・神奈川生を除く）

募集人員▶70名

選抜方法▶A推薦・得意技能選抜：適性検査（国数英各30分・50点・マークシート），グループ面接（5分），調査書，ほかに得意技能選抜は自己アピール書　**B推薦**：適性検査（国数英各45分・100点・マークシート），グループ面接（5分），自己推薦書，調査書

◆ **一般**　第1志望優先（②のみ），第2志望優先（公私とも併願可・本校第2志望）あり

募集人員▶80名

選抜方法▶国数英（各45分・100点・マークシート），グループ面接（5分），調査書

◆ **受験料**　23,000円

(内申基準) **A推薦**：3科9または9科26　**得意技能選抜**：以下①かつ②。①3科8または9科25・②文化・芸術・技術・スポーツなどの分野において創作発表・コンクール・大会などの実績がある者　**B推薦・一般(第2志望優先)**：3科10または9科27　**一般(第1志望優先)**：3科8または9科25　※いずれも9科に1不可　※条件により内申加点あり

(特待生・奨学金制度) 入試成績優秀者を4段階の特待生認定。ほかに卒業生子女および兄弟姉妹に適用される特待，推薦得意技能選抜での特待あり。

(帰国生の受け入れ) 個別対応。

入試日程

区分	出願	試験	発表	手続締切
A推薦	12/20～1/20	1/22	1/22	1/26
得技	12/20～1/20	1/22	1/22	1/26
B推薦	12/20～1/20	1/23	1/23	公立発表翌日
一般①	12/20～2/8	2/10	2/10	公立発表翌日
一般②	12/20～2/8	2/11	2/11	公立発表翌日（第1志望2/16）

応募状況

年度	区分	応募数	受験数	合格数	実質倍率
'24	A推薦	44	44	44	1.0
	得技	5	5	5	1.0
	B推薦	25	25	25	1.0
	一般①	157	152	123	1.2
	一般②	101	87	67	1.3
'23	A推薦	41	41	41	1.0
	得技	3	3	3	1.0
	B推薦	19	19	19	1.0
	一般①	89	87	71	1.2
	一般②	74	70	59	1.2
'22	A推薦	44	44	44	1.0
	得技	7	7	7	1.0
	B推薦	21	19	19	1.0
	一般①	135	131	116	1.1
	一般②	99	89	76	1.2

['24合格最低点] 一般①140，一般②138（/300）

学費(単位:円)	入学金	施設費	授業料	その他経費	小計	初年度合計
入学手続時	250,000	60,000	—	5,000	315,000	1,199,000
1年終了迄	—	180,000	462,000	242,000	884,000	

※2024年度予定。[返還] 3/15までの入学辞退者には入学金を除き返還。[入学前納入] 1年修了迄のうち32,000円。[授業料納入] 一括または4回分割。[その他] 制服・制定品代あり。[寄付・学債] 任意の寄付金1口5万円あり。

併願校の例

	都立	埼公立	私立
挑戦校	江北 向丘 小岩 晴海総合	草加南 朝霞西 浦和商業 鳩ヶ谷(情報処理)	錦城学園 岩倉 SDH昭和一 共栄学園 豊南
最適校	高島 王子総合 板橋 千早 竹台	草加西 新座総合技術(総じ) 川口東 川口青陵 八潮南(情報処理)	修徳 貞静学園 武蔵野 正則学園 堀越
堅実校	葛飾野 板橋有徳 足立新田 第一商業 第三商業	八潮南(商) 新座	安部学院

合格のめやす

合格の可能性 **60%** **80%** の偏差値を表示しています。

商業科　**39**　**43**

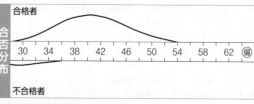

合格者

| 30 34 38 42 46 50 54 58 62 (偏) |

不合格者

合否分布

※合格のめやすの見方は114ページ参照。

(見学ガイド) 体育祭／文化祭／説明会／商業高校体験フェア

東京　男女　(け)　京華商業

昭島市

啓明学園 高等学校

〒196-0002　東京都昭島市拝島町5-11-15　☎(042)541-1003

【教育理念】　広い視野のもと，豊かな人間性と独自の見識を持ち，世界を心に入れた人の育成をめざす。

【沿　革】　1940年帰国生のための学校として啓明学園小学校創立。1941年に中学部，高等女学部を設置。新学制により現在に至る。

【学校長】　大坪　隆明

【生徒数】　男子170名，女子180名

	1年（4クラス）	2年（4クラス）	3年（4クラス）
男子	58名	51名	61名
女子	71名	62名	47名

JR・西武拝島線―拝島，JR―八王子，京王線―京王八王子よりスクールバス

特色

設置学科：普通科

【カリキュラム】　①40カ国以上から集まり，生徒数の30%以上を占める外国籍や留学生などの国際生が国内生と同じ教室で学び，日常が異文化交流の場となる。②英語は習熟度別授業で，最上位の国際英語クラスはネイティヴ教員が欧米のカリキュラムで教える。一般英語クラスはティームティーチングによる英会話授業。各学年で教科書は2学期までに終え，3学期は洋書の通読をする。③2・3年次に中国語，コリア語，フランス語から第二外国語を選択できる。④放課後や長期休業中に希望制の講習を1年次より開講。入試に対応できる実践力を養う。⑤3年次の選択授業では日本文化の理解を深める「茶道」を設置。⑥キリスト教主義に基づきクリスマスやイースターなどの礼拝を行っている。

【海外研修】　1・2年次希望制のカナダ夏期体験学習や英語圏での中長期留学を行う。全学年希望制のカンボジアワークキャンプも実施。

【クラブ活動】　男子バスケットボール部や硬式野球部が活発。聖歌隊も活動している。

【施設】　正門は数寄屋造り。日本建築の文化財や日本庭園を有し，広大な森や農園もある。

習熟度別授業	土曜授業	文理選択	オンライン授業	制服	自習室	食堂	プール	グラウンド	アルバイト	登校時刻＝8:30
数英	○	2年〜	○	○	〜19:00	○	―	○	届出	下校時刻＝18:00

進路情報　2023年3月卒業生

四年制大学への進学率 **79.5%**

【卒業生数】　122名

【進路傾向】　大学進学者の内訳は文系76%，理系18%，他6%。国公立大学へ理系1名，海外大学へ2名が進学した。

【指定校推薦】　利用状況は上智大2，学習院大1，青山学院大3，立教大2，法政大3，国際基督教大1，成蹊大2，明治学院大2，東京女子大1，立正大1，順天堂大1，杏林大1，立命館アジア太平洋大1，明星大4，城西大1など。ほかに東京理科大，東海大，亜細亜大，獨協大，神奈川大，芝浦工大，東京電機大，武蔵大，玉川大，工学院大，東京都市大，東京経済大など推薦枠あり。

■ 四年制大学	97名
□ 短期大学	2名
■ 専修・各種学校	6名
■ 就職	0名
□ 進学準備・他	17名

主な大学合格状況

'24年春速報は巻末資料参照

大学名	'23	'22	'21	大学名	'23	'22	'21	大学名	'23	'22	'21
◇筑波大	0	0	1	青山学院大	5	5	4	成蹊大	3	3	1
◇東京外大	0	0	1	立教大	3	9	1	明治学院大	2	4	3
◇東京学芸大	0	1	0	中央大	1	4	2	獨協大	2	2	2
◇岐阜大	1	0	0	法政大	5	4	3	玉川大	6	7	4
早稲田大	1	7	3	日本大	5	4	7	立正大	2	1	3
慶応大	0	1	0	東洋大	1	3	8	桜美林大	11	2	4
上智大	5	6	7	東海大	3	3	4	順天堂大	1	1	3
東京理科大	0	1	0	亜細亜大	1	2	2	杏林大	4	1	8
学習院大	1	3	1	帝京大	6	4	10	明星大	16	18	12
明治大	0	2	3	国際基督教大	1	3	1	東京工科大	4	7	1

※各大学合格数は既卒生を含む。

入試要項 2024年春（実績）

新年度日程についてはp.116参照。

◆ 推薦　第1志望
募集人員▶50名
選抜方法▶作文（50分・800字），個人面接（5分），調査書
◆ 一般　単願優遇・併願優遇（公私とも可・本校第2志望）あり
募集人員▶50名（国際入学試験を含む定員）
選抜方法▶国数英（各50分・各100点・英にリスニングあり），個人面接（5分），調査書
◆ 国際　外国籍生・インターナショナルスクール生・多言語環境にある者対象　※ほかオンライン型入試あり
募集人員▶一般の定員内
選抜方法▶**英語型**：英語作文（40分），日本語作文または日本語試験（40分），面接（英語10分・日本語10分）　**日本語型**：国数英（各50分），日本語面接（10分）　**外国語型**：外国語作文（40分），日本語作文または日本語試験（40分），日本語または外国語面接（10分）　※日本語型は英語検定2級で50点，準2級で20点を得点に加算　※いずれも出願時に各種書類（国際生履歴データ，成績証明書など）を提出し，プレインタビュー（予約制1/13）を経た上で受験
◆ **受験料**　23,000円

内申基準 **推薦**：3科11または5科17または9科30　**一般（併願優遇）**：3科12または5科18または9科31　※いずれも9科に1不可

※条件により内申加点あり
特待生・奨学金制度 内申，入試得点により，入学金免除。
帰国生の受け入れ 国内生と別枠入試。個別対応もあり。

入試日程

区分	登録・出願	試験	発表	手続締切
推薦	12/20～1/16	1/22	1/23	1/24
一般①	12/20～2/3	2/10	2/11	2/13
一般②	12/20～2/3	2/13	2/14	2/15
国際	12/23～1/9	1/22	1/23	1/25

[延納]併願優遇と国際の併願者は併願校発表後まで。

応募状況

年度	区分	応募数	受験数	合格数	実質倍率
'24	推薦	33	33	33	1.0
	一般①（単優）	2	2	2	1.0
	一般①（併優）	66	65	65	1.0
	一般①（他）	3	3	1	3.0
	一般②	20	9	8	1.1
	国際	9	9	8	1.1
'23	推薦	35	35	35	1.0
	一般①（単優）	3	2	2	1.0
	一般①（併優）	83	71	71	1.0
	一般①（他）	2	2	1	2.0
	一般②	9	2	0	―
	国際	15	15	15	1.0
'22	推薦	34	34	34	1.0
	一般①（単優）	8	7	2	3.5
	一般①（併優）	104	92	92	1.0
	一般①（他）	3	3	3	1.0
	一般②	4	3	0	―
	国際	18	17	13	1.3

['24年合格最低点] 非公表。

学費（単位：円）

	入学金	施設費	授業料	その他経費	小計	初年度合計
入学手続時	320,000	―	―	―	320,000	1,478,400
1年終了迄	―	196,800	516,000	445,600	1,158,400	

※2024年度予定。[授業料納入] 一括または3回・9回分割。
[その他] 制服・制定品代，国際生は指導費あり。

併願校の例

	都立	埼公立	私立
挑戦校	国分寺 日野台 昭和 南平 小平	所沢北 川越南 所沢	拓大一 明学東村山 日大三 八王子学園 明法
最適校	東大和南 神代 上水 成瀬 武蔵丘	市立川越 所沢西	国立音大附(普) 武蔵野大学 八王子実践 帝京八王子 大成
堅実校	翔陽 富士森 東大和 日野 青梅総合	豊岡 入間向陽 川越西 所沢中央	昭和一学園 藤村女子 聖パウロ

合格のめやす

合格の可能性 **60%** **80%** の偏差値を表示しています。

普通科　**50**　**54**

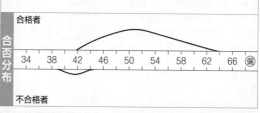

合格者

合否分布

不合格者

34　38　42　46　50　54　58　62　66　偏

※合格のめやすの見方は114ページ参照。

見学ガイド 体育祭／文化祭／説明会／入試問題解説会／オープンスクール／部活動見学・体験会

東京　男女　け　啓明学園

八王子市

工学院大学附属 高等学校

〒192-8622　東京都八王子市中野町2647-2　☎(042)628-4914(入試広報部)

【教育方針】　「挑戦・創造・貢献」の理念のもと，積極的に挑戦し，創り上げ，人類や社会，地球のために貢献していける人間形成をめざす。

【沿　革】　1888年創立の工手学校が母体。1928年工学院に改称。1992年普通科高校に移行し，現校名に改称。2002年より男女共学化。

【学校長】　中野　由章

【生徒数】　男子640名，女子180名

	1年(9クラス)	2年(8クラス)	3年(8クラス)
男子	257名	217名	166名
女子	66名	51名	63名

JR―新宿・八王子，京王線―京王八王子・南大沢，JR・西武拝島線―拝島よりスクールバス

特色

設置学科：普通科

【コース】　先進文理，文理，インターナショナルの3コース制。いずれも2年次に文系と理系に分岐，先進文理コースには理系スペシャリストを養成するスーパーサイエンスクラスも設置。

【カリキュラム】　①先進文理コースは国公立や難関私立大学合格のための実践力を養う。②文理コースは勉強と学校生活を両立し大学進学をめざす。③インターナショナルコースは世界で活躍するための英語力と思考力を身につけた人材を育成。④教室に電子黒板とWi-Fiを完備。生徒のノートPCと共に活用し，問題解決型のアク

ティブラーニングを実現する。⑤2年次にグローバル・プロジェクトを実施。SDGsの17目標から国や地域の課題解決に国内外で挑戦する。

【海外研修】　希望者にアジア新興諸国の問題解決にむけた実践型プロジェクト「MoG」を実施。希望者を対象とした夏期短期研修や，1・2年次対象の3カ月留学制度がある。

【クラブ活動】　柔道部が全国大会に出場の実績。自動車部などが活躍している。

【施設】　隣接する併設大学八王子キャンパスの自習スペースなど，施設の一部を利用できる。

習熟度別授業	土曜授業	文理選択	オンライン授業	制服	自習室	食堂	プール	グラウンド	アルバイト
―	○	2年～	○	○	～19:00	○	○	○	審査

登校時刻＝ 8:45
下校時刻＝18:00

進路情報　2023年3月卒業生

四年制大学への進学率 **92.2%**

【卒業生数】　269名

【進路傾向】　大学進学者の内訳は文系31%，理系69%。国公立大学へ文系1名，理系6名が進学した。

【系列進学】　工学院大学へ88名(先進工13，工17，建築28，情報30)が内部推薦で合格(うち76名進学)。

【指定校推薦】　利用状況は慶應大2，上智大2，東京理科大1，明治大2，法政大1，日本大1，専修大1，成蹊大1，武蔵大1，東京都市大1，東京薬科大1，東京農大2，女子栄養大1など。ほかに駒澤大，北里大，明治薬科大，昭和薬科大など推薦枠あり。

四年制大学	248名
短期大学	0名
専修・各種学校	9名
就職	1名
進学準備・他	11名

主な大学合格状況

'24春速報は巻末資料参照

大学名	'23	'22	'21	大学名	'23	'22	'21	大学名	'23	'22	'21
◇東工大	0	1	0	明治大	10	11	6	帝京大	22	14	19
◇千葉大	0	1	0	青山学院大	6	7	5	成蹊大	6	4	6
◇筑波大	1	0	0	立教大	3	15	4	芝浦工大	4	7	3
◇埼玉大	1	0	0	中央大	10	10	11	玉川大	8	6	6
◇東京農工大	2	2	0	法政大	13	10	14	工学院大	88	71	69
◇都立大	0	4	4	日本大	15	15	16	桜美林大	17	7	7
早稲田大	4	7	2	東洋大	21	7	11	杏林大	5	6	3
慶應大	1	12	4	駒澤大	6	2	5	北里大	7	7	9
上智大	2	12	7	専修大	17	9	15	東京薬科大	4	8	9
東京理科大	8	8	1	東海大	17	18	4	明星大	37	16	15

※各大学合格数は既卒生を含む。

入試要項 2024年春（実績）

新年度日程についてはp.116参照。

◆ 推薦　単願　※ほかにスポーツ部・文化部推薦あり

募集人員▶先進文理コース30名，文理コース40名，インターナショナルコース10名

選抜方法▶作文（50分・600字），個人面接（5〜8分），調査書，自己PR書

◆ 一般　併願優遇（国公私いずれか），一般

募集人員▶先進文理コース①40名・②20名，文理コース①30名・②15名，インターナショナルコース①10名・②5名

選抜方法▶国数英（各50分・各100点・英はマークシートと記述の併用でリスニングあり），個人面接（5〜8分），調査書　※インターナショナルコースはCEFR B2のスコア提出で英語試験満点

◆ 受験料　25,000円

内申基準　推薦：[先進文理] 3科13または5科20，[文理] 3科11または5科18，[インターナショナル] 3科11かつ英語検定2級　**併願優遇**：[先進文理] 3科14または5科21，[文理] 3科12または5科19，[インターナショナル] 3科12かつ英語検定2級　※いずれも各学年の9科に1不可　※条件により内申加点あり

特待生・奨学金制度　スポーツ特待生認定あり。

帰国生の受け入れ　国内生と別枠入試。

入試日程

区分	登録・出願	試験	発表	手続締切
推薦	12/20〜1/19	1/22	1/22	1/27
一般①	12/20〜2/7	2/10	2/10	2/15
一般②	12/20〜2/7	2/12	2/12	2/15

［延納］併願者は国公立発表後まで。

応募状況

年度	区分		応募数	受験数	合格数	実質倍率
'24	先進	推薦	28	28	28	1.0
		一般①	57	56	56	1.0
		一般②	18	16	16	1.0
	文理	推薦	68	68	68	1.0
		一般①	90	88	85	1.0
		一般②	60	37	35	1.1
	インタ	推薦	3	3	3	1.0
		一般①	2	2	2	1.0
		一般②	6	4	2	2.0
'23	先進	推薦	37	37	37	1.0
		一般①	98	98	98	1.0
		一般②	27	13	11	1.2
	文理	推薦	101	101	101	1.0
		一般①	136	135	115	1.2
		一般②	71	45	21	2.1
	インタ	推薦	1	1	1	1.0
		一般①	5	5	3	1.7
		一般②	1	1	0	—

［'24合格最低点］一般①：先進文理219，文理150，（/300）　一般②：文理182/300

学費（単位:円）	入学金	設備費	授業料	その他経費	小計	初年度合計
入学手続時	230,000	50,000	—	—	280,000	約1,168,350
1年終了迄	—	188,000	454,800	約245,550	約888,350	

※2024年度予定。［返還］3/7までの入学辞退者には入学金を除き返還。
［授業料納入］4回分割。上記授業料は先進文理コース・文理コースで，インターナショナルコースは648,000円。
［その他］制服・制定品代。インターナショナルコースは教育充実費84,000円あり。

併願校の例　※【文理】を中心に

	都立	神公立	私立
挑戦校	町田／日野台／小金井北／昭和／多摩科学技術	相模原	拓大一／桜美林／日大三／八王子学園／専修大附
最適校	南平／狛江／東大和南／神代／調布南	相模原弥栄／生田／麻溝台／大和西／上溝南	明法／明星／八王子実践／帝京八王子／大成
堅実校	翔陽／松が谷／富士森／日野／東大和	橋本／麻生／厚木西	白梅学園／東海大菅生／昭和一学園

見学ガイド　体育祭／文化祭／説明会／授業・部活動体験

合格のめやす

※合格のめやすの見方は114ページ参照。

合格の可能性　**60%**　**80%**　の偏差値を表示しています。

先進文理　**55**　（59）

文理　**51**　（55）

インターナショナル　**54**　（58）

合否分布

合格者

| 34 | 38 | 42 | 46 | 50 | 54 | 58 | 62 | 66 |（偏）

不合格者

実線＝文理
破線＝先進文理

渋谷区

国学院 高等学校

〒150-0001　東京都渋谷区神宮前2-2-3　☎(03)3403-2331

【教育方針】　「教」と「育」の両方を大切にし、学習面ばかりでなく人間的にも大きく成長できるようバランスの取れた教育をめざし、世界に貢献できる人間を育てる。

【沿　革】　1948年開校。

【学校長】　中村　彰伸

【生徒数】　男子824名，女子968名

	1年(14クラス)	2年(15クラス)	3年(13クラス)
男子	290名	277名	257名
女子	312名	346名	310名

JR―信濃町13分，千駄ヶ谷13分　都営大江戸線―国立競技場12分　銀座線―外苑前5分

特色

設置学科：普通科

【コース】　2年次より文系・理系・ソフトサイエンスに分かれる。2・3年次の文系に希望選抜制のチャレンジクラスを設置。

【カリキュラム】　①1年次は主要3教科の単位を増やし基礎学力の徹底を図る。②チャレンジクラスはハイレベルな受験指導を行う。③英語検定は2級を取得するまで受験が必須。④長期休業中に主要5科の全員講習，3年次は希望制の勉強合宿や，小論文の個別指導を行う。⑤体験学習（希望制）が豊富。国内各所での宿泊研修，科学・文学・テーブルマナーなどの日帰り研修，スキー教室を実施。

【キャリア教育】　年に3回面談週間を設けるほか，大学出張説明会や予備校担当者を招いた進学説明会，卒業生から大学受験体験を聞く会などを開催し，進路実現を後押しする。

【海外研修】　希望制で1・2年次のオーストラリア，カナダ，シンガポールでの語学研修，進路決定した3年次の短期留学制度がある。

【クラブ活動】　ダンス部が全国大会に出場。

【施設】　本館（食堂あり），理科館，文科館，体育館，講堂あり。図書館の蔵書は約40,000冊。

習熟度別授業数	土曜授業	文理選択	オンライン授業	制服	自習室	食堂	プール	グラウンド	アルバイト	登校時刻＝ 8:25
数	○	2年〜	○	○	〜17:20	○	―	○	―	下校時刻＝17:30

進路情報　2023年3月卒業生

四年制大学への進学率 **91.2%**

【卒業生数】　566名

【進路傾向】　大学進学者の約7割が文系。国公立大学へ文系1名・理系5名，海外大学へ1名が進学した。

【系列進学】　國學院大學へ99名（文30，法8，経済38，人間開発20，観光まちづくり3）が内部推薦で進学。同北海道短期大学部，同栃木短期大学への優先入学制度もある。

【指定校推薦】　利用状況は早稲田大2，慶應大1，上智大6，東京理科大7，学習院大6，明治大8，青山学院大10，立教大11，中央大10，法政大11，成蹊大5，成城大3，明治学院大4，芝浦工大1，東京電機大1，昭和大1，北里大5など。

■ 四年制大学	516名
□ 短期大学	1名
■ 専修・各種学校	2名
■ 就職	1名
□ 進学準備・他	46名

主な大学合格状況

'24年春速報は巻末資料参照

大学名	'23	'22	'21	大学名	'23	'22	'21	大学名	'23	'22	'21
◇東工大	0	0	1	上智大	21	21	14	駒澤大	35	35	31
◇千葉大	1	2	0	東京理科大	26	19	32	専修大	42	38	25
◇筑波大	0	2	1	学習院大	39	38	31	東海大	22	28	26
◇東京外大	0	0	2	明治大	116	109	113	國學院大	220	230	181
◇横浜国大	3	0	2	青山学院大	51	52	50	成蹊大	43	43	23
◇埼玉大	1	2	0	立教大	87	103	84	成城大	36	45	35
◇名古屋大	1	0	0	中央大	65	84	43	明治学院大	60	36	32
◇都立大	0	4	2	法政大	134	99	70	芝浦工大	23	23	19
早稲田大	31	40	38	日本大	110	114	109	東京電機大	26	23	19
慶應大	11	7	10	東洋大	86	103	82	東京女子大	16	34	14

※各大学合格数は既卒生を含む。

入試要項 2024年春（実績）

新年度日程についてはp.116参照。

◆ 推薦　第1志望

募集人員▶150名

選抜方法▶適性検査（国数英各30分・マークシート），個人面接（3〜5分），調査書

◆ 一般　①②：3教科型　③：3教科型，5教科型

募集人員▶①250名，②150名，③50名

選抜方法▶3教科型：国数英（各50分・各100点・マークシート），個人面接（2〜3分），調査書　5教科型：国数英理社（各50分・各100点・マークシート），個人面接（2〜3分），調査書

◆ 受験料　25,000円

（内申基準）推薦：3科13かつ5科22かつ英語検定準2級　※9科に2不可

（特待生・奨学金制度）入学後，学業成績や文化・芸術・スポーツ等の活躍による褒賞制度，家計急変に応じた奨学金制度あり。

（帰国生の受け入れ）国内生と同枠入試。

入試日程

区分	登録・出願	試験	発表	手続締切
推薦	1/9〜1/16	1/22	1/23	1/24
一般①	1/9〜2/6	2/10	2/11	2/12
一般②	1/9〜2/6	2/12	2/13	2/14
一般③	1/9〜2/16	2/17	2/18	2/19

[延納] 併願者は70,000円納入により残額は公立発表後まで。

応募状況

年度	区分		応募数	受験数	合格数	実質倍率
'24	推薦	男子	35	35	35	1.0
		女子	94	94	94	1.0
	一般①	男子	748	736	342	2.2
		女子	617	608	258	2.4
	一般②	男子	504	347	131	2.6
		女子	457	322	119	2.7
	一般③	3科男子	185	153	47	3.3
		5科男子	62	52	18	2.9
		3科女子	111	101	21	4.8
		5科女子	28	26	6	4.3
'23	推薦	男子	34	34	34	1.0
		女子	102	102	102	1.0
	一般①	男子	690	676	351	1.9
		女子	616	608	325	1.9
	一般②	男子	464	312	99	3.2
		女子	489	338	89	3.8
	一般③	男子	195	184	40	4.6
		女子	153	144	23	6.3
'22	推薦	男子	66	66	66	1.0
		女子	219	219	219	1.0
	一般①	男子	688	672	317	2.1
		女子	555	535	204	2.6
	一般②	男子	433	313	75	4.2
		女子	388	305	92	3.3
	一般③	男子	206	197	27	7.3
		女子	144	139	15	9.3

['24年合格最低点] 一般①190/300　一般②184/300　一般③3科206/300，5科373/500

学費（単位：円）

学費（単位：円）	入学金	施設費	授業料	その他経費	小計	初年度合計
入学手続時	200,000	80,000	—	—	280,000	1,073,500
1年終了迄	—	120,000	480,000	193,500	793,500	

※2024年度予定。[入学前納入] 1年終了迄の小計のうち30,000円。[返還] 入学辞退者には入学金を除き返還。[授業料納入] 2回分割。[その他] 制服・制定品代あり。

併願校の例

	都立	神・千・埼公立	私立
挑戦校	日比谷 西 国立 戸山 青山	横浜翠嵐 柏陽 船橋 大宮	青山学院 明大明治 明大中野 中大杉並 明治学院
最適校	新宿 小山台 駒場 三田 豊多摩	多摩 新城 船橋東 浦和西	国学院久我山 成蹊 朋優学院 日大二 淑徳巣鴨
堅実校	目黒 文京 上野 狛江 墨田川	市ケ尾 生田 国府台 市立浦和南	聖徳学園 安田学園 多摩大目黒 日大鶴ヶ丘 実践学園

合格のめやす

合格の可能性 60% 80% の偏差値を表示しています。

男子　60　64

女子　60　64

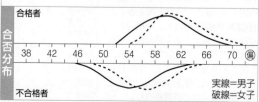

合格者

合否分布

38　42　46　50　54　58　62　66　70　（偏）

不合格者

実線＝男子
破線＝女子

※合格のめやすの見方は114ページ参照。

（見学ガイド）文化祭／説明会／オープンスクール

東京　男女（こ）国学院

国学院大学久我山 高等学校

杉並区

〒168-0082　東京都杉並区久我山1-9-1　☎(03)3334-1151

【教育方針】　実践目標「規律を守り誇りと勇気をもって責任を果たそう」「たがいに感謝の心をいだき明るいきずなを作ろう」「たゆまざる努力に自らを鍛えたくましく生きよう」を掲げ、「きちんと青春」を学園スローガンとする。

【沿　革】　1944年岩崎学園久我山中学校として開校。1952年現校名に改称。

【学校長】　國清　英明

【生徒数】　男子923名，女子437名

	1年(13クラス)	2年(12クラス)	3年(12クラス)
男子	316名	301名	306名
女子	164名	141名	132名

京王井の頭線―久我山12分
京王線―千歳烏山よりバス国学院前

特色

設置学科：普通科(別学)

【コース】　男子部，女子部を設置。内部進学生とは3年間別クラス編成。

【カリキュラム】　①男女別学の利点を生かし，それぞれの成長段階に合わせた教育を実践。校舎や授業は別だが，クラブ活動や行事で交流を図る。②1年次は英語と数学の授業数を多めに設定。きめ細やかに支援する。③数学を英語で学ぶ「Math in English」を年3回程度希望制で実施。数学の内容理解と英語力の伸長を追求する。④各教科の教員が大学受験を意識した添削指導を実施。また，夏期講習や合宿講習などで志望校合格をサポート。⑤男子部は柔道または剣道に取り組み，心身を鍛錬し，体力と精神力を培う。⑥女子部は特別講座として能楽や日本舞踊などに挑戦。礼儀作法や所作を学ぶ。

【海外研修】　女子部の修学旅行はニュージーランドと国内の選択制で2年次に実施。

【クラブ活動】　ラグビー，サッカー，陸上競技，弓道，バスケットボール，野球など全国レベルで活躍しているクラブが多数ある。

【行事】　文化祭や体育祭，スキー教室，1年次の伝統行事「弁論大会」などが男女共同開催。

習熟度別授業	土曜授業	文理選択	オンライン授業	制服	自習室	食堂	プール	グラウンド	アルバイト	登校時刻＝ 8:20
―	○	2年～	○	○	～18:10	○	○	○	―	下校時刻＝18:10

進路情報　2023年3月卒業生

四年制大学への進学率 **74.9%**

【卒業生数】　411名

【進路傾向】　大学進学者のうち6～7割が文系進学だった模様。国公立大学へ文系15名・理系21名，海外大学へ7名が進学した。

【系列進学】　國學院大學へ34名(法14，文4，経済6，人間開発9，観光まちづくり1)が内部推薦で進学した。同北海道短期大学部，同栃木短期大学への優先入学制度もある。

【指定校推薦】　都立大，早稲田大，慶應大，上智大，東京理科大，学習院大，明治大，青山学院大，立教大，中央大，法政大，日本大，国際基督教大，成城大，明治学院大，芝浦工大，津田塾大など推薦枠あり。

四年制大学	308名
短期大学	0名
専修・各種学校	0名
就職	0名
進学準備・他	103名

主な大学合格状況
※'24年春速報は巻末資料参照

大学名	'23	'22	'21	大学名	'23	'22	'21	大学名	'23	'22	'21
◇東京大	4	2	3	◇都立大	8	10	8	法政大	92	91	68
◇京都大	0	1	2	早稲田大	63	62	59	日本大	117	80	115
◇東工大	4	3	0	慶應大	50	46	45	東洋大	51	39	47
◇一橋大	3	3	2	上智大	64	25	37	専修大	15	33	30
◇千葉大	2	6	5	東京理科大	59	50	41	國學院大	62	62	62
◇筑波大	6	6	2	学習院大	17	20	27	成蹊大	39	21	17
◇東京外大	5	3	6	明治大	130	100	137	芝浦工大	41	40	43
◇横浜国大	5	3	2	青山学院大	73	45	44	津田塾大	10	11	9
◇北海道大	5	1	2	立教大	102	64	50	日本女子大	18	10	17
◇東北大	2	2	5	中央大	99	75	108	杏林大	18	19	12

※各大学合格数は既卒生を含む。

入試要項 2024年春（実績）

新年度日程についてはp.116参照。

◆ 推薦　第1志望
募集人員▶男女50名
選抜方法▶個人面接（5～10分），調査書，志望理由書
◆ 一般
募集人員▶男子約60名，女子約35名　※スポーツ優秀生徒選抜入試あり。対象クラブはラグビー，野球，サッカー，陸上（長距離），バスケットボール。いずれも男子のみ
選抜方法▶国数英（各50分・各100点・英にリスニングあり），調査書
◆ 受験料　22,000円

(内申基準) 推薦：5科22かつ9科に2不可
(特待生・奨学金制度) 入学後，1年次1学期の成績により若干名を特待生認定し，1年次の授業料を免除。進級ごとに再選考あり。
(帰国生の受け入れ) 国内生と別枠入試。

入試日程

区分	出願	試験	発表	手続締切
推薦	1/15～18	1/22	1/22	1/23
一般	1/25～2/8	2/12	2/12	2/13

[延納] 一般は100,000円納入により残額は公立発表後まで。

応募状況

年度	区分		応募数	受験数	合格数	実質倍率
'24	推薦	男子	57	57	57	1.0
		女子	4	4	4	1.0
	一般	男子	180	169	92	1.8
		女子	61	51	41	1.2
'23	推薦	男子	58	58	58	1.0
		女子	10	10	10	1.0
	一般	男子	223	206	97	2.1
		女子	78	72	52	1.4
'22	推薦	男子	39	39	39	1.0
		女子	3	3	3	1.0
	一般	男子	200	179	111	1.6
		女子	71	63	53	1.2

['24年合格最低点] 一般：男子171，女子134（/300）

東京　男女　(こ)　国学院大学久我山

学費（単位:円）

		入学金	施設費	授業料	その他経費	小計	初年度合計
男子	入学手続時	280,000	—	—	—	280,000	1,187,052
	1年終了迄	—	132,000	480,000	295,052	907,052	
女子	入学手続時	280,000	—	—	—	280,000	1,186,710
	1年終了迄	—	132,000	480,000	294,710	906,710	

※2024年度予定。[授業料納入] 2回分割。
[その他] 制服・制定品代，教科書代，教材費，修学旅行積立金あり。

併願校の例

	都立	神公立	国・私立
挑戦校	日比谷 西	湘南	東京学芸大附 早稲田実業 早大学院 広尾学園 慶應義塾
最適校	戸山 青山 立川 新宿 国分寺	多摩 川和 大和	桐朋 帝京大学 成蹊 国学院 日大二
堅実校	駒場 豊多摩 小金井北 日野台 昭和	生田 座間	拓大一 聖徳学園 八王子学園 日大鶴ヶ丘 多摩大目黒

合格のめやす

合格の可能性 60% 80% の偏差値を表示しています。

男子 63 67
女子 62 66

※合格のめやすの見方は114ページ参照。

合格者／不合格者 合否分布 38 42 46 50 54 58 62 66 70 (偏)
実線=男子 破線=女子

(見学ガイド) 体育祭／文化祭／入試報告会／説明会／オープンキャンパス

小金井市

国際基督教大学(ICU) 高等学校

〒184-8503　東京都小金井市東町1-1-1　☎(0422)33-3401

【校風】　創立以来，100を超える国や地域から帰国生を受け入れる。在校生の3分の2を帰国生が占める多文化社会の学校。教育目標に「新しい出会いと発見」「一人ひとりを大切にする教育」「世界平和への貢献」を掲げる。

【沿革】　1978年設立。

【学校長】　中嶌 裕一

【生徒数】　男子238名，女子485名

	1年(6クラス)	2年(6クラス)	3年(6クラス)
男子	69名	84名	85名
女子	157名	167名	161名

JR—三鷹よりバス国際基督教大学6分
JR—武蔵境よりスクールバス

特色

設置学科：普通科

【カリキュラム】　①授業は原則日本語で進めるが，1年次の英語週6時間はオールイングリッシュで実施する。②3年間，様々な教科で実験・観察，レポート作成や討論を行い，主体的・探究的な学びに取り組む。③英語は2年次より内外の大学進学を見据えた指導を展開。ディベートなど様々な選択科目も設置。④第二外国語として，フランス語，ドイツ語，スペイン語，中国語が選択できる。⑤3年次に「ことば学」「数学の論理」など，独自の自由研究講座を開く。⑥ライティングセンターを設置。チューターとの対話を通じて書く力を伸ばす。⑦「キリスト教概論」が必修。イースター礼拝やクリスマス礼拝なども行う。⑧3年次の保健体育はバドミントン，ゴルフ，テニスなどから選択。⑨制服は入学式など，公の行事の日に着用義務がある。

【海外研修】　夏休みを利用して全学年の希望者から選抜でベトナムスタディツアーを実施。

【クラブ活動】　野球部,オーケストラ部など14の運動部，7の文化部が活動している。

【施設】　キャンパス内に男子寮2棟（定員50名），女子寮3棟（定員76名）がある。

習熟度別授業	土曜授業	文理選択	オンライン授業	制服	自習室	食堂	プール	グラウンド	アルバイト	登校時刻= 8:30
5教科	○	2年〜	○	標準服	〜18:00	○	○	○	届出	下校時刻=18:00

進路情報　2023年3月卒業生

四年制大学への進学率 **86.9%**

【卒業生数】　244名

【進路傾向】　大学進学者の内訳は国公立24名，私立188名。海外大学へ3名が進学した。

【系列進学】　国際基督教大学へ88名（教養）が内部推薦で進学した。

【指定校推薦】　利用状況は早稲田大3，慶應大2，上智大1など。ほかに東京理科大，学習院大，青山学院大，立教大，中央大，法政大，東洋大，芝浦工大，東京電機大，津田塾大，東京女子大，東京薬科大，立命館アジア太平洋大，東京農大，武蔵野美大など推薦枠あり。

四年制大学	212名	
短期大学	0名	
専修・各種学校	2名	
就職	0名	
進学準備・他	30名	

主な大学合格状況

'24年春速報は巻末資料参照

大学名	'23	'22	'21	大学名	'23	'22	'21	大学名	'23	'22	'21
◇東京大	2	2	3	◇東北大	2	4	2	中央大	32	27	20
◇京都大	1	2	0	◇東京農工大	1	1	3	法政大	19	37	14
◇東工大	2	1	0	早稲田大	46	46	35	日本大	5	11	13
◇一橋大	3	2	2	慶應大	33	45	37	国際基督教大	108	117	114
◇千葉大	2	0	0	上智大	51	76	48	成蹊大	6	7	8
◇筑波大	0	0	0	東京理科大	29	23	10	成城大	3	2	4
◇東京外大	2	2	2	学習院大	3	7	5	芝浦工大	6	9	6
◇横浜国大	1	1	3	明治大	32	27	22	津田塾大	1	7	3
◇国際教養大	1	0	1	青山学院大	24	28	19	東京女子大	2	4	4
◇大阪大	3	1	0	立教大	23	31	20	北里大	2	4	2

※各大学合格数は既卒生を含む。

入試要項 2024年春（実績）

新年度日程についてはp.116参照。

◆ 帰国生徒　推薦入試（第1志望），書類選考入試，学力試験入試　※出願前に帰国生徒資格認定が必要

募集人員 ▶ 推薦60名，書類選考90名，学力試験10名

選抜方法 ▶ **推薦・書類選考**：個人面接（推薦10分，書類選考5分），成績書類，海外在留（勤務）証明書，ほかに推薦は外国語検定試験結果証明書，自己PRカード　**学力試験**：国数英（各70分・各100点），成績書類（90点），海外在留（勤務）証明書

◆ 一般

募集人員 ▶ 80名（国際生徒枠を若干名含む）

選抜方法 ▶ 国数英（各70分・各100点），調査書（90点）

◆ 受験料　30,000円

内申基準 帰国生徒推薦：以下の条件aまたはb。［条件a］国内の中学校または海外の日本人学校中学校を卒業見込みで，3年次9科40かつ以下のいずれか。英語検定2級・TOEFL-iBT52点・TOEIC550点・IELTS4.0・他外国語検定試験で同等レベルの資格，［条件b］海外現地校または国内外のインターナショナルスクールに継続して2学年以上在籍し，学業優秀かつ以下のいずれか。英語検定準1級・TOEFL-iBT79点・TOEIC790点・IELTS5.5・他外国語検定試験で同等レベルの資格

特待生・奨学金制度 家計急変に対応した奨学金制度あり。

帰国生の受け入れ 国内生と別枠入試（左記参照）。

入試日程

区分		登録・出願	試験	発表	手続締切
帰国生徒	推薦	11/1〜12/4	12/16	12/17	12/18
	書類	12/8〜1/6	1/29	1/30	1/31
	学力	12/20〜2/1	2/10	2/12	2/13
一般		12/20〜2/1	2/10	2/12	2/13

応募状況

年度	区分		応募数	受験数	合格数	実質倍率
'24	帰国生徒	推薦	134	129	80	1.6
		書類	362	327	137	2.4
		学力	49	45	17	2.6
	一般		300	264	126	2.1
'23	帰国生徒	推薦	115	112	76	1.5
		書類	336	302	139	2.2
		学力	52	50	12	4.2
	一般		309	285	132	2.2
'22	帰国生徒	推薦	127	124	77	1.6
		書類	375	332	164	2.0
		学力	67	57	22	2.6
	一般		299	276	118	2.3

['24年合格最低点] 非公表。

東京　男女　(こ)　国際基督教大学（ICU）

学費（単位：円）

	入学金	施設費	授業料	その他経費	小計	初年度合計
入学手続時	330,000	—	—	—	330,000	1,190,100
1年終了迄		180,000	591,000	89,100	860,100	

※2024年度予定。［授業料納入］3回分割。［その他］制服・制定品代あり。
［寄付・学債］任意の教育充実資金1口5万円3口以上あり。

併願校の例

	都立	神・埼公立	国・私立
挑戦校			筑波大附 東京学芸大附
最適校	日比谷 西 国立 戸山 青山	横浜翠嵐 湘南 大宮 浦和一女	青山学院 明大明治 広尾学園(医進) 中央大学 早大本庄
堅実校	立川 新宿 国際 国分寺 武蔵野北	多摩 神奈川総合(国際) 横浜国際 蕨 所沢北	帝京大学 国学院久我山 日大二 国学院 拓大一

合格のめやす

合格の可能性 **60% 80%** の偏差値を表示しています。

男子　**67**　**71**

女子　**68**　**72**

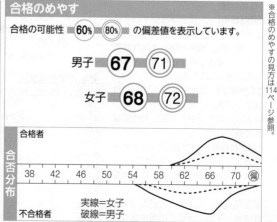

合格者

実線＝女子
破線＝男子

不合格者

38　42　46　50　54　58　62　66　70　(偏)

※合格のめやすの見方は114ページ参照。

見学ガイド 文化祭／説明会／Campus Walk Hour／個別見学対応

小 中 高 専 短 大

世田谷区

国士舘 高等学校

〒154-8553　東京都世田谷区若林4-32-1　☎(03)5481-3135(入試担当)

【教育方針】　教育の2つの柱「心学」と「活学」を形成する要素として「誠意・勤労・見識・気魄」の4つを掲げる。心学とは心の通った，心の学び（武道と礼法）教育。活学とは読書・体験・反省を基とした教養と実践の教育。

【沿　革】　1917年創立。1994年より男女共学化。

【学校長】　岩渕　公一

【生徒数】　男子696名，女子283名

	1年(9クラス)	2年(8クラス)	3年(8クラス)
男子	260名	239名	197名
女子	103名	102名	78名

東急世田谷線―松陰神社前6分
小田急線―梅ヶ丘13分

特色

設置学科：普通科(全日制・昼間定時制)

【コース】　1年次は全日制の選抜クラスと進学クラス，昼間定時制の国士舘大学進学クラスの3クラス制。2年次より全日制は文系Ⅰ類，文系Ⅱ類，文系Ⅲ類，理系に分かれ，文系Ⅰ類と理系にそれぞれ選抜クラスと進学クラスを設置。昼間定時制は進学文系と進学理系に分かれる。

【カリキュラム】　①文系Ⅰ類と理系は難関私立大学，文系Ⅱ類と進学文系・理系は併設大学進学をめざす。文系Ⅲ類は運動部に所属しながらスポーツ系大学をめざす。②文武両道を図るため校内で学習を完結できる学習スペースを設置。

個人別の学習予定表に沿った自学自習が基本で常駐のチューターのサポートもある。③1人1台タブレット端末を貸与。授業や進路指導などで双方向の教育を実現。④併設の救急救助総合研究所の講師による防災学習に取り組む。

【海外研修】　希望制のオーストラリア短期語学研修制度があり，ホームステイを行う。

【クラブ活動】　柔道部が全国大会優勝の実績。チアリーディング部，科学研究会も活躍。

【施設】　スポーツ施設が充実。部活動では室内プールなどキャンパス内の大学施設も使える。

習熟度別授業	土曜授業	文理選択	オンライン授業	制服	自習室	食堂	プール	グラウンド	アルバイト
―	○	2年～	○	○	～20:30	○	○	○	審査

登校時刻＝ 8:20
下校時刻＝18:30

進路情報　2023年3月卒業生

四年制大学への進学率 **86.5%**

【卒業生数】　333名

【進路傾向】　大学進学はいずれも私立大学で，内訳は文系71%，理系15%，他14%。海外大学へ4名が進学した。併設大学へは例年全体の半数程度が進学している。

【系列進学】　国士舘大学へ156名(政経39，経営22，法36，理工7，文10，体育22，21世紀アジア20)が内部推薦で進学した。

【指定校推薦】　利用状況は日本大2，駒澤大1，専修大5，東京都市大3，フェリス女学院大1など。ほかに東洋大，東海大，帝京大，神奈川大，東京電機大，玉川大，立正大，東京経済大，千葉工大など推薦枠あり。

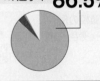

	四年制大学	288名
	短期大学	1名
	専修・各種学校	14名
	就職	4名
	進学準備・他	26名

主な大学合格状況
'24年春速報は巻末資料参照

大学名	'23	'22	'21	大学名	'23	'22	'21	大学名	'23	'22	'21
上智大	1	0	0	駒澤大	5	1	4	立正大	4	2	2
東京理科大	1	1	0	専修大	11	5	8	国士舘大	180	182	173
学習院大	1	1	0	東海大	5	7	3	東京経済大	5	3	2
明治大	2	4	1	帝京大	22	15	6	桜美林大	12	9	0
青山学院大	1	2	2	國學院大	1	2	1	順天堂大	2	3	2
立教大	7	1	0	成城大	2	1	3	杏林大	3	4	1
中央大	0	6	2	明治学院大	6	6	1	明星大	7	4	4
法政大	5	6	2	神奈川大	4	6	5	帝京平成大	5	2	5
日本大	13	25	4	玉川大	9	2	4	日本体育大	6	9	9
東洋大	18	7	5	東京都市大	6	7	3	東京医療保健大	3	7	7

※各大学合格数は既卒生を含む。

入試要項 2024年春（実績）

新年度日程についてはp.116参照。

◆ 推薦　第1志望

募集人員 ▶ 選抜クラス・進学クラス計130名，国士舘大学進学クラス（昼間定時制）43名

選抜方法 ▶ 適性検査（国数英計60分・国英各30点・数40点），個人面接（10分），調査書

◆ 一般　併願優遇（公私とも可），国士舘高校内ダブル受験（単願。第1志望進学クラス，第2志望国士舘大学進学クラス）あり

募集人員 ▶ 選抜クラス・進学クラス計130名，国士舘大学進学クラス（昼間定時制）43名

選抜方法 ▶ 国数英（各50分・各100点），調査書

◆ 受験料　25,000円

内申基準 推薦：[選抜] 3科13または5科21，[進学] 3科10または5科17または9科31，[国士舘大学進学] 3科8または5科13または9科24　**一般（併願優遇）**：[選抜] [進学] 9科32，[国士舘大進学] 9科28　**一般（ダブル受験）**：[進学] [国士舘大学進学] 9科25　※条件により内申加点あり

特待生・奨学金制度 運動技能優秀奨学生制度があり，一般入試で指定競技の各部若干名を認定。ほか，在学中の成績に応じた学業優秀奨学金制度などあり。

帰国生の受け入れ 国内生と同枠入試。

入試日程

区分	登録・出願	試験	発表	手続締切
推薦	12/20～1/18	1/22	1/22	1/25
一般	12/20～2/5	2/10or11	2/12	2/15
併願優遇	12/20～2/5	2/10or11	2/12	併願校発表翌日
ダブル受験	12/20～2/5	2/10or11	2/12	2/15

[延納] 一般の公立併願者は併願校発表後まで。

応募状況

年度	区分		応募数	受験数	合格数	実質倍率
'24	全日制	推薦	197	197	197	1.0
		併優	210	190	190	1.0
		フリー	128	123	82	1.5
	昼間定時制	推薦	28	28	28	1.0
		併優	11	8	8	1.0
		フリー	25	25	17	1.5
'23	全日制	推薦	197	197	197	1.0
		併優	242	224	224	1.0
		フリー	80	78	43	1.8
	昼間定時制	推薦	15	15	15	1.0
		併優	8	8	8	1.0
		フリー	10	10	10	1.0

['24合格最低点] 一般（併願優遇）：選抜・進学190，国士舘大学進学132（/300）　一般（フリー）：選抜・進学190，国士舘大学進学132（/300）

学費（単位：円）	入学金	施設費	授業料	その他経費	小計	初年度合計
入学手続時	250,000	154,000	—	—	404,000	1,248,765
1年終了迄			462,000	382,765	844,765	

※2024年度予定。[授業料納入] 2回分割。
[その他] 制服・制定品代あり。

併願校の例　※[進学]を中心に

	都立	神公立	私立
挑戦校	豊多摩	相模原弥栄	成城学園
	町田	生田	日大鶴ヶ丘
	目黒	座間	専修大附
	狛江	麻溝台	玉川学園
	神代	港北	東海大相模
最適校	調布南	市ケ尾	東海大高輪台
	広尾	元石川	松蔭大松蔭
	雪谷	上溝南	駒場学園
	成瀬	住吉	目黒学院
	芦花	市立高津	日本学園
堅実校	杉並	荏田	国本女子
	松原	霧が丘	自由ヶ丘
	小川	麻生	二階堂
	桜町	百合丘	大東学園
	府中東	川崎北	

合格のめやす

合格の可能性 **60%** **80%** の偏差値を表示しています。

選抜 **54** (58)

進学 **48** (52)

国士舘大学進学は偏差値を設定していません。

※合格のめやすの見方は114ページ参照。

合否分布

合格者

| 30 | 34 | 38 | 42 | 46 | 50 | 54 | 58 | 62 | 偏 |

不合格者

実線＝進学
破線＝選抜

見学ガイド 体育祭／文化祭／説明会／個別相談会

文京区

駒込 高等学校

〒113-0022　東京都文京区千駄木5-6-25　☎(03)3828-4141

【教育方針】　天台宗の開祖最澄の教えに基づき，「一隅を照らす」を建学の精神として掲げる。伝統の教育力とグローバル教育により，新しい価値観，世界観を育む。

【沿　革】　1682年設立の勧学講院にはじまり，1926年創立。

【学校長】　河合　孝允

【生徒数】　男子701名，女子599名

	1年(10クラス)	2年(11クラス)	3年(11クラス)
男子	221名	249名	231名
女子	185名	214名	200名

南北線―本駒込5分　千代田線―千駄木7分
都営三田線―白山7分

特色

設置学科：普通科

【コース】　S，理系先進，国際教養の3コース制。Sコースは1年次に上位グレードの特Sコースを編成し，内部進学生とは3年間別クラス。また，Sコースは2年次よりⅠコースとⅡコースに分かれ，3年次にはⅠコース・Ⅱコースそれぞれに国公立コースを設置。

【カリキュラム】　①特S・Sコースは総合的な学力を身につけ多様な進路に対応。②理系先進コースでは科学，技術，工学，芸術・教養，数学の視点から探究するSTEAM教育を展開する。③国際教養コースは世界標準のカリキュラムによって論理的思考力やプレゼンテーション能力を高める。④英語で他教科を学習するイマージョン講座やオンライン英会話などを開催。⑤1年次に仏教修行体験として2泊3日の「比叡山研修」を実施。自律心と豊かな心を育む。

【キャリア教育】　「職業を聴く会」「校内大学説明会」などを通して，適性の発見を促す。

【海外研修】　2年次にシンガポール・マレーシアへの修学旅行を行う。希望制のハワイセミナーやマルタ島短期留学，オーストラリア・ニュージーランドへの中・長期留学制度などもある。

習熟度別授業	土曜授業	文理選択	オンライン授業	制服	自習室	食堂	プール	グラウンド	アルバイト	登校時刻＝8:25
―	○	2年～	○	○	～18:00	○	―	○	審査	下校時刻＝18:00

進路情報　2023年3月卒業生

四年制大学への進学率 **89.5%**

【卒業生数】　484名

【進路傾向】　現役の主な大学合格状況は国公立37名，早慶上理65名，GMARCH187名など。海外大学にも合格者が出ている。

■ 四年制大学	433名
□ 短期大学	3名
■ 専修・各種学校	13名
□ 就職	0名
□ 進学準備・他	35名

【指定校推薦】　利用状況は上智大2，東京理科大6，学習院大2，明治大2，青山学院大2，立教大3，中央大3，法政大4，日本大5，東洋大2，駒澤大2，専修大1，國學院大4，成蹊大4，明治学院大3，獨協大7，芝浦工大1，東京電機大1，東京女子大2，武蔵大1，工学院大2，東京都市大1，共立女子大1，東邦大1，武蔵野大1，東京農大6，昭和女子大3など。

主な大学合格状況
'24年春速報は巻末資料参照

大学名	'23	'22	'21	大学名	'23	'22	'21	大学名	'23	'22	'21
◇東京大	0	1	0	上智大	11	4	7	駒澤大	35	16	22
◇東工大	1	1	0	東京理科大	38	24	27	専修大	44	30	28
◇千葉大	3	2	2	学習院大	11	8	9	大東文化大	18	11	10
◇筑波大	3	0	2	明治大	40	23	33	帝京大	23	17	21
◇東京外大	1	0	0	青山学院大	18	23	11	成蹊大	22	22	11
◇北海道大	2	2	0	立教大	40	39	35	明治学院大	31	31	20
◇東京学芸大	5	1	0	中央大	20	36	25	獨協大	43	31	23
◇都立大	1	2	7	法政大	70	54	49	芝浦工大	21	15	23
早稲田大	11	16	11	日本大	112	88	87	東京電機大	20	8	22
慶應大	8	7	8	東洋大	96	93	59	東邦大	19	10	14

※各大学合格数は既卒生を含む。

入試要項 2024年春（実績）

新年度日程についてはp.116参照。

◆推薦　**推薦Ⅰ**：単願　**推薦Ⅱ**：併願（公私とも可。千葉・埼玉・他対象）

募集人員▶120名

選抜方法▶適性検査（[特S・S] 国英または数英，[理系先進] 数理，[国際教養] 英社，各50分・各100点），個人面接（3～5分），調査書，ほか [国際教養] は英語検定合格証写し

◆一般　**併願優遇（A）**：公私とも可　**一般（B）**：第1志望制度あり　※いずれも理系先進は①，国際教養は②のみ

募集人員▶120名

選抜方法▶併願優遇（A）：学科試験（[特S・S] 国英または数英，[理系先進] 数理，[国際教養] 英社），個人面接（3～5分），調査書，ほか [国際教養] は英語検定合格証写し　**一般（B）**：学科試験（[特S・S] 国数英，[理系先進] 数理，[国際教養] 英社），個人面接（3～5分），調査書　※学科試験は各50分・各100点　※上記に代えて，[理系先進] 一般①は数＋特色入試，[国際教養] 一般②は英＋特色入試での受験も可。特色入試は事前課題のレポート提出，プレゼンテーション・質疑応答（計50分・計100点）

◆受験料　21,000円

内申基準 **推薦Ⅰ**：[特S] 3科15または5科23，[S] 3科13または5科21または9科37，[理系先進] 数英理13，[国際教養] 国英社13　**推薦Ⅱ・一般（併願優遇）**：[特S] 5科24，[S] 5科22，

[理系先進] 数英理14，[国際教養] 国英社14　※いずれも9科に2不可，[理系先進] 英語検定3級または英4，数理のいずれか5，[国際教養] 英語検定準2級　※条件により内申加点あり

特待生・奨学金制度 入試成績により認定。

帰国生の受け入れ 国内生と別枠入試。

入試日程

区分	登録・出願	試験	発表	手続締切
推薦Ⅰ	12/20～1/18	1/22	1/22	1/25
推薦Ⅱ	12/20～1/18	1/22	1/22	公立発表翌日
併願①・一般①	12/20～2/5	2/10	2/10	公立発表翌日
併願②・一般②	12/20～2/5	2/11	2/11	（第1志望2/17）

[2次募集] 一般③3/7

応募状況

年度	区分	応募数	受験数	合格数		実質倍率
'24	推薦Ⅰ	89	89	特S 19　S 37		1.0
				理系 19　国際14		
	推薦Ⅱ	349	266	特S134　S 70		1.0
				理系 50　国際12		
	一般① 特S・S	254	243	特S 90		1.1
				S 122		
	一般① 理系	92	90	80		1.1
	一般② 特S・S	186	167	特S 53		1.3
				S 73		
	一般② 国際	50	47	38		1.2

[スライド制度] あり。上記に含む。
['24年合格最低点] 未公表。

東京 男女 (こ) 駒込

学費（単位：円）	入学金	維持費	授業料	その他経費	小計	初年度合計
入学手続時	350,000	—	—	—	350,000	1,016,200
1年終了迄	—	48,000	456,000	162,200	666,200	

※2024年度予定。[授業料納入] 3回分割。[その他] 制服・制定品代，積立金あり。[寄付・学債] 任意の寄付金1口10万円あり。

併願校の例　※[S]を中心に

	都立	千・埼公立	私立
挑戦校	日比谷 西 戸山 青山	千葉 船橋 東葛飾 大宮 市立浦和	青山学院 広尾学園 明治学院 宝仙学園（理数） 芝浦工大柏
最適校	新宿 竹早 国際 小松川 北園	小金 柏 蕨 越谷北 越ヶ谷	国学院 淑徳巣鴨 東洋 東洋大京北 専大松戸
堅実校	文京 目黒 上野 井草 江戸川	柏南 鎌ヶ谷 国府台 越谷南 与野	多摩大目黒 日大一 実践学園 目白研心 郁文館

合格のめやす

合格の可能性 **60%** **80%** の偏差値を表示しています。

特S **63** (67)

S **60** (64)

理系先進 **65** (69)

国際教養 **64** (68)

※合格のめやすの見方は114ページ参照。

見学ガイド 体育祭／文化祭／説明会／個別相談／個別見学対応

世田谷区

小 中 高 専 短 大

駒澤大学 高等学校

〒158-8577　東京都世田谷区上用賀1-17-12　☎(03)3700-6131

【教育方針】　日々の行いと学びを同じように大切にするという考え方の「行学一如」を建学の精神とする。「行学の心得」として「学・夢・心・絆」を日常生活の指針に定め，個々の人間力と可能性を育む。

【沿　革】　1948年に設立。1966年現在地に移転。

【学校長】　貫井　洋

【生徒数】　男子719名，女子821名

	1年(12クラス)	2年(12クラス)	3年(12クラス)
男子	247名	226名	246名
女子	261名	287名	273名

東急田園都市線―桜新町13分，用賀13分
小田急線―千歳船橋よりバス覆馬場1分

特色

設置学科：普通科

【コース】　1年次に習熟度上位クラスを設置。2年次より，駒澤大学への推薦入学と他大学受験に対応する進学コース，難関他大学合格をめざす受験コース（文系，理系）に分かれる。

【カリキュラム】　①進学コースは文系科目に重点をおいたカリキュラムを編成。駒澤大学教授による模擬授業を実施。他大学志望者には個別指導も行う。②受験コースは科目選択制を導入。入試対策や小論文・面接指導のほか，10時間集中講義の春期勉強合宿などを行う。③英語外部試験には学校行事として取り組み，意欲を高めている。④駒澤大学と連携した「大学ゼミ体験」に全学年が参加できる。⑤全学年で週1時間仏教の授業を設け，人間のあり方を学ぶ。

【海外研修】　2～3週間のカナダセミナーを実施。ほかカナダ1年留学や12日間のオーストラリア交換留学プログラムなどもある。

【クラブ活動】　体操競技部，男子ソフトテニス部，ダンス部などが全国レベルで活躍。

【行事】　永平寺と總持寺で修行僧と共に修行する「本山拝登」で，法要や境内清掃などを行う。

【施設】　屋上に本格的な坐禅堂を設置。

習熟度別授業	土曜授業	文理選択	オンライン授業	制服	自習室	食堂	プール	グラウンド	アルバイト
―	○	2年～	○	○	～18:00		―		審査

登校時刻＝ 8:35
下校時刻＝18:00

進路情報 2023年3月卒業生

四年制大学への進学率 **94.3%**

【卒業生数】　564名

【進路傾向】　大学進学者の内訳は文系87%，理系9%，他4%。国公立大学へ文系1名・理系1名，海外大学へ3名が進学した。

【系列進学】　駒澤大学へ377名（仏教7，文90，法67，経済92，経営71，医療健康科8，GMS 40，二部2）が内部推薦で進学した。

【指定校推薦】　利用状況は青山学院大2，中央大1，日本大2，東洋大1，國學院大3，成城大5，明治学院大2，東京電機大2，東京薬科大1，東京農大5，東京工科大1，桐蔭横浜大1，東京工芸大1など。ほかに武蔵大など推薦枠あり。

四年制大学	532名
短期大学	2名
専修・各種学校	13名
就職	0名
進学準備・他	17名

主な大学合格状況

'24年春速報は巻末資料参照

大学名	'23	'22	'21	大学名	'23	'22	'21	大学名	'23	'22	'21
◇東工大	0	0	1	明治大	17	24	18	帝京大	11	6	3
◇筑波大	1	0	1	青山学院大	13	11	10	國學院大	36	11	6
◇埼玉大	0	1	0	立教大	23	12	11	成蹊大	7	3	12
◇東京学芸大	0	1	0	中央大	30	36	7	成城大	17	9	8
◇県立保健福祉大	0	2	0	法政大	44	33	18	明治学院大	27	30	11
早稲田大	8	7	9	日本大	44	20	19	神奈川大	11	6	5
慶應大	2	9	4	東洋大	24	26	6	芝浦工大	6	5	15
上智大	4	2	0	駒澤大	416	363	398	東京電機大	5	2	9
東京理科大	5	5	6	専修大	8	12	6	順天堂大	6	4	2
学習院大	6	0	1	東海大	15	4	10	北里大	4	1	6

※各大学合格数は既卒生を含む。

入試要項 2024年春（実績）

新年度日程についてはp.116参照。

◆ **推薦　単願**
募集人員▶250名
選抜方法▶小論文（50分・800字・50点），個人面接（5〜10分），調査書
◆ **一般　併願優遇**：①東京・神奈川生を除く，②③全都道府県対象（いずれも公私とも併願可）
一般：第1志望優先制度あり
募集人員▶250名
選抜方法▶**併願優遇**：小論文（50分・800字・50点），個人面接（5〜10分），調査書　**一般**：国数英（各50分・各100点・英はマークシートと記述の併用でリスニングあり），個人面接（5〜10分），調査書
◆ **受験料**　23,000円

(**内申基準**) **推薦**：5科20かつ9科34かつ9科に2不可　**一般（併願優遇）**：5科20かつ9科38かつ3科に3不可・他6科に2不可　**一般（第1志望優先）**：9科に1不可・3科に2不可　※条件により内申加点あり

(**特待生・奨学金制度**) 1/22，2/10に奨学生入試を実施。内申，入試成績の条件により，13名以内採用。

(**帰国生の受け入れ**) 国内生と同枠入試。

入試日程

区分	登録・出願	試験	発表	手続締切
推薦	12/20〜1/18	1/22	1/23	1/25
併願優遇①	12/20〜1/18	1/22	1/23	併願校発表翌日
併願優遇②	12/20〜2/5	2/10	2/11	併願校発表翌日
併願優遇③	12/20〜2/5	2/13	2/14	併願校発表翌日
一般	12/20〜2/5	2/11	2/11	2/15

［延納］一般の併願者は併願校発表後まで。

応募状況

年度	区分	応募数	受験数	合格数	実質倍率
'24	推薦	320	320	320	1.0
	併願優遇①	15	15	15	1.0
	併願優遇②	305	297	297	1.0
	併願優遇③	96	62	62	1.0
	一般	346	339	143	2.4
'23	推薦	311	311	311	1.0
	併願優遇①	15	14	14	1.0
	併願優遇②	283	279	279	1.0
	併願優遇③	116	77	77	1.0
	一般	307	302	120	2.5
'22	推薦	309	309	309	1.0
	併願優遇①	6	5	5	1.0
	併願優遇②	335	326	326	1.0
	併願優遇③	131	97	97	1.0
	一般	293	288	123	2.3

［'24年合格最低点］一般（一般）197/300

学費（単位：円）

学費（単位：円）	入学金	施設費	授業料	その他経費	小計	初年度合計
入学手続時	250,000	50,000	—	—	300,000	1,148,940
1年終了迄	—	128,400	448,800	271,740	848,940	

※2024年度予定。［返還］3/31までの入学辞退者には入学金を除き返還。［授業料納入］3回分割。
［その他］制服・制定品代あり。［寄付・学債］任意の寄付金1口2万円あり。

併願校の例

	都立	神公立	私立
挑戦校	青山 新宿 小山台 三田	川和 多摩 大和 神奈川総合	中央大学 明治学院 都市大等々力 青稜 国学院
最適校	駒場 町田 城東 目黒 狛江	新城 市ケ尾 市立桜丘 生田 市立戸塚	成城学園 多摩大目黒 日大鶴ヶ丘 専修大附 日本大学
堅実校	神代 広尾 雪谷 田園調布 芦花	港北 市立橘 元石川 住吉 鶴見	八雲学園 立正大立大 日本工大駒場 駒場学園 目黒学院

合格のめやす

合格の可能性 **60%** **80%** の偏差値を表示しています。

普通科　**56**　**60**

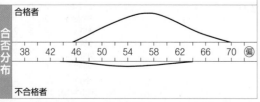

合格者

合否分布

38　42　46　50　54　58　62　66　70　（偏）

不合格者

※合格のめやすの見方は114ページ参照。

(**見学ガイド**) 文化祭／説明会／学校見学会

世田谷区

駒場学園 高等学校

〒155-0032　東京都世田谷区代沢1-23-8　☎(03)3413-5561

【教育方針】　「四海に通じる人間形成の確立」を掲げる。探究心・幅広い知識・寛容さ・克己心を備えた若者を育成し，よりよい社会，平和な世界づくりに貢献する。

【沿　革】　1947年日本装蹄学校開校。1956年普通科開設，現校名に改称。1974年食物科(現・食物調理科)開設。1993年女子募集開始。

【学校長】　戸塚　哲夫

【生徒数】　男子691名，女子500名

	1年(11クラス)	2年(11クラス)	3年(11クラス)
男子	244名	230名	217名
女子	155名	175名	170名

京王井の頭線―池ノ上10分，駒場東大前10分
東急田園都市線―池尻大橋10分

特色

設置学科：普通科／食物調理科

【コース】　普通科は特別進学，国際，進学の3コース制。特別進学コースと進学コースは2年次より文系，理系に分かれる。

【カリキュラム】　①特別進学コースは難関大学合格に向け1年次から授業内外で徹底した受験指導を行う。②国際コースは外国人教員によるHRやオンライン英会話などを通してコミュニケーション・ツールとしての英語力を向上。③進学コースは自主的な学習の幅を広げ反転学習を支援。様々な進路を実現する。④食物調理科はプロの講師を招いて食の基礎から学ぶ。徹底した実習指導で知識・技術を向上。卒業時に調理師免許を取得できる。⑤平日の放課後，複数の教室に学生メンターを配置。最難関大学の現役生が学習やメンタルケアなどをサポートする。

【海外研修】　国際コースはシンガポール，マレーシアへ，食物調理科はベトナム，タイへの体験旅行を2年次に必修で行う。

【クラブ活動】　新体操，スケート，アメリカンフットボールの各部が全国大会に出場。

【施設】　2018年に新体育館が完成。静岡県の御殿場校舎では体験学習や部活動の合宿を行う。

習熟度別授業	土曜授業	文理選択	オンライン授業	制服	自習室	食堂	プール	グラウンド	アルバイト	登校時刻＝ 8:25
―	○	2年～	○	○	～18:30	○	―	○	―	下校時刻＝18:30

進路情報　2023年3月卒業生

四年制大学への進学率 **75.5%**

【卒業生数】　555名

【進路傾向】　大学進学者の内訳は文系69%，理系26%，他5%。国公立大学へ文系1名が進学した。食物調理科は卒業生44名で就職率43%。

【指定校推薦】　東京理科大，法政大，日本大，駒澤大，専修大，成城大，明治学院大，芝浦工大，東京電機大，東京都市大，昭和薬科大など推薦枠あり。

	四年制大学	419名
	短期大学	4名
	専修・各種学校	57名
	就職	20名
	進学準備・他	55名

主な大学合格状況

'24春速報は巻末資料参照

大学名	'23	'22	'21	大学名	'23	'22	'21	大学名	'23	'22	'21
◇千葉大	1	0	0	立教大	11	6	5	帝京大	56	28	23
◇琉球大	0	0	1	中央大	11	4	9	國學院大	18	6	3
◇山梨県立大	0	0	1	法政大	28	14	12	成城大	14	7	5
早稲田大	5	0	1	日本大	99	46	29	明治学院大	18	8	9
慶應大	4	3	2	東洋大	41	38	10	神奈川大	30	22	16
上智大	2	1	1	駒澤大	40	15	9	玉川大	14	11	6
東京理科大	7	2	2	専修大	68	57	28	国士舘大	28	12	12
学習院大	6	0	0	大東文化大	13	4	3	桜美林大	54	51	25
明治大	29	8	4	東海大	68	48	27	関東学院大	18	8	4
青山学院大	10	8	1	亜細亜大	24	12	8	杏林大	9	3	3

※各大学合格数は既卒生を含む。

入試要項 2024年春（実績）

新年度日程についてはp.116参照。

◆ 推薦　第1志望　※普通科進学コースに部活動推薦あり

募集人員▶普通科160名，食物調理科20名

選抜方法▶適性検査（国数各30分・各100点，英30分・80点，英リスニング10分・20点。いずれもマークシート），面接資料記入（15分），個人面接（5分），調査書

◆ 一般　普通科に併願優遇（公私とも可）あり

募集人員▶普通科①120名・②40名，食物調理科①15名・②5名

選抜方法▶国数英（国数各50分・各100点，英50分・80点，英リスニング10分・20点。いずれもマークシート），調査書，ほかに併願優遇以外は面接資料記入（15分），個人面接（5分）

◆ 受験料　25,000円

内申基準 推薦：[特別進学]3科12または5科19，[国際]3科11または5科17，[進学]以下①または②または③。①3科10・②5科16・③9科29かつ3科各3，[食物調理]3科9または5科15　**一般（併願優遇）**：[特別進学]3科12または5科20，[国際]3科11または5科18，[進学]以下①または②または③。①3科10・②5科16・③9科29かつ3科各3　※[国際]いずれも上記基準かつ英4　※条件により内申加点あり

特待生・奨学金制度 普通科一般入試の高得点者は入学金免除。ほか家計状況急変による学納金減免の制度あり。

帰国生の受け入れ 国内生と同枠入試。

入試日程

区分	登録・出願	試験	発表	手続締切
推薦	12/20〜17	1/22	1/23	1/27
一般①	12/20〜27	2/10	2/11	2/14
一般②	12/20〜27	2/11	2/12	2/15

[延納]普通科の併願優遇は公立発表後まで。

応募状況

年度	区分			応募数	受験数	合格数	実質倍率
'24	特進	推薦		4	4	4	1.0
		一般①	併優	112	99	99	1.0
			フリー	10	10	2	5.0
		一般②	併優	56	56	54	1.0
			フリー	15	14	3	4.7
	国際	推薦		7	7	7	1.0
		一般①	併優	54	51	51	1.0
			フリー	2	2	1	2.0
		一般②	併優	39	39	39	1.0
			フリー	9	8	2	4.0
	進学	推薦		143	143	143	1.0
		一般①	併優	985	903	903	1.0
			フリー	59	55	16	3.4
		一般②	併優	400	392	387	1.0
			フリー	70	67	33	2.0
	食物	推薦		22	22	22	1.0
		一般①		19	17	15	1.1
		一般②		17	16	13	1.2

[スライド制度]あり。上記に含まず。
['24年合格最低点]一般①（フリー）：進学160，食物調理140（/300）　一般②（フリー）：特進212，進学161，食物調理136（/300）

学費（単位：円）

学費（単位：円）	入学金	施設費	授業料	その他経費	小計	初年度合計
入学手続時	250,000	—	—	—	250,000	—
1年終了迄 普通	—	70,000	414,000	259,700	743,700	993,700
1年終了迄 食物調理	—	80,000	414,000	349,700	843,700	1,093,700

※2024年度予定。[授業料納入]3回分割。[その他]制服・制定品代，預り金，旅行費用，教科書代，タブレット費用（2023年度実績：63,990円），進学コースはオンラインコーチング＆オンライン自習室費用（2023年度実績：103,400円）あり。

併願校の例 ※[進学]を中心に

	都立	神公立	私立
挑戦校	豊多摩	市ケ尾	駒澤大学
	目黒	市立東	専修大附
	狛江	生田	多摩大目黒
	神代	港北	日大櫻丘
	調布南	市立橘	麻布大附
最適校	広尾	元石川	東海大高輪台
	雪谷	住吉	東京
	田園調布	岸根	松蔭大松蔭
	芦花	市立高津	日本工大駒場
	杉並	荏田	目黒学院
堅実校	小川	麻生	自由ヶ丘
	桜町	城郷	日本大荏原
	松原	百合丘	品川学藝
	府中東	川崎北	大東学園
	世田谷総合	生田東	大西学園

合格のめやす

合格の可能性 **60%** **80%** の偏差値を表示しています。

普通科（特別進学）　**54**　**58**

普通科（国際）　**52**　**56**

普通科（進学）　**47**　**51**

食物調理科　**42**　**46**

※合格のめやすの見方は114ページ参照。

見学ガイド 体育祭／文化祭／球技大会／説明会／食物調理科体験授業

東京　男女　(こ)　駒場学園

北区

桜丘 高等学校

〒114-8554 東京都北区滝野川1-51-12 ☎(03)3910-6161

【教育目標】 校訓に「勤労」「創造」を掲げる。「自立した個人の育成」を目標に, 社会で活躍できる深い教養を持ち, コミュニケーション能力に優れた人材を育てる。

【沿 革】 1924年和洋女子職業学校として創立。2004年より男女共学となる。

【学校長】 髙橋 知仁

【生徒数】 男子461名, 女子582名

	1年(6クラス)	2年(16クラス)	3年(8クラス)
男子	92名	252名	117名
女子	96名	333名	153名

JR・南北線―王子8分 都電―滝野川一丁目1分 都営三田線―西巣鴨8分

特色

設置学科：普通科

【コース】 スーパーアカデミック（S：難関選抜）, アカデミック（A：文理特進）, グローバルスタディーズ（G：グローバル探究）, キャリアデザイン（C：キャリア探究）の4コース制。2年次にSコースは文系と理系に, Aコースは国公立志望と私立志望の文理別に分かれる。

【カリキュラム】 ①Sコースは国公立・難関私立大学合格が目標。1年次から大学教授による通年探究ゼミを開講。②Aコースは多様な受験方式に対応したサポートを行う。③Gコースは英語力重視のプログラムを実施。海外大学進学も視野に入れる。④Cコースは1年次から企業インターンシップなどの様々な課外活動に取り組み, 私立大学文系の総合型選抜入試に対応する。⑤計画・実行・評価・改善を記す専用のノートを使用し, 計画的に学ぶ姿勢を育成。

【海外研修】 Gコースは1年次のセブ島研修が必修。ほかに全コースで希望者対象のセブ島やオーストラリアでの研修（1・2年次）, 選択制のアメリカ姉妹校留学（2年次）を実施。

【クラブ活動】 38もの多彩なクラブが活動している。バトン部や吹奏楽部が活躍。

習熟度別授業	土曜授業	文理選択	オンライン授業	制服	自習室	食堂	プール	グラウンド	アルバイト
―	○	2年～	○	○	～20:00	―	―	○	審査

登校時刻＝ 8:15
下校時刻＝18:00

進路情報 2023年3月卒業生

四年制大学への進学率 **88.2%**

【卒業生数】 238名

【進路傾向】 大学進学者の内訳は文系63%, 理系37%。国公立大学へ文系8名・理系17名, 海外大学へ1名が進学した。

■ 四年制大学	210名
□ 短期大学	1名
■ 専修・各種学校	1名
■ 就職	1名
□ 進学準備・他	25名

【指定校推薦】 利用状況は東京理科大4, 学習院大1, 明治大1, 立教大2, 法政大2, 日本大7, 東洋大3, 専修大1, 國學院大4, 成蹊大2, 成城大2, 明治学院大2, 獨協大2, 芝浦工大3, 東京電機大1, 武蔵大1, 東京都市大1, Taylor's University 1など。ほかに中央大, 駒澤大, 大東文化大, 帝京大, 工学院大, 白百合女子大, 北里大, 東京農大など推薦枠あり。

主な大学合格状況

'24年春速報は巻末資料参照

大学名	'23	'22	'21	大学名	'23	'22	'21	大学名	'23	'22	'21
☆千葉大	2	3	0	早稲田大	13	12	8	日本大	60	88	59
☆筑波大	0	1	0	慶應大	2	2	2	東洋大	97	140	117
☆東京外大	0	1	1	上智大	7	7	3	駒澤大	24	36	21
☆埼玉大	6	1	7	東京理科大	10	12	13	専修大	25	43	34
☆北海道大	1	1	0	学習院大	12	22	6	大東文化大	28	27	39
☆都立大	0	4	3	明治大	30	30	17	帝京大	23	47	37
☆都留文科大	2	7	5	青山学院大	11	18	5	國學院大	15	33	16
☆高崎経済大	1	0	2	立教大	16	30	25	成城大	8	33	21
☆埼玉県立大	5	5	5	中央大	26	29	28	明治学院大	9	27	12
☆釧路公立大	5	4	2	法政大	52	69	38	獨協大	34	76	26

※各大学合格数は既卒生を含む。

入試要項 2024年春（実績）

新年度日程についてはp.116参照。

※Ｓ・Ａ・Ｇコースは推薦・一般とも，特待チャレンジ入試として実施

◆ 推薦　単願推薦

募集人員▶Ｓコース10名，Ａコース25名，Ｇコース10名，Ｃコース20名

選抜方法◆適性検査（国数英各50分・各100点・国は全問マークシート・数英はマークシートと記述の併用・英にリスニングあり），調査書

◆ 一般　**併願Ⅰ**：埼玉・千葉生対象　**併願Ⅱ**：東京・神奈川生対象　※いずれもＳ・Ａ・Ｇコースは併願優遇（公私とも可）あり

募集人員▶Ｓコース15名，Ａコース35名，Ｇコース10名，Ｃコース５名

選抜方法◆併願Ⅰ：適性検査（国数英各50分・各100点・国は全問マークシート・数英はマークシートと記述の併用・英にリスニングあり），調査書　併願Ⅱ：国数英（各50分・各100点・国は全問マークシート・数英はマークシートと記述の併用・英にリスニングあり），調査書

◆ 受験料　23,000円

内申基準 単願推薦：［Ｓ］［Ａ］５科22，［Ｇ］５科19かつ英語検定準２級，［Ｃ］５科19または９科31　併願Ⅰ・Ⅱ：［Ｓ］［Ａ］５科23，［Ｇ］５科20かつ英語検定準２級　※いずれも５科に２不可，９科に１不可（併願Ⅰ・ⅡのＣコースも該当）　※条件により内申加点あり

特待生・奨学金制度 Ｓ・Ａ・Ｇコースは入試の成績優秀者を３段階特待認定。

帰国生の受け入れ 国内生と同枠入試。

入試日程

区分		登録・出願	試験	発表	手続締切
	推薦	1/7～16	1/23	1/25	1/31
一般	併願Ⅰ	1/7～16	1/23	1/25	公立発表翌日
	併願Ⅱ	1/7～27	2/12	2/14	3/2

応募状況

年度	区分		応募数	受験数	合格数	実質倍率
'24	S	推薦	21	21	21	1.0
		併願Ⅰ	39	37	37	1.0
		併願Ⅱ	50	33	27	1.2
	A	推薦	121	120	120	1.0
		併願Ⅰ	86	86	81	1.1
		併願Ⅱ	150	135	128	1.1
	G	推薦	28	28	28	1.0
		併願Ⅰ	25	25	24	1.0
		併願Ⅱ	63	47	47	1.0
	C	推薦	48	46	46	1.0
		併願Ⅰ	3	3	1	3.0
		併願Ⅱ	6	5	3	1.7

［スライド制度］あり。上記に含まず。
［'24年合格最低点］推薦・併願Ⅰ：Ｓコース252，Ａコース・Ｇコース177，Ｃコース147（/300）　併願Ⅱ：Ｓコース268，Ａコース・Ｇコース191，Ｃコース161（/300）　※合格ボーダー

東京　男女　⑤　桜丘

学費（単位:円）	入学金	施設費	授業料	その他経費	小計	初年度合計
入学手続時	250,000	100,000	—	—	350,000	1,283,400
１年終了迄	—	—	468,000	465,400	933,400	

※2024年度予定。［免除］Ｇコースは１年次セブ英語研修期間中の授業料免除。［授業料納入］10回分割。
［その他］制服・制定品代，Ｇコースは英語民間試験対策講座等，Ｃコースは企業インターンシップ等費用あり。

併願校の例　※［Ａ］を中心に

	都立	埼公立	私立
挑戦校	青山 新宿 竹早 小山台 国際	市立浦和 浦和一女 蕨 浦和西	中央大学 中大杉並 城北 明治学院 淑徳
最適校	小松川 北園 城東 文京 上野	越ヶ谷 川口市立 川口北 市立浦和南 越谷南	順天 国学院 駒込 淑徳巣鴨 東洋
堅実校	豊島 墨田川 深川 江北 向丘	与野 浦和北 草加 川口 南稜	東京成徳大 成立学園 郁文館 二松学舎 豊島学院

合格のめやす

合格の可能性 ■ **60%** ⬤ **80%** の偏差値を表示しています。

S ■ **62** ⬤ **66**

A ■ **57** ⬤ **61**

G ■ **55** ⬤ **59**

C ■ **53** ⬤ **57**

※合格のめやすの見方は114ページ参照。

見学ガイド 文化祭／説明会／個別相談会

サレジアン国際学園 高等学校

小 中 高 専 短 大

北区

〒115-8524　東京都北区赤羽台4-2-14　☎(03)3906-7551（募集広報部）

【建学の精神】　理性・宗教・慈愛を土台とした予防教育法による全人間教育を掲げる。

【沿革】　1872年設立のカトリック女子修道会サレジアンシスターズにより1948年に創立。2022年度女子校より共学化，星美学園高等学校より校名変更。

【学校長】　森下　愛弓

【生徒数】　男子31名，女子182名

	1年（3クラス）	2年（3クラス）	3年（3クラス）
男子	22名	9名	—
女子	53名	68名	61名

JR―赤羽10分
南北線・埼玉高速鉄道―赤羽岩淵8分

特色

設置学科：普通科

【コース】　本科コースとグローバルスタディーズコースの2コース制。

【カリキュラム】　①本科コースはPBL型授業を軸に確かな学力をつける。週に2時間「個人研究」の時間を設定。各自でテーマを決めて研究し，2年次に最終論文を執筆する。2年次より文理別授業となる。②グローバルスタディーズコースは海外大学や国際系の大学進学が目標。英語で考え伝えることのできる実践的な英語力を身につける。③ケンブリッジ国際認定校。同大学国際教育機構から教材やトレーニングなど幅広いサポートを受け，高度な英語教育を実施する。④必修科目に宗教の授業がある。聖母祭やクリスマスミサなども開催。

【海外研修】　1・2年次の希望者を対象としたフィリピン・マニラでの研修制度がある。

【クラブ活動】　卓球部や陸上競技部などが活発。練習内容や日程調整などは生徒が主体となって運営。8の運動部と10の文化部がある。

【施設】　新校舎プロジェクトが進行中。既存校舎の1.4倍の規模で，最先端のラボやカフェ，体育館などを収容。2026年9月使用開始予定。

習熟度別授業	土曜授業	文理選択	オンライン授業	制服	自習室	食堂	プール	グラウンド	アルバイト
—	○	2年～	○	○	～18:00	—	○	○	—

登校時刻＝ 8:15
下校時刻＝18:30

進路情報　2023年3月卒業生

【卒業生数】　51名

【進路傾向】　大学進学はいずれも私立大学だった模様。

【指定校推薦】　上智大，青山学院大，立教大，成蹊大，成城大，芝浦工大，東京電機大，東京女子大，日本女子大，立命館大，玉川大，工学院大，東京都市大，大妻女子大，聖心女子大，白百合女子大，日本薬科大，日本歯大，南山大，東京農大，学習院女子大，拓殖大，清泉女子大，フェリス女学院大，横浜薬科大，東洋英和女学院大，女子美大，武蔵野音大，東邦音大，洗足学園音大，女子栄養大，東京家政大，東京女子体育大など推薦枠あり。

四年制大学への進学率 **90.2%**

四年制大学	46名
短期大学	2名
専修・各種学校	0名
就職	0名
進学準備・他	3名

主な大学合格状況

'24年春速報は巻末資料参照

大学名	'23	'22	'21	大学名	'23	'22	'21	大学名	'23	'22	'21
◇東京外大	0	1	0	日本大	2	4	3	東京女子大	2	2	0
早稲田大	0	1	0	東洋大	4	8	0	日本女子大	2	2	0
上智大	3	9	5	駒澤大	1	0	0	立正大	9	0	0
東京理科大	0	2	0	専修大	0	3	0	桜美林大	0	8	2
学習院大	0	2	0	大東文化大	3	1	2	共立女子大	6	1	1
明治大	2	4	0	帝京大	9	2	3	聖心女子大	5	6	8
青山学院大	1	1	1	成蹊大	1	2	2	白百合女子大	3	4	3
立教大	2	6	4	成城大	1	2	0	昭和女子大	4	1	0
中央大	0	5	0	明治学院大	0	3	0	清泉女子大	2	1	5
法政大	0	1	2	芝浦工大	4	0	0	目白大	1	2	1

※各大学合格数は既卒生を含む。

入試要項 2024年春（実績）

新年度日程についてはp.116参照。

◆ 推薦　A推薦：単願　B推薦：併願（公私とも可。東京・神奈川生を除く）

募集人員▶本科コース30名，グローバルスタディーズコース20名

選抜方法▶作文（50分・800字），調査書

◆ 一般　第1志望，併願優遇（公私とも可），一般

募集人員▶本科コース30名，グローバルスタディーズコース20名

選抜方法▶国数英（各50分・各100点・英にリスニングあり），調査書

◆ 受験料　25,000円

(内申基準)　A推薦：[本科][グローバルスタディーズ]5科17　B推薦・一般（併願優遇）：[本科][グローバルスタディーズ]5科18　※[グローバルスタディーズ]上記基準かつ英語検定3級　※いずれも9科に1不可　※条件により内申加点あり

(特待生・奨学金制度)　内申，入試成績により3段階のスカラシップ認定。スカラシップA（得点率80%）：入学金，1年間の授業料免除。スカラシップB（得点率75%）：入学金免除。スカラシップC（得点率70%）：入学金半額免除。

(帰国生の受け入れ)　国内生と同枠入試。

入試日程

区分	登録・出願	試験	発表	手続締切
A推薦	12/20〜16	1/22	1/23	1/25
B推薦	12/20〜16	1/22	1/23	公立発表翌日
第1志望	12/20〜2/6	2/11	2/12	2/14
併願優遇	12/20〜2/6	2/11	2/12	公立発表翌日
一般	12/20〜2/6	2/11	2/12	公立発表翌日

応募状況

年度	区分		応募数	受験数	合格数	実質倍率
'24	本科	A推薦	16	16	16	1.0
		B推薦	9	9	9	1.0
		第1志望	5	5	4	1.3
		併願優遇	17	16	16	1.0
		一般	6	6	4	1.5
	グロ	A推薦	16	16	16	1.0
		B推薦	3	3	3	1.0
		第1志望	4	4	4	1.0
		併願優遇	10	10	10	1.0
		一般	1	1	1	1.0
'23	本科	A推薦	16	16	16	1.0
		B推薦	8	8	8	1.0
		第1志望	4	4	3	1.3
		併願優遇	8	8	8	1.0
		一般	9	9	7	1.3
	グロ	A推薦	14	14	14	1.0
		B推薦	2	2	2	1.0
		第1志望	2	2	2	1.0
		併願優遇	8	7	7	1.0
		一般	2	2	2	1.0

［'24年合格最低点］非公表。

東京　男女　(さ)　サレジアン国際学園

学費（単位：円）

	入学金	施設費	授業料	その他経費	小計	初年度合計
入学手続時	280,000	—	—	—	280,000	1,203,000
1年終了迄	—	120,000	450,000	353,000	923,000	

※2024年度予定。［授業料納入］3回分割。
［その他］制服・制定品代，グローバルスタディーズコースは国際探究費80,000円あり。

併願校の例

※[本科]を中心に

	都立	埼公立	私立
挑戦校	北園 城東 文京	川口市立 市立大宮北 市立浦和南	淑徳巣鴨 東洋大京北 桜丘
最適校	上野 井草 豊島 墨田川 江北	与野 浦和北 南稜 川口 大宮光陵	実践学園 目白研心 成立学園 東京成徳大 豊島学院
堅実校	向丘 武蔵丘 高島 足立 飛鳥	大宮南 鳩ヶ谷 浦和東	上野学園 共栄学園 駿台学園 豊南 貞静学園

合格のめやす

合格の可能性 (60%) (80%) の偏差値を表示しています。

本科 **52** (**55**)

グローバルスタディーズ **52** (**55**)

※合格のめやすの見方は114ページ参照。

合格者

合否分布

34　38　42　46　50　54　58　62　66　(偏)

不合格者

実線＝本科
破線＝グローバルスタディーズ

見学ガイド　文化祭／説明会／授業体験会

町田市

サレジオ工業 高等専門学校

〒194-0215 東京都町田市小山ヶ丘4-6-8 ☎(042)775-3020

【教育理念】 カトリック・ミッションによるキリスト教の精神に基づく教育，教養と専門を基盤とする総合的人格陶冶に基づく技術者教育，理論と実践を両輪に創造性と探究心あふれる人間教育を校是として掲げる。

【沿 革】 1935年サレジオ会により開校。2005年，現校名となる。

【学校長】 小島 知博

【学生数】 男子608名，女子159名

	1年	2年	3年	4年	5年
男子	113名	138名	106名	151名	100名
女子	37名	31名	31名	35名	25名

京王相模原線―多摩境10分
JR―橋本よりバス響きの丘（サレジオ高専前）

特色

設置学科：デザイン学科／電気工学科／機械電子工学科／情報工学科

【カリキュラム】 ①1・2年次はテクノロジーを学ぶ準備期間「プレテック」とし，将来の専門科目に向けて基礎を中心に学ぶ。②3年次以降は，より高度な実習，実験などの専門科目を多く設置。③デザイン学科は3年次よりプロダクト＆インテリアデザイン（立体系），ヴィジュアルコミュニケーションデザイン（平面系）の分野ごとの実習を通して，開発プロセスや専門的な技術と理論を学ぶ。④電気工学科は，電気エネルギーの発生から有効利用までを総合的に学ぶ。第二・三種電気主任技術者認定学科。⑤機械電子工学科はロボットなどの産業応用，情報通信，機械・電子材料分野の知識，技術の習得と活用できる能力を養う。⑥情報工学科では，情報工学の基礎と共にコンピュータハードウエア，ソフトウエア，情報ネットワークの技術を身につけ，実践能力を備えたエンジニアをめざす。⑥放課後は部活動以外にコンテスト参加活動も盛ん。

【海外研修】 4年次のシンガポール研修旅行（全員参加），希望制のヨーロッパ研修旅行，希望選抜制のフィリピン交換研修などがある。

【施設】 敷地内に男子寮を設置している。

習熟度別授業	土曜授業	コース選択	オンライン授業	制服	自習室	食堂	プール	グラウンド	アルバイト
―	月1回	―	○	1・2年○ 3年～○	～19:00	―	―	○	可

登校時刻＝ 9:00
下校時刻＝19:00

進路情報 2023年3月卒業生

就職率 **58.3%**

【卒業生数】 156名

【進路傾向】 大学3年への編入学，併設の専攻科への進学，技術系企業に就職など，選べる進路が特長。大学編入は一般的な大学受験とは違い，得意な専門分野が中心の試験となる。国立大学には高専編入枠がある。専攻科の修了生は学士の学位を取得可。就職は求人倍率33倍と高水準を維持。

【指定校推薦】 東京電機大，立命館大，東京都市大，相模女子大，東京情報大，東京造形大，横浜美大，大阪経済法科大など推薦枠あり。（専攻科）早稲田大学大学院，東京電機大学大学院など推薦枠あり。

■ 四年制大学編入	40名
□ 専攻科	11名
■ 専修・各種学校	7名
■ 就職	91名
□ 進学準備・他	7名

【主な大学編入実績】 千葉大，電気通信大，東京農工大，豊橋技術科学大，長岡技術科学大，東京理科大，日本大，工学院大，東京都市大，千葉工大，湘南工科大，多摩美大，武蔵野美大，東京造形大，他。

【主な大学院編入実績（専攻科）】 都立産業技術大学院大学，東京海洋大学大学院，慶應義塾大学大学院，早稲田大学大学院，他。

入試要項 2024年春（実績）

新年度日程についてはp.116参照。

◆ 募集人員　デザイン学科45名，電気工学科45名，機械電子工学科45名，情報工学科45名
◆ AO入試　Ⅰ単願，Ⅱ併願（本校第2志望）
※ほかにサレジオ系列生対象のAOⅢあり。
選抜方法▶保護者同伴面接（15分），調査書，志望理由書
◆ 推薦　特待Ⅰ・Ⅱ：単願　推薦Ⅰ：単願　併願Ⅰ：公私とも可
選抜方法▶特待Ⅰ・Ⅱ：保護者同伴面接，調査書，志望理由書　推薦Ⅰ・併願Ⅰ：調査書，志望理由書
◆ 一般　併願Ⅱ：公私とも可　学力選抜Ⅰ：単願，併願（公私とも可）
選抜方法▶国数英（各50分・各100点・英は記述とマークシートの併用），個人面接（10分），調査書，志望理由書
◆ 受験料　21,000円

内申基準 AO：[Ⅰ]3科9かつ9科28，[Ⅱ]3科10かつ9科29　**特待Ⅰ**：3科14かつ9科42（各4）　**特待Ⅱ**：3科12（各4）かつ9科36　**推薦Ⅰ**：3科10（各3）かつ9科29　**併願Ⅰ**：3科11（各3）かつ9科32　**併願Ⅱ**：3科10かつ9科31（各3）　※いずれも9科に1不可。3科は，デザイン学科は国英美・国英技，電気工学科・機械電子工学科・情報工学科は数英理・数英技も可　※条件により内申加点あり

特待生・奨学金制度 特待推薦入試を実施（上記参照）。ほか併願Ⅱ，学力選抜Ⅰの成績上位者を特待生認定。

帰国生の受け入れ 国内生と別枠入試。

入試日程　※学力Ⅰ以外は出願前に面談あり。

区分	登録・出願	試験	発表	手続締切
AO	10/16～12/12	12/17	12/19	12/21
推薦	12/1～1/10	1/14	1/16	1/18
一般	12/1～1/23	2/3	2/5	2/7

[延納]併願者は併願校発表後。
[2次募集]3/9

応募状況

年度	区分		応募数	受験数	合格数	実質倍率
'24	AO	AO Ⅰ 男	73	73	72	1.0
		AO Ⅰ 女	21	21	21	1.0
		AO Ⅱ 男	65	65	65	1.0
		AO Ⅱ 女	8	8	8	1.0
	推薦	特待Ⅰ・Ⅱ 男	0	0	0	—
		特待Ⅰ・Ⅱ 女	2	2	2	1.0
		推薦Ⅰ 男	4	4	4	1.0
		推薦Ⅰ 女	1	1	1	1.0
		併願Ⅰ 男	26	26	26	1.0
		併願Ⅰ 女	9	9	9	1.0
	一般	併願Ⅱ 男	4	4	4	1.0
		併願Ⅱ 女	1	1	1	1.0
		学力選抜Ⅰ 男	50	49	45	1.1
		学力選抜Ⅰ 女	11	11	10	1.1

[スライド制度]あり。上記に含まず。
['24年合格最低点]非公表。

東京　男女　さ サレジオ工業

学費（単位：円）

学費（単位：円）	入学金	施設備費	授業料	その他経費	小計	初年度合計
入学手続時	300,000	—	—	—	300,000	1,133,540
1年終了迄	—	180,000	500,000	153,540	833,540	

※2024年度予定。[授業料納入]一括または4回・8回分割。
[その他]制服・制定品，教科書・教材等費用（2023年度実績：17,034～57,405円）あり。

併願校の例

	都立	神公立	国・私立
挑戦校	日野台／多摩科学技術／南平／狛江	海老名／市ケ尾／市立相模総合科学(科学)／相模原弥栄(美)	東京工業高専／桜美林／八王子学園／東京電機大
最適校	神代／工芸／産業技術高専／府中／成瀬	生田／麻溝台／秦野／元石川／上溝南	玉川学園／明星／工学院大附／八王子実践／帝京八王子
堅実校	翔陽／富士森／八王子桑志／小川	神奈川総合産業／橋本／上溝／市立橋本総合科学(工)	日本学園／科学技術学園(特進)／国本女子／聖パウロ／光明相模原

合格のめやす

合格の可能性 60% 80% の偏差値を表示しています。

デザイン・電気工・機械電子工・情報工　**50**　**54**

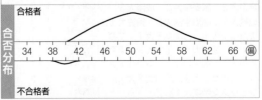

合格者

| 34 | 38 | 42 | 46 | 50 | 54 | 58 | 62 | 66 | (偏) |

不合格者

合否分布

※合格のめやすの見方は114ページ参照。

見学ガイド 学園祭／説明会／オープンキャンパス／体験入学／受験相談会／個別見学対応

小 中 高 専 短 大

中野区

実践学園 高等学校

〒164-0011 東京都中野区中央2-34-2 ☎(03)3371-5268

【建学の精神】 学問の修得をとおして，自己実現をめざし，人類・社会に役立つ人材づくりをする。

【沿 革】 1927年東京堂教習所として創立。1990年現校名に改称。

【学校長】 大木 広行

【生徒数】 男子585名，女子489名

	1年(13クラス)	2年(13クラス)	3年(12クラス)
男子	204名	214名	167名
女子	193名	174名	122名

丸ノ内線・都営大江戸線―中野坂上5分
JR―東中野10分

特色

設置学科：普通科

【コース】 特別進学，リベラルアーツ＆サイエンス（LA&S），文理進学，スポーツ・サイエンス（SS）の4コース制。特別進学コースと文理進学コースは内部進学生と3年間別クラス。

【カリキュラム】 ①特別進学コースは難関国公立・私立大合格が目標。2年次より特別進学クラスSSE・SEの2クラスに分かれる。②LA&Lコースは北米へ半年間の留学が必修。③文理進学コースは学習と部活の両立を図る。3年次2学期までに英語検定2級の取得が目標。④SSコースはサッカー・野球部員で構成。2年次より

SSS（特別進学）クラスとSSクラスに分岐。

【キャリア教育】 1・2年次に様々な分野の基礎知識や大学での学問を研究する学問分野研究会を定期的に実施。大学教授による大学模擬授業も行い，学問と社会のつながりを体得する。

【海外研修】 米国・ニュージーランド・カナダ・オーストラリアへの短中長期留学を用意。

【クラブ活動】 バスケットボール部，卓球部，バドミントン部，ダンス部が全国大会出場。

【施設】 2021年8月にスポーツ練習場や寮，学習スペースを備えた「共学館」が完成。

習熟度別授業	土曜授業	文理選択	オンライン授業	制服	自習室	食堂	プール	グラウンド	アルバイト
―	○	2年～	○	○	～19:00	○	―	○	届出

登校時刻＝ 8:20
下校時刻＝18:00

進路情報 2023年3月卒業生

【卒業生数】 298名

【進路傾向】 大学進学者の内訳は文系65%，理系17%，他18%。国公立大学へ文系2名・理系1名・他1名，海外大学へ3名が進学した。

四年制大学への進学率 **83.6%**

四年制大学	249名
短期大学	5名
専修・各種学校	17名
就職	1名
進学準備・他	26名

【指定校推薦】 利用状況は学習院大1，明治大1，青山学院大1，立教大1，中央大3，法政大3，日本大5，東洋大5，駒澤大2，専修大4，帝京大3，國學院大3，成蹊大3，成城大2，明治学院大2，獨協大1，東京女子大1，日本女子大1，立命館大1，武蔵大4，玉川大3，東京都市大4，国士舘大1，東京経済大3，大妻女子大3，昭和女子大1，フェリス女学院大1など。

主な大学合格状況

'24年春速報は巻末資料参照

大学名	'23	'22	'21	大学名	'23	'22	'21	大学名	'23	'22	'21
◇千葉大	0	0	1	東京理科大	5	8	2	専修大	18	17	16
◇筑波大	1	0	0	学習院大	4	9	4	東海大	16	11	6
◇東京外大	1	0	0	明治大	9	14	12	帝京大	20	32	27
◇横浜国大	1	0	1	青山学院大	4	11	10	國學院大	15	12	10
◇北海道大	0	1	0	立教大	16	15	11	成蹊大	5	11	8
◇東京学芸大	1	0	0	中央大	17	25	18	明治学院大	10	12	7
◇防衛大	1	0	0	法政大	10	17	15	武蔵大	16	26	17
早稲田大	5	4	4	日本大	23	72	53	玉川大	12	3	6
慶應大	2	2	1	東洋大	24	37	26	国士舘大	9	16	10
上智大	3	3	5	駒澤大	7	22	10	順天堂大	5	8	4

※各大学合格数は既卒生を含む。

入試要項 2024年春（実績）

新年度日程についてはp.116参照。

◆ 推薦　第1志望
募集人員▶130名
選抜方法▶作文（50分・600字），個人面接（10分），調査書

◆ 一般　併願優遇（公私とも可）あり
募集人員▶140名
選抜方法▶国数英（各50分・各100点），グループ面接（10分），調査書

◆ 受験料　24,000円

内申基準 推薦：[特別進学] [リベラルアーツ＆サイエンス] 3科12または5科18，[文理進学] [スポーツ・サイエンス] 3科11または5科17
一般(併願優遇)：[特別進学] [リベラルアーツ＆サイエンス] 3科13または5科20，[文理進学] [スポーツ・サイエンス] 3科12または5科19　※いずれも上記基準かつ9科27で，9科に1不可。リベラルアーツ＆サイエンスコースは原則英4

特待生・奨学金制度 推薦は内申，一般は入試成績による特待生認定。

帰国生の受け入れ 国内生と別枠入試。

入試日程

区分	登録・出願	試験	発表	手続締切
推薦	12/20〜1/16	1/22	1/23	1/23
一般	12/20〜1/30	2/10or11	2/13	2/13

[延納] 一般の第2志望者は公立発表後まで。

応募状況

年度	区分			応募数	受験数	合格数	実質倍率
'24	推薦		男子	93	93	93	1.0
			女子	45	45	45	1.0
	併願優遇	2/10	男子	77	71	70	1.0
			女子	113	91	91	1.0
		2/11	男子	67	61	61	1.0
			女子	84	78	78	1.0
	一般	2/10	男子	13	13	8	1.6
			女子	5	4	3	1.3
		2/11	男子	27	26	16	1.6
			女子	14	14	5	2.8
'23	推薦		男子	86	86	86	1.0
			女子	76	76	76	1.0
	一般	2/10	男子	99	89	84	1.1
			女子	142	137	128	1.0
		2/11	男子	104	95	82	1.2
			女子	120	107	103	1.0

[スライド制度] あり。上記に含む。
[24年合格最低点] 併願優遇 (2/10) 126/300，併願優遇 (2/11) 104/300，一般 (2/10) 155/300，一般 (2/11) 141/300

学費（単位：円）

		入学金	施設設備資金	授業料	その他経費	小計	初年度合計
特文	入学手続時	270,000	120,000	—	—	390,000	1,444,400
	1年終了迄	—	—	494,400	560,000	1,054,400	
リベ	入学手続時	270,000	120,000	—	—	390,000	1,503,200
	1年終了迄	—	—	673,200	440,000	1,113,200	
スポ	入学手続時	270,000	180,000	—	—	450,000	1,504,400
	1年終了迄	—	—	494,400	560,000	1,054,400	

※2024年度予定。[授業料納入] 2回分割。[その他] 制服・制定品代，リベラルアーツ＆サイエンスコースは海外留学費用あり。

併願校の例
※[文理]を中心に

	都立	神・埼公立	私立
挑戦校	新宿	相模原	成蹊
	武蔵野北	新城	国学院
	駒場	蕨	日大二
	豊多摩	川口市立	拓大一
	北園		成城学園
最適校	文京	生田	聖徳学園
	狛江	港北	日大鶴ヶ丘
	井草	与野	日大櫻丘
	神代	浦和北	専修大附
	石神井		杉並学院
堅実校	武蔵丘	元石川	大成
	芦花	住吉	東亜学園
	鷺宮	南稜	豊島学院
	杉並	川口	文化学園杉並
	晴海総合		東京立正

合格のめやす

合格の可能性 **60%** **80%** の偏差値を表示しています。

特別進学 **57** **61**

リベラルアーツ＆サイエンス **55** **58**

文理進学 **53** **57**

スポーツ・サイエンスは偏差値を設定していません。

合格者

合否分布

| 38 | 42 | 46 | 50 | 54 | 58 | 62 | 66 | 70 | 偏 |

不合格者

実線＝文理進学
破線＝特別進学

※合格のめやすの見方は114ページ参照。

見学ガイド 文化祭／体験授業／説明会

東京　男女　し　実践学園

小中高専短大

品川学藝 高等学校

〒142-0042　東京都品川区豊町2-16-12　☎(03)3786-1711

品川区

【教育方針】　「愛と和と誠実」を建学の精神に掲げ，伝統と革新が織りなす知性と感性の融合を通した人間力向上をめざす。

【沿　革】　日本最古の私立音楽学校を起源とし1950年に創立。2023年度現校名に改称，女子校より男女共学化，普通科設置。

【学校長】　若林　彰

【生徒数】　男子74名，女子201名

	1年（6クラス）	2年（3クラス）	3年（3クラス）
男子	74名	－	－
女子	91名	71名	39名

東急大井町線―下神明3分　JR ―大井町10分，大崎12分，西大井15分

特色

設置学科：普通科／音楽科

【コース】　普通科はeスポーツエデュケーションとリベラルアーツ（進学）の2コース制。音楽科はパフォーミングアーツコース（バレエ専攻・ミュージカル専攻），ミュージックコースを設置している。

【カリキュラム】　①eスポーツエデュケーションコースは学習や教育を促進する効果的なツールとしてeスポーツに取り組む。大学教授監修のもとカリキュラムを展開。②リベラルアーツコースは大学受験への学びを含めた幅広い教養・知識を身につける。小論文や面接対策を中心に表現力を鍛える。③パフォーミングアーツコース・バレエ専攻は一流指導者のレッスンのほか，舞台芸術全般を学ぶ。④同・ミュージカル専攻は演技，歌，舞踊など多彩な実技レッスンがある。⑤ミュージックコースは音楽大学進学に備えた実技・理論の科目がすべてカリキュラムに組まれており，基礎から着実に学ぶ。⑥希望制の校内予備校を設置。個別指導を行う。

【海外研修】　2年次にハワイ修学旅行を実施。

【施設】　レッスン室や小ホールとして使用の1号館は1925年築で，歴史ある調度品を保存。

習熟度別授業	土曜授業	文理選択	オンライン授業	制服	自習室	食堂	プール	グラウンド	アルバイト
英	－	－	○	○	～18:30	－	－	－	○審査

登校時刻＝　8:20
下校時刻＝18:00

進路情報　2023年3月卒業生

進学率 **82.4%**

【卒業生数】　51名

【進路傾向】　大学進学はいずれも私立大学で，内訳は文系21%，理系4%，他75%。

【系列進学】　有明教育芸術短期大学へ4名が内部推薦で進学した。

【指定校推薦】　愛知県立芸術大，上智大，玉川大，立正大，桜美林大，東京農大，明星大，駒沢女子大，城西大，目白大，多摩大，麻布大，フェリス女学院大，湘南工科大，淑徳大，聖徳大，江戸川大，東都大，跡見学園女子大，西武文理大，山梨和大，東京音大，武蔵野音大，東邦音大，洗足学園音大，昭和音大，女子栄養大など推薦枠あり。

■ 四年制大学	24名
■ 短期大学	8名
■ 専修・各種学校	10名
■ 就職	0名
□ 進学準備・他	9名

主な大学合格状況　'24年春速報は巻末資料参照

大学名	'23	'22	'21	大学名	'23	'22	'21	大学名	'23	'22	'21
◇静岡文化芸術大	0	1	0	武蔵野音大	2	1	2	尚美学園大	0	0	1
早稲田大	0	1	0	洗足学園音大	9	9	10	人間総合科学大	1	1	0
日本大	1	0	0	昭和音大	3	4	2				
玉川大	0	1	0	東京家政大	1	0	0				
東京経済大	1	0	0	文化学園大	1	1	0				
桜美林大	1	0	0	日本女子体育大	0	3	1				
立命館アジア太平洋大	1	0	0	フェリス女学院大	1	0	0				
昭和女子大	1	0	0	聖徳大	1	0	0				
国立音大	1	0	0	東京成徳大	1	0	0				
東京音大	1	1	0	跡見学園女子大	1	0	2				

※各大学合格数は既卒生を含む。

入試要項 2024年春（実績）

新年度日程についてはp.116参照。

◆ 推薦　A推薦：単願　B推薦：併願（公私とも可。東京・神奈川生を除く）

募集人員▶普通科50名，音楽科50名　※一般を含む全体の定員

選抜方法▶普通科：個人面接，調査書　**パフォーミングアーツコース**：実技（120分），個人面接，調査書，バレエ・舞台・演劇等の履歴　**ミュージックコース**：実技（50分），個人面接，調査書，音楽履修歴

◆ 一般　併願優遇（公私とも可）あり

募集人員▶定員内

選抜方法▶普通科：国英または数英（各50分・各100点・英にリスニングあり），個人面接，調査書　**パフォーミングアーツコース**：国英または数英（各50分・各100点・英にリスニングあり），実技（120分・100点），個人面接，調査書，バレエ・舞台・演劇等の履歴　**ミュージックコース**：国英または数英（各50分・各100点・英にリスニングあり），実技（50分・100点），個人面接，調査書，音楽履修歴

◆ 受験料　普通科20,000円，音楽科25,000円
※いずれも品川・大田・港・目黒・世田谷区生は無料

内申基準　A推薦：3科7または5科12または9科23　B推薦・一般（併願優遇）：3科8または5科13または9科24

特待生・奨学金制度　学費無料制度あり。ほか成績特待，実技特待，OG特待がある。

帰国生の受け入れ　個別対応。

入試日程

区分	出願	試験	発表	手続締切
推薦	1/15〜18	1/22	1/22	1/31
一般①	1/25〜2/7	2/10	2/10	2/21
一般②	1/25〜2/13	2/16	2/16	2/26

[延納] 併願者は併願校発表後まで。

応募状況

年度	区分		応募数	受験数	合格数	実質倍率
'24	普通科	A推薦	33	33	33	1.0
		B推薦				
		併願優遇	106	102	102	1.0
		フリー	84	72	51	1.4
	音楽科	A推薦	35	35	35	1.0
		B推薦				
		併願優遇	78	78	78	1.0
		フリー	27	25	17	1.5
'23	普通科	A推薦	41	41	41	1.0
		B推薦	2	2	2	1.0
		一般①	64	61	60	1.0
		一般②	27	23	22	1.0
	音楽科	A推薦	61	61	61	1.0
		B推薦	9	9	9	1.0
		一般①	35	34	34	1.0
		一般②	5	5	5	1.0
'22	音楽	推薦	62	62	62	1.0
		一般	32	30	30	1.0

['24合格最低点] 併願優遇：eスポーツエデュケーション48，リベラルアーツ44（/200），バレエ専攻124，ミュージカル専攻136，ミュージック146（/300）

学費（単位:円）

		入学金	施設維持費	授業料	その他経費	初年度合計
入学手続時	普通科	250,000	204,000	468,000	314,000	1,236,000
	音楽科	250,000	204,000	480,000	314,000	1,248,000

※2024年度予定。[授業料納入] 一括または3回分割。[その他] 制服・制定品代，諸費あり。

併願校の例　※[普通]を中心に

	都立	神公立	私立
挑戦校	豊島　総合芸術(舞台·音)　田園調布　晴海総合　杉並	鶴見　住吉　岸根　相模原弥栄(音)	品川翔英　駒場学園　目黒学院　正則
最適校	松原　つばさ総合　大崎　桜町　杉並総合	麻生　川崎　百合丘　金沢総合　川崎北	自由ヶ丘　大森学園　日本大荏原　羽田国際　東京実業
堅実校	世田谷総合　美原　千歳丘　八潮　大田桜台	新羽　鶴見総合　白山　横浜桜陽　大師	品川エトワール

合格のめやす

合格の可能性 **60%** **80%** の偏差値を表示しています。

普通科（eスポ・リベ）　**40**　**44**

音楽科（パフォ・ミュージック）　**41**　**45**

合格者／不合格者

30　34　38　42　46　50　54　58　62（偏）

実線＝普通科（eスポ・リベ）
破線＝音楽科（パフォ・ミュージック）

※合格のめやすの見方は114ページ参照。

見学ガイド　文化祭／音楽科コンサート／説明会／オープンスクール／個別相談会

東京　男女　し　品川学藝

品川区

品川翔英 高等学校

〒140-0015　東京都品川区西大井1-6-13　☎(03)3774-1154（募集対策室直通）

【教育目標】「自主　創造　貢献」の校訓のもと，あらゆることを自分ごととして捉え，自分を律しながら，愉しみながら行動し，社会に貢献できる「学び続けるLEARNER」を育成する。

【沿　革】　1932年京南家政女学校として創立。1957年小野学園女子高等学校となり，2020年度現校名に改称，共学化。

【学校長】　柴田　哲彦

【生徒数】　男子565名，女631名

	1年（8クラス）	2年（6クラス）	3年（20クラス）
男子	131名	77名	357名
女子	148名	100名	383名

JR―西大井6分

JR・東急大井町線・りんかい線―大井町12分

特色

設置学科：普通科

【コース】　難関進学，国際教養，特別進学，総合進学の4コースを設置している。内部進学生とは3年間別クラス。

【カリキュラム】　①難関進学コースは国公立・難関私立大学受験に対応。②国際教養コースは大学外国語系学部や海外大学をめざす。英語授業はオールイングリッシュで行う。③特別進学コースと総合進学コースは文系・理系共に，個々に合わせた大学進学をサポート。④2年次より自由選択授業「ADVANCED SEMINAR」を設置。興味・関心や目標に合わせて受講できる。⑤定期テストに代えて2～3週間の短い期間の確認テストを実施することで，学習内容を定着しやすくしている。⑥ICTの活用やアクティブ・ラーニングで自ら学ぶ姿勢を育成する。

【海外研修】　2年次の研修旅行は生徒の有志が企画し2023年度は韓国，台湾と国内4コースからの選択制。ほか米国，カナダなどでの希望者対象のサマーキャンプや留学制度がある。

【施設】　廊下側に壁のない教室やカフェテリアを備えた中央校舎と人工芝グラウンドが2023年に竣工。温水プールなど運動施設も充実。

習熟度別授業	土曜授業	文理選択	オンライン授業	制服	自習室	食堂	プール	グラウンド	アルバイト	
―	―	2年～	○	○	～19:00	―	○	○	届出	登校時刻＝ 8:30 下校時刻＝18:00

進路情報　2023年3月卒業生

四年制大学への進学率 **75.7%**

【卒業生数】　268名

【進路傾向】　共学1期生が卒業。大学進学者の半数強が文系進学。国公立大学へ理系2名合格が出ている。

【指定校推薦】　利用状況は獨協大1など。ほかに日本大，東洋大，大東文化大，東海大，亜細亜大，帝京大，國學院大，神奈川大，日本女子大，桜美林大，日本薬科大，フェリス女学院大，横浜薬科大，東洋英和女学院大など推薦枠あり。

	四年制大学	203名
	短期大学	4名
	専修・各種学校	30名
	就職	0名
	進学準備・他	31名

主な大学合格状況

'24年春速報は巻末資料参照

大学名	'23	'22	'21	大学名	'23	'22	'21	大学名	'23	'22	'21
◇電通大	1	0	0	駒澤大	2	0	1	桜美林大	2	2	0
慶應大	1	0	0	専修大	5	0	0	関東学院大	6	3	1
上智大	4	0	0	東海大	6	0	0	共立女子大	7	0	1
東京理科大	2	0	0	帝京大	10	0	1	大妻女子大	4	1	3
明治大	6	0	2	國學院大	7	1	2	北里大	6	0	0
立教大	3	0	0	獨協大	3	0	0	東京薬科大	3	0	0
中央大	3	0	0	神奈川大	18	3	3	武蔵野大	6	1	3
法政大	2	2	1	玉川大	3	2	1	帝京平成大	12	5	4
日本大	11	2	0	立正大	6	0	3	東京工科大	10	3	4
東洋大	3	0	1	国士舘大	8	0	5	帝京科学大	3	1	4

※各大学合格数は既卒生を含む。

入試要項 2024年春（実績）

新年度日程についてはp.116参照。

◆ 推薦　第1志望

募集人員▶ 難関進学コース17名，国際教養コース35名，特別進学コース70名，総合進学コース53名

選抜方法▶ 個人面接（10分），調査書

◆ 一般　併願優遇（公私とも可），一般第1志望優遇，一般フリー

募集人員▶ 難関進学コース18名，国際教養コース35名，特別進学コース70名，総合進学コース52名

選抜方法▶ 難関進学：国数英（各50分・各100点・マークシートと記述の併用・英にリスニングあり），個人面接（10分），調査書　国際教養・特別進学・総合進学：国数英（各50分・各100点・マークシートと記述の併用・英にリスニングあり・国英または数英の高得点2科判定），個人面接（10分），調査書　※いずれも併願優遇は面接免除

◆ 受験料　20,000円

内申基準 推薦：[難関進学] 5科22，[国際教養] 5科18かつ英4，[特別進学] 5科18または9科32，[総合進学] 5科17または9科29　一般（併願優遇）：[難関進学] 5科22，[国際教養] 5科19かつ英4，[特別進学] 5科19または9科33，[総合進学] 5科18または9科30　※いずれも9科に1不可，難関進学コースは9科に

2不可　※条件により内申加点あり

特待生・奨学金制度 難関進学・国際教養・特別進学コース対象で内申，入試成績に応じて2段階認定。

帰国生の受け入れ 国内生と同枠入試。

入試日程

区分	登録・出願	試験	発表	手続締切
推薦	12/20〜1/17	1/22	1/22	1/25
一般	12/20〜2/3	2/10or11	2/12	2/15

[延納] 一般の併願者は公立発表後まで。

応募状況

年度		区分	応募数	受験数	合格数	実質倍率
'24	推薦	難関	2	2	2	1.0
		国際	8	8	8	1.0
		特進	40	40	40	1.0
		総進	42	42	42	1.0
	一般	難関	44	44	43	1.0
		国際	49	46	42	1.0
		特進	221	204	200	1.0
		総進	231	215	183	1.2
'23	推薦	難関	3	3	3	1.0
		国際	13	13	13	1.0
		特進	13	13	13	1.0
		総進	45	45	45	1.0
	一般	難関	42	39	37	1.1
		国際	50	46	45	1.0
		特進	131	124	119	1.0
		総進	202	192	186	1.0

[スライド制度] あり。上記に含まず。
['24年合格最低点] 一般：難関進学225/300，国際教養129，特別進学127，総合進学105（/200）

東京　男女　し　品川翔英

学費（単位：円）	入学金	施設費	授業料	その他経費	小計	初年度合計
入学手続時	250,000	200,000	—	—	450,000	1,266,000
1年終了迄	—	—	456,000	360,000	816,000	

※2024年度予定。[授業料納入] 毎月分割。
[その他] 制服・制定品代あり。

併願校の例　※[総進]を中心に

	都立	神公立	私立
挑戦校	三田	神奈川総合	国学院
	豊多摩	横浜平沼	文教大付
	城東	新城	多摩大目黒
	目黒	市ケ尾	目黒日大
	狛江	生田	
最適校	墨田川	市立橘	東京
	広尾	元石川	日本工大駒場
	雪谷	鶴見	駒場学園
	田園調布	住吉	目黒学院
	松が谷	市立高津	鶴見大附
堅実校	晴海総合	麻生	大森学園
	つばさ総合	百合丘	日体大荏原
	大崎	川崎	品川学藝
	桜町	市立幸	東京実業
	日本橋	川崎北	橘学苑

合格のめやす

合格の可能性 ■■ **60%** ● **80%** ● の偏差値を表示しています。

難関進学　**58**　62

国際教養　**54**　58

特別進学　**53**　57

総合進学　**48**　52

※合格のめやすの見方は114ページ参照。

見学ガイド 文化祭／説明会／個別見学対応

小 中 **高** 専 短 大

江東区

高 芝浦工業大学附属 高等学校

〒135-8139　東京都江東区豊洲6-2-7　☎(03)3520-8501

【教育方針】　校訓は「敬愛の誠心を深めよう」「正義につく勇気を養おう」「自律の精神で貫こう」。理系の基礎学力・思考力，国際性，多様性や粘り強さなどの資質を育てる。

【沿　革】　1922年に東京鐵道中学校として創立。2017年板橋区より移転，芝浦工業大学高等学校より現校名に改称，女子募集開始。

【学校長】　柴田　邦夫

【生徒数】　男子596名，女子69名

	1年（6クラス）	2年（6クラス）	3年（6クラス）
男子	204名	199名	193名
女子	15名	26名	28名

有楽町線―豊洲7分
ゆりかもめ―新豊洲1分

特色

設置学科：普通科

【コース】　内部進学生とは3年間別クラス。2年次よりSUPERコースを選択。高校からの入学者は併設大学をめざすコースに全員が所属するが，2・3年次に中高一貫カリキュラムの文系コース，特別理系コースへの変更が可能。

【カリキュラム】　①科学，技術，工学，芸術，数学を総合的に学ぶSTEAM型カリキュラムを導入。②併設大学と連携した特別授業「Arts and Tech」を1年次から3年次まで週2時間実施。大学教授の指導でロボット制作などに取り組むほか，生命科学やデザイン工学などを学ぶ。③

少人数選抜のSUPERコースは対話形式のコミュニケーションを中心とした英語授業を行う。

【キャリア教育】　併設大学教授による理系講座，女子生徒のためのキャリア懇談会などを開く。

【海外研修】　2年次のカナダ教育旅行が必修。希望制で，ニュージーランドホームステイプログラムや短期留学なども実施している。

【クラブ活動】　電子技術研究部が世界大会に出場。鉄道研究部なども活躍している。

【施設】　大型機械の使用が可能なファクトリーや，ロボット技術室，加工技術室がある。

習熟度別授業	土曜授業	文理選択	オンライン授業	制服	自習室	食堂	プール	グラウンド	アルバイト	登校時刻＝ 8:25 下校時刻＝18:30
―	○	2年～	○	○	～20:00	○	―	―	―	

進路情報　2023年3月卒業生

四年制大学への進学率 **93.0%**

【卒業生数】　200名

【進路傾向】　例年，併設大学をはじめ理系大学への進学者が多い。

【系列進学】　芝浦工業大学へ96名（工50，システム理工14，デザイン工14，建築18）が内部推薦で進学。

【指定校推薦】　利用状況は早稲田大2，上智大2，東京理科大4，明治大2，法政大1，日本大1，駒澤大2，明治学院大2，東京電機大2，工学院大2，千葉工大2，東京薬科大2，東京工科大2など。ほかに学習院大，成城大，獨協大，東京都市大，東邦大，東京農大など推薦枠あり。

	四年制大学	186名
	短期大学	0名
	専修・各種学校	4名
	就職	2名
	進学準備・他	8名

主な大学合格状況

'24年春速報は巻末資料参照

大学名	'23	'22	'21	大学名	'23	'22	'21	大学名	'23	'22	'21
◇東工大	0	1	1	上智大	7	8	3	駒澤大	5	4	2
◇一橋大	0	0	1	東京理科大	28	20	13	専修大	9	2	4
◇千葉大	1	0	0	学習院大	2	4	0	東海大	8	9	5
◇筑波大	2	2	4	明治大	14	16	9	明治学院大	8	5	4
◇横浜国大	1	0	0	青山学院大	11	5	0	芝浦工大	97	113	109
◇埼玉大	2	0	2	立教大	14	10	1	東京電機大	6	13	3
◇東北大	1	2	0	中央大	11	9	3	順天堂大	1	0	0
◇電通大	3	1	3	法政大	16	8	4	北里大	1	3	2
早稲田大	7	12	5	日本大	22	17	25	東京薬科大	6	4	1
慶應大	2	4	2	東洋大	11	24	3	東京工科大	6	9	10

※各大学合格数は既卒生を含む。

入試要項 2024年春（実績）

新年度日程についてはp.116参照。

◆ 推薦　第1志望

募集人員 ▶ 25名

選抜方法 ▶ 数（60分・100点），小論文（60分・600〜800字），個人面接（15〜20分），調査書，面接票

◆ 一般

募集人員 ▶ 25名

選抜方法 ▶ 国数英（国60分・数学基礎30分・数学応用50分・英60分・各100点・英にリスニングあり），個人面接（5分），調査書，面接票

◆ 受験料　25,000円

内申基準 推薦：3科（数英理）12かつ9科35
※9科に2不可　※条件により内申加点あり

特待生・奨学金制度 家計急変者に対する学費減免制度あり。

帰国生の受け入れ 国内生と別枠入試。

入試日程

区分	登録・出願	試験	発表	手続締切
推薦	12/20〜1/18	1/22	1/22	1/25
一般①	12/20〜2/7	2/10	2/10	2/12

［延納］一般の国公立併願者は入学金納入により残額は国公立発表後まで。

応募状況

年度	区分		応募数	受験数	合格数	実質倍率
'24	推薦	男子	41	41	20	2.1
		女子	20	20	12	1.7
	一般	男子	118	117	35	3.3
		女子	18	18	3	6.0
'23	推薦	男子	55	55	21	2.6
		女子	28	28	10	2.8
	一般	男子	111	107	24	4.5
		女子	27	27	7	3.9
'22	推薦	男子	40	40	40	1.0
		女子	24	24	24	1.0
	一般	男子	95	94	20	4.7
		女子	17	17	5	3.4

［'24年合格最低点］一般246/400

東京　男女　し　芝浦工業大学附属

学費（単位：円）

学費（単位:円）	入学金	施設設備費	授業料	その他経費	小計	初年度合計
入学手続時	280,000	66,000	124,000	137,820	607,820	1,198,320
1年終了迄	—	198,000	372,000	20,500	590,500	

※2024年度予定。［授業料納入］4回分割（入学手続時に1期分納入）。［その他］制服・制定品代，PC代（2023年度実績：107,500円）あり。［寄付・学債］任意の寄付金1口5万円4口以上あり。

併願校の例

	都立	千公立	国・私立
挑戦校			広尾学園 市川 昭和秀英
最適校	戸山 国際 竹早 三田	船橋 薬園台 小金	城北 青稜 東京科学大附 朋優学院 国学院
堅実校	小松川 多摩科学技術 豊島 墨田川 科学技術(飯濃数)	船橋東 幕張総合 国府台 千葉西 津田沼	かえつ有明 東洋 東洋大京北 安田学園 目黒日大

合格のめやす

合格の可能性 **60%** **80%** の偏差値を表示しています。

普通科　**62**　**66**

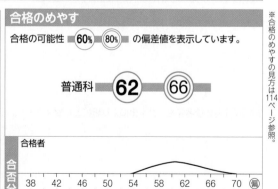

※合格のめやすの見方は114ページ参照。

見学ガイド 文化祭／SHIBAURA GIRLS' DAY／説明会

小中高専短大

港区

芝国際 高等学校

〒108-0014 東京都港区芝4-1-30 ☎(03)3451-0912

【教育目標】 一人ひとりの可能性を広げるための確かな学力を養いながら，世界標準の学びで，多様な価値観をもつ人たちと共に，自分の夢を実現できる力を育てる。

【沿　革】 1903年私立東京高等女学校として開校。1991年東京女子学園高等学校となる。2023年4月現校名に改称，女子校より共学化。

【学校長】 山崎　達雄

【生徒数】 男子123名，女子141名

	1年（9クラス）	2年	3年
男子	123名	—	—
女子	141名	—	—

都営浅草線・都営三田線―三田2分
JR―田町5分　都営大江戸線―赤羽橋10分

特色

設置学科：普通科

【コース】 最難関選抜コース，国際コースを設置している。

【カリキュラム】 ①最難関選抜コースは世界標準の教育とSTEAM教育をバランスよく行う。国公立・難関私立大学や医学部，海外大学にも対応。②国際コースは数学，英語，理科，社会の授業は英語で行う。ネイティヴ教員と日本人のダブル担任制度でクラス運営は英語を使用。③ハーバード大学で用いられる対話形式授業を採用。得た知識の使い方や知識を生かしてどう行動するかをゴールとして未来の問題を解決する力を身につける。④放課後に希望者対象の芝国際予備校を開講。大学過去問を取り入れた授業で最難関国公立・私立大学をめざす。

【海外研修】 2年次にアメリカ修学旅行を実施。希望者は滞在を延長できる。ほか希望制でオーストラリア，ニュージーランド，カンボジア，セブ島での研修とターム留学制度がある。

【クラブ活動】 部活動のほか，ビジネスモデル研究同好会，カバーダンス同好会など生徒が立ち上げたユニークな同好会が多数ある。

【施設】 12階建ての新校舎が2022年完成。

習熟度別授業	土曜授業	文理選択	オンライン授業	制服	自習室	食堂	プール	グラウンド	アルバイト	登校時刻＝ 8:15
—	○	2年〜	○	○	〜18:00	—	—	遠隔	—	下校時刻＝18:00

進路情報 2023年3月卒業生

2023年4月に校名変更・共学化により新校としてスタート。1期生は2026年3月に卒業を迎える。

入試要項 2024年春（実績）

新年度日程については p.116 参照。

◆ 一般

募集人員 ▶ 最難関選抜コース35名，国際コース15名

選抜方法 ▶ 国数英（各50分・各100点・英にリスニングあり），調査書　英は検定合格証明コピー提出により準1級で100点，2級で80点の成績保証

◆ 受験料　25,000円

(内申基準) 特記なし。

(特待生・奨学金制度) 入試の上位10名に語学研修・留学費用を最大70万円支給する教育特待生制度がある。

(帰国生の受け入れ) 国内生と別枠入試。

入試日程

区分	登録・出願	試験	発表	手続締切
一般	12/20～2/5	2/10	2/11	2/15

[延納] 併願者は公立発表後まで

応募状況

年度	区分			応募数	受験数	合格数	実質倍率
'24	一般	最難関		45	43	36	1.2
		国際		28	27	17	1.6
'23	最難関	推薦		38	38	38	1.0
		一般	2/10	128	109	80	1.4
			2/12	99	73	39	1.9
	難関	推薦		18	18	18	1.0
		一般	2/10	60	58	46	1.3
			2/12	56	40	28	1.4
	特進	推薦		26	26	26	1.0
		一般	2/10	119	103	60	1.7
			2/12	134	94	46	2.0
	国際A	一般	2/10	13	12	3	4.0
			2/12	14	11	3	3.7
	国際C	推薦		17	17	17	1.0
		一般	2/10	23	22	11	2.0
			2/12	13	15	6	2.5

['24年合格最低点] 非公表。

東京　男女　(し) 芝国際

学費（単位：円）	入学金	施設費	授業料	その他経費	小計	初年度合計
入学手続時	300,000	—	—	—	300,000	1,620,000
1年終了迄	—	100,000	480,000	740,000	1,320,00	

※2024年度予定。[授業料納入] 一括または4回分割。[その他] 制服・制定品代，教育充実費（最難関選抜コース60,000円，国際コース150,000円）あり。

併願校の例

※[最難関]を中心に

	都立	神公立	私立
挑戦校	日比谷 西 国立 戸山	横浜翠嵐 湘南 柏陽	青山学院 広尾学園 中央大学
最適校	青山 新宿 小山台 国際 三田	多摩 横浜緑ケ丘 神奈川総合 光陵 横浜平沼	明治学院 青稜 朋優学院 国学院 東洋
堅実校	北園 城東 目黒 上野 雪谷	横浜国際 市ケ尾 市立東 松陽 市立橘	駒澤大学 安田学園 多摩大目黒 文教大付 日大櫻丘

合格のめやす

合格の可能性 ■**60%**■ ■**80%**■ の偏差値を表示しています。

最難関選抜　**61**　**65**

国際　**61**　**65**

※合格のめやすの見方は114ページ参照。

合否分布

合格者

| 38 | 42 | 46 | 50 | 54 | 58 | 62 | 66 | 70 | (偏) |

不合格者　　　　分布＝最難関選抜

(見学ガイド) 体育祭／説明会／授業体験

目黒区

自由ヶ丘学園 高等学校

〒152-0035　東京都目黒区自由が丘2-21-1　☎(03)3717-0388

【教育方針】　「人に親しまれ信頼される人間になれ」を校訓に掲げる。「未来の学びと知の創造」をコンセプトに，一人ひとりの個性と能力を高めることで，未来を切り拓き，強く生き抜く力を身につけた生徒を育成する。

【沿　革】　1930年自由主義教育を目標に創立。2023年男子校より共学化。

【学校長】　田中　道久

【生徒数】　男子616名，女子311名

	1年(16クラス)	2年(5クラス)	3年(7クラス)
男子	271名	140名	205名
女子	311名	—	—

東急東横線・東急大井町線―自由が丘7分

特色

設置学科：普通科

【コース】　PGプログレス，ADアドバンス，ACアカデミックの3コース制。PGにはPGS（海外・国公立）・PGA（国公立・難関私大理系）・PGT（難関私大文系），ADにはILA国際教養・STEAM理数，ACにはGIグローバル・SRサイエンス・ASアスリート・HS文理の9つの専攻を設置。HS文理は2年次に文理選択を行う。

【カリキュラム】　①PGコースは高い学力と国際教養を身につける。②ILA専攻は国際的な言語能力と知識を育む。③STEAM専攻はプログラム探究などの最先端の技術を学ぶ。④GI専攻はグローバルな視野で多様な価値観を広げる。⑤SR専攻は調査や実験に基づき理数的思考力を深める。⑥AS専攻は競技力向上と共にスポーツサイエンスを学ぶ。⑦HS専攻は文理をバランスよく学習。⑧海外大学や外国企業と連携したワークショップなど実践的な体験学習を多数用意。

【海外研修】　修学旅行はオーストラリアと沖縄の選択制。希望制でセブ島やニュージーランドでの留学，オーストラリア海外体験研修もある。

【クラブ活動】　レスリング部，相撲部が全国大会に出場。2023年度にダンス部を創部。

習熟度別授業	土曜授業	文理選択	オンライン授業	制服	自習室	食堂	プール	グラウンド	アルバイト	登校時刻＝ 8:20
—	—	2年	○	○	～20:30	—	—	○	審査	下校時刻＝19:30

進路情報　2023年3月卒業生

四年制大学への進学率 **78.8%**

【卒業生数】　198名

【進路傾向】　大学進学者の内訳は文系71%，理系26%，他3%。国公立大学へ理系1名が進学した。

【指定校推薦】　利用状況は日本大3，東洋大3，駒澤大1，大東文化大1，東海大1，亜細亜大3，帝京大2，國學院大1，神奈川大2，立正大2，国士舘大2，千葉工大2，関東学院大4，明星大1，拓殖大1，日本体育大3など。ほかに玉川大など推薦枠あり。

■ 四年制大学	156名	
□ 短期大学	1名	
■ 専修・各種学校	15名	
■ 就職	6名	
□ 進学準備・他	20名	

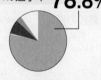

主な大学合格状況
'24年春速報は巻末資料参照

大学名	'23	'22	'21	大学名	'23	'22	'21	大学名	'23	'22	'21
◇防衛大	3	0	0	東洋大	10	10	7	国士舘大	3	6	7
◇高崎経済大	1	0	0	駒澤大	6	3	2	関東学院大	10	10	6
早稲田大	0	0	1	専修大	1	1	2	明星大	11	4	2
東京理科大	1	1	0	東海大	5	8	3	帝京平成大	5	4	2
明治大	3	0	0	亜細亜大	4	5	3	東京工科大	1	5	2
青山学院大	0	0	1	帝京大	24	19	7	帝京科学大	5	4	4
立教大	0	2	0	國學院大	2	2	2	多摩大	6	3	6
中央大	2	2	0	神奈川大	2	1	5	文京学院大	1	4	4
法政大	2	1	0	玉川大	3	1	2	高千穂大	6	7	5
日本大	29	27	16	立正大	11	1	4	東京工芸大	5	5	5

※各大学合格数は既卒生を含む。

入試要項 2024年春（実績）

新年度日程についてはp.116参照。

◆ 推薦　第1志望
募集人員▶PGS専攻5名，PGA専攻5名，PGT専攻5名，ADコース60名，ACコース60名
選抜方法▶作文（50分・600字），個人面接（10分），調査書

◆ 一般　一般専願（特待・上位コースチャレンジ），併願優遇（公私とも可，PGS・PGA・PGT・AD対象），一般優遇（第1志望。AC対象），一般1（第1志望。得点優遇），一般2（併願）
※一般専願（特待・上位コースチャレンジ），一般優遇はA日程のみ
募集人員▶PGS専攻5名，PGA専攻5名，PGT専攻5名，ADコース60名，ACコース60名
選抜方法▶国数英（各50分・各100点・マークシートと記述の併用），個人面接（10分），調査書

◆ 受験料　20,000円

内申基準 推薦：[PGS] 5科25または9科45，[PGA] 5科23または9科41，[PGT] 5科21または9科37，[AD] 5科19または9科34，[AC] 5科18または9科32　一般（一般専願）：推薦と同等の学力　一般（併願優遇）：[PGS] 5科25または9科45，[PGA] 5科23または9科41，[PGT] 5科21または9科37，[AD] 5科19または9科34　※いずれも9科に1不可
※条件により内申加点あり

特待生・奨学金制度 学科試験や特待生選抜による特待生認定あり。

帰国生の受け入れ 国内生と同枠入試。

入試日程

区分	登録・出願	試験	発表	手続締切
推薦	12/20～1/18	1/22	1/23	1/25
一般A日程	12/20～2/5	2/10	2/11	2/12
一般B日程	12/20～2/5	2/11	2/13	2/14

[延納] 併願優遇，一般2は公立発表後まで。

応募状況

年度		区分	応募数	受験数	合格数	実質倍率
'24	推薦	PG	14	85	85	1.0
		ILA・STEAM	24			
		GI・SR	47			
		AS・HS				
	一般	PG	64	367	289	1.3
		ILA・STEAM	130			
		GI・SR	246			
		AS・HS				
'23	推薦	PG	23	382	336	1.1
		ILA・STEAM	89			
		GI・SR	270			
		AS・HS				
	一般	PG	67	1,105	774	1.4
		ILA・STEAM	192			
		GI・SR	928			
		AS・HS				
'22	推薦1		50	50	50	1.0
	推薦2		45	45	45	1.0
	一般A（併優）		101	95	95	1.0
	一般A（他）		30	29	22	1.3
	一般B（併優）		55	52	52	1.0
	一般B（他）		33	31	28	1.1
	一般C		48	14	14	1.0
	一般D		11	8	8	1.0

[スライド制度] あり。上記に含まず。
['24年合格最低点] 非公表。

学費（単位：円）	入学金	施設費	授業料	その他経費	小計	初年度合計
入学手続時	250,000	―	―	―	250,000	約826,000
1年終了迄	―	100,000	456,000	約20,000	約576,000	

※2024年度予定。[入学前納入] 1年終了迄のうち約120,000円。[授業料納入] 4回分割。
[その他] 制服・制定品代，その他諸費229,000～277,000円（コースにより異なる）あり。

併願校の例　※[HS]を中心に

	都立	神公立	私立
挑戦校	目黒	市ケ尾	多摩大目黒
	広尾	生田	東海大高輪台
	雪谷	元石川	日本工大駒場
	田園調布	市立みなと総合	品川翔英
	芦花	住吉	駒場学園
最適校	鷺宮	市立高津	目黒学院
	晴海総合	荏田	大森学園
	松原	霧が丘	日本大荏原
	小川	川崎	品川学藝
	つばさ総合	百合丘	橘学苑
堅実校	大崎	川崎北	東京実業
	桜町	市立幸	大東学園
	千早	新栄	科学技術学園
	世田谷総合	新羽	
	美原	生田東	

合格のめやす

合格の可能性 **60%** **80%** の偏差値を表示しています。

プログレス **52** （56）

アドバンス(ILA) **48** （52）

アドバンス(STEAM) **49** （53）

アカデミック(GI) **43** （47）

アカデミック(SR) **44** （48）

アカデミック(HS) **43** （47）

アカデミック(AS)は偏差値を設定していません。

※合格のめやすの見方は114ページ参照。

見学ガイド 文化祭／説明会／オープンスクール／部活動体験

東京　男女　し　自由ヶ丘学園

東久留米市

JIYU 自由学園 高等科

〒203-8521　東京都東久留米市学園町1-8-15　☎(042)422-1079

【教育方針】　創立以来「生活即教育」という理念とキリスト教精神を土台に，独自の学びを実践。生徒に秘められた可能性を開花させ，自分らしく生きる力を育む。

【沿　革】　ジャーナリストの羽仁もと子・吉一夫妻により，1921年に創立される。2024年度，男女別学より男女共学化。

【中等科・高等科統括校長】　更科　幸一

【生徒数】　男子126名，女子124名

	1年（2クラス）	2年（2クラス）	3年（2クラス）
男子	50名	37名	39名
女子	50名	41名	33名

西武池袋線―ひばりヶ丘8分

特色

設置学科：普通科

【カリキュラム】　①単位制を導入。卒業に必要な科目を全員が1年次に履修する。2年次以降は個々に応じた科目選択をする。②「共生学」では実社会の問題への関心を育む。後期にはインターンプログラムを導入。実際に社会に出て，学びと社会をつなげる。「探求」では興味や問題意識から自ら課題を発見し，問題解決に向かう力を養う。これらの学びを学年末の「学びの共有会」で発表。③学校を一つの社会とし，学校生活，寮生活，行事などすべてを生徒が管理運営する「自治教育」を実践。昼食も生徒が調理。

協働し，平和な社会を創造する感性を育てる。

【海外研修】　全学年対象で希望選抜制の研修をアメリカ，デンマーク，フィンランド，カンボジア，イギリスで実施している。

【行事】　体操会や修養会などを実施。礼拝を毎朝行い，クリスマス礼拝の後は午餐会で祝う。

【施設】　男子寮，女子寮を設置。寮生活を成長の場として位置づけ，生徒の自治で運営している。共学化に向けた校舎改修工事が進行中。多機能学習空間「ラーニングコモンズ」やカフェなどを備えた多機能の新校舎が2023年3月竣工。

習熟度別授業	土曜授業	文理選択	オンライン授業	制服	自習室	給食	プール	グラウンド	アルバイト	登校時刻＝ 8:00
数英	○	―	―	標準服	寮生用～21:45	○	―	○	審査	下校時刻＝18:00

進路情報　2023年3月卒業生

進学率 **81.1%**

【卒業生数】　74名

【進路傾向】　独自のリベラル・アーツ教育を行う最高学部（大学部）を併設している。4年課程と2年課程を設置。外部募集は行っていない。大学進学者の内訳は文系61%，理系16%，他23%。国公立大学へ文系2名，理系2名，他2名が進学した。

【指定校推薦】　青山学院大，国際基督教大，明治薬科大，フェリス女学院大など推薦枠あり。

■ 併設の最高学部	17名
□ 大学・短期大学	32名
■ 専修・各種学校	11名
■ 就職	2名
□ 進学準備・他	12名

主な大学合格状況

'24年春速報は巻末資料参照

大学名	'23	'22	'21	大学名	'23	'22	'21	大学名	'23	'22	'21
◇千葉大	0	0	1	明治大	0	8	2	成城大	5	1	0
◇筑波大	0	0	1	青山学院大	1	1	0	明治学院大	0	2	4
◇横浜国大	0	1	0	立教大	0	3	0	東京電機大	3	0	5
◇都立大	2	0	0	中央大	3	2	1	同志社大	2	3	0
◇防衛大	2	0	0	法政大	7	3	1	武蔵大	1	2	3
早稲田大	1	2	3	日本大	4	2	8	桜美林大	6	4	1
慶應大	1	5	0	東洋大	6	4	1	関東学院大	0	5	3
上智大	2	2	1	駒澤大	3	0	0	近畿大	0	1	16
東京理科大	0	1	0	専修大	1	3	6	武蔵大	1	2	2
学習院大	0	4	0	国際基督教大	0	1	3	武蔵野美大	1	2	0

※各大学合格数は既卒生を含む。

入試要項 2024年春（実績）

新年度日程についてはp.116参照。

◆ 推薦　第1希望

募集人員▶60名

選抜方法▶適性試験，作文（出願時提出・1,200字），面接（個人，保護者），調査書

◆ 一般　併願優遇（公立のみ）あり

募集人員▶60名

選抜方法▶国数英（各50分・各100点），集団考査（130分），作文（出願時提出・1,200字），面接（個人，保護者），調査書

◆ 受験料　25,000円

（**内申基準**）推薦：9科30　一般（併願優遇）：9科32　※いずれも評定に1不可　※条件により内申加点あり

（**特待生・奨学金制度**）経済的理由による就学困難者に対し，地方生奨学金制度，羽仁もと子育英基金あり。

（**帰国生の受け入れ**）国内生と別枠で帰国生入試①を実施。推薦と同枠で帰国生入試②（併願）も実施。

入試日程

区分	登録・出願	試験	発表	手続締切
推薦	12/20〜1/18	1/22	1/23	1/31
一般	12/20〜2/7	2/10	2/11	2/18

[延納] 一般は国公立発表後まで。
[2次募集] 2/24

応募状況

年度	区分		応募数	受験数	合格数	実質倍率
'24	男子	推薦	7	7	7	1.0
		一般	16	16	11	1.5
	女子	推薦	11	11	11	1.0
		一般	15	15	11	1.4
'23	男子	推薦	4	4	4	1.0
		一般	9	9	6	1.5
	女子	推薦	6	6	6	1.0
		一般	7	7	7	1.0
'22	男子	推薦	2	2	2	1.0
		一般	7	6	5	1.2
	女子	推薦	9	9	9	1.0
		一般	9	9	7	1.3

['24年合格最低点] 非公表。

東京　男女　し　自由学園

学費（単位：円）	入学金	施設充実費	授業料	その他経費	小計	初年度合計
入学手続時	250,000	70,000	—	—	320,000	1,214,800
1年終了迄	—	—	552,000	342,800	894,800	

※2024年度予定。[授業料納入] 一括または毎月分割。[その他] 制服・制定品代，教材費，遠足費等あり。給食費は上記に含む。寮生は入寮金90,000円，年間寮費・食費・光熱費（男子613,500円，女子580,500円）あり。[寄付・学債] 任意の寄付金1口5千円20口以上，周年募金1口1万円あり。

併願校の例

	都立	埼公立	私立
挑戦校	文京 小平 井草 東大和南 清瀬	所沢 市立川越 所沢西 朝霞	明法 実践学園 城西大城西 目白研心 狭山ヶ丘
最適校	上水 武蔵丘 保谷 鷺宮 東大和	豊岡 入間向陽 朝霞西 川越西	文化学園杉並 東京立正 昭和一学園 豊南 聖望学園
堅実校	田無 東久留米総合 千早 久留米西 大泉桜	所沢中央 志木	貞静学園 聖パウロ学園 自由の森

合格のめやす

合格の可能性 **60%** **80%** の偏差値を表示しています。

普通科　**46**　**50**

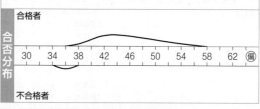

※合格のめやすの見方は114ページ参照。

（**見学ガイド**）体育祭／文化祭／説明会／オープンキャンパス／寮宿泊体験／学びの共有会

小 中 高 専 短 大

葛飾区

修徳 高等学校

〒125-8507 東京都葛飾区青戸8-10-1 ☎(03)3601-0116

JR・千代田線―亀有12分
京成本線―青砥17分

【教育方針】 建学の精神は「恩に気づき，恩に報いる」。「質実剛健・勤勉努力・謙虚貞順」を校訓とし，「徳育・知育・体育」のバランスの取れた三位一体教育を実践する。
【沿 革】 1904年創立。
【学校長】 大多田 泰亘
【生徒数】 男子613名，女子360名

	1年(8クラス)	2年(9クラス)	3年(8クラス)
男子	202名	233名	178名
女子	100名	152名	108名

特色

設置学科：普通科

【コース】 特進クラスと文理進学クラスを設置。
【カリキュラム】 ①特進クラスは1年次から受験を意識したカリキュラム。一般選抜で国公立・難関私立大学をめざす。②文理進学クラスは勉強と部活動を両立し希望の進路達成を実現。多様な受験形態にも対応する。③大学進学希望者のための施設「プログレス学習センター」を設置。個別学習，ハイレベル講習・演習，自立学習の3ゾーンがあり，目的に応じた学習環境が整う。④必修プログラムのイングリッシュレビューでは，外国人講師との対話や洋画，洋楽などを通して役立つ英語を楽しく身につける。⑤2年次の国内研修旅行では留学生と国際交流を行う。体験型英語学習施設での校外学習やBritish Hillsでの宿泊研修（特進クラス）も実施。
【キャリア教育】 1年次に毎週進路の授業がある。主体的に考えることを通して思考力・判断力を養い，目標進路と自らの可能性を考える。
【クラブ活動】 女子サッカー部，柔道部が全国レベル。同じ趣味を持つ仲間同士が班で活動する総合文化部は仲間づくりをサポートする。
【施設】 サッカー場と野球場を校外に設置。

習熟度別授業	土曜授業	文理選択	オンライン授業	制服	自習室	食堂	プール	グラウンド	アルバイト
―	○	2年～	○	○	～21:00	―	―	○	―

登校時刻＝ 8:20
下校時刻＝19:00

進路情報 2023年3月卒業生

四年制大学への進学率 **74.6%**

【卒業生数】 236名
【進路傾向】 大学進学者の内訳は文系84%，理系16%。国公立大学へ文系1名が進学した。受験形態では，一般選抜での合格数が最も多い。
【指定校推薦】 日本大，東洋大，駒澤大，専修大，大東文化大，東海大，亜細亜大，帝京大，國學院大，獨協大，東京電機大，日本女子大など推薦枠あり。

	名
■ 四年制大学	176名
□ 短期大学	5名
■ 専修・各種学校	38名
■ 就職	2名
□ 進学準備・他	15名

主な大学合格状況

'24年春速報は巻末資料参照

大学名	'23	'22	'21	大学名	'23	'22	'21	大学名	'23	'22	'21
◇会津大	1	0	0	駒澤大	5	8	6	東京電機大	21	5	0
早稲田大	0	6	5	専修大	3	10	10	立正大	8	6	10
東京理科大	4	0	0	大東文化大	10	5	8	国士舘大	12	9	6
学習院大	1	1	1	東海大	4	10	7	東京経済大	1	3	3
明治大	1	9	4	亜細亜大	3	2	2	桜美林大	8	0	5
立教大	2	5	0	帝京大	5	8	9	杏林大	1	3	3
中央大	2	7	2	國學院大	3	3	2	武蔵野大	2	1	5
法政大	5	4	0	獨協大	6	12	8	神田外語大	3	1	5
日本大	43	28	25	神奈川大	1	3	2	大正大	4	9	2
東洋大	45	29	28	芝浦工大	3	3	0	拓殖大	6	17	8

※各大学合格数は既卒生を含む。

入試要項 2024年春（実績）

新年度日程についてはp.116参照。

◆推薦　A推薦：単願　B推薦：併願（公私とも可。東京・神奈川生を除く）　自己推薦：単願（特進クラス・都外生対象）

募集人員▶特進クラス50名，文理進学クラス80名

選抜方法▶適性検査（国数英各50分・各100点），個人面接，調査書

◆一般　①：第1志望優遇，併願優遇（公私とも可），フリー　②：フリー（特進クラス対象）

募集人員▶特進クラス50名，文理進学クラス80名

選抜方法▶国数英（各50分・各100点），調査書，個人面接

◆受験料　20,000円

（内申基準）A推薦・一般（第1志望優遇）：［特進］5科18，［文理進学］5科16　B推薦・一般（併願優遇）：［特進］5科19，［文理進学］5科16　自己推薦：［特進］5科16　※いずれも9科に1不可，特進クラスは5科に2も不可　※条件により内申加点あり

（特待生・奨学金制度）特進クラス（一般フリー受験を除く）は内申により5段階で認定。

（帰国生の受け入れ）国内生と同枠入試。

入試日程

区分	登録・出願	試験	発表	手続締切
A推薦・自己推薦	12/20〜1/15	1/22	1/23	1/26
B推薦	12/20〜1/15	1/22	1/23	公立発表翌日
一般①	12/20〜1/29	2/10	2/11	2/15
一般②	12/20〜2/7	2/11	2/12	2/15

［延納］一般の併願は公立発表後まで。

応募状況

年度	区分		応募数	受験数	合格数	実質倍率
'24	特進	A推薦・自己推薦	24	24	24	1.0
		B推薦	78	76	76	1.0
		一般①	158	127	123	1.0
		一般②	87	39	34	1.1
	文理	A推薦	97	97	97	1.0
		B推薦	278	270	270	1.0
		一般①	419	354	336	1.1
'23	特進	A推薦	23	23	23	1.0
		B推薦	59	57	57	1.0
		一般①	130	97	97	1.0
		一般②	64	23	7	3.3
	文理	A推薦	78	78	78	1.0
		B推薦	158	151	151	1.0
		一般①	330	266	260	1.0
'22	特進	A推薦	12	12	12	1.0
		B推薦	45	41	41	1.0
		一般①	88	75	75	1.0
		一般②	31	10	0	—
	選抜	A推薦	14	14	14	1.0
		B推薦	55	54	54	1.0
		一般①	91	83	83	1.0
		一般②	61	26	25	1.0
	文理	A推薦	141	141	141	1.0
		B推薦	188	186	186	1.0
		一般①	405	325	304	1.1

［スライド制度］あり。上記に含まず。
［'24年合格最低点］非公表。

学費（単位：円）

学費（単位:円）	入学金	施設設備費	授業料	その他経費	小計	初年度合計
入学手続時	250,000	—	—	40,000	290,000	約978,000
1年終了迄	—	120,000	396,000	約172,000	約688,000	

※2024年度予定。［授業料納入］2回分割。［その他］制服・制定品代，教材費（タブレットPC代含む），校外学習・研修旅行費（特進クラス約70,000円，文理進学クラス約20,000円）あり。

併楽校の例

※[文進]を中心に

	都立	千公立	私立
挑戦校	江戸川	国府台	郁文館
	墨田川	幕張総合	足立学園
	深川	柏の葉	光英VERITAS
	江北	国分	昭和学院
	本所	市川東	千葉商大付
最適校	小岩	市立松戸	岩倉
	飛鳥	市立習志野	上野学園
	足立	松戸	駿台学園
	紅葉川	松戸六実	潤徳女子
	王子総合	市川昴	関東一
堅実校	日本橋	市立柏	不二女子
	竹台	市川南	
	篠崎	松戸馬橋	
	葛飾野	白井	
	葛飾総合	流山南	

合格のめやす

合格の可能性 **60%** **80%** の偏差値を表示しています。

特進　**51**　（**55**）

文理進学　**42**　（**46**）

合否分布

| 合格者 | |
| 30　34　38　42　46　50　54　58　62　(偏) |
| 不合格者 | |

実線＝文理進学
破線＝特進

※合格のめやすの見方は114ページ参照。

（見学ガイド）文化祭／説明会

板橋区

淑徳 高等学校

〒174-8643　東京都板橋区前野町5-14-1　☎(03)3969-7411

【教育方針】　創立者の言葉「進みゆく世におくれるな，有為な人間になれよ」を掲げ，社会にとって有意な人を心身ともに育成する。

【沿　革】　1892年浄土宗尼僧輪島聞声により，淑徳女学校として創立。1992年女子校より共学化。

【学校長】　安居　直樹

【生徒数】　男子574名，女子616名

	1年(10クラス)	2年(10クラス)	3年(10クラス)
男子	180名	207名	187名
女子	208名	212名	196名

東武東上線―ときわ台15分またはスクールバス　都営三田線―志村三丁目15分

特色

設置学科：普通科

【コース】　スーパー特進，特進選抜，留学の3コース制。留学コースは1年次より内部進学生と混合。他は2年次より混合し，それぞれ英文類型と理数類型に分かれる。別途，2年次より東京大学や医学部をめざす選抜クラスを編成。

【カリキュラム】　①スーパー特進コースは最難関大学や医学部をめざす。アクティブ・ラーニングを取り入れ，論理的思考力を鍛える。②特進選抜コースはゼミや講習を自由に組み合わせることが可能。③留学コースは文系カリキュラム。英語圏5カ国から選択し，1年間の留学が必修。海外大学進学も視野に入れる。④夏期講習は60〜100講座開講。校内予備校も設置。⑤仏教の教えに基づく心の教育「淑徳の時間」，宗探研究の授業や年4回の仏教行事がある。

【海外研修】　希望者で，米国や英国などでホームステイを行う海外キャンプ（2週間）や1・2年次対象のセブ島英語研修（1カ月）を用意。

【クラブ活動】　柔道部が全国大会出場。鉄道研究同好会は全国コンテストで受賞の実績。

【施設】　アクティブ・ラーニング専用の教室を設置。校庭・第2グラウンドは共に人工芝。

習熟度別授業	土曜授業	文理選択	オンライン授業	制服	自習室	食堂	プール	グラウンド	アルバイト	登校時刻＝ 8:30
―	○	2年〜	○	○	〜20:00	○	―	○	―	下校時刻＝18:30

進路情報　2023年3月卒業生

四年制大学への進学率 **83.7%**

【卒業生数】　448名

【進路傾向】　大学進学者の内訳は文系55%，理系39%，他6%。国公立大学へ文系12名・理系29名他1名，海外大学へ4名が進学した。

【系列進学】　淑徳大学への内部推薦制度がある。

【指定校推薦】　利用状況は早稲田大1，上智大8，東京理科大6，学習院大1，青山学院大4，立教大2，中央大4，法政大5，成蹊大3，芝浦工大8，東邦大1，東京薬科大2，明治薬科大4など。ほかに日本大，東洋大，駒澤大，専修大，大東文化大，東海大，亜細亜大，國學院大，成城大，明治学院大など推薦枠あり。

	四年制大学	375名
	短期大学	0名
	専修・各種学校	4名
	就職	2名
	進学準備・他	67名

主な大学合格状況

'24年春速報は巻末資料参照

大学名	'23	'22	'21	大学名	'23	'22	'21	大学名	'23	'22	'21
◇東京大	1	0	3	◇東京学芸大	2	2	2	中央大	47	56	55
◇京都大	1	0	0	◇都立大	3	4	11	法政大	81	42	58
◇東工大	1	0	1	早稲田大	26	16	28	日本大	67	63	58
◇千葉大	5	1	6	慶應大	16	22	11	東洋大	99	90	74
◇筑波大	2	1	2	上智大	32	25	26	駒澤大	17	16	13
◇東京外大	0	4	5	東京理科大	58	47	59	帝京大	26	28	18
◇横浜国大	1	3	6	学習院大	13	24	13	明治学院大	20	14	16
◇埼玉大	5	6	3	明治大	62	58	61	芝浦工大	43	29	47
◇北海道大	6	1	0	青山学院大	23	26	31	日本女子大	6	22	15
◇防衛医大	1	2	5	立教大	60	54	39	淑徳大	4	2	4

※各大学合格数は既卒生を含む。

入試要項 2024年春（実績）

新年度日程についてはp.116参照。

◆推薦 単願推薦，併願推薦（公私とも可。東京・神奈川生を除く）※留学コースは単願推薦のみ

募集人員▶スーパー特進コース20名，特進選抜コース50名，留学コース20名

選抜方法▶適性検査（国数英各50分・各100点），個人面接（10分），志望理由書，調査書

◆一般 単願，併願（公私とも可。優遇あり）

募集人員▶スーパー特進コース20名，特進選抜コース70名

選抜方法▶国数英（各50分・各100点），個人面接（10分），志望理由書，調査書

◆**受験料** 25,000円

内申基準 単願推薦：[特進選抜] 5科21または9科39，[留学] 9科36 **併願推薦・一般（併願優遇）**：[特進選抜] 5科23または9科42 ※いずれも9科に1不可，9科に2は要相談 ※条件により内申加点あり

特待生・奨学金制度 入試の成績優秀者（スーパー特進コース）を特待生認定。

帰国生の受け入れ 国内生と別枠入試。

入試日程

区分		登録・出願	試験	発表	手続締切
単願推薦		12/20〜1/18	1/22	1/23	1/25
併願推薦		12/20〜1/18	1/22or24	1/23or25	公立発表日
一般	単願	12/20〜2/1	2/11or14	2/12or15	2/15
	併願	12/20〜2/1	2/11or14	2/12or15	公立発表日

応募状況

年度	区分		応募数	受験数	合格数		実質倍率
'24	S特・特選	単願推薦	53	53	S特	0	1.0
					特選	53	
		併推①	106	104	S特	36	1.0
					特選	66	
		併推②	104	89	S特	31	1.0
					特選	55	
		一般①	251	211	S特	50	1.1
					特選	141	
		一般②	494	222	S特	78	1.1
					特選	124	
	留学	単願推薦	29	29	29		1.0
'23	S特・特選	単願推薦	53	53	S特	3	1.0
					特選	50	
		併推①	109	108	S特	52	1.0
					特選	52	
		併推②	104	83	S特	30	1.0
					特選	52	
		一般①	218	169	S特	69	1.0
					特選	98	
		一般②	545	269	S特	99	1.0
					特選	164	
	留学	単願推薦	29	29	29		1.0

[’24年合格最低点] 非公表。

東京 男女 し 淑徳

学費（単位：円）

	入学金	施設費	授業料	その他経費	小計	初年度合計
入学手続時	250,000	42,000	—	140,000	432,000	1,056,000
1年終了迄			420,000	204,000	624,000	

※2024年度予定。[授業料納入] 3回分割。[その他] 制服・制定品代，教材費（2023年度実績：72,200円）あり。[寄付・学債] 任意の寄付金1口5万円あり。

併願校の例 ※[特選]を中心に

	都立	埼公立	私立
挑戦校	日比谷 西 国立	浦和 大宮 市立浦和	慶應女子 早稲田実業 早大学院 青山学院 栄東
最適校	戸山 青山 新宿 竹早 小山台	川越女子 蕨 所沢北 浦和西 和光国際	中央大学 城北 順天 淑徳巣鴨 駒込
堅実校	小松川 駒場 北園 文京 井草	川口市立 川越南 川口北 市立浦和南 所沢	東洋 桜丘 十文字 実践学園 日大豊山

合格のめやす

合格の可能性 **60%** **80%** の偏差値を表示しています。

スーパー特進 **67** **70**
特進選抜 **62** **66**
留学 **59** **63**

※合格のめやすの見方は114ページ参照。

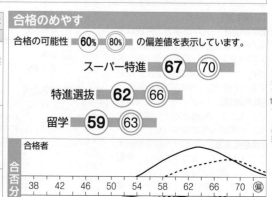

合格者 / 不合格者
38 42 46 50 54 58 62 66 70 （偏）
実線＝特進選抜
破線＝スーパー特進

見学ガイド 文化祭／説明会／個別相談会／見学会

豊島区

淑徳巣鴨 高等学校

〒170-0001　東京都豊島区西巣鴨2-22-16　☎(03)3918-6451

【教育方針】　「感恩奉仕」を校訓として掲げる浄土宗門系学校。「感恩」は自分を取り巻くすべての存在に感謝をする心，「奉仕」は自分の能力を世の為，人の為に生かすことを意味する。

【沿　革】　1919年創立。1985年に現校名に改称。1992年女子校より共学校となった。

【学校長】　矢島　勝広

【生徒数】　男子542名，女子753名

	1年(10クラス)	2年(12クラス)	3年(11クラス)
男子	168名	206名	168名
女子	211名	290名	252名

都営三田線─西巣鴨3分　都電─庚申塚4分
JR─板橋10分　東武東上線─北池袋15分

特色

設置学科：普通科

【コース】　選抜コースにアルティメット，プレミアム，選抜の3クラス，特進コースに特進クラスを設置。プレミアムクラスを除き2年次より文科・理科に分かれる。内部進学生とは3年間別クラス編成。

【カリキュラム】　①選抜コースは高いレベルの学力習得をめざす。アルティメットクラスは最難関国立大学，プレミアムクラスは最難関私大文系・海外大学進学に向けたカリキュラム。②特進コースは幅広い進路に合わせ，きめ細かく指導する。学校推薦型選抜，総合型選抜など多

様な大学入試形態にも対応。③短いスパンでの振り返りが可能な五学期制を導入。④留学生を講師に迎えて世界が抱える諸問題を考え，英語でプレゼンテーションするプログラムを実施。

【海外研修】　2年次にイギリス修学旅行を実施。ほかに希望者で米国オレゴンでのサマーキャンプ，3カ月・1年留学がある。プレミアムクラスは1年次にカナダでの研修が必修。

【クラブ活動】　バドミントン部，水泳部，ソングリーダー部，ギター部などが全国レベル。

【施設】　2020年3月，新棟「感恩館」が完成。

習熟度別授業	土曜授業	文理選択	オンライン授業	制服	自習室	食堂	プール	グラウンド	アルバイト	登校時刻＝ 8:15
─	○	2年～	○	○	～19:00	○	─	○	─	下校時刻＝18:00

進路情報　2023年3月卒業生

四年制大学への進学率 **81.3%**

【卒業生数】　364名

【進路傾向】　大学進学者の内訳は文系72%，理系24%，他4%。国公立大学へ文系5名，理系4名，他1名が進学。大学合格数は国公立15名，早慶上理69名，GMARCH245名など。

【系列進学】　淑徳大学へ7名（経営3，人文2，総合福祉1，地域創生1）が内部推薦で進学した。

【指定校推薦】　利用状況は早稲田大1，上智大1，東京理科大5，学習院大1，青山学院大1，立教大1，中央大2，法政大1，日本大7，東洋大6，駒澤大1，専修大1，成蹊大3，成城大2，明治学院大2，獨協大4，芝浦工大1，武蔵大4など。

■ 四年制大学	296名
□ 短期大学	3名
■ 専修・各種学校	14名
■ 就職	1名
□ 進学準備・他	50名

主な大学合格状況

'24年春速報は巻末資料参照

大学名	'23	'22	'21	大学名	'23	'22	'21	大学名	'23	'22	'21
◇東京大	0	1	0	上智大	17	25	14	駒澤大	31	21	34
◇一橋大	1	0	0	東京理科大	29	25	18	専修大	47	36	45
◇千葉大	1	1	0	学習院大	16	8	5	大東文化大	22	35	36
◇筑波大	1	2	1	明治大	61	38	39	帝京大	17	37	40
◇横浜国大	2	1	0	青山学院大	23	29	35	成蹊大	24	22	14
◇埼玉大	1	0	1	立教大	53	43	46	成城大	17	17	15
◇東京学芸大	2	3	1	中央大	41	45	63	明治学院大	24	23	37
◇都立大	2	3	3	法政大	51	53	25	獨協大	39	37	14
早稲田大	18	14	7	日本大	72	102	94	芝浦工大	34	36	12
慶應大	5	7	7	東洋大	81	98	112	淑徳大	36	25	47

※各大学合格数は既卒生を含む。

入試要項 2024年春（実績）

新年度日程についてはp.116参照。

◆推薦　A推薦：単願　B推薦：併願（公私とも可。東京・神奈川生を除く）

募集人員▶アルティメットクラス35名，プレミアムクラス35名，選抜クラス80名，特進クラス120名　※一般，帰国生を含む全体の定員

選抜方法▶基礎力検査（国数英各50分・各100点・マークシート・英にリスニングあり），調査書，ほかにA推薦は個人面接（5分）　※プレミアムクラスは英150点の傾斜配点

◆一般　併願優遇（公私とも可）あり

募集人員▶定員内

選抜方法▶国数英（各50分・各100点・マークシート・英にリスニングあり），調査書　※プレミアムクラスは英150点の傾斜配点

◆受験料　23,000円

(内申基準)　A推薦：[アルティメット][プレミアム]5科24かつ英語・漢字・数学検定が以下①または②。①いずれか2級・②準2級を2検定，[選抜]5科22，[特進]5科20　B推薦・一般（併願優遇）：[アルティメット][プレミアム]内申基準なし，[選抜]5科24，[特進]5科22　※いずれも9科に1不可（2は要相談）　※条件により内申加点あり

(特待生・奨学金制度)　各入試で奨学生を3段階認定。

(帰国生の受け入れ)　国内生と別枠入試。

入試日程

区分	登録・出願	試験	発表	手続締切
A推薦	12/20～1/18	1/22	1/23	1/25
B推薦	12/20～1/18	1/22	1/23	公立発表翌日
一般Ⅰ期	12/20～2/4	2/10	2/12	公立発表翌日
一般Ⅱ期	12/20～2/4	2/13	2/15	公立発表翌日

応募状況

年度		区分	応募数	受験数	合格数	実質倍率
'24	アル	推薦	31	31	12	2.6
		一般	416	311	134	2.3
	プレ	推薦	21	21	10	2.1
		一般	189	130	81	1.6
	選抜	推薦	42	39	17	2.3
		一般	213	161	127	1.3
	特進	推薦	30	30	30	1.0
		一般	156	115	110	1.0
'23	アル	推薦	34	32	8	4.0
		一般	455	344	104	3.3
	プレ	推薦	22	22	6	3.7
		一般	195	139	74	1.9
	選抜	推薦	44	44	22	2.0
		一般	224	173	98	1.8
	特進	推薦	45	45	45	1.0
		一般	175	137	100	1.4

[スライド制度] あり。上記に含めます。
[24年合格最低点] 一般Ⅰ：アルティメット215/300，プレミアム235/350，選抜195/300，特進180/300　※基準点

東京　男女　(し)　淑徳巣鴨

学費（単位：円）

	入学金	施設費	授業料	その他経費	小計	初年度合計
入学手続時	250,000	50,000	—	—	300,000	約1,710,800
1年終了迄	—	—	420,000	約990,800	約1,410,800	

※2024年度予定。[返還]A推薦を除く入学手続後の入学辞退者には入学金を除き返還。[授業料納入]4回分割。[その他]制服・制定品代あり。[寄付・学債]任意の寄附金1口5万円以上あり。

併願校の例　※[選抜]を中心に

	都立	埼公立	私立
挑戦校	日比谷 西 立川(創造理数) 戸山 青山	大宮 市立浦和 浦和一女 川越	青山学院 中央大学 中大杉並 明大中野 明治学院
最適校	新宿 竹早 三田 北園 城東	蕨 所沢北 和光国際 川口市立 川越南	淑徳 国学院 順天 日大二 東洋
堅実校	文京 上野 井草 豊島 墨田川	市立浦和南 所沢 与野 市立川越 浦和北	日大鶴ヶ丘 実践学園 目白研心 郁文館 二松学舎

合格のめやす

合格の可能性 ⑥60% ⑧80% の偏差値を表示しています。

選抜（アルティメット）　**63**　⑥67

選抜（プレミアム）　**62**　⑥66

選抜（選抜）　**59**　⑥63

特進　**57**　⑥61

※合格のめやすの見方は114ページ参照。

(見学ガイド)　文化祭／説明会／個別相談会

北区

順天 高等学校

〒114-0022 東京都北区王子本町1-17-13 ☎(03)3908-2966

【教育目標】 建学の精神「順天求合（自然の摂理に従って真理を探究する）」を掲げ, 英知をもって国際社会で活躍できる人間を育成する。

【沿革】 1834年大阪に開塾した順天堂塾が前身。1871年に東京へ移転。1962年に女子校となり1990年に共学化。2026年4月, 法人合併により北里大学の附属校となる予定。

【学校長】 長塚 篤夫

【生徒数】 男子391名, 女子370名

	1年（7クラス）	2年（7クラス）	3年（7クラス）
男子	135名	128名	128名
女子	134名	132名	104名

JR・南北線—王子3分
都電—王子駅前3分

特色

設置学科：普通科

【コース】 理数選抜類型, 英語選抜類型, 特進選抜類型の3類型がある。特進選抜類型は2年次より文系と理系に分かれる。

【カリキュラム】 ①進学, 国際, 福祉の特色教育を柱に, 創造的学力（主体性）, 国際対話力（多様性）, 人間関係力（協働性）を育む。②理数選抜類型では高大連携による先端科学講座や, 探究型授業を実施。1年次末には国内, 2年次には海外で探究成果を発表する。③英語選抜類型は「英語探究」「外国事情」などの授業で総合的な英語力を向上。英語で発表や討論をする力

も養い, 国際感覚を身につける。④特進選抜類型はアクティブ・ラーニングを用いた深い学びで新しい大学入試に必要な資質や能力を養う。⑤募金, 献血, 障がい者スポーツ交流など国内外で多くのボランティア活動を行う。1年次は少なくとも1つのメニューに参加を推奨。

【海外研修】 2年次に必修の研修旅行はマレーシア, オーストラリア（ブリスベン, シドニー）, カナダと国内（北海道, 東北）からの選択制。

【クラブ活動】 陸上競技部, バトン部, ダンス部が全国大会出場。演劇部も活発に活動。

習熟度別授業	土曜授業	文理選択	オンライン授業	制服	自習室	食堂	プール	グラウンド	アルバイト	登校時刻＝ 8:10
—	月4回	2年〜	○	○	〜20:00	○	—	バス12分	審査	下校時刻＝19:00

進路情報 2023年3月卒業生

四年制大学への進学率 **84.4%**

【卒業生数】 250名

【進路傾向】 大学進学者の内訳は文系50%, 理系42%, 他8%。国公立大学へ文系5名・理系11名・他1名, 海外大学へ6名が進学した。

【系列進学】 2026年度より北里大学への内部進学開始予定。

【指定校推薦】 利用状況は東京理科大1, 学習院大1, 立教大4, 中央大2, 法政大1, 駒澤大1, 成城大1, 明治学院大1, 芝浦工大2, 武蔵大1, 大妻女子大1, 明治薬科大1, 東京農大1, 昭和女子大1など。ほかに早稲田大, 明治大, 日本大, 東洋大, 東京薬科大, 昭和薬科大, 神奈川歯大など推薦枠あり。

■	四年制大学	211名		
■	短期大学	2名		
■	専修・各種学校	0名		
■	就職	1名		
□	進学準備・他	36名		

主な大学合格状況
'24年春速報は巻末資料参照

大学名	'23	'22	'21	大学名	'23	'22	'21	大学名	'23	'22	'21
◇東京大	0	0	2	早稲田大	22	11	24	日本大	102	56	82
◇東工大	0	0	1	慶應大	9	6	4	東洋大	68	46	63
◇千葉大	3	3	3	上智大	19	6	14	駒澤大	17	13	16
◇筑波大	3	2	1	東京理科大	20	34	19	専修大	12	2	20
◇横浜国大	0	1	1	学習院大	4	11	19	成蹊大	9	3	14
◇埼玉大	3	1	2	明治大	32	31	33	明治学院大	9	8	18
◇名古屋大	1	0	1	青山学院大	15	19	23	獨協大	29	10	15
◇東京医歯大	0	1	1	立教大	40	38	35	芝浦工大	32	23	31
◇都立大	1	1	4	中央大	26	23	40	東京電機大	18	24	20
◇信州大	2	1	0	法政大	42	39	44	東京女子大	10	9	4

※各大学合格数は既卒生を含む。

入試要項 2024年春（実績）

新年度日程についてはp.116参照。

※2025年度入試より推薦Ⅲを廃止予定

◆ 推薦　**推薦Ⅰ**：第1志望　**推薦Ⅱ・Ⅲ**：併願
（公私とも可。東京・神奈川生を除く）

募集人員▶理数選抜類型15名，英語選抜類型
15名，特進選抜類型30名

選抜方法▶適性検査（国数各30分・英40分・
各100点・英にリスニングあり），個人面接（5
～10分），調査書

◆ 一般　併願優遇（公私とも可）あり

募集人員▶理数選抜類型15名，英語選抜類型
15名，特進選抜類型30名

選抜方法▶国数英（国数各50分・英60分・各
100点・英にリスニングあり），個人面接（5分），
調査書

◆ 受験料　25,000円

内申基準　推薦Ⅰ：［理数選抜］5科22，［英語
選抜］［特進選抜］5科21　**推薦Ⅱ・推薦Ⅲ・一般**
（併願優遇）：［理数選抜］5科24，［英語選抜］［特
進選抜］5科23　※いずれも9科に2不可
※条件により内申加点あり

特待生・奨学金制度　内申，入試成績に応じて
特待生認定あり。

帰国生の受け入れ　国内生と別枠入試。

入試日程

区分	登録・出願	試験	発表	手続締切
推薦Ⅰ・Ⅱ	12/20～1/20	1/22	1/23	1/24
推薦Ⅲ	12/20～1/20	1/25	1/26	1/27
一般	12/20～2/5	2/10or11	2/12	2/13

［延納］推薦Ⅱ・Ⅲと一般は公立発表後まで。

応募状況

年度	区分		応募数	受験数	合格数	実質倍率
'24	理数	推薦Ⅰ	13	13	12	1.1
		推薦Ⅱ	13	12	11	1.1
		推薦Ⅲ	11	8	7	1.1
		一般	52	47	39	1.2
	英語	推薦Ⅰ	9	9	9	1.0
		推薦Ⅱ	11	11	10	1.1
		推薦Ⅲ	10	9	6	1.5
		一般	30	28	25	1.1
	特進	推薦Ⅰ	19	19	19	1.0
		推薦Ⅱ	37	37	34	1.1
		推薦Ⅲ	34	26	25	1.0
		一般	82	77	60	1.3
'23	理数	推薦Ⅰ	6	6	4	1.5
		推薦Ⅱ	15	15	13	1.2
		推薦Ⅲ	15	14	11	1.3
		一般	50	49	47	1.0
	英語	推薦Ⅰ	14	14	11	1.3
		推薦Ⅱ	17	17	15	1.1
		推薦Ⅲ	14	12	9	1.3
		一般	44	42	34	1.2
	特進	推薦Ⅰ	31	31	31	1.0
		推薦Ⅱ	56	55	54	1.0
		推薦Ⅲ	40	34	32	1.1
		一般	135	130	119	1.1

［スライド制度］あり。上記に含まず。
［'24年合格最低点］非公表。

東 京　男 女　㋛ 順天

学費（単位：円）

学費（単位：円）	入学金	施設費	授業料	その他経費	小計	初年度合計
入学手続時	260,000	140,000	—	40,000	440,000	1,256,310
1年終了迄	—	—	480,000	336,310	816,310	

※2024年度予定。［授業料納入］一括または10回分割。［その他］制服・制定品代，PC代（2023年度実績：約135,000円）あり。［寄付・学債］任意の寄付金1口5万円あり。

併願校の例

※［特進］を中心に

	都立	埼公立	私立
挑戦校	日比谷 西 戸山 青山	浦和 大宮 市立浦和 浦和一女	青山学院 中央大学 中大杉並 城北 明治学院
最適校	新宿 竹早 国際 小松川 北園	蕨 浦和西 越谷北 川口市立 川口北	淑徳 国学院 駒込 淑徳巣鴨 東洋大京北
堅実校	城東 文京 上野 墨田川 深川	市立浦和南 越谷南 与野 浦和北	安田学園 十文字 実践学園 東京成徳大 武南

合格のめやす

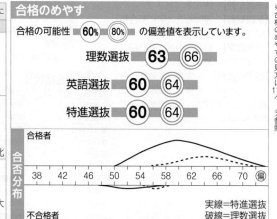

合格の可能性 ⑥⓪% ⑧⓪% の偏差値を表示しています。

理数選抜 **63** ⑥⑥
英語選抜 **60** ⑥④
特進選抜 **60** ⑥④

合格者

合否分布

38　42　46　50　54　58　62　66　70　㊜

不合格者

実線＝特進選抜
破線＝理数選抜

※合格のめやすの見方は114ページ参照。

見学ガイド　文化祭／説明会／個別相談会

小 中 高 専 短 大

世田谷区

松蔭大学附属松蔭 高等学校

〒155-8611　東京都世田谷区北沢1-16-10　☎(03)3467-1511

【教育理念】　学んだ知識を行動に生かし，行動することでさらにその知識を体得する「知行合一」を建学の精神に掲げる。知力，行動力，柔軟性，協調性を併せもつ人材を育成する。

【沿　革】　1941年松蔭女学校として創立。2005年，女子校より男女共学化。2020年4月松蔭高等学校より校名変更。2021年度より校舎建て替えのため中学募集停止。

【学校長】　川下　進

【生徒数】　非公表。

小田急線―東北沢3分　京王井の頭線―池ノ上3分　千代田線―代々木上原8分

特色

設置学科：普通科

【コース】　1年次は全員が一般コースに所属。2年次より文系コースと理系コースに分かれる。

【カリキュラム】　①1年次は基礎力，応用力，展開力を徹底して習得し文理選択に備える。②2年次は各コースに分かれ，カリキュラム授業に加え課外補習，演習授業で解答力を養う。また，英語に加え，仏語と中国語の基礎を学習する。③3年次は各コースで実力を磨き，国公立大学，難関大学，松蔭大学などの合格をめざす。④放課後の学習指導が充実。1年次の「松蔭学習塾」では国数英の補習を行い，2・3年次は受験対策講座を開講。⑤英語は大学合格のための英語力と「生きた英語」を身につけることが目標。英文の読解力・表現力・語彙力の向上やネイティヴスピーカーとの会話によるコミュニケーション能力の向上を図る。⑥2年次に校外施設の軽井沢山荘で5日間の勉強合宿を実施。

【海外研修】　夏に希望者はオーストラリア語学研修（約2週間）に参加。一般家庭にホームステイをしながら，現地校の学校に通う。

【クラブ活動】　バレーボール部，ダンス部，ソフトボール部などが活発に活動している。

習熟度別授業	土曜授業	文理選択	オンライン授業	制服	自習室	食堂	プール	グラウンド	アルバイト
―	隔週	2年～	導入予定	○	～20:00	―	○	○	届出

登校時刻＝ 8:10
下校時刻＝18:30

進路情報　2023年3月卒業生

四年制大学への進学率 **74.0%**

【卒業生数】　約70名

【進路傾向】　難関私立大学にも合格者を出している。

【系列進学】　松蔭大学へ1名（経営）が内部推薦で進学した。

【指定校推薦】　中央大，法政大，日本大，東洋大，専修大，成蹊大，成城大，明治学院大，東京電機大など推薦枠あり。

■ 四年制大学	74%
□ 短期大学	15%
■ 専修・各種学校	10%
■ 就職	0%
□ 進学準備・他	1%

主な大学合格状況

'24年春速報は巻末資料参照

大学名	'23	'22	'21	大学名	'23	'22	'21	大学名	'23	'22	'21
◇東京農工大	0	1	0	東洋大	5	1	4	獨協大	2	2	0
早稲田大	1	0	1	駒澤大	0	0	2	立命館大	2	6	0
東京理科大	0	2	1	専修大	3	1	2	玉川大	1	5	0
学習院大	1	0	0	東海大	1	7	2	東京都市大	0	0	0
明治大	3	2	2	亜細亜大	2	2	0	桜美林大	5	7	4
青山学院大	2	1	2	帝京大	1	5	5	関東学院大	3	0	0
立教大	6	2	1	國學院大	4	1	0	大妻女子大	1	0	0
中央大	1	2	2	成蹊大	4	1	2	明星大	2	2	1
法政大	6	6	4	成城大	1	0	3	学習院女子大	1	0	0
日本大	3	5	5	明治学院大	1	0	3	多摩大	4	2	0

※各大学合格数は既卒生を含む。

入試要項 2024年春（実績）

新年度日程についてはp.116参照。

◆ 推薦 特別進学推薦・一般進学推薦・クラブ活動推薦：いずれも第1希望

募集人員▶特別進学推薦10名，一般進学推薦・クラブ活動推薦計70名

選抜方法▶作文（50分・600〜800字），個人面接（5〜6分），調査書

◆ 一般 公立併願優遇，一般受験（私立併願）

募集人員▶80名

選抜方法▶国数英（各50分・各100点），個人面接（5〜6分），調査書

◆ 受験料 20,000円

入試日程

区分	出願	試験	発表	手続締切
推薦	1/15・16	1/22	1/23	1/26
一般①	2/1〜6	2/10	2/11	公立発表翌日
一般②	2/1〜6	2/13	2/14	公立発表翌日

応募状況

年度	区分	応募数	受験数	合格数	実質倍率
'24	推薦	162	149	116	1.3
	一般				
'23	推薦	153	142	113	1.3
	一般				
'22	推薦	178	166	131	1.3
	一般				

['24年合格最低点] 一般198/300

(内申基準) 特別進学推薦：3科13または5科20 一般進学推薦：9科29 クラブ活動推薦：9科27 一般(公立併願優遇)：9科30 ※いずれも9科に1不可 ※条件により内申加点あり

(特待生・奨学金制度) 特別進学推薦合格者は特待生認定。一般は入試成績により2段階の特待生制度あり。

(帰国生の受け入れ) 国内生と同枠入試。

東京 男女 し 松蔭大学附属松蔭

学費（単位：円）	入学金	施設費	授業料	その他経費	小計	初年度合計
入学手続時	250,000	—	—	—	250,000	941,400
1年終了迄	—	50,000	444,000	197,400	691,400	

※2024年度予定。[免除] 特別進学推薦合格者は入学金・施設費・授業料免除。[授業料納入] 一括または2回分割。[その他] 制服・制定品代あり。

併願校の例

	都立	神公立	私立
挑戦校	豊多摩 町田 調布北 狛江 南平	新城 市ケ尾 市立東 生田	成城学園 日大鶴ヶ丘 専修大附 明星学園 実践学園
最適校	神代 広尾 府中 成瀬 芦花	港北 市立橘 元石川 住吉	関東国際 日本工大駒場 大成 国士舘 駒場学園
堅実校	杉並 日野 松原 小川 桜町	市立高津 麻生 百合丘 川崎北	日本学園 科学技術学園(特進) 国本女子 藤村女子

合格のめやす

合格の可能性 **60%** **80%** の偏差値を表示しています。

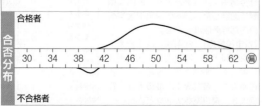

普通科 **49** **53**

※合格のめやすの見方は114ページ参照。

(見学ガイド) 体育祭／文化祭／説明会／個別見学対応

城西大学附属城西 高等学校

〒171-0044　東京都豊島区千早1-10-26　☎(03)3973-6331

豊島区

【教育理念】　「報恩感謝」を掲げる。建学の精神は「天分の伸長」「個性の尊重」「自発活動の尊重」。自由主義教育とあたたかな校風を継承し，目標を持ち自立した人材を育てる教育に力を注ぐ。

【沿革】　1918年城西実務学校として創立。1973年現校名に改称。

【学校長】　神杉　旨宣

【生徒数】　男子561名，女子270名

	1年（7クラス）	2年（8クラス）	3年（7クラス）
男子	183名	199名	179名
女子	83名	106名	81名

西武池袋線―椎名町 7 分
有楽町線・副都心線―要町 6 分

特色

設置学科：普通科

【コース】　AC（Academic&Creative）クラスとCS（Culture&Sports）クラスを設置。ACクラスは 2 年次に文理別になり，3 年次に理工系，人文系などの志望学部系統別クラス編成になる。

【カリキュラム】　①ACクラスの 1 年次は共通カリキュラムで基礎力を確立。2 年次より希望進路や受験形態に対応した科目を選択できる。②CSクラスはスポーツや芸能・文化活動に励む生徒のため，5・6 時限目を自由度の高い授業編成にするなどの特別カリキュラムで勉強と諸活動の両立を図る。③日本とアメリカの卒業証

書を同時に取得できるU.S.デュアルディプロマプログラムを設定。授業はオンラインで行われる。④城西大学薬学部研究室インターンシップを実施。大学施設を使い教授の指導の下，実験，データ解析など研究活動を体験する。

【海外研修】　2 年次の修学旅行は台湾，ハワイ，国内から選択。1・2 年次の希望者選抜制でアメリカ，オーストラリア，ニュージーランド，カナダなどへの短・中・長期留学制度もある。

【クラブ活動】　陸上競技部，軟式野球部，ダンス部が全国大会出場の実績。吹奏楽部も活躍。

習熟度別授業	土曜授業	文理選択	オンライン授業	制服	自習室	食堂	プール	グラウンド	アルバイト
国数英	○	2年～	○	○	～19:00	○	―	―	―

登校時刻＝ 8:40
下校時刻＝18:30

進路情報　2023年3月卒業生

【卒業生数】　252名

【進路傾向】　大学進学者の内訳は文系76%，理系24%。国公立大学へ文系 1 名・理系 1 名，海外大学へ 1 名が進学した。

【系列進学】　城西大学へ10名（経済 2，経営 3，現代政策 3，薬 2），城西国際大学へ10名（国際人文 1，経営情報 4，メディア 5）が内部推薦で進学した。日本医療科学大学への内部推薦制度もある。

【指定校推薦】　利用状況は上智大 1，東京理科大 1，明治大 1，法政大 2，日本大 1，東洋大 2，専修大 1，亜細亜大 1，帝京大 1，成蹊大 4，獨協大 3，東京電機大 2 など。

四年制大学への進学率 **86.9%**

四年制大学	219名
短期大学	3名
専修・各種学校	12名
就職	4名
進学準備・他	14名

主な大学合格状況
'24年春速報は巻末資料参照

大学名	'23	'22	'21	大学名	'23	'22	'21	大学名	'23	'22	'21
◇筑波大	0	0	1	青山学院大	2	4	1	帝京大	23	22	21
◇横浜国大	1	0	0	立教大	2	1	1	成蹊大	12	7	8
◇埼玉大	1	0	0	中央大	2	0	4	明治学院大	3	5	6
◇防衛大	1	0	0	法政大	9	5	5	獨協大	6	18	12
早稲田大	4	0	2	日本大	22	17	12	東京電機大	4	3	9
慶應大	0	0	0	東洋大	28	10	19	玉川大	14	7	5
上智大	1	1	1	駒澤大	13	12	2	東京薬科大	5	7	7
東京理科大	2	1	1	専修大	16	9	9	城西大	14	15	12
学習院大	5	1	1	大東文化大	14	12	9	城西国際大	12	29	25
明治大	2	3	2	亜細亜大	4	6	7	日本医療科学大	1	14	4

※各大学合格数は既卒生を含む。

入試要項 2024年春（実績）

新年度日程についてはp.116参照。

◆ 推薦　A推薦Ⅰ（検査型）・Ⅱ（面接型）：単願　B推薦：併願（公私いずれか・本校第2志望。東京・神奈川生を除く）　C推薦（埼玉生自己推薦）：単願，併願（公私いずれか）　スポーツスカラシップ入試：単願

募集人員▶ACクラス75名，CSクラス10名

選抜方法▶A推薦Ⅰ：適性検査（90分・150点），グループ面接（25分），調査書　A推薦Ⅱ・B推薦・C推薦：グループ面接（25分），調査書　スポーツスカラシップ：個人面接（15分），調査書

◆ 一般　併願優遇Ⅰ（公私いずれか），併願優遇Ⅱ（公私とも可）あり　※②にクラブ推薦（単願）あり

募集人員▶ACクラス①40名・②35名，CSクラス②30名

選抜方法▶国数英（各50分・各100点・英にリスニングあり），グループ面接（25分），調査書　※CEFR A2の英語資格保持者には得点保証制度あり。英語試験70点を保証

◆ 受験料　25,000円

（**内申基準**）A推薦Ⅰ：以下①または②。①5科17・②5科15かつ9科30　A推薦Ⅱ：以下①または②。①5科19・②5科15かつ9科32　B推薦・一般（併願優遇Ⅰ）：5科20　一般（併願優遇Ⅱ）：5科22　※いずれも9科に1不可　※条件により内申加点あり

（**特待生・奨学金制度**）スポーツは4段階，学力は内申，入試成績で2段階のスカラシップ認定。

（**帰国生の受け入れ**）国内生と同枠入試で考慮。

入試日程

区分	登録・出願	試験	発表	手続締切
推薦	12/20～1/16	1/22	1/22	1/25
一般①	12/20～2/5	2/10	2/10	2/15
一般②	12/20～2/5	2/12	2/12	2/15

[延納]B・C推薦と一般の併願者は併願校発表後まで。
[2次募集] 3/6

応募状況

年度		区分	応募数	受験数	合格数	実質倍率
'24	A C	A推薦	119	118	118	1.0
		B推薦	20	20	20	1.0
		併願優遇	96	81	81	1.0
		一般	103	89	49	1.8
	C S	A推薦	11	11	11	1.0
		B推薦	0	0	0	―
		併願優遇	21	21	21	1.0
		一般	0	0	0	―
'23	普通	A推薦	83	82	82	1.0
		B推薦	13	13	13	1.0
		併願優遇	71	61	61	1.0
		一般	86	62	57	1.1
	C S	A推薦	12	12	12	1.0
		B推薦	0	0	0	―
		併願優遇	0	0	0	―
		一般	21	21	21	1.0
'22	推薦	A	173	171	163	1.0
		B	17	17	17	1.0
	一般①	併願優遇	71	60	60	1.0
		フリー	32	31	21	1.5
	一般②	併願優遇	16	13	13	1.0
		フリー	65	48	38	1.3

['24年合格最低点] 一般（併願優遇）：AC175/300
一般（フリー）：AC175/300

東京　男女　し　城西大学附属城西

学費（単位：円）	入学金	施設費	授業料	その他経費	小計	初年度合計
入学手続時	250,000	―	―	―	250,000	1,234,000
1年終了迄	―	132,000	432,000	420,000	984,000	

※2024年度予定。[入学前納入] 1年終了迄の小計のうち177,000円。[授業料納入] 一括または3回分割。
[その他] 制服・制定品代，教科書代（ACクラス39,573円，CSクラス30,430円）あり。

併願校の例　※[AC]を中心に

	都立	埼公立	私立
挑戦校	三田 北園 文京	和光国際 川口市立 市立浦和南 所沢	淑徳巣鴨 東洋大京北 桜丘 十文字 専修大附
最適校	上野 井草 豊島 石神井 清瀬	所沢西 朝霞 南稜 川口	日大豊山 目白研心 大東文化一 東亜学園 豊島学院
堅実校	武蔵丘 向丘 保谷 晴海総合 高島	朝霞西 入間向陽 鳩ヶ谷 浦和東	東星学園 保善 東京立正 豊南 貞静学園

合格のめやす

合格の可能性 **60%** **80%** の偏差値を表示しています。

AC **51** （**55**）

CS **46** （**51**）

合格者／不合格者　分布＝AC

（偏差値）34　38　42　46　50　54　58　62　66

※合格のめやすの見方は114ページ参照。

（**見学ガイド**）文化祭／説明会／オープンスクール／個別相談会

武蔵野市

聖徳学園 高等学校

〒180-8601　東京都武蔵野市境南町2-11-8　☎(0422)31-5121

【教育方針】　教育理念に聖徳太子の「和を以て貴しとなす」を掲げる。トライ＆エラーを繰り返しながら課題を解決するマインドを育て，新しい価値を創造できる人間を育成する。

【沿　革】　1927年男子校の関東中学校として創立。1991年現校名に改称。

【学校長】　伊藤　正徳

【生徒数】　男子372名，女子271名

	1年(8クラス)	2年(7クラス)	3年(7クラス)
男子	136名	114名	122名
女子	103名	92名	76名

JR・西武多摩川線―武蔵境3分

特色

設置学科：普通科

【コース】　難関国公立型，文理進学型，データサイエンスコースを設置。データサイエンスコースは内部進学生と3年間別クラスで文理分けもない。ほかは2年次より内部進学生と混合し難関国公立大・選抜クラスの文系と理系，進学クラスの文系と理系の計4コースを編成する。

【カリキュラム】　①ICTを活用した教科横断型「STEAM」の授業ではタブレット端末での動画制作などを行う。②世界の諸問題解決の方法を探るPBL型学習「国際協力プロジェクト」は解決策を実行に移すまでのカリキュラム。③ラーニングコモンズ設置や卒業生チューターの配置で放課後の自学自習をサポート。④データサイエンスコースは「AI・データサイエンス演習」「理数探究基礎」などの学校設定科目がある。一部教科は英語イマージョンで行う。

【海外研修】　全員が参加する2年次の国際研修旅行はマルタ共和国と台湾からの選択制。ほか，1・2年次の希望者にはアメリカ，ベトナム，セブなどへの短期研修制度がある。

【クラブ活動】　男子バレーボール部，テニス部が全国大会出場。書道部も活発に活動。

習熟度別授業	土曜授業	文理選択	オンライン授業	制服	自習室	食堂	プール	グラウンド	アルバイト	登校時刻＝ 8:25
5教科	○	2年～	○	○	～19:00	○	―	○	―	下校時刻＝19:00

進路情報　2023年3月卒業生

四年制大学への進学率 **90.1%**

【卒業生数】　141名

【進路傾向】　大学進学者の内訳は文系57%，理系36%，他7%。国公立大学へ文系3名，理系10名，海外大学へ2名が進学した。

【指定校推薦】　利用状況は上智大1，東京理科大1，学習院大2，中央大1，法政大2，日本大2，東洋大2，駒澤大1，國學院大5，成蹊大1，芝浦工大1，日本女子大3，東京都市大2，聖心女子大3など。ほかに青山学院大，専修大，大東文化大，東海大，成城大，獨協大，東京電機大，武蔵大，工学院大，東京経済大，大妻女子大，白百合女子大，杏林大，北里大，東邦大など推薦枠あり。

四年制大学	127名
短期大学	1名
専修・各種学校	4名
就職	0名
進学準備・他	9名

主な大学合格状況

'24年春速報は巻末資料参照

大学名	'23	'22	'21	大学名	'23	'22	'21	大学名	'23	'22	'21
◇京都大	1	0	0	早稲田大	5	5	2	日本大	24	17	31
◇東工大	0	1	1	慶應大	1	5	2	東洋大	13	15	18
◇一橋大	1	0	0	上智大	3	3	5	駒澤大	5	7	18
◇千葉大	0	2	0	東京理科大	14	17	11	専修大	9	9	17
◇筑波大	1	0	2	学習院大	9	12	5	帝京大	6	11	12
◇東京外大	1	0	0	明治大	9	12	10	國學院大	6	9	7
◇埼玉大	2	1	0	青山学院大	6	14	12	成蹊大	8	8	8
◇防衛医大	0	1	1	立教大	16	12	14	芝浦工大	13	8	5
◇都立大	1	2	0	中央大	16	18	21	東京都市大	13	6	10
◇信州大	1	0	1	法政大	15	23	26	武蔵大	2	5	16

※各大学合格数は既卒生を含む。

入試要項 2024年春（実績）

新年度日程についてはp.116参照。

◆ 推薦　第1志望（難関国公立型・文理進学型対象）

募集人員▶30名

選抜方法▶面接，調査書

◆ 一般　難関国公立型・文理進学型：併願優遇（公私とも可）あり　データサイエンスコース：Ⅰ型（第1志望優遇あり），Ⅱ型

募集人員▶難関国公立型・文理進学型計75名，データサイエンスコース25名

選抜方法▶難関国公立型・文理進学型：国数英（各50分・各100点），調査書　データサイエンスコース：[Ⅰ型] 探究型リテラシー試験，面接，調査書，活動記録証明書，検定合格証コピー，[Ⅱ型] 新思考試験，面接（プレゼンテーション），調査書，活動記録証明書，検定合格証コピー
※文理進学型で英語検定準2級合格者は合格証コピー提出により英試験免除

◆ 受験料　23,000円

内申基準 推薦：[難関国公立] 5科22または9科37，[文理進学] 5科20または9科35　一般**（併願優遇）**：[難関国公立] 5科23または9科38，[文理進学] 5科21または9科36　一般**（Ⅰ型・第1志望）**：[データサイエンス] 9科37　一般**（Ⅰ型・併願）**：[データサイエンス] 9科38　※いずれも9科に2不可（一般Ⅱ型を含む）　※[データサイエンス] 英語検定準2級相当（一般Ⅱ型を含む）　※条件により内申加点あり

特待生・奨学金制度 難関国公立型，データサイエンスコース対象で，内申，入試成績により3段階の奨学生認定。

帰国生の受け入れ 国内生と別枠入試。

入試日程

区分	登録・出願	試験	発表	手続締切
推薦	12/20〜1/16	1/22	1/23	1/24
一般①	12/20〜2/3	2/10	2/11	2/12
一般②	12/20〜2/3	2/11	2/12	2/12

[延納] 一般の併願者は公立発表後まで。

応募状況

年度	区分		応募数	受験数	合格数	実質倍率
'24	難関	推薦	10	10	10	1.0
		一般①	66	64	64	1.0
		一般②	93	81	78	1.0
	文理	推薦	18	18	18	1.0
		一般①	132	132	121	1.1
		一般②	139	133	113	1.2
	データ	一般①	6	6	5	1.2
		一般②	8	8	6	1.3
'23	難関	推薦	5	5	5	1.0
		一般①	119	117	117	1.0
		一般②	101	96	92	1.0
	文理	推薦	23	23	23	1.0
		一般①	178	176	173	1.0
		一般②	139	137	129	1.1

[スライド制度] あり。上記に含まず。
['24年合格最低点] 一般①：難関国公立168，文理進学158（/300）　一般②：難関国公立168，文理進学155（/300）

学費（単位：円）	入学金	施設費	授業料	その他経費	小計	初年度合計
入学手続時	180,000	150,000	—	—	330,000	1,059,000
1年終了迄	—	110,400	495,600	123,000	729,000	

※2024年度予定。[授業料納入] 一括または10回分割。[その他] 制服・制定品代，教育諸経費預り金（2023年度実績：170,710円），タブレットPC代あり。[寄付・学債] 任意の施設設備拡充資金1口10万円あり。

併願校の例

※[文理]を中心に

	都立	埼公立	私立
挑戦校	西 国立 立川 新宿 国分寺	川越 川越女子 所沢北	中大附属 宝仙学園（理数） 成蹊 錦城 国学院
最適校	小金井北 豊多摩 調布北 南平 井草	和光国際 川越南 所沢 市立川越	拓大一 八王子学園 日大鶴ヶ丘 明法 実践学園
堅実校	神代 東大和南 石神井 調布南 小平南	所沢西 朝霞	杉並学院 明星 目白研心 八王子実践 大成

合格のめやす

合格の可能性 **60%** **80%** の偏差値を表示しています。

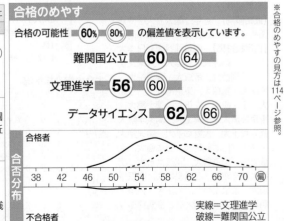

難関国公立 **60** （**64**）

文理進学 **56** （**60**）

データサイエンス **62** （**66**）

合格者

不合格者

38　42　46　50　54　58　62　66　70　（偏）

実線＝文理進学
破線＝難関国公立

※合格のめやすの見方は114ページ参照。

見学ガイド 文化祭／説明会／校内見学会／個別相談会

東京　男女　し　聖徳学園

文京区

小 中 高 専 短 大

SDH 昭和第一 高等学校

〒113-0033　東京都文京区本郷1-2-15　☎(03)3811-0636

【教育目標】　「明るく，強く，正しく」を校訓に掲げる。しっかりとした目標を持ち，円満な人格と高い教養を身につけ，国際社会にも通用する心身ともに調和のとれた人間を育成する。

【沿　革】　1929年昭和第一商業学校として創立。2005年普通科共学化。2010年度より商業科の募集停止。

【学校長】　原　高志

【生徒数】　男子373名，女子326名

	1年(7クラス)	2年(7クラス)	3年(6クラス)
男子	143名	138名	92名
女子	127名	101名	98名

JR・都営三田線—水道橋3分
丸ノ内線—本郷三丁目8分，後楽園8分

特色

設置学科：普通科

【コース】　特進コースと進学コースを設置。

【カリキュラム】　①特進コースは国公私立大学合格をめざす少人数の学級編成。毎週土曜日は英語特別講座（全学年），文理別に予備校講師による国数特別講座（2次年より）を実施。夏・冬・春の講習会，夏の校内予備校「SDHアカデミア」などで学力アップを図る。②進学コースは1年次で基礎学力を身につける。合宿講習会，資格取得講習など多彩な学習機会がある。③コンピュータを利用した学習システムと学習管理システムを整備している。自主学習および学習成績の記録分析により効率的な学習が可能。

【キャリア教育】　将来像を描いた上で学習分野を考えるように導く。ガイダンスや進路適性検査，模擬体験授業など，適性に応じて指導する。

【海外研修】　希望制のアメリカ体験・語学研修プログラム，希望選抜制でニュージーランドへの短期留学（3カ月）などを実施。

【クラブ活動】　ゴルフ部が関東大会出場。女子バレーボール部も活発に活動している。

【施設】　太極拳室，学習室，フィットネスプラザ，ICTタブレット教室などを備える。

習熟度別授業	土曜授業	文理選択	オンライン授業	制服	自習室	食堂	プール	グラウンド	アルバイト
—	○	2年〜	○	○	〜18:30	○	—	—	—

登校時刻＝ 8:25
下校時刻＝18:30

進路情報　2023年3月卒業生

四年制大学への進学率 **81.9%**

【卒業生数】　287名

【進路傾向】　近年，国公立大学や難関私立大学への合格数は増加傾向。

【指定校推薦】　東京理科大，日本大，東洋大，駒澤大，専修大，大東文化大，亜細亜大，帝京大，國學院大，成蹊大，獨協大，東京電機大，玉川大，工学院大，立正大，国士舘大，東京経済大，千葉工大，関東学院大，共立女子大，大妻女子大，順天堂大，杏林大，日本薬科大，日本歯大，武蔵野大，東京農大，実践女子大，明星大，文教大，二松學舍大，帝京平成大，東京工科大，大正大，拓殖大，駒沢女子大，城西大など推薦枠あり。

	四年制大学	235名
	短期大学	8名
■	専修・各種学校	28名
	就職	3名
□	進学準備・他	13名

主な大学合格状況

'24年春速報は巻末資料参照

大学名	'23	'22	'21	大学名	'23	'22	'21	大学名	'23	'22	'21
◇都立大	1	0	1	東洋大	12	9	7	立正大	13	9	11
◇茨城大	1	0	0	駒澤大	9	4	4	国士舘大	18	11	7
東京理科大	1	7	0	専修大	19	6	4	東京経済大	8	8	6
学習院大	3	0	3	大東文化大	12	6	5	千葉工大	20	18	17
明治大	3	6	0	亜細亜大	12	10	10	関東学院大	5	4	2
青山学院大	0	2	0	帝京大	11	13	8	杏林大	3	4	2
立教大	0	2	0	明治学院大	2	3	2	二松學舍大	8	6	8
中央大	9	6	0	獨協大	6	4	1	帝京平成大	11	10	10
法政大	3	2	2	東京電機大	6	5	4	大正大	18	11	9
日本大	25	15	13	玉川大	3	12	4	目白大	14	10	7

※各大学合格数は既卒生を含む。

入試要項 2024年春（実績）

新年度日程についてはp.116参照。

◆**推薦** 推薦Ⅰ：第1志望 推薦Ⅱ：併願（公立のみ。東京・神奈川生を除く）

募集人員▶特進コース20名，進学コース120名

選抜方法▶推薦Ⅰ：作文（50分・400〜500字），個人面接（5〜7分），調査書 推薦Ⅱ：適性検査（国数英より1科，50分・100点），個人面接（5〜7分），調査書

◆**一般** 併願優遇：公立のみ **一般**：Ⅰに優遇制度あり

募集人員▶特進コース20名，進学コース120名 ※一般Ⅲを含む

選抜方法▶併願優遇：国数英より1科（50分・100点），個人面接（5〜7分），調査書 **一般**：国数英（各50分・各100点・Ⅰは英にリスニングあり），個人面接（5〜7分），調査書

◆**受験料** 20,000円

(内申基準) 推薦Ⅰ：[特進]3科12または9科33，[進学]3科10または9科28 推薦Ⅱ・一般（併願優遇）：[特進]3科13または9科35，[進学]3科11または9科30 ※いずれも3科は5科のうち任意の3科 ※いずれも9科に1不可 ※条件により内申加点あり

(特待生・奨学金制度) 特記なし。

(帰国生の受け入れ) 国内生と同枠入試。

入試日程

区分		出願	試験	発表	手続締切
推薦Ⅰ		1/15〜18	1/22	1/23	1/26
推薦Ⅱ		1/15〜18	1/22	1/23	公立発表翌日
一般	併願優遇	1/25〜28	2/10	2/11	公立発表翌日
	一般Ⅰ	1/25〜2/7	2/10	2/11	2/15
	一般Ⅱ	1/25〜2/15	2/17	2/18	2/22

［延納］一般Ⅰ・Ⅱの公立併願者は公立発表後まで。
［2次募集］一般Ⅲ 3/8

応募状況

年度	区分		応募数	受験数	合格数	実質倍率
'24	特進	推薦Ⅰ	13	13	13	1.0
		推薦Ⅱ	12	12	12	1.0
		併願優遇	105	83	83	1.0
		一般Ⅰ	15	13	5	2.6
		一般Ⅱ	18	14	4	3.5
	進学	推薦Ⅰ	188	188	188	1.0
		推薦Ⅱ	30	30	30	1.0
		併願優遇	395	327	319	1.0
		一般Ⅰ	52	48	15	3.2
		一般Ⅱ	58	37	13	2.8
'23	特進	推薦Ⅰ	10	10	10	1.0
		推薦Ⅱ	9	9	9	1.0
		併願優遇	102	91	88	1.0
		一般Ⅰ	21	15	8	1.9
		一般Ⅱ	16	11	6	1.8
	進学	推薦Ⅰ	132	132	132	1.0
		推薦Ⅱ	24	24	24	1.0
		併願優遇	422	353	346	1.0
		一般Ⅰ	48	45	29	1.6
		一般Ⅱ	51	45	21	2.1

［'24合格最低点］一般Ⅰ：特進205，進学178（/300） 一般Ⅱ：特進216，進学182（/300）

学費（単位：円）	入学金	施設設備拡充費	授業料	その他経費	小計	初年度合計
入学手続時	230,000	110,000	—	—	340,000	約1,018,800
1年終了迄			420,000	約258,800	約678,800	

※2024年度予定。[入学前納入]1年終了迄の小計のうち約258,200円。[授業料納入]3回分割（入学前に1回分納入）。[その他]制服・制定品代あり。

併願校の例

※[進学]を中心に

	都立	千・埼公立	私立
挑戦校	城東	幕張総合	安田学園
	上野	国分	実践学園
	江戸川	越谷南	二松学舎
	墨田川	浦和北	郁文館
	深川		東京成徳大
最適校	向丘	市川東	錦城学園
	東	船橋芝山	正則
	本所	市立船橋	岩倉
	小岩	草加南	上野学園
	晴海総合	鳩ヶ谷	関東一
堅実校	高島	市川昴	正則学園
	足立	柏井	小石川淑徳
	紅葉川	越谷東	
	飛鳥	川口東	
	王子総合		

合格のめやす

合格の可能性 **60%** **80%** の偏差値を表示しています。

特進 **52** (56)

進学 **46** (50)

合否分布

合格者								
30	34	38	42	46	50	54	58	62 （偏）

不合格者

実線＝進学
破線＝特進

※合格のめやすの見方は114ページ参照。

(見学ガイド) 文化祭／合同定期演奏会／説明会／見学会

立川市

昭和第一学園 高等学校

〒190-0003　東京都立川市栄町2-45-8　☎(042)536-1611

【教育理念】 「明るく　強く　正しく」を校訓
とする。確かな学力と豊かな人間性に支えられ
た人間力の育成を目標とし，主体的に考え，行
動できる生徒を育成し，社会の第一線で活躍す
る人材を育てる。

【沿　革】 1940年創立。1989年現校名に改称。
2022年度工学科の募集停止。

【学校長】 北村　信一

【生徒数】 男子1,210名，女子677名

	1年(20クラス)	2年(17クラス)	3年(17クラス)
男子	464名	387名	359名
女子	266名	213名	198名

多摩モノレール―立飛12分，泉体育館13分
JR―立川よりバス昭和第一学園1分

特色

設置学科：普通科

【コース】 英語，選抜進学，総合進学（文理進
学クラス，探究クラス），デザインの4コース制。

【カリキュラム】 ①英語コースはターム留学な
どのプログラムを通し国際感覚を磨き，難関私
大および海外大学も視野に入れた授業を展開。
②選抜進学コースは部活動との両立をサポート。
リーダーシップを発揮する人材を育てる。③文
理進学クラスは進路選択をサポートするキャリ
ア教育が充実。一般入試に対応する学力を養い
大学進学をめざす。④探究クラスは社会体験プ
ログラムが豊富。3年次にメディカル，ビジネ
ス，スポーツなど7分野から選択する体験型授
業がある。⑤デザインコースは1年次より実技
を多く設定。放課後には教員や現役美大生の指
導がある専用アトリエで力をつける。⑥希望制
の講習や看護・医療説明会開催など進学サポー
トが豊富。⑦タブレット端末を効果的に活用。

【海外研修】 英語コースは1年次にニュージー
ランドターム留学が必修。全コース希望者対象
のオーストラリア研修制度もある。

【クラブ活動】 ライフセービング部，女子ダン
ス部，ハンドボール部などが全国レベル。

習熟度別授業	土曜授業	文理選択	オンライン授業	制服	自習室	食堂	プール	グラウンド	アルバイト
―	○	2年～	○	○	~18:00	―	―	○	○

登校時刻＝ 8:30
下校時刻＝18:00

進路情報 2023年3月卒業生

四年制大学への進学率 **68.2%**

【卒業生数】 506名

【進路傾向】 大学進学者の内訳は文
系78%，理系20%，他2%。国公立
大学へ理系3名が進学した。

【指定校推薦】 利用状況は法政大2，
日本大3，東洋大2，駒澤大3，専
修大4，大東文化大1，東海大3，
亜細亜大7，帝京大11，東京電機
大4，工学院大5，国士舘大1，東
京経済大6，桜美林大4，創価大1
など。ほかに中央大，神奈川大，日
本女子大，武蔵野大，東京農大，明
星大など推薦枠あり。

- ■ 四年制大学　345名
- ■ 短期大学　9名
- ■ 専修・各種学校 113名
- ■ 就職　11名
- □ 進学準備・他　28名

主な大学合格状況

'24年春速報は巻末資料参照

大学名	'23	'22	'21	大学名	'23	'22	'21	大学名	'23	'22	'21
◇都立大	1	1	1	法政大	15	9	14	東京電機大	12	6	11
◇群馬大	1	0	1	日本大	34	26	27	玉川大	9	12	2
◇電通大	0	1	0	東洋大	22	14	14	工学院大	12	8	4
上智大	0	0	0	駒澤大	13	6	8	国士舘大	6	11	9
東京理科大	1	1	0	専修大	18	20	8	東京経済大	14	18	14
学習院大	4	0	0	大東文化大	3	4	8	桜美林大	12	31	15
明治大	3	4	8	東海大	12	4	10	杏林大	13	10	12
青山学院大	6	3	3	亜細亜大	19	16	18	創価大	3	11	6
立教大	0	1	6	帝京大	51	53	50	明星大	50	60	32
中央大	8	6	10	成蹊大	6	6	4	東京工科大	17	15	11

※各大学合格数は既卒生を含む。

入試要項 2024年春（実績）

新年度日程についてはp.116参照。

※下記は現行コースでの募集実績。2025年度より特別選抜コースを英語コースに改編予定

◆推薦 単願 ※スポーツ・文化等単願あり

募集人員▶特別選抜コース14名，選抜進学コース60名，総合進学コース（文理進学クラス・探究クラス）計200名，デザインコース14名

選抜方法▶作文（40分・600字），個人面接（15分），調査書，志願者身上書 ※デザインコースは作文に代えてデッサン（40分・100点）

◆一般 併願優遇（公私とも可・本校第2志望，デザインコースは②のみ），フリー（②のみ）

募集人員▶特別選抜コース14名，選抜進学コース60名，総合進学コース（文理進学クラス・探究クラス）計200名，デザインコース14名

選抜方法▶国数英（各40分・各100点・マークシート），個人面接（10分），調査書，志願者身上書 ※デザインコースは数に代えてデッサン（40分・100点）

◆受験料 23,000円

内申基準 推薦：[特別選抜] 5科21，[選抜進学] 5科18または9科31，[総合進学（文理進学）] 5科17または9科28，[総合進学（探究）] 5科16または9科27，[デザイン] 5科17または9科28 **一般（併願優遇）**：[特別選抜] 5科22，[選抜進学] 5科19または9科32，[総合進学（文理進学）] 5科18または9科30，[総合進学（探究）] 5科17または9科28，[デザイン] 5科18または9科30 ※いずれも9科に1不可，[特別選抜] [選抜進学] は5科に2不可。[デザイン]は美4必須 ※条件により内申加点あり

特待生・奨学金制度 特別選抜コースは入学手続時納入金免除，留学費用を推薦は全額，一般は入試成績により全額または半額免除。選抜進学コース一般上位40名は入学手続時納入金免除。

帰国生の受け入れ 国内生と同枠入試。

入試日程

区分	登録・出願	試験	発表	手続締切
推薦	12/20～1/16	1/22	1/23	1/24
一般①	12/20～1/26	2/10	2/13	2/15
一般②	12/20～1/26	2/11	2/13	2/15

[延納] 一般の国公立併願者は国公立発表後まで。

応募状況

年度	区分		応募数	受験数	合格数	実質倍率
'24	特選	推薦	2	2	2	1.0
		一般	21	15	14	1.1
	選進	推薦	15	15	15	1.0
		一般	558	473	462	1.0
	文理	推薦	73	73	73	1.0
		一般	826	701	670	1.0
	探究	推薦	59	59	59	1.0
		一般	1,201	999	955	1.0
	デザ	推薦	9	9	9	1.0
		一般	54	42	31	1.4

[スライド制度] あり。上記に含まず。
[24年合格最低点] 非公表。

学費（単位:円）	入学金	設備費	授業料	その他経費	小計	初年度合計
入学手続時	240,000	140,000	—	—	380,000	922,800
1年終了迄	—	40,800	460,000	42,000	542,800	

※2024年度予定。[免除] 特別選抜コースは入学手続時納入金免除。[授業料納入] 4回分割。[その他] 制服・制定品代，教科書代，タブレットPC関連費用（2023年度実績：170,000円），生徒積立金，修学旅行積立金，特別選抜・選抜進学・デザインコースは進学学習指導費（デザインコースは実技指導費）144,000円あり。

併願校の例

※[探究]を中心に

	都立	神・埼公立	私立
挑戦校	南平 東大和南 小平南 上水 府中	生田 所沢 所沢西	明法 武蔵野大学 明星 八王子実践 大成
最適校	松が谷 富士森 東大和 日野 青梅総合	市立高津 麻生 百合丘 豊岡 所沢中央	東星学園 東海大菅生 日本学園 藤村女子 秋草学園
堅実校	田無 府中西 府中東 福生 小平西	生田東 飯能	立川女子 聖パウロ 東野

合格のめやす

合格の可能性 ■60%■ ⑧⑧ の偏差値を表示しています。

特別選抜	58	(62)
選抜進学	52	(56)
総合進学（文理進学）	46	(50)
総合進学（探究）	44	(48)
デザイン	46	(50)

見学ガイド 文化祭／説明会／オープンキャンパス

東京 男女 ⓛ 昭和第一学園

※合格のめやすの見方は114ページ参照。

豊島区

昭和鉄道 高等学校

〒170-0011　東京都豊島区池袋本町2-10-1　☎(03)3988-5511

【教育目標】「自律」「創造」「共生」の「3つの力」を兼ね備えた人材を育成する。
【沿革】1928年創立。2004年共学化。2006年より運輸科・機関科を発展統合し、鉄道科に改編。
【学校長】桑田 達也
【生徒数】男子553名、女子12名

	1年（5クラス）	2年（5クラス）	3年（5クラス）
男子	194名	163名	196名
女子	4名	3名	5名

JR―池袋15分　東武東上線―北池袋7分
都営三田線―板橋区役所前15分

特色

設置学科：鉄道科

【コース】2年次より、運輸サービスと運輸システムの2コースに分かれ、各コースにI類と大学進学にも対応したII類を設置。
【カリキュラム】①1年次は一般教科と鉄道全般の基礎を学ぶ。②運輸サービスコースは鉄道業、サービス業への就職、文系大学進学など幅広い進路に対応。③運輸システムコースは鉄道業界の多様な職種への就職、理系大学進学をめざす。④2年次からの選択授業には手話や中国語、観光英語、大学入試演習などを用意。⑤旅行業務取扱管理者や第二種電気工事士、ビジネス実務マナー検定などの資格取得を支援する。
【キャリア校育】鉄道に限らず各分野のエキスパートの講演を聞き、職業観を身につける。2年次には鉄道、ホテル、博物館などでのインターンシップや鉄道工場見学研修を実施する。
【海外研修】オーストラリアでの海外研修（希望制）では、ホームステイを体験する。
【クラブ活動】電気研究部と交通資料館部が全国レベルで活躍。吹奏楽部なども活発。
【施設】運転シミュレータ室や鉄道実習室などを設置。2022年に新シミュレータ室が完成。

習熟度別授業	土曜授業	文理選択	オンライン授業	制服	自習室	食堂	プール	グラウンド	アルバイト	登校時刻＝ 9:00
―	○	2年〜	―	○	〜18:30	○	―	○	届出	下校時刻＝18:30

進路情報 2023年3月卒業生

就職率 **82.9%**

【卒業生数】181名
【進路傾向】入学者のほぼ全員が鉄道業界への就職を希望しているが、キャリア教育を経て、大学進学を選択する生徒もいる。2023年春の鉄道業界就職者は126名で、就職者の84%を占める。大学進学はいずれも私立大学で文系12名、理系7名。
【系列進学】東京交通短期大学へ1名が内部推薦で進学した。
【指定校推薦】利用状況は日本大1、千葉工大1、東京工科大1、拓殖大1、城西大1など。ほかに神奈川大、東京電機大、国士舘大、関東学院大、武蔵野大、多摩大、神奈川工科大、淑徳大、江戸川大など推薦枠あり。

	四年制大学	19名
	短期大学	1名
	専修・各種学校	11名
	就職	150名
	進学準備・他	0名

主な大学合格状況

'24年春速報は巻末資料参照

大学名	'23	'22	'21	大学名	'23	'22	'21	大学名	'23	'22	'21
◇千葉大	0	0	1	帝京大	4	1	1	帝京平成大	1	1	1
◇筑波大	0	0	1	神奈川大	0	1	0	東京工科大	1	0	0
中央大	1	1	1	東京電機大	0	1	0	大正大	2	0	0
法政大	0	0	1	武蔵大	0	0	2	拓殖大	1	2	0
日本大	2	2	2	玉川大	0	2	0	産業能率大	1	0	0
東洋大	2	0	4	立正大	1	0	1	城西大	2	0	0
専修大	1	0	3	国士舘大	0	0	2	ものつくり大	1	0	1
大東文化大	0	0	1	千葉工大	4	1	0	日本社会事業大	0	0	4
東海大	1	0	0	杏林大	1	0	0	日本赤十字看護大	1	0	0
亜細亜大	1	0	0	文教大	0	0	0	聖学院大	1	0	2

※各大学合格数は既卒生を含む。

入試要項 2024年春（実績）

新年度日程についてはp.116参照。

◆推薦　A推薦：単願　B併願：公私とも可。
東京・神奈川生を除く（推薦書不要）　C推薦：
単願
募集人員▶100名
選抜方法▶適性検査（国数英各40分・各100点・
マークシート），個人面接（3分），調査書
◆一般　2月併願優遇（公私とも可），一般（第
1志望優遇あり）
募集人員▶100名
選抜方法▶国数英（各50分・各100点・マーク
シート・英にリスニングあり），個人面接（3
～5分），調査書
◆受験料　23,000円

(内申基準) A推薦・B併願・2月併願優遇・第1
志望優遇：5科16または9科30　※いずれも9
科に1不可　※条件により内申加点あり
(特待生・奨学金制度) 内申や入試と学力調査試
験（入学手続後3月に受験）により特待認定。
(帰国生の受け入れ) 国内生と同枠入試。

入試日程

区分	登録・出願	試験	発表	手続締切
A・C推薦	12/20～1/18	1/22	1/23	1/27
B併願	12/20～1/18	1/22	1/23	公立発表翌日
2月併願優遇	12/20～2/6	2/10	2/11	公立発表翌日
一般	12/20～2/6	2/10	2/11	2/17

[延納] 一般の第2志望者は公立発表後まで。

応募状況

年度	区分	応募数	受験数	合格数	実質倍率
'24	A推薦	153	153	153	1.0
	B併願	11	11	11	1.0
	C推薦	51	51	31	1.6
	2月併願優遇	29	29	29	1.0
	一般	68	68	14	4.9
'23	A推薦	145	144	144	1.0
	B併願	13	13	13	1.0
	C推薦	57	57	33	1.7
	2月併願優遇	20	20	20	1.0
	一般	26	25	8	3.1
'22	A推薦	126	126	126	1.0
	B併願	16	16	15	1.1
	C推薦	53	53	29	1.8
	2月併願優遇	23	23	23	1.0
	一般	44	43	14	3.1

['24年合格最低点] 一般（一般）180/300

東京　男女　(し)　昭和鉄道

学費（単位：円）	入学金	施設設備費	授業料	その他経費	小計	初年度合計
入学手続時	240,000	—	—	—	240,000	1,222,000
1年終了迄		70,000	474,000	438,000	982,000	

※2024年度予定。[入学前納入] 1年終了迄の小計のうち19,000円。[授業料納入] 11回分割。
[その他] 制服・制定品代あり。

併願校の例

	都立	神・埼公立	私立
挑戦校	豊島 石神井 工芸 深川 産業技術高専	市立橘 元石川 朝霞 南稜	杉並学院 城西大城西 大東文化一 郁文館 二松学舎
最適校	江北 向丘 芦花 武蔵丘 科学技術(科学)	住吉 市立高津 麻生 朝霞西 浦和東	錦城学園 岩倉(運輸) 保善 東京立正 豊南
堅実校	高島 松原 田無 久留米西 蔵前工科	神奈川工業 新栄 新座柳瀬 大宮工業	正則学園 大森学園(工) 科学技術学園

合格のめやす

合格の可能性 **60%** **80%** の偏差値を表示しています。

鉄道科　**45**　**49**

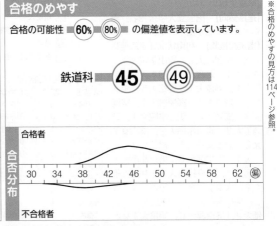

合格者

合否分布

| 30 | 34 | 38 | 42 | 46 | 50 | 54 | 58 | 62 | (偏) |

不合格者

※合格のめやすの見方は114ページ参照。

(見学ガイド) 文化祭／体験入学／オープンスクール／見学会／個別相談

杉並区

杉並学院 高等学校

〒166-0004　東京都杉並区阿佐谷南2-30-17　☎(03)3316-3311

【教育理念】「自立・創造・調和・健康」が教育目標。一人ひとりの個性・創造性を磨き，豊かな人間性を培い，社会に貢献できる有為の人材を育成する。建学の精神は「自立・成楽」。
【沿　革】1923年に奥田裁縫女学校として創立。2000年共学化に伴い現校名に改称。
【学校長】山田　道夫
【生徒数】男子517名，女子503名

	1年(10クラス)	2年(10クラス)	3年(8クラス)
男子	183名	192名	142名
女子	190名	180名	133名

JR・東西線―高円寺8分，阿佐ヶ谷8分

特色

設置学科：普通科

【コース】特別進学と総合進学の2コース制。
【カリキュラム】①特別進学コースは幅広い知識と思考力・表現力を重点的に養成し，国公立・難関私立大学進学をめざす。習熟度別の授業を実施し，生徒に合った指導を行う。②総合進学コースは大学入試に対応できる基礎力を養う。選択科目で多様な進路に対応。③1年次の英語はネイティヴによる少人数での授業を展開する。④「SILSS(杉学個別学習支援システム)」を開設。運営サポーターが個々の生徒のカリキュラムを作成し，学習状況を管理。1コマ50分の対面型個別指導，チューターが常駐する学習室，学習理解度に応じた映像講座などを利用できる。
【キャリア教育】1年次の進路適性検査，職業別ガイダンス，2年次の「先輩を囲む会」などで段階的に進路を具体化し方向性を定める。
【海外研修】オーストラリアの姉妹校で夏期に2週間，カナダで4カ月または10カ月のプログラムがある。いずれも希望者対象。
【クラブ活動】剣道部，バトントワーリング部，合唱部，ゴルフ部，合気道部，ダンス部，放送部など多くのクラブが全国大会に出場。

習熟度別授業	土曜授業	文理選択	オンライン授業	制服	自習室	食堂	プール	グラウンド	アルバイト
数英	○	2年〜	○	○	〜18:00	○	―	○	審査

登校時刻＝8:30
下校時刻＝18:00

進路情報　2023年3月卒業生

四年制大学への進学率 **83.5%**

【卒業生数】449名
【進路傾向】国公立大学へ19名，海外大学へ1名が進学した。
【指定校推薦】利用状況は東京理科大3，学習院大2，青山学院大1，中央大1，法政大1，日本大9，東洋大1，駒澤大1，専修大5，東海大1，帝京大1，國學院大1，成蹊大3，成城大2，明治学院大1，芝浦工大2，東京電機大2，東京女子大3，日本女子大1，武蔵大2，玉川大1，工学院大6，東京都市大1，立正大1，東京経済大3，共立女子大2，大妻女子大2，白百合女子大2，東京薬科大3，武蔵野大1，創価大2，東京農大6，明星大1など。

	件数
■ 四年制大学	375名
□ 短期大学	1名
■ 専修・各種学校	17名
■ 就職	0名
□ 進学準備・他	56名

主な大学合格状況　'24年春速報は巻末資料参照

大学名	'23	'22	'21	大学名	'23	'22	'21	大学名	'23	'22	'21
◇千葉大	0	1	0	東京理科大	12	10	13	専修大	28	40	20
◇筑波大	0	0	1	学習院大	8	2	5	亜細亜大	30	11	18
◇埼玉大	1	1	0	明治大	22	19	13	帝京大	43	34	17
◇北海道大	1	1	0	青山学院大	16	10	8	成蹊大	15	25	15
◇東京藝術大	2	0	0	立教大	5	14	6	成城大	12	11	13
◇東京学芸大	1	2	1	中央大	24	29	23	明治学院大	17	10	8
◇都立大	2	1	3	法政大	47	32	21	東京女子大	15	7	3
早稲田大	5	5	3	日本大	69	40	57	東京経済大	17	6	15
慶應大	1	1	0	東洋大	58	39	24	桜美林大	28	24	24
上智大	7	6	0	駒澤大	38	22	15	杏林大	13	6	5

※各大学合格数は既卒生を含む。

入試要項 2024年春（実績）

新年度日程についてはp.116参照。

◆ 推薦　第1志望

募集人員▶120名

選抜方法▶作文（50分・600〜800字），グループ面接（5分），調査書

◆ 一般　併願優遇（公私とも可），一般（フリー）

募集人員▶280名

選抜方法▶国数英（各50分・各100点・国英はマークシートと記述の併用・数は全問マークシート・英にリスニングあり），面接（併願優遇はグループ10分，一般は個人10分），調査書

◆ 受験料　22,000円

内申基準 推薦［特別進学］3科11または5科18または9科34，［総合進学］3科10または5科17または9科32　一般（併願優遇）：［特別進学］3科12または5科20または9科36，［総合進学］3科11または5科18または9科34　※いずれも9科に1不可　※条件により内申加点あり

特待生・奨学金制度 内申，入試得点により2段階で奨学生を認定。入学金等を免除。

帰国生の受け入れ 国内生と同枠入試。

入試日程

区分	登録・出願	試験	発表	手続締切
推薦	12/20〜1/17	1/22	1/22	1/24
一般	12/20〜1/29	2/10or11	2/12	2/14

［延納］一般の公立併願者は公立発表後まで。

応募状況

年度	区分			応募数	受験数	合格数	実質倍率
'24	特進	推薦		18	18	18	1.0
		一般	併優	389	341	341	1.0
			フリー	29	27	16	1.7
	総進	推薦		108	108	108	1.0
		一般	併優	516	482	482	1.0
			フリー	84	73	46	1.6
'23	特進	推薦		22	22	22	1.0
		一般	併優	388	329	329	1.0
			フリー	41	38	34	1.1
	総進	推薦		91	91	91	1.0
		一般	併優	468	429	429	1.0
			フリー	90	83	65	1.3
'22	特進	推薦		20	20	20	1.0
		一般	併優	380	336	336	1.0
			フリー	27	26	11	2.3
	総進	推薦		90	90	90	1.0
		一般	併優	506	469	469	1.0
			フリー	75	69	54	1.3

［スライド制度］あり。上記に含まず。

［'24年合格最低点］一般：特別進学180，総合進学130（／300）

東京　男女　す 杉並学院

学費（単位：円）

学費（単位：円）	入学金	施設費	授業料	その他経費	小計	初年度合計
入学手続時	240,000	70,000	—	—	310,000	1,088,600
1年終了迄		162,000	456,000	160,600	778,600	

※2024年度予定。［返還］一般で3/15までの入学辞退者には入学金を除き返還。

［授業料納入］一括または4回・10回分割。［その他］制服・制定品代，修学旅行積立金あり。

併願校の例

※［総進］を中心に

	都立	埼公立	私立
挑戦校	国分寺	和光国際	国学院
	武蔵野北	川口市立	日大二
	豊多摩	市立浦和南	錦城
	小金井北		東京電機大
	調布北		聖徳学園
最適校	狛江	与野	専修大附
	井草	朝霞	日大櫻丘
	神代	川口	明星学園
	石神井		実践学園
	小平南		大成
堅実校	府中	朝霞西	文化学園杉並
	芦花	鳩ヶ谷	保善
	武蔵丘	浦和東	東京立正
	鷺宮		豊南
	杉並		藤村女子

合格のめやす

合格の可能性 **60%** **80%** の偏差値を表示しています。

特別進学 **56** **60**

総合進学 **52** **56**

※合格のめやすの見方は114ページ参照。

合格者

合否分布

不合格者

38　42　46　50　54　58　62　66　70（偏）

実線＝総合進学
破線＝特別進学

見学ガイド 文化祭／説明会／見学会

駿台学園 高等学校

小中高専短大

〒114-0002　東京都北区王子6-1-10　☎(03)3913-5735

【教育理念】　「個性」「協調」「貢献」を掲げる。校訓「万木一心」には、個性をもちながら互いに協調し、周囲に貢献する人材を育成したいという願いが込められている。

【沿革】　1932年東京神田駿河台に駿臺商業学校として創立。1958年現校名に改称。1963年現在地に移転。

【学校長】　瀬尾　兼秀

【生徒数】　男子444名、女子116名

	1年(7クラス)	2年(6クラス)	3年(6クラス)
男子	182名	130名	132名
女子	50名	38名	28名

JR—王子10分　都電—王子駅前10分
南北線—王子神谷7分、王子8分

特色

設置学科：普通科

【コース】　特選、進学、スペシャリスト・ハイブリッド、スペシャリスト・オリジナルの4コースを設置している。

【カリキュラム】　①特選コースは難関私立大学進学を目標に、より難易度の高い教材と豊富な授業時間数で学習。校内家庭教師「S1チューター」の受講が可能。②進学コースは中堅私立大学進学が目標。主要教科の授業時間数が多めだが、部活動との両立が可能。「S1チューター」も受講できる。③スペシャリストコースは部活やスポーツに熱中できる環境。生徒の希望進路に応じて、ハイブリッドとオリジナルに分かれる。④1人1台のタブレット端末を探究学習などに活用している。⑤定時制課程も設置。

【海外研修】　2年次の修学旅行はヨーロッパと九州の選択制。ほか希望者対象のサマースクールをアイルランドで実施する。

【クラブ活動】　指定強化種目は硬式野球、男女バレーボール、ボクシング、サッカー。男子バレーボール部、ボクシング部が全国レベル。

【施設】　屋上に大型の天体望遠鏡を設置。月に1回、最先端の研究者による天文講座を実施。

習熟度別授業	土曜授業	文理選択	オンライン授業	制服	自習室	食堂	プール	グラウンド	アルバイト	登校時刻＝8:25 下校時刻＝18:30
—	○	2年〜	○	○	〜17:00	○	○	○	審査	

進路情報　2023年3月卒業生

四年制大学への進学率 **73.3%**

【卒業生数】　101名

【進路傾向】　大学進学はいずれも私立大学で、内訳は文系84%、理系16%だった。

【指定校推薦】　上智大、日本大、東洋大、大東文化大、帝京大、獨協大、神奈川大、東京電機大、工学院大、東京都市大、立正大、国士舘大、東京経済大、千葉工大、関東学院大、大妻女子大、杏林大、東邦大、国際医療福祉大、日本薬科大、日本歯大、武蔵野大、東京農大、実践女子大、明星大、文教大、二松学舎大、帝京平成大、東京工科大、大正大、拓殖大、駒沢女子大、産業能率大、城西大など推薦枠あり。

	四年制大学	74名
	短期大学	2名
	専修・各種学校	15名
	就職	5名
	進学準備・他	5名

主な大学合格状況

'24年春速報は巻末資料参照

大学名	'23	'22	'21	大学名	'23	'22	'21	大学名	'23	'22	'21
◇東京学芸大	0	1	0	日本大	10	17	6	立命館大	0	2	0
早稲田大	2	0	1	東洋大	6	7	11	東京都市大	3	0	0
上智大	1	1	7	駒澤大	0	6	2	国士舘大	7	5	6
東京理科大	0	0	1	専修大	2	1	6	東京経済大	2	3	5
学習院大	1	0	1	大東文化大	4	15	10	桜美林大	4	2	2
明治大	1	0	2	東海大	1	0	2	順天堂大	1	1	0
青山学院大	0	0	3	帝京大	6	1	4	文教大	3	2	1
立教大	0	2	3	獨協大	3	4	3	城西大	2	2	3
中央大	2	4	0	神奈川大	2	1	0	文京学院大	4	2	2
法政大	1	1	4	芝浦工大	1	0	0	日本体育大	2	6	5

※各大学合格数は既卒生を含む。

入試要項 2024年春（実績）

新年度日程についてはp.116参照。

◆**推薦** 推薦Ａ：第１志望 推薦Ｂ：併願（公私とも可。東京・神奈川生を除く） ※スペシャリストは推薦Ａのみ

募集人員▶特選・進学コース計110名，スペシャリストコース40名

選抜方法▶適性検査（国数英各50分），調査書

◆**一般** 併願優遇（公私とも可），一般（第１志望考慮あり） ※スペシャリストはオリジナルコースの一般①第１志望のみ

募集人員▶特選・進学コース計130名，スペシャリストコース20名

選抜方法▶特選・進学（第１志望以外）：国数英（各50分・各100点・英にリスニングあり），調査書，ほか併願優遇以外は個人面接 進学（第１志望）・スペシャリストオリジナル：国数英より２科（各50分・各100点・英にリスニングあり），個人面接，調査書

◆**受験料** 23,000円

（**内申基準**）推薦Ａ：[特選]３科11または５科17，[進学]３科９または５科15または９科27，[スペシャリスト・ハイブリッド]３科９または５科14または９科26，[スペシャリスト・オリジナル]３科８または５科13または９科24 推薦Ｂ・一般（併願優遇）：[特選][進学]Ａ推薦の基準プラス各１ ※条件により内申加点あり

（**特待生・奨学金制度**）一般③と同日程で特待認定試験を実施。全コース対象最大10名を認定。

（**帰国生の受け入れ**）国内生と同枠入試で考慮あり。

入試日程

区分	登録・出願	試験	発表	手続締切
推薦Ａ	12/20～1/17	1/22	1/22	1/26
推薦Ｂ	12/20～1/17	1/22	1/22	国公発表翌日
併優①	12/20～1/29	2/10	2/10	国公発表翌日
併優②	12/20～1/29	2/11	2/11	国公発表翌日
一般①	12/20～2/5	2/10	2/10	2/15
一般①(スペ)	12/20～1/29	2/10	2/10	2/15
一般②	12/20～2/9	2/11	2/11	2/15
一般③	12/20～2/14	2/16	2/16	2/20

[延納] 一般の併願者は国公立発表後まで。

応募状況

年度	区分		応募数	受験数	合格数	実質倍率
'24	特選	推薦Ａ	2	2	2	1.0
		推薦Ｂ	3	3	3	1.0
		併優	8	8	8	1.0
		一般	4	4	3	1.3
	進学	推薦Ａ	59	59	59	1.0
		推薦Ｂ	59	59	59	1.0
		併優	278	239	232	1.0
		一般	41	31	15	2.1
	スペ	推薦Ａ	73	73	73	1.0
		一般	4	4	4	1.0

[スライド制度] あり。上記に含まず。
['24年合格最低点] 非公表。

東 京　男 女　（す）駿台学園

学費（単位：円）

	入学金	施設費	授業料	その他経費	小計	初年度合計
入学手続時	230,000	150,000	—	—	380,000	849,400
１年終了迄	—	—	396,000	73,400	469,400	

※2024年度予定。[入学前納入] １年終了までの小計のうち238,400円。[授業料納入] 一括または３回分割（入学前に１期分納入）。[その他] 制服・制定品代，教科書代・教材費（特選コース102,100円，進学コース96,800円，ハイブリッドコース93,500円）あり。

併願校の例 ※[進学]を中心に

	都立	埼公立	私立
挑戦校	豊島 深川 江北 向丘 東	浦和北 南稜 川口	東京成徳大 郁文館 足立学園 成立学園 豊島学園
最適校	新宿山吹 鷺宮 松原 足立 高島	鳩ヶ谷 浦和東 大宮武蔵野	岩倉 上野学園 共栄学園 豊南 武蔵野
堅実校	飛鳥 王子総合 板橋 足立西 足立新田	川口東 川口青陵	瀧野川女子 堀越

合格のめやす

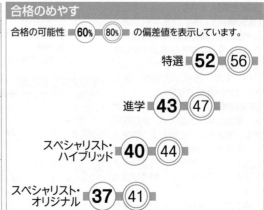

合格の可能性 **60%** **80%** の偏差値を表示しています。

特選 **52** (56)

進学 **43** (47)

スペシャリスト・ハイブリッド **40** (44)

スペシャリスト・オリジナル **37** (41)

※合格のめやすの見方は114ページ参照。

（**見学ガイド**）文化祭／天文講座／説明会／見学会

武蔵野市

成蹊 高等学校

〒180-8633　東京都武蔵野市吉祥寺北町3-10-13　☎(0422)37-3818

【教育目標】「個性の尊重，品性の陶冶，勤労の実践」を建学の精神に掲げる。自ら課題を発見し，解決できる「0 to 1」の発想が持てる人材を育成する。

【沿　革】1906年創立の学生塾「成蹊園」を前身とし，1925年に開校。

【学校長】仙田　直人

【生徒数】男子500名，女子473名

	1年（8クラス）	2年（8クラス）	3年（8クラス）
男子	162名	179名	159名
女子	164名	155名	154名

JR・京王井の頭線―吉祥寺よりバス成蹊学園前8分　西武新宿線―武蔵関20分

特色

設置学科：普通科

【コース】2年次に文系と理系に分かれ，3年次には文系9コース，理系10コースを設定。

【カリキュラム】①1年次は共通カリキュラムを通して自らの資質や関心を見出す。数学は内部進学生と別クラスで学ぶ。②1・2年次の英語は週1回ネイティヴ教員とのティームティーチングで進める。③2年次より第二外国語として中国語，仏語，独語，朝鮮・韓国語を選択できる。④理科の授業は専用校舎で行い，実験観察や演習に力を入れている。実験実習助手を7名配置し，実施困難な実験・観察も実現。

【キャリア教育】成蹊大学と連携。大学教員による講演会や模擬授業，理工学部の研究室見学会などを行い，自ら進路を選択できる力を養う。

【海外研修】アメリカ，イギリス，オーストラリア，北欧（デンマーク・スウェーデン）への短期・長期留学プログラムなどを実施している。ほか，積極的に留学生を受け入れている。

【クラブ活動】硬式テニス部が全国大会に出場の実績。活動は全クラブ休日を除き週4日まで。

【行事】2年次に学習旅行を実施。生徒も企画に加わり，国内外8コースを設定する。

習熟度別授業	土曜授業	文理選択	オンライン授業	制服	自習室	食堂	プール	グラウンド	アルバイト	
数英	○	2年～	○	○	～18:00	○	○	○	○	登校時刻＝ 8:10 下校時刻＝18:30

進路情報　2023年3月卒業生

四年制大学への進学率 **83.6%**

【卒業生数】324名

【進路傾向】医学部医学科13名，歯学部5名，薬学部7名の合格が出ている。海外大学へ3名が進学した。

【系列進学】成蹊大学へ99名（経済19，文20，法18，経営32，理工10）が内部推薦で進学した。

【指定校推薦】利用状況は早稲田大5，慶應大4，上智大7，東京理科大5，明治大1，立教大3，中央大6，法政大1，東海大1，国際基督教大1，東京女子大1，同志社大2，北里大1，日本歯大1，関西学院大1など。ほかに学習院大，日本大，芝浦工大，桜美林大，昭和大，東京薬科大，明治薬科大など推薦枠あり。

	名数
四年制大学	271名
短期大学	2名
専修・各種学校	0名
就職	0名
進学準備・他	51名

主な大学合格状況

'24年春速報は巻末資料参照

大学名	'23	'22	'21	大学名	'23	'22	'21	大学名	'23	'22	'21
◇東京大	3	1	2	◇東京農工大	2	2	2	法政大	32	23	13
◇京都大	2	1	0	早稲田大	21	41	33	日本大	38	31	30
◇東工大	1	2	1	慶應大	28	24	22	東洋大	33	9	20
◇一橋大	1	0	0	上智大	24	31	35	国際基督教大	6	3	4
◇千葉大	2	0	2	東京理科大	13	13	13	成蹊大	116	106	101
◇筑波大	0	2	1	学習院大	7	7	2	芝浦工大	13	5	12
◇東京外大	1	1	2	明治大	49	34	34	日本女子大	5	2	10
◇横浜国大	1	1	1	青山学院大	20	24	25	立命館大	12	10	6
◇北海道大	2	2	0	立教大	36	44	28	北里大	4	8	4
◇東北大	2	1	1	中央大	26	31	36	聖マリアンナ医大	2	3	2

※各大学合格数は既卒生を含む。

入試要項 2024年春（実績）

新年度日程についてはp.116参照。

◆ **推薦** 単願推薦
募集人員▶約20名
選抜方法▶適性検査（国数英各45分・各100点・英にリスニングあり），個人面接（15分），調査書，志願者シート

◆ **一般**
募集人員▶約60名
選抜方法▶国数英（各60分・各100点・英にリスニングあり），個人面接（5分），調査書

◆ **帰国生**
募集人員▶若干名
選抜方法▶国数英（各60分・各100点・国は古典を除く・英にリスニングあり），個人面接（10分），志願者学歴書，調査書または成績証明書類

◆ **受験料** 30,000円

(内申基準) 推薦：[男子] 9科37，[女子] 9科38
※ 9科に2不可

(特待生・奨学金制度) 経済的理由による修学困難に対応した奨学金制度あり。

(帰国生の受け入れ) 国内生と別枠入試（上記参照）。

入試日程

区分	登録・出願	試験	発表	手続締切
推薦	12/20～1/18	1/22	1/23	1/24
一般	12/20～2/3	2/10	2/11	2/13
帰国生	12/20～1/12	1/22	1/23	1/24

［延納］一般・帰国生の併願者は入学金納入により残額は都立発表後まで。

応募状況

年度	区分		応募数	受験数	合格数	実質倍率
'24	推薦	男子	11	11	11	1.0
		女子	11	11	11	1.0
	一般	男子	103	100	40	2.5
		女子	70	66	54	1.2
	帰国	男子	28	27	13	2.1
		女子	31	30	20	1.5
'23	推薦	男子	14	14	12	1.2
		女子	21	21	12	1.8
	一般	男子	115	113	40	2.8
		女子	98	96	32	3.0
	帰国	男子	28	27	15	1.8
		女子	35	34	16	2.1
'22	推薦	男子	6	6	6	1.0
		女子	16	16	16	1.0
	一般	男子	99	95	58	1.6
		女子	74	71	45	1.6
	帰国	男子	17	15	15	1.0
		女子	18	15	14	1.1

［'24年合格最低点］一般：男子196，女子181（／300）

学費(単位:円)	入学金	施設費	授業料	その他経費	小計	初年度合計
入学手続時	300,000	100,000	334,000	11,600	745,600	1,183,200
1年終了迄	―	100,000	334,000	3,600	437,600	

※2024年度予定。［返還］一般・帰国生で3/30までの入学辞退者には入学金を除き返還。
［授業料納入］2回分割（入学手続時に前期分納入）。［その他］制服・制定品代，学級費（2023年度実績：5,000～10,000円）等あり。［寄付・学債］任意の成蹊学園教育充実資金1口10万円2口以上あり。

併願校の例

	都立	神・埼公立	私立
挑戦校	日比谷 西 国立	横浜翠嵐 大宮	青山学院 明大明治 広尾学園
最適校	戸山 立川 八王子東 新宿 国際	多摩 川和 蕨 所沢北	中央大学 国学院久我山 日大二 国学院 明大東村山
堅実校	駒場 豊多摩 調布北 多摩科学技術 神代	横浜平沼 新城 川口市立 所沢	成城学園 聖徳学園 日大櫻丘 実践学園 杉並学院

合格のめやす

合格の可能性 **60%** **80%** の偏差値を表示しています。

男子 **62** (66)

女子 **63** (67)

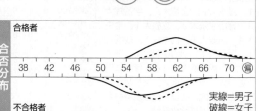

合格者

合否分布

38　42　46　50　54　58　62　66　70　(偏)

不合格者

実線＝男子
破線＝女子

※合格のめやすの見方は114ページ参照。

(見学ガイド) 文化祭／キャンパスツアー／説明会

成城学園 高等学校

世田谷区

〒157-8511　東京都世田谷区成城6-1-20　☎(03)3482-2104

【教育方針】　「自学自習」「自治自律」の精神を尊び、優れた感性、強い意志、他者との共生・協働を可能とする柔軟で寛容な心を育成する。

【沿革】　1917年小学校創立。1926年開設の旧制成城高等学校と1927年開設の旧制成城高等女学校を母体に1948年開設。

【学校長】　中村　雅浩

【生徒数】　男子377名、女子459名

	1年(7クラス)	2年(7クラス)	3年(7クラス)
男子	123名	127名	127名
女子	160名	152名	147名

小田急線―成城学園前8分

特色

設置学科：普通科

【コース】　2年次よりA（成城大学を中心に芸術・体育系などの他大学にも対応）、B（他大学文系）、理数（他大学理系）の3コース制。

【カリキュラム】　①クラスや学年を超えた課外教室を開く。22のコースがあり、芸術、ボランティアなど各自の興味に合わせ、複数参加できる。ドイツなど海外でも実施。②1年次の英語は外国人教師とのティームティーチングによるプログラムを週1時間実施。コミュニケーションスキルや批判的思考力を養い、より広い世界へ目を向ける積極性を育てる。③年に数回外部

の研究者を招き、希望制のサイエンス教室を開講。専門性の高い実験や観察を行う。

【キャリア教育】　将来や職業を考える機会としてキャリアガイダンスを開催。自身の描く将来像と進学後の姿に相違がないようにする。

【海外研修】　夏休みに希望制のカナダ短期留学を実施。ほか希望選抜制で1・2年次対象のイギリスやアメリカでの長期留学制度がある。

【クラブ活動】　水泳（ライフセービング・女子競泳）、ゴルフ部、女子ホッケー部、スキー部などが全国レベル。ラグビー部も活躍している。

習熟度別授業	土曜授業	文理選択	オンライン授業	制服	自習室	食堂	プール	グラウンド	アルバイト
―	○	2年～	○	男:○女:○	~18:00	○	○	○	審査

登校時刻＝ 8:25
下校時刻＝18:30

進路情報　2023年3月卒業生

四年制大学への進学率 **89.4%**

【卒業生数】　274名

【進路傾向】　大学進学者の内訳は、文系86%、理系11%、他3%。国公立大学へ文系1名が進学した。

【系列進学】　成城大学へ152名（経済63、文芸43、法12、社会イノベーション34）が内部推薦で進学した。

【指定校推薦】　利用状況は早稲田大1、慶應大2、上智大7、学習院大3、青山学院大2、立教大1、中央大4、法政大1、日本大1、成蹊大1、昭和大1、明治薬科大1、日本歯大1、東京農大1など。ほかに東京理科大、東京電機大、東京都市大、白百合女子大、北里大、東京薬科大、東京歯大など推薦枠あり。

■ 四年制大学	245名
□ 短期大学	1名
■ 専修・各種学校	0名
■ 就職	0名
□ 進学準備・他	28名

主な大学合格状況

'24年春速報は巻末資料参照

大学名	'23	'22	'21	大学名	'23	'22	'21	大学名	'23	'22	'21
◇筑波大	0	0	1	青山学院大	11	6	11	成城大	153	181	172
◇東京外大	0	1	0	立教大	21	8	11	明治学院大	2	2	8
◇横浜国大	1	0	0	中央大	16	13	12	立命館大	5	7	3
◇北海道大	1	0	0	法政大	11	8	10	順天堂大	1	3	1
早稲田大	8	8	3	日本大	9	14	10	昭和大	6	6	0
慶應大	10	10	4	東洋大	2	3	11	東京医大	1	2	0
上智大	20	13	17	駒澤大	2	0	6	東京女子医大	2	1	1
東京理科大	1	0	3	専修大	2	1	1	東京薬科大	3	4	1
学習院大	7	4	5	帝京大	2	5	4	多摩美大	3	5	1
明治大	13	6	7	成蹊大	3	4	1	武蔵野美大	2	1	4

※各大学合格数は既卒生を含む。

小 中 高 専 短 大

入試要項 2024年春（実績）

新年度日程についてはp.116参照。

◆ 推薦　第１志望
募集人員▶約20名
選抜方法▶作文（60分・600字），面接（個人15分，グループ30分），調査書，自己PR書
◆ 一般
募集人員▶約40名
選抜方法▶国数英（各60分・各100点・英にリスニングあり），個人面接（10分），調査書
◆ 受験料　30,000円

内申基準 推薦：９科36　※３年間の９科に２不可　※条件により内申加点あり

特待生・奨学金制度 家計急変に対応した授業料減免制度あり。

帰国生の受け入れ 国内生と同枠入試。

入試日程

区分	登録・出願	試験	発表	手続締切
推薦	12/20〜1/18	1/22	1/23	1/25
一般	12/20〜2/6	2/12	2/13	2/16

応募状況

年度	区分		応募数	受験数	合格数	実質倍率
'24	推薦	男子	7	7	3	2.3
		女子	43	43	26	1.7
	一般	男子	74	58	12	4.8
		女子	108	95	33	2.9
'23	推薦	男子	5	5	4	1.3
		女子	31	31	24	1.3
	一般	男子	78	66	11	6.0
		女子	130	115	35	3.3
'22	推薦	男子	7	7	5	1.4
		女子	28	28	20	1.4
	一般	男子	39	31	10	3.1
		女子	83	79	33	2.4

［'24年合格最低点］非公表。

東京　男女　(せ)　成城学園

学費（単位：円）

	入学金	施設維持費	授業料	その他経費	小計	初年度合計
入学手続時	250,000	—	—	—	250,000	1,406,000
１年終了迄	—	300,000	750,000	106,000	1,156,000	

※2024年度予定。［授業料納入］一括または３回分割。
［その他］制服（男子のみ）・制定品代，ノートPC購入代等（2023年度実績：約170,000円），課外教室参加費あり。
［寄付・学債］任意の学園教育振興資金１口10万円２口以上あり。

併願校の例

	都立	神公立	私立
挑戦校	日比谷 青山 新宿	湘南 厚木 多摩	国際基督教 法政大学 明治学院 成蹊 日本女子大附
最適校	国際 駒場 豊多摩 北園 目黒	相模原 新城 海老名 市ケ尾	国学院 日大三 駒澤大学 日大鶴ヶ丘 明星学園
堅実校	狛江 神代 調布南 広尾 府中	生田 座間 松陽 元石川	玉川学園 松蔭大松蔭 和光 国士舘 麻布大附

合格のめやす

合格の可能性 **60%** **80%** の偏差値を表示しています。

男子 **58** **62**

女子 **58** **62**

※合格のめやすの見方は114ページ参照。

合否分布

合格者

| 38 | 42 | 46 | 50 | 54 | 58 | 62 | 66 | 70 | (偏) |

不合格者

見学ガイド 体育祭／文化祭／説明会

港区

正則 高等学校

〒105-0011　東京都港区芝公園3-1-36　☎(03)3431-0913

【創立の精神】　知識伝授のみの「変則」な教育ではなく、人間として広がりのある「正則」な教育を行う。本来の学校らしさを求め、充実感のある高校生活と大学進学をめざす。

【沿　革】　1889年正則予備校として創立。1947年に現校名となる。2000年共学化。

【学校長】　千葉　修一

【生徒数】　男子474名、女子307名

	1年(7クラス)	2年(9クラス)	3年(6クラス)
男子	172名	185名	117名
女子	99名	154名	54名

日比谷線―神谷町5分　都営三田線―御成門5分　都営大江戸線―赤羽橋10分

特色

設置学科：普通科

【カリキュラム】　①成績別のクラスを設けず、全員が同じスタートラインに立つ。基本学力を伸ばし、めざす大学への進学学力をつける。②アクティブ・ラーニング型の授業と協同の学習で、対話的なコミュニケーション能力を養う。③3年間学級固定、担任持ち上がり制を採用。仲間と一緒に高め合い、尊重し合うクラス作りで、全員が前向きに目標達成をめざす。④2年次より選択授業を導入。文・理・芸術系など多彩な科目を設定。⑤放課後学習メンタープログラムを設定。現役大学生が常駐し、学習支援や進路アドバイスを行う。⑥2年次の夏休みに体験学習に取り組む(希望制)。農業や看護、介護、保育などの職業に触れ、自身のめざす未来を見つめる。⑦学力をつけることを学校生活の軸としつつ、クラス作りやクラブ活動、行事、学習旅行などを通じて「社会で生きる力」を養う。

【クラブ活動】　サイクリング部が全国大会に出場。軽音楽部なども活躍している。

【行事】　2日間開催される文化祭はすべて生徒の手で企画・運営される。2年次の学習旅行では長崎・沖縄を訪れ、生きる意味を考え学ぶ。

習熟度別授業	土曜授業	文理選択	オンライン授業	制服	自習室	食堂	プール	グラウンド	アルバイト	登校時刻＝ 8:20
国数英	○	2年～	○	○	～18:30	―	―	○	審査	下校時刻＝18:30

進路情報　2023年3月卒業生

四年制大学への進学率 **86.1%**

【卒業生数】　231名

【進路傾向】　大学進学者の内訳は文系74%、理系23%、他3%。文系では社会学系を志望する生徒が多い。国公立大学へ理系2名が進学した。

【指定校推薦】　利用状況は法政大2、日本大4、東洋大3、駒澤大4、専修大4、國學院大1、獨協大1、武蔵大1など。ほかに大東文化大、東海大、亜細亜大、帝京大、神奈川大、東京電機大、玉川大、工学院大、東京都市大、立正大、国士舘大、東京経済大、関東学院大、共立女子大、大妻女子大、東京女子医大、武蔵野大、東京農大、実践女子大、昭和女子大、二松學舍大など推薦枠あり。

	四年制大学	199名
	短期大学	0名
	専修・各種学校	10名
	就職	0名
	進学準備・他	22名

主な大学合格状況

'24年春速報は巻末資料参照

大学名	'23	'22	'21	大学名	'23	'22	'21	大学名	'23	'22	'21
◇筑波大	0	0	1	立教大	0	1	1	帝京大	12	16	18
◇埼玉大	0	0	1	中央大	1	8	1	明治学院大	5	4	2
◇都立大	1	1	0	法政大	7	11	5	獨協大	6	6	7
◇電通大	1	0	0	日本大	22	36	41	神奈川大	11	11	10
早稲田大	0	2	0	東洋大	26	20	20	東京電機大	6	5	2
慶應大	4	0	0	駒澤大	13	14	11	玉川大	5	3	9
東京理科大	1	0	1	専修大	11	11	13	東京都市大	7	6	6
学習院大	0	4	2	大東文化大	7	3	6	立正大	11	12	19
明治大	3	9	2	東海大	8	12	4	桜美林大	5	13	12
青山学院大	1	2	2	亜細亜大	11	11	6	関東学院大	8	6	11

※各大学合格数は既卒生を含む。

入試要項 2024年春（実績）

新年度日程についてはp.116参照。

◆ **推薦** 推薦A・B：第1志望
募集人員▶160名
選抜方法▶推薦A：作文（50分・400〜600字），個人面接（10分），調査書　推薦B：適性検査（国数英計60分），個人面接（10分），調査書
◆ **一般** 第1志望優遇（推薦不合格者対象），併願優遇（公私とも可），一般
募集人員▶①120名・②40名
選抜方法▶国数英（各50分・各100点），個人面接（10分），調査書
◆ **受験料** 20,000円

内申基準 推薦A：3科10または5科16または9科30　一般（併願優遇）：3科10かつ5科16
※いずれも9科に1不可（推薦Bを含む）　※推薦Aは若干の幅を持って対応　※条件により内申加点あり

特待生・奨学金制度 収入基準や家計急変時に対応した経済援助奨学金制度と，兄弟姉妹同時入学・在学の軽減措置がある。

帰国生の受け入れ 国内生と同枠入試。

入試日程

区分	登録・出願	試験	発表	手続締切
推薦	12/20〜1/18	1/22	1/23	1/30
一般①	12/20〜2/6	2/10	2/11	3/2
一般②	12/20〜2/6	2/12	2/13	3/2

［延納］一般の千葉公立併願者は公立発表後まで。

応募状況

年度	区分		応募数	受験数	合格数	実質倍率
'24	推薦A	男子	50	50	50	1.0
		女子	20	20	20	1.0
	推薦B	男子	39	39	35	1.1
		女子	14	14	11	1.3
	一般①	男子	218	207	188	1.1
		女子	127	123	113	1.1
	一般②	男子	106	85	77	1.1
		女子	35	29	27	1.1
'23	推薦A	男子	53	53	53	1.0
		女子	35	35	35	1.0
	推薦B	男子	32	32	28	1.1
		女子	5	5	5	1.0
	推薦C	男子	6	6	6	1.0
		女子	3	3	3	1.0
	一般①	男子	169	162	145	1.1
		女子	133	129	120	1.1
	一般②	男子	100	86	77	1.1
		女子	30	20	19	1.1
'22	推薦A		112	112	112	1.0
	推薦B		52	52	42	1.2
	推薦C		12	10	10	1.0
	一般①		405	370	336	1.1
	一般②		150	122	111	1.1

［'24合格最低点］一般①169/300　一般②171/300

東京　男女　㋜ 正則

学費（単位：円）

	入学金	教育拡充費	授業料	その他経費	小計	初年度合計
入学手続時	250,000	—	—	—	250,000	1,143,350
1年終了迄	—	180,000	444,000	269,350	893,350	

※2023年度実績。［授業料納入］4回分割。［その他］制服・制定品代あり。
［寄付・学債］任意の後援会費1口72,000円あり。

併願校の例

	都立	神公立	私立
挑戦校	目黒 上野 広尾 深川 雪谷	新城 港北 市立橘	目黒日大 多摩大目黒 東海大高輪台 二松学舎 東京
最適校	田園調布 東 本所 小岩 晴海総合	元石川 市立みなと総合 市立高津 麻生	立正大立正 錦城学園 目黒学院 SDH昭和一 岩倉
堅実校	松原 高島 桜町 つばさ総合 大崎	城郷 百合丘	大森学園 関東一 神田女学園 品川学藝 正則学園

合格のめやす

合格の可能性 ■**60%**■ **80%** の偏差値を表示しています。

普通科　**46**　**⑤⓪**

※合格のめやすの見方は114ページ参照。

合格者／不合格者 合否分布

| 30 | 34 | 38 | 42 | 46 | 50 | 54 | 58 | 62 | ㊙ |

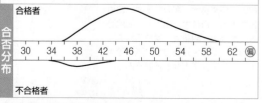

見学ガイド 文化祭／説明会／オープンスクール

八王子市

聖パウロ学園 高等学校

〒192-0154　東京都八王子市下恩方町2727　☎(042)651-3893

【教育方針】　「対話」「思考型教育」「少人数教育」「カトリック理念」を掲げ，他人への思いやりに満ちた人間形成を教育の基盤としている。

【沿　革】　1948年創立。1972年全寮制高校となる。2002年男子校より共学化，通学制を開始。2008年より寮制度廃止，完全通学制となる。

【学校長】　小島　綾子

【生徒数】　男子195名，女子67名

	1年(3クラス)	2年(3クラス)	3年(3クラス)
男子	70名	66名	59名
女子	23名	24名	20名

聖パウロ学園

JR，京王高尾線―高尾よりバス大久保10分，高尾・秋川よりスクールバスあり

特色

設置学科：普通科

【コース】　グローバルクラスとセレクティブクラスの2クラスを設置。

【カリキュラム】　①グローバルクラスは英語以外の教科でネイティヴ教員の英語解説を行うなどイマージョン教育を展開。0限は課題探究型授業に取り組み，思考力や問題解決力を鍛える。②セレクティブクラスは各授業に課題探究型授業を取り入れ，主体的に学び，考える力を養う。多様な大学入試に対応。授業は9：25開始。③課外には生徒の苦手な分野を見つけ，基礎学力向上を支えるカリタス講座を実施。ほかに大学受験対策講座のヴェリタスなどがある。④広大な敷地の自然を活用した体験学習を実施。乗馬や樹木間伐を通して動物との共生や森林保全への理解を深める。⑤年に数回ミサにあずかる。カトリック教育を通して生きる力を育む。

【海外研修】　修学旅行はフィリピン・セブ島。選抜制でオーストラリア中期語学留学も実施。

【クラブ活動】　馬術部が全国大会出場の実績。硬式野球部も活発に活動している。

【施設】　2021年に体育館を改装。約230,000㎡ある学校林や聖堂，馬場などを有する。

習熟度別授業	土曜授業	文理選択	オンライン授業	制服	自習室	食堂	プール	グラウンド	アルバイト	登校時刻＝　8:15
数英	―	2年～	―	○	～18:40	○	―	○	―	下校時刻＝19:00

進路情報　2023年3月卒業生

四年制大学への進学率 **84.1%**

【卒業生数】　82名

【進路傾向】　大学進学は主に私立文系。国公立大学へ文系1名が進学した。入試形態別の大学合格割合は一般選抜20%，総合型選抜39%，指定校推薦39%，公募・スポーツ推薦2%だった。

【指定校推薦】　上智大，亜細亜大，帝京大，東京電機大，玉川大，工学院大，桜美林大，聖心女子大，白百合女子大，杏林大，南山大，武蔵野大，創価大，明星大，東京工科大，拓殖大，城西大，目白大，高千穂大，十文字学園女子大など推薦枠あり。

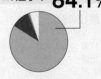

四年制大学	69名
短期大学	0名
専修・各種学校	8名
就職	1名
進学準備・他	4名

主な大学合格状況

'24年春速報は巻末資料参照

大学名	'23	'22	'21	大学名	'23	'22	'21	大学名	'23	'22	'21
◇都留文科大	1	0	1	大東文化大	2	1	0	南山大	2	1	0
上智大	6	4	4	東海大	1	2	0	武蔵野大	1	1	2
学習院大	0	1	1	亜細亜大	2	2	3	明星大	3	9	6
明治大	0	1	1	帝京大	18	16	6	帝京平成大	1	2	2
立教大	0	0	1	玉川大	2	5	0	東京工科大	1	3	2
中央大	0	2	2	立正大	7	3	0	大正大	3	1	2
法政大	0	1	0	桜美林大	11	2	5	拓殖大	1	6	1
日本大	1	2	6	聖心女子大	4	3	2	日本歯科大	0	2	1
駒澤大	1	0	1	杏林大	1	1	3	東京福祉大	0	0	1
専修大	6	0	4	日本薬科大	1	0	0	多摩大	0	2	2

※各大学合格数は既卒生を含む。

入試要項 2024年春（実績）

新年度日程についてはp.116参照。

◆ 推薦　第1志望

募集人員 ▶ 30名

選抜方法 ▶ 作文（50分・600～800字），個人面接（10分），調査書

◆ 一般　第1志望，併願優遇（公私いずれか），フリー

募集人員 ▶ 50名

選抜方法 ▶ 国数英より2科（各50分・各100点），調査書，ほかに第1志望とフリーは個人面接（10分）

◆ 受験料　25,000円

内申基準 推薦：[グローバル] 5科15，[セレクティブ] 5科13または9科26　一般（第1志望・併願優遇）：[グローバル] 5科16，[セレクティブ] 5科14または9科27　※いずれも9科に1不可　※条件により内申加点あり

特待生・奨学金制度 学力特待生，スポーツ特待生を内申，入試成績などの総合判定により若干名認定。

帰国生の受け入れ 個別対応。

入試日程

区分	登録・出願	試験	発表	手続締切
推薦	12/20～1/17	1/22	1/23	1/25
一般①	12/20～2/5	2/10	2/12	2/16
一般②	12/20～2/5	2/12	2/14	2/16

[延納] 東京・神奈川・埼玉・山梨の中学に在籍する一般の併願優遇制度適用者は公立発表後まで。

応募状況

年度	区分			応募数	受験数	合格数	実質倍率
'24	推薦			53	53	53	1.0
	一般	①	第1志望	26	26	18	1.4
			併願優遇	106	102	102	1.0
			フリー	5	4	3	1.3
		②	第1志望	2	2	1	2.0
			併願優遇	22	19	19	1.0
			フリー	10	10	6	1.7
'23	推薦			58	58	58	1.0
	一般①			96	94	91	1.0
	一般②			28	21	19	1.1
'22	推薦			49	48	48	1.0
	一般①			161	145	138	1.1
	一般②						

[スライド制度] あり。上記に含まず。
['24年合格最低点] 非公表。

東京　男女　（せ）　聖パウロ学園

学費（単位:円）

学費（単位:円）	入学金	施設費	授業料	その他経費	小計	初年度合計
入学手続時	250,000	200,000	—	—	450,000	1,205,000
1年終了迄	—	—	450,000	305,000	755,000	

※2024年度予定。[授業料納入] 4回分割。
[その他] 制服・制定品代，教材費等あり。

併願校の例　※[セレ]を中心に

	都立	神公立	私立
挑戦校	府中 翔陽 松が谷 富士森	麻溝台 上溝南 橋本	啓明学園 帝京八王子 東海大菅生 昭和一学園 日大明誠
最適校	日野 八王子桑志 府中西 府中東 片倉	麻生 百合丘 相模原城山 相模田名	立川女子 二階堂 大東学園 光明相模原
堅実校	八王子北 若葉総合 永山 八王子擷（一般枠） 拝島	生田東 菅 津久井	フェリシア 科学技術学園

合格のめやす

合格の可能性 60% 80% の偏差値を表示しています。

グローバル 44 48

セレクティブ 40 44

実線＝セレクティブ
破線＝グローバル

※合格のめやすの見方は114ページ参照。

見学ガイド 文化祭／説明会／オープンスクール／個別見学対応

北区

成立学園 高等学校

〒114-0001　東京都北区東十条6-9-13　☎(03)3902-5494

【教育方針】　「礼節・勤倹・建設」を校訓に掲げる。将来の目標を具体的に達成する「見える学力」と，幅広い教養を身につけ発信力を育成する「見えない学力」を共に育て，生涯学び続けるための足腰を自ら鍛える力を養う。

【沿　革】　1925年創立。2004年より現校名，共学となる。2010年中学校開校。

【学校長】　福田　英二

【生徒数】　男子705名，女子550名

	1年(8クラス)	2年(13クラス)	3年(11クラス)
男子	195名	265名	245名
女子	151名	237名	162名

JR―赤羽8分，東十条8分
南北線・埼玉高速鉄道―赤羽岩淵14分

特色

設置学科：普通科

【コース】　スーパー特選コースと特進コースを設置。2年次より内部進学生と混合し，探究，難関，選抜，特進総合，アスリートの5クラスに分岐。探究クラス以外は2年次に文理を選択。

【カリキュラム】　①1年次は学習習慣の定着と基礎学力の徹底により，2年次からのコース選択に備える。②探究クラスは英語や論理的思考力など，探究に必要な能力を養う。海外大学への進学もサポート。③アスリートクラスはスポーツを通して人間形成を図り，プロや大学で活躍するトップアスリートをめざす。対象クラブは硬式野球部と男子サッカー部。④「ナショナルジオグラフィック日本版」の記事を題材に課題を見つけ，問題意識を持って調査・分析を実施。1・2年次は結果をレポートにして発表する。⑤放課後や休日は進学塾の自習支援システムが利用可能。チューターが常駐し授業の質問や学習計画の相談ができる環境を整える。

【海外研修】　探究クラスでは2年次にハワイでの海外研修旅行を必修で行っている。

【クラブ活動】　男子サッカー部や男子バスケットボール部が全国大会に出場している。

習熟度別授業	土曜授業	文理選択	オンライン授業	制服	自習室	食堂	プール	グラウンド	アルバイト	登校時刻＝ 8:20
国数英	○	2年～	○	○	～21:00	―	―	○	審査	下校時刻＝19:00

進路情報　2023年3月卒業生

四年制大学への進学率 **91.2%**

【卒業生数】　318名

【進路傾向】　現役の主な大学合格状況は国公立4名，早慶上理8名，GMARCH 117名，日東駒専257名，海外大学14名など。

【指定校推薦】　利用状況は東京理科大1，学習院大1，中央大2，法政大2，東洋大8，成蹊大1，獨協大4，東京都市大2など。ほかに日本大，駒澤大，大東文化大，亜細亜大，帝京大，國學院大，神奈川大，東京電機大，立命館大，白百合女子大，清泉女子大，フェリス女学院大，東洋英和女学院大など推薦枠あり。

	名
四年制大学	290名
短期大学	0名
専修・各種学校	18名
就職	0名
進学準備・他	10名

主な大学合格状況

'24年春速報は巻末資料参照

大学名	'23	'22	'21	大学名	'23	'22	'21	大学名	'23	'22	'21
◇筑波大	1	0	1	立教大	20	27	53	國學院大	5	6	10
◇埼玉大	0	1	0	中央大	34	35	38	明治学院大	1	8	4
◇北海道大	2	0	0	法政大	29	28	22	獨協大	8	13	77
早稲田大	4	1	14	日本大	140	54	48	立命館大	1	2	21
慶應大	2	3	0	東洋大	85	94	67	東京都市大	4	11	14
上智大	1	1	1	駒澤大	26	14	23	国士舘大	3	7	16
東京理科大	3	8	4	専修大	10	9	15	順天堂大	4	4	2
学習院大	19	24	28	大東文化大	23	9	24	日本薬科大	4	5	4
明治大	16	18	23	亜細亜大	3	5	5	近畿大	6	10	11
青山学院大	12	10	5	帝京大	47	39	33	武蔵野大	4	18	9

※各大学合格数は既卒生を含む。

入試要項 2024年春（実績）

新年度日程についてはp.116参照。

◆推薦　単願，併願（公私とも可。東京・神奈川生を除く）　※都外生はいずれも自己推薦可

募集人員▶スーパー特選コース120名，特進コース200名　※一般を含む全体の定員

選抜方法▶国数英（各45分・各100点・マークシート），グループ面接（5分），調査書

◆一般　第1志望，併願優遇（公私とも可）

募集人員▶定員内

選抜方法▶国数英（各50分・各100点・マークシート），グループ面接（5分），調査書

※推薦・一般ともに英は英語検定，数は数学検定の資格証明書写し提出により，2級で80点，準2級で75点，3級で70点とみなし，入試得点と比べて高い方で判定

◆受験料　23,000円

（内申基準）単願推薦：[スーパー特選] 5科20または9科38　[特進] 5科19または9科32

併願推薦・一般（併願優遇）：[スーパー特選] 5科22または9科40　[特進] 5科20または9科38

※男子サッカー部と硬式野球部の推薦は[特進]9科28　※条件により内申加点あり

（特待生・奨学金制度）入試の成績優秀者を5段階の特待生認定。

（帰国生の受け入れ）国内生と同枠入試。

入試日程

区分	登録・出願	試験	発表	手続締切
推薦	12/20～1/16	1/22	1/25	1/27
一般	12/20～2/4	2/11	2/16	2/17

[延納]併願推薦と一般の併願優遇は公立発表後まで。

応募状況

年度		区分	応募数	受験数	合格数	実質倍率
'24	S特	単願推薦	12	12	12	1.0
		併願推薦	21	21	21	1.0
		一般	55	53	31	1.7
	特進	単願推薦	138	137	137	1.0
		併願推薦	33	33	33	1.0
		一般	115	111	94	1.2
'23		A推薦	167	167	166	1.0
		B推薦	41	41	37	1.1
		一般	368	353	221	1.6
'22	S特	推薦	127	127	117	1.1
		一般 併優	91	89	63	1.4
		一般 フリー	3	3	1	3.0
	特進	推薦	428	428	427	1.1
		一般 併優	163	153	144	1.1
		一般 フリー	24	24	4	6.0

[スライド制度]あり。上記に含めます。
['24合格最低基準] 単願推薦：スーパー特選182，特進142（/300）　併願推薦：スーパー特選192，特進152（/300）　一般：スーパー特選200，特進182（/300）

東京　男女　（せ）成立学園

学費（単位：円）	入学金	施設費	授業料	その他経費	小計	初年度合計
入学手続時	250,000	100,000	111,000	351,500	812,500	1,364,800
1年終了迄	—	—	333,000	219,300	552,300	

※2024年度予定。[返還] 3/22までの入学辞退者には入学金を除き返還。[授業料納入] 4回分割（入学手続時に1期分納入）。[その他] 制服・制定品代，タブレット端末購入代金あり。

併願校の例 ※[特進]を中心に

	都立	埼公立	私立
挑戦校	竹早 北園 城東 文京 上野	蕨 川口市立 市立浦和南 伊奈総合（普）	国学院 淑徳巣鴨 東洋大京北 桜丘 安田学園
最適校	井草 豊島 広尾 江北 向丘	与野 草加 南稜 川口	実践学園 東京成徳大 郁文館 豊島学院 錦城学園
堅実校	本所 晴海総合 足立 高島 日本橋	草加南 鳩ヶ谷 草加東 浦和東	駿台学園 岩倉 上野学園 豊南 浦和実業

合格のめやす

合格の可能性 ▶ 60% 80% ◀ の偏差値を表示しています。

スーパー特選　56　60

特進　50　54

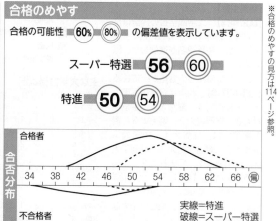

合格者
不合格者

合否分布

34　38　42　46　50　54　58　62　66（偏）

実線＝特進
破線＝スーパー特選

※合格のめやすの見方は114ページ参照。

（見学ガイド）体育祭／文化祭／説明会／個別相談会／オープンスクール

品川区

青稜 高等学校

〒142-8550　東京都品川区二葉1-6-6　☎(03)3782-1502

【教育方針】　建学の精神である「社会に貢献できる人間の育成」を実現するため，Change（変化）・Challenge（挑戦）・Contribution（貢献）の３Cを大切にしている。

【沿　革】　1938年青蘭商業女学校設立。1995年現校名に改称。1997年共学化。

【学校長】　青田　泰明

【生徒数】　男子603名，女子498名

	1年(10クラス)	2年（9クラス）	3年(12クラス)
男子	171名	206名	226名
女子	145名	150名	203名

東急大井町線―下神明1分　JR・りんかい線―大井町7分　JR―西大井10分

特色

設置学科：普通科

【コース】　各学年に選抜クラスを編成する。1年次は内部進学生と別クラス。２年次より混合し，希望進路別にコース分けをする。

【カリキュラム】　①国公立・難関私立大学への進学を前提としたカリキュラム。②３年次は希望進路別に個別に科目を選択。授業内容は前年度の実績をもとに毎年刷新される。③希望者には，在籍しながら同時にアメリカの姉妹校の卒業もできるデュアルディプロマプログラムがある。④放課後や長期休業中の講習が充実。最難関大学希望者には各学年に最難関講習を開講。

【海外研修】　修学旅行は沖縄とポーランドのアウシュビッツ訪問からの選択制。希望制でフィリピンのセブ島での英語研修，ホームステイをしながら現地校へ通うニュージーランド，カナダ，オーストラリア短・中期留学もある。

【クラブ活動】　ボウリング部，ダンス部，鉄道自動車部，競技かるた部が全国レベルで活躍。

【行事】　社会的体験活動を積極的に実施。1年次の自然教室では豊かな心を育むと共に，集団生活のあり方や公衆道徳を学ぶ。有志による東北研修ではボランティア活動などを行う。

習熟度別授業	土曜授業	文理選択	オンライン授業	制服	自習室	食堂	プール	グラウンド	アルバイト
数英	○	2年〜	○	○	〜21:00	—	—	—	—

登校時刻＝ 8:20
下校時刻＝19:00

進路情報　2023年３月卒業生

四年制大学への進学率 **85.7%**

【卒業生数】　273名

【進路傾向】　大学進学者の内訳は文系53%，理系47%。国公立大学へ文系9名，理系22名が進学した。医学部4名（うち医学科2名），歯学部2名，薬学部26名の合格が出ている。

【指定校推薦】　利用状況は横浜市大3，早稲田大3，慶應大2，東京理科大3，学習院大2，明治大3，青山学院大11，立教大1，中央大7，法政大2，明治学院大3，芝浦工大2，津田塾大1，同志社大2，東京都市大1など。ほかに日本大，東洋大，専修大，成城大，獨協大，東京女子大，日本女子大，聖心女子大など推薦枠あり。

四年制大学　234名
短期大学　1名
専修・各種学校　1名
就職　0名
進学準備・他　37名

主な大学合格状況

'24春速報は巻末資料参照

大学名	'23	'22	'21	大学名	'23	'22	'21	大学名	'23	'22	'21
◇東京大	0	1	0	◇横浜市大	6	8	5	法政大	54	54	55
◇東工大	1	3	1	早稲田大	35	36	21	日本大	72	106	102
◇一橋大	0	0	2	慶應大	12	29	13	東洋大	24	57	52
◇千葉大	1	0	2	上智大	23	16	23	駒澤大	21	17	27
◇筑波大	1	1		東京理科大	32	35	35	専修大	30	20	25
◇東京外大	1	0	1	学習院大	10	12	20	東海大	20	33	28
◇横浜国大	3	7	7	明治大	77	75	78	成城大	14	21	21
◇埼玉大	2	2	4	青山学院大	48	43	53	明治学院大	25	27	38
◇東京学芸大	1	3	1	立教大	44	44	45	芝浦工大	25	32	33
◇都立大	4	5	3	中央大	45	46	60	日本女子大	6	5	20

※各大学合格数は既卒生を含む。

入試要項 2024年春（実績）

新年度日程についてはp.116参照。

◆一般　A：オープン　B：併願優遇（国公私とも可）

募集人員▶130名

選抜方法▶国数英（各50分・各100点・マークシート），調査書

◆**受験料**　20,000円

内申基準 B：3科15または5科24　※条件により内申加点あり

特待生・奨学金制度 クラス分け実力テストの成績優秀者を特待生に認定。

帰国生の受け入れ 国内生と別枠入試で，本校および海外（中国またはオンライン環境が整う場所）で実施。

入試日程

区分	出願	試験	発表	手続締切
一般	1/25〜2/5	2/12	2/13	2/16

［延納］併願者は公立発表後まで。

応募状況

年度	区分		応募数	受験数	合格数	実質倍率
'24	A	男子	213	199	133	1.5
		女子	100	93	63	1.5
	B	男子	423	409	409	1.0
		女子	460	441	441	1.0
'23	A	男子	197	184	132	1.4
		女子	91	88	56	1.6
	B	男子	301	295	295	1.0
		女子	403	389	389	1.0
'22	A	男子	154	140	86	1.6
		女子	87	83	44	1.9
	B	男子	340	333	333	1.0
		女子	402	388	388	1.0

［'24年合格最低点］一般A180，一般B180（／300）

東京　男女　せ　青稜

学費（単位：円）

	入学金	施設費	授業料	その他経費	小計	初年度合計
入学手続時	220,000	—	—	—	220,000	1,261,100
1年終了迄	—	150,000	498,000	393,100	1,041,100	

※2024年度予定。［授業料納入］毎月分割。
［その他］制服・制定品代あり。

併願校の例

	都立	神公立	国・私立
挑戦校	日比谷 西	横浜翠嵐 湘南	慶應女子 東京学芸大附 早稲田実業 広尾学園 慶應義塾
最適校	戸山 青山 新宿 小山台 三田	横浜緑ケ丘 川和 多摩 神奈川総合 光陵	明治学院 都市大等々力 東京科学大附 朋優学院 国学院
堅実校	駒場 小松川 豊多摩 目黒 上野	横浜平沼 市立金沢 新城 市ケ尾 市立桜丘	かえつ有明 駒澤大学 多摩大目黒 文教大付 日本大学

合格のめやす

合格の可能性 **60%** **80%** の偏差値を表示しています。

普通科　**63**　**67**

※合格のめやすの見方は114ページ参照。

合格者

不合格者

合否分布

38　42　46　50　54　58　62　66　70　（偏）

見学ガイド 文化祭／説明会／個別見学対応

杉並区

高 専修大学附属 高等学校

〒168-0063　東京都杉並区和泉4-4-1　☎(03)3322-7171

【教育方針】「報恩奉仕」を建学の精神に掲げ、「誠実・努力」を校訓とする。たくましく行動することができ、将来、様々な分野でリーダーとなることができる幅の広い人材を育成する。

【沿革】 1929年早稲田商業学校の姉妹校として創立。1994年に共学となる。2004年、創立80周年記念事業として現校舎が完成。

【学校長】 根本 欣哉

【生徒数】 男子562名、女子664名

	1年(11クラス)	2年(10クラス)	3年(10クラス)
男子	189名	211名	162名
女子	234名	197名	233名

京王線一代田橋10分　丸ノ内線一方南町10分
京王井の頭線一永福町15分

特色

設置学科：普通科

【コース】 3年次に専修大学進学コース、他大学受験進学コース（文系、理系）に分かれる。

【カリキュラム】 ①受験勉強に縛られない教科書プラスαの授業を実践。②国語は作品の解釈や古典に関する調査・研究、群読などの4技能を養成する多種多様な授業展開。③英語は卒業までに全員が英語検定準2級の取得をめざし、実践的な英語力を身につける。④2・3年次に第二外国語（韓国・ドイツ・フランス・スペイン・中国語）や受験講座、資格試験対策、メンタルサポートなどの多彩な土曜講座を設置。⑤専修大学の講義を科目等履修生として先取り受講でき、入学後には大学の単位に認定される。

【海外研修】 2年次の修学旅行は台湾・沖縄・シンガポールから選択。ほか希望制の夏期語学研修が韓国、オーストラリアで、希望選抜制の中期語学研修がカナダなどで行われる。

【クラブ活動】 男子ソフトテニス部、放送部、チアリーディング部が全国レベルで活躍。

【施設】 広々と明るいアトリウムが象徴的。本校舎から徒歩1分の距離には他大学受験クラス専用の新泉校舎があり、集中して勉強できる。

習熟度別授業	土曜授業	文理選択	オンライン授業	制服	自習室	食堂	プール	グラウンド	アルバイト
―	○	3年～	○	○	～18:00	○	―	○	―

登校時刻＝ 8:30
下校時刻＝19:00

進路情報 2023年3月卒業生

四年制大学への進学率 **95.5%**

【卒業生数】 464名

【進路傾向】 例年卒業生の大半が併設大学へ進学している。他大学進学者のうち7割強が文系。海外大学へ1名が進学した。

【系列進学】 専修大学へ398名（経済24、法92、経営64、商88、文53、人間科17、ネットワーク情報24、国際コミュニケーション36）、石巻専修大学へ1名が内部推薦で進学した。

【指定校推薦】 利用状況は東京理科大1、学院大2、法政大1、成蹊大1、成城大1、玉川大2、東京都市大1、立正大1、千葉工大2、大妻女子大1、聖心女子大3、東京薬科大1、日本薬科大1など。

	四年制大学	443名
	短期大学	1名
	専修・各種学校	6名
	就職	0名
	進学準備・他	14名

主な大学合格状況

'24年春速報は巻末資料参照

大学名	'23	'22	'21	大学名	'23	'22	'21	大学名	'23	'22	'21
◇東京学芸大	1	0	1	立教大	1	0	3	成城大	2	1	0
◇都立大	1	0	0	中央大	5	1	2	神奈川大	1	1	1
◇新潟大	1	0	0	法政大	4	3	2	東京電機大	0	1	1
◇滋賀大	1	0	0	日本大	10	1	3	立命館大	3	0	0
早稲田大	0	0	4	東洋大	8	2	1	東京都市大	2	1	1
慶應大	0	0	1	専修大	398	399	390	国士舘大	1	1	2
東京理科大	2	2	1	亜細亜大	1	0	1	順天堂大	0	1	3
学習院大	2	1	1	帝京大	3	1	2	杏林大	2	0	2
明治大	0	0	3	國學院大	1	0	1	帝京平成大	2	3	7
青山学院大	5	0	3	成蹊大	2	1	1	日本赤十字看護大	1	1	1

※各大学合格数は既卒生を含む。

入試要項 2024年春（実績）

新年度日程についてはp.116参照。

◆ 推薦　第1志望

募集人員▶男子100名，女子100名

選抜方法▶個人面接（10分），面接資料記入（50分・志望理由書400字を含む），調査書

◆ 一般　第1志望（20点加点），併願優遇（公私とも可），オープン

募集人員▶男子100名，女子100名

選抜方法▶国数英（各50分・各100点），個人面接（5分），調査書

◆ 受験料　25,000円

内申基準 推薦：[男子] 5科20かつ9科33，[女子] 5科20かつ9科34　一般(併願優遇)：[男子] 5科21かつ9科37，[女子] 5科21かつ9科38　※いずれも9科に2不可　※条件により内申加点あり

特待生・奨学金制度 人物が優れ，学業成績が上位の者を特待生認定。1年間の授業料給付。

帰国生の受け入れ 国内生と同枠入試で考慮あり。

入試日程

区分	登録・出願	試験	発表	手続締切
推薦	12/20～1/18	1/22	1/23	1/26
一般	1/20～2/5	2/10	2/12	2/15

[延納] 一般の併願者は公立発表後まで。

応募状況

年度	区分		応募数	受験数	合格数	実質倍率
'24	推薦	男子	79	79	79	1.0
		女子	196	196	196	1.0
	一般	男子	294	286	144	2.0
		女子	302	298	180	1.7
'23	推薦	男子	92	92	92	1.0
		女子	145	145	145	1.0
	一般	男子	224	221	156	1.4
		女子	261	259	175	1.5
'22	推薦	男子	105	105	105	1.0
		女子	121	121	120	1.0
	一般	男子	221	215	146	1.5
		女子	194	190	146	1.3

['24年合格最低点] 一般199/300

東京　男女　せ　専修大学附属

学費（単位：円）

学費(単位:円)	入学金	施設設備費	授業料	その他経費	小計	初年度合計
入学手続時	220,000	—	—	—	220,000	約1,007,000
1年終了迄	—	120,000	456,000	約211,000	約787,000	

※2024年度予定。[入学前納入] 1年終了迄の小計のうち376,800円。[授業料納入] 一括または3回分割（1期分は入学前納入）。[その他] 制服・制定品代，教科書代（2023年度実績：26,397円）あり。[寄付・学債] 任意の寄付金あり。

併願校の例

	都立	神・埼公立	私立
挑戦校	新宿 国際 小山台 竹早 三田	神奈川総合 浦和西	明治学院 國學院久我山 国学院 日大二 駒込
最適校	豊多摩 北園 文京 狛江 神代	市ケ尾 生田 港北 市立浦和南 与野	成城学園 駒澤大学 日大櫻丘 実践学園 杉並学院
堅実校	調布南 広尾 芦花 武蔵丘 杉並	市立橘 住吉 南稜	東亜学園 日本工大駒場 国士舘 文化学園杉並 駒場学園

見学ガイド 文化祭／説明会／部活動見学・体験会／サマーキャンパスツアー

合格のめやす

合格の可能性 **60%** **80%** の偏差値を表示しています。

男子 **55** **59**

女子 **55** **59**

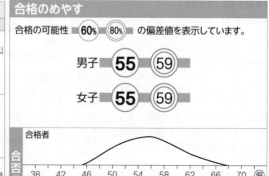

合格者

合否分布

38　42　46　50　54　58　62　66　70 (偏)

不合格者

※合格のめやすの見方は114ページ参照。

小平市

創価 高等学校

〒187-0024　東京都小平市たかの台2-1　☎(042)342-2611

【教育方針】　「健康な英才主義」と「人間性豊かな実力主義」を掲げる。未来のリーダーの育成をめざす。

【沿　革】　1968年男子校として創立。1982年より共学となる。

【学校長】　谷　謙作

【生徒数】　男子514名，女子508名

	1年(8クラス)	2年(8クラス)	3年(8クラス)
男子	170名	177名	167名
女子	169名	171名	168名

西武国分寺線―鷹の台10分

特色

設置学科：普通科

【コース】　1年次は共通カリキュラムで，2年次より文系，理系の2クラスに分かれる。

【カリキュラム】　①文系クラスは併設大学文系学部推薦・文系国公私立大学受験希望者で編成。理系クラスは理系国公私立大学受験に対応する。併設大学理工学部への推薦も受けられる。②「世界市民探究」プログラムを実施。「私が世界を変えていく」をモットーに，課題発見力やリサーチリテラシー，発信力の向上を図る。③語学教育に力を入れており，学校設定科目として「上級英語」や中・独・仏・スペイン・ロシア語，

ハングルの6言語を外国人教員から学べる「国際理解」などを設定している。④食堂で食べる昼食は種類が選べるカフェテリア形式。

【キャリア教育】　社会で様々な職業に就く卒業生を招き，キャリアガイダンスを行っている。

【海外研修】　1・2年次に希望制のマレーシア語学研修を実施。現地の大学で学ぶ。

【クラブ活動】　箏曲部，創価雄弁会，ダンス部（男女）などが全国レベルで活躍。

【施設】　遠方からの通学者のために栄光寮と女子下宿を用意。2023年3月に女子寮完成。

習熟度別授業	土曜授業	文理選択	オンライン授業	制服	自習室	食堂	プール	グラウンド	アルバイト	登校時刻＝ 8:35
―	隔週	2年～	○	○	～19:00	○	―	○	―	下校時刻＝17:50

進路情報　2023年3月卒業生

四年制大学への進学率 **90.1%**

【卒業生数】　345名

【進路傾向】　併設大学・短期大学への進学者が多いが，他私立大学へ62名，国公立大学へ13名が進学した。

【系列進学】　創価大学へ205名（法42，経済27，経営34，文38，教育29，理工20，看護6，国際教養9），創価女子短期大学へ2名が内部推薦で進学した。ほかアメリカ創価大学へ3名が進学，4名が1年間の準備を経て正規合格に挑戦するブリッジプログラムに進んだ。

【指定校推薦】　利用状況は早稲田大1，慶應大1，東京理科大2，学習院大2，明治大1，立教大3，中央大1，芝浦工大1など。

■ 四年制大学	311名
□ 短期大学	4名
■ 専修・各種学校	8名
■ 就職	2名
□ 進学準備・他	20名

主な大学合格状況

'24年春速報は巻末資料参照

大学名	'23	'22	'21	大学名	'23	'22	'21	大学名	'23	'22	'21
◇東京大	2	0	0	早稲田大	13	9	0	日本大	6	4	6
◇京都大	0	0	1	慶應大	14	5	3	東洋大	9	5	4
◇東工大	0	1	0	上智大	4	2	1	東海大	6	1	1
◇千葉大	3	2	3	東京理科大	8	10	9	芝浦工大	5	1	2
◇筑波大	2	4	6	学習院大	6	4	0	東京都市大	6	3	0
◇東京外大	2	0	0	明治大	15	10	12	杏林大	5	1	2
◇横浜国大	1	1	0	青山学院大	6	5	1	北里大	2	2	4
◇埼玉大	0	3	2	立教大	11	4	2	東京薬科大	4	3	2
◇北海道大	2	0	0	中央大	14	13	5	明治薬科大	1	2	0
◇都立大	2	2	1	法政大	10	3	13	創価大	271	301	308

※各大学合格数は既卒生を含む。

入試要項 2024年春（実績）

新年度日程についてはp.116参照。

◆ 推薦　第1志望

募集人員▶約65名

選抜方法▶適性検査（数英各30分・各50点），グループ面接（25分），志願書，調査書

◆ 一般

募集人員▶約70名

選抜方法▶国数英（各50分・各100点・英にリスニングあり），グループ面接（20分），調査書

◆ 受験料　18,000円

内申基準 推薦：以下①②のいずれか。①9科38・②運動能力（硬式野球，サッカー）に優れ，各種大会における実績・記録等が顕著な者

特待生・奨学金制度 人物成績優秀者が対象の奨学制度，寮生・下宿生のための奨学制度などもあり。

帰国生の受け入れ 国内生と同枠入試。

入試日程

区分	登録・出願	試験	発表	手続締切
推薦	12/20〜1/18	1/22	1/23	1/26
一般	1/17〜2/5	2/10	2/11	2/15

［延納］一般の国公立併願者は都立発表後まで。

応募状況

年度	区分		応募数	受験数	合格数	実質倍率
'24	推薦	男子	47	47	38	1.2
		女子	55	55	29	1.9
	一般	男子	56	56	32	1.8
		女子	69	69	44	1.6
'23	推薦	男子	37	37	37	1.0
		女子	32	32	24	1.3
	一般	男子	47	47	40	1.2
		女子	56	56	43	1.3
'22	推薦	男子	48	48	37	1.3
		女子	48	48	28	1.7
	一般	男子	53	53	41	1.3
		女子	57	57	34	1.7

［'24年合格最低点］非公表。

東　京　男　女 そ 創価

学費（単位：円）	入学金	維持費	授業料	その他経費	小計	初年度合計
入学手続時	240,000	120,000	—	—	360,000	約1,036,000
1年終了迄	—	—	441,600	約234,400	約676,000	

※2023年度実績。［入学前納入］1年終了迄の小計のうち30,000円。［授業料納入］11回分割。
［その他］制服・制定品代あり。昼食費を上記に含む。

併願校の例

	都立	神・埼公立	私立
挑戦校	戸山 青山 立川 八王子東	厚木 多摩 川越 所沢北	明大中野 帝京大学 錦城（特進） 宝仙学園（理数） 国学院久我山
最適校	国分寺 三田 小金井北 昭和 多摩科学技術	新城 市ケ尾 川越南 所沢	日大二 拓大一 聖徳学園 八王子学園 明星学園
堅実校	石神井 東大和南 小平南 清瀬	麻溝台 元石川 市立川越 所沢西	国立音大附（普） 実践学園 杉並学院 目白研心 八王子実践

合格のめやす

合格の可能性 60% 80% の偏差値を表示しています。

普通科 57　61

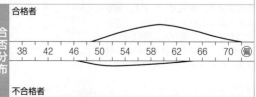

合格者

合否分布

不合格者

38　42　46　50　54　58　62　66　70（偏）

※合格のめやすの見方は114ページ参照。

見学ガイド 文化祭／説明会／オープンキャンパス／体験授業

三鷹市

大成 高等学校

〒181-0012　東京都三鷹市上連雀6-7-5　☎(0422)43-3196

【教育目標】　「Opening minds, opening futures！～知力を開花させ，未来を切り拓け！～」を学校目標とし，校名の由来である「大器晩成」となる人材を育成する。

【沿　革】　1888年設立の大成学館を前身に，1897年大成学館尋常中学として創設。1948年新制度により現校名，1952年男女共学となる。

【学校長】　前畑　光男

【生徒数】　男子754名，女子519名

	1年(12クラス)	2年(12クラス)	3年(12クラス)
男子	223名	236名	295名
女子	175名	195名	149名

JR―三鷹20分またはバス大成高校前1分
京王線―調布よりバス大成高校西1分

特色

設置学科：普通科

【コース】　特別進学，文理進学，情報進学の3コース制。2年次より特進選抜コースを設置し情報進学コース以外は文理に分かれる。3年次には文理進学コースに文理選抜コースを設置。

【カリキュラム】　①特別進学コースは難関大学進学をめざす。1年次より大学受験を意識し，実力を鍛える。②文理進学コースは幅広い希望と適性に応じた進路を実現。③情報進学コースは普通科の授業をベースにプログラミングや画像処理などの情報技術も学び，ICTプロフィシエンシー検定取得をめざす。共通テスト対策も行い進学の可能性を広げる。④特進選抜コースは少数精鋭クラスで国公立・難関私立大学に特化したカリキュラム。⑤文理選抜コースは一般選抜で大学をめざし，入試科目に集中した進路指導を行う。⑥偉人や著名人に共通する習慣をまとめた本を題材に学ぶユニークな講座を開く。

【海外研修】　夏休みに希望者を対象とした2週間のフィリピンでの研修を実施。国際交流も行い語学研修，文化体験，社会課題に取り組む。

【クラブ活動】　硬式テニス部，チアダンス部が全国大会出場。サッカー部，陸上部も活発。

習熟度別授業	土曜授業	文理選択	オンライン授業	制服	自習室	食堂	プール	グラウンド	アルバイト
―	○	2年～	○	○	～18:50	○	―	○	審査

登校時刻＝ 8:35
下校時刻＝19:00

進路情報　2023年3月卒業生

四年制大学への進学率 **78.8%**

【卒業生数】　401名

【進路傾向】　大学進学者の内訳は文系73%，理系25%，他2%。国公立大学へ文系2名・理系2名，海外大学へ1名が進学した。

【指定校推薦】　利用状況は法政大1，日本大2，東洋大2，駒澤大2，専修大2，亜細亜大1，成蹊大2，東京経済大4など。ほかに青山学院大，大東文化大，東海大，帝京大，神奈川大，東京電機大，玉川大，工学院大，立正大，桜美林大，武蔵野大，東京農大，文教大，日本獣医生命科学大，女子栄養大など推薦枠あり。

	四年制大学	316名
	短期大学	8名
	専修・各種学校	58名
	就職	1名
	進学準備・他	18名

主な大学合格状況

'24年春速報は巻末資料参照

大学名	'23	'22	'21	大学名	'23	'22	'21	大学名	'23	'22	'21
◇都立大	2	2	1	青山学院大	9	4	5	亜細亜大	26	19	13
◇東京海洋大	0	1	0	立教大	10	1	4	帝京大	74	43	46
◇電通大	0	1	0	中央大	9	24	3	國學院大	11	9	5
◇国立看護大	1	0	0	法政大	17	11	16	玉川大	7	15	5
早稲田大	3	0	0	日本大	40	37	34	国士舘大	14	21	6
慶應大	1	0	0	東洋大	39	13	22	東京経済大	9	17	9
上智大	1	1	0	駒澤大	14	14	9	桜美林大	20	12	12
東京理科大	2	4	0	専修大	24	31	20	杏林大	17	6	10
学習院大	1	2	1	大東文化大	6	4	6	明星大	23	28	33
明治大	7	11	6	東海大	24	8	11				

※各大学合格数は既卒生を含む。

入試要項 2024年春（実績）

新年度日程についてはp.116参照。

◆ 推薦　単願

募集人員▶特別進学コース5名，文理進学コース110名，情報進学コース10名

選抜方法▶個人面接（10分），調査書

◆ 一般　併願優遇（①は国公立のみ。②は公私とも可）あり

募集人員▶特別進学コース①60名・②10名，文理進学コース①130名・②50名，情報進学コース①20名・②10名

選抜方法▶国数英（各50分・各100点・英にリスニングあり），個人面接（5分），調査書

◆ 受験料　22,000円

(内申基準) 推薦：[特別進学]5科19，[文理進学]5科17または9科29，[情報進学]9科28　一般（併願優遇）：[特別進学]5科19，[文理進学]5科18または9科31，[情報進学]9科30
※いずれも9科に1不可　※条件により内申加点あり

(特待生・奨学金制度) 特別進学コース対象の成績特待生制度あり。内申，入試によりA1，A2，A3の3段階認定。ほかにスポーツ特待制度もあり。

(帰国生の受け入れ) 国内生と同枠入試。

入試日程

区分	登録・出願	試験	発表	手続締切
推薦	12/20～1/18	1/22	1/23	1/24
一般①	12/20～2/6	2/10	2/12	2/16
一般②	12/20～2/6	2/12	2/15	2/16

[延納] 一般①併願優遇と，一般①併願優遇受験者の一般②再受験（他私立を受けていない者）は国公立発表後まで。

応募状況

年度	区分		応募数	受験数	合格数	実質倍率
'24	特進	推薦	5	5	5	1.0
		一般①	109	109	94	1.2
		一般②	28	24	21	1.1
	文理	推薦	175	175	175	1.0
		一般①	546	541	509	1.1
		一般②	104	69	43	1.6
	情報	推薦	29	29	29	1.0
		一般①	113	113	105	1.1
		一般②	26	18	10	1.8
'23	特進	推薦	4	4	4	1.0
		一般①	92	92	84	1.1
		一般②	24	18	14	1.3
	文理	推薦	145	145	145	1.0
		一般①	450	445	427	1.1
		一般②	59	31	22	1.4
	情報	推薦	36	36	36	1.0
		一般①	108	106	100	1.1
		一般②	15	8	2	4.0

[スライド制度] あり。上記に含まず。
['24合格最低点] 一般：特別進学150（受験者平均点を180点として換算），文理進学175/300，情報進学161/300

東京 男女 た 大成

学費（単位：円）

	入学金	施設費	授業料	その他経費	小計	初年度合計
入学手続時	250,000	100,000	—	—	350,000	1,076,150
1年終了迄	—	—	486,600	239,550	726,150	

※2024年度予定。[免除] 推薦の特別進学コース合格者は入学金免除。
[入学前納入] 1年終了迄の小計のうち11,550円。[返還] 一般の入学辞退者には入学金を除き返還。
[授業料納入] 10回分割。[その他] 制服・制定品代あり。

併願校の例

※[文理]を中心に

	都立	神・埼公立	私立
挑戦校	豊多摩 昭和 調布北 狛江 井草	生田 所沢	聖徳学園 八王子学園 日大櫻丘 専修大附 実践学園
最適校	神代 石神井 調布南 府中 芦花	市立橘 住吉 所沢西 朝霞	杉並学院 目白研心 八王子実践 東亜学園 文化学園杉並
堅実校	保谷 東大和 松原 府中西 府中東	市立高津 橋本 麻生 所沢中央 志木	東京立正 昭和一学園 藤村女子

合格のめやす

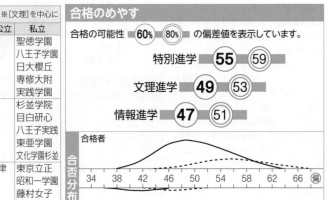

合格の可能性 **60%** **80%** の偏差値を表示しています。

特別進学 **55** （59）
文理進学 **49** （53）
情報進学 **47** （51）

合格者

34　38　42　46　50　54　58　62　66 （偏）

不合格者

実線＝文理進学
破線＝特別進学

※合格のめやすの見方は114ページ参照。

(見学ガイド) 文化祭／説明会／オープンスクール／個別相談会

小 中 **高** 専 短 大

世田谷区

大東学園 高等学校

〒156-0055 東京都世田谷区船橋7-22-1 ☎(03)3483-1901

【特　色】　教育目標「人間の尊厳を大切にする」を実現するため，生徒・保護者・教職員で三者協議会を発足し，学校づくりを進める。

【沿　革】　1932年創立のクリュッペルハイム東星学園が前身。1948年より現校名。2003年女子校より共学化。

【学校長】　原　健

【生徒数】　男子509名，女子337名

	1年(8クラス)	2年(9クラス)	3年(8クラス)
男子	153名	174名	182名
女子	122名	117名	98名

京王線―八幡山20分
小田急線―千歳船橋22分

特色

設置学科：普通科

【コース】　2年次よりフィールド選択を行う。

【カリキュラム】　①確かな力を身につけるため，授業に少人数制やグループワーク，発表などを取り入れる。②1年次の探究基礎の時間で自己理解ワークなどを行い，2年次からのフィールド選択に役立てる。③2・3年次には福祉保育フィールド，人文社会フィールド，自然科学フィールド，身体表現フィールドから選び，2年間学ぶ。④探究総合では1年次に「性と生」，2年次に「平和」，3年次に「人権」というテーマで学習。1年を通して1つのことを学び，自分自身の考えを深める。⑤2年次の修学旅行では探究学習の一環として沖縄を訪れる。民泊などで地元の人々とも交流する。⑥授業や対策講座を開き，漢字検定や英語検定，ビジネス文書実務検定などの資格取得を支援する。⑦土曜日に授業はなく部活動や行事の準備などを行う。

【キャリア教育】　1年次から進路ガイダンスを定期的に実施。ほか様々な分野の方を招く講演会や卒業生の話を聞く機会も用意している。

【海外研修】　1・2年次に希望制のニュージーランド中期留学を実施している。

習熟度別授業	土曜授業	文理選択	オンライン授業	制服	自習室	食堂	プール	グラウンド	アルバイト
―	―	○	○	○	○	○	―	○	○

登校時刻＝ 8:30
下校時刻＝18:30

進路情報　2023年3月卒業生

進学率 **79.8%**

【卒業生数】　258名

【進路傾向】　大学進学はいずれも私立大学で，内訳は文系86%，理系9%，他5%。

【指定校推薦】　利用状況は立教大1，大東文化大2，帝京大1，国士舘大1，千葉工大1，大妻女子大1，武蔵野大1，明星大5，帝京平成大2，拓殖大5，駒沢女子大1，多摩大1，文京学院大1，高千穂大5，神奈川工科大1，湘南工科大1，城西国際大3，淑徳大3，江戸川大1，駿河台大1，東洋学園大2，ヤマザキ動物看護大1，和光大6，田園調布学園大3，聖学院大2など。

	四年制大学	101名
	短期大学	4名
	専修・各種学校	101名
	就職	20名
	進学準備・他	32名

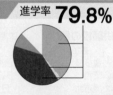

主な大学合格状況

'24年春速報は巻末資料参照

大学名	'23	'22	'21	大学名	'23	'22	'21	大学名	'23	'22	'21
明治大	0	0	1	桜美林大	3	3	5	文京学院大	2	2	5
立教大	1	1	1	大妻女子大	1	0	1	高千穂大	9	5	6
法政大	0	0	1	杏林大	1	1	0	城西国際大	3	0	3
日本大	0	0	2	武蔵野大	2	1	1	淑徳大	4	1	1
東洋大	0	0	0	明星大	6	4	11	東京富士大	2	3	10
大東文化大	2	1	3	帝京平成大	1	2	1	東洋学園大	3	3	3
東海大	1	0	0	東京工科大	2	1	0	和光大	9	5	13
帝京大	5	1	5	大正大	1	0	2	神奈川工科大	1	3	3
国士舘大	1	3	2	拓殖大	8	2	4	田園調布学園大	7	3	2
千葉工大	1	1	2	多摩大	6	2	2	聖学院大	2	2	3

※各大学合格数は既卒生を含む。

入試要項 2024年春（実績）

新年度日程についてはp.116参照。

◆ **推薦　単願**

募集人員▶135名

選抜方法▶作文（40分・400字），個人面接（5～6分），調査書

◆ **一般　公立併願優遇，一般**

募集人員▶135名

選抜方法▶国数英（各50分・各100点），個人面接（5～6分），調査書

◆ **受験料**　25,000円

（内申基準）**推薦**：9科20　**一般（公立併願優遇）**：9科23　※条件により内申加点あり

（特待生・奨学金制度）入学後，経済的事情に対応する授業料等減免制度あり。

（帰国生の受け入れ）国内生と同枠入試。

入試日程

区分	登録・出願	試験	発表	手続締切
推薦	12/20～1/17	1/22	1/23	1/23
公立併願	12/20～2/3	2/10	2/12	3/2
一般	12/20～2/3	2/10or11	2/12	2/13

［延納］一般の公立併願者は公立発表後まで。

応募状況

年度	区分			応募数	受験数	合格数	実質倍率
'24	推薦		男子	75	75	75	1.0
			女子	57	57	57	1.0
	一般	併優	男子	359	349	349	1.0
			女子	148	142	142	1.0
		一般①	男子	39	38	34	1.1
			女子	31	31	29	1.1
		一般②	男子	45	41	35	1.2
			女子	24	22	21	1.0
'23	推薦		男子 73	73	73	1.0	
			女子 78	78	78	1.0	
	一般（優遇適用）		男子 330	317	316	1.0	
			女子 180	171	171	1.0	
	一般（フリー）		男子 87	83	72	1.2	
			女子 54	48	42	1.1	

［'24合格最低点］非公表。

東京　男女　た　大東学園

学費（単位：円）	入学金	施設費	授業料	その他経費	小計	初年度合計
入学手続時	250,000	50,000	—	—	300,000	約1,107,200
1年終了迄	—	—	483,000	約324,200	約807,200	

※2024年度予定。［授業料納入］一括または2回・10回分割。［その他］制服・制定品代あり。［寄付・学債］任意の寄付金1口1万円あり。

併願校の例

	都立	神公立	私立
挑戦校	芦花 杉並 富士森 松原 小川	住吉 麻生 百合丘	目黒学院 日本学園 自由ヶ丘 国本女子 藤村女子
最適校	府中東 世田谷総合 若葉総合 町田総合 練馬	川崎北 新栄 生田東 新羽 市立川崎(福祉)	二階堂 成女 堀越 科学技術学園
堅実校	千歳丘 永山 山崎 東村山西 深沢	菅 白山 綾瀬西 麻生総合	

合格のめやす

合格の可能性 **60%** **80%** の偏差値を表示しています。

普通科　**37**　**41**

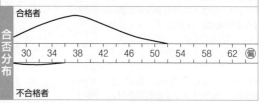

※合格のめやすの見方は114ページ参照。

見学ガイド　文化祭／大東セミナー／説明会

小 中 高 専 短 大

板橋区

大東文化大学第一 高等学校

〒175-8571　東京都板橋区高島平1-9-1　☎(03)3935-1115(入試直通)

【教育方針】　東西文化の融合と新たな文化の創造を建学の精神に掲げる。国際理解教育を核とした多様な文化の理解と尊重の精神を通じて，バランスのとれた自分軸をもつ強くたくましい人間を育成する。

【沿　革】　1962年創立。

【学校長】　橋本　準一

【生徒数】　男子520名，女子434名

	1年(9クラス)	2年(9クラス)	3年(8クラス)
男子	182名	191名	147名
女子	152名	148名	134名

都営三田線—西台10分　東武東上線—東武練馬20分またはスクールバス

特色

設置学科：普通科

【コース】　特別進学クラス，選抜進学クラス，進学クラスの3クラス制。

【カリキュラム】　①特別進学クラスは目的意識の高い生徒による少人数編成。②選抜進学クラスは1年次より難関私立大学をめざして系統的な学習をする。③進学クラスは併設大学への推薦，他大学の指定校推薦や一般受験など多様な受験形態に対応。④カナダ，ニュージーランドの姉妹校生や，併設大学で学ぶ留学生を校内に招き，国際交流を盛んに行っている。⑤放課後は目的やレベルに合わせた進学講習を開講。自習室には大学生がメンターとして常駐する。

【キャリア教育】　様々な分野で活躍している方の経験談を聞く職業体験や，多数の大学の教授から学ぶ大学授業体験などの機会を用意。

【海外研修】　希望制でカナダやニュージーランドへの長期留学や短期語学研修プログラムがある。韓国やフィリピンへの語学研修も実施。

【クラブ活動】　チアダンス部，書道部が全国レベル。男子ソフトボール部も活躍している。

【施設】　カフェテリアなど，大学の施設が利用できる。トレーニング室などの運動施設も充実。

習熟度別授業	土曜授業	文理選択	オンライン授業	制服	自習室	食堂	プール	グラウンド	アルバイト	登校時刻= 8:30
数	○	2年〜	○	○	〜19:00	○		○	審査	下校時刻=19:00

進路情報　2023年3月卒業生

四年制大学への進学率 **91.2%**

【卒業生数】　353名

【進路傾向】　大学進学者の約7割が文系。国公立大学へ文系1名・理系2名，海外大学へ1名が進学。成績上位約40%は併設大学への推薦入学権を保持したまま他大学受験可。

【系列進学】　大東文化大学へ109名（文22，経済13，経営38，法8，外国語9，国際関係1，スポーツ・健康科11，社会7）が内部推薦で進学。

【指定校推薦】　利用状況は東京理科大2，学習院大2，日本大1，東洋大1，専修大1，成蹊大1，獨協大1，工学院大1，東京経済大1，東京工科大1など。ほかに駒澤大，亜細亜大，國學院大など推薦枠あり。

四年制大学	322名
短期大学	5名
専修・各種学校	18名
就職	1名
進学準備・他	7名

主な大学合格状況

'24年春速報は巻末資料参照

大学名	'23	'22	'21	大学名	'23	'22	'21	大学名	'23	'22	'21
◇東京外大	0	1	0	青山学院大	6	5	0	帝京大	12	10	14
◇防衛医大	1	0	0	立教大	3	1	4	國學院大	6	2	9
◇高知大	1	0	0	中央大	1	2	5	成蹊大	3	4	3
◇埼玉県立大	1	0	1	法政大	6	11	8	成城大	9	1	4
早稲田大	1	0	0	日本大	31	21	17	獨協大	4	4	10
慶應大	1	1	0	東洋大	29	17	19	東京電機大	4	5	6
上智大	0	1	0	駒澤大	10	7	6	武蔵大	4	7	3
東京理科大	3	2	7	専修大	15	11	5	立正大	8	5	9
学習院大	5	4	2	大東文化大	116	113	94	国士舘大	8	7	6
明治大	1	8	7	亜細亜大	8	3	6	共立女子大	6	6	3

※各大学合格数は既卒生を含む。

入試要項 2024年春（実績）

新年度日程についてはp.116参照。

◆推薦　**推薦A**：単願（優遇）　**推薦B**：併願Ⅰ（優遇）　**推薦C**：単願（プラス）・併願Ⅱ（プラス）　※推薦Cは進学クラス対象　※併願は公私とも可。東京・神奈川生を除く

※スポーツ推薦あり。対象種目はサッカー，野球，ラグビー，男女陸上競技，男女柔道，男女卓球，男女バスケットボール

募集人員▶特別進学クラス20名，選抜進学クラス・進学クラス計155名

選抜方法▶適性検査（国数英各50分・各100点），面接（推薦A・Bはグループ15分，推薦Cは個人10分），調査書，ほかに推薦C単願で東京・神奈川生以外は自己PRカード

◆一般　**第1志望**（優遇・プラス），**併願Ⅲ**（優遇），**併願Ⅳ**（プラス），**併願Ⅴ**（オープン）

※第1志望（プラス），併願Ⅳ，併願Ⅴは進学クラス対象　※併願は公私とも可

募集人員▶特別進学クラス15名，選抜進学クラス・進学クラス計160名

選抜方法▶国数英（各50分・各100点），面接（個人10分またはグループ15分），調査書

◆**受験料**　20,000円

（**内申基準**）推薦A・一般（第1志望優遇）：[特別進学]3科14または5科22または9科39，[選抜進学]3科13または5科20または9科34，[進学]3科12または5科18または9科32　**推薦B・一般（併願Ⅲ）**：[特別進学]3科14または5科23または9科39，[選抜進学]3科13または5科21または9科36，[進学]3科12または5科19または9科34　**推薦C・一般（併願Ⅳ）**：5科各3または9科27　※いずれも5科に2不可，9科に1不可　※条件により内申加点あり

（**特待生・奨学金制度**）内申，入試成績による2段階の特待生制度あり。ほかに書道特待生，体育特待生も認定。

（**帰国生の受け入れ**）国内生と同枠入試。

入試日程

区分		登録・出願	試験	発表	手続締切
推薦	A・C単	12/20〜1/17	1/22	1/23	1/24
	B・C併	12/20〜1/17	1/22	1/23	公立発表日
一般	第1志望	12/20〜2/4	2/10or11	2/11or12	2/12or13
	併願	12/20〜2/4	2/10or11	2/11or12	公立発表日

[2次募集] 2/24・3/7

応募状況

年度	区分		応募数	受験数	合格数	実質倍率
'24	特進	推薦	21	20	20	1.0
		一般	27	24	20	1.2
	選進	推薦	46	45	45	1.0
		一般	72	64	45	1.4
	進学	推薦	244	239	219	1.1
		一般	320	314	219	1.4

[スライド制度] あり。上記に含まず。
['24年合格最低点] 非公表。

学費（単位：円）	入学金	教育充実費	授業料	その他経費	小計	初年度合計
入学手続時	200,000	—	—	—	200,000	1,069,200
1年終了迄	—	165,000	444,000	260,200	869,200	

※2024年度予定。[授業料納入] 一括または2回分割。[その他] 制服・制定品代あり。
[寄付・学債] 任意の寄付金1口1万円2口以上あり。

併願校の例　※[進学]を中心に

	都立	埼公立	私立
挑戦校	竹早	和光国際	国学院
	武蔵野北	川越南	淑徳巣鴨
	北園	市立浦和南	駒込
	文京	所沢	東洋大京北
	上野		桜丘
最適校	井草	浦和北	日大豊山
	豊島	所沢西	城西大城西
	石神井	朝霞	帝京
	武蔵丘	南稜	成立学園
	向丘	川口	豊島学院
堅実校	鷺宮	朝霞西	岩倉
	保谷	川越西	上野学園
	高島	浦和東	豊南
	王子総合	所沢中央	浦和学院
	千早	志木	貞静学園

合格のめやす

合格の可能性 **60%** **80%** の偏差値を表示しています。

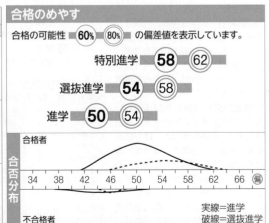

特別進学　**58**　（62）
選抜進学　**54**　（58）
進学　**50**　（54）

合格者

| | 34 | 38 | 42 | 46 | 50 | 54 | 58 | 62 | 66 | ⑯ |

不合格者

実線＝進学
破線＝選抜進学

（**見学ガイド**）体育祭／文化祭／説明会／オープンスクール／学校見学

東京　男女　た　大東文化大学第一

※合格のめやすの見方は114ページ参照。

小 中 **高** 専 短 大

拓殖大学第一 高等学校

〒208-0013 東京都武蔵村山市大南4-64-5 ☎(042)590-3311(代)・3559・3623(入試部)

【教育方針】 心身共に健全で，よく勉強し，素直で思いやりある青年を育成する。

【沿 革】 1948年開校。2004年小平市より現在地に移転。

【学校長】 宮川 努

【生徒数】 男子716名，女子747名

	1年(12クラス)	2年(15クラス)	3年(15クラス)
男子	189名	250名	277名
女子	218名	292名	237名

西武拝島線・多摩モノレール―玉川上水3分

特色

設置学科：普通科

【コース】 特進コースと進学コースを設置している。2年次より文系特進(選抜)，理系特進(選抜)，文系進学，理系進学，文系総合進学，理系総合進学に分かれる。

【カリキュラム】 ①特進コースは国公立大学や最難関私立大学の現役合格をめざすハイレベルなカリキュラム。1年次から国数英で思考力・記述力を重視した指導を展開する。2年次からは志望大学に合わせて受講科目を選択できる。②進学コースはオールラウンドな学力の養成を図り，難関私立大学をはじめ，幅広い進路希望に対応する。拓殖大学への推薦入学も可能。③国際理解教育の一環として，1年次に「ディスカッションプログラム」を実施する。約60人の外国人講師が少人数グループごとに1名ついて指導にあたる。討論や発表を行い，英語力だけでなく，発信力や表現力も養う。

【海外研修】 オーストラリアで実施する短期語学研修（約2週間），ターム留学（約2カ月）の制度がある。いずれも希望制。

【クラブ活動】 陸上競技部（長距離・駅伝）が全国大会出場。サッカー部と野球部も活躍。

習熟度別授業	土曜授業	文理選択	オンライン授業	制服	自習室	食堂	プール	グラウンド	アルバイト
―	○	2年～	○	○	～18:00	○	―	○	―

登校時刻＝ 8:30
下校時刻＝19:30

進路情報 2023年3月卒業生

四年制大学への進学率 **88.7%**

【卒業生数】 379名

【進路傾向】 大学進学者の内訳は文系58%，理系41%，他1%。国公立大学へ文系2名，理系12名が進学。

【系列進学】 拓殖大学へ9名（商3，工2，政経3，国際1）が内部推薦で進学した。

【指定校推薦】 利用状況は東京理科大1，学習院大1，明治大1，青山学院大3，中央大6など。ほかに立教大，法政大，日本大，東洋大，専修大，帝京大，成蹊大，成城大，明治学院大，獨協大，芝浦工大，東京電機大，津田塾大，東京女子大，日本女子大，東京薬科大，明治薬科大，日本赤十字看護大など推薦枠あり。

	四年制大学	336名
	短期大学	0名
	専修・各種学校	4名
	就職	0名
	進学準備・他	39名

主な大学合格状況

'24年春速報は巻末資料参照

大学名	'23	'22	'21	大学名	'23	'22	'21	大学名	'23	'22	'21
◇東京大	0	1	0	慶應大	2	6	3	東洋大	66	105	109
◇京都大	0	1	0	上智大	3	9	7	駒澤大	34	34	24
◇千葉大	1	1	1	東京理科大	18	14	11	専修大	69	77	35
◇筑波大	2	0	1	学習院大	15	19	13	亜細亜大	35	19	24
◇横浜国大	1	1	0	明治大	43	57	39	帝京大	68	63	52
◇埼玉大	1	2	1	青山学院大	25	28	18	成蹊大	23	48	35
◇東京農工大	2	1	2	立教大	29	26	41	東京電機大	36	18	33
◇東京学芸大	2	3	3	中央大	63	45	54	東京女子大	6	29	17
◇都立大	5	3	5	法政大	45	63	47	武蔵大	16	27	21
早稲田大	26	16	29	日本大	101	128	100	拓殖大	31	34	28

※各大学合格数は既卒生を含む。

入試要項 2024年春（実績）

新年度日程についてはp.116参照。

◆ 推薦　**推薦Ⅰ**：第1志望（神奈川を除く都外生は自己推薦可）　**推薦Ⅱ**：自己推薦による併願（公私とも可。東京・神奈川生除く）
募集人員 ▶特進コース40名，進学コース120名
選抜方法 ▶**推薦Ⅰ**：[特進] 適性検査（国数英各50分・各100点），グループ面接（10～15分），志望理由書，調査書，[進学] 作文（50分・700～800字），グループ面接（10～15分），志望理由書，調査書　**推薦Ⅱ**：適性検査（国数英各50分・各100点），グループ面接（10～15分），志望理由書，調査書
◆ 一般　併願優遇（公私とも可）あり
募集人員 ▶特進コース60名，進学コース180名
選抜方法 ▶国数英（各50分・各100点），グループ面接（10～15分），志望理由書，調査書
◆ 受験料　23,000円

(内申基準)　推薦Ⅰ：[特進] 3科14かつ5科23（ただし出願は3科12かつ5科20でも可），[進学] 3科12かつ5科20　推薦Ⅱ・一般（併願優遇）：[特進] 3科14かつ5科23かつ9科39，[進学] 3科13かつ5科22　※いずれも9科に2不可　※条件により内申加点あり

(特待生・奨学金制度)　入試・内申の成績優秀者を特進奨学生または学業奨学生に認定。入学後に体育奨学生制度あり。

(帰国生の受け入れ)　国内生と同枠入試。

入試日程

区分	出願	試験	発表	手続締切
推薦Ⅰ	1/15～16	1/22	1/23	1/26
推薦Ⅱ	1/15～16	1/22	1/23	1/26
一般Ⅰ	1/25～2/3	2/10	2/11	2/16
一般Ⅱ	1/25～2/3	2/12	2/13	2/16

[延納] 推薦Ⅱと一般は併願校発表後まで。

応募状況

年度	区分	応募数	受験数	合格数	実質倍率
'24	推薦Ⅰ	122	122	122	1.0
	推薦Ⅱ	42	41	40	1.0
	一般Ⅰ	774	736	697	1.1
	一般Ⅱ	572	393	323	1.2
'23	推薦Ⅰ	142	142	142	1.0
	推薦Ⅱ	68	68	54	1.3
	一般Ⅰ	934	885	811	1.1
	一般Ⅱ	680	485	347	1.4
'22	推薦Ⅰ	192	192	191	1.0
	推薦Ⅱ	47	47	42	1.1
	一般Ⅰ	1,085	1,052	987	1.1
	一般Ⅱ	842	601	484	1.2

[スライド制度] あり。上記に含まず。
[24年合格最低点] 一般①150/300

東京　男女　(た)　拓殖大学第一

学費（単位：円）

学費（単位：円）	入学金	施設拡充費	授業料	その他経費	小計	初年度合計
入学手続時	250,000	150,000	—	—	400,000	958,300
1年終了迄	—	—	444,000	114,300	558,300	

※2024年度予定。[授業料納入] 10回分割。[その他] 制服・制定品代，教科書代（特進コース34,000円，進学コース31,000円）あり。

併願校の例　※[進学]を中心に

	都立	神・埼公立	私立
挑戦校	西 国立 立川 戸山 青山	厚木 多摩 川越	中大附属 中大杉並 明大八王子 法政大学 帝京大学
最適校	八王子東 国分寺 小金井北 日野台 昭和	相模原 横浜平沼 市ケ尾 所沢北 川越南	成蹊 錦城 明学東村山 聖徳学園 八王子学園
堅実校	小平 南平 井草 東大和南 石神井	相模原弥栄 生田 所沢 市立川越	明法 武蔵野大学 杉並学院 明星 工学院大附

合格のめやす

合格の可能性 **60%** **80%** の偏差値を表示しています。

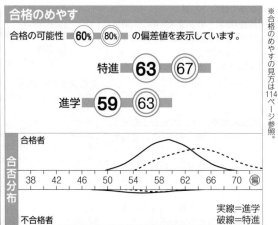

特進　**63**　**67**

進学　**59**　**63**

合否分布：合格者／不合格者
38　42　46　50　54　58　62　66　70（偏）
実線＝進学
破線＝特進

※合格のめやすの見方は114ページ参照。

(見学ガイド)　文化祭／入試問題解説会／説明会／オープンキャンパス／見学会

町田市

玉川学園 高等部

〒194-8610　東京都町田市玉川学園6-1-1　☎(042)739-8931（学園入試広報課）

【教育理念】　創立以来「全人教育」を掲げる。学問，道徳，芸術，宗教，健康，生活6方面の人間文化を豊かに形成することを教育の根幹に据える。

【沿　革】　1929年創立。

【学園長】　小原　芳明

【生徒数】　男子284名，女子324名

	1年（7クラス）	2年8クラス）	3年（8クラス）
男子	95名	97名	92名
女子	96名	116名	112名

小田急線―玉川学園前18分　東急田園都市線―青葉台よりバス奈良北団地10分

特色

設置学科：普通科

【コース】　一般クラスと，国際バカロレア機構認定のIBプログラムで学ぶIBクラスを設置。一般クラスは2年次に文系・理系に分かれ，3年次にはさらに高大連携クラスを編成する。

【カリキュラム】　①2023年度スーパーサイエンスハイスクール指定校。科学講座の開講，週2コマの研究活動の設定，外部コンテスト参加などを行う。②一般クラス1年次は習熟度別クラスを編成。思考力重視の授業を実施。③IBクラスは国語，音楽，保健体育，技術家庭，美術，中国語を除く全教科を英語で学ぶ。英語力や日本語力に応じたサポートも行う。④内部進学希望者は3年次に大学の講義受講，単位取得が可能。⑤週に1度礼拝，讃美歌斉唱，聖書朗読などを通して自分自身と向き合う時間を設けている。⑥女子の制服は標準スカートのみあり。

【海外研修】　イギリスやアフリカ，ドイツ，台湾などで希望選抜制の研修を実施。

【クラブ活動】　サイエンスクラブが世界大会，チアダンス部，ゴルフ部が全国大会出場。

【施設】　610,000㎡の敷地に幼稚園から大学院までを設置。北海道や鹿児島にも施設をもつ。

習熟度別授業	土曜授業	文理選択	オンライン授業	制服	自習室	食堂	プール	グラウンド	アルバイト	登校時刻＝ 8:20
数英	―	2年～	○	○	～18:00	―	○	○	審査	下校時刻＝18:00

進路情報　2023年3月卒業生

四年制大学への進学率 **86.5%**

【卒業生数】　223名

【進路傾向】　IBクラスを中心に海外大学への進学実績が豊富。2023年春は9名が進学した。

【系列進学】　玉川大学へ51名（教育22，芸術7，文2，リベラルアーツ4，工8，観光6，農2）が内部推薦で合格した。

【指定校推薦】　利用状況は上智大3，学習院大2，青山学院大6，立教大6，中央大2，法政大4，日本大1，成蹊大3，成城大3，明治学院大1，工学院大1，北里大2，東京薬科大2，昭和薬科大3，東京歯大1，関西学院大3，東京農大3など。ほかに早稲田大など推薦枠あり。

	四年制大学	193名
	短期大学	0名
	専修・各種学校	5名
	就職	0名
	進学準備・他	25名

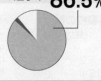

主な大学合格状況

'24年春速報は巻末資料参照

大学名	'23	'22	'21	大学名	'23	'22	'21	大学名	'23	'22	'21
◇筑波大	1	0	1	学習院大	2	4	7	帝京大	9	7	5
◇横浜国大	2	0	0	明治大	11	4	0	成蹊大	4	8	3
◇国際教養大	1	0	0	青山学院大	10	13	7	成城大	3	9	3
◇北海道大	0	1	0	立教大	15	15	9	明治学院大	2	10	2
◇九州大	1	0	0	中央大	10	10	4	玉川大	64	66	74
◇横浜市大	1	0	0	法政大	6	12	4	北里大	7	4	5
早稲田大	4	10	11	日本大	9	8	12	東京薬科大	3	1	2
慶應大	9	6	2	東洋大	2	9	11	昭和薬科大	3	1	1
上智大	8	12	12	専修大	4	5	0	関西学院大	3	3	2
東京理科大	5	0	5	東海大	6	14	4	洗足学院音大	2	2	2

※各大学合格数は既卒生を含む。

入試要項 2024年春（実績）

新年度日程についてはp.116参照。

◆一般　専願優遇，併願優遇（公私とも可），オープン　※IBクラスはオープンのみ
募集人員▶一般クラス80名程度，IBクラス若干名
選抜方法▶**一般クラス**：国数英（各50分・各100点・英にリスニングあり），面接，調査書
IBクラス：日本語（50分・100点），数英（各50分・各100点・英語による出題），面接（受験生面接・保護者同伴面接），調査書，評価表（日本文または英文）
◆**受験料**　30,000円

内申基準　**一般（専願優遇）**：[一般] 5科20または9科34　**一般（併願優遇）**：[一般] 5科22または9科37　**一般（オープン）**：[IB] 英語検定2級または同等の英語力　※[一般] いずれも9科に2不可　※条件により内申加点あり

特待生・奨学金制度　特記なし。

帰国生の受け入れ　国内生と同枠入試で考慮あり。

入試日程

区分		登録・出願	試験	発表	手続締切
専願優遇		1/5～2/1	2/11	2/12	2/15
併願優遇		1/5～2/1	2/11	2/12	3/4
オープン	第1志望	1/5～2/1	2/11	2/12	2/15
	併願	1/5～2/1	2/11	2/12	3/4

応募状況

年度	区分		応募数	受験数	合格数	実質倍率
'24	一般	男子	49	47	42	1.1
		女子	43	41	41	1.0
	IB	男子	1	1	0	―
		女子	2	1	1	1.0
'23	一般	男子	34	33	32	1.0
		女子	38	38	37	1.0
	IB	男子	3	3	1	3.0
		女子	1	1	1	1.0
'22	一般	男子	36	36	34	1.1
		女子	37	37	37	1.0
	IB	男子	4	3	1	3.0
		女子	0	0	0	―

['24年合格最低点] 非公表。

東京　男女　た　玉川学園

学費（単位：円）

学費（単位：円）		入学金	施設設備金	授業料	その他経費	小計	初年度合計
一般	入学手続時	150,000	110,000	435,000	96,350	791,350	1,432,700
	1年終了迄	―	110,000	435,000	96,350	641,350	
IB	入学手続時	150,000	110,000	675,000	101,350	1,036,350	1,922,700
	1年終了迄	―	110,000	675,000	101,350	886,350	

※2023年度実績。[返還] 3/18までの入学辞退者には入学金を除き返還。[授業料納入] 一括または2回分割（入学手続時に1期分納入）。[その他] 制服・制定品代，ほかIBクラスは必修の教育活動に関わる個人負担費用あり。[寄付・学債] 任意の玉川学園K-12教育充実資金1口10万円2口以上あり。

併願校の例　※[一般]を中心に

	都立	神公立	私立
挑戦校	武蔵野北	多摩	国学院
	豊多摩	希望ケ丘	成城学園
	小金井北	光陵	桜美林
	町田	鎌倉	日大三
	日野台	平塚江南	日本大学
最適校	狛江	海老名	駒澤大学
	南平	生田	八王子学園
	神代	麻溝台	日大鶴ヶ丘
	調布南	松陽	東海大相模
	広尾	市立橘	横浜翠陵
堅実校	成瀬	湘南台	和光
	府中	住吉	国士舘
	芦花	鶴見	駒場学園
	松が谷	横浜瀬谷	日本学園
	小川	鶴嶺	駒沢女子

合格のめやす

合格の可能性 **60%** **80%** の偏差値を表示しています。

一般　**53**　**57**

IBは偏差値を設定していません。

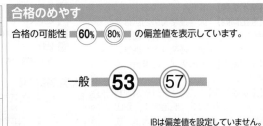

※合格のめやすの見方は114ページ参照。

合否分布

合格者

| | 34 | 38 | 42 | 46 | 50 | 54 | 58 | 62 | 66 | 偏 |

不合格者

見学ガイド　体育祭／文化祭／説明会／部活体験／SSH体験／個別見学対応

多摩市

多摩大学附属聖ヶ丘 高等学校

〒206-0022　東京都多摩市聖ヶ丘4-1-1　☎(042)372-9393

【教育理念】「敬愛奉仕・自主研鑽・健康明朗」を掲げる。自立と協働を合言葉にグローバル化に対応し，平和で平等な社会をめざす豊かな人材育成につとめる。

【沿　革】1988年創立，1989年現校名に改称。

【学校長】　石飛　一吉

【生徒数】　男子196名，女子156名

	1年（3クラス）	2年（4クラス）	3年（4クラス）
男子	82名	63名	51名
女子	55名	53名	48名

京王相模原線―京王永山，京王線―聖蹟桜ヶ丘よりバス多摩大学（スクールバスあり）

特色

設置学科：普通科

【カリキュラム】①少人数制を活かして一人ひとりに向き合う教科指導を行う。②探究学習と基礎学習の「学びの両輪」を育むため，毎週水曜日の午後は1・2年次を対象とする探究ゼミを開講。多摩市と連携し，地域の課題に挑戦する。③小テストとフィードバック授業の反復サイクルを各教科で行い，確かな学力を身につける。④毎日10分間朝読書をし，授業に向けて気持ちを落ち着ける。⑤長期休業中のアドバンス講座では既習範囲の総復習や模試を意識した問題演習を行う。成績上位者は1年次に進路合宿

に参加する。⑥放課後に開室しているSSR（セルフ・スタディ・ルーム）には大学生メンターが在籍し自学自習をサポートする。授業の予習復習や進路に関する相談も行っている。

【キャリア教育】1年次のOB・OG訪問では，卒業生の職場を見学・体験し，学生時代の話を聞く。大学生の卒業生によるガイダンスもある。

【クラブ活動】漫画イラスト研究部とダンスドリル部が全国大会出場の実績を持つ。

【施設】室内温水プールや天体観測室を設置。コンビニエンスストアも併設されている。

習熟度別授業	土曜授業	文理選択	オンライン授業	制服	自習室	食堂	プール	グラウンド	アルバイト
数英	○	2年～	○	○	～20:30	○	○	○	―

登校時刻＝ 8:20
下校時刻＝18:30

進路情報　2023年3月卒業生

四年制大学への進学率 **87.7%**

【卒業生数】　106名

【進路傾向】　大学進学者の内訳は文系49%，理系47%，他4%。国公立大学へ文系1名，理系3名が進学。

【系列進学】　多摩大学への推薦制度がある。

【指定校推薦】　利用状況は東京理科大1，学習院大3，明治大1，青山学院大1，中央大4，法政大1，成蹊大2，明治学院大1，フェリス女学院大2など。ほかに日本大，東海大，亜細亜大，帝京大，國學院大，成城大，神奈川大，東京電機大，日本女子大，東京都市大，白百合女子大，東洋英和女学院大など推薦枠あり。

	四年制大学	93名
	短期大学	0名
	専修・各種学校	3名
	就職	0名
	進学準備・他	10名

主な大学合格状況

'24年春速報は巻末資料参照

大学名	'23	'22	'21	大学名	'23	'22	'21	大学名	'23	'22	'21
◇東北大	0	1	0	青山学院大	7	6	9	國學院大	6	6	3
◇都立大	0	2	1	立教大	4	4	5	成蹊大	6	7	4
◇鹿児島大	1	0	0	中央大	13	12	13	成城大	5	5	3
◇川崎市立看護大	0	1	0	法政大	15	8	5	神奈川大	10	11	6
早稲田大	0	4	1	日本大	17	19	28	津田塾大	2	1	3
慶應大	1	1	1	東洋大	14	7	23	桜美林大	9	6	12
上智大	5	1	1	駒澤大	2	1	9	白百合女子大	5	1	3
東京理科大	2	4	1	専修大	13	9	9	杏林大	1	3	7
学習院大	5	2	6	東海大	7	13	30	北里大	10	2	2
明治大	7	7	12	帝京大	15	7	15	東京薬科大	7	3	2

※各大学合格数は既卒生を含む。

入試要項 2024年春（実績）

新年度日程についてはp.116参照。

◆**一般**
募集人員▶20名
選抜方法▶国数英（各50分・各100点・英にリスニングあり），グループ面接（15分），調査書
◆**受験料** 20,000円

（**内申基準**）特記なし。
（**特待生・奨学金制度**）入試成績優秀者に対する特待生制度あり。
（**帰国生の受け入れ**）国内生と同枠入試。

入試日程

区分	出願	試験	発表	手続締切
一般	1/25〜2/6	2/12	2/12	3/1

応募状況

年度	区分		応募数	受験数	合格数	実質倍率
'24	一般	男子	19	15	8	1.9
		女子	10	9	7	1.3
'23	一般	男子	15	14	11	1.3
		女子	13	13	8	1.6
'22	一般	男子	13	13	5	2.6
		女子	16	15	13	1.2

['24年合格最低点] 一般160/300

東京 男女 た 多摩大学附属聖ヶ丘

学費（単位：円）	入学金	施設費	授業料	その他経費	小計	初年度合計
入学手続時	300,000	—	—	—	300,000	1,111,740
1年終了迄	—	120,000	480,000	211,740	811,740	

※2024年度予定。[授業料納入] 一括または毎月分割。
[その他] 制服・制定品代あり。

併願校の例

	都立	神公立	国・私立
挑戦校	立川/八王子東/国分寺	多摩/川和/相模原	東京工業高専/桜美林/桐朋女子(普)/日本女子大附
最適校	町田/昭和/狛江/神代/調布南	市ケ尾/相模原弥栄/生田/座間	日大三/八王子学園/日大鶴ヶ丘/玉川学園/国音大附(普)
堅実校	成瀬/府中/翔陽/松が谷/日野	元石川/大和西/橋本/麻生	明星/八王子実践/啓明学園/和光/大成

合格のめやす

合格の可能性 60% 80% の偏差値を表示しています。

普通科 54 58

※合格のめやすの見方は114ページ参照。

合格者／不合格者 合否分布 38 42 46 50 54 58 62 66 70 偏

（**見学ガイド**）文化祭／説明会

目黒区

多摩大学目黒 高等学校

〒153-0064　東京都目黒区下目黒4-10-24　☎(03)3714-2661

【教育方針】　生徒，教員，学校全体が向上心にあふれ，常に進化し続ける学校をめざす。小さな目標を達成する成功体験を積み重ね，大きな夢の実現につなげていく。

【沿　革】　1937年に目黒商業女学校として創立。1995年現校名に改称。1998年より男女共学となる。

【学校長】　田村　嘉浩

【生徒数】　男子517名，女子299名

	1年(8クラス)	2年(9クラス)	3年(7クラス)
男子	181名	181名	155名
女子	98名	124名	77名

JR・東急目黒線・南北線・都営三田線―目黒
12分　東急東横線―中目黒よりスクールバス

特色

設置学科：普通科

【コース】　特進クラスと進学クラスを設置。進学クラスは2年次に進学文系，進学理系クラスに分かれる。内部進学生とは2年次より混合。

【カリキュラム】　①1年次は基礎基本を徹底して学び土台を固める。2年次から応用力・実力を養成。3年次は多彩な選択科目から入試科目を学習。難関大学に現役合格できる授業で妥協のない進学を実現する。②英語のネイティヴ教員を2名配置。英語だけで行う授業を通して英語で考える感覚を身につける。③多摩大学との高大連携によるアクティブ・ラーニングのプログラムが充実。④毎日の勉強を学校内で完結できる学習支援システムを導入。WebテストなどのICTも取り入れ授業内容を定着させる。

【海外研修】　希望者を対象に，アメリカ語学研修，ニュージーランド・カナダ・アメリカ留学などを実施。期間は短・中・長期を設定。

【クラブ活動】　ダンス部が全国大会出場の実績がある。放送部も活発。元プロ選手など一流の指導者が指導を行うクラブもある。

【施設】　あざみ野セミナーハウスには人工芝グラウンドやテニスコート，宿泊施設などが整う。

習熟度別授業	土曜授業	文理選択	オンライン授業	制服	自習室	食堂	プール	グラウンド	アルバイト	登校時刻＝ 8:25
―	○	2年～	○	○	～21:00	○	―	○	届出	下校時刻＝18:30

進路情報　2023年3月卒業生

四年制大学への進学率 **89.3%**

【卒業生数】　242名

【進路傾向】　現役の主な大学合格状況は国公立10名，早慶上理28名，GMARCH 98名など。海外大学へ2名が進学した。

【系列進学】　多摩大学へ3名（経営情報）が内部推薦で進学した。

【指定校推薦】　利用状況は東京理科大1，学習院大2，青山学院大2，中央大1，法政大3，日本大2，駒澤大2，専修大4，東海大4，成城大1，明治学院大6，東京電機大2，東京女子大1，日本女子大1，東京都市大4，北里大1，昭和女子大1，フェリス女学院大2など。ほかに東洋大，大東文化大など推薦枠あり。

	四年制大学	216名
	短期大学	0名
	専修・各種学校	0名
	就職	0名
	進学準備・他	26名

主な大学合格状況

'24年春速報は巻末資料参照

大学名	'23	'22	'21	大学名	'23	'22	'21	大学名	'23	'22	'21
◇東工大	1	0	0	東京理科大	9	11	7	専修大	25	26	25
◇筑波大	1	0	0	学習院大	7	9	9	東海大	25	47	21
◇国際教養大	1	0	0	明治大	34	22	14	帝京大	33	27	19
◇東京農工大	2	1	0	青山学院大	15	11	18	成城大	15	18	17
◇都立大	1	1	0	立教大	15	5	10	明治学院大	26	12	16
◇防衛大	0	0	1	中央大	19	17	18	神奈川大	31	15	24
◇東京海洋大	0	1	3	法政大	44	19	29	芝浦工大	14	6	16
早稲田大	17	3	3	日本大	55	45	38	東京都市大	18	18	42
慶應大	3	1	3	東洋大	22	15	22	桜美林大	27	27	18
上智大	8	2	0	駒澤大	16	26	18	多摩大	22	3	5

※各大学合格数は既卒生を含む。

入試要項 2024年春（実績）

新年度日程についてはp.116参照。

◆ 推薦　単願

募集人員▶30名

選抜方法▶作文（600字・100点），個人面接（5分），調査書，自己推薦書

◆ 一般　併願優遇（公私とも可）あり

募集人員▶120名

選抜方法▶国数英（各50分・各100点・英にリスニングあり），グループ面接（10分），調査書，自己推薦書

◆ 受験料　22,000円

(内申基準) 推薦：以下①〜⑤のいずれか。①3科11かつ9科32・②英5かつ他8科各3・③数5かつ他8科各3・④英語検定2級かつ9科各3・⑤数学検定2級かつ9科各3　**一般(併願優遇)**：以下①〜③のいずれか。①3科12かつ9科36・②3科13かつ他6科各3・③5科20かつ他4科各3　※条件により内申加点あり

(特待生・奨学金制度) 学力試験で240点以上の成績優秀者を特待生認定。入学金，1年間の授業料免除。

(帰国生の受け入れ) 国内生と同枠入試。

入試日程

区分	登録・出願	試験	発表	手続締切
推薦	1/8〜16	1/22	1/23	1/26
一般	1/8〜2/5	2/10or11	2/12	2/15

[延納] 一般は併願校発表後まで。

応募状況

年度	区分			応募数	受験数	合格数	実質倍率
'24	推薦	男子		46	46	46	1.0
		女子		27	27	27	1.0
	一般	2/10	男	97	96	90	1.1
			女	108	106	103	1.0
		2/11	男	112	107	97	1.1
			女	84	81	77	1.1
'23	推薦	男子		55	55	55	1.0
		女子		22	22	22	1.0
	一般	2/10	男	105	102	99	1.0
			女	84	80	77	1.0
		2/11	男	79	74	70	1.1
			女	67	63	61	1.0
'22	推薦	男子		45	45	45	1.0
		女子		25	25	25	1.0
	一般	2/10	男	98	95	91	1.0
			女	89	86	84	1.0
		2/11	男	84	81	74	1.1
			女	72	70	66	1.1

['24年合格最低点] 非公表。

東京　男女　(た) 多摩大学目黒

学費（単位：円）	入学金	施設設備費	授業料	その他経費	小計	初年度合計
入学手続時	250,000	—	—	—	250,000	1,144,000
1年終了迄	—	120,000	444,000	330,000	894,000	

※2024年度予定。[授業料納入] 11回分割。
[その他] 制服・制定品代あり。

併願校の例

	都立	神公立	私立
挑戦校	戸山	多摩	明治学院
	青山	神奈川総合	青稜
	小山台	光陵	都市大等々力
	竹早	相模原	朋優学院
	三田	大和	国学院
最適校	豊多摩	新城	成城学園
	城東	相模原総合(併)	駒澤大学
	目黒	市立東	目黒日大
	狛江	生田	文教大付
	神代	港北	日大鶴ヶ丘
堅実校	広尾	市立橘	東京
	雪谷	元石川	立正大立正
	田園調布	住吉	日本工大駒場
	芦花	鶴見	駒場学園
	晴海総合	荏田	目黒学院

合格のめやす

合格の可能性 ▇▇60%▇ 80% の偏差値を表示しています。

普通科　**55**　**59**

※合格のめやすの見方は114ページ参照。

合否分布

合格者

| | 38 | 42 | 46 | 50 | 54 | 58 | 62 | 66 | 70 | (偏) |

不合格者

(見学ガイド) 体育祭／文化祭／説明会

中央学院大学中央 高等学校

〒136-0071　東京都江東区亀戸7-65-12　☎(03)5836-7020

江東区

【教育方針】　建学の精神「誠實に謙虚に生きよ　温かい心で人に接し奉仕と感謝の心を忘れるな　常に身を慎み反省と研鑽を忘れるな」を掲げる。家族的な絆を大切にし，心の優しい思いやる心を育成する。

【沿　革】　1900年日本橋簡易商業夜学校として設立。2004年普通科を開設。

【学校長】　大橋　治久

【生徒数】　男子316名，女子179名

	1年(4クラス)	2年(5クラス)	3年(6クラス)
男子	70名	108名	138名
女子	57名	53名	69名

東武亀戸線―亀戸水神10分
都営新宿線―東大島12分　JR―亀戸15分

特色

設置学科：普通科／商業科

【カリキュラム】　①普通科は少人数での指導を実施。放課後の特別講習や夏期講座で実力を養成。数学と英語は個々の理解度に合わせた習熟度別授業で基礎学力を固める。②商業科は実社会で活かせる商業科目をバランスよく学ぶ。簿記，情報処理，ビジネス文書の検定合格をめざす。課外にも補習を行いながら資格取得をサポート。③タブレット端末を導入。教材や動画の配信，Webドリルによる自宅学習，メッセージ機能での先生との質疑応答など，授業や自学自習，コミュニケーションの活性化に活用。④併

設大学と7カ年の連携教育構想をもっている。

【海外研修】　2年次の11月にハワイ修学旅行（4泊6日）を実施。少人数のグループに分かれてホームステイも体験する。

【クラブ活動】　レスリング部が関東大会出場の実績。吹奏楽部は地域の催しや老人ホームで演奏するなど，地域交流が盛ん。

【行事】　普通救命講習会や球技大会がある。

【施設】　電子黒板設置の教室，PC端末106台設置の情報処理室，本格的なトレーニングルーム，個別ブースのあるセミナー室などを備える。

習熟度別授業	土曜授業	文理選択	オンライン授業	制服	自習室	食堂	プール	グラウンド	アルバイト
国英	年10回	2年〜	○	○	〜17:00	―	―	○	―

登校時刻＝　8:30
下校時刻＝19:00

進路情報　2023年3月卒業生

四年制大学への進学率 **60.2%**

【卒業生数】　191名

【進路傾向】　大学進学はいずれも私立大学で，内訳は文系89%，理系11%。普通科・商業科とも進学率は9割程度と高く，大学・短大・専門学校へ幅広く進路を実現している。

【系列進学】　中央学院大学へ47名（商24，法17，現代教養6）が内部推薦で進学した。

【指定校推薦】　日本大，大東文化大，立正大，国士舘大，千葉工大，関東学院大，日本薬科大，東京農大，二松學舍大，帝京平成大，東京工科大，駒沢女子大，城西大，帝京科学大，東京福祉大，多摩大，日本工大，文京学院大，鶴見大など推薦枠あり。

	四年制大学	115名
	短期大学	1名
	専修・各種学校	61名
	就職	1名
	進学準備・他	13名

主な大学合格状況
'24春速報は巻末資料参照

大学名	'23	'22	'21	大学名	'23	'22	'21	大学名	'23	'22	'21
立教大	1	0	0	日本女子大	1	0	0	高千穂大	3	4	2
法政大	1	0	0	立正大	1	1	1	東京政学院	2	0	0
日本大	2	0	1	国士舘大	4	2	1	城西国際大	2	3	2
東洋大	1	1	0	千葉工大	0	1	2	千葉商大	3	2	3
駒澤大	1	0	0	関東学院大	0	3	0	聖徳大	0	4	0
専修大	1	0	0	二松學舍大	2	1	0	中央学院大	50	30	23
大東文化大	3	0	2	帝京平成大	1	3	1	東京富士大	5	2	0
亜細亜大	1	1	0	城西大	1	2	0	日本文化大	1	1	0
帝京大	1	3	3	帝京科学大	3	8	0	江戸川大	3	0	0
成蹊大	0	1	0	文京学院大	2	0	1	明海大	2	5	2

※各大学合格数は既卒生を含む。

入試要項 2024年春（実績）

新年度日程についてはp.116参照。

◆ 推薦　単願
募集人員▶普通科25名，商業科25名
選抜方法▶個人面接（10分），面接資料，調査書
◆ 一般　併願優遇（公立のみ），一般
募集人員▶普通科25名，商業科25名
選抜方法▶国数英（各40分・各100点），個人面接（5〜10分），面接資料，調査書
◆ 受験料　20,000円

(内申基準) 推薦：[普通科] 5科14または9科25，[商業科] 5科13または9科23　**一般(併願優遇)**：[普通科] 5科15または9科27，[商業科] 5科14または9科24　※いずれも9科に1不可

(特待生・奨学金制度) 入試成績が特に優秀で，経済的援助が必要と認められた者を特待生認定。

(帰国生の受け入れ) 国内生と同枠入試。

入試日程

区分	登録・出願	試験	発表	手続締切
推薦	12/20〜1/17	1/22	1/23	1/24
一般 併願優遇	12/20〜1/30	2/10	2/11	公立発表翌日
一般	12/20〜1/30	2/10	2/11	2/13

応募状況

年度	区分		応募数	受験数	合格数	実質倍率
'24	普通	推薦	42	42	42	1.0
		一般	299	248	231	1.1
	商業	推薦	20	20	20	1.0
		一般	208	166	152	1.1
'23	普通	推薦	30	30	30	1.0
		一般	192	167	167	1.0
	商業	推薦	36	36	36	1.0
		一般	202	148	148	1.0
'22	普通	推薦	60	60	60	1.0
		一般	237	195	183	1.1
	商業	推薦	33	33	33	1.0
		一般	242	165	158	1.0

['24年合格最低点] 非公表。

東京　男女　(ち) 中央学院大学中央

学費（単位:円）	入学金	施設費	授業料	その他経費	小計	初年度合計
入学手続時	250,000	—	—	—	250,000	1,122,400
1年終了迄	—	54,000	426,000	392,400	872,400	

※2024年度予定。[入学前納入] 1年終了迄の小計のうち22,000円。[授業料納入] 2回分割。
[その他] 制服・制定品代，タブレット端末代68,000円（参考価格・保険料含む）あり。

併願校の例

※[普通]を中心に

	都立	千公立	私立
挑戦校	深川	市川東	二松学舎
	東	船橋芝山	錦城学園
	本所	千葉北	正則
	科学技術(科学)	市立松戸	SDH昭和一
	小岩	市立習志野(普)	千葉商大付
最適校	高島	船橋啓明	岩倉
	紅葉川	市立船橋(普・商)	上野学園
	日本橋	市川昴	関東一
	篠崎	実籾	正則学園
	竹台	市立習志野(商)	京華商業
堅実校	忍岡	柏井	不二女子
	葛飾野	流山(商・情処)	
	南葛飾	市川南	
	第三商業	船橋法典	
	橘	浦安	

合格のめやす

合格の可能性 **60%** **80%** の偏差値を表示しています。

普通科　**40**　(44)

商業科　**38**　(42)

※合格のめやすの見方は114ページ参照。

合格者

合否分布

30　34　38　42　46　50　54　58　62　(偏)

不合格者

実線＝普通科
破線＝商業科

(見学ガイド) 文化祭／説明会／学校見学会／個別相談会

小 中 **高 専 短 大**

文京区

中央大学 高等学校

〒112-8551　東京都文京区春日1-13-27　☎(03)3814-5275

【教育目標】　「質実剛健」「家族的情味」の理念のもと、「自立」と「自律」のこころを育み、「学力」「徳力」「体力」を兼ね備えた「真」のリーダーを育成する。

【沿　革】　1928年に夜間定時制の中央大学商業学校として創立。1993年より昼間定時制となる。

【学校長】　髙倉　樹

【生徒数】　男子241名、女子251名

	1年(4クラス)	2年(4クラス)	3年(4クラス)
男子	81名	74名	86名
女子	82名	87名	82名

丸ノ内線・南北線―後楽園5分　都営三田線・大江戸線―春日7分　JR―水道橋15分

特色

設置学科：普通科（昼間定時制）

【カリキュラム】　①定時制で始業時間が遅く余裕をもって通学できる。全日制と同様に3年間で高等学校全課程を修了し、課外活動なども活発。②中央大学の学生に求められる学力習得の授業を前提としながら、個々の適性や可能性に目を向け、他大学受験希望にも対応している。③1・2年次は基礎学力の充実を重視。3年次は進路に合わせた科目を選択し、課題探究型の授業を展開する。④英語は内部推薦の条件である英語検定2級を取得するため、0時限に特講を開く。⑤中央大学との高大連携で、経理研究所では簿記検定講座を実施。理工学部は特別講義と体験実験教室の開講、経済学部では大学の講義を受けられ、進学後の単位にできる。

【キャリア教育】　2年次に企業や研究機構などから有志をファシリテータとして招き、グループで課題解決に取り組む（希望制）。

【海外研修】　希望選抜制でオーストラリアへのターム留学を行う。1年次が対象。

【クラブ活動】　すべて全日制の大会に出場。

【施設】　校舎は中央大学後楽園キャンパス（理工学部）構内にあり、食堂や生協が利用できる。

習熟度別授業	土曜授業	文理選択	オンライン授業	制服	自習室	食堂	プール	グラウンド	アルバイト	
数	○	3年〜	○	○	○	○	―	―	審査	登校時刻＝ 9:15　下校時刻＝19:00

進路情報　2023年3月卒業生

四年制大学への進学率 **99.4%**

【卒業生数】　158名

【進路傾向】　大学進学者のうち他私立大学へ5名、国公立大学へ3名、海外大学へ1名が進学した。併設大学への推薦資格に英語検定2級必須。推薦資格を保有したまま他大学（国公立大学または併設大学にない学部・学科）を併願できる制度がある。

【系列進学】　中央大学へ148名（法42、経済39、商15、文6、総合政策7、理工33、国際経営2、国際情報4）が内部推薦で進学した。

【指定校推薦】　立教大など推薦枠あり。

四年制大学	157名
短期大学	0名
専修・各種学校	0名
就職	0名
進学準備・他	1名

主な大学合格状況　'24年春速報は巻末資料参照

大学名	'23	'22	'21	大学名	'23	'22	'21	大学名	'23	'22	'21
東工大	1	0	1	東京理科大	2	3	1	大東文化大	2	7	0
千葉大	0	1	1	学習院大	0	1	0	成城大	0	1	0
筑波大	0	0	1	明治大	5	1	1	明治学院大	1	2	0
横浜国大	2	0	0	青山学院大	1	2	0	芝浦工大	2	0	2
北海道大	0	1	0	立教大	2	6	1	東邦大	0	1	0
東京学芸大	0	0	1	中央大	149	159	149	星薬科大	0	2	0
都立大	1	0	0	法政大	1	7	1	昭和薬科大	0	0	0
早稲田大	4	14	0	日本大	0	4	5	昭和女子大	2	0	0
慶應大	4	1	0	東洋大	0	4	4	多摩美大	1	0	0
上智大	3	6	2	専修大	0	1	0	武蔵野美大	3	0	0

※各大学合格数は既卒生を含む。

入試要項 2024年春（実績）

新年度日程についてはp.116参照。

◆ 推薦　第1志望

募集人員▶男子25名，女子25名

選抜方法▶基礎学力調査（国社計60分·国40点·社35点，数理計60分·数40点·理35点，英40分·45点・リスニングあり），個人面接（10分），調査書

◆ 一般

募集人員▶男女70名

選抜方法▶国数英（国数各50分・各100点，英60分・100点・リスニングあり），グループ面接（15分），調査書

◆ 受験料　30,000円

内申基準 推薦：9科37　※3年間の9科に2不可

特待生・奨学金制度 特記なし。

帰国生の受け入れ 国内生と同枠入試。

入試日程

区分	登録・出願	試験	発表	手続締切
推薦	12/20〜1/15	1/22	1/22	1/24
一般	12/20〜2/2	2/11	2/12	2/14

[試験会場] 一般は中央大学後楽園キャンパス。
[延納] 一般の公立併願者は入学金納入により残額は公立発表後まで。

応募状況

年度	区分		応募数	受験数	合格数	実質倍率
'24	推薦	男子	84	82	27	3.0
		女子	101	101	31	3.3
	一般	男子	764	678	205	3.3
		女子				
'23	推薦	男子	70	70	26	2.7
		女子	134	134	33	4.1
	一般	男子	293	276	89	3.1
		女子	365	355	116	3.1
'22	推薦	男子	69	69	25	2.8
		女子	128	128	34	3.8
	一般	男子	812	767	206	3.7
		女子				

['24年合格最低点] 推薦：男子114，女子115（/195）
一般：175/300

東京　男女　ち　中央大学

学費(単位:円)	入学金	施設設備費	授業料	その他経費	小計	初年度合計
入学手続時	300,000	—	—	9,500	309,500	1,273,500
1年終了迄	—	250,000	528,000	186,000	964,000	

※2024年度予定。[授業料納入] 2回分割。[その他] 制服・制定品代あり。
[寄付・学債] 任意の寄付金1口5万円あり。

併願校の例

	都立	千・埼公立	私立
挑戦校			慶應女子 早稲田実業 青山学院 明大明治 慶應義塾
最適校	日比谷 西 戸山 青山 新宿	船橋 東葛飾 大宮 市立浦和	中大杉並 中大附属 明大中野 法政大学 成蹊
堅実校	竹早 小山台 三田 小松川 上野	薬園台 小金 船橋東 蕨 越谷北	国学院 淑徳巣鴨 東洋 東洋大京北 日本大学

合格のめやす

合格の可能性 **60%** **80%** の偏差値を表示しています。

普通科　**65**　**69**

※合格のめやすの見方は114ページ参照。

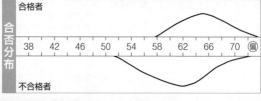

合否分布	合格者								
	38	42	46	50	54	58	62	66	70（偏）
	不合格者								

見学ガイド 文化祭／説明会／生徒会主催学校説明会

小 中 高 専 短 大

杉並区

中央大学杉並 高等学校

〒167-0035　東京都杉並区今川2-7-1　☎(03)3390-3175

【教育方針】　「真善美」を建学の精神とする。真の学力を養い，正義と社会性を育み，豊かな生き方を求める願いが込められている。

【沿　革】　現・中央大学附属高等学校が移転後，名称と校舎を継承し，1963年設立。

【学校長】　高橋　宏明

【生徒数】　男子442名，女子535名

	1年(8クラス)	2年(8クラス)	3年(9クラス)
男子	159名	144名	139名
女子	186名	174名	175名

西武新宿線―上井草12分　JR・丸の内線―荻窪よりバス総合荻窪病院前1分

特色

設置学科：普通科

【コース】　3年次に文コースと理コースに分岐。

【カリキュラム】　①大学進学後に必要な教養を身につける全教科型カリキュラム。2年次までは文系理系を問わず，必修科目で基礎学力を固める。②3年次に卒業制作を行い大学での学びに生かす。文コースは約6,000字の卒業論文を執筆。理コースは「理数研究」として成果物を制作する。③英語は多様な音読活動を軸として確かな発信力を鍛える。ケンブリッジ英語検定などの資格試験対策も実施。④3年次の選択授業にフランス語と中国語を用意している。⑤土曜講座を開講。茶道やピアノ，法学論文演習，韓国語講座など多彩なプログラムがある。⑥高大連携では講義の先行履修や論文の個別指導，簿記講座開講などがある。3年次は内定者全員が進学先学部での入学前教育に参加する。

【海外研修】　オーストラリア・英国での研修やニュージーランドターム留学の制度を用意。

【クラブ活動】　ボート部，ダンス部が全国大会出場。落語研究会は落語甲子園に出場した。

【行事】　体育祭，音楽祭などの学校行事は併設大学多摩キャンパスで行う。

習熟度別授業	土曜授業	文理選択	オンライン授業	制服	自習室	食堂	プール	グラウンド	アルバイト	登校時刻＝ 8:40
―	○	3年～	○	○	～17:00	○	○	○	届出	下校時刻＝18:00

進路情報　2023年3月卒業生

四年制大学への進学率 **97.4%**

【卒業生数】　312名

【進路傾向】　大学進学者の内訳は文系85％，理系15％。国公立大学へ文系3名，理系4名が進学した。

【系列進学】　中央大学へ280名（法81，文27，経済48，商55，理工35，総合政策20，国際経営7，国際情報7）が内部推薦で進学した。

【指定校推薦】　利用状況は上智大2，東京理科大4，立教大1，東京薬科大1など。

	四年制大学	304名
	短期大学	0名
	専修・各種学校	0名
	就職	0名
	進学準備・他	8名

主な大学合格状況

'24年春速報は巻末資料参照

大学名	'23	'22	'21	大学名	'23	'22	'21	大学名	'23	'22	'21
◇東工大	1	1	1	上智大	3	9	6	専修大	0	0	4
◇千葉大	1	0	0	東京理科大	7	8	7	大東文化大	3	0	0
◇東京外大	2	1	0	学習院大	1	0	0	亜細亜大	2	0	0
◇横浜国大	0	1	0	明治大	2	7	3	獨協大	0	2	0
◇北海道大	2	0	0	青山学院大	3	0	0	芝浦工大	4	2	0
◇東京農工大	0	1	0	立教大	1	0	0	津田塾大	1	0	0
◇東京学芸大	1	0	0	中央大	289	328	290	東京都市大	3	0	1
◇信州大	1	0	0	法政大	1	0	4	昭和大	0	1	0
早稲田大	1	3	4	日本大	2	2	5	日本医大	0	1	0
慶應大	3	3	5	駒澤大	1	0	0	東京薬科大	1	1	0

※各大学合格数は既卒生を含む。

入試要項 2024年春（実績）

新年度日程についてはp.116参照。

◆ 推薦　第1志望
募集人員 ▶ 130名
選抜方法 ▶ 適性検査（国数英理社各20分・各20点），個人面接（3分・40点），調査書

◆ 帰国生
募集人員 ▶ 20名
選抜方法 ▶ 基礎学力検査（国数英各30分・各50点），個人面接（4分・40点），調査書または成績証明書，海外在留期間証明書

◆ 一般
募集人員 ▶ 150名
選抜方法 ▶ 国数英（各50分・各100点・英にリスニングあり），調査書

◆ 受験料　30,000円

(内申基準) 推薦▶ 9科37かつ9科に2不可
(特待生・奨学金制度) 特記なし。
(帰国生の受け入れ) 国内生と別枠入試（上記参照）。

入試日程

区分	登録・出願	試験	発表	手続締切
推薦	12/20〜1/18	1/22	1/22	1/24
帰国生	12/1〜1/15	1/23	1/23	1/25
一般	12/20〜2/6	2/10	2/10	2/12

［延納］帰国生と一般の併願者は入学申込金290,000円納入により公立発表後まで手続を延期できる。

応募状況

年度	区分		応募数	受験数	合格数	実質倍率
'24	推薦	男子	150	148	48	3.1
		女子	247	247	97	2.5
	帰国	男子	73	67	25	2.7
		女子	61	54	23	2.3
	一般	男子	553	515	151	3.4
		女子	468	441	161	2.7
'23	推薦	男子	147	146	61	2.4
		女子	199	199	80	2.5
	帰国	男子	74	65	25	2.6
		女子	80	76	30	2.5
	一般	男子	523	498	149	3.3
		女子	442	434	185	2.3
'22	推薦	男子	143	143	54	2.6
		女子	201	201	88	2.3
	帰国	男子	75	71	24	3.0
		女子	77	75	37	2.0
	一般	男子	514	488	176	2.8
		女子	437	417	156	2.7

［'24年合格最低点］一般209/300

東京　男女　(ち)　中央大学杉並

学費

学費（単位:円）	入学金	施設設備費	授業料	その他経費	小計	初年度合計
入学手続時	290,000	—	—	—	290,000	1,254,838
1年終了迄	—	290,000	498,000	176,838	964,838	

※2024年度予定。［授業料納入］3回分割。
［その他］制服・制定品代あり。

併願校の例

	都立	神・埼公立	私立
挑戦校			早大学院 明大明治 青山学院 慶應志木 早大本庄
最適校	日比谷 西 戸山 青山 新宿	湘南 厚木 多摩 大宮 川越女子	中央大学 明大中野 錦城（特進） 宝仙学園（理数） 立教新座
堅実校	小山台 国分寺 武蔵野北 駒場 豊多摩	神奈川総合 市ケ尾 蕨 浦和西 所沢北	日大二 国学院 明学東村山 拓大一 淑徳巣鴨

合格のめやす

合格の可能性 **60%** **80%** の偏差値を表示しています。

普通科　**65**　**69**

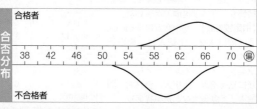

※合格のめやすの見方は114ページ参照。

(見学ガイド) 体育祭／文化祭／公開授業／説明会／学校見学会

小金井市

中央大学附属 高等学校

〒184-8575　東京都小金井市貫井北町3-22-1　☎(042)381-5413

【教育目標】　中央大学の学風「質実剛健」を基盤に「明るく，強く，正しく」の校訓を掲げ，知育・徳育・体育三者の調和ある教育活動を展開する。

【沿　革】　1909年創立。1963年現在地へ移転し，現校名となる。2001年より男女共学化。2010年，併設中学校を新設。

【学校長】　石田　雄一

【生徒数】　男子552名，女子624名

	1年（9クラス）	2年（9クラス）	3年（10クラス）
男子	202名	180名	170名
女子	204名	207名	213名

JR―武蔵小金井18分　西武新宿線―小平よりバス中央大学附属中学・高等学校

特色

設置学科：普通科

【コース】　2年次より内部進学生と混合クラス編成。3年次に中央大学志望の文系・理系，他大学併願受験の文系・理系に分かれる。

【カリキュラム】　①受験にとらわれない環境のもと，多様化する社会に対応できる基礎学力と幅広い教養を身につける。②教科の枠を超えた「教養総合」では1年次に「問い」の立て方を学び，2年次に海外や国内でのフィールドワークを行う。3年次に卒業論文や卒業研究としてまとめ，発表する。③2023年度スーパーサイエンスハイスクール指定校。研究者を招いた講演会で科学への関心を促し，2年次必修選択科目「Project in Science I」では科学的探究活動を通じて課題発見・解決能力を高める。④中央大学との高大連携で進学をサポート。法・経済・国際経営学部では入学前教育プログラムがある。

【海外研修】　希望者対象の英国短期語学研修（夏期）や，ニュージーランドターム留学（3学期），台湾交流プログラム（冬期）を実施。

【クラブ活動】　ライフル射撃部，生物部，マンドリン部，ソングリーディング部，スキー部，地学研究部，水球部などが全国レベル。

習熟度別授業	土曜授業	文理選択	オンライン授業	制服	自習室	食堂	プール	グラウンド	アルバイト	登校時刻＝ 8:35
―	○	3年～	○	―	～18:00	○	○	○	届出	下校時刻＝18:00

進路情報　2023年3月卒業生

四年制大学への進学率 **96.3%**

【卒業生数】　378名

【進路傾向】　例年，卒業生の8～9割が併設大学に進学している。国公立大学や中央大学にない学部・学科をめざす生徒は内部推薦の権利を保有したまま他大学受験が可能。

【系列進学】　中央大学へ315名（法102，経済54，商63，文30，総合政策22，理工27，国際経営8，国際情報9）が内部推薦で進学した。

【指定校推薦】　利用状況は早稲田大2，慶應大2，上智大11，東京理科大2，立教大1，工学院大1，東京薬科大2，明治薬科大2など。ほかに立命館大，玉川大，杏林大，明星大，多摩美大など推薦枠あり。

■ 四年制大学	364名
□ 短期大学	0名
■ 専修・各種学校	1名
■ 就職	0名
□ 進学準備・他	13名

主な大学合格状況

'24年春速報は巻末資料参照

大学名	'23	'22	'21	大学名	'23	'22	'21	大学名	'23	'22	'21
◇京都大	0	0	1	早稲田大	3	9	3	東洋大	1	4	3
◇一橋大	0	2	0	慶應大	10	7	5	専修大	2	1	0
◇千葉大	1	0	0	上智大	16	16	16	大東文化大	2	0	4
◇筑波大	1	0	0	東京理科大	4	2	3	芝浦工大	0	18	0
◇東京外大	1	1	0	明治大	6	7	4	東京薬科大	2	1	2
◇横浜国大	2	1	1	青山学院大	0	1	2	明治薬科大	2	0	1
◇東北大	1	0	0	立教大	2	3	1	大正大	1	0	0
◇東京医歯大	0	0	0	中央大	321	334	346	日本獣医生命科学大	1	1	0
◇東京農工大	2	0	0	法政大	3	4	0	多摩美大	1	1	0
◇横浜市大	0	2	0	日本大	1	7	1	武蔵野美大	3	1	0

※各大学合格数は既卒生を含む。

入試要項 2024年春（実績）

新年度日程についてはp.116参照。

◆ 推薦　第1志望

募集人員▶約80名

選抜方法▶基礎学力試験（数英各30分・各60点），小論文（60分・600字）

◆ 一般

募集人員▶約120名

選抜方法▶国数英（各60分・各100点・英にリスニングあり），調査書

◆ 受験料　30,000円

(内申基準) 推薦：9科に2不可

(特待生・奨学金制度) 特記なし。

(帰国生の受け入れ) 国内生と別枠入試。

入試日程

区分	登録・出願	試験	発表	手続締切
推薦	12/20〜1/17	1/22	1/23	1/24
一般	12/20〜2/4	2/10	2/11	2/12

[延納] 一般の併願者は290,000円納入により公立発表後まで書類手続を延期できる。

応募状況

年度	区分		応募数	受験数	合格数	実質倍率
'24	推薦	男子	119	119	41	2.9
		女子	167	167	59	2.8
	一般	男子	418	397	118	3.4
		女子	328	314	86	3.7
'23	推薦	男子	156	155	41	3.8
		女子	207	207	58	3.6
	一般	男子	495	465	124	3.8
		女子	413	407	92	4.4
'22	推薦	男子	124	124	41	3.0
		女子	183	183	59	3.1
	一般	男子	447	428	108	4.0
		女子	338	328	73	4.5

['24年合格最低点] 未公表。

東京　男女　(ち)　中央大学附属

学費(単位:円)	入学金	施設設備費	授業料	その他経費	小計	初年度合計
入学手続時	290,000	—	—	—	290,000	約1,298,800
1年終了迄	—	280,000	498,000	約230,800	約1,008,800	

※2023年度実績。[授業料納入] 2回分割。[その他] 指定用品代あり。[寄付・学債] 任意の寄付金あり。

併願校の例

	都立	千・埼公立	国・私立
挑戦校			筑波大附 早大学院 慶應志木 明大明治 青山学院
最適校	西 国立 戸山 立川 八王子東	船橋 東葛飾 大宮 市立浦和 川越	中央大学 明大八王子 錦城(特進) 帝京大学 国学院久我山
堅実校	国分寺 豊多摩 町田 昭和 調布北	船橋東 柏 鎌ヶ谷 浦和西 所沢北	日大二 国学院 拓大一 聖徳学園 八王子学園

合格のめやす

合格の可能性 **60%** **80%** の偏差値を表示しています。

男子　**65**　**69**

女子　**65**　**69**

合格者

合否分布

38　42　46　50　54　58　62　66　70　(偏)

不合格者

実線＝男子
破線＝女子

※合格のめやすの見方は114ページ参照。

(見学ガイド) 文化祭／SSH成果発表会／説明会／オープンキャンパス／個別見学対応

八王子市

帝京大学 高等学校

〒192-0361　東京都八王子市越野322　☎(042)676-9511

【建学の精神】　努力をすべての基とし，偏見を排し，幅広い知識を身につけ，国際的視野に立って判断ができ，実学を通して創造力および人間味豊かな，専門性ある人材の養成を目的とする。

【沿　革】　1931年帝京商業学校創立。帝京商工高等学校などを経て，1971年現校名に改称。

【学校長】　市川　伸一

【生徒数】　男子260名，女子288名

	1年（6クラス）	2年5クラス	3年（5クラス）
男子	77名	86名	97名
女子	115名	93名	80名

JR—豊田，京王相模原線・小田急多摩線—多摩センターよりスクールバス

特色

設置学科：普通科

【コース】　1年次は内部進学生と別クラス編成でⅠ類クラス，Ⅱ類クラスを設置。2年次より東大・難関国立大コース，早慶・国公立大コース，難関私立大コースに分かれる。

【カリキュラム】　①Ⅰ類とⅡ類は同じ学習単元を学び，Ⅰ類ではより応用・融合問題に多く取り組む。②2年次からの東大・難関国立コースは日常の授業でも大学入試レベルの問題を扱う。③早慶・国公立コースと難関私大コースは自由度の高い科目選択で幅広い志望に対応。④1・2年次は終礼の時間に小テストを行い，学習習慣を確立させる。⑤夏期講習を1年次より開講。3年次では8月末までほぼ毎日開講し，志望校の出題傾向に合わせた演習を行う。

【キャリア教育】　卒業生から仕事や学んでいる学問，大学・学部，勉強法などの話を聞き，職業や文理選択，目標の大学・学部を考える。

【海外研修】　1年次希望者はニュージーランド語学研修旅行に参加。2年次のアジア地域での修学旅行では多文化理解を深め，平和を考える。

【クラブ活動】　南米音楽部や中国拳法部，天文気象部，木工同好会などがユニーク。

習熟度別授業	土曜授業	文理選択	オンライン授業	制服	自習室	食堂	プール	グラウンド	アルバイト
—	—	2年〜	—	○	〜17:30	○	—	○	—

登校時刻＝ 8:45
下校時刻＝17:30

進路情報　2023年3月卒業生

四年制大学への進学率 **90.6%**

【卒業生数】　180名

【進路傾向】　大学進学者の内訳は国公立32名，私立131名だった。

【系列進学】　帝京大学へ2名（医），帝京平成大学へ3名が内部推薦で進学した。ほか系列各校への推薦制度がある。

【指定校推薦】　利用状況は都立大5，早稲田大4，慶應大4，東京理科大3，学習院大1，明治大1，立教大3，中央大1，法政大1，東京女子大1，工学院大1，北里大2，関西学院大1など。ほかに青山学院大，駒澤大，成城大，芝浦工大，東京電機大，津田塾大，東京経済大，東邦大，東京薬科大など推薦枠あり。

四年制大学	163名
短期大学	0名
専修・各種学校	0名
就職	0名
進学準備・他	17名

主な大学合格状況

'24年春速報は巻末資料参照

大学名	'23	'22	'21	大学名	'23	'22	'21	大学名	'23	'22	'21
◇東京大	2	0	1	慶應大	33	25	22	東洋大	20	19	27
◇京都大	0	1	1	上智大	43	20	45	専修大	16	9	16
◇東工大	3	2	6	東京理科大	48	35	34	東海大	14	13	15
◇一橋大	2	3	0	学習院大	11	8	4	帝京大	9	8	6
◇筑波大	0	5	0	明治大	76	69	88	成蹊大	12	9	12
◇横浜国大	3	3	5	青山学院大	39	30	24	芝浦工大	16	29	29
◇東京農工大	1	2	4	立教大	36	39	31	日本女子大	11	22	6
◇都立大	14	9	21	中央大	59	66	41	工学院大	19	8	11
◇電通大	1	2	2	法政大	49	45	43	東京都市大	11	19	25
早稲田大	46	36	57	日本大	40	29	53	帝京平成大	5	1	4

※各大学合格数は既卒生を含む。

入試要項 2024年春（実績）

新年度日程についてはp.116参照。

◆ 一般　一般，併願優遇（公私とも可）

募集人員▶60名

選抜方法▶国数英（各50分・各100点），グループ面接（5分），調査書

◆ 受験料　25,000円

内申基準 一般（併願優遇）：以下①または②。
①5科24・②5科23かつ英語検定準2級　※9科に1不可

特待生・奨学金制度 入試成績優秀者を特待生認定。

帰国生の受け入れ 国内生と同枠入試。

入試日程

区分	登録・出願	試験	発表	手続締切
一般	1/10～2/6	2/11	2/12	3/3

応募状況

年度	区分		応募数	受験数	合格数	実質倍率
'24	男子	一般	54	52	45	1.2
		併願優遇	78	77	74	1.0
	女子	一般	26	26	19	1.4
		併願優遇	117	110	108	1.0
'23	男子	一般	51	49	41	1.2
		併願優遇	104	102	101	1.0
	女子	一般	39	38	30	1.3
		併願優遇	127	127	127	1.0
'22	男子	一般	80	78	43	1.8
		併願優遇	125	119	116	1.0
	女子	一般	46	45	28	1.6
		併願優遇	176	173	168	1.0

［'24年合格最低点］一般・併願優遇141/300

東　京

男　女

て

帝京大学

学費（単位：円）

学費（単位:円）	入学金	設備充実費	授業料	その他経費	小計	初年度合計
入学手続時	330,000	—	—	—	330,000	1,247,110
1年終了迄	—	50,000	372,000	495,110	917,110	

※2024年度予定。［授業料納入］毎月分割。［その他］制服・制定品代，校外学習費あり。
［寄付・学債］任意の学校協力費あり。

併願校の例

	都立	神公立	私立
挑戦校	日比谷	横浜翠嵐 湘南	慶應女子 早稲田実業 明大明治 慶應義塾
最適校	西 国立 立川 八王子東	厚木 横浜緑ケ丘 多摩 川和 市立横浜サイエンス	桐朋 中大附属 国学院久我山 成蹊 桐光学園
堅実校	国分寺 日野台 町田 小金井北 南平	相模原 大和 神奈川総合 横浜平沼 新城	拓大一 桜美林 成城学園 日大三 八王子学園

合格のめやす

合格の可能性 **60%** **80%** の偏差値を表示しています。

普通科 **64** **68**

合格者

合否分布

| 38 | 42 | 46 | 50 | 54 | 58 | 62 | 66 | 70 | 偏 |

不合格者

※合格のめやすの見方は114ページ参照。

見学ガイド 文化祭／説明会／校舎見学／個別見学対応

小中高専短大

板橋区

帝京大学系属
帝京 高等学校

〒173-8555 東京都板橋区稲荷台27-1 ☎(03)3963-4711

【建学の精神】 努力をすべての基として「正直・礼儀を重んずる」の校訓にのっとり、前途洋々たる男女を心身ともに健全で、責任感に富む公民として育成する。

【沿革】 1943年開校。2004年現在地に移転。

【学校長】 東海林 啓造

【生徒数】 男子611名、女子460名

	1年(13クラス)	2年(12クラス)	3年(12クラス)
男子	238名	203名	170名
女子	166名	147名	147名

JR―十条12分
都営三田線―板橋本町8分

特色

設置学科：普通科

【コース】 特進、進学、インターナショナル、アスリートの4コース制。インターナショナルコースとアスリートコースは1年次、特進は2年次より内部進学生と混合。進学コースは内部進学生と3年間別クラス編成。

【カリキュラム】 ①特進コースは難関大学現役合格をめざす。長期休業中の講座は学年の垣根を越えた参加が可能。②進学コースは行事やクラブなど様々な経験を通じて主体性を育てる。文章能力検定と英語検定を全員が受験。③インターナショナルコースは1年間の留学が必修の海外留学課程と国内での英語習熟をめざす英語特化課程を設置。④アスリートコースは全員が強化指定クラブに所属。大学受験にも対応。⑤併設大学教授による高大連携の情報授業を実施。

【海外研修】 2年次に、特進コースはハワイ修学旅行、インターナショナルコースはベトナムスタディツアーを実施。英語特化課程には米国、カナダなどでの希望制中期留学制度がある。

【クラブ活動】 サッカー部と空手道部が全国大会に出場。男子バスケットボール部が関東大会に出場。模擬国連部も活発に活動している。

習熟度別授業	土曜授業	文理選択	オンライン授業	制服	自習室	食堂	プール	グラウンド	アルバイト	登校時刻＝ 8:30
―	○	2年～	○	○	～19:00	○		○	審査	下校時刻＝18:00

進路情報 2023年3月卒業生

四年制大学への進学率 **88.1%**

【卒業生数】 352名

【進路傾向】 大学進学者の内訳は文系72%、理系25%、他3%。国公立大学へ理系4名・他2名、海外大学へ2名が進学した。

【系列進学】 帝京大学へ63名（法7、文3、経済23、薬5、医療技術17、外国語4、教育4）、帝京科学大学へ12名、帝京平成大学へ30名が内部推薦で進学した。

【指定校推薦】 利用状況は上智大4、東京理科大4、日本大2、東洋大2、駒澤大1、専修大1、亜細亜大1、國學院大1、武蔵大1、玉川大3、工学院大2、東京都市大1、東京経済大4、関東学院大1など。

	四年制大学	310名
	短期大学	3名
	専修・各種学校	18名
	就職	3名
	進学準備・他	18名

主な大学合格状況
'24年春速報は巻末資料参照

大学名	'23	'22	'21	大学名	'23	'22	'21	大学名	'23	'22	'21
◇千葉大	0	1	1	明治大	6	2	4	東海大	16	5	5
◇東京医歯大	0	1	0	青山学院大	6	6	3	亜細亜大	5	4	1
◇東京学芸大	1	0	0	立教大	4	5	2	帝京大	79	71	57
◇群馬大	1	0	0	中央大	5	8	1	國學院大	6	3	6
◇東京海洋大	1	0	0	法政大	7	10	2	専修大	5	7	4
早稲田大	3	1	1	日本大	31	14	14	芝浦工大	9	1	5
慶應大	0	5	1	東洋大	31	7	14	東京経済大	5	5	2
上智大	4	5	3	駒澤大	8	4	2	順天堂大	6	4	6
東京理科大	4	4	7	専修大	2	4	3	帝京平成大	37	24	25
学習院大	5	1	2	大東文化大	9	8	11	帝京科学大	17	15	11

※各大学合格数は既卒生を含む。

入試要項 2024年春（実績）

新年度日程についてはp.116参照。

◆**推薦** 単願推薦，併願推薦（公私とも可。埼玉・千葉・茨城生など対象）　※インターナショナルコース海外留学課程は単願推薦のみ　※アスリートコースは募集なし
募集人員▶100名
選抜方法▶適性検査（国数英計50分・国数各30点・英40点），グループ面接（10分），調査書
◆**一般** 併願優遇（公私とも可），一般　※インターナショナルコース海外留学課程は募集なし　※アスリートコースは②のみ
募集人員▶100名
選抜方法▶国数英（各50分・各100点），グループ面接（10分，インターナショナルコースの一般は日本語と英語の個人面接・10分），調査書
◆**受験料** 20,000円

内申基準 単願推薦：[特進] 5科20，[進学] 5科17，[インターナショナル] 5科19　**併願推薦・一般（併願優遇）**：[特進] 5科22，[進学] 5科19，[インターナショナル] 5科20　※インターナショナルは上記基準かつ，英4または英語検定準2級（1次合格可）　※いずれも9科に1不可　※条件により内申加点あり

特待生・奨学金制度 内申，入試成績により3段階の特待生認定。

帰国生の受け入れ 国内生と別枠入試。

入試日程

区分	登録・出願	試験	発表	手続締切
推薦	12/22〜1/17	1/22	1/22	1/31
一般①	12/22〜2/4	2/10	2/10	2/20
一般②	12/22〜2/4	2/11	2/11	2/20

[出願期間] 一般②のアスリートコースは12/22〜1/28。
[延納] 併願推薦と一般の併願者（アスリートコースを除く）は公立発表後まで。

応募状況

年度	区分		応募数	受験数	合格数	実質倍率
'24	特進	単願推薦	7	6	6	1.0
		併願推薦	5	5	5	1.0
		併願優遇	17	14	14	1.0
		一般	0	0	0	—
	進学	単願推薦	65	65	65	1.0
		併願推薦	9	9	9	1.0
		併願優遇	50	45	45	1.0
		一般	33	31	25	1.2
	インタ	単願推薦	16	16	16	1.0
		併願推薦	2	2	2	1.0
		併願優遇	17	17	17	1.0
		一般	6	6	5	1.2
	アス	一般	76	76	76	1.0

[スライド制度] あり。上記に含まず。
[24年合格最低点] 一般①：進学148　一般②：進学149/300

東京　男女　て　帝京大学系属　帝京

学費（単位：円）

	入学金	施設充実費	授業料	その他経費	小計	初年度合計
入学手続時	290,000	—	—	—	290,000	1,126,000
1年終了迄	—	60,000	456,000	320,000	836,000	

※2024年度予定。[入学前納入] 1年終了迄の小計のうち10,000円。[授業料納入] 10回分割。
[その他] 制服・制定品代，校外授業費，タブレット端末費用あり。

併願校の例 ※[進学]を中心に

	都立	埼公立	私立
挑戦校	駒場	川口市立	淑徳巣鴨
	北園	川口北	東洋大京北
	城東	川越南	東洋
	文京	市立浦和南	桜丘
	上野		
最適校	豊島	与野	日大豊山
	江戸川	市立川越	成立学園
	深川	浦和北	郁文館
	向丘	朝霞	大東文化一
	武蔵丘	川口	豊島学院
堅実校	鷺宮	朝霞西	東京立正
	小岩	鳩ヶ谷	駿台学園
	高島	川越総合	豊南
	飛鳥	浦和東	貞静学園
	板橋	志木	武蔵野

合格のめやす

合格の可能性 **60%** **80%** の偏差値を表示しています。

特進 **56** (60)
進学 **50** (54)
インターナショナル **54** (58)

アスリートは偏差値を設定していません。

※合格のめやすの見方は114ページ参照。

合格者

| 34 | 38 | 42 | 46 | 50 | 54 | 58 | 62 | 66 | (偏) |

不合格者

実線＝進学　破線＝特進

合否分布

見学ガイド 文化祭／説明会

八王子市

帝京八王子 高等学校

〒192-0151　東京都八王子市上川町3766　☎(042)654-6141

【教育目標】「力（つと）むれば必ず達す」を掲げる。知識，人徳，体力といった「生きる力」と自主的な精神力を備え，先を見据えた行動のできる品性豊かな人間を育成する。校訓は「礼儀・努力・誠実」。
【沿　革】1979年開校。
【学校長】木﨑　右成
【生徒数】男子153名，女子77名

JR―西八王子・高尾・秋川・羽村・箱根ヶ崎よりスクールバス

	1年（3クラス）	2年（3クラス）	3年（4クラス）
男子	42名	54名	57名
女子	23名	23名	31名

特色

設置学科：普通科

【コース】　2年次より国際文化，言語文化，人文社会，科学探究の4コースに分かれる。
【カリキュラム】　①国際文化コースは英語を通じて国際社会への理解を深め，外国語や国際関係の進路をめざす。②言語文化コースは国語や歴史に重点を置き，幅広い教養を身につける。③人文社会コースは法律，政治，経済，商学系の進路を視野に入れて国内外の情勢を学ぶ。④科学探究コースは自然科学分野に関心をもって探究し，理工や農林水産，医・歯・薬学，医療技術の進路をめざす。⑤スタディサプリを導入。

自宅で自分のペースに合わせて視聴できるほか，教員が課題として講座を配信し，宿題や予習の一環として授業に組み込むこともある。
【キャリア教育】　定期的に進路ガイダンスを開催。1・2年次は医療系受験ガイダンスも実施。
【海外研修】　2年次に修学旅行で約1週間オーストラリアを訪問。ほか希望制のアメリカ・ボストン研修旅行，カナダ語学研修，オーストラリア・ターム留学を実施している。
【クラブ活動】　バドミントン部，チアリーディング部が活発。兼部可能なクラブもある。

習熟度別授業	土曜授業	文理選択	オンライン授業	制服	自習室	食堂	プール	グラウンド	アルバイト	登校時刻＝ 9:30
―	○	2年～	○	○	～18:30	―	―	○	―	下校時刻＝18:30

進路情報 2023年3月卒業生

四年制大学への進学率 **91.0%**

【卒業生数】　144名
【進路傾向】　大学進学者の内訳は文系69%，理系31%。国公立大学へ理系1名，海外大学へ1名が進学。
【系列進学】　帝京大学へ67名（法13，文11，経済22，教育9，外国語5，医療技術6，薬1），帝京平成大学へ19名，帝京科学大学へ2名が内部推薦で進学した。ほかに各系列校への推薦制度がある。
【指定校推薦】　利用状況は成蹊大1，玉川大1，工学院大1，東京薬科大2，武蔵野大2，東京農大1など。ほかに東洋大，専修大，東海大，獨協大，神奈川大，東京電機大，東京都市大，東京経済大など推薦枠あり。

四年制大学	131名
短期大学	0名
専修・各種学校	7名
就職	1名
進学準備・他	5名

主な大学合格状況

'24年春速報は巻末資料参照

大学名	'23	'22	'21	大学名	'23	'22	'21	大学名	'23	'22	'21
◇都立大	1	0	1	専修大	3	4	2	桜美林大	3	0	6
◇富山大	1	0	0	東海大	1	0	0	順天堂大	2	0	0
◇都留文科大	0	1	0	亜細亜大	2	0	0	杏林大	2	0	0
早稲田大	0	0	3	帝京大	85	42	48	北里大	2	0	0
学習院大	0	0	2	國學院大	1	3	0	東京薬科大	7	1	3
明治大	2	0	1	成蹊大	2	0	1	武蔵野大	3	2	0
中央大	3	0	0	芝浦工大	2	2	0	明星大	1	1	1
法政大	0	1	3	玉川大	2	2	0	帝京平成大	25	33	20
日本大	6	0	3	工学院大	2	0	0	帝京科学大	5	5	8
東洋大	2	1	8	東京経済大	2	3	2	東京医療保健大	1	1	1

※各大学合格数は既卒生を含む。

入試要項 2024年春（実績）

新年度日程についてはp.116参照。

◆推薦　単願

募集人員▶30名

選抜方法▶作文（50分・400字），個人面接（3分），調査書

◆一般　①：第1志望，併願優遇A（公私とも可・本校第2志望，評定重視），併願優遇B（公私とも可・本校第2志望，入試得点に最大30点加算）あり　②：併願優遇B（公私とも可・本校第2志望，入試得点に最大20点加算）あり

募集人員▶①40名・②10名

選抜方法▶①：国数英（計120分・計300点・マークシート），個人面接（3分），調査書　②：国数英より2科（計100分・計200点），個人面接（3分），調査書

◆受験料　20,000円

内申基準 推薦：3科10または5科17　一般（第1志望）：3科9または5科17　一般（併願優遇A）：3科12または5科18　一般（併願優遇B）：3科7または5科13　※いずれも9科に1不可　※条件により内申加点あり

特待生・奨学金制度 入試の成績優秀者から特待生（3種）を選抜。

帰国生の受け入れ 国内生と同枠入試。

入試日程

区分	登録・出願	試験	発表	手続締切
推薦	1/10～20	1/22	1/22	1/24
一般①	1/10～2/10	2/11	2/11	2/14
一般②	1/10～2/14	2/15	2/15	2/19

[延納] 一般の公立併願者は公立発表後まで。
[2次募集] 3/5

応募状況

年度	区分		応募数	受験数	合格数	実質倍率
'24	推薦	男子	—	—	—	—
		女子	—	—	—	—
	一般①	男子	—	—	—	—
		女子	—	—	—	—
	一般②	男子	—	—	—	—
		女子	—	—	—	—
'23	推薦	男子	11	11	11	1.0
		女子	4	4	4	1.0
	一般①	男子	29	29	28	1.0
		女子	20	20	20	1.0
	一般②	男子	4	2	1	2.0
		女子	3	2	2	1.0
'22	推薦	男子	25	25	25	1.0
		女子	9	9	9	1.0
	一般①	男子	28	26	26	1.0
		女子	22	21	21	1.0
	一般②	男子	6	4	4	1.0
		女子	2	2	2	1.0

[スライド制度] あり。上記に含まず。
['24年合格最低点] 未公表。

東京　男女　て　帝京八王子

学費（単位：円）

	入学金	設備充実費	授業料	その他経費	小計	初年度合計
入学手続時	300,000	—	—	—	300,000	約1,010,000
1年終了迄	—	180,000	456,000	約74,000	約710,000	

※2023年度実績。[入学前納入] 1年終了迄の小計のうち約26,000円。
[授業料納入] 毎月分割。[その他] 制服・制定品代，修学旅行積立金あり。

併願校の例

	都立	神公立	私立
挑戦校	日野台 昭和 南平 小平	海老名 相模原弥栄 生田	八王子学園 東京電機大 明法 多摩大聖ヶ丘
最適校	東大和南 府中 上水 芦花 翔陽	麻溝台 上溝南 大和西	工学院大附 明星 八王子実践 啓明学園 日大明誠
堅実校	富士森 日野 東大和 青梅総合 片倉	橋本 上溝 麻生 百合丘	東海大菅生 昭和一学園 聖パウロ 立川女子 光明相模原

合格のめやす

合格の可能性 **60%** **80%** の偏差値を表示しています。

普通科　**49**　**53**

※合格のめやすの見方は114ページ参照。

見学ガイド 文化祭／説明会／オープンスクール／体験入試／個別相談

文京区

貞静学園 高等学校

〒112-8625　東京都文京区大塚1-2-10　☎(03)3943-3711

【教育目標】　教育の中心を「和」とし，礼儀正しく互いに敬愛し，次代を担う自主的で誠実な社会に役立つ人材を育成する。

【沿　革】　1930年創立。2011年，女子校より共学となった。

【学校長】　朴木　一史

【生徒数】　男子195名，女子336名

	1年（7クラス）	2年（7クラス）	3年（7クラス）
男子	71名	79名	45名
女子	113名	114名	109名

お茶の水女子大学　茗荷谷教会　貞静学園　林泉寺　筑波大学附属高校　拓殖大学　貞静学園短期大学

丸ノ内線―茗荷谷1分

特色

設置学科：普通科

【コース】　特別進学，総合進学，幼児教育・保育系進学の3コースを設置。特別進学コースは2年次に文理選択。総合進学コースは2年次に文系と理系・メディカルの2つに，3年次は文系，理系，メディカルの3つに分かれる。

【カリキュラム】　①特別進学コースは少人数徹底指導で難関大学をめざす。放課後の受験講座で実力を養う。②総合進学コースは多様な進路に対応。個人面談や小論文対策講座，面接対策講座などでサポートする。看護医療系大学進学希望者に向けて専門講師が直接指導する講座も開講。③幼児教育・保育系進学コースは歴史と伝統がある。器楽やリトミック，保育福祉などの授業を実施。併設幼稚園とのコラボ授業，併設短大の教員による体験授業などで経験値を高める。④1人1台タブレット端末を持ち，授業やスケジュール管理などに活用する。

【海外研修】　希望制でニュージーランドへのホームステイ（夏休み）やオーストラリアへの留学（1年または3カ月）が可能。英語でコミュニケーションをとる楽しさを体感する。

【クラブ活動】　美術部などが活発。

習熟度別授業	土曜授業	文理選択	オンライン授業	制服	自習室	食堂	プール	グラウンド	アルバイト	登校時刻＝ 8:30
数英	○	2年〜	○	○	〜19:30	○	—	—	届出	下校時刻＝18:30

進路情報　2023年3月卒業生

四年制大学への進学率 **77.2%**

【卒業生数】　127名

【進路傾向】　大学進学者の内訳は文系69%，理系27%，他4%。国公立大学へ理系1名が進学した。幼児教育・保育系資格を取得できる併設短期大学は高い就職内定率を誇る。

【系列進学】　貞静学園短期大学へ5名が内部推薦で進学した。

【指定校推薦】　利用状況は帝京大1，立正大1，国士舘大1，日本薬科大1，武蔵野大1，帝京平成大2，拓殖大1，目白大4，文京学院大3，高千穂大2，淑徳大2，西武文理大1，東京国際大2，東京家政大1など。ほかに大東文化大，武蔵大，玉川大，桜美林大など推薦枠あり。

- 四年制大学　98名
- 短期大学　7名
- 専修・各種学校　15名
- 就職　1名
- 進学準備・他　6名

主な大学合格状況

'24年春速報は巻末資料参照

大学名	'23	'22	'21	大学名	'23	'22	'21	大学名	'23	'22	'21
◇国際教養大	0	1	0	専修大	4	1	2	大妻女子大	3	1	2
◇東京藝術大	0	1	0	大東文化大	4	1	4	帝京平成大	6	7	11
◇新潟大	1	0	0	東海大	2	1	0	東京工科大	4	1	7
◇都留文科大	1	0	0	亜細亜大	2	0	2	大正大	3	1	2
◇秋田県立大	1	0	0	帝京大	4	4	7	産業能率大	5	5	2
東京理科大	0	1	0	獨協大	3	0	1	目白大	5	5	6
学習院大	1	0	0	東京電機大	4	0	0	帝京科学大	6	3	5
日本大	9	13	6	国士舘大	5	4	2	文京学院大	5	6	12
東洋大	11	3	8	桜美林大	3	2	2	東京家政大	3	2	8
駒澤大	4	1	0	共立女子大	4	2	2	聖徳大	1	2	2

※各大学合格数は既卒生を含む。

入試要項 2024年春（実績）

新年度日程についてはp.116参照。

◆**推薦** A推薦：単願 B推薦：併願（公私いずれか。東京・神奈川生を除く）
募集人員▶特別進学コース15名，総合進学コース60名，幼児教育・保育系進学コース50名
選抜方法▶A推薦：適性検査（国数英各45分・各100点），個人面接（10分），調査書 B推薦：国数英（各45分・各100点），個人面接（10分），調査書

◆**一般** 併願優遇：①公私いずれか，②私立のみ 一般：第1志望優遇あり
募集人員▶特別進学コース15名，総合進学コース60名，幼児教育・保育系進学コース50名
選抜方法▶国数英（各45分・各100点），個人面接（10分），調査書
◆**受験料** 20,000円

（**内申基準**）A推薦：［特別進学］3科11または5科18，［総合進学］3科9または5科15または9科27，［幼児教育・保育系進学］3科9または5科15または9科27 B推薦・一般（併願優遇）：［特別進学］3科12または5科19，［総合進学］3科10または5科16または9科28，［幼児教育・保育系進学］3科10または5科16または9科28 ※いずれも9科に1不可 ※条件により内申加点あり

（**特待生・奨学金制度**）特別進学コースを対象に内申，入試成績による4段階の特別奨学生認定。

（**帰国生の受け入れ**）国内生と同枠入試。

入試日程

区分	登録・出願	試験	発表	手続締切
A推薦	1/1～17	1/22	1/23	1/27
B推薦	1/1～17	1/22	1/23	1/27
併願優遇①	1/1～26	2/10	2/11	2/14
併願優遇②	1/1～26	2/12	2/12	2/14
一般①	1/1～2/5	2/10	2/11	2/14
一般②	1/1～2/11	2/12	2/12	2/14

［延納］併願者は併願校発表後まで。

応募状況

年度		区分	応募数	受験数	合格数	実質倍率
'24	推薦	A推薦	86	86	86	1.0
		B推薦	14	13	13	1.0
	一般	併優①	222	172	172	1.0
		併優②	15	9	9	1.0
		第1①	10	10	8	1.3
		第1②	4	4	3	1.3
		一般①	8	8	5	1.6
		一般②	19	10	10	1.0
'23	推薦	A推薦	119	119	119	1.0
		B推薦	16	14	14	1.0
	一般	併優①	183	149	149	1.0
		併優②	17	10	10	1.0
		第1①	11	10	8	1.3
		第1②	5	3	0	―
		一般①	15	14	10	1.4
		一般②	18	12	7	1.7

［スライド制度］あり。上記に含まず。
［'24年合格最低点］非公表。

東京 男女 て 貞静学園

学費（単位：円）	入学金	施設維持費	授業料	その他経費	小計	初年度合計
入学手続時	200,000	60,000	108,000	157,000	525,000	1,109,000
1年終了迄	―	180,000	324,000	80,000	584,000	

※2024年度予定。［授業料納入］4回分割（入学手続時に3カ月分納入）。
［その他］制服・制定品代，修学旅行費あり。

併願校の例

※［総合］[幼保]を中心に

	都立	埼公立	私立
挑戦校	豊島 江戸川 向丘 武蔵丘 芦花	朝霞 南稜 川口 朝霞西	城西大城西 大東文化一 二松学舎 豊島学院 東京家政学院
最適校	鷺宮 高島 板橋 飛鳥 王子総合	浦和東 所沢中央 越谷東 淑徳女子(保育) 新座柳瀬	SDH昭和一 東京立正 豊南 宝仙学園(女子) 武蔵野
堅実校	千早 日本橋 竹台 板橋有徳 農芸	川口青陵 ふじみ野	成女 副ｴﾄﾜｰﾙ(常) 堀越

合格のめやす

合格の可能性 **60%** **80%** の偏差値を表示しています。

特別進学 **49** ㊾
総合進学 **42** ㊻
幼児教育・保育系進学 **41** ㊺

合格者

| 30 | 34 | 38 | 42 | 46 | 50 | 54 | 58 | 62 |（偏）

合否分布

不合格者

実線＝総合進学
破線＝幼児教育・保育系進学

※合格のめやすの見方は114ページ参照。

（**見学ガイド**）文化祭／説明会／受験対策講座

中野区

東亜学園 高等学校

〒164-0002　東京都中野区上高田5-44-3　☎(03)3387-6331

【教育方針】　「自ら考え，行動できる人間を育てる」を掲げる。校訓は「他人親切丁寧　自己奮励努力」。

【沿　革】　1924年東亜商業学校として創立。1975年現校名に改称。

【学校長】　矢野　隆

【生徒数】　男子431名，女子370名

	1年(7クラス)	2年(7クラス)	3年(8クラス)
男子	146名	139名	146名
女子	107名	129名	134名

西武新宿線―新井薬師前 1 分
JR・東西線―中野17分

特色

設置学科：普通科

【コース】　特進，総合選抜の 2 コース制。2 年次より，特進コースは文系特進，理系特進の 2 コースに，総合選抜コースは文系選抜，理系選抜，特別選抜の 3 コースに分かれる。

【カリキュラム】　①特進コースは少人数制の豊富な選択科目で国公立・難関私大をめざす。②総合選抜コースは繰り返し学習で基礎学力を定着。幅広い選択科目で個別の目標に応える。③英語では 1 対 1 のオンライン英会話授業を行う。対策講座を実施し全員が英語検定 2 級取得をめざす。④自立学習支援システム「D-Projects」を用意。専任スタッフが必要な学習内容をアドバイス。大学生チューターにも相談できる。⑤校技として弁論指導と武道教育（男子は柔道または剣道，女子はフェンシング）を行う。⑥タブレット端末を導入。家庭学習にも活用。

【海外研修】　希望選抜制でニュージーランド提携校との短期交換留学制度がある。3 月実施。

【クラブ活動】　重量拳部，フェンシング部，男子バレーボール部が全国大会出場。

【施設】　小平に合宿所を備えた総合グラウンドがあり，体育の授業や学校行事などで使用。

習熟度別授業	土曜授業	文理選択	オンライン授業	制服	自習室	食堂	プール	グラウンド	アルバイト	登校時刻= 8:30
―	○	2年〜	○	○	〜20:00	○	―	遠隔	審査	下校時刻=19:00

進路情報　2023年 3 月卒業生

【卒業生数】　193名

【進路傾向】　大学進学者の内訳は文系61%，理系28%，他11%。国公立大学へ文系 1 名が進学した。

【指定校推薦】　利用状況は中央大 2，日本大 1，東洋大 2，専修大 2，帝京大 2，明治学院大 2，獨協大 1，東京電機大 1，玉川大 1，工学院大 3，東京都市大 1，国士舘大 1，共立女子大 2，創価大 1，明星大 1，帝京平成大 1，東京工科大 1，駒沢女子大 1，産業能率大 1など。ほかに東京理科大など推薦枠あり。

四年制大学への進学率 **78.2%**

■ 四年制大学	151名
□ 短期大学	8名
■ 専修・各種学校	14名
■ 就職	6名
□ 進学準備・他	14名

主な大学合格状況

'24年春速報は巻末資料参照

大学名	'23	'22	'21	大学名	'23	'22	'21	大学名	'23	'22	'21
◇埼玉大	0	0	1	立教大	4	0	4	帝京大	13	23	23
◇防衛医大	0	0	1	中央大	6	8	3	國學院大	4	5	5
◇都立大	1	1	0	法政大	5	9	9	成蹊大	4	17	9
◇宮崎大	1	0	0	日本大	18	31	21	明治学院大	2	8	7
早稲田大	2	2	0	東洋大	17	18	14	獨協大	2	8	7
慶應大	0	1	0	駒澤大	3	16	16	東京電機大	2	6	8
東京理科大	1	1	3	専修大	10	24	19	武蔵大	11	14	39
学習院大	1	1	2	大東文化大	12	4	7	立正大	2	6	5
明治大	3	4	2	東海大	4	5	10	東京経済大	8	15	15
青山学院大	0	4	0	亜細亜大	10	21	20	杏林大	9	8	6

※各大学合格数は既卒生を含む。

入試要項 2024年春（実績）

新年度日程については p.116参照。

◆ 推薦 単願

募集人員▶特進コース10名，総合選抜コース179名

選抜方法▶作文（50分・6題・各120字），個人面接（5分），調査書

◆ 一般 併願優遇（公私とも可）あり

募集人員▶特進コース35名，総合選抜コース181名

選抜方法▶国数英（各40分・各100点・マークシート・英にリスニングあり），グループ面接（5分），調査書

◆ 受験料 23,000円

(内申基準) 推薦：[特進] 5科19，[総合選抜] 5科16　一般(併願優遇)：[特進] 5科20，[総合選抜] 5科17　※いずれも3科に2不可，9科に1不可　※条件により内申加点あり

(特待生・奨学金制度) 内申，入試成績により4段階の成績奨学待生を認定。ほかに2段階のスポーツ奨学特待(推薦のみ)がある。

(帰国生の受け入れ) 国内生と同枠入試。

入試日程

区分	登録・出願	試験	発表	手続締切
推薦	12/20〜1/17	1/22	1/23	1/25
一般	12/20〜2/3	2/10or11	2/11or12	2/15

[延納] 一般の公立併願者は公立発表後まで。

応募状況

年度	区分		応募数	受験数	合格数	実質倍率
'24	特進	推薦	0	0	0	—
		一般	54	52	47	1.1
	総選	推薦	122	122	122	1.0
		一般	616	598	498	1.2
'23	特進	推薦	3	3	3	1.0
		一般	61	60	55	1.1
	総選	推薦	119	119	119	1.0
		一般	446	435	395	1.1
'22	特進	推薦	2	2	2	1.0
		一般	65	61	57	1.1
	総選	推薦	140	140	140	1.0
		一般	401	388	363	1.1

['24年合格最低点] 非公表。

東京 男女 と 東亜学園

学費（単位：円）

学費（単位：円）	入学金	施設費	授業料	その他経費	小計	初年度合計
入学手続時	250,000	—	—	—	250,000	1,248,000
1年終了迄	—	88,000	440,400	469,600	998,000	

※2024年度予定。[授業料納入] 4回分割。
[その他] 制服・制定品代あり。

併願校の例

※[総選]を中心に

	都立	埼公立	私立
挑戦校	武蔵野北 豊多摩 文京 小平 井草	所沢	拓大一 聖徳学園 専修大附 実践学園 日大豊山
最適校	石神井 豊島 小平南 清瀬 武蔵丘	所沢西 朝霞 豊岡 入間向陽 朝霞西	武蔵野大学 杉並学院 目白研心 城西大城西 豊島学院
堅実校	鷺宮 保谷 杉並 東大和 田無	所沢中央 志木	東京立正 昭和一学園 豊南 貞静学園 武蔵野

合格のめやす

合格の可能性 **60%** **80%** の偏差値を表示しています。

特進 **56** **60**

総合選抜 **49** **53**

※合格のめやすの見方は114ページ参照。

合格者

| 34 | 38 | 42 | 46 | 50 | 54 | 58 | 62 | 66 | (偏) |

合否分布

不合格者

実線＝総合選抜
破線＝特進

(見学ガイド) 文化祭／説明会／夏季学校見学会／保護者対象授業見学会

小 中 高 専 短 大

あきる野市

東海大学菅生 高等学校

〒197-0801　東京都あきる野市菅生1817　☎(042)559-2200

【学園の使命】　「自立・自学・自生」を教育指針とする。一人ひとりの輝く未来を切り開き，グローバル時代に活躍できる多彩な人材教育によって広く社会に貢献する。

【沿　革】　1983年開校。特進PBLコースは中等部のある校舎（東京都あきる野市菅生1468）に通うが，2026年から本校舎に移転予定。

【学校長】　峰岸　英仁

【生徒数】　男子781名，女子380名

	1年(10クラス)	2年(11クラス)	3年(11クラス)
男子	234名	270名	277名
女子	131名	126名	123名

JR—秋川・小作・福生よりバス菅生高校
JR—八王子よりスクールバスあり

特色

設置学科：普通科

【コース】　特進PBLコースと進学コースの2コース制。希望・成績により中高一貫の医学・難関大コースへの入学も可能。

【カリキュラム】　①特進PBLコースは教育活動の中に多くの問題解決型学習を設定し，実社会で活躍できる人材を育成。推薦や総合型選抜で難関大学，海外大学進学をめざす。②進学コースは付属校推薦制度での併設大学進学のほか，多様な入試制度に対応。3年次に選択科目で文系・理系に分かれる。③自習室が整う「自学館」を設置。個別指導を受けられるほか，授業と連携したフォローアップ講習やレベルアップ講習も実施する。④独自科目「高校現代文明論」を学ぶ。社会や人生の課題について科学的に考察し，多面的なものの見方を身につける。

【キャリア教育】　1年次に東海大学訪問，2年次に学部ガイダンスや大学個別相談などを行い，段階的に大学・学問理解を深める。

【海外研修】　オーストラリア英語研修，米国・カナダへのターム・3カ月留学などを用意。

【クラブ活動】　吹奏楽部，テニス部，卓球部，男子バレーボール部などが全国大会出場。

習熟度別授業	土曜授業	文理選択	オンライン授業	制服	自習室	食堂	プール	グラウンド	アルバイト
数	○	—	○	○	～17:30	○	—	○	届出

登校時刻＝ 8:35
下校時刻＝19:30

進路情報　2023年3月卒業生

四年制大学への進学率 **78.4%**

【卒業生数】　399名

【進路傾向】　大学進学者の内訳は文系66%，理系28%，他6%。国公立大学へ文系2名が進学した。

【系列進学】　東海大学へ140名（文8，政治経済17，経営3，法17，教養3，児童教育3，人文1，国際12，文化社会10，理12，情報理工5，情報通信5，建築都市7，工18，海洋4，生物2，体育5，医1，文理融合2，健康1，観光4），ハワイ東海インターナショナルカレッジへ1名が付属推薦で進学した。

【指定校推薦】　日本大，東洋大，専修大，大東文化大，亜細亜大，帝京大，國學院大など推薦枠あり。

■ 四年制大学	313名
□ 短期大学	6名
■ 専修・各種学校	60名
■ 就職	6名
□ 進学準備・他	14名

主な大学合格状況

'24年春速報は巻末資料参照

大学名	'23	'22	'21	大学名	'23	'22	'21	大学名	'23	'22	'21
◇横浜国大	0	0	1	中央大	5	5	9	國學院大	2	1	3
◇東京学芸大	1	0	0	法政大	4	2	2	獨協大	1	4	0
◇信州大	0	1	0	日本大	7	14	12	玉川大	1	3	6
◇釧路公立大	1	0	0	東洋大	6	6	10	工学院大	6	3	2
慶應大	2	0	0	駒澤大	1	1	1	国士舘大	6	3	5
上智大	0	0	2	専修大	8	7	7	東京経済大	14	5	5
学習院大	0	1	0	大東文化大	1	2	6	桜美林大	5	6	16
明治大	1	4	1	東海大	145	136	154	杏林大	6	10	5
青山学院大	1	4	1	亜細亜大	10	9	10	東京薬科大	2	3	3
立教大	0	4	0	帝京大	16	27	19	明星大	10	12	16

※各大学合格数は既卒生を含む。

入試要項　2024年春（実績）

新年度日程についてはp.116参照。

◆ 推薦　A1・A2・C推薦：第1志望　※同窓生推薦あり

募集人員▶特進PBLコース15名，進学コース120名

選抜方法▶A1：個人面接（7分），調査書

A2・C推薦：適性検査（数英各30分・各50点），個人面接（7分），調査書

◆ 一般　単願優遇（①のみ），併願優遇（公私とも可。①②），フリー　※一般①に同窓生優遇あり

募集人員▶特進PBLコース20名　進学コース125名

選抜方法▶国数英（各50分・各100点），グループ面接（10分），調査書

◆ 受験料　25,000円

内申基準 A1推薦・一般（併願優遇）：［特進PBL］5科19または9科34，［進学］5科17または9科30　A2推薦・同窓生推薦・一般①（単願優遇）：［特進PBL］5科18または9科33，［進学］5科16または9科28　一般①（同窓生優遇）：［特進PBL］5科17または9科31，［進学］5科15または9科27

※いずれも9科に1不可，特進PBLコースは5科に2も不可（C推薦も同じ）

※条件により内申加点あり

特待生・奨学金制度 一般①は特待生選抜を兼

ね3段階を認定。ほかに一般（6段階），シブリング（2段階），フェロー（1段階）の各種奨学金制度がある。

帰国生の受け入れ 国内生と別枠入試。

入試日程

区分	登録・出願	試験	発表	手続締切
推薦	12/20～1/17	1/22	1/23	1/27
一般①	12/20～2/6	2/10	2/12	2/17
一般②	12/20～2/6	2/11	2/12	2/17
一般③	12/20～2/13	2/15	2/16	2/17

［延納］一般①の併願優遇は公立発表後まで。

応募状況

年度	区分		応募数	受験数	合格数	実質倍率
'24	特進	推薦	3	3	3	1.0
		一般①	32	32	32	1.0
		一般②	6	6	6	1.0
		一般③	0	0	0	—
	進学	推薦	199	199	192	1.0
		一般①	233	225	211	1.1
		一般②	47	41	37	1.1
		一般③	33	12	7	1.7
'23	特進	推薦	7	7	7	1.0
		一般①	26	26	26	1.0
		一般②	2	2	2	1.0
		一般③	0	0	0	—
	進学	推薦	201	201	197	1.0
		一般①	264	255	241	1.1
		一般②	44	40	37	1.1
		一般③	20	3	3	1.0

［スライド制度］あり。上記に含まず。
［'24年合格最低点］非公表。

学費（単位：円）	入学金	施設費	授業料	その他経費	小計	初年度合計
入学手続時	200,000	150,000	—	—	350,000	998,800
1年終了迄	—	54,000	468,000	126,800	648,800	

※2024年度予定。［返還］3/6までの入学辞退者には入学金を除き返還。［授業料納入］4回分割。
［その他］制服・制定品代，教科書代・教材費（特進PBLコース172,689円，進学コース141,650円），修学旅行積立金（特進PBLコース165,000円，進学コース75,000円）あり。［寄付・学債］任意の寄付金1口5万円あり。

併願校の例

※［進学］を中心に

	都立	神・埼公立	私立
挑戦校	昭和 南平 東大和南 小平南 清瀬	相模原弥栄 麻溝台 所沢西	八王子学園 明法 工学院大附 明星 八王子実践
最適校	上水 富士森 東大和 日野 青梅総合	上溝南 厚木王子 上溝 豊岡 入間向陽	白梅学園 昭和一学園 日大明誠
堅実校	小川 片倉 福生 武蔵村山 八王子北	相模原城山 上鶴間 飯能	聖パウロ 光明相模原 東野

合格のめやす

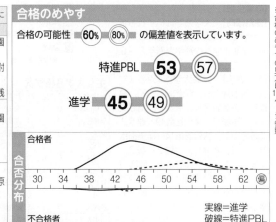

合格の可能性 **60%** **80%** の偏差値を表示しています。

特進PBL　**53**　**57**

進学　**45**　**49**

合格者

不合格者

30　34　38　42　46　50　54　58　62　偏

実線＝進学
破線＝特進PBL

※合格のめやすの見方は114ページ参照。

見学ガイド 文化祭／説明会／個別相談会

東京　男女　と　東海大学菅生

港区

高 東海大学付属高輪台 高等学校

〒108-8587　東京都港区高輪2-2-16　☎(03)3448-4011

【建学の精神】　「調和のとれた文明社会を建設する」という理想を掲げ，明日の歴史を担う強い使命感と豊かな人間性をもつ人材を育てる。
【沿革】　1944年に工業系の学校として創立。1963年に普通科を設置。1990年より現校名。1998年男女共学募集開始。
【学校長】　片桐　知己治
【生徒数】　男子931名，女子513名

	1年(10クラス)	2年(10クラス)	3年(10クラス)
男子	306名	298名	327名
女子	159名	176名	178名

都営三田線・南北線―白金高輪6分
都営浅草線―泉岳寺10分

特色

設置学科：普通科

【コース】　サイエンスと普通の2クラス制。
【カリキュラム】　①2004年度から2021年度まで4期連続18年のスーパーサイエンスハイスクール指定校。サイエンスクラスでは大学や研究機関と連携し，科学に関する基礎力や問題発見・解決力などの諸能力を高める。②独自科目「高校現代文明論」を設定。文明のあり方を通して自らの生き方を考え，人道主義・人格主義に基づいた思想を培う。③英語では7名のネイティヴ教員が常勤し少人数制の授業を実施。いつでも英語で会話ができる環境を用意。全体で

GTECを受験し，英語4技能を定着させる。④3年次後期に東海大学への体験留学制度があり，大学入学後に受講科目が単位認定される。
【海外研修】　ヨーロッパ研修旅行やハワイ・カナダ・オーランド海外研修旅行，ハワイやカナダへの中期留学などを実施している。
【クラブ活動】　スキー部や吹奏楽部，剣道部，ダンス部などが全国レベルで活躍。
【施設】　さいたま新都心に近い総合グラウンドは30,000㎡の広さ。人工芝の競技場をはじめ野球場，全天候型テニスコートなどを設置。

習熟度別授業	土曜授業	文理選択	オンライン授業	制服	自習室	食堂	プール	グラウンド	アルバイト
―	○	2年～	○	○	○	○	―	遠隔	届出

登校時刻＝ 8:25
下校時刻＝19:00

進路情報 2023年3月卒業生

四年制大学への進学率 **95.0%**

【卒業生数】　519名
【進路傾向】　大学進学はいずれも私立大学で，内訳は文系66%，理系34%。併設大学への進学が例年8～9割程度を占める。
【系列進学】　東海大学へ459名（理31，政治経済41，経営39，法23，教養17，児童教育12，人文1，国際文化4，国際17，文化社会49，理5，情報理工31，情報通信14，建築都市21，工71，海洋11，生物2，農2，体育14，医10，文理融合1，健康24，観光19），ハワイ東海インターナショナルカレッジへ5名が付属推薦で進学した。

■ 四年制大学	493名
□ 短期大学	5名
■ 専修・各種学校	8名
■ 就職	0名
□ 進学準備・他	13名

主な大学合格状況

'24年春速報は巻末資料参照

大学名	'23	'22	'21	大学名	'23	'22	'21	大学名	'23	'22	'21
◇横浜国大	0	1	0	東洋大	0	6	2	国士舘大	1	0	2
早稲田大	0	1	1	駒澤大	0	1	1	桜美林大	2	0	1
慶應大	0	0	1	専修大	1	0	1	順天堂大	1	0	0
上智大	1	1	0	大東文化大	1	1	0	武蔵野大	1	2	0
学習院大	0	0	1	東海大	492	382	354	東京音大	2	2	3
明治大	0	1	0	帝京大	1	4	0	東京音大	1	1	1
立教大	0	2	8	國學院大	3	0	1	武蔵野音大	1	2	1
中央大	0	1	0	明治学院大	3	0	3	洗足学園音大	6	7	3
法政大	0	1	0	東京都市大	1	1	0	中央学院大	0	3	1
日本大	2	4	5	立正大	1	1	1	国際武道大	1	2	2

※各大学合格数は既卒生を含む。

入試要項 2024年春（実績）

新年度日程についてはp.116参照。

◆ 推薦　第1志望
募集人員 ▶170名
選抜方法 ▶作文（50分・400字），グループ面接（10分），調査書
◆ 一般　併願優遇（国公立のみ）あり
募集人員 ▶170名
選抜方法 ▶国数英（各50分・各100点・マークシート・英の一部に記述式あり・リスニングあり），グループ面接（10分），調査書
◆ 受験料　25,000円

内申基準 推薦：5科20または9科35　**一般（併願優遇）**：5科22　※いずれも9科に2不可
※条件により内申加点あり
特待生・奨学金制度 特記なし。
帰国生の受け入れ 国内生と同枠入試。

入試日程

区分	登録・出願	試験	発表	手続締切
推薦	12/20～1/18	1/22	1/23	1/24
一般	12/20～2/6	2/10	2/11	2/13

［延納］一般の公立併願者は50,000円納入により残額は公立発表後まで。

応募状況

年度	区分		応募数	受験数	合格数	実質倍率
'24	推薦	男子	102	102	102	1.0
		女子	72	72	72	1.0
	一般	男子	152	152	145	1.0
		女子	62	61	60	1.0
'23	推薦	男子	108	108	108	1.0
		女子	70	70	70	1.0
	一般	男子	174	172	154	1.1
		女子	75	75	70	1.1
'22	推薦	男子	98	98	98	1.0
		女子	87	87	87	1.0
	一般	男子	229	228	170	1.3
		女子	117	117	80	1.5

［'24年合格最低点］一般145/300

東京　男女　（と）東海大学付属高輪台

学費（単位：円）	入学金	施設費	授業料	その他経費	小計	初年度合計
入学手続時	280,000	100,000	—	—	380,000	1,147,100
1年終了迄	—	60,000	420,000	287,100	767,100	

※2024年度予定。［返還］一般で3/31までの入学辞退者には入学金を除き返還。［授業料納入］3回分割。
［その他］制服・制定品代あり。［寄付・学債］任意の教育環境整備資金募金1口5万円2口以上あり。

併願校の例

	都立	神・千公立	私立
挑戦校	豊多摩 城東 目黒 上野	市立金沢 新城 市立東 国府台	駒澤大学 目黒日大 多摩大目黒 文教大付 日大櫻丘
最適校	雪谷 田園調布 深川 産業技術高専 芦花	市立橘 岸根 鶴見 国分	八雲学園 立正大立正 日本工大駒場 品川翔英 国士舘
堅実校	鷺宮 小岩 高島 大崎 桜町	市立高津 麻生 川崎 市立松戸	目黒学院 正則 科学技術学園(特) 自由ヶ丘 大森学園

合格のめやす

合格の可能性 ■**60%** ■**80%** の偏差値を表示しています。

普通科　**50**　**54**

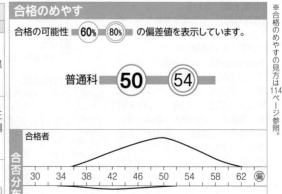

※合格のめやすの見方は114ページ参照。

見学ガイド 体育祭／文化祭／説明会／学校見学

大田区

東京 高等学校

〒146-0091　東京都大田区鵜の木2-39-1　☎(03)3750-2635

【教育の方針】　「個性と天分を重んじる」「自主と責任を貴ぶ」「勤労と平和を愛する心を培う」「礼儀と規律を守る」「師恩と友益に感謝する」の5つを掲げる。

【沿　革】　1872年数学者上野清が開設した上野塾が前身。1954年より現校名。

【学校長】　鈴木　徹

【生徒数】　男子632名，女子428名

	1年(11クラス)	2年(10クラス)	3年(10クラス)
男子	249名	207名	176名
女子	154名	143名	131名

東急多摩川線―鵜の木5分

特色

設置学科：普通科

【コース】　2年次より文系（Ⅰ類，Ⅱ類，Ⅲ類），理系（Ⅰ類，Ⅱ類）に分かれる。

【カリキュラム】　①文系Ⅰ類は私立大学文系・芸術系学部進学に対応。社会や文化を深く理解する力を育む。②文系Ⅱ類は国公立・難関私立大学文系学部への進学をめざす。数学受験型の文系受験も可能で，多彩な講習や集中講座で実力向上を図る。③文系Ⅲ類は体育系大学・体育学部進学をめざす。実技だけでなくメンタルトレーニングやスポーツ理論なども扱い，多角的・総合的にスポーツを学ぶ。④理系Ⅰ類は自然科学系学部や家政系学部への進学に対応。⑤理系Ⅱ類は国公立や最難関私立大学への進学が目標。特別講習などで高いレベルの実力を養成する。

【海外研修】　オーストラリアで語学研修を実施。ホームステイを行う。2年次の修学旅行ではカナダを選択できるコースもある。

【クラブ活動】　陸上競技部，女子硬式テニス部，チアリーディング部，女子バレーボール部が全国大会出場。書道部も活躍している。

【施設】　1,000名収容可能な体育館は冷暖房完備。屋上テニスコートなど，運動施設が整う。

習熟度別授業	土曜授業	文理選択	オンライン授業	制服	自習室	食堂	プール	グラウンド	アルバイト	登校時刻＝ 8:25
―	○	2年～	○	○	～18:00	○	―	○	届出	下校時刻＝19:30

進路情報　2023年3月卒業生

四年制大学への進学率 **75.2%**

【卒業生数】　306名

【進路傾向】　大学進学者の6～7割が文系進学だった模様。国公立大学へ理系1名が進学した。

【指定校推薦】　東京理科大，青山学院大，法政大，日本大，東洋大，駒澤大，専修大，東海大，帝京大，國學院大，成蹊大，成城大，明治学院大，獨協大，神奈川大，芝浦工大，東京電機大，武蔵大，玉川大，工学院大，東京都市大，立正大，国士舘大，東京経済大，千葉工大，桜美林大，関東学院大，大妻女子大，聖心女子大，白百合女子大，東邦大，日本薬科大，武蔵野大，東京農大，実践女子大，明星大など推薦枠あり。

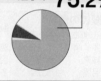

四年制大学	230名
短期大学	4名
専修・各種学校	22名
就職	1名
進学準備・他	49名

主な大学合格状況

'24春速報は巻末資料参照

大学名	'23	'22	'21	大学名	'23	'22	'21	大学名	'23	'22	'21
◇東工大	0	1	1	青山学院大	4	3	3	明治学院大	9	9	13
◇千葉大	0	0	1	立教大	1	1	4	神奈川大	27	16	25
◇筑波大	1	0	0	中央大	4	6	11	芝浦工大	4	2	7
◇横浜国大	0	0	1	法政大	1	9	6	玉川大	5	2	5
◇電気通信大	0	1	0	日本大	26	15	17	東京都市大	15	11	13
早稲田大	1	1	1	東洋大	8	6	14	立正大	5	6	4
慶應大	1	0	0	駒澤大	6	5	10	国士舘大	20	9	12
東京理科大	1	2	4	専修大	24	13	11	桜美林大	22	12	10
学習院大	0	2	1	東海大	16	14	24	関東学院大	11	6	22
明治大	7	2	3	帝京大	18	18	14	日本体育大	16	12	8

※各大学合格数は既卒生を含む。

入試要項 2024年春（実績）

新年度日程についてはp.116参照。

◆ 推薦　**推薦Ⅰ**：内申基準あり　**推薦Ⅱ**：内申基準なし　※いずれも第1志望　※ほかにスポーツ推薦あり

募集人員▶推薦Ⅰ120名，推薦Ⅱ30名

選抜方法▶**推薦Ⅰ**：作文（60分・400字），個人面接（5分），調査書　**推薦Ⅱ**：適性検査（国数英計60分・各50点・マークシート），個人面接（5分），調査書

◆ 一般　①に第1志望加点，併願優遇（公私とも可）あり

募集人員▶一般①125名・②20名・③5名

選抜方法▶**一般①**：国英または数英（国数50分・英60分・各100点・マークシート・英にリスニングあり），個人面接（5分），調査書　**一般②**：国数英理社より1科（60分・100点），個人面接（10〜15分），調査書　**一般③**：国数英より1科（60分・100点），個人面接（10〜15分），調査書

◆ 受験料　20,000円

内申基準　推薦Ⅰ：3科11または5科18または9科32（3科に2不可，他6科に1不可）　一般①（併願優遇）：5科20または9科35　※条件により内申加点あり

特待生・奨学金制度　推薦は内申により奨学生A〜C（スポーツ奨学生A〜Cもあり），一般は内申と入試成績により奨学生D・E認定。

帰国生の受け入れ　国内生と同枠入試。

入試日程

区分	登録・出願	試験	発表	手続締切
推薦	12/20〜1/17	1/22	1/23	1/25
一般①	12/20〜1/27	2/10	2/11	2/15
一般②	12/20〜2/13	2/13	2/13	2/16
一般③	12/20〜2/17	2/17	2/17	2/20

[延納] 一般の併願者は公立発表後まで。

応募状況

年度	区分		応募数	受験数	合格数	実質倍率
'24	推薦Ⅰ		125	124	124	1.0
	推薦Ⅱ		81	81	76	1.1
	一般①	第1	11	9	5	1.8
		併優	392	347	347	1.0
		フリー	69	63	42	1.5
	一般②		81	71	40	1.8
	一般③		30	23	13	1.8
'23	推薦Ⅰ		140	139	139	1.0
	推薦Ⅱ		120	120	112	1.1
	一般①	第1	12	12	9	1.3
		併優	385	362	362	1.0
		フリー	56	50	29	1.7
	一般②		63	52	36	1.4
	一般③		25	20	13	1.5
'22	推薦Ⅰ		143	140	140	1.0
	推薦Ⅱ		68	66	64	1.0
	一般①	第1	11	11	11	1.0
		併優	468	423	423	1.0
		フリー	59	55	38	1.4
	一般②		61	55	44	1.3
	一般③		20	17	12	1.4

['24年合格最低点] 一般①：国英120，数英110（/200）

東京　男女　と　東京

学費（単位：円）

	入学金	施設費	授業料	その他経費	小計	初年度合計
入学手続時	280,000	100,000	—	32,335	412,335	970,335
1年終了迄	—	—	450,000	108,000	558,000	

※2024年度予定。[授業料納入] 一括または10回分割。[その他] 制服・制定品代，修学旅行積立金，タブレット端末費用（2023年度実績：72,000円）あり。

併願校の例

	都立	神公立	私立
挑戦校	小山台	神奈川総合	朋優学院
	駒場	市立金沢	文教大付
	目黒	新城	目黒日大
	狛江	市ケ尾（横浜市立大学）	多摩大目黒
		市立東	日本大学
最適校	調布南	生田	日本工大駒場
	雪谷	港北	立正大立正
	田園調布	市立橘	品川翔英
	広尾	住吉	駒場学園
	芦花	鶴見	鶴見大附
堅実校	晴海総合	市立高津	目黒学院
	つばさ総合	横浜清陵	正則
	松原	荏田	大森学園
	大崎	川崎	品川学藝
	桜町	百合丘	

合格のめやす

合格の可能性 **60%** **80%** の偏差値を表示しています。

普通科　**50**　**54**

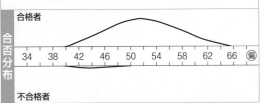

合格者

合否分布

34　38　42　46　50　54　58　62　66　(偏)

不合格者

※合格のめやすの見方は114ページ参照。

見学ガイド　体育祭／文化祭／説明会／見学会

小 中 高 専 短 **大**

豊島区

東京音楽大学付属 高等学校

〒171-8540　東京都豊島区南池袋3-4-5　☎(03)3988-6214

【教育目標】　変革の社会において，自分らしさを持ちつつ規律と礼節を尊重することで，多様な分野とコラボレーションしながら，音楽を通して人生を直感で描くことのできるクリエイティヴな人材を育てる。

【沿　革】　1932年設立。2020年4月，文京区より併設大学のある池袋キャンパスへ移転。

【学校長】　小森　輝彦

【生徒数】　男子36名，女子134名

	1年（2クラス）	2年（2クラス）	3年（2クラス）
男子	12名	13名	11名
女子	48名	47名	49名

副都心線―雑司が谷5分　JR・丸ノ内線・有楽町線―池袋15分

特色

設置学科：音楽科

【コース】　声楽，器楽（ピアノ，弦楽器，管打楽器），作曲の3専攻と音楽総合コースを設置。ピアノ専攻にはほかに演奏家コース，創作コース，演奏家コース特別特待奨学生があり，音楽総合コースはセルフデザインクラスも設ける。

【カリキュラム】　①高大7年間の音楽一貫教育を掲げ，各専攻の個人レッスンはすべて大学の教授・講師陣が担当する。②ソルフェージュ（聴音・新曲），音楽理論などはグレード別・少人数制。③オーケストラ，合唱などのアンサンブル授業が充実。大学教員の指導もあり，発表の場として演奏会も行う。④音楽総合コースは2つ以上の実技を専攻するなど音楽を幅広く総合的に学習。音楽関係者を招いた音楽総合コース特別講座も開講する。⑤セルフデザインクラスではDTM（デスクトップミュージック）などのデジタルツールでの音楽創作を学ぶ。音楽経験が浅い段階でも3年間で音楽大学進学をめざす。

【施設】　2020年に併設大学キャンパス内に移転。記念ホール，練習室をはじめパイプオルガンを配置したスタジオなど施設が充実。敷地内に遠距離通学者対象の新女子学生寮も完成。

習熟度別授業	土曜授業	文理選択	オンライン授業	制服	自習室	給食	プール	グラウンド	アルバイト
英●	○	―	○	○	○	―	―	○	可

登校時刻＝ 8:30
下校時刻＝16:50

進路情報　2023年3月卒業生

四年制大学への進学率 **96.2%**

【卒業生数】　78名

【進路傾向】　高大7年一貫教育を掲げており，例年併設大学への進学者が多い。

【系列進学】　東京音楽大学へ67名（音楽）が内部推薦で進学した。

■ 四年制大学	75名
□ 短期大学	0名
■ 専修・各種学校	0名
■ 就職	0名
□ 進学準備・他	3名

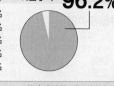

主な大学合格状況

'24年春速報は巻末資料参照

大学名	'23	'22	'21	大学名	'23	'22	'21	大学名	'23	'22	'21
東京音大	71	74	76								
他大学は非公表											

※各大学合格数は既卒生を含む。

入試要項 2024年春（実績）

新年度日程についてはp.116参照。

◆ 推薦　第1志望

募集人員▶30名

選抜方法▶各専攻・音楽総合コース：専攻実技，作文，面接（保護者，受験生），調査書，ほかピアノ演奏家コース特別特生は実技指導者による推薦書，ピアノ・創作コースは創作楽譜（出願時に提出）　**音楽総合コースセルフデザインクラス**：作文，面接（保護者，受験生），調査書，自己PR

◆ 一般　ピアノ演奏家コース特別特待奨学生は募集なし

募集人員▶40名

選抜方法▶各専攻：国英または数英（各50分），コールユーブンゲン，聴音，楽典，専攻実技，調査書，ほかにピアノ・創作コースは創作楽譜（出願時に提出），声楽専攻と作曲専攻は副科ピアノあり　**音楽総合コース**：国数英（各50分），コールユーブンゲン，聴音，楽典，実技（ピアノ・その他の器楽・声楽・作曲より選択），調査書　※いずれも英語検定準2級取得者は合格証明書提出により英語試験免除

◆ 受験料　30,000円

（**内申基準**）**推薦**：3年間の評定平均値が9科3.2

（**特待生・奨学金制度**）入試成績優秀者を対象とした3種の給費入学奨学金制度あり。

（**帰国生の受け入れ**）国内生と別枠入試。

入試日程

区分	出願	試験	発表	手続締切
推薦	1/15〜17	1/22	1/23	1/30
一般	1/25〜2/4	2/10・11	2/12	2/20

［試験会場］東京音楽大学池袋キャンパス。
［2次募集］一般②3/2

応募状況

年度	区分		応募数	受験数	合格数	実質倍率
'24	推薦		47	47	47	1.0
	一般		36	36	36	1.0
'23	推薦	男子	2	2	2	1.0
		女子	8	8	8	1.0
	一般	男子	14	14	14	1.0
		女子	43	43	43	1.0
'22	推薦	男子	3	3	3	1.0
		女子	12	10	10	1.0
	一般	男子	10	10	10	1.0
		女子	43	43	43	1.0

［'24年合格最低点］非公表。

東京　男女　と　東京音楽大学付属

学費（単位：円）

学費（単位：円）	入学金	施設費	授業料	その他経費	小計	初年度合計
入学手続時	120,000	202,000	542,000	36,000	900,000	913,200
1年終了迄	—	—	—	13,200	13,200	

※2024年度予定。［返還］3/6までの入学辞退者には入学金を除き返還。［授業料納入］2回分割。
［その他］制服・制定品代，補助教材費40,000〜70,000円，給食費65,000〜70,000円あり。
［寄付・学債］任意の教育充実協力金あり。

併願校の例

	都立	神・埼公立	私立
挑戦校	総合芸術(音)		桐朋女子(音) 八王子学園(総合)
最適校		相模原弥栄(音) 大宮光陵(音)	国立音大附(音)
堅実校		芸術総合(音) 松伏(音)	上野学園(音) 副科音(ミュージック) 東邦音大二

合格のめやす

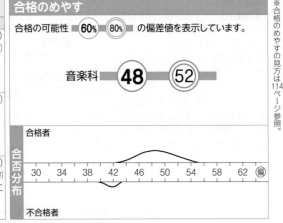

合格の可能性 **60%** **80%** の偏差値を表示しています。

音楽科　**48**　（**52**）

合否分布

合格者

30	34	38	42	46	50	54	58	62	（偏）

不合格者

※合格のめやすの見方は114ページ参照。

（**見学ガイド**）文化祭／演奏会／講習会／説明会／個別見学対応

大田区

東京実業 高等学校

〒144-0051　東京都大田区西蒲田8-18-1　☎(03)3732-4481

【校 訓】　「親和誠実」と「不撓不屈」を掲げる。国際力，人間力，実践力，統率力，社会力の5つの力の習得をめざす。

【沿 革】　1922年創立。

【学校長】　國分　達夫

【生徒数】　男子688名，女子90名

	1年(10クラス)	2年(9クラス)	3年(8クラス)
男子	272名	222名	194名
女子	40名	34名	16名

JR・東急池上線・東急多摩川線―蒲田3分

特色

設置学科：普通科／機械科／電気科

【コース】　普通科は探究コース，総合コース，ビジネスコース，機械科は機械システムコース，電気科は電気システムコースとゲームITコースを設置。探究コースと総合コースは2年次より文系と理系に分かれる。

【カリキュラム】　①探究コースは授業と講習の徹底で上位大学現役合格をめざす。オンライン英会話も導入。②総合コースは学び直しで基礎を固め文武両道で大学合格をめざす。③ビジネスコースはビジネスの世界を学び起業の知識，商品開発する発想を身につける。④機械科，電気科でも四年制大学進学に対応。⑤機械システムコースは豊富な実習で，先端分野でも即戦力として対応できる知識と技能を養成。⑥電気システムコースは少人数制指導。電気工事士の国家資格の取得をめざす。⑦ゲームITコースはIT分野全般で活躍できる人材を育成する。

【海外研修】　米国ボルダーの姉妹校との交換留学を希望選抜制・隔年で行っている。

【クラブ活動】　マーチングバンド部，レスリング部，釣り部，陸上部，サッカー部が全国大会に出場し上位の成績を残している。

習熟度別授業	土曜授業	文理選択	オンライン授業	制服	自習室	食堂	プール	グラウンド	アルバイト
数英	○	2年〜	○	○	〜18:30	―	―	―	審査

登校時刻＝ 8:40
下校時刻＝18:30

進路情報　2023年3月卒業生

進学率 **81.2%**

【卒業生数】　276名

【進路傾向】　大学進学者の内訳は文系72%，理系26%，他2%。国公立大学へ文系1名が進学した。

【指定校推薦】　利用状況は日本大1，帝京大2，獨協大1，神奈川大1，玉川大1，立正大1，国士舘大2，千葉工大4，関東学院大5，拓殖大1，産業能率大1など。ほかに東洋大，東京電機大，桜美林大，東京農大，文教大など推薦枠あり。

 四年制大学　126名
短期大学　0名
専修・各種学校　98名
就職　34名
進学準備・他　18名

主な大学合格状況
'24年春速報は巻末資料参照

※各大学合格数は既卒生を含む。

大学名	'23	'22	'21	大学名	'23	'22	'21	大学名	'23	'22	'21
◇都留文科大	1	0	0	玉川大	2	4	1	二松學舍大	1	2	1
上智大	0	0	1	立正大	2	0	1	帝京平成大	4	4	3
明治大	0	1	0	国士舘大	10	8	9	東京工科大	1	0	2
法政大	0	1	0	千葉工大	4	10	5	拓殖大	1	4	6
日本大	2	6	3	桜美林大	4	2	1	産業能率大	1	2	1
駒澤大	2	0	0	関東学院大	9	6	11	帝京科学大	2	1	1
東海大	1	0	1	武蔵野大	1	1	1	多摩大	2	1	0
帝京大	12	6	5	東京農大	1	2	1	高千穂大	4	6	7
獨協大	1	0	1	明星大	3	1	0	神奈川工科大	2	2	4
神奈川大	1	0	3	文教大	1	2	1	湘南工科大	1	5	8

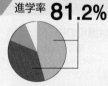

入試要項 2024年春（実績）

新年度日程についてはp.116参照。

◆ **推薦**　**推薦**：第１志望　**併願Ⅰ**：併願（公私とも可。推薦書不要，埼玉生対象）

募集人員▶推薦：探究コース15名，総合コース60名，ビジネスコース30名，機械システムコース15名，電気システムコース15名，ゲームITコース15名　**併願Ⅰ**：併願Ⅱに含む

選抜方法▶面接，調査書

◆ **一般**　**併願Ⅱ**：併願優遇（公私とも可）　**一般Ⅰ・Ⅱ・Ⅲ**：併願

募集人員▶併願Ⅱ：探究コース15名，総合コース60名，ビジネスコース30名，機械システムコース15名，電気システムコース15名，ゲームITコース15名　※併願Ⅱは併願Ⅰを含む

一般Ⅰ・Ⅱ・Ⅲ：探究コース５名，総合コース20名，ビジネスコース10名，機械システムコース５名，電気システムコース５名，ゲームITコース５名

選抜方法▶併願Ⅱ・一般Ⅰ：国数英（各50分・マークシート），調査書，ほか一般Ⅰは面接　**一般Ⅱ・Ⅲ**：国数英より２科（各50分），面接，調査書

◆ **受験料**　20,000円

内申基準 **推薦**：［探究］９科27，［総合］［ビジネス］９科25，［機械］［電気］９科23，［ゲーム］９科27　**併願Ⅰ・Ⅱ**：［探究］９科29，［総合］［ビジネス］９科27，［機械］［電気］９科25，［ゲーム］９科29　※［探究］を除き基準に達しない場合も応相談　※条件により内申加点あり

特待生・奨学金制度 探究コース特待生，Ⅰ種・Ⅱ種特待生，学科試験特待生，クラス分け試験特待生，学科試験特待生，クラブ特待生などがある。

帰国生の受け入れ 個別対応。

入試日程

区分	登録・出願	試験	発表	手続締切
推薦	12/20〜1/17	1/22	1/23	1/26
併願Ⅰ	12/20〜1/17	1/22	1/23	公立発表翌日
併願Ⅱ	12/20〜1/31	2/10	2/11	公立発表翌日
一般Ⅰ	12/20〜1/31	2/10	2/11	2/19
一般Ⅱ	12/20〜2/9	2/13	2/14	公立発表翌日
一般Ⅲ	12/20〜2/14	2/16	2/17	公立発表翌日

応募状況

年度	区分		応募数	受験数	合格数	実質倍率
'24	探究	推薦	—	—	—	—
		一般	—	—	—	—
	総合	推薦	—	—	—	—
		一般	—	—	—	—
	ビジ	推薦	—	—	—	—
		一般	—	—	—	—
	機械	推薦	—	—	—	—
		一般	—	—	—	—
	電気	推薦	—	—	—	—
		一般	—	—	—	—
	ゲーム	推薦	—	—	—	—
		一般	—	—	—	—

［スライド制度］あり。
［'24年合格最低点］未公表。

学費（単位：円）	入学金	施設費	授業料	その他経費	小計	初年度合計
入学手続時	280,000	90,000	—	124,930	494,930	968,930
１年終了迄	—	—	414,000	60,000	474,000	

※2024年度予定。［授業料納入］10回分割。
［その他］制服・制定品代，教科書代（25,505〜32,117円），教材費（52,000〜76,000円），研修合宿費（36,000円），機械科・電気科は実習費（24,000円）あり。

併願校の例

※［総合］［ビジ］［機械］を中心に

	都立	神公立	私立
挑戦校	田園調布　産業技術高専　科学技術(科学)　晴海総合	市立みなと総合　湘南台　住吉　市立高津　荏田	品川翔英　駒場学園　目黒学院　自由ヶ丘　横浜清風
最適校	つばさ総合　大崎　桜町　紅葉川　世田谷総合	川崎　れ川崎総合科学(工業)　神奈川工業　市立幸　川崎北	大森学園　日体大荏原　京華商業　品川エトワール　武相
堅実校	美原　蔵前工科　八潮　六郷工科　深沢	鶴見総合　菅　川崎工科　大師　向の岡工業	科学技術学園

合格のめやす

合格の可能性 **60%** **80%** の偏差値を表示しています。

	60%	80%
普通科(探究)	41	45
普通科(総合)	39	43
普通科(ビジネス)	39	43
機械科(機械システム)	38	42
電気科(電気システム)	38	42
電気科(ゲームIT)	44	48

※合格のめやすの見方は114ページ参照。

見学ガイド 文化祭／説明会／クラブ合同説明会／体験入学

北区

東京成徳大学 高等学校

〒114-0002　東京都北区王子6-7-14　☎(03)3911-5196

【教育方針】　「成徳（徳を成す）」人間の育成を建学の精神に掲げる。文部両道，自分を深める学習，進学の3本柱を骨格として，揺るぎない将来に向けた土台作りを提供する。

【沿　革】　1926年王子高等女学校として創立。1997年現校名に改称。2003年男女共学化。

【学校長】　木内　秀樹

【生徒数】　男子792名，女子721名

	1年(14クラス)	2年(14クラス)	3年(15クラス)
男子	272名	285名	235名
女子	248名	218名	255名

南北線―王子神谷7分
JR―王子よりバス豊島八丁目2分

特色

設置学科：普通科

【コース】　特別進学，進学選抜，進学の3コース制。特別進学コースに，社会を牽引していく生徒の育成をめざすSクラスを設置している。内部進学生とは3年間別クラス編成。

【カリキュラム】　①特別進学コースは国公立・難関私大を目標とし，3年次は国公立に対応した5教科型カリキュラムを展開。②Sクラスは進級時に，学力を基準に上位のメンバーを選抜。国公立の二次試験を念頭に，論述式の試験に対応した授業を行う。③進学選抜コースは上位私大を目標に発展的な問題演習に取り組む。④進学コースは中堅私大をめざし，基礎的な内容を重視した授業を実施。⑤探究型授業「グローバル・スタディーズ」では総合型選抜の出願時に提出できるレベルの探究活動を行う。⑥ネイティヴ教員が常駐する教室「DDR」を設置。

【海外研修】　シンガポールまたはオーストラリアでの短期語学研修，オーストラリアでの長期交換留学の希望制プログラムがある。

【クラブ活動】　女子バスケットボール部，バトントワリング部，水泳部が全国大会出場。

【施設】　プラネタリウム，温水プールがある。

習熟度別授業	土曜授業	文理選択	オンライン授業	制服	自習室	食堂	プール	グラウンド	アルバイト
数	○	2年〜	○	○	〜19:00	○	○	○	－

登校時刻＝ 8:20
下校時刻＝19:00

進路情報　2023年3月卒業生

四年制大学への進学率 **78.4%**

【卒業生数】　416名

【進路傾向】　国公立大学へ15名，海外大学へ2名が進学した。

【系列進学】　東京成徳大学へ7名（子ども4，応用心理3）が内部推薦で進学した。東京成徳短期大学への推薦制度もある。

【指定校推薦】　利用状況は慶應大1，東京理科大2，学習院大3，青山学院大1，立教大2，法政大3，日本大7，東洋大6，駒澤大2，専修大2，成城大1，明治学院大2，獨協大3，芝浦工大5，東京電機大5，東京女子大1，玉川大2など。

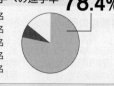

	名数
■ 四年制大学	326名
■ 短期大学	0名
■ 専修・各種学校	29名
■ 就職	0名
□ 進学準備・他	61名

主な大学合格状況

'24年春速報は巻末資料参照

大学名	'23	'22	'21	大学名	'23	'22	'21	大学名	'23	'22	'21
◇千葉大	2	1	2	上智大	7	6	2	駒澤大	21	17	16
◇筑波大	3	1	4	東京理科大	11	14	9	専修大	33	18	16
◇東京外大	1	0	0	学習院大	7	12	8	大東文化大	48	12	29
◇埼玉大	1	2	1	明治大	17	25	29	東海大	24	16	19
◇防衛医大	1	0	0	青山学院大	6	14	20	帝京大	33	18	44
◇東京農工大	1	0	0	立教大	42	27	30	成蹊大	7	15	10
◇東京学芸大	1	0	1	中央大	11	19	14	獨協大	29	21	17
◇都立大	1	2	1	法政大	36	37	28	芝浦工大	11	21	21
早稲田大	7	4	2	日本大	41	68	52	東京電機大	13	22	20
慶應大	3	3	3	東洋大	71	85	60	東京成徳大	10	16	17

※各大学合格数は既卒生を含む。

入試要項 2024年春（実績）

新年度日程についてはp.116参照。

◆推薦　**推薦Ⅰ**：第1志望　**推薦Ⅱ**：公私とも併願可（基準あり）　**推薦Ⅲ**：公私とも併願可（基準なし），自己推薦など　※推薦Ⅱ・Ⅲは東京・神奈川生を除く

募集人員▶特別進学コース30名，進学選抜コース70名，進学コース70名

選抜方法▶適性検査（国数英各50分・各100点・マークシート），調査書，自己PR書

◆一般　①に併願優遇（公私とも可）あり

募集人員▶特別進学コース①30名・②20名，進学選抜コース①70名・②20名，進学コース①70名・②20名

選抜方法▶国数英（各50分・各100点・マークシート），調査書，自己PR書

◆受験料　25,000円

(内申基準)　**推薦Ⅰ**：[特別進学] 5 科22，[進学選抜] 5 科19，[進学] 5 科17　**推薦Ⅱ・一般（併願優遇）**：[特別進学] 5 科23，[進学選抜] 5 科20，[進学] 5 科18　※いずれも 9 科に 1 不可，5 科に 2 不可（上記以外の入試区分も該当）　※条件により内申加点あり

(特待生・奨学金制度)　成績による特待α，文部両道による特待βあり。推薦・一般①受験者は2/14のチャレンジ受験で 3 段階認定。内申基準あり。

(帰国生の受け入れ)　国内生と同枠入試。

入試日程

区分	登録・出願	試験	発表	手続締切
推薦	12/20～1/17	1/22	1/22	1/31
一般①	12/20～1/27	2/10	2/10	2/22
一般②	12/20～1/27	2/14	2/14	2/22

[延納] 推薦Ⅱ・Ⅲの私立併願者は2/22，推薦Ⅱ・Ⅲと一般の国公立併願者は国公立発表後まで。

応募状況

年度	区分	応募数	受験数	合格数	実質倍率
'24	推薦	364	355	355	1.0
	一般①	477	375	358	1.0
	一般②	86	42	32	1.3
'23	推薦	382	365	363	1.0
	一般①	545	452	435	1.0
	一般②	119	67	48	1.4
'22	推薦	374	356	355	1.0
	一般①	457	369	362	1.0
	一般②	71	39	32	1.2

[スライド制度] あり。上記に含む。
['24年合格最低点] 推薦：特別進学190，進学選抜170，進学160（/300）　一般①：特別進学188，進学選抜172，進学162（/300）　一般②：特別進学165，進学選抜155，進学150（/300）　※いずれも合格点

東京 男女 と 東京成徳大学

学費（単位：円）	入学金	施設費	授業料	その他経費	小計	初年度合計
入学手続時	250,000	98,000	—	—	348,000	約1,230,130
1 年終了迄	—	72,000	468,000	約342,130	約882,130	

※2023年度実績。[返還] 3/31までの入学辞退者には入学金等を返還。
[授業料納入] 4 回分割。[その他] 制服・制定品代あり。
[寄付・学債] 任意の施設拡充寄付金 1 口 5 万円以上あり。

併願校の例　※[進学]を中心に

	都立	埼公立	私立
挑戦校	駒場	川口市立	淑徳巣鴨
	北園	川口北	東洋大京北
	城東	市立浦和南	東洋
	文京	越谷南	桜丘
	上野	伊奈総合（普）	安田学園
最適校	豊島	与野	成立学園
	江戸川	浦和北	郁文館
	墨田川	草加	大東文化一
	江北	川口	足立学園
	向丘	南稜	錦城学園
堅実校	本所	草加南	岩倉
	鷺宮	桶川	上野学園
	晴海総合	鴻巣	駿台学園
	高島	浦和東	豊南
	飛鳥		浦和学院

合格のめやす

合格の可能性 ■ 60% ■ 80% の偏差値を表示しています。

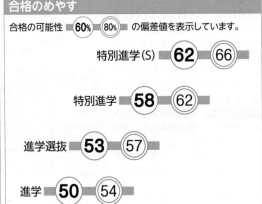

特別進学(S)　62　66

特別進学　58　62

進学選抜　53　57

進学　50　54

※合格のめやすの見方は114ページ参照。

(見学ガイド)　文化祭／説明会／過去問解説会／オープンキャンパス

小金井市

 # 東京電機大学 高等学校

〒184-8555　東京都小金井市梶野町4-8-1　☎(0422)37-6441

【教育目標】　「人間らしく生きる」を校訓に掲げる。生徒一人ひとりが個性を伸ばし，豊かな人間性と高い知性と強靭な体をそなえ，新しい時代と国際社会の中で活躍し，信頼と尊敬を得る人間となるよう教育する。

【沿　革】　1907年創立の電機学校を母体とし，1939年に開校。1999年男女共学化。

【学校長】　平川　吉治

【生徒数】　男子543名，女子190名

	1年(7クラス)	2年(7クラス)	3年(7クラス)
男子	186名	177名	180名
女子	65名	56名	69名

JR―東小金井5分

特色

設置学科：普通科

【コース】　内部進学生とは3年間別クラス編成。2年次に文系か理系を選択する。理系コースで一定の成績基準を満たすと，併設大学への推薦権を得られる。

【カリキュラム】　①情報教育のために約50台のコンピュータを設置。プログラミングや，表現のためのスキルを学ぶ。②理科では体験を重視。多くの観察や実験を行う。教員による実演に適した科学演示室なども備える。③大学教員を招いて行う出張講義や卒業生との進路懇談会，大学入試ガイダンスなど様々な行事を通して進路意識を高める。④朝と授業内での小テストや到達度確認テストなどで生徒の状況を把握し適切な指導につなげる。⑤放課後や長期休暇中に学力に応じて受験対策講座を開講している。

【海外研修】　希望者より選抜でカンボジア・ボランティアツアー，カナダ短期留学を実施。

【クラブ活動】　中学と合わせて運動系16，文化系12の部・同好会がある。放送部が全国大会出場。鉄道研究部も活発に活動している。

【施設】　電子黒板設置の教室，蔵書約65,000冊の図書館，座席数264席の小ホールなどを整備。

習熟度別授業	土曜授業	文理選択	オンライン授業	制服	自習室	食堂	プール	グラウンド	アルバイト
数理	○	2年～	○	○	～18:30	○	○	○	―

登校時刻＝ 8:50
下校時刻＝18:30

進路情報　2023年3月卒業生

四年制大学への進学率 **84.8%**

【卒業生数】　257名

【進路傾向】　大学進学者の内訳は文系24%，理系76%。国公立大学へ理系13名，海外大学へ1名が進学。

【系列進学】　東京電機大学へ54名（工13，システムデザイン工10，未来科18，理工12，二部1）が内部推薦で進学した。

【指定校推薦】　利用状況は早稲田大1，上智大1，東京理科大5，学習院大1，明治大3，青山学院大2，中央大6，法政大2，日本大1，成蹊大2，成城大1，明治学院大1，芝浦工大6，東京女子大1，武蔵大1，工学院大3，東京都市大3など。

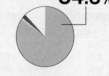

四年制大学	218名
短期大学	2名
専修・各種学校	6名
就職	0名
進学準備・他	31名

主な大学合格状況

'24年春速報は巻末資料参照

大学名	'23	'22	'21	大学名	'23	'22	'21	大学名	'23	'22	'21
◇東工大	2	0	0	慶應大	2	4	1	東洋大	26	14	15
◇埼玉大	0	0	1	上智大	1	3	1	専修大	5	8	8
◇北海道大	0	1	0	東京理科大	9	10	8	東海大	16	8	8
◇東京農工大	3	4	2	学習院大	4	4	7	帝京大	18	15	15
◇東京学芸大	1	0	0	明治大	7	10	12	成蹊大	7	13	9
◇都立大	2	3	2	青山学院大	7	4	1	芝浦工大	17	5	11
◇信州大	1	0	0	立教大	5	13	4	東京電機大	75	69	65
◇電通大	2	1	0	中央大	16	20	14	東京女子大	4	4	5
◇山梨大	1	0	0	法政大	12	18	13	工学院大	9	15	8
早稲田大	4	3	1	日本大	22	41	33	東京都市大	8	8	3

※各大学合格数は既卒生を含む。

入試要項 2024年春（実績）

新年度日程についてはp.116参照。

◆ **推薦** 第1志望

募集人員 ▶ 約30名

選抜方法 ▶ 作文（50分），個人面接（3分），調査書

◆ **一般** 第1志望優遇，併願優遇（国公私とも可）あり

募集人員 ▶ 約80名

選抜方法 ▶ 国数英（各50分・各100点），個人面接（3分），調査書

◆ **受験料** 23,000円

内申基準 推薦：[男子] 5科19，[女子] 5科18
一般（併願優遇）：5科21 ※いずれも9科に1不可 ※条件により内申加点あり

特待生・奨学金制度 経済的理由から学業の継続が困難な場合に対応した奨学金制度あり。

帰国生の受け入れ 国内生と同枠入試。

入試日程

区分	登録・出願	試験	発表	手続締切
推薦	12/20～1/16	1/22	1/22	1/23
一般	12/20～2/7	2/10	2/11	2/12

［延納］一般の併願者は公立発表後まで。

応募状況

年度	区分		応募数	受験数	合格数	実質倍率
'24	推薦	男子	25	25	25	1.0
		女子	10	10	10	1.0
	一般	男子	198	195	174	1.1
		女子	45	44	38	1.2
'23	推薦	男子	24	24	24	1.0
		女子	8	8	8	1.0
	一般	男子	195	190	183	1.0
		女子	49	49	48	1.0
'22	推薦	男子	22	22	22	1.0
		女子	11	11	11	1.0
	一般	男子	165	162	147	1.1
		女子	34	32	32	1.0

［'24年合格最低点］一般：男子150，女子134（/300）

東京 男女 と 東京電機大学

学費（単位:円）	入学金	教育充実費	授業料	その他経費	小計	初年度合計
入学手続時	250,000	―	―	―	250,000	1,210,300
1年終了迄	―	204,000	480,000	276,300	960,300	

※2024年度予定。［入学前納入］1年終了迄の小計のうち138,800円。［授業料納入］3回分割。［その他］制服・制定品代あり。［寄付・学債］任意の学校法人東京電機大学サポート募金あり。

併願校の例

	都立	神・埼公立	私立
挑戦校	立川 八王子東 新宿 国分寺	市立横浜サイエンス 相模原 所沢北	宝仙学園（理数） 国学院久我山 錦城 日大二 国学院
最適校	小金井北 豊多摩 調布北 多摩科学技術 南平	新城 市立横浜総合（併願） 生田 和光国際 所沢	拓大一 聖徳学園 八王子学園 日大櫻丘 実践学園
堅実校	東大和南 調布南 清瀬 産業技術高専 府中	麻溝台 市立橘 上溝南 所沢西 朝霞	杉並学院 八王子実践 日本工大駒場 東亜学園 昭和一学園

合格のめやす

合格の可能性 **60%** **80%** の偏差値を表示しています。

男子 **56** **60**

女子 **56** **60**

合格者

| 合否分布 | 38 | 42 | 46 | 50 | 54 | 58 | 62 | 66 | 70 | （偏） |

不合格者

※合格のめやすの見方は114ページ参照。

見学ガイド 文化祭／説明会／オープンスクール

世田谷区

東京都市大学等々力 高等学校

〒158−0082　東京都世田谷区等々力8−10−1　☎(03)5962−0104

【教育理念】　「高潔・英知・共生」を掲げる。ノブレス・オブリージュの教育により，公正で品格のあるグローバルリーダーの育成をめざす。

【沿　革】　1939年東横商業女学校創立。2009年に現校名に改称し，2010年に共学校となる。

【学校長】　原田　豊

【生徒数】　男子407名，女子357名

	1年(7クラス)	2年(7クラス)	3年(8クラス)
男子	117名	134名	156名
女子	131名	106名	120名

東急大井町線―等々力10分

特色

設置学科：普通科

【コース】　高校からの入学生は特別選抜コースに所属。2年次より内部進学生と混合，文理別になり，それぞれS特選，特選Ⅰ類，特選Ⅱ類に分かれる。

【カリキュラム】　①英語では音読と速読・多読により，実践的な英語運用能力を養う。②理科では実験を重視した授業を実践。併設大学との連携による「最先端科学講座」を実施する。③40教室に電子黒板を導入。タブレット端末などのICTを活用したアクティブ・ラーニングを展開し，論理的思考力や共感力を育む。④時間管理（TQ）能力と自学自習力を育成するため，生徒全員が「TQノート」を持ち，学習予定の進捗を自己管理する。⑤全体指導から個別指導まで，学力や進路に合わせた特訓講座や予備校講座などの多彩な講座プログラムを用意している。

【海外研修】　修学旅行は英国オックスフォード大学での語学研修。1・2年次希望者対象のオーストラリア語学研修は医療・理系探究型。

【クラブ活動】　鉄道研究部が全国大会出場の実績。舞チア部も全国レベルで活躍している。

【施設】　併設大学総合グラウンドが利用できる。

習熟度別授業	土曜授業	文理選択	オンライン授業	制服	自習室	食堂	プール	グラウンド	アルバイト
―	○	2年〜	○	○	〜21:00	○	―	○	―

登校時刻＝ 8:30
下校時刻＝18:10

進路情報　2023年3月卒業生

四年制大学への進学率 **89.8%**

【卒業生数】　284名

【進路傾向】　主な大学合格状況は国公立87名，早慶上理151名，GMARCH458名など。

【系列進学】　東京都市大学へ18名（情報工3，環境1，メディア情報5，都市生活2，建築都市デザイン2，理工2，デザイン・データ科2，人間科1）が内部推薦で進学した。

【指定校推薦】　慶應大，上智大，東京理科大，青山学院大，立教大，中央大，法政大，國學院大，成蹊大，成城大，明治学院大，獨協大，武蔵大など推薦枠あり。

四年制大学	255名
短期大学	0名
専修・各種学校	0名
就職	0名
進学準備・他	29名

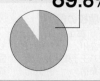

主な大学合格状況

'24年春速報は巻末資料参照

大学名	'23	'22	'21	大学名	'23	'22	'21	大学名	'23	'22	'21
◇東京大	0	1	1	◇都立大	7	7	4	中央大	108	91	59
◇京都大	0	1	0	◇電通大	5	1	2	法政大	97	81	50
◇東工大	2	1	1	早稲田大	34	33	17	日本大	59	65	45
◇一橋大	3	2	1	慶應大	17	9	9	東洋大	21	46	26
◇千葉大	1	0	2	上智大	34	38	34	駒澤大	29	22	33
◇筑波大	2	2	2	東京理科大	71	61	28	専修大	30	43	23
◇東京外大	5	2	2	学習院大	26	34	6	東海大	38	16	14
◇横浜国大	8	4	9	明治大	128	68	56	明治学院大	52	19	13
◇埼玉大	1	5	2	青山学院大	63	46	51	芝浦工大	44	36	15
◇東京学芸大	1	3	2	立教大	54	59	29	東京都市大	46	27	26

※各大学合格数は既卒生を含む。

入試要項 2024年春（実績）

新年度日程についてはp.116参照。

◆一般 一般，単願（要校長推薦），併願優遇（公私とも可。要校長推薦）

募集人員▶40名

選抜方法▶国数英（各50分・各100点），グループ面接（10分），調査書

◆**受験料** 25,000円

(内申基準) 単願：3科13かつ5科21　**併願優遇：**3科14かつ5科23　※いずれも5科に2不可，9科に1不可　※条件により内申加点あり

(特待生・奨学金制度) 入試成績により2段階の特別奨学生認定（若干名）。入学金，施設設備料，維持料，授業料を，A特は全額給付，B特は半額給付。

(帰国生の受け入れ) 個別対応。

入試日程

区分		出願	試験	発表	手続締切
一般	一般	1/25～2/8	2/13	2/13	3/2
	単願	1/25～2/8	2/13	2/13	2/16
	併願優遇	1/25～2/8	2/13	2/13	3/2

応募状況

年度	区分		応募数	受験数	合格数	実質倍率
'24	一般	男子	158	132	109	1.2
		女子	111	92	81	1.1
'23	一般	男子	161	131	114	1.1
		女子	102	85	75	1.1
'22	一般	男子	147	116	97	1.2
		女子	71	62	53	1.2

［'24年合格最低点］非公表。

東京 男女 (と) 東京都市大学等々力

学費（単位：円）	入学金	施設設備料	授業料	その他経費	小計	初年度合計
入学手続時	230,000	—	—	—	230,000	1,538,600
1年終了迄	—	150,000	468,000	690,600	1,308,600	

※2023年度実績。［授業料納入］4回分割。
［その他］制服・制定品代あり。

併願校の例

	都立	神公立	私立
挑戦校	日比谷 西	横浜翠嵐 湘南	早稲田実業 青山学院 広尾学園 慶應義塾 法政二
最適校	戸山 青山 新宿 八王子東 小山台	多摩 市立横浜サイエンス 希望ケ丘 神奈川総合 大和	明治学院 青稜 朋優学院 国学院 中大附横浜
堅実校	駒場 豊多摩 目黒 狛江	横浜平沼 新城 市ケ尾 市立桜丘 市立橘	駒澤大学 文教大付 多摩大目黒 日大鶴ヶ丘 日本大学

合格のめやす

合格の可能性 ■**60%**■ **80%** の偏差値を表示しています。

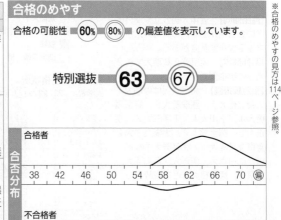

特別選抜 **63** **67**

合否分布

合格者

| 38 | 42 | 46 | 50 | 54 | 58 | 62 | 66 | 70 | (偏) |

不合格者

※合格のめやすの見方は114ページ参照。

(見学ガイド) 文化祭／説明会／学校見学

小 中 高 専 短 大

杉並区

東京立正 高等学校

〒166-0013　東京都杉並区堀ノ内2-41-15　☎(03)3312-1111

【教育理念】　堀之内妙法寺30世岡田日帰上人による「五重塔を建てるよりも，学校をつくって心の中に人間の塔を建てよう」を建学の精神に，「生命の尊重・慈悲・平和」を建学の理念に掲げる。

【沿　革】　1927年，立正高等女学校として開校。2002年より男女共学となる。

【学校長】　梅沢　辰也

【生徒数】　男子337名，女子241名

	1年(8クラス)	2年(7クラス)	3年(5クラス)
男子	159名	123名	55名
女子	120名	76名	45名

丸ノ内線―新高円寺8分　京王井の頭線―永福町よりバス松ノ木公園5分

特色

設置学科：普通科

【コース】　スタンダード，イノベーション，アドバンストの3コース制。内部進学生とは3年間別クラス。一部他コースへの移動も可能。

【カリキュラム】　①スタンダードコースは部活動と勉強を両立させ，希望の進路を実現。基礎的な学力の定着により多様な入試に向けた総合力を身につけるカリキュラムを設定。②イノベーションコースは探究活動を通じて社会貢献できる人材を育成。週1回のオンラインマンツーマン英会話を3年間実施。③アドバンストコースは一般選抜に対応した豊富な学習量を確保。

2年次からは主要科目に特化し国公立や難関私大をめざす。長期休暇中の講習が必修で，1・2年次には3泊4日の勉強合宿を行う。④週に一度の瞑想の時間で心の安定と不屈の精神を養う。花まつりやお会式などの仏教行事もある。

【海外研修】　イノベーションコースでは2年次に海外研修でカンボジアを訪問。ほか全コース対象のニュージーランドターム留学やオーストラリア夏期交流プログラムなども用意する。

【クラブ活動】　ダンスドリル部全国大会に出場。男女バレーボール部も活躍している。

習熟度別授業	土曜授業	文理選択	オンライン授業	制服	自習室	食堂	プール	グラウンド	アルバイト
―	○	2年～	○	○	～17:00	○	○	○	審査

登校時刻＝ 8:25
下校時刻＝18:30

進路情報 2023年3月卒業生

四年制大学への進学率 **78.7%**

【卒業生数】　155名

【進路傾向】　近年，国公立や海外大学にも合格が出ている。海外大学進学協定校推薦制度がある。

【系列進学】　東京立正短期大学へ2名が内部推薦で進学した。

【指定校推薦】　利用状況は専修大1，大東文化大1，國學院大2，東京電機大1，玉川大1，工学院大2，立正大5，国士舘大2，大妻女子大2，東京女子医大1，武蔵野大1など。ほかに日本大，東洋大，亜細亜大，帝京大，東京農大など推薦枠あり。

	四年制大学	122名
	短期大学	3名
	専修・各種学校	18名
	就職	0名
	進学準備・他	12名

主な大学合格状況

'24年春速報は巻末資料参照

大学名	'23	'22	'21	大学名	'23	'22	'21	大学名	'23	'22	'21
◇防衛大	0	1	1	東洋大	8	4	3	立正大	5	4	8
◇都留文科大	0	2	0	駒澤大	0	2	3	国士舘大	7	4	8
◇福井県立大	1	0	0	専修大	9	7	3	桜美林大	3	2	6
東京理科大	0	3	1	大東文化大	4	2	9	大妻女子大	4	1	0
学習院大	0	1	1	東海大	2	2	2	杏林大	8	1	4
明治大	0	2	1	亜細亜大	6	5	5	武蔵野大	1	5	7
立教大	0	0	2	帝京大	19	13	19	実践女子大	5	4	7
中央大	1	2	2	國學院大	2	2	5	明星大	9	6	4
法政大	4	1	1	東京電機大	1	4	2	帝京平成大	8	7	8
日本大	7	11	8	玉川大	4	6	4	目白大	3	2	6

※各大学合格数は既卒生を含む。

入試要項 2024年春（実績）

新年度日程についてはp.116参照。

◆ 推薦　第1志望
募集人員▶スタンダードコース75名，イノベーションコース15名，アドバンストコース15名
選考方法▶個人面接（7分），調査書
◆ 一般　併願優遇（公私とも可）あり
募集人員▶スタンダードコース70名，イノベーションコース20名，アドバンストコース30名
選考方法▶国数英（各50分・各100点），個人面接（7分），調査書
◆ 受験料　20,000円

内申基準 推薦:[スタンダード] 5科15または9科27，[イノベーション] 5科16または9科29，[アドバンスト] 3科10または5科17または9科31　**一般（併願優遇）**:[スタンダード] 5科16または9科29，[イノベーション] 5科17または9科31，[アドバンスト] 3科11または5科18または9科33　※いずれも9科に1不可　※条件により内申加点あり

特待生・奨学金制度 内申，入試の成績上位者を3段階の奨学生認定。いずれもアドバンストコース，イノベーションコース対象。ほか，推薦合格者で運動部・文化部の技能優秀者を3段階で認定。

帰国生の受け入れ 国内生と同枠入試。

入試日程

区分	登録・出願	試験	発表	手続締切
推薦	1/10～18	1/22	1/22	1/24
一般①	1/10～2/3	2/10	2/10	2/12
一般②	1/10～2/3	2/12	2/12	2/14

[延納] 公立併願者は公立発表後まで。

応募状況

年度	区分		応募数	受験数	合格数	実質倍率
'24	スタ	推薦	84	84	84	1.0
		一般（併願）	323	290	290	1.0
		一般（フリー）	29	25	18	1.4
	イノベ	推薦	4	4	4	1.0
		一般（併願）	22	17	17	1.0
		一般（フリー）	4	2	1	2.0
	アド	推薦	1	1	1	1.0
		一般（併願）	12	11	11	1.0
		一般（フリー）	1	1	1	1.0
'23	スタ	推薦	119	119	119	1.0
		一般	365	326	305	1.1
	イノベ	推薦	9	9	9	1.0
		一般	41	35	34	1.0
	アド	推薦	4	4	4	1.0
		一般	17	11	11	1.0

[スライド制度] あり。上記に含まず。
[24年合格最低点] 一般（併願優遇）:スタンダード84，イノベーション157，アドバンスト183（/300）
一般（フリー）:スタンダード155（/300）

東京　男女 と 東京立正

学費（単位:円）

	入学金	施設設備維持費	授業料	その他経費	小計	初年度合計
入学手続時	240,000	—	—	—	240,000	837,600
1年終了迄	—	174,000	423,600	—	597,600	

※2024年度予定。[授業料納入] 4回分割。[その他] 制服・制定品代，積立金・諸費（スタンダードコース200,000円，イノベーションコース285,000円，アドバンストコース230,000円）あり。

併願校の例　※[スタ]を中心に

	都立	埼公立	私立
挑戦校	豊多摩	浦和北	専修大附
	石神井	朝霞	杉並学院
	神代	南稜	武蔵野大学
	調布南	川口	目白研心
	豊島		東亜学園
最適校	府中	朝霞西	文化学園杉並
	武蔵丘	鳩ヶ谷	昭和一学園
	鷺宮	浦和東	豊南
	保谷		日本学園
	杉並		藤村女子
堅実校	松原	志木	武蔵野
	田無	新座柳瀬	立川女子
	杉並総合	川口東	堀越
	府中東	川口青陵	大東学園
	板橋		

合格のめやす

合格の可能性 **60%** **80%** の偏差値を表示しています。

スタンダード **45** (49)
イノベーション **49** (53)
アドバンスト **52** (56)

合格者

| | 30 | 34 | 38 | 42 | 46 | 50 | 54 | 58 | 62 | (偏) |

合否分布

不合格者

実線=スタンダード
破線=アドバンスト

※合格のめやすの見方は114ページ参照。

見学ガイド 体育祭／文化祭／説明会／弁論大会／合唱コンクール／個別相談

小 中 高 専 短 大

清瀬市

東星学園 高等学校

〒204-0024　東京都清瀬市梅園3-14-47　☎(042)493-3201

【建学の精神】　キリストの愛の精神を根本に，人間の価値とその使命を尊ぶ。カトリックミッション校として，自分の存在の大切さに気づき，喜びに生きる人を育てる。

【沿　革】　1965年に設立。2011年，女子校より共学校となった。

【学校長】　大矢　正則

【生徒数】　男子55名，女子57名

	1年(2クラス)	2年(2クラス)	3年(2クラス)
男子	18名	23名	14名
女子	19名	17名	21名

西武池袋線―秋津10分
JR―新秋津15分

特色

設置学科：普通科

【カリキュラム】　①英語は読解力や表現力の向上をめざし，スピーチの原稿作成や発表に取り組む。入試対策の演習も充実している。②3年次の5・6限は自由選択授業。受験対策講習があり，希望進路に向けて個別指導を受けられる。③指名制・希望制の通常補習や夏期講習を設定。総合型選抜や学校推薦型選抜を想定した小論文指導も実施する。④1人1台のタブレット端末を導入し，授業や様々な場面で活用している。⑤2年次の学習旅行は，テーマや行き先など，すべてを生徒が決定する。⑥1・3年次には老人ホーム実習があり，福祉サービスの重要性について体験的に理解する。⑦「SHRETワークショップ」を開講。聖心女子大学の難民支援団体から講師を招き，難民問題を考える。

【宗教】　創立記念ミサ，週1回のキリスト教倫理の授業や聖書朝礼などが行われる。

【海外研修】　3カ月留学を実施。米国，英国，カナダ，オーストラリアから渡航先を選択する。

【クラブ活動】　美術部が全国レベルで活躍。東星少年少女合唱団は小学生から高校生まで共に活動し，演奏会を開催している。

習熟度別授業	土曜授業	文理選択	オンライン授業	制服	自習室	食堂	プール	グラウンド	アルバイト	登校時刻＝ 8:30
数英	○	2年～	○	○	18:20	－	－	－	審査	下校時刻＝17:20

進路情報　2023年3月卒業生

四年制大学への進学率 **72.7%**

【卒業生数】　22名

【進路傾向】　大学進学はいずれも私立大学で，内訳は文系69%，理系25%，他6%だった。

【指定校推薦】　利用状況は立正大1，跡見学園女子大1など。ほかに上智大，東京都市大，千葉工大，桜美林大，関東学院大，聖心女子大，白百合女子大，杏林大，日本薬科大，南山大，東京農大，実践女子大，帝京平成大，東京工科大，駒沢女子大，城西大，清泉女子大，目白大，帝京科学大，多摩大など推薦枠あり。

	名
■ 四年制大学	16名
□ 短期大学	1名
■ 専修・各種学校	2名
■ 就職	1名
□ 進学準備・他	2名

主な大学合格状況　　'24春速報は巻末資料参照

大学名	'23	'22	'21	大学名	'23	'22	'21	大学名	'23	'22	'21
◇防衛医大	0	1	0	獨協大	0	0	2	武蔵野大	1	0	2
上智大	3	3	5	武蔵大	1	1	2	二松學舎大	1	0	0
青山学院大	1	0	0	立正大	1	0	1	帝京平成大	0	1	3
立教大	0	1	0	桜美林大	3	1	1	目白大	0	0	0
日本大	1	0	1	聖心女子大	0	4	1	文京学院大	1	0	0
駒澤大	0	0	0	白百合女子大	0	2	0	東京家政大	1	1	0
大東文化大	0	1	0	東京慈恵医大	0	1	0	和光大	1	0	0
帝京大	0	3	3	順天堂大	0	1	0	跡見学園女子大	1	0	0
國學院大	1	0	0	自治医大	1	0	0	西武文理大	1	0	0
成蹊大	0	0	3	明治薬科大	0	1	0	人間総合科学大	1	0	0

※各大学合格数は既卒生を含む。

入試要項 2024年春（実績）

新年度日程についてはp.116参照。

◆**推薦** A推薦：第1志望 B推薦：併願（公立のみ。埼玉生対象）
募集人員▶15名
選抜方法▶作文（出願時提出・600〜800字），面接，調査書
◆**一般** 併願優遇：公立のみ **一般**：公立併願，その他
募集人員▶35名
選抜方法▶国数英（各50分・各100点），面接，調査書
◆**受験料** 20,000円

（内申基準）A推薦：3科9または5科15または9科28 B推薦・一般（併願優遇）：3科10または5科16または9科29 ※いずれも9科に1不可 ※条件により内申加点あり
（特待生・奨学金制度）各入試の成績優秀者を特待生認定。入学金免除。
（帰国生の受け入れ）国内生と同枠入試。

入試日程

区分	出願	試験	発表	手続締切
A推薦	1/15〜19	1/22	1/22	1/26
B推薦	1/15〜19	1/22	1/22	公立発表翌日
併願優遇 一般（公立）	1/25〜2/8	2/10	2/10	公立発表翌日
一般（他）	1/25〜2/8	2/10	2/10	2/17

応募状況

年度	区分		応募数	受験数	合格数	実質倍率
'24	推薦		10	10	10	1.0
	一般	併願優遇	10	9	7	1.3
		一般	7	7	7	1.0
'23	推薦		8	8	8	1.0
	一般	併願優遇	8	8	8	1.0
		一般	7	7	4	1.8
'22	A推薦		6	6	6	1.0
	B推薦		4	4	4	1.0
	一般	併願優遇	11	11	11	1.0
		一般(公立)	3	3	2	1.5
		一般(他)	2	2	2	1.0

['24年合格最低点] 一般126/300

東京 男女 と 東星学園

学費（単位:円）

学費（単位:円）	入学金	設備費	授業料	その他経費	小計	初年度合計
入学手続時	220,000	—	—	—	220,000	1,046,440
1年終了迄	—	120,000	420,000	286,440	826,440	

※2024年度予定。[授業料納入] 9回分割。[その他] 制服・制定品代あり。

併願校の例

	都立	埼公立	私立
挑戦校	石神井 東大和南 清瀬 小平南	所沢西 朝霞	国立音大附(普) 城西大城西 目白研心 明星
最適校	上水 武蔵丘 保谷 東大和	入間向陽 朝霞西 川越総合 所沢中央	東亜学園 白梅学園 東京立正 豊南 聖望学園
堅実校	飛鳥 東久留米総合 久留米西 大泉桜	志木 新座柳瀬 飯能 狭山清陵	藤村女子 秋草学園 東野

合格のめやす

合格の可能性 **60%** **80%** の偏差値を表示しています。

普通科 **46** **50**

合否分布

合格者

| | 30 | 34 | 38 | 42 | 46 | 50 | 54 | 58 | 62 | 偏 |

不合格者

※合格のめやすの見方は114ページ参照。

（見学ガイド）体育祭／文化祭／東星バザー／クリスマス会／説明会

小 中 高 専 短 大

文京区

東邦音楽大学附属東邦 高等学校

〒112-0012　東京都文京区大塚4-46-9　☎(03)3946-9668

【教育理念】　「音楽芸術研鑽の一貫教育を通じ，情操豊かな人格形成を目途とする」を建学の精神に掲げる。高等学校においては中学校で身につけた基礎学力の一層の充実を図り，更なる学力の定着・充実を目標とする。音楽実技では生徒一人ひとりと十分なコミュニケーションを図り，個々の能力に合わせた選曲など学習意欲を引き出すことができる指導を行う。

【沿　革】　1948年開校。
【学校長】　林　克幸
【生徒数】　非公表。

丸ノ内線―新大塚3分
有楽町線―護国寺8分　JR―大塚10分

特色

設置学科：音楽科

【カリキュラム】　①ピアノ，声楽，管弦打楽器，作曲から1つを専攻として選択する。②実技は東邦音楽大学・短期大学の教授がマンツーマンで指導する。ピアノ専攻は演奏の土台となるテクニックを独自のテキストを用いて確実に向上させる。ほかに副専攻として管弦打楽器レッスンも受講が可能。③ソルフェージュ（聴音・新曲視奏）は習熟度別の少人数クラスで指導を実施。④語学力強化のため，外国人講師による英語教育を展開。併設大学進学後のウィーン短期留学に備え，3年次にドイツ語も学ぶ。⑤幅広い可能性に対応できるよう，普通教科も音楽専門教科に対してバランスよく配置している。

【行事】　毎年開催される東邦ミュージックフェスティバルには，中学生から大学院生までが参加。ほかにも定期研究発表演奏会，中高生徒と教員によるコンサートなど発表の場が多い。

【施設】　文京キャンパスは大学院や短期大学も併設する。図書館には楽譜を含む音楽専門書約27,500冊を所蔵。音楽ホール，グランドピアノを2台設置したレッスン室，室内楽演奏会の舞台となるホワイエなど音楽学習施設が充実。

習熟度別授業	土曜授業	文理選択	オンライン授業	制服	自習室	食堂	プール	グラウンド	アルバイト	登校時刻＝ 8:30
―	○	―	○	○	～17:00	○	―	○	―	下校時刻＝17:00

進路情報　2023年3月卒業生

【卒業生数】　非公表。
【進路傾向】　詳細不明だが，他大学合格者が出る年もある模様。
【系列進学】　東邦音楽大学，東邦音楽短期大学への推薦制度がある。進学状況は非公表。
【指定校推薦】　非公表。

※進路内訳は非公表。

主な大学合格状況

'24年春速報は巻末資料参照

大学名	'23	'22	'21	大学名	'23	'22	'21	大学名	'23	'22	'21
非公表											

※各大学合格数は既卒生を含む。

入試要項 2024年春（実績）

新年度日程についてはp.116参照。

◆ 推薦　単願

募集人員 ▶定員60名のうち約50%

※募集専攻はピアノ，声楽，管楽器（フルート，オーボエ，クラリネット，ファゴット，サクソフォン，ホルン，トランペット，トロンボーン，テューバ，ユーフォニアム），弦楽器（ヴァイオリン，ヴィオラ，チェロ，コントラバス，ハープ），打楽器，作曲

選抜方法 ▶作文（45分・600〜800字），専攻実技，保護者同伴面接，調査書，ほかに声楽専攻と作曲専攻は副専攻ピアノ，作曲専攻は四声体和声（50分）または楽典（50分）または任意の自作曲（出願時提出・1曲以上）から1つを選択

◆ 一般

募集人員 ▶定員内　※募集専攻は推薦と同じ

選抜方法 ▶作文（45分・600〜800字），専攻実技，ソルフェージュ（聴音または新曲視唱，コールユーブンゲン），保護者同伴面接，調査書，ほかに声楽専攻と作曲専攻は副専攻ピアノ，作曲専攻は四声体和声（50分）または楽典（50分）または任意の自作曲（出願時提出・1曲以上）から1つを選択

◆ **受験料** 28,000円

内申基準 非公表。

特待生・奨学金制度 入試の成績優秀者を特待生認定。入学金減免。

帰国生の受け入れ 個別対応。

入試日程

区分	出願	試験	発表	手続締切
推薦	1/16〜18	1/22	1/22	1/24
一般	1/25〜2/7	2/10	2/10	2/14

応募状況

年度	区分	応募数	受験数	合格数	実質倍率
'24	推薦	—	—	—	—
	一般	—	—	—	—
'23	推薦	—	—	—	—
	一般	—	—	—	—
'22	推薦	—	—	—	—
	一般	—	—	—	—

['24年合格最低点] 非公表。

東京　男女　と　東邦音楽大学附属東邦

学費（単位：円）	入学金	施設拡充費	授業料	その他経費	小計	初年度合計
入学手続時	200,000	230,000	—	—	430,000	1,033,600
1年終了迄	—	—	454,800	148,800	603,600	

※2023年度実績。[返還] 一般の公立併願者で，公立発表翌日までの入学辞退者には入学金を除き返還。[授業料納入] 一括または3回分割。[その他] 制服・制定品代あり。[寄付・学債] 任意の21世紀学園整備資金1口3万円2口以上あり。

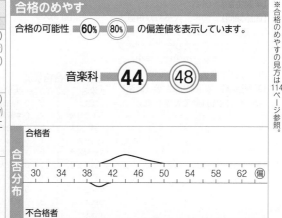

併願校の例

	都立	埼公立	私立
挑戦校		大宮光陵(音)	桐朋女子(音) 八王子学園(総合) 国立音大附(音)
最適校	総合芸術(音)	芸術総合(音)	上野学園(音) 副科鸞(ミュージック) 東邦音大二
堅実校		松伏(音)	

合格のめやす

合格の可能性 **60%** **80%** の偏差値を表示しています。

音楽科　**44**　**48**

合格者

不合格者

30　34　38　42　46　50　54　58　62　偏

※合格のめやすの見方は114ページ参照。

見学ガイド ミュージックフェスティバル／説明会／体験レッスン／講習会

小 中 高 専 短 大

調布市

桐朋女子 高等学校（音楽科）

〒182-8510　東京都調布市若葉町1-41-1　☎(03)3307-4101

【教育方針】　音楽的感性を鍛える「ソルフェージュ」，表現の可能性を究める「実技」，他者と出会い自己の枠を超える「合奏」の3つを教育の柱とし，柔軟で開かれた教育を実践する。

【沿　革】　1941年山水高等女学校として開校。1952年音楽科を併設。

【学校長】　今野　淳一

【生徒数】　男子27名，女子133名

	1年（2クラス）	2年（2クラス）	3年（2クラス）
男子	9名	11名	7名
女子	49名	43名	41名

京王線―仙川5分　小田急線―成城学園前よりバス仙川駅入口1分

特色

設置学科：音楽科（共学）

【カリキュラム】　①専門実技はピアノ，弦楽器，管楽器，打楽器，ハープ，声楽，作曲（指揮志望者を含む）に分かれて学ぶ。②併設の桐朋学園大学との一貫教育を重視し，大学と共通の教員から高いレベルの教育を受ける。③1コマ90分授業。開講期間や試験期間，文化祭などの年間予定を併設大学と共有している。④必修科目のソルフェージュはグレード別少人数編成によりレベルに合った指導を行う。⑤和声の授業が3年間必修。和声を習得し音楽理論や演奏法などへと発展させる。⑥2年次よりドイツ語かフランス語を履修可能。3年次で取得した単位は併設大学進学後に単位として認定される。⑦専攻実技教育をより質の高いものにするために音楽理論基礎を用意。音楽についての様々な知識を体系的に学ぶ。⑧著名な演奏家や指導者を世界中から招聘して特別レッスンを実施。⑨豊富な選択科目を設定。自身の興味や必要に応じて選択し，能動的な学びを引き出す。

【施設】　自宅通学困難な女子生徒のために学生会館を設置している。2017年に仙川キャンパス，2021年には新校舎が建設された。

習熟度別授業	土曜授業	文理選択	オンライン授業	制服	自習室	食堂	プール	グラウンド	アルバイト	登校時刻＝ 8:40
英	―	―	―	―	―	○	○	○	―	下校時刻＝16:00

進路情報 2023年3月卒業生

併設大学への進学率 **83.6%**

【卒業生数】　61名

【進路傾向】　例年，大多数が併設大学に進学している。ソリスト・ディプロマ・コースやカレッジ・ディプロマ・コースなどの実技に特化したコースに進学する生徒もいる。

【系列進学】　桐朋学園大学（音楽）へ51名が内部推薦で進学した。

■ 桐朋学園大学　51名
□ 他大学　　　　3名
□ 進学準備・他　7名

主な大学合格状況

'24年春速報は巻末資料参照

大学名	'23	'22	'21	大学名	'23	'22	'21	大学名	'23	'22	'21
◇筑波大	1	0	0	東京理科大	6	2	3	成城大	3	5	4
◇東京外大	0	2	0	学習院大	6	6	8	明治学院大	2	6	5
◇横浜国大	1	2	0	明治大	11	9	12	津田塾大	4	11	2
◇埼玉大	0	1	0	青山学院大	10	11	9	東京女子大	11	20	9
◇東京藝大	0	0	1	立教大	19	18	7	日本女子大	11	8	4
◇お茶の水女子大	1	0	0	中央大	11	7	14	杏林大	5	7	7
◇都立大	0	1	2	法政大	10	7	8	北里大	10	3	7
早稲田大	8	5	5	日本大	16	9	14	多摩美大	8	7	2
慶應大	4	3	3	東洋大	2	4	13	武蔵野美大	8	11	8
上智大	13	5	4	帝京大	10	9	6	桐朋学園大	60	47	49

※各大学合格数は普通科との合計。既卒生を含む。

入試要項 2024年春（実績）

新年度日程についてはp.116参照。

◆ 推薦　専願。ピアノ専門，弦楽器専門は募集なし

募集人員 ▶ 10名

選抜方法 ▶ 楽典（60分），新曲視唱，聴音（60分），副科ピアノ（作曲専門を除く），専門実技，面接，実技指導者による推薦書，調査書

◆ 一般

募集人員 ▶ 90名

選抜方法 ▶ 国数英（計90分），楽典（60分），新曲視唱，聴音（60分），副科ピアノ（ピアノ専門，作曲専門を除く），専門実技，調査書

◆ 受験料　52,500円

(内申基準) 推薦：5科15または9科27

(特待生・奨学金制度) 入試で専門実技が極めて優秀な生徒に対する特待生制度，入試成績優秀者に対する奨学金制度がある。

(帰国生の受け入れ) 国内生と同枠入試。

入試日程

区分	登録・出願	試験	発表	手続締切
推薦	10/2～1/16	1/22	1/22	1/30
一般	10/2～2/3	2/12～14	2/16	2/26

［延納］一般の国公立併願者は国公立発表後まで。

応募状況

年度	区分	応募数	受験数	合格数	実質倍率
'24	推薦	1	1	1	1.0
	一般	50	50	50	1.0
'23	推薦	11	11	11	1.0
	一般	48	48	47	1.0
'22	推薦	8	8	8	1.0
	一般	51	50	49	1.0

［'24年合格最低点］非公表。

東京　男女　(と) 桐朋女子（音楽科）

学費（単位：円）	入学金	施設拡充費	授業料	その他経費	小計	初年度合計
入学手続時	200,000	—	—	—	200,000	1,467,400
1年終了迄	—	127,600	820,800	319,000	1,267,400	

※2023年度実績。［授業料納入］毎月分割。［その他］選択副科受講料等あり。

併願校の例

	都立	神・埼公立	国・私立
挑戦校			東京藝大音楽
最適校	総合芸術(音)		八王子学園(総合)
堅実校		市立戸塚(音) 相模原弥栄(音) 大宮光陵(音)	国立音大附(音) 東京音大付 東邦音大東邦 上野学園(音) 武蔵野音大

合格のめやす

合格の可能性 **60%** **80%** の偏差値を表示しています。

音楽科 **55** **59**

※合格のめやすの見方は114ページ参照。

合否分布

合格者

| 38 | 42 | 46 | 50 | 54 | 58 | 62 | 66 | 70 | (偏) |

不合格者

(見学ガイド) 文化祭／演奏会／オープンキャンパス／夏期講習／冬期講習／個別見学対応

千代田区

東洋 高等学校

〒101-0061 東京都千代田区神田三崎町1-4-16 ☎(03)3291-3824

【教育方針】 校訓は「自律・共生」。「学び合い・助け合い・高め合いの実践」のもと，自ら学ぶ力・共に生き抜く力を育てる。

【沿革】 1904年東洋商業専門学校として創立。2002年全コース共学化。2012年現校名となる。

【学校長】 石井 和彦

【生徒数】 男子331名，女子527名

	1年(8クラス)	2年(6クラス)	3年(12クラス)
男子	108名	79名	144名
女子	153名	112名	262名

JR—水道橋2分　都営三田線—水道橋3分
都営新宿線・半蔵門線—神保町8分

特色

設置学科：普通科

【コース】 特進選抜コースと特進コースを設置。3年次より，特進選抜コースは多教科型理系と多教科型文系に，特進コースは3教科型理系と3教科型文系に分かれる。

【カリキュラム】 ①特進選抜コースは難関国公立大学合格を目標にする学習意欲の高い生徒が集まる。②特進コースは国公立・難関私立大学をめざす。関心のある分野を集中的に掘り下げた勉強が可能。③1人1台タブレット端末を持ち，授業支援アプリを活用した学びを展開する。④春期特別授業や夏期講習などを設定。

【キャリア教育】 1年次に社会と学問を体感すべく「進路のミカタLIVE」を実施。2年次に大学出張講義，3年次に医療系学部出張ゼミナールなどを用意し，希望進路の実現を支援する。

【海外研修】 2年次の修学旅行はオーストラリアと沖縄からの選択制。その他，カナダやアイルランドへの1年留学，オーストラリア，ニュージーランドへのターム留学（3カ月）または1年留学プログラムも行っている。

【クラブ活動】 男子バレーボール部，ソングリーダー部が全国大会出場の実績がある。

習熟度別授業	土曜授業	文理選択	オンライン授業	制服	自習室	食堂	プール	グラウンド	アルバイト	登校時刻＝ 8:25
5教科	○	2年〜	—	○	〜19:00	—	—	—	—	下校時刻＝19:00

進路情報 2023年3月卒業生

四年制大学への進学率 **93.6%**

【卒業生数】 453名

【進路傾向】 大学進学者の内訳は文系62%，理系37%，他1%。国公立大学へ文系14名・理系40名，海外大学へ2名が進学した。

【指定校推薦】 利用状況は東京理科大3，学習院大4，青山学院大3，立教大1，法政大1，成蹊大2，明治学院大4，武蔵大2など。ほかに明治大，日本大，東洋大，駒澤大，専修大，大東文化大，東海大，亜細亜大，國學院大，獨協大，芝浦工大，東京電機大，東京女子大，日本女子大など推薦枠あり。

四年制大学	424名
短期大学	6名
専修・各種学校	6名
就職	0名
進学準備・他	17名

主な大学合格状況

'24年春速報は巻末資料参照

大学名	'23	'22	'21	大学名	'23	'22	'21	大学名	'23	'22	'21
◇千葉大	5	2	3	東京理科大	9	11	24	専修大	42	35	12
◇筑波大	8	3	2	学習院大	18	12	9	東海大	31	10	12
◇埼玉大	9	3	1	明治大	32	20	23	帝京大	41	23	21
◇東京農工大	4	1	1	青山学院大	19	14	8	成蹊大	24	20	11
◇東京学芸大	2	1	3	立教大	22	7	22	成城大	21	11	12
◇都立大	8	4	5	中央大	26	15	19	明治学院大	35	20	17
◇電通大	1	2	2	法政大	57	33	44	獨協大	23	13	13
早稲田大	7	5	7	日本大	107	67	49	神奈川大	35	12	7
慶應大	0	1	5	東洋大	127	68	77	芝浦工大	26	8	17
上智大	6	5	5	駒澤大	47	12	14	東邦大	8	7	11

※各大学合格数は既卒生を含む。

入試要項 2024年春（実績）

新年度日程についてはp.116参照。

◆ 推薦　**推薦A**：単願　**推薦B**：併願（国公私可。東京・神奈川生を除く）

募集人員▶特進選抜コース80名，特進コース80名

選抜方法▶適性検査（国数各50分・英60分・各100点・マークシートと記述の併用・英にリスニングあり），調査書

◆ 一般　**一般A**，**一般B**（国公私併願可の優遇入試）

募集人員▶特進選抜コース80名，特進コース80名

選抜方法▶国数英（国数各50分・英60分・各100点・マークシートと記述の併用・英にリスニングあり），調査書，ほか一般Aは個人面接（5分）

◆ 受験料　20,000円

内申基準　推薦A：［特進選抜］5科22，［特進］5科21　推薦B・一般B：［特進選抜］5科23，［特進］5科22　※いずれも9科に2不可　※条件により内申加点あり

特待生・奨学金制度　推薦A・B，一般Bの成績上位者から特待生を10名程度認定（特進選抜コース対象）。

帰国生の受け入れ　国内生と同枠入試。

入試日程

区分	登録・出願	試験	発表	手続締切
推薦A	12/20～1/17	1/22	1/22	1/24
推薦B	12/20～1/17	1/22	1/22	公立発表翌日
一般A	1/24～29	2/10or11	2/10or11	2/13
一般B	1/24～29	2/10or11	2/10or11	公立発表翌日

［延納］一般Aの延納希望者は公立発表後まで。

応募状況

年度	区分		応募数	受験数	合格数	実質倍率
'24	特選	推薦A	49	49	49	1.0
		推薦B	260	182	182	1.0
		一般A	24	20	7	2.9
		一般B	537	391	391	1.0
	特進	推薦A	86	86	86	1.0
		推薦B	109	89	89	1.0
		一般A	168	162	46	3.5
		一般B	267	204	204	1.0
'23	特選	推薦A	29	29	29	1.0
		推薦B	220	150	150	1.0
		一般A	31	29	17	1.7
		一般B	376	261	261	1.0
	特進	推薦A	63	63	63	1.0
		推薦B	86	73	73	1.0
		一般A	193	184	103	1.8
		一般B	168	130	130	1.0

［'24年合格最低点］推薦A：特進選抜191，特進150（/300）　推薦B：特進選抜214，特進209（/300）　一般A：特進選抜200，特進190（/300）　一般B：特進選抜229，特進215（/300）

東京　男女　と　東洋

学費（単位：円）

学費（単位：円）	入学金	施設費	授業料	その他経費	小計	初年度合計
入学手続時	200,000	120,000	—	—	320,000	約1,200,835
1年終了迄	—	180,000	444,000	約256,835	約880,835	

※2023年度実績。［授業料納入］4回分割。［その他］制服・制定品代，修学旅行積立金（2022年実績：国内約180,000円，海外約240,000円），タブレット端末ソフトウェア利用料等あり。

併願校の例　※［特進］を中心に

	都立	千・埼公立	国・私立
挑戦校	日比谷 西 戸山 青山 新宿	船橋 東葛飾 市立浦和	中央大学 明治学院 朋優学院 東京科学大附
最適校	竹早 小山台 三田 小松川 城東	薬園台 小金 船橋東 浦和西 川口市立	国学院 駒込 東洋大京北 安田学園 多摩大目黒
堅実校	上野 江戸川 墨田川 広尾	国府台 国分 与野	日大一 実践学園 日大豊山 二松学舎 郁文館

合格のめやす

合格の可能性 60%　80% の偏差値を表示しています。

特進選抜　**61**　65

特進　**58**　62

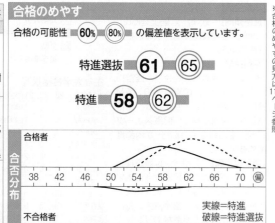

合格者

| | 38 | 42 | 46 | 50 | 54 | 58 | 62 | 66 | 偏 |

不合格者

実線＝特進
破線＝特進選抜

※合格のめやすの見方は114ページ参照。

見学ガイド　文化祭／説明会／体験授業／部活動体験

東洋大学京北 高等学校

〒112-8607　東京都文京区白山2-36-5　☎(03)3816-6211

小中高専短大

文京区

【教育方針】　「諸学の基礎は哲学にあり」を建学の精神とし、「本当の教養を身につけた国際人」の育成をめざす。

【沿革】　1899年、教育者・哲学者である井上円了により開校。2015年に男子校より男女共学化し、京北高等学校より現校名へ改称、大学附属校となる。

【学校長】　星野　純一郎

【生徒数】　男子429名、女子406名

	1年(10クラス)	2年(10クラス)	3年(9クラス)
男子	145名	146名	138名
女子	146名	142名	118名

都営三田線―白山6分　南北線―本駒込10分
丸ノ内線―茗荷谷17分　千代田線―千駄木19分

特色

設置学科：普通科

【コース】　難関進学クラス、進学クラスを設置。内部進学生とは3年別クラス編成。

【カリキュラム】　①哲学教育を重視。2年次は「倫理」が必修で、古今東西の宗教や思想などを学び、思索を深める。名著精読やエッセーコンテスト、哲学ゼミ（合宿）なども行い、自己の人生観や価値観を陶冶する力を育む。②東洋大学で学ぶ留学生を招くなど、高大連携教育を実施。③国際教育として独自科目「国際英語」「国際理解」や、第二外国語（独・仏・スペイン・中国語、ハングル）を設定。④Web学習システムにより、予習・復習、自宅での継続学習、大学受験や英語検定対策の講座受講が可能。朝テストや放課後に行われる講習プログラム（ASP）などと組み合わせ、学力の定着を図る。

【キャリア教育】　進路実現に向け進路面談やキャリア講演会、併設大学の体験授業などを実施。

【海外研修】　夏期に希望者を対象にした12日間の米国オレゴンサマープログラム、フィリピンセブ島で8日間の英語研修がある。

【施設】　蔵書約30,000冊の図書室や約150席の自習スペース、人工芝グラウンドなどがある。

習熟度別授業	土曜授業	文理選択	オンライン授業	制服	自習室	食堂	プール	グラウンド	アルバイト
―	○	3年～	○	○	～19:00	○	―	○	―

登校時刻＝8:00
下校時刻＝19:00

進路情報　2023年3月卒業生

四年制大学への進学率 **92.6%**

【卒業生数】　366名

【進路傾向】　近年、早慶上理ICU、GMARCHなど難関私立大学の合格数は増加傾向。

【系列進学】　東洋大学へ114名（法12、文9、経済14、社会14、経営19、理工5、国際6、国際観光10、情報連携1、福祉社会デザイン6、総合情報5、食環境科3、健康スポーツ科5、生命科3、二部2）が内部推薦で進学した。

【指定校推薦】　利用状況は東京理科大1、学習院大1、日本大3、清泉女子大1など。ほかに大東文化大、亜細亜大、帝京大、國學院大、獨協大、神奈川大など推薦枠あり。

■	四年制大学	339名
□	短期大学	4名
▨	専修・各種学校	6名
▨	就職	1名
□	進学準備・他	16名

主な大学合格状況

'24年春速報は巻末資料参照

大学名	'23	'22	'21	大学名	'23	'22	'21	大学名	'23	'22	'21
◇千葉大	2	0	1	東京理科大	10	9	7	専修大	31	17	14
◇筑波大	0	2	1	学習院大	18	11	7	大東文化大	7	8	9
◇東京外大	1	0	1	明治大	42	29	17	東海大	8	19	8
◇横浜国大	1	0	1	青山学院大	22	14	11	帝京大	15	15	6
◇埼玉大	1	2	1	立教大	22	13	9	國學院大	19	8	8
◇防衛医大	1	0	0	中央大	27	17	17	成蹊大	14	12	7
◇群馬大	0	3	1	法政大	49	30	19	明治学院大	35	13	7
早稲田大	16	13	14	日本大	40	34	36	獨協大	16	7	13
慶應大	9	5	0	東洋大	172	182	148	芝浦工大	8	15	6
上智大	2	10	5	駒澤大	12	7	8	東京電機大	18	11	10

※各大学合格数は既卒生を含む。

入試要項 2024年春（実績）

新年度日程についてはp.116参照。

◆推薦 単願推薦Ａ（内申点重視型），単願推薦Ｂ（適性検査重視型）

募集人員▶30名

選抜方法▶適性検査（国数英各50分・各100点・英にリスニングあり），調査書

◆一般 併願優遇Ａ（内申点重視型），併願優遇Ｂ（入学試験重視型）あり ※併願優遇Ａ・Ｂは公私とも併願可

募集人員▶①80名，②30名

選抜方法▶国数英（各50分・各100点・英にリスニングあり），調査書

◆受験料 22,000円

内申基準 単願推薦Ａ：以下①かつ②～⑤のいずれか。①５科22・②英５・③数５・④英語検定準２級・⑤数学検定準２級 **単願推薦Ｂ**：５科20 **一般（併願優遇Ａ）**：以下①かつ②～⑤のいずれか。①５科23・②英５・③数５・④英語検定準２級・⑤数学検定準２級 **一般（併願優遇Ｂ）**：５科21 ※いずれも９科に２不可

特待生・奨学金制度 入学後の成績による学業優秀者奨賞金制度あり。

帰国生の受け入れ 個別対応。

入試日程

区分	登録・出願	試験	発表	手続締切
推薦	1/4～20	1/22	1/22	1/24
一般①	1/4～2/8	2/10	2/10	2/12
一般②	1/4～2/8	2/13	2/13	2/15

［延納］一般の併願優遇適用者と公立併願者は公立発表後まで。

応募状況

年度	区分		応募数	受験数	合格数	実質倍率
'24		単願推薦Ａ	52	52	52	1.0
		単願推薦Ｂ	31	31	26	1.2
	一般①	併優Ａ	81	78	78	1.0
		併優Ｂ	46	46	39	1.2
		他	136	130	72	1.8
	一般②	併優Ａ	40	24	24	1.0
		併優Ｂ	48	27	23	1.2
		他	187	110	44	2.5
'23	推薦		132	132	102	1.3
	一般①		466	459	176	2.6
	一般②		475	330	63	5.2
'22	推薦		83	83	83	1.0
	一般①		265	262	206	1.3
	一般②		185	107	58	1.8

［'24年合格最低点］一般①150，一般②168（/300）

東 京 男 女 と 東洋大学京北

学費（単位:円）	入学金	施設金	授業料	その他経費	小計	初年度合計
入学手続時	250,000	—	—	—	250,000	1,287,600
１年終了迄	—	156,000	504,000	377,600	1,037,600	

※2024年度予定。［入学前納入］１年終了迄のうち88,000円。［授業料納入］10回分割。
［その他］制服・制定品代あり。

併願校の例

	都立	千・埼公立	私立
挑戦校	戸山 青山 新宿	船橋 東葛飾 市立浦和	中央大学 明大中野 明治学院 淑徳 専大松戸
最適校	三田 小松川 城東 北園 文京	小金 船橋東 柏南 蕨 川口市立	国学院 駒込 淑徳巣鴨 東洋 安田学園
堅実校	上野 豊島 墨田川 深川 向丘	国府台 津田沼 市川東 与野 南稜	実践学園 城西大城西 郁文館 二松学舎 武蔵野大千代田

合格のめやす

合格の可能性 **60%** **80%** の偏差値を表示しています。

普通科 **58** **62**

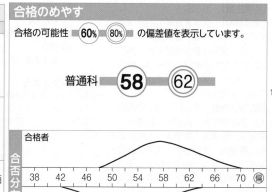

※合格のめやすの見方は114ページ参照。

見学ガイド 文化祭／説明会／オープンスクール

豊島区

豊島学院 高等学校

〒170-0011　東京都豊島区池袋本町2-10-1　☎(03)3988-5511

【教育目標】　「自らの将来を切り拓く力をもった，人間性豊かな生徒」「自主性に富み，自治活動へ積極的に参加する生徒」「人間尊重の理念に基づき，進んで世界平和を希求する生徒」の育成をめざす。

【沿　革】　1932年創立。2006年共学化。2008年度に商業科，機械科，電気科を募集停止。

【学校長】　鮎川　尚文

【生徒数】　男子677名，女子576名

	1年(9クラス)	2年(13クラス)	3年(11クラス)
男子	178名	276名	223名
女子	176名	228名	172名

東武東上線―北池袋7分　JR―池袋15分
都営三田線―板橋区役所前15分

特色

設置学科：普通科

【コース】　スーパー特進，特別進学，選抜進学，普通進学の4類型を設置。

【カリキュラム】　①スーパー特進・特別進学・選抜進学類型は週2日7時間授業を設定。長期休業中の集中授業，3年次夏・冬休みの特別講座などを実施し，難関大学に現役で合格する実力を養う。②普通進学類型は基礎学力を徹底して固めるカリキュラムで，学校行事や部活動と両立しながら大学合格をめざす。長期休業中には演習講座を開き，主体的な学びを促す。③ネイティヴ教員が2名常勤し，英語での会話力やプレゼンテーション能力を育成する。

【キャリア教育】　系統分野別大学講義体験や高大連携講座，ライフプランニング授業などを実施。卒業後の進路について考える機会を設ける。

【海外研修】　希望制で2週間のオーストラリア海外研修を用意。希望選抜制のニュージーランドターム留学ではホームステイを行う。

【クラブ活動】　吹奏楽部が都大会出場。電気研究部，交通資料館部が珍しい。

【施設】　2022年にホールや図書館，実習施設を備えた6号館が竣工している。

習熟度別授業	土曜授業	文理選択	オンライン授業	制服	自習室	食堂	プール	グラウンド	アルバイト
―	月3〜4回	2年〜	―	○	〜18:30	―	―	○	審査

登校時刻＝ 8:50
下校時刻＝19:00

進路情報　2023年3月卒業生

四年制大学への進学率 **79.4%**

【卒業生数】　316名

【進路傾向】　大学進学者の内訳は文系73%，理系27%。国公立大学へ文系4名，理系3名が進学した。類型ごとの大学進学率は，スーパー特進80%，特別進学87%，選抜進学85%，普通進学92%。

【指定校推薦】　東京理科大，学習院大，青山学院大，法政大，日本大，東洋大，駒澤大，専修大，大東文化大，東海大，亜細亜大，帝京大，國學院大，成蹊大，明治学院大，獨協大，神奈川大，芝浦工大，東京電機大，東京女子大，日本女子大など推薦枠あり。

四年制大学	251名
短期大学	1名
専修・各種学校	26名
就職	1名
進学準備・他	37名

主な大学合格状況

'24年春速報は巻末資料参照

大学名	'23	'22	'21	大学名	'23	'22	'21	大学名	'23	'22	'21
◇東工大	0	1	0	早稲田大	2	8	3	日本大	44	37	40
◇東京外大	1	1	1	慶應大	0	1	1	東洋大	51	40	46
◇横浜国大	0	1	1	上智大	3	4	1	駒澤大	21	20	23
◇埼玉大	1	6	3	東京理科大	2	12	8	専修大	29	20	32
◇大阪大	0	1	0	学習院大	3	9	5	大東文化大	17	35	27
◇東京学芸大	1	0	0	明治大	13	17	14	亜細亜大	17	15	11
◇都立大	0	3	1	青山学院大	4	7	6	帝京大	35	34	31
◇防衛大	1	0	0	立教大	6	18	10	成蹊大	11	14	13
◇茨城大	0	3	2	中央大	2	13	14	獨協大	24	18	15
◇高崎経済大	1	0	0	法政大	13	23	20	東京電機大	17	21	14

※各大学合格数は既卒生を含む。

入試要項 2024年春（実績）

新年度日程についてはp.116参照。

◆ 推薦　**推薦**：単願　**1月併願**：公私とも可。東京・神奈川生を除く（推薦書不要）※ほかに特別クラブ活動推薦，クラブ活動推薦あり

募集人員▶スーパー特進類型15名，特別進学類型40名，選抜進学類型60名，普通進学類型60名

選抜方法▶適性検査（国数英各40分・各100点・マークシート），個人面接（3～5分），調査書

◆ 一般　**2月併願優遇**（公私とも可），**一般**（第1志望優遇あり）

募集人員▶スーパー特進類型15名，特別進学類型40名，選抜進学類型60名，普通進学類型60名

選抜方法▶国数英（各50分・各100点・マークシート・英にリスニングあり），個人面接（3～5分），調査書

◆ **受験料**　23,000円

内申基準 推薦・1月併願・一般第1志望優遇・2月併願優遇：[スーパー特進]5科23または9科40，[特別進学]5科22または9科38，[選抜進学]5科20または9科35，[普通進学]5科18または9科32　※いずれも9科に1不可
※条件により内申加点あり

特待生・奨学金制度 スーパー特進・特別進学類型は内申により2段階認定。また全類型で入試と入学手続後の学力調査試験により認定。

帰国生の受け入れ 国内生と同枠入試。

入試日程

区分	登録・出願	試験	発表	手続締切
推薦	12/20～1/18	1/22	1/23	1/27
1月併願	12/20～1/18	1/22	1/23	公立発表翌日
2月併優	12/20～2/6	2/10	2/11	公立発表翌日
一般	12/20～2/6	2/10	2/11	2/17

[延納] 一般の第2志望は公立発表後まで。

応募状況

年度	区分		応募数	受験数	合格数	実質倍率
'24	S特進	推薦	1	1	1	1.0
		1月併願	3	3	3	1.0
		2月併優	55	52	52	1.0
		一般				
	特進	推薦	6	6	6	1.0
		1月併願	5	5	5	1.0
		2月併優	137	131	131	1.0
		一般				
	選抜	推薦	7	7	7	1.0
		1月併願	7	7	7	1.0
		2月併優	191	185	184	1.0
		一般				
	普通	推薦	47	47	47	1.0
		1月併願	16	16	16	1.0
		2月併優	379	373	357	1.0
		一般				

[スライド制度] あり。上記に含まず。
['24年合格最低点] 一般：スーパー特進239，特別進学225，選抜進学208，普通進学191（/300）

学費（単位：円）

学費（単位：円）	入学金	施設設備費	授業料	その他経費	小計	初年度合計
入学手続時	240,000	—	—	—	240,000	1,116,600
1年終了迄	—	84,000	480,000	312,600	876,600	

※2024年度予定。[入学前納入] 1年終了迄の小計のうち37,000円。[授業料納入] 11回分割。[その他] 制服・制定品代，スーパー特進類型は校外学習費77,000円あり。

併願校の例

※[普通]を中心に

	都立	埼公立	私立
挑戦校	北園	川口北	東洋大京北
	豊多摩	市立浦和南	東洋
	文京	所沢	桜丘
	上野	与野	実践学園
	井草		日大豊山
最適校	豊島	浦和北	城西大城西
	石神井	所沢西	目白研心
	広尾	朝霞	帝京
	武蔵丘	南稜	大東文化一
	向丘	朝霞西	郁文館
堅実校	鷺宮	浦和東	岩倉
	保谷	所沢中央	上野学園
	晴海総合	志木	豊南
	高島	川口青陵	駿台学園
	板橋		貞静学園

合格のめやす

合格の可能性 ▶ 60% 80% の偏差値を表示しています。

スーパー特進 **60** (64)

特別進学 **56** (60)

選抜進学 **53** (57)

普通進学 **49** (53)

※合格のめやすの見方は114ページ参照。

見学ガイド 文化祭／説明会／体験入学／学校見学会／個別相談

千代田区

小 中 高 専 短 大

二松学舎大学附属 高等学校

〒102-0074　東京都千代田区九段南2-1-32　☎(03)3261-9288

【教育方針】　「仁愛・正義・弘毅・誠実」を校訓に掲げる。日本に根ざした道徳心をベースに，自分で考える力，判断する力，行動する力を養い，幅広い分野で活躍できる人物を育成する。
【沿　革】　1877年漢学塾の二松学舎創立。1948年二松学舎高等学校が開校。
【学校長】　鵜飼　敦之
【生徒数】　男子356名，女子396名

	1年（6クラス）	2年（6クラス）	3年（7クラス）
男子	121名	117名	118名
女子	141名	108名	147名

東西線・半蔵門線・都営新宿線―九段下6分
JR―市ヶ谷15分，飯田橋15分

特色

設置学科：普通科

【コース】　特進コース，進学コース，体育コースを設置。特進コースと進学コースは2年次より設置される理系コースへの転コースも可能。
【カリキュラム】　①特進コースは部活動と両立しながら一般選抜で難関大学への進学をめざす。②進学コースは併設大学も含め適性に合わせて進学先を考える。③体育コースは硬式野球部員で構成。朝のSHRは他コースと混合し，授業は別教室・別カリキュラムで行う。④「九段フィールドワーク」では国会議事堂，日本銀行などに徒歩で行ける環境を活かし，調査，まとめと発表に取り組む。⑤特進・進学・理系コースは3年次に併設大学の授業「書道演習」「中国語」「経営学」が受講可能。⑥論語を3年間履修。人生の指針となる章句を学ぶ。
【キャリア教育】　2年次に希望で併設大学教員によるキャリア形成プログラムを開講。
【海外研修】　2週間または3カ月のオーストラリア語学研修，1週間の台湾語学研修を用意。
【クラブ活動】　野球部，ダンス部が全国レベル。
【施設】　校舎は地下2階から地上6階と屋上の9フロア。グラウンドは柏キャンパスにある。

習熟度別授業	土曜授業	文理選択	オンライン授業	制服	自習室	食堂	プール	グラウンド	アルバイト
―	○	2年～	○	○	～18:00	○	―	遠隔	―

登校時刻＝8:20
下校時刻＝18:00

進路情報　2023年3月卒業生

四年制大学への進学率 **86.1%**

【卒業生数】　201名
【進路傾向】　大学進学はいずれも私立大学だった。
【系列進学】　二松學舎大学へ24名（文14，国際政治経済10）が内部推薦で進学した。
【指定校推薦】　利用状況は立教大1，駒澤大1，専修大2，國學院大3，獨協大2，武蔵大1など。ほかに日本大，東洋大，大東文化大，亜細亜大，帝京大，神奈川大，東京電機大，玉川大，東京都市大，立正大，東京経済大，大妻女子大，白百合女子大，東邦大，東京農大，実践女子大，昭和女子大など推薦枠あり。

■ 四年制大学　173名
■ 短期大学　1名
■ 専修・各種学校　15名
■ 就職　2名
□ 進学準備・他　10名

主な大学合格状況

'24年春速報は巻末資料参照

大学名	'23	'22	'21	大学名	'23	'22	'21	大学名	'23	'22	'21
◇山梨大	0	1	0	東洋大	11	10	10	明治学院大	4	4	4
早稲田大	0	1	1	駒澤大	11	12	10	獨協大	6	4	4
上智大	0	1	0	専修大	5	14	16	神奈川大	3	2	5
学習院大	1	0	1	大東文化大	4	6	10	日本女子大	2	1	3
明治大	2	8	1	東海大	4	3	8	武蔵大	3	1	5
青山学院大	2	3	2	亜細亜大	3	10	5	立正大	5	5	5
立教大	2	3	3	帝京大	8	13	21	国士舘大	9	6	6
中央大	2	4	1	國學院大	7	9	12	共立女子大	7	5	9
法政大	3	4	6	成蹊大	5	2	5	杏林大	2	1	6
日本大	22	27	19	成城大	1	2	4	二松學舎大	28	50	73

※各大学合格数は既卒生を含む。

入試要項 2024年春（実績）

新年度日程についてはp.116参照。

※全体の定員のうち特進コース約40名，体育コース約20名。体育コースは下記とは別途募集

◆**推薦** **A推薦**：単願 **B推薦**：併願（公私とも可。千葉・埼玉生対象） **C推薦**：第１志望（進学コースのみ募集）

募集人員▶120名

選抜方法▶適性検査（国数英各50分・各100点・マークシート），個人面接（7分），調査書

◆**一般** **一般**：第１志望優遇あり **併願優遇**：公私とも可

募集人員▶一般Ⅰ・併願優遇Ⅰ計80名，一般Ⅱ・併願優遇Ⅱ計50名

選抜方法▶**一般**：国数英（各50分・各100点），個人面接（7分），調査書 **併願優遇**：適性検査（国数英各50分・各100点・マークシート），個人面接（7分），調査書

◆**受験料** 20,000円

（**内申基準**）**A推薦**：[特進] 5科20，[進学] 5科17または9科31 **B推薦・一般（併願優遇）**：[特進] 5科21，[進学] 5科19または9科33 **C推薦**：[進学] 5科16または9科30 ※いずれも進学コースは9科に1不可，特進コースは9科に2不可 ※条件により内申加点あり

（**特待生・奨学金制度**）A推薦・B推薦・併願優遇Ⅰ・併願優遇Ⅱで入試成績により特待生認定。特進コースは内申での認定もあり。いずれも入学金給付。ほかに体育特待生あり。

（**帰国生の受け入れ**）国内生と同枠入試。

入試日程

区分	登録・出願	試験	発表	手続締切
A推薦	12/21～1/16	1/22	1/22	1/25
B推薦	12/21～1/16	1/22	1/22	公立発表翌日
C推薦	12/21～1/16	1/22	1/22	1/25
一般Ⅰ	12/21～2/3	2/10	2/10	2/14
併願優遇Ⅰ	12/21～2/3	2/10	2/10	公立発表翌日
一般Ⅱ	12/21～2/3	2/12	2/12	2/14
併願優遇Ⅱ	12/21～2/3	2/12	2/12	公立発表翌日

[延納] 一般（第1志望優遇は除く）は公立発表後まで。

応募状況

年度	区分		応募数	受験数	合格数	実質倍率
'24	特進	A推薦	8	8	8	1.0
		B推薦	8	6	6	1.0
		併優Ⅰ	68	61	61	1.0
		併優Ⅱ	29	18	18	1.0
	進学	A推薦	152	152	152	1.0
		B推薦	35	31	31	1.0
		C推薦	23	23	7	3.3
		併優Ⅰ	178	172	172	1.0
		併優Ⅱ	70	53	53	1.0
		一般Ⅰ	33	32	7	4.6
		一般Ⅱ	47	35	10	3.5

[スライド合格] あり。上記に含まず。
['24年合格最低点] 一般Ⅰ186，一般Ⅱ202（/300）

学費（単位：円）

学費（単位：円）	入学金	設備費	授業料	その他経費	小計	初年度合計
入学手続時	220,000	—	—	—	220,000	1,114,400
1年終了迄	—	100,000	408,000	386,400	894,400	

※2024年度予定。[入学前納入] 1年終了迄の小計のうち29,000円。[授業料納入] 4回分割。[その他] 制服・制定品代あり。

併願校の例 ※[進学]を中心に

	都立	神・千公立	私立
挑戦校	豊多摩 城東 文京 上野 狛江	新城 市立東 国府台 幕張総合	国学院 東洋大京北 東洋 安田学園 日大一
最適校	江戸川 墨田川 深川 雪谷 東	港北 住吉 国分 市川東	実践学園 武蔵野大千代田 郁文館 豊島学院 錦城学園
堅実校	本所 小岩 杉並 晴海総合 高島	市立高津 荏田 船橋芝山 市川昴	SDH昭和一 岩倉 東京立正 貞静学園 関東一

合格のめやす

合格の可能性 **60%** **80%** の偏差値を表示しています。

特進 **55** (**59**)

進学 **50** (**54**)

体育は偏差値を設定していません。

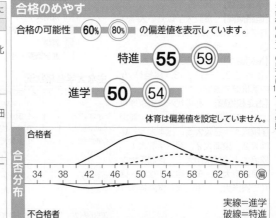

実線＝進学
破線＝特進

※合格のめやすの見方は114ページ参照。

（**見学ガイド**） 文化祭／説明会／学校見学会

東 京 男 女 に 二松学舎大学附属

小 中 高 専 短 大

目黒区

日本工業大学駒場 高等学校

〒153-8508　東京都目黒区駒場1-35-32　☎(03)3467-2130

【教育方針】　高い自己目標の実現と楽しい学校生活の調和を図っている。

【沿　革】　1908年東京工科学校開校。2006年,一部の学科を男女共学化。2008年普通科(共学)併設,現校名に改称。2023年度より普通科専一校となる。

【学校長】　大塚　勝之

【生徒数】　男子1,009名,女子264名

	1年(15クラス)	2年(13クラス)	3年(11クラス)
男子	428名	340名	241名
女子	113名	93名	58名

京王井の頭線―駒場東大前3分
東急田園都市線―池尻大橋15分

特色

設置学科：普通科

【コース】　特進,理数特進,総合進学,文理未来の4コース制。2年次より特進コースと文理未来コースは文系と理系に,総合進学コースは文系・理系・英語国際の各クラスに分かれる。内部進学学生とは3年間別クラス。

【カリキュラム】　①特進コースは国公立・難関私大が目標。特設科目「ゼミナール探究」では広い視野と深い洞察力を身につける。②理数特進コースは難関理系大学をめざす。特設科目は「科学史」「理数探究講座」など。③総合進学コースは授業と課外活動を両立しながら進路実現をめざす。英語国際クラスでは約4週間の海外研修を行う。④文理未来コースは特設科目「基礎ものつくり」で木工芸や金属工芸,フェルトのマスコット製作などに挑戦。⑤学校付属の学習塾「光風塾」を設置。選抜された生徒は,平日17時から無料で指導を受けられる。⑥春期・夏期・冬期休暇中に100以上の講座を設定。

【海外研修】　カナダ短期留学を用意。英語国際クラスは3年次にカナダ語学研修を実施。

【クラブ活動】　アーチェリー部,陸上競技部,レスリング部が全国大会に出場している。

習熟度別授業	土曜授業	文理選択	オンライン授業	制服	自習室	食堂	プール	グラウンド	アルバイト
―	○	2年～	○	○	～19:00	○	―	○	審査

登校時刻＝ 8:30
下校時刻＝19:00

進路情報　2023年3月卒業生

四年制大学への進学率 **81.1%**

【卒業生数】　265名

【進路傾向】　併設大学以外の大学へ進学した199名の内訳は,文系39%,理系55%,他6%。

【系列進学】　日本工業大学へ16名(基幹工2,先進工13,建築1)が内部推薦で進学した。

【指定校推薦】　利用状況は東京理科大1,学習院大1,明治大1,青山学院大1,法政大5,日本大5,専修大2,東海大2,明治学院大1,獨協大1,神奈川大1,芝浦工大1,東京都市大5,国士舘大2など。ほかに東洋大,北里大など推薦枠あり。

■ 四年制大学	215名
■ 短期大学	3名
■ 専修・各種学校	19名
■ 就職	5名
□ 進学準備・他	23名

主な大学合格状況

'24年春速報は巻末資料参照

大学名	'23	'22	'21	大学名	'23	'22	'21	大学名	'23	'22	'21
◇東工大	1	0	0	学習院大	1	6	4	東海大	18	47	31
◇横浜国大	0	1	1	明治大	11	8	11	帝京大	14	38	7
◇防衛医大	1	0	0	青山学院大	4	6	5	國學院大	4	15	5
◇東京学芸大	1	1	1	立教大	6	7	12	神奈川大	13	18	14
◇都立大	0	3	3	中央大	7	17	13	芝浦工大	6	7	7
◇電通大	1	1	0	法政大	14	20	19	東京電機大	17	21	4
早稲田大	7	8	2	日本大	35	52	42	玉川大	14	11	5
慶應大	0	4	1	東洋大	9	23	14	東京都市大	23	25	7
上智大	1	0	0	駒澤大	2	15	5	日本工大	41	37	31
東京理科大	3	7	6	専修大	4	15	7	東京工芸大	17	8	13

※各大学合格数は既卒生を含む。

入試要項 2024年春（実績）

新年度日程についてはp.116参照。

◆ 推薦　**推薦A**：単願　**推薦B**：併願（公私とも可・本校第2志望。東京・神奈川生を除く）

募集人員▶特進コース18名，理数特進コース18名，総合進学コース53名，文理未来コース35名

選抜方法▶適性検査（国数英各50分・各100点），個人面接（5分），調査書

◆ 一般　**一般**，併願優遇（公私とも可・本校第2志望），マイワーク入試（②のみ。総合進学コース・文理未来コース対象。調査，研究，収集，創作などをアピールできること）

募集人員▶特進コース17名，理数特進コース17名，総合進学コース52名，文理未来コース35名　※うちマイワーク入試5名

選抜方法▶**一般・併願優遇**：国数英（各50分・各100点），個人面接（5分），調査書　**マイワーク**：作文（60分・700～800字・100点），個人面接（15分），調査書

◆ 受験料　23,000円

内申基準　推薦A：［特進］5科21，［理数特進］5科20，［総合進学］5科18，［文理未来］5科17　推薦B・一般（併願優遇）：［特進］5科22，［理数特進］5科21，［総合進学］5科19，［文理未来］5科18　一般（マイワーク）：［総合進学］［文理未来］5科16　※いずれも9科に1不可　※条件により内申加点あり

特待生・奨学金制度　内申，入試成績により学業特待生認定（文理未来コースを除く）。ほかに推薦Aでスポーツ特待生奨学金制度あり。

帰国生の受け入れ　国内生と同枠入試。

入試日程

区分	登録・出願	試験	発表	手続締切
推薦A	12/20～1/17	1/22	1/23	1/25
推薦B	12/20～1/17	1/22	1/23	公立発表翌日
一般①	12/20～2/5	2/10	2/11	公立発表翌日
一般②	12/20～2/5	2/12	2/13	公立発表翌日

応募状況

年度	区分		応募数	受験数	合格数	実質倍率
'24	特進	推薦	2	2	2	1.0
		一般①	30	30	28	1.1
		一般②	29	21	5	4.2
	理数	推薦	4	4	4	1.0
		一般①	30	30	25	1.2
		一般②	16	14	3	4.7
	総進	推薦	24	24	24	1.0
		一般①	108	108	96	1.1
		一般②	95	73	44	1.7
	文理	推薦	53	53	53	1.0
		一般①	87	87	67	1.3
		一般②	60	50	24	2.1

［スライド制度］あり。上記に含まず。
［24年合格最低点］非公表。

東京　男女　に　日本工業大学駒場

学費（単位:円）	入学金	施設費	授業料	その他経費	小計	初年度合計
入学手続時	230,000	—	—	—	230,000	1,478,226
1年終了迄	—	219,120	568,800	460,306	1,248,226	

※2024年度予定。［入学前納入］1年終了迄の小計のうち272,680円。［授業料納入］10回分割（入学前に1回分納入）。［その他］制服・制定品代，教科書代27,500～31,000円あり。

併願校の例　※［総進］を中心に

	都立	神公立	私立
挑戦校	駒場	新城	東京電機大
	豊多摩	市ケ尾	駒澤大学
	目黒	市立川崎総合科学(科学)	専修大附
	多摩科学技術	生田	日大櫻丘
	狛江	市立東	目黒日大
最適校	広尾	港北	東海大高輪台
	産業技術高専	麻溝台	松蔭大松蔭
	田園調布	元石川	国士舘
	府中	住吉	駒場学園
	芦花	岸根	目黒学院
堅実校	松原	市立高津	日本学園
	杉並	荏田	科学技術学園(特進)
	小川	麻生	自由ヶ丘
	桜町	百合丘	日体大荏原
	府中東	市立川崎総合科学(工)	東京実業

合格のめやす

合格の可能性 **60%** **80%** の偏差値を表示しています。

特進　**56**　⑥⓪

理数特進　**54**　⑤⑧

総合進学　**49**　⑤③

文理未来　**46**　⑤⓪

※合格のめやすの見方は114ページ参照。

見学ガイド　体育祭／文化祭／説明会／オープンキャンパス／個別見学対応

大田区

日本体育大学荏原 高等学校

〒146-8588　東京都大田区池上8-26-1　☎(03)3759-3291

【教育目標】　教育理念である「求めて学び，耐えて鍛え，学びて之を活かす」に基づき，確かな知識，仲間との協調性，社会貢献の姿勢を育む。

【沿　革】　1904年創立。1998年から女子募集開始。2016年度に現校名に改称。

【学校長】　松田　清孝

【生徒数】　男子732名，女子308名

	1年(12クラス)	2年(11クラス)	3年(8クラス)
男子	310名	222名	200名
女子	124名	109名	75名

東急多摩川線―矢口渡 7 分
東急池上線―池上15分

特色

設置学科：普通科

【コース】　アカデミック，アドバンスト，スポーツの 3 コース制。アカデミックコースとアドバンストコースは 2 年次に文理選択をする。

【カリキュラム】　①アカデミックコースは国公立大学を含む難関大学への現役合格が目標。充実した環境で自立した学習者を育てる。②アドバンストコースは各自の関心に応じた豊富な専門探求科目を設置し，多様な進路に対応。③スポーツコースは体育系大学への進学をめざす。スポーツ分野に必要な知識と技能を養う。スキー実習，水泳実習の集中講義がある。④校内学

習塾「ESD」を設置。マンツーマンで生徒に合わせた学習計画を立案し，学習を支援する。

【海外研修】　2 年次の修学旅行は，アカデミックコースがオーストラリア語学研修，アドバンストコースがシンガポール・マレーシア修学旅行，スポーツコースがグアム・スキューバダイビングライセンス取得旅行。

【クラブ活動】　柔道，ライフセービング，ダンスなど多数の部が全国大会に出場の実績。

【施設】　グラウンドは全面人工芝。PC教室が2019年にリニューアル。男子寮あり。

習熟度別授業	土曜授業	文理選択	オンライン授業	制服	自習室	食堂	プール	グラウンド	アルバイト
―	○	2年～	―	○	～20:00	○	○	○	届出

登校時刻＝ 8:20
下校時刻＝20:00

進路情報　2023年 3 月卒業生

四年制大学への進学率 **78.2%**

【卒業生数】　371名

【進路傾向】　併設大学へ176名，他大学へ114名が進学。受験方法別に見る他大学合格数は一般選抜58名，総合型選抜31名，指定校推薦42名など。

【系列進学】　日本体育大学へ179名（体育81，スポーツマネジメント38，児童スポーツ教育20，保健医療19，スポーツ文化21）が指定校推薦，総合型選抜などで合格。うち176名が進学した。日本体育大学医療専門学校への指定校推薦制度もある。

【指定校推薦】　学習院大，日本大，帝京大，神奈川大，東京電機大，武蔵大，千葉工大など推薦枠あり。

■ 四年制大学　290名
□ 短期大学　5名
■ 専修・各種学校　54名
■ 就職　2名
□ 進学準備・他　20名

主な大学合格状況　*'24年春速報は巻末資料参照

大学名	'23	'22	'21	大学名	'23	'22	'21	大学名	'23	'22	'21
◇東京外大	0	0	1	日本大	6	8	3	立正大	4	1	6
◇海上保安大	0	0	1	東洋大	5	4	4	国士舘大	4	5	4
早稲田大	0	1	0	駒澤大	3	1	0	桜美林大	14	3	6
慶應大	0	0	0	専修大	7	7	3	関東学院大	3	8	1
学習院大	1	0	2	大東文化大	1	1	1	国際医療福祉大	2	0	1
明治大	0	1	0	東海大	4	5	5	明星大	4	3	3
青山学院大	2	0	2	帝京大	9	7	8	帝京平成大	4	6	3
立教大	0	1	0	明治学院大	1	6	1	帝京科学大	5	3	2
中央大	1	1	3	獨協大	5	0	0	日本体育大	179	144	103
法政大	1	2	1	神奈川大	4	4	7	桐蔭横浜大	2	4	7

※各大学合格数は既卒生を含む。

入試要項 2024年春（実績）

新年度日程については p.116参照。

◆ 推薦　第1希望
募集人員 ▶ 160名
選抜方法 ▶ アカデミックコース：適性検査（国数英・各40分），面接，調査書　アドバンストコース・スポーツコース：作文（50分），面接，調査書
◆ 一般　①：併願優遇（公私とも可・本校第2志望），一般　②：単願優遇（アカデミックコースを除く），併願優遇（私立のみ・本校第2志望），一般
募集人員 ▶ 160名
選抜方法 ▶ 国数英（各50分），面接，調査書
◆ 受験料　20,000円

内申基準 推薦：[アカデミック] 3科10または5科16または9科30，[アドバンスト] 9科26，[スポーツ] 9科26かつ保体4　**一般（単願優遇）**：[アドバンスト] 5科12または9科24，[スポーツ] 以下①または②。① 5科12かつ保体4・② 9科24かつ保体4　**一般（併願優遇）**：[アカデミック] 3科11または5科17または9科31，[アドバンスト] 9科27，[スポーツ] 9科27かつ保体4　※いずれも9科に1不可　※条件により内申加点あり

特待生・奨学金制度 成績による特待生制度あり。ほか，アカデミックコース対象特待生制度，部活動特待生制度もある。

帰国生の受け入れ 国内生と別枠入試。

入試日程

区分	登録・出願	試験	発表	手続締切
推薦	1/15〜18	1/22	1/23	1/25
一般①	1/25〜2/6	2/10	2/12	2/15
一般②	1/25〜2/6	2/11	2/12	2/15

[延納] 一般の併願者は併願校発表後まで。

応募状況

年度	区分		応募数	受験数	合格数	実質倍率
'24	アカ	推薦	14	14	14	1.0
		一般	43	41	40	1.0
	アド	推薦	87	87	87	1.0
		一般	305	294	283	1.0
	スポ	推薦	51	51	51	1.0
		一般	175	174	163	1.1
'23	アカ	推薦	9	9	9	1.0
		一般	43	40	38	1.1
	アド	推薦	75	75	75	1.0
		一般	285	279	279	1.0
	スポ	推薦	58	58	58	1.0
		一般	195	191	191	1.0
'22	アカ	推薦	9	9	9	1.0
		一般	34	31	31	1.0
	アド	推薦	66	66	66	1.0
		一般	241	231	229	1.0
	スポ	推薦	43	43	43	1.0
		一般	156	153	152	1.0

[スライド制度] '24年度はあり。上記に含まず。
[24年合格最低点] 非公表。

東京　男女 (に) 日本体育大学荏原

学費（単位：円）

学費（単位：円）	入学金	施設費	授業料	その他経費	小計	初年度合計
入学手続時	230,000	200,000	—	—	430,000	1,374,000
1年終了迄	—	—	456,000	488,000	944,000	

※2024年度予定。[入学前納入] 1年終了迄の小計のうち212,000円。[授業料納入] 一括または10回分割。[その他] 制服・制定品代。アカデミックコースは諸費36,000円あり。

併願校の例　※[アド]を中心に

	都立	神公立	私立
挑戦校	雪谷	市立橘	立正大立正
	広尾	住吉	品川翔英
	田園調布	岸根	駒場学園
	駒場(保体)	市立高津	目黒学院
	産業技術高専	横浜清陵	正則
最適校	杉並	荏田	自由ヶ丘
	晴海総合	横須賀総(スポ)	大森学園
	つばさ総合	百合丘	東京実業
	大崎	川崎北	二階堂
	桜町	市立幸	橘学苑
堅実校	世田谷総合	新栄	品川エトワール
	美原	上矢部	科学技術学園
	町田総合	生田東	
	八潮	新羽	
	大田桜台	菅	

合格のめやす

合格の可能性 **60%** **80%** の偏差値を表示しています。

アカデミック **47** **51**

アドバンスト **41** **45**

スポーツは偏差値を設定していません。

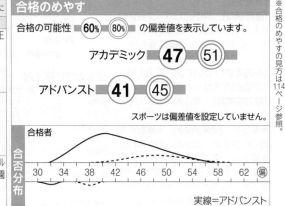

合格者

不合格者

実線＝アドバンスト
破線＝アカデミック

※合格のめやすの見方は114ページ参照。

見学ガイド 文化祭／コースセミナー／説明会

小 中 高 専 短 大

中野区

新渡戸文化 高等学校

〒164-8638　東京都中野区本町6-38-1　☎(03)3381-0408

【教育目標】　初代校長・新渡戸稲造が教育に求めた「知識より見識（本質を深く見通す力）」を現代版で実践する。

【沿　革】　1927年創立。2014年度に中学，2017年度に高校が共学化。

【学校長】　小倉　良之

【生徒数】　男子122名，女子170名

	1年（3クラス）	2年（3クラス）	3年（3クラス）
男子	54名	39名	29名
女子	76名	47名	47名

丸ノ内線―東高円寺5分，新中野7分
JR・東西線―中野15分

特色

設置学科：普通科

【コース】　探究進学，美術，フードデザインの3コース制で，ホームルームはコース混合。

【カリキュラム】　①探究進学コースは1年次より教科と実社会をつなげる授業を展開。併設短期大学臨床検査学科の高大連携授業や病院へのインターン，企業とのプロジェクトなど，文理を超えた学びが充実している。②美術コースは美術・デザインを基礎から学び，幅広い表現の中から自分にあった領域を発見。自分を表現する力を身につける。③フードデザインコースは調理技術の向上や「生きる」を作る能力を養う。

④1・2年次は週1回合同で校外実習プログラムを実施。美術館見学，企業訪問などのフィールドワークを通じて社会課題を探究する。

【海外研修】　全学年を対象としたスタディツアーでは，ボルネオなどの海外コースを選択することが可能。長期休暇中の開催もある。

【クラブ活動】　剣道部が関東大会に出場。

【施設】　2020年度に全ての教室をリニューアル。オリジナルデザインの机は天板が台形で，つなげて円形になりグループワークに適した形状。ホワイトボードも各所に設置されている。

習熟度別授業	土曜授業	文理選択	オンライン授業	制服	自習室	食堂	プール	グラウンド	アルバイト	登校時刻＝ 9:00
―	○	2年～	○	○	～17:00	―	―	―	審査	下校時刻＝17:30

進路情報 2023年3月卒業生

四年制大学への進学率 **72.9%**

【卒業生数】　48名

【進路傾向】　専門的なコース設定に応じて入学先分野も幅広い。芸術系が最も多く45%，看護医療16%，理工・農8%，人文8%と続く。

【系列進学】　新渡戸文化短期大学への内部推薦制度がある。

【指定校推薦】　東洋大，大東文化大，日本女子大，玉川大，東京経済大，千葉工大，関東学院大，大妻女子大，白百合女子大，杏林大，日本薬科大，武蔵野大，東京農大，昭和女子大，拓殖大，駒沢女子大，城西大，清泉女子大，目白大，東洋英和女学院大，女子栄養大など推薦枠あり。

四年制大学	35名
短期大学	3名
専修・各種学校	4名
就職	0名
進学準備・他	6名

主な大学合格状況

'24年春速報は巻末資料参照

大学名	'23	'22	'21	大学名	'23	'22	'21	大学名	'23	'22	'21
慶應大	0	0	1	東京経済大	0	1	1	目白大	2	1	0
上智大	0	0	1	千葉工大	1	0	1	日本獣医生命科学大	0	2	0
青山学院大	1	0	0	桜美林大	1	0	0	多摩美大	1	2	1
立教大	0	0	1	杏林大	1	0	0	東京造形大	1	1	0
日本大	3	0	0	武蔵野大	0	1	0	女子美大	0	2	2
東洋大	0	0	1	東京農大	0	0	1	東京工芸大	0	0	1
明治学院大	0	1	0	昭和女子大	0	1	0	横浜美大	3	0	2
神奈川大	0	1	0	帝京平成大	1	1	2	洗足学園音大	2	0	0
日本女子大	0	1	0	大正大	3	0	0	昭和音大	0	0	1
玉川大	0	2	0	城西大	1	0	1	文化学園大	1	1	1

※各大学合格数は既卒生を含む。

入試要項 2024年春（実績）

新年度日程についてはp.116参照。

◆**推薦 単願**
募集人員▶50名
選抜方法▶個人面接（15分），調査書
◆**一般 Ⅰ**：併願優遇（公私いずれか），第1志望優遇，**一般 Ⅱ**：第1志望優遇，一般
募集人員▶一般Ⅰ50名，一般Ⅱ若干名
選抜方法▶併願優遇：個人面接（15分），調査書 **第1志望優遇，一般**：国数英（各50分・各100点，美術コース・フードデザインコースは高得点2科で判定），個人面接（15分），調査書
◆**受験料** 20,000円

内申基準 単願推薦：[探究進学] 3科9または5科16または9科30，[美術] 9科28，[フードデザイン] 9科27 **一般（併願優遇）**：[探究進学] 3科10または5科18または9科32，[美術] 9科31，[フードデザイン] 9科29 ※いずれも9科に1不可 ※条件により内申加点あり

特待生・奨学金制度 特記なし。
帰国生の受け入れ 国内生と別枠入試。

入試日程

区分	登録・出願	試験	発表	手続締切
推薦	12/20～1/20	1/22	1/22	1/24
一般Ⅰ	12/20～2/9	2/10	2/10	2/12
一般Ⅱ	12/20～2/13	2/13	2/13	2/15

[延納] 併願優遇は公立発表後まで。

応募状況

年度	区分		応募数	受験数	合格数	実質倍率
'24	推薦	探究	19	19	19	1.0
		美術	29	29	29	1.0
		フード	16	16	16	1.0
	第1・併優	探究	18	18	17	1.1
		美術	28	27	27	1.0
		フード	12	12	12	1.0
	一般	探究	17	17	6	2.8
		美術	39	34	7	4.9
		フード	3	3	1	3.0
'23	推薦	探究	17	17	17	1.0
		美術	32	32	32	1.0
		音楽	10	10	10	1.0
		フード	10	10	10	1.0
	第1・併優	探究	111	13	13	1.0
		美術		47	47	1.0
		音楽		8	8	1.0
		フード		10	10	1.0
	一般	探究	53	39	10	1.8
		美術			4	
		音楽			2	
		フード			6	

[スライド制度] あり。上記に含まず。
['24年合格最低点] 非公表。

東京 男女 (に) 新渡戸文化

学費（単位：円）

	入学金	施設費	授業料	その他経費	小計	初年度合計
入学手続時	300,000	—	—	—	300,000	1,392,200
1年終了迄	—	120,000	540,000	432,200	1,092,200	

※2024年度予定。[授業料納入] 毎月分割。[その他] 制服・制定品代，コース別費用（美術コース約40,000円，フードデザインコース約25,000円）あり。

併願校の例

※[美術][フード]を中心に

	都立	私立
挑戦校	石神井／豊島 神代／工芸（グラフィック） 小平南／深川 総合芸術（美）／府中	実践学園 杉並学院 目白研心 東亜学園 文化学園杉並
最適校	芦花／武蔵丘 東／鷺宮 保谷／杉並 晴海総合／八王子桑志（デザイン） 松原	昭和一学園（デザ） トキワ松（美） 東京立正 潤徳女子（美） 駒場学園（食物）
堅実校	桜町／杉並総合 園芸（食品）／赤羽北桜（調理） 大泉桜／世田谷総合 片倉（造形美術）	成女 科学技術学園

合格のめやす

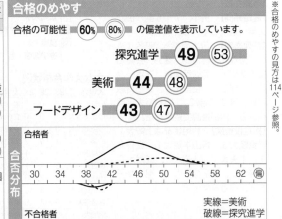

合格の可能性 **60%** **80%** の偏差値を表示しています。

探究進学 **49** **53**

美術 **44** **48**

フードデザイン **43** **47**

※合格のめやすの見方は114ページ参照。

合否分布

合格者

30 34 38 42 46 50 54 58 62 （偏）

不合格者

実線＝美術
破線＝探究進学

見学ガイド 文化祭／公開授業／説明会／オープンスクール／学校見学／学習成果発表会

世田谷区

日本大学櫻丘 高等学校

〒156-0045　東京都世田谷区桜上水3-24-22　☎(03)5317-9300

【教育目標】　基礎学力の向上・自主性の確立・連帯と協調性の育成・基本的生活習慣の形成を教育目標とし，価値のある伝統を継承しつつ，さらなる「進化」をめざす。

【沿革】　1950年日本大学世田谷教養部（現・文理学部）の付属として創立。2001年男女別学より共学化。

【学校長】　大木　治久

【生徒数】　男子799名，女子719名

	1年(12クラス)	2年(13クラス)	3年(13クラス)
男子	264名	253名	282名
女子	221名	253名	245名

京王線―下高井戸10分，桜上水10分
小田急線―経堂15分

特色

設置学科：普通科

【コース】　特別進学（S）クラスと総合進学（G）クラスの2クラス制。

【カリキュラム】　①特別進学（S）クラスは日本大学難関学部や最難関私立大学進学をめざす。各種講習会や勉強合宿で学習習慣の定着を図る。企業訪問などキャリア教育が充実。②総合進学（G）クラスは日本大学をはじめとする様々な進路に対応する。基礎学力の定着を重視。クラブ活動と勉学を両立させる。③日本大学と体験型の連携教育を推進。法・経済学部，隣接する文理学部の講座を履修できる。④本校の教育課程を履修しながらアメリカの私立中高一貫校の授業をオンラインで履修し，両校の卒業資格を取得できるプログラムを導入。希望制。

【海外研修】　全コースで修学旅行は海外へ渡航する。ほか，1・2年次の希望者対象で英語語学研修（ホームステイ・2週間）や，単位認定されるニュージーランド中期留学（3カ月）・長期留学（1年）の各制度を設けている。

【クラブ活動】　陸上競技部（競歩），ライフル射撃部，チアリーディング部が全国レベル。

【施設】　日本大学文理学部の食堂を利用できる。

習熟度別授業	土曜授業	文理選択	オンライン授業	制服	自習室	食堂	プール	グラウンド	アルバイト
―	○	2年～	○	○	～17:30	○	○	○	―

登校時刻＝ 8:25
下校時刻＝17:30

進路情報　2023年3月卒業生

【卒業生数】　479名

【進路傾向】　例年，7～8割が併設大学に進学している。

【系列進学】　日本大学へ359名（法67，文理70，経済59，商39，芸術13，国際関係1，危機管理11，スポーツ科3，理工39，生産工6，生物資源科40，薬9，二部2），同短期大学部へ1名が内部推薦で進学した。

【指定校推薦】　利用状況は上智大1，学習院大3，青山学院大1，立教大1，中央大1，法政大5，成蹊大6，成城大2，東京都市大1，聖心女子大2，白百合女子大1など。

四年制大学への進学率 **96.5%**

	四年制大学	462名
	短期大学	2名
	専修・各種学校	3名
	就職	1名
	進学準備・他	11名

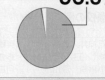

主な大学合格状況

'24年春速報は巻末資料参照

大学名	'23	'22	'21	大学名	'23	'22	'21	大学名	'23	'22	'21
◇筑波大	2	0	0	青山学院大	8	2	6	成蹊大	12	7	5
◇北海道大	1	0	0	立教大	7	3	1	成城大	2	3	9
◇東京藝術大	0	1	0	中央大	19	5	9	明治学院大	13	2	1
◇都立大	2	0	0	法政大	18	9	12	東京女子大	4	1	1
早稲田大	1	2	1	日本大	578	424	393	日本女子大	4	0	3
慶應大	3	1	1	東洋大	21	11	3	順天堂大	4	3	0
上智大	4	2	3	駒澤大	6	3	1	杏林大	4	2	2
東京理科大	1	3	0	専修大	9	0	3	東京薬科大	3	7	2
学習院大	9	4	5	東海大	11	4	6	昭和薬科大	2	2	1
明治大	9	3	4	帝京大	4	4	2	武蔵野大	5	7	9

※各大学合格数は既卒生を含む。

入試要項 2024年春（実績）

新年度日程についてはp.116参照。

◆ 推薦　第1志望
募集人員▶220名
選抜方法▶個人面接（5〜10分），調査書
◆ 一般　単願優遇（A日程のみ），併願優遇（公私とも可），オープン
募集人員▶230名
選抜方法▶国数英（各60分・各100点・マークシート・英にリスニングあり），グループ面接（5〜10分），調査書
◆ **受験料**　25,000円

内申基準 推薦：[特別進学クラス（東京都）] 5科22，[特別進学クラス（その他道府県）] 5科23，[総合進学クラス（東京都）] 5科20，[総合進学クラス（その他道府県）] 5科21　**一般（単願優遇）**：5科15　**一般（併願優遇）**：[特別進学クラス] 5科23，[総合進学クラス（東京都）] 5科22，[総合進学クラス（その他道府県）] 5科23　※推薦と一般（併願優遇）は9科に2不可。一般（単願優遇）とオープンは9科に1不可
※条件により内申加点あり

特待生・奨学金制度 在学中の成績に応じた特待生制度や家計急変などに対応した奨学金制度がある。

帰国生の受け入れ 国内生と別枠入試。

入試日程

区分	登録・出願	試験	発表	手続締切
推薦	12/20〜1/18	1/22	1/23	1/25
一般A日程	12/20〜2/7	2/10	2/11	2/13
一般B日程	12/20〜2/7	2/12	2/13	2/15

[延納] 一般の併願優遇は30,000円納入により残額を公立発表後（私立併願者は3/2）まで。

応募状況

年度	区分		応募数	受験数	合格数	実質倍率
'24	推薦		228	228	228	1.0
	一般A	単願優遇	200	199	136	1.5
		併願優遇	112	109	109	1.0
		オープン	87	84	50	1.7
	一般B	併願優遇	83	62	62	1.0
		オープン	391	241	105	2.3
'23	推薦		237	237	237	1.0
	一般A	単願優遇	198	197	125	1.6
		併願優遇	100	95	95	1.0
		オープン	92	85	43	2.0
	一般B	併願優遇	93	65	65	1.0
		オープン	336	215	107	2.0
'22	推薦		273	273	273	1.0
	一般A		371	356	267	1.3
	一般B		393	253	172	1.5

[スライド制度] あり。上記に含まず。
[24年合格最低点] 一般A：単願優遇156，オープン168（/300）　一般B：200/300

東　京　男　女　に　日本大学櫻丘

学費

学費（単位：円）	入学金	施設設備資金	授業料	その他経費	小計	初年度合計
入学手続時	230,000	—	—	—	230,000	1,290,500
1年終了迄	—	198,000	480,000	382,500	1,060,500	

※2024年度予定。[入学前納入] 1年終了迄の小計のうち35,000円。
[授業料納入] 3回分割。[その他] 制服・制定品代あり。

併願校の例 ※[総進]を中心に

	都立	神公立	私立
挑戦校	青山 新宿 小山台 三田 武蔵野北	多摩 川和 相模原 大和	中大杉並 法政大学 国学院久我山 国学院 日大二
最適校	駒場 豊多摩 調布北 狛江 神代	新城 海老名 市ケ尾 相模原弥栄 生田	成城学園 日大三 日大鶴ヶ丘 専修大附 実践学園
堅実校	調布南 小平南 府中 芦花 杉並	港北 市立橘 元石川 住吉 市立高津	明星 松蔭大松蔭 大成 日本工大駒場 国士舘

合格のめやす

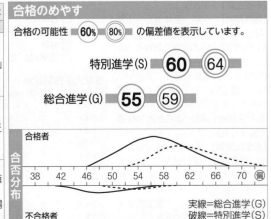

合格の可能性 **60%** **80%** の偏差値を表示しています。

特別進学（S）　**60**　**64**
総合進学（G）　**55**　**59**

合格者

38　42　46　50　54　58　62　66　70（偏）

不合格者

実線＝総合進学（G）
破線＝特別進学（S）

※合格のめやすの見方は114ページ参照。

見学ガイド 体育祭／文化祭／説明会／授業公開／キャンパスツアー／個別見学対応

墨田区

日本大学第一 高等学校

〒130-0015　東京都墨田区横網1-5-2　☎(03)3625-0026

【教育理念】「絆を重んじ，良き生活習慣をもった，次世代人の育成」を掲げる。校訓は「真・健・和」。

【沿　革】 1913年日本大学中学校として創立。1997年共学化。

【学校長】 熊谷　一弘

【生徒数】 男子648名，女子394名

	1年(8クラス)	2年(8クラス)	3年(8クラス)
男子	223名	220名	205名
女子	136名	128名	130名

都営大江戸線―両国1分
JR―両国5分

特色

設置学科：普通科

【コース】 2年次に文理選択し，日本大学進学クラスと難関大学進学クラスに分かれる。

【カリキュラム】 ①日本大学進学クラスは付属推薦のための基礎学力到達度テストに向け，学力を強化。②難関大学進学クラスでは大学の一般選抜に向けたハイレベルな学習指導を展開。③付属校ならではの高大連携教育を実施。理工・医・歯・薬学部では，大学の研究室で実験などの実習型学習に取り組む。経済・法学部の講座は履修すると，進学後に単位認定される。

【キャリア教育】 働くことをテーマにした体験学習（CASプログラム）を実施。働く理由についての理解や職業観・勤労観を育成，社会で必要なスキルの把握と将来設計を促す。

【海外研修】 英国ウェールズ語学研修と日本大学付属校生対象のケンブリッジ大学語学研修を実施。いずれも1・2年次の希望者から選抜。

【クラブ活動】 弁論部，チアリーダー部，美術部などが全国レベルで活躍。ゴルフ部，ギター部，アメリカンフットボール部も活発。

【施設】 冷暖房完備の体育館や，卓球場，千葉にある硬式野球場などスポーツ施設が充実。

習熟度別授業	土曜授業	文理選択	オンライン授業	制服	自習室	食堂	プール	グラウンド	アルバイト
―	○	2年～	○	○	～18:00	○	―	―	―

登校時刻＝ 8:15
下校時刻＝18:00

進路情報 2023年3月卒業生

四年制大学への進学率 **91.7%**

【卒業生数】 336名

【進路傾向】 例年，全体の6～7割程度が併設大学へ進学している。

【系列進学】 日本大学へ206名（法42，文理18，経済25，商13，芸術6，国際関係5，危機管理4，スポーツ科2，理工58，工3，生産工13，松戸歯1，生物資源科13，薬3），日本大学短期大学部へ5名が内部推薦で進学した。

【指定校推薦】 利用状況は上智大1，東京理科大5，学習院大3，法政大1，成城大3，獨協大1，芝浦工大4，東京電機大2，武蔵大1，玉川大2，東京都市大1，千葉工大2，東邦大1，東京薬科大2など。

四年制大学　308名
短期大学　8名
専修・各種学校　8名
就職　0名
進学準備・他　12名

主な大学合格状況　'24春速報は巻末資料参照

大学名	'23	'22	'21	大学名	'23	'22	'21	大学名	'23	'22	'21
◇千葉大	0	0	1	青山学院大	3	1	2	明治学院大	6	5	2
◇防衛大	1	0	0	立教大	3	1	4	獨協大	4	4	4
◇茨城大	0	1	0	中央大	10	5	2	芝浦工大	5	6	3
◇県立保健医療大	0	1	0	法政大	8	4	3	東京電機大	3	2	1
早稲田大	2	0	0	日本大	309	225	247	武蔵大	1	7	4
慶應大	3	0	0	東洋大	16	3	10	玉川大	1	3	4
上智大	2	1	0	駒澤大	3	4	4	工学院大	2	4	2
東京理科大	7	7	6	専修大	2	5	1	北里大	2	3	0
学習院大	7	6	7	成蹊大	3	3	4	東京薬科大	1	1	1
明治大	7	2	2	成城大	3	3	1	東邦大	1	3	3

※各大学合格数は既卒生を含む。

入試要項 2024年春（実績）

新年度日程についてはp.116参照。

◆ 推薦　単願
募集人員▶75名
選抜方法▶適性検査（国数英各30分），個人面接，調査書
◆ 一般　A：第1志望　B：併願
募集人員▶75名
選抜方法▶国数英（各50分・英にリスニングあり），グループ面接，調査書
◆ 受験料　20,000円

(**内申基準**) 推薦：5科20　※3年間の評定に1不可

(**特待生・奨学金制度**) 入学後，知・徳・体に優れた学力優秀者に対する奨学金制度がある。

(**帰国生の受け入れ**) 国内生と同枠入試。

入試日程

区分	登録・出願	試験	発表	手続締切
推薦	12/20〜1/18	1/22	1/22	1/24
一般	12/20〜2/9	2/10	2/10	2/12

［延納］一般Bの公立併願者は公立発表後まで。

応募状況

年度	区分		応募数	受験数	合格数	実質倍率
'24	推薦	男子	32	32	32	1.0
		女子	29	29	29	1.0
	一般	男子	A 72	146	90	1.6
			B 75			
		女子	A 35	67	39	1.7
			B 33			
'23	推薦	男子	46	46	46	1.0
		女子	42	42	42	1.0
	一般	男子	A 48	46	95	1.2
			B 65	65		
		女子	A 12	12	33	1.1
			B 25	23		
'22	推薦	男子	44	44	44	1.0
		女子	26	26	26	1.0
	一般	男子	A 57	57	78	1.4
			B 55	51		
		女子	A 33	33	44	1.4
			B 29	29		

［'24年合格最低点］一般：男子A156・B169，女子A161・B171（/300）

東　京　男　女（に）日本大学第一

学費（単位：円）	入学金	施設費	授業料	その他経費	小計	初年度合計
入学手続時	240,000	—	—	—	240,000	1,156,800
1年終了迄	—	100,000	456,000	360,800	916,800	

※2024年度予定。［授業料納入］3回分割。［その他］制服・制定品代あり。
［寄付・学債］任意の特別寄付金1口10万円あり。

併願校の例

	都立	千・埼公立	私立
挑戦校	新宿 竹早 小松川	市立千葉 船橋東 越ヶ谷	国学院 日大二 東洋 東洋大京北 日出学園
最適校	城東 上野 江戸川 豊島 墨田川	国府台 幕張総合 津田沼 越谷南	安田学園 十文字 実践学園 日大豊山 京華
堅実校	深川 江北 東 本所 晴海総合	市川東 船橋芝山 草加 越谷西	二松学舎 郁文館 錦城学園 関東一 昭和学院

合格のめやす

合格の可能性 **60%** **80%** の偏差値を表示しています。

普通科 — **54** **58**

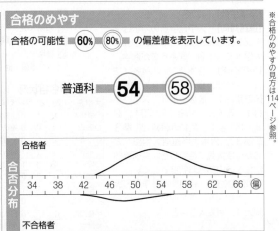

※合格のめやすの見方は114ページ参照。

(**見学ガイド**) 文化祭／説明会

杉並区

日本大学第二 高等学校

〒167-0032　東京都杉並区天沼1-45-33　☎(03)3391-0223

【校 訓】　「相互の信頼と敬愛を深め，進んで世人を愛する」「自主性を高め，かつ互いに協力する精神を養う」「自己の使命を自覚し，熱心誠実に努力する」を意味する「信頼敬愛・自主協同・熱誠努力」を掲げる。

【沿 革】　1927年開校。1948年新制高等学校となる。1997年に共学化。

【学校長】　中島　正生

【生徒数】　男子691名，女子626名

	1年(11クラス)	2年(12クラス)	3年(12クラス)
男子	245名	223名	223名
女子	207名	213名	206名

JR・丸ノ内線―荻窪15分
西武新宿線―鷺ノ宮よりバス日大二高

特色

設置学科：普通科

【コース】　2年次より人文社会，理工，医療の3コースに分かれる。

【カリキュラム】　①文理の畑を超えた幅広い教養を身につけるため，3年次でも全員が国語と数学をきちんと学ぶ。②2・3年次の英語は外国人講師とのティームティーチングで行い，高いレベルの論理的な表現力を養う。③3年次の夏期講習は大学別にも対応し，例年50～70講座を開講。④主権者教育を実施。選挙権取得前の2年次に，日本大学法学部教授を招き「若者の投票行動」「選挙の意義」などを考える。

【キャリア教育】　1・2年次には進路適性検査や20名以上の講師を招いたキャリアガイダンスを行う。学年ごとに異なる目標を設け，3年間を通して主体的に進路を選択する力を養う。

【海外研修】　春・夏休みに米国ホームステイを実施。日本大学主催の英国ケンブリッジ大学プログラムにも参加できる。いずれも希望選抜制。

【クラブ活動】　チアダンス部，フォークソング部，放送部，水泳部が全国大会出場の実績。

【施設】　40,000㎡を超える校地に理科や芸術の各専用校舎や武道館など，施設や設備が充実。

習熟度別授業	土曜授業	文理選択	オンライン授業	制服	自習室	食堂	プール	グラウンド	アルバイト
―	○	2年～	○	○	～18:00	○	○	○	―

登校時刻＝ 8:35
下校時刻＝18:00

進路情報　2023年3月卒業生

【卒業生数】　400名

【進路傾向】　大学進学者の内訳は文系58%，理系36%，他6%。国公立大学へ文系1名，理系6名が進学。

【系列進学】　日本大学へ124名（法17，文理15，経済7，商9，芸術14，国際関係1，危機管理3，スポーツ科1，理工22，生産工8，工1，歯6，松戸歯2，生物資源科12，薬3，二部3），日本大学短期大学部へ1名が付属推薦で進学した。系列専門学校への内部推薦制度もある。

【指定校推薦】　利用状況は早稲田大4，上智大5，東京理科大7，学習院大8，明治大5など。

四年制大学への進学率 **87.8%**

四年制大学	351名
短期大学	2名
専修・各種学校	6名
就職	0名
進学準備・他	41名

主な大学合格状況

'24年春速報は巻末資料参照

大学名	'23	'22	'21	大学名	'23	'22	'21	大学名	'23	'22	'21
◇京都大	0	1	0	上智大	13	9	10	駒澤大	8	7	5
◇東工大	1	0	0	東京理科大	23	19	14	専修大	18	8	13
◇一橋大	0	0	0	学習院大	11	14	14	帝京大	14	7	17
◇千葉大	0	1	1	明治大	19	33	47	成蹊大	19	20	29
◇埼玉大	2	0	1	青山学院大	13	15	21	成城大	9	10	18
◇国際教養大	1	0	0	立教大	15	19	25	芝浦工大	11	10	7
◇東京藝術大	0	1	1	中央大	31	41	41	東京女子大	6	8	6
◇東京学芸大	3	3	0	法政大	34	36	45	立命館大	3	7	7
早稲田大	12	11	8	日本大	349	324	291	杏林大	4	6	10
慶應大	7	2	2	東洋大	26	16	28	東京薬科大	7	5	4

※各大学合格数は既卒生を含む。

入試要項 2024年春（実績）

新年度日程についてはp.116参照。

◆推薦　第1志望

募集人員▶105名

選抜方法▶作文（60分・600字），個人面接（10分），調査書，推薦志望理由書

◆一般　A志願（優遇あり），B志願

募集人員▶105名

選抜方法▶国数英（各50分・各100点・英にリスニングあり），調査書

◆受験料　25,000円

(内申基準) 推薦：5科20かつ9科35　※条件により内申加点あり

(特待生・奨学金制度) 家計急変などに対応した授業料減免制度あり。

(帰国生の受け入れ) 国内生と同枠入試。

入試日程

区分	登録・出願	試験	発表	手続締切
推薦	12/20~1/15	1/22	1/23	1/24
一般A	12/20~2/6	2/11	2/12	2/13
一般B	12/20~2/6	2/11	2/12	3/2

応募状況

年度	区分	応募数	受験数	合格数	実質倍率
'24	推薦	111	111	111	1.0
	一般A	363	339	124	2.7
	一般B	85	80	25	3.2
'23	推薦	98	98	98	1.0
	一般A	242	227	142	1.6
	一般B	88	86	45	1.9
'22	推薦	108	108	108	1.0
	一般A	260	252	150	1.7
	一般B	100	87	49	1.8

['24年合格最低点] 一般A181，一般B196（/300）

東京　男女　(に) 日本大学第二

学費（単位：円）

学費（単位：円）	入学金	施設費	授業料	その他経費	小計	初年度合計
入学手続時	250,000	100,000	—	—	350,000	1,222,090
1年終了迄	—	140,000	480,000	252,090	872,090	

※2024年度予定。[返還] 一般で3/2までの入学辞退者には入学金を除き返還。[授業料納入] 3回分割。
[その他] 制服・制定品代あり。[寄付・学債] 任意の寄付金1口10万円あり。

併願校の例

	都立	埼公立	私立
挑戦校	西 国立 戸山 青山	大宮 市立浦和	明大明治 青山学院 国際基督教 中大附属 法政大学
最適校	新宿 国分寺 武蔵野北 駒場 豊多摩	蕨 浦和西 所沢北 川口市立 川口北	国学院久我山 成蹊 国学院 錦城 明学東村山
堅実校	調布北 多摩科学技術 井草 石神井 小平南	市立浦和南 所沢 与野	聖徳学園 日大鶴ヶ丘 日大櫻丘 実践学園 杉並学院

合格のめやす

合格の可能性 **60%** **80%** の偏差値を表示しています。

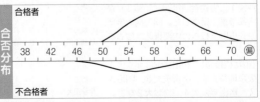

普通科 **60** **64**

※合格のめやすの見方は114ページ参照。

(見学ガイド) 体育祭／文化祭／説明会／見学会

町田市

日本大学第三 高等学校

〒194-0203　東京都町田市図師町11-2375　☎(042)789-5535

【教育目標】　「明・正・強」を建学の精神とする。平和的な国家社会の形成者として，真理を愛し，個人の価値を尊び，勤労と責任を重んじ，自主的精神に充ちた心身共に健康で教養高い人材を育成する。

【沿　革】　1948年開校，1987年共学化。

【学校長】　樋山　克也

【生徒数】　男子724名，女子415名

	1年(10クラス)	2年(11クラス)	3年(12クラス)
男子	256名	245名	223名
女子	140名	142名	133名

JR―町田・淵野辺，京王相模原線・小田急多摩線―多摩センターよりバス日大三高

特色

設置学科：普通科

【コース】　特進，普通，スポーツの3クラス制。1年次は内部進学生と別クラス。特進・普通クラスは2年次に文科か理科のコースを選択。

【カリキュラム】　①特進と普通クラスは1・2年次のカリキュラムや教科書，定期試験の内容は同じだが，特進クラスはより発展的な内容を扱い模試に対応。②1年次前半の探究の授業ではオリジナルテキストを用いて観察力，仮説を立てる力，キーワードを掘り下げる力を養う。③長期休業中に希望制の講座を開講。基礎徹底講座や受験対策，英語検定対策など年間約200講座を設置。④1人1台タブレット端末が貸与され授業や課外活動で活用。AI学習機能搭載のアプリによる個別対応型学習を推進している。

【海外研修】　2年次の修学旅行はシンガポールと国内の選択制。ほか1年次に希望制のオーストラリア体験学習，1・2年次には選抜制の英国ケンブリッジ大学プログラムの制度がある。

【クラブ活動】　野球部が甲子園出場。男子テニス部，放送部，物理部も全国大会出場。

【施設】　2023年度総合グラウンドを人工芝化。校地が150,000㎡ありスポーツ施設が充実。

習熟度別授業	土曜授業	文理選択	オンライン授業	制服	自習室	食堂	プール	グラウンド	アルバイト
―	○	2年～	○	○	~18:00	○	○	○	審査

登校時刻＝ 8:40
下校時刻＝18:00

進路情報　2023年3月卒業生

四年制大学への進学率 **90.5%**

【卒業生数】　367名

【進路傾向】　大学進学者の内訳は文系53%，理系40%，他7%。国公立大学へ文系1名，理系4名，他1名が進学した。

【系列進学】　日本大学へ142名（法10，文理29，経済8，商21，芸術6，国際関係1，危機管理7，スポーツ科1，理工12，工1，生産工6，松戸歯1，生物資源科36，二部3）が内部推薦で進学した。同短期大学部，系列専門学校への内部推薦制度もある。

【指定校推薦】　利用状況は都立大1，東京理科大4，学習院大5，明治大7，青山学院大4，立教大2など。

四年制大学	332名
短期大学	2名
専修・各種学校	3名
就職	1名
進学準備・他	29名

主な大学合格状況　'24年春速報は巻末資料参照

大学名	'23	'22	'21	大学名	'23	'22	'21	大学名	'23	'22	'21
◇東京大	1	0	0	慶應大	6	4	4	東洋大	14	14	10
◇京都大	0	0	1	上智大	8	3	5	駒澤大	2	5	3
◇東工大	0	0	0	東京理科大	7	6	7	専修大	13	13	5
◇一橋大	1	0	0	学習院大	6	10	9	東海大	28	31	13
◇筑波大	1	0	0	明治大	15	34	16	帝京大	15	12	9
◇横浜国大	1	0	0	青山学院大	15	15	15	成蹊大	5	11	5
◇防衛医大	2	0	0	立教大	9	7	6	成城大	10	6	9
◇東京学芸大	1	0	1	中央大	23	28	13	明治学院大	9	6	3
◇都立大	1	3	1	法政大	25	22	15	神奈川大	16	18	15
早稲田大	5	10	7	日本大	312	260	213	東京薬科大	1	2	4

※各大学合格数は既卒生を含む。

入試要項 2024年春（実績）

新年度日程についてはp.116参照。

◆ 推薦　単願

募集人員 ▶65名

選抜方法 ▶作文（50分），個人面接（5分），調査書，ほかに東京・神奈川以外の受験生は保護者面接

◆ 一般　A志願：本校を強く志望　B志願：併願　B優遇：併願優遇（公私とも可）

募集人員 ▶85名

選抜方法 ▶国数英（各50分・各100点・英にリスニングあり），グループ面接（7分），調査書，ほかに東京・神奈川以外の受験生は保護者面接

◆ 受験料　25,000円

(内申基準) 推薦：5科22　B優遇：5科24　※いずれも9科に2不可　※条件により内申加点あり

(特待生・奨学金制度) 入試成績により特待生認定。

(帰国生の受け入れ) 国内生と同枠入試で考慮あり。

入試日程

区分	登録・出願	試験	発表	手続締切
推薦	12/20〜1/18	1/22	1/23	1/26
一般	12/20〜2/2	2/10	2/11	2/13

[延納] 一般B志願とB優遇は50,000円納入により残額は公立発表後まで。

応募状況

年度	区分		応募数	受験数	合格数	実質倍率
'24	推薦	男子	55	55	55	1.0
		女子	12	12	12	1.0
	一般A	男子	60	60	54	1.1
		女子	14	14	10	1.4
	一般B	男子	10	9	9	1.0
		女子	17	13	12	1.1
'23	推薦	男子	50	50	50	1.0
		女子	30	30	30	1.0
	一般A	男子	54	54	42	1.3
		女子	10	10	10	1.0
	一般B	男子	20	19	19	1.0
		女子	20	17	17	1.0
'22	推薦	男子	54	54	54	1.0
		女子	28	28	28	1.0
	一般A	男子	59	59	49	1.2
		女子	6	6	3	2.0
	一般B	男子	28	28	22	1.3
		女子	14	14	14	1.0

['24合格最低点] 一般A：165/300　一般B：195/300

東京　男女（に）日本大学第三

学費（単位：円）	入学金	施設設備費	授業料	その他経費	小計	初年度合計
入学手続時	270,000	—	—	—	270,000	999,600
1年終了迄	—	129,600	420,000	180,000	729,600	

※2024年度予定。[授業料納入] 3回分割。[その他]制服・制定品代，教科書代，諸会費30,100円，学級費129,900円，修学旅行積立金120,000円あり（金額は2023年度実績）。[寄付・学債]任意の創立100周年記念事業募金あり。

併願校の例

※[普通]を中心に

	都立	神公立	私立
挑戦校	国立 立川 八王子東 新宿	厚木 多摩 川和 市立横浜サイエンス 希望ケ丘	明大八王子 帝京大学 国学院久我山 桐光学園
最適校	国分寺 町田 日野台 狛江	相模原 神奈川総合 海老名 市ケ尾 相模原弥栄	桜美林 成城学園 八王子学園 日大櫻丘 桐蔭学園
堅実校	調布南 成瀬 翔陽	座間 生田 麻溝台 元石川	玉川学園 工学院大附 八王子実践 サレジオ高専 麻布大附

合格のめやす

合格の可能性 60% 80% の偏差値を表示しています。

特進　61（65）

普通　57（61）

スポーツは偏差値を設定していません。

合否分布

合格者									
38	42	46	50	54	58	62	66	70	（偏）

不合格者

実線＝普通　破線＝特進

※合格のめやすの見方は114ページ参照。

(見学ガイド) 体育祭／文化祭／説明会／個別見学対応

小 中 **高 専 短 大**

杉並区

日本大学鶴ヶ丘 高等学校

〒168-0063　東京都杉並区和泉2-26-12　☎(03)3322-7521

日本大学鶴ヶ丘

京王線・京王井の頭線—明大前8分

【校訓】　確固とした己を求める精神「自主創造」，何事にも全力で取り組む精神「真剣力行」，皆と心を通わせ，力を合わせ物事に対処する精神「和衷協同」を掲げる。

【沿革】　1951年東京獣医畜産大学附属高等学校が現校名に改称され，日本大学農獣医学部（現・生物資源科学部）の併設校として創立。

【学校長】　川原　容子

【生徒数】　男子583名，女子677名

	1年(11クラス)	2年(10クラス)	3年(12クラス)
男子	213名	180名	190名
女子	200名	212名	265名

特色

設置学科：普通科

【コース】　主に日本大学への推薦入学に対応した総進コースと，国公立・難関私大進学を目標とする特進コースを編成する。

【カリキュラム】　①総進コースはバランスのとれたカリキュラムを組み，基礎学力の定着と大学入学後に必要とされる教養を育成する。2年次3学期より放課後に実力養成講座を開講。②特進コースは少人数での探究活動を通して，多様な学問領域に触れ，様々な問いに対応できる力をつける。2年次以降は学習環境の整った「特進棟」を拠点にして，学力の向上を図る。③1人1台のタブレット端末を各授業や課外活動で導入。オンラインで提携校と国際交流も行う。

【キャリア教育】　学年ごとに進路ノートを作成。職業理解から計画的に進めキャリア発達を支援。

【海外研修】　1・2年次対象で希望選抜制のオーストラリアやニュージーランドでの研修，大学入学前英国語学研修などがある。

【クラブ活動】　ウエイトリフティング・放送・アメリカンフットボールの各部が全国レベル。

【施設】　蔵書約50,000冊の図書館や温水プール，夜間照明付きの人工芝テニスコートなどを設置。

習熟度別授業	土曜授業	文理選択	オンライン授業	制服	自習室	食堂	プール	グラウンド	アルバイト	登校時刻= 8:30
—	○	2年〜	○	○	〜19:00	○	○	徒歩5分	届出	下校時刻=19:00

進路情報　2023年3月卒業生

四年制大学への進学率 **95.5%**

【卒業生数】　423名

【進路傾向】　大学進学者の内訳は文系57%，理系38%，他5%。国公立大学へ文系5名，理系7名が進学。

【系列進学】　日本大学へ282名（法52，文理50，経済40，商22，芸術16，国際関係3，理工32，生産工9，工1，歯1，松戸歯1，生物資源科48，薬3，危機管理1，スポーツ科3）が内部推薦で進学。同短期大学部への推薦制度もある。

【指定校推薦】　上智大，東京理科大，学習院大，明治大，青山学院大，立教大，中央大，法政大，東洋大，帝京大，成蹊大など推薦枠あり。

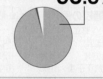

■ 四年制大学	404名
□ 短期大学	0名
■ 専修・各種学校	4名
■ 就職	1名
□ 進学準備・他	14名

主な大学合格状況

'24年春速報は巻末資料参照

大学名	'23	'22	'21	大学名	'23	'22	'21	大学名	'23	'22	'21
一橋大	0	0	1	上智大	3	6	3	駒澤大	5	3	4
千葉大	1	2	0	東京理科大	9	11	12	専修大	2	8	9
筑波大	1	0	0	学習院大	12	8	6	帝京大	2	6	6
東京外大	1	0	0	明治大	19	14	11	成蹊大	6	7	8
横浜国大	1	2	0	青山学院大	12	8	8	成城大	11	10	10
埼玉大	0	1	2	立教大	12	12	10	明治学院大	1	1	3
都立大	4	1	0	中央大	10	18	17	芝浦工大	3	7	4
信州大	1	3	0	法政大	23	17	17	東京女子大	12	3	3
早稲田大	10	4	2	日本大	324	367	356	日本女子大	3	1	2
慶應大	4	1	3	東洋大	13	11	17	玉川大	6	3	8

※各大学合格数は既卒生を含む。

入試要項 2024年春（実績）

新年度日程についてはp.116参照。

◆ 推薦　推薦Ⅰ・Ⅱ：第１志望で国公立中学生対象。Ⅱは総進コースのみ募集

募集人員▶総進コース.Ⅰ175名・Ⅱ若干名，特進コースⅠ10名

選抜方法▶推薦Ⅰ：個人面接（５分），調査書
推薦Ⅱ：適性検査（国数英計60分・計100点・マークシート），個人面接（５分），調査書

◆ 一般　併願優遇（公私とも可）あり

募集人員▶総進コース175名，特進コース40名

選抜方法▶国数英（各60分・各100点・マークシート・英にリスニングあり），個人面接（５分），調査書

◆ 受験料　20,000円

内申基準 推薦Ⅰ：[総進]５科21かつ９科35，[特進]５科23　推薦Ⅱ：[総進]５科20かつ９科34　一般：[特進]５科21　一般（併願優遇）：[総進]５科23，[特進]５科24　※いずれも９科に２不可　※条件により内申加点あり

特待生・奨学金制度 在学中の成績に応じた特待生制度や家計急変などに対応した奨学金制度がある。

帰国生の受け入れ 国内生と同枠入試。

入試日程

区分	登録・出願	試験	発表	手続締切
推薦	12/20～1/18	1/22	1/23	1/24
一般	1/20～2/6	2/10	2/11	2/13

[延納] 一般の総進コース（併願優遇）と特進コースは30,000円納入により残額は公立発表後まで。

応募状況

年度	区分		応募数	受験数	合格数	実質倍率
'24	総進	推薦Ⅰ	116	116	116	1.0
		推薦Ⅱ	32	32	32	1.0
		一般（男）	179	178	166	1.1
		一般（女）	107	103	101	1.0
	特進	推薦Ⅰ	12	12	12	1.0
		一般（男）	40	36	36	1.0
		一般（女）	63	58	58	1.0
'23	総進	推薦Ⅰ	138	138	138	1.0
		推薦Ⅱ	49	49	44	1.1
		一般（男）	188	185	171	1.1
		一般（女）	126	123	118	1.0
	特進	推薦Ⅰ	4	4	4	1.0
		一般（男）	37	37	37	1.0
		一般（女）	54	54	53	1.0
'22	総進	推薦Ⅰ	168	168	168	1.0
		推薦Ⅱ	40	40	28	1.4
		一般（男）	143	140	131	1.1
		一般（女）	128	125	125	1.0
	特進	推薦Ⅰ	9	9	9	1.0
		一般（男）	40	39	39	1.0
		一般（女）	61	60	59	1.0

[スライド制度] あり。上記に含まず。
['24年合格最低点] 非公表。

東京　男女

に　日本大学鶴ヶ丘

学費（単位：円）

学費（単位：円）	入学金	施設設備資金	授業料	その他経費	小計	初年度合計
入学手続時	230,000	—	—	—	230,000	1,121,700
１年終了迄	—	192,000	474,000	225,700	891,700	

※2024年度予定。[入学前納入] １年終了迄の小計のうち30,000円。[授業料納入] ３回分割。
[その他] 制服・制定品代あり。

併願校の例

※[総進]を中心に

	都立	神公立	私立
挑戦校	西 青山 新宿 小山台 三田	厚木 多摩 川和 希望ケ丘 神奈川総合	明大中野 国学院久我山 日大二 国学院 桐蔭学園
最適校	駒場 豊多摩 調布北 狛江 石神井	新城 市ケ尾 市立東 生田 座間	成城学園 駒澤大学 日大櫻丘 実践学園 玉川学園
堅実校	調布南 府中 芦花 武蔵丘	市立橘 元石川 住吉 大和西	松蔭大松蔭 日本工大駒場 東亜学園 国士舘 駒場学園

合格のめやす

合格の可能性 **60%** **80%** の偏差値を表示しています。

総進 **55** 〈**59**〉

特進 **61** 〈**65**〉

※合格のめやすの見方は114ページ参照。

合格者

| 合否分布 | 38 | 42 | 46 | 50 | 54 | 58 | 62 | 66 | 70 |（偏）

不合格者

実線＝総進
破線＝特進

見学ガイド 文化祭／説明会／キャンパスツアー／部活動Fes／個別見学対応

八王子市

八王子学園八王子 高等学校

小 中 高 専 短 大

〒193-0931　東京都八王子市台町4-35-1　☎(042)623-3461

【教育目標】　「人格を尊重しよう」「平和を心につちかおう」という学園モットーのもと，人間教育と文武両道をめざし，広く社会で活躍できる人材を育成する。

【沿　革】　1928年設立。2012年八王子高等学校より現校名に変更。

【学校長】　齋藤 智文

【生徒数】　男子747名，女子832名

	1年(14クラス)	2年(14クラス)	3年(12クラス)
男子	269名	265名	213名
女子	298名	309名	225名

JR―西八王子5分

特色

設置学科：普通科

【コース】　文理（特選，特進，進学の3クラス），総合（リベラルアーツ系，音楽系，美術系の3類系），アスリートの3コース制。文理コースは2年次より文系と理系に分かれる。内部進学生とは3年間別クラス編成となる。

【カリキュラム】　①特選クラスは最難関大学合格が目標。一部科目でゼミナール方式やディベートを導入するなど，大学や社会における活躍を見据えて取り組む。②特進クラスは1年次より受験を意識した体制を整え，難関国公私立大学をめざす。③進学クラスは高いレベルで文武両道を実現する。④総合コースは四年制大学，音楽系大学，美術系大学をめざす。⑤アスリートコースは強化指定クラブに所属。運動能力と人間性の向上，大学進学に注力する。

【海外研修】　2年次に希望選抜制でニュージーランドへ短期留学（約3カ月）を実施。また，総合コース（音楽系，美術系）ではヨーロッパ芸術研修旅行が3年に1回企画される。

【クラブ活動】　陸上・男子バスケットボール・水泳・吹奏楽部などが全国大会出場の実績。八王子の郷土芸能に親しむ車人形同好会がある。

習熟度別授業	土曜授業	文理選択	オンライン授業	制服	自習室	食堂	プール	グラウンド	アルバイト	登校時刻＝ 8:25
―	○	2年～	○	○	～19:00	○	○	○	審査	下校時刻＝20:00

進路情報　2023年3月卒業生

四年制大学への進学率 **84.7%**

【卒業生数】　483名

【進路傾向】　多様なコース設定により，合格大学も国公立から歯科薬獣医系，音楽系，美術系まで幅広い実績を残している。

■ 四年制大学	409名
□ 短期大学	4名
■ 専修・各種学校	15名
■ 就職	0名
□ 進学準備・他	55名

【指定校推薦】　都立大，早稲田大，東京理科大，学習院大，明治大，青山学院大，立教大，中央大，法政大，日本大，東洋大，駒澤大，専修大，東海大，國學院大，成蹊大，成城大，獨協大，芝浦工大，東京電機大，津田塾大，東京女子大，日本女子大，同志社大，玉川大，工学院大，東京都市大，東京経済大，昭和大，北里大，東京薬科大，明治薬科大，昭和薬科大，関西学院大など推薦枠あり。

主な大学合格状況

'24年春速報は巻末資料参照

大学名	'23	'22	'21	大学名	'23	'22	'21	大学名	'23	'22	'21
◇東京大	0	1	1	早稲田大	17	20	12	日本大	56	102	79
◇京都大	0	0	1	慶應大	10	7	5	東洋大	33	55	53
◇一橋大	1	1	1	上智大	8	7	5	駒澤大	12	12	24
◇筑波大	0	2	1	東京理科大	16	12	17	専修大	31	40	36
◇東京外大	2	0	1	学習院大	7	11	8	東海大	30	29	22
◇横浜国大	2	2	0	明治大	35	45	48	帝京大	23	32	33
◇埼玉大	1	2	0	青山学院大	29	31	29	成蹊大	19	31	26
◇東京藝術大	1	2	2	立教大	17	27	19	明治学院大	31	15	22
◇東京農工大	3	2	3	中央大	38	60	56	津田塾大	14	17	7
◇都立大	14	7	12	法政大	62	66	51				

※各大学合格数は既卒生を含む。

入試要項 2024年春（実績）

新年度日程についてはp.116参照。

◆**一般** 第1志望，併願（公私とも可。入試相談済みは優遇，入試相談なしはフリー）

募集人員▶**特選クラス**：第1志望①②各5名，併願①②各10名 **特進クラス**：第1志望①②各20名，併願①②各25名 **進学クラス**：第1志望①②各25名，併願①②各30名 **総合コース**：第1志望①②各10名，併願①②各15名 **アスリートコース**：第1志望①②30名 ※アスリートコースの対象種目は水泳，男子バスケットボール，陸上，野球，柔道，男子サッカー，女子バスケットボール

選抜方法▶国数英（各50分・各100点・国英はマークシートと記述の併用），調査書，ほかにフリーは面接（音楽系は個人，他はグループ・10分） ※各入試で総合コース（音楽系）は演奏，総合コース（美術系）は作品提出あり。合否には影響しない

◆**受験料** 23,000円

内申基準 **一般（第1志望）**：[特選]3科14または5科22または9科39，[進学]3科12または5科20または9科35，[総合]3科11または5科19または9科33，[アスリート]3科9または5科15または9科27 **一般（併願優遇）**：[特進]3科15または5科23または9科41，[進学]3科13または5科21または9科37，[総合]3科12または5科20または9科35 ※[特選]は基準なし。[特進]か[進学]で入試相談を受けること ※いずれも9科に1不可 ※条件により内申加点あり

特待生・奨学金制度 入試の成績上位者，部活動優秀者を特待生認定。

帰国生の受け入れ 個別対応。

入試日程

区分	登録・出願	試験	発表	手続締切
第1志望①	1/25〜2/4	2/10	2/12	2/13
第1志望②	1/25〜2/4	2/11	2/12	2/13
併願①	1/25〜2/4	2/10	2/12	公立発表翌日
併願②	1/25〜2/4	2/11	2/12	公立発表翌日

[2次募集] 3/5

応募状況

年度	区分		応募数	受験数	合格数	実質倍率
'24	特選	一般①	175	169	112	1.5
		一般②	132	124	84	1.5
	特進	一般①	427	419	294	1.4
		一般②	181	173	111	1.6
	進学	一般①	316	306	283	1.0
		一般②	102	100	67	1.0
	総合	一般①	273	269	258	1.0
		一般②	49	49	36	1.4
	ア	一般①	41	41	41	1.0

[スライド制度] あり。上記に含まず。
[24年合格最低点] 一般：特選①②200，特進①②205，進学①②195，総合（リベラルアーツ）①②180，総合（音楽）①②170，総合（美術）①170・②160（/300）※合格ボーダー

東京 男女 は 八王子学園八王子

学費（単位：円）	入学金	施設維持費	授業料	その他経費	小計	初年度合計
入学手続時	250,000	—	—	—	250,000	約1,164,400
1年終了迄	—	192,000	468,000	約254,400	約914,400	

※2024年度予定。[授業料納入] 3回分割。
[その他] 制服・制定品代あり。[寄付・学債] 任意の寄付金1口1万円あり。

併願校の例

※[進学]を中心に

	都立	神公立	私立
挑戦校	西 国立 立川 八王子東 国分寺	厚木 市立横浜サイエンス 相模原 大和 神奈川総合	明大八王子 中大附属 帝京大学 成蹊 錦城
最適校	日野台 町田 昭和 南平 狛江	海老名 相模原弥栄 座間 生田	拓大一 桜美林 日大三 明星学園 明法
堅実校	東大和南 神代 調布南 成瀬 翔陽	麻溝台 湘南台 上溝南	玉川学園 明星 工学院大附 八王子実践 麻布大附

合格のめやす

合格の可能性 **60%** **80%** の偏差値を表示しています。

文理（特選）**64** 68
文理（特進）**61** 65
文理（進学）**56** 60
総合（リベラルアーツ系）**54** 58
総合（音楽系）**54** 58
総合（美術系）**54** 58

アスリートは偏差値を設定していません。

※合格のめやすの見方は114ページ参照。

見学ガイド 文化祭／説明会／授業公開／部活体験

八王子実践 高等学校

〒193-0931　東京都八王子市台町1-6-15　☎(042)622-0654

【教育方針】　建学の精神「自重・自愛・自制・自立」と教育精神「実践」を根幹とする。世界に貢献できる有為な人財（実践者）の育成をめざす。

【沿　革】　1926年八王子和洋裁縫女学校として創立。1998年普通科と調理科の2学科に改編し共学となる。2016年調理科募集停止。

【学校長】　矢野　東

【生徒数】　男子727名，女子729名

	1年(15クラス)	2年(13クラス)	3年(18クラス)
男子	276名	191名	260名
女子	250名	201名	278名

JR―八王子13分
京王高尾線―京王片倉15分

特色

設置学科：普通科

【コース】　特進（J特進：特待生，特選，特進の3クラス），選抜，総合進学の3コース制。2年次より特進コースはJ特進と特進の2クラス，選抜コースは志望私立大学の難度別2クラス，総合進学コースは先進科学，看護医療，国際教養，総合教養の4クラスに分かれる。

【カリキュラム】　①特進コースは国公立・難関私立大学合格に向けたカリキュラム。充実した指導体制で個々の学力を伸ばす。②選抜コースは難関・中堅私立大学合格をめざす。文武両道を実現。③総合進学コースは多様な進路に対応。

先進科学クラスのAI技術，国際教養クラスの第二外国語研究など大学と連携した高度な授業で興味関心を高め進学につなげる。看護医療系クラスは医療・保健系の英文読解，入試動向分析，小論文，面接対策なども行う。④基礎学力定着のための「J-trial」，部活動と両立可能な校内予備校「J-plus」を設置。いずれも希望制。

【海外研修】　1・2年次から希望選抜制でニュージーランドターム留学を実施している。

【クラブ活動】　女子バレーボール部，書道部が全国大会出場の実績。吹奏楽部も活躍。

習熟度別授業	土曜授業	文理選択	オンライン授業	制服	自習室	食堂	プール	グラウンド	アルバイト
―	○	2年～	○	○	～20:00	―	―	○	届出

登校時刻＝ 8:30
下校時刻＝19:00

進路情報　2023年3月卒業生

四年制大学への進学率 **71.3%**

【卒業生数】　628名

【進路傾向】　大学進学者の内訳は文系65%，理系33%，他2%。国公立大学へ文系5名，理系4名，他1名が進学した。

【指定校推薦】　利用状況は中央大1，日本大2，東洋大3，専修大1，國學院大3，東京電機大3，東京都市大1，北里大1，東京農大1，東洋英和女学院大1など。ほかに東海大，亜細亜大，帝京大，神奈川大，工学院大，桜美林大，大妻女子大，白百合女子大，実践女子大，明星大，東京工科大，拓殖大，フェリス女学院大，相模女子大など推薦枠あり。

■ 四年制大学	448名
□ 短期大学	21名
■ 専修・各種学校	110名
■ 就職	7名
□ 進学準備・他	42名

主な大学合格状況

'24年春速報は巻末資料参照

大学名	'23	'22	'21	大学名	'23	'22	'21	大学名	'23	'22	'21
◇筑波大	1	0	0	立教大	6	6	2	神奈川大	23	15	9
◇東京外大	1	0	1	中央大	7	8	10	玉川大	19	13	5
◇都立大	2	1	1	法政大	11	12	6	国士舘大	11	10	7
早稲田大	1	0	3	日本大	32	35	11	東京経済大	14	12	6
慶應大	1	1	2	東洋大	31	24	36	桜美林大	71	15	28
上智大	2	1	0	駒澤大	13	12	6	杏林大	14	8	10
東京理科大	5	0	2	専修大	67	37	10	北里大	6	5	10
学習院大	4	3	2	東海大	31	17	25	東京薬科大	2	2	4
明治大	3	6	7	亜細亜大	23	10	6	明星大	49	30	32
青山学院大	4	4	1	帝京大	86	52	42	拓殖大	21	16	12

※各大学合格数は既卒生を含む。

入試要項 2024年春（実績）

新年度日程についてはp.116参照。

◆ 推薦　第1志望

募集人員▶ J特進クラス5名, 特選クラス10名, 特進クラス30名, 選抜コース110名, 総合進学コース90名　※選抜コース, 総合進学コースはスポーツ・文化推薦入試を含む。対象クラブの指定あり

選抜方法▶ 作文（50分・600字・100点）, 個人面接（10分）, 調査書, 志願者身上書

◆ 一般　**一般A**：併願優遇（コースアップにチャレンジする場合は2/10または2/11, チャレンジしない場合は2/12に受験）　**一般B**：書類選考方式（都外生対象）　**一般C**：フリー（第1希望優遇あり）　※一般A・Bは公私とも併願可・公立第1志望

募集人員▶ J特進クラス15名, 特選クラス10名, 特進クラス50名, 選抜コース120名, 総合進学コース90名

選抜方法▶ 一般A・C：国数英（各50分・各100点・マークシート）, 調査書, 志願者身上書, ほか一般Aはグループ面接（10分）, 一般Cは個人面接（10分）　一般B：作文（試験日に提出・600字・100点）, 調査書, 志願者身上書

◆ 受験料　23,000円

内申基準 推薦：[J特進]5科22, [特選]5科21, [特進]5科20, [選抜]5科17または9科31, [総合進学]5科16または9科28　**一般A**：[J特進]5科23, [特選]5科22, [特進]5科21,

[選抜]5科18または9科32, [総合進学]5科17または9科30　**一般B**：[J特進]5科23, [特選]5科22, [特進]5科21, [選抜]5科18または9科33, [総合進学]5科17または9科31　※いずれも9科に1不可, [J特進][特選][特進]5科に2も不可　※条件により内申加点あり

特待生・奨学金制度 [J特進]は全員特待生。[特選]は入学金免除。

帰国生の受け入れ 国内生と同枠入試。

入試日程

区分	登録・出願	試験	発表	手続締切
推薦	12/20〜1/17	1/22	1/22	1/24
一般A	12/20〜2/3	2/10or11or12	2/12	国公立発表翌日
一般B	12/20〜2/3	2/11	2/11	国公立発表翌日
一般C	12/20〜2/3	2/11	2/12	2/16

[延納] 一般Cの国公立併願者は国公立発表後まで。

応募状況

年度	区分		応募数	受験数	合格数	実質倍率
'24	J特	推薦	1	1	1	1.0
		一般	57	55	33	1.7
	特選	推薦	1	1	1	1.0
		一般	214	213	110	1.9
	特進	推薦	6	6	6	1.0
		一般	400	390	330	1.2
	選抜	推薦	66	66	66	1.0
		一般	802	785	701	1.1
	総進	推薦	82	82	82	1.0
		一般	466	455	412	1.1

[スライド制度] あり。上記に含まず。
[24年合格最低点] 非公表。

学費（単位：円）	入学金	設備費	授業料	その他経費	小計	初年度合計
入学手続時	300,000	90,000	—	14,000	404,000	約1,139,600
1年終了迄	—	—	492,000	約243,600	約735,600	

※2024年度予定。[免除] 初年度合計のうちJ特進クラスは954,000円免除。[授業料納入] 10回分割。[その他] 制服・制定品代, 教科書等・諸経費, 積立金156,900〜184,300円あり。

併願校の例　※[選抜]を中心に

	都立	神公立	私立
挑戦校	日野台	相模原	拓大一
	町田	大和	桜美林
	昭和	海老名	日大三
	南平	市ケ尾	八王子学園
	狛江	相模原弥栄	日大鶴ヶ丘
最適校	神代	座間	玉川学園
	調布南	生田	工学院大附
	小平南	麻溝台	明星
	府中	港北	帝京八王子
	成瀬	上溝南	日大明誠
堅実校	富士森	神奈川総合産業	東海大菅生
	松が谷	橋本	昭和一学園
	日野	上溝	聖パウロ
	小川	麻生	立川女子
	片倉	相原(総合ビジネス)	光明相模原

合格のめやす

合格の可能性 **60%** **80%** の偏差値を表示しています。

特進（J特進）**61** (64)

特進（特選）**57** (60)

特進（特進）**55** (58)

選抜 **52** (55)

総合進学 **47** (50)

※合格のめやすの見方は114ページ参照。

見学ガイド 文化祭／説明会

東京　男女　は　八王子実践

小 中 **高** 専 短 大

大田区

羽田国際 高等学校
（新校名）

〒144-8544　東京都大田区本羽田1-4-1　☎(03)3742-1511　　旧・蒲田女子高等学校

【教育目標】「清・慎・勤」を校訓とし、「心も姿も美しく、思いやりを大切に、目標に向かって自ら行動する」人間を育成する。

【沿革】1941年に蒲田高等女学校として設立。2024年度女子校より男女共学化、蒲田女子高等学校より校名変更。2026年度羽田国際中学校開校予定。

【学校長】簡野 裕一郎

【生徒数】初年度募集定員220名

JR―蒲田よりバス簡野学園
京急空港線―糀谷7分

特色

設置学科：普通科

【コース】特別進学、総合進学、幼児教育（女子のみ）の3コース。2年次より総合進学コースは特別進学、WINGS特進、総合進学に再編成。

【カリキュラム】①特別進学コースは少人数制で中堅国公立大学・文理難関私立大学をめざす。②総合進学コースは豊富なフィールドワーク、基礎学習、学び直しと共に独自の「WINGS探究」により主体的に進路を選択できる力を養う。③2年次からのWINGS特進コースは総合型選抜を中心に文系難関大学をめざす。④幼児教育コースは併設専門学校や実習園と連携し、幼児教育に特化した授業や情操教育を多く配置。

【キャリア教育】独自の「WINGSプログラム」は大手航空会社や、スポーツを通じた英語教育を行う団体と連携した英語教育などで、社会参画への意欲を高め、国際性を身につける。

【海外研修】2年次に北米修学旅行を実施。希望制で米国、カナダでの中期留学や幼児教育コース対象のドイツ研修プログラムもある。

【クラブ活動】サッカー・フットサル部新設。

【施設】2024年度新校舎完成。既存校舎も大規模リノベーションで設備充実。

習熟度別授業	土曜授業	文理選択	オンライン授業	制服	自習室	食堂	プール	グラウンド	アルバイト	登校時刻＝ 8:00
―	○	2年～	―	○	～18:30	○	―	○	届出	下校時刻＝18:30

進路情報　2023年3月卒業生

2024年4月に校名変更・共学化により新校としてスタート。1期生は2027年3月に卒業を迎える。

入試要項 2024年春（実績）

新年度日程についてはp.116参照。

◆ 推薦　推薦，推薦2次　※いずれも単願
※推薦2次は総合進学コース，幼児教育コース対象
募集人員▶特別進学コース20名，総合進学コース72名，幼児教育コース（女子）18名
選抜方法▶**推薦**：面接，調査書，面接エントリーシート　**推薦2次**：プレゼンテーション（自己PR），面接，調査書，面接エントリーシート
◆ 一般　併願（公立のみ），オープン　※オープンは総合進学コース，幼児教育コース対象
募集人員▶特別進学コース20名，総合進学コース72名，幼児教育コース（女子）18名
選抜方法▶国数英（各50分・各100点・マークシート），面接，調査書，面接エントリーシート
◆ 受験料　25,000円

内申基準 推薦：［特別進学］5科18，［総合進学］［幼児教育］5科15または9科27　推薦2次：基準なし　**一般(併願)**：［特別進学］5科20，［総合進学］［幼児教育］5科16または9科29
※条件により内申加点あり

特待生・奨学金制度 内申で3段階，入試得点の上位10％程度に特待生認定。ほかクラブ特待生，資格特待生の制度もある。

帰国生の受け入れ 国内生と同枠入試。

入試日程

区分	登録・出願	試験	発表	手続締切
推薦	12/20〜1/18	1/22	1/23	1/25
推薦2次	12/20〜1/18	2/3	2/4	2/6
併願	12/20〜2/6	2/10	2/11	公立発表翌日
オープン	12/20〜2/6	2/10	2/11	2/14

応募状況

年度	区分		応募数	受験数	合格数	実質倍率
'24	特進	推薦	19	19	19	1.0
		併願	17	17	17	1.0
	総進	推薦	108	108	108	1.0
		一般	152	146	143	1.0
	幼児	推薦	4	4	4	1.0
		一般	13	12	12	1.0

［スライド制度］あり。上記に含まず。
［'24年合格最低点］非公表。

学費（単位：円）	入学金	施設費	授業料	その他経費	小計	初年度合計
入学手続時	250,000	150,000	—	13,000	413,000	1,431,800
1年終了迄	—	120,000	460,800	438,000	1,018,800	

※2024年度予定。［授業料納入］4回分割。
［その他］制服・制定品代あり。

併願校の例

※[総進]を中心に

	都立	神公立	私立
挑戦校	晴海総合	市立橘 横浜栄 住吉	品川翔英 正則 目黒学院
最適校	つばさ総合 大崎	城郷 霧が丘 川崎 市立幸 新栄	自由ヶ丘 大森学園 日本大荏原 品川学藝 東京実業
堅実校	美原 八潮 大田桜台 大森	新羽 生田東 鶴見総合 横浜桜陽 大師	品川エトワール

合格のめやす

合格の可能性 **60%** **80%** の偏差値を表示しています。

特別進学　**45**　（49）
総合進学　**40**　（44）
幼児教育　**40**　（44）

合格者

不合格者

| | 30 | 34 | 38 | 42 | 46 | 50 | 54 | 58 | 62 | (偏) |

実線＝総合進学
破線＝幼児教育

※合格のめやすの見方は114ページ参照。

見学ガイド 文化祭／説明会／個別説明会

港区

小 中 高 専 短 大

広尾学園 高等学校

〒106-0047 東京都港区南麻布5-1-14 ☎(03)3444-7272

【教育理念】「自律と共生」を掲げる。社会人としての知識と技能を身につけ，自らを律しながら意欲をもって学ぶことができる人を育成する。

【沿　革】 1918年順心女学校として創立。2007年に現校名に改称し，女子校より共学化。

【学校長】 南風原　朝和

【生徒数】 男子346名，女子501名

	1年(8クラス)	2年(8クラス)	3年(8クラス)
男子	112名	117名	117名
女子	192名	159名	150名

日比谷線―広尾1分　JR―品川・目黒よりバス日赤医療センター下・広尾学園前

特色

設置学科：普通科

【コース】 高校からの入学生は医進・サイエンスコースまたはインターナショナルコースに所属する。

【カリキュラム】 ①医進・サイエンスコースは1年次より理系学部への進学を目標としている。大学レベルの研究設備で本格的な研究活動に取り組み，科学的視点・思考法・マインドを培う。②インターナショナルコースはほぼすべての授業を英語で行う。海外帰国子女教育研究指定校としての伝統を受け継ぎ，国際社会で活躍する人材の育成をめざす。国内外の大学進学に対応。

③1年次より定期試験に大学入試問題を組み込む。解説授業により学習内容の定着を図ると共に，発展項目や入試問題への応用などを学ぶ。

【キャリア教育】 各分野のトップレベルで活躍する人物を迎えた講座や講演会などを実施。

【海外研修】 1年次のオーストラリア短期留学ではホームステイを行う。イギリスでのサマープログラム，シンガポールやアメリカの高校との交換留学なども用意。いずれも希望制。

【クラブ活動】 チアリーディング部，ディベート部，ダンス部が全国大会出場の実績。

習熟度別授業	土曜授業	文理選択	オンライン授業	制服	自習室	食堂	プール	グラウンド	アルバイト
数英	月2~3回	2年~	○	○	~19:30	○	―	○	―

登校時刻＝ 8:15
下校時刻＝18:30

進路情報 2023年3月卒業生

四年制大学への進学率 **88.1%**

【卒業生数】 270名

【進路傾向】 大学進学者の内訳は文系53%，理系47%。国公立大学へ文系15名・理系47名，海外大学へ32名が進学した。医学部医学科42名，歯学部6名，薬学部29名の合格が出ている。

【指定校推薦】 利用状況は横浜市大1，早稲田大3，東京理科大1，中央大1，国際基督教大1など。ほかに学習院大，明治大，青山学院大，立教大，法政大，日本大，東洋大，成蹊大，成城大，芝浦工大，津田塾大，東京女子大，日本女子大，東京都市大，聖心女子大，白百合女子大，清泉女子大など推薦枠あり。

	四年制大学	238名
	短期大学	0名
	専修・各種学校	0名
	就職	0名
	進学準備・他	32名

主な大学合格状況

'24年春速報は巻末資料参照

大学名	'23	'22	'21	大学名	'23	'22	'21	大学名	'23	'22	'21
◇東京大	9	5	3	早稲田大	119	93	66	日本大	43	40	69
◇京都大	3	3	2	慶應大	86	72	50	東洋大	19	26	41
◇東工大	6	6	1	上智大	96	97	82	駒澤大	10	14	11
◇一橋大	4	5	3	東京理科大	85	77	68	専修大	7	13	6
◇千葉大	7	6	5	学習院大	10	11	6	東海大	12	14	9
◇筑波大	4	4	4	明治大	93	100	68	国際基督教大	15	14	9
◇横浜国大	4	8	4	青山学院大	38	58	44	成蹊大	10	16	14
◇北海道大	3	4	9	立教大	50	67	64	明治学院大	10	19	17
◇防衛医大	2	3	1	中央大	36	72	72	芝浦工大	35	50	31
◇都立大	4	3	3	法政大	48	48	46	東京医大	3	3	6

※各大学合格数は既卒生を含む。

入試要項 2024年春（実績）

新年度日程については p.116参照。

◆一般

募集人員▶医進・サイエンスコース①15名・②15名，インターナショナルコース①10名

選抜方法▶医進・サイエンス：国数英（各50分・各100点・英にリスニングあり），個人面接（10分），調査書　**インターナショナル**：国数英（国30分・50点，数50分・50点，英50分・100点，数英は英語による出題），個人面接（10分，日本語・英語），成績表の写し，帰国生履歴データ　※インターナショナルコースはTOEFL iBT 100点で英語試験免除

◆**受験料**　25,000円

（内申基準）一般：[インターナショナル]英語検定2級または同等の英語力

（特待生・奨学金制度）各入試の成績優秀者を特待生認定。1年間授業料免除。

（帰国生の受け入れ）国内生と別枠入試。

入試日程

区分	登録・出願	試験	発表	手続締切
一般①	12/18～2/9	2/10	2/10	2/22
一般②	12/18～2/11	2/12	2/12	2/22

[延納] 1次納入388,000円。2次納入は残額を3/4（併願校発表が3/4以降の場合はその発表後）まで。併願者の1次納入は併願校発表後まで。

応募状況

年度		区分	応募数	受験数	合格数	実質倍率
'24	医進	一般①	109	102	33	3.1
		一般②	121	91	32	2.8
	イ	一般①	11	11	2	5.5
'23	医進	一般①	115	107	17	6.3
		一般②	150	128	23	5.6
	イ	一般①	12	10	2	5.0
'22	医進	一般①	89	85	26	3.3
		一般②	102	78	31	2.5
	イ	一般①	4	4	2	2.0

['24年合格最低点] 一般①：医進・サイエンス170/300　一般②：医進・サイエンス162/300

東京　男女　ひ　広尾学園

学費（単位：円）

学費（単位：円）	入学金	施設維持費	授業料	その他経費	小計	初年度合計
入学手続時	388,000	7,500	120,000	62,550	578,050	1,148,200
1年終了迄	—	22,500	360,000	187,650	570,150	

※2024年度予定。[授業料納入] 一括または4回分割（入学手続時に全額または1期分納入）。[その他] 制服・制定品代，PCなど情報端末機器代，教育充実費（医進・サイエンスコース144,000円，インターナショナルコース264,000円）あり。[寄付・学債] 任意の学校施設設備拡充資金寄付1口10万円2口以上あり。

併願校の例

	都立	神公立	国・私立
挑戦校			慶應女子 東京学芸大附 筑波大附
最適校	日比谷 西 戸山	横浜翠嵐 湘南 柏陽	早大学院 青山学院 中央大学 市川 慶應義塾
堅実校	青山 新宿 小山台 国際 三田	横浜緑ケ丘 川和 市立横浜サイエンス 多摩 横浜国際（国際バカロレア）	明治学院 青稜 宝仙学園（理数） 朋優学院 東京科学大附

（見学ガイド）文化祭／説明会

合格のめやす

合格の可能性 **60%** **80%** の偏差値を表示しています。

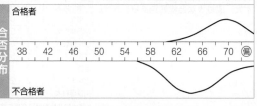

医進・サイエンス **68** **72**

インターナショナルは偏差値を設定していません。

※合格のめやすの見方は114ページ参照。

杉並区

文化学園大学杉並 高等学校

〒166-0004　東京都杉並区阿佐谷南3-48-16　☎(03)3392-6636

【教育方針】　「燃えよ価値あるものに」を掲げる。日々の「感動」を大切にし，物事の本質をしっかり思考する。グローバルに活躍でき，いつでもどこでも輝ける人を育成する。

【沿　革】　1974年文化女子大学（現・文化学園大学）附属校として開校。2011年現校名に改称。2018年女子校より共学化。

【学校長】　松谷　茂

【生徒数】　男子330名，女子581名

	1年(10クラス)	2年(10クラス)	3年（9クラス）
男子	142名	105名	83名
女子	195名	198名	188名

JR―阿佐ヶ谷10分，荻窪10分
丸の内線―南阿佐ヶ谷10分

特色

設置学科：普通科

【コース】　進学コース，特進コース（国公立クラス，文理クラス），ダブルディプロマ（DD）コースを設置している。特進コースは内部進学生と3年間別クラス。

【カリキュラム】　①科学，技術，工学，芸術・教養，数学の分野を融合したSTEAM教育を行い，教科の枠を越えた課題解決学習に取り組む。②進学コースは多様な大学受験や併設大学進学に対応。被服造形や，弓道，インテリアデザイン，ピアノ，仏語，中国語，体育理論などの選択科目がある。③特進コースはハイレベルな授業や先取り学習で難関大学受験に対応。④DDコースはカナダのブリティッシュコロンビア州が認定した海外校として，現地と同じカリキュラムを3年間並行してカナダの教員から対面で学び，日本とカナダ両方の高校卒業資格を取得する。1年次夏休みのカナダ短期留学が必修。

【海外研修】　2年次の修学旅行はシンガポールと国内の選択制。ほか1・2年次希望制のアントレプレナーシップ研修旅行，オーストラリアターム留学制度（DDコースは対象外）がある。

【クラブ活動】　ソフトテニス部が全国大会出場。

習熟度別授業	土曜授業	文理選択	オンライン授業	制服	自習室	食堂	プール	グラウンド	アルバイト	登校時刻＝ 8:15
―	○	2年～	○	○	～20:00	○	―	○	審査	下校時刻＝20:00

進路情報　2023年3月卒業生

四年制大学への進学率 79.5%

【卒業生数】　249名

【進路傾向】　国公立大学へ5名，海外大学へ6名が進学した。

【系列進学】　文化学園大学へ22名（服装7，造形3，国際文化12），文化服装学院へ2名が内部推薦で進学した。

【指定校推薦】　利用状況は中央大2など。ほかに学習院大，法政大，日本大，成城大など推薦枠あり。

	四年制大学	198名
	短期大学	5名
	専修・各種学校	12名
	就職	0名
	進学準備・他	34名

主な大学合格状況
'24年春速報は巻末資料参照

大学名	'23	'22	'21	大学名	'23	'22	'21	大学名	'23	'22	'21
◇千葉大	1	0	0	学習院大	4	4	2	亜細亜大	16	22	5
◇筑波大	0	0	1	明治大	5	12	13	帝京大	13	31	19
◇横浜国大	1	0	0	青山学院大	11	4	2	成蹊大	4	4	3
◇東北大	1	0	0	立教大	19	9	15	成城大	3	4	3
◇防衛医大	0	1	0	中央大	17	8	5	東京女子大	4	3	3
◇東京農工大	1	0	0	法政大	22	11	6	日本女子大	1	9	6
早稲田大	7	3	5	日本大	31	25	23	玉川大	3	9	6
慶應大	2	2	1	東洋大	21	34	16	順天堂大	5	8	13
上智大	12	3	2	専修大	16	16	10	杏林大	14	17	10
東京理科大	4	0	3	大東文化大	2	11	6	文化学園大	39	53	51

※各大学合格数は既卒生を含む。

入試要項 2024年春（実績）

新年度日程についてはp.116参照。

◆推薦 第1志望，都外生（公私とも併願可。神奈川生を除く）

募集人員▶第1志望：進学コース30名，特進コース30名，DDコース20名　**都外生**：各コース若干名

選抜方法▶進学・特進：作文（50分・600～800字），面接（5分），調査書　**DD**：英（筆記90分・口頭試問20分・計100点），面接（5分），調査書

◆一般 併願優遇（公私とも可），第1志望優遇あり

募集人員▶進学コース50名，特進コース50名，DDコース20名

選抜方法▶進学・特進：国数英（各50分・各100点・英にリスニングあり），面接（5分），調査書　**DD**：国数（各50分・各100点），英（筆記90分・口頭試問20分・計100点），面接（5分），調査書

◆受験料 25,000円

（内申基準）**推薦（第1志望）**：[進学] 5科17または9科29，[特進（国公立）] 5科20，[特進（文理）] 5科18または9科32，[DD] 英語検定準2級かつ5科19　**推薦（都外生）**：[進学] 5科18または9科30，[特進（国公立）] 5科20，[特進（文理）] 5科19または9科34，[DD] 英語検定準2級かつ5科19　**一般（併願優遇）**：[進学] [特進（国公立）] [特進（文理）] 推薦（都外生）と同じ

※いずれも3科に2不可・9科に1不可　※条件により内申加点あり

（特待生・奨学金制度）内申，入試成績により5段階の特待生認定（進学コースは対象外）。

（帰国生の受け入れ）国内生と別枠入試。

入試日程

区分	登録・出願	試験	発表	手続締切
推薦	12/20～1/17	1/22	1/23	1/24
一般①	12/20～2/6	2/10	2/11	2/14
一般②	12/20～2/12	2/12	2/13	2/14

[延納] 併願者は併願校発表後まで。

応募状況

年度	区分			応募数	受験数	合格数	実質倍率
'24	進学	推薦	男子	24	24	24	1.0
			女子	50	50	50	1.0
		一般	男子	89	69	51	1.4
			女子	139	123	115	1.1
	特進	推薦	男子	6	6	6	1.0
			女子	9	9	9	1.0
		一般	男子	79	76	75	1.0
			女子	79	78	76	1.0
	DD	推薦	男子	2	2	0	—
			女子	3	3	3	1.0
		一般	男子	6	6	3	2.0
			女子	9	7	6	1.2

['24年合格最低点] 非公表。

学費（単位：円）	入学金	施設費	授業料	その他経費	小計	初年度合計
入学手続時	280,000	50,000	—	—	330,000	
終了迄1年 進学・特進	—	—	456,000	329,600	785,600	1,115,600
終了迄1年 DD	—	—	1,056,000	605,600	1,661,600	1,991,600

※2024年度予定。[返還] 入学辞退者には入学金を除き返還。[授業料納入] 4回分割。[その他] 制服・制定品代，学年費（進学コース257,000円，特進コース297,000円，DDコースは上記に含む），DDコースは留学費用約600,000～900,000円あり。

併願校の例

※[進学]を中心に

	都立	埼公立	私立
挑戦校	豊多摩	市立浦和南	聖徳学園
	調布北	所沢	日大鶴ヶ丘
	井草	与野	実践学園
	神代	浦和北	杉並学院
	石神井		武蔵野大学
最適校	広尾	朝霞	明星
	府中	南稜	目白研心
	芦花	川口	東亜学園
	武蔵丘	朝霞西	大成
	鷺宮	入間向陽	東京立正
堅実校	杉並	鳩ヶ谷	新渡戸文化
	晴海総合	浦和東	豊南
	松原	所沢中央	藤村女子
	田無	志木	貞静学園
	杉並総合		大東学園

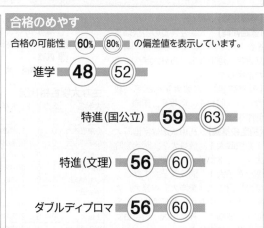

合格のめやす

合格の可能性 ▶60%▶80% の偏差値を表示しています。

	60%	80%
進学	48	52
特進（国公立）	59	63
特進（文理）	56	60
ダブルディプロマ	56	60

※合格のめやすの見方は114ページ参照。

（見学ガイド）文化祭／説明会／ダブルディプロマコース入試体験

東京　男女　（ふ）文化学園大学杉並

小 中 高 専 短 大

文教大学付属 高等学校

品川区

〒142-0064　東京都品川区旗の台3-2-17　☎(03)3783-5511

【教育理念】　校訓「人間愛」を教育の基盤とし，一人ひとりが他者を我が身と思い，その思いを社会奉仕など具体的に行動できる生徒の育成に努める。

【沿　革】　1927年設立の立正裁縫女学校を前身とする。1977年現校名に改称。1998年共学化。

【学校長】　銅谷　新吾

【生徒数】　男子522名，女子406名

	1年(8クラス)	2年(9クラス)	3年(8クラス)
男子	174名	192名	156名
女子	132名	147名	127名

東急大井町線―旗の台3分，荏原町3分
都営浅草線―中延8分

特色

設置学科：普通科

【コース】　スタンダード，アドバンスト，アルティメットの3クラス制。

【カリキュラム】　①難関大学への進学を見据えて豊富な授業時間数を確保し，受験科目に重点を置いたカリキュラム。基礎力充実と問題演習を重視している。②学習塾と連携した放課後の学習室「文教ステーション」を20：00まで利用可。講習やチューターのサポートも受けられる。1年次は必修で週2回以上の利用を推奨。③台湾の大学進学希望者に向けたオンライン中国語講座をレベル別で開講。④1人1台のタブレットPCは教室の電子黒板とリンクした授業，自宅学習，教材の共有にも活用。担任や部活動顧問とのコミュニケーションにも利用している。

【海外研修】　希望者対象の研修を実施。オーストラリア短期語学研修（1年次），セブ島英語研修（全学年），カナダ，アメリカ，オーストラリアでの中・長期留学（1・2年次）がある。

【クラブ活動】　ソングリーディング部が全国大会に出場。ゴルフ部も活躍している。

【施設】　校舎のコンセプトは「Port（港）」で，ユニークなオブジェが置かれている。

習熟度別授業	土曜授業	文理選択	オンライン授業	制服	自習室	食堂	プール	グラウンド	アルバイト	登校時刻＝ 8:10
―	○	2年～	○	○	～20:00	○	○	○	審査	下校時刻＝18:00

進路情報 2023年3月卒業生

四年制大学への進学率 **89.9%**

【卒業生数】　237名

【進路傾向】　大学進学者の内訳は文系66％，理系29％，他5名。国公立大学へ理系3名，海外大学へ1名が進学した。

【系列進学】　文教大学へ20名（教育11，人間科1，情報6，国際1，健康栄養1）が内部推薦で進学した。

【指定校推薦】　利用状況は学習院大1，法政大1，成城大2，明治学院大1，日本女子大1，東京都市大2，聖心女子大1，清泉女子大1など。ほかに日本大，東洋大，専修大，大東文化大，東海大，亜細亜大，國學院大，成蹊大，神奈川大，白百合女子大など推薦枠あり。

■ 四年制大学	213名
□ 短期大学	1名
■ 専修・各種学校	10名
■ 就職	1名
□ 進学準備・他	12名

主な大学合格状況

'24年春速報は巻末資料参照

大学名	'23	'22	'21	大学名	'23	'22	'21	大学名	'23	'22	'21
◇千葉大	0	2	2	学習院大	3	5	1	東海大	14	19	23
◇東京外大	0	1	1	明治大	9	15	21	帝京大	16	14	15
◇東京学芸大	1	0	2	青山学院大	11	8	5	國學院大	8	20	5
◇都立大	1	0	2	立教大	3	4	19	成城大	10	7	4
◇防衛大	1	0	0	中央大	9	8	19	明治学院大	13	15	9
◇県立保健福祉大	1	0	1	法政大	15	16	13	獨協大	15	5	6
早稲田大	2	7	2	日本大	28	35	36	神奈川大	39	33	17
慶應大	1	0	4	東洋大	23	27	25	桜美林大	20	9	7
上智大	0	2	3	駒澤大	30	15	7	北里大	5	4	3
東京理科大	1	1	9	専修大	22	51	20	文教大	51	56	47

※各大学合格数は既卒生を含む。

入試要項 2024年春（実績）

新年度日程についてはp.116参照。

◆ 推薦　第1志望
募集人員▶ 70名
選抜方法▶ 作文（60分・800字），個人面接（5分），調査書
◆ 一般　併願優遇（公私とも可）あり　※③の併願優遇はアルティメットクラスのみ募集
募集人員▶ ①40名，②20名，③10名　※うちアルティメットクラス①②③計40名
選抜方法▶ 国数英（各50分・各100点・英にリスニングあり），調査書
◆ 受験料　20,000円

(**内申基準**) 推薦：[スタンダード]［アドバンスト］3科12または5科19，［アルティメット]5科24　一般(併願優遇)：[スタンダード][アドバンスト]3科14または5科22，［アルティメット]5科25　※条件により内申加点あり

(**特待生・奨学金制度**) 一般③で成績上位者（8名以内）を特待生認定。入学金免除，授業料給付。

(**帰国生の受け入れ**) 国内生と別枠入試。

入試日程

区分	出願	試験	発表	手続締切
推薦	1/15〜20	1/22	1/22	1/23
一般①	1/25〜2/10・併優は〜2/3	2/10	2/10	2/11
一般②	1/25〜2/11・併優は〜2/3	2/11	2/11	2/22
一般③	1/25〜2/23・併優は〜2/22	2/23	2/23	2/27

[延納] 一般の併願者は第1志望校発表後まで。延納なしは合否判定時に優遇。

応募状況

年度	区分	応募数	受験数	合格数	実質倍率
'24	推薦	63	63	63	1.0
	一般①	191	188	176	1.1
	一般②	104	85	75	1.1
	一般③	66	48	25	1.9
'23	推薦	59	59	59	1.0
	一般①	163	160	146	1.1
	一般②	98	91	71	1.3
	一般③	56	28	17	1.6
'22	推薦	73	73	73	1.0
	一般①	185	182	173	1.1
	一般②	118	93	69	1.3
	一般③	90	62	36	1.7

['24年合格最低点] 一般①男子169・女子169，一般②男子167・女子165，一般③男子207・女子208（／300）

東京　男女　(ふ)　文教大学付属

学費（単位：円）

	入学金	維持費	授業料	その他経費	小計	初年度合計
入学手続時	280,000	―	―	―	280,000	約1,244,500
1年終了迄	―	170,000	432,000	約362,500	約964,500	

※2023年度実績。[授業料納入] 3回分割。
[その他] 制服・制定品代あり。

併願校の例　※[スタ]を中心に

	都立	神公立	国・私立
挑戦校	青山	横浜緑ケ丘	明治学院
	新宿	市立横浜サイエンス	都市大等々力
	小山台	多摩	朋優学院
	国際	神奈川総合	東京科学大附
	三田	大和	国学院
最適校	駒場	新城	かえつ有明
	目黒	市ケ尾	駒澤大学
	狛江	市立桜丘	多摩大目黒
	上野	生田	目黒日大
		港北	日本大学
堅実校	墨田川	市立橘	東京
	雪谷	元石川	立正大立正
	広尾	住吉	品川翔英
	田園調布	鶴見	目黒学院
	産業技術高専	市立高津	鶴見大附

合格のめやす

合格の可能性 60% 80% の偏差値を表示しています。

	60%	80%
スタンダード	55	59
アドバンスト	57	61
アルティメット	60	63

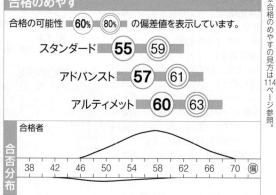

合格者
合否分布
不合格者
38　42　46　50　54　58　62　66　70 (偏)

※合格のめやすの見方は114ページ参照。

(**見学ガイド**) 文化祭／説明会／授業公開／個別見学対応

三鷹市

法政大学 高等学校

〒181-0002　東京都三鷹市牟礼4-3-1　☎(0422)79-6230

【教育目標】　法政大学の校風「自由と進歩」と，本校が掲げる「自主自律」の精神を追求し，豊かな知性と教養，健康な心と身体，思考力と判断力を有する人間を育てる。

【沿　革】　1936年創立。2007年法政大学第一高等学校より現校名に改称し，現在地に移転。

【学校長】　松浦　麻紀子

【生徒数】　男子307名，女子393名

	1年(6クラス)	2年(6クラス)	3年(6クラス)
男子	95名	100名	112名
女子	129名	137名	127名

京王井の頭線―井の頭公園12分
JR―吉祥寺20分

特色

設置学科：普通科

【カリキュラム】　①英語はタスク中心学習を導入。英語を使わなければ達成できないタスクに取り組むことで，理解度と定着度の向上を図る。学年ごとの目標を設定し，資格試験にも積極的に取り組む。②2年次より各自の進路に応じた選択科目を履修。文系・理系両方の領域から選択できる。教養学習やゼミでの調査・討論・発表など，大学の学びを先取りするものもある。③数学は文系・理系とも3年次まで必修。理論的な思考力を養い問題解決に生かす。④月に2回，クラスランチ（給食）が実施される。

【キャリア教育】　法政大学との高大連携プログラムとして講演や座談会，授業体験などを用意。進路指導室では他大学情報も提供している。

【海外研修】　2年次の修学旅行はシンガポールと沖縄から選択する。ほか，カナダ語学研修(希望制)やドイツへの派遣プログラム(2・3年次成績優秀者対象)も実施している。

【クラブ活動】　チアリーディング部，音楽部，スキー部が全国大会に出場している。

【施設】　中庭や人工芝のグラウンド，アリーナやプールなどを備えた体育館などを設置。

習熟度別授業数	土曜授業	文理選択	オンライン授業	制服	自習室	食堂	プール	グラウンド	アルバイト	
○	○	―	○	○	○	―	○	○	審査	登校時刻＝ 8:30 下校時刻＝19:00

進路情報　2023年3月卒業生

四年制大学への進学率 **98.3%**

【卒業生数】　232名

【進路傾向】　例年併設大学への進学者が大多数。国公立大学へ1名，海外大学へ1名が進学した。

【系列進学】　法政大学へ203名（法29，文22，経済30，社会27，経営28，国際文化9，人間環境12，現代福祉4，キャリアデザイン9，スポーツ健康4，グローバル教養1，情報科7，デザイン工12，理工6，生命科3）が内部推薦で進学した。

【指定校推薦】　利用状況は上智大5，立教大1，東京薬科大1，昭和薬科大1など。ほかに慶應大，学習院大，日本大，大東文化大，東京電機大，武蔵大，東京都市大など推薦枠あり。

	四年制大学	228名
	短期大学	0名
	専修・各種学校	0名
	就職	0名
	進学準備・他	4名

主な大学合格状況

'24年春速報は巻末資料参照

大学名	'23	'22	'21	大学名	'23	'22	'21	大学名	'23	'22	'21
◇筑波大	0	0	1	立教大	3	2	1	立命館大	1	2	0
◇都立大	0	0	0	中央大	2	1	0	杏林大	1	0	0
◇東京海洋大	1	0	0	法政大	207	211	210	東京薬科大	2	1	0
早稲田大	6	1	0	日本大	1	2	1	昭和薬科大	1	0	0
慶應大	5	1	6	東海大	1	0	0	武蔵野大	2	0	0
上智大	7	7	7	国際基督教大	1	0	0	昭和女子大	1	0	0
東京理科大	0	1	0	明治学院大	1	0	0	神田外語大	1	0	0
学習院大	1	0	1	芝浦工大	0	5	0	日本歯科生命科大	1	0	0
明治大	7	6	0	東京女子大	0	0	2	日本体育大	1	0	0
青山学院大	0	1	0	日本女子大	0	0	2	埼玉医大	1	0	0

※各大学合格数は既卒生を含む。

入試要項 2024年春（実績）

新年度日程については p.116参照。

◆ 推薦　第1志望

募集人員 ▶46名

選抜方法 ▶適性検査（国数英各40分・各100点），個人面接（15分），志望理由書，調査書

◆ 一般

募集人員 ▶46名

選抜方法 ▶国数英（国数各50分・各100点，英60分・150点・リスニングあり），調査書

◆ 受験料　25,000円

内申基準 推薦：9科38　一般：基準以上で入試得点に加点。9科32〜35（＋10点），9科36〜39（＋20点），9科40（＋30点）※いずれも9科に2不可

特待生・奨学金制度 独自の奨学金制度あり。

帰国生の受け入れ 国内生と同枠入試で考慮あり。

入試日程

区分	登録・出願	試験	発表	手続締切
推薦	12/20〜1/18	1/22	1/22	1/24
一般	12/20〜2/2	2/10	2/11	3/1

[延納] 一般の他県公立受験者は公立発表後まで。

応募状況

年度	区分		応募数	受験数	合格数	実質倍率
'24	推薦	男子	45	45	21	2.1
		女子	84	84	25	3.4
	一般	男子	130	118	40	3.0
		女子	159	151	46	3.3
'23	推薦	男子	33	33	12	2.8
		女子	81	81	28	2.9
	一般	男子	103	94	34	2.8
		女子	141	131	41	3.2
'22	推薦	男子	49	49	17	2.9
		女子	89	89	23	3.9
	一般	男子	118	109	34	3.2
		女子	152	142	37	3.8

['24合格最低点] 推薦：男子223, 女子225（/300），一般：男子261, 女子270（/350）

東京　男女　（ほ）法政大学

学費（単位：円）

学費（単位：円）	入学金	教育充実費	授業料	その他経費	小計	初年度合計
入学手続時	300,000	—	—	—	300,000	1,098,000
1年終了迄	—	240,000	531,000	27,000	798,000	

※2024年度予定。[授業料納入] 2回分割。
[その他] 制服・制定品代，諸会費46,000円，教材費8,100円，教科書代約30,000円，諸費72,870円（クラスランチ費含む），タブレットPC代138,688円（金額は2023年度実績）あり。
[寄付・学債] 任意の法政大学中学高等学校教育振興資金1口10万円あり。

併願校の例

	都立	神・埼公立	私立
挑戦校	日比谷	湘南	青山学院 明大明治 早大本庄 法政二
最適校	西 国立 立川 八王子東 新宿	多摩 川和 蕨 所沢北	明大八王子 明大中野 中央大学 国学院久我山 桐光学園
堅実校	国分寺 駒場 豊多摩 北園 調布北	大和 光陵 和光国際 川口市立	日大二 国学院 拓大一 成城学園 八王子学園

合格のめやす

合格の可能性 **60%** **80%** の偏差値を表示しています。

普通科　**65**　**68**

※合格のめやすの見方は114ページ参照。

合否分布

合格者

38	42	46	50	54	58	62	66	70	(偏)

不合格者

見学ガイド 文化祭／説明会／見学会

中野区

宝仙学園 高等学校（共学部 理数インター）

〒164-8628　東京都中野区中央2-28-3　☎(03)3371-7103

【教育方針】　最後までやり抜く力，目標に到達するための計画力，集団で動くための協調性を培う「知的で開放的な広場」をめざす。

【沿　革】　1928年，宝仙寺が設立した中野高等女学校を前身として，1949年宝仙高等学校発足。2010年高校に理数インター（共学部）設置。

【学校長】　富士　晴英

【生徒数】　男子332名，女子341名

	1年（6クラス）	2年（7クラス）	3年（7クラス）
男子	104名	132名	96名
女子	105名	108名	128名

丸ノ内線・都営大江戸線―中野坂上3分

特色

設置学科：普通科

【コース】　2年次に文系（一般クラス），理系（選抜クラス，一般クラス），文理混合（選抜クラス）に分かれ，3年次は文系と理系にはそれぞれ選抜クラスと一般クラスを設置。文理混合には一般クラスを設置する。

【カリキュラム】　①1年次は全教科をバランス良く学び，自らの可能性を広げる。2年次に文理分けはあるが，国公立型，私立型などには絞らず，幅広く学ぶ。3年次は個々の受験型に応じた選択科目が中心。②文系理系にかかわらず，数学や理科では本質を見抜き，筋道を立てて解決方法を導き出す「理数的思考力」を養うことを大切にする。③涅槃会などの仏教行事がある。

【海外研修】　2年次のアメリカ研修旅行（7日間）は全員参加。ほかに希望制の短期〜長期の語学研修をマルタ島，セブ島，ニュージーランド，イギリス（ウェールズ）で実施する。

【クラブ活動】　女子部と合同のクラブも多い。鉄道部が全国高等学校鉄道模型コンテスト参加。

【施設】　2025年4月〜2028年3月，特別教室が入る新校舎を新築予定。工期中は体育の授業などで1・2年次は週1回鷺ノ宮校舎に登校。

習熟度別授業	土曜授業	文理選択	オンライン授業	制服	自習室	食堂	プール	グラウンド	アルバイト
英	○	2年〜	○	○	〜20:00	○	○	○	―

登校時刻＝ 8:20
下校時刻＝18:00

進路情報　2023年3月卒業生

四年制大学への進学率 **79.9%**

【卒業生数】　214名

【進路傾向】　主な大学合格状況（現役のみ）は，国公立大学35名（大学校含む），早慶上理59名，GMARCH130名。海外大学に2名が合格。

■ 四年制大学	171名
□ 短期大学	0名
■ 専修・各種学校	5名
■ 就職	0名
□ 進学準備・他	38名

主な大学合格状況　'24年春速報は巻末資料参照

大学名	'23	'22	'21	大学名	'23	'22	'21	大学名	'23	'22	'21
◇東京大	1	0	1	●東京学芸大	5	3	2	立教大	34	35	17
◇京都大	1	1	1	●都立大	2	1	3	中央大	22	55	27
◇東工大	1	3	0	●電通大	1	1	0	法政大	46	59	43
◇一橋大	0	0	1	早稲田大	16	20	21	日本大	63	62	49
◇千葉大	1	0	0	慶應大	8	8	10	東洋大	34	41	33
◇筑波大	0	1	4	上智大	27	13	10	駒澤大	18	9	12
◇東京外大	1	1	3	東京理科大	20	16	23	東海大	11	16	8
◇埼玉大	2	0	1	学習院大	9	10	6	成蹊大	15	30	16
◇北海道大	1	1	0	明治大	40	40	43	芝浦工大	13	43	36
◇東京医歯大	1	0	0	青山学院大	14	18	14	こども教育宝仙大	18	9	14

※各大学合格数は女子部との合計。既卒生を含む。

入試要項 2024年春（実績）

新年度日程についてはp.116参照。

◆推薦　A推薦：単願　B推薦：併願（公私とも可。東京・神奈川生を除く）

募集人員▶ 若干名

選抜方法▶ A推薦：日本語リスニング（45分），プレゼンテーション（プレゼンテーション5分，質疑応答15分），調査書，学習歴報告書・面接申請書　B推薦：面接（15分），調査書，志望理由書

◆一般　併願優遇（公私とも可），一般フリー

募集人員▶ ①②各10名

選抜方法▶ 国数英（各50分），調査書

◆受験料　22,000円

内申基準 A推薦・B推薦・一般（併願優遇）：5科22

特待生・奨学金制度 推薦・一般とも内申，入試成績により2段階の特待生認定。

帰国生の受け入れ 国内生と別枠入試。

入試日程

区分	登録・出願	試験	発表	手続締切
推薦	12/20〜1/18	1/22	1/22	1/24
一般①	12/20〜2/8	2/10	2/10	2/15
一般②	12/20〜2/10	2/12	2/12	2/15

［延納］B推薦と一般は併願校発表後まで。

応募状況

年度	区分		応募数	受験数	合格数	実質倍率
'24	推薦	A	1	1	1	1.0
		B	9	9	9	1.0
	一般①	併優	51	49	48	1.0
		フリー	9	7	4	1.8
	一般②	併優	41	27	25	1.1
		フリー	27	21	8	2.6
'23	推薦	A	0	0	0	—
		B	3	3	3	1.0
	一般①	併優	37	35	34	1.0
		フリー	14	14	11	1.3
	一般②	併優	39	27	27	1.0
		フリー	20	15	13	1.2
'22	推薦	A	1	1	1	1.0
		B	4	3	3	1.0
	一般①	併優	80	79	74	1.1
		フリー	15	14	7	2.0
	一般②	併優	59	44	44	1.0
		フリー	28	24	13	1.8

［'24年合格最低点］非公表。

学費（単位：円）	入学金	施設費	授業料	その他経費	小計	初年度合計
入学手続時	300,000	120,000	—	—	420,000	1,101,600
1年終了迄	—	60,000	483,600	138,000	681,600	

※2024年度予定。［返還］2/29までの入学辞退者には入学金を除き返還。［授業料納入］一括または11回分割。［その他］制服・制定品代等あり。［寄付・学債］任意の寄付金あり。

併願校の例

	都立	埼公立	私立
挑戦校	日比谷 西	大宮	早稲田実業 青山学院 明大明治
最適校	戸山 青山 立川 新宿 三田	市立浦和 蕨 浦和西 所沢北	桐朋 中大附属 国学院久我山 成蹊 国学院
堅実校	武蔵野北 駒場 豊多摩 北園 調布北	和光国際 川口市立 川口北 所沢	淑徳巣鴨 拓大一 聖徳学園 東京電機大 八王子学園

見学ガイド 文化祭／説明会／相談会

合格のめやす

合格の可能性 **60%** **80%** の偏差値を表示しています。

普通科 **63** **67**

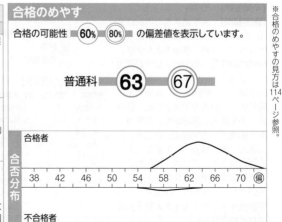

※合格のめやすの見方は114ページ参照。

東　京　男　女　ほ　宝仙学園（共学部 理数インター）

豊島区

豊南 高等学校

〒171-0042 東京都豊島区高松3-6-7 ☎(03)3959-5511

【教育理念】 建学の精神に「自主獨立の芽を育む」を掲げる。責任感の強い自主独立の精神の涵養，明朗闊達な民主的人物の育成，自由放逸な自然性の合理的道徳的な向上をめざす。

【沿　革】 1942年創立。2004年に男女別学から共学へ移行。

【学校長】 守隨　憲道

【生徒数】 男子639名，女子478名

	1年(10クラス)	2年(10クラス)	3年(9クラス)
男子	237名	223名	179名
女子	180名	163名	135名

有楽町線・副都心線―千川10分

特色

設置学科：普通科

【コース】 特進，選抜，進学の3コースを設置。

【カリキュラム】 ①4ターム制を導入し，授業日を約42週分設定。余裕のある授業進行で，大学入試対策の時間をしっかりと確保する。②6時間授業を基本とし，放課後は部活動や生徒会活動などに主体的に参加。③特進コースは1年次から先取り学習を実施。国公立・最難関私立大をめざす。④選抜コースは勉強とクラブを両立させながら難関大学をめざす。⑤進学コースは個性を伸長し，希望する大学への進学をめざす。授業はわかりやすさに重点を置く。⑥「伸学システム」としてネット配信型教材や質問型個別自習室を整備するなど様々なサポートを用意。⑦ネイティヴスピーカー常駐の英会話ルームを設置。検定対策や添削指導も行う。

【海外研修】 希望者を対象に，オーストラリア・ブリスベンの姉妹校での短期留学（10週間），夏期語学研修（2週間）がある。

【クラブ活動】 ソフトテニス部男子，手話部が全国大会に出場している。吹奏楽部も活発。

【施設】 グラウンドは人工芝。野球部とサッカー部は埼玉県志木の専用グラウンドを使う。

習熟度別授業	土曜授業	文理選択	オンライン授業	制服	自習室	食堂	プール	グラウンド	アルバイト
―	○	2年～	○	○	～19:30	○	―	○	審査

登校時刻＝ 8:50
下校時刻＝19:30

進路情報 2023年3月卒業生

四年制大学への進学率 **80.1%**

【卒業生数】 312名

【進路傾向】 大学進学者の内訳は文系73%，理系23%，他4%。国公立大学へ文系1名，理系1名が進学。

【指定校推薦】 利用状況は学習院大1，法政大1，日本大1，東洋大2，國學院大3，成蹊大1，成城大1，獨協大2，日本女子大2など。ほかに大東文化大，亜細亜大，帝京大，東京電機大，工学院大，立正大，国士舘大，東京経済大，大妻女子大，白百合女子大，杏林大，実践女子大，二松學舍大，東京工科大，大正大，拓殖大，産業能率大，城西大，跡見学園女子大，東京国際大，女子栄養大など推薦枠あり。

四年制大学	250名
短期大学	5名
専修・各種学校	38名
就職	1名
進学準備・他	18名

主な大学合格状況

'24年春速報は巻末資料参照

大学名	'23	'22	'21	大学名	'23	'22	'21	大学名	'23	'22	'21
◇埼玉大	0	1	0	中央大	5	2	1	國學院大	4	6	7
◇都立大	0	1	0	法政大	2	9	6	獨協大	13	3	7
◇帯広畜産大	1	0	0	日本大	9	10	19	東京電機大	2	5	5
◇都留文科大	1	0	0	東洋大	9	14	15	日本女子大	7	3	1
早稲田大	0	4	0	駒澤大	2	9	8	立命館大	7	1	0
東京理科大	1	1	0	専修大	13	7	3	武蔵大	7	6	8
学習院大	2	2	3	大東文化大	11	5	12	工学院大	4	3	6
明治大	3	4	3	東海大	0	6	11	国士舘大	11	6	10
青山学院大	2	0	1	亜細亜大	6	10	10	杏林大	5	7	7
立教大	0	3	1	帝京大	25	19	19	城西大	6	5	15

※各大学合格数は既卒生を含む。

入試要項 2024年春（実績）

新年度日程についてはp.116参照。

◆ 推薦　A推薦：単願（①のみ）　B推薦：併願（①②）　C推薦：自己推薦（①単願・併願，②併願）　※B・C推薦は東京・神奈川生を除く。併願は国公私とも可

募集人員▶特進コース20名，選抜コース40名，進学コース100名

選抜方法▶適性検査（国数英各45分・各100点，英にリスニングあり），個人面接（5分），調査書

◆ 一般　一般①：単願，併願，併願優遇　一般②：併願，併願優遇　※併願，併願優遇はいずれも国公私とも可

募集人員▶特進コース20名，選抜コース40名，進学コース100名

選抜方法▶国数英（各50分・各100点・英にリスニングあり），調査書，ほか単願・併願は個人面接（5分）

◆ 受験料　22,000円

内申基準 A推薦 [特進] 3科12または5科20または9科36，[選抜] 3科11または5科18または9科32，[進学] 3科10または5科17または9科30　B推薦・一般（併願優遇）：[特進] 3科13または5科22または9科39，[選抜] 3科12または5科19または9科35，[進学] 3科11または5科18または9科32　※いずれも9科に1不可　※条件により内申加点あり

特待生・奨学金制度 内申，入試の成績優秀者を3段階の特待生認定。

帰国生の受け入れ 国内生と同枠入試で考慮あり。

入試日程

区分	出願	試験	発表	手続締切
推薦①	1/15〜18	1/22	1/22	1/25
推薦②	1/15〜18	1/23	1/23	1/25
一般①	1/25〜2/6	2/10	2/10	2/15
一般②	1/25〜2/6	2/12	2/12	2/15

[延納] B推薦・C推薦・一般の併願者は公立発表後まで。

応募状況

年度	区分			応募数	受験数	合格数	実質倍率
'24	特進	推薦	A	5	5	5	1.0
			B・C	4	4	4	1.0
		一般	①	31	31	31	1.0
			②	9	8	8	1.0
	選抜	推薦	A	23	22	22	1.0
			B・C	17	16	16	1.0
		一般	①	139	137	137	1.0
			②	25	19	19	1.0
	進学	推薦	A	112	111	111	1.0
			B・C	36	35	35	1.0
		一般	①	458	452	426	1.1
			②	105	76	56	1.4

[スライド制度] あり。上記に含まず。
[24年合格最低点] 推薦：特進210，選抜190，進学130（/300）　一般：特進210，選抜190，進学130（/300）

学費（単位：円）	入学金	施設費	授業料	その他経費	小計	初年度合計
入学手続時	250,000	100,000	—	5,000	355,000	1,146,200
1年終了迄	—	120,000	468,000	203,200	791,200	

※2024年度予定。[授業料納入] 4回分割。
[その他] 制服・制定品代あり。

併願校の例
※[進学]を中心に

	都立	埼公立	私立
挑戦校	豊島 石神井 清瀬 向丘 武蔵丘	市立川越 所沢西 朝霞	日大豊山 目白研心 城西大城西 大東文化一 豊島学院
最適校	鷺宮 保谷 杉並 高島 田無	朝霞西 豊岡 川越西 所沢中央 志木	東星学園 東京立正 駿台学園 貞静学園 武蔵野
堅実校	板橋 千早 東久留米総合 久留米西 練馬	新座柳瀬 狭山清陵 ふじみ野	堀越 東野

合格のめやす

合格の可能性 **60%** **80%** の偏差値を表示しています。

特進　**54**　**58**
選抜　**49**　**53**
進学　**43**　**47**

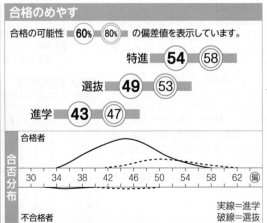

合格者

| 30 | 34 | 38 | 42 | 46 | 50 | 54 | 58 | 62 | (偏) |

不合格者

実線＝進学
破線＝選抜

合否分布

※合格のめやすの見方は114ページ参照。

見学ガイド 文化祭／説明会／冬休み個別相談会

東京　男女　（ほ）　豊南

品川区

朋優学院 高等学校

〒140-8608　東京都品川区西大井6-1-23　☎(03)3784-2131

【教育理念】「自立と共生」を掲げる。自立とは「自己肯定感を背景とした主体性・自ら考え自ら伸びていく力」，共生とは「仲間と切磋琢磨する精神・他者を敬い多様性を受容する心」を意味する。

【沿　革】 1946年中延学園高等女学校として創立。2001年共学化，現校名に改称。

【学校長】 佐藤　裕行

【生徒数】 男子548名，女子767名

	1年(10クラス)	2年(13クラス)	3年(12クラス)
男子	158名	197名	193名
女子	220名	292名	255名

都営浅草線―中延8分　ＪＲ―西大井10分
東急大井町線―中延9分，荏原町9分

特色

設置学科：普通科

【コース】 国公立TG，国公立AG，特進SGの3コース制。2年次に国公立TG，国公立文系・理系，特進数理，特進文系の4コースに分かれる。

【カリキュラム】 ①国公立TGコースと国公立文系・理系コースは共通カリキュラム。全員参加の勉強合宿を行う。国公立TGコースは東京大学，京都大学への現役合格を目標に最上級の授業を展開する。②特進数理コースは「理数探求」の授業を通じて論理的思考力，課題解決力，表現力を高める。③特進文系コースは国際社会で活躍する素養を高める。④ICT端末をオンライン小テストや課題提出などに活用。Web上での添削指導も行う。⑤1・2年次は外国人講師とのオンライン英会話が必修。⑥放課後に特別講座を開講。基礎力定着から入試対策まで幅広く対応。

【海外研修】 2年次の修学旅行はドバイ，シンガポール，沖縄から選択。ほか1・2年次希望者対象のオーストラリア短期留学と1年次希望選択制のニュージーランド中期留学制度がある。

【クラブ活動】 ダンス部が全国大会出場実績をもつ。eスポーツ部が関東大会準優勝。ヒーローショーを行うアトラクション部がユニーク。

習熟度別授業	土曜授業	文理選択	オンライン授業	制服	自習室	食堂	プール	グラウンド	アルバイト
数英	○	2年〜	○	○	○	—	—	○	—

登校時刻＝ 8:30
下校時刻＝19:00

進路情報 2023年3月卒業生

四年制大学への進学率 **92.0%**

【卒業生数】 337名

【進路傾向】 主な大学合格状況（現役）は国公立大学66名，早慶上理160名，GMARCH496名。また医学部医学科10名，薬学部36名合格。

【指定校推薦】 早稲田大，上智大，東京理科大，学習院大，明治大，青山学院大，立教大，法政大，日本大，東洋大，駒澤大，専修大，大東文化大，東海大，帝京大，國學院大，成蹊大，成城大，明治学院大，獨協大，神奈川大，芝浦工大，東京電機大，津田塾大，東京女子大，日本女子大など推薦枠あり。

四年制大学	310名
短期大学	0名
専修・各種学校	3名
就職	0名
進学準備・他	24名

主な大学合格状況

'24年春速報は巻末資料参照

大学名	'23	'22	'21	大学名	'23	'22	'21	大学名	'23	'22	'21
◇東京大	0	1	0	早稲田大	51	42	28	日本大	74	133	113
◇京都大	0	1	0	慶應大	10	16	6	東洋大	81	225	126
◇東工大	1	0	1	上智大	57	34	42	専修大	30	79	39
◇一橋大	4	1	0	東京理科大	52	73	42	東海大	13	56	37
◇千葉大	3	3	5	学習院大	24	16	12	國學院大	32	52	39
◇筑波大	1	0	3	明治大	125	105	78	成蹊大	25	50	39
◇東京外大	2	2	0	青山学院大	77	40	34	明治学院大	29	65	53
◇横浜国大	4	4	5	立教大	79	119	88	神奈川大	25	58	52
◇東北大	3	3	4	中央大	73	112	83	芝浦工大	53	55	51
◇都立大	8	4	6	法政大	165	141	76	日本女子大	19	39	51

※各大学合格数は既卒生を含む。

入試要項 2024年春（実績）

新年度日程についてはp.116参照。

◆ **推薦** 第1志望

募集人員 ▶ 国公立AGコース40名，特進SGコース60名

選抜方法 ▶ 個人面接

◆ **一般** 併願優遇（公私とも可）あり

募集人員 ▶ 国公立TGコース25名，国公立AGコース130名，特進SGコース140名

選抜方法 ▶ 国公立TG：国数理社（各50分・各100点），英（60分・100点・リスニングあり），調査書 国公立AG・特進SG：国数または国数理社（各50分・各100点），英（60分・100点・リスニングあり），調査書 ※いずれも理社はマークシート，英はマークシートと記述の併用

◆ **受験料** 25,000円

内申基準 推薦：[国公立AG]5科25，[特進SG]5科23 **一般（併願優遇）**：5科24 ※いずれも9科に2不可 ※条件により内申加点あり

特待生・奨学金制度 入試成績上位者を特待生認定。ほか野球特待生（若干名）あり。

帰国生の受け入れ 国内生と同枠入試で考慮あり。

入試日程

区分	登録・出願	試験	発表	手続締切
推薦	12/20〜1/18	1/22	1/22	1/25
一般	12/20〜1/30	2/10or12or13	2/14	2/16

[延納] 一般の併願者は30,000円納入により残額を公立発表後まで。

応募状況

年度	区分			応募数	受験数	合格数	実質倍率
'24	推薦		国公立AG	30	30	30	1.0
			特進SG	82	82	82	1.0
	一般5科目	併願	国公立TG	600	516	139	—
			国公立AG			375	—
			特進SG			493	—
		オープン	国公立TG	456	415	72	—
			国公立AG			216	—
			特進SG			246	—
	一般3科目	併願	国公立AG	601	479	216	—
			特進SG			416	—
		オープン	国公立AG	890	781	213	—
			特進SG			287	—
'23	推薦		国公立	18	18	18	1.0
			特進	69	69	69	1.0
	一般5科目	併優	国公立TG	498	412	97	—
			国公立			281	—
			特進			381	—
		オープン	国公立TG	389	365	50	—
			国公立			173	—
			特進			221	—
	一般3科目	併優	国公立	613	486	117	—
			特進			410	—
		オープン	国公立	907	811	142	—
			特進			283	—

[スライド制度] あり。上記に含む。
['24年合格最低点] 一般：国公立TG350/500，国公立AG180，特進SG130（/300）

東京 男女 ⓗ 朋優学院

学費（単位：円）

	入学金	施設設備費	授業料	その他経費	小計	初年度合計
入学手続時	270,000	180,000	—	17,000	467,000	1,302,600
1年終了迄	—	—	444,000	391,600	835,600	

※2024年度予定。[入学前納入] 1年終了迄の小計のうち40,000円。[授業料納入] 4回分割。
[その他] 制服・制定品代あり。[寄付・学債] 任意の寄付金1口2万円2口以上あり。

併願校の例 ※[特進SG]を中心に

	都立	神公立	国・私立
挑戦校	日比谷／西／国立	横浜翠嵐／湘南／柏陽	慶應女子／青山学院／広尾学園／慶應義塾／法政二
最適校	戸山／青山／新宿／小山台／三田	横浜緑ケ丘／市立横浜サイエンス／川和／多摩／希望ケ丘	明治学院／青稜／東京科学大附／法政国際／桐蔭学園
堅実校	駒場／小松川／豊多摩／目黒／上野	横浜平沼／新城／市ケ尾／市立東／港北	東洋／駒澤大学／文教大付／多摩大目黒／目黒日大

合格のめやす

合格の可能性 **60%** **80%** の偏差値を表示しています。

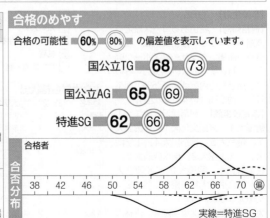

国公立TG **68** (73)
国公立AG **65** (69)
特進SG **62** (66)

合格者 / 合否分布 / 不合格者

38 42 46 50 54 58 62 66 70 偏

実線＝特進SG
破線＝国公立TG

※合格のめやすの見方は114ページ参照。

見学ガイド 文化祭／説明会／オープンスクール

中野区

小 中 高 専 短 大

堀越 高等学校

〒164-0011　東京都中野区中央2-56-2　☎(03)3363-7661

【教育方針】　校訓「太陽の如く生きよう」のもと，人としての基本を軸に個性を磨き，なくてはならぬ存在として社会で生き抜く力を育む。
【沿　革】　1923年創立。
【学校長】　掛本　寿雄
【生徒数】　男子800名，女子254名

	1年(12クラス)	2年(12クラス)	3年(11クラス)
男子	304名	265名	231名
女子	77名	92名	85名

JR・東西線―中野15分またはバス堀越学園前2分　丸ノ内線・都営大江戸線―中野坂上12分

特色

設置学科：普通科

【コース】　総合，体育，トレイトの3コース制。総合コースは2年次より文系と理系に分かれる。
【カリキュラム】　①総合コースはキャリアプログラムや選択科目「ライフデザイン」などを通して進路を決めたい人のコース。②体育コースはスポーツに集中できる環境を整え豊富な練習量を確保する。サッカー部，硬式野球部，陸上競技部は体育コース生のみ入部可。③トレイトコースは芸能界やプロスポーツ界で活躍する生徒が対象。出席日数の不足分をサポートする制度あり。④放課後の校内ゼミを週1回開講。⑤

1年次に3泊4日の合宿を実施。集団行動の大切さを学ぶ。2年次には文化や歴史に触れる2泊3日の地域学習，3年次には研修旅行を行う。研修旅行の行先は複数のコースからの選択制。
【キャリア教育】　卒業生の体験談を聞き，大学・専修学校で授業を受けるなど，様々な進路体験学習を用意。進路の決定を支援する。
【クラブ活動】　ダンス部と陸上競技部が全国大会に出場。ラグビー部なども活発。
【施設】　全天候型400mトラックと人工芝グラウンドを備える八王子総合体育施設がある。

習熟度別授業	土曜授業	文理選択	オンライン授業	制服	自習室	食堂	プール	グラウンド	アルバイト	登校時刻＝ 8:45
―	―	2年〜	○	○	〜18:20	○	―	遠隔	届出	下校時刻＝18:40

進路情報　2023年3月卒業生

【卒業生数】　397名
【進路傾向】　特色あるコース設定で，進路も進学から一般企業就職，芸能事務所所属，ダンサー，スポーツ選手，公務員まで幅広い。2023年春の大学進学者の内訳は文系75%，理系17%，他8%（いずれも私立）。
【指定校推薦】　利用状況は東洋大1，駒澤大1，大東文化大1，亜細亜大7，帝京大5，神奈川大4，工学院大2，国士舘大2，東京経済大2，桜美林大1，明星大9，二松學舍大2，帝京平成大12，東京工科大2，拓殖大3など。ほかに玉川大，立正大，千葉工大，関東学院大，杏林大，実践女子大など推薦枠あり。

四年制大学への進学率 66.8%

四年制大学	265名
短期大学	3名
専修・各種学校	84名
就職	20名
進学準備・他	25名

主な大学合格状況
'24年春速報は巻末資料参照

大学名	'23	'22	'21	大学名	'23	'22	'21	大学名	'23	'22	'21
慶應大	1	0	0	大東文化大	2	2	3	桜美林大	3	5	3
上智大	0	1	0	東海大	1	1	1	杏林大	4	2	1
明治大	1	0	0	亜細亜大	8	10	6	明星大	15	12	12
青山学院大	2	0	0	帝京大	16	13	6	帝京平成大	17	13	6
中央大	1	2	3	明治学院大	3	2	0	拓殖大	9	8	8
法政大	1	2	1	神奈川大	4	4	4	帝京科学大	7	6	3
日本大	7	4	3	玉川大	2	2	1	高千穂大	18	9	4
東洋大	1	2	3	立正大	2	4	2	日本体育大	5	8	4
駒澤大	1	2	1	国士舘大	6	4	1	嘉悦大	12	3	5
専修大	1	2	3	東京経済大	4	3	3	駿河台大	6	10	12

※各大学合格数は既卒生を含む。

入試要項 2024年春（実績）

新年度日程についてはp.116参照。

※体育コース対象種目は男子バスケットボール，サッカー，陸上競技，硬式野球，ダンス

◆ 推薦　単願
募集人員 ▶約180名
選抜方法 ▶個人面接（5分），調査書

◆ 一般　一般Aに併願優遇（公立のみ）あり
※トレイトコースは募集なし
募集人員 ▶約180名
選抜方法 ▶国数英（計90分・計300点），個人面接（5分），調査書

◆ 受験料　20,000円

（**内申基準**）推薦：9科に1不可　一般A（併願優遇）：9科23かつ9科各2

（**特待生・奨学金制度**）入学金・授業料・教育充実費支給の特待生制度あり。学業特待生は5科23（3名）。スポーツ特待生は9科23かつ技能優秀，大会などで顕著な成績を収めた者（硬式野球・サッカー・その他各3名）。

（**帰国生の受け入れ**）国内生と同枠入試。

入試日程

区分	登録・出願	試験	発表	手続締切
推薦	1/8〜18	1/22	1/22	1/24
一般A	1/8〜2/7	2/10	2/10	2/15
一般B	1/8〜2/7	2/11	2/11	2/15

[出願期間] 一般A不合格者の一般B再受験は2/11まで。
[延納] 一般の延納希望者は公立発表後まで。

応募状況

年度	区分	応募数	受験数	合格数	実質倍率
'24	推薦	194	194	194	1.0
	一般	633	584	547	1.1
'23	推薦	194	194	194	1.0
	一般A	406	393	381	1.0
	一般B	72	56	52	1.1
'22	推薦	198	197	197	1.0
	一般A	389	380	375	1.0
	一般B	71	42	40	1.1

['24年合格最低点] 一般132（/300）

東　京　男　女　（ほ）堀越

学費（単位：円）

	入学金	教育充実費	授業料	その他経費	小計	初年度合計
入学手続時	250,000	—	—	—	250,000	896,200
1年終了迄	—	169,800	476,400	—	646,200	

※2024年度予定。[授業料納入] 4回分割。
[その他] 制服・制定品代，年度当初の諸費用，教材費，学校行事費，実験実習費，タブレット端末代等あり。

併願校の例

	都立	埼公立	私立
挑戦校	鷺宮 杉並 富士森 松原 高島	鳩ヶ谷 浦和東 志木	東京立正 豊南 駿台学園 自由ヶ丘 貞静学園
最適校	田無 板橋 久留米西 練馬 板橋有徳	川口東 新座柳瀬 川口青陵	二階堂 成女 大東学園 科学技術学園
堅実校	千歳丘 東村山西 拝島 第一商業 大山	新座 富士見	

合格のめやす

合格の可能性 **60%** **80%** の偏差値を表示しています。

普通科　**37**　**41**

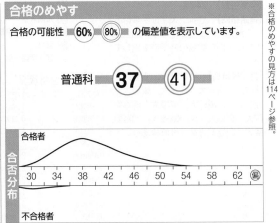

※合格のめやすの見方は114ページ参照。

合格者

合否分布　30　34　38　42　46　50　54　58　62 （偏）

不合格者

（**見学ガイド**）文化祭／説明会／見学会

三鷹市

小 中 高 専 短 大

Myojo 明星学園 高等学校

〒181-0002　東京都三鷹市牟礼4-15-22　☎(0422)48-6221

【教育方針】　「個性尊重・自主自立・自由平等」を教育理念に掲げる。生徒一人ひとりが明るく輝く星をめざして歩みを進めてほしいという願いが校名に込められている。

【沿　革】　1924年，大正デモクラシーに伴う自由教育運動の中で小学校創立。1928年旧制中学校，旧制高等女学校を開設。

【学校長】　平野　康弘

【生徒数】　男子409名，女子428名

	1年(8クラス)	2年(7クラス)	3年(7クラス)
男子	140名	134名	135名
女子	156名	152名	120名

JR—吉祥寺15分（バスあり）
京王井の頭線—井の頭公園12分

特色

設置学科：普通科

【コース】　2年次より文系，理系，実技系（体育，音楽，美術，家政）の各コースに分かれる。

【カリキュラム】　①2・3年次に生徒の希望に応じて履修する自由選択授業を設定。リスニング，ボーカルアンサンブル，染色，ドイツ語など，特徴的・専門的な授業も多い。②自治会（生徒会）活動に力を入れる。体育祭や文化祭，音楽祭では実行委員会を発足して企画・運営するなど生徒が活動を牽引する。③美術（素描，素材技法，立体表現，CGデザイン，作品鑑賞など）や音楽系（歌唱，器楽，ソルフェージュ，オペ

ラミュージカル，キーボードなど）の教育が充実している。④進学の準備として，学習習慣の定着のために模擬試験や実力試験の機会を多く用意。卒業後の希望の実現を支援する。

【海外研修】　夏休みにはオーストラリアとタイへの短期留学制度がある。ほかに長期留学や希望選抜制の交換留学，学期留学なども実施。

【クラブ活動】　女子バスケットボール部，陸上部，和太鼓部が全国大会出場の実績。

【行事】　10月下旬にインターナショナル・ウィーク＆デイを設定。留学生と交流を深める。

習熟度別授業	土曜授業	文理選択	オンライン授業	制服	自習室	食堂	プール	グラウンド	アルバイト
数英	○	2年〜	○	—	○	○	—	○	届出

登校時刻＝ 8:30
下校時刻＝18:00

進路情報　2023年3月卒業生

四年制大学への進学率 **70.5%**

【卒業生数】　244名

【進路傾向】　近年，大学進学率は6〜7割程度。私立が主だが，国公立大学にも例年数名の進学者を出している。

【指定校推薦】　学習院大，立教大，法政大，日本大，東洋大，東海大，亜細亜大，成蹊大，成城大，明治学院大，獨協大，東京電機大，武蔵野美大，国立音大など推薦枠あり。

四年制大学	172名
短期大学	1名
専修・各種学校	20名
就職	1名
進学準備・他	50名

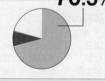

主な大学合格状況

'24年春速報は巻末資料参照

大学名	'23	'22	'21	大学名	'23	'22	'21	大学名	'23	'22	'21
◇一橋大	0	0	1	青山学院大	5	5	2	帝京大	5	5	9
◇筑波大	2	0	0	立教大	4	4	5	成蹊大	3	7	8
◇都立大	1	0	1	中央大	5	4	11	成城大	3	10	8
◇信州大	1	0	1	法政大	8	10	9	明治学院大	3	3	4
早稲田大	2	1	2	日本大	20	16	21	武蔵大	3	13	7
慶應大	1	0	2	東洋大	8	11	9	玉川大	14	5	2
上智大	2	1	2	駒澤大	4	8	3	国士舘大	8	2	7
東京理科大	3	2	1	専修大	0	2	11	桜美林大	4	10	21
学習院大	4	1	3	東海大	8	5	5	多摩美大	11	5	1
明治大	4	1	8	亜細亜大	5	7	3	武蔵野美大	14	4	9

※各大学合格数は既卒生を含む。

入試要項 2024年春（実績）

新年度日程については p.116参照。

◆ 推薦 A方式：単願（得意教科） B方式：単願（特別奨学生制度申請可）

募集人員▶75名

選抜方法▶A方式：個人面接（10～15分），教科面接（得意教科についての質問・出題，実技，作品持参など），推薦希望理由書，調査書
B方式：個人面接（10～15分），推薦希望理由書，調査書，ほかに特別奨学生制度希望者は申請書

◆ 一般 一般①：国公立併願優遇（本校第2志望），一般 一般②：私立併願優遇（本校第2志望），一般

募集人員▶一般①55名・②20名

選抜方法▶国数英（各50分・各100点），個人面接（10～15分），調査書

◆ 受験料 23,000円

(内申基準) 推薦A方式：得意教科4または5
推薦B方式：5科18 一般①（国公立併願優遇）・一般②（私立併願優遇）：5科20または9科36 ※いずれも9科に1不可，推薦は9科に2も不可 ※条件により内申加点あり

(特待生・奨学金制度) 推薦B方式は内申基準，一般①（国公立併願優遇）は内申基準，入試成績により特別奨学生を認定。

(帰国生の受け入れ) 国内生と別枠入試。推薦・一般も受験可（優遇あり）。

入試日程

	区分	登録・出願	試験	発表	手続締切
推薦	A方式	12/20～1/18	1/22	1/23	1/30
	B方式	12/20～1/18	1/22	1/23	1/30
一般①	併願優遇	12/20～2/5	2/10	2/11	国公立発表日
	一般	12/20～2/5	2/10	2/11	2/19
一般②	併願優遇	12/20～2/5	2/13	2/14	2/19
	一般	12/20～2/5	2/13	2/14	2/19

［延納］一般受験の国公立併願者は国公立発表後まで。

応募状況

年度	区分		応募数	受験数	合格数	実質倍率
'24	推薦	男子	82	82	82	1.0
		女子	90	90	90	1.0
	一般①	男子	51	48	23	2.1
		女子	82	76	51	1.5
	一般②	男子	32	19	6	3.2
		女子	28	18	3	6.0
'23	推薦	男子	70	70	70	1.0
		女子	79	79	79	1.0
	一般①	男子	51	45	26	1.7
		女子	103	96	64	1.5
	一般②	男子	28	19	4	4.8
		女子	37	29	11	2.6
'22	推薦	男子	59	59	59	1.0
		女子	79	79	79	1.0
	一般①	男子	78	72	40	1.8
		女子	110	108	78	1.4
	一般②	男子	39	27	4	6.8
		女子	25	14	7	2.0

［'24年合格最低点］一般①178，一般②179（／300）

東京 男女 ㋯ 明星学園

学費（単位：円）

	入学金	施設負担金	授業料	その他経費	小計	初年度合計
入学手続時	250,000	—	—	—	250,000	1,010,000
1年終了迄	—	100,000	480,000	180,000	760,000	

※2024年度予定。［授業料納入］3回分割。［その他］ICT端末の購入費用及び諸経費100,000～150,000円あり。［寄付・学債］任意の寄付金1口5万円あり。

併願校の例

	都立	神・埼公立	私立
挑戦校	国際 武蔵野北	神奈川総合 所沢北 和光国際	日大二 国学院 拓大一 明学東村山
最適校	豊多摩 狛江 井草 石神井 神代	市ケ尾 相模原弥栄 生田 所沢	聖徳学園 八王子学園 日大櫻丘 実践学園 杉並学院
堅実校	小平南 清瀬 武蔵丘 総合芸術(美) 鷲宮	元石川 市立高津 所沢西 朝霞	目白研心 八王子実践 東亜学園 文化学園杉並 駒場学園

合格のめやす

合格の可能性 **60%** **80%** の偏差値を表示しています。

普通科 **55** **59**

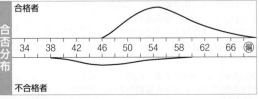

合格者

| 34 | 38 | 42 | 46 | 50 | 54 | 58 | 62 | 66 | (偏) |

不合格者

合否分布

※合格のめやすの見方は114ページ参照。

(見学ガイド) 文化祭／説明会／体験入学／学校見学会

武蔵野 高等学校

〒114-0024 東京都北区西ヶ原4-56-20 ☎(03)3910-0151

【教育方針】 「他者理解」を校訓とする。他者との協働のもと，個々の潜在能力を引き出す活気あふれる学校をめざす。

【沿 革】 1912年創立の大橋幼稚園を起源とする。1922年前身の武蔵野高等女学校が創立。2004年男女共学化。

【学校長】 西久保 栄司

【生徒数】 男子433名，女子293名

	1年(9クラス)	2年(7クラス)	3年(8クラス)
男子	184名	122名	127名
女子	135名	55名	103名

都営三田線―西巣鴨8分
都電―西ヶ原四丁目3分

特色

設置学科：普通科

【コース】 特進ステージと進学ステージを設置。内部進学生とは3年間別クラス編成。

【カリキュラム】 ①特進ステージでは難関大学への進学を目標とし，通常授業後に7限目講習を設定。②進学ステージは基礎的な学習を繰り返す。部活や学校行事にも打ち込める環境。③セルフチェックノートに日々の学習内容や1日のできごとを記入。課題や学習スケジュールを管理する。④大学受験に必要な英単語のテストを毎朝実施。また，定期試験前や検定試験前の対策テストを行い着実に実力をつける。

【キャリア教育】 1年次から進路を意識し，自分の将来像を描く。二者・三者面談を随時実施。

【海外研修】 希望者はカナダ海外研修（2週間）やセブ島集中語学研修（1週間）に参加。

【クラブ活動】 卓球部，ダンス部，競技水泳部が全国大会に出場している。ダブルダッチ部やSSS（学力向上のためのクラブ）もある。

【施設】 「武蔵野進学情報センター」を設置している。個別指導エリアや少人数の演習授業に使用されるトレーニングエリア，自習室などがあり，オンライン英会話の受講も可能。

習熟度別授業	土曜授業	文理選択	オンライン授業	制服	自習室	食堂	プール	グラウンド	アルバイト審査
―	○	2年～	導入予定	○	～20:00	○	○	○	○

登校時刻＝ 8:30
下校時刻＝17:30

進路情報 2023年3月卒業生

【卒業生数】 270名

【進路傾向】 大学進学者の内訳は文系91%，理系9%。国公立大学へ理系1名が進学した。

【系列進学】 武蔵野学院大学へ79名（国際コミュニケーション），武蔵野短期大学へ15名が内部推薦で進学。

【指定校推薦】 東洋大，専修大，大東文化大，東海大，亜細亜大，帝京大，國學院大，東京電機大，武蔵大，立正大，国士舘大，東京経済大，千葉工大，関東学院大，共立女子大，日本薬科大，武蔵野大，東京農大，二松學舍大，帝京平成大，東京工科大，拓殖大，駒沢女子大，城西大，日本獣医生命科学大など推薦枠あり。

四年制大学への進学率 **76.3%**

	四年制大学	206名
	短期大学	19名
	専修・各種学校	36名
	就職	7名
	進学準備・他	2名

主な大学合格状況
'24年春速報は巻末資料参照

大学名	'23	'22	'21	大学名	'23	'22	'21	大学名	'23	'22	'21
◇茨城大	0	1	0	大東文化大	20	5	21	桜美林大	5	0	2
◇埼玉県立大	0	0	1	東海大	2	12	14	共立女子大	2	5	1
◇鳥取環境大	1	0	0	亜細亜大	4	2	5	聖心女子大	1	1	0
明治大	1	1	1	帝京大	22	33	23	武蔵野大	2	1	7
青山学院大	0	0	1	國學院大	3	5	1	創価大	3	0	1
中央大	0	1	2	獨協大	11	7	1	二松學舍大	6	4	2
日本大	3	1	9	武蔵大	4	7	2	大正大	21	15	6
東洋大	8	18	11	立正大	8	5	4	拓殖大	28	9	6
駒澤大	8	2	2	国士舘大	6	4	4	文京学院大	3	2	12
専修大	8	8	8	東京経済大	5	7	2	武蔵野学院大	92	60	49

※各大学合格数は既卒生を含む。

入試要項 2024年春（実績）

新年度日程についてはp.116参照。

◆推薦　**推薦A**：単願　**推薦B**：併願（公立のみ。千葉・埼玉生対象）

募集人員▶特進ステージ30名，進学ステージ130名

選抜方法▶**推薦A（Ⅰ型）**：エントリーシート（30分・600字），個人面接，調査書　**推薦A（Ⅱ型）・推薦B**：適性検査（国数英各40分・各100点），個人面接，調査書

◆**一般**　併願優遇（公立のみ），第1志望（加点あり），併願

募集人員▶特進ステージ30名，進学ステージ130名

選抜方法▶国数英（各40分・各100点），個人面接，併願優遇はなし，調査書

◆受験料　23,000円

(内申基準) 推薦A：[特進] 9科29，[進学] 9科24　推薦B・一般（併願優遇）：[特進] 9科32，[進学] 9科27　※いずれも9科に1不可
※条件により内申加点あり

(特待生・奨学金制度) 内申や入試成績によりⅠ〜Ⅳの4段階で特待認定。特進ステージは全員が特待Ⅱ認定（入学金免除）。

(帰国生の受け入れ) 個別対応。

入試日程

区分	登録・出願	試験	発表	手続締切
推薦	12/20〜1/16	1/22	1/23	1/25
一般	12/20〜2/3	2/10	2/11	2/13

[延納] 推薦Bと一般の併願者は公立発表後まで。

応募状況

年度	区分			応募数	受験数	合格数	実質倍率
'24	特進	推薦		21	21	21	1.0
		一般	併優	21	20	20	1.0
			他	2	2	1	2.0
	進学	推薦		273	273	273	1.0
		一般	併優	385	353	353	1.0
			他	51	48	26	1.8
'23	特進	推薦	A	26	26	26	1.0
			B	6	6	6	1.0
		一般	併優	14	12	12	1.0
			他	1	1	1	1.0
	進学	推薦	A	187	187	187	1.0
			B	96	95	95	1.0
		一般	併優	368	346	346	1.0
			他	61	54	11	4.9

[スライド制度] あり。上記に含まず。
[24年合格最低点] 非公表。

東京　男女　(む) 武蔵野

学費（単位：円）	入学金	施設費	授業料	その他経費	小計	初年度合計
入学手続時	220,000	150,000	—	50,000	420,000	約1,012,500
1年終了迄	—	48,000	456,000	約88,500	約592,500	

※2024年度予定。[入学前納入] 1年終了迄の小計のうち10,000円。[免除] 特進ステージは入学金を免除。
[授業料納入] 一括または10回分割。[その他] 制服・制定品代，校外学習費，積立金（2023年度実績：218,000円）あり。

併願校の例

※[進学]を中心に

	都立	埼公立	私立
挑戦校	江北	川口	成立学園
	向丘	朝霞西	帝京
	東	草加南	錦城学園
	本所	鳩ヶ谷	岩倉
	保谷		上野学園
最適校	高島	志木	駿台学園
	足立	大宮武蔵野	豊南
	王子総合	草加西	潤徳女子
	板橋	川口東	貞静学園
	竹台	川口青陵	浦和学院
堅実校	足立西	新座	
	大泉桜	富士見	
	板橋有徳		
	練馬		
	足立新田		

合格のめやす

合格の可能性 ■■■ **60%** **80%** ■■■ の偏差値を表示しています。

特進　**47** （**51**）

進学　**40** （**44**）

※合格のめやすの見方は114ページ参照。

合否分布

合格者									
	30	34	38	42	46	50	54	58	62	(偏)

実線＝進学
破線＝特進

不合格者

(見学ガイド) 文化祭／説明会／ムサフェス〜クラブ見学＆体験会〜

西東京市

小 中 高 専 短 大

武蔵野大学 高等学校

〒202-8585 東京都西東京市新町1-1-20 ☎(042)468-3256

【教育方針】 全人的な成長を促す教育機関として，何事にも真摯に取り組み，社会の幸せを希求する教養溢れる自律した生徒を育てる。

【沿革】 1924年築地本願寺内に創設，1929年現在地に移転。2019年武蔵野女子学院高等学校より校名変更。2019年に中学校，2020年に高校が女子校より男女共学化。

【学校長】 中村 好孝

【生徒数】 男子340名，女子602名

	1年(11クラス)	2年(10クラス)	3年(8クラス)
男子	167名	111名	62名
女子	235名	215名	152名

西武新宿線—田無15分　JR—三鷹・吉祥寺・武蔵境よりバス武蔵野大学

特色

設置学科：普通科

【コース】 ハイグレード，PBLインターナショナル，本科の3コース制。

【カリキュラム】 ①ハイグレードは国公私立難関大学をめざし，高い学力とコミュニケーション能力を養う。②PBLインターナショナルは課題解決型学習を通じて深い学びを習得。カリキュラム内での長期留学も可能。国際系大学や海外の大学をめざす。③本科は課外活動と勉強を両立。併設大学を中心とした幅広い進路から選択できる。④1年次に専門企業とタイアップしたスペシャル講座LAMを開講。非認知スキルを磨く。2年次のMAPでは各コースの特色に沿ったプロジェクトに取り組み，理想の進路実現をめざす。⑤毎朝の朝拝と週1度の講堂朝拝を実施。週1時間の宗教の授業では仏教にとどまらず「生と死」「善と悪」なども学ぶ。

【海外研修】 米国への短期研修制度がある。

【クラブ活動】 チアダンス部，美術部が全国大会に出場。LEGO部がユニーク。

【施設】 2024年に駐輪場を完備したスポーツパークが竣工。2025年には図書館機能を備えた4階建ての学びの施設が完成予定。

習熟度別授業	土曜授業	文理選択	オンライン授業	制服	自習室	食堂	プール	グラウンド	アルバイト	登校時刻＝ 8:20
国数英	○	2年〜	○	○	〜18:00	○	—	○	審査	下校時刻＝18:00

進路情報 2023年3月卒業生

【卒業生数】 434名

【進路傾向】 大学進学者の内訳は文系62%，理系34%，他4%。国公立大学へ理系5名・他1名，海外大学へ2名が進学した。

【系列進学】 武蔵野大学へ120名(法13，文6，グローバル8，経済9，経営17，アントレプレナーシップ3，データサイエンス5，人間科18，工15，教育13，薬3，看護10) が内部推薦で進学した。

【指定校推薦】 利用状況は上智大3，中央大4，法政大2，成蹊大3，成城大3，獨協大2，芝浦工大1，日本女子大5，武蔵大2，東京経済大2，大妻女子大4，北里大1など。

四年制大学への進学率 **92.2%**

四年制大学	400名
短期大学	4名
専修・各種学校	16名
就職	3名
進学準備・他	11名

主な大学合格状況
'24春速報は巻末資料参照

大学名	'23	'22	'21	大学名	'23	'22	'21	大学名	'23	'22	'21
◇東京藝大	0	1	0	明治大	5	1	1	成蹊大	10	5	3
◇東京学芸大	1	2	0	青山学院大	3	3	2	成城大	3	5	3
◇都立大	1	2	1	立教大	7	4	2	獨協大	18	4	2
◇信州大	1	0	0	中央大	12	5	5	日本女子大	7	6	6
◇国立看護大	1	0	0	法政大	16	5	4	武蔵大	13	6	4
早稲田大	6	1	0	日本大	8	6	3	桜美林大	6	3	2
慶應大	1	1	0	東洋大	14	13	2	共立女子大	4	6	2
上智大	9	4	8	駒澤大	9	4	4	杏林大	16	5	4
東京理科大	2	0	0	専修大	13	1	4	武蔵野大	142	84	81
学習院大	3	2	1	帝京大	2	1	2	明星大	11	6	1

※各大学合格数は既卒生を含む。

入試要項 2024年春（実績）

新年度日程についてはp.116参照。

◆ 推薦　A推薦：単願　B推薦：併願（公私とも可。神奈川を除く隣接県対象）

募集人員▶ハイグレード40名，PBLインターナショナル30名，本科60名

選抜方法▶適性検査（国数英各30分・各50点），調査書

◆ 一般　併願優遇（公私とも可），一般

募集人員▶ハイグレード40名，PBLインターナショナル30名，本科60名

選抜方法▶国数英（各50分・各100点・英にリスニングあり），調査書　※英は検定取得証明書コピー提出により2級で85%，準2級で70%の成績保証

◆ 受験料　20,000円

（内申基準） A推薦：[ハイグレード] 5科19，[PBLインターナショナル] 5科18，[本科] 5科17

B推薦・一般(併願優遇)：[ハイグレード] 5科21，[PBLインターナショナル] 5科20，[本科] 5科19　※[PBLインターナショナル]上記基準かつ英4　※[ハイグレード]［PBLインターナショナル] 9科に2不可，[本科] 9科に1不可　※条件により内申加点あり

（特待生・奨学金制度） ハイグレードコース成績上位者に3段階の特待生認定。

（帰国生の受け入れ） 国内生と別枠入試。

入試日程

区分		出願	試験	発表	手続締切
推薦		1/15～17	1/22	1/23	1/25
一般	併願優遇	1/25・26	2/10	2/11	2/12
	一般	1/25～2/6	2/10	2/11	2/12

[延納] B推薦と一般の併願者は併願校発表後まで。

応募状況

年度	区分		応募数	受験数	合格数	実質倍率
'24	ハイグレード	A推薦	11	11	11	1.0
		B推薦	1	1	1	1.0
		一般	69	57	57	1.0
	PBL	A推薦	20	20	20	1.0
		B推薦	1	1	1	1.0
		一般	40	31	30	1.0
	本科	A推薦	116	116	116	1.0
		B推薦	11	11	11	1.0
		一般	227	198	186	1.1
'23	ハイグレード	A推薦	8	8	8	1.0
		B推薦	4	4	4	1.0
		一般	56	50	49	1.0
	PBL	A推薦	15	15	15	1.0
		B推薦	2	2	2	1.0
		一般	35	30	27	1.1
	本科	A推薦	110	110	110	1.0
		B推薦	8	8	8	1.0
		一般	219	190	176	1.1

[スライド合格] あり。上記に含まず。
['24年合格最低点] 非公表。

東京　男女　（む）　武蔵野大学

学費(単位：円)	入学金	施設設備資金	授業料	その他経費	小計	初年度合計
入学手続時	250,000	—	—	—	250,000	1,073,000
1年終了迄	—	50,000	498,000	275,000	823,000	

※2024年度予定。[授業料納入] 4回分割。[その他] 制服・制定品代，教科書・副教材代（2023年度実績：約30,000円）あり。[寄付・学債] 任意の教育施設設備充実募財1口1万円あり。

併願校の例

※[本科]を中心に

	都立	埼公立	私立
挑戦校	武蔵野北	和光国際	国学院
	小金井北	川越南	明学東村山
	豊多摩		拓大一
	調布北		聖徳学園
	昭和		八王子学園
最適校	小平	所沢	明星学園
	井草	市立川越	明法
	石神井	所沢西	実践学園
	小平南	朝霞	杉並学院
	清瀬		目白研心
堅実校	府中	豊岡	文化学園杉並
	芦花	入間向陽	白梅学園
	鷺宮	朝霞西	保善
	保谷	川越西	川村
	杉並		東京立正

合格のめやす

合格の可能性 **60%** **80%** の偏差値を表示しています。

ハイグレード　**58**　(62)

PBLインターナショナル　**56**　(60)

本科　**52**　(56)

合格者

38　42　46　50　54　58　62　66　70　(偏)

不合格者

実線＝本科
破線＝ハイグレード

合否分布

※合格のめやすの見方は114ページ参照。

（見学ガイド） 文化祭／説明会／オープンスクール／授業体験

小 中 高 専 短 大

千代田区

武蔵野大学附属千代田 高等学院

〒102-0081　東京都千代田区四番町11　☎(03)3263-6551

【教育方針】　「叡知・温情・真実・健康・謙虚」を「学びのこころ」に掲げ，浄土真宗本願寺派の宗門校として，個性を大切に，互いを認め合い，共に生きる「こころの教育」を軸とする。

【沿　革】　1888年創立。2018年千代田女学園高等学校より校名変更，女子校より共学化。2022年中学（千代田国際中学校）募集再開。

【学校長】　木村　健太

【生徒数】　男子124名，女子239名

	1年（4クラス）	2年（3クラス）	3年（7クラス）
男子	51名	22名	51名
女子	85名	43名	111名

有楽町線―麹町5分　半蔵門線―半蔵門5分
JR・都営新宿線―市ヶ谷7分

特色

設置学科：普通科

【コース】　選抜探究コースと附属進学コースを設置。2年次より選抜探究コースはIB系，グローバル探究系，医進探究系に，附属進学コースは文系，理系に分かれる。

【カリキュラム】　①IB系は認定校として国際バカロレアプログラムで学び，海外大学や国内難関大学をめざす。②グローバル探究系は国際的な視野を育てる。最難関国公立・私立大学文系受験に対応。③医進探究系は最難関国公立・私立大学理系進学を目標に，高度な研究・考察に力を入れる。④附属進学コースは併設大学進学

をはじめ，他大学入試にも対応している。文理，スポーツ，芸術など多ジャンルの学びをサポート。⑤朝拝や同emailの日，涅槃会などの宗教行事を通して「こころの教育」を行っている。

【海外研修】　2年次の修学旅行はシンガポールへ行く。1・2年次希望者対象の米国ボストンでのアントレプレナーシップ研修も実施。

【クラブ活動】　ソフトテニス部が全国大会出場。

【施設】　壁一面にホワイトボードを備えたアカデミックリソースセンターや，大学レベルの設備を備え，高度な実験が可能な化学室がある。

習熟度別授業	土曜授業	文理選択	オンライン授業	制服	自習室	食堂	プール	グラウンド	アルバイト
―	○	2年〜	○	○	〜18:00	―	―	○	―

登校時刻＝ 8:30
下校時刻＝18:00

進路情報　2023年3月卒業生

四年制大学への進学率 **86.2%**

【卒業生数】　260名

【進路傾向】　国公立大学へ2名，私立大学へ222名が進学した。

【系列進学】　武蔵野大学へ46名（法5，文3，グローバル6，経営2，データサイエンス1，人間科6，工5，教育5，薬5，看護8）が内部進学した。

【指定校推薦】　日本大，日本女子大，立命館大，杏林大，立命館アジア太平洋大，清泉女子大，京都女子大など推薦枠あり。

■ 四年制大学	224名
■ 短期大学	4名
■ 専修・各種学校	15名
■ 就職	0名
□ 進学準備・他	17名

主な大学合格状況

'24年春速報は巻末資料参照

大学名	'23	'22	'21	大学名	'23	'22	'21	大学名	'23	'22	'21
◇東京藝術大	0	1	0	法政大	3	1	1	津田塾大	1	1	1
◇国立看護大	1	0	0	日本大	12	3	3	日本女子大	6	2	1
◇川崎市立看護大	2	0	0	東洋大	9	6	2	立命館大	1	3	1
早稲田大	0	0	2	駒澤大	3	0	1	武蔵大	8	7	0
慶應大	2	2	0	専修大	6	1	0	桜美林大	8	2	1
上智大	5	2	2	東海大	4	1	0	順天堂大	5	1	2
明治大	1	0	1	帝京大	7	3	3	関西学院大	4	1	0
青山学院大	2	2	1	成蹊大	4	1	1	武蔵野大	58	53	53
立教大	2	0	0	明治学院大	2	2	1	文教大	3	2	2
中央大	2	2	0	芝浦工大	2	0	0	東京医療保健大	4	1	2

※各大学合格数は既卒生を含む。

入試要項　2024年春（実績）

新年度日程についてはp.116参照。

◆ 推薦　単願推薦，併願推薦（公私とも可）

募集人員▶選抜探究コース50名，附属進学コース50名

選抜方法▶適性検査（国数英各30分・各50点），調査書　※各種英語検定試験CEFR B1（英語検定2級等）は英の得点90％を保証。CEFR A2（英語検定準2級等）は英の得点80％を保証

◆ 一般　併願優遇（公私とも可），一般

募集人員▶選抜探究コース50名，附属進学コース50名

選抜方法▶国数英（各50分・各100点），調査書　※各種英語検定試験CEFR B1（英語検定2級等）は英の得点90％を保証。CEFR A2（英語検定準2級等）は英の得点80％を保証

◆ 受験料　25,000円

内申基準　単願推薦：[選抜探究] 3科11または5科19，[附属進学] 5科17または9科32　併願推薦・一般（併願優遇）：[選抜探究] 3科12または5科20，[附属進学] 5科18または9科33　※いずれも9科に1不可　※条件により内申加点あり

特待生・奨学金制度　併願優遇の選抜探究コース合格者を対象とした2段階の特待制度あり。

帰国生の受け入れ　国内生と別枠入試。

入試日程

区分	出願	試験	発表	手続締切
単願推薦	1/15〜17	1/22	1/23	1/25
併願推薦	1/15〜17	1/22	1/23	3/7
併願優遇	1/25・26	2/10	2/11	3/5
一般	1/25〜2/4	2/10	2/11	3/5

応募状況

年度	区分		応募数	受験数	合格数	実質倍率
'24	選抜探究	単願推薦	24	24	24	1.0
		併願推薦	13	11	11	1.0
		併優	61	53	53	1.0
		一般	8	7	4	1.8
	附属進学	単願推薦	37	37	37	1.0
		併願推薦	7	7	7	1.0
		併優	35	33	33	1.0
		一般	27	26	19	1.4
'23	選抜探究	単願推薦	35	35	35	1.0
		併願推薦	2	2	2	1.0
		併優	58	53	53	1.0
		一般	9	9	3	3.0
	附属進学	単願推薦	47	47	46	1.0
		併願推薦	5	5	5	1.0
		併優	54	48	48	1.0
		一般	28	28	21	1.3

['24年合格最低点] 非公表。

学費（単位：円）	入学金	教育充実費	授業料	その他経費	小計	初年度合計
入学手続時	250,000	—	—	—	250,000	約1,304,600
1年終了迄	—	199,200	498,000	約357,400	約1,054,600	

※2024年度予定。[授業料納入] 4回分割。
[その他] 制服・制定品代あり。

併願校の例

※[附属]を中心に

	都立	千・埼公立	私立
挑戦校	国際 小松川 城東 目黒 文京	船橋東 国府台 川口市立 市立浦和南	淑徳巣鴨 東洋 東洋大京北 安田学園 目黒日大
最適校	墨田川 広尾 深川 江北 東	津田沼 市川東 朝霞 南稜	実践学園 二松学舎 郁文館 麹町女子 錦城学園
堅実校	本所 小岩 晴海総合 桜町 王子総合	船橋芝山 市立船橋 朝霞西 浦和東	目黒学院 岩倉 上野学園 駿台学園 関東一

合格のめやす

合格の可能性 **60%** **80%** の偏差値を表示しています。

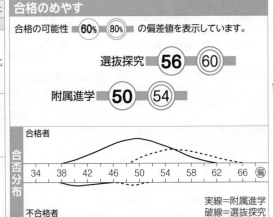

選抜探究　**56**　**60**

附属進学　**50**　**54**

実線＝附属進学
破線＝選抜探究

※合格のめやすの見方は114ページ参照。

見学ガイド　文化祭／説明会／入試対策会／オープンスクール／体験授業／個別見学対応

港区

明治学院 高等学校

〒108-0071　東京都港区白金台1-2-37　☎(03)5421-5011

【教育目標】　「一人ひとりを大切にする教育」「他者を思いやる心」「自主と自律」を掲げる。日本で最も歴史のあるキリスト教主義の学校で、「隣人と生きる世界市民の育成」をめざす。

【沿　革】　1863年開設のヘボン塾を前身とする。1991年より共学化。

【高等学校長】　德永　望

【生徒数】　男子463名、女子476名

	1年（8クラス）	2年（8クラス）	3年（8クラス）
男子	157名	159名	147名
女子	158名	164名	154名

都営浅草線―高輪台 5 分
南北線・都営三田線―白金台 7 分

特色

設置学科：普通科

【カリキュラム】　①1年次は全科目必修で基礎学力をつける。2年次より進路に応じた選択科目を配置。②明治学院大学との高大連携プログラムがあり、ゼミ体験、出張講義や大学入門講座、入学前プログラムなどを受けられる。③週2回の礼拝の時間と週1時間の聖書の授業が全学年必修。④2年次に韓国、台湾、沖縄、長崎、京都、田舎暮らし（新潟）の6コースから選び、各テーマに基づいた授業と研修旅行を行う。調査や体験を通して課題解決能力を高める。⑤1年次には英会話、2年次より韓国語、仏語、中国語が受講

可能。世界の多様性やその言語特有の文化を学ぶ。

【キャリア教育】　自分を知り、世界に目を向け、自ら考える人となるプログラムを整備。3年次には併設大学と他大学の志望別に対策を指導。

【海外研修】　1・2年次の3月に約10日間のオーストラリア語学研修を実施（希望制）。

【クラブ活動】　アメリカンフットボール部、軟式野球部が全国大会出場。国際協力ボランティア団体「フリーザチルドレン」などがある。

【施設】　礼拝堂は区の有形文化財に指定されている。2022年夏に新校舎が竣工した。

習熟度別授業	土曜授業	文理選択	オンライン授業	制服	自習室	食堂	プール	グラウンド	アルバイト	登校時刻＝ 8:30
国数英	○	―	○	○	～17:30	○	○	○	―	下校時刻＝18:30

進路情報　2023年3月卒業生

四年制大学への進学率 **86.1%**

【卒業生数】　302名

【進路傾向】　大学進学者の内訳は文系87%、理系11%、他2%。国公立大学へ理系2名、海外大学へ3名が進学した。

【系列進学】　明治学院大学へ126名（文14、経済43、社会22、法22、国際10、心理15）が系列校特別推薦で進学した。

【指定校推薦】　利用状況は慶應大2、上智大4、東京理科大2、学習院大5、明治大2、青山学院大13、立教大6、中央大6、法政大3、国際基督教大1、成蹊大1、成城大1、芝浦工大1、東京女子大2、明治薬科大1、昭和薬科大1など。

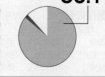

四年制大学	260名
短期大学	0名
専修・各種学校	5名
就職	1名
進学準備・他	36名

主な大学合格状況

'24年春速報は巻末資料参照

大学名	'23	'22	'21	大学名	'23	'22	'21	大学名	'23	'22	'21
◇東京外大	0	0	1	学習院大	8	9	8	東海大	16	14	9
◇横浜国大	0	0	1	明治大	34	25	26	成蹊大	13	9	8
◇北海道大	1	1	0	青山学院大	30	34	26	成城大	9	14	13
◇東京農工大	1	0	0	立教大	32	26	20	明治学院大	145	130	144
◇都立大	1	0	0	中央大	22	25	25	獨協大	4	12	4
◇東京海洋大	1	0	2	法政大	43	32	22	芝浦工大	4	4	4
早稲田大	9	5	11	日本大	50	18	26	東京女子大	4	17	11
慶應大	8	11	11	東洋大	18	10	22	日本女子大	8	12	3
上智大	11	12	8	駒澤大	9	15	10	同志社大	4	1	11
東京理科大	5	6	9	専修大	9	5	4	立命館大	5	5	6

※各大学合格数は既卒生を含む。

入試要項 2024年春（実績）

新年度日程についてはp.116参照。

◆ 推薦　第1志望
募集人員▶男子60名，女子60名
選抜方法▶〔1次審査〕書類審査（調査書），〔2次審査〕個人面接（5分）　※1次審査の不合格者は一般①受験可（加点あり）
◆ 一般
募集人員▶男子①75名・②30名，女子①75名・②30名
選抜方法▶国数英（各50分・各100点・国はマークシートと記述の併用・英は全問マークシート），個人面接（3分），調査書
◆ 受験料　25,000円

(内申基準) 推薦：9科36
(特待生・奨学金制度) 経済状況に応じた奨学金制度あり。
(帰国生の受け入れ) 国内生と同枠入試。

入試日程

区分	出願	試験	発表	手続締切
推薦	1/15〜17	〔1次〕　—	1/22	1/29
		〔2次〕1/26	1/26	
一般①	1/25〜31	2/10	2/12	2/13
一般②	2/1〜7	2/17	2/19	2/20

〔延納〕一般②は公立発表後まで。

応募状況

年度	区分		応募数	受験数	合格数	実質倍率
'24	男子	推薦	107	73	73	1.5
		一般①	284	271	95	2.9
		一般②	298	231	37	6.2
	女子	推薦	227	76	76	3.0
		一般①	386	357	94	3.8
		一般②	318	253	38	6.7
'23	男子	推薦	113	72	72	1.6
		一般①	218	208	90	2.3
		一般②	235	157	42	3.7
	女子	推薦	280	75	75	3.7
		一般①	486	465	90	5.2
		一般②	377	315	36	8.8
'22	男子	推薦	91	69	69	1.3
		一般①	223	215	96	2.2
		一般②	210	147	41	3.6
	女子	推薦	216	72	72	3.0
		一般①	381	360	96	3.8
		一般②	270	219	41	5.3

※推薦の実質倍率は応募数÷合格数。
〔'24年合格最低点〕非公表。

東京　男女　め　明治学院

学費（単位：円）

	入学金	施設費	授業料	その他経費	小計	初年度合計
入学手続時	275,000	—	—	—	275,000	1,173,200
1年終了迄	—	136,000	468,000	294,200	898,200	

※2024年度予定。〔授業料納入〕9回分割。〔その他〕制服・制定品代あり。
〔寄付・学債〕任意の教育振興資金1口10万円2口以上あり。

併願校の例

	都立	神・千・埼公立	国・私立
挑戦校		湘南	東京学芸大附 お茶の水女子大附 青山学院
最適校	青山 新宿 国際 小山台 竹早	横浜緑ケ丘 希望ケ丘 船橋 東葛飾 浦和西	中央大学 青稜 国学院久我山 宝仙学園(理数) 朋優学院
堅実校	三田 駒場 豊多摩 北園 目黒	光陵 横浜平沼 国府台 川口市立	国学院 日大二 東洋 駒澤大学 多摩大目黒

合格のめやす

合格の可能性 (60%) (80%) の偏差値を表示しています。

男子　**60** (64)
女子　**64** (68)

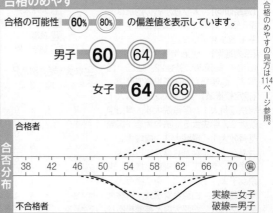

合格者
合否分布
不合格者

| 38 | 42 | 46 | 50 | 54 | 58 | 62 | 66 | 70 (偏) |

実線＝女子
破線＝男子

※合格のめやすの見方は114ページ参照。

(見学ガイド) 文化祭／説明会

小中高専短大

東村山市

明治学院東村山 高等学校

〒189-0024 東京都東村山市富士見町1-12-3 ☎(042)391-2142

【教育理念】 キリスト教に基づいた人格教育を行う。「道徳人・実力人・世界人」の育成を教育目標に掲げている。

【沿革】 1963年設立。1991年より男女共学となる。

【学校長】 大西 哲也

【生徒数】 男子378名，女子388名

	1年(6クラス)	2年(6クラス)	3年(6クラス)
男子	131名	123名	124名
女子	132名	128名	128名

西武国分寺線・西武拝島線─小川8分
JR─新小平25分

特色

設置学科：普通科

【コース】 2年次に文系コースと理系コースに分かれる。3年次に文系受験コース，理系受験コース，推薦進学コースの3コースに分岐。

【カリキュラム】 ①受験コースは国公立・難関私立大学進学を目標とし，演習中心の授業を展開。朝や長期休業中の講習も充実している。②推薦コースは併設大学での研究に求められる基礎力を養う。アカデミック・リテラシーの大学授業の単位先取りや，ゼミ活動などを行う。③1人1台のタブレット端末が貸与され，連絡や課題の提出に利用したり，学習履歴や学校行事の感想などを記録したりする。④全学年で週1時間の聖書の授業や毎朝の礼拝がある。

【海外研修】 アメリカのクリスチャン家庭へのホームステイ，3年次3学期にアメリカでのウインターイングリッシュプログラムを実施している。いずれも希望者から選抜制。

【クラブ活動】 ダンス部が全国大会出場。アメリカンフットボール部も活躍。ゴスペルクワイア部，キリスト教研究部なども活動。

【施設】 聖書植物園，20,000㎡のグラウンドなどがあり，自然豊かで広大なキャンパス。

習熟度別授業	土曜授業	文理選択	オンライン授業	制服	自習室	食堂	プール	グラウンド	アルバイト	登校時刻＝ 8:30 下校時刻＝18:30
数英	○	2年〜	○	○	〜18:30	○	○	○	届出	

進路情報 2023年3月卒業生

四年制大学への進学率 **92.5%**

【卒業生数】 255名

【進路傾向】 大学進学者の内訳は文系87%，理系13%。国公立大学へ文系1名が進学した。

【系列進学】 明治学院大学へ129名（文20，経済36，社会22，法29，国際7，心理15）が内部推薦で進学。

【指定校推薦】 利用状況は上智大1，東京理科大1，学習院大8，青山学院大2，中央大5，法政大2，国際基督教大1，成蹊大3，成城大2，大妻女子大1など。ほかに日本大，東洋大，芝浦工大，東京電機大，東京女子大，工学院大，東京都市大，東京経済大，白百合女子大，杏林大，東京薬科大，城西大など推薦枠あり。

	四年制大学	236名
	短期大学	0名
	専修・各種学校	3名
	就職	0名
	進学準備・他	16名

主な大学合格状況

'24年春速報は巻末資料参照

大学名	'23	'22	'21	大学名	'23	'22	'21	大学名	'23	'22	'21
◇一橋大	1	0	0	明治大	2	9	7	成蹊大	6	9	7
◇千葉大	0	1	0	青山学院大	8	7	5	成城大	2	9	4
◇筑波大	1	0	0	立教大	13	16	21	明治学院大	135	124	121
◇横浜国大	0	1	0	中央大	18	16	15	東京電機大	10	2	5
◇琉球大	1	0	0	法政大	8	22	21	武蔵大	2	11	5
早稲田大	5	4	6	日本大	10	24	16	杏林大	2	7	4
慶應大	3	2	0	東洋大	18	32	34	東京薬科大	8	1	8
上智大	2	1	3	専修大	4	4	4	東京工科大	3		
東京理科大	3	3	4	東海大	2	5	4	多摩美大	2	1	3
学習院大	10	12	11	帝京大	3	8	6	武蔵野美大	4	8	6

※各大学合格数は既卒生を含む。

入試要項 2024年春（実績）

新年度日程についてはp.116参照。

◆ 推薦　第1志望
募集人員▶男子約25名（運動クラブ推薦約10名含む），女子約25名 ※運動クラブ推薦の対象クラブはアメリカンフットボール，柔道，バドミントン，硬式野球，ラグビー
選抜方法▶〔1次審査〕書類審査（調査書），〔2次審査〕作文（50分・800字），個人面接（10分）
※1次審査の不合格者は一般を第1志望で受験可（加点あり）
◆ 一般　第1志望制度，併願優遇制度（公立のみ）あり
募集人員▶男子約35名，女子約35名
選抜方法▶国数英（各50分・各100点・英にリスニングあり），個人面接（5分），調査書（内申点45点）
◆ 受験料　25,000円

内申基準 推薦：[男子] 9科37，[女子] 9科38
運動クラブ推薦：[男子] 9科32　**一般（第1志望）**：9科34　**一般（併願優遇）**：[男子] 9科37，[女子] 9科38 ※一般（第1志望）を除き9科に2不可　※条件により内申加点あり

特待生・奨学金制度 家計急変に対応した授業料軽減制度あり。

帰国生の受け入れ 国内生と同枠入試。

入試日程

区分	登録・出願	試験	発表	手続締切
推薦	1/10〜16	〔1次〕 ―	1/16	1/24
		〔2次〕1/22	1/22	
一般	1/20〜2/6	2/12	2/13	2/15

[延納] 一般の公立併願者は公立発表後まで。

応募状況

年度	区分		応募数	受験数	合格数	実質倍率
'24	推薦	男子	36	31	31	1.2
		女子	31	31	31	1.0
	一般	男子	92	81	57	1.4
		女子	52	46	43	1.1
'23	推薦	男子	36	30	30	1.2
		女子	52	39	39	1.3
	一般	男子	81	71	54	1.3
		女子	84	80	41	2.0
'22	推薦	男子	39	32	32	1.2
		女子	50	41	41	1.2
	一般 第1	男	15	14	9	1.6
		女	14	13	7	1.9
	併優	男	27	23	22	1.0
		女	39	36	31	1.2
	フリー	男	48	42	19	2.2
		女	59	50	8	6.3

※推薦の実質倍率は応募数÷合格数。
[24年合格最低点] 一般：男子220，女子187（/345）

学費(単位:円)	入学金	施設費	授業料	その他経費	小計	初年度合計
入学手続時	280,000	―	―	―	280,000	1,192,000
1年終了迄	―	180,000	480,000	252,000	912,000	

※2024年度予定。[授業料納入] 9回分割。[その他] 制服・制定品代あり。
[寄付・学債] 任意の教育振興資金1口10万円2口以上あり。

併願校の例

	都立	埼公立	私立
挑戦校	西 国立 立川	川越	中大附属 中大杉並 法政大学 立教新座
最適校	国分寺 武蔵野北 小金井北 豊多摩 昭和	所沢北 和光国際 川越南	成蹊 錦城 日大二 国学院 拓大一
堅実校	小平 井草 東大和南 石神井 小平南	所沢 市立川越 所沢西 朝霞	明星学園 明法 杉並学院 明星 目白研心

合格のめやす

合格の可能性 **60%** **80%** の偏差値を表示しています。

男子 **58** （62）
女子 **59** （63）

実線＝女子
破線＝男子

※合格のめやすの見方は114ページ参照。

見学ガイド 体育祭／文化祭／クリスマスの集い／ハンドベル定期演奏会／説明会

八王子市

明治大学付属八王子 高等学校（新校名）

〒192-0001　東京都八王子市戸吹町1100　☎(042)691-0321　旧・明治大学付属中野八王子高等学校

【教育方針】　「質実剛毅」と「共同自治」を建学の精神に掲げ、世界へ羽ばたく「個」の基礎となる人間力を育てる。

【沿　革】　1984年開校。1994年、男女別学から共学に移行。2024年度明治大学付属中野八王子高等学校より校名変更。

【学校長】　林　健司

【生徒数】　男子478名、女子482名

	1年(7クラス)	2年(7クラス)	3年(7クラス)
男子	161名	161名	156名
女子	173名	152名	157名

JR―八王子・秋川よりバス上戸吹10分
JR―八王子・拝島よりスクールバス

特色

設置学科：普通科

【カリキュラム】　①幅広い教養や知識を得ることを重視し、総合的な学力を磨く。受験に捉われず大学で主体的に学ぶことのできる力を養成。②文系数学ではマーケティングリサーチに活用できる内容を導入するなど学問の入り口となる学びを重視。③使いこなせる英語力習得のため1年次はALTと少人数制の英会話授業を実施。2・3年次は週1回海外の講師とオンライン英会話授業を行う。④放課後や長期休業中の講習で基礎強化と応用力の養成をバックアップ。簿記検定、英語検定などの資格試験講習も実施。

【キャリア教育】　併設大学の特別進学講座や法学部法曹入門講座などを受講できる。進学する目的の明確化を図り、進路決定につなげる。

【海外研修】　夏に希望者を対象としたオーストラリアでの海外語学研修を実施している。

【クラブ活動】　ゴルフ部、陸上部、卓球部が全国大会に出場の実績。ラグビー部も活発。

【施設】　70,000坪を超えるキャンパスにはスタンドつき野球場や400mトラック、人工芝グラウンドなど運動施設が充実している。1,500名収容可能な講堂は本格的な劇場としても使える。

習熟度別授業	土曜授業	文理選択	オンライン授業	制服	自習室	食堂	プール	グラウンド	アルバイト	登校時刻＝ 8:45
―	○	2年〜	○	○	〜18:00	○	○	○	―	下校時刻＝18:10

進路情報　2023年3月卒業生

四年制大学への進学率 **96.9%**

【卒業生数】　318名

【進路傾向】　大学進学はいずれも私立大学で、内訳は文系74%、理系25%、他1%。

【系列進学】　明治大学へ282名（法49、商47、政治経済48、文17、理工23、農16、経営38、情報コミュニケーション23、国際日本10、総合数理11）が内部推薦で進学した。

【指定校推薦】　利用状況は東京理科大2、日本大1、東京電機大1、工学院大2、東京経済大1、明治薬科大1、昭和薬科大1、東京農大2、東京工科大2など。ほかに成城大など推薦枠あり。

	四年制大学	308名
	短期大学	0名
	専修・各種学校	4名
	就職	0名
	進学準備・他	6名

主な大学合格状況

'24年春速報は巻末資料参照

大学名	'23	'22	'21	大学名	'23	'22	'21	大学名	'23	'22	'21
◇東京大	0	1	0	明治大	284	281	288	国士舘大	1	1	2
◇筑波大	0	1	0	青山学院大	3	0	0	東京経済大	1	3	1
◇東京外大	0	0	0	立教大	1	0	1	関東学院大	1	0	0
◇横浜国大	0	1	0	中央大	0	0	3	自治医大	0	1	0
◇東京農工大	0	1	0	日本大	3	3	5	北里大	0	0	0
◇都立大	0	1	0	東洋大	5	0	0	東京薬科大	0	0	0
◇神戸大	0	1	0	駒澤大	1	0	0	明治薬科大	1	2	0
早稲田大	3	0	0	帝京大	0	3	0	東京農大	2	1	4
慶應大	0	2	0	武蔵大	3	0	0	明星大	1	3	1
東京理科大	2	1	2	玉川大	2	1	3	東京工科大	6	2	0

※各大学合格数は既卒生を含む。

入試要項 2024年春（実績）

新年度日程についてはp.116参照。

◆ 推薦　単願推薦方式：埼玉県内国公立生以外
B推薦方式：埼玉県内国公立生対象の自己推薦
募集人員▶85名
選抜方法▶適性検査（国数英各30分・各100点），グループ面接（10〜15分），調査書（360点）
◆ 一般　一般，単願優遇（スポーツ・文化・芸術）※スポーツの対象種目は男子が野球，ラグビー，男女ともには卓球，陸上。文化・芸術は強化指定クラブ以外の一能者
募集人員▶85名　※うち単願優遇（スポーツ・文化・芸術）は20名以内
選抜方法▶国数英（各50分・各100点・英にリスニングあり），調査書
◆ 受験料　30,000円

（**内申基準**）推薦・一般（単願優遇）：9科34
※推薦は9科に1不可，一般（単願優遇）は9科に2不可

（**特待生・奨学金制度**）入学後の家計急変などに対応した奨学金制度あり。

（**帰国生の受け入れ**）国内生と同枠入試。

入試日程

区分	登録・出願	試験	発表	手続締切
推薦	1/10〜19	1/23	1/24	1/25
一般	1/10〜2/3	2/11	2/12	2/13

応募状況

年度	区分		応募数	受験数	合格数	実質倍率
'24	推薦	男子	170	167	49	3.4
		女子	186	181	69	2.6
	一般	男子	258	233	64	3.6
		女子	222	209	51	4.1
'23	推薦	男子	173	170	49	3.5
		女子	192	188	69	2.7
	一般	男子	230	220	54	4.1
		女子	194	184	47	3.9
	単願優遇	男子	10	10	10	1.0
		女子	3	3	3	1.0
'22	推薦	男子	192	191	64	3.0
		女子	151	151	64	2.4
	一般	男子	250	235	39	6.0
		女子	166	161	42	3.8
	単願優遇	男子	10	10	10	1.0
		女子	4	4	4	1.0

['24年合格最低点] 推薦：男子492，女子502（/660）
　一般：男子220，女子223（/300）

東京　男女　⒨　明治大学付属八王子

学費（単位：円）	入学金	施設設備費	授業料	その他経費	小計	初年度合計
入学手続時	280,000	—	—	8,000	288,000	1,191,907
1年終了迄	—	240,000	570,000	93,907	903,907	

※2024年度予定。[授業料納入] 一括または3回分割。[その他] 制服・制定品代あり。
[寄付・学債] 任意の教育環境整備協力資金1口3千〜5万円あり。

併願校の例

	都立	神公立	私立
挑戦校			早稲田実業 明大明治 青山学院 慶應義塾
最適校	国立 立川 戸山 八王子東 新宿	厚木 多摩 川和 市立横浜サイエンス	中大附属 中大杉並 明大中野 法政大学 成蹊
堅実校	国分寺 駒場 町田 昭和 小平	希望ケ丘 相模原 神奈川総合 新城 相模原弥栄	国学院 拓大一 桜美林 日大三 八王子学園

合格のめやす

合格の可能性 ■■ **60%** **80%** の偏差値を表示しています。

普通科 **65** **69**

※合格のめやすの見方は114ページ参照。

（**見学ガイド**）体育祭／文化祭／部活動体験／説明会／オープンスクール

小 中 高 専 短 大

調布市

高校 明治大学付属明治 高等学校

〒182-0033 東京都調布市富士見町4-23-25 ☎(042)444-9100

【教育方針】 「質実剛健」「独立自治」を校訓に掲げる。21世紀を担う「生きる力」を養い、知性・感性・体力のバランスのとれた人間性あふれる人物を育てる。

【沿 革】 1912年旧制明治中学校を明治大学構内に開校。2008年に現在地へ移転し、男子校より共学となった。

【学校長】 井家上 哲史

【生徒数】 男子423名、女子388名

	1年(7クラス)	2年(7クラス)	3年(7クラス)
男子	141名	142名	140名
女子	137名	139名	112名

京王線―西調布18分 京王線―調布・飛田給、JR―三鷹・矢野口よりスクールバス

特色

設置学科：普通科

【カリキュラム】 ①1・2年次のほぼ全科目を必修とし基礎学力の徹底を図る。知識と技能、思考・判断・表現力を身につける機会を取り入れ知識の活用能力を伸長させる。②2年次前期と3年次後期に高大連携講座を開設。明治大学教員が担当し直接指導を行う。③3年次の希望者に明治大学の授業を受講できる「プレカレッジプログラム」を設置。大学入学後に単位として認定される。④高大連携により長期休業中に簿記、裁判傍聴、模擬裁判などのセミナーを開講。

【キャリア教育】 明治大学全学部の説明会や大学施設見学、卒業生によるキャリアクエスト講座などにより、進路決定をサポートする。

【海外研修】 夏休みにカナダ、春休みにはオーストラリアで2～3週間の語学研修などを希望制で実施。内部推薦進学予定の希望制のカナダ・ヨーク大学3カ月研修も用意している。

【クラブ活動】 ダンス部、マンドリン部が全国大会出場。スキー部も活躍している。

【施設】 図書館は蔵書約70,000冊でパソコン50台を配置。運動施設は2つの体育館のほかに柔道場、剣道場、テニスコートなどがある。

習熟度別授業	土曜授業	文理選択	オンライン授業	制服	自習室	食堂	プール	グラウンド	アルバイト
－	○	3年～	－	○	○	○	－	○	－

登校時刻＝ 8:35
下校時刻＝18:30

進路情報 2023年3月卒業生

四年制大学への進学率 **99.6%**

【卒業生数】 278名

【進路傾向】 大学進学者の内訳は文系73%、理系27%。国公立大学へ理系5名が進学した。

【系列進学】 明治大学へ244名（法18、商57、政治経済48、文13、理工33、農11、経営17、情報コミュニケーション17、国際日本10、総合数理20）が内部推薦で進学した。

四年制大学	277名
短期大学	0名
専修・各種学校	0名
就職	0名
進学準備・他	1名

主な大学合格状況

'24春速報は巻末資料参照

大学名	'23	'22	'21	大学名	'23	'22	'21	大学名	'23	'22	'21
◇東京大	0	0	1	◇都留文科大	1	0	0	國學院大	1	0	1
◇東工大	1	0	0	早稲田大	4	7	2	国際基督教大	1	0	0
◇一橋大	0	1	0	慶應大	23	12	11	国士舘大	0	1	1
◇千葉大	2	1	1	上智大	3	13	6	昭和大	0	1	2
◇東京外大	0	1	0	東京理科大	20	0	0	北里大	3	0	1
◇北海道大	2	0	0	明治大	265	241	242	星薬科大	4	1	1
◇お茶の水女子	0	2	1	中央大	1	1	1	東京薬科大	2	0	3
◇都立大	0	1	3	日本大	1	1	7	明治薬科大	0	2	0
◇電通大	1	1	2	専修大	0	1	2	関西大	4	0	0
◇山形大	1	0	0	東海大	1	0	0	近畿大	8	0	0

※各大学合格数は既卒生を含む。

入試要項 2024年春（実績）

新年度日程についてはp.116参照。

◆ 推薦　出願資格A：学業　出願資格B：課外活動（学外活動を含む）　※いずれも第1志望

募集人員▶男子約20名，女子約20名　※指定校推薦を含む

選抜方法▶適性検査（国数英各40分・各50点・英にリスニングあり），個人面接（10分を2回），自己PRシート，調査書，ほかに出願資格Bは課外活動実績の証左書類

◆ 一般

募集人員▶男子約30名，女子約30名

選抜方法▶国数英（国数各50分・各100点，英60分・120点・リスニングあり），調査書

◆ 受験料　30,000円

（内申基準）推薦A：5科22かつ9科38　推薦B：以下①かつ②。①5科20かつ9科36・②生徒会活動・運動・文化関係のいずれかの分野において顕著な活躍が認められた者　※いずれも9科に2不可

（特待生・奨学金制度）一般入試の成績上位者（50位以内）を特待生合格とする。入学後の審査で6名程度を選抜し，入学金相当額給付。

（帰国生の受け入れ）国内生と同枠入試。

入試日程

区分	登録・出願	試験	発表	手続締切
推薦	12/20〜1/16	1/22	1/23	1/25
一般	12/20〜2/2	2/12	2/12	2/21

［延納］一般の併願者は入学金納入により残額は併願校発表後（最長3/5）まで。

応募状況

年度	区分		応募数	受験数	合格数	実質倍率
'24	推薦	男子	28	28	20	1.4
		女子	48	48	23	2.1
	一般	男子	339	322	178	1.8
		女子	273	255	101	2.5
'23	推薦	男子	36	36	20	1.8
		女子	71	71	23	3.1
	一般	男子	404	373	140	2.7
		女子	377	356	122	2.9
'22	推薦	男子	30	30	16	1.9
		女子	57	57	20	2.9
	一般	男子	311	290	162	1.8
		女子	270	262	111	2.4

［'24合格最低点］推薦：男子72・女子82/150
　一般：男子152・女子157/320

東京　男女　め　明治大学付属明治

学費（単位：円）	入学金	教育充実料	授業料	その他経費	小計	初年度合計
入学手続時	300,000	117,500	—	10,000	427,500	1,474,000
1年終了迄	—	164,500	602,400	279,600	1,046,500	

※2024年度予定。［授業料納入］一括または3回分割。［その他］制服・制定品代あり。
［寄付・学債］任意の明治大学教育振興協力資金あり。

併願校の例

		都立	神公立	私立
挑戦校				
最適校		日比谷 西 国立 立川(創造理数)	横浜翠嵐 湘南 柏陽	早稲田実業 早大学院 慶應義塾 早大本庄 立教新座
堅実校		戸山 青山 立川(普) 八王子東 新宿	厚木 多摩 川和 希望ヶ丘 相模原	明大八王子 中大附属 中大杉並 法政大学 桐蔭学園

合格のめやす

合格の可能性 **60%** **80%** の偏差値を表示しています。

男子 **69** （73）

女子 **70** （74）

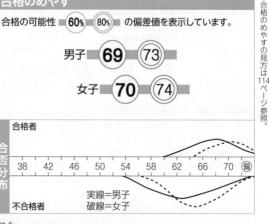

合格者

合否分布

| 38 | 42 | 46 | 50 | 54 | 58 | 62 | 66 | 70 | （偏） |

不合格者　実線＝男子　破線＝女子

※合格のめやすの見方は114ページ参照。

（見学ガイド）文化祭／説明会／施設見学会

府中市

111 明星 高等学校

MEISEI GAKUEN

〒183-8531　東京都府中市栄町1-1　☎(042)368-5201(入学広報室)

【建学の精神】「和の精神のもと，世界に貢献する人を育成する」を掲げる。校訓は「健康，真面目，努力」。

【沿　革】1948年開校。2006年に男女別学より共学となる。

【学校長】福本　眞也

【生徒数】男子697名，女子558名

	1年(12クラス)	2年(11クラス)	3年(13クラス)
男子	239名	199名	259名
女子	176名	187名	195名

JR—国分寺20分，京王線—府中20分またはバス明星学苑　JR—北府中15分

特色

設置学科：普通科

【コース】SMGS（スーパー明星グローバルサイエンス），MGS（明星グローバルサイエンス），本科の3クラスを設置。2年次よりMGSクラスの文系はMGクラス，理系はMSクラスに，本科クラスは3年次に文系と理系に分かれる。

【カリキュラム】①SMGSクラスは文理の枠にとらわれないリベラルアーツ教育を行い，少数精鋭で最難関大学合格を目標とする。②MGSクラスは難関大学をめざし，個々の適性に特化した学力を身につける。③本科クラスは学業と学校生活を両立させながら希望の大学への進学を

めざす。④グローバルコンピテンシープログラム（GCP）を実施。プログラムベースの学習を通じて英語4技能の向上を図る。

【海外研修】2年次に必修の研修旅行を実施する。行先はシンガポール，アメリカなどの海外または国内の選択制。ほか希望制の短期語学研修や海外大学訪問，ターム留学の制度がある。

【クラブ活動】男子ハンドボール部，吹奏楽部が全国大会に出場している。

【施設】最新設備のある天体観測ドーム，講堂，視聴覚ホール，2つの体育館などがある。

習熟度別授業	土曜授業	文理選択	オンライン授業	制服	自習室	食堂	プール	グラウンド	アルバイト	登校時刻＝ 8:40
非公表	○	2年～	○	○	～18:30	○	○	○	審査	下校時刻＝19:30

進路情報　2023年3月卒業生

四年制大学への進学率 **91.6%**

【卒業生数】371名

【進路傾向】大学進学者の内訳は文系62%，理系36%，他2%。国公立大学へ文系5名，理系10名が進学。

【系列進学】明星大学へ64名（経済1，デザイン12，教育15，経営16，人文8，理工3，心理7，建築2）が内部推薦で進学した。

【指定校推薦】利用状況は東京理科大1，学習院大3，中央大3，法政大2，日本大5，東洋大6，専修大2，成蹊大4，明治学院大1，獨協大3，芝浦工大2，東京女子大2，東京都市大1など。ほかに白百合女子大，清泉女子大，フェリス女学院大，東洋英和女学院大など推薦枠あり。

四年制大学	340名
短期大学	2名
専修・各種学校	12名
就職	0名
進学準備・他	17名

主な大学合格状況

'24春速報は巻末資料参照

大学名	'23	'22	'21	大学名	'23	'22	'21	大学名	'23	'22	'21
◇一橋大	2	0	0	慶應大	4	3	2	東洋大	37	32	16
◇千葉大	1	1	0	上智大	7	11	2	駒澤大	22	21	16
◇東京外大	1	3	0	東京理科大	11	7	1	専修大	30	59	14
◇横浜国大	0	0	1	学習院大	7	10	11	東海大	11	36	13
◇埼玉大	1	0	4	明治大	16	17	12	亜細亜大	12	20	16
◇東北大	2	0	0	青山学院大	5	16	9	帝京大	33	44	19
◇東京学芸大	2	3	1	立教大	15	15	12	成蹊大	10	20	16
◇都立大	1	2	1	中央大	40	42	31	桜美林大	13	24	18
◇電通大	0	3	1	法政大	35	29	17	東京薬科大	9	5	7
早稲田大	17	5	3	日本大	41	45	24	明星大	111	114	103

※各大学合格数は既卒生を含む。

入試要項 2024年春（実績）

新年度日程についてはp.116参照。

◆ 推薦　第1志望

募集人員▶110名

選抜方法▶作文（30分・600〜800字），面接，調査書

◆ 一般　A志望：第1志望優遇　B志望：一般

C志望：併願優遇（国公私いずれか。①のみ）

募集人員▶①200名・②10名

選抜方法▶SMGS・MGS：国数英（各50分・各100点・英にリスニングあり），調査書，ほかにA・B志望は個人面接（10分）　本科：国数英（各40分・各100点・英にリスニングあり・マークシート），調査書，ほかにA・B志望は個人面接（10分）

◆ 受験料　22,000円

内申基準 推薦：[SMGS] 5科22，[MGS] 5科20または9科34，[本科] 5科18または9科31
一般（C志望）：[SMGS] 5科22，[MGS] 5科20または9科36，[本科] 5科19または9科33
※いずれも9科に1不可　※条件により内申加点あり

特待生・奨学金制度 SMGSコース入学者全員に給付制特待生奨学金を給付。給付額は入試成績に応じて3段階。

帰国生の受け入れ 国内生と同枠入試。

入試日程

区分	登録・出願	試験	発表	手続締切
推薦	1/10〜18	1/22	1/23	1/25
一般①A	1/10〜2/8	2/10	2/11	2/12
一般①B	1/10〜2/8	2/10	2/11	公立発表日
一般①C	1/10〜2/5	2/10	2/11	公立発表日
一般②A	1/10〜2/12	2/12	2/13	2/14
一般②B	1/10〜2/12	2/12	2/13	公立発表日

応募状況

年度	区分			応募数	受験数	合格数	実質倍率
'24	SMGS	推薦		1	1	1	1.0
		一般①	A	1	1	0	—
			B	2	2	2	1.0
			C	16	14	14	1.0
		一般②	A	0	0	0	—
			B	2	2	1	2.0
	MGS	推薦		11	11	11	1.0
		一般①	A	8	8	5	1.6
			B	7	7	5	1.4
			C	192	189	189	1.0
		一般②	A	2	1	1	1.0
			B	11	9	5	1.8
	本科	推薦		92	92	92	1.0
		一般①	A	74	74	21	3.5
			B	69	68	35	1.9
			C	257	249	249	1.0
		一般②	A	21	19	5	3.8
			B	27	23	8	2.9

['24合格最低点] 一般①：SMGS133，MGS97，本科106（/300）　一般②：MGS163，本科200（/300）

学費（単位:円）	入学金	施設維持費	授業料	その他経費	小計	初年度合計
入学手続時	240,000	—	—	—	240,000	908,200
1年終了迄	—	100,000	480,000	88,200	668,200	

※2024年度予定。[授業料納入] 3回分割。
[その他] 制服・制定品代，副教材・諸費用および体験・探究学習費等（コースにより340,000〜368,000円）あり。

併願校の例

※[本科]を中心に

	都立	神・埼公立	私立
挑戦校	小金井北	横浜平沼	拓大一
	日野台	新城	明учет東村山
	昭和	市ケ尾	八王子学園
	調布北	和光国際	聖徳学園
	多摩科学技術	所沢	日大櫻丘
最適校	南平	生田	実践学園
	神代	市立橘	杉並学院
	調布南	住吉	工学院大附
	小平南	所沢西	八王子実践
	府中	朝霞	文化学園杉並
堅実校	芦花	市立高津	白梅学園
	武蔵丘	荏田	東京立正
	保谷	麻生	昭和一学園
	富士森	朝霞西	藤村女子
	日野	豊岡	

合格のめやす

合格の可能性 **60%** **80%** の偏差値を表示しています。

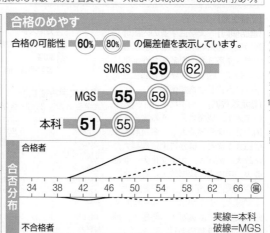

SMGS **59** (62)
MGS **55** (59)
本科 **51** (55)

合格者

不合格者

34　38　42　46　50　54　58　62　66　偏

実線=本科　破線=MGS

合否分布

※合格のめやすの見方は114ページ参照。

見学ガイド 体育祭／文化祭／説明会

東村山市

明法 高等学校

〒189-0024 東京都東村山市富士見町2-4-12 ☎(042)393-5611

【建学の精神】 この世に生を受けたことに感謝し，知性を磨き，よい習慣を身につけ，社会のため，国家のため，人類のために役立ち，世界平和に貢献できる人間を育成する。

【沿　革】 1964年開校。2019年男子校より共学化。

【学校長】 岡田　貴之

【生徒数】 男子429名，女子181名

	1年（7クラス）	2年（7クラス）	3年（5クラス）
男子	164名	164名	101名
女子	64名	57名	60名

西武国分寺線・西武拝島線―小川18分
西武新宿線―久米川よりバス明法学院前1分

特色

設置学科：普通科

【コース】 特別進学クラスと総合進学クラスを設置。2年次より国公立大進学コースと私立大進学コースのそれぞれ文系・理系に分かれる。

【カリキュラム】 ①習熟度や進路志望に合わせてコースを設け大学入試に向けた教育を展開。国公立大進学コースは一般選抜が中心。私立大進学コースは総合型・学校推薦型選抜も視野に入れた指導を行う。②明法GSP（グローバル・スタディーズ・プログラム）を設定。英語検定2級・準1級の取得，1人1校のカナダ・ターム留学，21世紀型スキルの取得を3本柱として，

チャレンジ精神を兼ね備えたグローバル人材を育成する。③予備校の映像講座視聴や予備校講師も指導にあたる長期休業中の講習など学習サポートが多彩。自習室はブース式と卒業生チューターに質問できる部屋の2種類を設置する。

【海外研修】 希望者を対象にアメリカのシアトルで10日間の海外研修（ホームステイ）を実施。

【クラブ活動】 ソフトテニス部が全国大会に出場。全国的にも珍しい棒術部がある。

【施設】 400mトラックや4面ある人工芝テニスコート，宿泊型学習施設などを設置。

習熟度別授業	土曜授業	文理選択	オンライン授業	制服	自習室	食堂	プール	グラウンド	アルバイト	登校時刻＝ 8:35
数英	○	2年～	○	○	～19:30	○	—	○	○	下校時刻＝18:00

進路情報 2023年3月卒業生

四年制大学への進学率 **81.1%**

【卒業生数】 127名

【進路傾向】 大学進学者の内訳は文系54%，理系44%，他2%。国公立大学へ文系3名，理系10名が進学した。近年，国公立大学や難関私立大学への合格数は増加傾向。

【指定校推薦】 利用状況は中央大1，日本大1，成蹊大2，成城大1，玉川大2，東京経済大3，東京農大1，目白大1など。ほかに東京理科大，法政大，東洋大，大東文化大，亜細亜大，帝京大，國學院大，獨協大，神奈川大，芝浦工大，東京電機大，工学院大，東京都市大，東京薬科大，昭和薬科大，武蔵野大，明星大，埼玉医大など推薦枠あり。

■ 四年制大学	103名
□ 短期大学	0名
■ 専修・各種学校	7名
■ 就職	0名
□ 進学準備・他	17名

主な大学合格状況

'24年春速報は巻末資料参照

大学名	'23	'22	'21	大学名	'23	'22	'21	大学名	'23	'22	'21
◇東工大	1	0	0	上智大	1	1	2	駒澤大	7	5	6
◇千葉大	0	1	0	東京理科大	6	4	8	専修大	9	21	3
◇筑波大	1	1	2	学習院大	4	7	3	大東文化大	4	11	8
◇東京外大	0	1	1	明治大	10	17	5	亜細亜大	12	15	3
◇東北大	1	0	1	青山学院大	1	5	4	帝京大	19	31	15
◇東京学芸大	2	1	0	立教大	3	16	7	國學院大	8	6	9
◇都立大	2	6	0	中央大	7	12	15	成蹊大	11	10	6
◇信州大	1	0	1	法政大	13	12	12	獨協大	5	10	8
早稲田大	0	4	1	日本大	17	37	20	東京経済大	10	26	5
慶應大	1	3	3	東洋大	18	34	13	杏林大	12	13	2

※各大学合格数は既卒生を含む。

入試要項 2024年春（実績）

新年度日程についてはp.116参照。

※GSP希望者にGSP入試を実施。推薦15名，一般①②計15名募集

◆推薦　**A推薦**：単願　**BⅠ・BⅡ推薦**：併願（公私とも可）　※BⅠ・BⅡ推薦は東京・神奈川生を除く（推薦書不要）　※A・BⅠに強化指定部優遇（総合進学コース）あり　※特別進学コースはA・BⅠ推薦のみ

募集人員▶約75名

選抜方法▶適性検査（国数英各30分・各100点），面接（A推薦は個人，B推薦はグループ），調査書，エントリーシート

◆一般　第1志望優遇，併願優遇Ⅰ型・Ⅱ型（公私とも可），併願優遇Ⅰ型に強化指定部優遇（総合進学コース）あり

募集人員▶約75名

選抜方法▶国数英（各50分・各100点），グループ面接，調査書

◆受験料　23,000円

内申基準　A推薦：[特別進学] 3科13かつ5科20，[総合進学] 5科18　BⅠ推薦・一般（併願優遇Ⅰ型）：[特別進学] 3科13かつ5科22，[総合進学] 5科20　BⅡ推薦・一般（併願優遇Ⅱ型）：[総合進学] 5科17　一般（第1志望優遇）：5科15　※[特別進学] 9科に2不可，[総合進学] 9科に1不可　※条件により内申加点あり

特待生・奨学金制度　特別進学コースは内申，入試成績により特待生認定。ほかにGSP特待生制度，部活動特待生制度がある。

帰国生の受け入れ　国内生と同枠入試で考慮あり。

入試日程

区分	登録・出願	試験	発表	手続締切
A・C推薦	12/20〜1/16	1/22	1/22	1/25
B推薦	12/20〜1/16	1/22	1/22	公立発表翌日
一般①	1/16〜2/7	2/10	2/10	2/14
一般②	1/16〜2/7	2/11	2/11	2/14

[延納] 一般の併願者は公立発表後まで。

応募状況

年度	区分		応募数	受験数	合格数	実質倍率
'24	特進	A推薦	2	2	2	1.0
		B推薦	2	2	2	1.0
		一般①	45	43	23	1.9
		一般②	44	41	20	2.1
	総進	A推薦	83	83	83	1.0
		B推薦	13	13	12	1.1
		一般①	169	165	144	1.1
		一般②	82	73	64	1.1
	GSP	推薦	16	16	16	1.0
		一般①	27	26	22	—
		一般②	35	32	29	—

[スライド制度] あり。GSPの一般①・②は上記に含む。

[24年合格最低点] 推薦：総合進学180/300　一般①：特別進学203，総合進学153（/300）　一般②：特別進学208，総合進学135（/300）　※合格基準点

学費（単位：円）	入学金	施設設備費	授業料	その他経費	小計	初年度合計
入学手続時	250,000	—	—	—	250,000	1,290,200
1年終了迄		144,000	468,000	428,200	1,040,200	

※2024年度予定。[授業料納入] 3回分割。
[その他] 制服・制定品代あり。

併願校の例

※[総進]を中心に

	都立	埼公立	私立
挑戦校	戸山 青山 立川 国分寺 武蔵野北	川越女子 所沢北	成蹊 錦城 国学院 拓大一 明学東村山
最適校	昭和 多摩科学技術 小平 東大和南 石神井	川越南 所沢 市立川越	聖徳学園 八王子学園 東京電機大 杉並学院 明星
堅実校	小平南 清瀬 上水 府中 東大和	所沢西 豊岡	八王子実践 大成 東亜学園 文化学園杉並 昭和一学園

見学ガイド　体育祭／文化祭／説明会／部活動体験

合格のめやす

合格の可能性 **60%** **80%** の偏差値を表示しています。

特別進学　**59**　**63**

総合進学　**54**　**58**

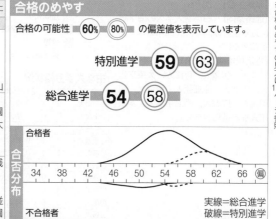

合格者

| 34 | 38 | 42 | 46 | 50 | 54 | 58 | 62 | 66 | (偏) |

合否分布

不合格者

実線＝総合進学
破線＝特別進学

東京　男女　め　明法

※合格のめやすの見方は114ページ参照。

小 中 高 専 短 大

目黒区

目黒学院 高等学校

〒153-8631　東京都目黒区中目黒1-1-50　☎(03)3711-6556

【教育方針】　「明朗・勤勉・礼節」を建学の精神に掲げる。生徒の個性を見据えて，学力と人格の両面を伸ばすことを念頭に置き，知的活動を通じて国際社会に貢献できる人物を育てる。

【沿　革】　1940年東京機械工科学校として創立。1998年現校名となる。2011年より女子の募集開始。

【学校長】　関口　隆司

【生徒数】　男子436名，女子410名

	1年(10クラス)	2年(10クラス)	3年(7クラス)
男子	187名	151名	98名
女子	165名	160名	85名

東急東横線・日比谷線－中目黒5分
JR－恵比寿10分

特色

設置学科：普通科

【コース】　スーパープレミアム，プレミアム，アドバンス，スタンダードキャリアの4コース制。内部進学生とは3年間別クラス編成。

【カリキュラム】　①スーパープレミアムとプレミアムコースはカリキュラムが同じで合同授業もある。スーパープレミアムコースは国公立大学進学をめざし，必修の課外授業や講習会を開講。プレミアムコースは国公立大学をはじめ幅広い希望に対応している。②アドバンスコースは私立大学上位校をめざす。他のコースと合同の授業もあるが，3教科はコース単独での授業を実施。課外授業や講習も用意。③スタンダードキャリアコースは1年次にスポーツサイエンスクラスを設置。対象は男子ラグビーフットボール，女子バスケットボール，空手道の各部と個人競技選手。2年次に文系，理系，スポーツサイエンス系に再編成される。コース特性に合わせた教材を使用し学習の質・量の充実を図る。

【海外研修】　希望選抜制のオーストラリア語学研修がある。2年次の夏に実施。

【クラブ活動】　ラグビーフットボール部，空手道部，水泳部が全国大会出場の実績をもつ。

習熟度別授業	土曜授業	文理選択	オンライン授業	制服	自習室	食堂	プール	グラウンド	アルバイト
―	○	2年～	○	○	～18:00	○	―	○	届出

登校時刻＝ 8:30
下校時刻＝19:00

進路情報　2023年3月卒業生

四年制大学への進学率 **73.4%**

【卒業生数】　267名

【進路傾向】　四年制大学への進学率は近年上昇傾向で，2023年春は7割を超えた。

【指定校推薦】　東京理科大，日本大，東洋大，駒澤大，専修大，大東文化大，東海大，亜細亜大，帝京大，國學院大，成城大，明治学院大，神奈川大など推薦枠あり。

■ 四年制大学	196名
□ 短期大学	4名
■ 専修・各種学校	43名
■ 就職	1名
□ 進学準備・他	23名

主な大学合格状況
'24年春速報は巻末資料参照

大学名	'23	'22	'21	大学名	'23	'22	'21	大学名	'23	'22	'21
◇一橋大	0	1	0	東京理科大	4	5	7	専修大	19	9	4
◇千葉大	0	0	1	学習院大	4	4	2	東海大	50	25	5
◇埼玉大	1	0	2	明治大	11	14	8	帝京大	20	13	9
◇北海道大	0	1	0	青山学院大	2	5	6	成城大	8	11	2
◇横浜市大	1	1	0	立教大	9	6	2	明治学院大	13	11	11
◇防衛大	0	3	2	中央大	8	12	5	神奈川大	10	11	11
◇茨城大	1	0	0	法政大	12	10	7	東京都市大	18	8	8
早稲田大	3	4	1	日本大	26	36	16	国士舘大	13	3	12
慶應大	3	6	1	東洋大	20	33	12	桜美林大	20	21	7
上智大	3	5	0	駒澤大	15	15	8	武蔵野大	19	4	9

※各大学合格数は既卒生を含む。

入試要項 2024年春（実績）

新年度日程についてはp.116参照。

◆ **推薦** 第１志望推薦，推薦Ⅱ（一能・一芸・スポーツに秀でた第１志望の者。スタンダードキャリアコース対象。スポーツサイエンスクラスは内申基準なし）

募集人員 ▶約110名

選抜方法 ▶第１志望推薦：個人面接，調査書
推薦Ⅱ：基礎力適性検査，個人面接，調査書

◆ **一般** 併願優遇（公私とも可）あり

募集人員 ▶ A日程約90名，B日程約40名，C日程約40名

選抜方法 ▶国数英（英にリスニングあり），個人面接，調査書

※推薦・一般とも，スポーツサイエンスクラス希望の外部団体所属者と個人運動競技者は，ほかに所属団体在籍証明書類，競技記録コピー

◆ **受験料** 23,000円

内申基準 第１志望推薦：[スーパープレミアム]５科22または９科38，[プレミアム]５科19または９科35，[アドバンス]５科17または９科33，[スタンダードキャリア]５科15または９科27　**推薦Ⅱ**：[スタンダードキャリア]９科25　**一般**（併願優遇）：[スーパープレミアム]５科23または９科40，[プレミアム]５科20または９科37，[アドバンス]５科18または９科35，[スタンダードキャリア]５科16または９科29
※条件により内申加点あり

特待生・奨学金制度 内申，入試成績による特待生３種，スポーツサイエンスクラス対象の特待生を認定。

帰国生の受け入れ 国内生と同枠入試。

入試日程

区分		登録・出願	試験	発表	手続締切
推薦		12/20～1/17	1/22	1/22	1/25
一般	併願優遇	12/20～1/30	2/11or13or15	2/12or14or15	3/2
	A日程	12/20～2/10	2/11	2/12	
	B日程	12/20～2/13	2/13	2/14	
	C日程	12/20～2/15	2/15	2/15	

［２次募集］3/6

応募状況

年度	区分		応募数	受験数	合格数	実質倍率
'24	推薦		—	—	—	—
	一般A	フリー	—	—	—	—
		併優	—	—	—	—
	一般B	フリー	—	—	—	—
		併優	—	—	—	—
	一般C	フリー	—	—	—	—
		併優	—	—	—	—
'23	推薦		111	111	111	1.0
	一般A	フリー	60	57	28	2.0
		併優	489	427	427	1.0
	一般B	フリー	43	33	12	2.8
		併優	171	107	107	1.0
	一般C	フリー	55	41	18	2.3
		併優	188	66	66	1.0

［スライド制度］あり。上記に含まず。
［'24年合格最低点］未公表。

学費（単位：円）	入学金	施設設備費	授業料	その他経費	小計	初年度合計
入学手続時	250,000	—	—	—	250,000	約1,096,400
１年終了迄	—	110,000	486,000	約250,400	約846,400	

※2023年度実績。[入学前納入] １年終了迄の小計のうち約334,000円。[返還] 3/30までの入学辞退者には入学手続金を返還。[授業料納入] ３回分割。[その他] 制服・制定品代，模擬試験・実習・教具費用，ICT使用料，共済掛金，修学旅行積立金あり。

併願校の例 ※[スタ]を中心に

	都立	神公立	私立
挑戦校	駒場	市立桜丘	駒澤大学
	目黒	市立東	多摩大目黒
	狛江	生田	目黒日大
	広尾	港北	文教大付
	雪谷	市立橘	東海大高輪台
最適校	田園調布	元石川	品川翔英
	芦花	住吉	国士舘
	向丘	岸根	駒場学園
	杉並	市立高津	正則
	晴海総合	荏田	自由ヶ丘
堅実校	松原	麻生	大森学園
	つばさ総合	城郷	日本大荏原
	大崎	百合丘	品川学藝
	桜町	川崎北	東京実業
	世田谷総合	市立幸	大東学園

合格のめやす

合格の可能性 **60%** **80%** の偏差値を表示しています。

※合格のめやすの見方は114ページ参照。

スーパープレミアム **58** **62**

プレミアム **55** **59**

アドバンス **51** **55**

スタンダードキャリア **46** **50**

スポーツサイエンスは偏差値を設定していません。

見学ガイド 文化祭／説明会／オープンスクール／個別相談会／個別見学対応

小 中 高 専 短 大

目黒日本大学 高等学校

〒153-0063 東京都目黒区目黒1-6-15 ☎(03)3492-3492(入試相談室直通)

目黒区

【教育理念】 「質実剛健・優美高雅」を建学の精神に掲げ，しなやかな強さを持った自立できる人間を育てる。

【沿　革】 1903年創立。2000年通信制課程開設。2005年に高校，2006年に中学校が女子校より共学化。2019年日本大学の付属校として日出高等学校より校名変更。

【学校長】 小野　力

【生徒数】 男子477名，女子583名

	1年(10クラス)	2年(10クラス)	3年(10クラス)
男子	175名	153名	149名
女子	217名	167名	199名

JR・東急目黒線・南北線・都営三田線―目黒5分

特色

設置学科：普通科

【コース】 高校からの入学生は進学コース（選抜クラス，N進学クラス）に所属する。内部進学生とは3年間別クラス編成。

【カリキュラム】 ①選抜クラスは難関私大・医歯薬獣医学部および日本大学への進学をめざす。成績上位者を対象とした放課後の特別課外授業を行う。②N進学クラスは日本大学進学に向けた指導を行う。夏期と春期には対策講座を実施。部活動や学校行事を通して協調性や独創性を育む。③1年次に企業インターンワーク，2年次は地球科学，経営学，健康体育学，防災学ほか多彩なゼミに分かれて探究活動を行う。フィールドワークや日本大学との連携を通じ専門的な知見に触れる。④学習支援センター（希望制）を設置。自学自習を促し学習習慣を定着させる。チューターが常駐。個別指導も行う。

【海外研修】 2年次の修学旅行はハワイへ行く。1・2年次の希望者対象のニュージーランド中・長期留学プログラムもある。

【クラブ活動】 フラ・タヒチアンダンス部，水泳部，ゴルフ部，ダンス部，バドミントン部などが全国大会に出場している。

習熟度別授業	土曜授業	文理選択	オンライン授業	制服	自習室	食堂	プール	グラウンド	アルバイト	登校時刻＝ 8:15
国数英	○	2年～	○	○	～20:00	―	―	―	―	下校時刻＝19:00

進路情報 2023年3月卒業生

四年制大学への進学率 **92.4%**

【卒業生数】 301名

【進路傾向】 国公立大学へ6名が進学した。卒業生の7割強が併設大学に進学。推薦条件となる基礎学力到達度テストは各年次4月と3年次9月の計4回。併設大学合格を保有しながら国公立大学受験に挑戦できる。

【系列進学】 日本大学へ217名（法22，文理29，経済33，商21，芸術16，国際関係7，理工31，生産工10，工1，生物資源科33，薬6，危機管理1，スポーツ科4，二部3），日本大学短期大学部へ3名が内部推薦で進学した。

■ 四年制大学	278名
□ 短期大学	1名
■ 専修・各種学校	10名
■ 就職	2名
□ 進学準備・他	10名

主な大学合格状況

'24年春速報は巻末資料参照

大学名	'23	'22	'21	大学名	'23	'22	'21	大学名	'23	'22	'21
◇東京外大	0	1	0	青山学院大	2	2	4	成城大	5	7	2
◇防衛医大	1	0	0	立教大	13	4	2	明治学院大	7	2	4
◇東京学芸大	1	0	0	中央大	17	11	1	日本女子大	1	3	2
◇都立大	2	0	0	法政大	11	11	9	立正大	0	7	2
早稲田大	3	1	5	日本大	277	266	91	国士舘大	1	8	2
慶應大	4	2	3	東洋大	11	6	3	桜美林大	6	4	2
上智大	7	5	1	専修大	1	3	4	杏林大	4	0	2
東京理科大	7	1	2	大東文化大	3	2	1	東京薬科大	1	1	2
学習院大	3	3	2	東海大	2	3	5	武蔵野大	3	3	6
明治大	13	14	10	帝京大	3	6	6	帝京平成大	1	6	5

※各大学合格数は既卒生を含む。

入試要項 2024年春（実績）

新年度日程についてはp.116参照。

◆推薦　Ⅰ型，Ⅱ型　※いずれも第1志望
募集人員▶122名　※クラス内訳は推薦，一般の合計で，選抜クラス35名，N進学クラス210名
選抜方法◆Ⅰ型：個人面接（5〜10分），調査書，ほかに芸能活動希望者は所属証明書　Ⅱ型：小論文（50分），個人面接（5〜10分），調査書，ほかに芸能活動希望者所属証明書
◆一般　2/10に併願優遇（公私いずれか）あり
募集人員▶123名
選抜方法◆国数英（各50分・各100点・マークシート・英にリスニングあり），個人面接（5〜10分），調査書，ほかに芸能活動希望者は所属証明書　※併願優遇は面接免除
◆受験料　25,000円

内申基準 推薦Ⅰ：[N進学] 5科20　推薦Ⅱ：[N進学（一般生徒）] 3科12，[N進学（芸能活動希望者）]：3科11　一般（併願優遇）：[N進学] 5科21　※いずれも9科に2不可　※条件により内申加点あり

特待生・奨学金制度 一般で学業奨学生を認定。ほか，スポーツ奨学生制度もあり。

帰国生の受け入れ 国内生と同枠入試で考慮あり。

入試日程

区分	登録・出願	試験	発表	手続締切
推薦	12/20〜1/16	1/22	1/23	1/25
一般	12/20〜2/3	2/10or12	2/11or13	2/15

[延納] 一般の併願者は併願校発表後まで。

応募状況

年度	区分		応募数	受験数	合格数	実質倍率
'24	推薦	推薦Ⅰ	112	112	112	1.0
		推薦Ⅱ	28	28	28	1.0
	一般	併優	100	86	86	1.0
		フリー	353	282	115	2.5
'23	選抜N進学	推薦	188	188	180	1.0
	一般	併優	108	98	98	1.0
		フリー	506	458	23	19.9
	スポーツ	推薦	34	34	34	1.0
	一般	併優	0	0	0	―
		フリー	4	4	4	1.0
	芸能	推薦	18	18	18	1.0
	一般	併優	5	5	5	1.0
		フリー	22	22	16	1.4

[スライド制度] あり。上記に含まず。
[24年合格最低点] 一般（併願優遇2/10）：126（/300）　一般（フリー2/10）：158（/300）　一般（フリー2/12）：192/300

東京　男女　め　目黒日本大学

学費（単位：円）	入学金	施設設備費	授業料	その他経費	小計	初年度合計
入学手続時	250,000	―	―	―	250,000	1,063,000
1年終了迄		213,000	504,000	96,000	813,000	

※2024年度予定。[授業料納入] 3回分割。[その他] 制服・制定品代，補助教材費・オリエンテーション合宿費（2023年度実績：選抜クラス255,000円，N進学クラス237,000円），修学旅行積立金あり。

併願校の例 ※[N進学]を中心に

	都立	神公立	国・私立
挑戦校	新宿 小山台 三田	川和 多摩 神奈川総合	東京科学大附 国学院 日大二 淑徳巣鴨
最適校	駒場 城東 目黒 文京 石神井	新城 市立桜丘 市立東 生田 港北	駒澤大学 多摩大目黒 文教大付 日大櫻丘 日本大学
堅実校	広尾 雪谷 田園調布 芦花 晴海総合	市立橘 鶴見 住吉 岸根 荏田	立正大立正 日本工大駒場 品川翔英 駒場学園 目黒学院

合格のめやす

合格の可能性 60% 80% の偏差値を表示しています。

選抜　58　62
N進学　55　59

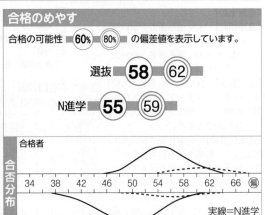

※合格のめやすの見方は114ページ参照。

実線＝N進学　破線＝選抜

見学ガイド 文化祭／説明会／芸術祭／個別見学対応

新宿区

目白研心 高等学校

〒161-8522　東京都新宿区中落合4-31-1　☎(03)5996-3133(広報部)

【教育方針】　「主・師・親」を建学の精神に，「誠実・敬愛・感謝」を校訓に掲げ，コミュニケーション力，問題発見・解決力，自己肯定力の3つを育む。

【沿　革】　1923年創立。2009年に目白学園高等学校より現校名となり，女子校より共学化。

【学校長】　吉田　直子

【生徒数】　男子440名，女子456名

	1年（9クラス）	2年（12クラス）	3年（9クラス）
男子	151名	176名	113名
女子	123名	196名	137名

西武新宿線・都営大江戸線―中井12分
東西線―落合14分

特色

設置学科：普通科

【コース】　特進，総合，Super English Course（SEC）の3コースを設置。2年次より特進コースは特進文系と特進理系に，総合コースは英語難関，文系，理系の3クラスに分かれる。

【カリキュラム】　①特進コースは週に3回模試対策を行うなど，国公立や最難関私立大学進学に向けて学力を高める。②総合コースは授業，クラブ，家庭学習を鼎立させる。③SECは海外大学を視野に入れる。ICT機器を使った参加型授業や第二外国語（中国語）科目を設定。④英語の授業時間が多く，1年次は週7時間。日本人・外国人教員の連携で使える英語を身につける。英語検定対策は個別指導。英単語4,000語の習得をめざし，全学年共通の語彙テストを年5回実施。⑤学習支援センターでは放課後，計画的に映像学習やプリント学習を進められる。

【海外研修】　SECは2年次にオーストラリア短期留学が必修。特進・総合コースは希望制のオーストラリア海外研修を実施。ほかに3カ月または1年間の留学プログラム制度がある。

【クラブ活動】　チアリーディング部が全国大会に出場。ラクロス部も活躍している。

習熟度別授業	土曜授業	文理選択	オンライン授業	制服	自習室	食堂	プール	グラウンド	アルバイト	登校時刻＝ 8:20
数英	○	2年～	○	○	～20:00	○	―	○	―	下校時刻＝18:30

進路情報　2023年3月卒業生

四年制大学への進学率 **82.0%**

【卒業生数】　284名

【進路傾向】　大学進学者の内訳は文系71%，理系24%，他5%。国公立大学へ文系2名・理系3名，海外大学へ3名が進学した。

【系列進学】　目白大学へ6名（人間4，経営1，メディア1）が内部推薦で進学した。目白大学短期大学部への推薦制度もある。

【指定校推薦】　利用状況は東洋大1，成蹊大4，獨協大1，日本女子大2，聖心女子大1，白百合女子大1など。ほかに中央大，法政大，日本大，専修大，大東文化大，亜細亜大，帝京大，明治学院大，神奈川大，東京電機大など推薦枠あり。

■ 四年制大学	233名
□ 短期大学	5名
■ 専修・各種学校	12名
■ 就職	2名
□ 進学準備・他	32名

主な大学合格状況

'24年春速報は巻末資料参照

大学名	'23	'22	'21	大学名	'23	'22	'21	大学名	'23	'22	'21
◇千葉大	1	0	0	青山学院大	5	4	9	亜細亜大	19	17	21
◇東京藝術大	1	0	0	立教大	8	5	15	帝京大	30	23	25
◇東京学芸大	1	0	0	中央大	5	6	17	成蹊大	14	7	8
◇信州大	0	1	0	法政大	9	5	15	獨協大	3	3	12
◇浜松医大	0	0	1	日本大	35	25	37	日本女子大	3	1	5
早稲田大	0	3	6	東洋大	48	28	44	国士舘大	8	6	16
上智大	4	0	3	駒澤大	12	6	17	順天堂大	6	10	6
東京理科大	3	0	0	専修大	40	16	21	杏林大	19	8	4
学習院大	4	1	5	大東文化大	34	13	30	東京女子医大	0	3	2
明治大	10	0	11	東海大	16	13	16	目白大	14	9	22

※各大学合格数は既卒生を含む。

入試要項 2024年春（実績）

新年度日程についてはp.116参照。

◆推薦 単願，併願（公私とも可。千葉・埼玉生対象）

募集人員▶100名

選抜方法▶作文（50分・800字），個人面接，調査書

◆一般 併願優遇（公私とも可），フリー

募集人員▶130名

選抜方法▶併願優遇：国数英（各50分・各100点・英にリスニングあり），調査書 **フリー**：国数英（各50分・各100点・英にリスニングあり），個人面接，調査書 ※いずれもSECは出願時に英語検定準2級の合格証コピー提出

◆**受験料** 23,000円

（**内申基準**）**単願推薦**：[特進] 5科19，[総合] 5科17または9科31，[SEC] 5科18 **併願推薦・一般（併願優遇）**：[特進] 5科20，[総合] 5科18または9科33，[SEC] 5科19 ※[SEC]は上記基準かつ英語検定準2級 ※いずれも9科に1不可 ※条件により内申加点あり

（**特待生・奨学金制度**）内申，入試成績により4段階の特待生認定。

（**帰国生の受け入れ**）国内生と別枠入試。

入試日程

区分	出願	試験	発表	手続締切
単願推薦	1/15〜18	1/22	1/22	1/25
併願推薦	1/15〜18	1/22	1/22	併願校発表翌日
一般①	1/25〜2/3	2/10	2/10	2/15
一般②	1/25〜2/3	2/11	2/11	2/15

[延納] 一般の併願者は併願校発表後まで。

応募状況

年度	区分		応募数	受験数	合格数	実質倍率
'24	特進	単願推薦	11	11	11	1.0
		併願推薦	2	1	1	1.0
		一般①	72	69	68	1.0
		一般②	49	45	44	1.0
	総合	単願推薦	77	77	77	1.0
		併願推薦	9	7	7	1.0
		一般①	183	167	164	1.0
		一般②	102	95	93	1.0
	SEC	単願推薦	4	4	4	1.0
		併願推薦	0	0	0	—
		一般①	6	5	5	1.0
		一般②	7	6	5	1.2

[スライド制度] あり。上記に含まず。
['24年合格最低点] 非公表

東京 男女 め 目白研心

学費（単位：円）

学費（単位：円）		入学金	施設設備費	授業料	その他経費	小計	初年度合計
特・総	入学手続時	200,000	—	—	—	200,000	1,054,680
	1年終了迄	—	170,000	460,000	224,680	854,680	
SEC	入学手続時	200,000	—	—	—	200,000	1,016,280
	1年終了迄	—	170,000	460,000	186,280	816,280	

※2024年度予定。[授業料納入] 2回分割。[その他] 制服・制定品代，SECはほかに海外留学費用あり。
[寄付・学債] 任意の寄付金1口10万円あり。

併願校の例

※[総合]を中心に

	都立	埼公立	私立
挑戦校	国際 駒場 豊多摩 北園 文京	和光国際 川口市立 市立浦和南 所沢	国学院 淑徳巣鴨 明学東村山 東洋 専修大附
最適校	小平 井草 石神井 豊島 清瀬	所沢西 朝霞 南稜 川口	実践学園 武蔵野大学 杉並学院 城西大城西 東亜学園
堅実校	武蔵丘 鷺宮 保谷 杉並 田無	朝霞西 入間向陽 豊岡 鳩ヶ谷 浦和東	保善 東京立正 豊南 文華女子 貞静学園

合格のめやす

合格の可能性 **60%** **80%** の偏差値を表示しています。

特進 **55** （59）

総合 **51** （55）

Super English Course **57** （61）

合格者／不合格者 合否分布

34 38 42 46 50 54 58 62 66 （偏）

実線＝総合
破線＝特進

※合格のめやすの見方は114ページ参照。

（**見学ガイド**）文化祭／説明会

八雲学園 高等学校

目黒区

〒152-0023　東京都目黒区八雲2-14-1　☎(03)3717-1196

【教育方針】「生命主義」「健康主義」を掲げる。時代を切り拓く「伝統」と「革新」の確かな調和で次世代のグローバルリーダーを育てる。

【沿　革】 1938年創立。2018年に併設中学校が女子校より共学化，2021年4月に高等学校も共学化した。

【学校長】 近藤 彰郎

【生徒数】 男子169名，女子245名

	1年（5クラス）	2年（4クラス）	3年（3クラス）
男子	72名	54名	43名
女子	93名	83名	69名

東急東横線―都立大学7分　東急田園都市線
―三軒茶屋よりバス八雲高校1分

特色

設置学科：普通科

【コース】 特進コースと進学コースを設置。

【カリキュラム】 ①卒業までの英語レベルの目標を，「熟達した言語使用者」に位置づけられるCEFR・C1に設定。英語4技能eラーニングシステムを利用し，基礎から発展，各種検定試験対策まで個々のレベルに合わせて取り組む。②国際私立学校連盟ラウンドスクエアに加盟。世界各国の加盟校と活発に交流する。③長期休業中の講座や予備校講師による受験指導がある。④ホスピタリティー教育に力を入れる。毎日の挨拶を大切にし，テーブルマナーやホテルマナーを学ぶ。希望者は目黒区主催のボランティア活動に参加できる。⑤土曜日は特別カリキュラムで実践力を養成する国数英の授業を設定している。1・2年次は必修，3年次は選択制。

【海外研修】 アメリカで3週間の研修を実施（希望制）。寮生活やホームステイをしながら姉妹校に通う。3カ月のアメリカ留学もあり，事前・事後学習各3カ月を含む9カ月のプログラムとなっている（1年次・希望制）。

【クラブ活動】 バスケットボール部，空手道部が全国大会に出場。中国語部が珍しい。

習熟度別授業	土曜授業	文理選択	オンライン授業	制服	自習室	食堂	プール	グラウンド	アルバイト
数英社	○	2年〜	○	○	〜18:30	―	―	○	届出

登校時刻＝ 8:10
下校時刻＝18:00

進路情報　2023年3月卒業生

四年制大学への進学率 **87.6%**

【卒業生数】 89名

【進路傾向】 大学進学者の内訳は文系81%，理系19%。国公立大学へ理系1名が進学した。

■ 四年制大学	78名
■ 短期大学	1名
■ 専修・各種学校	4名
■ 就職	2名
□ 進学準備・他	4名

【指定校推薦】 利用状況は学習院大1，青山学院大3，立教大1，駒澤大1，専修大2，國學院大1，成蹊大1，成城大1，明治学院大3，東京女子大3，玉川大3，大妻女子大5，聖心女子大1，昭和女子大2，フェリス女学院大2，東洋英和女学院大1など。ほかに日本大，獨協大，東京電機大，日本女子大，立命館大，東京都市大，共立女子大，白百合女子大，実践女子大，学習院女子大，清泉女子大など推薦枠あり。

主な大学合格状況

'24年春速報は巻末資料参照

大学名	'23	'22	'21	大学名	'23	'22	'21	大学名	'23	'22	'21
◇筑波大	0	0	1	立教大	2	2	10	神奈川大	6	4	2
◇横浜国大	1	0	0	中央大	1	0	0	津田塾大	1	1	0
◇東京学芸大	0	0	1	法政大	6	1	5	東京女子大	3	6	2
早稲田大	1	1	9	日本大	1	2	5	玉川大	3	1	3
慶應大	1	0	3	東洋大	3	0	2	共立女子大	1	3	2
上智大	1	0	1	駒澤大	5	4	11	大妻女子大	9	5	1
東京理科大	2	0	0	専修大	4	0	2	聖心女子大	1	4	2
学習院大	3	3	1	東海大	7	2	2	武蔵野大	2	8	3
明治大	0	2	5	成城大	4	1	3	昭和女子大	4	3	3
青山学院大	4	4	12	明治学院大	4	7	7	東洋英和女学院大	2	2	1

※各大学合格数は既卒生を含む。

入試要項 2024年春（実績）

新年度日程についてはp.116参照。

◆ 推薦　単願

募集人員 ▶ 25名

選抜方法 ▶ 作文（60分・400〜600字），個人面接（3分），調査書

◆ 一般　併願優遇（公立のみ）あり

募集人員 ▶ 25名

選抜方法 ▶ 国数英（各50分・各100点），調査書

◆ 受験料　25,000円

(内申基準) 推薦：[特進] 5科21，[進学] 5科18または9科33　**一般(併願優遇)**：[特進] 5科22，[進学] 5科19または9科34　※いずれも9科に1不可　※条件により内申加点あり

(特待生・奨学金制度) 推薦は内申により3段階，一般は内申または入試成績により2段階の認定。

(帰国生の受け入れ) 個別対応。

入試日程

区分	出願	試験	発表	手続締切
推薦	1/15〜19	1/22	1/22	1/25
一般	1/25〜2/6	2/10or13	2/10or13	2/15

［延納］一般の公立併願者は公立発表後まで。

応募状況

年度	区分		応募数	受験数	合格数	実質倍率
'24	特進	推薦	2	2	2	1.0
		一般	11	8	8	1.0
	進学	推薦	8	8	8	1.0
		一般	39	28	27	1.0
'23	特進	推薦	0	0	0	—
		一般	6	5	5	1.0
	進学	推薦	11	11	11	1.0
		一般	28	25	24	1.0
'22	特進	推薦	1	1	1	1.0
		一般	2	1	1	1.0
	進学	推薦	10	10	10	1.0
		一般	21	18	18	1.0

［スライド制度］あり。上記に含まず。
［'24年合格最低点］一般（フリー）：特進210，進学170（/300）※合格基準点。

東京　男女　(や)　八雲学園

学費（単位：円）	入学金	施設維持費	授業料	その他経費	小計	初年度合計
入学手続時	330,000	—	—	—	330,000	約1,999,000
1年終了迄	—	150,000	552,000	約967,000	約1,669,000	

※2023年度実績。［授業料納入］3回分割。
［その他］制服・制定品代などあり。

併願校の例

※[進学]を中心に

	都立	神公立	私立
挑戦校	豊多摩 町田 目黒	新城 市ケ尾 市立桜丘 市立東	駒澤大学 多摩大目黒 目黒日大 文教大付 日本大学
最適校	広尾 雪谷 田園調布 成瀬 芦花	市立戸塚 港北 市立橘 元石川 住吉	東京 東海大高輪台 立正大立正 品川翔英 駒場学園
堅実校	晴海総合 松原 小川	市立高津 荏田 麻生 城郷	トキワ松 目黒学院 日本学園 自由ヶ丘 品川学藝

合格のめやす

合格の可能性 ▶ 60% 80% ◀ の偏差値を表示しています。

特進 56 — 60

進学 50 — 54

合格者

| | 34 | 38 | 42 | 46 | 50 | 54 | 58 | 62 | 66 | (偏) |

不合格者　　　　　　　　　　　　　分布＝進学

※合格のめやすの見方は114ページ参照。

(見学ガイド) 文化祭／英語祭／説明会

小 **中** 高 専 短 大

墨田区

安田学園 高等学校

〒130-8615 東京都墨田区横網2-2-25 ☎(0120)501-528(入試広報直通)

都営大江戸線―両国3分　JR―両国6分
都営浅草線―蔵前10分

【教育目標】 「自学創造」を掲げる。自ら考え，学び，創造的学力・人間力を身につけ，グローバル社会に貢献する人物を育成する。

【沿　革】 1923年に東京保善商業学校として創立。2012年に専門学科募集停止。2014年男子校より共学化。

【学校長】 稲村 隆雄

【生徒数】 男子872名，女子663名

	1年(14クラス)	2年(14クラス)	3年(14クラス)
男子	277名	290名	305名
女子	233名	223名	207名

特色

設置学科：普通科

【コース】 S特，特進の2コース制。内部進学生とは3年間別クラス編成。

【カリキュラム】 ①学校完結型の学習環境で，自ら考え学ぶ学習習慣をつける。②S特コースはグローバルな探究力を養い，最難関国立大学をめざす。③特進コースは国公立・難関私立大学を目標に，自ら学ぶ力を高度に育成。④1年次に実在の企業を題材としたリアルな探究テーマに取り組む「クエストエデュケーションプログラム」に挑戦。企業からの課題に対してプランを完成させ，プレゼンテーションを行う。⑤AIによる記憶定着システムや「オンライン国際交流プログラム」などICTを主体的な学びに活用。⑥金融や経済の発展に貢献した創立者・安田善次郎の生き方を手本に道徳の授業を行う。

【海外研修】 2年次の修学旅行はシンガポールを訪問。ほかに希望者は，1年次にニュージーランドまたはオーストラリアで3カ月の短期留学や，1・2年次に2週間の夏休みニュージーランド語学研修に参加できる。

【クラブ活動】 生物クラブが国際大会出場の実績。卓球クラブ，山岳クラブは全国大会出場。

習熟度別授業	土曜授業	文理選択	オンライン授業	制服	自習室	食堂	プール	グラウンド	アルバイト
―	○	2年～	○	○	～19:45	―	―	○	―

登校時刻= 8:15
下校時刻=19:00

進路情報 2023年3月卒業生

四年制大学への進学率 **91.7%**

【卒業生数】 375名

【進路傾向】 国公立大学へ21名，私立大学へ323名が進学した。大学合格数は近年上昇傾向で，2023年春は国公立41名，早慶上理ICU136名，GMARCH217名，日東駒専221名など。

【指定校推薦】 早稲田大，東京理科大，学習院大，中央大，法政大，日本大，東洋大，駒澤大，専修大，東海大，帝京大，國學院大，成蹊大，成城大，明治学院大，獨協大，神奈川大，芝浦工大，東京電機大など推薦枠あり。

	名
四年制大学	344名
短期大学	2名
専修・各種学校	11名
就職	0名
進学準備・他	18名

主な大学合格状況

'24年春速報は巻末資料参照

大学名	'23	'22	'21	大学名	'23	'22	'21	大学名	'23	'22	'21
◇東京大	1	3	0	早稲田大	37	29	17	日本大	102	106	109
◇京都大	0	0	1	慶應大	15	13	15	東洋大	81	83	94
◇東工大	2	1	3	上智大	45	31	8	駒澤大	22	38	24
◇一橋大	0	3	1	東京理科大	46	49	38	専修大	47	45	44
◇千葉大	10	9	12	学習院大	31	28	10	東海大	13	21	29
◇筑波大	4	0	4	明治大	61	41	42	帝京大	25	31	38
◇東京外大	2	3	0	青山学院大	21	22	21	明治学院大	16	18	21
◇横浜国大	1	1	2	立教大	28	26	19	獨協大	40	38	29
◇防衛医大	3	1	2	中央大	28	45	35	芝浦工大	44	28	31
◇防衛大	10	12	12	法政大	75	68	24	東京電機大	18	18	23

※各大学合格数は既卒生を含む。

入試要項 2024年春（実績）

新年度日程についてはp.116参照。

◆ 推薦　A推薦：単願　B推薦：併願（公私とも可。東京・神奈川生を除く）

募集人員▶120名　※コース内訳は一般を含めS特コース80名，特進コース160名

選抜方法▶適性検査（国数英各50分・各100点・英にリスニングあり），調査書

◆ 一般　一般①：併願優遇（公私とも可）　一般②：フリー

募集人員▶120名

選抜方法▶国数英（各50分・各100点・英にリスニングあり），調査書

◆ 受験料　20,000円

内申基準：A推薦：［S特］5科23，［特進］5科21　B推薦・一般（併願優遇）：［S特］5科24，［特進］5科23　※いずれも9科に2不可
※条件により内申加点あり

特待生・奨学金制度▶入試成績上位者に対する3段階の特待制度がある。

帰国生の受け入れ▶国内生と同枠入試。

入試日程

区分	登録・出願	試験	発表	手続締切
A推薦	1/6〜16	1/22	1/22	1/24
B推薦	1/6〜16	1/22	1/22	公立発表翌日
一般①	1/6〜26	2/10	2/10	公立発表翌日
一般②	1/6〜26	2/11	2/11	公立発表翌日

応募状況

年度	区分		応募数	受験数	合格数	実質倍率
'24	S特	A推薦	32	31	31	1.0
		B推薦	609	414	414	1.0
		一般	190	157	137	1.1
	特進	A推薦	78	78	78	1.0
		B推薦	180	146	146	1.0
		一般	345	296	120	2.5
'23	S特	A推薦	18	18	18	1.0
		B推薦	343	208	208	1.0
		一般	146	113	103	1.1
	特進	A推薦	51	51	51	1.0
		B推薦	323	260	260	1.0
		一般	434	382	301	1.3
	進学	A推薦	70	70	70	1.0
		一般	—	—	—	—
'22	S特	A推薦	7	7	11	—
		B推薦	243	138	201	—
		一般	115	91	126	—
	特進	A推薦	49	49	45	—
		B推薦	335	259	196	—
		一般	483	414	315	—
	進学	A推薦	79	78	78	1.0
		一般	132	128	12	—

［スライド制度］あり。上記に'24・'23度度は含まず，'22年度は含む。
［'24年合格最低点］一般②：S特236，特進224（/300）

東京　男女　や　安田学園

学費（単位：円）	入学金	施設費	授業料	その他経費	小計	初年度合計
入学手続時	235,000	100,000	—	160,000	495,000	1,460,850
1年終了迄	—	72,000	408,000	485,850	965,850	

※2024年度予定。［返還］入学辞退者には入学金を除き返還。
［授業料納入］4回分割。［その他］制服・制定品代あり。

併願校の例

※［特進］を中心に

	都立	千・埼公立	私立
挑戦校	青山	船橋	中央大学
	新宿	千葉東	明治学院
	竹早	薬園台	芝浦工大附
	小山台	小金	国学院
	三田	越谷北	専大松戸
最適校	小松川	船橋東	淑徳巣鴨
	駒場	鎌ヶ谷	東洋
	北園	国府台	東洋大京北
	城東	幕張総合	日大一
	上野	越谷南	実践学園
堅実校	江戸川	津田沼	二松学舎
	墨田川	松戸国際	郁文館
	深川	国分	足立学園
	江北	検見川	錦城学園
	東	草加	昭和学院

合格のめやす

合格の可能性 **60%** **80%** の偏差値を表示しています。

S特 **62** **66**

特進 **56** **60**

合格者

不合格者

合否分布

38　42　46　50　54　58　62　66　70（偏）

実線＝特進
破線＝S特

※合格のめやすの見方は114ページ参照。

見学ガイド▶体育祭／文化祭／説明会

墨田区

立志舎 高等学校

〒130-0012　東京都墨田区太平2-9-6　☎(03)5608-1033

【教育方針】　自由な校風のもと自主性と自律を重視し，ゼミ学習を通じて生徒の個性と実力を伸ばし，幅広い個性を持つ一人ひとりが知識だけでなく社会の中で豊かな気持ちで生きていける人間形成をめざす。

【沿　革】　1999年開校。

【学校長】　伯耆原　浩行

【生徒数】　男子408名，女子352名

	1年(8クラス)	2年(9クラス)	3年(9クラス)
男子	120名	145名	143名
女子	128名	118名	106名

JR・半蔵門線―錦糸町5分

特色

設置学科：普通科(通信制)

【コース】　平日コースと土曜コースがある。平日コースは普通，特進，進学の3クラスを設置している。

【カリキュラム】　①平日コースの授業はアクティブ・ラーニングの「ゼミ学習」が中心。講義の後に，演習問題を6～8名のグループで討論し，生徒同士で教え合い，問題を解決する。普通クラスは火・木曜5・6時間目を選択科目にあてる。普通クラスと進学クラスは土曜休み。②特進クラスは国公立・難関私立大学，進学クラスは私立大学・専門学校への進学をめざす。

成績ではなく志望により選択する。③特進クラスは平日19：00まで補講を実施し，土曜日は弱点克服講座などを開く。④土曜コースは土曜日に登校し科目別授業（スクーリング）を行う。平日は16：00まで自習室を開放。私服登校可。行事やクラブ活動は平日コースと合同で実施。

【海外研修】　2年次の夏休みにオーストラリアのパースで研修を行う。希望制。

【クラブ活動】　体育系クラブは全日制の大会に出場。専用グラウンドのある野球部が活躍。

※下記の早見表は主に平日コースについての記述。

習熟度別授業	土曜授業	文理選択	オンライン授業	制服	自習室	食堂	プール	グラウンド	アルバイト
―	○	2年～	―	○	○	―	―	○	○

登校時刻＝ 9:20
下校時刻＝19:00

進路情報　2023年3月卒業生

進学率 **61.5%**

【卒業生数】　208名

【進路傾向】　大学進学はいずれも私立大学で，全員が文系進学だった。コースごとの進学率は平日コース64%，土曜コース58%だった。

四年制大学	50名
短期大学	0名
専修・各種学校	78名
就職	15名
進学準備・他	65名

【指定校推薦】　利用状況は立正大1，日本薬科大1，帝京科学大1，東京福祉大2，武蔵文理大1，明海大4，尚美学園大1など。ほかに大東文化大，城西大，目白大，フェリス女学院大，城西国際大，麗澤大，和洋女子大，中央学院大，東京情報大，江戸川大，川村学園女子大，千葉科学大，駿河台大，山梨英和大，東京工芸大，横浜美大，東京家政学院大，嘉悦大など推薦枠あり。

主な大学合格状況

'24年春速報は巻末資料参照

大学名	'23	'22	'21	大学名	'23	'22	'21	大学名	'23	'22	'21
◇都立大	0	1	0	東海大	1	0	1	関西大	1	0	0
上智大	1	0	0	亜細亜大	1	0	1	武蔵野大	0	2	0
東京理科大	0	1	0	帝京大	0	1	1	帝京平成大	4	4	1
青山学院大	0	3	0	成城大	0	0	1	東京工科大	1	2	1
中央大	0	1	0	獨協大	0	5	0	目白大	1	1	0
法政大	0	2	0	玉川大	3	1	0	帝京科学大	4	0	0
日本大	0	1	3	桜美林大	2	0	1	日本医療科学大	4	0	0
東洋大	0	6	0	関東学院大	0	2	0	文京学院大	3	2	2
専修大	0	1	0	杏林大	2	0	0	中央学院大	0	1	2
大東文化大	0	1	0	日本薬科大	1	0	0	明海大	1	2	1

※各大学合格数は既卒生を含む。

入試要項 2024年春（実績）

新年度日程についてはp.116参照。

◆ 推薦　**A推薦**：単願　**B推薦**：併願（公私とも可。千葉・埼玉・茨城生対象）

募集人員▶平日コース100名，土曜コース100名

選抜方法▶A推薦：個人面接（15〜20分），調査書　B推薦：作文（出願時提出・400字），個人面接（15〜20分），調査書

◆ 一般

募集人員▶平日コース100名，土曜コース300名　※一般②以降を含む

選抜方法▶作文（出願時提出・400字），個人面接（15〜20分），調査書

◆ 受験料　20,000円

内申基準 成績，出欠席の基準なし。

特待生・奨学金制度 各入試で特待生を選抜。学力特待生は3年次の内申5科21で入学金と施設費・授業料3年間免除。クラブ特待生は野球・吹奏楽部対象。入学金と施設費・授業料3年間免除または入学金免除。選抜特待生は入試（面接）で選抜。入学金と施設費・授業料3年間免除。ほか経済的事情に対応した経済特待生を10名程度選抜。入学金免除または施設費・授業料3年間免除。

帰国生の受け入れ 国内生と同枠入試。

入試日程

区分	登録・出願	試験	発表	手続締切
A推薦	12/20〜1/18	1/22	1/23	1/25
B推薦	12/20〜1/18	1/22	1/23	1/25
一般①	12/20〜2/7	2/10	2/11	2/13

［延納］併願者は併願校発表後まで。
［2次募集］一般②以降は3月下旬まで随時。

応募状況

年度	区分		応募数	受験数	合格数	実質倍率
'24	平日	A推薦	127	127	127	1.0
		B推薦				
		一般①	161	158	156	1.0
	土曜	A推薦	21	21	21	1.0
		B推薦				
		一般①	23	23	22	1.0
'23	平日	A推薦	114	114	114	1.0
		B推薦	33	33	33	1.0
		一般①	150	149	146	1.0
	土曜	A推薦	16	16	16	1.0
		B推薦	2	2	2	1.0
		一般①	19	19	19	1.0
'22	平日	A推薦	122	122	122	1.0
		B推薦	24	24	24	1.0
		一般①	162	162	159	1.0
	土曜	A推薦	16	16	16	1.0
		B推薦	1	1	1	1.0
		一般①	14	14	14	1.0

［'24年合格最低点］非公表。

東京　男女　り　立志舎

学費（単位：円）

		入学金	施設費	授業料	その他経費	小計	初年度合計
平日	入学手続時	250,000	190,000	—	—	440,000	839,277
	1年終了迄	—	—	370,000	29,277	399,277	
土曜	入学手続時	50,000	20,000	280,000	—	350,000	367,748
	1年終了迄	—	—	—	17,748	17,748	

※2024年度予定。[入学前納入] 1年終了迄の小計のうち平日コース29,277円，土曜コース17,748円。
[授業料納入] 平日コースは2回分割。土曜コースは入学手続時に一括（上記授業料は28単位履修の場合）。
[その他] 制服・制定品代，修学旅行積立金あり。

併願校の例

挑戦校	
最適校	データ不足のため不明
堅実校	

合格のめやす

合格の可能性 ■**60%**〇 **80%**〇 ■ の偏差値を表示しています。

高校で学ぶ意欲を重視した選考のため
偏差値は設定していません

合否分布

合格者

| 30 | 34 | 38 | 42 | 46 | 50 | 54 | 58 | 62 | (偏) |

不合格者

※合格のめやすの見方は114ページ参照。

見学ガイド 文化祭／説明会／体験ゼミ学習（平日コース）／個別見学対応

小中高専短大

大田区

立正大学付属立正 高等学校

〒143-8557 東京都大田区西馬込1-5-1 ☎(03)6303-7683

【建学の精神】 日蓮聖人の教えである「行学二道」の精神のもと，知識や経験（学）を，行動で示すこと（行）のできる人間を育てる。

【沿 革】 1872年設立の日蓮宗宗教院が前身。1994年中学校，1997年高校で男女共学化。2013年品川区大崎より現在のキャンパスに移転。

【学校長】 大場 一人

【生徒数】 男子746名，女子341名

	1年(11クラス)	2年(11クラス)	3年(9クラス)
男子	265名	267名	214名
女子	125名	127名	89名

都営浅草線―西馬込 5 分
JR―大崎よりスクールバス

特色

設置学科：普通科

【コース】 進学と特進の 2 クラス制。 1 年次は内部進学生と別クラス編成。

【カリキュラム】 ① 1 年次は毎朝10分間，新聞の社説やコラムを自分の言葉でまとめるR-プログラムを行う。国語力を伸ばし，Research（調べる），Read（読み取る），Report（表現する）の 3 つのスキルを身につける。②自ら課題を発見し，考える力を伸ばすため 1 年次はグループ， 2 年次は個人で探究活動を実施。それぞれ 1 月末に探究活動発表会でプレゼンテーションを行う。③苦手・不得意科目の克服をめざすフォローアップ講習やグレード別選択講座などを用意し，一人ひとりの学力を伸ばす。

【キャリア教育】 社会に出ることを見据え，オープンキャンパス参加や大学生との座談会，学部学科ガイダンス，大学ガイダンスなどを行い，意識を高め，段階的に進路を絞り込む。

【海外研修】 1 ・ 2 年次の希望者を対象として，夏休みにイギリスとアメリカで交互に隔年実施（18日間）。ホームステイや語学研修を行う。

【クラブ活動】 山岳部やゴルフ部が活躍。

【施設】 弓道場やゴルフ練習場を設置。

習熟度別授業	土曜授業	文理選択	オンライン授業	制服	自習室	食堂	プール	グラウンド	アルバイト
数英	○	2年〜	○	○	〜19:00	○	○	○	―

登校時刻＝ 8:10
下校時刻＝19:00

進路情報 2023年 3 月卒業生

四年制大学への進学率 **86.2%**

【卒業生数】 312名

【進路傾向】 大学進学者の内訳は文系79%，理系21%。国公立大学へ理系 3 名，海外大学へ 3 名が進学した。

【系列進学】 立正大学へ64名（社会福祉 1 ，経営12，法 9 ，文14，心理10，経済14，仏教 2 ，データサイエンス 2 ）が内部推薦で進学した。

【指定校推薦】 利用状況は上智大 1 ，東京理科大 3 ，青山学院大 1 ，日本大 5 ，駒澤大 2 ，専修大 5 ，國學院大 3 ，成蹊大 4 ，明治学院大 2 ，神奈川大 8 ，東京都市大 1 ，聖心女子大 1 ，東洋英和女学院大 1 など。ほかに東洋大，大東文化大，東海大，帝京大，芝浦工大など推薦枠あり。

四年制大学	269名
短期大学	2名
専修・各種学校	25名
就職	0名
進学準備・他	16名

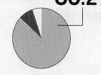

主な大学合格状況

'24年春速報は巻末資料参照

大学名	'23	'22	'21	大学名	'23	'22	'21	大学名	'23	'22	'21
◇京都大	0	1	0	明治大	1	16	6	帝京大	1	29	20
◇東工大	1	0	0	青山学院大	2	4	5	國學院大	5	6	8
◇一橋大	0	1	0	立教大	9	12	4	成蹊大	8	6	7
◇電通大	1	0	0	中央大	4	5	5	明治学院大	11	12	9
◇帯広畜産大	1	0	0	法政大	6	7	9	神奈川大	30	22	32
早稲田大	2	5	0	日本大	21	30	34	東京電機大	4	5	5
慶應大	1	5	0	東洋大	17	20	15	東京都市大	14	17	5
上智大	2	0	2	駒澤大	5	14	7	立正大	77	99	94
東京理科大	5	0	3	専修大	34	27	20	桜美林大	14	20	18
学習院大	7	3	2	東海大	10	4	25	関東学院大	27	12	9

※各大学合格数は既卒生を含む。

入試要項 2024年春（実績）

新年度日程についてはp.116参照。

◆ 推薦　第1志望
募集人員▶100名
選抜方法▶作文（50分・600字），個人面接（5分），調査書

◆ 一般　併願優遇（公私とも可）あり
募集人員▶①70名，②30名
選抜方法▶国数英または国英社または数英理（国数理社各50分・英60分・各100点・英はマークシートと記述の併用でリスニングあり），個人面接（5分），調査書

◆ 受験料　20,000円

（**内申基準**）推薦：[進学] 5科19または9科34，[特進] 5科20　一般（併願優遇）：5科20または9科35　※いずれも9科に1不可　※条件により内申加点あり

（**特待生・奨学金制度**）入試の成績優秀者を2段階の特待生認定。

（**帰国生の受け入れ**）国内生と同枠入試。

入試日程

区分	登録・出願	試験	発表	手続締切
推薦	12/20〜1/20	1/22	1/22	1/25
一般①	12/20〜2/8	2/10	2/10	公立発表翌日
一般②	12/20〜2/8	2/11	2/11	公立発表翌日

応募状況

年度	区分		応募数	受験数	合格数	実質倍率
'24	推薦	進学	78	78	78	1.0
		特進	2	2	2	1.0
	一般①		170	165	147	1.1
	一般②		86	67	55	1.2
'23	推薦	進学	148	148	148	1.0
		特進	2	2	2	1.0
	一般①		192	188	155	1.2
	一般②		122	110	87	1.3
'22	推薦	進学	149	149	149	1.0
		特進	1	1	1	1.0
	一般①		257	255	232	1.1
	一般②		149	134	111	1.2

[スライド制度] あり。上記に含まず。
['24年合格最低点] 一般①150，一般②149（/300）

学費（単位:円）	入学金	施設費	授業料	その他経費	小計	初年度合計
入学手続時	250,000	－	－	205,150	455,150	1,224,650
1年終了迄	－	165,000	447,000	157,500	769,500	

※2024年度予定。[授業料納入] 2回分割。[その他] 制服代・制定品代あり。
[寄付・学債] 任意の寄付金1口10万円あり。

併願校の例

※[進学]を中心に

	都立	神公立	私立
挑戦校	小山台	神奈川総合	国学院
	三田	新城	駒澤大学
	城東	横浜翠嵐(普)	文教大付
	目黒	市立東	目黒日大
	上野	生田	多摩大目黒
最適校	広尾	市立橘	東海大高輪台
	雪谷	元石川	品川翔英
	田園調布	住吉	正則
	東	鶴見	目黒学院
	向丘	岸根	鶴見大附
堅実校	晴海総合	市立高津	大森学園
	小岩	横浜清陵	日体大荏原
	つばさ総合	荏田	品川学藝
	大崎	城郷	東京実業
	桜町	百合丘	橘学苑

合格のめやす

合格の可能性 **60%** **80%** の偏差値を表示しています。

進学　**49**　**53**

特進　**55**　**59**

合格者

合否分布

34　38　42　46　50　54　58　62　66　(偏)

不合格者

実線＝進学
破線＝特進

※合格のめやすの見方は114ページ参照。

（**見学ガイド**）体育祭／文化祭／説明会

町田市

和光 高等学校

小中高専短大

〒195-0051　東京都町田市真光寺町1291　☎(042)734-3403

【教育方針】　個性・能力を伸ばし，様々な自治活動を通して，自主的で創造的な力，民主的な人格，世界の平和と発展のために歴史を切り開いていく知性と行動力を育てる。

【沿　革】　1933年成城学園を母体として設立。1950年高等学校開校。

【学校長】　橋本　暁

【生徒数】　男子309名，女子387名

	1年(6クラス)	2年(6クラス)	3年(6クラス)
男子	106名	91名	112名
女子	128名	141名	118名

小田急線―鶴川，京王相模原線―若葉台よりバス和光学園

特色

設置学科：普通科

【カリキュラム】　①レポートの作成・発表，討論，フィールドワークなどに取り組み，多様なものの見方や考え方を発見する。②2・3年次は幅広い選択講座を設置。少人数制で実習，研究と討論，制作など様々な形態の授業を展開する。3泊4日のフィールドワークを行う必修講座もある。③3年次には職業に結びつくような専門的な選択科目を開設。スポーツコーチング演習，コンピュータ制御，映像，写真表現，保育・教育，専門調理などがある。④3年間クラス替えを行わず，クラスを自治の拠点として，一人ひとりが学校づくりに参加する。

【キャリア教育】　個々の生徒に寄り添い，3年間を見据えて指導する。和光大学の体験授業（1・2年次）や特別聴講生としての授業参加（3年次）などを設け，進路選択に役立てる。

【クラブ活動】　クラブ活動を生徒の自主的・自治的な活動と位置付けており，クラブの承認や予算なども生徒達が話し合っている。

【施設】　全館無線LAN完備で教室でもインターネットができる。3つの体育館や2つのグラウンド，カウンセリングルームなどがある。

習熟度別授業	土曜授業	文理選択	オンライン授業	制服	自習室	食堂	プール	グラウンド	アルバイト
―	―	―	―	○	○	○	○	○	○

登校時刻＝ 8:45
下校時刻＝18:30

進路情報　2023年3月卒業生

四年制大学への進学率 **73.2%**

【卒業生数】　239名

【進路傾向】　進学決定者のうち指定校推薦が47%と多く，総合型選抜26%，一般選抜11%，公募推薦10%，内部推薦6%だった。

【系列進学】　和光大学へ12名（現代人間5，表現4，経済経営3）が内部推薦で進学した。

【指定校推薦】　上智大，立教大，法政大，日本大，東洋大，駒澤大，専修大，大東文化大など推薦枠あり。

	四年制大学	175名
	短期大学	4名
	専修・各種学校	31名
	就職	0名
	進学準備・他	29名

主な大学合格状況
'24年春速報は巻末資料参照

大学名	'23	'22	'21	大学名	'23	'22	'21	大学名	'23	'22	'21
◇東京藝術大	0	0	1	中央大	7	1	4	東京都市大	7	4	3
◇都立大	1	1	1	法政大	5	6	5	桜美林大	15	18	8
◇信州大	1	0	0	日本大	6	15	11	関東学院大	5	7	3
◇山形大	0	1	0	駒澤大	6	2	3	武蔵野大	9	2	6
早稲田大	0	1	6	専修大	3	4	1	東京農大	7	4	2
慶應大	2	0	1	東海大	4	16	7	明星大	9	5	10
上智大	4	2	6	帝京大	2	3	4	武蔵野美大	2	1	2
明治大	4	0	0	國學院大	3	0	2	東京造形大	3	4	7
青山学院大	1	1	0	神奈川大	3	3	3	東京工芸大	5	8	10
立教大	4	1	3	玉川大	7	1	6	和光大	13	13	39

※各大学合格数は既卒生を含む。

入試要項 2024年春（実績）

新年度日程についてはp.116参照。

◆ **推薦** 第1志望

募集人員▶約70名

選抜方法▶作文（60分・500～600字），個人面接（10分），調査書，自己推薦文

◆ **一般** 併願優遇（公私とも可）あり

募集人員▶約70名

選抜方法▶国数英（各50分），個人面接（10分），調査書

◆ **受験料** 25,000円

内申基準 推薦：9科29または基準未満であるが人物的に優れた者　**一般（併願優遇）**：9科32 ※いずれも9科に1不可　※条件により内申加点あり

特待生・奨学金制度 家計困難な場合の授業料減免制度として和光奨学金あり。入学後に申請・審査を行う。

帰国生の受け入れ 国内生と同枠入試。

入試日程

区分	出願	試験	発表	手続締切
推薦	1/15	1/22	1/22	1/24
一般	1/25～2/3	2/10	2/11	2/14

［延納］一般の本校第2志望受験者は公立発表後まで。

応募状況

年度	区分	応募数	受験数	合格数	実質倍率
'24	推薦	129	129	113	1.1
	併願優遇	70	66	66	1.0
	一般	42	41	30	1.4
'23	推薦	123	123	101	1.2
	一般	88	87	77	1.1
'22	推薦	122	122	108	1.1
	一般	70	66	62	1.1

［'24年合格最低点］非公表。

東京　男女　(わ) 和光

学費（単位：円）	入学金	施設設備資金	授業料	その他経費	小計	初年度合計
入学手続時	250,000	150,000	—	—	400,000	1,010,280
1年終了迄	—	—	465,840	144,440	610,280	

※2024年度予定。［授業料納入］一括または11回分割。［寄付・学債］任意の寄付金1口5万円3口以上，キャンパス整備資金1口1万円，学校債1口10万円あり。

併願校の例

	都立	神公立	私立
挑戦校	町田 調布北 狛江 南平	横浜総合(個化) 新城 海老名 相模原弥栄 生田	桜美林 成城学園 八王子学園 日大櫻丘 玉川学園
最適校	神代 成瀬 府中 芦花 翔陽	市立橘 元石川 上溝南 住吉 鶴見	八王子実践 サレジオ高専 松蔭大松蔭 国士舘 駒場学園
堅実校	松が谷 日野 小川 松原 杉並総合	神奈川総合産業 橋本 上溝 麻生 百合丘	国本女子 聖パウロ 向上 光明相模原

合格のめやす

合格の可能性 **60%** **80%** の偏差値を表示しています。

普通科 ━ **50** ━ **53** ━

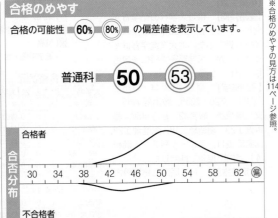

※合格のめやすの見方は114ページ参照。

見学ガイド 文化祭／説明会／オープンスクール

小 中 高 専 短 大

国分寺市

早稲田大学系属
早稲田実業学校 高等部

〒185-8505　東京都国分寺市本町1-2-1　☎(042)300-2121

【教育方針】　校訓に「他を敬し，己を敬し，事物を敬す」という「三敬主義」を掲げる。伝統を受け継ぎ，豊かな見識と表現力をもつ次世代のタフなリーダーを育成する。

【沿　革】　1901年開校。1964年普通科設置。2002年共学化，商業科募集停止。

【学校長】　恩藏　直人

【生徒数】　男子700名，女子382名

	1年(8クラス)	2年(9クラス)	3年(9クラス)
男子	227名	214名	259名
女子	116名	135名	131名

JR・西武国分寺線―国分寺7分

特色

設置学科：普通科

【カリキュラム】　①早稲田大学進学後の学習に必要な基礎学力を養成するカリキュラム編成。②2年次より早稲田大学の授業が受講可能。大学進学後の単位として認定される。③3年次は「初級会計学」「数学特論」などの学校設定科目を4単位選択履修する。1月からは進学する学部別に早稲田大学教員による高3特別授業も行われる。④英語はネイティヴスピーカーによる授業を展開するほか，全員がTOEFL ITPなどを受験する。⑤2年次に少人数ゼミによる探究活動「早実セミナー」を実施。3年次に研究発表を行う。⑥1人1台のICT端末でプレゼンテーションや課題のオンライン提出などを行う。

【海外研修】　1年間の公認留学制度がある。ほかに語学留学やグローバルリーダーシップ研修などを用意。渡航先はアメリカ，イギリス，オーストラリア，カナダ，ドイツ，スイスなど。

【クラブ活動】　陸上競技部，硬式テニス部，ラグビー部，サッカー部，卓球部，少林寺拳法部，山岳部などが全国大会に出場。

【施設】　長野県にグラウンドのある駒ヶ根校舎を設置。クラブ合宿や練習などに利用する。

習熟度別授業	土曜授業	文理選択	オンライン授業	制服	自習室	食堂	プール	グラウンド	アルバイト
英	○	2年～	○	○	○	○	―	○	―

登校時刻＝ 8:30
下校時刻＝18:00

進路情報　2023年3月卒業生

四年制大学への進学率 **97.7%**

【卒業生数】　394名

【進路傾向】　併設大学への進学者が例年ほとんどで，2023年春は全体の95%が進学した。他大学進学者は多くはないが，医学部医学科に多数合格を出している。

【系列進学】　早稲田大学へ375名（法33，文20，商55，政治経済65，文化構想25，教育42，社会科50，基幹理工29，創造理工16，先進理工23，国際教養11，スポーツ科2，人間科4）が内部推薦で進学した。

【指定校推薦】　日本医大に推薦枠あり。

■ 四年制大学	385名
□ 短期大学	0名
■ 専修・各種学校	2名
■ 就職	1名
□ 進学準備・他	6名

主な大学合格状況
'24年春速報は巻末資料参照

大学名	'23	'22	'21	大学名	'23	'22	'21	大学名	'23	'22	'21
◇東京大	2	2	1	東京理科大	2	0	0	北里大	0	0	1
◇京都大	1	0	0	青山学院大	0	0	1	国際医療福祉大	1	0	0
◇筑波大	0	0	2	日本大	1	1	1	東京薬科大	1	0	0
◇東京外大	0	1	0	東海大	1	1	0	日本獣医生命科学大	0	0	3
◇横浜国大	1	0	0	帝京大	1	0	0	麻布大	0	0	2
◇国際教養大	1	0	0	白百合女子大	1	0	0	埼玉医大	1	0	0
◇東京医歯大	1	0	2	東京慈恵会医大	1	0	0	跡見学園女子大	1	0	0
早稲田大	375	411	423	順天堂大	1	0	2				
慶應大	4	5	0	昭和大	0	1	1				
上智大	0	4	0	日本医大	3	0	1				

※各大学合格数は既卒生を含む。

入試要項　2024年春（実績）

新年度日程についてはp.116参照。

◆推薦　第１希望。スポーツ・文化のいずれかの分野を選択

※スポーツ分野の対象クラブは剣道，硬式テニス，男子硬式野球，ゴルフ，男子サッカー，柔道，男子ソフトボール，男子卓球，軟式テニス，男子軟式野球，男子ハンドボール，バスケットボール，男子バレーボール，男子米式蹴球，男子ラグビー，陸上競技（トラック，駅伝）。文化分野の対象クラブは音楽（合唱，弦楽器）書道，美術

募集人員▶男女40名(指定校推薦若干名を含む)

選抜方法▶作文（60分），面接，調査書，活動実績報告書，活動実績を証明する資料，12/16・17の活動実績資格相談参加証明書

◆一般

募集人員▶男子約50名，女子約30名

選抜方法▶国数英（国数各60分・英70分・各100点），調査書

◆受験料　30,000円

(内申基準) 推薦：１・２年次と３年次12月末の全必修教科の評定合計94（平均3.5）　※評定に１不可

(特待生・奨学金制度) 経済的状況に対応する奨学金制度あり。

(帰国生の受け入れ) 国内生と同枠入試で考慮あり。

入試日程

区分	登録・出願	試験	発表	手続締切
推薦	12/20〜1/16	1/22	1/23	1/24
一般	12/20〜1/27	2/10	2/12	2/13

[延納] 一般の公立併願者は入学金納入により残額は公立発表後まで。

応募状況

年度	区分		応募数	受験数	合格数	実質倍率
'24	推薦	男子	77	77	36	2.1
		女子	24	24	10	2.4
	一般	男子	484	441	127	3.5
		女子	292	272	59	4.6
'23	推薦	男子	90	90	36	2.5
		女子	23	23	10	2.3
	一般	男子	493	449	119	3.8
		女子	264	240	55	4.4
'22	推薦	男子	90	88	33	2.7
		女子	28	28	16	1.8
	一般	男子	442	406	121	3.4
		女子	321	302	61	5.0

['24合格最低点] 非公表。

東京　男女

(わ)

早稲田大学系属

早稲田実業学校

学費（単位：円）

	入学金	施設設備資金	授業料	その他経費	小計	初年度合計
入学手続時	300,000	126,000	—	—	426,000	1,193,600
１年終了迄	—	126,000	582,000	59,600	767,600	

※2024年度予定。[授業料納入] ２回分割。[その他] 制服・制定品代，宿泊を伴う学校行事等の費用あり。
[寄付・学債] 任意の教育振興資金１口10万円３口以上あり。

併願校の例

	都立	神・埼公立	国・私立
挑戦校			
最適校		横浜翠嵐	筑波大附 早大学院 青山学院 慶應志木 早大本庄
堅実校	日比谷 西 国立 戸山 青山	湘南 多摩 浦和 大宮 市立浦和	明大中野 中央大学 帝京大学 錦城(特進) 国学院久我山

合格のめやす

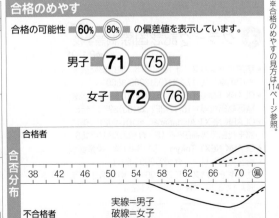

合格の可能性 **60%** **80%** の偏差値を表示しています。

男子　**71**　(75)

女子　**72**　(76)

合格者

| 38 | 42 | 46 | 50 | 54 | 58 | 62 | 66 | 70 | (偏) |

実線＝男子
破線＝女子

不合格者

※合格のめやすの見方は114ページ参照。

(見学ガイド) 体育祭／文化祭／説明会／オープンスクール／個別見学対応

東京の私立通信制高校（抜粋）

あずさ第一高等学校 広域 →P.1390

- 立川キャンパス 〒190-0023 東京都立川市柴崎町3-8-14 ☎(042)595-9915
- 町田キャンパス 〒194-0022 東京都町田市森野1-39-10 ☎(042)850-8800
- 渋谷キャンパス 〒150-0031 東京都渋谷区桜丘町5-4 ☎(03)6416-0425

NHK学園高等学校 広域

〒186-8001 東京都国立市富士見台2-36-2
☎(0120)451-424

大原学園美空高等学校 広域

〒101-0051 東京都千代田区神田神保町2-42
☎(03)3237-3141

科学技術学園高等学校 広域

〒157-8562 東京都世田谷区成城1-11-1
☎(03)5494-7711

鹿島学園高等学校 広域 →P.1392

新宿, 渋谷, 池袋, 秋葉原, 水道橋, 品川, 目黒, 赤羽, 蒲田, 練馬, 八王子, 田無, 町田, 国分寺, 調布などにキャンパス・学習センターあり

鹿島山北高等学校 広域 →P.1392

池袋, 渋谷, 代々木, 麻布, 北千住, 足立, 木場, 金町, 浅草, 品川, 目黒, 八王子, 国分寺, 清瀬, 国立, 多摩センターなどにキャンパス・学習センターあり

北豊島高等学校 広域

- 通信教育学習センター 〒116-0012 東京都荒川区東尾久6-41-12 ☎(03)3895-3051(代)

クラーク記念国際 高等学校 広域 →P.1391

- 東京キャンパス 〒169-0075 東京都新宿区高田馬場1-16-17 ☎(03)3203-3600
- CLARK SMART 東京 〒169-0075 東京都新宿区高田馬場1-16-17-3F ☎(03)6233-1155
- CLARK NEXT Akihabara 〒101-0021 東京都千代田区外神田6-5-12 ☎(03)5807-3455
- CLARK NEXT Tokyo 〒173-0004 東京都板橋区板橋4-11-4 ☎(03)6905-6911
- 立川キャンパス 〒190-0012 東京都立川市曙町1-26-13 ☎(0120)833-350

さくら国際 高等学校 広域 →P.1393

- 東京校 〒151-0053 東京都渋谷区代々木1-43-8 ☎(03)3370-0718

〔その他のキャンパス・学習センター〕
青山, 秋葉原, 水道橋, 四谷, 足立, 板橋, 赤坂, 池尻大橋, 三鷹, 北多摩など

学校法人 大阪滋慶学園 滋慶学園 高等学校 広域 →P.1393

- 東京学習サポートコース 〒134-0088 東京都江戸川区西葛西3-14-8(東京スクールオブミュージック&ダンス専門学校内)
☎(0120)532-304

聖パウロ学園高等学校 広域

〒192-0154 東京都八王子市下恩方町2727
☎(042)651-3882

東海大学付属望星高等学校 広域

〒151-0063 東京都渋谷区富ヶ谷2-10-7
☎(03)3467-8111

目黒日本大学高等学校 広域

〒153-0063 東京都目黒区目黒1-6-15
☎(03)3492-6674(通信制)

わせがく高等学校 広域 →P.1395

- 東京キャンパス 〒169-0075 東京都新宿区高田馬場4-9-9 ☎(03)3369-5938

神奈川県
私立高校

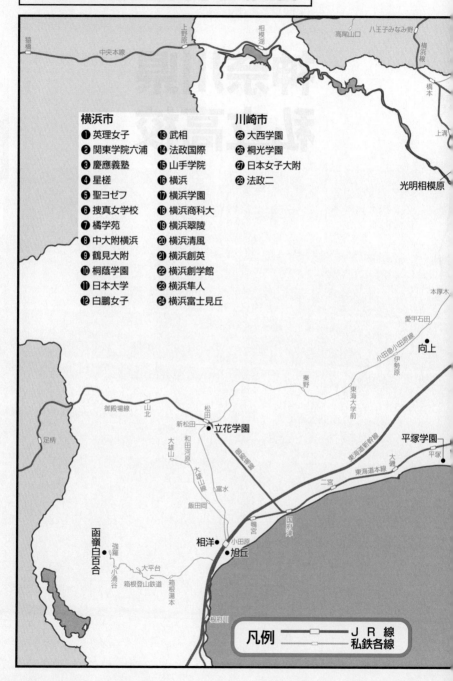

神奈川県私立高等学校略地図

横浜市
❶ 英理女子
❷ 関東学院六浦
❸ 慶應義塾
❹ 星槎
❺ 聖ヨゼフ
❻ 捜真女学校
❼ 橘学苑
❽ 中大附横浜
❾ 鶴見大附
❿ 桐蔭学園
⓫ 日本大学
⓬ 白鵬女子
⓭ 武相
⓮ 法政国際
⓯ 山手学院
⓰ 横浜
⓱ 横浜学園
⓲ 横浜商科大
⓳ 横浜翠陵
⓴ 横浜清風
㉑ 横浜創英
㉒ 横浜創学館
㉓ 横浜隼人
㉔ 横浜富士見丘

川崎市
㉕ 大西学園
㉖ 桐光学園
㉗ 日本女子大附
㉘ 法政二

凡例 —◻— ＪＲ線
—◻— 私鉄各線

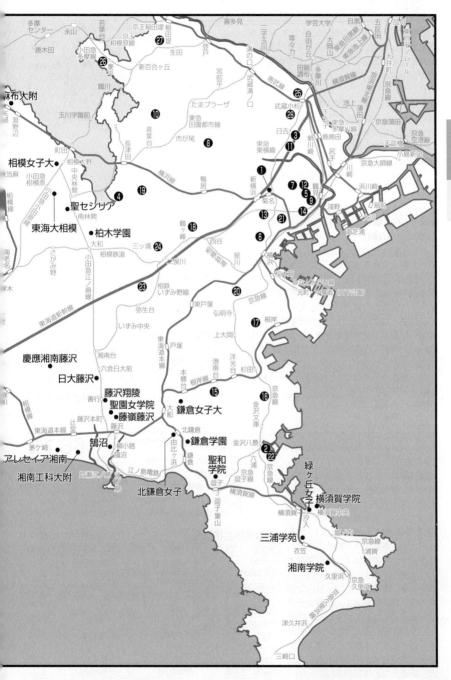

横浜市港北区

英理女子学院 高等学校

〒222-0011 神奈川県横浜市港北区菊名7-6-43 ☎(045)431-8188

【教育理念】 創立者の理念に基づき、「信頼し得る婦人 実際に役立つ婦人」を育成する。学んだことを活かして社会の役に立つ女性，世の中で信頼される・自立した女性を育てる教育を実践。

【沿革】 1908年に高木女塾を母体に神奈川裁縫女学校として創立。2019年，高木学園女子高等学校より現校名に改称。

【学校長】 髙木 暁子

【生徒数】 女子536名

	1年(7クラス)	2年(8クラス)	3年(7クラス)
女子	169名	186名	181名

英理女子学院

JR・東急東横線—菊名7分
JR・相鉄線・市営地下鉄—新横浜16分

特色

設置学科：普通科

【iグローバル部】 ①「高い教養・知性」「グローバルコミュニケーション」「ICT＆理数リテラシー」の3つを重視する。②2年次に文理選択し、国公立・難関私立・海外大学などをめざす。③英語の授業を週7～15時間と多く設定し、ネイティヴ講師との英会話など，様々な取り組みで英語力を伸ばす。④大学を知る機会を豊富に用意し，個々に合わせた進路・学習指導を行う。

【キャリア部】 ①進学教養，ビジネスデザイン，情報デザイン，ライフデザインの4コース制。②進学教養コースは幅広い科目をじっくり学ぶ。③ビジネスデザインコースは3年次に「受験に必要な一般科目」か「ビジネス関連科目」のいずれかを選択。④情報デザインコースはデザイン力を養い，美術・デザイン・情報系などへの大学進学をめざす。⑤ライフデザインコースはファッション・フード分野を中心に学び，服飾・食物・保育系への大学進学を目標とする。

【海外研修】 両部とも2年次の修学旅行は，マレーシアまたは九州への選択制で実施する。

【クラブ活動】 ライフル射撃部，華道部が全国レベル。ソフトテニス部，茶道部なども活躍。

習熟度別授業	土曜授業	文理選択	オンライン授業	制服	自習室	食堂	プール	グラウンド	アルバイト	登校時刻＝ 8:30
—	隔週	2年〜	○	○	〜18:00	—	—	—	審査	下校時刻＝18:05

進路情報 2023年3月卒業生

四年制大学への進学率 **68.7%**

【卒業生数】 166名

【進路傾向】 大学進学者の内訳は文系55%，理系30%，他15%。国公立大学へ文系2名・理系4名・他1名，海外大学へ1名が進学した。

四年制大学	114名
短期大学	12名
専修・各種学校	27名
就職	2名
進学準備・他	11名

【指定校推薦】 利用状況は日本大1，駒澤大1，専修大1，神奈川大3，立正大1，桜美林大1，関東学院大1，大妻女子大1，駒沢女子大1，目白大2，麻布大1，フェリス女学院大2，横浜薬科大1，相模女子大2，東洋英和女学院大4，横浜商大1，跡見学園女子大1，文化学園大1，杉野服飾大1など。ほかに千葉工大，東京農大，実践女子大，文教大，拓殖大など推薦枠あり。

主な大学合格状況
'24年春速報は巻末資料参照

大学名	'23	'22	'21	大学名	'23	'22	'21	大学名	'23	'22	'21
◇佐賀大	1	0	0	法政大	4	0	0	東京都市大	6	2	0
◇県立保健福祉大	1	1	0	日本大	6	4	1	立正大	1	3	1
◇川崎市立看護大	1	0	0	東洋大	7	5	0	桜美林大	11	1	1
早稲田大	1	0	0	駒澤大	5	2	1	関東学院大	5	5	1
東京理科大	0	1	0	専修大	1	2	1	近畿大	1	6	1
学習院大	2	2	0	東海大	3	1	0	立正女大	1	3	1
明治大	2	1	0	明治学院大	8	0	0	東京工芸大	1	2	2
青山学院大	4	0	0	神奈川大	18	11	3	横浜美大	3	1	0
立教大	3	1	0	芝浦工大	2	1	0	相模女子大	12	7	15
中央大	3	1	1	日本女子大	1	2	0	湘南医療大	3	3	0

※各大学合格数は既卒生を含む。

入試要項 2024年春（実績）

新年度日程についてはp.116参照。

◆ 推薦 単願

募集人員▶ iグローバル部30名，進学教養コース40名，ビジネスデザインコース20名，情報デザインコース40名，ライフデザインコース40名

選抜方法▶ 個人面接（10分），自己PR課題，調査書

◆ 一般 併願，オープン

募集人員▶ iグローバル部50名，進学教養コース40名，ビジネスデザインコース20名，情報デザインコース40名，ライフデザインコース40名

選抜方法▶ 併願：自己PR課題，調査書 **オープン**：国数英（各50分・各100点），個人面接（10分），自己PR課題，調査書

◆ 受験料 20,000円

内申基準 推薦：[iグローバル]19/25，[進学教養]28/45，[ビジネス][情報][ライフ]25/45 **一般（併願）**：[iグローバル]20/25，[進学教養]31/45，[ビジネス][情報][ライフ]27/45 ※いずれも9科に1不可 ※条件により内申加点あり

特待生・奨学金制度 内申により4段階の特待認定。キャリア部は英語検定での認定もあり。

帰国生の受け入れ 国内生と別枠入試。

入試日程

区分		登録・出願	試験	発表	手続締切
推薦		12/20～1/19	1/22	1/22	1/25
一般	併願	12/20～2/3	—	2/11	2/29
	オープン	12/20～2/3	2/10	2/11	2/29

[延納] 一般の都立併願者は都立発表後まで。
[2次募集] 3月入試3/1

応募状況

年度	区分		応募数	受験数	合格数	実質倍率
'24	iG	推薦	9	9	9	1.0
		一般	37	37	37	1.0
	進学	推薦	30	30	30	1.0
		一般	111	111	109	1.0
	ビジ	推薦	8	8	8	1.0
		一般	42	42	42	1.0
	情報	推薦	29	29	29	1.0
		一般	101	101	100	1.0
	ライフ	推薦	24	24	24	1.0
		一般	77	77	77	1.0
'23	iG	推薦	10	10	10	1.0
		一般	20	20	20	1.0
	進学	推薦	26	26	26	1.0
		一般	85	85	85	1.0
	ビジ	推薦	9	9	9	1.0
		一般	43	43	43	1.0
	情報	推薦	25	25	25	1.0
		一般	90	90	90	1.0
	ライフ	推薦	24	24	24	1.0
		一般	46	46	46	1.0

[スライド制度] あり。上記に含まず。
[24年合格最低点] 非公表。

神奈川 女子 （え）英理女子学院

学費（単位：円）

学費（単位：円）	入学金	施設費	授業料	その他経費	小計	初年度合計
入学手続時	200,000	170,000	—	—	370,000	
終了迄1年 iグローバル	—	—	456,000	367,400	823,400	1,193,400
キャリア	—	—	420,000	339,400	759,400	1,129,400

※2024年度予定。[授業料納入] 10回分割。
[その他] 制服・制定品代，各種検定料，個人用防災備品費，実習費あり。

併願校の例

※[進学]を中心に

	神公立	私立
挑戦校	市ケ尾／市立南 相模原弥栄／市立戸塚 松陽／大船 市立橘／港北 横浜栄／元石川	横浜翠陵 麻布大附 相模女子大 東京
最適校	鶴見／市立みなと総合 住吉／岸根 市立高津／麻生 橋本／霧が丘 荏田／城郷	横浜清風 横浜商科大 橘学苑 駒場学園 大森学園
堅実校	百合丘／川崎 川崎北／市立幸 新栄／新羽 生田東／鶴見総合 菅／白山	大西学園 白鵬女子 日本大荏原 羽田国際 東京実業

合格のめやす

合格の可能性 **60%** **80%** の偏差値を表示しています。

※合格のめやすの見方は114ページ参照。

iグローバル **55** （59）
進学教養 **45** （49）
ビジネス **41** （45）
情報 **42** （46）
ライフ **40** （44）

見学ガイド 文化祭／説明会／オープンスクール

鎌倉市

鎌倉女子大学 高等部

〒247-8511　神奈川県鎌倉市岩瀬1420　☎(0467)44-2113

【教育方針】　建学の精神は「感謝と奉仕に生きる人づくり」。自己向上に必要な力，自立し活躍するための学力，世界で通用する語学力・異文化理解力，持続可能な社会に参画するための実践力を育成する。

【沿　革】　1950年京浜女子短期大学附属高等学校創立。1989年現校名に改称。2026年度に女子校より共学化予定。

【高等部長】　高橋　正尚

【生徒数】　女子374名

	1年(5クラス)	2年(5クラス)	3年(4クラス)
女子	146名	131名	97名

JR・湘南モノレール―大船よりバス鎌倉女子大前
JR―本郷台15分

特色

設置学科：普通科

【コース】　国際教養コースとプログレスコースを設置。プログレスコースは2年次に，国際教養コースは3年次に文理を選択する。

【カリキュラム】　①国際教養コースは，英語検定準1級取得をめざし，実践的な英語力を身につける。国際人を育成し，国公立・難関私立大学進学をめざす。②プログレスコースは，基礎的な知識や技能の定着により，確かな学力の向上を図る。③エンカウンター学習プログラムなど，コミュニケーション能力を伸ばす講座を設定。④英語では3日間の英語集中研修や外国人講師とのオンライン英会話授業を導入する。

【キャリア教育】　キャリア講演会や教養講座を開催して生き方・働き方の多様性を理解する。

【海外研修】　2年次にアメリカ研修旅行を実施。ほか希望制でオーストラリアやニュージーランドへの語学研修や長期留学を行う。

【クラブ活動】　マーチングバンド部，フェアリーコンソート部，弓道部が全国レベル。

【行事】　立居振舞講座では和室での作法を学ぶ。

【施設】　2021年に新校舎が完成。室内（温水）プール，約60畳の礼法室，弓道場などを備える。

習熟度別授業	土曜授業	文理選択	オンライン授業	制服	自習室	食堂	プール	グラウンド	アルバイト
―	月1回	2年～	○	○	～18:00	―	○	○	審査

登校時刻＝ 8:25
下校時刻＝18:00

進路情報　2023年3月卒業生

四年制大学への進学率 **75.8%**

【卒業生数】　95名

【進路傾向】　併設大学・短期大学への進学率は25%，他大学・短期大学へは60%だった。

【系列進学】　鎌倉女子大学へ22名（家政6，児童14，教育2），鎌倉女子大学短期大学部へ11名が内部推薦で進学した。

【指定校推薦】　立教大，中央大，法政大，日本大，東洋大，神奈川大，立命館大，玉川大，工学院大，フェリス女学院大など推薦枠あり。

四年制大学	72名	
短期大学	9名	
専修・各種学校	10名	
就職	0名	
進学準備・他	4名	

主な大学合格状況

'24年春速報は巻末資料参照

大学名	'23	'22	'21	大学名	'23	'22	'21	大学名	'23	'22	'21
◇横浜市大	1	0	0	駒澤大	1	2	0	共立女子大	2	0	2
慶應大	1	0	0	専修大	0	1	2	大妻女子大	1	1	0
東京理科大	1	0	0	東海大	4	2	6	国際医療福祉大	1	0	5
明治大	1	0	0	帝京大	1	3	2	昭和女子大	2	1	1
青山学院大	0	1	0	成城大	1	4	0	フェリス女学院大	5	6	3
立教大	1	2	2	明治学院大	1	0	1	横浜薬科大	3	0	0
中央大	1	3	1	神奈川大	4	5	1	相模女子大	4	6	3
法政大	1	1	1	日本女子大	2	9	6	東洋英和女学院大	1	2	1
日本大	4	0	1	桜美林大	4	6	6	鎌倉女子大	22	30	24
東洋大	3	3	2	関東学院大	5	5	3	湘南医療大	2	2	1

※各大学合格数は既卒生を含む。

入試要項 2024年春（実績）

新年度日程についてはp.116参照。

◆ 推薦　専願
募集人員▶ 国際教養コース35名，プログレスコース75名　※内部進学生を含む
選抜方法▶ 個人面接，調査書

◆ 一般　専願，書類選考（併願）
募集人員▶ 専願：プログレスコース25名　書類選考：国際教養コース35名，プログレスコース50名
選抜方法▶ 専願：国数英（各50分・各100点），調査書　書類選考：作文（出願時提出），調査書

◆ オープン
募集人員▶ 国際教養コース5名，プログレスコース10名
選抜方法▶ 国数英（各50分・各100点）

◆ 受験料　22,000円

内申基準 推薦・一般（書類選考）：[国際教養]20/25，[プログレス]27/45または15/25　**一般（専願）**：[プログレス]26/45または14/25　※いずれも9科に1不可　※条件により内申加点あり

特待生・奨学金制度 内申により4段階の特待生認定。

帰国生の受け入れ 国内生と別枠入試。

神奈川　女子　か　鎌倉女子大学

入試日程

区分		出願	試験	発表	手続締切
推薦		1/16〜18	1/22	1/22	1/29
一般	専願	1/24〜2/1	2/10	2/10	2/16
	書類	1/24〜2/1	—	2/10	3/1
オープンⅠ		1/24〜2/1	2/10	2/10	3/1
オープンⅡ		1/24〜2/1	2/12	2/12	3/1

[2次募集] 3/2

応募状況

年度	区分			応募数	受験数	合格数	実質倍率
'24	推薦	国際教養		4	4	4	1.0
		プログレス		45	45	45	1.0
	一般	専願	プロ	14	14	14	1.0
		書類	国際	20	—	20	1.0
			プロ	113	—	113	1.0
	オープン	Ⅰ・Ⅱ	国際	4	4	4	1.0
			プロ	1	0	0	—
'23	推薦	国際教養		11	11	11	1.0
		プログレス		51	51	51	1.0
	一般	専願	プロ	10	10	10	1.0
		書類	国際	19	—	19	1.0
			プロ	135	—	135	1.0
	オープン	Ⅰ・Ⅱ	国際	15	15	6	1.3
			プロ			6	
'22	推薦	国際教養		4	4	4	1.0
		プログレス		62	62	62	1.0
	一般	専願	プロ	17	17	17	1.0
		書類	国際	21	—	21	1.0
			プロ	133	—	133	1.0
	オープン	Ⅰ	国際	6	6	6	1.0
			プロ				
		Ⅱ	国際	6	3	3	1.0
			プロ				

[スライド制度] あり。上記に含まず。
['24年合格最低点] 非公表。

学費（単位：円）	入学金	教育環境充実費	授業料	その他経費	小計	初年度合計
入学手続時	250,000	—	—	—	250,000	1,039,000
1年終了迄	—	360,000	408,000	21,000	789,000	

※2024年度予定。[授業料納入] 毎月分割。
[その他] 制服・制定品代，副教材費，校外学習費，集団宿泊的行事費あり。

併願校の例　※[プロ]を中心に

	神公立	私立
挑戦校	市立桜丘／市立南 七里ガ浜／市立戸塚 大船／松陽 藤沢西／横浜栄 市立みなと総合／湘南台	横須賀学院 横浜隼人 鵠沼 横浜翠陵 湘南工科大附
最適校	鶴嶺／市立横須賀総合 金井／横浜氷取沢 茅ヶ崎／横浜立野 藤沢清流／舞岡 金沢総合／藤沢総合	横浜 北鎌倉女子 アレセイア湘南 横浜創学館 湘南学院
堅実校	横浜南陵／川崎北 綾瀬／上矢部 高浜／横浜緑園 大和南／茅ケ崎西浜 白山／横浜桜陽	緑ヶ丘女子 相洋 三浦学苑 横浜学園 白鵬女子

合格のめやす

合格の可能性 **60%** **80%** の偏差値を表示しています。

国際教養 **53** **57**

プログレス **44** **48**

合格者

実線＝プログレス
破線＝国際教養

30　34　38　42　46　50　54　58　62　偏

不合格者

※合格のめやすの見方は114ページ参照。

見学ガイド 文化祭／授業体験・部活動紹介／説明会／個別相談会／個別見学対応

足柄下郡箱根町

函嶺白百合学園 高等学校

〒250-0408　神奈川県足柄下郡箱根町強羅1320　☎(0460)87-6611

【教育の理念】 「従順」「勤勉」「愛徳」を校訓に掲げる。「国や人種を超えて互いの違いを認め合い，愛しあうことの出来る人」「自己の才能を伸ばす努力を怠らない人」の育成をめざす。

【沿　革】 1944年東京の白百合高等女学校・付属小学校の強羅疎開学園として発足。1949年独立し，現校名となる。

【学校長】 広瀬 節枝

【生徒数】 女子87名

	1年(1クラス)	2年(1クラス)	3年(1クラス)
女子	30名	27名	30名

箱根登山鉄道―強羅3分

特色

設置学科：普通科

【カリキュラム】 ①コミュニケーション力育成のため外国語教育に特に力を入れている。毎週火曜日はEnglish Dayとして校内で積極的に英語を使う日とする。選択科目としてフランス語がある。②カトリック学校としてキリストの愛に基づく心の教育を実践。日々の祈りや宗教の授業，宗教行事として「宗教科体験学習」もある。③テーブルマナーなど，各学年に応じたカリキュラムで国際礼法を学ぶ。④生徒会活動の一環として全校生徒でボランティア活動に取り組む。「白百合会」と称し，清掃活動などを行う。

【キャリア教育】 1年次に白百合女子大学見学を開催。大学合同説明会や大学・企業から講師を招いての講演会などを通じ，社会人としての自分を育てる。進路決定後は卒業論文を作成。

【海外研修】 1・2年次の希望者は夏休みの2週間を利用してオーストラリア研修に参加。ホームステイをしながら現地の学校へ通う。

【クラブ活動】 運動部のほかにカトリック研究部，日本伝統文化研究部などが活動。

【施設】 校舎隣接地に通学が困難な生徒のための「マリア寮」（定員40名）を設置している。

習熟度別授業	土曜授業	文理選択	オンライン授業	制服	自習室	食堂	プール	グラウンド	アルバイト	登校時刻＝ 8:40
国数英	―	2年～	○	○	―	―	―	○	審査	下校時刻＝17:25

進路情報 2023年3月卒業生

四年制大学への進学率 **90.3%**

【卒業生数】 31名

【進路傾向】 進学率は毎年100%に近い。早慶上智に6名進学。

【系列進学】 白百合女子大学へ1名（人間総合）が内部推薦で進学した。

【指定校推薦】 利用状況は聖心女子大6，昭和薬科大1など。ほかに上智大，中央大，成城大，神奈川大，玉川大，日本薬科大，神奈川歯大，東京農大，実践女子大，文教大，清泉女子大，麻布大，フェリス女学院大，横浜薬科大，東洋英和女学院大，鎌倉女子大，神奈川工科大，湘南工科大，鶴見大，女子美大，洗足学園音大など推薦枠あり。

	四年制大学	28名
	短期大学	3名
	専修・各種学校	0名
	就職	0名
	進学準備・他	0名

主な大学合格状況

'24年春速報は巻末資料参照

大学名	'23	'22	'21	大学名	'23	'22	'21	大学名	'23	'22	'21
◇筑波大	0	0	1	津田塾大	1	0	0	昭和薬科大	1	0	0
◇東京医歯大	0	1	0	日本女子大	1	1	0	日本歯大	1	0	0
慶應大	1	0	0	玉川大	0	3	3	同志社女子大	1	1	0
上智大	5	2	4	桜美林大	1	0	1	武蔵野大	1	1	0
明治大	1	0	0	共立女子大	1	0	0	目白大	1	0	0
中央大	0	0	0	聖心女子大	6	0	3	国立音大	1	0	0
日本大	1	2	0	白百合女子大	5	7	12	昭和音大	0	2	0
東海大	1	1	0	順天堂大	1	0	0	麻布大	0	1	0
帝京大	0	1	0	北里大	1	0	0	フェリス女学院大	0	1	2
成城大	0	0	1	国際医療福祉大	0	1	0	鶴見大	2	0	0

※各大学合格数は既卒生を含む。

入試要項 2024年春（実績）

新年度日程についてはp.116参照。

◆ 推薦　専願
募集人員▶20名
選抜方法▶作文（出願時提出・1,200字），個人面接（15分），調査書，出欠席の記録
◆ 一般　専願，併願（公立のみ可）
募集人員▶30名
選抜方法▶国数英（各50分・各100点・英にリスニングあり），個人面接（15分），調査書，出欠席の記録　※英語検定取得者は合格証提出により，準2級で英語試験免除，3級で英に40点加点
◆ 受験料　20,000円

内申基準 推薦：29/45または88/135または英語検定3級　**一般（専願）**：29/45または88/135または英語検定3級　**一般（併願）**：30/45または89/135または英語検定準2級　※分母45＝3年次9科　※分母135＝2年次9科＋3年次9科×2　※一般（併願）は5科に2不可　※条件により内申加点あり

特待生・奨学金制度 特記なし。

帰国生の受け入れ 国内生と別枠入試。

入試日程

区分	出願	試験	発表	手続締切
推薦	1/16～19	1/23	1/24	1/26
一般	1/24～2/7	2/10	2/11	2/13

［延納］一般の公立併願者は公立発表後まで。
［2次募集］3/7

応募状況

年度	区分	応募数	受験数	合格数	実質倍率
'24	推薦	2	2	2	1.0
	一般	9	9	9	1.0
'23	推薦	8	8	8	1.0
	一般	6	6	6	1.0
'22	推薦	4	4	4	1.0
	一般	3	3	3	1.0

［'24年合格最低点］非公表。

神奈川　女子　（か）　函嶺白百合学園

学費（単位:円）	入学金	施設設備費	授業料	その他経費	小計	初年度合計
入学手続時	200,000	150,000	—	—	350,000	1,006,000
1年終了迄	—	—	396,000	260,000	656,000	

※2023年度実績。［授業料納入］4回分割。［その他］制服・制定品代あり。
［寄付・学債］任意の寄付金1口10万円あり。

併願校の例

	神公立	私立
挑戦校	相模原弥栄／海老名	
最適校	座間／麻溝台 秦野／上溝南 伊志田／厚木王子 大磯	鵠沼 横浜翠陵 北鎌倉女子
堅実校	茅ケ崎／有馬 上溝／厚木西 伊勢原／秦野曽屋 足柄	アレセイア湘南 鎌倉女子大 向上 立花学園 相洋

合格のめやす

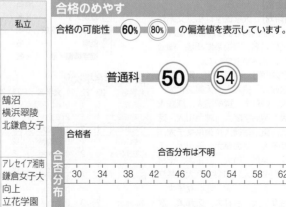

合格の可能性 **60%** **80%** の偏差値を表示しています。

普通科　**50**　**54**

※合格のめやすの見方は114ページ参照。

合否分布

合格者　合否分布は不明

30　34　38　42　46　50　54　58　62　(偏)

不合格者

見学ガイド 体育祭／文化祭／クリスマス会／説明会／個別見学対応

北鎌倉女子学園 高等学校

〒247-0062　神奈川県鎌倉市山ノ内913　☎(0467)22-6900

鎌倉市

【教育理念】　「のびやかな自立した女性を育む」を掲げる。「健康で科学的な思考力を持った心豊かな女性の育成」を建学の精神にもち、伝統と革新の融合により、時代の変化にしなやかに対応できる未来を担う人材を育成する。

【沿　革】　1940年創立。1978年現校名に改称。

【学校長】　佐野　朗子

【生徒数】　女子366名

	1年(5クラス)	2年(4クラス)	3年(5クラス)
女子	134名	116名	116名

JR―北鎌倉7分

特色

設置学科：普通科／音楽科

【コース】　普通科は先進と特進の2コース制。2年次より先進、特進文系、特進理系の3コースに分かれる。

【カリキュラム】　①普通科は1年次で学習・学力の基礎を固める。2年次からは、多様な選択科目を用意。「English Room」では、ネイティヴ教員との交流や英語資格取得に向けたトレーニングを行う。②音楽科は1年次より声楽、ピアノ、弦・管・打楽器、作曲、音楽総合の専攻を設定。希望する専攻に分かれて技術を磨き、個人レッスン形式の実技も行う。著名な音楽家を招いて公開講座を実施するほか、定期演奏会で授業やレッスンの成果を発表する。③鎌倉に密着した体験学習を設定。寺社での講話聴講や英語ボランティアガイドなどがある。

【キャリア教育】　試験による学力の定点観測、分析、個人面談のサイクルで進路選択を支援。

【海外研修】　2年次の修学旅行では台湾を訪問し、現地の学生と交流する。また1・2年次希望者対象のアメリカ海外語学研修もある。

【施設】　レッスン室、練習室が充実。プログラミングラボには3Dプリンターを設置。

習熟度別授業	土曜授業	文理選択	オンライン授業	制服	自習室	食堂	プール	グラウンド	アルバイト	
英	―	2年〜	○	○	～18:00	○	―	徒歩5分	届出	登校時刻＝8:25 下校時刻＝18:00

進路情報　2023年3月卒業生

四年制大学への進学率 **88.6%**

【卒業生数】　105名

【進路傾向】　大学進学は私立文系が半数近くを占める。ほか看護・医療・栄養系に11名、芸術系に15名、国公立大学に2名が進学した。

- ■ 四年制大学　93名
- □ 短期大学　2名
- ■ 専修・各種学校　6名
- ■ 就職　2名
- □ 進学準備・他　2名

【指定校推薦】　横浜市大、青山学院大、法政大、日本大、大東文化大、東海大、帝京大、國學院大、成蹊大、成城大、明治学院大、神奈川大、芝浦工大、東京電機大、東京女子大、日本女子大、立命館大、玉川大、工学院大、東京都市大、立正大、千葉工大、桜美林大、関東学院大、共立女子大、大妻女子大、聖心女子大、白百合女子大、杏林大、東邦大、武蔵野大、東京農大など推薦枠あり。

主な大学合格状況

'24春速報は巻末資料参照

大学名	'23	'22	'21	大学名	'23	'22	'21	大学名	'23	'22	'21
◇筑波大	0	1	0	青山学院大	3	4	3	東京女子大	2	1	0
◇東京藝術大	1	1	2	立教大	4	2	1	玉川大	2	1	6
◇横浜市大	1	2	1	中央大	3	1	5	関東学院大	4	5	3
◇豊橋技術科学大	0	1	0	法政大	2	3	3	共立女子大	3	3	2
◇県立保健福祉大	0	2	0	日本大	3	6	3	昭和女子大	3	4	4
早稲田大	7	0	0	東海大	10	1	1	東京音大	3	4	4
慶應大	0	1	1	國學院大	1	1	3	洗足学園音大	3	0	5
上智大	3	3	0	成城大	2	2	3	フェリス女学院大	4	4	3
学習院大	2	3	0	明治学院大	3	4	4	横浜薬科大	2	1	3
明治大	2	2	0	神奈川大	4	2	3	鎌倉女子大	4	3	2

※各大学合格数は既卒生を含む。

入試要項 2024年春（実績）

新年度日程についてはp.116参照。

◆推薦 専願

募集人員▶先進30名，特進15名，音楽科３名

選抜方法▶自己アピールシート，調査書，ほかに音楽科はコンクールなどの証明書類

◆一般 普通科書類選考，筆記選考，オープン ※いずれも併願可，オープンは先進コースのみ募集 **音楽科**：専願，併願，オープン

募集人員▶普通科：[先進]書類20名・筆記30名・オープン20名，[特進]書類10名・筆記15名 **音楽科**：専願・併願・オープン計23名

選抜方法▶普通科(書類)：自己アピールシート，調査書 **普通科(筆記)**：国数英，調査書 **普通科(オープン)**：国数英（国英または数英の２科判定），個人面接（６分），自己アピールシート **音楽科(専願・併願)**：国英，聴音・視唱・楽典，実技，調査書 **音楽科(オープン)**：国英，聴音・視唱・楽典，実技，個人面接（６分），自己アピールシート ※学科試験はいずれも各45分・各100点

◆受験料 20,000円

内申基準 普通科(オープン除く)：[先進]12/15または19/25または32/45，[特進]14/15または22/25 **音楽科(オープン除く)**：32/45かつ推薦は指定コンクール出場または入賞 ※分母15＝国数英または数英理または国英社 ※いずれも９科に１不可 ※条件により内申加点あり

特待生・奨学金制度 特進コース合格者は入試成績等により２段階の奨学生認定あり。

帰国生の受け入れ 国内生と別枠入試。

入試日程

区分		出願	試験	発表	手続締切
推薦		1/16〜19	—	1/22	1/26
普通	書類	1/24〜30	—	2/10	3/1
	筆記	1/24〜30	2/10	2/10	3/1
	オープンA	1/24〜30	2/10	2/10	3/1
	オープンB	1/24〜30	2/11	2/11	3/1
音楽	専・併	1/24〜30	2/10	2/10	3/1
	オープン	1/24〜30	2/10	2/10	3/1

[２次募集] 普通科・音楽科とも3/6

応募状況

年度	区分		応募数	受験数	合格数	実質倍率
'24	先進	推薦	36	—	36	1.0
		書類	39	—	39	1.0
		筆記	22	22	22	1.0
		オープンA	2	2	2	1.0
		オープンB	3	1	1	1.0
	特進	推薦	11	—	11	1.0
		書類	12	—	12	1.0
		筆記	9	9	9	1.0
		オープンA	7	7	4	1.8
		オープンB	7	3	2	1.5
	音楽科	推薦	2	—	2	1.0
		専・併	13	13	13	1.0
		オープン	1	1	1	1.0

[スライド制度] あり。上記に含まず。
['24年合格最低点] 非公表。

神奈川 女子 （き） 北鎌倉女子学園

学費(単位:円)		入学金	施設設備費	授業料	その他経費	小計	初年度合計
普通	入学手続時	200,000	170,000	—	—	370,000	約1,108,600
	1年終了迄	—	—	432,000	約306,600	約738,600	
音楽	入学手続時	200,000	220,000	—	—	420,000	約1,409,600
	1年終了迄	—	—	456,000	約533,600	約989,600	

※2024年度予定。[授業料納入] ９回分割。[その他] 制服・制定品代あり。

併願校の例

※[先進]を中心に

	神公立	私立
挑戦校	市立金沢／茅ケ崎北陵 相模原弥栄／市立桜丘 座間／追浜 松陽／市立戸塚 港北／大船	横須賀学院 横浜隼人 鵠沼 麻布大附
最適校	横浜栄／元石川 湘南台／住吉 岸根／大磯 金井／市立横須賀総合 横浜氷取沢／横浜清陵	湘南工科大附 横浜 アレセイア湘南 横浜創学館 鎌倉女子大
堅実校	藤沢総合／横浜立野 藤沢清流／舞岡 逗子葉山／横浜南陵 横浜緑園／上矢部 茅ケ崎西浜	湘南学院 相洋 緑が丘女子 三浦学苑 横浜学園

合格のめやす

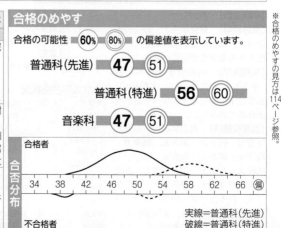

合格の可能性 **60%** **80%** の偏差値を表示しています。

普通科(先進) **47** **51**

普通科(特進) **56** **60**

音楽科 **47** **51**

合否分布 34 38 42 46 50 54 58 62 66 (偏)

実線＝普通科(先進)
破線＝普通科(特進)

※合格のめやすの見方は114ページ参照。

見学ガイド 文化祭／説明会／入試個別相談会／個別見学対応

相模原市南区

相模女子大学 高等部

〒252-0383　神奈川県相模原市南区文京2-1-1　☎(042)742-1442

【教育方針】　「高潔善美」を建学の精神に掲げる。教育目標は「研鑽力」「発想力」「協働力」の育成。自ら学ぶ姿勢を探求し，しなやかに発想し，社会の中で力を発揮する生徒を育成する。
【沿　革】　1900年創立の日本女学校が前身。1951年現校名となる。
【学校長】　武石　輝久
【生徒数】　女子1,084名

	1年(10クラス)	2年(12クラス)	3年(10クラス)
女子	353名	388名	343名

小田急線―相模大野10分

特色

設置学科：普通科

【コース】　進学コースと特別進学コースを設置。2年次よりアカデミック（文系・理系），グローバル，ライフサイエンス，リベラルアーツの4コースに分かれる。
【カリキュラム】　①進学コースは自分に合った大学入試形態を選び，じっくり向き合っていく。②特別進学コースは国公立・難関私立大学が目標。変わりゆく大学入試に対応した学力を身につける。③約20の講座から選べる放課後補習や長期休暇中の特別講習，学内予備校を設置。④学園連携プログラムが多彩。併設大学の教員が行う講義体験講座や大学の研究室訪問をはじめ，保育士や幼稚園教諭をめざす生徒のために幼稚部教諭の指導のもとでの預かり保育ボランティアなどがある。⑤総合的な探究の時間では，社会的課題を探り解決策を模索。「自ら探究する力」を身につけ，進路選択につなげる。
【海外研修】　希望制でオーストラリア，カナダ，マレーシアでの研修やセブ島語学研修，ニュージーランドターム留学制度がある。
【クラブ活動】　スキー部，バトントワーリング部，水泳部，写真部，書道部などが全国レベル。

習熟度別授業	土曜授業	文理選択	オンライン授業	制服	自習室	食堂	プール	グラウンド	アルバイト	登校時刻＝ 8:30
―	○	2年～	○	○	~20:00	○	―	○	―	下校時刻＝19:00

進路情報　2023年3月卒業生

四年制大学への進学率 **83.2%**

【卒業生数】　292名
【進路傾向】　東京学芸大，お茶の水女子大，横浜国立大など国立大学に各1名の進学者が出ている。
【系列進学】　相模女子大学へ57名（学芸33，人間社会11，栄養科13），相模女子大学短期大学部へ2名が内部推薦で進学した。
【指定校推薦】　青山学院大，中央大，法政大，日本大，東洋大，駒澤大，専修大，東海大，帝京大，國學院大，成蹊大，成城大，明治学院大，神奈川大，芝浦工大，津田塾大，東京女子大，日本女子大，東京都市大，白百合女子大，北里大，東京薬科大，東京農大など推薦枠あり。

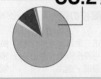

	四年制大学	243名
	短期大学	6名
	専修・各種学校	30名
	就職	4名
	進学準備・他	9名

主な大学合格状況

'24年春速報は巻末資料参照

大学名	'23	'22	'21	大学名	'23	'22	'21	大学名	'23	'22	'21
◇横浜国大	1	0	0	青山学院大	3	1	3	成蹊大	7	4	7
◇お茶の水大	1	0	0	立教大	2	0	5	成城大	6	6	4
◇東京学芸大	1	1	0	中央大	3	7	3	神奈川大	9	11	11
◇県立保健福祉大	1	1	1	法政大	8	3	7	日本女子大	12	6	12
◇川崎市立看護大	2	0	0	日本大	4	13	14	玉川大	5	10	7
早稲田大	0	0	2	東洋大	4	5	8	桜美林大	15	14	20
慶應大	1	1	0	駒澤大	2	7	5	関東学院大	8	6	6
上智大	1	0	0	専修大	5	4	10	共立女子大	6	4	10
学習院大	1	3	1	東海大	8	11	13	フェリス女学院大	3	6	12
明治大	2	4	5	國學院大	4	5	4	相模女子大	63	68	79

※各大学合格数は既卒生を含む。

入試要項 2024年春（実績）

新年度日程についてはp.116参照。

◆ 推薦　単願

募集人員▶進学コース100名，特別進学コース25名

選抜方法▶グループ面接（10〜15分），調査書

◆ 一般　オープン，書類選考

募集人員▶進学コース100名，特別進学コース35名

選抜方法▶オープン：国数英（各50分・各100点・英にリスニングあり），グループ面接（10〜15分），調査書　書類選考：調査書，自己アピール作文（出願時提出・400字）

◆ 受験料　20,000円

内申基準 推薦：[進学]16/25または31/45，[特別進学]21/25または37/45　書類選考：[進学]19/25または34/45，[特別進学]22/25または38/45　※いずれも9科に2不可，ただし実技4科は2が1つまで可　※条件により内申加点あり

特待生・奨学金制度 内申，筆記試験，部活動による各特待生制度あり。

帰国生の受け入れ 国内生と同枠入試。

入試日程

区分		登録・出願	試験	発表	手続締切
推薦		1/9〜18	1/22	1/23	1/30
一般	オープン	1/9〜2/2	2/10	2/11	3/2
	書類	1/9〜2/2	—	2/11	3/2

[2次募集] 3/3

応募状況

年度	区分		応募数	受験数	合格数	実質倍率
'24	進学	推薦	120	120	120	1.0
		オープン	18	17	13	1.3
		書類	373	—	373	1.0
	特進	推薦	9	9	9	1.0
		オープン	2	2	2	1.0
		書類	113	—	113	1.0
'23	進学	推薦	166	166	166	1.0
		オープン	13	12	6	2.0
		書類	372	—	372	1.0
	特進	推薦	25	25	25	1.0
		オープン	2	2	2	1.0
		書類	127	—	127	1.0
'22	進学	推薦	155	155	155	1.0
		単願	29	29	29	1.0
		フリー	21	21	19	1.1
		書類	380	—	380	1.0
	特進	推薦	26	26	26	1.0
		フリー	1	1	1	1.0
		書類	131	—	131	1.0

[スライド制度] あり。上記に含まず。
['24年合格最低点] 非公表。

神奈川　女子　(さ)　相模女子大学

学費（単位:円）

学費（単位:円）	入学金	施設費	授業料	その他経費	小計	初年度合計
入学手続時	220,000	170,000	—	22,000	412,000	約1,306,480
1年終了迄	—	96,000	444,000	約354,480	約894,480	

※2024年度予定。[授業料納入] 9回分割。
[その他] 制服・制定品代，教科書・副教材費・教材費（進学コース54,053円，特別進学コース55,903円），特別進学コースは特別進学指導費24,000円，勉強合宿費（夏：約40,000円，春：約20,000円）あり。

併願校の例

※[進学]を中心に

	神公立	都立	私立
挑戦校	市ケ尾 海老名 相模原弥栄 座間 市立戸塚	町田 狛江	東海大相模 横浜隼人 桜美林 八王子学園
最適校	生田 麻溝台 元石川 住吉 上溝南	神代 調布南 雪谷 成瀬	麻布大附 横浜翠陵 湘南工科大附 アレセイア湘南 八王子実践
堅実校	橋本 荏田 麻生 有馬 霧が丘	松が谷 富士森 日野 小川	蕨女子(キャリア) 向上 横浜商科大 光明相模原 駒沢女子

合格のめやす

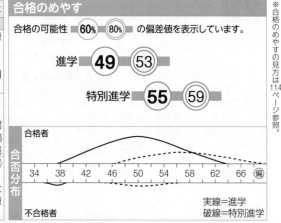

合格の可能性 **60%** **80%** の偏差値を表示しています。

進学　**49**　**53**

特別進学　**55**　**59**

合格者

合否分布

34　38　42　46　50　54　58　62　66　(偏)

不合格者

実線＝進学
破線＝特別進学

※合格のめやすの見方は114ページ参照。

見学ガイド 文化祭／入試個別相談会／説明会／個別見学対応

聖セシリア女子 高等学校

〒242-0006　神奈川県大和市南林間3-10-1　☎(046)274-7405

小中高専短大

大和市

【建学の精神】　カトリック精神に基づき，校訓である「信じ　希望し　愛深く」を心の糧として，知育・徳育・体育のバランスのとれた総合教育をめざす。

【沿　革】　1929年，大和学園女学校として創立。1980年に現校名となる。2020年より高校募集再開。

【学校長】　森永　浩司

【生徒数】　女子335名

	1年（4クラス）	2年（4クラス）	3年（3クラス）
女子	129名	117名	89名

小田急江ノ島線―南林間5分
東急田園都市線―中央林間10分

特色

設置学科：普通科

【カリキュラム】　①週5日（32時間）のカリキュラムにより授業時間数を確保。読解力，論理力，表現力のそろった学力を育てる。②英語教育は実践力を養うための独自科目を設置。4技能の基礎育成を徹底するほか，英文読解を通して英語圏の地理，歴史，文化を学ぶ。③土曜日には希望制の講座を開講。通年開講や各種検定対応のものなどがある。④夏期講習，勉強合宿，補習などで生徒の学力別にサポート。

【キャリア教育】　各種ガイダンスやプログラム，受験体験談，卒業生講話，人間関係づくりを援助する活動などを通して，生徒の自己啓発・理解を助け，正しい進路設計をサポート。

【福祉教育】　必修科目に「ボランティア実践」を設定する。豊かな情操を育み，福祉に対する理解を深め，実践する態度を養う。

【海外研修】　1・2年次の希望者を対象にカナダ・ビクトリアへの語学研修を実施している。

【クラブ活動】　中高合同で20の部が活動している。ギター・マンドリン部が全国レベル。

【施設】　バレエスタジオを設置。部活動だけでなく，希望者も放課後のレッスンに参加できる。

習熟度別授業	土曜授業	文理選択	オンライン授業	制服	自習室	食堂	プール	グラウンド	アルバイト
国数英	―	2年～	○	○	～18:00	―	○	○	審査

登校時刻＝8:50
下校時刻＝17:30

進路情報　2023年3月卒業生

四年制大学への進学率 **82.3%**

【卒業生数】　79名

【進路傾向】　大学進学はいずれも私立大学で，文系進学が6割強。系統別の大学進学状況は人文科学系が25％と多く，生活科学系16％，総合科学系・医療薬学系各15％，社会科学系・自然科学系各11％と続く。

【指定校推薦】　利用状況は青山学院大4，法政大1，東海大1，成蹊大1，明治学院大2，東京都市大2，大妻女子大1，日本歯大1，東京農大1，明星大1，東洋英和女学院大3，洗足学園音大2，日本女子体育大1など。ほかに成城大，日本女子大，立命館大，共立女子大，聖心女子大など推薦枠あり。

■ 四年制大学	65名
□ 短期大学	1名
■ 専修・各種学校	5名
■ 就職	0名
□ 進学準備・他	8名

主な大学合格状況

'24年春速報は巻末資料参照

大学名	'23	'22	'21	大学名	'23	'22	'21	大学名	'23	'22	'21
◇横浜国大	0	1	0	青山学院大	6	9	8	東京女子大	2	5	0
◇東北大	0	0	1	立教大	0	7	3	日本女子大	1	3	3
◇東京藝術大	1	1	0	中央大	0	2	3	桜美林大	8	3	9
◇都立大	0	0	0	法政大	1	5	5	白百合女子大	6	2	2
早稲田大	3	0	1	日本大	1	1	5	星薬科大	1	1	1
慶應大	1	2	1	専修大	0	4	13	昭和薬科大	1	3	2
上智大	7	6	4	帝京大	3	4	11	昭和女子大	8	10	2
東京理科大	0	1	3	成蹊大	2	1	3	多摩美大	1	3	10
学習院大	0	2	1	明治学院大	2	2	4	フェリス女学院大	6	4	3
明治大	4	4	8	神奈川大	1	3	6	相模女子大	5	7	11

※各大学合格数は既卒者を含む。

入試要項 2024年春（実績）

新年度日程についてはp.116参照。

◆推薦　専願
募集人員▶15名
選抜方法▶作文（出願時提出），調査書

◆一般　専願，併願，オープン
募集人員▶15名
選抜方法▶専願・併願：作文（出願時提出），調査書　**オープン**：国数英（各50分・各100点），調査書

◆受験料　20,000円

(内申基準) 推薦：19/25または35/45　一般（専願）：19/25または34/45　一般（併願）：20/25または36/45　※条件により内申加点あり

(特待生・奨学金制度) 推薦，一般（専願・併願）で内申により入学金免除となる特待生認定あり。

(帰国生の受け入れ) 国内生と別枠入試。

入試日程

区分		登録・出願	試験	発表	手続締切
推薦		1/12～19	—	1/22	1/26
一般	専・併	1/12～26	—	2/10	3/1
	オープン	1/12～26	2/10	2/10	3/1

応募状況

年度	区分		応募数	受験数	合格数	実質倍率
'24	推薦		23	—	23	1.0
	一般	専願	2	—	2	1.0
		併願	29	—	29	1.0
		オープン	12	11	7	1.6
'23	推薦		20	20	20	1.0
	一般	書類（単）	9	—	9	1.0
		書類（併）	28	—	27	1.0
		オープン	11	8	8	1.0
'22	推薦		18	18	18	1.0
	一般	書類選考	20	—	20	1.0
		オープン	4	4	3	1.3

['24年合格最低点] 非公表。

神奈川　女子　(せ) 聖セシリア女子

学費（単位：円）	入学金	施設維持費	授業料	その他経費	小計	初年度合計
入学手続時	200,000	—	—	—	200,000	971,000
1年終了迄		144,000	420,000	207,000	771,000	

※2024年度予定。[授業料納入] 毎月分割。
[その他] 制服・制定品代，教材費，行事費あり。[寄付・学債] 任意の愛校寄付金あり。

併願校の例

	神公立	都立	私立
挑戦校	希望ケ丘 大和 相模原 神奈川総合 新城	町田 日野台 調布北	日本女子大附 日大藤沢 日本大学 桜美林 八王子学園
最適校	市立桜丘 相模原弥栄 市立戸塚 元石川 市立みなと総合	狛江 南平 神代 調布南	東海大相模 横浜隼人 横浜翠陵 麻布大附 相模女子大
堅実校	上溝南 岸根 横浜氷取沢 大和西 厚木西	成瀬 芦花 松が谷 富士森	横浜富士見丘 北鎌倉女子 英理女子(キャリア) 向上 横浜商科大

合格のめやす

合格の可能性 60% 80% の偏差値を表示しています。

普通科　52　　56

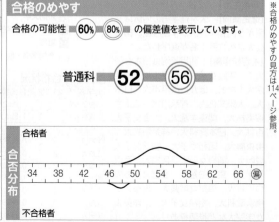

※合格のめやすの見方は114ページ参照。

(見学ガイド) 体育祭／文化祭／校外合同フェア／説明会／オープンキャンパス／個別見学対応

逗子市

聖和学院 高等学校

〒249-0001　神奈川県逗子市久木2-2-1　☎(046)871-2670

【教育方針】　「温順・勤勉・愛」を校訓に掲げる。自己と他者の幸せを願うことのできる女性，聖書を中心に和をもって学び，持続可能な社会を作り出すことのできる女性を育成する。

【沿　革】　1942年湘南女学塾として開校。1949年現校名に改称。1987年英語科を設置。

【学校長】　佐々木　富紀子

【生徒数】　女子69名

	1年(2クラス)	2年(2クラス)	3年(2クラス)
女子	29名	17名	23名

JR―逗子8分
京急逗子線―逗子・葉山10分

特色

設置学科：普通科／英語科

【コース】　2年次より普通科・英語科とも文系コースと理系コースに分かれる。

【カリキュラム】　①普通科は幅広い知識と教養を身につける。充実した選択科目で多様な進路に対応。②英語科は英語によるコミュニケーション能力と国際的教養を培う。理系コースは難関大学の理・工・医・薬学部などの受験に特化。③世界で活躍する女性リーダーから生き方を学ぶことによって将来の女性リーダーを育成する「Women's Global Leadership Project」を展開。ICTを活用した英語オンライン相互学習，スピーチコンテスト，模擬国連などに取り組む。④礼拝や聖書の授業などを行う。

【キャリア教育】　「22歳の夢」の実現をサポート。OGによるキャリア形成支援企画，大学教授による公開講座，JAL国際線CA養成機関の講師によるマナー講座などを行う。

【クラブ活動】　幼児生活研究部が珍しい。

【行事】　1年次にイングリッシュキャンプを実施。ネイティヴスピーカーの指導のもと，3泊4日，ICTを駆使したプログラムにより，コミュニケーション能力を育成する。

習熟度別授業	土曜授業	文理選択	オンライン授業	制服	自習室	食堂	プール	グラウンド	アルバイト	登校時刻＝ 8:30
国数	○	2年～	○	○	～17:00	―	―	○	―	下校時刻＝17:00

進路情報　2023年3月卒業生

四年制大学への進学率 **86.4%**

【卒業生数】　22名

【進路傾向】　大学進学者の内訳は文系が5割強，理系が4割程度。国公立大学へ文系1名が進学した。

【指定校推薦】　利用状況は日本女子大1，実践女子大1，フェリス女学院大1など。ほかに横浜市大，日本大，大東文化大，神奈川大，立正大，桜美林大，関東学院大，大妻女子大，杏林大，日本薬科大，神奈川歯大，東京農大，昭和女子大，駒沢女子大，城西大，清泉女子大，目白大，帝京科学大，東京福祉大，多摩大，ものつくり大，恵泉女学園大，麻布大，横浜薬科大，相模女子大，東洋英和女学院大など推薦枠あり。

四年制大学	19名
短期大学	2名
専修・各種学校	0名
就職	1名
進学準備・他	0名

主な大学合格状況

'24年春速報は巻末資料参照

大学名	'23	'22	'21	大学名	'23	'22	'21	大学名	'23	'22	'21
◇東京外大	1	0	0	法政大	1	1	0	同志社大	2	0	0
◇横浜市大	0	1	1	日本大	1	1	2	立命館大	2	3	0
◇東京海洋大	0	1	0	東洋大	1	2	0	国際医療福祉大	1	0	1
早稲田大	3	3	0	駒沢大	0	1	2	神奈川歯大	1	0	1
上智大	2	0	0	専修大	0	0	2	関西学院大	2	0	0
学習院大	2	0	0	東海大	4	0	1	東京農大	3	1	1
明治大	0	3	1	國學院大	1	1	1	フェリス女学院大	1	1	3
青山学院大	1	1	0	明治学院大	1	1	0	横浜薬科大	1	1	0
立教大	3	2	0	神奈川大	3	2	4	湘南医療大	1	1	0
中央大	0	1	0	日本女子大	1	2	2	湘南鎌倉医療大	1	1	0

※各大学合格数は既卒生を含む。

入試要項 2024年春（実績）

新年度日程についてはp.116参照。

◆ **推薦** 第１志望
募集人員▶普通科10名，英語科10名
選抜方法▶個人面接，調査書
◆ **一般** ①は書類選考方式または筆記試験方式
募集人員▶普通科30名，英語科30名
選抜方法▶書類選考方式：エントリーシート，調査書 **筆記試験方式：**国数英（各50分・各100点），個人面接，調査書
◆ **オープン**
募集人員▶普通科５名，英語科５名
選抜方法▶国数英（各50分・各100点），個人面接
◆ **受験料** 20,000円

内申基準 推薦：［普通科］17/25または30/45，［英語科］36/45 **一般①（書類選考方式）：**［普通科］18/25または32/45，［英語科］40/45 **一般①（筆記試験方式）：**［普通科］専願17/25または29/45・併願18/25または32/45，［英語科］専願36/45・併願40/45 ※英語科は上記基準かつ，英４または英語検定３級 ※いずれも５科に２不可，９科に１不可(併願は２不可) ※条件により内申加点あり

特待生・奨学金制度 一般①（筆記試験方式），オープンの成績優秀者を特待生認定。

帰国生の受け入れ 国内生と別枠入試。

入試日程

区分		出願	試験	発表	手続締切
推薦		1/17・18	1/22	1/24	1/25
一般①	書類	2/6・7	—	2/14	3/1
	筆記	2/6・7	2/10	2/14	3/1
オープン		2/6・7	2/11	2/14	3/1

［２次募集］一般②2/29

応募状況

年度	区分		応募数	受験数	合格数	実質倍率
'24	普通科	推薦	2	2	2	1.0
		書類	2	—	2	1.0
		筆記	5	5	5	1.0
		オープン	2	2	1	2.0
	英語科	推薦	0	0	0	—
		書類	1	—	1	1.0
		筆記	4	4	4	1.0
		オープン	1	1	1	1.0
'23	普通科	推薦	1	1	1	1.0
		書類	4	—	4	1.0
		筆記	7	7	7	1.0
		オープン	6	5	5	1.0
	英語科	推薦	2	2	2	1.0
		書類	0	—	0	—
		筆記	4	4	4	1.0
		オープン	0	0	0	—

［スライド制度］あり。上記に含まず。
［'24年合格最低点］一般（筆記試験方式）：普通科127，英語科158（/300）

神奈川 女子 (せ) 聖和学院

学費（単位：円）

学費（単位：円）	入学金	施設拡充費	授業料	その他経費	小計	初年度合計
入学手続時	200,000	200,000	—	—	400,000	
終了迄１年 普通科	—	—	372,000	175,771	547,771	947,771
英語科	—	—	396,000	274,039	670,039	1,070,039

※2024年度予定。［返還］一般・オープンで3/9までの入学辞退者には入学金を除き返還。
［授業料納入］毎月分割。［その他］制服・制定品代あり。

併願校の例

※[普通]を中心に

	神公立	私立
挑戦校	横浜平沼／平塚江南 市立金沢／市立南 追浜／市立戸塚 七里ガ浜／大船	横須賀学院 横浜隼人 鵠沼
最適校	横浜栄／横須賀大津 湘南台／鶴嶺 市立横須賀総合／金井 横浜氷取沢	北鎌倉女子 横浜 横浜創学館 鎌倉女子大 横浜清風
堅実校	横浜立野／津久井浜 舞岡／金沢総合 横浜南陵	三浦学苑 相洋 横浜学園

合格のめやす

合格の可能性 **60%** **80%** の偏差値を表示しています。

普通科 **47** **51**

英語科 **54** **58**

合格者	合否分布は不明

合否分布

| 30 | 34 | 38 | 42 | 46 | 50 | 54 | 58 | 62 | (偏) |

不合格者

※合格のめやすの見方は114ページ参照。

見学ガイド 説明会

横浜市神奈川区

捜真女学校 高等学部

〒221-8720　神奈川県横浜市神奈川区中丸8　☎(045)491-3686

【教育理念】　自分で自己の道を切り拓き，他者を思いやり，平和な社会を築くことに貢献する「やさしさとたくましさと」をもつ人を育てる。

【沿　革】　1886年アメリカ人バプテスト派宣教師によって教育が始められ，翌1887年に英和女学校となる。1891年現校名に改称。2018年より高等学部募集開始。

【学校長】　中山　謙一

【生徒数】　女子392名

	1年(4クラス)	2年(4クラス)	3年(4クラス)
女子	130名	136名	126名

東急東横線―反町15分　JR・東急東横線・市営地下鉄―横浜よりバス捜真学院前

特色

設置学科：普通科

【カリキュラム】　①キリスト教教育として，毎日の礼拝や聖書の授業を行う。ほか，宿泊行事「自然教室」を学年ごとに年1回実施。②1年次は「目的意識の育成と進路の探求」，2・3年次は「志望校合格への学力深化」をめざす。③ニーズに応じて様々なタイプの補習を行う。長期休暇中には主要教科を中心に特別補習も実施。英語ではラウンドメソッドを取り入れる。

【キャリア教育】　多様化する大学入試選抜に向け，生徒一人ひとりに合わせたサポートシステムがある。多くの大学との教育提携を行う。

【海外研修】　1・2年次を対象に，オーストラリアで現地の女子校に通う短期研修や，ホームステイをしながら現地の語学学校を経て高校に通学し，異文化体験だけでなく英語力を高める学期研修を実施。いずれも希望選抜制。ほかに，生徒会が建設した小学校を訪問して交流するカンボジア研修（希望制）もある。

【クラブ活動】　放送部が全国レベル。水泳部，ソフトボール部，空手道部，新体操部も活躍。

【行事】　文化祭や体育祭，合唱コンクールは生徒会が主催し，生徒たち自身でつくりあげる。

習熟度別授業	土曜授業	文理選択	オンライン授業	制服	自習室	食堂	プール	グラウンド	アルバイト	登校時刻＝ 8:05
5教科	―	2年～	○	○	～19:00	○	○	○	―	下校時刻＝18:00

進路情報　2023年3月卒業生

四年制大学への進学率 **89.6%**

【卒業生数】　154名

【進路傾向】　大学進学者の内訳は文系70%，理系23%，他7%。国公立大学へ文系2名・理系5名・他1名，海外大学へ1名が進学した。

四年制大学	138名
短期大学	2名
専修・各種学校	4名
就職	2名
進学準備・他	8名

【指定校推薦】　利用状況は慶應大1，上智大4，学習院大1，明治大1，青山学院大7，立教大4，法政大2，国際基督教大1，成城大2，明治学院大5，津田塾大1，東京女子大5，日本女子大2，神奈川歯大1，昭和女子大3，清泉女子大1，東洋英和女学院大1，湘南医療大1など。ほかに東京理科大，日本大，東洋大，大東文化大，東海大，帝京大，獨協大，神奈川大など推薦枠あり。

主な大学合格状況

'24年春速報は巻末資料参照

大学名	'23	'22	'21	大学名	'23	'22	'21	大学名	'23	'22	'21
◇東工大	1	0	0	青山学院大	8	6	8	東京女子大	5	7	9
◇東京藝術大	1	0	0	立教大	2	4	9	日本女子大	9	4	6
◇都立大	1	0	1	中央大	4	0	5	桜美林大	13	6	13
◇横浜市大	2	2	4	法政大	4	7	10	関東学院大	13	12	4
早稲田大	0	1	3	日本大	6	3	5	共立女子大	3	5	3
慶應大	4	1	4	東海大	11	5	8	大妻女子大	8	5	6
上智大	6	7	9	成城大	2	4	2	昭和女子大	8	5	6
東京理科大	1	0	0	明治学院大	9	11	11	多摩美大	2	14	2
学習院大	2	1	5	神奈川大	8	8	6	武蔵野美大	2	15	2
明治大	8	3	5	津田塾大	2	3	3	東洋英和女学院大	5	13	16

※各大学合格数は既卒生を含む。

入試要項 2024年春（実績）

新年度日程についてはp.116参照。

◆ 推薦　第1志望
募集人員▶10名
選抜方法▶個人面接（10〜15分），調査書
◆ 一般　書類選考（併願可）
募集人員▶15名
選抜方法▶志望理由書，調査書
◆ 受験料　20,000円

（内申基準）**推薦**：9科35　**一般**：9科37　※条件
により内申加点あり
（特待生・奨学金制度）特記なし。
（帰国生の受け入れ）国内生と同枠入試。

入試日程

区分	出願	試験	発表	手続締切
推薦	1/16〜20	1/22	1/23	1/25
一般	1/24〜31	—	2/10	3/1

応募状況

年度	区分	応募数	受験数	合格数	実質倍率
'24	推薦	6	6	6	1.0
	一般	26	—	26	1.0
'23	推薦	12	12	12	1.0
	一般	32	—	32	1.0
'22	推薦	12	12	12	1.0
	一般	17	—	17	1.0

神奈川　女子　（そ）捜真女学校

学費（単位：円）	入学金	施設費	授業料	その他経費	小計	初年度合計
入学手続時	250,000	—	—	—	250,000	1,280,600
1年終了迄	—	234,000	432,000	364,600	1,030,600	

※2024年度予定。[授業料納入] 一括または毎月分割。[その他] 制服・制定品代，学習用情報端末代（約70,000〜100,000円）あり。[寄付・学債] 任意の教育振興資金1口10万円2口以上あり。

併願校の例

	神公立	私立
挑戦校	多摩／大和 光陵／神奈川総合 横浜平沼	日本女子大附 日本大学 桜美林 国学院
最適校	市立金沢／新城 相模原弥栄／市立南 市立戸塚／市立桜丘 大船／松陽 横浜栄／港北	横須賀学院 東海大相模 横浜隼人 麻布大附
堅実校	湘南台／元石川 市立みなと総合／鶴見 岸根／横浜清陵 荏田	鶴見大附 相模女子大 横浜富士見丘 横浜

合格のめやす

合格の可能性 **60%** **80%** の偏差値を表示しています。

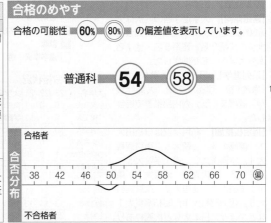

普通科　**54**　**58**

※合格のめやすの見方は114ページ参照。

（見学ガイド）文化祭／説明会／個別相談

川崎市多摩区

日本女子大学附属 高等学校

〒214-8565　神奈川県川崎市多摩区西生田1-1-1　☎(044)952-6705(入試事務室)

【教育方針】　三綱領「信念徹底・自発創生・共同奉仕」の実践を基本に「学習活動」と「自治活動」の2つを教育の柱として掲げる。自立して社会に貢献できる人材，人間性豊かな女性の育成に力を注いでいる。

【沿　革】　1901年創立。

【学校長】　薄　由美

【生徒数】　女子1,126名

	1年(8クラス)	2年(8クラス)	3年(8クラス)
女子	376名	376名	374名

小田急線―読売ランド前10分　京王線―京王稲田堤よりバス女子大前

特色

設置学科：普通科

【カリキュラム】　①文理の区別なく，バランスよく履修できるカリキュラム。偏りのない基礎学力を養う。②2・3年次に選択科目を設置。フランス語，ドイツ語，中国語，時事問題や総合数学などがある。③行事や日常の仕事を生徒全員で分担する自治活動は創立以来の伝統。④2年次に2泊3日の軽井沢セミナーを実施し，全体・グループでの討議に臨む。⑤地域研究に取り組む。3年次は日本各地4つのコースに分かれ，4泊5日のフィールドワークを体験。⑥学外の専門家や卒業生を講師に招き，全校生徒を対象にライフデザイン，シチズンシップ，ヘルスリテラシーに関する特別授業を実施。⑦授業のない土曜日などに「数学を究める」「小論文対策講座」「TOEIC対策講座」「宇宙の魅力を探る」といった，多数の特別講座を開く。学年を問わず意欲と関心に合わせて参加することができる。

【海外研修】　夏休みに希望制でニュージーランド（2・3年次），英国（2年次）での研修を行う。

【クラブ活動】　かるた部，ダンス体操部が全国レベル。コーラス部，ロボット研究部も活躍。人形劇団ペロッコや馬術部などがユニーク。

習熟度別授業	土曜授業	文理選択	オンライン授業	制服	自習室	食堂	プール	グラウンド	アルバイト
—	—	○	○	○	○	—	—	○	届出

登校時刻＝ 8:50
下校時刻＝17:40

進路情報　2023年3月卒業生

四年制大学への進学率 **97.3%**

【卒業生数】　374名

【進路傾向】　大学進学者の内訳は文系60%，理系38%，他2%。国公立大学へ文系2名・理系5名・他1名，海外大学へ1名が進学した。

【系列進学】　日本女子大学へ276名（家政129，理26，文12，人間社会74，国際文化35）が内部推薦で進学した。

【指定校推薦】　利用状況は早稲田大1，慶應大3，上智大5，東京理科大4，学習院大2，青山学院大5，立教大3，中央大8，法政大1，東京女子医大1，北里大2，東京薬科大3，明治薬科大1，昭和薬科大1など。ほかに日本大など推薦枠あり。

	四年制大学	364名
	短期大学	0名
	専修・各種学校	1名
	就職	0名
	進学準備・他	9名

主な大学合格状況
'24年春速報は巻末資料参照

大学名	'23	'22	'21	大学名	'23	'22	'21	大学名	'23	'22	'21
◇東京大	0	0	1	東京理科大	4	11	6	帝京大	4	3	4
◇東工大	0	1	1	学習院大	2	8	0	成城大	3	2	6
◇筑波大	0	1	0	明治大	13	10	8	明治学院大	2	1	5
◇東京外大	1	0	2	青山学院大	12	12	10	津田塾大	3	2	2
◇横浜国大	1	0	0	立教大	17	18	10	日本女子大	285	291	297
◇東京藝術大	1	0	0	中央大	20	12	15	昭和大	5	2	3
◇お茶の水女子	1	1	0	法政大	8	9	7	東京女子医大	3	3	0
早稲田大	14	21	11	日本大	6	7	10	北里大	5	4	3
慶應大	19	14	13	東洋大	1	4	2	東京薬科大	5	2	2
上智大	25	12	18	駒澤大	3	1	5	多摩美大	1	2	2

※各大学合格数は既卒生を含む。

小 中 高 専 短 大

入試要項 2024年春（実績）

新年度日程についてはp.116参照。

◆ 推薦　第1志望

募集人員 ▶ 約65名

選抜方法 ▶ 個人面接（10分），調査書，志望理由書

◆ 一般　専願，オープン

募集人員 ▶ 約65名

選抜方法 ▶ 国数英（国英各50分・数60分・各100点・英にリスニングあり），個人面接（3分），調査書

◆ 受験料　25,000円

(**内申基準**) **推薦**：具体的な点数を基準とせず，5段階評定を中心に総合的に判断　※条件により内申加点あり

(**特待生・奨学金制度**) 特記なし。

(**帰国生の受け入れ**) 国内生と同枠入試で考慮あり。

入試日程

区分	出願	試験	発表	手続締切
推薦	1/16〜19	1/22	1/22	1/27
一般	1/24〜2/5	2/10	2/11	2/15

［延納］オープンは入学金の納入により残額は公立発表後まで。

応募状況

年度	区分		応募数	受験数	合格数	実質倍率
'24	推薦		67	67	67	1.0
	一般	専願	138	137	57	1.8
		オープン			21	
'23	推薦		75	75	75	1.0
	一般	専願	139	138	50	2.0
		オープン			20	
'22	推薦		80	80	80	1.0
	一般	専願	158	158	51	2.2
		オープン			22	

［'24年合格最低点］非公表。

神奈川　女子（に）日本女子大学附属

学費（単位：円）

	入学金	施設設備費	授業料	その他経費	小計	初年度合計
入学手続時	250,000	142,000	—	—	392,000	1,161,741
1年終了迄	—	141,000	511,000	117,741	769,741	

※2024年度予定。［入学前納入］1年終了迄の小計のうち29,881円。
［返還］3/29までの入学辞退者には入学金を除き返還。［授業料納入］一括または2回分割。［寄付・学債］任意の教育充実資金寄付金20万円以上，学園基金拡充寄付金3万円以上，高等学校指定寄付あり。

併願校の例

	神公立	都立	私立
挑戦校	湘南	西 国立	法政二 中大附横浜 青山学院 明大明治
最適校	相模原 光陵 神奈川総合 横須賀	立川 八王子東 新宿 小山台	法政国際 桐蔭学園 青稜 朋優学院 国学院
堅実校	新城 市ケ尾 生田 大船 港北	駒場 町田 狛江 昭和 文京	日本大学 麻布大附 桜美林 八王子学園

合格のめやす

合格の可能性 **60%** **80%** の偏差値を表示しています。

普通科　**62**　**66**

合否分布

合格者

| 38 | 42 | 46 | 50 | 54 | 58 | 62 | 66 | 70 | 偏 |

不合格者

※合格のめやすの見方は114ページ参照。

(**見学ガイド**) 文化祭／説明会／学校見学会

白鵬女子 高等学校

横浜市鶴見区

〒230-0074　神奈川県横浜市鶴見区北寺尾4-10-13　☎(045)581-6721

【建学の精神】「知力の練磨」「体力・意志力の練磨」「清楚なる情操」の三綱領のもとに学問の研鑽を通して，正しい判断力を養い，社会進出に必要な基礎能力を高める。

【沿　革】1936年京浜女子商業学校として創立。1988年現校名に改称。

【学校長】玉川　匡彦

【生徒数】女子1,041名

	1年(12クラス)	2年(13クラス)	3年(12クラス)
女子	345名	371名	325名

JR―鶴見・川崎よりバス白鵬女子高校前1分
東急東横線―綱島よりバス三ツ池口5分

特色

設置学科：普通科

【コース】進学アドバンス，進学スタンダード，グローバルアドバンス，グローバルスタンダード，メディアアート表現，スポーツ，保育，フードコーディネート，総合の9コース制。

【カリキュラム】①進学アドバンスコースは上位大学，進学スタンダードコースは中堅大学，グローバルアドバンスコースは上位・海外大学，グローバルスタンダードコースは中堅・語学系大学をめざす。2年次からはそれぞれ文理別。②メディアアート表現コースはデザイン・音響・映像の3分野を学ぶ。③スポーツコースは実践と理論を同時に学習する。④保育コースはピアノ・リトミックや造形などの実技授業を行う。⑤フードコーディネートコースは食の知識と技術を幅広く学ぶカリキュラム。⑥総合コースは生徒のニーズに合わせて科目を設置。⑦土曜日はスポーツコースと総合コースのみ休校。

【海外研修】修学旅行はコースごとにハワイ，グアム，オーストラリアへ渡航。グローバルアドバンスコースとグローバルスタンダードコースの修学旅行・語学研修先はアイルランド。

【施設】帰国生や運動部生徒のための寮がある。

習熟度別授業	土曜授業	文理選択	オンライン授業	制服	自習室	食堂	プール	グラウンド	アルバイト	登校時刻＝ 8:35
英	○	2年～	○	○	～18:00	○	○	○	審査	下校時刻＝18:30

進路情報 2023年3月卒業生

四年制大学への進学率 **57.4%**

【卒業生数】357名

【進路傾向】大学進学者のうち文系が7割弱。国公立大学へ文系3名が進学。マンチェスター大など海外大学へも進学者が出ている。

四年制大学	205名
短期大学	29名
専修・各種学校	98名
就職	12名
進学準備・他	13名

【指定校推薦】利用状況は日本大1，専修大1，帝京大1，神奈川大1，桜美林大1，関東学院大6，大妻女子大1，フェリス女学院大1，東京国際大5，東京造形大1，女子美大3，横浜美大1，日本女子体育大1など。ほかに東洋大，亜細亜大，玉川大，国士舘大，拓殖大，城西大，麻布大，相模女子大，東洋英和女学院大，鶴見大，城西国際大，東京女子体育大など推薦枠あり。

主な大学合格状況

'24年春速報は巻末資料参照

大学名	'23	'22	'21	大学名	'23	'22	'21	大学名	'23	'22	'21
◇筑波大	0	1	0	法政大	1	1	4	神奈川大	4	4	6
◇東北大	1	0	0	日本大	9	3	3	国士舘大	3	3	5
◇横浜市大	2	1	0	東洋大	7	3	3	桜美林大	8	6	7
早稲田大	1	1	0	駒澤大	7	1	1	関東学院大	6	9	8
慶應大	0	1	0	専修大	7	4	1	昭和女子大	3	3	3
上智大	0	1	0	大東文化大	3	0	1	帝京平成大	3	9	2
明治大	2	0	1	亜細亜大	1	2	0	女子美大	3	4	4
青山学院大	2	2	0	成城大	1	0	1	横浜美大	5	8	9
立教大	4	1	1	明治学院大	3	1	3	日本女子体育大	3	3	2
中央大	1	0	0	獨協大	2	1	0	東洋英和女学院大	1	7	3

※各大学合格数は既卒生を含む。

入試要項 2024年春（実績）

新年度日程についてはp.116参照。

◆推薦　第１志望
募集人員▶進学アドバンス20名，進学スタンダード20名，グローバルアドバンス20名，グローバルスタンダード20名，メディアアート表現30名，スポーツ30名，保育15名，フードコーディネート15名，総合30名
選抜方法▶個人面接（８分），調査書
◆一般　専願，公立併願，オープン
募集人員▶**専願・公立併願**：進学アドバンス20名，進学スタンダード20名，グローバルアドバンス20名，グローバルスタンダード20名，メディアアート表現30名，スポーツ30名，保育15名，フードコーディネート15名，総合30名　**オープン**：各コース若干名
選抜方法▶**専願・公立併願**：志望理由書，調査書　**オープン**：国数英（各50分·各100点·マークシート·英にリスニングあり），個人面接（10分）
◆受験料　20,000円

内申基準 **推薦・一般(専願)**：[進学アドバンス][グローバルアドバンス]16/25，[進学スタンダード][グローバルスタンダード]15/25，[メディアアート表現]25/45，[スポーツ][保育][フード]24/45，[総合]20/45　**一般(公立併願)**：[進学アドバンス][グローバルアドバンス]17/25，[進学スタンダード][グローバルスタンダード]16/25，[メディアアート表現][スポーツ][保育][フード]27/45，[総合]24/45　※[グローバルアドバンス]は上記基準かつ英４
※条件により内申加点あり

特待生・奨学金制度 内申や検定での特待あり。

帰国生の受け入れ 個別対応。

入試日程

区分		登録・出願	試験	発表	手続締切
推薦		12/20～1/18	1/22	1/23	1/26
一般	専願	12/20～1/31	—	2/11	2/15
	公立併願	12/20～1/31	—	2/11	3/4
	オープン	12/20～1/31	2/11	2/11	3/4

応募状況

年度	区分		応募数	受験数	合格数	実質倍率
'24	進アド	推薦	20	20	20	1.0
		専·併	33	—	33	1.0
	進スタ	推薦	20	20	20	1.0
		専·併	53	—	53	1.0
	GA	推薦	20	20	20	1.0
		専·併	31	—	31	1.0
	GS	推薦	20	20	20	1.0
		専·併	36	—	36	1.0
	メディ	推薦	30	30	30	1.0
		専·併	81	—	81	1.0
	スポ	推薦	30	30	30	1.0
		専·併	39	—	39	1.0
	保育	推薦	15	15	15	1.0
		専·併	31	—	31	1.0
	フード	推薦	15	15	15	1.0
		専·併	36	—	36	1.0
	総合	推薦	30	30	30	1.0
		専·併	193	—	193	1.0
	オープン		25	25	24	1.0

['24年合格最低点］非公表。

学費(単位:円)	入学金	施設費	授業料	その他経費	小計	初年度合計
入学手続時	210,000	170,000	—	—	380,000	約1,023,500
１年終了迄	—	—	456,000	約187,500	約643,500	

※2024年度予定。[授業料納入] 毎月分割。[その他] 制服・制定品代，コースにより実習費，修学旅行・卒業準備等積立金，教材費，タブレット端末費等，メディアアート表現コースはメディア機器代54,000円あり。

併願校の例 ※[総合]を中心に

	神公立	私立
挑戦校	市立みなと総合／鶴見 岸根／市立高津 荏田／横浜清陵 城郷／横浜立野 霧が丘／麻生	英理女子(キャリア) 横浜清風 横浜商科大 橘学苑 大森学園
最適校	舞岡／百合丘 川崎／川崎北 市立幸／新栄 上矢部／新羽 生田東／横浜緑園	大西学園 光明相模原 横浜学園 柏木学園 東京実業
堅実校	鶴見総合／白山 菅／横浜桜陽 大師／保土ケ谷 麻生総合／市立川崎(定)	

合格のめやす

合格の可能性 60% 80% の偏差値を表示しています。

コース	60%	80%
進学アドバンス	46	50
進学スタンダード	42	46
グローバルアドバンス	46	50
グローバルスタンダード	41	45
メディアアート表現	40	44
保育	39	43
フードコーディネート	39	43
総合	38	42

スポーツは偏差値を設定していません。

※合格のめやすの見方は114ページ参照。

見学ガイド 文化祭／グローバル・メディアアート・保育・フードコーディネートフェスタ／説明会／オープンスクール／個別相談会／個別見学対応

藤沢市

聖園女学院 高等学校

〒251-0873　神奈川県藤沢市みその台1-4　☎(0466)81-3333

【教育目標】　南山学園の教育モットー「人間の尊厳のために」と校訓「信念・精励・温順」に基づき，生徒一人ひとりが自分の使命を見つけ，社会貢献できる人になることを目標としている。

【沿　革】　1946年に女子修道会「聖心の布教姉妹会」により設立。2016年に学校法人南山学園と合併。2024年度より高校募集開始。

【学校長】　ミカエル・カルマノ

【生徒数】　女子188名

	1年(2クラス)	2年(2クラス)	3年(2クラス)
女子	60名	68名	60名

小田急江ノ島線ー藤沢本町10分，善行15分，藤沢・湘南台よりバス聖園女学院前

特色

設置学科：普通科

【カリキュラム】　①きめ細かな英語教育を実践。授業でのプレゼンテーションや英作文の取り組みを通じ，豊かな表現力で自分の考えを発信する力を身につける。②探究学習ではSDGsをテーマに，課題解決のための思考力・判断力・表現力，主体的に学習する態度を育む。③長期休業中の補習・講習，メンター制度による放課後の個別支援などで学習をサポートする。④隣接する児童養護施設「聖園子供の家」での活動や赤い羽根共同募金への参加など，ボランティア活動に取り組んでいる。希望者は部活動以外に聖歌隊やハンドベルクワイヤに参加できる。

【キャリア教育】　1・2年次は分野別大学説明会で具体的な進路について考える。3年次には各大学の入試担当者を招いた説明会を実施。

【海外研修】　1年次の夏休みに希望者はカナダ研修に参加でき，ホームステイなどを体験。ほかにニュージーランド1年留学制度がある。

【施設】　校地の70%を占める自然林は県の鳥獣保護区に指定されている。文化・体育施設「マリアホール」にはメインアリーナのほか，PC教室やラウンジなどを備える。

習熟度別授業	土曜授業	文理選択	オンライン授業	制服	自習室	食堂	プール	グラウンド	アルバイト	登校時刻＝ 7:30
英	ー	2年〜	○	○	〜18:00	●	●	○	ー	下校時刻＝17:30

進路情報　2023年3月卒業生

四年制大学への進学率 **85.4%**

【卒業生数】　96名

【進路傾向】　大学進学者の内訳は文系60%，理系34%，他6%。国公立大学へ文系2名，理系2名が進学。医学部2名，薬学部11名合格。

【系列進学】　南山大学へ1名(理工)が学園内推薦で進学した。

【指定校推薦】　利用状況は学習院大1，青山学院大5，日本大1，明治学院大1，聖心女子大1，白百合女子大1，昭和薬科大1など。ほかに上智大，東海大，神奈川大，東京電機大，東京女子大，日本女子大，立命館大，東京都市大，大妻女子大，神奈川歯大，昭和女子大，女子美大，洗足学園音大など推薦枠あり。

	四年制大学	82名
	短期大学	0名
	専修・各種学校	3名
	就職	0名
	進学準備・他	11名

主な大学合格状況

'24年春速報は巻末資料参照

大学名	'23	'23	'22	大学名	'23	'23	'22	大学名	'23	'23	'22
◇東京大	1	0	0	立教大	5	9	0	日本女子大	5	4	4
◇横浜国大	1	0	0	中央大	4	0	0	玉川大	7	1	2
◇県立保健福祉大	1	0	1	法政大	2	3	0	桜美林大	11	4	8
早稲田大	0	1	0	日本大	5	3	7	関東学院大	10	1	5
慶應大	2	3	1	東洋大	1	3	6	共立女子大	3	3	8
上智大	10	5	5	専修大	3	2	3	北里大	4	5	6
東京理科大	1	0	0	東海大	10	7	11	昭和薬科大	3	1	2
学習院大	1	2	0	國學院大	0	7	3	フェリス女学院大	2	5	6
明治大	8	3	1	明治学院大	4	10	5	相模女子大	4	6	6
青山学院大	9	4	4	神奈川大	5	4	3	東洋英和女学院大	3	7	14

※各大学合格数は既卒生を含む。

入試要項 2024年春（実績）

新年度日程についてはp.116参照。

◆ 推薦　第1志望
募集人員▶15名
選抜方法▶ 作文（50分・750～800字），個人面接（15分），志望理由書，調査書
◆ 一般　専願，併願
募集人員▶15名
選抜方法▶ 作文（50分・750～800字），個人面接（15分），志望理由書，調査書
◆ 受験料　20,000円

(**内申基準**) 推薦・一般（専願・併願）：36/45
※条件により内申加点あり
(**特待生・奨学金制度**) 特記なし。
(**帰国生の受け入れ**) 国内生と同枠入試。

入試日程

区分		登録・出願	試験	発表	手続締切
推薦		1/9～17	1/22	1/23	1/26
一般	専願	1/9～26	2/10	2/11	2/15
	併願	1/9～26	2/10	2/11	2/29

応募状況

年度	区分	応募数	受験数	合格数	実質倍率
'24	推薦	15	15	15	1.0
	一般・専	1	1	1	1.0
	一般・併	9	9	9	1.0

神奈川　女子　(み)　聖園女学院

学費（単位：円）	入学金	施設費	授業料	その他経費	小計	初年度合計
入学手続時	200,000	—	—	—	200,000	1,030,790
1年終了迄	—	100,000	480,000	250,790	830,790	

※2024年度予定。[授業料納入] 毎月分割。[その他] 制服・制定品代あり。

併願校の例

挑戦校	
最適校	データ不足のため不明
堅実校	

合格のめやす

合格の可能性 ■■■**60%**■■■ **80%** の偏差値を表示しています。

普通科 **52** **56**

合否分布

合格者

合否分布は不明

| 30 | 34 | 38 | 42 | 46 | 50 | 54 | 58 | 62 | (偏) |

不合格者

※合格のめやすの見方は114ページ参照。

(**見学ガイド**) 文化祭／説明会

横須賀市

緑ヶ丘女子 高等学校

〒238-0018　神奈川県横須賀市緑が丘39　☎(046)822-1651

【教育方針】　「至誠一貫」と「温雅礼節」を建学の精神に掲げる。高雅な品性と豊かな知性を身につけ，社会で貢献できる自立した女性の育成に努める。

【沿　革】　1947年横須賀女子商業学校設立。1947年緑ヶ丘中学校に改称。1949年緑ヶ丘高等学校開校。2001年現校名に改称。

【学校長】　平田　幸夫

【生徒数】　女子246名

	1年（4クラス）	2年（5クラス）	3年（5クラス）
女子	76名	78名	92名

京急本線―汐入7分　JR―横須賀15分

特色

設置学科：普通科

【コース】　特進・看護医療，総合・進学，幼児教育の3コースを設置している。特進・看護医療コースは2年次より文系，理系，看護・医療系に分かれる。

【カリキュラム】　①大学進学をめざす特進・看護医療コースは英語指導に注力。2年次には週8時間を英語の授業に充てる。②総合・進学コースは看護系やビジネス系など，専門性が高く幅広い選択授業を設置。丁寧な授業と個別指導で学力の定着を図る。③幼児教育コースは園での最大30日の実習や，週1回のピアノレッスン

など実践的なカリキュラムにより，技術や知識をつける。④1・2年次に全員が英語検定を年2回受験。級別授業や面接対策を実施。また，外国人講師とのオンライン英会話も設けている。⑤自己分析や進路適性検査などに取り組むキャリア教育プログラムを実施。⑥日本のおもてなしのよさを学び，地域を担う実践者を育成する教育プログラム「おもてなしカレッジ」を設定。

【海外研修】　1・2年次の希望者を対象にニュージーランドターム留学プログラムを実施。

【クラブ活動】　新体操部やテニス部が活躍。

習熟度別授業	土曜授業	文理選択	オンライン授業	制服	自習室	食堂	プール	グラウンド	アルバイト
英	―	2年〜	―	○	〜18:00	―	―	―	届出

登校時刻＝ 8:30　下校時刻＝18:30

進路情報　2023年3月卒業生

進学率 **91.8%**

【卒業生数】　98名

【進路傾向】　大学進学はいずれも私立大学で，内訳は文系77%，理系5%，他18%。進学希望者の合格率は100%。

■ 四年制大学	44名
■ 短期大学	14名
■ 専修・各種学校	32名
■ 就職	4名
□ 進学準備・他	4名

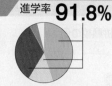

【指定校推薦】　利用状況は神奈川大1，玉川大1，関東学院大1，白百合女子大1，東京工科大2，清泉女子大1，目白大1，横浜薬科大1，相模女子大1，鎌倉女子大4，鶴見大1，東京家政学院大1，東京医療保健大1，日本文化大1，田園調布学園大2，横浜創英大7など。ほかに東海大，東洋英和女学院大など推薦枠あり。

主な大学合格状況

'24年春速報は巻末資料参照

大学名	'23	'22	'21	大学名	'23	'22	'21	大学名	'23	'22	'21
◇県立保健福祉大	0	2	2	玉川大	1	1	0	目白大	1	2	0
上智大	0	1	0	東京都市大	1	1	0	横浜美大	0	1	1
日本大	0	1	0	立正大	0	3	0	日本体育大	0	1	3
東洋大	1	0	0	関東学院大	3	0	1	日本女子体育大	1	0	0
専修大	2	3	2	共立女子大	0	1	0	横浜薬科大	1	1	0
東海大	2	7	0	白百合女子大	2	0	1	相模女子大	4	2	0
亜細亜大	1	0	0	武蔵野大	3	0	0	鎌倉女子大	5	5	6
國學院大	1	0	0	創価大	0	4	0	東京医療保健大	1	1	1
明治学院大	1	0	0	東京工科大	2	2	1	田園調布学園大	3	1	1
神奈川大	2	2	1	清泉女子大	1	1	1	横浜創英大	8	6	6

※各大学合格数は既卒生を含む。

入試要項 2024年春（実績）

新年度日程についてはp.116参照。

◆推薦　専願
募集人員▶特進・看護医療コース15名，総合・進学コース50名，幼児教育コース35名
選抜方法▶個人面接（7分），調査書

◆書類選考　併願
募集人員▶特進・看護医療コース20名，総合・進学コース50名，幼児教育コース40名
選抜方法▶アピールシート，調査書

◆一般　専願
募集人員▶特進・看護医療コース5名，総合・進学コース15名，幼児教育コース5名
選抜方法▶国数英（各50分・各100点），個人面接（7分），調査書

◆オープン　専願，併願
募集人員▶各コース若干名
選抜方法▶国数英（各50分・各100点）

◆受験料　20,000円

(内申基準) 推薦：[特進・看護医療]32/45または62/90，[総合・進学]23/45または45/90，[幼児教育]27/45または52/90　**書類選考：**[特進・看護医療]32/45または62/90，[総合・進学]23/45または45/90，[幼児教育]27/45または52/90　**一般：**[特進・看護医療]31/45または60/90，[総合・進学]22/45または42/90，[幼児教育]26/45または50/90　※分母90＝2年次9科＋3年次9科　※条件により内申加点あり

(特待生・奨学金制度) 内申，入試の成績優秀者を3段階の特待生認定。新体操部特待生制度もあり（専願のみ）。

(帰国生の受け入れ) 国内生と同枠入試。

入試日程

区分	登録・出願	試験	発表	手続締切
推薦	1/6～19	1/22	1/23	1/25
書類選考	1/6～29	—	2/12	3/5
一般	1/6～29	2/10	2/12	2/14
オープン	1/6～29	2/11	2/12	専願2/14 併願3/5

応募状況

年度	区分		応募数	受験数	合格数	実質倍率
'24	特進・看護	推薦	5	5	5	1.0
		書類選考	19	—	19	1.0
		一般	2	2	2	1.0
		オープン	0	0	0	—
	総合・進学	推薦	30	30	30	1.0
		書類選考	64	—	64	1.0
		一般	6	6	6	1.0
		オープン	6	6	6	1.0
	幼児教育	推薦	8	8	8	1.0
		書類選考	8	—	8	1.0
		一般	1	1	1	1.0
		オープン	0	0	0	—

[スライド制度]あり。上記に含まず。
['24年合格最低点]非公表。

神奈川　女子（み）緑ヶ丘女子

学費（単位：円）

学費（単位：円）	入学金	施設費	授業料	その他経費	小計	初年度合計
入学手続時	200,000	200,000	—	25,000	425,000	1,216,400
1年終了迄	—	120,000	432,000	239,400	791,400	

※2024年度予定。[入学前納入]1年終了迄の小計のうち30,000円。[授業料納入]毎月分割。
[その他]制服・制定品代，積立金（特進・看護医療コースと幼児教育コース96,000円，総合・進学コース84,000円），特進・看護医療コースは夏休み勉強合宿費50,000円あり。

併願校の例　※[総進]を中心に

	神公立	私立
挑戦校	横須賀大津／岸根 市立横須賀総合／金井 横浜氷取沢／横浜清陵 市立高津／荏田	横浜 北鎌倉女子 アレセイア湘南 横浜創学館 鎌倉女子大
最適校	舞岡／津久井浜 金沢総合／上矢部 横浜南陵／逗子葉山 新栄／横浜緑園	橘学苑 湘南学院 三浦学苑 白鵬女子 横浜学園
堅実校	横浜桜陽／三浦初声 横須賀南／釜利谷 市立横浜総合	

合格のめやす

合格の可能性 **60%** **80%** の偏差値を表示しています。

特進・看護医療 **49** **53**
総合・進学 **40** **44**
幼児教育 **42** **46**

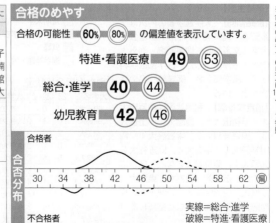

実線＝総合・進学
破線＝特進・看護医療

※合格のめやすの見方は114ページ参照。

(見学ガイド) 文化祭／説明会／オープンスクール／幼教コース体験授業／学校見学会／個別相談会

鎌倉市

鎌倉学園 高等学校

〒247-0062　神奈川県鎌倉市山ノ内110　☎(0467)22-0994

【教育方針】　「礼義廉恥」を校訓に掲げる。文武両道を教育のモットーとして，自主自律の禅の精神を現代に受け継ぎ，知・徳・体のバランスの取れた人間形成をめざす。

【沿　革】　1885年に設立した「宗学林」を前身とし，1975年現校名となる。

【学校長】　松下　伸広

【生徒数】　男子871名

	1年(7クラス)	2年(8クラス)	3年(8クラス)
男子	293名	292名	286名

JR─北鎌倉13分，またはバス建長寺（鎌倉学園前）

特色

設置学科：普通科

【コース】　2年次に文系2クラス，理系2クラスの4クラスとなる。3年次は文Ⅰ（発展），文Ⅱ（標準），理Ⅰ（発展），理Ⅱ（標準）の4クラス。内部進学生と3年間別クラス編成。

【カリキュラム】　①1年次には数学の習熟度授業を展開。②理科教育では実験を重視。「探究することの楽しさ」を感じ，確かな知識を身につける。③国語，数学，英語を中心に全員参加の講習を年3回実施。朝や放課後を利用した日常的な補習も演習形式を中心に行う。④1年次に禅で心を整える坐禅教室を開く。

【キャリア教育】　スタディサポートや進路フォーラムなどにより，自分を見つめ，進路を考える。

【海外研修】　1・2年次の希望者を対象にした北米研修，ベトナム研修，ヨーロッパ研修を実施。また，1年次の希望者対象の英語語学研修では2週間のホームステイを体験する。

【クラブ活動】　アメリカンフットボール部が全国レベル。硬式テニス部や硬式野球部も活発。

【施設】　2017年に校舎がリニューアル。第1，第2グラウンド，屋上テニスコート，カフェテリア，相談室，星月ホールなどがある。

習熟度別授業	土曜授業	文理選択	オンライン授業	制服	自習室	食堂	プール	グラウンド	アルバイト
国数英	○	2年〜	○	○	〜18:30	○	─	○	届出

登校時刻＝ 8:25
下校時刻＝18:30

進路情報　2023年3月卒業生

四年制大学への進学率 **53.8%**

【卒業生数】　329名

【進路傾向】　大学進学者の内訳は文系53%，理系45%，他2%。国公立大学へ文系11名・理系23名，海外大学へ1名が進学した。医学部医学科6名，歯学部2名，薬学部23名の合格が出ている。

【指定校推薦】　利用状況は横浜市大1，早稲田大5，慶應大1，上智大3，東京理科大2，学習院大1，青山学院大1，中央大4，同志社大2，北里大1，東京農大2など。ほかに明治大，法政大，日本大，東洋大，成城大，明治学院大，芝浦工大，立命館大，東京都市大など推薦枠あり。

■ 四年制大学	177名
□ 短期大学	1名
■ 専修・各種学校	1名
■ 就職	0名
□ 進学準備・他	150名

主な大学合格状況

'24春速報は巻末資料参照

大学名	'23	'22	'21	大学名	'23	'22	'21	大学名	'23	'22	'21
◇東京大	0	0	1	◇都立大	2	6	4	中央大	83	80	76
◇京都大	0	1	0	◇横浜市大	2	4	7	法政大	78	84	58
◇東工大	2	2	3	早稲田大	49	54	58	日本大	99	112	102
◇一橋大	0	2	0	慶應大	28	29	30	東洋大	49	30	33
◇千葉大	5	5	2	上智大	34	18	20	専修大	26	25	24
◇筑波大	6	1	1	東京理科大	45	41	64	東海大	49	52	53
◇東京外大	3	1	4	学習院大	20	15	7	明治学院大	44	30	29
◇横浜国大	9	11	14	明治大	120	142	107	神奈川大	45	39	23
◇北海道大	6	5	3	青山学院大	48	43	54	芝浦工大	38	37	26
◇東北大	3	1	2	立教大	44	33	41	東京都市大	66	49	90

※各大学合格数は既卒生を含む。

入試要項 2024年春（実績）

新年度日程についてはp.116参照。

◆**一般　A方式**：書類選考　**B方式**：オープン
募集人員▶A方式90名，B方式20名
選抜方法▶**A方式**：作文（出願時提出・400字），
調査書　**B方式**：国数英（各50分・各100点），
調査書
◆**受験料**　25,000円

入試日程

	区分	登録・出願	試験	発表	手続締切
一般	A方式	1/22～2/3	—	2/10	2/12
	B方式	1/22～2/3	2/11	2/13	2/15

［延納］1次納入150,000円。2次納入は残額を3/4までで。

応募状況

年度	区分		応募数	受験数	合格数	実質倍率
'24	一般	A方式	365	354	354	1.0
		B方式	96	90	44	2.0
'23	一般	A方式	381	365	365	1.0
		B方式	80	78	47	1.6
'22	一般	A方式	357	—	353	1.0
		B方式	104	103	54	1.9

［'24年合格最低点］B方式164/300

（**内申基準**）**一般（A方式）**：以下①②のいずれか。
①4科（音美技体）15かつ5科23・②4科（音美技体）19かつ5科22
（**特待生・奨学金制度**）特記なし。
（**帰国生の受け入れ**）A方式は国内生と別枠入試。
B方式は同枠入試で考慮あり。

神奈川　男子　（か）　鎌倉学園

学費（単位:円）	入学金	施設費	授業料	その他経費	小計	初年度合計
入学手続時	250,000	150,000	—		400,000	約1,356,800
1年終了迄	—	100,000	456,000	約400,800	約956,800	

※2024年度予定。［入学前納入］1年終了迄の小計のうち約60,000円。［授業料納入］毎月分割。
［その他］制服・制定品代あり。

併願校の例

	神公立	私立
挑戦校	横浜翠嵐	慶應義塾
		法政二
		早稲田実業
		明大明治
		青山学院
最適校	湘南／柏陽	中大附横浜
	横浜緑ケ丘／川和	山手学院
	市立横浜サイエンス	桐光学園
	希望ケ丘／多摩	法政国際
	光陵／小田原	青稜
堅実校	横須賀／鎌倉	桐蔭学園
	平塚江南／市立金沢	日大藤沢
	新城／追浜	日本大学
	茅ケ崎北陵／市立戸塚	横須賀学院
	市立桜丘／七里ガ浜	

合格のめやす

合格の可能性 **60%** **80%** の偏差値を表示しています。

普通科　**64**　**68**

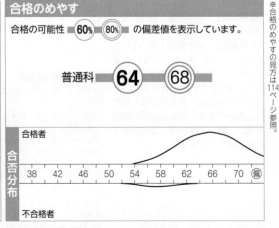

合格者

合否分布

38　42　46　50　54　58　62　66　70　偏

不合格者

※合格のめやすの見方は114ページ参照。

（**見学ガイド**）文化祭／説明会

小 中 **高** 専 短 大

慶應義塾 高等学校

横浜市港北区

〒223-8524　神奈川県横浜市港北区日吉4-1-2　☎(045)566-1381

【教育目標】　福澤精神に則り，独立自尊の気風にとみ，自主性と気品を重んじ，将来「全社会の先導者」となる人材の育成を教育の目的とする。

【沿　革】　慶應義塾の幼稚舎より大学までの一貫教育として，1948年高等学校が発足。

【学校長】　阿久澤　武史

【生徒数】　男子2,180名

	1年(18クラス)	2年(18クラス)	3年(18クラス)
男子	735名	757名	688名

東急東横線・東急目黒線・東急新横浜線・市営地下鉄―日吉5分

特色

設置学科：普通科

【カリキュラム】　①協力し合いながら生徒を育む「協育」を実践する。大規模校であることを活かし，卒業生をはじめ，内外の個人・団体と協力して独自の協育プログラムを展開。選択科目や課外講座として参加可能。②3年次には各自の興味や進路に応じて選択科目を履修。専門的で学究的な教養を培う。③選択科目「高大一貫講座」は併設大学経済学部・商学部教員による授業。商学部の授業は大学生と一緒に受け，進学後には大学の単位として認定される。④卒業研究として，論文や作品・実験記録などを作成し，問題発見・解決能力，思考力，表現力などの総合的な知性を養う。⑤第二外国語としてドイツ語，フランス語，中国語を学ぶ。⑥ユネスコ・スクールに加盟。生徒会による「日吉の森を守ろう」プロジェクトなどに取り組む。

【海外研修】　米国，英国の学校との短期交換留学があり，長期休業中に約2週間ホームステイをしながら提携校で学ぶ。米国，英国への1年間の派遣留学制度もある。

【施設】　併設大学キャンパス内にあり，大学の施設も利用可能。2018年に日吉協育棟完成。

習熟度別授業	土曜授業	文理選択	オンライン授業	制服	自習室	食堂	プール	グラウンド	アルバイト
英	—	—	○	○	○	○	○	○	○

登校時刻＝ 8:20
下校時刻＝18:00

進路情報　2023年3月卒業生

併設大学への進学率 **98.2%**

【卒業生数】　724名

【進路傾向】　例年併設大学への進学者が大多数。

【系列進学】　慶應義塾大学へ711名（法225，経済210，商93，文15，理工102，医22，総合政策16，環境情報20，薬8）が内部推薦で進学した。進学する学部は，本人の希望を尊重しながら在学中3年間の成績の総合評価，適性，出席状況，授業態度などを考慮して決定する。

■ 慶應義塾大学　711名
□ 他　13名

主な大学合格状況

'24年春速報は巻末資料参照

大学名	'23	'22	'21	大学名	'23	'22	'21	大学名	'23	'22	'21
◇千葉大	0	1	0	日本大	3	1	2	北里大	0	1	1
◇筑波大	0	1	0	東海大	0	0	3	東邦大	1	0	2
◇横浜市大	3	0	1	帝京大	0	1	1	聖マリアンナ医大	1	0	2
早稲田大	2	1	1	立命館大	0	0	2	国際医療福祉大	2	0	0
慶應大	714	700	727	桜美林大	1	0	0	昭和薬科大	1	0	0
上智大	1	0	0	関東学院大	2	0	0	東京農大	1	0	0
東京理科大	1	1	4	東京慈恵会医大	1	1	0	文教大	1	0	0
明治大	1	1	1	昭和大	3	3	1	多摩美大	1	0	0
青山学院大	0	0	0	日本医大	2	2	2	武蔵野美大	1	0	0
法政大	0	0	1	杏林大	2	3	2	獨協医大	1	0	0

※各大学合格数は既卒生を含む。

入試要項 2024年春（実績）
新年度日程については p.116参照。

◆ 推薦　第1志望
募集人員▶ 約40名
選抜方法▶〔1次選考〕書類審査（調査書，活動記録報告書・証明書類，保護者による志願者紹介文，志願者をよく知る方による志願者紹介文），〔2次選考〕面接，作文
◆ 一般・帰国生
募集人員▶ 約330名（うち帰国生若干名）
選抜方法▶〔1次試験〕国数英（各60分・各100点），調査書，ほかに帰国生の該当者は Attendance Report，〔2次試験〕面接
◆ **受験料**　推薦〔1次〕10,000円・〔2次〕20,000円，一般・帰国生30,000円

(内申基準) 推薦：9科38かつ運動・文化芸術活動などにおいて相応の成果を上げた者
(特待生・奨学金制度) 特記なし。
(帰国生の受け入れ) 国内生と同枠入試（上記参照）。

入試日程

区分	登録・出願	試験	発表	手続締切
推薦	12/1～1/16	—	1/22	1/26
		1/23	1/24	
一般帰国	一般12/1～1/27 帰国12/1～1/8	〔1次〕2/10	2/12	2/16
		〔2次〕2/13	2/14	

応募状況

年度	区分		応募数	受験数	合格数	実質倍率
'24	推薦	1次	94	—	59	1.6
		2次	—	59	40	1.5
	一般	1次	1,193	1,111	576	1.9
		2次	—	562	306	1.8
	帰国	1次	84	75	47	1.6
		2次		45	30	1.5
'23	推薦	1次	89	—	55	1.6
		2次	—	55	41	1.3
	一般	1次	1,277	1,206	575	2.1
		2次	—	561	308	1.8
	帰国	1次	60	52	34	1.5
		2次		34	20	1.7
'22	推薦	1次	92	—	60	1.5
		2次	—	60	40	1.5
	一般		1,228	1,173	479	2.4
	帰国		83	73	38	1.9

〔'24年合格最低点〕非公表。

神奈川　男子　(け)　慶應義塾

学費(単位:円)	入学金	教育充実費	授業料	その他経費	小計	初年度合計
入学手続時	340,000	200,000	380,000	21,000	941,000	1,321,000
1年終了迄	—	—	380,000	—	380,000	

※2023年度実績。［返還］一般・帰国生の3/1までの入学辞退者には入学金を除き返還。
［授業料納入］2回分割（入学手続時に前期分納）。［その他］制服・制定品代あり。
［寄付・学債］任意の慶應義塾債1口10万円3口以上，慶應義塾教育振興資金年額1口3万円2口以上あり。

併願校の例

	神公立	都立	私立
挑戦校			
最適校	横浜翠嵐 湘南	日比谷 西	法政二 早大学院 明大明治 渋谷教育幕張 慶應志木
堅実校	柏陽 川和 市立横浜サイエンス 多摩 神奈川総合	国立 戸山 青山 立川 新宿	中大附横浜 山手学院 桐光学園 法政国際 青稜

合格のめやす

合格の可能性 ■**60%**■ ■**80%**■ の偏差値を表示しています。

普通科 **70** **74**

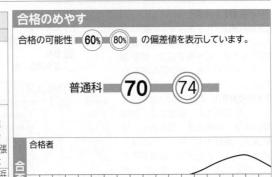

※合格のめやすの見方は114ページ参照。

(見学ガイド) 文化祭／説明会

藤沢市

藤嶺学園藤沢 高等学校

〒251-0001　神奈川県藤沢市西富1-7-1　☎(0466)23-3150

【教育目標】 「勇猛精進・質実剛健」を建学の精神に掲げる。自己の存在意義を自覚し，自分の力で人生を切り拓く強い芯のある男子を育成する。

【沿　革】 1915年創立。1995年現校名に改称。2001年併設中学校を開校。

【学校長】 林　学

【生徒数】 男子528名

	1年（6クラス）	2年（6クラス）	3年（5クラス）
男子	197名	196名	135名

小田急江ノ島線―藤沢本町15分
JR・小田急江ノ島線―藤沢15分

特色

設置学科：普通科

【カリキュラム】 ①内部進学生とは3年間別クラス編成。1・2年次は学習の基礎をつくり，進路をじっくり考える。3年次は演習の時間を設けるなど，進路に合わせた学習形態を強化。②「英語会話」では，ネイティヴオンリーの授業で，4技能を強化できるよう展開。③校内と校外で勉強合宿を実施し，学習習慣や自主的に取り組む心構えを身につける。④特別補講として，学年の枠を越えて基礎，発展，Sクラスにレベル分けされた講座を開講。⑤進路に応じた個別指導を行う。入試問題演習ゼミや三者面談による入試対策を行う。⑥茶道の授業を導入。日本の伝統文化の理解を深め，国際社会に通用するモラルを身につける。陶芸も必修。

【キャリア教育】 一人ひとりの未来を一緒に考えるきめ細かい進路指導に加え，進学講演会や進路説明会などの豊富な進路行事を企画。

【宗教】 自己内面探究の時間として「学林」を設定。読経を取り入れた宗教教育を行う。

【海外研修】 1年次にオーストラリアまたはニュージーランドへの語学研修旅行（希望制），2年次に台湾への研修旅行を実施。

習熟度別授業	土曜授業	文理選択	オンライン授業	制服	自習室	食堂	プール	グラウンド	アルバイト	登校時刻＝ 8:30
数英	○	2年～	○	○	～19:00	○	—	○	審査	下校時刻＝19:00

進路情報 2023年3月卒業生

四年制大学への進学率 **78.0%**

【卒業生数】 168名

【進路傾向】 大学進学者の内訳は文系50%，理系48%，他2%。国公立大学へ文系1名が進学した。医学部1名，歯学部2名，薬学部10名の合格が出ている。

【指定校推薦】 利用状況は東京理科大2，学習院大1，明治大2，青山学院大3，中央大2，日本大4，専修大1，成城大1，明治学院大2，芝浦工大3，武蔵大1，東京都市大5，関西学院大1など。ほかに法政大，東洋大，駒澤大，東海大，帝京大，神奈川大，東京電機大など推薦枠あり。

四年制大学	131名
短期大学	2名
専修・各種学校	9名
就職	3名
進学準備・他	23名

主な大学合格状況

'24年春速報は巻末資料参照

大学名	'23	'22	'21	大学名	'23	'22	'21	大学名	'23	'22	'21
◇千葉大	0	0	1	明治大	6	6	8	帝京大	14	12	8
◇筑波大	1	0	0	青山学院大	4	3	8	國學院大	2	10	3
◇横浜国大	0	0	2	立教大	6	1	10	明治学院大	8	11	9
◇国際教養大	1	0	0	中央大	9	11	22	獨協大	7	2	4
◇九州大	0	1	0	法政大	6	10	7	神奈川大	13	24	17
早稲田大	9	0	1	日本大	25	29	24	芝浦工大	4	15	9
慶應大	3	0	0	東洋大	5	10	12	工学院大	5	5	10
上智大	0	5	2	駒澤大	4	6	5	東京都市大	8	9	13
東京理科大	4	1	8	専修大	6	32	9	桜美林大	17	10	9
学習院大	2	2	3	東海大	17	35	30	関東学院大	25	19	18

※各大学合格数は既卒生を含む。

入試要項 2024年春（実績）

新年度日程についてはp.116参照。

◆ 推薦　第1志望
募集人員 ▶ 15名
選抜方法 ▶ 作文（50分・600〜800字・100点），個人面接（10分），調査書
◆ 一般　I期一般A：書類選考方式，筆記試験方式　I期一般B：オープン
募集人員 ▶ A80名，B10名
選抜方法 ▶ I期一般A（書類選考）：エントリーシート，調査書　I期一般A（筆記試験）：国数英（国数各50分・英60分・各100点・英にリスニングあり），個人面接（3分），調査書　I期一般B：国数英（国数各50分・英60分・各100点・英にリスニングあり・国英または数英の高得点2科を重視），個人面接（5分），調査書
◆ 受験料　20,000円

内申基準 推薦：11/15または16/25または29/45　I期一般A（書類選考）：12/15または20/25または36/45　I期一般A（筆記試験）：専願15/25または27/45・併願19/25または34/45　※分母15＝5科のうち上位3科　※いずれも9科に1不可　※条件により内申加点あり

特待生・奨学金制度 特記なし。

帰国生の受け入れ 国内生と同枠入試。

入試日程

区分		出願	試験	発表	手続締切
推薦		1/16〜18	1/22	1/23	1/25
I期一般	A書類	1/24〜2/3	—	2/11	3/1
	A筆記	1/24〜2/3	2/10	2/11	3/1
	B	1/24〜2/3	2/11	2/12	3/1

［2次募集］II期一般3/2

応募状況

年度	区分		応募数	受験数	合格数	実質倍率
'24	推薦		41	41	41	1.0
	I期一般	A書類	71	—	71	1.0
		A筆記	68	68	68	1.0
		B	9	8	6	1.3
'23	推薦		35	35	35	1.0
	I期一般	A書類	76	—	76	1.0
		A筆記	72	72	72	1.0
		B	4	4	4	1.0
'22	推薦		40	40	40	1.0
	I期一般	A書類	71	—	71	1.0
		A筆記	71	71	71	1.0
		B	9	8	6	1.3

［'24合格最低点］非公表。

神奈川　男子　と　藤嶺学園藤沢

学費（単位：円）	入学金	施設設備資金	授業料	その他経費	小計	初年度合計
入学手続時	200,000	200,000	—	—	400,000	1,111,723
1年終了迄	—	—	456,000	255,723	711,723	

※2024年度予定。［入学前納入］1年終了迄の小計のうち82,000円。［授業料納入］10回分割。［その他］制服・制定品代あり。

併願校の例

	神公立	私立
挑戦校	光陵／鎌倉　横須賀／平塚江南　市立金沢／市立南　海老名／茅ケ崎北陵　市立桜丘	日大藤沢　日本大学　桜美林　日大三　八王子学園
最適校	座間／七里ガ浜　大船／藤沢西　横浜栄／湘南台　市立みなと総合／鶴見　横浜瀬谷／大和西	横須賀学院　横浜隼人　鵠沼　平塚学園　湘南工科大附
堅実校	大磯／横浜氷取沢　横浜清陵／金井　麻生／茅ケ崎　有馬／舞岡　藤沢清流	横浜　アレセイア湘南　向上　湘南学院　藤沢翔陵

合格のめやす

合格の可能性 ■ **60%** ■ **80%** の偏差値を表示しています。

普通科　**51**　**55**

合格者										
合否分布	34	38	42	46	50	54	58	62	66	（偏）
不合格者										

※合格のめやすの見方は114ページ参照。

見学ガイド 文化祭／説明会／夏休み見学会／個別相談会

藤沢翔陵 高等学校

〒251-0871 神奈川県藤沢市善行7-1-3 ☎(0466)81-3456・3457

【教育目標】「潜在学力の最大限の開発・基本的生活習慣の育成・自主性と責任感の養成」を掲げる。まごころを指す「信」と，自身と他者を受け入れ失敗を恐れず前に進む勇気を意味する「勇」を併記した「信と勇と」を校訓とする。

【沿 革】 1931年藤沢商業学校創立。1948年藤沢商業高等学校となり，1970年普通科を併設，1998年現校名に改称。

【学校長】 金子 好幸

【生徒数】 男子686名

	1年（9クラス）	2年（8クラス）	3年（7クラス）
男子	241名	239名	206名

小田急江ノ島線―善行1分

特色

設置学科：普通科／商業科

【コース】 普通科には文理融合探究コースと得意分野探究コースを設置。得意分野探究コースは2年次より人文社会科学専攻と自然科学専攻に分かれる。商業科は2年次より会計，情報，総合の3コース制となる。

【カリキュラム】 ①普通科は「探究」を軸としたカリキュラム編成。1年次に探究基礎（哲学対話・探究概論）で学習の土台を養成し，2年次からの探究活動につなげる。②文理融合探究コースは大学進学から海外留学まで幅広い進路を目標に，横断的で実践的な知を育成する。③得意分野探究コースは進学や留学，就職など多様な進路をめざす。興味や得意を基点に探究活動を通じて未来を探る。④商業科は学習の土台となる日本語力を磨きながら専門的な知識とスキルを学ぶ。1年次から各種検定にも挑戦。

【海外研修】 2週間のオーストラリアホームステイプログラムや台湾研修を実施している。

【クラブ活動】 簿記・計算研究部が全国大会出場の実績をもつ。山岳部や体操部なども活躍。

【施設】 体育館アリーナやトレーニング室，蔵書20,000冊を超える図書館などを設置している。

習熟度別授業	土曜授業	文理選択	オンライン授業	制服	自習室	食堂	プール	グラウンド	アルバイト	登校時刻= 8:30
数	○	―	○	○	～18:00	○	―	○	届出	下校時刻=20:30

進路情報 2023年3月卒業生

四年制大学への進学率 **55.7%**

【卒業生数】 192名

【進路傾向】 大学進学はいずれも私立大学で，内訳は文系76%，理系21%，他3%。歯学部1名，薬学部2名の合格が出ている。

【指定校推薦】 利用状況は日本大3，駒澤大1，専修大3，東海大2，神奈川大3，東京電機大2，文教大2，拓殖大1，横浜薬科大1など。ほかに法政大，東洋大，帝京大など推薦枠あり。

■ 四年制大学	107名
□ 短期大学	2名
■ 専修・各種学校	55名
■ 就職	19名
□ 進学準備・他	9名

主な大学合格状況

'24春速報は巻末資料参照

大学名	'23	'22	'21	大学名	'23	'22	'21	大学名	'23	'22	'21
◇山口大	0	0	1	日本大	6	16	6	関東学院大	8	21	17
早稲田大	1	0	0	東洋大	3	3	4	明星大	1	2	6
慶應大	2	0	0	駒澤大	5	1	0	文教大	5	3	4
上智大	0	1	0	専修大	13	17	10	拓殖大	6	1	3
学習院大	0	1	0	東海大	15	10	6	産業能率大	4	2	2
明治大	0	1	0	帝京大	3	7	2	多摩大	1	12	4
青山学院大	4	2	0	國學院大	3	1	1	横浜薬科大	2	2	2
立教大	2	0	0	神奈川大	14	20	17	桐蔭横浜大	5	2	2
中央大	3	4	1	国士舘大	3	5	1	神奈川工科大	4	4	3
法政大	0	2	2	桜美林大	4	7	8	横浜商大	4	5	6

※各大学合格数は既卒生を含む。

入試要項 2024年春（実績）

新年度日程については p.116参照。

◆ 推薦　第1志望
募集人員 ▶ 文理融合探究コース5名，得意分野探究コース60名，商業科25名
選抜方法 ▶ 個人面接（10分），調査書

◆ 書類選考
募集人員 ▶ 文理融合探究コース5名
選抜方法 ▶ 自己PR書，調査書

◆ 一般・オープン　オープンは普通科のみ募集
募集人員 ▶ 一般①：文理融合探究コース20名，得意分野探究コース110名，商業科45名　オープン：文理融合探究コース5名，得意分野探究コース5名
選抜方法 ▶ 国数英（各50分・各100点・英にリスニングあり），個人面接（5分），調査書
◆ **受験料**　20,000円（書類選考は10,000円）

内申基準 推薦・一般①（専願）：[文理融合探究]18/25，[得意分野探究]15/25，[商業科]13/25
書類選考：[文理融合探究]英4かつ18/25　**一般①（併願）**：[文理融合探究]20/25，[得意分野探究]17/25，[商業科]15/25　※分母25＝3年次5科。文理融合探究コースの5科は国数英理社，他は国数英＋任意の2科　※条件により内申加点あり

特待生・奨学金制度 一般①とオープンは入試成績により特待生認定。ほかにスポーツ特待生制度あり。

帰国生の受け入れ 国内生と同枠入試。

入試日程

区分	出願	試験	発表	手続締切
推薦	1/16・17	1/22	1/23	1/29
書類選考	1/24～2/2	—	2/11	3/1
一般①	1/24～26	2/10	2/13	3/1
オープン	1/24～2/2	2/11	2/13	3/1

[2次募集] 一般②3/5

応募状況

年度	区分		応募数	受験数	合格数	実質倍率
'24	文理	推薦	18	18	18	1.0
		書類選考	14	—	14	1.0
		一般①	26	26	26	1.0
	得意	推薦	99	99	99	1.0
		一般①	299	296	296	1.0
	文理・オープン		31	29	14	1.3
	得意・オープン				8	
	商業	推薦	22	22	22	1.0
		一般①	111	110	110	1.0
'23	文理	推薦	14	14	14	1.0
		書類選考	7	—	7	1.0
		一般①	49	49	49	1.0
	得意	推薦	92	92	92	1.0
		一般①	279	275	275	1.0
	文理・オープン		21	21	13	1.2
	得意・オープン				5	
	商業	推薦	25	25	25	1.0
		一般①	101	97	97	1.0

[スライド制度] あり。上記に含まず。
['24年合格最低点] 非公表。

学費（単位:円）	入学金	施設費	授業料	その他経費	小計	初年度合計
入学手続時	200,000	100,000	—	15,000	315,000	903,200
1年終了迄	—	60,000	408,000	120,200	588,200	

※2024年度予定。[授業料納入] 10回分割。[その他] 制服・制定品代，教科書代・教材費（文理融合探究コース167,000円，得意分野探究コース・商業科134,500円）あり。
[寄付・学債] 任意の施設設備寄付金1口5千円2口以上，生徒活動支援寄付金1口2千円あり。

併願校の例
※[得意]を中心に

	神公立	私立
挑戦校	大船／市立戸塚 湘南台／藤沢西 横浜瀬谷／大和西 大磯／鶴嶺	藤嶺藤沢 平塚学園 湘南工科大附 横浜 アレセイア湘南
最適校	金井／茅ケ崎 舞岡／藤沢総合 横浜南陵／藤沢清流 綾瀬／旭 逗子葉山／高浜	向上 横浜商科大 湘南学院 相洋 光明相模原
堅実校	上矢部／横浜緑園 大和南／厚木北 茅ケ崎西浜／横浜桜陽 上鶴間／綾瀬西 大和東／平塚湘風	横浜学園 武相 柏木学園 旭丘

合格のめやす

合格の可能性 60% 80% の偏差値を表示しています。

普通科（文理融合探究）　**46** 50
普通科（得意分野探究）　**41** 45
商業科　**38** 42

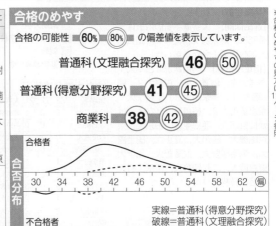

合格者
合否分布
不合格者

| 30 | 34 | 38 | 42 | 46 | 50 | 54 | 58 | 62 | 偏 |

実線＝普通科（得意分野探究）
破線＝普通科（文理融合探究）

※合格のめやすの見方は114ページ参照。

神奈川　男子　ふ　藤沢翔陵

見学ガイド 文化祭／説明会／個別見学対応

横浜市港北区

武相 高等学校

〒222-0023　神奈川県横浜市港北区仲手原2-34-1　☎(045)401-9042

【教育理念】　「道義昂揚」「個性伸張」「実行徹底」を建学の精神に掲げ，社会に貢献できる，決断力と実行力を身につけた，たくましい男子を教育する。

【沿　革】　1942年創立，1948年高等学校設置。

【学校長】　石野　雅子

【生徒数】　男子764名

	1年(8クラス)	2年(9クラス)	3年(8クラス)
男子	254名	274名	236名

東急東横線―妙蓮寺10分，白楽15分
市営地下鉄―岸根公園10分

特色

設置学科：普通科

【コース】　進学コース，総合コース，体育コースを設置。進学コースに国公立・難関私立大学の現役合格をめざす特進クラスを設ける。進学コースは2年次より文系と理系に分かれる。

【カリキュラム】　①進学コースは学業と部活動を両立しながら上位大学への進学をめざす。特進クラスでは放課後や長期休暇中には進学講習を受講できる。②総合コースは基礎から文系・理系をバランスよく学ぶ。大学や専門学校，就職など幅広い進路に対応。③体育コースは体育の授業時間数が多いのが特徴。自分の専門競技だけでなく数多くの競技を経験する。アスリートやスポーツ関係者をめざす人のほか，進学や就職にも対応。④チーム担任制を導入。クラスごとに窓口担当の教員を配しつつ，学年担当の教員がチームで生徒指導にあたる。複数の角度から見ることで生徒各自の個性を伸ばす。

【キャリア教育】　大学主催のキャリア講座や20大学12専門学校の学科探究セミナー，インターンシップなどの進路行事が多彩。

【クラブ活動】　陸上競技部，ボクシング部，ラグビー部，弓道部が全国大会出場の実績。

習熟度別授業	土曜授業	文理選択	オンライン授業	制服	自習室	食堂	プール	グラウンド	アルバイト
―	隔週	2年～	導入予定	○	～19:00	○	○	○	届出

登校時刻＝8:35
下校時刻＝20:00

進路情報　2023年3月卒業生

【卒業生数】　252名

【進路傾向】　大学進学者の内訳は文系75％，理系21％，他4％。国公立大学へ理系1名が進学した。

【指定校推薦】　利用状況は日本大1，東洋大1，駒澤大2，専修大2，國學院大1，神奈川大9，工学院大1，東京都市大2，桜美林大3など。ほかに東海大，亜細亜大，帝京大，東京電機大，玉川大，立正大，国士舘大，関東学院大，武蔵野大，創価大，東京農大，二松學舍大，東京工科大など推薦枠あり。

四年制大学への進学率 **65.1%**

四年制大学	164名
短期大学	4名
専修・各種学校	49名
就職	16名
進学準備・他	19名

主な大学合格状況

'24年春速報は巻末資料参照

大学名	'23	'22	'21	大学名	'23	'22	'21	大学名	'23	'22	'21
◇都立大	0	0	1	青山学院大	3	1	1	玉川大	4	6	1
◇防衛大	1	0	0	中央大	2	7	4	東京都市大	5	6	5
◇電通大	0	1	0	法政大	3	4	3	立正大	6	5	3
◇県立保健福祉大	1	0	1	日本大	5	12	9	国士舘大	6	9	8
早稲田大	1	2	1	東洋大	10	4	5	桜美林大	11	3	4
慶應大	1	0	0	駒澤大	7	8	5	関東学院大	10	10	12
上智大	0	1	0	専修大	13	5	11	東京工科大	4	4	4
東京理科大	1	1	2	東海大	17	8	15	多摩大	4	7	3
学習院大	2	0	1	帝京大	5	13	4	桐蔭横浜大	6	10	4
明治大	3	2	2	神奈川大	14	11	20	神奈川工科大	2	4	5

※各大学合格数は既卒生を含む。

入試要項 2024年春（実績）

新年度日程についてはp.116参照。

◆ 推薦 専願
募集人員▶進学コース（特進クラス含む）40名，総合コース80名，体育コース20名
選抜方法▶グループ面接（15～20分），調査書

◆ 一般 **2月A日程**：専願，併願 **2月B日程**：併願，オープン **書類選考**：専願，併願
募集人員：2月A日程・2月B日程：進学コース（特進クラス含む）55名，総合コース75名，体育コース15名 **書類選考**：進学コース（特進クラス含む）20名，総合コース20名，体育コース20名
選抜方法：2月A日程・2月B日程：国数英（各50分・各100点），調査書 **書類選考**：エントリーシート，調査書

◆ 受験料 22,000円

内申基準 推薦・一般（専願）：［進学（特進）］5科17，［進学］5科15，［総合］9科23，［体育］9科23 **一般（併願）**：［進学（特進）］5科18，［進学］5科16，［総合］9科24，［体育］9科24
※いずれも5科に1不可 ※条件により内申加点あり

特待生・奨学金制度 内申，入試得点により3段階の特待生認定。ほかにスポーツ特待生制度もある。

帰国生の受け入れ 国内生と同枠入試。

入試日程

区分		出願	試験	発表	手続締切
推薦		1/10～18	1/22	1/23	1/26
一般	2月A	1/24～30	2/10	2/13	2/16
	2月B	1/24～31	2/11	2/13	2/16
	書類	1/24～2/1	—	2/13	2/16

［延納］併願者は公立発表後まで。
［2次募集］3月日程3/5

応募状況

年度	区分			応募数	受験数	合格数	実質倍率
'24	特進		推薦	3	3	3	1.0
		一般	専・併	16	15	15	1.0
			オープン	2	2	2	1.0
			書類	28	—	28	1.0
	進学		推薦	39	39	39	1.0
		一般	専・併	238	233	233	1.0
			オープン	1	1	1	1.0
			書類	72	—	72	1.0
	総合		推薦	58	58	58	1.0
		一般	専・併	263	261	261	1.0
			オープン	11	10	5	2.0
			書類	146	—	145	1.0
	体育		推薦	18	18	18	1.0
		一般	専・併	42	41	41	1.0
			オープン	1	1	1	1.0
			書類	28	—	28	1.0

［スライド制度］あり。上記に含まず。
［'24年合格最低点］非公表。

神奈川 男子 ④ 武相

学費（単位：円）	入学金	施設設備費	授業料	その他経費	小計	初年度合計
入学手続時	200,000	200,000	—	—	400,000	1,119,000
1年終了迄	—	—	456,000	263,000	719,000	

※2024年度予定。［入学前納入］1年終了迄の小計のうち20,000円。［授業料納入］11回分割。
［その他］制服・制定品代あり。［寄付・学債］任意の80周年記念募金1口2千円あり。

併願校の例

※［総合］を中心に

	神公立	私立
挑戦校	鶴見／元石川 住吉／岸根 荏田／市立高津 城郷／麻生 霧が丘	横浜 横浜創学館 横浜清風 横浜商科大 橘学苑
最適校	川崎／舞岡 百合丘／市立幸 川崎北／旭 新栄／上矢部 生田東／新羽	大西学園 光明相模原 横浜創英 柏木学園 東京実業
堅実校	白山／鶴見総合 横浜桜陽／菅 保土ケ谷／大師 田奈	

合格のめやす

合格の可能性 **60%** **80%** の偏差値を表示しています。

進学（特進）**51** **55**

進学 **43** **47**

総合 **38** **42**

体育は偏差値を設定していません。

合格者

不合格者

30 34 38 42 46 50 54 58 62 （偏）

実線＝総合
破線＝進学

※合格のめやすの見方は114ページ参照。

見学ガイド 体育祭／文化祭／説明会／体験授業／個別相談会

小田原市

旭丘 高等学校

〒250-0014　神奈川県小田原市城内1-13　☎(0465)24-2227

【教育目標】　「全面的に発達した人間の育成を図る」を掲げる。国際化,情報化,個性化の「人間の世紀」を担う子どもたちを育てる。

【沿革】　1902年創立。1956年に現校名となる。2002年に総合学科を開設。

【学校長】　水野　浩

【生徒数】　男子601名, 女子317名

	1年(11クラス)	2年(12クラス)	3年(9クラス)
男子	218名	218名	165名
女子	121名	123名	73名

JR・小田急線 ― (第1校地)小田原5分・(第2校地)小田原よりスクールバス

特色

設置学科：普通科／総合学科

【コース】　普通科に一般クラスとクリエイティブクラス, 総合学科に大学進学クラス〔学業進学(ジェネラル)クラス, スポーツ進学クラス〕, 進路探求クラス, 国際クラスを設置。また各学科に不登校生徒を対象としたベーシッククラスを編成している。

【カリキュラム】　①普通科は進学・進路選択講座を開講する。クリエイティブクラスでは基礎学力を回復させ, 段階的に学力を培う。②総合学科は多様な選択科目群を用意。学業進学クラスは国数英などの受験科目に重点をおく。スポーツ分野の進路を拓くスポーツ進学クラスは身体工学の基礎理論や専門的実技を履修できる。進路探求クラスは情報, ビジネス, 福祉, アートなどの分野別の学習が可能。国際クラスでは日本人と外国籍の生徒が共に学び, 進路実現をめざす。③ベーシッククラスは不登校生徒の成長をサポートする。2・3年次には学科・クラスの移行もできる。④中国姉妹校の生徒の来日や訪中ホームステイにより文化交流を行う。

【施設】　第2校地として久野・荻窪キャンパスがあり, 総合学科の本拠地となっている。

習熟度別授業	土曜授業	文理選択	オンライン授業	制服	自習室	食堂	プール	グラウンド	アルバイト	登校時刻＝ 9:00
―	―	―	導入予定	○	～19:00			―	届出	下校時刻＝18:00

進路情報　2023年3月卒業生

進学率 **80.7%**

【卒業生数】　326名

【進路傾向】　大学・短大・専門学校など進路は幅広い。就職実績も豊富。

【指定校推薦】　大東文化大, 亜細亜大, 神奈川大, 桜美林大, 関東学院大, 帝京平成大, 高千穂大, 横浜薬科大, 相模女子大, 鎌倉女子大, 神奈川工科大, 湘南工科大, 鶴見大, 横浜商大, 東京工芸大, 日本体育大, 東京富士大, 東洋学園大, 日本文化大, 和光大, 松蔭大, 田園調布学園大, 横浜創英大, 東京保健医療専門職大, 宝塚大など推薦枠あり。

■ 四年制大学	132名
□ 短期大学	11名
■ 専修・各種学校	120名
■ 就職	31名
□ 進学準備・他	32名

主な大学合格状況

'24年春速報は巻末資料参照

大学名	'23	'22	'21	大学名	'23	'22	'21	大学名	'23	'22	'21
◇東京藝術大	0	0	1	國學院大	1	0	0	横浜美大	1	0	2
慶應大	1	0	0	成蹊大	1	0	0	日本体育大	5	0	2
明治大	1	0	0	神奈川大	7	0	1	麻布大	1	2	0
青山学院大	1	0	0	国士舘大	3	1	1	相模女子大	3	0	4
中央大	1	0	0	桜美林大	13	6	2	日本文化大	4	2	1
法政大	2	1	0	関東学院大	9	0	6	和光大	16	0	8
日本大	3	4	2	文教大	5	0	4	神奈川工科大	1	0	3
駒澤大	3	0	0	帝京平成大	2	2	0	鶴見大	4	0	3
東海大	14	4	2	産業能率大	1	1	0	田園調布学園大	4	0	2
帝京大	4	1	2	高千穂大	4	1	1	尚美学園大	1	0	3

※各大学合格数は既卒生を含む。

入試要項 2024年春（実績）

新年度日程についてはp.116参照。

◆ 推薦　専願

募集人員▶ 一般クラス・クリエイティブクラス計120名，普通科ベーシッククラス15名，学業進学クラス15名，スポーツ進学クラス15名，進路探求クラス71名，国際クラス15名，総合学科ベーシッククラス15名

選抜方法▶ 作文（50分），個人面接（各科ベーシッククラスは保護者同伴），調査書

◆ 一般　A方式またはB方式。各科ベーシッククラスはA方式のみで，中学校長推薦が必要

募集人員▶ 一般クラス・クリエイティブクラス計120名，普通科ベーシッククラス15名，学業進学クラス15名，スポーツ進学クラス15名，進路探求クラス72名，国際クラス15名，総合学科ベーシッククラス15名

選抜方法▶ A方式：作文（50分），調査書，ほかにベーシッククラスは保護者同伴面接　**B方式**：国数英（各50分・各50点），調査書

◆ 受験料　25,000円

内申基準 非公表。

特待生・奨学金制度 大学進学クラス，国際クラスを対象とした特別奨学生入試を実施。

帰国生の受け入れ 国内生と同枠入試で考慮あり。

入試日程

区分	出願	試験	発表	手続締切
推薦	1/17・18	1/22	1/24	1/26
一般	1/29・30	2/10	2/12	2/19

［延納］一般の併願者は公立発表後まで。
［2次募集］3/4

応募状況

年度	区分		応募数	受験数	合格数	実質倍率
'24	一般	推薦	3	3	3	1.0
		一般	265	265	265	1.0
	クリエ	推薦	16	16	16	1.0
		一般	98	98	98	1.0
	大進(学)	推薦	4	4	4	1.0
		一般	67	67	67	1.0
	大進(ス)	推薦	65	65	65	1.0
		一般	35	35	35	1.0
	進路	推薦	18	18	18	1.0
		一般	236	236	236	1.0
	国際	推薦	8	8	8	1.0
		一般	30	30	30	1.0
	ベーシック	推薦	59	59	59	1.0
		一般	20	20	20	1.0

［'24年合格最低点］非公表。

神奈川　男女　ⓐ　旭丘

学費（単位：円）	入学金	施設拡充費	授業料	その他経費	小計	初年度合計
入学手続時	240,000	230,000	—	—	470,000	938,700
1年終了迄	—	—	420,000	48,700	468,700	

※2024年度予定。［授業料納入］一括または6回分割。
［その他］制服・制定品代，年間行事教材費，維持運営料，教材費等あり。

併願校の例

※［普通］を中心に

	神公立	私立
挑戦校	厚木西／茅ケ崎 藤沢清流／藤沢総合 伊勢原／秦野曽屋	向上 藤沢翔陵 立花学園 相洋 光明相模原
最適校	足柄／茅ケ崎西浜 厚木清南／秦野総合 横浜桜陽／平塚工科 山北／小田原東 二宮／小田原城北工業	横浜学園
堅実校	愛川／吉田島（農） 大井／平塚湘風 寒川	

合格のめやす

合格の可能性 **60%** **80%** の偏差値を表示しています。

普通科　**35**　㊴

総合学科（大学進学）　**38**　㊷

総合学科（進路探求）　**35**　㊴

総合学科（国際）　**35**　㊴

※合格のめやすの見方は114ページ参照。

見学ガイド 文化祭／説明会／体験入学セミナー

小 中 **高** 専 短 大

相模原市中央区

麻布大学附属 高等学校

〒252-0206　神奈川県相模原市中央区淵野辺1-17-50　☎ (042)757-2403

【教育方針】　校訓として「誠実，協調，博愛，奉仕」を掲げている。学力の向上，生きる力の醸成，命の大切さへの認識をめざし，未来を拓く力を育成する。

【沿　革】　1961年麻布獣医学園により創立。2014年麻布大学附属淵野辺高等学校より現校名に改称。

【学校長】　飯田　敦往

【生徒数】　男子454名，女子492名

	1年(8クラス)	2年(10クラス)	3年(9クラス)
男子	135名	178名	141名
女子	134名	194名	164名

JR—矢部 4 分

特色

設置学科：普通科

【コース】　S特進，特進，進学の 3 クラス制。

【カリキュラム】　①学力や目標に合わせてクラスを設定。進級時に成績によるクラス間の入れ替えがあるため，3 年次まで緊張感を維持したまま授業に臨むことができる。②S特進クラスは国公立大学や最難関私立大学を志す。1 年次よりハイレベルの授業を行い，難易度の高い論述や発表などで実力を育てる。③特進クラスは国公立大学・難関私立大学および麻布大学の合格を目標に，応用・発展を重視し実力を伸ばす。④進学クラスは大学進学を前提に学習に取り組

む。基礎学力を着実に定着させ，丁寧な授業と学習指導によって高度な理解へと無理なく導いていく。⑤グループワークやICTを用いた調べ学習により，思考力・判断力・表現力を強化する。⑥1・2 年次には希望制で夏休みの英語学習行事や勉強合宿に参加できる。⑦併設の麻布大学への特別入試があり，有利な条件での進学が可能。入学金免除の特典もある。

【キャリア教育】　適性検査や合格判定システムを利用し，生徒に合った受験プランを提案。

【クラブ活動】　全22部が活動している。

習熟度別授業	土曜授業	文理選択	オンライン授業	制服	自習室	食堂	プール	グラウンド	アルバイト
5 教科	○	2年〜	○	○	〜19:00	○	—	○	—

登校時刻＝ 8:40
下校時刻＝19:00

進路情報　2023年 3 月卒業生

四年制大学への進学率 **84.7%**

【卒業生数】　490名

【進路傾向】　大学進学者の内訳は文系55%，理系45%。国公立大学へ文系 5 名，理系 9 名が進学した。大学合格状況は国公立16名，早慶上理20名，GMARCH 160名など。

【系列進学】　麻布大学の特別入試で17名（獣医 4，生命・環境科13）が進学した。

【指定校推薦】　非公表。

■ 四年制大学	415名
□ 短期大学	11名
■ 専修・各種学校	28名
■ 就職	3名
□ 進学準備・他	33名

主な大学合格状況

*'24年春速報は巻末資料参照

大学名	'23	'22	'21	大学名	'23	'22	'21	大学名	'23	'22	'21
◇千葉大	1	0	0	青山学院大	31	8	1	國學院大	26	12	7
◇横浜国大	1	1	0	立教大	12	3	1	神奈川大	63	47	35
◇東北大	1	0	0	中央大	36	24	15	玉川大	44	8	3
◇都立大	4	0	1	法政大	46	22	8	東京都市大	42	17	13
◇東京海洋大	2	1	0	日本大	77	79	55	桜美林大	71	48	26
早稲田大	5	1	0	東洋大	47	42	31	関東学院大	46	17	25
慶應大	3	3	0	駒澤大	29	18	14	明星大	93	21	11
上智大	1	0	1	専修大	88	75	46	東京工科大	28	29	6
東京理科大	11	2	0	東海大	154	66	70	麻布大	49	57	22
明治大	28	9	9	帝京大	71	54	43	神奈川工科大	33	39	57

※各大学合格数は既卒生を含む。

入試要項 2024年春（実績）

新年度日程については p.116 参照。

◆ 推薦　専願
募集人員 ▶ 55名
選抜方法 ▶ 個人面接（5分），調査書
◆ 一般　A方式（筆記選考），B方式（書類選考），
オープン方式 I・II
募集人員 ▶ 200名
選抜方法 ▶ A方式：入学適性試験（10分），国数英（各50分・各100点・マークシート・英にリスニングあり），調査書　B方式：作文（出願時提出・400～600字），調査書　オープン方式：国数英（各50分・各100点・マークシート・英にリスニングあり），個人面接（5分），調査書
◆ 受験料　25,000円

内申基準 推薦：[S特進] 5科23または9科41，[特進] 5科21または9科38，[進学] 5科19または9科36　一般（A方式）：[S特進] 5科24または9科42，[特進] 5科22または9科40，[進学] 5科20または9科38　一般（B方式）：[S特進] 5科25または9科43，[特進] 5科23または9科41，[進学] 5科21または9科39　※いずれも9科に2不可　※条件により内申加点あり

特待生・奨学金制度 入試成績により4段階の特待生認定（S特進クラス・特進クラス対象）。
帰国生の受け入れ 国内生と同枠入試。

入試日程

区分		登録・出願	試験	発表	手続締切
推薦		12/21～1/18	1/22	1/23	1/26
一般	A方式	12/21～2/3	2/10	2/11	2/14
	B方式	12/21～2/3	—	2/10	2/14
	オープンI	12/21～2/3	2/10	2/11	2/14
	オープンII	12/21～2/3	2/11	2/12	2/14

[延納] 一般のA・B方式，オープンI・IIは50,000円納入により残額は公立発表後まで。

応募状況

年度	区分		応募数	受験数	合格数	実質倍率
'24	S特進	推薦	7	7	7	1.0
		一般A	67	67	67	1.0
		一般B	90	—	90	1.0
	特進	推薦	27	27	27	1.0
		一般A	154	154	154	1.0
		一般B	175	—	175	1.0
	進学	推薦	76	76	76	1.0
		一般A	404	404	404	1.0
		一般B	338	—	338	1.0
	オープンI		81	79	39	2.0
	オープンII		81	51	18	2.8

[スライド制度] あり。上記に含まず。
['24年合格最低点] 非公表。

神奈川　男女　あ　麻布大学附属

学費（単位：円）	入学金	施設設備資金	授業料	その他経費	小計	初年度合計
入学手続時	220,000	160,000	—	22,000	402,000	1,121,400
1年終了迄	—	—	498,000	221,400	719,400	

※2024年度予定。[授業料納入] 6回分割。
[その他] 制服・制定品代，タブレット端末費（2023年度実績：約55,000円），学校行事・進学指導講座等の費用あり。
[寄付・学債] 任意の学校法人麻布獣医学園未来募金1口3千円あり。

併願校の例
※[進学]を中心に

	神公立	都立	私立
挑戦校	厚木 神奈川総合 相模原 大和 新城	八王子東 小山台 日野台 町田 調布北	日本女子大附 桐蔭学園 日本大学 桜美林 八王子学園
最適校	市ケ尾 相模原弥栄 座間 生田 麻溝台	目黒 狛江 南平 神代 調布南	東海大相模 横浜隼人 横浜翠陵 相模女子大
堅実校	元石川 湘南台 上溝南 大和西 橋本	成瀬 松が谷 富士森 日野 小川	横浜富士見丘 蒴女子（キャリア） 向上 横浜商科大 橘学苑

合格のめやす

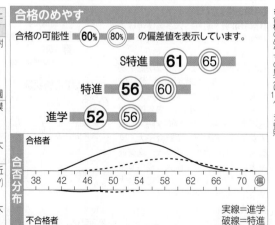

合格の可能性 60% 80% の偏差値を表示しています。

S特進　61　65
特進　56　60
進学　52　56

合否分布　合格者／不合格者　38 42 46 50 54 58 62 66 70（偏）

実線＝進学　破線＝特進

※合格のめやすの見方は114ページ参照。

見学ガイド 文化祭／説明会／オープンスクール／個別相談会

茅ヶ崎市

アレセイア湘南 高等学校

〒253-0031　神奈川県茅ヶ崎市富士見町5-2　☎(0467)87-0132

【建学の精神】　キリスト教信仰にもとづき，自由で平和であたたかい愛の学園をきずき，神を信じ隣人を愛する人，真の平和をつくるまことの人を世に送り出す。

【沿革】　1946年平和女学校として開校。2000年に共学化，現校名に改称。

【学校長】　小林　直樹

【生徒数】　男子364名，女子475名

	1年（9クラス）	2年（8クラス）	3年（7クラス）
男子	134名	129名	101名
女子	201名	144名	130名

JR―辻堂・茅ケ崎よりバス平和学園前

特色

設置学科：普通科

【コース】　特進コースと探求コースを設置。

【カリキュラム】　①特進コースは学習と部活動を高い水準で両立。難関私大を目標に確かな学力を磨く。②探求コースは私大や専門学校など多様な進路に対応。主に総合型選抜や学校推薦型選抜で進路を実現する。③独自の「GU（grow up）システム」を導入。放課後や長期休業中の受験対応型講座など，セミナーと進路指導を駆使して個々の目標達成をサポートする。④留学をめざす生徒を対象に高い英語力を身につける放課後の講座「ファウンデーション」（選考あり）を設置。提携する海外大学への指定校推薦がある。気軽に英会話ができる「国際英語塾」も用意。⑤グローバル教育として，国際協力機関の職員を招いてのワークショップなどを実施。

【宗教】　毎朝の礼拝，週1度の聖書の授業，讃美歌コンサートなどの宗教行事がある。

【海外研修】　希望選抜制で2週間のオーストラリア語学研修を実施。ほかに希望制の英国語学研修やカンボジア・台湾・ハワイ研修がある。

【クラブ活動】　アーチェリー部などが活躍。ハンドベル部やドルカス部（特別活動）が珍しい。

習熟度別授業	土曜授業	文理選択	オンライン授業	制服	自習室	食堂	プール	グラウンド	アルバイト
―	―	2年〜	○	○	〜18:30	○	―	○	届出

登校時刻＝ 8:30
下校時刻＝19:30

進路情報　2023年3月卒業生

四年制大学への進学率 **74.6%**

【卒業生数】　138名

【進路傾向】　近年，大学進学率は7割強で推移している。海外大学へ1名が進学した。

【指定校推薦】　利用状況は明治学院大14など。ほかに横浜市大，青山学院大，日本大，東海大，帝京大，国際基督教大，神奈川大，東京電機大，玉川大，桜美林大，関東学院大，大妻女子大，杏林大，実践女子大，文教大，二松學舍大，拓殖大，産業能率大，フェリス女学院大，横浜薬科大，東洋英和女学院大，湘南医療大，神奈川工科大，湘南鎌倉医療大など推薦枠あり。

■ 四年制大学	103名
□ 短期大学	2名
■ 専修・各種学校	19名
■ 就職	1名
□ 進学準備・他	13名

主な大学合格状況
*'24年春速報は巻末資料参照

大学名	'23	'22	'21	大学名	'23	'22	'21	大学名	'23	'22	'21
◇横浜国大	0	1	0	学習院大	3	3	0	東海大	18	18	18
◇東京藝大	0	1	0	明治大	7	5	1	帝京大	3	9	9
◇横浜市大	0	1	1	青山学院大	5	4	4	明治学院大	15	22	19
◇群馬大	1	0	0	立教大	2	5	0	神奈川大	13	15	16
◇信州大	1	0	0	中央大	3	5	5	東京電機大	2	3	2
◇県立保健福祉大	1	0	0	法政大	9	8	1	玉川大	8	4	1
早稲田大	6	0	0	日本大	9	15	13	桜美林大	16	15	4
慶應大	2	0	1	東洋大	10	19	10	関東学院大	3	18	26
上智大	2	4	0	駒澤大	6	9	3	東京農大	11	13	4
東京理科大	0	1	0	専修大	13	10	9	フェリス女学院大	4	6	6

※各大学合格数は既卒生を含む。

入試要項 2024年春（実績）

新年度日程についてはp.116参照。

◆ 推薦　専願
募集人員▶70名
※コース内訳は一般・オープンを含む全体で，特進コース30名，探求コース170名
選抜方法▶個人面接（10分），調査書

◆ 一般　併願
募集人員▶110名
選抜方法▶志望理由書，調査書

◆ オープン　専願，併願
募集人員▶20名
選抜方法▶国数英（各50分・各100点），個人面接（10分），調査書

◆ 受験料　20,000円

内申基準 推薦［特進］21/25，［探求］18/25または31/45　一般（併願）［特進］22/25，［探求］19/25または32/45　※いずれも9科に1不可
※条件により内申加点あり

特待生・奨学金制度 特進コースは内申などにより特待生を認定。ほか探求コース（専願）は男・女バスケットボール部特待生制度あり。

帰国生の受け入れ 国内生と同枠入試。

入試日程

区分	登録・出願	試験	発表	手続締切
推薦	12/20〜1/18	1/22	1/22	1/27
一般	12/20〜2/1	—	2/11	2/29
オープン	12/20〜2/1	2/12	2/12	2/29

応募状況

年度	区分		応募数	受験数	合格数	実質倍率
'24	特進	推薦	4	4	4	1.0
		一般	49	—	49	1.0
		オープン	12	11	8	1.4
	探求	推薦	106	106	106	1.0
		一般	547	—	547	1.0
		オープン	40	38	11	3.5
'23	特進	推薦	6	6	6	1.0
		一般	49	—	49	1.0
		オープン	7	7	6	1.2
	探求	推薦	130	130	130	1.0
		一般	649	—	649	1.0
		オープン	32	31	2	15.5
'22	特進	推薦	10	10	10	1.0
		一般	31	31	31	1.0
		オープン	8	6	1	6.0
	探求	推薦	126	126	126	1.0
		一般	464	464	464	1.0
		オープン	22	20	16	1.3

［スライド制度］あり。上記に含まず。
［'24年合格最低点］非公表。

神奈川　男女　あ　アレセイア湘南

学費（単位：円）

	入学金	施設費	授業料	その他経費	小計	初年度合計
入学手続時	210,000	200,000	—	—	410,000	982,600
1年終了迄	—	48,000	360,000	164,600	572,600	

※2024年度予定。［入学前納入］1年終了迄の小計のうち30,000円。［授業料納入］一括または3回分割。
［その他］制服・制定品代，学年諸費，AI学習支援システム運用費（2023年度実績：14,520円）あり。
［寄付・学債］任意の寄付金1口5万円あり。

併願校の例　※［探求］を中心に

	神公立	私立
挑戦校	平塚江南／市立金沢 追浜／茅ケ崎北陵 市立戸塚／七里ガ浜 松陽／秦野 横浜栄／大船	横須賀学院 横浜隼人 鵠沼 藤嶺藤沢 平塚学園
最適校	藤沢西／湘南台 大和西／鶴嶺 大磯／横浜氷取沢 金井／有馬 茅ケ崎／霧が丘	湘南工科大附 横浜 北鎌倉女子 鎌倉女子大 向上
堅実校	藤沢総合／舞岡 横浜南陵／藤沢清流 逗子葉山／高浜 綾瀬／横浜緑園 大和南／茅ケ崎西浜	湘南学院 藤沢翔陵 光明相模原 相洋 三浦学苑

合格のめやす

※合格のめやすの見方は114ページ参照。

 合格の可能性 **60%** **80%** の偏差値を表示しています。

特進 **55** **59**

探求 **46** **50**

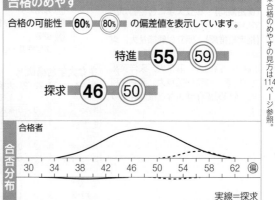

合格者

不合格者

（偏）30 34 38 42 46 50 54 58 62

実線＝探求
破線＝特進

見学ガイド 文化祭／説明会／キャンパスガイド

川崎市中原区

大西学園 高等学校

〒211-0063　神奈川県川崎市中原区小杉町2-284　☎(044)722-2332

【教育方針】　充実した学園生活のなかで，生徒たちが互いに励まし合い，助け合い，信じ合うことの尊さを知り，責任を重んじ，礼儀をわきまえた教養ある人間を育成する。

【沿　革】　1928年中原高等女学校として創立。2004年に中学校，2005年に高等学校が共学化。

【学校長】　大西　亜季

【生徒数】　男子41名，女子70名

	1年（3クラス）	2年（3クラス）	3年（2クラス）
男子	18名	16名	7名
女子	31名	28名	11名

JR―武蔵小杉 4 分
東急東横線・東急目黒線―武蔵小杉 5 分

特色

設置学科：普通科／家庭科（女子）

【コース】　普通科に進学コース（特進クラス，大学進学クラス），家庭科に生活総合コース（クッキング，デザイン，ファッション）を設置。

【カリキュラム】　①進学コースの特進クラスは成績上位者でクラスを構成し，本格的な進学型カリキュラムで国公立・難関私立大学への現役合格をめざす。大学進学クラスは少人数制選択授業を取り入れた指導を行う。英語教育を重視し，英語検定の取得にも力を入れている。②普通科では希望者を対象に「校内予備校」を開講。プロ講師による大学受験対策に特化した学習指導を行う。放課後には講習や補習を実施する。③家庭科の生活総合コースは栄養学・食品学を基礎から習得し，調理実習を実施。料理様式やテーブルマナーについても学ぶ。また，洋裁や和裁，色彩，デザインを扱う被服教育もあり，専門かつ実践的な学習を行う。④夏季休暇中の校外学習では蓼科高原寮を利用。八ヶ岳の緑あふれる自然の中で人間教育に力を注ぐ。

【クラブ活動】　ブラスバンド部が活躍。

【施設】　クラブハウス付きのグラウンドや屋上庭園，ランチスペース，和作法室などを備える。

習熟度別授業	土曜授業	文理選択	オンライン授業	制服	自習室	食堂	プール	グラウンド	アルバイト	登校時刻＝ 8:25
国数英	隔週	―	○	○	～18:00	―	―	○	―	下校時刻＝18:00

進路情報　2023年 3 月卒業生

進学率 **86.0%**

【卒業生数】　50名

【進路傾向】　私立大学に合格者が出ている。

【指定校推薦】　県立保健福祉大，東海大，関東学院大，日本薬科大，東京農大，目白大，麻布大，東洋英和女学院大，神奈川工科大，湘南工科大，東京医療保健大など推薦枠あり。

四年制大学	12名
短期大学	5名
専修・各種学校	26名
就職	6名
進学準備・他	1名

主な大学合格状況

'24春速報は巻末資料参照

大学名	'23	'22	'21	大学名	'23	'22	'21	大学名	'23	'22	'21
日本大	1	0	0	北里大	0	1	0	淑徳大	0	1	0
東洋大	1	0	0	東京薬科大	1	0	0	東京成徳大	0	1	0
帝京大	0	0	0	日本薬科大	2	0	0	こども教育宝仙大	0	0	0
成蹊大	0	1	0	帝京平成大	1	1	0	東京富士大	0	3	0
神奈川大	0	2	0	拓殖大	1	1	0	東京未来大	0	1	0
日本女子大	0	2	0	城西大	0	0	0	日本文化大	0	1	0
玉川大	0	2	1	目白大	0	1	1	神奈川工科大	0	4	1
国士舘大	1	0	0	東京工芸大	0	0	4	湘南工科大	0	1	0
桜美林大	3	0	1	日本体育大	0	1	0	鶴見大	0	2	0
関東学院大	0	4	0	相模女子大	0	0	2	尚美学園大	0	1	0

※各大学合格数は既卒生を含む。

入試要項 2024年春（実績）

新年度日程についてはp.116参照。

◆ 推薦 第1希望
募集人員▶普通科30名，家庭科（女子）20名
選抜方法▶個人面接（10分），調査書
◆ 一般 併願（公立のみ），一般
募集人員▶普通科50名，家庭科（女子）20名
選抜方法▶国数英（各40分・各100点），個人面接（5分），調査書
◆ 受験料 20,000円

（内申基準）非公表。

（特待生・奨学金制度）入試成績などにより特待生認定あり。ほか推薦合格者は入学金免除措置あり。

（帰国生の受け入れ）個別対応。

入試日程

区分		出願	試験	発表	手続締切
推薦		1/16〜19	1/22	1/23	1/24
一般	併願	1/24〜2/6	2/10	2/13	2/13
	一般				

[延納] 一般の併願者は公立発表後まで。

応募状況

年度	区分		応募数	受験数	合格数	実質倍率
'24	普通	推薦	8	8	8	1.0
		一般	156	154	153	1.0
	家庭	推薦	3	3	3	1.0
		一般	22	22	22	1.0
'23	普通	推薦	8	8	8	1.0
		一般	193	193	192	1.0
	家庭	推薦	10	10	10	1.0
		一般	26	26	25	1.0
'22	普通	推薦	8	8	8	1.0
		一般	193	193	193	1.0
	家庭	推薦	4	4	4	1.0
		一般	37	37	37	1.0

['24年合格最低点] 非公表。

神奈川 男女 （お）大西学園

学費（単位：円）

	入学金	施設費	授業料	その他経費	小計	初年度合計
入学手続時	180,000	170,000	—	—	350,000	1,063,000
1年終了迄	—	—	420,000	293,000	713,000	

※2024年度予定。[免除] 推薦は入学金を160,000円に減額。[入学前納入] 1年終了迄の小計のうち60,000円。[授業料納入] 一括または毎月分割。[その他] 制服・制定品代，家庭科は実習費35,000円あり。

併願校の例 ※［普通］を中心に

	神公立	私立
挑戦校	市立橘／元石川 住吉／岸根 市立高津	鶴見大附 横浜 蒲田女子(キャリア) 品川翔英 駒場学園
最適校	霧が丘／城郷 百合丘／川崎 市立幸／川崎北 麻生	横浜清風 武相 白鵬女子 横浜学園 大森学園
堅実校	新栄／上矢部 生田東／新羽 菅／鶴見総合 保土ケ谷／白山 大師／市立川崎(定)	品川エトワール

見学ガイド 体育祭／文化祭／説明会／模擬授業体験

合格のめやす

合格の可能性 60% 80% の偏差値を表示しています。

普通科 **41** **45**

家庭科 **38** **42**

※合格のめやすの見方は114ページ参照。

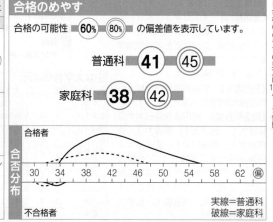

合格者

不合格者

30 34 38 42 46 50 54 58 62 (偏)

実線＝普通科
破線＝家庭科

合否分布

大和市

柏木学園 高等学校

〒242-0018　神奈川県大和市深見西4-4-22　☎(046)260-9011

【教育方針】　「個性を生かす」「自己教育力を伸ばす」「豊かな心と体を育てる」を掲げる。建学の精神は「社会に貢献する人材の育成」。

【沿　革】　1997年開校。通信制課程普通科・商業科，定時制課程総合学科などを開設してきたが2017年までに募集停止し，2017年に2005年設置の全日制課程普通科のみに改編。

【学校長】　小野　充

【生徒数】　男子612名，女子424名

	1年(13クラス)	2年(13クラス)	3年(9クラス)
男子	242名	219名	151名
女子	157名	166名	101名

小田急江ノ島線・相鉄本線―大和15分

特色

設置学科：普通科

【コース】　アドバンスコース，スタンダードコース，情報コースを編成している。

【カリキュラム】　①アドバンスコースは毎日7～8時間授業を大学受験に特化した少人数制で行い，難関・中堅大学現役合格をめざす。放課後講習や夏期講習は全員が受講。②スタンダードコースは国数英の放課後講習を週1時間ずつ設定。3年次に自由選択科目を用意し，多様な進路を実現させる。③情報コースは情報・商業の専門科目を中心としたカリキュラムで大学受験にも対応。簿記や情報処理技能など各種検定に挑戦できる。社会での活用頻度の多いソフトウェアも指導。④ICT教育を展開。授業支援アプリや英語学習アプリを導入。生徒の学習状況を教員がリアルタイムで確認し，一人ひとりの理解度に合わせて授業を進める。

【海外研修】　希望者を対象に，約10日間のオーストラリアグローバル体験研修がある。

【クラブ活動】　短歌書道部が全国レベルで活躍。男子バレーボール部が関東大会に出場している。

【施設】　総合体育館には大型アリーナやトレーニングスペースなどを設置。幅広く活用される。

習熟度別授業	土曜授業	文理選択	オンライン授業	制服	自習室	食堂	プール	グラウンド	アルバイト	登校時刻＝ 8:35
数英	―	2年～	○	○	～17:00	―	―	○	―	下校時刻＝18:00

進路情報　2023年3月卒業生

四年制大学への進学率 **53.4%**

【卒業生数】　326名

【進路傾向】　大学進学はいずれも私立大学で，内訳は文系78%，理系18%，他4%。コースごとの大学進学率はアドバンス73%，スタンダード46%，情報55%だった。

【系列進学】　柏木実業専門学校への内部推薦制度がある。

【指定校推薦】　利用状況は日本大2，東洋大5，駒澤大1，東海大3，亜細亜大2，神奈川大1，国士舘大3，関東学院大6，文教大4，二松學舍大4，東京家政大1など。ほかに帝京大，玉川大，桜美林大，共立女子大，大妻女子大，東京農大，拓殖大など推薦枠あり。

	名数
四年制大学	174名
短期大学	19名
専修・各種学校	82名
就職	21名
進学準備・他	30名

主な大学合格状況

'24年春速報は巻末資料参照

大学名	'23	'22	'21	大学名	'23	'22	'21	大学名	'23	'22	'21
日本大	6	7	10	国士舘大	9	5	4	多摩大	2	5	5
東洋大	4	4	5	桜美林大	8	9	2	高千穂大	2	2	3
駒澤大	1	1	1	関東学院大	7	12	13	東京工芸大	4	10	3
東海大	5	6	3	大妻女子大	0	1	1	麻布大	1	2	2
亜細亜大	1	2	1	国際医療福祉大	0	2	0	相模女子大	3	9	6
成城大	6	8	6	明星大	2	2	3	東京医療保健大	1	4	2
成蹊大	0	1	0	文教大	4	4	5	東京医療保健大	2	2	5
神奈川大	2	5	8	二松學舍大	2	0	2	和光大	0	15	9
玉川大	4	4	1	東京工科大	2	1	2	神奈川工科大	3	6	4
立正大	1	1	2	帝京科学大	1	1	5	田園調布学園大	5	3	5

※各大学合格数は既卒生を含む。

入試要項 2024年春（実績）

新年度日程についてはp.116参照。

◆ 推薦　特別推薦，普通推薦（いずれも単願）
※アドバンスコースは特別推薦のみ

募集人員▶アドバンスコース30名，スタンダードコース70名，情報コース20名

選抜方法▶個人面接（8分），調査書

◆ 一般　専願，併願

募集人員▶アドバンスコース30名，スタンダードコース70名，情報コース15名

選抜方法▶アドバンス：エントリーシート，調査書　**スタンダード・情報**：国数英（各40分・各100点・マークシート），調査書

◆ オープン

募集人員▶全コース計5名

選抜方法▶国数英（各40分・各100点），個人面接（8分），調査書

◆ 受験料　23,000円

内申基準　**特別推薦**：[アドバンス]3科11または5科16または9科28，[スタンダード][情報]5科16または9科28　**普通推薦**：[スタンダード][情報]5科15または9科25　**一般（専願）**：[アドバンス]3科11または5科16または9科28，[スタンダード][情報]5科15または9科25　**一般（併願）**：[アドバンス]3科12または5科17または9科29，[スタンダード][情報]5科16または9科26　※いずれも9科に1不可
※条件により内申加点あり

特待生・奨学金制度　特別推薦合格者全員および一般の成績優秀者は入学金免除。

帰国生の受け入れ　国内生と同枠入試。

入試日程

区分	登録・出願	試験	発表	手続締切
推薦	12/20～1/17	1/22	1/23	1/31
一般	12/20～1/29	2/10	2/11	2/19
オープン	12/20～1/29	2/11	2/12	2/19

[延納]一般・オープンの公立併願者は公立発表後まで。
[2次募集]3/2

応募状況

年度	区分		応募数	受験数	合格数	実質倍率
'24	アド	推薦	21	21	21	1.0
		一般	338	337	337	1.0
		オープン	3	3	0	―
	スタ	推薦	108	108	108	1.0
		一般	1,194	1,182	1,182	1.0
		オープン	4	4	0	―
	情報	推薦	10	10	10	1.0
		一般	73	71	71	1.0
		オープン	0	0	0	―
'23	アド	推薦	38	38	38	1.0
		一般	365	363	363	1.0
		オープン	1	1	1	1.0
	スタ	推薦	135	135	135	1.0
		一般	1,444	1,431	1,431	1.0
		オープン	11	11	3	3.7
	情報	推薦	6	6	6	1.0
		一般	106	105	105	1.0
		オープン	0	0	0	―

['24年合格最低点]非公表。

神奈川　男女　か　柏木学園

学費（単位：円）	入学金	施設設備費	授業料	その他経費	小計	初年度合計
入学手続時	200,000	30,000	105,000	12,000	347,000	951,200
1年終了迄	―	90,000	315,000	199,200	604,200	

※2024年度予定。[免除]特別推薦合格者は入学金免除。[入学前納入]1年終了迄の小計のうち40,800円。[授業料納入]一括または8回分割（入学手続時に3カ月分納入）。[その他]制服・制定品代，学年費（アドバンスコース120,000円，スタンダードコース・情報コース102,000円）あり。

併願校の例

※[スタ]を中心に

	神公立	都立	私立
挑戦校	大和西　麻生　霧が丘　藤沢総合　百合丘	成瀬　松が谷　富士森　日野	向上　横浜清陵　横浜商科大　光明相模原　駒沢女子
最適校	綾瀬　大和南　上鶴間　白山　綾瀬西	小川　片倉　山崎　千歳丘　町田総合	武相　白鵬女子　横浜学園　大東学園
堅実校	麻生総合　平塚湘風　愛川　寒川　田奈	深沢　野津田	

合格のめやす

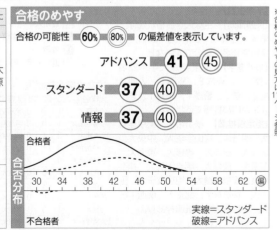

合格の可能性 **60%** **80%** の偏差値を表示しています。

アドバンス **41** (45)

スタンダード **37** (40)

情報 **37** (40)

実線＝スタンダード
破線＝アドバンス

※合格のめやすの見方は114ページ参照。

見学ガイド　文化祭／説明会／オープンスクール

横浜市金沢区

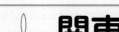

関東学院六浦 高等学校

〒236-8504　神奈川県横浜市金沢区六浦東1-50-1　☎(045)781-2525

【教育方針】　「人になれ 奉仕せよ」を校訓として掲げる。キリストの教えを土台とし，深く理解し平和を創る人を育てる。

【沿　革】　1884年設立の横浜バプテスト神学校が源流。1953年に現在の六浦校地に設立。

【学校長】　黒畑　勝男

【生徒数】　男子359名，女子244名

	1年（6クラス）	2年（6クラス）	3年（5クラス）
男子	136名	118名	105名
女子	103名	81名	60名

京急本線—金沢八景15分またはバス関東学院正門

特色

設置学科：普通科

【コース】　GLE（Global Learning through English）クラスと一般クラスを設置している。

【カリキュラム】　①GLEクラスはカリキュラムの約半分を独自科目に設定。高い英語力だけでなく日本語での書く力，探究力を身につける。②8名の外国人教員が在籍している。日本人教員とのティームティーチングを基本とした授業を展開。③1人1台所有するノートPCを使い，ICTを活用した学びを展開。④毎朝の礼拝や収穫感謝祭礼拝，クリスマス礼拝などを通してキリスト教に基づいた人間教育を行う。

【海外研修】　カンボジアサービス・ラーニング研修，アラスカ研修，台湾研修，ドバイ研修，カナダ研修のほか，ニュージーランド，マレーシア，オーストラリアなどへのターム留学や長期留学があり，各自が選択して参加。

【キャリア教育】　海外大学進学をサポートする国際センターを開室。進路実現を支援する。

【クラブ活動】　女子ラグビー部が全国大会優勝。生物部も全国大会出場の実績がある。

【施設】　2021年に個人部屋や食堂，大浴場などを備えた寮を設置。年間を通して利用可。

習熟度別授業	土曜授業	文理選択	オンライン授業	制服	自習室	食堂	プール	グラウンド	アルバイト	登校時刻＝ 8:25
数英	—	2年〜	○	○	〜18:45	○	—	○	—	下校時刻＝18:45

進路情報　2023年3月卒業生

四年制大学への進学率 **81.1%**

【卒業生数】　164名

【進路傾向】　主な大学合格状況は，早慶上理10名，GMARCH 21名，日東駒専16名，国公立4名など。

【系列進学】　関東学院大学へ23名（教育3，経営8，経済2，人間共生2，法2，看護1，栄養1，理工4）が内部推薦で進学した。

【指定校推薦】　横浜市大，東京理科大，明治大，青山学院大，中央大，法政大，日本大，専修大，東海大，帝京大，成城大，明治学院大，神奈川大，東京電機大，東京女子大，玉川大，桜美林大，北里大，関西学院大，東京農大など推薦枠あり。

■ 四年制大学	133名
□ 短期大学	2名
■ 専修・各種学校	6名
■ 就職	2名
□ 進学準備・他	21名

主な大学合格状況

'24年春速報は巻末資料参照

大学名	'23	'22	'21	大学名	'23	'22	'21	大学名	'23	'22	'21
◇東京大	1	0	0	学習院大	2	1	0	帝京大	8	3	3
◇横浜国大	1	0	0	明治大	2	3	3	成城大	1	5	1
◇九州大	0	1	0	青山学院大	7	4	4	明治学院大	10	7	9
◇お茶の水女子	0	1	0	立教大	5	2	4	神奈川大	8	5	9
◇横浜市大	0	1	2	中央大	2	3	3	玉川大	5	11	5
◇香川大	1	0	0	法政大	4	3	4	東京都市大	6	3	7
早稲田大	2	2	2	日本大	8	10	9	桜美林大	4	4	11
慶應大	3	0	0	東洋大	6	2	1	関東学院大	32	30	42
上智大	1	0	1	専修大	10	3	7	多摩美大	1	1	10
東京理科大	4	1	1	東海大	19	10	9	日本体育大	3	3	4

※各大学合格数は既卒生を含む。

入試要項 2024年春（実績）

新年度日程についてはp.116参照。

◆ 推薦　GLE推薦：GLEクラス対象　一般推薦：一般クラス対象　※いずれも専願

募集人員▶10名

選抜方法▶個人面接，調査書，作文（GLEは英語での記入・出願時提出），英語検定合格証明書の写し

◆ 一般　GLE専願・併願：GLEクラス対象　一般専願・併願：一般クラス対象

募集人員▶30名

選抜方法▶調査書，作文（GLEは英語での記入・出願時提出），英語検定合格証明書の写し

◆ GLEオープン　GLEクラス対象

募集人員▶若干名

選抜方法▶英（50分・100点），英語によるグループディスカッション（20分），個人面接（10分），調査書

◆ 受験料　22,000円

(内申基準)　GLE推薦・一般推薦：19/25または34/45　GLE専願・一般専願：20/25または36/45　GLE併願・一般併願：20/25または36/45　※推薦はいずれも9科に2不可　※GLEクラスは上記基準かつ英語検定準2級またはCEFR B1，一般クラスは上記基準かつ英語検定3級または英4

(特待生・奨学金制度)　長期留学参加者は本校の授業料を免除。

(帰国生の受け入れ)　国内生と別枠入試。

入試日程

区分		登録・出願	試験	発表	手続締切
推薦		12/20～1/17	1/23	1/24	1/26
一般	専願	12/20～2/5	—	2/11	2/19
	併願	12/20～2/5	—	2/11	2/29
オープン		12/20～2/5	2/12	2/13	2/29

応募状況

年度	区分		応募数	受験数	合格数	実質倍率
'24	GLE	推薦	3	3	3	1.0
		一般	14	—	14	1.0
		オープン	5	5	4	1.3
	一般	推薦	8	8	8	1.0
		一般	46	—	46	1.0
'23	GLE	推薦	5	5	5	1.0
		一般	14	—	14	1.0
		オープン	9	9	6	1.5
	一般	推薦	33	33	33	1.0
		一般	43	—	43	1.0
'22	GLE	推薦	5	5	5	1.0
		一般	13	—	13	1.0
		オープン	2	2	2	1.0
	一般	推薦	26	26	26	1.0
		一般	40	—	40	1.0

['24年合格最低点] 非公表。

神奈川　男女　(か)　関東学院六浦

学費（単位:円）	入学金	施設費	授業料	その他経費	小計	初年度合計
入学手続時	230,000	200,000	—	65,000	495,000	1,146,600
1年終了迄	—	102,000	450,000	99,600	651,600	

※2023年度実績。[授業料納入] 毎月分割。
[その他] 制服・制定品代，教材費，宿泊行事費等あり。

併願校の例

	神公立	私立
挑戦校	横浜国際／神奈川総合　市立金沢／鎌倉	日大藤沢　日本大学　朋優学院
最適校	追浜／市立東　七里ガ浜／松陽　市立橘／大船　横浜栄／横須賀大津　市立みなと総合／鶴見	横須賀学院　横浜隼人　鵠沼　鶴見大附
堅実校	横浜瀬谷／住吉　市立横須賀総合／金井　横浜氷取沢／横浜立野　横浜清陵	湘南工科大附　横浜　横浜創学館　横浜清風　湘南学院

合格のめやす

合格の可能性 **60%** **80%** の偏差値を表示しています。

一般　**52**　**56**

GLEは偏差値を設定していません。

合否分布

| | 34 | 38 | 42 | 46 | 50 | 54 | 58 | 62 | 66 | (偏) |

合格者

不合格者

※合格のめやすの見方は114ページ参照。

(見学ガイド)　文化祭／説明会

藤沢市

鵠沼 高等学校

〒251-0031　神奈川県藤沢市鵠沼藤が谷4-9-10　☎(0466)22-4783

【教育目標】「自己と社会をより良く変えていく資質の育成」「社会に貢献できる有為な人材の育成」を掲げる。

【沿　革】1925年家政女塾として創立。2004年に共学化，現校名に改称。

【学校長】井上　奈々

【生徒数】男子294名，女子495名

	1年（6クラス）	2年（11クラス）	3年（7クラス）
男子	66名	135名	93名
女子	113名	237名	145名

江ノ島電鉄―柳小路1分
JR・小田急江ノ島線―藤沢15分

特色

設置学科：普通科

【コース】英語，理数，文理の3コース制。文理コースは2年次より文系と理系に分かれる。

【カリキュラム】①英語コースは英語に重点をおいたカリキュラム編成。4技能をバランスよく伸ばす授業やオンライン英会話を行う。カリフォルニア大学語学研修が必修。②理数コースは理数系科目を中心としたカリキュラムのもと，科学的・論理的思考力を養う。大学や企業の専門家を招き，最先端の研究やキャリアについての講演会を開く。③文理コースは部活動での経験を重視し，目標へ向かう力を養う。④授業と連動した学内講習を実施し，生徒をサポート。⑤全学年で年2回以上の進路面談を実施。⑥鵠沼サタデープログラムとして，毎月1回土曜日に大学の講義や卒業生の話に触れる体験をし，様々な情報を得ることができる。

【海外研修】オーストラリア研修に1・2年次希望者が参加。ホームステイなどをしながら現地生徒と交流し，異文化に直接触れる。

【クラブ活動】バドミントン部，女子バスケットボール部，マーチングバンド部，ダンス部が全国レベル。陸上競技部が活躍している。

習熟度別授業	土曜授業	文理選択	オンライン授業	制服	自習室	食堂	プール	グラウンド	アルバイト	登校時刻＝ 8:40
数英	○	2年～	○	○	～18:30	―	―	○	届出	下校時刻＝18:30

進路情報 2023年3月卒業生

四年制大学への進学率 **84.0%**

【卒業生数】263名

【進路傾向】大学進学者の内訳は文系62%，理系35%，他3%。国公立大学へ文系3名・理系3名，海外大学へ1名が進学した。

【指定校推薦】利用状況は横浜市大1，中央大1，日本大7，駒澤大1，専修大1，成城大1，明治学院大6，神奈川大6，芝浦工大1，東京電機大1，玉川大7，工学院大3，東京都市大2，北里大2など。ほかに東洋大，東海大，帝京大，成蹊大，獨協大など推薦枠あり。

	四年制大学	221名
	短期大学	1名
	専修・各種学校	28名
	就職	0名
	進学準備・他	13名

主な大学合格状況

'24年春速報は巻末資料参照

大学名	'23	'22	'21	大学名	'23	'22	'21	大学名	'23	'22	'21
◇横浜国大	1	1	0	明治大	6	9	4	帝京大	14	8	19
◇東京学芸大	1	0	0	青山学院大	9	4	6	國學院大	6	2	5
◇横浜市大	2	1	1	立教大	4	13	4	明治学院大	16	32	16
◇茨城大	1	1	0	中央大	8	9	1	神奈川大	37	37	33
◇県立保健福祉大	0	1	1	法政大	12	4	3	東京女子大	1	1	2
◇川崎市立看護大	0	2	0	日本大	28	27	19	東京都市大	8	11	4
早稲田大	0	1	2	東洋大	12	10	12	桜美林大	15	21	22
上智大	2	1	0	駒澤大	15	9	7	関東学院大	21	15	12
東京理科大	6	1	3	専修大	10	46	25	北里大	6	9	7
学習院大	0	3	2	東海大	47	30	17	国際医療福祉大	6	4	4

※各大学合格数は既卒生を含む。

入試要項 2024年春（実績）

新年度日程についてはp.116参照。

◆ 推薦　第1志望

募集人員▶90名　※コース内訳は全入試合計で，英語コース30名，理数コース30名，文理コース190名

選抜方法▶個人面接（10分），調査書

◆ 一般　専願，併願，オープン

募集人員▶専願・併願計145名，オープン15名

選抜方法▶**専願**：国数英（各50分・各100点・数英はマークシート），調査書　**併願**：自己PR書，調査書　**オープン**：国数英（各50分・各100点・数英はマークシート），個人面接（12分）

◆ 受験料　25,000円

内申基準 **推薦・一般(専願)**：[英語]44/50，[理数]44/50，[文理]38/50　**一般(併願)**：[英語]45/50，[理数]45/50，[文理]41/50　※分母50＝2年次5科＋3年次5科　※いずれも2・3年次の9科に1不可，英語・理数コースは5科に2も不可　※条件により内申加点あり

特待生・奨学金制度 推薦・一般(専願)は内申によりS・A・B特別奨学金制度あり。

帰国生の受け入れ 国内生と同枠入試。

入試日程

区分		登録・出願	試験	発表	手続締切
推薦		12/20〜1/18	1/22	1/23	1/26
一般	専願	12/20〜1/26	2/11	2/12	2/16
	併願	12/20〜1/26	—	2/12	2/29
	オープン	12/20〜1/26	2/11	2/12	2/29

[2次募集] 3/1

応募状況

年度	区分		応募数	受験数	合格数	実質倍率
'24	英語	推薦	4	4	4	1.0
		専願	62	62	62	1.0
		併願				
		オープン	2	2	0	—
	理数	推薦	2	2	2	1.0
		専願	68	68	68	1.0
		併願				
		オープン	8	7	3	2.3
	文理	推薦	34	34	34	1.0
		専願	567	567	567	1.0
		併願				
		オープン	16	14	8	1.8

[スライド制度] あり。上記に含まず。
[24年合格最低点] 非公表。

神奈川　男女　<　鵠沼

学費（単位:円）		入学金	施設拡充費	授業料	その他経費	小計	初年度合計
英語	入学手続時	200,000	200,000	—	—	400,000	1,123,000
	1年終了時	—	—	444,000	279,000	723,000	
理数	入学手続時	200,000	200,000	—	—	400,000	1,253,000
	1年終了時	—	—	444,000	409,000	853,000	
文理	入学手続時	200,000	200,000	—	—	400,000	1,084,000
	1年終了迄	—	—	420,000	264,000	684,000	

※2024年度予定。[授業料納入] 10回分割。[その他] 制服・制定品代あり。

併願校の例

※[文理]を中心に

	神公立	私立
挑戦校	市立横浜サイエンス	桐蔭学園
	光陵／横浜国際	日大藤沢
	横須賀／神奈川総合	日本大学
	鎌倉／横浜平沼	桜美林
	平塚江南／市立金沢	日大三
最適校	茅ケ崎北陵／海老名	横須賀学院
	座間／市立桜丘	東海大相模
	松陽／市立戸塚	藤嶺藤沢
	大船／七里ガ浜	平塚学園
	藤沢西／横浜栄	八王子学園
堅実校	湘南台／横浜瀬谷	湘南工科大附
	鶴嶺／西湘	横浜
	大和西／大磯	北鎌倉女子
	金井／横浜清陵	アレセイア湘南
	横浜立野／茅ケ崎	向上

合格のめやす

合格の可能性 **60%** **80%** の偏差値を表示しています。

英語 = **57** (61)

理数 = **59** (63)

文理 = **53** (57)

合格者／不合格者

合否分布

38　42　46　50　54　58　62　66　70　(偏)

実線＝文理
破線＝理数

※合格のめやすの見方は114ページ参照。

見学ガイド 文化祭／説明会／オープンキャンパス／個別見学対応

藤沢市

慶應義塾湘南藤沢 高等部

〒252-0816　神奈川県藤沢市遠藤5466　☎(0466)49-3585・3586

【教育方針】　福澤諭吉の教育精神に基づき「社会的責任を自覚し，知性，感性，体力にバランスの取れた教養人の育成」をめざす。歴史と伝統を受け継ぎながら，未来を見据えることができる「未来の先導者」を育てる。

【沿　革】　1992年創立。

【高等部長】　尾上　義和

【生徒数】　男子362名，女子376名

	1年（6クラス）	2年（6クラス）	3年（6クラス）
男子	123名	119名	120名
女子	124名	128名	124名

小田急江ノ島線・相鉄いずみ野線・市営地下鉄―湘南台よりバス　JR―辻堂よりバス

特色

設置学科：普通科

【カリキュラム】　①帰国生が全生徒の約25%を占めており，異文化交流が自然に体験できる。②英語は2段階のレベル別クラス編成。プレゼンテーション，ディスカッション，会話表現，エッセイライティングなどの様々な課題に取り組む。3年次の上級クラスでは文化の多様性を認識するため模擬国連を行う。想像力を働かせて解決策を考案し，議論する。③3年次は大学での学びに向けた選択授業が豊富。論文実習やデータ科学などがある。④2・3年次に第二外国語としてドイツ語・フランス語・スペイン語・中国語・朝鮮語から1つを選び，受講する。

【情報教育】　パソコンとタブレット端末合計600台を整備。コンピュータの仕組み，情報と社会の関わりなど情報に関する知識や，動画編集，雑誌紙面制作といった技術を段階的に学ぶ。学習や学校生活で活用し，スキルを確実にする。

【海外研修】　米国，英国，オーストラリア，韓国など8カ国13校との留学プログラムがある。それぞれ1～3週間の短期留学を設定。

【クラブ活動】　女子スキー部が全国レベル。

【施設】　洋書も豊富な図書館がある。

習熟度別授業	土曜授業	文理選択	オンライン授業	制服	自習室	食堂	プール	グラウンド	アルバイト
英	○	3年～	○	○	○	―	○	○	○

登校時刻＝ 8:40
下校時刻＝18:30

進路情報　2023年3月卒業生

併設大学への進学率 **99.6%**

【卒業生数】　232名

【進路傾向】　例年併設大学への進学者が大多数。

【系列進学】　慶應義塾大学へ231名（法64，経済60，商16，文5，理工37，医7，総合政策15，環境情報21，薬6）が内部推薦で進学した。

■ 慶應義塾大学　231名
□ 他　　　　　　 1名

主な大学合格状況

'24年春速報は巻末資料参照

大学名	'23	'22	'21	大学名	'23	'22	'21	大学名	'23	'22	'21
慶應大	231	236	230								
他大学は非公表											

入試要項 2024年春（実績）

新年度日程についてはp.116参照。

◆ 帰国生

募集人員▶約20名

選抜方法▶課題型小論文（45分・100点），数（45分・100点），個人面接（日本語・英語），調査書，活動報告書など

◆ **全国枠** 帰国生入試の出願資格がなく，小学校6年生から中学校3年生までの全期間（4年間）以上，東京・神奈川・千葉・埼玉以外の国内・国外地域に在住かつ在籍した者を対象とする

募集人員▶若干名

選抜方法▶〔1次選考〕書類選考（調査書，志望理由書1,000字，活動報告書など），〔2次選考〕個人面接

◆ 受験料　30,000円

(内申基準) 帰国生：TOEFL iBT70点またはIELTS 5.5または英語検定準1級　**全国枠**：①かつ②。①9科41かつ英5かつ国数各4・②学校内外で中学生として充実した諸活動を行い，それを出願書類によって示すことができる者

(特待生・奨学金制度) 特記なし。

(帰国生の受け入れ) 国内生と別枠入試（上記参照）。

入試日程

区分	登録・出願	試験	発表	手続締切
帰国生	11/1〜1/9	2/12	2/13	2/14
全国枠	12/1〜1/24	〔1次〕—	2/10	2/14
		〔2次〕2/12	2/13	

応募状況

年度	区分		応募数	受験数	合格数	実質倍率
'24	帰国生	男	77	—	—	—
		女	56			
	全国枠	男	14	—	—	—
		女	17			
'23	帰国生	男	70	124	47	3.0
		女	69			
	全国枠	男	10	12	6	4.5
		女	17			
'22	帰国生	男	95	158	33	4.8
		女	85			
	全国枠	男	16	16	10	4.0
		女	24			

※'23年度の全国枠の1次選考合格数は12名，'22年度は16名，上記受験数は2次選考の人数。実質倍率＝応募数÷合格数。
[' 24年合格最低点] 未公表。

神奈川　男女　(け) 慶應義塾湘南藤沢

学費（単位:円）	入学金	教育充実費	授業料	その他経費	小計	初年度合計
入学手続時	340,000	270,000	440,000	25,000	1,075,000	1,515,000
1年終了迄	—	—	440,000	—	440,000	

※2023年度実績。[返還] 3/1までの入学辞退者には入学金を除き返還。
[授業料納入] 2回分割（入学手続時に前期分納入）。[その他] 制服・制定品代あり。
[寄付・学債] 任意の塾債1口10万円3口以上，教育振興資金1口3万円2口以上あり。

併願校の例

挑戦校	
最適校	データ不足のため不明
堅実校	

合格のめやす

合格の可能性 ■ **60%** **80%** ■ の偏差値を表示しています。

帰国生・全国枠入試のため偏差値は設定していません

合否分布

合格者

38　42　46　50　54　58　62　66　70 (偏)

不合格者

※合格のめやすの見方は114ページ参照。

(見学ガイド) 文化祭／説明会

伊勢原市

向上 高等学校

〒259-1185　神奈川県伊勢原市見附島411　☎(0463)96-0411

【教育目標】　校訓「明・浄・直」の３つの「誠の心」を持ち，自学・自修・実践し人間性豊かで国際的な視野を備え，創造力と実行力を持った有能な人材を育成する。

【沿　革】　1910年自修学校として開校。1965年現校名に改称。

【学校長】　直理 賀一

【生徒数】　男子830名，女子740名

	1年(14クラス)	2年(15クラス)	3年(13クラス)
男子	265名	280名	285名
女子	279名	242名	219名

小田急線―愛甲石田18分
JR―平塚よりスクールバス

特色　　　　　　　　　　　　　　　　　　　　設置学科：普通科

【コース】　S特進，特進，選抜，文理の４コースを設置している。

【カリキュラム】　①S特進コースはグローバル社会で活躍する人材をめざす。難関国公立大学に対応したカリキュラムが整う。②特進コースは国公立・難関私立大学をめざす。１年次からハイレベルな授業で学力を伸ばす。③選抜コースは難関私立大学をめざす。３年次には私立大学の入試科目に絞って授業を進める。④文理コースは基礎学力の充実を図り，多様な進路選択に対応。⑤多様な分野の大学・専門学校の教員を招く「上級学校体験」を実施。⑥「心の教育」として，献金活動・施設訪問・チャリティーコンサートなどの地域に密着した奉仕活動を行う。

【海外研修】　修学旅行の行き先はハワイ。希望選抜制でアメリカの姉妹校へ約２週間の短期留学や，ターム留学，１年間の留学も可能。

【クラブ活動】　チアダンス部，書道部，放送部，女子ソフトボール部が全国大会出場の実績。

【施設】　６階建ての校舎を中心に３つのグラウンドを有する。レストラン，カフェテリアでは栄養バランスを考えたランチメニューが豊富。

習熟度別授業	土曜授業	文理選択	オンライン授業	制服	自習室	食堂	プール	グラウンド	アルバイト	
―	○	2年～	○	○	～19:30	○	―	○	審査	登校時刻＝ 8:30　下校時刻＝18:30

進路情報　2023年３月卒業生　　　　　四年制大学への進学率 **77.4%**

【卒業生数】　438名

【進路傾向】　大学合格数は近年増加傾向。専修大学と教育交流提携を結び，全学部・学科に県内最多の推薦入試枠がある。

【指定校推薦】　上智大，東京理科大，青山学院大，中央大，法政大，日本大，東洋大，駒澤大，専修大，東海大，亜細亜大，帝京大，國學院大，成蹊大，成城大，明治学院大，神奈川大，東京電機大，武蔵大，玉川大，工学院大，東京都市大，国士舘大，関東学院大，北里大，創価大，東京農大，東京工科大，産業能率大など推薦枠あり。

四年制大学	339名
短期大学	12名
専修・各種学校	65名
就職	4名
進学準備・他	18名

主な大学合格状況　　　　'24年春速報は巻末資料参照

大学名	'23	'22	'21	大学名	'23	'22	'21	大学名	'23	'22	'21
◇横浜国大	1	2	1	東京理科大	1	0	8	専修大	42	12	38
◇東北大	1	0	2	学習院大	6	2	2	東海大	51	53	35
◇防衛医大	1	0	0	明治大	10	10	10	帝京大	22	34	32
◇東京学芸大	1	1	0	青山学院大	14	11	9	國學院大	15	4	18
◇都立大	1	2	1	立教大	6	7	6	明治学院大	7	4	6
◇横浜市大	2	0	1	中央大	21	16	17	神奈川大	22	12	30
◇県立保健福祉大	3	1	0	法政大	27	16	17	玉川大	5	8	5
早稲田大	4	0	1	日本大	19	20	26	東京都市大	21	8	8
慶應大	0	1	0	東洋大	29	7	12	桜美林大	34	9	15
上智大	1	1	4	駒澤大	13	2	16	関東学院大	11	18	11

※各大学合格数は既卒生を含む。

入試要項 2024年春（実績）

新年度日程についてはp.116参照。

◆ 推薦　専願

募集人員▶ S特進コース10名，特進コース15名，選抜コース35名，文理コース60名

選抜方法▶ 個人面接（5～10分），調査書

◆ 一般　書類選考

募集人員▶ S特進コース10名，特進コース15名，選抜コース55名，文理コース80名

選抜方法▶ 調査書

◆ 受験料　25,000円

(内申基準) 推薦：[S特進]71/75，[特進]61/75，[選抜]18/25または33/45，[文理]29/45　一般：[S特進]71/75，[特進]64/75，[選抜]19/25または34/45，[文理]31/45　※分母75＝2年次5科＋3年次5科×2　※S特進コースと特進コースは2・3年次9科に2不可，選抜コースと文理コースは3年次5科に2不可・その他に1不可　※条件により内申加点あり

(特待生・奨学金制度) S特進コースは内申などにより特待生を認定（入学手続時納入金免除）。ほか強化指定部の推薦合格者を対象とした2段階の特待生認定あり。

(帰国生の受け入れ) 国内生と同枠入試。

入試日程

区分	登録・出願	試験	発表	手続締切
推薦	12/20～1/18	1/23	1/24	1/27
一般	12/20～1/29	—	2/10	2/17

[延納] 一般の公立併願者は公立発表後まで。
[2次募集] 3/2

応募状況

年度	区分		応募数	受験数	合格数	実質倍率
'24	S特進	推薦	3	3	3	1.0
		一般	163	—	163	1.0
	特進	推薦	14	14	14	1.0
		一般	319	—	319	1.0
	選抜	推薦	47	47	47	1.0
		一般	1,013	—	1,013	1.0
	文理	推薦	113	113	113	1.0
		一般	623	—	623	1.0
'23	特進	推薦	29	29	29	1.0
		一般	498	—	498	1.0
	選抜	推薦	67	67	67	1.0
		一般	1,059	—	1,059	1.0
	文理	推薦	137	137	137	1.0
		一般	784	—	784	1.0
'22	特進	推薦	17	17	17	1.0
		一般	506	—	506	1.0
	選抜	推薦	90	90	90	1.0
		一般	1,192	—	1,192	1.0
	文理	推薦	142	142	142	1.0
		一般	894	—	893	1.0

['24年合格最低点] 非公表。

神奈川　男女　こ　向上

学費（単位：円）

	入学金	施設費	授業料	その他経費	小計	初年度合計
入学手続時	240,000	140,000	—	40,000	420,000	1,030,000
1年終了迄	—	—	456,000	154,000	610,000	

※2023年度実績。[授業料納入] 一括または2回・10回分割。
[その他] 制服・制定品代，修学旅行費積立金，予納金・教科書・副教材代金（特進コース239,120円，選抜コース233,448円，文理コース215,674円）あり。

併願校の例　※[文理]を中心に

	神公立	私立
挑戦校	海老名／茅ケ崎北陵	横浜隼人
	相模原弥栄／座間	鵠沼
	生田／麻溝台	麻布大附
	秦野／湘南台	平塚学園
	元石川／西湘	相模女子大
最適校	上溝南／鶴嶺	北鎌倉女子
	伊志田／大和西	アレセイア湘南
	厚木王子／横浜瀬谷	横浜商科大
	有馬／上溝	立花学園
	厚木西／麻生	駒沢女子
堅実校	伊勢原／秦野曽屋	光明相模原
	座間総合／綾瀬	相洋
	高浜／足柄	柏木学園
	大和南／厚木北	旭丘
	山北／厚木清南	フェリシア

合格のめやす

合格の可能性■ **60%** **80%** の偏差値を表示しています。

※合格のめやすの見方は114ページ参照。

S特進　**60**　(64)

特進　**56**　(60)

選抜　**49**　(53)

文理　**44**　(48)

(見学ガイド) 文化祭／説明会／個別見学対応

相模原市南区

光明学園相模原 高等学校

〒252-0336　神奈川県相模原市南区当麻856　☎(042)778-3333

【建学の精神】　「すべてに智慧と慈悲をもって一生懸命に努力する」を校訓に掲げ，智慧と慈悲をもって明るく幸せな社会の実現に努める人間を育成する。

【沿　革】　1919年光明学園創立。1948年新制高等学校となる。

【学校長】　天野　雅秀

【生徒数】　男子782名，女子488名

	1年(11クラス)	2年(12クラス)	3年(14クラス)
男子	253名	255名	274名
女子	143名	150名	195名

JR―原当麻7分

特色

設置学科：普通科

【コース】　総合，体育科学，文理の3コース制。総合・文理コースは2年次より文理別となる。

【カリキュラム】　①総合コースは多彩な進路に対応。1年次は中学校の学び直しをしながら高校の授業へのスムーズな移行をめざす。英語検定の受験を積極的に行い，各自に目標をもたせる。②体育科学コースは実技だけでなく，体育理論や栄養学，テーピング実習などの授業があり，メンタル面も強化する。③文理コースは受験に特化したカリキュラムで難関大学合格をめざす。「未来手帳」を活用して学習習慣を定着

させる。また，土曜講座や長期休暇中の特別講座で弱点をケアする。

【宗教】　建学の授業や毎月行う修養会がある。

【海外研修】　総合コースはオーストラリアへの修学旅行があり，ファームステイなどを通して異文化を体験。文理コースはカナダにて語学研修を実施。いずれも2年次全員参加。

【クラブ活動】　空手道部，新体操部，男女ソフトボール部，硬式テニス部などが全国レベル。

【施設】　「智慧の塔」に食堂や図書室を設置。ウエイトトレーニング室や修養室もある。

習熟度別授業	土曜授業	文理選択	オンライン授業	制服	自習室	食堂	プール	グラウンド	アルバイト
―	○	2年〜	○	○	〜19:30	○	―	○	届出

登校時刻＝ 8:45
下校時刻＝19:30

進路情報　2023年3月卒業生

進学率 **86.3%**

【卒業生数】　372名

【進路傾向】　大学進学はいずれも私立大学。各コースの大学進学率は総合コース48％（卒業生244名），体育科学コース44％（卒業生98名），文理コース70％（卒業生30名）。

【指定校推薦】　利用状況は青山学院大1，専修大1，東海大1，帝京大3，神奈川大3，桜美林大2，大妻女子大2，武蔵野大1，実践女子大1，大正大1，フェリス女学院大1，鎌倉女子大1など。ほかに駒澤大，亜細亜大，玉川大，工学院大，立正大，国士舘大，白百合女子大，明星大，二松學舍大，東京工科大，拓殖大，産業能率大など推薦枠あり。

四年制大学	182名
短期大学	19名
専修・各種学校	120名
就職	26名
進学準備・他	25名

主な大学合格状況
'24年春速報値は巻末資料参照

大学名	'23	'22	'21	大学名	'23	'22	'21	大学名	'23	'22	'21
早稲田大	0	0	1	亜細亜大	2	1	2	東京工科大	4	3	6
慶應大	0	1	0	帝京大	36	33	22	拓殖大	6	3	2
青山学院大	1	1	0	神奈川大	7	14	9	多摩大	4	8	4
中央大	3	1	2	玉川大	1	5	2	東京工芸大	2	5	6
法政大	0	0	2	国士舘大	6	7	7	日本体育大	7	5	3
日本大	7	5	8	桜美林大	11	5	10	麻布大	2	2	5
東洋大	1	1	2	関東学院大	7	6	13	相模女子大	4	10	4
駒澤大	2	5	1	大妻女子大	2	1	2	桐蔭横浜大	6	4	6
専修大	3	11	3	杏林大	1	2	1	和光大	4	5	7
東海大	12	10	3	明星大	11	9	13	神奈川工科大	3	8	8

※各大学合格数は既卒生を含む。

入試要項 2024年春（実績）

新年度日程についてはp.116参照。

◆ 推薦　専願

募集人員▶総合コース155名，体育科学コース35名，文理コース30名

選抜方法▶グループ面接（20分），調査書

◆ 一般　専願，併願，書類選考（総合コース・文理コース対象。併願のみ）　※体育科学コースは専願のみ

募集人員▶総合コース150名，体育科学コース35名，文理コース25名

選抜方法▶専願・併願：国数英（各50分・各100点・マークシート），調査書，ほかに体育科学コースは実技（基礎体力テスト・球技・30分・30点）　**書類選考**：エントリーシート，調査書

◆ オープン　専願，併願

募集人員▶総合コース5名，文理コース5名

選抜方法▶国数英（各50分・各100点・マークシート），個人面接（20分），調査書

◆ 受験料　22,000円

(内申基準) **推薦**：[総合][体育科学]5科13または9科24，[文理]5科15または9科27　**一般（専願）**：[総合][体育科学]5科12または9科23，[文理]5科14または9科26　**一般（併願）**：[総合]5科14または9科27，[文理]5科16または9科30　**一般（書類選考）**：[総合]5科16または9科30，[文理]5科17または9科31　※いずれも3科に1不可，文理コースは2不可，一般（書類選考）の総合コースも2不可　※条件によ

り内申加点あり

(特待生・奨学金制度) 文理コースは内申により3段階の学習特待あり。ほか運動特待あり。

(帰国生の受け入れ) 国内生と同枠入試。

入試日程

区分	登録・出願	試験	発表	手続締切
推薦	12/21～1/18	1/22	1/24	1/29
一般	12/21～2/5	2/10	2/11	2/16
書類選考	12/21～2/5	—	2/11	3/2
オープン	12/21～2/8	2/12	2/13	2/16

[延納] 一般・オープンの併願は公立発表後まで。
[2次募集] 3/4

応募状況

年度	区分		応募数	受験数	合格数	実質倍率
'24	総合	推薦	127	127	127	1.0
		一般	897	892	886	1.0
		書類	770	—	770	1.0
		オープン	14	14	4	3.5
	体育	推薦	79	79	79	1.0
		一般	20	20	20	1.0
	文理	推薦	11	10	10	1.0
		一般	67	67	67	1.0
		書類	246	—	246	1.0
		オープン	3	3	1	3.0
'23	総合	推薦	123	123	123	1.0
		一般	973	972	972	1.0
		書類	466	—	465	1.0
		オープン	9	8	4	2.0
	体育	推薦	58	58	58	1.0
		一般	21	21	21	1.0
	文理	推薦	11	11	11	1.0
		一般	124	124	124	1.0
		書類	138	138	138	1.0
		オープン	1	1	0	—

[’24合格最低点] 非公表。

学費（単位：円）	入学金	施設維持拡張費	授業料	その他経費	小計	初年度合計
入学手続時	200,000	170,000	—	—	370,000	850,000
1年終了迄	—	—	384,000	96,000	480,000	

※2023年度実績。[授業料納入] 毎月分割。[その他] 制服・制定品代，修学旅行積立金（240,000～360,000円），教科書代（総合コース約24,460円，体育科学コース約24,570円，文理コース約29,475円）等あり。

併願校の例　※[総合]を中心に

	神公立	都立	私立
挑戦校	上溝南 大和西 横浜瀬谷 厚木王子 橋本	成瀬 府中 松が谷 富士森	平塚学園 相模女子大 湘南工科大附 横浜清風 八王子実践
最適校	上溝 座間総合 相模田名 相模原城山 厚木北	日野 小川 府中東 片倉 桜町	横浜商科大 藤沢翔陵 相洋 白鵬女子 横浜学園
堅実校	大和南 茅ケ崎西浜 生田東 上鶴間 厚木清南	八王子北 山崎 永山 若葉総合 町田総合	柏木学園 旭丘 フェリシア

合格のめやす

合格の可能性 **60%** **80%** の偏差値を表示しています。

総合　**40**　**44**

文理　**45**　**49**

体育科学は偏差値を設定していません。

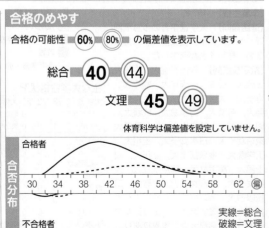

合格者

合否分布

| 30 | 34 | 38 | 42 | 46 | 50 | 54 | 58 | 62 | (偏) |

不合格者

実線＝総合
破線＝文理

※合格のめやすの見方は114ページ参照。

神奈川　男女　(こ) 光明学園相模原

(見学ガイド) 文化祭／説明会／オープンスクール／学校見学会／個別相談会

小 中 高 専 短 大

横須賀市

湘南学院 高等学校

〒239-0835　神奈川県横須賀市佐原2-2-20　☎(046)833-3433

【教育目標】 「進まざるものは退く」を校訓に掲げ，社会に貢献し，リーダーシップを発揮する人材を育成する。

【沿革】 1932年軍港裁縫女学院として創立。2000年現校名に改称，共学化。2013年現在地に移転。

【学校長】 石原 弘嗣

【生徒数】 男子653名，女子723名

	1年(12クラス)	2年(11クラス)	3年(12クラス)
男子	238名	204名	211名
女子	263名	216名	244名

京急久里浜線―北久里浜12分
JR―久里浜よりスクールバス

特色

設置学科：普通科

【コース】 サイエンス(特進理数)，アドバンス(特進)，アビリティ(進学)，リベラルアーツ(総合)の4コース制。

【カリキュラム】 ①ICT教育・英語教育・記述表現・自主学習と学習支援・進路探究・ポートフォリオの6つからなる学習プログラムを通じて，変容する社会を生き抜く思考力・判断力・表現力を育む。②サイエンスコースは理数探究を軸にしたコース。週4日7時間授業。③アドバンスコースは難関私立大学進学をめざす。週2日7時間授業。④アビリティコースは基礎学力を定着させ実力を養成。週1日7時間授業。⑤リベラルアーツコースは基礎科目に加え実技教科を幅広く学習。多彩な進路希望を叶える。⑥すべてのコースで土曜希望選択授業を実施。

【キャリア教育】 進路オリエンテーションやStudy Navi，サプリメント・カリキュラムなど独自の取り組みで，進路希望をサポートする。

【海外研修】 希望制でアメリカ・ロサンゼルスで海外教育研修を実施。ホームステイを行う。

【クラブ活動】 柔道部，書法研究部が全国レベル。ゴルフ部，剣道部，空手道部も活躍している。

習熟度別授業	土曜授業	文理選択	オンライン授業	制服	自習室	食堂	プール	グラウンド	アルバイト
英	○	2年〜	―	○	〜17:00	―	―	○	届出

登校時刻＝ 8:35
下校時刻＝19:30

進路情報 2023年3月卒業生

【卒業生数】 407名

【進路傾向】 大学進学者のうち7割近くが文系進学。国公立大学へ文系3名，理系4名が進学した。

【指定校推薦】 青山学院大，中央大，法政大，日本大，東洋大，駒澤大，専修大，大東文化大，東海大，亜細亜大，帝京大，國學院大，成蹊大，明治学院大，神奈川大，東京電機大，東京女子大，日本女子大，玉川大，工学院大，東京都市大，立正大，国士舘大，桜美林大，関東学院大，大妻女子大，聖心女子大，文教大，二松學舍大，帝京平成大，東京工科大，拓殖大，産業能率大，フェリス女学院大，横浜薬科大など推薦枠あり。

四年制大学への進学率 **55.5%**

■ 四年制大学	226名
■ 短期大学	10名
■ 専修・各種学校	124名
■ 就職	14名
□ 進学準備・他	33名

主な大学合格状況

'24年春速報は巻末資料参照

大学名	'23	'22	'21	大学名	'23	'22	'21	大学名	'23	'22	'21
◇横浜市大	0	1	0	明治大	1	1	3	帝京大	13	18	15
◇信州大	1	0	0	青山学院大	5	2	5	國學院大	5	5	5
◇防衛大	1	0	0	立教大	2	0	2	明治学院大	8	4	3
◇東京海洋大	1	0	0	中央大	3	6	1	神奈川大	35	29	28
◇県立保健福祉大	0	4	1	法政大	5	6	2	東京電機大	4	3	6
早稲田大	0	0	1	日本大	17	17	16	立正大	8	5	16
慶應大	3	0	1	東洋大	4	11	9	国士舘大	12	12	5
上智大	0	1	0	駒澤大	12	5	8	桜美林大	14	7	7
東京理科大	1	0	0	専修大	5	1	9	関東学院大	33	31	27
学習院大	3	0	0	東海大	17	12	14	神奈川工科大	4	6	9

※各大学合格者数は既卒生を含む。

入試要項 2024年春（実績）

新年度日程についてはp.116参照。

◆ 推薦　専願　※技能推薦あり

募集人員▶ サイエンスコース10名，アドバンスコース30名，アビリティコース60名，リベラルアーツコース100名

選抜方法▶ 個人面接（8分），調査書，ほか技能推薦は技能実績書

◆ 一般　併願

募集人員▶ サイエンスコース10名，アドバンスコース70名，アビリティコース80名，リベラルアーツコース85名

選抜方法▶ 書類審査（志望理由書・調査書）

◆ 受験料　20,000円

内申基準▶ 推薦：[サイエンス]20/25，[アドバンス]19/25または34/45，[アビリティ]17/25または29/45，[リベラルアーツ]27/45　一般：[サイエンス]20/25，[アドバンス]20/25または36/45，[アビリティ]17/25または31/45，[リベラルアーツ]28/45　※[サイエンス]は数理に3不可　※条件により内申加点あり

特待生・奨学金制度▶ 推薦で成績奨学生，技能奨学生を認定。また推薦・一般の合格後に希望者はチャレンジ入試を受け，上位10%以内の成績上位者には入学手続時納入金を半額免除。ほかにサイエンスコースの推薦合格者は入学手続時納入金半額免除。

帰国生の受け入れ▶ 国内生と同枠入試。

入試日程

区分	登録・出願	試験	発表	手続締切
推薦	1/9〜18	1/22	1/23	1/26
一般	1/16〜26	—	2/10	2/29

応募状況

年度	区分		応募数	受験数	合格数	実質倍率
'24	サイ	推薦	2	2	2	1.0
		一般	56	—	56	1.0
	アド	推薦	28	28	28	1.0
		一般	293	—	293	1.0
	アビ	推薦	99	99	99	1.0
		一般	572	—	572	1.0
	リベ	推薦	107	107	107	1.0
		一般	343	—	343	1.0
'23	サイ	推薦	6	6	6	1.0
		一般	47	—	47	1.0
	アド	推薦	30	30	30	1.0
		一般	368	—	368	1.0
	アビ	推薦	101	101	101	1.0
		一般	582	—	582	1.0
	リベ	推薦	94	94	94	1.0
		一般	408	—	408	1.0
'22	サイ	推薦	7	7	7	1.0
		一般	49	—	49	1.0
	アド	推薦	22	22	22	1.0
		一般	401	—	401	1.0
	アビ	推薦	87	87	87	1.0
		一般	518	—	518	1.0
	リベ	推薦	114	114	114	1.0
		一般	371	—	371	1.0

[スライド制度] あり。上記に含まず。

神奈川　男女　し　湘南学院

学費（単位：円）

	入学金	施設設備資金	授業料	その他経費	小計	初年度合計
入学手続時	200,000	200,000	—	—	400,000	1,080,540
1年終了迄	—	—	408,000	272,540	680,540	

※2024年度予定。[免除] サイエンスコースの推薦合格者は入学手続時納入金半額免除。
[授業料納入] 毎月分割。[その他] 制服・制定品代，教科書代，教材費，諸経費等あり。

併願校の例

※[リベ]を中心に

	神公立	私立
挑戦校	横浜栄／七里ガ浜 大船／市立みなと総合 横須賀大津／藤沢西 横浜氷取沢／岸根 市立横須賀総合／鶴見	湘南工科大附 北鎌倉女子 横浜 アレセイア湘南 横浜創学館
最適校	横浜清陵／金井 荏田／横浜立野 津久井浜／舞岡 金沢総合／川崎 逗子葉山／横浜南陵	鎌倉女子大 藤沢翔陵 緑ヶ丘女子 相洋 三浦学苑
堅実校	上矢部／新栄 横浜桜陽／新羽 三浦初声／横浜緑園 鶴見総合／横須賀南	柏木学園 旭丘

合格のめやす

合格の可能性 **60%** **80%** の偏差値を表示しています。

サイエンス **55** 59

アドバンス **50** 54

アビリティ **45** 49

リベラル **41** 45

※合格のめやすの見方は114ページ参照。

見学ガイド▶ 文化祭／説明会／学校見学会

小 中 **高** 専 短 **大**

藤沢市

湘南工科大学附属 高等学校

〒251-8511　神奈川県藤沢市辻堂西海岸1-1-25　☎(0466)34-4114

【教育理念】「知・徳・体　三位一体の教育」を掲げる。社会に貢献できる知力と人間力を備え，優れた人格とバランスの取れた人間を育成する。

【沿革】 1961年学校法人相模工業学園創立。1990年現校名に改称。

【学校長】 山室　智明

【生徒数】 男子1,228名，女子571名

	1年(18クラス)	2年(19クラス)	3年(19クラス)
男子	411名	398名	419名
女子	200名	174名	197名

JR―辻堂15分
JR・小田急線―藤沢よりバス南海岸

特色

設置学科：普通科

【コース】 進学特化，アドバンス（セレクトクラス含む），スタンダード，技術，体育の5コース制。アドバンスコースとスタンダードコースは2年次より文系と理系に分かれる。

【カリキュラム】 ①進学特化コースは最難関大学合格をめざす。学内予備校も実施。②アドバンスコースは希望制の成績上位者によるセレクトクラスを設置。難関・中堅私立大学をめざす。③スタンダードコースは日東駒専レベルの私立大学を目標とし，基礎学力向上を図る。④技術コースは湘南工科大学との一貫教育で次世代エンジニアを育成。高大連携プログラムも充実。⑤体育コースでは男子の卓球・野球・サッカー・ハンドボール・陸上長距離，男女の体操・水泳・硬式テニス・剣道・バスケットボール・ラグビーの部活動を募集。⑥土曜日に希望制で外部講師による基礎・発展講座を設定。

【海外研修】 技術コースはシンガポール，体育コースはグアムへの修学旅行を実施。ほかに希望制のオーストラリア海外研修がある。

【クラブ活動】 水泳部などが全国レベルで活躍。

【施設】 2023年6月新図書館が完成。

習熟度別授業	土曜授業	文理選択	オンライン授業	制服	自習室	食堂	プール	グラウンド	アルバイト
―	―	2年～	○	○	～18:00	○	○	○	審査

登校時刻＝ 8:30
下校時刻＝18:00

進路情報 2023年3月卒業生

【卒業生数】 579名

【進路傾向】 大学進学者の内訳は文系55%，理系45%。国公立大学へ文系3名，理系4名が進学した。

【系列進学】 湘南工科大学へ85名（工）が内部推薦で進学した。

【指定校推薦】 東京理科大，学習院大，明治大，青山学院大，立教大，法政大，日本大，東洋大，駒澤大，専修大，東海大，帝京大，國學院大，成蹊大，明治学院大，神奈川大，芝浦工大，東京電機大，玉川大，工学院大，東京都市大，立正大，国士舘大，東京経済大，千葉工大，桜美林大，関東学院大，共立女子大，大妻女子大など推薦枠あり。

四年制大学への進学率 **81.9%**

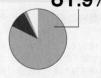

	四年制大学	474名
	短期大学	2名
	専修・各種学校	58名
	就職	7名
	進学準備・他	38名

主な大学合格状況

'24年春速報は巻末資料参照

大学名	'23	'22	'21	大学名	'23	'22	'21	大学名	'23	'22	'21
◇筑波大	0	1	0	明治大	9	16	5	帝京大	27	34	20
◇横浜国大	1	2	0	青山学院大	3	13	5	國學院大	10	4	3
◇都立大	2	0	0	立教大	4	5	4	明治学院大	15	12	8
◇横浜市大	1	0	1	中央大	5	4	7	神奈川大	48	47	34
◇電通大	2	0	0	法政大	5	14	5	玉川大	15	5	9
◇山形大	1	0	0	日本大	31	40	27	東京都市大	13	8	4
早稲田大	1	5	1	東洋大	22	28	17	国士舘大	17	14	9
慶應大	0	1	0	駒澤大	12	18	11	桜美林大	41	44	14
東京理科大	0	1	1	専修大	29	32	27	関東学院大	33	53	24
学習院大	1	3	1	東海大	73	58	40	湘南工科大	91	100	79

※各大学合格数は既卒生を含む。

入試要項 2024年春（実績）

新年度日程については p.116参照。

◆ 推薦　専願

募集人員▶進学特化5名，アドバンス20名，スタンダード30名，技術30名，体育80名

選抜方法▶個人面接（5分），面接カード（技術コースは志願書），調査書

◆ 一般　専願（筆記選考），併願（書類選考）
※進学特化コースは併願も筆記選考

募集人員▶進学特化20名，アドバンス105名(うちセレクト35名)，スタンダード135名，技術35名

選抜方法▶筆記選考：国数英（各50分・各100点・マークシート），調査書，ほかアドバンス・スタンダードコースは自己PR書（技術コースは志願書）　書類選考：自己PR書（技術コースは志願書），調査書

◆ オープン

募集人員▶進学特化若干名，アドバンス10名（セレクトを含む），スタンダード10名，技術若干名

選抜方法▶国数英（各50分・各100点・マークシート），個人面接（5分），面接カード（技術コースは志願書），調査書

◆ 受験料　25,000円

内申基準 推薦：［進学特化］68/75，［アドバンス］56/75，［スタンダード］53/75，［技術］43/75，［体育］35/75　一般：［進学特化］専願・併願68/75，［アドバンス（セレクト）］専願・併願63/75，［アドバンス］専願56/75・併願58/75，［スタンダード］専願53/75・併願55/75，［技術］専願43/75・併願45/75　※分母75＝2年次5科＋3年次5科×2　※体育コースは2・3年次保体に1不可，他コースは2・3年次9科に1不可　※条件により内申加点あり

特待生・奨学金制度 4段階の特待生制度あり。
帰国生の受け入れ 国内生と同枠入試。

入試日程

区分	登録・出願	試験	発表	手続締切
推薦	1/9〜19	1/22	1/23	1/31
一般	1/9〜2/1	2/10	2/11	2/20
オープン	1/9〜2/1	2/10or12	2/13	2/29

［延納］一般の併願は公立発表後まで。
［2次募集］3/5

応募状況

年度	区分		応募数	受験数	合格数	実質倍率
'24	進学	推薦	2	2	2	1.0
		一般	34	34	34	1.0
		オープン	0	0	0	—
	アド	推薦	20	20	20	1.0
		一般	903	903	903	1.0
		オープン	46	40	20	2.0
	スタ	推薦	37	37	37	1.0
		一般	486	486	486	1.0
		オープン	53	47	12	3.9
	技術	推薦	73	73	73	1.0
		一般	112	112	112	1.0
		オープン	7	7	5	1.4
	体	推薦	98	98	98	1.0

［スライド制度］あり。上記に含まず。
［'24年合格最低点］非公表。

学費（単位：円）

	入学金	施設設備費	授業料	その他経費	小計	初年度合計
入学手続時	230,000	170,000	—	—	400,000	940,000
1年終了迄	—	—	360,000	180,000	540,000	

※2024年度予定。［入学前納入］1年終了迄の小計のうち69,200円。［授業料納入］11回分割。
［その他］制服・制定品代，教科書代，副教材費，新入生合宿費あり。

併願校の例 ※［スタ］を中心に

	神公立	私立
挑戦校	鎌倉／平塚江南　茅ケ崎北陵／海老名　市立戸塚／市立桜丘　七里ガ浜／麻溝台　松陽／大船	横須賀学院　東海大相模　鵠沼　横浜隼人
最適校	横浜栄／藤沢西　湘南台／横浜瀬谷　市立みなと総合／鶴嶺　金井／大磯　茅ケ崎／横浜清陵	藤嶺藤沢　相模女子大　横浜　アレセイア湘南　横浜創学館
堅実校	有馬／荏田　舞岡／横浜立野　藤沢清流／藤沢総合　綾瀬／旭　茅ケ崎西浜／座間総合	鎌倉女子大　向上　湘南学院　藤沢翔陵　相洋

合格のめやす

合格の可能性 ▶60% ▶80% の偏差値を表示しています。

進学特化　59（63）
アドバンス（セレクト）　55（59）
アドバンス　51（55）
スタンダード　48（52）
技術　44（48）

体育は偏差値を設定していません。

※合格のめやすの見方は114ページ参照。

神奈川　男女　し　湘南工科大学附属

見学ガイド 文化祭／説明会／学校見学会／個別相談会

横浜市鶴見区

聖ヨゼフ学園 高等学校

〒230-0016　神奈川県横浜市鶴見区東寺尾北台11-1　☎(045)581-8808

【教育目標】　「信・望・愛」を校訓に，「よく学び努力する人，知恵のある人」，「いのちを喜び，感謝と奉仕の心を持って生きる人」を育てる。

【沿　革】　カトリックの男子修道会アトンメントのフランシスコ会が1960年に開校。2020年度より中学校，2023年度より高等学校が女子校より共学化。

【学校長】　多田　信哉

【生徒数】　男子25名，女子129名

	1年（2クラス）	2年（2クラス）	3年（2クラス）
男子	25名	―	―
女子	39名	47名	43名

JR―鶴見15分　JR―鶴見・菊名・新横浜よりバス二本木聖（ヨゼフ学園前）3分

特色

設置学科：普通科

【コース】　総合進学，AE（Advanced English），IL（Inquiry-based Learning）の3コース制。

【カリキュラム】　①総合進学コースは少人数制によるきめ細かな指導を実施。理系，文系を問わず，あらゆる進路に対応。より専門的な知識を得ることができる，大学と連携した授業や講座を開設している。土曜日は休校。②AEコースは英語の授業を週8〜11時間ほど設定。All Englishの授業により，「話す・書く」能力を中心に「聞く・読む」能力も伸ばす。③ILコースは主体的なプロジェクト型・発信型の学びを通じて，生涯学び続ける姿勢を養う。校外での活動を通して，視野を広げる。④週1時間の宗教の授業，宗教行事により，豊かな心を育む。

【キャリア教育】　進路講演会や1年次からの進路相談会を用意し，進路選択をサポート。

【海外研修】　希望者は1年次夏の「イギリス語学・文化研修」（18日間）に参加できる。ニュージーランドターム留学プログラムも設定。

【クラブ活動】　クラブのほかに華道，茶道，箏曲，カトリック研究会などの課外活動がある。

【施設】　書道室，畳30帖の広さの茶室がある。

習熟度別授業	土曜授業	文理選択	オンライン授業	制服	自習室	食堂	プール	グラウンド	アルバイト	登校時刻＝ 8:15
数	隔週	2年〜	○	○	〜19:00	―	―	○	―	下校時刻＝17:30

進路情報　2023年3月卒業生

四年制大学への進学率 **87.2%**

【卒業生数】　39名

【進路傾向】　大学進学者の内訳は文系62%，理系26%，他12%。国公立大学へ理系1名が進学した。

四年制大学	34名
短期大学	0名
専修・各種学校	4名
就職	0名
進学準備・他	1名

【指定校推薦】　利用状況は上智大1，玉川大1，関東学院大1，聖心女子大3，実践女子大1，フェリス女学院大1など。ほかに中央大，日本大，東海大，帝京大，明治学院大，東京電機大，東京女子大，日本女子大，立命館大，武蔵大，立正大，大妻女子大，白百合女子大，東邦大，南山大，東京農大，明星大，文教大，帝京平成大，清泉女子大，目白大，帝京科学大，麻布大，横浜薬科大，東洋英和女学院大など推薦枠あり。

主な大学合格状況

'24年春速報は巻末資料参照

大学名	'23	'22	'21	大学名	'23	'22	'21	大学名	'23	'22	'21
◇筑波大	0	0	1	中央大	0	0	7	玉川大	3	2	1
◇東京外大	0	0	1	法政大	0	2	0	聖心女子大	3	10	8
◇川崎市立看大	1	0	0	日本大	1	10	2	白百合女子大	0	2	3
早稲田大	0	2	2	専修大	0	0	1	昭和大	0	1	6
慶應大	1	0	0	東海大	2	1	2	東邦大	2	0	3
上智大	7	4	7	國學院大	0	0	2	星薬科大	0	1	2
東京理科大	0	0	0	明治学院大	1	6	4	東京薬科大	0	0	1
明治大	0	6	3	神奈川大	2	3	4	昭和女子大	3	2	1
青山学院大	1	0	4	東京女子大	4	0	0	多摩美大	0	1	0
立教大	4	3	4	日本女子大	3	2	0	横浜薬大	0	1	6

※各大学合格数は既卒生を含む。

入試要項 2024年春（実績）

新年度日程についてはp.116参照。

◆ 推薦　専願
募集人員▶20名
選抜方法▶個人面接（15分），調査書，ほかIL
コースは志望理由書
◆ 一般　書類選考，オープン
募集人員▶書類選考15名，オープン5名
選抜方法▶書類選考：調査書，エントリーシー
ト，ほかILコースは志望理由書　**オープン**：国
数英（各50点・各100点・英にリスニングあり），
個人面接（15分），調査書，ほかILコースは志
望理由書
◆ 受験料　20,000円

（内申基準）**推薦**：3科12または5科18または
9科34　**一般**：3科13または5科20または9
科36　※上記基準かつ，[総合進学][IL]英4，
[AE]英5または英語検定準2級　※いずれも
2年次の学年成績または3年次の学期成績　※
3科は英を含む5科の上位3科　※いずれも9
科に2不可　※条件により内申加点あり
（特待生・奨学金制度）特記なし。
（帰国生の受け入れ）個別対応。

入試日程

区分	出願	試験	発表	手続締切
推薦	1/16〜19	1/22	1/22	1/30
書類選考	1/24〜2/8	—	2/10	3/4
オープン	1/24〜31	2/12	2/13	3/4

応募状況

年度	区分		応募数	受験数	合格数	実質倍率
'24	総進	推薦	11	11	11	1.0
		書類選考	12	—	12	1.0
		オープン	1	1	1	1.0
	AE	推薦	0	0	0	—
		書類選考	11	—	11	1.0
		オープン	0	0	0	—
	IL	推薦	1	1	1	1.0
		書類選考	1	—	1	1.0
		オープン	1	1	1	1.0
'23	総進	推薦	7	7	7	1.0
		書類選考	15	—	15	1.0
		オープン	1	0	0	—
	AE	推薦	1	1	1	1.0
		書類選考	9	—	9	1.0
		オープン	1	0	0	—
	IL	推薦	2	2	2	1.0
		書類選考	0	—	0	—
		オープン	0	0	0	—
'22	総進	推薦	5	5	5	1.0
		書類選考	7	—	7	1.0
		オープン	0	0	0	—
	アド	推薦	1	1	1	1.0
		書類選考	3	—	3	1.0
		オープン	0	0	0	—

['24年合格最低点] 非公表。

学費（単位：円）

	入学金	施設費	授業料	その他経費	小計	初年度合計
入学手続時	200,000	140,000	—	—	340,000	1,126,600
1年終了迄		120,000	324,000	342,600	786,600	

※2024年度予定。[授業料納入] 11回分割。
[その他] 制服・制定品代あり。[寄付・学債] 任意の教育環境維持研究振興募金1口1万円あり。

併願校の例

※[総進]を中心に

	神公立	私立
挑戦校	神奈川総合／横浜国際 新城／横浜平沼	日本女子大附 桐蔭学園 日本大学 桜美林 八王子学園
最適校	市ケ尾／市立桜丘 市立東／秦野 港北／市立橘 鶴見／元石川 市立みなと総合	捜真女学校 横浜翠陵 鶴見大附 相模女子大
堅実校	住吉／岸根 橋本／荏田 横浜立野／横浜清陵 霧が丘／城郷	横浜 横浜創学館 横浜清風 横浜商科大 橘学苑

合格のめやす

合格の可能性 **60%** **80%** の偏差値を表示しています。

総合進学　**52** （56）

AE　**55** （59）

IL　**52** （56）

※合格のめやすの見方は114ページ参照。

合格者

合否分布は不明

| 30 | 34 | 38 | 42 | 46 | 50 | 54 | 58 | 62 | (偏) |

不合格者

（見学ガイド）文化祭／説明会／オープンスクール／個別見学対応

神奈川　男女　（せ）　聖ヨゼフ学園

小田原市

相洋 高等学校

〒250-0045　神奈川県小田原市城山4-13-33　☎(0465)22-0211

【教育理念】　「質実剛健・勤勉努力」を校訓に掲げる。心身ともに逞しく，諦めずに勉学に励み，何事にも果敢に挑む，知・徳・体の調和のとれた人格の形成をめざす。

【沿　革】　1938年開校。2024年度より商業科募集停止。

【学校長】　小林　悟

【生徒数】　男子837名，女子654名

	1年(15クラス)	2年(14クラス)	3年(15クラス)
男子	298名	248名	291名
女子	239名	202名	213名

JR・小田急線―小田原15分

特色

設置学科：普通科

【コース】　特進コース（選抜クラス，特進クラス），文理コース（理科クラス，文科クラス），進学コースを設置している。内部進学生とは3年間別クラス。

【カリキュラム】　①特進コースは高度な内容の授業を展開。2年次で基本学習を終え，3年次は大学受験を意識した演習中心になる。特進クラスは部活動との両立をめざす。②文理コースは英語の実力を高めるため，4技能のうち「聞く・話す」を重視。1年次よりネイティヴスピーカーによるオールイングリッシュ授業も取り入れる。③進学コースは幅広い進路に対応。基礎学力を確実にするため，復習を徹底する。ICTを活用した教育活動も行う。④大学受験講座では教員による大学現役合格をめざした講義を受講できる。ほか，保護者を対象とした進路講演会や進路ガイダンスなども開催。

【海外研修】　文理コースの修学旅行はシンガポール。また，夏期に希望選抜制で18日間のカナダ語学研修があり，ホームステイを体験する。

【クラブ活動】　陸上競技部，柔道部，水泳部，和太鼓部が全国大会出場の実績をもつ。

習熟度別授業	土曜授業	文理選択	オンライン授業	制服	自習室	食堂	プール	グラウンド	アルバイト
国数英	隔週	2年〜	○	○	〜20:00	○	―	○	届出

登校時刻＝ 8:40
下校時刻＝18:30

進路情報　2023年3月卒業生

四年制大学への進学率 **70.5%**

【卒業生数】　437名

【進路傾向】　大学進学者の内訳は文系73%，理系25%，他2%。国公立大学へ文系4名，他1名が進学した。大学進学率は近年上昇傾向（2022年春64%→2023年春70%）。

【指定校推薦】　東京理科大，学習院大，明治大，青山学院大，日本大，東洋大，駒澤大，専修大，東海大，成蹊大，神奈川大，武蔵大など推薦枠あり。

四年制大学	308名
短期大学	20名
専修・各種学校	73名
就職	8名
進学準備・他	28名

主な大学合格状況

'24年春速報は巻末資料参照

大学名	'23	'22	'21	大学名	'23	'22	'21	大学名	'23	'22	'21
◇筑波大	1	0	1	青山学院大	4	2	4	成城大	2	3	3
◇防衛医大	0	1	0	立教大	3	2	0	明治学院大	5	8	4
◇防衛大	0	2	0	中央大	3	11	3	神奈川大	34	38	34
◇茨城大	1	0	0	法政大	5	12	3	玉川大	7	11	11
◇金沢大	2	0	0	日本大	17	17	17	立正大	4	4	4
◇都留文科大	1	1	0	東洋大	10	7	5	桜美林大	32	20	11
早稲田大	0	1	0	駒澤大	7	11	10	関東学院大	12	17	11
慶應大	1	2	1	専修大	16	17	21	国際医療福祉大	8	4	9
東京理科大	3	2	2	東海大	42	36	29	東京工芸大	5	1	8
明治大	2	7	4	帝京大	31	27	12	神奈川工科大	9	11	10

※各大学合格数は既卒生を含む。

入試要項 2024年春（実績）

新年度日程についてはp.116参照。

◆ 推薦　専願

募集人員▶選抜クラス5名，特進クラス25名，理科クラス30名，文科クラス60名，進学コース60名

選抜方法▶作文（45分・600字・100点），調査書

◆ 一般　筆記試験：専願，併願　書類審査：専願，併願

募集人員▶選抜クラス20名，特進クラス55名，理科クラス60名，文科クラス120名，進学コース125名

選抜方法▶筆記試験：国数英（各45分・各100点），調査書　書類審査：エントリーシート，調査書

◆ 受験料　25,000円

（**内申基準**）推薦：[選抜]40/45または120/135，[特進]33/45または99/135，[理科]28/45または85/135，[文科]27/45または80/135，[進学]23/45または68/135　一般：[選抜]専40/45または120/135・併41/45または124/135，[特進]専34/45または101/135・併36/45または107/135，[理科]専30/45または87/135・併32/45または91/135，[文科]専28/45また は82/135・併30/45または85/135，[進学]専24/45また は70/135・併25/45また は75/135　※分母45＝[選抜][特進]国数英×2＋理社×1.5，[理科]数英理×2＋国社×1.5，[文科]国英社×2＋数

理×1.5，[進学]9科（いずれも3年次）　※分母135＝2年次9科＋3年次9科×2　※3年次9科に1不可，[選抜][特進]は5科に2も不可　※条件により内申加点あり

（**特待生・奨学金制度**）一般で特進コース対象に学業奨学生認定。ほかクラブ奨学生制度あり。

（**帰国生の受け入れ**）国内生と同枠入試。

入試日程

区分		出願	試験	発表	手続締切
推薦		1/16～18	1/22	1/23	1/25
一般	筆記	1/24～31	2/10	2/11	2/15
	書類	1/24～31	—	2/11	2/15

[延納]一般の併願者は公立発表後まで。
[2次募集] 3/4

応募状況

年度	区分		応募数	受験数	合格数	実質倍率
'24	選抜	推薦	0	0	0	1.0
		一般	65	65	65	1.0
	特進	推薦	8	8	8	1.0
		一般	352	352	352	1.0
	理科	推薦	25	25	25	1.0
		一般	263	263	263	1.0
	文科	推薦	53	53	53	1.0
		一般	526	525	525	1.0
	進学	推薦	31	31	31	1.0
		一般	780	780	780	1.0

['24合格最低点] 非公表。

学費（単位：円）

学費（単位：円）	入学金	施設費	授業料	その他経費	小計	初年度合計
入学手続時	240,000	150,000	—	—	390,000	約999,000
1年終了迄	—	—	420,000	約189,000	約609,000	

※2024年度予定。[授業料納入] 6回分割。[その他] 制服・制定品代，地域研修旅行費（特進コース・進学コース約90,000円，文理コース約250,000円），学級諸経費（2023年度実績：コースにより約45,000～70,000円）あり。

併願校の例 ※[進学]を中心に

	神公立	私立
挑戦校	秦野／藤沢西 西湘／鶴嶺 厚木王子／伊志田 大磯／茅ケ崎	平塚学園 湘南工科大附 北鎌倉女子 アレセイア湘南 向上
最適校	有馬／厚木西 伊勢原／藤沢総合 秦野曽屋／藤沢清流 足柄／座間総合 厚木北／高浜	藤沢翔陵 立花学園 光明相模原
堅実校	茅ケ崎西浜／大和南 小田原東／秦野総合 二宮／厚木清南 寒川／山北	柏木学園 旭丘 フェリシア

合格のめやす

合格の可能性 ■60% ■80% の偏差値を表示しています。

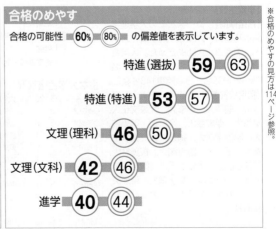

特進（選抜）　59　（63）
特進（特進）　53　（57）
文理（理科）　46　（50）
文理（文科）　42　（46）
進学　40　（44）

※合格のめやすの見方は114ページ参照。

（**見学ガイド**）体育祭／文化祭／授業見学会／説明会

神奈川　男女　そ　相洋

足柄上郡松田町

立花学園 高等学校

小 中 **高** 専 短 大

〒258-0003　神奈川県足柄上郡松田町松田惣領307-2　☎(0465)83-1081

【教育ヴィジョン】「誠実・実践・奉仕」を校訓とし、「伸ばすを大切にする学校」という教育目標を掲げる。「知育・徳育・体育」のバランスを考えた教育を行い、生徒を大きく育て、可能性を伸ばす。

【沿革】 1928年松田和洋裁女学校が創立。1962年共学化となる。1992年現校名に改称。

【学校長】 矢藤　慎一

【生徒数】 男子775名、女子438名

	1年(12クラス)	2年(11クラス)	3年(11クラス)
男子	275名	253名	247名
女子	159名	144名	135名

小田急線―新松田 7 分
JR―松田 7 分

特色

設置学科：普通科

【コース】 特進、進学、総進の 3 コース制。特進コースは 2 年次より、進学コースと総進コースは 3 年次に文系と理系に分かれる。

【カリキュラム】 ①特進コースは難関大学合格に向け、特に英語を中心とした受験指導を基礎から行う。1 年次の夏期休業中に勉強合宿を実施する。②進学コースは大学・短期大学受験対応型の授業を展開。自分に適した受験方法で進学をめざす。③総進コースは基礎学力の向上と社会で必要とされる人間づくりが目標。実践的・行動的スキルを養う。④放課後を利用した大学進学補習制度「+αゼミナール」を導入。生徒の習熟度に合わせて指導する。⑤基礎学力を養う指名補習「BL講座」や授業内週一テスト、家庭学習ノートなど学習プログラムが充実。

【行事】 文化祭は生徒の手で企画・運営される。伝統行事である新入生の大雄山登拝、野球応援、ボランティア清掃といった行事もある。

【クラブ活動】 軽音楽部が全国大会、男子バドミントン部、柔道部などが関東大会出場の実績。

【施設】 甲子園と同じサイズの野球場や冷暖房を完備したアリーナ、茶道室などを設置。

習熟度別授業	土曜授業	文理選択	オンライン授業	制服	自習室	食堂	プール	グラウンド	アルバイト
数英	隔週	2年～	○	○	～19:00	○	―	○	届出

登校時刻＝ 8:35
下校時刻＝19:30

進路情報 2023年 3 月卒業生

四年制大学への進学率 **78.3%**

【卒業生数】 497名

【進路傾向】 コースごとの大学進学率は特進コース92%、進学コース84%、総進コース55%だった。大学合格状況は国公立 3 名、早慶上理 1 名、GMARCH38名、日東駒専143名など。

【指定校推薦】 法政大、日本大、東洋大、駒澤大、専修大、大東文化大、東海大、亜細亜大、帝京大、國學院大、明治学院大、神奈川大、東京電機大、玉川大、国士舘大、桜美林大、関東学院大、大妻女子大、国際医療福祉大、フェリス女学院大、東洋英和女学院大、神奈川工科大など推薦枠あり。

■ 四年制大学	389名
■ 短期大学	26名
■ 専修・各種学校	64名
■ 就職	7名
□ 進学準備・他	11名

主な大学合格状況

'24年春速報は巻末資料参照

大学名	'23	'22	'21	大学名	'23	'22	'21	大学名	'23	'22	'21
◇都立大	0	1	0	中央大	6	17	10	成城大	4	5	2
◇茨城大	3	0	0	法政大	12	13	11	明治学院大	4	9	7
◇川崎市立看護大	0	1	0	日本大	82	90	91	神奈川大	36	13	3
早稲田大	0	0	1	東洋大	28	40	21	国士舘大	18	5	8
上智大	0	1	0	駒澤大	12	8	4	桜美林大	21	11	5
東京理科大	1	2	3	専修大	22	31	12	関東学院大	21	7	7
学習院大	6	1	0	東海大	87	89	79	国際医療福祉大	13	3	5
明治大	1	0	0	帝京大	73	84	41	東京工芸大	4	30	21
青山学院大	9	6	4	國學院大	11	17	11	相模女子大	15	9	9
立教大	8	6	2	成蹊大	2	8	4	神奈川工科大	25	26	20

※各大学合格数は既卒生を含む。

入試要項 2024年春（実績）

新年度日程については p.116参照。

◆推薦　専願

募集人員▶特進コース20名，進学コース100名，総進コース60名

選抜方法▶グループ面接（15分），調査書

◆一般　専願，併願（筆記試験），併願（書類選考）

募集人員▶特進コース60名，進学コース140名，総進コース100名

選抜方法▶専願・併願（筆記試験）：国数英（各50分・各100点・マークシート），調査書　併願（書類選考）：自己PR書，調査書

◆受験料　25,000円

内申基準 推薦：[特進]基準A38/50・基準B34/50，[進学]基準A57/90・基準B54/90，[総進]46/90　**一般（専願）**：[特進]基準A38/50・基準B34/50，[進学]基準A56/90・基準B53/90，[総進]45/90　**一般（併願）**：[特進]基準A40/50・基準B36/50，[進学]基準A59/90・基準B55/90，[総進]49/90　※基準A・Bは1年次の習熟度別編成に用いる　※分母50＝2年次5科＋3年次5科　※分母90＝2年次9科＋3年次9科　※特進コースは3年5科に2不可，進学コース・総進コースは3年9科に1不可　※条件により内申加点あり

特待生・奨学金制度 特進コースで内申により成績特待生，入試成績（筆記試験）により入試特待生を認定。ほかに部活動特待生あり。

帰国生の受け入れ 国内生と同枠入試。

入試日程

区分		登録・出願	試験	発表	手続締切
推薦		12/20〜1/18	1/22	1/23	1/26
一般	専願	1/20〜29	2/10	2/11	2/15
	併願	1/20〜29	2/10	2/11	3/4

[2次募集] 3/5

応募状況

年度	区分		応募数	受験数	合格数	実質倍率
'24	特進	推薦	13	13	13	1.0
		一般	169	169	169	1.0
	進学	推薦	113	113	113	1.0
		一般	761	759	759	1.0
	総進	推薦	76	76	76	1.0
		一般	455	455	455	1.0
'23	特進	推薦	20	20	20	1.0
		一般	179	179	179	1.0
	進学	推薦	130	130	130	1.0
		一般	794	794	794	1.0
	総進	推薦	68	68	68	1.0
		一般	400	400	400	1.0
'22	特進	推薦	31	31	31	1.0
		一般	176	176	176	1.0
	進学	推薦	96	96	96	1.0
		一般	618	618	618	1.0
	総進	推薦	56	56	56	1.0
		一般	421	421	421	1.0

['24年合格最低点] 非公表。

神奈川　男女　(た) 立花学園

学費（単位：円）

学費（単位：円）	入学金	施設費	授業料	その他経費	小計	初年度合計
入学手続時	200,000	200,000	—	—	400,000	1,052,498
1年終了迄	—	60,000	384,000	208,498	652,498	

※2024年度予定。[授業料納入] 6回分割。
[その他] 制服・制定品代，模擬試験代・学年費等（特進コース71,667円，進学コース・総進コース65,224円），特進コースは＋αゼミナール費45,000円，勉強合宿費37,972円あり。[寄付・学債] 任意の寄付金1口5千円あり。

併願校の例 ※[進学]を中心に

	神公立	私立
挑戦校	生田／大船 秦野／藤沢西 西湘／上溝南 大和西／厚木王子 伊志田／大磯	藤嶺藤沢 平塚学園 相模女子大 湘南工科大附 アレセイア湘南
最適校	上溝／麻生 厚木西／有馬 座間総合／伊勢原 秦野曽屋／綾瀬 足柄／高浜	向上 藤沢翔陵 光明相模原 相洋 聖パウロ
堅実校	厚木北／茅ケ崎西浜 厚木清南／上鶴間 山北／二宮 綾瀬西／秦野総合 吉田島（農）	柏木学園 旭丘 フェリシア

見学ガイド 文化祭／説明会／オープンスクール／個別相談会

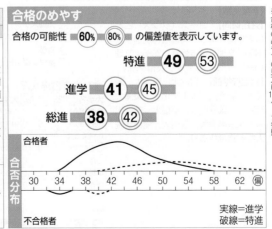

合格のめやす

合格の可能性 **60%** **80%** の偏差値を表示しています。

特進 **49** **53**

進学 **41** **45**

総進 **38** **42**

合否分布

合格者

不合格者

30　34　38　42　46　50　54　58　62　(偏)

実線＝進学　破線＝特進

※合格のめやすの見方は114ページ参照。

横浜市鶴見区

橘学苑 高等学校

〒230-0073　神奈川県横浜市鶴見区獅子ヶ谷1-10-35　☎(045)581-0063

JR—鶴見・新横浜・新川崎，東急東横線—綱島よりバス橘学苑・橘テニスアカデミー前

【教育方針】「心すなおに真実を求めよう・生命の貴さを自覚し，明日の社会を築くよろこびを人々とともにしよう・正しく強く生きよう」を創立の精神に掲げ，豊かな人間性を育成する。

【沿　革】　1942年橘女学校として創立。2004年現校名に改称し，共学化となる。2024年度より中学募集停止。

【学校長】　外西　俊一郎

【生徒数】　男子513名，女子485名

	1年(11クラス)	2年(13クラス)	3年(9クラス)
男子	204名	189名	120名
女子	193名	187名	105名

特色

設置学科：普通科

【コース】　文理，デザイン美術の2コースを設置。文理コースには特別進学と総合進学の2クラスがあり，総合進学クラスは2年次に選抜受験クラスと普通クラスに分かれる。

【カリキュラム】　①文理コースの特別進学クラスは朝学習や放課後学習などのサポートで国公立・難関私立大学合格をめざす。PDCAサイクルを基にした学習習慣を確立する。②総合進学クラスは四年制大学を中心に多彩な進路に対応。自分自身の進路に合った授業選択が可能。選抜受験クラスでは中堅私立大学以上のレベルを一般選抜でめざす。③デザイン美術コースは実技を中心としたプログラムで専門的な技術を深める。ワークショップや専門家を招いた講演，美術展鑑賞など，本物と出会う機会を設ける。

【キャリア教育】　1年次から大学見学会や大学出張講座を開催。大学や学部の多様性を知る。

【海外研修】　文理コースは探究の時間を通して生徒が研修先や内容を決定するオリジナルの海外研修，デザイン美術コースはイタリア研修が2年次に必修。ほか，希望制で全コース対象のカナダ短期研修（約2週間）もある。

習熟度別授業	土曜授業	文理選択	オンライン授業	制服	自習室	食堂	プール	グラウンド	アルバイト
—	—	2年〜	○	○	〜18:30	—	—	○	○

登校時刻＝ 8:30
下校時刻＝18:30

進路情報　2023年3月卒業生

四年制大学への進学率 **79.1%**

【卒業生数】　225名

【進路傾向】　コース（クラス）ごとの大学進学率は，文理（特別進学）84%，文理（選抜受験）89%，文理（普通）78%，デザイン美術86%。

【指定校推薦】　日本大，東洋大，駒澤大，専修大，大東文化大，東海大，帝京大，國學院大，獨協大，神奈川大，東京電機大，玉川大，関東学院大など推薦枠あり。

	四年制大学	178名
	短期大学	9名
	専修・各種学校	28名
	就職	1名
	進学準備・他	9名

主な大学合格状況

'24年春速報は巻末資料参照

大学名	'23	'22	'21	大学名	'23	'22	'21	大学名	'23	'22	'21
◇東京藝術大	1	2	0	立教大	0	4	1	成城大	1	3	1
◇東京学芸大	1	0	0	中央大	2	1	0	明治学院大	2	4	1
◇横浜市大	0	1	0	法政大	2	8	3	神奈川大	25	23	18
◇宇都宮大	1	0	0	日本大	9	18	10	武蔵大	8	3	1
◇香川大	1	0	0	東洋大	9	12	7	玉川大	7	5	7
早稲田大	0	2	0	駒澤大	0	8	2	東京都市大	4	7	2
慶應大	0	1	0	専修大	15	22	7	立正大	6	4	7
東京理科大	0	0	1	東海大	9	11	4	桜美林大	10	5	6
明治大	1	3	0	帝京大	34	17	12	関東学院大	19	17	5
青山学院大	2	1	0	國學院大	7	5	4	多摩美大	4	12	7

※各大学合格数は既卒生を含む。

入試要項 2024年春（実績）

新年度日程についてはp.116参照。

◆ 推薦　第1希望

募集人員▶ 特別進学クラス10名，総合進学クラス75名，デザイン美術コース15名

選抜方法▶ 調査書，個人面接（10分），ほかにデザイン美術コースは水彩画または平面構成（出願時提出）

◆ 一般　専願，併願，オープン

募集人員▶ 特別進学クラス10名，総合進学クラス75名，デザイン美術コース15名

選抜方法▶ 国数英（各50分・各100点・マークシート。総合進学クラス・デザイン美術コースは上位2科判定），調査書，ほかにデザイン美術コースはデッサン（90分），オープンは個人面接（10分）

◆ 受験料　20,000円

特待生・奨学金制度 入試成績により3段階の奨学金制度あ

帰国生の受け入れ 国内生と同枠入試。

入試日程

区分		登録・出願	試験	発表	手続締切
推薦		12/20～1/17	1/22	1/23	1/27
一般	専願	12/20～1/26	2/10	2/11	2/15
	併願	12/20～1/26	2/10	2/11	3/2
	オープン	12/20～2/1	2/12	2/13	3/2

内申基準 推薦・一般（専願）：[特別進学]18/25または32/45，[総合進学]15/25または27/45，[デザイン美術]16/25または29/45　**一般（併願）**：[特別進学]20/25または36/45，[総合進学]16/25または29/45，[デザイン美術]17/25または32/45　※上記基準かつ[デザイン美術]美4　※いずれも9科に1不可　※条件により内申加点あり

応募状況

年度	区分		応募数	受験数	合格数	実質倍率
'24	特進	推薦	2	2	2	1.0
		専・併	73	73	39	1.9
		オープン	13	11	7	1.6
	総進	推薦	72	72	72	1.0
		専・併	644	643	643	1.0
		オープン	27	24	18	1.3
	デザ	推薦	22	22	22	1.0
		専・併	58	57	57	1.0
		オープン	8	8	3	2.7
'23	特進	推薦	—	18	18	1.0
		一般	—	131	80	—
	総進	推薦	—	100	100	1.0
		一般	—	953	948	—
	デザ	推薦	—	21	21	1.0
		一般	—	105	97	—

[スライド制度] あり。'23年度は上記に含む。
['24年合格最低点] 非公表。

神奈川　男女　（た）　橘学苑

学費（単位:円）	入学金	施設費	授業料	その他経費	小計	初年度合計
入学手続時	208,000	142,000	—	—	350,000	925,000
1年終了迄	—	84,000	444,000	47,000	575,000	

※2024年度予定。[授業料納入] 一括または2回分割。
[その他] 制服・制定品代，学年積立金（特別進学クラス90,000円，総合進学クラス84,000円，デザイン美術コース138,000円），海外研修積立金（文理コース198,000円，デザイン美術コース234,000円），情報端末機器費用（2023年度実績：約63,000円）あり。

併願校の例　※[総進]を中心に

	神公立	私立
挑戦校	生田／市立東	麻布大附
	港北／市立橘	横浜翠陵
	鶴見／元石川	鶴見大附
	市立みなと総合／岸根	横浜
	市立横須賀総合／住吉	東京
最適校	荏田／市立高津	英女子(キャリア)
	横浜立野／麻生	横浜清風
	城郷／霧が丘	横浜商科大
	川崎／百合丘	大森学園
	市立幸／川崎北	東京実業
堅実校	上矢部／横浜緑園	武相
	新栄／新羽	白鵬女子
	生田東／白山	横浜学園
	鶴見総合／横浜桜陽	柏木学園
	保土ケ谷／菅	品川エトワール

合格のめやす

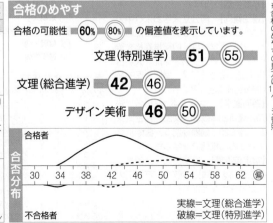

合格の可能性 **60%** **80%** の偏差値を表示しています。

文理（特別進学） **51** （55）

文理（総合進学） **42** （46）

デザイン美術 **46** （50）

合格者

不合格者

| 30 | 34 | 38 | 42 | 46 | 50 | 54 | 58 | 62 |（偏） |

実線＝文理（総合進学）
破線＝文理（特別進学）

※合格のめやすの見方は114ページ参照。

見学ガイド 文化祭／説明会／個別相談会

横浜市都筑区

中央大学附属横浜 高等学校

〒224-8515　神奈川県横浜市都筑区牛久保東1-14-1　☎(045)592-0801

【教育理念】　校訓は「謝恩礼節」「自立実践」。実学の伝統と家族的な人間関係を大切にする校風の中で，知性を磨き，徳性を涵養し，心身共に健全な自立した人間の育成をめざす。

【沿　革】　1908年創立。1994年横浜山手女子高等学校に改称。2010年中央大学附属に。2013年より現校名，現校舎に移転。2014年共学化。

【学校長】　木下　耕児

【生徒数】　男子335名，女子688名

	1年(10クラス)	2年(9クラス)	3年(9クラス)
男子	117名	118名	100名
女子	239名	241名	208名

市営地下鉄―センター北 7 分

特色

設置学科：普通科

【コース】　1年次は内部進学生と別クラス。2年次より文系コースと理系コースに分かれ，3年次ではそれぞれ国公立大学志望，私立大学志望に対応したコースを編成。

【カリキュラム】　①1年次は基礎学力を定着させる。現代社会の特別授業「独占禁止法教室」では公正取引委員会から講師を招く。②附属生対象のオープンキャンパスや学部ガイダンスなど，中央大学との高大連携教育を行う。一部の学部の授業をオンラインで受講でき，中央大学入学後に単位として認定される。③論理的思考

力の育成に力を入れる。理科教室には充実した実験装置を配備。3名の理科助手のサポートで質の高い実験に取り組み，高度な学びに触れる。

【海外研修】　2年次のシンガポール研修旅行は全員参加。金融センターや日系企業を見学し，見識を深める。ほか希望制で，1年次に大学寮に滞在するカナダ研修を実施。

【クラブ活動】　バトン部が全国大会出場の実績。陸上競技部，競技歌留多部も活躍している。

【施設】　冷暖房完備の体育館やガラス張りのラーニングストリート，中庭などがある。

習熟度別授業	土曜授業	文理選択	オンライン授業	制服	自習室	食堂	プール	グラウンド	アルバイト
―	○	2年～	○	○	～18:00	○	―	○	―

登校時刻＝ 8:30
下校時刻＝18:00

進路情報　2023年3月卒業生

四年制大学への進学率 **97.5%**

【卒業生数】　314名

【進路傾向】　国公立大学および中央大学では学修できない内容と認められた私立大学へは，内部推薦権を留保したまま併願受験が可能。大学合格状況は国公立43名，早慶上理98名，GMARCH80名など。

【系列進学】　中央大学へ216名（法75，経済23，商55，文23，総合政策8，理工20，国際経営5，国際情報7）が内部推薦で進学した。

【指定校推薦】　早稲田大，上智大，東京理科大，青山学院大，芝浦工大，東京電機大など推薦枠あり。

■ 四年制大学	306名
□ 短期大学	0名
■ 専修・各種学校	0名
■ 就職・他	0名
□ 進学準備	8名

主な大学合格状況

'24年春速報は巻末資料参照

大学名	'23	'22	'21	大学名	'23	'22	'21	大学名	'23	'22	'21
◇東京大	0	2	0	◇東京学芸大	1	1	2	中央大	261	282	255
◇東工大	6	0	3	◇都立大	5	6	3	法政大	7	9	9
◇一橋大	3	4	2	◇横浜市大	1	1	1	日本大	11	5	12
◇千葉大	0	2	0	早稲田大	18	21	18	明治学院大	1	3	1
◇筑波大	1	0	2	慶應大	24	14	15	神奈川大	4	1	1
◇東京外大	1	1	0	上智大	16	9	15	芝浦工大	4	9	18
◇横浜国大	13	6	13	東京理科大	43	7	16	東京都市大	7	2	1
◇大阪大	2	1	1	明治大	38	23	28	北里大	8	5	6
◇北海道大	1	1	0	青山学院大	14	14	16	星薬科大	1	0	4
◇名古屋大	2	0	1	立教大	10	28	22	東京薬科大	12	2	2

※各大学合格数は既卒生を含む。

入試要項 2024年春（実績）

新年度日程についてはp.116参照。

◆ 推薦　第1志望

募集人員▶ 30名

選抜方法▶ 作文（出願時提出・400字），個人面接（10〜15分），調査書

◆ 一般

募集人員▶ A方式30名，B方式40名

選抜方法▶ A方式：作文（出願時提出・400字），調査書，出欠の記録　B方式：国数英（各50分・各100点・英にリスニングあり），調査書

◆ 受験料　30,000円

内申基準 推薦・一般（A方式）：調査書の評定（2年次9科＋3年次9科×2）が本校の定める基準点以上　※条件により内申加点あり

特待生・奨学金制度 特記なし。

帰国生の受け入れ 国内生と同枠入試。

入試日程

区分		出願	試験	発表	手続締切
推薦		1/16〜18	1/22	1/22	1/24
一般	A方式	1/24〜2/2	—	2/12	2/15
	B方式	1/24〜2/2	2/12	2/12	2/15

応募状況

年度	区分			応募数	受験数	合格数	実質倍率
'24		推薦	男	6	6	6	1.0
			女	33	33	33	1.0
	一般	A方式	男	92	—	92	1.0
			女	290	—	290	1.0
		B方式	男	237	227	64	3.5
			女	124	116	30	3.9
'23		推薦	男	8	8	8	1.0
			女	28	28	28	1.0
	一般	A方式	男	107	—	107	1.0
			女	305	—	305	1.0
		B方式	男	229	216	56	3.9
			女	172	163	36	4.5
'22		推薦	男	7	7	7	1.0
			女	23	23	23	1.0
	一般	A方式	男	92	—	92	1.0
			女	320	—	320	1.0
		B方式	男	266	254	58	4.4
			女	172	169	32	5.3

['24年合格最低点] 一般（B方式）205/300

神奈川　男女　(ち)　中央大学附属横浜

学費（単位:円）

学費（単位:円）	入学金	施設設備費	授業料	その他経費	小計	初年度合計
入学手続時	290,000	—	—	—	290,000	約1,530,200
1年終了迄	—	290,000	588,000	約362,200	約1,240,200	

※2024年度予定。[授業料納入] 2回分割。[その他] 制服・制定品代，副教材費等あり。
[寄付・学債] 任意の寄付金あり。

併願校の例

	神公立	私立
挑戦校		慶應義塾
		慶應女子
		早稲田実業
		早大学院
		慶應志木
最適校	横浜翠嵐／湘南	法政二
	柏陽／横浜緑ケ丘	法政国際
	厚木／川和	桐光学園
	多摩／市立横浜サイエンス	青山学院
		青稜
堅実校	希望ケ丘／大和	日本女子大附
	相模原／小田原	桐蔭学園
	横浜国際／神奈川総合	日本大学
	光陵／横浜平沼	朋優学院
	鎌倉／市立金沢	桜美林

合格のめやす

合格の可能性 **60%** **80%** の偏差値を表示しています。

普通科　**65**　**70**

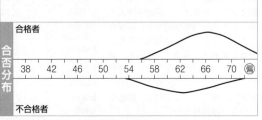

合格者

| | 38 | 42 | 46 | 50 | 54 | 58 | 62 | 66 | 70 | (偏) |

不合格者

合否分布

※合格のめやすの見方は114ページ参照。

見学ガイド 文化祭／説明会／学校見学会

小 中 高 専 短 大

横浜市鶴見区

鶴見大学附属 高等学校

〒230-0063 神奈川県横浜市鶴見区鶴見2-2-1 ☎(045)581-6325

【教育方針】 学力向上・人間形成・国際教育を柱とし，自立の精神と心豊かな知性を育み，国際社会に貢献できる人間を育てる。禅の教えに基づく人格の形成をもって建学の精神とする。

【沿 革】 1924年光華女学校創立。2008年現校名に改称，共学化となる。

【学校長】 岸本 力也

【生徒数】 男子415名，女子275名

	1年（9クラス）	2年（7クラス）	3年（6クラス）
男子	154名	152名	109名
女子	106名	73名	96名

京急本線―花月総持寺10分
JR―鶴見15分

特色

設置学科：普通科

【コース】 特進と総合進学の2コース制。2年次より歯学部コースを設置している。1年次は内部進学生と別クラス編成。

【カリキュラム】 ①特進コースは国公立・難関私立大学合格をめざす。1年次より外部講師による進路ガイダンスや各種模擬試験などを実施。②総合進学コースは自由度の高いカリキュラムで幅広い進路に対応。優先的に指定校推薦制度を利用できる。③歯学部コースは隣接する鶴見大学歯学部附属病院で実習を行う。④手帳に日々の学習を記録。担任がチェックし，振り返りや目標を持つことで学習習慣の確立を促す。⑤長期休業中に希望制の特別講座を開講。学習支援室では現役の大学生が常駐し，質問や進路相談に応じる。⑥イングリッシュラウンジでは，留学生と英語で交流し，異文化を学ぶ。

【宗教】 毎朝10分間，朝礼で黙念・読経・聖歌を実施。1月には隣接する曹洞宗大本山總持寺にて，始業前の坐禅を4日間行う（希望制）。

【海外研修】 希望者を対象とした語学研修（1～3週間）がある。イギリス，オーストラリア，アメリカ，台湾から選択できる。

習熟度別授業	土曜授業	文理選択	オンライン授業	制服	自習室	食堂	プール	グラウンド	アルバイト
英	○	2年～	○	○	～19:00	―	―	○	審査

登校時刻＝ 8:30
下校時刻＝18:15

進路情報 2023年3月卒業生

四年制大学への進学率 **89.0%**

【卒業生数】 191名

【進路傾向】 大学進学者の約半数が理系進学だった模様。国公立大学へ文系1名，理系6名が進学した。

【系列進学】 鶴見大学へ1名（文），鶴見大学短期大学部へ4名が内部推薦で進学した。

【指定校推薦】 利用状況は日本大3，駒澤大6，専修大1，明治学院大1，神奈川大9，関東学院大6，清泉女子大1，フェリス女学院大2など。ほかに東海大，帝京大，獨協大，東京電機大，玉川大，工学院大，東京都市大，立正大，国士舘大，昭和大，文教大，東洋英和女学院大，鎌倉女子大など推薦枠あり。

四年制大学	170名
短期大学	5名
専修・各種学校	7名
就職	1名
進学準備・他	8名

主な大学合格状況

'24年春速報は巻末資料参照

大学名	'23	'22	'21	大学名	'23	'22	'21	大学名	'23	'22	'21
◇東工大	0	1	0	東京理科大	2	4	6	専修大	11	6	12
◇千葉大	1	0	0	学習院大	2	5	1	東海大	11	17	16
◇筑波大	1	0	0	明治大	17	9	6	帝京大	5	16	12
◇横浜国大	0	0	3	青山学院大	5	9	4	國學院大	4	9	7
◇都立大	0	1	0	立教大	3	2	3	成城大	2	2	5
◇防衛大	1	0	0	中央大	9	10	7	神奈川大	27	24	21
◇県立保健福祉大	1	2	0	法政大	14	8	12	玉川大	9	6	8
早稲田大	3	2	2	日本大	22	22	26	関東学院大	36	16	15
慶應大	3	0	3	東洋大	11	12	9	横浜薬科大	7	3	7
上智大	1	0	2	駒澤大	12	7	10	鶴見大	3	6	3

※各大学合格数は既卒生を含む。

入試要項 2024年春（実績）

新年度日程についてはp.116参照。

◆ 推薦
募集人員 ▶20名
選抜方法 ▶個人面接（5分），調査書
◆ 一般　書類選考（併願），一般A・B（併願・オープン）　※一般B（併願）は特進コース対象
募集人員 ▶書類選考40名，一般A30名，一般B 10名
選抜方法 ▶書類選考：調査書，エントリーシート　一般A・B：国数英（各45分・各100点・英にリスニングあり），調査書
◆ 受験料　20,000円

(内申基準) 推薦・書類選考・一般A（併願）：[特進]13/15または21/25，[総合進学]11/15または19/25　一般B（併願）：[特進]13/15または21/25　※いずれも5科に2不可，実技4科に1不可　※条件により内申加点あり

(特待生・奨学金制度) 特進コースを対象に，内申により2段階，入試および特進・特待チャレンジテストの得点状況により5段階の特待生認定。

(帰国生の受け入れ) 国内生と同枠入試。

入試日程

区分	出願	試験	発表	手続締切
推薦	1/16～18	1/22	1/23	1/25
書類選考	1/24～26	—	2/13	3/2
一般A	1/24～26	2/10	2/13	3/2
一般B	2/13～17	2/18	2/19	3/2

応募状況

年度	区分		応募数	受験数	合格数	実質倍率
'24	特進	推薦	1	1	1	1.0
		書類選考	132	—	132	1.0
		一般A	59	59	37	1.6
		一般B	9	9	4	2.3
	総合進学	推薦	31	31	31	1.0
		書類選考	293	—	293	1.0
		一般A	69	69	58	1.2
		一般B	10	10	5	2.0
'23	特進	推薦	1	1	1	1.0
		書類選考	117	—	117	1.0
		一般A	56	55	32	1.7
		一般B	9	9	7	1.3
	総合進学	推薦	20	20	20	1.0
		書類選考	289	—	289	1.0
		一般A	53	53	43	1.2
		一般B	17	16	12	1.3

[スライド制度] あり。上記に含まず。
[24年合格最低点] 非公表。

神奈川　男女　つ　鶴見大学附属

学費（単位：円）	入学金	施設費	授業料	その他経費	小計	初年度合計
入学手続時	200,000	—	—	—	200,000	1,043,200
1年終了迄	—	308,000	444,000	91,200	843,200	

※2024年度予定。[授業料納入] 一括または毎月分割。
[その他] 制服・制定品代，学年費あり。[寄付・学債] 任意の教育支援金1口2千円1口以上あり。

併願校の例

※[総進]を中心に

	神公立	私立
挑戦校	神奈川総合／希望ケ丘	日本大学
	横浜平沼／光陵	横須賀学院
	新城／市立金沢	駒澤大学
	市ケ尾／市立南	多摩大目黒
	市立桜丘／相模原弥栄	文教大付
最適校	市立東／市立戸塚	横浜翠陵
	横浜栄／港北	麻布大附
	元石川／市立橘	東京
	岸根／鶴見	品川翔英
	市立みなと総合／住吉	
堅実校	市立高津／横浜氷取沢	横浜創学館
	金井／横浜清陵	横須賀清風
	麻生／荏田	横浜商科大
	城郷／横浜立野	橘学苑
	川崎／市立幸	大森学園

見学ガイド 体育祭／文化祭／説明会／個別見学対応

合格のめやす

※合格のめやすの見方は114ページ参照。

合格の可能性 **60%** **80%** の偏差値を表示しています。

特進　**55**　**59**

総合進学　**50**　**54**

合否分布

合格者

38　42　46　50　54　58　62　66　70　(偏)

不合格者

実線＝総合進学
破線＝特進

桐蔭学園 高等学校

〒225-8502　神奈川県横浜市青葉区鉄町1614　☎(045)971-1411

横浜市青葉区

小中高中等専短大

【校　訓】　「すべてのことに『まこと』をつくそう」と「最後までやり抜く『強い意志』を養おう」を掲げている。

【沿　革】　1964年創立。2018年理数科募集停止、男女別学より共学化。2019年中学校募集停止、中等教育学校に一化。

【学校長】　岡田　直哉

【生徒数】　男子1,607名，女子1,248名

	1年(23クラス)	2年(23クラス)	3年(28クラス)
男子	519名	454名	634名
女子	422名	434名	392名

小田急線―新百合ヶ丘・柿生、東急田園都市線―あざみ野・青葉台・市が尾よりバス

特色

設置学科：普通科

【コース】　プログレスコース，アドバンスコース，スタンダードコースの３コース制。

【カリキュラム】　①プログレスコースは難関国公立大学や医学部進学に対応。アドバンスコースは国公立・難関私立大学，スタンダードコースは国公立・私立大学への進学をめざす。②探究の授業ではゼミに所属し，課題設定，情報収集，整理・分析，まとめ・表現，振り返り・考えの更新のプロセスを繰り返す。自ら分析し，問いを立て，問題を解決に導く力を育む。③夏期休業中に校外宿泊講習や季節講習を開講。放課後には特別講習がある。④アクティブラーニング型授業では，グループワークなど対話を通して自主性や多様な意見に耳を傾ける力，思考力・判断力・表現力を育てる。

【海外研修】　２年次に希望選抜制の語学研修（アメリカ）を行う。ほかにアメリカ，ニュージーランドへの提携交換留学制度がある。

【クラブ活動】　ラグビー部，柔道部，水泳部，囲碁部，少林寺拳法部が全国大会出場。

【施設】　シンフォニーホール，メインアリーナ，全天候型陸上グラウンドなどがある。

習熟度別授業	土曜授業	文理選択	オンライン授業	制服	自習室	食堂	プール	グラウンド	アルバイト	登校時刻＝ 8:25
国数英理	○	2年～	○	○	～20:00	○	○	○	―	下校時刻＝18:30

進路情報　2023年３月卒業生

四年制大学への進学率 **79.3%**

【卒業生数】　858名

【進路傾向】　大学進学者の内訳は文系54%，理系42%，他４%。国公立大学へ文系40名・理系52名・他５名，海外大学へ２名が進学した。

■ 四年制大学	680名
□ 短期大学	0名
■ 専修・各種学校	6名
■ 就職	2名
□ 進学準備・他	170名

【指定校推薦】　利用状況は都立大３，横浜市大３，早稲田大４，慶應大１，上智大10，東京理科大２，明治大３，青山学院大４，立教大３，中央大６，法政大４，日本大４，東洋大１，駒澤大２，専修大２，成蹊大２，明治学院大９，獨協大１，神奈川大１，芝浦工大３，東京電機大１，東京女子大２，日本女子大１，同志社大１，玉川大３，工学院大６，東京都市大３，関東学院大１など。

主な大学合格状況

'24年春速報は巻末資料参照

大学名	'23	'22	'21	大学名	'23	'22	'21	大学名	'23	'22	'21
◇東京大	3	3	1	◇東京芸大	10	7	6	立教大	51	80	65
◇京都大	1	0	2	◇都立大	18	13	15	中央大	116	157	142
◇東工大	6	5	4	◇横浜市大	11	7	11	法政大	126	126	100
◇一橋大	4	3	0	早稲田大	57	70	62	日本大	178	305	263
◇千葉大	4	5	7	慶應大	51	63	50	東洋大	89	84	74
◇筑波大	5	6	8	上智大	46	29	47	専修大	62	123	123
◇東京外大	2	2	2	東京理科大	51	66	90	東海大	139	201	160
◇横浜国大	13	20	18	学習院大	25	42	30	明治学院大	60	73	76
◇埼玉大	3	2	3	明治大	127	149	122	神奈川大	81	119	79
◇北海道大	4	2	5	青山学院大	80	102	121	芝浦工大	46	68	71

※各大学合格数は既卒生を含む。

入試要項 2024年春（実績）

新年度日程についてはp.116参照。

◆ 推薦　専願

募集人員▶プログレスコース30名，アドバンスコース80名，スタンダードコース90名

選抜方法▶個人面接（5分），志望理由書，調査書

◆ 一般　A方式：オープン　B方式：書類選考

募集人員▶プログレスコースA30名・B130名，アドバンスコースA40名・B160名，スタンダードコースA20名・B80名

選抜方法▶A方式：国数英（国50分・数英各60分），調査書　※配点はプログレスコースが国100点・数英各150点，アドバンスコースが国数各100点・英150点，スタンダードコースが国数英各100点　B方式：作文（出願時提出），調査書

◆ 受験料　25,000円

（**内申基準**）**推薦**：［プログレス］5科24または9科42，［アドバンス］5科21または9科38，［スタンダード］以下①〜③いずれか。①5科20または9科36・②英語検定2級等・③指定運動部の入部条件を満たし出願を認められた者　一般（B方式）：［プログレス］5科25または9科44，［アドバンス］5科22または9科40，［スタンダード］5科21または9科38　※いずれも9科に1不可　※条件により内申加点あり

（**特待生・奨学金制度**）一般A方式の成績優秀者（約30名）を特別奨学生認定。

（**帰国生の受け入れ**）国内生と同枠入試。

入試日程

区分		登録・出願	試験	発表	手続締切
	推薦	12/20〜1/19	1/22	1/23	1/30
一般	A方式	12/20〜2/3	2/11	2/11	2/22
	B方式	12/20〜2/3	—	2/10	2/22

［延納］1次納入200,000円（一般は50,000円でも可）。

応募状況

年度	区分		応募数	受験数	合格数	実質倍率
'24	推薦	プロ	18	18	18	1.0
		アド	152	152	152	1.0
		スタ	137	137	137	1.0
	A方式	プロ	913	874	101	5.3
		アド			41	
		スタ			22	
	B方式	プロ	1,306	—	1,306	1.0
		アド	1,771	—	1,771	1.0
		スタ	398	—	398	1.0
'23	推薦		309	309	309	1.0
	A方式		919	888	93	9.5
	B方式		3,271	—	3,271	1.0

［スライド制度］あり。上記に含まず。
［24年合格最低点］非公表。

学費（単位:円）	入学金	施設設備費	授業料	その他経費	小計	初年度合計
入学手続時	200,000	—	—	—	200,000	1,138,500
1年終了迄	—	256,000	534,000	148,500	938,500	

※2024年度予定。［入学前納入］1年終了迄の小計のうち447,300円。［返還］一般で3/31までの入学辞退者には入学金を除き返還。［授業料納入］4回分割。［その他］制服・制定品代あり。［寄付・学債］任意の学園債1口10万円，教育振興寄付金1口12万円2口以上あり。

併願校の例　※［アド］を中心に

	神公立	都立	私立
挑戦校	横浜翠嵐	日比谷	慶應義塾
	湘南	西	法政二
	柏陽	国立	中大附横浜
		青山	桐光学園
		戸山	法政国際
最適校	厚木	立川	日本女子大附
	川和	八王子東	日本大学
	市立横浜サイエンス	新宿	青稜
	多摩	駒場	朋優学院
	大和	町田	桜美林
堅実校	市ケ尾	目黒	横浜翠陵
	海老名	狛江	麻布大附
	市立東	神代	八王子学園
	生田	調布南	駒澤大学
	港北	成瀬	

合格のめやす

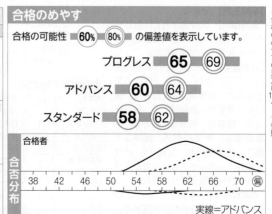

合格の可能性 **60%** **80%** の偏差値を表示しています。

プログレス **65** （69）

アドバンス **60** （64）

スタンダード **58** （62）

合格者
不合格者

合否分布

38　42　46　50　54　58　62　66　70　（偏）

実線＝アドバンス
破線＝プログレス

※合格のめやすの見方は114ページ参照。

（**見学ガイド**）文化祭／説明会

相模原市南区

高 東海大学付属相模 高等学校

〒252-0395　神奈川県相模原市南区相南3-33-1　☎(042)742-1251

小田急線―小田急相模原 8 分

【建学の精神】　「若き日に汝の思想を培え，若き日に汝の体躯を養え，若き日に汝の智能を磨け，若き日に汝の希望を星につなげ」を掲げ，強い使命感と豊かな人間性を持った人材を育てる。

【沿　革】　1963年創立。

【学校長】　土井　崇司

【生徒数】　男子974名，女子680名

	1年(12クラス)	2年(13クラス)	3年(11クラス)
男子	339名	347名	288名
女子	257名	247名	176名

特色

設置学科：普通科

【カリキュラム】　①独自の科目「高校現代文明論」では多様な視点から学ぶことで，正しいものの見方・考え方を確立していく。②英語は4技能統合型の教育で英語で発信する力を伸長。ネイティヴ教員による授業でディスカッションやディベートを行い，自分の考えや思いを伝える経験を重ねる。③理科は観察や実験学習などの体験的学習を多く取り入れる。また，東海大学と連携し，実験・実習に参加できるプログラムを実施。④3年次後期より東海大学の科目履修生として講座を受講できる。⑤大学付属校で

あるメリットを生かし，多様な進路に対応できる基礎的な学力をつけるカリキュラムを編成。

【海外研修】　3年次に希望者より選抜でハワイやニュージーランドへの中期留学を実施。

【クラブ活動】　ラグビー部，洋弓部，陸上競技部，柔道部などが全国大会出場の実績をもつ。

【行事】　東海大学付属校を対象とした学園オリンピックを毎年開催。国数英理，芸術(造形)，芸術(音楽)，知的財産，ディベートなどの8部門では，各分野で大学教員の指導を受ける。スポーツ部門では各競技の実力を競い合う。

習熟度別授業	土曜授業	文理選択	オンライン授業	制服	自習室	食堂	プール	グラウンド	アルバイト
数英	月1回	3年〜	○	○	〜17:00	○	○	○	審査

登校時刻＝ 8:30
下校時刻＝19:00

進路情報　2023年3月卒業生

四年制大学への進学率 **92.4%**

【卒業生数】　490名

【進路傾向】　大学進学者の内訳は文系46%，理系42%，他12%。国公立大学へ理系1名が進学した。

【系列進学】　東海大学へ371名（法22，文22，医15，工52，理11，文化社会28，教養19，児童教育22，体育40，健康15，情報理工22，政治経済25，経営12，国際12，観光8，情報通信8，建築都市25，海洋3，農1，国際文化6，生物3），ハワイ東海インターナショナルカレッジへ3名が付属推薦で進学した。

【指定校推薦】　東京都市大，フェリス女学院大，東洋英和女学院大など推薦枠あり。

■ 四年制大学	453名
□ 短期大学	4名
■ 専修・各種学校	16名
■ 就職	2名
□ 進学準備・他	15名

主な大学合格状況

'24年春速報は巻末資料参照

大学名	'23	'22	'21	大学名	'23	'22	'21	大学名	'23	'22	'21
◇筑波大	0	1	0	法政大	2	1	5	芝浦工大	0	1	2
◇横浜国大	0	1	0	日本大	3	10	2	玉川大	2	2	4
◇滋賀大	1	0	0	東洋大	2	1	7	東京都市大	9	1	0
早稲田大	0	0	9	駒澤大	5	4	13	桜美林大	1	0	2
東京理科大	1	0	1	専修大	5	10	7	関東学院大	3	4	3
学習院大	0	0	0	東海大	372	544	487	武蔵野大	3	2	3
明治大	1	2	10	帝京大	2	1	4	明星大	1	3	1
青山学院大	3	1	4	國學院大	2	2	1	駒沢女子大	3	4	2
立教大	1	2	5	明治学院大	1	2	4	日本体育大	3	2	0
中央大	0	2	17	神奈川大	4	3	4	神奈川工科大	2	4	3

※各大学合格数は既卒生を含む。

入試要項 2024年春（実績）

新年度日程についてはp.116参照。

◆ 推薦　第1志望
募集人員▶200名
選抜方法▶グループ面接（20分），調査書
◆ 一般　単願，併願
募集人員▶240名
選抜方法▶国数英（各50分・各100点・国英マークシート・英にリスニングあり），グループ面接（15分），調査書
◆ 受験料　23,000円

内申基準 推薦：[神奈川生]20/25または103/135，[東京生]5科20または9科34　**一般（単願）**：[神奈川生]19/25かつ98/135，[東京生]5科19かつ9科33　**一般（併願）**：[神奈川生]21/25かつ114/135，[東京生]5科21かつ9科38　※分母25＝3年次5科　※分母135＝2年次9科＋3年次9科×2　※いずれも神奈川生は2・3年次，東京生は3年次の9科に2不可
※条件により内申加点あり

特待生・奨学金制度 特記なし。

帰国生の受け入れ 国内生と同枠入試。

入試日程

区分	出願	試験	発表	手続締切
推薦	1/16〜19	1/22	1/23	1/25
一般	1/24〜2/2	2/10	2/11	2/16

[延納] 一般は60,000円納入により残額は公立発表後まで。

応募状況

年度	区分		応募数	受験数	合格数	実質倍率
'24	推薦	男子	83	83	83	1.0
		女子	98	98	98	1.0
	一般	男子	195	195	181	1.1
		女子	100	99	95	1.0
'23	推薦	男子	100	100	100	1.0
		女子	143	143	143	1.0
	一般	男子	188	188	185	1.1
		女子	128	126	118	1.1
'22	推薦	男子	105	105	105	1.0
		女子	116	116	116	1.0
	一般	男子	211	209	186	1.1
		女子	141	140	128	1.1

['24年合格最低点] 非公表。

神奈川　男女　と　東海大学付属相模

学費（単位：円）

	入学金	施設費	授業料	その他経費	小計	初年度合計
入学手続時	200,000	210,000	—	14,500	424,500	1,235,260
1年終了迄	—	96,000	396,000	318,760	810,760	

※2024年度予定。[返還] 一般で3/29までの入学辞退者には入学金を除き返還。[授業料納入] 3回分割。[その他] 制服・制定品代あり。[寄付・学債] 任意の部活動後援会特別寄付金1口1万円あり。

併願校の例

	神公立	都立	私立
挑戦校	厚木	八王子東	桐蔭学園
	希望ケ丘	小山台	日本大学
	小田原	新宿	朋優学院
	神奈川総合	国際	国学院
	相模原	駒場	桜美林
最適校	新城	町田	鵠沼
	海老名	日野台	麻布大附
	座間	調布北	横浜翠陵
	七里ガ浜	狛江	八王子学園
	麻溝台	南平	
堅実校	元石川	成瀬	鶴見大附
	湘南台	芦花	相模女子大
	横浜瀬谷	翔陽	横浜
	鶴嶺		アレセイア湘南
	厚木王子		向上

合格のめやす

合格の可能性 **60%** **80%** の偏差値を表示しています。

普通科　**54**　**58**

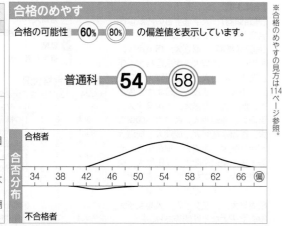

※合格のめやすの見方は114ページ参照。

見学ガイド 文化祭／説明会／オープンキャンパス

小中高専短大

川崎市麻生区

桐光学園 高等学校

TOKO

〒215-8555 神奈川県川崎市麻生区栗木3-12-1 ☎(044)987-0519

【教育方針】「他者との関わりの中で自己を高めていこう」「失敗を恐れず失敗から学んでいこう」「一生続けられる好きなことを見つけよう」を掲げる。

【沿 革】 1978年創立。

【学校長】 中野 浩

【生徒数】 男子1,136名，女子619名

	1年(16クラス)	2年(17クラス)	3年(17クラス)
男子	371名	393名	372名
女子	212名	195名	212名

小田急多摩線―栗平12分　京王相模原線―若葉台，小田急線―黒川よりスクールバス

特色

設置学科：普通科（別学）

【コース】 高校からの入学生はSA（特進）コースに所属。1年次は内部進学生と別クラス編成。2年次より文Ⅰ・理Ⅰ（国公立対応），文Ⅱ・理Ⅱ（私立対応）に分かれる。文Ⅰ・理Ⅰには最難関国公立大学をめざすαクラスを設置。

【カリキュラム】 ①男女別学を採用。理解のプロセスの違いに応じた，適切な教科指導を実践。②教育の国際化に取り組み，海外からの帰国生を積極的に受け入れる。在校生との交流を通じ，多様性を実感する機会の増加を図る。③英語は副教材を使用し，速読・多読を中心に大学入試

に向けて問題演習を行う。④受験に関する通常講習や知的好奇心を喚起するユニーク講習など，希望や目的に応じて年間約600講座を開講。

【キャリア教育】 年に20回，大学の先生を招いて授業を行う。対象分野は多岐にわたり，進路選択のきっかけや考えを広げる機会になる。

【クラブ活動】 水泳部，男子バスケットボール部，競技かるた部，文藝部などが全国レベル。

【海外研修】 希望選抜制でカナダやイギリス，アメリカ，オーストラリアなどへの研修・留学制度があり，多彩なプログラムが揃う。

習熟度別授業	土曜授業	文理選択	オンライン授業	制服	自習室	食堂	プール	グラウンド	アルバイト
―	○	2年～	○	○	～19:00	○	○	○	―

登校時刻＝ 8:30
下校時刻＝19:00

進路情報 2023年3月卒業生

四年制大学への進学率 **81.1%**

【卒業生数】 572名

【進路傾向】 大学進学者の内訳は国公立78名，私立386名。

【指定校推薦】 都立大，横浜市大，早稲田大，上智大，東京理科大，学習院大，明治大，青山学院大，立教大，中央大，法政大，日本大，東洋大，駒澤大，専修大，大東文化大，東海大，亜細亜大，帝京大，國學院大，国際基督教大，成蹊大，成城大，明治学院大，獨協大，神奈川大，芝浦工大，東京電機大，津田塾大，東京女子大，日本女子大，同志社大，工学院大，東京都市大，千葉工大，桜美林大，共立女子大，大妻女子大，聖心女子大など推薦枠あり。

	四年制大学	464名
	短期大学	0名
	専修・各種学校	1名
	就職	1名
	進学準備・他	106名

主な大学合格状況

'24年春速報は巻末資料参照

大学名	'23	'22	'21	大学名	'23	'22	'21	大学名	'23	'22	'21
◇東京大	0	3	0	◇都立大	19	17	14	立教大	59	61	69
◇京都大	0	1	1	◇横浜市大	7	6	5	中央大	119	122	95
◇東工大	1	3	2	◇信州大	2	3	2	法政大	99	101	90
◇一橋大	3	3	2	早稲田大	62	52	60	日本大	103	108	130
◇千葉大	2	2	4	慶應大	60	40	65	東洋大	51	53	46
◇筑波大	8	5	2	上智大	55	44	47	専修大	49	32	49
◇東京外大	3	8	2	東京理科大	70	59	64	東海大	42	63	50
◇横浜国大	16	13	16	学習院大	19	15	10	明治学院大	30	42	29
◇北海道大	6	2	5	明治大	153	132	124	芝浦工大	46	31	54
◇東北大	3	3	3	青山学院大	96	52	67	東京都市大	76	30	41

※各大学合格数は既卒生を含む。

入試要項 2024年春（実績）

新年度日程についてはp.116参照。

◆ 推薦　第1志望

募集人員▶男子40名，女子若干名

選抜方法▶作文（60分・600字），個人面接（5〜10分），調査書

◆ 一般

募集人員▶男子①60名・②40名，女子①20名・②20名

選抜方法▶国数英（国英各50分・数60分・各100点），調査書

◆ 受験料　22,000円

内申基準 推薦：以下①〜③のいずれか。①24/25かつ他教科3・②41/45かつ各科3・③英語検定2級かつ各科3　※条件により内申加点あり

特待生・奨学金制度 各入試で人物・学業などの優秀者を特待生認定。

帰国生の受け入れ 国内生と別枠入試。

入試日程

区分	出願	試験	発表	手続締切
推薦	1/16〜18	1/22	1/23	1/29
一般①	1/24〜2/4	2/10	2/11	2/12
一般②	1/24〜2/11	2/12	2/13	2/14

[延納] 一般は分納可。1次納入100,000円。2次納入は残額を公立発表後まで。

応募状況

年度	区分		応募数	受験数	合格数	実質倍率
'24	推薦	男子	79	79	79	1.0
		女子	18	18	18	1.0
	一般①	男子	232	227	177	1.3
		女子	134	132	112	1.2
	一般②	男子	126	91	66	1.4
		女子	60	43	36	1.2
'23	推薦	男子	77	77	77	1.0
		女子	31	31	31	1.0
	一般①	男子	266	261	205	1.3
		女子	158	157	129	1.2
	一般②	男子	142	99	88	1.1
		女子	62	48	42	1.1
'22	推薦	男子	62	62	62	1.0
		女子	20	20	20	1.0
	一般①	男子	284	278	204	1.4
		女子	139	137	119	1.2
	一般②	男子	180	126	90	1.4
		女子	64	49	39	1.3

['24年合格最低点] 一般①：男子153，女子148（/300）
一般②：男子145，女子145（/300）

神奈川　男女　と　桐光学園

学費（単位：円）

学費（単位：円）	入学金	施設費	授業料	その他経費	小計	初年度合計
入学手続時	220,000	—	—	10,000	230,000	約1,243,320
1年終了迄	—	170,000	516,000	約327,320	約1,013,320	

※2024年度予定。[授業料納入] 4回分割。[その他] 制服・制定品代あり。
[寄付・学債] 任意の施設拡充寄付金9万円あり。

併願校の例

	神公立	都立	私立
挑戦校	横浜翠嵐	日比谷	慶應義塾 法政二 早稲田実業 早大学院 明大明治
最適校	湘南 柏陽 厚木 多摩 希望ケ丘	国立 青山 立川 八王子東 新宿	中大附横浜 山手学院 法政国際 日本女子大附 青稜
堅実校	横浜平沼 新城 市ケ尾 海老名 市立桜丘	駒場 町田 日野台 調布北 目黒	桐蔭学園 日本大学 国学院 桜美林 八王子学園

合格のめやす

合格の可能性 **60%** **80%** の偏差値を表示しています。

SA（男子）　**64**　**68**

SA（女子）　**64**　**68**

合格者

| 38 | 42 | 46 | 50 | 54 | 58 | 62 | 66 | 70 | (偏) |

不合格者

※合格のめやすの見方は114ページ参照。

見学ガイド 体育祭／文化祭／説明会／オープンスクール／見学ツアー

横浜市港北区

日本大学 高等学校

〒223-8566　神奈川県横浜市港北区箕輪町2-9-1　☎(045)560-2600

【教育目標】　「自覚と責任」を教育目標とする。また，教育理念に「自主創造」，校訓に「情熱と真心」を掲げる。未来を生き抜く「確かな力」と「人間力」を育成し，夢を実現させる生徒を育む教育を実践する。

【沿　革】　1930年創立。

【学校長】　田村　隆

【生徒数】　男子842名，女子695名

	1年(12クラス)	2年(14クラス)	3年(15クラス)
男子	257名	298名	287名
女子	202名	226名	267名

東急東横線・市営地下鉄—日吉12分またはスクールバス

特色

設置学科：普通科

【コース】　特別進学コース，総合進学コース，スーパーグローバル（SG）クラスを設置。

【カリキュラム】　①特別進学コースは国公立・最難関私立大学進学をめざす。夏期・冬期講習のほか，予備校講師による特別講習会などを実施。②スーパーグローバルクラスは海外大学や国内大学の国際系学部などへの進学をめざす。ネイティヴ教員によるオールイングリッシュの授業もある。③「イングリッシュ・ラウンジ」にはネイティヴ教員が常駐し，気軽に英会話ができる環境にある。④希望者を対象に英語科教員とネイティヴ教員による「英検特別講座」を開講。模擬面接などを行う。⑤自習室にはチューターが常駐し，放課後や部活動後の学習をサポート。⑥校内予備校「Nゼミ」を設置。希望者を対象に予備校講師が講義を行う。

【海外研修】　特別進学・総合進学コースは2年次にオーストラリア修学旅行を実施。スーパーグローバルクラスは1年次にハワイ，2年次にカナダでの研修が必修。希望制でオーストラリアやカナダでの短期研修，ニュージーランド中期研修や単位認定となるカナダ留学もある。

習熟度別授業	土曜授業	文理選択	オンライン授業	制服	自習室	食堂	プール	グラウンド	アルバイト	登校時刻＝ 8:20
英	○	2年～	○	○	～19:00	○	○	○	—	下校時刻＝19:30

進路情報　2023年3月卒業生

四年制大学への進学率 **94.0%**

【卒業生数】　515名

【進路傾向】　併設大学へは全体の半数程度が進学。特別進学コースは併設大学進学19%，他大学進学73%。海外大学へ2名が進学した。

【系列進学】　日本大学へ251名（法40，文理37，経済32，商20，理工45，生産工5，芸術10，国際関係4，松戸歯2，生物資源科41，危機管理7，スポーツ科2，薬3，二部3），同短期大学部へ3名が内部推薦で進学した。系列専門学校への推薦制度もある。

【指定校推薦】　早稲田大，上智大，東京理科大，学習院大，明治大，青山学院大，立教大など推薦枠あり。

	四年制大学	484名
	短期大学	3名
	専修・各種学校	5名
	就職	0名
	進学準備・他	23名

主な大学合格状況
'24年春速報は巻末資料参照

大学名	'23	'22	'21	大学名	'23	'22	'21	大学名	'23	'22	'21
東工大	1	5	3	上智大	10	4	7	駒澤大	8	8	9
千葉大	1	1	2	東京理科大	27	22	31	専修大	8	15	8
筑波大	0	1	3	学習院大	8	6	4	東海大	29	15	10
東京外大	0	3	2	明治大	41	46	34	成城大	20	5	9
横浜国大	7	0	4	青山学院大	26	29	12	明治学院大	15	14	10
都立大	2	1	1	立教大	29	10	15	神奈川大	17	22	12
横浜市大	8	8	6	中央大	35	27	26	芝浦工大	24	14	16
県立保健福祉大	0	1	1	法政大	46	36	10	東京都市大	27	13	10
早稲田大	14	18	13	日本大	405	314	328	昭和大	4	2	4
慶應大	8	16	12	東洋大	31	14	7	北里大	6	6	8

※各大学合格数は既卒生を含む。

入試要項 2024年春（実績）

新年度日程についてはp.116参照。

◆ 推薦　単願　※スポーツ推薦あり（総合進学コース対象）。該当競技は剣道，硬式野球，サッカー，柔道，水泳，体操，卓球，ラグビー

募集人員▶100名

選抜方法▶個人面接（10分），志望理由書，調査書

◆ 一般　併願（併願優遇），オープン

募集人員▶160名

選抜方法▶国数英（国数各50分・英60分・各100点・マークシート・英にリスニングあり），調査書

◆ 受験料　25,000円

（**内申基準**）推薦：以下①または②。①5科22かつ9科38・②5科21かつ9科37かつ英語検定準2級　一般（併願）：以下①または②。①5科23かつ9科39・②5科22かつ9科38かつ英語検定準2級　一般（オープン）：9科に1不可　※オープンを除き9科に2不可　※特別進学コースの所属条件は以下①～③いずれか。①5科24・②入試成績で基準を満たす（併願・オープンのみ適用）・③ガイダンス時の新入生共通試験の成績で基準を満たす　※スーパーグローバルクラスの所属条件は以下①～④いずれか。①5科23かつ英語検定準2級・②英語検定2級・③入試成績で基準を満たす（併願・オープンのみ適用）・④ガイダンス時の新入生共通試験の成績で基準を満たす

（**特待生・奨学金制度**）学業成績・人物が優れた者に対する特待生奨学金など各種制度あり。

（**帰国生の受け入れ**）国内生と別枠入試。

入試日程

	区分	登録・出願	試験	発表	手続締切
	推薦	11/18～1/19	1/22	1/22	1/31
一般	併願A	11/18～2/8	2/10	2/10	2/17
	併願B	11/18～2/8	2/12	2/12	2/17
	オープンA	11/18～2/8	2/10	2/10	2/17
	オープンB	11/18～2/8	2/12	2/12	2/17

[延納] 一般は分割可。1次入金100,000円。2次納入は残額を公立発表後まで。

応募状況

年度	区分		応募数	受験数	合格数	実質倍率
'24	特進	推薦	7	7	5	1.4
		併願A	196	195	154	1.3
		併願B	19	18	14	1.3
		オープンA	34	33	16	2.1
		オープンB	25	21	13	1.6
	総進	推薦	86	86	86	1.0
		スポーツ	41	41	41	1.0
		併願A	187	180	180	1.0
		併願B	6	6	6	1.0
		オープンA	70	69	42	1.6
		オープンB	84	64	27	2.4
	SG	推薦	15	15	11	1.4
		併願A	30	29	28	1.0
		併願B	0	0	0	—
		オープンA	7	7	7	1.0
		オープンB	7	4	4	1.0

[スライド制度] あり。上記に含まず。
['24合格最低点] 特進：併願A・オープンA206，併願B・オープンB179（/300）　総進：オープンA185，オープンB162（/300）　SG：併願A・オープンA197，併願B・オープンB171（/300）
※特進・SGは基準点，総進は合格点

学費（単位：円）	入学金	施設設備資金	授業料	その他経費	小計	初年度合計
入学手続時	230,000	—	—	—	230,000	967,500
1年終了迄	—	165,000	516,000	56,500	737,500	

※2024年度予定。[授業料納入] 3回分割。[その他] 制服・制定品代，副教材費，海外研修費，タブレット端末利用料等（2023年度実績：約60,000円），SGクラスは修学旅行費約500,000円あり。

併願校の例　※[総進]を中心に

	神公立	都立	私立
挑戦校	柏陽	戸山	中大附横浜
	川和	青山	法政国際
	横浜緑ケ丘	八王子東	桐光学園
	市立横浜サイエンス	新宿	青稜
	多摩		朋優学院
最適校	希望ケ丘	小山台	桐蔭学園
	光陵	三田	日大藤沢
	横浜平沼	駒場	国学院
	新城	町田	桜美林
	市ケ尾	目黒	八王子学園
堅実校	追浜	狛江	横浜翠陵
	市立東	南平	麻布大附
	松陽	広尾	鶴見大附
	港北	雪谷	東京
	市立橘	成瀬	

合格のめやす

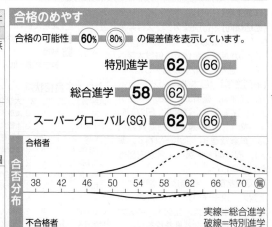

合格の可能性 **60%** **80%** の偏差値を表示しています。

特別進学　**62**　（66）

総合進学　**58**　（62）

スーパーグローバル（SG）　**62**　（66）

合否分布

合格者　　38　42　46　50　54　58　62　66　70　（偏）

不合格者

実線＝総合進学　破線＝特別進学

神奈川　男女に　日本大学

※合格のめやすの見方は114ページ参照。

（**見学ガイド**）文化祭／説明会／学校見学会

日本大学藤沢 高等学校

〒252-0885　神奈川県藤沢市亀井野1866　☎(0466)81-0123

藤沢市

【教育方針】 校訓は「健康・有為・品格」。「日本大学の目的及び使命」を理解し，自ら学び，自ら考え，自ら道をひらく「自主創造」を身につける。

【沿　革】 1949年日本大学農林高等学校として創設。1950年より現校名に改称。

【学校長】 楠本　文雄

【生徒数】 男子814名，女子774名

	1年(10クラス)	2年(13クラス)	3年(17クラス)
男子	206名	256名	352名
女子	205名	227名	342名

小田急江ノ島線―六会日大前8分

特色

設置学科：普通科

【コース】 特別進学と総合進学の2クラス制。2年次より，特別進学クラスは文理・文系・理系に，総合進学クラスは文系・理系に分かれる。

【カリキュラム】 ①特別進学クラスは国公立・難関私立大学や日本大学難関学部への進学をめざす。1年次は受験の基礎となる国数英に重点をおき，3年次に演習の時間を多く設定。特別進学クラスだけの長期休業中の「特進講習」や「特進模試」などを実施。②総合進学クラスは日本大学を主軸に他大学進学に対応する。③放課後講座や英語検定対策などの学習サポートがある。④1年次に日本大学の授業を受講。文理選択の動機づけに，ゼミ見学や模擬授業を体験する。生物資源科学部では実験や実習を受講可能。

【海外研修】 2年次にカナダへの修学旅行を実施（国内との選択制）。1・2年次希望選抜制のオーストラリア語学研修や英国ケンブリッジ大学でのサマー・イースタープログラムがある。

【クラブ活動】 水泳部，ウエイトリフティング部，サッカー部などが全国レベルで活躍。

【施設】 2021年に部室棟完成。観客席のあるグラウンドや武道館など運動施設が充実。

習熟度別授業	土曜授業	文理選択	オンライン授業	制服	自習室	食堂	プール	グラウンド	アルバイト
―	○	2年～	○	○	～18:30	○	○	○	審査

登校時刻＝ 8:30
下校時刻＝18:30

進路情報 2023年3月卒業生

四年制大学への進学率 **91.9%**

【卒業生数】 581名

【進路傾向】 特別進学クラスは卒業生109名で併設大学へ23%，他大学へ60%が進学。全体では併設大学へ50%，他大学へ42%が進学した。

【系列進学】 日本大学へ280名（法47，文理61，経済33，商20，理工31，工1，生産工2，芸術9，国際関係4，歯1，松戸歯1，生物資源科53，危機管理8，スポーツ科6，薬3），同短期大学部へ1名が内部推薦で進学した。

【指定校推薦】 早稲田大，慶應大，上智大，東京理科大，学習院大，明治大，青山学院大，立教大，中央大，法政大，専修大など推薦枠あり。

■ 四年制大学　534名
□ 短期大学　1名
■ 専修・各種学校　13名
■ 就職　3名
□ 進学準備・他　30名

主な大学合格状況
'24年春速報は巻末資料参照

大学名	'23	'22	'21	大学名	'23	'22	'21	大学名	'23	'22	'21
◇東京大	1	0	0	慶應大	4	5	7	東洋大	13	17	15
◇千葉大	1	1	0	上智大	12	8	5	専修大	19	11	8
◇筑波大	1	2	2	東京理科大	13	7	17	東海大	28	15	22
◇横浜国大	3	5	3	学習院大	18	13	15	成城大	12	14	8
◇北海道大	2	0	2	明治大	32	33	35	明治学院大	30	25	40
◇防衛医大	1	0	0	青山学院大	29	24	24	神奈川大	22	10	11
◇都立大	3	4	4	立教大	16	12	23	芝浦工大	15	10	6
◇横浜市大	4	3	5	中央大	28	24	19	立命館大	5	8	9
◇県立保健福祉大	1	2	2	法政大	44	42	28	東京都市大	15	17	10
早稲田大	14	12	14	日本大	290	359	255	昭和薬科大	6	7	5

※各大学合格数は既卒生を含む。

入試要項 2024年春（実績）

新年度日程についてはp.116参照。

◆ 推薦　推薦A（第1志望）　※推薦B（スポーツ・第1志望）あり。男子は硬式野球・サッカー・柔道・水泳・ラグビー・ウエイトリフティング・レスリング，女子は柔道・水泳・ソフトテニス・レスリング

募集人員▶160名

選抜方法▶個人面接（10分），調査書，ほか推薦Bはスポーツ競技歴証明書，健康診断書

◆ 一般　一般C，一般D（フリー）

募集人員▶200名

選抜方法▶国数英（各50分・各100点・マークシート），調査書

◆ 受験料　20,000円

(内申基準) 推薦A：基準Ⅰまたは基準Ⅱを満たすこと。[基準Ⅰ]以下①かつ②。①2年次5科＋3年次5科45・②2・3年次9科に2不可，[基準Ⅱ]以下①②③をすべて満たすこと。①2年次5科21かつ9科36・②3年次5科23かつ9科39・②2・3年次9科に2不可　一般C：非公表　※条件により内申加点あり　※合格者は以下①かつ②で特別進学クラスでの入学権利あり。①2年次5科＋3年次5科47（内申加点なし）・②2・3年次9科に2不可

(特待生・奨学金制度) 入学後，学業成績などに応じた特待生・奨学生制度あり。

(帰国生の受け入れ) 国内生と同枠入試。

入試日程

区分	登録・出願	試験	発表	手続締切
推薦	12/20〜1/18	1/22	1/22	1/25
一般	12/20〜2/3	2/10	2/10	2/14

[延納] 第1志望以外は150,000円納入により残額は公立発表後まで。

応募状況

年度	区分		応募数	受験数	合格数	実質倍率
'24	推薦	男子	91	91	91	1.0
		女子	60	60	60	1.0
	一般C	男子	281	281	281	1.0
		女子	432	431	431	1.0
	一般D	男子	23	23	17	1.4
		女子	15	15	8	1.9
'23	推薦	男子	106	106	106	1.0
		女子	63	63	63	1.0
	一般C	男子	266	265	265	1.0
		女子	405	404	404	1.0
	一般D	男子	16	16	10	1.6
		女子	19	18	14	1.3
'22	推薦	男子	188	104	104	1.0
		女子		80	80	1.0
	一般C	男子	382	381	381	1.0
		女子	494	494	494	1.0
	一般D	男子	26	25	6	4.2
		女子	21	20	4	5.0

['24年合格最低点] 非公表。

神奈川　男女(に)日本大学藤沢

学費（単位：円）	入学金	施設設備資金	授業料	その他経費	小計	初年度合計
入学手続時	230,000	—	—	—	230,000	973,500
1年終了迄	—	195,000	492,000	56,500	743,500	

※2024年度予定。[授業料納入] 3回分割。
[その他] 制服・制定品代，学校行事諸経費等あり。

併願校の例

	神公立	私立
挑戦校	横浜翠嵐／湘南 柏陽	法政二 中大附横浜 山手学院 桐光学園 鎌倉学園
最適校	希望ケ丘／小田原 大和／神奈川総合 光陵／相模原 鎌倉／横浜平沼 市立金沢／平塚江南	桐蔭学園 日本大学 朋優学院 国学院 桜美林
堅実校	茅ヶ崎北陵／海老名 市立桜丘／市ケ尾 市立東／相模原弥栄 市立戸塚／松陽 藤沢西／七里ガ浜	横須賀学院 鵠沼 横浜翠陵 藤嶺藤沢 八王子学園

合格のめやす

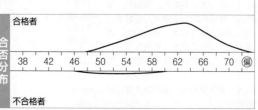

合格の可能性 ▰60%▰ ▰80%▰ の偏差値を表示しています。

普通科　60　64

※合格のめやすの見方は114ページ参照。

合否分布
合格者
不合格者

38　42　46　50　54　58　62　66　70　(偏)

(見学ガイド) 文化祭／説明会／学校見学ツアー

平塚市

平塚学園 高等学校

〒254-0805　神奈川県平塚市高浜台31-19　☎(0463)22-0137

【教育方針】　「礼節・責任・勤勉」を柱とした徳育を重視し，知・徳・体の調和と向上による円満な人格の完成をめざす。

【沿　革】　1942年創立の平塚女子商業学校を前身とする。1951年より男子生徒募集。1963年現校名に改称，普通科設置。

【学校長】　大澤　一仁

【生徒数】　男子691名，女子609名

	1年(11クラス)	2年(12クラス)	3年(8クラス)
男子	260名	268名	163名
女子	208名	233名	168名

JR―平塚15分

特色

設置学科：普通科

【コース】　特進選抜，特進，進学の3コース制。

【カリキュラム】　①特進選抜コースは国公立・難関私立大学進学に対応。充実した授業と専門分野に特化した補習を展開する。②特進コースは難関私立大学合格をめざす。専門分野に特化したカリキュラムや補習で苦手科目もサポート。③進学コースは学校推薦型，総合型選抜に対応。面談を数多く実施し，適切な学習アドバイスを行う。成績により2年進級時に特進選抜・特進コースへの変更も可能。④特進選抜コースと特進コースは早朝や放課後に大学進学者補習を開

講。1年次は国数英，2・3年次は国数英理を学ぶ。放課後補習は1年次が17：00まで，2・3年次が18：30までで，部活動と両立できる。

【クラブ活動】　陸上競技部，チアダンス部，囲碁将棋部，書道部などが全国レベルで活躍。

【行事】　暑中見舞い・年賀状指導，テーブルマナー講習会，母校訪問，まちぐるみ大清掃といった独自のユニークな行事が多数ある。

【施設】　野球場，陸上競技場，テニスコート，食堂などを備えた湘南研修センターがある。天体観測ドームには，最先端の望遠鏡を設置。

習熟度別授業	土曜授業	文理選択	オンライン授業	制服	自習室	食堂	プール	グラウンド	アルバイト
―	―	2年〜	○	○	〜18:00	―	―	―	審査

登校時刻＝ 8:40
下校時刻＝19:00

進路情報　2023年3月卒業生

四年制大学への進学率 **80.4%**

【卒業生数】　439名

【進路傾向】　国公立大学へ文系3名，理系5名が進学した。医学部3名，薬学部14名の合格が出ている。

【指定校推薦】　利用状況は慶應大1，上智大2，東京理科大2，明治大1，青山学院大1，立教大4，法政大3など。ほかに学習院大，中央大，日本大，駒澤大，専修大，東海大，帝京大，國學院大，成蹊大，成城大，明治学院大，獨協大，神奈川大，芝浦工大，東京電機大，東京女子大，玉川大，工学院大，東京都市大，国十舘大，桜美林大，関東学院大，北里大，東京薬科大，東京農大など推薦枠あり。

四年制大学	353名
短期大学	13名
専修・各種学校	38名
就職	1名
進学準備・他	34名

主な大学合格状況

'24年春速報は巻末資料参照

大学名	'23	'22	'21	大学名	'23	'22	'21	大学名	'23	'22	'21
◇一橋大	0	1	0	東京理科大	7	6	6	専修大	25	45	23
◇千葉大	1	1	0	学習院大	5	9	2	東海大	88	70	37
◇横浜国大	0	4	0	明治大	23	26	11	帝京大	20	26	20
◇都立大	0	2	3	青山学院大	25	29	8	成城大	8	13	14
◇横浜市大	1	1	2	立教大	17	13	8	明治学院大	26	31	19
◇信州大	1	1	1	中央大	12	47	25	神奈川大	86	67	38
◇国立看護大	0	1	1	法政大	32	44	18	日本女子大	15	16	9
早稲田大	4	6	6	日本大	53	39	50	東京都市大	30	15	88
慶應大	1	7	3	東洋大	13	19	12	関東学院大	53	30	33
上智大	4	7	5	駒澤大	12	13	11	北里大	10	20	19

※各大学合格数は既卒生を含む。

入試要項 2024年春（実績）

新年度日程についてはp.116参照。

◆ 推薦　専願

募集人員▶特進選抜コース35名，特進コース35名，進学コース180名

選抜方法▶個人面接（7分），調査書

◆ 一般　専願・併願

募集人員▶特進選抜コース35名，特進コース35名，進学コース180名

選抜方法▶**特進選抜**：国数英（各50分・各100点），調査書　**特進・進学**：書類選考（選考用書類，調査書）

◆ 受験料　20,000円

内申基準　**推薦・一般専願**：以下①または②。[特進選抜]①3科42/45・②国英または数英28/30，[特進]①3科37/45・②国英または数英25/30，[進学]①9科92/135・②5科51/75　**一般併願**：以下①または②。[特進選抜]①3科44/45・②国英または数英29/30，[特進]①3科39/45・②国英または数英26/30，[進学]①9科99/135・②5科55/75　※基準は2年次＋3年次×2　※いずれも3年次9科に1不可　※特進選抜・特進コースは進学コースの①②ともに満たすこと　※条件により内申加点あり

特待生・奨学金制度　学習・クラブ活動の成績優秀者を特待生認定。

帰国生の受け入れ　国内生と同枠入試。

入試日程

区分	登録・出願	試験	発表	手続締切
推薦	1/9～17	1/22	1/23	1/25
一般	1/17～26	2/10	2/11	2/15

[延納]一般の併願は70,000円納入により残額は公立発表後まで。
[2次募集]3/2

応募状況

年度	区分		応募数	受験数	合格数	実質倍率
'24	特選	推薦	5	5	5	1.0
		一般	146	146	146	1.0
	特進	推薦	20	20	20	1.0
		一般	340	—	340	1.0
	進学	推薦	114	114	114	1.0
		一般	537	—	537	1.0
'23	特選	推薦	10	10	10	1.0
		一般	163	162	162	1.0
	特進	推薦	22	22	22	1.0
		一般	408	—	408	1.0
	進学	推薦	137	137	137	1.0
		一般	638	—	638	1.0
'22	特選	推薦	12	12	12	1.0
		一般	221	219	219	1.0
	特進	推薦	28	28	28	1.0
		一般	465	—	465	1.0
	進学	推薦	123	123	123	1.0
		一般	613	—	613	1.0

['24年合格最低点] 非公表。

神奈川　男女　ひ　平塚学園

学費（単位：円）	入学金	施設設備費	授業料	その他経費	小計	初年度合計
入学手続時	200,000	160,000	—	—	360,000	773,400
1年終了迄	—	—	360,000	53,400	413,400	

※2024年度予定。[授業料納入]2回分割。
[その他]制服・制定品代あり。

併願校の例
※[進学]を中心に

	神公立	私立
挑戦校	神奈川総合／希望ケ丘 鎌倉／小田原 横浜平沼／平塚江南 茅ケ崎北陵／海老名 市立桜丘／相模原弥栄	日本大学 横須賀学院 桜美林 八王子学園
最適校	座間／七里ガ浜 秦野／大船 横浜栄／藤沢西 鶴嶺／湘南台 大磯／西湘	鵠沼 横浜翠陵 藤嶺藤沢 湘南工科大附 横浜
堅実校	横浜氷取沢／横浜清陵 金井／橋本 茅ケ崎／有馬 藤沢清流／霧が丘 藤沢総合／秦野曽屋	向上 横浜商科大 藤沢翔陵 立花学園 相洋

合格のめやす

合格の可能性 **60%** **80%** の偏差値を表示しています。

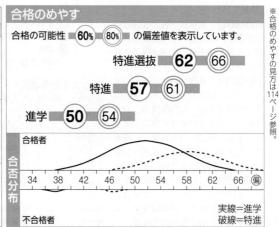

特進選抜 **62** (66)

特進 **57** (61)

進学 **50** (54)

合格者

合否分布

34　38　42　46　50　54　58　62　66（偏）

不合格者

実線＝進学
破線＝特進

※合格のめやすの見方は114ページ参照。

見学ガイド　体育祭／文化祭／説明会／学校見学会

小 中 高 専 短 大

横浜市鶴見区

法政大学国際 高等学校

〒230-0078　神奈川県横浜市鶴見区岸谷1-13-1　☎(045)571-4482

【教育理念】　主体的に学び，考え，行動し，多様な他者とつながる21世紀のグローバルシチズン（地球市民）を育てる。

【沿革】　1949年潤光学園より法政大学に移管され，1953年法政大学女子高等学校となる。2018年度より現校名に改称し，共学化。

【学校長】　和仁　達郎

【生徒数】　男女936名

	1年（8クラス）	2年	3年
男女	321名	312名	303名

※2・3年次はクラスを固定せず，25名程度の学年混合クラスターに所属。

京急本線―生麦5分

特色

設置学科：普通科

【コース】　グローバル探究とIB（国際バカロレア）の2コース制。

【カリキュラム】　①グローバル探究コースは2年次より興味・関心・進路に応じて授業を自由に選択できる。独自カリキュラム「地球市民」では，解決困難な社会課題に挑むため6つの視点の講座を設定。②国際バカロレア認定校。IBコースは，2年次より国際バカロレア・ディプロマプログラム（IBDP）を英語と日本語の2カ国語で実施。多様なスキルを身につける。③グローバルリーダーの育成とキャリア教育を目的とした独自のプログラムを展開。1年次に取り組む課題を設定し，2年次にチームで課題解決方法を実践，社会に提言し，3年次に成果発表会へ臨む。④法政大学への推薦入学資格を保持しながら，国公立・私立，学部を問わず，他大学を併願受験することができる。

【海外研修】　オーストラリア，カナダ，イギリスへのターム留学や，スウェーデンへの研修，長期交換留学がある。いずれも希望制。

【行事】　体育祭や文化祭などの行事は生徒自身が委員会を組織し，企画・運営する。

習熟度別授業	土曜授業	文理選択	オンライン授業	制服	自習室	食堂	プール	グラウンド	アルバイト
―	―	○	―	―	～18:10	―	―	○	届出

登校時刻＝8:55
下校時刻＝18:10

進路情報　2023年3月卒業生

四年制大学への進学率 **96.0%**

【卒業生数】　297名

【進路傾向】　大学進学者の8割強が文系進学。国公立大学へ文系2名・理系4名・他1名，海外大学へ4名が進学した。

【系列進学】　法政大学へ235名（法36，文28，経営32，理工8，生命科7，国際文化12，人間環境15，現代福祉9，キャリアデザイン13，デザイン工12，グローバル教養3，経済21，社会31，情報科6，スポーツ健康2）が内部推薦で合格した。

【指定校推薦】　利用状況は横浜市大2，上智大7，立教大2，大妻女子大1，武蔵野大1，東京農大1，実践女子大1，横浜薬科大1など。

	四年制大学	285名
	短期大学	0名
	専修・各種学校	4名
	就職	0名
	進学準備・他	8名

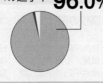

主な大学合格状況

'24年春速報は巻末資料参照

大学名	'23	'22	'21	大学名	'23	'22	'21	大学名	'23	'22	'21
◇東工大	1	0	0	青山学院大	0	0	1	同志社大	0	3	0
◇筑波大	1	0	0	立教大	5	6	6	立命館大	2	2	1
◇横浜国大	2	1	2	中央大	0	0	2	立正大	1	1	0
◇北海道大	0	1	0	法政大	236	262	240	関東学院大	1	1	0
◇横浜市大	2	3	1	東洋大	2	2	0	北里大	1	3	1
早稲田大	8	2	0	専修大	2	0	0	武蔵野大	1	1	0
慶應大	7	9	4	東海大	0	3	0	明星大	4	0	0
上智大	20	16	15	帝京大	1	2	0	東京工科大	2	0	0
東京理科大	3	0	1	国際基督教大	5	2	2	フェリス女学院大	1	2	1
明治大	3	2	2	神奈川大	1	2	0	湘南医療大	2	0	1

※各大学合格数は既卒生を含む。

入試要項 2024年春（実績）

新年度日程については p.116参照。

◆**一般** グローバル探究コース：A書類選考（第1志望），B学科試験，C思考力入試 **IBコース**：IB入試（自己推薦）

募集人員▶ A210名，B50名，C約10名，IB入試20名（帰国生・海外生入試含む）

選抜方法▶［グローバル探究］A：自己PR作文，調査書，B：国数英（各50分・各100点），調査書，C：論述試験（日本語），英語技能証明書，調査書 ［IB］IB入試：日本語小論文，英語小論文，数学能力適性検査，個人面接（英語・10分），自己PRカード，英語技能証明書，調査書 ※英語検定などの資格により英語小論文，英語面接を免除

◆**受験料** 25,000円

(内申基準) ［グローバル探究］A書類選考：条件により内申加点あり，C思考力入試：英語検定準2級，TOEIC Bridge L&R67，TOEIC L&R400，TOEFL iBT40，IELTS3.0のいずれか ［IB］IB入試：英語検定2級，TOEIC Bridge L&R83，TOEIC L&R520，TOEFL iBT57，IELTS4.0のいずれか

(特待生・奨学金制度) 特記なし。

(帰国生の受け入れ) 国内生と別枠入試。

入試日程

区分	登録・出願	試験	発表	手続締切
A	東京・神奈川・千葉11/10〜1/31 埼玉・他11/10〜1/26	—	2/12	2/14
B	11/10〜2/3	2/12	2/13	2/14
C	11/10〜2/15	2/20	2/22	2/24
IB	11/10〜1/22	1/26	1/29	1/31

［延納］B・Cの公立併願者は公立発表後まで。

応募状況

年度	区分		応募数	受験数	合格数	実質倍率
'24	グローバル	A	220	—	220	1.0
		B	462	432	147	2.9
		C	63	57	15	3.8
	IB		19	19	10	1.9
'23	グローバル	A	212	—	212	1.0
		B	423	397	139	2.9
		C	46	38	13	2.9
	IB		34	33	11	3.0
'22	グローバル	A	214	—	214	1.0
		B	429	408	129	3.2
		C	90	84	9	9.3
	IB		27	26	14	1.9

［'24年合格最低点］グローバル探究：B学科試験 198/300

学費（単位：円）	入学金	教育充実費	授業料	その他経費	小計	初年度合計
入学手続時	330,000	—	—	—	330,000	1,247,000
1年終了迄	—	220,000	650,000	47,000	917,000	

※2024年度予定。［授業料納入］2回分割。［その他］教科書代，教材費等，IBコースは外部評価の試験受験料約100,000円あり。［寄付・学債］任意の教育振興資金1口5万円あり。

併願校の例

	神公立	私立
挑戦校	横浜翠嵐	慶應義塾 法政二 早稲田実業 早大学院 明大明治
最適校	湘南／柏陽 横浜緑ケ丘／希望ケ丘 神奈川総合／川和 市立横浜サイエンス／光陵 鎌倉／横須賀	中大附横浜 桐光学園 日本女子大附 青稜 朋優学院
堅実校	横浜平沼／市立金沢 市ケ尾／新城 追浜／横浜国際 市立東／市立桜丘 大船／生田	桐蔭学園 日本大学 桜美林 駒澤大学

合格のめやす

合格の可能性 **60%** **80%** の偏差値を表示しています。

グローバル探究 **64** **68**

IBは偏差値を設定していません。

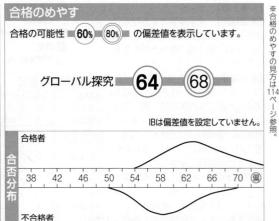

合格者

合否分布

| 38 | 42 | 46 | 50 | 54 | 58 | 62 | 66 | 70 | (偏) |

不合格者

※合格のめやすの見方は114ページ参照。

(見学ガイド) 文化祭／説明会／個別見学対応

川崎市中原区

法政大学第二 高等学校

〒211-0031　神奈川県川崎市中原区木月大町6-1　☎(044)711-4321

【教育理念】　「自由と進歩」を校風とする、「人格」の完成をめざして国民的共通教養の基礎を築き、平和的で民主的な国家および社会の形成者を育成する。

【沿革】　1939年設立の法政大学第二中学校が前身。1948年現校名に改称。2016年男子校より共学化。

【学校長】　五十嵐　聡

【生徒数】　男子1,115名，女子775名

	1年(14クラス)	2年(14クラス)	3年(15クラス)
男子	368名	379名	368名
女子	274名	254名	247名

東急東横線・東急目黒線—武蔵小杉10分
JR—武蔵小杉12分

特色

設置学科：普通科

【カリキュラム】　①自ら論理的に思考し、他者に表現できる力をつけるため、調査・討論・発表する作業を多く取り入れる。②英語は分割授業を取り入れ、TOEIC Bridge® の活用や外国人講師が行う授業などで英語力の強化をめざす。③３年次はゼミ形式の選択授業を展開。自らの興味・関心や問題意識に応じて講座を選択する。④一定基準を満たしていれば法政大学への被推薦権を得られる。被推薦権を保持しながらの他大学受験も可能。また、推薦決定後には進学する学部の内容を考慮して各自が課題を設定。プレゼンテーションや論文での発表、講演、学外へのフィールドワークなどに取り組み、大学進学後の学びを展望し、準備する。

【海外研修】　ニュージーランドやカナダへの研修を実施。ホームステイを行う。ほか、約１年間、ニュージーランドにある姉妹校への長期留学制度などもある。いずれも希望者から選抜。

【クラブ活動】　物理部は世界大会の出場経験あり。陸上部、ハンドボール部、テニス部、水泳部、重量挙部、フェンシング部は全国大会出場の実績をもつ。吹奏楽部なども活躍している。

習熟度別授業	土曜授業	文理選択	オンライン授業	制服	自習室	食堂	プール	グラウンド	アルバイト
—	○	3年～	○	○	○	○	○	○	—

登校時刻＝ 8:40
下校時刻＝18:30

進路情報　2023年３月卒業生

四年制大学への進学率 **97.9%**

【卒業生数】　624名

【進路傾向】　大学進学は８割程度が文系進学。国公立大学へ文系２名・理系３名・他３名、海外大学へ２名が進学した。

【系列進学】　法政大学へ545名（法74、文60、経済77、社会63、経営68、国際文化23、人間環境31、現代福祉10、キャリアデザイン27、スポーツ健康11、情報科16、デザイン工28、理工41、生命科13、グローバル教養3）が内部推薦で進学した。

【指定校推薦】　利用状況は東京理科大５、立教大１、中央大２、昭和薬科大１、日本歯大１、武蔵野大１、東京工科大１、武蔵野音大１など。

四年制大学	611名
短期大学	0名
専修・各種学校	0名
就職	1名
進学準備・他	12名

主な大学合格状況　'24年春速報は巻末資料参照

大学名	'23	'22	'21	大学名	'23	'22	'21	大学名	'23	'22	'21
◇東工大	1	0	0	上智大	12	7	1	東海大	3	2	0
◇筑波大	0	3	2	東京理科大	13	11	5	亜細亜大	0	3	0
◇東京外大	2	0	0	明治大	16	14	4	帝京大	1	3	1
◇横浜国大	4	3	2	青山学院大	9	8	2	成蹊大	2	0	0
◇東京歯大	1	0	0	立教大	4	3	2	日本女子大	1	0	1
◇東京農工大	1	0	0	中央大	9	8	5	桜美林大	3	0	2
◇東京学芸大	0	1	2	法政大	568	567	606	順天堂大	1	2	1
◇都立大	0	2	0	日本大	6	4	5	星薬科大	1	0	0
早稲田大	13	4	1	駒澤大	1	0	1	武蔵野大	1	6	0
慶應大	19	7	5	専修大	3	0	1	明星大	0	7	2

※各大学合格数は既卒生を含む。

入試要項 2024年春（実績）

新年度日程についてはp.116参照。

◆ 書類選考　第1志望
募集人員▶男子150名，女子150名
選抜方法▶小論文（出願時提出），調査書
◆ 学科試験
募集人員▶男子50名，女子50名　※帰国生を含む
選抜方法▶国数英（各50分・各100点・英にリスニングあり），調査書，ほかに既卒生・帰国生は保護者同伴面接
◆ 受験料　30,000円

（**内申基準**）書類選考：9科の基準あり
（**特待生・奨学金制度**）特記なし。
（**帰国生の受け入れ**）国内生と同枠入試で考慮あり。

入試日程

区分	登録・出願	試験	発表	手続締切
書類	12/1～1/27	—	2/12	2/16
学科	12/1～2/3	2/11	2/13	2/17

［延納］学科試験の公立併願者は公立発表後まで。

応募状況

年度	区分		応募数	受験数	合格数	実質倍率
'24	書類	男子	160	—	160	1.0
		女子	154	—	154	1.0
	学科	男子	589	565	135	4.2
		女子	360	352	130	2.7
'23	書類	男子	184	—	184	1.0
		女子	151	—	151	1.0
	学科	男子	498	473	141	3.4
		女子	299	293	114	2.6
'22	書類	男子	194	—	194	1.0
		女子	149	—	149	1.0
	学科	男子	456	438	137	3.2
		女子	289	286	96	3.0

［'24年合格最低点］学科試験：男子174，女子166（/300）

神奈川　男女　（ほ）法政大学第二

学費（単位：円）

	入学金	教育充実費	授業料	その他経費	小計	初年度合計
入学手続時	300,000	50,000	—	—	350,000	1,323,850
1年終了迄	—	240,000	528,000	205,850	973,850	

※2024年度予定。［返還］3/31までの入学辞退者には入学金を除き返還。
［授業料納入］2回分割。［その他］制服・制定品代あり。

併願校の例

	神公立	都立	私立
挑戦校			慶應女子 早稲田実業
最適校	横浜翠嵐 湘南 柏陽	日比谷 西 国立 戸山	慶應義塾 中大附横浜 国際基督教 明大明治 青山学院
堅実校	横浜緑ケ丘 川和 多摩 希望ケ丘 光陵	青山 立川 新宿 小山台 町田	山手学院 法政国際 青稜 朋優学院 国学院

合格のめやす

合格の可能性 **60%** **80%** の偏差値を表示しています。

男子　**67**　**72**

女子　**67**　**72**

※合格のめやすの見方は114ページ参照。

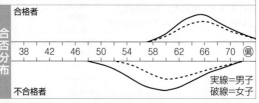

合否分布

合格者

| 38 | 42 | 46 | 50 | 54 | 58 | 62 | 66 | 70 | 偏 |

不合格者

実線＝男子
破線＝女子

（**見学ガイド**）文化祭／説明会／学校公開

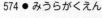

小 中 高 専 短 大

横須賀市

三浦学苑 高等学校

〒238-0031　神奈川県横須賀市衣笠栄町3-80　☎(046)852-0284

【教育目標】　校訓「初心忘るべからず」のもと，「質実剛健」「自主独立」を建学の精神に掲げる。個性と自主性を持った国際人の育成をめざす。

【沿　革】　1929年開校。2009年より現校名に改称。

【学校長】　吉田　和市

【生徒数】　男子855名，女子454名

	1年(15クラス)	2年(12クラス)	3年(13クラス)
男子	328名	266名	261名
女子	173名	136名	145名

JR―衣笠 5 分
京急本線―汐入よりバス三浦高校前 1 分

特色

設置学科：普通科／工業技術科

【コース】　普通科は特進，進学，総合の3コース，工業技術科はものづくり，デザインの2コースを設置している。

【カリキュラム】　①普通科・特進コースは国公立・難関私立大学合格をめざす。英会話力向上，キャリア教育と課外活動に力を入れる。進学コースは文武両道を掲げ，放課後講習や長期休暇中の講習，朝学習などで個々の学習を支援。総合コースは様々な学習支援システムを活用し，徹底して基礎学力の定着をめざす。②工業技術科・ものづくりコースは機械工学やプログラミングなどを横断的に学ぶ。工業技術はもちろん，基礎学力，コミュニケーション能力向上をめざす。デザインコースは工業に関わるデザインについて，開発から設計まで総合的に学び，設計・開発・工業デザイナーをめざす。③土曜日は特進コースのみ登校。

【海外研修】　特進コースの修学旅行先はセブ島。語学学校でのレッスンで語学力を鍛える。

【クラブ活動】　陸上競技部，駅伝競走部，卓球部，水泳部などが全国レベルで活躍。

【施設】　約200席の新カフェテリアが完成。

習熟度別授業	土曜授業	文理選択	オンライン授業	制服	自習室	食堂	プール	グラウンド	アルバイト
―	○	2年～	○	○	～19:00	○	○	○	審査

登校時刻＝ 8:30
下校時刻＝19:00

進路情報　2023年 3 月卒業生

四年制大学への進学率 **52.7%**

【卒業生数】　374名

【進路傾向】　大学進学者の内訳は文系58%，理系39%，他3%。国公立大学へ文系2名・理系3名，海外大学へ1名が進学した。工業技術科は就職率51%だった。

【指定校推薦】　利用状況は日本大2，東洋大2，駒澤大1，明治学院大2，神奈川大6，東京都市大2など。ほかに東海大，帝京大，東京電機大，立命館アジア太平洋大など推薦枠あり。

■ 四年制大学	197名
□ 短期大学	10名
■ 専修・各種学校	115名
■ 就職	44名
□ 進学準備・他	8名

主な大学合格状況
'24年春速報は巻末資料参照

大学名	'23	'22	'21	大学名	'23	'22	'21	大学名	'23	'22	'21
◇大阪大	0	0	1	明治大	1	4	2	明治学院大	3	4	5
◇東京学芸大	2	0	0	青山学院大	3	5	4	神奈川大	34	37	28
◇横浜市大	0	1	0	立教大	0	0	10	東京都市大	14	3	16
◇東京海洋大	2	0	0	中央大	5	0	0	立正大	3	7	4
◇航空保安大	2	5	2	法政大	7	7	10	国士舘大	4	6	4
早稲田大	0	0	4	日本大	26	53	27	桜美林大	6	6	4
慶應大	1	1	1	駒澤大	3	4	9	関東学院大	27	28	26
上智大	1	1	2	専修大	4	12	9	洗足学園音大	4	3	2
東京理科大	1	1	1	東海大	9	9	9	日本体育大	2	2	2
学習院大	3	0	4	帝京大	11	14	6	鎌倉女子大	6	9	5

※各大学合格数は既卒生を含む。

入試要項 2024年春（実績）

新年度日程についてはp.116参照。

※下記は現行コース制での募集実績。2025年度入試よりIBコースの募集停止予定

◆ 推薦 専願 ※スポーツ・文化推薦制度あり

募集人員 ▶IBコース5名，特進コース10名，進学コース83名，総合コース78名，ものづくりコース21名，デザインコース21名

選抜方法 ▶個人面接（5分），調査書，ほかスポーツ・文化推薦は競技活動調査書および承諾書

◆ 一般 チャレンジ筆記（専願・併願），書類選考（併願，IBコースは募集なし）

募集人員 ▶IBコース5名，特進コース10名，進学コース83名，総合コース78名，ものづくりコース21名，デザインコース21名

選抜方法 ▶チャレンジ筆記：国数英（各50分・各100点・マークシート），調査書 **書類選考**：自己PRシート，調査書

◆ 受験料 20,000円

（内申基準）**推薦**：[特進]20/25，[進学]30/45または85/135，[総合][工業技術科]24/45または65/135 **チャレンジ筆記・書類選考**：[特進]21/25，[進学]31/45または88/135，[総合][工業技術科]25/45または70/135 ※分母25＝3年次5科 ※分母45＝3年次9科 ※分母135＝2年次9科＋3年次9科×2 ※[特進]は3

科に2不可，9科に1不可。[進学]は3科に2不可 ※条件により内申加点あり

（特待生・奨学金制度）内申，入試成績で3段階の勉学特待生認定。ほかスポーツ・文化特待あり。

（帰国生の受け入れ）国内生と同枠入試。

入試日程

区分		登録・出願	試験	発表	手続締切
推薦		12/20～1/16	1/22	1/23	1/29
一般	筆記専願	12/20～1/26	2/10	2/12	2/16
	筆記併願	12/20～1/26	2/10	2/12	2/29
	書類	12/20～1/26	―	2/12	2/29

応募状況

年度	区分		応募数	受験数	合格数	実質倍率
'24	IB	推薦	0	0	0	―
		筆記専願	2	2	2	1.0
		筆記併願	3	3	3	1.0
	特進	推薦	5	5	5	1.0
		筆記専願	2	2	2	1.0
		筆記併願	15	15	15	1.0
		書類	8	―	8	1.0
	進学	推薦	99	99	99	1.0
		筆記専願	4	4	4	1.0
		筆記併願	79	79	79	1.0
		書類	191	―	191	1.0
	総合	推薦	182	182	182	1.0
		筆記専願	21	21	20	1.1
		筆記併願	54	54	52	1.0
		書類	326	―	326	1.0
	工業	推薦	46	46	46	1.0
		筆記専願	3	3	2	1.5
		筆記併願	12	12	8	1.5
		書類	98	―	98	1.0

['24合格最低点] 非公表。

学費（単位：円）

学費（単位：円）	入学金	施設設備拡充費	授業料	その他経費	小計	初年度合計
入学手続時	200,000	200,000	―	―	400,000	約1,065,200
1年終了迄	―	―	420,000	約245,200	約665,200	

※2024年度予定。[入学前納入] 1年終了迄の小計のうち約100,000円。[授業料納入] 一括または毎月分割。[その他]制服・制定品代，研修・修学旅行積立費，副読本代，教育活動費（特進コース45,000円，進学コース36,000円，総合コース33,600円，工業技術科38,400円），諸経費，工業技術科は実習服約6,000円，実習費60,000円あり。

併願校の例 ※[総合]を中心に

	神公立	私立
挑戦校	横浜栄／横須賀大津 藤沢西／鶴見 横浜氷取沢／市立高津 横浜清陵／金井 市立横須賀総合	横浜 北鎌倉女子 横浜創学館 横浜清風 鎌倉女子大
最適校	津久井浜／城郷 金沢総合／舞岡 横浜南陵／藤沢清流 綾瀬／逗子葉山 横浜緑園／新羽	湘南学院 藤沢翔陵 緑ヶ丘女子 相洋 横浜学園
堅実校	大和南／横須賀南(福) 三浦初声／横浜桜陽 横須賀工業／保土ケ谷 釜利谷／磯子工業	

合格のめやす

合格の可能性 ■**60%** ■**80%** の偏差値を表示しています。

普通科(特進) **57** (61)

普通科(進学) **47** (51)

普通科(総合) **40** (44)

工業技術科 **39** (43)

※合格のめやすの見方は114ページ参照。

（見学ガイド）文化祭／説明会／オープンスクール／入試相談会

横浜市栄区

山手学院 高等学校

〒247-0013　神奈川県横浜市栄区上郷町460　☎(045)891-2111

【建学の精神】　世界を舞台に活躍でき，世界に信頼される人間を育成。教育方針として三本の柱「国際交流教育，教科教育・進路指導，誠人教育」を定める。

【沿　革】　1966年に男子中学校を開校。1969年共学の高等学校設立。

【学校長】　時乗　洋昭

【生徒数】　男子711名，女子732名

	1年(13クラス)	2年(13クラス)	3年(13クラス)
男子	217名	245名	249名
女子	234名	268名	230名

JR―港南台12分

特色

設置学科：普通科

【コース】　特別進学コースと進学コースを設置。進学コースは2年次より文系・理系クラスに分かれる。内部進学生とは3年間別クラス編成。

【カリキュラム】　①特別進学コースは難関国公立大学をめざし選抜された2クラス編成。②進学コースは国公立大学志望にも対応。芸術各科では専門的な学習が可能。文系クラスでは芸術系の進路も選択することができる。③長期休業中に講習を実施。基礎の復習や大学入試演習などをレベルに応じて受講できる。④土曜日の午前中に多彩な土曜講座を開講。補習講座，資格試験対策講座，大学受験対策講座などがある。ほか，韓国語講座や着つけといった勉強以外の語学や教養のための文化講座も設定。

【海外研修】　2年次の4月に全員参加による約2週間の北米研修プログラムがある。アメリカ，カナダの都市でホームステイをしながら現地の学校行事に参加する。また，訪問先の生徒を迎えるリターンビジットや国連世界高校生会議への参加など，国際交流を盛んに行う。

【クラブ活動】　チアリーダー部が全国大会に出場。ほかに文藝創作部，弓道部などが活躍。

習熟度別授業	土曜授業	文理選択	オンライン授業	制服	自習室	食堂	プール	グラウンド	アルバイト
―	―	2年～	○	○	○	○	○	○	○

登校時刻＝ 8:40
下校時刻＝18:30

進路情報　2023年3月卒業生

四年制大学への進学率 **87.9%**

【卒業生数】　496名

【進路傾向】　大学進学者の内訳は文系56%，理系42%，他2%。国公立大学へ文系23名・理系66名，海外大学へ7名が進学した。医学部13名，歯学部7名，薬学部43名合格。

【指定校推薦】　横浜市大，早稲田大，慶應大，上智大，東京理科大，学習院大，明治大，青山学院大，立教大，中央大，法政大，日本大，専修大，成城大，明治学院大，芝浦工大，津田塾大，東京女子大，日本女子大，立命館大，武蔵大，東京都市大，昭和大，北里大，東京薬科大，明治薬科大，東京歯大，日本歯大，関西学院大など推薦枠あり。

四年制大学	436名
短期大学	0名
専修・各種学校	2名
就職	0名
進学準備・他	58名

主な大学合格状況
'24年春速報は巻末資料参照

大学名	'23	'22	'21	大学名	'23	'22	'21	大学名	'23	'22	'21
◇東京大	0	1	0	◇横浜市大	10	11	9	中央大	94	123	127
◇京都大	2	1	0	◇信州大	6	8	2	法政大	141	157	85
◇東工大	5	2	2	早稲田大	61	73	76	日本大	104	143	122
◇一橋大	5	5	0	慶應大	62	48	40	東洋大	76	110	59
◇千葉大	2	5	3	上智大	50	30	30	専修大	51	109	68
◇筑波大	1	2	4	東京理科大	100	96	65	明治学院大	83	94	87
◇横浜国大	17	15	13	学習院大	24	26	14	神奈川大	141	136	61
◇北海道大	3	9	5	明治大	199	178	160	芝浦工大	73	86	46
◇東北大	6	4	3	青山学院大	103	108	99	日本女子大	24	47	42
◇都立大	6	11	8	立教大	117	139	119	東京都市大	121	111	89

※各大学合格数は既卒生を含む。

入試要項 2024年春（実績）

新年度日程についてはp.116参照。

◆ 一般　併願，オープン

募集人員 ▶ 併願A80名・B30名，オープンA40名・B20名

選抜方法 ▶ 国数英（各50分・各100点），調査書

◆ 受験料　25,000円

入試日程

区分	登録・出願	試験	発表	手続締切
併願A	12/24〜2/5	2/10	2/13	2/17
併願B	12/24〜2/5	2/12	2/13	2/17
オープンA	12/24〜2/5	2/10	2/11	2/17
オープンB	12/24〜2/11	2/12	2/13	2/17

[延納] 1次納入200,000円。2次納入は残額を公立発表後まで。

内申基準 一般(併願)：[特別進学][進学]以下①または②。①49/50または130/135・②25/25または44/45　※特別進学コースは入試成績により選抜　※分母135＝2年次9科＋3年次9科×2　※分母50＝2年次5科＋3年次5科　※分母25＝3年次5科　※分母45＝3年次9科　※条件により内申加点あり

特待生・奨学金制度 入試の成績優秀者を特待生認定。

帰国生の受け入れ 国内生と同枠入試で考慮あり。

応募状況

年度	区分		応募数	受験数	合格数	実質倍率
'24	併願A	男子	702	701	701	1.0
		女子	813	810	810	1.0
	併願B	男子	74	73	73	1.0
		女子	37	36	36	1.0
	オープンA	男子	61	60	31	1.9
		女子	26	25	9	2.8
	オープンB	男子	41	37	14	2.6
		女子	16	16	7	2.3
'23	併願A	男子	490	490	490	1.0
		女子	672	672	672	1.0
	併願B	男子	45	45	45	1.0
		女子	40	38	38	1.0
	オープンA	男子	87	87	32	2.7
		女子	38	37	9	4.1
	オープンB	男子	39	36	14	2.6
		女子	18	18	6	3.0

[24合格最低点] オープンA161，オープンB160（/300）

学費（単位：円）

	入学金	施設備費	授業料	その他経費	小計	初年度合計
入学手続時	200,000	240,000	—	—	440,000	1,262,200
1年終了迄	—	—	468,000	354,200	822,200	

※2024年度予定。[授業料納入] 6回分割。[その他] 制服・制定品代，海外研修費用450,000円あり。
[寄付・学債] 任意の教育振興費1口10万円あり。

併願校の例 ※[進学]を中心に

	神公立	私立
挑戦校	横浜翠嵐	慶應義塾 法政二 早稲田実業 早大学院 青山学院
最適校	湘南／柏陽 横浜緑ケ丘／川和 市立横浜サイエンス／多摩 希望ケ丘／光陵 神奈川総合／小田原	中大附横浜 桐光学園 鎌倉学園 青稜 朋優学院
堅実校	横須賀／鎌倉 横浜平沼／平塚江南 市立金沢／茅ケ崎北陵 市立桜丘／市ケ尾 市立東／追浜	日大藤沢 桐蔭学園 日本大学 横須賀学院 国学院

合格のめやす

合格の可能性 **60%** **80%** の偏差値を表示しています。

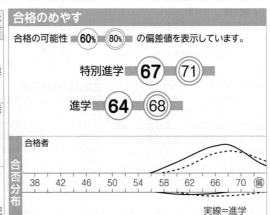

特別進学　**67**　（**71**）

進学　**64**　（**68**）

合格者

合否分布　38　42　46　50　54　58　62　66　70　偏

不合格者

実線＝進学
破線＝特別進学

※合格のめやすの見方は114ページ参照。

見学ガイド 文化祭／説明会

横須賀市

横須賀学院 高等学校

〒238-8511　神奈川県横須賀市稲岡町82　☎(046)822-3218

【教育目標】　「敬神・愛人」を建学の精神とし，キリスト教に基づく教育を実践する。生活目標に「誠実・努力・奉仕」を掲げ，世界に対して自らの使命を果たす人間の育成をめざす。

【沿　革】　1950年創立。

【学校長】　川名　稔

【生徒数】　男子744名，女子845名

	1年(12クラス)	2年(17クラス)	3年(15クラス)
男子	200名	273名	271名
女子	251名	301名	293名

京急本線―横須賀中央10分
JR―横須賀18分またはバス大滝町5分

特色

設置学科：普通科

【コース】　S選抜コースとA進学コースを設置。内部進学生とは3年間別クラス編成。

【カリキュラム】　①S選抜コースは国公立大対応のカリキュラム。3年次には国公立・最難関私大をめざすSS選抜コースも設置。②A進学コースは，幅広い進路に対応する。学習と部活の両立を図る。③小論文講座や入試直前講習，長期休業中の講習が充実。S選抜コースは1・2年次の夏期休業中に4日間の学習合宿を校外で実施。④卒業生が在校生の学習をサポートするチューター制度を導入。⑤青山学院大学全学部の講義を「学問入門講座」を通して受けられる。⑥様々な分野にわたる大学などの講義を受けられる「学院セミナリオ」や，大学での研究を実体験できるプレカレッジプログラムを実施。

【宗教】　毎日の礼拝や聖書の授業，収穫感謝礼拝，燭火礼拝，ツリー点灯式などがある。

【海外研修】　2年次の体験学習は全員参加。海外を含めた選択制での実施を検討している。ほかに希望制のセブ島語学研修なども用意。

【クラブ活動】　柔道部，空手道部，陸上競技部，チアダンス部が全国大会出場レベル。

習熟度別授業	土曜授業	文理選択	オンライン授業	制服	自習室	食堂	プール	グラウンド	アルバイト	登校時刻＝ 8:25
英	○	2年～	○	○	～19:00	○	―	○	審査	下校時刻＝19:00

進路情報　2023年3月卒業生

四年制大学への進学率 **77.1%**

【卒業生数】　634名

【進路傾向】　大学進学者の内訳は文系58%，理系36%，他6%。国公立大学へ文系6名・理系15名，海外大学へ1名が進学した。

【指定校推薦】　利用状況は横浜市大2，東京理科大2，学習院大1，明治大2，青山学院大22，立教大1，法政大3，日本大5，東洋大2，専修大4，東海大2，国際基督教大1，成蹊大3，成城大1，明治学院大3，神奈川大6，芝浦工大2，同志社大2，武蔵大1，東京都市大7，桜美林大1，白百合女子大2，関西学院大2，清泉女子大1，フェリス女学院大3，東洋英和女学院大5など。

	名数
■ 四年制大学	489名
■ 短期大学	17名
■ 専修・各種学校	44名
■ 就職	5名
□ 進学準備・他	79名

主な大学合格状況

'24年春速報は巻末資料参照

大学名	'23	'22	'21	大学名	'23	'22	'21	大学名	'23	'22	'21
◇京都大	0	0	1	上智大	3	5	3	駒澤大	21	15	14
◇一橋大	1	0	0	東京理科大	10	2	6	専修大	52	31	38
◇筑波大	0	1	0	学習院大	15	7	9	東海大	60	52	34
◇横浜国大	2	0	2	明治大	46	27	24	國學院大	23	16	14
◇東京学芸大	1	0	1	青山学院大	42	37	27	明治学院大	22	25	19
◇横浜市大	6	2	2	立教大	26	6	15	神奈川大	88	78	55
◇茨城大	2	0	1	中央大	12	22	11	玉川大	21	10	14
◇県立保健福祉大	6	3	1	法政大	34	39	20	東京都市大	22	17	3
早稲田大	11	8	4	日本大	60	65	69	桜美林大	41	35	10
慶應大	5	1	3	東洋大	34	29	30	関東学院大	92	50	27

※各大学合格数は既卒生を含む。

入試要項 2024年春（実績）

新年度日程についてはp.116参照。

◆ 推薦　専願　※文化スポーツ推薦あり。対象クラブは空手道・硬式テニス・吹奏楽・陸上競技（男女），野球・ソフトボール・サッカー（男子），柔道・バドミントン（女子）

募集人員 ▶80名

選抜方法 ▶作文（出願時提出・600字），個人面接（8分），調査書

◆ 一般　S選抜（書類選考，チャレンジスカラシップ），A進学（書類選考，チャレンジ），オープンI・II

募集人員 ▶S選抜120名，A進学120名，オープンI若干名（S選抜・A進学に含む），オープンII10名

選抜方法 ▶書類選考：作文（出願時提出・600字），志望理由書，調査書　チャレンジスカラシップ・チャレンジ：国数英（各50分・各100点），調査書　オープンI・II：国数英（各50分・各100点），調査書

◆ 受験料　20,000円

(内申基準) 推薦：[S選抜]22/25または41/45，[A進学]20/25または35/45　書類選考：[S選抜]23/25または42/45，[A進学]21/25または37/45　チャレンジスカラシップ：[S選抜]22/25または41/45　チャレンジ：[A進学]21/25または37/45　※いずれも5科に2不可，他4科に1不可　※条件により内申加点あり

(特待生・奨学金制度) 推薦は内申により，一般（書類選考・オープンII除く）は入試成績により学業特待生認定。ほか文化スポーツ特待生制度などあり。

(帰国生の受け入れ) 国内生と同枠入試。

入試日程

区分	登録・出願	試験	発表	手続締切
推薦	1/6～17	1/22	1/23	1/26
S選抜	1/6～26	2/10	2/11	3/1
A進学	1/6～26	2/10	2/11	3/1
オープンI	1/6～26	2/10	2/11	3/1
オープンII	1/6～26	2/12	2/13	3/1

応募状況

年度	区分		応募数	受験数	合格数	実質倍率
'24	推薦	男子	41	41	41	1.0
		女子	46	46	46	1.0
	S選抜	男子	386	386	386	1.0
		女子	438	438	438	1.0
	A進学	男子	277	277	277	1.0
		女子	381	381	381	1.0
	オープンI	男子	50	49	22	2.2
		女子	18	18	8	2.3
	オープンII	男子	69	56	46	1.2
		女子	15	9	6	1.5
'23	推薦	男子	38	38	38	1.0
		女子	53	53	53	1.0
	書類選考	男子	161	—	161	1.0
		女子	257	—	257	1.0
	I期A進	男子	252	252	242	1.0
		女子	313	312	296	1.1
	II期S選	男子	209	203	188	1.1
		女子	192	191	181	1.1
	アビリティ	男子	88	73	53	1.4
		女子	40	34	19	1.8

[スライド制度] あり。上記に含まず。
['24年合格最低点] 非公表。

学費（単位：円）	入学金	施設費	授業料	その他経費	小計	初年度合計
入学手続時	230,000	200,000	—	—	430,000	1,073,200
1年終了迄	—	—	456,000	187,200	643,200	

※2024年度予定。[授業料納入] 毎月分割。[その他] 制服・制定品，教科書代・旅行卒業諸費・その他諸費（S選抜コース142,645円，A進学コース114,708円）あり。[寄付・学債] 任意の教育近代化募金1口3万円あり。

併願校の例

※[A進学]を中心に

	神公立	私立
挑戦校	柏陽／希望ケ丘 横浜緑ケ丘／神奈川総合 光陵／市立横浜サイエンス 横須賀／小田原 横浜平沼／鎌倉	山手学院 鎌倉学園 日大藤沢 日本大学 朋優学院
最適校	市立金沢／茅ケ崎北陵 市立桜丘／市立南 市立東／追浜 市立戸塚／七里ガ浜 横浜栄／大船	横浜隼人 鵠沼 藤嶺藤沢
堅実校	横須賀大津／藤沢西 横浜清陵／横浜氷取沢 市立みなと総合／湘南台 市立横須賀総合／岸根	平塚学園 湘南工科大附 横浜 北鎌倉女子 横浜創学館

合格のめやす

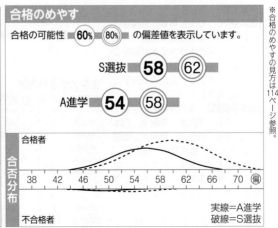

合格の可能性 **60%** **80%** の偏差値を表示しています。

S選抜　**58**　**62**

A進学　**54**　**58**

合格者

38　42　46　50　54　58　62　66　70　(偏)

不合格者

実線＝A進学
破線＝S選抜

※合格のめやすの見方は114ページ参照。

縦書き見出し：神奈川　男女　(よ)　横須賀学院

(見学ガイド) 文化祭／説明会／オープンデー／学校見学会／直前入試相談会

横浜市金沢区

横浜 高等学校

〒236-0053　神奈川県横浜市金沢区能見台通46-1　☎(045)781-3396

【建学の精神】「信頼を受くる人となれ，責任を重んぜよ，秩序を守れ」の三条と「誠意，総力，努力，創造，忍耐」の五訓を掲げる。

【沿　革】1942年横浜中学校として創立。1946年現在地に移転，1948年横浜高等学校を設立。2020年，男子校より共学化。2025年度より中学募集一時停止予定。

【学校長】葛　蔵造

【生徒数】男子1,066名，女子1,102名

	1年(28クラス)	2年(19クラス)	3年(21クラス)
男子	448名	296名	322名
女子	503名	314名	285名

京急本線―能見台2分

特色

設置学科：普通科

【コース】プレミア，アドバンス，アクティブの3コース制。2年次にそれぞれ理科系と文科系のカリキュラムに分かれる。

【カリキュラム】①プレミアコースは難関大学への現役合格の先に高い志を実現するグローバル人財を育成。優先的に使える学習室，チューターによる指導などで学習をサポート。予備校の映像授業が受講可能。②アドバンスコースは多彩な進路に対応。英語検定の資格などによる希望選抜制で，英語の授業をネイティヴ教員と日本人教員のティームティーチングで受けられ

る「グローバル・セレクト」に所属可能。③アクティブコースは好きな分野のエキスパートをめざす。様々な活動と学校での学びを通じて自分を磨き，将来を切り拓く。④生徒の志望や適性を把握し，チームによる進路指導を行う。⑤土曜日はアクティブコースのみ休校。

【海外研修】2年次に希望制でニュージーランドへの研修（3週間）やターム留学がある。

【クラブ活動】硬式野球部，バドミントン部，アーチェリー部，囲碁将棋部などが全国レベル。

【施設】2022年4月新校舎（4号館）完成。

習熟度別授業	土曜授業	文理選択	オンライン授業	制服	自習室	食堂	プール	グラウンド	アルバイト
―	隔週	2年～	○	○	～19:00	○	―	―	届出

登校時刻＝ 8:30
下校時刻＝19:00

進路情報 2023年3月卒業生

四年制大学への進学率 **61.5%**

【卒業生数】890名

【進路傾向】短大，専修・各種学校を含めた進学率は前年を上回り9割を超えた。海外大学へ6名が進学した。アメリカ，フィリピン，オーストラリア，カナダ，台湾の9大学と高大接続提携。

【指定校推薦】東京理科大，学習院大，明治大，立教大，法政大，日本大，駒澤大，専修大，東海大，亜細亜大，帝京大，國學院大，成蹊大，明治学院大，獨協大，神奈川大，芝浦工大，東京電機大，玉川大，工学院大，東京都市大など推薦枠あり。

	四年制大学	547名
	短期大学	47名
	専修・各種学校	245名
	他	51名

主な大学合格状況

'24年春速報は巻末資料参照

大学名	'23	'22	'21	大学名	'23	'22	'21	大学名	'23	'22	'21
◇横浜国大	0	1	0	中央大	1	0	0	神奈川大	54	2	15
◇埼玉大	0	1	0	法政大	8	0	2	玉川大	24	7	2
◇横浜市大	1	1	0	日本大	22	8	10	国士舘大	12	3	2
◇県立保健福祉大	1	0	0	東洋大	13	1	0	桜美林大	67	5	9
早稲田大	2	0	0	駒澤大	9	0	3	関東学院大	48	18	1
東京理科大	0	0	3	専修大	12	0	4	帝京平成大	21	5	4
学習院大	1	0	1	東海大	34	4	9	日本体育大	16	0	0
明治大	5	0	2	帝京大	22	6	1	麻布大	16	5	1
青山学院大	2	0	1	國學院大	4	2	2	湘南医療大	10	2	0
立教大	11	0	1	明治学院大	12	1	5	神奈川工科大	15	11	10

※各大学合格数は既卒生を含む。

入試要項 2024年春（実績）

新年度日程についてはp.116参照。

◆ 推薦　専願

募集人員▶200名　※コース内訳は全入試合計で，プレミアコース100名，アドバンスコース350名，アクティブコース160名

選抜方法▶個人面接（10分），調査書，アサインメントシート（180字）

◆ 一般　**A方式**：書類選考　**B方式**：筆記試験

募集人員▶360名

選抜方法▶A方式：調査書，アサインメントシート（180字）　B方式：国数英（各50分・各100点・英にリスニングあり），調査書，アサインメントシート（180字）

◆ オープン

募集人員▶50名

選抜方法▶国英または数英（各50分・各100点・英にリスニングあり），個人面接（10分）

※全入試でアドバンスコースのグローバル・セレクト希望者は英語検定準2級証明書写しが必要

◆ 受験料　23,000円

内申基準　推薦・一般A・一般B：［プレミア］22/25，［アドバンス］19/25，［アクティブ］31/45　※［アドバンス（グローバル・セレクト）］上記かつ英語検定準2級　※条件により内申加点あり

特待生・奨学金制度　内申，入試成績，スポーツ・文化活動の実績により奨学生・準奨学生を認定。

帰国生の受け入れ　国内生と同枠入試。

入試日程

区分	登録・出願	試験	発表	手続締切
推薦	12/20~1/17	1/22	1/22	1/24
一般A	12/20~1/26	—	2/10	2/16
一般B	12/20~1/26	2/10	2/11	2/16
オープン	12/20~2/3	2/12	2/13	2/16

［延納］併願者は公立発表後まで。

応募状況

年度	区分		応募数	受験数	合格数	実質倍率
'24	プレミア	推薦	16	16	16	1.0
		一般A	151	—	151	1.0
		一般B	224	224	224	1.0
		オープン	12	11	11	1.0
	アドバンス	推薦	162	162	162	1.0
		一般A	1,121	—	1,121	1.0
		一般B	551	551	551	1.0
		オープン	61	57	49	1.2
	アクティブ	推薦	123	123	123	1.0
		一般A	670	670	670	1.0
		一般B	154	154	154	1.0
		オープン	101	99	77	1.3

［スライド制度］あり。上記に含まず。
［'24年合格最低点］非公表。

学費（単位：円）	入学金	施設費	授業料	その他経費	小計	初年度合計
入学手続時	200,000	200,000	—	—	400,000	1,092,000
1年終了迄			444,000	248,000	692,000	

※2024年度予定。［授業料納入］11回分割。
［その他］制服・制定品代。プレミアコースは実習費84,000円あり。

右側縦書き：神奈川　男女　よ　横浜

併願校の例　※［アド］を中心に

	神公立	私立
挑戦校	市立金沢／横浜平沼 追浜／市立南 七里ガ浜／相模原弥栄 市立戸塚／市立東 港北／大船	横須賀学院 横浜隼人 鵠沼 藤嶺藤沢
最適校	横浜栄／横須賀大津 市立みなと総合／鶴見 岸根／住吉 横浜氷取沢／金井 横浜清陵／荏田	鶴見大附 湘南工科大附 横浜創学館 鎌倉女子大 横浜清風
堅実校	横浜立野／城郷 舞岡／川崎 金沢総合／旭 横浜南陵／上矢部 新羽／横浜緑園	湘南学院 橘学苑 三浦学苑 相洋 横浜学園

合格のめやす

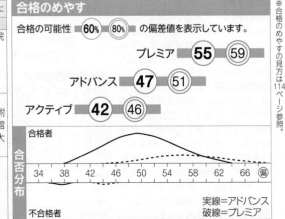

合格の可能性 **60%** **80%** の偏差値を表示しています。

プレミア **55** ⑤⑨
アドバンス **47** ㊼
アクティブ **42** ㊻

合否分布
合格者
34　38　42　46　50　54　58　62　66　偏
不合格者

実線＝アドバンス
破線＝プレミア

※合格のめやすの見方は114ページ参照。

見学ガイド　文化祭／説明会／オープンスクール／入試個別相談会／個別見学対応

横浜市磯子区

横浜学園 高等学校

〒235-0021　神奈川県横浜市磯子区岡村2-4-1　☎(045)751-6941

【教育目標】　考える人，心豊かな人，たくましい人，思いやりのある人，公につくす人を育てる。思考力・包容力・持久力・共感力・実践力の育成を重視する。

【沿革】　1899年横浜女学校として創立。2001年共学化となる。

【学校長】　田沼　光明

【生徒数】　男子415名，女子379名

	1年(10クラス)	2年(10クラス)	3年(11クラス)
男子	159名	116名	140名
女子	162名	100名	117名

JR―根岸，市営地下鉄―弘明寺，京急本線―井土ヶ谷などよりバス岡村町(横浜学園前)

特色

設置学科：普通科

【コース】　クリエイティブコースとアカデミーコースを設置。2年次よりクリエイティブコースはクリエイティブ文系・理系の2コース，アカデミーコースはアドバンス文系・理系，アカデミー文系・理系，アートの5コースに分かれる。

【カリキュラム】　①クリエイティブコースはGMARCHレベルの大学へ一般選抜での合格をめざす。グローバル社会で活躍できる思考力や判断力などを育成。②アドバンスコースは基礎から応用まで段階的に学習する。選抜の形態を問わず，大学進学に対応する力を養成。③アカデミーコースは基礎・基本の徹底を図る。実用的なPCスキルや環境学習などを楽しみながら学び，社会で役立つ力を身につける。④アートコースは美術系大学や専門学校への進学をめざす。デッサンやデジタルデザインなど幅広く学ぶ。

【キャリア教育】　横浜薬科大学と高大連携の交流がある。年に数回，大学教員による授業が行われ，大学の学びを身近に体験できる。

【海外研修】　希望制でマレーシア語学研修を用意。約1カ月の間，英語研修などを経験する。

【クラブ活動】　アーチェリー部が全国大会出場。

習熟度別授業	土曜授業	文理選択	オンライン授業	制服	自習室	食堂	プール	グラウンド	アルバイト	登校時刻= 8:30
―	―	2年～	○	○	～17:00	○	―	○	審査	下校時刻=19:00

進路情報　2023年3月卒業生

進学率 **89.0%**

【卒業生数】　237名

【進路傾向】　大学進学は私立大学志向が強い。専修・各種学校への進学者が例年多く約半数程度。ビジネス，調理，情報，看護，美容，医療など分野は多岐にわたる。

【指定校推薦】　利用状況は神奈川大3，国士舘大2，桜美林大1，関東学院大8，明星大1，二松學舍大1，帝京平成大1，東京工科大1，帝京科学大1，多摩大1，高千穂大1，鎌倉女子大1，桐蔭横浜大2，神奈川工科大1，湘南工科大2，鶴見大3，横浜商大1，東京工芸大2，横浜美大1，洗足学園音大1，文化学園大1，東京未来大1など。

四年制大学	88名
短期大学	8名
専修・各種学校	115名
就職	11名
進学準備・他	15名

主な大学合格状況

'24春速報は巻末資料参照

大学名	'23	'22	'21	大学名	'23	'22	'21	大学名	'23	'22	'21
◇東京藝術大	0	1	0	国士舘大	3	3	4	横浜薬科大	1	5	1
青山学院大	0	0	1	桜美林大	3	3	3	相模女子大	1	1	5
法政大	2	0	0	関東学院大	8	17	8	桐蔭横浜大	7	4	2
日本大	0	1	2	明星大	2	2	2	東洋学園大	2	1	1
東洋大	3	0	3	帝京平成大	1	2	2	和光大	4	0	6
駒澤大	2	3	0	東京工科大	1	2	2	神奈川工科大	5	11	6
専修大	9	3	1	帝京科学大	1	1	3	湘南工科大	6	10	0
東海大	12	5	2	多摩大	2	2	4	鶴見大	3	4	2
亜細亜大	1	0	0	東京工芸	4	3	2	田園調布学園大	3	6	2
神奈川大	2	8	7	横浜美大	1	7	4	横浜商大	6	3	3

※各大学合格数は既卒生を含む。

入試要項 2024年春（実績）

新年度日程については p.116参照。

◆ 推薦　第1志望

募集人員▶クリエイティブコース15名，アカデミーコース100名

選抜方法▶個人面接（10分），調査書，ほかにクリエイティブコースは作文（50分・600～800字）

◆ 一般　専願，併願

募集人員▶クリエイティブコース専願5名・併願10名，アカデミーコース専願90名・併願100名

選抜方法▶①②のいずれか。①書類選考：エントリーシート，調査書　②筆記試験：国数または国英（各45分・各100点・英にリスニングあり），調査書

◆ 受験料　20,000円

内申基準 推薦：[クリエイティブ] 3科10かつ9科31，[アカデミー] 9科25　**一般（専願）**：[クリエイティブ] 3科9かつ9科29，[アカデミー] 9科23　**一般（併願）**：[クリエイティブ] 3科10かつ9科31，[アカデミー] 9科25　※いずれも9科に1不可　※条件により内申加点あり

特待生・奨学金制度 両コースとも推薦・一般（専願）で内申により，一般（筆記）で入試成績により入学手続時納入金を減免。また，クリエイティブコースは推薦の成績優秀者に奨学金給付（1年次の授業料）。ほか部活動特待あり。

帰国生の受け入れ 個別対応。

入試日程

区分		登録・出願	試験	発表	手続締切
推薦		12/20～1/17	1/22	1/22	1/24
一般	専願	12/20～1/25	2/10	2/11	2/15
	併願	12/20～1/25	2/10	2/11	2/29

[2次募集] 3/4

応募状況

年度	区分			応募数	受験数	合格数	実質倍率
'24	クリエイティブ	推薦	男	0	0	0	―
			女	1	1	1	1.0
		一般専願	男	5	5	5	1.0
			女	1	1	1	1.0
		一般併願	男	22	22	22	1.0
			女	27	27	27	1.0
	アカデミー	推薦	男	31	31	31	1.0
			女	43	43	43	1.0
		一般専願	男	92	92	92	1.0
			女	78	78	78	1.0
		一般併願	男	730	730	730	1.0
			女	881	881	881	1.0
'23	クリエイティブ	推薦	男	2	2	2	1.0
			女	1	1	1	1.0
		一般専願	男	0	0	0	―
			女	1	1	1	1.0
		一般併願	男	12	12	12	1.0
			女	16	16	16	1.0
	アカデミー	推薦	男	37	37	37	1.0
			女	40	40	40	1.0
		一般専願	男	55	55	55	1.0
			女	40	40	40	1.0
		一般併願	男	418	418	418	1.0
			女	420	420	420	1.0

['24年合格最低点] 非公表。

学費（単位：円）

	入学金	施設費	授業料	その他経費	小計	初年度合計
入学手続時	210,000	150,000	―	―	360,000	1,111,400
1年終了迄	―	33,600	444,000	273,800	751,400	

※2024年度予定。[免除] 推薦合格者は入学金を180,000円に減額。[入学前納入] 1年終了迄の小計のうち59,000円。[返還] 一般の併願で3/8までの入学辞退者には入学金を除き返還。[授業料納入] 毎月分割。上記はアカデミーコースの金額。クリエイティブコースは468,000円。[その他] 制服・制定品代，教科書代あり。

併願校の例　※[アカ]を中心に

	神公立	私立
挑戦校	市立みなと総合／鶴嶺 横浜氷取沢／市立高津 金井／荏田 城郷／横浜清陵 横浜立野／霧が丘	横浜 横浜創学館 鎌倉女子大 横浜清風 橘学苑
最適校	舞岡／金沢総合 横浜南陵／川崎 旭／逗子葉山 上矢部／新栄 横浜緑園／新羽	湘南学院 光明相模原 三浦学苑 武相 柏木学園
堅実校	白山／鶴見総合 横浜桜陽／三浦初声 保土ケ谷／菅 釜利谷／大師	

合格のめやす

合格の可能性 **60%** **80%** の偏差値を表示しています。

クリエイティブ **42** (46)

アカデミー **38** (42)

合否分布

合格者

| 30 | 34 | 38 | 42 | 46 | 50 | 54 | 58 | 62 | (偏) |

不合格者

実線＝アカデミー
破線＝クリエイティブ

※合格のめやすの見方は114ページ参照。

神奈川　男　女　(よ)　横浜学園

見学ガイド 文化祭／説明会／オープンスクール／個別相談会

小 中 高 専 短 大

横浜市旭区

横浜商科大学 高等学校

〒241-0005　神奈川県横浜市旭区白根7-1-1　☎(045)951-2246

【校　訓】「安んじて事を託さるる人となれ」を掲げる。信頼されてものごとを任せられる人になるために，優れた人格と奉仕の精神，最後まで責任を果たす前向きな姿勢をもち，知識や技能を得るための地道な努力をする人を育てる。

【沿　革】　1941年横浜第一商業学校創立。1975年現校名に改称。2003年男子校より共学化。

【学校長】　河野　隆

【生徒数】　男子745名，女子376名

	1年(10クラス)	2年(10クラス)	3年(10クラス)
男子	243名	251名	251名
女子	145名	125名	106名

相鉄線―西谷17分，鶴ヶ峰17分
JR―横浜・鴨居よりバス稲荷通2分

特色

設置学科：普通科／商業科

【コース】　普通科は特進，進学の2コース制。2年次より特進コースは文系と理系に，進学コースは文系，理系，スポーツ選抜の3クラスに分かれる。商業科は2年次より国際観光，会計情報の2コースとなる。

【カリキュラム】　①特進コースは7時限授業や夏期・冬期講習などで知識と学力を身につけ，難関大学合格をめざす。②進学コースは科目選択により希望進路に応じた学力の習得をめざす。③商業科は1年間全員が商業に関する基礎科目を学習しながら自分の興味や関心・適性について

よく考え，自分にあったコースを選択。実技を重視し，簿記をはじめ複数の資格取得をサポートする授業を展開。④国際観光コースは英会話や観光ビジネス，観光地理などを学ぶ。⑤会計情報コースは会計系と情報系の授業を行う。⑥土曜日は特進コースのみ隔週授業。

【クラブ活動】　フェンシング部，珠算部が全国大会出場の実績をもつ。剣道部（男女），ゴルフ部，弓道部などが活躍している。

【施設】　優秀建築賞を受賞した実習棟には木の内装が施され，図書室，ホテル実習室がある。

習熟度別授業	土曜授業	文理選択	オンライン授業	制服	自習室	食堂	プール	グラウンド	アルバイト
5教科	隔週	2年〜	○	○	〜19:30	○	―	○	届出

登校時刻＝ 8:30
下校時刻＝20:00

進路情報　2023年3月卒業生

四年制大学への進学率 **65.7%**

【卒業生数】　338名

【進路傾向】　学科ごとの大学・短大進学は普通科7割強，商業科6割弱だった。短大，専修・各種学校，就職など進路は幅広い。

【系列進学】　横浜商科大学へ43名（商）が内部推薦で進学した。

【指定校推薦】　日本大，東洋大，駒澤大，専修大，大東文化大，東海大，亜細亜大，帝京大，國學院大，明治学院大，獨協大，神奈川大，東京電機大，武蔵大，玉川大，工学院大，東京都市大，立正大，国士舘大，千葉工大，桜美林大，関東学院大，共立女子大，大妻女子大，白百合女子大，日本薬科大など推薦枠あり。

	四年制大学	222名
	短期大学	12名
	専修・各種学校	70名
	就職	12名
	進学準備・他	22名

主な大学合格状況

'24年春速報は巻末資料参照

大学名	'23	'22	'21	大学名	'23	'22	'21	大学名	'23	'22	'21
◇横浜国大	0	1	0	青山学院大	3	3	1	玉川大	5	7	2
◇埼玉大	1	0	0	立教大	0	2	1	立正大	1	3	5
◇横浜市大	0	0	0	中央大	2	3	1	国士舘大	5	3	7
◇防衛大	0	1	0	法政大	3	1	0	桜美林大	16	13	11
◇川崎市立看護大	1	0	0	日本大	4	12	12	関東学院大	9	16	19
早稲田大	2	0	0	東洋大	3	4	2	明星大	5	4	13
慶應大	1	0	0	専修大	7	7	5	文教大	6	1	6
東京理科大	0	0	1	東海大	13	8	10	相模女子大	6	5	5
学習院大	0	0	0	帝京大	22	17	17	桐蔭横浜大	8	7	7
明治大	8	0	2	神奈川大	14	28	28	横浜商大	43	36	64

※各大学合格数は既卒生を含む。

入試要項 2024年春（実績）

新年度日程についてはp.116参照。

◆ 推薦　専願

募集人員▶特進コース10名，進学コース140名，商業科40名

選抜方法▶個人面接（5分），調査書

◆ 一般　書類選考，学科試験，オープン　※いずれも専願，併願

募集人員▶書類選考：特進コース10名，進学コース60名，商業科40名　**学科試験**：特進コース15名，進学コース140名，商業科100名　**オープン**：特進コース5名，進学コース10名，商業科10名

選抜方法▶書類選考：調査書，エントリーシート　**学科試験**：国数英（各40分・マークシート），グループ面接（5分），調査書　**オープン**：国数英（各40分・マークシート），個人面接（5分），調査書

◆ 受験料　20,000円

(内申基準) 非公表。

(特待生・奨学金制度) 推薦と学科試験は，内申や入試成績により3段階の特待生認定。ほか書類選考試験特待あり。

(帰国生の受け入れ) 国内生と同枠入試。

入試日程

区分		登録・出願	試験	発表	手続締切
推薦		12/20〜1/18	1/22	1/23	1/26
一般	書類	12/20〜1/27	—	2/11	2/15
	学科	12/20〜1/27	2/10	2/11	2/15
	オープン	12/20〜1/27	2/11	2/11	2/15

[延納] 一般の併願は公立発表後まで。
[2次募集] 3/2

応募状況

年度	区分		応募数	受験数	合格数	実質倍率
'24	普通科	推薦	—	—	—	—
		書類	—	—	—	—
		学科	—	—	—	—
		オープン	—	—	—	—
	商業科	推薦	—	—	—	—
		書類	—	—	—	—
		学科	—	—	—	—
		オープン	—	—	—	—
'23	普通科	推薦				
		書類				
		学科				
		オープン				
	商業科	推薦				
		書類				
		学科				
		オープン				

['24年合格最低点] 非公表。

神奈川　男女　(よ) 横浜商科大学

学費（単位：円）

	入学金	施設費	授業料	その他経費	小計	初年度合計
入学手続時	200,000	260,000	—	25,000	485,000	1,022,000
1年終了迄	—	—	456,000	81,000	537,000	

※2024年度予定。[授業料納入] 一括または3回分割。[その他] 制服・制定品代，教科書・副教材費，Web教材費，各種検査代，スケート教室代，宿泊オリエンテーション代，タブレット代等あり。

併願校の例

※[進学]を中心に

	神公立	私立
挑戦校	港北／市立東	横浜翠陵
	元石川／鶴見	麻布大附
	住吉／湘南台	鶴見大附
	横浜瀬谷／大和西	横浜富士見丘
	市立みなと総合／岸根	
最適校	市立横浜商業（商）／金井	横浜創学館
	荏田／麻生	英理女子（キャリア）
	横浜立野／有馬	横浜清風
	霧が丘／城郷	橘学苑
	舞岡／藤沢総合	光明相模原
堅実校	綾瀬／座間総合	武相
	旭／新栄	白鵬女子
	横浜緑園／上矢部	横浜学園
	商工（総合ビジネス）／新羽	東京実業
	保土ケ谷／大和南	品川エトワール

合格のめやす

合格の可能性 **60%** **80%** の偏差値を表示しています。

普通科（特進） **51** **55**

普通科（進学） **43** **47**

商業科 **41** **45**

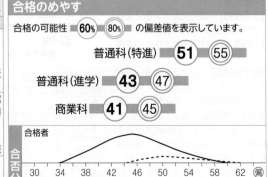

合格者

30 34 38 42 46 50 54 58 62 (偏)

不合格者

実線＝普通科（進学）
破線＝普通科（特進）

※合格のめやすの見方は114ページ参照。

(見学ガイド) 文化祭／説明会／学校見学会

横浜市緑区

横浜翠陵 高等学校

〒226-0015　神奈川県横浜市緑区三保町1　☎(045)921-0301

【教育方針】　「Think & Challenge!」をモットーとし，自主性に富んだ，誠実で，実行力のある人間を育成する。

【沿　革】　1986年横浜国際女学院翠陵高等学校創立。2011年女子校より共学化，現校名となる。

【学校長】　田島　久美子

【生徒数】　男子300名，女子290名

	1年（5クラス）	2年（4クラス）	3年（6クラス）
男子	97名	82名	121名
女子	84名	73名	133名

JR―十日市場20分　JR―十日市場，東急田園都市線―青葉台よりバス郵便局前3分

特色

設置学科：普通科

【コース】　特進，国際，文理の3コース制。

【カリキュラム】　①特進コースは国公立大学受験対応カリキュラムで，週2回7時間授業を導入。1・2年次にサマースタディーキャンプなどで学力を鍛える。②国際コースは週10時間前後の英語授業やネイティヴの教員による英語レッスンなどを実施。日本に滞在する外国人を講師に招く国際理解の授業では年間10数カ国を取り上げる。2年次に文系は第二外国語として，中国語かスペイン語をネイティヴの教員から学ぶ。③文理コースはGMARCHなどの四年制大学をめざす。④1年次から必修または希望選択制の夏期講習を開く。⑤校内予備校を設置し，外部予備校講師による大学受験対策講座を開講。⑥企業と連携して価値創造する探究学習の時間がある。⑦理系プロジェクトとして，筑波研究学園都市見学ツアー，研究室訪問を行う。

【海外研修】　国際コースには全員参加のイギリスグローバル研修と希望選抜制のニュージーランド中期留学がある。特進コース，文理コースは希望選抜制でカナダでのホームステイを行う。アメリカなど4カ国との交換留学制度もある。

習熟度別授業	土曜授業	文理選択	オンライン授業	制服	自習室	食堂	プール	グラウンド	アルバイト
―	○	2年～	○	○	～18:30	○	―	○	審査

登校時刻＝ 8:30
下校時刻＝18:30

進路情報　2023年3月卒業生

四年制大学への進学率 **79.4%**

【卒業生数】　262名

【進路傾向】　国公立大学や私立上位大学への合格数は近年上昇傾向。

【系列進学】　横浜創英大学への推薦制度がある。

【指定校推薦】　利用状況は青山学院大1，法政大1，駒澤大1，東海大1，明治学院大2，神奈川大1，玉川大2，東京都市大2，関東学院大2，大妻女子大1，白百合女子大1，東京農大2，昭和女子大3，産業能率大1，目白大1，麻布大1など。ほかに日本大，東洋大，成蹊大，芝浦工大など推薦枠あり。

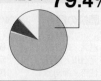

■ 四年制大学	208名
□ 短期大学	2名
■ 専修・各種学校	19名
■ 就職	2名
□ 進学準備・他	31名

主な大学合格状況

'24年春速報は巻末資料参照

大学名	'23	'22	'21	大学名	'23	'22	'21	大学名	'23	'22	'21
◇東工大	1	1	0	明治大	12	22	4	帝京大	24	12	8
◇横浜国大	1	1	0	青山学院大	9	9	2	國學院大	11	10	5
◇都立大	3	0	1	立教大	16	5	7	明治学院大	17	13	9
◇横浜市大	0	1	0	中央大	6	14	2	神奈川大	52	24	12
◇県立保健福祉大	0	2	2	法政大	16	11	12	武蔵大	12	4	2
早稲田大	1	3	0	日本大	33	29	19	玉川大	18	9	11
慶應大	0	0	3	東洋大	45	21	9	東京都市大	29	6	8
上智大	0	3	2	駒澤大	13	18	4	桜美林大	36	44	2
東京理科大	5	5	1	専修大	43	18	10	関東学院大	35	9	16
学習院大	3	9	2	東海大	73	27	10	横浜創英大	1	4	0

※各大学合格数は既卒生を含む。

入試要項 2024年春（実績）

新年度日程については p.116参照。

◆ 推薦　専願
募集人員▶特進コース15名，国際コース15名，文理コース30名
選抜方法▶個人面接（15分），調査書

◆ 一般　併願
募集人員▶特進コース15名，国際コース15名，文理コース25名
選抜方法▶国数英（国数各50分・英60分・各100点・英にリスニングあり），グループ面接（30分），調査書

◆ オープン
募集人員▶全コース計 5 名
選抜方法▶国数英（国数各50分・英60分・各100点・英にリスニングあり），個人面接（15分）

◆ 受験料　25,000円

内申基準 推薦［特進］22/25，［国際］12/15または36/45，［文理］12/15または20/25または35/45　**一般**［特進］22/25，［国際］13/15または38/45，［文理］12/15または20/25または36/45　※ 3科は国数英，国英社，数英理のいずれか　※［国際］は上記基準かつ英 4　※いずれも 9科に 1 不可　※条件により内申加点あり

特待生・奨学金制度 2・3年次進級時，学業成績により奨学金を給付。

帰国生の受け入れ 国内生と同枠入試。

入試日程

区分	登録・出願	試験	発表	手続締切
推薦	1/8～18	1/22	1/23	1/27
一般	1/8～30	2/10	2/11	3/2
オープン	1/8～30	2/12	2/13	3/2

応募状況

年度	区分		応募数	受験数	合格数	実質倍率
'24	特進	推薦	3	3	3	1.0
		一般	52	51	51	1.0
		オープン	1	1	1	1.0
	国際	推薦	1	1	1	1.0
		一般	35	34	34	1.0
		オープン	1	1	1	1.0
	文理	推薦	7	7	7	1.0
		一般	346	338	338	1.0
		オープン	22	19	13	1.5
'23	特進	推薦	0	0	0	—
		一般	51	50	50	1.0
		オープン	6	4	0	—
	国際	推薦	6	6	6	1.0
		一般	46	46	46	1.0
		オープン	1	1	1	1.0
	文理	推薦	17	17	17	1.0
		一般	503	502	502	1.0
		オープン	26	25	5	5.0

［スライド制度］あり。上記に含まず。
［'24年合格最低点］非公表。

神奈川　男女　（よ）　横浜翠陵

学費（単位：円）	入学金	施設設備費	授業料	その他経費	小計	初年度合計
入学手続時	190,000	170,000	—	25,000	385,000	1,076,200
1 年終了迄	—	—	432,000	259,200	691,200	

※2024年度予定。［授業料納入］毎月分割。
［その他］制服・制定品代あり。

併願校の例　※［文理］を中心に

	神公立	都立	私立
挑戦校	大和	国際	桐蔭学園
	横浜国際	駒場	日本大学
	神奈川総合	町田	桜美林
	横浜平沼	日野台	八王子学園
	新城	調布北	駒澤大学
最適校	市ケ尾	目黒	東海大相模
	市立東	狛江	横浜隼人
	生田	神代	麻布大附
	港北	雪谷	相模女子大
	元石川	田園調布	
堅実校	住吉	成瀬	横浜
	横浜瀬谷	翔陽	横浜富士見丘
	岸根	富士森	英理女子（キャリア）
	荏田	日野	横浜清風
	霧が丘	小川	横浜商科大

合格のめやす

合格の可能性 **60%** **80%** の偏差値を表示しています。

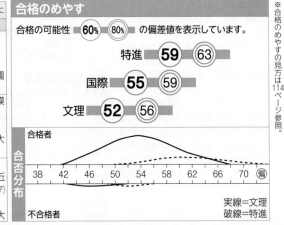

特進　**59**　(63)
国際　**55**　(59)
文理　**52**　(56)

※合格のめやすの見方は114ページ参照。

合否分布
合格者
不合格者
38　42　46　50　54　58　62　66　70　(偏)

実線＝文理
破線＝特進

見学ガイド 文化祭／説明会

横浜市保土ケ谷区

横浜清風 高等学校

〒240-0023 神奈川県横浜市保土ヶ谷区岩井町447 ☎(045)731-4361

JR―保土ケ谷8分　相鉄線―天王町20分
京急本線―井土ケ谷15分

【教育目標】　智慧と慈悲を説く仏教精神により，誠実で明るく健康な青少年の育成を目標とする。建学の精神は「仏教の理想とする人間完成」。

【沿　革】　1923年横浜家政女学校として創立。2001年に現校名に改称，共学化。2023年創立百周年。

【学校長】　植野　法稔

【生徒数】　男子662名，女子697名

	1年(13クラス)	2年(14クラス)	3年(10クラス)
男子	224名	279名	159名
女子	265名	262名	170名

特色

設置学科：普通科

【コース】　特進コースと総合進学コースを設置。特進コースは2年次より国公立文系・理系，私立文系・理系に分かれる。総合進学コースは選抜進学クラスとグローバルクラスを各40名選抜。

【カリキュラム】　①特進コースは早朝0限補習を開講し，演習やミニテストを実施する。週2日の7限授業，長期休業中の進学補習，学習強化週間などで学力を伸ばす。②総合進学コースは様々な分野の進路に対応し，小論文など多様な入試に向けた対策が充実。選抜進学クラスは一般選抜を念頭に受験学力を高める。グローバ

ルクラスは英語4技能をバランスよく習得。国際交流を通して国際感覚を養う。③土曜日は特進コースが毎週登校で土曜進学講座を受講。総合進学コースは隔週登校。④仏教の授業，週1回の勤行，仏教行事，高野山研修旅行を行う。

【海外研修】　修学旅行は国内と海外から選択する。希望制でオーストラリア・ホームステイや6泊7日で英語漬け生活を送る英語合宿もある。

【クラブ活動】　陸上競技部，アイススケート部がインターハイに出場。吹奏楽部が全国大会，バトントワーリング部などが関東大会に出場。

習熟度別授業	土曜授業	文理選択	オンライン授業	制服	自習室	食堂	プール	グラウンド	アルバイト
数英	○	2年～	○	○	～19:30	○	―	○	審査

登校時刻＝ 8:35
下校時刻＝19:30

進路情報　2023年3月卒業生

【卒業生数】　412名

【進路傾向】　大学進学者の文理比率は7：3程度。国公立大学へ理系2名が進学した。特進コースは卒業生100名で大学進学率82％だった。

【指定校推薦】　利用状況は法政大2，日本大8，東洋大4，駒澤大1，専修大1，神奈川大1，関東学院大1など。ほかに東海大，亜細亜大，帝京大，東京電機大，玉川大，工学院大，立正大，桜美林大，大妻女子大，武蔵野大，文教大，二松學舎大，東京工科大，大正大，拓殖大，産業能率大，麻布大，横浜薬科大など推薦枠あり。

四年制大学への進学率 **70.6%**

四年制大学	291名
短期大学	16名
専修・各種学校	82名
就職	4名
進学準備・他	19名

主な大学合格状況

'24年春速報は巻末資料参照

大学名	'23	'22	'21	大学名	'23	'22	'21	大学名	'23	'22	'21
◇千葉大	0	0	1	明治大	15	2	1	帝京大	30	20	27
◇東京外大	0	1	0	青山学院大	5	3	1	明治学院大	8	3	2
◇横浜国大	1	0	0	立教大	13	2	0	神奈川大	53	28	46
◇埼玉大	1	0	0	中央大	7	0	3	玉川大	9	13	9
◇長崎大	1	0	0	法政大	10	4	6	立正大	6	2	12
早稲田大	6	0	0	日本大	31	25	24	国士舘大	10	8	7
慶應大	1	0	0	東洋大	23	8	10	桜美林大	30	14	16
上智大	1	0	0	駒澤大	8	3	9	関東学院大	51	31	27
東京理科大	0	1	1	専修大	11	19	13	横浜薬科大	3	26	8
学習院大	2	0	0	東海大	25	21	26	相模女子大	3	4	9

※各大学合格数は既卒生を含む。

入試要項 2024年春（実績）

新年度日程についてはp.116参照。

◆ 推薦　専願

募集人員▶特進コース25名，総合進学コース140名

選抜方法▶個人面接（5分），志願者シート（試験当日），調査書

◆ 一般　**筆記試験**：専願，公立併願，オープン

書類選考：専願，公立併願

募集人員▶特進コース：専願・公立併願32名，オープン3名　総合進学コース：専願・公立併願137名，オープン3名

選抜方法▶筆記試験：国数英（各50分・各100点・マークシート・英にリスニングあり），志願者シート，調査書（オープンは不要），ほかに専願・オープンは個人面接（5分）　**書類選考**：志願者シート，調査書

◆ 受験料　20,000円

内申基準　推薦・一般（専願）：[特進]19/25，[総合進学]31/45　一般（公立併願）：[特進]19/25，[総合進学]32/45　※いずれも5科に1不可
※条件により内申加点あり

特待生・奨学金制度　一般（専願・公立併願）の筆記試験の成績優秀者に入学時の軽減措置あり。ほか推薦で学習成績・部活動特待生制度あり。

帰国生の受け入れ　国内生と同枠入試。

入試日程

区分		登録・出願	試験	発表	手続締切
推薦		1/7〜20	1/22	1/23	1/26
筆記	専願	1/7〜28	2/10	2/12	2/14
	公立併願	1/7〜28	2/10	2/12	3/2
	オープン	1/7〜28	2/10	2/12	2/14
書類	専願	1/7〜28	—	2/12	2/14
	公立併願	1/7〜28	—	2/12	3/2

[2次募集] 3/4

応募状況

年度	区分			応募数	受験数	合格数	実質倍率
'24	特進	推薦	男	6	6	6	1.0
			女	8	8	8	1.0
		一般	男	143	143	143	1.0
			女	59	58	58	1.0
		一般（オープン）	男	0	0	0	—
			女	0	0	0	—
	総合進学	推薦	男	46	46	46	1.0
			女	41	41	41	1.0
		一般	男	471	471	471	1.0
			女	494	494	494	1.0
		一般（オープン）	男	0	0	0	—
			女	4	3	2	1.5
'23	特進	推薦	男	2	2	2	1.0
			女	6	6	6	1.0
		一般	男	86	86	86	1.0
			女	70	70	70	1.0
		一般（オープン）	男	3	3	0	—
			女	0	0	0	—
	総合進学	推薦	男	69	69	69	1.0
			女	53	53	53	1.0
		一般	男	583	581	581	1.0
			女	655	654	654	1.0
		一般（オープン）	男	5	5	2	2.5
			女	2	2	2	1.0

['24年合格最低点] 非公表。

神奈川　男女　（よ）横浜清風

学費（単位：円）

学費（単位：円）	入学金	施設整備費	授業料	その他経費	小計	初年度合計
入学手続時	190,000	190,000	38,000	8,000	426,000	1,250,800
1年終了迄	—	—	418,000	406,800	824,800	

※2024年度予定。[入学前納入] 1年終了迄の小計のうち27,000円。
[授業料納入] 毎月分割（入学手続時に4月分納入）。[その他] 制服・制定品代あり。

併願校の例
※[総進]を中心に

	神公立	私立
挑戦校	市立戸塚／市立東 港北／大船 鶴見／市立みなと総合 横須賀大津／横浜栄 元石川／住吉	横浜隼人 横浜翠陵 鶴見大附 湘南工科大附
最適校	岸根／横浜氷取沢 金井／市立高津 荏田／横浜清陵 横浜立野／城郷 舞岡／霧が丘	横浜 北鎌倉女子 アレセイア湘南 横浜創学館 湘南学院
堅実校	市立幸／川崎北 横浜南陵／旭 新栄／逗子葉山 上矢部／新羽 鶴見総合／横浜緑園	光明相模原 相洋 武相 横浜学園 柏木学園

合格のめやす

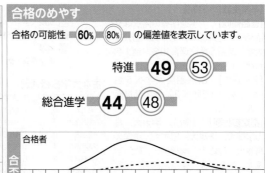

合格の可能性 **60%** **80%** の偏差値を表示しています。

特進　**49**　**53**

総合進学　**44**　**48**

合格者

不合格者

| 30 | 34 | 38 | 42 | 46 | 50 | 54 | 58 | 62 | （偏） |

実線＝総合進学
破線＝特進

※合格のめやすの見方は114ページ参照。

見学ガイド　文化祭／説明会／夜間相談会

横浜市神奈川区

横浜創英 高等学校

〒221-0004 神奈川県横浜市神奈川区西大口28 ☎(045)421-3121

【建学の精神】 「考えて行動のできる人」の育成を掲げている。

【沿 革】 1940年京浜高等女学校として創立。2002年現校名に改称，共学化となる。

【学校長】 工藤 勇一

【生徒数】 男子392名，女子819名

	1年(11クラス)	2年(12クラス)	3年(8クラス)
男子	162名	143名	87名
女子	287名	349名	183名

JR—大口8分　京急本線—子安12分
東急東横線—妙蓮寺17分

特色

設置学科：普通科

【コース】 グローバルコースを設置。

【カリキュラム】 ①重要な決定を下すために対立を解消するスキルを身につけるリーダー養成講座を実施。②創造，対話，協力，分析的思考の４つのスキルの頭文字を取った４Ｃスキル研修を実施し社会生活に活かす。③複数の教科を組み合わせた合科型の授業を行う「コラボレーションウィーク」を実施。知識や技能，経験を組み合わせて自分の考えを導き出す力を養う。④法政大学との課題解決型フィールドワークや産業能率大学との探究型プロジェクト学習など，

高大連携を構築。⑤修学旅行や体育祭などの学校行事は生徒主体。生徒自らが考え，つくる。⑥アンガーマネジメントの授業で，深い自己理解とよりよい人間関係の構築をめざす。

【キャリア教育】 １年次から職業研究や職業分野別進路講話会を行う。２年次は学部・学科別講話会や大学教授による模擬授業に参加。

【クラブ活動】 男子ソフトテニス部，ダンス部，バトン部，吹奏楽部が全国レベルで活躍。

【施設】 2020年に新校舎が完成し，グラウンドも拡張。体育館にはトレーニングルームがある。

習熟度別授業	土曜授業	文理選択	オンライン授業	制服	自習室	食堂	プール	グラウンド	アルバイト	登校時刻＝ 8:25
—	○	2年～	○	○	～19:00	○	—	○	届出	下校時刻＝19:00

進路情報 2023年3月卒業生

四年制大学への進学率 **80.7%**

【卒業生数】 543名

【進路傾向】 大学進学者の内訳は文系55%，理系39%，他６%。国公立大学へ文系５名，理系10名，他１名が進学した。

【系列進学】 横浜創英大学へ５名（看護２，幼児教育３）が内部推薦で進学した。

【指定校推薦】 上智大，明治大，青山学院大，法政大，日本大，東洋大，駒澤大，専修大，國學院大，明治学院大，神奈川大，東京電機大，日本女子大，玉川大，東京経済大，共立女子大，白百合女子大，創価大，東京農大，文教大，東洋英和女学院大，女子美大など推薦枠あり。

四年制大学	438名	
短期大学	3名	
専修・各種学校	36名	
就職	3名	
進学準備・他	63名	

主な大学合格状況

'24年春速報は巻末資料参照

大学名	'23	'22	'21	大学名	'23	'22	'21	大学名	'23	'22	'21
◇東工大	0	1	0	学習院大	2	0	3	東海大	61	60	46
◇横浜国大	2	0	0	明治大	24	25	10	帝京大	29	18	29
◇埼玉大	0	1	0	青山学院大	11	15	6	國學院大	26	12	11
◇横浜市大	4	2	0	立教大	19	8	7	明治学院大	36	12	11
◇宇都宮大	2	1	0	中央大	15	16	9	神奈川大	58	66	38
◇県立保健福祉大	2	2	1	法政大	50	24	14	日本女子大	5	5	4
早稲田大	3	2	6	日本大	50	61	43	東京都市大	11	10	9
慶應大	0	2	2	東洋大	61	37	30	関東学院大	64	39	35
上智大	1	1	1	駒澤大	21	24	10	北里大	19	6	4
東京理科大	7	1	2	専修大	42	17	35	横浜創英大	5	3	3

※各大学合格数は既卒生を含む。

入試要項 2024年春（実績）

新年度日程についてはp.116参照。

※下記は現行2コース制での募集実績。2025年度入試よりコースを一本化し，グローバルコースとして募集予定

◆ 推薦　第1志望　※ほかに部活動推薦あり。コンピテンシー試験を実施

募集人員▶特進コース35名，文理コース80名

選抜方法▶作文（50分・1,200字），調査書

◆ オープン

募集人員▶特進コース35名，文理コース80名

選抜方法▶国数英（国数各50分・英60分・各100点・マークシート・英にリスニングあり）

◆ 受験料　25,000円

(内申基準) 推薦：[特進]21/25または39/45，[文理]19/25または37/45

(特待生・奨学金制度) 体育部または吹奏楽部で優れた技能・実績を有し，かつ学業成績優秀者には部活動奨学金制度あり。

(帰国生の受け入れ) 国内生と同枠入試で考慮あり。

入試日程

区分	登録・出願	試験	発表	手続締切
推薦	1/8〜17	1/22	1/23	1/27
オープン	1/8〜2/4	2/11	2/12	2/29都立3/2

応募状況

年度	区分		応募数	受験数	合格数	実質倍率
'24	特進	推薦	32	32	32	1.0
		オープン	102	95	4	23.8
	文理	推薦	85	85	85	1.0
		部活	57	57	57	1.0
		オープン	142	137	55	2.5
'23	特進	推薦	27	26	26	1.0
		一般	315	314	314	1.0
		オープン	47	45	5	9.0
	文理	推薦	120	119	119	1.0
		一般	503	502	502	1.0
		オープン	60	57	7	8.1
	普通	推薦	38	37	37	1.0
		一般	251	251	251	1.0
		オープン	64	61	12	5.1

[スライド制度]あり。上記に含まず。
['24年合格最低点]オープン：特進226，文理187(/300)

学費(単位：円)	入学金	施設設備費	授業料	その他経費	小計	初年度合計
入学手続時	190,000	170,000	—	36,000	396,000	1,190,100
1年終了迄	—	—	432,000	362,100	794,100	

※2024年度予定。[授業料納入] 毎月分割。
[その他] 制服・制定品代，デジタル端末費あり。

併願校の例

※[文理]を中心に

	神公立	私立
挑戦校	横浜緑ケ丘／厚木 市立横浜サイエンス／多摩 希望ケ丘／大和 光陵／神奈川総合 鎌倉	桐蔭学園 日大藤沢 青稜 朋優学院 国学院
最適校	横浜平沼／市立金沢 新城／市ケ尾 市立桜丘／市立戸塚 市立東／生田 松陽／市立橘	横須賀学院 横浜隼人 横浜翠陵 麻布大附 桜美林
堅実校	港北／横浜栄 元石川／市立みなと総合 鶴見／住吉 大和西／岸根 市立高津／横浜清陵	鶴見大附 横浜 横浜創学館 横浜清風 横浜商科大

合格のめやす

合格の可能性 **60%** **80%** の偏差値を表示しています。

特進　**60**　**64**

文理　**55**　**59**

合否分布

合格者

| | 38 | 42 | 46 | 50 | 54 | 58 | 62 | 66 | 70 | (偏) |

不合格者

実線＝文理
破線＝特進

※合格のめやすの見方は114ページ参照。

(見学ガイド) 文化祭／説明会／学校見学会／個別相談会

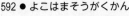

小 中 **高** 専 短 大

横浜市金沢区

横浜創学館 高等学校

〒236-0037　神奈川県横浜市金沢区六浦東1-43-1　☎(045)781-0631

【教育目標】「共生力」「表現力」「創造力」の3つの育成を掲げている。校訓は，ゆるぎなく正しい心という意味の「恒心」。

【沿　革】1958年創立。

【学校長】廣瀬　裕

【生徒数】男子883名，女子622名

	1年(14クラス)	2年(15クラス)	3年(14クラス)
男子	298名	310名	275名
女子	230名	209名	183名

京急本線—追浜15分，金沢八景15分
シーサイドライン—野島公園15分

特色

設置学科：普通科

【コース】特別進学，文理選抜，総合進学（一般コース，国際英語コース，スポーツコース）の3系列を設置。国際英語コースとスポーツコースを除き2年次より文系と理系に分かれる。

【カリキュラム】①特別進学は英文特講など入試対策科目を配置し，国公立・難関私立大学進学をめざす。週4回は7時間授業。②文理選抜は中堅私立大学への現役合格を目標に，文武両道を図る。③総合進学の一般コースは資格取得に挑戦。文系は簿記やプログラミングなど，理系は科学実験や環境系を主とした学習に取り組

む。④国際英語コースは英語の4技能をバランスよく習得する授業を展開。TOEICなどの受験機会も多数設ける。⑤スポーツコースは運動部への所属を義務づけている。テーピングや救命救急法の講習を行い，資格を取得する。

【海外研修】2年次希望者対象の2週間の米国研修ではホームステイを体験し，生きた英語に触れる。現地校の授業にも参加する。その他米国・マルタ中期留学プログラムもある。

【クラブ活動】ハンドボール部，空手道部，チアダンス部，吹奏楽部などが全国レベルで活躍。

習熟度別授業	土曜授業	文理選択	オンライン授業	制服	自習室	食堂	プール	グラウンド	アルバイト	登校時刻＝ 8:30
—	—	2年～	○	○	～18:00	○	○	○	届出	下校時刻＝20:00

進路情報 2023年3月卒業生

四年制大学への進学率 **66.1%**

【卒業生数】401名

【進路傾向】大学進学者の内訳は文系85%，理系11%，他4%。国公立大学へ文系2名が進学した。

【指定校推薦】利用状況は日本大3，駒澤大1，亜細亜大1，神奈川大8，玉川大1，関東学院大1，武蔵野大1など。

四年制大学	265名
短期大学	12名
専修・各種学校	74名
就職	23名
進学準備・他	27名

主な大学合格状況

'24年春速報は巻末資料参照

大学名	'23	'22	'21	大学名	'23	'22	'21	大学名	'23	'22	'21
◇東北大	1	0	0	日本大	13	11	7	国士舘大	5	5	7
◇防衛医大	0	1	0	東洋大	9	4	3	桜美林大	14	13	24
◇都立大	0	1	0	駒澤大	5	6	5	関東学院大	37	23	19
◇県立保健福祉大	2	1	1	専修大	3	5	9	北里大	8	2	2
東京理科大	0	1	0	東海大	13	12	14	玉川大	6	4	1
明治大	1	1	0	帝京大	14	11	11	帝京平成大	5	5	6
青山学院大	0	1	3	明治学院大	5	3	3	東京工科大	9	4	3
立教大	0	2	0	神奈川大	22	27	18	多摩大	2	5	5
中央大	1	4	0	玉川大	7	14	7	東京工芸大	3	3	0
法政大	5	3	1	立正大	11	9	14	鶴見大	8	5	3

※各大学合格数は既卒生を含む。

入試要項 2024年春（実績）

新年度日程についてはp.116参照。

◆ 推薦　専願

募集人員▶ 特別進学20名，文理選抜90名，総合進学60名

選抜方法▶ 個人面接（5分），調査書

◆ 一般　書類選考：専願，併願

募集人員▶ 特別進学20名，文理選抜90名，総合進学60名

選抜方法▶ エントリーシート，調査書

◆ 受験料　20,000円

(内申基準) 推薦：[特別進学] 5科19，[文理選抜] 5科17，[総合進学] 5科15または9科27　**一般**：[特別進学] 5科20，[文理選抜] 5科18，[総合進学] 5科16または9科28　※いずれも9科に1不可(推薦のスポーツコースを除く)

(特待生・奨学金制度) チャレンジ試験成績，学業成績・人物優秀者対象の奨学生4種と，スポーツ特別奨学生，吹奏楽部奨学生あり。

(帰国生の受け入れ) 国内生と同枠入試。

入試日程

区分	登録・出願	試験	発表	手続締切
推薦	1/9〜17	1/22	1/23	1/26
一般	1/9〜26	—	2/11	2/15

[延納] 併願者は公立発表後まで。

応募状況

年度	区分		応募数	受験数	合格数	実質倍率
'24	特進	推薦	3	3	3	1.0
		一般	36	—	36	1.0
	文理	推薦	62	62	62	1.0
		一般	295	—	295	1.0
	一般	推薦	67	67	67	1.0
		一般	577	—	573	1.0
	国際	推薦	9	9	9	1.0
		一般	31	—	31	1.0
	スポ	推薦	59	59	59	1.0
		一般	0	—	0	—
'23	特進	推薦	2	2	2	1.0
		一般	60	—	60	1.0
	文理	推薦	113	112	112	1.0
		一般	362	—	361	1.0
	一般	推薦	92	92	92	1.0
		一般	639	—	638	1.0
	国際	推薦	10	10	10	1.0
		一般	39	—	39	1.0
	スポ	推薦	63	62	62	1.0
		一般	1	—	1	1.0

[スライド制度] あり。上記に含まず。

神奈川　男女　(よ)　横浜創学館

学費(単位：円)	入学金	施設設備費	授業料	その他経費	小計	初年度合計
入学手続時	220,000	140,000	—	12,000	372,000	1,036,290
1年終了迄	—	—	444,000	220,290	664,290	

※2023年度実績。[授業料納入] 6回分割。
[その他] 制服・制定品代，教科書代，修学旅行積立金，学年行事費，模試・検定代等あり。

併願校の例

※[文理]を中心に

	神公立	私立
挑戦校	市立金沢／市立南 市立桜丘／追浜 市立東／七里ガ浜 市立戸塚／大船 市立橘／横浜栄	横須賀学院 横浜隼人 鵠沼 横浜翠陵
最適校	市立みなと総合／鶴見 岸根／横須賀大津 金井／市立横須賀総合 横浜清陵／横浜氷取沢 横浜立野／城郷	湘南工科大附 横浜 アレセイア湘南 鎌倉女子大 横浜清風
堅実校	舞岡／藤沢総合 金沢総合／川崎 横浜南陵／旭 逗子葉山／新栄 横浜緑園／上矢部	湘南学院 三浦学苑 相洋 武相 横浜学園

合格のめやす

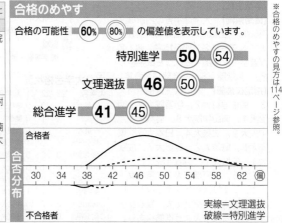

合格の可能性 60% 80% の偏差値を表示しています。

特別進学　**50** (54)
文理選抜　**46** (50)
総合進学　**41** (45)

合格者

合否分布

不合格者

30　34　38　42　46　50　54　58　62（偏）

実線＝文理選抜
破線＝特別進学

※合格のめやすの見方は114ページ参照。

(見学ガイド) 文化祭／説明会／オープンスクール／入試相談会

横浜市瀬谷区

横浜隼人 高等学校

〒246-0026 神奈川県横浜市瀬谷区阿久和南1-3-1 ☎(045)364-5101

【教育方針】 「必要で信頼される人となる」を校訓に掲げ、「人間教育」を最重要課題とする。他人への思いやり、環境へのやさしさ、差別や偏見のない広い視野、困難に打ち勝つ勇気を身につける。

【沿　革】 1977年開校。

【学校長】 吉野　純三

【生徒数】 男子896名、女子833名

	1年(17クラス)	2年(20クラス)	3年(16クラス)
男子	282名	333名	281名
女子	262名	320名	251名

相鉄線―希望ヶ丘18分
JR―戸塚よりバス阿久和4分

特色

設置学科：普通科／国際語科

【コース】 普通科は特別選抜、特進、進学の3コースを設置している。

【カリキュラム】 ①特別選抜コースは国公立大学、特進コースは難関私立大学への現役合格をめざす。進学コースは多様な進路希望に対応する。②国際語科は英語運用能力を身につけ、世界に向けた広い視野を養う。ネイティヴ教員による実際に活用できる英語を身につける授業を展開。英語スピーチコンテストでは、コミュニケーション能力の向上を図る。③ICT機器を活用した授業を展開。ICTリテラシーを向上させると共に、参加型の授業実践に取り組む。④早朝テストや小論文・面接指導など、学習支援が充実。また、卒業生が放課後に個別指導を行う「チューター制度」を導入している。

【海外研修】 普通科の修学旅行は海外と国内より選択。国際語科には必修の語学研修、希望選抜制で1年間のアメリカ・カナダへの長期留学、3カ月の短期留学プログラムがある。

【クラブ活動】 女子バレーボール部、女子硬式野球部、女子卓球部が全国レベルで活躍。美術部、吹奏楽部、和太鼓部なども活発に活動。

習熟度別授業	土曜授業	文理選択	オンライン授業	制服	自習室	食堂	プール	グラウンド	アルバイト	登校時刻＝ 8:25
5教科	隔週	2年〜	○	○	〜18:00	○	○	○	審査	下校時刻＝18:00

進路情報 2023年3月卒業生

四年制大学への進学率 **85.5%**

【卒業生数】 524名

【進路傾向】 大学進学者の内訳は文系56%、理系36%、他8%。国公立大学へ文系11名、理系16名、他1名が進学。医学部4名（うち医学科3名）、歯学部1名、薬学部14名合格。

【指定校推薦】 利用状況は横浜市大3、東京理科大2、学習院大2、明治大1、青山学院大8、立教大1、中央大2、法政大4、日本大6、東洋大5、駒澤大2、専修大7、成蹊大1、成城大1、明治学院大11、芝浦工大3、東京都市大2、清泉女子大1、フェリス女学院大2など。ほかに獨協大、東京女子大、聖心女子大、白百合女子大など推薦枠あり。

四年制大学	448名
短期大学	8名
専修・各種学校	30名
就職	2名
進学準備・他	36名

主な大学合格状況

'24年春速報は巻末資料参照

大学名	'23	'22	'21	大学名	'23	'22	'21	大学名	'23	'22	'21
◇京都大	1	0	0	早稲田大	8	10	2	日本大	63	65	60
◇東工大	2	1	0	慶應大	5	2	3	東洋大	56	76	35
◇一橋大	0	1	0	上智大	7	7	1	駒澤大	21	23	17
◇東京外大	0	2	1	東京理科大	6	11	12	専修大	33	76	32
◇横浜国大	3	6	0	学習院大	11	13	4	東海大	89	83	33
◇大阪大	1	0	0	明治大	16	43	18	明治学院大	19	35	26
◇防衛医大	1	2	0	青山学院大	33	37	17	神奈川大	78	105	60
◇東京学芸大	2	1	1	立教大	29	16	14	芝浦工大	6	11	18
◇横浜市大	6	7	10	中央大	23	33	26	桜美林大	58	38	26
◇県立保健福祉大	6	1	1	法政大	37	45	17	関東学院大	36	41	38

※各大学合格数は既卒生を含む。

入試要項 2024年春（実績）

新年度日程についてはp.116参照。

◆ 推薦　第１希望
募集人員▶普通科60名，国際語科20名
選抜方法▶個人面接（10分），調査書
◆ 一般１次　一般，オープン
募集人員▶**一般**：普通科125名，国際語科45名
オープン：普通科10名，国際語科３名
選抜方法▶［普通科］国数英（各50分・各100点・マークシート），調査書，［国際語科］国英（国50分・100点・英70分・150点・マークシート・英にリスニングあり），調査書
◆ 受験料　20,000円

内申基準 推薦：［特別選抜］48/50かつ９科に２不可，［特進］41/50，［進学］38/50，［国際語科］以下①または②。①22/30かつ２・３年次の英8/10・②英語検定準２級かつ９科に２不可
一般：［特別選抜］48/50かつ９科に２不可，［特進］44/50，［進学］40/50，［国際語科］24/30かつ２・３年次の英8/10　※分母30＝２年次の国英社＋３年次の国英社　※分母50＝２年次５科＋３年次５科　※条件により内申加点あり

特待生・奨学金制度 入試や内申による成績優秀者に２段階の奨学金制度あり。特定部活動の奨学金制度あり。

帰国生の受け入れ 国内生と同枠入試で考慮あり。個別対応もあり。

入試日程

区分	出願	試験	発表	手続締切
推薦	1/16〜19	1/22	1/23	1/31
一般	1/24〜2/1	2/10	2/12	2/19
オープン	1/24〜2/1	2/10	2/12	2/19

［延納］一般の公立併願者は公立発表後まで。
［２次募集］一般２次3/2

応募状況

年度	区分			応募数	受験数	合格数	実質倍率
'24	普通科	推薦	男子	21	21	21	1.0
			女子	31	31	31	1.0
		一般	男子	681	678	678	1.0
			女子	631	626	626	1.0
		オープ	男子	33	33	18	1.8
		ン	女子	11	11	5	2.2
	国際語科	推薦	男子	23	23	23	1.0
			女子	29	29	29	1.0
		一般	男子	44	41	41	1.0
			女子	100	99	99	1.0
		オープ	男子	4	4	2	2.0
		ン	女子	3	3	3	1.0
'23	普通科	推薦	男子	30	30	30	1.0
			女子	34	34	34	1.0
		書類	男子	852	—	852	1.0
			女子	660	—	660	1.0
		オープ	男子	23	23	16	1.4
		ン	女子	7	7	6	1.2
	国際語科	推薦	男子	14	14	14	1.0
			女子	37	37	37	1.0
		書類	男子	56	—	56	1.0
			女子	117	—	117	1.0
		オープ	男子	4	4	3	1.3
		ン	女子	0	0	0	—

［'24年合格最低点］非公表。

神奈川　男女　㊱　横浜隼人

学費（単位：円）

	入学金	施設費	授業料	その他経費	小計	初年度合計
入学手続時	200,000	200,000	—	—	400,000	1,061,000
１年終了迄	—	—	438,000	223,000	661,000	

※2024年度予定。［返還］3/30までの入学辞退者には入学金を除き返還。［授業料納入］毎月分割。
［その他］制服・制定品代，教科書代（普通科12,772円，国際語科10,462円），教材費，ICT教育費，その他費用，普通科は修学旅行積立金120,000円，国際語科は海外研修積立金240,000円あり。

併願校の例　※[進学]を中心に

	神公立	私立
挑戦校	横浜緑ケ丘／厚木　希望ケ丘／相模原　神奈川総合／光陵　横浜平沼／大和　横浜国際／市立金沢	法政国際　桐蔭学園　日本大学　朋優学院　桜美林
最適校	茅ケ崎北陵／海老名　市立桜丘／座間　市立戸塚／市立東　松陽／麻溝台　横浜栄／港北	横須賀学院　鵠沼　横浜翠陵　鶴見大附
堅実校	市立みなと総合／鶴見　横浜瀬谷／湘南台　住吉／岸根　大和西／金井　霧が丘／有馬	湘南工科大附　横浜　横浜創学館　アレセイア湘南　横浜清風

合格のめやす

合格の可能性 ⑳60% ⑳80% の偏差値を表示しています。

普通科（特別選抜）　63　66
普通科（特進）　59　63
普通科（進学）　53　57
国際語科　55　59

※合格のめやすの見方は114ページ参照。

見学ガイド 文化祭／国際科英語スピーチコンテスト／説明会／オープンキャンパス／個別見学対応

横浜市旭区

横浜富士見丘学園 高等学校

〒241-8502 神奈川県横浜市旭区中沢1-24-1 ☎(045)367-4380

小 中 高 専 短 大

【校　訓】 「敬愛」「誠実」「自主」を掲げる。一人ひとりが，自らの個性，資質を活かし，幸せに生きる力を育むことを教育目標としている。
【沿　革】 1923年，日の出女学校として創立。2007年，現在地に移転。2018年度中等教育学校より中学校・高等学校へ改編。2019年度より共学化。
【学校長】 駒嵜 健
【生徒数】 男子96名，女子192名

	1年（4クラス）	2年（4クラス）	3年（3クラス）
男子	50名	33名	13名
女子	60名	71名	61名

横浜富士見丘学園

相鉄本線—二俣川15分

特色

設置学科：普通科

【コース】 進学クラス（女子のみ）と特進クラスを設置。特進クラスは2年次より文系と理系に分かれる。
【カリキュラム】 ①特進クラスは国公立・私立難関大学をめざす。2年次には外部予備校講師による受験英語特訓講習が必修。②進学クラスは私立文系大学や看護・栄養系などへの進学など多様な進路に対応。③3年次は希望進路に合わせた自由選択科目を最大で週14時間設置。④1年次必修のオンライン英会話で生きた英語力を身につける。また全員が英語検定・GTECを受験し準1級・CEFR B2レベルをめざす。⑤最先端で活躍する研究者・大学院生を招いた講演により，理数教育にも注力している。⑥放課後学習支援サクセスクラブでは大学生が常駐し，自学自習を後押しする。放課後に校内予備校として英語・数学をメインにサクセス塾も運営。
【海外研修】 異文化体験として7月に2カ月半のオーストラリア短期留学，2月にセブ島英語研修がある。いずれも1・2年次の希望者対象。
【クラブ活動】 ダンス部，地理研究部が全国レベルで活躍。バドミントン部なども活発。

習熟度別授業	土曜授業	文理選択	オンライン授業	制服	自習室	食堂	プール	グラウンド	アルバイト	
数英	○	2年〜	○	○	〜17:45	○	—	○	審査	登校時刻＝ 8:30 下校時刻＝17:45

進路情報 2023年3月卒業生

四年制大学への進学率 **84.7%**

【卒業生数】 59名
【進路傾向】 大学進学者の文理比率は7：3程度。国公立大学へ文系2名・理系1名，海外大学へ1名が進学。薬学部に8名合格が出ている。
【指定校推薦】 利用状況は成蹊大1，東京都市大1，フェリス女学院大1，東洋英和女学院大1など。ほかに日本大，東海大，神奈川大，芝浦工大，東京電機大，立命館大，玉川大，関東学院大，大妻女子大，白百合女子大，杏林大，武蔵野大，東京農大，実践女子大，昭和女子大，学習院女子大，清泉女子大，麻布大，鎌倉女子大，東京家政大など推薦枠あり。

■ 四年制大学	50名
□ 短期大学	4名
■ 専修・各種学校	2名
■ 就職	0名
□ 進学準備・他	3名

主な大学合格状況

'24年春速報は巻末資料参照

大学名	'23	'22	'21	大学名	'23	'22	'21	大学名	'23	'22	'21
◇東京外大	0	1	0	立教大	0	2	1	神奈川大	6	3	6
◇都立大	1	0	0	中央大	3	0	3	武蔵大	3	1	0
◇群馬大	1	0	0	法政大	10	0	2	玉川大	1	7	1
◇宇都宮大	1	0	0	日本大	6	4	1	東京都市大	2	4	2
◇電通大	1	0	0	東洋大	2	2	7	桜美林大	6	7	7
◇北海道教育大	0	1	0	専修大	3	2	2	関東学院大	1	1	1
上智大	0	1	0	東海大	1	2	3	杏林大	2	2	1
東京理科大	0	2	0	帝京大	2	3	0	武蔵野大	4	1	3
明治大	1	1	1	成蹊大	1	1	0	昭和女子大	4	3	0
青山学院大	4	3	0	成城大	5	0	0	フェリス女学院大	1	5	1

※各大学合格数は既卒生を含む。

入試要項 2024年春（実績）

新年度日程についてはp.116参照。

◆ 推薦　単願

募集人員▶進学クラス（女子）20名，特進クラス40名

選抜方法▶作文（50分・800字），個人面接（10分），調査書

◆ 一般

募集人員▶進学クラス（女子）15名，特進クラス40名

選抜方法▶国数英（各50分・各100点），調査書

◆ オープン

募集人員▶進学クラス（女子）・特進クラス計5名

選抜方法▶国数英（各50分・各100点），調査書

◆ 受験料　20,000円

内申基準　推薦：[特進]以下①〜③を満たす。①19/25または35/45・②英４または英語検定準２級・③国または数４，[進学]以下①かつ②。①16/25または30/45・②英３または英語検定３級　一般：[特進]以下①〜③を満たす。①21/25または37/45・②英４または英語検定準２級・③国または数４，[進学]①かつ②。①18/25または32/45・②英３または英語検定３級　※内申はいずれも２年次または３年次。９科に１不可，[特進]は５科に２も不可　※条件により内申加点あり

特待生・奨学金制度　内申，学科試験，英語検定，部活動による特待生制度あり。

帰国生の受け入れ　国内生と同枠入試で考慮あり。

入試日程

区分	出願	試験	発表	手続締切
推薦	1/16〜20	1/22	1/23	1/25
一般	1/24〜2/8	2/10	2/13	3/4
オープン	1/24〜2/8	2/11	2/13	3/4

応募状況

年度	区分		応募数	受験数	合格数	実質倍率
'24	進学	推薦	12	12	12	1.0
		一般	49	48	48	1.0
		オープン	2	2	2	1.0
	特進	推薦	8	8	8	1.0
		一般	45	45	45	1.0
		オープン	13	13	13	1.0
'23	進学	推薦	11	11	11	1.0
		一般	40	40	40	1.0
		オープン	3	3	3	1.0
	特進	推薦	16	16	16	1.0
		一般	39	39	39	1.0
		オープン	16	16	16	1.0

[スライド制度] あり。上記に含まず。
[24年合格最低点] 非公表。

神奈川　男女　よ　横浜富士見丘学園

学費（単位：円）	入学金	施設費	授業料	その他経費	小計	初年度合計
入学手続時	250,000	—	—	—	250,000	1,301,900
１年終了迄	—	232,000	456,000	363,900	1,051,900	

※2024年度予定。[授業料納入] 毎月分割。
[その他] 制服・制定品代，学年費（副教材等）あり。

併願校の例　※[進学]を中心に

	神公立	私立
挑戦校	市立金沢／相模原弥栄　市立桜丘／市立戸塚　七里ガ浜／麻溝台　松陽／大船　港北／市立橘	横須賀学院　横浜隼人　鵠沼　横浜翠陵
最適校	湘南台／鶴見　岸根／市立みなと総合　横浜瀬谷／住吉　横浜氷取沢／大和西　横浜清陵／上溝	平塚学園　鶴見大附　湘南工科大附　横浜　横浜創学館
堅実校	城郷／麻生　霧が丘／有馬　藤沢清流／舞岡　旭／藤沢総合　横浜緑園／綾瀬	横浜商科大　橘学苑　湘南学院　相洋　光明相模原

合格のめやす

合格の可能性 **60%** **80%** の偏差値を表示しています。

進学　**47**　**51**

特進　**55**　**59**

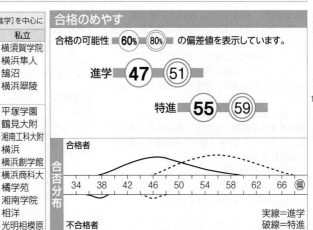

※合格のめやすの見方は114ページ参照。

実線＝進学
破線＝特進

見学ガイド　文化祭／説明会／校内見学会／個別相談会

小 中 高 専 短 大

横浜市旭区

星槎 高等学校

〒241-0801　神奈川県横浜市旭区若葉台4-35-1　☎(045)442-8686

JR一十日市場，東急田園都市線一青葉台より
バス星槎中学高校前

【教育目標】　共生社会の実現をめざし，共感理解教育を掲げる。困難な場面において，相手を想い，笑顔と勇気を持って立ち向かう強い心を育成する。校訓は「労働」「感謝」「努力」。
【沿　革】　2006年に開校。
【学校長】　金子　肇
【生徒数】　男子304名，女子87名

	1年(6クラス)	2年(5クラス)	3年(5クラス)
男子	118名	92名	94名
女子	31名	33名	23名

特色

設置学科：普通科

【コース】　2年次より進学コースとキャリアコースに分かれる。
【カリキュラム】　①教育課程に関する文部科学省指定校。生徒一人ひとりの個性や興味・関心を多角的な視点から客観的に把握し，個別指導計画(IEP)を作成する。心理検査の結果などを踏まえ，個々に合わせた的確な指導や授業を行う。②複数の教員が1つの授業を教えるティームティーチングや習熟度別授業を複数の科目に導入。③進学コースの生物基礎の授業では大学の教授によるハイレベルな実験・実習を組み込んでい

る。④キャリアコースではインターンシップや課題研究（食生活，工業，農業より2つ選択）に取り組む。農業選択者を中心に農業実習を行う。⑤自然の中で楽しむキャンプ実習やスキー実習，部活動など課外活動が充実。
【海外研修】　2年次必修の研修旅行では2月に1週間，サイパンを訪問。希望制のニューヨーク研修ではアメリカの日常を体験する。
【大学合格状況】　法政大，専修大，東洋大，和光大，多摩大，桜美林大，明星大，他。
【見学ガイド】　文化祭／説明会／体験入学

習熟度別授業	土曜授業	文理選択	オンライン授業	制服	自習室	食堂	プール	グラウンド	アルバイト
国数英	―	2年〜	○	○	―	―	―	○	審査

登校時刻＝ 9:15
下校時刻＝18:30

入試要項　2024年春（実績）

新年度日程についてはp.116参照。

※出願資格：教育上特別な配慮が必要な者，および不登校あるいは不登校傾向にある者。保護者が学校説明会に参加していること。推薦は体験入学，受験相談に参加していること。
◆推薦　単願　募集人員▶32名
選抜方法▶個人面接，調査書，受験相談アンケート
◆一般　募集人員▶32名
選抜方法▶国数英（各45分・各100点・英にリスニングあり），面接（個人，保護者），調査書，受験相談アンケート
◆受験料　25,000円
◆学費　入学手続時―520,000円　1年終了迄―1,110,000円（ほか制服代等あり）

入試日程

区分	出願	試験	発表	手続締切
推薦	1/16・17	1/22	1/22	1/25
一般	1/24〜2/6	2/10	2/11	2/15

[延納] 一般の公立併願は50,000円納入により残額は公立発表後まで。

応募状況

年度	区分	応募数	受験数	合格数	実質倍率
'24	推薦	33	33	33	1.0
	一般	60	60	57	1.1
'23	推薦	36	36	36	1.0
	一般	60	60	38	1.5
'22	推薦	42	42	42	1.0
	一般	50	50	50	1.0

['24年合格最低点] 非公表。

神奈川の私立通信制高校（抜粋）

あずさ第一高等学校 （広域）　➡P.1390
- 横浜キャンパス　〒221-0834　神奈川県横浜市神奈川区台町14-22　☎(045)322-6336

鹿島学園高等学校 （広域）　➡P.1392
横浜，戸塚，青葉台，日吉，磯子，川崎，溝の口，相模原，厚木，逗子，小田原，平塚，横須賀などにキャンパス・学習センターあり

鹿島山北 高等学校 （広域）　➡P.1392
〒258-0201　神奈川県足柄上郡山北町中川921-87　☎(0465)78-3900
〔その他のキャンパス・学習センター〕
横浜，磯子，戸塚，青葉台，日吉，中田，港南台，川崎，新百合ヶ丘，横須賀，相模原，平塚，厚木，逗子，小田原，藤沢，大和，中山，大船，能見台，稲田堤など

クラーク記念国際高等学校 （広域）➡P.1391
- 横浜キャンパス　〒220-0021　神奈川県横浜市西区桜木町4-17-1　☎(045)224-8501
- CLARK SMART 横浜　〒231-0063　神奈川県横浜市中区花咲町2-65-6 コウノビルMM21 8F　☎(045)260-6507
- 横浜青葉キャンパス　〒225-0003　神奈川県横浜市青葉区新石川2-5-5　☎(045)905-2571
- 厚木キャンパス　〒243-0014　神奈川県厚木市旭町1-32-7　☎(046)220-5539

さくら国際高等学校 （広域）　➡P.1393
横浜，横浜鶴見，横浜鴨居，大和，小田原，相模原，藤沢などにキャンパス・学習センターあり

秀英高等学校
〒245-0016　神奈川県横浜市泉区和泉町7865　☎(045)806-2100（代）

星槎高等学校
〒241-0801　神奈川県横浜市旭区若葉台4-35-1　☎(045)442-6685

清心女子高等学校
〒222-0024　神奈川県横浜市港北区篠原台町36-37　☎(045)421-8864（代）

日々輝学園高等学校 （広域）　➡P.1394
- 横浜校　〒224-0041　神奈川県横浜市都筑区仲町台1-10-18　☎(045)945-3778
- 神奈川校　〒252-1104　神奈川県綾瀬市大上4-20-27　☎(0467)77-8288

神奈川　私立

千葉県
私立高校

p.604〜709で紹介する高等学校のほか，千葉県では以下の学校が募集を行っています。

時任学園中等教育学校（後期課程）〔共学・普通科〕
〒270-1616　千葉県印西市岩戸3315
☎(0476)99-0314

千葉

私立

千葉県私立・国立高等学校略地図

凡例　JR線　私鉄各線

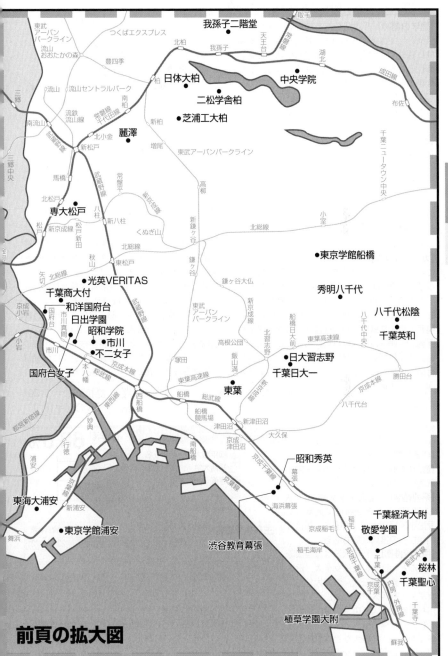

前頁の拡大図

四街道市

愛国学園大学附属四街道 高等学校

〒284-0005　千葉県四街道市四街道1532-16　☎(043)421-3533

【建学の精神】　「親切正直」を校訓とする。社会人としては豊かな知識と技術とをもって経済的に独立し，家庭人としては美しい情操と強い奉仕心とをもって一家幸福の源泉となる，健全な精神と身体とを備えた女性を育成する。

【沿　革】　1938年設立の愛国女子商業学校（現・愛国高等学校）の併設校として，1980年開校。1999年現校名に改称。

【学校長】　北林　栄峰

【生徒数】　女子105名

	1年(2クラス)	2年(2クラス)	3年(2クラス)
女子	42名	31名	32名

JR―四街道 7 分
京成本線―志津・京成臼井・勝田台よりバス

特色

設置学科：普通科

【コース】　2年次より総合コースと保育コースに分かれる。

【カリキュラム】　①1年次はわかりやすい授業で基礎学力を定着させる。国語・英語の教育を重視し，朝の10分間読書や漢字・英単語テストを実施。②総合コースは進学・就職など多方面の進路に合わせた科目選択が可能。各種検定講座・小論文講座・面接練習などの受験対策も実施。③保育コースは保育に特化した授業を展開。幼児教育関係の学校に進学する取り組みを行い，保育技術検定取得をめざす。併設保育専門学校や保育園と連携した特別授業も行う。④情報処理の授業では少人数制の丁寧な指導で資格取得をめざす。⑤第2，第4土曜は休講だが，希望者対象の補習を実施している。

【海外研修】　3年次の希望者を対象としたアメリカ語学研修旅行（約3週間）がある。

【クラブ活動】　運動系7部，文化系9部が活動。ボランティア活動の部が活躍している。

【施設】　長野県軽井沢に茅葺屋根で歴史を感じさせる高原寮が，九十九里海岸の近くに体育館や研修室などを備えた一の宮臨海寮がある。

習熟度別授業	土曜授業	文理選択	オンライン授業	制服	自習室	食堂	プール	グラウンド	アルバイト	登校時刻＝ 8:30
数英	隔週	―	○	○	○	○	○	○	審査	下校時刻＝18:00

進路情報 2023年3月卒業生

進学率 **68.0%**

【卒業生数】　25名

【進路傾向】　多様な分野への進学・就職実績がある。

【系列進学】　愛国学園大学へ1名（人間福祉）が内部推薦で進学した。愛国学園短期大学，愛国学園保育専門学校への推薦制度もある。

【指定校推薦】　利用状況は城西国際大1など。ほかに東京女子大，日本女子大，東京福祉大，淑徳大，和洋女子大，秀明大，聖徳大，江戸川大，川村学園女子大，東京家政学院大，松蔭大，植草学園大，千葉経済大，埼玉学園大，北陸大など推薦枠あり。

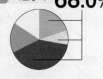

	四年制大学	5名
	短期大学	2名
	専修・各種学校	10名
	就職	4名
	進学準備・他	4名

主な大学合格状況

'24年春速報は巻末資料参照

大学名	'23	'22	'21	大学名	'23	'22	'21	大学名	'23	'22	'21
大正大	0	1	0	敬愛大	0	1	0				
武蔵野美大	2	0	0								
女子美大	2	0	0								
東京家政学院大	0	0	1								
城西国際大	1	1	0								
和洋女子大	1	0	0								
聖徳大	0	2	1								
東京情報大	1	1	0								
愛国学園大	1	1	1								
江戸川大	1	0	0								

※各大学合格数は既卒生を含む。

入試要項 2024年春（実績）

新年度日程についてはp.116参照。

◆ **前期** **単願推薦**：単願総合，単願学力，単願部活動　**併願推薦**：併願（公私とも可・本校第2志望）　**一般**：一般前期　※単願部活動は陸上競技，バスケットボール，ソフトテニス，吹奏楽，書道が対象

募集人員▶160名

選抜方法▶**単願総合**：作文（40分・600字），個人面接（10分），調査書，面接用資料　**単願学力**：国数英（計40分・計100点），個人面接（10分），調査書，面接用資料　**単願部活動**：作文（40分・600字），実技（30～60分），個人面接（10分），調査書，面接用資料　**併願**：国数英（各30分・各50点），調査書　**一般前期**：国数英（計40分・計100点），個人面接（10分），調査書，面接用資料

◆ **後期** **一般**：一般後期

募集人員▶若干名

選抜方法▶国数英（計40分・計100点），個人面接（10分），調査書，面接用資料

◆ **受験料** 15,000円

(**内申基準**) **単願総合・単願部活動**：9科23　**単願学力**：9科33　**併願**：9科25　※条件により内申加点あり

(**特待生・奨学金制度**) 単願学力の成績上位者と単願部活動の合格者は入学金免除。

(**帰国生の受け入れ**) 国内生と同枠入試。

入試日程

区分		出願	試験	発表	手続締切
前期	単願	12/17～1/12	1/17	1/21	1/31
	併願	12/17～1/12	1/18	1/21	3/9
	一般	12/17～1/12	1/17	1/21	3/9
一般後期		1/29～2/8	2/15	2/17	3/9

応募状況

年度	区分		応募数	受験数	合格数	実質倍率
'24	前期	単願総合				
		単願学力	20	20	20	1.0
		単願部活動				
		併願	114	114	114	1.0
		一般前期	1	1	1	1.0
	一般後期		3	3	3	1.0
'23	前期	単願総合				
		単願学力	21	21	21	1.0
		単願部活動				
		併願	116	116	116	1.0
		一般前期	11	10	6	1.7
	一般後期		6	5	4	1.3
'22	前期	総合				
		学力特別	25	25	25	1.0
		部活動特別				
		自己表現				
		併願特別	105	103	103	1.0
		一般				
	後期一般		3	3	3	1.0

［'24年合格最低点］非公表。

学費（単位：円）

	入学金	設備費	授業料	その他経費	小計	初年度合計
入学手続時	130,000	—	—	70,000	200,000	751,800
1年終了迄	—	120,000	276,000	155,800	551,800	

※2024年度予定。［免除］単願部活動は入学金免除。［授業料納入］3回分割。［その他］制服・制定品代あり。

併願校の例

	千公立	私立
挑戦校	千葉北／市立習志野　四街道／市立船橋　千城台／実籾	千葉経済大附　千葉明徳　東京学館　千葉黎明　植草学園大附
最適校	若松／佐倉東　富里／柏井　八千代東／四街道北　佐倉西	秀明八千代　千葉聖心　不二女子　桜林　千葉学芸
堅実校	犢橋／成田西陵　泉／佐倉南　船橋古和釜／八街	

合格のめやす

合格の可能性 **60%** **80%** の偏差値を表示しています。

普通科　**35**　**39**

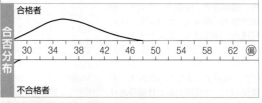

合格者

	30	34	38	42	46	50	54	58	62	(偏)

合否分布

不合格者

千葉　女子　(あ)　愛国学園大学附属四街道

※合格のめやすの見方は114ページ参照。

(**見学ガイド**) 体育祭／文化祭／説明会／体験授業／部活動体験／個別見学対応

小 中 高 専 短 大

国府台女子学院 高等部

〒272-8567　千葉県市川市菅野3-24-1　☎(047)326-8100

市川市

【教育理念】　仏教精神を礎に3大目標「敬虔・勤労・高雅」を掲げ，生きるスキルと本質を見極める力を身につける。

【沿革】　1926年設立。

【学院長】　平田 史郎

【生徒数】　女子945名

	1年(8クラス)	2年(9クラス)	3年(9クラス)
女子	307名	325名	313名

京成本線―市川真間5分
JR―市川12分

特色

設置学科：普通科

【コース】　普通クラス，選抜クラス，美術・デザインコースを設置。普通クラスと選抜クラスは2年次より進学文系，進学理系，選抜文系，選抜理系の4コースに分かれる。

【カリキュラム】　①普通クラスは生徒の希望や実力に合わせ，効率よく力を伸ばす。②選抜クラスはより高い意識をもち，難関大学合格をめざす。③美術・デザインコースは様々な課題で実技面を磨き，展覧会見学などを通して幅広い教養を身につける。④1年を通じて放課後に課外講習を実施している。長期休暇中にも講習を行い，手厚く学習をサポート。⑤東京女子・日本女子・昭和女子大学と高大連携協定を締結。

【キャリア教育】　CM制作を題材にした「Ad School」を実施。大手広告代理店からの指導でCMを制作。文化祭で制作発表をする。

【海外研修】　希望制でイギリスやフィリピンへの語学研修がある。ほかにイギリス（3カ月）やハワイ（6週間）への留学制度もある。

【クラブ活動】　合唱部が全国レベルで活躍。マンドリン部や仏教研究会，ビオトープ愛好会など，ユニークな部も活発に活動している。

習熟度別授業	土曜授業	文理選択	オンライン授業	制服	自習室	食堂	プール	グラウンド	アルバイト	登校時刻＝ 8:20
5教科	○	2年～	○	○	～18:00	―	○	○	―	下校時刻＝18:00

進路情報　2023年3月卒業生

四年制大学への進学率 **93.8%**

【卒業生数】　323名

【進路傾向】　大学進学者の文理比率は6：4程度。国公立大学へ文系4名，理系7名，他2名が進学した。

【指定校推薦】　利用状況は早稲田大3，慶應大2，上智大4など。ほかに東京理科大，学習院大，明治大，青山学院大，立教大，中央大，法政大，日本大，東洋大，駒澤大，専修大，國學院大，成蹊大，成城大，明治学院大，獨協大，芝浦工大，東京電機大，津田塾大，東京女子大，日本女子大，東京都市大，共立女子大，大妻女子大，聖心女子大，白百合女子大，東邦大，国際医療福祉大，東京薬科大，東京農大など推薦枠あり。

	四年制大学	303名
	短期大学	1名
	専修・各種学校	4名
	就職	0名
	進学準備・他	15名

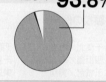

主な大学合格状況

'24年春速報は巻末資料参照

大学名	'23	'22	'21	大学名	'23	'22	'21	大学名	'23	'22	'21
東京大	1	0	0	慶應大	7	6	8	東洋大	38	22	31
一橋大	0	0	1	上智大	13	6	19	成城大	11	9	10
千葉大	4	6	1	東京理科大	13	5	12	明治学院大	14	12	10
筑波大	1	1	4	学習院大	23	15	19	津田塾大	9	11	13
埼玉大	1	0	0	明治大	33	24	28	東京女子大	37	21	18
東北大	0	2	0	青山学院大	13	10	11	日本女子大	31	36	23
東京藝術大	0	1	3	立教大	40	33	36	共立女子大	18	19	14
お茶の水女子	0	2	1	中央大	11	14	19	多摩美大	11	5	16
県立保健医療大	1	0	1	法政大	17	19	21	武蔵野美大	15	11	10
早稲田大	22	23	28	日本大	30	26	24	東邦大	35	23	24

※各大学合格数は既卒生を含む。

入試要項 2024年春（実績）

新年度日程についてはp.116参照。

◆ 推薦　単願推薦，併願推薦（公私とも可）
募集人員▶ 単願推薦約50名，併願推薦約70名
選抜方法▶ 国数英（各50分・各100点・英にリスニングあり），調査書，ほかに美術・デザインコースは実技（鉛筆デッサン・60分・100点）
◆ 受験料　22,000円

内申基準 単願推薦：以下①または②。①５科21・②５科20かつ英語検定準２級
併願推薦：５科23

特待生・奨学金制度 特記なし。

帰国生の受け入れ 国内生と同枠入試。

入試日程

区分	出願	試験	発表	手続締切
推薦	12/18～1/12	1/17	1/18	1/23

[延納] 併願推薦は30,000円納入により残額は公立発表後まで。

応募状況

年度	区分		応募数	受験数	合格数	実質倍率
'24		単願推薦	48	48	48	1.0
		併願推薦	185	185	185	1.0
'23	普通科	単願推薦	48	48	48	1.0
		併願推薦	210	207	207	1.0
	英語科	単願推薦	11	11	11	1.0
		一般	16	16	12	1.3
'22	普通科	単願A推	43	43	43	1.0
		単願B推	9	9	3	3.0
		併願推薦	291	291	291	1.0
	英語科	単願A推	9	9	9	1.0
		併願	15	15	13	1.2

[スライド制度] あり。上記に含む。
[24年合格最低点] 単願推薦114，併願推薦119（/300）
※実技を含む点数は非公表

千葉　女子　(こ)　国府台女子学院

学費（単位：円）	入学金	施設費	授業料	その他経費	小計	初年度合計
入学手続時	100,000	200,000	—	36,500	336,500	1,007,300
１年終了迄	—	138,000	336,000	196,800	670,800	

※2023年度実績。[授業料納入] ４回分割。[その他] 制服・制定品代，教材費・学級費等（美術・デザインコース170,000円，他100,000円），美術・デザインコースは特別指導費24,000円あり。

併願校の例 ※[普通]を中心に

	千公立	都立	私立
挑戦校	千葉東 佐倉 薬園台 市立千葉 小金	戸山 新宿	芝浦工大柏 日大習志野 専大松戸 江戸川女子
最適校	船橋東 八千代 鎌ヶ谷 国府台 幕張総合	小松川 城東 上野	日出学園 麗澤 八千代松陰 安田学園 日大一
堅実校	千葉西 松戸国際 津田沼 国分 千葉女子	江戸川 墨田川	東葉 千葉英和 光英VERITAS 和洋国府台 昭和学院

合格のめやす

合格の可能性 **60%** **80%** の偏差値を表示しています。

普通　**57**　（**61**）

選抜　**61**　（**65**）

美術・デザイン　**57**　（**61**）

※合格のめやすの見方は114ページ参照。

合否分布

合格者

| 38 | 42 | 46 | 50 | 54 | 58 | 62 | 66 | 70 | (偏) |

不合格者

実線＝普通
破線＝選抜

見学ガイド 文化祭／説明会／学校見学会

千葉市中央区

千葉聖心 高等学校

〒260-0006　千葉県千葉市中央区道場北1-17-6　☎(043)225-4151

【教育目標】　「聖心・努力・奉仕」を校訓に掲げる。確かな学力と行動力を身につけ，心豊かで礼儀正しく自立した，社会に貢献できる女性を育成する。

【沿　革】　1947年創立の千葉洋裁学院（現・千葉女子専門学校）を母体として，1979年に開校。

【学校長】　三浦　勤治

【生徒数】　女子451名

	1年(5クラス)	2年(6クラス)	3年(6クラス)
女子	129名	142名	180名

JR―東千葉10分，千葉20分
京成線―京成千葉21分

特色

設置学科：普通科

【コース】　2年次より，こども保育，進学（文系・理系），総合の3コースに分かれる。

【カリキュラム】　①こども保育コースは「身体表現」「音楽表現」などの専門科目を設定。併設専門学校との連携教育による保育講座を開講。同専門学校への優先入学制度もある。また，系列のこども園で2・3年次に実習を行う。②進学コースは専門家を招く看護医療系ガイダンス，放課後や長期休業中に開講する進学学習会など，進路実現に向けた環境を用意している。③総合コースは幅広い進路希望に対応。コンピュータや視聴覚教材を活用した授業を展開する。3年次には，就職ガイダンスを通して面接指導などのサポートも行う。④基礎学力定着を目的とした「JITAN（自己探究・自己探査）」やアクティブ・ラーニング，タブレット端末を導入したICT教育などで，楽しみながら学力向上を図る。

【クラブ活動】　氷上スポーツのカーリングを卓上で行うカーレット部があり，全国大会で優勝。ソフトテニス部も全国大会出場の実績がある。

【施設】　ピアノ練習室や鏡張りのフィットネスルーム，保育ルームなどを設置している。

習熟度別授業	土曜授業	文理選択	オンライン授業	制服	自習室	食堂	プール	グラウンド	アルバイト
数	―	2年～	―	○	～18:30	―	―	○	届出

登校時刻＝ 8:30
下校時刻＝18:30

進路情報　2023年3月卒業生

進学率 **85.4%**

【卒業生数】　144名

【進路傾向】　専修・各種学校への進学が多く，例年半数近くを占める。2023年春の大学進学はいずれも私立大学で，内訳は文系78%，理系22%。

【系列進学】　千葉女子専門学校へ16名が内部推薦で進学した。

【指定校推薦】　利用状況は東邦大1，城西国際大1，和洋女子大2，千葉商大2，聖徳大1，敬愛大1，植草学園大3など。ほかに実践女子大，東都大など推薦枠あり。

四年制大学	32名
短期大学	21名
専修・各種学校	70名
就職	12名
進学準備・他	9名

主な大学合格状況

'24年春速報値は巻末資料参照

大学名	'23	'22	'21	大学名	'23	'22	'21	大学名	'23	'22	'21
日本大	0	0	1	神田外語大	2	0	0	つくば国際大	0	1	0
東洋大	1	0	0	日本女子体大	1	1	1	東京未来大	2	0	0
帝京大	1	0	0	城西国際大	2	1	0	愛国学園大	1	0	0
国士舘大	1	1	0	淑徳大	3	1	4	植草学園大	3	0	0
千葉工大	0	1	1	和洋女子大	5	4	5	江戸川大	0	3	1
大妻女子大	1	0	0	千葉商大	3	2	2	開智国際大	0	1	0
順天堂大	0	1	0	秀明大	0	1	0	亀田医療大	0	0	3
武蔵野大	1	0	0	聖徳大	1	4	2	敬愛大	1	0	2
二松學舍大	0	1	0	東京情報大	0	0	2	明海大	2	0	0
帝京平成大	1	1	0	東都大	2	0	0	了徳寺大	1	0	0

※各大学合格数は既卒生を含む。

入試要項 2024年春（実績）

新年度日程についてはp.116参照。

◆ 推薦　**校長推薦**：専願，併願（公私とも可），一能（専願）　**自己推薦**：専願

募集人員▶ 200名

選抜方法▶ 校長推薦：作文（30分・400字），面接（専願・一能は個人10分，併願はグループ10分），調査書，志願理由書　**自己推薦**：作文（40分・600字），個人面接（10分），調査書，志願理由書

◆ 受験料　17,000円

内申基準 非公表。

特待生・奨学金制度 校長推薦で学力と部活動による特待制度あり。

帰国生の受け入れ 国内生と同枠入試。

入試日程

区分		出願	試験	発表	手続締切
校長推薦	専願	12/17〜1/10	1/17	1/18	1/20
	併願	12/17〜1/10	1/18	1/19	1/21
	一能	12/17〜1/10	1/17	1/18	1/20
自己推薦					

［延納］併願者は50,000円納入により残額は公立発表後まで。
［2次募集］3/7

応募状況

年度	区分		応募数	受験数	合格数	実質倍率
'24	校長推薦	専願	101	101	101	1.0
		併願	136	136	136	1.0
		一能	15	15	15	1.0
	自己推薦		21	21	21	1.0
'23	校長推薦	専願	77	77	77	1.0
		併願	111	111	110	1.0
		一能	5	5	5	1.0
	自己推薦		24	24	24	1.0
'22	A選	校推専願	81	81	81	1.0
		校推一能	20	20	20	1.0
		校推併願	137	137	137	1.0
		自己推薦	20	20	20	1.0
	B選	専願	1	1	1	1.0
		併願	5	5	4	1.3

［'24年合格最低点］非公表。

千葉　女子　（ち）千葉聖心

学費（単位：円）

	入学金	施設費	授業料	その他経費	小計	初年度合計
入学手続時	130,000	120,000	—	—	250,000	766,600
1年終了迄	—	—	264,000	252,600	516,600	

※2024年度予定。［入学前納入］1年終了迄の小計のうち33,000円。［授業料納入］毎月分割。
［その他］制服・制定品代あり。

併願校の例

	千公立	私立
挑戦校	市立習志野／市立松戸　四街道／市立船橋　千葉女子(家政)／千城台　千葉商業／実籾　八千代(家政)／市川昴	千葉経済大附　千葉明徳　関東一　植草学園大附　東京学館
最適校	若松／市原八幡　土気／佐倉東　木更津東／船橋二和　市川南／四街道北　姉崎	秀明八千代　桜林　不二女子　愛国四街道
堅実校	生浜／船橋法典　犢橋／市原緑　船橋北／浦安　泉／鎌ヶ谷西　八街／八千代西	

合格のめやす

合格の可能性 ■■■ 60% ／ 80% の偏差値を表示しています。

普通科　**36** （**40**）

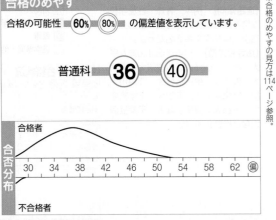

※合格のめやすの見方は114ページ参照。

見学ガイド 文化祭／説明会／オープンスクール／個別相談会

香取市

千葉萌陽 高等学校

〒287-0003　千葉県香取市佐原イ3371　☎(0478)52-2959

【教育方針】　少人数による学習・進路の徹底指導，生活指導の重視と人間教育，勤労をいとわない精神の育成，個性に応じた教育を行う。校訓は「至誠　一生を貫き」「勤勉　小事を捨てず」「聡明　青空のごとく」。

【沿　革】　1901年佐原淑徳裁縫女学校として創立。2001年佐原淑徳高等学校より現校名に改称。

【学校長】　井上　圀彦

【生徒数】　女子84名

	1年(2クラス)	2年(2クラス)	3年(2クラス)
女子	28名	28名	28名

JR―佐原10分

特色

設置学科：普通科

【カリキュラム】　①生徒一人ひとりの個性に合わせて時間割をアレンジし，少人数制による選択科目と習熟度別の授業を展開する。文系大学進学に不可欠な国語と英語を重視。②パソコンを活用した実技科目が充実。情報検定では高い合格率を誇る。③在学中，各種検定（漢字検定，英語検定，情報検定など）の一定基準の級に合格すると，増加単位として認定される。数学検定や秘書検定，茶道（表千家），漫画技能検定，ワープロ検定などの資格取得もサポート。④専門性の高いファッション造形授業を設置。⑤「総合的な探究の時間」では，修学旅行の事前指導やキャリア教育など多彩に展開している。⑥進路ガイダンス，大学・専門学校・企業の見学会を実施。それぞれのめざす進路に向けて，進学指導と就職指導の双方に力を入れている。

【クラブ活動】　シンセサイザーオーケストラ部が12月に定期演奏会を開催。ファッション部，ガーデニング部，イラスト部などがユニーク。

【施設】　理科室や音楽室，作法室，書道室など授業と部活動がともに活用できる施設を数多く備える。中庭やテラスは自然が豊かな空間。

習熟度別授業	土曜授業	文理選択	オンライン授業	制服	自習室	食堂	プール	グラウンド	アルバイト	登校時刻＝　8:30
5教科	ー	ー	○	●	●	●	ー	徒歩15分	届出	下校時刻＝17:30

進路情報　2023年3月卒業生

進学率 **82.6%**

【卒業生数】　23名

【進路傾向】　例年，専修・各種学校進学と就職が多い。2023年春の大学進学者は私立文系2名だった。

【指定校推薦】　利用状況は和洋女子大1など。ほかに城西国際大，淑徳大，聖徳大，東京情報大，江戸川大，川村学園女子大，敬愛大，千葉科学大，東都大，植草学園大，千葉経済大など推薦枠あり。

■	四年制大学	2名
■	短期大学	2名
■	専修・各種学校	15名
■	就職	3名
□	進学準備・他	1名

主な大学合格状況

'24年春速報は巻末資料参照

大学名	'23	'22	'21	大学名	'23	'22	'21	大学名	'23	'22	'21
駒沢女子大	0	0	1								
城西国際大	0	1	1								
淑徳大	0	1	0								
和洋女子大	1	0	2								
聖徳大	1	0	0								
植草学園大	0	0	1								
千葉科学大	0	1	0								

※各大学合格数は既卒生を含む。

入試要項 2024年春（実績）

新年度日程については p.116参照。

◆ 前期　専願（優遇あり），併願（公立のみ）

募集人員▶80名

選抜方法▶国数英（各45分・各100点），調査書

◆ 受験料　15,000円

（内申基準）非公表。

（特待生・奨学金制度）特記なし。

（帰国生の受け入れ）個別対応。

入試日程

区分	出願	試験	発表	手続締切
前期	1/4～11	1/17	1/19	1/22

［延納］千葉・茨城公立併願者は50,000円納入により残額は公立合格発表後まで。

応募状況

年度	区分	応募数	受験数	合格数	実質倍率
'24	前期	66	66	66	1.0
'23	前期	86	86	86	1.0
'22	前期	97	97	97	1.0

［'24年合格最低点］非公表。

千葉　女子　ち　千葉萌陽

学費（単位:円）	入学金	施設費	授業料	その他経費	小計	初年度合計
入学手続時	150,000	110,000	—	—	260,000	827,900
1年終了迄	—	36,000	388,800	143,100	567,900	

※2024年度予定。
［授業料納入］毎月分割。［その他］制服・制定品代あり。

併願校の例

	千公立	私立
挑戦校	佐原白楊／印旛明誠 成田北	中央学院 日体大柏 鹿島学園
最適校	銚子／若松 佐倉東／富里 小見川／四街道北	東京学館 千葉黎明 我孫子二階堂 愛国四街道
堅実校	成田西陵／多古 佐倉南／下総	

合格のめやす

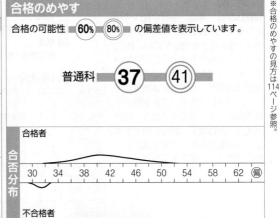

合格の可能性 **60%** **80%** の偏差値を表示しています。

普通科 **37** **41**

合否分布

合格者

30　34　38　42　46　50　54　58　62　偏

不合格者

※合格のめやすの見方は114ページ参照。

（見学ガイド）文化祭／シンセサイザー・オーケストラ定期演奏会／説明会／個別見学対応

市川市

小 中 **高** 専 短 大

不二女子 高等学校

〒272-0021　千葉県市川市八幡4-5-7　☎(047)333-6345

【教育目標】　真に生きる力を身につけ，人間の歴史を受け継ぎ，その発展を推し進めていくために，「人間の大切さを学び，一人ひとりがかけがえのない存在であることを知る」「真理を探究し，科学的なものの見方を身につける」ことを掲げる。

【沿　革】　1946年創立の不二洋裁学院を母体とし，1978年に開校。

【学校長】　會田　一雄

【生徒数】　女子468名

	1年（4クラス）	2年（4クラス）	3年（4クラス）
女子	158名	162名	148名

JR・都営新宿線―本八幡5分
京成線―京成八幡2分

特色

設置学科：普通科

【カリキュラム】　①基礎からの丁寧な授業進行や手作りプリントの活用，個々に応じた指導で苦手科目を克服することで自信をつける。小テストで理解度を確認する。②数学と英語は個別指導のほか，数学は放課後に少人数授業を実施。③2・3年次に系列の幼稚園で保育実習を実施している。④受験・就職対策の小論文や面接などを全教員体制できめ細かく指導する。⑤英語検定や漢字検定などの資格取得をサポート。

【キャリア教育】　進路指導を「生き方の指導」と捉える。学校行事や部活動などを通して自己認識を深め，適性を知ることを促す。自分で進路を選び取る力を身につけられるよう，生徒との信頼関係に基づいた指導を行っている。

【クラブ活動】　バレーボール部，テニス部，バドミントン部などが活発。運動部は専門のコーチが筋力トレーニングの指導をする。

【行事】　行事を教育活動と位置づける。「全員参加，すべて手作り」をモットーに，球技大会，体育祭，合唱祭などを経験。力を合わせて取り組むことで，他人の存在を認める力を育む。

【施設】　全教室と体育館に冷暖房を完備。

習熟度別授業	土曜授業	文理選択	オンライン授業	制服	自習室	食堂	プール	グラウンド	アルバイト	登校時刻＝ 8:25
―	―	―	―	○	―	―	―	バス30分	審査	下校時刻＝18:30

進路情報　2023年3月卒業生

進学率 **78.7%**

【卒業生数】　127名

【進路傾向】　専修・各種学校への進学が多く，看護医療・保育・美容・調理・服飾など分野は幅広い。2023年春の大学進学者は全体の31%でいずれも私立文系だった。

【指定校推薦】　利用状況は大妻女子大1，帝京科学大2，文京学院大3，城西国際大1，和洋女子大5，江戸川大5，東都大2，跡見学園女子大2，杉野服飾大1，東洋学園大2，植草学園大1，明海大2など。

■ 四年制大学	39名
□ 短期大学	19名
■ 専修・各種学校	42名
■ 就職	15名
□ 進学準備・他	12名

主な大学合格状況

'24年春速報は巻末資料参照

大学名	'23	'22	'21	大学名	'23	'22	'21	大学名	'23	'22	'21
大妻女子大	2	0	1	城西国際大	2	1	1	植草学園大	1	0	0
帝京平成大	1	0	0	淑徳大	1	2	1	江戸川大	5	0	5
帝京科学大	4	1	1	和洋女子大	6	3	6	開智国際大	0	1	0
文京学院大	3	1	1	千葉商大	1	0	1	川村学園女子大	0	0	1
国立音大	0	1	0	聖徳大	0	1	0	敬愛大	0	0	0
文化学園大	1	0	0	十文字学園女子大	0	0	1	明海大	2	2	2
杉野服飾大	1	0	0	東都大	2	4	0	跡見学園女子大	2	1	0
日本女子体育大	1	0	0	日本ウェルネススポーツ大	1	0	0				
東京女子体育大	1	0	2	東京医療保健大	0	1	0				
湘南医療大	1	0	0	東洋学園大	2	0	2				

※各大学合格数は既卒生を含む。

入試要項 2024年春（実績）

新年度日程についてはp.116参照。

◆ 推薦　単願

募集人員 ▶60名

選抜方法 ▶作文（40分・400〜600字），個人面接（10分），調査書

◆ 一般　第1希望，第2希望あり

募集人員 ▶60名

選抜方法 ▶国数英（各45分・各100点），調査書

◆ 受験料　20,000円

内申基準 推薦：9科27程度　一般（第1希望）：9科25程度　一般（第2希望）：9科27程度　※いずれも3科に1不可　※条件により内申加点あり

特待生・奨学金制度 特記なし。

帰国生の受け入れ 国内生と同枠入試。

入試日程

区分	出願	試験	発表	手続締切
推薦	1/10・11	1/17	1/18	1/19
一般	1/12・13	1/20	1/25	1/26

［延納］一般の公立併願者は50,000円納入により残額は公立発表後まで。

応募状況

年度	区分	応募数	受験数	合格数	実質倍率
'24	推薦	80	80	80	1.0
	一般	160	156	142	1.1
'23	推薦	93	93	93	1.0
	一般	201	195	164	1.2
'22	推薦	125	125	125	1.0
	一般	187	184	146	1.3

［'24年合格最低点］非公表。

千葉　女子　（ふ）不二女子

学費（単位：円）	入学金	施設費	授業料	その他経費	小計	初年度合計
入学手続時	120,000	140,000	—	—	260,000	709,600
1年終了迄	—	—	312,000	137,600	449,600	

※2024年度予定。［入学前納入］1年終了迄の小計のうち20,000円。［授業料納入］11回分割。
［その他］制服・制定品代あり。

併願校の例

	千公立	都立	私立
挑戦校	船橋啓明　千葉女子(家政)　千葉商業　市川昴　実籾	小岩　足立　紅葉川	東京学館浦安　植草学園大附　秀明八千代　潤徳女子　愛国
最適校	八千代東　市川南　船橋二和　松戸馬橋　白井	篠崎　足立西　忍岡　南葛飾　葛飾総合	千葉聖心　桜林
堅実校	船橋法典　浦安　松戸向陽　松戸南　沼南高柳	淵江　葛西南　葛飾商業	

合格のめやす

合格の可能性 ▶60%◀ ▶80%◀ の偏差値を表示しています。

普通科　36　40

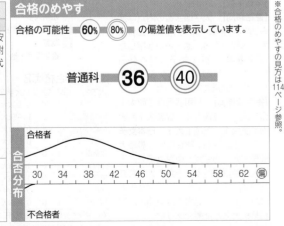

合格者

合否分布

30　34　38　42　46　50　54　58　62　（偏）

不合格者

※合格のめやすの見方は114ページ参照。

見学ガイド オープンスクール／部活動体験／説明会

小 中 高 専 短 大

市川市

和洋国府台女子 高等学校

〒272-8533　千葉県市川市国府台2-3-1　☎ (047)371-1120

【教育理念】　「凜として生きる」を掲げ，柔軟なリーダーシップを身につけ，未来の社会に貢献できる女性を育成する。

【沿　革】　1897年に創立された和洋裁縫女学院を母体とし，1948年設立。2020年に和洋コース開設。

【学校長】　宮﨑　康

【生徒数】　女子628名

	1年（7クラス）	2年（7クラス）	3年（7クラス）
女子	227名	198名	203名

京成本線―国府台9分　JR―市川・松戸，北総線―矢切よりバス和洋女子大前

特色

設置学科：普通科

【コース】　特進，進学，和洋の3コースを設置。

【カリキュラム】　①特進コースは受験指導教員チームを配置し，難関大学への現役合格をめざす。夏休みの勉強合宿や高度な演習で学力・応用力を養成。②進学コースは高大連携の探究型授業でプレゼン法，論文などのアカデミックスキルを養う。多様な入試形態にも対応。③和洋コースは併設大学進学が前提。大学と連携した探究科目や大学の先取り講義受講により，専門的な学びを進める。履修単位は大学入学後に認定。④英語は探究心を促す教材や協働学習など

を通して力を磨き，コミュニケーションツールとしての言語取得をめざす。⑤放課後に実施する受験特訓講座を1年次から受講できる。

【キャリア教育】　人のあり方や社会との関わり方，働く意義を探究し，社会人の基礎を育む。

【海外研修】　希望者対象のオーストラリア語学留学（2年次），ヨーロッパ文化研修（1・2年次）を実施。1年次1月から1年間のカナダ留学プログラムもあり，単位の取得が可能。

【クラブ活動】　ダンス部，水泳部，卓球部，書道部が全国レベルで活躍している。

習熟度別授業	土曜授業	文理選択	オンライン授業	制服	自習室	食堂	プール	グラウンド	アルバイト
―	○	2年～	○	○	～19:00	○	○	徒歩15分	―

登校時刻＝ 8:30
下校時刻＝18:00

進路情報　2023年3月卒業生

【卒業生数】　163名

【進路傾向】　大学進学者の内訳は文系65%，理系31%，他4%。国公立大学へ理系1名，他1名が進学した。

【系列進学】　和洋女子大学へ49名（人文16，家政15，国際6，看護12）が内部推薦で進学した。

【指定校推薦】　利用状況は法政大1，日本大1，成蹊大4，成城大1，明治学院大1，芝浦工大1，日本女子大3など。ほかに学習院大，専修大，國學院大，獨協大，東京女子大，玉川大，東京都市大，千葉工大，共立女子大，聖心女子大，白百合女子大，東京女子医大，北里大，東邦大，昭和薬科大など推薦枠あり。

四年制大学への進学率 90.2%

■ 四年制大学	147名
□ 短期大学	3名
■ 専修・各種学校	10名
■ 就職	0名
□ 進学準備・他	3名

主な大学合格状況

'24年春速報は巻末資料参照

大学名	'23	'22	'21	大学名	'23	'22	'21	大学名	'23	'22	'21
◇筑波大	1	0	0	立教大	2	0	0	東京女子大	0	6	1
◇東京農工大	1	0	0	中央大	0	2	1	日本女子大	3	9	4
◇埼玉県立大	0	1	0	法政大	2	0	0	共立女子大	10	6	12
◇釧路公立大	0	1	0	日本大	2	6	6	大妻女子大	4	7	6
早稲田大	1	0	1	東洋大	1	0	0	順天堂大	3	3	2
上智大	1	0	1	専修大	3	1	4	武蔵野大	11	6	5
東京理科大	1	0	1	成蹊大	4	2	4	昭和女子大	7	0	0
学習院大	0	1	5	明治学院大	2	8	1	神田外語大	1	1	5
明治大	0	1	0	獨協大	4	1	4	東邦大	3	6	4
青山学院大	0	1	2	芝浦工大	2	2	0	和洋女子大	57	68	67

※各大学合格数は既卒生を含む。

入試要項 2024年春（実績）

新年度日程については p.116 参照。

◆ 推薦 単願推薦，併願推薦（公私とも可）

募集人員▶ 特進コース30名，進学コース60名，和洋コース50名 ※一般を含む全体の定員

選抜方法▶ 国数英（各50点・各100点），面接（特進コースは個人10分，進学コース・和洋コースはグループ10分），調査書

◆ 一般

募集人員▶ 定員内

選抜方法▶ 国数英（各50点・各100点），面接（特進コースは個人10分，進学コース・和洋コースはグループ10分），調査書

◆ 受験料 23,000円

内申基準 単願推薦：[特進] 5科21，[進学] 5科19または9科33，[和洋] 9科33 **併願推薦**：[特進] 5科22，[進学] 5科20または9科35，[和洋] 9科35 ※いずれも9科に1不可，5科に2も不可 ※条件により内申加点あり

特待生・奨学金制度 入試成績優秀者（5名程度）に対する学業奨励金制度あり。

帰国生の受け入れ 個別対応。

入試日程

区分	登録・出願	試験	発表	手続締切
単願推薦	12/1〜1/13	1/17	1/18	1/27
併願推薦	12/1〜1/13	1/17or18	1/18	3/7
一般	12/1〜1/13	1/17or18	1/18	3/7

応募状況

年度	区分		応募数	受験数	合格数	実質倍率
'24	特進	単願推薦	2	2	2	1.0
		併願推薦	29	29	29	1.0
		一般	12	12	1	12.0
	進学	単願推薦	27	27	27	1.0
		併願推薦	120	120	120	1.0
		一般	20	16	9	1.8
	和洋	単願推薦	19	19	19	1.0
		併願推薦	13	13	13	1.0
		一般	5	5	2	2.5
'23	特進	単願推薦	3	3	3	1.0
		併願推薦	36	36	36	1.0
		一般	6	6	0	—
	進学	単願推薦	39	39	39	1.0
		併願推薦	161	161	161	1.0
		一般	16	15	8	1.9
	和洋	単願推薦	28	28	28	1.0
		併願推薦	26	26	26	1.0
		一般	6	6	0	—
'22	特進	単願推薦	7	7	7	1.0
		併願推薦	21	21	21	1.0
		一般	10	10	3	3.3
	進学	単願推薦	43	43	43	1.0
		併願推薦	160	159	159	1.0
		一般	15	15	6	2.5
	和洋	単願推薦	30	30	30	1.0
		併願推薦	22	21	21	1.0
		一般	5	5	1	5.0

[スライド制度] あり。上記に含まず。
['24年合格最低点] 非公表。

学費（単位:円）	入学金	施設費	授業料	その他経費	小計	初年度合計
入学手続時	320,000	—	—	—	320,000	1,108,800
1年終了迄	—	156,000	370,800	262,000	788,800	

※2024年度予定。[授業料納入] 4回分割。
[その他] 制服・制定品代あり。

併願校の例

※[進学] を中心に

	千公立	都立	私立
挑戦校	薬園台	竹早	日出学園
	船橋東	城東	国府台女子
	鎌ヶ谷	上野	千葉日大一
	国府台		八千代松陰
	幕張総合		東洋
最適校	千葉西	江戸川	光英VERITAS
	津田沼	墨田川	千葉英和
	国分	深川	東海大浦安
	千葉女子（普）	江北	昭和学院
	市川東		千葉商大付
堅実校	船橋芝山	本所	東京学館浦安
	市立松戸	小岩	共栄学園
	船橋啓明	足立	潤徳女子
	松戸	紅葉川	北豊島
	千葉女子（家政）		関東一

合格のめやす

合格の可能性 **60%** **80%** の偏差値を表示しています。

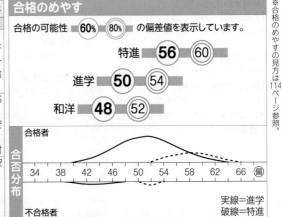

特進 **56** **60**

進学 **50** **54**

和洋 **48** **52**

合格者

不合格者

34 38 42 46 50 54 58 62 66 (偏)

実線＝進学
破線＝特進

※合格のめやすの見方は114ページ参照。

見学ガイド 体育祭／文化祭／説明会／オープンスクール／見学会／個別見学対応

千葉 女子 （わ）和洋国府台女子

我孫子市

我孫子二階堂 高等学校

〒270-1163　千葉県我孫子市久寺家479-1　☎(04)7182-0101

【教育目標】　自律的で情操豊かな，心身共に健全な生徒を育成する。

【沿　革】　1922年創立の二階堂体操塾が母体。1967年に日本女子体育大学の系列校として設立。2002年より女子校より共学化，単位制高校に移行した。

【学校長】　中島　太

【生徒数】　男子229名，女子161名

	1年（5クラス）	2年（5クラス）	3年（5クラス）
男子	86名	72名	71名
女子	63名	47名	51名

JR―我孫子20分（スクールバスあり）

特色

設置学科：普通科

【コース】　進学コースと総合コースを設置。進学コースは2年次より文系と理系に分かれる。

【カリキュラム】　①進学コースは入学後の早い段階でガイダンスを行い，適性や希望進路を確認。予備校講師による長期休暇中の進学特別講座や学習動画などの自主学習システムで大学受験に備える。②総合コースは振り返り教材を使った学び直しを行い，苦手を克服することで学力の定着へつなげる。2年次からは福祉・医療系，体育系，保育系，文化・教養系などの多彩な選択科目を設置し，進路につなげる。3年次

の独自カリキュラム「保育」は系列幼稚園での実習がある。③学びの習慣化を図るために，すべてのクラスを対象として土曜日に漢字テストを実施。④漢字・英語・数学検定やパソコン検定などの資格取得をサポートする特別講座を開講。⑤進路ガイダンスを実施。対策講座を開講し，地方公務員試験の現役合格をサポート。

【クラブ活動】　ダンス部や柔道部が関東大会レベル。書道部や野球部なども活躍している。

【施設】　学食があり，日替わり定食や丼もの，お弁当などメニューも豊富に揃う。

習熟度別授業	土曜授業	文理選択	オンライン授業	制服	自習室	食堂	プール	グラウンド	アルバイト	登校時刻＝ 8:30
―	○	2年～	○	○	～18:30	○	―	―	届出	下校時刻＝19:00

進路情報 2023年3月卒業生

進学率 **90.8%**

【卒業生数】　130名

【進路傾向】　大学・短大・専門学校への進学率は2年連続で9割を超えた。

【系列進学】　日本女子体育大学への内部推薦制度がある。

【指定校推薦】　日本大，東洋大，千葉工大，拓殖大，帝京科学大，淑徳大，麗澤大，聖徳大，中央学院大など推薦枠あり。

■ 四年制大学	64名
□ 短期大学	3名
■ 専修・各種学校	51名
■ 就職	5名
□ 進学準備・他	7名

主な大学合格状況

'24年春速報は巻末資料参照

大学名	'23	'22	'21	大学名	'23	'22	'21	大学名	'23	'22	'21
学習院大	0	1	0	帝京大	0	1	3	麗澤大	4	8	17
青山学院大	0	2	0	国士舘大	0	1	7	和洋女子大	2	2	2
法政大	0	1	0	千葉工大	1	1	4	千葉商大	2	3	3
日本大	1	5	2	日本農大	1	2	0	聖徳大	0	6	4
東洋大	0	1	2	拓殖大	1	0	1	中央学院大	4	7	9
駒澤大	0	3	0	城西大	0	1	2	東都大	0	6	4
専修大	0	2	0	帝京科学大	4	5	2	流通経済大	6	2	2
大東文化大	1	0	1	日本工大	2	1	0	江戸川大	6	8	6
東海大	0	3	0	文京学院大	2	6	1	川村学園女子大	0	4	4
亜細亜大	1	1	1	淑徳大	5	1	3	明海大	1	4	2

※各大学合格数は既卒生を含む。

入試要項 2024年春（実績）

新年度日程についてはp.116参照。

◆前期　**前期①**：A推薦（単願），B推薦（理科型），C推薦（部活動推薦・単願。総合コースで吹奏楽部，運動部が対象）　**前期②**：B推薦（社会型）　※B推薦は公私とも併願可

募集人員▶進学コース50名，総合コース100名

選抜方法▶A推薦：国数英（各50分・各100点），グループ面接，調査書　B推薦（理科型）：国数英理（各50分・各100点），グループ面接，調査書　B推薦（社会型）：国数英社（各50分・各100点），グループ面接，調査書　C推薦：個人面接，調査書

◆後期　単願，併願

募集人員▶進学コース10名，総合コース40名

選抜方法▶国数英（各50分・各100点），グループ面接，調査書

◆受験料　22,000円

内申基準 A推薦：[進学] 5科13，[総合] 9科24　B推薦：[進学] 5科15，[総合] 9科27
※いずれも9科に1不可（C推薦を含む）　※条件により内申加点あり

特待生・奨学金制度 進学コースはA推薦で内申により，B推薦で入試成績により学業特待認定。ほかにC推薦で部活動特待あり。

帰国生の受け入れ 国内生と同枠入試。

入試日程

区分	登録・出願	試験	発表	手続締切
前期①	12/1～1/11	1/17	1/20	1/27
前期②	12/1～1/11	1/18	1/20	1/27
後期	1/12～2/3	2/15	2/19	2/24

[延納] 併願者は公立発表後まで。

応募状況

年度	区分			応募数	受験数	合格数	実質倍率
'24	進学	前期	A推薦	53	53	53	1.0
			B理科	108	107	107	1.0
			B社会	107	107	107	1.0
		後期	単願	1	1	1	1.0
			併願	5	4	4	1.0
	総合	前期	A推薦 C推薦	7	6	6	1.0
			B理科	302	300	300	1.0
			B社会	430	424	424	1.0
		後期	単願	9	8	8	1.0
			併願	178	166	152	1.1
'23	進学	前期	A推薦	4	4	4	1.0
			B推薦	159	155	155	1.0
		後期	単願	0	0	0	—
			併願	11	11	11	1.0
	総合	前期	A推薦 C推薦	55	53	53	1.0
			B推薦	641	626	626	1.0
		後期	単願	12	12	11	1.1
			併願	217	212	182	1.2

[スライド制度] あり。上記に含まず。
['24年合格最低点] 非公表。

右欄（縦書き）：千葉　男女　あ　我孫子二階堂

学費（単位：円）

学費（単位：円）	入学金	施設維持費	授業料	その他経費	小計	初年度合計
入学手続時	200,000	—	—	—	200,000	968,000
1年終了迄	—	156,000	336,000	276,000	768,000	

※2024年度予定。[授業料納入] 4回分割。
[その他] 制服・制定品代，ノートPC購入費，季節講習会・各種検定費等約25,000円あり。

併願校の例　※[総合]を中心に

	千公立	私立
挑戦校	市立松戸／我孫子 流山おおたかの森／松戸 松戸六実／柏陵	中央学院 日体大柏 東京学館 常総学院 霞ヶ浦
最適校	市立柏／野田中央 流山（商）／船橋二和 市川南／松戸馬橋 白井／流山南 市川工業（電・建）	秀明八千代 千葉萌陽 東京学館船橋 愛国龍ケ崎
堅実校	船橋法典／我孫子東 松戸向陽／松戸南 流山（園芸）／流山北 沼南高柳／鎌ヶ谷西 沼南／清水	

合格のめやす

合格の可能性 **60%** **80%** の偏差値を表示しています。

進学　**41**　**45**

総合　**36**　**40**

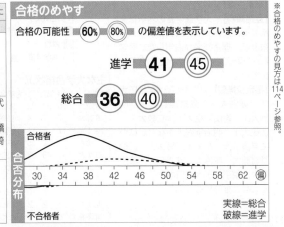

合格者／不合格者　合否分布
30　34　38　42　46　50　54　58　62 （偏）
実線＝総合
破線＝進学

※合格のめやすの見方は114ページ参照。

見学ガイド 文化祭／説明会／体験入学／個別相談会

市川市

市川 高等学校

〒272-0816 千葉県市川市本北方2-38-1 ☎(047)339-2681

【教育理念】 個性の尊重と自主自立を教育方針とし、「独自無双の人間観」「よく見れば精神」「第三教育」を3本の柱にする。生徒一人ひとりの個性を見つめ育て、生徒が自分で自分を教育していく喜びと出会えるよう指導する。

【沿　革】 1937年に中学校、1948年高等学校設置。2006年男子校より共学化。

【学校長】 及川　秀二

【生徒数】 男子803名、女子461名

	1年(11クラス)	2年(11クラス)	3年(12クラス)
男子	280名	253名	270名
女子	148名	161名	152名

京成本線―鬼越20分　JR―本八幡・西船橋・市川大野よりバス市川学園

特色

設置学科：普通科

【コース】 2年次に文系と理系に分かれ、内部進学生と混合クラスになる。

【カリキュラム】 ①2009年より15年間スーパーサイエンスハイスクール指定校として、全学年で実験を軸とした学習活動を展開。その中で、学習への取り組み方や自然科学の探究方法などを学ぶ。理系は2年次に研究活動を行い、データ分析や発表などを体験。②文系は2年次にゼミ形式の講座「リベラルアーツゼミ」を受講。英語、社会、芸術などをテーマに発表や議論をすることで思考力・判断力・表現力を鍛える。③

2年次に「市川アカデメイア」という対話型セミナーを選択可。哲学などの古典を教材に教養を深め、表現力やコミュニケーション力も磨く。

【海外研修】 希望選抜制で1年次にニュージーランド、1・2年次にアメリカへの海外研修がある。体験学習などを通じ、国際人を育成。

【クラブ活動】 ハンドボール、応援、吹奏楽、オーケストラ、卓球などの部が全国レベル。

【行事】 海外・国内研修や課題研究、課外活動、外部コンテストなどでの体験・成果を、3月の「Ichikawa Academic Day」で発表する。

習熟度別授業	土曜授業	文理選択	オンライン授業	制服	自習室	食堂	プール	グラウンド	アルバイト
―	○	2年～	○	○	～20:00	―	○	○	―

登校時刻＝ 8:20
下校時刻＝18:00

進路情報 2023年3月卒業生

【卒業生数】 423名

【進路傾向】 大学進学者の内訳は文系42%、理系58%。国公立大学へ文系35名、理系82名が進学した。医学部医学科22名、薬学部44名の合格が出ている。

【指定校推薦】 利用状況は早稲田大10、慶應大4、東京理科大1、明治大1、青山学院大1、立教大1、法政大1、明治学院大1など。ほかに学習院大、中央大、日本大、国際基督教大、獨協大、芝浦工大、津田塾大、東京女子大、日本女子大、北里大など推薦枠あり。

四年制大学への進学率 **72.1%**

四年制大学	305名
短期大学	1名
専修・各種学校	3名
就職	0名
進学準備・他	114名

主な大学合格状況

'24年春速報は巻末資料参照

大学名	'23	'22	'21	大学名	'23	'22	'21	大学名	'23	'22	'21
◇東京大	15	23	22	◇東北大	12	9	8	青山学院大	37	59	26
◇京都大	7	7	4	◇東京医歯大	1	5	3	立教大	74	93	70
◇東工大	17	8	11	◇防衛医大	4	2	3	中央大	67	66	85
◇一橋大	9	12	15	◇お茶の水女子	3	5	3	法政大	90	86	100
◇千葉大	35	48	38	早稲田大	140	149	123	日本大	64	76	71
◇筑波大	17	12	17	慶應大	105	115	108	東洋大	24	45	40
◇東京外大	5	6	8	上智大	89	53	60	専修大	15	21	21
◇横浜国大	5	6	10	東京理科大	240	159	164	成城大	12	20	15
◇埼玉大	1	2	2	学習院大	13	19	18	芝浦工大	53	64	34
◇北海道大	6	8	9	明治大	201	169	151	日本女子大	20	17	18

※各大学合格数は既卒生を含む。

入試要項 2024年春（実績）

新年度日程についてはp.116参照。

◆ 推薦　単願推薦

募集人員 ▶ 30名

選抜方法 ▶ 国数英理社（国数理社各50分・英60分・各100点・英にリスニングあり），調査書

◆ 一般

募集人員 ▶ 90名　※帰国生を含む定員

選抜方法 ▶ 国数英理社（国数理社各50分・英60分・各100点・英にリスニングあり），調査書

◆ 帰国生

募集人員 ▶ 一般の定員内

選抜方法 ▶ 国数英（国数各50分・英60分・各100点・英にリスニングあり），調査書，出願資格証明書類

◆ 受験料　26,000円

（内申基準）単願推薦：以下①～③のいずれか。①9科評定値計38.0・②9科評定値計36.0でスポーツ分野において都道府県大会ベスト8以上の競技成績またはそれに準ずる能力・③9科評定値計36.0で科学・芸術・文化の分野において都道府県大会または全国大会で活躍

（特待生・奨学金制度）特記なし。

（帰国生の受け入れ）国内生と別枠入試（上記参照）。

入試日程

区分	出願	試験	発表	手続締切
推薦	12/22～1/12	1/17	1/19	1/22
一般	12/22～1/12	1/17	1/19	1/22
帰国生	12/22～1/12	1/17	1/19	1/22

［延納］一般，帰国生は50,000円納入により残額は公立発表後まで。

応募状況

年度	区分		応募数	受験数	合格数	実質倍率
'24	推薦	男子	53	53	22	2.4
		女子	28	28	11	2.5
	一般	男子	685	679	418	1.6
		女子	405	404	225	1.8
	帰国生	男子	30	30	14	2.1
		女子	36	36	26	1.4
'23	推薦	男子	55	55	23	2.4
		女子	45	45	8	5.6
	一般	男子	706	702	406	1.7
		女子	405	404	217	1.9
	帰国生	男子	41	41	27	1.5
		女子	21	21	14	1.5
'22	推薦	男子	35	34	21	1.6
		女子	33	33	9	3.7
	一般	男子	698	696	329	2.1
		女子	385	384	152	2.5
	帰国生	男子	49	49	23	2.1
		女子	40	39	15	2.6

［'24年合格最低点］一般257/500

千葉　男女　（い）市川

学費（単位：円）	入学金	施設費	授業料	その他経費	小計	初年度合計
入学手続時	280,000	—	—	—	280,000	1,163,600
1年終了迄	—	210,000	420,000	253,600	883,600	

※2024年度予定。［授業料納入］2回分割。
［その他］制服・制定品代あり。［寄付・学債］任意の古賀研究基金寄付金2千円あり。

併願校の例

	千公立	都・埼公立	国・私立
挑戦校			
最適校	千葉	日比谷 浦和 大宮	渋谷教育幕張 昭和秀英 筑波大附 早稲田実業 青山学院
堅実校	船橋 東葛飾 千葉東 佐倉 市立千葉	戸山 青山 新宿 春日部 越谷北	芝浦工大柏 日大習志野 専大松戸 中央大学 江戸川女子

合格のめやす

合格の可能性 **60%** **80%** の偏差値を表示しています。

普通科　**70**　**73**

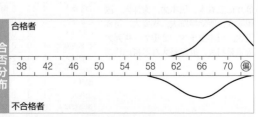

合格者

| 38 | 42 | 46 | 50 | 54 | 58 | 62 | 66 | 70 | 偏 |

合否分布

不合格者

※合格のめやすの見方は114ページ参照。

（見学ガイド）文化祭／説明会／スクールツアー

市原市

市原中央 高等学校

〒290-0215　千葉県市原市土宇1481-1　☎(0438)30-5513(君津学園入試センター)

【教育方針】　建学の理念は「真心教育・英才教育」。校訓に「真心」を掲げ、「真実の自己に生きよ」「社会の良心たる人物たれ」「如何なる困難にも耐えて逞しく生きよ」と説いている。

【沿　革】　1983年開校。

【学校長】　日髙　学

【生徒数】　男子389名、女子268名

	1年(6クラス)	2年(7クラス)	3年(6クラス)
男子	126名	141名	122名
女子	82名	106名	80名

JR―五井・鎌取・大原・土気・木更津・茂原・東金などよりスクールバス12路線あり

特色

設置学科：普通科

【コース】　ハイレベルチャレンジコースⅠ類・Ⅱ類、グローバルリーダーコースを設置。ハイレベルチャレンジコースは2年次に国立文系、私立文系、理系に分かれ、3年次に国立文系、私立文系、国立理系、私立理系に分かれる。

【カリキュラム】　①全コースで1日7時間、週35時間授業を実施。②ハイレベルチャレンジコースⅠ類は最難関大学合格を目標に速い進度で授業を進め、繰り返しの学びで思考力・判断力・表現力を高める。Ⅱ類は難関大学進学をめざし、教科書レベルの習得を徹底したうえで、応用力や達成力を養う。③グローバルリーダーコースは語学力重視の文系カリキュラムで、国公立大学受験にも対応。「生きた英語」を身につけると共に、国際化社会で発揮できるリーダーシップを育成する。SDGsをテーマにした次世代型キャリア教育や独自科目「UNESCO」などを用意。④予備校講師による放課後講座「特ゼミ」や、「スタディサプリ」で入試をサポート。

【海外研修】　オーストラリア姉妹校での研修を希望制で実施。グローバルリーダーコースはシンガポール研修が必修となっている。

習熟度別授業	土曜授業	文理選択	オンライン授業	制服	自習室	食堂	プール	グラウンド	アルバイト	登校時刻＝ 8:30
国数英	―	2年～	○	○	～18:30	○	―	○	届出	下校時刻＝18:30

進路情報　2023年3月卒業生

四年制大学への進学率 **84.6%**

【卒業生数】　208名

【進路傾向】　大学進学率は2022年春82%→2023年春85%と上昇した。

【系列進学】　清和大学、清和大学短期大学部への推薦制度がある。

【指定校推薦】　利用状況は東京理科大3、学習院大1、明治大1、青山学院大1、中央大4、法政大3など。ほかに立教大、日本大、東洋大、國學院大、明治学院大、獨協大、芝浦工大、日本女子大、北里大、東邦大、東京薬科大、武蔵野大など推薦枠あり。

	名数
四年制大学	176名
短期大学	0名
専修・各種学校	11名
就職	0名
進学準備・他	21名

主な大学合格状況

'24年春速報は巻末資料参照

大学名	'23	'22	'21	大学名	'23	'22	'21	大学名	'23	'22	'21
一橋大	0	1	0	学習院大	16	6	4	大東文化大	5	9	5
千葉大	4	11	6	明治大	8	8	10	帝京大	9	8	8
筑波大	0	1	0	青山学院大	3	6	5	國學院大	4	8	4
埼玉大	2	2	0	立教大	11	14	4	獨協大	9	13	5
名古屋大	1	0	0	中央大	21	12	6	芝浦工大	8	1	9
茨城大	0	4	2	法政大	26	11	8	立正大	14	8	5
早稲田大	5	1	1	日本大	65	96	48	国士舘大	2	14	14
慶應大	1	0	1	東洋大	32	42	13	神田外語大	7	17	9
上智大	1	3	0	駒澤大	12	7	9	東邦大	12	13	14
東京理科大	8	6	12	専修大	29	7	7	清和大	1	1	0

※各大学合格数は既卒生を含む。

入試要項 2024年春（実績）

新年度日程についてはp.116参照。

◆ 前期 **前期①②**：推薦（②はハイレベルⅠ類・Ⅱ類のみ） **前期③**：一般 ※いずれも単願，併願。ハイレベルⅠ類を除き単願優遇あり。併願は公私とも可

募集人員 ▶前期①②計260名，前期③20名 ※コース内訳はハイレベルチャレンジコースⅠ類60名・Ⅱ類200名，グローバルリーダーコース20名

選抜方法 ▶ハイレベルⅠ類・Ⅱ類：国数英（各50分・各100点），調査書，ほか前期③はグループ面接 **グローバル**：国英（国50分・100点，英70分・150点・リスニングあり），英語会話（グループ面接形式・25点），調査書 ※英語検定2級または同等資格取得者は証明書提出により英学科試験免除 ※学科試験は①②マークシート，③記述式

◆ 受験料 18,000円

内申基準 前期①②（単願）：[ハイレベルⅠ類・Ⅱ類][グローバル]5科20程度 **前期①②（併願）**：[ハイレベルⅠ類・Ⅱ類][グローバル]5科21程度 **前期③**：前期①②に準ずる ※合否判定時に検定資格や特別活動の功績による優遇あり

特待生・奨学金制度 各入試で内申，入試成績により3段階の特待生認定。

帰国生の受け入れ 国内生と同枠入試。

入試日程

区分	登録・出願	試験	発表	手続締切
前期①	12/11〜1/9	1/19	1/25	1/29
前期②	12/11〜1/9	1/20	1/25	1/29
前期③	12/11〜1/29	2/2	2/6	2/9

[延納] 併願者は50,000円納入により残額は公立発表後まで。

応募状況

年度	区分		応募数	受験数	合格数	実質倍率
'24	Ⅰ類	前期①	597	—	—	—
		前期②	220	—	—	—
		前期③	4	—	—	—
	Ⅱ類	前期①	297	—	—	—
		前期②	49	—	—	—
		前期③	8	—	—	—
	グロ	前期①	30	—	—	—
		前期③	3	—	—	—
'23		前期①	827	813	811	1.0
		前期②	216	194	190	1.0
		前期③	20	20	18	1.1
'22		前期①	903	880	872	1.0
		前期②	274	249	245	1.0
		前期③	15	24	20	1.2

※'22年度は前期③の受験数・合格数に前期①からの日程変更を含む。
[スライド制度] あり。上記に含む。
[24年合格最低点] 未公表。

学費（単位：円）	入学金	施設費	授業料	その他経費	小計	初年度合計
入学手続時	110,000	136,000	35,000	4,100	285,100	885,900
1年終了迄	—	66,000	385,000	149,800	600,800	

※2023年度実績。[授業料納入] 毎月分割（入学手続時に4月分納入）。
[その他] 制服・制定品代，教科書・副教材代約39,000円，グローバルリーダーコースは実習費36,000円あり。

併願校の例

※[Ⅱ類]を中心に

	千公立	国・私立
挑戦校	千葉／船橋 千葉東／佐倉 市立千葉／薬園台	昭和秀英 日大習志野 成田
最適校	木更津／船橋東 長生／八千代 成田国際／幕張総合 千葉西／成東 津田沼	木更津高専 志学館 千葉日大一 八千代松陰 千葉敬愛
堅実校	検見川／千葉女子 千葉南／磯辺 君津／東金 袖ヶ浦／茂原	暁星国際 敬愛学園 千葉明徳 千葉経済大附 東海大市原望洋

合格のめやす

合格の可能性 **60%** **80%** の偏差値を表示しています。

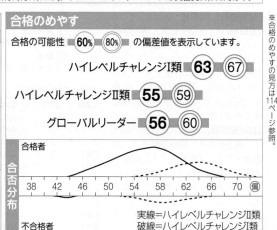

ハイレベルチャレンジⅠ類 **63** (67)

ハイレベルチャレンジⅡ類 **55** (59)

グローバルリーダー **56** (60)

合否分布

合格者 / 不合格者

38 42 46 50 54 58 62 66 70 （偏）

実線＝ハイレベルチャレンジⅡ類
破線＝ハイレベルチャレンジⅠ類

※合格のめやすの見方は114ページ参照。

千葉 男女 （い）市原中央

見学ガイド 文化祭／説明会／体験入学

千葉市中央区

 植草学園大学附属 高等学校

〒260-8601　千葉県千葉市中央区弁天2-8-9　☎(043)252-3551

【建学の精神】　徳育を教育の根幹として，国を愛し，心の豊かなたくましい人間の形成をめざし，誠実で道徳的実践力のある人材を育成。

【沿　革】　1904年創立の千葉和洋裁縫女学校を母体とし，1979年文化女子高等学校開校。2009年より現校名に改称。2013年に普通科特進コースと英語科を女子校より共学化。

【学校長】　植草　和典

【生徒数】　男子12名，女子670名

	1年（8クラス）	2年（6クラス）	3年（7クラス）
男子	3名	5名	4名
女子	274名	184名	212名

JR・タウンライナー―千葉5分
京成線―京成千葉5分

特色

設置学科：普通科／英語科

【コース】　普通科は普通コース（女子のみ）と特進コースを設置。2年次より，普通コースはタイアップクラスとレギュラークラスに，特進コースは文系と理系に分かれる。

【カリキュラム】　①タイアップクラスでは教育，医療，保育の分野への進学をめざし，併設大学・短大と連携教育を行う。②レギュラークラスはバランスのよいカリキュラムで幅広い進路に対応。検定の資格の取得もサポート。③特進コースは国公立・難関私立大合格に向け，週4回の7時限授業や予備校講師を招いた土曜講座など

を用意。④英語科は外国人教員によるコミュニケーションを重視した英語授業を展開。第二外国語レッスンもある。⑤タブレット端末を活用した主体的・対話的で深い学びに取り組む。

【海外研修】　2年次にグアムへの修学旅行を実施。現地の高校を訪問し，交流を深める。

【クラブ活動】　なぎなた部，バトントワリング部，ソフトテニス部が全国レベルの実績。バレーボール部，吹奏楽部，書道同好会も活発。

【施設】　併設大学の小倉キャンパスにテニスコートや弓道場などがあり，体育や部活動で利用。

習熟度別授業	土曜授業	文理選択	オンライン授業	制服	自習室	食堂	プール	グラウンド	アルバイト
―	―	2年〜	○	○	―	―	―	バス20分	―

登校時刻＝ 8:25
下校時刻＝18:40

進路情報　2023年3月卒業生

四年制大学への進学率 **66.1%**

【卒業生数】　189名

【進路傾向】　大学・短大・専門学校への進学率は例年9割超（2023年春94%）。

【系列進学】　植草学園大学へ24名（発達教育23，保健医療1），植草学園短期大学へ10名が特別選抜制度で進学した。

【指定校推薦】　利用状況は立命館大1，国士舘大1，関東学院大1，共立女子大1，大妻女子大1，武蔵野大1，実践女子大1，二松學舍大2，神田外語大3，城西国際大1，淑徳大5，麗澤大1，和洋女子大5，千葉商大2，秀明大1，聖徳大1，中央学院大1，江戸川大2など。

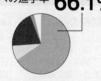

- 四年制大学 125名
- 短期大学 16名
- 専修・各種学校 37名
- 就職 3名
- 進学準備・他 8名

主な大学合格状況

'24春速報は巻末資料参照

大学名	'23	'22	'21	大学名	'23	'22	'21	大学名	'23	'22	'21
◇群馬大	1	0	0	大東文化大	1	2	2	二松學舍大	4	3	4
◇宇都宮大	0	1	0	亜細亜大	0	1	0	帝京平成大	2	3	4
◇県立保健医療大	2	0	1	帝京大	0	2	2	神田外語大	7	6	3
上智大	0	0	1	立正大	3	1	3	文化学園大	1	3	1
明治大	0	2	1	国士舘大	2	3	2	淑徳大	8	10	9
青山学院大	0	2	0	千葉工大	1	1	3	麗澤大	5	3	5
法政大	0	1	0	桜美林大	2	2	0	和洋女子大	5	11	5
東洋大	1	4	2	共立女子大	3	1	1	聖徳大	5	5	5
駒澤大	2	2	0	大妻女子大	2	6	2	東京情報大	5	5	5
専修大	3	0	1	国際医療福祉大	3	0	0	植草学園大	26	26	31

※各大学合格数は既卒生を含む。

入試要項 2024年春（実績）

新年度日程についてはp.116参照。

◆ **前期A** **第1希望推薦**：人物・学業，特待生（学業，スポーツ。学業は特進コース・英語科対象），特色（普通コース・英語科対象），帰国生徒，同窓生 **併願推薦**：公私とも併願可 **一般**：第1希望，併願

募集人員▶普通コース（女子）200名，特進コース40名，英語科40名 ※全体の定員

選抜方法▶**普通科**：国数英（各50分・各100点・マークシート・英にリスニングあり），調査書，ほかに一般は個人面接（5分） **英語科**：国数英（国数各50分・各85点・マークシート，英50分・130点・マークシート・リスニングあり），調査書，ほかに一般は個人面接（5分・英語面接含む） ※両科とも特色推薦，帰国生徒推薦は別途提出書類あり

◆ **前期B** **一般**：第1希望，併願

募集人員▶定員内

選抜方法▶国数英（計60分・計150点），個人面接（5分・英語科は英語面接含む），調査書

◆ **受験料** 19,000円

内申基準 **人物・学業推薦**▶[普通] 3科9または5科15または9科28，[特進] 5科20，[英語科] 5科18または9科32 **特待生推薦（学業）**：[特進] [英語科] 5科21（特待B）・3科14または5科22（特待A）・3科15または5科23（特待S） **併願推薦**：[普通] 5科16，[特進] 5科21，[英語科] 5科19 ※いずれも特進コースと特待生推薦（学業）で5科に2がある場合は要相談 ※条件により内申加点あり

特待生・奨学金制度 特待生推薦で内申により3段階認定。また，前期Aの成績優秀者にスカラシップ判定あり。

帰国生の受け入れ 前期Aで帰国生徒推薦を実施（左記参照）。国内生と同枠入試も受験可。

入試日程

区分	出願	試験	発表	手続締切
前期A	12/17〜1/10	1/17	1/19	1/20
前期B	1/16〜24	1/26	1/26	1/27

[延納] 併願者は50,000円納入により残額は公立発表後まで。
[2次募集] 3/6

応募状況

年度	区分		応募数	受験数	合格数	実質倍率
'24	普通	前期A第1	117	117	117	1.0
		前期A併願	428	424	418	1.0
		前期B第1	0	0	0	—
		前期B併願	13	13	9	1.4
	特進	前期A第1	7	7	7	1.0
		前期A併願	121	120	89	1.3
		前期B第1	1	1	0	—
		前期B併願	6	6	4	1.5
	英語科	前期A第1	33	33	28	1.2
		前期A併願	72	72	55	1.3
		前期B第1	1	1	0	—
		前期B併願	0	0	0	—

[スライド制度] あり。上記に含まず。
['24年合格最低点] 非公表。

学費(単位：円)	入学金	施設費	授業料	その他経費	小計	初年度合計
入学手続時	150,000	—	—	—	150,000	916,000
1年終了迄	—	130,000	396,000	240,000	766,000	

※2024年度予定。[入学前納入] 1年終了迄の小計のうち238,000円。[授業料納入] 毎月分割。[その他] 制服・制定品代，教材・教科書代（コースにより201,500〜216,900円），特進コースは講座費84,000円，英語科は英語キャンプ費54,000円あり。

併願校の例

※[普通]を中心に

	千公立	私立
挑戦校	千葉女子(普)／千葉南 磯辺／千葉北 市川東／佐原白楊 市立松戸(国際人文)／東金 四街道／袖ヶ浦	敬愛学園 千葉明徳 東海大市原望洋
最適校	市立船橋／千葉女子(家政) 千城台／千葉商業 実籾／市川昴 八千代(家政)／若松 土気／市原八幡	東京学館浦安 東京学館 千葉黎明 秀明八千代 茂原北陵(総合)
堅実校	柏井／八千代東 一宮商業／市川南 四街道北／生浜 佐倉西／犢橋 大網／泉	千葉聖心 不二女子 愛国四街道

合格のめやす

合格の可能性 **60%** **80%** の偏差値を表示しています。

普通科(普通) **40** (44)
普通科(特進) **50** (54)
英語科 **48** (52)

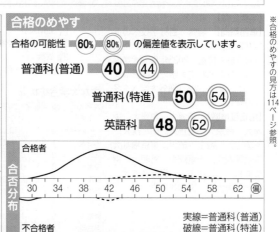

合格者
合否分布
不合格者

30 34 38 42 46 50 54 58 62 (偏)

実線＝普通科(普通)
破線＝普通科(特進)

見学ガイド 文化祭／説明会／部活動体験・苦手克服講座／個別相談会／個別見学対応

千葉 男女 (う) 植草学園大学附属

※合格のめやすの見方は114ページ参照。

千葉市若葉区

桜林 高等学校

〒264-0029　千葉県千葉市若葉区桜木北1-17-32　☎(043)233-8081

【教育目標】　少林寺拳法の理念を取り入れ,「自己確立・自他共楽」の校訓のもと,基礎学力・豊かな人間性・健全な心身を備えた人材を育成する。

【沿　革】　1989年金剛学園高等専修学校開校。2001年昼間定時制高校に改編。2005年現校名に改称。2006年全日制課程に移行。

【学校長】　石井　航太郎

【生徒数】　男子319名,女子108名

	1年(5クラス)	2年(5クラス)	3年(4クラス)
男子	132名	98名	89名
女子	41名	39名	28名

JR―都賀18分
タウンライナー―桜木5分

特色

設置学科：普通科

【コース】　特進コースと総合コースを設置。

【カリキュラム】　①特進コースは少人数制授業を展開。部活動との両立に努めながら,週2回の7時間授業などで学力を向上させ,志望大学への進学を果たす。スタディサプリを導入し自宅でも活用。②総合コースは将来の自分に対する明確なビジョンをもてるようサポート。社会に必要とされる人材を育成する。城西国際大など提携大学・短期大学3校で講義が受けられる。進学・学習意識を高め,進路の幅を広げる。希望者には公務員養成プログラムも用意している。③1人1台のタブレット端末を授業や協働学習,家庭学習などに活用。④放課後は学習室で勉強が可能。疑問点を先生にすぐ確認できる学習環境が整う。⑤毎日「朝読書」を実施。

【キャリア教育】　計画的・継続的な人生設計を考え,自己変革,視野の拡張,適性発見を促す。

【クラブ活動】　少林寺拳法部はインターハイ優勝の実績を誇る。書道部も全国レベルで活躍している。陸上競技部は県大会に出場の実績。

【施設】　2017年に4号館が完成。若葉区御殿町に野球場などを備えたグラウンドもある。

習熟度別授業	土曜授業	文理選択	オンライン授業	制服	自習室	食堂	プール	グラウンド	アルバイト
―	―	2年〜	○	○	―	―	―	○	審査

登校時刻＝ 8:25
下校時刻＝18:30

進路情報　2023年3月卒業生

進学率 **85.0%**

【卒業生数】　153名

【進路傾向】　専修・各種学校への進学が例年多く,分野も多岐にわたる。就職実績も豊富。2023年春の大学進学はいずれも私立大学で,内訳は文系86%,理系14%。海外大学へ1名が進学した。

【指定校推薦】　駒澤大,専修大,東海大,帝京大,立正大,国士舘大,千葉工大,帝京平成大,東京福祉大,城西国際大,千葉商大,秀明大,東京情報大,江戸川大,国際武道大,植草学園大など推薦枠あり。

	名
四年制大学	66名
短期大学	5名
専修・各種学校	59名
就職	18名
進学準備・他	5名

主な大学合格状況

'24年春速報は巻末資料参照

大学名	'23	'22	'21	大学名	'23	'22	'21	大学名	'23	'22	'21
◇千葉大	0	0	1	立正大	3	4	2	淑徳大	4	1	6
◇県立保健医療大	0	1	0	国士舘大	2	1	1	麗澤大	10	0	0
明治大	1	10	0	千葉工大	1	1	11	千葉商大	7	13	9
法政大	0	1	0	国際医療福祉大	3	0	0	中央学院大	2	0	1
日本大	0	3	0	帝京平成大	5	6	1	東京情報大	2	1	5
駒澤大	1	1	2	神田外語大	1	1	0	東京医療保健大	1	1	0
専修大	1	0	1	拓殖大	1	3	0	植草学園大	2	3	0
大東文化大	1	1	2	文京学院大	2	1	1	敬愛大	7	2	1
東海大	0	0	1	東京家政学院大	1	0	0	千葉経済大	1	1	3
亜細亜大	4	0	1	城西国際大	11	0	0	明海大	4	1	1

※各大学合格者数は既卒生を含む。

入試要項 2024年春（実績）

新年度日程についてはp.116参照。

◆ **A日程** 推薦（単願，併願）

募集人員▶140名

選抜方法▶国数英（各40分・各100点・マークシート），面接カード（当日提出），調査書

※英語検定準2級取得者は合格証明書の写し提出により，英80点に換算（当日の入試得点との高い方で判定）

◆ **B日程** 一般（単願，併願）

募集人員▶20名

選抜方法▶国数英（各40分・各100点・マークシート），個人面接（15分），調査書

◆ **受験料** 18,000円

内申基準 推薦（単願）：［特進］5科15，［総合］9科24　推薦（併願）：［特進］5科18，［総合］9科26　※いずれも9科に1不可　※条件により内申加点あり

特待生・奨学金制度 特進コースは推薦で内申・入試成績などにより学業特待制度を適用。ほか推薦（単願）に部活動特待制度あり。いずれも3段階認定。

帰国生の受け入れ 国内生と同枠入試。

入試日程

区分	出願	試験	発表	手続締切
推薦	12/17～1/11	1/17	1/18	1/19
一般	12/17～1/11	1/25	1/26	1/27

［延納］併願者は50,000円納入により残額は公立発表後まで。

応募状況

年度	区分			応募数	受験数	合格数	実質倍率
'24	特進	推薦	単願	8	8	8	1.0
			併願	13	13	12	1.1
		一般	単願	2	2	2	1.0
			併願	2	2	1	2.0
	総合	推薦	単願	73	73	73	1.0
			併願	467	465	415	1.1
		一般	単願	4	3	3	1.0
			併願	32	24	15	1.6
'23	特進	推薦	単願	10	10	10	1.0
			併願	21	21	21	1.0
		一般	単願	0	0	0	—
			併願	0	0	0	—
	総合	推薦	単願	67	67	67	1.0
			併願	405	405	405	1.0
		一般	単願	8	7	4	1.8
			併願	25	25	10	2.5

［スライド制度］あり。上記に含まず。
［24年合格最低点］非公表。

千葉　男女　（お）桜林

学費（単位：円）	入学金	施設費	授業料	その他経費	小計	初年度合計
入学手続時	150,000	120,000	—	—	270,000	約1,080,000
1年終了迄	—	48,000	396,000	約366,000	約810,000	

※2024年度予定。［授業料納入］毎月分割。
［その他］制服・制定品代，教科書代（特進コース約20,000円，総合コース約18,000円）あり。

併願校の例 ※［総合］を中心に

	千公立	私立
挑戦校	千葉南／磯辺	千葉明徳
	千葉北／四街道	東海大市原望洋
	船橋啓明／市立船橋（普・商）	東京学館浦安
	千城台／千葉商業	東京学館
	実籾／千葉工業（理数）	千葉黎明
最適校	若松／土気	秀明八千代
	千葉工業（情・電気・電子・工）／佐倉東	茂原北陵（総合・家政）
	八千代東／柏井	千葉聖心
	市川南／四街道北	不二女子
	薬園台（園芸）	愛国四街道
堅実校	生浜／船橋法典	
	京葉工業／犢橋	
	市原緑／船橋北	
	浦安／泉	
	佐倉南／八街	

合格のめやす

合格の可能性 **60%** **80%** の偏差値を表示しています。

特進 **41** **45**

総合 **36** **40**

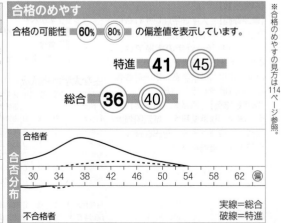

※合格のめやすの見方は114ページ参照。

実線＝総合　破線＝特進

見学ガイド 文化祭／説明会／オープンスクール／個別見学対応

鴨川市

鴨川令徳 高等学校

〒296-0001　千葉県鴨川市横渚815　☎(04)7092-0267

【教育目標】　生徒たちが自ら学び，学び合う，最高の環境を提供し，自ら考え，自ら行動し，自らの人生を切り拓く人間の育成をめざす。

【沿　革】　1929年長狭実践女学校として開校。1980年女子校より共学化。千葉未来高等学校，文理開成高等学校などを経て，2020年現校名に改称。

【学校長】　和田　公人

【生徒数】　男子48名，女子33名

	1年(1クラス)	2年(1クラス)	3年(2クラス)
男子	13名	22名	13名
女子	10名	11名	12名

JR—安房鴨川5分（館山・長狭・君津方面よりスクールバスあり）

特色

設置学科：普通科

【コース】　2年次より特別進学コース（文系・理系）と総合進学コースに分かれる。総合進学コース内に看護系進学プログラムを設置。

【カリキュラム】　①特別進学コースは国公立・難関私立大学をめざす。webコンテンツを利用した学習や放課後の個別補習指導で個々の学習理解度を分析。計画的に模擬試験を受験し，学習課題を客観的に点検。②総合進学コースは主要5教科を中心に基礎力を身につけ，大学，専門学校，就職など多様な進路をめざす。動画教材も活用。③看護系進学プログラムは亀田総合病院，亀田医療大学，亀田医療技術専門学校で行われる講演会・公開講座への参加を奨励。また，介護職員初任者研修を受講できる。④英語・漢字・数学検定の校内受験が可能。留学生には日本語能力検定受験をサポートする。

【クラブ活動】　野球部，女子バレーボール部，ソフトテニス部が活発に活動している。

【施設】　2020年校舎前に広がる砂浜にビーチコートが完成。ナイター設備がありビーチサッカーの国際基準をクリア。ビーチバレーにも対応している。ほか，男子寮，女子寮を完備。

習熟度別授業	土曜授業	文理選択	オンライン授業	制服	自習室	食堂	プール	グラウンド	アルバイト	登校時刻＝ 8:40
数英理	—	2年〜	○	○	〜18:40	○	—	—	届出	下校時刻＝18:40

進路情報　2023年3月卒業生

四年制大学への進学率 **61.5%**

【卒業生数】　39名

【進路傾向】　大学進学はいずれも私立大学で，内訳は文系75％，理系8％，他17％。近年の実績では，提携する亀田医療大学，亀田医療技術専門学校への進学者，亀田総合病院への就職者も出ている。

【指定校推薦】　杏林大，日本薬科大，東京農大，横浜薬科大，城西国際大，淑徳大，和洋女子大，亀田医療大，清和大など推薦枠あり。

- 四年制大学　24名
- 短期大学　0名
- 専修・各種学校　7名
- 就職　4名
- 進学準備・他　4名

主な大学合格状況

'24年春速報は巻末資料参照

大学名	'23	'22	'21	大学名	'23	'22	'21	大学名	'23	'22	'21
上智大	1	0	0	近畿大	0	5	0	横浜市大	0	0	1
明治大	0	1	0	帝京科学大	0	0	1	亀田医療	1	0	0
日本大	1	2	1	東京福祉大	1	4	1	千葉科学大	0	1	0
東洋大	0	1	0	日本工大	2	0	0	明海大	1	0	0
専修大	0	3	0	文京学院大	0	0	1	東京国際大	2	1	0
東海大	2	0	0	ものつくり大	1	0	0				
獨協大	1	2	0	東京造形大	1	0	0				
工学院大	0	1	0	東京工芸大	0	1	0				
桜美林大	1	0	0	横浜薬科大	0	1	0				
関西学院大	0	1	0	東京情報大	1	0	0				

※各大学合格数は既卒生を含む。

入試要項 2024年春（実績）

新年度日程についてはp.116参照。

◆ 前期 単願，併願（公私とも可）

募集人員▶90名

選抜方法▶国数英（各50分・各100点・英にリスニングあり），個人面接（10分），調査書

◆ 受験料 15,000円

(内申基準) 単願：[総合進学] 5科13 **併願：**[総合進学] 5科15

(特待生・奨学金制度) 入試成績や内申により学業特待生，部活動などの成績優秀者に特技特待生をそれぞれ 2 段階認定。

(帰国生の受け入れ) 国内生と同枠入試で考慮あり。

入試日程

区分		登録・出願	試験	発表	手続締切
前期	単願	1/4〜12	1/17	1/22	1/31
	併願	1/4〜12	1/17	1/22	1/31

[延納] 併願者は50,000円納入により残額は公立発表後まで。
[2次募集] 後期3/7

応募状況

年度	区分		応募数	受験数	合格数	実質倍率
'24	前期	単願	11	11	11	1.0
		併願	7	7	7	1.0
'23	前期	単願	8	8	8	1.0
		併願	5	5	4	1.3
'22	前期	単願	27	27	25	1.1
		併願	3	3	3	1.0

[24年合格最低点] 非公表。

千葉 男女 か 鴨川令徳

学費(単位:円)	入学金	施設費	授業料	その他経費	小計	初年度合計
入学手続時	50,000	124,000	33,000	60,000	267,000	774,000
1 年終了迄	—	44,000	363,000	100,000	507,000	

※2024年度予定。[授業料納入] 毎月分割（入学手続時に 4 月分納入）。
[その他] 制服・制定品代，保護者会費あり。

併願校の例

	千公立	私立
挑戦校	君津／長狭	翔凜
最適校	木更津東／君津商業 茂原樟陽(電子·電気·食·農·土木) 館山総合(商)	木更津総合 拓大紅陵 千葉県安房西
堅実校	館山総合(工·家·海)／茂原樟陽(環境) 安房拓心／大原 天羽／君津青葉	

合格のめやす

合格の可能性 **60%** **80%** の偏差値を表示しています。

普通科 **35** **39**

合格者

| 30 | 34 | 38 | 42 | 46 | 50 | 54 | 58 | 62 | (偏) |

不合格者

合否分布

※合格のめやすの見方は114ページ参照。

(見学ガイド) 体育祭／文化祭／説明会／体験入学

木更津総合 高等学校

〒292-8511　千葉県木更津市東太田3-4-1　☎(0438)30-5513(君津学園入試センター)

木更津市

【教育理念】　建学の精神である「真心教育」を実践。「社会の良心たる人物たれ」「困難にくじけない逞しい人間になれ」「大いなる真実の自己に生きよ」を掲げる。

【沿　革】　木更津中央高等学校と清和女子短期大学附属高等学校が統合し，2003年創立。

【学校長】　真板　竜太郎

【生徒数】　男子950名，女子1,002名

	1年(18クラス)	2年(18クラス)	3年(18クラス)
男子	327名	351名	272名
女子	368名	329名	305名

JR—木更津・鎌取・茂原・安房鴨川・上総松丘などよりスクールバス

特色

設置学科：普通科

【コース】　特別進学，進学，総合，美術の4コースを設置。2年次より総合コースが総合，スポーツ，情報ビジネス，語学，医療・看護，保育・幼児教育，生活科学に分かれ，全10コースとなる。特別進学・進学コースは2年次に文系と理系に分岐。美術コースは原則3年間継続。

【カリキュラム】　①特別進学・進学コースは放課後や土曜日のゼミで実力向上を図る。②総合コースは多彩な選択科目で進学・就職に対応。各学年に選抜クラスを設置。③スポーツコースは体育理論を学びつつ，高度な運動技能を習得

する。④情報ビジネスコースは簿記・ビジネス文書・情報処理検定を必修として学習。⑤語学コースは外国人講師による実践英会話などで生きた英語を身につける。⑥医療・看護コースは面接指導や実習科目を多く取り入れる。⑦保育・幼児教育コースは清和大学短期大学部との一貫教育。⑧生活科学コースは衣食住の基本を学び，実習を通して専門的な力を養う。⑨美術コースは美大進学に向けて実技対策を行う。

【海外研修】　特別進学・進学コースの修学旅行の行き先は，シンガポール・マレーシア。

習熟度別授業	土曜授業	文理選択	オンライン授業	制服	自習室	食堂	プール	グラウンド	アルバイト
国数英	—	2年〜	○	○	〜19:00	○	—	○	届出

登校時刻＝ 8:45
下校時刻＝19:00

進路情報　2023年3月卒業生

進学率 **71.3%**

【卒業生数】　586名

【進路傾向】　各コースの特色を活かし，進学から就職まで幅広く実現。2023年春の大学進学はいずれも私立大学だった。

【系列進学】　清和大学に26名（法），清和大学短期大学部に38名が内部推薦で進学した。

【指定校推薦】　利用状況は日本大1，東洋大2，玉川大4，千葉工大2，関東学院大2，武蔵野大2，帝京平成大6，城西国際大2，淑徳大6，和洋女子大1など。ほかに大東文化大，獨協大，国士舘大，杏林大，東邦大，東京農大，東京情報大，明海大など推薦枠あり。

■ 四年制大学	209名	
□ 短期大学	48名	
■ 専修・各種学校	161名	
■ 就職	122名	
□ 進学準備・他	46名	

主な大学合格状況

'24年春速報は巻末資料参照

大学名	'23	'22	'21	大学名	'23	'22	'21	大学名	'23	'22	'21
◇千葉大	0	1	0	日本大	12	7	7	国士舘大	8	8	3
◇茨城大	2	0	0	東洋大	8	4	5	千葉工大	32	6	11
◇県立保健医療大	2	2	2	駒澤大	2	3	6	関東学院大	6	3	10
早稲田大	1	0	0	専修大	5	4	2	東邦大	3	0	6
学習院大	2	1	0	大東文化大	7	2	5	帝京平成大	6	15	5
明治大	1	2	1	東海大	3	2	5	神田外語大	2	2	6
青山学院大	1	1	1	帝京大	4	5	7	城西国際大	13	6	14
立教大	3	0	2	國學院大	2	6	6	淑徳大	19	11	11
中央大	0	2	2	神奈川大	9	4	3	和洋女子大	5	12	5
法政大	3	3	6	玉川大	1	4	2	清和大	26	24	36

※各大学合格数は既卒生を含む。

入試要項 2024年春（実績）

新年度日程についてはp.116参照。

◆ **前期** 　**前期①②**：推薦（②は美術コース以外が対象）　**前期③**：一般　※いずれも単願，併願。単願は合否判定で優遇。併願は公私とも可
募集人員 ▶ 前期①②計600名，前期③40名
※コース内訳は特別進学コース25名，進学コース60名，総合コース540名，美術コース15名
選抜方法 ▶ **前期①②**：国数英（各50分・各100点），調査書，ほか美術コースは実技（120分）　**前期③**：国数英（各50分・各100点），グループ面接（5分），調査書，ほか美術コースは実技（120分）
◆ **受験料** 　18,000円

内申基準 前期①②（単願）：[特別進学] 5科20程度，[進学] 5科17程度，[総合] 5科12程度，[美術] 5科14程度　前期①②（併願）：[特別進学] 5科21程度，[進学] 5科18程度，[総合] 5科13程度，[美術] 5科15程度　前期③：前期①②に準ずる　※検定取得者，特別活動において顕著な功績が認められる者は合否判定時に優遇あり

特待生・奨学金制度 各入試で内申，入試成績により3段階の特待生認定。ほか，単願で部活動特待生制度あり。

帰国生の受け入れ 国内生と同枠入試。

入試日程

区分	登録・出願	試験	発表	手続締切
前期①	12/11～1/9	1/17	1/22	1/25
前期②	12/11～1/9	1/18	1/22	1/25
前期③	12/11～1/29	2/2	2/6	2/9

[延納] 併願者は50,000円納入により残額は公立発表後まで。

応募状況

年度	区分		応募数	受験数	合格数	実質倍率
'24	特進	前期①	79	—	—	—
		前期②	15	—	—	—
		前期③	1	—	—	—
	進学	前期①	254	—	—	—
		前期②	60	—	—	—
		前期③	5	—	—	—
	総合	前期①	1,516	—	—	—
		前期②	285	—	—	—
		前期③	60	—	—	—
	美術	前期①	20	—	—	—
		前期③	0	—	—	—
'23	特進	前期①	75	75	74	1.0
		前期②	25	25	24	1.0
		前期③	3	3	3	1.0
	進学	前期①	229	229	222	1.0
		前期②	63	62	58	1.1
		前期③	3	3	3	1.0
	総合	前期①	1,485	1,471	1,459	1.0
		前期②	301	298	294	1.0
		前期③	43	51	43	1.2
	美術	前期①	28	28	28	1.0
		前期②	4	4	4	1.0
		前期③	1	1	1	1.0

※'22年度は前期③の受験数・合格数に前期①からの日程変更を含む。
[スライド制度] あり。上記に含まず。
['24年合格最低点] 未公表。

学費（単位：円）	入学金	施設費	授業料	その他経費	小計	初年度合計
入学手続時	110,000	134,500	33,000	14,000	291,500	約874,300
1年終了迄	—	49,500	363,000	約170,300	約582,800	

※2023年度実績。[授業料納入] 毎月分割（入学手続時に4月分納入）。
[その他] 制服・制定品代，iPad導入費，美術コースは運営費33,000円あり。

併願校の例　※[総合]を中心に

	千公立	私立
挑戦校	千葉南／千葉女子 磯辺／君津（普） 千葉北／東金 袖ヶ浦（普）／四街道 茂原	敬愛学園 千葉明徳 千葉経済大附 東海大市原望洋 翔凜
最適校	袖ヶ浦（情報）／千城台 千葉商業／若松 市原八幡／土気 木更津東	植草学園大附 拓大紅陵 茂原北陵 千葉聖心
堅実校	京葉／君津商業 四街道北／千葉工業 京葉工業／姉崎 生浜／市原緑 君津（園芸）／生浜（定）	桜林

合格のめやす

合格の可能性　**60%** **80%** の偏差値を表示しています。

特別進学　**51**　（55）
進学　**46**　（50）
総合　**38**　（42）
美術　**38**　（42）

※合格のめやすの見方は114ページ参照。

千葉　男女　（き）木更津総合

見学ガイド 体育祭／文化祭／説明会／オープンキャンパス／体験入学

木更津市

暁星国際 高等学校

〒292-8565　千葉県木更津市矢那1083　☎(0438)52-3291

【教育方針】　キリスト教精神に基づき，世界に貢献して生きる国際人の育成に努める。国境・文化・人種を超えた友愛と相互理解の精神を養い，さらには真理を愛し，深い理解力と正確な判断力の涵養を行う。

【沿　革】　1979年男子校として設立。1995年女子クラスを併設。1998年より共学化。

【学校長】　田川　清

【生徒数】　男子181名，女子113名

	1年(6クラス)	2年(5クラス)	3年(5クラス)
男子	61名	63名	57名
女子	37名	42名	34名

JR—木更津・姉ケ崎・海浜幕張・横浜・川崎よりスクールバス

特色

設置学科：普通科

【コース】　特進・進学，International，アストラインターナショナル（文系のみ）の3コースを設置。ほかに，ヨハネ研究の森コース（全寮制）を設置し，別途募集を行っている。

【カリキュラム】　①特進・進学コースは難関大学をめざす。英語の授業では語彙，会話，読解までしっかり鍛え，4技能を徹底的に磨く。② International Courseは海外大学や難関大学進学が目標。授業のほとんどは外国人教師が英語で授業を進める。理系大学などの入試準備も可能。③アストラインターナショナルコースはス

ポーツと勉強の両立を果たし，大学受験に挑める学習環境を整えている。多様な入試形態にも対応。④ヨハネ研究の森コースでは教員も生徒も同じ立場の研究員として，議論展開型のゼミを中心に教科学習を行う。カリキュラムには社会貢献活動も組み込まれる。⑤長期休暇や放課後に少人数制の入試対策講座を開講。

【クラブ活動】　女子サッカー部が全国大会出場。男子サッカー部，野球部も活発に活動。

【施設】　男女とも寮を設置。男子はほぼ半数が寮で生活している。女子の寮生も増加傾向。

習熟度別授業	土曜授業	文理選択	オンライン授業	制服	自習室	給食	プール	グラウンド	アルバイト	登校時刻＝ 7:30
国数英	○	1年〜	—	○	〜17:30	○	—	○	審査	下校時刻＝18:00

進路情報　2023年3月卒業生

四年制大学への進学率 **80.9%**

【卒業生数】　94名

【進路傾向】　大学進学者の内訳は国公立4名，私立71名，海外1名。歯学部5名，薬学部1名が合格。

■ 四年制大学	76名
□ 短期大学	0名
■ 専修・各種学校	5名
■ 就職	1名
□ 進学準備・他	12名

【指定校推薦】　利用状況は学習院大2，立教大1，日本大2，國學院大1，成蹊大2，明治学院大2，立命館大2など。ほかに上智大，東京理科大，東洋大，駒澤大，専修大，大東文化大，東海大，帝京大，成城大，獨協大，神奈川大，芝浦工大，東京電機大，日本女子大，武蔵大，玉川大，東京都市大，千葉工大，関東学院大，順天堂大，北里大，聖マリアンナ医大，関西学院大，立命館アジア太平洋大など推薦枠あり。

主な大学合格状況

'24年春速報は巻末資料参照

大学名	'23	'22	'21	大学名	'23	'22	'21	大学名	'23	'22	'21
◇東京大	0	1	0	明治大	5	0	2	明治学院大	4	2	4
◇北海道大	1	0	0	青山学院大	6	0	5	神奈川大	2	1	1
◇東京農工大	0	1	0	立教大	2	2	1	芝浦工大	2	0	2
◇お茶の水女子大	1	0	0	中央大	0	6	6	立命館大	2	6	0
◇防衛大	1	0	0	法政大	6	4	8	千葉工大	29	8	1
早稲田大	4	1	7	日本大	12	10	8	桜美林大	1	0	0
慶應大	3	6	1	専修大	2	2	3	北里大	1	3	2
上智大	4	7	5	東海大	1	0	9	関西学院大	1	0	3
東京理科大	3	4	2	國學院大	1	1	1	立命館アジア太平洋大	1	3	3
学習院大	2	4	3	成蹊大	2	1	1	順天堂大	2	3	2

※各大学合格数は既卒生を含む。

入試要項 2024年春（実績）

新年度日程についてはp.116参照。

◆ 前期　評定条件型Ⅰ，評定条件型Ⅱ，学力検査型

募集人員 ▶ 30名

選抜方法 ▶ 評定条件型Ⅰ：作文（50分・約800字・International Courseは英語），グループ面接（5〜10分），調査書　**評定条件型Ⅱ**：基礎学力試験（国数英各50分・各100点），グループ面接（5〜10分），調査書　**学力検査型**：英（50分・100点），基礎学力試験（国数英理社より1科・50分・100点），標準学力試験（国数英理社より1科・50分・100点），グループ面接（5〜10分），調査書
※いずれもInternational Courseの面接は英語
※ほかに，いずれもInternational Courseは英語検定準2級または同等の英語力を証明する書類

◆ 後期

募集人員 ▶ 30名

選抜方法 ▶ 国数英（各50分・各100点），個人面接（5〜10分），調査書，ほかにInternational Courseは英語検定準2級または同等の英語力を証明する書類　※International Courseの面接は英語

◆ 受験料　20,000円

(内申基準) 前期(評定条件型Ⅰ)：以下①または②。①5科各4・②5科各3かつ5科20　前期(評定条件型Ⅱ・単願)：[特進]5科21(入寮は5科20)，[進学]5科18(入寮は5科17)，[アストラ]5科12　前期(評定条件型Ⅱ・併願)：[特進]5科23(入寮は5科21)，[進学]5科19(入寮は5科18)，[アストラ]5科15　※いずれも[International]英語検定準2級または同等の英語力(学力検査型を含む)
※条件により内申加点あり

(特待生・奨学金制度) 各入試の成績優秀者を3段階の特別奨学生認定。

(帰国生の受け入れ) 国内生と同枠入試で考慮あり。

入試日程

区分	出願	試験	発表	手続締切
前期	12/26〜1/10	1/17	1/20	1/30
後期	2/5〜13	2/16	2/19	2/27

[延納] 前期の公立併願者は50,000円納入により残額は公立発表後まで。

応募状況

年度	区分	応募数	受験数	合格数	実質倍率
'24	前期	57	57	56	1.0
	後期	—	—	—	—
'23	前期A	50	50	—	—
	後期B	—	—	—	—
'22	前期A	38	38	38	1.0
	後期B	—	—	—	—

[スライド制度] あり。上記に含まず。
['24年合格最低点] 非公表。

千葉　男女　(き)　暁星国際

学費(単位:円)		入学金	施設費	授業料	その他経費	小計	初年度合計
通学生	入学手続時	300,000	135,000	—	—	435,000	1,035,000
	1年終了迄	—	24,000	396,000	180,000	600,000	
寮生	入学手続時	300,000	135,000	—	150,000	585,000	2,594,200
	1年終了迄	—	24,000	396,000	1,589,200	2,009,200	

※2024年度予定。[授業料納入] 一括または3回分割。[その他] 制服・制定品代，購買代，副教材費，模擬テスト代等の生徒諸費用500,000円あり。給食費は上記に含む。

併願校の例

※[進学]を中心に

	千公立	国・私立
挑戦校	市立千葉／木更津	木更津高専 志学館 市原中央
最適校	幕張総合／千葉西 検見川／松戸国際(国際) 安房／千葉南	翔凜(特進) 千葉敬愛 木更津総合(特進) 拓大紅陵(進学)
堅実校	磯辺／君津 千葉北	東海大市原望洋 千葉明徳

合格のめやす

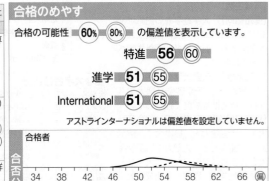

合格の可能性 **60%** **80%** の偏差値を表示しています。

特進 **56** (60)

進学 **51** (55)

International **51** (55)

アストラインターナショナルは偏差値を設定していません。

合格者

合否分布

34　38　42　46　50　54　58　62　66　(偏)

不合格者

実線＝進学
破線＝特進

※合格のめやすの見方は114ページ参照。

(見学ガイド) 体育祭／文化祭／説明会／個別見学対応／サイエンスフェア

小 中 高 専 短 大

千葉市稲毛区

敬愛学園 高等学校

〒263-0024　千葉県千葉市稲毛区穴川1-5-21　☎(043)251-6361

【建学の精神】 「敬天愛人」を建学の理念とし，広い心で自分と同じように他人をも愛することができる「真のやさしさと思いやり」を育む。

【沿革】 1926年設立の関東中学校を前身に，1953年千葉関東商業高等学校として創立。1995年千葉工商高等学校より，現校名に改称。

【学校長】 奥山 慎一

【生徒数】 男子655名，女子532名

	1年(11クラス)	2年(13クラス)	3年(10クラス)
男子	244名	229名	182名
女子	191名	215名	126名

JR―稲毛・西千葉，京成千葉線―みどり台，タウンライナー―穴川各15〜20分

特色

設置学科：普通科

【コース】 特別進学，進学の2コース制。2年次より特別進学コース内に選抜クラスを設置。

【カリキュラム】 ①特別進学コースは国公立・難関私立大学をめざす。選択・習熟度別授業を少人数で行い，思考力を鍛え，主体的に学習する。②進学コースは難関・中堅私立大学への進学を目標とし，3教科受験に対応している。多様な選択科目を用意し，習熟度別の少人数授業で密度の濃い授業を行う。③近隣の商店や公共機関から出されたミッションを解決する「Inage Image」を1年次に実施。イベント企画などの課題に学級を越えて集まったグループで取り組む。④3年次は大学で学びたい学問分野からテーマを決める個人の「卒業探究」を実施。

【海外研修】 ニュージーランド長期留学制度は，1年次より事前学習を積み重ね，2年次に1年間留学する。ニュージーランドでの短期語学留学は全学年で行っている。いずれも希望制。

【クラブ活動】 男子バドミントン部，陸上競技部，女子バレーボール部などが全国レベル。

【施設】 新体育館が2022年8月に完成。以後，併設大学と連携し校舎の改築がすすむ計画。

習熟度別授業	土曜授業	文理選択	オンライン授業	制服	自習室	食堂	プール	グラウンド	アルバイト
英	―	2年〜	―	○	〜18:30	―	―	―	審査

登校時刻＝ 8:30
下校時刻＝19:30

進路情報 2023年3月卒業生

四年制大学への進学率 **76.5%**

【卒業生数】 391名

【進路傾向】 大学進学者の内訳は文系64%，理系36%程度。国公立大学へ文系3名・理系11名，海外大学へ3名が進学した。

【系列進学】 敬愛大学へ15名（経済13，教育2），千葉敬愛短期大学へ5名が特別推薦制度で進学した。

【指定校推薦】 利用状況は東京理科大1，学習院大1，日本大7，駒澤大1，獨協大2，武蔵大1，工学院大2，立命館アジア太平洋大1など。ほかに東洋大，専修大，亜細亜大，帝京大，東邦大など推薦枠あり。

	四年制大学	299名
	短期大学	15名
	専修・各種学校	41名
	就職	3名
	進学準備・他	33名

主な大学合格状況

'24年春速報は巻末資料参照

大学名	'23	'22	'21	大学名	'23	'22	'21	大学名	'23	'22	'21
◇東工大	0	1	0	明治大	10	14	1	亜細亜大	7	6	2
◇千葉大	4	1	2	青山学院大	4	1	1	帝京大	6	16	8
◇筑波大	1	0	0	立教大	5	1	5	獨協大	7	17	3
◇東京農工大	1	0	0	中央大	8	5	1	芝浦工大	7	3	16
◇電通大	0	2	0	法政大	18	10	3	立正大	14	5	9
早稲田大	7	2	4	日本大	48	44	36	国士舘大	9	7	12
慶應大	3	3	2	東洋大	28	20	19	東邦大	4	8	5
上智大	1	0	1	駒澤大	14	10	13	帝京平成大	12	25	11
東京理科大	12	11	3	専修大	9	15	17	千葉商大	9	15	18
学習院大	6	4	5	大東文化大	7	4	6	敬愛大	16	6	23

※各大学合格数は既卒生を含む。

入試要項 2024年春（実績）

新年度日程についてはp.116参照。

◆推薦　A推薦：第1志望　B推薦：併願（公私とも可，特別進学コース対象）　※A推薦に特別活動推薦を含む

募集人員▶特別進学コース160名，進学コース160名　※一般を含む全体の定員

選抜方法▶国数英（各50分・各100点・マークシート），調査書，ほかに特別活動推薦は特別活動奨学生申請書

◆一般　公私とも併願可

募集人員▶定員内

選抜方法▶国数英（各50分・各100点・マークシート），調査書

◆受験料　20,000円

（**内申基準**）A推薦：[特別進学] 5科21，[進学] 5科19　B推薦：[特別進学] 5科23　※条件により内申加点あり

（**特待生・奨学金制度**）特別進学コース対象の予約奨学生制度，推薦受験者対象の一般奨学生制度，特別活動推薦で選考される特別活動奨学生制度あり。

（**帰国生の受け入れ**）国内生と同枠入試。

入試日程

区分	登録・出願	試験	発表	手続締切
推薦	12/1～1/10	1/17	1/20	1/22
一般①	12/1～1/10	1/18	1/20	1/22
一般②	12/1～1/24	1/29	1/30	2/1

[延納] 併願者は40,000円納入により残額は公立発表後まで。

応募状況

年度	区分			応募数	受験数	合格数	実質倍率
'24	特進	A推薦		27	27	27	1.0
		B推薦		444	444	444	1.0
	進	A推薦		156	156	156	1.0
	一般①			261	260	特 47 / 進 61	2.4
	一般②			90	73	特 4 / 進 8	6.1
'23	前期①	特進	A推	27	27	27	1.0
			B推	320	316	316	1.0
		進学	A推	154	154	154	1.0
			B推	922	915	915	1.0
		一般		89	88	特 10 / 進 21	2.8
	前期②一般			79	70	特 10 / 進 14	2.9
	後期一般			10	9	4	2.3

[スライド制度] あり。上記に含まず。
['24年合格最低点] 非公表。

千葉　男女　（け）　敬愛学園

学費（単位：円）	入学金	施設費	授業料	その他経費	小計	初年度合計
入学手続時	150,000	120,000	—	500	270,500	959,700
1年終了迄	—	66,000	396,000	227,200	689,200	

※2024年度予定。[入学前納入] 1年終了迄の小計のうち131,200円。[授業料納入] 毎月分割。
[その他] 制服・制定品代あり。[寄付・学債] 任意の教育施設・設備拡充費1口5万円あり。

併願校の例
※[進学]を中心に

	千公立	私立
挑戦校	市立千葉／薬園台　佐倉／八千代　鎌ヶ谷／成田国際　国府台／幕張総合　千葉西	日出学園　八千代松陰　市原中央
最適校	津田沼／検見川　国分／松戸国際（国際）　千葉女子／千葉南　磯辺／市川東　千葉北／船橋芝山	千葉敬愛　千葉英和　昭和学院　千葉商大付　千葉明徳
堅実校	市立習志野／市立松戸　東金／四街道　船橋啓明／茂原　千城台／千葉商業　実籾／若松	東京学館浦安　東京学館　千葉黎明　秀明八千代

合格のめやす

合格の可能性 **60%** **80%** の偏差値を表示しています。

特別進学　**56**　**60**

進学　**49**　**53**

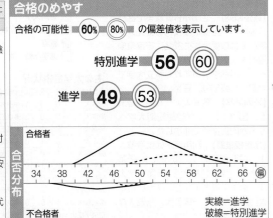

実線＝進学
破線＝特別進学

※合格のめやすの見方は114ページ参照。

（**見学ガイド**）文化祭／説明会／海外留学説明会／個別見学対応

敬愛大学八日市場 高等学校

〒289-2143　千葉県匝瑳市八日市場ロ390　☎(0479)72-1588

匝瑳市

JR―八日市場10分

【教育方針】　「敬天愛人」を建学の精神に掲げる。生徒の人格を愛し，人間として成長する無限の可能性を最大限に伸ばして実現化させる。

【沿　革】　1921年創立の八日市場女学校が母体。2000年現校名に改称し，共学化。2014年に通信制課程を開設。

【学校長】　長谷川　茂

【生徒数】　男子120名，女子117名

	1年(2クラス)	2年(3クラス)	3年(3クラス)
男子	39名	38名	43名
女子	26名	41名	50名

特色

設置学科：普通科

【コース】　特進，進学，情報の3コースを設置。特進・進学コースは2年次に文理を選択する。

【カリキュラム】　①特進コースは国公立大学・難関私立大学合格を目標とする。基礎から応用までを徹底的に学習。英語は3年間で最大22単位学習できる。夏期講習，各種講座などで学力向上を図る。②進学コースは敬愛大学・私立大学受験を中心に対策授業を実施。多様な入試形態にも対応し，早期から論文・面接指導を行う。③情報コースは商業・情報科目の学習時間を十分に取り，専門学校進学や就職をめざす。情報処理，ビジネス文書実務などの資格取得のため，授業ではキーボード操作も含めたトレーニングを行う。就職試験に向けて一般教養の学習も重視。④1人1台のパソコンを導入し，校内にWi-Fi環境を整備。学習意欲・理解力の向上や授業の効率化に活用するだけでなく部活動でも利用。生徒考案の「利用ルール」を設定する。⑤希望制で，大学受験対策の土曜講座を実施。

【クラブ活動】　バスケットボール部，バレーボール部などが活躍。勉強の息抜きとして軽いスポーツを楽しむ軽運動部がユニーク。

習熟度別授業	土曜授業	文理選択	オンライン授業	制服	自習室	食堂	プール	グラウンド	アルバイト
―	○	2年～	導入予定	○	○	―	―	○	届出

登校時刻＝　8:20
下校時刻＝19:00

進路情報　2023年3月卒業生

進学率 **76.9%**

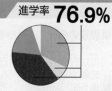

【卒業生数】　91名

【進路傾向】　進学から就職まで進路は幅広い。上部併設校への優先入学制度では敬愛大学に27名，千葉敬愛短期大学に10名の推薦枠を設けている。大学進学はいずれも私立大学で，内訳は文系59%，理系41%。

【系列進学】　敬愛大学へ6名（経済5，国際1），千葉敬愛短期大学へ5名が内部推薦で進学した。

【指定校推薦】　利用状況は東京農大1，城西国際大1，淑徳大1，千葉商大1，東京情報大2，千葉科学大3，植草学園大1など。ほかに日本大，国士舘大，千葉工大，拓殖大など推薦枠あり。

	四年制大学	29名
	短期大学	7名
	専修・各種学校	34名
	就職	16名
	進学準備・他	5名

主な大学合格状況

'24年春速報は巻末資料参照

大学名	'23	'22	'21	大学名	'23	'22	'21	大学名	'23	'22	'21
日本大	0	0	1	神田外語大	1	1	1	東京医療保健大	0	1	0
東洋大	0	0	3	東京工科大	1	0	0	鶴見大	0	1	0
東海大	0	1	4	東京工芸大	0	1	3	植草学園大	1	0	0
立正大	0	0	0	城西国際大	2	6	1	敬愛大	6	4	6
国士舘大	1	0	1	淑徳大	1	0	0	国際武道大	0	0	0
千葉工大	6	1	10	麗澤大	0	0	1	三育学院大	0	0	1
東邦大	1	0	1	和洋女子大	1	0	0	清和大	0	0	0
国際医療福祉大	1	0	0	千葉商大	1	0	2	千葉科学大	5	0	3
東京農大	1	0	0	中央学院大	2	1	0	千葉経済大	0	0	0
帝京平成大	0	0	3	東都大	1	0	0	明海大	0	0	2

※各大学合格数は既卒生を含む。

入試要項 2024年春（実績）

新年度日程についてはp.116参照。

◆前期　**前期Ⅰ**：推薦（単願），一般（単願・併願）　**前期Ⅱ**：一般（単願・併願）　※併願は公私とも可　※推薦は学力推薦，スポーツ推薦，進学特待，スポーツ特待

募集人員▶特進コース（前期Ⅰ60名・Ⅱ10名），進学コース・情報コース（前期Ⅰ計100名・Ⅱ計10名）

選抜方法▶推薦：個人面接（10分），調査書
一般：国数英（各50分・各100点・マークシート），調査書，ほかに単願は個人面接（10分）
◆後期　一般（単願・併願）　※併願は公私とも可

募集人員▶特進コース10名，進学コース・情報コース計10名

選抜方法▶国数英（各50分・各100点・マークシート），調査書，ほかに単願は個人面接（10分）
◆**受験料**　18,000円

(内申基準) 非公表。

(特待生・奨学金制度) 前期Ⅰ推薦（単願）で進学特待（特進コース対象），スポーツ特待の制度がある（ともに要中学校長推薦）。

(帰国生の受け入れ) 個別対応。

入試日程

区分	登録・出願	試験	発表	手続締切
前期Ⅰ推薦	12/17～1/10	1/18	1/20	1/23
前期Ⅰ一般	12/17～1/10	1/17	1/20	1/23
前期Ⅱ一般	12/17～1/24	1/29	1/31	2/2
後期一般	2/1～9	2/15	2/17	2/20

[試験会場] 前期Ⅰ一般（併願）は八日市場ドーム。
[延納] 併願は50,000円納入により残額は公立発表後まで。

応募状況

年度	区分		応募数	受験数	合格数	実質倍率
'24		前期Ⅰ推薦	28	28	28	1.0
		前期Ⅰ一般・単	27	26	25	1.0
		前期Ⅰ一般・併	547	541	538	1.0
		前期Ⅱ一般	20	18	18	1.0
		後期一般	4	3	2	1.5
'23	特進	前期Ⅰ推薦	22	22	22	1.0
		前期Ⅰ一般	139	139	139	1.0
		前期Ⅱ一般	0	0	0	—
		後期一般	0	0	0	—
	進学・情報	前期Ⅰ推薦	39	39	39	1.0
		前期Ⅰ一般	462	456	455	1.0
		前期Ⅱ一般	11	11	11	1.0
		後期一般	11	11	10	1.1

['24年合格最低点] 非公表。

千葉　男女　(け)　敬愛大学八日市場

学費（単位：円）	入学金	施設費	授業料	その他経費	小計	初年度合計
入学手続時	130,000	100,000	—	700	230,700	735,300
1年終了迄	—	60,000	378,000	66,600	504,600	

※2024年度予定。[入学前納入] 1年終了迄の小計のうち11,000円。[授業料納入] 毎月分割。
[その他] 制服・制定品代あり。

併願校の例

※[進・情]を中心に

	千公立	私立
挑戦校	市立銚子／佐原白楊　匝瑳／四街道	敬愛学園　千葉明徳
最適校	千葉商業／銚子　若松／銚子商業（商）　佐倉東／富里　小見川／東金商業	東京学館　千葉黎明　瀧煉(齢・敦)　千葉聖心　愛国四街道
堅実校	松尾／四街道北　東総工業／佐倉南　旭農業／多古　九十九里／八街	

合格のめやす

合格の可能性 **60%** **80%** の偏差値を表示しています。

特進　**50**　**54**

進学・情報　**38**　**42**

合格者

| 30 | 34 | 38 | 42 | 46 | 50 | 54 | 58 | 62 |(偏)

不合格者

合否分布

実線＝進学・情報
破線＝特進

※合格のめやすの見方は114ページ参照。

(見学ガイド) 説明会／学校見学／入試個別相談会

松戸市

光英VERITAS 高等学校

〒270-2223　千葉県松戸市秋山600　☎(0800)800-8442(入試広報室)

【建学の精神】　「和」, Optima est veritas.(オプティマ　エスト　ヴェリタス「真理こそ最上なり」)を掲げる。人づくりを基盤にして，人・社会・自然に貢献する次世代リーダーを育成する。

【沿　革】　1983年開校。2021年聖徳大学附属女子高等学校より現校名に改称，共学化，音楽科募集停止。

【学校長】　川並　芳純

【生徒数】　男子134名，女子232名

	1年(3クラス)	2年(4クラス)	3年(4クラス)
男子	45名	42名	47名
女子	70名	81名	81名

北総線―北国分10分，秋山10分
JR―松戸・市川よりバス聖徳学園正門前

特色

設置学科：普通科

【コース】　2年次よりGlobal Language ArtsとMedical Scienceの2コースに分かれる。

【カリキュラム】　①探究的な学び「ヴェリタス・トルネード・ラーニング」を推進。「テーマ設定→情報収集→課題解決→発表→評価」という学習サイクルで基礎の定着と応用力の向上を図る。②英語教育では英語4技能のうち「話す」を「コミュニケーション」と「プレゼンテーション」に分け，英語5領域としてスキルを高める。③タブレット端末を1人1台使用。事前学習の資料配布，オンライン英会話，自宅での振り返り学習，プレゼン資料作成などに活用する。④主体的な学びを支援する放課後の自習室システムを設置。⑤週1度「小笠原流礼法」を必修とし，世界に通用する衣・食・住にまつわるマナーや日本文化の理解に力を入れる。

【海外研修】　2年次の修学旅行は約1週間，英国を訪問する。ほかに希望制で3カ月間のニュージーランドターム留学を実施している。

【クラブ活動】　ゴルフ部，スキー部，バトン部，ダンス部が全国大会に出場の実績。マーチングバンド部，書道部も活発に活動している。

習熟度別授業	土曜授業	文理選択	オンライン授業	制服	自習室	食堂	プール	グラウンド	アルバイト
数英	○	2年～	○	○	～19:00	○	○	○	審査

登校時刻＝ 8:15
下校時刻＝17:50

進路情報　2023年3月卒業生

四年制大学への進学率 **89.6%**

【卒業生数】　106名

【進路傾向】　2021年度の共学化に伴うコース改編のため今後の変化が予想される。大学進学者の内訳は文系55%，理系25%，他20%。国公立大学へ2名，海外大学へ1名が進学。

【系列進学】　聖徳大学へ22名(教育12，人間栄養1，看護4，心理・福祉4，音楽1)，同短期大学部へ4名が内部推薦で進学した。

【指定校推薦】　利用状況は上智大1，法政大1，日本大1，東京女子大4，日本女子大1，聖心女子大4，フェリス女学院大1，東洋英和女学院大1など。ほかに東洋大，大東文化大，國學院大など推薦枠あり。

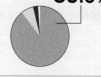

	四年制大学	95名
	短期大学	7名
	専修・各種学校	3名
	就職	0名
	進学準備・他	1名

主な大学合格状況
'24年春速報は巻末資料参照

大学名	'23	'22	'21	大学名	'23	'22	'21	大学名	'23	'22	'21
◇東京大	1	0	0	学習院大	0	4	0	明治学院大	2	1	2
◇東工大	0	0	1	明治大	2	3	1	東京女子大	4	2	1
◇千葉大	0	0	0	青山学院大	1	0	0	日本女子大	2	6	1
◇埼玉大	0	1	0	立教大	2	3	2	共立女子大	3	2	2
◇東京藝術大	0	1	0	中央大	0	4	1	大妻女子大	1	4	4
◇都立大	0	0	1	法政大	1	1	4	聖心女子大	4	4	4
早稲田大	1	0	0	日本大	3	10	3	国立音大	2	2	3
慶應大	0	1	0	東洋大	1	3	11	武蔵野音大	4	6	2
上智大	1	2	2	専修大	0	0	0	東邦大	2	7	1
東京理科大	1	1	2	國學院大	2	2	2	聖徳大	26	25	31

※各大学合格数は既卒生を含む。

入試要項 2024年春（実績）

新年度日程についてはp.116参照。

◆ 前期　特待選抜（学校推薦・一般）①②，推薦①②，一般①② ※いずれも単願・併願
※併願は公私とも可　※特別活動推薦あり

募集人員▶特待選抜40名，推薦・一般①②計100名

選抜方法▶**特待選抜**：国数理社（各50分・各100点），英（60分・100点・リスニングあり），調査書，ほか一般は個人面接（8分）　**推薦・一般**：国数（各50分・各100点），英（60分・100点・リスニングあり），調査書，ほか一般は個人面接（8分）　※一般①②は英語検定等の資格取得者は証明書提出により加点あり

◆ **受験料**　22,000円

（内申基準）**特待選抜（単願）**：5科21　**特待選抜（併願）**：5科23　**推薦（単願）**：5科19　**推薦（併願）**：5科20　※いずれも9科に1不可　※条件により内申加点あり

（特待生・奨学金制度）内申，入試，入試成績による3段階の特待制度あり。

（帰国生の受け入れ）国内生と同枠入試で考慮あり。

入試日程

区分	出願	試験	発表	手続締切
特待①	12/17〜1/15	1/17	1/20	1/22
特待②	12/17〜1/15	1/18	1/20	1/22
推薦①	12/17〜1/15	1/17	1/20	1/22
推薦②	12/17〜1/15	1/18	1/20	1/22
一般①	12/17〜1/15	1/17	1/20	1/22
一般②	12/17〜1/15	1/18	1/20	1/22

[延納] 併願者は公立発表後まで。

応募状況

年度	区分		応募数	受験数	合格数	実質倍率
'24	特待①	学校推薦・単	95	94	3	31.3
		学校推薦・併	93	91	16	5.7
		一般・単併	18	18	3	6.0
	特待②	学校推薦・単	82	74	4	18.5
		学校推薦・併	80	79	23	3.4
		一般・単併	10	10	2	5.0
	推薦①・単		49	48	48	1.0
	推薦①・併		130	112	112	1.0
	推薦②・単		31	29	29	1.0
	推薦②・併		101	77	77	1.0
	一般①・単併		46	43	17	2.5
	一般②・単併		29	26	12	2.2
'23	前期I	特待①	162	161	26	6.2
		特待②	144	137	25	5.5
		推薦①	154	131	131	1.0
		推薦②	118	94	94	1.0
		一般①	34	31	20	1.6
		一般②	30	22	14	1.6
	前期II一般		4	4	1	4.0

※推薦・一般①②の応募数には特待出願者を含み，受験数は特待合格者を除く。
[24年合格最低点] 特待選抜①301・②327（/500）
推薦・一般①138・②153（/300）※合格基準点

千葉　男女　ⓒ　光英VERITAS

学費（単位：円）

学費（単位：円）	入学金	施設費	授業料	その他経費	小計	初年度合計
入学手続時	150,000	150,000	—	—	300,000	1,390,900
1年終了迄	—	192,000	384,000	514,900	1,090,900	

※2024年度予定。[授業料納入] 一括または2回分割。
[その他] 制服・制定品代，タブレット端末代（2023年度実績：76,505円），校外研修費等あり。

併願校の例

	千公立	都・埼公立	私立
挑戦校	小金 薬園台 船橋東 柏 鎌ヶ谷	小松川 城東 越ヶ谷	日出学園 麗澤 千葉日大一
最適校	柏南 松戸国際 津田沼 国分 柏の葉	上野 江戸川 産業技術高専 越谷南 草加	流経大柏 二松学舎柏 千葉英和 和洋国府台 昭和学院
堅実校	市川東 市立松戸 流山おおたかの森 松戸 松戸六実	江北 小岩 越谷西 草加南	千葉商大付 日体大柏 東京学館浦安 共栄学園 修徳

合格のめやす

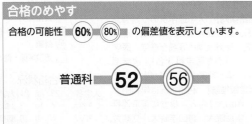

合格の可能性 **60%** **80%** の偏差値を表示しています。

普通科　**52**　**56**

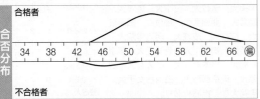

※合格のめやすの見方は114ページ参照。

（見学ガイド）文化祭／説明会／オープンスクール／部活動見学会／個別見学対応

木更津市

志学館 高等部

〒292-8568　千葉県木更津市真舟3-29-1　☎(0438)37-3131

【建学の精神】　自らの人生は，自らの力で開拓していく「人生開拓」の建学の理念に基づいた知・徳・体の調和のとれた全人教育をめざす。

【沿　革】　1983年開校。

【学校長】　吉田　義克

【生徒数】　男子494名，女子505名

	1年(8クラス)	2年(11クラス)	3年(8クラス)
男子	131名	211名	152名
女子	166名	198名	141名

JR―木更津よりバス富士見台1分またはスクールバス（他路線もあり）

特色

設置学科：普通科

【コース】　1年次は習熟度別に選抜クラス，準選抜クラス，一般クラスを設置。2年次に文系コース，理系コースの2コース編成になる。

【カリキュラム】　①1年次はバランスのよい科目履修で基礎学力を育む。2年次より文系・理系に分かれ，3年次では多様な選択科目を設定。進路目標達成のための学習を充実させる。②放課後の進学講習（50講座），サマーセミナー，校外合宿ゼミ，小論文対策講座など，学習サポート体制を整備。授業で学んだことの理解を深め，高い応用力を身につける。③ICT教育を推進。

生徒の学習情報を一元化し，様々なコンテンツを活用して学習を充実させている。④視野を広げるための活動として，数学，英語，理科の研究会があり，校外でも実習や交流を行う。

【海外研修】　希望選抜制で1・2年次にイギリス，フィリピンへの語学研修制度がある。

【クラブ活動】　少林寺拳法部が全国優勝10回の実績をもつ。野球部，将棋同好会も活躍。

【施設】　緑に囲まれた広大な敷地には，野球場などの総合グラウンド，全天候型のテニスコート，明るく開放的なカフェテリアなどがある。

習熟度別授業	土曜授業	文理選択	オンライン授業	制服	自習室	食堂	プール	グラウンド	アルバイト
―	―	2年～	―	○	~18:00	○	―	○	―

登校時刻＝ 8:45
下校時刻＝18:00

進路情報　2023年3月卒業生

四年制大学への進学率 **83.4%**

【卒業生数】　290名

【進路傾向】　大学進学者の5割強が文系。国公立大学へ文系4名・理系16名，海外大学へ3名が進学。医学部4名（うち医学科3名），歯学部3名，薬学部30名の合格が出ている。

【指定校推薦】　利用状況は早稲田大2，明治大1など。ほかに東京理科大，学習院大，青山学院大，立教大，中央大，法政大，日本大，東洋大，駒澤大，亜細亜大，帝京大，國學院大，成蹊大，成城大，明治学院大，獨協大，神奈川大，芝浦工大，東京電機大，日本女子大，同志社大，武蔵大，東京都市大，白百合女子大，東邦大など推薦枠あり。

四年制大学	242名
短期大学	5名
専修・各種学校	12名
就職	3名
進学準備・他	28名

主な大学合格状況　'24春速報は巻末資料参照

大学名	'23	'22	'21	大学名	'23	'22	'21	大学名	'23	'22	'21
◇千葉大	4	10	3	上智大	1	6	0	駒澤大	14	16	11
◇筑波大	3	0	0	東京理科大	9	13	11	専修大	7	13	12
◇横浜国大	2	1	2	学習院大	12	9	8	東海大	5	11	4
◇埼玉大	1	0	0	明治大	19	15	20	帝京大	14	9	11
◇北海道大	0	2	1	青山学院大	9	7	19	國學院大	8	5	7
◇東北大	1	1	0	立教大	27	9	10	成蹊大	8	3	7
◇防衛医大	1	0	0	中央大	17	11	11	明治学院大	9	9	4
◇県立保健医療大	0	1	4	法政大	27	11	14	日本女子大	5	7	3
早稲田大	9	7	5	日本大	44	49	42	国際医療福祉大	6	8	3
慶應大	1	0	4	東洋大	19	30	24	東邦大	30	25	22

※各大学合格数は既卒生を含む。

木更津市

入試要項 2024年春（実績）

新年度日程についてはp.116参照。

◆ 前期　前期①②：単願推薦，併願推薦（公私とも可）　前期③：一般単願，一般併願

募集人員▶180名

選抜方法▶国数英（各50分・各100点），調査書

◆ 受験料　15,000円

(**内申基準**) 単願推薦：3科12または5科20程度
併願推薦：3科13または5科22程度

(**特待生・奨学金制度**) 各入試の成績優秀者を3段階の特別奨学生に認定。

(**帰国生の受け入れ**) 国内生と同枠入試。

入試日程

区分	出願	試験	発表	手続締切
前期①	12/17〜1/12	1/19	1/25	1/30
前期②	12/17〜1/12	1/20	1/25	1/30
前期③	12/17〜1/12	1/21	1/25	1/30

[延納] 1次納入50,000円。2次納入は残額を公立発表後まで。

応募状況

年度	区分	応募数	受験数	合格数	実質倍率
'24	前期①	770	765	712	1.1
	前期②	443	431	391	1.1
	前期③	87	85	63	1.3
'23	前期①	667	661	615	1.1
	前期②	443	431	406	1.1
	前期③	92	91	56	1.6
'22	前期①	777	776	727	1.1
	前期②	471	463	434	1.1
	前期③	114	109	93	1.2

['24年合格最低点] 前期①160，②160，③170（／300）

千葉　男女　(し) 志学館

学費（単位:円）	入学金	施設費	授業料	その他経費	小計	初年度合計
入学手続時	100,000	160,000	—	—	260,000	862,220
1年終了迄	—	—	426,600	175,620	602,220	

※2024年度予定。[授業料納入] 毎月分割。
[その他] 制服・制定品代あり。

併願校の例

	千公立	国・私立
挑戦校	千葉／千葉東 市立千葉	昭和秀英 日大習志野
最適校	木更津／長生 幕張総合	木更津高専 千葉日大一 市原中央 八千代松陰 翔凜(特進)
堅実校	千葉西／検見川 安房／千葉南 千葉女子／磯辺 君津	千葉敬愛 暁星国際 木更津総合(特進) 千葉明徳 千葉経済大附

合格のめやす

合格の可能性 **60%** **80%** の偏差値を表示しています。

普通科　**57**　**61**

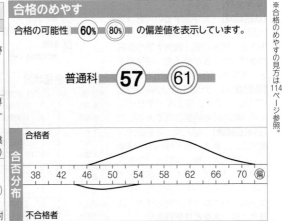

※合格のめやすの見方は114ページ参照。

見学ガイド　説明会／見学会

小 中 高 専 短 **大**

柏市

芝浦工業大学柏 高等学校

〒277-0033　千葉県柏市増尾700　☎(04)7174-3100

【教育方針】　建学の精神は「創造性の開発と個性の発揮」。教育方針として「創造性の教育」「主体性の教育」「生きる力の教育」「感性の教育」「健康と安全の教育」を掲げる。

【沿革】　1980年に芝浦工業大学の附属校として開校。1990年，男子校より共学化。

【学校長】　中根　正義

【生徒数】　男子598名，女子304名

	1年（8クラス）	2年（8クラス）	3年（7クラス）
男子	200名	205名	193名
女子	98名	120名	86名

東武アーバンパークライン―新柏25分またはスクールバス　JR―柏よりスクールバス

特色

設置学科：普通科

【コース】　グローバル・サイエンス（GS）とジェネラルラーニング（GL）の2クラスを設置。GSクラスは2年次よりグローバルコース（文系）とサイエンスコース（理系）に分かれる。GLクラス1年次は内部進学生と別クラス，2年次に混合して文系・理系に分かれ，3年次はさらに志望大学に応じたコースを編成。

【カリキュラム】　①スーパーサイエンスハイスクール指定校の実績を生かし，研究機関や企業と連携した活動や高大連携プログラムに取り組む。②GSクラスは最難関国公立大学をめざし，アクティブ・ラーニングなどを取り入れた高度な授業を展開。特設時間に課題研究も行う。③GLクラスは国公立・難関私立大学をめざす。主要教科で苦手を作らないよう補習を強化。④GSクラスでは学術的な論文を英語で書くためのアカデミックライティング指導を行う。

【海外研修】　2年次のオーストラリア研修旅行は全員参加。ほかに希望制でオーストラリアやイギリスでのホームステイを実施している。

【クラブ活動】　水泳部は全国レベルで，科学部は国際的なシンポジウムで活躍している。

習熟度別授業	土曜授業	文理選択	オンライン授業	制服	自習室	食堂	プール	グラウンド	アルバイト
数英	○	2年～	○	○	～18:45	○	○	○	―

登校時刻＝ 8:15
下校時刻＝18:45

進路情報　2023年3月卒業生

四年制大学への進学率 **88.6%**

【卒業生数】　308名

【進路傾向】　大学進学者の内訳は文系33%，理系67%。国公立大学へ文系7名・理系49名，海外大学へ5名が進学した。医学部7名，歯学部1名，薬学部24名の合格が出ている。

【系列進学】　芝浦工業大学へ29名（工15，システム理工4，デザイン工2，建築8）が内部推薦で進学した。

【指定校推薦】　都立大，早稲田大，慶應大，上智大，東京理科大，学習院大，明治大，青山学院大，立教大，中央大，法政大，日本大，國學院大，成城大，明治学院大，獨協大，東京女子大，日本女子大，同志社大，武蔵大，玉川大など推薦枠あり。

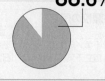

■ 四年制大学	273名
□ 短期大学	0名
■ 専修・各種学校	1名
■ 就職	0名
□ 進学準備・他	34名

主な大学合格状況

'24年春速報は巻末資料参照

大学名	'23	'22	'21	大学名	'23	'22	'21	大学名	'23	'22	'21
◇東京大	1	1	2	早稲田大	37	20	30	日本大	71	80	102
◇京都大	1	0	1	慶應大	19	14	22	東洋大	31	48	23
◇東工大	4	4	2	上智大	27	14	13	成蹊大	12	15	17
◇一橋大	2	1	1	東京理科大	100	57	78	成城大	2	12	9
◇千葉大	14	13	13	学習院大	15	13	6	明治学院大	7	17	18
◇筑波大	13	7	7	明治大	62	62	46	獨協大	13	12	7
◇横浜国大	3	1	3	青山学院大	18	12	15	芝浦工大	119	58	92
◇埼玉大	5	2	3	立教大	34	37	37	東京電機大	26	12	16
◇都立大	3	2	3	中央大	38	36	45	日本女子大	7	5	8
◇茨城大	6	2	13	法政大	46	47	44	東邦大	17	18	13

※各大学合格数は既卒生を含む。

入試要項 2024年春（実績）

新年度日程についてはp.116参照。

◆ 一般 　第1志望：優遇あり 　併願1：両クラスとも延納可 　併願2：GSクラス合格の場合は第1志望（優遇あり，延納不可），GLクラス合格の場合は延納可

募集人員 ▶約120名 　※うちGSクラスは内部進学生と合わせて約40名

選抜方法 ▶国数英または国数英理社（各50分・各100点・マークシート・英にリスニングあり），調査書，ほかに第1志望はグループ面接（15分）※英語検定2級等取得者は証明書提出により，英語試験に20点加算。準1級は英語試験受験の上，100点とみなす 　※全受験者に対してGSクラス判定を行う。5科受験の場合，3科・5科の2回で合否判定

◆ 受験料 　22,000円

(内申基準) 特記なし。

(特待生・奨学金制度) 各入試の成績優秀者に特別奨学生判定あり。入学金相当額の奨学金給付。

(帰国生の受け入れ) 国内生と同枠入試で考慮あり。

入試日程

区分	登録・出願	試験	発表	手続締切
一般①	11/19～1/12	1/18	1/20	1/22
一般②	11/19～1/12	1/19	1/20	1/22

[延納] 併願1の両クラス，併願2のGLクラスは50,000円納入により残額は併願校発表後まで。

応募状況

年度	区分		応募数	受験数	合格数	実質倍率
'24	GS	一般①	男 377	373	男 70	男 12.0
			女 153	145	女 20	女 16.8
		一般②	男 474	467		
			女 196	190		
	GL	一般①	男 310	306	男 206	男 3.4
			女 133	125	女 84	女 3.5
		一般②	男 407	398		
			女 176	169		
'23	GS	一般①	男 377	367	男 56	男 15.3
			女 177	175	女 36	女 11.4
		一般②	男 502	488		
			女 242	237		
	GL	一般①	男 321	311	男 215	男 3.5
			女 141	139	女 108	女 3.1
		一般②	男 446	432		
			女 206	201		

[スライド制度] あり。上記に含まず。
[24年合格最低点] 一般①：GS399/500，GL224/300 　一般②：GS396/500，GL211/300

学費（単位：円）

	入学金	維持料	授業料	その他経費	小計	初年度合計
入学手続時	200,000	—	—	—	200,000	1,182,883
1年終了了迄	—	286,600	402,000	294,283	982,883	

※2024年度予定。[授業料納入] 4回分割。[その他] 制服・制定品代，学校指定パソコン購入費，教科書代（GSクラス39,370円，GLクラス40,120円），模擬試験受験料等あり。
[寄付・学債] 任意の教育環境整備資金1口5万円4口以上あり。

併願校の例 　※[GL]を中心に

	千公立	都立	私立
挑戦校		日比谷	渋谷教育幕張 市川 早大学院 青山学院
最適校	船橋 東葛飾 佐倉 小金 薬園台	戸山 青山 新宿 竹早	昭和秀英 専大松戸 日大習志野 中央大学 江戸川取手
堅実校	船橋東 柏 八千代 鎌ヶ谷 柏南	小松川 城東	麗澤 八千代松陰 流経大柏 二松学舎柏 土浦日大

合格のめやす

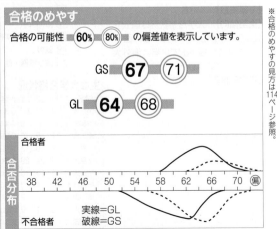

合格の可能性 60% 80% の偏差値を表示しています。

GS 67 71

GL 64 68

合格者									
38	42	46	50	54	58	62	66	70	(偏)
不合格者					実線＝GL 破線＝GS				

合否分布

(見学ガイド) 文化祭／説明会／学校見学会

千葉　男女　し　芝浦工業大学柏

※合格のめやすの見方は114ページ参照。

千葉市美浜区

渋谷教育学園幕張 高等学校

〒261-0014　千葉県千葉市美浜区若葉1-3　☎(043)271-1221

【教育目標】 「自調自考の力を伸ばす」「倫理感を正しく育てる」「国際人としての資質を養う」を掲げる。何事にもあきらめることなく、積極的に取り組むことのできる人間を育成する。

【沿　革】 1983年開校。

【学校長】 田村　聡明

【生徒数】 男子691名, 女子377名

普通科	1年（10クラス）	2年（9クラス）	3年（9クラス）
男子	226名	229名	236名
女子	135名	131名	111名

JR—海浜幕張10分, 幕張16分
京成千葉線—京成幕張14分

特色

設置学科：普通科

【カリキュラム】 ①1年次は内部進学生と別クラス編成。②5教科に多くの時間を割き基礎・基本の徹底を図ると共に、芸術・体育などの教科では特別活動なども通して限られた教科時間を補う。③自分の関心や将来やりたいことに気づくきっかけとなるよう、1年次より1年半かけて研究・論文執筆に取り組み、「自調自考」を実践する。④3年次の希望者には世界史・日本史・地理の論述講習を実施している。⑤国際理解教育の一環として希望者に第二外国語講座（5カ国語から選択）を開講。⑥模擬国連への

参加や留学生の受け入れなど、多彩な国際教育行事がある。海外大学進学説明会では、進学への意識づけや出願準備のアドバイスをする。

【海外研修】 2年次必修の修学旅行は中国と国内（九州）の選択制。ほかに希望制でベトナム・シンガポール（1年次）、アメリカ・中国・イギリス（1・2年次）への研修などがある。

【クラブ活動】 物理部、フェンシング部、模擬国連部、英語ディベート部、陸上競技部、かるた部、水泳部、天文部、吹奏楽部、テニス部、化学部など多くのクラブが全国大会に出場。

習熟度別授業	土曜授業	文理選択	オンライン授業	制服	自習室	食堂	プール	グラウンド	アルバイト
—	○	2年〜	○	○	〜18:30	○	○	○	届出

登校時刻＝ 8:25
下校時刻＝18:30

進路情報 2023年3月卒業生

四年制大学への進学率 **72.8%**

【卒業生数】 349名

【進路傾向】 大学合格状況は国公立155名, 早慶上理417名など。医学部に114名合格が出ている。海外大学へ7名が進学した。

【指定校推薦】 非公表。

■ 四年制大学	254名
■ 短期大学	0名
■ 専修・各種学校	0名
■ 就職	0名
□ 進学準備・他	95名

主な大学合格状況

'24年春速報は巻末資料参照

大学名	'23	'22	'21	大学名	'23	'22	'21	大学名	'23	'22	'21
◇東京大	74	74	67	◇東北大	4	7	6	立教大	26	26	25
◇京都大	12	7	9	◇東京医歯大	5	3	7	中央大	37	36	34
◇東工大	11	9	10	◇防衛医大	8	11	7	法政大	28	43	30
◇一橋大	19	10	13	早稲田大	235	220	212	日本大	20	21	30
◇千葉大	28	32	39	慶應大	138	153	148	東洋大	22	19	23
◇筑波大	13	15	13	上智大	70	59	54	芝浦工大	18	16	20
◇東京外大	1	1	3	東京理科大	145	126	116	東京慈恵会医大	9	11	3
◇横浜国大	3	2	12	学習院大	2	5	3	順天堂大	14	13	11
◇大阪大	3	1	0	明治大	97	100	88	昭和大	5	5	4
◇北海道大	8	7	9	青山学院大	27	21	10	日本医大	4	10	4

※各大学合格数は既卒生を含む。

入試要項 2024年春（実績）

新年度日程についてはp.116参照。

◆ **一般** 学力，帰国生，特別活動
◆ **募集人員**▶295名（内部進学生を含む）
◆ **選抜方法**▶**学力**：国数英理社（国数英各60分・各100点・英にリスニングあり，理社各50分・各100点），調査書　**帰国生**：英（50分・50〜60点・リスニングあり），英語エッセイ（30分・20〜30点），面接（日本語と英語・20〜30点），帰国生カード，プリエッセイ　**特別活動**：〔1次選考〕書類選考（調査書，活動記録報告書，自己PRカード，活動を証明する賞状や新聞雑誌などの写し），〔2次選考〕作文（50分），実技（60分），個人面接
◆ **受験料** 26,000円

（内申基準） 特記なし。
（特待生・奨学金制度） 各入試の成績優秀者を2段階の特待生認定。
（帰国生の受け入れ） 国内生と別枠入試（上記参照）。

入試日程

区分	出願	試験	発表	手続締切
学力	12/20〜1/10	1/19	1/21	1/23
帰国生	12/20〜1/10	1/20	1/23	1/24
特別活動	12/20〜1/10	〔1次〕—	1/17	1/23
		〔2次〕1/20	1/21	

[延納] 50,000円納入により残額は公立発表後まで。

応募状況

年度	区分		応募数	受験数	合格数	実質倍率
'24	学力	男子	493	490	152	3.2
		女子	181	181	51	3.5
	帰国生	男子	17	17	6	2.8
		女子	24	23	13	1.8
	特別活動	男子	9	9	3	3.0
		女子	14	14	5	2.8
'23	学力	男子	472	470	191	2.5
		女子	199	199	44	4.5
	帰国生	男子	13	13	6	2.2
		女子	23	23	10	2.3
	特別活動	男子	11	11	5	2.2
		女子	10	9	5	1.8
'22	学力	男子	523	519	184	2.8
		女子	196	196	47	4.2
	帰国生	男子	22	19	8	2.4
		女子	37	35	15	2.3
	特別活動	男子	11	11	7	1.6
		女子	6	6	4	1.5

['24年合格最低点] 学力282/500 帰国生75/100

千葉　男女　ⓛ　渋谷教育学園幕張

学費（単位:円）	入学金	施設費	授業料	その他経費	小計	初年度合計
入学手続時	160,000	130,000	—	—	290,000	約1,261,000
1年終了迄	—	192,000	444,000	約335,000	約971,000	

※2024年度予定。[入学前納入] 1年終了迄の小計のうち約14,000円。[授業料納入] 3回分割。[その他] 制服・制定品代あり。

併願校の例

	千公立	都・埼公立	国・私立
挑戦校			
最適校		日比谷	市川 開成 慶應女子 筑波大附 早稲田実業
堅実校	千葉 船橋 東葛飾 千葉東 佐倉	西 戸山 青山 浦和 大宮	昭和秀英 芝浦工大柏 日大習志野 専大松戸 江戸川女子

合格のめやす

合格の可能性 **60%** **80%** の偏差値を表示しています。

普通科 **72** **75**

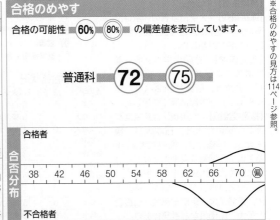

合格者

| 38 | 42 | 46 | 50 | 54 | 58 | 62 | 66 | 70 | ⓗ |

不合格者

合否分布

※合格のめやすの見方は114ページ参照。

（見学ガイド） 体育祭／文化祭／説明会／個別見学対応

644 ● しゅうめいだいがくがっこうきょうしがくぶふぞくしゅうめいやちよ

小中高専短大

八千代市

秀明大学学校教師学部附属
秀明八千代 高等学校

〒276-0007　千葉県八千代市桑橋803　☎(047)450-7001

【教育方針】「知・技・心」の校訓のもと，生徒一人ひとりの資質を伸ばし，学力はもとより，心身ともに健全で調和のとれた人間の育成をめざす。

【沿　革】1984年開校。2018年秀明八千代高等学校より現校名に改称。

【学校長】富谷　利光

【生徒数】男子818名，女子485名

	1年(14クラス)	2年(12クラス)	3年(11クラス)
男子	316名	264名	238名
女子	204名	150名	131名

JR―柏・津田沼, 東葉高速線―八千代緑が丘, 京成線―勝田台などよりスクールバスあり

特色

設置学科：普通科

【コース】特別進学，国際英語，文理進学，総合進学の4コース制。特別進学コースと文理進学コースは2年次より文系と理系に分かれる。

【カリキュラム】①併設大学と連携し，大学教員による特別授業を行う。通常授業では学校教師学部の学生によるサポートがある。②英語では，英国人教員が主となり日本人教員がサポートする独自のティームティーチングを取り入れている。③授業の理解度を測る検定テストを実施。合格点がとれるまで指導を徹底。④土曜日，夏・冬休みには講習を開講する。⑤各種検定受験を奨励。全員が英語検定と漢字検定などの取得に取り組む。⑥「秀明博士」制度を設け，学習成果をたたえる。成績を大きく伸ばした生徒には「躍進賞」を贈り，生徒の意欲を引き出す。⑦「心の学習」として，生徒同士や生徒と教員が語り合い，倫理観や思いやりの心を育む。

【海外研修】国際英語コース全員と他コースの希望者は3週間のイギリス英語研修で，寮生活とホームステイをしながら生きた英語を学ぶ。

【クラブ活動】女子硬式野球・空手道・女子水球・吹奏楽・鉄道研究部などが全国レベル。

習熟度別授業	土曜授業	文理選択	オンライン授業	制服	自習室	給食	プール	グラウンド	アルバイト	登校時刻＝ 8:40
国数英理	月2～3回	2年～	○	○	～18:00	○	○	○	審査	下校時刻＝18:00

進路情報 2023年3月卒業生

【卒業生数】362名

【進路傾向】大学進学者の内訳は文系72%，理系28%。国公立大学へ理系1名が進学した。

【系列進学】秀明大学へ35名（英語情報マネジメント9，総合経営12，看護6，観光ビジネス3，学校教師5）が内部推薦で進学した。

【指定校推薦】利用状況は東京理科大3，学習院大3，日本大11，東洋大3，専修大2，國學院大1，千葉工大7，学習院女子大2など。ほかに駒澤大，大東文化大，東海大，亜細亜大，帝京大，獨協大，神奈川大，芝浦工大，東京電機大，白百合女子大，創価大など推薦枠あり。

四年制大学への進学率 **66.6%**

四年制大学	241名
短期大学	5名
専修・各種学校	86名
就職	8名
進学準備・他	22名

主な大学合格状況
'24年春速報は巻末資料参照

大学名	'23	'22	'21	大学名	'23	'22	'21	大学名	'23	'22	'21
◇千葉大	0	1	0	日本大	26	19	4	立正大	4	5	4
◇信州大	0	1	0	東洋大	10	5	8	千葉工大	30	33	9
◇茨城大	0	1	0	専修大	7	3	2	大妻女子大	3	1	1
早稲田大	0	2	1	大東文化大	2	5	2	順天堂大	2	1	1
東京理科大	3	4	3	東海大	4	2	4	杏林大	4	1	2
学習院大	3	2	2	亜細亜大	4	2	3	東邦大	4	2	2
明治大	0	7	2	帝京大	5	4	4	二松學舎大	3	3	0
立教大	0	2	1	明治学院大	1	2	1	日本体育大	2	3	2
中央大	2	1	0	獨協大	3	1	0	千葉商大	4	4	11
法政大	0	0	1	東京電機大	2	4	4	秀明大	39	54	60

※各大学合格数は既卒生を含む。

入試要項 2024年春（実績）

新年度日程についてはp.116参照。

◆ 前期　推薦：単願，併願（公私とも可）
※いずれも学校推薦または自己推薦
募集人員▶特別進学コース50名，国際英語コース60名，文理進学コース100名，総合進学コース100名　※後期を含む全体の定員
選抜方法▶国数英（各50分・各100点），グループ面接（10分），調査書
◆ 後期　一般
募集人員▶定員内
選抜方法▶国数英（各50分・各100点），グループ面接（10分），調査書
◆ 受験料　20,000円

内申基準　推薦（単願）：[特別進学] 5科18，[国際英語][文理進学] 5科15または9科26，[総合進学] 5科13または9科23　推薦（併願）：[特別進学] 5科20，[国際英語][文理進学] 5科17または9科29，[総合進学] 5科15または9科27　一般：[特別進学] 5科22，[国際英語][文理進学][総合進学] 5科18または9科30　※[国際英語]推薦は上記基準かつ英3　※条件により内申加点あり

特待生・奨学金制度　前期（学校推薦）で下記制度あり。内申，入試成績による成績優秀者奨学金，英語検定による英語成績優秀者奨学金，スポーツ技能優秀者（単願）奨学金。

帰国生の受け入れ　国内生と同枠入試。

入試日程

区分		出願	試験	発表	手続締切
前期	推薦（単）	12/17〜1/11	1/17	1/20	1/25
	推薦（併）	12/17〜1/11	1/17or18	1/20	公立発表翌日
後期一般		1/27〜2/9	2/15	2/17	公立発表翌日

応募状況

年度	区分		応募数	受験数	合格数	実質倍率
'24	特進	前期・推単	6	6	4	1.5
		前期・推併	94	92	85	1.1
		後期・一般	2	2	2	1.0
	国際	前期・推単	21	21	21	1.0
		前期・推併	96	95	94	1.0
		後期・一般	2	2	2	1.0
	文理	前期・推単	99	98	95	1.0
		前期・推併	763	756	731	1.0
		後期・一般	16	16	11	1.5
	総進	前期・推単	62	58	57	1.0
		前期・推併	684	675	658	1.0
		後期・一般	19	16	12	1.3
'23	特進	前期・推薦	104	103	92	1.1
		後期・一般	5	5	1	5.0
	国際	前期・推薦	150	148	144	1.0
		後期・一般	2	2	2	1.0
	文理	前期・推薦	942	931	916	1.0
		後期・一般	11	10	7	1.4
	総進	前期・推薦	949	929	913	1.0
		後期・一般	30	26	21	1.2

[スライド制度] あり。上記に含まず。
['24年合格最低点] 非公表。

学費（単位：円）

	入学金	施設設備費	授業料	その他経費	小計	初年度合計
入学手続時	180,000	150,000	—	—	330,000	1,145,270
1年終了迄	—	—	360,000	455,270	815,270	

※2024年度予定。[入学前納入] 1年終了迄の小計のうち350,280円。
[授業料納入] 3回分割（1期分は入学前納入）。[その他] 制服・制定品代，PC代，国際英語コースはイギリス英語研修費約480,000円あり。給食費は上記に含む。

併願校の例

※[総進]を中心に

	千公立	私立
挑戦校	松戸国際（国際）／市川東 船橋芝山／千葉北 市立習志野／市立松戸 四街道／船橋啓明 松戸／印旛明誠	昭和学院 敬愛学園 千葉経済大附 日体大柏 東京学館浦安
最適校	松戸六実／成田北 千葉商業／実籾 柏陵／市川昴 八千代東／柏井 船橋二和／市川南	東京学館 植草学園大附 東京学館船橋 我孫子二階堂 桜林
堅実校	四街道北／松戸馬橋 白井／佐倉西 船橋法典／松戸向陽 船橋北／犢橋 船橋古和釜／八千代西	

合格のめやす

合格の可能性 ■**60%** ■**80%** の偏差値を表示しています。

コース	60%	80%
特別進学	50	54
国際英語	46	50
文理進学	42	46
総合進学	38	42

※合格のめやすの見方は114ページ参照。

千葉　男女　し　学校法人秀明大学教師学部附属　秀明八千代

見学ガイド　文化祭／説明会／オープンスクール

君津市

翔凜 高等学校

〒299-1172　千葉県君津市三直1348-1　☎(0439)55-1200

【教育方針】　「英知」「精励」「自律」「協調」「気品」の校訓のもと，芯の強い人間力を養い，凛としたグローバルマインドを育む。

【沿　革】　1992年開校。2015年度法人名を翔凜学園に変更し，千葉国際高等学校より現校名に改称。

【学校長】　栗原　康徳

【生徒数】　男子272名，女子240名

	1年（5クラス）	2年（5クラス）	3年（5クラス）
男子	90名	88名	94名
女子	71名	85名	84名

JR―君津・安房鴨川・鎌取・館山などよりスクールバス8路線あり

特色

設置学科：国際科

【コース】　ビジョナリー（以下V）特進コース，V選抜コース，V進学コースを設置。

【カリキュラム】　①V特進コースは難関国公立・最難関私立大学合格をめざす。2年次までに高校履修課程をほぼ修了することで，3年次にゆとりある計画的な受験勉強ができる。②V選抜コースは国公立・難関私立大学合格をめざす。徹底した基礎学力と，応用力を養う。③V進学コースでは基礎学力を充実させ，反復学習で知識の定着を図る。④グローバル教育では，ネイティヴ教師による英会話の授業を実施。2年次は韓国語と中国語が選択できる。3年次には「グローバル理解」の授業で多様性や異文化理解などの基礎を学ぶ。⑤神田外語大学とグローバル人材育成に関する高大連携契約を締結している。

【海外研修】　希望制でニュージーランドへの海外研修がある。また希望選抜制でアメリカ，カナダなどへの長期留学制度もある。

【クラブ活動】　剣道部，チアダンス部，写真部などが全国大会出場。ダンス部の種類が豊富。

【施設】　中学1年次から高校3年次までの留学生や遠方地の生徒が入寮している。

習熟度別授業	土曜授業	文理選択	オンライン授業	制服	自習室	食堂	プール	グラウンド	アルバイト	登校時刻＝ 8:40
数英	○	2年～	○	○	～19:00	○	―	○	○	下校時刻＝19:15

進路情報　2023年3月卒業生

四年制大学への進学率 **83.3%**

【卒業生数】　144名

【進路傾向】　私立大学志向が強い。国公立大学へ1名，海外大学へ2名が進学した。

【指定校推薦】　利用状況は上智大2，東京理科大2，立教大1，日本大7など。ほかに東洋大，清泉女子大，フェリス女学院大，東洋英和女学院大など推薦枠あり。

■ 四年制大学	120名
■ 短期大学	1名
■ 専修・各種学校	12名
■ 就職	1名
□ 進学準備・他	10名

主な大学合格状況

'24年春速報は巻末資料参照

大学名	'23	'22	'21	大学名	'23	'22	'21	大学名	'23	'22	'21
◇東京大	0	1	0	明治大	7	3	3	東京電機大	3	2	2
◇千葉大	0	0	1	青山学院大	9	4	1	立命館大	8	5	1
◇東京外大	1	0	0	立教大	6	3	17	国士館大	6	6	6
◇防衛医大	0	0	2	中央大	10	1	9	千葉工大	2	6	4
◇東京農工大	0	1	0	法政大	9	5	18	順天堂大	4	3	0
◇防衛大	1	0	9	日本大	10	16	9	関西大	8	4	5
◇釧路公立大	3	1	1	東洋大	3	7	5	関西学院大	5	4	4
早稲田大	0	0	9	駒澤大	3	6	2	武蔵野大	7	9	10
上智大	5	2	8	専修大	3	3	5	神田外語大	4	7	11
東京理科大	7	9	4	帝京大	4	2	2	千葉商大	3	8	6

※各大学合格数は既卒生を含む。

入試要項 2024年春（実績）

新年度日程についてはp.116参照。

◆ 推薦　校長推薦，自己推薦　※いずれも単願，併願

募集人員 ▶ 200名

選抜方法 ▶ 国数英（各50分・各100点・英にリスニングあり），個人面接，調査書

◆ 受験料　20,000円

内申基準　校長推薦（単願）：［Ｖ特進］5科21，［Ｖ選抜］5科18，［Ｖ進学］5科15　**校長推薦（併願）**：［Ｖ特進］5科23，［Ｖ選抜］5科20，［Ｖ進学］5科17　**自己推薦**：校長推薦（併願）に準ずる　※校長推薦は9科に1不可

特待生・奨学金制度　内申，入試成績により3段階の学力特待認定（Ｖ特進コース対象）。ほかに英検特待（校長推薦単願対象），部活動特待（校長推薦単願対象）もあり。

帰国生の受け入れ　国内生と同枠入試で考慮あり。

入試日程

区分	登録・出願	試験	発表	手続締切
推薦①	12/1～1/11	1/17	1/22	1/25
推薦②	12/1～1/11	1/18	1/22	1/25
推薦③	12/1～2/2	2/3	2/5	2/8

［延納］併願者は公立発表後まで。

応募状況

年度	区分		応募数	受験数	合格数	実質倍率
'24	推薦①	単願	116	116	単願116	単願1.0
		併願	118	117	併願172	併願1.0
	推薦②	単願	0	0		
		併願	58	58		
	推薦③	単願	2	2	1	2.0
		併願	14	13	11	1.2
'23	推薦①	単願	83	83	単願 85	単願1.0
		併願	122	120	併願179	併願1.0
	推薦②	単願	2	2		
		併願	59	59		
	推薦③	単願	1	1	1	1.0
		併願	14	11	11	1.0
'22	推薦①	単願	104	104	単願104	単願1.0
		併願	148	148	併願206	併願1.0
	推薦②	単願	2	2		
		併願	60	60		
	推薦③	単願	2	2	0	―
		併願	15	15	15	1.0

［スライド制度］あり。上記に含まず。
［'24年合格最低点］非公表。

千葉　男女　し　翔凛

学費（単位：円）	入学金	施設費	授業料	その他経費	小計	初年度合計
入学手続時	110,000	―	―	―	110,000	914,800
1年終了迄	―	146,000	396,000	262,800	804,800	

※2024年度予定。[入学前納入] 1年終了迄の小計のうち420,500円。
［授業料納入］3回分割。［その他］制服・制定品代あり。

併願校の例

※［Ｖ進学］を中心に

	千公立	私立
挑戦校	木更津（理数）／幕張総合　検見川／安房　千葉女子	市原中央　千葉敬愛　暁星国際　敬愛学園
最適校	磯辺／君津　千葉北／袖ヶ浦　千城台	東海大市原望洋　千葉明徳　千葉経済大附
堅実校	長狭／土気　市原八幡／若松　木更津東／京葉　君津商業／千葉工業　姉崎／館山総合（商）	植草学園大附　木更津総合　拓大紅陵　千葉県安房西　鴨川令徳

合格のめやす

合格の可能性 **60%** **80%** の偏差値を表示しています。

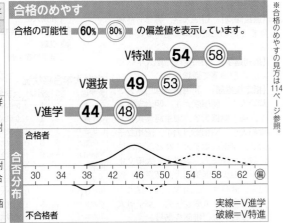

※合格のめやすの見方は114ページ参照。

V特進　**54**　(58)

V選抜　**49**　(53)

V進学　**44**　(48)

合格者

合否分布

| 30 | 34 | 38 | 42 | 46 | 50 | 54 | 58 | 62 | (偏) |

不合格者

実線＝V進学
破線＝V特進

見学ガイド　説明会／オープンスクール

市川市

昭和学院 高等学校

小 中 高 専 短 大

〒272-0823　千葉県市川市東菅野2-17-1　☎(047)323-4171

【教育理念】　「明敏謙譲」を建学の精神として，明朗にして健康で，自主性に富み，謙虚で個性豊かな人間を育てる。

【沿　革】　1940年昭和女子商業学校として創立。1948年より現校名となる。2003年より共学化。

【学校長】　大井　俊博

【生徒数】　男子542名，女子732名

	1年(15クラス)	2年(13クラス)	3年(10クラス)
男子	212名	207名	123名
女子	294名	259名	179名

JR・都営新宿線—本八幡15分
京成本線—京成八幡15分

特色

設置学科：普通科

【コース】　IA(インターナショナルアカデミー)，TA(トップグレードアカデミー)，AA(アドバンストアカデミー)，GA(ジェネラルアカデミー)，SA(サイエンスアカデミー)の5コースを設置。

【カリキュラム】　①IAコースの担任はネイティヴと日本人の2名体制。実践的な授業で海外で活躍する人材を育成。②TAコースは最難関国立大学受験に対応。複数担任制で，一人ひとりの進度に合った指導を行う。③AAコースは国公立・難関私立大学に対応した質の高い授業を実施。④GAコースは興味関心に応じた探究授業や選択授業を受けられる柔軟なカリキュラム。広い視野を獲得し，進路につなげる。⑤SAコースは英語・ICTなどのツールを駆使して本物の研究活動を行い，科学的思考を身につける。

【海外研修】　2年次にIAコースはボストン語学研修，他コースはベトナム修学旅行が必修。希望制で英国やセブ島での研修なども用意。

【クラブ活動】　新体操，女子ハンドボール，水泳など多くのクラブが全国レベルで活躍。

【施設】　トレーニングルーム，温水プール，アリーナなどクラブ活動を支える施設が充実。

習熟度別授業数	土曜授業	文理選択	オンライン授業	制服	自習室	食堂	プール	グラウンド	アルバイト	登校時刻＝ 8:20
数	○	2年〜	○	○	〜19:50	—	○	○	○	下校時刻＝18:30

進路情報　2023年3月卒業生

四年制大学への進学率 **79.0%**

【卒業生数】　333名

【進路傾向】　短期大学，専修・各種学校を含めた進学率は例年9割を超える。

【系列進学】　昭和学院短期大学へ10名が内部推薦で進学した。

【指定校推薦】　利用状況は日本大3，駒澤大1，國學院大1，明治学院大1，東京電機大3，東京経済大1，東邦大1，昭和薬科大1，昭和女子大3，学習院女子大1など。ほかに法政大，東洋大，専修大，大東文化大，東海大，亜細亜大，帝京大，獨協大，武蔵大，玉川大，国士舘大，共立女子大，大妻女子大，女子美大，女子栄養大など推薦枠あり。

	四年制大学	263名
	短期大学	12名
	専修・各種学校	36名
	就職	4名
	進学準備・他	18名

主な大学合格状況

'24春速報は巻末資料参照

大学名	'23	'22	'21	大学名	'23	'22	'21	大学名	'23	'22	'21
◇一橋大	0	1	0	青山学院大	5	3	5	亜細亜大	5	10	4
◇千葉大	4	2	1	立教大	9	9	7	帝京大	11	12	9
◇筑波大	1	1	1	中央大	4	2	3	國學院大	8	8	7
◇防衛大	5	0	0	法政大	19	7	11	明治学院大	9	6	8
早稲田大	5	6	1	日本大	40	29	42	獨協大	8	2	6
慶應大	2	0	0	東洋大	33	18	13	東京電機大	8	5	3
上智大	1	1	0	駒澤大	11	6	10	国士舘大	4	12	8
東京理科大	1	2	0	専修大	35	10	10	共立女子大	5	1	1
学習院大	1	3	1	大東文化大	4	8	7	順天堂大	11	10	5
明治大	4	12	5	東海大	12	2	7	東邦大	11	4	5

※各大学合格数は既卒生を含む。

入試要項 2024年春（実績）

新年度日程についてはp.116参照。

◆ 前期　A推薦：第1志望（①のみ）　B推薦
（併願優遇）：公私とも併願可（①②）　一般：
併願（①②）

募集人員▶176名　※うちIAコースは20名

選抜方法▶国数英（各50分・各100点・英にリ
スニングあり），調査書，ほかIAコースは個人
面接（英語），TAコースは理社（各50分・各
100点）

◆ 受験料　25,000円

内申基準　A推薦：5科18かつ9科33　B推薦
（併願優遇）：5科22かつ9科36　※いずれも9
科に1不可

特待生・奨学金制度　入試の成績優秀者を2段
階の特待生認定。内申による優遇あり。

帰国生の受け入れ　国内生と別枠入試。

入試日程

区分	出願	試験	発表	手続締切
前期①	12/20～1/10	1/17	1/19	1/24
前期②	12/20～1/10	1/18	1/20	1/25

[延納] 併願者は30,000円納入により残額は公立発表
後まで。

応募状況

年度	区分		応募数	受験数	合格数	実質倍率
'24	A推薦	IA	5	5	3	1.7
		TA	4	4	0	—
		AA	33	33	15	2.2
		GA	66	66	90	—
		SA	3	3	3	1.0
	B推薦	IA	17	16	15	1.1
		TA	102	102	52	2.0
		AA	140	140	137	1.0
		GA	42	42	96	—
		SA	20	20	20	1.0
	一般	IA	13	13	10	1.3
		TA	40	38	9	4.2
		AA	92	92	43	2.1
		GA	102	102	57	—
		SA	23	23	17	1.4
'23	A推薦		181	181	181	1.0
	B推薦		611	609	609	1.0
	一般		237	235	68	3.5
'22	A推薦					
	B推薦		1,027	1,011	953	1.1
	一般					
	特色					

[スライド制度] あり。上記に'23・'22年度は含まず，
'24年度は含む。
[24年合格最低点] 非公表。

学費（単位：円）	入学金	施設費	授業料	その他経費	小計	初年度合計
入学手続時	160,000	160,000	—	—	320,000	1,147,430
1年終了迄	—	144,000	396,000	287,430	827,430	

※2023年度実績。[授業料納入] 4回分割。
[その他] 制服・制定品代，ICT費用等あり。[寄付・学債] 任意の教育振興資金あり。

併願校の例　※[GA]を中心に

	千公立	都立	私立
挑戦校	小金 船橋東 鎌ヶ谷 国府台 幕張総合	小松川 城東 上野	日出学園 国学院 東洋大京北 安田学園 日大一
最適校	津田沼 松戸国際 国分 検見川 市川東	江戸川 墨田川 深川 産業技術高専 江北	東海大浦安 光英VERITAS 東葉 和洋国府台 千葉商大付
堅実校	船橋芝山 市立松戸 市立習志野 船橋啓明 市川昴	本所 小岩 紅葉川	東京学館浦安 秀明八千代 共栄学園 関東一 修徳

合格のめやす

合格の可能性 60% 80% の偏差値を表示しています。

IA　56（60）

TA　60（64）

AA　55（59）

GA　50（54）

SA　55（59）

千葉　男女　し　昭和学院

※合格のめやすの見方は114ページ参照。

見学ガイド　文化祭／説明会／オープンスクール

千葉市美浜区

昭和学院秀英 高等学校

〒261-0014　千葉県千葉市美浜区若葉1-2　☎(043)272-2481

【教育方針】　「明朗謙虚・勤勉向上」を校訓とし，3つの柱として「質の高い授業」「きめ細やかな進路指導」「豊かな心の育成」を掲げる。

【沿　革】　学校法人昭和学院により，1983年設立。

【学校長】　田中　尚子

【生徒数】　男子443名，女子404名

	1年（7クラス）	2年（8クラス）	3年（8クラス）
男子	139名	173名	131名
女子	124名	161名	119名

JR—海浜幕張10分，幕張15分
京成千葉線—京成幕張15分

特色

設置学科：普通科

【カリキュラム】　①高校からの入学生は独自のシラバスで古典や数学の学習進度を調整し，3年次に内部進学生と混合のクラス編成となる。②3年間で効率よく目標に導く教育課程。大学受験を見据え，応用力を養う演習形式の授業を展開。③1年次は自律的な学習習慣を体得。進学目標を明確にする。2年次は苦手科目克服の学習計画を立案。3年次は進路実現に向け，応用力・実践力を伸ばす土台を完成させる。④入試問題に対応する補習をほぼ毎日実施。長期休業中に進路希望に合わせた講習を開く。⑤日本の伝統芸能を学ぶ芸術鑑賞教室を実施。2年次に能を鑑賞し，本物だけがもつ価値や志の高さに触れることで，目標を高く掲げる意識を育む。

【キャリア教育】　職業インタビューや進路講演会，進路座談会，大学教員による模擬授業を開催し，個々の適性に合わせた進路指導を行う。

【海外研修】　1・2年次の希望者を対象に夏休みの16日間，マレーシアへの短期研修を実施。理工学系の授業を英語で体験できるプログラム。

【施設】　天井開閉式プール，冷暖房完備の体育館，人工芝グラウンド，武道館などを備える。

習熟度別授業	土曜授業	文理選択	オンライン授業	制服	自習室	食堂	プール	グラウンド	アルバイト
—	○	2年〜	○	○	〜20:00	—	○	○	審査

登校時刻＝ 8:15
下校時刻＝18:00

進路情報　2023年3月卒業生

四年制大学への進学率 **78.2%**

【卒業生数】　229名

【進路傾向】　国公立大学に61名進学。大学進学者の系統別進学先は工32%，経済・経営・商14%，文・人文17%，医・歯・薬・保健12%，法・政治7%，理6%と続く。

【指定校推薦】　利用状況は早稲田大4，慶應大2など。ほかに上智大，東京理科大，学習院大，明治大，青山学院大，立教大，中央大，法政大，芝浦工大，津田塾大，東京女子大，日本女子大，北里大，東邦大，東京薬科大，明治薬科大，東京歯大，日本歯大など推薦枠あり。

四年制大学	179名
短期大学	0名
専修・各種学校	0名
就職	0名
進学準備・他	50名

主な大学合格状況

'24年春速報は巻末資料参照

大学名	'23	'22	'21	大学名	'23	'22	'21	大学名	'23	'22	'21
◇東京大	8	3	4	◇防衛医大	1	3	1	中央大	42	50	67
◇京都大	0	1	0	◇お茶の水女大	4	1	3	法政大	58	80	78
◇東工大	5	9	6	早稲田大	62	81	79	日本大	44	87	82
◇一橋大	5	9	8	慶應大	45	57	48	東洋大	48	58	32
◇千葉大	19	41	31	上智大	39	51	36	駒澤大	15	16	13
◇筑波大	5	5	1	東京理科大	107	117	99	明治学院大	11	5	7
◇東京外大	2	2	3	学習院大	11	14	19	芝浦工大	55	36	52
◇横浜国大	2	4	4	明治大	105	109	103	東京女子大	12	23	20
◇北海道大	4	5	4	青山学院大	23	36	30	日本女子大	20	29	35
◇東北大	11	6	11	立教大	88	79	77	東邦大	21	24	27

※各大学合格数は既卒生を含む。

入試要項 2024年春（実績）

新年度日程についてはp.116参照。

◆ 一般

募集人員 ▶ 80名（帰国生を含む）

選抜方法 ▶ 国数英理社（国数英各50分・各100点・英はマークシートと記述の併用でリスニングあり，理社各40分・各60点・社はマークシートと記述の併用），調査書

◆ **受験料** 25,000円

(内申基準) 特記なし。

(特待生・奨学金制度) 入試成績により優秀者を特待生認定。

(帰国生の受け入れ) 国内生と別枠入試。

入試日程

区分	登録・出願	試験	発表	手続締切
一般	12/16～1/9	1/18	1/20	1/22
[延納] 50,000円納入により残額は公立発表後まで。

応募状況

年度	区分	応募数	受験数	合格数	実質倍率
'24	男子	731	725	430	1.7
	女子	496	495	300	1.7
'23	男子	714	710	396	1.8
	女子	539	537	274	2.0
'22	男子	695	692	387	1.8
	女子	545	545	285	1.9
['24年合格最低点] 226/420

千葉　男女　(し)　昭和学院秀英

学費（単位：円）	入学金	施設費	授業料	その他経費	小計	初年度合計
入学手続時	150,000	150,000	—	—	300,000	1,167,294
1年終了迄	—	120,000	396,000	351,294	867,294	

※2024年度予定。[入学前納入] 1年終了迄の小計のうち93,170円。[授業料納入] 3回分割。
[その他] 制服・制定品代あり。[寄付・学債] 任意の寄附金1口千円あり。

併願校の例

	千公立	都立	国・私立
挑戦校			渋谷教育幕張 筑波大附 お茶の水女子大附
最適校	千葉 船橋 東葛飾	日比谷 西 戸山 青山	市川 芝浦工大柏 八千代松陰(AEM) 青山学院 中央大学
堅実校	千葉東 佐倉 市立千葉 薬園台 船橋東	新宿 国際 竹早	市原中央(I類) 日大習志野 専大松戸 成田 江戸川女子

合格のめやす

合格の可能性 ▶ **60%** **80%** の偏差値を表示しています。

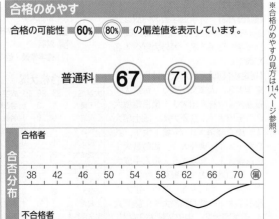

普通科 **67** **71**

合否分布

合格者

| 38 | 42 | 46 | 50 | 54 | 58 | 62 | 66 | 70 | (偏) |

不合格者

※合格のめやすの見方は114ページ参照。

(見学ガイド) 文化祭／説明会／見学会

野田市

西武台千葉 高等学校

〒270-0235 千葉県野田市尾崎2241-2 ☎(04)7127-1111

小 中 高 専 短 大

【教育方針】 校訓に「若き日に 豊かに知性を磨き 美しく心情を養い 逞しく身体を鍛えよ」を掲げる。学習活動，部活動，体験活動を3本の柱に，自ら考え行動する人材を育てる。
【沿 革】 1986年開校。1989年男子校より共学化となる。
【学校長】 須田 秀伸
【生徒数】 男子597名，女子441名

	1年(10クラス)	2年(12クラス)	3年(10クラス)
男子	223名	221名	153名
女子	157名	156名	128名

東武アーバンパークライン―川間20分またはスクールバス

特色

設置学科：普通科

【コース】 特別選抜コース，進学コースを設置。
【カリキュラム】 ①特別選抜コースは国公立・難関私立大学合格に向けて，1年次は校内予備校で全員必修の7限講座を受講。思考力などの総合力育成をめざす。②進学コースは学力向上だけでなく，多様な進路開拓や目標をサポートする。特別選抜コースと同じ科目も選べる。③希望者には放課後の進学研究会や，難関大学受験に向けたサマーキャンプを用意。オンライン予備校は全校生徒が利用できる。④気象予報士養成，手話，中国語などの教養講座を設けてい

る。⑤医療・教育分野志望者に，地域病院でのインターンシップや，近隣小学校での学習支援ボランティアを実施。⑥情報活用能力の高い人材の育成に向けた「ICT未来創造プロジェクト」を実施。⑦1人1台のタブレット端末を授業や総合探求活動などで活用し，学びの幅を広げる。
【海外研修】 2年次の修学旅行は台湾。希望制でオーストラリア語学研修も行われる。
【クラブ活動】 バドミントン部，陸上競技部，ダンスドリル部，ゴルフ部が全国レベル。
【施設】 陸上全天候型走路や武道場が整う。

習熟度別授業	土曜授業	文理選択	オンライン授業	制服	自習室	食堂	プール	グラウンド	アルバイト	登校時刻＝ 8:35
―	隔週	2年～	○	○	○	～19:00	○	―	○	下校時刻＝19:00
									届出	

進路情報 2023年3月卒業生

四年制大学への進学率 **70.3%**

【卒業生数】 317名
【進路傾向】 大学進学者の内訳は文系64%，理系32%，他4%。国公立大学へ理系3名，海外大学へ1名が進学した。

四年制大学	223名
短期大学	7名
専修・各種学校	64名
就職	10名
進学準備・他	13名

【指定校推薦】 利用状況は日本大7，東洋大3，大東文化大3，帝京大1，獨協大4，神奈川大1，東京電機大2，玉川大1，立正大4，国士舘大4，東京経済大1，千葉工大1，共立女子大1，東邦大1，武蔵野大1，東京農大1，文教大5，帝京平成大2，神田外語大2，東京工科大2，大正大1，目白大5，帝京科学大1，日本工大1，城西国際大1，麗澤大4，千葉商大2，中央学院大3など。

主な大学合格状況

'24春速報は巻末資料参照

大学名	'23	'22	'21	大学名	'23	'22	'21	大学名	'23	'22	'21
◇千葉大	1	3	0	学習院大	0	2	5	大東文化大	9	7	13
◇筑波大	0	0	1	明治大	1	9	3	帝京大	1	11	7
◇埼玉大	0	1	0	青山学院大	4	3	1	獨協大	15	10	4
◇都立大	1	1	0	立教大	3	5	3	芝浦工大	3	5	3
◇茨城大	3	0	2	中央大	0	7	1	東京電機大	6	8	3
◇埼玉県立大	1	0	0	法政大	10	10	9	立正大	8	9	11
早稲田大	6	5	0	日本大	30	31	16	国士舘大	11	13	4
慶應大	2	2	0	東洋大	13	13	16	日本薬科大	1	3	2
上智大	2	0	1	駒澤大	5	7	2	文教大	16	13	8
東京理科大	10	3	4	専修大	8	7	1	中央学院大	9	16	12

※各大学合格数は既卒生を含む。

入試要項 2024年春（実績）

新年度日程についてはp.116参照。

◆ **推薦** 単願推薦，併願推薦Ⅰ・Ⅱ（いずれも公私とも併願可）　※埼玉・茨城生は保護者推薦可　※単願推薦に進学コース対象のスポーツ推薦あり

募集人員▶特別選抜コース100名，進学コース176名　※内部進学生を含む　※うち帰国生・外国人は10名以内

選抜方法▶国数英（各50分・各100点・マークシート・英にリスニングあり），調査書

◆ **受験料**　20,000円

（**内申基準**）単願推薦：[特別選抜] 5科20または9科38，[進学] 5科17または9科31　**併願推薦Ⅰ・Ⅱ**：[特別選抜] 5科21または9科39，[進学] 5科19または9科34　※いずれも9科に1不可，特別選抜コースは3科に2も不可　※条件により内申加点あり

（**特待生・奨学金制度**）事前相談，入試成績などによる5段階の特待生制度あり(若干名)。ほかにスポーツ特待生制度あり。

（**帰国生の受け入れ**）国内生と別枠入試。

入試日程

区分	登録・出願	試験	発表	手続締切
単願推薦	12/17～1/11	1/18	1/21	2/8
併願推薦Ⅰ	12/17～1/11	1/17	1/20	公立発表翌日
併願推薦Ⅱ	12/17～1/11	1/18	1/21	公立発表翌日

応募状況

年度	区分		応募数	受験数	合格数	実質倍率
'24	特別選抜	単願推薦	19	19	15	1.3
		併願推薦Ⅰ	155	154	145	1.1
		併願推薦Ⅱ	27	27	24	1.1
	進学	単願推薦	130	130	128	1.0
		併願推薦Ⅰ	490	488	487	1.0
		併願推薦Ⅱ	44	44	42	1.0
'23	特別選抜	単願推薦	52	52	47	1.1
		併願推薦Ⅰ	194	193	171	1.1
		併願推薦Ⅱ	21	20	20	1.1
	進学	単願推薦	179	178	178	1.0
		併願推薦Ⅰ	615	613	609	1.0
		併願推薦Ⅱ	38	38	37	1.0
'22	特別選抜	単願推薦	36	36	33	1.1
		併願推薦Ⅰ	209	209	184	1.1
		併願推薦Ⅱ	24	24	21	1.1
	進学	単願推薦	184	184	182	1.0
		併願推薦Ⅰ	687	682	681	1.0
		併願推薦Ⅱ	42	42	40	1.1
	アス	単願推薦	25	25	25	1.0

[スライド制度] あり。上記に含まず。
['24年合格最低点] 非公表。

千葉　男女　せ　西武台千葉

学費(単位:円)	入学金	施設設備金	授業料	その他経費	小計	初年度合計
入学手続時	150,000	160,000	—	—	310,000	969,099
1年終了迄	—	—	396,000	263,099	659,099	

※2024年度予定。[返還] 3/15までの入学辞退者には入学金を除き返還。[授業料納入] 4回分割。[その他] 制服・制定品代あり。

併願校の例　※[進学]を中心に

	千公立	埼公立	私立
挑戦校	鎌ヶ谷 柏南 柏の葉 柏中央 松戸国際(国際)	越谷南 春日部女子 春日部東 草加 杉戸	麗澤 流経大柏 二松学舎柏 叡明 東洋大牛久
最適校	市立松戸 我孫子 市立船橋 流山おおたかの森 松戸	越谷西 久喜 草加南 草加東	千葉商大付 中央学院 日本大柏 潤徳女子 修徳
堅実校	松戸六実 柏陵 市立柏 野田中央 松戸馬橋	鷲宮 越谷東 庄和 草加西	我孫子二階堂 東京学館船橋

合格のめやす

合格の可能性 ▶ 60% 80% ◀ の偏差値を表示しています。

特別選抜　**53**　**57**

進学　**45**　**49**

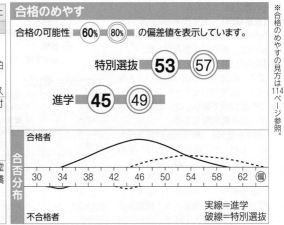

※合格のめやすの見方は114ページ参照。

合否分布　合格者　不合格者

| | 30 | 34 | 38 | 42 | 46 | 50 | 54 | 58 | 62 | (偏) |

実線＝進学
破線＝特別選抜

（**見学ガイド**）文化祭／説明会／オープンスクール／学校見学会／入試相談会

松戸市

高 専修大学松戸 高等学校

〒271-8585　千葉県松戸市上本郷2-3621　☎(047)362-9101

【教育目標】　「報恩奉仕・質実剛健・誠実力行」を建学の精神とする。広い視野と国際感覚をもち，自主性と行動力を備える人材を育成。あたたかい豊かな心と健全な批判精神をもち，何事にも力をつくす，国際社会を担うリーダーを育てる。

【沿　革】　1959年創立。
【学校長】　五味　光
【生徒数】　男子805名，女子481名

	1年(13クラス)	2年(13クラス)	3年(14クラス)
男子	258名	278名	269名
女子	151名	173名	157名

JR・千代田線―北松戸10分
新京成線―松戸新田15分

特色

設置学科：普通科

【コース】　E類型（難関国公立大学進学），A類型（専修大学・国公立・上位私立大学進学），S類型（スポーツ）を設置している。A類型は3年次に専大コースを設ける。内部進学生とは3年間別クラス編成。

【カリキュラム】　①ネイティヴ教員と気軽に交流できる環境で高い英語実践力を養う。昼休みのランチタイムアクティビティが人気。②E類型は8：10から30分間の朝読書を行う。1・2年次は放課後と長期休業中に必修講座を設定。学習の絶対量を増やし，早期から受験意識をもつ。③2年次に総合研修旅行がある。平和と世界遺産をキーワードに事前学習，現地での体験学習，事後の資料作成・発表に取り組む。④奉仕活動が盛ん。奉仕活動を考える講演会を経て，生徒の話し合いで活動内容を決定する。

【キャリア教育】　進路決定のプロセスを重視し，興味や得意分野の把握から取り組む。
【海外研修】　希望制で米国やニュージーランド，マレーシアなどでグローバル研修を実施。
【クラブ活動】　野球・陸上競技・相撲・吹奏楽・放送・競技かるた部などが全国レベル。

習熟度別授業	土曜授業	文理選択	オンライン授業	制服	自習室	食堂	プール	グラウンド	アルバイト
―	○	2年～	○	○	～19:00	○	―	○	審査

登校時刻＝ 8:00
下校時刻＝19:00

進路情報　2023年3月卒業生

四年制大学への進学率 **84.6%**

【卒業生数】　408名
【進路傾向】　大学進学者の内訳は文系64%，理系36%。国公立大学へ文系14名，理系27名が進学した。
【系列進学】　専修大学へ51名（法18，文2，経済2，商15，経営11，人間科2，国際コミュニケーション1）が内部推薦で進学した。石巻専修大学への推薦制度もある。
【指定校推薦】　利用状況は早稲田大2，上智大6，東京理科大10，学習院大6，明治大3，青山学院大3，立教大7，中央大7，法政大3，国際基督教大1，成蹊大2，成城大1，明治学院大5，獨協大1，東京女子大1，日本女子大1など。

		四年制大学	345名
		短期大学	1名
		専修・各種学校	2名
		就職	1名
		進学準備・他	59名

主な大学合格状況

'24年春速報は巻末資料参照

大学名	'23	'22	'21	大学名	'23	'22	'21	大学名	'23	'22	'21
◇東京大	1	0	1	早稲田大	31	41	32	日本大	174	87	113
◇京都大	0	1	0	慶應大	9	15	12	東洋大	77	67	48
◇東工大	3	2	2	上智大	20	25	21	専修大	68	62	69
◇一橋大	0	1	0	東京理科大	51	56	83	成蹊大	21	23	22
◇千葉大	14	12	18	学習院大	18	22	10	成城大	30	19	15
◇筑波大	5	7	9	明治大	69	89	65	獨協大	23	9	23
◇東京外大	1	1	2	青山学院大	34	22	22	芝浦工大	39	42	42
◇埼玉大	3	2	1	立教大	65	46	50	東京電機大	24	21	37
◇北海道大	3	1	3	中央大	47	49	48	東京女子大	17	14	16
◇茨城大	4	5	2	法政大	84	76	65	東邦大	16	11	18

※各大学合格数は既卒生を含む。

入試要項 2024年春（実績）

新年度日程についてはp.116参照。

◆ **前期** E類型：一般 A類型：第1志望，一般 S類型：スポーツ指定校推薦（第1志望）。対象は野球部，陸上競技部，ラグビー部，サッカー部，相撲部）

募集人員 ▶ E類型72名，A類型150名，S類型34名

選抜方法 E類型・A類型（一般）：国数英または国数英理社（各50分・各100点・マークシート・英にリスニングあり），調査書 A類型（第1志望）：国数英（各50分・各100点・マークシート・英にリスニングあり），グループ面接（20～30分・自己アピール2分を含む），調査書，課外活動記録報告書 S類型（スポーツ指定校推薦）：国数英（各50分・各100点・マークシート・英にリスニングあり），個人面接（3～5分），調査書 ※いずれも英語・数学・漢字検定3級取得者は証明書提出により加点あり

◆ **受験料** 25,000円

(**内申基準**) A類型（第1志望）：9科に1不可

(**特待生・奨学金制度**) E類型5教科入試の成績優秀者を特待生認定。

(**帰国生の受け入れ**) 国内生と別枠入試で考慮あり。

入試日程

区分		出願	試験	発表	手続締切
前期	E・A類	12/17～1/9	1/17or18	1/19	1/21
	S類	12/17～1/9	1/18	1/19	1/21

［延納］E類型・A類型（一般）は50,000円納入により残額は公立発表後まで。

応募状況

年度	区分			応募数	受験数	合格数	実質倍率
'24	前期	E類型	男	411	408	185	2.2
			女	267	266	110	2.4
		A類型	男	1,274	1,264	349	3.6
			女	1,043	1,031	292	3.5
		S類型		37	37	37	1.0
'23	前期	E類型	男	467	457	229	2.0
			女	324	319	142	2.2
		A類型	男	1,268	1,259	356	3.5
			女	949	934	263	3.6
		S類型		38	38	38	1.0
'22	前期	E類型	男	505	502	229	2.2
			女	418	416	166	2.5
		A類型	男	1,298	1,294	390	3.3
			女	983	969	297	3.3
		S類型		34	34	34	1.0

［スライド制度］あり。上記に含まず。
［'24年合格最低点］前期：E類型3科211/300・5科339/500，A類型3科209/300・5科332/500

千葉 男女 (せ) 専修大学松戸

学費（単位：円）

学費（単位：円）	入学金	施設充実費	授業料	その他経費	小計	初年度合計
入学手続時	350,000	—	—	—	350,000	1,137,120
1年終了迄	—	48,000	327,600	411,520	787,120	

※2024年度予定。［授業料納入］一括または4回分割。
［その他］制服・制定品代あり。

併願校の例 ※[A類]を中心に

	千公立	都・埼公立	私立
挑戦校	千葉	日比谷 西 浦和 大宮	渋谷教育幕張 市川 昭和秀英 青山学院
最適校	船橋 東葛飾 佐倉 小金 薬園台	戸山 青山 新宿 越谷北 春日部	芝浦工大柏 日大習志野 中央大学 巣鴨 江戸川女子
堅実校	柏 船橋東 八千代 鎌ヶ谷 柏南	小松川 北園 上野 越谷南 春日部女子	麗澤 千葉日大一 八千代松陰 流経大柏 土浦日大

合格のめやす

合格の可能性 **60%** **80%** の偏差値を表示しています。

E類 **64** **68**

A類 **62** **66**

S類は偏差値を設定していません。

合格者

合否分布

| 38 | 42 | 46 | 50 | 54 | 58 | 62 | 66 | 70 | (偏) |

不合格者

実線＝A類
破線＝E類

※合格のめやすの見方は114ページ参照。

(**見学ガイド**) 文化祭／説明会／学校見学会

拓殖大学紅陵 高等学校

〒292-8568　千葉県木更津市桜井1403　☎(0438)37-2511

木更津市

【教育目標】　「人生開拓」の理念のもと、「文武両道」を掲げ、「知・体・徳」の調和と統一の取れた人間形成をめざす。

【沿　革】　1978年男子校の木更津紅陵高等学校として設立。1980年に現校名に改称。1981年に共学化。

【学校長】　森　章

【生徒数】　男子709名，女子381名

	1年(11クラス)	2年(10クラス)	3年(11クラス)
男子	232名	222名	255名
女子	157名	104名	120名

JR―木更津よりバス紅陵高校下1分またはスクールバス（他路線もあり）

特色

設置学科：普通科

【コース】　進学トライコースとアクティブチャレンジコースを設置。進学トライコースは2年次に文系と理系に分かれる。

【カリキュラム】　①進学トライコースは拓殖大学や四年制大学への現役合格をめざす。通常授業内で大手予備校の授業を受講可能なクラスを選択でき，その中でも成績上位者を集めた特別進学クラスを設定。一人ひとりの学力や，データをもとに各自の状況に合った学習方法をアドバイスする。②アクティブチャレンジコースは漢字・英語・数学検定のほか，簿記，情報処理など各種資格取得に向けた実務教育を推進。個人面談や体験学習も行い，進学や就職をサポートする。③学習習慣を定着させながら，学習意欲向上と集中力養成を目的に朝学習を実施。

【海外研修】　希望者は夏期にカナダ語学研修に参加できる。ホームステイを体験。

【クラブ活動】　バスケットボール部，ソフトテニス部，ゴルフ部，相撲部，アーチェリー部，軟式野球部，書道部が全国大会に出場の実績。

【施設】　11階建ての校舎をはじめ，カフェテリアなどを整備。男女とも学生寮あり。

習熟度別授業	土曜授業	文理選択	オンライン授業	制服	自習室	食堂	プール	グラウンド	アルバイト	登校時刻＝ 8:40
—	—	2年〜	—	○	○	○	—	○	届出	下校時刻＝19:00

進路情報　2023年3月卒業生

進学率 **75.7%**

【卒業生数】　460名

【進路傾向】　大学進学者の内訳は文系69%，理系31%。国公立大学へ文系1名，理系1名が進学した。例年2割前後が就職している。

【系列進学】　拓殖大学へ34名（商15，政経16，外国語1，国際2）が優先入学で進学した。

【指定校推薦】　利用状況は日本大4，立正大1，国士舘大1，千葉工大6，東邦大1，実践女子大1，二松學舎大1，帝京平成大2，城西国際大1，淑徳大6，中央学院大2，東京情報大3，敬愛大3など。ほかに東洋大，大東文化大，帝京大，東京電機大，武蔵野大など推薦枠あり。

四年制大学	163名
短期大学	19名
専修・各種学校	166名
就職	77名
進学準備・他	35名

主な大学合格状況

'24年春速報は巻末資料参照

大学名	'23	'22	'21	大学名	'23	'22	'21	大学名	'23	'22	'21
◇県立保健医療大	1	0	1	東洋大	4	3	3	東邦大	1	2	2
◇前橋工科大	1	0	0	駒澤大	8	0	1	二松學舎大	1	3	1
◇名桜大	1	0	0	専修大	6	0	0	帝京平成大	10	8	4
早稲田大	0	1	0	大東文化大	4	2	1	神田外語大	6	3	0
学習院大	0	1	0	帝京大	3	2	1	拓殖大	38	36	36
明治大	0	0	2	國學院大	1	1	0	城西国際大	3	7	2
青山学院大	0	1	3	立正大	1	1	1	淑徳大	9	13	4
中央大	0	0	1	国士舘大	9	5	1	中央学院大	2	4	3
法政大	3	1	1	千葉工大	7	10	8	東京情報大	6	3	3
日本大	13	12	3	大妻女子大	1	6	1	千葉経済大	2	4	2

※各大学合格数は既卒生を含む。

入試要項 2024年春（実績）

新年度日程については p.116参照。

◆ 前期　**前期Ⅰ・Ⅱ**：単願推薦，併願推薦（公私とも可）　**前期Ⅲ**：一般単願，一般併願

募集人員▶360名

選抜方法▶国数英（各50分・各100点），調査書，ほか前期Ⅲはグループ面接（15分）

◆ 受験料　15,000円

内申基準　単願推薦・一般単願：［進学トライ］9科33，［アクティブチャレンジ］9科22　併願推薦・一般併願：［進学トライ］9科33，［アクティブチャレンジ］9科24

特待生・奨学金制度▶前期選抜試験Ⅰ・Ⅱの成績優秀者を3段階の特別奨学生認定。スポーツ・芸術活動での特別奨学生，野球部特別奨学生（5名以内）もある。

帰国生の受け入れ　国内生と同枠入試。

入試日程

区分	出願	試験	発表	手続締切
前期Ⅰ	12/17〜1/12	1/17	1/25	1/30
前期Ⅱ	12/17〜1/12	1/18	1/25	1/30
前期Ⅲ	12/17〜1/12	1/19	1/25	1/30

［延納］1次納入50,000円。2次納入は残額を公立発表後まで。

応募状況

年度	区分		応募数	受験数	合格数	実質倍率
'24	進学	前期Ⅰ	—	—	—	—
		前期Ⅱ	—	—	—	—
		前期Ⅲ	—	—	—	—
	アクティブ	前期Ⅰ	—	—	—	—
		前期Ⅱ	—	—	—	—
		前期Ⅲ	—	—	—	—
'23	進学	前期Ⅰ	245	245	245	1.0
		前期Ⅱ	50	50	50	1.0
		前期Ⅲ	7	7	7	1.0
	アクティブ	前期Ⅰ	510	510	504	1.0
		前期Ⅱ	104	102	85	1.2
		前期Ⅲ	26	25	8	3.1
'22	進学	前期Ⅰ	250	250	250	1.0
		前期Ⅱ	32	32	32	1.0
		前期Ⅲ	6	5	5	1.0
	アクティブ	前期Ⅰ	517	517	511	1.0
		前期Ⅱ	87	85	80	1.1
		前期Ⅲ	21	19	5	3.8

［スライド制度］あり。上記に含まず。
［'24年合格最低点］未公表。

千葉　男女　た　拓殖大学紅陵

学費（単位：円）

学費（単位：円）	入学金	施設費	授業料	その他経費	小計	初年度合計
入学手続時	100,000	150,000	—	—	250,000	926,300
1年終了迄	—	—	414,600	261,700	676,300	

※2024年度予定。［入学前納入］1年終了迄の小計のうち59,900円。［授業料納入］毎月分割。［その他］制服・制定品代あり。

併願校の例

※［アク］を中心に

	千公立	私立
挑戦校	千葉女子／安房 君津（普）／市立習志野（普） 袖ヶ浦／市立船橋（普）	敬愛学園 東海大市原望洋 千葉明徳 千葉経済大附 翔凜
最適校	千城台／千葉商業 市立習志野（商）／長狭 市原八幡／土気 若松／木更津東 市立船橋（体育）	植草学園大附 木更津総合 千葉県安房西 桜林 鴨川令徳
堅実校	君津商業／京葉 千葉工業／京葉工業 姉崎／生浜 市原緑／犢橋 君津青葉／君津（園芸）	

合格のめやす

合格の可能性 **60%** **80%** の偏差値を表示しています。

進学トライ **49** **53**

アクティブチャレンジ **38** **42**

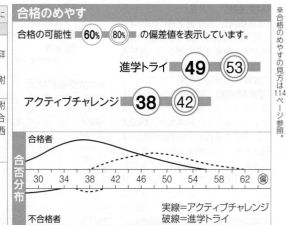

合格者

合否分布

30　34　38　42　46　50　54　58　62　㊵

不合格者

実線＝アクティブチャレンジ
破線＝進学トライ

※合格のめやすの見方は114ページ参照。

見学ガイド　説明会／授業公開／学校見学会

八千代市

千葉英和 高等学校

〒276-0028　千葉県八千代市村上709-1　☎ (047)484-5141

【建学の精神】　聖書に依るキリスト教の精神に基づき，神を愛し人を愛し土を愛す豊かな人格を陶治することにより，自らの存在価値を見出し，真に平和な世界の形成者として愛と奉仕に生きる有為な人物を育成する。

【沿　革】　1946年母体となる聖書学院が創立。1947年高等部開校，1973年に現校名に改称。

【学校長】　大羽　聡

【生徒数】　男子584名，女子662名

	1年(10クラス)	2年(13クラス)	3年(10クラス)
男子	197名	218名	169名
女子	212名	259名	191名

京成本線－勝田台，東葉高速線－東葉勝田台よりバス千葉英和高校前5分

特色

設置学科：普通科／英語科

【コース】　普通科は総進文理，特進文理，特進選抜の3コース制。

【カリキュラム】　①総進文理コースは理解度に合わせた授業。2年次以降は芸術や福祉ボランティアなどの選択科目も設置する。②特進文理コースは部活動に取り組みながら難関私立大学合格をめざす。3教科特化型カリキュラムを設置。③特進選抜コースは国公立・難関私立大学が目標。早い時期から必要知識や技能を確認し，論理的思考力も向上させる。④英語科は自分の考えを英語で表現する能力を身につける。海外大学進学にも対応。⑤各生徒にノートPCを導入し，毎日の学習に活用。⑥希望制の補講や予備校の映像授業視聴などで学習をサポート。⑦昼食は希望制で1年単位で弁当を契約できる。

【宗教】　礼拝や「聖書」の授業，キリスト降誕劇を中心としたクリスマス礼拝などもある。

【海外研修】　修学旅行は普通科がグアム，英語科がオーストラリア。希望制の米国やマルタ共和国，オーストラリアへの英語研修旅行も実施。

【クラブ活動】　アーチェリー部，メカトロ倶楽部，軽音楽部などが全国レベルで活躍。

習熟度別授業	土曜授業	文理選択	オンライン授業	制服	自習室	食堂	プール	グラウンド	アルバイト
―	―	2年～	○	○	～18:50	―	―	―	審査

登校時刻＝ 8:40
下校時刻＝19:00

進路情報　2023年3月卒業生

四年制大学への進学率 **79.0%**

【卒業生数】　404名

【進路傾向】　大学進学者の内訳は文系53%，理系30%，他17%。国公立大学へ理系4名・他1名，海外大学へ3名が進学した。キリスト教学校教育同盟推薦が利用できる。

【指定校推薦】　利用状況は上智大1，東京理科大2，青山学院大2，立教大1，中央大1，日本大1，駒澤大1，国際基督教大1，明治学院大4，獨協大1，津田塾大1など。ほかに法政大，東洋大，専修大，大東文化大，亜細亜大，帝京大，成蹊大，成城大，神奈川大，芝浦工大，東京電機大，東京女子大，武蔵大，玉川大，工学院大，立正大など推薦枠あり。

	四年制大学	319名
	短期大学	6名
	専修・各種学校	49名
	就職	1名
	進学準備・他	29名

主な大学合格状況

'24年春速報は巻末資料参照

大学名	'23	'22	'21	大学名	'23	'22	'21	大学名	'23	'22	'21
◇千葉大	1	0	0	明治大	4	6	2	亜細亜大	10	7	5
◇筑波大	0	1	0	青山学院大	5	5	6	帝京大	7	7	10
◇東京藝術大	1	0	1	立教大	2	5	3	明治学院大	10	15	8
◇茨城大	1	1	1	中央大	3	4	7	獨協大	17	13	8
◇県立保健医療大	3	3	0	法政大	7	9	13	芝浦工大	3	15	7
早稲田大	2	3	0	日本大	46	31	49	立正大	15	15	14
慶應大	1	0	1	東洋大	25	40	17	国士舘大	6	6	10
上智大	2	3	3	駒澤大	11	10	18	大妻女子大	9	5	5
東京理科大	6	4	7	専修大	14	12	17	東邦大	8	15	9
学習院大	1	4	1	大東文化大	4	7	3	千葉商大	11	11	32

※各大学合格数は既卒生を含む。

入試要項 2024年春（実績）

新年度日程についてはp.116参照。

◆一般　第1志望，併願志望（公私とも可）
※牧師・教会推薦，英語力に関する優遇，スポーツ強化生，自己推薦などの制度あり
募集人員▶総進文理コース120名，特進文理コース160名，特進選抜コース40名，英語科40名
選抜方法▶**普通科**：国数英または国英社または数英理（各50分・各100点・マークシート），個人面接（5分），調査書　**英語科**：国英（各50分・各100点・マークシート），イングリッシュリスニングテスト（30分・30点），個人面接（5分・英語での質問あり），調査書
◆受験料　20,000円

内申基準 第1志望：[総進文理] 5科17または9科30，[特進文理] 5科19または9科33，[特進選抜] 5科21または9科37，[英語科]以下①または②。①英5かつ国英8・②英語検定準2級かつ英4かつ国英8　**併願志望**：[総進文理] 5科20または9科34，[特進文理] 5科21または9科36，[特進選抜] 5科22または9科38，[英語科]以下①または②。①英5かつ国英9・②英語検定準2級かつ英4かつ国英9　※いずれも9科に2不可　※条件により内申加点あり

特待生・奨学金制度 特進選抜コースと英語科は入試成績により特別奨学生認定。ほかにスポーツ特待生制度，牧師子女対象の減免制度あり。
帰国生の受け入れ 個別対応。

入試日程

区分	出願	試験	発表	手続締切
第1志望	12/17～1/10	1/17	1/19	1/20
併願志望	12/17～1/10	1/17or18	1/19	1/20

[延納] 併願者は40,000円納入により残額は公立発表後まで。

応募状況

年度	区分		応募数	受験数	合格数	実質倍率
'24	特選	第1志望	5	5	5	1.0
		併願志望	92	92	90	1.0
	特進	第1志望	97	97	96	1.0
		併願志望	547	543	527	1.0
	総進	第1志望	157	157	151	1.0
		併願志望	471	466	405	1.2
	英語	第1志望	23	23	21	1.1
		併願志望	67	67	56	1.2
'23	特選	第1志望	5	4	4	1.0
		併願志望	119	117	117	1.0
	特進	第1志望	64	64	63	1.0
		併願志望	434	425	414	1.0
	総進	第1志望	127	127	124	1.0
		併願志望	307	302	278	1.1
	英語	第1志望	16	16	15	1.1
		併願志望	42	41	33	1.2

[スライド制度] あり。上記に含まず。
['24年合格最低点] 非公表。

学費（単位：円）	入学金	施設費	授業料	その他経費	小計	初年度合計
入学手続時	100,000	212,000	—	—	312,000	1,132,600
1年終了迄	—	—	522,000	298,600	820,600	

※2024年度予定。[入学前納入] 1年終了迄の小計のうち84,200円。
[授業料納入] 11回分割。[その他] 制服・制定品代あり。

併願校の例　※[特進]を中心に

	千公立	私立
挑戦校	佐倉／薬園台　市立千葉／小金　船橋東／柏　八千代／鎌ヶ谷	日大習志野　成田　日出学園　国府台女子　千葉日大一
最適校	成田国際／柏南　幕張総合／国府台　佐原／津田沼　松戸国際／国分　検見川／柏の葉	八千代松陰　千葉敬愛　東葉　昭和学院　敬愛学園
堅実校	千葉女子／市川東　船橋芝山／千葉北　市立習志野／市立松戸　四街道／船橋啓明　印旛明誠／実籾	千葉商大付　千葉経済大附　千葉明徳　東京学館　関東一

合格のめやす

合格の可能性 **60%** **80%** の偏差値を表示しています。

普通科(総進文理) **48** 52
普通科(特進文理) **52** 56
普通科(特進選抜) **56** 60
英語科 **53** 57

※合格のめやすの見方は114ページ参照。

見学ガイド 文化祭／クリスマス会／説明会／学校見学会

千葉　男女　（ち）千葉英和

千葉学芸 高等学校

〒283-0005　千葉県東金市田間1999　☎(0475)52-1161

東金市

【教育方針】「心の創造・智の創造・美の創造」を掲げる。「創造」を建学の精神とし，美しい人類文化の創造にあたる，実力を備えた人材育成をめざす。

【沿　革】1887年裁縫技芸塾として創立。東金女子高等職業学校，東金女子高等学校などを経て，2000年共学化に伴い，現校名に改称。

【学校長】高橋　邦夫

【生徒数】男子306名，女子140名

	1年(4クラス)	2年(4クラス)	3年(5クラス)
男子	95名	98名	113名
女子	51名	38名	51名

JR―千葉・東金・成東よりバス砂押県道

特色

設置学科：普通科

【コース】1年次は特別進学コースを選抜。2年次より進学（特別進学コースを含む），公務員，情報，福祉，芸能の5コース制になり，進学コースのみ文系と理系を選択。

【カリキュラム】①進学コースは国公立・難関私立大学進学をめざす。受験対策講座などの特別講座を組む。②公務員コースは高校卒業後の一般職公務員，大学卒業後の総合職公務員をめざす。③情報コースはコンピュータや情報ビジネスの専門知識と技術を身につける。各種検定資格の取得もサポート。④福祉コースは介護職員初任者の資格取得が可能。福祉・医療系の大学や専門学校への進学に有利。⑤芸能コースは大学や音楽の専門学校，テレビ局と提携し，メディア分野で活躍できる人材を育てる。⑥土曜日は休校だが選択授業や行事を行うことがある。⑦体育の実技として1年次にスキー教室，2年次にスケート教室を実施している。

【海外研修】2年次にシンガポールへの修学旅行，希望制でアメリカへの海外研修もある。

【クラブ活動】コンピュータ部（eスポーツ），空手部，吹奏楽部などが全国レベル。

習熟度別授業	土曜授業	文理選択	オンライン授業	制服	自習室	食堂	プール	グラウンド	アルバイト	登校時刻＝ 9:00
数英	―	2年～	○	○	～19:00	○		徒歩15分	届出	下校時刻＝19:00

進路情報 2023年3月卒業生

進学率 **63.1%**

【卒業生数】168名

【進路傾向】例年，専修・各種学校進学が3～4割，就職が2～3割を占める。大学進学はいずれも私立大学で，内訳は文系66%，理系25%，他9%。

【指定校推薦】利用状況は国士舘大2，千葉工大1，城西国際大2，淑徳大2，千葉商大1，東京情報大2，江戸川大1，敬愛大2，千葉科学大1，東都大1など。ほかに日本大など推薦枠あり。

四年制大学	44名
短期大学	1名
専修・各種学校	61名
就職	36名
進学準備・他	26名

主な大学合格状況

'24年春速報は巻末資料参照

大学名	'23	'22	'21	大学名	'23	'22	'21	大学名	'23	'22	'21
上智大	0	1	0	明治学院大	0	1	0	日本獣医生命科学大	0	1	0
明治大	0	1	1	立正大	1	2	0	城西国際大	7	7	2
立教大	0	1	0	国士舘大	2	2	1	淑徳大	4	3	2
中央大	0	4	0	千葉工大	1	0	0	和洋女子大	0	1	2
日本大	0	1	0	東邦大	1	1	0	千葉商大	3	3	2
東洋大	0	2	0	武蔵野大	0	1	1	中央学院大	0	0	1
専修大	0	1	0	東京農大	0	2	0	東京情報大	4	4	2
大東文化大	0	1	1	明星大	1	0	0	敬愛大	5	5	3
東海大	1	0	0	帝京平成大	0	5	1	千葉科学大	1	1	1
國學院大	0	1	0	城西大	2	0	0	千葉経済大	2	3	2

※各大学合格数は既卒生を含む。

入試要項 2024年春（実績）

新年度日程については p.116参照。

◆ **前期 推薦**：専願，併願（公私いずれか）
一般：専願，併願
募集人員▶ 200名，特別進学コース25名
選抜方法▶ **推薦（専願）**：作文（20分・400字・100点），個人面接（3分），調査書 **推薦（併願）・**
一般：国数英（国60分・100点・作文400字あり，数英各50分・各100点・英にリスニングあり），個人面接（3分），調査書
◆ **後期 一般**：専願，併願
募集人員▶ 40名，特別進学コース15名
選抜方法▶ 国数英（国60分・100点・作文400字あり，数英各50分・各100点・英にリスニングあり），個人面接（3分），調査書
◆ **受験料** 18,000円

内申基準 推薦（専願）：9科18かつ9科に1不可，[特別進学]5科20かつ5科各4 **推薦（併願）**：[特別進学]5科20かつ5科各4 **一般**：5科20かつ5科各4 ※欠席少なく人物良好，学業・文芸・スポーツその他で特性のある者は上記の限りではない

特待生・奨学金制度 特別進学コース対象で学力検査，書類，入試成績によるものとスポーツ・文化活動による2段階の特別奨学生制度あり。

帰国生の受け入れ 国内生と同枠入試。

入試日程

区分	登録・出願	試験	発表	手続締切
前期	11/20〜1/10	1/17	1/19	1/22
後期	11/20〜2/7	2/15	2/16	2/19

[延納] 併願者は50,000円納入により残額は公立発表後まで。

応募状況

年度	区分			応募数	受験数	合格数	実質倍率
'24	前期	推薦	専	86	86	86	1.0
			併	171	168	168	1.0
		一般	専	22	22	22	1.0
			併	13	13	12	1.1
		特進推薦	専	2	2	2	1.0
			併	3	3	2	1.5
		特進一般	専	0	0	0	—
			併	3	3	2	1.5
	後期	一般	専	2	2	1	2.0
			併	3	2	2	1.0
		特進一般	専	1	1	0	—
			併	0	0	0	—
'23	前期A	推薦		312	310	310	1.0
		一般		40	40	39	1.0
		特進		15	15	8	1.9
	前期B	推薦		2	2	2	1.0
		一般		5	5	5	1.0
		特進		0	0	0	—
	後期C	一般		6	5	4	1.3
		特進		1	1	1	1.0

['24年合格最低点] 非公表。

学費（単位：円）

学費（単位：円）	入学金	施設費	授業料	その他経費	小計	初年度合計
入学手続時	150,000	130,000	—	—	280,000	1,082,000
1年終了迄	—	30,000	462,000	310,000	802,000	

※2024年度予定。
[授業料納入] 毎月分割。[その他] 制服・制定品代，教科書代あり。

併願校の例 ※[普通]を中心に

	千公立	私立
挑戦校	東金／四街道 千城台／銚子	千葉明徳 千葉黎明 東京学館
最適校	土気／千葉工業 銚子商業(商)／一宮商業 東金商業／松尾 四街道北／東総工業 京葉工業／茂原樟陽(工)	茂原北陵(総合) 千葉聖心 愛国四街道
堅実校	大網／犢橋 成田西陵／泉 佐倉南／大原 旭農業／九十九里 八街／生浜(定)	

合格のめやす

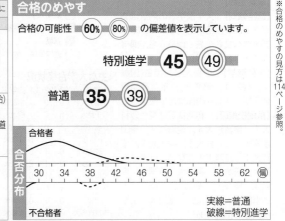

合格の可能性 60% 80% の偏差値を表示しています。

特別進学 45 49
普通 35 39

合格者
不合格者

30 34 38 42 46 50 54 58 62 （偏）

合否分布

実線＝普通
破線＝特別進学

※合格のめやすの見方は114ページ参照。

見学ガイド 文化祭／入学試験対策講座／説明会／学校見学会／個別見学対応

四街道市

千葉敬愛 高等学校

〒284-0005　千葉県四街道市四街道1522　☎(043)422-0131

【建学の精神】　「敬天愛人」を掲げる。人生を切り拓ける「自己教育力」と，豊かな個性，強靭な心身をもち，国際性に富む人間を育成する。

【沿　革】　1925年創立の関東中学校が母体。1958年現校名となる。

【学校長】　酒匂　一揮

【生徒数】　男子599名，女子895名

	1年(13クラス)	2年(13クラス)	3年(12クラス)
男子	217名	213名	169名
女子	296名	316名	283名

JR―四街道7分　京成本線―勝田台よりスクールバス

特色

設置学科：普通科

【コース】　特別進学，総合進学の2コース制。

【カリキュラム】　①特別進学コースは先取り学習，演習や探究中心の授業などで国公立・難関私立大学合格の力を養う。②総合進学コースは四年制大学を中心とした進路実現をめざす。小論文指導や面接のサポート，時事問題を扱う授業も実施。③英語ではAIによるスピーキング能力採点アプリを導入し，外部検定試験対策を行っている。④土曜日予備校出張講座，勉強合宿などで学力を強化。放課後課外補習は授業の復習から資格取得目的，大学受験を意識した演習まで，豊富な内容の40講座を開講。⑤学習支援としてスタディサプリを活用している。

【海外研修】　2年次の修学旅行でオーストラリアを訪れる。ほかに希望制で，アメリカ，カナダでの語学研修，ホームステイも体験できるオーストラリア・シドニー姉妹校訪問がある。

【クラブ活動】　ダンス部，マーチングバンド部，ソフトボール部，バドミントン部（男子・女子），弁論部などが全国レベルで活躍している。

【施設】　校外にサッカー・テニス部専用のグラウンドを設置。校舎からは自転車で約10分。

習熟度別授業	土曜授業	文理選択	オンライン授業	制服	自習室	食堂	プール	グラウンド	アルバイト	登校時刻＝8:30
数英	―	2年～	○	○	○	○	―	○	審査	下校時刻＝19:00

進路情報　2023年3月卒業生

四年制大学への進学率 **74.8%**

【卒業生数】　497名

【進路傾向】　大学進学者の内訳は文系78%，理系21%，他1%。国公立大学へ文系1名・理系6名，海外大学へ1名が進学した。

【系列進学】　敬愛大学へ10名（国際4，経済4，教育2），千葉敬愛短期大学へ8名が内部推薦で進学した。

【指定校推薦】　利用状況は東京理科大1，学習院大4，明治大2，青山学院大1，立教大1，中央大1，成蹊大1，芝浦工大3など。ほかに法政大，日本大，東洋大，駒澤大，専修大，東海大，國學院大，神奈川大，東京電機大，武蔵大，玉川大，工学院大など推薦枠あり。

■ 四年制大学	372名
■ 短期大学	19名
■ 専修・各種学校	57名
■ 就職	7名
□ 進学準備・他	42名

主な大学合格状況

'24年春速報は巻末資料参照

大学名	'23	'22	'21	大学名	'23	'22	'21	大学名	'23	'22	'21
東工大	0	0	1	学習院大	9	5	7	帝京大	9	9	8
千葉大	5	0	7	明治大	11	16	9	國學院大	8	9	6
横浜国大	1	0	1	青山学院大	5	5	2	獨協大	14	6	3
お茶の水女子大	0	1	0	立教大	4	13	6	玉川大	3	11	8
群馬大	0	1	0	中央大	8	4	5	立正大	10	17	23
県立保健医療大	3	1	2	法政大	21	22	16	共立女子大	17	10	11
早稲田大	6	11	0	日本大	53	51	53	神田外語大	22	15	30
慶應大	1	0	0	東洋大	43	21	38	東邦大	10	7	6
上智大	1	0	0	駒澤大	15	2	9	千葉商大	29	22	22
東京理科大	7	3	4	専修大	32	19	24	敬愛大	83	28	29

※各大学合格数は既卒生を含む。

入試要項 2024年春（実績）

新年度日程については p.116 参照。

◆ 推薦　A推薦：単願　特別活動推薦：単願

募集人員▶ 特別進学コース70名，総合進学コース336名　※一般を含む全体の定員

選抜方法▶ 国数英（国数各50分・英55分・各100点・マークシート・英にリスニングあり），調査書，ほかにA推薦・特別活動推薦はグループ面接（15分）

◆ 一般　一般A：第1志望（優遇あり）　一般B：併願

募集人員▶ 定員内

選抜方法▶ 国数英（国数各50分・英55分・各100点・マークシート・英にリスニングあり），調査書，ほかに一般Aは個人面接（15分）

◆ 受験料　20,000円

(内申基準) A推薦：5科19かつ9科36　※条件により内申加点あり

(特待生・奨学金制度) 入試成績によりA推薦は3段階（特別進学コース対象），一般は2段階の学業奨学生を認定。特別活動推薦では部活動実績などにより2段階の特別活動奨学生を認定。

(帰国生の受け入れ) 国内生と同枠入試で考慮あり。

入試日程

区分	登録・出願	試験	発表	手続締切
A推薦	12/1～1/10	1/18	1/20	1/22
特別活動	12/1～1/10	1/18	1/20	1/22
一般A①	12/1～1/10	1/17	1/20	1/22
一般A②	12/1～1/10	1/18	1/20	1/22
一般B①	12/1～1/10	1/17	1/20	1/22
一般B②	12/1～1/10	1/18	1/20	1/22

[延納] 一般Bは40,000円納入により残額は公立発表後まで。

応募状況

年度	区分	応募数	受験数	合格数	実質倍率
'24	A推薦	252	252	252	1.0
	特別活動				
	一般A①	22	21	11	1.9
	一般A②	19	18	9	2.0
	一般B①	320	318	268	1.2
	一般B②	305	305	244	1.2
'23	A推薦	287	287	223	1.3
	特別活動				
	B推薦①	1,115	1,115	783	1.4
	B推薦②	528	527	292	1.8
	一般A①	11	11	5	2.2
	一般A②	19	18	1	18.0
	一般B①	49	48	4	12.0
	一般B②	119	119	21	5.7

[スライド制度] あり。上記に含まず。
['24年合格最低点] 一般A：①162，②153(/300)
一般B：①177，②168(/300)

学費（単位：円）	入学金	施設費	授業料	その他経費	小計	初年度合計
入学手続時	150,000	130,000	—	12,500	292,500	1,115,740
1年終了迄	—	72,000	396,000	355,240	823,240	

※2024年度予定。[入学前納入] 1年終了迄の小計のうち16,000円。[授業料納入] 11回分割。
[その他] 制服・制定品代あり。[寄付・学債] 任意の寄付金あり。

併願校の例

※[総進] を中心に

	千公立	私立
挑戦校	千葉東／佐倉 市立千葉／薬園台 小金／船橋東 木更津／八千代 長生／鎌ヶ谷	日大習志野 成田 千葉日大一
最適校	柏南／幕張総合 佐原／国府台 千葉西／成田国際 津田沼／成東 検見川／国分	八千代松陰 市原中央 千葉英和 東葉 敬愛学園
堅実校	千葉南／千葉女子 市立銚子／磯辺 佐原白楊／千葉北 市立習志野／匝瑳 四街道／成田北	千葉明徳 千葉経済大附 東京学館 千葉黎明 植草学園大附

合格のめやす

合格の可能性 **60%** **80%** の偏差値を表示しています。

特別進学　**59**　**63**

総合進学　**52**　**56**

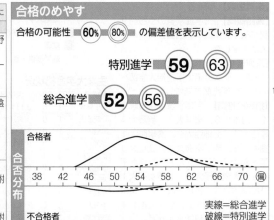

合否分布	合格者
	38　42　46　50　54　58　62　66　70　(偏)
	不合格者

実線＝総合進学
破線＝特別進学

※合格のめやすの見方は114ページ参照。

(見学ガイド) 文化祭／模擬入試／説明会／学校見学会

千葉　男女　(ち)　千葉敬愛

小 **中** 高 専 短 **大**

千葉市稲毛区

千葉経済大学附属 高等学校

〒263-8585　千葉県千葉市稲毛区轟町4-3-30　☎(043)251-7221

【校　風】「片手に論語・片手に算盤」の建学精神を指針とし，明朗・真摯・友愛の校風のもと，伸び伸びとひたむきに勉学，資格取得，部活動に取り組んでいる。

【沿　革】 1933年創立の寒川高等女学校が母体。1993年現校名となる。

【学校長】　佐久間　勝彦

【生徒数】　男子817名，女子965名

	1年(17クラス)	2年(18クラス)	3年(17クラス)
男子	306名	247名	264名
女子	333名	317名	315名

JR—西千葉13分またはバス千葉経済大学
タウンライナー—作草部5分

特色

設置学科：普通科／商業科／情報処理科

【コース】　普通科は特進，文理一般，文Ⅱの3コース制。特進コースは2年次，文理一般コースは3年次に文系と理系に分かれる。

【カリキュラム】　①特進コースは国公立・難関私立大学への現役合格を目標に，アウトプットにも力を入れた授業展開で基礎の定着から応用力の養成まで扱う。②文理一般コースは3年次を中心に希望制の進学講座を開講する。③文Ⅱコースはスポーツによる推薦入学者で編成。④商業科は1年次に簿記，情報処理，ビジネス基礎などを履修。3年次に「課題研究」の授業で模擬株式会社を設立し，商品の開発などを通してビジネスを学ぶ。⑤情報処理科は7つの情報処理室を使い，情報処理やプログラミング，作品づくり，検定試験によってスキルを身につける。

【海外研修】　夏休みに希望者を対象とした海外研修プログラムの実施を予定している。

【クラブ活動】　女子ソフトボール，男子卓球，ボクシング，自転車競技，バトントワラーズ，将棋，珠算の各部が全国レベルで活躍している。

【施設】　高層9階建ての校舎は免震構造となっており，350席の展望レストランがある。

習熟度別授業	土曜授業	文理選択	オンライン授業	制服	自習室	食堂	プール	グラウンド	アルバイト
—	—	2年〜	○	○	〜18:00	○	—	○	審査

登校時刻= 8:25
下校時刻=19:00

進路情報　2023年3月卒業生

【卒業生数】　586名

【進路傾向】　大学進学者のうち約9割が私立文系進学。国公立大学へ2名が進学した。

【系列進学】　千葉経済大学へ77名（経済），千葉経済大学短期大学部へ43名が内部推薦で進学した。

【指定校推薦】　利用状況は学習院大1，日本大3，東洋大3，駒澤大4，専修大4，亜細亜大2，國學院大1，獨協大2，東京電機大1，立正大3，国士舘大2，千葉工大7，共立女子大3，大妻女子大3，実践女子大1，二松學舍大3，帝京平成大4，東京工科大1，拓殖大2，産業能率大1，目白大1，帝京科学大1など。

四年制大学への進学率 60.9%

■ 四年制大学	357名
■ 短期大学	50名
■ 専修・各種学校	125名
■ 就職	24名
□ 進学準備・他	30名

主な大学合格状況
'24年春速報は巻末資料参照

大学名	'23	'22	'21	大学名	'23	'22	'21	大学名	'23	'22	'21
◇千葉大	1	0	0	日本大	14	16	13	千葉工大	46	12	13
◇筑波大	1	0	0	東洋大	7	6	2	桜美林大	5	2	1
早稲田大	0	0	0	駒澤大	8	6	4	共立女子大	3	3	3
慶應大	2	0	0	専修大	6	3	2	大妻女子大	4	6	3
東京理科大	0	1	1	東海大	9	1	2	順天堂大	5	2	1
学習院大	3	2	2	亜細亜大	5	3	2	拓殖大	20	6	3
明治大	1	1	0	帝京大	7	7	6	淑徳大	7	14	7
立教大	4	0	1	獨協大	7	2	2	千葉商大	17	21	14
中央大	1	1	0	立正大	16	10	5	東京情報大	5	10	6
法政大	1	0	2	国士舘大	13	7	4	千葉経済大	77	56	55

※各大学合格数は既卒生を含む。

入試要項 2024年春（実績）

新年度日程についてはp.116参照。

◆ **前期　A（単願推薦）**：一般，中学校長特別，同窓生子女，スポーツ（普通科・商業科），文化（普通科吹奏楽・商業科吹奏楽・商業科珠算），特進（普通科），学業特待生　**B（併願推薦）**：一般，特進（普通科），学業特待生　※併願は公立のみ

募集人員▶普通科300名，商業科110名，情報処理科110名

選抜方法▶作文（40分・400〜600字），グループ面接（7分），調査書

◆ **後期　A（第1志望）**：一般，特進（普通科）　**B（他校第1志望）**：一般，特進（普通科）

募集人員▶普通科20名，商業科10名，情報処理科10名

選抜方法▶国数英（各50分・各100点・英にリスニングあり），グループ面接（10分），調査書

◆ **受験料**　21,000円

(内申基準) **単願推薦（一般）**：[普通科] 5科17，[商業科][情報処理科] 5科16　**単願推薦（中学校長特別・同窓生子女）**：[普通科] 5科16，[商業科][情報処理科] 5科15　**単願推薦（スポーツ）**：[普通科][商業科] 5科12　**単願推薦（文化）**：[普通科吹奏楽] 5科15，[商業科吹奏楽] 5科14，[商業科珠算] 5科13　**単願推薦（特進）**：[普通科] 5科20　**単願推薦（学業特待生）**：[全科] 5科23　**併願推薦（一般）**：[普通科] 5科18，[商業科][情報処理科] 5科17　**併願推薦（特進）**：[普通科] 5科22　**併願推薦（学業特待生）**：[全科] 5科24　※いずれも9科に1不可

(特待生・奨学金制度) 前期で学業特待生推薦を実施（左記参照）。ほかスポーツ特待生制度あり。

(帰国生の受け入れ) 国内生と同枠入試。

入試日程

区分	出願	試験	発表	手続締切
前期	12/20〜1/9	1/17	1/18	1/19
後期	1/22〜29	2/15	2/17	2/19

［延納］公立併願者は50,000円納入により残額は公立発表後まで。

応募状況

年度	区分		応募数	受験数	合格数	実質倍率
'24	普通	前期	1,324	1,324	1,324	1.0
		後期	83	82	25	3.3
	商業	前期	255	255	255	1.0
		後期	37	32	12	2.7
	情報	前期	339	339	339	1.0
		後期	36	35	12	2.9
'23	普通	前期	744	743	743	1.0
		後期	53	48	25	1.9
	商業	前期	218	218	218	1.0
		後期	20	19	5	3.8
	情報	前期	311	311	311	1.0
		後期	22	21	5	4.2

［スライド制度］あり。上記に含まず。
［24年合格最低点］非公表。

学費（単位：円）	入学金	施設費	授業料	その他経費	小計	初年度合計
入学手続時	150,000	150,000	—	—	300,000	—
1年終了迄 普通	—	94,800	396,000	137,120	627,920	927,920
1年終了迄 商業	—	94,800	396,000	152,520	643,320	943,320
1年終了迄 情報	—	106,800	396,000	181,620	684,420	984,420

※2024年度予定。［授業料納入］毎月分割。［その他］制服・制定品代あり。

併願校の例

※［文理］を中心に

	千公立	私立
挑戦校	船橋東／幕張総合 佐原／千葉西 津田沼／成東 検見川／国分 柏の葉／柏中央	日出学園 八千代松陰 千葉敬愛 千葉英和 昭和学院
最適校	千葉女子／千葉南 磯辺／千葉北 船橋芝山／市立松戸 東金／四街道 市立船橋／船橋啓明	千葉商大付 千葉明徳 東海大原望洋
堅実校	千城台／千葉商業 成田北／実籾 千葉工業／若松 市原八幡／柏井 四街道北／京葉	東京学館 千葉黎明 秀明八千代 千葉聖心 愛国四街道

合格のめやす

合格の可能性 **60%** **80%** の偏差値を表示しています。

普通科（特進）　**55**　**(59)**

普通科（文理一般）　**46**　**(50)**

商業科　**42**　**(46)**

情報処理科　**44**　**(48)**

普通科（文Ⅱ）は偏差値を設定していません。

※合格のめやすの見方は114ページ参照。

(見学ガイド) 文化祭／説明会／オープンキャンパス／入試個別相談／個別見学対応

千葉　男女　ち　千葉経済大学附属

館山市

千葉県安房西 高等学校

小 中 高 専 短 大

〒294-0045　千葉県館山市北条2311-3　☎(0470)22-0545

【教育方針】　「質素倹約　実学尊重」を建学の精神に掲げる。「明るく，正しく，和やかに」を校訓とし，知育，徳育，体育の調和のとれた教育を推進する。豊かな可能性をひろげ，時代の進展に即応できる人材育成をめざす。

【沿　革】　1905年創立の安房女子裁縫伝習所が母体。1981年共学化となり，現校名に改称。

【学校長】　熊澤　洋介

【生徒数】　男子114名，女子139名

	1年(4クラス)	2年(3クラス)	3年(4クラス)
男子	44名	26名	44名
女子	41名	52名	46名

千葉県安房西

JR―館山2分
スクールバス―長狭・鴨川方面へあり

特色

設置学科：普通科

【コース】　進学クラスと一般クラスを設置。進学クラスは2年次より文系と理系に分かれる。また，2年次に進級する際に一般クラスから進学クラスへの編入が可能。

【カリキュラム】　①進学クラスは1年次より個別指導を行い，2年次から特別カリキュラムを編成。大学や短大の一般選抜に対応した，よりレベルの高い授業を展開。放課後の個別補習や，長期休業中の補習や勉強合宿を用意。小論文対策や面接練習も行う。②一般クラスは習熟度別授業を行うほか，国語，数学，英語の授業に学び直しトレーニングを設定し，基礎・基本の学力を養う。英語・数学・漢字検定やパソコン検定などの資格取得にも力を入れている。③土曜日は休校だが，希望者参加の土曜講座を開講。大学入試対策や趣味・ボランティア・資格取得講座など多彩な講座が年間10回開かれる。

【クラブ活動】　柔道部がインターハイ出場の実績をもつ。卓球部，バスケットボール部，バレー部，吹奏楽部も活発に活動している。

【施設】　浜辺まで3分のゆったりした環境で，伸び伸び学習に取り組める。Wi-Fi環境設置。

習熟度別授業	土曜授業	文理選択	オンライン授業	制服	自習室	食堂	プール	グラウンド	アルバイト
数英	―	2年～	○	○	～17:45	―	―	○	審査

登校時刻＝ 8:25
下校時刻＝18:30

進路情報　2023年3月卒業生

進学率 **54.1%**

【卒業生数】　74名

【進路傾向】　大学進学者の内訳は文系73%，理系27%。国公立大学へ理系1名が進学した。就職者も例年多く，幅広い進路を実現している。

【指定校推薦】　利用状況は大東文化大1，亀田医療大2など。ほかに城西国際大，淑徳大など推薦枠あり。

四年制大学	15名
短期大学	5名
専修・各種学校	20名
就職	27名
進学準備・他	7名

主な大学合格状況
'24年春速報は巻末資料参照

大学名	'23	'22	'21	大学名	'23	'22	'21	大学名	'23	'22	'21
◇東京外大	0	1	0	東京女子大	2	0	0	城西大	1	1	2
◇高知大	1	0	0	日本女子大	3	0	0	城西国際大	0	2	1
◇県立保健医療大	0	0	1	千葉工大	0	2	1	淑徳大	2	3	3
日本大	1	0	0	桜美林大	3	0	0	麗澤大	18	2	0
東洋大	1	0	0	大妻女子大	1	3	0	和洋女子大	0	2	1
駒澤大	0	3	0	昭和大	0	1	0	千葉商大	1	0	0
大東文化大	5	0	1	杏林大	1	0	0	聖徳大	0	4	1
東海大	0	12	0	国際医療福祉大	3	3	0	日本ウェルネススポーツ大	0	0	2
帝京大	0	1	0	武蔵野大	1	0	0	亀田医療大	2	1	2
神奈川大	2	0	2	神田外語大	3	2	0	千葉経済大	1	0	0

※各大学合格数は既卒生を含む。

入試要項 2024年春（実績）

新年度日程についてはp.116参照。

◆ **推薦** 単願推薦，単願特待（学力，部活動）
募集人員▶60名
選抜方法▶国数英（各50分・各100点・英にリスニングあり），個人面接（10分），調査書，ほかに部活動特待の吹奏楽部志望者は実技
◆ **一般** 単願（優遇あり），併願，併願特待（学力） ※併願特待は要中学校長推薦。進学クラス対象
募集人員▶100名
選抜方法▶国数英（各50分・各100点・英にリスニングあり），個人面接（5分），調査書
◆ **受験料** 12,000円

内申基準 **単願特待（学力）**：3年次5科の定期考査平均点400点が目安 **単願特待（部活動）**：3年間の評定に1不可 **併願特待（学力）**：成績基準あり

特待生・奨学金制度 単願特待（学力，部活動），併願特待（学力）を募集。単願特待（部活動）は運動部（女子バレーボール部，男女バスケットボール部，男女卓球部，男女柔道部）と文化部（吹奏楽部）が対象。

帰国生の受け入れ 国内生と同枠入試。

入試日程

区分		出願	試験	発表	手続締切
推薦		1/9・10	1/17	1/24	1/31
一般	単願	1/9・10	1/17	1/24	1/31
	併願・併特	1/9・10	1/17・18	1/24	1/31

[延納] 併願は50,000円納入により残額は公立発表後まで。
[2次募集] 3/7

応募状況

年度	区分	応募数	受験数	合格数	実質倍率
'24	推薦	77	76	76	1.0
	一般	286	286	277	1.0
'23	推薦	54	54	54	1.0
	一般	327	326	322	1.0
'22	推薦	61	61	61	1.0
	一般	317	316	315	1.0

['24年合格最低点] 非公表。

千葉 男女 (ち) 千葉県安房西

学費（単位:円）	入学金	施設設備費	授業料	その他経費	小計	初年度合計
入学手続時	50,000	—	—	—	50,000	516,300
1年終了迄	—	136,000	240,000	90,300	466,300	

※2024年度予定。[入学前納入] 1年終了迄の小計のうち131,350円。
[授業料納入] 毎月分割（入学前に4月分納入）。[その他] 制服・制定品代あり。

併願校の例 ※[一般]を中心に

	千公立	私立
挑戦校	安房／君津	翔凜
最適校	長狭／木更津東 君津商業	木更津総合 拓大紅陵 鴨川令徳
堅実校	館山総合／安房拓心 天羽	

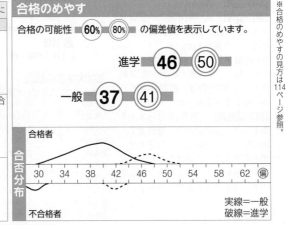

合格のめやす

合格の可能性 ◯60% ◯80% の偏差値を表示しています。

進学 **46** ◯**50**

一般 **37** ◯**41**

合否分布

合格者 / 不合格者

30 34 38 42 46 50 54 58 62 (偏)

実線＝一般
破線＝進学

※合格のめやすの見方は114ページ参照。

見学ガイド 文化祭／授業公開／説明会／見学会

市川市

千葉商科大学付属 高等学校

〒272-0835　千葉県市川市中国分2-10-1　☎(047)373-2111

【教育理念】　質実を旨とし，友愛を育て，しかもたくましく伸びやかな校風の中，優しさ，思いやりといった人間性豊かな心を育む。生徒目標は「勤勉・友愛・礼法・勤労」。

【沿　革】　1951年千葉商科大学付属第一商業高等学校として創立。2004年に普通科が，2008年に商業科が男子校より共学化。

【学校長】　浅川　潤一

【生徒数】　男子670名，女子447名

	1年(8クラス)	2年(14クラス)	3年(12クラス)
男子	139名	283名	248名
女子	123名	196名	128名

京成線―国府台20分　北総線―矢切20分
JR―市川よりバス商大付属高校

特色

設置学科：普通科／商業科

【コース】　普通科は特進選抜クラスと総合進学クラスを設置。特進選抜クラスは2年次に文系型と理系型に分かれ，総合進学クラスは3年次に選択講座により文型，理型，総合型に分かれる。商業科は2年次より簿記会計型，ITビジネス型，ビジネス型に分かれる。

【カリキュラム】　①特進選抜クラスは難関・上位大学への現役合格をめざす。また，併設大学への合格保証制度がある。②総合進学クラスは上位・中堅大学および併設大学が目標。多様な入試形式にも対応。③商業科は併設大学との高大連携教育により，高い資格取得率と大学進学率を実現。地元企業と商品開発に取り組み，社会とつながる学びを実践する。④1年次は全員必須の土曜講座を実施。2年次以降，希望に応じてチューターとの1対1の学習機会を提供。

【海外研修】　語学力や国際感覚を養うため，2年次希望制でアメリカホームステイ，1・2年次希望選抜制でフランス短期交換留学を実施。

【クラブ活動】　男子卓球部などが全国レベル。

【施設】　2023年に「つながり」をコンセプトに，省エネを実現した新校舎が完成。

習熟度別授業	土曜授業	文理選択	オンライン授業	制服	自習室	食堂	プール	グラウンド	アルバイト
数英	―	2年～	○	○	～18:30	○	―	○	審査

登校時刻＝ 8:20
下校時刻＝18:30

進路情報　2023年3月卒業生

【卒業生数】　286名

【進路傾向】　大学進学者の内訳は文系87%，理系13%。国公立大学へ理系1名が進学した。

【系列進学】　千葉商科大学へ75名（商経45，政策情報10，サービス創造12，人間社会3，国際教養5）が内部推薦で進学した。

【指定校推薦】　利用状況は日本大1，東洋大1，亜細亜大2，帝京大1，國學院大2，獨協大3，立正大2，東京経済大3，拓殖大2など。ほかに東京理科大，大東文化大，東京電機大，東京農大など推薦枠あり。

四年制大学への進学率 **80.8%**

■ 四年制大学 231名
□ 短期大学 5名
■ 専修・各種学校 39名
■ 就職 4名
□ 進学準備・他 7名

主な大学合格状況

'24年春速報は巻末資料参照

大学名	'23	'22	'21	大学名	'23	'22	'21	大学名	'23	'22	'21
◇千葉大	0	1	0	中央大	1	1	2	國學院大	9	3	6
◇筑波大	0	0	2	法政大	5	3	3	明治学院大	4	1	2
◇信州大	1	0	0	日本大	25	36	40	獨協大	10	21	9
早稲田大	0	3	0	東洋大	24	20	21	芝浦工大	3	4	7
慶應大	0	1	0	駒澤大	10	2	7	東京電機大	3	8	2
東京理科大	2	0	1	専修大	3	9	6	立正大	2	9	8
学習院大	4	2	1	大東文化大	11	14	12	国士舘大	6	10	7
明治大	1	3	5	東海大	4	8	3	千葉工大	58	30	25
青山学院大	3	2	1	亜細亜大	10	6	6	東邦大	6	4	2
立教大	4	8	0	帝京大	15	7	4	千葉商大	80	102	75

※各大学合格数は既卒生を含む。

入試要項 2024年春（実績）

新年度日程についてはp.116参照。

◆前期　**前期①**：A推薦（第1志望），B推薦（普通科対象の併願），C推薦（総合進学クラス対象の部活動推薦。第1志望），一般（単願・併願）

前期②：B推薦（普通科対象の併願），一般（単願・併願）　※併願は公私とも可

募集人員▶普通科205名，商業科70名　※後期を含む全体の定員

選抜方法▶国数英（各50分・各100点・英にリスニングあり），調査書，ほかに一般は面接票，個人面接（5分）

◆後期　**一般**：単願，併願

募集人員▶定員内

選抜方法▶国数英（各50分・各100点・英にリスニングあり），個人面接（5分），調査書，面接票

◆**受験料**　22,000円

内申基準　A推薦：[特進選抜] 3科12または5科20，[総合進学] 3科11または5科18または9科34，[商業科] 3科10または5科17または9科32　B推薦：[特進選抜] 3科13または5科22，[総合進学] 3科12または5科20または9科36　※いずれも9科に1不可，普通科は2も不可　※条件により内申加点あり

特待生・奨学金制度　A・C推薦の入試成績上位者を単願優秀生，B推薦の入試成績上位者を併願優秀生に認定。ほか部活動単願優秀生制度

あり。

帰国生の受け入れ　国内生と同枠入試。

入試日程

区分	出願	試験	発表	手続締切
前期①	12/17〜1/11	1/18	1/22	1/26
前期②	12/17〜1/11	1/19	1/22	1/26
後期	1/25〜2/8	2/15	2/16	2/20

[延納] B推薦・一般（併願）は50,000円納入により残額は公立発表後まで。

応募状況

年度	区分		応募数	受験数	合格数	実質倍率
'24	特選	A推薦	15	15	15	1.0
		B推薦	157	154	154	1.0
		前期一般	26	22	3	7.3
		後期一般	4	3	2	1.5
	総進	A推薦	98	98	98	1.0
		B推薦	439	435	435	1.0
		C推薦	55	54	54	1.0
		前期一般	94	87	6	14.5
		後期一般	29	23	3	7.7
	商業科	A推薦	57	57	57	1.0
		前期一般	63	63	13	4.8
		後期一般	10	9	1	9.0

[スライド制度] あり。上記に含まず。
['24年合格最低点] 非公表。

千葉　男女　（ち）　千葉商科大学付属

学費（単位：円）

学費（単位：円）	入学金	施設設備費	授業料	その他経費	小計	初年度合計
入学手続時	180,000	120,000	—	—	300,000	1,220,000
1年終了迄	—	—	456,000	464,000	920,000	

※2023年度実績。[授業料納入] 一括または4回分割。[その他] 制服・制定品代，教科書・教材・模擬試験代（学科・クラスにより異なる）あり。[寄付・学債] 任意の学校法人千葉学園寄付金，新校舎建設支援募金各1口5千円あり。

併願校の例　※[総進]を中心に

	千葉公立	都立	私立
挑戦校	国府台 幕張総合 松戸国際 津田沼 国分	城東 上野 江戸川 墨田川	千葉日大一 八千代松陰 流経大柏 二松学舎柏 光英VERITAS
最適校	市川東 船橋芝山 市立松戸 流山おおたかの森 我孫子	深川 産業技術高専 江北 東 小岩	昭和学院 和洋国府台 中央学院 日体大柏 共栄学園
堅実校	船橋啓明 市立船橋 松戸 市川昴 柏陵	足立 紅葉川 日本橋 篠崎 葛飾野	東京学館浦安 秀明八千代 東京学館船橋 我孫子二階堂 修徳

合格のめやす

合格の可能性　**60%**　**80%**　の偏差値を表示しています。

普通科(特進選抜)　**54**　（58）

普通科(総合進学)　**47**　（51）

商業科　**43**　（47）

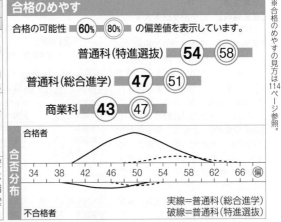

合格者

| 34 | 38 | 42 | 46 | 50 | 54 | 58 | 62 | 66 | (偏) |

不合格者

実線＝普通科（総合進学）
破線＝普通科（特進選抜）

※合格のめやすの見方は114ページ参照。

見学ガイド　文化祭／説明会／部活動見学会／個別見学対応

船橋市

千葉日本大学第一 高等学校

〒274-0063　千葉県船橋市習志野台8-34-1　☎(047)466-5155

【校訓】「真・健・和」を掲げる。まっすぐな気持ちで真理を探究し，心身ともに壮健で，自他の人格を尊重して社会の一員として協力し合う精神を持てるような人物の完成をめざす。

【沿革】1968年設立。1998年男子校より共学化となる。

【学校長】村中　隆宏

【生徒数】男子699名，女子403名

	1年(9クラス)	2年(11クラス)	3年(9クラス)
男子	225名	255名	219名
女子	127名	163名	113名

東葉高速線―船橋日大前12分
JR―津田沼よりバス千葉日大―高前

特色

設置学科：普通科

【コース】特進クラスと進学クラスを設置。1年次は内部進学生と別クラス編成。

【カリキュラム】①特進クラスでは国公立・最難関大学への進学をサポート。選択科目を多く設定し，国公立大学の2次試験までを視野に入れたハイレベルな授業を展開。②進学クラスは主に併設大学への進学をめざす。難関大学の一般選抜に対応した学習指導も行う。③夏期講習が充実。100以上の講座から選択し，基礎から応用，志望大学に合わせた演習を受けられる。必要に応じた補習も実施。④日大連携授業があり，隣接する理工学部の研究室で最先端の研究について学ぶことができる。医学部では病院見学，歯学部・薬学部では体験授業などを行う。

【海外研修】希望制の1年次のフィリピン語学研修のほか，1・2年次のオーストラリア語学研修＆ホームステイ，イギリススポーツ教育学研修などを希望選抜制で行っている。

【クラブ活動】アメリカンフットボール部，吹奏楽部，陸上競技部が全国大会出場の実績。

【施設】野球専用グラウンド，400mトラック，芸術棟，100席の自習室など充実の環境。

習熟度別授業	土曜授業	文理選択	オンライン授業	制服	自習室	食堂	プール	グラウンド	アルバイト	登校時刻＝ 8:40
―	○	2年〜	○	○	〜19:00	○	―	○	―	下校時刻＝19:00

進路情報 2023年3月卒業生

【卒業生数】331名

【進路傾向】約6割が日本大学へ，約3割が他大学へ進学した。

【系列進学】日本大学へ196名（法25，文理23，経済21，商11，芸術8，危機管理1，スポーツ科3，理工54，生産工15，歯3，松戸歯1，生物資源科15，薬13，二部3）が進学した（うち内部推薦は185名）。

【指定校推薦】上智大，東京理科大，学習院大，明治大，青山学院大，東洋大，駒澤大，専修大，大東文化大，東海大，亜細亜大，帝京大，國學院大，成蹊大，成城大，明治学院大，獨協大，神奈川大，芝浦工大，東京電機大など推薦枠あり。

四年制大学への進学率 **90.3%**

四年制大学	299名
短期大学	2名
専修・各種学校	5名
就職	0名
進学準備・他	25名

主な大学合格状況

'24春速報は巻末資料参照

大学名	'23	'22	'21	大学名	'23	'22	'21	大学名	'23	'22	'21
◇東工大	1	0	1	明治大	25	33	7	成城大	10	16	5
◇千葉大	2	3	2	青山学院大	8	10	7	明治学院大	11	6	5
◇筑波大	1	0	1	立教大	23	16	13	獨協大	4	12	4
◇横浜国大	0	2	0	中央大	24	19	7	芝浦工大	6	5	8
◇宇都宮大	0	2	0	法政大	39	30	9	東京電機大	7	4	12
早稲田大	7	6	2	日本大	436	532	253	津田塾大	4	6	0
慶應大	2	2	3	東洋大	24	35	13	東京女子大	8	3	0
上智大	8	2	3	駒澤大	9	8	6	武蔵大	4	5	1
東京理科大	21	10	8	専修大	11	25	2	東京都市大	7	2	4
学習院大	10	15	3	成蹊大	3	12	3	東邦大	14	11	8

※各大学合格数は既卒生を含む。

入試要項 2024年春（実績）

新年度日程についてはp.116参照。

◆ 推薦　単願推薦，併願推薦（公私とも可）

募集人員▶ 特進クラス40名，進学クラス80名
※一般を含む全体の定員

選抜方法▶ 国数英（各50分・各100点・英にリスニングあり），調査書

◆ 一般　第1志望（進学クラス対象），一般

募集人員▶ 定員内

選抜方法▶ 国数英（各50分・各100点・英にリスニングあり），調査書，ほかに第1志望は志望理由書

※推薦・一般とも英語検定取得者は合格証コピー提出により，準2級で5点，2級で10点の加点あり

◆ 受験料　20,000円

内申基準 単願推薦：[特進][進学] 5科22　**併願推薦**：[特進][進学] 5科23　**一般（一般）**：[特進]を希望する場合は5科22

特待生・奨学金制度 特記なし。

帰国生の受け入れ 国内生と同枠入試。

入試日程

区分	出願	試験	発表	手続締切
推薦	12/18～1/16	1/17	1/18	1/24
一般	12/18～1/16	1/17	1/18	1/24

[延納] 併願は30,000円納入により残額は公立発表後まで。

応募状況

年度	区分			応募数	受験数	合格数	実質倍率
'24	推薦	単願	男	33	33	33	1.0
			女	23	23	23	1.0
		併願	男	146	146	145	1.0
			女	112	112	112	1.0
	一般	第1志望	男	46	46	7	6.6
			女	28	28	5	5.6
		一般	男	130	128	23	5.6
			女	60	60	15	4.0
'23	推薦	単願	男	34	34	34	1.0
			女	18	17	17	1.0
		併願	男	94	94	94	1.0
			女	78	78	78	1.0
	一般	第1志望	男	29	29	16	1.8
			女	9	9	9	1.0
		一般	男	96	93	35	2.7
			女	61	59	14	4.2
'22	推薦	単願	男	78	78	78	—
			女	54	54	54	—
		併願	男	147	146	146	1.0
			女	93	93	93	1.0
	一般	第1志望	男	53	53	14	3.8
			女	23	22	1	22.0
		併願	男	134	131	20	6.6
			女	82	78	12	6.5

[スライド制度] '22・'23年度はあり。上記に'23年度は含まず，'22年度は含む。
['24年合格最低点]一般：第1志望166，一般194（/300）

学費（単位:円）

	入学金	施設費	授業料	その他経費	小計	初年度合計
入学手続時	200,000	100,000	—	—	300,000	1,189,800
1年終了迄	—	96,000	366,000	427,800	889,800	

※2024年度予定。[授業料納入] 3回分割。
[その他] 制服・制定品代あり。

併願校の例　※[進学]を中心に

	千公立	都立	私立
挑戦校	東葛飾 佐倉 薬園台 小金 市立千葉	新宿	芝浦工大柏 日大習志野 専大松戸 江戸川女子 国学院
最適校	船橋東 八千代 鎌ヶ谷 幕張総合 国府台	小松川 城東	日出学園 八千代松陰 流経大柏 東洋 日大一
堅実校	津田沼 松戸国際 国分 検見川 船橋芝山	江戸川 墨田川 深川 産業技術高専 江北	千葉英和 千葉敬愛 昭和学院 和洋国府台 千葉商大付

合格のめやす

合格の可能性 60% 80% の偏差値を表示しています。

特進　58　62

進学　56　60

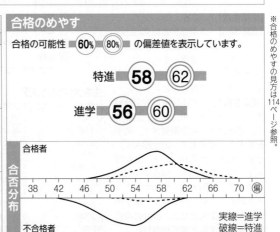

実線＝進学
破線＝特進

※合格のめやすの見方は114ページ参照。

千葉　男女　ち　千葉日本大学第一

見学ガイド 文化祭／説明会／オープンスクール

千葉市中央区

小 中 高 専 短 大

千葉明徳 高等学校

〒260-8685　千葉県千葉市中央区南生実町1412　☎(043)265-1772(入試専用)

【教育方針】　明徳を明らかにせんとする校是にもとづき，知を磨き，心身を正しくして人間性の向上をはかり，平和で民主的な社会を希求する人間を育成する。

【沿　革】　1925年千葉淑徳高等女学校創立。1947年現校名に改称。1963年男子部創設。1974年共学化。2011年4月に中学校を開校。

【学校長】　宮下　和彦

【生徒数】　男子599名，女子477名

	1年(12クラス)	2年(11クラス)	3年(10クラス)
男子	219名	206名	174名
女子	175名	174名	128名

京成千原線―学園前1分　JR―蘇我よりバス明徳学園，JR―鎌取よりバス北生実3分

特色

設置学科：普通科

【コース】　特別進学，進学(HSクラス，Sクラス)，アスリート進学の3コース制。特別進学・進学コースは2年次に文理別となる。内部進学生とは3年間別クラス編成。

【カリキュラム】　①特別進学コースは難関大学合格に向け，豊富な授業時間を確保。きめ細やかな個別指導や年2回の勉強合宿などを実施。②進学コースは生徒の希望や習熟度に応じた2クラス編成で，部活動と両立しながら大学合格を実現。朝学習や放課後補習で学習をフォローする。③アスリート進学コースは部活動と学習に効率よく励み大学進学をめざす。指定部活動は硬式野球，サッカー，チアリーディング，剣道，女子柔道，水泳，バドミントン，男子バスケットボール，硬式テニス。④ICT機器を用いてディスカッションやグループワークなどを授業で展開。知識の定着を強化させる。

【海外研修】　2年次にシンガポール，マレーシアなどを訪れる全員参加の海外研修旅行を実施。

【施設】　学びのスペースも運動施設も充実。人工芝のグラウンド，バレーボールコート4面分の広さの体育館が校舎に隣接している。

習熟度別授業	土曜授業	文理選択	オンライン授業	制服	自習室	食堂	プール	グラウンド	アルバイト
数英	○	2年～	○	○	～19:00	○	―	○	審査

登校時刻＝ 8:15
下校時刻＝19:00

進路情報　2023年3月卒業生

【卒業生数】　292名

【進路傾向】　大学進学者の文理比率は6：4程度。国公立大学へ文系6名，理系5名が進学した。

【系列進学】　千葉明徳短期大学へ2名が内部推薦で進学した。

【指定校推薦】　利用状況は東京理科大1，日本大2，東洋大2，駒澤大2，獨協大1，東京電機大1，東京都市大1，立正大2，国士舘大1，千葉工大2，大妻女子大2，武蔵野大1，実践女子大1，帝京平成大1，拓殖大2，麗澤大1，和洋女子大1，千葉商大1，東京成徳大1，東京情報大1，敬愛大2など。ほかに専修大，亜細亜大など推薦枠あり。

四年制大学への進学率 78.4%

■ 四年制大学	229名
■ 短期大学	10名
■ 専修・各種学校	32名
■ 就職	5名
□ 進学準備・他	16名

主な大学合格状況　　'24年春速報は巻末資料参照

大学名	'23	'22	'21	大学名	'23	'22	'21	大学名	'23	'22	'21
◇千葉大	7	5	0	明治大	6	12	5	帝京大	12	19	16
◇東京藝術大	0	1	1	青山学院大	1	4	3	成蹊大	3	9	4
◇信州大	1	0	0	立教大	2	10	7	獨協大	12	6	5
◇茨城大	0	1	2	中央大	5	6	7	武蔵大	4	7	8
◇県立保健医療大	0	1	1	法政大	7	11	10	立正大	14	15	22
早稲田大	1	1	2	日本大	47	62	39	国士舘大	6	10	7
慶應大	0	0	1	東洋大	36	42	34	大妻女子大	9	14	2
上智大	5	1	1	駒澤大	4	13	15	順天堂大	5	1	11
東京理科大	6	11	9	専修大	20	19	16	東邦大	27	14	16
学習院大	2	7	1	大東文化大	3	11	8	千葉商大	8	9	18

※各大学合格数は既卒生を含む。

入試要項 2024年春（実績）

新年度日程についてはp.116参照。

◆ 前期　前期A：専願推薦　前期B：併願推薦（公私とも可）　前期C：一般①　前期D：一般②　※アスリート進学コースは指定部活動への所属が必須。前期Bの募集なし

募集人員▶特別進学コースAB計65名・C5名・D若干名，進学コースAB計80名・C50名・D若干名，アスリート進学コースA65名・C5名・D若干名

選抜方法▶前期A・B：国数英（各50分・各100点・マークシート・英にリスニングあり），調査書　前期C：国数英（各50分・各100点・マークシート・英にリスニングあり），個人面接，調査書　前期D：国数英（各50分・各100点・英にリスニングあり），個人面接，調査書　※各入試，英語検定3級取得者は合格証写しの提出により，入試総合得点に加点あり

◆ 受験料　22,000円

(内申基準)　前期A：[特別進学] 5科22，[進学HS] 5科19，[進学S] [アスリート進学] 5科17　前期B：[特別進学] 5科23，[進学HS] [進学S] 5科20　※条件により内申加点あり

(特待生・奨学金制度)　各入試で入試成績などにより特別進学コースは学業A～C特待，進学コースHSクラスは学業B・C特待を認定。前期Aでアスリート進学コースはスポーツA～C特待を認定。

(帰国生の受け入れ)　国内生と同枠入試。

入試日程

区分	登録・出願	試験	発表	手続締切
前期A	12/1～1/9	1/18	1/20	1/23
前期B・C	12/1～1/9	1/17or18	1/20	1/23
前期D	12/1～1/23	1/28	1/29	2/1

[延納] 併願者は50,000円納入により残額は公立発表後まで。

応募状況

年度	区分		応募数	受験数	合格数	実質倍率
'24	特進	前期A	9	9	9	1.0
		前期B	271	268	230	1.2
		前期C	15	15	9	1.7
		前期D	8	5	4	1.3
	進学HS	前期A	32	32	23	1.4
		前期B	404	404	398	1.0
		前期C	41	41	24	1.7
		前期D	20	16	8	2.0
	進学S	前期A	34	34	34	1.0
		前期B	79	78	78	1.0
		前期C	102	102	54	1.9
		前期D	28	27	12	2.3
	アスリート	前期A	64	64	64	1.0
		前期C	3	3	3	1.0
		前期D	1	1	1	1.0

[スライド制度] あり。上記に含む。
[24年合格最低点] 前期A：特別進学200，進学HS170（/300）　前期B：特別進学200，進学HS180（/300）前期C：特別進学200，進学HS170，進学S150（/300）　前期D：特別進学200，進学HS170，進学S150（/300）

千葉　男女　(ち)　千葉明徳

学費（単位：円）

	入学金	施設備費	授業料	その他経費	小計	初年度合計
入学手続時	160,000	130,000	—	—	290,000	1,153,700
1年終了迄	—	—	432,000	431,700	863,700	

※2024年度予定。[入学前納入] 1年終了迄の小計のうち90,000円。[授業料納入] 一括または2回分割。[その他] 制服・制定品代あり。

併願校の例　※[進S]を中心に

	千公立	私立
挑戦校	木更津／八千代　長生／成田国際　幕張総合／千葉西　成東／津田沼　検見川／国分	志学館　千葉日大一　八千代松陰　市原中央　千葉敬愛
最適校	千葉南／千葉女子　磯辺／千葉北　東金／市立習志野　四街道／袖ヶ浦　市立船橋（普）／茂原	敬愛学園　千葉商大付　千葉経済大付　東海大市原望洋　翔凜
堅実校	千城台／千葉商業　実籾／市立船橋（商）　千葉工業／土気　若松／市原八幡　柏井／四街道北	植草学園大附　秀明八千代　木更津総合　拓大紅陵　茂原北陵

合格のめやす

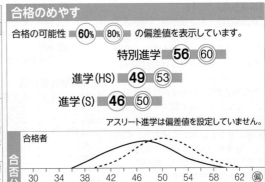

合格の可能性 **60%** **80%** の偏差値を表示しています。

特別進学 **56** (60)

進学(HS) **49** (53)

進学(S) **46** (50)

アスリート進学は偏差値を設定していません。

合否分布

合格者／不合格者

30　34　38　42　46　50　54　58　62　(偏)

実線＝進学(S)
破線＝進学(HS)

※合格のめやすの見方は114ページ参照。

(見学ガイド)　文化祭／体験入学会／特進コース体験授業／説明会／入試相談会／個別見学対応

八街市

千葉黎明 高等学校

〒289-1115　千葉県八街市八街ほ625　☎(043)443-3221

JR—八街10分　京成本線—京成佐倉・ユーカリが丘よりスクールバス

【建学の精神】　学習活動と特別活動の両立を図り，心身の耐性や徳性を養う「文武両道」と，教師と生徒が学習活動や特別活動などで共に行動し，互いの信頼関係を確立する「師弟同行」の教育をめざす。

【沿　革】　1923年創立。1989年より共学化。

【学校長】　吉田　英雄

【生徒数】　男子556名，女子365名

	1年（9クラス）	2年（9クラス）	3年（8クラス）
男子	200名	196名	160名
女子	115名	138名	112名

特色

設置学科：普通科／生産ビジネス科

【コース】　普通科は特進コース（習熟度別にⅠ・Ⅱを編成）と進学コース（選抜進学・総合進学）を設置。特進コースと進学コース選抜進学は2年次より文系と理系に分かれる。

【カリキュラム】　①特進コースはオリジナル教材を活用して学習内容の定着を図る。自由参加の放課後特別講座を開講。②進学コース選抜進学は大学進学を意識した授業で多様な入試形態に対応。③進学コース総合進学は2・3年次に簿記を履修し，実務能力を養う。④生産ビジネス科は実験室や農場で体験型教育を展開。農業，商業，情報処理を学び，アーク溶接，簿記，情報処理などの資格取得にも挑戦。⑤地域貢献として観桜会開催や，生産ビジネス科が駅前やJリーグクラブハウスでの花の管理を行う。

【海外研修】　全学年，全コースを対象とした希望制のオーストラリア語学研修がある。

【キャリア教育】　進路イベントなどで人生観，価値観，職業観を養いライフプランを立てる。

【クラブ活動】　ライフル射撃部，ゴルフ部，陸上競技部，アーチェリー部，ソフトテニス部，工学部などが全国レベルで活躍している。

習熟度別授業	土曜授業	文理選択	オンライン授業	制服	自習室	食堂	プール	グラウンド	アルバイト	登校時刻＝ 8:35
国数	隔週	2年～	導入予定	○	～19:30	—	—	○	届出	下校時刻＝19:30

進路情報　2023年3月卒業生

四年制大学への進学率 **65.1%**

【卒業生数】　281名

【進路傾向】　大学進学者の内訳は文系61%，理系36%，他3%。国公立大学へ理系3名，海外大学へ1名が進学した。進学分野は社会科学系，医療系が多い。

【指定校推薦】　利用状況は亜細亜大2，立正大1，国士舘大4，共立女子大1，武蔵野大1，二松學舍大2，拓殖大2など。ほかに日本大，東洋大，駒澤大，大東文化大，帝京大，東京電機大，順天堂大，東邦大，女子栄養大など推薦枠あり。

	名
四年制大学	183名
短期大学	18名
専修・各種学校	50名
就職	24名
進学準備・他	6名

主な大学合格状況

'24年春速報は巻末資料参照

大学名	'23	'22	'21	大学名	'23	'22	'21	大学名	'23	'22	'21
◇東工大	1	0	0	青山学院大	0	2	0	国士舘大	5	3	3
◇埼玉大	0	1	0	立教大	3	2	0	千葉工大	5	6	3
◇北海道大	0	1	0	中央大	4	0	1	東邦大	6	9	3
◇山形大	1	1	0	法政大	7	6	3	国際医療福祉大	4	1	2
◇室蘭工大	0	0	1	日本大	9	15	10	帝京平成大	6	8	5
早稲田大	0	3	0	東洋大	7	4	2	城西国際大	12	10	13
上智大	1	2	0	駒澤大	4	3	7	淑徳大	18	7	10
東京理科大	0	1	3	亜細亜大	5	3	2	千葉商大	12	4	2
学習院大	2	1	0	帝京大	8	8	8	中央学院大	7	7	2
明治大	4	2	1	立正大	4	2	6	東京情報大	6	7	7

※各大学合格数は既卒生を含む。

入試要項 2024年春（実績）

新年度日程についてはp.116参照。

◆ **前期** **前期Ⅰ**：第1推薦（第1志望），併願推薦（公私とも可），部活動推薦（第1志望），専願，併願　**前期Ⅱ**：専願，併願

募集人員▶特進コース46名，進学コース190名，生産ビジネス科40名

選抜方法▶国数英（各50分・各100点），作文（20分・200字），調査書，ほか専願・併願はグループ面接（10分）

◆ **受験料**　20,000円

内申基準 **第1推薦**：[特進] 5科19，[進学] [生産ビジネス科] 5科15または9科28　**併願推薦**：[特進] 5科21，[進学] [生産ビジネス科] 5科16または9科30　**部活動推薦**：[特進] 5科19，[進学] [生産ビジネス科] 5科14または9科25
※いずれも9科に1不可

特待生・奨学金制度 前期Ⅰで部活動特待生，学業特待生（特進コース対象）を各3段階認定。

帰国生の受け入れ 国内生と同枠入試。

入試日程

区分		登録・出願	試験	発表	手続締切
前期Ⅰ	併推・併願	12/17〜1/10	1/17or18	1/19	1/23
	他	12/17〜1/10	1/18	1/19	1/23
前期Ⅱ		12/17〜1/31	2/2	2/3	2/5

[延納] 併願推薦・併願は35,000円納入により残額は公立発表後まで。

応募状況

年度	区分		応募数	受験数	合格数	実質倍率
'24	特進	第1推薦	48	48	48	1.0
		併願推薦	154	150	150	1.0
		部活推薦	7	7	7	1.0
		専願	3	3	2	1.5
		併願	8	8	6	1.3
	進学	第1推薦	82	81	81	1.0
		併願推薦	526	525	525	1.0
		部活推薦	109	108	106	1.0
		専願	17	17	7	2.4
		併願	40	39	8	4.9
	生産	第1推薦	11	11	11	1.0
		併願推薦	14	14	14	1.0
		部活推薦	5	5	4	1.3
		専願	10	10	4	2.5
		併願	4	4	1	4.0

[スライド制度] あり。上記に含まず。
[24年合格最低点] 前期専願：進学150，生産ビジネス科120（/300）　前期併願：特進190，進学172（/300）

学費（単位：円）

学費（単位：円）	入学金	施設費	授業料	その他経費	小計	初年度合計
入学手続時	150,000	130,000	—	—	280,000	1,104,100
1年終了迄	—	72,000	450,000	302,100	824,100	

※2024年度予定。[授業料納入] 毎月分割。[その他] 制服・制定品代，教科書代（特進コース41,000円，進学コース・生産ビジネス科25,000円），生産ビジネス科は実験実習費24,000円あり。

併願校の例 ※[進学]を中心に

	千公立	私立
挑戦校	成東／市立銚子 千葉南／千葉女子 千葉北／匝瑳 東金（普）／市立習志野 四街道	千葉敬愛 敬愛学園 千葉明徳 千葉経済大附 東海大原望洋
最適校	東金（国際）／千城台 成田北／千葉商業 銚子／市立習志野（商） 市立船橋（商）／若松 土気／佐倉東	東京学館 植草学園大附 敬愛八日市場 茂原北陵
堅実校	富里／柏井 東金商業／松尾 四街道北／東総工業 犢橋／成田西陵 佐倉南／八街	桜林 千葉聖心 横芝敬愛 愛国四街道 千葉学芸

合格のめやす

合格の可能性 **60%** **80%** の偏差値を表示しています。

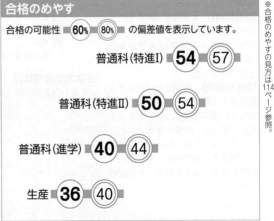

普通科（特進Ⅰ） **54** **57**

普通科（特進Ⅱ） **50** **54**

普通科（進学） **40** **44**

生産 **36** **40**

※合格のめやすの見方は114ページ参照。

見学ガイド 体育祭／文化祭／説明会／オープンスクール／学校見学会／個別相談会

我孫子市

中央学院 高等学校

〒270-1131　千葉県我孫子市都部765　☎(04)7188-1101

【教育方針】　「誠実で健康」「素直で明朗」「豊かな人間性と情操」を掲げる。文武両道の精神を基本に，謙虚で誠実，感謝の気持ちを忘れない人間の育成をめざす。

【沿　革】　1970年開校。

【学校長】　横田　一弘

【生徒数】　男子585名，女子361名

	1年(10クラス)	2年(8クラス)	3年(12クラス)
男子	221名	170名	194名
女子	114名	100名	147名

JR―天王台・湖北よりバス中央学院高校

特色

設置学科：普通科

【コース】　S特進，進学，スポーツの3コース制。S特進コースは1年次からのSXクラス（国公立大学対応）に加え，2年次よりSSクラス（難関私立大学対応）を設定し，各クラスで文系と理系に分かれる。進学コースも2年次に文理選択，またはS特進コースのSSクラスに進むこともできる（成績などによる選考あり）。

【カリキュラム】　①S特進コースは放課後の補習や長期休業中の受験対応講座を実施。1年次から年数回，全国模試を受けて学習計画を検討する。②進学コースは中央学院大学への進学を

はじめ，様々な進路に対応。小論文・面接対策などに早期から取り組む。③スポーツコースは野球・バドミントン・陸上競技（長距離）・サッカー・剣道部が対象。保健体育の授業数が多く，各々の種目に関する専門知識も習得。④校技として男子は剣道，女子は弓道を3年間学ぶ。

【海外研修】　全学年でブリティッシュヒルズ（福島県）での英国文化体験が可能。夏休みには希望制でオーストラリア語学研修を実施。

【クラブ活動】　男子バドミントン・体操(女子)・陸上・野球・書道部が全国レベルで活躍。

習熟度別授業	土曜授業	文理選択	オンライン授業	制服	自習室	食堂	プール	グラウンド	アルバイト	登校時刻＝ 8:40
英	○	2年～	○	○	～19:00	○	―	○	届出	下校時刻＝19:00

進路情報　2023年3月卒業生

【卒業生数】　276名

【進路傾向】　大学進学は約7割が私立文系進学だった。

【系列進学】　中央学院大学へ34名（法21，商8，現代教養5）が内部推薦で進学した。

【指定校推薦】　利用状況は日本大5，東洋大1，駒澤大1，専修大1，獨協大1，東京電機大3，千葉工大2，共立女子大2，大妻女子大1など。ほかに大東文化大，東海大，亜細亜大，帝京大，神奈川大，東京農大，実践女子大，横浜薬科大，東京家政大など推薦枠あり。

四年制大学への進学率 **80.1%**

四年制大学	221名
短期大学	5名
専修・各種学校	42名
就職	3名
進学準備・他	5名

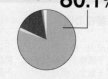

主な大学合格状況　'24年春速報は巻末資料参照

大学名	'23	'22	'21	大学名	'23	'22	'21	大学名	'23	'22	'21
◇筑波大	0	2	0	日本大	25	31	8	国士舘大	4	5	8
◇信州大	0	1	0	東洋大	10	12	2	東京経済大	4	4	3
◇新潟大	1	0	0	駒澤大	8	7	1	千葉工大	76	60	14
◇長岡技術科大	1	0	0	専修大	13	11	4	桜美林大	2	9	6
早稲田大	2	0	0	大東文化大	5	13	6	共立女子大	3	5	1
明治大	2	1	1	亜細亜大	2	2	0	武蔵野大	4	13	3
青山学院大	2	0	0	帝京大	12	10	3	拓殖大	6	6	4
立教大	2	1	0	獨協大	4	3	1	麗澤大	60	97	9
中央大	2	5	1	東京電機大	7	9	0	千葉商大	10	9	1
法政大	5	0	1	立正大	8	16	10	中央学院大	49	97	73

※各大学合格者数は既卒生を含む。

入試要項 2024年春（実績）

新年度日程についてはp.116参照。

◆ **前期 推薦**：A選抜（単願。進学コース対象），B選抜Ⅰ期・Ⅱ期（併願。進学コース対象），C選抜（スポーツ単願。スポーツコース対象）
一般：S特進選抜（単願，併願。S特進コース対象），一般選抜（単願，併願。進学コース対象）
※併願は公私とも可

募集人員▶320名

選抜方法▶A選抜・C選抜：基礎学力テスト（国数英計60分・各50点），作文（出願時提出・800字），個人面接（5〜7分），調査書 **B選抜**：国数英（各50分・各100点，高得点2科で判定），調査書 **S特進選抜**：国数英（各50分・各100点），個人面接（5〜7分），調査書 **一般選抜**：国数英（各50分・各100点），調査書

◆ **後期 単願，併願**

募集人員▶進学コース3名

選抜方法▶国数英（各50分・各100点），調査書

◆ **受験料** 20,000円

内申基準 A選抜：[進学] 5科17 B選抜：[進学] 5科18 C選抜：[スポーツ] 5科14 S特進選抜：[S特進] 単願5科19・併願5科20
※条件により内申加点あり

特待生・奨学金制度 B選抜・S特進選抜・C選抜で特待生制度あり。

帰国生の受け入れ 国内生と同枠入試。

入試日程

区分		登録・出願	試験	発表	手続締切
前期	A・C	12/1〜1/10	1/17	1/18	1/31
	BⅠ	12/1〜1/10	1/18	1/19	併願校発表翌々日
	BⅡ	12/1〜1/10	1/19	1/20	
	S特進	12/1〜1/10	1/17	1/18	1/31
	一般	12/1〜1/10	1/19	1/20	1/31
後期		12/1〜2/9	2/15	2/16	2/20

[延納] S特進選抜・一般選抜・後期の併願者は併願校発表後まで。

応募状況

年度	区分		応募数	受験数	合格数	実質倍率
'24 前期	A選抜		128	128	128	1.0
	B選抜Ⅰ		761	752	752	1.0
	B選抜Ⅱ		196	195	195	1.0
	C選抜		106	106	106	1.0
	S特進		68	67	67	1.0
	一般		73	72	48	1.5
	後期		7	6	2	3.0
'23 前期	A選抜		89	89	89	1.0
	B選抜Ⅰ		829	821	821	1.0
	B選抜Ⅱ					
	C選抜		92	92	92	1.0
	S特進		51	49	49	1.0
	一般		67	65	55	1.2
	後期		5	5	4	1.3

[スライド制度] あり。上記に含まず。
['24年合格最低点] 非公表。

千葉 男女 ち 中央学院

学費（単位：円）	入学金	施設費	授業料	その他経費	小計	初年度合計
入学手続時	180,000	120,000	—	—	300,000	1,118,655
1年終了迄	—	—	396,000	422,655	818,655	

※2024年度予定。[入学前納入] 1年終了迄の小計のうち125,055円。[授業料納入] 一括または3回分割。
[その他] 制服・制定品代あり。[寄付・学債] 任意の創立50周年記念事業寄付金1口2千円あり。

併願校の例 ※[進学]を中心に

	千公立	私立
挑戦校	柏／鎌ヶ谷 柏南／成田国際 松戸国際／柏の葉（普） 柏中央	麗澤 流経大柏 二松学舎柏 光英VERITAS 東洋大牛久
最適校	柏の葉(情報理数)／佐原白楊 市川東／船橋芝山 市立松戸／市立習志野 我孫子／流山おおたかの森（普） 船橋啓明／市立船橋	日体大柏 西武台千葉 常総学院
堅実校	松戸／流山おおたかの森(国際) 印旛明誠／松戸六実 柏陵／実籾 市立柏／野田中央 船橋二和／松戸馬橋	東京学館 秀明八千代 我孫子二階堂 東京学館船橋 修徳

見学ガイド 文化祭／説明会／見学会／個別見学対応

合格のめやす

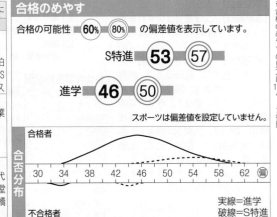

合格の可能性 **60%** **80%** の偏差値を表示しています。

S特進 **53** (57)

進学 **46** (50)

スポーツは偏差値を設定していません。

合格者	30 34 38 42 46 50 54 58 62 (偏)

実線＝進学
破線＝S特進

不合格者

※合格のめやすの見方は114ページ参照。

市原市

高 東海大学付属市原望洋 高等学校

〒290-0011　千葉県市原市能満1531　☎(0436)74-4721

【教育方針】　歴史観，世界観，人生観を培い，単なる知識や技術の修得にとどまらず，ヒューマニズムに立脚した教養を重視し，人間，社会，世界，文明などについて考え行動する力を養う。

【沿　革】　1889年創立の女子独立学校が前身。1974年東海大学と提携。2016年4月東海大学付属望洋高等学校より現校名に改称。

【学校長】　飯田　雅美

【生徒数】　男子619名，女子267名

	1年(7クラス)	2年(8クラス)	3年(8クラス)
男子	192名	251名	176名
女子	75名	97名	95名

JR―五井よりバス望洋高校入口，五井・鎌取・茂原・久留里・東金などよりスクールバス

特色

設置学科：普通科

【コース】　スーパー特進と総合進学の2コース制。総合進学コースは3年次に文理選択。

【カリキュラム】　①スーパー特進コースは併設大学の医学部医学科や看護学科，国公立・難関私立大学進学をめざす。ICT機器を積極的に活用した主体的・協働的な学びを推進するなど多様な学習サポート体制。②総合進学コースは併設大学との一貫教育による，受験にとらわれないカリキュラム。1・2年次は大学で必要な基礎学力を養う。③「望洋特別理科講座」は，最先端の科学技術を現場で学ぶ独自プログラム。併設大学や企業，研究機関と連携して行う。④14の付属校が各分野で競い合う「学園オリンピック」では，生徒と併設大学の教職員が一体となって付属生の才能を伸ばしていく。

【キャリア教育】　併設大学の機関を積極活用。校舎見学，海洋学部などの体験授業，付属病院での看護体験などを通し，進路適性を理解する。

【海外研修】　ハワイでの英語研修や中期留学，ヨーロッパ研修旅行を希望選抜制で実施。

【クラブ活動】　射撃部，陸上競技部などが全国大会出場の実績。柔道部，女子剣道部も活躍。

習熟度別授業	土曜授業	文理選択	オンライン授業	制服	自習室	食堂	プール	グラウンド	アルバイト
―	○	3年～	○	○	18:00	○	―	○	審査

登校時刻＝ 8:30
下校時刻＝19:15

進路情報　2023年3月卒業生

四年制大学への進学率 **85.8%**

【卒業生数】　309名

【進路傾向】　大学進学はいずれも私立大学で，内訳は文系47%，理系52%，他1%。

【系列進学】　東海大学へ207名（文15，文化社会11，政治経済15，経営7，法9，教養10，国際7，児童教育5，体育8，健康7，理3，情報理工7，情報通信23，工38，建築都市10，観光8，人文3，海洋7，医3，文理融合2，国際文化4，生物4，農1）が付属推薦で進学した。ハワイ東海インターナショナルカレッジへの推薦制度もある。

四年制大学	265名
短期大学	5名
専修・各種学校	31名
就職	5名
進学準備・他	3名

主な大学合格状況

'24年春速報は巻末資料参照

大学名	'23	'22	'21	大学名	'23	'22	'21	大学名	'23	'22	'21
◇千葉大	0	1	0	亜細亜大	1	0	0	千葉工大	1	1	0
学習院大	0	1	1	帝京大	2	1	1	関東学院大	1	0	0
明治大	1	0	1	成蹊大	0	2	0	共立女子大	0	1	2
立教大	2	0	0	明治学院大	0	0	1	聖心女子大	1	0	1
法政大	2	2	0	獨協大	2	2	0	武蔵野大	1	2	0
日本大	4	5	1	神奈川大	0	1	0	帝京平成大	8	4	2
東洋大	6	0	0	東京電機大	1	2	0	神田外語大	1	0	0
駒澤大	1	0	0	玉川大	0	2	0	城西国際大	4	0	3
大東文化大	2	0	0	立正大	2	0	1	淑徳大	6	1	4
東海大	208	238	240	東京経済大	1	0	0	和洋女子大	2	1	5

※各大学合格数は既卒生を含む。

入試要項 2024年春（実績）

新年度日程については p.116参照。

◆ 推薦　単願推薦，併願推薦（公私とも可），特進重複受験　※スーパー特進コースは単願推薦のみ　※特進重複受験は総合進学コースの単願・併願推薦対象者がスーパー特進コースを志望する場合

募集人員 ▶ スーパー特進コース30名，総合進学コース290名　※一般を含む全体の定員

選抜方法 ▶ スーパー特進：国数英（各50分・各100点・英にリスニングあり），グループ面接（8〜10分），調査書　総合進学（単願）：作文（50分・600字），グループ面接（8〜10分），調査書　総合進学（併願）：国数英（各50分・各100点・英にリスニングあり），グループ面接（8〜10分），調査書

◆ 一般

募集人員 ▶ 定員内

選抜方法 ▶ 国数英（各50分・各100点・英にリスニングあり），グループ面接（8〜10分），調査書

◆ 受験料　20,000円

（内申基準）単願推薦：[スーパー特進] 5科21または9科37，[総合進学] 5科17または9科32
併願推薦：[総合進学] 5科19または9科35
※いずれも9科に2不可　※条件により内申加点あり

（特待生・奨学金制度）スポーツ活動・文化活動において優秀な資質を有している者を対象とした特別奨学金制度あり。

（帰国生の受け入れ）個別対応。

入試日程

	区分	出願	試験	発表	手続締切
推薦	S特単願	12/19〜1/11	1/17or18	1/20	1/26
	特進重複	12/19〜1/11	1/17or18	1/20	1/26
	総進単願	12/19〜1/11	1/19	1/20	1/26
	総進併願	12/19〜1/11	1/17or18	1/20	1/26
一般		12/19〜1/11	1/17or18	1/20	1/26

［延納］併願推薦・一般は50,000円納入により残額は公立発表後まで。

応募状況

年度	区分	応募数	受験数	合格数	実質倍率
'24	S特推薦	18	18	17	1.1
	S特一般	0	0	0	—
	総進単願	216	216	216	1.0
	総進併推	288	287	287	1.0
	総進一般	11	11	10	1.1
'23	S特推薦	65	65	59	1.1
	S特一般	1	1	1	1.0
	総進単推	193	193	193	1.0
	総進併推	240	240	240	1.0
	総進一般	24	23	20	1.2

［スライド制度］あり。スーパー特進コースの推薦には総合進学コースに出願しスーパー特進判定を希望する重複受験者を下記人数含む。'24年度：応募者82名・受験者82名・合格者70名，'23年度：応募者50名・受験者50名・合格者44名。
['24年合格最低点] 推薦（重複受験を含む）：スーパー特進154/300

千葉　男女　と　東海大学付属市原望洋

学費(単位:円)	入学金	施設費	授業料	その他経費	小計	初年度合計
入学手続時	135,000	110,000	—	—	245,000	911,550
1年終了迄	—	132,000	336,000	198,550	666,550	

※2024年度予定。［返還］併願推薦・一般で3/30までの入学辞退者は入学金を除き返還。［授業料納入］3回分割。［その他］制服・制定品代，学年諸費（スーパー特進コース104,000円，総合進学コース95,000円）あり。［寄付・学債］施設協力費6万円を上記に含む。

併願校の例　※[総進]を中心に

	千公立	私立
挑戦校	木更津／幕張総合 千葉西／成東 検見川	志学館 千葉日大一 市原中央 千葉敬愛 暁星国際
最適校	千葉南／千葉女子(普) 磯辺／君津 千葉北／東金 市立習志野／袖ヶ浦(普) 四街道／茂原	千葉明徳 千葉経大附 翔凜
堅実校	千葉女子(家政)／千城台 袖ヶ浦(情報)／千葉商業 市立船橋(商)／大多喜 土気／市原八幡 若松／京葉	植草学園大附 木更津総合 拓大紅陵 茂原北陵

合格のめやす

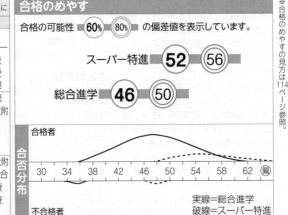

合格の可能性 ■60%■ ■80%■ の偏差値を表示しています。

スーパー特進　52　56

総合進学　46　50

合格者

不合格者

| 30 | 34 | 38 | 42 | 46 | 50 | 54 | 58 | 62 | (偏) |

実線＝総合進学
破線＝スーパー特進

※合格のめやすの見方は114ページ参照。

（見学ガイド）文化祭／説明会／体験入学／個別見学対応

小 中 **高** 専 短 大

浦安市

高 東海大学付属浦安 高等学校

〒279-8558　千葉県浦安市東野3-11-1　☎(047)351-2371

【達成目標】　身体を鍛え，知識を高め，幅広い視野をもって社会貢献できる人間を育成する。

【沿革】　1955年東海大学付属高等学校（男子校）として東京都渋谷区に創設。1975年現校名に改称し，現在地に移転。1991年男女共学化。

【学校長】　茂泉　吉則

【生徒数】　男子891名，女子407名

JR―舞浜18分　東西線―浦安，JR―新浦安よりバス東海大浦安高校前

	1年(10クラス)	2年(9クラス)	3年(9クラス)
男子	308名	291名	292名
女子	147名	131名	129名

特色

設置学科：普通科

【カリキュラム】　①文系と理系をバランスよく配置した文理融合型の教育課程。文系・理系にとらわれない基礎学力を高める。数学や英語会話は少人数制の授業を展開する。②独自科目「高校現代文明論」では人生をどう生きていくかを考え，ものの見方や社会人の資質を育む。③理科に興味をもつ生徒を対象に体験型課外授業を行う。大学，博物館などと連携し，最先端の科学技術を扱う。④併設大学進学予定者は入学前学習に取り組む。他大学進学希望者には面接指導などでサポート。⑤東海大学付属校が文化・スポーツ部門などで競う学園オリンピックに参加。セミナーや大学教員の指導もある。

【キャリア教育】　独自カリキュラム「浦安人生学」では地域社会から国際社会へと視野を広げながら社会性・公共性を身につける。奉仕活動や手話学習，大学・研究室研究，幅広いテーマを扱う土曜講座の受講で「生きる力」を育成。

【海外研修】　ヨーロッパ各国を巡るヨーロッパ研修旅行，3年次対象のハワイ中期留学を実施。

【クラブ活動】　水泳部や陸上競技部，剣道部，柔道部，軽音楽部などが全国レベル。

習熟度別授業	土曜授業	文理選択	オンライン授業	制服	自習室	食堂	プール	グラウンド	アルバイト
数	年20回	―	○	○	～18:00	○	○	○	審査

登校時刻＝ 8:35
下校時刻＝18:45

進路情報　2023年3月卒業生

四年制大学への進学率 **92.4%**

【卒業生数】　435名

【進路傾向】　大学進学はいずれも私立大学で，内訳は文系55%，理系33%，他12%。医学部9名（うち医学科3名），歯学部1名，薬学部2名の合格が出ている。

【系列進学】　東海大学へ334名（文10，文化社会19，教養15，児童教育6，体育18，健康18，法9，政治経済36，経営21，国際21，観光26，情報通信32，理9，情報理工4，建築都市19，工33，医学9，海洋12，人文3，文理融合4，農2，国際文化6，生物2），ハワイ東海インターナショナルカレッジへ4名が付属推薦で進学した。

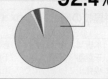

■ 四年制大学	402名
□ 短期大学	6名
■ 専修・各種学校	14名
■ 就職	3名
□ 進学準備・他	10名

主な大学合格状況
'24年春速報は巻末資料参照

大学名	'23	'22	'21	大学名	'23	'22	'21	大学名	'23	'22	'21
◇名古屋大	0	1	0	日本大	17	9	5	明治学院大	1	2	0
早稲田大	1	1	0	東洋大	14	4	1	獨協大	3	0	2
上智大	1	0	0	駒澤大	3	0	1	芝浦工大	0	4	0
東京理科大	0	3	1	専修大	12	1	6	東京電機大	2	0	0
学習院大	0	1	0	大東文化大	3	0	1	武蔵大	3	1	0
明治大	2	7	4	東海大	334	334	328	国士舘大	5	2	0
青山学院大	1	2	0	帝京大	4	1	2	順天堂大	5	2	0
立教大	6	5	0	國學院大	3	0	1	東邦大	1	1	1
中央大	5	3	2	成蹊大	2	1	1	武蔵野大	19	3	4
法政大	4	1	1	成城大	2	1	3	帝京平成大	5	2	2

※各大学合格数は既卒生を含む。

入試要項 2024年春（実績）

新年度日程についてはp.116参照。

◆**前期** **推薦A・推薦C**：単願 **推薦B**：併願（公立のみ） **一般**：単願，併願

募集人員▶250名

選抜方法▶推薦A：作文（50分・600字），グループ面接（15分），調査書 **推薦B・推薦C・一般**：国数英（各50分・各100点・マークシート・英にリスニングあり），グループ面接（15分），調査書

◆**後期** **一般**

募集人員▶ 若干名

選抜方法▶国数英（各50分・各100点・英にリスニングあり），グループ面接（15分），調査書

◆**受験料** 20,000円

(内申基準) **推薦A**：5科20または9科36 **推薦B**：5科22または9科38 **推薦C**：5科18または9科34 ※いずれも9科に2不可 ※条件により内申加点あり

(特待生・奨学金制度) スポーツ活動において優秀な資質を有する者に対して特別奨学金制度あり。

(帰国生の受け入れ) 国内生と同枠入試。

入試日程

区分		出願	試験	発表	手続締切
前期	推薦	12/18〜1/11	1/17	1/19	1/23
	一般	12/18〜1/11	1/17or18	1/19	1/23
後期	一般	1/10〜2/8	2/15	2/16	2/18

[延納] 併願者は50,000円納入により残額は公立発表後まで。

応募状況

年度	区分		応募数	受験数	合格数	実質倍率
'24	前期	推薦A	101	101	101	1.0
		推薦B	183	183	183	1.0
		推薦C	152	152	152	1.0
		一般単願	28	27	10	2.7
		一般併願	146	144	67	2.1
	後期		29	20	11	1.8
'23	前期	推薦A	82	82	82	1.0
		推薦B	120	119	119	1.0
		推薦C	165	165	165	1.0
		一般単願	38	38	11	3.5
		一般併願	150	146	67	2.2
	後期		28	19	14	1.4
'22	前期	推薦A	92	92	92	1.0
		推薦B	150	150	150	1.0
		推薦C	151	151	151	1.0
		一般単願	37	37	9	4.1
		一般併願	204	202	78	2.6
	後期		42	32	13	2.5

['24年合格最低点] 前期一般単願184，前期一般併願214，後期182（/300） ※合格基準点

学費（単位：円）	入学金	施設費	授業料	その他経費	小計	初年度合計
入学手続時	160,000	160,000	—	—	320,000	1,028,976
1年終了迄	—	168,000	348,000	192,976	708,976	

※2023年度実績。[授業料納入] 3回分割。
[その他] 制服・制定品代あり。

併願校の例

	千公立	都立	私立
挑戦校	市立千葉 小金 船橋東 八千代 鎌ヶ谷	三田 小松川 城東	日大習志野 日出学園 八千代松陰 東洋大京北 安田学園
最適校	幕張総合 千葉西 津田沼 検見川 国分	上野 江戸川 墨田川 深川 産業技術高専	東葉 千葉英和 昭和学院 和洋国府台 日大一
堅実校	市川東 磯辺 市立習志野 市立松戸 船橋啓明	東 科学技術（科学） 晴海総合 小岩	千葉商大付 東京学館浦安 関東一

合格のめやす

合格の可能性 **60%** **80%** の偏差値を表示しています。

普通科 **52** **56**

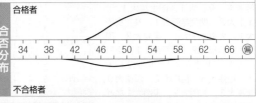

合格者

| | 34 | 38 | 42 | 46 | 50 | 54 | 58 | 62 | 66 | (偏) |

不合格者

(見学ガイド) 体育祭／文化祭／説明会／夏休みの学校見学会

※合格のめやすの見方は114ページ参照。

千葉 男女 (と) 東海大学付属浦安

印旛郡酒々井町

東京学館 高等学校

〒285-0902　千葉県印旛郡酒々井町伊篠21　☎0120-8739-18(入試広報部直通)

【教育方針】　「自主・自学」の理念に基づき、「自己開発・判断と責任・相互扶助」の三綱領を掲げている。

【沿　革】　1979年創立。1995年男子校より共学化。

【学校長】　鈴木　芳弘

【生徒数】　男子824名，女子404名

	1年(13クラス)	2年(11クラス)	3年(10クラス)
男子	320名	258名	246名
女子	162名	137名	105名

京成本線―宗吾参道12分　JR―酒々井・四街道などよりスクールバス

特色

設置学科：普通科

【コース】　S特進，特進，総合進学（文理専攻・スポーツ専攻）の3コース制。

【カリキュラム】　①S特進コースは上位国立・私立大を目標に7時限授業を実施。課外授業も充実している。②特進コースは部活動に励みながら難関私立大を志す。7限目は部活動または課外授業のどちらかを選択。③総合進学コースの文理専攻はわかりやすい授業で基礎学力の向上をめざす。スポーツ専攻は指定クラブ（男子バレーボール，陸上競技，柔道，剣道，サッカー，野球，ラグビー）で活動する。毎週火曜日の午後は専門スポーツの授業を実施している。④1人1台のタブレット端末や学習支援サービスを導入し，主体的で深い学びをサポートする。

【キャリア教育】　1年次の分野別職業ガイダンスで様々な職業の「やりがい」や「大変なこと」を学び，憧れと能力の両面から考える。2年次には大学・専門・職業見学会を実施。

【海外研修】　2年次の修学旅行はシンガポール。セブ島，カナダで希望制の語学研修も実施。

【クラブ活動】　陸上競技部，硬式野球部，柔道部，ダンス部，軽音楽部が全国レベルで活躍。

習熟度別授業	土曜授業	文理選択	オンライン授業	制服	自習室	食堂	プール	グラウンド	アルバイト	登校時刻＝ 8:30
―	隔週	2年～	○	○	～19:00	―	―	○	届出	下校時刻＝19:00

進路情報　2023年3月卒業生

四年制大学への進学率 **60.5%**

【卒業生数】　344名

【進路傾向】　大学進学者の内訳は文系58%，理系39%，他3%。国公立大学へ文系1名・理系2名，海外大学へ1名が進学した。

【指定校推薦】　利用状況は東京理科大1，日本大9，東洋大1，駒澤大1，亜細亜大2，帝京大1，獨協大1，東京電機大2，玉川大1，工学院大1，立正大1，国士舘大1，千葉工大2，関東学院大1，共立女子大1，大妻女子大1，東邦大2，国際医療福祉大2，武蔵野大1，東京農大1，二松学舎大1，東京工科大1，拓殖大5，目白大2，淑徳大9，麗澤大3，秀明大2，東邦大1など。

四年制大学	208名
短期大学	6名
専修・各種学校	99名
就職	18名
進学準備・他	13名

主な大学合格状況

'24年春速報は巻末資料参照

大学名	'23	'22	'21	大学名	'23	'22	'21	大学名	'23	'22	'21
◇千葉大	0	3	0	明治大	3	1	3	亜細亜大	3	4	3
◇筑波大	0	1	1	青山学院大	1	1	0	帝京大	4	4	3
◇東京藝術大	1	0	0	立教大	3	3	1	獨協大	6	2	2
◇防衛大	1	1	0	中央大	6	0	4	東京電機大	2	5	1
◇茨城大	2	0	0	法政大	3	3	1	東京女子大	1	5	0
◇県立保健医療大	0	1	1	日本大	22	21	18	玉川大	2	7	2
早稲田大	0	5	0	東洋大	17	13	14	立正大	4	6	5
上智大	2	1	2	駒澤大	6	4	2	国際医療福祉大	6	4	5
東京理科大	5	4	4	専修大	4	1	2	武蔵野大	14	4	10
学習院大	2	3	1	東海大	2	6	1	東邦大	7	1	6

※各大学合格数は既卒生を含む。

入試要項 2024年春（実績）

新年度日程についてはp.116参照。

◆ 前期 **専願**：加点優遇あり **併願**：公私とも併願可

募集人員▶①330名，②20名
※コース内訳は，Ｓ特進コース30名，特進コース70名，総合進学コース250名

選抜方法▶国数英（各50分・各100点・マークシート），グループ面接（7分），調査書，ほかにスポーツ専攻は実技（5分），運動能力報告書

◆ **受験料** 20,000円

(内申基準) 専願：[特進]5科18，[総合進学]5科13 併願：[特進]5科18，[総合進学]5科15
※いずれも9科に1不可 ※条件により内申加点あり

(特待生・奨学金制度) 内申，入試成績または運動能力により3段階の特待制度あり。

(帰国生の受け入れ) 国内生と同枠入試。

入試日程

区分	登録・出願	試験	発表	手続締切
前期①	12/1～1/12	1/19	1/22	1/25
前期②	12/1～1/28	2/1	2/2	2/6

[延納] 併願者は30,000円納入により残額は公立発表後まで。
[2次募集] 3/7

応募状況

年度	区分		応募数	受験数	合格数	実質倍率
'24	S特	前①専願	5	5	3	1.7
		前①併願	55	44	24	1.8
		前②専願	0	0	0	—
		前②併願	1	1	0	—
	特進	前①専願	43	43	38	1.1
		前①併願	528	507	487	1.0
		前②専願	2	2	0	—
		前②併願	8	6	2	3.0
	文理	前①専願	134	132	118	1.1
		前①併願	1,030	1,021	949	1.1
		前②専願	14	13	1	13.0
		前②併願	27	23	5	4.6
	スポ	前①専願	85	84	83	1.0
		前①併願	12	12	12	1.0
		前②専願	2	2	1	2.0
		前②併願	0	0	0	—

[スライド制度] あり。上記に含まず。
['24合格最低点] 前期①（専願）：S特進200，特進175，文理120（/300） 前期①（併願）：S特進220，特進190，文理130（/300） 前期②（併願）：文理140/300

学費（単位：円）	入学金	施設費	授業料	その他経費	小計	初年度合計
入学手続時	150,000	90,000	—	70,000	310,000	1,016,000
1年終了迄	—	48,000	396,000	262,000	706,000	

※2024年度予定。[授業料納入] 毎月分割。
[その他] 制服・制定品代，一括集金費（副教材・模試代等約30,000～60,000円）あり。

併願校の例 ※[文理]を中心に

	千公立	私立
挑戦校	津田沼／松戸国際 市立銚子／佐原白楊 磯辺／千葉北 船橋芝山／市立習志野 匝瑳／四街道	千葉敬愛 千葉英和 東葉 敬愛学園 千葉経済大附
最適校	印旛明誠／成田北 千城台／千葉商業 実籾／市立習志野（商） 八千代（家政）／銚子 若松／佐倉東	植草学園大附 千葉黎明 秀明八千代 千葉萌陽
堅実校	八千代東／富里 柏井／小見川 四街道北／白井 佐倉西／犢橋 成田西陵／八街	桜林 東京学館船橋 千葉聖心 愛国四街道

合格のめやす

合格の可能性 60% 80% の偏差値を表示しています。

S特進 **57** (61)

特進 **49** (53)

総合進学（文理） **40** (44)

総合進学（スポーツ）は偏差値を設定していません。

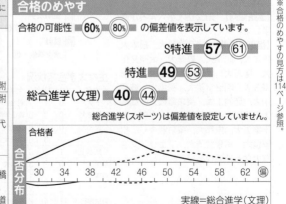

実線＝総合進学（文理）
破線＝特進

※合格のめやすの見方は114ページ参照。

(見学ガイド) 文化祭／説明会／体験入学

浦安市

東京学館浦安 高等学校

〒279-0023　千葉県浦安市高洲1-23-1　☎(047)353-8821

【教育指針】「自主・自学」を校訓に掲げ、「自己の開発・判断と責任・相互扶助」を教育方針とする。かくれた才能を掘りおこして豊かに伸ばし、是非善悪を自主的に判断し、責任をもって行動する。互いの立場を尊重し、協力し合う精神を育成する。

【沿　革】1981年開校。

【学校長】大澤　次郎

【生徒数】男子840名、女子576名

	1年(14クラス)	2年(13クラス)	3年(13クラス)
男子	305名	266名	269名
女子	218名	208名	150名

JR―新浦安13分またはバス東京学館前
東西線―浦安よりチャーターバス(登下校時)

特色

設置学科：普通科

【コース】特別進学コース選抜、特別進学コース、総合進学コース、国際教養コース、スポーツ進学コースの5コース制。総合進学コース内に選抜クラスを設置。国際教養・スポーツ進学コース以外は2年次に文理別となる。

【カリキュラム】①特別進学コース選抜と特別進学コースは1年次から入試に直結した実践的な授業を展開。②総合進学コースは難関大学から就職まで幅広い進路に対応する。③国際教養コースは外国人教員の授業を3年間で約490時間設定。第二外国語で仏語・中国語が選択でき

る。④スポーツ進学コースは野球部とサッカー部が対象で、文武両道をめざす。「体育理論」「特別体育」を設ける。⑤1・2年次に実施している総合的な探究の時間では、SDGs学習や企業インターンワークを通して社会の課題を発見し、その解決のための知識や方法を学ぶ。

【海外研修】国際教養コースでは2年次に6日間のオーストラリア修学旅行や、1年次に希望制のニュージーランド3カ月留学がある。

【クラブ活動】テニス部、チアダンス部、卓球部、吹奏楽部、美術部が全国レベルで活躍。

習熟度別授業	土曜授業	文理選択	オンライン授業	制服	自習室	食堂	プール	グラウンド	アルバイト
―	隔週	2年～	―	○	～19:00	○	―	○	届出

登校時刻＝8:30
下校時刻＝19:00

進路情報　2023年3月卒業生

四年制大学への進学率 **67.8%**

【卒業生数】490名

【進路傾向】国公立大学へ4名が進学した。

【指定校推薦】東京理科大、日本大、東洋大、駒澤大、専修大、大東文化大、東海大、亜細亜大、帝京大、國學院大、明治学院大、獨協大、神奈川大、芝浦工大、東京電機大、武蔵大、玉川大、東京都市大、立正大、千葉工大、東邦大、東京農大、二松學舍大、清泉女子大、フェリス女学院大など推薦枠あり。

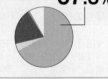

四年制大学	332名
短期大学	19名
専修・各種学校	95名
就職	4名
進学準備・他	40名

主な大学合格状況

'24年春速報は巻末資料参照

大学名	'23	'22	'21	大学名	'23	'22	'21	大学名	'23	'22	'21
◇千葉大	0	1	1	明治大	0	15	4	亜細亜大	13	6	4
◇筑波大	0	2	0	青山学院大	1	5	4	帝京大	16	20	10
◇東北大	0	1	0	立教大	3	2	4	明治学院大	4	11	5
◇お茶の水女大	1	0	0	中央大	4	9	2	獨協大	7	10	7
◇東京学芸大	1	0	0	法政大	12	10	7	芝浦工大	6	4	7
早稲田大	0	2	3	日本大	36	41	28	武蔵大	12	2	5
慶應大	0	0	1	東洋大	21	28	11	立正大	8	9	8
上智大	2	1	2	駒澤大	10	7	9	国士館大	14	13	8
東京理科大	11	4	2	専修大	5	7	5	拓殖大	15	12	8
学習院大	1	2	2	大東文化大	5	2	5	千葉商大	16	17	8

※各大学合格数は既卒生を含む。

入試要項 2024年春（実績）

新年度日程についてはp.116参照。

◆推薦　**中学校推薦**：専願（総合進学コース対象の部活動・特別活動推薦あり），併願　**自己推薦**：専願，併願　※併願は公私とも可　※スポーツ進学コースは中学校推薦専願のみ

募集人員▶特別進学コース選抜25名，特別進学コース60名，総合進学コース250名，国際教養コース30名，スポーツ進学コース35名

選抜方法▶国数英（各50分・各100点・マークシート），調査書　※総合進学・国際教養・スポーツ進学コースは高得点2科判定　※総合進学コース（部活動・特別活動推薦以外）は個人面接（5〜10分）と調査書での受験も可

◆一般　専願，併願

募集人員▶特別進学コース選抜5名，特別進学コース10名，総合進学コース10名，国際教養コース5名

選抜方法▶国数英（各50分・各100点・マークシート），調査書

◆受験料　20,000円

(内申基準) 中学校推薦：[特進選抜]専願5科23・併願5科24，[特進]専願5科20または9科35・併願5科21または9科36，[総進]専願・併願5科16または9科29，[国際]専願5科17または9科30・併願5科18または9科31　※いずれも9科に1不可，特別進学コース選抜と特別進学コースは5科に2も不可　※条件により内申加点あり

(特待生・奨学金制度) 特別進学コース選抜，特別進学コース，国際教養コースは推薦で内申，入試成績により3段階の学業特待生認定。ほか特技特待もあり。

(帰国生の受け入れ) 国内生と同枠入試で考慮あり。

入試日程

区分		登録・出願	試験	発表	手続締切
推薦	専願	12/17〜1/10	1/18	1/20	1/23
	併願	12/17〜1/10	1/17or18	1/20	1/23
一般		1/20〜26	2/1	2/3	2/7

[延納]併願者は50,000円納入により残額は公立発表後まで。

応募状況

年度	区分			応募数	受験数	合格数	実質倍率
'24	特選	推薦	専	8	18	7	2.6
			併	93	145	46	3.2
		一般		14	14	9	1.6
	特進	推薦	専	18	52	14	3.7
			併	227	512	193	2.7
		一般		12	16	7	2.3
	総進	推薦	専	92	97	93	1.0
			併	1,187	1,252	1,245	1.0
		一般		58	65	31	2.1
	国際	推薦	専	23	54	22	2.5
			併	105	210	103	2.0
		一般		4	4	2	2.3
	スポ	推薦	専	35	35	35	1.0

[スライド制度]あり。受験数・合格数は複数コース出願における他コース第1志望者を含むのべ人数。
['24年合格最低点]推薦：特別進学選抜200/300，特別進学180/300，総合進学100/200，国際教養120/200　一般：特別進学選抜230，特別進学190，総合進学150，国際教養180（/300）

学費（単位：円）

学費（単位：円）	入学金	施設費	授業料	その他経費	小計	初年度合計
入学手続時	100,000	120,000	—	170,000	390,000	960,000
1年終了迄	—	93,600	384,000	92,400	570,000	

※2024年度予定。[授業料納入]4回分割。[その他]制服・制定品代，旅行等積立金（国際教養コース132,000円，他コース60,000円），教科書代，学年費等諸費あり。

併願校の例　※[総進]を中心に

	千公立	都立	私立
挑戦校	幕張総合　津田沼　検見川　市川東　磯辺	江戸川　深川　産業技術高専東	東海大浦安　東葉　昭和学院　和洋国府台　千葉商大付
最適校	市立松戸　船橋啓明　市立船橋　市川昴　実籾	晴海総合　小岩　紅葉川	岩倉　共栄学園　上野学園　関東一　修徳
堅実校	若松　八千代東　市川南　船橋法典　浦安	篠崎　葛飾野　南葛飾	不二女子

合格のめやす

合格の可能性 **60%** **80%** の偏差値を表示しています。

特別進学（選抜）　**57**　**61**

特別進学　**52**　**56**

総合進学（選抜）　**44**　**48**

総合進学　**42**　**46**

国際教養　**48**　**52**

スポーツ進学は偏差値を設定していません。

※合格のめやすの見方は114ページ参照。

見学ガイド　体育祭／文化祭／説明会／体験入学／入試相談

千葉　男女　と　東京学館浦安

686 ● とうきょうがっかんふなばし

船橋市

小 中 **高** 専 短 大

東京学館船橋 高等学校

〒274-0053　千葉県船橋市豊富町577　☎(047)457-4611

【教育目標】　実生活に役立つ教育を通じて，個性を伸長し，生徒一人ひとりを生かし，勤労と協調の精神を養い，知識と技能を身につけ，国家社会に貢献することのできる人材を育成する。
【沿　革】　1986年開校。2006年現校名に改称し，普通科開設。2018年情報処理科より情報ビジネス科へ科名変更。
【学校長】　本田　俊晴
【生徒数】　男子584名，女子265名

	1年（9クラス）	2年（8クラス）	3年（7クラス）
男子	214名	182名	188名
女子	93名	86名	86名

JR—我孫子・東船橋，新京成線—三咲・新鎌ヶ谷，北総線—小室などよりスクールバス

特色

設置学科：普通科／情報ビジネス科／食物調理科／美術工芸科

【コース】　2年次より，普通科は文系コースと理系コースに，情報ビジネス科は情報処理コースとビジネスコースに分かれる。
【カリキュラム】　①普通科は多様な大学入試に対応可能。英語のライティングはオリジナル教材を使用し，中学の復習からしっかり学ぶ。②情報ビジネス科は取得資格を生かして進学や就職をめざす。補習や検定対策に力を入れる。③食物調理科は実習が豊富。卒業時に調理師免許が取得できる。④美術工芸科はモノづくりを専門的に学べる環境が整い，美術・芸術系大学への進学指導も受けられる。⑤英語検定，簿記検定，色彩士検定など校内で多数の検定を受験できる。⑥スタディサプリを導入。授業の課題や自主学習の教材として校内や自宅で活用する。
【海外研修】　希望者を対象とした16日間のカナダ語学研修を隔年で行う。ホームステイを体験。
【クラブ活動】　テニス部，陸上競技部，珠算部が全国大会出場の実績をもつ。男子バレーボール部，美術部，軽音楽部，ダンス部も活躍。
【施設】　調理実習室，陶芸実習室など専門学科の設備はプロ仕様の高度なものを整備。

習熟度別授業	土曜授業	文理選択	オンライン授業	制服	自習室	食堂	プール	グラウンド	アルバイト	登校時刻＝ 8:25
数英	—	2年〜	導入予定	○			—	○	届出	下校時刻＝18:30

進路情報　2023年3月卒業生

進学率 **89.3%**

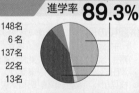

【卒業生数】　326名
【進路傾向】　大学・短大や専修・各種学校，就職など進路は幅広い。
【指定校推薦】　日本大，大東文化大，帝京大，獨協大，東京電機大，千葉工大，二松學舍大，帝京平成大，大正大，拓殖大，目白大，帝京科学大，東京福祉大，淑徳大，和洋女子大，千葉商大，東都大，流通経済大，東京造形大，女子美大，東京工芸大，女子栄養大など推薦枠あり。

	四年制大学	148名
	短期大学	6名
	専修・各種学校	137名
	就職	22名
	進学準備・他	13名

主な大学合格状況

'24年春速報は巻末資料参照

大学名	'23	'22	'21	大学名	'23	'22	'21	大学名	'23	'22	'21
◇東京医歯大	0	3	0	駒澤大	1	1	0	日本工大	1	1	0
◇東京藝術大	0	2	0	専修大	0	3	0	高千穂大	2	1	0
◇信州大	1	0	0	大東文化大	0	0	5	東京造形大	0	2	3
上智大	1	1	2	亜細亜大	1	0	0	東京工芸大	0	2	0
学習院大	0	0	1	国士舘大	3	0	0	城西国際大	1	4	1
明治大	0	1	0	千葉工大	0	6	6	千葉商大	5	7	3
青山学院大	0	1	0	桜美林大	1	0	0	中央学院大	15	2	5
立教大	0	2	0	大妻女子大	2	0	0	東京情報大	7	3	1
中央大	1	2	0	帝京平成大	5	1	2	東都大	1	4	3
日本大	0	3	3	拓殖大	0	10	7	流通経済大	0	11	6

※各大学合格数は既卒生を含む。

入試要項 2024年春（実績）

新年度日程についてはp.116参照。

◆**第1回** 推薦専願，推薦併願，一般専願，一般併願 ※併願は公私とも可 ※食物調理科は推薦併願の募集なし

募集人員▶普通科108名，情報ビジネス科108名，食物調理科40名，美術工芸科36名

選抜方法▶国数英（各45分・各100点・マークシート），調査書，ほか一般はグループ面接（5分）

◆**第2回** 一般専願，一般併願

募集人員▶普通科12名，情報ビジネス科12名，美術工芸科4名

選抜方法▶国数英（各45分・各100点・マークシート），グループ面接（5分），調査書

◆**受験料** 20,000円

内申基準 ［普通科］専願9科22・併願9科25，［情報ビジネス科］単願9科20・併願9科23，［美術工芸科］専願9科23・併願9科26 ※いずれも9科に1不可 ※条件により内申加点あり

特待生・奨学金制度 第1回の専願入学者は学力特待生，部活動特待生の制度あり（いずれも3段階）。

帰国生の受け入れ 国内生と同枠入試。

入試日程

区分	登録・出願	試験	発表	手続締切
第1回	12/1〜1/9	1/17	1/20	1/24
第2回	1/9〜26	2/2	2/6	2/8

［延納］併願者は50,000円納入により残額は公立発表後まで。
［2次募集］3/7

応募状況

年度	区分		応募数	受験数	合格数	実質倍率
'24	普通	第1回	697	684	676	1.0
		第2回	26	26	22	1.2
	情報	第1回	389	384	377	1.0
		第2回	10	10	10	1.0
	食物	第1回	39	37	36	1.0
	美術	第1回	104	100	97	1.0
		第2回	5	5	5	1.0
'23	普通	第1回	569	563	558	1.0
		第2回	15	13	12	1.1
	情報	第1回	384	373	371	1.0
		第2回	7	7	6	1.2
	食物	第1回	39	38	37	1.0
		第2回	5	5	4	1.3
	美術	第1回	100	98	94	1.0
		第2回	3	3	2	1.5
'22	普通	第1回	—	539	535	1.0
		第2回	—	11	10	1.1
	情報	第1回	—	260	259	1.0
		第2回	—	3	3	1.0
	食物	第1回	—	30	30	1.0
	美術	第1回	—	105	104	1.0

［'24合格最低点］非公表。

学費（単位:円）

		入学金	施設費	授業料	その他経費	小計	初年度合計
普通	入学手続時	150,000	130,000	—	170,000	450,000	1,046,400
	1年終了迄	—	12,000	396,000	188,400	596,400	
他	入学手続時	150,000	130,000	—	170,000	450,000	1,120,800
	1年終了迄	—	72,000	396,000	202,800	670,800	

※2024年度予定。［授業料納入］毎月分割。
［その他］制服・制定品代，副教材費，タブレット端末代あり。

併願校の例 ※［普通］を中心に

	千公立	都立	私立
挑戦校	船橋啓明 印旛明誠 松戸六実 柏陵 実籾	晴海総合 足立	中央学院 日大柏 東京学館 共栄学園 修徳
最適校	八千代東 船橋二和 市川南 松戸馬橋 白井	足立西 葛飾野 葛飾総合 南葛飾	秀明八千代 我孫子二階堂
堅実校	佐倉西 船橋法典 船橋北 犢橋 船橋古和釜	淵江 青井	

合格のめやす

合格の可能性 ⑥⓪% ⑧⓪% の偏差値を表示しています。

科	60%	80%
普通科	36	40
情報ビジネス科	35	39
食物調理科	36	40
美術工芸科	37	41

見学ガイド 文化祭／説明会／オープンスクール／個別相談会

千葉 男女 と 東京学館船橋

※合格のめやすの見方は114ページ参照。

船橋市

東葉 高等学校

〒274-0822　千葉県船橋市飯山満町2-665-1　☎(047)463-2111

東葉高速線―飯山満8分
新京成線―前原15分

【建学の精神】　「人間尊重の精神」「個性尊重の教育」「第三教育の実現」を掲げる。第三教育とは自らが主体的に学ぶ教育のことを指す。

【沿　革】　1925年船橋実科高等女学校創立。1996年現校名に改称。2005年女子校より共学化。

【学校長】　西村　桂

【生徒数】　男子443名，女子569名

	1年(11クラス)	2年(8クラス)	3年(8クラス)
男子	195名	115名	133名
女子	245名	175名	149名

特色

設置学科：普通科

【コース】　特進クラスと進学クラスを設置。特進クラスからS特進クラスを選抜する。

【カリキュラム】　①S特進クラスと特進クラスは週6日授業で学習習慣を定着させ，入試を意識したハイレベルな授業を展開。S特進クラスは国公立大学や最難関私立大学受験に対応。特進クラスは私立特化型のカリキュラム。進学クラスは有名私立大学合格をめざす。②長期休業や放課後を利用した校内予備校「東葉塾」では，発展的な科目の講座だけではなく，小論文や面接の対策も行う。③始業前の60分間，図書室で自主的に学習に取り組む「朝活」や，「朝の10分間読書」を実施している。④3年次の独自授業「日本文化とマナー」では，社会人としてのマナー・着付けなど，体験を通して学ぶ。⑤タイピング選手権，電車車両基地の見学，職業体験，ホタル鑑賞など多くの企画が実施されている。

【クラブ活動】　ダンスドリル部，テニス部が全国レベル。弓道部，バドミントン部，バスケ部，バレー部，サッカー部なども活躍している。

【施設】　校舎はエレベーターを4基備えたバリアフリー構造。正門は国の登録有形文化財。

習熟度別授業	土曜授業	文理選択	オンライン授業	制服	自習室	食堂	プール	グラウンド	アルバイト
―	○	2年～	○	○	～18:30	―	―	○	○

登校時刻＝ 8:25
下校時刻＝18:30

進路情報　2023年3月卒業生

四年制大学への進学率 **67.7%**

【卒業生数】　424名

【進路傾向】　大学進学者の内訳は文系78%，理系22%。国公立大学へ文系1名，理系3名が進学した。

【指定校推薦】　利用状況は日本大1，駒澤大1，東邦大1など。ほかに東洋大，大東文化大，亜細亜大，獨協大，東京電機大，国士舘大，千葉工大，白百合女子大，武蔵野大，東京農大，帝京平成大，東京工科大，拓殖大，文京学院大，城西国際大，淑徳大，麗澤大，和洋女子大，千葉商大，聖徳大，中央学院大，東京情報大，江戸川大，敬愛大，東都大，跡見学園女子大など推薦枠あり。

■ 四年制大学	287名
□ 短期大学	17名
■ 専修・各種学校	96名
■ 就職	4名
□ 進学準備・他	20名

主な大学合格状況

'24年春速報は巻末資料参照

大学名	'23	'22	'21	大学名	'23	'22	'21	大学名	'23	'22	'21
◇埼玉大	0	1	0	中央大	3	1	1	国士舘大	11	9	2
◇水産大	1	0	0	法政大	5	0	3	千葉工大	24	67	53
◇富山大	1	0	0	日本大	48	32	19	東邦大	13	7	2
◇県立保健医療大	1	0	0	東洋大	16	8	4	武蔵野大	16	7	7
慶應大	2	0	0	駒澤大	15	11	9	帝京平成大	16	14	5
上智大	3	0	0	専修大	16	10	2	大正大	11	11	5
学習院大	6	0	0	亜細亜大	8	6	1	淑徳大	7	10	7
明治大	5	1	2	獨協大	12	4	3	麗澤大	44	43	38
青山学院大	3	1	0	東京電機大	8	3	4	千葉商大	39	24	23
立教大	8	0	0	立正大	14	3	6	敬愛大	4	7	8

※各大学合格数は既卒生を含む。

入試要項 2024年春（実績）

新年度日程についてはp.116参照。

◆ **前期** **推薦**：単願，併願（公私とも可）　**一般**：単願，併願　※進学クラスは併願推薦なし

募集人員▶S特進クラス36名，特進クラス160名，進学クラス80名　※後期を含む全体の定員

選抜方法▶国数英（各50分・各100点・英にリスニングあり），調査書，ほかに一般単願は個人面接（6分）

◆ **後期** **一般**：単願，併願

募集人員▶特進クラス・進学クラス計10名

選抜方法▶英（60分・100点・リスニングあり），調査書，ほかに単願は個人面接（6分）

◆ **受験料** 前期22,000円，後期5,000円

内申基準 単願推薦：[特進] 5科20，[進学] 5科18　併願推薦：[特進] 5科21　※いずれも9科に2不可　※S特進クラスは前期入試結果により選出

特待生・奨学金制度 前期入試成績より上位36名をS特進特待生に認定。ほかに内申優秀奨学生（単願・併願）やスポーツ・芸術・文化の分野で2段階の特別奨学生（単願），3段階の部活動優秀奨学生（単願）などの制度がある。

帰国生の受け入れ 国内生と別枠入試。個別対応。

入試日程

区分		出願	試験	発表	手続締切
前期	推薦	12/17〜1/10	1/18	1/20	1/23
	一般	12/17〜1/10	1/18	1/20	1/23
後期		2/1〜7	2/15	2/16	2/19

[延納] 併願者は50,000円納入により残額は公立発表後まで。

応募状況

年度	区分			応募数	受験数	合格数	実質倍率
'24	前期			1,212	1,207	774	1.6
	後期			46	45	10	4.5
'23	特進	前期	単願	105	105	95	1.1
			併願	495	489	455	1.1
		後期	単願	39	39	1	39.0
			併願	26	25	4	6.3
	進学	前期	単願	231	231	168	1.4
			併願	491	486	342	1.4
		後期	単願	19	19	2	9.5
			併願	14	12	4	3.0
'22	特進	前期	単願	43	43	40	1.1
			併願	243	241	234	1.0
		後期	単願	21	21	0	—
			併願	27	26	2	13.0
	進学	前期	単願	177	176	135	1.3
			併願	614	609	457	1.3
		後期	単願	12	11	1	11.0
			併願	8	8	1	8.0

[スライド制度] あり。上記に含まず。
['24年合格最低点] 非公表。

千葉　男女 と 東葉

学費（単位：円）	入学金	施設設備費	授業料	その他経費	小計	初年度合計
入学手続時	170,000	160,000	33,000	29,000	392,000	約1,015,000
1年終了迄	—	—	363,000	約260,000	約623,000	

※2024年度予定。[免除] S特進クラスは入学金・施設設備費・授業料・維持費を全額免除。
[入学前納入] 1年終了迄の小計のうち約10,000円。[授業料納入] 11回分割（入学手続時に4月分納入）。
[その他] 制服・制定品代あり。[寄付・学債] 任意の船橋学園教育振興資金あり。

併願校の例

※[特進]を中心に

	千公立	都立	私立
挑戦校	市立千葉 佐倉（理数） 船橋東 八千代 鎌ヶ谷	小松川 城東	日大習志野 成田 千葉日大一 東洋 安田学園
最適校	幕張総合 津田沼 松戸国際 柏の葉 国分	江戸川 墨田川 深川 産業技術高専	八千代松陰 二松学舎柏 千葉英和 昭和学院 日大一
堅実校	市川東 船橋芝山 市立松戸 船橋啓明 実籾	江北 本所 晴海総合 小岩	千葉商大付 千葉経済大附 東京学館浦安 共栄学園 関東一

合格のめやす

合格の可能性 **60%** **80%** の偏差値を表示しています。

特進　**52**　**56**

進学　**48**　**53**

合格者／不合格者 合否分布

偏差値：30 34 38 42 46 50 54 58 62 （偏）

実線＝進学
破線＝特進

※合格のめやすの見方は114ページ参照。

見学ガイド 文化祭／説明会／見学会／個別見学対応

成田市

成田 高等学校

〒286-0023　千葉県成田市成田27　☎(0476)22-2131

【建学の理念】　「成田山の宗教的使命の達成」「地方文化の向上」を掲げる。己を知り，自ら思考・行動・発信するとともに，他者を受け入れ理解して，共に高め合える生徒を育成する。

【沿　革】　1887年創立の成田英漢義塾を前身に，1898年創立。

【学校長】　鈴木　隆英

【生徒数】　男子574名，女子453名

	1年（9クラス）	2年（9クラス）	3年（8クラス）
男子	191名	230名	153名
女子	169名	151名	133名

JR―成田15分
京成線―京成成田15分

特色

設置学科：普通科

【コース】　特進αクラスを設置。それ以外の進学クラスは入試成績による習熟度別クラス編成で，2年次には文理選択・成績に基づき特進αを含めてクラス替えをする。内部進学生とは3年間別クラス編成。

【カリキュラム】　①1・2年次でほとんどの必修科目の履修を完了。火・木曜日は7時間目に数学，英語の学力補充講座を行う。②全学年対象の平日課外や夏季・冬季講座がある。3年次には希望制の土曜講座を開講。国公立・難関私立大学に通じる学力を養う。③1人1台のタブ

レット端末で授業での活用だけでなく，学校外の有用な学習コンテンツや，40,000冊以上の蔵書を利用できる場を用意。④1年次の「総合的な探究の時間」では，学校をあげて探究活動をサポートし，将来の進路につなげていく。

【海外研修】　希望選抜制で1・2年次にカナダやアメリカへの語学研修がある。約2週間現地の文化を学び，英語力の向上を図る。

【クラブ活動】　陸上競技・水泳・放送・競技かるた・ダンスドリル・弓道・女子ソフトテニス・自然科学部などが全国レベル。野球部なども活躍。

習熟度別授業	土曜授業	文理選択	オンライン授業	制服	自習室	食堂	プール	グラウンド	アルバイト
―	○	2年～	○	○	～19:00	○	○	○	審査

登校時刻＝ 8:35
下校時刻＝18:00

進路情報　2023年3月卒業生

四年制大学への進学率 **77.1%**

【卒業生数】　288名

【進路傾向】　主な大学合格状況は国公立32名，早慶上理44名，GMARCH92名など。

【指定校推薦】　利用状況は早稲田大1，東京理科大2，学習院大2，明治大3，青山学院大1，立教大5，法政大1，日本大1，國學院大1，成城大1，明治学院大4，武蔵大2，東京都市大1，東邦大3，武蔵野大1，東京農大2など。ほかに中央大，東洋大，駒澤大，成蹊大，獨協大，芝浦工大，東京電機大，東京女子大，同志社大，工学院大，共立女子大，聖心女子大，白百合女子大，順天堂大，国際医療福祉大など推薦枠あり。

四年制大学	222名
短期大学	0名
専修・各種学校	6名
就職	1名
進学準備・他	59名

主な大学合格状況

'24年春速報は巻末資料参照

大学名	'23	'22	'21	大学名	'23	'22	'21	大学名	'23	'22	'21
◇東京大	0	1	0	早稲田大	12	21	12	日本大	102	121	74
◇東工大	0	0	2	慶應大	9	6	10	東洋大	59	57	50
◇千葉大	12	9	8	上智大	8	0	2	駒澤大	16	10	18
◇筑波大	2	1	3	東京理科大	21	27	17	専修大	26	21	9
◇横浜国大	2	1	1	学習院大	9	15	7	國學院大	18	14	7
◇埼玉大	3	9	0	明治大	27	45	22	成城大	10	10	10
◇北海道大	1	2	0	青山学院大	15	24	20	明治学院大	8	9	16
◇都立大	1	3	2	立教大	22	24	16	獨協大	14	15	8
◇茨城大	2	4	7	中央大	16	33	19	芝浦工大	13	14	9
◇県立保健医療大	1	1	3	法政大	23	53	22	東京電機大	15	10	6

※各大学合格数は既卒生を含む。

入試要項 2024年春（実績）

新年度日程については p.116参照。

◆ 推薦　**特別技能生**：専願推薦指定制。強化指定クラブ（陸上競技，野球，柔道，剣道，水泳，女子ソフトテニス），またはスポーツ・文化・学術的に特に優れている者で，本校学校長から指定を受けた者

募集人員▶50名　※クラス内訳は一般との合計で特進αクラス80名，進学クラス120名

選抜方法▶国数英（各50分・各100点・マークシート・英にリスニングあり），調査書

◆ 一般　第1志望（進学クラス合否判定で優遇あり），併願

募集人員▶150名

選抜方法▶国数英（各50分・各100点・マークシート・英にリスニングあり），調査書

※いずれも英語検定準2級取得者は証明書提出により加点あり

◆ 受験料　20,000円

（内申基準）特記なし。

（特待生・奨学金制度）入試成績優秀者に対する特別奨学生制度あり。

（帰国生の受け入れ）国内生と同枠入試。

入試日程

区分	登録・出願	試験	発表	手続締切
推薦	12/8～1/11	1/17	1/18	1/19
一般	12/8～1/11	1/17	1/18	1/19

[延納] 併願者は30,000円納入により残額は公立発表後まで。

応募状況

年度	区分		応募数	受験数	合格数	実質倍率
'24	推薦	特別技能	59	59	59	1.0
	一般	特進α	629	627	189	1.7
		進学			191	
'23	推薦	特別技能	53	52	52	1.0
	一般	特進α	647	644	232	1.4
		進学			237	
'22	推薦	特別技能	54	54	54	1.0
	一般	特進α	733	727	267	1.4
		進学			245	

[24年合格最低点] 一般：特進α225，進学205（/300）
※英語検定加点，ほか進学クラスは第1志望加点含む

千葉　男女　(な)　成田

学費（単位：円）

	入学金	施設費	授業料	その他経費	小計	初年度合計
入学手続時	120,000	100,000	—	2,000	222,000	1,022,200
1年終了迄		84,000	336,000	380,200	800,200	

※2024年度予定。[授業料納入] 毎月分割。
[その他] 制服・制定品代，特進αクラスはスタディセミナー代40,000円あり。

併願校の例　※[進学]を中心に

	千公立	私立
挑戦校	千葉／船橋　東葛飾／千葉東	昭和秀英　芝浦工大柏
最適校	佐倉／市立千葉　薬園台／船橋東　柏／木更津　八千代／長生　鎌ヶ谷	日大習志野　専大松戸　麗澤
堅実校	成田国際／柏南　幕張総合／佐原　国府台／千葉西　津田沼／成東　検見川／千葉南	八千代松陰　市原中央　二松学舎柏　千葉敬愛　千葉英和

合格のめやす

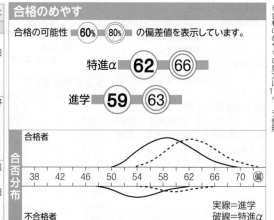

合格の可能性 60%　80% の偏差値を表示しています。

特進α　62　66

進学　59　63

合否分布

合格者

38　42　46　50　54　58　62　66　70　(偏)

不合格者

実線＝進学
破線＝特進α

※合格のめやすの見方は114ページ参照。

（見学ガイド）文化祭／説明会／スクールツアー

柏市

二松学舎大学附属柏 高等学校

〒277-0902　千葉県柏市大井2590　☎(04)7191-5242

【教育目標】　校訓に「仁愛・正義・誠実」を掲げる。「自律をはかり，主体性を身につける」「思いやりのある豊かな人間性を身につける」「社会への関心を高め豊かな国際性を身につける」を教育目標とする。

【沿　革】　1969年開校。2011年に二松學舍大学附属沼南高等学校より現校名に改称した。

【学校長】　七五三　和男

【生徒数】　男子515名，女子523名

	1年(8クラス)	2年(10クラス)	3年(12クラス)
男子	137名	169名	209名
女子	122名	202名	199名

JR・千代田線―柏・我孫子，東武アーバンパークライン―新柏などよりスクールバス

特色

設置学科：普通科

【コース】　スーパー特別進学，特別進学，進学の3コース制。1年次は内部進学生と別クラス編成となる。

【カリキュラム】　①スーパー特別進学コースは最難関大学進学に向けたカリキュラム。英語のモーニングレッスンを毎朝行う。②特別進学コースは高い目標を立て，難関私立大学受験に対応。③進学コースは個々の理解度に応じてフォローアップ。将来の夢につながる進路選択をめざす。④外部講師の講座，全員貸与のタブレット端末で視聴できる動画教材などを利用し，学力をつける。⑤放課後の自習室に「学習クラブ」を設け，自主的に勉強できる環境を整える。⑥3年間を通してオリジナルテキストで「論語」を学び，人間力の向上を図る。⑦中国語，韓国語を選択授業に導入。地理や文化も学ぶ。

【海外研修】　2年次に台湾への修学旅行を実施。希望者を対象としたオーストラリアや台湾，フィリピン・セブ島での語学研修もある。

【クラブ活動】　ハンドボール部，陸上部，美術部，書道部，剣道部などが活躍している。

【施設】　同敷地内の併設大学図書館が利用可。

習熟度別授業	土曜授業	文理選択	オンライン授業	制服	自習室	食堂	プール	グラウンド	アルバイト	
―	○	2年～	○	○	～19:10	○			届出	登校時刻＝8:40 下校時刻＝19:00

進路情報　2023年3月卒業生

四年制大学への進学率 **85.1%**

【卒業生数】　269名

【進路傾向】　大学進学者のうち7割強が文系進学。国公立大学へ文系3名，理系9名が進学した。

【系列進学】　二松學舍大学へ23名（文14，国際政治経済9）が内部推薦で進学した。

【指定校推薦】　利用状況は東京理科大2，日本大10，東洋大8，駒澤大1，獨協大4，同志社大1，武蔵大1など。ほかに専修大，國學院大，日本女子大など推薦枠あり。

■ 四年制大学	229名
□ 短期大学	2名
■ 専修・各種学校	19名
■ 就職	0名
□ 進学準備・他	19名

主な大学合格状況

'24年春速報は巻末資料参照

大学名	'23	'22	'21	大学名	'23	'22	'21	大学名	'23	'22	'21
◇千葉大	2	5	2	東京理科大	8	8	9	専修大	9	6	5
◇筑波大	2	0	2	学習院大	6	8	0	東海大	9	4	6
◇埼玉大	0	1	0	明治大	2	11	3	國學院大	6	7	9
◇東京藝術大	0	1	0	青山学院大	2	2	5	成城大	2	10	3
◇東京学芸大	0	1	1	立教大	9	7	4	獨協大	11	37	15
◇茨城大	4	2	0	中央大	4	4	6	芝浦工大	11	4	6
◇県立保健医療大	1	2	0	法政大	5	11	9	日本女子大	6	8	10
早稲田大	3	8	0	日本大	28	34	55	立正大	10	7	11
慶應大	1	1	0	東洋大	55	18	33	二松学舎大	24	57	41
上智大	2	2	5	駒澤大	10	14	3	東邦大	4	10	14

※各大学合格数は既卒生を含む。

入試要項 2024年春（実績）

新年度日程についてはp.116参照。

◆ 前期　A推薦：単願（前期Ⅰのみ）　B推薦：併願（公私とも可）　一般：第1志望，併願
※B推薦は進学コースを除く

募集人員▶スーパー特別進学コース70名，特別進学コース75名，進学コース65名

選抜方法▶A推薦・B推薦：国数英（各50分・各100点・マークシート），調査書，ほかにA推薦は志望理由書　一般：国数英（各50分・各100点・マークシート），個人面接（10分），調査書

◆ 後期　一般：第1志望，併願

募集人員▶全コース計5名

選抜方法▶国数英（各50分・各100点），個人面接（10分），調査書

◆ 受験料　22,000円

内申基準　A推薦：［スーパー特別進学］5科21，［特別進学］5科20，［進学］5科19　B推薦：［スーパー特別進学］5科23，［特別進学］5科22
※いずれも9科に1不可　※条件により内申加点あり

特待生・奨学金制度　前期Ⅰ・Ⅱは特待生選考を兼ねる。スーパー特別進学コース，特別進学コースが対象。

帰国生の受け入れ　国内生と同枠入試。

入試日程

区分	登録・出願	試験	発表	手続締切
前期Ⅰ	11/20〜1/7	1/17	1/21	1/27
前期Ⅱ	11/20〜1/7	1/19	1/21	1/27
後期	1/28〜2/9	2/15	2/16	2/23

［延納］併願者は併願校発表後まで。

応募状況

年度		区分	応募数	受験数	合格数	実質倍率
'24	前期A推	S特	14	14	14	1.0
		特進	49	49	49	1.0
		進学	52	52	52	1.0
	前期B推	S特	315	304	304	1.0
		特進	609	599	599	1.0
	前期一般	S特	121	118	4	3.1
		特進			15	
		進学			19	
	後期	S特	10	10	0	2.0
		特進			2	
		進学			3	
'23	前期A推	S特	18	18	18	1.0
		特進	22	22	22	1.0
		進学	39	39	39	1.0
	前期B推	S特	272	262	262	1.0
		特進	274	266	266	1.0
	前期一般	S特	10	9	2	4.5
		特進	78	76	36	2.1
		進学	32	30	18	1.7
	後期	S特	5	4		1.0
		特進			4	
		進学				

［スライド制度］あり。上記に含まず。
［'24年合格最低点］前期一般：スーパー特別進学247，特別進学221，進学210（／300）

学費（単位：円）

	入学金	設備費	授業料	その他経費	小計	初年度合計
入学手続時	150,000	—	—	64,400	214,400	1,061,400
1年終了迄	—	150,000	324,000	373,000	847,000	

※2024年度予定。［入学前納入］1年終了迄の小計のうち25,000円。
［授業料納入］4回分割。［その他］制服・制定品代，修学旅行費，スーパー特別進学コースはオンラインスピーキング・ライティング費用あり。

併願校の例

※［特進］を中心に

	千公立	私立
挑戦校	船橋／東葛飾　佐倉／小金　薬園台／柏　船橋東	芝浦工大柏　専大松戸　日大習志野　成田　江戸川取手
最適校	鎌ヶ谷／柏南　成田国際／国府台　幕張総合／松戸国際（普）　津田沼／柏の葉　国分	麗澤　八千代松陰　流経大柏　土浦日大　東洋大牛久
堅実校	柏中央／松戸国際（国際）　市川東／船橋芝山　市立松戸／市立習志野　我孫子／流山おおたかの森　松戸／印旛明誠	千葉商大付　中央学院　日体大柏　西武台千葉　常総学院

合格のめやす

合格の可能性 ■60%■ ■80%■ の偏差値を表示しています。

スーパー特別進学 ■■■ 59 63

特別進学 ■■■ 54 58

進学 ■■■ 51 55

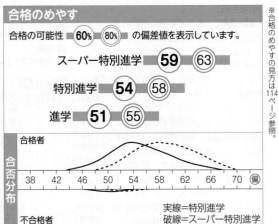

合格者　不合格者

38　42　46　50　54　58　62　66　70（偏）

実線＝特別進学
破線＝スーパー特別進学

※合格のめやすの見方は114ページ参照。

千葉　男女 に 二松学舎大学附属柏

見学ガイド　文化祭／説明会／授業体験会

柏市

日本体育大学柏 高等学校

〒277-0008　千葉県柏市戸張944　☎(04)7167-1301

【教育方針】　「健康と信用は最高の宝」を建学の精神とし，自主自立を重んじ，心身ともに健康で，人を敬い平和を愛する人間を育てる。

【沿　革】　日本体育会を経営母体とし，1960年創立。1971年，男女別学から共学化。2016年現校名に改称。

【学校長】　氷海　正行

【生徒数】　男子738名，女子532名

	1年(15クラス)	2年(12クラス)	3年(9クラス)
男子	336名	224名	178名
女子	226名	185名	121名

JR・千代田線・東武アーバンパークライン―柏25分またはバス日体大柏高校入口1分

特色

設置学科：普通科

【コース】　アカデミックフロンティア，アドバンストラーニング，アスリートの3コース制。アスリートコース以外は2年次より人文・社会科学専攻と自然科学専攻に分かれる。

【カリキュラム】　①アカデミックフロンティアコースは創造力・起業力を養うためのプログラムが整う。2年次より企業・大学と連携したゼミ活動を行う。②アドバンストラーニングコースは主体性を育むことを大切にする。プログラミング学習も行う。③アスリートコースは実習活動が豊富。スポーツ理論と技術を幅広く身に

つけ，一流競技者や一流指導者を育てる。④校内設置塾があり，個別・集団授業，受験情報提供，個別の学習計画策定，メンタルサポートなどで，生徒の自学自習をアシストする。

【海外研修】　アカデミックフロンティアコースは短期語学留学として韓国へ，アドバンストラーニングコースは現地テーマ学習などとして台湾へ，アスリートコースはスキューバダイビングに挑戦し，海洋実習として沖縄へ行く予定。

【クラブ活動】　ダンス部，レスリング部が全国レベル。サッカー部，空手道部なども活躍。

習熟度別授業	土曜授業	文理選択	オンライン授業	制服	自習室	食堂	プール	グラウンド	アルバイト
数	―	2年～	○	○	～19:30	○	―	○	審査

登校時刻＝ 8:30
下校時刻＝19:30

進路情報　2023年3月卒業生

【卒業生数】　293名

【進路傾向】　大学進学者の内訳は文系68%，理系32%。国公立大学へ文系1名，理系1名が進学した。

【系列進学】　日本体育大学へ55名(体育30，児童スポーツ教育6，保健医療3，スポーツマネジメント13，スポーツ文化3)，同医療専門学校へ2名が内部推薦で進学した。

【指定校推薦】　東京理科大，日本大，東洋大，大東文化大，亜細亜大，帝京大，國學院大，獨協大，東京電機大，武蔵大，玉川大，工学院大，千葉工大，共立女子大，白百合女子大，東邦大，東京農大，東洋英和女学院大，東京家政大など推薦枠あり。

四年制大学への進学率 **75.1%**

- ■ 四年制大学　　　220名
- ■ 短期大学　　　　　8名
- ■ 専修・各種学校　45名
- ■ 就職　　　　　　　8名
- □ 進学準備・他　　12名

主な大学合格状況

'24年春速報は巻末資料参照

大学名	'23	'22	'21	大学名	'23	'22	'21	大学名	'23	'22	'21
◇東京大	0	0	1	明治大	4	2	0	亜細亜大	1	5	5
◇千葉大	1	0	0	青山学院大	2	1	0	帝京大	10	7	24
◇筑波大	0	0	2	立教大	0	0	9	獨協大	12	8	7
◇東北大	1	0	1	中央大	3	7	4	東京電機大	21	4	9
◇東京学芸大	0	1	0	法政大	0	7	14	武蔵大	2	3	14
早稲田大	3	3	0	日本大	19	21	34	国士舘大	5	11	2
慶應大	2	0	0	東洋大	12	20	27	千葉工大	41	10	11
上智大	1	1	0	駒澤大	2	1	2	桜美林大	4	5	9
東京理科大	2	3	5	専修大	4	4	6	日本体育大	57	59	53
学習院大	1	3	6	大東文化大	3	12	6	麗澤大	64	72	19

※各大学合格数は既卒生を含む。

入試要項 2024年春（実績）

新年度日程についてはp.116参照。

◆ 推薦 単願，併願（公私とも可）
募集人員▶360名
選抜方法▶国数英（各40分・各100点・マークシート），調査書
◆ 一般 併願 ※アスリートコースは募集なし
募集人員▶若干名
選抜方法▶国数英（各40分・各100点・マークシート），個人面接（5分），調査書
◆ 受験料 20,000円

内申基準 単願推薦：［アカデミックフロンティア］5科19，［アドバンストラーニング］5科16，［アスリート］5科15または9科29　**併願推薦**：［アカデミックフロンティア］5科20，［アドバンストラーニング］5科17，［アスリート］5科16または9科30　※いずれも9科に1不可，アカデミックフロンティアコースは5科に2も不可　※条件により内申加点あり

特待生・奨学金制度 アカデミックフロンティアコースを対象とした特待生制度あり。内申，入試成績などにより2段階で認定。

帰国生の受け入れ 個別対応。

入試日程

区分	登録・出願	試験	発表	手続締切
単願推薦	10/14～1/10	1/17	1/18	1/22
併願推薦	10/14～1/10	1/18（アカデミック1/17or18）	1/19	併願校発表翌々日
一般	10/14～1/10	1/18	1/22	併願校発表翌々日

応募状況

年度	区分		応募数	受験数	合格数	実質倍率
'24	アカ	単推	21	21	21	1.0
		併推	132	130	130	1.0
		一般	3	3	0	—
	アド	単推	127	127	127	1.0
		併推	777	775	775	1.0
		一般	56	54	4	13.5
	アス	単推	91	91	91	1.0
		併推	30	30	30	1.0
'23	アカ	単推	24	24	24	1.0
		併推	184	184	184	1.0
		一般	4	3	1	3.0
	アド	単推	146	146	146	1.0
		併推	1,163	1,161	1,161	1.0
		一般	73	66	29	2.3
	アス	単推	112	112	112	1.0
		併推	18	18	18	1.0

［スライド制度］あり。上記に含まず。
［24年合格最低点］非公表。

学費（単位：円）	入学金	施設設備費	授業料	その他経費	小計	初年度合計
入学手続時	160,000	130,000	—	7,000	297,000	937,000
1年終了迄	—	72,000	396,000	172,000	640,000	

※2024年度予定。［授業料納入］10回分割。
［その他］制服・制定品代，副教材費・行事費（2023年度実績：アカデミックフロンティアコース223,000円，アドバンストラーニングコース174,000円，アスリートコース207,000円）あり。

併願校の例

※［アカ］を中心に

	千公立	私立
挑戦校	柏（理数）／鎌ヶ谷　柏南／幕張総合　国府台／成田国際（国際）　松戸国際／柏の葉　柏中央／国分	二松学舎柏　流経大柏　東洋大牛久
最適校	市川東／船橋芝山　市立松戸／市立習志野　我孫子／流山おおたかの森　船橋啓明／市立船橋　松戸／印旛明誠	中央学院　西武台千葉　常総学院
堅実校	松戸六実／柏陵　市川昂／市立柏　野田中央／流山（商）　船橋二和／松戸馬橋　白井／流山南	秀明八千代　我孫子二階堂　東京学館船橋　霞ヶ浦

合格のめやす

合格の可能性 **60%** **80%** の偏差値を表示しています。

アカデミックフロンティア **51** （**55**）

アドバンストラーニング **45** （**49**）

アスリートは偏差値を設定していません。

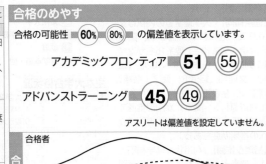

合格者／不合格者　合否分布

実線＝アドバンストラーニング
破線＝アカデミックフロンティア

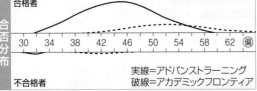

※合格のめやすの見方は114ページ参照。

見学ガイド 体育祭／文化祭／アカデミックフロンティアコースセミナー／説明会／オープンスクール／個別相談会

千葉　男女　（に）　日本体育大学柏

小 中 **高 専 短** 大

船橋市

日本大学習志野 高等学校

〒274-8504　千葉県船橋市習志野台7-24-24　☎(047)469-5555

【教育目標】「自主創造の精神の育成」「高い理想と真剣な学習態度の育成」「知育・徳育・体育の調和的育成」を掲げる。

【沿革】1929年日本大学工業学校として創設。1974年現校名となる。2011年，日本大学理工学部船橋キャンパス内の新校舎に移転。

【学校長】倉又　勇一

【生徒数】男子699名，女子467名

	1年(10クラス)	2年(13クラス)	3年(12クラス)
男子	233名	243名	223名
女子	144名	175名	148名

東葉高速線―船橋日大前5分　新京成線―北習志野20分

特色

設置学科：普通科

【コース】1年次は学力平均化クラスを編成。2年次より文系はNP（国公立進学）・GA（総合進学），理系はNP・GA・CST（日本大学理工学部進学）の進路別コースとなる。

【カリキュラム】①NPコースは受験科目に重点をおき，高度な内容の授業を展開する。②GAコースは基礎学力の充実を図る。日本大学付属推薦や指定校推薦，総合型選抜などにも対応。③CSTコースは日本大学理工学部との高大連携教育を実践。日本大学理工学部の科目を履修することができ，試験やレポートで合格して修得した単位は大学入学後の単位として認定。④タブレット端末や電子黒板などのICTを活用し，より能動的に学習する。⑤夏休みに希望制の基礎力練成講座（1年次），実力養成講座（2年次），特別進学講座Ⅰ&Ⅱ（3年次）を開く。

【海外研修】2年次にシンガポール修学旅行を実施し，生きた英語に触れる。オーストラリアでの語学研修制度（約2週間・希望制）もある。

【クラブ活動】フェンシング部，チアリーダー部が全国大会出場の実績。剣道部が関東大会に出場の実績。バレー部なども活躍している。

習熟度別授業	土曜授業	文理選択	オンライン授業	制服	自習室	食堂	プール	グラウンド	アルバイト
―	―	2年～	○	○	～18:00	○	―	○	―

登校時刻＝　8:30
下校時刻＝19:00

進路情報 2023年3月卒業生

四年制大学への進学率 **87.1%**

【卒業生数】379名

【進路傾向】大学進学者の内訳は文系37％，理系61％，他2％。国公立大学へ文系10名，理系16名が進学。

【系列進学】日本大学へ102名（法10，文理13，経済6，商2，芸術7，理工52，生産工1，医1，松戸歯1，生物資源科3，薬6）が内部推薦で進学。同短期大学部，附属専門学校への推薦制度もある。

【指定校推薦】利用状況は早稲田大4，慶應大1，上智大4，東京理科大9，学習院大7，明治大7，青山学院大5，立教大7，中央大10，法政大8，成蹊大2，成城大3，明治学院大5，芝浦工業大3など。

■ 四年制大学	330名	
□ 短期大学	0名	
■ 専修・各種学校	3名	
■ 就職	0名	
□ 進学準備・他	46名	

主な大学合格状況

'24年春速報は巻末資料参照

大学名	'23	'22	'21	大学名	'23	'22	'21	大学名	'23	'22	'21
◇東工大	1	1	1	早稲田大	8	17	29	日本大	547	425	614
◇一橋大	0	1	0	慶應大	10	10	10	東洋大	43	25	17
◇千葉大	14	13	19	上智大	16	10	11	駒澤大	6	7	8
◇筑波大	5	5	5	東京理科大	35	26	50	成蹊大	7	12	16
◇東京外大	1	1	2	学習院大	14	17	22	成城大	15	11	15
◇横浜国大	1	1	1	明治大	45	43	63	明治学院大	14	11	14
◇埼玉大	0	1	4	青山学院大	13	17	18	獨協大	10	10	8
◇東京学芸大	2	4	0	立教大	24	17	38	芝浦工大	18	17	30
◇信州大	1	6	0	中央大	39	30	56	東京電機大	5	16	16
◇電通大	1	1	1	法政大	53	37	48	東邦大	14	20	19

※各大学合格数は既卒生を含む。

入試要項 2024年春（実績）

新年度日程についてはp.116参照。

◆ 前期　**第1志望入試**：第1志望　**特別入試**：第1志望（剣道部対象）　**一般入試**：一般
募集人員▶第1志望入試180名（特別入試若干名を含む），一般入試190名
選抜方法▶第1志望入試：国数英（各50分・各100点・マークシート），グループ面接（10分），調査書，志望理由書　**特別入試**：国数英（各50分・各100点・マークシート），個人面接（10分），調査書　**一般入試**：国数英（各50分・各100点・マークシート），調査書
◆ 受験料　20,000円

(内申基準) 第1志望入試：5科20　**特別入試**：5科17　※いずれも9科に2不可
(特待生・奨学金制度) 入学後の成績に応じた奨学金制度あり。
(帰国生の受け入れ) 国内生と同枠入試。

入試日程

区分	出願	試験	発表	手続締切
第1志望	12/17～1/11	1/17	1/19	1/21
特別	12/17～1/11	1/17	1/19	1/21
一般	12/17～1/11	1/17or18	1/19	1/21

[試験会場] 一般1/17は日本大学理工学部船橋校舎，1/18は本校または日本大学理工学部船橋校舎。
[延納] 一般入試は50,000円納入により残額は公立発表後まで。

応募状況

年度	区分		応募数	受験数	合格数	実質倍率
'24	第1・特別	男子	131	129	190	1.2
		女子	99	99		
	一般	男子	1,375	1,360	1,161	2.1
		女子	1,061	1,052		
'23	A・スポ	男子	155	155	121	1.3
		女子	100	99	75	1.3
	B	男子	971	963	511	1.9
		女子	708	702	349	2.0
'22	A・スポ	男子	154	154	125	1.2
		女子	138	138	103	1.3
	B	男子	935	929	497	1.9
		女子	736	732	375	2.0

['24合格最低点] 一般入試167/300

学費（単位：円）

	入学金	施設設備資金	授業料	その他経費	小計	初年度合計
入学手続時	210,000	—	—	—	210,000	約1,191,000
1年終了迄	—	274,000	372,000	約335,000	約981,000	

※2024年度予定。[授業料納入] 3回分割。
[その他] 制服・制定品代，教材費あり。

併願校の例

	千公立	都立	私立
挑戦校	千葉	日比谷	渋谷教育幕張 市川 昭和秀英 青山学院
最適校	船橋 千葉東 佐倉 薬園台 市立千葉	戸山 青山 新宿 竹早 三田	芝浦工大柏 専大松戸 成田 江戸川女子 国学院
堅実校	船橋東 八千代 長生 鎌ヶ谷 幕張総合	小松川 城東 上野 江戸川 墨田川	千葉日大一 八千代松陰 千葉英和 千葉敬愛 安田学園

合格のめやす

合格の可能性 **60%** **80%** の偏差値を表示しています。

普通科　**62**　**66**

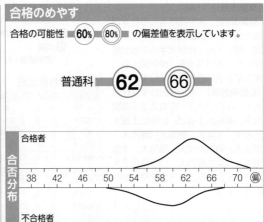

※合格のめやすの見方は114ページ参照。

(見学ガイド) 体育祭／文化祭／説明会／オープンキャンパス／学校見学会

千葉　男女　(に) 日本大学習志野

市川市

日出学園 高等学校

〒272-0824　千葉県市川市菅野3-23-1　☎(047)324-0071

【校　訓】　「至誠を基とし中正の道を尚ぶこと」「明朗快活にして責任を重んずること」「和衷協同して苦楽を共にすること」を表した「なおくあかるくむつまじく（誠 明 和）」を掲げる。

【沿　革】　1934年日出学園発足，1950年高等学校開校。

【学校長】　堀越　克茂

【生徒数】　男子276名，女子238名

	1年(5クラス)	2年(5クラス)	3年(5クラス)
男子	88名	81名	107名
女子	81名	76名	81名

京成本線―菅野5分
JR―市川15分またはバス日出学園

特色

設置学科：普通科

【コース】　特進コースと進学コースを設置。

【カリキュラム】　①早い時期から大学受験への対応を行い，3年次は演習中心の授業となる。②少人数授業で発表やディベートの機会を多く設け，自学自習の精神を培う。③コミュニケーションツールとしての英語を身につけるため，TOEIC，GTECを全員が受験する。④情報の授業が充実。作曲や3D造形，デジタルコンテンツ制作，ロボットプログラミングを学ぶ授業などを設置。⑤特進コースは国公立・難関私立大学，医歯薬系への進学を一般入試と公募推薦入試でめざす。進学コースより5時間多い週38時間カリキュラムを設ける。⑥長期休業中の講習や夏休みの学習合宿を希望制で実施している。

【キャリア教育】　第一線で活躍する保護者や卒業生を講師に招く「職業を語る会」を開催。大学出張授業，進路講演会なども行う。

【海外研修】　1・2年次希望者対象で，約2週間のオーストラリア語学研修を実施する。

【クラブ活動】　囲碁・将棋部，バトントワーリング部，軽音楽部が全国レベルで活動している。男子硬式テニス部は関東大会に出場。

習熟度別授業	土曜授業	文理選択	オンライン授業	制服	自習室	食堂	プール	グラウンド	アルバイト
国数英	○	2年～	○	○	～18:00	―	○	○	審査

登校時刻＝ 8:25
下校時刻＝18:00

進路情報　2023年3月卒業生

四年制大学への進学率 **80.5%**

【卒業生数】　159名

【進路傾向】　大学進学者のうち6割強が文系進学。国公立大学へ文系3名・理系6名，海外大学へ1名が進学した。医学部4名，歯学部1名，薬学部9名の合格が出ている。

【指定校推薦】　利用状況は東京理科大1，学習院大3，立教大2，成蹊大2，東邦大1など。ほかに上智大，日本大，東洋大，駒澤大，専修大，成城大，明治学院大，獨協大，東京電機大，東京都市大，白百合女子大，清泉女子大，フェリス女学院大など推薦枠あり。

四年制大学	128名
短期大学	1名
専修・各種学校	8名
就職	0名
進学準備・他	22名

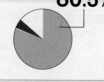

主な大学合格状況

'24年春速報は巻末資料参照

大学名	'23	'22	'21	大学名	'23	'22	'21	大学名	'23	'22	'21
◇千葉大	4	6	2	上智大	6	2	5	駒澤大	12	12	2
◇筑波大	1	2	2	東京理科大	7	7	7	専修大	10	16	14
◇東京外大	0	1	0	学習院大	12	7	5	帝京大	5	19	8
◇埼玉大	0	1	0	明治大	15	16	21	國學院大	7	9	6
◇東京農工大	1	0	0	青山学院大	4	4	2	成蹊大	4	10	2
◇東京学芸大	0	1	0	立教大	12	4	19	成城大	6	6	10
◇都立大	0	0	2	中央大	14	11	12	明治学院大	11	6	10
◇茨城大	1	0	0	法政大	24	21	17	東京電機大	15	10	8
早稲田大	3	9	10	日本大	38	59	54	北里大	9	6	1
慶應大	0	1	3	東洋大	30	31	22	東邦大	19	11	20

※各大学合格数は既卒生を含む。

入試要項 2024年春（実績）

新年度日程についてはp.116参照。

◆ 推薦 専願，併願（公私とも可）

募集人員▶約20名

選抜方法▶国数英（国数各50分・英60分・各100点・英にリスニングあり），調査書

◆ 一般

募集人員▶約20名

選抜方法▶国数英（国数各50分・英60分・各100点・英にリスニングあり），グループ面接（5～10分），調査書 ※英語検定準2級取得者は合格証明書のコピー提出により，合否判定時のみ5点加点あり（一般の進学コース対象）

◆ 受験料 25,000円

(内申基準) 専願推薦：5科21 併願推薦：5科23
(特待生・奨学金制度) 推薦・一般合わせて成績上位5％を初年度特待に認定。また内申5科24・入試成績85％で3年間特待に認定。
(帰国生の受け入れ) 国内生と同枠入試。

入試日程

区分	出願	試験	発表	手続締切
推薦・一般	12/17～1/11	1/18	1/20	1/25

［延納］併願は3/5まで。

応募状況

年度	区分			応募数	受験数	合格数	実質倍率
'24	推薦	特進	男	79	78	37	2.1
			女	62	61	29	2.1
		進学	男	19	19	19	1.0
			女	34	34	34	1.0
	一般	特進	男	5	5	1	5.0
			女	6	6	0	—
		進学	男	9	8	3	2.7
			女	9	9	4	2.3
'23	推薦	特進	男	95	94	39	2.4
			女	82	79	33	2.4
		進学	男	23	23	23	1.0
			女	63	62	55	1.1
	一般	特進	男	15	14	2	7.0
			女	10	10	1	10.0
		進学	男	13	12	4	3.0
			女	7	5	2	2.5
'22	推薦	特進	男	108	107	60	1.8
			女	102	101	58	1.7
		進学	男	48	48	47	1.0
			女	54	53	53	1.0
	一般	特進	男	15	15	2	7.5
			女	15	15	3	5.0
		進学	男	20	19	4	4.8
			女	18	18	7	2.6

［スライド制度］あり。上記に含まず。
［'24年合格最低点］推薦：特進200，進学120（/300）
一般：特進200，進学150（/300） ※推薦の進学
コースは基準点

学費（単位：円）

	入学金	施設整備費	授業料	その他経費	小計	初年度合計
入学手続時	150,000	200,000	—	—	350,000	923,805
1年終了迄	—	—	288,000	285,805	573,805	

※2024年度予定。［入学前納入］1年終了迄の小計のうち12,211円。［授業料納入］4回分割。
［その他］制服・制定品代，旅行費（特進コース105,000円，進学コース75,000円）あり。
［寄付・学債］任意の寄付金1口10万円あり。

併願校の例 ※［進学］を中心に

	千公立	都立	私立
挑戦校	千葉 船橋 東葛飾 千葉東 佐倉	戸山 新宿	芝浦工大柏 日大習志野 専大松戸 中央大学 芝浦工大附
最適校	薬園台 市立千葉 小金 船橋東 八千代	三田 小松川 城東	国府台女子 千葉日大一 八千代松陰 国学院 東洋
堅実校	国府台 幕張総合 千葉西 津田沼 国分	上野 江戸川 墨田川 産業技術高専	東海大浦安 昭和学院 和洋国府台 千葉商大付 日大一

合格のめやす

合格の可能性 **60%** **80%** の偏差値を表示しています。

特進 **61** **65**

進学 **58** **62**

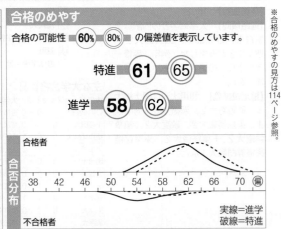

合格者

38 42 46 50 54 58 62 66 70 偏

不合格者

実線＝進学
破線＝特進

※合格のめやすの見方は114ページ参照。

(見学ガイド) 体育祭／文化祭／説明会／学校見学／入試相談コーナー

小 中 **高** 専 短 大

茂原市

茂原北陵 高等学校

〒299-4122　千葉県茂原市吉井上128　☎(0475)34-3211

【校 訓】「誠実・創造・協調」を掲げる。豊かな可能性を引き出し個性を伸ばす教育をめざす。

【沿 革】　1899年長生裁縫女学校として創立。1965年普通科募集を開始し、女子校より共学化。1994年現校名に改称。

【学校長】　永野 卓

【生徒数】　男子334名、女子223名

	1年(6クラス)	2年(6クラス)	3年(6クラス)
男子	126名	100名	108名
女子	84名	89名	50名

茂原北陵

JR―本納20分　JR―五井、京成千原線―おゆみ野、ちはら台よりスクールバス

特色

設置学科：普通科／家政科（女子）

【コース】　普通科に総合コースと特別進学コースを設置。特別進学コースは2年次より文系と理系に分かれる。

【カリキュラム】　①総合コースは大学、専門学校、就職など様々な進路に対応。週2回、授業前に進路対策基礎学力強化ゼミや、英語と数学の学び直しゼミを実施。②特別進学コースは1クラス25名以下の少人数制。放課後や長期休業中のゼミで学習習慣の定着を図る。ノートPCを授業や放課後の動画教材視聴に活用する。探究学習は3学年合同で行う。③家政科は一般教養と専門技術を履修。実習授業でスキルを磨く。④全校で朝の小テストや、漢字検定、リテラス論理言語力検定などの資格取得に取り組む。

【キャリア教育】　幼稚園実習、インターンシップなどの実習を通し社会を知る。3年次に身だしなみなどを学ぶ社会人講座や礼法指導を行う。

【海外研修】　全学年の希望者を対象としたサイパンでの研修を実施している。

【クラブ活動】　ダンス部と射撃部が全国大会に出場の実績。柔道部、野球部なども活躍。

【施設】　2024年7月に新体育館が増設予定。

習熟度別授業	土曜授業	文理選択	オンライン授業	制服	自習室	食堂	プール	グラウンド	アルバイト	登校時刻＝ 8:35
数英	―	2年～	○	○	～18:00	○		○	届出	下校時刻＝18:30

進路情報　2023年3月卒業生

進学率 **75.0%**

【卒業生数】　164名

【進路傾向】　大学進学者の内訳は文系71%、理系29%。国公立大学へ理系1名が進学した。例年、専修・各種学校への進学者が多い。就職実績も豊富。

【指定校推薦】　利用状況は国士舘大1、武蔵野大2、淑徳大3、秀明大1、東京情報大2、敬愛大2、植草学園大2、千葉経済大2、東京保健医療専門職大1など。

四年制大学	55名
短期大学	6名
専修・各種学校	62名
就職	40名
進学準備・他	1名

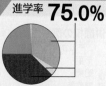

主な大学合格状況

'24年春速報は巻末資料参照

大学名	'23	'22	'21	大学名	'23	'22	'21	大学名	'23	'22	'21
◇県立保健医療大	1	0	0	専修大	1	0	0	大正大	1	1	0
早稲田大	0	3	0	帝京大	0	1	0	城西国際大	7	4	3
東京理科大	0	0	1	立正大	3	0	0	淑徳大	6	4	5
学習院大	0	1	0	国士舘大	1	0	1	千葉商大	8	1	1
明治大	0	0	1	千葉工大	71	1	1	東京情報大	2	3	2
立教大	0	4	0	聖心女子大	1	0	0	植草学園大	5	0	2
法政大	0	1	0	武蔵野大	2	1	1	敬愛大	5	2	0
日本大	2	1	1	二松學舍大	1	0	0	清和大	1	1	2
東洋大	0	3	0	帝京平成大	2	1	1	千葉経済大	3	2	3
駒澤大	1	2	0	神田外語大	2	1	0	明海大	0	4	4

※各大学合格数は既卒生を含む。

入試要項 2024年春（実績）

新年度日程についてはp.116参照。

◆ 推薦　単願，併願（公私とも可）

募集人員 ▶ 総合コース135名，特別進学コース25名，家政科（女子）40名　※一般を含む全体の定員

選抜方法 ▶ 総合コース・家政科：基礎力試験（国数英計50分・計100点），個人面接（3〜5分），調査書　**特別進学コース**：国数英（各50分・各100点・英にリスニングあり），調査書，ほかに単願は個人面接（3〜5分）

◆ 一般　単願，併願

募集人員 ▶ 定員内

選抜方法 ▶ 国数英（各50分・各100点・英にリスニングあり），個人面接（3〜5分），調査書

◆ 受験料　18,000円

(内申基準)　単願推薦：[総合] 5科12，[特別進学] 5科17，[家政科] 家3　併願推薦：[総合] 5科13，[特別進学] 5科17，[家政科] 家3　※いずれも9科に1不可　※条件により内申加点あり

(特待生・奨学金制度)　特別進学コースは内申，入試結果による特待生認定，家政科単願は内申による特待生認定あり。ほかに部活動による特待生制度もあり。いずれも4段階。

(帰国生の受け入れ)　個別対応。

入試日程

区分		登録・出願	試験	発表	手続締切
単推		12/1〜1/9	1/17	1/22	1/25
併推	特進	12/1〜1/9	1/17	1/22	3/5
	総合・家政	12/1〜1/9	1/18	1/22	1/25
一般		12/1〜1/9	1/17	1/22	1/25

[延納] 併願者は50,000円納入により残額は公立発表後まで。

応募状況

年度	区分		応募数	受験数	合格数	実質倍率
'24	総合	単願	130	130	128	1.0
		併願	449	449	447	1.0
	特進	単願	8	8	8	1.0
		併願	151	150	122	1.2
	家政	単願	17	17	17	1.0
		併願	22	22	22	1.0
'23	総合	単願	132	132	128	1.0
		併願	492	491	488	1.0
	特進	単願	7	7	6	1.2
		併願	166	166	133	1.2
	家政	単願	9	9	9	1.0
		併願	35	35	35	1.0
'22	総合	単願	116	116	115	1.0
		併願	520	519	514	1.0
	特進	単願	9	9	9	1.0
		併願	148	148	105	1.4
	家政	単願	22	22	22	1.0
		併願	32	32	32	1.0

[スライド制度] あり。上記に含まず。
['24年合格最低点] 非公表。

千葉　男女　(も)　茂原北陵

学費（単位：円）

	入学金	施設費	授業料	その他経費	小計	初年度合計
入学手続時	100,000	143,000	30,000	34,200	307,200	756,110
1年終了迄	—	33,000	330,000	85,910	448,910	

※2024年度予定。[授業料納入] 毎月分割（入学手続時に4月分納入）。
[その他] 制服・制定品代，教材費・教科書代（普通科59,330円，家政科62,445円）等あり。
[寄付・学債] 125周年寄付金3万円を上記に含む。

併願校の例　※[総合]を中心に

	千公立	私立
挑戦校	千葉南／千葉女子 磯辺／千葉北 東金／匝瑳 四街道／茂原	千葉明徳 千葉経済大附 東海大市原望洋
最適校	千城台／千葉商業 市立習志野(商)／大多喜 土気／若松 市原八幡／千葉工業 一宮商業／東金商業	千葉黎明 横芝敬愛 木更津総合 桜林 千葉学芸
堅実校	京葉／松尾 四街道北／京葉工業 茂原樟陽／生浜 大網／市原緑 大原／生浜(定)	

合格のめやす

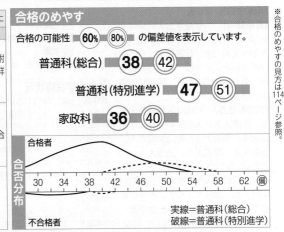

合格の可能性 **60%** **80%** の偏差値を表示しています。

普通科(総合) **38** (42)

普通科(特別進学) **47** (51)

家政科 **36** (40)

合格者

30　34　38　42　46　50　54　58　62　(偏)

合否分布

不合格者

実線＝普通科(総合)
破線＝普通科(特別進学)

※合格のめやすの見方は114ページ参照。

見学ガイド　体育祭／文化祭／弁論大会／説明会／見学会／部活動体験

八千代市

八千代松陰 高等学校

〒276-0028　千葉県八千代市村上727　☎(047)482-1234

【教育方針】　「さわやか」「はつらつ」「ひたむき」をスローガンとする。生徒一人ひとりの持ち味を生かす教育を行い, 社会に役立ち, 日本の新しい歴史創りの主人公となる青年を育成する。

【沿　革】　1978年創立。

【学校長】　櫻井　丸

【生徒数】　男子1,162名, 女子867名

	1年(16クラス)	2年(16クラス)	3年(19クラス)
男子	347名	360名	455名
女子	283名	289名	295名

JR―千葉・四街道・木下, 京成本線―勝田台, 東葉高速線―八千代中央などよりスクールバス

特色

設置学科：普通科

【コース】　進学コース, IGS（特進）コース, AEM（英数特進）コースを設置している。

【カリキュラム】　①進学コースは習熟度別クラスで個々の学力を伸ばす。3年次には週に17時間の選択科目で大学入試に対応。②IGSコースは確かな学力, 国際感覚などを養うと共に, キャリアデザインを考える。③AEMコースは英語と数学の強化を基盤とする。最難関大学, 医学部, 海外大学が目標。通常授業のほかにハイレベルな補講を実施。④1人1台のノートPCを導入。授業のほか, 卒業レポート作成にも活用。

⑤土曜日は休講だが土曜講座を開講。受験指導や陶芸, 実験など多彩な内容を用意している。

【海外研修】　オーストラリアなどの姉妹校訪問や, フィリピンやイギリスなどへのスタディツアー, IGSコース対象のアメリカ・シリコンバレーでの研修を実施。いずれも希望制。

【クラブ活動】　陸上競技部, 新体操部, 書道部, レスリング部, ギター部, 韓国文化研究部, 水泳部, 合唱部などが全国レベルで活躍。

【施設】　競技別のグラウンドをはじめ, 2つの体育館など運動施設が充実している。

習熟度別授業	土曜授業	文理選択	オンライン授業	制服	自習室	食堂	プール	グラウンド	アルバイト
5教科	―	○	○	○	～19:00	○	○	○	審査

登校時刻＝ 8:30
下校時刻＝19:00

進路情報 2023年3月卒業生

【卒業生数】　606名

【進路傾向】　大学進学者の内訳は文系54%, 理系42%, 他4%。国公立大学へ文系13名, 理系26名, 他3名が進学した。医学部3名（うち医学科2名）, 歯学部6名, 薬学部26名の合格が出ている。

【指定校推薦】　利用状況は早稲田大2, 慶應大2, 東京理科大6, 学習院大4, 明治大3, 青山学院大1, 立教大1, 中央大6, 法政大4, 日本大12, 東洋大2, 駒澤大1, 國學院大2, 成蹊大5, 成城大3, 明治学院大5, 獨協大3など。ほかに専修大, 聖心女子大, 白百合女子大, 順天堂大など推薦枠あり。

四年制大学への進学率 **82.2%**

四年制大学	498名
短期大学	14名
専修・各種学校	37名
就職	1名
進学準備・他	56名

主な大学合格状況

'24年春速報は巻末資料参照

大学名	'23	'22	'21	大学名	'23	'22	'21	大学名	'23	'22	'21
◇京都大	0	1	0	慶應大	9	5	14	東洋大	91	84	110
◇東工大	0	1	0	上智大	7	10	5	駒澤大	30	18	32
◇一橋大	1	0	0	東京理科大	30	25	30	専修大	31	20	27
◇千葉大	13	6	13	学習院大	19	19	17	帝京大	21	24	35
◇筑波大	6	3	4	明治大	48	34	32	國學院大	28	16	20
◇横浜国大	1	1	0	青山学院大	24	9	14	成城大	10	10	10
◇埼玉大	3	3	1	立教大	38	36	33	明治学院大	32	28	14
◇横浜市大	1	1	1	中央大	40	36	26	獨協大	27	31	28
◇茨城大	4	5	2	法政大	54	58	66	芝浦工大	9	31	15
早稲田大	12	14	14	日本大	155	163	150	順天堂大	20	12	30

※各大学合格数は既卒生を含む。

入試要項 2024年春（実績）

新年度日程についてはp.116参照。

◆ 前期　単願，併願（公私とも可）

募集人員▶進学コース約340名，IGSコース約70名，AEMコース約30名　※AEMコースに内部進学生を含む

選抜方法▶国数英（各50分・各100点・マークシート），調査書

◆ 受験料　22,000円

(内申基準) 非公表。

(特待生・奨学金制度) 成績優秀者（単願のみ）を対象とした特別奨学金制度あり。

(帰国生の受け入れ) 個別対応。

入試日程

区分	登録・出願	試験	発表	手続締切
前期①	12/1〜1/10	1/18	1/19	1/22
前期②	12/1〜1/10	1/20	1/21	1/24

[延納] 併願は30,000円納入により残額は公立発表後まで。

応募状況

年度	区分		応募数	受験数	合格数	実質倍率
'24	進学	前期①	705	703	815	—
		前期②	410	317	518	—
	IGS	前期①	391	391	240	1.6
		前期②	654	511	301	1.7
	AEM	前期①	51	50	32	1.6
		前期②	312	216	135	1.6
'23	進学	前期①	610	609	796	—
		前期②	317	214	394	—
	IGS	前期①	404	403	190	2.1
		前期②	574	382	203	1.9
	AEM	前期①	77	76	40	1.9
		前期②	312	195	117	1.7
'22	進学	前期①	736	736	913	—
		前期②	386	268	511	—
	IGS	前期①	436	435	228	1.9
		前期②	679	451	198	2.3
	AEM	前期①	69	68	39	1.7
		前期②	325	196	119	1.6

[スライド制度] あり。上記に含む。
[24年合格最低点] 非公表。

千葉　男女　や　八千代松陰

学費（単位：円）

学費（単位：円）	入学金	施設費	授業料	その他経費	小計	初年度合計
入学手続時	170,000	140,000	—	—	310,000	約986,200
1年終了迄	—	108,000	312,000	約256,200	約676,200	

※2024年度予定。[入学前納入] 1年終了迄の小計のうち約165,000円。[授業料納入] 一括または2回・毎月分割。
[その他] 制服・制定品代，AEMコースはゼミ受講料120,000円あり。

併願校の例

※[進学]を中心に

	千公立	私立
挑戦校	千葉／船橋 東葛飾／千葉東 佐倉／薬園台 市立千葉／小金	昭和秀英 芝浦工大柏 日大習志野 専大松戸 成田
最適校	船橋東／柏 八千代／鎌ヶ谷 成田国際／国府台 幕張総合／千葉西 津田沼／松戸国際	国府台女子 千葉日大一 流経大柏 千葉英和 東葉
堅実校	国分／検見川 柏の葉／千葉女子 市川東／千葉北 船橋芝山／市立習志野 我孫子／市立船橋	昭和学院 敬愛学園 千葉商大付 千葉経済大附 中央学院

合格のめやす

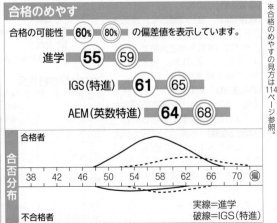

合格の可能性 60% 80% の偏差値を表示しています。

進学　55　59

IGS（特進）　61　65

AEM（英数特進）　64　68

合格者

| 38 | 42 | 46 | 50 | 54 | 58 | 62 | 66 | 70（偏） |

不合格者

実線＝進学
破線＝IGS（特進）

※合格のめやすの見方は114ページ参照。

(見学ガイド) 文化祭／生徒によるキャンパスツアー／説明会／学校見学

山武郡横芝光町

横芝敬愛 高等学校

〒289-1733　千葉県山武郡横芝光町栗山4508　☎(0479)82-1239

【教育方針】　建学の精神「敬天愛人」を肝に銘じ、個性と能力を伸ばし自己肯定感を高め、丈夫な体と健全な精神を育成する。

【沿　革】　1921年創立の八日市場女学校より、1971年に男子部を横芝へ移転。1975年に独立。2001年より共学化。

【学校長】　白鳥　秀幸

【生徒数】　男子151名、女子72名

	1年（2クラス）	2年（3クラス）	3年（2クラス）
男子	53名	59名	39名
女子	24名	26名	22名

JR―横芝よりスクールバス

特色

設置学科：普通科

【コース】　特別進学と普通の2コース制。2年次より特別進学コースは文系・理系に分かれ、普通コースは標準コースとなる。

【カリキュラム】　①全学年で週4時間、5教科学び直しの学校設定科目「マルチベーシック」に取り組む。②全校で日本語検定を受験。2・3年次で3級合格をめざす。朝の10分間読書で毎日活字に触れ、読解力向上をめざす。③昼休みは15分の「午睡（シエスタ）」を取り入れ、午後の授業に備える。④特別進学コースは国公立大学進学を視野に入れたカリキュラム。希望者対象の補習も行う。⑤普通コース1年次の数学と英語は、学力に応じた少人数指導。⑥学習動画の視聴など、ICT活用支援サービスを導入。⑦フォークリフトや小型車両系建設機械などの資格を1年間に2つずつ取得可能。

【クラブ活動】　少林寺拳法部、書道部が全国レベルで活躍。剣道部、野球部、自動車部、美術部なども活発に活動している。

【施設】　卓球場、弓道場、少林寺拳法専用道場、ダートコース、人工芝テニスコートなど運動施設が充実。食堂では朝食も提供している。

習熟度別授業	土曜授業	文理選択	オンライン授業	制服	自習室	食堂	プール	グラウンド	アルバイト	登校時刻＝ 8:40
数	―	2年～	○	○	～18:00	○	―	○	届出	下校時刻＝19:00

進路情報　2023年3月卒業生

進学率 **65.4%**

【卒業生数】　81名

【進路傾向】　進路は幅広く、進路決定率は高い（2023年春は99％）。大学進学はいずれも私立大学で、内訳は文系83％、理系13％、他4％。県内への進学希望者が多い。

【系列進学】　敬愛大学へ11名（経済10名、国際1名）、千葉敬愛短期大学へ5名が内部推薦で進学した。

【指定校推薦】　利用状況は国士舘大1、桜美林大1、城西国際大1、淑徳大3、東京情報大1、江戸川大1、流通経済大1、国際武道大1など。ほかに日本大、東京電機大、日本工大など推薦枠あり。

■ 四年制大学	24名
■ 短期大学	5名
■ 専修・各種学校	24名
■ 就職	27名
□ 進学準備・他	1名

主な大学合格状況

'24年春速報は巻末資料参照

大学名	'23	'22	'21	大学名	'23	'22	'21	大学名	'23	'22	'21
日本大	0	2	0	神田外語大	1	0	0	国際武道大	1	2	2
大東文化大	1	3	0	高千穂大	0	0	1	千葉科学大	0	1	0
帝京大	0	1	1	城西国際大	1	1	4	千葉経済大	0	1	0
立正大	0	0	1	淑徳大	3	0	0	明海大	0	1	0
国士舘大	1	1	1	和洋女子大	0	0	1				
桜美林大	1	1	0	東京情報大	1	0	0				
関東学院大	0	1	0	流通経済大	2	0	0				
順天堂大	1	0	0	山梨学院大	0	0	1				
文教大	0	1	0	江戸川大	1	0	0				
帝京平成大	1	0	0	敬愛大	11	3	7				

※各大学合格数は既卒生を含む。

入試要項 2024年春（実績）

新年度日程についてはp.116参照。

◆ 前期　推薦：第1志望　一般：第1志望，第2志望

募集人員▶190名

選抜方法▶推薦：個人面接（15分），調査書
一般：国数英（各50分・各100点・マークシート），調査書

◆ 後期　一般：第1志望，第2志望

募集人員▶10名

選抜方法▶国数英（各50分・各100点・マークシート），調査書

◆ 受験料　18,000円

（内申基準）非公表。

（特待生・奨学金制度）進学特待（特別進学コース対象）と，スポーツ特待を認定。ほかに長戸路学園独自の学校減免制度あり。

（帰国生の受け入れ）国内生と同枠入試。

入試日程

区分		登録・出願	試験	発表	手続締切
前期	推薦	12/1〜1/10	1/18	1/20	1/23
	一般	12/1〜1/10	1/17	1/20	1/23
	後期	12/1〜2/10	2/15	2/17	2/20

[延納] 第2志望者は50,000円納入により残額は公立発表後まで。
[2次募集] 3/8

応募状況

年度	区分		応募数	受験数	合格数	実質倍率
'24	前期	推薦	42	42	42	1.0
		一般	141	141	138	1.0
	後期		2	2	2	1.0
'23	前期	推薦	46	46	46	1.0
		一般	167	167	162	1.0
	後期		3	2	1	2.0
'22	前期	推薦	55	55	55	1.0
		一般	185	185	182	1.0
	後期		2	2	2	1.0

['24年合格最低点] 非公表。

千葉　男　女　（よ）横芝敬愛

学費（単位：円）

学費（単位：円）	入学金	施設費	授業料	その他経費	小計	初年度合計
入学手続時	130,000	100,000	—	700	230,700	698,100
1年終了迄	—	60,000	378,000	29,400	467,400	

※2024年度予定。[授業料納入] 毎月分割。
[その他] 制服・制定品代あり。

併願校の例

※[普通]を中心に

	千公立	私立
挑戦校	佐原白楊／匝瑳 東金／四街道 茂原／千城台 銚子	東海大市原望洋 千葉明徳 千葉黎明 東京学館
最適校	土気／若松 銚子商業(商)／佐倉東 富里／東金商業 小見川／松尾 四街道北／東総工業	茂原北陵 千葉聖心 愛国四街道
堅実校	大網／成田西陵 多古／泉 佐倉南／旭農業 八街／九十九里 銚子商業(海)	

合格のめやす

合格の可能性 60% 80% の偏差値を表示しています。

特別進学　48　52

普通　35　39

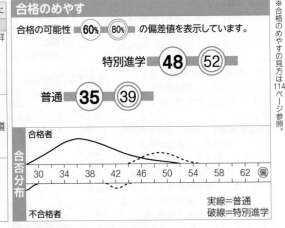

※合格のめやすの見方は114ページ参照。

（見学ガイド）文化祭／説明会

柏市

流通経済大学付属柏 高等学校

〒277-0872　千葉県柏市十余二1-20　☎(04)7131-5611

【教育方針】　智識（智慧と見識）の涵養と眞理探求の精神を培い，日本的教養と国際性を身につけながらスポーツや文化活動の振興によって，正義，誠実の心と勇気ある気質を育てる。

【沿革】　1985年創立。2023年より併設中学校を開設。

【学校長】　柴田　一浩

【生徒数】　男子624名，女子564名

	1年(10クラス)	2年(11クラス)	3年(10クラス)
男子	219名	200名	205名
女子	183名	196名	185名

東武アーバンパークライン—江戸川台，つくばEX.—柏の葉キャンパスよりスクールバス

特色

設置学科：普通科

【コース】　総合進学，特別進学，スポーツ進学の3コースを設置。2年次より，総合進学コースは選択授業で文理志望に対応，特別進学コースは文系クラスと理系クラスに分かれる。

【カリキュラム】　①総合進学コースは英語を中心に基礎学力を身につけ，付属校推薦や国公立・私立大学進学をめざす。土曜日は選択科目で第二外国語（中・独・仏語）も履修可。②特別進学コースは難関国公立大学や最難関私立大学進学をめざす。土曜日は，1・2年次が通常授業，3年次が予備校講座で実力を高める。③ス

ポーツ進学コースはスポーツに取り組みつつ目標大学に合格できる学力を養う。放課後や土曜日は部活動に集中。対象はサッカー・ラグビー・駅伝・剣道・柔道（男女），硬式野球・バスケットボール（男子），チアリーディング・新体操（女子）。

【海外研修】　希望者を対象にニュージーランドやアメリカで語学研修を夏休みに実施。

【クラブ活動】　女子サッカー部やラグビー部が全国レベル。新体操部や放送部なども活躍。

【施設】　先進的な教育を展開するための図書・メディア棟が2023年4月完成。

習熟度別授業	土曜授業	文理選択	オンライン授業	制服	自習室	食堂	プール	グラウンド	アルバイト	登校時刻＝ 8:20
—	○	2年〜	○	○	〜19:00	○	—	○	審査	下校時刻＝19:00

進路情報　2023年3月卒業生

四年制大学への進学率 **84.5%**

【卒業生数】　317名

【進路傾向】　大学進学者の内訳は文系66%，理系20%，他14%。国公立大学へ文系6名・理系10名・他1名，海外大学へ4名が進学した。

【系列進学】　流通経済大学に57名（経済12，社会7，流通情報7，法7，スポーツ健康科24）が内部推薦で進学した。

【指定校推薦】　利用状況は東京理科大2，学習院大2，青山学院大1，法政大3，日本大5，東洋大1，成城大1，明治学院大3，獨協大4，芝浦工大1，東京電機大1，武蔵大1，工学院大1，東京都市大1，立正大1，共立女子大2など。

	四年制大学	268名
	短期大学	3名
	専修・各種学校	18名
	就職	2名
	進学準備・他	26名

主な大学合格状況

'24年春速報は巻末資料参照

大学名	'23	'22	'21	大学名	'23	'22	'21	大学名	'23	'22	'21
◇東京大	1	0	0	慶應大	0	1	0	東洋大	21	41	28
◇東工大	0	1	0	上智大	1	7	1	駒澤大	7	13	4
◇一橋大	0	0	0	東京理科大	7	15	8	専修大	12	7	6
◇千葉大	0	4	1	学習院大	11	7	5	帝京大	10	18	11
◇筑波大	5	2	3	明治大	13	12	9	成城大	3	8	6
◇埼玉大	2	0	4	青山学院大	3	3	5	明治学院大	11	9	9
◇防衛医大	1	0	0	立教大	9	17	18	獨協大	21	17	15
◇お茶の水女子大	1	1	1	中央大	5	8	5	芝浦工大	6	8	3
◇茨城大	3	2	3	法政大	7	10	13	東邦大	5	12	7
早稲田大	3	7	2	日本大	32	34	41	流通経済大	58	83	65

※各大学合格者数は既卒生を含む。

入試要項 2024年春（実績）

新年度日程についてはp.116参照。

◆ 前期　単願推薦，併願推薦（公私とも可），一般単願，一般併願　※スポーツ進学コースは単願推薦のみ

募集人員▶総合進学コース211名，特別進学コース70名，スポーツ進学コース60名

選抜方法▶総合進学・特別進学：国数英（各50分・各100点・マークシート・英にリスニングあり），調査書　**スポーツ進学**：基礎学力テスト（国数英各50分），調査書

◆ 後期　一般単願，一般併願　※スポーツ進学コースは単願のみ

募集人員▶各コース若干名

選抜方法▶総合進学・特別進学：国数英（各50分・各100点），調査書　**スポーツ進学**：基礎学力テスト（国数英各50分），調査書

◆ 受験料　22,000円

内申基準 単願推薦：［総合進学］5科20，［特別進学］5科23，［スポーツ進学］5科15　併願推薦：［総合進学］5科22，［特別進学］5科24　※スポーツ進学コースは9科に1不可　※条件により内申加点あり

入試日程

区分		出願	試験	発表	手続締切
前期	単推	12/17〜1/11	1/18	1/20	1/24
	他	12/17〜1/11	1/17or18	1/20	1/24
後期		1/28〜2/9	2/15	2/15	2/16

［延納］併願者は公立発表後まで。

特待生・奨学金制度 特別進学コースの入試成績優秀者を対象に学業特待生認定。ほかにスポーツ特待生制度あり。

帰国生の受け入れ 国内生と同枠入試で考慮あり。

応募状況

年度	区分		応募数	受験数	合格数	実質倍率
'24	総進	前期	643	632	546	1.2
		後期	22	21	6	3.5
	特進	前期	463	449	439	1.0
		後期	6	5	1	5.0
	スポ	前期	77	76	76	1.0
		後期	0	0	0	—
'23	総進	前期1/17・単	5	5	1	5.0
		前期1/17・併	446	442	405	1.1
		前期1/18・単	151	150	148	1.0
		前期1/18・併	110	107	90	1.2
	特進	前期1/17・単	2	1	0	—
		前期1/17・併	322	320	316	1.0
		前期1/18・単	22	22	22	1.0
		前期1/18・併	95	90	88	1.0
	総特	後期・単	6	6	2	3.0
		後期・併	8	7	3	2.3
	スポ	前期1/18・単	74	74	74	1.0
		後期・単	0	0	0	—

［スライド制度］あり。上記に含まず。

［'24年合格最低点］前期(1/17)併願：総合進学212，特別進学226（/300）　前期(1/18)単願：総合進学180，特別進学213（/300）　前期(1/18)併願：総合進学194，特別進学225（/300）　後期併願：200/300

学費（単位：円）

	入学金	施設費	授業料	その他経費	小計	初年度合計
入学手続時	175,000	142,000	—	8,000	325,000	約998,000
1年終了迄		180,000	318,000	約175,000	約673,000	

※2024年度予定。［授業料納入］4回分割。
［その他］制服・制定品代，PC用学習教材ソフト代等（約6,200〜12,000円）あり。

併願校の例
※［総進］を中心に

	千公立	埼公立	私立
挑戦校	東葛飾 小金 薬園台 柏 船橋東	春日部 越谷北 越ヶ谷	芝浦工大柏 専大松戸 日大習志野 春日部共栄 獨協埼玉
最適校	鎌ヶ谷 柏南 幕張総合 松戸国際 柏の葉	越谷南 春日部女子 春日部東	麗澤 千葉日大一 八千代松陰 二松学舎柏 土浦日大
堅実校	柏中央 市立松戸 流山おおたかの森 我孫子	杉戸 越谷西	中央学院 日体大柏 西武台千葉 常総学院

見学ガイド 文化祭／説明会

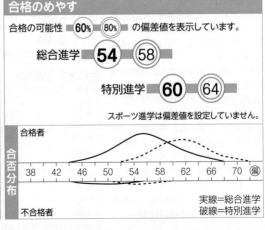

合格のめやす

合格の可能性 **60%** **80%** の偏差値を表示しています。

総合進学　**54**　**58**

特別進学　**60**　**64**

スポーツ進学は偏差値を設定していません。

合格者

| | 38 | 42 | 46 | 50 | 54 | 58 | 62 | 66 | 70 | (偏) |

合否分布

不合格者

実線＝総合進学
破線＝特別進学

※合格のめやすの見方は114ページ参照。

千葉　男女　り　流通経済大学付属柏

柏市

麗澤 高等学校

〒277-8686 千葉県柏市光ヶ丘2-1-1 ☎(04)7173-3700

【教育理念】 「知徳一体」「知恩・感恩・報恩」「国際的日本人」の３つを掲げ，心を育み，知性を磨き，心の力を伸ばすことで次代を担う人材を育てる。

【沿 革】 1935年開校の道徳科学専攻塾の高等部として，1948年に創立。1951年現校名に改称。2022年通信制課程設置。

【学校長】 櫻井 讓

【生徒数】 男子343名，女子371名

	1年(7クラス)	2年(8クラス)	3年(8クラス)
男子	121名	122名	100名
女子	124名	115名	132名

JR―南柏よりバス麗澤幼稚園・麗澤中高前

特色

設置学科：普通科

【コース】 叡智スーパー特進（S特進），叡智特選（特選）の２コース制。２年次より，S特進コースは叡智TKコース（難関国立大・医学部）に，特選コースは叡智SKコース（国公立大・難関私大）に接続する。１年次は内部進学生と別クラス編成。

【カリキュラム】 ①叡智TKコースは記述力錬磨を重視する。夜間講座や長期休暇講座，課外講座で確かな実力を培う。②叡智SKコースは一人ひとりに最適なカリキュラムを作成し，幅広い進路に対応する。③各学年に１名ずつネイティ

ヴスピーカーを副担任として配置。日常的に自然な英語に触れることができる。

【キャリア教育】 職業研究や卒業生による職業別講演会，大学講師による出張講義などのキャリア・進学支援プログラムで進路を具現化。

【海外研修】 １・２年次の希望者を対象にカナダやイギリス，オーストラリア，シンガポールでの語学研修，タイ・スタディツアーを実施。

【クラブ活動】 SDGs研究会，ゴルフ部が全国レベル。空手道部，バドミントン部なども活躍。

【施設】 学生寮を設置。通学・寮を選択できる。

習熟度別授業	土曜授業	文理選択	オンライン授業	制服	自習室	給食	プール	グラウンド	アルバイト
―	◯	2年～	◯	◯	～17:30	―	―	◯	審査

登校時刻＝ 8:15
下校時刻＝18:00

進路情報 2023年３月卒業生

【卒業生数】 216名

【進路傾向】 大学進学者の内訳は文系61%，理系39%。国公立大学へ文系11名・理系７名，海外大学へ２名が進学した。

【系列進学】 麗澤大学への内部推薦制度がある。

【指定校推薦】 利用状況は早稲田大１，東京理科大３，明治大１，青山学院大１，立教大３，中央大３，法政大１，日本大１，東洋大２，國學院大１，成蹊大１，成城大１，明治学院大４，芝浦工大２，東京電機大１，東京女子大２，東邦大１，武蔵野大１など。ほかに学習院大，大東文化大，帝京大など推薦枠あり。

四年制大学への進学率 **85.2%**

- 四年制大学 184名
- 短期大学 2名
- 専修・各種学校 2名
- 就職 0名
- 進学準備・他 28名

主な大学合格状況

'24年春速報は巻末資料参照

大学名	'23	'22	'21	大学名	'23	'22	'21	大学名	'23	'22	'21
◇京都大	1	0	0	早稲田大	4	16	14	日本大	50	64	52
◇東工大	1	0	1	慶應大	3	7	5	東洋大	20	46	55
◇千葉大	4	3	2	上智大	12	7	4	駒澤大	4	6	11
◇筑波大	2	6	5	東京理科大	18	15	15	専修大	7	19	7
◇埼玉大	1	3	1	学習院大	7	15	17	國學院大	10	13	5
◇北海道大	1	1	0	明治大	19	24	30	明治学院大	7	11	8
◇九州大	0	1	1	青山学院大	8	18	9	獨協大	11	31	8
◇信州大	2	1	1	立教大	18	28	30	芝浦工大	12	20	17
◇防衛大	0	1	2	中央大	18	20	16	順天堂大	9	7	8
◇茨城大	3	3	5	法政大	27	48	23	麗澤大	120	51	7

※各大学合格数は既卒生を含む。

入試要項 2024年春（実績）

新年度日程については p.116 参照。

◆ 前期　**一般**：A方式（第1志望，加点優遇あり），B方式（併願・公私とも可）**自己推薦（第1志望）**：C1方式（寮生選抜），C2方式（部活動選抜，叡智特選コース対象）C3方式（特待生選抜）※C2方式の指定種目は空手道（男女），硬式野球（男），硬式テニス（女），バスケットボール（女），弓道（男女），ラグビー（女）

募集人員▶一般85名，自己推薦15名　※コース別内訳は叡智スーパー特進コース30名，叡智特選コース70名 ※帰国生入試を含む

選抜方法▶**叡智スーパー特進**：国数英理社（国数各50分・各100点，英60分・120点・リスニングあり，理社各30分・各50点），グループ面接（寮生希望者は個人面接），調査書　**叡智特選**：国数英（国数各50分・各100点，英60分・120点・リスニングあり），グループ面接（寮生希望者は個人面接），調査書　※各入試で英語検定，特別活動の証明書コピー等提出により，入試総合点に加点あり

◆ 受験料　22,000円

(内申基準)　自己推薦（C1方式・C2方式・C3方式）：非公表

(特待生・奨学金制度)　入試の成績優秀者を3段階の特待奨学生認定。ほかにC1方式での成績上位8名に入寮奨学金制度あり。

(帰国生の受け入れ)　国内生と同枠入試で考慮あり。

入試日程

区分	出願	試験	発表	手続締切
前期①	12/17〜1/12	1/17	1/20	1/25
前期②	12/17〜1/12	1/19	1/20	1/25

[延納] 併願者は30,000円納入により残額は公立発表後まで。

応募状況

年度	区分		応募数	受験数	合格数	実質倍率
'24	S特進	前期①	95	92	58	1.6
		前期②	110	104	64	1.6
	特選	前期①	196	137	92	1.5
		前期②	218	151	88	1.6
'23	S特進	前期①	90	89	55	1.6
		前期②	131	126	80	1.6
	特選	前期①	202	145	78	1.9
		前期②	272	179	93	1.9
'22	S特進	前期①	101	101	64	1.6
		前期②	113	111	66	1.7
	特選	前期①	204	141	75	1.9
		前期②	236	166	87	1.9

[スライド制度] あり。叡智特選コースの応募数には叡智スーパー特進コース第1志望で叡智特選コースを第2志望として出願した者を含む。受験数・合格数から叡智スーパー特進コースの合格者は除いているが，同コース不合格によるスライドを含む。

[24年合格最低点] 叡智スーパー特進：前期①272，前期②251（/420）　叡智特選：前期①193，前期②172（/320）

学費（単位：円）

	入学金	施設費	授業料	その他経費	小計	初年度合計
入学手続時	300,000	—	—	—	300,000	1,152,000
1年終了迄	—	201,000	354,000	297,000	852,000	

※2024年度予定。[授業料納入]一括または2回分割。[その他]制服・制定品代，通学生は給食費115,000円，寮生は入寮費・寮費・食費815,000円あり。[寄付・学債]任意の麗澤教育充実資金1口千円あり。

千葉　男女　れ　麗澤

併願校の例　※[特選]を中心に

	千公立	都立	私立
挑戦校	船橋 東葛飾 小金 薬園台	新宿	芝浦工大柏 専大松戸 日大習志野
最適校	柏 船橋東 鎌ヶ谷 柏南 国府台	小松川 城東 上野	千葉日大一 八千代松陰 流経大柏 二松学舎柏 土浦日大
堅実校	松戸国際 津田沼 柏の葉 国分 柏中央	江戸川 墨田川 深川	光英VERITAS 中央学院 西武台千葉 東洋大牛久 足立学園

合格のめやす

合格の可能性 **60%** **80%** の偏差値を表示しています。

叡智スーパー特進　**61**　**64**

叡智特選　**57**　**61**

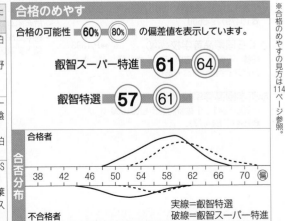

合否分布
合格者
38　42　46　50　54　58　62　66　70　(偏)
不合格者

実線＝叡智特選
破線＝叡智スーパー特進

※合格のめやすの見方は114ページ参照。

(見学ガイド)　文化祭／説明会／オープンキャンパス／寮体験／部活動見学・体験会／受験直前対策講座

千葉の私立通信制高校（抜粋）

あずさ第一 高等学校 （広域） ➡P.1390

- 野田キャンパス／野田本校　〒278-0037　千葉県野田市野田405-1　☎(04)7122-2400

〔その他のキャンパス・学習センター〕

- 千葉キャンパス　〒260-0045　千葉県千葉市中央区弁天1-3-5　☎(043)254-1877
- 柏キャンパス　〒277-0843　千葉県柏市明原1-2-2　☎(04)7145-1023

鹿島学園高等学校 （広域）　➡P.1392

千葉，柏，市川，浦安，我孫子，東金，成田，銚子，津田沼，船橋，野田，市原，茂原などにキャンパス・学習センターあり

鹿島山北高等学校 （広域）　➡P.1392

千葉，浦安，流山，成田，市原，新鎌ケ谷，野田，東金などにキャンパス・学習センターあり

鴨川令徳高等学校

〒296-0001　千葉県鴨川市横渚815　☎(04)7092-0267（代）

クラーク記念国際高等学校 （広域）　➡P.1391

- 千葉キャンパス　〒260-0044　千葉県千葉市中央区松波1-1-1　☎(043)290-6133
- CLARK SMART 千葉　〒260-0045　千葉県千葉市中央区弁天1-2-1　☎(043)306-4851
- 柏キャンパス　〒277-0852　千葉県柏市旭町2-2-3　☎(04)7146-1455

敬愛大学八日市場高等学校 （広域）

〒289-2143　千葉県匝瑳市八日市場口390　☎(0479)79-6600

さくら国際高等学校 （広域）　➡P.1393

船橋，千葉緑，習志野，市川，本八幡などにキャンパス・学習センターあり

成美学園高等學校 （広域）

〒299-5241　千葉県勝浦市松部1000-1　☎(0470)64-4777

千葉科学大学附属高等学校 （広域）

〒288-0025　千葉県銚子市潮見町3　☎(0479)30-4800

中央国際高等学校 （広域）

〒299-5102　千葉県夷隅郡御宿町久保1528　☎(0120)89-0044

中山学園高等学校

〒273-0005　千葉県船橋市本町3-34-10　☎(047)422-4380

ヒューマンキャンパスのぞみ高等学校 （広域）

〒297-0065　千葉県茂原市緑ヶ丘1-53　☎(0475)44-7541

明聖高等学校 （広域）

〒260-0014　千葉県千葉市中央区本千葉町10-23　☎(043)225-5622

麗澤高等学校

〒277-8686　千葉県柏市光ヶ丘2-1-1　☎(04)7173-3780

わせがく 高等学校 （広域）　➡P.1395

- 本校　〒289-2231　千葉県香取郡多古町飯笹向台252-2　☎(0120)299-323

〔その他のキャンパス・学習センター〕

- 柏キャンパス　〒277-0005　千葉県柏市柏4-5-10　☎(04)7168-5959
- 勝田台キャンパス　〒276-0020　千葉県八千代市勝田台北1-2-2　☎047-480-7221
- 西船橋キャンパス　〒273-0031　千葉県船橋市西船4-12-10　☎(047)431-3936
- 稲毛海岸キャンパス　〒261-0004　千葉県千葉市美浜区高洲3-10-1　☎043-277-5982

埼玉県
私立高校

埼玉県私立・国立高等学校略地図

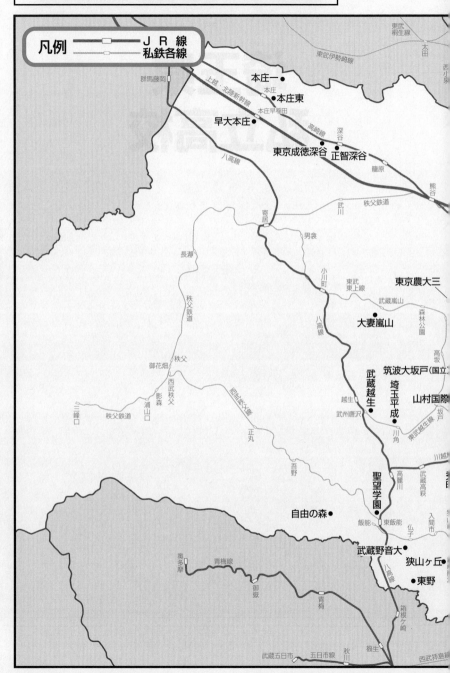

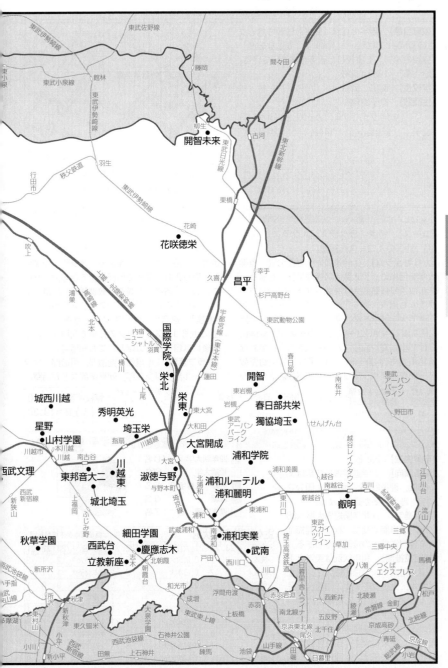

小中**高**専短大

狭山市

秋草学園 高等学校

〒350-1312 埼玉県狭山市堀兼2404 ☎(04)2958-4111

【教育目標】 建学の理念「愛され信頼される女性の育成」に基づき，「礼節の心」「勤勉な態度」「協調の精神」を重視した教育を実践している。

【沿 革】 1982年開校。
【学校長】 関口 恭裕
【生徒数】 女子610名

	1年(9クラス)	2年(7クラス)	3年(9クラス)
女子	260名	144名	206名

東武東上線―川越・ふじみ野，JR―東所沢，西武新宿線―新所沢などよりスクールバス

特色

設置学科：普通科

【コース】 特選（Sクラス，Aクラス），選抜，AG，幼保の4コースを設置。

【カリキュラム】 ①特選コースは国公立・難関大学を目標に，少人数制の授業で実力を養う。2年次より最難関大学をめざすチャレンジプログラムも用意。週6日制。②選抜コースは文武両道で大学進学をめざす。医療・看護系の進路にも対応。③AGコースは基礎を重視。受験に向けて小論文や面接などの対策を行う。多彩な資格取得もサポート。④幼保コースは幼児教育・保育のスペシャリストをめざす。2年次か

らはピアノなどの各種専門科目を学習する。⑤独自のマナー教育を実践。着付や茶道，華道，書道，礼法マナーなどを学ぶ。オンライン英会話を取り入れ，英語で自己表現できる力を身につける。⑥各種進学講座や教養講座，小論文講座，進路に応じたガイダンスなどを行う。

【施設】 遮音されたピアノ練習室を10室完備。主に幼児コースのピアノの授業で利用する。放課後には自主練習の場としても利用可。

【クラブ活動】 卓球部，剣道部，弓道部，ソフトボール部，ダンス部，吹奏楽部などが活躍。

習熟度別授業	土曜授業	文理選択	オンライン授業	制服	自習室	食堂	プール	グラウンド	アルバイト	登校時刻＝ 8:30 下校時刻＝19:30
英	○	2年～	○	○	～19:30	―	―	○	審査	

進路情報 2023年3月卒業生

進学率**93.1%**

【卒業生数】 232名

【進路傾向】 大学進学者の内訳は文系65％，理系27％，他8％。国公立大学へ理系1名が進学した。

【系列進学】 秋草学園短期大学へ38名が内部推薦で進学。秋草学園福祉教育専門学校への推薦制度もある。

【指定校推薦】 利用状況は東洋大1，大東文化大1，東京電機大2，国士舘大1，大妻女子大1，白百合女子大1，武蔵野大1，二松學舍大1，東京工科大1，清泉女子大1，埼玉医大1，日本医療科学大2，女子美大1，女子栄養大1，東京家政大1など。ほかに日本大，亜細亜大，帝京大，日本女子大など推薦枠あり。

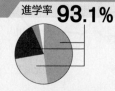

	四年制大学	111名
	短期大学	57名
	専修・各種学校	48名
	就職	9名
	進学準備・他	7名

主な大学合格状況

'24年春速報は巻末資料参照

大学名	'23	'22	'21	大学名	'23	'22	'21	大学名	'23	'22	'21
◇筑波大	0	1	0	法政大	3	8	0	津田塾大	2	1	3
◇埼玉大	0	2	0	日本大	3	2	2	日本女子大	1	1	1
◇鳥取大	1	0	0	東洋大	4	7	5	立正大	9	0	1
◇都留文科大	1	1	0	駒澤大	4	2	1	大妻女子大	1	8	5
◇埼玉県立大	0	1	1	大東文化大	5	7	5	白百合大	2	3	1
慶應大	0	0	1	東海大	5	1	1	文京学院大	1	7	8
学習院大	1	0	0	帝京大	4	3	3	女子栄養大	3	3	6
明治大	1	1	0	國學院大	2	3	1	東京家政大	5	8	5
立教大	1	10	1	成蹊大	2	2	2	十文字学園女子大	8	10	9
中央大	0	0	2	成城大	2	0	3	日本医療科学大	4	6	4

※各大学合格数は既卒生を含む。

入試要項 2024年春（実績）

新年度日程についてはp.116参照。

◆第1回　単願推薦，併願推薦（公私とも可），単願一般，併願一般　※併願はAGコースを除く

募集人員▶特選コースSクラス20名，特選コースAクラス20名，選抜コース60名，AGコース100名，幼保コース60名　※第2・3回を含む全体の定員

選抜方法▶国数英（各50分・各100点），調査書

◆第2回　併願推薦（公私とも可），併願一般　※幼保コースを除く

募集人員▶定員内

選抜方法▶国数英（各50分・各100点），調査書

◆受験料　25,000円

内申基準 単願推薦 ［特選S］3科12または5科21（A奨学生），［特選A］3科9または5科16，［選抜］3科9または5科16または9科29，［AG］3科9または5科15または9科27，［幼保］3科9または5科15または9科27　併願推薦：［特選S］3科13または5科22（A奨学生），［特選A］3科10または5科18，［選抜］3科10または5科18または9科32，［AG］3科10または5科17または9科29，［幼保］3科10または5科17または9科29　※［特選S］［特選A］は9科に2不可，その他は9科に1不可　※条件により内申加点あり

特待生・奨学金制度 第1回，第2回で奨学生推薦（単願・併願）を実施。学力（3段階）と部活動（3段階）の2種認定。部活動奨学生には対象部活動あり。

帰国生の受け入れ 国内生と同枠入試。

入試日程

区分	登録・出願	試験	発表	手続締切
第1回	12/1〜1/11	1/22	1/25	1/30
第2回	12/1〜1/11	1/23	1/25	1/30

［延納］併願は20,000円納入により残額は公立発表後まで。
［2次募集］第3回3/5

応募状況

年度		区分	応募数	受験数	合格数	実質倍率
'24	特選S	第1回単願	20	19	19	1.0
		第1回併願	22	21	21	1.0
		第2回併願	6	5	5	1.0
	特選A	第1回単願	7	7	7	1.0
		第1回併願	16	16	16	1.0
		第2回併願	4	4	4	1.0
	選抜	第1回単願	75	74	74	1.0
		第1回併願	122	122	122	1.0
		第2回併願	36	36	36	1.0
	AG	第1回単願	86	86	85	1.0
		第2回併願	327	327	327	1.0
	幼保	第1回単願	41	41	41	1.0
		第1回併願	62	61	61	1.0

［スライド制度］あり。上記に含まず。
［24年合格最低点］非公表。

あ 秋草学園　埼玉　女子

学費（単位:円）	入学金	施設整備費	授業料	その他経費	小計	初年度合計
入学手続時	224,000	—	—	—	224,000	943,000
1年終了迄	—	175,000	380,000	164,000	719,000	

※2024年度予定。［授業料納入］4回分割。
［その他］制服・制定品代，教科書・副教材費，修学旅行積立金，講座費等あり。
［寄付・学債］任意の寄付金1口1万円2口以上あり。

併願校の例 ※［AG］を中心に

	埼公立	都立	私立
挑戦校	松山女子 朝霞 朝霞西 入間向陽 豊岡	東大和南 清瀬 上水	山村学園 大妻嵐山 西武台 聖望学園 白梅学園
最適校	川越総合 川越西 所沢中央 志木 新座柳瀬	保谷 東大和 高島 板橋	山村国際 武蔵越生 埼玉平成 文華女子
堅実校	狭山清陵 飯能 ふじみ野 富士見 新座	久留米西 小平西 板橋有徳 東村山西	東野 秀明英光 日体大桜華

合格のめやす

合格の可能性 **60%** **80%** の偏差値を表示しています。

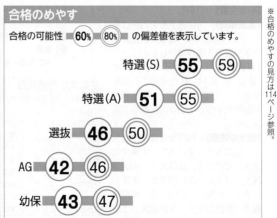

特選(S) 55 59
特選(A) 51 55
選抜 46 50
AG 42 46
幼保 43 47

※合格のめやすの見方は114ページ参照。

見学ガイド 体育祭／文化祭／説明会／オープンスクール／個別入試相談会

小 中 高 専 短 大

比企郡嵐山町

大妻嵐山 高等学校

〒355-0221　埼玉県比企郡嵐山町菅谷558　☎(0493)62-2281

【教育理念】　「恥を知れ」を校訓とし、「学芸を修めて人類のために」を建学の精神として、自ら学び、社会に貢献する自立した女性を育成する。

【沿革】　1967年嵐山女子高等学校として創立。1995年現校名に改称。

【学校長】　榎本　克哉

【生徒数】　女子364名

	1年(5クラス)	2年(5クラス)	3年(5クラス)
女子	119名	110名	135名

東武東上線―武蔵嵐山13分　JR―熊谷・北上尾・深谷などよりスクールバス（6路線あり）

特色

設置学科：普通科

【コース】　大妻進学、総合進学、特別進学の3コースを設置。

【カリキュラム】　①大妻進学コースは大妻女子大学への進学を中心に、多様な進路実現をめざす。2年次から複数の選択科目を用意。②総合進学コースは国公立大、難関私立大への合格力を養う。③特別進学コースは難関国公立大、最難関私立大の合格をめざす。少数精鋭のクラス編成。④理科は実験中心の授業を展開し、科学的素養を育てる。⑤タブレット端末を1人1台所持。専用アプリでのマンツーマン英会話レッスンや授業などに活用する。⑥1年次に本格的なプログラミング言語を学び、インターネット上の著作権やセキュリティについても学ぶ。

【キャリア教育】　海外で活躍している女性を講師として招く「グローバルリンクス」を実施。

【海外研修】　修学旅行はシンガポールを訪れる。希望制のイギリス、オーストラリアでの語学研修や、カンボジア研修などもある。

【施設】　全教室に電子黒板を導入。カフェスタイルの図書室、IT環境の整った理科実験室がある。自然に恵まれた「大妻の森」を所有する。

習熟度別授業	土曜授業	文理選択	オンライン授業	制服	自習室	食堂	プール	グラウンド	アルバイト	登校時刻＝ 8:30
数英	○	2年〜	○	○	〜18:30	―	―	○	審査	下校時刻＝18:30

進路情報　2023年3月卒業生

四年制大学への進学率 **87.4%**

【卒業生数】　119名

【進路傾向】　大学進学者の内訳は文系71%、理系24%、他5%。国公立大学へ理系1名が進学した。

【系列進学】　大妻女子大学へ37名（家政14、文14、社会情報7、比較文化1、人間関係1）、大妻女子大学短期大学部へ1名が内部推薦で進学した。

【指定校推薦】　利用状況は学習院大2、立教大1、法政大1、大東文化大1、帝京大1、成蹊大1、明治学院大1など。ほかに日本大、東洋大、駒澤大、成城大、芝浦工大、東京電機大、東京女子大、立命館大、工学院大、千葉工大など推薦枠あり。

	四年制大学	104名
	短期大学	5名
	専修・各種学校	3名
	就職	1名
	進学準備・他	6名

主な大学合格状況

'24年春速報は巻末資料参照

大学名	'23	'22	'21	大学名	'23	'22	'21	大学名	'23	'22	'21
◇筑波大	0	0	1	法政大	3	0	2	日本女子大	5	5	2
◇群馬大	1	0	1	日本大	5	4	1	立正大	4	2	2
◇茨城大	0	1	0	東洋大	6	2	5	桜美林大	1	6	0
◇弘前大	0	1	1	大東文化大	3	3	2	共立女子大	3	2	1
慶應大	1	0	0	帝京大	6	2	0	大妻女子大	42	41	31
上智大	0	0	1	成蹊大	1	1	1	武蔵대	2	3	3
学習院大	4	2	3	成城大	2	1	3	城西大	1	4	2
明治大	2	1	1	明治学院大	3	0	2	武蔵野美大	4	1	1
立教大	2	1	2	獨協大	5	4	10	東京家政大	4	5	3
中央大	0	1	3	東京女子大	1	4	0	埼玉医大	2	2	0

※各大学合格数は既卒生を含む。

入試要項 2024年春（実績）

新年度日程についてはp.116参照。

◆ 第1回・第2回　**第1回**：単願推薦，併願推薦（公私とも可），一般単願，一般併願　**第2回**：併願推薦（公私とも可），一般単願，一般併願

募集人員▶大妻進学コース80名，総合進学コース80名，特別進学コース20名

選抜方法▶国数英（各50分・各100点・英にリスニングあり），調査書

◆ 受験料　25,000円

(内申基準)　**単願推薦**：[大妻進学] 3科11または5科17または9科31，[総合進学] 5科20または9科36，[特別進学] 5科23　**併願推薦**：[大妻進学] 3科12または5科18または9科34，[総合進学] 5科21または9科37，[特別進学] 5科23　※特別進学コースの併願推薦は上記かつ他の成績基準あり　※いずれも9科に1不可　※条件により内申加点あり

(特待生・奨学金制度)　特別進学コース対象で内申，他の成績基準により3段階の成績特待生認定。

(帰国生の受け入れ)　国内生と別枠入試。

入試日程

区分	出願	試験	発表	手続締切
第1回	12/18〜1/16	1/22	1/24	1/26
第2回	12/18〜1/16	1/23	1/24	1/26

［延納］併願者は10,000円納入により残額は公立発表後まで。

応募状況

年度	区分		応募数	受験数	合格数	実質倍率
'24	大妻	単願	37	37	37	1.0
		併願	30	30	30	1.0
	総合	単願	17	17	17	1.0
		併願	46	46	45	1.0
	特進	単願	3	3	3	1.0
		併願	7	7	7	1.0
'23	大妻	単願	43	43	43	1.0
		併願	36	36	36	1.0
	Sアド	単願	18	18	18	1.0
		併願	42	42	42	1.0
	SS	単願	5	5	5	1.0
		併願	10	10	10	1.0
'22	大妻	単願	28	28	27	1.0
		併願	50	49	48	1.0
	Sアド	単願	22	22	22	1.0
		併願	69	68	68	1.0
	SS	単願	1	1	1	1.0
		併願	16	16	16	1.0

［スライド制度］あり。上記に含まず。
［'24年合格最低点］非公表。

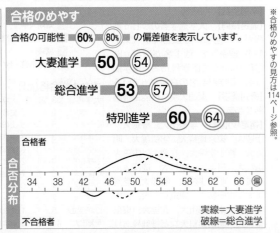

学費（単位：円）	入学金	教育充実費	授業料	その他経費	小計	初年度合計
入学手続時	250,000	—	—	—	250,000	1,366,710
1年終了迄	—	250,000	430,000	436,710	1,116,710	

※2024年度予定。［授業料納入］3回分割。
［その他］制服・制定品代，タブレット端末費あり。

併願校の例　※[大妻]を中心に

	埼公立	国・私立
挑戦校	和光国際／熊谷女子 川越南／坂戸 上尾／伊奈総合（普）	星野女子部 西武文理 本庄東 細田学園 筑波大坂戸
最適校	市立川越／春日部女子 本庄／松山女子 深谷一／大宮光陵 秩父／久喜	東京農大三 山村学園 西武台 聖望学園 正智深谷
堅実校	朝霞西／入間向陽 坂戸西／鴻巣 桶川／滑川総合 川越西／志木 小川／鴻巣女子（家政）	山村国際 本庄一 武蔵越生 東京成徳深谷 埼玉平成

合格のめやす

合格の可能性 **60%** **80%** の偏差値を表示しています。

大妻進学 ▬ **50** ㊿54

総合進学 ▬ **53** ㊼57

特別進学 ▬ **60** ㊿64

※合格のめやすの見方は114ページ参照。

合格者／合否分布／不合格者

34　38　42　46　50　54　58　62　66　(偏)

実線＝大妻進学
破線＝総合進学

(見学ガイド)　体育祭／文化祭／説明会／オープンスクール／授業見学会／個別相談会

お　大妻嵐山　埼玉　女子

さいたま市中央区

小中高専短大

淑徳与野 高等学校

〒338-0001　埼玉県さいたま市中央区上落合5-19-18　☎(048)840-1035

【教育方針】　「清純・礼節・敬虔」を校訓に掲げ、大乗仏教精神に基づく心の教育を実践する。

【沿　革】　1946年設立。2015年淑徳与野中学校隣接地に新校舎完成、移転。

【学校長】　里見　裕輔

【生徒数】　女子1,061名

	1年（9クラス）	2年（9クラス）	3年（10クラス）
女子	333名	365名	363名

JR―さいたま新都心7分、北与野7分、大宮15分

特色

設置学科：普通科

【コース】　Ｔ類（難関国公立大学コース）、SS類（難関理系大学コース）、SA類（難関文系大学コース）、R類（総合文理系大学コース）、MS類（MSコース）の5類型制。内部進学生とは3年間別クラス編成。

【カリキュラム】　①5ステージ通年制を導入。短期間で学習成果を確認し、学習とステージごとの行事を両立させる。②R類は2年次よりSS類、SA類に変更可能。MS類は学校推薦型選抜や総合型選抜を利用して文系、看護・栄養系への大学進学をめざす。③1・2年次に研究小論文に取り組む。④放課後や土曜日、長期休暇中に様々な進学講座があり、選択受講できる。

【キャリア教育】　女性・仕事からの視点で職業を、社会・世界からの視点で学部学科を研究。社会に目を向けながら主体的に人生を切り拓き、リーダーシップを発揮できる女性をめざす。

【海外研修】　2年次の修学旅行は米国でホームステイを行う。ほか、3カ月の語学研修や8カ国にある姉妹校・提携校での1年留学プログラム、国際交流プログラムも実施（希望制）。

【クラブ活動】　剣道部、バトン部が全国レベル。

習熟度別授業	土曜授業	文理選択	オンライン授業	制服	自習室	食堂	プール	グラウンド	アルバイト	登校時刻＝ 8:30
数英	月2回	1年～	○	○	～19:00	○	―	○	―	下校時刻＝19:00

進路情報　2023年3月卒業生

四年制大学への進学率 **96.6%**

【卒業生数】　357名

【進路傾向】　大学進学者のうち6割強が文系進学。国公立大学へ文系12名、理系28名、他1名が進学。医学部21名(うち医学科15名)、歯学部3名、薬学部43名の合格が出ている。

【系列進学】　淑徳大学への内部推薦制度がある。

【指定校推薦】　早稲田大、慶應大、上智大、東京理科大、学習院大、明治大、青山学院大、立教大、中央大、法政大、日本大、東洋大、成蹊大、成城大、明治学院大、獨協大、芝浦工大、津田塾大、東京女子大、日本女子大、東京都市大、北里大、東京薬科大、明治薬科大など推薦枠あり。

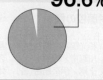

■	四年制大学	345名
□	短期大学	0名
■	専修・各種学校	1名
■	就職	0名
□	進学準備・他	11名

主な大学合格状況

'24年春速報は巻末資料参照

大学名	'23	'22	'21	大学名	'23	'22	'21	大学名	'23	'22	'21
◇一橋大	0	0	2	慶應大	5	21	16	東洋大	47	70	56
◇千葉大	5	3	5	上智大	60	46	81	成城大	20	21	19
◇筑波大	3	3	3	東京理科大	42	31	34	獨協大	19	31	20
◇東京外大	1	3	9	学習院大	29	55	29	芝浦工大	12	20	14
◇横浜国大	0	1	2	明治大	80	103	73	津田塾大	25	18	21
◇埼玉大	5	8	7	青山学院大	31	27	22	東京女子大	49	64	95
◇防衛医大	4	1	0	立教大	138	152	126	日本女子大	123	157	117
◇お茶の水女子大	2	2	1	中央大	42	42	57	明治薬科大	9	10	12
◇埼玉県立大	5	1	1	法政大	58	56	42	昭和女子大	71	84	73
早稲田大	47	65	55	日本大	42	40	29	淑徳大	10	10	7

※各大学合格数は既卒生を含む。

入試要項 2024年春（実績）

新年度日程についてはp.116参照。

◆**第1回** 単願，併願 ※MS類は単願のみ

募集人員▶単願90名，併願110名

※コースごとの内訳は第2回と合わせて，T類40名，SS類40名，SA類40名，R類40名，MS類40名。T類に6年一貫生コース（私立中学校在籍者特別選抜）若干名を，各類型に海外留学（1年）・帰国生各若干名を含む

選抜方法▶MS類以外：国数英（各50分・各100点・SS類は国0.5倍・数1.5倍の傾斜配点，SA類は数0.5倍・英1.5倍の傾斜配点・マークシート・英にリスニングあり），調査書，ほかに単願は個人面接（10分），面接調査票 **MS類**：英（50分・100点・マークシート・リスニングあり），思考力テスト（120分・1,200字・200点），個人面接（10分），調査書，面接調査票

◆**第2回** 単願，併願 ※MS類は募集なし

募集人員▶単願若干名，併願若干名

選抜方法▶国数英（各50分・各100点・SS類は国0.5倍・数1.5倍，SA類は数0.5倍・英1.5倍の傾斜配点・英にリスニングあり），調査書

◆**受験料** 25,000円

内申基準 日頃の努力を点数化（50点満点）して評価し，入試得点に加味して合否を判定する。

特待生・奨学金制度 特記なし。

帰国生の受け入れ 個別対応。

入試日程

区分		出願	試験	発表	手続締切
第1回	単願	1/5〜14	1/23	1/24	1/25
	併願	1/5〜14	1/23	1/24	3/1
第2回	単願	1/24〜31	2/4	2/5	2/6
	併願	1/24〜31	2/4	2/5	3/1

応募状況

年度	区分		応募数	受験数	合格数	実質倍率
'24	T	第1・単	18	18	13	1.4
		第1・併	264	260	206	1.3
		第2・単	1	1	0	—
		第2・併	4	3	1	3.0
	SS	第1・単	10	10	10	1.0
		第1・併	51	48	36	1.3
		第2・単	1	1	0	—
		第2・併	6	6	4	1.5
	SA	第1・単	23	23	19	1.2
		第1・併	97	93	78	1.2
		第2・単	1	1	0	—
		第2・併	7	6	2	3.0
	R	第1・単	28	28	28	1.0
		第1・併	41	41	37	1.1
		第2・単	0	0	0	—
		第2・併	3	3	1	3.0
	MS	第1・単	32	32	32	1.0

［スライド制度］あり。上記に含まず。
［'24年合格最低点］非公表。

（縦書き）し 淑徳与野 埼玉 女子

学費（単位：円）

	入学金	施設費	授業料	その他経費	小計	初年度合計
入学手続時	200,000	50,000	—	2,000	252,000	875,800
1年終了迄	—	—	384,000	239,800	623,800	

※2024年度予定。［返還］併願で3/15までの入学辞退者には入学金を除き返還。［授業料納入］3回分割。
［その他］制服・制定品代，教材費，PC端末代，修学旅行積立金等あり。
［寄付・学債］任意の特別寄付金1口5万円あり。

併願校の例 ※[SA]を中心に

	埼公立	都立	私立
挑戦校			早大本庄 青山学院
最適校	大宮 市立浦和 浦和一女 川越女子	日比谷 戸山 青山 新宿	栄東 開智 淑徳
堅実校	浦和西 蕨 不動岡 熊谷女子 川口市立	竹早 北園 文京	大宮開成 春日部共栄 昌平 星野女子部 本庄東

合格のめやす

合格の可能性 **60%** **80%** の偏差値を表示しています。

T類 **67** **71**
SS類 **66** **70**
SA類 **65** **69**
R類 **61** **65**
MS類 **56** **60**

※合格のめやすの見方は114ページ参照。

見学ガイド 文化祭／説明会

川越市

星野 高等学校（女子部）

〒350-0064　埼玉県川越市末広町3-9-1　☎(049)222-4488

【教育方針】　「知の構築」「国際人の自覚」「情操の涵養」の3つを教育の柱とする。学業に全力で打ち込みながら優れた人格の形成をめざす教養教育を大切にする。

【沿　革】　1897年創立の星野塾が母体。1964年星野女子高等学校となり，2003年現校名に改称。

【学校長】　星野　誠

【生徒数】　女子697名

	1年（6クラス）	2年（6クラス）	3年（8クラス）
女子	189名	217名	291名

東武東上線―川越市12分　西武新宿線―本川越14分　JR―宮原などよりスクールバス

特色

設置学科：普通科

【コース】　Ⅲ類特進選抜，文理特進，文理選抜の3コース制。星野学園中学校からの内部進学制度や共学部入学生との混合クラスはない。基本的に女子部は高校からの入学者のみで編成。

【カリキュラム】　①Ⅲ類特進選抜コースは最難関国公立・私立大学・医学部入試に向け，論理的思考力や記述力を養う。②文理特進コースは志望大学に応じた具体的な進路指導で，国公立・難関私立大学をめざす。③文理選抜コースは基礎を重視した丁寧な指導を行う。④英語ネイティヴ教員による授業では全員がすべて英語で話し，コミュニケーション力を磨く。英語検定に対応するため，英語面接指導を行う。⑤放課後や夏休みには5教科を中心とする講習を実施。基礎だけでなく応用も広くカバーする。

【海外研修】　2年次に海外への修学旅行を実施。異文化に触れ，施設見学や街歩きなどを体験。

【クラブ活動】　バトン部，箏曲部，百人一首部，書道部，ソフトボール部などが全国レベル。

【施設】　ハーモニーホールでは，能や狂言，バレエ，演奏会など真の芸術を体験できる。女子部・共学部相互の施設が利用可能。

習熟度別授業	土曜授業	文理選択	オンライン授業	制服	自習室	食堂	プール	グラウンド	アルバイト	登校時刻＝8:30
5教科	○	2年〜	○	○	〜18:30	―	○	○	―	下校時刻＝19:00

進路情報　2023年3月卒業生（共学部含む）

四年制大学への進学率 **89.0%**

【卒業生数】　737名

【進路傾向】　共学部を含む大学進学者の内訳は文系66%，理系34%。国公立大学へ文系18名，理系26名が進学した。医学部5名（うち医学科1名），歯学部2名，薬学部44名が合格。

【指定校推薦】　利用状況は上智大1，東京理科大2，学習院大5，明治大4，青山学院大2，立教大8，中央大5，法政大3，日本大7，東洋大20，駒澤大3，専修大3，大東文化大2，帝京大1，國學院大5，成蹊大9，成城大6，明治学院大3，獨協大3，芝浦工大8，東京電機大7，津田塾大1，東京女子大3，日本女子大15，立命館大1など。

四年制大学	656名
短期大学	11名
専修・各種学校	24名
就職	2名
進学準備・他	44名

主な大学合格状況

'24年春速報は巻末資料参照

大学名	'23	'22	'21	大学名	'23	'22	'21	大学名	'23	'22	'21
◇東工大	0	1	0	早稲田大	14	10	3	日本大	68	50	53
◇一橋大	1	0	0	慶應大	6	5	4	東洋大	104	85	87
◇千葉大	2	0	0	上智大	11	15	7	専修大	41	15	28
◇筑波大	3	0	4	東京理科大	25	12	11	大東文化大	98	33	62
◇横浜国大	3	1	2	学習院大	23	17	21	帝京大	43	25	45
◇埼玉大	9	8	10	明治大	37	24	20	獨協大	33	27	26
◇防衛医大	4	1	5	青山学院大	20	15	14	東京電機大	20	15	14
◇東京学芸大	5	5	1	立教大	41	43	30	東京女子大	19	23	27
◇群馬大	2	5	4	中央大	31	30	30	日本女子大	43	40	34
◇埼玉県立大	2	1	3	法政大	49	37	26	共立女子大	22	26	51

※各大学合格数は既卒生を含む。

入試要項 2024年春（実績）

新年度日程についてはp.116参照。

◆ 単願

募集人員 ▶ 120名

選抜方法 ▶ 国数英（各50分・各100点・マークシート），個人面接（5分），調査書

◆ 併願　公私とも併願可

募集人員 ▶ 160名

選抜方法 ▶ 国数英（各50分・各100点・マークシート），個人面接（5分），調査書

◆ 受験料　25,000円

内申基準 単願：[文理選抜] 3科10または5科16　併願：[Ⅲ類特進選抜] 3科14または5科22，[文理特進] 3科13または5科20，[文理選抜] 3科11または5科17　※いずれも9科に1不可，2は1科まで（単願の[Ⅲ類特進選抜][文理特進]を含む）　※条件により内申加点あり

特待生・奨学金制度 入試成績により3段階の特待生認定。ほか，単願の入試成績上位者に創立100周年記念特待生・奨学金制度，併願の入試成績上位者が別途定める期日までに入学手続を行った場合の学費免除あり。

帰国生の受け入れ 国内生と同枠入試。

入試日程

区分	登録・出願	試験	発表	手続締切
単願	12/20〜1/17	1/22	1/23	1/27
併願	12/20〜1/19	1/25or26	1/27	3/1

[試験会場] 単願・併願いずれも末広キャンパス。

応募状況

年度	区分		応募数	受験数	合格数	実質倍率
'24	Ⅲ類	単願	18	18	18	1.0
		併願	184	174	172	1.0
	文特	単願	34	34	34	1.0
		併願	130	124	122	1.0
	文選	単願	37	37	37	1.0
		併願	67	61	61	1.0
'23	Ⅲ類	単願	18	18	18	1.0
		併願	187	177	173	1.0
	文特	単願	51	51	51	1.0
		併願	161	154	152	1.0
	文選	単願	25	25	25	1.0
		併願	57	53	52	1.0
	文理	単願	20	20	19	1.1
		併願	50	47	46	1.0

[スライド制度] あり。上記に含まず。
[24年合格最低点] 単願：Ⅲ類特進選抜202，文理特進173，文理選抜142（/300）　併願：Ⅲ類特進選抜205，文理特進177，文理選抜148（/300）

ほ 星野 埼玉 女子

学費(単位:円)	入学金	施設費	授業料	その他経費	小計	初年度合計
入学手続時	250,000	50,000	—	150,000	450,000	1,150,500
1年終了迄	—	42,000	396,000	262,500	700,500	

※2024年度予定。[授業料納入] 毎月分割。
[その他] 制服・制定品代あり。

併願校の例

※[文特]を中心に

	埼公立	都立	私立
挑戦校	大宮 市立浦和 浦和一女 川越女子	戸山 新宿	栄東 淑徳与野 中大杉並 中大附属 淑徳
最適校	所沢北 浦和西 和光国際 熊谷女子 川越南	竹早 武蔵野北 北園 文京	大宮開成 西武文理 狭山ヶ丘 細田学園 錦城
堅実校	坂戸 伊奈総合(普) 春日部女子 松山女子 朝霞	小平 豊島 石神井 小平南	山村学園 東京農大三 大妻嵐山 埼玉栄 西武台

合格のめやす

合格の可能性 **60%** **80%** の偏差値を表示しています。

Ⅲ類特進選抜 **63** **67**

文理特進 **59** **62**

文理選抜 **55** **59**

合格者／不合格者 合否分布　38 42 46 50 54 58 62 66 70 偏

実線＝文理特進
破線＝Ⅲ類特進選抜

※合格のめやすの見方は114ページ参照。

見学ガイド 文化祭／説明会／学校見学会／個別相談会／クラブ体験会

川越市

東高 川越東 高等学校

〒350-0011　埼玉県川越市久下戸6060　☎(049)235-4811

【教育方針】　恵まれた自然環境と充実した施設・設備のもと，文武両道の精神で心身を鍛える。

【沿　革】　1984年創立。

【学校長】　栗原　常明

【生徒数】　男子1,376名

	1年(12クラス)	2年(12クラス)	3年(11クラス)
男子	490名	472名	414名

JR―大宮・南古谷，西武新宿線―本川越，東武東上線―上福岡よりスクールバス

特色

設置学科：普通科

【コース】　1年次は理数コースと普通コースを設置。2年次で理数Ⅰ類（理系），理数Ⅱ類（文系），普通理系，普通文系の4コースに分かれる。

【カリキュラム】　①理数コースはⅠ類（理・工・医学部系志望者），Ⅱ類（法・経・文学部系志望者）共に，難関国立大学の合格をめざす。②普通コースは国公立大学，難関私立大学への合格を目標とする。指定校推薦にも対応。③放課後や長期休業中に講習を開く。夏期・冬期休業中は午前中に講習を受け，部活動は午後から行う。④タブレット端末を1人1台使用。学校だけで

なく，家庭学習時にも活用できる。学習の記録や連絡のツールとして学習支援クラウドを活用。

【クラブ活動】　ソフトテニス部，陸上競技部，囲碁将棋部，新聞文芸部，マンドリンギター部などが全国大会出場の実績をもつ。

【行事】　感性を磨くことに力を注ぎ，音楽鑑賞会，外部講師による各種講演会などを実施する。

【施設】　約85,700㎡の広大な校地。バスケットコート6面が取れる体育館や3つのグラウンドがある。蔵書82,000冊の図書館には，180席のパーティション付き机がある学習室を設置。

習熟度別授業	土曜授業	文理選択	オンライン授業	制服	自習室	食堂	プール	グラウンド	アルバイト
―	○	2年〜	○	○	〜19:00	○	○	○	―

登校時刻＝ 8:35
下校時刻＝19:00

進路情報　2023年3月卒業生

四年制大学への進学率 **82.8%**

【卒業生数】　441名

【進路傾向】　現役合格率は91%。大学合格状況は国公立65名，早慶上理113名，GMARCH 380名など。

【指定校推薦】　早稲田大，上智大，東京理科大，学習院大，明治大，青山学院大，立教大，中央大，法政大，日本大，東洋大，駒澤大，専修大，大東文化大，東海大，亜細亜大，帝京大，國學院大，成蹊大，成城大，明治学院大，獨協大，神奈川大，芝浦工大，東京電機大，同志社大，武蔵大，関西学院大など推薦枠あり。

四年制大学	365名
短期大学	0名
専修・各種学校	3名
就職	0名
進学準備・他	73名

主な大学合格状況

'24年春速報は巻末資料参照

大学名	'23	'22	'21	大学名	'23	'22	'21	大学名	'23	'22	'21
◇東京大	2	0	1	◇東京農工大	4	6	2	中央大	118	95	107
◇東工大	1	2	1	◇信州大	1	2	4	法政大	104	109	117
◇一橋大	1	2	4	早稲田大	43	48	46	日本大	133	146	158
◇千葉大	3	5	5	慶應大	24	20	22	東洋大	212	161	196
◇筑波大	6	4	2	上智大	18	21	17	駒澤大	55	23	38
◇東京外大	4	2	1	東京理科大	66	49	62	大東文化大	76	63	58
◇横浜国大	5	5	3	学習院大	35	47	39	成城大	17	44	27
◇埼玉大	16	18	11	明治大	124	120	123	獨協大	36	54	24
◇北海道大	2	6	5	青山学院大	27	25	35	芝浦工大	108	83	77
◇東北大	3	4	6	立教大	92	89	99	東京電機大	60	40	41

※各大学合格数は既卒生を含む。

入試要項 2024年春（実績）

新年度日程についてはp.116参照。

◆ 単願　第1志望

募集人員▶理数コース80名，普通コース320名
※併願，特待生を含む全体の定員

選抜方法▶国数英（各50分・各100点・マークシート），個人面接（3分），調査書

◆ 併願　併願Ⅰ，併願Ⅱ　※いずれも公私とも併願可

募集人員▶定員内

選抜方法▶国数英（各50分・各100点・マークシート），個人面接（3分），調査書

◆ 受験料　25,000円

(内申基準) 単願：[理数]3科13かつ9科40，[普通]3科12かつ9科34　併願：[理数]3科13かつ9科40，[普通]3科13かつ9科37　※いずれも9科に1不可

(特待生・奨学金制度) 1/24に特待生入試を実施。A特待（受験者の約5%），B特待（受験者の約15%）を認定。いずれも所属は理数コース。ほか，単願入試や併願Ⅰ入試で内申，入試成績，部活動などの総合判定による特待生合格あり。

(帰国生の受け入れ) 国内生と同枠入試で考慮あり。

入試日程

区分	出願	試験	発表	手続締切
単願	12/20〜1/14	1/22	1/23	1/27
併願Ⅰ	12/20〜1/14	1/22	1/25	3/1
併願Ⅱ	12/20〜1/14	1/25	1/26	3/1

[延納] 埼玉生以外の併願者は各都県の公立発表後まで。

応募状況

年度	区分	応募数	受験数	合格数		実質倍率
'24	単願	202	201	理数	3	1.0
				普通	197	
				特待	0	
	併願Ⅰ	929	927	理数	378	1.0
				普通	496	
				特待	45	
	併願Ⅱ	302	246	理数	57	1.0
				普通	178	
'23	単願	247	247	理数	6	1.0
				普通	226	
				特待	4	
	併願Ⅰ	952	952	理数	321	1.0
				普通	551	
				特待	70	
	併願Ⅱ	302	243	理数	57	1.0
				普通	175	
'22	単願	242	242	理数	5	1.0
				普通	224	
				特待	3	
	併願Ⅰ	966	962	理数	312	1.0
				普通	574	
				特待	63	
	併願Ⅱ	302	252	理数	63	1.1
				普通	172	

['24年合格最低点] 非公表。

か
川越東

埼玉

男子

学費（単位：円）

	入学金	施設費	授業料	その他経費	小計	初年度合計
入学手続時	250,000	150,000	—	—	400,000	842,900
1年終了迄	—	42,000	396,000	4,900	442,900	

※2024年度予定。[授業料納入] 毎月分割。[その他] 制服・制定品代あり。

併願校の例

※[普通]を中心に

	埼公立	都立	私立
挑戦校	浦和 大宮 市立浦和	日比谷 戸山	慶應志木 早大本庄 栄東 開智 巣鴨
最適校	川越 所沢北 春日部 浦和西 蕨	新宿 竹早 国分寺 武蔵野北	大宮開成 春日部共栄 星野共学部 城北埼玉 錦城
堅実校	川越南 市立大宮北 熊谷 川口北 市立浦和南	北園 文京 小平	西武文理 城西川越 狭山ヶ丘 山村学園 東京農大三

合格のめやす

合格の可能性 60% 80% の偏差値を表示しています。

理数 **65** 69

普通 **61** 65

合否分布

| 合格者 |
| 38　42　46　50　54　58　62　66　70　(偏) |
| 不合格者 |

実線＝普通
破線＝理数

※合格のめやすの見方は114ページ参照。

(見学ガイド) 文化祭／説明会／個別相談会

慶應義塾志木 高等学校

〒353-0004 埼玉県志木市本町4-14-1 ☎(048)471-1361

小 中 高 専 短 大

志木市

【教育目標】 「塾生としての誇りを持たせること」「基礎的な学問の習得」「個性と能力をのばす教育」「健康を積極的に増進させること」を教育目標に掲げる。福澤諭吉の建学の精神に基づき，慶應義塾大学に進学する前段階としての教育を行う。

【沿　革】 1948年慶應義塾農業高等学校開設。1957年普通高校に転換，現校名となる。

【学校長】 髙橋 美樹

【生徒数】 男子730名

	1年(6クラス)	2年(8クラス)	3年(6クラス)
男子	253名	241名	236名

東武東上線―志木 7 分

特色

設置学科：普通科

【カリキュラム】 ①「文学国語」では口頭発表，調査，実習，創作などの実技を通して考察し表現する力を育む。②1年次必修の「情報Ⅰ」では時間数の約半分を実習にあて，コンピュータの基礎を学ぶ。3年次選択の「情報処理」ではプログラミングなどに取り組む。③3年次に10単位の自由選択科目を設定。文学特講や微積分基礎など，20以上の講座を開講する。④週1回7・8時限に語学課外講座を行う。アジア，アフリカ，ヨーロッパなど，20以上の言語に対応している。⑤高大連携として慶應義塾大学理工学部，文学部の授業を聴講できる。⑥2年次には言語，民族，文化，歴史などに関する24の講座より2講座を選んで学習する。「アイヌ文化に触れる」「サンスクリット語の世界」「ハンムラビ法典を読む」などユニークな講座を用意。

【校外学習】 1年次に三浦半島，2年次に信越方面で理科の実習中心の研修旅行を，3年次には東北方面で4日間の見学旅行を行う。

【海外研修】 オーストラリア・台湾・フィンランドの国際交流提携校への短期留学制度があり，アメリカ，イギリスへの派遣留学制度もある。

習熟度別授業	土曜授業	文理選択	オンライン授業	制服	自習室	食堂	プール	グラウンド	アルバイト	登校時刻= 8:30
―	○	―	○	○	～19:00	○	○	○	○	下校時刻=19:00

進路情報 2023年3月卒業生

併設大学への進学率 **98.7%**

【卒業生数】 237名

【進路傾向】 併設大学への進学が例年大多数。大学進学者の内訳は文系83%，理系17%。海外大学へ1名が進学した。

【系列進学】 慶應義塾大学へ234名（文13，経済80，法74，商20，医7，理工33，総合政策2，環境情報5）が内部推薦で進学した。

【指定校推薦】 非公表。

■ 慶應義塾大学 234名
□ 他 3名

主な大学合格状況

'24年春速報は巻末資料参照

大学名	'23	'22	'21	大学名	'23	'22	'21	大学名	'23	'22	'21
◇東京大	0	0	1								
◇大阪公立大	0	0	1								
早稲田大	3	0	1								
慶應大	235	242	253								
東京理科大	1	0	2								
明治大	1	0	0								
日本大	0	1	0								
帝京大	0	0	2								
日本医大	0	0	0								
国際医療福祉大	0	0	2								

※各大学合格数は既卒生を含む。

入試要項 2024年春（実績）

新年度日程についてはp.116参照。

◆ 推薦　自己推薦（第１志望）

募集人員▶ 約40名

選抜方法▶ 〔１次選考〕書類選考（志願書，調査書），〔２次選考〕面接（個人10分，グループ40分）

◆ 一般・帰国生

募集人員▶ 約190名（うち帰国生は若干名）

選抜方法▶ 〔１次試験〕国数英（各60分・各100点），調査書，〔２次試験〕個人面接（10分）

◆ 受験料　30,000円（自己推薦は１次選考10,000円，２次選考20,000円）

(内申基準) 自己推薦：９科38

(特待生・奨学金制度) 入学後に奨学制度あり。

(帰国生の受け入れ) 国内生と別枠入試（上記参照）。

入試日程

区分	登録・出願	試験	発表	手続締切
自己推薦	12/1〜1/5	〔１次〕 ―	1/22	1/24
		〔２次〕1/23	1/24	
一般・帰国生	12/1〜1/18	〔１次〕2/7	2/10	2/13
		〔２次〕2/11	2/12	

〔試験会場〕一般１次は本校または慶應義塾大学三田キャンパス。

応募状況

年度	区分	応募数	受験数	1次合格	2次合格	実質倍率
'24	自己推薦	122	―	80	47	2.6
	一般	1,154	1,080	534	349	3.1
	帰国生	65	61	33	24	2.5
'23	自己推薦	104	104	80	46	2.3
	一般	1,105	1,015	532	348	2.9
	帰国生	59	53	32	22	2.4
'22	自己推薦	113	―	80	48	2.4
	一般	1,155	1,053	610	352	3.0
	帰国生	83	79	46	30	2.6

※自己推薦の実質倍率＝応募数÷２次合格
〔'24年合格最低点〕非公表。

（け）

慶應義塾志木

埼玉

男子

学費（単位：円）	入学金	教育充実費	授業料	その他経費	小計	初年度合計
入学手続時	340,000	210,000	385,000	47,500	982,500	1,442,500
１年終了迄	―	―	385,000	75,000	460,000	

※2024年度予定。〔入学前納入〕１年終了迄の小計のうち75,000円。
〔返還〕一般と帰国生の3/1までの入学辞退者には入学金を除き返還。〔授業料納入〕２回分割（入学手続時に前期分納入）。〔その他〕制服・制定品代あり。〔寄付・学債〕任意の慶應義塾教育振興資金１口３万円２口以上，開設75年事業募金１口１万円３口以上，慶應義塾債１口10万円３口以上あり。

併願校の例

	埼公立	都・神・千公立	国・私立
挑戦校			
最適校	浦和 大宮	日比谷 横浜翠嵐 湘南	早大本庄 開成 筑波大附 早稲田実業 慶應義塾
堅実校	市立浦和 川越 春日部 越谷北 蕨	国立 新宿 県立多摩 千葉 東葛飾	立教新座 栄東 開智 明大中野 巣鴨

合格のめやす

合格の可能性 **60%** **80%** の偏差値を表示しています。

普通科　**71** ─ **74**

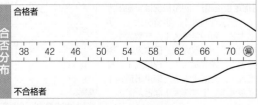

※合格のめやすの見方は114ページ参照。

(見学ガイド) 文化祭／説明会

川越市

城西大学付属川越 高等学校

〒350-0822　埼玉県川越市山田東町1042　☎(049)224-5665

【教育方針】　周囲の人々に感謝し，努力していくことがその恩に報いることであるという「報恩感謝」を校是に，「心豊かな人間の育成」「個性・学力の伸長」を教育方針とする。

【沿　革】　1972年創立。

【学校長】　渡辺　聡

【生徒数】　男子649名

	1年（7クラス）	2年（7クラス）	3年（5クラス）
男子	240名	231名	178名

東武東上線―川越，坂戸，西武新宿線―本川越，JR―川越・桶川よりスクールバス

特色

設置学科：普通科

【コース】　特別選抜，特進，進学の3コースを設置。3年次は各コースの文系・理系で志望大学（国公立・私立）や受験科目に応じた編成になる。1・2年次は内部進学生と別クラス。

【カリキュラム】　①特別選抜コースは1年次から特別カリキュラムを組み，最難関大学進学をめざす。7時間授業を週3回実施。②特進コースは全方位型カリキュラムで選択幅を広げ，様々な受験に対応。③進学コースは基礎学力を固め，主要教科に充分な授業時間を確保。④少人数制の英会話授業によりスピーチ力を養成。

英語スピーチコンテストや外部検定試験対策にも取り組む。⑤基礎確認から入試問題演習まで，学力や学習計画に合わせた課外講習を設定。

【キャリア教育】　1年次に進路適性検査を行い，適性・志向を客観的に捉える。ほか，卒業生講演会や進路講演会，大学見学会などを開催。職業や大学への認識を深め，進路決定に生かす。

【海外研修】　希望者を対象に8月にオーストラリアで2週間のホームステイを実施する。

【クラブ活動】　和太鼓「欅」がボランティア活動やスポーツイベントなどで活発に活動。

習熟度別授業	土曜授業	文理選択	オンライン授業	制服	自習室	食堂	プール	グラウンド	アルバイト
―	○	2年～	○	○	～20:00	○	○	○	―

登校時刻＝ 8:50
下校時刻＝18:50

進路情報　2023年3月卒業生

四年制大学への進学率 **92.7%**

【卒業生数】　206名

【進路傾向】　大学進学者のうち5割強が文系進学。国公立大学へ文系3名，理系14名が進学した。医学部2名，歯学部3名，薬学部5名合格。

【系列進学】　城西大学へ3名（経営2，現代政策1）が内部推薦で進学した。城西国際大学，日本医療科学大学への推薦制度もある。

【指定校推薦】　利用状況は早稲田大1，東京理科大1，学習院大1，明治大2，青山学院大1，立教大1，中央大3，法政大1，日本大3，東洋大1，國學院大1，成城大1，獨協大1，芝浦工大2，東京電機大1，武蔵大1，工学院大1など。

四年制大学	191名
短期大学	0名
専修・各種学校	1名
就職	3名
進学準備・他	11名

主な大学合格状況

'24年春速報は巻末資料参照

大学名	'23	'22	'21	大学名	'23	'22	'21	大学名	'23	'22	'21
◇東京大	0	0	1	上智大	0	1	3	駒澤大	11	11	5
◇京都大	0	1	0	東京理科大	24	7	19	大東文化大	45	37	40
◇東工大	1	0	1	学習院大	14	10	6	東海大	13	24	13
◇一橋大	1	0	0	明治大	12	13	15	帝京大	53	58	32
◇筑波大	0	1	0	青山学院大	5	4	5	成蹊大	8	6	9
◇埼玉大	5	0	6	立教大	5	17	16	獨協大	31	38	20
◇群馬大	3	2	1	中央大	23	19	15	芝浦工大	29	24	27
◇電通大	2	3	1	法政大	32	23	30	東京電機大	12	6	20
早稲田大	3	9	4	日本大	105	79	72	武蔵大	21	22	15
慶應大	3	1	2	東洋大	62	44	40	城西大	20	31	52

※各大学合格数は既卒生を含む。

入試要項 2024年春（実績）

新年度日程についてはp.116参照。

◆ **単願** 校長推薦，自己推薦 ※ほかに指定校推薦あり

募集人員▶特別選抜コース約40名，特進コース約105名，進学コース約40名 ※併願①を含む定員

選抜方法▶国数英（各50分・各100点），グループ面接（5分），調査書

◆ **併願** 併願①，併願②

募集人員▶①定員内，②若干名

選抜方法▶併願①：国数英（各50分・各100点），調査書　併願②：国数英（各50分・各100点），個人面接（15分），調査書

◆ **受験料** 25,000円

内申基準 単願：[特別選抜] 3科13・5科22・9科38，[特進] 3科12・5科20・9科36，[進学] 3科11・5科18・9科33　併願：[特別選抜][特進] 3科13・5科22・9科38，[進学] 3科12・5科20・9科36 ※3科・5科・9科基準のうち2つを満たすこと ※特別選抜コースは別途成績基準あり ※いずれも9科に1不可，5科に2不可，実技4科に2は1つまで ※条件により内申加点あり

特待生・奨学金制度 内申，入試成績などにより2段階の特待生認定あり。

帰国生の受け入れ 国内生と別枠入試。

入試日程

区分	出願	試験	発表	手続締切
単願	12/25～1/15	1/22or23	1/25	1/30
併願①	12/25～1/15	1/22or23	1/25	2/18
併願②	1/26～2/1	2/5	2/5	2/18

[延納] 併願①は20,000円納入により残額は公立発表後まで。

応募状況

年度	区分	応募数	受験数	合格数		実質倍率
'24	単願	159	151	特選	19	1.0
				特進	82	
				進学	46	
	併願①	321	313	特選	73	1.0
				特進	203	
				進学	32	
	併願②	8	7	特選	1	1.0
				特進	4	
				進学	2	
'23	単願	136	133	特選	18	1.0
				特進	68	
				進学	41	
	併願①	365	363	特選	93	1.0
				特進	198	
				進学	69	
	併願②	5	5	特選	0	1.0
				特進	1	
				進学	4	
'22	単願	148	144	特選	27	1.0
				特進	68	
				進学	45	
	併願①	341	331	特選	85	1.0
				特進	194	
				進学	48	
	併願②	7	6	特選	3	1.5
				特進	1	
				進学	0	

['24年合格最低点] 単願92，併願①118（/300）

（し）城西大学付属川越　埼玉　男子

学費

学費（単位:円）	入学金	施設費	授業料	その他経費	小計	初年度合計
入学手続時	250,000	200,000	—	—	450,000	1,176,958
1年終了迄	—	—	372,000	354,958	726,958	

※2024年度予定。[返還] 3/2までの入学辞退者には入学金を除き返還。[授業料納入] 3回分割。[その他] 制服・制定品代あり。[寄付・学債] 任意の50周年記念事業寄付金1口1万円あり。

併願校の例

※[特進]を中心に

	埼公立	都立	私立
挑戦校	川越 所沢北 浦和西 春日部 蕨	竹早 国分寺	川越東 大宮開成 淑徳 錦城
最適校	和光国際 市立大宮北 熊谷 所沢 伊奈総合（普）	北園 文京 小平	城北埼玉 星野共学部 狭山ヶ丘 細田学園 栄北
堅実校	所沢西 松山 朝霞 豊岡 朝霞西	豊島 石神井 清瀬	山村学園 東京農大三 埼玉栄 西武台 聖望学園

合格のめやす

合格の可能性 60% 80% の偏差値を表示しています。

特別選抜 60 64

特進 56 60

進学 53 56

合格者

（偏）38 42 46 50 54 58 62 66 70

不合格者

実線＝特進
破線＝特別選抜

合否分布

※合格のめやすの見方は114ページ参照。

見学ガイド 文化祭／問題解説学習会／説明会／オープンスクール／個別相談会

城北埼玉 高等学校

〒350-0014　埼玉県川越市古市場585-1　☎(049)235-3222

川越市

【教育目標】　「着実・勤勉・自主」の校訓のもと、「人間形成」と「大学進学指導」を柱とした教育を展開する。心身ともに健全で自律的な努力に徹し得る人間の育成をめざす。

【沿　革】　1980年創立。

【学校長】　森泉　秀雄

【生徒数】　男子608名

	1年（6クラス）	2年（6クラス）	3年（8クラス）
男子	191名	185名	232名

東武東上線—ふじみ野，JR—南古谷，西武新宿線—本川越よりスクールバス

特色

設置学科：普通科

【コース】　本科コース（特進クラス，進学クラス），フロンティアコースを設置。本科コースは2年次に文理選択し，3年次に文理とも目標大学に応じたⅠ型・Ⅱ型に分かれる。本科コース1・2年次は内部進学生と別クラス編成。

【カリキュラム】　①本科コースは1年次に基礎を固め，3年次1学期までに高校の履修課程をほとんどの教科で終わらせる。学力向上に向け，各種講習会や受験講座，各種プログラムなどを行う。②フロンティアコースは文理融合型のカリキュラムで，プロジェクト型学習やフィールドワークなどに注力。③OBの大学生チームと教員が協働し，放課後学習をサポートする「JSLC」で生徒一人ひとりに応じた学習支援を行う。

【海外研修】　希望者は1・2年次にオーストラリア語学研修に参加できる。

【クラブ活動】　自転車競技部，少林寺拳法部，写真部が全国大会出場。剣道部とスキー部が関東大会出場の実績をもつ。

【施設】　天井が高く開放的なドーム型食堂や年間を通して泳げる室内温水プールをはじめ，パソコン教室，協働学習室，武道館がある。

習熟度別授業	土曜授業	文理選択	オンライン授業	制服	自習室	食堂	プール	グラウンド	アルバイト審査
—	○	2年～	○	○	～19:40	○	○	○	審査

登校時刻＝ 8:40
下校時刻＝18:10

進路情報　2023年3月卒業生

四年制大学への進学率 **65.8%**

【卒業生数】　225名

【進路傾向】　大学進学者の内訳は文系52%，理系46%，他2%。国公立大学へ文系2名，理系6名が進学した。医学部医学科4名，歯学部2名，薬学部10名の合格が出ている。

■ 四年制大学	148名
□ 短期大学	0名
■ 専修・各種学校	1名
■ 就職	1名
□ 進学準備・他	75名

【指定校推薦】　利用状況は早稲田大2，慶應大1，上智大1，東京理科大5，学習院大6，明治大2，青山学院大3，立教大2，中央大7，日本大3，東洋大3，國學院大3，成城大2，明治学院大3，獨協大1，芝浦工大2，同志社大1，武蔵大1，工学院大2，立正大1，国士舘大2，東京経済大1，東京薬科大2，明治薬科大1など。

主な大学合格状況
'24年春速報は巻末資料参照

大学名	'23	'22	'21	大学名	'23	'22	'21	大学名	'23	'22	'21
一橋大	0	1	0	早稲田大	7	7	2	日本大	56	44	37
千葉大	2	1	0	慶應大	3	6	3	東洋大	41	39	16
筑波大	0	0	1	上智大	1	1	6	駒澤大	14	10	9
横浜国大	1	0	2	東京理科大	23	8	28	専修大	18	11	20
埼玉大	2	1	3	学習院大	13	8	10	大東文化大	24	10	11
北海道大	1	0	1	明治大	8	13	19	帝京大	18	12	14
東京医歯大	1	0	0	青山学院大	8	5	6	成蹊大	9	7	14
東京農工大	1	1	2	立教大	5	5	11	獨協大	7	3	13
群馬大	1	1	0	中央大	17	26	37	芝浦工大	21	16	24
信州大	0	1	2	法政大	16	12	20	東京電機大	15	7	8

※各大学合格数は既卒生を含む。

入試要項 2024年春（実績）

新年度日程についてはp.116参照。

※各入試フロンティアコースを受験者は，事前にコース説明を受けること

◆単願

募集人員▶本科コース200名（うち特進クラス30名），フロンティアコース40名　※内部進学生を含む　※併願を含む全体の定員

選抜方法▶国数英（各50分・各100点），調査書

◆併願　併願Ⅰ，併願Ⅱ　※いずれも公私とも併願可

募集人員▶定員内

選抜方法▶**併願Ⅰ**：国数英（各50分・各100点），調査書　**併願Ⅱ**：国数英または国数英理社（各50分・各100点，5科は国に小論文・英にリスニングあり），調査書

◆受験料　26,000円

(内申基準) 単願・併願：9科に2不可

(特待生・奨学金制度) 入試成績により3段階の特待生認定あり。

(帰国生の受け入れ) 国内生と同枠入試。

入試日程

区分	出願	試験	発表	手続締切
単願	12/18〜1/22	1/22	1/25	1/31
併願Ⅰ	12/18〜1/22	1/22	1/25	3/1
併願Ⅱ	12/18〜1/23	1/23	1/25	3/1

応募状況

年度	区分			応募数	受験数	合格数	実質倍率
'24	単願	本科		18	18	18	1.0
		フロンティア		6	6	6	1.0
	併願Ⅰ	本科		69	67	65	1.0
		フロンティア		3	3	3	1.0
	併願Ⅱ	本科	3科	62	60	57	1.1
			5科	64	63	63	1.0
		フロ	3科	3	3	2	1.5
			5科	3	3	3	1.0
'23	単願	本科		129	129	129	1.0
		フロンティア		21	21	21	1.0
	併願Ⅰ	本科		61	59	59	1.0
		フロンティア		4	4	4	1.0
	併願Ⅱ	本科	3科	56	56	56	1.0
			5科	104	103	103	1.0
		フロンティア	3科	2	2	2	1.0
			5科	4	4	4	1.0
'22	単願	本科		116	116	116	1.0
		フロンティア		20	20	20	1.0
	併願Ⅰ	本科		57	56	55	1.0
		フロンティア		6	6	6	1.0
	併願Ⅱ	本科	3科	55	53	52	1.0
			5科	161	161	160	1.0
		フロンティア	3科	3	3	1	3.0
			5科	4	4	4	1.0

※'23，'22の単願に内部進学生を含む。
['24年合格最低点] 非公表。

（右欄）し 城北埼玉　埼玉　男子

学費（単位：円）

学費（単位：円）	入学金	施設設備費	授業料	その他経費	小計	初年度合計
入学手続時	260,000	—	—	—	260,000	1,157,900
1年終了迄	—	180,000	408,000	309,900	897,900	

※2024年度予定。[授業料納入] 3回分割。
[その他] 標準服・制定品代，教科書代，教材費，校外学習費，フロンティアコースは活動費10,000円あり。

併願校の例

※[進学]を中心に

	埼公立	都立	私立
挑戦校	大宮 市立浦和 川越	戸山 新宿	立教新座 巣鴨 城北 淑徳
最適校	所沢北 浦和西 春日部 和光国際 熊谷	竹早 武蔵野北 北園 文京	川越東 大宮開成 星野共学部 西武文理 城西川越
堅実校	市立川越 所沢西 松山 朝霞	小平 豊島 石神井 清瀬	山村学園 東京農大三 埼玉栄 西武台 大東文化一

合格のめやす

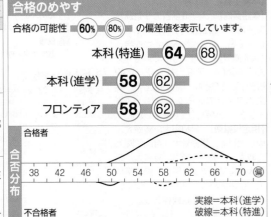

合格の可能性 ■**60%**■ **80%** の偏差値を表示しています。

本科（特進）　**64**　**68**

本科（進学）　**58**　**62**

フロンティア　**58**　**62**

合格者／不合格者　合否分布

38　42　46　50　54　58　62　66　70　(偏)

実線＝本科（進学）
破線＝本科（特進）

※合格のめやすの見方は114ページ参照。

(見学ガイド) 文化祭／説明会／個別相談会／オープンスクール

新座市

立教新座 高等学校

〒352-8523　埼玉県新座市北野1-2-25　☎(048)471-2323(代)・6648(入試窓口)

【教育方針】「キリスト教に基づく人間教育」を建学の精神に掲げる。「真理を探究する力」と「共に生きる力」を育む。

【沿　革】1874年創立の立教学校を母体とし、1948年立教高等学校開設、1960年新座に移転。2000年に中学校を開校し、現校名に改称。

【学校長】佐藤　忠博

【生徒数】男子984名

	1年(8クラス)	2年(8クラス)	3年(8クラス)
男子	325名	322名	337名

東武東上線―志木15分　　JR―新座25分
(志木と新座よりスクールバスあり)

特色

設置学科：普通科

【コース】2年次より他大学進学クラスを設置。

【カリキュラム】①3年次に履修する自由選択科目では約90種類の講座を開講。趣味や志望する進路に合わせて多種多様な科目の中から自分で選択できる。②立教大学特別聴講生制度があり、3年次に大学の科目を受講できる。③始業前やイースター、クリスマスなどに礼拝がある。1年次は聖書の授業が必修。④1年次に立教大学教員による特別授業を、2年次に校外研修旅行を行う。2・3年次は卒業研究論文に取り組み、研究能力と自己表現能力の向上を促す。

【キャリア教育】1年次から「OB講話会」を開き、2・3年次には立教大学学部学科説明会を行うなど、進路決定を後押しする。

【海外研修】希望制の英国サマースクール、オーストラリア短期留学でホームステイを体験。3年次に米国ギャップイヤー留学もできる。

【クラブ活動】フェンシング部、体操部、陸上競技部、ソフトテニス部、空手道部、鉄道研究会などが全国レベルで活躍している。

【施設】図書館の蔵書は約175,000冊。人工芝全天候型の陸上競技場は日本陸上競技連盟公認。

習熟度別授業	土曜授業	文理選択	オンライン授業	制服	自習室	食堂	プール	グラウンド	アルバイト
国英	○	―	○	標準服	～18:00	○	○	○	○

登校時刻＝ 8:30
下校時刻＝18:30

進路情報　2023年3月卒業生

四年制大学への進学率 **94.8%**

【卒業生数】308名

【進路傾向】大学進学者の9割弱が文系進学。国公立大学へ文系2名・理系7名、海外大学へ1名が進学。

【系列進学】立教大学へ254名(文26、経済60、理9、社会42、法49、観光13、経営36、現代心理4、異文化コミュニケーション12、スポーツ3)が内部推薦で進学した。

【指定校推薦】早稲田大、慶應大、東京理科大、学習院大、青山学院大、立教大、中央大、国際基督教大、北里大、聖マリアンナ医大、東京薬科大、明治薬科大、日本歯大、埼玉医大、獨協医大など推薦枠あり。

	四年制大学	292名
	短期大学	0名
	専修・各種学校	0名
	就職	0名
	進学準備・他	16名

主な大学合格状況
'24年春速報は巻末資料参照

大学名	'23	'22	'21	大学名	'23	'22	'21	大学名	'23	'22	'21
◇東京大	2	0	1	早稲田大	11	23	15	日本大	16	9	8
◇東工大	3	3	0	慶應大	16	16	10	東洋大	0	3	2
◇一橋大	2	0	3	上智大	7	5	3	国際基督教大	1	2	2
◇千葉大	1	1	1	東京理科大	29	17	12	成城大	8	3	1
◇横浜国大	1	1	0	学習院大	1	1	1	芝浦工大	7	2	3
◇北海道大	3	0	1	明治大	22	16	10	東京電機大	4	1	1
◇東北大	0	1	0	青山学院大	3	5	4	同志社大	0	2	2
◇都立大	1	0	0	立教大	259	268	276	立命館大	1	1	7
◇信州大	0	1	1	中央大	17	5	8	昭和大	1	1	0
◇電通大	0	0	1	法政大	15	6	10	東京医大	0	1	1

※各大学合格数は既卒生を含む。

入試要項 2024年春（実績）

新年度日程については p.116参照。

◆ 推薦　単願

募集人員▶約20名

選抜方法▶〔１次書類審査〕書類審査（調査書，学年内評価分布表，活動証明書，活動報告書，志望理由書），〔２次試験〕個人面接（20分）

◆ 一般

募集人員▶約60名

選抜方法▶国数英（各60分・各100点・英にリスニングあり），調査書

◆ 受験料　30,000円（推薦は１次書類審査10,000円，２次試験20,000円）

(内申基準) 推薦：９科36かつ９科に２不可
(特待生・奨学金制度) 特記なし。
(帰国生の受け入れ) 国内生と同枠入試。

入試日程

区分	登録・出願	試験	発表	手続締切
推薦	〔１次〕12/4〜1/6	—	1/12	1/26
	〔２次〕1/12〜20	1/22	1/23	
一般	1/7〜25	2/1	2/2	2/8

応募状況

年度	区分	応募数	受験数	合格数	実質倍率
'24	推薦	38	38	23	1.7
	一般	1,619	1,571	679	2.3
'23	推薦	35	35	23	1.5
	一般	1,589	1,517	711	2.1
'22	推薦	40	40	22	1.8
	一般	1,524	1,449	629	2.3

［'24年合格最低点］非公表。

り 立教新座　埼玉　男子

学費（単位：円）	入学金	維持資金	授業料	その他経費	小計	初年度合計
入学手続時	300,000	100,000	—	—	400,000	1,333,000
１年終了迄	—	278,000	624,000	31,000	933,000	

※2024年度予定。［返還］一般で私立進学者2/16・国公立進学者3/5までの入学辞退者には入学金を除き返還。［授業料納入］一括または３回分割。［その他］標準服・制定品代あり。
［寄付・学債］任意の教育研究事業振興資金１口10万円（複数口）あり。

併願校の例

	埼公立	都立	私立
挑戦校			慶應志木 早稲田実業 早大学院 慶應義塾
最適校	浦和 大宮 市立浦和 川越	日比谷 西 国立 戸山 青山	栄東 開智 中大杉並 中大附属 明大中野
堅実校	春日部 所沢北 浦和西 川口市立 市立浦和南	新宿 国分寺 北園 豊多摩	川越東 大宮開成 星野共学部 城北埼玉 淑徳巣鴨

合格のめやす

合格の可能性 **60%** **80%** の偏差値を表示しています。

普通科　**66**　**70**

合否分布

合格者

不合格者

38　42　46　50　54　58　62　66　70　(偏)

※合格のめやすの見方は114ページ参照。

(見学ガイド) 文化祭／説明会／オープンキャンパス／学校見学

さいたま市緑区

青山学院大学系属
浦和ルーテル学院 高等学校

〒336-0974　埼玉県さいたま市緑区大崎3642　☎(048)711-8221

【教育方針】　「神と人とを愛する人間。神と人とに愛される人間。」を建学の精神に掲げる。神から贈られた才能と個性を伸ばし，世界に貢献する人間を育てるギフト教育を行っている。

【沿　革】　米国ルーテル教団により1970年聖望学園浦和高等学校設置。2019年，浦和ルーテル学院高等学校より現校名に改称。

【学校長】　福島　宏政

【生徒数】　男子87名，女子130名

	1年（3クラス）	2年（3クラス）	3年（3クラス）
男子	26名	32名	29名
女子	48名	43名	39名

JR―北浦和・東川口，埼玉高速鉄道―浦和美園よりスクールバス

特色　　　　　　　　　　　　　　　　　　設置学科：普通科

【コース】　3年次に文系，文理系，理系の3コースに分かれる。

【カリキュラム】　①才能の伸長，共感する姿勢の育成，世界貢献，自己実現を図る教育により，人間的な成長を促す。②少人数教育で的確，丁寧な進路指導を行う。③グローバル教育に力を入れる。GTEC1200点・英語検定準1級取得を目標に，どこででも通用する英語の表現力を育成。④制服はなく，TPOに基づいた服装を自ら判断する。⑤毎朝の礼拝のほかに，クリスマス，イースター，宗教改革記念の礼拝がある。

【海外研修】　夏休みの約1カ月間，アメリカ（カリフォルニア，アリゾナ）での研修を実施。寮生活やホームステイを通してグローバルな視野を育成。ほかに2年次に10カ月間のアメリカ留学や，米国大学への卒業後留学もある。

【行事】　10月に「奉仕の日」を設定。街頭募金や介護施設での作業を行う。11月の強歩大会では20kmを歩き，精神力と体力を養う。

【施設】　温水プール，チャペルなどを備える。建築文化賞を受賞した宿泊施設「山の上学校」は，学習や部活の合宿などで利用する。

習熟度別授業	土曜授業	文理選択	オンライン授業	制服	自習室	食堂	プール	グラウンド	アルバイト	登校時刻＝ 8:30
数英	―	2年〜	○	―	○	―	○	―	審査	下校時刻＝19:00

進路情報　2023年3月卒業生　　　　　四年制大学への進学率 **94.5%**

【卒業生数】　73名

【進路傾向】　過去3年（卒業生計192名）の進学大学群は国公立4％，早慶上理ICU　7％，GMARCH 24％，成成明國武5％，日東駒専4％など。

	名
■ 四年制大学	69名
□ 短期大学	2名
■ 専修・各種学校	0名
■ 就職	0名
□ 進学準備・他	2名

【系列進学】　青山学院大学への系属校推薦入学は2030年度まで経過措置での入学が可能（一定の募集枠，進学基準あり）。2023年春は21名（法2，文3，教育人間科2，国際政治経済2，理工5，総合文化政策1，経済1，経営2，地球社会共生1，社会情報1，コミュニティ人間科1）が推薦で進学した。

【指定校推薦】　東京理科大，日本大，大東文化大など推薦枠あり。

主な大学合格状況　　　　　　'24年春速報は巻末資料参照

大学名	'23	'22	'21	大学名	'23	'22	'21	大学名	'23	'22	'21
◇東京外大	0	1	1	立教大	14	7	6	國學院大	1	3	0
◇電通大	0	0	1	中央大	1	0	3	成蹊大	2	0	2
◇埼玉県立大	1	0	0	法政大	3	2	1	明治学院大	2	2	5
早稲田大	3	5	3	日本大	14	3	7	獨協大	2	5	3
慶應大	0	0	1	東洋大	10	2	4	東京電機大	8	0	5
上智大	1	7	0	駒澤大	0	3	1	東京女子大	3	2	0
東京理科大	2	2	4	専修大	2	0	1	日本女子大	2	2	0
学習院大	1	2	2	大東文化大	1	4	7	共立女子大	1	3	1
明治大	6	4	9	東海大	1	1	0	目白大	3	1	1
青山学院大	21	15	8	帝京大	2	4	4	多摩美大	2	1	3

※各大学合格数は既卒生を含む。

入試要項 2024年春（実績）

新年度日程についてはp.116参照。

◆ 単願　自己推薦，一般

募集人員 ▶ 25名

選抜方法 ▶ 国数英（各45分・各100点），調査書，一般は面接（15分）

◆ 受験料　25,000円

内申基準 自己推薦：9科36　※9科に2不可
※条件により内申加点あり

特待生・奨学金制度 成績優秀者に奨学金を支給。

帰国生の受け入れ 国内生と同枠入試。

入試日程

区分	出願	試験	発表	手続締切
自己推薦	1/5〜25	1/27	1/27	1/31
一般	1/5〜25	1/27	1/27	1/31

応募状況

年度	区分		応募数	受験数	合格数	実質倍率
'24	自己推薦	男子	1	1	1	1.0
		女子	5	5	5	1.0
	一般	男子	4	4	3	1.3
		女子	10	9	6	1.5
'23	一般	男子	3	2	1	2.0
		女子	3	2	2	1.0
'22	自己推薦	男子	3	3	3	1.0
		女子	7	7	7	1.0
	一般	男子	2	2	2	1.0
		女子	3	3	0	—

[’24年合格最低点] 非公表。

あ　青山学院大学系属　浦和ルーテル学院　埼玉　男女

学費（単位：円）	入学金	施設維持費	授業料	その他経費	小計	初年度合計
入学手続時	200,000	15,000	35,000	28,300	278,300	1,139,600
1年終了迄	—	165,000	385,000	311,300	861,300	

※2023年度実績。[授業料納入] 毎月分割（入学手続時に4月分納入）。
[寄付・学債] 校舎移転新築事業寄付金1口10万円2口以上，学校債1口10万円あり。

併願校の例

	埼公立	都立	私立
挑戦校	市立浦和 浦和一女	青山 新宿	立教新座 栄東 開智 中央大学 淑徳
最適校	蕨 浦和西 越ヶ谷 和光国際 川口市立	竹早 北園 文京	大宮開成 獨協埼玉 昌平 星野共学部 浦和麗明
堅実校	伊奈総合(普) 与野 浦和北 草加 朝霞	上野 豊島 墨田川	武南 栄北 埼玉栄 西武台 東京成徳大

合格のめやす

合格の可能性 ■**60%**（ ）**80%**（ ） の偏差値を表示しています。

普通科　**58**　**62**

※合格のめやすの見方は114ページ参照。

合否分布

合格者

合否分布は不明

| 38 | 42 | 46 | 50 | 54 | 58 | 62 | 66 | 70 | (偏) |

不合格者

見学ガイド 説明会／個別相談会

さいたま市緑区

浦和学院 高等学校

〒336-0975　埼玉県さいたま市緑区代山172　☎(048)878-2101

【教育方針】　建学の精神は「吾道一貫」，校訓は「克己・仁愛・共生」。健康と安全を教育活動の基盤とし，ライフスキル教育，国際教養，学習効果・進学実績の向上を推進する。

【沿　革】　1978年創立。

【学校長】　石原　正規

【生徒数】　男子1,478名，女子1,301名

	1年(27クラス)	2年(25クラス)	3年(23クラス)
男子	624名	486名	368名
女子	481名	447名	373名

JR・埼玉高速鉄道―東川口よりスクールバス
JR―大宮よりバス浦和学院高校入口

特色

設置学科：普通科

【コース】　国際，特進，進学の3類型制。国際類型は国際バカロレア(IB)，グローバルの2コース，特進類型はT特，S特，特進の3コース，進学類型は文理選抜，文理進学，総合進学，アスリート選抜，保健医療，アート（美術）の6コースを設置している。

【カリキュラム】　①国際類型IBコースは，国際標準の教育プログラムで国内外の難関大学をめざす。グローバルコースは1年次より約1年間の留学を経験し，異文化理解を深める。②特進類型は最難関・難関大学合格に向け，0時限

目の英語多読やアクティブ・ラーニングなどを導入。③進学類型は課外活動と進学の両立を図る。アスリート選抜コースは野球部，サッカー部に入部をして勉学との両立を図る。アートコースは平面や立体のデザイン，油絵などを基礎から学び表現力を強化する。

【海外研修】　夏期・冬期休業を利用し，米国やセブ島への校外研修「クロスカルチャーズツアー」を実施。また留学生の受け入れも盛ん。

【クラブ活動】　テニス部，ソングリーダー部，パワーリフティング部などが全国レベルで活躍。

習熟度別授業	土曜授業	文理選択	オンライン授業	制服	自習室	食堂	プール	グラウンド	アルバイト
数英	隔週	2年～	○	○	～20:00	○	―	○	審査

登校時刻＝ 8:45
下校時刻＝17:45

進路情報　2023年3月卒業生

四年制大学への進学率 **85.4%**

【卒業生数】　718名

【進路傾向】　大学進学者の内訳は文系67%，理系30%，他3%。国公立大学へ文系5名，理系2名，他1名が進学した。

■ 四年制大学	613名
■ 短期大学	17名
■ 専修・各種学校	61名
■ 就職	6名
□ 進学準備・他	21名

【指定校推薦】　利用状況は上智大1，東京理科大1，立教大1，中央大1，法政大1，東洋大1，専修大4，國學院大1，成蹊大1，獨協大1，芝浦工大1，東京電機大1，清泉女子大2，フェリス女学院大1，埼玉医大1，東京造形大1など。ほかに青山学院大，日本大，駒澤大，大東文化大，東海大，亜細亜大，帝京大，津田塾大，東京女子大など推薦枠あり。

主な大学合格状況

'24年春速報は巻末資料参照

大学名	'23	'22	'21	大学名	'23	'22	'21	大学名	'23	'22	'21
◇千葉大	0	2	0	明治大	4	4	3	亜細亜大	11	11	11
◇筑波大	2	1	0	青山学院大	3	6	5	帝京大	44	65	67
◇東京外大	2	0	0	立教大	4	6	7	國學院大	9	4	7
◇埼玉大	1	1	2	中央大	8	10	10	獨協大	13	25	12
◇東北大	1	0	1	法政大	12	14	22	東京電機大	10	7	10
◇東京藝術大	0	1	0	日本大	15	17	18	工学院大	8	8	7
早稲田大	3	2	0	東洋大	38	45	49	立正大	11	10	17
上智大	3	4	1	駒澤大	6	9	8	国士舘大	42	7	12
東京理科大	3	6	6	専修大	32	35	37	城西大	12	19	19
学習院大	3	1	0	大東文化大	16	28	30	跡見学園女子大	9	9	3

※各大学合格数は既卒生を含む。

入試要項 2024年春（実績）

新年度日程についてはp.116参照。

◆ 推薦　単願，併願（公私とも可）　※いずれも中学校推薦，保護者推薦，部活動推薦

募集人員▶国際類型30名，特進類型110名，進学類型660名　※一般を含む全体の定員。うち単願推薦は60％　※アスリート選抜コースは野球部，サッカー部入部者限定

選抜方法▶国際類型：国数英（各50分・各100点・マークシート），個人面接（英語・15分），調査書　**特進類型・進学類型（アート除く）：** 国数英（各50分・各100点・マークシート），調査書，ほかに単願推薦はグループ面接（15分）　**進学類型（アート）：** 英（50分・100点・マークシート），デッサン（100分・200点），調査書

◆ 一般　国際類型は募集なし

募集人員▶定員内

選抜方法▶特進類型・進学類型（アート除く）：国数英（各50分・各100点・マークシート），調査書　**進学類型（アート）：** 英（50分・100点・マークシート），デッサン（100分・200点），調査書

◆ 受験料　25,000円

内申基準　中学校推薦（単願）：[国際類型] 5科21または9科40，[T特][S特] 5科22，[特進] 5科20，[文理選抜] 3科11または5科18または9科33，[文理進学] 3科10または5科17または9科31，[総合進学] 3科9または5科16または9科29，[アスリート選抜] 5科16または9科30，[保健医療] 5科17または9科31，[アート] 5科16または9科28　中学校推薦（併願）：[国際類型] 5科23または9科42，[T特][S特][特進] 5科22，[文理選抜] 3科12または5科19または9科34，[文理進学] 3科11または5科18または9科32，[総合進学] 3科10または5科17または9科30，[アスリート選抜] 5科17または9科31，[保健医療] 5科18または9科32，[アート] 5科17または9科30　※いずれも9科に1不可（保護者推薦含む）

特待生・奨学金制度　特進類型の推薦入試で成績上位者を対象に4段階の特待生認定。

帰国生の受け入れ　国内生と同枠入試。

入試日程

区分		出願	試験	発表	手続締切
推薦	単願	12/1〜1/10	1/22	1/25	1/30
	併願	12/1〜1/10	1/22or23or24	試験3日後	2/2
一般		1/12〜16	1/30	2/1	3/4

[延納] 併願推薦は10,000円納入により残額は公立発表後まで。

応募状況

年度	区分		応募数	受験数	合格数	実質倍率
'24	推薦	単願	568	568	554	1.0
		併願	2,819	2,782	2,712	1.0
	一般		97	91	58	1.6
'23	推薦	単願	671	670	637	1.1
		併願	2,888	2,855	2,769	1.0
	一般		73	64	27	2.4

[スライド制度] あり。上記に含まず。
[24年合格最低点] 非公表。

学費（単位:円）	入学金	施設費	授業料	その他経費	小計	初年度合計
入学手続時	250,000	100,000	—	—	350,000	902,000
1年終了迄	—	72,000	360,000	120,000	552,000	

※2024年度予定。[授業料納入] 4回分割。
[その他] 制服・制定品代，教科書・副教材代，業者テスト代，旅行積立金あり。

併願校の例　※[総進]を中心に

	埼公立	都・千公立	私立
挑戦校	浦和北 川口 南稜 越谷西 大宮南	墨田川 江北 松戸国際 柏の葉	叡明 埼玉栄 西武台 東京成徳大 成立学園
最適校	草加南 鳩ヶ谷 浦和東 岩槻 上尾鷹の台	本所 足立 市立松戸 松戸 柏陵	浦和実業 国際学院 花咲徳栄 潤徳女子 修徳
堅実校	川口東 草加西 大宮東 川口青陵 上尾南	飛鳥 市立柏	秀明英光 安部学院

合格のめやす

合格の可能性 ▶ 60%　80%　の偏差値を表示しています。

グローバル 57 61
T特 61 65
S特 58 62
特進 53 57
文理選抜 49 53
文理進学 46 50
総合進学 43 47
保健医療 47 51
アート 46 50

国際バカロレアとアスリート選抜は偏差値を設定していません。

う　浦和学院　埼玉　男女

※合格のめやすの見方は114ページ参照。

見学ガイド　文化祭／説明会／オープンスクール／体験学習会／個別相談会

736 ● うらわじつぎょうがくえん

さいたま市南区

浦和実業学園 高等学校

〒336-0025　埼玉県さいたま市南区文蔵3-9-1　☎(048)861-6131

小 中 高 専 短 大

【教育理念】　校訓は「実学に勤め徳を養う」。知識と技能を生かし、世のため人のために役立つことのできる実行力をもった人間を育てる。

【沿　革】　1946年創立。1963年浦和実業学園商業高等学校を設置。1974年に普通科課程を新設し、1975年現校名となる。2005年中学校開校。

【学校長】　岡田　慎一

【生徒数】　男子1,461名、女子973名

	1年(29クラス)	2年(21クラス)	3年(19クラス)
男子	615名	465名	381名
女子	490名	262名	221名

JR―南浦和12分

特色

設置学科：普通科／商業科

【コース】　普通科は特進選抜、特進、選抜α、選抜、進学の5コース制をとる。2年次より普通科の各コースは文系と理系に、商業科はプログレスコースとキャリアアップコースに分かれる。内部進学生とは3年別クラス編成。

【カリキュラム】　①特進選抜コースと特進コースは国公立・難関私立大学への合格をめざす。各種検定も積極的に受検。②選抜α・選抜・進学コースは大学見学会・進路相談会を実施。また、複数の大学・短期大学・専門学校の講師を招いた模擬授業を行う。③プログレスコースは

普通科目と商業科目をバランスよく学習。経済・経営・商業系の大学進学に適している。④キャリアアップコースはIT社会に対応した人材を育成。進学、就職ともに対応。⑤学習支援サービス「Classi」を導入。学習記録の蓄積により成績を把握し、生徒指導や保護者面談に生かす。

【海外研修】　2年次に全員参加で2週間のハワイ短期留学を実施。希望制でハワイ島姉妹校への1年間留学、2週間の交換留学も可能。

【クラブ活動】　チアダンス部などが全国レベル。

【施設】　2023年5月に新校舎が完成。

習熟度別授業	土曜授業	文理選択	オンライン授業	制服	自習室	食堂	プール	グラウンド	アルバイト
―	隔週	2年～	○	○	～18:30	○	○	○	審査

登校時刻＝ 8:30
下校時刻＝19:30

進路情報　2023年3月卒業生

四年制大学への進学率 **77.0%**

【卒業生数】　801名

【進路傾向】　大学進学者のうち8割弱が文系進学。国公立大学へ理系8名が進学した。

【系列進学】　浦和大学へ20名（こども10、社会10）が内部推薦で進学。

【指定校推薦】　利用状況は学習院大1、日本大1、東洋大1、大東文化大2、亜細亜大2、帝京大1、成蹊大1、津田塾大1、立正大1、国士舘大1、共立女子大1、昭和女子大1、拓殖大2、城西大5、流通経済大3など。ほかに東京理科大、中央大、駒澤大、専修大、東海大、國學院大、明治学院大、獨協大、神奈川大、芝浦工大など推薦枠あり。

四年制大学	617名
短期大学	15名
専修・各種学校	119名
就職	14名
進学準備・他	36名

主な大学合格状況

'24年春速報は巻末資料参照

大学名	'23	'22	'21	大学名	'23	'22	'21	大学名	'23	'22	'21
◇京都大	0	1	0	明治大	12	7	2	亜細亜大	49	38	14
◇埼玉大	1	5	2	青山学院大	1	3	3	帝京大	54	42	28
◇北海道大	0	2	0	立教大	8	9	5	芝浦工大	12	10	10
◇東京藝大	1	0	1	中央大	10	7	4	東京電機大	35	20	26
◇信州大	0	1	0	法政大	17	8	12	立正大	18	25	8
早稲田大	3	1	0	日本大	91	64	58	国士舘大	24	14	24
慶應大	0	3	0	東洋大	35	43	24	城西大	40	47	44
上智大	2	0	2	専修大	13	37	17	浦和大	21	39	34
東京理科大	2	7	1	大東文化大	174	58	60	埼玉工大	76	48	24
学習院大	3	3	5	東海大	14	19	11				

※各大学合格者数は既卒生を含む。

入試要項 2024年春（実績）

新年度日程についてはp.116参照。

◆ 推薦　単願推薦，併願推薦（公私とも可）

募集人員 特進選抜コース40名，特進コース80名，選抜α・選抜コース計200名，進学コース120名，プログレス・キャリアアップコース計240名　※一般を含む定員（単願推薦は約50%まで）

選抜方法 ▶単願推薦：基礎学力検査（国数英計60分・計100点・マークシート），調査書　**併願推薦**：国数英（各50分・各100点・マークシート・英にリスニングあり），調査書

◆ 一般　公私とも併願可

募集人員 定員内

選抜方法 国数英（各50分・各100点・マークシート・英にリスニングあり），調査書

◆ 受験料　25,000円

(内申基準) **単願推薦**▶[特進選抜]5科21または9科38，[特進]5科19または9科35，[選抜α]5科18または9科33，[選抜]5科17または9科31，[進学]5科16または9科29，[プログレス][キャリアアップ]5科13または9科24　**併願推薦**：[特進選抜]5科22または9科40，[特進]5科21または9科38，[選抜α]5科19または9科35，[選抜]5科18または9科33，[進学]5科17または9科31，[プログレス][キャリアアップ]5科15または9科28　※いずれも9科に1不可

(特待生・奨学金制度) 単願・併願推薦で学業特待を認定。ほかにスポーツ特待あり。

(帰国生の受け入れ) 個別対応。

入試日程

区分	出願	試験	発表	手続締切
単推	12/25〜1/11	1/22	1/23	1/27
併推・一般①	12/25〜1/11	1/22	1/25	1/30
併推・一般②	12/25〜1/11	1/23	1/25	1/30
併推・一般③	12/25〜1/11	1/24	1/25	1/30

[延納] 併願推薦・一般は20,000円納入により残額は公立発表後まで。

応募状況

年度	区分		応募数	受験数	合格数	実質倍率
'24	特選	単推	6	6	6	1.0
		併推 一般	155	154	153	1.0
	特進	単推	26	26	26	1.0
		併推 一般	190	181	179	1.0
	選抜α	単推	87	87	87	1.0
		併推 一般	714	698	695	1.0
	選抜	単推	82	81	81	1.0
		併推 一般	554	546	541	1.0
	進学	単推	131	131	131	1.0
		併推 一般	908	898	792	1.1
	商業科	単推	221	221	220	1.1
		併推 一般	1,055	1,042	957	1.1

[スライド制度] あり。上記に含まず。

['24年合格最低点] 併願推薦・一般：特進選抜159，特進133，選抜α106，選抜100，進学96，商業科76（/300）

学費（単位：円）

	入学金	施設設備費	授業料	その他経費	小計	初年度合計
入学手続時	230,000	140,000	—	32,500	402,500	約1,130,120
1年終了迄	—	—	312,000	約415,620	約727,620	

※2024年度予定。[入学前納入] 1年終了迄の小計のうち約73,620円。[返還] 入学辞退者には入学金を除き返還。[授業料納入] 毎月分割。[その他] 制服・制定品代あり。

併願校の例 ※[進学]を中心に

	埼公立	都・千公立	私立
挑戦校	与野 浦和北 大宮光陵 川口 南稜	豊島 産業技術高専 江北 松戸国際 柏の葉	武南 栄北 叡明 埼玉栄 西武台
最適校	大宮南 草加南 朝霞西 鳩ヶ谷 志木	足立 高島 市立松戸 松戸	国際学院 浦和学院 花咲徳栄 駿台学園
堅実校	大宮武蔵野 川口東 草加西 新座柳瀬 川口青陵	飛鳥 千早 柏陵 市立柏	秀明英光 武蔵野 瀧野川女子 安部学院

合格のめやす

合格の可能性 **60%** **80%** の偏差値を表示しています。

	60%	80%
普通科（特進選抜）	57	61
普通科（特進）	54	58
普通科（選抜α）	51	55
普通科（選抜）	48	52
普通科（進学）	44	48
商業科	42	46

（う）浦和実業学園　埼玉　男女

※合格のめやすの見方は114ページ参照。

(見学ガイド) 文化祭／説明会／学校紹介＆体験入学／個別相談会

さいたま市浦和区

浦和麗明 高等学校

〒330-0054 埼玉県さいたま市浦和区東岸町10-36 ☎(048)885-8625

【教育理念】 「叡智・高志・協調」を掲げ、「みんなから愛される人」「社会に役立つ人」「勤労を尊び前進する人」を育てる。

【沿 革】 1936年創立。2006年商業科廃科。2015年に小松原女子高等学校より現校名に改称。2018年共学化。

【学校長】 矢菅 隆

【生徒数】 男子584名，女子683名

	1年(10クラス)	2年(12クラス)	3年(11クラス)
男子	192名	222名	170名
女子	187名	267名	229名

JR―浦和8分，南浦和10分

特色

設置学科：普通科

【コース】 特選コースⅠ類・Ⅱ類・Ⅲ類を設置。

【カリキュラム】 ①特選コースの目標大学はⅠ類が難関国公立・早稲田・慶應，Ⅱ類が中堅国公立・上智・東京理科，Ⅲ類がGMARCHレベル。②必修で実施される土曜講習では予備校講師による英語の模擬試験対策を行う。③夏期・冬期・春期休暇中の講習で通常授業の内容を全員必修で行う。3年次5月に高校学習を終えた後は問題演習や過去問対策など志望校合格に向けた学習に専念する。④「総合的な探究の時間」ではグループワークや映像視聴，調べ学習を中心とした授業を展開。学年ごとのテーマに基づく学習活動を通して，予測不能のことが起きても適切に対処するための体験を積み重ねる。

【海外研修】 2年次の11月に「世界の人々が知っているものに触れる」がテーマのニューヨーク修学旅行を実施（日本国内と選択制）。長期休暇を利用した海外研修もある。

【クラブ活動】 テニス部，チアダンス部が全国大会の出場実績あり。バドミントン部も活躍。

【施設】 更衣室完備の新体育館が2017年，新校舎は2018年に完成。体育館は冷暖房完備。

習熟度別授業	土曜授業	文理選択	オンライン授業	制服	自習室	食堂	プール	グラウンド	アルバイト	登校時刻＝ 8:25
国数英	月3回	2年〜	○	○	〜20:00	○	―	バス15分	審査	下校時刻＝19:30

進路情報 2023年3月卒業生

四年制大学への進学率 **87.3%**

【卒業生数】 393名

【進路傾向】 大学進学者の内訳は文系60%，理系36%，他4%。国公立大学へ文系4名，理系5名が進学した。医学部1名，歯学部1名，薬学部10名の合格が出ている。

【指定校推薦】 利用状況は法政大2，日本大2，東洋大5，駒澤大1，獨協大4，東京女子大2，日本女子大2，武蔵大1，東京薬科大1など。ほかに中央大，専修大，大東文化大，亜細亜大，帝京大，國學院大，成蹊大，芝浦工大，東京電機大，東京農大など推薦枠あり。

■ 四年制大学	343名
■ 短期大学	0名
■ 専修・各種学校	24名
■ 就職	5名
□ 進学準備・他	21名

主な大学合格状況

'24年春速報は巻末資料参照

大学名	'23	'22	'21	大学名	'23	'22	'21	大学名	'23	'22	'21
◇千葉大	1	0	0	東京理科大	5	5	2	専修大	13	14	21
◇筑波大	2	0	1	学習院大	9	8	5	大東文化大	31	42	22
◇埼玉大	1	1	1	明治大	10	11	5	帝京大	48	39	46
◇北海道大	1	0	0	青山学院大	9	4	2	國學院大	21	10	7
◇防衛医大	0	2	0	立教大	7	3	8	獨協大	65	37	44
◇群馬大	1	1	3	中央大	12	9	5	日本女子大	6	2	3
◇埼玉県立大	2	4	2	法政大	24	23	16	国士舘大	16	4	40
早稲田大	1	5	2	日本大	35	27	22	共立女子大	6	5	6
慶應大	1	1	1	東洋大	53	46	25	帝京科学大	13	4	10
上智大	1	1	1	駒澤大	21	11	14	東京家政大	24	9	20

※各大学合格数は既卒生を含む。

入試要項 2024年春（実績）

新年度日程についてはp.116参照。

◆ 推薦　単願，併願（公私とも可）　※いずれも学校推薦，自己推薦Ⅰ・Ⅱ
募集人員▶320名　※一般を含む全体の定員
選抜方法▶国数英（各45分・各100点・マークシート），調査書，ほかに単願は個人面接（5分）
◆ 一般　単願，併願
募集人員▶定員内
選抜方法▶国数英（各45分・各100点・マークシート），調査書，ほかに単願は個人面接（5分）
◆ 受験料　25,000円

内申基準　学校推薦（単願）：[特選Ⅰ類]5科24，[特選Ⅱ類]5科23，[特選Ⅲ類]5科22　学校推薦（併願）：[特選Ⅰ類]5科25，[特選Ⅱ類]5科24，[特選Ⅲ類]5科23　自己推薦Ⅰ：成績基準あり　※いずれも9科に1不可

特待生・奨学金制度　特選コースⅠ・Ⅱ類を対象に成績基準により奨学生を認定。

帰国生の受け入れ　国内生と同枠入試。

入試日程

区分		登録・出願	試験	発表	手続締切
推薦	単願	12/1～1/12	1/22	1/24	1/31
	併願①	12/1～1/12	1/22	1/24	1/30
	併願②	12/1～1/12	1/23	1/24	1/30
一般	単願	1/9～2/2	2/7	2/7	2/8
	併願	1/9～2/2	2/7	2/7	3/4

[延納] 併願推薦は1/30までの10,000円納入により残額は公立発表後まで。

応募状況

年度	区分		応募数	受験数	合格数	実質倍率
'24	特選Ⅰ	推薦単	36	34	34	1.0
		推薦併①	153	152	152	1.0
		推薦併②	49	46	46	1.0
		一般単	0	2	2	1.0
		一般併	2	3	3	1.0
	特選Ⅱ	推薦単	48	48	48	1.0
		推薦併①	183	182	182	1.0
		推薦併②	84	81	81	1.0
		一般単	2	2	1	2.0
		一般併	0	3	3	1.0
	特選Ⅲ	推薦単	102	101	98	1.0
		推薦併①	242	240	231	1.1
		推薦併②	120	117	108	1.1
		一般単	7	8	4	2.0
		一般併	22	24	17	1.4

※一般は受験数・合格数に推薦からの振替含む。
[スライド制度] あり。上記に含まず。
[24年合格最低点] 非公表。

う　浦和麗明　埼玉　男女

学費（単位：円）

	入学金	施設備費	授業料	その他経費	小計	初年度合計
入学手続時	235,000	—	—	—	235,000	1,233,348
1年終了迄	—	180,000	396,000	422,348	998,348	

※2024年度予定。[入学前納入] 1年終了迄の小計のうち22,000円。[授業料納入] 一括または4回分割。
[その他] 制服・制定品代あり。

併願校の例
※[特選Ⅲ]を中心に

	埼公立	都・千公立	私立
挑戦校	市立浦和	新宿	淑徳与野
	蕨	竹早	大宮開成
	浦和西	小金	川越東
	和光国際		春日部共栄
	越ヶ谷		獨協埼玉
最適校	川口市立	北園	昌平
	川口北	文京	細田学園
	市立浦和南	豊島	武南
	伊奈総合(普)	柏南	栄北
	与野	松戸国際	桜丘
堅実校	大宮光陵	江北	叡明
	草加	向丘	埼玉栄
	朝霞	柏中央	西武台
	南稜		成立学園
	川口		東京成徳大

合格のめやす

合格の可能性 **60%** **80%** の偏差値を表示しています。

特選Ⅰ類 **60** **64**
特選Ⅱ類 **57** **61**
特選Ⅲ類 **55** **59**

※合格のめやすの見方は114ページ参照。

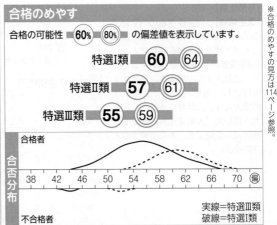

合格者／不合格者

合否分布　38　42　46　50　54　58　62　66　70　（偏）

実線＝特選Ⅲ類
破線＝特選Ⅰ類

見学ガイド　文化祭／説明会／オープンスクール／個別相談会

越谷市

叡明 高等学校

〒343-0828　埼玉県越谷市レイクタウン7-2-1　☎(048)990-2211

【教育理念】　「叡智・高志・協調」を掲げ，「みんなから愛され信頼される人」「社会に役立つ人」「勤労を尊び前進する人」を育成する。

【沿革】　1959年創立。2015年度小松原高等学校より校名変更し，さいたま市南区より校地移転，共学化。2020年度情報科の募集停止。

【学校長】　宮本　智樹

【生徒数】　男子882名，女子1,006名

	1年(19クラス)	2年(16クラス)	3年(17クラス)
男子	320名	263名	299名
女子	407名	284名	315名

JR―越谷レイクタウン7分

特色

設置学科：普通科

【コース】　特進選抜（Ⅰ類・Ⅱ類），特別進学，進学の3コース制。

【カリキュラム】　①特進選抜コースは難関国立・私立大学，特別進学コースは難関私立大学が目標。進学コースは私立大学を目標に基礎学力を高める。②英語力向上のためHRなどの時間を利用して「スタディサプリEnglish」を活用。オンライン英会話ではネイティヴスピーカーとのマンツーマンレッスンを行う。英語授業内のほか，長期休暇の課題としても取り組む。各学期にリスニングコンテストを開催。③双方向対話型授業の実践を推進。生徒，教員の対話型授業や，課題を発見・解決するプロセスを学ぶ課題解決型学習を行う。④大手予備校の動画教材を導入。放課後や自宅学習に活用する。

【情報教育】　プログラミング教育，情報活用・情報モラル教育にも力を入れている。

【クラブ活動】　吹奏楽部，ダンス部，自転車競技部などが全国大会に出場している。

【施設】　500名の着席が可能なホールやランチルーム，テニスコート，アリーナなどがある。2022年多目的スタジオ「E-studio」が完成。

習熟度別授業	土曜授業	文理選択	オンライン授業	制服	自習室	食堂	プール	グラウンド	アルバイト
―	―	2年〜	○	○	〜20:00	○	―	○	審査

登校時刻＝ 8:40
下校時刻＝20:00

進路情報　2023年3月卒業生

四年制大学への進学率 **87.5%**

【卒業生数】　481名

【進路傾向】　大学進学者の内訳は文系65%，理系34%，他1%。国公立大学へ理系3名が進学した。

【指定校推薦】　利用状況は学習院大1，立教大1，中央大1，日本大2，東洋大14，國學院大4，成蹊大1，獨協大4など。ほかに法政大，駒澤大，専修大，大東文化大，亜細亜大，帝京大，芝浦工大，東京電機大など推薦枠あり。

四年制大学	421名
短期大学	7名
専修・各種学校	31名
就職	1名
進学準備・他	21名

主な大学合格状況
'24年春速報は巻末資料参照

大学名	'23	'22	'21	大学名	'23	'22	'21	大学名	'23	'22	'21
◇千葉大	1	0	2	青山学院大	3	5	3	亜細亜大	12	10	12
◇筑波大	1	0	2	立教大	9	16	5	帝京大	34	58	45
◇東京藝大	0	1	0	中央大	9	10	9	獨協大	35	51	27
◇防衛大	0	1	0	法政大	5	15	15	芝浦工大	7	9	6
◇埼玉県立大	1	0	2	日本大	43	47	46	東京電機大	18	22	23
早稲田大	3	0	0	東洋大	74	47	44	工学院大	12	8	5
慶應大	0	1	0	駒澤大	15	7	19	立正大	5	5	19
東京理科大	2	3	9	専修大	7	15	7	国士舘大	9	10	10
学習院大	6	9	5	大東文化大	45	38	32	城西大	8	28	14
明治大	6	10	5	東海大	3	8	3	埼玉工大	8	29	6

※各大学合格者数は既卒生を含む。

入試要項 2024年春（実績）

新年度日程についてはp.116参照。

◆ **推薦** 単願，併願（公私とも可） ※いずれも学校推薦または自己推薦Ⅰ・Ⅱ

募集人員▶特進選抜コース80名，特別進学コース180名，進学コース260名

選抜方法▶国数英（各50分・各100点・マークシート），調査書

◆ **受験料** 25,000円

内申基準 単願（学校推薦）：[特進選抜Ⅰ類] 5科23，[特進選抜Ⅱ類] 5科22，[特別進学] 3科13または5科20，[進学] 3科12または5科18 **併願（学校推薦）**：[特進選抜Ⅰ類] 5科24，[特進選抜Ⅱ類] 5科23，[特別進学] 5科21，[進学] 5科19 **自己推薦Ⅰ**：単願・併願とも別途成績基準あり ※いずれも9科に1不可

特待生・奨学金制度 特進選抜コースを対象とした3段階の奨学生制度あり。

帰国生の受け入れ 国内生と同枠入試。

入試日程

区分		登録・出願	試験	発表	手続締切
推薦	単願	12/1～1/12	1/22	1/24	1/26
	併願①	12/1～1/12	1/22	1/24	1/26
	併願②	12/1～1/12	1/23	1/24	1/26

[延納] 併願①②は10,000円納入により残額は公立発表後まで。

応募状況

年度	区分		応募数	受験数	合格数	実質倍率
'24	特選Ⅰ	単願	17	17	15	—
		併願	143	141	133	—
	特選Ⅱ	単願	10	10	12	—
		併願	125	124	116	—
	特進	単願	119	119	115	—
		併願	613	607	589	—
	進学	単願	286	286	268	—
		併願	750	746	690	—
'23	選Ⅰ	単願	21	21	20	—
		併願	167	162	162	—
	選Ⅱ	単願	10	10	9	—
		併願	84	81	81	—
	特Ⅰ	単願	76	76	71	—
		併願	592	578	576	—
	特Ⅱ	単願	35	35	37	—
		併願	355	349	342	—
	進Ⅰ	単願	162	162	155	—
		併願	555	545	538	—
	進Ⅱ	単願	161	161	156	—
		併願	423	427	345	—

[スライド制度] あり。上記に含む。
['24年合格最低点] 非公表。

学費（単位:円）	入学金	施設設備費	授業料	その他経費	小計	初年度合計
入学手続時	235,000	—	—	—	235,000	859,000
1年終了迄	—	180,000	396,000	48,000	624,000	

※2024年度予定。[授業料納入] 4回分割。
[その他] 制服・制定品代，各種代金（2023年度実績：約190,000円），修学旅行積立金あり。

併願校の例

※「進学」を中心に

	埼公立	都・千公立	私立
挑戦校	越ヶ谷	竹早	獨協埼玉
	川口市立	上野	春日部共栄
	川口北	小金	浦和麗明
	市立浦和南	柏	武南
	越谷南	幕張総合	桜丘
最適校	春日部女子	墨田川	栄北
	与野	江北	埼玉栄
	浦和北	松戸国際	足立学園
	草加	柏の葉	東京成徳大
	川口		成立学園
堅実校	草加南	本所	浦和実業
	草加東	足立	浦和学院
	鳩ヶ谷	市立松戸	潤徳女子
	浦和東	流山おおたかの森	修徳

合格のめやす

合格の可能性 **60%** **80%** の偏差値を表示しています。

特進選抜（Ⅰ類） **60** **64**

特進選抜（Ⅱ類） **56** **60**

特別進学 **54** **58**

進学 **50** **54**

※合格のめやすの見方は114ページ参照。

え 叡明 埼玉 男女

見学ガイド 体育祭／文化祭／説明会／オープンスクール／個別相談会

さいたま市大宮区

小 中 高 専 短 大

大宮開成 高等学校

〒330-8567　埼玉県さいたま市大宮区堀の内町1-615　☎(048)641-7161

【教育方針】 「愛・知・和」の校訓のもと，実社会において役立つ人間創り，「調和のとれた人間教育」をめざす。

【沿　革】 1959年設立。

【学校長】 松﨑 慶喜

【生徒数】 男子768名，女子863名

	1年(17クラス)	2年(19クラス)	3年(14クラス)
男子	288名	292名	188名
女子	340名	307名	216名

JR―大宮よりバス天沼町（大宮開成中学・高等学校前）

特色

設置学科：普通科

【コース】 特進選抜先進コース，特進選抜Ⅰ類コース，特進選抜Ⅱ類コースを設置。内部進学生とは3年間別クラス編成。

【カリキュラム】 ①全コース平日50分×7コマ×5日（木曜日は6コマ），土曜日90分×2コマで週38時間の授業で学力を最大限に高める。②放課後や夏期・春期の補習・講習などで大学現役合格をサポートする。最難関国立大学志望者には各大学に対応した個別添削指導も行う。③1・2年次の学習到達度，成績などにより，進級時にコースを変更することも可能。

【情操教育】 「愛知和ラーニング」を土曜日に設置。学年やコースを問わず，自分の興味や関心に合わせ，知識や教養を培う。

【海外研修】 2年次全員参加の海外研修は，特進選抜先進と特進選抜Ⅰ類の2コースがニュージーランド，特進選抜Ⅱ類コースがオーストラリアで実施。オーストラリア，ニュージーランドへの希望制短期ホームステイなどもある。

【クラブ活動】 アーチェリー部，吹奏楽部，チアダンス部，薙刀部，書道部が活躍。

【施設】 図書館は蔵書約4万冊，赤本も豊富。

習熟度別授業	土曜授業	文理選択	オンライン授業	制服	自習室	食堂	プール	グラウンド	アルバイト	登校時刻＝ 8:15
国数英	月2~3回	2年～	導入予定	○	~18:50	○	―	○	審査	下校時刻＝19:30

進路情報 2023年3月卒業生

四年制大学への進学率 **93.1%**

【卒業生数】 625名

【進路傾向】 大学進学者の文理比率は6：4程度。国公立大学へ文系31名・理系74名・他1名，海外大学へ1名が進学した。

【指定校推薦】 利用状況は早稲田大3，東京理科大3，学習院大4，明治大2，青山学院大3，立教大4，中央大10，法政大5，日本大3，東洋大3，成蹊大2，成城大1，明治学院大4，芝浦工大3，津田塾大1，東京女子大4，聖心女子大1，白百合女子大2など。ほかに駒澤大，獨協大，日本女子大，同志社大，東京都市大，清泉女子大，フェリス女学院大など推薦枠あり。

■ 四年制大学	582名
□ 短期大学	1名
■ 専修・各種学校	2名
■ 就職	2名
□ 進学準備・他	38名

主な大学合格状況
'24年春速報は巻末資料参照

大学名	'23	'22	'21	大学名	'23	'22	'21	大学名	'23	'22	'21
◇東京大	1	2	1	早稲田大	85	80	52	日本大	219	213	134
◇京都大	0	1	0	慶應大	55	55	30	東洋大	443	457	169
◇東工大	1	3	1	上智大	39	18	30	駒澤大	57	36	29
◇一橋大	2	3	0	東京理科大	128	75	82	専修大	42	36	26
◇千葉大	6	5	4	学習院大	96	85	50	大東文化大	143	141	92
◇筑波大	8	7	3	明治大	160	105	77	帝京大	44	68	47
◇横浜国大	1	4	4	青山学院大	65	98	46	成城大	44	48	24
◇埼玉大	24	20	29	立教大	235	218	115	獨協大	96	107	71
◇東北大	9	6	3	中央大	139	179	133	芝浦工大	82	37	30
◇宇都宮大	4	5	10	法政大	226	160	118	東京電機大	77	56	33

※各大学合格数は既卒生を含む。

入試要項 2024年春（実績）

新年度日程については p.116 参照。

◆ 単願

募集人員▶120名

選抜方法▶国数英（各50分・各100点・マークシート），調査書

◆ 併願　公私とも併願可

募集人員▶①20名，②240名

選抜方法▶国数英（各50分・各100点・マークシート），調査書

◆ 受験料　25,000円

(内申基準) 特記なし。

(特待生・奨学金制度) 特進選抜先進コースを対象に各入試で特待生認定。単願特待は入学金と1年次または3年間の授業料を，併願特待は1年次または3年間の授業料を給付。

(帰国生の受け入れ) 国内生と別枠入試。

入試日程

区分	出願	試験	発表	手続締切
単願	12/1～1/11	1/22	1/26	1/28
併願①	12/1～1/11	1/22	1/26	1/28
併願②	12/1～1/11	1/23	1/26	1/28

［延納］併願は5,000円納入により残額は国公立発表後まで。

応募状況

年度	区分		応募数	受験数	合格数	実質倍率
'24	先進	単願	23	23	23	1.0
		併願①	17	17	17	1.0
		併願②	383	376	374	1.0
	Ⅰ類	単願	34	34	34	1.0
		併願①	14	14	14	1.0
		併願②	332	326	321	1.0
	Ⅱ類	単願	98	98	67	1.5
		併願①	38	37	31	1.2
		併願②	622	616	482	1.3
'23	先進	単願	27	27	27	1.0
		併願A	379	372	370	1.0
		併願B	16	16	14	1.1
	Ⅰ類	単願	46	46	46	1.0
		併願A	527	518	517	1.0
		併願B	77	77	76	1.0
	Ⅱ類	単願	129	129	105	1.2
		併願A	689	676	604	1.1
		併願B	113	108	80	1.4

［スライド制度］あり。上記に含まず。
［'24年合格最低点］単願：特進選抜先進201，特進選抜Ⅰ類188，特進選抜Ⅱ類170（/300）　併願：特進選抜先進①215・②209，特進選抜Ⅰ類①206・②198，特進選抜Ⅱ類①193・②185（/300）

（お）大宮開成　埼玉　男女

学費（単位:円）	入学金	施設費	授業料	その他経費	小計	初年度合計
入学手続時	210,000	150,000	—	—	360,000	1,067,000
1年終了迄	—	120,000	360,000	227,000	707,000	

※2024年度予定。［返還］3/31までの入学辞退者には入学金を除き返還。［授業料納入］10回分割。
［その他］制服・制定品代，海外研修費用あり。

併願校の例　※［Ⅱ類］を中心に

	埼公立	都立	私立
挑戦校	浦和 大宮 市立浦和 浦和一女	日比谷 西 戸山	早大本庄 栄東 開智 淑徳与野
最適校	川越女子 浦和西 蕨 春日部 越谷北	青山 新宿 竹早	川越東 春日部共栄 獨協埼玉 昌平 星野共学部
堅実校	市立大宮北 川口北 熊谷西 市立浦和南 伊奈総合(普)	北園 文京 上野	開智未来 浦和麗明 武南 栄北 桜丘

合格のめやす

合格の可能性 **60%** **80%** の偏差値を表示しています。

	60%	80%
特進選抜先進	**66**	(70)
特進選抜Ⅰ類	**63**	(67)
特進選抜Ⅱ類	**61**	(65)

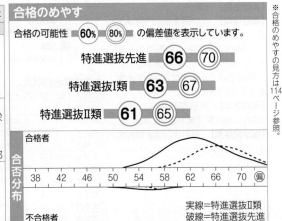

合否分布

合格者

38　42　46　50　54　58　62　66　70　(偏)

不合格者

実線＝特進選抜Ⅱ類
破線＝特進選抜先進

※合格のめやすの見方は114ページ参照。

(見学ガイド) 文化祭／説明会／オープンスクール／個別相談会

開智 高等学校

〒339-0004　埼玉県さいたま市岩槻区徳力186　☎(048)793-1370

【教育理念】　国際社会に貢献し，論理的思考力と創造力を兼ね備え，人格の陶冶されたソーシャルスキルの高い人材を育てる。校訓は「自律・創造・公正」。

【沿　革】　1983年埼玉第一高等学校創立。1999年現校名に改称。

【学校長】　小島　克也

【生徒数】　男子1,072名，女子829名

	1年(20クラス)	2年(20クラス)	3年(20クラス)
男子	372名	350名	350名
女子	301名	273名	255名

東武アーバンパークライン―東岩槻15分

特色

設置学科：普通科

【コース】　Tコース，S1コース，S2コースを設置。2年次は文系・理系それぞれでグレード別クラスを編成し，最上位をTクラス，ほかをSクラスとする。3年次はI類（国公立大学受験型）とII類（私立大学専願型）にカリキュラムを分け，TクラスとSクラスを再編成。内部進学生とは3年間別クラスとなる。

【カリキュラム】　①Tコースは最高水準の学びで最難関国公立大，国立大医学部を目標とする。②S1・S2コースは難関大学現役進学を志し，バランスのとれた受験学力の早期完成をめざす。

③「論理エンジン」「思考ルート」という教材を使って論理力，コミュニケーション能力を磨く。④大学入試問題から採用した例文で作成したオリジナル英語教材「EJ」を採用。⑤長期休業期間に講習会を展開。3年次には放課後に進路希望に応じて選択できる特別講座を実施。

【海外研修】　現地研修「Contemporary Issues」を2年次に実施。学びに合わせてシンガポール，広島・関西，九州の3コースから選択。

【施設】　1月1日以外毎日開室している自習室を設置しているため，休日も利用できる。

習熟度別授業	土曜授業	文理選択	オンライン授業	制服	自習室	食堂	プール	グラウンド	アルバイト
英	○	2年～	○	○	～20:50	○	○	○	審査

登校時刻＝ 8:45
下校時刻＝18:00

進路情報　2023年3月卒業生

四年制大学への進学率 **80.4%**

【卒業生数】　546名

【進路傾向】　大学進学者の内訳は文系51%，理系47%，他2%。国公立大学へ文系32名・理系71名・他6名，海外大学へ1名が進学した。一貫部を除く卒業生は233名で大学進学率は85%だった。

【系列進学】　開智国際大学へ1名（教育）が内部推薦で進学した。

【指定校推薦】　利用状況は学習院大1，北里大1など。

四年制大学	439名
短期大学	0名
専修・各種学校	3名
就職	0名
進学準備・他	104名

主な大学合格状況

'24年春速報は巻末資料参照

大学名	'23	'22	'21	大学名	'23	'22	'21	大学名	'23	'22	'21
◇東京大	8	9	8	◇防衛医大	9	3	8	中央大	90	103	118
◇京都大	1	1	0	◇お茶の水女子大	1	6	6	法政大	114	111	119
◇東工大	7	12	8	早稲田大	96	90	106	日本大	132	134	131
◇一橋大	2	1	1	慶應大	52	64	68	東洋大	178	175	155
◇千葉大	10	14	23	上智大	35	49	36	成城大	47	33	30
◇筑波大	12	10	16	東京理科大	128	158	132	獨協大	73	49	50
◇横浜国大	6	3	1	◇学習院大	39	36	38	芝浦工大	55	126	121
◇埼玉大	11	16	15	明治大	170	154	178	東京電機大	61	58	38
◇北海道大	10	7	10	青山学院大	63	42	39	日本女子大	47	35	19
◇東北大	14	6	9	立教大	100	97	116	開智国際大	58	8	48

※各大学合格数は既卒生を含む。

入試要項 2024年春（実績）

新年度日程については p.116参照。

◆ **単願** ②③は①受験者の再受験のみ可

募集人員▶220名 ※併願を含む全体の定員。
コース別内訳は，Ｔコース50名，S1コース100名，S2コース70名

選抜方法▶国数英（各50分・各100点），調査書

◆ **併願** 公私とも併願可

募集人員▶定員内

選抜方法▶国数英（各50分・各100点），調査書

◆ **受験料** 25,000円

(内申基準) 9科に1不可の場合あり

(特待生・奨学金制度) Ｔコース・S1コース対象で入試成績により3段階の特待生認定。

(帰国生の受け入れ) 国内生と同枠入試。

入試日程

区分		出願	試験	発表	手続締切
単願	①	12/11～1/13	1/22	1/26	
	②	12/11～1/13	1/23	1/26	1/28
	③	12/11～1/13	1/24	1/26	
併願	①	12/11～1/13	1/22	1/26	
	②	12/11～1/13	1/23	1/26	3/1
	③	12/11～1/13	1/24	1/26	

[延納] 隣接県の併願者は公立発表後まで。

応募状況

年度	区分		応募数	受験数	合格数	実質倍率
'24	単願	①	72	72	70	2.6
		②	54	53		
		③	62	59		
	併願	①	501	477	773	1.5
		②	324	282		
		③	451	391		
'23	単願	①	94	94	83	2.8
		②	70	66		
		③	75	71		
	併願	①	636	590	890	1.7
		②	526	424		
		③	617	497		
'22	単願	①	102		102	1.2
		②	65		88	
		③	73			
	併願	①	766		1,110	1.0
		②	538		1,077	
		③	717			

['24年合格最低点] 単願160，併願170（/300）

か 開智 埼玉 男女

学費（単位:円）

学費（単位:円）	入学金	施設費	授業料	その他経費	小計	初年度合計
入学手続時	250,000	—	—	—	250,000	1,032,000
1年終了迄	—	75,000	375,000	332,000	782,000	

※2024年度予定。[入学前納入] 1年終了迄の小計のうち132,000円。[返還] 3/31までの入学辞退者には入学金を除き返還。[授業料納入] 4回分割。[その他] 制服・制定品代，ノートPC購入費あり。
[寄付・学債] 任意の寄付金1口5万円4口以上あり。

併願校の例 ※[S1]を中心に

	埼公立	都・千公立	国・私立
挑戦校			慶應志木 早大本庄 筑波大附 早稲田実業
最適校	浦和 大宮 市立浦和 浦和一女	戸山 青山 新宿 船橋 東葛飾	栄東 立教新座 淑徳与野 巣鴨 芝浦工大柏
堅実校	春日部 越谷北 浦和西 蕨 川口北	竹早 北園 小金 柏	大宮開成 川越東 春日部共栄 獨協埼玉 昌平

合格のめやす

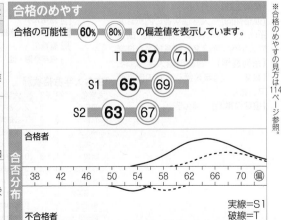

合格の可能性 **60%** **80%** の偏差値を表示しています。

- T **67** **71**
- S1 **65** **69**
- S2 **63** **67**

合格者 / 合否分布 / 不合格者

実線＝S1
破線＝Ｔ

※合格のめやすの見方は114ページ参照。

(見学ガイド) 体育祭／文化祭／説明会／個別相談会

加須市

小 中 高 専 短 大

開智未来 高等学校

〒349-1212 埼玉県加須市麦倉1238 ☎(0280)61-2021

【教育目標】 「創造・発信・貢献」を校訓として，国際社会に貢献する心ゆたかな創造型・発信型のリーダーを育てる。

【沿 革】 開智中学校・高等学校の姉妹校。開智学園の教育開発校として2011年に開校。

【学校長】 藤井　剛

【生徒数】 男子257名，女子209名

	1年(7クラス)	2年(6クラス)	3年(6クラス)
男子	87名	87名	83名
女子	70名	71名	68名

東武日光線―柳生20分　JR―栗橋，古河，東武伊勢崎線―加須，羽生などよりスクールバス

特色

設置学科：普通科

【コース】 T未来クラス，S未来クラス，開智クラスを設置。2年次に各クラスで文理別となるほか，医系コースが編成される。内部進学生とは3年間別クラス。

【カリキュラム】 ①T未来クラスは主体的な学びで最難関大学や医学部への進学をめざす。②S未来クラスは国公立・難関私立大学進学に向け，基礎基本の上に総合的な学力を高める。③開智クラスは難関・中堅私立大学への進学が目標。④哲学の授業を土台として，「6つの授業姿勢」「メモ力」「学び合い」など学びの基盤やスキルを鍛える。⑤1年次に「才能発見プログラム」に取り組む。研究テーマを決定し，生徒1名に対し教員1名がメンターとしてサポートする。⑥1・2年次に日本語や英語でプレゼンテーションを行い競い合う未来TEDを実施。

【海外研修】 2年次にカナダ探究フィールドワークが必修。事前にカナダの歴史・文化・自然などを調べ，現地高校生と交流しながら探究活動を行う。ほか，1年次を対象とした希望制のオーストラリア語学研修では現地校での文化交流や観光地訪問などを展開する。

習熟度別授業	土曜授業	文理選択	オンライン授業	制服	自習室	食堂	プール	グラウンド	アルバイト	登校時刻＝ 8:40
国数英	○	2年～	○	○	～19:30	○	―	○	審査	下校時刻＝19:40

進路情報 2023年3月卒業生

四年制大学への進学率 **80.3%**

【卒業生数】 117名

【進路傾向】 大学進学者の内訳は文系54%，理系44%，他2%。国公立大学へ文系3名，理系19名が進学。

【系列進学】 開智国際大学へ33名（教育11，国際教養22）が内部推薦で合格した。

【指定校推薦】 非公表。

四年制大学	94名
短期大学	0名
専修・各種学校	4名
就職	0名
進学準備・他	19名

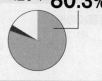

主な大学合格状況

'24年春速報は巻末資料参照

大学名	'23	'22	'21	大学名	'23	'22	'21	大学名	'23	'22	'21
◇東京大	1	0	2	◇都立大	1	1	2	中央大	9	26	30
◇京都大	0	0	1	◇群馬大	3	2	4	法政大	11	18	15
◇東工大	1	0	0	早稲田大	4	4	5	日本大	29	57	37
◇千葉大	1	2	0	慶應大	7	10	5	東洋大	39	50	50
◇筑波大	1	3	0	上智大	2	12	4	専修大	11	18	16
◇横浜国大	0	3	0	東京理科大	17	10	18	帝京大	11	16	32
◇埼玉大	1	3	2	学習院大	7	26	8	獨協大	36	26	22
◇北海道大	4	3	1	明治大	12	33	20	芝浦工大	20	28	19
◇東北大	2	1	2	青山学院大	8	6	7	東京電機大	10	19	12
◇防衛医大	1	1	0	立教大	7	35	14	開智国際大	54	2	16

※各大学合格数は既卒生を含む。

入試要項 2024年春（実績）

新年度日程についてはp.116参照。

◆ 単願 　②単願は①単願受験者のみ出願可

募集人員▶①②計約55名，③約 5 名　※クラス内訳は併願との合計で，T未来クラス30名，S未来クラス30名，開智クラス30名

選抜方法▶国数英（各50分・各100点・英にリスニングあり），グループ面接（10分），調査書

◆ 併願 　公私とも併願可

募集人員▶①②計約25名，③約 5 名

選抜方法▶国数英（各50分・各100点・英にリスニングあり），調査書

◆ 受験料　25,000円

⎯⎯⎯

(内申基準) 単願：[T未来] 5 科23，[S未来] 5 科21，[開智] 5 科20　併願：[T未来] 5 科24，[S未来] 5 科23，[開智] 5 科22　※条件により内申加点あり

(特待生・奨学金制度) 入試の成績優秀者を 3 段階の特待生認定。ほかに吹奏楽部，硬式野球部を対象に部活動特待制度もある。

(帰国生の受け入れ) 国内生と同枠入試で考慮あり。

入試日程

区分		出願	試験	発表	手続締切
単願	①	12/1～1/15	1/22	1/23	1/31
	②	12/1～1/15	1/23	1/23	1/31
	③	12/1～1/15	1/25	1/25	1/31
併願	①	12/1～1/15	1/22	1/23	3/1（隣接県は公立発表日）
	②	12/1～1/15	1/23	1/23	
	③	12/1～1/15	1/25	1/25	

応募状況

年度	区分		応募数	受験数	合格数			実質倍率
'24	単願	①	65	64	T37	S 6	開15	1.1
		②	34	30	T21	S 3	開 6	1.0
		③	28	20	T 9	S 4	開 5	1.1
	併願	①	94	94	T74	S10	開 7	1.1
		②	50	46	T34	S 4	開 6	1.0
		③	17	11	T 8	S 2	開 0	1.1
'23	単願	①	30	30	T21	S 6	開 0	1.1
		②	12	12	T 7	S 2	開 3	1.0
		③	7	6	T 3	S 2	開 0	1.2
	併願	①	85	83	T65	S 8	開 7	1.0
		②	36	36	T25	S 3	開 7	1.0
		③	27	23	T20	S 1	開 1	1.0

['24合格最低点] T未来：単願①140，②142，③158，併願①150，②150，③170 (/300)　S未来：単願①130，②135，③140，併願①140，②145，③155 (/300)　開智：単願①115，②118，③120，併願①125，②128，③136 (/300)　※基準点

か **開智未来** **埼玉** **男女**

学費（単位:円）	入学金	施設費	授業料	その他経費	小計	初年度合計
入学手続時	250,000	—	—	—	250,000	1,167,400
1 年終了迄	—	75,000	375,000	467,400	917,400	

※2024年度予定。［入学前納入］ 1 年終了迄の小計のうち30,000円。
［返還］3/31までの入学辞退者には入学金を除き返還。［授業料納入］一括または 4 回分割。
［その他］制服・制定品代あり。［寄付・学債］任意の寄付金 1 口 5 万円 4 口以上あり。

併願校の例　※[S未来]を中心に

	埼公立	千公立	私立
挑戦校	春日部 越谷北 不動岡 浦和西	小金	開智 淑徳与野 大宮開成
最適校	熊谷女子 熊谷西 市立大宮北 越谷南 伊奈総合(普)	柏 柏南	春日部共栄 獨協埼玉 昌平 武南 國學院栃木(特進)
堅実校	春日部女子 与野 春日部東 浦和北	柏の葉 柏中央	栄北 花咲徳栄(文理) 西武台千葉 佐野日大

合格のめやす

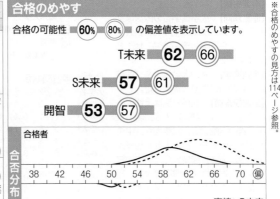

合格の可能性 **60%** **80%** の偏差値を表示しています。

T未来 **62** **66**

S未来 **57** **61**

開智 **53** **57**

合否分布

合格者

38　42　46　50　54　58　62　66　70　(偏)

不合格者

実線＝S未来
破線＝T未来

※合格のめやすの見方は114ページ参照。

⎯⎯⎯

(見学ガイド) 体育祭／文化祭／入試対策講座／説明会／オープンキャンパス／個別相談会

小 中 **高** 専 短 大

春日部共栄 高等学校

〒344-0037 埼玉県春日部市上大増新田213 ☎(048)737-7611

【教育方針】 建学の礎は「至誠一貫」。校訓に「自主自律」「明朗勤勉」「協調奉仕」を掲げ、「文武両道」をモットーとしている。

【沿 革】 1980年設立。

【学校長】 小南 久芳

【生徒数】 男子992名、女子793名

	1年(14クラス)	2年(15クラス)	3年(15クラス)
男子	340名	351名	301名
女子	259名	269名	265名

東武スカイツリーライン・東武アーバンパークライン―春日部よりスクールバス

特色

設置学科：普通科

【コース】 1年次は選抜コース、特進コースE系、特進コースS系を設置。2年次よりそれぞれ理系と文系の選抜コース、特進コースに分岐。3年次に理系は選抜理系コース、特進理系コース、文系は選抜文系コース、特進コース5科、特進コース3科に分かれる。内部進学生とは3年間別クラス編成。

【カリキュラム】 ①二期制・週5日制を導入。生徒の休息の時間、自発的な学習の時間を確保する。②選抜コースは東大や医学部への現役合格を目標とした進学指導を行う。③特進コースは難関国公立大、難関私立大への現役合格をめざす。④東大入試の攻略講習「錬成会」や勉強合宿など入試対策講習が充実。⑤医歯薬系学部合格に向けたメディカル論文講習を開講。

【海外研修】 2年次の修学旅行はオーストラリアを訪問する。ほか、希望制でボストンやオーストラリアへの短期海外研修がある。

【クラブ活動】 水泳、吹奏楽、女子バレーボールなど、全国レベルのクラブが多数。パワーリフティング部が世界大会出場の実績あり。

【施設】 駅前の学習センターが利用できる。

習熟度別授業	土曜授業	文理選択	オンライン授業	制服	自習室	食堂	プール	グラウンド	アルバイト
―	―	2年〜	○	○	〜19:00	○	○	○	審査

登校時刻＝ 8:40
下校時刻＝19:00

進路情報 2023年3月卒業生

四年制大学への進学率 **84.8%**

【卒業生数】 441名

【進路傾向】 大学進学者の内訳は文系54%、理系38%、他8%。国公立大学へ文系20名、理系26名、他1名が進学した。

【系列進学】 共栄大学へ1名（国際経営）が内部推薦で進学した。

【指定校推薦】 利用状況は上智大1、東京理科大5、学習院大5、明治大1、青山学院大3、立教大6、中央大2、法政大5、日本大5、駒澤大1、成蹊大2、成城大2、明治学院大4、芝浦工大1、津田塾大1、日本女子大1など。ほかに東洋大、獨協大、東京女子大、東京都市大、清泉女子大など推薦枠あり。

■ 四年制大学	374名	
□ 短期大学	2名	
■ 専修・各種学校	16名	
■ 就職	0名	
□ 進学準備・他	49名	

主な大学合格状況
'24年春速報は巻末資料参照

大学名	'23	'22	'21	大学名	'23	'22	'21	大学名	'23	'22	'21
◇京都大	1	0	0	早稲田大	15	11	4	日本大	67	78	54
◇東工大	2	1	0	慶應大	8	6	5	東洋大	84	98	89
◇千葉大	9	5	4	上智大	11	7	6	駒澤大	30	22	16
◇筑波大	4	3	5	東京理科大	20	32	25	専修大	22	28	23
◇横浜国大	0	3	0	学習院大	16	19	14	大東文化大	45	55	48
◇埼玉大	6	12	5	明治大	57	34	15	帝京大	19	39	38
◇防衛大	10	12	4	青山学院大	15	20	9	獨協大	24	34	12
◇茨城大	3	4	5	立教大	51	29	58	芝浦工大	19	20	29
◇宇都宮大	3	4	1	中央大	25	33	47	東京電機大	16	35	24
◇埼玉県立大	5	11	6	法政大	56	62	51	共栄大	12	15	9

※各大学合格数は既卒生を含む。

春日部市

入試要項 2024年春（実績）

新年度日程についてはp.116参照。

◆ **第1回** 単願，併願（公私とも可）

募集人員▶単願160名，併願110名

※コース内訳は第1〜3回の合計で，選抜コース80名，特進コースE系180名，特進コースS系160名

選抜方法▶国数英（各50分・各100点・マークシート・英にリスニングあり），調査書，ほかに単願は個人面接（5分）

◆ **第2回・第3回**

募集人員▶第2回100名，第3回50名

選抜方法▶国数英（各50分・各100点・マークシート・英にリスニングあり），調査書

◆ **受験料** 25,000円

内申基準▶ 単願：5科20　併願：5科22　※いずれも9科に2がないことが望ましい　※条件により内申加点あり

特待生・奨学金制度▶ 入試成績（上位10%）により3段階の成績特待生認定あり。ほかにクラブ特待生を2段階認定。

帰国生の受け入れ▶ 国内生と同枠入試で考慮あり。

入試日程

区分	出願	試験	発表	手続締切
第1回単	12/22〜1/11	1/22	1/24	1/31
第1回併	12/22〜1/11	1/22	1/24	公立発表翌日
第2回	12/22〜1/11	1/24	1/26	公立発表翌日
第3回	1/24〜27	2/1	2/3	公立発表翌日

応募状況

年度	区分	応募数	受験数	合格数	実質倍率
'24	第1回単	316	315	289	1.1
	第1回併	1,083	1,069	987	1.1
	第2回	624	589	531	1.1
	第3回	197	194	177	1.1
'23	第1回単	280	278	267	1.0
	第1回併	972	961	899	1.1
	第2回	529	498	454	1.1
	第3回	181	179	168	1.1
'22	第1回単	273	270	259	1.1
	第1回併	1,024	1,005	953	1.1
	第2回	532	500	462	1.1
	第3回	184	183	182	1.0

［スライド制度］あり。上記に含む。

［'24年合格最低点］第1回単願：選抜208，特進E172，特進S127（/300）　第1回併願：選抜222，特進E188，特進S154（/300）　第2回：選抜212，特進E180，特進S146（/300）　第3回：選抜214，特進E182，特進S150（/300）　※合格点

か

春日部共栄

埼玉

男女

学費（単位：円）	入学金	施設費	授業料	その他経費	小計	初年度合計
入学手続時	260,000	100,000	—	—	360,000	1,197,200
1年終了迄	—	—	384,000	453,200	837,200	

※2024年度予定。［入学前納入］1年終了迄の小計のうち188,000円。［返還］入学辞退者には入学金を除き返還。［授業料納入］10回分割。［その他］制服・制定品あり。［寄付・学債］任意の寄付1口5万円あり。

併願校の例

※［E系］を中心に

	埼公立	都・千公立	私立
挑戦校	浦和 大宮 市立浦和 浦和一女	日比谷 戸山 東葛飾	栄東 開智 淑徳与野 芝浦工大柏
最適校	春日部 越谷北 浦和西 不動岡 越ケ谷	新宿 竹早 小金 柏	大宮開成 川越東 獨協埼玉 昌平 専大松戸
堅実校	市立浦和南 越谷南 伊奈総合（普） 春日部女子 春日部東	文京 上野 柏南 柏の葉	武南 栄北 叡明 足立学園 流経大柏

合格のめやす

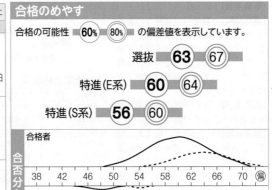

合格の可能性 **60%** **80%** の偏差値を表示しています。

選抜	**63**	（67）
特進（E系）	**60**	（64）
特進（S系）	**56**	（60）

合否分布

合格者

38　42　46　50　54　58　62　66　70　偏

不合格者

実線＝特進（E系）
破線＝選抜

※合格のめやすの見方は114ページ参照。

見学ガイド 文化祭／説明会／個別相談会

小 中 高 専 短 大

北足立郡伊奈町

国際学院 高等学校

〒362-0806 埼玉県北足立郡伊奈町小室10474 ☎(048)721-5931

【教育目標】 「誠実・研鑽・慈愛・信頼・和睦」を建学の精神に掲げる。「礼を尽くし，場を清め，時を守る」を教育方針に，人格形成と学習力の育成をめざす。

【沿　革】 1998年創立。2024年より併設中学校募集停止。

【学校長】 大野　博之

【生徒数】 男子464名，女子264名

	1年(10クラス)	2年(8クラス)	3年(8クラス)
男子	178名	140名	146名
女子	112名	87名	65名

ニューシャトル―志久12分
JR―上尾・蓮田よりスクールバス

特色

設置学科：普通科／総合学科

【コース】 普通科はアドバンスコースとセレクトコースを設置。総合学科は選抜進学，進学，食物調理の3コース制をとる。内部進学生とは3年間別クラス編成。

【カリキュラム】 ①アドバンスコースとセレクトコースは国公立・難関私立大への現役合格をめざす。希望する進路に即した科目選択が可能。②選抜進学コースは文系・理系問わず中堅私立大学をめざせるように多岐にわたる選択授業を受けることができる。③進学コースは2年次より，ビジネス情報系・IT系・保育系・スポーツ系から専門性の高い科目を選択できる。④食物調理コースは進学に必要な学力を伸ばしながら，調理技術や食の専門的な知識を学ぶ。卒業と同時に調理師免許の国家資格を取得できる。⑤ユネスコスクール加盟校であり，国際理解教育，環境教育に力を入れている。

【海外研修】 2年次に研修旅行でマレーシアへ渡航（希望制）。異文化理解を深める。

【クラブ活動】 陸上競技部，射撃部が全国レベル。ユネスコ部は国際交流などを行っている。

【施設】 2016年に最新設備の2号館が完成。

習熟度別授業	土曜授業	文理選択	オンライン授業	制服	自習室	食堂	プール	グラウンド	アルバイト
数英	月2回	2年～	○	○	～19:00	○	―	○	―

登校時刻＝ 8:30
下校時刻＝19:00

進路情報 2023年3月卒業生

四年制大学への進学率 **66.4%**

【卒業生数】 235名

【進路傾向】 普通科は例年5割前後が一般選抜での難関大学合格をめざす。総合学科は例年6～7割が大学進学で，調理師免許を取得できる食物調理コースでは就職希望者が2割程度を占める。

【系列進学】 国際学院埼玉短期大学へ5名が内部推薦で進学した。

【指定校推薦】 日本大，東洋大，駒澤大，大東文化大，東海大，亜細亜大，帝京大，獨協大，神奈川大，東京電機大，玉川大，立正大，国士舘大，東京経済大，武蔵野大，東京農大，実践女子大，拓殖大，麻布大，女子栄養大など推薦枠あり。

	四年制大学	156名
	短期大学	9名
	専修・各種学校	57名
	就職	7名
	進学準備・他	6名

主な大学合格状況

'24年春速報は巻末資料参照

大学名	'23	'22	'21	大学名	'23	'22	'21	大学名	'23	'22	'21
◇都留文科大	1	0	0	中央大	5	3	0	獨協大	4	4	3
◇群馬県立女子	0	1	0	法政大	3	10	3	東京電機大	14	2	3
◇釧路公立大	1	0	0	日本大	9	12	14	玉川大	1	5	3
早稲田大	1	0	0	東洋大	17	10	13	立正大	8	4	3
慶應大				駒澤大	1	2	1	国士舘大	6	8	5
東京理科大	0	1	0	専修大	5	0	1	城西大	11	8	12
学習院大	3	6	0	大東文化大	17	8	9	文京学院大	3	8	13
明治大	2	1	1	東海大	2	2	1	埼玉工大	6	13	9
青山学院大	2	2	2	亜細亜大	7	5	6	尚美学園大	3	7	7
立教大	0	4	0	帝京大	10	4	9	聖学院大	5	11	13

※各大学合格数は既卒生を含む。

入試要項 2024年春（実績）

新年度日程についてはp.116参照。

◆推薦　単願，併願（公私とも可）

募集人員▶普通科80名，総合学科160名（うち食物調理コース40名）　※一般を含む全体の定員

選抜方法▶国数英（各50分・各100点・マークシート），調査書，ほかに単願は志望理由書

◆一般　単願，併願

募集人員▶定員内

選抜方法▶国数英（各50分・各100点・マークシート），単願は個人面接，併願は個人またはグループ面接（いずれも5分），調査書

※各入試で各種検定や部活動・生徒会活動等で優れた実績を有する者は加点あり

◆受験料　23,000円

内申基準 推薦（単願）：［アドバンス］3科12または5科19，［セレクト］3科11または5科17，［選抜進学］3科10または5科16または9科28，［進学］［食物調理］3科9または5科15または9科27　**推薦（併願）**：［アドバンス］3科13または5科20，［セレクト］3科12または5科19，［選抜進学］3科11または5科17または9科30，［進学］［食物調理］3科10または5科16または9科29　※いずれも9科に1不可

特待生・奨学金制度 アドバンスコースは各入試で入試成績により特別奨学生を3段階認定。ほかに単願でスポーツ奨学生制度あり。

帰国生の受け入れ 国内生と同枠入試。

入試日程

区分		出願	試験	発表	手続締切
推薦	単願	12/11～1/15	1/22	1/23	1/27
	併願	12/11～1/15	1/22or23	1/23	1/27
一般	単願	1/26～2/1	2/3	2/3	2/10
	併願	1/26～2/1	2/3	2/3	2/10

［試験会場］1/22の推薦（併願）は本校のほか国際学院埼玉短期大学（大宮キャンパス）会場あり。

［延納］推薦・一般とも公立併願者は10,000円納入により残額を公立発表後まで。

応募状況

年度	区分		応募数	受験数	合格数	実質倍率
'24	アド	単推	22	22	22	1.0
		併推	162	162	160	1.0
		一般	5	5	4	1.3
	セレ	単推	13	13	13	1.0
		併推	203	203	201	1.0
		一般	3	3	3	1.0
	選進	単推	58	58	58	1.0
		併推	473	470	469	1.0
		一般	17	17	17	1.0
	進学	単推	29	29	27	1.1
		併推	234	228	206	1.1
		一般	16	15	5	3.0
	食物	単推	22	22	21	1.0
		併推	71	71	68	1.0
		一般	7	6	4	1.5

［スライド制度］あり。上記に含む。
［'24年合格最低点］非公表。

こ　国際学院　埼玉　男女

学費（単位：円）

	入学金	施設費	授業料	その他経費	小計	初年度合計
入学手続時	250,000	49,500	97,500	82,500	479,500	1,132,000
1年終了迄	—	148,500	292,500	211,500	652,500	

※2024年度予定。［返還］併願で3/30までの入学辞退者には入学金を除き返還。［授業料納入］一括または4回分割。［その他］制服・制定品代，教科書代・模試代あり。［寄付・学債］任意の教育振興資金1口1万円あり。

併願校の例

※［進学］を中心に

	埼公立	私立
挑戦校	伊奈総合(普)／上尾 与野／浦和北 大宮光陵／南稜 川口	武南 栄北 東京農大三 埼玉栄 叡明
最適校	大宮南／久喜 久喜北陽／桶川 鴻巣／鳩ヶ谷 浦和東／岩槻	浦和実業 浦和学院 花咲徳栄 駿台学園
堅実校	大宮武蔵野／上尾鷹の台 大宮東／川口東 上尾南／川口青陵 白岡／鴻巣女子 北本／桶川西	秀明英光 武蔵野 瀧野川女子

合格のめやす

合格の可能性 60% 80% の偏差値を表示しています。

アドバンス 51 (55)

セレクト 47 (51)

選抜進学 44 (48)

進学 41 (45)

食物調理 41 (45)

※合格のめやすの見方は114ページ参照。

見学ガイド 文化祭／説明会／個別相談会／部活動体験

さいたま市西区

埼玉栄 高等学校

〒331-0078 埼玉県さいたま市西区西大宮3-11-1 ☎(048)624-6488

小中高専短大

【教育方針】 建学の精神「人間是宝」と校訓「今日学べ」のもと，多彩な教育活動により，一人ひとりが持つ良さを磨き，自信に満ちた「新しい時代の主役たち」を育成する。

【沿　革】 1972年創立。

【学校長】 町田 弦

【生徒数】 男子1,549名，女子1,318名

	1年(26クラス)	2年(26クラス)	3年(23クラス)
男子	530名	512名	507名
女子	464名	466名	388名

JR―西大宮 4 分

特色

設置学科：普通科／保健体育科

【コース】 普通科はαコース（医学選択，難関選択），Sコース，特進コースを設置。2年次に各コースで文理別となるが，特進コースはアートクラスと合わせて3系統に分かれる。内部進学生とは3年間別クラス。

【カリキュラム】 ①αコースは難関大学や医学部が目標。学習進度を速め，3年次からは入試問題演習の時間を十分確保する。②Sコースは難関私立や国公立大学の進学をめざす。③特進コースは中堅私立大学をめざす。アートクラスでは音大，美大をめざした専門性の高い授業を展開。④保健体育科は全員が運動部に入部する。体育の理論を学ぶと共に，実技の専門性を高める。スキー・スノーボード実習や海浜実習も実施。⑤7～10時限目に放課後選択授業を開講。基礎講座や入試対策講座などがある。

【海外研修】 2年次にアメリカ修学旅行を行う。

【クラブ活動】 多数の部が全国大会出場の実績をもつ。柔道，レスリング，バドミントン，ウェイトリフティングなどは全国トップクラス。

【施設】 ゴルフ練習場，レスリング場などもあり，1部活につき1活動施設が整っている。

習熟度別授業	土曜授業	文理選択	オンライン授業	制服	自習室	食堂	プール	グラウンド	アルバイト	登校時刻＝ 8:45
―	月3回	2年～	○	○	～20:45	○	○	○	審査	下校時刻＝20:00

進路情報 2023年3月卒業生

【卒業生数】 839名

【進路傾向】 大学進学者の内訳は文系56%，理系27%，他17%。国公立大学へ文系9名，理系14名，他3名が進学した。日本大学の附属校と同じ試験によって提携校推薦への受験資格が得られる。

【指定校推薦】 非公表。

四年制大学への進学率 **81.3%**

四年制大学	682名
短期大学	5名
専修・各種学校	58名
就職	17名
進学準備・他	77名

主な大学合格状況

'24年春速報は巻末資料参照

大学名	'23	'22	'21	大学名	'23	'22	'21	大学名	'23	'22	'21
◇東工大	0	0	2	上智大	3	1	4	駒澤大	16	14	14
◇千葉大	1	2	0	東京理科大	14	5	7	専修大	27	19	14
◇筑波大	0	1	1	学習院大	5	2	1	大東文化大	56	43	44
◇埼玉大	5	1	5	明治大	18	15	17	東海大	19	27	20
◇東京学芸大	1	3	2	青山学院大	8	5	7	亜細亜大	8	10	14
◇茨城大	2	2	1	立教大	16	11	23	帝京大	52	45	46
◇宇都宮大	1	1	2	中央大	10	17	15	獨協大	17	12	16
◇埼玉県立大	5	5	3	法政大	19	18	17	芝浦工大	19	29	25
早稲田大	5	11	12	日本大	94	86	75	東京電機大	18	6	19
慶應大	1	0	8	東洋大	72	46	39	平成国際大	11	13	7

※各大学合格数は既卒生を含む。

入試要項 2024年春（実績）

新年度日程についてはp.116参照。

◆ 単願

募集人員 ▶ αコース160名，Ｓコース200名，特進コース200名，保健体育科160名　※併願を含む全体の定員

選抜方法 ▶ 国数英（各50分・各100点・マークシート），調査書，ほかに保健体育科は体育実技

◆ 併願　公立のみ

募集人員 ▶ 定員内

選抜方法 ▶ 国数英（各50分・各100点・マークシート），調査書，ほかに保健体育科は体育実技

◆ 受験料　25,000円

内申基準 単願：[α] 3科13かつ5科22かつ9科39，[Ｓ] 3科12かつ5科20かつ9科36，[特進] 3科10かつ5科17かつ9科32，[保健体育科] 3科9かつ5科16かつ9科28　**併願**：[α] 3科14かつ5科23かつ9科40，[Ｓ] 3科13かつ5科21かつ9科37，[特進] 3科11かつ5科18かつ9科33，[保健体育科] 3科10かつ5科17かつ9科30　※いずれも9科に2不可

特待生・奨学金制度 単願・併願とも他の成績基準により4段階の学業奨学生認定。部活動などでの奨学生制度もあり。

帰国生の受け入れ 国内生と別枠入試。

入試日程

区分	出願	試験	発表	手続締切
単願	12/19〜1/13	1/22	1/23	1/31
併願Ⅰ	12/19〜1/13	1/22	1/23	1/31
併願Ⅱ	12/19〜1/13	1/23	1/24	1/31
併願Ⅲ	12/19〜1/13	1/25	1/26	1/31

[延納] 併願は10,000円納入により残額は公立発表後まで。

応募状況

年度	区分		応募数	受験数	合格数	実質倍率
'24	α	単願	44	42	30	1.4
		併願	408	374	239	1.6
	Ｓ	単願	117	116	70	1.7
		併願	644	582	366	1.6
	特進	単願	201	201	186	1.1
		併願	607	547	447	1.2
	保体	単願	232	230	222	1.0
		併願	81	65	39	1.7
'23	α	単願	43	43	34	1.3
		併願	383	353	221	1.6
	Ｓ	単願	122	122	90	1.4
		併願	611	548	346	1.6
	特進	単願	246	244	226	1.1
		併願	695	617	522	1.2
	保体	単願	197	193	184	1.0
		併願	110	84	47	1.8

[スライド制度] あり。上記に含まず。
['24年合格最低点] 非公表。

学費(単位:円)	入学金	施設設備拡充費	授業料	その他経費	小計	初年度合計
入学手続時	220,000	—	—	—	220,000	1,298,000
1年終了迄	—	160,000	396,000	522,000	1,078,000	

※2024年度予定。[授業料納入] 3回分割。[その他] 制服・制定品代，保健体育科は校外実習費53,000円あり。
[寄付・学債] 任意の寄付金1口5万円2口以上あり。

併願校の例

※[特進]を中心に

	埼公立	私立
挑戦校	川口市立／市立大宮北	星野
	川口北／川越南	開智未来
	熊谷西／市立浦和南	浦和麗明
	越谷南／上尾	細田学園
	伊奈総合(普)	武南
最適校	与野／浦和北	栄北
	春日部東／大宮光陵	東京農大三
	朝霞／南稜	叡明
	川口／越谷西	西武台
	大宮南／久喜	成立学園
堅実校	朝霞西／桶川	浦和実業
	草加東／浦和東	国際学院
	川越西／岩槻	浦和学院
	大宮東／上尾南	花咲徳栄
		駿台学園

見学ガイド 体育祭／文化祭／説明会／部活動体験会

合格のめやす

合格の可能性 **60%** **80%** の偏差値を表示しています。

普通科(α) **58** 62

普通科(Ｓ) **54** 58

普通科(特進) **50** 54

保健体育科は偏差値を設定していません。

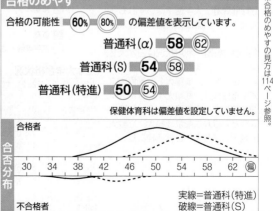

合格者

不合格者

| 30 | 34 | 38 | 42 | 46 | 50 | 54 | 58 | 62 | 偏 |

実線＝普通科(特進)
破線＝普通科(Ｓ)

（さ）埼玉栄　埼玉　男女

※合格のめやすの見方は114ページ参照。

入間郡毛呂山町

埼玉平成 高等学校

〒350-0434 埼玉県入間郡毛呂山町市場333-1 ☎(049)295-1212

【教育方針】 建学の精神は「為すことによって学ぶ」。「創造・自律・親切」を校訓に掲げ，社会を生き抜く力を身につける。

【沿　革】 1984年埼玉女子高等学校開校。1988年共学化となる。2000年より現校名。

【学校長】 山口　直也

【生徒数】 男子490名，女子231名

	1年（9クラス）	2年（8クラス）	3年（8クラス）
男子	172名	144名	174名
女子	81名	82名	68名

東武越生線―川角5分　西武新宿線―狭山市，西武池袋線―飯能などよりスクールバス

特色

設置学科：普通科

【コース】 S特進，特進，進学（スーパーサッカーを含む）の3コース制。

【カリキュラム】 ①S特進コースは国公立・難関私立大学が目標。少人数編成のきめ細かい指導で，早期に高校履修範囲の学習を終える。②特進コースは文武両道を追求しながら有名私立大学への現役合格をめざす。③進学コースは多彩な進路に対応可能なカリキュラムを組む。学校推薦型・総合型選抜を見据え，小論文や面接の指導も行う。④進学コース内のスーパーサッカーはサッカーに励みながら，学力の定着を図る。大学合格をめざすと共にプロなどで活躍できるトップアスリートを育成。⑤英語検定を全員が受験。個別に検定対策を実施。⑥夏・冬・春の長期休業中の補講や夏の勉強合宿など，目標達成に向けたプログラムを用意。⑦ICT教育に力を入れ，オンライン上での学習を促す。

【クラブ活動】 男女ソフトテニス部，ゴルフ部が全国レベル。男子サッカー部，卓球部，女子バレーボール部なども活躍している。

【施設】 全面人工芝のグラウンドや全10面のテニスコート，ゴルフ練習場を備える。

習熟度別授業	土曜授業	文理選択	オンライン授業	制服	自習室	食堂	プール	グラウンド	アルバイト
数英	○	2年～	○	○	～20:00	○	―	○	審査

登校時刻＝ 8:15
下校時刻＝18:00

進路情報 2023年3月卒業生

四年制大学への進学率 **68.5%**

【卒業生数】 321名

【進路傾向】 大学進学はいずれも私立大学で，内訳は文系64%，理系29%，他7%。

【指定校推薦】 利用状況は日本大2，東洋大12，大東文化大9，亜細亜大4，帝京大2，成蹊大2，獨協大1，東京電機大4，武蔵大1，玉川大1，国士舘大2，東京経済大2，拓殖大5など。ほかに東京理科大，立教大，成城大，文教大など推薦枠あり。

■ 四年制大学	220名
□ 短期大学	15名
■ 専修・各種学校	60名
■ 就職	10名
□ 進学準備・他	16名

主な大学合格状況

'24年春速報は巻末資料参照

大学名	'23	'22	'21	大学名	'23	'22	'21	大学名	'23	'22	'21
◇埼玉大	1	0	0	東洋大	13	12	12	東京経済大	11	2	2
早稲田大	1	0	0	駒澤大	3	1	3	日本医大	0	6	0
東京理科大	0	3	1	専修大	0	1	3	杏林大	3	3	4
学習院大	0	1	0	大東文化大	30	27	20	国際医療福祉大	2	2	0
明治大	0	1	0	亜細亜大	4	8	8	帝京平成大	5	5	5
青山学院大	4	2	1	帝京大	11	4	7	東京工科大	3	1	2
立教大	0	2	0	成城大	2	2	5	拓殖大	10	8	8
中央大	0	3	5	獨協大	3	1	9	城西大	22	17	11
法政大	0	2	1	東京電機大	7	6	1	日本医療科学大	5	7	6
日本大	3	5	5	立正大	4	3	1	東京国際大	22	18	19

※各大学合格数は既卒生を含む。

入試要項 2024年春（実績）

新年度日程についてはp.116参照。

◆推薦　推薦Ⅰ：Ａ１単願，Ｂ１併願　推薦Ⅱ：Ｂ２併願　※いずれも中学校推薦，自己推薦，スポーツ推薦

募集人員▶ Ｓ特進コース30名，特進コース105名，進学コース215名　※一般を含む全体の定員。内部進学生を含む

選抜方法▶ 国数英（各50分），調査書，スポーツ推薦はスポーツ推薦実績証明書

◆一般　一般Ⅰ：Ａ３単願，Ｂ３併願

募集人員▶ 定員内

選抜方法▶ 国数英（各50分），調査書

◆受験料　25,000円

内申基準 単願（中学校推薦・自己推薦）：［Ｓ特進］５科20，［特進］３科11または５科17または９科30，［進学］３科９または５科15または９科26　単願（スポーツ推薦）：９科24　併願（中学校推薦・自己推薦）：［Ｓ特進］５科21，［特進］３科12または５科18または９科32，［進学］３科10または５科16または９科28　併願（スポーツ推薦）：９科26　※いずれも９科に１不可　※条件により内申加点あり

特待生・奨学金制度 推薦で入試成績により成績奨学生を認定。ほかＡ１単願でスポーツ奨学生制度あり。

帰国生の受け入れ 国内生と同枠入試。

入試日程

区分	出願	試験	発表	手続締切
推薦Ⅰ	12/13～1/12	1/22	1/24	1/29
推薦Ⅱ	12/13～1/12	1/23	1/25	1/29
一般	1/25～2/2	2/4	2/6	2/9

［延納］併願は10,000円納入により残額は公立発表後まで。
［２次募集］一般Ⅱ3/3

応募状況

年度	区分		応募数	受験数	合格数	実質倍率
'24	推薦	Ａ１単願	154	154	154	1.0
		Ｂ１併願	866	857	852	1.0
		Ｂ２併願	99	99	94	1.1
	一般	Ａ３単願	3	3	3	1.0
		Ｂ３併願	9	15	13	1.2
'23	推薦	Ａ１単願	174	173	172	1.0
		Ｂ１併願	830	823	811	1.0
		Ｂ２併願	151	148	143	1.0
	一般	Ａ３単願	2	3	2	1.5
		Ｂ３併願	11	14	10	1.4
'22	推薦	Ａ１単願	168	165	164	1.0
		Ｂ１併願	842	821	819	1.0
		Ｂ２併願	159	152	149	1.0
	一般	Ａ３単願	3	6	5	1.2
		Ｂ３併願	9	26	25	1.0

※'24はＢ２併願・Ｂ３併願，'23・'22はＡ３単願・Ｂ３併願の受験数・合格数に再受験を含む。
［スライド制度］あり。上記に含む。
［24年合格最低点］非公表。

（さ）埼玉平成　埼玉　男女

学費（単位：円）

学費(単位:円)	入学金	施設費	授業料	その他経費	小計	初年度合計
入学手続時	250,000	50,000	—	—	300,000	1,062,715
１年終了迄	—	—	396,000	366,715	762,715	

※2024年度予定。［入学前納入］１年終了迄の小計のうち226,115円。［返還］3/31までの入学辞退者には入学金を除き返還。［授業料納入］３回分割。［その他］制服・制定品代，教科書・副教材代約20,000～40,000円あり。［寄付・学債］任意の学院債１口10万円あり。

併願校の例

※［進学］を中心に

	埼公立	都立	私立
挑戦校	朝霞西 豊岡 坂戸西 川越総合 川越西	上水 東大和	大妻嵐山 秀明 西武台 山村国際
最適校	小川 新座柳瀬 狭山清陵 飯能 寄居城北	東久留米総合 福生 久留米西 小平西	秋草学園 武蔵越生 東野 秀明英光
堅実校	ふじみ野 日高 鶴ヶ島清風 富士見 新座	武蔵村山 東村山西 拝島	

合格のめやす

合格の可能性 **60%** **80%** の偏差値を表示しています。

S特進 **52** (56)

特進 **45** (49)

進学 **39** (43)

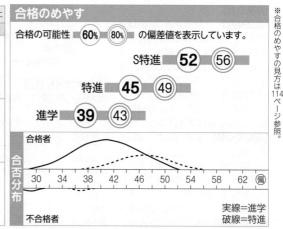

合格者／不合格者　合否分布

偏差値：30 34 38 42 46 50 54 58 62 （偏）

実線＝進学
破線＝特進

※合格のめやすの見方は114ページ参照。

見学ガイド 文化祭／クラブ体験会／説明会／オープンスクール／個別相談会

北足立郡伊奈町

栄北 高等学校

〒362-0806　埼玉県北足立郡伊奈町小室1123　☎(048)723-7711

小 中 高 専 短 大

【教育方針】　建学の精神に「人間是宝」，校訓に「今日学べ」を掲げる。生徒の内在する可能性を開発し，自主・自立の精神，人間性豊かな心，国際社会に活躍しうる実力を養成する。
【沿　革】　2000年開校。
【学校長】　澁谷　千秋
【生徒数】　男子802名，女子566名

	1年(12クラス)	2年(13クラス)	3年(10クラス)
男子	268名	335名	199名
女子	226名	200名	140名

ニューシャトル―丸山3分
JR―上尾，蓮田よりバス丸山5分

特色

設置科科：普通科

【コース】　特類選抜，特類S，特類Aの3類型を設置している。
【カリキュラム】　①始業前に強化ポイントを踏まえて小テストや授業を実施し，学力の向上を図る。②各類型の目標大学は，特類選抜が難関国公立・最難関私立，特類Sが国公立・難関私立，特類Aが難関・有名私立。③学習手帳を活用して自主的に学習計画を立て，実行し振り返るサイクルを習慣化。④タブレット端末などを利用した映像授業の学習サービスにより，予習・復習，入試に向けた学習が可能。

【キャリア教育】　主体性をもって社会問題に関わる人材を育成。社会課題を解決するビジネスプラン作成などの探究型学習を行う。
【海外研修】　2年次のオーストラリア修学旅行では，グループに分かれてファームステイを体験。希望者を対象としたセブ島語学研修もある。
【クラブ活動】　エア・ライフル部が全国大会優勝の実績をもつ。ほか空手道部，自転車競技部，ダンス部が全国レベルで活躍している。
【施設】　ベースボールスタジアムやエア・ライフル場，記念館ホールなどがある。

習熟度別授業	土曜授業	文理選択	オンライン授業	制服	自習室	食堂	プール	グラウンド	アルバイト	
5教科	月3～4回	2年～	○	○	～20:00	○	―	○	審査	登校時刻＝ 8:30 下校時刻＝20:00

進路情報　2023年3月卒業生

四年制大学への進学率 **91.8%**

【卒業生数】　380名
【進路傾向】　大学進学者の内訳は文系64%，理系36%。国公立大学へ文系9名，理系9名が進学した。主な大学合格状況は国公立33名，早慶上理35名，GMARCH 138名など。
【系列進学】　埼玉自動車大学校へ1名が内部推薦で進学した。平成国際大学への内部推薦制度もある。
【指定校推薦】　東京理科大，学習院大，中央大，法政大，日本大，東洋大，駒澤大，専修大，大東文化大，亜細亜大，帝京大，國學院大，成蹊大，獨協大，神奈川大，芝浦工大，東京電機大，東京女子大，日本女子大など推薦枠あり。

■ 四年制大学　　349名
□ 短期大学　　　　2名
■ 専修・各種学校　7名
■ 就職　　　　　　3名
■ 進学準備・他　 19名

主な大学合格状況

'24年春速報は巻末資料参照

大学名	'23	'22	'21	大学名	'23	'22	'21	大学名	'23	'22	'21
◇東京大	1	0	0	上智大	1	1	3	専修大	20	17	17
◇千葉大	2	2	0	東京理科大	31	42	18	大東文化大	39	37	30
◇筑波大	0	0	1	学習院大	14	13	12	帝京大	28	28	11
◇埼玉大	3	4	3	明治大	14	24	11	獨協大	45	42	37
◇宇都宮大	3	4	2	青山学院大	13	8	4	芝浦工大	37	67	31
◇群馬県女大	0	2	2	立教大	24	31	17	東京電機大	40	20	14
◇埼玉県立大	2	2	1	中央大	44	28	44	立正大	26	24	12
◇前橋工科大	1	1	7	法政大	58	49	26	城西大	13	16	17
早稲田大	7	11	4	日本大	87	141	46	埼玉工大	2	36	40
慶應大	2	1	3	東洋大	99	103	75	平成国際大	3	7	8

※各大学合格数は既卒生を含む。

入試要項 2024年春（実績）

新年度日程についてはp.116参照。

◆ 単願

募集人員▶320名　※併願を含む全体の定員

選抜方法▶国数英（各50分・各100点・マークシート・英にリスニングあり），調査書

◆ 併願　公私とも併願可

募集人員▶定員内

選抜方法▶国数英（各50分・各100点・マークシート・英にリスニングあり），調査書

◆ 受験料　25,000円

(内申基準) 単願：[特類選抜] 5科23，[特類S] 5科21，[特類A] 5科19　併願：[特類選抜] 5科23，[特類S] 5科22，[特類A] 5科20 ※いずれも9科に1不可　※条件により内申加点あり

(特待生・奨学金制度) 入試成績により特類選抜はA・B学力奨学生，特類SはC学力奨学生に認定。ほか部活動による特別活動奨学生も認定。

(帰国生の受け入れ) 国内生と同枠入試。

入試日程

区分	出願	試験	発表	手続締切
単願	12/18～1/12	1/22	1/24	1/31
併願①	12/18～1/12	1/22	1/24	1/31
併願②	12/18～1/12	1/23	1/24	1/31

[延納] 併願者は10,000円納入により残額を公立発表後まで。

応募状況

年度	区分		応募数	受験数	合格数	実質倍率
'24	特類選抜	単願	53	53	52	1.0
		併願①	322	320	320	1.0
		併願②	64	63	58	1.1
	特類S	単願	59	59	56	1.1
		併願①	359	359	358	1.0
		併願②	38	38	34	1.1
	特類A	単願	52	52	49	1.1
		併願①	160	160	154	1.0
		併願②	23	23	21	1.1
'23	特類選抜	単願	105	105	68	—
		併願①	373	372	198	—
		併願②	65	63	37	—
	特類	単願	82	82	66	—
		併願①	364	364	261	—
		併願②	57	56	41	—
	Ⅱ類	単願	96	96	68	—
		併願①	338	338	363	—
		併願②	36	36	56	—
	Ⅰ類	単願	50	50	49	—
		併願①	117	116	227	—
		併願②	31	30	24	—

[スライド制度] あり。'24は上記に含まず。'23は上記に含む。
['24年合格最低点] 非公表。

さ 栄北 埼玉 男女

学費（単位：円）

学費（単位：円）	入学金	施設設備拡充費	授業料	その他経費	小計	初年度合計
入学手続時	220,000	—	—	—	220,000	1,346,000
1年終了迄	—	130,000	396,000	600,000	1,126,000	

※2024年度予定。[授業料納入] 毎月分割。
[その他] 制服・制定品代あり。[寄付・学債] 任意の寄付金1口5万円2口以上あり。

併願校の例　※[特類A]を中心に

	埼公立	私立
挑戦校	浦和西／春日部 蕨／不動岡 川口市立／熊谷女子 市立大宮北／熊谷 熊谷西／川口北	大宮開成 川越東 春日部共栄 星野 昌平
最適校	市立浦和南／伊奈総合（普） 上尾／与野 春日部女子／浦和北 春日部東／大宮光陵	浦和麗明 武南 東京農大三 埼玉栄 叡明
堅実校	南稜／杉戸 大宮南／久喜 桶川	国際学院 浦和実業 浦和学院 花咲徳栄

合格のめやす

合格の可能性 60% 80% の偏差値を表示しています。

特類選抜 60 64
特類S 57 61
特類A 53 57

※合格のめやすの見方は114ページ参照。

合否分布

合格者

38 42 46 50 54 58 62 66 70 偏

不合格者

実線＝特類A
破線＝特類S

(見学ガイド) 体育祭／文化祭／説明会／入試個別相談会／体験学習

さいたま市見沼区

栄東 高等学校

〒337-0054　埼玉県さいたま市見沼区砂町2-77　☎(048)651-4050

【教育理念】「人間是宝（人間は誰もがすばらしい資質をもった，宝の原石）」を建学の精神に掲げ，「今日学べ（今日のことは今日やり，勉強も仕事も明日に残さない）」を校訓とする。

【沿革】1978年埼玉栄東高等学校として開校。1992年現校名に改称。

【学校長】田中 淳子

【生徒数】男子860名，女子583名

	1年(14クラス)	2年(14クラス)	3年(12クラス)
男子	307名	310名	243名
女子	188名	203名	192名

JR―東大宮8分

特色

設置学科：普通科

【コース】東医クラスとα（アルファ）クラスを設置。2年次に東大文系，東大理系，医学系，文系，理系の5クラスが編成され，内部進学生と一部混合する。

【カリキュラム】①東医クラスは東京大学や国公立大学医学部をめざす。入学後に学力を伸ばしたαクラスの生徒は，東医クラスに移ることも可能。②3年次は志望する大学の入試形態に合わせた授業編成となり，現役合格に向けた対策を強化する。③校内外でアクティブ・ラーニング（AL）を導入。課題研究やディスカッションなどに取り組み，創造力や協働性，主体性を育成する。④約40のAL土曜講座（総合的な探究の時間）を開講。多様性や創造性，コミュニケーション能力を培う。「課題探究メソッド」「空想を科学する」「研究者の道」などテーマは多岐にわたり，能動的・活動的学習を実践する。

【海外研修】2年次に全員参加のアメリカALを設定。現地の高校を訪問する。

【クラブ活動】クイズ研究部，水泳部が全国大会優勝の実績。アーチェリー部が全国レベル。コーラス部や鉄道研究部も活躍している。

習熟度別授業	土曜授業	文理選択	オンライン授業	制服	自習室	食堂	プール	グラウンド	アルバイト
数英	月3回	2年～	○	○	～19:00	○	○	○	―

登校時刻＝ 8:35
下校時刻＝19:00

進路情報 2023年3月卒業生

四年制大学への進学率 **75.7%**

【卒業生数】498名

【進路傾向】大学進学者は文理半々程度。国公立大学へ文系35名・理系78名，海外大学へ2名が進学した。医学部76名（うち医学科73名），歯学部17名，薬学部51名が合格。

【指定校推薦】利用状況は早稲田大9，慶應大4，学習院大1，明治大1，明治学院大1，北里大3，明治薬科大1，獨協医大1など。ほかに東京理科大，青山学院大，立教大，中央大，法政大，日本大，成城大，獨協大，芝浦工大，津田塾大，東京女子大，東京都市大，白百合女子大，昭和大，東京薬科大，日本薬科大，東京歯大など推薦枠あり。

四年制大学	377名
短期大学	0名
専修・各種学校	1名
就職	0名
進学準備・他	120名

主な大学合格状況
'24春速報は巻末資料参照

大学名	'23	'22	'21	大学名	'23	'22	'21	大学名	'23	'22	'21
◇東京大	13	14	12	◇防衛医大	1	2	6	明治大	116	137	111
◇京都大	3	1	2	◇群馬大	6	7	13	青山学院大	36	46	44
◇東工大	2	5	3	◇信州大	5	10	12	立教大	65	71	68
◇一橋大	3	2	4	◇宇都宮大	6	7	9	中央大	56	69	112
◇千葉大	8	14	14	◇高崎経済大	12	7	13	法政大	100	67	80
◇筑波大	11	6	10	早稲田大	143	144	122	日本大	124	126	120
◇横浜国大	6	4	7	慶應大	77	78	96	東洋大	64	94	102
◇埼玉大	24	30	17	上智大	29	26	20	帝京大	24	19	25
◇北海道大	8	4	5	東京理科大	266	213	186	芝浦工大	121	83	67
◇東北大	15	16	13	学習院大	35	26	23	日本女子大	21	39	20

※各大学合格数は既卒生を含む。

入試要項 2024年春（実績）

新年度日程については p.116参照。

◆**第1回** 単願，併願

募集人員▶400名 ※第2回・特待生選抜入試を含む全体の定員。内部進学生を含む

選抜方法▶国数英（各50分・各100点・マークシート・英にリスニングあり），調査書，ほかに単願は個人面接（5分）

◆**第2回** 併願

募集人員▶定員内

選抜方法▶国数英（各50分・各100点・マークシート・英にリスニングあり），調査書

◆**特待生選抜** 併願

募集人員▶定員内

選抜方法▶国数英または国数英理社（国数英各50分・各100点・英にリスニングあり，理社各40分・各50点），調査書

◆**受験料** 25,000円

（**内申基準**）特記なし。

（**特待生・奨学金制度**）入試成績により3段階の特待生認定。また，1/25に特待生選抜入試を実施（上記参照）。

（**帰国生の受け入れ**）国内生と同枠入試で考慮あり。

入試日程

区分	出願	試験	発表	手続締切
第1回	12/4〜1/13	1/22	1/24	2/1
第2回	12/4〜1/13	1/23	1/24	2/1
特待生	12/4〜1/25	1/25	1/26	2/1

［延納］併願は20,000円納入により残額は併願校発表後まで。

応募状況

年度	区分		応募数	受験数	合格数	実質倍率
'24	第1回単願		32	30	19	1.6
	第1回併願		1,369	1,313	1,217	1.1
	第2回併願		746	638	565	1.1
	特待生5科		357	339	160	2.1
	特待生3科		328	286	137	2.1
'23	第1回単願		40	40	28	1.4
	第1回併願		1,167	1,095	1,008	1.1
	第2回併願		1,002	898	821	1.1
	特待生5科		384	358	173	2.1
	特待生3科		354	315	147	2.1
'22	第1回単願	男	13	13	10	1.3
		女	14	14	11	1.3
	第1回併願	男	850	799	749	1.1
		女	506	481	450	1.1
	第2回併願	男	495	428	377	1.1
		女	244	226	204	1.1
	特待生	男	417	381	190	2.0
		女	230	209	87	2.4

［'24年合格最低点］非公表。

（さ）栄東 埼玉 男女

学費（単位：円）	入学金	施設設備拡充費	授業料	その他経費	小計	初年度合計
入学手続時	220,000	—	—	—	220,000	1,373,000
1年終了迄	—	160,000	456,000	537,000	1,153,000	

※2024年度予定。［授業料納入］毎月分割。［その他］制服・制定品代あり。
［寄付・学債］任意の寄付金1口5万円2口以上あり。

併願校の例 ※[α]を中心に

	埼公立	都立	国・私立
挑戦校			慶應志木 開成 筑波大附 早稲田実業
最適校	浦和 大宮 市立浦和 浦和一女 川越	日比谷 西 国立 戸山 青山	早大本庄 立教新座 開智 淑徳与野 青山学院
堅実校	浦和西 春日部 蕨 市立大宮北(理数) 川口市立(理数)	新宿 国際	大宮開成 川越東 春日部共栄 昌平 順天

合格のめやす

合格の可能性 **60%** **80%** の偏差値を表示しています。

※合格のめやすの見方は114ページ参照。

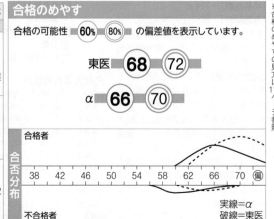

東医 **68** （72）

α **66** （70）

合格者

38　42　46　50　54　58　62　66　70 （偏）

合否分布

不合格者

実線＝α
破線＝東医

見学ガイド 文化祭／説明会／進学相談会

入間市

狭山ヶ丘 高等学校

〒358-0011　埼玉県入間市下藤沢981　☎(04)2962-3844

【教育方針】　「人間に生まれついての能力差はない」を掲げ，自ら学ぼうとする姿勢を重視し，自学自習を育む教育を行っている。

【沿　革】　1950年飯能高等家政女学校が現・飯能市に創立。1960年現校名で共学校として，現在地に開校。2013年付属中学校を開校。

【学校長】　小川　義男

【生徒数】　男子585名，女子356名

	1年(8クラス)	2年(10クラス)	3年(11クラス)
男子	178名	176名	231名
女子	102名	120名	134名

狭山ヶ丘

西武池袋線―武蔵藤沢13分　西武新宿線―入曽・狭山市，JR―箱根ヶ崎・川越よりスクールバス

特色

設置学科：普通科

【コース】　Ⅰ類（難関国立進学コース），Ⅱ類（特別進学コース），Ⅲ類（総合進学コース），Ⅳ類（スポーツ・文化進学コース）を設置している。Ⅳ類を除き，2年次に文理に分かれる。

【カリキュラム】　①自己観察教育を実践。授業前の「黙想」，人間性と国際性を培う3年次の「茶道」，コミュニケーション能力を育む「対話」の3つを柱とする。②Ⅰ類は少人数編成の授業で，きめ細かく指導。③Ⅱ類では選択した文理いずれかを重視した授業を展開。④Ⅲ類は文武両道をめざす。⑤Ⅳ類は部活動に重点をおきながら大学進学をめざす。サッカー部，野球部，吹奏楽部，女子バレーボール部，陸上部，弓道部などの生徒で構成。⑥各種無料ゼミや夏期・冬期講習など，学習機会を多く提供する。

【キャリア教育】　進路ガイダンスなど行事を通じ，進学への明確な目的意識をもたせる。

【クラブ活動】　陸上部，弓道部，女子バレーボール部，吹奏楽部などが活躍している。

【施設】　総合グラウンドに野球場，サッカー場などを備える。2020年，義学館（体育施設）が完成。飯能市にセミナーハウスがある。

習熟度別授業	土曜授業	文理選択	オンライン授業	制服	自習室	食堂	プール	グラウンド	アルバイト
5教科	○	2年〜	—	○	〜21:00	—	—	バス15分	—

登校時刻＝ 8:25
下校時刻＝19:00

進路情報　2023年3月卒業生

四年制大学への進学率 **87.7%**

【卒業生数】　324名

【進路傾向】　国公立大学へ25名，海外大学へ3名が進学した。医学部8名（うち医学科7名），薬学部23名が合格した。

四年制大学	284名
短期大学	1名
専修・各種学校	11名
就職	5名
進学準備・他	23名

【指定校推薦】　利用状況は慶應大1，東京理科大2，学習院大1，青山学院大3，立教大1，中央大3，法政大1，日本大2，東洋大3，成蹊大2，成城大1，明治学院大5，獨協大1，津田塾大2，東京女子大1など。ほかに明治大，専修大，芝浦工大，東京都市大，白百合女子大，フェリス女学院大，東洋英和女学院大など推薦枠あり。

主な大学合格状況

'24年春速報は巻末資料参照

大学名	'23	'22	'21	大学名	'23	'22	'21	大学名	'23	'22	'21
◇東京大	2	0	0	上智大	1	10	8	専修大	30	20	14
◇千葉大	1	1	0	東京理科大	16	8	13	大東文化大	60	42	53
◇筑波大	0	2	0	学習院大	4	6	13	亜細亜大	14	16	16
◇埼玉大	7	5	4	明治大	23	27	38	帝京大	44	49	31
◇防衛医大	1	2	0	青山学院大	16	17	11	成蹊大	11	15	15
◇都立大	1	2	1	立教大	11	36	26	獨協大	31	21	37
◇防衛大	4	3	7	中央大	16	49	47	芝浦工大	14	25	27
◇茨城大	1	3	1	法政大	38	28	35	東京電機大	12	13	17
早稲田大	8	11	6	日本大	61	52	45	武蔵大	18	27	14
慶應大	4	4	4	東洋大	54	65	58				

※各大学合格数は既卒生を含む。

入試要項 2024年春（実績）

新年度日程については p.116 参照。

◆ **推薦** 単願，併願（公私とも可） ※共に校長推薦，自己推薦 ※Ⅳ類は専願（校長推薦）のみで試験日は1/24

募集人員▶ Ⅰ類80名，Ⅱ類120名，Ⅲ類120名，Ⅳ類80名 ※一般を含む全体の定員。内部進学生80名を含む

選抜方法▶ 国数英（国数各50分・英65分・各200点・マークシート・英にリスニングあり），面接（単願は個人，併願はグループ），調査書 ※英300点・国または数200点・残る1科が100点の傾斜配点を選択可

◆ **一般** 単願，併願 ※Ⅳ類は募集なし

募集人員▶ 定員内

選抜方法▶ 国数英（国数各50分・英65分・各200点・マークシート・英にリスニングあり），面接（単願は個人，併願はグループ），調査書 ※英300点・国または数200点・残る1科が100点の傾斜配点を選択可

◆ **受験料** 25,000円

内申基準 **単願（校長推薦）**：［Ⅰ類］5科23または9科41，［Ⅱ類］5科21または9科38，［Ⅲ類］5科18または9科34，［Ⅳ類］5科15または9科27 **併願（校長推薦）**：［Ⅰ類］5科24または9科42，［Ⅱ類］5科22または9科39，［Ⅲ類］5科20または9科36 ※いずれも9科に1不可

特待生・奨学金制度 推薦（単願・併願）のⅠ類志望で学業成績優秀者に対する奨学生制度あり。

帰国生の受け入れ 国内生と同枠入試。

入試日程

区分	出願	試験	発表	手続締切
推薦	12/4～1/12	1/22or23or24	試験翌日	1/31
一般	12/4～1/31	2/5	2/6	2/13

[延納] 併願推薦は1/31，一般の併願者は2/13までの20,000円納入により残額は公立発表後まで。

応募状況

年度	区分		応募数	受験数	合格数	実質倍率
'24	Ⅰ類	単推	4	4	4	1.0
		併推	95	91	90	1.0
		一般	0	0	0	―
	Ⅱ類	単推	16	15	13	1.2
		併推	276	252	224	1.1
		一般	3	3	3	1.0
	Ⅲ類	単推	73	69	61	1.1
		併推	285	270	232	1.1
		一般	20	15	12	1.3
	Ⅳ類	専推	49	49	49	1.0
'23	Ⅰ類	専推	3	3	3	1.0
		併推	98	94	94	1.0
		一般	2	2	2	1.0
	Ⅱ類	専推	23	21	20	1.1
		併推	240	221	204	1.1
		一般	9	7	7	1.0
	Ⅲ類	専推	57	55	49	1.1
		併推	317	301	268	1.1
		一般	19	12	12	1.0
	Ⅳ類	専推	60	60	60	1.0

[スライド制度] あり。上記に含まず。
['24年合格最低点] 非公表。

さ 狭山ヶ丘 埼玉 男女

学費（単位：円）	入学金	施設費	授業料	その他経費	小計	初年度合計
入学手続時	250,000	100,000	―	―	350,000	952,000
1年終了迄	―	60,000	360,000	182,000	602,000	

※2024年度予定。[入学前納入] 1年終了迄の小計のうち170,000円。
[授業料納入] 10回分割。[その他] 制服・制定品代，修学旅行費積立金（2023年度実績：180,000円）あり。

併願校の例 ※[Ⅱ類]を中心に

	埼公立	都立	私立
挑戦校	川越 川越女子 所沢北	戸山 立川 新宿 国分寺	川越東 中大杉並 中大附属 成蹊 錦城
最適校	和光国際 川越南 所沢 坂戸 市立川越	武蔵野北 小金井北 多摩科学技術 文京 井草	星野 城北埼玉 西武文理 城西川越 明学東村山
堅実校	松山 所沢西 松山女子 朝霞	石神井 清瀬	山村学園 東京農大三 西武台 聖望学園

合格のめやす

合格の可能性 **60%** **80%** の偏差値を表示しています。

Ⅰ類 **62** (66)
Ⅱ類 **56** (60)
Ⅲ類 **52** (56)

Ⅳ類は偏差値を設定していません。

合格者

38	42	46	50	54	58	62	66	70	(偏)

合否分布

不合格者

実線＝Ⅱ類
破線＝Ⅰ類

※合格のめやすの見方は114ページ参照。

見学ガイド 体育祭／文化祭／説明会／個別相談会

飯能市

小 中 高 専 短 大

自由の森学園 高等学校

〒357-8550　埼玉県飯能市小岩井613　☎(042)972-3131

【教育理念】「人間の自立と自由への教育を追求する」「深い知性・高い表現・等身大の体験」を掲げ，点数序列主義に迎合せず，資質をひきだし，想像力を解放し，心の自由を育てる教育をめざす。

【沿　革】1985年創立。

【学校長】菅間　正道

【生徒数】男子365名，女子274名

	1年(7クラス)	2年(7クラス)	3年(7クラス)
男子	120名	124名	121名
女子	107名	72名	95名

西武池袋線—飯能，西武新宿線—狭山市，JR—東飯能・高麗川・小作よりスクールバス

特色

設置学科：普通科

【カリキュラム】①文系・理系に分かれず，興味や希望する進路に合わせた選択制の授業が充実。主体的に学びと向き合う時間をつくる。テーマを多角的に掘り下げる授業や専門家を招く授業など，約100の選択講座を設置している。②定期テストや点数で評価するものはない。半年に一度，学んだことを生徒自ら振り返り「学習の記録」にまとめ，教員がコメントする。

【キャリア教育】自分自身の進路を「生き方」として捉える。必修科目や選択講座で生き方について多角的に問う授業を複数設定。

【海外研修】選択講座として，「Study Abroad」(カナダ旅行)や韓国での国際交流プログラムがある。現地の生徒や異文化と触れ合う。

【クラブ活動】猫部，人力飛行機部，カバディ部，ガラス細工部など多彩な部・サークルがある。自ら創部することも可能。写真部が活躍。

【行事】体育祭や学園祭などを生徒が企画運営する。夏の体験学習は酪農などの労働に参加。

【施設】学校に隣接した男子寮3棟，女子寮2棟がある。寮生は話し合いを大切にした，自治的な寮づくりに取り組んでいる。

習熟度別授業	土曜授業	文理選択	オンライン授業	制服	自習室	食堂	プール	グラウンド	アルバイト
—	○	—	—	—	—	—	—	○	○

登校時刻＝　9:10
下校時刻＝18:00

進路情報　2023年3月卒業生

進学率 **70.5%**

【卒業生数】217名

【進路傾向】進路は幅広い。国公立大学や難関私立大学，芸術・音楽系の大学にも合格が出ている。専修・各種学校へも美容，調理，福祉など様々な分野に合格実績がある。

【指定校推薦】立教大，法政大，日本大，大東文化大，武蔵大，東京都市大，立正大，東京経済大，桜美林大，関東学院大，日本薬科大，南山大，東京農大，実践女子大，文教大，東京工科大，拓殖大，駒沢女子大，城西大，目白大，帝京科学大，東京福祉大，多摩大，ものつくり大，高千穂大，相模女子大など推薦枠あり。

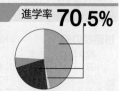

四年制大学	101名
短期大学	3名
専修・各種学校	49名
就職	12名
進学準備・他	52名

主な大学合格状況
'24年春速報は巻末資料参照

大学名	'23	'22	'21	大学名	'23	'22	'21	大学名	'23	'22	'21
◇筑波大	0	0	1	法政大	2	5	1	玉川大	3	1	0
◇東京藝術大	0	1	0	日本大	4	4	1	東京経済大	4	1	1
◇都留文科大	1	1	0	東洋大	3	0	4	桜美林大	4	7	7
早稲田大	1	0	0	大東文化大	2	1	3	関東学院大	3	0	1
慶應大	1	0	0	東海大	1	1	1	多摩美大	1	2	0
学習院大	1	1	0	帝京大	1	2	0	武蔵野美大	1	1	1
明治大	2	1	0	成蹊大	1	0	0	昭和音大	1	1	2
青山学院大	0	0	1	獨協大	1	4	0	和光大	7	6	4
立教大	1	1	0	立命館大	1	6	1	駿河台大	2	3	9
中央大	1	2	0	武蔵大	2	1	1	聖学院大	2	1	4

※各大学合格数は既卒生を含む。

入試要項 2024年春（実績）

新年度日程についてはp.116参照。

◆ **単願・併願推薦** A1・A2単願（校長推薦），B単願，C単願（授業入試），併願推薦（公立1校のみ）

募集人員▶A1・A2単願40名，B単願35名，C単願35名，併願推薦15名

選抜方法▶A1・A2単願・B単願・併願推薦：国数英より2科を当日選択（計80分・各100点），グループ面接（30分），調査書，志望理由書
C単願：理社と美体音より各1科授業参加（課題作成，感想・自己評価文作成），グループ面接（30分），調査書，志望理由書

◆ **一般**

募集人員▶15名

選抜方法▶国数英（計120分・各100点），グループ面接（30分），調査書，志望理由書

◆ **受験料** 20,000円

（**内申基準**）A1単願：9科30　A2単願・併願推薦：9科27

（**特待生・奨学金制度**）特記なし。

（**帰国生の受け入れ**）国内生と同枠入試。

入試日程

区分	出願	試験	発表	手続締切
A1・A2単願	1/5〜11	1/22	1/25	1/29
B・C単願	1/5〜11	1/23	1/25	1/29
併願推薦①	1/5〜11	1/22	1/25	1/29
併願推薦②	1/15〜26	2/3	2/3	2/8
一般①	1/5〜11	1/22	1/25	1/29
一般②	1/15〜26	2/3	2/3	2/8
一般③	2/8〜15	2/23	2/23	2/29

[延納] 公立併願者は公立発表後まで。

応募状況

年度	区分	応募数	受験数	合格数	実質倍率
'24	A1・A2単願	45	45	45	1.0
	B単願	27	27	20	1.4
	C単願	79	78	65	1.2
	併願推薦①	21	20	17	1.2
	併願推薦②	7	6	6	1.0
	一般①	10	10	4	2.5
	一般②	6	6	2	3.0
	一般③	3	3	1	3.0
'23	A1・A2単願	52	52	50	1.0
	B単願	30	28	24	1.2
	C単願	88	87	80	1.1
	併願推薦①	16	16	16	1.0
	併願推薦②	10	8	6	1.3
	一般①	19	19	11	1.7
	一般②	4	4	2	2.0
	一般③	6	3	3	1.0

['24年合格最低点] 非公表。

し 自由の森学園 埼玉 男女

学費（単位：円）

	入学金	施設費	授業料	その他経費	小計	初年度合計
入学手続時	270,000	212,000	147,200	13,040	642,240	983,040
1年終了迄	—	24,000	294,400	22,400	340,800	

※2024年度予定。[返還] 併願推薦と一般の入学辞退者には入学金を除き返還。
[授業料納入] 3回分割（入学手続時に1期分納入）。[その他] 教科書代，美術教材費，防災用品，寮生は入寮費100,000円，寮費年額1,090,400円あり。[寄付・学債] 任意の寄付金1口10万円，学園債1口50万円あり。

併願校の例

	埼公立	都立	私立
挑戦校	秩父	上水	聖望学園
	豊岡	保谷	山村国際
	入間向陽		自由学園
	坂戸西		東星学園
	川越総合		東海大菅生
最適校	川越西	東大和	秋草学園
	所沢中央	青梅総合	武蔵越生
	新座柳瀬	田無	埼玉平成
	飯能	福生	東野
	狭山清陵	東久留米総合	日本大桜華
堅実校	日高	大泉桜	秀明英光
	鶴ヶ島清風	東村山西	
	越生	拝島	

合格のめやす

合格の可能性 ■**60%** ●**80%** の偏差値を表示しています。

普通科　**40**　**44**

※合格のめやすの見方は114ページ参照。

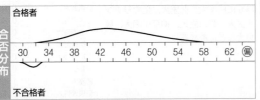

合否分布：合格者／不合格者
30　34　38　42　46　50　54　58　62　（偏）

（**見学ガイド**）体育祭／文化祭／公開研究会／音楽祭／説明会／オープンスクール／入試体験会／個別見学対応

小 中 高 専 短 大

川越市

秀明 高等学校

〒350-1175　埼玉県川越市笠幡4792　☎(049)232-3311

【建学の精神】「知・技・心」を校訓に掲げ，常に真理を追究し，友情を培い，広く社会に貢献する人間形成を目的とする。

【沿　革】1979年開校。1996年男子校より共学化。2016年より通学制生徒を募集。

【学校長】尾上　純一

【生徒数】男子130名，女子83名

	1年(3クラス)	2年(3クラス)	3年(3クラス)
男子	49名	49名	32名
女子	34名	26名	23名

JR―笠幡5分

特色

設置学科：普通科

【コース】　難関国公立大学進学，医学部進学，総合進学の3コース制。

【カリキュラム】　①難関国公立大学進学コースは特別カリキュラムを組む。難度の高い発展教材による特別授業などで実力を養う。②医学部進学コースは医学部入試で重視される小論文と面接の指導を志望大学別に実施。医療講演会で見聞を広める。③総合進学コースは1・2年次に基礎学力を定着させ，3年次は志望大学の過去問を徹底演習。④6名のイギリス人教員が在籍。昼食時や放課後などにも生きた英語に触れられる。⑤「心の学習」として善と悪の区別や感謝，いたわりの心などについて，先人の言葉や新聞記事を題材に教員と生徒が共に学ぶ。⑥給食は専属調理師が用意。栄養にも配慮する。

【海外研修】　1年次に全員参加のイギリス英語研修（3週間）を実施。寮生活とホームステイを両方体験する。放課後や週末には英語劇鑑賞やロンドンなどへの小旅行にも参加。

【施設】　2025年3月新校舎，2026年3月新食堂が完成予定。男女共に寮を設置。夕食後の夜間学習では大学受験講座などを開講する。

習熟度別授業	土曜授業	文理選択	オンライン授業	制服	自習室	給食	プール	グラウンド	アルバイト	登校時刻＝ 8:00
数英理	―	2年～	○	○	～21:00	○	○	○	―	下校時刻＝18:00

進路情報　2023年3月卒業生

四年制大学への進学率 **64.5%**

【卒業生数】　62名

【進路傾向】　大学進学者の内訳は文系30%，理系70%。国公立大学へ文系1名，理系1名が進学。医学部10名，歯学部13名，薬学部9名合格。

【系列進学】　秀明大学への内部推薦制度がある。

【指定校推薦】　利用状況は日本歯大1，埼玉医大3，獨協医大2など。ほかに日本大，北里大，聖マリアンナ医大，東京歯大，神奈川歯大，鶴見大など推薦枠あり。

■ 四年制大学	40名
□ 短期大学	1名
■ 専修・各種学校	1名
■ 就職	0名
□ 進学準備・他	20名

主な大学合格状況　　'24年春速報は巻末資料参照

大学名	'23	'22	'21	大学名	'23	'22	'21	大学名	'23	'22	'21
◇東京大	0	1	0	明治大	0	2	0	北里大	2	3	4
◇千葉大	0	0	1	青山学院大	0	1	0	聖マリアンナ医大	1	1	2
◇筑波大	1	2	0	立教大	0	1	0	国際医療福祉大	2	1	2
◇東京外大	0	2	0	法政大	0	1	0	東京薬科大	2	1	1
◇北海道大	0	1	0	日本大	11	26	22	日本薬科大	1	0	3
◇防衛医大	0	0	2	東海大	3	5	5	東京歯大	1	0	0
◇福島県立医大	1	0	0	帝京大	8	7	11	日本歯大	4	4	7
早稲田大	0	1	0	昭和大	2	4	5	神奈川歯大	1	2	1
慶應大	0	2	1	杏林大	1	1	2	近畿大	2	0	1
東京理科大	1	1	0	東京女子医大	2	1	4	埼玉医大	5	6	5

※各大学合格数は既卒生を含む。

入試要項 2024年春（実績）

新年度日程についてはp.116参照。

◆ 単願

募集人員▶40名　※併願，一般を含む全体の定員

選抜方法▶**難関国公立大学進学**：国数英（各50分・各100点・英にリスニングあり），個人面接（5分），調査書，当日または事前に保護者面談　**医学部進学**：国数英または数英理（各50分・各100点・英にリスニングあり），個人面接（5分），調査書，当日または事前に保護者面談　**総合進学**：国数英または国英または数英（各50分・各100点・英にリスニングあり），個人面接（5分），調査書，当日または事前に保護者面談

◆ 併願・一般

募集人員▶定員内

選抜方法▶**難関国公立大学進学・総合進学**：国数英（各50分・各100点・英にリスニングあり），個人面接（5分），調査書　**医学部進学**：国数英または数英理（各50分・各100点・英にリスニングあり），個人面接（5分），調査書

◆ 受験料　20,000円

内申基準 単願：[難関国公立大学進学] 5科24，[医学部進学] 5科22，[総合進学] 5科20　併願：[難関国公立大学進学] 5科25，[医学部進学] 5科23，[総合進学] 5科21　※いずれも9科に1不可

特待生・奨学金制度 単願で，難関国公立大学進学コースを対象に奨学生入試を実施。内申，入試成績などにより3段階の奨学生認定。

帰国生の受け入れ 国内生と同枠入試。

入試日程

区分	出願	試験	発表	手続締切
単願	12/9～1/19	1/22	1/25	2/1
併願	12/9～1/19	1/22or23	1/25	2/1
一般	1/25～2/8	2/10	2/13	2/20

[延納] 併願と一般は公立発表後まで。

応募状況

年度	区分		応募数	受験数	合格数	実質倍率
'24	難関国公立	単願	8	8	8	1.0
		併願	2	1	1	1.0
	医学部進学	単願	6	6	6	1.0
		併願	4	3	2	1.5
	総合進学	単願	9	9	9	1.0
		併願	4	4	2	2.0
	一般		2	2	2	1.0
'23	難関国公立	単願	6	6	6	1.0
		併願	2	2	2	1.0
	医学部進学	単願	9	9	9	1.0
		併願	8	8	8	1.0
	総合進学		10	10	9	1.1
		併願	1	1	1	1.0
	一般		5	4	3	1.3
'22	難関国公立	男子	5	5	4	1.3
		女子	4	4	3	1.3
	医学部進学	男子	11	11	7	1.6
		女子	7	7	6	1.2
	総合進学	男子	14	14	12	1.2
		女子	7	7	7	1.0

['24合格最低点] 非公表。

（し）秀明　埼玉　男女

学費（単位：円）

	入学金	施設設備費	授業料	その他経費	小計	初年度合計
入学手続時	250,000	100,000	—	—	350,000	1,025,000
1年終了迄	—	—	360,000	315,000	675,000	

※2024年度予定。[授業料納入] 一括または3回・毎月分割。[その他] 制服・制定品代，給食費，寮生は入寮費500,000円，寮費年間1,097,640円あり。[寄付・学債] 任意の寄付金あり。

併願校の例

※[総進]を中心に

	埼公立	都立	私立
挑戦校	市立大宮北 川越南 所沢 坂戸 市立川越	北園 小金井北 文京 小平	星野 城西川越 細田学園 浦和麗明 栄北
最適校	所沢西 朝霞 松山 大宮南 豊岡	豊島 東大和南 清瀬 上水	山村学園 埼玉栄 西武台 聖望学園 大東文化一
堅実校	川越総合 川越西 所沢中央 大宮武蔵野 新座柳瀬	保谷 東大和 高島 田無	山村国際 浦和学院 国際学院 武蔵越生 埼玉平成

合格のめやす

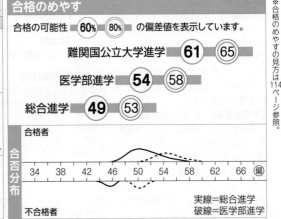

合格の可能性 **60%** **80%** の偏差値を表示しています。

難関国公立大学進学 **61** 65

医学部進学 **54** 58

総合進学 **49** 53

合格者

不合格者

合否分布

34　38　42　46　50　54　58　62　66　(偏)

実線＝総合進学
破線＝医学部進学

※合格のめやすの見方は114ページ参照。

見学ガイド 文化祭／説明会／個別相談会／個別見学対応

上尾市

秀明英光 高等学校

〒362-0058　埼玉県上尾市上野1012　☎(048)781-8821

【建学の精神】　「常に真理を追究し，友情を培い，広く社会に貢献する人間形成を目的とする」を掲げる。「知・技・心」を校訓に，調和のとれた人間形成をめざす。

【沿　革】　1981年創立。

【学校長】　近藤　昌之

【生徒数】　男子692名，女子257名

	1年(11クラス)	2年(9クラス)	3年(9クラス)
男子	286名	209名	197名
女子	120名	78名	59名

JR―上尾・指扇よりバスリハビリセンター入口1分（スクールバスあり）

特色

設置学科：普通科

【コース】　特別進学コース，国際英語コース，総合進学コースを設置。

【カリキュラム】　①特別進学コースは週38時間の特別カリキュラム。単元ごとの単元テストで理解度をチェックする。②国際英語コースは英語学習に重点をおき，国内外の進路目標に対応。③総合進学コースは到達度別授業でレベルに応じた指導を実施。④英国人教師と日本人教師のティームティーチングにより，英語力の向上を図る。⑤タブレット学習を全コースに導入。コンピュータの授業は少人数制で，外部の専門講師を招く。⑥希望進路別の夏期・冬期講習や放課後の補習特訓を実施。⑦「心の学習」の時間を設ける。先人の言葉や新聞記事などを題材に善悪の区別やいたわりの心などについて教員と生徒が一緒に学ぶ。⑧土曜日に，特別進学コースは演習授業を，希望者には土曜特別指導を行い，学習力の向上を図る。

【海外研修】　希望者を対象に3週間のイギリス英語研修を行う。カレッジステイを体験。

【クラブ活動】　水泳部，テニス部，ボクシング部が全国レベルで活躍。空手道部なども活発。

習熟度別授業	土曜授業	文理選択	オンライン授業	制服	自習室	給食	プール	グラウンド	アルバイト	登校時刻＝ 8:30
国数英	○	2年〜	○	○	○	―	○	○	審査	下校時刻＝19:00

進路情報　2023年3月卒業生

【卒業生数】　307名

【進路傾向】　大学進学はいずれも私立大学で，内訳は文系78%，理系19%，他3%。

【系列進学】　秀明大学へ23名（学校教師1，総合経営14，英語情報マネジメント5，観光ビジネス3）が内部推薦で進学した。

【指定校推薦】　利用状況は東洋大7，大東文化大5，亜細亜大4，帝京大1，東京電機大1，工学院大2，立正大3，実践女子大1，産業能率大1，城西大6，帝京科学大4，文京学院大3，ものつくり大3，城西国際大2，淑徳大2，中央学院大1，十文字学園女子大2など。

四年制大学への進学率 **57.0%**

■ 四年制大学	175名
■ 短期大学	10名
■ 専修・各種学校	97名
■ 就職	11名
□ 進学準備・他	14名

主な大学合格状況
'24年春速報は巻末資料参照

大学名	'23	'22	'21	大学名	'23	'22	'21	大学名	'23	'22	'21
◇筑波大	0	0	1	亜細亜大	5	6	6	淑徳大	3	4	2
◇茨城大	0	0	1	帝京大	1	1	1	秀明大	24	14	51
早稲田大	0	0	2	獨協大	1			日本医療科学大	2	3	6
上智大	0	0	1	立正大	3	3	6	浦和大	3	3	10
青山学院大	1	0	0	国士舘大	1			埼玉学園大	4	5	5
中央大	1	1	1	日本薬科大	4			埼玉工大	4	3	8
日本大	0	1	4	城西大	10	18	10	尚美学園大	6	4	10
東洋大	7	8	10	帝京科学大	4	7	10	駿河台大	9	10	7
専修大	3	1	3	文京学院大	7	2	4	聖学院大	12	9	8
大東文化大	7	7	12	ものつくり大	5	1	2	東京国際大	15	10	9

※各大学合格数は既卒生を含む。

入試要項 2024年春（実績）

新年度日程についてはp.116参照。

◆ **単願**

募集人員▶特別進学コース30名，国際英語コース30名，総合進学コース140名

選抜方法▶特別進学コース・総合進学コース：国数英より1科（50分・100点），個人面接（5分），調査書　国際英語コース：英（50分・100点），個人面接（5分），調査書

◆ **併願**

募集人員▶特別進学コース30名，国際英語コース30名，総合進学コース140名

選抜方法▶特別進学コース・総合進学コース：国数英より2科（各50分・各100点），調査書
国際英語コース：国英または数英（各50分・各100点），調査書

◆ **受験料**　20,000円

(内申基準)　単願：[特別進学] 9科27，[国際英語] 9科26，[総合進学] 9科23　併願：[特別進学] 9科29，[国際英語] 9科27，[総合進学] 9科24

(特待生・奨学金制度)　単願受験で入学した全生徒対象に奨学金を支給。また，単願は3段階の学業奨学生制度，併願は学業特別枠を設定。ほかに単願で運動部・文化部対象の技能特待生制度もある。

(帰国生の受け入れ)　国内生と同枠入試。

入試日程

区分	出願	試験	発表	手続締切
単願	12/16～1/16	1/22	1/24	2/10
併願	12/16～1/16	1/23or24	1/29	2/8

[延納] 併願は公立発表後まで。

応募状況

年度	区分		応募数	受験数	合格数	実質倍率
'24	特進	単願	20	20	19	1.1
		併願	78	76	69	1.1
	国際	単願	40	40	40	1.0
		併願	63	61	60	1.0
	総進	単願	256	254	253	1.0
		併願	1,612	1,607	1,601	1.0
'23	特進	単願	24	24	23	1.0
		併願	109	109	107	1.0
	国際	単願	19	19	17	1.1
		併願	65	64	64	1.0
	総進	単願	246	246	245	1.0
		併願	1,652	1,649	1,636	1.0
'22	特進	単願	7	7	7	1.0
		併願	79	77	75	1.0
	国際	単願	17	17	17	1.0
		併願	61	59	58	1.0
	総進	単願	221	221	221	1.0
		併願	1,776	1,766	1,751	1.0

[スライド制度] あり。上記に含まず。
['24年合格最低点] 非公表。

し　秀明英光　埼玉　男女

学費（単位：円）	入学金	施設設備費	授業料	その他経費	小計	初年度合計
入学手続時	250,000	—	—	—	250,000	1,132,096
1年終了迄	—	150,000	396,000	336,096	882,096	

※2024年度予定。[入学前納入] 1年終了迄の小計のうち392,032円。[返還] 入学辞退者には入学金を除き返還。
[授業料納入] 3回分割。[その他] 制服・制定品代あり。給食費は上記に含む。

併願校の例　※[総進]を中心に

	埼公立	私立
挑戦校	大宮南／桶川 鴻巣／鳩ヶ谷 浦和東／岩槻 志木／上尾鷹の台 大宮武蔵野	山村国際 国際学院 浦和実業 浦和学院 花咲徳栄
最適校	大宮東／川口東 新座柳瀬／上尾南 川口青陵／いずみ 鴻巣女子／ふじみ野 吉川美南／北本	埼玉平成 東野 瀧野川女子 安部学院
堅実校	桶川西／富士見 新座／川越初雁 蓮田松韻／三郷 上尾橘	

合格のめやす

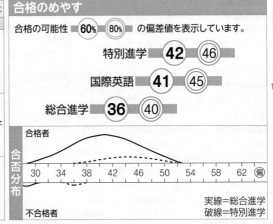

合格の可能性 **60%** **80%** の偏差値を表示しています。

特別進学　**42** **46**

国際英語　**41** **45**

総合進学　**36** **40**

合否分布

合格者　30　34　38　42　46　50　54　58　62　(偏)

不合格者

実線＝総合進学
破線＝特別進学

※合格のめやすの見方は114ページ参照。

(見学ガイド)　文化祭／説明会／個別相談会

小 中 高 専 短 大

深谷市

正智深谷 高等学校

〒366-0801　埼玉県深谷市上野台369　☎(048)571-6032(入試広報室)

【建学の精神】　浄土宗の宗祖法然上人の教えに基づく校訓として，正しいものを選び取ること「選択（せんちゃく）」と，ひたすらに打ち込むこと「専修（せんじゅ）」を掲げる。

【沿　革】　1955年深谷高等家政女学校として創立。1975年より共学化。2003年現校名に改称。

【学校長】　亀山　典幸

【生徒数】　男子650名，女子486名

	1年(10クラス)	2年(12クラス)	3年(12クラス)
男子	195名	221名	234名
女子	158名	154名	174名

JR―深谷4分　JR―寄居，東武東上線―森林公園などよりスクールバス

特色

設置学科：普通科

【コース】　特別進学系（特進S・特進H）と総合進学系（選抜I・進学P）2系統4コース制。

【カリキュラム】　①特別進学系は難関国公立・難関私立大学への現役合格をめざす。長期休みには進学講習や選択制講習を実施。2・3年次には選択制の0時限目・8時限目講習を設け，大学入試への実践力を強化。英数対策や進路面談など受験をサポートする環境が整う。②総合進学系は一人ひとりの進路希望の実現を図る。3年次には文系，理系のほか医療系コースを選択できる。推薦入試合格に向けた指導プログラ

ムが充実。③ICT機器を活用した教科指導・進路指導を展開。④医療系進学希望者には2年次後期から医療系進学プログラムを用意。医療系大学の見学会や高大連携授業を実施するなど，医療系大学・専門学校の現役合格を実現する。

【クラブ活動】　男子バレーボール部，男子バスケットボール部，女子卓球部，サッカー部，将棋部が全国大会出場の実績。文芸部も活躍。

【施設】　集中して学習に取り組める自習室，メニューが豊富な食堂，約100種類の品揃えのベーカリー，冷暖房完備の体育館がある。

習熟度別授業	土曜授業	文理選択	オンライン授業	制服	自習室	食堂	プール	グラウンド	アルバイト	登校時刻＝ 8:40
―	隔週	2年～	○	○	～19:30	○	―	徒歩10分	審査	下校時刻＝19:30

進路情報　2023年3月卒業生

四年制大学への進学率 **78.3%**

【卒業生数】　387名

【進路傾向】　大学進学者の内訳は文系61％，理系37％，他2％。国公立大学へ文系3名，理系6名が進学した。医学部2名，薬学部2名の合格が出ている。

【系列進学】　埼玉工業大学へ8名（工5，人間社会3）が内部推薦で進学した。

【指定校推薦】　利用状況は法政大5，國學院大3，成蹊大4，成城大1，明治学院大1，獨協大4，武蔵大1など。ほかに日本大，東洋大，駒澤大，大東文化大，亜細亜大，帝京大，神奈川大，芝浦工大，東京電機大など推薦枠あり。

■ 四年制大学	303名
■ 短期大学	4名
■ 専修・各種学校	65名
■ 就職	8名
■ 進学準備・他	7名

主な大学合格状況

'24年春速報は巻末資料参照

大学名	'23	'22	'21	大学名	'23	'22	'21	大学名	'23	'22	'21
◇横浜国大	1	0	0	学習院大	3	0	1	亜細亜大	10	3	6
◇埼玉大	2	5	1	明治大	1	1	4	帝京大	4	7	12
◇群馬大	3	1	7	青山学院大	5	1	1	國學院大	4	4	6
◇信州大	1	0	1	立教大	2	0	0	成蹊大	6	2	2
◇防衛大	1	0	0	中央大	1	3	5	獨協大	13	15	8
◇埼玉県立大	2	2	1	法政大	6	12	9	芝浦工大	2	4	4
◇前橋工科大	1	1	4	日本大	8	8	16	東京電機大	9	8	11
早稲田大	0	0	1	東洋大	32	31	35	立正大	13	9	20
慶應大	1	2	0	駒澤大	3	5	9	国士舘大	5	8	12
東京理科大	0	0	1	大東文化大	41	22	31	埼玉工大	29	11	28

※各大学合格数は既卒生を含む。

入試要項 2024年春（実績）

新年度日程についてはp.116参照。

◆ 単願　自己推薦

募集人員▶特進Ｓコース30名，特進Ｈコース90名，選抜Ⅰコース120名，進学Ｐコース120名　※併願を含む全体の定員

選抜方法▶国数英（各50分・各100点・マークシート），グループ面接，調査書

◆ 併願　公私とも併願可

募集人員▶定員内

選抜方法▶国数英（各50分・各100点・マークシート），調査書

◆ 受験料　22,000円

内申基準 単願：[特進Ｓ] ５科22，[特進Ｈ] ５科19，[選抜Ⅰ] ９科30，[進学Ｐ] ９科27　併願：[特進Ｓ] ５科23，[特進Ｈ] ５科20，[選抜Ⅰ] ９科32，[進学Ｐ] ９科29　※いずれも９科に１不可，特進Ｓコースは５科に２も不可　※条件により内申加点あり

特待生・奨学金制度 単願，併願①②で特進Ｓ・Ｈコース対象に成績優秀者に対する３段階の特待認定制度あり。ほか，単願で文化・スポーツ特待を認定。

帰国生の受け入れ 国内生と同枠入試。

入試日程

区分	出願	試験	発表	手続締切
単願	12/12～1/13	1/22	1/23	2/4
併願①	12/12～1/13	1/22	1/23	公立発表翌日
併願②	12/12～1/13	1/23	1/24	公立発表翌日
併願③	2/1～8	2/10	2/13	公立発表翌日

応募状況

年度	区分		応募数	受験数	合格数	実質倍率
'24	単願	S	17	17	15	1.1
		H	23	23	23	1.0
		Ⅰ	92	91	87	1.1
		P	134	133	131	1.0
	併願①	S	57	57	54	1.1
		H	166	165	154	1.1
		Ⅰ	406	404	390	1.0
		P	200	198	193	1.0
	併願②	S	7	7	6	1.2
		H	22	22	21	1.0
		Ⅰ	28	28	28	1.0
		P	15	15	13	1.2
	併願③	S	0	0	0	—
		H	2	2	2	1.0
		Ⅰ	2	2	2	1.0
		P	4	4	3	1.3

[スライド制度] あり。上記に含まず。
['24年合格最低点] 非公表。

（縦書き）し　正智深谷　埼玉　男女

学費（単位：円）

	入学金	施設設備費	授業料	その他経費	小計	初年度合計
入学手続時	200,000	30,000	—	—	230,000	783,200
１年終了迄	—	—	336,000	217,200	553,200	

※2024年度予定。[返還] 3/29までの入学辞退者には入学金を除き返還。[授業料納入] 毎月分割。
[その他] 制服・制定品代あり。

併願校の例　※[Ⅰ]を中心に

	埼公立	私立
挑戦校	熊谷女子／熊谷　熊谷西／市立大宮北　上尾／伊奈総合（普）　本庄／松山	本庄東　栄北　東京農大三
最適校	大宮光陵／松山女子　深谷一／大宮南　久喜／羽生一　鴻巣／桶川　深谷商業	埼玉栄　大妻嵐山　山村国際　国際学院
堅実校	上尾鷹の台／小川　深谷／進修館　大宮東／上尾南	本庄一　花咲徳栄　東京成徳深谷

合格のめやす

合格の可能性 **60%** **80%** の偏差値を表示しています。

S ■ **58** （62）

H ■ **53** （57）

Ⅰ （47）（51）

P ■ **42** （46）

※合格のめやすの見方は114ページ参照。

見学ガイド 文化祭／学校見学会／クラブ見学会／個別相談会／説明会／オープンスクール

北葛飾郡杉戸町

昌平 高等学校

〒345-0044　埼玉県北葛飾郡杉戸町下野851　☎(0480)34-3381

【教育目標】　生徒一人ひとりの進路希望を実現すると共に，他者を思いやる優しさ，困難に立ち向かう逞しさ，自ら知を求める積極性をあわせ持ち，広く社会に貢献・奉仕しようとする人材の育成を図る。

【沿　革】　1979年創立。2007年より現校名に改称。2010年中学校を開校。

【学校長】　城川　雅士

【生徒数】　男子920名，女子648名

	1年(14クラス)	2年(15クラス)	3年(15クラス)
男子	301名	307名	312名
女子	210名	233名	205名

東武日光線―杉戸高野台15分または直通バス
JR・東武伊勢崎線―久喜より直通バス

特色

設置学科：普通科

【コース】　特別進学コース（T特選，特選，特進アスリートの3クラス）と選抜進学コース（選抜アスリート，選抜の2クラス），IB（国際バカロレア）コース（IB [DP] の1クラス）を設置する。内部進学生とは3年間別クラス編成。

【カリキュラム】　①特別進学コースは国公立大学入試に向け，平日講習や学習合宿などで徹底指導。リベラルアーツ教育にも取り組む。②選抜進学コースは難関・中堅私立大学合格を目標とする。③特進アスリート・選抜アスリートクラスは指定9部に所属しながら大学合格をめざ

す。④IBコースは2年次よりDP（ディプロマ・プログラム）カリキュラムを開始。世界基準の教育で語学力，論理的思考力，多様性を尊重する心を養い，世界のリーダーに必要な要素を身につける。⑤英語検定の全員受験，校内スピーチコンテストを実施し，英語力を強化。

【海外研修】　2年次にカナダへの修学旅行を実施。また，希望者を対象に夏期休暇中，2週間のオーストラリア語学研修もある。

【クラブ活動】　サッカー部，陸上競技部，ラグビー部，テニス部などが全国レベル。

習熟度別授業	土曜授業	文理選択	オンライン授業	制服	自習室	食堂	プール	グラウンド	アルバイト	登校時刻＝ 8:40
数英	隔週	2年～	○	○	～20:30	○	―	○	○ 審査	下校時刻＝20:30

進路情報　2023年3月卒業生

四年制大学への進学率 **88.5%**

【卒業生数】　486名

【進路傾向】　国公立大学へ52名，海外大学へ1名が進学した。大学合格状況は国公立61名，早慶上理72名，GMARCH144名など。

【指定校推薦】　早稲田大，上智大，東京理科大，学習院大，青山学院大，立教大，中央大，法政大，日本大，東洋大，駒澤大，専修大，大東文化大，亜細亜大，帝京大，國學院大，成蹊大，成城大，獨協大，芝浦工大，東京電機大，津田塾大，日本女子大など推薦枠あり。

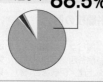

■ 四年制大学	430名
■ 短期大学	2名
■ 専修・各種学校	12名
■ 就職	5名
□ 進学準備・他	37名

主な大学合格状況

'24年春速報は巻末資料参照

大学名	'23	'22	'21	大学名	'23	'22	'21	大学名	'23	'22	'21
◇東京大	0	2	2	◇高崎経済大	2	4	7	中央大	36	42	48
◇東工大	2	2	1	◇埼玉県立大	1	9	3	法政大	41	63	20
◇一橋大	1	1	0	早稲田大	19	22	26	日本大	43	66	63
◇千葉大	4	3	7	慶應大	7	4	6	東洋大	77	120	73
◇筑波大	10	9	4	上智大	7	7	6	駒澤大	23	31	15
◇埼玉大	7	5	14	東京理科大	48	47	46	専修大	24	21	36
◇東北大	1	4	1	学習院大	19	25	20	國學院大	19	12	12
◇防衛医大	3	3	0	明治大	28	57	25	成蹊大	14	19	5
◇東京学芸大	1	5	5	青山学院大	19	6	15	成城大	16	14	15
◇群馬大	5	6	3	立教大	27	45	35	獨協大	33	47	54

※各大学合格数は既卒生を含む。

入試要項 2024年春（実績）

新年度日程についてはp.116参照。

◆推薦　単願，併願（公私とも可）　※いずれも自己推薦，中学校推薦

募集人員▶特別進学コース（T特選70名，特選80名，特進アスリート40名），選抜進学コース（選抜アスリート145名，選抜40名），IBコース15名　※内部進学生約100名と一般を含む全体の定員

選抜方法▶特別進学コース：国数英理社（マークシート・英にリスニングあり），調査書，ほかに単願はグループ面接　**選抜進学コース**：国数英（マークシート・英にリスニングあり），調査書，ほかに単願はグループ面接　**IBコース**：国数英（マークシート・英にリスニングあり），作文，個人面接，調査書

◆一般　単願，併願

募集人員▶定員内

選抜方法▶特別進学・選抜進学コース：国数英，調査書，ほかに単願はグループ面接　**IBコース**：国数英，作文，個人面接，調査書　※推薦，一般とも，いずれのコースも国数英各50分・各100点（推薦の特別進学コースの理社は各40分・各100点），面接は10〜15分，IBコースの作文は40分・800字・100点

◆受験料　25,000円

内申基準　中学校推薦（単願）：[特選] 5科22または9科41，[特進アスリート] 5科23または9科42，[選抜アスリート][選抜] 5科21または9科39　**中学校推薦（併願）**：[特選] 5科23または9科42，[特進アスリート] 5科24または9科43，[選抜アスリート][選抜] 5科22または9科40　※いずれも9科に1不可

特待生・奨学金制度　英語検定資格，入試成績による3段階のスカラシップ制度あり。

帰国生の受け入れ　国内生と別枠入試。

入試日程

区分		出願	試験	発表	手続締切
推薦	単願	12/21〜1/11	1/22	1/23	1/26
	併願	12/21〜1/11	1/22or23	1/23or24	1/26
一般		1/25〜26	1/31	2/1	2/3

[延納] 公立併願者は10,000円納入により残額は公立発表後まで。

応募状況

年度	区分		応募数	受験数	合格数	実質倍率
'24	特別進学	推単	104	103	92	1.1
		推併	541	539	500	1.1
		一般	9	9	4	2.3
	選抜進学	推単	155	155	148	1.0
		推併	119	119	109	1.1
		一般	3	3	3	1.0
	IB	推単	7	7	6	1.2
		推併	11	9	8	1.1
		一般	2	2	2	1.0

[スライド制度] あり。上記に含まず。
['24年合格最低点] 推薦（単願）：特別進学350/500，選抜進学198/300，IB211/400　推薦（併願）：特別進学370/500，選抜進学200/300，IB233/400

学費（単位：円）	入学金	施設設備費	授業料	その他経費	小計	初年度合計
入学手続時	230,000	—	—	—	230,000	1,015,000
1年終了迄	—	70,000	396,000	319,000	785,000	

※2024年度予定。[入学前納入] 1年終了迄の小計のうち208,160円。[授業料納入] 毎月分割。
[その他] 制服・制定品代，模試代その他諸費用（2023年度実績：53,839〜73,639円），T特選・特選クラスは校外学習合宿費53,000円，IBコースはIBコース費396,000円あり。[寄付・学債] 任意の寄付金1口2万円あり。

併願校の例
※[特選]を中心に

	埼公立	千公立	私立
挑戦校	浦和 大宮 市立浦和 浦和一女	東葛飾	栄東 開智 淑徳与野 芝浦工大柏
最適校	春日部 越谷北 不動岡 浦和西 越ヶ谷	小金 柏 柏南	大宮開成 春日部共栄 獨協埼玉 開智未来
堅実校	伊奈総合(普) 春日部女子 春日部東 草加	柏の葉 柏中央	武南 花咲徳栄(特選) 栄北 流経大柏

合格のめやす

合格の可能性 **60%** **80%** の偏差値を表示しています。

T特選　**64**　（68）

特選　**58**　（62）

選抜　**54**　（58）

IB　**60**　（64）

特進アスリートと選抜アスリートは偏差値を設定していません。

※合格のめやすの見方は114ページ参照。

見学ガイド　体育祭／文化祭／説明会／個別相談会

狭山市

BUNRiS 西武学園文理 高等学校

〒350-1336　埼玉県狭山市柏原新田311-1　☎(04)2954-4080

小中高専**短**大

【教育方針】　世界を見つめ，人を想い，未来を創る。グローバル力を「異なる価値観や文化をもった人々と協働しながら，新しい価値を創造する力」と定義。不確実な未来社会をたくましくしなやかに生き抜く人材を育成する。

【沿　革】　1981年創立。

【学校長】　マルケス　ペドロ

【生徒数】　男子535名，女子336名

	1年(10クラス)	2年(9クラス)	3年(8クラス)
男子	198名	179名	158名
女子	134名	111名	91名

西武線―新狭山・稲荷山公園，JR―川越・東飯能，東武東上線―鶴ヶ島よりスクールバス

特色

設置学科：普通科／理数科

【コース】　普通科はグローバル選抜，グローバル特進，グローバル，グローバル総合，スペシャルアビリティの5クラス制。理数科には先端サイエンスクラスを設置している。

【カリキュラム】　①グローバル選抜クラスは最難関国公立大学への現役合格をめざす生徒に効率的な指導を行う。②グローバル特進クラスは選抜クラスと同内容のカリキュラムで学び，難関国公立・最難関私立大学をめざす。③グローバルクラスは全科目を幅広く学び，文系・理系をじっくり選ぶ。④グローバル総合クラスは課題解決型学習や探究学習を通し，現代社会に不可欠な非認知能力を育む。⑤先端サイエンスクラスは自律した理系人として世界を創れる人材を育成。教科の学び，探究の学び，学内外で行う研修プログラムを連動させた独自カリキュラムを展開。⑥課外ゼミで基礎力・応用力を養成。

【海外研修】　2年次に普通科はオーストラリアまたはマレーシア・シンガポール（いずれかを選択），理数科は米国での研修旅行を実施。

【クラブ活動】　陸上競技部やライフル射撃部，ダンス部が全国レベルで活躍している。

習熟度別授業	土曜授業	文理選択	オンライン授業	制服	自習室	食堂	プール	グラウンド	アルバイト	登校時刻＝ 8:40
数英	○	3年～	○	標準服	～22:00	○		○	審査	下校時刻＝18:50

進路情報　2023年3月卒業生

四年制大学への進学率 **78.5%**

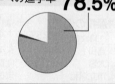

【卒業生数】　303名

【進路傾向】　大学進学者の6割弱が文系進学だった。国公立大学へ文系8名・理系11名・他1名，海外大学へ1名が進学。医学部医学科8名，歯学部15名，薬学部24名が合格。

【系列進学】　西武文理大学へ1名（看護）が内部推薦で進学した。

【指定校推薦】　利用状況は早稲田大3，学習院大4，明治大2，青山学院大3，立教大3，中央大3，法政大2，日本大1，東洋大1，駒澤大1，専修大1，成蹊大2，成城大2，明治学院大5，津田塾大1，東京女子大3，同志社大1，北里大1，明治薬科大1など。

四年制大学	238名
短期大学	0名
専修・各種学校	4名
就職	1名
進学準備・他	60名

主な大学合格状況

'24年春速報は巻末資料参照

大学名	'23	'22	'21	大学名	'23	'22	'21	大学名	'23	'22	'21
◇東京大	1	1	2	◇東北大	1	1	1	立教大	26	34	18
◇京都大	0	0	1	◇東京学芸大	3	1	0	中央大	22	21	34
◇東工大	0	0	0	◇防衛大	3	4	2	法政大	36	21	24
◇一橋大	0	1	0	早稲田大	15	11	8	日本大	56	43	64
◇千葉大	0	2	1	慶應大	3	8	9	東洋大	46	54	62
◇筑波大	1	0	1	上智大	15	13	10	駒澤大	6	6	11
◇東京外大	1	1	0	東京理科大	17	9	18	専修大	12	13	9
◇横浜国大	0	2	1	学習院	15	13	10	帝京大	22	16	15
◇埼玉大	0	4	0	明治	25	16	28	成蹊大	15	16	8
◇北海道大	0	2	3	青山学院大	14	15	18	芝浦工大	10	24	16

※各大学合格数は既卒生を含む。

入試要項 2024年春（実績）

新年度日程についてはp.116参照。

◆第1回・第2回・第3回 単願（優遇あり），併願（公私とも可） ※スペシャルアビリティクラスは単願のみ。野球，バスケットボール，サッカー，陸上競技に所属する男子対象
◆募集人員 普通科300名，理数科80名 ※内部進学生，帰国生を含む
選抜方法▶グローバル選抜・グローバル特進・グローバル・グローバル総合：国数英（各50分・各100点・英にリスニングあり），調査書 先端サイエンス：[第1回・第2回] 国数英（各50分・各100点・英にリスニングあり），調査書，[第3回] 数英理（各50分・各100点・英にリスニングあり），調査書 スペシャルアビリティ：国数英（各50分・各100点・英にリスニングあり），個人面接（15分），作文（出願時提出・400字），調査書
◆受験料 25,000円

（内申基準） 特記なし。
（特待生・奨学金制度） 全クラス対象で入試成績による3段階の特待生認定あり。
（帰国生の受け入れ） 国内生と同枠入試。

入試日程

区分	出願	試験	発表	手続締切
第1回	12/15～1/17	1/22	1/27	1/31
第2回	12/15～1/17	1/23	1/27	1/31
第3回	12/15～1/17	1/24	1/27	1/31

[延納]併願は20,000円納入により併願校発表後まで。

応募状況

年度	区分		応募数	受験数	合格数	応募倍率
'24	G選	単願	男104	103	103	1.0
			女 74	73	72	1.0
	G特	単願	男247	238	238	1.0
		併願	女265	248	248	1.0
	G	単願	男259	248	245	1.0
		併願	女229	219	218	1.0
	G総	単願	男 80	80	80	1.0
		併願	女 63	62	62	1.0
	スペ	単願	男 64	61	61	1.0
	先端	単願	男 46	45	44	1.0
		併願	女 29	27	27	1.0
'23	G選	単願	男170	—	149	1.1
		併願	女101	—	83	1.2
	G	単願	男313	—	292	1.1
		併願	女256	—	246	1.1
	スペ	単願	男 25	—	25	1.0
	先端	単願	男120	—	118	1.1
		併願	女 41	—	39	1.1

['24年合格最低点] 非公表。

せ 西武学園文理 埼玉 男女

学費（単位：円）

	入学金	施設設備費	授業料	その他経費	小計	初年度合計
入学手続時	250,000	—	—	—	250,000	1,444,000
1年終了迄	—	150,000	420,000	624,000	1,194,000	

※2024年度予定。[授業料納入] 4回分割。[その他] 制服・制定品代，教科書代（2022年度実績：11,257円）あり。[寄付・学債] 任意の寄付金1口5万円あり。

併願校の例 ※[G]を中心に

	埼公立	都立	私立
挑戦校	市立浦和	西	立教新座
	川越	国立	川越東
	川越女子	戸山	中大附属
	所沢北	立川	中大杉並
	浦和西	八王子東	桐朋
最適校	和光国際	国分寺	星野
	川越南	武蔵野北	城北埼玉
	市立浦和南	小金井北	狭山ヶ丘
	所沢	昭和	細田学園
	坂戸	多摩科学技術	錦城
堅実校	市立川越	井草	山村学園
	所沢西	石神井	東京農大三
	松山	東大和南	埼玉栄
	朝霞	豊島	大妻嵐山
	南稜	清瀬	西武台

合格のめやす

合格の可能性 60% 80% の偏差値を表示しています。

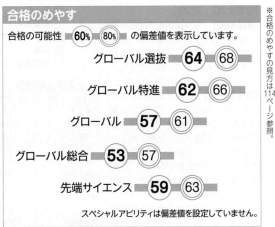

グローバル選抜 ● 64 68 ●
グローバル特進 ● 62 66 ●
グローバル ● 57 61 ●
グローバル総合 ● 53 57 ●
先端サイエンス ● 59 63 ●

スペシャルアビリティは偏差値を設定していません。

※合格のめやすの見方は114ページ参照。

（見学ガイド） 体育祭／文化祭／説明会／クラブ見学・体験会／個別相談会

小 中 高 専 短 大

新座市

西武台 高等学校

〒352-8508　埼玉県新座市中野2-9-1　☎(048)481-1701

【校 訓】「若き日に，豊かに知性を磨き，美しく心情を養い，たくましく身体を鍛えよ」を掲げる。

【沿 革】 1981年創立。2012年に併設の西武台新座中学校が開校。

【学校長】 深澤 一博

【生徒数】 男子825名，女子673名

	1年(15クラス)	2年(16クラス)	3年(16クラス)
男子	260名	266名	299名
女子	212名	248名	213名

JR─新座，東武東上線─柳瀬川，西武線─所沢よりスクールバス

特色

設置学科：普通科

【コース】 特進S，STEAM，選抜Ⅰ，選抜Ⅱ，進学の5コースを設置している。

【カリキュラム】 ①特進Sコースは週3回の7時間授業を導入。多様な入試科目に対応したカリキュラムやコース独自のプログラムを設定し，国公立・難関私立大学合格をめざす。②STEAMコースは科学，技術，工学，芸術・教養，数学の5分野を横断した探究的な学びを行い，生きる力を育む。③選抜Ⅰ・選抜Ⅱコースは学習と部活動の両立が可能。私立大学現役合格をめざす。④進学コースは多様な進路に対応する。原則としてカリキュラムは文系。⑤各種講座や勉強合宿，基礎から発展までレベル別に対応する夏期講習などの学習指導を実施。

【海外研修】 夏休みに希望者対象のオーストラリア異文化体験ステイを実施。

【クラブ活動】 サッカー部，バトン部，吹奏楽部などが全国レベル。柔道部や野球部も活躍。

【施設】 スタジオ型教室やサイエンスラボ，トレーニング施設などがある。仲間での教え合いやコーチに質問できる学習室と個別学習ブースを設置したスタディポッドなどもある。

習熟度別授業	土曜授業	文理選択	オンライン授業	制服	自習室	食堂	プール	グラウンド	アルバイト
―	月1回	2年〜	○	○	〜20:00	○	―	○	審査

登校時刻＝ 8:30
下校時刻＝18:00

進路情報 2023年3月卒業生

四年制大学への進学率 **77.3%**

【卒業生数】 375名

【進路傾向】 大学進学者の内訳は文系72%，理系24%，他4%。国公立大学へ文系2名，理系1名が進学。主な大学合格状況は，国公立3名，早慶上理7名，GMARCH 36名など。

【指定校推薦】 利用状況は立教大1，日本大5，東洋大3，駒澤大3，専修大1，大東文化大4，亜細亜大5，帝京大2，獨協大5，芝浦工大1，日本女子大1，武蔵大3，東京都市大1など。ほかに東京理科大，東海大，国士舘大，白百合女子大，明治薬科大，清泉女子大，フェリス女学院大，東洋英和女学院大など推薦枠あり。

四年制大学	290名
短期大学	5名
専修・各種学校	52名
就職	7名
進学準備・他	21名

主な大学合格状況

'24春速報は巻末資料参照

大学名	'23	'22	'21	大学名	'23	'22	'21	大学名	'23	'22	'21
◇東工大	0	0	1	学習院大	2	2	3	大東文化大	43	23	28
◇筑波大	1	0	0	明治大	8	3	7	亜細亜大	15	9	12
◇東京外大	1	0	1	青山学院大	4	1	4	帝京大	35	31	38
◇東京学芸大	0	2	0	立教大	5	2	5	獨協大	11	8	7
◇防衛大	0	1	1	中央大	8	2	7	芝浦工大	5	4	2
◇東京海洋大	1	0	0	法政大	18	1	9	東京電機大	5	7	8
早稲田大	2	0	6	日本大	28	16	20	立正大	7	12	12
慶應大	0	0	2	東洋大	35	18	25	国士舘大	9	7	3
上智大	2	0	0	駒澤大	14	8	14	東京経済大	13	12	12
東京理科大	4	2	4	専修大	12	2	2	城西大	13	24	18

※各大学合格数は既卒生を含む。

入試要項 2024年春（実績）

新年度日程についてはp.116参照。

◆ 単願　推薦

募集人員▶特進Sコース約80名，STEAMコース約30名，選抜Ⅰコース約120名，選抜Ⅱコース約210名，進学コース約40名　※併願，一般を含む全体の定員

選抜方法▶国数英（各50分・各100点・マークシート），調査書

◆ 併願・一般　公私とも併願可　※STEAMコースは募集なし

募集人員▶定員内

選抜方法▶国数英（各50分・各100点・マークシート），調査書

※すべての入試で英語検定準2級取得者は事前の個別相談と必要書類の提出により，英語試験免除

◆ 受験料　25,000円

内申基準 単願：[特進S]5科22，[STEAM]2科（数・理）計8かつ9科に2不可，[選抜Ⅰ]5科20，[選抜Ⅱ]5科17，[進学]5科15　併願：[特進S]5科23，[選抜Ⅰ]5科20，[選抜Ⅱ]5科18，[進学]5科16　※いずれも9科に1不可。併願は5科に2も不可　※条件により内申加点あり

特待生・奨学金制度 特進Sコース・STEAMコース・選抜Ⅰコースは学業成績により3段階の特待生認定。ほか単願で部活動による特待生制度あり。

帰国生の受け入れ 国内生と同枠入試。

入試日程

区分	出願	試験	発表	手続締切
単願	12/1～1/15	1/22	1/23	2/2
併願Ⅰ	12/1～1/15	1/23	1/25	3/4
併願Ⅱ	12/1～1/15	1/24	1/25	3/4
一般	1/15～29	2/3	2/5	3/4

応募状況

年度		区分	応募数	受験数	合格数	実質倍率
'24	特進S	単願	2	2	2	1.0
		併願	46	44	44	1.0
		一般	0	0	0	—
	STEAM	単願	18	18	18	1.0
	選抜Ⅰ	単願	12	12	12	1.0
		併願	220	213	211	1.0
		一般	1	0	0	—
	選抜Ⅱ	単願	125	124	124	1.0
		併願	649	632	631	1.0
		一般	23	20	18	1.1
	進学	単願	86	85	84	1.0
		併願	581	569	550	1.0
		一般	56	55	16	3.4
'23	特進S	単願	7	7	7	1.0
		併願	32	30	30	1.0
		一般	1	1	1	1.0
	STEAM	単願	18	18	18	1.0
	選抜Ⅰ	単願	15	15	15	1.0
		併願	212	209	209	1.0
		一般	2	2	2	1.0
	選抜Ⅱ	単願	153	153	153	1.0
		併願	709	697	696	1.0
		一般	18	18	10	1.8
	進学	単願	94	93	90	1.0
		併願	539	531	528	1.0
		一般	36	34	7	4.9

［スライド制度］あり。上記に含まず。
［'24合格最低点］非公表。

（縦）せ 西武台 埼玉 男女

学費（単位：円）

	入学金	施設費	授業料	その他経費	小計	初年度合計
入学手続時	250,000	80,000	—	—	330,000	1,161,040
1年終了迄	—	114,000	276,000	441,040	831,040	

※2024年度予定。[入学前納入] 1年終了迄の小計のうち100,000円。[返還] 3/15までの入学辞退者には入学金を除き返還。[授業料納入] 4回分割。[その他] 制服・制定品代，新入生研修会費あり。

併願校の例　※[選Ⅱ]を中心に

	埼公立	都立	私立
挑戦校	和光国際	武蔵野北	星野
	川越南	小金井北	西武文理
	所沢	豊多摩	狭山ヶ丘
	市立川越	石神井	城西川越
	浦和北	東大和南	浦和麗明
最適校	所沢西	清瀬	山村学園
	朝霞	上水	埼玉栄
	南稜	武蔵丘	聖望学園
	朝霞西	保谷	山村国際
	入間向陽		大東文化一
堅実校	川越総合	東大和	浦和実業
	浦和東	田無	浦和学院
	所沢中央	東久留米総合	秋草学園
	志木	久留米西	豊南
	新座柳瀬		

合格のめやす

合格の可能性 ■**60%**■ ◯**80%**◯ の偏差値を表示しています。

	60%	80%
特進S	57	61
STEAM	52	56
選抜Ⅰ	52	56
選抜Ⅱ	48	52
進学	45	49

※合格のめやすの見方は114ページ参照。

見学ガイド 文化祭／説明会／オープンスクール／入試相談会／個別見学対応

聖望学園 高等学校

〒357-0006　埼玉県飯能市中山292　☎(042)973-1500

飯能市

【教育方針】　キリスト教主義教育を通して神を敬い人を愛し，正義を重んじ信仰にたつ人間の形成をめざす。

【沿　革】　1918年設立の須多館蚕業学校を前身に，1951年米国ミズーリ派ルーテル教会の協力により開校した。2023年通信制課程を開校。

【学校長】　関　純彦

【生徒数】　男子505名，女子338名

	1年(10クラス)	2年(10クラス)	3年(10クラス)
男子	184名	168名	153名
女子	108名	108名	122名

JR―東飯能13分　西武池袋線―飯能15分
東武東上線―鶴ヶ島などよりスクールバス

特色

設置学科：普通科

【コース】　特進コースと進学コースを設置し，それぞれ選抜クラスを編成。2年次より特別選抜S，特進E，進学Iの3コースに分かれ，それぞれに文系クラスと理系クラスを，加えて進学Iコースはスポーツクラスを設置する。

【カリキュラム】　①通常授業を週34単位設定。土曜日は隔週授業。②放課後ゼミを実施。受験指導はもちろん，興味のある教科をより深く学ぶための講座も数多く設置する。③自習室にはチューターが常駐。④英語は4技能を意識。夏期講習や放課後ゼミなどを通して，英語検定合格をめざす。⑤1人1台のタブレット端末を授業で活用。⑥礼拝と聖書の授業がある。イースター礼拝やアドヴェントなど宗教行事も行う。

【海外研修】　希望制で夏休みに2週間のサマースクール（隔年でオーストラリアとカナダ）に参加できる。ほか，ニュージーランドへの短期留学・ターム留学プログラムがある。

【クラブ活動】　陸上部，野球部，山岳部，将棋部，美術部，写真部が全国レベルで活躍。サッカー部，体操部，ダンス部，放送部なども活発。

【施設】　校外にもグラウンドが2カ所ある。

習熟度別授業	土曜授業	文理選択	オンライン授業	制服	自習室	食堂	プール	グラウンド	アルバイト	登校時刻＝ 8:35
―	隔週	2年～	○	○	～20:00	○		○	届出	下校時刻＝19:00

進路情報　2023年3月卒業生

四年制大学への進学率 **76.5%**

【卒業生数】　281名

【進路傾向】　大学進学者の内訳は文系74%，理系26%。国公立大学へ文系4名，理系1名が進学した。

■ 四年制大学	215名
□ 短期大学	7名
■ 専修・各種学校	30名
■ 就職	0名
□ 進学準備・他	29名

【指定校推薦】　利用状況は上智大1，東京理科大3，青山学院大3，立教大2，中央大3，法政大3，日本大2，東洋大2，駒澤大1，国際基督教大1，成蹊大4，明治学院大5，立命館大2，工学院大1，聖心女子大1，北里大2，明治薬科大1，埼玉医大1など。ほかに専修大，大東文化大，東海大，亜細亜大，帝京大，成城大など推薦枠あり。

主な大学合格状況
'24年春速報は巻末資料参照

大学名	'23	'22	'21	大学名	'23	'22	'21	大学名	'23	'22	'21
◇東工大	0	0	1	東京理科大	4	3	3	専修大	9	4	4
◇埼玉大	2	0	1	学習院大	1	3	4	大東文化大	15	9	20
◇大阪大	0	0	1	明治大	4	8	15	亜細亜大	6	4	4
◇名古屋大	1	0	0	青山学院大	5	5	4	帝京大	21	27	31
◇お茶の水女子大	0	1	0	立教大	4	8	6	国士舘大	10	7	6
◇都立大	1	1	1	中央大	12	12	11	明治学院大	5	9	7
◇国立看護大	0	2	1	法政大	10	12	7	東京電機大	2	11	2
早稲田大	0	3	2	日本大	9	7	12	武蔵大	7	4	6
慶應大	0	2	0	東洋大	8	15	19	立正大	3	4	11
上智大	2	3	4	駒澤大	10	6	6	城西大	4	13	7

※各大学合格数は既卒生を含む。

入試要項 2024年春（実績）

新年度日程については p.116 参照。

◆ 推薦　単願，併願（公私とも可）

募集人員▶特進コース120名，進学コース180名　※一般を含む全体の定員

選抜方法▶国数英（各50分・各100点・マークシート），調査書

◆ 一般　単願，併願（公私とも可）

募集人員▶定員内

選抜方法▶国数英（各50分・各100点・マークシート），調査書

◆ 受験料　20,000円

内申基準　単願：[特進（選抜クラス）] 5科22，[特進] 5科20または9科36，[進学（選抜クラス）] 5科19または9科34，[進学] 5科17または9科30　**併願**：[特進（選抜クラス）] 5科23，[特進] 5科21または9科37，[進学（選抜クラス）] 5科20または9科36，[進学] 5科18または9科32　※いずれも9科に1不可　※条件により内申加点あり

特待生・奨学金制度　特進コースの推薦受験者で学業・人物共に優れている者に対し学業奨学生認定（若干名）。ほかスポーツ奨学生制度（約30名・対象部あり）あり。

帰国生の受け入れ　国内生と同枠入試。

入試日程

区分	出願	試験	発表	手続締切
推薦①	12/1～1/17	1/22	1/23	2/1
推薦②	12/1～1/17	1/23	1/24	2/1
推薦③	12/1～1/17	1/26	1/27	2/5
一般	1/16～2/1	2/3	2/4	2/13

[延納]　併願者は20,000円納入により残額は公立発表後まで（④一般の併願者は手続金不要）。

応募状況

年度	区分			応募数	受験数	合格数	実質倍率
'24	特進	推薦①	単	41	41	40	1.0
			併	161	159	154	1.0
		推薦②	単	9	7	7	1.0
			併	23	20	19	1.1
		推薦③	単	30	8	8	1.0
			併	69	17	17	1.0
		一般	単	0	0	0	—
			併	2	2	2	1.0
	進学	推薦①	単	68	66	66	1.0
			併	273	270	268	1.0
		推薦②	単	47	46	46	1.0
			併	25	24	23	1.0
		推薦③	単	42	6	6	1.0
			併	102	22	20	1.1
		一般	単	1	1	1	1.0
			併	6	6	6	1.0

[スライド制度] あり。上記に含まず。
['24年合格最低点] ①推薦（単願）：特進150，進学115(/300)　①推薦（併願）：特進160，進学122(/300)　※合格ライン

（せ）聖望学園　埼玉　男女

学費（単位：円）

	入学金	施設費	授業料	その他経費	小計	初年度合計
入学手続時	240,000	100,000	—	2,000	342,000	1,005,000
1年終了迄		99,600	372,000	191,400	663,000	

※2024年度予定。[授業料納入] 毎月分割。
[その他] 制服・制定品代，教科書代，講習・模試等費用あり。[寄付・学債] 任意の学債あり。

併願校の例　※[進学]を中心に

	埼公立	都立	私立
挑戦校	川越南	小金井北	星野
	所沢	昭和	狭山ヶ丘
	坂戸	小平	細田学園
	市立川越	東大和南	東京農大三
	所沢西	石神井	山村学園
最適校	朝霞	清瀬	大妻嵐山
	秩父	小平南	西武台
	豊岡	上水	山村国際
	入間向陽	保谷	東海大菅生
	坂戸西		昭和一学園
堅実校	川越西	東大和	秋草学園
	所沢中央	青梅総合	武蔵越生
	志木	東久留米総合	埼玉平成
	飯能	福生	東野
	狭山清陵		日体大桜華

合格のめやす

合格の可能性 **60%** **80%** の偏差値を表示しています。

特進（選抜）　**59**　63

特進（一般）　**53**　57

進学（選抜）　**50**　54

進学（一般）　**47**　51

※合格のめやすの見方は114ページ参照。

見学ガイド　体育祭／文化祭／入試対策特講／説明会／オープンキャンパス／個別相談会

小中高専短大

深谷市

東京成徳大学深谷 高等学校

TOKYO SEITOKU

〒366-0810　埼玉県深谷市宿根559　☎(048)571-1303

【教育目標】　「成徳（徳を成す）」を達成するために「おおらかな徳操」「高い知性」「健全なる身体」「勤労の精神」「実行の勇気」の5つを掲げる。人から信頼される有徳有為な人物の育成を目標にしている。

【沿　革】　1963年創立。2013年に併設中学を開校した。

【学校長】　石川　薫

【生徒数】　男子342名，女子373名

	1年(8クラス)	2年(8クラス)	3年(8クラス)
男子	110名	126名	106名
女子	102名	124名	147名

JR—深谷25分　JR—深谷・寄居などよりスクールバス9路線あり

特色

設置学科：普通科

【コース】　特進S，進学選抜，進学の3コース制。各コース2年次より文系と理系に分かれ，進学コースには保育系も設置する。内部進学生とは3年間別クラス。

【カリキュラム】　①特進Sコースは難関大学進学に向け，7時限授業を週2回，土曜日は毎週授業を受ける。主体的に取り組む授業を展開し，確かな実力を養う。②進学選抜コースは有名私立大学進学が目標。受験科目に的を絞って学習を進める。放課後と毎週土曜日は部活動と進学講習の選択制。③進学コースは学校推薦型・総

合型選抜での大学進学をめざす。英語検定の面接指導も行う。保育系では実習やピアノ，ものつくり，歌などを体験できる。土曜日は休校。④コースごとに進学ガイダンスや週末課題，模擬試験，習得度チェックなどを活用できる。

【キャリア教育】　3年間を通じてガイダンスを行い，具体的な進学先，職業への意識を育む。

【海外研修】　修学旅行先はオーストラリア。

【クラブ活動】　弓道部が全国大会出場。

【施設】　ICTツールを使い楽しみながら実践的な英語力を高める場としてEnglish Labを設置。

習熟度別授業	土曜授業	文理選択	オンライン授業	制服	自習室	食堂	プール	グラウンド	アルバイト	登校時刻＝ 8:35
国数英	○	2年〜	○	○	〜18:30	○	—	○	届出	下校時刻＝18:30

進路情報 2023年3月卒業生

四年制大学への進学率 **60.2%**

【卒業生数】　319名

【進路傾向】　進学コース保育系は他大学保育系学部の指定校推薦を優先的に利用できる。

【系列進学】　東京成徳大学へ4名（子ども2，経営1，応用心理1），東京成徳短期大学へ4名が内部推薦で進学した。

【指定校推薦】　青山学院大，立教大，東洋大，大東文化大，亜細亜大，帝京大，獨協大，東京電機大，立正大，国士舘大，東京経済大，桜美林大，日本薬科大，実践女子大，帝京平成大，拓殖大，城西大，目白大，帝京科学大，日本工大，淑徳大，江戸川大など推薦枠あり。

四年制大学	192名
短期大学	22名
専修・各種学校	83名
就職	11名
進学準備・他	11名

主な大学合格状況

'24年春速報は巻末資料参照

大学名	'23	'22	'21	大学名	'23	'22	'21	大学名	'23	'22	'21
◇筑波大	0	1	0	立教大	13	0	0	獨協大	3	3	3
◇埼玉大	1	0	0	中央大	1	0	0	東京電機大	3	5	5
◇東京学芸大	1	0	0	法政大	0	3	1	立正大	14	14	9
◇群馬大	1	1	2	日本大	1	1	0	国士舘大	8	9	8
◇茨城大	1	1	0	東洋大	11	24	8	日本体育大	2	1	3
◇群馬県立女子大	2	0	0	専修大	5	4	3	拓殖大	3	5	6
早稲田大	5	0	2	大東文化大	24	15	10	城西大	18	13	10
上智大	1	0	0	東海大	3	5	3	東京成徳大	4	8	15
明治大	1	1	3	亜細亜大	5	5	3	十文字学園女子大	3	5	3
青山学院大	2	3	1	帝京大	27	10	6	日本医療科学大	1	3	5

※各大学合格数は既卒生を含む。

入試要項 2024年春（実績）

新年度日程についてはp.116参照。

◆単願

募集人員▶特進Ｓコース40名，進学選抜コース80名，進学コース160名　※併願を含む全体の定員

選抜方法▶国数英（各50分・各100点，進学選抜コース・進学コースは高得点２科判定），個人面接（10分），調査書

◆併願　併願１（公立併願），併願２（私立併願），２月単願，２月併願

募集人員▶定員内

選抜方法▶**併願１・併願２・２月単願・２月併願**：国数英（各50分・各100点，進学選抜コース・進学コースは高得点２科判定），調査書，ほかに２月単願は個人面接（10分）

◆受験料　22,000円

内申基準 **単願**：［特進Ｓ］５科22または９科39または英語検定２級，［進学選抜］５科18または９科32または英語検定準２級，［進学］５科15または９科27または英語検定３級　**併願１**：［特進Ｓ］５科23または９科40，［進学選抜］５科20または９科34，［進学］５科17または９科29　※いずれも９科に１不可　※条件により内申加点あり

特待生・奨学金制度 単願で特進Ｓコース入学者は内申，入試成績により５段階の特待生認定あり。ほかに単願推薦でスポーツ特待生認定。

帰国生の受け入れ 国内生と同枠入試。

入試日程

区分	出願	試験	発表	手続締切
単願	12/1～1/12	1/22	1/26	2/3
併願１	12/1～1/12	1/22	1/26	3/2
併願２	12/1～1/12	1/23	1/26	
２月単願	1/25～31	2/2	2/5	2/10
２月併願	1/25～31	2/2	2/5	3/2

［２次募集］ ３月単願3/2

応募状況

年度	区分	応募数	受験数	合格数	実質倍率
'24	単願	221	220	219	1.0
	併願①	815	813	795	1.0
	併願②	21	20	14	1.4
	２月単願	2	2	1	2.0
	２月併願	4	3	1	3.0
'23	単願推薦	178	176	174	1.0
	併願①	905	899	879	1.0
	併願②	30	28	24	1.2
	２月単願	2	2	1	2.0
	２月併願	7	7	5	1.4
'22	単願推薦	213	213	210	1.0
	併願	869	868	849	1.0
	一般	19	19	15	1.3
	２月単願	0	0	0	―
	２月一般	3	3	2	1.5

［'24年合格最低点］ 非公表。

学費(単位:円)	入学金	施設費	授業料	その他経費	小計	初年度合計
入学手続時	200,000	40,000	―	―	240,000	804,460
１年終了迄	―	―	332,400	232,060	564,460	

※2024年度予定。［入学前納入］ １年終了迄の小計のうち110,560円。［授業料納入］ ４回分割。
［その他］ 制服・制定品代あり。［寄付・学債］ 任意の施設設備拡充協賛金１口５万円，寄付金１口３万円あり。

併願校の例 ※［進学］を中心に

	埼公立	私立
挑戦校	本庄／大宮光陵 松山女子／深谷一 秩父／大宮南	栄北 埼玉栄 大妻嵐山 正智深谷 山村国際
最適校	鴻巣／桶川 羽生一／滑川総合 上尾鷹の台／大宮武蔵野 小川／深谷 進修館／大宮東	国際学院 本庄一 花咲徳栄
堅実校	鴻巣女子／寄居城北 北本／桶川西	秀明英光

合格のめやす

合格の可能性 60% 80% の偏差値を表示しています。

	60%	80%
特進S	52	56
進学選抜	46	50
進学	41	45

合否分布

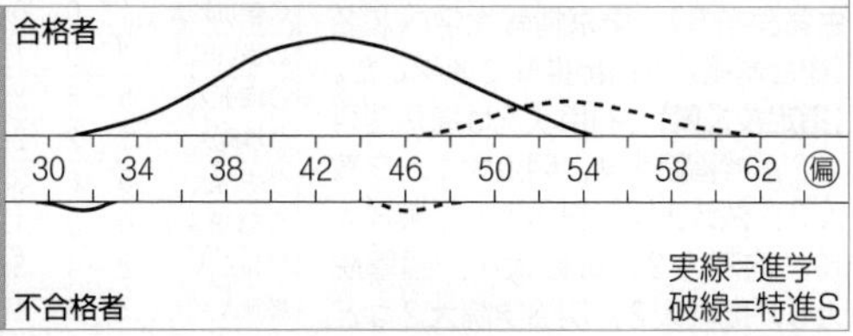
合格者
30
34
38
42
46
50
54
58
62
偏
不合格者
実線=進学
破線=特進S

※合格のめやすの見方は114ページ参照。

見学ガイド 文化祭／施設ツアー／説明会／オープンスクール／個別見学対応

東松山市

東京農業大学第三 高等学校

〒355-0005 埼玉県東松山市大字松山1400-1 ☎(0493)24-4611

【教育方針】「いかなる逆境も克服する不撓不屈の精神」「旺盛な科学的探究心と強烈な実証精神」「均衡のとれた国際感覚と民主的な対人感覚」を掲げる。

【沿 革】 1985年創立。2009年に中学校を開校。

【学校長】 神山 達人

【生徒数】 男子821名，女子409名

	1年(12クラス)	2年(12クラス)	3年(14クラス)
男子	276名	264名	281名
女子	144名	118名	147名

東武東上線―東松山，西武新宿線―本川越，
JR―熊谷・鴻巣などよりスクールバス

特色

設置学科：普通科

【コース】 目標別にⅠコース（進学重視），Ⅱコース（文武両道），Ⅲコース（スポーツ科学）に分かれる。Ⅰコース内に1年次から選抜クラスと理数探究課程，グローバル課程を設置。内部進学生とは3年間別クラス。

【カリキュラム】 ①Ⅰコースは難関国公立・難関私立大学に的を絞り，レベルの高い授業と課外講習で確かな学力を身につける。②Ⅱコースは2年次から私立大学入試に特化したカリキュラムで主要3教科の実力を徹底的に伸ばす。③Ⅲコースはスポーツ科学の授業を通してスポー

ツ心理学やスポーツライフマネジメントを学ぶ。陸上競技，野球，サッカー，男子バスケットボール，剣道，男子ハンドボール，男子バレーボール，テニスの8つの強化クラブが対象。④学内完結型学習をめざし，様々な講座を開講。

【海外研修】 2年次にオーストラリア修学旅行を実施している。希望制でクイーンズランドへの語学研修や長期留学制度もある。

【クラブ活動】 陸上競技部，弓道部，応援団チアリーダー部，文芸百人一首部が全国レベル。男子ハンドボール部，吹奏楽部なども活躍。

習熟度別授業	土曜授業	文理選択	オンライン授業	制服	自習室	食堂	プール	グラウンド	アルバイト
―	○	2年～	○	○	～19:30	○	―	○	審査

登校時刻＝ 8:35
下校時刻＝19:30

進路情報 2023年3月卒業生

四年制大学への進学率 **88.8%**

【卒業生数】 489名

【進路傾向】 大学進学者の内訳は文系49%，理系47%，他4%。国公立大学へ文系8名・理系9名，海外大学へ3名が進学した。医学部1名，薬学部18名の合格が出ている。

【系列進学】 東京農業大学へ112名（農17，応用生物科20，生命科13，地域環境科19，国際食料情報37，生物産業6），東京情報大学へ3名（総合情報）が内部推薦で進学した。

【指定校推薦】 利用状況は東京理科大2，学習院大4，明治大1，立教大3，法政大1，日本大5，東洋大12，駒澤大2，専修大1，國學院大5，成城大2，明治学院大2など。

四年制大学	434名
短期大学	4名
専修・各種学校	29名
就職	2名
進学準備・他	20名

主な大学合格状況

'24春速報は巻末資料参照

大学名	'23	'22	'21	大学名	'23	'22	'21	大学名	'23	'22	'21
◇千葉大	1	0	1	東京理科大	5	7	8	専修大	13	9	13
◇筑波大	0	3	0	学習院大	6	8	8	大東文化大	53	40	16
◇東京外大	1	0	0	明治大	11	12	10	東海大	26	14	9
◇横浜国大	1	0	1	青山学院大	4	5	4	帝京大	20	29	26
◇埼玉大	5	5	2	立教大	10	19	12	國學院大	18	22	18
◇群馬大	1	0	0	中央大	5	10	11	獨協大	12	13	5
◇防衛大	0	6	3	法政大	7	18	8	東京農大	131	123	103
◇高崎経済大	0	3	1	日本大	33	52	27	城西大	18	24	10
早稲田大	2	4	5	東洋大	41	55	45	東京情報大	5	3	2
慶應大	3	3	1	駒澤大	13	24	12	日本医療科大	5	9	8

※各大学合格数は既卒生を含む。

入試要項 2024年春（実績）

新年度日程についてはp.116参照。

◆推薦　推薦Ⅰ：単願（自己推薦，スポーツ推薦，特別推薦），併願（自己推薦）　推薦Ⅱ：併願（自己推薦）　※Ⅲコースは推薦Ⅰの単願のみ　※スポーツ推薦該当クラブは野球部，陸上競技部（男女），男子バスケットボール部，剣道部（男女），サッカー部，男子ハンドボール部，男子バレーボール部，テニス部（男女）　※いずれも併願は公私とも可

募集人員▶Ⅰコース120名，Ⅱコース170名，Ⅲコース40名

選抜方法▶国数英（各45分・各100点・マークシート・英にリスニングあり），調査書

◆一般　単願，併願　※Ⅲコースは募集なし

募集人員▶若干名

選抜方法▶国数英理社の総合問題（60分・100点），調査書

◆受験料　25,000円

(内申基準) 推薦（単願）：[Ⅰ][Ⅰ（グローバル）]5科18，[Ⅰ（選抜）]5科20，[Ⅰ（理数探究）]5科22，[Ⅱ]3科11・5科17・9科31　推薦（併願）：[Ⅰ][Ⅰ（グローバル）]5科19，[Ⅰ（選抜）]5科20，[Ⅰ（理数探究）]5科22，[Ⅱ]3科13・5科19・9科33　※上記基準かつ別途成績基準あり　※条件により内申加点あり

(特待生・奨学金制度) 学業成績奨学生を認定。ほかに併願特待生，運動選手特待生もあり。

(帰国生の受け入れ) 国内生と同枠入試で考慮あり。

入試日程

区分	出願	試験	発表	手続締切
推薦Ⅰ	12/20〜1/13	1/22	1/24	1/27
推薦Ⅱ	12/20〜1/13	1/23	1/24	3/2
一般	1/23〜29	1/31	2/1	2/3

[延納]一般の併願は公立発表後まで。

応募状況

年度	区分			応募数	受験数	合格数	実質倍率
'24	Ⅰ	推薦	単願	19	19	19	1.0
			併願	195	194	193	1.0
		一般		1	1	1	1.0
	Ⅱ	推薦	単願	183	182	181	1.0
			併願	479	475	472	1.0
		一般		6	6	4	1.5
	Ⅲ	推薦単願		71	71	71	1.0
'23	Ⅰ	推薦	単願	24	24	24	1.0
			併願	229	226	226	1.0
		一般		4	4	4	1.0
	Ⅱ	推薦	単願	202	199	196	1.0
			併願	512	506	502	1.0
		一般		12	11	7	1.6
	Ⅲ	推薦単願		61	61	61	1.0
'22	Ⅰ	推薦	単願	21	21	21	1.0
			併願	217	216	216	1.0
		一般		2	2	1	2.0
	Ⅱ	推薦	単願	203	201	201	1.0
			併願	455	446	441	1.0
		一般		12	12	12	1.0
	Ⅲ	推薦単願		46	45	45	1.0

[スライド制度]あり。上記に含まず。
['24年合格最低点]非公表。

学費（単位：円）

	入学金	施設設備資金	授業料	その他経費	小計	初年度合計
入学手続時	228,000	—	—	—	228,000	1,207,000
1年終了迄	—	120,000	372,000	487,000	979,000	

※2024年度予定。[授業料納入]3回分割。
[その他]制服・制定品代あり。

併願校の例　※[Ⅱ]を中心に

	埼公立	国・私立
挑戦校	川越女子／所沢北 和光国際／熊谷女子 熊谷／熊谷西 川越南／市立大宮北 所沢	川越東 大宮開成 星野 西武文理 本庄東
最適校	坂戸／上尾 伊奈総合（普）／市立川越 本庄／松山 松山女子／朝霞 大宮光陵／深谷	筑波大坂戸 栄北 山村学園 大妻嵐山 西武台
堅実校	大宮南／坂戸西 川越総合／鴻巣 桶川／滑川総合	正智深谷 山村国際 本庄一 武蔵越生

合格のめやす

合格の可能性 **60%** **80%** の偏差値を表示しています。

I（進学重視）　56　60
Ⅱ（文武両道）　51　55

Ⅲ（スポーツ科学）は偏差値を設定していません。

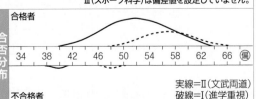

合格者／不合格者　合否分布
34 38 42 46 50 54 58 62 66 (偏)

実線＝Ⅱ（文武両道）
破線＝Ⅰ（進学重視）

※合格のめやすの見方は114ページ参照。

(見学ガイド) 文化祭／説明会／学校見学会

川越市

東邦音楽大学附属東邦第二 高等学校

〒350-0015　埼玉県川越市今泉84　☎(049)235-2401

【建学の精神】　「音楽芸術研鑽の一貫教育を通じ，情操豊かな人格の形成を目指す」を掲げる。教育方針は一貫教育の実践，少人数制教育，グローバル化への対応，地域社会との交流。

【沿　革】　1963年普通科女子高校として設立。1969年音楽科へ移行，2003年より共学化。

【学校長】　吉原　敦子

【生徒数】　男子26名，女子42名

	1年(1クラス)	2年(1クラス)	3年(1クラス)
男子	8名	8名	10名
女子	13名	19名	10名

JR—南古谷10分またはスクールバス
東武東上線—上福岡よりスクールバス

特色

設置学科：音楽科

【カリキュラム】　①併設の大学院・大学・短期大学進学を視野に入れた一貫教育体制。②ピアノ，声楽，管楽器，管弦打楽器，作曲の中からひとつを専攻とする。実技では各生徒の目標や能力に合わせた綿密な個人指導を行う。③ソルフェージュはグレード別にクラス分けをし，少人数での授業を展開。④ウインドオーケストラの授業は全学年合同で進められる。⑤3年次はドイツ語が必修。外国人講師が指導する。

【行事】　定期研究発表演奏会を年に数回開催。音楽を通じた地域社会との交流など，社会貢献活動にも積極的で，病院や福祉施設でのミニコンサートなどを定期的に実施。ほか，クラスコンサートや年1回開催のスポーツ大会，附属校合同の合唱コンクールなどがある。学外の演奏会や音楽イベントにも参加している。

【施設】　定期演奏会などで使用されるグランツザール（音楽ホール），グランドピアノ設置の個人練習室など，充実した音楽環境。楽譜約22,000冊，音楽専門書約10,000冊を所蔵する図書館や，スカイレストラン（学生食堂）などもある。三室戸記念館は川越市重要建築物。

習熟度別授業	土曜授業	文理選択	オンライン授業	制服	自習室	食堂	プール	グラウンド	アルバイト
—	○	—	○	○	～17:00	○	—	○	—

登校時刻＝ 8:30
下校時刻＝17:00

進路情報　2023年3月卒業生

【卒業生数】　30名

【進路傾向】　詳細は非公表。

【系列進学】　東邦音楽大学，東邦音楽短期大学への内部推薦制度がある。

四年制大学への進学率 **76.7%**

四年制大学	23名
短期大学	0名
専修・各種学校	4名
就職	0名
進学準備・他	3名

主な大学合格状況									'24年春速報は巻末資料参照
大学名	'23	'22	'21	大学名	'23	'22	'21	大学名	'23 '22 '21
非公表									

※各大学合格数は既卒生を含む。

入試要項 2024年春（実績）

新年度日程についてはp.116参照。

◆ 推薦　単願

募集人員▶40名　※一般を含む全体の定員

選抜方法▶作文（45分・600〜800字・100点），専攻実技（各100点），保護者同伴面接（5〜10分），調査書，ほかに声楽・作曲専攻は副専攻ピアノ

◆ 一般　併願（公私とも可）

募集人員▶定員内

選抜方法▶作文（45分・600〜800字・100点），専攻実技（各100点），ソルフェージュ（聴音または新曲視唱，コールユーブンゲン），保護者同伴面接（5〜10分），調査書，ほかに声楽・作曲専攻は副専攻ピアノ

◆ 受験料　28,000円

(内申基準) 特記なし。

(特待生・奨学金制度) 推薦と一般①で入試成績優秀者には入学金減免の特待生制度あり。

(帰国生の受け入れ) 国内生と別枠入試。

入試日程

区分	出願	試験	発表	手続締切
推薦	1/10・11	1/23	1/24	1/29
一般①	1/26〜2/3	2/14	2/15	2/20

[2次募集] 一般②3/15

応募状況

年度	区分	応募数	受験数	合格数	実質倍率
'24	推薦	22	22	22	1.0
	一般①	9	8	7	1.1
'23	推薦	17	17	17	1.0
	一般①	7	7	7	1.0
'22	推薦	21	21	21	1.0
	一般①	6	5	5	1.0

['24年合格最低点] 非公表。

学費（単位：円）	入学金	施設拡充費	授業料	その他経費	小計	初年度合計
入学手続時	200,000	230,000	—	—	430,000	1,033,600
1年終了迄	—	—	454,800	148,800	603,600	

※2023年度実績。[返還]一般で公立高校進学による入学辞退者には入学金を除き返還。
[授業料納入]一括または3回分割。[その他]制服・制定品代あり。
[寄付・学債]任意の21世紀学園整備資金寄附金1口3万円2口以上あり。

併願校の例

	埼公立	私立
挑戦校	大宮光陵（音）	国立音大附（音）東京音大付
最適校	芸術総合（音）	武蔵野音大東邦音大東邦上野学園（音）副科学園[ミュージック]
堅実校	松伏（音）	

合格のめやす

合格の可能性 60% 80% の偏差値を表示しています。

音楽科 **44** **48**

合格者

合否分布は不明

合否分布

30　34　38　42　46　50　54　58　62 （偏）

不合格者

※合格のめやすの見方は114ページ参照。

(見学ガイド) 説明会／音楽講習会／体験レッスン

小 中 高 専 短 大

越谷市

獨協埼玉 高等学校

〒343-0037　埼玉県越谷市恩間新田寺前316　☎(048)977-5441

【教育方針】　生徒たちの「気づき」につながる対話をベースとして「知識を知恵に変える力」を養う。一人ひとりの個性と向き合い「自ら考え，判断することのできる若者」を育てる。

【沿　革】　1980年開校。2001年中学校を併設。

【学校長】　尾花　信行

【生徒数】　男子527名，女子513名

	1年（9クラス）	2年（9クラス）	3年（9クラス）
男子	180名	182名	165名
女子	192名	161名	160名

東武スカイツリーライン―せんげん台よりバス獨協埼玉中学・高校

特色

設置学科：普通科

【コース】　3年次は国公立・難関私立大志望の文系Ⅰと理系Ⅰ，私立大志望の文系Ⅱと理系Ⅱ，獨協大学推薦入学志望の獨協コースの5コース制。1年次は内部進学生と別クラス編成。

【カリキュラム】　①語学教育に力を入れており，1年次よりドイツ語が履修できる。検定英語やオールイングリッシュで行う授業もある。②長期休業中に講習を開講。また，夏期休業中には勉強の意識向上を目的としたサマーセミナー（勉強合宿）を実施している。③獨協コースは高大連携プログラムにより，学問探究の基礎を

育成。年30冊以上の読書課題や，16,000字以上の本格的な卒業論文などに取り組む。

【海外研修】　オーストラリア・ドイツの姉妹校と生徒を相互に派遣する国際交流プログラムがある。ほか，1・2年次に希望者はニュージーランドへのターム留学などに参加できる。

【クラブ活動】　サイエンス部と写真部が全国レベル。陸上競技部やラグビー部も活躍。

【施設】　300mのトラック，サッカー・ラグビー場，野球場，テニスコート7面，2つの体育館，9コースの25mプールなど設備が充実。

習熟度別授業	土曜授業	文理選択	オンライン授業	制服	自習室	食堂	プール	グラウンド	アルバイト	登校時刻＝ 8:30
数英	○	2年～	○	○	～18:00	―	○	○	審査	下校時刻＝18:00

進路情報　2023年3月卒業生

四年制大学への進学率 **89.5%**

【卒業生数】　304名

【進路傾向】　大学進学者の内訳は文系70%，理系28%，他2%。国公立大学へ文系6名・理系10名，海外大学へ2名が進学した。

【系列進学】　獨協大学へ44名（法7，外国語23，経済14），獨協医科大学へ1名（医）が内部推薦で進学した。姫路獨協大学への推薦制度もある。

【指定校推薦】　利用状況は早稲田大1，東京理科大3，学習院大6，青山学院大5，立教大3，中央大1，法政大2，成城大2，明治学院大3，東京女子大2，大妻女子大1，昭和女子大1など。ほかに日本大，東洋大，駒澤大，専修大など推薦枠あり。

四年制大学	272名
短期大学	3名
専修・各種学校	6名
就職	0名
進学準備・他	23名

主な大学合格状況

'24年春速報は巻末資料参照

大学名	'23	'22	'21	大学名	'23	'22	'21	大学名	'23	'22	'21
◇千葉大	1	0	1	上智大	1	9	4	駒澤大	14	9	10
◇筑波大	1	3	2	東京理科大	9	11	12	専修大	22	19	17
◇東京外大	1	0	0	学習院大	17	16	22	大東文化大	34	8	23
◇大阪大	1	0	1	明治大	20	29	27	東海大	19	17	18
◇東京学芸大	1	0	1	青山学院大	15	24	15	帝京大	25	31	23
◇群馬大	2	0	1	立教大	15	41	29	明治学院大	15	16	9
◇宇都宮大	0	2	2	中央大	15	31	18	獨協大	78	103	100
◇埼玉県立大	3	2	3	法政大	42	42	21	芝浦工大	12	27	19
早稲田大	6	2	16	日本大	57	56	53	東京電機大	13	19	25
慶應大	3	5	4	東洋大	41	48	55	獨協医大	1	3	3

※各大学合格数は既卒生を含む。

入試要項 2024年春（実績）

新年度日程についてはp.116参照。

◆ 単願

募集人員▶160名　※併願を含む全体の定員

選抜方法▶国数英（各50分・各100点・英にリスニングあり），グループ面接（10分），調査書，第1志望証明書

◆ 併願　公私とも併願可

募集人員▶定員内

選抜方法▶国数英（各50分・各100点・英にリスニングあり），調査書

※条件により入試得点に加点措置あり（ただし，個別相談会への参加が必須）

◆ 受験料　25,000円

（内申基準）単願：9科30　※単願，併願とも3年次の評定に1不可

（特待生・奨学金制度）特記なし。

（帰国生の受け入れ）国内生と別枠入試。

入試日程

区分	出願	試験	発表	手続締切
単願	12/1〜1/12	1/22	1/23	1/24
併願①	12/1〜1/12	1/22	1/23	1/24
併願②	12/1〜1/12	1/23	1/23	1/24

[延納] 併願は30,000円納入により残額は公立発表後まで。

応募状況

年度	区分		応募数	受験数	合格数	実質倍率
'24	単願	男子	51	49	46	1.1
		女子	71	70	66	1.1
	併願	男子	219	209	190	1.1
		女子	230	222	211	1.1
'23	単願	男子	47	47	45	1.0
		女子	74	74	67	1.1
	併願	男子	237	233	220	1.1
		女子	257	255	243	1.0
'22	単願	男子	55	55	52	1.1
		女子	69	68	62	1.1
	併願①	男子	175	169	158	1.1
		女子	160	153	144	1.1
	併願②	男子	116	108	99	1.1
		女子	77	66	64	1.0

['24年合格最低点] 非公表。

学費（単位：円）	入学金	施設費	授業料	その他経費	小計	初年度合計
入学手続時	230,000	120,000	—	—	350,000	1,092,500
1年終了迄	—	—	432,000	310,500	742,500	

※2024年度予定。[入学前納入] 1年終了迄の小計のうち27,000円。
[返還] 入学辞退者には入学金を除き返還。[授業料納入] 3回分割。
[その他] 制服・制定品代あり。[寄付・学債] 任意の寄付金1口10万円あり。

併願校の例

	埼公立	都・千公立	私立
挑戦校	市立浦和 浦和一女	戸山 青山 東葛飾	立教新座 栄東 開智 淑徳与野 中央大学
最適校	春日部 越谷北 蕨 不動岡 越ヶ谷	三田 小松川 北園 小金 柏	大宮開成 春日部共栄 昌平 開智未来 専大松戸
堅実校	市立浦和南 越谷南 春日部女子 春日部東	城東 上野 墨田川 柏南 松戸国際	浦和麗明 武南 栄北 叡明 流経大柏

合格のめやす

合格の可能性 **60%** **80%** の偏差値を表示しています。

普通科　**60**　**64**

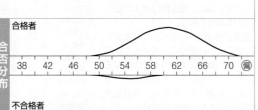

合格者

不合格者

合否分布

38　42　46　50　54　58　62　66　70　(偏)

※合格のめやすの見方は114ページ参照。

（見学ガイド）文化祭／説明会／個別相談会

と　獨協埼玉

埼玉

男女

加須市

<small>小 中 高 専 短 大</small>

花咲徳栄 高等学校

〒347-8502　埼玉県加須市花崎519　☎(0480)65-7181

【教育方針】「理論と実践の一体化」「生活指導そく学習指導」「生徒と教師が共に学ぶ」を掲げる。建学の精神は「人間是宝」，校訓は「今日学べ」。

【沿　革】　1982年創立。

【学校長】　関　正一

【生徒数】　男子922名，女子787名

	1年(16クラス)	2年(17クラス)	3年(19クラス)
男子	291名	304名	327名
女子	225名	273名	289名

東武伊勢崎線—花崎10分

特色

設置学科：普通科／食育実践科

【コース】　普通科にアルファコース（理数選抜，特別選抜，文理選抜の3クラス制），アドバンスコース（選抜進学，特別進学，総合進学の3クラス制）を設置。2年次より文理選抜クラス，選抜進学クラス，特別進学クラスは文系・理系別となり，総合進学クラスは芸術（音楽・美術），情報，保健体育の3類型より専門教科を選択。

【カリキュラム】　①アルファコースは受験科目に重点をおき，0時限授業や7・8時限目の演習などを設定したカリキュラム。②アドバンスコースは多彩な進路選択に対応し，部活動との両立をめざす。③食育実践科は卒業と同時に調理師免許を取得。一流店での就業体験を行う。また，大学進学も可能なカリキュラムとなっている。④月3～4回の土曜授業を実施。

【海外研修】　アメリカ西海岸への修学旅行を実施。セブ島への英語研修制度もある。

【クラブ活動】　レスリング部が全国大会で優勝の実績。ボクシング部，空手道部，陸上競技部，硬式野球部，競泳部など，多数が全国レベル。

【施設】　400mトラックの競技場，観覧席付き室内温水プール，プラネタリウムなどを設置。

習熟度別授業	土曜授業	文理選択	オンライン授業	制服	自習室	食堂	プール	グラウンド	アルバイト
—	月3～4回	2年～	○	○	～20:00	○	○	○	審査

登校時刻＝ 8:30
下校時刻＝20:00

進路情報　2023年3月卒業生

四年制大学への進学率 **73.6%**

【卒業生数】　552名

【進路傾向】　大学進学者の内訳は文系72%，理系26%，他2%。国公立大学へ文系6名・理系10名，海外大学へ1名が進学した。食育実践科はホテルなどへの就職実績が豊富。

【系列進学】　平成国際大学へ7名（法6，スポーツ健康1）が内部推薦で進学した。埼玉自動車大学校への推薦制度もある。

【指定校推薦】　利用状況は日本大2，東洋大5，駒澤大1，専修大1，成城大1，獨協大4，同志社大1など。ほかに東京理科大，大東文化大，東海大，亜細亜大，帝京大，芝浦工大，東京電機大など推薦枠あり。

四年制大学	406名
短期大学	16名
専修・各種学校	96名
就職	22名
進学準備・他	12名

主な大学合格状況

'24春速報は巻末資料参照

大学名	'23	'22	'21	大学名	'23	'22	'21	大学名	'23	'22	'21
◇筑波大	0	2	2	早稲田大	1	0	5	東洋大	18	22	44
◇埼玉大	2	4	3	慶應大	0	0	2	大東文化大	44	34	35
◇北海道大	0	0	1	東京理科大	1	2	3	東海大	9	9	7
◇防衛医大	1	0	1	学習院大	1	0	1	帝京大	24	22	24
◇群馬大	3	3	2	明治大	4	3	5	獨協大	22	22	12
◇防衛大	4	1	4	青山学院大	1	0	3	東京電機大	2	5	9
◇宇都宮大	1	1	4	立教大	4	1	4	立正大	2	10	7
◇埼玉県立大	7	5	5	中央大	4	0	11	国士舘大	14	14	7
◇前橋工科大	0	2	3	法政大	13	2	18	城西大	18	19	13
◇農業勧開発大	4	2	3	日本大	37	34	43	平成国際大	26	13	19

※各大学合格数は既卒生を含む。

入試要項 2024年春（実績）

新年度日程についてはp.116参照。

◆第1回・第2回・第3回　単願，併願　※第2回は併願のみ

募集人員▶理数選抜クラス30名，特別選抜クラス30名，文理選抜クラス80名，選抜進学クラス80名，特別進学クラス100名，総合進学クラス120名，食育実践科80名

選抜方法▶国数英（各50分・各100点・マークシートと記述の併用・英にリスニングあり），調査書

◆受験料　25,000円

内申基準 単願：[理数選抜][特別選抜] 5科21，[文理選抜] 5科18，[選抜進学] 5科のうち上位3科11，[特別進学] 5科のうち上位3科10，[総合進学][食育実践科] 5科のうち上位3科9または9科27　併願：[理数選抜][特別選抜] 5科23，[文理選抜] 5科20，[選抜進学] 5科のうち上位3科12，[特別進学] 5科のうち上位3科11，[総合進学] 5科のうち上位3科10または9科29

特待生・奨学金制度 普通科アルファコース対象で成績基準，入試成績により学業奨学生を認定。ほかに部活動での奨学生制度あり。

帰国生の受け入れ 国内生と同枠入試。

入試日程

区分	出願	試験	発表	手続締切
第1回	12/1〜1/15	1/22	1/24	1/31
第2回	12/1〜1/15	1/23	1/24	1/31
第3回	1/24〜27	1/29	1/30	2/2

[延納] 併願は10,000円納入により残額は公立発表後まで。

応募状況

年度	区分		応募数	受験数	合格数	実質倍率
'24	普通科	第1・単	362	361	355	1.0
		第1・併	1,885	1,879	1,823	1.0
		第2・併	280	275	256	1.1
		第3・単	17	17	10	1.7
		第3・併	36	36	22	1.6
	食育実践科	第1・単	76	76	73	1.0
		第1・併	11	11	4	2.8
		第2・併	12	12	2	6.0
		第3・単	0	0	0	―
		第3・併	0	0	0	―
'23	普通科	第1・単	334	333	332	1.0
		第1・併	1,640	1,635	1,619	1.0
		第2・併	263	256	251	1.0
		第3・単	6	6	5	1.2
		第3・併	20	20	18	1.1
	食育実践科	第1・単	59	59	59	1.0
		第1・併	7	7	7	1.0
		第2・併	0	0	0	―
		第3・単	0	0	0	―
		第3・併	1	1	1	1.0

[スライド制度] あり。上記に含む。
[24年合格最低点] 非公表。

（は）花咲徳栄　埼玉　男女

学費（単位：円）		入学金	施設設備拡充費	授業料	その他経費	小計	初年度合計
普通	入学手続時	220,000	―	―	―	220,000	1,239,126
	1年終了迄	―	100,000	396,000	523,126	1,019,126	
食育	入学手続時	220,000	―	―	―	220,000	1,247,199
	1年終了迄	―	100,000	396,000	531,199	1,027,199	

※2024年度予定。[入学前納入] 1年終了迄の小計のうち，普通科31,126円，食育実践科19,199円。
[授業料納入] 毎月分割。[その他] 制服・制定品代，進学特別指導費（選択講座による）等あり。
[寄付・学債] 任意の寄付金1口5万円2口以上あり。

併願校の例

※[総進]を中心に

	埼公立	千公立	私立
挑戦校	春日部東 杉戸 越谷西 久喜 久喜北陽	柏の葉 柏中央	栄北 叡明 埼玉栄 佐野日大
最適校	羽生一 岩槻 鷲宮 越谷東 庄和	市立松戸 流山おおたかの森	浦和実業 国際学院 浦和学院 関東学園大附
堅実校	白岡 宮代 北本 幸手桜	野田中央 流山南	秀明英光

合格のめやす

合格の可能性 **60%** **80%** の偏差値を表示しています。

アルファ（理数選抜） **54** **58**

アルファ（特別選抜） **54** **58**

アルファ（文理選抜） **51** **55**

アドバンス（選抜進学） **48** **52**

アドバンス（特別進学） **46** **50**

アドバンス（総合進学） **42** **46**

食育実践科 **40** **44**

※合格のめやすの見方は114ページ参照。

見学ガイド 体育祭／文化祭／説明会／部活動体験／食育実践科体験／個別相談会

入間市

東野 高等学校

〒358-8558　埼玉県入間市二本木112-1　☎(04)2934-5292

【建学の精神】　「知識は第一の宝」「品行は最高の美」「忍耐は無上の力」を掲げる。
【沿　革】　1985年創立。
【学校長】　小野田　正利
【生徒数】　男子666名，女子293名

	1年(11クラス)	2年(10クラス)	3年(11クラス)
男子	237名	211名	218名
女子	110名	93名	90名

西武池袋線―入間市，JR―箱根ヶ崎・小作，
西武新宿線―狭山市などよりスクールバス

特色

設置学科：普通科

【コース】　特進（インターナショナルＩクラス，スーパーＳクラス），進学（アドバンスＡクラス）の２コース３クラス制。
【カリキュラム】　①インターナショナルＩクラスは独自の英語学習メソッドやオリジナル教材，タブレット端末を利用して４技能を伸ばす。スーパーＳクラスは国公立・難関私立大の合格をめざす。②アドバンスＡクラスは中堅私立大の現役合格に向け，部活動との両立を図りながら基礎学力を定着させる。③放課後講習，始業前の０限講習，長期休暇中の講習や勉強会などを実施。④社会問題を知り，伝える取り組みとして，新聞記事やニュースを使って考え，スピーチをする。
【キャリア教育】　大学説明会，キャンパスツアーなど多彩なイベントで将来の可能性を広げる。
【海外研修】　２次次のカナダ修学旅行では，ホームステイを体験し，キャンパス訪問などを行う。フィリピン・セブ島やオーストラリアでの語学研修をはじめ，ニュージーランド長期留学派遣制度やカナダ中期留学制度もある。
【クラブ活動】　強化指定クラブは野球部，サッカー部，陸上競技部，吹奏楽部，ダンス部。

習熟度別授業	土曜授業	文理選択	オンライン授業	制服	自習室	食堂	プール	グラウンド	アルバイト	登校時刻= 8:45
―	○	2年～	○	○	～19:20	―	―	○	届出	下校時刻=19:20

進路情報 2023年3月卒業生

四年制大学への進学率 **73.1%**

【卒業生数】　283名
【進路傾向】　大学進学者の内訳は文系72％，理系23％，他５％。国公立大学へ文系１名，理系１名が進学。

四年制大学	207名
短期大学	19名
専修・各種学校	37名
就職	3名
進学準備・他	17名

【指定校推薦】　日本大，東洋大，大東文化大，亜細亜大，帝京大，国士舘大，東京経済大，杏林大，国際医療福祉大，武蔵野大，創価大，明星大，帝京平成大，東京工科大，拓殖大，城西大，帝京科学大，文京学院大，高千穂大，城西国際大，淑徳大，十文字学園女子大，跡見学園女子大，駿河台大，西武文理大，東京国際大，東京工芸大，女子栄養大，文化学園大，嘉悦大，東京医療保健大，東京富士大など推薦枠あり。

主な大学合格状況

'24年春速報は巻末資料参照

大学名	'23	'22	'21	大学名	'23	'22	'21	大学名	'23	'22	'21
◇埼玉大	1	0	0	青山学院大	0	2	0	帝京大	20	40	19
◇弘前大	0	1	0	中央大	2	5	0	成蹊大	7	1	3
◇北見工大	2	1	2	法政大	2	1	0	獨協大	7	7	4
◇都留文科大	1	2	0	日本大	35	15	67	国士舘大	24	4	28
◇埼玉県立大	1	0	0	東洋大	103	85	30	明星大	13	9	17
◇釧路公立大	0	4	2	駒澤大	4	5	0	帝京平成大	10	14	3
早稲田大	1	0	0	専修大	8	5	1	東京工科大	3	17	4
東京理科大	1	0	1	大東文化大	15	26	8	城西大	7	17	5
学習院大	0	2	1	東海大	8	12	1	駿河台大	14	14	11
明治大	2	1	0	亜細亜大	5	13	5	西武文理大	14	9	13

※各大学合格数は既卒生を含む。

入試要項 2024年春（実績）

新年度日程についてはp.116参照。

◆ 前期 単願推薦，併願推薦，単願一般，併願一般

募集人員 ▶インターナショナルＩクラス35名，スーパーＳクラス105名，アドバンスＡクラス210名 ※後期を含む全体の定員

選抜方法 ▶国数英（各50分・各100点・マークシート），調査書，ほかに単願一般は個人面接（10分）

◆ 後期 単願一般，併願一般

募集人員 ▶定員内

選抜方法 ▶国数英（各50分・各100点・マークシート），調査書，ほかに単願一般は個人面接（10分）

◆ 受験料 20,000円

内申基準 前期（単願推薦）：[インターナショナルＩ]国英計7，[スーパーＳ]5科16または9科29，[アドバンスＡ]5科12または9科23　前期（併願推薦）：[インターナショナルＩ]国英計7，[スーパーＳ]5科17または9科30，[アドバンスＡ]5科13または9科25 ※いずれも9科に1不可 ※条件により内申加点あり

特待生・奨学金制度 内申などの成績により単願推薦はＭ・Ｅ・Ｈの3段階認定，併願推薦はＭ認定の成績特別奨学生制度あり。単願は入試成績により適用する場合もある。ほかに単願推薦を対象に英語特別奨学生，クラブ特別奨学生などの制度あり。

帰国生の受け入れ 国内生と同枠入試。

入試日程

	区分	登録・出願	試験	発表	手続締切
前期	単推	12/1～1/18	1/22	1/23	1/24
	併推	12/1～1/18	1/23or24	1/24or25	公立発表翌日
	単般	12/1～1/18	1/22	1/23	1/24
	併般	12/1～1/18	1/23or24	1/24or25	公立発表翌日
後期	単般	1/20～2/2	2/3	2/3	2/4
	併般	1/20～2/2	2/3	2/3	公立発表翌日

応募状況

年度		区分	応募数	受験数	合格数	実質倍率
'24	前期	単願推薦	162	162	162	1.0
		併願推薦	1,028	1,014	1,014	1.0
		単願一般	33	33	33	1.0
		併願一般	156	154	145	1.1
	後期	単願一般	4	4	4	1.0
		併願一般	10	8	7	1.1
'23	前期	単願推薦	209	208	207	1.0
		併願推薦	992	981	981	1.0
		単願一般	50	50	46	1.1
		併願一般	147	143	128	1.1
	後期	単願一般	1	1	0	—
		併願一般	8	8	6	1.3
'22	前期	単願推薦	175	175	175	1.0
		併願推薦	1,026	1,016	1,016	1.0
		単願一般	55	55	53	1.0
		併願一般	119	118	116	1.0
	後期	単願一般	1	1	1	1.0
		併願一般	4	4	4	1.0

[スライド制度] あり。上記に含む。
[24年合格最低点] 非公表。

ひ 東野 埼玉 男女

学費（単位：円）	入学金	施設充実費	授業料	その他経費	小計	初年度合計
入学手続時	222,000	—	—	—	222,000	1,129,818
1年終了迄	—	100,000	420,000	387,818	907,818	

※2024年度予定。[入学前納入] 1年終了迄の小計のうち261,200円。[授業料納入] 4回分割。[その他] 制服・制定品代。年間諸費（特進コース28,700円，進学コース21,900円）あり。[寄付・学債]任意の寄付金1口2万円あり。

併願校の例 ※[A]を中心に

	埼公立	都立	私立
挑戦校	入間向陽 豊岡 朝霞西 川越総合	保谷 松が谷 東大和 青梅総合	聖望学園 山村国際 秋草学園 東海大菅生 昭和一学園
最適校	所沢中央 志木 新座柳瀬 飯能 狭山清陵	田無 福生 東久留米総合 小平西 武蔵村山	武蔵越生 埼玉平成 秀明英光 日体大桜華
堅実校	日高 ふじみ野 富士見 新座 川越初雁	東村山西 拝島 羽村 多摩 五日市	

合格のめやす

合格の可能性 **60%** **80%** の偏差値を表示しています。

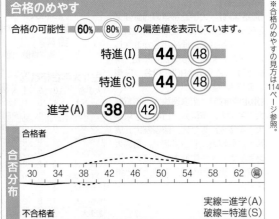

特進(Ⅰ) **44** 48
特進(S) **44** 48
進学(A) **38** 42

合格者

合否分布

30　34　38　42　46　50　54　58　62 （偏）

実線＝進学(A)
破線＝特進(S)

不合格者

※合格のめやすの見方は114ページ参照。

見学ガイド 文化祭／説明会／キャンパスツアー／授業・部活動体験会／個別相談会

蕨市

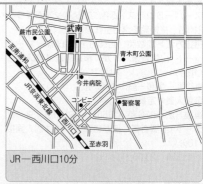

武南 高等学校

〒335-0002　埼玉県蕨市塚越5-10-21　☎(048)441-6948

【教育方針】　豊かな人間性の確立をめざし，学力の向上，健康な心身の育成を図り，志を高くもち，21世紀の社会に貢献できる自主・自立・自学・協同の精神に満ちた生徒を育成する。

【沿革】　1963年創立。2013年に併設中学を開設。

【学校長】　遠藤　修平

【生徒数】　男子742名，女子716名

	1年(13クラス)	2年(16クラス)	3年(13クラス)
男子	245名	282名	215名
女子	225名	288名	203名

JR―西川口10分

特色

設置学科：普通科

【コース】　特進，選抜，進学の3コース制。内部進学生とは3年間別クラス編成。

【カリキュラム】　①特進コースは難関国公立大学を目標にする。週3日の7時間授業を設定し，国数英は単位を増やして強化を図る。②選抜コースと進学コースは多様化する大学受験に対応。同じカリキュラムながら，選抜コースはより高度な授業で難関私立大学をめざす。③毎朝全学年で行う英単語テストや，実力テスト，模擬試験で自己の学習レベルを把握する。④夏期学習合宿や授業外に行われる補習講座など，学習効果を上げるサポート体制が整う。

【海外研修】　選抜コースと進学コースは2年次の修学旅行先がシンガポール。ほか，ホームステイを体験できる英語圏研修もある。

【クラブ活動】　水泳部，陸上競技部，サッカー部，ダンス部が全国レベルの実績をもつ。柔道部，野球部，吹奏楽部なども活躍している。

【行事】　1年次の入学直後にスプリングセミナーを実施。自学自習を習慣づける。

【施設】　2023年春に東川口駅にあるサッカー専用の武南フットボールフィールドが完成。

習熟度別授業	土曜授業	文理選択	オンライン授業	制服	自習室	食堂	プール	グラウンド	アルバイト
英	月3回	2年～	○	○	～19:00	○	―	○	審査

登校時刻＝ 8:30
下校時刻＝19:00

進路情報　2023年3月卒業生

四年制大学への進学率 **87.8%**

【卒業生数】　449名

【進路傾向】　大学進学者の内訳は文系63%，理系29%，他8%。国公立大学へ文系9名，理系15名が進学した。大学合格状況は国公立25名，早慶上理15名，GMARCH 72名，日東駒専179名など。

【指定校推薦】　東京理科大，学習院大，中央大，法政大，日本大，東洋大，駒澤大，専修大，國學院大，成蹊大，成城大，明治学院大，獨協大，芝浦工大，東京電機大，武蔵大，工学院大，東京都市大，文教大など推薦枠あり。

	名
■ 四年制大学	394名
□ 短期大学	5名
■ 専修・各種学校	21名
■ 就職	3名
□ 進学準備・他	26名

主な大学合格状況　'24年春速報は巻末資料参照

大学名	'23	'22	'21	大学名	'23	'22	'21	大学名	'23	'22	'21
◇一橋大	1	0	0	上智大	2	1	1	駒澤大	28	31	14
◇千葉大	1	1	1	東京理科大	9	5	4	専修大	41	26	23
◇筑波大	0	2	0	学習院大	11	13	2	大東文化大	64	45	32
◇埼玉大	4	9	5	明治大	25	22	8	亜細亜大	22	15	7
◇大阪大	1	0	0	青山学院大	6	10	3	帝京大	34	42	37
◇東北大	0	2	0	立教大	12	11	8	成蹊大	12	22	11
◇東京医歯大	0	2	0	中央大	13	12	8	獨協大	49	68	14
◇埼玉県立大	4	1	2	法政大	22	29	17	東京電機大	14	19	14
早稲田大	4	6	2	日本大	69	67	49	国士舘大	17	17	16
慶應大	2	0	0	東洋大	92	98	54	城西大	14	15	22

※各大学合格数は既卒生を含む。

入試要項 2024年春（実績）

新年度日程についてはp.116参照。

◆ 単願　特進単願（特進コース対象），単願（選抜コース・進学コース対象）

募集人員▶特進コース40名（併願を含む全体の定員），選抜コース・進学コース計180名

選抜方法▶国数英（各50分・各100点・マークシート・英にリスニングあり），調査書

◆ 併願　③は特進コースの募集なし

募集人員▶特進コースは定員内，選抜コース・進学コース計180名

選抜方法▶併願①②：国数英（各50分・各100点・マークシート・英にリスニングあり），調査書　併願③：国数英（各50分・各100点・英にリスニングあり），個人面接，調査書

◆ 受験料　25,000円

内申基準 非公表。

特待生・奨学金制度 入試成績による特待生制度あり。

帰国生の受け入れ 国内生と同枠入試で考慮あり。

入試日程

区分	出願	試験	発表	手続締切
特進単願	12/26〜1/12	1/22	1/25	2/1
単願	12/26〜1/12	1/22	1/25	2/1
併願①	12/26〜1/15	1/23	1/27	2/2
併願②	12/26〜1/15	1/25	1/29	2/2
併願③	2/1〜3	2/11	2/14	2/17

［延納］併願は20,000円納入と，①②2/2，③2/17までの手続きにより残額は公立発表後まで。

応募状況

年度	区分		応募数	受験数	合格数	実質倍率
'24	特進	単願	15	15	14	1.1
		併願①	97	95	72	1.3
		併願②	98	87	67	1.4
	選抜	単願	43	43	16	2.7
		併願①	449	445	249	1.8
		併願②	163	152	89	1.7
		併願③	8	8	3	2.7
	進学	単願	175	174	162	1.1
		併願①	403	400	347	1.2
		併願②	118	104	73	1.4
		併願③	18	16	4	4.0
'23	特進	単願	14	14	14	1.0
		併願①	93	92	76	1.2
		併願②	88	84	66	1.3
	選抜	単願	57	57	35	1.6
		併願①	407	402	258	1.6
		併願②	190	174	113	1.5
		併願③	5	5	3	1.7
	進学	単願	168	168	158	1.1
		併願①	427	419	385	1.1
		併願②	141	135	93	1.5
		併願③	22	21	10	2.1

［スライド制度］あり。上記に含まず。
［'24年合格最低点］非公表。

学費（単位：円）

学費（単位：円）	入学金	施設費	授業料	その他経費	小計	初年度合計
入学手続時	230,000	160,000	—	—	390,000	約800,380
1年終了迄	—	24,000	288,000	約98,380	約410,380	

※2024年度予定。［授業料納入］毎月分割。
［その他］制服・制定品代，副教材費・模試代・非常防災用品等（特進コース110,000円，選抜・進学コース100,000円），修学旅行積立金（特進コース180,000円，選抜・進学コース216,000円）あり。

併願校の例 ※[進学]を中心に

	埼公立	私立
挑戦校	市立浦和／浦和一女 蕨／浦和西 越谷北／春日部 不動岡／越ヶ谷 和光国際／川口市立	淑徳与野 大宮開成 川越東 春日部共栄 獨協埼玉
最適校	川口北／市立大宮北 市立浦和南／越谷南 伊奈総合（普）／上尾 与野／春日部女子 浦和北	浦和麗明 細田学園 栄北 桜丘
堅実校	大宮光陵／草加 朝霞／川口 南稜／大宮南 久喜／草加南	叡明 埼玉栄 浦和実業 浦和学院 成立学園

見学ガイド 体育祭／文化祭／説明会／オープンスクール／個別相談会

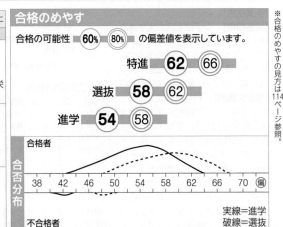

合格のめやす

合格の可能性 **60%** **80%** の偏差値を表示しています。

特進　**62**　（66）
選抜　**58**　（62）
進学　**54**　（58）

合格者 / 合否分布 / 不合格者

38　42　46　50　54　58　62　66　70　（偏）

実線＝進学　破線＝選抜

※合格のめやすの見方は114ページ参照。

ふ　武南　埼玉　男女

川越市

星野 高等学校（共学部）

〒350-0824　埼玉県川越市石原町2-71-11　☎(049)222-4489

【教育方針】　「知の構築」「国際人の自覚」「情操の涵養」の3つを教育の柱とする。学業に全力で打ち込みながら優れた人格の形成をめざす教養教育を大切にする。

【沿革】　1897年星野塾創立。2000年開設の星野学園中学校（共学）1期生の高校入学に伴い，2003年星野女子高等学校より現校名に改称。

【学校長】　星野　誠

【生徒数】　男子508名，女子702名

	1年(11クラス)	2年(10クラス)	3年(14クラス)
男子	153名	139名	216名
女子	223名	179名	300名

JR―川越・宮原，西武新宿線―本川越，西武池袋線―入間市などよりスクールバス

特色

設置学科：普通科

【コース】　S類特進選抜，α選抜，βの3コースを設置している。

【カリキュラム】　①S類特進選抜コースは1年次より最難関国立大学を意識したハイレベルな授業を展開。②α選抜コースでは計画的に学び，難関国立・私立大学受験を意識した授業を展開。③βコースは学業と部活動の両立をしながら，基礎力や学習習慣を定着させ，大学進学をめざす。④情操教育の一環として著名なアーティストを招いて芸術鑑賞会を開く。⑤夏休みに5教科を中心とする講習を設定。また，不得意教科のある生徒には補習を行う。⑥1人1台のタブレット端末を授業や自主学習などに活用。複数の学習支援システムを導入している。

【海外研修】　2年次に希望者を対象にカナダへの海外ホームステイ・語学研修（約2週間）があり，授業や体験学習などに参加する。

【クラブ活動】　ソフトボール部，陸上部，書道部，百人一首部，音楽部など多数が全国レベル。

【施設】　屋内温水プールや星野ドーム，弓道場，ハーモニーホールがある。女子部のある末広キャンパスの施設を利用することも可能。

習熟度別授業	土曜授業	文理選択	オンライン授業	制服	自習室	食堂	プール	グラウンド	アルバイト
5教科	○	2年〜	○	○	〜18:30	○	○	○	

登校時刻＝ 8:30
下校時刻＝19:00

進路情報　2023年3月卒業生（女子部含む）　四年制大学への進学率 **89.0%**

【卒業生数】　737名

【進路傾向】　女子部を含む大学進学者の内訳は文系66%，理系34%。国公立大学へ文系18名，理系26名が進学した。医学部5名（うち医学科1名），歯学部2名，薬学部44名が合格。

【指定校推薦】　利用状況は上智大1，東京理科大2，学習院大5，明治大4，青山学院大2，立教大8，中央大5，法政大3，日本大7，東洋大20，駒澤大3，専修大3，大東文化大2，帝京大1，國學院大5，成蹊大9，成城大6，明治学院大3，獨協大3，芝浦工大8，東京電機大7，津田塾大1，東京女子大3，日本女子大15，立命館大1など。

■四年制大学	656名
□短期大学	11名
■専修・各種学校	24名
■就職	2名
□進学準備・他	44名

主な大学合格状況
'24年春速報は巻末資料参照

大学名	'23	'22	'21	大学名	'23	'22	'21	大学名	'23	'22	'21
◇東工大	0	1	0	早稲田大	14	10	3	日本大	68	50	53
◇一橋大	1	0	0	慶應大	6	5	4	東洋大	104	85	87
◇千葉大	2	0	0	上智大	11	15	7	専修大	41	15	28
◇筑波大	3	1	0	東京理科大	25	12	11	大東文化大	98	33	62
◇横浜国大	3	1	2	学習院大	23	17	21	帝京大	43	25	45
◇埼玉大	9	8	10	明治大	37	24	20	獨協大	33	27	26
◇防衛医大	4	1	5	青山学院大	13	12	6	芝浦工大	20	15	14
◇東京学芸大	5	5	1	立教大	41	43	30	東京女子大	19	23	27
◇群馬大	5	5	4	中央大	39	32	26	日本女子大	43	40	34
◇埼玉県立大	2	1	3	法政大	49	37	26	共立女子大	22	26	51

※各大学合格数は既卒生を含む。

入試要項 2024年春（実績）

新年度日程についてはp.116参照。

◆ 単願
募集人員 ▶250名（内部進学生含む）
選抜方法 ▶国数英（各50分・各100点・マークシート），個人面接（5分），調査書

◆ 併願　公私とも併願可
募集人員 ▶120名
選抜方法 ▶国数英（各50分・各100点・マークシート），個人面接（5分），調査書

◆ 受験料　25,000円

内申基準 単願：[S類特進選抜]3科13または5科21，[α選抜]3科12または5科19，[β]3科10または5科16　併願：[S類特進選抜]3科14または5科22，[α選抜]3科13または5科20，[β]3科11または5科17　※いずれも9科に1不可，2は1科まで　※条件により内申加点あり

特待生・奨学金制度 入試成績により3段階の特待生認定。ほか，単願の入試成績上位者に創立120周年記念特待生・奨学金制度，併願の入試成績上位者が別途定める期日までに入学手続を行った場合の学費免除あり。

帰国生の受け入れ 国内生と同枠入試。

入試日程

区分	出願	試験	発表	手続締切
単願	12/20～1/17	1/22	1/23	1/27
併願	12/20～1/19	1/25or26	1/27	3/1

[試験会場] 単願は末広キャンパス，併願は1/25石原キャンパス・1/26末広キャンパス。

応募状況

年度	区分		応募数	受験数	合格数	実質倍率
'24	S類	単願	21	21	21	1.0
		併願	166	153	150	1.0
	α選	単願	91	91	91	1.0
		併願	287	269	267	1.0
	β	単願	99	99	99	1.0
		併願	262	245	240	1.0
'23	S類	単願	19	19	19	1.0
		併願	158	147	138	1.1
	α選	単願	72	72	72	1.0
		併願	262	243	228	1.1
	β	単願	72	72	72	1.0
		併願	108	98	95	1.1
'22	S類	単願	14	14	14	1.0
		併願	125	115	102	1.1
	α選	単願	44	43	43	1.0
		併願	302	282	266	1.1
	β	単願	91	91	91	1.0
		併願	120	110	107	1.0

[スライド制度] あり。上記に含まず。
[24年合格最低点] 単願：S類特進選抜202，α選抜173，β142（/300）　併願：S類特進選抜205，α選抜177，β148（/300）

ほ 星野

埼玉 男女

学費（単位：円）

	入学金	施設費	授業料	その他経費	小計	初年度合計
入学手続時	250,000	50,000	—	150,000	450,000	1,270,500
1年終了迄	—	162,000	396,000	262,500	820,500	

※2024年度予定。[授業料納入] 毎月分割。
[その他] 制服・制定品代あり。

併願校の例　※[α選]を中心に

	埼公立	都立	私立
挑戦校	市立浦和 川越 川越女子	戸山 新宿	立教新座 栄東 淑徳与野 中大杉並 淑徳
最適校	所沢北 和光国際 川越南 市立大宮北 所沢	竹早 武蔵野北 小金井北 北園 文京	川越東 大宮開成 西武文理 狭山ヶ丘 細田学園
堅実校	上尾 伊奈総合（普） 市立川越 松山 所沢西	小平 豊島 石神井 清瀬	山村学園 東京農大三 埼玉栄 西武台 聖望学園

合格のめやす

合格の可能性 **60%** **80%** の偏差値を表示しています。

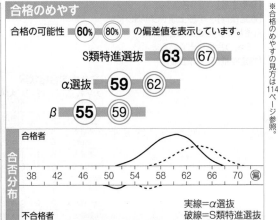

S類特進選抜　**63**　**67**
α選抜　**59**　**62**
β　**55**　**59**

合格者
不合格者

38　42　46　50　54　58　62　66　70　(偏)

実線＝α選
破線＝S類特進選抜

※合格のめやすの見方は114ページ参照。

見学ガイド 体育祭／文化祭／説明会／クラブ体験会／学校見学会／個別相談会

志木市

小 中 高 専 短 大

細田学園 高等学校

〒353-0004　埼玉県志木市本町2-7-1　☎(048)471-3255

【教育理念】　建学の精神に「愛と奉仕」を掲げる。未来という限りないフィールドを切り拓くことができる人間力を育成する。

【沿　革】　1921年創立。2019年度中学校開校。

【学校長】　荒井　秀一

【生徒数】　男子603名，女子517名

	1年(9クラス)	2年(9クラス)	3年(13クラス)
男子	141名	173名	289名
女子	149名	159名	209名

東武東上線，東京メトロ―志木15分

特色

設置学科：普通科

【コース】　特進H，特進，選抜G（グローバル），選抜L（リベラル），進学αの5コース制。

【カリキュラム】　①特進Hコースは独自のカリキュラムで効率的に学習し，最難関国公立大学をめざす。②特進コースは特進Hコースに準じたカリキュラムで最難関大学をめざす。③選抜Gコースは英語教育に特化したカリキュラム。世界で活躍する基盤を構築する。④選抜Lコースは難関大学合格に足る学力と人間力をバランスよく育む。⑤進学αコースは有名私立大学をめざし，着実に実力を身につける。個性に応え

る柔軟な指導で，最適な進路実現をサポート。⑥1人1台のノートPCをHR・授業・課外活動で活用。オンライン英会話も実施。

【キャリア教育】　大学入試の現状を学ぶ大学研究会や，世界を舞台にトップリーダーとして活躍する人からの社会人講演会などを開催。

【海外研修】　国際体験学習（修学旅行）や短期・中期・長期の留学プログラムがある。

【クラブ活動】　バレーボール部が全国レベル。野球部やサッカー部も活発。陶芸部が珍しい。

【施設】　2021年2月に新校舎が完成。

習熟度別授業	土曜授業	文理選択	オンライン授業	制服	自習室	食堂	プール	グラウンド	アルバイト
国数英	―	2年～	―	○	○	○	―	○	審査

登校時刻＝ 8:20
下校時刻＝19:00

進路情報　2023年3月卒業生

【卒業生数】　363名

※進路内訳は非公表。

【進路傾向】　早慶上理やGMARCHの合格数が前年度より増加。海外大学へ3名の合格が出ている。

【指定校推薦】　非公表。

主な大学合格状況

'24年春速報は巻末資料参照

大学名	'23	'22	'21	大学名	'23	'22	'21	大学名	'23	'22	'21
◇東工大	1	0	0	明治大	14	10	17	東海大	6	2	7
◇千葉大	0	0	1	青山学院大	7	10	8	亜細亜大	9	6	6
◇埼玉大	2	0	1	立教大	12	12	15	帝京大	38	47	18
◇東京農工大	0	1	0	中央大	16	12	12	國學院大	9	8	4
◇都立大	0	1	0	法政大	28	14	19	獨協大	16	21	19
早稲田大	12	1	16	日本大	29	25	27	東京電機大	12	5	10
慶應大	3	1	2	東洋大	46	47	35	武蔵大	9	11	9
上智大	1	1	3	駒澤大	4	10	7	国士舘大	13	12	4
東京理科大	9	9	4	専修大	8	12	9	城西大	10	14	10
学習院大	5	9	2	大東文化大	63	27	38	文京学院大	11	10	11

※各大学合格数は既卒生を含む。

入試要項 2024年春（実績）

新年度日程については**p.116**参照。

◆**第1回・第2回** 第1回：単願，併願 第2回：併願 ※ほかに指定校制推薦（単願）あり

募集人員▶特進Hコース60名，特進コース90名，選抜Gコース40名，選抜Lコース120名，進学αコース100名 ※指定校制推薦，奨学生入試を含む

選抜方法▶国数英（各50分・各100点・マークシート），調査書

◆**受験料** 25,000円

内申基準 単願：[特進H]5科25または9科45，[特進]5科22または9科38，[選抜G]英5かつ5科20または9科34，[選抜L]5科20または9科34，[進学α]5科18または9科32 **併願**：[特進H]5科25または9科45，[特進]5科23または9科40，[選抜G]英5かつ5科21または9科36，[選抜L]5科21または9科36，[進学α]5科19または9科33 ※いずれも9科に2不可

特待生・奨学金制度 1/23に奨学生入試（単願，併願）を実施。ほかに内申，その他成績基準による3段階の奨学生制度もある。

帰国生の受け入れ 国内生と同枠入試で考慮あり。

入試日程

区分	出願	試験	発表	手続締切
第1回単	12/18〜1/15	1/22	1/23	1/25
第1回併	12/18〜1/15	1/22	1/23	3/1
第2回併	12/18〜1/15	1/23	1/23	3/1

応募状況

年度	区分		応募数	受験数	合格数	実質倍率
'24	特進H	第1回	39	39	39	1.0
		第2回	69	69	32	2.2
	特進	第1回	107	107	107	1.0
		第2回	36	36	36	1.0
	選抜G	第1回	66	65	65	1.0
		第2回	17	17	17	1.0
	選抜L	第1回	211	211	200	1.1
		第2回	66	65	59	1.1
	進学α	第1回	316	315	292	1.1
		第2回	77	77	65	1.2

※第1回に指定校制推薦を含む。
[スライド制度]あり。上記に含まず。
['24年合格最低点]非公表。

ほ 細田学園
埼玉
男女

学費（単位：円）	入学金	教育充実費	授業料	その他経費	小計	初年度合計
入学手続時	250,000	—	—	—	250,000	1,241,700
1年終了迄	—	90,000	375,600	526,100	991,700	

※2024年度予定。[入学前納入]1年終了迄の小計のうち60,000円。[授業料納入]4回分割。
[その他]制服・制定品代あり。[寄付・学債]任意の寄付金1口5万円2口以上あり。

併願校の例
※[選抜L]を中心に

	埼公立	都立	私立
挑戦校	川越 川越女子 所沢北 蕨 和光国際	新宿 竹早	川越東 大宮開成 淑徳 淑徳巣鴨
最適校	川口市立 川越南 所沢 坂戸 市立川越	北園 文京	星野 城北埼玉 西武文理 狭山ヶ丘 浦和麗明
堅実校	所沢西 朝霞 南稜 朝霞西	清瀬 武蔵丘	山村学園 東京農大三 西武台 大東文化一

合格のめやす

合格の可能性 **60%** **80%** の偏差値を表示しています。

特進H **63** (67)

特進 **59** (63)

選抜G **56** (60)

選抜L **55** (59)

進学α **50** (54)

※合格のめやすの見方は114ページ参照。

見学ガイド 文化祭／説明会／オープンスクール／個別相談会

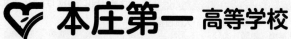

本庄市

本庄第一 高等学校

〒367-0002 埼玉県本庄市仁手1789 ☎(0495)24-1331

【教育方針】 理念は，影響を受け，影響を与え，柔軟さと豊かさを育むという「響生」。生徒と教師が共に学ぶ心をもち，学力・技術の向上に努め，礼節を重んじて豊かな人間関係を築く。

【沿　革】 1925年塩原裁縫女学校創立。1993年共学化に伴い，本庄女子高等学校より現校名に改称。

【学校長】 山浦　秀一

【生徒数】 男子575名，女子458名

	1年(10クラス)	2年(11クラス)	3年(10クラス)
男子	163名	218名	194名
女子	165名	154名	139名

JR―本庄・児玉・深谷，JR・東武東上線―寄居などよりスクールバスあり

特色

設置学科：普通科

【コース】 S類型，AⅠ類型（アドバンス，スタンダード），AⅡ類型を設置。2年次よりS類型文系・理系，文系Ⅰ型・Ⅱ型，理系Ⅰ型の5クラスに分かれる。

【カリキュラム】 ①S類型はハイレベルな授業と補習・能力に合わせた個別指導を実施。②AⅠ類型・AⅡ類型は学習と部活動の時間をバランスよく確保し，文武両道を実現する。③英単語テストや英語スピーチコンテストにより実践的英語力を身につけ，英語検定やGTECに備える。④ノートPCを全員が所持する。アクティブラーニングや予習，課題提出などに活用。⑤期末試験終了後の期間と8月の最終週を利用し，講座「Σ（シグマ）」を実施。各学期・学年内容を再確認するまとめ講座やキャリアガイダンスなどを行う。⑥2019年に國學院大學と協定を締結し，教育力・競争力の強化を図る。

【海外研修】 修学旅行はニュージーランドか沖縄の選択制。英語圏への留学制度もある。

【クラブ活動】 剣道部，ゴルフ部，女子バレーボール部，美術部が全国レベル。陸上競技部，女子サッカー部，ソフトボール部なども活躍。

習熟度別授業	土曜授業	文理選択	オンライン授業	制服	自習室	食堂	プール	グラウンド	アルバイト
―	―	2年～	○	○	～19:30	○	―	○	審査

登校時刻＝ 8:25
下校時刻＝19:00

進路情報 2023年3月卒業生

四年制大学への進学率 **67.1%**

【卒業生数】 252名

【進路傾向】 大学進学者の内訳は国公立6名，私立163名。例年，短期大学や専修・各種学校への進学者も一定数おり，進学決定率は9割程度。

【指定校推薦】 東京理科大，学習院大，立教大，中央大，法政大，日本大，東洋大，駒澤大，大東文化大，亜細亜大，帝京大，國學院大，成城大，明治学院大，獨協大，芝浦工大，東京電機大，津田塾大，玉川大，工学院大，立正大，国士舘大，共立女子大，大妻女子大，白百合女子大，北里大，東京薬科大，明治薬科大，日本歯大，武蔵野大など推薦枠あり。

	四年制大学	169名
	短期大学	10名
	専修・各種学校	53名
	就職	8名
	進学準備・他	12名

主な大学合格状況

'24年春速報は巻末資料参照

大学名	'23	'22	'21	大学名	'23	'22	'21	大学名	'23	'22	'21
◇筑波大	0	0	1	明治大	2	2	9	帝京大	8	16	7
◇東北大	0	0	3	青山学院大	1	2	4	國學院大	10	14	45
◇群馬大	1	6	7	立教大	4	2	5	成城大	2	5	3
◇信州大	0	1	1	中央大	2	2	9	獨協大	4	7	12
◇東京海洋大	1	0	0	法政大	3	7	12	芝浦工大	1	6	5
◇群馬県立女子大	3	1	0	日本大	3	12	12	東京電機大	2	10	10
早稲田大	0	0	2	東洋大	16	21	29	立正大	2	10	7
慶應大	0	3	3	専修大	2	12	11	東京工科大	1	4	12
東京理科大	1	1	5	大東文化大	25	14	22	城西大	9	14	22
学習院大	3	1	7	亜細亜大	3	4	6	埼玉工大	8	15	4

※各大学合格数は既卒生を含む。

入試要項 2024年春（実績）

新年度日程についてはp.116参照。

◆ 単願　**単願推薦①②**：自己推薦

募集人員 ▶ S類型70名，A I 類型180名，A II類型180名　※併願を含む全体の定員

選抜方法 ▶ 国数英（各40分・各100点・マークシート），個人面接（5〜10分），調査書

◆ 併願　**併願推薦①②③**：自己推薦

募集人員 ▶ 定員内

選抜方法 ▶ 国数英（各40分・各100点・マークシート），調査書

◆ 受験料　22,000円

内申基準 単願推薦：[S類型] 5科20，[A I 類型アドバンス] 5科18または9科34，[A I 類型スタンダード] 9科30，[A II類型] 9科27　併願推薦：[S類型] 5科21，[A I 類型アドバンス] 5科20または9科37，[A I 類型スタンダード] 9科33，[A II類型] 9科29　※いずれも9科に1不可，S類型は9科に2も不可　※条件により内申加点あり

特待生・奨学金制度 学業奨学生制度，部活動奨学生制度がある。

帰国生の受け入れ 国内生と同枠入試。

入試日程

区分	出願	試験	発表	手続締切
単願推薦①	12/11〜1/10	1/22	1/24	2/3
単願推薦②	2/5〜10	2/10	2/12	2/16
併願推薦①	12/11〜1/10	1/22	1/24	公立発表翌日
併願推薦②	12/11〜1/10	1/24	1/25	公立発表翌日
併願推薦③	2/5〜10	2/10	2/12	公立発表翌日

［2次募集］単願推薦③3/2

応募状況

年度	区分		応募数	受験数	合格数	実質倍率
'24	S類	単推①	34	34	31	1.1
		単推②	0	0	0	—
		併推①	77	75	69	1.1
		併推②	11	10	10	1.0
		併推③	1	1	0	—
	A I アド	単推①	49	48	44	1.1
		単推②	0	0	0	—
		併推①	114	113	107	1.1
		併推②	8	8	6	1.3
		併推③	0	0	0	—
	A I スタ	単推①	81	81	79	1.0
		単推②	1	1	0	—
		併推①	130	130	125	1.0
		併推②	13	11	10	1.1
		併推③	0	0	0	—
	A II 類	単推①	137	137	136	1.0
		単推②	0	0	0	—
		併推①	181	170	155	1.1
		併推②	12	12	11	1.1
		併推③	6	6	0	—

［スライド制度］あり。上記に含まず。
['24合格最低点] 単願推薦 I：S180，アド118，スタ103，A II 57（/300）　併願推薦 I：S154，133，A I スタ116，A II 87（/300）　併願推薦 II：S208，アド204，スタ181，A II 119（/300）

学費（単位：円）

	入学金	施設設備費	授業料	その他経費	小計	初年度合計
入学手続時	220,000	80,000	—	—	300,000	966,595
1年終了迄	—	168,000	264,000	234,595	666,595	

※2024年度予定。[授業料納入] 一括または2回・毎月分割。[その他] 制服・制定品代，教科書・副教材代，コース諸費用（S類型110,000円，A I 類型・A II類型85,000円）あり。

併願校の例

※[A II]を中心に

	埼公立	私立
挑戦校	上尾／伊奈総合（普） 本庄／松山 松山女子／深谷一 秩父／大宮南	栄北 東京農大三 埼玉栄 大妻嵐山 正智深谷
最適校	鴻巣／桶川 羽生一／深谷商業 熊谷工業／深谷 進修館／大宮東	国際学院 東京成徳深谷
堅実校	熊谷商業／寄居城北 鴻巣女子	秀明英光

合格のめやす

合格の可能性 ■■ **60%** **80%** ■■ の偏差値を表示しています。

S　**56**　60

AI（アドバンス）　**52**　56

AI（スタンダード）　**48**　52

A II　**42**　46

※合格のめやすの見方は114ページ参照。

（ほ）本庄第一　埼玉　男女

見学ガイド 体育祭／文化祭／説明会／体験入部会／個別相談会

本庄市

小 中 高 専 短 大

本庄東 高等学校

〒367-0022 埼玉県本庄市日の出1-4-5 ☎(0495)22-6351(代)・6742(入試事務局)

【建学の精神】 「本校は人間の尊さを教え，社会に期待される素地を創り，人生に望みと喜びを与えるところである」を掲げ，生徒たちの素直な心・感謝の心を育てる。

【沿　革】 1947年創立。1964年に現校名に改称。

【学校長】 小林　弘斉

【生徒数】 男子660名，女子550名

	1年(13クラス)	2年(12クラス)	3年(14クラス)
男子	224名	215名	221名
女子	187名	158名	205名

JR―本庄15分　JR・秩父鉄道―寄居などよりスクールバス計4路線あり

特色

設置学科：普通科

【コース】 特進選抜，特進，進学の3コースを設置。内部進学生とは3年間別クラス編成。

【カリキュラム】 ①特進選抜コースと特進コースは難関国公立・私立大学などの合格が目標。週2日7時限授業を設定し，入試突破のための実践的な授業を展開する。②進学コースは中堅私立大学から国公立大学への進学を目標とする。1年次より計画的に基礎力を身につけ，3年次は実践演習を多く取り入れる。補習に加え，予備校講師によるインターネット授業を活用。③朝の英単語テストや放課後の小テストをはじめ，

新聞の社説学習などの小論文対策を3年間継続して行い，実力を養う。④最難関大学合格をめざす「東大プロジェクト」にコースや学年を問わず参加可能。添削サポートや補習などを実施する。⑤1人1台のタブレット端末を導入。知識の探究と教育の最適化実現をめざしている。

【クラブ活動】 女子陸上部，水泳部，ソフトテニス部，書道パフォーマンスを行う書道部が全国レベル。柔道部なども活躍している。

【行事】 校外研修や芸術鑑賞会，教育講演会，球技大会，創作ダンス発表会などがある。

習熟度別授業	土曜授業	文理選択	オンライン授業	制服	自習室	食堂	プール	グラウンド	アルバイト
英	○	2年～	○	○	～19:00	○	○	○	審査

登校時刻＝ 8:40
下校時刻＝19:15

進路情報 2023年3月卒業生

【卒業生数】 432名

【進路傾向】 大学合格状況は，国公立93名，早慶上理73名，GMARCH259名，日東駒専166名など。

【指定校推薦】 利用状況は上智大1，東京理科大1，学習院大3，明治大2，青山学院大1，立教大1，中央大1，法政大1，日本大2，東洋大4，成蹊大1，成城大2，明治学院大2，東京女子大2，聖心女子大1，明治薬科大1，昭和女子大1，フェリス女学院大1，埼玉医大1など。ほかに慶應大，駒澤大，専修大，大東文化大，東海大，帝京大，國學院大，獨協大，芝浦工大，東京電機大，津田塾大など推薦枠あり。

四年制大学への進学率 **88.2%**

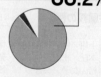

四年制大学	381名
短期大学	2名
専修・各種学校	13名
就職	1名
進学準備・他	35名

主な大学合格状況
'24春速報は巻末資料参照

大学名	'23	'22	'21	大学名	'23	'22	'21	大学名	'23	'22	'21
◇東京大	0	1	2	早稲田大	21	16	10	日本大	79	72	82
◇京都大	1	0	1	慶應大	11	13	3	東洋大	87	92	77
◇東工大	1	2	0	上智大	12	8	7	専修大	26	16	24
◇千葉大	3	1	1	東京理科大	33	26	26	大東文化大	60	58	34
◇筑波大	2	2	2	学習院大	21	13	11	東海大	25	27	37
◇横浜国大	1	2	1	明治大	52	58	36	帝京大	27	40	43
◇埼玉大	15	7	3	青山学院大	20	21	9	成蹊大	16	18	18
◇東北大	5	2	3	立教大	31	38	32	獨協大	36	38	19
◇群馬大	13	13	15	中央大	31	42	25	芝浦工大	28	32	36
◇高崎経済大	14	11	3	法政大	126	42	41	東京電機大	38	27	24

※各大学合格数は既卒生を含む。

入試要項 2024年春（実績）

新年度日程についてはp.116参照。

◆**単願** 自己推薦
募集人員▶特進選抜コース15名，特進コース110名，進学コース80名
選抜方法▶国数英（各50分・各100点），個人面接（5分），調査書
◆**併願** 自己推薦（公私とも併願可）
募集人員▶特進選抜コース15名，特進コース70名，進学コース30名
選抜方法▶国数英（各50分・各100点），調査書
◆**受験料** 22,000円

(内申基準) **単願**：[特進選抜] 5科22・9科39，[特進] 5科21・9科37，[進学] 5科19・9科33
併願：[特進選抜] 5科22・9科40，[特進] 5科22・9科38，[進学] 5科19・9科34 ※条件により内申加点あり

(特待生・奨学金制度) 単願・併願とも入試成績優秀者に4段階の学業特待生認定。ほか単願にスポーツ・文化活動特待生制度がある。

(帰国生の受け入れ) 国内生と同枠入試。

入試日程

区分	出願	試験	発表	手続締切
単願	12/15～1/12	1/22	1/26	1/31
併願①	12/15～1/12	1/22	1/26	3/1（群馬3/5）
併願②	12/15～1/12	1/23	1/26	
併願③	1/26～30	2/5	2/7	

応募状況

年度	区分		応募数	受験数	合格数	実質倍率
'24	特選	単願	42	42	25	1.7
		併願①	461	448	288	1.6
		併願②	78	74	64	1.2
		併願③	5	5	4	1.3
	特進	単願	81	81	76	1.1
		併願①	412	401	347	1.2
		併願②	50	48	48	1.0
		併願③	8	8	5	1.6
	進学	単願	99	97	95	1.0
		併願①	116	115	112	1.0
		併願②	10	10	10	1.0
		併願③	1	1	0	—
'23	特選	単願	61	61	49	1.2
		併願①	391	382	313	1.2
		併願②	148	142	90	1.6
		併願③	102	94	57	1.6
	特進	単願	60	59	55	1.1
		併願①	343	332	286	1.2
		併願②	66	64	37	1.7
		併願③	35	32	25	1.3
	進学	単願	92	90	89	1.0
		併願①	110	106	104	1.0
		併願②	24	23	20	1.2
		併願③	12	11	11	1.0

[スライド制度] あり。上記に含まず。
[’24年合格最低点] 非公表。

学費（単位：円）

	入学金	施設費	授業料	その他経費	小計	初年度合計
入学手続時	220,000	50,000	—	6,000	276,000	855,147
1年終了迄	—	96,000	264,000	219,147	579,147	

※2024年度予定。[授業料納入] 毎月分割。
[その他] 制服・制定品代あり。

併願校の例
※[特進]を中心に

	埼公立	私立
挑戦校	大宮／市立浦和 浦和一女／不動岡 春日部／浦和西	栄東 開智 淑徳与野 大宮開成
最適校	熊谷女子／熊谷 熊谷西／市立大宮北 上尾／伊奈総合（普）	星野共学部 本庄一（S類）
堅実校	本庄／松山 松山女子	栄北 東京農大三 埼玉栄 大妻嵐山

合格のめやす

合格の可能性 60% 80% の偏差値を表示しています。

特進選抜 63 67
特進 57 61
進学 53 57

合否分布：実線＝特進 破線＝特進選抜
38 42 46 50 54 58 62 66 70 （偏）

※合格のめやすの見方は114ページ参照。

ほ 本庄東 埼玉 男女

(見学ガイド) 文化祭／説明会／部活動体験入部会／受験相談会

入間郡越生町

武蔵越生 高等学校

〒350-0417　埼玉県入間郡越生町上野東1-3-10　☎(049)292-3245

小中高専短大

【教育目標】　「行うことによって学ぶ」を建学の精神に掲げている。国際社会のよき形成者として心豊かで実践力のある人間を育成する。

【沿　革】　1960年越生工業高等学校創立。1993年現校名となり共学化。

【学校長】　一川　智宏

【生徒数】　男子635名，女子309名

	1年(10クラス)	2年(9クラス)	3年(10クラス)
男子	229名	194名	212名
女子	107名	85名	117名

東武越生線―武州唐沢2分　JR―熊谷，西武線―狭山市・飯能などよりスクールバス

特色

設置学科：普通科

【コース】　S特進，選抜Ⅰ，選抜Ⅱ，アスリート選抜（男子）の4コース制。2年次よりS特進コースと選抜Ⅰコースは文系と理系に，選抜Ⅱコースは文理と文系に分かれる。

【カリキュラム】　①S特進コースは国公立・難関私立大学をめざす。週3日の7時限目講座，長期休業中の授業，予備校授業などを行う。②選抜Ⅰコースは難関私立大学合格が目標。最先端企業体験などを実施する。③選抜Ⅱコースは英語・漢字・文書処理など各種検定を取得。④アスリート選抜コースは男子のみ。野球，サッカー，柔道，ソフトテニスの4競技が対象。栄養，メンタルトレーニングなどの講習会を開く。

【キャリア教育】　大学模擬授業や進路相談会，キャンパスツアー，各種ガイダンスを実施。一人ひとりの能力や適性を把握し，指導を行う。

【海外研修】　2年次の修学旅行でオーストラリアを訪問する。希望者を対象とした海外短期留学・ホームステイでは，現地校の授業やプログラムに参加し，国際感覚を養う。

【クラブ活動】　柔道・チアリーダー・和太鼓・男子ソフトテニス部が全国レベルで活躍。

習熟度別授業	土曜授業	文理選択	オンライン授業	制服	自習室	食堂	プール	グラウンド	アルバイト	
英	月3回	2年～	○	○	～19:00	○	―	○	審査	登校時刻＝8:45 下校時刻＝19:00

進路情報 2023年3月卒業生

【卒業生数】　325名

【進路傾向】　大学進学者の7割強が文系進学。国公立大学へ理系5名が進学した。

【指定校推薦】　利用状況は立教大1，駒澤大1，大東文化大6，亜細亜大2，成城大1，国士舘大3，埼玉医大1など。ほかに中央大，日本大，東洋大，専修大，東海大，帝京大，神奈川大，芝浦工大，東京電機大，東京女子大，武蔵大，玉川大，工学院大，立正大，東京経済大，共立女子大，杏林大，実践女子大，明星大，二松學舎大，帝京平成大，東京工科大，拓殖大，駒沢女子大，城西大，帝京科学大など推薦枠あり。

四年制大学への進学率 **75.4%**

四年制大学	245名
短期大学	20名
専修・各種学校	37名
就職	18名
進学準備・他	5名

主な大学合格状況　'24年春速報は巻末資料参照

大学名	'23	'22	'21	大学名	'23	'22	'21	大学名	'23	'22	'21
◇筑波大	1	0	0	学習院大	1	1	0	亜細亜大	2	5	7
◇横浜国大	0	0	1	明治大	0	0	2	帝京大	50	27	13
◇埼玉大	0	1	0	青山学院大	1	1	0	芝浦工大	2	3	3
◇お茶の水女子大	1	0	0	立教大	3	1	1	東京電機大	4	2	5
◇国立看護大	1	0	0	中央大	1	0	0	国士舘大	16	9	5
◇埼玉県立大	1	3	0	法政大	5	3	3	拓殖大	14	8	8
早稲田大	0	0	1	日本大	4	1	9	城西大	13	16	15
慶應大	0	1	0	東洋大	17	13	15	十文字学園女子大	4	4	3
上智大	2	1	0	駒澤大	5	2	3	日本医療科学大	3	4	7
東京理科大	3	0	3	大東文化大	30	13	13	東京国際大	26	13	12

※各大学合格数は既卒生を含む。

入試要項 2024年春（実績）

新年度日程についてはp.116参照。

◆推薦　単願，併願（公私とも可）　※いずれも中学校推薦，自己推薦Ａ，自己推薦Ｂ

募集人員▶Ｓ特進コース60名，選抜Ⅰコース120名，選抜Ⅱコース160名，アスリート選抜コース（男子）40名　※一般を含む全体の定員

選抜方法▶国数英（各50分・各100点），調査書，ほかに単願は個人面接

◆一般　Ⅰ：単願，併願

募集人員▶定員内

選抜方法▶国数英（各50分・各100点），調査書，ほかに単願は個人面接

◆受験料　25,000円

内申基準▶中学校推薦・自己推薦Ａ（単願）：［Ｓ特進］3科12または5科20，［選抜Ⅰ］3科11または5科18または9科32，［選抜Ⅱ］［アスリート選抜］3科10または5科16または9科28

中学校推薦・自己推薦Ａ（併願）：［Ｓ特進］3科13または5科21，［選抜Ⅰ］3科13または5科20または9科35，［選抜Ⅱ］［アスリート選抜］3科11または5科18または9科31　※自己推薦Ａは上記基準のほかに成績基準あり　※いずれも9科に1不可　※条件により内申加点あり

特待生・奨学金制度　在籍する中学校長からの推薦書が提出された生徒対象の成績奨学生，スポーツ奨学生，吹奏楽奨学生などあり。

帰国生の受け入れ　個別対応。

入試日程

区分		登録・出願	試験	発表	手続締切
推薦	単願	12/9～1/13	1/22	1/25	2/3
	併願	12/9～1/13	1/22or23	1/25	1/31
一般Ⅰ	単願	1/16～31	2/2	2/4	2/8
	併願	1/16～31	2/2	2/4	2/8

［延納］併願は10,000円納入により残額は公立発表後まで。
［2次募集］一般Ⅱ3/7

応募状況

年度	区分		応募数	受験数	合格数	実質倍率
'24	推薦	単願	283	278	277	1.0
		併願1/22	591	579	573	1.0
		併願1/23	106	104	99	1.1
	一般Ⅰ	単願	7	7	6	1.2
		併願	11	11	11	1.0
'23	推薦	単願	291	289	288	1.0
		併願1/22	515	514	508	1.0
		併願1/23	120	119	118	1.0
	一般Ⅰ	単願	5	5	5	1.0
		併願	4	4	1	4.0
'22	推薦	単願	245	242	238	1.0
		併願1/22	549	542	536	1.0
		併願1/23	152	151	146	1.0
	一般Ⅰ	単願	9	8	8	1.0
		併願	10	10	10	1.0

［スライド制度］あり。上記に含む。
［'24年合格最低点］非公表。

む　武蔵越生

埼玉　男女

学費（単位：円）	入学金	施設費	授業料	その他経費	小計	初年度合計
入学手続時	230,000	120,000	—	—	350,000	1,077,620
1年終了迄	—	84,000	336,000	307,620	727,620	

※2024年度予定。［返還］3/31までの入学辞退者には入学金を除き返還。［授業料納入］3回分割。
［その他］制服・制定品代，教科書代・教材費（Ｓ特進コース28,170円，選抜Ⅰコース26,751円，選抜Ⅱコース21,582円，アスリート選抜コース20,779円），入学後諸費（Ｓ特進コース92,732円，選抜Ⅰコース119,732円，選抜Ⅱコース104,532円，アスリート選抜コース84,532円），アスリート選抜コースは体育実習費48,000円あり。

併願校の例
※［選抜Ⅱ］を中心に

	埼公立	私立
挑戦校	市立川越／松山 所沢西／松山女子 朝霞西／入間向陽 豊岡	東京農大三 山村学園 大妻嵐山 聖望学園 山村国際
最適校	坂戸西／川越総合 滑川総合／川越西 所沢中央／志木 小川／新座柳瀬 飯能／狭山清陵	秋草学園 埼玉平成 東野
堅実校	寄居城北／日高 ふじみ野／鶴ヶ島清風 川越初雁	秀明英光

合格のめやす

合格の可能性 **60%** **80%** の偏差値を表示しています。

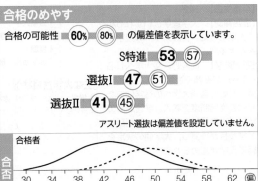

S特進　**53** （57）

選抜Ⅰ　**47** （51）

選抜Ⅱ　**41** （45）

アスリート選抜は偏差値を設定していません。

合格者

合否分布

| 30 | 34 | 38 | 42 | 46 | 50 | 54 | 58 | 62 | (偏) |

不合格者

実線＝選抜Ⅱ
破線＝選抜Ⅰ

※合格のめやすの見方は114ページ参照。

見学ガイド　文化祭／説明会／オープンキャンパス／部活動体験会／個別相談会

入間市

武蔵野音楽大学附属 高等学校

〒358-8521 埼玉県入間市中神728 ☎(04)2932-3063

【教育理念】 「〈和〉のこころ」を育み，「音楽芸術の研鑽」と「人間形成」を図る。正しい技術の訓練，豊かな知識の吸収，そして音楽の持つ美しさを感じ取る知性・感性・創造性を磨く。

【沿 革】 1973年武蔵野高等学校として開校。2005年現校名に改称。2027年4月に東京都新キャンパス（練馬区）に移転予定。

【学校長】 福井 直昭

【生徒数】 男子17名，女子30名

	1年(1クラス)	2年(1クラス)	3年(1クラス)
男子	7名	6名	4名
女子	8名	8名	14名

武蔵野音楽大学附属

西武池袋線―仏子5分

特色

設置学科：音楽科

【カリキュラム】 ①専門科目だけでなく，一般教科も重視した体系的かつバランスのよいカリキュラムを編成。②専攻は，声楽，鍵盤楽器（ピアノ，オルガン），弦楽器，管楽器，打楽器，作曲の6つ。週1回，併設大学の教授をはじめとする指導者より1対1の実技レッスンを受けられる。③専攻実技の試験課題は生徒の進度に応じた幅広い選択肢を設けると同時に，併設大学へ入学できる技能を身につける。④アンサンブル授業があり，ピアノ（ピアノ専攻のみ），ウインド，弦楽，声楽から選べる。⑤武蔵野音楽大学との高大連携授業を実施している。

【行事】 選抜された生徒によるコンサート，伝統芸能鑑賞をはじめ，大学や校外から招いた講師による講演，著名な音楽家の公開講座やコンサートなどを開催。広い視野から音楽を理解する能力や積極的に学ぶ意欲を育てる。

【施設】 約430,000㎡におよぶ校地には，オーケストラスタジオ，音響設計が施された1,202席のコンサートホール，練習室などがある。2024年に新しい女子寮が完成予定。併設大学江古田キャンパスの施設も利用する。

習熟度別授業	土曜授業	文理選択	オンライン授業	制服	自習室	食堂	プール	グラウンド	アルバイト
―	○	―	―	―	―	―	―	○	―

登校時刻＝ 8:50
下校時刻＝18:00

進路情報 2023年3月卒業生

【卒業生数】 14名

【進路傾向】 大学進学はいずれも私立大学だった。併設大学への進学が例年大多数。

【系列進学】 武蔵野音楽大学へ11名（音楽）が推薦で進学した。2023年度，武蔵野音楽大学への進学にあたり内部推薦制度を導入。学習成績の状況，出席状況など総合的に判断して学校長が推薦し，大学側の決定を経て入学が認められる。

四年制大学への進学率 **92.9%**

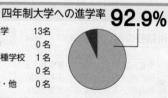

四年制大学	13名
短期大学	0名
専修・各種学校	1名
就職	0名
進学準備・他	0名

主な大学合格状況

'24春速報は巻末資料参照

大学名	'23	'22	'21	大学名	'23	'22	'21	大学名	'23	'22	'21
武蔵野音大	15	20	14								

※各大学合格数は既卒生を含む。

入試要項 2024年春（実績）

新年度日程についてはp.116参照。

◆ 推薦　第1志望
募集人員▶30名
選抜方法▶音楽選択課題（コールユーブンゲン，聴音，副科ピアノのいずれか），専攻実技，個人面接（7分），調査書
◆ 一般
募集人員▶A30名
選抜方法▶国英（各50分・各100点），音楽選択課題（コールユーブンゲン，聴音，副科ピアノのいずれか），専攻実技，個人面接（7分），調査書
◆ 受験料　30,000円

（**内申基準**）特記なし。
（**特待生・奨学金制度**）学業・人物ともに優れた者を対象に福井直秋記念奨学金制度あり。
（**帰国生の受け入れ**）国内生と同枠入試。

入試日程

区分	出願	試験	発表	手続締切
推薦	1/6〜13	1/22	1/23	2/6
一般A	1/19〜26	2/10	2/13	2/29

[試験会場] 一般Aは武蔵野音楽大学江古田キャンパス。
[延納] 一般Aのみ入学金以外は3/12まで。
[2次募集] 一般B3/16

応募状況

年度	区分		応募数	受験数	合格数	実質倍率
'24	推薦	男子	10	10	9	1.1
		女子	12	12	12	1.0
	一般A	男子	1	1	1	1.0
		女子	0	0	0	—
'23	推薦	男子	5	5	5	1.0
		女子	7	7	7	1.0
	一般A	男子	2	2	1	2.0
		女子	4	3	2	1.5
'22	推薦	男子	5	5	5	1.0
		女子	7	7	7	1.0
	一般A	男子	2	1	1	1.0
		女子	1	1	1	1.0

['24年合格最低点] 非公表。

（む）武蔵野音楽大学附属　埼玉　男女

学費（単位：円）

学費（単位：円）	入学金	施設費	授業料	その他経費	小計	初年度合計
入学手続時	100,000	230,000	500,000	15,000	845,000	869,000
1年終了迄	—	—	—	24,000	24,000	

※2024年度予定。[入学前納入] 1年終了迄の小計のうち14,000円。[返還] 一般で3/29までの入学辞退者には入学金を除き返還。[授業料納入] 一括または2回分割。[その他] 制服・制定品代，練習楽器使用料，寮生（女子）は寮費846,000円あり。[寄付・学債] 任意の武蔵野音楽学園教育運営推進協力寄附金1口1万円3口以上あり。

併願校の例

	埼公立	私立
挑戦校		桐朋女子(音) 八王子学園(総合) 国立音大附(音)
最適校	大宮光陵(音)	東邦音大二 上野学園(音)
堅実校	芸術総合(音)／松伏(音)	副﨑部(ミュージック)

合格のめやす

合格の可能性 ⓺⓪% ⑧⓪% の偏差値を表示しています。

音楽科　47　51

合格者

合否分布は不明

| | 30 | 34 | 38 | 42 | 46 | 50 | 54 | 58 | 62 | (偏) |

不合格者

※合格のめやすの見方は114ページ参照。

見学ガイド　文化祭／説明会／ドリームコンサート／音楽基礎講座・体験レッスン&パーソナルアドバイス

川越市

山村学園 高等学校

〒350-1113　埼玉県川越市田町16-2　☎(049)225-3565

小 中 **高** 専 短 大

【校　訓】　「質実・英知・愛敬」を掲げ，素直な気持ち，感謝する気持ちを持って働く人間，高い知性と優れた創造力を発揮できる人間，人を慈しみ，尊敬する心を持った人間を育成。

【沿　革】　1922年裁縫手芸伝習所山村塾創立。2008年より現校名に改称，女子校より共学化。

【学校長】　平野　正美

【生徒数】　男子554名，女子878名

	1年(15クラス)	2年(16クラス)	3年(13クラス)
男子	212名	191名	151名
女子	315名	342名	221名

東武東上線―川越市5分　西武新宿線―本川越8分　JR―上尾よりスクールバス

特色

設置学科：普通科

【コース】　特別選抜SA，特別進学EL，総合進学GLの3コース制。

【カリキュラム】　①特別選抜SAコースは難関国公立大学への現役合格を目標とする。1年次から3年次まで週3日7時間授業を行い，学力強化に励む。②特別進学ELコースは難関私立・海外大学への現役合格をめざし，1年次は週3日7時間授業を行い，2年次からは文系・理系に分かれ，私立型の受験科目を強化。予備校講師によるSGゼミ（校内予備校）などサポート体制も万全。③総合進学GLコースは一般選抜に対応できる実力を養いつつ，学校推薦型や総合型選抜にも対応。④全生徒にタブレット端末を用意し，授業や自宅学習，進路指導に活用。ICTを効果的に利用した快適な学習環境が整う。

【海外研修】　2年次必修の海外研修旅行では，特別選抜SAと特別進学ELはシンガポール・マレーシアへ，総合進学GLは台湾へ渡航する。希望制でニュージーランド短期研修もある。

【クラブ活動】　硬式テニス部，ダンス部，バトン部が全国レベル。剣道部，硬式野球部，書道部，ラクロス部，ソフトボール部なども活発。

習熟度別授業	土曜授業	文理選択	オンライン授業	制服	自習室	食堂	プール	グラウンド	アルバイト	登校時刻＝ 8:35
―	○	2年～	○	○	～20:00	○	―	徒歩5分	審査	下校時刻＝19:00

進路情報　2023年3月卒業生

四年制大学への進学率 **86.7%**

【卒業生数】　316名

【進路傾向】　大学進学者の内訳は文系65%，理系35%。国公立大学へ理系1名が進学した。大学合格状況は国公立8名，早慶上理8名など。

【系列進学】　山村学園短期大学へ1名が内部推薦で進学した。

【指定校推薦】　利用状況は東京理科大1，学習院大1，青山学院大1，中央大1，東洋大3，駒澤大2，成蹊大1，成城大1，武蔵大2，工学院大3など。ほかに立教大，法政大，日本大，専修大，大東文化大，亜細亜大，帝京大，國學院大，獨協大，東京電機大，津田塾大，東京女子大，日本女子大など推薦枠あり。

- 四年制大学　274名
- 短期大学　9名
- 専修・各種学校　24名
- 就職　3名
- 進学準備・他　6名

主な大学合格状況

'24年春速報は巻末資料参照

大学名	'23	'22	'21	大学名	'23	'22	'21	大学名	'23	'22	'21
◇筑波大	0	1	0	東京理科大	3	7	1	専修大	12	11	15
◇埼玉大	0	6	1	学習院大	5	11	3	大東文化大	38	69	60
◇東京農工大	0	1	1	明治大	4	11	8	帝京大	22	33	34
◇お茶の水女子大	1	0	0	青山学院大	1	2	2	獨協大	5	14	10
◇茨城大	1	1	0	立教大	4	19	7	芝浦工大	5	22	40
◇高崎経済大	1	0	0	中央大	3	18	5	東京電機大	13	23	21
◇埼玉県立大	1	2	2	法政大	6	11	5	東京女子大	10	9	2
早稲田大	1	1	5	日本大	14	26	32	立正大	14	13	18
慶應大	0	2	1	東洋大	32	53	41	明星大	12	15	41
上智大	4	0	0	駒澤大	12	27	14	城西大	7	32	47

※各大学合格数は既卒生を含む。

入試要項 2024年春（実績）

新年度日程についてはp.116参照。

◆ 単願

募集人員▶特別選抜SAコース約40名，特別進学ELコース約160名，総合進学GLコース約240名　※併願を含む全体の定員

選抜方法▶国数英（各50分・各100点・マークシート），調査書

◆ 併願　公私とも併願可

募集人員▶定員内

選抜方法▶国数英（各50分・各100点・マークシート），調査書

◆ 受験料　25,000円

内申基準　単願：[特別進学EL] 3科12または5科20，[総合進学GL] 3科11または5科18または9科32　併願：[特別進学EL] 3科13または5科21，[総合進学GL] 3科12または5科20または9科36　※いずれも5科に2不可　※条件により内申加点あり

特待生・奨学金制度　学業特待生入試（特別選抜SAコース約10名）を実施。内申，入試成績により2段階認定。ほか，部活動奨学生（特別進学EL・総合進学GLコース計約5名），硬式野球部奨学生（総合進学GLコース男子5名以内）の制度あり。

帰国生の受け入れ　個別対応。

入試日程

区分	出願	試験	発表	手続締切
単願	12/20～1/13	1/22	1/25	1/29
併願①	12/20～1/13	1/22	1/26	2/5
併願②	12/20～1/13	1/23	1/26	2/5
併願③	12/20～1/13	1/24	1/26	2/5

[延納] 併願は15,000円納入により残額は公立発表後まで。

応募状況

年度	区分		応募数	受験数	合格数	実質倍率
'24	S A	単願	9	9	9	1.0
		併願	137	135	134	1.0
	E L	単願	48	48	48	1.0
		併願	529	522	521	1.0
	G L	単願	179	179	177	1.0
		併願	768	759	743	1.0
'23		単願	322	321	320	1.0
		併願①	1,053	1,050	1,045	1.0
		併願②	318	318	305	1.0
		併願③	180	178	157	1.1

['24年合格最低点] 非公表。

学費（単位：円）

	入学金	施設費	授業料	その他経費	小計	初年度合計
入学手続時	230,000	—	—	—	230,000	917,000
1年終了迄	—	144,000	336,000	207,000	687,000	

※2024年度予定。[入学前納入] 1年終了迄の小計のうち40,000円。[授業料納入] 6回分割。
[その他] 制服・制定品代，修学旅行積立金（コースにより約150,000～200,000円）あり。

併願校の例

※[GL]を中心に

	埼公立	国・私立
挑戦校	所沢北／浦和西　和光国際／川越南　市立大宮北／川口北　市立浦和南／所沢	大宮開成　星野　西武文理　狭山ヶ丘　細田学園
最適校	坂戸／上尾　伊奈総合（普）／市立川越　与野／浦和北　所沢西／松山女子　朝霞／大宮光陵	筑波大坂戸　東京農大三　埼玉栄　大妻嵐山　西武台
堅実校	大宮南／朝霞西　入間向陽／豊岡　川越総合／坂戸西　桶川／川越西	山村国際　浦和実業　国際学院　秋草学園　武蔵越生

合格のめやす

合格の可能性 **60%** **80%** の偏差値を表示しています。

特別選抜SA **61** **65**

特別進学EL **55** **59**

総合進学GL **51** **55**

実線＝総合進学GL
破線＝特別進学EL

合格者 / 合否分布 / 不合格者

34　38　42　46　50　54　58　62　66　(偏)

※合格のめやすの見方は114ページ参照。

見学ガイド　体育祭／文化祭／説明会／オープンスクール／部活動体験／個別相談会

坂戸市

山村国際 高等学校

〒350-0214　埼玉県坂戸市千代田1-2-23　☎(049)281-0221

小中 高 専 短 大

【教育目標】「Challenge, Cosmos, Communication」を掲げ、自国の理解を出発点に世界のことについて理解を深め、グローバルな視野、豊かな感性を備えた国際人の育成をめざす。

【沿革】　1922年裁縫手芸伝習所山村塾開設。1999年女子校より共学化、現校名に改称。

【学校長】　中山　達朗

【生徒数】　男子397名、女子479名

	1年(8クラス)	2年(9クラス)	3年(7クラス)
男子	139名	146名	112名
女子	190名	169名	120名

東武東上線―坂戸10分、若葉12分　JR―吹上・上尾、西武池袋線―飯能よりスクールバス

特色

設置学科：普通科

【コース】　特進選抜コース、特別進学コース、進学コースを設置。2年次よりライフデザインコース（食物専攻、保育専攻）が加わり、他コースは文系と理系に分かれる。

【カリキュラム】　①特進選抜コースは国公立・難関私立大学が目標。外部講師による特別講座を放課後に設定。②特別進学コースは中堅私立大学をめざし、基礎力と応用力を身につける。③進学コースは部活動との両立をめざす。多様な進路希望に対応する。④ライフデザインコースは併設短期大学、女子栄養大学と高大連携教育を行い、保育・食物分野をリードするスペシャリストになるための基礎を作る。

【キャリア教育】　1年次に適性診断テストを実施し、早期から自分の特徴を把握して将来への目標をもたせる。ほか、放課後セミナーや夏期講座、進路学習会などで夢の実現をサポート。

【海外研修】　2年次の修学旅行ではシンガポールを訪れる。アメリカへの語学研修もある。

【クラブ活動】　バトントワーリング部、ダンス部、吹奏楽部が全国レベル。男子ソフトテニス部、生物部なども活躍している。

習熟度別授業	土曜授業	文理選択	オンライン授業	制服	自習室	食堂	プール	グラウンド	アルバイト
英	○	2年～	○	○	～19:00	○	―	○	審査

登校時刻＝ 8:30
下校時刻＝19:00

進路情報 2023年3月卒業生

【卒業生数】　235名

【進路傾向】　大学進学者の内訳は文系60%、理系33%、他7%。国公立大学へ文理各1名が進学した。特別進学コースの大学進学率は79%。

【系列進学】　山村学園短期大学へ3名が内部推薦で進学した。

【指定校推薦】　利用状況は法政大1、日本大1、東洋大1、大東文化大7、亜細亜大2、東京電機大3、東京経済大1、杏林大1、日本薬科大1、武蔵野大1、文教大1、帝京平成大2、東京工科大1、城西大3、目白大1、帝京科学大1、文京学院大4、淑徳大5、東京成徳大1、十文字学園女子大1など。

四年制大学への進学率 65.1%

■ 四年制大学	153名
□ 短期大学	17名
■ 専修・各種学校	53名
■ 就職	1名
□ 進学準備・他	11名

主な大学合格状況

'24年春速報は巻末資料参照

大学名	'23	'22	'21	大学名	'23	'22	'21	大学名	'23	'22	'21
◇東京外大	0	1	0	明治大	0	2	6	帝京大	6	15	6
◇埼玉大	2	1	0	青山学院大	0	0	5	東京電機大	4	6	10
◇防衛医大	3	0	0	立教大	1	5	3	武蔵大	3	8	1
◇茨城大	1	2	0	中央大	1	0	3	国士舘大	1	7	10
◇富山大	1	0	0	法政大	1	3	6	城西大	9	16	23
◇群馬県立女子大	3	1	0	日本大	18	17	7	文京学院大	11	10	16
早稲田大	1	0	0	東洋大	10	16	22	女子栄養大	1	6	5
上智大	0	1	0	駒澤大	1	5	3	日本医療科学大	1	1	1
東京理科大	1	0	4	大東文化大	18	33	28	埼玉工大	1	1	26
学習院大	4	2	1	亜細亜大	8	6	6	東京国際大	9	25	18

※各大学合格数は既卒生を含む。

入試要項 2024年春（実績）

新年度日程についてはp.116参照。

◆ 第1回・第2回・第3回　**単願**：校長推薦，自己推薦　**併願**：校長推薦，自己推薦

募集人員▶280名

選抜方法▶国数英（各50分・各100点・マークシート・英にリスニングあり），調査書

※単願・併願とも第1回，第3回は英語重視推薦入試での受験も可。国数英（各50分・各100点・国数を各75点に換算・英にリスニングあり），英作文（20分・25点），個人面接（英語10分・25点）

※各入試で英語検定3級取得者は合格証のコピー提出により，英の得点保証あり

◆ 受験料　25,000円

内申基準 単願（校長推薦）：[特進選抜] 3科12，[特別進学] 5科のうち英を含む任意3科11，[進学] 5科のうち英を含む任意3科10　併願（校長推薦）：[特進選抜] 3科13，[特別進学] 5科のうち英を含む任意3科12，[進学] 5科のうち英を含む任意3科11　※いずれも別途成績基準あり　※条件により内申加点あり

特待生・奨学金制度 特進選抜コースを対象に学業奨学生入試(1/22)を実施。ほか7〜11月の部活動別セレクションで判定を受けてスポーツ奨学生入試(1/23)または単願を対象に5段階の特典あり

帰国生の受け入れ 国内生と別枠入試。

入試日程

区分	登録・出願	試験	発表	手続締切
第1回	12/7〜1/7	1/22	1/25	1/31
第2回	12/7〜1/7	1/23	1/25	1/31
第3回	1/9〜25	1/31	2/1	2/6

[延納] 併願は15,000円納入により残額は公立発表後まで。

応募状況

年度	区分		応募数	受験数	合格数	実質倍率
'24	第1回	男子	343	343	335	1.0
		女子	429	428	418	1.0
	第2回	男子	88	83	78	1.1
		女子	55	54	50	1.1
	第3回	男子	4	2	1	2.0
		女子	11	11	9	1.2
'23	第1回	男子	382	376	364	1.0
		女子	561	553	543	1.0
	第2回	男子	126	122	114	1.1
		女子	111	103	99	1.0
	第3回	男子	16	14	14	2.0
		女子	17	13	11	1.2

[スライド制度] あり。上記に含む。
['24年合格最低点] 非公表。

学費（単位：円）

	入学金	施設費	授業料	その他経費	小計	初年度合計
入学手続時	230,000	—	—	—	230,000	888,500
1年終了迄	—	144,000	336,000	178,500	658,500	

※2023年度実績。[授業料納入] 5回分割。
[その他] 制服・制定品代，修学旅行積立金あり。

併願校の例
※[進学]を中心に

	埼公立	私立
挑戦校	所沢／坂戸 伊奈総合(普)／市立川越 与野／松山 所沢西／松山女子 朝霞／南稜	細田学園 山村学園 東京農大三 大妻嵐山 埼玉栄
最適校	大宮南／朝霞西 入間向陽／豊岡 坂戸西／川越総合 桶川／滑川総合 川越西／所沢中央	西武台 浦和実業 秋草学園 豊南
堅実校	志木／小川 新座柳瀬／飯能 上尾南	武蔵越生 埼玉平成 東野 秀明英光

合格のめやす

合格の可能性 **60%** **80%** の偏差値を表示しています。

コース	60%	80%
特進選抜	**54**	(58)
特別進学	**50**	(54)
進学	**45**	(49)

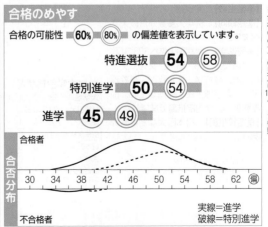

合否分布

合格者

30　34　38　42　46　50　54　58　62　(偏)

不合格者

実線＝進学
破線＝特別進学

※合格のめやすの見方は114ページ参照。

や　山村国際　埼玉　男女

見学ガイド 文化祭／説明会／オープンキャンパス／個別相談会

小中高専短大

本庄市

早稲田大学本庄 高等学院

〒367-0032　埼玉県本庄市栗崎239-3　☎(0495)21-2400

【教育方針】　「自ら学び，自ら問う」ことを学習姿勢の基本とする。総合的な理解力や個性的な判断力を涵養し，人間・社会・自然に対するみずみずしい感性を育成する。

【沿　革】　1982年創立。2007年男子校より共学化。

【学院長】　半田　亨

【生徒数】　男子524名，女子463名

	1年(8クラス)	2年(8クラス)	3年(8クラス)
男子	178名	182名	164名
女子	149名	146名	168名

JR―本庄・寄居よりスクールバス
上越・北陸新幹線―本庄早稲田13分

特色

設置学科：普通科

【カリキュラム】　①高大一貫教育として，早稲田大学の教員などによる各種課外講義やセミナーを開講。②様々な国内外交流プログラムを展開。海外校と協働で文化交流や研究発表などに取り組む。③海外校と連携した科学教育活動を推進。海外の研究発表の場に積極的に参加する。④各教科の授業や課外活動では，多種多様なフィールドワークや実習を展開。自然の中で人格と情操を育み，感性を磨く。⑤まちづくりへの提言を行う「高校生会議」の立案・企画を担うなど，地域社会と連携。学びの場を広げている。

⑥2年次からの卒業論文では，自分の定めたテーマについて，担当教員の指導を受けながら，調査・文献収集をして考えをまとめる。

【海外研修】　3年次の修学旅行は台湾，韓国，中国の3コースより選択する。

【クラブ活動】　陸上競技部，囲碁・将棋部，自転車部，政治経済学部が全国レベル。硬式テニス部，書道部なども活躍している。

【施設】　蔵書約100,000冊の図書室では，大学図書館の蔵書検索が可能。テニスコートやサッカー場などがある。男女別生徒寮を設置。

習熟度別授業	土曜授業	文理選択	オンライン授業	制服	自習室	食堂	プール	グラウンド	アルバイト
英	○	3年～	○	―	―	○	―	○	―

登校時刻＝ 9:10
下校時刻＝18:40

進路情報　2023年3月卒業生

併設大学への進学率 **98.4%**

【卒業生数】　308名

【進路傾向】　例年大多数が併設大学へ進学。

【系列進学】　早稲田大学へ303名(政治経済73，法35，商32，文16，文化構想21，教育14，社会科20，基幹理工38，創造理工28，先進理工13，国際教養13)が内部推薦で進学した。

【指定校推薦】　日本医大など推薦枠あり。

■ 早稲田大学　　303名
□ 他　　　　　　　5名

主な大学合格状況

'24年春速報は巻末資料参照

大学名	'23	'22	'21	大学名	'23	'22	'21	大学名	'23	'22	'21
早稲田大	303	340	322								
慶應大	0	0	1								
東京理科大	1	0	0								
日本医大	1	3	0								
杏林大	1	0	0								
武蔵野大	0	1	0								
文教大	0	1	0								

※各大学合格数は既卒生を含む。

入試要項 2024年春（実績）

新年度日程についてはp.116参照。

◆ 推薦 α選抜：自己推薦（第１志望） Ｉ選抜：帰国生自己推薦（第１志望）

募集人員▶ α選抜（男子）約45名・（女子）約30名，Ｉ選抜（男女）約20名

選抜方法▶ α選抜：〔１次選考〕書類選考（調査書，学年内評価分布表，活動記録報告書および資料，志望理由書），〔２次選考〕個人面接
Ｉ選抜：〔１次選考〕書類選考（調査書・成績証明書類，海外生活調査書，出願資格認定通知書，志望理由書，英語力を証明するもの），〔２次選考〕基礎学力試験（国数各30分），個人面接

◆ 一般・帰国生

募集人員▶ 一般（男子）約100名・（女子）約70名，帰国生（男子）約15名・（女子）約10名

選抜方法▶ 一般：国数英（各50分・各100点），調査書 帰国生：国数英（各50分・各100点），調査書・成績証明書類，出欠の記録・健康の記事，出願資格認定通知書

◆ **受験料** 推薦１次選考10,000円・２次選考20,000円 一般・帰国生30,000円

内申基準 推薦（α選抜）：２年次９科38かつ３年次９科40 ※９科に２不可

特待生・奨学金制度 各種奨学金制度あり。

帰国生の受け入れ 国内生と別枠入試（上記参照）。

入試日程

区分	登録・出願	試験	発表	手続締切
推薦	〔1次〕12/12〜1/5	―	1/15	1/29
	〔2次〕1/15〜19	1/23	1/25	
一般帰国生	1/6〜25	2/9	2/12	2/16

［試験会場］一般・帰国生は早稲田会場。

応募状況

※応募倍率＝応募数÷２次合格

年度	区分	応募数	1次合格	2次合格	応募倍率
'24	α選抜男	104	58	47	2.2
	α選抜女	166	42	33	5.0
	Ｉ選抜男女	72	41	20	3.6
	一般男	1,773	―	475	3.7
	一般女	810	―	220	3.7
	帰国生男	135	―	40	3.4
	帰国生女	66	―	20	3.3
'23	α選抜男	97	56	46	2.1
	α選抜女	133	46	32	4.2
	Ｉ選抜男女	81	39	21	3.9
	一般男	1,796	―	493	3.6
	一般女	774	―	228	3.4
	帰国生男	108	―	40	2.7
	帰国生女	70	―	24	2.9

※受験数は，'24一般：男子1,723・女子760，帰国生：男子125・女子61，'23一般：男子1,744名・女子741名，帰国生：男子99名・女子63名。
［'24年合格最低点］非公表。

学費（単位：円）	入学金	教育環境整備費	授業料	その他経費	小計	初年度合計
入学手続時	260,000	114,000	342,000	22,000	738,000	1,271,500
１年終了迄	―	114,000	342,000	77,500	533,500	

※2024年度予定。［返還］入学辞退者には入学金を除き返還。
［授業料納入］２回分割（入学手続時に前期分納入）。［寄付・学債］任意の寄付金あり。

併願校の例

	埼公立	都・神・千公立	私立
挑戦校			開成
最適校	浦和 大宮 市立浦和	日比谷 西 横浜翠嵐 湘南 千葉	慶應志木 慶應女子 早稲田実業 早大学院 青山学院
堅実校	浦和一女 川越 川越女子 春日部	戸山 青山 県立多摩 希望ケ丘 東葛飾	開智 淑徳与野 中大附属 中大杉並 明大中野

合格のめやす

合格の可能性 **60%** **80%** の偏差値を表示しています。

男子 **70** **73**

女子 **70** **73**

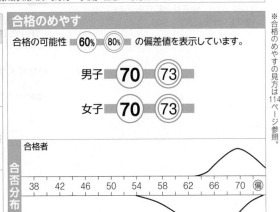

合格者

合否分布

38　42　46　50　54　58　62　66　70（偏）

不合格者

※合格のめやすの見方は114ページ参照。

見学ガイド 文化祭／説明会

埼玉の私立通信制高校（抜粋）

あずさ第一高等学校 (広域) ➡️P.1390
- さいたまキャンパス 〒331-0812 埼玉県さいたま市北区宮原町4-23-9
☎(048)782-9962

大川学園高等学校 (広域)
〒357-0038 埼玉県飯能市仲町16-8
☎(042)971-1717

鹿島学園高等学校 (広域) ➡️P.1392
浦和，大宮，川口，志木，所沢，熊谷，春日部，上尾，深谷，加須，川越，草加などにキャンパス・学習センターあり

鹿島山北高等学校 (広域) ➡️P.1392
さいたま，川口，所沢，熊谷，深谷などにキャンパス・学習センターあり

霞ヶ関高等学校 (広域)
〒350-1101 埼玉県川越市的場2797-24
☎(049)233-3636

クラーク記念国際高等学校 (広域) ➡️P.1391
- さいたまキャンパス 〒330-0803 埼玉県さいたま市大宮区高鼻町2-69-5
☎(048)657-9160
- CLARK SMART さいたま 〒330-0803 埼玉県さいたま市大宮区高鼻町1-20-1 大宮中央ビルディング4F ☎(048)650-7355
- 所沢キャンパス 〒359-0038 埼玉県所沢市北秋津788-3 ☎(04)2991-5515

国際学院高等学校 (広域)
〒362-0806 埼玉県北足立郡伊奈町小室10474 ☎(048)721-5931

さくら国際高等学校 (広域) ➡️P.1393
草加，越谷，所沢などにキャンパス・学習センターあり

志学会高等学校 (広域)
〒345-0015 埼玉県北葛飾郡杉戸町大字並塚1643 ☎(0120)38-1807

聖望学園高等学校
〒357-0006 埼玉県飯能市中山292
☎(042)973-1500

清和学園高等学校 (広域)
〒350-0417 埼玉県入間郡越生町上野東1-3-2
☎(049)292-2017(代)

創学舎高等学校 (広域)
〒366-0006 埼玉県深谷市大字血洗島244-4
☎(03)6824-2714(事務局)

日々輝学園高等学校 (広域) ➡️P.1394
- 東京校 〒358-0011 埼玉県入間市下藤沢1061-1 ☎(04)2965-9800
- さいたまキャンパス 〒330-0845 埼玉県さいたま市大宮区仲町2-60 仲町川鍋ビル
☎(048)650-0377

松栄学園高等学校
〒344-0038 埼玉県春日部市大沼2-40
☎(048)738-0378

武蔵野星城 高等学校 (広域) ➡️P.1395
〒343-0857 埼玉県越谷市新越谷2-18-6
☎(048)987-1094(代)

わせがく夢育高等学校 (広域)
〒357-0211 埼玉県飯能市大字平戸130-2
☎(0120)299-325

その他の地区
私立高校

その他の地区私立高等学校略地図

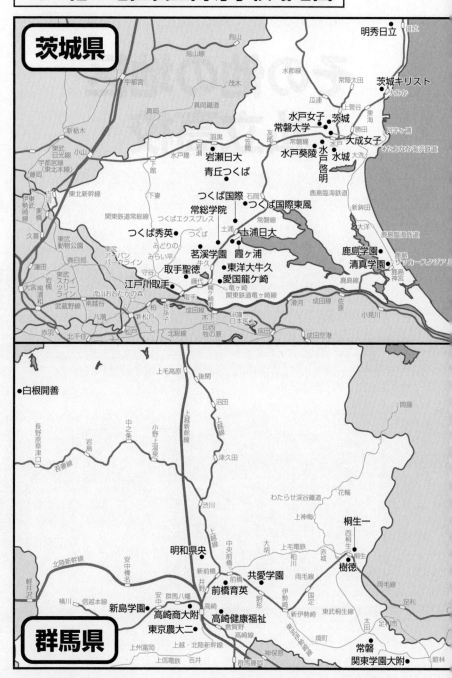

茨城県

明秀日立
茨城キリスト
水戸女子　茨城
常磐大学
大成女子
水戸葵陵　水城
水戸啓明
岩瀬日大
青丘つくば
つくば国際　つくば国際東風
常総学院
つくば秀英　土浦日大
茗溪学園　霞ヶ浦
取手聖徳　東洋大牛久
愛国龍ケ崎
江戸川取手
鹿島学園
清真学園

群馬県

白根開善
桐生一
樹徳
明和県央
共愛学園
前橋育英
新島学園
高崎商大附
高崎健康福祉
東京農大二
常磐
関東学園大附

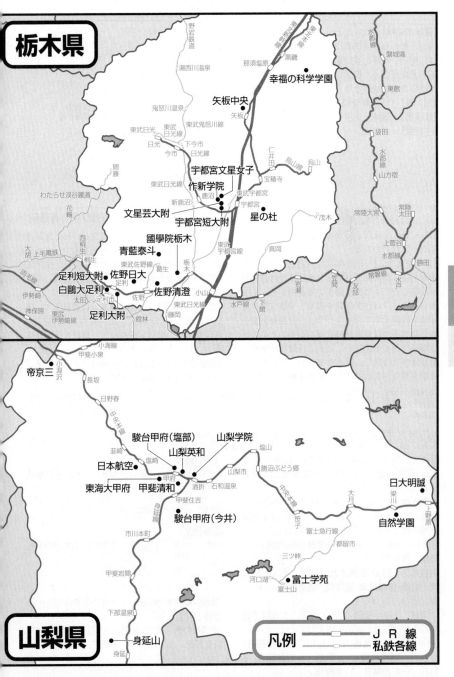

栃木県

野岩鉄道
会津鬼怒川線
会津高原尾瀬口
湯西川温泉
那須塩原
黒磯
水郡線
磐城塙
東館
幸福の科学学園
矢板中央
鬼怒川温泉
矢板
袋田
東武鬼怒川線
東武日光
東武日光線
日光
下今市
今市
日光線
仁井田
烏山線
烏山
水郡線
山方宿
わたらせ渓谷鐵道
新藤原
宝積寺
宇都宮文星女子
作新学院
東武日光線
新鹿沼
鹿沼
東武宇都宮
宇都宮
常陸大宮
常陸太田
上菅谷
水郡線
勝田
常磐線
水戸
文星芸大附
宇都宮短大附
星の杜
茂木
花輪
大胡
上毛電鉄
西桐生
桐生
國學院栃木
青藍泰斗
東武佐野線
葛生
真岡
東武宇都宮線
足利短大附
佐野日大
足利
白鷗大足利
佐野市
佐野清澄
栃木
小山
岩瀬
笠間
友部
両毛線
伊勢崎
神保原
太田
館林
栃木
藤岡
東武日光線
下館
水戸線
東武伊勢崎線
足利大附

その他 私立

山梨県

小海線
甲斐小泉
小淵沢
帝京三
長坂
日野春
中央本線
韮崎
塩崎
駿台甲府(塩部)
山梨学院
塩山
甲府
山梨英和
山梨市
勝沼ぶどう郷
日本航空
甲府
酒折
石和温泉
中央本線
東海大甲府
甲斐清和
甲斐住吉
日大明誠
梁川
上野原
甲斐上野
身延線
駿台甲府(今井)
大月
自然学園
富士急行線
市川本町
笹子
都留市
三ツ峠
甲斐岩間
河口湖
富士学苑
富士山
下部温泉
身延山
身延

愛国学園大学附属龍ケ崎 高等学校

〒301-0041　茨城県龍ケ崎市若柴町2747　☎(0297)66-0757

龍ケ崎市／取手市

【建学の精神】　社会人としては，豊かな知識と技術とをもって経済的に独立し，家庭人としては，美しい情操と強い奉仕心とをもって一家幸福の源泉となる，健全な精神と身体をそなえた女性の育成を目的とする。

【沿　革】　1965年開校。

【学校長】　倉持　正男

【生徒数】　非公表。

JR─龍ケ崎市25分またはスクールバス

特色

設置学科：普通科

【コース】　２年次より保育福祉コースと進学教養コースに分かれる。

【カリキュラム】　①１年次は共通履修で，学校設定科目「奥の細道」「被服」や国数英の習熟度別授業などによって基礎学力を習得する。②保育福祉コースは幼児教育や福祉・介護に関する知識や技術を学ぶカリキュラム。介護職員初任者研修講座や保育技術検定資格取得のための特別講座などを実施する。系列の保育専門学校，短期大学と連携し，実習などを行っている。③進学教養コースは基礎学力の養成から大学入試に対応できる応用力までを養成し，私立文系進学や看護系上級学校進学に対応するカリキュラム。大学進学特別講座などを実施する。系列大学や短期大学と連携した特別授業を展開。④生徒全員が礼法指導として茶道・華道を学ぶ。

【大学合格状況】　愛国学園大，流通経済大，東洋学園大，東京未来大，江戸川大，文京学院大，和洋女子大，跡見学園女子大，聖徳大，筑波学園大，レイクランド大など。

【見学ガイド】　文化祭／説明会／オープンスクール／個別進学相談／個別見学対応

習熟度別授業	土曜授業	文理選択	オンライン授業	制服	自習室	食堂	プール	グラウンド	アルバイト
国数英	○	─	─	○	○	─	─	○	─

登校時刻＝ 8:30
下校時刻＝18:15

入試要項 2024年春（実績）

新年度日程についてはp.114参照。

◆推薦　特待・一般推薦Ａ（学力），特待・一般推薦Ｂ（保育福祉分野），特待・一般推薦Ｃ（部活動等）　※いずれも専願

募集人員▶120名　※一般を含む全体の定員

選抜方法▶面接，調査書，ほか推薦Ｃは活動実績報告書（特待Ｃは場合により実技あり）

◆一般　単願，併願，併願推薦（県外対象）

募集人員▶定員内

選抜方法▶単願：国数または国英，面接，調査書　併願・併願推薦：国数英，調査書

◆受験料　18,000円

◆学費　入学手続時―250,000円　１年終了迄―730,125円（ほか制服代等あり）

内申基準　特待推薦Ａ：５科18　特待推薦Ｂ：９科25　特待推薦Ｃ：９科22　一般推薦Ａ：９科20　一般推薦Ｂ・Ｃ：９科18

入試日程

区分	登録・出願	試験	発表	手続締切
推薦	11/14〜12/20	1/9	1/11	1/26
一般	11/14〜1/12	1/16	1/23	1/26

［延納］一般の併願者は県外3/7，県内3/15まで。

応募状況

年度	区分	応募数	受験数	合格数	実質倍率
'24	推薦	8	8	8	1.0
	一般	110	107	106	1.0

合格のめやす（偏差値）　合格の可能性60％＝35，合格の可能性80％＝39

併願校の例　〈公立〉船橋法典，我孫子東，〈私立〉取手聖徳，つくば国際，我孫子二階堂

小 中 高 専 短 大

聖徳大学附属取手聖徳女子 高等学校

〒300-1544　茨城県取手市山王1000　☎(0297)83-8111

【教育理念】　建学の理念である「和」の精神に則り，礼節(思いやる力)・知育(かなえる力)・勤労（助け合う力）の３つを伸ばす女子教育を実践している。

【沿　革】　1983年に聖徳学園短期大学附属聖徳高等学校として開校。2010年，現校名に改称。

【学校長】　湯澤　義文

【生徒数】　女子191名

	1年(3クラス)	2年(3クラス)	3年(3クラス)
女子	73名	58名	60名

JR—取手，つくばEX.—守谷よりスクールバス

特色

設置学科：普通科／音楽科

【コース】　普通科は２年次より吹奏楽コースを併設する。

【カリキュラム】　①普通科は１年次に各教科の基礎を身につけ，２年次から豊富な選択科目から「MYカリキュラム」を自由にデザインできる。多様な進路に対応。②普通科吹奏楽コースは２・３年次に吹奏楽専門科目を週に最大６時間選択可能。コンテストにも挑戦する。③音楽科は週34時間授業のうち，１年次は８時間，２年次は12時間，３年次は14時間の音楽専門科目の授業を実施。専攻実技・副科実技では大学教授や現役の演奏家の個別指導を行っている。④「取手聖徳プロジェクト」として教科や進路・キャリアなどで豊富な探究の機会を提供。

【海外研修】　英国語学研修（希望制）を実施。

【大学合格状況】　都留文科大，上智大，明治大，日本大，東洋大，駒澤大，獨協大，明治学院大，桜美林大，日本女子大，大妻女子大，関西大，大正大，立正大，武蔵野音大など。

【見学ガイド】　文化祭／説明会／オープンスクール／吹奏楽部体験会／吹奏楽フェスタ／個別見学対応

習熟度別授業	土曜授業	文理選択	オンライン授業	制服	自習室	給食	プール	グラウンド	アルバイト
—	—	○	○	○	○	○	—	○	—

登校時刻＝　8:20
下校時刻＝18:30

入試要項　2024年春（実績）

新年度日程についてはp.114参照。

◆推薦　普通科：一般推薦，陸上推薦，吹奏楽推薦　※いずれも単願　音楽科：単願推薦

募集人員▶普通科60名，音楽科10名　※一般を含む全体の定員

選抜方法▶一般推薦：国数英，面接，調査書 陸上推薦：面接，調査書　吹奏楽推薦・音楽科：実技，面接，調査書

◆一般　単願，併願，併願推薦型(県外対象)

募集人員▶定員内

選抜方法▶国数英，調査書，ほか音楽科は実技

◆受験料　普通科20,000円，音楽科24,000円

◆学費(普通科)　入学手続時—275,000円　1年終了迄—909,700円(ほか制服代等あり)

(内申基準) 推薦：５科16または９科29　一般 (併願推薦型)：５科17または９科31

入試日程

区分	登録・出願	試験	発表	手続締切
推薦	11/1〜12/20	1/9	1/12	1/20
一般①	11/1〜1/10	1/15	1/22	2/3
一般②	12/6〜1/10	1/18	1/22	2/3

[延納] 一般の併願は公立発表後まで。

応募状況

年度	区分	応募数	受験数	合格数	実質倍率
'24	推薦	45	45	45	1.0
	一般①	133	129	107	1.2
	一般②	108	105	84	1.3

(合格のめやす(偏差値)) 普通科：合格の可能性60％＝45，合格の可能性80％＝49　音楽科：合格の可能性60％＝45，合格の可能性80％＝49

(併願校の例) 〈公立〉千葉女子，我孫子，松戸，市立柏，〈私立〉常総学院，愛国龍ケ崎

あ　愛国学園大学附属龍ケ崎／せ　聖徳大学附属取手聖徳女子

茨城　男女

桜川市

岩瀬日本大学 高等学校

〒309-1453 茨城県桜川市友部1739 ☎(0296)75-6467(入試広報室直通)

【教育方針】 「調和」「至誠」「自立」を校是に，生徒一人ひとりに寄り添い，個々の能力を伸長する教育を推進。たくましい心と豊かな人間性を養い，社会に貢献する人材を育成する。

【沿 革】 1974年土浦日本大学高等学校岩瀬校舎として創立。2002年岩瀬日本大学高等学校として開校。

【学校長】 吉田 邦孝

【生徒数】 男子335名，女子234名

	1年(6クラス)	2年(6クラス)	3年(6クラス)
男子	114名	113名	108名
女子	90名	83名	61名

JR—羽黒10分（スクールバス4路線あり）

特色

設置学科：普通科

【コース】 日大進学と特別進学の2コース制。

【カリキュラム】 ①日大進学コースは日本大学を中心とした大学進学を目標とする。基礎学力を定着させ，部活動と学業の両立を後押しする。②特別進学コースは少人数制で国公立大学・難関私立大学への現役合格を目標とする。授業時間以外にも学習の機会を設け，個々の習熟度に合わせて学力向上につなげる。③1年次からSDGsをテーマにグループで探究し，社会課題を学ぶ。④特別進学コースでは2年次に国立大学を訪問。文系・理系に分かれて大学の模擬授業を体験し，最新の研究施設を見学する。⑤1人1台のPCを用い，ICT活用能力を育む。

【キャリア教育】 校外宿泊施設で「蓼科キャリアキャンプ」を実施。こんにゃく作りなどを通して地域創生を学び，企業訪問なども行う。

【海外研修】 2年次の修学旅行先はオーストラリア。希望制のハワイ英語研修や英国ケンブリッジ大学でのプログラムもある。

【クラブ活動】 ソーシャルメディア部が全国大会出場。卓球部，剣道部，ソフトテニス部，ライフル射撃部，陸上競技部なども活躍。

習熟度別授業	土曜授業	文理選択	オンライン授業	制服	自習室	食堂	プール	グラウンド	アルバイト	登校時刻= 8:30
数英	隔週	2年〜	○	○	〜20:00	—	—	○	審査	下校時刻=20:00

進路情報 2023年3月卒業生

四年制大学への進学率 **82.7%**

【卒業生数】 214名

【進路傾向】 例年半数強が併設大学へ進学している。

【系列進学】 日本大学へ107名（法4，文理9，経済4，商10，芸術1，国際関係1，理工14，生産工14，工26，松戸歯1，生物資源科15，危機管理4，二部4），日本大学歯学部附属専門学校へ1名が内部推薦で進学した。同短期大学部への推薦制度もある。

【指定校推薦】 利用状況は国際医療福祉大2，文教大1，城西国際大2，茨城キリスト教大1，つくば国際大1，常磐大3，流通経済大1，作新学院大1など。

	四年制大学	177名
	短期大学	4名
	専修・各種学校	30名
	就職	1名
	進学準備・他	2名

主な大学合格状況
'24年春速報は巻末資料参照

大学名	'23	'22	'21	大学名	'23	'22	'21	大学名	'23	'22	'21
◇茨城大	4	3	1	日本大	206	162	108	津田塾大	2	0	0
◇宇都宮大	3	0	0	東洋大	15	4	3	日本女子大	4	0	0
◇高崎経済大	3	2	1	駒澤大	1	2	0	立正大	5	1	3
◇群馬県立女子大	1	0	1	専修大	0	1	0	桜美林大	0	2	2
◇前橋工科大	3	2	0	東京文化大	5	1	0	北里大	0	4	0
◇秋田県立大	1	0	0	東海大	5	8	2	文教大	3	3	2
◇鳥取環境大	0	2	0	帝京大	1	2	5	国際医療福祉大	8	3	0
青山学院大	0	0	1	明治学院大	0	3	0	つくば国際大	2	3	0
中央大	1	1	0	獨協大	4	6	0	常磐大	7	7	3
法政大	1	0	0	東京電機大	3	0	0	白鷗大	11	5	3

※各大学合格数は既卒生を含む。

入試要項 2024年春（実績）

新年度日程についてはp.116参照。

◆推薦　学力特待推薦A（特別進学コースのみ），学力特待推薦B，学力推薦，特技推薦（日大進学コースのみ）　※特技推薦は事前に本校部活動顧問への相談が必須で，対象部は男子硬式野球，サッカー，ソフトテニス，剣道，卓球，女子硬式野球，バドミントン，ライフル射撃，バスケットボール，陸上競技

募集人員▶200名　※一般を含む全体の定員

選抜方法▶国数英（各50分・各100点・マークシート），調査書，ほか特技推薦は健康診断書

◆一般前期　単願，併願　※併願は得点率により6種類の合格区分がある

募集人員▶定員内

選抜方法▶国数英理社（各50分・各100点・英にリスニングあり），調査書　※3科または5科の平均点の高い方で判定

◆受験料　20,000円

（**内申基準**）**学力特待推薦A・B**：3科12または5科20　**学力推薦**：3科9または5科15　**特技推薦**：3科8または5科13　※条件により内申加点あり

（**特待生・奨学金制度**）学力特待推薦A合格者は学力Ⅰ種，学力特待推薦B合格者は学力Ⅰ・Ⅱ種，学力推薦は学力Ⅰ～Ⅲ種，特技推薦は特技Ⅰ～Ⅲ種または学力Ⅱ種の特待認定（学力Ⅰ種

は特別進学コースのみ，特技Ⅰ～Ⅲ種は日大進学コースのみに適用）。学力・特技とも3段階の特待制度。

（**帰国生の受け入れ**）国内生と同枠入試。

入試日程

区分	登録・出願	試験	発表	手続締切
推薦	11/1～12/7	1/9	1/11	1/15
一般前期	11/1～12/7	1/20	1/25	1/29

[試験会場] 一般前期は本校のほか4会場あり。
[延納] 一般前期で併願のB合格以外は公立発表後，B合格は2/16まで。
[2次募集] 一般後期3/12以降

応募状況

年度	区分		応募数	受験数	合格数	実質倍率
'24	推薦		74	74	72	1.0
	一般前期		953	936	705	1.3
'23	推薦		122	120	117	1.0
	一般前期	単願	25	24	22	1.1
		併願	981	950	901	1.1
'22	推薦		120	120	114	1.1
	一般前期	単願	1,064	1,056	813	1.3
		併願				

[スライド制度] あり。上記に含まず。
['24年合格最低点] 一般前期：日大進学250，特別進学300（/500）

（い）岩瀬日本大学

茨城　男女

学費（単位:円）	入学金	施設費	授業料	その他経費	小計	初年度合計
入学手続時	180,000	90,000	—	2,000	272,000	992,000
1年終了迄	—	48,000	396,000	276,000	720,000	

※2024年度予定。[免除] 学力特待推薦A合格者は入学金・施設拡充費・授業料・施設費・体育費計728,400円を給付，学力特待推薦B合格者は入学金一部（150,000円）と施設費48,000円給付を保証，学力推薦と特技推薦合格者は入学金半額給付を保証。[授業料納入] 4回分割。[その他] 制服・制定品代，教科書代（2023年度実績：26,802円），諸経費（日大進学コース111,465円，特別進学コース116,435円）あり。

併願校の例

※[日大]を中心に

	埼公立	私立
挑戦校		昌平 / 開智未来
最適校	久喜／久喜北陽	常総学院 / 國學院栃木
堅実校	鷲宮	霞ヶ浦 / 花咲徳栄

合格のめやす

合格の可能性 ■**60%**■ ■**80%**■ の偏差値を表示しています。

偏差値は設定していません

合格者

| | 30 | 34 | 38 | 42 | 46 | 50 | 54 | 58 | 62 | （偏） |

不合格者

※合格のめやすの見方は114ページ参照。

（**見学ガイド**）文化祭／説明会／オープンスクール／部活動体験／個別相談会／NPO等主催 相談会

取手市

小 中 高 専 短 大

江戸川学園取手 高等学校

〒302-0025　茨城県取手市西1-37-1　☎(0297)74-8771

【教育方針】　「規律ある進学校」として，心力と学力と体力のバランスのとれた三位一体の教育をめざす。校訓は「誠実・謙虚・努力」。
【沿　革】　1978年創立。1987年中学校，2014年小学校を開校。
【学校長】　山本　宏之
【生徒数】　男子687名，女子622名

	1年(12クラス)	2年(12クラス)	3年(11クラス)
男子	241名	226名	220名
女子	224名	195名	203名

JR・千代田線―取手25分またはバス江戸川学園　つくばEX.―守谷よりバス江戸川学園

特色

設置学科：普通科

【コース】　医科コース，東大コース，難関大コースを設置。1年次は内部進学生と別クラス。
【カリキュラム】　①医科コースは医学部進学をめざす。医療現場で活躍する医師による月1回の講話など，課外授業も充実。②東大コースは点の取り方だけでなく，教科の本質的な魅力を伝える指導を行う。学校推薦型選抜にも対応。③難関大コースは基礎から応用まで幅広く演習を行う。④道徳を重視する。ノートを提出し，教師とのコメントのやり取りの中で心の成長を促す。⑤放課後の希望制の演習授業では，得意科目をさらに伸ばし，受験において絶対的な自信がもてる科目を作ることに力を注ぐ。
【海外研修】　2年次にカナダ修学旅行を実施。ほかに希望制でオーストラリア・ニュージーランドへの短期留学，アメリカアカデミックツアー，カンボジアなどでのSDGsツアーがある。
【クラブ活動】　チアリーダー部が全国レベル。水泳部，バレーボール部も活躍している。
【施設】　オーディトリアム大ホールでは，毎年コンサート，講演会など多くのイベントを実施。自然科学棟では高度で精密な実験が可能。

習熟度別授業	土曜授業	文理選択	オンライン授業	制服	自習室	食堂	プール	グラウンド	アルバイト
数	隔週	2年〜	○	○	〜20:00	○	―	○	審査

登校時刻＝ 8:30
下校時刻＝18:00

進路情報　2023年3月卒業生

四年制大学への進学率 **84.5%**

【卒業生数】　412名
【進路傾向】　大学合格状況は国公立72名，早慶上理155名，GMARCH215名など。医学部合格は国公立12名，私立61名。
【指定校推薦】　早稲田大，慶應大，東京理科大，学習院大，明治大，青山学院大，立教大，中央大，法政大，日本大，大東文化大，國學院大，国際基督教大，成蹊大，獨協大，芝浦工大，東京電機大，津田塾大，東京女子大，日本女子大など推薦枠あり。

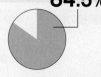

■ 四年制大学	348名
□ 短期大学	0名
■ 専修・各種学校	1名
□ 就職	0名
□ 進学準備・他	63名

主な大学合格状況

'24年春速報は巻末資料参照

大学名	'23	'22	'21	大学名	'23	'22	'21	大学名	'23	'22	'21
◇東京大	4	6	5	◇東北大	2	5	1	立教大	55	31	36
◇京都大	0	1	0	◇防衛医大	4	10	8	中央大	36	61	57
◇東工大	2	1	4	◇茨城大	9	5	8	法政大	71	40	87
◇一橋大	1	0	0	早稲田大	38	36	53	日本大	108	126	170
◇千葉大	8	8	10	慶應大	36	36	36	東洋大	46	49	47
◇筑波大	12	19	15	上智大	20	21	24	成蹊大	19	11	19
◇横浜国大	2	4	3	東京理科大	107	79	87	芝浦工大	32	60	38
◇埼玉大	2	7	3	学習院大	24	16	8	東京女子大	17	8	5
◇大阪大	1	1	2	明治大	77	48	81	東京医大	8	6	6
◇北海道大	5	4	4	青山学院大	29	20	24	東京女子医大	4	4	4

※各大学合格数は既卒生を含む。

入試要項 2024年春（実績）

新年度日程については p.116 参照。

◆ 第1回・第2回　第1回：アドミッション方式（医科A），アドミッション方式（医科B・東大・難関大・難関大特色），特待単願方式（A特待合格の場合は単願扱い），一般方式　第2回：特待単願方式（A特待合格の場合は単願扱い），一般方式　※アドミッション方式は第1志望　※各入試で3教科型，5教科型あり

募集人員 ▶ 医科コース20名，東大コース20名，難関大コース100名

選抜方法 ▶ 3教科型：国数英（各60分・国100点・数英各150点・英にリスニングあり），調査書　5教科型：国数英（各60分・各100点・英にリスニングあり），理社（各40分・各50点），調査書　※ほかに第1回アドミッション方式はグループ面接（10分），志望理由書，資格・活動履歴書，表彰状及び記事等写し，さらにアドミッション方式はアドミッション申請書　※3教科型または5教科型を選択。各入試で英語重視配点（3教科型は英200点・国数各100点，5教科型は英200点・国数理社各50点）も選択できる

◆ 受験料　20,000円

(内申基準) 第1回（アドミッション方式）：[医科A]3科各5かつ5科評定平均値4.8，[医科B][東大]3科各5または5科評定平均値4.4，[難関大]3科各5または5科評定平均値4.0，

[難関大特色]5科評定平均値3.6かつスポーツ・芸術等における優れた実績

(特待生・奨学金制度) すべての入試において成績優秀者を2段階の特待生認定。

(帰国生の受け入れ) 国内生と同枠入試で考慮あり。

入試日程

区分	出願	試験	発表	手続締切
第1回	11/1〜1/10	1/15	1/16	1/17
第2回	11/1〜1/17	1/20	1/22	1/23

[延納] 一般併願方式は50,000円納入により残額は併願校発表後まで。

応募状況

年度	区分		応募数	受験数	合格数	実質倍率
'24	1回アド		100	100	100	—
	医科	1回一般	56	55	15	3.7
		2回一般	46	37	13	2.8
	東大	1回一般	176	175	32	5.5
		2回一般	86	67	22	3.0
	難関大	1回一般	254	437	174	—
		2回一般	124	163	49	—

[スライド制度]あり。アドミッション方式は合格数，難関大コースは一般の受験数・合格数に含む。
[24合格最低点]一般（併願）：医科①294・②313，東大①307・②305，難関大①264・②290（/400）

学費

学費(単位：円)	入学金	施設・設備費	授業料	その他経費	小計	初年度合計
入学手続時	150,000	200,000	—	—	350,000	1,019,000
1年終了迄	—	—	396,000	273,000	669,000	

※2024年度予定。[授業料納入]一括または毎月分割。
[その他]制服・制定品代あり。

併願校の例
※[難関]を中心に

	千公立	私立
挑戦校		渋谷教育幕張　市川　昭和秀英
最適校	千葉／船橋　東葛飾／千葉東　小金／佐倉　市立千葉／薬園台	茗溪学園　芝浦工大柏　専大松戸　日大習志野　立教新座
堅実校	柏／船橋東　八千代／鎌ヶ谷　国府台／柏南　幕張総合／千葉西　津田沼	麗澤　流通経大柏　二松学舎柏

合格のめやす

合格の可能性 60% 80% の偏差値を表示しています。

医科 67 70
東大 67 70
難関大 64 68

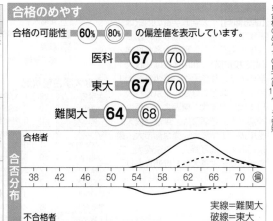

合格者

合否分布

不合格者

38　42　46　50　54　58　62　66　70　(偏)

実線＝難関大　破線＝東大

※合格のめやすの見方は114ページ参照。

(見学ガイド) 文化祭／説明会／オープンスクール／個別相談会／個別見学対応

鹿島学園 高等学校

小 中 高 専 短 大

鹿嶋市

〒314-0042　茨城県鹿嶋市田野辺141-9　☎(0299)83-3211(代)・3215(入試広報部直通)

【教育理念】　高校生活を通して，確かな学力を身につけ，豊かな人格と健全な身体を育み，グローバル社会を生きぬく国際感覚を磨く。
【沿　革】　1989年創立。
【学校長】　常井　安文
【生徒数】　男子407名，女子328名

	1年（8クラス）	2年（9クラス）	3年（9クラス）
男子	148名	119名	140名
女子	121名	108名	99名

JR—佐原・銚子・小見川，鹿島臨海鉄道—新鉾田などよりスクールバス（7路線あり）

特色

設置学科：普通科

【コース】　進学，芸術，グローバルの3コースを設置している。
【カリキュラム】　①進学コースは習熟度別クラス編成を行う。放課後ゼミや長期休業中の講習で基礎学力から大学受験対策まで対応。②芸術コースは基本的な素描技術とデザインの想像力を養う。美術系大学への進学や創作活動をバックアップ。③グローバルコースは少人数教育を活かし，世界で活躍する人材を育成。1年次に東南アジアで研修を実施。アメリカ修学旅行では後半に語学研修を行う。④各学年にアジア圏の留学生が在籍。異文化理解を深められる。
【キャリア教育】　進路ガイダンスや大学見学会などを通して「自分探し」をサポートする。
【海外研修】　2年次にアメリカ修学旅行を実施。
【クラブ活動】　レスリング部，水泳部，男女サッカー部，ソフトテニス部，陸上競技部が全国レベル。野球部，剣道部なども活躍している。
【行事】　野球やサッカーの大会では全校生徒で応援し，豊かな人格を形成する。
【施設】　学生寮を設置。ほか室内サッカー・野球練習場や陸上トラックなどの運動施設が揃う。

習熟度別授業	土曜授業	文理選択	オンライン授業	制服	自習室	食堂	プール	グラウンド	アルバイト
5教科	—	2年〜	○	○	〜20:30	○	—	○	審査

登校時刻＝ 8:40
下校時刻＝18:20

進路情報　2023年3月卒業生

【卒業生数】　254名
【進路傾向】　大学進学者の内訳は文系86%，理系11%，他3%。国公立大学へ文系1名，理系1名が進学。
【指定校推薦】　利用状況は法政大1，専修大2，獨協大1，関西学院大1，南山大1など。ほかに東京理科大，日本大，東洋大，東海大，帝京大，神奈川大，芝浦工大，東京電機大，玉川大，工学院大，東京都市大，東京経済大，武蔵野大，東京農大，文教大，女子栄養大など推薦枠あり。

四年制大学への進学率 **65.4%**

- 四年制大学　166名
- 短期大学　7名
- 専修・各種学校　51名
- 就職　27名
- 進学準備・他　3名

主な大学合格状況
'24年春速報は巻末資料参照

大学名	'23	'22	'21	大学名	'23	'22	'21	大学名	'23	'22	'21
◇京都大	0	0	2	東京理科大	11	1	7	専修大	10	15	11
◇東工大	1	0	0	学習院大	9	4	3	大東文化大	15	19	16
◇筑波大	2	3	1	明治大	22	22	9	東海大	29	32	34
◇横浜国大	0	1	0	青山学院大	11	6	6	帝京大	27	16	15
◇東京学芸大	1	0	0	立教大	9	3	3	成蹊大	11	11	5
◇横浜市大	0	2	2	中央大	17	18	2	獨協大	11	11	11
◇茨城大	0	2	1	法政大	24	13	14	東京電機大	19	6	10
早稲田大	5	5	8	日本大	38	30	19	立命館大	4	9	4
慶應大	2	6	3	東洋大	30	19	30	立正大	14	12	7
上智大	6	4	2	駒澤大	2	19	9	桜美林大	54	40	23

※各大学合格数は既卒生を含む。

入試要項 2024年春（実績）

新年度日程については p.116参照。

◆ 推薦　単願：奨学生枠（全コース対象の学業奨学生，進学コース対象のスポーツ奨学生），一般枠　※スポーツ奨学生の対象種目はサッカー，硬式野球(男子)，レスリング，バスケットボール(男子)，水泳，陸上競技，ソフトテニス，剣道，ソフトボール(女子)，バレーボール(女子)

募集人員▶進学コース70名，芸術コース10名，グローバルコース10名

選抜方法▶作文（600字），個人面接（10分），調査書

◆ 一般　単願，併願

募集人員▶進学コース120名，芸術コース20名，グローバルコース10名

選抜方法▶単願：国数英（各50分・各100点・英にリスニングあり），個人面接（10分），調査書　併願：国数英理社（各50分・各100点・英にリスニングあり），調査書，ほかにグローバルコースは個人面接（10分）

◆ 受験料　22,000円

（内申基準）推薦：[グローバル]英4または英語検定3級　推薦（一般枠）：5科または9科評定平均値3.0

（特待生・奨学金制度）各コース推薦・学業奨学生枠で5段階認定。ほか一般の入試成績による認定やスポーツ奨学生制度あり。

（帰国生の受け入れ）国内生と別枠入試。

入試日程

区分	登録・出願	試験	発表	手続締切
推薦	11/13～12/15	1/9	1/15	1/19
一般単願	11/13～12/15	1/20	1/31	2/2
一般併願	11/13～12/15	1/20	1/31	国公立発表翌日

[試験会場] 一般併願（グローバルコースを除く）は本校のほか2会場あり。
[手続締切] 併願者保留合格制度の単願切替は2/16。

応募状況

年度	区分			応募数	受験数	合格数	実質倍率
'24	進学	推薦		208	207	207	1.0
		一般	単願 併願	767	746	635	1.2
	芸術	推薦		2	2	2	1.0
		一般	単願 併願	21	20	14	1.4
	グロ	推薦		7	7	7	1.0
		一般	単願 併願	11	11	9	1.2
'23	進学	推薦		193	189	189	1.0
		一般	単願 併願	837	826	663	1.2
	芸術	推薦		5	5	5	1.0
		一般	単願 併願	18	16	14	1.1
	グロ	推薦		6	6	6	1.0
		一般	単願 併願	12	12	9	1.3

[スライド制度] あり。上記に含まず。
['24合格最低点] 非公表。

か　鹿島学園　茨城　男女

学費（単位：円）

	入学金	施設拡充費	授業料	その他経費	小計	初年度合計
入学手続時	170,000	130,000	—	30,000	330,000	828,360
1年終了迄	—	—	420,000	78,360	498,360	

※2024年度予定。[授業料納入] 毎月分割。
[その他] 制服・制定品代，実習費（芸術コース100,000円，グローバルコース200,000円），教科書・教材費22,800～25,300円，修学旅行積立金（進学・芸術コース156,000円，グローバルコース216,000円）あり。

併願校の例　※[進学]を中心に

	千公立	私立
挑戦校	佐原	
最適校	佐原白楊／市立銚子	
堅実校	銚子／銚子商業(商)／小見川	千葉萌陽

合格のめやす

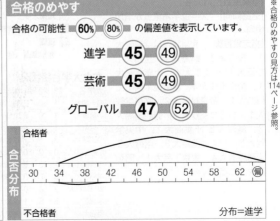

合格の可能性 60% 80% の偏差値を表示しています。

進学　45　49
芸術　45　49
グローバル　47　52

※合格のめやすの見方は114ページ参照。

見学ガイド　文化祭／説明会／見学会

稲敷郡阿見町

霞ヶ浦 高等学校

〒300-0301　茨城県稲敷郡阿見町青宿50　☎(029)887-0013・4755

小中高専短大

【教育方針】　これからの社会を構成していく自立した人間を育成するために，「生きる力」となる学力の獲得，豊かな人間性の涵養，健やかな心身を育成する。

【沿　革】　1946年に財団法人霞浦農科大学（現・茨城大学農学部）の附属校として創立。2004年共学化。2023年度，附属中学校の募集を停止。

【学校長】　下田　陽一郎

【生徒数】　男子644名，女子527名

	1年(13クラス)	2年(12クラス)	3年(11クラス)
男子	234名	218名	192名
女子	195名	155名	177名

JR－土浦よりバス霞ヶ浦高校前
（スクールバス4路線あり）

特色

設置学科：普通科

【コース】　特進選抜，特進，総合進学の3コース制。特進選抜コースと特進コースは2年次に文理別となる。

【カリキュラム】　①特進選抜コースは国公立大学・難関私立大学を志し，7時限授業の後に補習を実施。予習・授業・復習・演習の基本サイクルを徹底する。②特進コースは中堅私立大学をめざし，週3回ある選択制の「探究」では自分の深めたい分野を受講可。大学進学をめざしながら部活動にも注力できる。③総合進学コースの授業は毎日6時間。進学から就職まで幅広く対策をとり，補習では各種検定の取得をサポート。公務員試験や面接の指導も行う。

【キャリア教育】　2021年に茨城県で初めて國學院大學との包括的連携協定を結ぶ。

【海外研修】　特進選抜コースの修学旅行はオーストラリア（2年次）。希望制でニュージーランドアオレレ校での短期留学もある。

【クラブ活動】　ヨット部，レスリング部，男子バレーボール部，写真部などが全国レベル。

【施設】　寮を設置。屋内運動場，音楽ホールなどが揃う。近隣にも2つのグラウンドがある。

習熟度別授業	土曜授業	文理選択	オンライン授業	制服	自習室	食堂	プール	グラウンド	アルバイト
―	月2回	2年～	○	○	～19:00	○	○	○	審査

登校時刻＝ 8:40
下校時刻＝20:00

進路情報　2023年3月卒業生

四年制大学への進学率 **59.3%**

【卒業生数】　393名

【進路傾向】　大学進学希望者が増加傾向。

【指定校推薦】　利用状況は学習院大1，東洋大2，駒澤大2，玉川大1，立正大1，千葉工大4，大妻女子大1，帝京平成大4，産業能率大1，目白大1，帝京科学大2，文京学院大1，ものつくり大1，城西国際大3，麗澤大3，千葉商大1，中央学院大2，つくば国際大3，常磐大3，流通経済大4，東京工芸大1，昭和音大1など。

四年制大学	233名
短期大学	17名
専修・各種学校	107名
就職	31名
進学準備・他	5名

主な大学合格状況

'24年春速報は巻末資料参照

大学名	'23	'22	'21	大学名	'23	'22	'21	大学名	'23	'22	'21
◇千葉大	1	0	1	青山学院大	3	3	3	獨協大	17	3	3
◇筑波大	1	0	0	立教大	6	6	4	国士舘大	3	9	4
◇信州大	1	0	1	中央大	2	6	5	国際医療福祉大	6	7	3
◇茨城大	3	5	7	法政大	8	8	9	武蔵野大	6	3	10
◇前橋工科大	0	2	0	日本大	13	24	15	帝京平成大	10	16	10
◇釧路公立大	1	6	0	東洋大	21	16	25	大正大	12	5	6
早稲田大	3	0	0	駒澤大	7	6	9	麗澤大	57	22	17
東京理科大	2	4	10	専修大	16	4	13	千葉商大	15	14	8
学習院大	5	5	1	東海大	8	6	5	つくば国際大	7	14	18
明治大	2	4	6	帝京大	9	13	7	流通経済大	12	24	25

※各大学合格数は既卒生を含む。

入試要項 2024年春（実績）

新年度日程については p.116参照。

◆ 推薦　**学業推薦Ⅰ・Ⅱ**：単願　**特技（スポーツ・吹奏楽）・文化芸術推薦**：単願　**併願推薦型**：公私とも併願可。千葉県生対象

募集人員▶480名　※一般を含む全体の定員。内部進学生含む

選抜方法▶**単願推薦**：国数英（各45分・各100点・マークシート），グループ面接，調査書

併願推薦型：国数英理社（各50分・各100点・英にリスニングあり），調査書

◆ 一般　単願，併願

募集人員▶定員内

選抜方法▶国数英理社（各50分・各100点・英にリスニングあり），調査書

※各入試で英語検定3級取得者は証明書のコピー一提出により，加点あり

◆ 受験料　20,000円

（内申基準）学業推薦Ⅰ：[特進選抜] [特進] 5科18

（特待生・奨学金制度）特進選抜コースは内申，入試成績などにより3段階の学業奨学生認定。ほかに特技奨学生制度もあり。

（帰国生の受け入れ）国内生と同枠入試。

入試日程

区分	登録・出願	試験	発表	手続締切
単願推薦	11/1～12/15	1/9	1/12	1/19
併願推薦型	11/1～12/15	1/21	1/26	3/5
一般	11/1～12/15	1/21	1/26	2/5

[試験会場] 一般は本校・つくば会場・石岡会場より指定。
[延納] 併願者は公立発表後まで。

応募状況

年度	区分	応募数	受験数	合格数	実質倍率
'24	特進選抜	206	206	17	1.0
	特進			48	
	総合進学			141	
	特進選抜	1,835	1,797	238	1.1
	特進			526	
	総合進学			870	
'23	単願推薦	179	179	179	1.0
	併推・一般	1,786	1,741	1,585	1.1
'22	単願推薦	169	169	168	1.0
	併推・一般	1,838	1,803	1,475	1.2

['24年合格最低点] 単願推薦：特進選抜230・特進180・総合進学110/300　併願推薦型・一般：特進選抜380・特進300・総合進学210/500

か　霞ヶ浦　茨城　男女

学費（単位：円）

	入学金	施設費	授業料	その他経費	小計	初年度合計
入学手続時	180,000	120,000	—	—	300,000	984,000
1年終了迄	—	156,000	276,000	252,000	684,000	

※2024年度予定。[授業料納入] 毎月分割。[その他] 制服・制定品代，教科書・副教材・模擬試験・教材費等（2023年度実績：コースにより126,020～146,020円）あり。

併願校の例　※[総進]を中心に

	千公立	私立
挑戦校	佐原／柏の葉　柏中央	東洋大牛久　中央学院
最適校	流山おおたかの森　松戸／我孫子　柏陵／松戸六実	常総学院　日体大柏　西武台千葉
堅実校	野田中央／市立柏　我孫子東／松戸馬橋　鎌ヶ谷西／沼南高柳	つくば国際　愛国龍ヶ崎　我孫子二階堂

合格のめやす

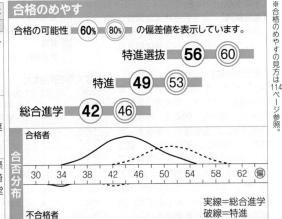

合格の可能性 **60%** **80%** の偏差値を表示しています。

特進選抜 **56** （60）
特進 **49** （53）
総合進学 **42** （46）

合格者
30 34 38 42 46 50 54 58 62 (偏)
実線＝総合進学　破線＝特進
不合格者

※合格のめやすの見方は114ページ参照。

（見学ガイド）説明会／オープンスクール／高校受験バックアップセミナー／個別相談会

土浦市

常総学院 高等学校

〒300-0849　茨城県土浦市中村西根1010　☎(029)842-8771(代)・843-3193(入試広報部)

【教育目標】　「社会に貢献するリーダーの育成」を掲げる。自己の存在意義を正しく認識し、高い知性と教養を身につけ、社会の創造と発展のために率先して行動できるリーダーを育てる。

【沿 革】　1905年に創設されたものの戦況悪化に伴って閉鎖された常総学院の校名を継承し、1983年高等学校開校。1996年中学校創立。

【学校長】　壁谷 恵

【生徒数】　男子875名、女子768名

	1年(15クラス)	2年(18クラス)	3年(17クラス)
男子	283名	301名	291名
女子	214名	298名	256名

JR—土浦よりバス常総学院入口5分　つくばEX.—つくばなどよりスクールバス(11路線)

特色

設置学科：普通科

【コース】　特進選抜コースと進学選抜コース(プログレス、フロンティア)があり、プログレスに国際協力探究(IC)クラスを新設。特進選抜コースには成績上位者を選抜したEX(エクセレント)クラスを設置。各コースとも内部進学生とは3年間別クラス編成となる。

【カリキュラム】　①特進選抜コースは難関国公立大学を志す。②特進選抜コースEXクラスは上限30名の少人数クラスで超難関大学が目標。③進学選抜コースプログレスは3年次に3科型と5科型に分かれ、国公立・難関私立大学をめざ

す。④進学選抜コースフロンティアはきめ細かな受験対策で大学進学をめざす。⑤1人1台のノートPCを用いたアクティブ・ラーニングなどICT教育を積極的に活用した授業を推進。

【海外研修】　修学旅行先は台湾。希望選抜制のカナダホームステイを1年次に実施する。

【クラブ活動】　野球部、吹奏楽部、バドミントン部、チアリーダー部、水泳部、パワーリフティング部などが全国レベルで活躍している。

【施設】　蔵書数30,000冊の図書館、自習スペースや、強化部男子用の寮、野球部寮がある。

習熟度別授業	土曜授業	文理選択	オンライン授業	制服	自習室	給食	プール	グラウンド	アルバイト
5教科	隔週	2年〜	◯	◯	〜19:45	—	—	◯	—

登校時刻＝ 8:45
下校時刻＝19:45

進路情報　2023年3月卒業生

四年制大学への進学率 **91.5%**

【卒業生数】　565名

【進路傾向】　大学合格状況は国公立148名、早慶上理45名、GMARCH103名など。医学部医学科合格は国公立4名、私立7名。

【指定校推薦】　早稲田大、上智大、東京理科大、学習院大、明治大、青山学院大、立教大、中央大、法政大、日本大、東洋大、駒澤大、専修大、大東文化大、亜細亜大、帝京大、國學院大、成蹊大、明治学院大、獨協大、神奈川大、芝浦工大、東京女子大、日本女子大、同志社大、武蔵大、玉川大、工学院大、東京都市大、国士舘大、千葉工大、聖心女子大、国際医療福祉大など推薦枠あり。

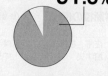

■ 四年制大学	517名
■ 短期大学	1名
■ 専修・各種学校	2名
■ 就職	1名
□ 進学準備・他	44名

主な大学合格状況
'24年春速報は巻末資料参照

大学名	'23	'22	'21	大学名	'23	'22	'21	大学名	'23	'22	'21
◇東京大	2	2	0	◇釧路公立大	12	7	11	法政大	39	30	15
◇東工大	0	0	2	早稲田大	7	13	5	日本大	41	35	37
◇千葉大	2	2	2	慶應大	5	6	2	東洋大	23	15	14
◇筑波大	13	11	6	上智大	7	4	6	駒澤大	24	16	9
◇埼玉大	4	7	8	東京理科大	26	17	26	専修大	17	9	12
◇防衛医大	2	1	0	学習院大	13	17	9	東海大	13	16	18
◇防衛大	24	23	19	明治大	21	19	20	帝京大	64	38	24
◇茨城大	35	26	21	青山学院大	9	7	5	獨協大	10	12	9
◇北見工大	3	4	7	立教大	8	11	6	芝浦工大	37	15	4
◇茨城県立医療大	1	3	2	中央大	17	25	12	東京電機大	13	16	10

※各大学合格数は既卒生を含む。

入試要項 2024年春（実績）

新年度日程については p.116参照。

◆ 推薦 特進選抜コース単願推薦（学業特待），単願推薦，特技推薦（単願。硬式野球・吹奏楽・水泳・サッカー・ラグビー・男女バドミントン・男女バレーボール・剣道部への入部が条件）

※硬式野球部，吹奏楽部は特技推薦でのみ入部可

募集人員▶290名

選抜方法▶国数英（各50分・各100点・英にリスニングあり），グループ面接（10分），調査書，ほかに特技推薦で吹奏楽部入部希望者は実技

◆ 一般・併願型推薦 **一般**：単願，併願 **併願型推薦**：公私とも併願可。千葉県生対象

募集人員▶310名

選抜方法▶国数英理社（各50分・各100点・英にリスニングあり），調査書

◆ 受験料 20,000円

（**内申基準**）特進選抜コース単願推薦：5科22
単願推薦：以下①〜⑤のいずれか。①3科9または5科15・②英語・漢字・数学検定いずれか3級・③生徒会本部役員または各種委員会委員長・④学校行事の実行委員長または学級委員長・副委員長・⑤各種コンクール入賞またはそれに準ずる成績 **併願型推薦**：5科16 ※条件により内申加点あり

（**特待生・奨学金制度**）各入試で内申，入試成績により，特進選抜コースは4段階，進学選抜コースプログレスは2段階の学業特待あり。ほか特技推薦で特技特待を2段階認定。

（**帰国生の受け入れ**）国内生と同枠入試。

入試日程

区分	登録・出願	試験	発表	手続締切
推薦	11/1〜12/15	1/9	1/12	1/26
一般単願	11/1〜1/9	1/16	1/24	1/26
一般併願	11/1〜1/9	1/16	1/24	公立発表翌日
併願型推薦	11/1〜1/9	1/16	1/24	公立発表翌日

[試験会場] 一般・併願型推薦は本校のほか3会場あり。

応募状況

年度	区分		応募数	受験数	合格数	実質倍率
'24	推薦	男	106	105	103	1.0
		女	85	82	82	1.0
	一般	男	1,634	1,601	1,446	1.1
	併願型推薦	女	1,540	1,512	1,362	1.1
'23	推薦	男	82	82	81	1.1
		女	66	66	65	1.0
	一般	男	1,647	1,627	1,474	1.1
	併願型推薦	女	1,533	1,509	1,356	1.1
'22	推薦	男	108	108	105	1.0
		女	108	108	108	1.0
	一般	男	1,705	1,671	1,463	1.1
	併願型推薦	女	1,706	1,659	1,498	1.1

[スライド制度] あり。上記に含まず。
[24年合格最低点] 非公表。

し 常総学院

茨城

男女

学費（単位:円）

	入学金	施設費	授業料	その他経費	小計	初年度合計
入学手続時	250,000	150,000	—	82,160	482,160	1,396,160
1年終了迄	—	—	360,000	554,000	914,000	

※2024年度予定。[免除] 特進選抜コースEXクラスは入学金・施設費・授業料・維持費免除。特進選抜コースは入学金免除。[授業料納入] 毎月分割。[その他] 制服・制定品代あり。給食費は上記に含む。

併願校の例 ※[プログレス]を中心に

	千公立	私立
挑戦校	東葛飾／小金／柏	江戸川取手 茗溪学園 清真学園
最適校	鎌ヶ谷／成田国際 柏南／佐原 松戸国際／柏の葉 国分／柏中央	土浦日大 東洋大牛久 二松学舎柏 流経大柏
堅実校	流山おおたかの森／松戸 我孫子／松戸六実 柏陵	中央学院 日体大柏 西武台千葉

合格のめやす

合格の可能性 **60%** **80%** の偏差値を表示しています。

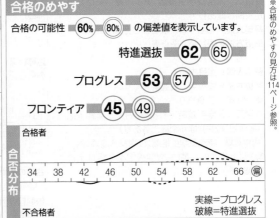

特進選抜 **62** 65
プログレス **53** 57
フロンティア **45** 49

合格者

| 34 | 38 | 42 | 46 | 50 | 54 | 58 | 62 | 66 | (偏) |

不合格者

実線＝プログレス
破線＝特進選抜

※合格のめやすの見方は114ページ参照。

（**見学ガイド**）文化祭／説明会／体験入部／学校見学会／コース別授業見学会

鹿嶋市／土浦市

清真学園 高等学校

〒314-0031　茨城県鹿嶋市宮中伏見4448−5　☎(0299)83-1811

【建学の精神】　波荒き鹿島砂丘に，人間性の勝利をめざし，常に心清く，豊かな知性をもって真理を追求する。

【沿　革】　1978年開校。

【学校長】　飯山　克則

【生徒数】　男子257名，女子248名

	1年（5クラス）	2年（5クラス）	3年（4クラス）
男子	96名	79名	82名
女子	74名	102名	72名

JR—鹿島神宮14分　JR—銚子，鹿島臨海鉄道—大洗などよりスクールバス

特色

設置学科：普通科

【カリキュラム】　①週3日7時間授業を導入。質・量ともに充実した授業で，3年次夏休みまでに教育課程の内容を終え，夏期講習からは大学入試に向けた実践的な学習にシフトする。②1年次より「探求」「国際」「医学」「教職」の4つのプログラムから興味に応じて受講。複数プログラムへの参加も可能。③2022年度より第4期のスーパーサイエンスハイスクールの指定を受け，学校設定科目「探究」や「ゼミ活動」を軸に理科教育に取り組んでいる。大学や企業との共同研究を行うゼミもある。④土曜日には特色ある授業を展開。英検対策，中国語，ハングル，物理演習，哲学対話，気象学入門，生物学オリンピック，三味線などから選択する。

【クラブ活動】　少林寺拳法部，バドミントン部，硬式テニス部，美術部などが活躍している。

【大学合格状況】　東京大，京都大，東工大，筑波大，早稲田大，慶應大，上智大，東京理科大，学習院大，明治大，青山学院大，立教大，中央大，法政大，津田塾大，立命館大など。

【見学ガイド】　文化祭／説明会／オープンスクール／体験入学

習熟度別授業	土曜授業	文理選択	オンライン授業	制服	自習室	食堂	プール	グラウンド	アルバイト
—	○	2年〜	○	○	18:40	—	—	○	—

登校時刻＝ 8:35
下校時刻＝18:40

入試要項　2024年春（実績）

新年度日程についてはp.114参照。

◆推薦　特別奨学生推薦：第1志望　※ほか指定校制推薦あり

募集人員▶40名　※一般を含む全体の定員

選抜方法▶国数英，調査書

◆一般

募集人員▶定員内

選抜方法▶国数英，調査書

◆受験料　20,000円

◆学費　入学手続時—418,000円　1年終了迄—約750,960円（ほか制服代等あり）

(内申基準)　特別奨学生推薦：校内総合成績（内申等）が上位20%。英語・数学検定準2級は上位25%

入試日程

区分	出願	試験	発表	手続締切
推薦	12/7〜8	1/9	1/11	1/19
一般	12/7〜1/11	1/17	1/19	公立発表翌日

応募状況

年度	区分	応募数	受験数	合格数	実質倍率
'24	推薦	59	59	44	1.3
	一般	97	96	76	1.3
'23	推薦	47	47	39	1.2
	一般	77	76	65	1.2
'22	推薦	50	50	36	1.4
	一般	112	112	87	1.3

(合格のめやす(偏差値))　合格の可能性60％＝61，合格の可能性80％＝65

(併願校の例)〈公立〉成田国際，佐原，〈私立〉江戸川取手，成田

小中高専短大

つくば国際大学 高等学校

〒300-0051　茨城県土浦市真鍋1-3-5　☎(029)821-0670

【教育理念】　「忍耐」「努力」「誠実」「気品」「奉仕」を涵養することにより，心豊かで逞しい「社会の役に立つ人材」を育成する。

【沿　革】　1946年茨城県土浦第一高等女学校として開校。2009年現校名に改称。

【学校長】　横島　義昭

【生徒数】　男子274名，女子200名

	1年(6クラス)	2年(6クラス)	3年(6クラス)
男子	80名	100名	94名
女子	66名	64名	70名

JR―土浦15分またはバス真鍋橋3分

せ 清真学園／つ つくば国際大学

茨城

男女

特色

設置学科：普通科

【コース】　2年次よりキャリア特別進学コースとキャリア探究進学コースに分かれる。

【カリキュラム】　①全学年で「キャリアデザイン」が必修。1年次では具体的な進路選択・職業選択を図るため，近隣事業所でインターンシップを行う。②2年次よりコース制を採用しつつ，興味・関心や進路希望に応じた学習ができるエリア制を導入。メディカル，生活デザイン，地域デザイン，エキスパート，カレッジの5エリアを設け，いずれのコースからも選択できる。③在学中に情報処理検定，食物調理技術検定など検定試験の合格をめざす。④国際教育としてALTの指導により英会話力の強化を図る。また台湾の高校との海外修学旅行交流会や姉妹校締結などを通して異文化理解に努めている。⑤地域社会での奉仕活動や体験活動を推進。

【大学合格状況】　つくば国際大，跡見学園女子大，江戸川大，開智国際大，淑徳大，城西国際大，千葉商大，中央学院大，帝京科学大，東京医療学院大，東京工芸大，東京情報大など。

【見学ガイド】　文化祭／説明会／授業体験会／部活動体験会／個別相談会

習熟度別授業	土曜授業	文理選択	オンライン授業	制服	自習室	食堂	プール	グラウンド	アルバイト	登校時刻＝ 8:30
―	―	2年～	○	○	―	―	―	通幕10分	―	下校時刻＝19:15

入試要項 2024年春（実績）

新年度日程についてはp.114参照。

◆推薦　一般，部活動，部活動特別奨学生，学業特別奨学生　※いずれも単願

募集人員▶240名　※一般を含む全体の定員

選抜方法▶一般・部活動・部活動特別奨学生：作文，面接，調査書　学業特別奨学生：国数英，面接，調査書

◆一般　単願，併願

募集人員▶定員内

選抜方法▶国数英，調査書，ほか単願は面接

◆受験料　20,000円

◆学費　入学手続時―430,000円　1年終了迄―528,000円（ほか制服代等あり）

（内申基準）　特記なし。

入試日程

区分	登録・出願	試験	発表	手続締切
推薦	11/6～12/15	1/9	1/12	1/18
一般	11/6～12/15	1/20	1/29	2/2

[延納] 一般の併願は公立発表後まで。

応募状況

年度	区分	応募数	受験数	合格数	実質倍率
'24	推薦	―	―	―	―
	一般	―	―	―	―

（合格のめやす(偏差値)）　合格の可能性60％＝37，合格の可能性80％＝41

（併願校の例）　〈公立〉我孫子，柏陵，流山南，〈私立〉常総学院，霞ヶ浦，愛国龍ケ崎

土浦市

土浦日本大学 高等学校

〒300-0826　茨城県土浦市小松ヶ丘町4-46　☎(029)822-3382(代)・823-4439(情報入試室直通)

【教育方針】　建学の精神に「日本大学の目的および使命に基づき，国家社会の有為な人材を育成する」を掲げる。

【沿　革】　1963年土浦高等学校として設立。1964年現校名に改称。1987年共学化。2021年通信制課程開校。

【学校長】　伊藤　哲弥

【生徒数】　男子993名，女子796名

	1年(15クラス)	2年(19クラス)	3年(17クラス)
男子	336名	338名	319名
女子	250名	299名	247名

JR—土浦25分またはバス霞ヶ岡・小松ヶ丘（スクールバス7方面17路線あり）

特色

設置学科：普通科

【コース】　特別進学コース（スーパーハイクラス，特進クラス），総合進学コース（進学クラス，スポーツクラス），グローバル・スタディコースを設置。スポーツクラスを除いて2年次より文系と理系に分かれ，進学クラスには医歯薬のクラスも設置。

【カリキュラム】　①特別進学コースは難関大学への合格力が身につくシステム。個々の課題に応じた綿密な計画を立てる。ネイティヴ教員による少人数制授業や英語での課題に取り組み，英語4技能をバランスよく伸ばす。②総合進学コースは日本大学付属校推薦に向けて指導する。③グローバル・スタディコースでは実践的な英語力を伸ばす。1年次のオーストラリア短期留学，2年次のカナダ中期留学が必修。希望制で1年間のオーストラリア長期留学制度もある。④高大一貫教育の中の日本大学出張講義では最先端の学問に触れ，進路意識を高める。

【海外研修】　修学旅行ではオーストラリアを訪問。ほかに希望制のハワイ英語研修なども行う。

【クラブ活動】　男子バレーボール部，男子剣道部，男子バスケットボール部などが全国レベル。

習熟度別授業	土曜授業	文理選択	オンライン授業	制服	自習室	食堂	プール	グラウンド	アルバイト	登校時刻＝ 8:40
5教科	隔週	2年〜	○	○	〜18:40	—	—	バス10分	審査	下校時刻＝18:40

進路情報 2023年3月卒業生

四年制大学への進学率 **91.6%**

【卒業生数】　718名

【進路傾向】　大学進学者の内訳は文系52%，理系46%，他2%。国公立大学へ文系23名・理系73名・他1名，海外大学へ2名が進学した。

【系列進学】　日本大学へ330名（法26，文理52，経済42，商21，芸術10，国際関係11，理工63，生産工28，工3，歯2，松戸歯2，生物資源科35，薬13，危機管理8，スポーツ科1，二部13），同短期大学部へ1名が内部推薦で進学した。系列専門学校への推薦制度もある。

【指定校推薦】　早稲田大，上智大，東京理科大，学習院大，明治大，青山学院大，立教大など推薦枠あり。

四年制大学	658名
短期大学	2名
専修・各種学校	19名
就職	3名
進学準備・他	36名

主な大学合格状況

'24年春速報は巻末資料参照

大学名	'23	'22	'21	大学名	'23	'22	'21	大学名	'23	'22	'21
◇東京大	1	1	2	早稲田大	14	15	11	日本大	755	685	499
◇千葉大	2	2	4	慶應大	4	3	2	東洋大	13	11	16
◇筑波大	32	17	19	上智大	5	8	9	駒澤大	7	6	5
◇横浜国大	0	0	2	東京理科大	24	16	14	東海大	12	10	14
埼玉大	1	1	1	学習院大	9	9	8	明治学院大	10	7	9
◇北海道大	2	1	2	明治大	28	17	20	獨協大	22	11	6
◇東北大	4	2	2	青山学院大	18	10	10	芝浦工大	18	21	21
◇茨城大	25	25	22	立教大	19	13	11	東京電機大	26	10	11
◇宇都宮大	2	6	5	中央大	22	10	20	日本女子大	11	5	5
◇茨城県立医療大	4	4	7	法政大	19	18	14	立命館大	4	3	5

※各大学合格数は既卒生を含む。

入試要項 2024年春（実績）

新年度日程についてはp.116参照。

◆ 単願推薦

募集人員▶600名 ※併願推薦型・一般・帰国（国内）を含む定員。うちスポーツクラス（対象部あり）は単願推薦のみ募集で90名，グローバル・スタディコースは帰国（海外）含め50名

選抜方法▶国数英（各50分・各100点・マークシート，グローバル・スタディの英は150点），個人面接，調査書，志望理由書

◆ 併願推薦型・一般 **併願推薦型**：公私とも併願可。千葉県生対象（スポーツクラスは募集なし） **一般**：単願（スポーツクラス，グローバル・スタディコースは募集なし），併願（スポーツクラスは募集なし）

募集人員▶定員内

選抜方法▶併願推薦型・一般併願：国数英理社（各50分・各100点・マークシート，グローバル・スタディの英は150点），調査書 一般単願：国数英（各50分・各100点・マークシート，グローバル・スタディの英は150点），個人面接，調査書，志望理由書

◆ 受験料 20,000円

内申基準 単願推薦：[スーパーハイ] 5科23，[特進] 5科20，[進学] 5科18または9科33，[スポーツ] 5科15または9科27，[グローバル・スタディ]以下①〜⑦のいずれか。①英5かつ5科18・②英5かつ9科33・③英語検定準2級か

つ5科18・④英語検定準2級かつ9科33・⑤英4かつ5科20・⑥英4かつ9科36・⑦英語検定2級 併願推薦型：5科20 ※いずれも9科に1不可，スポーツクラス以外は5科に2も不可 ※条件により内申加点あり

特待生・奨学金制度 3段階の学力特待，2段階のスポーツ特待あり。

帰国生の受け入れ 国内生と別枠入試。

入試日程

区分	登録・出願	試験	発表	手続締切
単願推薦	10/1〜12/22	1/9	1/12	1/16
併願推薦型A	10/1〜12/22	1/15	1/16	3/6
併願推薦型B	10/1〜12/22	1/20	1/24	3/6
一般単願	10/1〜1/6	1/20	1/24	1/26
一般併願	10/1〜1/6	1/20	1/24	公立発表翌日

[試験会場] 本校のほか，併願推薦型Bと一般の県外生はつくば国際会議場，一般併願は6会場あり。

応募状況

年度	区分	応募数	受験数	合格数	実質倍率
'24	単願推薦	313	313	313	1.0
	併願型・一般	2,230	2,178	1,974	1.1
'23	単願推薦	263	261	254	1.0
	併願型・一般	2,390	2,298	2,160	1.1
'22	単願推薦	260	260	244	1.1
	併推型・一般	2,546	2,472	2,327	1.1

[スライド制度] あり。上記に含まず。
['24合格最低点] 併願推薦A：特進合格196/300or340/500，進学合格150/300or270/500，GS合格220/350or360/550 併願推薦B・一般：特進合格200/300or351/500，進学合格140/300or265/500，GS合格200/350or340/550 ※基準点

学費（単位：円）	入学金	施設費	授業料	その他経費	小計	初年度合計
入学手続時	250,000	150,000	—	25,200	425,200	1,029,000
1年終了迄	—	156,000	360,000	87,800	603,800	

※2024年度予定。[免除] スーパーハイクラス合格者は初年度合計のうち930,400円を給付。[授業料納入] 4回分割。[返還] 併願の入学辞退者には入学金を除き返還。[その他] 制服・制定品代，教科書代25,259〜31,396円，特別進学コース・総合進学コースは年間諸経費・修学旅行積立金349,146〜353,676円，グローバル・スタディコースは年間諸経費・教育充実費・海外研修積立金670,756円あり。

（つ）土浦日本大学 茨城 男女

併願校の例 ※[進学]を中心に

	千公立	私立
挑戦校	東葛飾／船橋 佐倉／薬園台 小金／市立千葉	江戸川取手 芝浦工大柏 専大松戸 日大習志野
最適校	柏／鎌ヶ谷 柏南／幕張総合 国府台／佐原 柏の葉／松戸国際	東洋大牛久 国府台女子 麗澤 二松学舎柏 流経大柏
堅実校	柏中央／我孫子 流山おおたかの森	霞ヶ浦 中央学院 日体大柏 西武台千葉

合格のめやす

合格の可能性 **60% 80%** の偏差値を表示しています。

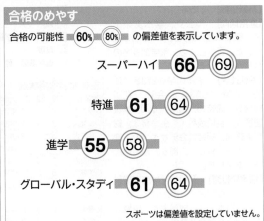

	60%	80%
スーパーハイ	66	69
特進	61	64
進学	55	58
グローバル・スタディ	61	64

スポーツは偏差値を設定していません。

※合格のめやすの見方は114ページ参照。

見学ガイド 文化祭／説明会／部活動体験会／夏の学校見学会

小 中 高 専 短 大

牛久市

東洋大学附属牛久 高等学校

〒300-1211　茨城県牛久市柏田町1360-2　☎(029)872-0350

【教育理念】 「諸学の基礎は哲学にあり」「独立自活」「知徳兼全」を掲げる。深く考える力と本質に迫る健全な批判精神を培い，将来社会に貢献できる人材を育成する。

【沿　革】 1964年創立。2015年度に併設中学校を開校。

【学校長】 金澤　利明

【生徒数】 男子879名，女子833名

	1年(16クラス)	2年(16クラス)	3年(15クラス)
男子	313名	283名	283名
女子	287名	302名	244名

JR―牛久25分またはバス東洋高校入口（スクールバス9路線あり）

特色

設置学科：普通科

【コース】 特別進学，グローバル，進学，スポーツサイエンスの4コース制。内部進学生とは3年間別クラス編成。スポーツサイエンスコースとグローバルコースは3年間文系。

【カリキュラム】 ①特別進学コースは週4日の7時間授業や宿泊学習を実施。多彩な学習プログラムを実施。②グローバルコースは多くの学級活動が英語で進められる。中国語・フランス語の授業もある。国内外大学への進学指導が充実。③進学コースは併設大学への進学者が最も多い。学習習慣を身につけ，基礎学力を養う。

豊富な選択科目を設け，講習・補習も充実。外部模試の受験対策講習を開く。④スポーツサイエンスコースは競技能力を高めると共に基礎学習を徹底し，文武両道をめざす。

【海外研修】 グローバルコースはセブ島でオリエンテーション合宿を実施。特別進学・グローバルコースはオーストラリア語学研修を行う。

【クラブ活動】 硬式テニス部，相撲部，空手道部，陸上競技部など全国レベルで活躍。

【施設】 7面あるテニスコートや400mタータントラックのある人工芝グラウンドを完備。

習熟度別授業	土曜授業	文理選択	オンライン授業	制服	自習室	食堂	プール	グラウンド	アルバイト
―	○	2年〜	○	○	〜19:00	○	―	○	審査

登校時刻＝ 8:35
下校時刻＝19:00

進路情報 2023年3月卒業生

【卒業生数】 645名

【進路傾向】 国公立大学へ文系7名・理系13名，海外大学へ6名が進学した。医学部1名，薬学部5名の合格が出ている。

【系列進学】 東洋大学へ273名（法29，文30，経済34，社会31，理工6，経営41，国際15，国際観光20，情報連携3，食環境科1，生命科3，総合情報14，福祉社会デザイン27，健康スポーツ科13，二部6）が内部推薦で進学した。

【指定校推薦】 利用状況は東京理科大2，学習院大2，明治大3，法政大1，日本大2，成蹊大4，成城大1，明治学院大3など。

四年制大学への進学率 **88.8%**

四年制大学	573名
短期大学	3名
専修・各種学校	30名
就職	2名
進学準備・他	37名

主な大学合格状況

'24年春速報は巻末資料参照

大学名	'23	'22	'21	大学名	'23	'22	'21	大学名	'23	'22	'21
◇京都大	0	0	1	東京理科大	4	5	2	専修大	5	11	11
◇千葉大	2	1	1	学習院大	7	2	1	大東文化大	8	10	7
◇筑波大	5	5	2	明治大	6	8	6	帝京大	18	7	9
◇北海道大	0	1	1	青山学院大	5	5	5	成城大	7	5	8
◇防衛大	1	3	0	立教大	8	8	1	明治学院大	6	4	5
◇茨城大	8	5	12	中央大	2	9	3	獨協大	8	11	9
◇都留文科大	1	2	1	法政大	12	13	12	東京電機大	14	13	3
早稲田大	1	2	1	日本大	32	34	34	国際医療福祉大	6	2	8
慶應大	0	0	2	東洋大	298	269	241	東邦大	1	4	2
上智大	0	4	0	駒澤大	3	5	2	流通経済大	14	12	9

※各大学合格数は既卒生を含む。

入試要項 2024年春（実績）

新年度日程についてはp.116参照。

◆ 単願推薦

募集人員 ▶ 特別進学・グローバル・進学コース計210名，スポーツサイエンスコース35名
※スポーツサイエンスコースの対象部は，男女陸上競技・空手道，男子駅伝・硬式野球・相撲・バレーボール，女子硬式テニス

選抜方法 ▶ 国数英（各50分・各100点・マークシート・英にリスニングあり），面接（スポーツサイエンスコースは個人5分，他コースはグループ5分），調査書

◆ 併願推薦・一般　併願推薦（公私とも可，千葉県生対象），一般

募集人員 ▶ 特別進学・グローバル・進学コース計290名（内部進学者を含む）

選抜方法 ▶ 国数英理社（各50分・各100点・マークシート・英にリスニングあり。併願推薦は国数英の3科），調査書　※一般で各種検定取得者は証明書のコピー提出により，総合得点に加点あり

◆ 受験料　20,000円

内申基準 単願推薦：[特別進学] 5科22，[グローバル]以下①または②。① 5科19かつ英4・② 英4かつ英語検定準2級，[進学] 5科19　**併願推薦**：非公表　※特別進学・グローバル・進学コースは9科に2不可，スポーツサイエンスコースは9科に1不可　※条件により内申加点あり

特待生・奨学金制度 各入試総合得点上位者より奨学生を2段階認定。ほかに単願推薦で運動部優秀選手対象の奨学金制度も2段階あり。

帰国生の受け入れ 国内生と同枠入試。

入試日程

区分	登録・出願	試験	発表	手続締切
単推型	11/15〜12/15	1/9	1/12	1/25
併推型	11/15〜1/6	1/15	1/22	3/14
一般	11/15〜1/6	1/15	1/24	3/14

[試験会場] 一般は本校のほかつくば会場あり。

応募状況

年度	区分		応募数	受験数	合格数	実質倍率
'24	単推型	特進・グロ・進学	208	208	208	1.0
		スポーツ	36	36	36	1.0
	一般単願		1,350	1,332	1,311	1.0
	併推・一般併					
'23	単推型	特進・グロ・進学	262	262	262	1.0
		スポーツ	38	38	38	1.0
	一般単願		1,651	1,626	1,162	1.4
	併推・一般併					
'22	単推型	特進・グロ・進学	229	229	229	1.0
		スポーツ	29	29	29	1.0
	一般単願		1,303	1,288	1,218	1.1
	併推・一般併					

[スライド制度] あり。上記に含まず。
['24年合格最低点] 非公表。

と　東洋大学附属牛久　茨城　男女

学費（単位：円）

	入学金	施設費	授業料	その他経費	小計	初年度合計
入学手続時	210,000	190,000	—	—	400,000	1,187,800
1年終了迄	—	—	348,000	439,800	787,800	

※2024年度予定。[授業料納入] 11回分割。
[その他] 制服・制定品代，タブレット端末代あり。

併願校の例 ※[進学]を中心に

	千公立	私立
挑戦校	東葛飾／佐倉　柏／小金　鎌ヶ谷／八千代	茗溪学園　成田　麗澤
最適校	柏南／成田国際　国府台／幕張総合　津田沼／松戸国際　柏の葉／国分　柏中央	土浦日大　流経大柏　二松学舎柏　光英VERITAS
堅実校	市川東／市立松戸　船橋啓明／我孫子　流山おおたかの森	常総学院　霞ヶ浦　中央学院　日体大柏

合格のめやす

合格の可能性 **60%** **80%** の偏差値を表示しています。

特別進学 **57** (61)

グローバル **54** (58)

進学 **52** (56)

スポーツサイエンスは偏差値を設定していません。

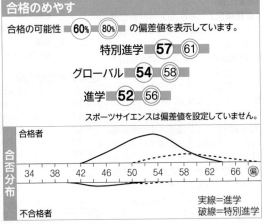

合格者 / 合否分布 / 不合格者

34　38　42　46　50　54　58　62　66　(偏)

実線＝進学
破線＝特別進学

※合格のめやすの見方は114ページ参照。

見学ガイド 文化祭／説明会／学校見学会

つくば市

茗溪学園 高等学校

〒305-8502 茨城県つくば市稲荷前1-1 ☎(029)851-6611

小 中 高 専 短 大

【建学の理念】 人類ならびに国家に貢献しうる「世界的日本人」を育成すべく，知・徳・体の調和した人格の形成を図り，特に創造的思考力に富む人材をつくる。

【沿 革】 1979年東京高等師範学校，東京文理科大学，東京教育大学，筑波大学などの同窓会「茗溪会」によって創立。

【学校長】 宮﨑 淳

【生徒数】 男子397名，女子410名

	1年（7クラス）	2年（8クラス）	3年（7クラス）
男子	139名	127名	131名
女子	145名	142名	123名

JR―ひたち野うしく，つくばEX.―研究学園よりスクールバス，つくばEX.―つくばよりバス

特色

設置学科：普通科

【コース】 MG（Meikei General）コースと，国際バカロレア・ディプロマ・プログラムのカリキュラムによるIBDPコースを設置。MGクラスの中から選抜にてEEC（Extended English Class），AC（Academia Class）を設ける。

【カリキュラム】 ①IBDPコースは大学レベルの学習だけでなく，高度でバランスのとれたプログラム。授業は英語または日本語で進められる。②習熟度別学習や選択履修制カリキュラム編成で学力を伸ばす。きめ細かな進路指導を徹底する。③3年次に進路志望に合わせ，大学を訪問。

大学教育の実情や動向を学ぶ。④スーパーサイエンスハイスクール指定校として，様々な研究活動，海外研修，学会など積極的に参加。⑤男子はラグビー，女子は剣道が校技。校技大会ではクラス対抗で競い合う。⑥給食は希望制。

【海外研修】 シンガポール研修旅行を実施。1年間留学や短期交換留学制度もある。

【クラブ活動】 ラグビー部，バドミントン部，剣道部，美術部などが全国レベルで活躍。

【施設】 寮を設置しており，寮内の行事や学習支援を実施。寮生を世界各地から受け入れる。

習熟度別授業	土曜授業	文理選択	オンライン授業	制服	自習室	食堂	プール	グラウンド	アルバイト	登校時刻＝ 8:50
数英	―	2年〜	○	○	〜18:00	○	○	○	―	下校時刻＝18:00

進路情報 2023年3月卒業生

四年制大学への進学率 **82.3%**

【卒業生数】 293名

【進路傾向】 海外大学へ11名が進学した。医学部医学科へ8名が合格している。

【指定校推薦】 利用状況は早稲田大6，慶應大3，上智大2，東京理科大6，学習院大3，明治大2，青山学院大1，立教大5，中央大2，日本大1，東洋大1，国際基督教大1，明治学院大2，芝浦工大1，東京電機大1，津田塾大2，東京女子大2，日本女子大1，同志社大3，立命館大1，工学院大1，北里大2，東京薬科大2，日本薬科大1，東京農大3，学習院女子大1，獨協医大1，東京家政大1など。

▨ 四年制大学	241名
▨ 短期大学	0名
▨ 専修・各種学校	6名
▨ 就職	1名
▢ 進学準備・他	45名

主な大学合格状況

'24年春速報は巻末資料参照

大学名	'23	'22	'21	大学名	'23	'22	'21	大学名	'23	'22	'21
◇東京大	0	1	0	◇茨城大	10	9	9	中央大	26	28	22
◇京都大	0	0	2	◇茨城県立医療大	0	3	2	法政大	36	32	26
◇東工大	1	0	1	早稲田大	18	18	25	日本大	33	33	45
◇一橋大	3	0	1	慶應大	11	12	16	東洋大	15	23	22
◇千葉大	1	3	3	上智大	9	17	14	駒澤大	8	6	7
◇筑波大	20	15	19	東京理科大	26	28	28	東海大	8	8	21
◇横浜国大	2	1	2	学習院大	7	9	7	成蹊大	13	8	6
◇北海道大	3	3	2	明治大	19	23	40	芝浦工大	16	16	13
◇東北大	1	0	3	青山学院大	21	16	14	順天堂大	16	16	17
◇東京医歯大	0	2	2	立教大	32	27	23	北里大	9	12	10

※各大学合格数は既卒生を含む。

入試要項 2024年春（実績）

新年度日程についてはp.116参照。

◆推薦 専願

募集人員 ▶15名

選抜方法 ▶個人面接（20分），調査書，志望理由書，ほかに帰国生と入寮希望者は保護者同伴面接（10分）あり ※面接はオンラインで実施

◆一般 一般，IB生特別選抜，IB入試 ※いずれもＡ方式・Ｂ方式を実施

募集人員 ▶25名（うちIB生特別選抜は若干名）

選抜方法 ▶一般（Ａ方式）：日本語エッセイ（30分・30点），英（50分・100点），個人面接，保護者同伴面接，調査書 一般（Ｂ方式）：国数英（各50分・各100点・英にリスニングあり），調査書，ほかに帰国生と入寮希望者は個人面接，保護者同伴面接 IB生特別選抜・IB入試（Ａ方式）：日本語エッセイ（50分・100点），数英（各50分・各100点），個人面接，保護者同伴面接，調査書，志望理由書 IB生特別選抜・IB入試（Ｂ方式）：国数英（各50分・各100点），個人面接，保護者同伴面接，調査書，志望理由書 ※面接は筆記試験とは別日にオンラインで実施 ※IB生特別選抜は筆記試験もオンラインで実施

◆受験料 推薦・IB生特別選抜30,000円，一般・IB入試20,000円

（**内申基準**）推薦：以下①～③のいずれか。①２年次および３年次１学期（前期）の９科評定平均値各4.4で数英各４・②２年次および３年次１学期（前期）の９科評定平均値各3.8で，スポーツで高い評価を受けた者・③出願時に現地・国際校の在学期間２年または過去４年に現地・国際校に在学し海外在留期間が２年で，英語検定準１級またはTOEFL iBT70点またはTOEIC800点（リスニング・リーディング各400点）またはIELTS5.5

（**特待生・奨学金制度**）特記なし。

（**帰国生の受け入れ**）国内生と別枠入試。推薦・一般入試にも含まれる。

入試日程

区分	出願	試験	発表	手続締切
推薦	12/1～20	1/9	1/10	1/11
一般	1/5～12	1/20	1/23	3/13
IB特別	10/6～20	11/18	11/27	3/13
IB入試	1/5～12	1/20	1/23	3/13

応募状況

年度	区分	応募数	受験数	合格数	実質倍率
'24	推薦	21	21	21	1.0
	一般・Ａ方式	0	0	0	—
	一般・Ｂ方式	30	30	25	1.2
	IB・Ａ方式	1	1	1	1.0
	IB・Ｂ方式	2	2	2	1.0

['24合格最低点] 一般（Ｂ方式）172/300

（右欄）**め** 茗溪学園 茨城 男女

学費(単位:円)	入学金	施設費	授業料	その他経費	小計	初年度合計
入学手続時	250,000	160,000	—	—	410,000	1,040,000
1年終了迄	—	—	390,000	240,000	630,000	

※2024年度予定。[返還] 入学辞退者には入学金を除き返還。
[授業料納入] 毎月分割。上記授業料はMGコースで，IBDPコースは960,000円。[その他] 制服・制定品代，教材費，行事費，特別補講料等，寮生は入寮費240,000円，寮費年額1,005,700円あり。

併願校の例

	千公立	私立
挑戦校		市川 昭和秀英
最適校	東葛飾／船橋 小金／薬園台	江戸川取手 芝浦工大柏 専大松戸 日大習志野
堅実校	柏／鎌ヶ谷 松戸国際／柏南	東洋大牛久 麗澤 流経大柏

合格のめやす

合格の可能性 **60%** **80%** の偏差値を表示しています。

MG **63** **66**

IBDPは偏差値を設定していません。

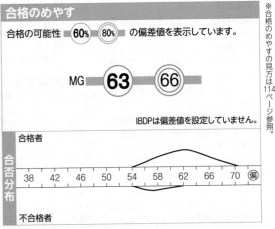

合格者

不合格者

合否分布

38 42 46 50 54 58 62 66 70 （偏）

※合格のめやすの見方は114ページ参照。

（**見学ガイド**）文化祭／吹奏楽部定期演奏会／説明会／茗溪オープン

小中高専短大

栃木市

國學院大學栃木 高等学校

〒328-8588　栃木県栃木市平井町608　☎(0282)22-5511

【教育目標】「たくましく，直く，明るく，さわやかに」を校訓に掲げる。國學院大學建学の精神に則り，人格の陶冶に重きを置き，理性と情操の豊かな視野の広い人間形成を目標とする。

【沿 革】1960年創立。1996年中学校が開校。

【学校長】實島 範朗

【生徒数】男子679名，女子486名

	1年(12クラス)	2年(12クラス)	3年(14クラス)
男子	209名	235名	235名
女子	165名	161名	160名

JR・東武日光線—栃木よりバス国学院前

特色

設置学科：普通科

【コース】特別選抜Ｓ，特別選抜，選抜，文理の４コースを設置している。内部進学生とは3年間別クラス編成となる。

【カリキュラム】①早朝や放課後の講習，スタディサプリなど多彩な学習プログラムで学力の向上を図る。長期休業中には講習や校外での学習合宿を行う。英語・漢字・数学検定の受験も奨励している。②特別選抜Ｓコースは少人数クラス編成で最難関大学への進学をめざす。東京大学合格を志すKTベクトルプロジェクトでは専属教科担当者により課題設定や添削指導が行われる。③文理コースは併設大学をはじめ私立大学入試に対応したカリキュラム編成。

【キャリア教育】「なぜ学ぶのか」を考えさせ，探究心を刺激。自己理解，進路設計，進路実現を経て，キャリアプランを確立。

【海外研修】希望制で米国語学研修やドイツ，韓国，カンボジアなどでの国際研修を実施。

【クラブ活動】ラグビー部，柔道部，野球部，ハンドボール部などが全国レベル。

【施設】蔵書300,000冊の図書館や天体ドームなどがある。新男子寮と女子寮（学外）を設置。

習熟度別授業	土曜授業	文理選択	オンライン授業	制服	自習室	食堂	プール	グラウンド	アルバイト
国数英理	隔週	2年～	○	○	～18:30	○	—	○	—

登校時刻＝ 8:50
下校時刻＝19:00

進路情報 2023年3月卒業生

【卒業生数】421名

【進路傾向】国公立大学へ56名合格が出ている。

【系列進学】國學院大學へ95名（文17，経済41，人間開発16，法12，神道文化3，観光まちづくり6），國學院大學栃木短期大学へ11名が内部推薦で進学した。

【指定校推薦】東京理科大，学習院大，青山学院大，中央大，日本大，東洋大，駒澤大，専修大，大東文化大，東海大，亜細亜大，帝京大，成蹊大，成城大，明治学院大，獨協大，神奈川大，芝浦工大，東京電機大，東京女子大，日本女子大，同志社大，武蔵大など推薦枠あり。

四年制大学への進学率 **85.0%**

■ 四年制大学	358名
□ 短期大学	12名
■ 専修・各種学校	30名
■ 就職	4名
□ 進学準備・他	17名

主な大学合格状況 　'24年春速報は巻末資料参照

大学名	'23	'22	'21	大学名	'23	'22	'21	大学名	'23	'22	'21
◇東京大	0	0	1	◇茨城大	4	5	2	中央大	10	13	7
◇一橋大	0	0	1	◇宇都宮大	7	7	9	法政大	3	7	4
◇千葉大	1	1	4	早稲田大	7	2	4	日本大	11	11	12
◇筑波大	1	1	2	慶應大	2	1	3	東洋大	19	7	20
◇横浜国大	0	1	0	上智大	1	2	5	専修大	6	14	9
◇埼玉大	2	4	0	東京理科大	7	10	9	大東文化大	10	10	6
◇東北大	1	1	0	学習院大	3	4	2	東海大	5	3	8
◇防衛医大	1	1	1	明治大	7	6	7	帝京大	19	14	15
◇群馬大	1	1	3	青山学院大	6	3	3	國學院大	95	95	94
◇防衛大	6	8	14	立教大	4	6	3	芝浦工大	6	5	7

※各大学合格数は既卒生を含む。

入試要項 2024年春（実績）

新年度日程についてはp.116参照。

◆推薦　単願　※指定校推薦あり

募集人員▶特別選抜Ｓコース30名，特別選抜コース150名，選抜コース150名，文理コース270名　※一般を含む全体の定員

選抜方法▶個人面接（10分），調査書，ほかに検定資格利用者は検定資格証写し（下記「内申基準」参照）

◆一般　単願，併願，体育技能（①のみ。単願。対象部は男女ハンドボール・柔道・剣道・陸上競技・なぎなた・ラグビー，男子サッカー・野球，女子バレーボール）

募集人員▶定員内

選抜方法▶**一般**：国数英または国数英理社（各50分・各100点），調査書，ほかに単願は個人面接（３分），単願証明書　**体育技能**：国数英（各50分・各100点），個人面接（３分），調査書，活動報告書

◆受験料　18,000円

内申基準　**推薦**：[特別選抜]５科の評定平均4.2または校内順位30(35)％，[選抜]５科の評定平均3.6または校内順位45(50)％，[文理]５科の評定平均3.2または校内順位60(65)％　※評定は１年次から３年次１学期までの平均値　※校内順位は定期試験や校内実力試験における５科の順位。(　)内は英語･漢字･数学検定３級取得者に適用　※いずれも９科に１不可

特待生・奨学金制度　一般で入試得点による３段階の学力奨学生制度あり。ほかに体育技能奨学生制度あり。

帰国生の受け入れ　国内生と同枠入試で考慮あり。

入試日程

区分	登録・出願	試験	発表	手続締切
推薦・一般①	11/20～12/15	1/6	1/11	1/18
一般②	11/20～12/15	1/7	1/11	1/18
一般③	1/6～23	1/27	1/29	2/5

[試験会場] 一般③は学園教育センター。
[延納] 一般の併願は公立発表後まで。

応募状況

年度	区分		応募数	受験数	合格数	実質倍率
'24	推薦		948	947	—	—
	一般	①				
		②	356	350	—	—
		③	86	86	—	—
'23	推薦		1,037	1,021	—	—
	一般	①				
		②	484	480	—	—
		③	84	81	—	—
'22	推薦		1,118	1,114	—	—
	一般	①				
		②	463	462	—	—
		③	72	69	—	—

[スライド制度] あり。
['24年合格最低点] 非公表。

こ　國學院大學栃木　栃木　男女

学費(単位:円)	入学金	施設費	授業料	その他経費	小計	初年度合計
入学手続時	180,000	—	—	—	180,000	931,682
１年終了迄	—	170,000	324,000	257,682	751,682	

※2023年度実績。[入学前納入] １年終了迄の小計のうち全額または249,777円。
[授業料納入] 一括または毎月分割。[その他] 制服・制定品代，補助教材費，進路指導関係費あり。

併願校の例

※[文理]を中心に

	埼公立	私立
挑戦校	杉戸／久喜	佐野日大
最適校	久喜北陽／鷲宮	花咲徳栄 浦和実業 浦和学院
堅実校	白岡／栗橋北彩 幸手桜	

合格のめやす

合格の可能性 60% 80% の偏差値を表示しています。

偏差値は設定していません

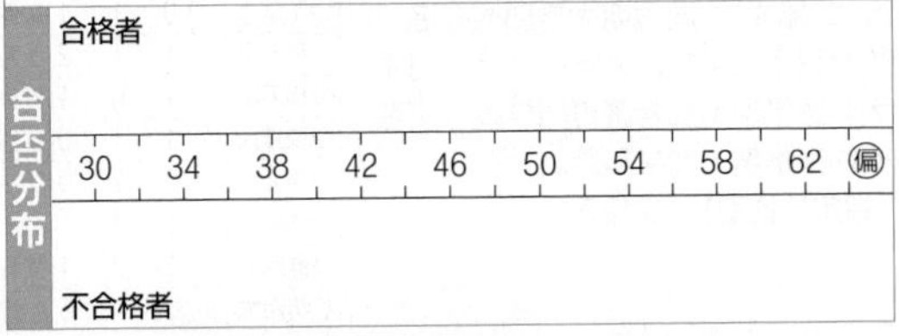
合否分布
合格者
30 34 38 42 46 50 54 58 62 偏
不合格者

※合格のめやすの見方は114ページ参照。

見学ガイド　体育祭／文化祭／学力診断テスト／説明会／オープンスクール／一日体験学習

佐野市

佐野日本大学 高等学校

〒327-0192　栃木県佐野市石塚町2555　☎(0283)25-0111

【校 訓】　「自主創造」「文武両道」「師弟同行」を掲げる。「日本文化を基調として世界の文化を探求し，もって人類の平和と福祉に寄与する」を建学の精神とする。

【沿 革】　1964年創立。

【学校長】　髙原 健治

【生徒数】　男子785名，女子409名

	1年(11クラス)	2年(10クラス)	3年(12クラス)
男子	267名	216名	302名
女子	132名	141名	136名

東武線―佐野・足利市・栃木・太田・館林，
JR―小山・古河などよりスクールバス12路線

特色

設置学科：普通科

【コース】　特別進学コース（αクラスあり），スーパー進学コース，N進学コースを設置。希望により学力に応じて進級時にコース・クラスのランクアップが可能。

【カリキュラム】　①特別進学コースαクラスは最難関大学や国公立大医学部，特別進学コースは難関大学や日本大学の難関学部合格をめざす。少人数クラス編成，ハイレベル授業，緻密なカリキュラムなど，きめ細やかな指導体制をもつ。②スーパー進学コースは国公立・難関私立・日本大学をめざす。③N進学コースは付属校のメ

リットを活かしたカリキュラムで実力を養う。推薦制度利用者をはじめ，多くの生徒が日本大学へ進学。④英語プレゼンコンテストを実施。1人1テーマの探究活動の内容を英語で発表。英語4技能向上のための取り組みを行う。

【海外研修】　希望制のイギリス短期研修や希望選抜制のニュージーランドターム留学，中国などへの国際交流プログラムが豊富。

【クラブ活動】　チアリーディング部，ゴルフ部，剣道部，陸上競技部などが全国レベルで活躍。

【施設】　2025年2月に食堂完成予定。

習熟度別授業	土曜授業	文理選択	オンライン授業	制服	自習室	食堂	プール	グラウンド	アルバイト
―	隔週	2年～	○	○	～18:20	―	○	○	―

登校時刻＝ 8:50
下校時刻＝18:20

進路情報　2023年3月卒業生

【卒業生数】　432名

【進路傾向】　大学進学のうち6割程度が理系進学。国公立大学へ文系5名，理系9名が進学した。

【系列進学】　日本大学へ237名（法11，経済21，商17，工25，文理23，芸術5，国際関係20，危機管理3，スポーツ科3，理工29，生産工37，歯1，松戸歯3，生物資源科30，薬5，二部4），同短期大学部へ6名，佐野日本大学短期大学へ2名，日本大学医学部附属看護専門学校へ1名が内部推薦で進学した。

【指定校推薦】　非公表。

四年制大学への進学率 **88.9%**

■ 四年制大学	384名
■ 短期大学	10名
■ 専修・各種学校	22名
■ 就職	2名
□ 進学準備・他	14名

主な大学合格状況

'24年春速報は巻末資料参照

大学名	'23	'22	'21	大学名	'23	'22	'21	大学名	'23	'22	'21
◇東京大	1	0	4	◇宇都宮大	1	1	4	法政大	5	4	6
◇東工大	1	0	0	早稲田大	4	2	4	日本大	357	370	386
◇千葉大	0	1	1	慶應大	3	2	6	東洋大	4	5	11
◇筑波大	1	1	2	上智大	1	2	2	専修大	4	1	2
◇横浜国大	1	1	0	東京理科大	6	5	5	東海大	7	8	5
◇埼玉大	1	1	1	学習院大	1	1	1	明治学院大	4	2	3
◇東北大	0	2	0	明治大	5	0	7	芝浦工大	3	7	8
◇防衛医大	1	4	1	青山学院大	0	3	4	津田塾大	1	3	3
◇群馬大	1	3	4	立教大	2	0	5	東京薬科大	3	2	3
◇防衛大	6	1	5	中央大	6	4	6	獨協医大	2	4	3

※各大学合格数は既卒生を含む。

入試要項 2024年春（実績）

新年度日程についてはp.116参照。

◆ 推薦　指定校（単願。特別進学コースαクラスを除く），単願，SN（スーパー進学・N進学コース対象。指定部活動あり），併願（公私とも可）

募集人員▶特別進学コースαクラス30名，特別進学コース120名，スーパー進学コース160名，N進学コース200名　※一般を含む全体の定員

選抜方法▶指定校：作文（出願時提出・800字），調査書　**単願・併願**：国数英または国数英理社（各50分・各100点・マークシート・英にリスニングあり），調査書　**SN**：国英または数英（各50分・各100点・マークシート・英にリスニングあり），エントリーシート，調査書　※単願，併願の5科受験は3科・5科の2段階判定

◆ 一般　単願，併願

募集人員▶定員内

選抜方法▶国数英または国数英理社（各50分・各100点・マークシート・英にリスニングあり），調査書　※5科受験は3科・5科の2段階判定

◆ 受験料　20,000円

内申基準 指定校推薦：[特別進学]成績上位25%または5科21，[スーパー進学]成績上位40%または5科18，[N進学]成績上位55%または5科16または9科30　単願推薦：[特別進学α]成績上位3%，[特別進学]成績上位20%または5科22，[スーパー進学]成績上位35%または5科19，[N進学]成績上位50%または5科17または9科31　SN推薦：[スーパー進学]成績上位40%または5科18または9科32 [N進学]成績上位60%または5科15または9科28　併願推薦：成績上位40%または5科18または9科32　※上記成績は2年次または3年次（指定校推薦と単願推薦[特別進学α]は3年次），評定は3年次　※いずれも3年間の9科に1不可　※条件により成績・内申緩和あり

特待生・奨学金制度 特別進学コースαクラス合格者は全員，特別進学コースは入試成績により2段階の奨学生認定。

帰国生の受け入れ 国内生と同枠入試。

入試日程

区分	出願	試験	発表	手続締切
推薦・一般①	12/1〜18	1/6	1/9	1/15
一般②	1/9〜18	1/21	1/22	1/25
一般③	1/22〜26	1/28	1/29	2/1

[延納] 併願は公立発表後まで。

応募状況

年度	区分		応募数	受験数	合格数	実質倍率
'24	推薦	単願	286	286	286	1.0
		併願	1,045	1,040	1,040	1.0
	一般		307	302	216	1.4
'23	推薦	単願	252	250	250	1.0
		併願	1,024	1,015	1,015	1.0
	一般		257	252	161	1.6
'22	推薦	単願	264	263	263	1.0
		併願	1,129	1,126	1,122	1.0
	一般		173	172	117	1.5

['24合格最低点] 非公表。

さ 佐野日本大学 栃木 男女

学費（単位：円）	入学金	施設備費	授業料	その他経費	小計	初年度合計
入学手続時	100,000	100,000	—		200,000	852,000
1年終了迄	—	100,000	396,000	156,000	652,000	

※2024年度予定。[免除] 特別進学コースαクラス合格者は初年度合計のうち792,000円給付。
[授業料納入] 毎月分割。[その他] 制服・制定品代あり。

併願校の例

※[N進学]を中心に

	埼公立	私立
挑戦校		昌平 開智未来
最適校	久喜／杉戸 久喜北陽	
堅実校	羽生一／鷲宮 白岡	國學院栃木 花咲徳栄

合格のめやす

合格の可能性 **60%** **80%** の偏差値を表示しています。

偏差値は設定していません

※合格のめやすの見方は114ページ参照。

合否分布：合格者／不合格者　30 34 38 42 46 50 54 58 62 偏

見学ガイド 文化祭／説明会／オープンキャンパス

館林市

小中高専短**大**

関東学園大学附属 高等学校

〒374-8555　群馬県館林市大谷町625　☎(0276)74-1213

【建学の精神】　「敬和（人を敬い，人と和する）」「温順（おだやかで，すなおに）」「質実（かざりけなく誠実に）」を掲げる。

【沿　革】　1958年開校。1982年関東学園高等学校より現校名に改称。

【学校長】　吉田　明稔

【生徒数】　男子241名，女子221名

	1年（5クラス）	2年（5クラス）	3年（5クラス）
男子	80名	87名	74名
女子	73名	78名	70名

東武小泉線―成島10分，太田・館林などよりスクールバスあり

特色

設置学科：普通科

【コース】　特進コースと進学コースがある。2年次より文系と理系に分かれるが，進学コースは総合クラスを加えた3クラス編成。

【カリキュラム】　①特進コースは個別対応型のカリキュラムで国公立・難関私立大学合格をめざす。1年次は基礎力を養成。2年次以降は演習問題に力を入れる。少人数制授業が徹底され，補講や課外授業も充実。②進学コースは多彩な進路に対応。2年次から個々の適性や将来の希望にあわせ，文系・理系・総合の3つのクラスに分かれる。3年次には受験対策として面接や小論文などの指導を多く行う。受験を見据えた個別指導体制で大学入学共通テストや一般選抜の受験対策が充実。③系列大学の教員を講師に招き，大学での講義を体験する「高・大連携プログラム」を実施。④英語・漢字・全経簿記などの検定資格取得にも力を入れる。

【クラブ活動】　和太鼓部が全国大会出場の実績。水泳部，ラグビー部，女子サッカー部，陸上競技部も関東大会で活躍している。

【施設】　トレーニングルーム，ナイター設備付きのテニスコートなど運動施設が充実。

習熟度別授業	土曜授業	文理選択	オンライン授業	制服	自習室	食堂	プール	グラウンド	アルバイト	登校時刻＝ 8:45
数	―	2年〜	○	○	〜20:00	○	―	○	審査	下校時刻＝20:00

進路情報　2023年3月卒業生

進学率 **81.9%**

【卒業生数】　193名

【進路傾向】　大学進学者の内訳は文系80%，理系20%。国公立大学へ文系2名，理系1名が進学した。

【系列進学】　関東学園大学へ17名（経済）が内部推薦で進学した。

【指定校推薦】　日本大，東洋大，大東文化大，東海大，帝京大，獨協大，東京電機大など推薦枠あり。

■ 四年制大学	82名
■ 短期大学	16名
■ 専修・各種学校	60名
■ 就職	24名
□ 進学準備・他	11名

主な大学合格状況
'24年春速報は巻末資料参照

大学名	'23	'22	'21	大学名	'23	'22	'21	大学名	'23	'22	'21
◇山形大	0	1	0	駒澤大	1	0	1	文教大	0	7	2
◇都留文科大	1	0	0	大東文化大	9	0	1	二松學舍大	2	0	0
◇群馬県立女子大	1	0	0	東海大	0	1	0	神田外語大	3	0	0
◇埼玉県立大	0	1	0	帝京大	0	0	3	大正大	2	0	0
◇福知山公立大	1	0	0	獨協大	0	1	3	城西大	5	2	1
明治大	0	0	2	神奈川大	0	1	0	文京学院大	0	1	3
中央大	1	1	1	東京電機大	1	0	1	関東学園大	25	14	16
法政大	2	0	0	立正大	1	2	2	共栄大	3	1	1
日本大	2	0	0	東京経済大	1	0	0	埼玉工大	1	3	4
東洋大	0	0	4	桜美林大	2	1	0	聖学院大	1	2	5

※各大学合格数は既卒生を含む。

入試要項 2024年春（実績）

新年度日程についてはp.116参照。

◆推薦　**推薦①**：特別推薦，部活動推薦，一般推薦　**推薦②**：一般推薦　※いずれも単願

募集人員▶240名　※併願を含む全体の定員

選抜方法▶**推薦①**：個人面接，調査書，志願理由書　※部活動推薦，一般推薦は作文（45分・600字）あり　**推薦②**：作文（45分・600字），個人面接（10分），調査書，志願理由書

◆併願　特待・一般

募集人員▶定員内

選抜方法▶**併願①**：国数英理社（各45分・各100点・マークシート），調査書　**併願②**：国数英（各45分・各100点・マークシート），グループ面接（15分），調査書

◆**受験料**　15,000円（特別推薦2,200円）

（内申基準）非公表。

（特待生・奨学金制度）4段階の特待制度あり。各入試で特進コースを対象に学業特待生を，推薦①の部活動推薦で部活特待生を認定。

（帰国生の受け入れ）国内生と同枠入試。

入試日程

区分	出願	試験	発表	手続締切
推薦①	12/1〜15	1/6	1/11	1/19
推薦②	1/8〜18	1/20	1/23	1/31
併願①	12/1〜15	1/7	1/11	3/14
併願②	1/8〜18	1/20	1/23	3/14

［試験会場］併願①は本校のほか併設大学。
［手続締切］併願の合格区分で「単願につき合格」の場合は併願①1/19・②1/31。

応募状況

年度	区分		応募数	受験数	合格数	実質倍率
'24	推薦①	特別	107	107	107	1.0
		部活				
		一般				
	推薦②		3	3	3	1.0
	併願①		676	671	666	1.0
	併願②		141	138	133	1.0
'23	推薦①	特別	107	105	105	1.0
		部活				
		一般				
	推薦②		5	4	4	1.0
	併願①		767	753	747	1.0
	併願②		118	117	109	1.1
'22	推薦①	特別	119	117	115	1.0
		部活				
		一般				
	推薦②		7	6	4	1.5
	併願①		799	794	769	1.0
	併願②		127	120	113	1.1

［'24年合格最低点］非公表。

（か）関東学園大学附属　群馬　男女

学費（単位：円）

	入学金	教育振興費	授業料	その他経費	小計	初年度合計
入学手続時	130,000	—	—	—	130,000	669,650
1年終了迄	—	60,000	396,000	83,650	539,650	

※2024年度予定。［授業料納入］毎月分割。
［その他］制服・制定品代，教材費等あり。

併願校の例　※［進学］を中心に

	埼公立	私立
挑戦校	深谷一／杉戸 久喜／久喜北陽	東京農大三 正智深谷
最適校	羽生一／鷲宮 進修館(総合)／深谷	花咲徳栄 東京成徳深谷
堅実校	白岡／妻沼 羽生	

合格のめやす

合格の可能性 ■60%■ ■80%■ の偏差値を表示しています。

偏差値は設定していません

※合格のめやすの見方は114ページ参照。

合否分布

合格者

| 30 | 34 | 38 | 42 | 46 | 50 | 54 | 58 | 62 | 偏 |

不合格者

（見学ガイド）文化祭／説明会／オープンスクール／個別見学対応

甲府市

駿台甲府 高等学校（普通科）

［塩部キャンパス］〒400-0026　山梨県甲府市塩部2-8-1　☎(055)253-6211

【教育目標】　建学の精神「チャレンジング・スピリット」に基づき，様々な分野で活躍する人材の輩出をめざす。

【沿　革】　1956年に山梨自動車工業高等学校として開校。1980年に現校名に改称。

【学校長】　八田　政久

【生徒数】　男子549名，女子429名

	1年(10クラス)	2年(9クラス)	3年(9クラス)
男子	195名	182名	172名
女子	194名	120名	115名

JsR―甲府15分

特色

設置学科：普通科

【コース】　2年次よりスーパー，コア，アスリートの3コースに分かれる。アスリートコースのみ1年次より開講する。

【カリキュラム】　①スーパーコースは難関大学合格に特化し，最先端の授業システムを整備している。ライブ特別講習や映像授業では予備校講師による授業が受けられる。②コアコースは体験型探究学習などを通して進路を自ら開拓し，その実現に向けて早期に準備を始動する。③アスリートコースは強化部（野球，サッカー，陸上競技，ハンドボール，硬式テニス，ソフトテニス，ダンス）に所属。勉強と部活動にバランスよく打ち込む。授業ではスポーツ栄養学や運動生理学，運動心理学などを取り入れている。

【海外研修】　1年次3月の研修旅行は関西，沖縄，シンガポールからコースを選択する。

【大学合格状況】　東京大，京都大，筑波大，東京外大，横浜国大，東北大，早稲田大，慶應大，上智大，東京理科大，学習院大，明治大，青山学院大，立教大，中央大，法政大など。

【見学ガイド】　文化祭／説明会／個別相談会／体験入学

習熟度別授業	土曜授業	文理選択	オンライン授業	制服	自習室	食堂	プール	グラウンド	アルバイト	登校時刻＝ 8:30
国数英	○	2年〜	○	○	18:45	―	―	○	―	下校時刻＝18:30

入試要項　2024年春（実績）

新年度日程についてはp.114参照。

◆推薦　中学校長推薦，自己推薦　※いずれも専願

募集人員▶270名　※一般，内部進学生を含む全体の定員

選抜方法▶基礎学力試験，面接，調査書，ほか自己推薦は作文

◆一般　専願，併願

募集人員▶定員内

選抜方法▶国数英，面接，調査書

◆受験料　18,000円

◆学費　入学手続時―510,000円　1年終了迄―570,000円（ほか制服代等あり）

内申基準　特記なし。

入試日程

区分	登録・出願	試験	発表	手続締切
推薦	12/1〜22	1/6	1/12	1/19
一般	1/4〜31	2/11	2/16	2/26

［試験会場］一般は本校のほか東京会場あり。
［延納］一般の併願者は80,000円納入により残額は公立発表まで。

応募状況

年度	区分	応募数	受験数	合格数	実質倍率
'24	推薦	―	―	―	―
	一般	―	―	―	―

合格のめやす(偏差値)　合格の可能性60％＝61，合格の可能性80％＝64

併願校の例　〈私立〉日大明誠

駿台甲府 高等学校（美術デザイン科）

[今井キャンパス] 〒400-0845　山梨県甲府市上今井町1279-2　☎(055)241-5311

【教育目標】　建学の精神「チャレンジング・スピリット」に基づき，様々な分野で活躍する人材の輩出をめざす。

【沿　革】　1956年に山梨自動車工業高等学校として開校。1980年に現校名に改称。

【学校長】　八田　政久

【生徒数】　男子28名，女子111名

	1年（2クラス）	2年（2クラス）	3年（1クラス）
男子	12名	8名	8名
女子	41名	42名	28名

JR―ｖ長坂，韮崎などよりスクールバス

縦書き：駿台甲府（普通科）／駿台甲府（美術デザイン科）

（す）

山梨　男女

特色

設置学科：美術デザイン科

【コース】　2年次3学期はデッサンコースとポスターコースを設置。3年次には美大進学コースと専門・就職コースに分かれる。

【カリキュラム】　①1年次は週7時間，2年次は8時間，3年次は12時間の美術の授業がある。1・2年次は素描，構成，絵画，情報メディアデザイン，ビジュアルデザインなどの共通領域を基礎から学び，3年次のコース選択に備える。複数の専門領域を横断的に学ぶフィールド制を導入している。②最新のソフトや機器を導入。放課後には，デジタル機器とアトリエを開放し，自由に創作活動に打ち込める。③毎年1月に山梨県立美術館で「美術デザイン科展」を開催する。来場者の投票によるコンクールを実施。④特別教育活動（地域貢献）として，施設や店舗の看板制作・壁画制作や地域イベントのグッズデザインなどを行っている。⑤東京での芸術鑑賞研修では劇団の公演を鑑賞する。

【大学合格状況】　秋田公立美大，東京造形大，女子美大，横浜美大，東北芸術工科大，東京工芸大，山梨英和大など。

【見学ガイド】　文化祭／説明会／個別相談

習熟度別授業	土曜授業	文理選択	オンライン授業	制服	自習室	食堂	プール	グラウンド	アルバイト
―	―	―	―	○	―	―	―	○	―

登校時刻＝ 8:50
下校時刻＝18:30

入試要項　2024年春（実績）

新年度日程についてはp.114参照。

◆推薦　中学校長推薦，自己推薦　※いずれも専願

募集人員▶60名　※一般を含む全体の定員

選抜方法▶基礎学力試験，実技，面接，調査書，ほか自己推薦は作文

◆一般　専願，併願

募集人員▶定員内

選抜方法▶国英，実技，面接，調査書

◆受験料　18,000円

◆学費　入学手続時―463,000円　1年終了迄―459,000円（ほか制服代等あり）

(内申基準)　特記なし。

入試日程

区分	登録・出願	試験	発表	手続締切
推薦	12/1～22	1/6	1/12	1/19
一般	1/4～31	2/11	2/16	2/26

[延納] 一般の併願者は50,000円納入により残額は公立発表後まで。

応募状況

年度	区分	応募数	受験数	合格数	実質倍率
'24	推薦	58	58	―	―
	一般	3	3	―	―

(合格のめやす(偏差値))　設定なし

(併願校の例)　〈私立〉日大明誠，八王子学園(美)

上野原市

日本大学明誠 高等学校

〒409-0195　山梨県上野原市上野原3200　☎(0554)62-5161

【教育目標】　日本大学の教育理念である「自主創造」の精神を実践。「至誠・努力・調和」の校訓に基づき，知・徳・体の調和のとれた人格を完成させる。

【沿　革】　1960年開校。

【学校長】　松井　寛之

【生徒数】　男子704名，女子320名

	1年(9クラス)	2年(9クラス)	3年(10クラス)
男子	240名	221名	243名
女子	102名	109名	109名

JR―上野原よりバス日大明誠高校入口

特色

設置学科：普通科

【コース】　国公立大学進学や難関私立大学への進学をめざす特別進学コースと，日本大学進学を目標とする普通コースの2コースを設置。

【カリキュラム】　①特別進学コースは国公立・難関私立大学・日本大学難関学部への進学が目標。2年次から志望大学に合わせたクラスに分かれ，早い時期から受験対策を行う。②普通コースは日本大学への進学を中心に，多様な進路選択が可能。1年次は基礎学力を強化し，2年次からは文系と理系に分かれる。③全生徒にICT機器が配布され，授業や部活動，行事，教育活動などで活用し，ICT教育を活発に行う。

【キャリア教育】　1年次から三者面談や進路説明会を実施。2年次には希望する日本大学の学部を見学し，進路を考える判断材料にする。

【クラブ活動】　ダンス部，体操同好会，スキー部が全国レベル。水泳部，卓球部なども活躍。

【行事】　1年生宿泊研修や球技大会，芸術鑑賞教室，文化祭，強歩大会などがある。

【施設】　人工芝グラウンドや野球場など運動施設が充実。2024年3月に新校舎が完成。カフェテリア，多目的ホールなどを備える。

習熟度別授業	土曜授業	文理選択	オンライン授業	制服	自習室	食堂	プール	グラウンド	アルバイト	登校時刻＝ 8:40
―	○	2年～	○	○	～18:30	―	―	○	審査	下校時刻＝19:00

進路情報　2023年3月卒業生

四年制大学への進学率 **92.2%**

【卒業生数】　374名

【進路傾向】　大学進学者の内訳は国公立1名，日本大学279名，他私立61名だった。

【系列進学】　日本大学へ278名（法14，文理34，経済38，商43，国際関係4，危機管理6，スポーツ科1，理工34，生産工15，工1，歯1，生物資源科68，薬2，二部17），同短期大学部へ2名が進学した。

【指定校推薦】　明治大，中央大，法政大，東洋大，専修大，亜細亜大，帝京大，神奈川大など推薦枠あり。

四年制大学	345名
短期大学	3名
専修・各種学校	20名
就職	4名
進学準備・他	2名

主な大学合格状況

'24春速報は巻末資料参照

大学名	'23	'22	'21	大学名	'23	'22	'21	大学名	'23	'22	'21
◇筑波大	0	1	0	法政大	4	1	3	東京都市大	2	0	4
◇都立大	1	1	0	日本大	279	250	262	東京経済大	2	3	3
◇電通大	0	1	0	東洋大	0	0	0	杏林大	2	0	3
◇山梨県立大	0	1	0	専修大	2	2	2	実践女子大	4	2	0
早稲田大	0	0	1	亜細亜大	1	0	2	明星大	6	5	7
東京理科大	0	1	0	帝京大	0	3	4	拓殖大	1	1	3
明治大	2	0	1	成蹊大	0	6	0	帝京科学大	2	4	4
青山学院大	0	0	1	東京電機大	2	2	2	多摩大	3	3	2
立教大	0	0	1	玉川大	1	0	1	駿河台大	1	3	3
中央大	3	1	3	工学院大	1	2	4	西武文理大	1	3	3

※各大学合格数は既卒生を含む。

入試要項 2024年春（実績）

新年度日程についてはp.116参照。

◆推薦　単願，併願（公私とも可）

募集人員▶特別進学コース20名，普通コース140名

選抜方法▶単願・併願：個人面接（5分），調査書

◆一般　単願，併願

募集人員▶特別進学コース①35名・②5名，普通コース①105名・②15名

選抜方法▶国数英（各50分・各100点・マークシート・英にリスニングあり），個人面接（5分），調査書

◆受験料　20,000円

（内申基準）単願推薦：[特別進学]5科20，[普通]5科18または9科30　併願推薦：[特別進学]5科21，[普通]5科19または9科31　※いずれも9科に2不可

（特待生・奨学金制度）学業成績・人物優秀者に対する奨学金制度あり。

（帰国生の受け入れ）国内生と同枠入試。

入試日程

区分	登録・出願	試験	発表	手続締切
推薦	12/18〜1/12	1/19	1/20	1/25
一般①	1/10〜23	1/30	1/31	2/5
一般②	1/26〜2/8	2/15	2/16	2/19

[延納] 併願者は30,000円納入により残額は公立発表後まで。

応募状況

年度	区分		応募数	受験数	合格数	実質倍率
'24	特進	推薦	—	—	—	—
		一般①	—	—	—	—
		一般②	—	—	—	—
	普通	推薦	—	—	—	—
		一般①	—	—	—	—
		一般②	—	—	—	—
'23	特進	推薦	37	37	37	1.0
		一般①	84	81	60	1.4
		一般②	7	7	0	—
	普通	推薦	355	355	355	1.0
		一般①	83	81	64	1.3
		一般②	8	6	2	3.0
'22	特進	推薦	27	27	27	1.0
		一般①	84	82	67	1.2
		一般②	4	3	2	1.5
	普通	推薦	354	354	354	1.0
		一般①	83	81	65	1.2
		一般②	10	7	4	1.8

[スライド制度] あり。上記に含まず。
['24年合格最低点] 非公表。

（に）日本大学明誠　山梨　男女

学費（単位：円）

	入学金	施設設備資金	授業料	その他経費	小計	初年度合計
入学手続時	200,000	—	—	—	200,000	1,078,823
1年終了迄	—	120,000	402,000	356,823	878,823	

※2024年度予定。[授業料納入] 3回分割。
[その他] 制服・制定品代あり。

併願校の例

※[普通]を中心に

	都立	私立
挑戦校	駒場／日野台 多摩科学技術／昭和 南平／狛江 神代／小平	駿台甲府 桜美林 八王子学園 東京純心女子 麻布大附
最適校	調布南／小平南 府中／成瀬 上水／翔陽 松が谷	山梨学院 共立女子二 工学院大附 八王子実践 帝京八王子
堅実校	富士森／日野 東大和／青梅総合 府中西／杉並総合	聖パウロ 立川女子 向上 光明相模原

合格のめやす

合格の可能性 **60%** **80%** の偏差値を表示しています。

特別進学　**54**　**58**

普通　**48**　**52**

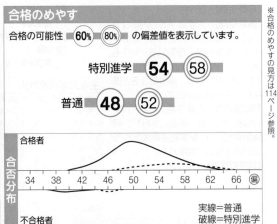

合格者

合否分布

| 34 | 38 | 42 | 46 | 50 | 54 | 58 | 62 | 66 | （偏） |

不合格者

実線＝普通
破線＝特別進学

※合格のめやすの見方は114ページ参照。

見学ガイド　文化祭／説明会／オープンスクール／キャンパスツアー／個別見学対応

甲府市

山梨学院 高等学校

〒400-0805　山梨県甲府市酒折3-3-1　☎(055)224-1600

小中高**専**短大

【教育目的】　自律・思考・表現・共生の能力獲得を目標とし，智と情と勇をそなえた人間を育成する。

【沿　革】　1956年開校。2016年山梨学院大学附属高等学校より現校名に改称。2023年通信制課程開設。

【学校長】　吉田　正

【生徒数】　男子666名，女子423名

	1年(10クラス)	2年(10クラス)	3年(10クラス)
男子	226名	224名	216名
女子	145名	143名	135名

JR―酒折5分，善光寺10分

特色

設置学科：普通科

【コース】　特進コースと進学コースを設置。特進コースはP（プレミアム）系列とA（アドバンスト）系列に分かれる。

【カリキュラム】　①国際バカロレア（IB）認定校。②特進コースP系列は国公立大学や最難関大学の受験に対応できる学力を育む。土曜や長期休業中の特別講座，宿泊学習などを実施。③特進コースA系列は高い英語力を身につけたグローバル人材を育成。3科目重点型の指導。国際教育プログラムにより文・理系の難関私立大学，海外の大学が目標。④進学コースは併設大学・短期大学をめざす。高大連携教育として大学・短期大学の様々な分野の講義や実習を体験できるほか，運動部の生徒は併設大学カレッジスポーツセンターからサポートを受けられる。法学系，経営系，健康スポーツ系，健康栄養系，教育保育系，総合進学系に対応。

【海外研修】　特進コースA系列対象でアメリカ語学研修旅行（必修）と，オーストラリアの姉妹校への留学（希望選抜制）を実施している。

【クラブ活動】　野球，駅伝，水泳，サッカー，ソフトボールなど全国レベルの部が多数。

習熟度別授業	土曜授業	文理選択	オンライン授業	制服	自習室	食堂	プール	グラウンド	アルバイト	登校時刻＝ 8:30
5教科	月3回	2年～	―	○	～19:00	―	―	○	―	下校時刻＝20:30

進路情報　2023年3月卒業生

四年制大学への進学率 **76.2%**

【卒業生数】　369名

【進路傾向】　大学進学者の内訳は文系66%，理系20%，他14%。国公立大学へ文系10名・理系21名・他1名，海外大学へ1名が進学。医学部10名（うち医学科6名），歯学部3名，薬学部15名の合格が出ている。

【系列進学】　山梨学院大学へ114名（法48，経営39，スポーツ科17，健康栄養10），山梨学院短期大学へ35名が内部推薦で進学した。

【指定校推薦】　非公表。

■ 四年制大学	281名
□ 短期大学	36名
■ 専修・各種学校	25名
■ 就職	7名
□ 進学準備・他	20名

主な大学合格状況				'24年春速報は巻末資料参照						
大学名	'23	'22	'21	大学名	'23	'22	'21	大学名	'23	'22	'21
◇東京大	0	1	2	◇都留文科大	3	1	2	中央大	7	6	9
◇京都大	0	0	1	◇山梨県立大	3	1	3	法政大	5	3	3
◇東工大	0	1	0	早稲田大	3	5	4	日本大	15	16	11
◇一橋大	0	1	0	慶應大	0	5	4	東洋大	4	8	15
◇千葉大	1	0	1	上智大	4	7	1	駒澤大	5	4	1
◇筑波大	0	2	1	東京理科大	4	5	5	専修大	9	6	5
◇埼玉大	1	1	0	学習院大	1	1	2	明治学院大	6	7	2
◇北海道大	2	1	0	明治大	10	6	5	神奈川大	12	7	2
◇東北大	1	1	1	青山学院大	1	3	5	東京薬科大	4	2	5
◇山梨大	13	7	6	立教大	5	2	1	山梨学院大	125	94	94

※各大学合格数は既卒生を含む。

入試要項 2024年春（実績）

新年度日程についてはp.116参照。

◆ 推薦　第1志望

募集人員▶390名　※一般を含む全体の定員。内部進学生を含む

選抜方法▶特進コースＰ系列：国数英（各50分・各100点），グループ面接（15分），調査書　**特進コースＡ系列**：国英（各50分・各100点），グループ面接（15分），調査書　**進学コース**：作文（60分・600字），グループ面接（15分），調査書

◆ 一般

募集人員▶定員内

選抜方法▶特進コースＰ系列・進学コース：国数英（各50分・各100点），調査書　**特進コースＡ系列**：文系科目重点選抜は国英社（各50分・各100点），調査書　理系科目重点選抜は国数英（各50点・各100点），調査書

◆ 受験料　20,000円

(内申基準) 調査書の各記録が優良であること。

(特待生・奨学金制度) 推薦入試で6段階の学業特待生を認定。ほかに3段階のスポーツ特待生制度あり。

(帰国生の受け入れ) 国内生と同枠入試。

入試日程

区分	出願	試験	発表	手続締切
推薦	12/1〜20	1/6	1/13	1/18
一般	1/1〜26	2/8	2/17	2/21

[試験会場] 一般は山梨学院大学。
[延納] 公立併願者は公立発表後まで。

応募状況

年度	区分	応募数	受験数	合格数	実質倍率
'24	推薦	1,294	1,280	—	—
	一般				
'23	推薦	1,261	1,258	1,230	1.0
	一般				
'22	推薦	1,338	1,333	1,326	1.0
	一般				

[スライド制度] あり。上記に含まず。
['24年合格最低点] 非公表。

や

山梨学院

山梨

男女

学費(単位:円)	入学金	施設設備費	授業料	その他経費	小計	初年度合計
入学手続時	100,000	210,000	—	—	310,000	934,180
1年終了迄	—	—	396,000	228,180	624,180	

※2024年度予定。[入学前納入] 1年終了迄の小計のうち1,780円。[授業料納入] 毎月分割。
[その他] 制服・制定品代，教科書・教材費（特進コースＰ系列98,958円，特進コースＡ系列61,935円，進学コース30,989円），校外学習費（特進コースＰ系列80,000円，特進コースＡ系列40,000円），修学旅行積立金（特進コースＰ系列・進学コース77,000円）あり。

併願校の例

※[進学]を中心に

	都立	私立
挑戦校		共立女子二
最適校	翔陽／富士森	日大明誠 帝京八王子
堅実校	片倉	聖パウロ

合格のめやす

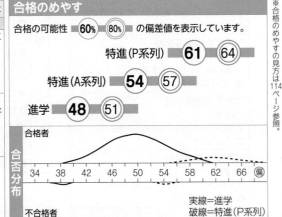

合格の可能性 **60%** **80%** の偏差値を表示しています。

特進(P系列)　**61**　64

特進(A系列)　**54**　57

進学　**48**　51

合格者

不合格者

34　38　42　46　50　54　58　62　66　偏

実線＝進学
破線＝特進(P系列)

※合格のめやすの見方は114ページ参照。

(見学ガイド) 説明会／オープンキャンパス／部活動体験会／英語教室

茨城・栃木 群馬・山梨 その他の私立高校一覧

p.814〜845で紹介している学校のほかにも，茨城・栃木・群馬・山梨の各県には，以下の私立高校(全日制)があります。2025年度の募集については各校にお問い合わせください。

■茨城県

女子

大成女子高等学校
[普通科・家政科・看護科]
〒310-0063　水戸市五軒町 3-2-61
☎ (029) 221-4888

水戸女子高等学校
[普通科・商業科]
〒310-0041　水戸市上水戸 1-2-1
☎ (029) 224-4124

共学

茨城高等学校
[普通科]
〒310-0065　水戸市八幡町 16-1
☎ (029) 221-4936

茨城キリスト教学園高等学校
[普通科]
〒319-1295　日立市大みか町 6-11-1
☎ (0294) 52-3215

水城高等学校
[普通科]
〒310-0804　水戸市白梅2-1-45
☎ (029) 247-6509

青丘学院つくば高等学校
[普通科]
〒315-0116　石岡市柿岡字寺田 1604
☎ (0299) 56-3266

つくば国際大学東風高等学校
[普通科]
〒315-0057　かすみがうら市上土田 690-1
☎ (0299) 59-7516

つくば秀英高等学校
[普通科]
〒300-2655　つくば市島名151
☎ (029) 847-1611

常磐大学高等学校
[普通科]
〒310-0036　水戸市新荘3-2-28
☎ (029) 224-1707

水戸葵陵高等学校
[普通科]
〒310-0851　水戸市千波町 2369-3
☎ (029) 243-7718

共学

水戸啓明高等学校
[普通科・商業科]
〒310-0851　水戸市千波町 464-10
☎ (029) 241-1573

明秀学園日立高等学校
[普通科]
〒317-0064　日立市神峰町 3-2-26
☎ (0294) 21-6328

■栃木県

女子

足利短期大学附属高等学校
[普通科]
〒326-0808　足利市本城 3-2120
☎ (0284) 21-7344
　(注) 2025年度の足利短期大学の募集停止に伴い，校名変更予定。

宇都宮文星女子高等学校
[普通科・秀英特進科・総合ビジネス科]
〒320-0048　宇都宮市北一の沢町 24-35
☎ (028) 621-8156

共学

足利大学附属高等学校
[普通科・工業科・自動車科・情報処理科]
〒326-0397　足利市福富町 2142
☎ (0284) 71-1285

宇都宮短期大学附属高等学校
[普通科・生活教養科・情報商業科・調理科・音楽科]
〒320-8585　宇都宮市睦町1-35
☎ (028) 634-4161
　(注) 生活教養科は女子のみ。

幸福の科学学園高等学校
[普通科・全寮制]
〒329-3434　那須郡那須町梁瀬 487-1
☎ (0287) 75-7777

作新学院高等学校
[トップ英進部・英進部・総合進学部・情報科学部]
〒320-8525　宇都宮市一の沢1-1-41
☎ (028) 648-1811

共学

佐野清澄高等学校
[普通科・生活デザイン科]
〒327-0843　佐野市堀米町 840
☎ (0283) 23-0841

青藍泰斗高等学校
[普通科・総合ビジネス科・総合生活科]
〒327-0501　佐野市葛生東 2-8-3
☎ (0283) 86-2511
　　　　　(注) 総合生活科は女子のみ。

白鷗大学足利高等学校
[普通科]
〒326-0054　足利市伊勢南町 3-2
☎ (0284) 41-0890

文星芸術大学附属高等学校
[普通科・英進科・総合ビジネス科]
〒320-0865　宇都宮市睦町 1-4
☎ (028) 636-8585
　　　　　(注) 女子の募集は英進科のみ。

星の杜高等学校
[普通科]
〒321-3233　宇都宮市上籠谷町 3776
☎ (028) 667-0700

矢板中央高等学校
[普通科・スポーツ科]
〒329-2161　矢板市扇町 2-1519
☎ (0287) 43-0447

■群馬県

共学

共愛学園高等学校
[普通科・英語科]
〒379-2185　前橋市小屋原町 1115-3
☎ (027) 267-1000

桐生第一高等学校
[普通科・調理科]
〒376-0043　桐生市小曽根町 1-5
☎ (0277) 22-8131
　　(注) 普通科進学スポーツコースは男子のみ。

樹徳高等学校
[普通科]
〒376-0023　桐生市錦町 1-1-20
☎ (0277) 45-2258

白根開善学校高等部
[普通科・全寮制]
〒377-1701　吾妻郡中之条町大字入山 1-1
☎ (0279) 95-5311

高崎健康福祉大学高崎高等学校
[普通科]
〒370-0033　高崎市中大類町 531
☎ (027) 352-3460

高崎商科大学附属高等学校
[普通科・総合ビジネス科]
〒370-0803　高崎市大橋町 237-1
☎ (027) 322-2827

東京農業大学第二高等学校
[普通科]
〒370-0864　高崎市石原町 3430
☎ (027) 323-1483

常磐高等学校
[普通科]
〒373-0817　太田市飯塚町 141-1
☎ (0276) 45-4372

新島学園高等学校
[普通科]
〒379-0116　安中市安中 3702
☎ (027) 381-0240

前橋育英高等学校
[普通科]
〒371-0832　前橋市朝日が丘町 13
☎ (027) 251-7087

明和県央高等学校
[普通科]
〒370-3511　高崎市金古町 28
☎ (027) 373-5773

その他　私立

■山梨県

女子	**山梨英和高等学校** ［普通科］ 〒400-8507　甲府市愛宕町 112 ☎ (055) 252-6187

共学	**甲斐清和高等学校** ［普通科・音楽科］ 〒400-0867　甲府市青沼 3-10-1 ☎ (055) 233-0127
	自然学園高等学校 ［普通科］ 〒409-0503　大月市梁川町綱の上 1225 ☎ (0554) 56-8500
	帝京第三高等学校 ［普通科］ 〒408-0044　北杜市小淵沢町 2148 ☎ (0551) 36-2411
	東海大学付属甲府高等学校 ［普通科］ 〒400-0063　甲府市金竹町 1-1 ☎ (055) 227-1111
	日本航空高等学校 ［普通科・航空科］ 〒400-0108　甲斐市宇津谷 445 ☎ (0551) 28-3355
	富士学苑高等学校 ［普通科］ 〒403-0013　富士吉田市緑ヶ丘 1-1-1 ☎ (0555) 22-0696
	身延山高等学校 ［普通科］ 〒409-2597　南巨摩郡身延町身延 3567 ☎ (0556) 62-3500

茨城・栃木・群馬・山梨の私立通信制高校（抜粋）

鹿島学園 高等学校 [広域] ➡P.1392

〔茨城〕本校　〒314-0042　茨城県鹿嶋市田野辺
141-9　☎(029)846-3212(入学相談室)
〔その他のキャンパス・学習センター〕
茨城：水戸，つくば，龍ヶ崎，荒川沖など
栃木：宇都宮，栃木，足利，小山，鹿沼など
群馬：前橋，高崎，太田，館林，伊勢崎など

鹿島山北高等学校 [広域] ➡P.1392

〔キャンパス・学習センター〕
茨城：水戸，土浦，常総など

さくら国際高等学校 [広域] ➡P.1393

〔キャンパス・学習センター〕
栃木：宇都宮，大田原
群馬：富岡
山梨：大月，身延

土浦日本大学 高等学校 [広域] ➡P.1394

〔茨城〕右籾桜キャンパス　〒300-0837　茨城県
土浦市右籾1521-1　☎(029)893-3030

日々輝学園 高等学校 [広域] ➡P.1394

〔栃木〕本校　〒329-2332　栃木県塩谷郡塩谷町
大宮2475-1　☎(0287)41-3851
〔その他のキャンパス・学習センター〕
栃木：宇都宮キャンパス　〒320-0807　栃木県
宇都宮市松が峰1-1-14　☎(028)614-3866

わせがく高等学校 [広域] ➡P.1395

〔キャンパス・学習センター〕
茨城：水戸，古河，守谷
群馬：太田，前橋，桐生

その他

私立

図解

はじめて学ぶ
MATHEMATICS FOR BEGINNERS

数学のせかい

浜崎絵梨 訳　植野義明 監修

定価 2178円（税込）
B5変型並製　128頁
2024年2月発売

| 無限ホテルのパラドックス | ケーニヒスベルクの橋 | 9のふし |
| 床屋のひげは誰がそる？ | 素数のひみつ | ……など、多彩な120ト |

紀元前から多くの天才たちを魅了してきた数学のふしぎ。
そのなかから、素数、無限、円周率、証明、確率、パラドックスなど
幅広いテーマをとりあげ、楽しいイラストでやさしく解きあかします

小学生から楽しめる、美しき数楽（スーガク）の世界

 晶

東京都
都立高校

都立高校　　目次

都立高校の種類

　一口に都立高校といっても教育の課程や方法，目的によって下の図のようにいくつかに分けられます。自分に適した学校を選ぶためにも，よく調べておくとよいでしょう。

〈注〉学校数は2025年度募集予定のもので学科等併設校を含めた延べ学校数です。

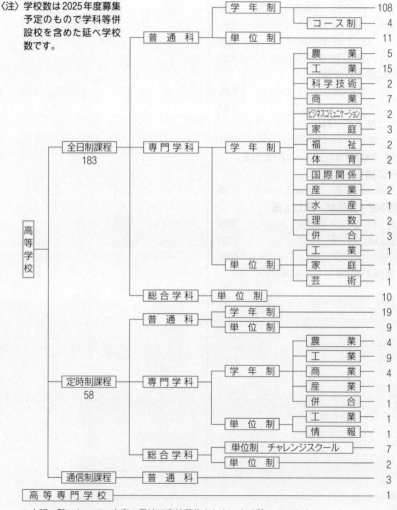

高等学校	全日制課程 183	普通科	学年制	108
			コース制	4
			単位制	11
		専門学科	学年制 農業	5
			工業	15
			科学技術	2
			商業	7
			ビジネスコミュニケーション	2
			家庭	3
			福祉	2
			体育	2
			国際関係	1
			産業	2
			水産	1
			理数	2
			併合	3
			単位制 工業	1
			家庭	1
			芸術	1
		総合学科	単位制	10
	定時制課程 58	普通科	学年制	19
			単位制	9
		専門学科	学年制 農業	4
			工業	9
			商業	4
			産業	1
			併合	1
			単位制 工業	1
			情報	1
		総合学科	単位制　チャレンジスクール	7
			単位制	2
	通信制課程	普通科		3
高等専門学校				1

※上記一覧において，中高一貫校は高校募集をしないため除いています。
※都立産業技術高等専門学校は，東京都公立大学法人所管の高等教育機関です。

都立高校は様々なタイプの学校があります。以下，簡単に特徴を紹介します。

【学科別の特徴】

● 普通科

学校が定めた教育内容に従い，所定の科目や自分で選択した科目を学習します。大学・短期大学・専門学校への進学や就職など，幅広い進路選択への対応が可能です。

● コース制（普通科）

生徒の興味・関心や進路希望に対応できるよう，特定の分野の科目を通常よりも20 〜 25単位程度多く，1年次から学習することができます。外国語コース，造形美術コースがあります。

● 専門学科

専門的な知識や技術を身につける学科です。都立高校では以下の学科が設置されています。

農業に関する学科／工業に関する学科／商業に関する学科／水産に関する学科／家庭に関する学科／情報に関する学科／福祉に関する学科／理数に関する学科／体育に関する学科／
国際関係に関する学科／科学技術科／ビジネスコミュニケーション科／
産業科／芸術に関する学科

● 総合学科

共通科目から専門科目まで幅広い選択科目の中から自分の特性や進路希望に合った科目を選択して学習します。自分の生き方や将来の進路を考える「産業社会と人間」という科目を全員が履修し，科目選択に生かします。

【特色ある教育活動を行う学校】

● 進学指導重点校

難関国立大学や国公立大学医学部医学科への進学を実現するために必要な学習に取り組む学校です。難関国立大学進学に対応したカリキュラムの編成や，自校作成問題による学力検査の実施などが大きな特徴です。

進学指導重点校は進学実績などの所定の選定基準のほか，各校の取り組み状況をもとに，教育委員会によって指定されます。現在，下記の学校が指定を受けています（2024年3月現在）。

〈指定期間〉2028年3月まで
〈対象校〉日比谷，戸山，青山，西，八王子東，立川，国立

● 進学指導特別推進校

国公立大学や難関私立大学への進学を実現するために必要な学習に取り組む学校です。難関大学進学に対応したカリキュラムを組み，学力向上に向けた進学指導を推進しています。

進学指導特別推進校は進学実績や進学指導に対する取り組み状況をもとに教育委員会によって指定されます。現在，下記の学校が指定を受けています（2024年3月現在）。

〈指定期間〉2028年3月まで
〈対象校〉新宿，小山台，駒場，小松川，町田，国分寺，国際

● 進学指導推進校

生徒の進学希望を実現するため，生徒の着実な学力の伸長を図り，進学実績の向上に取り組む学校です。

進学指導推進校は，進学実績や進学指導

に対する取り組み状況などをもとに教育委員会によって指定されます。現在，下記の学校が指定を受けています（2024年3月現在）。

〈指定期間〉2028年3月まで

〈対象校〉三田，竹早，上野，墨田川，城東，豊多摩，北園，江北，江戸川，武蔵野北，昭和，調布北，小金井北，日野台，多摩科学技術

●進学指導研究校

教科指導および進学指導の実践力を高めるための研究協議を深めると共に，生徒の進学希望を実現するための教育活動を積極的に行う学校です。

学習状況や進路希望状況を踏まえた個人面談や，学習到達度に応じた補習・補講などを実施します。現在，下記の学校が指定を受けています（2024年3月現在）。

〈指定期間〉2025年3月まで

〈対象校〉向丘，目黒，田園調布，美原，雪谷，芦花，広尾，文京，飛鳥，翔陽，松が谷，府中，南平，保谷

●英語教育研究推進校

2022年度より30校を指定し各校の英語教育の改善を行っています。生徒の英語によるコミュニケーション能力の向上を図るため，英語教育の推進に重点をおく学校です。

具体的な取り組みとして，ディベートやディスカッション，スピーチやプレゼンテーションなど4技能（「聞く」「読む」「話す」「書く」）の言語活動の充実を図ると共に，資格・検定試験を活用して生徒の英語力を技能ごとに把握し，授業改善を図る等の活動を行っています。また，CAN-DOリストの作成および年間指導計画，学習指導案，

評価基準等への反映などにより，指導と評価の改善を図ります。現在，下記の学校が指定を受けています（2024年3月現在）。

〈指定期間〉2025年3月まで

〈対象校〉青山，立川，国立，新宿，小山台，駒場，小松川，町田，国分寺，竹早，上野，城東，江北，昭和，調布北，小金井北，日野台，多摩科学技術，目黒，田園調布，杉並，小岩，翔陽，松が谷，成瀬，福生，狛江，保谷，両国・桜修館中等教育（高校募集なし）

●Global Education Network 20 （GE-NET20）

将来，国際社会の様々な分野・組織で活躍できる人材の育成をめざしています。

具体的には，海外の学校等との継続的な国際交流や海外語学研修の実施，SDGs等の国内外の課題解決に関する生徒の研究・発表の実施，4技能を測定する資格・検定試験の結果を踏まえた言語活動の実施等を行っています。

現在，下記のように20校を活動の特色によって3つのグループに分けて取組を進めています。（2024年3月現在）

〈指定期間〉2025年3月まで

〈対象校〉

[学問・探究グループ] 外国語をツールとして探究的な学びを深める学校
日比谷，戸山，西，八王子東，武蔵野北，深川，富士・大泉・白鷗・南多摩中等教育（高校募集なし）

[対話・理解グループ] 外国の生徒との交流を通して世界の一員としての自覚を促す学校
国際，三田，飛鳥，小平，小石川中等教育・三鷹中等教育・立川国際中等教育（高校募集なし）

［実地・協働グループ］国内外の多様な他者との協働を通して社会貢献や地域貢献に取り組む学校

大田桜台，千早，町田工科

●理数研究校

理数研究校は，理数に興味をもつ生徒の裾野を広げると共に，理数について特色ある教育活動を積極的に行う学校です。大学等と連携して探究活動などを行ったり，研究成果をポスターにまとめて，それを基に発表したりするといった取り組みを推進します。

具体的には，研究活動の実施や各種科学コンテスト等への参加などを行っています。

指定は1年間で，年度ごとに指定されます。

●チーム・メディカル

医学部への進学を希望する生徒同士でクラス横断的なチームを結成し，互いに切磋琢磨し支え合いながら，進学希望実現に取り組むプログラムです。

生命を預かる医師としての倫理観や使命感，社会的責任に対する自覚を育み，高い志を持って医学部に進学し，将来医師として社会貢献できる人材の育成をめざします。

具体的な取り組みとして，小論文・面接指導などの総合的な進路指導のほか，病院の職場見学や医療関係者との交流，医学部の大学教授による模擬授業など，医療への理解を深め，医師になる志を育む3年間一貫した育成プログラムを実施します。

現在，チーム・メディカルとしては以下の学校が指定されています（2024年3月現在）。

〈対象校〉戸山

【多様なタイプの高校】

●中高一貫教育校

都立の中高一貫教育校には，6年間の一貫教育を一つの学校で行う「中等教育学校」と，都立中学校と都立高校を接続して6年間の一貫教育を行う「併設型」があります。

「中等教育学校」は前期課程（中学校相当）と後期課程（高校相当）からなり，後期課程からの外部募集は行いません。

「併設型」は併設中学校からの進学者のみで，高校からの入学者を募集していません。

また，この他に市区町村立中学校と都立高校が連携して教育活動を行う「連携型」の中学・高校があります。

〈中等教育学校〉桜修館，小石川，立川国際，三鷹，南多摩
〈併設型〉大泉，白鷗，富士，武蔵，両国
〈連携型〉広尾，永山，蔵前工科，芝商業

●エンカレッジスクール

小中学校で十分に能力を発揮できなかった生徒のやる気を育て，頑張りを励まし，応援する学校です。

2名担任制をとり，一人ひとりにきめ細かな指導を行います。学習面では少人数制・習熟度別授業や1年次の30分授業により，生徒の集中力を維持・向上させながら授業を行います。また豊かな人間性を育むため体験学習を重視しています。

現在，エンカレッジスクールとして以下の学校が指定されています（2024年3月現在）。

［普通科］蒲田，足立東，東村山，秋留台
［専門学科（工業）］中野工科，練馬工科

● 昼夜間定時制（単位制）

自分のライフスタイルや学習ペースに合わせて午前・午後・夜間の部から選んで入学します。

1日4時限ずつ，4年間かけて学ぶことを基本としていますが，ほかの時間帯の部の科目や学校外での学習活動等により3年で卒業することも可能です。

現在，昼夜間定時制としては以下の学校があります。

[普通科] 一橋，新宿山吹，浅草，荻窪，八王子拓真，砂川

[専門学科（情報）] 新宿山吹

● チャレンジスクール

小中学校での不登校や高校での中途退学を経験した生徒など，これまで能力や適性を十分に生かしきれなかった生徒が，自分の目標を見つけ，それに向かってチャレンジする学校です。自分のライフスタイルや学習ペースに合わせて午前・午後・夜間の部から選んで入学する昼夜間定時制，総合学科の学校です。

4年間かけて学ぶことを基本としていますが，ほかの時間帯の部の科目履修等によ

り3年で卒業することも可能です。

現在，チャレンジスクールとしては以下の学校があります。

[総合学科] 六本木，大江戸，世田谷泉，稔ヶ丘，桐ヶ丘，小台橋，立川地区チャレンジスクール（仮称）（2025年度開校予定）

[普通科（チャレンジ枠）] 八王子拓真

参考文献：東京都教育委員会「令和6年度東京都立高等学校に入学を希望する皆さんへ」

【都立産業技術高等専門学校】

産業技術高等専門学校は都立で唯一の高等専門学校です。高校とは異なり，5年間一貫のカリキュラムが組まれています。1年次に混成クラスで工学の基礎を学び，2年進級時にコースを選べるコース選択制を採用しています。卒業後に大学への編入が可能であるほか，二年制の専攻科へ進学することもできます。専攻科からは都立産業技術大学院大学への特別推薦入学制度があり，さらに高度な専門的知識を身につけることができます。

都立高校一覧

地　域	高　校　名
千代田・港・品川・大田	日比谷　小山台　三田　大崎　八潮　大森　田園調布　美原　雪谷　つばさ総合　蒲田　一橋　六本木　産業技術高専　大田桜台　六郷工科　芝商業
新宿・目黒・渋谷・世田谷	戸山　青山　新宿　駒場　国際　目黒　桜町　千歳丘　深沢　松原　芦花　広尾　世田谷総合　新宿山吹　世田谷泉　総合芸術　園芸　総合工科　第一商業
中野・杉並・練馬	西　豊多摩　鷺宮　武蔵丘　杉並　井草　大泉桜　石神井　田柄　練馬　光丘　杉並総合　荻窪　稔ヶ丘　農芸　中野工科　杉並工科　練馬工科　第四商業
文京・豊島・板橋・北	竹早　北園　向丘　豊島　文京　飛鳥　板橋　板橋有徳　大山　高島　王子総合　桐ヶ丘　千早　工芸　北豊島工科　赤羽北桜
台東・荒川・足立・中央	上野　江北　忍岡　竹台　青井　足立　足立新田　足立西　淵江　晴海総合　足立東　浅草　小台橋　産業技術高専　蔵前工科　荒川工科　足立工科
墨田・葛飾・江東・江戸川	小松川　墨田川　城東　江戸川　日本橋　本所　東　深川　葛飾野　南葛飾　葛西南　小岩　篠崎　紅葉川　葛飾総合　大江戸　科学技術　橘　農産　墨田工科　葛西工科　江東商業　第三商業　葛飾商業　本所工科
八王子・日野・町田	八王子東　町田　日野台　片倉　翔陽　八王子北　富士森　松が谷　小川　成瀬　野津田　山崎　日野　南平　町田総合　八王子拓真　八王子桑志　町田工科
立川・青梅・昭島・福生・東大和・武蔵村山・羽村・あきる野・瑞穂町	立川　昭和　多摩　拝島　福生　東大和　東大和南　上水　武蔵村山　羽村　五日市　青梅総合　秋留台　砂川　立川地区チャレンジスクール（仮称）　瑞穂農芸　多摩工科
武蔵野・小金井・小平・東村山・国分寺・西東京・清瀬・東久留米	国分寺　武蔵野北　小金井北　多摩科学技術　小平　小平西　小平南　東村山西　清瀬　久留米西　田無　保谷　東久留米総合　東村山　田無工科　小金井工科
三鷹・府中・調布・国立・狛江・多摩・稲城	国立　調布北　府中　府中西　府中東　神代　調布南　狛江　永山　若葉総合　農業　府中工科　第五商業
大島・新島・神津島	大島海洋国際　大島　新島　神津
三宅	三宅
八丈	八丈
小笠原	小笠原

※上記一覧において，中高一貫校は高校募集をしないため除いています。

都立高校入学者選抜日程表　（2024年春実績）

		推薦					第一次募集・	
		インターネット入力	願書受付	検査	合格者の発表	入学手続	インターネット入力	願書受付
全日制	普通科 コース制 専門学科 総合学科	12/20(水)～1/18(木)	1/12(金)～18(木)	1/26(金)・27(土)	2/2(金)	2/2(金)・5(月)	12/20(水)～2/6(火)	1/31(水)～2/6(火)
	国際 バカロレア（4月入学）							1/22(月)・23(火)
定時制	普通科 専門学科						12/20(水)～2/6(火)	1/31(水)～2/6(火)
	チャレンジスクール ※注2						12/20(水)～2/6(火)	1/31(水)～2/6(火)
	単位制（グループA）※注3						12/20(水)～2/6(火)	1/31(水)～2/6(火)
	単位制（グループB）※注3	12/20(水)～1/18(木)	1/12(金)～18(木) ※注4	1/26(金)	2/2(金)	2/2(金)・5(月)	12/20(水)～2/6(火)	1/31(水)～2/6(火)
通信制	新宿山吹							4/1(月)・2(火)
	一橋							4/1(月)・2(火)
	砂川							4/2(火)・3(水)
	海外帰国生徒 （4月入学）※注5						12/20(水)～2/7(水)	1/31(水)～2/7(水)
	在京外国人 （4月入学）※注6							1/23(火)・24(水)
	在京外国人 （4月入学）※注7							2/8(木)・9(金)
	産業技術高専		1/12(金)～18(木)	1/26(金)	2/2(金)	2/2(金)・5(月)		1/31(水)～2/6(火)

※注1. インフルエンザ等学校感染症罹患患者等に対する追検査：全日制，定時制共，全日制第二次募集と同日程（志願変更はできない）。
※注2. 八王子拓真のチャレンジ枠を含む。
※注3. グループA：一橋・浅草・荻窪・八王子拓真（一般枠）・砂川
　　　 グループB：新宿山吹・六郷工科・飛鳥・板橋有徳・青梅総合・東久留米総合

東京 都立

分割前期募集					分割後期募集・第二次募集　※注1		
志願変更		学力検査等	合格者の発表	入学手続	願書受付・志願変更	学力検査等	合格者の発表及び入学手続
願書取下げ	願書再提出						
2/13(火)	2/14(水)	2/21(水)	3/1(金)	3/1(金)・4(月)	受付3/6(水)取下げ3/7(木)再提出3/8(金)	3/9(土)	発表3/14(木)手続3/14(木)・15(金)
		1/26(金)・27(土)	2/2(金)	2/2(金)・5(月)			
		2/21(水)	3/1(金)	3/1(金)・4(月)	受付3/21(木)取下げ3/22(金)再提出3/25(月)	3/26(火)	発表3/27(水)手続3/27(水)・28(木)
2/13(火)	2/14(水)	2/21(水)	3/1(金)	3/1(金)・4(月)	受付3/6(水)取下げ3/7(木)再提出3/8(金)	3/9(土)	発表3/14(木)手続3/14(木)・15(金)
2/13(火)	2/14(水)	2/21(水)	3/1(金)	3/1(金)・4(月)	受付3/6(水)取下げ3/7(木)再提出3/8(金)	3/9(土)	発表3/14(木)手続3/14(木)・15(金)
		2/21(水)	3/1(金)	3/1(金)・4(月)	受付3/21(土)取下げ3/22(金)再提出3/25(月)	3/26(火)	発表3/27(水)手続3/27(水)・28(木)
		4/6(土)	4/12(金)	4/12(金)・13(土)			
		4/5(金)	4/12(金)	4/12(金)・13(土)			
		4/7(日)	4/12(金)	4/12(金)・13(土)			
2/13(火)	2/14(水)	2/15(木)	2/19(月)	2/19(月)・20(火)			
		1/26(金)	2/2(金)	2/2(金)・5(月)			
		2/15(木)	2/19(月)	2/19(月)・20(火)			
		2/15(木)	2/20(火)	2/20(火)・21(水)			

※注4.　定時制単位制の推薦に基づく選抜：新宿山吹（情報科）のみ実施
※注5.　三田・竹早・日野台・国際
※注6.　竹台・田柄・南葛飾・飛鳥・府中西・六郷工科・杉並総合
※注7.　国際

都立高校の 入試要項 について

※2024年度より，全校で男女合同定員となりました（推薦に基づく選抜の文化・スポーツ等特別推薦では男女別の入学対象者人員が設けられている場合があります）。

推薦に基づく選抜

1. 推薦の種類

〈一般推薦〉

　基礎的な学力を前提に，思考力，判断力，表現力などの課題を解決するための力や，人間関係を構築するためのコミュニケーション能力など，これからの社会にあって生徒達に必要となる力を評価します。

〈文化・スポーツ等特別推薦〉

　各都立高校の個性化と特色化を推進するため，卓越した能力を持つ生徒の力を評価します。

〈理数等特別推薦〉

　探究の過程を通して，課題を解決する力や，他者の考えから自分の考えを深めると共に，新しい価値を生み出す創造性など，変化し続ける社会にあって生徒達に必要となる力を評価します。

2. 対象人員枠

　推薦による選抜対象枠は下記の通りです。

〈全日制〉

　普通科20%以内（コース制・エンカレッジスクールは各30%以内），専門学科30〜40%以内（理数に関する学科は20%以内），総合学科30%以内

※定時制・通信制は原則として推薦入試は実施しません。ただし昼夜間定時制（専門学科）は30%の枠内で実施します。

※文化・スポーツ等特別推薦は，推薦に基づく選抜の対象人員枠に内数として，各校が内容・種目ごとに募集人数を定めます。

3. 応募資格

　次の①〜③すべてを満たし，志願する都立高校を第1志望とする者が応募できます。

①2024年3月に都内の中学校，これに準ずる学校または中等教育学校前期課程を卒業または修了する見込みの者。

②在学する中学校長の推薦を受けた者。

③保護者と同居し，2023年12月31日現在，都内に住所があって，入学後も都内から通学することが確実な者。

4. 出願方法

〈一般推薦〉

　1校1コースまたは1科（1分野）に限り，出願することができます。志願変更はできません。同一の都立高校内にある同一の学科内に2科（2分野）以上ある場合は，第2志望として他の1科（1分野）に限り指定できます。ただし，芸術に関する学科と，同一の都立高校内に普通科とコースまたは農業科と家庭科等，複数の学科がある場合はそれぞれを別の学科として扱うため，他方を第2志望に指定することはできません。

〈文化・スポーツ等特別推薦〉

　特別推薦を実施する学校の種目等から1種目を指定し，1コースまたは1科（1分

野）に限り出願します。志願変更はできません。ただし，同一日に実施している当該校の一般推薦には出願できます。

〈理数等特別推薦〉

　1校1科に限り，出願することができます。志願変更やほかの推薦に基づく選抜への出願はできません。

5. 出願手続

　中学校長から推薦を受けた志願者は，中学校長作成の推薦書や調査書などと共に，次の書類等を中学校を通じて出願期間中に志願する都立高校長に提出します。

〈一般推薦〉

①**入学願書**▶出願サイトに情報を入力します。

②**自己PRカード**

③**入学考査料**▶全日制2,200円，定時制950円

出願サイト上で決済，または所定の納付場所で納入し，領収証書の画像を出願サイトにアップロードします。

〈文化・スポーツ等特別推薦〉

①**入学願書**▶出願サイトに情報を入力します。

一般推薦を同時に志願する者は，文化・スポーツ等特別推薦の内容と合わせて出願サイトに入力します。

②**自己PRカード**

一般推薦を同時に志願する場合は1部のみ提出します。

③**入学考査料**▶2,200円

一般推薦を同時に志願する場合は，両方に入学考査料が必要となります。出願サイト上で決済，または所定の納付場所で納入し，領収証書の画像を出願サイトにアップロードします。

〈理数等特別推薦〉

①**入学願書**▶出願サイトに情報を入力します。

②**自己PRカード**

③**科学分野等の研究に関するレポート**▶A4判2枚以内，様式任意

④**入学考査料**▶2,200円

出願サイト上で決済，または所定の納付場所で納入し，領収証書の画像を出願サイトにアップロードします。

6. 検査

〈一般推薦〉

　志願者全員に個人面接を実施します。必要と判断された場合は集団討論も実施することができます。また，小論文，作文，実技検査，その他学校が定める検査のうちから，1つ以上の検査を実施します。

〈文化・スポーツ等特別推薦〉

　志願者全員に個人面接または集団面接および実技検査を実施します。その他の検査の内容は各校が定めます。

〈理数等特別推薦〉

　科学分野等の研究に関するレポートについての口頭試問，個人面接および小論文を実施します。

※特別推薦と同時に一般推薦に出願する者には，一般推薦で実施する個人面接，小論文または作文等の検査も課します。

7. 選考

〈一般推薦〉

調査書，個人面接（集団討論を実施する学校は集団討論を含む），小論文または作文等の検査を総合した成績，入学願書による志望および各校の校長が必要とする資料（自己PRカードを含む）により行います。

①すべての学校で，調査書における各教科

の観点別学習状況の評価（27観点）または評定（9教科）のどちらか一方を調査書点として点数化します。調査書点の満点を何点にするかは，学校ごとに決めます。

※観点別学習状況の評価を用いる場合，各校の特色に応じ，特定の観点の配点を高くするなどして活用します。

※評定を用いる場合は，特定の教科の評定に比重はかけません。

②個人面接（集団討論を実施する学校は集団討論を含む），小論文または作文等については，各校が適切に基準を定めてそれぞれ点数化します。

③自己PRカードは点数化しません。なお，個人面接にあたっては自己PRカードを面接資料として活用します。

④総合成績が同点の場合は，各校の校長が必要とする資料（自己PRカードを含む）を用い，同順位が出ないよう，配慮します。

〈文化・スポーツ等特別推薦〉

選考は各校があらかじめ定めた選考方法に基づいて行い，面接および実技検査のほか，小論文または作文等の検査を適宜組み合わせ，選考資料として用います。各校が定めた基準に達していると認められた者の中から合格候補者を決定します。

〈理数等特別推薦〉

選考は各校が定めた選考方法に基づいて行い，個人面接のほか，科学分野等の研究に関するレポートについての口頭試問，小論文の検査を組み合わせ，選考資料として用います。各校が定めた基準に達していると認められた者の中から合格候補者を決定します。

8. 合格発表・入学手続

合格発表は願書提出校および合否照会サイト上で行います。合格者は入学手続期間

内に入学確約書を提出し，次の入学料を納付期間内に所定の納付場所で納入します。指定期間内に入学確約書を提出しなければ，合格を放棄したものとみなされます。

〔入学料〕

全日制	5,650円
定時制	2,100円

学力検査に基づく選抜

1. 応募資格

次の①・②を満たす者。

①推薦選抜の応募資格①のほか，中学校（もしくは同等の課程）を卒業した者。

②全日制は都内に保護者と同居し，入学後も都内から通学することが確実な者。定時制は都内に住所または勤務先を有し，入学後も引き続き都内に住所または勤務先を有することが確実な者。

※都内から都外の中学校へ通学している人，入学日までに都内に転入することが確実な人等は，応募資格審査の承認を得て出願します。

2. 出願方法

1校1コースまたは1科（1分野）に出願できます。ただし，志望する同一の都立高校内にある同一の学科内に2科（2分野）以上ある場合は，他のすべての科（分野）に志望順位をつけて出願できます（芸術に関する学科を除く）。また，理数科第1志望者は，同一の都立高校の他の学科を第2志望として出願できます。

3. 出願手続

都内中学校卒業見込みの志願者は，中学校長作成の調査書などと共に，次の書類等を中学校を通じて出願期間中に志願する都立高校長に提出します。

①**入学願書**▶出願サイトに情報を入力します。

②**入学考査料**▶次の金額を出願サイト上で決済，または所定の納付場所で納入し，領収証書の画像を出願サイトにアップロードします。

全日制	2,200円
定時制	950円

③**自己PRカード**▶面接実施校の志願者のみ提出します。

④**中学校英語スピーキングテスト(ESAT-J)***
スコアレポート(都立高校提出用)
*以下「ESAT-J」

4. 志願変更

〈**全日制**〉

　願書提出後1回に限り，志願変更ができますが，定時制への変更はできません。

〈**定時制**〉

　次に示すチャレンジスクールおよび八王子拓真のチャレンジ枠(以下「チャレンジ」)の志願者は，全日制とほかの「チャレンジ」および次に示すグループAへの変更ができます。

　グループAの志願者は，全日制と「チャレンジ」およびほかのグループAの高校への志願変更ができます。

　グループBの志願者と，単位制以外の定時制の志願者は，志願変更ができません。

チャレンジ	チャレンジ スクール	六本木，大江戸，世田谷泉，稔ヶ丘，桐ヶ丘，小台橋
	八王子拓真のチャレンジ枠	
グループA		一橋，浅草，荻窪，砂川，八王子拓真の一般枠
グループB		新宿山吹，六郷工科，飛鳥，板橋有徳，青梅総合，東久留米総合

※2025年度立川地区チャレンジスクール(仮称)開校予定。

同一の都立高校内に普通科とコース，農業科と家庭科等，複数の学科がある場合は，それぞれ別の学科として扱うため，一方に出願後，他方へ志願変更ができます。ただし，願書の返却を受けた同一の都立高校内にある同一学科内の科(分野)相互間の志望順位の変更はできません。

　志願変更をする者で，面接実施校を変更先とする場合は，変更先の高校が示す「本校の期待する生徒の姿」を参考にして新たに自己PRカードを作成します。

5. 学力検査等

〈**検査科目等**〉
=**全日制**=

　第一次募集・分割前期募集は5教科(芸術科・体育科は3教科)，分割後期募集・第二次募集は3教科で実施します。

> 第一次募集・分割前期募集
> **5教科(国・数・英・理・社)で実施**
> 分割後期募集・第二次募集
> **3教科(国・数・英)で実施**

=**定時制**=

　第一次募集・分割前期募集・第二次募集は，5教科のうち3教科を下らない範囲で各校が定めます。分割後期募集は3教科で実施します。いずれも全校で面接を実施します。

> 第一次募集・分割前期募集・第二次募集
> **5～3教科で実施**
> **(教科数は学校で決定)**
> 分割後期募集
> **3教科(国・数・英)で実施**

　各教科の満点は100点です。一部の学校では特定の教科に比重をかける傾斜配点を

行う場合もあります。

　検査科目のうち1教科（面接や実技試験等を含む）でも受検しなかった場合は，受検を放棄したものとみなされます。面接，実技検査を行う科（分野）を第2志望以下とした場合は，その検査も受検しなければなりません。

　一部の学校では，学力検査問題を各校で作成します。

〔自校作成問題実施校〕

	学校名
進学指導重点校	日比谷，戸山，西，青山，八王子東，立川，国立
進学重視型単位制	新宿，墨田川，国分寺
定時制	農産

　上記の学校は，国語・数学・英語3科の検査問題を学校ごとに作成しています。理社は都立高校共通問題です。立川高校では普通科と創造理数科で同一の自校作成問題を用います。

　国際高校では，英語のみ自校作成問題で，国数理社は都立高校共通問題です。八王子拓真高校の一般枠では国数英を総合した自校作成問題を選抜で用います。

〔全日制・時間割〕

（第一次募集・分割前期募集）

集　合	8：30	
第1時限	9：00 ～ 9：50	国語（50分）
第2時限	10：10 ～ 11：00	数学（50分）
第3時限	11：20 ～ 12：10	英語（50分）
第4時限	13：10 ～ 14：00	社会（50分）
第5時限	14：20 ～ 15：10	理科（50分）

※英語は最初の約10分間にリスニングテストを実施します。

※エンカレッジスクールと「チャレンジ」は学力検査を実施しません。「ESAT-J」の結果も算入しません。

※国際高校，エンカレッジスクール，「チャレンジ」，昼夜間定時制の時間割は別に定めます。

6. 選考

　選考は，調査書，学力検査（面接，小論文または作文，実技検査を実施する場合はそれらを含む），「ESAT-J」結果を総合した成績（以下「総合成績」），入学願書による志望，各校の校長が必要とする資料によ

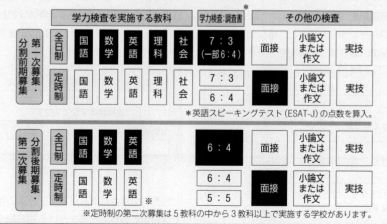

[原則として全ての学校で実施される選抜方法]

※白ヌキ文字の部分は各募集で必須とされる内容を表す。

※英語スピーキングテスト（ESAT-J）の点数を算入。

※定時制の第二次募集は5教科の中から3教科以上で実施する学校があります。

り行います。

①学力検査と調査書の比率

全日制の学力検査と調査書の比率は，第一次募集・分割前期募集は原則7：3（一部，6：4），分割後期募集・第二次募集は6：4になります。

学力検査点と調査書点の合計は1,000点を満点とします。第一次募集・分割前期募集では，そこに「ESAT-J」の点数（20点満点）を加えた1,020点満点で総合得点を算出します。

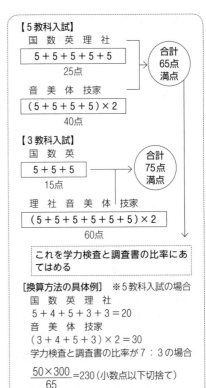

【5教科入試】

　国　数　英　理　社
　5＋5＋5＋5＋5
　　　　25点

音　美　体　技家
（5＋5＋5＋5）×2
　　　　40点

→ 合計65点満点

【3教科入試】

　国　数　英
　5＋5＋5
　　15点

理　社　音　美　体　技家
（5＋5＋5＋5＋5＋5）×2
　　　　60点

→ 合計75点満点

これを学力検査と調査書の比率にあてはめる

[換算方法の具体例]　※5教科入試の場合

　国　数　英　理　社
　5＋4＋5＋3＋3＝20
音　美　体　技家
（3＋4＋5＋3）×2＝30
学力検査と調査書の比率が7：3の場合

$$\frac{50 \times 300}{65} = 230（小数点以下切捨て）$$

よって調査書点は230点（満点は300点）となります。

【全日制】
第一次募集・分割前期募集

　学力検査と調査書の比率＝7：3

　　　　　　　　　　　　※一部，6：4

分割後期募集・第二次募集

　学力検査と調査書の比率＝6：4

【定時制】
第一次募集・分割前期募集

　学力検査と調査書の比率＝7：3 or 6：4

分割後期募集・第二次募集

　学力検査と調査書の比率＝6：4 or 5：5

なお，調査書点は次のとおりに換算します。

②調査書点の換算方法

調査書点は，学力検査を実施する教科は評定を1倍，学力検査を実施しない教科は評定を2倍して算出します（以下，換算内申）。5教科入試の場合は65点満点，3教科入試の場合は75点満点とし，さらにこれを学力検査と調査書の比率に合わせて300・400点に換算します。

【換算内申】

　学力検査を実施する教科の評定は1倍

　学力検査を実施しない教科の評定は2倍

　5教科入試：65点満点，3教科入試：75点満点

「ESAT-J」

2023年度入試より，「ESAT-J」の結果を第一次募集・分割前期募集の選抜に活用しています。「ESAT-J」の結果を調査書に記載し，それを点数化して加えます。

①日程等（2023年度実績）

実施：2023年11月26日（日）

　　（予備日）12月17日（日）

　結果の確認：2024年1月11日（木）

※予備日実施の場合，結果の確認は1月25日（木）。

※「ESAT-J」の結果は中学校および受験生本人が受け取ります。

②評価の点数化

「ESAT-J」の結果はA～Fの6段階で評価

されます。都立高校入試ではそれを以下のように20点満点の点数に置き換えます。

A＝20点

B＝16点

C＝12点

D＝8点

E＝4点

F＝0点

※やむを得ない理由で「ESAT-J」を受けられなかった場合は学力検査の英語の得点から仮の「ESAT-Jの結果」を求め，加算します。

7. 合格者の決定

総合成績の高い順に募集人員に相当する人員を決定します。

専門学科で学科内に2科（分野）以上ある場合は，科（分野）ごとに第1志望者の中から，総合成績の順に合格候補者を決定します。第1志望者で人員に達しない科（分野）は，不足分を決定者のうちから志望の順位に基づき，総合成績の順に充足します。まだ充足しない科（分野）がある場合，当該の科（分野）について，合格候補者とな

っていない受検者の中から，総合成績の順に，当該の科（分野）の志望の有無に基づき充足します。充足しない科（分野）が複数ある場合は，総合成績の順に，当該の科（分野）の志望の有無に基づき，志望の順位により充足します。

8. 合格発表・入学手続

推薦に基づく選抜と同様です。

分割後期募集・第二次募集

1. 募集人員

全日制ではあらかじめ募集人員を分割し，2回に分けて募集を行うことができます。分割前期募集は第一次募集の日程で，分割後期募集は第二次募集の日程で行われます。

分割募集を行わない学校で，第一次募集の入学手続者数が募集人員に達しない場合は第二次募集を実施します。

2. 出願方法

出願できるのは1校のみです。志望校に複数の学科，コース，科（分野）がある場

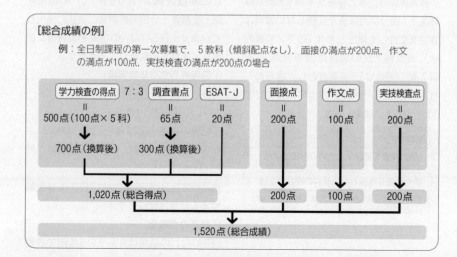

[総合成績の例]

例：全日制課程の第一次募集で，5教科（傾斜配点なし），面接の満点が200点，作文の満点が100点，実技検査の満点が200点の場合

合は順位をつけて志望できます（芸術に関する学科を除く）。なお都立高校の推薦募集，第一次募集，分割前期募集，国際高校の国際バカロレアコース選抜，都立産業技術高専の合格者は出願できません。

3. 志願変更

全日制の志願者は出願後，1回に限り志願変更ができます。ただし定時制への変更はできません。定時制については，「チャレンジ」とグループA（p.869）の志願者は全日制とほかの「チャレンジ」およびグループAに変更できます。グループB（p.869）と単位制以外の定時制の志願者は他のグループBおよび単位制以外の定時制に変更できます。

4. 学力検査

分割後期募集・全日制第二次募集では，国語，数学，英語の3教科で行います。定時制第二次募集では，5教科のうち3教科を下らない範囲で各校が定め，面接を必ず実施します。学力検査と調査書の比率は，全日制は6：4，定時制は6：4または5：5となります（p.870参照）。

国際高校 国際バカロレアコース選抜

1. 応募資格・日程等

出願には事前の資格確認が必要です。4月入学生徒の選抜は出願を除き，検査，合格発表，入学手続は推薦に基づく選抜と同一の日程で実施されます。

2. 検査・選考

次の検査内容で実施します。
①英語運用能力検査
②数学活用能力検査
③小論文
④個人面接

選考に当たっては，③④の各検査の得点及び調査書点を総合した成績で合格者を決定します。①②は授業に必要な力の有無の判定のみに使用し，総合成績には含めません。ただしすべての検査の基準点に一つでも達していない場合は選考の対象外となります。

産業技術高等専門学校

推薦に基づく選抜には，一般推薦と，連携校および指定校を対象とした特別推薦があります。

1. 応募資格・日程等

一般推薦選抜を受検できるのは都内在学，在住者のみです。学力検査に基づく選抜は都外在住者を受け入れているため，都内在住者と都外在住者別の募集人員があります。出願書類は品川キャンパスに郵送します。

一般推薦選抜は1月26日，都立高校の推薦選抜の検査実施日は1/26・27のため，産業技術高専と他の都立高校の推薦選抜を両方受けることはできません。

1年次の志望キャンパスを出願時に，品川キャンパスと荒川キャンパスから選択します。選択した志望キャンパスが受検会場となります。

学力検査に基づく選抜（第一次募集）の実施日は都立高校の第一次募集・分割前期募集の学力検査実施日より前のため，両方に出願することができます。ただし，産業技術高専に合格した場合，都立高校の学力検査を受けることはできません。

出願時に1年次の志望キャンパスを選ぶのは一般推薦選抜と同様ですが，学力検査

に基づく選抜では志望順位をつけることができ，第1志望のキャンパスが受検会場となります。

入学考査料は，推薦に基づく選抜，学力検査に基づく選抜共に12,600円です。

2. 検査・選考

一般推薦選抜では小論文と面接を実施し，調査書，面接，小論文を用いて総合的に選考します。配点は，調査書500点，面接300点，小論文200点です。

学力検査に基づく選抜における学力検査と調査書の比率は7：3です。学力検査は国語，数学，英語の3教科で行い，数学は1.5倍の傾斜配点となります。調査書の評定は，学力検査を行う3教科は1倍，理科は1.4倍，それ以外の5教科は1.2倍の52点満点を300点満点に換算します。「ESAT-J」の結果は使用しません。

3. 合格発表・入学手続

合格発表は品川キャンパスと高専HPで行います。合格者は入学手続期間内に入学確約書を提出し，入学料を納付期間内に所定の振込依頼書によって納入します。

〔入学料〕

都内生　42,300円

都外生　84,600円

〔都立高校の授業料等（2024年度予定）〕

区分	入学料	※授業料（年額）
全日制	5,650円	118,800円
定時制	2,100円	32,400円
定時制（単位制）	2,100円	1単位1,740円
通信制	500円	1単位336円
産業技術高専	都内生 42,300円	234,600円
	都外生 84,600円	

※上記授業料については就学支援金が支給される場合は実際の費用負担はありません（産業技術高専は第3学年まで）。所得制限（年収910万円程度）を超える世帯は就学支援金が支給されないため上記授業料を負担する必要が生じます。

都立高校の選抜に関する最新情報は，東京都教育委員会のホームページに逐一掲載されます。下記のアドレスより閲覧できますので参照してください。なお，教育委員会のホームページは各高校のホームページにもリンクしています。

https://www.kyoiku.metro.tokyo.lg.jp

調査書記入例 （2024年度実績）

（様式10）　（Ａ４判）

（注）　①字句を訂正したときは、公印を用いてその旨を明らかにする。
　　　　②令印の欄には記入しない。

調　査　書

| 成績一覧表の番号 | 121 | 成績の記入は、該当を○で囲む。 | （有）・無 |

学籍の記録	フリガナ	シンジュク タロウ
	氏名	新宿 太郎
	生年月日	平成20年 12月 6日生

| 性別 | 男 |

転入学等

中学校から転入　　年　　月
卒業（卒業見込）　令和6年 3月

海外帰国生徒等対象の措置
（該当を○で囲む）

1　海外帰国生徒対象
2　引揚生徒対象
3　在京外国人生徒対象
4　都立産業技術高等専門学校

各教科の学習の記録

教科	観点別学習状況	評定
国語	知識・技能 / 思考・判断・表現 / 主体的に学習に取り組む態度	B A A / 4
社会		A A A / 5
数学		B C B / 2
理科		B B B / 3
音楽		A B B / 3
美術		A B A / 3
保健体育		B A A / 5
技術・家庭		A B A / 3
外国語（英語）		A A A / 5

総合的な学習の時間の内容及び評価

課題を「地域の未来を考える」と設定し、住みよい地域社会づくりの視点から資料収集・調査活動等を行い、地域の方々に成果を発表する動画を作成した。課題を発見する能力、分かりやすくまとめる力、発表での表現力が向上した。

特別活動の記録

・図書委員として「図書だより」の作成を担当（第3学年）
・○○検定○級を取得（第3学年）

中学校英語スピーキングテスト（ESAT-J）結果　　A

記載事項に相違ありません。

令和6年　1月　12日

（学校所在地）
新宿区西新宿2−8−1
03(5320)6755

（学 校 名）
シンジュクチュウオウ
新宿区立新宿中央中学校

校長名　東京 花子　公印

記載責任者名　有楽 町子

（学校番号）　304250

（注）学校名（このフリガナを付けて、都内公立中学校は記入する。都外公立中学校のみ記入する。
　　　（学校番号）は、東京都立高校入学者選抜実施要綱別表10を参照すること。

受検番号・部

コース・科（分野）・部

一般推薦
文化・スポーツ等特別推薦
海外帰国生徒対象
一般入試（推薦入試）
一般推薦（文化等）

自己PRカード （2024年度実績）

（様式12）（Ａ４判）

受検番号	※	コース・科(分野)・部	受検番号	※	コース・科(分野)・部
文化・スポーツ等 特別推薦	※		一般推薦	※	
理数等 特別推薦	※		一般選抜	※	

自 己 Ｐ Ｒ カ ー ド

＿＿＿＿年＿＿月＿＿日

東京都立＿＿＿＿＿＿＿＿高等学校長　殿

＿＿＿＿＿立＿＿＿＿＿＿中 学 校

氏　名＿＿＿＿＿＿＿＿＿＿＿＿

1　志望理由について
　（この学校を志望した理由と入学してから自分が取り組みたいと思うことなどについて『本校の期待する生徒の姿』を参考にして記入しましょう。）

2　中学校生活の中で得たことについて
　（中学校生活の中で自分が特に伝えたいことを学校内外で体験したことから選び、そこから自分が得たことについて具体的に記入しましょう。）

3　高等学校卒業後の進路について
　（将来の夢や目標、将来なりたい職業など、高等学校卒業後の進路について自分が考えていることを具体的に記入しましょう。）

（注意）　1　志願者が手書き又は電子ファイルへの入力及び印刷により作成する。手書きにより作成する場合は、黒のペン又はボールペンで記入する。ただし、摩擦に伴う温度変化等により消色するインクを用いたペン又はボールペンは、使用しないこと。
　　　　　　なお、コピー等鮮明な表記のものは認める。
　　　　2　推薦に基づく選抜を志望する者、学力検査に基づく選抜において面接を実施する都立高校を志願する者は、この自己PRカードを出願時に提出する。また、面談の対象となる者、一般の学力検査における引揚生徒の受検についての措置又は定時制成人受検者特別措置により受検する者についても、出願時に提出する。
　　　　3　※欄は記入しないでください。

2024年度 都立高校入試を振り返って

1. 募集人員と収容率

　都立高校の募集人員はその年の中学3年生の生徒数によって毎年変わります。

　就学計画といって，生徒数に対して何％が全日制高校に進学するかを定めたうえで（計画進学率といっています），都立高校と私立高校等で受け入れ分担を決めているのです。その受け入れ分担は都立59.6：私立40.4でこの比率は動かないものの近年の通信制志向により計画進学率を1年おきに下げており，結果的に都立高校の受け入れ枠が縮小されているのです。2024年度の計画進学率は前年度の94.0％から93.0％に引き下げられたため，生徒数は約340名の微増に対し都立高の受け入れ枠は前年度より300名少ない41,000名になりました。その結果，生徒数に対する都立高の枠（収容率といいます）は前年度の53.2％から52.5％に縮小されました。5年前の2019年度入試では計画進学率は96％で都立高の収容率は54.3％でしたから，当時から比べると約2ポイントも狭くなっているのです。

　一方で，都立高離れが進行しており，生徒数に対する一般入試の応募者の割合が年々下がってきています。2024年度の最終応募者数は42,017名で生徒数に対する割合は前年度（54.4％）から0.5ポイント下がり53.9％になりました。5年前の2019年度入試は57.7％でしたから当時と比べると約4ポイント下がっています。しかし最終応募倍率は1.38倍で2019年度の1.40倍とあまり変わっていません。応募率が下がっているのに応募倍率が微減にとどまって

いるのは収容率が縮小されているからです。

表1.〈計画進学率，収容率，応募率，応募倍率の推移〉

項目	'24	'23	'22	'21	'20	'19
計画進学率	93%	94%	94%	95%	95%	96%
収容率	52.5%	53.2%	53.1%	53.7%	53.6%	54.3%
応募率	53.9%	54.4%	54.2%	54.5%	56.5%	57.7%
最終応募倍率	1.38	1.37	1.37	1.35	1.40	1.40

　このように今の都立高入試は，都立離れが進んでも収容率が年々狭くなるため倍率はそれほど下がらないという構図になっています。

2. 推薦入試の状況

　推薦入試の応募倍率は2021年度にコロナ禍によって検査が軽減されいったん上がったものの，それ以降は下降傾向にあります。しかし生徒数に対する応募率はそれほど変わっていません。

　2024年度の全日制の応募倍率は前年度（2.47倍）並みの2.48倍，生徒数に対する応募率もこの3年間30％前後で推移しています。

表2.〈推薦入試の応募倍率と応募率〉

項目	'24	'23	'22	'21	'20	'19
応募倍率	2.48	2.47	2.54	2.78	2.55	2.61
応募率	30.0%	29.8%	30.4%	33.3%	30.5%	30.7%

　2024年度より普通科の男女別募集校が男女合同募集に移行されました。応募者数は男女別で発表しなかったため詳細は不明ながら，上記のように応募倍率も応募率も前年度と変わらなかったことから，大きな影響はなかったといえるでしょう。

　2024年度入試を含む近年の推薦入試の特徴を挙げてみましょう。

　一つが学科間格差の拡大です。

次の表のように普通科の応募倍率は下降傾向にあるものの，コース制，単位制と共に毎年3倍近い倍率を維持しているのに対し，専門学科は1倍台でしかも年々下がってきているように見えます。もともと専門学科は推薦枠が普通科より広いので倍率も落ち着いたものになるのが当たり前ですが，2019年度の普通科計と専門学科計との倍率差0.89ポイントに対し今年度は1.31ポイントに広がっています。

表3.〈推薦入試の学科別応募倍率の推移〉

学科	'24	'23	'22	'21	'20	'19
普通科	2.87	2.89	2.96	3.21	2.98	2.92
コース	2.64	2.04	2.57	2.15	1.59	2.06
単位制	2.97	2.83	3.11	3.15	2.77	2.77
普通科計	2.87	2.87	2.96	3.18	2.92	2.89
商業科	1.44	1.39	1.38	1.60	1.69	1.67
工業科	1.25	1.21	1.35	1.44	1.39	1.68
農業科	1.84	1.99	1.99	2.26	1.95	2.49
家庭科	2.11	2.30	1.76	3.88	2.68	3.39
産業科	1.67	1.60	1.99	2.26	1.90	2.13
専門学科計	1.56	1.55	1.63	1.89	1.71	2.00
総合学科	2.29	2.21	2.08	2.29	2.13	1.97
全日制計	2.48	2.47	2.54	2.78	2.55	2.61

もう一つの特徴が定員割れになった学校が増えていることです。島しょを除くと2024年度は普通科4校，専門学科11校17学科で前年度の普通科3校，専門学科13校24学科より専門学科が減少しましたが，5年前の2019年度入試では普通科はコース制が1校，専門学科は6校7学科に過ぎず，倍率が下降傾向の専門学科で大幅に増加しています。

3. 一般入試の応募状況

一般入試の倍率は，私立高に対する授業料の支援制度が充実してきていることから都立離れが進行し低めの倍率で推移しています。とはいえ他県の公立高入試の状況と比べると東京都の倍率は突出して高く，いくら過去最低水準といってもかなり厳しい入試状況であるといえるでしょう。

表4.〈首都圏の公立高入試の倍率比較〉

地域	'24	'23	'22	'21
埼玉県	1.12	1.11	1.10	1.09
千葉県	1.12	1.12	1.11	1.08
神奈川県	1.18	1.17	1.17	1.18
東京都	1.38	1.37	1.37	1.35

また，倍率はここ数年安定しているように見えますが，内実は推薦入試同様，多くの偏りがあります。

まず，学科別の応募状況をみてみましょう。一般入試では2020年から蔓延したコロナ禍の中での入試となった2021年度に大幅にダウンしているのがわかります。しかし以降は募集枠の縮小もあって倍率は普通科，専門学科共に横ばいになり低い水準で安定しているといえます。

ただ推薦入試同様，普通科と専門学科との倍率格差は大きく，普通科に偏った応募状況であることは変わりありません。その中ではここ数年，総合学科の倍率が上昇傾向で今年度はついに1.3倍台に上がりました。多くの選択科目を有し多様な進路に対応する特徴が見直されているのでしょうか。

一方で職業系学科は低迷が続いています。商業科は1倍を超えましたが，7校中5校が定員割れです。工業科は全体の倍率が0.7倍台と振るいません。2023年度より「工業高校」を「工科高校」と校名変更し，学科改編やIT科目の導入，先端技術の活用など積極的に改革を行っていますが入試倍率を押し上げるにはいまだ至っていません。2024年度も単位制含む工業高校16校中11校で応募数が学校全体の募集数に達しませんでした。

定員割れの学校は島しょの学校を除くと2024年度は普通科8校，専門学科25校46学科で，前年度の普通科17校，専門学科28校50学科より減少，特に普通科は半減しましたが，全日制約160校の内2割の学

校が募集人員を埋められずにいます。

表5.〈一般入試の学科別最終応募倍率の推移〉

学科	'24	'23	'22	'21	'20	'19
普通科	1.47	1.46	1.46	1.45	1.51	1.50
コース	1.63	1.46	1.58	1.07	0.99	1.39
単位制	1.46	1.42	1.48	1.38	1.34	1.40
普通科計	1.45	1.44	1.44	1.42	1.47	1.48
商業科	1.02	0.96	0.85	0.83	0.97	0.99
工業科	0.79	0.74	0.85	0.91	1.00	0.95
農業科	1.15	1.17	1.09	1.12	1.06	1.28
家庭科	0.97	1.00	0.65	1.29	1.21	1.36
産業科	1.07	1.01	1.13	1.24	1.08	1.25
専門学科計	1.04	1.02	1.04	1.05	1.09	1.10
総合学科	1.33	1.28	1.14	1.11	1.19	1.15
全日制計	1.38	1.37	1.37	1.35	1.40	1.40

　都立高入試は学力レベルが上がれば上がるほど倍率も高くなるという傾向がありました。しかし近年その形が崩れてきており，これも特徴の一つになっています。

　次の表はVもぎの合格率60%の偏差値で普通科高校（島しょと単位制除く）の最終応募状況を集計したものです。これをみると5年前の2019年度は上位にいくほど倍率が高くなっています。2020年度は50と55で逆転しましたが，2021年度は元に戻りました。しかしこの傾向が2022年度から崩れ始め，以降高倍率校が中堅に少しずつずれてきて今年度の2024年度は偏差値60から45までの幅広い学力層で1.6倍台の高い倍率になりました。学力レベルの高い学校だから競争率が高い，中堅校だから緩やかな入試になるというのはすでに当てはまらなくなっているのです。

表6.〈学力別最終応募倍率の推移〉

偏差値	'24	'23	'22	'21	'20	'19
60	1.64	1.67	1.72	1.80	1.81	1.73
55	1.66	1.66	1.74	1.66	1.66	1.71
50	1.69	1.75	1.76	1.61	1.71	1.67
45	1.65	1.61	1.55	1.49	1.49	1.61
40	1.34	1.38	1.35	1.28	1.43	1.41
35	1.27	1.17	1.06	1.16	1.25	1.25
30	0.96	0.89	0.90	1.00	1.13	1.05

※2023年度以前も男女合算して倍率を算出しています。

　とはいえ偏差値45以上の学校はすべて

1.6倍台であるということではありません。

　学校によって動きは様々で，しかも近年にない倍率になる学校も目立ちます。倍率の変動が大きいこと，これも特徴の一つになっています。

　学力別にいくつか具体例を挙げてみましょう。

①偏差値60以上

　この学力層には進学指導重点校が含まれますが，それらの学校を含め応募者が大幅に減少したり，前年度の応募減の反動がない学校が多く，これらの上位校が敬遠される安全志向が見られました。

表7.〈偏差値60以上のおもな学校〉

学校名	'24	'23	'22	'21	'20	'19
日比谷	459	581	546	535	548	588
小山台	339	383	384	342	417	442
三田	393	405	423	517	441	403
戸山	499	490	525	532	582	575
青山	458	446	558	554	580	535
駒場	460	406	306	429	339	335
竹早	313	338	383	359	332	292
小松川	321	313	351	364	369	360
八王子東	342	325	410	388	371	334
立川（普）	318	310	285	415	450	406
立川（理）	92	128	147	—	—	—
国立	393	372	419	392	421	421

※男女合わせた応募者数。以下同じ。

　特に**日比谷**の応募者数は前年度より約120名の減，男女合わせた応募者数が500名を割ったのは近年ではありません。**小山台**も前年度より44名の応募減でこの表では最も少ない応募数です。**三田**は減少傾向で今年度はついに400名を切りました。**戸山**と**青山**は前年度に続き400名台，**竹早**も2019年度以降で2番目に少ない応募数です。**小松川**も応募減となった前年度から微増となりましたが，2022年度までの水準には戻っていません。**八王子東**も大幅な応募減になった2023年度より増加したもののまだ少ない方の応募数です。**立川**は「創造理数科」の応募数と合わせても少ない方

で，国立も2021年度とほぼ同数で400名に達していません。

一方で駒場のようにこれまでの不安定な入試から抜け出し近年で最も多い応募数になったところもあり，これらの上位校も変動が激しくなっています。

②偏差値55〜59

続く偏差値55〜59になると城東，町田，小金井北，狛江など大幅な応募増となった学校が目立つようになります。安全志向により上位層からの移動があったような動きです。

表8.〈偏差値55〜59のおもな学校〉

学校名	'24	'23	'22	'21	'20	'19
目黒	371	410	434	367	361	348
豊多摩	471	491	533	468	490	524
井草	422	412	475	409	400	370
文京	408	495	525	397	436	483
城東	542	457	374	490	450	427
町田	359	312	328	341	313	386
南平	398	381	396	377	343	437
昭和	379	478	481	364	413	395
小金井北	317	269	267	262	309	308
狛江	460	434	394	433	448	472

一方で例年の高倍率が敬遠されて応募減になった学校もあり，応募増と応募減で均衡を保っています。目黒は2022，2023年度と2年連続で男女とも2倍を超える高倍率になった反動で応募減，豊多摩も例年の激戦が敬遠されたようです。昭和も激戦が2年続いたため，今年度は約100名の応募減になりました。文京は変動が激しく，応募者数が大きく増減します。今年度は豊島に移動したようです。

③偏差値50以上

この中堅層になると今度はまた応募減になる学校が多く出てきます。田園調布，石神井，成瀬，東大和南の応募数は近年でもっとも少ない人数です。また江北，深川，調布南は前年度の男女合わせた応募者数が大幅に増えたことの反動がありました。こ

れらの学校は高倍率になることが多い人気校のため，安全志向により敬遠されたといえるでしょう。応募者数が大幅に増加したのは豊島と清瀬くらいです。

表9.〈偏差値50〜54のおもな学校〉

学校名	'24	'23	'22	'21	'20	'19
田園調布	314	350	325	357	377	338
石神井	373	485	411	438	425	433
豊島	574	506	452	407	417	333
江北	386	481	389	322	382	452
深川	318	357	338	357	321	278
成瀬	249	290	286	315	342	332
東大和南	304	313	350	324	326	341
清瀬	306	277	304	249	263	298
調布南	327	391	362	252	336	321

④偏差値45以上

偏差値50〜54の学力層からこの45〜49の学力層への移動があったようで，応募者増が多く出てきます。

杉並，向丘，日野，保谷は近年で最も多い応募数を集め，本所も約70名の大幅増になりました。その一方で鷺宮と小岩は前年度に激戦になった反動で応募減になっています。

表10.〈偏差値45〜49のおもな学校〉

学校名	'24	'23	'22	'21	'20	'19
杉並	428	382	295	267	354	362
鷺宮	366	460	415	346	360	429
向丘	440	376	438	362	380	409
東	316	368	397	240	297	377
本所	379	310	289	360	342	381
小岩	471	515	474	487	478	545
日野	430	401	327	315	322	294
保谷	429	364	378	357	318	350

⑤偏差値40以上

この学力層では動きが様々ですが，応募者の増減が激しい学校が目立ちます。

福生，田無，府中東は近年で最も多くなり，松原は男女合わせて126名の大幅減，桜町は45名減，片倉は70名の応募減になりました。

表11.〈偏差値40〜44のおもな学校〉

学校名	'24	'23	'22	'21	'20	'19
松原	165	291	231	218	268	169
桜町	271	316	275	288	354	374
片倉	230	300	238	201	200	229
福生	286	278	274	227	278	279
田無	377	367	338	284	317	329
府中東	361	349	356	257	347	311

⑥偏差値35以上

この学力層ではまた応募者増になった学校が目立つようになります。練馬、竹台、足立新田、葛飾野、永山はいずれも近年にない多くの応募者を集めました。また千歳丘は2年連続全入から一転して300名に迫る応募数になっています。南葛飾は40名以上増、武蔵村山は3年連続応募増、小平西は4年ぶりに300名を超えました。

一方で足立西は3年連続180名の少なめの応募数、八王子北は隔年現象で応募減でした。

表12.〈偏差値35〜39のおもな学校〉

学校名	'24	'23	'22	'21	'20	'19
千歳丘	295	236	227	253	314	269
練馬	255	236	214	222	221	246
竹台	280	233	211	141	171	142
足立西	180	186	184	245	204	216
足立新田	243	218	158	213	237	233
葛飾野	345	317	231	230	263	317
南葛飾	226	183	241	218	227	263
八王子北	181	208	165	206	214	223
武蔵村山	244	223	209	190	235	268
小平西	313	286	228	242	316	298
永山	303	260	276	205	272	258

⑦偏差値30以上

この学力層は通信制志向の影響を受け、定員割れになる学校が多くなりますが、そんな中でも近年にない多くの応募者を集めた学校がでてきました。

八潮は長く全入が続いていましたが、今年度は久しぶりに募集人員を大幅に上回る応募者が集まりました。田柄は定員割れからは抜け出せなかったものの100名を超え、淵江も近年にない多くの応募者数、拝島も2年連続応募増でした。

一方で大森は応募者が募集人員の半数に満たない状態が続き、大山も60名以上の欠員が生じています。野津田も近年にない少ない応募数になっているなど、集まる学校とそうでない学校との格差が広がっています。

表13.〈偏差値30〜34のおもな学校〉

学校名	'24	'23	'22	'21	'20	'19
八潮	173	154	137	154	157	184
大森	69	77	153	98	122	173
田柄	117	75	81	70	90	70
大山	103	140	152	157	155	179
淵江	229	219	220	156	185	191
野津田	60	69	84	76	101	82
拝島	267	236	210	238	227	234

4. 一般入試の合格者の状況

応募はしたものの、受検を棄権した人は前年度より300名多い2,831名、棄権率は6.8%で近年にない高い割合となりました。この結果、受検倍率は3年連続1.29倍になりました。都立の受検前に合格が決まった私立高へ切り替えた受検生が今年度は特に多かったようです。

合格者数は28,994名、実質競争率は1.35倍（前年度も1.35倍）、受検倍率より0.06ポイント上がったのは定員割れにより合格者が募集人員〔30,241名（帰国生募集除く）〕より少なかったためです。

不合格者数は10,060名、前年度（10,289名）より若干減ったものの、1万名を超える受検生が涙をのみました。

私立志向で都立高離れが進行しているといってもこのような変動の大きい入試状況のもとでは、より慎重な志望校選択が求められます。

都立高校　利用上の注意

❶ 生徒数——2023年9月に各学校に調査したものです。

❷ スクールライフ早見表——2ページ掲載校ではスクールライフがわかりやすいよう，各種制度や施設の状況などを早見表形式で紹介しています。

- クラス替え▶クラス替えの時期を記載しています。「2年次」は2年次進級時，「毎年」は2・3年次進級時にクラス替えがあることを示しています。3年間同じクラスの場合は「－」です。
- 1時限▶1時限の授業時間を記載しています。
- 1日の授業時間数▶平日の授業時間数を掲載しました。曜日によって授業時間数が異なる場合は「6 or 7時限」のようにしています。
- 土曜授業▶年間の授業回数を記載しています。
- 習熟度別授業▶主要5教科のうち習熟度別授業が行われている教科を記載しています。
- 高大連携▶大学と連携した教育活動を行っているかどうかを「○」or「－」で示しています。
- 自習室▶自習室がある場合，開放時間を記載しています。自習室がなければ「－」

です。クラブ活動終了後に自習室利用ができる場合は，「下校時刻」より遅い時刻になっています。

- クラブ加入率▶全校生徒のクラブ加入率を記載しました（小数点以下四捨五入）。一人の生徒による複数クラブのかけもちを含めた加入率となっている学校もあります。
- バリアフリー▶バリアフリー対応について記しています。「トイレ」は車いす対応トイレの設置，「Ev.」は車いす対応エレベーターの設置，「校舎」はバリアフリー校舎を示します（一部段差がある場合を含みます）。3種とも対応の場合は「○」です。
- 制服▶「○」or「－」。制服はないが標準服がある場合は「標準服」と記載しています。
- 登校時刻・下校時刻▶下校時刻は平日，通常授業の場合のクラブ活動終了後のものです。

❸ 行事——2ページ掲載校では文化祭の内容や特徴のある行事を紹介しています。

❹ クラブ活動——2ページ掲載校では近年の活動実績やめずらしいクラブを記載しています。

東京都立

892 ● ひびや

日比谷 高等学校

共学

〒100-0014　東京都千代田区永田町2-16-1　☎(03)3581-0808

【校 風】 140年を超える歴史と伝統の中で生まれた,「文武両道」という理念,「自主・自律の精神」という校風が受け継がれている。横山大観, 谷崎潤一郎, 浜田庄司, 大佛次郎, 小林秀雄, 丸山眞男, 江藤淳, 庄司薫, 塩野七生, 利根川進など, 多くの著名人を輩出。
【沿 革】 1878年, 東京府第一中学として創立。1950年に現校名に改称。
【生徒数】 男子516名, 女子456名

❶

	1年(8クラス)	2年(8クラス)	3年(8クラス)
男子	176名	172名	168名
女子	152名	152名	152名

半蔵門線・有楽町線―永田町8分
銀座線・南北線―溜池山王7分

特色

設置学科：普通科

【カリキュラム】 ①スーパーサイエンスハイスクールの指定を受け(～2026年度), 全科目履修型・教養主義カリキュラムの中で, 特別講演会や野外実習などの様々な取り組みを展開。東京大学をはじめとする大学, 研究機関と連携し, 最先端の学問や科学技術に直接触れて指導を受ける機会を設ける。②学問の本質的な面白さや楽しさを味わわせる授業を構築。密度の濃い授業により, 50分授業と同様の効果をめざす。2時限続きの授業や, 不定期で8・9時限の授業も行っている。③土曜講習, 夏期講習を開設。④生徒による授業評価を年2回実施し, 結果を分析して課題発見の手がかりとする。⑤東京大学, 東京学芸大学と高大連携。
【国際理解教育】 ①GE-NET20の指定を受

け(～2024年度),「人類の平和や社会の発展に貢献できるグローバルリーダーの育成」を目標とし, 国際理解教育を推進。②ハーバード大学訪問などを行うグローバルリーダー育成研修, 韓国姉妹校相互訪問交流などの海外派遣研修を実施。③大学や研究所, 大使館などとも連携し, 研修や講演会等を開催する。④JET英語指導員による特別授業, オンライン英会話, ケンブリッジ英語検定の受験など, 英語教育の充実を図る。
【進路指導】 ①進路探求の一環として「星陵セミナー」を実施。最先端で活躍する卒業生を講師に招き, ゼミ形式の講義を行う。②3年間を見通した進路指導計画を作成。進学指導検討会を年2回実施し, 成績の推移と経年比較をもとに現状分析を行う。

❷

クラス替え	1時限	1日の授業時限数	土曜授業	習熟度別授業	高大連携	自習室	クラブ加入率	バリアフリー	制服	登校時刻=8:20 下校時刻=17:00
2年次	45分	7時限	―	数英	○	～19:00	118%	○	○	

行　事

❸

体育大会, 合唱祭, 星陵祭は生徒が中心となって行う3大行事。いずれも前期に行われ, 後期は学習に集中できるように配慮している。星陵祭では, 全クラスが演劇を上演する。また, 長期休業中には, 臨海教室, 夏山キャンプ, スキー教室の校外行事がある(希望制)。千葉勝山での臨海教室は, 1934年より続く伝統行事。

クラブ活動

❹

ラグビー部は全国高校ラグビーフットボール大会東京都予選ベスト16, ダンス部は日本高校ダンス部選手権(春の公式大会)で東日本大会に出場。音楽部には合唱班とオーケストラ班があり, いずれも全国高校総合文化祭に出場している。また, 学校内の雑草を研究する雑草研究部は, テレビや新聞などで紹介されている。

❺ **進路内訳**──2023年春の卒業生の進路状況です。「四年制大学」、「大学」に留学、「その他」に進学準備を含みます。文部科学省管轄外の大学校は，防衛大学校・防衛医科大学校は「大学」に，その他の大学校は「その他」に含みます。2ページ掲載校以外の項目見出しは「進路情報」になっています。

❻ **指定校推薦**──その高校を推薦入学の指定校とする大学・短期大学の実績です。

❼ **主な大学合格状況**──2ページ掲載校，1ページ掲載校（一部を除く）は，2022・2023年春の主な大学への合格者数を掲載しました。◇マークは国公立大学です。（　）内の数字は現役合格者数で内数です。各学校へのアンケートや小社の調査に基づいています。一部の1ページ掲載校と1/2ページ掲載校の項目見出しは「大学合格状況」で，2023年春に合格者（既卒生を含む）を出した主な大学を記載しました。また，巻末資料「主要大学への合格状況」(p.1407〜)では2024年春の速報値を他社に先がけて掲載しています。

[資料提供：大学通信]

❽ **入試要項**──2024年春に行われた入学者選抜について掲載しました。2025年春については，9月以降に東京都教育委員会から発表されますので，そちらを確認してください。学力検査の科目は，5教科＝国数英理社を，3教科＝国数英を表しています。2ページ掲載校以外の項目見出しは「選抜方法」になっています。

❾ **応募状況**──2024年春の入学者選抜の実績を掲載しました（追検査は含みません）。過去2〜3年間の実績を掲載している場合もあります。応募倍率は応募数÷募集数，実質倍率は受検数÷合格数です。2025年春の志願状況（速報）が東京都より発表になりましたら，晶文社『高校受験案内』のSNSでお知らせする予定です。

❿ **併願校の例**──併願可能な国立・私立高校を「挑戦校」「最適校」「堅実校」の3つの学力レベルに分類しました。2ページ掲載校以外は項目見出しを「併願例」として，「合格のめやす」の下に掲載しています。併願校の選び方についてはp.96〜99を参照してください。

⓫ **合格のめやす**──合格のめやすとなる偏差値などは，2024年度入試に向けたデータに基づきます。「合格の可能性60％」と「合格の可能性80％」の数値を掲載しています。スペースの都合上，「合格の可能性60％」の数値のみ掲載している場合があります。

「推薦内申のめやす」では各教科の内申素点（5段階）を45点満点でめやすとして記しています。観点別学習状況の評価を点数化する学校も便宜上，45点満点で設定しています。

分布図を含む詳しい見方はp.886を参照してください。

[資料提供：進学研究会]

⓬ **見学ガイド**──例年受検生に向けて開催されるイベントを紹介しています。2024年度については各校のホームページなどで確認してください。

東京
都立

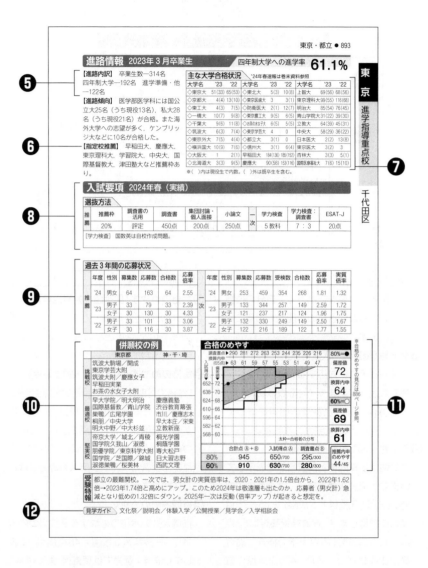

東京・都立 ● 893

東京　進学指導重点校　千代田区

進路情報　2023年3月卒業生

【進路内訳】 卒業生数―314名．四年制大学―192名　進学準備・他―122名

【進路傾向】 医学部医学科には国公立大25名（うち現役13名），私大28名（うち現役21名）が合格。また海外大学への志望が多く，ケンブリッジ大などに10名が合格した。

【指定校推薦】 早稲田大，慶應大，東京理科大，学習院大，中央大，国際基督教大，津田塾大など推薦枠あり。

四年制大学への進学率　61.1%

主な大学合格状況　'24年春速報は巻末資料参照

大学名	'23	'22	大学名	'23	'22	大学名	'23	'22
◇東京大	51(33)	65(53)	◇東北大	5(3)	10(8)	上智大	69(56)	68(56)
◇京都大	4(4)	13(10)	◇東京医歯大	3	3(1)	東京理科大	99(55)	116(68)
◇東工大	4(3)	7(5)	◇防衛医大	2(1)	12(7)	明治大	85(54)	76(45)
◇一橋大	10(7)	9(8)	◇東京工大	9(5)	6(5)	青山学院大	31(22)	39(30)
◇千葉大	9(6)	11(8)	◇お茶の水女子大	6(5)	5(5)	立教大	64(39)	45(31)
◇筑波大	9(6)	9(6)	◇東京学芸大	4	0	中央大	58(29)	36(22)
◇東京外大	7(5)	4(4)	◇都立大	3(1)	0	日本医大	2(2)	13(8)
◇横浜国大	10(9)	7(6)	◇信州大	3(1)	1(4)	東京医大	3(2)	3
◇大阪大	1	2(1)	早稲田大	184(136)	185(152)	杏林大	3(3)	5(1)
◇北海道大	3(3)	9(5)	慶應大	90(58)	153(116)	国際医療福大	7(6)	15(10)

※( )内は現役生で内数。( )外は既卒生を含む。

入試要項　2024年春（実績）

選抜方法

推薦	推薦枠	調査書の活用	調査書	集団討論・個人面接	小論文	一次	学力検査	学力検査：調査書	ESAT-J
	20%	評定	450点	200点	250点		5教科	7：3	20点

［学力検査］国数英は自校作成問題。

過去3年間の応募状況

	年度	性別	募集数	応募数	合格数	応募倍率		年度	性別	募集数	応募数	受検数	合格数	応募倍率	実質倍率
推薦	'24	男女	64	163	64	2.55	一次	'24	男女	253	459	354	268	1.81	1.32
	'23	男子	33	79	33	2.39		'23	男子	133	344	257	149	2.59	1.72
		女子	30	130	30	4.33			女子	121	237	217	124	1.96	1.75
	'22	男子	33	101	33	3.06		'22	男子	132	330	249	149	2.50	1.67
		女子	30	116	30	3.87			女子	122	216	189	122	1.77	1.55

併願校の例

	東京都	神・千・埼
挑戦校	筑波大駒場／開成　東京学芸大附　筑波大附／慶應女子　早稲田実業　お茶の水女子大附	
最適校	早大学院／明大明治　国際基督教／青山学院　巣鴨／広尾学園　桐朋／中央大杉並　明大中野／中大杉並	慶應義塾　渋谷教育幕張　市川／慶應志木　早大本庄／栄東　立教新座
堅実校	帝京大学／城北／青稜　国学院久我山／淑徳　朋優学院／東京科学大附　国学院／芝国際／錦城　淑徳巣鴨／桜美林	桐光学園　桐蔭学園　専大松戸　日大習志野　西武文理

合格のめやす

※合格のめやすの見方は886ページ参照。

調査書点▶	290	281	272	263	253	244	235	226	216		80%= ●
換算内申（65点）	63	61	59	57	55	53	51	49	47		

偏差値 **72**
換算内申 **64**

60%= ○

偏差値 **69**
換算内申 **61**

太枠=合格者の分布

	合計点 ⓐ＋ⓑ	入試得点 ⓐ	調査書点 ⓑ
80%	945	650/700	295/300
60%	910	630/700	280/300

推薦内申のめやす **44/45**

受験特報 都立の最難関校。一次では，男女計の実質倍率は，2020・2021年の1.5倍台から，2022年1.62倍→2023年1.74倍と高めにアップ。このため2024年は敬遠層も出たのか，応募者（男女計）急減となり低めの1.32倍にダウン。2025年一次は反動（倍率アップ）が起きると想定を。

見学ガイド 文化祭／説明会／体験入学／公開授業／見学会／入学相談会

都立高校の「合格のめやす」の見方

「合格のめやす」の基準は，2024年度入試に向けた進学研究会のデータに基づきます。

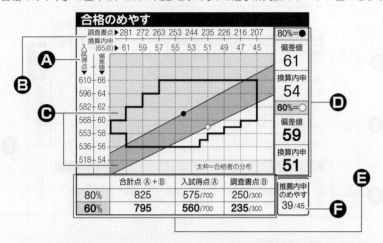

▶グラフについて

タテ軸とヨコ軸をたどって，自分の位置を確認すると，合格の可能性を知ることができます。

Ⓐタテ軸（偏差値／入試得点）

偏差値とそれに対応する入試得点をタテ軸で表示しています（対応表はp.887）。入試得点は第一次募集の比率に従って700・600点満点で表示しました。

Ⓑヨコ軸（換算内申／調査書点）

ヨコ軸は換算内申と調査書点を表示しています。第一次募集では，調査書の内申45点満点（9教科×5段階）を65・75点満点に換算します（産業技術高専は52点満点）。この換算内申を学力検査・調査書の比率に従って300・400点満点に直したものが調査書点です。

Ⓒ合格エリア

　　　＝合格の可能性80％エリア
　　　＝合格の可能性60％エリア

▶数値について

Ⓓ合格のめやす（偏差値・換算内申）

「合格の可能性60％」と「合格の可能性80％」のめやすとなる偏差値・換算内申を表示しています。

Ⓔ合格のめやす（入試得点・調査書点）

「合格の可能性60％」「合格の可能性80％」のめやすとなる偏差値・換算内申に対応する入試得点・調査書点を示し，この2つの合計点を算出。「/」の右の数字は満点です。スピーキングテストの得点はここに含めません。

Ⓕ推薦内申のめやす

推薦入試の合格のめやすを9教科の内申素点（9教科×5段階＝45点満点）で表しています。選考では調査書，集団討論・面接，作文または小論文，実技検査によって総合的に判断されます。

偏差値と入試得点

　都立高校の入試で自分が何点くらいとれるのかが予想できると，合否の可能性を判断できます。下の表は，2023年度入試における受検生の偏差値と入試得点の相関をとり，それをもとに，偏差値いくつなら都立入試で何点くらいとることができるかを推計したものです。都立の「合格のめやす」における入試得点は，この対応表に基づきます。

　入試では入試得点と調査書点の比率によって満点が異なるため，700点と600点に換算して下記に表示しました。

　なお，学力検査を自校作成問題で行う学校については，共通問題による得点に換算しています。　　　　　　　　　　　　　　　　　　[資料提供：進学研究会]

偏差値	満点				偏差値	満点		
	500	700	600			500	700	600
75	478	669	573		45	307	429	368
74	474	663	568		44	300	420	360
73	470	658	564		43	292	408	350
72	466	652	559		42	283	396	339
71	461	645	553		41	273	382	327
70	456	638	547		40	262	366	314
69	451	631	541		39	250	350	300
68	446	624	535		38	238	333	285
67	441	617	529		37	226	316	271
66	436	610	523		36	215	301	258
65	431	603	517		35	205	287	246
64	426	596	511		34	195	273	234
63	421	589	505		33	185	259	222
62	416	582	499		32	175	245	210
61	411	575	493		31	165	231	198
60	406	568	487		30	156	218	187
59	401	561	481		29	148	207	177
58	395	553	474		28	140	196	168
57	389	544	466		27	132	184	158
56	383	536	459		26	124	173	148
55	377	527	452		25	116	162	139
54	370	518	444					
53	363	508	435					
52	356	498	427					
51	349	488	418					
50	342	478	410					
49	335	469	402					
48	328	459	393					
47	321	449	385		(注) 偏差値に対応する推計入試得点は			
46	314	439	376		すべて下限値です。			

合計点早見表　5教科　入試得点：調査書点＝7：3

※2024年度入試に向けた進学研究会のデータに基づきます。

300点満点に換算した調査書点

※換算内申に対応する調査書点はすべて下限値です。

内申（換算）

偏差値	換算点	13	15	17	19	21	23	25	27	29	31	33	35	37	39	41	43	45	47	49	51	53	55	57	59	61	63	65
		60	69	78	87	96	106	115	124	133	143	152	161	170	180	189	198	207	216	226	235	244	253	263	272	281	290	300
74	663	723	732	741	750	759	769	778	787	796	806	815	824	833	843	852	861	870	879	889	898	907	916	926	935	944	953	963
72	652	712	721	730	739	748	758	767	776	785	795	804	813	822	832	841	850	859	868	878	887	896	905	915	924	933	942	952
70	638	698	707	716	725	734	744	753	762	771	781	790	799	808	818	827	836	845	854	864	873	882	891	901	910	919	928	938
68	624	684	693	702	711	720	730	739	748	757	767	776	785	794	804	813	822	831	840	850	859	868	877	887	896	905	914	924
66	610	670	679	688	697	706	716	725	734	743	753	762	771	780	790	799	808	817	826	836	845	854	863	873	882	891	900	910
64	596	656	665	674	683	692	702	711	720	729	739	748	757	766	776	785	794	803	812	822	831	840	849	859	868	877	886	896
62	582	642	651	660	669	678	688	697	706	715	725	734	743	752	762	771	780	789	798	808	817	826	835	845	854	863	872	882
60	568	628	637	646	655	664	674	683	692	701	711	720	729	738	748	757	766	775	784	794	803	812	821	831	840	849	858	868
58	553	613	622	631	640	649	659	668	677	686	696	705	714	723	733	742	751	760	769	779	788	797	806	816	825	834	843	853
56	536	596	605	614	623	632	642	651	660	669	679	688	697	706	716	725	734	743	752	762	771	780	789	799	808	817	826	836
54	518	578	587	596	605	614	624	633	642	651	661	670	679	688	698	707	716	725	734	744	753	762	771	781	790	799	808	818
52	498	558	567	576	585	594	604	613	622	631	641	650	659	668	678	687	696	705	714	724	733	742	751	761	770	779	788	798
50	478	538	547	556	565	574	584	593	602	611	621	630	639	648	658	667	676	685	694	704	713	722	731	741	750	759	768	778
48	459	519	528	537	546	555	565	574	583	592	602	611	620	629	639	648	657	666	675	685	694	703	712	722	731	740	749	759
46	439	499	508	517	526	535	545	554	563	572	582	591	600	609	619	628	637	646	655	665	674	683	692	702	711	720	729	739
44	420	480	489	498	507	516	526	535	544	553	563	572	581	590	600	609	618	627	636	646	655	664	673	683	692	701	710	720
42	396	456	465	474	483	492	502	511	520	529	539	548	557	566	576	585	594	603	612	622	631	640	649	659	668	677	686	696
40	366	426	435	444	453	462	472	481	490	499	509	518	527	536	546	555	564	573	582	592	601	610	619	629	638	647	656	666
38	333	393	402	411	420	429	439	448	457	466	476	485	494	503	513	522	531	540	549	559	568	577	586	596	605	614	623	633
36	301	361	370	379	388	397	407	416	425	434	444	453	462	471	481	490	499	508	517	527	536	545	554	564	573	582	591	601
34	273	333	342	351	360	369	379	388	397	406	416	425	434	443	453	462	471	480	489	499	508	517	526	536	545	554	563	573
32	245	305	314	323	332	341	351	360	369	378	388	397	406	415	425	434	443	452	461	471	480	489	498	508	517	526	535	545
30	218	278	287	296	305	314	324	333	342	351	361	370	379	388	398	407	416	425	434	444	453	462	471	481	490	499	508	518
28	196	256	265	274	283	292	302	311	320	329	339	348	357	366	376	385	394	403	412	422	431	440	449	459	468	477	486	496
26	173	233	242	251	260	269	279	288	297	306	316	325	334	343	353	362	371	380	389	399	408	417	426	436	445	454	463	473

入試得点

700点満点に換算した入試得点

合計点早見表 3教科 入試得点：調査書点＝7：3 ※2024年度入試に向けた進学研究会のデータに基づきます。

▲300 300点満点に換算した調査書点

※換算内申に対応する調査書点はすべて以下限値です。

東京 都立

偏差値	換算点	15	17	19	21	23	25	27	29	31	33	35	37	39	41	43	45	47	49	51	53	55	57	59	61	63	65	67	69	71	73	75
		60	68	76	84	92	100	108	116	124	132	140	148	156	164	172	180	188	196	204	212	220	228	236	244	252	260	268	276	284	292	300
74	663	723	731	739	747	755	763	771	779	787	795	803	811	819	827	835	843	851	859	867	875	883	891	899	907	915	923	931	939	947	955	963
72	652	712	720	728	736	744	752	760	768	776	784	792	800	808	816	824	832	840	848	856	864	872	880	888	896	904	912	920	928	936	944	952
70	638	698	706	714	722	730	738	746	754	762	770	778	786	794	802	810	818	826	834	842	850	858	866	874	882	890	898	906	914	922	930	938
68	624	684	692	700	708	716	724	732	740	748	756	764	772	780	788	796	804	812	820	828	836	844	852	860	868	876	884	892	900	908	916	924
66	610	670	678	686	694	702	710	718	726	734	742	750	758	766	774	782	790	798	806	814	822	830	838	846	854	862	870	878	886	894	902	910
64	596	656	664	672	680	688	696	704	712	720	728	736	744	752	760	768	776	784	792	800	808	816	824	832	840	848	856	864	872	880	888	896
62	582	642	650	658	666	674	682	690	698	706	714	722	730	738	746	754	762	770	778	786	794	802	810	818	826	834	842	850	858	866	874	882
60	568	628	636	644	652	660	668	676	684	692	700	708	716	724	732	740	748	756	764	772	780	788	796	804	812	820	828	836	844	852	860	868
58	553	613	621	629	637	645	653	661	669	677	685	693	701	709	717	725	733	741	749	757	765	773	781	789	797	805	813	821	829	837	845	853
56	536	596	604	612	620	628	636	644	652	660	668	676	684	692	700	708	716	724	732	740	748	756	764	772	780	788	796	804	812	820	828	836
54	518	578	586	594	602	610	618	626	634	642	650	658	666	674	682	690	698	706	714	722	730	738	746	754	762	770	778	786	794	802	810	818
52	498	558	566	574	582	590	598	606	614	622	630	638	646	654	662	670	678	686	694	702	710	718	726	734	742	750	758	766	774	782	790	798
50	478	538	546	554	562	570	578	586	594	602	610	618	626	634	642	650	658	666	674	682	690	698	706	714	722	730	738	746	754	762	770	778
48	459	519	527	535	543	551	559	567	575	583	591	599	607	615	623	631	639	647	655	663	671	679	687	695	703	711	719	727	735	743	751	759
46	439	499	507	515	523	531	539	547	555	563	571	579	587	595	603	611	619	627	635	643	651	659	667	675	683	691	699	707	715	723	731	739
44	420	480	488	496	504	512	520	528	536	544	552	560	568	576	584	592	600	608	616	624	632	640	648	656	664	672	680	688	696	704	712	720
42	396	456	464	472	480	488	496	504	512	520	528	536	544	552	560	568	576	584	592	600	608	616	624	632	640	648	656	664	672	680	688	696
40	366	426	434	442	450	458	466	474	482	490	498	506	514	522	530	538	546	554	562	570	578	586	594	602	610	618	626	634	642	650	658	666
38	333	393	401	409	417	425	433	441	449	457	465	473	481	489	497	505	513	521	529	537	545	553	561	569	577	585	593	601	609	617	625	633
36	301	361	369	377	385	393	401	409	417	425	433	441	449	457	465	473	481	489	497	505	513	521	529	537	545	553	561	569	577	585	593	601
34	273	333	341	349	357	365	373	381	389	397	405	413	421	429	437	445	453	461	469	477	485	493	501	509	517	525	533	541	549	557	565	573
32	245	305	313	321	329	337	345	353	361	369	377	385	393	401	409	417	425	433	441	449	457	465	473	481	489	497	505	513	521	529	537	545
30	218	278	286	294	302	310	318	326	334	342	350	358	366	374	382	390	398	406	414	422	430	438	446	454	462	470	478	486	494	502	510	518
28	196	256	264	272	280	288	296	304	312	320	328	336	344	352	360	368	376	384	392	400	408	416	424	432	440	448	456	464	472	480	488	496
26	173	233	241	249	257	265	273	281	289	297	305	313	321	329	337	345	353	361	369	377	385	393	401	409	417	425	433	441	449	457	465	473

換算内申（換算）／入試得点 ／ ▲700点満点に換算した入試得点

合計点早見表　3教科　入試得点：調査書点＝6：4

※2024年度入試に向けた進学研究会のデータに基づきます。

400点満点に換算した調査書点 → ▼400

偏差値	換算点	換算点 →内申																													
		80	90	101	112	122	133	144	154	165	176	186	197	208	218	229	240	250	261	272	282	293	304	314	325	336	346	357	368	378	389	400
		15	17	19	21	23	25	27	29	31	33	35	37	39	41	43	45	47	49	51	53	55	57	59	61	63	65	67	69	71	73	75
74	568	648	658	669	680	690	701	712	722	733	744	754	765	776	786	797	808	818	829	840	850	861	872	882	893	904	914	925	936	946	957	968
72	559	639	649	660	671	681	692	703	713	724	735	745	756	767	777	788	799	809	820	831	841	852	863	873	884	895	905	916	927	937	948	959
70	547	627	637	648	659	669	680	691	701	712	723	733	744	755	765	776	787	797	808	819	829	840	851	861	872	883	893	904	915	925	936	947
68	535	615	625	636	647	657	668	679	689	700	711	721	732	743	753	764	775	785	796	807	817	828	839	849	860	871	881	892	903	913	924	935
66	523	603	613	624	635	645	656	667	677	688	699	709	720	731	741	752	763	773	784	795	805	816	827	837	848	859	869	880	891	901	912	923
64	511	591	601	612	623	633	644	655	665	676	687	697	708	719	729	740	751	761	772	783	793	804	815	825	836	847	857	868	879	889	900	911
62	499	579	589	600	611	621	632	643	653	664	675	685	696	707	717	728	739	749	760	771	781	792	803	813	824	835	845	856	867	877	888	899
60	487	567	577	588	599	609	620	631	641	652	663	673	684	695	705	716	727	737	748	759	769	780	791	801	812	823	833	844	855	865	876	887
58	474	554	564	575	586	596	607	618	628	639	650	660	671	682	692	703	714	724	735	746	756	767	778	788	799	810	820	831	842	852	863	874
56	459	539	549	560	571	581	592	603	613	624	635	645	656	667	677	688	699	709	720	731	741	752	763	773	784	795	805	816	827	837	848	859
54	444	524	534	545	556	566	577	588	598	609	620	630	641	652	662	673	684	694	705	716	726	737	748	758	769	780	790	801	812	822	833	844
52	427	507	517	528	539	549	560	571	581	592	603	613	624	635	645	656	667	677	688	699	709	720	731	741	752	763	773	784	795	805	816	827
50	410	490	500	511	522	532	543	554	564	575	586	596	607	618	628	639	650	660	671	682	692	703	714	724	735	746	756	767	778	788	799	810
48	393	473	483	494	505	515	526	537	547	558	569	579	590	601	611	622	633	643	654	665	675	686	697	707	718	729	739	750	761	771	782	793
46	376	456	466	477	488	498	509	520	530	541	552	562	573	584	594	605	616	626	637	648	658	669	680	690	701	712	722	733	744	754	765	776
44	360	440	450	461	472	482	493	504	514	525	536	546	557	568	578	589	600	610	621	632	642	653	664	674	685	696	706	717	728	738	749	760
42	339	419	429	440	451	461	472	483	493	504	515	525	536	547	557	568	579	589	600	611	621	632	643	653	664	675	685	696	707	717	728	739
40	314	394	404	415	426	436	447	458	468	479	490	500	511	522	532	543	554	564	575	586	596	607	618	628	639	650	660	671	682	692	703	714
38	285	365	375	386	397	407	418	429	439	450	461	471	482	493	503	514	525	535	546	557	567	578	589	599	610	621	631	642	653	663	674	685
36	258	338	348	359	370	380	391	402	412	423	434	444	455	466	476	487	498	508	519	530	540	551	562	572	583	594	604	615	626	636	647	658
34	234	314	324	335	346	356	367	378	388	399	410	420	431	442	452	463	474	484	495	506	516	527	538	548	559	570	580	591	602	612	623	634
32	210	290	300	311	322	332	343	354	364	375	386	396	407	418	428	439	450	460	471	482	492	503	514	524	535	546	556	567	578	588	599	610
30	187	267	277	288	299	309	320	331	341	352	363	373	384	395	405	416	427	437	448	459	469	480	491	501	512	523	533	544	555	565	576	587
28	168	248	258	269	280	290	301	312	322	333	344	354	365	376	386	397	408	418	429	440	450	461	472	482	493	504	514	525	536	546	557	568
26	148	228	238	249	260	270	281	292	302	313	324	334	345	356	366	377	388	398	409	420	430	441	452	462	473	484	494	505	516	526	537	548

左欄：入試得点（偏差値／換算点　600点満点に換算した入試得点）

※換算内に対応する調査書点はすべて下限値です。

合計点早見表　産業技術高専　3教科　入試得点:調査書点＝7:3

※2024年度入試に向けた進学研究会のデータに基づきます。

東京 都立

※換算内申に対応する調査書点はすべて下限値です。

▲300点を満点に換算した調査書点

偏差値	換算点	11	13	15	17	19	21	23	25	27	29	31	33	35	37	39	41	43	45	47	49	51
換算点▶300		63	75	86	98	109	121	132	144	155	167	178	190	201	213	225	236	248	259	271	282	294
74	663	726	738	749	761	772	784	795	807	818	830	841	853	864	876	888	899	911	922	934	945	957
72	652	715	727	738	750	761	773	784	796	807	819	830	842	853	865	877	888	900	911	923	934	946
70	638	701	713	724	736	747	759	770	782	793	805	816	828	839	851	863	874	886	897	909	920	932
68	624	687	699	710	722	733	745	756	768	779	791	802	814	825	837	849	860	872	883	895	906	918
66	610	673	685	696	708	719	731	742	754	765	777	788	800	811	823	835	846	858	869	881	892	904
64	596	659	671	682	694	705	717	728	740	751	763	774	786	797	809	821	832	844	855	867	878	890
62	582	645	657	668	680	691	703	714	726	737	749	760	772	783	795	807	818	830	841	853	864	876
60	568	631	643	654	666	677	689	700	712	723	735	746	758	769	781	793	804	816	827	839	850	862
58	553	616	628	639	651	662	674	685	697	708	720	731	743	754	766	778	789	801	812	824	835	847
56	536	599	611	622	634	645	657	668	680	691	703	714	726	737	749	761	772	784	795	807	818	830
54	518	581	593	604	616	627	639	650	662	673	685	696	708	719	731	743	754	766	777	789	800	812
52	498	561	573	584	596	607	619	630	642	653	665	676	688	699	711	723	734	746	757	769	780	792
50	478	541	553	564	576	587	599	610	622	633	645	656	668	679	691	703	714	726	737	749	760	772
48	459	522	534	545	557	568	580	591	603	614	626	637	649	660	672	684	695	707	718	730	741	753
46	439	502	514	525	537	548	560	571	583	594	606	617	629	640	652	664	675	687	698	710	721	733
44	420	483	495	506	518	529	541	552	564	575	587	598	610	621	633	645	656	668	679	691	702	714
42	396	459	471	482	494	505	517	528	540	551	563	574	586	597	609	621	632	644	655	667	678	690
40	366	429	441	452	464	475	487	498	510	521	533	544	556	567	579	591	602	614	625	637	648	660
38	333	396	408	419	431	442	454	465	477	488	500	511	523	534	546	558	569	581	592	604	615	627
36	301	364	376	387	399	410	422	433	445	456	468	479	491	502	514	526	537	549	560	572	583	595
34	273	336	348	359	371	382	394	405	417	428	440	451	463	474	486	498	509	521	532	544	555	567
32	245	308	320	331	343	354	366	377	389	400	412	423	435	446	458	470	481	493	504	516	527	539
30	218	281	293	304	316	327	339	350	362	373	385	396	408	419	431	443	454	466	477	489	500	512
28	196	259	271	282	294	305	317	328	340	351	363	374	386	397	409	421	432	444	455	467	478	490
26	173	236	248	259	271	282	294	305	317	328	340	351	363	374	386	398	409	421	432	444	455	467

換算内申　入試得点

700点満点に換算した入試得点

スーパーサイエンスハイスクール／進学指導重点校／GE-NET20

共 学

日比谷 高等学校

〒100-0014 東京都千代田区永田町2-16-1 ☎(03)3581-0808

【校 風】 140年を超える歴史と伝統の中で生まれた，「文武両道」という理念，「自主・自律の精神」という校風が受け継がれている。横山大観，谷崎潤一郎，浜田庄司，大佛次郎，小林秀雄，丸山眞男，江藤淳，庄司薫，塩野七生，利根川進など，多くの著名人を輩出。

【沿 革】 1878年，東京府第一中学として創立。1950年に現校名に改称。

【生徒数】 男子516名，女子456名

	1年(8クラス)	2年(8クラス)	3年(8クラス)
男子	176名	172名	168名
女子	152名	152名	152名

半蔵門線・有楽町線 — 永田町 8 分
銀座線・南北線 — 溜池山王 7 分

特色

設置学科：普通科

【カリキュラム】 ①スーパーサイエンスハイスクールの指定を受け(〜 2026年度)，全科目履修型・教養主義カリキュラムの中で，特別講演会や野外実習などの様々な取り組みを展開。東京大学をはじめとする大学，研究機関と連携し，最先端の学問や科学技術に直接触れて指導を受ける機会を設ける。②学問の本質的な面白さや楽しさを味わわせる授業を構築。密度の濃い授業により，50分授業と同様の効果をめざす。2時限続きの授業や，不定期で8・9時限の授業も行っている。③土曜講習，夏期講習を開設。④生徒による授業評価を年2回実施し，結果を分析して課題発見の手がかりとする。⑤東京大学，東京学芸大学と高大連携。

【国際理解教育】 ①GE-NET20の指定を受け(〜 2024年度)，「人類の平和や社会の発展に貢献できるグローバルリーダーの育成」を目標とし，国際理解教育を推進。②ハーバード大学訪問などを行うグローバルリーダー育成研修，韓国姉妹校相互訪問交流などの海外派遣研修を実施。③大学や研究所，大使館などとも連携し，研修や講演会等を開催。④JET英語指導員による特別授業，オンライン英会話，ケンブリッジ英語検定の受験など，英語教育の充実を図る。

【進路指導】 ①進路探求の一環として「星陵セミナー」を実施。最先端で活躍する卒業生を講師に招き，ゼミ形式の講義を行う。②3年間を見通した進路指導計画を作成。進学指導検討会を年2回実施し，成績の推移と経年比較をもとに現状分析を行う。

クラス替え	1時限	1日の授業時間数	土曜授業	習熟度別授業	高大連携	自習室	クラブ加入率	バリアフリー	制服	登校時刻＝ 8:20
2年次	45分	7時限	—	数英	○	〜19:00	118%	○	○	下校時刻＝17:00

行 事

体育大会，合唱祭，星陵祭は生徒が中心となって行う3大行事。いずれも前期に行われ，後期は学習に集中できるように配慮している。星陵祭では，全クラスが演劇を上演する。また，長期休業中には，臨海教室，夏山キャンプ，スキー教室の校外行事がある(希望制)。千葉勝山での臨海教室は，1934年より続く伝統行事。

クラブ活動

ラグビー部は全国高校ラグビーフットボール大会東京都予選ベスト16，ダンス部は日本高校ダンス部選手権(春の公式大会)で東日本大会に出場。音楽部には合唱班とオーケストラ班があり，いずれも全国高校総合文化祭に出場している。また，学校内の雑草を研究する雑草研究部は，テレビや新聞などで紹介されている。

進路情報 2023年3月卒業生

四年制大学への進学率 **61.1%**

【進路内訳】 卒業生数―314名
四年制大学―192名 進学準備・他
―122名

【進路傾向】 医学部医学科には国公立大25名（うち現役13名），私大28名（うち現役21名）が合格。また海外大学への志望が多く，ケンブリッジ大などに10名が合格した。

【指定校推薦】 早稲田大，慶應大，東京理科大，学習院大，中央大，国際基督教大，津田塾大など推薦枠あり。

主な大学合格状況　'24年春速報は巻末資料参照

大学名	'23	'22	大学名	'23	'22	大学名	'23	'22
◇東京大	51(33)	65(53)	◇東北大	5(3)	10(8)	上智大	69(56)	68(56)
◇京都大	4(4)	13(10)	◇東京医歯大	3	3(1)	東京理科大	99(55)	116(68)
◇東工大	4(3)	7(5)	◇防衛医大	2(1)	12(7)	明治大	85(54)	76(45)
◇一橋大	10(7)	9(8)	◇東京農工大	9(5)	6(5)	青山学院大	31(22)	39(30)
◇千葉大	9(6)	11(8)	◇お茶の水女子大	6(5)	5(5)	立教大	64(39)	45(31)
◇筑波大	6(3)	7(4)	◇東京学芸大	4	0	中央大	58(29)	36(22)
◇東京外大	7(5)	4(4)	◇都立大	3(1)	0	日本大	2(2)	13(8)
◇横浜国大	10(9)	7(6)	◇信州大	3(1)	6(4)	東京医大	3(2)	3
◇大阪大	1	2(1)	早稲田大	184(136)	185(152)	杏林大	3(3)	5(1)
◇北海道大	3(3)	9(5)	慶應大	90(58)	153(116)	国際医療福祉大	7(6)	15(10)

※（ ）内は現役生で内数。（ ）外は既卒生を含む。

入試要項 2024年春（実績）

選抜方法

推薦	推薦枠	調査書の活用	調査書	集団討論・個人面接	小論文	一次	学力検査	学力検査：調査書	ESAT-J
	20%	評定	450点	200点	250点		5教科	7：3	20点

［学力検査］ 国数英は自校作成問題。

過去3年間の応募状況

	年度	性別	募集数	応募数	合格数	応募倍率
推薦	'24	男女	64	163	64	2.55
	'23	男子	33	79	33	2.39
		女子	30	130	30	4.33
	'22	男子	33	101	33	3.06
		女子	30	116	30	3.87

	年度	性別	募集数	応募数	受検数	合格数	応募倍率	実質倍率
一次	'24	男女	253	459	354	268	1.81	1.32
	'23	男子	133	344	257	149	2.59	1.72
		女子	121	237	217	124	1.96	1.75
	'22	男子	132	330	249	149	2.50	1.67
		女子	122	216	189	122	1.77	1.55

併願校の例

	東京都	神・千・埼
挑戦校	筑波大駒場／開成 東京学芸大附 筑波大附／慶應女子 早稲田実業 お茶の水女子大附	
最適校	早大学院／明大明治 国際基督教／青山学院 巣鴨／広尾学園 桐朋／中央大学 明大中野／中大杉並	慶應義塾 渋谷教育幕張 市川／慶應志木 早大本庄／栄東 立教新座
堅実校	帝京大学／城北／青稜 国学院久我山／淑徳 朋優学院／東京科学大附 国学院／芝国際／錦城 淑徳巣鴨／桜美林	桐光学園 桐蔭学園 専大松戸 日大習志野 西武文理

合格のめやす

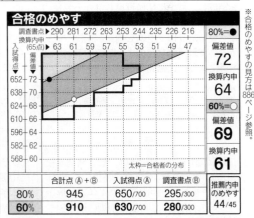

※合格のめやすの見方は886ページ参照。

	80%＝●	偏差値 72	換算内申 64
	60%＝○	偏差値 69	換算内申 61

	合計点 Ⓐ＋Ⓑ	入試得点Ⓐ	調査書Ⓑ	推薦内申のめやす
80%	945	650/700	295/300	44/45
60%	910	630/700	280/300	

【受験特報】 都立の最難関校。一次では，男女計の実質倍率は，2020・2021年の1.5倍台から，2022年1.62倍→2023年1.74倍と高めにアップ。このため2024年は敬遠層も出たのか，応募者（男女計）急減となり低めの1.32倍にダウン。2025年一次は反動（倍率アップ）が起きると想定。

【見学ガイド】 文化祭／説明会／体験入学／公開授業／見学会／入学相談会

進学指導重点校／チーム・メディカル指定校／GE-NET20

共学

戸山 高等学校

〒162-0052　東京都新宿区戸山3-19-1　☎(03)3202-4301

【教育目標】「自主的・創造的精神にみちた国家及び社会の有為な形成者の育成」という教育目標を通し，幅広い教養を身につけ，リーダーとして国際社会に貢献する人材を育成する。

【沿革】1888年創立。1950年より現校名となる。2016年度より，医学部などをめざす生徒による「チーム・メディカル」を結成，3年間一貫した育成プログラムに取り組む。

【生徒数】男子503名，女子453名

	1年(8クラス)	2年(8クラス)	3年(8クラス)
男子	172名	164名	167名
女子	148名	152名	153名

副都心線―西早稲田1分
JR・東西線・西武新宿線―高田馬場13分

特色

設置学科：普通科

【カリキュラム】①国際社会に必要な豊かな知識，幅広い教養と総合力を身につけるカリキュラム。②2年次の必修科目に「数学C」を，3年次の自由選択科目に「情報演習」を設置する。③東京グローバル人材育成指針に基づく先進的な取り組みを推進する学校として，GE-NET20に指定(～2024年度)。④東京医科歯科大学，学習院大学，早稲田大学，電気通信大学などと高大連携。

【チーム・メディカル】国公立大学の医学部医学科への進学を希望する生徒がチームを結成し，互いに切磋琢磨しながら希望の実現をめざすチーム・メディカルは，3年間一貫したプログラムを構築。病院や研究所での体験研修などのキャリア教育と学習指導により，進路実現をサポートする。

【探究学習】①各教科などでの学習を実社会での問題発見・解決に生かしていくための教科横断的な学習であるSTEAM（Science, Technology, Engineering, Mathematics, Liberal Arts）教育に，「知の探究」で取り組む。②「知の探究Ⅰ」「知の探究Ⅱ」では，自ら課題を設定して調査し，発表を行う。

【進路指導】①1年次に自己を見つめ，未知の可能性を探し，2年次には自己を知り，将来の方向性を見い出す。3年次は自己を確立し自己実現する。各学期に学習ガイダンスを行う。3年次には個々の生徒の志望に応じてきめ細やかに指導し，共通テスト対策，個別学力試験対策を積み上げていく。②1年次はHR合宿，2年次は卒業生講演会，3年次には志望校検討会などを行う。

クラス替え	1時限	1日の授業時数	土曜授業	習熟度別授業	高大連携	自習室	クラブ加入率	バリアフリー	制服	登校時刻＝ 8:30
2年次	50分	6時限	年20回	数英	○	～20:00	134%	○	―	下校時刻＝17:10

行事

6月の新宿戸山対抗戦は，都立新宿高校との運動部を中心とした対抗戦で，66年の歴史をもつ。戸山祭では1年次は展示，2年次は演劇，3年次は映画に取り組む。ほかに，1年次にはクラスごとに討論を行うHR合宿や地学城ヶ島巡検，2年次には伝統芸能鑑賞教室などがある。卒業式では袴姿の生徒も多い。

クラブ活動

クラブのかけもちも多く，加入率は例年100%以上。サッカー部，剣道部男子団体が都大会に出場。2022年には陸上競技部がインターハイに出場。アメリカンフットボール部が都ベスト8の実績。ブラスバンド部では指揮も生徒が務め，吹奏楽曲のほか，ポップスやジャズ，サンバなど幅広いジャンルの音楽を演奏する。

進路情報 2023年3月卒業生

四年制大学への進学率 69.9%

【進路内訳】　卒業生数―312名
四年制大学―218名　短期大学―1名　進学準備・他―93名

【進路傾向】　例年30名前後が国公立大の最難関＋医学部医学科へ合格している。2023年春，医学部医学科は国公立大13名（うち現役8名），私大14名（うち現役7名）が合格。

【指定校推薦】　都立大，早稲田大，慶應大，東京理科大，学習院大，明治大，北里大，明治薬科大など推薦枠あり。

主な大学合格状況
'24年春速報は巻末資料参照

大学名	'23	'22	大学名	'23	'22	大学名	'23	'22
◇東京大	9(7)	12(10)	◇北海道大	10(8)	10(7)	◇電通大	9(6)	3(3)
◇京都大	6(3)	7(5)	◇名古屋大	1	1(1)	早稲田大	78(56)	76(63)
◇東工大	9(7)	7(6)	◇東北大	5(3)	9(8)	慶應大	52(28)	36(27)
◇一橋大	9(9)	10(10)	◇九州大	2	2(1)	上智大	48(36)	23(21)
◇千葉大	18(10)	23(22)	◇東京医大	2(1)	5(3)	東京理科大	116(76)	85(61)
◇筑波大	12(10)	12(10)	◇防衛医大	3(2)	0	明治大	146(97)	112(84)
◇東京外大	6(6)	6(6)	◇東京農工大	6(6)	7(7)	青山学院大	22(18)	24(21)
◇横浜国大	11(11)	9(6)	◇お茶の水大	9(8)	3(3)	立教大	59(32)	37(25)
◇埼玉大	3(3)	3(2)	◇東京学芸大	2(2)	1(1)	中央大	34(18)	52(29)
◇大阪大	3	2(2)	◇都立大	6(6)	10(9)	法政大	39(28)	59(37)

※（　）内は現役生で内数。（　）外は既卒生を含む。

入試要項 2024年春（実績）

選抜方法

	推薦枠	調査書の活用	調査書	個人面接	小論文		学力検査	学力検査：調査書	ESAT-J
推薦	20%	評定	450点	150点	300点	一次	5教科	7：3	20点

[小論文] 異なる分野の課題2題を出題。
[学力検査] 国数英は自校作成問題。

過去3年間の応募状況

年度	性別	募集数	応募数	合格数	応募倍率	年度	性別	募集数	応募数	受検数	合格数	応募倍率	実質倍率
推薦 '24	男女	64	214	64	3.34	一次 '24	男女	252	499	401	258	1.98	1.55
'23	男子	33	97	33	2.94	'23	男子	132	260	213	138	1.97	1.54
	女子	30	135	30	4.50		女子	121	230	206	121	1.90	1.70
'22	男子	32	129	32	4.03	'22	男子	132	283	249	134	2.14	1.86
	女子	30	157	30	5.23		女子	122	242	225	127	1.98	1.77

併願校の例

	東京都	神・千・埼
挑戦校	筑波大附／開成　東京学芸大附　早大学院／早稲田実業　お茶の水女子大附　青山学院／明大明治	慶應義塾　渋谷教育幕張　市川　慶應志木　早大本庄
最適校	広尾学園／明大中野　中大附属／中央大学　中大杉並／巣鴨／青稜　城北／東京科学大附　淑徳／朋優学院	法政二　昭和秀英　専大松戸　日大習志野　栄東／立教新座
堅実校	江戸川女子／芝国際　国学院／錦城／駒込　淑徳巣鴨／順天　東洋／拓大一　安田学園／八王子学園	桐蔭学園　大宮開成　西武文理　狭山ヶ丘

合格のめやす

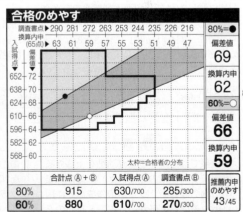

	合計点Ⓐ＋Ⓑ	入試得点Ⓐ	調査書点Ⓑ	推薦内申のめやす
80%	915	630/700	285/300	43/45
60%	880	610/700	270/300	

80%=● 偏差値 69　換算内申 62
60%=○ 偏差値 66　換算内申 59

太枠＝合格者の分布

※合格のめやすの見方は886ページ参照。

【受験特報】　都立難関校の一つ。一次では，男女計の実質倍率は，2019〜2022年に高めの1.8倍台で推移。しかし2023年に応募者（男女計）減少で1.62倍（男女計）にダウン，2024年は受検者（男女計）が減り1.55倍まで下がった。このため2025年一次は反動の倍率上昇に注意。

【見学ガイド】　文化祭／説明会／公開授業／見学会／入試問題解説会

共学

青山 高等学校

〒150-0001　東京都渋谷区神宮前2-1-8　☎(03)3404-7801

【教育目標】 「健康な身体をつくり　知性を高め　情操を豊かにし　個性を伸ばし　社会性を培う」を掲げる。自主性を尊重すると共に，自律の態度を養い，規律ある生活習慣を育成。部活動や行事に積極的に参加する態度を育て，学習との両立を図る。

【沿革】 1940年，東京府立第十五中学校として創立。1948年より現校名。

【生徒数】 男子434名，女子396名

	1年（7クラス）	2年（7クラス）	3年（7クラス）
男子	145名	148名	141名
女子	137名	129名	130名

銀座線―外苑前3分　JR―信濃町15分，千駄ヶ谷15分　都営大江戸線―国立競技場15分

特色

設置学科：普通科

【カリキュラム】 ①「授業が命」を合い言葉に，大学受験に対応できるハイレベルな授業を行う。討論や発表学習を活用した授業も数多く展開する。②2年次まで芸術を除く共通履修で幅広い教養を育む。「数学Ⅱ」は1年次3学期より履修。また「日本史探究」，「世界史探究」は2年次の必修とし，「歴史総合」を同時に履修する。③授業以外の土曜日は，講習や模擬試験を行う講習デーとして活用。④普段の授業や定期考査問題で，大学入学共通テストに対応。記述試験に対して，個別添削指導を充実させている。⑤使える英語力の向上を図るため，特に「聞く」「話す」に重点をおいたきめ細かい指導を行う。⑥放課後に，特色ある補習を数多く開講。長期休業中も多くの講習を組む。⑦大学生となった卒業生が，チューターとして質問や相談にのる。

【進路指導】 ①「高きを望め青山で」をスローガンに掲げる。②定期考査以外に校内学力テストを実施。学力テストごとに進路職員会議を開き，全教職員が個々の生徒について情報交換し，指導計画を詳細に検討する。③各学年の学期ごとに様々な進路ガイダンスを開催する。④東京大学，一橋大学，東京工業大学，早稲田大学などの先生方が，最先端の研究を講義する模擬講座を行う。⑤自習室は土曜日も18時まで開放。

【海外研修】 毎年，数名が留学する。成果が認められると，単位として認定される。

【施設】 サンルーフ付きの屋上プールがある。トイレの水は雨水を利用している。

クラス替え	1時限	1日の授業時間数	土曜授業	習熟度別授業	高大連携	自習室	クラブ加入率	バリアフリー	制服	登校時刻＝ 8:30
2年次	50分	6時限	年20回	国数	―	～20:00	110%	○	標準服	下校時刻＝17:10

行事

外苑祭では，全クラスが演劇を上演する。例年，9月初旬の開催のため，夏期休業中に劇の練習や，セットの作成などに取り組んでいる。ほかに，1・2年次の2月には体育的行事として，近隣の神宮球場でランニング競技会が行われる。5月には遠足，12月には球技大会もある（いずれも1・2年次）。

クラブ活動

青山フィルハーモニー管弦楽団は，部員を100名以上かかえる，本校を代表するクラブの一つ。全国高等学校選抜オーケストラフェスタ参加の実績があり，入学式や卒業式などの式典，学校説明会でも活躍している。男子バスケットボール部はインターハイ予選都ベスト32。水泳部はインターハイに出場経験がある。

東京

進学指導重点校

渋谷区

進路情報 2023年3月卒業生

四年制大学への進学率 81.1%

【進路内訳】 卒業生数—270名
四年制大学—219名　進学準備・他—51名

【進路傾向】 卒業生の33%が国公立大学へ進学。難関国立大や旧帝大への進学が増加傾向にある。国公立大の医学部医学科は，筑波大・防衛医科大に各1名が現役合格。

【指定校推薦】 早稲田大，慶應大，東京理科大，学習院大，中央大，法政大，日本大，成城大，明治学院大，芝浦工大など推薦枠あり。

主な大学合格状況　'24年春速報は巻末資料参照

大学名	'23	'22	大学名	'23	'22	大学名	'23	'22
◇東京大	2(1)	6(5)	◇東北大	8(5)	4(1)	慶應大	70(58)	56(39)
◇京都大	5(3)	1	◇九州大	2(1)	1	上智大	68(64)	52(42)
◇東工大	5(4)	4(2)	◇防衛医大	1(1)	0	東京理科大	107(75)	79(46)
◇一橋大	13(13)	13(9)	◇東京農工大	6(5)	9(8)	明治大	166(141)	189(140)
◇千葉大	15(13)	11(10)	◇お茶の水女子	3(3)	0	青山学院大	61(53)	57(50)
◇筑波大	13(10)	7(6)	◇東京学芸大	8(6)	6(5)	立教大	91(69)	114(82)
◇東京外大	8(8)	6(6)	◇都立大	7(7)	6(3)	中央大	81(70)	62(38)
◇横浜国大	8(6)	11(8)	◇信州大	0	2(2)	法政大	74(55)	68(35)
◇大阪大	2	4(3)	◇電通大	3(3)	6(5)	日本大	51(37)	29(15)
◇北海道大	5(5)	3(1)	早稲田大	86(67)	121(108)	芝浦工大	58(42)	47(14)

※（　）内は現役生で内数。（　）外は既卒生を含む。

入試要項 2024年春（実績）

選抜方法

推薦	推薦枠	調査書の活用	調査書	個人面接	小論文	一次	学力検査	学力検査：調査書	ESAT-J
	20%	評定	450点	100点	500点		5教科	7：3	20点

[学力検査] 国数英は自校作成問題。

過去3年間の応募状況

年度	性別	募集数	応募数	合格数	応募倍率		年度	性別	募集数	応募数	受検数	合格数	応募倍率	実質倍率
推薦 '24	男女	56	212	56	3.79	一次	'24	男女	221	458	412	227	2.07	1.81
'23	男子	29	90	29	3.10		'23	男子	116	228	197	114	1.97	1.73
	女子	26	120	26	4.62			女子	106	218	200	113	2.06	1.77
'22	男子	14	83	14	5.93		'22	男子	130	293	266	137	2.25	1.94
	女子	13	125	13	9.62			女子	120	265	253	119	2.21	2.13

併願校の例

	東京都	神・千・埼
挑戦校	筑波大附／早稲田実業／東京学芸大附／早大学院／明大明治／青山学院／広尾学園／国際基督教	法政二／渋谷教育幕張／市川／早大本庄
最適校	巣鴨／明大中野／中大杉並／中央大学／城北／青稜／明治学院／淑徳／中大附属／芝国際／朋優学院	桐光学園／日大習志野／専大松戸／立教新座／栄東／開智
堅実校	国学院／順天／日大二／淑徳巣鴨／東洋／桜美林／東洋大京北／成城学園／駒澤大学／安田学園／錦城／駒込	桐蔭学園／日本大学／国府台女子／獨協埼玉／西武文理

合格のめやす

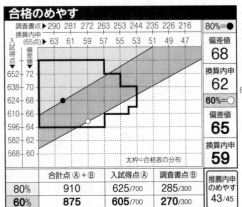

※合格のめやすの見方は886ページ参照。

	合計点Ⓐ+Ⓑ	入試得点Ⓐ	調査書点Ⓑ	推薦内申のめやす
80%	910	625/700	285/300	43/45
60%	875	605/700	270/300	

80%● 偏差値 68　換算内申 62
60%○ 偏差値 65　換算内申 59

受験特報 高い人気が定着し，一次では倍率高騰が目立つ。2019～2024年には男女計の実質倍率は低くても1.75倍（2023年）で，2倍程度の年も（2020年，2022年）。2025年一次も高倍率の傾向に注意。一方，推薦では2023年から枠を拡大し（10%→20%），以前より倍率（男女計）が緩和。

見学ガイド 文化祭／説明会／学校公開／見学会／学校見学／個別説明会

西 高等学校

共学

〒168-0081　東京都杉並区宮前4-21-32　☎(03)3333-7771

【教育方針】　「文武二道」を奨励し，豊かな人間性や協調性を涵養し，「自主自律」の態度や，予測困難な時代を生き抜き，国際社会で活躍できる「器の大きな人間」の育成をめざす。一人ひとりの個性の伸張を図り，将来の生き方を見通した「進路実現」を支援する。

【沿　革】　1937年，東京府立第十中学校として創立。1950年，現校名となる。

【生徒数】　男子485名，女子470名

	1年(8クラス)	2年(8クラス)	3年(8クラス)
男子	164名	153名	168名
女子	157名	163名	150名

京王井の頭線―久我山12分
JR―荻窪よりバス宮前四丁目3分

特色

設置学科：普通科

【カリキュラム】　①GE-NET20の指定を受け(〜2024年度)，グローバル人材育成の取り組みを推進する。②6教科7科目対応型の教育課程を編成し，「授業で勝負」を合い言葉に，生徒と教員で創造する質の高い授業を実施。③入試前日まで続く日常的な補講，添削指導，土曜特別講座，夏期講習などにより，学習を支援。④卒業生による訪問講義，各種文化講演会で豊かな教養を育む。年間25冊の読書を3年間続ける指導も行う。⑤東京外国語大学と高大連携。

【探究学習】　1年次「企業探究」，2年次「個人探究Ⅰ」で課題発見→解決策の計画立案→検証→発表という流れを体感し，変化の激しい社会に対して主体的に参画する態度を育成する。

【進路指導】　第1志望大学への現役合格をめざした進路指導を行う。第一線で活躍中の卒業生によるパネルディスカッション，医療現場などを体験するジョブシャドウイングなど，多様なキャリアガイダンスにより自分の将来を考える。進路部便りなどで最新の進路情報を提供。また，卒業生チューターが進路・学習相談に応じる。

【海外研修】　グローバルリーダーシッププログラムを実施。ハーバード大学，マサチューセッツ工科大学，スタンフォード大学などでの研修（希望者選抜制）を行う。インドネシアの姉妹校との海外交流事業にも注力。東京都次世代リーダー育成プログラムによる留学にも毎年10名程度が参加。

【施設】　視聴覚ホール，食堂がある。

クラス替え	1時限	1日の授業時間数	土曜授業	習熟度別授業	高大連携	自習室	クラブ加入率	バリアフリー	制服	登校時刻＝ 8:30 下校時刻＝18:00
毎年	50分	6or7時限	―	国数英	○	〜20:00	180%	―		

行　事

運動会，記念祭（文化祭），年に2回のクラスマッチは，実行委員会の生徒が中心となって企画・運営する。記念祭では，クラスや部活動だけでなく，有志団体としても多くの生徒が参加する。クラスマッチは放課後に約10日間の日程で行われるクラス対抗戦。スポーツだけでなく，百人一首でも競い合う。

クラブ活動

囲碁将棋部が全国高校総合文化祭鹿児島大会の囲碁部門に出場，水泳部が女子50m自由形でインターハイに出場，男子硬式テニス部が東京都高校テニス選手権大会でベスト16。過去にはアメリカンフットボール部が都大会ベスト8，吹奏楽部が打楽器6重奏で都アンサンブルコンテストに代表校として出場した実績がある。

進路情報 2023年3月卒業生

四年制大学への進学率 51.6%

【進路内訳】 卒業生数―312名
四年制大学―161名　進学準備・他―151名

【進路傾向】 東大・京大・東工大・一橋大のほか，北海道大も人気が高い。国公立大の医学部医学科へは，筑波大，東北大，信州大，山梨大などに7名が合格した。

【指定校推薦】 早稲田大，慶應大，上智大，東京理科大，学習院大，青山学院大，中央大，法政大，東洋大，国際基督教大など推薦枠あり。

主な大学合格状況　'24年春速報は巻末資料参照

大学名	'23	'22	大学名	'23	'22	大学名	'23	'22
◇東京大	17(8)	27(16)	◇北海道大	14(7)	15(7)	早稲田大	144(81)	172(97)
◇京都大	18(8)	23(13)	◇名古屋大	1	1	慶應大	86(52)	104(56)
◇東工大	10(6)	13(7)	◇東北大	6(3)	10(5)	上智大	50(29)	62(42)
◇一橋大	20(15)	19(13)	◇九州大	1(1)	1	東京理科大	122(56)	122(57)
◇千葉大	11(8)	7(4)	◇東京医歯大	1(1)	0	学習院大	8(6)	14(10)
◇筑波大	5(5)	10(9)	◇東京農工大	9(3)	12(6)	明治大	152(74)	165(82)
◇東京外大	7(6)	8(4)	◇お茶の水女子大	4(4)	5(4)	青山学院大	21(11)	36(20)
◇横浜国大	8(6)	8(4)	◇東京学芸大	4(4)	3(1)	立教大	55(21)	74(34)
◇国際教養大	2(2)	0	◇都立大	6(5)	10(5)	中央大	54(29)	73(31)
◇大阪大	2(2)	5(4)	◇信州大	4(3)	3(1)	法政大	43(19)	48(25)

※（　）内は現役生で内数。（　）外は既卒生を含む。

入試要項 2024年春（実績）

選抜方法

推薦	推薦枠	調査書の活用	調査書	集団討論・個人面接	作文	一次	学力検査	学力検査：調査書	ESAT-J
	20%	評定	360点	240点	300点		5教科	7：3	20点

［学力検査］国数英は自校作成問題。

過去3年間の応募状況

年度	性別	募集数	応募数	合格数	応募倍率		年度	性別	募集数	応募数	受検数	合格数	応募倍率	実質倍率
推薦 '24	男女	64	189	64	2.95	一次	'24	男女	252	428	368	260	1.70	1.42
'23	男子	33	101	33	3.06		'23	男子	132	233	196	134	1.77	1.46
	女子	30	174	30	5.80			女子	121	230	211	128	1.90	1.65
'22	男子	32	99	32	3.09		'22	男子	132	233	194	126	1.77	1.54
	女子	30	137	30	4.57			女子	122	209	199	136	1.71	1.46

併願校の例

	東京都	神・千・埼
挑戦校	筑波大附／開成　慶應女子／早稲田実業　東京学芸大附　お茶の水女子大附	渋谷教育幕張
最適校	早大学院／明大明治　広尾学園／青山学院　国際基督教／桐朋　中大杉並／中大附属　帝京大学／城北	慶應義塾　中大附横浜　桐光学園／市川　慶應志木　早大本庄／栄東
堅実校	宝仙学園(理数)／拓大一　国学院久我山／淑徳　国学院／朋優学院　錦城／東洋／日大二　八王子学園／桜美林	桐蔭学園　専大松戸　川越東　大宮開成　西武文理

合格のめやす

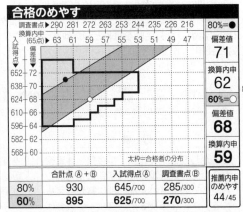

80%=●
偏差値 **71**
換算内申 **62**

60%=○
偏差値 **68**
換算内申 **59**

推薦内申のめやす **44/45**

太枠=合格者の分布

	合計点Ⓐ+Ⓑ	入試得点Ⓐ	調査書Ⓑ
80%	930	645/700	285/300
60%	895	625/700	270/300

※合格のめやすの見方は886ページ参照。

受験特報 一次では男女計の実質倍率は，2021～2023年に1.34倍→1.50倍→1.55倍と上がるも，2024年は応募者（男女計）減少で1.42倍に下がった。2025年一次はやや反動（倍率上昇）の可能性も。なお，推薦では，本校入学後も学習・諸活動などで指導的役割を果たす意欲を評価。

見学ガイド 体育祭／文化祭／説明会／部活動見学・体験／公開授業／見学会／入試問題解説会

共　学

八王子東 高等学校

〒192-8568　東京都八王子市高倉町68-1　☎(042)644-6996

【教育目標】　人間尊重の精神を基調とし，心身共に健康で，知性と感性に富み，思いやりと規範意識のある生徒の育成をめざし，その実現に努める。「自ら学ぶ・自ら考える・自ら創る」ことを率先し，これからの変化するグローバル社会において活躍できる生徒の育成をめざす。

【沿　革】　1976年創立。

【生徒数】　男子489名，女子457名

	1年(8クラス)	2年(8クラス)	3年(8クラス)
男子	169名	165名	155名
女子	150名	154名	153名

JR―北八王子11分　JR―八王子・豊田，京王線―京王八王子よりバス大和田坂上6分

特色

設置学科：普通科

【カリキュラム】　①GE-NET20指定校(～2024年度)。英語をツールとして海外の生徒や研究者などと協働的な活動を行い，グローバル人材として必要な資質・能力を育成する。②1・2年次は共通履修で，国公立大学受験科目に対応した学力を養う。3年次の選択科目は多様な進路希望に対応する。③教科ごとに，生徒の希望に応じたきめ細かな個別指導を行う。④東京大学先端科学研究センター，東京外国語大学，東京都立大学などと高大連携。⑤京都大学フィールド科学研究センターや全国の高校と連携して，森・里・海の共同研究を行っている。

【探究学習】　探究活動を基軸とした教育活動を展開。「国語探究」「英語探究」「課題探究」などの科目を設定し，体系的なプログラムを構築。答えが定まらない事柄に対して自ら「問い」を発見し，科目横断的に知識を活用し，論理的に分析を行い，解決策や問題点を導く活動を通して，それらの成果を的確に他者へ伝える表現力を育成する。

【進路指導】　「総合的な人間力を高める」「国公立大学を中心とした難関大学進学をめざして努力する態度を身につける」を目標とした指導を実践。日々の授業や教科指導はもちろんのこと，個人面談や進路相談，進路講演会，最新の進路情報の提供などにより，生徒一人ひとりをサポートする。

【海外研修】　台湾・高雄高級中学との姉妹校交流，探究活動とフィールドワークを融合したカナダ・トロント・リサーチプログラムを実施(いずれも希望者選抜制)。

クラス替え	1時限	1日の授業時間数	土曜授業	習熟度別授業	高大連携	自習室	クラブ加入率	バリアフリー	制服	登校時刻＝ 8:25
2年次	50分	6or7時限	年20回	数英	○	～18:50	97%	○		下校時刻＝18:00

行　事

しらかし祭は，文化祭・中夜祭・体育祭からなる一大行事。9月初旬に1週間にわたって開催され，部門別に賞が与えられる。1・2年次3月のスポーツ大会は，球技やアルティメットなどによるクラス対抗戦。修学旅行は広島・関西方面で，平和学習等を行う。ほかにも校外学習，合唱祭，芸術鑑賞教室などがある。

クラブ活動

各部活動とも，時間を効率的に使って活動している。軟式野球部は春季東京都軟式野球大会兼関東大会予選でベスト8，男子ハンドボール部はインターハイ予選で都ベスト16。コーラス部がNHK全国学校音楽コンクール都予選A金賞，都本選優良賞の実績をもつ。2023年度には新たに弓道・体操の2同好会が発足した。

進路情報 2023年3月卒業生

四年制大学への進学率 76.1%

【進路内訳】 卒業生数—310名
四年制大学—236名 進学準備・他—74名

【進路傾向】 国公立大へは95名が進学（文系50名，理系45名）。全体の文理内訳は文系58%，理系41%，その他（芸術等）1%。

【指定校推薦】 都立大，早稲田大，慶應大，東京理科大，学習院大，青山学院大，中央大，法政大，津田塾大，東京女子大，北里大，東京薬科大など推薦枠あり。

主な大学合格状況 '24年春速報は巻末資料参照

大学名	'23	'22	大学名	'23	'22	大学名	'23	'22
◇東京大	2(1)	6(1)	◇名古屋大	3(3)	0	早稲田大	54(31)	42(26)
◇京都大	3(2)	0	◇東北大	4(3)	3(2)	慶應大	17(9)	30(15)
◇東工大	6(5)	7(3)	◇九州大	1(1)	1	上智大	22(17)	30(22)
◇一橋大	8(6)	4(3)	◇防衛医大	2(1)	1	東京理科大	71(48)	44(26)
◇千葉大	1(1)	4(3)	◇東京農工大	15(12)	15(12)	明治大	123(89)	100(74)
◇筑波大	10(9)	5(4)	◇東京学芸大	11(10)	10(10)	青山学院大	58(45)	45(35)
◇東京外大	4(4)	6(6)	◇都立大	21(20)	17(17)	立教大	47(38)	34(22)
◇横浜国大	6(5)	7(5)	◇信州大	1(1)	1	中央大	86(58)	117(80)
◇埼玉大		3(3)	◇東海海洋大	4(3)	1(1)	法政大	124(72)	94(62)
◇北海道大	4	6(4)	◇電通大	4(3)	4(3)	日本大	46(21)	60(32)

※（ ）内は現役生で内数。（ ）外は既卒生を含む。

入試要項 2024年春（実績）

選抜方法

	推薦枠	調査書の活用	調査書	個人面接	小論文		学力検査	学力検査：調査書	ESAT-J
推薦	20%	評定	500点	100点	400点	一次	5教科	7：3	20点

［学力検査］ 国数英は自校作成問題。

過去3年間の応募状況

	年度	性別	募集数	応募数	合格数	応募倍率		年度	性別	募集数	応募数	受検数	合格数	応募倍率	実質倍率
推薦	'24	男女	64	145	64	2.27	一次	'24	男女	252	342	320	257	1.36	1.25
	'23	男子	33	36	33	1.09		'23	男子	132	175	166	138	1.33	1.20
		女子	30	63	30	2.10			女子	121	150	142	119	1.24	1.19
	'22	男子	32	71	32	2.22		'22	男子	132	215	202	134	1.63	1.51
		女子	30	94	30	3.13			女子	122	195	184	125	1.60	1.47

併願校の例

	東京都	神・埼
挑戦校	筑波大附／早稲田実業 お茶の水女子大附 早大学院／明大明治 国際基督教／青山学院	慶應義塾 法政二 慶應志木 早大本庄 立教新座
最適校	桐朋／中大附属 明大八王子／中大杉並 帝京大学／法政大学 成蹊／東京工業高専 錦城／国学院／拓大一	法政国際 桐光学園 日本女子大附 桐蔭学園 日大藤沢
堅実校	桜美林／聖徳学園 日大三／佼成学園 東京電機大／八王子学園 日大鶴ヶ丘／日大櫻丘 東京純心女子	日本大学 東海大相模 麻布大附 西武文理 狭山ヶ丘

合格のめやす

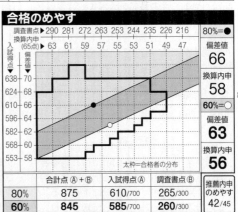

	合計点 Ⓐ＋Ⓑ	入試得点Ⓐ	調査書点Ⓑ	推薦内申のめやす
80%	875	610/700	265/300	42/45
60%	845	585/700	260/300	

偏差値 66
換算内申 58
偏差値 63
換算内申 56

※合格のめやすの見方は886ページ参照。

受験特報 近年の一次では，男女計の実質倍率は2021・2022年に1.4倍台（1.44倍→1.49倍）となるも，2023・2024年は1.2倍台（1.20倍→1.25倍）と低めに。このため2025年は「反動」で倍率が高まる可能性がある。なお推薦では，旺盛な学習意欲，将来社会でリーダーとなる気概などを評価。

見学ガイド 文化祭／説明会／体験授業／部活動体験／公開授業／見学会／入試問題解説会／入試個別相談会

スーパーサイエンスハイスクール／進学指導重点校

共学

立川 高等学校

〒190-0022　東京都立川市錦町2-13-5　☎(042)524-8195

【教育目標】　「質実剛健」「自主自律」が校風。主体的で創造的な学習への意欲を高め，論理的思考力，健全な判断力を養い，世界に発信できるリーダーとしての素養を獲得し，新しいイノベーションを生み出す人材の育成をめざす。

【沿　革】　1901年創立。1950年，現校名に改称。2022年度，創造理数科を設置。2025年度，定時制課程募集停止予定。

【生徒数】　男子508名，女子440名

	1年（8クラス）	2年（8クラス）	3年（8クラス）
男子	171名	177名	160名
女子	151名	142名	147名

JR—立川8分　多摩モノレール—立川南6分，柴崎体育館5分

特色

設置学科：普通科／創造理数科

【カリキュラム】　①スーパーサイエンスハイスクール（SSH）指定校（〜2027年度）。普通科，創造理数科全員が対象。「課題研究」「国際性の育成（英語教育）」「本物体験」「教科教育」を4つの柱とする。②難関国公立大学進学をめざすカリキュラムを組む。③普通科は3年次に文系，理系に分かれる。理科4領域は全員が必修で学ぶ。「日本史探究」「世界史探究」は，普通科のみに設置する。

【創造理数科】　①理数系分野を軸とした教科横断的な学びを実現し，科学的思考力，判断力や創造性の育成をめざす教育課程を組む。②専門学科において開設される教科「理数」の科目を全員が学び，1年次で理科4領域すべてを学習する。③理数に関する興味関心や素養を深める，授業以外の「企画」を実施。フィールドワーク研修旅行，大学訪問などがあり，一部は普通科の生徒も参加できる。

【進路指導】　①3年間を通した計画的かつ一貫的な進路指導を行う。「授業で鍛え，授業で養う学力」「総合的な探究の時間やHRで自己を探究」「豊富な進路情報の提供」を進路指導の3つの柱とする。②各界の一線で活躍する卒業生を講師に招き，課外学習講座「立高未来塾」を開校。卒業生が入試情報を伝える進路懇談会なども開催する。

【海外研修】　SSHアメリカ合衆国海外研修，SSHタイ王国短期交換留学（いずれも希望者），台湾とのオンライン交流などを行う。

【施設】　理数講義室，第2生物実験室，第2化学実験室が新しく完成した。

クラス替え	1時限	1日の授業時間数	土曜授業	習熟度別授業	高大連携	自習室	クラブ加入率	バリアフリー	制服	登校時刻＝8:20
2年次	45分	6or7時限	年20回	数英	○	〜19:30	100%	Ev.	—	下校時刻＝17:00

行事

夏期休業中に千葉県館山市で行われる臨海教室は，本校の歴史ある伝統行事。男女別4期に分かれて，遠泳に挑戦する。9月の演劇コンクールにも伝統があり，参加クラス・演劇部が外部ホールで本格的な劇を上演する。体育祭，合唱祭，文化祭，クラスマッチのほか，SSHや創造理数科の行事も多い。

クラブ活動

吹奏楽部が第63回東京都高等学校吹奏楽コンクールで東日本組金賞を受賞。第23回東日本学校吹奏楽大会に都代表として出場した。2021年には，天文気象部が第45回全国高等学校総合文化祭の自然科学部門の地学部門で，最優秀賞を受賞した。科学系のクラブ活動も盛んで，研究会や学会などに積極的に参加している。

東京　進学指導重点校　立川市

進路情報　2023年3月卒業生　　四年制大学への進学率 **78.5%**

【進路内訳】　卒業生数—312名
四年制大学—245名　専修・各種学校—2名　進学準備・他—65名
【進路傾向】　国公立大に135名が合格。東大に現役3名合格は重点校指定以来、初めて。近年は推薦入試による国公立大への合格も増えている。
【指定校推薦】　都立大，早稲田大，慶應大，東京理科大，学習院大，青山学院大，中央大，法政大，国際基督教大，津田塾大，明治薬科大，北里大など推薦枠あり。

主な大学合格状況　'24年春速報は巻末資料参照

大学名	'23	'22	大学名	'23	'22	大学名	'23	'22
◇東京大	3(3)	1	◇北海道大	11(9)	11(9)	◇電通大	2(1)	7(6)
◇京都大	5(5)	3(2)	◇東北大	7(6)	5(5)	早稲田大	61(53)	40(30)
◇東工大	5(5)	5(4)	◇九州大	1(1)	1	慶應大	18(14)	20(15)
◇一橋大	9(9)	9(8)	◇東京医歯大	0	3(3)	上智大	27(24)	12(11)
◇千葉大	4(3)	10(7)	◇防衛医大	1(1)	1	東京理科大	50(29)	51(40)
◇筑波大	4(4)	7(5)	◇東京農工大	20(15)	13(11)	明治大	110(81)	111(77)
◇東京外大	9(9)	6(5)	◇お茶の水大	5(4)	2(1)	青山学院大	44(39)	35(26)
◇横浜国大	4(2)	10(9)	◇東京学芸大	10(9)	12(11)	立教大	60(45)	53(35)
◇国際教養大	1(1)	0	◇都立大	28(25)	22(19)	中央大	75(57)	98(71)
◇大阪大	3(3)	1(1)	◇信州大	4(3)	4(3)	法政大	81(45)	87(56)

※（ ）内は現役生で内数。（ ）外は既卒生を含む。

入試要項　2024年春（実績）

選抜方法　一次は、創造理数科を第1志望とした普通科との併願が可能。

普通科		推薦枠	調査書の活用	調査書	個人面接	小論文	一次	学力検査	学力検査:調査書	ESAT-J
推薦		20%	評定	500点	100点	400点		5教科	7：3	20点

［学力検査］国数英は自校作成問題。

創造理数科		推薦枠	調査書の活用	調査書	個人面接	小論文	学校設定検査	一次	学力検査	学力検査:調査書	ESAT-J
推薦		20%	評定	500点	50点	200点	250点		5教科	7：3	20点

［推薦］理数等特別推薦。出願時に科学分野等の研究に関するレポートを提出。［学校設定検査］科学分野等の研究に関するレポートについての口頭試問。［学力検査］国数英は自校作成問題。

2024年度の応募状況

	学科	性別	募集数	応募数	合格数	応募倍率		学科	性別	募集数	応募数	受検数	合格数	応募倍率	実質倍率
推薦	普通	男女	56	165	56	2.95	一次	普通	男女	220	318	292	225	1.45	1.30
	創造理数	男女	8	9	6	1.13		創造理数	男女	34	92	83	36	2.71	2.31

併願校の例　※［普通科］を中心に

	東京都	神・埼
挑戦校	東京学芸大附／慶應女子／早稲田実業／慶應女子／早大学院／明大明治／青山学院／国際基督教	慶應義塾／法政二／慶應志木／早大本庄
最適校	中大附属／桐朋／中大杉並／明大中野／学習院女山／帝京大／成蹊／朋優学院／日大二／国学院／錦城／東京工業高専	桐光学園／日本女子大附／桐蔭学園／立教新座／栄東／大宮開成
堅実校	拓大一／桜美林／日大三／聖徳学園／八王子学園／東京電機大／日大櫻丘／日大鶴ヶ丘／明法／実践学園	日本大学／星野共学部／西武文理／狭山ヶ丘

合格のめやす　　（ ）=創造理数科

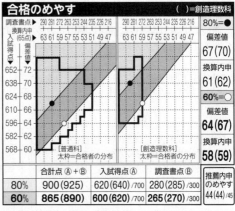

［普通科］太枠=合格者の分布
［創造理数科］太枠=合格者の分布

	合計点Ⓐ+Ⓑ	入試得点Ⓐ	調査書点Ⓑ
80%	900(925)	620(640)/700	280(285)/300
60%	865(890)	600(620)/700	265(270)/300

80%=●
偏差値 67(70)
換算内申 61(62)

60%=○
偏差値 64(67)
換算内申 58(59)

推薦内申のめやす 44(44)/45

※合格のめやすの見方は886ページ参照。

※受験特報　一次では、普通科の応募者数、受検者数（2月発表）には創造理数科を第1志望とする者を含んでいない。実際には普通科は、創造理数科との併願者が多く、高めの倍率と考えられる。前年の2023年度には、その併願者を含んだ普通科の実質倍率は男女計で1.67倍（学校側）。

見学ガイド　体育祭／文化祭／説明会／公開授業／見学会／入試問題説明会

共 学

国立 高等学校

〒186-0002　東京都国立市東4-25-1　☎(042)575-0126

【教育目標】「清く　正しく　朗らかに」が校訓。物事の本質を問い続け，粘り強く考える思考法，自らもつ知識同士や他者とのつながりによる新たな発想，互いに補完し，発展させるための協働を柱として，多様な見方・考え方を学び，課題発見・解決力と創造性をもつ人材を育成する。

【沿　革】1940年，東京府立第十九中学校として創立。1948年，現校名となる。

【生徒数】男子507名，女子441名

	1年(8クラス)	2年(8クラス)	3年(8クラス)
男子	168名	174名	165名
女子	154名	141名	146名

JR一谷保10分，国立15分

特色

設置学科：普通科

【カリキュラム】①日々，質の高い授業を行うことにより，難関国公立大学や難関私立大学への高い進学実績を上げている。②2年次までは全科目共通履修（芸術を除く）とする。③文系，理系に関わらず，幅広い知識や技能を堅実に身につけ，「多様な情報から必要なものを選択して正解のない答えを出す力」「主体的に考えて表現する力」を育てる。④1年次の英語は外国人指導員とのティームティーチングで，英作文や発表などにより発信力を高める。2年次はオンライン英会話に取り組む。⑤英語外部試験のGTECを全学年全員受験し，英語4技能を伸長させる。⑥長期休業中のほか，年間を通して早朝や放課後に補習，講習を数多く開講する。⑦各定期考査前に，卒業生による学習相談を実施（サポートティーチャー制度）。不定期でイブニングサポートティーチャーも行っている。⑧生徒の高い学習意欲と知的好奇心に応えるため，教職員は日々研鑽して高い指導力を備えている。

【探究学習】総合的な探究の時間に，各自の興味・関心に応じてテーマを設定して探究学習を行い，発表して論文にまとめる。

【進路指導】①3年間を見通した系統的・組織的な進路指導により，高い進路目標の実現をめざす。進路ガイダンスや東大見学会，京大ツアー，大学訪問なども実施する。②自習室は20時まで利用できるが，時期により利用可能な時間が変動することがある。

【海外研修】2025年度より，アメリカ方面への海外研修旅行（希望者）を実施予定。

クラス替え	1時限	1日の授業時間数	土曜授業	習熟度別授業	高大連携	自習室	クラブ加入率	バリアフリー	制服	
―	50分	6時限	年20回	数	―	~20:00	140%	トイレEV.	―	登校時刻＝ 8:25 下校時刻＝18:00

行　事

国高祭（文化祭・体育祭・後夜祭）は，多数の来場者を誇る。文化祭では1・2年次は展示，3年次は演劇に取り組む。教室廊下の壁面には芸術的な外装が施され，華を添える。4月の第九演奏会では，ベートーヴェンの交響曲第九番をドイツ語で合唱。プロの交響楽団・ソリストと共演する。

クラブ活動

少林寺拳法部が全国高等学校少林寺拳法選抜大会に男子規定組演武，女子規定組演武，女子規定単独演武で出場。女子硬式テニス部が都立対抗テニス大会で準優勝，女子ハンドボール部がインターハイ予選都ベスト16。2022年には吹奏楽部が東京都高等学校吹奏楽コンクールB組金賞を受賞した。

進路情報 2023年3月卒業生

四年制大学への進学率 **72.3%**

【進路内訳】 卒業生数—318名
四年制大学—230名　進学準備・他
—88名

【進路傾向】 最難関（東大・京大・東工大・一橋大・国公立大医学部）に76名（現役51名，既卒25名）が合格した。近年は現役志向で，合格数も現役生が既卒生を上回る傾向。

【指定校推薦】 都立大，早稲田大，慶應大，東京理科大，学習院大，明治大，中央大，国際基督教大など推薦枠あり。

主な大学合格状況　'24春速報は巻末資料参照

大学名	'23	'22	大学名	'23	'22	大学名	'23	'22
◇東京大	10(8)	19(11)	◇北海道大	8(5)	11(7)	◇電通大	3(2)	1
◇京都大	17(11)	15(10)	◇東北大	6(5)	8(6)	早稲田大	131(89)	159(121)
◇東工大	16(11)	22(16)	◇九州大	1	0	慶應大	72(45)	86(61)
◇一橋大	22(15)	14(10)	◇東京医歯大	1(1)	1(1)	上智大	55(33)	79(64)
◇千葉大	4(2)	4(3)	◇東京藝術大	3(3)	2(1)	東京理科大	97(50)	113(70)
◇筑波大	9(8)	5(4)	◇東京農工大	18(14)	20(16)	明治大	149(88)	167(99)
◇東京外大	8(7)	6(5)	◇お茶の水女子	5(3)	2(1)	青山学院大	35(20)	36(28)
◇横浜国大	11(11)	11(10)	◇東京学芸大	12(11)	6(6)	立教大	56(30)	42(25)
◇国際教養大	1(1)	0	◇都立大	21(19)	20(15)	中央大	88(53)	73(47)
◇大阪大	3(2)	4(3)	◇信州大	4(2)	3(1)	法政大	95(58)	64(28)

※（　）内は現役生で内数。（　）外は既卒生を含む。

入試要項 2024年春（実績）

選抜方法

推薦	推薦枠	調査書の活用	調査書	個人面接	小論文	一次	学力検査	学力検査：調査書	ESAT-J
	20%	評定	450点	150点	300点		5教科	7：3	20点

［学力検査］国数英は自校作成問題。

過去3年間の応募状況

	年度	性別	募集数	応募数	合格数	応募倍率		年度	性別	募集数	応募数	受検数	合格数	応募倍率	実質倍率
推薦	'24	男女	64	227	64	3.55	一次	'24	男女	252	393	361	256	1.56	1.41
	'23	男子	33	94	33	2.85		'23	男子	132	194	173	135	1.47	1.28
		女子	30	115	30	3.83			女子	121	178	168	125	1.47	1.34
	'22	男子	32	107	32	3.34		'22	男子	132	229	205	144	1.73	1.42
		女子	30	124	30	4.13			女子	122	190	180	114	1.56	1.58

併願校の例

	東京都	神・埼
挑戦校	東京学芸大附／早稲田実業／慶應女子／お茶の水女子大附／早大学院	慶應義塾／慶應志木
最適校	明大明治／青山学院／桐朋／国際基督教／中大附属／明大中野／中央大杉並／帝京大学／城北／国学院久我山	中大附横浜／法政国際／桐光学園／早大本庄／栄東／立教新座
堅実校	成蹊／朋優学院／芝国際／錦城／明学東村山／拓一／日大三／桜美林／八王子学園／聖徳学園	日本女子大附／桐蔭学園／星野女子部／西武文理／狭山ヶ丘

合格のめやす

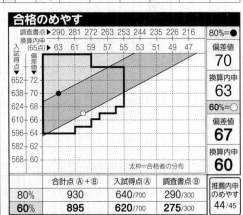

	合計点 Ⓐ＋Ⓑ	入試得点Ⓐ	調査書点Ⓑ	推薦内申のめやす
80%	930	640/700	290/300	44/45
60%	895	620/700	275/300	

偏差値 **70**　換算内申 **63**　80%=●
偏差値 **67**　換算内申 **60**　60%=○

※合格のめやすの見方は886ページ参照。

受験特報 一次では，男女計の実質倍率は，2018年の1.62倍から，2019・2020年1.5倍程度→2021・2022年1.4倍台→2023年1.31倍と「緩和」的に推移。ただ2024年は応募者（男女計）増加で実質倍率1.41倍と上向いた。応募者減（男女計）の西などから受検生の流入があったか。

見学ガイド 文化祭／説明会／公開授業／見学会／入試結果報告会／自校作成問題説明会

進学指導特別推進校

共学
単位制

新宿 高等学校

〒160-0014 東京都新宿区内藤町11-4 ☎(03)3354-7411

【教育目標】 「全員指導者たれ」の校是のもと, 全人教育を実践し, すべての生徒が希望する進路を実現し, さらに, 生涯学び続ける力の育成をめざす。また「自主・自律」「人間尊重」を教育目標とし, 次代を担うたくましいリーダーを育てる。

【沿 革】 1921年, 東京府立第六中学校として創立。1950年, 現校名となる。

【生徒数】 男子442名, 女子517名

	1年(8クラス)	2年(8クラス)	3年(8クラス)
男子	145名	147名	150名
女子	176名	172名	169名

副都心線・丸ノ内線・都営新宿線―新宿三丁目
2～4分　JR・都営大江戸線―新宿4～7分

特色

設置学科：普通科

【カリキュラム】 ①志望大学に合わせて必要な科目を選択できる, 進学重視型単位制高校。必修科目と, 適性・興味・進路に合わせた科目を選択し, 3年間で所定の単位数を習得する。②1・2年次は共通履修で, 大学入学共通テストに対応。3年次は幅広い科目選択を行う。③授業での小テスト, 宿題, 週末課題で学力定着を図る。④学校全体で年間1,700時間の補習・講習を実施。

【探究学習】 総合的な探究の時間には独自プログラム「新宿学」を行う。1年次は地域密着型の探究活動, 2年次は研究対象を拡大し, 夏休みに全生徒がオンラインで大学の研究室を訪問して各自の探究を深め, 1・2年次合同で成果発表を行う。3年次は各クラスで成果発表, 生徒同士で口頭試問を交えた相互評価を行う。希望者は大学の研究室へ継続的に訪問し, 専門的助言を受けながら研究論文を完成させる。

【進路指導】 5つのキーワードにより, 第1志望を実現させる。①「チーム新宿」。教員, 保護者, 卒業生が生徒の成長をサポートする。②「目線合わせと学年集会」。模試, 実力試験ののち学年集会を開き, 学力の定着状況を学年全体で共有する。③「進路は補欠なき団体戦」。すべての生徒が一体となって目標に向かい, 一人の落伍者も出さない指導。④「自主・自律・人間尊重」。自律的規範意識を醸成する。⑤「大学受験は学校行事だった」。多くの学校行事を通して培われた仲間意識で受験を乗り越える。⑥自習室は年末年始も開室している。

クラス替え	1時限	1日の授業時数	土曜授業	習熟度別授業	高大連携	自習室	クラブ加入率	バリアフリー	制服	登校時刻＝ 8:20
毎年	50分	6or7時間	年18回	国数英	○	～20:00	93%	トイレEV.	標準服	下校時刻＝17:00

行 事

夏の臨海教室は1921年の創立時から続く伝統行事。教員, OB会と共に全員で遠泳に臨む。朝陽祭（文化祭）ではクラスごとに企画をたて, 1・2年次は主に演劇に取り組む。ほか, 遠足, 都立戸山高校との部活動対抗戦である新宿・戸山対抗戦, 運動会, 合唱コンクール, 球技大会, マラソン大会などがある。

クラブ活動

リーダーシップを育て, 困難に打ち勝つ力を養う。生物部が東京工業大学生命理工学院主催の「高校生バイオコン」で横浜市教育委員会賞を受賞。2022年にはチアリーディング部がJOCジュニアオリンピックカップ大会／全日本高等学校チアリーディング選手権大会のチアリーディングスピリッツ演技競技で準優勝。

進路情報　2023年3月卒業生

四年制大学への進学率 **85.0%**

【進路内訳】　卒業生数—307名
四年制大学—261名　進学準備・他—46名

【進路傾向】　国公立大109名合格は、過去10年間で最多（うち医学部医学科は筑波大1名）。薬学系への志望も多く、国公立・私大合わせて29名が合格した。

【指定校推薦】　都立大、早稲田大、慶應大、東京理科大、明治大、立教大、中央大など推薦枠あり。

主な大学合格状況
'24春速報は巻末資料参照

大学名	'23	'22	大学名	'23	'22	大学名	'23	'22
◇東京大	1(1)	3(2)	◇北海道大	7(7)	6(6)	◇茨城大	4(4)	3(2)
◇京都大	1(1)	1(1)	◇名古屋大	1	0	早稲田大	73(64)	80(73)
◇東工大	5(3)	4(4)	◇東北大	7(6)	3(2)	慶應大	32(27)	37(28)
◇一橋大	5(5)	8(7)	◇九州大	1	0	上智大	37(30)	29(25)
◇千葉大	15(14)	9(7)	◇東京医歯大	1(1)	2(2)	東京理科大	61(48)	54(41)
◇筑波大	4(4)	4(4)	◇防衛医大	1(1)	2(2)	明治大	161(136)	131(101)
◇東京外大	7(7)	4(3)	◇東京農工大	8(8)	5(4)	青山学院大	62(58)	54(46)
◇横浜国大	6(5)	7(7)	◇お茶の水女子大	4(4)	3(2)	立教大	57(49)	83(57)
◇埼玉大	3(3)	9(9)	◇東京学芸大	3(3)	2(2)	中央大	85(70)	92(69)
◇大阪大	1(1)	0	◇都立大	6(6)	9(9)	法政大	105(80)	107(74)

※（　）内は現役生で内数。（　）外は既卒生を含む。

入試要項　2024年春（実績）

選抜方法

	推薦枠	調査書の活用	調査書	個人面接	小論文		学力検査	学力検査：調査書	ESAT-J
推薦	10%	評定	450点	180点	270点	一次	5教科	7：3	20点

［学力検査］　国数英は自校作成問題。

過去3年間の応募状況

	年度	性別	募集数	応募数	合格数	応募倍率		年度	性別	募集数	応募数	受検数	合格数	応募倍率	実質倍率
推薦	'24	男女	32	245	32	7.66	一次	'24	男女	284	686	610	288	2.42	2.12
	'23	男子	32	55	12	5.91		'23	男子	284	300	261	133	2.24	1.96
		女子		134	20				女子		337	313	155		2.02
	'22	男子	32	64	5	6.53		'22	男子	284	327	287	143	2.36	2.01
		女子		145	27				女子		343	319	144		2.22

併願校の例

	東京都	神・千・埼
挑戦校	東京学芸大附／お茶の水女子大附／早大学院／早稲田実業／青山学院／明大明治／国際基督教／広尾学園	慶應義塾／法政二／市川／昭和秀英／早大本庄／栄東／立教新座
最適校	中大杉並／中央大学／城北／明大中野／青稜／朋優学院／明治学院／国学院／錦城／日大二／淑徳巣鴨／駒込／拓大一	桐光学園／桐蔭学園／専大松戸／日大習志野／大宮開成
堅実校	東洋／桜丘／桜美林／八王子学園／聖徳学園／日大櫻丘／日大鶴ヶ丘／十文字／安田学園／杉並学院／文教大付	麻布大附／国府台女子／麗澤／西武文理／狭山ヶ丘

合格のめやす

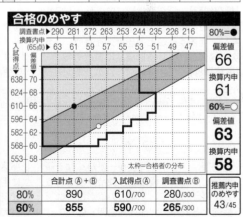

※合格のめやすの見方は886ページ参照。

80%＝● 偏差値 **66** 換算内申 **61**
60%＝○ 偏差値 **63** 換算内申 **58**

太枠下が合格者の分布

	合計点Ⓐ＋Ⓑ	入試得点Ⓐ	調査書点Ⓑ	推薦内申のめやす
80%	890	610/700	280/300	
60%	855	590/700	265/300	43/45

受験特報　人気が高く、応募者は都内の広い範囲から集まる。近年、一次の実質倍率は2021年（1.69倍）を除き、1.8倍台〜2.1倍程度で「激戦」が目立つ。一方、推薦の倍率は2018〜2023年の4〜6倍台から上がった。なお、推薦では学習、諸活動などでリーダーの役割を果たす意欲を評価。

見学ガイド　文化祭／説明会／公開授業／見学会／学校訪問・見学／自校作成問題説明会

共学

小山台 高等学校

〒142-0062　東京都品川区小山3-3-32　☎(03)3714-8155

【教育理念】　校訓として，「敬愛・自主・力行」を掲げ，「夢をあきらめない」を合い言葉に切磋琢磨する。学力の裾野を広げるカリキュラム，国際交流の推進，未来設計力を育成する進路指導，多彩な行事・活発な班活動を教育の4本柱とし，社会で活躍する"人"づくりをめざす。

【沿　革】　1923年に東京府立第八中学校として創立。1950年に現校名に改称。

【生徒数】　男子485名，女子460名

	1年(8クラス)	2年(8クラス)	3年(8クラス)
男子	156名	172名	157名
女子	161名	147名	152名

東急目黒線―武蔵小山1分

特色

設置学科：普通科

【カリキュラム】　①基礎の充実と幅広い教養の習得をめざし，1・2年次は共通履修で国公立大学の入試や大学入学共通テストに対応する。②2・3年次は，数英で習熟度別授業を実施。③3年次には，受験用の多様な演習講座を用意し，国公立大学や難関私立大学の入試に必要な学力を培う。④年間を通じて多くの補習，講習を開講。2年次には，予備校などとの連携による小論文講習や勉強合宿も行う。⑤現役大学生(チューター)が学習を支援する。

【探究学習】　探究型学習プログラム「MIRAI」では，世の中の問題点を探究，解決策を提案して発表することで思考力を養う。1年次に発表し，2年次は論文にまとめる。

【進路指導】　①主体的な進路選択能力と高度な学力を育成する，3年間のキャリア教育プログラム。各学年にわたって，ステージ1からステージ3へと，段階的に適切な進路指導を行う。②進路講話や社会人によるキャリアガイダンス，大学見学会など様々な機会を通して，幅広い視野を身につけ，考える力を強化して第1志望を実現する。③進路室には過去の入試問題や大学進学に必要な資料が豊富に揃い，進路通信で最新の情報を提供する。

【海外研修】　①夏期休業中に約3週間のイギリスでの海外体験派遣と，ドイツへの交換交流派遣(隔年)，3月に台湾交換交流派遣(10日間)を実施。②東京都の次世代リーダー育成道場などを通して，毎年数名が英語圏の高校へ1年間留学している。

クラス替え	1時限	1日の授業時間数	土曜授業	習熟度別授業	高大連携	自習室	クラブ加入率	バリアフリー	制服	登校時刻＝ 8:20
2年次	50分	6or7時限	年20回	数英	―	~19:00	100%	トイレ	○	下校時刻＝16:30

行　事

寒菊祭は，1年で同校が一番熱くなる運動会と，展示や模擬店，舞台発表を行う文化祭からなる。2年次の修学旅行は，長崎など九州の北部へ4日間。ほかに，水泳大会，球技大会，マラソン大会，剣道大会(男子)，ダンス発表会(女子)，百人一首大会，合唱コンクール，図書館研修，芸術鑑賞教室など多くの行事がある。

クラブ活動

部活動のことを「班活動」と呼ぶ。過去に甲子園出場実績のある硬式野球班は第103回全国高等学校野球選手権大会東東京大会でベスト8。弦楽班は第2回高等学校軽音楽コンテストの関東大会に出場。吹奏楽班は第63回東京都高等学校吹奏楽コンクールで最優秀賞を受賞した。ラグビー班なども活躍している。

進路情報 2023年3月卒業生

四年制大学への進学率 **83.9%**

【進路内訳】 卒業生数―311名
四年制大学―261名　専修・各種学校―1名　進学準備・他―49名
【進路傾向】 国公立大に110名（現役92名，既卒18名）が合格した。例年，東京学芸大の志望が多い。医学部医学科には国公立大3名（既卒），私大13名（うち現役1名）が合格。
【指定校推薦】 都立大，早稲田大，慶應大，東京理科大，学習院大，明治大，青山学院大，立教大，中央大，法政大，日本大など推薦枠あり。

主な大学合格状況　'24春速報は巻末資料参照

大学名	'23	'22	大学名	'23	'22	大学名	'23	'22
◇京都大	4(3)	0	◇東北大	2(1)	3(2)	早稲田大	62(45)	72(62)
◇東工大	1(1)	8(8)	◇九州大	2(1)	3(3)	慶應大	41(27)	25(17)
◇一橋大	5(4)	2(2)	◇東京医歯大	3(3)	1(1)	上智大	47(35)	32(30)
◇千葉大	7(6)	17(13)	◇東京農工大	4(4)	6(6)	東京理科大	33(25)	31(24)
◇筑波大	4(4)	3(2)	◇東京学芸大	12(10)	14(13)	明治大	131(110)	114(83)
◇東京外大	4(4)	5(5)	◇都立大	9(9)	9(7)	青山学院大	36(35)	59(51)
◇横浜国大	10(8)	6(6)	◇信州大	3(2)	5(2)	立教大	69(52)	70(53)
◇埼玉大	4(4)	8(6)	◇東海洋大	1(1)	3(3)	中央大	60(47)	75(60)
◇大阪大	0	1(1)	◇電通大	3(3)	1(1)	法政大	101(82)	81(52)
◇北海道大	3(2)	7(4)	◇新潟大	4(3)	3	立命館大	14(8)	6(1)

※( )内は現役生で内数。( )外は既卒生を含む。

入試要項 2024年春（実績）

選抜方法

	推薦枠	調査書の活用	調査書	個人面接	小論文		学力検査	学力検査：調査書	ESAT-J
推薦	20%	評定	450点	200点	250点	一次	5教科	7：3	20点

過去3年間の応募状況

	年度	性別	募集数	応募数	合格数	応募倍率		年度	性別	募集数	応募数	受検数	合格数	応募倍率	実質倍率
推薦	'24	男女	64	164	64	2.56	一次	'24	男女	252	339	316	256	1.35	1.23
	'23	男子	33	98	33	2.97		'23	男子	132	197	177	124	1.49	1.43
		女子	30	124	30	4.13			女子	121	186	182	132	1.54	1.38
	'22	男子	32	88	32	2.75		'22	男子	132	205	183	139	1.55	1.32
		女子	30	112	30	3.73			女子	122	179	170	119	1.47	1.43

併願校の例

	東京都	神・千・埼
挑戦校	早稲田実業／早大学院　青山学院／明大明治　広尾学園／桐朋　明大中野／中大附属　中大杉並／中央大学	法政二　中大附横浜　市川　慶應志木　早大本庄
最適校	明治学院／城北／青稜　淑徳／都市大等々力　順天／明優学院／芝国際　国学院／淑徳巣鴨／錦城　駒込／東洋／東洋大京北	山手学院　日本女子大附　桐蔭学園　専大松戸　日大習志野
堅実校	桜丘／聖徳学園　駒澤大学／安田学園　文教大付／多摩大目黒　日大鶴ヶ丘／日大櫻丘　実践学園／目黒日大	国府台女子　東海大浦安　浦和麗明　武南

合格のめやす

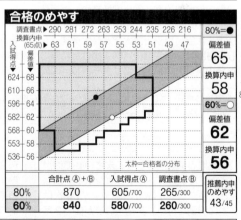

	合計点Ⓐ＋Ⓑ	入試得点Ⓐ	調査書点Ⓑ	推薦内申のめやす
80%	870	605/700	265/300	43/45
60%	840	580/700	260/300	

80%=● 偏差値 **65** 換算内申 **58**
60%=○ 偏差値 **62** 換算内申 **56**

太枠＝合格者の分布

※合格のめやすの見方は886ページ参照。

※合格のめやすの見方は886ページ参照。

受験特報 一次では，男女計の実質倍率は，2019年の1.65倍から緩和し2021年に1.27倍と低めにダウン。2022・2023年には1.37倍→1.40倍（男女計）と盛り返すも，2024年は応募者（男女計）減少で「低め」に戻った。受検生が新宿などへ動いたか。2025年一次は反動（倍率上昇）の想定を。

見学ガイド　体育祭／文化祭／説明会／クラブ体験／公開授業／見学会／学校見学

東京　進学指導特別推進校　品川区

共学

駒場 高等学校

〒153-0044　東京都目黒区大橋2-18-1　☎(03)3466-2481

【教育目標】「高きに挑み，深く学ぶ学校」の実現をめざす。「豊かな個性を伸ばす」「健康な身体を養う」「広く人間性を培う」を教育目標に掲げ，平和で民主的な国家および社会の有意な形成者を育成する。

【沿　革】　1902年に東京府立第三高等女学校として創立。1950年に現校名に改称。現在は普通科と保健体育科を併設。

【生徒数】　男子449名，女子429名

	1年(8クラス)	2年(7クラス)	3年(7クラス)
男子	153名	154名	142名
女子	169名	123名	137名

京王井の頭線―駒場東大前7分
東急田園都市線―池尻大橋7分

特色

設置学科：普通科〔ほか保健体育科⇒全日制専門学科〕

【カリキュラム】　①国公立大学や難関大学受験に対応した共通履修型の，広く，深く学ぶ教育課程を編成。②3学期に発展的な学習に進むことができるよう，地歴，数学，理科では学期ごとに単位を認定する。③3年次で文系，理系に分かれ，大学受験や進学後の学びに対応できる選択科目を導入する。また，1年次に「情報Ⅰ」を設置。④夏期講習，入試直前冬期特別講習を計画的に開催する。教科準備室前で個別学習指導も行う。⑤サポートティーチャーを配置した夜間自習室を開室。⑥土曜授業や，夏期休業期間の短縮により，授業時間を確保する。⑦東京大学，東京工業大学と高大連携。

【進路指導】　①生徒の「高く掲げた希望の進路の実現」を積極的にサポートし，国公立大学や難関私立大学に合格できる計画的・組織的な進路指導を進める。②外部模試を定期的に行い，教員による分析に基づく進路相談・面接を行う。③進路室の資料や相談体制が充実。進路ガイダンスも行う。④2022年度に新設したキャリア支援部では，総合的な探究の時間を中心に，「探究の駒場」と呼ばれる学校づくりを進めている。

【海外研修】　オーストラリアへの語学研修（11日間，希望制）を行っている。

【施設】　①41,610㎡の広いキャンパスに，2つの体育館棟，専用陸上競技場，開閉式ドームの温水プールなど体育施設が充実している。②4つの理科実験室など教育環境も抜群。③敷地内に，お花御殿（香淳皇后の御学問所）である「仰光寮」がある。

クラス替え	1時限	1日の授業時間数	土曜授業	習熟度別授業	高大連携	自習室	クラブ加入率	バリアフリー	制服	登校時刻＝ 8:30
毎年	50分	6時限	年20回	数英	○	～20:00	90%	○	標準服	下校時刻＝18:30

行　事

文化祭の都駒祭（とりこまさい）では，1・2年次はアトラクションやゲームなど，各クラスが趣向を凝らし，3年次は主に演劇を行う。文化祭のほかに，2月には文化部発表会もある。ほかには体育祭，球技大会，水泳大会，芸術鑑賞教室（演劇・ミュージカル等）などがある。修学旅行は沖縄に赴く。

クラブ活動

部活動は普通科・保健体育科共通。水泳部，体操競技部が全国大会に，KMC（軽音楽部），駒場フィルハーモニーオーケストラ部，新聞局が全国高等学校総合文化祭に出場。陸上競技部，女子バレーボール部，女子バスケットボール部，百人一首部が関東大会に出場している。柔道部はインターハイ都予選男女団体ベスト16。

進路情報 2023年3月卒業生　　四年制大学への進学率 **80.7%**

【進路内訳】〔普通科〕
卒業生数―275名
四年制大学―222名　専修・各種学校―1名　就職―1名　進学準備・他―51名
【進路傾向】　国公立大へ33名が進学（文系11名，理系21名，芸術等その他1名）。全体の文理内訳は文系54%，理系41%，芸術等その他5%。
【指定校推薦】　都立大，早稲田大，慶應大，東京理科大，学習院大，明治大，青山学院大など推薦枠あり。

主な大学合格状況　'24年春速報は巻末資料参照

大学名	'23	'22	大学名	'23	'22	大学名	'23	'22
◇東京大	1	0	◇北海道大	0	3(2)	上智大	35(32)	17(15)
◇京都大	0	1(1)	◇東北大	2(1)	3(3)	東京理科大	28(14)	35(29)
◇東工大	0	1	◇東京医歯大	1(1)	0	明治大	89(83)	100(77)
◇一橋大	2(2)	1(1)	◇東京農工大	1(1)	7(6)	青山学院大	41(38)	30(29)
◇千葉大	0	7(7)	◇東京学芸大	2(2)	5(5)	立教大	61(53)	55(43)
◇筑波大	5(3)	7(5)	◇都立大	7(7)	7(7)	中央大	52(48)	53(40)
◇東京外大	0	1(1)	◇信州大	1(1)	4(4)	法政大	84(63)	70(55)
◇横浜国大	5(3)	6(6)	◇電通大	3(3)	0	日本大	68(59)	60(44)
◇埼玉大	3(2)	0	早稲田大	45(36)	37(32)	芝浦工大	25(23)	35(24)
◇大阪大	2(2)	0	慶應大	11(10)	17(13)	北里大	14(13)	9(8)

※保健体育科を含む。（　）内は現役生で内数。（　）外は既卒生を含む。

入試要項 2024年春（実績）

選抜方法

	推薦枠	調査書の活用	調査書	個人面接	小論文		学力検査	学力検査：調査書	ESAT-J
推薦	20%	評定	360点	180点	360点	一次	5教科	7：3	20点

過去3年間の応募状況

	年度	性別	募集数	応募数	合格数	応募倍率		年度	性別	募集数	応募数	受検数	合格数	応募倍率	実質倍率
推薦	'24	男女	64	195	64	3.05	一次	'24	男女	252	460	429	254	1.83	1.69
	'23	男子	33	89	33	2.70		'23	男子	132	201	180	117	1.52	1.54
		女子	30	122	30	4.07			女子	121	205	197	139	1.69	1.42
	'22	男子	28	71	28	2.54		'22	男子	116	177	162	129	1.53	1.26
		女子	26	73	26	2.81			女子	106	129	123	96	1.22	1.28

併願校の例

	東京都	神・千・埼
挑戦校	明大明治／青山学院　巣鴨／中央大学　中大杉並／法政大学　明治学院／青稜　国学院久我山／朋優学院	桐光学園　日本女子大附　専大松戸　日大習志野　立教新座
最適校	国学院／順天／芝国際　淑徳巣鴨／東洋／錦城　安田学園／聖徳学園　駒澤大学／多摩大目黒　日大鶴ヶ丘／日大櫻丘	桐蔭学園　日本大学　麗澤　星野共学部
堅実校	日大豊山／実践学園　武蔵野大学／富士見丘　杉並学院／目白研心　京華／明星／足立学園　日本工大駒場／東京	麻布大附　武南　埼玉栄

合格のめやす

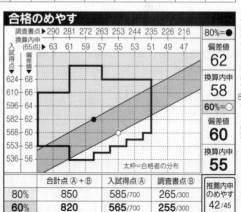

	合計点Ⓐ+Ⓑ	入試得点Ⓐ	調査書点Ⓑ	推薦内申のめやす
80%	850	585/700	265/300	42/45
60%	820	565/700	255/300	

偏差値 62 / 換算内申 58 / 偏差値 60 / 換算内申 55

※合格のめやすの見方は886ページ参照。

受験特報　一次では，男女計の実質倍率は2021年に1.80倍で，2022年には1.27倍に急落。しかし2023年から定員が1学級増えた中でも，一次は応募者増加（男女計）の度合いが大きく，2023・2024年に実質倍率（男女計）1.47倍→1.69倍とアップ。2025年は定員減の可能性もあるので注意。

見学ガイド　体育祭／文化祭／説明会／体験入学／オープンキャンパス／公開授業／見学会

小松川 高等学校

共 学

〒132-0035　東京都江戸川区平井1-27-10　☎(03)3685-1010

【教育目標】「質実剛健」の校風のもと，「時代と人をリードし共生社会を築ける人」を育成。生徒の個性を尊重し，自ら開発する力を養うと共に，真理を追究し，心身共に健康で，平和的な国家及び社会の形成者を育成する。

【沿　革】1916年，南葛飾郡立実科高等女学校として創立。1950年，現校名に改称。2018年度より進学指導特別推進校に指定。

【生徒数】男子486名，女子461名

	1年(8クラス)	2年(8クラス)	3年(8クラス)
男子	165名	156名	165名
女子	156名	154名	151名

JR―平井13分
都営新宿線―東大島20分

特色

設置学科：普通科

【カリキュラム】①「授業で勝負」を合い言葉に，予備校に頼らずに希望の進路を実現できる学力を育てる授業を行う。②国公立・難関私立大学進学に対応したカリキュラム編成。予習復習が前提の授業で，基礎力を高め，教養を深める。③1・2年次は共通履修。3年次に文理別となり，進路に応じて授業を選択する。3年次の自由選択科目に「情報演習」を設置予定。④英語教育を推進。特に4技能の習得に力を入れる。習熟度別授業や外国人指導員によるティームティーチングなどで，英語力の確実な向上を図る。⑤放課後や朝の講習，長期休業中の講習が充実している。

【探究学習】「自分の未来に向かって」を目標に，1年次には様々な分野を通して自己の視野を広げ，グループワークを通じて対話的で深い学びを実感する。2年次には，個人やグループで課題研究に取り組み，探究の成果を発表する。

【進路指導】進路活動と総合的な探究の時間を中心に，3年間を通じて自己のキャリア観を育成し，希望進路を見つけて実現させることを目標とした「ウインズプロジェクト」に取り組む。難関国立大学，地方公立大学による学校紹介で進路選択の視野を広げ，外部模試を実施して力を伸ばす。

【国際交流】海外学校間交流推進リーダーとして，有志生徒による国際交流実行委員会が活動。オーストラリアの高校とのオンラインビデオチャット交流，国際貢献を学べる施設での体験学習などに取り組む。

クラス替え	1時限	1日の授業時間数	土曜授業	習熟度別授業	高大連携	自習室	クラブ加入率	バリアフリー	制服	登校時刻＝ 8:25 下校時刻＝17:15
毎年	50分	6or7時限	年20回	数英	―	～19:00	105%	―	○	

行　事

生徒が輝ける多彩な行事を用意している。9月の小松川祭（文化祭）では，展示や発表などに取り組む。3年次まで毎年5月に行われる文化的見学では，演劇や演奏，古典芸能などを鑑賞。1・2年次の3月にある球技大会は，サッカー，バスケットボール，ドッジボール等によるクラス対抗戦。

クラブ活動

ボート部が2023年度インターハイにおいて男子5人乗りで5位に入賞，東日本夏季競漕大会では，出場したすべての種目で優勝・入賞を果たした。ほかにもサッカー部が都ベスト16，卓球部が女子Bクラスで都ベスト16，映像研究部が全国高等学校総合文化祭（放送部門）に出場の実績をもつ。

東京 進学指導特別推進校 江戸川区

進路情報 2023年3月卒業生

四年制大学への進学率 90.2%

【進路内訳】 卒業生数—307名
四年制大学—277名　専修・各種学校—3名　進学準備・他—27名

【進路傾向】　2年連続で国公立大の合格者数が80名超，京都大，東工大，一橋大に計9名が現役合格。群馬大の医学部医学科にも1名合格した。

【指定校推薦】　都立大，慶應大，上智大，東京理科大，学習院大，明治大，青山学院大，立教大，中央大，法政大，日本大，東洋大，駒澤大，専修大，東海大など推薦枠あり。

主な大学合格状況 '24年春速報は巻末資料参照

大学名	'23	'22	大学名	'23	'22	大学名	'23	'22
◇京都大	2(2)	0	◇東北大	2(1)	2(2)	学習院大	18(18)	25(23)
◇東工大	3(3)	1(1)	◇九州大	0	1(1)	明治大	79(74)	79(71)
◇一橋大	4(4)	1(1)	◇東京学芸大	4(4)	6(6)	青山学院大	21(21)	14(13)
◇千葉大	20(19)	23(20)	◇都立大	12(12)	6(6)	立教大	58(40)	57(40)
◇筑波大	7(7)	8(7)	◇東京海洋大	1(1)	3(3)	中央大	38(30)	51(43)
◇東京外大	3(3)	2(2)	◇茨城大	2(2)	1(1)	法政大	98(85)	94(84)
◇横浜国大	3(3)	3(3)	早稲田大	41(32)	19(15)	日本大	86(70)	82(75)
◇埼玉大	8(8)	11(10)	慶應大	5(4)	5(4)	東洋大	126(116)	161(123)
◇北海道大	1	3(2)	上智大	14(14)	9(8)	駒澤大	27(26)	26(26)
◇名古屋大	1	0	東京理科大	38(32)	46(42)	芝浦工大	34(29)	39(34)

※( )内は現役生で内数。( )外は既卒生を含む。

入試要項 2024年春（実績）

選抜方法

推薦	推薦枠	調査書の活用	調査書	個人面接	作文	一次	学力検査	学力検査：調査書	ESAT-J
	20%	評定	500点	250点	250点		5教科	7：3	20点

過去3年間の応募状況

	年度	性別	募集数	応募数	合格数	応募倍率		年度	性別	募集数	応募数	受検数	合格数	応募倍率	実質倍率
推薦	'24	男女	64	140	64	2.19	一次	'24	男女	253	321	308	257	1.27	1.20
	'23	男子	33	66	33	2.00		'23	男子	133	168	155	133	1.26	1.17
		女子	30	80	30	2.67			女子	121	145	141	125	1.20	1.13
	'22	男子	33	68	33	2.06		'22	男子	132	177	169	129	1.34	1.31
		女子	30	97	30	3.23			女子	122	174	170	129	1.43	1.32

併願校の例

	東京都	神・千・埼
挑戦校	青山学院／広尾学園 明大中野／中央大学 城北／明治学院 国学院久我山／青稜 淑徳／朋優学院	法政二／市川 昭和秀英 日大習志野 専大松戸 開智
最適校	国学院／江戸川女子 順天／芝国際 東洋／淑徳巣鴨 東洋大京北／駒込 日大鶴ヶ丘／安田学園	麗澤 千葉日大一 大宮開成 獨協埼玉 春日部共栄
堅実校	日大一／杉並学院 目白研心／富士見丘 東京成徳大／足立学園 二松学舎／郁文館 国士舘／豊島学院	千葉敬愛 東海大浦安 昭和学院 武南

合格のめやす

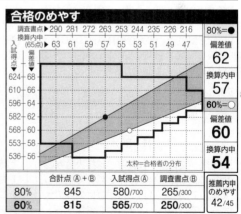

※合格のめやすの見方は886ページ参照。

	合計点Ⓐ+Ⓑ	入試得点Ⓐ	調査書点Ⓑ	
80%	845	580/700	265/300	推薦内申のめやす 42/45
60%	815	565/700	250/300	

偏差値 62　換算内申 57　80%=●
偏差値 60　換算内申 54　60%=○

受験特報　一次では，男女計の実質倍率は，2018年の1.40倍から，2019〜2022年に1.3倍台で推移。それが2023年に応募者（男女計）減少で1.15倍（男女計）と低くなった。2024年も応募者（同）はあまり増えず，1.20倍（同）と低めに。2025年一次は「反動」で倍率が高まると想定を。

見学ガイド　文化祭／説明会／体験授業／部活動体験／公開授業／学校見学／見学会／個別相談

共学

町田 高等学校

〒194-0021　東京都町田市中町4-25-3　☎(042)722-2201

【教育目標】「自主・自律」「文武両道」「伝統と創造」を掲げ，社会を逞しく生きる将来のリーダーの育成をめざす。深く幅広い教養，規範意識と倫理性，体力と精神力を総合的に高め，社会に貢献できる人材を育成する。

【沿　革】　1929年私立町田女学校として創立。その後，財団法人町田高等女学校，町田町立町田高等女学校を経て1948年に東京都に移管。

【生徒数】　男子476名，女子460名

	1年（8クラス）	2年（8クラス）	3年（8クラス）
男子	160名	158名	158名
女子	160名	158名	142名

小田急線―町田13分
JR―町田15分

特色

設置学科：普通科

【カリキュラム】①幅広い教養を身につけるカリキュラム。1・2年次は全員が全教科を履修し，基礎を固め，自己の適性を発見する。3年次は多様な自由選択科目がある。②国公立大学や難関私立大学の現役合格をめざす生徒には，土・日曜日に大学受験特別講座を開講。③長期休業期間の講習は，基礎から発展まで充実している。④東大，東工大生などが学習相談に対応してくれるサポートティーチャー制度があり，多数の生徒が利用している。⑤東京都立大学，電気通信大学と高大連携。1年次全員が東京都立大学を訪問し，大学での学びについて講義を受ける。⑥英語教育は，GTECを全員受験し，JET（外国語講師），ALT（外国語指導助手）による個別指導も行う。

【探究学習】　総合的な探究の時間を活用し，1・2年次は調査探究活動に取り組む。興味・関心を基に研究テーマを設定し，情報を収集，整理・分析し，まとめて表現し，社会の変化に自ら対応できる力を培う。

【進路指導】①1年次は自学自習・職業理解，2年次は探究心の高揚・進路選択，3年次は継続的学習・進路目標達成をめざして3年間の進路指導計画を立て，丁寧な学習指導ときめ細かな進学指導を行う。②自習棟は平日7時30分から開放。学校閉庁日，年末年始を除き，土・日曜日，休日，長期休業中も9時から16時30分まで利用可能。

【海外研修】　アメリカでの海外語学研修を実施（希望制）。国内英語研修施設での研修など，3カ月間の事前研修も行う。

クラス替え	1時限	1日の授業時数	土曜授業	習熟度別授業	高大連携	自習室	クラブ加入率	バリアフリー	制服	登校時刻＝ 8:25
2年次	45分	7時限	―	国数	○	～20:00	87%	○	―	下校時刻＝17:20

行　事

合唱祭・文化祭・体育祭・球技大会が四大行事。生徒自身が学年を越えて相談し，実施していく。6月の合唱祭は外部の大ホールで行われ，3年次生も参加する。2月の球技大会はバレーボール，ドッジボール，サッカー，バスケットボールで競い合う。ほか，1年次は芸術鑑賞教室，2年次は歌舞伎鑑賞教室もある。

クラブ活動

定時制課程併置のため活動時間が短いが，工夫して充実した活動をしている。硬式テニス部は都立対抗テニス大会において，男子全133校中第3位，女子全104校中第5位。陶芸部では校内にあるろくろや窯を使い，本格的な陶芸に取り組んでいる。2022年には演劇部が多摩南地区大会で優秀賞を受賞した。

進路情報 2023年3月卒業生

四年制大学への進学率 **84.8%**

【進路内訳】 卒業生数—310名
四年制大学—263名　専修・各種学校—5名　進学準備・他—42名

【進路傾向】 国公立大に54名が合格した。例年，都立大の志望が多く，2023年は24名中11名が推薦による合格。また，オハイオ・ノーザン大など，海外大にのべ5名が合格した。

【指定校推薦】 都立大，早稲田大，慶應大，東京理科大，学習院大，明治大，青山学院大，立教大，中央大，法政大，日本大など推薦枠あり。

主な大学合格状況　'24年春速報は巻末資料参照

大学名	'23	'22	大学名	'23	'22	大学名	'23	'22
◇東工大	1(1)	2	◇東京学芸大	3(3)	0	青山学院大	38(30)	41(39)
◇一橋大	0	2(2)	◇都立大	25(24)	24(23)	立教大	37(23)	28(20)
◇筑波大	1(1)	1(1)	◇信州大	2(1)	1(1)	中央大	63(48)	53(45)
◇東京外大	1(1)	1(1)	◇東海大	3(1)	1(1)	法政大	78(56)	67(57)
◇横浜国大	1(1)	6(6)	◇電通大	2(1)	3(3)	日本大	69(54)	64(49)
◇埼玉大	1(1)	0	早稲田大	13(11)	14(13)	専修大	68(49)	57(41)
◇国際教養大	1(1)	0	慶應大	8(7)	8(6)	成蹊大	33(29)	30(29)
◇北海道大	0	3(3)	上智大	9(9)	4(4)	成城大	29(22)	25(20)
◇東北大	1	0	東京理科大	4(4)	8(7)	北里大	18(18)	9(7)
◇東京農工大	4(4)	2(2)	明治大	73(61)	63(54)	東京薬科大	7(7)	6(4)

※( )内は現役生で内数。( )外は既卒生を含む。

入試要項 2024年春（実績）

選抜方法

推薦	推薦枠	調査書の活用	調査書	個人面接	小論文	一次	学力検査	学力検査：調査書	ESAT-J
	20%	評定	450点	150点	300点		5教科	7：3	20点

過去3年間の応募状況

	年度	性別	募集数	応募数	合格数	応募倍率		年度	性別	募集数	応募数	受検数	合格数	応募倍率	実質倍率
推薦	'24	男女	64	159	64	2.48	一次	'24	男女	253	359	338	257	1.42	1.32
	'23	男子	33	50	33	1.52		'23	男子	133	156	147	127	1.17	1.16
		女子	30	66	30	2.20			女子	121	156	150	130	1.29	1.15
	'22	男子	33	55	33	1.67		'22	男子	132	164	155	128	1.24	1.21
		女子	30	81	30	2.70			女子	122	164	160	129	1.34	1.24

併願校の例

	東京都	神
挑戦校	明大八王子／中大附属　帝京大学／中大杉並　国学院久我山／法政大学　東京工業高専	法政二　中大附横浜　法政国際　桐光学園　日本女子大附
最適校	国学院／拓大一　日大三／桜美林　八王子学園／佼成学園　聖徳学園／明星学園　日大櫻丘／日大鶴ヶ丘	桐蔭学園　日本大学　東海大相模
堅実校	実践学園／玉川学園　杉並学院／明星　工学院大附／共立女子二　八王子実践／日本工大駒場　佼成女子／保善	麻布大附　横浜翠陵　相模女子大

合格のめやす

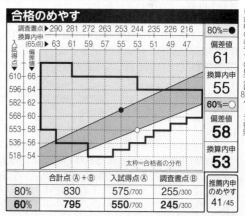

	合計点Ⓐ+Ⓑ	入試得点Ⓐ	調査書Ⓑ	推薦内申のめやす
80%	830	575/700	255/300	41/45
60%	795	550/700	245/300	

80%●　偏差値 **61**　換算内申 **55**
60%○　偏差値 **58**　換算内申 **53**

太枠=合格者の分布

※合格のめやすの見方は886ページ参照。

受験特報 近年，一次では男女計の実質倍率は，2019年の1.41倍から，2020年に1.12倍と低倍率に。2021・2022年は1.2倍台（1.27倍→1.23倍・男女計）で，2023年に1.16倍（男女計）と再び1.1倍台に。しかし2024年には反動で応募者（男女計）増加となり，1.32倍（同）に盛り返した。

見学ガイド 文化祭／説明会／授業体験／授業公開／見学会／部活動見学

共 学
単位制

国分寺 高等学校

〒185-0004　東京都国分寺市新町3-2-5　☎(042)323-3371

【教育目標】　知（聡くひろやかな知恵）・情（直く豊かな情）・意（強くたかやかな意志）を兼ね備え，心身共に健康で調和の取れた人間の育成をめざす。学業と行事や部活動を両立させ，高い学力，豊かな情操・的確な判断力，心身共に健康な生徒の育成を図る。

【沿　革】　1969年創立。2002年度より，進学重視型単位制高校に改編。

【生徒数】　男子461名，女子487名

	1年（8クラス）	2年（8クラス）	3年（8クラス）
男子	161名	152名	148名
女子	158名	163名	166名

JR―国立25分，またはバス国分寺高校入口3分　西武国分寺線―恋ヶ窪，鷹の台各25分

特色

設置学科：普通科

【カリキュラム】　①進学に必要な授業を3年間で選択し，決められた単位数を修得して卒業する，進学重視型単位制。難関国公立大学入試に対応した科目群を揃える。②1講座20〜30名規模の少人数授業や習熟度別授業を実施し，きめ細かな指導を行う。③高度な英語4技能習得と主体的に国際社会に関わる態度の育成を重点課題とした英語教育を行う。各年次の授業で4技能習得のための活動をバランスよく実施する。④長期休業中を中心に，年間80を超す補習，講習を計画。2年次は冬期集中セミナー，3年次には大学入学共通テスト後の2次対策講座を実施。⑤HR活動や学校行事は，学年制の高校と同様，HR単位で活動する。

【探究学習】　3年間を通して本格的な探究活動を実施。1・2年次にグループ探究や発表活動を行ってから個人探究へ移行し，3年次には全員が自分でテーマを決めて4,000字の個人探究論文を完成させる。

【進路指導】　①3年間を見通した，系統的な進路指導計画を立てる。1年次は幅広い学習に取り組み，進路の視野を広げ，2年次で進路志望を選択し，3年次は進路志望を確立して実現に取り組む。分野別進路講演会，医療系ガイダンス，大学訪問，卒業生との進路懇談会など，様々な進路行事がある。②平日は7時30分から自習室を開放。

【海外研修】　オーストラリアの学校と交流，相互訪問を行う。3月には約10日間のオーストラリア語学研修（希望者）を実施。秋にはオーストラリアの生徒が来校する。

クラス替え	1時限	1日の授業時間数	土曜授業	習熟度別授業	高大連携	自習室	クラブ加入率	バリアフリー	制服	登校時刻＝ 8:40
2年次	50分	6or7時限	年20回	国数英	○	〜18:00	116%	○	○	下校時刻＝17:30

行　事

行事が盛んだが，学業と両立させている。学年制の学校と同様に，行事はHR単位で取り組む。9月に行われる「木もれ陽祭」は，学校を挙げての一大イベント。合唱祭，文化祭，中夜祭，体育祭の4つの行事を連続6日間で行う。合唱祭は外部ホールで各クラスが歌声を披露する。球技大会や芸術鑑賞教室などもある。

クラブ活動

陸上競技部が男子400mHと男子やり投げで南関東総体に出場，都大会には18種目延べ29名が出場した。ハンドボール部は男女とも都ベスト16，女子サッカー部は都1部リーグ3位入賞。吹奏楽部は第63回東京都高等学校吹奏楽コンクールで金賞を受賞した。生物部の研究はTVや新聞で紹介されている。

進路情報 2023年 3 月卒業生

四年制大学への進学率 **84.6%**

【進路内訳】 卒業生数—312名
四年制大学—264名　就職—1 名
進学準備・他—47名

【進路傾向】 例年，都立大，東京学芸大の人気が高く，2023年は東京農工大の志望も多かった。国公立大の中・後期入試にチャレンジする生徒も多く，2023年は13名が合格した。

【指定校推薦】 都立大，早稲田大，慶應大，東京理科大，学習院大，明治大，青山学院大，立教大，中央大，法政大，津田塾大など推薦枠あり。

主な大学合格状況

'24年春速報は巻末資料参照

大学名	'23	'22	大学名	'23	'22	大学名	'23	'22
◇東京大	0	2(2)	◇北海道大	4(3)	4(3)	◇電通大	4(3)	5(3)
◇京都大	1(1)	2(2)	◇東北大	5(4)	4(1)	早稲田大	27(24)	43(38)
◇東工大	1	2(1)	◇九州大	1	0	慶應大	18(10)	15(12)
◇一橋大	4(2)	3(1)	◇東京医歯大	2(2)	1(1)	上智大	15(11)	34(32)
◇千葉大	6(5)	5(3)	◇東京農工大	10(8)	9(5)	東京理科大	26(22)	35(24)
◇筑波大	7(4)	9(8)	◇お茶の水女子大	0	4(4)	明治大	108(94)	109(82)
◇東京外大	3(3)	8(7)	◇東京学芸大	13(13)	9(9)	青山学院大	38(34)	51(45)
◇横浜国大	3(2)	7(7)	◇都立大	17(16)	23(22)	立教大	43(37)	66(57)
◇埼玉大	1(1)	2(1)	◇横浜市大	2(2)	3(3)	中央大	70(56)	95(70)
◇国際教養大	1(1)	1(1)	◇信州大	0	5(4)	法政大	106(80)	119(86)

※(　)内は現役生で内数。(　)外は既卒生を含む。

入試要項 2024年春（実績）

選抜方法

	推薦枠	調査書の活用	調査書	個人面接	小論文		学力検査	学力検査：調査書	ESAT-J
推薦	20%	評定	400点	150点	250点	一次	5 教科	7 ： 3	20点

［学力検査］ 国数英は自校作成問題。

過去 3 年間の応募状況

	年度	性別	募集数	応募数	合格数	応募倍率
推薦	'24	男女	64	144	64	2.25
	'23	男子	64	61	19	2.94
		女子		127	45	
	'22	男子	64	53	13	2.50
		女子		107	51	

	年度	性別	募集数	応募数	受検数	合格数	応募倍率	実質倍率
一次	'24	男女	252	365	332	257	1.45	1.29
	'23	男子	252	229	209	144	1.63	1.45
		女子		181	174	113		1.54
	'22	男子	252	227	203	143	1.70	1.42
		女子		202	199	114		1.75

併願校の例

	東京都	神・埼
挑戦校	明大明治／国際基督教 明大中野／明大八王子 中大附属／桐朋 城北／巣鴨 帝京大学／法政大学	法政二 桐光学園 早大本庄 立教新座
最適校	国学院久我山／学習院 国学院／淑徳／東京工業高専 錦城／日大二／拓大一 淑徳巣鴨／桐朋女子 桜美林／創価	日本女子大附 桐蔭学園 日本大学 西武文理
堅実校	八王子学園／聖徳学園 実践学園／明法 杉並学院／共立女子二 明星／工学院大附 八王子実践／啓明学園	麻布大附 狭山ヶ丘 細田学園 西武台

合格のめやす

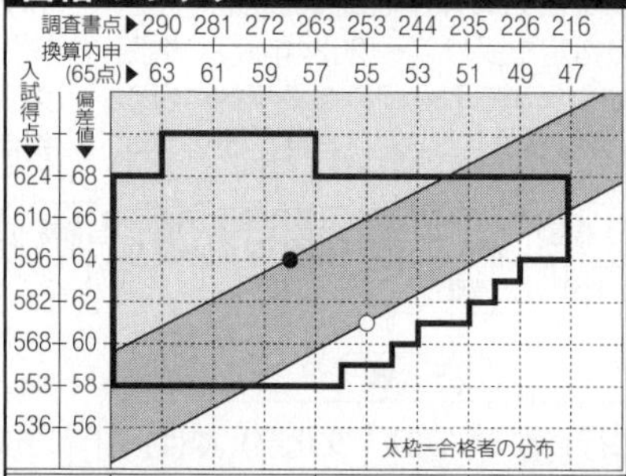

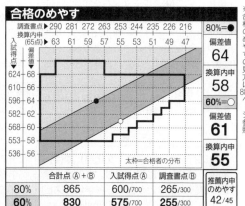

調査書点▶ 290 281 272 263 253 244 235 226 216
換算内申(65点)▶ 63 61 59 57 55 53 51 49 47
入試得点
偏差値
624-68
610-66
596-64
582-62
568-60
553-58
536-56
太枠=合格者の分布

80%=● 偏差値 64 換算内申 58

60%=○ 偏差値 61 換算内申 55

	合計点 Ⓐ＋Ⓑ	入試得点Ⓐ	調査書点Ⓑ
80%	865	600/700	265/300
60%	830	575/700	255/300

推薦内申のめやす 42/45

※合格のめやすの見方は886ページ参照。

受験特報 2014年以降，一次の実質倍率（男女計）は高めの1.5～1.6倍台が大半で低くても1.46倍（2020年）だった。しかし2024年は応募者が減って低めの実質倍率にダウン。2025年一次は反動の倍率アップに注意。なお，推薦では優れたリーダーの適性や，諸活動の積極的な取り組みで有利に。

見学ガイド　文化祭／説明会／部活動体験／オープンスクール／学校公開／学校見学／見学会

共学

国際 高等学校

〒153-0041　東京都目黒区駒場2-19-59　☎(03)3468-6811

【教育目標】　豊かな人間性を養い，主体的に考え，創造性に富んだ個性の伸長を図る。日本の文化・伝統を理解し，尊重する態度を養うと共に，異なる国，民族，文化を理解し，尊敬し，共に生きる姿勢や，心身を鍛え，積極的に国際社会で行動する意欲をもった人材を育成する。

【沿　革】　1989年創立。2015年度より，国際バカロレア（IB）コースを設置。

【生徒数】　男子176名，女子522名

	1年(6クラス)	2年(6クラス)	3年(6クラス)
男子	60名	62名	54名
女子	176名	173名	173名

京王井の頭線―駒場東大前5分

特色

設置学科：国際学科

【カリキュラム】　①帰国生や在京外国人など，様々なバックグラウンドをもった生徒が集う。②教育課程は，普通教科と専門教科の2領域から成る。専門教科は，外国語，国際理解，課題研究などの分野から構成され，国際感覚を養う。③1年次から多くの科目で多展開授業を実施。④国際感覚育成のために，毎日学ぶ教科・科目の中に国際理解を促進することを目標にした国際理解科目を設置。⑤第二外国語のほか，留学基礎英語など特色ある外国語の授業を展開。⑥毎年TOEIC L&R IPテストを全校生徒が受験して，英語力の伸びを確認する。⑦GE-NET20の指定を受け（～2024年度），進路や将来につながる取り組みを積極的に行う。

【国際バカロレア】　①2015年度，海外大学への進学資格が取得できる国際バカロレア・ディプロマ・プログラム(DP)の実施校として認定され，翌年度より実施。②1年次は必履修科目の多くを英語で学び，双方向型の授業でDPに必要な能力を高める。③2年次よりDPの科目を学習する。DPでは，6つの科目とEE（課題論文），TOK（知の理論），CAS（創造・活動・奉仕）の3つの必修要件を修了しなくてはならない。

【進路指導】　海外大学進学説明会，学問分野別説明会など，様々な進路行事を行う。多様な進路希望に対応する個別指導も充実。

【海外研修】　海外修学旅行，オーストラリア短期語学研修（希望者）を行う。また，東京都の次世代リーダー育成道場を通して，毎年複数名が長期留学している。

クラス替え	1時限	1日の授業時間数	土曜授業	習熟度別授業	高大連携	自習室	クラブ加入率	バリアフリー	制服	登校時刻＝ 8:30
毎年	45分	7時限	―	5教科			103%	校舎Ev.	○	下校時刻＝17:00

行　事

　9月に行われる桜陽祭（文化祭）では，展示や公演などに取り組む。ほかには遠足，球技大会などがある。各学年のスピーチコンテストや1年次のEnglish Summer Campは同校ならでは。スピーチコンテストでは第二外国語によるスピーチも行う。修学旅行では過去に韓国やベトナムを訪れている。

クラブ活動

　チアリーディング部が第33回全日本高等学校チアリーディング選手権大会で全国20位。2022年にはシンポジウム部がディベート甲子園に出場した。ジャパニーズスタイル部は，和太鼓，琴，三味線，笛による創作演奏を行っている。文化祭などでの発表のほか，国際交流イベントや児童館などでも演奏を披露している。

東京 進学指導特別推進校 目黒区

進路情報 2023年3月卒業生

四年制大学への進学率 71.6%

【進路内訳】 卒業生数─225名
四年制大学─161名 専修・各種学校─2名 進学準備・他─62名

【進路傾向】 インペリアル・カレッジ・ロンドンなど，世界ランクの大学に合格者を輩出。海外大学に向けた奨学金制度の合格実績もある。国内では東京外大や早稲田大，上智大の合格が多い。

【指定校推薦】 都立大，早稲田大，慶應大，上智大，東京理科大，学習院大，青山学院大など推薦枠あり。

主な大学合格状況 '24年春速報は巻末資料参照

大学名	'23	'22	大学名	'23	'22	大学名	'23	'22
◇東京大	0	1	◇都立大	3(2)	1	法政大	19(18)	33(29)
◇東工大	0	3(3)	早稲田大	38(35)	54(52)	日本大	18(15)	29(14)
◇一橋大	1(1)	0	慶應大	22(20)	35(32)	駒澤大	18(7)	13(7)
◇筑波大	2(1)	1	上智大	57(55)	86(84)	国際基督教大	6(5)	13(10)
◇東京外大	9(9)	5(5)	東京理科大	8(8)	8(7)	明治学院大	23(22)	20(12)
◇横浜国大	1(1)	1(1)	学習院大	9(5)	7(6)	津田塾大	12(11)	10(6)
◇国際教養大	1(1)	1(1)	明治大	58(44)	48(39)	北里大	7(3)	0
◇北海道大	2(1)	2(2)	青山学院大	32(28)	44(37)	武蔵大	21(10)	1(1)
◇東北大	1(1)	1(1)	立教大	72(62)	62(59)	昭和女子大	9(6)	7(5)
◇東京農工大	2(1)	1(1)	中央大	40(28)	26(19)	武蔵野美大	7(7)	9(3)

※（ ）内は現役生で内数。（ ）外は既卒生を含む。

入試要項 2024年春（実績）

選抜方法 国際バカロレアコースはほかに9月入学あり。

推薦	推薦枠	調査書の活用	調査書	個人面接	小論文	一次	学力検査	学力検査：調査書	ESAT-J
	30%	評定	500点	200点	300点		5教科	7：3	20点

[個人面接] 1分程度の自己PRを行う。[学力検査] 英語は自校作成問題（リスニングを含む），2倍の傾斜配点。

バレアカ国際ロ	英語運用能力検査	数学活用能力検査	小論文	個人面接	調査書
	100点	100点	200点	200点	30点

[英語運用能力検査] 筆記試験（自校作成問題，リスニングを含む），スピーキングテスト。得点は総合成績に含めない。 [数学活用能力検査] 自校作成問題。得点は総合成績に含めない。
※4月入学の検査・発表・手続は推薦と同日程で実施。事前の資格確認が必要。
※数学活用能力検査・小論文・個人面接の使用言語は日本語または英語。

2024年度の応募状況

推薦	性別	募集数	応募数	受検数	合格数	応募倍率	実質倍率		種別	性別	募集数	応募数	受検数	合格数	応募倍率	実質倍率
推薦	男女	42	154	—	42	3.67	—	国際バカロレア	日本人	男女	15	73	73	17	4.87	4.29
一次	男女	98	237	195	101	2.42	1.93		外国人	男女	5	33	32	3	6.60	10.67

併願校の例

	東京都	神・千・埼
挑戦校	お茶の水女子大附／早大学院／国際基督教／中大附属／巣鴨	法政二／昭和秀英／慶應志木／広尾学園／早大本庄／立教新座
最適校	明治学院／青稜／成蹊／淑徳／朋優学院／国学院／芝国際／錦城／駒込／順天／淑徳巣鴨／成城学園／桜美林	法政国際／桐蔭学園／日大習志野／専大松戸／春日部共栄
堅実校	八王子学園／安田学園／専修大附／明星学園／郁文館G／富士見丘／京華／杉並学院／関東国際／東京成徳大	麗澤／西武文理／狭山ヶ丘

合格のめやす 一般生

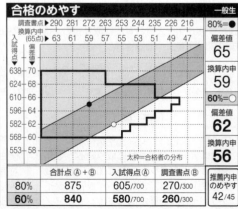

	合計点Ⓐ＋Ⓑ	入試得点Ⓐ	調査書点Ⓑ	推薦内申のめやす
80%	875	605/700	270/300	42/45
60%	840	580/700	260/300	

80%＝● 偏差値65 換算内申59
60%＝○ 偏差値62 換算内申56

太枠＝合格者の分布

※合格のめやすの見方は886ページ参照。

【受験特報】 2016〜2023年に一次（一般生）の実質倍率は，2021年（1.77倍）を除いて2倍台（2.1〜2.5倍前後）。ただ，2024年は応募者42名減で実質倍率が2倍を切った(1.93倍)。とはいえ，2025年も「倍率高騰」に注意。なお推薦では，国際学科を志望する目的意識などを明確にしておこう。

【見学ガイド】 文化祭／説明会／授業公開／学校見学会／学校施設見学会

共 学

三田 高等学校

〒108-0073　東京都港区三田1-4-46　☎(03)3453-1991

【教育目標】 「高い志の進路指導と国際理解教育」でグローバル人材を育成。「鍛える授業」や探究活動，特別活動などを通じ，豊かな教養，思考力，判断力，表現力，公共の精神，規範意識，協調性，国際性や開拓精神などを育む。
【沿　革】 1923年に東京府立第六高等女学校として創立。1950年に現校名に改称，男女共学となり現在に至る。
【生徒数】 男子398名，女子467名

	1年(8クラス)	2年(7クラス)	3年(7クラス)
男子	137名	128名	133名
女子	183名	140名	144名

都営大江戸線―赤羽橋5分
都営三田線―芝公園7分　JR―田町13分

特色

設置学科：普通科

【カリキュラム】 ①国公立大学対応型の教育課程を組む。幅広い学びを通した基礎知識・基礎学力の習得を重視し，応用力，思考力，創造力の伸長を図る。②1年次は学力定着を主眼とし，2年次で国数英の基礎を完成。3年次は文系，理系に分かれ，理社を中心に，後半の問題演習で完成をめざす。③大学受験勉強に向けた自主学習の習慣づけをめざして，2年次の冬期休業中に勉強会を開催する（希望者）。
【国際理解教育】 ①グローバル人材育成指針に基づく先進的な取り組みを推進するGE-NET20指定校（～2024年度）。②ユネスコが認定するユネスコスクールとして，国際社会をリードする人材の育成に取り組む。③国際理解講演会，国際理解シンポジウム，

「留学生が先生」などを開催。④ユネスコ委員会，国際理解委員会があり，大使館訪問，英語落語講演会，スピーチコンテストなど，多岐にわたる活動を行っている。⑤海外の姉妹校，友好校との交流が盛ん。
【進路指導】 視野を広げ，高い志を育てる環境を用意。心を支え，頑張る力につながるチーム力や，一歩先を見据えた指導で，進路実現をサポートする。
【海外研修】 ①三田ESSPAは，長期休業中に実施する語学研修の総称。カナダ英語研修のほか，国内英語研修施設での宿泊英語研修，体験型英語研修がある。②将来，海外での研究を希望する生徒が本場の大学の雰囲気を体験できるボストン・アカデミックツアーを，2023年度より行っている。

クラス替え	1時限	1日の授業時間数	土曜授業	習熟度別授業	高大連携	自習室	クラブ加入率	バリアフリー	制服	登校時刻＝ 8:25
毎年	50分	6or7時限	年20回	数英	―	～18:00	106%	―	○	下校時刻＝18:00

行　事

白珠祭（文化祭）では1年次に演劇，2年次にアトラクションに取り組み，3年次にはアトラクション等に加え，食品販売も企画できる。また，ドイツ・スタインウェイ社製の歴史あるグランドピアノによるスタインウェイコンサートが毎年開催されている。国際理解キャリアガイダンスなどの国際的な行事も多い。

クラブ活動

行事や部活動を通して人間力を培い，多様性や寛容さを学ぶ。卓球部男子が学校対抗の部で関東大会に出場。吹奏楽部は第63回東京都高等学校吹奏楽コンクールでB組金賞，C組銀賞を受賞。ダンス部は第16回日本高校ダンス部選手権ビッグクラスで準優勝。水泳部は校内にある室内温水プールで練習ができる。

進路情報 2023年3月卒業生

四年制大学への進学率 87.8%

【進路内訳】 卒業生数—271名 四年制大学—238名 短期大学—1名 専修・各種学校—1名 就職—2名 進学準備・他—29名

【進路傾向】 国公立大に37名が進学した。近年は早慶・上智・東京理科大の合格が増えている。2023年は芸術系の進学も多かった。

【指定校推薦】 都立大, 早稲田大, 慶應大, 上智大, 東京理科大, 学習院大, 明治大, 青山学院大, 立教大, 中央大, 法政大など推薦枠あり。

主な大学合格状況　'24年春速報は巻末資料参照

大学名	'23	'22	大学名	'23	'22	大学名	'23	'22
◇東京大	1	1	◇東京農工大	0	4(3)	東京理科大	12(10)	21(16)
◇京都大	1(1)	0	◇お茶の水女子大	1(1)	0	学習院大	18(17)	26(23)
◇東工大	2(2)	1	◇東京学芸大	5(4)	2(1)	明治大	110(95)	89(81)
◇一橋大	2(2)	1(1)	◇都立大	7(7)	6(6)	青山学院大	49(44)	62(58)
◇千葉大	4(4)	2(2)	◇国立看護大	1(1)	3(2)	立教大	96(83)	91(86)
◇筑波大	4(4)	1(1)	◇高知大	2(2)	0	中央大	39(34)	48(34)
◇東京外大	2(2)	6(6)	◇京都府立大	1(1)	0	法政大	81(70)	69(59)
◇横浜国大	4(4)	3(3)	早稲田大	35(29)	44(42)	日本大	69(63)	76(46)
◇国際教養大	1(1)	0	慶應大	26(20)	24(22)	東洋大	62(47)	78(60)
◇防衛医大	2(1)	0	上智大	40(36)	38(37)	明治学院大	44(40)	45(38)

※( )内は現役生で内数。( )外は既卒生を含む。

入試要項 2024年春（実績）

選抜方法

推薦	推薦枠	調査書の活用	調査書	個人面接	小論文	一次	学力検査	学力検査：調査書	ESAT-J
	20%	評定	100点	250点	250点		5教科	7：3	20点

過去3年間の応募状況

	年度	性別	募集数	応募数	合格数	応募倍率		年度	性別	募集数	応募数	受検数	合格数	応募倍率	実質倍率
推薦	'24	男女	52	276	52	5.31	一次	'24	男女	204	393	359	208	1.93	1.73
	'23	男子	31	54	31	1.74		'23	男子	124	177	156	100	1.43	1.56
		女子	28	120	28	4.29			女子	113	228	215	141	2.02	1.52
	'22	男子	26	73	26	2.81		'22	男子	107	199	174	97	1.86	1.79
		女子	24	108	24	4.50			女子	99	224	215	112	2.26	1.92

併願校の例

	東京都	神・千・埼
挑戦校	早大学院／青山学院 国際基督教／広尾学園 中央大学／明大中野 中大杉並／城北 明治学院／帝京大学	法政二 法政国際 慶應志木 栄東
最適校	青稜／朋優学院 淑徳／芝浦工大附 国学院／順天／芝国際 駒込／東洋／淑徳巣鴨 桜丘／東洋大京北	桐蔭学園 専大松戸 日大習志野 麗澤／日出学園 獨協埼玉
堅実校	安田学園／駒澤大学 目黒日大／文教大付 日大櫻丘／日大鶴ヶ丘 京華／立正大立正 日本工大駒場／豊島学院	東海大浦安 細田学園 武南

合格のめやす

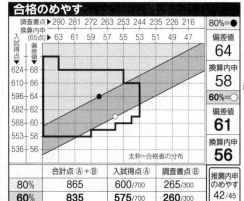

※合格のめやすの見方は886ページ参照。

	80%＝●	
偏差値	64	
換算内申	58	
60%＝○		
偏差値	61	
換算内申	56	

	合計点Ⓐ＋Ⓑ	入試得点Ⓐ	調査書点Ⓑ	推薦内申のめやす
80%	865	600/700	265/300	42/45
60%	835	575/700	260/300	

太枠＝合格者の分布

受験特報 人気が高く, 近年の一次では, 男女計の実質倍率は1.7～2.2倍台と高く推移したが, 2023年には定員増, 応募者(男女計)減少で1.54倍と低めにダウン。2024年は応募者(同)がやや減るも, 定員減により1.73倍(同)にアップ。2025年一次も高倍率を想定しておこう。

見学ガイド 文化祭／説明会／公開授業／見学会

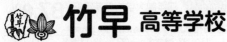

竹早 高等学校

共 学

〒112-0002　東京都文京区小石川4-2-1　☎(03)3811-6961

【教育目標】　創立123周年の伝統校。「自主自律」の精神のもと，「眞実一路」「清新溌溂」「協同親和」な態度を養い，グローバル化や情報化の進む社会で，持続可能な社会の創り手として，生き生きと活躍できる人材の育成をめざす。
【沿　革】　1900年に東京府第二高等女学校として創立。1950年に現校名に改称。
【生徒数】　男子351名，女子387名

	1年(6クラス)	2年(7クラス)	3年(6クラス)
男子	103名	127名	121名
女子	131名	145名	111名

丸ノ内線—茗荷谷10分　南北線—後楽園12分
都営三田線・都営大江戸線—春日13分

特色

設置学科：普通科

【カリキュラム】　①2年次までは全員が共通科目を履修し，総合的な学力を身につける。生涯にわたって学ぶ力の土台となる「確かな学力」を育成し，大学入学共通テストに対応する。②3年次に文系，理系に分かれ，国公立大学，私立大学共に対応したコース・科目選択を行う。③理科基礎4科目を学習し，進路の多様性を引き出す。④土曜授業を実施し，週34時限授業を行う。⑤「授業第一主義」を掲げ，授業では予習，復習を重視する。⑥3年次対象のパッケージ方式の夏期講習は，大学入試に向けた講座を数多く開講。1・2年次向けには，5教科の講座を開講する。⑦サポートティーチャー（卒業生）が来校し，竹早塾を開設。学習の質問などに対応する。各所にある自習コーナーは，個別指導などに活用している。⑧海外在住経験のある生徒の受け入れ校。海外生活体験を聞くなど，国際理解教育を推進する。⑨理数系のイベントの開催や研究活動を行う。

【探究学習】　3年間を通して自分の興味・関心を見つけ，それを研究，発信し，学びの楽しさを味わう独自の探究学習に取り組む。東京大学研究室訪問なども行う。

【進路指導】　①進路ガイダンスなどを通して，早い段階から進路意識を育てると共に，学校独自の「進路の手引」を配布し，進路の道筋を明確にした進路指導を行う。②進路資料室は最新の大学パンフレットを閲覧でき，貸し出し可能な大学入試の過去問題集を1,500冊以上揃えている。

クラス替え	1時限	1日の授業時間数	土曜授業	習熟度別授業	高大連携	自習室	クラブ加入率	バリアフリー	制服	
毎年	50分	6or7時限	年20回	数	—	~19:00	108%	○	標準服	登校時刻= 8:30 下校時刻=18:00

行 事

文化祭は竹の子祭（校内公開）と竹早祭（一般公開）を行う。竹早祭では1年次がアトラクション，2年次は教室劇，3年次はアリーナ劇に取り組む。2年次には事前に，上演に向けた演劇ワークショップもある。6月には竹早ビブリオバトルがあり，選ばれた生徒は2学期に開催される都大会に出場する。

クラブ活動

2022年に演劇部が東京都高等学校演劇連盟中央地区大会で奨励賞，2020年にはダンスパフォーマンス部が体育実技研究発表会で東京都女子体育連盟賞を受賞した。14の運動部，18の文化部が活動していて，都立高校唯一の折り紙研究部は文化祭や展示会に向けてユニークで精密な折り紙作品を制作している。

進路情報 2023年3月卒業生　　四年制大学への進学率 **86.6%**

【進路内訳】 卒業生数—238名
四年制大学—206名　専修・各種学校—2名　進学準備・他—30名

【進路傾向】 大学進学の内訳は国公立47名，私立159名，文系・理系別は半々。推薦入試による合格は公立3名，私立19名。

【指定校推薦】 都立大，早稲田大，慶應大，東京理科大，学習院大，明治大，青山学院大，立教大，中央大，法政大，津田塾大，北里大，明治薬科大など推薦枠あり。

主な大学合格状況　'24年春速報は巻末資料参照

大学名	'23	'22	大学名	'23	'22	大学名	'23	'22
◇東京大	0	1(1)	◇名古屋大	1(1)	0	学習院大	16(15)	16(15)
◇京都大	0	1(1)	◇東北大	1(1)	0	明治大	64(60)	64(56)
◇東工大	3(2)	2(2)	◇東京藝術大	1(1)	2	青山学院大	18(18)	24(24)
◇一橋大	0	1(1)	◇お茶の水女子	3(2)	0	立教大	51(45)	49(44)
◇千葉大	5(4)	8(8)	◇東京学芸大	4(4)	3(2)	中央大	51(40)	33(28)
◇筑波大	3(3)	3(3)	◇都立大	13(13)	5(5)	法政大	73(63)	66(63)
◇東京外大	3(3)	1(1)	早稲田大	37(35)	29(24)	日本大	64(55)	82(64)
◇横浜国大	3(3)	2(2)	慶應大	7(5)	12(10)	東洋大	75(53)	76(60)
◇埼玉大	6(6)	5(5)	上智大	16(16)	14(14)	専修大	33(26)	50(36)
◇北海道大	1(1)	1	東京理科大	39(36)	34(32)	芝浦工大	32(23)	35(30)

※（ ）内は現役生で内数。（ ）外は既卒生を含む。

入試要項 2024年春（実績）

選抜方法

	推薦枠	調査書の活用	調査書	集団討論・個人面接	小論文		学力検査	学力検査：調査書	ESAT-J
推薦	20%	評定	500点	250点	250点	一次	5教科	7：3	20点

過去3年間の応募状況

	年度	性別	募集数	応募数	合格数	応募倍率		年度	性別	募集数	応募数	受検数	合格数	応募倍率	実質倍率
推薦	'24	男女	45	163	45	3.62	一次	'24	男女	177	313	296	179	1.77	1.65
	'23	男子	23	59	23	2.57		'23	男子	93	151	140	75	1.62	1.87
		女子	21	94	21	4.48			女子	85	187	179	105	2.20	1.70
	'22	男子	27	80	27	2.96		'22	男子	109	193	180	99	1.77	1.82
		女子	25	103	25	4.12			女子	101	190	183	114	1.88	1.61

併願校の例

	東京都	神・千・埼
挑戦校	お茶の水女子大附／早大学院／青山学院／国際基督教／広尾学園／明大中野／巣鴨／中央大学／中大杉並	昭和秀英／早大本庄／立教新座／開智／淑徳与野
最適校	青稜／朋優学院／淑徳／芝国際／江戸川女子／国学院／淑徳巣鴨／駒込／順天／東洋／東洋大京北	桐蔭学園／専大松戸／日大習志野／大宮開成／星野女子部
堅実校	桜丘／安田学園／多摩大目黒／専修大附／十文字／杉並学院／東京成徳大／城西大城西／郁文館／豊島学院	国府台女子／和洋国府台／西武文理／武南／叡明

合格のめやす

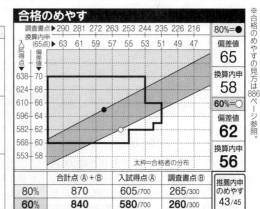

	合格点 Ⓐ＋Ⓑ	入試得点Ⓐ	調査点Ⓑ
80%	870	605/700	265/300
60%	840	580/700	260/300

80%=● 偏差値 **65**　換算内申 **58**
60%=○ 偏差値 **62**　換算内申 **56**

推薦内申のめやす **43/45**

※合格のめやすの見方は886ページ参照。

【受験特報】 近年の一次では，男女計の実質倍率は，2019年に1.27倍と低くなったが，2020～2023年には1.70倍～1.77倍と高めで推移。ただ2024年一次は応募者（男女計）がやや減って実質倍率1.6倍台に下がった。2025年は定員の1学級増の可能性もあるが，一次の倍率は「高め」と想定を。

【見学ガイド】 文化祭／説明会／公開授業／見学会

共 学

上野 高等学校

〒110-8717　東京都台東区上野公園10-14　☎(03)3821-3706

【教育目標】　教育目標である「自主協調・叡智
健康」の具体化に向け，「幅広い教養」「優れた
課題解決力」「豊かな人間性と社会性」「自己実現
力」を育成する教育活動により，グローバル化
する社会で活躍できる人材を育成する。
【沿 革】　1924年，第二東京市立中学校として
創立。1950年に現校名に改称。2023年度より進
学指導推進校（〜2027年度）。
【生徒数】　男子463名，女子470名

	1年（8クラス）	2年（8クラス）	3年（8クラス）
男子	161名	148名	154名
女子	155名	166名	149名

千代田線―根津6分　JR・日比谷線・銀座線
―上野13分　京成本線―京成上野13分

特色

設置学科：普通科

【カリキュラム】　①1日7時限授業（水曜
日は6時限）により，国公立・難関私立大
学受験に対応する。3年次に文理選択があ
り，自由選択科目には「情報演習」も設置
する。②「聞く」「話す（やりとり）（発表）」
「読む」「書く」の英語4技能5領域を学習
し，コミュニケーション能力を高める授業
を行う。ネイティヴスピーカーの先生との
ティームティーチング授業を実施。③英語
外部試験の受験料の助成があり，1・2年
次に全員がGTECを受験する。④年20回の土
曜講習，長期休業中の講習が充実。1・2
年次には3日間の勉強マラソンも行う。⑤
東京大学，早稲田大学，東京外国語大学，
東京都立大学と高大連携。
【探究学習】　総合的な探究の時間で「上野

学」と名づけた探究活動を行う。上野周辺
の大学や文化施設を巡り，自身の課題を設
定して探究する。1年次に研究計画書を作
成し，2年次には仮説検証型・最大4,500字
の探究（課題研究）論文を作成。大学生や
大学院生による「探究アドバイザー」が探
究的な学びをサポートする。
【進路指導】　①東京大学訪問，大学の先生
や職員による大学別説明会，大学の先生に
よる模擬授業，各界で活躍する卒業生の講
演など，3年間を見通した多彩な進路行事
を開催している。②様々な取り組みの成果
により，国公立大学，難関私立大学への現
役合格者が年々増加している。③自習室は
7時30分から利用でき，卒業生（大学生）
チューターが相談や質問に応じる。

クラス替え	1時限	1日の授業時間数	土曜授業	習熟度別授業	高大連携	自習室	クラブ加入率	バリアフリー	制服	登校時刻＝ 8:25
毎年	45分	6or7時限	年3回	数英	○	〜19:00	92%	トイレEv.	○	下校時刻＝18:20

行 事

文化祭，運動会，球技大会などは100名
を超える有志の生徒が，生徒集会承認の
もと実行委員会として運営に携わる。5
月には校外学習，6月には芸術鑑賞教室，
1月には1年次の百人一首大会，3月に
は球技大会がある。12月の不忍駅伝は，
上野の不忍の池のほとりで競い合う部活
動対抗戦。

クラブ活動

文芸部が第47回全国高等学校総合文化
祭に都代表として参加。2022年には男子
バレーボール部が関東高等学校男子バレ
ーボール大会に出場，ハンドボール部男
子がインターハイ都予選でベスト16，美
術部が全国高等学校総合文化祭に出品の
実績。2021年には軟式野球部が秋季関東
地区高校軟式野球大会に出場している。

進路情報 2023年3月卒業生

四年制大学への進学率 91.0%

【進路内訳】 卒業生数―312名
四年制大学―284名　専修・各種学校―4名　就職―1名　進学準備・他―23名

【進路傾向】　3年間で早慶・上智・東京理科大・ICU合格者が21→30→41名に，GMARCH合格者が114→195→220名に増加。文系進学が多いが，理系も増加傾向にある。

【指定校推薦】　東京理科大，学習院大，青山学院大，立教大，中央大，法政大，日本大など推薦枠あり。

主な大学合格状況

'24年春速報は巻末資料参照

大学名	'23	'22	大学名	'23	'22	大学名	'23	'22
◇東工大	1(1)	0	◇電通大	2(2)	0	青山学院大	25(22)	20(16)
◇千葉大	6(6)	3(2)	◇山梨大	2(2)	1(1)	立教大	27(22)	31(26)
◇筑波大	2(2)	3(2)	◇長崎大	3(3)	0	中央大	34(33)	35(30)
◇東京外大	2(2)	1	◇埼玉県立大	3(3)	1(1)	法政大	80(69)	58(55)
◇埼玉大	3(3)	3(3)	早稲田大	11(11)	9(9)	日本大	93(84)	92(61)
◇東京農工大	2(2)	0	慶應大	3(3)	2(2)	東洋大	135(117)	153(117)
◇東京学芸大	4(4)	3(3)	上智大	14(14)	6(4)	駒澤大	53(43)	32(32)
◇都立大	3(3)	3(3)	東京理科大	14(14)	17(15)	國學院大	29(28)	26(20)
◇信州大	4(3)	1(1)	学習院大	21(21)	24(24)	獨協大	35(28)	31(20)
◇茨城大	2(2)	7(6)	明治大	55(53)	45(44)	芝浦工大	34(33)	34(19)

※（　）内は現役生で内数。（　）外は既卒生を含む。

入試要項 2024年春（実績）

選抜方法

	推薦枠	調査書の活用	調査書	個人面接	小論文	特別推薦		学力検査	学力検査：調査書	ESAT-J
推薦	20%	評定	500点	150点	350点	あり	一次	5教科	7：3	20点

過去3年間の応募状況

	年度	性別	募集数	応募数	合格数	応募倍率		年度	性別	募集数	応募数	受検数	合格数	応募倍率	実質倍率
推薦	'24	男女	64	167	64	2.61	一次	'24	男女	252	491	450	254	1.95	1.77
	'23	男子	33	80	33	2.42		'23	男子	132	242	222	129	1.83	1.72
		女子	30	99	30	3.30			女子	121	216	205	126	1.79	1.63
	'22	男子	32	100	32	3.13		'22	男子	132	254	241	120	1.92	2.01
		女子	30	103	30	3.43			女子	122	246	240	137	2.02	1.75

併願校の例

	東京都	神・千・埼
挑戦校	明治学院／朋優学院 江戸川女子／芝国際 国学院／順天 駒込／淑徳巣鴨 東洋／東洋大京北	桐蔭学園 専大松戸 日大習志野 春日部共栄 獨協埼玉
最適校	安田学園／桜丘 日大鶴ヶ丘／駒澤大学 日大一／文教大付 実践学園／多摩大目黒 京華／城西大城西	麗澤 国府台女子 東海大浦安 狭山ヶ丘 武南
堅実校	東京成徳大／二松学舎 足立学園／郁文館 豊島学院／成立学園 岩倉／SDH昭和一 上野学園／関東一	昭和学院 和洋国府台 叡明 西武台 浦和実業

合格のめやす

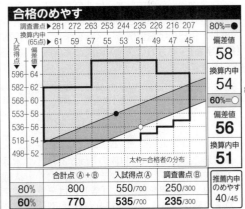

	合計点 Ⓐ＋Ⓑ	入試得点Ⓐ	調査書点Ⓑ
80%	800	550/700	250/300
60%	770	535/700	235/300

偏差値 **58**
換算内申 **54**
偏差値 **56**
換算内申 **51**
推薦内申のめやす **40/45**

※合格のめやすの見方は886ページ参照。

太枠＝合格者の分布

【受験特報】大学合格実績の「伸び」も影響し，一次では高倍率の傾向。男女計の実質倍率は，2018年の1.59倍から上がり，2020〜2022年に1.8倍台（1.80倍〜1.87倍）に。2023年は1.67倍（男女計）と下向くも，2024年は応募者（男女計）が増え1.77倍に盛り返す。2025年も高倍率の想定を。

【見学ガイド】 文化祭／説明会／公開授業／学校見学／見学会／平日の見学会／個別相談会

墨田川 高等学校

共学
単位制

〒131-0032　東京都墨田区東向島3-34-14　☎(03)3611-2125

【教育目標】　「明澄な知性」「創造への努力」「自他の敬愛と自律の精神」を教育目標に掲げ，学問だけでない「全人教育」が伝統。すべての生徒の進学希望の実現，社会の変化を見通した生徒の自己変革への支援，学校生活の満足度の向上を目標達成の基本方針とする。

【沿革】　1921年に東京府立第七中学校として設立認可。

【生徒数】　男子391名，女子510名

	1年(8クラス)	2年(8クラス)	3年(7クラス)
男子	153名	130名	108名
女子	166名	183名	161名

東武スカイツリーライン―東向島6分，曳舟8分　京成押上線―京成曳舟10分

特色

設置学科：普通科

【カリキュラム】　①二学期制と45分7時限授業により，授業時間を確保する。②進学を重視した単位制高校として，大学進学に向けた多彩な選択講座を用意する。特に3年次の自由選択講座が豊富。情報科目も3講座設置する。③3年次に文系，理系に分かれる。④予習→授業→復習／予習→授業という，学習サイクルの定着を図る。⑤入学前のクラス編成テストにより，2クラスを特進クラス，ほかを進学クラスとする。進級時に成績に応じて入れ替えを行う。⑥長期休業中や受験直前など，生徒のニーズに合わせた多様な講習を開講する。⑦朝学習を実施し，毎日の学習習慣のリズムを作る。

【探究学習】　総合的な探究の時間と進路指導の充実による「キャリア探究」を導入。「大学入学後，何をどう学ぶのか」「大学卒業後，どう生きるのか」を見据え，これからの自分と社会を考える。1年次は職業人インタビューをレポートにし，文化祭で発表。2年次には千葉大学との連携により，大学教授や大学院生から助言を受けて探究を深め，模擬講義受講や研究室訪問なども行い，成果を発表して個人論文にまとめる。

【進路指導】　①1年次に「将来の自分」を考え，2年次で方向性を定め，3年次の4月に第1志望宣言を行う。②東京大学，千葉大学，筑波大学，上智大学など多くの大学の先生による大学模擬講義を開講。

【国際交流】　シンガポールでの海外研修（希望者），海外とのオンライン交流や大使館訪問など，国際教育に取り組む。

クラス替え	1時限	1日の授業時間数	土曜授業	習熟度別授業	高大連携	自習室	クラブ加入率	バリアフリー	制服	登校時刻＝ 8:20
毎年	45分	7時限	―	国数英	―	～18:10	103%	○	○	下校時刻＝18:30

行事

体育祭の応援団はA～H族の8団があり，1年次に所属したクラスがそのまま「族」となり，3年間を過ごす。「族」にはそれぞれ個性があり，伝統を受け継いだ型やダンスを体育祭で披露する。1・2年次3月の球技大会では，サッカー，バレーボール，ドッジボールなどで競い合う。修学旅行は沖縄に赴く。

クラブ活動

水泳部が100m平泳ぎ，200m平泳ぎの個人種目でインターハイに出場，文芸部が東京都高文連文芸部門中央大会の短歌部門で最優秀賞を受賞。2022年にはボート部がインターハイ都予選ダブルスカル女子で3位，吹奏楽部が東京都高等学校吹奏楽コンクールで金賞最優秀賞，天文部が日本学生科学賞都大会で最優秀賞。

進路情報 2023年3月卒業生　　四年制大学への進学率 **90.2%**

【進路内訳】 卒業生数―305名
四年制大学―275名　短期大学―4名　専修・各種学校―11名　就職―1名　進学準備・他―14名
【進路傾向】 大学進学の内訳は国公立19名，私立256名。国公立大には特進クラスだけでなく，進学クラスからも合格者が出ている。
【指定校推薦】 都立大，慶應大，上智大，東京理科大，学習院大，青山学院大，立教大，中央大，法政大，日本大，東洋大など推薦枠あり。

主な大学合格状況　'24年春速報は巻末資料参照

大学名	'23	'22	大学名	'23	'22	大学名	'23	'22
◇千葉大	6(6)	7(7)	慶應大	4(2)	3(3)	東洋大	87(60)	87(54)
◇筑波大	2(2)	1(1)	上智大	4(3)	3(3)	駒澤大	23(17)	23(22)
◇埼玉大	0	5(3)	東京理科大	7(6)	15(15)	専修大	29(19)	29(26)
◇東京医歯大	0	1(1)	学習院大	10(10)	13(12)	帝京大	17(17)	7(7)
◇東京学芸大	1(1)	2(2)	明治大	25(20)	28(24)	國學院大	24(22)	19(16)
◇都立大	3(3)	3(3)	青山学院大	13(11)	7(6)	獨協大	28(20)	48(38)
◇信州大	1(1)	0	立教大	21(17)	18(16)	芝浦工大	5(3)	13(11)
◇茨城大	1(1)	2(2)	中央大	13(9)	19(15)	東京電機大	15(14)	12(12)
◇埼玉県立大	1(1)	1(1)	法政大	27(27)	40(37)	東京農大	17(12)	11(11)
早稲田大	5(5)	16(15)	日本大	62(54)	96(89)	文教大	30(26)	18(15)

※( )内は現役生で内数。( )外は既卒生を含む。

入試要項 2024年春（実績）

選抜方法

推薦	推薦枠	調査書の活用	調査書	個人面接	小論文	特別推薦	一次	学力検査	学力検査：調査書	ESAT-J
	20%	評定	200点	100点	100点	あり		5教科	7：3	20点

［学力検査］ 国数英は自校作成問題。

過去3年間の応募状況

	年度	性別	募集数	応募数	合格数	応募倍率		年度	性別	募集数	応募数	受検数	合格数	応募倍率	実質倍率
推薦	'24	男女	64	199	64	3.11	一次	'24	男女	252	323	302	254	1.28	1.19
	'23	男子	64	63	20	2.55		'23	男子	252	176	163	132	1.37	1.23
		女子		100	44				女子		170	164	122		1.34
	'22	男子	64	51	14	2.84		'22	男子	252	148	134	117	1.27	1.15
		女子		131	50				女子		171	164	138		1.19

併願校の例

	東京都	千・埼
挑戦校	江戸川女子／芝国際 国学院／順天／駒込 東洋大京北／淑徳巣鴨 安田学園／東洋／桜丘 十文字／日大櫻丘	専大松戸 千葉日大一 大宮開成 獨協埼玉
最適校	日大一／実践学園 武蔵野大千代田／京華 郁文館／二松学舎 東京成徳大／足立学園 錦城学園／日本工大駒場	東海大浦安 和洋国府台 昭和学院 武南 叡明
堅実校	京華女子／東京家政学院 保善／SDH昭和一 岩倉／上野学園 共栄学園／修徳 関東一／正則学園	千葉商大付 浦和実業

合格のめやす

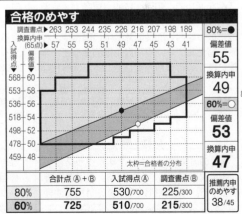

※合格のめやすの見方は886ページ参照。

	合計点Ⓐ+Ⓑ	入試得点Ⓐ	調査書点Ⓑ	推薦内申のめやす
80%	755	530/700	225/300	38/45
60%	725	510/700	215/300	

80%＝● 偏差値 **55** 換算内申 **49**
60%＝○ 偏差値 **53** 換算内申 **47**

太枠＝合格者の分布

一次では，2017～2019年の実質倍率1.2～1.3倍台（男女計）から，2020年に全員合格，2021年もほぼ全員合格に。しかし反動も出て2022・2023年に実質倍率1.17倍→1.29倍（男女計）と盛り返す。ただ，2024年は応募者が減って実質倍率ダウン。なお，特別推薦はサッカーなど4種。

見学ガイド 文化祭／説明会／公開授業／見学会／自校作成問題ガイダンス／自校作成問題対策会

共 学

城東 高等学校

〒136-0072　東京都江東区大島3-22-1　☎(03)3637-3561

【教育目標】「自律（個性を伸ばし，自主自律の精神を養う）」「友愛（友情を育て，協調心を培う）」「実践（心身を鍛え，旺盛な実践力を養う）」を掲げる。学習にも，進路にも，部活動にも高い目標と強い精神力をもち，実践し続ける「妥協なき文武両道」をめざす。

【沿　革】　1978年開校。

【生徒数】　男子484名，女子474名

	1年(8クラス)	2年(8クラス)	3年(8クラス)
男子	145名	173名	166名
女子	173名	147名	154名

JR―亀戸6分　都営新宿線―西大島8分
東武亀戸線―亀戸12分

特色

設置学科：普通科

【カリキュラム】①1・2年次は共通履修で幅広い基礎学力を身につけ，大学入学共通テストに対応できる基礎学力を育成する。1年次は広く学ぶこと，2年次は多く学ぶことに重点をおく。②3年次は深く学ぶことに重点をおき，国公立・難関私立大学に合格できる学力を養成する。希望進路に応じて文系と理系1・2に分かれ，進路に適した科目を選択する。③予習・復習前提の授業。毎日10分間の朝学習，放課後の個別指導も行う。④大学入試に対応し，全教育活動を通して，知識・技能，思考力・判断力・表現力，主体性・多様性・協働性の育成に取り組む。⑤長期休業中の講習や入校時学習セミナー，夏期自主勉強会など，学習に関する行事が充実している。⑥多様な

人々とコミュニケーションを図ることができる実践的な英語力を育成するため，外国人講師による「聞く」「話す」に重点をおいたきめ細やかな指導を行う。

【探究学習】1年次の「人間と社会」では，体験活動を通して主体的に選択し行動する力を育成する。2・3年次は職業観や人生観を育む活動に取り組む。レポート作成やプレゼンテーションなどの実践を通して，表現する能力も育成する。

【進路指導】1年次は自己認識，2年次は自己伸長，3年次は自己実現を目標とする3年間を見通した「進路ロードマップ」による段階的な指導を行う。ジョイントセミナー（大学授業体験講座），オープンキャンパス参加などの進路行事もある。

クラス替え	1時限	1日の授業時限数	土曜授業	習熟度別授業	高大連携	自習室	クラブ加入率	バリアフリー	制服	登校時刻＝ 8:20
毎年	50分	6時限	年20回	数英理	―	～18:50	98%	○	○	下校時刻＝16:50

行　事

9月の城東祭は，1・2年次クラス参加，3年次有志参加で行われる。部活動も参加する。修学旅行は2年次の11月に沖縄へ赴く（4日間）。ほかに校外学習，セーフティー教室，水泳大会，芸術鑑賞教室，レシテーションコンテスト，マラソン大会，合唱コンクールなどがある。進路関係の行事も多く設定している。

クラブ活動

なぎなた部が団体・個人・演技競技の全種目でインターハイに出場。陸上競技部が女子走高跳・男子走幅跳で関東大会に出場，2022年は女子三段跳でインターハイ準優勝。甲子園出場経験をもつ硬式野球部は全国高校野球選手権大会東東京大会で2023年ベスト16，2022年ベスト4の実績を誇る。

進路情報 2023年3月卒業生

四年制大学への進学率 90.2%

【進路内訳】 卒業生数—315名
四年制大学—284名　短期大学—1名　専修・各種学校—9名　進学準備・他—21名

【進路傾向】 大学進学の内訳は国公立22名，私立262名，文系61%，理系39%。海外大（アーカンソー州立大）に1名が進学した。

【指定校推薦】 東京理科大，学習院大，明治大，青山学院大，立教大，中央大，法政大，日本大，東洋大，専修大，帝京大など推薦枠あり。

主な大学合格状況
'24年春速報は巻末資料参照

大学名	'23	'22	大学名	'23	'22	大学名	'23	'22
◇東工大	0	1(1)	◇茨城大	2(1)	2(2)	法政大	81(75)	73(66)
◇一橋大	0	1(1)	◇埼玉県立大	2(2)	0	日本大	107(95)	115(90)
◇千葉大	5(5)	8(7)	早稲田大	24(23)	20(18)	東洋大	178(135)	152(123)
◇筑波大	4(2)	3(3)	慶應大	3(1)	4(1)	駒澤大	25(24)	41(38)
◇東京外大	1(1)	0	上智大	16(15)	4(4)	専修大	39(29)	49(27)
◇横浜国大	1(1)	0	東京理科大	25(25)	22(14)	國學院大	18(18)	39(34)
◇埼玉大	1(1)	3(3)	明治大	55(55)	70(60)	明治学院大	30(24)	15(13)
◇北海道大	1(1)	0	青山学院大	23(20)	27(24)	獨協大	32(29)	42(22)
◇東京学芸大	3(3)	1(1)	立教大	32(28)	45(36)	芝浦工大	35(25)	18(16)
◇信州大	1(1)	3(3)	中央大	29(24)	29(24)	武蔵野大	49(36)	46(25)

※（　）内は現役生で内数。（　）外は既卒生を含む。

入試要項 2024年春（実績）

選抜方法

	推薦枠	調査書の活用	調査書	個人面接	作文	特別推薦		学力検査	学力検査：調査書	ESAT-J
推薦	20%	評定	400点	200点	200点	あり	一次	5教科	7：3	20点

過去3年間の応募状況

	年度	性別	募集数	応募数	合格数	応募倍率		年度	性別	募集数	応募数	受検数	合格数	応募倍率	実質倍率
推薦	'24	男女	72	358	72	4.97	一次	'24	男女	284	542	515	285	1.91	1.81
	'23	男子	33	138	33	4.18		'23	男子	132	231	209	112	1.75	1.87
		女子	30	149	30	4.97			女子	121	226	215	143	1.87	1.50
	'22	男子	32	149	32	4.66		'22	男子	132	208	198	142	1.58	1.39
		女子	30	129	30	4.30			女子	122	166	163	116	1.36	1.41

併願校の例

	東京都	千・埼
挑戦校	中大杉並／中央大学　明治学院／法政大学　朋優学院／淑徳　芝国際／江戸川女子　国学院／順天	日大習志野　専大松戸　立教新座　獨協埼玉
最適校	駒込／東洋／淑徳巣鴨　桜丘／東洋大京北　安田学園／駒澤大学　専修大附／佼成学園　実践学園／目黒日大	国府台女子　千葉日大一　西武文理　細田学園　武南
堅実校	東京成徳大／二松学舎　郁文館／豊島学院　品川翔英／京華女子　保善／東洋女子　岩倉／SDH昭和一	東海大浦安　和洋国府台　昭和学院　千葉商大付

合格のめやす

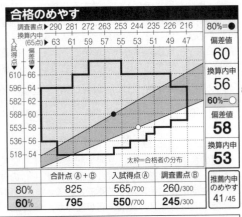

	合計点 Ⓐ＋Ⓑ	入試得点 Ⓐ	調査書点 Ⓑ
80%	825	565/700	260/300
60%	795	550/700	245/300

偏差値 **60**　換算内申 **56**
偏差値 **58**　換算内申 **53**

推薦内申のめやす **41/45**

※合格のめやすの見方は886ページ参照。

受験特報 一次では，男女計の実質倍率は，2019・2020年の1.6倍台から2021年に1.86倍と高騰。それで2022年は敬遠層が出て1.40倍（男女計）にダウン。しかし2023年に1.66倍（同）に，2024年は定員増を上回る応募者急増（男女計）で1.81倍にアップ。2025年一次は敬遠層も出そう。

見学ガイド 文化祭／説明会／部活動体験／公開授業／見学会／個別相談会

共学

豊多摩 高等学校

〒166-0016　東京都杉並区成田西2-6-18　☎(03)3393-1331

【教育目標】「平和で民主的な国家・社会の有為な形成者」の育成を掲げる。教育活動を通して，自ら学び考え行動する力と向学心，高い学力，自主・自律の精神，思いやりと規範意識，社会貢献の精神や広い視野に立った世界観などを養成し，明朗な精神と健康な身体を育成する。

【沿　革】1940年，東京府立第十三中学校として創立。1949年，現校名となる。

【生徒数】男子444名，女子486名

	1年(8クラス)	2年(8クラス)	3年(8クラス)
男子	139名	148名	157名
女子	182名	160名	144名

京王井の頭線―浜田山10分
JR―中野よりバス豊多摩高校5分

特色

設置学科：普通科

【カリキュラム】①難関大学受験に対応できる水準の授業を展開。週1回，火曜日に7時限授業を行う。②1・2年次は基礎科目を重視して学習する。特に国数英をバランスよく学ぶ。③3年次は多様な進路に対応できる多彩な選択科目を用意。進級の際に，文系進学者向け，理系進学者向けの科目選択モデルが示される。④長期休業中だけでなく，学期中にも数多くの補習，講習を開講する。⑤東京工業大学，電気通信大学，東京都立大学，東京理科大学，早稲田大学，慶應義塾大学などに在学する卒業生が，定期考査前にチューターとして個別に質問や相談に応じる。⑥東京学芸大学，東京農工大学，成蹊大学と高大連携。

【探究学習】総合的な探究の時間を活用し，「イチョウを宝にプロジェクト」を実践。イチョウ並木のギンナン拾いや，落ち葉の堆肥化研究を通して環境問題を考える，緑豊かな本校ならではの取り組み。

【進路指導】①自己の能力・適性や個性に応じた進路について考える機会を，1年次から数多く設定。目標達成に向け，学校全体でサポート体制をとる。②卒業生による大学受験講話，「おやじの会」（保護者）による職業人講話，国際団体やNPOなどと連携したワークショップなどを行い，キャリア教育の充実に努めている。

【施設】約40,000㎡の広い敷地に，2面のグラウンドやランニングコースなどを整備。視聴覚ホール，天文台，蔵書約33,000冊の図書館など，施設・設備も充実。

クラス替え	1時限	1日の授業時間数	土曜授業	習熟度別授業	高大連携	自習室	クラブ加入率	バリアフリー	制服	登校時刻＝ 8:30
2年次	50分	6or7時限	年17回	国数	○	～19:30	105%	トイレEv.	―	下校時刻＝17:00

行事

6月の合唱コンクール，9月の記念祭などは，生徒会である学友会が主催し，すべて生徒たちの手によって運営される。記念祭ではクラス・部活・有志団体が，研究発表や演劇，映像，模擬店などに熱心に取り組む。9月の体育祭は4つの団で総合優勝を競う。応援合戦にも趣向を凝らしている。

クラブ活動

文芸部が第24回関東地区高校生文芸大会の俳句部門で最優秀賞・佳作・分科会賞，第47回全国高校総合文化祭に詩部門で参加。吹奏楽部は東京都高等学校吹奏楽コンクールで銀賞を受賞。水泳部が女子50m・100m自由形でインターハイ出場。2021年には陸上競技部が女子800mで関東大会南関東地区8位入賞。

東　京

進学指導推進校

杉並区

進路情報 2023年3月卒業生　　四年制大学への進学率 **83.4%**

【進路内訳】 卒業生数―314名
四年制大学―262名　専修・各種学校―10名　就職―2名　進学準備・他―40名

【進路傾向】 早慶・上智・東京理科大・ICUの合格数が45→46→2023年は56名に増加した。医学部医学科には既卒生7名が合格。また、例年芸術分野の実績が高いのも特徴。

【指定校推薦】 早稲田大、上智大、東京理科大、学習院大、明治大、青山学院大、立教大など推薦枠あり。

主な大学合格状況　'24年春速報は巻末資料参照

大学名	'23	'22	大学名	'23	'22	大学名	'23	'22
◇東工大	0	1(1)	慶應大	16(16)	11(7)	東洋大	84(49)	78(52)
◇東京外大	1(1)	0	上智大	8(7)	5(5)	駒澤大	41(27)	32(24)
◇横浜国大	2(1)	3(2)	東京理科大	13(11)	14(12)	専修大	34(23)	33(23)
◇東北大	1(1)	2(2)	学習院大	14(12)	13(12)	國學院大	27(25)	26(25)
◇東京学芸大	3(3)	5(5)	明治大	88(73)	62(59)	成蹊大	33(31)	45(40)
◇都立大	5(5)	11(11)	青山学院大	35(30)	22(21)	東京女子大	30(24)	24(24)
◇信州大	4(3)	1	立教大	62(55)	34(31)	東京農大	33(25)	28(21)
◇東京海洋大	3(2)	0	中央大	44(38)	59(52)	多摩美大	12(10)	8(7)
◇電通大	4(4)	0	法政大	92(73)	87(67)	武蔵野美大	8(6)	6(3)
早稲田大	24(21)	24(22)	日本大	98(85)	82(67)	東京造形大	4(3)	3(3)

※( )内は現役生で内数。( )外は既卒生を含む。

入試要項 2024年春（実績）

選抜方法

推薦	推薦枠	調査書の活用	調査書	個人面接	作文	一次	学力検査	学力検査：調査書	ESAT-J
	20%	評定	500点	250点	250点		5教科	7：3	20点

過去3年間の応募状況

	年度	性別	募集数	応募数	合格数	応募倍率		年度	性別	募集数	応募数	受検数	合格数	応募倍率	実質倍率
推薦	'24	男女	64	185	64	2.89	一次	'24	男女	252	471	407	254	1.87	1.60
	'23	男子	33	69	33	2.09		'23	男子	132	229	196	106	1.73	1.85
		女子	30	107	30	3.57			女子	121	262	245	150	2.17	1.63
	'22	男子	32	79	32	2.47		'22	男子	132	270	228	119	2.05	1.92
		女子	30	133	30	4.43			女子	122	263	246	136	2.16	1.81

併願校の例

	東京都	神・千・埼
挑戦校	中大附属／明大八王子　中大杉並／法政大学　明治学院／青稜　芝国際／国学院久我山	法政国際　桐光学園　桐蔭学園　専大松戸　立教新座
最適校	国学院／日大二／錦城　淑徳巣鴨／拓大一　佼成学園／明学東村山　聖徳学園／日大鶴ヶ丘　明星学園／日大櫻丘	日本大学　日出学園　西武文理　細田学園
堅実校	実践学園／武蔵野大学　杉並学院／目白研心　日本工大駒場／豊島学院　大成／東亜学園　駒場学園／文化学園杉並	麻布大附　横浜翠陵　西武台

合格のめやす

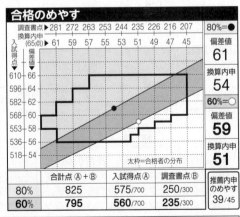

※合格のめやすの見方は886ページ参照。

	合計点Ⓐ＋Ⓑ	入試得点Ⓐ	調査書点Ⓑ	推薦内申のめやす
80%	825	575/700	250/300	39/45
60%	795	560/700	235/300	

80%=● 偏差値 **61** 換算内申 **54**
60%=○ 偏差値 **59** 換算内申 **51**

太枠=合格者の分布

【受験特報】 大学合格実績の好調さも魅力の要素。一次では、男女計の実質倍率は、2018年以降、1.6倍程度～1.8倍台と高めで推移。ただ2022年の1.86倍（男女計）から、2023・2024年は応募者減少（男女計）で1.72倍→1.60倍（同）と下がった。2025年一次は反動（倍率上昇）の可能性も。

見学ガイド 文化祭／説明会／公開授業／見学会／部活動見学／学校見学

北園 高等学校

〒173-0004　東京都板橋区板橋4-14-1　☎(03)3962-7885

【教育目標】　自由と責任を重んじ，自立の精神に充ちた，個性豊かな人間を育成する。責任と自由は表裏一体であると考え，自分の言動に責任を持つ「責任ある自由」を重視。また，「規律ある自由」を掲げ，集団生活のルールを守り，ふさわしい身なりをするよう指導している。

【沿　革】　1928年，東京府立第九中学校として創立。1950年現校名に改称。

【生徒数】　男子467名，女子480名

	1年（8クラス）	2年（8クラス）	3年（8クラス）
男子	154名	151名	162名
女子	167名	163名	150名

JR―板橋9分　東武東上線―下板橋7分
都営三田線―新板橋6分

特色

設置学科：普通科

【カリキュラム】　①2年次まで共通履修で，幅広い教養や国公立大学進学に対応できる力を身につける。②数英では習熟度別，少人数できめ細かく指導。③長期休業中や放課後に多くの講習を実施。1・2年次の夏期休業期間には，ハイレベルな特別講習を用意する。大学入学共通テスト直前の集中講座も開講する。④ドイツ語，フランス語，中国語，ロシア語から第二外国語が選択できる。法政大学，学習院大学などに履修者対象の指定校推薦枠がある。⑤理数に興味のある生徒による大学研究室訪問，東大サイエンスキャンパス参加など，理数教育に積極的に取り組む。

【探究学習】　「探究の北園」がモットー。信州大学や長野県の提携各所，同窓会などの支援を受けた「信州北園プロジェクト」で知を深める。森林保全体験や環境学習を通して，持続可能な社会の実現に貢献できる資質を身につける。信州大学の5つのキャンパス訪問，大学教授による講義，八ヶ岳山麓での自然体験などの探究活動を実施する。

【進路指導】　充実したキャリア教育と，先輩の体験談を聞く合格速報会などの様々な進路イベントにより，希望を実現する進路指導を行う。2年次に第1志望を設定し，早めに目標を決めてスタートする。

【海外研修】　パッシュ（ドイツ公認パートナー校）に認定。ドイツ語学留学や世界中の生徒たちとの交流（奨学金あり），中高生との相互訪問交流を行う。希望制のオーストラリア語学研修は，2校に約50名を派遣。

クラス替え	1時限	1日の授業時間数	土曜授業	習熟度別授業	高大連携	自習室	クラブ加入率	バリアフリー	制服	登校時刻＝ 8:30
毎年	50分	6時限	年17回	数英	―	～19:00	109%	トイレ Ev.	○	下校時刻＝17:00

行事

多くの行事は生徒が企画，運営する。柊祭（文化祭）では，映画，劇やアトラクションなど，各クラスが趣向を凝らす。伝統芸能鑑賞教室や各学年で行われるクラスマッチ（球技大会）のほか，森林保全講演会や森林探究実習など，1・2年次に信州北園プロジェクトに関する行事があるのが特徴。

クラブ活動

フリーミュージッククラブが第16回東京都高等学校軽音楽コンテストで優秀賞。2022年には軟式野球部が春季東京都高等学校軟式野球大会でベスト16，百人一首部が全国高校総合文化祭東京大会百人一首部門東京都代表選考会で敢闘賞。ストリートパフォーマンス部は2019年にダンススタジアム（関東甲信越）に出場した。

進路情報　2023年3月卒業生

四年制大学への進学率 85.0%

【進路内訳】卒業生数—313名
四年制大学—266名　専修・各種学校—2名　進学準備・他—45名

【進路傾向】国公立大に52名が合格した。うち，中・後期入試での合格が15名。最後まであきらめずに挑戦している。

【指定校推薦】早稲田大，東京理科大，学習院大，明治大，青山学院大，立教大，中央大，法政大，成蹊大，成城大など推薦枠あり。

主な大学合格状況　'24年春速報は巻末資料参照

大学名	'23	'22	大学名	'23	'22	大学名	'23	'22
◇東京大	1	1	◇東京医歯大	1(1)	1(1)	早稲田大	27(20)	51(34)
◇東工大	2	0	◇防衛医大	2(2)	2(2)	慶應大	11(5)	12(5)
◇千葉大	3(3)	3(2)	◇東京農工大	2(2)	5(4)	上智大	18(12)	15(12)
◇筑波大	0	3(2)	◇東京学芸大	5(5)	3(3)	東京理科大	23(9)	10(8)
◇東京外大	5(4)	3(3)	◇都立大	5(5)	7(5)	学習院大	35(34)	32(30)
◇横浜国大	5(4)	3(2)	◇東京海洋大	1	1	明治大	80(72)	62(45)
◇埼玉大	14(13)	12(11)	◇茨城大	1(1)	0	青山学院大	23(20)	39(33)
◇大阪大	1(1)	1(1)	◇電通大	1	2(1)	立教大	79(59)	102(62)
◇北海道大	0	2(2)	◇国立看護大	4(4)	0	中央大	36(26)	49(40)
◇東北大	1(1)	1(1)	◇都留文科大	4(4)	0	法政大	83(66)	80(59)

※（ ）内は現役生で内数。（ ）外は既卒生を含む。

入試要項　2024年春（実績）

選抜方法

	推薦枠	調査書の活用	調査書	集団討論・個人面接	小論文		学力検査	学力検査：調査書	ESAT-J
推薦	20%	評定	500点	200点	300点	一次	5教科	7：3	20点

過去3年間の応募状況

	年度	性別	募集数	応募数	合格数	応募倍率		年度	性別	募集数	応募数	受検数	合格数	応募倍率	実質倍率
推薦	'24	男女	64	148	64	2.31	一次	'24	男女	253	450	414	256	1.78	1.62
	'23	男子	33	97	33	2.94		'23	男子	133	232	212	120	1.74	1.77
		女子	30	113	30	3.77			女子	121	225	215	137	1.86	1.57
	'22	男子	33	99	33	3.00		'22	男子	132	250	236	119	1.89	1.98
		女子	30	147	30	4.90			女子	122	273	258	138	2.24	1.87

併願校の例

	東京都	千・埼
挑戦校	明大中野／中大附属　中大杉並／中央大学　城北／法政大学　明治学院／朋優学院　芝国際／淑徳	日大習志野　専大松戸　立教新座　淑徳与野　川越東
最適校	国学院／淑徳巣鴨／順天　東洋大京北／駒込／錦城　桜丘／東洋／駒澤大学　東京電機大／安田学園　専修大附／十文字	日出学園　星野女子部　西武文理　狭山ヶ丘　武南
堅実校	実践学園／富士見丘　自由研心／京華　成立学園／大東文化一　東京成徳大／郁文館　豊島学院／帝京	昭和学院　山村学園　西武台

合格のめやす

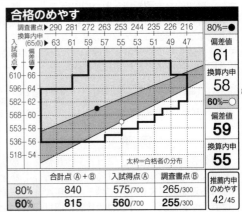

	調査書点⑧	290	281	272	263	253	244	235	226	216	80%=●
換算内申（65点満）▶		63	61	59	57	55	53	51	49	47	偏差値 61

610 — 66　596 — 64　582 — 62　568 — 60　553 — 58　536 — 56　518 — 54

60%=○　偏差値 59　換算内申 58
換算内申 55

太枠=合格者の分布

	合計点⑧+⑧	入試得点⑧	調査書点⑧
80%	840	575/700	265/300
60%	815	560/700	255/300

推薦内申のめやす 42/45

※合格のめやすの見方は886ページ参照。

※合格のめやすの見方は886ページ参照。

【受験特報】近年，一次では高めの倍率が目立つ。男女計の実質倍率は，2020年は1.39倍に急落したが，2021・2022年に1.52倍→1.92倍にアップ。ただ2023・2024年は応募者（男女計）減少で1.66倍→1.62倍（男女計）と下がった。なお推薦では，諸活動に積極的に取り組んだ実績などを評価。

【見学ガイド】文化祭／説明会／公開授業／見学会／ミニ学校見学

進学指導推進校

共学

江北 高等学校

〒120-0014　東京都足立区西綾瀬4-14-30　☎(03)3880-3411

【教育目標】「地域に誇れる進学校」「文武両道を実践する学校」「地域・社会に貢献する学校」をめざす学校像とし，様々な教育活動の中で，「基礎知識，技能・学力」「リーダーシップ」「先見性・計画性」「協調性」「英語力」という，強く生き抜く力を身につける。

【沿革】1938年創立。1950年，現校名となる。2022年3月，定時制課程閉課程。

【生徒数】男子512名，女子426名

	1年(8クラス)	2年(8クラス)	3年(8クラス)
男子	172名	173名	167名
女子	147名	140名	139名

つくばEX.―青井7分　千代田線―綾瀬10分
東武スカイツリーライン―五反野12分

特色

設置学科：普通科

【カリキュラム】①国公立大学，難関私立大学への進学に対応したカリキュラムを組む。1年次は国語，英語の時間を増やし，基礎から学ぶ。2年次は国公立大学受験に必要な「数学B」を全員が学ぶ。3年次には文系，理系に分かれ，大学入試に向けて学ぶ。自由選択科目には「情報Ⅰ演習」も設置する。②朝学習，小テスト，土曜授業，夏期特別セミナーなどで学力向上を図る。③希望者選抜制により，各学年2クラスの特別進学クラスを設置。高い志の実現をめざし，効果的な学習指導を重点的に行う。④英語等指導助手の複数配置，多読，音読，英会話などの学習コンテンツの導入により，英語4技能をバランスよく育成する。また，年3回の実用英語技能検定試験校内実施，

2年次のGTEC全員受験など，実践的コミュニケーション能力を高める指導を行う。

【進路指導】①3年間を見通したきめ細かい進路指導を実施。卒業生による進路講話，国立大学を中心とした先生方が大学の授業を再現する大学模擬授業，国公立大学などを招いた大学別ガイダンスなどを行う。②自習室には教職志望の大学生，大学院生のチューターが在室し，質問などに応じる。

【海外研修】東京都の次世代リーダー育成道場を通して，希望者が英語圏の国へ1年間留学している。

【施設】2019年に新校舎へ移転。自主的な学びや交流を育む，図書館，図書学習室，自習室や生徒ラウンジなど，生徒の交流スペースが充実。2020年，新グラウンド完成。

クラス替え	1時限	1日の授業時間数	土曜授業	習熟度別授業	高大連携	自習室	クラブ加入率	バリアフリー	制服	登校時刻= 8:30 下校時刻=17:00
毎年	50分	6時限	年20回	数英	―	~19:00	87%	○	○	

行事

5月の芸術鑑賞教室は，ミュージカルや音楽などを全学年が鑑賞する。9月に行われる江北祭（文化祭）では1・2年次は展示や模擬店，3年次は飲食店に取り組む。2年次11月の修学旅行は沖縄。ほかに交通安全教室，熱中症防止講習会，携帯セーフティ教室，薬物乱用防止教室など生徒の安全を考えた行事もある。

クラブ活動

放送部のラジオドキュメント作品がNHK杯全国高校放送コンテスト東京都大会予選で決勝に進出，ソフトボール部が新人大会で都ベスト16。2022年はソフトテニス部が東京都国公立高等学校男子ソフトテニス選手権大会で5位入賞。フリークライミング部は都立で唯一，部活動としてスポーツクライミングに取り組む。

東 京　進学指導推進校　足立区

進路情報 2023年3月卒業生　　四年制大学への進学率 **84.9%**

【進路内訳】卒業生数—304名
四年制大学—258名　短期大学—3
名　専修・各種学校—19名　就職—
1名　進学準備・他—23名
【進路傾向】　一けた台が多かった国
公立大の合格者数が，2022年14名，
2023年15名（いずれも現浪）と大幅
に増加している。
【指定校推薦】　東京理科大，学習院
大，明治大，青山学院大，法政大，
日本大，東洋大，専修大，大東文化
大，東海大など推薦枠あり。

主な大学合格状況　'24年春速報は巻末資料参照

大学名	'23	'22	大学名	'23	'22	大学名	'23	'22
◇千葉大	1	2(1)	東京理科大	6(4)	3(3)	専修大	28(28)	41(25)
◇筑波大	0	1(1)	学習院大	3(2)	8(8)	大東文化大	30(19)	16(11)
◇埼玉大	2(2)	2(1)	明治大	12(10)	12(8)	東海大	4(4)	25(17)
◇北海道大	1	0	青山学院大	3(3)	7(7)	國學院大	8(7)	14(14)
◇東京藝術大	1(1)	0	立教大	10(5)	11(5)	獨協大	38(35)	59(50)
◇都立大	1(1)	0	中央大	5(4)	10(10)	芝浦工大	10(10)	8(7)
◇群馬大	0	1(1)	法政大	14(13)	27(25)	東京電機大	17(14)	31(17)
◇茨城大	2(2)	2(2)	日本大	56(53)	60(52)	国士舘大	35(24)	24(22)
早稲田大	2(1)	1(1)	東洋大	79(70)	94(67)	大正大	32(32)	28(26)
慶應大	1	1(1)	駒澤大	25(24)	20(12)	拓殖大	83(29)	12(7)

※（　）内は現役生で内数。（　）外は既卒生を含む。

入試要項 2024年春（実績）

選抜方法

	推薦枠	調査書の活用	調査書	個人面接	小論文	一次	学力検査	学力検査：調査書	ESAT-J
推薦	20%	評定	450点	150点	300点		5教科	7：3	20点

過去3年間の応募状況

	年度	性別	募集数	応募数	合格数	応募倍率		年度	性別	募集数	応募数	受検数	合格数	応募倍率	実質倍率
推薦	'24	男女	64	164	64	2.56	一次	'24	男女	252	386	361	255	1.53	1.42
	'23	男子	33	123	33	3.73		'23	男子	132	264	257	139	2.00	1.85
		女子	30	117	30	3.90			女子	121	217	208	117	1.79	1.78
	'22	男子	32	75	32	2.34		'22	男子	132	222	201	144	1.68	1.40
		女子	30	91	30	3.03			女子	122	167	163	113	1.37	1.44

併願校の例

	東京都	千・埼
挑戦校	東洋大京北／淑徳巣鴨　安田学園／桜丘　日大一／日大豊山　日大豊山女子／実践学園	麗澤　千葉日大一　流経大柏　浦和麗明　武南
最適校	武蔵野大千代田／京華　東京成徳大／足立学園　成立学園／郁文館　錦城学園／豊島学院　岩倉／SDH昭和一	昭和学院　日体大柏　叡明　西武台
堅実校	共栄学園／上野学園　駿台学園／潤徳女子　修徳／関東一　武蔵野／北豊島　正則学園／京華商業	浦和実業　浦和学院

合格のめやす

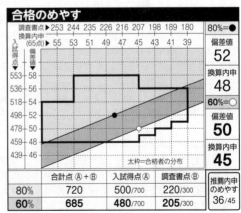

※合格のめやすの見方は886ページ参照。

	合計点Ⓐ＋Ⓑ	入試得点Ⓐ	調査書点Ⓑ
80%	720	500/700	220/300
60%	685	480/700	205/300

80%=● 偏差値 **52**　換算内申 **48**
60%=○ 偏差値 **50**　換算内申 **45**
推薦内申のめやす **36/45**

受験特報　一次では，男女計の実質倍率は，2019年の1.70倍から緩和し2021年に1.22倍にダウン。しかし2022年に1.42倍（男女計）に上がり，2023年には1.82倍（同）と高騰。このため2024年は敬遠層が出て応募者（男女計）急減で1.42倍に低下。2025年一次は反動で倍率アップとなるか。

見学ガイド　体育祭／文化祭／説明会／部活動体験／公開授業／見学会／イブニング説明会・見学会

江戸川 高等学校

共学

〒132-0031　東京都江戸川区松島2-38-1　☎(03)3651-0297

【教育目標】　「合理性, 積極性, 自主性, 協調性の4資質を備えた人格陶冶」を教育目標に掲げる。「文武両道」を奨励し, 真に自立した社会に貢献できる人材や, 個性豊かで創造力・行動力に富む人材を育成する。

【沿　革】　1940年, 東京府立第十六中学校として創立。1950年, 現校名に改称。

【生徒数】　男子501名, 女子489名

	1年(9クラス)	2年(8クラス)	3年(8クラス)
男子	165名	173名	163名
女子	199名	143名	147名

JR―新小岩15分　バス―東西線葛西・西葛西, 都営新宿線船堀より江戸川高校前2分

特色

設置学科：普通科

【カリキュラム】　①進路希望を実現するカリキュラムにより, 高い志の進路を確実に実現する学力向上を図る。②1年次に幅広い科目を共通で学び, 適性を知る。2年次は文系, 理系の科目選択で進路につなげる。3年次は文系, 理系のコース選択と自由選択科目で, 進路実現を図る。③予習・復習の習慣化のために, 宿題, 週末課題とその小テストなどを実施する。④土曜授業, 放課後や長期休業期間の講習, 補習などを積極的に行い, 基礎力の定着, 応用力の向上を図る。⑤2・3年次にスタディマラソンを実施する。⑥教科「人間と社会」では, 自然体験合宿を実施し, 自然と人間との関わりについて探究すると共に, 地域の保育園などと連携し, パートナーシップを築く

ことについて体験的に学ぶ。

【探究学習】　総合的な探究の時間でSDGsを取り上げ, 世界をよくするために何ができるかを考察し, 進路実現に向けて課題を解決する能力と探究心を身につける。

【進路指導】　①1年次からの充実したキャリア教育により, 将来設計のための学力と人間力の向上を図る。②3年間を見通したきめ細かな進路指導によって, 多くの生徒が希望の進路を実現している。③進路講話, 大学出張講義, 卒業生に学ぶ会, 受験体験発表会など, 様々な進路行事を開催する。

【施設】　33,200㎡の広い敷地に, 4階建の校舎のほか, グラウンド, アリーナ, 全天候型テニスコート, 和室, 柔道場, 剣道場, 弓道場などがある。

クラス替え	1時限	1日の授業時間数	土曜授業	習熟度別授業	高大連携	自習室	クラブ加入率	バリアフリー	制服	登校時刻＝ 8:15
毎年	50分	6時限	年18回	数英	―	～19:30	92%	―	標準服	下校時刻＝17:00

行事

9月に行われる江戸高祭（文化祭）では, 1年次に演劇, 2年次にアトラクション, 3年次に模擬店で参加する。2年次の沖縄修学旅行（4日間）では平和学習に取り組む。ほかにはオリエンテーリングなどを行う1年次の自然体験合宿, 体育祭, 球技大会, 芸術鑑賞教室（ミュージカル等）などがある。

クラブ活動

ソフトボール部がインターハイ都予選でベスト8, 弓道部女子が東京都個人選手権大会で第6位。2022年度は女子バレーボール部・女子バスケットボール部が共にインターハイ都予選でベスト16, 硬式野球部が選手権大会東京大会でベスト32, 美術部が東京都高等学校文化祭美術工芸部門で奨励賞を受賞した。

進路情報　2023年3月卒業生

四年制大学への進学率　**87.7%**

【進路内訳】卒業生数—317名
四年制大学—278名　短期大学—1名　専修・各種学校—14名　就職—1名　進学準備・他—23名

【進路傾向】大学現役進学率がますます高まり，87.7%となった。文理内訳は文系7：理系3だが，芸術系の進学が14名と多かった。

【指定校推薦】東京理科大，学習院大，明治大，立教大，法政大，日本大，東洋大，大東文化大，東海大，帝京大，成蹊大，成城大など推薦枠あり。

主な大学合格状況
'24年春速報は巻末資料参照

大学名	'23	'22	大学名	'23	'22	大学名	'23	'22
◇千葉大	0	1(1)	学習院大	10(9)	20(19)	大東文化大	12(10)	15(13)
◇横浜国大	1	0	明治大	24(23)	46(46)	帝京大	23(20)	16(14)
◇都立大	1(1)	2(2)	青山学院大	3(3)	8(8)	國學院大	21(21)	16(13)
◇東京海洋大	0	1(1)	立教大	19(19)	16(14)	成蹊大	23(21)	25(25)
◇電通大	0	1(1)	中央大	12(9)	12(12)	成城大	24(21)	24(24)
◇静岡大	1(1)	0	法政大	44(40)	45(44)	獨協大	41(29)	36(34)
早稲田大	1(1)	5(5)	日本大	90(87)	80(64)	東京電機大	25(22)	25(21)
慶應大	0	3(2)	東洋大	132(107)	90(83)	武蔵大	25(18)	25(19)
上智大	0	2(2)	駒澤大	36(36)	37(31)	国士舘大	33(26)	15(15)
東京理科大	4(4)	3(3)	専修大	67(63)	27(21)	武蔵野大	20(15)	19(14)

※（　）内は現役生で内数。（　）外は既卒生を含む。

入試要項　2024年春（実績）

選抜方法

	推薦枠	調査書の活用	調査書	個人面接	作文	特別推薦		学力検査	学力検査：調査書	ESAT-J
推薦	20%	評定	400点	200点	200点	あり	一次	5教科	7：3	20点

過去3年間の応募状況

	年度	性別	募集数	応募数	合格数	応募倍率		年度	性別	募集数	応募数	受検数	合格数	応募倍率	実質倍率
推薦	'24	男女	64	233	64	3.64	一次	'24	男女	253	433	410	256	1.71	1.60
	'23	男子	37	113	37	3.05		'23	男子	150	214	204	127	1.43	1.61
		女子	34	150	34	4.41			女子	136	221	211	161	1.63	1.31
	'22	男子	33	99	33	3.00		'22	男子	132	255	241	145	1.93	1.66
		女子	30	116	30	3.87			女子	122	169	165	112	1.39	1.47

併願校の例

	東京都	千・埼
挑戦校	江戸川女子／芝国際 順天／国学院 駒込／淑徳巣鴨 東洋／東洋大京北 安田学園／駒澤大学	日大習志野 専大松戸 国府台女子 千葉日大一
最適校	日大一／実践学園 目白研心／杉並学院 東京成徳大／郁文館 二松学舎／豊島学院 武蔵野大千代田／帝京	東海大浦安 光英VERITAS 昭和学院 武南 叡明
堅実校	錦城学園／保善 SDH昭和一／目黒学院 上野学園／岩倉 貞静学園／共栄学園 関東一／豊南／修徳	千葉商大付 東京学館浦安

合格のめやす

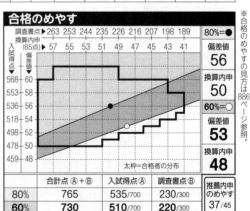

調査書点	263 253 244 235 226 216 207 198 189	80%=
換算内申(65点)	57 55 53 51 49 47 45 43 41	偏差値 **56**
入試得点	568〜60 553〜58	換算内申 **50**
	536〜56 518〜54	60%= 偏差値 **53**
	498〜52 478〜50	換算内申 **48**
	459〜48	

太枠=合格者の分布

	合計点 Ⓐ＋Ⓑ	入試得点Ⓐ	調査書点Ⓑ	推薦内申のめやす
80%	765	535/700	230/300	37/45
60%	730	510/700	220/300	

※合格のめやすの見方は886ページ参照。

【受験特報】安定した人気があり，一次では男女計の実質倍率は2018年以降，1.44倍〜1.76倍で推移。2024年一次は応募者（男女計），受検者（同）が若干減るも定員減により実質倍率1.60倍に上昇（2023年は男女計1.44倍）。なお特別推薦はハンドボール，ソフトボール，女子バレーなど。

【見学ガイド】体育祭／文化祭／説明会／公開授業／見学会／部活動見学

共学

武蔵野北 高等学校

〒180-0011　東京都武蔵野市八幡町2-3-10　☎(0422)55-2071

【教育目標】　体験的なキャリア教育を通して幅広い教養と豊かな情操を養い，グローバル化が進展する社会の中で自ら課題を設定して解決に導く力を伸ばし，何事にも高い志をもってチャレンジする精神を育むと共に，日本の文化や歴史を理解し，他者を尊重して国際社会でたくましく生き抜く人材を育成する。

【沿　革】　1979年創立。

【生徒数】　男子358名，女子347名

	1年（6クラス）	2年（6クラス）	3年（6クラス）
男子	114名	124名	120名
女子	125名	112名	110名

西武新宿線―西武柳沢15分
JR―三鷹・吉祥寺よりバス武蔵野北高校前

特色

設置学科：普通科

【カリキュラム】　①国公立大学型（6教科8科目から7教科9科目）受験に対応する。②2年次まで共通履修。3年次で多様な選択科目の設定により，進路に応じた学習を行う。必修選択科目には「情報Ⅰ演習」も設置する。③英語外部試験の全員受験で，英語4技能習得をめざす。④長期休業中の講習が充実。⑤東京都立大学と高大連携。

【国際理解教育】　①GE-NET20指定校（～2024年度）。次代を担うグローバル人材の育成に向けた先進的な取り組みを推進する。②国内英語研修施設での研修やオンライン英会話，スピーチコンテストなどを実施する。また，海外修学旅行も行う。

【進路指導】　①3年間を見通した進路指導のもと，意欲的に勉学に取り組む生徒の高い第1志望の実現と，国公立・難関私立大学への進学実績の向上をめざす。②1年次は国公立大学，私立大学を訪問するキャンパスツアー，2年次には大学模擬授業を行う。また，2年次のOB・OG懇談会では，難関大学に進学したOB・OGから学部別で大学の学びや受験方法を学ぶ。③3年次と同じ日程で本番の大学入試を体験する，大学入学共通テスト同日模試を1・2年次に実施。3年次の1月には，大学入学共通テスト対策模試を2日間行い，本番に向けて追い込みをかける。④教員の模試分析会によりデータを共有し，生徒・保護者面談の充実を図っている。⑤自習室は平日19時まで，土・日曜日，休日は8時30分から17時まで開放。

クラス替え	1時限	1日の授業時間数	土曜授業	習熟度別授業	高大連携	自習室	クラブ加入率	バリアフリー	制服
2年次	50分	6or7時限	年20回	数英	○	~19:00	100%	○	○

登校時刻＝ 8:30
下校時刻＝18:00

行　事

9月の緑光祭（文化祭）では，1年次はビデオ上演，2年次はアトラクションなどの展示，3年次は演劇に取り組む。2日目には後夜祭が行われ，フィナーレを飾る。1・2年次の3月に行われる芸術鑑賞教室は，1年次に古典芸能，2年次に劇団四季を鑑賞する。2年次の修学旅行は台湾（4日間）。

クラブ活動

陸上競技部は10年連続で関東大会に出場（2023年度は男子5000m競歩）。2022年度は水泳部が女子100m・200m背泳ぎでインターハイ出場，女子ハンドボール部がインターハイ都予選ベスト16，男子バレーボール部がインターハイ都予選ベスト32，演劇部が東京都高等学校文化祭演劇部門中央大会で米本一夫賞を受賞した。

進路情報 2023年3月卒業生

四年制大学への進学率 **87.9%**

【進路内訳】 卒業生数―232名
四年制大学―204名 専修・各種学校―4名 進学準備・他―24名
【進路傾向】 大学への現役進学率は例年高く，2023年は87.9%となった。内訳は，国公立55名，私立149名。薬学系に16名が合格している。
【指定校推薦】 都立大，早稲田大，東京理科大，学習院大，明治大，青山学院大，立教大，中央大，法政大，日本大，東洋大，専修大，成蹊大，芝浦工大など推薦枠あり。

主な大学合格状況 '24年春速報は巻末資料参照

大学名	'23	'22	大学名	'23	'22	大学名	'23	'22
◇東京大	2	1	◇九州大	1(1)	0	東京理科大	12(5)	25(17)
◇一橋大	0	1(1)	◇東京医歯大	1(1)	2(1)	学習院大	8(8)	6(5)
◇千葉大	5(5)	3(3)	◇東京農工大	11(10)	8(6)	明治大	64(57)	94(85)
◇筑波大	0	4(3)	◇東京学芸大	8(7)	6(6)	青山学院大	24(22)	27(25)
◇東京外大	4(4)	6(4)	◇都立大	12(11)	19(18)	立教大	47(45)	62(47)
◇横浜国大	4(4)	2(2)	◇信州大	4(4)	3(2)	中央大	40(31)	49(36)
◇埼玉大	1(1)	3(2)	◇電通大	3(2)	4(3)	法政大	81(60)	84(67)
◇大阪大	1(1)	1	早稲田大	24(22)	45(39)	日本大	55(43)	51(42)
◇北海道大	3(1)	1(1)	慶應大	5(5)	3(1)	東洋大	56(47)	92(60)
◇東北大	2(1)	0	上智大	7(7)	14(12)	芝浦工大	14(13)	33(17)

※( )内は現役生で内数。( )外は既卒生を含む。

入試要項 2024年春（実績）

選抜方法

	推薦枠	調査書の活用	調査書	個人面接	小論文	一次	学力検査	学力検査：調査書	ESAT-J
推薦	20%	評定	450点	150点	300点		5教科	7：3	20点

過去3年間の応募状況

	年度	性別	募集数	応募数	合格数	応募倍率		年度	性別	募集数	応募数	受検数	合格数	応募倍率	実質倍率
推薦	'24	男女	48	98	48	2.04	一次	'24	男女	189	255	235	191	1.35	1.23
	'23	男子	24	46	24	1.92		'23	男子	100	159	134	90	1.59	1.49
		女子	22	66	22	3.00			女子	91	137	128	103	1.51	1.24
	'22	男子	24	28	24	1.17		'22	男子	99	136	120	100	1.37	1.20
		女子	22	65	22	2.95			女子	92	130	122	93	1.41	1.31

併願校の例

	東京都	埼玉
挑戦校	国際基督教／明大中野　中大附属／明大八王子　中央大学／中大杉並　城北／巣鴨／法政大学　国学院久我山／帝京大学	立教新座　栄東　開智　淑徳与野
最適校	成蹊／学習院　国学院／淑徳／錦城　日大二／拓大一　東洋／淑徳巣鴨　聖徳学園／八王子学園	川越東　星野女子部　西武文理　狭山ヶ丘
堅実校	日大櫻丘／日大鶴ヶ丘　明法／明星学園　武蔵野大学／実践学園　杉並学園／京華　東亜学園／大成	細田学園　山村学園　西武台

合格のめやす

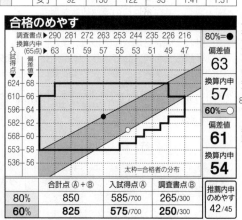

	合計点Ⓐ＋Ⓑ	入試得点Ⓐ	調査書点Ⓑ	推薦内申のめやす
80%	850	585/700	265/300	42/45
60%	825	575/700	250/300	

80%＝● 偏差値 **63** 換算内申 **57**
60%＝○ 偏差値 **61** 換算内申 **54**

※合格のめやすの見方は886ページ参照。

受験特報 近年，一次の倍率は「低め」も目立つ。男女計の実質倍率は2018年以降，1.21〜1.46倍。2024年一次では応募者（男女計）が減少し，実質倍率（男女計）は2023年の1.36倍から1.23倍に下がった。受検生は小金井北などへ流れたか。2025年一次は反動（倍率上昇）の想定を。

見学ガイド 文化祭／説明会／公開授業／見学会／個別相談会

東京 進学指導推進校 武蔵野市

共学

昭和 高等学校

〒196-0033　東京都昭島市東町2-3-21　☎(042)541-0222

【教育理念】「生徒一人ひとりの夢や希望を大切にし，能力や適性を最大限伸ばし，自己実現を組織的に図る」を教育理念に掲げ，「二兎を追い，二兎を得る」を教育目標の標語とする。

【沿　革】1949年，東京都北多摩郡昭和町立昭和高等学校として開校。1953年，現校名となる。2023年度より進学指導推進校に指定。

【生徒数】男子460名，女子492名

	1年(8クラス)	2年(8クラス)	3年(8クラス)
男子	146名	149名	165名
女子	172名	169名	151名

JR―東中神4分，西立川9分

特色

設置学科：普通科

【カリキュラム】①国公立大学受験に対応したカリキュラムを組む。②幅広い分野を必修科目で学習し，2年次の必修科目に「数学C」，3年次は「国語演習」を設置する。③2年次から段階的な選択科目を設定。3年次には細分化された選択科目となり，「情報Ⅱ」も設置する。④1・2年次は授業での課題とは別に国数英の課題があり，家庭学習を習慣づけ，基礎，基本の定着をめざす。⑤発信力を含めた総合的な英語力を高める取り組みを行い，2名配置されている外国人講師と共に，独自の英語教育を展開。授業はもとより学校生活の中で，日常的に英語に触れる機会を増やしている。また，英語の多読教材を導入している。⑥長期休業中の講習は授業内容の復習や大学受験に向けた発展的な内容を扱う講座など，約100講座設置。放課後や土曜授業の午後に，進学向けの補習も行う。

【進路指導】①大学キャンパス訪問，地方国公立大学合同説明会などを行い，近隣国公立・私立大学だけでなく，全国の国公立大学を視野に入れた進路指導を展開。②進路スタートガイダンス，大学模擬授業体験などの進路行事を行う。③学年別の模擬試験を定期的に実施。④教室，職員室，進路情報コーナー，自習室，図書室をつなぐ「白馬ラウンジ」を自習や進路相談などに活用し，進路実現をめざす。⑤3年次はHR教室も18時まで自習に利用できる。

【海外研修】オーストラリアで約10日間の語学研修を実施（1・2年次希望者選抜）。

クラス替え	1時限	1日の授業時間数	土曜授業	習熟度別授業	高大連携	自習室	クラブ加入率	バリアフリー	制服	登校時刻＝ 8:40 下校時刻＝18:00
毎年	50分	6時限	年17回	数英	―	~18:00	100%	○	標準服	

行　事

昭高祭（文化祭・体育祭）は9月の1・2週目に行われる一大イベント。文化祭は各クラスによる展示や発表，演劇などのほか，文化部の発表を行う。ほか，1・2年次には合唱祭や球技大会もある。宿泊行事は1年次に2泊3日の白馬移動教室，2年次には3泊4日の沖縄修学旅行がある。

クラブ活動

ダンス部がUSA Japan チアリーディング＆ダンス学生新人大会2023 EASTのSong/Pom部門で第1位，男子バレーボール部が夏季都立高校大会でベスト8。吹奏楽部は第63回東京都高等学校吹奏楽コンクールで金賞を受賞。2022年には少林寺拳法部がインターハイ（女子単独演武の部）に出場した。

東京　進学指導推進校　昭島市

進路情報 2023年3月卒業生

四年制大学への進学率 **90.4%**

【進路内訳】卒業生数—313名
四年制大学—283名　短期大学—1名　専修・各種学校—5名　進学準備・他—24名

【進路傾向】大学進学の内訳は国公立41名，私立242名で，近年国公立大への進学が増加している。現役志向も強く，大学への現役進学率は近年90%前後に上がっている。

【指定校推薦】東京理科大，学習院大，明治大，青山学院大，立教大，中央大，法政大など推薦枠あり。

主な大学合格状況　'24年春速報は巻末資料参照

大学名	'23	'22	大学名	'23	'22	大学名	'23	'22
◇東工大	3(3)	0	◇山梨大	1(1)	2(2)	中央大	58(54)	69(63)
◇筑波大	3(3)	0	◇鹿児島大	2(2)	0	法政大	78(76)	75(67)
◇東京外大	1(1)	1(1)	早稲田大	15(14)	13(10)	日本大	83(77)	56(51)
◇横浜国大	2(2)	0	慶應大	2(1)	2(2)	東洋大	77(51)	92(75)
◇埼玉大	1(1)	2(2)	上智大	4(3)	4(2)	駒澤大	28(27)	29(26)
◇東北大	1(1)	0	東京理科大	6(5)	6(5)	帝京大	20(16)	26(23)
◇東京農工大	6(6)	4(3)	学習院大	11(11)	11(11)	國學院大	16(12)	24(24)
◇東京学芸大	5(4)	10(9)	明治大	44(44)	51(43)	成蹊大	50(45)	43(41)
◇都立大	11(10)	9(9)	青山学院大	18(18)	22(22)	東京都市大	26(17)	15(5)
◇信州大	2(2)	1(1)	立教大	23(16)	17(14)	東京農大	21(21)	37(31)

※（ ）内は現役生で内数。(）外は既卒生を含む。

入試要項 2024年春（実績）

選抜方法

推薦	推薦枠	調査書の活用	調査書	個人面接	小論文	一次	学力検査	学力検査：調査書	ESAT-J
	20%	評定	500点	200点	300点		5教科	7：3	20点

過去3年間の応募状況

	年度	性別	募集数	応募数	合格数	応募倍率		年度	性別	募集数	応募数	受検数	合格数	応募倍率	実質倍率
推薦	'24	男女	64	214	64	3.34	一次	'24	男女	252	379	359	255	1.50	1.41
	'23	男子	33	90	33	2.73		'23	男子	132	224	209	112	1.70	1.87
		女子	30	124	30	4.13			女子	121	254	247	143	2.10	1.73
	'22	男子	32	94	32	2.94		'22	男子	132	225	217	119	1.70	1.82
		女子	30	140	30	4.67			女子	122	256	247	139	2.10	1.78

併願校の例

	東京都	神・埼・山
挑戦校	中大附属／明大八王子中大杉並／法政大学学習院／国学院久我山成蹊／淑徳／国学院錦城／日大二	日本女子大附桐蔭学園川越東
最適校	拓大一／明学東村山桜美林／東京電機大八王子学園／聖徳学園日大櫻丘／専修大附明法／国立音大附	星野共学部西武文理狭山ヶ丘
堅実校	杉並学院／共立女子二工学院大附／明星大成／啓明学園白梅学園／佼成女子東海大菅生／昭和一学園	麻布大附西武台聖望学園日大明誠

合格のめやす

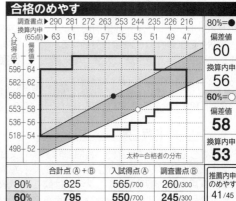

※合格のめやすの見方は886ページ参照。

調査点▶ 290 281 272 263 253 244 235 226 216　80%＝●
換算内申(65点)▶ 63 61 59 57 55 53 51 49 47

偏差値 **60**
換算内申 **56**
60%＝○
偏差値 **58**
換算内申 **53**

入試得点
596─64
582─62
568─60
553─58
536─56
518─54
498─52

太枠＝合格者の分布

	合計点Ⓐ＋Ⓑ	入試得点Ⓐ	調査書点Ⓑ	推薦内申のめやす
80%	825	565/700	260/300	41/45
60%	795	550/700	245/300	

受験特報

一次では，男女計の実質倍率は2021年の1.34倍から，2022年に1.80倍に上がり，2023年も1.79倍と高倍率に。このため2024年は敬遠層が出て応募者（男女計）急減となり，実質倍率1.41倍にダウン。受検生は小平や清瀬，南平へ流れたか。2025年一次は反動の倍率アップに注意。

見学ガイド　文化祭／説明会／公開授業／見学会／個別相談会

調布北 高等学校

〒182-0011　東京都調布市深大寺北町5-39-1　☎(042)487-1860

【教育目標】　「自主自律・文武両道・文理両眼・グッドトライ」を教育目標に据え，意図的・計画的な教育活動を組織的に実施し，社会で活躍できる豊かな資質を持つ人に育て，これからの社会を輝かしいものにする，豊かな社会を創っていく人の育成をめざす。

【沿　革】　1974年創立。

【生徒数】　男子357名，女子354名

	1年（6クラス）	2年（6クラス）	3年（6クラス）
男子	118名	115名	124名
女子	121名	121名	112名

JR—三鷹・吉祥寺，京王線—調布よりバス調布北高校前

特色

設置学科：普通科

【カリキュラム】　①1年次は基礎学力を定着し，適性を発見するため，全員が共通科目を履修。2年次で難関大学進学希望者に向け，自由選択科目の「英語演習」と「数学演習」を開講する。3年次には進路に応じた多様な選択科目を設け，必修選択科目に「情報Ⅱ」を設置する。②2年次より，難関大学をめざす特進クラスを設置。ハイレベルな学習に取り組む。③充実した夏期講習や1年次全員参加の勉強合宿，2年次の特別講習を行う。④予備校と連携して土曜日に無料の校内予備校を開く。⑤定期考査前や勉強合宿などで卒業生（現役大学生）のサポートティーチャーが個別指導する。⑥英語外部試験のGTECを全員受験する。⑦東京外国語大学，東京農工大学，電気通信大学，日本大学などと高大連携。電気通信大学の電気工学系最先端プロジェクトへの参加や大学生を招いての交流などを行う。

【探究学習】　1年次の探究は，ビッグデータを活用した地域創生がテーマ。2年次は，毎週の探究の時間に，日本大学文理学部での講義やゼミへ参加することができる。

【進路指導】　①教科別ガイダンスや近隣の国公立大学のキャンパス訪問，多くの私立大学による合同進学相談会などを実施。②筑波大学，東京理科大学，東京薬科大学などの研究室訪問，文化人や研究者の講演会（放課後ゼミ）などに取り組む。

【海外研修】　2年次の修学旅行は台湾。希望制のオーストラリア語学研修も実施。

【施設】　校舎の改築工事を予定している。

クラス替え	1時限	1日の授業時間数	土曜授業	習熟度別授業	高大連携	自習室	クラブ加入率	バリアフリー	制服	登校時刻＝ 8:30
2年次	50分	6or7時限	年20回	数英	○	~18:00	95%	—	○	下校時刻＝18:00

行　事

おほむらさき祭は体育部門・合唱部門・文化部門からなり，生徒が企画・運営する。9月の文化部門では1・2年次は飲食・物品販売やアトラクション，3年次は演劇に取り組む。ほかに，昭和記念公園でのロードレース大会，1・2年次の3月にはクラス対抗のスポーツ大会などがある。

クラブ活動

文武両道を志し，活発に活動。例年高い加入率を誇る。ダンス部がUSA School & College Nationals 2023で，ベストインプレッション賞を受賞。音楽部は吹奏楽と合唱の両方に取り組み，コンクール出場や文化祭発表のほか，外部ホールでの定期演奏会や介護施設での慰問コンサートも行っている。

東京 進学指導推進校 調布市

進路情報 2023年3月卒業生

四年制大学への進学率 87.1%

【進路内訳】 卒業生数—232名
四年制大学—202名 専修・各種学校—1名 就職—1名 進学準備・他—28名

【進路傾向】 3年間で国公立大・大学校の合格者数が19→33→36名に増加した。私大では近年，明治大，中央大，法政大の実績が伸びている。

【指定校推薦】 都立大，東京理科大，学習院大，明治大，青山学院大，中央大，法政大，日本大，専修大，東海大，成蹊大など推薦枠あり。

主な大学合格状況 '24年春速報は巻末資料参照

大学名	'23	'22	大学名	'23	'22	大学名	'23	'22
◇一橋大	0	1(1)	◇信州大	3(3)	1	立教大	17(14)	36(29)
◇千葉大	3(3)	1	◇電通大	2(2)	5(5)	中央大	58(56)	76(68)
◇筑波大	1(1)	0	◇国立看護大	4(4)	0	法政大	68(61)	78(62)
◇東京外大	3(2)	3(3)	早稲田大	7(7)	9(7)	日本大	73(67)	110(78)
◇横浜国大	0	1(1)	慶應大	0	3(3)	東洋大	43(39)	70(42)
◇埼玉大	3(3)	0	上智大	8(7)	3(3)	駒澤大	27(18)	35(25)
◇北海道大	0	1(1)	東京理科大	3(3)	15(8)	専修大	40(17)	36(23)
◇東京農工大	1(1)	3(3)	学習院大	8(8)	11(10)	成蹊大	25(23)	23(22)
◇東京学芸大	2(2)	3(3)	明治大	47(43)	75(58)	芝浦工大	18(18)	18(14)
◇都立大	10(9)	9(7)	青山学院大	11(11)	19(18)	東京都市大	14(12)	14(5)

※（ ）内は現役生で内数。(）外は既卒生を含む。

入試要項 2024年春（実績）

選抜方法

	推薦枠	調査書の活用	調査書	個人面接	小論文		学力検査	学力検査：調査書	ESAT-J
推薦	20%	評定	500点	200点	300点	一次	5教科	7：3	20点

過去3年間の応募状況

	年度	性別	募集数	応募数	合格数	応募倍率		年度	性別	募集数	応募数	受検数	合格数	応募倍率	実質倍率
推薦	'24	男女	88	86	48	1.79	一次	'24	男女	188	298	270	191	1.59	1.41
	'23	男子	24	45	24	1.88		'23	男子	99	145	129	94	1.46	1.37
		女子	22	57	22	2.59			女子	91	136	129	99	1.49	1.30
	'22	男子	24	47	24	1.96		'22	男子	99	173	149	92	1.75	1.62
		女子	22	67	22	3.05			女子	91	153	143	100	1.68	1.43

併願校の例

	東京都	神・埼
挑戦校	中大附属／中大杉並 法政大学／帝京大学 成蹊／国学院久我山 国学院／東京工業高専 錦城／日大二	桐光学園 日本女子大附 桐蔭学園 立教新座
最適校	拓大一／桐朋女子 桜美林／東京電機大 駒澤大学／八王子学園 聖徳学園／日大鶴ヶ丘 明法／日大櫻丘	日本大学 西武文理 狭山ヶ丘
堅実校	杉並学院／武蔵野大学 明星／日本工大駒場 大成／佼成女子 文化学園杉並／駒場学園 白梅学園／昭和一学園	麻布大附 横浜翠陵 西武台

合格のめやす

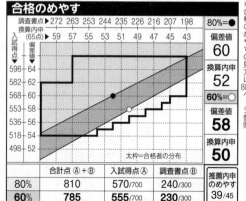

※合格のめやすの見方は886ページ参照。

調査書点 ▶ 272 263 253 244 235 226 216 207 198
換算内申 (65点) ▶ 59 57 55 53 51 49 47 45 43

入試得点
596～64
582～62
568～60
553～58
536～56
518～54
498～52

偏差値

太枠=合格者の分布

80%=● 偏差値 **60** 換算内申 **52**
60%=○ 偏差値 **58** 換算内申 **50**

	合格点Ⓐ+Ⓑ	入試得点Ⓐ	調査書点Ⓑ
80%	810	570/700	240/300
60%	785	555/700	230/300

推薦内申のめやす **39/45**

受験特報

近年の一次では，男女計の実質倍率は，2018年の1.34倍から2019〜2021年に1.42倍〜1.48倍で推移し，2022年には1.52倍に。ただ，2023年に1.34倍（男女計）に下がり，2024年はやや応募者（男女計）が増え1.41倍と上向いた。2025年も実質倍率1.3〜1.4倍台は維持するだろう。

【見学ガイド】 文化祭／説明会／公開授業／見学会／学校見学／ミニ学校見学会／個別相談

共学

小金井北 高等学校

〒184-0003　東京都小金井市緑町4-1-1　☎(042)385-2611

【教育方針】　教育目標に，「創造・自律・努力」を掲げる。「個性を発揮して自主的に研究し活動すること（創造）」「秩序を重んじて規律を守り，よく協調すること（自律）」「目的をもって持てる能力のすべてを投入すること（努力）」をめざす。豊かな人間性，社会性を培い，次代の日本を支えるリーダーたる人材を育成する。

【沿　革】　1980年創立。

【生徒数】　男子352名，女子366名

	1年（6クラス）	2年（6クラス）	3年（6クラス）
男子	116名	111名	125名
女子	122名	127名	117名

JR―東小金井10分，武蔵小金井15分　西武新宿線―花小金井よりバス本町2丁目8分

特色

設置学科：普通科

【カリキュラム】　①進学を重視したカリキュラム編成。②1年次は全員共通履修（芸術は選択）とし，基礎，基本を習得する。2年次は進路の方向性などに応じて，「プレ日本史探究」「プレ世界史探究」「プレ地理探究」「化学入門」「物理または生物入門」「芸術Ⅱ」から2科目を選択する。3年次は進路実現をめざした文系，理系の類型選択を行い，志望大学の入試科目に対応できるよう，多彩な選択科目を用意する。③英語等指導助手と連携し，4技能のバランスの取れた英語力の育成をめざす。「英語コミュニケーションⅠ」の授業では，年10回程度オンライン英会話を実施している。④長期休業中の講習，補習が充実。⑤国公立・難関私立大学に通う卒業生が，自主学習支援アドバイザー（チューター）として放課後に勉学をサポートする。⑥希望者は年間を通して，大手予備校の映像授業を，各自の利用しやすい時間に個別に受講できる。

【高大連携】　東京学芸大学と「高大連携による教員養成プログラム」を推進。将来の東京の教育を担う人材の育成に向けて，学年別講演会や教職大学院生によるワークショップなどに取り組む。

【進路指導】　第1志望大学への合格をめざした指導を推進。3年間を見通した計画的なガイダンス，スプリングセミナー，大学模擬授業など，多様な進路行事を用意。また，進路だよりなどで情報を発信する。

【海外研修】　オーストラリアで約7日間の語学研修を実施予定（1・2年次希望者）。

クラス替え	1時限	1日の授業時間数	土曜授業	習熟度別授業	高大連携	自習室	クラブ加入率	バリアフリー	制服	登校時刻＝8:30 下校時刻＝18:00
2年次	50分	6時限	年20回	数英	○	～19:00	91%	○	○	

行事

5月の体育大会では競技や応援合戦に力が入る。応援合戦の衣装や演技は，生徒主体で作り上げる。6月の合唱コンクールは外部ホールで行われ，全学年が参加する。9月の桜樹祭（文化祭）は，1年次は展示，2年次は演劇，3年次は食品販売や展示に取り組む。部活動や有志も多数参加する。

クラブ活動

女子テニス部が東京都高等学校テニス選手権大会団体の部でベスト16，男子バスケットボール部が春季大会兼関東大会都予選でベスト32，コーラス部が第90回NHK全国学校音楽コンクール東京都大会で銀賞を受賞した。広い剣道場や6面あるテニスコートなど，部活動に打ち込む環境も整っている。

進路情報 2023年3月卒業生　四年制大学への進学率 **88.8%**

【進路内訳】 卒業生数―241名
四年制大学―214名　短期大学―1名　就職―2名　進学準備・他―24名

【進路傾向】 国公立大に40名が合格した。国公立・早慶・上智・東京理科大・ICU・GMARCHの進学者は114名で，卒業生の47.3%。

【指定校推薦】 都立大，東京理科大，学習院大，明治大，青山学院大，立教大，中央大，法政大，成蹊大，成城大，芝浦工大など推薦枠あり。

主な大学合格状況　'24年春速報は巻末資料参照

大学名	'23	'22	大学名	'23	'22	大学名	'23	'22
◇東京大	0	1(1)	◇都立大	7(7)	6(6)	立教大	57(41)	32(27)
◇東工大	2(2)	2(2)	◇群馬大	1(1)	0	中央大	55(49)	42(33)
◇千葉大	2(2)	0	◇信州大	0	5(5)	法政大	101(85)	82(69)
◇筑波大	2(2)	2(2)	◇電通大	3(2)	1(1)	日本大	73(62)	68(56)
◇東京外大	5(5)	1(1)	早稲田大	20(16)	18(16)	東洋大	62(43)	114(75)
◇横浜国大	1(1)	0	慶應大	7(5)	3(2)	駒澤大	33(26)	14(8)
◇埼玉大	1(1)	5(5)	上智大	9(9)	9(9)	成蹊大	44(32)	38(34)
◇東北大	0	2(2)	東京理科大	11(10)	60(45)	成城大		
◇東京農工大	6(6)	6(6)	明治大	70(63)	60(52)	東京女子大	8(8)	6(6)
◇東京学芸大	6(6)	3(3)	青山学院大	27(26)	24(22)	東京薬科大	12(12)	11(11)
						武蔵野大	29(21)	28(20)

※（　）内は現役生で内数。（　）外は既卒生を含む。

東京　進学指導推進校　小金井市

入試要項 2024年春（実績）

選抜方法

推薦	推薦枠	調査書の活用	調査書	個人面接	小論文	一次	学力検査	学力検査：調査書	ESAT-J
	20%	評定	500点	200点	300点		5教科	7：3	20点

過去3年間の応募状況

	年度	性別	募集数	応募数	合格数	応募倍率
推薦	'24	男女	48	126	48	2.63
	'23	男子	24	37	24	1.54
		女子	22	40	22	1.82
	'22	男子	24	45	24	1.88
		女子	22	63	22	2.86

	年度	性別	募集数	応募数	受検数	合格数	応募倍率	実質倍率
一次	'24	男女	189	317	296	191	1.68	1.55
	'23	男子	100	126	114	92	1.26	1.24
		女子	91	143	131	101	1.57	1.30
	'22	男子	99	123	113	90	1.24	1.26
		女子	92	144	136	105	1.57	1.30

併願校の例

	東京都	神・埼
挑戦校	明大中野／桐朋　明大八王子／中大附属　法政大学／中大杉並　帝京大学／国学院久我山	桐光学園　栄東　大宮開成
最適校	錦城／国学院／日大二　拓大一／明学東村山　東京電機大／佼成学園　聖徳学園／八王子学園　明法／東京純心女子	桐蔭学園　日本大学　西武文理　狭山ヶ丘
堅実校	実践学園／武蔵野大学　明星／杉並学院　共立女子二／富士見丘　八王子実践／工学院大附　白梅学園／大成	横浜翠陵　麻布大附　西武台　聖望学園

合格のめやす

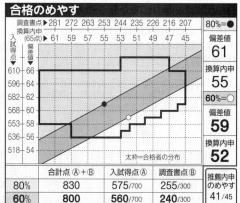

※合格のめやすの見方は886ページ参照。

	合計点Ⓐ＋Ⓑ	入試得点Ⓐ	調査書点Ⓑ	推薦内申のめやす
80%	830	575/700	255/300	41/45
60%	800	560/700	240/300	

偏差値 61　換算内申 55　偏差値 59　換算内申 52

【受験特報】 一次では，男女計の実質倍率は，2018年の1.70倍から2019・2020年に1.5倍程度になり，2021〜2023年は1.28倍→1.28倍→1.27倍と低めに。しかし2024年には反動の応募者増（男女計）で1.55倍にアップ。受検生が武蔵野北や国分寺から流入したか。2025年も倍率は「高め」と想定を。

【見学ガイド】 文化祭／説明会／公開授業／見学会／部活動見学／施設見学会

共学

日野台 高等学校

〒191-0061　東京都日野市大坂上4-16-1　☎(042)582-2511

【教育目標】　「叡智・情操・健康」を教育目標とし，向上と前進，規律ある自由を象徴する校章のもと，学習，学校行事，部活動の高いレベルでの文武両道をめざし，社会のリーダーとして活躍できる人材の育成をめざす。深い知性と創造力，思いやりのある豊かな人間性，心身を鍛え，たくましい精神力と健康な体を育成する。

【沿　革】　1979年創立。

【生徒数】　男子498名，女子453名

	1年(8クラス)	2年(8クラス)	3年(8クラス)
男子	173名	164名	161名
女子	146名	154名	153名

JR―日野15分，豊田20分
京王線―高幡不動よりバス日野市役所15分

特色

設置学科：普通科

【カリキュラム】　①1・2年次は大学受験の基礎を固めるために，一部を除いて基本的に全員同じ科目を学習する。②3年次は，各自の進路希望に応じて多くの選択科目から学び，国公立大学や難関私立大学入試に対応できる学力を身につける。③予習，復習を前提とした授業で，小テストや週末課題もある。④問いかけ，話し合いで主体的，対話的で深い学びを実践，思考力，判断力，表現力を高める。⑤1年次の英語は6単位設置し，4技能の定着を図る。週1回JETによるオールイングリッシュの授業を展開し，実力をつける。⑥放課後，長期休業期間中を中心に補習や講習を行う。各階の廊下には自習スペースを設置している。

【探究学習】　SDGs(持続可能な開発目標)を活用した探究学習に取り組む。探究的な学びのサイクルを実践しながら，主体的な学びのマインドとスキルを身につける。さらに発展的な活動を希望する生徒は，日野市や日野青年会議所と連携したグループ「ひのミラ」に参加できる。

【進路指導】　①模試便り，進路新聞，各分野別説明会などで継続的に進路情報を提供。入学直後から各種模擬試験を行い，生徒の挑戦を支援する進路指導を行う。②図書館や自習室は午前7時から開放している。

【海外研修】　日本では得難い経験と国際的視野を広げるために，フィリピンで10日間の海外研修ツアーを実施（希望者）。

【施設】　2018年，校舎改築およびグラウンド改修が終了した。

クラス替え	1時限	1日の授業時間数	土曜授業	習熟度別授業	高大連携	自習室	クラブ加入率	バリアフリー	制服	登校時刻＝ 8:25
2年次	50分	6時限	年20回	国数英	―	~19:00	99%	○	○	下校時刻＝18:30

行事

5月の芸術鑑賞教室は全学年が演奏会やミュージカルを鑑賞する。9月の常磐樹祭は，体育祭・文化祭からなる。文化祭では，1・2年次は模擬店など，3年次は演劇に取り組む。2年次10月の修学旅行は九州方面（4日間）で，平和学習を行う。1・2年次2月のマラソン大会は昭和記念公園で行う。

クラブ活動

卓球部女子が第73回関東高等学校卓球大会に出場，卓球部男子はインターハイ都予選ベスト16。陸上競技部が男子走高跳で南関東大会に出場。女子ハンドボール部がインターハイ都予選ベスト8。将棋部が第59回全国高等学校将棋選手権大会東京地区予選で団体戦7位，2022年には女子個人戦で関東大会に出場した。

進路情報　2023年3月卒業生

四年制大学への進学率 91.4%

【進路内訳】 卒業生数―315名
四年制大学―288名　短期大学―1
名　専修・各種学校―6名　進学準
備・他―20名

【進路傾向】 国公立大の合格が58→
88名，早慶・上智・東京理科大の合
格が41→63名と大幅に増加。いずれ
も最も多い合格者数となった。

【指定校推薦】 都立大，東京理科大，
学習院大，明治大，青山学院大，立
教大，中央大，法政大，日本大，東
洋大，専修大など推薦枠あり。

主な大学合格状況　'24年春速報は巻末資料参照

大学名	'23	'22	大学名	'23	'22	大学名	'23	'22
◇東工大	2(2)	2(2)	◇信州大	2(2)	2(2)	明治大	50(46)	49(42)
◇一橋大	0	2(2)	◇電通大	3(3)	2(2)	青山学院大	48(47)	31(25)
◇千葉大	1(1)	1(1)	◇山梨大	4(4)	4(4)	立教大	60(57)	40(39)
◇筑波大	1(1)	1(1)	◇国立看護大	3(3)	2(2)	中央大	68(66)	103(93)
◇東京外大	4(4)	0	◇都留文科大	7(7)	9(9)	法政大	87(80)	113(96)
◇埼玉大	5(5)	1(1)	◇公立諏訪東京理	3(2)	1	日本大	67(57)	50(37)
◇東京医歯大	1(1)	0	早稲田大	39(29)	15(14)	東洋大	125(88)	84(72)
◇東京農工大	7(6)	1	慶應大	4(4)	11(10)	駒澤大	29(26)	25(24)
◇東京学芸大	9(9)	5(4)	上智大	19(19)	5(5)	成蹊大	30(28)	33(24)
◇都立大	18(17)	24(22)	東京理科大	11(11)	14(12)	東京薬科大	15(14)	8(8)

※（ ）内は現役生で内数。（ ）外は既卒生を含む。

入試要項　2024年春（実績）

選抜方法

推薦	推薦枠	調査書の活用	調査書	個人面接	小論文	一次	学力検査	学力検査：調査書	ESAT-J
	20%	評定	450点	150点	300点		5教科	7：3	20点

過去3年間の応募状況

	年度	性別	募集数	応募数	合格数	応募倍率		年度	性別	募集数	応募数	受検数	合格数	応募倍率	実質倍率
推薦	'24	男女	61	154	61	2.52	一次	'24	男女	241	335	322	244	1.39	1.32
	'23	男子	31	85	31	2.74		'23	男子	127	190	174	133	1.50	1.31
		女子	28	79	28	2.82			女子	116	154	147	111	1.33	1.32
	'22	男子	31	68	31	2.19		'22	男子	126	174	166	127	1.38	1.31
		女子	29	79	29	2.72			女子	116	162	155	117	1.40	1.32

併願校の例

	東京都	神・埼・山
挑戦校	明大八王子／桐朋　中大附属／中大杉並　法政大学／国学院久我山　帝京大学／城北　成蹊／東京工業高専	桐光学園　日本女子大附　桐蔭学園　立教新座
最適校	錦城／国学院　桜美林／拓大一　八王子学園／聖徳学園　日大櫻丘／専修大附　明法／東京純心女子	日本大学　西武文理　狭山ヶ丘
堅実校	実践学園／武蔵野大学　工学院大附／杉並学院　八王子実践／共立女子二　帝京八王子／佼成女子　白梅学園／文化学園杉並	横浜隼人　麻布大附　相模女子大　日大明誠

合格のめやす

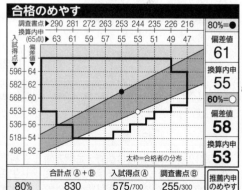

※合格のめやすの見方は886ページ参照。

	合計点Ⓐ+Ⓑ	入試得点Ⓐ	調査書点Ⓑ	推薦内申のめやす
80%	830	575/700	255/300	41/45
60%	795	550/700	245/300	

偏差値 61
換算内申 55
偏差値 58
換算内申 53

80%＝●　60%＝○

太枠＝合格者の分布

受験特報

一次では，男女計の実質倍率は，2018・2019年の1.3倍前後から2020年に1.48倍に，2021年には1.65倍と高倍率に。それで2022年に敬遠層が出て応募者（男女計）急減で1.32倍にダウン。2023・2024年も横ばいで1.32倍→1.32倍（男女計）に。2025年一次はそろそろ反動が出るか。

見学ガイド 文化祭／説明会／部活動体験／オープンスクール／公開授業

共学

多摩科学技術 高等学校

〒184-8581　東京都小金井市本町6-8-9　☎(042)381-4164

【教育目標】　未来の科学者，技術者を育てる学校。「科学技術への好奇心と探究心，創造力」「進路実現に必要な学力」「柔軟な発想力と論理的な課題解決力」「社会人としての責任感と豊かな人間性」「自らの可能性に気づかせ，未来をひらく志」の育成を，教育目標に掲げる。

【沿　革】　2010年4月開校。2018年度，進学指導推進校に指定された。

【生徒数】　男子476名，女子144名

	1年(6クラス)	2年(6クラス)	3年(6クラス)
男子	168名	153名	155名
女子	49名	47名	48名

JR―武蔵小金井10分

特色

設置学科：科学技術科

【カリキュラム】　①スーパーサイエンスハイスクール指定校（～2027年度）。「国際的な協働のもとでの研究をやり抜く力を主体的に育む教育課程」の開発に取り組む。また2023年度より人材育成重点枠の指定を受け，大学レベルのシミュレーションソフトを使った研究で，他校とのネットワークを構築する。②生徒全員が理系という前提のもと，理系大学をめざすカリキュラムを組む。受験に対応した授業と，研究活動を両立する。③「数学B」や「数学C」などを含む「数学概論Ⅰ」や「数学概論Ⅱ」を，本校独自の内容で大学受験対策として授業展開する。④2年次より，バイオテクノロジー，エコテクノロジー，インフォメーションテクノロジー，ナノテクノロジーの4領域から選択して学ぶ。2年間にわたる研究活動を通して，専門知識や技術だけでなく，プレゼンテーション能力なども育成する。⑤東京農工大学，東京電機大学，工学院大学，東京工科大学，東京薬科大学と高大連携。東京農工大学の先生から，研究活動の助言・指導を受ける。

【進路指導】　①大学や先端研究機関の研究者から協力を得る「科学技術アドバイザー制度」を導入。②進路講演会，大学や企業の研究室訪問などを行う。③模試，長期休業中の講習などで進路実現を支援する。

【海外研修】　グローバルな理系人材育成のための海外研究交流を，シンガポールで実施（希望者より選抜）。

【施設】　大学レベルの実験・実習機器配備。

クラス替え	1時限	1日の授業時間数	土曜授業	習熟度別授業	高大連携	自習室	クラブ加入率	バリアフリー	制服	登校時刻＝ 8:30
毎年	50分	6or7時限	年18回	数英		～18:00	99%			下校時刻＝18:00

行　事

2年次10月の修学旅行は長野・金沢方面で，大学の訪問も行う。多摩未来祭（文化祭）では研究発表にも取り組む。外国人研究者による英語の講演会「サイエンスダイアログ」や，他校生徒も参加する本校主催の発表会「多摩科技オンラインシンポジウム」など，特徴ある行事も多く用意している。

クラブ活動

科学研究部には，生物班，化学物理班，生活科学班，数学班がある。生物班が日本水産学会春季大会「高校生による研究発表」で最優秀賞を受賞。無線工作部は2023エコ１チャレンジカップで日産賞を受賞。2022年にはロボット研究部が高校生ものづくりコンテスト東京都大会の電子回路組立部門で準優勝した。

進路情報 2023年3月卒業生

四年制大学への進学率 70.6%

【進路内訳】 卒業生数—201名
四年制大学—142名　専修・各種学校—2名　就職—1名　進学準備・他—56名

【進路傾向】 大学進学の内訳は国公立57名，私立85名。都立大13名のうち7名，東京農工大8名のうち5名は推薦入試による合格。

【指定校推薦】 都立大，早稲田大，東京理科大，明治大，法政大，成蹊大，芝浦工大，日本獣医生命科学大，明治薬科大など推薦枠あり。

主な大学合格状況 '24年春速報は巻末資料参照

大学名	'23	'22	大学名	'23	'22	大学名	'23	'22
◇京都大	0	1(1)	◇東京農工大	10(8)	8(8)	明治大	17(12)	4(1)
◇東工大	2(1)	0	◇都立大	14(13)	13(12)	青山学院大	7(6)	2(2)
◇千葉大	1(1)	1(1)	◇群馬大	3(2)	2(2)	中央大	17(14)	8(8)
◇筑波大	2(1)	1(1)	◇信州大	1	2(2)	法政大	27(12)	25(11)
◇埼玉大	5(3)	3(2)	◇東京海洋大	3(2)	2	日本大	42(27)	29(22)
◇大阪大	1	0	◇茨城大	1	1	芝浦工大	32(14)	16(9)
◇北海道大	5(4)	1	◇電通大	4(3)	5(5)	東京電機大	22(14)	15(9)
◇東北大	1(1)	0	早稲田大	2(2)	3(2)	工学院大	42(19)	30(22)
◇九州大	1	1(1)	慶應大	1(1)	2	東京農大	32(17)	44(38)
◇東京医歯大	0	1(1)	東京理科大	22(11)	10(10)	東京工科大	56(29)	33(24)

※( )内は現役生で内数。（ ）外は既卒生を含む。

入試要項 2024年春（実績）

選抜方法

	推薦枠	調査書の活用	調査書	個人面接	実技検査	特別推薦		学力検査	学力検査：調査書	ESAT-J
推薦	30%	評定	500点	300点	200点	あり	一次	5教科	7：3	20点

[実技検査] プレゼンテーション実技（シートの作成・発表）。
[学力検査] 数学，理科は各1.5倍の傾斜配点。

過去3年間の応募状況

	年度	性別	募集数	応募数	合格数	応募倍率		年度	性別	募集数	応募数	受検数	合格数	応募倍率	実質倍率
推薦	'24	男女	63	106	63	1.68	一次	'24	男女	147	252	215	153	1.71	1.41
	'23	男子	63	89	39	1.97		'23	男子	147	216	180	127	1.80	1.42
		女子		35	24				女子		49	43	26		1.65
	'22	男子	63	70	36	1.71		'22	男子	147	259	217	131	2.07	1.66
		女子		38	27				女子		45	41	22		1.86

併願校の例

	東京都	神・埼・山
挑戦校	明大中野／中大附属 東京科学大附／成蹊 芝浦工大附／東京工業高専 国学院／日大二 拓大一／駒込	桐光学園 桐蔭学園
最適校	聖徳学園／八王子学園 東京電機大／佼成学園 明法／日大櫻丘 国立音大附／実践学園 武蔵野大学／杉並学院	横浜翠陵 麻布大附 西武文理 狭山ヶ丘
堅実校	工学院大附／明星 東亜学園／日本工大駒場 大成／文化学園杉並 豊島学院／白梅学園 目黒学院／昭和一学園	西武台 聖望学園 日大明誠

合格のめやす

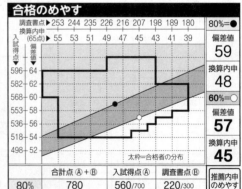

※合格のめやすの見方は886ページ参照。

	偏差値	換算内申
80%=●	59	48
60%=○	57	45

	合計点Ⓐ+Ⓑ	入試得点Ⓐ	調査書点Ⓑ	推薦内申のめやす
80%	780	560/700	220/300	36/45
60%	750	545/700	205/300	

太枠=合格者の分布

見学ガイド　文化祭／説明会／体験入学／体験入部／公開授業／学校見学／個別相談会

向丘 高等学校

共 学

アクセス
都営三田線―白山 7 分
南北線―本駒込 5 分
千代田線―千駄木12分

〒113-0023 東京都文京区向丘1-11-18 ☎(03)3811-2022

【設置学科】 普通科
【沿　革】 1948年創立。
【生徒数】 男子398名，女子492名
【特色】 ①進学指導研究校(～2024年度)。年間18回の土曜授業により，大学入学共通テストに対応できるカリキュラムを編成。1・2年次は土台を作り，3年次は様々な進路に対応する。②グループワークやペアワークなどの学習活動を積極的に行い，主体的，対話的な学びを実践する。③毎朝10分間の朝学習で，英語のリスニングや授業の復習に取り組む。④英語4技能対策として，全員受験の実用英語技能検定と，国内英語研修施設での学習を行う。⑤学習チューターが学習指導や相談に応じる。⑥一人ひとりに合わせた進路指導により，進路実現をめざす。自習スペースがある進路室は7時30分から利用できる。⑦制服あり。

【進路情報】 卒業生数―267名
大学―202名　短大―4名　専門学校―22名　就職―5名　その他―34名
【指定校推薦】 非公表。
【見学ガイド】 体育祭，文化祭，説明会，部活動体験，授業公開，見学会

主な大学合格状況　'24年春速報は巻末資料参照

※(　)内は現役生で内数。(　)外は既卒生を含む。

大学名	'23	'22	大学名	'23	'22	大学名	'23	'22	大学名	'23	'22
◇東京学芸大	0	1(1)	東京理科大	2(1)	3(3)	日本大	38(29)	62(45)	国際基督教大	1(1)	0
◇茨城大	2(2)	0	学習院大	4(4)	7(5)	東洋大	95(67)	68(56)	明治学院大	21(16)	7(5)
◇宇都宮大	1(1)	0	明治大	7(6)	9(7)	駒澤大	13(12)	17(16)	獨協大	22(22)	14(14)
◇国立看護大	1(1)	0	青山学院大	5(5)	2(1)	大東文化大	55(37)	55(35)	武蔵大	22(20)	17(12)
◇広島大	1(1)	0	立教大	16(8)	7(4)	東海大	19(9)	12(1)	立正大	18(14)	19(19)
早稲田大	3(2)	1	中央大	13(12)	6(5)	帝京大	13(11)	20(15)	桜美林大	10(6)	19(14)
慶應大	2(1)	0	法政大	15(15)	8(7)	國學院大	8(8)	10(7)	大妻女子大	14(14)	4(4)

選抜方法　2024年春(実績)　特別推薦あり

推薦	推薦枠	調査書の活用	調査書	個人面接	作文	一次	学力検査	学力検査：調査書	ESAT-J
推薦	20%	評定	500点	300点	200点	一次	5教科	7：3	20点

過去2年間の応募状況

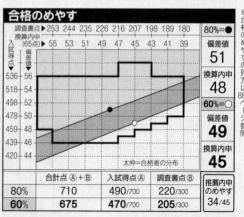

	年度	性別	募集数	応募数	合格数	応募倍率
推薦	'24	男女	56	189	56	3.38
	'23	男子	33	49	33	1.48
		女子	30	88	30	2.93

	年度	性別	募集数	応募数	受検数	合格数	応募倍率	実質倍率
一次	'24	男女	220	440	418	222	2.00	1.88
	'23	男子	132	186	169	111	1.41	1.52
		女子	121	190	181	143	1.57	1.27

合格のめやす

調査書点▶ 253 244 235 226 216 207 198 189 180　80%=●
換算内申(65点)▶ 55 53 51 49 47 45 43 41 39

偏差値 51
換算内申 48
60%=○
偏差値 49
換算内申 45

太枠=合格者の分布

※合格のめやすの見方は886ページ参照。

	合計点Ⓐ+Ⓑ	入試得点Ⓐ	調査書点Ⓑ	推薦内申のめやす
80%	710	490/700	220/300	34/45
60%	675	470/700	205/300	

受験特報 一次では，男女計の実質倍率は，2018～2021年の1.6倍前後～1.7倍台から2022年に1.87倍に上昇するも，2023年には1.38倍と低めにダウン。しかし2024年は定員減(1学級減)が反動の応募者増(男女計)も重なり実質倍率1.88倍にアップ。このため2025年は敬遠層が出るか。

【併願例】〈挑戦〉東洋大京北，杉並学院　〈最適〉東京成徳大，郁文館，大東文化一，成立学園，帝京，豊島学院，正則，東洋女子，SDH昭和一，岩倉　〈堅実〉豊南，関東一，武蔵野

忍岡 高等学校

共学 単位制

〒111-0053　東京都台東区浅草橋5-1-24　☎(03)3863-3131

東京 全日制普通科・23区 文京区／台東区

【設置学科】　普通科〔ほか生活科学科⇒全日制専門学科〕

【沿革】　2006年開校。

【生徒数】　男子161名，女子283名

【特色】　①１年次は必履修科目で基礎学力を培い，２年次より進路に応じた科目を選択する。２・３年次の選択科目に「情報Ⅱ」を設置。②数英は習熟度別授業。実習科目や選択講座も少人数編成。③「日本の伝統文化」などの特色ある自由選択科目があり，世界で活躍できる力を育てる。④大正大学，聖徳大学などと高大連携。授業を聴講すると単位が認定される。⑤３年間の進路指導計画を基に，学校全体でキャリア教育に取り組む。３年次は６つの進路指導系列に分かれ，希望分野ごとに各担当が小論文や面接をサポートする。⑥制服あり。

【進路情報】　卒業生数―145名
大学―82名　短大―７名　専門学校―34名　就職―11名　その他―11名

【指定校推薦】　〔生活科学科を含む〕日本大，東洋大，亜細亜大，獨協大，他。

【見学ガイド】　文化祭，説明会，授業公開，見学会，個別相談・見学会

主な大学合格状況

'24年春速報は巻末資料参照　※生活科学科を含む。（　）内は現役生で内数。（　）外は既卒生を含む。

大学名	'23	'22	大学名	'23	'22	大学名	'23	'22	大学名	'23	'22
学習院大	0	1(1)	大東文化大	3(3)	4(4)	立正大	7(7)	0	大正大	7(7)	6(6)
青山学院大	2(2)	1(1)	亜細亜大	5(3)	4(4)	国士舘大	2(2)	6	目白大	8(8)	5(5)
中央大	3(3)	1(1)	帝京大	2(2)	2(2)	東京経済大	5(3)	0	文京学院大	7(7)	9(9)
法政大	0	2	成城大	2(2)	0	千葉工大	2(2)	5(5)	文化学園大	8(8)	1(1)
日本大	4(4)	8(8)	獨協大	6(5)	2(1)	桜美林大	6(2)	1	淑徳大	5(5)	3(3)
東洋大	2(1)	3(3)	東京電機大	1(1)	6(6)	共立女子大	3(3)	3(3)	麗澤大	21(7)	35(8)
専修大	1	1(1)	日本女子大	3(3)	1(1)	杏林大	2(2)	9(9)	和洋女子大	2(1)	8(7)

選抜方法　2024年春（実績）

＊個人面接に２分間の自己PRを含む

推薦	推薦枠	調査書の活用	調査書	個人面接	作文		一次	学力検査	学力検査：調査書	ESAT-J
	20%	評定	600点	*300点	300点			5教科	7：3	20点

過去２年間の応募状況

	年度	性別	募集数	応募数	合格数	応募倍率
推薦	'24	男女	32	56	32	1.75
	'23	男子	32	17	4	1.81
		女子		41	28	

	年度	性別	募集数	応募数	受検数	合格数	応募倍率	実質倍率
一次	'24	男女	124	130	122	122	1.05	1.00
	'23	男子	124	45	42	42	0.98	1.00
		女子		76	74	74		1.00

合格のめやす

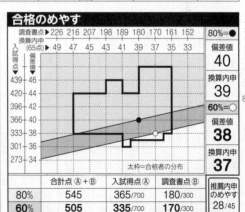

※合格のめやすの見方は886ページ参照。

80%●
偏差値 40
換算内申 39
60%○
偏差値 38
換算内申 37

太枠=合格者の分布

	合計点Ⓐ＋Ⓑ	入試得点Ⓐ	調査書点Ⓑ	推薦内申のめやす
80%	545	365/700	180/300	28/45
60%	505	335/700	170/300	

【受験特報】　一次では，2017～2019年に実質倍率1.15倍～1.1倍未満（男女計）と低くなり，2020・2021年は２年連続の全員合格に。2022年は実質倍率1.08倍（男女計）に上向くも，2023年には全員合格に戻り，2024年も「全入」が続いた。私立や通信制高校への志向が影響しているか。

【併願例】〈挑戦〉錦城学園，正則，SDH昭和一，岩倉，上野学園，共栄学園，修徳，関東一，正則学園，武蔵野，中央学院中央　〈最適〉東京実業，堀越，品川エトワール

日本橋 高等学校

共 学

〒131-0041　東京都墨田区八広1-28-21　☎(03)3617-1811

アクセス	京成押上線
	一京成曳舟5分
	東武スカイツリーライ
	ン一曳舟10分

【設置学科】　普通科

【沿　革】　1940年，東京府立第十七中学校として創立。2009年，現在地に移転。

【生徒数】　男子338名，女子384名

【特　色】　①1日6時限授業。3年次の選択科目を多数設置し，進路希望に応じた学習を行う。②数英の一部で習熟度別授業，少人数授業を実施し，わかる授業を実現する。③国数英の講習，補習を計画的に開催。④英検・漢検・その他の検定3級以上の取得を，全生徒の目標とする。⑤将来の希望から逆算して進路を定め，高校生活に取り組むためのマイサクセスストーリーを作成して実践する。⑥進路分野別説明会などの進路行事を開催。すべての生徒が自信と希望を抱いて卒業し，社会で活躍することをめざした進路指導を行う。⑦制服あり。

【進路情報】　卒業生数― 224名

大学―106名　短大―5名　専門学校―88名　就職―12名　その他―13名

【指定校推薦】　日本大，東洋大，大東文化大，東京電機大，武蔵野大，拓殖大，他。

【見学ガイド】　文化祭，説明会，授業公開，見学会，学校見学

主な大学合格状況　'24年春速報は巻末資料参照　　※（　）内は現役生で内数。（　）外は既卒生を含む。

大学名	'23	'22	大学名	'23	'22	大学名	'23	'22	大学名	'23	'22
慶應大	0	1(1)	駒澤大	4(4)	0	立正大	1(1)	2(2)	帝京平成大	6(3)	2(2)
明治大	1(1)	0	専修大	4(1)	1(1)	国士舘大	5(4)	1(1)	拓殖大	8(8)	3(3)
青山学院大	0	1(1)	大東文化大	6(6)	2(2)	東京経済大	4(4)	0	帝京科学大	4(2)	3(3)
立教大	3(2)	0	東海大	5	3	千葉工大	3(3)	3(3)	文京学院大	7(5)	5(3)
法政大	3(3)	0	帝京大	6(6)	4(4)	関東学院大	2(2)	3(3)	高千穂大	7(7)	5(3)
日本大	7(7)	4(3)	國學院大	1(1)	0	武蔵野大	10(1)	8(5)	麗澤大	49(13)	3(1)
東洋大	7(7)	3(3)	獨協大	3(3)	5(3)	創価大	4(2)	1(1)	千葉商大	2(2)	11(8)

選抜方法　2024年春（実績）

推薦	推薦枠	調査書の活用	調査書	個人面接	作文	前期	学力検査	学力検査：調査書	ESAT-J
	20%	評定	450点	300点	150点		5教科	7：3	20点

過去2年間の応募状況

年度	性別	募集数	応募数	合格数	応募倍率
推薦 '24	男女	48	134	48	2.79
推薦 '23	男子	29	69	29	2.38
	女子	26	95	26	3.65

年度	性別	募集数	応募数	受検数	合格数	応募倍率	実質倍率
前期 '24	男女	179	239	227	179	1.34	1.27
前期 '23	男子	111	127	125	89	1.14	1.40
	女子	101	144	140	123	1.43	1.14

※2024年度後期募集実施　男女計10名

合格のめやす

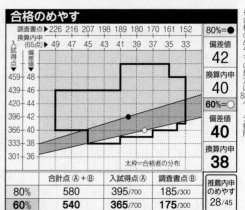

※合格のめやすの見方は886ページ参照。

| 調査書点▶ | 226 | 216 | 207 | 198 | 189 | 180 | 170 | 161 | 152 | 80%＝● |
| 換算内申(65点)▶ | 49 | 47 | 45 | 43 | 41 | 39 | 37 | 35 | 33 | |

偏差値 **42**

換算内申 **40**

60%＝○

偏差値 **40**

換算内申 **38**

太枠＝合格者の分布

	合計点Ⓐ＋Ⓑ	入試得点Ⓐ	調査書点Ⓑ	推薦内申のめやす
80%	580	395/700	185/300	28/45
60%	540	365/700	175/300	

【受験特報】　前期では，男女計の実質倍率は2018年以降，1.14倍～1.66倍の範囲であまり安定していない。ただ，2024年は定員減に見合った応募者（男女計）減少となり，実質倍率は2023年の1.25倍（男女計）からほぼ横ばいの1.27倍に。2025年は反動（倍率アップ）の可能性もあるので注意。

【併願例】　〈挑戦〉錦城学園，正則，SDH昭和一，岩倉，上野学園，共栄学園，潤徳女子，修徳，関東一，貞静学園　〈最適〉中央学院中央，武蔵野，愛国，東京実業

本所 高等学校

共学

〒131-0033　東京都墨田区向島3-37-25　☎(03)3622-0344

アクセス　半蔵門線・都営浅草線・京成押上線—押上7分　東武スカイツリーライン—曳舟10分

【設置学科】　普通科

【沿　革】　1931年，本所区第一実業女学校として創立。1950年，現校名となる。

【生徒数】　男子361名，女子392名

【特　色】　①2年次より文理のコース別となる。3年次は文理コースを増設。3年次の自由選択科目には「情報Ⅱ」も設置する。②数英で習熟度別授業を行う。③教科の枠を超えた8つの分野から自分の研究テーマを決め，3年間を通して探究し，論文を作成する。④夏期・冬期講習を開講。⑤国内英語研修施設への参加，実用英語技能検定の全員受験など，広く英語を学ぶ機会を設ける。⑥大学生チューターの配置，大学出前授業など，基礎の徹底と受験学力の強化に取り組む。⑦ローイング部（旧ボート部）が全国大会出場。⑧制服あり。

【進路情報】　卒業生数—231名

大学—170名　短大—9名　専門学校—30名　就職—8名　その他—14名

【指定校推薦】　日本大，東洋大，駒澤大，専修大，東海大，獨協大，東京電機大，他。

【見学ガイド】　文化祭，説明会，授業公開，見学会

主な大学合格状況

'24年春速報は巻末資料参照　※（ ）内は現役生で内数。（ ）外は既卒生を含む。

大学名	'23	'22	大学名	'23	'22	大学名	'23	'22	大学名	'23	'22
◇東京学芸大	1(1)	1(1)	学習院大	4(4)	1(1)	東洋大	38(38)	37(28)	國學院大	12(11)	9(9)
◇電通大	0	1	明治大	10(9)	7(3)	駒澤大	27(25)	7(6)	成城大	7(6)	2(2)
◇鹿児島大	1	0	青山学院大	3(2)	4(4)	専修大	29(27)	14(13)	獨協大	30(26)	31(31)
◇北九州市大	0	1	立教大	8(6)	7(7)	大東文化大	23(14)	15(10)	東京電機大	10(10)	6(4)
早稲田大	1(1)	0	中央大	3(3)	3(2)	東海大	6(4)	19(15)	東京農大	4(2)	23(13)
上智大	2(2)	0	法政大	14(14)	9(3)	亜細亜大	16(15)	9(9)	目白大	22(19)	18(17)
東京理科大	5(4)	2(2)	日本大	44(39)	40(33)	帝京大	12(9)	12(12)	文京学院大	17(16)	20(5)

選抜方法

2024年春（実績）　特別推薦あり

推薦	推薦枠	調査書の活用	調査書	個人面接	作文
	20%	評定	500点	300点	200点

一次	学力検査	学力検査：調査書	ESAT-J
	5教科	7：3	20点

過去2年間の応募状況

年度	性別	募集数	応募数	合格数	応募倍率
推薦 '24	男女	48	250	48	5.21
推薦 '23	男子	29	58	29	2.00
	女子	26	91	26	3.50

年度	性別	募集数	応募数	受検数	合格数	応募倍率	実質倍率
一次 '24	男女	189	379	371	191	2.01	1.94
一次 '23	男子	116	158	155	106	1.36	1.46
	女子	106	152	152	118	1.43	1.29

合格のめやす

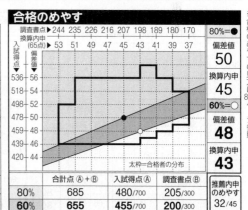

	合計点 Ⓐ＋Ⓑ	入試得点Ⓐ	調査書点Ⓑ
80%	685	480/700	205/300
60%	655	455/700	200/300

80%=● 偏差値 50　換算内申 45

60%=○ 偏差値 48　換算内申 43

推薦内申のめやす 32/45

※合格のめやすの見方は886ページ参照。

【受験特報】　一次では，男女計の実質倍率は，2016～2021年に1.65～1.89倍と高く推移。それが2022・2023年に1.41倍→1.37倍（男女計）とダウン。しかし2024年は定員が元の6学級に減り，一次は反動の応募者増（男女計）もあって1.94倍にアップ。このため2025年は敬遠層が出そう。

【併願例】　〈挑戦〉郁文館，東京成徳大，二松学舎　〈最適〉関東国際，錦城学園，京華女子，正則，SDH昭和一，岩倉，上野学園，共栄学園　〈堅実〉関東一，修徳，武蔵野，正則学園

東 高等学校

共　学

〒136-0074　東京都江東区東砂7-19-24　☎(03)3644-7176

アクセス
東西線―南砂町8分
JR―亀戸よりバス東砂
4丁目3分

【設置学科】普通科
【沿　革】1959年創立。
【生徒数】男子363名，女子380名
【特　色】①一人ひとりの進路に合わせた幅広いカリキュラムを組む。②1・2年次は基礎学力の定着を図り，確かな学力を養成する。3年次で文系，理系に分かれる。2学期末考査後から，進路実現に向けた特別時間割を組む。文系選択には「情報Ⅱ」を設置。③英語は習熟度別。3年次は少人数の多展開クラスの授業を数多く実施。教員と距離が近く，わからないところは気軽に質問ができる。④特別進学クラスを設置。⑤年間18回の土曜授業や，夏期講習を行う。⑥3年間を見通したきめ細かな指導で進路希望を実現する。⑦弓道部，アーチェリー部がインターハイ出場。⑧制服あり。

【進路情報】卒業生数―233名
大学―184名　短大―4名　専門学校―23名　就職―5名　その他―17名
【指定校推薦】日本大，東洋大，成城大，獨協大，桜美林大，武蔵野大，他。
【見学ガイド】文化祭，説明会，授業公開，見学会，学校見学

主な大学合格状況 '24年春速報は巻末資料参照

※( )内は現役生で内数。( )外は既卒生を含む。

大学名	'23	'22	大学名	'23	'22	大学名	'23	'22	大学名	'23	'22
◇千葉大	1(1)	1(1)	青山学院大	2(2)	2(2)	専修大	38(29)	24(22)	立正大	37(24)	23(18)
◇都立大	1	0	立教大	2(2)	5(4)	大東文化大	17(14)	9(8)	国士舘大	16(15)	10(9)
早稲田大	1(1)	9(9)	中央大	3(3)	4(3)	東海大	12(11)	11(9)	大妻女子大	10(10)	2(2)
慶應大	1	0	法政大	20(19)	14(14)	帝京大	11(11)	12(11)	武蔵野大	29(24)	26(19)
東京理科大	1(1)	2(1)	日本大	45(45)	54(41)	國學院大	11(11)	4(4)	大正大	13(13)	11(9)
学習院大	10(10)	3(3)	東洋大	76(70)	58(48)	獨協大	13(12)	19(15)	拓殖大	35(25)	5(4)
明治大	8(6)	12(12)	駒澤大	26(26)	10(9)	東京電機大	7(6)	6(6)	目白大	29(29)	16(16)

選抜方法 2024年春（実績） 特別推薦あり

推薦	推薦枠	調査書の活用	調査書	個人面接	小論文	一次	学力検査	学力検査：調査書	ESAT-J
	20%	評定	360点	160点	200点		5教科	7：3	20点

過去2年間の応募状況

	年度	性別	募集数	応募数	合格数	応募倍率
推薦	'24	男女	56	140	56	2.50
	'23	男子	29	94	29	3.24
		女子	26	80	26	3.08

	年度	性別	募集数	応募数	受検数	合格数	応募倍率	実質倍率
一次	'24	男女	221	316	305	223	1.43	1.37
	'23	男子	116	192	183	108	1.66	1.69
		女子	106	176	174	116	1.66	1.50

合格のめやす

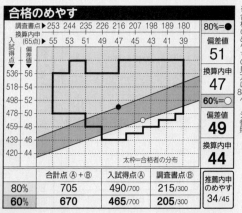

※合格のめやすの見方は886ページ参照。

	合計点Ⓐ+Ⓑ	入試得点Ⓐ	調査書点Ⓑ
80%	705	490/700	215/300
60%	670	465/700	205/300

偏差値 51 / 換算内申 47 / 偏差値 49 / 換算内申 44
推薦内申のめやす 34/45

受験特報 一次では2015〜2023年に男女計の実質倍率は，2021年（1.19倍）を除き，1.5倍前後〜2.01倍と高めで推移。しかし2024年は応募者（男女計）がかなり減って実質倍率1.37倍にダウン（2023年は男女計1.59倍）。受検生が本所などへ動いたか。2025年一次は反動（倍率上昇）に注意。

【併願例】〈挑戦〉安田学園 〈最適〉二松学舎，郁文館，武蔵野大千代田，立正大立正，錦城学園，正則，保善，SDH昭和一，岩倉，千葉商大付 〈堅実〉関東一，修徳，武蔵野

深川 高等学校

共学

〒135-0016　東京都江東区東陽5-32-19　☎(03)3649-2101

アクセス
東西線―東陽町2分
JR―錦糸町よりバス江
東区役所前1分

【設置学科】　普通科〔ほか外国語コース〕
【沿　革】　1924年創立。
【生徒数】　男子383名，女子560名（コース制を含む）
【特　色】　①2022年度入学生からは特進クラスを設置せず，普通科の全クラスにおいて国公立や難関私立大学をめざせるように，教科指導，学習指導を強化している。②2年次より文系，理系に分かれる。「数学B」は全員必修とする。③3年次の夏期講習は大学別，単元別で行う。受験に向け直前講習も実施。④グローバル人材育成に向けた取り組みを行う学校としてGE-NET20指定校（～2024年度）。国際理解教育を推進。⑤学年ごとの目標による進路プログラムを実践。⑥剣道部が関東大会3位。⑦制服あり。
【進路情報】〔コース制を含む〕
卒業生数―318名
大学―265名　短大―5名　専門学校―24名　就職―3名　その他―21名
【指定校推薦】〔コース制を含む〕学習院大，法政大，日本大，専修大，東海大，他。
【見学ガイド】　文化祭，説明会，授業公開，学校見学，個別相談会

主な大学合格状況

'24年春速報は巻末資料参照 ※コース制を含む。（ ）内は現役生で内数。（ ）外は既卒生を含む。

大学名	'23	'22	大学名	'23	'22	大学名	'23	'22	大学名	'23	'22
◇千葉大	1(1)	3(2)	上智大	4(3)	3(3)	法政大	35(32)	43(42)	亜細亜大	12(11)	15(15)
◇横浜国大	2(1)		東京理科大	1	3(3)	日本大	81(69)	81(76)	國學院大	18(18)	23(23)
◇都立大	0	1(1)	学習院大	15(13)	16(16)	東洋大	82(73)	111(90)	成蹊大	11(8)	14(12)
◇東京海洋大	1(1)	0	明治大	22(18)	35(35)	駒澤大	26(22)	18(18)	獨協大	56(47)	44(40)
◇茨城大	1(1)	1(1)	青山学院大	8(7)	15(15)	専修大	53(43)	53(42)	武蔵大	11(11)	36(35)
早稲田大	2(2)	8(8)	立教大	16(10)	32(28)	大東文化大	31(15)	7(7)	武蔵野大	63(47)	39(28)
慶應大	4(3)	1(1)	中央大	9(9)	8(8)	東海大	23(16)	7(5)	目白大	21(21)	37(34)

選抜方法　2024年春（実績）　特別推薦あり

推薦	推薦枠	調査書の活用	調査書	個人面接	作文
	20%	評定	450点	270点	180点

一次	学力検査	学力検査:調査書	ESAT-J
	5教科	7：3	20点

過去2年間の応募状況

年度	性別	募集数	応募数	合格数	応募倍率
推薦 '24	男女	46	151	46	3.28
'23	男子	24	90	24	3.75
	女子	22	96	22	4.36

年度	性別	募集数	応募数	受検数	合格数	応募倍率	実質倍率
一次 '24	男女	185	318	292	193	1.72	1.51
'23	男子	97	183	170	94	1.89	1.81
	女子	88	174	166	101	1.98	1.64

合格のめやす

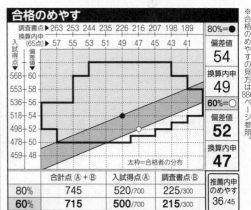

※合格のめやすの見方は886ページ参照。

	合計点 Ⓐ+Ⓑ	入試得点Ⓐ	調査書Ⓑ	推薦内申のめやす
80%	745	520/700	225/300	36/45
60%	715	500/700	215/300	

偏差値 54　**換算内申** 49
偏差値 52　**換算内申** 47

【受験特報】　一次では，男女計の実質倍率は，2018・2019年の1.4倍前後から上がり，2020～2023年に1.59倍→1.72倍→1.64倍→1.72倍と高倍率で推移。ただ，2024年は応募者（男女計）減少で1.51倍にダウン。2025年一次は反動（倍率上昇）の可能性も。特別推薦は女子剣道，サッカー。

【併願例】〈挑戦〉芝国際，国学院，東洋大京北，安田学園　〈最適〉郁文館，武蔵野大千代田，二松学舎，東京成徳大，錦城学園　〈堅実〉正則，保善，SDH昭和一，岩倉，関東一

深川 高等学校

共 学
コース制

【アクセス】
東西線―東陽町２分
JR―錦糸町よりバス江
東区役所前１分

〒135-0016 東京都江東区東陽5-32-19 ☎(03)3649-2101

【設置学科】 普通科（外国語コース）

【沿　革】 1924年創立。1992年より外国語コースを設置。

【生徒数】 男子44名，女子195名

【特　色】 ①英語力とコミュニケーション力，国際教養を育成する。圧倒的な英語の授業時間数で，外国語コース特有の英語科目がある。②グローバル人材育成に向けた取り組みを行う学校としてGE-NET20指定校（～2024年度）。国際理解教育を推進。③英語でのディベート，作文などを外国人講師が指導。英語合宿ではネイティヴスピーカーの講師と共に，コンテストに向けて英語漬けの３日間を過ごす。④外国語コースでも数学をじっくり学ぶために，１年次の「数学Ⅰ」は４単位を設定。⑤オーストラリア語学研修を実施。⑥制服あり。

【進路情報】 卒業生数― 82名
大学―67名　専門学校―５名　その他―10名

【指定校推薦】 〔普通科を含む〕東洋大，大東文化大，明治学院大，神田外語大，他。

【見学ガイド】 文化祭，説明会，授業公開，学校見学，個別相談会

主な大学合格状況

'24年春速報は巻末資料参照※普通科全体の数値。（　）内は現役生で内数。（　）外は既卒生を含む。

大学名	'23	'22	大学名	'23	'22	大学名	'23	'22	大学名	'23	'22
◇千葉大	1(1)	3(2)	上智大	4(3)	3(3)	法政大	35(32)	43(42)	亜細亜大	12(11)	15(15)
◇横浜国大	2(1)	0	東京理科大	1	3(3)	日本大	81(69)	81(76)	國學院大	18(18)	23(23)
◇都立大	0	1(1)	学習院大	15(13)	16(16)	東洋大	82(73)	111(90)	成蹊大	11(8)	14(12)
◇東京海洋大	1(1)	0	明治大	22(18)	35(35)	駒澤大	26(22)	18(18)	獨協大	56(47)	44(40)
◇茨城大	1(1)	1(1)	青山学院大	8(7)	15(15)	専修大	53(43)	53(42)	武蔵大	11(11)	36(35)
早稲田大	2(2)	8(8)	立教大	16(10)	32(28)	大東文化大	31(15)	7(7)	武蔵野大	63(47)	39(28)
慶應大	4(3)	1(1)	中央大	9(9)	8(8)	東海大	23(16)	7(5)	目白大	21(21)	37(34)

選抜方法 2024年春（実績）

特別推薦あり／＊個人面接に英語による問答を含む／＊＊英語２倍

推薦	推薦枠	調査書の活用	調査書	個人面接	作文
	30%	評定	450点	*270点	180点

一次	学力検査	学力検査：調査書	ESAT-J
	**5教科	7：3	20点

過去２年間の応募状況

	年度	性別	募集数	応募数	合格数	応募倍率
推薦	'24	男女	24	65	24	2.71
	'23	男子	24	11	2	2.46
		女子		48	22	

	年度	性別	募集数	応募数	受検数	合格数	応募倍率	実質倍率
一次	'24	男女	56	114	107	57	2.04	1.88
	'23	男子	56	32	27	15	1.86	1.80
		女子		72	68	42		1.62

合格のめやす

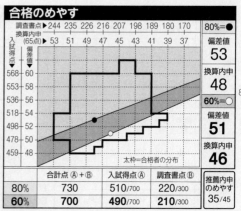

※合格のめやすの見方は886ページ参照。

調査書点▶ 244 235 226 216 207 198 189 180 170
換算内申（65点）▶ 53 51 49 47 45 43 41 39 37

80%=● 偏差値 53
換算内申 48
60%=○ 偏差値 51
換算内申 46

太枠=合格者の分布

	合計点 Ⓐ+Ⓑ	入試得点 Ⓐ	調査書点 Ⓑ
80%	730	510/700	220/300
60%	700	490/700	210/300

推薦内申のめやす 35/45

入試得点：568〜60／553〜58／536〜56／518〜54／498〜52／478〜50／459〜48

受験特報

一次の実質倍率（男女計）は，2019年の1.62倍から2020年に1.10倍に急落。それが2021〜2023年は1.62倍→1.51倍→1.67倍（男女計）と高めで推移，2024年はやや応募者増で1.88倍（男女計）に高まった。このため2025年は敬遠層が出るか。なお，特別推薦はサッカー，女子剣道。

【併願例】〈挑戦〉芝国際，順天，国学院，東洋大京北，安田学園，郁文館G 〈最適〉目白研心，二松学舎，東京成徳大，関東国際，文京学院女子 〈堅実〉関東一，修徳，神田女学園

大崎 高等学校

共学

〒142-0042 東京都品川区豊町2-1-7 ☎(03)3786-3355

| アクセス | 東急大井町線—戸越公園4分 都営浅草線—戸越12分 |

【設置学科】 普通科
【沿 革】 1911年，大崎女子実業補習学校として創立。1950年現校名となる。
【生徒数】 男子457名，女子359名
【特 色】 ①生徒の力を最大限に伸ばす授業を実践。1年次は基礎を固め，2年次に文系，理系に分かれ，3年次で多様な選択科目を学ぶ。自由選択科目に「情報Ⅱ」を設置予定。②特進クラスを設置。特進クラスと希望者を対象に，土曜講習を行う。③放課後や長期休業中に補習，講習，特進講座を開講。④「社会・仕事・自分を知ろう」がテーマのキャリア教育を行い，3年間を見通した課題探究に取り組む。⑤希望者対象のオーストラリア海外体験（語学研修）を行う。⑥全館冷暖房完備，免震構造を採用した安全で快適な校舎。⑦制服あり。
【進路情報】 卒業生数—260名
大学—183名 短大—4名 専門学校—55名 就職—1名 その他—17名
【指定校推薦】 法政大，日本大，専修大，大東文化大，東海大，帝京大，獨協大，他。
【見学ガイド】 文化祭，説明会，授業公開，見学会

主な大学合格状況
'24春速報は巻末資料参照 ※（ ）内は現役生で内数。（ ）外は既卒生を含む。

大学名	'23	'22	大学名	'23	'22	大学名	'23	'22	大学名	'23	'22
◇信州大	0	1(1)	中央大	7(3)	5(5)	東海大	19(9)	21(17)	東京都市大	10(10)	4(4)
◇公立千歳科技大	1(1)	0	法政大	11(7)	7(7)	亜細亜大	3(3)	3(3)	立正大	30(10)	13(13)
早稲田大	1(1)	0	日本大	13(13)	19(17)	帝京大	16(14)	15(14)	国士館大	13(10)	16(13)
東京理科大	2(2)	1(1)	東洋大	19(16)	15(13)	成蹊大	2(2)	0	桜美林大	12(8)	35(16)
明治大	3(2)	2(1)	駒澤大	18(13)	7(7)	明治学院大	13(13)	2(2)	関東学院大	26(18)	17(10)
青山学院大	2(2)	0	専修大	10(8)	5(4)	神奈川大	23(23)	14(14)	武蔵野大	17(14)	3(3)
立教大	0	3(3)	大東文化大	8(8)	9(7)	玉川大	5(3)	2(2)	帝京平成大	10(8)	15(15)

選抜方法 2024年春（実績）
特別推薦あり

推薦	推薦枠	調査書の活用	調査書	個人面接	作文	一次	学力検査	学力検査：調査書	ESAT-J
	20%	評定	450点	250点	200点		5教科	7：3	20点

過去2年間の応募状況

	年度	性別	募集数	応募数	合格数	応募倍率
推薦	'24	男女	56	185	56	3.30
	'23	男子	29	99	29	3.41
		女子	26	91	26	3.50

	年度	性別	募集数	応募数	受検数	合格数	応募倍率	実質倍率
一次	'24	男女	221	336	298	223	1.52	1.34
	'23	男子	116	192	175	132	1.66	1.33
		女子	106	141	131	92	1.33	1.42

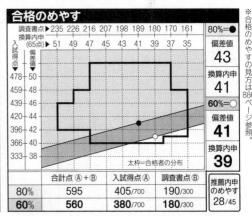

合格のめやす

※合格のめやすの見方は886ページ参照。

調査書点▶235 226 216 207 198 189 180 170 161
換算内申(65点)▶ 51 49 47 45 43 41 39 37 35

80%=● 偏差値 43 換算内申 41
60%=○ 偏差値 41 換算内申 39

太枠=合格者の分布

	合計点Ⓐ+Ⓑ	入試得点Ⓐ	調査書点Ⓑ
80%	595	405/700	190/300
60%	560	380/700	180/300

推薦内申のめやす 28/45

【受験特報】 近年，一次では，男女計の実質倍率は，2018年に1.04倍と低迷したが，2019・2020年に1.4倍台（1.49倍→1.45倍）に。2021年は1.24倍（男女計）と下向くも，2022～2024年には1.31倍→1.37倍→1.34倍（同）と1.3倍台を維持した。2025年一次も実質倍率は1.3以上と想定を。

【併願例】〈挑戦〉東京，立正大立正，品川翔英，駒場学園，目黒学院，正則，岩倉，自由ヶ丘
〈最適〉大森学園，関東一，日体大荏原，品川学藝，東京実業，品川エトワール

八潮 高等学校

共学

アクセス 京急本線―青物横丁5分　りんかい線―品川シーサイド5分

〒140-0002　東京都品川区東品川3-27-22　☎(03)3471-7384

【設置学科】 普通科

【沿革】 1918年, 東京府荏原郡立実科女学校として創立。1950年より現校名。

【生徒数】 男子312名, 女子277名

【特色】 ①1・2年次は幅広い分野を学び, 基礎を固め, 総合的な理解力・判断力を養う。②3年次は個々の進路に応じた選択科目を受講する。③数英で習熟度別授業を展開。④基礎学力の定着を図るために, 週2回, 国数英の学習支援(校内寺子屋)を行う。⑤大学進学をめざす特進クラスを設置。進学ゼミや夏期講習などを行う。⑥学校設定科目「キャリア探究」では, 一人ひとりが主体的に自分の考えを発表する授業を実践する。⑦定期的な進路ガイダンスや外部模試を通じて, 進路実現に向けた計画を立て, 学習に取り組む。⑧制服あり。

【進路情報】 卒業生数―201名

大学―71名　短大―5名　専門学校―63名　就職―18名　その他―44名

【指定校推薦】 日本大, 駒澤大, 大東文化大, 東海大, 帝京大, 神奈川大, 他。

【見学ガイド】 文化祭, 説明会, 体験授業, 部活動体験, 授業公開, 見学会, 学校見学

主な大学合格状況
'24年春速報は巻末資料参照　※( )内は現役生で内数。( )外は既卒生を含む。

大学名	'23	'22	大学名	'23	'22	大学名	'23	'22	大学名	'23	'22
◇高知大	0	1(1)	帝京大	2	2(2)	立正大	1(1)	9(9)	大正大	4(3)	2(2)
日本大	2(2)	0	國學院大	0	1(1)	国士舘大	6(6)	24(5)	目白大	7(6)	0
東洋大	0	2(2)	明治学院大	1(1)	1	桜美林大	5(3)	1(1)	東京福祉大	1(1)	2(2)
駒澤大	1(1)	0	神奈川大	5(5)	3(3)	関東学院大	13(6)	9(9)	麗澤大	9(1)	0
専修大	5(5)	4	東京電機大	3(3)	0	武蔵野大	7(3)	0	東京成徳大	4(4)	0
大東文化大	0	1(1)	津田塾大	0	1(1)	明星大	1(1)	1	東洋学園大	4(4)	1(1)
東海大	4(1)	0	東京都市大	1(1)	0	帝京平成大	6(5)	2(2)	田園調布学園大	2(2)	0

選抜方法 2024年春(実績)
特別推薦あり

推薦	推薦枠	調査書の活用	調査書	個人面接	作文	前期	学力検査	学力検査:調査書	ESAT-J
	20%	評定	500点	250点	250点		5教科	7:3	20点

過去2年間の応募状況

年度	性別	募集数	応募数	合格数	応募倍率
推薦 '24	男女	48	93	48	1.94
'23	男子	24	20	19	0.83
	女子	22	58	27	2.64

年度	性別	募集数	応募数	受検数	合格数	応募倍率	実質倍率
前期 '24	男女	148	173	155	148	1.17	1.05
'23	男子	79	76	73	73	0.96	1.00
	女子	71	78	74	72	1.10	1.00

※2024年度後期募集実施　男女計40名

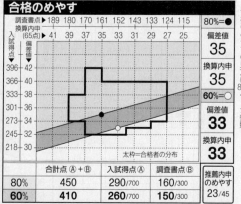

合格のめやす

※合格のめやすの見方は886ページ参照。

	調査書点	換算内申	
80%=●	偏差値	35	
	換算内申	35	
60%=○	偏差値	33	
	換算内申	33	

太枠=合格者の分布

	合計点 Ⓐ+Ⓑ	入試得点 Ⓐ	調査書点 Ⓑ	推薦内申のめやす
80%	450	290/700	160/300	23/45
60%	410	260/700	150/300	

【受験特報】 前期では, 男女計の実質倍率は2015～2017年に1.04倍～1.1倍程度と低くなり, 2018～2023年は応募者がより少なく6年連続で全員合格に。通信制高校への志向などが影響したようだ。ただ, 2024年には応募者(男女計)増加で「全入」から脱した。2025年前期も油断はできない。

【併願例】〈挑戦〉自由ヶ丘, 貞静学園, 大森学園, 日本大荏原, 正則学園, 中央学院中央, 品川学藝, 羽田国際, 武蔵野, 東京実業, 品川エトワール, 科学技術学園

目黒 高等学校

共学

アクセス
東急東横線―祐天寺5分

〒153-0052 東京都目黒区祐天寺2-7-15 ☎(03)3792-5541

【設置学科】 普通科
【沿革】 1919年，目黒実科高等女学校として創立。1950年より現校名。
【生徒数】 男子342名，女子354名
【特色】 ①進学指導研究校（～2024年度）。予備校講師による出前講習，個人面談などにより，効果的な受験指導を行う。1・2年次に「論理的思考力・表現力の育成」プログラムに取り組み，大学入試に対応する。予備校，専門家を導入したカウンセリングなども取り入れ，受験をサポートする。②2年次全員が「数学C」を学習する。③最先端の研究に触れる機会を設けるなど，理数に関する特色ある活動を推進。④ネイティヴスピーカーの教員と共に，生涯使える英語力の育成をめざす。⑤日本大学など11の大学による模擬授業を設定。⑥制服あり。

【進路情報】 卒業生数―231名
大学―188名 短大―1名 専門学校―7名 就職―1名 その他―34名
【指定校推薦】 学習院大，青山学院大，中央大，法政大，日本大，東洋大，他。
【見学ガイド】 文化祭，説明会，体験部活動，授業公開，見学会，学校見学

主な大学合格状況
'24年春速報は巻末資料参照 ※（ ）内は現役生で内数。（ ）外は既卒生を含む。

大学名	'23	'22	大学名	'23	'22	大学名	'23	'22	大学名	'23	'22
◇京都大	0	1	◇東京農工大	2(2)	2(2)	早稲田大	9(4)	11(6)	立教大	32(25)	21(19)
◇千葉大	1(1)	2(2)	◇東京学芸大	0	3(3)	慶應大	3(2)	4(3)	中央大	22(18)	21(21)
◇東京外大	2(1)	0	◇都立大	6(6)	4(4)	上智大	2(2)	3(2)	法政大	50(44)	42(39)
◇横浜国大	0	3(2)	◇横浜市大	2(2)	1(1)	東京理科大	3(2)	9(8)	日本大	73(67)	55(53)
◇埼玉大	3(2)	2(2)	◇東京海洋大	0	1(1)	学習院大	14(14)	16(16)	東洋大	92(79)	73(69)
◇九州大	1(1)	0	◇電通大	1	1(1)	明治大	42(38)	37(33)	駒澤大	30(25)	40(39)
◇防衛医大	1(1)	1(1)	◇富山大	3(3)	0	青山学院大	22(22)	17(17)	國學院大	26(26)	20(19)

選抜方法 2024年春（実績）
特別推薦あり

推薦	推薦枠	調査書の活用	調査書	個人面接	作文
	20%	評定	450点	150点	300点

一次	学力検査	学力検査：調査書	ESAT-J
	5教科	7：3	20点

過去2年間の応募状況

年度	性別	募集数	応募数	合格数	応募倍率
推薦 '24	男女	48	156	48	3.25
'23	男子	24	80	24	3.33
	女子	22	85	22	3.86

年度	性別	募集数	応募数	受検数	合格数	応募倍率	実質倍率
一次 '24	男女	189	371	304	195	1.96	1.56
'23	男子	100	229	187	91	2.29	2.05
	女子	91	181	165	105	1.99	1.57

合格のめやす

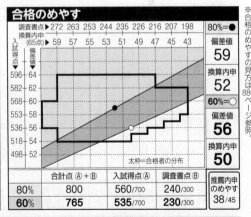

調査書点▶ 272 263 253 244 235 226 216 207 198
換算内申(65点)▶ 59 57 55 53 51 49 47 45 43

80%＝●
偏差値 **59**
換算内申 **52**

60%＝○
偏差値 **56**
換算内申 **50**

太枠＝合格者の分布

	合計点Ⓐ＋Ⓑ	入試得点Ⓐ	調査書点Ⓑ
80%	800	560/700	240/300
60%	765	535/700	230/300

推薦内申のめやす **38/45**

※合格のめやすの見方は886ページ参照。

受験特報 人気が定着し，一次では男女計の実質倍率は2018年以降，1.56倍～1.91倍と高く推移。ただ，2024年には応募者（男女計）減少で，実質倍率は2023年の1.80倍（男女計）から1.56倍にダウン。2025年は反動（倍率アップ）に注意。なお特別推薦は硬式野球，男子・女子バスケット。

【併願例】〈挑戦〉明治学院，青稜，朋優学院，芝国際，国学院 〈最適〉駒澤大学，多摩大目黒，文教大付，目黒日大 〈堅実〉立正大立正，日本工大駒場，駒場学園，目黒学院

大森 高等学校

共学

【アクセス】
東急池上線―池上8分
JR―蒲田18分, 大森よりバス堤方橋8分

〒144-0051 東京都大田区西蒲田2-2-1 ☎(03)3753-3161

【設置学科】 普通科
【沿 革】 1943年創立。
【生徒数】 男子206名, 女子195名
【特 色】 ①国数英などで習熟度別・少人数授業を行う。②2年次より文理別となり, 多様な進路に対応できるカリキュラムを組む。1年次に「情報Ⅰ」を, 3年次に学校設定科目「情報演習」を全員が学ぶ。③ICTを活用し, 生徒が主体的に授業に参加する「わかる授業」を実践。④学習の基盤となる言語科目（国英）の向上を図り, 学習活動全体の質を高める。⑤英語・漢字検定など

の資格取得をバックアップする。⑥進路の手引きや進路ノートを活用。継続的, 計画的な指導で進路実現をめざす。面接・小論文指導も行う。⑦高性能な望遠鏡を設置した天文台がある。⑧制服あり。
【進路情報】 卒業生数―137名
大学―32名 短大―2名 専門学校―55名 就職―25名 その他―23名
【指定校推薦】 日本大, 東洋大, 拓殖大, 和光大, 立正大, 国士舘大, 城西大, 他。
【見学ガイド】 文化祭, 説明会, 部活動体験・見学会, 授業公開, 見学会, 学校見学

主な大学合格状況
'24年春速報は巻末資料参照 ※既卒生を含む。'22の（ ）内は現役生で内数。

大学名	'23	'22	大学名	'23	'22	大学名	'23	'22	大学名	'23	'22
日本大	0	2(2)	立正大	4	3(3)	産業能率大	1	0	聖徳大	0	2(2)
東洋大	1	3(3)	国士舘大	2	4(4)	城西大	2	1(1)	東洋学園大	1	3(3)
駒澤大	0	1(1)	桜美林大	1	1	目白大	1	0	和光大	2	3(3)
大東文化大	1	0	関東学院大	4	2(2)	帝京科学大	1	0	鶴見大	1	2(2)
神奈川大	1	0	杏林大	1	0	東京福祉大	0	1(1)	田園調布学園大	1	1(1)
武蔵大	1	1	大正大	0	2(2)	多摩大	0	1(1)	浦和大	1	0
玉川大	1	0	拓殖大	1	1	高千穂大	5	5(4)	尚美学園大	1	1

選抜方法 2024年春（実績）
特別推薦あり

推薦	推薦枠	調査書の活用	調査書	個人面接	作文	一次	学力検査	学力検査：調査書	ESAT-J
	20%	評定	360点	240点	120点		5教科	7：3	20点

過去2年間の応募状況

年度	性別	募集数	応募数	合格数	応募倍率
推薦 '24	男女	40	34	32	0.85
推薦 '23	男子	20	20	16	1.00
	女子	18	23	22	1.28

年度	性別	募集数	応募数	受検数	合格数	応募倍率	実質倍率
一次 '24	男女	165	69	63	63	0.42	1.00
一次 '23	男子	83	41	35	35	0.49	1.00
	女子	76	36	33	33	0.47	1.00

合格のめやす

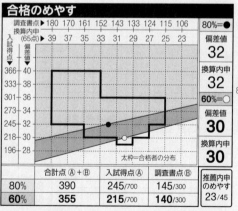

※合格のめやすの見方は886ページ参照。

調査書点▶180 170 161 152 143 133 124 115 106
換算内申(65点)▶ 39 37 35 33 31 29 27 25 23

80%=● 偏差値 32 換算内申 32
60%=○ 偏差値 30 換算内申 30

太枠=合格者の分布

	合計点 Ⓐ+Ⓑ	入試得点Ⓐ	調査書点Ⓑ
80%	390	245/700	145/300
60%	355	215/700	140/300

推薦内申のめやす 23/45

【受験特報】 一次では2013〜2017年に実質倍率（男女計）1.1倍未満〜1.4倍台で推移し, 2018〜2024年には応募者が少なめで7年連続の全員合格に。受検生は通信制高校や都立の昼夜間定時制などへ流れているか。一方, 推薦は2024年に定員割れでも不合格が出された。特別推薦は硬式野球。

【併願例】〈挑戦〉品川学藝, 羽田国際, 中央学院中央, 武蔵野, 東京実業, 大東学園, 堀越, 品川エトワール, 安部学院, 科学技術学園, 白鵬女子, 武相

田園調布 高等学校

共学

〒145-0076 東京都大田区田園調布南27-1 ☎(03)3750-4346

アクセス 東急多摩川線—沼部6分 東急池上線—御嶽山10分

【設置学科】 普通科
【沿 革】 1950年創立。
【生徒数】 男子337名，女子366名
【特 色】 ①進学指導研究校(～2024年度)。5教科を集中的に学び，大学入試の二次試験に対応できる実力を養成するアドバンストクラスを1・2次に設置する。夏季休業中に夏期集中型学力向上講習を開講し，国数英を重点的に鍛える。②5教科中心の文系，理系の枠にとらわれないカリキュラムを組む。③国内英語研修施設での英語体験や，英語外部試験GTECの全員受験など

に取り組む。④オリジナルの「ぼろにあ手帳」で自学自習の習慣を育成する。⑤各学年で行程表を示し，段階的に学んで進路実現をめざす。⑥明治学院大学，東京都市大学と高大連携。⑦推奨服あり。
【進路情報】 卒業生数—233名
大学—180名 短大—7名 専門学校—18名 就職—1名 その他—27名
【指定校推薦】 東京理科大，学習院大，明治大，青山学院大，立教大，中央大，他。
【見学ガイド】 文化祭，説明会，部活動体験，授業公開，見学会

主な大学合格状況

'24春速報は巻末資料参照 ※( )内は現役生で内数。( )外は既卒生を含む。

大学名	'23	'22	大学名	'23	'22	大学名	'23	'22	大学名	'23	'22
◇筑波大	1	0	◇防衛大	0	1	東京理科大	3(3)	7(6)	日本大	47(33)	37(33)
◇横浜国大	0	1(1)	◇宇都宮大	1	0	学習院大	4(4)	5(5)	東洋大	31(21)	17(14)
◇東京農工大	1	0	◇秋田大	1(1)	0	明治大	9(8)	16(13)	駒澤大	24(22)	26(26)
◇東京学芸大	1(1)	0	◇県立保健福祉大	1(1)	0	青山学院大	4(3)	2(2)	専修大	22(16)	17(17)
◇都立大	1	2(1)	早稲田大	1(1)	1(1)	立教大	9(7)	7(4)	神奈川大	26(25)	28(28)
◇横浜市大	1(1)	1(1)	慶應大	0	3(2)	中央大	15(14)	7(6)	立正大	35(21)	23(22)
◇信州大	3(2)	1	上智大	0	2(2)	法政大	27(22)	35(25)	関東学院大	24(9)	13(3)

選抜方法 2024年春(実績)

推薦	推薦枠	調査書の活用	調査書	個人面接	小論文	前期	学力検査	学力検査:調査書	ESAT-J
	20%	評定	375点	125点	250点		5教科	7:3	20点

過去2年間の応募状況

年度	性別	募集数	応募数	合格数	応募倍率
推薦 '24	男女	48	121	48	2.52
推薦 '23	男子	24	67	24	2.79
	女子	22	84	22	3.82

年度	性別	募集数	応募数	受検数	合格数	応募倍率	実質倍率
前期 '24	男女	168	314	279	168	1.87	1.66
前期 '23	男子	89	180	162	83	2.02	1.95
	女子	81	170	156	87	2.10	1.79

※2024年度後期募集実施 男女計20名

合格のめやす

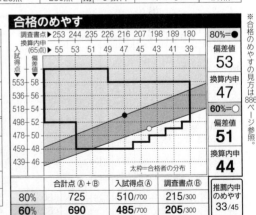

※合格のめやすの見方は886ページ参照。

	合計点Ⓐ+Ⓑ	入試得点Ⓐ	調査書Ⓑ
80%	725	510/700	215/300
60%	690	485/700	205/300

80%=● 偏差値 53 換算内申 47
60%=○ 偏差値 51 換算内申 44
推薦内申のめやす 33/45

太枠=合格者の分布

受験特報 分割募集のため，前期の定員は比較的少なめ。それも響いて，前期では男女計の実質倍率2019～2023年に1.69倍～2.04倍と高く推移。ただ，2024年には応募者減(男女計)で実質倍率1.66倍とやや低めに(2023年は男女計1.87倍)。2025年は反動(倍率アップ)の可能性がある。

【併願例】 〈挑戦〉文教大付，国学院，多摩大目黒，目黒日大 〈最適〉東京，立正大立正，日本工大駒場，品川翔英，駒場学園，正則，目黒学院 〈堅実〉自由ヶ丘，大森学園，日体大荏原

美原 高等学校

共学 単位制

〒143-0012 東京都大田区大森東1-33-1 ☎(03)3764-3883

アクセス
京急本線―平和島7分
JR―大森よりバス平和島駅7分

【設置学科】 普通科
【沿　革】 2005年開校。
【生徒数】 男子253名，女子307名
【特　色】 ①進学指導研究校（～2024年度）。3年次に学力向上選択科目を設け，各自の進路に合わせて選択する。また，学習支援クラウドサービスを朝学習や授業に取り入れている。②2年次より，進路や興味に応じて約70の講座から科目を選択して学ぶ。選択科目は，社会人として生きていくために必要な知識・教養などを養う人間力向上科目群と，受験力や基礎学力を高める学力向上科目群からなる。③総合的な探究の時間では，3年間のキャリア教育に取り組む。④夏期講習，放課後補習を開講。学校全体で面接・小論文指導も行う。資格取得のための補習も実施する。⑤制服あり。

【進路情報】 卒業生数―218名
大学―86名　短大―6名　専門学校―100名　就職―7名　その他―19名
【指定校推薦】 日本大，東洋大，大東文化大，東海大，亜細亜大，神奈川大，他。
【見学ガイド】 文化祭，説明会，授業公開，部活動見学，学校見学，個別相談

主な大学合格状況
'24年春速報は巻末資料参照　※（　）内は現役生で内数。（　）外は既卒生を含む。

大学名	'23	'22	大学名	'23	'22	大学名	'23	'22	大学名	'23	'22
◇横浜国大	1(1)	0	亜細亜大	3(3)	1(1)	桜美林大	2(2)	3(2)	文京学院大	2(1)	3(3)
日本大	1(1)	3(3)	帝京大	2(1)	1	関東学院大	12(12)	8(8)	東京家政大	1(1)	0
東洋大	0	1(1)	國學院大	0	1(1)	武蔵野大	2(1)	1(1)	文化学園大	2(2)	1(1)
駒澤大	2(2)	1(1)	神奈川大	9(9)	8(8)	二松学舎大	1(1)	0	東京成徳大	2(2)	2(2)
専修大	3	1(1)	東京都市大	1(1)	1(1)	帝京平成大	4(4)	8(8)	東洋学園大	2(2)	7(7)
大東文化大	4(4)	2(2)	立正大	6(6)	6(4)	拓殖大	4(1)	2(2)	湘南工科大	2(2)	1(1)
東海大	0	2(1)	国士舘大	7(5)	1(1)	目白大	4(4)	2(2)	東京国際大	3(3)	1(1)

選抜方法 2024年春（実績）
特別推薦あり

推薦	推薦枠	調査書の活用	調査書	個人面接	作文	一次	学力検査	学力検査：調査書	ESAT-J
推薦	20%	評定	500点	300点	200点	一次	5教科	7：3	20点

過去2年間の応募状況

年度	性別	募集数	応募数	合格数	応募倍率
推薦 '24	男女	40	133	40	3.33
推薦 '23	男子	40	52	9	3.75
	女子		98	31	

年度	性別	募集数	応募数	受検数	合格数	応募倍率	実質倍率
一次 '24	男女	156	175	162	157	1.12	1.03
一次 '23	男子	156	88	87	77	1.26	1.13
	女子		108	108	80		1.35

合格のめやす

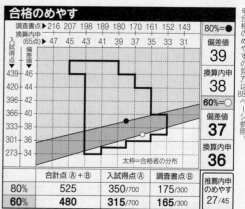

調査書点▶	216	207	198	189	180	170	161	152	143	
換算内申 (65点)▶	47	45	43	41	39	37	35	33	31	
入試得点▶ 439 46										80%=● 偏差値 **39**
420 44										換算内申 **38**
396 42										
366 40										60%=○ 偏差値 **37**
333 38										
301 36										換算内申 **36**
273 34										

太枠=合格者の分布

	合計点Ⓐ+Ⓑ	入試得点Ⓐ	調査書点Ⓑ
80%	525	350/700	175/300
60%	480	315/700	165/300

推薦内申のめやす **27/45**

※合格のめやすの見方は886ページ参照。

一次の実質倍率（男女計）は2018～2020年に1.1倍未満と低迷し，2021年は1.00倍（全員合格）。それが2022・2023年に1.09倍→1.24倍（男女計）にアップ。このため2024年は敬遠層も出たのか，応募者が減り実質倍率1.03倍（男女計）にダウン。なお，特別推薦は陸上競技など4種。

【併願例】〈挑戦〉自由ヶ丘，貞静学園，大森学園，日体大荏原，武蔵野，品川学藝，羽田国際，二階堂，東京実業　〈最適〉大東学園，堀越，武相

雪谷 高等学校

共 学

【アクセス】東急池上線―御嶽山8分

〒146-0085 東京都大田区久が原1-14-1 ☎(03)3753-0115

【設置学科】 普通科
【沿　革】 1913年創立。
【生徒数】 男子426名，女子398名
【特　色】①進学指導研究校（～2024年度）。計画的に模試の分析会を実施し，組織的な進学指導体制を確立する。分析結果を各教科で共有し，授業改革に取り組む。②2年次は，一部の授業で文理別となる。3年次は大学の進路に対応したカリキュラムを設定。③総合的な探究の時間では社会に貢献できる人の育成をめざし，生徒の興味，関心に結びつけた探究活動に取り組む。④JETの先生との練習などで英語4技能を伸ばす。⑤様々な進路・学習サポート体制により，希望進路実現をめざす。夏期・冬期講習，勉強合宿，放課後講習などの講習も充実している。⑥制服あり。

【進路情報】 卒業生数―274名
大学―236名　短大―1名　専門学校―14名　就職―1名　その他―22名
【指定校推薦】 東京理科大，学習院大，日本大，駒澤大，専修大，大東文化大，他。
【見学ガイド】 文化祭，説明会，体験入部，授業公開，見学会

主な大学合格状況

'24年春速報は巻末資料参照　※（ ）内は現役生で内数。（ ）外は既卒生を含む。

大学名	'23	'22	大学名	'23	'22	大学名	'23	'22	大学名	'23	'22
◇筑波大	2(2)	1(1)	◇宇都宮大	0	1(1)	東京理科大	2(1)	2(2)	日本大	66(50)	56(55)
◇横浜国大	1(1)	0	◇電通大	1(1)	0	学習院大	10(10)	8(7)	東洋大	93(70)	70(46)
◇埼玉大	1(1)	0	◇県立保健福祉大	1(1)	3(3)	明治大	34(29)	9(7)	駒澤大	53(37)	48(34)
◇都立大	2(2)	2(2)	◇高崎経済大	2(2)	0	青山学院大	9(9)	13(13)	専修大	53(37)	48(34)
◇信州大	3(3)	1(1)	早稲田大	9(8)	0	立教大	25(18)	10(10)	東海大	35(18)	33(22)
◇東京海洋大	1(1)	1(1)	慶應大	2(1)	1(1)	中央大	24(17)	5(4)	明治学院大	35(30)	35(35)
◇茨城大	2(2)	1(1)	上智大	4(4)	1(1)	法政大	43(35)	16(16)	神奈川大	30(30)	31(31)

選抜方法 2024年春（実績）

特別推薦あり

推薦	推薦枠	調査書の活用	調査書	個人面接	小論文
	20%	評定	300点	100点	200点

一次	学力検査	学力検査：調査書	ESAT-J
	5教科	7：3	20点

過去2年間の応募状況

年度	性別	募集数	応募数	合格数	応募倍率
推薦 '24	男女	56	162	56	2.89
'23	男子	29	124	29	4.28
	女子	26	98	26	3.77

年度	性別	募集数	応募数	受検数	合格数	応募倍率	実質倍率
一次 '24	男女	221	380	338	223	1.72	1.52
'23	男子	116	231	203	119	1.99	1.71
	女子	106	183	172	104	1.73	1.65

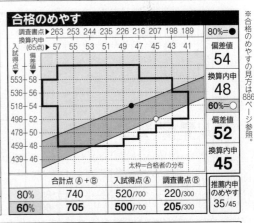

合格のめやす

	偏差値	換算内申
80%	54	48
60%	52	45
推薦内申のめやす		35/45

	合計点Ⓐ+Ⓑ	入試得点Ⓐ	調査書点Ⓑ
80%	740	520/700	220/300
60%	705	500/700	205/300

※合格のめやすの見方は886ページ参照。

【受験特報】 一次では，男女計の実質倍率は，2018年の1.81倍から2019・2020年は1.6倍前後で，2021年には1.33倍と低めに。しかし2022・2023年は1.59倍→1.68倍（男女計）と盛り返す。ただ2024年は応募者減少（男女計）で1.52倍に下向いた。なお，特別推薦はチアリーディングなど。

【併願例】〈挑戦〉芝国際，国学院，目黒日大，文教大付，多摩大目黒 〈最適〉東京，日本工大駒場，立正大立正，品川翔英，駒場学園 〈堅実〉目黒学院，正則，自由ヶ丘，大森学園

桜町 高等学校

共 学

〒158-0097　東京都世田谷区用賀2-4-1　☎(03)3700-4330

【設置学科】　普通科

【沿　革】　1938年，東京府立第十一高等女学校として創立。1950年現校名となる。

【生徒数】　男子449名，女子469名

【特　色】　①2年次より，より発展的な学習と希望進路に合わせた文理別となる。②3年次の必修選択科目に「情報基礎」を設置。③国数英で習熟度別授業を行う。④スタディサプリを活用し，弱点克服と先取り学習を実施。⑤夏期・冬期講習，週末の特別講習，予備校講師による土曜講習など，入試対策に重点をおいた豊富な講習，補習を設ける。⑥3年間を見通した系統的な進路指導。3年次には実践的な個別指導に取り組む。⑦中国・北京の姉妹校と交流。希望者は中国研修旅行に参加できる。第二外国語として中国語も履修可能。⑧制服あり。

【進路情報】　卒業生数―307名
大学―169名　短大―7名　専門学校―78名　就職―3名　その他―50名

【指定校推薦】　日本大，駒澤大，専修大，東海大，亜細亜大，帝京大，成蹊大，他。

【見学ガイド】　文化祭，説明会，授業体験，部活動体験，見学会，個別入試相談

主な大学合格状況
'24年春速報は巻末資料参照　　※（　）内は現役生で内数。（　）外は既卒生を含む。

大学名	'23	'22	大学名	'23	'22	大学名	'23	'22	大学名	'23	'22
◇秋田大	0	1(1)	東洋大	9(8)	25(22)	成蹊大	2(2)	6(6)	東京経済大	11(11)	4(3)
上智大	2	0	駒澤大	7(7)	10(10)	神奈川大	9(9)	12(12)	桜美林大	21(17)	20(11)
明治大	3	1(1)	専修大	6(4)	9(8)	東京電機大	3(3)	3(3)	東京農大	14(14)	6(4)
青山学院大	3(1)	2(2)	大東文化大	12(8)	9(6)	玉川大	13(10)	8(4)	拓殖大	8(8)	10(10)
中央大	0	4(1)	東海大	11(3)	19(8)	東京都市大	5(5)	3(3)	目白大	12(4)	11(11)
法政大	3(2)	3(2)	亜細亜大	10(8)	14(14)	立正大	12(12)	14(12)	高千穂大	12(9)	10(3)
日本大	16(11)	18(10)	帝京大	20(14)	11(9)	国士舘大	22(17)	28(16)	東京医療保健大	4(4)	5(5)

選抜方法　2024年春（実績）

推薦	推薦枠	調査書の活用	調査書	個人面接	小論文	一次	学力検査	学力検査：調査書	ESAT-J
	20%	評定	600点	400点	200点		5教科	7：3	20点

過去2年間の応募状況

年度	性別	募集数	応募数	合格数	応募倍率
推薦 '24	男女	64	131	64	2.05
推薦 '23	男子	33	45	33	1.36
	女子	30	69	30	2.30

年度	性別	募集数	応募数	受検数	合格数	応募倍率	実質倍率
一次 '24	男女	252	271	250	250	1.08	1.00
一次 '23	男子	132	145	134	112	1.10	1.12
	女子	121	171	164	144	1.41	1.14

合格のめやす

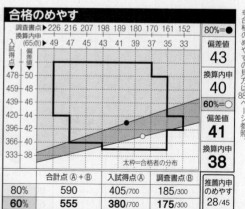

※合格のめやすの見方は886ページ参照。

調査書点▶ 226 216 207 198 189 180 170 161 152
換算内申(65%)▶ 49 47 45 43 41 39 37 35 33

80%=●　偏差値 43　換算内申 40
60%=○　偏差値 41　換算内申 38

入試得点：478―50，459―48，439―46，420―44，396―42，366―40，333―38
偏差値：50,48,46,44,42,40,38

太枠=合格者の分布

	合計点Ⓐ+Ⓑ	入試得点Ⓐ	調査書点Ⓑ
80%	590	405/700	185/300
60%	555	380/700	175/300

推薦内申のめやす　28/45

【受験特報】　一次では，男女計の実質倍率は，2018～2020年の1.27倍～1.39倍から，2021・2022年は応募者（男女計）が少なめで1.06倍→1.02倍と低迷。2023年は1.13倍（男女計）に上向くも，2024年は応募者（男女計），受検者（同）減少で全員合格に。2025年は反動（倍率上昇）の想定を。

【併願例】〈挑戦〉日本工大駒場，関東国際，下北沢成徳，駒場学園，目黒学院，正則，日本学園，駒沢女子，自由ヶ丘　〈最適〉大森学園，日体大荏原，東京実業，大東学園

千歳丘 高等学校

共学

アクセス　小田急線—千歳船橋7分

〒156-0055　東京都世田谷区船橋3-18-1　☎(03)3429-7271

【設置学科】　普通科

【沿　革】　1942年，東京府立第十九高等女学校として創立。1950年現校名となる。

【生徒数】　男子350名，女子373名

【特　色】　①2019年度に新校舎が完成。各普通教室にプロジェクターや冷暖房を完備。②1年次は国数英で習熟度別や少人数制授業を行い，2年次は週4時限の選択講座，3年次には幅広い選択講座を用意し，自由選択科目に「情報Ⅰ演習」も設置する。③夏期講習，予備校講師による英語の土曜講習を実施。④分野別ガイダンスなどの進路

行事を設定。また大学の総合型選抜や学校推薦型選抜対策として，小論文・面接指導を全教員で行う。⑤台湾の姉妹校との相互訪問交流など，国際理解教育を推進。2年次は台湾修学旅行を実施。⑥制服あり。

【進路情報】　卒業生数—244名
大学—118名　短大—2名　専門学校—81名　就職—12名　その他—31名

【指定校推薦】　日本大，東洋大，駒澤大，東海大，亜細亜大，帝京大，國學院大，他。

【見学ガイド】　文化祭，説明会，部活動体験会，授業公開，見学会

主な大学合格状況

'24年春速報は巻末資料参照　※( )内は現役生で内数。( )外は既卒生を含む。

大学名	'23	'22	大学名	'23	'22	大学名	'23	'22	大学名	'23	'22
立教大	1	0	大東文化大	1(1)	4(2)	東京経済大	3(3)	1(1)	東京工科大	2(1)	3(1)
中央大	1	1(1)	亜細亜大	3(3)	5(5)	桜美林大	5(5)	11(5)	高千穂大	18(16)	11(8)
法政大	0	1(1)	帝京大	10(10)	8(7)	大妻女子大	1(1)	1(1)	フェリス女学院大	2(1)	1(1)
日本大	1	0	國學院大	1(1)	1(1)	白百合女子大	2(2)	2(2)	東京成徳大	10(10)	1(1)
東洋大	2(2)	0	獨協大	1	5	杏林大	3(3)	2(2)	東京学園大	2(2)	2(2)
駒澤大	1(1)	1(1)	工学院大	2(2)	0	明星大	11(9)	2(2)	東洋学園大	2(2)	2(2)
専修大	0	7(1)	国士舘大	11(10)	10(7)	帝京平成大	10(9)	12(12)	和光大	5(5)	8(8)

選抜方法　2024年春（実績）

特別推薦あり

推薦	推薦枠	調査書の活用	調査書	個人面接	作文
	20%	評定	600点	300点	300点

一次	学力検査	学力検査：調査書	ESAT-J
	5教科	7：3	20点

過去2年間の応募状況

	年度	性別	募集数	応募数	合格数	応募倍率
推薦	'24	男女	56	151	56	2.70
	'23	男子	30	56	29	1.93
		女子	26	52	26	2.00

	年度	性別	募集数	応募数	受検数	合格数	応募倍率	実質倍率
一次	'24	男女	221	295	273	223	1.33	1.22
	'23	男子	116	119	108	108	1.03	1.00
		女子	106	117	113	113	1.10	1.00

合格のめやす

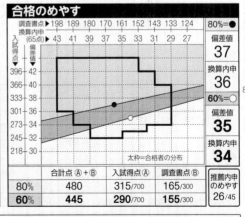

	合計点Ⓐ+Ⓑ	入試得点Ⓐ	調査書点Ⓑ
80%	480	315/700	165/300
60%	445	290/700	155/300

80%=●　偏差値 37　換算内申 36
60%=○　偏差値 35　換算内申 34
推薦内申のめやす 26/45

太枠=合格者の分布

※合格のめやすの見方は886ページ参照。

【受験特報】　一次では，男女計の実質倍率は，2018〜2021年に1.12倍〜1.42倍。2022・2023年には応募者（男女計），受検者（同）が少なめで2022年からの定員増もあって2年連続で全員合格に。しかし2024年は応募者（同）がかなり増え1.22倍に上がった。2025年一次も油断はできない。

【併願例】　〈挑戦〉東京立正，自由ヶ丘，国本女子，品川学藝，大東学園，堀越，光明相模原　〈最適〉品川エトワール，フェリシア，安部学院，科学技術学園，柏木学園

深沢 高等学校

共学

アクセス 東急田園都市線―桜新町13分またはバス深沢高校

〒158-0081　東京都世田谷区深沢7-3-14　☎(03)3702-4145

【設置学科】　普通科
【沿　革】　1963年創立。
【生徒数】　男子233名，女子195名
【特　色】　①学力の基盤を育むカリキュラムを組む。数英で習熟度別授業，国英などで少人数授業を行う。また，サポート課題やグループワーク，SDGs学習などの探究学習により学びを深める。②3年次に必修選択科目，自由選択科目を用意。③「キャリア教育の深沢」のスローガンのもと，主体的な進路選択により，高い進路決定率と進路実績を誇る。大学の授業を体験する「深沢進路の日」や進路ガイダンスなどを実施する。④1年次全員がインターンシップに取り組む。⑤東京都歴史的建造物に選定されている茶室「清明亭」があり，国際交流茶会も開催している。⑥制服あり。

【進路情報】　卒業生数―166名
大学―66名　短大―6名　専門学校―67名　就職―18名　その他―9名
【指定校推薦】　日本大，東洋大，駒澤大，大東文化大，亜細亜大，帝京大，他。
【見学ガイド】　文化祭，説明会，授業公開，見学会，個別相談会

主な大学合格状況
'24年春速報は巻末資料参照 ※（ ）内は現役生で内数。（ ）外は既卒生を含む。

大学名	'23	'22	大学名	'23	'22	大学名	'23	'22	大学名	'23	'22
日本大	1(1)	1(1)	神奈川大	6(6)	4(4)	明星大	1(1)	1(1)	日本体育大	2(2)	1(1)
東洋大	0	2(2)	玉川大	1(1)	8(8)	帝京平成大	2(2)	2(2)	東洋英和女学院大	2(2)	1(1)
駒澤大	0	3(3)	国士舘大	5(3)	5(4)	大正大	1(1)	0	中央学院大	1(1)	2(2)
大東文化大	2(2)	0	桜美林大	2(2)	4(1)	拓殖大	2(2)	1(1)	こども教育宝仙大	2(2)	0
亜細亜大	2(1)	0	関東学院大	1(1)	2(2)	産業能率大	1(1)	0	東洋学園大	6(6)	1(1)
帝京大	1(1)	4(4)	白百合女子大	2(2)	2(2)	城西大	1(1)	1(1)	日本文化大	1(1)	0
國學院大	1(1)	0	東京農大	1(1)	0	高千穂大	8(7)	5(4)	和光大	10(10)	5(5)

選抜方法　2024年春（実績）　特別推薦あり

推薦	推薦枠	調査書の活用	調査書	集団討論・個人面接	作文
	20%	評定	270点	240点	100点

前期	学力検査	学力検査：調査書	ESAT-J
	5教科	7：3	20点

過去2年間の応募状況

年度	性別	募集数	応募数	合格数	応募倍率
推薦 '24	男女	40	48	40	1.20
推薦 '23	男子	20	27	20	1.35
	女子	18	35	18	1.94

年度	性別	募集数	応募数	受検数	合格数	応募倍率	実質倍率
前期 '24	男女	142	124	112	112	0.87	1.00
前期 '23	男子	75	74	62	61	1.02	1.00
	女子	69	46	42	42	0.67	1.00

※2024年度後期募集実施　男女計16名

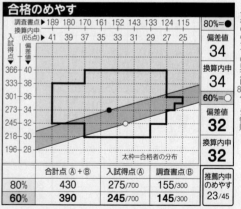

合格のめやす

	合計点Ⓐ+Ⓑ	入試得点Ⓐ	調査書点Ⓑ
80%	430	275/700	155/300
60%	390	245/700	145/300

80%=● 偏差値 34　換算内申 34
60%=○ 偏差値 32　換算内申 32
推薦内申のめやす 23/45

※合格のめやすの見方は886ページ参照。

【受験特報】　前期では，実質倍率（男女計）は2018年に1.1倍台に，2019年に1.1倍未満に下がり，2020～2024年には5年連続で定員割れとなった。ただ，定員割れでも不合格が出た年もある（2023年）。受検生は私立や通信制高校などへ流れているようだ。特別推薦は男子バレーで実施。

【併願例】　〈挑戦〉藤村女子，二階堂，東京実業，堀越，大東学園，フェリシア，品川エトワール，科学技術学園，大西学園，光明相模原，柏木学園

松原 高等学校

共学

〒156-0045 東京都世田谷区桜上水4-3-5 ☎(03)3303-5381

【設置学科】 普通科

【沿　革】 1950年創立。

【生徒数】 男子281名，女子332名

【特　色】 ①基礎を重視し，様々な大学進学に対応できる学力向上をめざす。3年次には多くの選択科目を用意する。②数英で習熟度別授業を行う。③定期考査1週間前から，日本大学などの大学生が勉強を教えてくれる「放課後スタディールーム」を開設。④予備校とタイアップした土曜講習（数英）を実施。長期休業中には，大学受験に向けた多数の講座を開講する。⑤小論文・面接指導が充実している。⑥様々な大学の教員による出張講義を，1・2年次に全員が体験。希望者は日本大学文理学部を訪問する。また，外部講師による公務員試験対策講習も実施する。⑦制服あり。

【進路情報】 卒業生数―182名
大学―128名　短大―2名　専門学校―33名　就職―2名　その他―17名

【指定校推薦】 日本大，東洋大，駒澤大，専修大，亜細亜大，成蹊大，成城大，他。

【見学ガイド】 文化祭，説明会，オープンスクール，授業公開，見学会，個別相談会

主な大学合格状況
'24年春速報は巻末資料参照　　※（ ）内は現役生で内数。（ ）外は既卒生を含む。

大学名	'23	'22	大学名	'23	'22	大学名	'23	'22	大学名	'23	'22
◇東京藝術大	1	0	東洋大	2(2)	6(4)	獨協大	2(2)	2(2)	武蔵野大	4(4)	4(4)
◇都立大	0	1(1)	駒澤大	2(2)	5(5)	神奈川大	2(2)	1(1)	実践女子大	7(5)	2(2)
◇防衛大	1(1)	0	専修大	6(6)	9(6)	東京電機大	3(3)	1(1)	明星大	25(17)	4(4)
東京理科大	0	1(1)	東海大	24(9)	0	立正大	9(3)	9(7)	帝京平成大	5(3)	3(1)
明治大	0	1(1)	亜細亜大	9(8)	4(4)	国士舘大	14(9)	7(7)	大正大	8(6)	1(1)
法政大	0	1(1)	帝京大	12(10)	10(9)	東京経済大	15(15)	5(5)	目白大	7(5)	10(10)
日本大	6(6)	9(9)	成蹊大	3(3)	4(3)	桜美林大	6(2)	9	高千穂大	16(5)	2(2)

選抜方法 2024年春（実績）

	推薦枠	調査書の活用	調査書	個人面接	作文		学力検査	学力検査：調査書	ESAT-J
推薦	20%	評定	450点	200点	250点	一次	5教科	7：3	20点

過去2年間の応募状況

年度	性別	募集数	応募数	合格数	応募倍率
推薦 '24	男女	40	69	40	1.73
推薦 '23	男子	24	48	24	2.00
	女子	22	92	22	4.18

年度	性別	募集数	応募数	受検数	合格数	応募倍率	実質倍率
一次 '24	男女	156	165	157	156	1.06	1.01
一次 '23	男子	99	134	132	84	1.35	1.46
	女子	91	157	153	110	1.73	1.39

合格のめやす

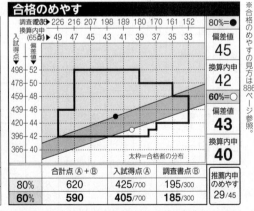

	合計点Ⓐ＋Ⓑ	入試得点Ⓐ	調査書点Ⓑ
80%	620	425/700	195/300
60%	590	405/700	185/300

80%＝● 偏差値 **45** 換算内申 **42**
60%＝○ 偏差値 **43** 換算内申 **40**
推薦内申のめやす **29/45**

※合格のめやすの見方は886ページ参照。

太枠＝合格者の分布

受験特報 一次では，2019年に全員合格となるも，2020～2023年には男女計の実質倍率は1.3～1.53倍で推移。しかし2024年一次は定員減が応募者（男女計）の大幅減に吸収され，ほぼ全員合格に。受検生は杉並総合などへ流れたか。2025年一次は反動（応募者増）の倍率アップに注意。

【併願例】 〈挑戦〉八王子実践，大成，関東国際，日本工大駒場，駒場学園，佼成女子，目黒学院，正則，東京立正，日本学園　〈最適〉昭和一学園，駒沢女子，自由ヶ丘　〈堅実〉堀越

芦花 高等学校

共学　単位制

【アクセス】京王線—千歳烏山13分　小田急線—千歳船橋よりバス千歳中学校前2分

〒157-0063　東京都世田谷区粕谷3-8-1　☎(03)5315-3322

【設置学科】　普通科

【沿革】　2003年に全日制普通科単位制高校として開校。

【生徒数】　男子218名，女子600名

【特色】　①進学指導研究校に指定（～2024年度）。進路希望実現のために，基礎・基本を重視したわかる授業，学力向上が実感できる授業を構成する。②生活の基盤としてのHRを重視する。③単位制の利点を生かし，進路希望や興味，関心に応じた多様な選択科目を設置。数英を中心に多くの授業で，習熟度別授業や少人数指導を行う。④1・2年次は夏期集中型学力向上講習，3年次には大学受験特別講習を開講。卒業生による進路講演会も行う。⑤自習室などの自学自習環境が整備され，個別の質問や相談にも対応する。⑥制服あり。

【進路情報】　卒業生数—266名

大学—197名　短大—4名　専門学校—42名　就職—2名　その他—21名

【指定校推薦】　日本大，東洋大，駒澤大，専修大，東海大，成蹊大，東京電機大，他。

【見学ガイド】　文化祭，説明会，体験授業，オープンスクール，授業公開，見学会

主な大学合格状況
'24年春速報は巻末資料参照　※（　）内は現役生で内数。（　）外は既卒生を含む。

大学名	'23	'22	大学名	'23	'22	大学名	'23	'22	大学名	'23	'22
◇東京農工大	0	1(1)	学習院大	1(1)	3(3)	東洋大	36(26)	21(19)	成蹊大	6(6)	9(8)
◇都立大	1(1)	0	明治大	4(4)	6(3)	駒澤大	28(28)	17(16)	国士舘大	14(13)	21(18)
◇信州大	1(1)	0	青山学院大	5(5)	0	専修大	29(26)	21(20)	桜美林大	37(25)	51(26)
◇宮崎大	1(1)	0	立教大	5(5)	9(8)	東海大	46(20)	20(9)	東京農大	13(13)	8(7)
◇岡山県立大	1(1)	0	中央大	7(7)	7(6)	亜細亜大	12(12)	9(9)	明星大	26(18)	38(33)
早稲田大	1(1)	0	法政大	13(11)	7(5)	帝京大	32(25)	15(15)	武蔵野美大	7(4)	4(4)
東京理科大	1(1)	0	日本大	40(38)	20(15)	國學院大	12(12)	6(6)	東京工芸大	5(5)	3(2)

選抜方法
2024年春（実績）

推薦	推薦枠	調査書の活用	調査書	個人面接	作文	一次	学力検査	学力検査：調査書	ESAT-J
推薦	20%	評定	400点	200点	200点	一次	5教科	7：3	20点

過去2年間の応募状況

	年度	性別	募集数	応募数	合格数	応募倍率
推薦	'24	男女	56	182		3.25
推薦	'23	男子	56	37	5	3.16
推薦	'23	女子		140	51	

	年度	性別	募集数	応募数	受検数	合格数	応募倍率	実質倍率
一次	'24	男女	220	455	417	222	2.07	1.88
一次	'23	男子	220	153	140	75	1.97	1.87
一次	'23	女子		281	269	147		1.83

合格のめやす

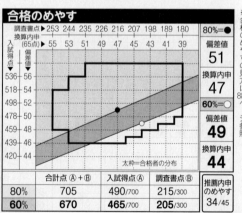

※合格のめやすの見方は886ページ参照。

調査書点▶	253	244	235	226	216	207	198	189	180	80%=●
換算内申(65点)▶	55	53	51	49	47	45	43	41	39	

偏差値 51

換算内申 47

60%=○

偏差値 49

換算内申 44

太枠=合格者の分布

	合計点Ⓐ+Ⓑ	入試得点Ⓐ	調査書点Ⓑ
80%	705	490/700	215/300
60%	670	465/700	205/300

推薦内申のめやす 34/45

【併願例】　〈挑戦〉杉並学院，明星　〈最適〉八王子実践，大成，日本工大駒場，文化学園杉並，国士舘，佼成女子，駒場学園，下北沢成徳，日本学園，昭和一学園　〈堅実〉自由ヶ丘

広尾 高等学校

共学

〒150-0011　東京都渋谷区東4-14-14　☎(03)3400-1761

アクセス／JR・日比谷
線―恵比寿10分
JR―渋谷よりバス国学
院大学前2分

【設置学科】　普通科
【沿　革】　1950年創立。
【生徒数】　男子287名，女子336名
【特　色】　①進学指導研究校(～2024年度)。予備校と提携した受験対策講座(数英)，思考力などを育成する講座を開講する。②3年間の学びを通して，社会の中核で活躍できる力を伸ばす学習指導を実践。国語では，大学などと連携して創造的・論理的思考の育成に取り組む。③夏期休業中に勉強合宿を開催。生徒の希望に応じた講座の開講や個別指導を行う。④大学の模擬授業を体験する分野別進路講演会，個別大学・専門学校進路説明会など，様々な進路指導を展開。⑤放課後に特別教室を自習室として開放。定期考査期間中は大学生のコーチング・スタッフが個別指導を行う。⑥制服あり。

【進路情報】　卒業生数―193名
大学―165名　短大― 5 名　専門学校―10名　その他―13名
【指定校推薦】　東京理科大，学習院大，明治大，青山学院大，立教大，日本大，他。
【見学ガイド】　文化祭，説明会，部活動体験，授業公開，見学会，受検相談会

主な大学合格状況
'24春速報は巻末資料参照　　　※(　)内は現役生で内数。(　)外は既卒生を含む。

大学名	'23	'22	大学名	'23	'22	大学名	'23	'22	大学名	'23	'22
◇千葉大	1(1)	0	上智大	4(4)	1(1)	法政大	23(19)	14(12)	國學院大	16(14)	16(16)
◇埼玉大	0	1	東京理科大	7(7)	2(2)	日本大	24(22)	31(25)	成蹊大	7(7)	22(22)
◇都立大	0	2(2)	学習院大	11(11)	10(9)	東洋大	43(40)	48(41)	成城大	11(11)	9(9)
◇川崎市立看護大	1(1)	0	明治大	17(16)	12(12)	駒澤大	24(19)	24(24)	明治学院大	11(9)	12(12)
◇公はこだて未来大	2(1)	0	青山学院大	15(15)	7(7)	専修大	11(8)	22(14)	獨協大	3(2)	4(3)
早稲田大	4(4)	4(4)	立教大	11(11)	5(5)	大東文化大	10(8)	8(4)	国士舘大	17(10)	13(6)
慶應大	4(3)	1(1)	中央大	14(11)	14(14)	帝京大	12(8)	25(24)	武蔵野大	18(17)	5(5)

選抜方法　2024年春(実績)
特別推薦，連携型入学者選抜あり

推薦	推薦枠	調査書の活用	調査書	個人面接	作文	一次	学力検査	学力検査:調査書	ESAT-J
	20%	評定	500点	300点	200点		5教科	7：3	20点

過去2年間の応募状況

	年度	性別	募集数	応募数	合格数	応募倍率
推薦	'24	男女	40	168	40	4.20
	'23	男子	20	76	20	3.80
		女子	18	90	18	5.00

	年度	性別	募集数	応募数	受検数	合格数	応募倍率	実質倍率
一次	'24	男女	157	339	284	159	2.16	1.79
	'23	男子	81	167	131	64	2.06	2.02
		女子	74	184	165	93	2.49	1.77

合格のめやす

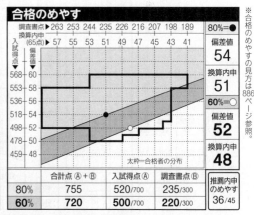

調査書点	263	253	244	235	226	216	207	198	189
換算内申(65点)▶	57	55	53	51	49	47	45	43	41

80%=●　偏差値 **54**　換算内申 **51**
60%=○　偏差値 **52**　換算内申 **48**

太枠=合格者の分布

	合計点Ⓐ+Ⓑ	入試得点Ⓐ	調査書点Ⓑ	推薦内申のめやす
80%	755	520/700	235/300	36/45
60%	720	500/700	220/300	

※合格のめやすの見方は886ページ参照。

受験特報　人気校で，2017年以降の一次では男女計の実質倍率は2019年(1.53倍)を除き，1.76倍～2.03倍と高く推移。その中で，2024年は応募者(男女計)のやや減少で実質倍率1.79倍に下がった(2023年は男女計1.87倍)。2025年は定員増の可能性もあるが，一次は「高倍率」と想定を。

【併願例】〈挑戦〉国学院，駒澤大学，文教大付，多摩大目黒　〈最適〉杉並学院，目白研心，東京成徳大，豊島学院，日本工大駒場，品川翔英，駒場学園　〈堅実〉目黒学院，正則

鷺宮 高等学校

共学

西武新宿線―都立家政
3分，鷺ノ宮10分

〒165-0033　東京都中野区若宮3-46-8　☎(03)3330-0101

【設置学科】　普通科
【沿　革】　1912年創立。中野家政女学校を経て，1950年現校名となる。
【生徒数】　男子385名，女子442名
【特　色】　①1年次は各教科をバランスよく学習し，基礎，基本の定着を図る。②2年次より選択科目を増やし，理系，文系別の進学に対応。③3年次は進路に応じた受験対応科目を用意する。④年間18回の土曜授業を行い，確かな学力の定着と第1志望の進路実現を図る。⑤3年間を見通した進路指導を行う。進路ガイドブックや計画的なガイダンスで進路決定に必要な情報を提供し，進路実現を支援。学校別説明会，大学別入試説明会なども行う。⑥1年次より夏期・冬期講習講座を開講。⑦ダンス部が全国で1位の実績。⑧制服あり。

【進路情報】　卒業生数―260名
大学―182名　専門学校―52名　就職―5名　その他―21名
【指定校推薦】　法政大，日本大，東洋大，駒澤大，専修大，大東文化大，他。
【見学ガイド】　文化祭，説明会，部活動体験，授業公開，見学会

主な大学合格状況　'24年春速報は巻末資料参照

※（　）内は現役生で内数。（　）外は既卒生を含む。

大学名	'23	'22	大学名	'23	'22	大学名	'23	'22	大学名	'23	'22
◇山梨大	1	0	明治大	5(4)	4(2)	駒澤大	11(6)	15(12)	成蹊大	5(2)	7(7)
◇広島大	1	0	青山学院大	0	1(1)	専修大	14(13)	14(8)	成城大	4(3)	4(2)
早稲田大	1(1)	0	立教大	1(1)	0	大東文化大	11(6)	22(16)	東京電機大	5(3)	0
慶應大	0	1(1)	中央大	1(1)	7(5)	東海大	15(5)	6(3)	玉川大	13(10)	1(1)
上智大	0	2(2)	法政大	4(3)	7(5)	亜細亜大	25(24)	29(29)	国士舘大	19(13)	10(6)
東京理科大	1	3(1)	日本大	21(13)	32(23)	帝京大	26(21)	22(21)	明星大	14(11)	15(10)
学習院大	3(2)	1(1)	東洋大	26(15)	16(13)	國學院大	2(2)	7(7)	目白大	18(18)	18(18)

選抜方法 2024年春（実績）　特別推薦あり

推薦	推薦枠	調査書の活用	調査書	集団討論・個人面接	作文	一次	学力検査	学力検査：調査書	ESAT-J
	20%	評定	500点	300点	200点		5教科	7：3	20点

過去2年間の応募状況

	年度	性別	募集数	応募数	合格数	応募倍率
推薦	'24	男女	56	183	56	3.27
	'23	男子	28	136	28	4.86
		女子	26	167	26	6.42

	年度	性別	募集数	応募数	受検数	合格数	応募倍率	実質倍率
一次	'24	男女	220	366	342	222	1.66	1.54
	'23	男子	116	197	183	93	1.70	1.97
		女子	106	263	251	131	2.48	1.92

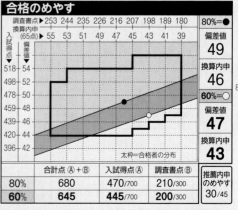

合格のめやす

調査書点 ▶ 253 244 235 226 216 207 198 189 180
換算内申(65点) ▶ 55 53 51 49 47 45 43 41 39

太枠＝合格者の分布

	合計点Ⓐ＋Ⓑ	入試得点Ⓐ	調査書点Ⓑ
80%	680	470/700	210/300
60%	645	445/700	200/300

80%=● 偏差値 49　換算内申 46
60%=○ 偏差値 47　換算内申 43
推薦内申のめやす 30/45

※合格のめやすの見方は886ページ参照。

【受験特報】　近年の一次では，男女計の実質倍率は，2021年に低めの1.45倍になるも，2022・2023年には1.79倍→1.94倍と高く上昇。このため2024年は敬遠層が出て，応募者（男女計）急減となり実質倍率1.54倍にダウン。受検生は杉並などへ流れたか。2025年は反動（倍率アップ）に注意。

【併願例】　〈挑戦〉杉並学院，目白研心，大東文化一，豊島学院，東亜学園，大成　〈最適〉文化学園杉並，保善，SDH昭和一，東京立正，昭和一学園，豊南，自由ヶ丘

武蔵丘 高等学校

共学

〒165-0031　東京都中野区上鷺宮2-14-1　☎(03)3999-9308

【アクセス】／西武池袋線—富士見台10分　西武新宿線—鷺ノ宮12分

【設置学科】　普通科
【沿　革】　1941年創立。
【生徒数】　男子444名，女子491名
【特　色】　①1年次は基礎・基本を徹底し，2年次に文系，理系の選択を導入，3年次は幅広い学力と受験への対応力を育成するカリキュラム編成。②自学自習を提唱し，年4回の自学自習ガイダンスで予習方法を指導する。③部活動を休止して夏期講習に打ち込む夏期講習特別期間を設定。また，自習室，質問コーナーなどの学習環境も整う。④キャリア教育，進路研究，履修指導，学力向上支援の4つを進路指導の柱とする。親身な個別指導で目標達成へと導く。大学訪問，卒業生講話，予備校と提携した講習などを行う。⑤軽音楽部が全国大会1位。⑥標準服制で普段は私服登校可能。

【進路情報】　卒業生数—310名
大学—238名　短大—4名　専門学校—47名　就職—6名　その他—15名

【指定校推薦】　東京理科大，学習院大，立教大，法政大，日本大，東洋大，専修大，他。

【見学ガイド】　文化祭，説明会，部活動体験・見学，授業公開，見学会，学校見学

東京

全日制普通科・23区

中野区

主な大学合格状況　'24年春速報は巻末資料参照

※(　)内は現役生で内数。(　)外は既卒生を含む。

大学名	'23	'22	大学名	'23	'22	大学名	'23	'22	大学名	'23	'22
◇東京藝術大	0	1	東京理科大	0	1(1)	日本大	27(27)	23(20)	成蹊大	14(11)	15(15)
◇東京学芸大	1(1)	2(1)	学習院大	5(4)	4(4)	東洋大	37(34)	42(36)	獨協大	22(21)	31(27)
◇都立大	0	1(1)	明治大	3(3)	9(5)	駒澤大	13(13)	11(11)	武蔵大	23(20)	33(22)
◇電通大	1(1)	1(1)	青山学院大	0	5(5)	専修大	36(31)	34(28)	東京経済大	19(16)	33(30)
◇鳥取大	1(1)	0	立教大	17(16)	2(2)	大東文化大	29(25)	29(26)	大妻女子大	13(13)	21(21)
早稲田大	1(1)	1(1)	中央大	5(3)	6(3)	亜細亜大	8(7)	15(15)	実践女子大	14(14)	9(9)
慶應大			法政大	12(10)	15(11)	帝京大	18(14)	13(12)	拓殖大	42(13)	22(20)

選抜方法　2024年春（実績）　特別推薦あり

推薦	推薦枠	調査書の活用	調査書	個人面接	作文	一次	学力検査	学力検査：調査書	ESAT-J
	20%	評定	500点	200点	300点		5教科	7：3	20点

過去2年間の応募状況

	年度	性別	募集数	応募数	合格数	応募倍率
推薦	'24	男女	64	224	64	3.50
	'23	男子	33	94	33	2.85
		女子	30	101	30	3.37

	年度	性別	募集数	応募数	受検数	合格数	応募倍率	実質倍率
一次	'24	男女	253	469	446	255	1.85	1.75
	'23	男子	133	255	237	139	1.92	2.01
		女子	121	242	232	139	2.00	1.67

合格のめやす

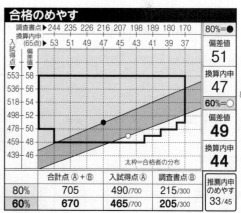

| 調査書点 ← 244 235 226 216 207 198 189 180 170 | | 80%● | 偏差値 51 |

	合計点 Ⓐ＋Ⓑ	入試得点 Ⓐ	調査書点 Ⓑ	推薦内申のめやす
80%	705	490/700	215/300	33/45
60%	670	465/700	205/300	

換算内申 47　偏差値 49　換算内申 44

※合格のめやすの見方は886ページ参照。

※合格のめやすの見方は886ページ参照。

【受験特報】　一次では，男女計の実質倍率は，2018年の1.76倍から2019〜2022年に1.3〜1.51倍に緩和。しかし2023年に応募者（男女計）の大幅増で1.82倍（男女計）にアップし，2024年も1.75倍と高倍率が続いた。このため2025年一次は敬遠層が出るか。なお特別推薦は硬式野球，サッカー。

【併願例】〈挑戦〉聖徳学園，実践学園，杉並学院，明星，目白研心　〈最適〉東京成徳大，大東文化一，豊島学院，東亜学園，文化学園杉並，保善，東京立正　〈堅実〉豊南

杉並 高等学校

共学

〒166-0016　東京都杉並区成田西4-15-15　☎(03)3391-6530

アクセス
丸ノ内線―南阿佐ヶ谷 7分
JR―阿佐ヶ谷15分

【設置学科】　普通科
【沿　革】　1953年創立。
【生徒数】　男子474名，女子431名
【特　色】　①数英で習熟度別授業を行う。②1・2年次全員参加の国内英語研修施設体験や，GTEC全員受験など，使える英語4技能を身につける。③総合的な探究の時間を活用し，未知なるものへの探究心や課題解決のための行動力を育成する。④台湾，ニュージーランドの高校と姉妹校協定を結び，相互交流を深めている。台湾への修学旅行，ニュージーランドへの語学研修（希望者）も実施。⑤「行きたい学校をめざす」をスローガンに，個に応じたきめ細かな進路指導を行う。校内模擬試験実施後，講師による分析会を行って学力向上に役立てる。⑥吹奏楽部が都大会に出場。⑦制服あり。

【進路情報】　卒業生数―302名
大学―229名　短大―7名　専門学校―28名　就職―1名　その他―37名
【指定校推薦】　学習院大，青山学院大，立教大，法政大，日本大，専修大，他。
【見学ガイド】　文化祭，説明会，部活動体験，授業公開，見学会，個別相談会

主な大学合格状況
'24年春速報は巻末資料参照　　※（ ）内は現役生で内数。（ ）外は既卒生を含む。

大学名	'23	'22	大学名	'23	'22	大学名	'23	'22	大学名	'23	'22
◇埼玉大	0	1(1)	立教大	2(1)	3(2)	大東文化大	11(4)	12(8)	明治学院大	8(3)	3(3)
◇長野県立大	0	1(1)	中央大	6(1)	12(11)	東海大	26(16)	10(7)	獨協大	9(4)	15(11)
早稲田大	3	2(1)	法政大	13(9)	15(13)	亜細亜大	18(15)	20(20)	国士舘大	21(14)	11(9)
上智大	0	2(2)	日本大	36(36)	33(26)	帝京大	26(21)	27(27)	東京経済大	18(16)	11(10)
学習院大	4(4)	4(4)	東洋大	22(14)	31(24)	國學院大	3(3)	7(7)	桜美林大	20(7)	23(11)
明治大	7(3)	10(9)	駒澤大	17(17)	6(6)	成蹊大	19(19)	11(11)	拓殖大	16(11)	7(7)
青山学院大	3(3)	2(2)	専修大	24(21)	12(12)	成城大	6(6)	3(3)	目白大	10(10)	12(12)

選抜方法 2024年春（実績）
特別推薦あり

	推薦枠	調査書の活用	調査書	個人面接	作文		学力検査	学力検査：調査書	ESAT-J
推薦	20%	評定	500点	250点	250点	一次	5教科	7：3	20点

過去2年間の応募状況

年度	性別	募集数	応募数	合格数	応募倍率
'24	男女	64	232	64	3.63
'23	男子	33	72	33	2.18
	女子	30	95	30	3.17

年度	性別	募集数	応募数	受検数	合格数	応募倍率	実質倍率
'24	男女	253	428	379	256	1.69	1.48
'23	男子	133	223	201	143	1.68	1.41
	女子	121	159	146	114	1.31	1.28

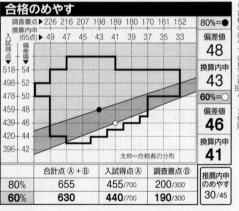

合格のめやす

| 調査書点▶ | 226 | 216 | 207 | 198 | 189 | 180 | 170 | 161 | 152 |
| 換算内申(65点)▶ | 49 | 47 | 45 | 43 | 41 | 39 | 37 | 35 | 33 |

80%=● 偏差値 48　換算内申 43
60%=○ 偏差値 46　換算内申 41

太枠=合格者の分布

	合計点Ⓐ+Ⓑ	入試得点Ⓐ	調査書点Ⓑ
80%	655	455/700	200/300
60%	630	440/700	190/300

推薦内申のめやす 30/45

※合格のめやすの見方は886ページ参照。

【受験特報】　一次では，男女計の実質倍率は，2018～2020年の1.2倍程度から2021・2022年に1.07倍→1.03倍と低迷。しかし2023年に反動の応募者（男女計）急増で1.35倍（男女計）に上がり，2024年も1.48倍にアップ。このため2025年一次は敬遠層が出るか。特別推薦は吹奏楽など3種。

【併願例】　〈挑戦〉杉並学院，目白研心，関東国際，日本工大駒場，大成，国士舘，文化学園杉並　〈最適〉駒場学園，目黒学院，保善，東京立正，昭和一学園，豊南，自由ヶ丘

豊島 高等学校

共 学

〒171-0044 東京都豊島区千早4-9-21 ☎(03)3958-0121

アクセス 有楽町線・副都心線―小竹向原8分, 千川8分 西武池袋線―江古田12分

東 京 全日制普通科・23区 杉並区／豊島区

【設置学科】 普通科

【沿　革】 1936年, 東京府立第十高等女校として創立。1950年現校名となる。

【生徒数】 男子414名, 女子447名

【特　色】 ①大学受験に対応したカリキュラム。2年次で緩やかな文系, 理系選択を行い, 3年次の選択科目には「情報Ⅱ」も設置する。②古典, 数英では習熟度別授業を行う。③特進クラスを2・3年次に各1クラス設け, 一段高い進路希望の実現をめざす。④土曜日に, 東京理科大学や立教大学の学生と勉強できる土曜自習室を開室。⑤進路探究合宿など, 特色ある進学指導体制をとる。⑥塾や予備校に通わず難関大学をめざす進路探究部という部活動で, 合格実績を上げている。⑦2021年度新校舎完成。⑧2020年度より制服をリニューアル。

【進路情報】 卒業生数―270名
大学―231名　短大―1名　専門学校―17名　就職―2名　その他―19名

【指定校推薦】 東京理科大, 学習院大, 法政大, 日本大, 東洋大, 専修大, 他。

【見学ガイド】 文化祭, 説明会, 部活動体験, 見学会

主な大学合格状況
'24年春速報は巻末資料参照　※既卒生を含む。'22の( )内は現役生で内数。

大学名	'23	'22	大学名	'23	'22	大学名	'23	'22	大学名	'23	'22
◇筑波大	0	1(1)	早稲田大	2	3(3)	中央大	10	17(11)	東海大	11	6(3)
◇横浜国大	1	0	上智大	1	0	法政大	17	21(21)	亜細亜大	9	14(8)
◇埼玉大	0	2(2)	東京理科大	0	1(1)	日本大	60	40(26)	帝京大	17	12(9)
◇都立大	1	1(1)	学習院大	2	7(7)	東洋大	68	65(44)	成蹊大	4	10(8)
◇信州大	1	0	明治大	9	11(3)	駒沢大	16	20(18)	獨協大	2	17(3)
◇東京海洋大	1	0	青山学院大	2	6(4)	専修大	28	23(8)	武蔵大	16	20(10)
◇宇都宮大	1	0	立教大	11	7(2)	大東文化大	59	46(24)	国士舘大	19	12(7)

選抜方法 2024年春（実績）
特別推薦あり

	推薦枠	調査書の活用	調査書	個人面接	小論文		学力検査	学力検査：調査書	ESAT-J
推薦	20%	評定	500点	200点	300点	一次	5教科	7：3	20点

過去2年間の応募状況

年度	性別	募集数	応募数	合格数	応募倍率
推薦 '24	男女	64	298	64	4.66
推薦 '23	男子	33	109	33	3.30
	女子	30	133	30	4.43

年度	性別	募集数	応募数	受検数	合格数	応募倍率	実質倍率
一次 '24	男女	253	574	527	255	2.27	2.07
一次 '23	男子	132	264	240	114	2.00	2.11
	女子	121	234	234	141	2.00	1.66

合格のめやす

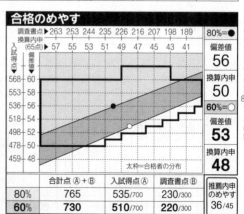

※合格のめやすの見方は886ページ参照。

80%＝● 偏差値 56　換算内申 50
60%＝○ 偏差値 53　換算内申 48

太枠＝合格者の分布

	合計点Ⓐ＋Ⓑ	入試得点Ⓐ	調査書点Ⓑ	推薦内申のめやす
80%	765	535/700	230/300	36/45
60%	730	510/700	220/300	

受験特報 新校舎完成などが影響し, 一次では, 男女計の実質倍率は2018・2019年の1.3倍台から, 2020～2023年に1.74～1.86倍と高くなった。さらに2024年は応募者（男女計）がかなり増え, 実質倍率2.07倍と高騰。受検生が文京から流入したか。この「激戦」から2025年は敬遠層が出そう。

【併願例】〈挑戦〉国学院, 淑徳巣鴨, 東洋大京北 〈最適〉杉並学院, 城西大城西, 目白研心, 郁文館, 帝京, 東京成徳大, 大東文化一, 豊島学院, 東亜学園 〈堅実〉保善, 豊南

文京 高等学校

共学

アクセス
JR―大塚7分
都電荒川線―巣鴨新田
1分

〒170-0001 東京都豊島区西巣鴨1-1-5 ☎(03)3910-8231

【設置学科】 普通科

【沿革】 1940年，第三東京市立中学校として創立。1950年現校名となる。

【生徒数】 男子486名，女子548名

【特色】 ①進学指導研究校（～2024年度）。オンライン学習，朝や放課後，長期休業中の講習，自主学習室での学習など，学習環境を構築し，確かな学力を育成する。②大学進学に対応したカリキュラム。3年次の自由選択科目には「情報演習」も設置する。③土曜授業を年間20回行う。④国公立大学進学対応クラスを設置。⑤数英は習熟度別授業を行う。⑥1年次のセミナー合宿，キャンパスツアー（早稲田大学），2年次の大学出張講義，3年次の国公立大学受験個別指導など，進路実現に向けて学校全体で支援と環境作りを行っている。⑦制服あり。

【進路情報】 卒業生数―348名
大学―316名 専門学校―8名 その他―24名

【指定校推薦】 都立大，東京理科大，学習院大，明治大，立教大，中央大，他。

【見学ガイド】 文化祭，説明会，部活動体験・見学，授業公開，見学会，個別相談会

主な大学合格状況
'24年春速報は巻末資料参照 ※（ ）内は現役生で内数。（ ）外は既卒生を含む。

大学名	'23	'22	大学名	'23	'22	大学名	'23	'22	大学名	'23	'22
◇千葉大	3(3)	1(1)	◇都立大	4(4)	7(7)	東京理科大	7(7)	6(6)	日本大	107(96)	109(90)
◇筑波大	1(1)	0	◇群馬大	1(1)	0	学習院大	19(19)	20(15)	東洋大	235(200)	182(148)
◇埼玉大	3(3)	3(3)	◇東京海洋大	1(1)	1(1)	明治大	50(48)	80(75)	駒澤大	40(36)	38(29)
◇北海道大	1(1)	0	◇埼玉県立大	1(1)	4(4)	青山学院大	13(13)	23(22)	専修大	60(50)	57(43)
◇東京医歯大	1(1)	0	早稲田大	16(12)	32(27)	立教大	94(87)	63(46)	國學院大	34(33)	30(7)
◇東京農工大	2(1)	1(1)	慶應大	1(1)	1(1)	中央大	25(25)	40(34)	成蹊大	14(11)	32(30)
◇東京学芸大	2(2)	1(1)	上智大	6(6)	3(2)	法政大	72(72)	86(79)	東京電機大	19(14)	38(29)

選抜方法 2024年春（実績）
特別推薦あり

推薦	推薦枠	調査書の活用	調査書	個人面接	小論文	一次	学力検査	学力検査：調査書	ESAT-J
薦	20%	評定	300点	150点	150点	次	5教科	7：3	20点

過去2年間の応募状況

	年度	性別	募集数	応募数	合格数	応募倍率
推薦	'24	男女	72	182	72	2.53
	'23	男子	37	96	37	2.59
		女子	34	137	34	4.03

	年度	性別	募集数	応検数	受検数	合格数	応募倍率	実質倍率
一次	'24	男女	284	408	369	285	1.44	1.29
	'23	男子	149	245	221	129	1.64	1.71
		女子	136	250	240	158	1.84	1.52

合格のめやす

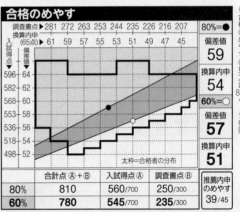

※合格のめやすの見方は886ページ参照。

調査書点 ▶ 281 272 263 253 244 235 226 216 207
換算内申(65点)▶ 61 59 57 55 53 51 49 47 45
入試得点

80%=● 偏差値 **59** 換算内申 **54**
60%=○ 偏差値 **57** 換算内申 **51**

太枠=合格者の分布

	合計点Ⓐ+Ⓑ	入試得点Ⓐ	調査書点Ⓑ	推薦内申のめやす
80%	810	560/700	250/300	39/45
60%	780	545/700	235/300	

受験特報 一次では，男女計の実質倍率は，2017・2018年の1.9倍前後から緩和して2021年に低めの1.28倍に。2022年は反動で1.73倍（男女計）に盛り返し，2023年も1.61倍（同）と高めになるも，2024年は応募者（男女計）急減で1.29倍と再び低めに。2025年一次は反動の倍率アップに注意。

【併願例】 〈挑戦〉順天，国学院，淑徳巣鴨，駒込 〈最適〉東洋，東洋大京北，専修大附，実践学園，杉並学院 〈堅実〉目白研心，二松学舎，大東文化一，東京成徳大，豊島学院，豊南

飛鳥 高等学校

共学
単位制

アクセス
南北線―王子神谷6分
JR―王子12分

〒114-8561　東京都北区王子6-8-8　☎(03)3913-5071

【設置学科】　普通科
【沿　革】　都立高校初の単位制普通科高校として1996年開校。
【生徒数】　男子234名，女子419名
【特　色】　①進学指導研究校（～2024年度）。模擬試験などの結果を活用しながら，生徒一人ひとりにカスタマイズした指導を行う。②単位制を生かした多様なカリキュラム編成。国数英は少人数・習熟度別授業。2年次より，多彩な選択科目から，各自の進路に合わせて学ぶ。③GE-NET20指定校（～2024年度）として英語教育の充実を図る。

多くのネイティヴスピーカーの教員から，生きた言語を学ぶ。④フランス，アメリカなどの姉妹校との国際交流が盛ん。海外修学旅行も行う。⑤インターンシップなど，多くの進路行事がある。⑥制服あり。
【進路情報】　卒業生数　217名
大学―143名　短大―5名　専門学校―50名　就職―2名　その他―17名
【指定校推薦】　法政大，日本大，東洋大，専修大，明治学院大，獨協大，他。
【見学ガイド】　文化祭，説明会，授業公開，見学会，学校見学，個別相談会

主な大学合格状況
'24年春速報は巻末資料参照　　※（　）内は現役生で内数。（　）外は既卒生を含む。

大学名	'23	'22	大学名	'23	'22	大学名	'23	'22	大学名	'23	'22
◇都留文科大	0	1(1)	中央大	1	2(2)	東海大	4(1)	4(2)	日本女子大	2(2)	1(1)
慶應大	1(1)	0	法政大	5(5)	10(10)	亜細亜大	6(5)	5(5)	国士舘大	9(8)	5(4)
上智大	3(3)	0	日本大	10(7)	11(10)	帝京大	6(2)	6(6)	桜美林大	4(3)	2(1)
学習院大	0	1(1)	東洋大	11(11)	11(10)	明治学院大	1(1)	1(1)	立命館アジア太平洋大	1	2(1)
明治大	3(3)	1(1)	駒澤大	1(1)	0	獨協大	14(12)	7(7)	女子美大	1(1)	1(1)
青山学院大	2(1)	1(1)	専修大	3(3)	5(4)	芝浦工大	6(1)	1(1)	日本体育大	5(5)	1(1)
立教大	2(2)	1(1)	大東文化大	6(2)	6(3)	津田塾大	1(1)	0	日本女子体育大	2(2)	3(3)

選抜方法　2024年春（実績）
特別推薦あり

	推薦枠	調査書の活用	調査書	個人面接	作文
推薦	20%	評定	500点	250点	250点

	学力検査	学力検査：調査書	ESAT-J
一次	5教科	7：3	20点

過去2年間の応募状況

年度	性別	募集数	応募数	合格数	応募倍率
推薦 '24	男女	43	107	43	2.49
推薦 '23	男子	43	26	6	2.09
	女子		64	37	

年度	性別	募集数	応募数	受検数	合格数	応募倍率	実質倍率
一次 '24	男女	170	181	169	169	1.06	1.00
一次 '23	男子	170	93	93	89	84	1.12	1.06
	女子		98	93	87		1.07

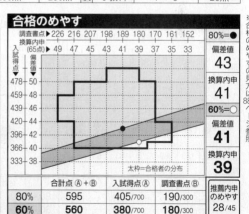

合格のめやす

	調査書点 ▶	226	216	207	198	189	180	170	161	152
換算内申（65点）▶		49	47	45	43	41	39	37	35	33

80%=● 偏差値 43
換算内申 41
60%=○ 偏差値 41
換算内申 39

太枠=合格者の分布

※合格のめやすの見方は886ページ参照。

	合計点Ⓐ+Ⓑ	入試得点Ⓐ	調査書点Ⓑ	推薦内申のめやす
80%	595	405/700	190/300	28/45
60%	560	380/700	180/300	

【受験特報】　一次の実質倍率（男女計）は，2013～2017年の1.2～1.3倍台から，2018年に1.00倍（全員合格）にダウン，2019～2021年も1.1倍未満で低迷。2022年は1.17倍（男女計）に上がるも，2023・2024年は応募者減で1.06倍（男女計）→全員合格に。2025年はある程度，反動が出ると想定を。

【併願例】〈挑戦〉東京成徳大，関東国際，錦城学園，東洋女子，正則，保善，東京立正，岩倉，SDH昭和一，豊南，駿台学園　〈最適〉貞静学園，正則学園，武蔵野，京華商業

竹台 高等学校

共学

アクセス／JR―鶯谷6分　JR・京成本線―日暮里8分　日比谷線―入谷15分

〒116-0014　東京都荒川区東日暮里5-14-1　☎(03)3891-1515

【設置学科】　普通科
【沿　革】　1940年創立。
【生徒数】　男子313名，女子370名
【特　色】　①コミュニケーション重視のきめ細やかな指導で，「共に学び，共に進む」授業を実施。多様な選択科目も魅力。3年次の自由選択科目に「情報Ⅱ」を設置予定。②英語は習熟度別授業を行う。また，国内英語研修施設に赴き，国際感覚を磨く。③Classi（教育プラットフォーム）などを活用して，学力の定着を図る。④漢字検定，英語検定などの資格取得を推進。⑤多方面の進路に対応できるよう，学年ごとの進路指導を行う。2年次には体験授業や上級学校訪問，3年次には大学入学共通テスト説明会などを行う。⑥明海大学と高大連携。⑦2021年8月，新校舎完成。⑧制服あり。

【進路情報】　卒業生数―187名
大学―73名　短大―3名　専門学校―67名　就職―14名　その他―30名
【指定校推薦】　中央大，日本大，東洋大，大東文化大，亜細亜大，帝京大，他。
【見学ガイド】　文化祭，説明会，授業公開，見学会，個別相談会

主な大学合格状況
'24年春速報は巻末資料参照　　※（　）内は現役生で内数。（　）外は既卒生を含む。

大学名	'23	'22	大学名	'23	'22	大学名	'23	'22	大学名	'23	'22
早稲田大	2	0	中央大	1(1)	3(1)	東海大	3	0	二松學舎大	2(2)	2(2)
慶應大	1(1)	0	法政大	0	2	帝京大	3(1)	3(1)	東京工科大	1(1)	1(1)
上智大	0	1(1)	日本大	4(4)	2(2)	獨協大	4(3)	0	大正大	4(3)	1(1)
学習院大	0	1	東洋大	2(2)	7(2)	東京都市大	1(1)	0	帝京科学大	4(3)	1(1)
明治大	1	0	駒澤大	1	1	国士舘大	2(2)	0	文京学院大	7(7)	6(5)
青山学院大	2(1)	0	専修大	1(1)	0	東京経済大	3(3)	0	東京未来大	4(3)	5(4)
立教大	0	0	大東文化大	2(1)	1(1)	武蔵野大	2(1)	2(2)	東洋学園大	3(3)	2(2)

選抜方法 2024年春（実績）

推薦	推薦枠	調査書の活用	調査書	個人面接	作文	前期	学力検査	学力検査：調査書	ESAT-J
推薦	20%	評定	450点	200点	250点	前期	5教科	7：3	20点

過去2年間の応募状況

年度	性別	募集数	応募数	合格数	応募倍率
推薦 '24	男女	51	187	51	3.67
推薦 '23	男子	26	61	26	2.35
	女子	24	117	24	4.88

年度	性別	募集数	応募数	受検数	合格数	応募倍率	実質倍率
前期 '24	男女	183	280	276	183	1.53	1.51
前期 '23	男子	96	100	95	77	1.04	1.23
	女子	88	133	133	107	1.51	1.24

※2024年度後期募集実施　男女計20名

合格のめやす

※合格のめやすの見方は886ページ参照。

偏差値 41（80%●）
換算内申 41
偏差値 39（60%○）
換算内申 38

	合計点Ⓐ+Ⓑ	入試得点Ⓐ	調査書点Ⓑ	推薦内申のめやす
80%	570	380/700	190/300	27/45
60%	525	350/700	175/300	

【受験特報】　前期では，2018・2019年に全員合格となったが，新校舎の「効果」もあり，男女計の実質倍率は2020年，2022年に高めの1.4倍台に。それが2023年は定員増が響き1.24倍（男女計）に下がるも，2024年には応募者増（男女計）で1.51倍と高倍率に。このため2025年は敬遠層が出そう。

【併願例】〈挑戦〉目黒学院，正則，SDH昭和一，岩倉，上野学園，潤徳女子，駿台学園，関東一，修徳　〈最適〉武蔵野，中央学院中央，神田女学園，京華商業，瀧野川女子

板橋 高等学校

共 学

アクセス
有楽町線・副都心線—千川5分

〒173-0035　東京都板橋区大谷口1-54-1　☎(03)3973-3150

【設置学科】 普通科

【沿　革】 1928年創立。

【生徒数】 男子425名，女子433名

【特　色】 ①学校設定科目の増設により，多様な進路希望に対応。3年次は，進路に向けた多彩な選択科目を用意し，自由選択科目に「情報Ⅱ」を設置。②数学で習熟度別授業を行う。③年間10回，国数英の土曜講習を設定する。④大学進学をめざした特別進学クラスを設置。土曜講習，外部模試，夏期集中型学力向上講習に参加する。⑤自分の適性や将来をみつめるプログラムを導入した計画的な進路指導を行う。年2回の基礎学力テスト，分野別説明会。個別・三者面談，面接・小論文指導などを行う。⑥2018年に新校舎が完成。⑦陸上競技部が全国大会に5年連続出場。⑧制服あり。

【進路情報】 卒業生数—261名
大学—134名　短大—4名　専門学校—87名　就職—13名　その他—23名

【指定校推薦】 日本大，東洋大，大東文化大，亜細亜大，帝京大，東京電機大，他。

【見学ガイド】 文化祭，説明会，授業公開，見学会，学校見学，入試対策講座

東京　全日制普通科・23区　荒川区／板橋区

主な大学合格状況　'24年春速報は巻末資料参照

※( )内は現役生で内数。( )外は既卒生を含む。

大学名	'23	'22	大学名	'23	'22	大学名	'23	'22	大学名	'23	'22
◇岩手大	1	0	帝京大	3(3)	9(8)	実践女子大	2(2)	1(1)	文京学院大	4(4)	7(6)
日本大	9(1)	3(3)	國學院大	1	2(2)	帝京平成大	5(5)	2(2)	高千穂大	13(9)	3(2)
東洋大	9(8)	10(10)	神奈川大	3(1)	1(1)	大正大	7(7)	5(3)	日本体育大	4(4)	1(1)
駒澤大	1(1)	4(4)	東京電機大	1	2(2)	拓殖大	6(1)	3(3)	淑徳大	4(4)	5(3)
専修大	4(1)	1(1)	国士舘大	10	11(8)	城西大	2(2)	8(3)	東京成徳大	8(7)	5(3)
大東文化大	10(4)	6(6)	東京経済大	3(3)	1(1)	目白大	7(2)	4(4)	跡見学園女子大	5(1)	3(3)
亜細亜大	15(6)	2(2)	桜美林大	2	3(3)	帝京科学大	4(2)	1(1)	東京国際大	11(8)	6(6)

選抜方法　2024年春（実績）　特別推薦あり

推薦	推薦枠	調査書の活用	調査書	個人面接	作文		一次	学力検査	学力検査：調査書	ESAT-J
	20%	評定	450点	250点	200点			5教科	7：3	20点

過去2年間の応募状況

年度	性別	募集数	応募数	合格数	応募倍率
推薦 '24	男女	56	280	56	5.00
推薦 '23	男子	33	82	33	2.48
	女子	30	116	30	3.87

年度	性別	募集数	応募数	受検数	合格数	応募倍率	実質倍率
一次 '24	男女	221	348	336	223	1.57	1.51
一次 '23	男子	133	157	152	121	1.18	1.26
	女子	121	169	162	135	1.40	1.20

合格のめやす

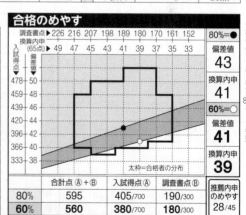

	調査書点 226 216 207 198 189 180 170 161 152
換算内申(65点)	49 47 45 43 41 39 37 35 33

80%=● 偏差値 **43**
換算内申 **41**
60%=○ 偏差値 **41**
換算内申 **39**

	合計点Ⓐ+Ⓑ	入試得点Ⓐ	調査書点Ⓑ	推薦内申のめやす
80%	595	405/700	190/300	28/45
60%	560	380/700	180/300	

太枠=合格者の分布

※合格のめやすの見方は886ページ参照。

【受験特報】 一次では，男女計の実質倍率は，2018～2020年の1.3倍台から2021年に1.59倍に上昇。2022・2023年は1.2倍台に緩和したが，2024年には定員を元の7学級に削減，一次は応募者増（男女計）も重なり1.51倍にアップ。このため2025年は敬遠層が出そう。特別推薦は陸上競技など。

【併願例】 〈挑戦〉東亜学園，日本工大駒場，文化学園杉並，東洋女子，保善，東京立正，駿台学園，豊南　〈最適〉貞静学園，文華女子，武蔵野，中央学院中央，京華商業，堀越

板橋有徳 高等学校

共学 単位制

アクセス 東武東上線—東武練馬 5分

〒175-0083 東京都板橋区徳丸2-17-1 ☎(03)3937-6911

【設置学科】 普通科
【沿 革】 2007年開校。
【生徒数】 男子304名，女子225名
【特 色】 ①国数英で習熟度別少人数授業を展開。応用，標準，基礎の3クラスに分け，個に応じてきめ細やかに指導する。②年間15回，国数英を中心に土曜特訓を行い，応用力を養成する。③夏期・冬期講習を毎年40講座以上開講。専門学校と連携した公務員試験対策講座や模擬試験も行う。④国内英語研修施設での語学研修，海外修学旅行，海外の学校との交流など，国際理解教育を推進。⑤大学進学を中心として，専門教科の教員からアドバイスを受けられる進路アドバイザー制度を活用。きめ細やかな指導を実践している。⑥1・2年次は朝のHRで3分間の書写を行う。⑦制服あり。

【進路情報】 卒業生数—190名
大学—98名 短大—6名 専門学校—54名 就職—15名 その他—17名
【指定校推薦】 東洋大，大東文化大，亜細亜大，帝京大，東京電機大，国士舘大，他。
【見学ガイド】 文化祭，説明会，体験入部，授業公開，見学会，学校見学

主な大学合格状況 '24年春速報は巻末資料参照
※（ ）内は現役生で内数。（ ）外は既卒生を含む。

大学名	'23	'22	大学名	'23	'22	大学名	'23	'22	大学名	'23	'22
早稲田大	2(2)	0	東洋大	6(6)	5(4)	東京電機大	7(7)	5(5)	大正大	7(7)	5(5)
学習院大	1(1)	0	専修大	2	2(2)	武蔵大	10(8)	1(1)	拓殖大	4(4)	8(5)
明治大	4(2)	0	大東文化大	13(13)	12(10)	立正大	2(1)	3	城西大	5(5)	6(2)
青山学院大	1	0	亜細亜大	3(3)	1(1)	国士舘大	8(6)	12(3)	目白大	2(2)	4(3)
立教大	4(1)	0	帝京大	7(6)	4(3)	東京経済大	7(7)	2(1)	文京学院大	3(1)	19(11)
法政大	2	4(2)	成蹊大	2(2)	1(1)	桜美林大	4(2)	6(3)	淑徳大	3(3)	6(6)
日本大	3(2)	5(3)	獨協大	6(4)	5(4)	帝京平成大	2(2)	9(3)	東京国際大	6(6)	7(7)

選抜方法 2024年春（実績） 特別推薦あり

推薦	推薦枠	調査書の活用	調査書	個人面接	作文	一次	学力検査	学力検査：調査書	ESAT-J
	20%	評定	450点	300点	150点		5教科	7：3	20点

過去2年間の応募状況

年度	性別	募集数	応募数	合格数	応募倍率
推薦 '24	男女	40	82	40	2.05
'23	男子女子	40	26 / 43	8 / 32	1.73

年度	性別	募集数	応募数	受検数	合格数	応募倍率	実質倍率
一次 '24	男女	156	177	171	158	1.13	1.08
'23	男子女子	156	99 / 40	95 / 40	95 / 40	0.89	1.00 / 1.00

合格のめやす

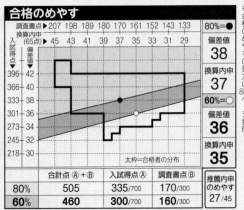

※合格のめやすの見方は886ページ参照。

	合計点 Ⓐ＋Ⓑ	入試得点Ⓐ	調査書点Ⓑ	推薦内申のめやす
80%	505	335/700	170/300	27/45
60%	460	300/700	160/300	

偏差値 38 / 換算内申 37 / 偏差値 36 / 換算内申 35

【受験特報】 一次の実質倍率（男女計）は2014・2015年の1.3倍台からダウンが続き，2019年に1.00倍（全員合格）。2020年は1.09倍（男女計）に上がるも，2021〜2023年は3年連続で全員合格。しかし2024年には応募者増で「全入」から脱し，倍率が上向いた。なお，特別推薦は書道，ラグビー。

【併願例】〈挑戦〉正則，駿台学園，豊南，貞静学園，正則学園，武蔵野，立川女子，京華商業，瀧野川女子 〈最適〉堀越，安部学院，科学技術学園

大山 高等学校

共学

〒173-0037　東京都板橋区小茂根5-18-1　☎(03)3958-2121

東京　全日制普通科・23区　板橋区

【設置学科】　普通科

【沿革】　1959年，定時制課程の独立校として創立。1963年，全日制課程設立。

【生徒数】　男子304名，女子248名

【特色】　①答えのないような疑問を考え，話し合う「哲学対話」により，考え，表現する力を育む。②1・2年次の習熟度別授業（数英）や少人数制授業などにより，一人ひとりに合わせた学習指導を行う。③7時限目に国数英の寺子屋を週1回ずつ開設。大学進学希望者向けの発展講座では，実践的な学びを支援する。④総合型選抜による進学をめざすための「山高ゼミ」を放課後に開催。面接や小論文，プレゼンテーションにも取り組む。⑤理数教育を推進。理数に関する講演会，施設見学，探究活動などを実施。⑥2021年度より新制服。

【進路情報】　卒業生数—165名
大学—51名　短大—6名　専門学校—65名　就職—26名　その他—17名

【指定校推薦】　日本大，東洋大，大東文化大，亜細亜大，桜美林大，淑徳大，他。

【見学ガイド】　文化祭，説明会，体験授業，部活動体験，授業公開，見学会，個別相談

主な大学合格状況　'24年春速報は巻末資料参照　※既卒生を含む。'22の（ ）内は現役生で内数。

大学名	'23	'22	大学名	'23	'22	大学名	'23	'22	大学名	'23	'22
東京理科大	1	0	武蔵大	1	1(1)	大正大	6	5(5)	麗澤大	13	0
日本大	1	0	国士舘大	0	0	目白大	3	0	東京成徳大	3	1(1)
東洋大	1	3(3)	桜美林大	2	0	帝京科学大	0	2(2)	東京富士大	0	3(3)
大東文化大	2	7(4)	白百合女子大	1	0	文京学院大	3	1(1)	東洋学園大	3	2(2)
東海大	1	1	杏林大	0	3(3)	高千穂大	4	4(4)	跡見学園女子大	3	1(1)
亜細亜大	4	2(2)	二松學舍大	0	0	東京工芸大	1	0	尚美学園大	1	3(3)
帝京大	1	0	帝京平成大	0	2(2)	淑徳大	3	5(5)	駿河台大	1	3(3)

選抜方法　2024年春（実績）

	推薦枠	調査書の活用	調査書	個人面接	作文		学力検査	学力検査：調査書	ESAT-J
推薦	20%	評定	500点	250点	250点	前期	5教科	7：3	20点

過去2年間の応募状況

	年度	性別	募集数	応募数	合格数	応募倍率
推薦	'24	男女	48	50	48	1.04
	'23	男子	24	32	24	1.33
		女子	22	41	22	1.86

	年度	性別	募集数	応募数	受検数	合格数	応募倍率	実質倍率
前期	'24	男女	169	103	92	92	0.61	1.00
	'23	男子	89	60	57	57	0.92	1.00
		女子	82	58	57	57	0.71	1.00

※2024年度後期募集実施　男女計20名

合格のめやす

調査書点▶	180	170	161	152	143	133	124	115	106
換算内申(65点)▶	39	37	35	33	31	29	27	25	23

入試得点▶
366—40
333—38
301—36
273—34
245—32
218—30
196—28

太枠=合格者の分布

80%=● 偏差値 34
換算内申 33
60%=○ 偏差値 32
換算内申 31

	合計点Ⓐ+Ⓑ	入試得点Ⓐ	調査書点Ⓑ
80%	425	275/700	150/300
60%	390	245/700	145/300

推薦内申のめやす　23/45

※合格のめやすの見方は886ページ参照。

【受験特報】　前期では2018年以降，応募者が少なめで，2018年に全員合格，2019〜2021年も実質倍率（男女計）1.1倍未満で低迷。2022〜2024年には3年連続で全員合格に。受検生は通信制高校や昼夜間定時制などへ流れている模様。一方，推薦は2024年の低倍率による反動（倍率上昇）に注意。

【併願例】〈挑戦〉武蔵野，中央学院中央，小石川淑徳，二階堂，京華商業，瀧野川女子，日体大桜華，大東学園，堀越，安部学院，科学技術学園

高島 高等学校

共学

〒175-0082 東京都板橋区高島平3-7-1 ☎(03)3938-3125

【設置学科】 普通科
【沿 革】 1974年創立。
【生徒数】 男子507名，女子421名
【特 色】 ①大学受験への対応を中心に据えたカリキュラム編成。1年次はバランスよく学び，2年次より文理選択，3年次は選択科目により多様な進路に対応する。自由選択科目に「情報Ⅱ」を設置。②毎日の朝学習で学習習慣を確立する。③講習や補習が充実。3年次には，日東駒専突破講習，入試直前講習も開講。希望者対象の寺子屋では，放課後に外部講師や大学生が個別指導を行う。④個別，全体共に手厚い進路指導で生徒の可能性を引き出し，進路希望を実現する。全教員による面接・小論文指導（3年次）も行う。⑤ダンス部，バトントワール部が全国大会に出場。⑥制服あり。

【進路情報】 卒業生数―310名
大学―219名 短大―8名 専門学校―53名 就職―5名 その他―25名
【指定校推薦】 学習院大，日本大，東洋大，駒澤大，専修大，東海大，亜細亜大，他。
【見学ガイド】 文化祭，説明会，部活動体験，授業公開，見学会，入試対策講座

主な大学合格状況
'24年春速報は巻末資料参照
※（ ）内は現役生で内数。（ ）外は既卒生を含む。

大学名	'23	'22	大学名	'23	'22	大学名	'23	'22	大学名	'23	'22
早稲田大	0	1	中央大	2(2)	6(6)	東海大	4(4)	7(3)	国士舘大	13(13)	10(8)
上智大	0	3	法政大	5(4)	7(5)	亜細亜大	18(18)	6(6)	東京経済大	9(9)	11(11)
東京理科大	2(2)	1	日本大	31(22)	28(22)	帝京大	18(15)	11(9)	帝京平成大	12(12)	9(8)
学習院大	6(6)	7(7)	東洋大	32(32)	25(23)	國學院大	3(1)	4(3)	大正大	9(8)	23(23)
明治大	2(2)	7(4)	駒澤大	8(6)	6(6)	獨協大	3(2)	3(1)	拓殖大	17(16)	12(12)
青山学院大	1	0	専修大	25(21)	13(11)	武蔵大	9(9)	1(1)	目白大	11(11)	8(8)
立教大	1	3(1)	大東文化大	34(27)	14(11)	立正大	13(13)	7(7)	高千穂大	14(13)	6(5)

選抜方法 2024年春（実績）
特別推薦あり

推薦	推薦枠	調査書の活用	調査書	個人面接	作文	一次	学力検査	学力検査：調査書	ESAT-J
	20%	評定	500点	250点	250点		5教科	7：3	20点

過去2年間の応募状況

年度	性別	募集数	応募数	合格数	応募倍率
推薦 '24	男女	64	243	64	3.80
推薦 '23	男子	33	119	33	3.61
	女子	30	93	30	3.10

年度	性別	募集数	応募数	受検数	合格数	応募倍率	実質倍率
一次 '24	男女	252	326	317	256	1.29	1.24
一次 '23	男子	132	183	183	148	1.48	1.24
	女子	121	135	131	108	1.12	1.21

合格のめやす

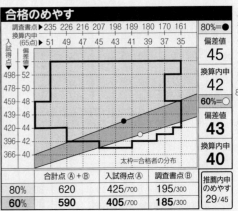

※合格のめやすの見方は886ページ参照。

| | 調査書点 | 235 226 216 207 198 189 180 170 161 | 80%=● | 偏差値 45 |
| 換算内申 (65点)▶ | 51 49 47 45 43 41 39 37 35 | | |

	合計点 Ⓐ+Ⓑ	入試得点Ⓐ	調査書点Ⓑ	推薦内申のめやす
80%	620	425/700	195/300	29/45
60%	590	405/700	185/300	

換算内申 42
60%=○
偏差値 43
換算内申 40

太枠=合格者の分布

【受験特報】 一次では2018年以降，男女計の実質倍率は，全員合格の1.00倍（2021年）〜1.45倍の範囲であまり安定していない。ただ2024年は応募者数（男女計），受検者数（同）の動きはわずかで実質倍率は2023年の1.23倍（男女計）から1.24倍とほぼ横ばいに。特別推薦は剣道など7種。

【併願例】〈挑戦〉城西大城西，大東文化一，東京成徳大，豊島学院，京華女子，正則，保善，東京立正，SDH昭和一 〈最適〉駿台学園，豊南，貞静学園，武蔵野，京華商業

井草 高等学校

共学

〒177-0044 東京都練馬区上石神井2-2-43 ☎(03)3920-0319

【設置学科】 普通科
【沿　革】 1941年創立。
【生徒数】 男子402名，女子467名
【特　色】 ①「井草学力向上プロジェクト」として，国公立・難関私大対応型の教育課程を組む。1年次に理科・社会の基礎科目を学ぶ。②3年次の必修選択科目に「情報演習」を設置。③数英で習熟度別授業を行う。英語運用能力や難関大学入試に対応できる英語4技能を育成する。④キャリアガイダンス，プレカレッジプログラム，進路サポートを3本柱とした「井草夢プロジェクト」を展開。⑤高大連携により，成蹊大学の講義を受講可能。⑥「井草国際理解教育プロジェクト」として，オーストラリア国際交流プログラムなどを行う。⑦弓道部がインターハイに出場。⑧制服なし。
【進路情報】 卒業生数─270名
大学─220名 短大─1名 専門学校─9名 就職─2名 その他─38名
【指定校推薦】 東京理科大，学習院大，明治大，青山学院大，立教大，中央大，他。
【見学ガイド】 文化祭，説明会，部活動体験・見学，授業公開，見学会

主な大学合格状況

'24年春速報は巻末資料参照 ※（ ）内は現役生で内数。（ ）外は既卒生を含む。

大学名	'23	'22	大学名	'23	'22	大学名	'23	'22	大学名	'23	'22
◇千葉大	0	1(1)	◇信州大	1(1)	1(1)	東京理科大	5(4)	7(5)	日本大	65(45)	62(58)
◇東京外大	1(1)	1(1)	◇東京海洋大	2(2)	1(1)	学習院大	23(18)	9(9)	東洋大	72(44)	78(63)
◇埼玉大	4(3)	0	◇山梨大	2(2)	0	明治大	34(29)	28(27)	駒澤大	23(18)	22(16)
◇防衛医大	2(1)	0	◇国立看護大	3(2)	0	青山学院大	18(18)	22(21)	専修大	35(24)	15(11)
◇東京藝術大	1(1)	0	早稲田大	16(16)	11(7)	立教大	40(30)	16(13)	成蹊大	27(24)	18(17)
◇東京農工大	2(2)	0	慶應大	2(2)	3(3)	中央大	37(32)	22(17)	成城大	19(9)	9(8)
◇都立大	0	2(2)	上智大	8(4)	1(1)	法政大	69(60)	39(30)	明治学院大	16(9)	18(14)

選抜方法 2024年春（実績）

推薦					一次			
推薦枠	調査書の活用	調査書	個人面接	小論文		学力検査	学力検査：調査書	ESAT-J
20%	評定	500点	200点	300点		5教科	7：3	20点

過去2年間の応募状況

年度	性別	募集数	応募数	合格数	応募倍率
推薦 '24	男女	56	146	56	2.61
'23	男子	33	58	33	1.76
	女子	30	96	30	3.20

年度	性別	募集数	応募数	受検数	合格数	応募倍率	実質倍率
一次 '24	男女	221	422	364	222	1.91	1.64
'23	男子	133	190	171	107	1.43	1.60
	女子	121	205	205	89	1.83	1.38

合格のめやす

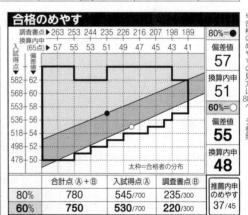

※合格のめやすの見方は886ページ参照。

80%=●
偏差値 57
換算内申 51

60%=○
偏差値 55
換算内申 48

	合計点Ⓐ＋Ⓑ	入試得点Ⓐ	調査書点Ⓑ
80%	780	545/700	235/300
60%	750	530/700	220/300

推薦内申のめやす 37/45

【受験特報】 一次では，男女計の実質倍率は，2018〜2021年に高めの1.51倍〜1.65倍で，2022年に1.91倍と高騰。それで2023年は「敬遠」で応募者（男女計）減少，定員増もあり1.47倍（男女計）にダウン。2024年には受検者（男女計）がやや減るも，定員減が響き1.64倍と高めに戻った。

【併願例】〈挑戦〉国学院，拓大一，淑徳巣鴨 〈最適〉聖徳学園，明星学園，明法，実践学園，武蔵野大学，杉並学院，目白研心 〈堅実〉豊島学院，東亜学園，大成，文化学園杉並，豊南

大泉桜 高等学校

共学 / 単位制

〒178-0062 東京都練馬区大泉町3-5-7 ☎(03)3978-1180

【アクセス】／西武池袋線―大泉学園，東武東上線―和光市よりバス大泉町四丁目3分

【設置学科】 普通科
【沿　革】 2005年開校。
【生徒数】 男子147名，女子377名
【特　色】 ①1年次は必修科目を中心に学ぶ。②少人数の講座が多く，数英は習熟度別の少人数授業を実施。③様々な分野に対応する選択科目は，文系・理系科目に加え，特に美術系，福祉系が充実。美術系は6名の専任教諭が専門性を活かして指導し，美大受験には個別に対応する。美術，福祉に関する施設も充実している。「介護福祉基礎」「保育実践」などの講座も設置。④コース制ではないので，進級時に希望を重視した時間割を組み直すことができる。⑤週1回のキャリアガイダンスで一人ひとりと向き合う進路指導を行う。⑥制服あり。

【進路情報】 卒業生数―180名
大学―94名　短大―14名　専門学校―54名　就職―6名　その他―12名
【指定校推薦】 東洋大，大東文化大，亜細亜大，女子美大，東京福祉大，他。
【見学ガイド】 文化祭，説明会，美術特別推薦説明会，体験授業，授業公開，見学会，部活動見学会，個別相談会

主な大学合格状況

'24年春速報は巻末資料参照　　※（ ）内は現役生で内数。（ ）外は既卒生を含む。

大学名	'23	'22	大学名	'23	'22	大学名	'23	'22	大学名	'23	'22
◇東京藝術大	2(2)	1	武蔵大	3(3)	1(1)	東京工科大	3(3)	1(1)	東京工芸大	10(10)	12(12)
◇東京学芸大	3(3)	0	順天堂大	1(1)	0	大正大	3(1)	11(3)	横浜美大	2(2)	0
立教大	1(1)	0	杏林大	1(1)	0	目白大	3(3)	3(3)	東京家政大	4(4)	5(5)
日本大	4(4)	8(8)	東京農大	3(2)	1(1)	東京福祉大	3(3)	3(3)	東京医療保健大	1(1)	0
東洋大	4(3)	1(1)	明星大	2(2)	1(1)	多摩美大	3(3)	2(2)	和光大	3(3)	5(5)
亜細亜大	2(2)	1(1)	二松學舍大	1(1)	1(1)	武蔵野美大	7(7)	4(4)	跡見学園女子大	3(3)	5(5)
東京電機大	2(2)	3(3)	帝京平成大	5(5)	2(2)	女子美大	10(10)	7(7)	尚美学園大	5(5)	2(2)

選抜方法 2024年春（実績）

特別推薦あり／＊個人面接に2分程度の自己PRを含む

推薦	推薦枠	調査書の活用	調査書	個人面接	作文
	20%	評定	400点	*300点	200点

一次	学力検査	学力検査：調査書	ESAT-J
	5教科	7：3	20点

過去2年間の応募状況

	年度	性別	募集数	応募数	合格数	応募倍率
推薦	'24	男女	40	149	40	3.73
	'23	男子	40	20	0	3.18
		女子		107	40	

	年度	性別	募集数	応募数	受検数	合格数	応募倍率	実質倍率
一次	'24	男女	156	174	167	158	1.12	1.06
	'23	男子	156	44	43	43	0.79	1.00
		女子		80	78	78		1.00

合格のめやす

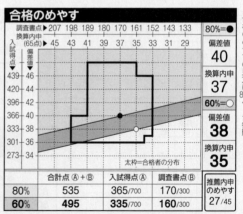

※合格のめやすの見方は886ページ参照。

	合計点Ⓐ＋Ⓑ	入試得点Ⓐ	調査書点Ⓑ	推薦内申のめやす
80%	535	365/700	170/300	27/45
60%	495	335/700	160/300	

80%●　偏差値 40　換算内申 37
60%○　偏差値 38　換算内申 35

太枠=合格者の分布

【受験特報】 一次では2016・2017年に実質倍率（男女計）1.2倍台だったが，2018年以降は2018・2021・2023年に全員合格に。また2019・2020・2022・2024年は実質倍率（男女計）1.1倍未満と低迷。私立などへの志向が影響しているか。なお，特別推薦は美術で，この定員は20名と多い（2024年）。

【併願例】〈挑戦〉駒場学園，京華女子，トキワ松，保善，東星学園，日本学園，新渡戸文化，豊南，藤村女子，武蔵野，正則学園　〈最適〉日体大桜華，大東学園，堀越

石神井 高等学校

共学

アクセス／西武新宿線
―武蔵関7分
JR―吉祥寺よりバス
関町北四丁目6分

〒177-0051 東京都練馬区関町北4-32-48 ☎(03)3929-0831

東京 全日制普通科・23区 練馬区

【設置学科】 普通科
【沿　革】 1940年創立。
【生徒数】 男子432名，女子436名
【特　色】 ①基礎・基本の重視と，2年次からの選択科目の導入を特色としたカリキュラム。1年次は幅広い科目を学習し，2年次より文系，理系に分かれる。②年18回の土曜授業により，授業時間数を確保する。③数英で習熟度別授業を行う。④模試分析会で学力を分析し，効率的な学習を促す。⑤大学の英語資格検定利用入試に対応し，英語検定試験に向けた積極的な指導を行う。⑥朝や放課後，夏期休業中に補習，講習を開講。⑦大学入学共通テスト直前講習など，希望進路実現に向けて徹底的に指導。難関大学合格実績が増進している。⑧2つある自習室は，19時まで利用可能。⑨制服あり。

【進路情報】 卒業生数―275名
大学―224名　短大―1名　専門学校―15名　就職―2名　その他―33名
【指定校推薦】 東京理科大，学習院大，立教大，中央大，法政大，國學院大，他。
【見学ガイド】 体育祭，文化祭，説明会，部活動体験，授業公開，見学会，個別相談

主な大学合格状況　'24年春速報は巻末資料参照

※（ ）内は現役生で内数。（ ）外は既卒生を含む。

大学名	'23	'22	大学名	'23	'22	大学名	'23	'22	大学名	'23	'22
◇筑波大	1	0	◇国立看護大	4(4)	1(1)	青山学院大	5(5)	9(9)	専修大	27(27)	24(19)
◇埼玉大	1(1)	1(1)	早稲田大	7(7)	11(10)	立教大	5(5)	16(16)	大東文化大	24(11)	23(15)
◇防衛医大	1(1)	0	慶應大	1(1)	1(1)	中央大	19(19)	15(13)	亜細亜大	28(26)	19(17)
◇東京学芸大	2(2)	2(2)	上智大	4(4)	2(2)	法政大	39(39)	30(28)	帝京大	22(18)	19(17)
◇都立大	1(1)	0	東京理科大	6(3)	3(3)	日本大	73(63)	88(72)	國學院大	39(39)	14(14)
◇茨城大	1(1)	0	学習院大	5(5)	10(8)	東洋大	91(90)	80(70)	成蹊大	22(22)	40(40)
◇宇都宮大	1(1)	0	明治大	22(20)	37(33)	駒澤大	34(34)	31(31)	武蔵大	26(26)	41(41)

選抜方法 2024年春（実績）　特別推薦あり

推薦	推薦枠	調査書の活用	調査書	個人面接	作文		一次	学力検査	学力検査：調査書	ESAT-J
	20%	評定	400点	200点	200点			5教科	7：3	20点

過去2年間の応募状況

	年度	性別	募集数	応募数	合格数	応募倍率
推薦	'24	男女	56	183	56	3.27
	'23	男子	33	119	33	3.61
		女子	30	103	30	3.43

	年度	性別	募集数	応募数	受検数	合格数	応募倍率	実質倍率
一次	'24	男女	220	373	333	224	1.70	1.49
	'23	男子	132	259	235	128	1.96	1.84
		女子	121	215	215	127	1.87	1.69

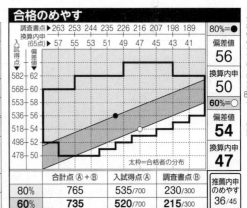

合格のめやす

| 調査書点 | 263 | 253 | 244 | 235 | 226 | 216 | 207 | 198 | 189 | 80%●偏差値 56 |
| 換算内申(65点分) ▶ | 57 | 55 | 53 | 51 | 49 | 47 | 45 | 43 | 41 | 換算内申 50 |

60%○ 偏差値 54
換算内申 47

太枠＝合格者の分布

	合計点Ⓐ＋Ⓑ	入試得点Ⓐ	調査書点Ⓑ	推薦内申のめやす
80%	765	535/700	230/300	36/45
60%	735	520/700	215/300	

※合格のめやすの見方は886ページ参照。

【受験特報】 大学合格実績の「伸び」も影響し，一次では男女計の実質倍率は2018～2023年に1.67倍～1.77倍と高倍率に。それで2024年は敬遠されたのか，応募者（男女計）大幅減，実質倍率1.49倍にダウン。受検生は小平（コース制含む）などへ動いたか。2025年は反動の倍率アップに注意。

【併願例】〈挑戦〉日大二，錦城，拓大一，聖徳学園　〈最適〉明法，実践学園，武蔵野大学，杉並学院，目白研心，東亜学園，豊島学院，大成　〈堅実〉文化学園杉並，保善，東京立正，豊南

田柄 高等学校

共学

〒179-0072　東京都練馬区光が丘2-3-1　☎(03)3977-2555

アクセス／都営大江戸線―光が丘13分　東武東上線―下赤塚18分　有楽町線―地下鉄赤塚18分

【設置学科】　普通科
【沿革】　1981年創立。2022年度外国文化コース募集停止。
【生徒数】　男子170名，女子220名
【特色】①習熟度別・少人数授業を多くの科目で展開。②3年次の学校設定教科「日本の伝統・文化」は茶道，囲碁など10講座に分かれて学ぶ。③「グローバルスタディーズ」を新設。異文化理解，世界情勢，SDGs17の目標を3つの柱として学ぶ。④1年次に英語レシテーションコンテストを行い，英語による表現力の育成をめざす。⑤ニーズに応じた適切な支援により，第1希望の進路を実現させる。⑥明海大学と高大連携。⑦日本の大学で学ぶ留学生との交流を行うなど，国際教育を推進。⑧T.E.S.S.（英語部）が全国大会出場。⑨制服あり。
【進路情報】　卒業生数―[155名]
大学―40名　短大―16名　専門学校―45名　就職―24名　その他―30名
【指定校推薦】　東洋大，大東文化大，帝京大，大正大，拓殖大，桜美林大，他。
【見学ガイド】　文化祭，説明会，授業公開，見学会，個別相談会

主な大学合格状況

'24年春速報は巻末資料参照　　※既卒生を含む。'23の（ ）内は現役生で内数。

大学名	'23	'22	大学名	'23	'22	大学名	'23	'22	大学名	'23	'22
◇北見工大	1	0	亜細亜大	0	1	二松學舍大	1(1)	1	日本医療科学大	2(2)	1
早稲田大	1(1)	0	帝京大	2(2)	5	帝京平成大	0	2	嘉悦大	2(2)	1
立教大	1(1)	0	玉川大	1(1)	1	拓殖大	1(1)	0	東京富士大	1(1)	0
法政大	1(1)	0	国士館大	3	3	城西大	2(2)	1	東洋学園大	2(2)	1
日本大	0	2	桜美林大	1(1)	0	文京学院大	2(2)	0	和光大	1(1)	0
東洋大	2(2)	1	順天堂大	1(1)	0	高千穂大	1(1)	4	駿河台大	2(2)	3
大東文化大	1(1)	0	昭和女子大	0	3	十文字学園女子大	2(2)	2	東京国際大	8(8)	3

選抜方法　2024年春（実績）

推薦						前期			
推薦枠	調査書の活用	調査書	個人面接	作文		学力検査	学力検査：調査書		ESAT-J
20%	評定	500点	300点	200点		5教科	7：3		20点

過去2年間の応募状況

年度	性別	募集数	応募数	合格数	応募倍率
推薦	'24	男女	35	24	24	0.69
	'23	男子	18	6	6	0.33
		女子	16	18	17	1.13

年度	性別	募集数	応募数	受検数	合格数	応募倍率	実質倍率
前期	'24	男女	134	117	110	110	0.87	1.00
	'23	男子	76	49	44	44	0.64	1.00
		女子	59	26	26	26	0.44	1.00

※2024年度後期募集実施　男女計18名

合格のめやす

調査書点▶180 170 161 152 143 133 124 115 106
換算内申（65点）▶ 39 37 35 33 31 29 27 25 23

入試得点
333―38
301―36
273―34
245―32
218―30
196―28
173―26

太枠=合格者の分布

	合計点Ⓐ+Ⓑ	入試得点Ⓐ	調査書点Ⓑ
80%	430	275/700	155/300
60%	390	245/700	145/300

偏差値 **34**
換算内申 **34**
偏差値 **32**
換算内申 **32**
推薦内申のめやす **22/45**

80%=●　60%=○

※合格のめやすの見方は886ページ参照。

受験特報　前期では2017年から実質倍率（男女計）が低め（1.3倍未満）で，2019年，2021年に全員合格となり，2022年はほぼ「全入」（不合格1名）。2023・2024年には全員合格が続いた。推薦も2024年は「全入」に。地理的な要素に加え，受検生の通信制高校への志向が影響しているか。

【併願例】〈挑戦〉藤村女子，貞静学園，京華商業，武蔵野，日本大桜華，堀越，安部学院，品川エトワール，科学技術学園

練馬 高等学校

共学

アクセス／都営大江戸線—練馬春日町12分　有楽町線・副都心線—平和台17分

〒179-0074　東京都練馬区春日町4-28-25　☎(03)3990-8643

【設置学科】　普通科
【沿　革】　1963年創立。
【生徒数】　男子330名，女子347名
【特　色】　①2年次までは基礎を固め，3年次は希望進路に応じて，多彩で充実した選択授業から学習する。②習熟度別，少人数授業を採用し，きめ細やかな学習指導を行う。年間を通した補講，講習，定期考査前の講習で，基礎学力を充実させる。③系統的な進路指導「夢・人プラン」は，キャリア教育，学力向上，資格挑戦を3本柱とする。外部講師による講演や上級学校の先生によるガイダンスなどの取り組みも行う。④1・2年次全員がLiteras（リテラス）論理言語力検定を受験する。⑤1年次は部活動に全員参加する。夏期講習は，部活動と両立できる体制をとる。⑥制服あり。

【進路情報】　卒業生数—261名
大学—99名　短大—8名　専門学校—102名　就職—29名　その他—23名
【指定校推薦】　日本大，大東文化大，亜細亜大，東京電機大，国士舘大，拓殖大，他。
【見学ガイド】　文化祭，説明会，授業公開，見学会，個別相談会

主な大学合格状況

'24年春速報は巻末資料参照　※既卒生を含む。'22の（ ）内は現役生で内数。

大学名	'23	'22	大学名	'23	'22	大学名	'23	'22	大学名	'23	'22
日本大	2	1(1)	国士舘大	7	8(7)	城西大	4	5(4)	淑徳大	7	1(1)
駒澤大	1	0	桜美林大	4	1(1)	白百合	6	2(2)	東京成徳大	2	6(6)
大東文化大	6	3(3)	武蔵野大	3	0	帝京科学大	2	2(2)	東洋学園大	2	2(2)
亜細亜大	4	4(4)	明星大	2	6(6)	文京学院大	6	1(1)	日本文化大	3	1(1)
帝京大	3	3(3)	帝京平成大	6	7(7)	高千穂大	10	3(3)	駿河台大	5	3(3)
玉川大	1	2(1)	大正大	1	3(1)	東京工芸大	1	1(1)	西武文理大	3	2(2)
立正大	1	3(2)	拓殖大	1	1(1)	東京家政大	1	2(2)	東京国際大	7	5(5)

選抜方法　2024年春（実績）

特別推薦あり

	推薦枠	調査書の活用	調査書	個人面接	作文		学力検査	学力検査：調査書	ESAT-J
推薦	20%	評定	450点	360点	90点	一次	5教科	7：3	20点

過去2年間の応募状況

	年度	性別	募集数	応募数	合格数	応募倍率
推薦	'24	男女	48	142	48	2.96
	'23	男子	24	52	24	2.17
		女子	22	85	22	3.86

	年度	性別	募集数	応募数	受検数	合格数	応募倍率	実質倍率
一次	'24	男女	189	255	249	192	1.35	1.30
	'23	男子	100	117	109	89	1.17	1.22
		女子	91	119	116	22	1.31	1.12

合格のめやす

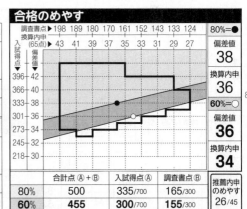

※合格のめやすの見方は886ページ参照。

80%●＝偏差値38　換算内申36
60%○＝偏差値36　換算内申34

	合計点 Ⓐ＋Ⓑ	入試得点 Ⓐ	調査書点 Ⓑ
80%	500	335/700	165/300
60%	455	300/700	155/300

推薦内申のめやす　26/45

【受験特報】　一次では，男女計の実質倍率は，2016年～2023年に1.00倍（全員合格）～1.18倍と低く推移。私立や通信制高校への志向も影響したようだ。ただ，2024年は応募者（男女計），受検者（同）増加で高めの1.30倍にアップ。2025年一次も油断はできない。特別推薦は硬式野球など。

【併願例】〈挑戦〉東京立正，岩倉，昭和一学園，上野学園，豊南，自由ヶ丘，藤村女子，正則学園，武蔵野，京華商業，小石川淑徳，日体大桜華　〈最適〉堀越，大東学園

光丘 高等学校

共 学

〒179-0071　東京都練馬区旭町2-1-35　☎(03)3977-1501

アクセス	都営大江戸線―光が丘12分　東武東上線―成増よりバス光丘高校1分

【設置学科】　普通科
【沿　革】　1975年創立。
【生徒数】　男子348名，女子255名
【特　色】　①大学進学にも対応したカリキュラムを組む。国語を12単位以上，数学は9単位以上，英語は13単位以上とし，基礎から応用まで幅広く学ぶ。②2年次より文系，理系に分かれる。3年次には「情報Ⅱ」など，多様な自由選択科目を用意。③個別最適化された学習方法の研究に取り組み，国数では習熟度別，英語は少人数指導を行う。④英検対策の講習が無料で受講できる。⑤早い段階から将来のことを考え，進路活動を行う。きめ細かい指導により，進学率が上昇傾向にある。卒業生進路体験談なども実施する。⑥剣道部，茶道部，演劇部が全国大会に出場。⑦制服あり。

【進路情報】　卒業生数―204名
大学―99名　短大―8名　専門学校―55名　就職―32名　その他―10名
【指定校推薦】　東洋大，大東文化大，亜細亜大，帝京大，東京電機大，拓殖大，他。
【見学ガイド】　説明会，部活動体験入部，授業公開，見学会，入試相談会

主な大学合格状況
'24年春速報は巻末資料参照　　※既卒生を含む。'22の( )内は現役生で内数。

大学名	'23	'22	大学名	'23	'22	大学名	'23	'22	大学名	'23	'22
中央大	1	0	東海大	2	0	東京経済大	1	1(1)	文京学院大	2	2
法政大	2	0	亜細亜大	6	1(1)	明星大	5	3(3)	高千穂大	4	0
日本大	1	2(1)	帝京大	2	1(1)	帝京平成大	4	5(4)	東京工芸大	1	3(3)
東洋大	3	5(5)	東京電機大	2	2(2)	拓殖大	5	1(1)	東京女子体育大	1	2(2)
駒澤大	0	1(1)	武蔵大	2	2(2)	城西大	6	3(2)	嘉悦大	2	2(2)
専修大	1	2(1)	立正大	4	0	目白大	6	4(4)	駿河台大	9	3(3)
大東文化大	8	8(8)	国士舘大	3	5(3)	帝京科学大	1	2(2)	東京国際大	15	13(13)

選抜方法 2024年春（実績）
特別推薦あり

推薦	推薦枠	調査書の活用	調査書	個人面接	作文	一次	学力検査	学力検査:調査書	ESAT-J
薦	20%	評定	300点	150点	150点	次	5教科	7:3	20点

過去2年間の応募状況

年度	性別	募集数	応募数	合格数	応募倍率
推薦 '24	男女	46	94	46	2.04
'23	男子	24	50	24	2.08
	女子	22	28	22	1.27

年度	性別	募集数	応募数	受検数	合格数	応募倍率	実質倍率
一次 '24	男女	185	186	172	172	1.01	1.00
'23	男子	97	114	101	101	1.18	1.00
	女子	88	42	42	42	0.48	1.00

合格のめやす

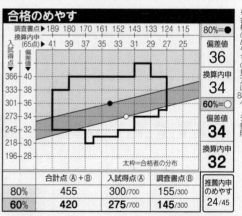

※合格のめやすの見方は886ページ参照。

調査書点▶189 180 170 161 152 143 133 124 115
換算内申(65点)▶ 41 39 37 35 33 31 29 27 25

80%＝● 偏差値 36　換算内申 34
60%＝○ 偏差値 34　換算内申 32

太枠=合格者の分布

	合計点Ⓐ＋Ⓑ	入試得点Ⓐ	調査書点Ⓑ	推薦内申のめやす
80%	455	300/700	155/300	24/45
60%	420	275/700	145/300	

【受験特報】地理的な面から受検生が限られ，一次では実質倍率（男女計）は緩やかに推移し2017年には1.18倍（男女計）で，2018〜2024年は応募者（男女計）がより少なく7年連続で全員合格に。通信制高校への志向が影響しているようだ。なお，特別推薦は剣道，硬式野球など4種。

【併願例】〈挑戦〉豊南，宝仙学園（女子），自由ヶ丘，貞静学園，文華女子，正則学園，武蔵野，京華商業，二階堂，日体大桜華，大東学園，東野　〈最適〉科学技術学園

青井 高等学校

共学

〒120-0012　東京都足立区青井1-7-35　☎(03)3848-2781

アクセス
東武スカイツリーライン—五反野12分
つくばEX.—青井12分

【設置学科】　普通科
【沿　革】　1977年創立。
【生徒数】　男子259名，女子212名
【特　色】　①教育プログラム「青井フィロソフィ」で，進路決定，進路実現につなげて指導する，キャリア教育を推進。②基礎学力の定着を重視した授業を行う。国数英で習熟度別授業を実施。③より発展的な学習を行うアドバンストクラスを設置する。④全校一斉の朝学習を行うほか，体験学習，実習，実験を積極的に取り入れる。⑤卒業生講話，上級学校訪問，インターンシップなどを通して，やる気を高め，よりよい進路実現へと着実にステップを進める進路指導を推進。「進路カルテ」でHR担任，教科担当，進路指導部が連携し，希望と適性を重視した個別指導も行う。⑥制服あり。

【進路情報】　卒業生数―167名
大学―23名　短大―2名　専門学校―65名　就職―61名　その他―16名
【指定校推薦】　日本大，淑徳大，大正大，拓殖大，千葉商大，帝京科学大，他。
【見学ガイド】　文化祭，説明会，授業公開，見学会，個別相談会

主な大学合格状況

'24年春速報は巻末資料参照　　　　※( )内は現役生で内数。( )外は既卒生を含む。

大学名	'23	'22	大学名	'23	'22	大学名	'23	'22	大学名	'23	'22
東京理科大	1(1)	0	拓殖大	0	1(1)	中央学院大	0	2	東京国際大	3(3)	0
日本大	0	1(1)	城西大	1(1)	0	日本医療科学大	1(1)	0			
大東文化大	0	1	帝京科学大	2(2)	1	流通経済大	1(1)	0			
白百合女子大	1	0	日本工大	1(1)	1	東洋学園大	1(1)	1			
創価大	1(1)	0	文京学院大	1(1)	1	江戸川大	2(2)	0			
文教大	1(1)	1	千葉商大	3(3)	3	明海大	1(1)	0			
帝京平成大	0	1	聖徳大	1(1)	0	浦和大	0	1			

選抜方法　2024年春（実績）

推薦	推薦枠	調査書の活用	調査書	個人面接	作文	前期	学力検査	学力検査：調査書	ESAT-J
	20%	評定	500点	300点	200点		5教科	7：3	20点

過去2年間の応募状況

年度	性別	募集数	応募数	合格数	応募倍率
推薦 '24	男女	40	58	40	1.45
'23	男子	20	8	8	0.40
	女子	18	17	17	0.94

年度	性別	募集数	応募数	受検数	合格数	応募倍率	実質倍率
前期 '24	男女	137	169	159	137	1.23	1.16
'23	男子	85	60	56	56	0.71	1.00
	女子	67	45	43	43	0.67	1.00

※2024年度後期募集実施　男女計20名

合格のめやす

※合格のめやすの見方は886ページ参照。

調査書点	180 170 161 152 143 133 124 115 106		80%=●	偏差値 32
換算内申 (65点)=	39　37　35　33　31　29　27　25　23			換算内申 32
入試得点	333=38			
	301=36		60%=○	偏差値 30
	273=34			換算内申 30
	245=32	●		
	218=30	○		推薦内申 のめやす 22/45
	196=28			
	173=26	太枠=合格者の分布		

	合計点 Ⓐ+Ⓑ	入試得点 Ⓐ	調査書点 Ⓑ	推薦内申 のめやす
80%	390	245/700	145/300	
60%	355	215/700	140/300	22/45

受験特報　前期では，実質倍率（男女の計）は2018年の1.42倍から2019年に1.02倍と低迷，2020～2023年には4年連続で全員合格に。受験生は私立や通信制高校へ流れたようだ。しかし2024年は反動が出て，応募者（男女計）がかなり増え実質倍率1.16倍にアップ。2025年も油断はできない。

【併願例】〈挑戦〉武蔵野，中央学院中央，神田女学園，小石川淑徳，東京実業，品川学藝，瀧野川女子，堀越，品川エトワール，安部学院，科学技術学園

足立 高等学校

共学

アクセス
東武スカイツリーライン―五反野 7 分

〒120-0011　東京都足立区中央本町1-3-9　☎(03)3889-2204

【設置学科】　普通科
【沿　革】　1911年創立。
【生徒数】　男子412名，女子413名
【特　色】　①「学業第一」が校風。1 年次は共通科目を学習し，基礎学力を固める。2 年次に文系，理系に分かれ，3 年次には，様々な教科の中から進路に合わせて希望の科目を選択する。② 2 年次から特進クラスを設置。難関私立大学現役合格をめざす。③夏期講習期間は前期・後期の 2 回の集中期間を設定している。④土曜日を活用して自主学習支援講座を実施。学校で集中して勉強できる環境を整えると共に，文系，理系の大学生チューターが個別指導を行う。⑤一人ひとりの個性を尊重した進路指導を展開。最新の進路情報提供など，様々な進路指導プログラムを実施。⑥制服あり。
【進路情報】　卒業生数―262名
大学―167名　短大― 9 名　専門学校―73名　就職―12名　その他―1 名
【指定校推薦】　日本大，東洋大，獨協大，東京電機大，文教大，立正大，明海大，他。
【見学ガイド】　文化祭，説明会，体験入部，授業公開，見学会，個別相談会

主な大学合格状況
'24年春速報は巻末資料参照　　※（　）内は現役生で内数。（　）外は既卒生を含む。

大学名	'23	'22	大学名	'23	'22	大学名	'23	'22	大学名	'23	'22
◇職業能力開発大	1(1)	0	駒澤大	4(4)	8(8)	成城大	1(1)	0	文教大	12(12)	16(16)
東京理科大	0	1(1)	専修大	3(2)	6(6)	獨協大	14(10)	5(5)	帝京平成大	4(4)	11(9)
立教大	0	1	大東文化大	5(5)	5(5)	東京電機大	9(9)	5(5)	大正大	15(12)	3(3)
中央大	1(1)	1(1)	東海大	1(1)	8(4)	立正大	14(14)	8(8)	帝京科学大	10(9)	8(8)
法政大	4(4)	0	亜細亜大	3(3)	3(2)	国士舘大	25(19)	11(9)	日本工大	17(13)	20(13)
日本大	16(12)	9(4)	帝京大	11(11)	2(1)	千葉工大	3(3)	8(3)	麗澤大	30(14)	27(9)
東洋大	13(9)	9(2)	成蹊大	1(1)	0	桜美林大	9(1)	6(3)	千葉商大	21(17)	11(4)

選抜方法 2024年春（実績）
特別推薦あり

推薦	推薦枠	調査書の活用	調査書	個人面接	作文	一次	学力検査	学力検査：調査書	ESAT-J
薦	20%	評定	450点	240点	240点	次	5 教科	7：3	20点

過去 2 年間の応募状況

	年度	性別	募集数	応募数	合格数	応募倍率
推薦	'24	男女	64	190	64	2.97
	'23	男子	28	102	28	3.64
		女子	26	83	26	3.19

	年度	性別	募集数	応募数	受検数	合格数	応募倍率	実質倍率
一次	'24	男女	252	338	329	253	1.34	1.30
	'23	男子	116	175	174	111	1.51	1.57
		女子	106	161	159	113	1.52	1.41

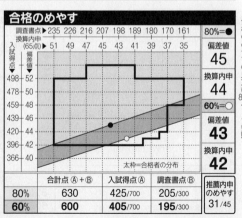

合格のめやす

※合格のめやすの見方は886ページ参照。

	合計点Ⓐ+Ⓑ	入試得点Ⓐ	調査書点Ⓑ
80%	630	425/700	205/300
60%	600	405/700	195/300

偏差値 45
換算内申 44
偏差値 43
換算内申 42
推薦内申のめやす 31/45

【併願例】〈挑戦〉足立学園，成立学園，錦城学園，正則，SDH昭和一，岩倉　〈最適〉上野学園，共栄学園，駿台学園，潤徳女子，関東一，貞静学園，正則学園，修徳，武蔵野

足立新田 高等学校

共学

〒123-0865　東京都足立区新田2-10-16　☎(03)3914-4211

アクセス
南北線―王子神谷12分
JR―王子よりバス新田
三丁目2分

【設置学科】　普通科
【沿　革】　1979年創立。
【生徒数】　男子395名，女子347名
【特　色】　①多様な進路に対応した学系列選択科目制を導入。②2年次よりスポーツ健康系，保育生活系，メディア文化系から1つを選び，進路や適性に合った授業で実践的に学ぶ。3学系共通の進学対応科目があり，どの学系を選択しても受験に対応できる。③特進クラスを設置。大学受験に対応できる学力を身につける。④国数英で習熟度別少人数制授業を行う。⑤朝学習，土曜・放課後・夏期講習を実施。⑥学系科目での実習，体験的学習を通して職業への関心を高め，3年間を見通した進路指導で進学実績を伸ばす。⑦相撲部が全国大会準優勝。陸上部も全国大会出場。⑧制服あり。
【進路情報】　卒業生数―264名
大学―115名　短大―10名　専門学校―99名　就職―20名　その他―20名
【指定校推薦】　早稲田大，日本大，駒澤大，大東文化大，神奈川大，東京電機大，他。
【見学ガイド】　文化祭，説明会，体験入学・入部，授業公開，学校見学，個別相談会

主な大学合格状況　'24春速報は巻末資料参照　　※既卒生を含む。'22の( )内は現役生で内数。

大学名	'23	'22	大学名	'23	'22	大学名	'23	'22	大学名	'23	'22
早稲田大	0	1(1)	東洋大	5	2	千葉工大	2	5(1)	帝京科学大	9	6(6)
東京理科大	1	0	駒澤大	1	2(2)	関東学院大	2	1	日本工大	4	0
明治大	1	0	大東文化大	2	5(5)	文教大	3	2(2)	文京学院大	9	3(3)
立教大	1	0	帝京大	3	1(1)	帝京平成大	2	6(6)	日本女子体育大	2	2(2)
中央大	1	0	獨協大	1	0	大正大	4	3(3)	中央学院大	4	3(2)
法政大	0	1	玉川大	3	0	拓殖大	5	4(3)	東京成徳大	2	1(1)
日本大	1	7(4)	国士舘大	9	6(5)	目白大	5	1(1)	東京国際大	1	1(1)

選抜方法　2024年春（実績）　特別推薦あり　*個人面接に2分間の自己PRを含む

推薦	推薦枠	調査書の活用	調査書	個人面接	作文	前期	学力検査	学力検査：調査書	ESAT-J
	20%	評定	600点	*400点	200点		5教科	7：3	20点

過去2年間の応募状況

	年度	性別	募集数	応募数	合格数	応募倍率
推薦	'24	男女	56	157	56	2.80
	'23	男子	29	97	29	3.34
		女子	26	65	26	2.50

	年度	性別	募集数	応募数	受検数	合格数	応募倍率	実質倍率
前期	'24	男女	209	243	235	209	1.16	1.12
	'23	男子	110	118	112	111	1.07	1.01
		女子	100	100	100	99	1.01	1.01

※2024年度後期募集実施　男女計13名

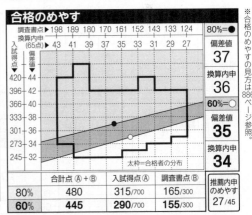

合格のめやす

	合計点Ⓐ+Ⓑ	入試得点Ⓐ	調査書点Ⓑ	推薦内申のめやす
80%	480	315/700	165/300	27/45
60%	445	290/700	155/300	

偏差値 37
換算内申 36
偏差値 35
換算内申 34

※合格のめやすの見方は886ページ参照。

【受験特報】　前期では，男女計の実質倍率は2018年以降，高くても1.16倍で，全員合格の年も（2022年）。2023年も不合格はわずかだったが，2024年には応募者（男女計）増加で実質倍率1.12倍まで上がった。2025年一次も倍率は「緩やか」で収まるか。なお，特別推薦は相撲など4種。

【併願例】　〈挑戦〉SDH昭和一，岩倉，上野学園，共栄学園，豊南，駿台学園，潤徳女子，中央学院中央，武蔵野，京華商業，東京実業，堀越，大東学園　〈最適〉安部学院

足立西 高等学校

共学

〒123-0872 東京都足立区江北5-7-1 ☎(03)3898-7020

アクセス 日暮里・舎人ライナー―江北8分 東武大師線―大師前18分

【設置学科】 普通科

【沿　革】 1974年創立。

【生徒数】 男子304名，女子275名

【特　色】 ①1・2年次の数英は，習熟度別授業を実施。②2年次より文系，理系に分かれる。③3年次の自由選択科目に「情報Ⅱ」を，2023年度より「ハングル」を設置。④大学進学に向けた指導を行う進路実現システムにより，国数英の学力向上を図り，一般受験による大学合格をめざす。⑤長期休業中の講習や放課後の補習を行う。⑥進路指導は10年後，20年後を見据え，1年次全員のインターンシップ，小論文講座，体験授業など，実現に向けて具体的に活動する。⑦韓国ソウル研修旅行を実施（希望者）。韓国やモンゴルの高校とオンラインで交流する。⑧2023年度入学生より新制服。

【進路情報】 卒業生数―182名
大学―69名　短大―11名　専門学校―73名　就職―19名　その他―10名

【指定校推薦】 日本大，東洋大，駒澤大，大東文化大，亜細亜大，東京電機大，他。

【見学ガイド】 文化祭，説明会，部活動体験・見学，授業公開，見学会，個別相談会

主な大学合格状況 '24年春速報値は巻末資料参照

※（ ）内は現役生で内数。（ ）外は既卒生を含む。

大学名	'23	'22	大学名	'23	'22	大学名	'23	'22	大学名	'23	'22
学習院大	0	1(1)	亜細亜大	2(2)	6(6)	国士舘大	7(5)	6(6)	目白大	2(2)	4(2)
明治大	0	2(2)	帝京大	2	1(1)	千葉工大	0	11(1)	帝京科学大	2(2)	5(3)
法政大	0	1(1)	國學院大	1(1)	1(1)	桜美林大	2(1)	0	文京学院大	5(5)	8(3)
日本大	2(1)	1	明治学院大	1(1)	0	文教大	1(1)	8(4)	麗澤大	7(2)	12(1)
東洋大	5(5)	5(4)	獨協大	1(1)	5(2)	東京工科大	2(1)	1(1)	千葉商大	4(4)	4(3)
駒澤大	1(1)	0	東京電機大	1(1)	1(1)	大正大	5(5)	7(7)	東京富士大	2(2)	2(2)
大東文化大	2(2)	1(1)	立正大	9	3(3)	拓殖大	4(4)	3(3)	江戸川大	4(4)	6(6)

選抜方法 2024年春（実績） 特別推薦あり

推薦	推薦枠	調査書の活用	調査書	個人面接	作文	一次	学力検査	学力検査：調査書	ESAT-J
	20%	評定	350点	200点	150点		5教科	7：3	20点

過去2年間の応募状況

	年度	性別	募集数	応募数	合格数	応募倍率
推薦	'24	男女	40	106	40	2.65
	'23	男子	20	56	20	2.80
		女子	18	43	18	2.39

	年度	性別	募集数	応募数	受検数	合格数	応募倍率	実質倍率
一次	'24	男女	156	180	173	157	1.15	1.10
	'23	男子	83	95	90	78	1.14	1.15
		女子	75	91	89	82	1.21	1.09

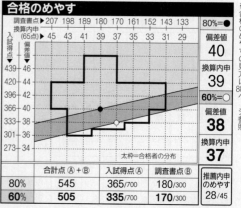

合格のめやす

	合計点Ⓐ+Ⓑ	入試得点Ⓐ	調査書点Ⓑ
80%	545	365/700	180/300
60%	505	335/700	170/300

80%=● 偏差値40 換算内申39
60%=○ 偏差値38 換算内申37
推薦内申のめやす 28/45

※合格のめやすの見方は886ページ参照。

【受験特報】 一次では，男女計の実質倍率は，2016～2020年の1.2倍台～1.3倍から2021年に1.50倍にアップ。それで2022年に敬遠層も出て1.13倍（男女計）に下がり，2023・2024年は応募者数（男女計）などは微動で1.12倍→1.10倍（同）と推移。2025年一次はそろそろ「反動」が起きるか。

【併願例】〈挑戦〉正則，SDH昭和一，岩倉，上野学園，共栄学園，駿台学園，北豊島，修徳，大森学園，神田女学園，武蔵野，中央学院中央　〈最適〉京華商業，安部学院

淵江 高等学校

共 学

【アクセス】つくばEX. ─六町, 東武スカイツリーライン─竹ノ塚よりバス足立総合スポーツセンター2分

〒121-0063 東京都足立区東保木間2-10-1 ☎(03)3885-6971

【設置学科】 普通科

【沿 革】 1971年創立。

【生徒数】 男子391名, 女子284名

【特 色】 ①「数学Ⅰ」「化学基礎」などで少人数指導授業を行い, 英語で習熟度別授業を行う。②3年次の選択科目に「検定情報」を設置する。③2・3年次の総合的な探究の時間は, 生徒の興味, 関心に応じた「個人テーマ探究」を実施し, 「探究の日」に成果を発表する。④多様な進路希望に応じてきめ細かな指導を行う。進学ガイダンス, 上級学校模擬授業, 保育園や医療福祉施設でのインターンシップなどにより, 進路選択の力をつける。夏期・冬期講習, 公務員講習も開講。小論文・面接指導は合格するまで徹底的に行う。⑤国際理解教育に力を入れ, 海外の高校生や国内に留学している大学生と交流している。⑥制服あり。

【進路情報】 卒業生数─211名

大学─45名 短大─2名 専門学校─95名 就職─50名 その他─19名

【指定校推薦】 非公表。

【見学ガイド】 文化祭, 説明会, 体験授業, 部活動体験, 授業公開, 見学会, 個別相談

主な大学合格状況

'24年春速報は巻末資料参照 　※( )内は現役生で内数。( )外は既卒生を含む。

大学名	'23	'22	大学名	'23	'22	大学名	'23	'22	大学名	'23	'22
東洋大	1(1)	0	日本薬科大	0	1(1)	東京福祉大	1(1)	1(1)	流通経済大	4(4)	7(7)
駒澤大	0	1(1)	文教大	3(3)	0	文京学院大	3(3)	1(1)	東京聖栄大	2(2)	0
亜細亜大	1(1)	0	帝京平成大	2(2)	0	桐蔭横浜大	1(1)	0	東京未来大	1(1)	4(4)
獨協大	0	1(1)	大正大	1(1)	4(4)	千葉商大	2(2)	6(4)	東洋学園大	1(1)	2(2)
東京電機大	4(4)	3(3)	城西大	0	2(2)	聖徳大	2(2)	2(2)	江戸川大	2(2)	4(4)
立正大	1(1)	0	目白大	1(1)	1(1)	中央学院大	3(3)	3(3)	跡見学園女子大	1(1)	0
国士舘大	0	2(2)	帝京科学大	2(2)	1(1)	東京成徳大	3(3)	0	埼玉学園大	1(1)	0

選抜方法 2024年春（実績）

特別推薦あり

推薦						前期			
	推薦枠	調査書の活用	調査書	個人面接	作文		学力検査	学力検査:調査書	ESAT-J
	20%	評定	500点	300点	200点		5教科	7:3	20点

過去2年間の応募状況

年度	性別	募集数	応募数	合格数	応募倍率
推薦 '24	男女	48	145	48	3.02
推薦 '23	男子	29	67	29	2.31
	女子	26	57	26	2.19

年度	性別	募集数	応募数	受検数	合格数	応募倍率	実質倍率
前期 '24	男女	179	229	225	179	1.28	1.26
前期 '23	男子	111	133	132	129	1.02	1.02
	女子	101	86	84	83	0.85	1.01

※2024年度後期募集実施 男女計10名

合格のめやす

※合格のめやすの見方は886ページ参照。

調査書点 ▶ 198 189 180 170 161 152 143 133 124

換算内申 (65点) ▶ 43 41 39 37 35 33 31 29 27

入試得点

		80%=●
		偏差値 36
		換算内申 36
		60%=○
		偏差値 34
		換算内申 34

太枠=合格者の分布

	合計点Ⓐ+Ⓑ	入試得点Ⓐ	調査書点Ⓑ	推薦内申のめやす
80%	465	300/700	165/300	26/45
60%	430	275/700	155/300	

受験特報

前期では, 男女計の実質倍率は, 2018〜2021年に1.08倍〜1.15倍と低く推移。私立や通信制高校への志向も影響したようだ。2022年には反動で1.24倍（男女計）に上がるが, 2023年は定員増が響き1.02倍（同）と低迷。2024年には定員減, やや応募者増（男女計）で1.26倍に上昇。

【併願例】〈挑戦〉上野学園, 駿台学園, 関東一, 修徳, 北豊島, 正則学園, 中央学院中央, 神田女学園, 東京実業, 堀越, 品川エトワール 〈最適〉安部学院

992 ● 東京・都立

葛飾野 高等学校

共学／アクセス
JR—亀有15分
京成本線—お花茶屋12分

〒125-0061　東京都葛飾区亀有1-7-1　☎(03)3602-7131

【設置学科】　普通科
【沿革】　1940年創立。
【生徒数】　男子482名，女子401名
【特色】　①大学一般受験で合格する力を身につけるための教育課程を編成。大学進学に対応した選択科目を多く揃え，3年次の自由選択科目に「プログラミング入門」「画像処理演習」も設置する。②英語は4技能を重視した授業を行う。③特進クラスを各学年2クラス設置。習熟度別少人数の授業を行い，補習や補講も充実している。④長期休業中の補習，講習を数多く開催する。⑤アクティブ・ラーニングの視点を取り入れた授業を実践。⑥各種面談，進路相談など様々な機会により進路決定を支援し，一人ひとりの進路実現をめざす。⑦ダンス部が全国大会に出場。⑧制服あり。
【進路情報】　卒業生数—301名
大学—167名　短大—12名　専門学校—83名　就職—9名　その他—30名
【指定校推薦】　日本大，大東文化大，亜細亜大，獨協大，神奈川大，東京電機大，他。
【見学ガイド】　文化祭，説明会，部活動体験・見学，授業公開，見学会

主な大学合格状況　'24年春速報は巻末資料参照
※（ ）内は現役生で内数。（ ）外は既卒生を含む。

大学名	'23	'22	大学名	'23	'22	大学名	'23	'22	大学名	'23	'22
◇東京大	1(1)	0	日本大	4(4)	6(6)	帝京大	8(7)	2(2)	帝京平成大	18(16)	11(11)
早稲田大	3(3)	0	東洋大	6(5)	4(2)	國學院大	2(2)	1(1)	拓殖大	6(6)	8(8)
東京理科大	2(2)	0	駒澤大	2(2)	6(6)	獨協大	6(6)	9(9)	帝京科学大	8(7)	6(6)
明治大	2(1)	1(1)	専修大	4(4)	10(7)	立正大	8(8)	13(13)	麗澤大	27(6)	6(5)
立教大	2(2)	0	大東文化大	6(5)	7(7)	国士舘大	7(7)	16(14)	千葉商大	11(8)	8(7)
中央大	1(1)	1(1)	東海大	4(2)	3(1)	千葉工大	7(7)	6(6)	中央学院大	11(6)	4(4)
法政大	2	0	亜細亜大	12(12)	7(7)	共立女子大	2(2)	2(2)	明海大	10(10)	5(5)

選抜方法　2024年春（実績）　特別推薦あり

推薦	推薦枠	調査書の活用	調査書	個人面接	作文	一次	学力検査	学力検査:調査書	ESAT-J
	20%	評定	450点	200点	250点		5教科	7:3	20点

過去2年間の応募状況

年度	性別	募集数	応募数	合格数	応募倍率
推薦 '24	男女	64	260	64	4.06
'23	男子	33	116	33	3.52
	女子	30	91	30	3.03

年度	性別	募集数	応募数	受検数	合格数	応募倍率	実質倍率
一次 '24	男女	253	345	338	255	1.36	1.33
'23	男子	133	177	172	136	1.33	1.26
	女子	121	140	139	118	1.16	1.18

合格のめやす

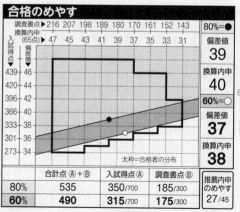

※合格のめやすの見方は886ページ参照。

80%=● 偏差値39　換算内申40
60%=○ 偏差値37　換算内申38

	合計点Ⓐ+Ⓑ	入試得点Ⓐ	調査書点Ⓑ
80%	535	350/700	185/300
60%	490	315/700	175/300

推薦内申のめやす 27/45

【受験特報】　一次では，2017〜2019年の実質倍率（男女計）1.2倍台から「私立志向」も影響し，2020年に全員合格，2021年にほぼ「全入」，2022年は再び「全入」に。しかし2023年に反動の応募者（男女計）急増で実質倍率（同）1.22倍に盛り返し，2024年も応募者（同）が増え倍率アップ。

【併願例】　〈挑戦〉SDH昭和一，岩倉，上野学園，駿台学園，潤徳女子，関東一，修徳，愛国，中央学院中央，正則学園，武蔵野，京華商業　〈最適〉堀越，安部学院

南葛飾 高等学校

共学

〒124-0012 東京都葛飾区立石6-4-1 ☎(03)3691-8476

アクセス／京成本線―お花茶屋・青砥各10分　京成押上線―京成立石8分

【設置学科】普通科
【沿革】1940年創立。
【生徒数】男子355名，女子324名
【特色】①少人数や習熟度別（数英）の授業などきめ細かい指導により，わかる喜び，できる喜びを実感し，自信がもてる指導を行う。②多彩な選択科目を用意。3年次の自由選択科目に「コンテンツの制作と発信」を設置する。③全学年で朝学習を行う。④外部から講師を招き，少人数指導の土曜講習を開講。⑤1年次からキャリア学習を行い，放課後探究教室「なんチャレ」を開設。面接練習や小論文指導，学校・職場訪問など様々な進路行事を実施し，第1希望の進路実現をめざす。⑥担任とスクールカウンセラーの連携などで，相談しやすい環境を整える。⑦制服あり。
【進路情報】卒業生数―224名
大学―76名　短大―1名　専門学校―109名　就職―10名　その他―28名
【指定校推薦】国士舘大，千葉商大，武蔵野大，江戸川大，拓殖大，明海大，他。
【見学ガイド】文化祭，説明会，部活動体験会，授業公開，見学会，個別相談会

主な大学合格状況
'24年春速報は巻末資料参照　※（　）内は現役生で内数。（　）外は既卒生を含む。

大学名	'23	'22	大学名	'23	'22	大学名	'23	'22	大学名	'23	'22
◇都立大	0	1	国士舘大	1(1)	2(2)	大正大	1(1)	0	千葉商大	5(5)	8(5)
東京理科大	1(1)	0	千葉工大	1(1)	6(1)	拓殖大	3(3)	1(1)	聖徳大	1(1)	3(3)
東洋大	1(1)	2(2)	桜美林大	2(2)	1(1)	城西大	2(2)	0	流通経済大	2(2)	0
大東文化大	0	1(1)	共立女子大	2(2)	0	帝京科学大			東京未来大		
帝京大	1(1)	1(1)	武蔵野大	1(1)	1(1)	日本工大	3(3)	1(1)	東洋学園大	8(8)	3(3)
獨協大	7(2)	2(1)	二松學舍大	2(2)	2(2)	東京工芸大	2	3(3)	江戸川大	2(2)	4(4)
東京電機大	1(1)	3(2)	東京工科大	3(3)	1(1)	淑徳大	1(1)	3(3)	明海大	10(10)	11(11)

選抜方法 2024年春（実績）
特別推薦あり

推薦	推薦枠	調査書の活用	調査書	個人面接	作文		前期	学力検査	学力検査：調査書	ESAT-J
	20%	評定	500点	300点	200点			5教科	7：3	20点

過去2年間の応募状況

年度	性別	募集数	応募数	合格数	応募倍率
推薦 '24	男女	43	168	43	3.91
'23	男子	22	58	22	2.64
	女子	20	53	20	2.65

年度	性別	募集数	応募数	受検数	合格数	応募倍率	実質倍率
前期 '24	男女	161	226	217	161	1.40	1.35
'23	男子	85	102	101	93	1.20	1.09
	女子	77	81	80	74	1.05	1.08

※2024年度後期募集実施　男女計10名

合格のめやす

※合格のめやすの見方は886ページ参照。

| | 調査書点▶ | 207 | 198 | 192 | 189 | 179 | 172 | 161 | 152 | 143 | 133 | 80%=● |
| | 換算内申（65点）▶ | 45 | 43 | 41 | 39 | 37 | 35 | 33 | 31 | 29 | |

偏差値 38
換算内申 36
60%=○
偏差値 36
換算内申 34

	合計点Ⓐ+Ⓑ	入試得点Ⓐ	調査書点Ⓑ	推薦内申のめやす 26/45
80%	500	335/700	165/300	
60%	455	300/700	155/300	

【受験特報】前期では通信制高校への志向が影響したようで，男女計の実質倍率は，2020～2022年に1.31倍～1.41倍と以前より低めに。2023年には応募者（男女計）急減となり1.08倍（男女計）と低迷。だが2024年は反動の応募者（同）増加で1.35倍に盛り返した。なお，特別推薦はサッカー。

【併願例】〈挑戦〉共栄学園，上野学園，貞静学園，大森学園，関東一，修徳，愛国，中央学院中央，神田女学園，瀧野川女子　〈最適〉品川エトワール，安部学院，不二女子

葛西南 高等学校

共学

【アクセス】東西線―葛西15分，西葛西よりバス葛西南高校前2分

〒134-8555　東京都江戸川区南葛西1-11-1　☎(03)3687-4491

【設置学科】 普通科
【沿　革】 1972年創立。
【生徒数】 男子286名，女子304名
【特　色】 ①基礎，基本を重視しつつ，多様な進路に応じたカリキュラム編成。3年次には多くの選択科目を用意。②一人ひとりが主役の少人数授業（国数英）は，「指導が丁寧」「苦手がなくなった」と好評。個別指導や習熟度別授業も行う。③多様な希望に対応した進路指導。1年次には全員がインターンシップを体験する。2年次には分野別進路ガイダンス，3年次には進学・就職に向けての個別指導を実施。全方位型の進路指導体制をとる。④明海大学と高大連携。⑤英検，漢検，数検などの資格取得を支援する。⑥制服あり。2024年度入学生より，性別による着用の指定がなくなる。

【進路情報】 卒業生数―194名
大学―45名　短大―4名　専門学校―87名　就職―34名　その他―24名
【指定校推薦】 日本大，神奈川大，千葉商大，千葉工大，明海大，淑徳大，他。
【見学ガイド】 文化祭，説明会，授業公開，見学会，学校見学，個別相談会，入学相談

主な大学合格状況　'24年春速報は巻末資料参照
※（ ）内は現役生で内数。（ ）外は既卒生を含む。

大学名	'23	'22	大学名	'23	'22	大学名	'23	'22	大学名	'23	'22
日本大	2(2)	4(1)	千葉工大	2(2)	0	拓殖大	2(1)	0	千葉商大	3(1)	3(3)
東洋大	1(1)	0	桜美林大	1(1)	0	目白大	4	0	聖徳大	1(1)	4(4)
東海大	0	6	武蔵野大	1	0	帝京科学大	0	2(2)	東京成徳大	1(1)	2(2)
獨協大	0	2	実践女子大	1	0	東京福祉大	1(1)	1(1)	東京情報大	1(1)	0
神奈川大	1(1)	0	帝京平成大	1	1(1)	日本体育大	0	3(3)	流通経済大	2(2)	1(1)
立正大	0	3(3)	神田外語大	4	1(1)	城西国際大	3(3)	0	千葉経済大	1(1)	0
国士舘大	3(2)	0	大正大	1	0	麗澤大	9	0	明海大	8(8)	5(5)

選抜方法　2024年春（実績）　特別推薦あり

推薦	推薦枠	調査書の活用	調査書	個人面接	作文	一次	学力検査	学力検査：調査書	ESAT-J
	20%	評定	300点	150点	150点		5教科	7：3	20点

過去2年間の応募状況

	年度	性別	募集数	応募数	合格数	応募倍率
推薦	'24	男女	48	66	48	1.38
	'23	男子	24	33	24	1.38
		女子	22	40	22	1.82

	年度	性別	募集数	応募数	受検数	合格数	応募倍率	実質倍率
一次	'24	男女	190	195	190	190	1.03	1.00
	'23	男子	100	95	93	93	0.95	1.00
		女子	92	94	93	92	1.02	1.00

合格のめやす

	偏差値	換算内申
80%=●	34	32
60%=○	32	30
推薦内申のめやす	22/45	

	合計点Ⓐ+Ⓑ	入試得点Ⓐ	調査書Ⓑ
80%	420	275/700	145/300
60%	385	245/700	140/300

【受験特報】 一次では，実質倍率（男女計）は2017・2018年の1.2倍台から2019年に1.01倍にダウン。2020～2024年は応募者がより少なめで5年連続の全員合格となった。通信制高校への志向が影響しているようだ。2025年一次はそろそろ「反動」で実質倍率が上がるか。なお，特別推薦は剣道。

【併願例】〈挑戦〉関東一，貞静学園，大森学園，京華商業，武蔵野，愛国，中央学院中央，堀越，大東学園，品川エトワール，東京学館浦安，不二女子

小岩 高等学校

共学

アクセス
JR—新小岩15分，またはバス本一色5分

〒133-0044　東京都江戸川区本一色3-10-1　☎(03)3651-2250

【設置学科】　普通科
【沿　革】　1963年創立。
【生徒数】　男子523名，女子548名
【特　色】　①２年次に文系，理系に分かれ，３年次の理系は２系統に分かれて進路実現を図る。３年次の自由選択科目に「情報Ⅱ」「情報デザイン」を設置。②英語で習熟度別授業を行う。③夏期・冬期講習で基礎固めや受験勉強をサポート。受験対策の勉強合宿も行う。④異文化理解などを学ぶ，国際理解教育を推進。台湾やニュージーランドの学校と姉妹校提携し，交流を深めている。国内英語研修施設での体験学習も実施。⑤各自の進路実現に向けた進路指導。自習室は19時まで開放する。⑥和洋女子大学と高大連携。⑦男女バドミントン部が４年連続関東大会出場の実績。⑧制服あり。

【進路情報】　卒業生数—345名
大学—203名　短大—11名　専門学校—96名　就職—8名　その他—27名
【指定校推薦】　明治大，日本大，東洋大，大東文化大，東海大，亜細亜大，他。
【見学ガイド】　文化祭，説明会，授業公開，見学会，部活動見学，学校見学

主な大学合格状況
'24年春速報は巻末資料参照　　※（　）内は現役生で内数。（　）外は既卒生を含む。

大学名	'23	'22	大学名	'23	'22	大学名	'23	'22	大学名	'23	'22
◇秋田県立大	1	0	青山学院大	1(1)	1(1)	大東文化大	4(3)	17(11)	武蔵野大	8(7)	10(8)
早稲田大	1	0	立教大	1	2(2)	亜細亜大	25(25)	12(12)	帝京平成大	23(23)	41(41)
慶應大	2	0	法政大	0	3(3)	帝京大	13(12)	14(14)	東京工科大	11(8)	5(3)
上智大	1	1(1)	日本大	23(22)	37(30)	獨協大	6(6)	7(5)	拓殖大	28(28)	8(8)
東京理科大	1(1)	0	東洋大	17(16)	18(18)	立正大	10(10)	21(21)	目白大	12(12)	17(17)
学習院大	1(1)	0	駒澤大	11(11)	9(7)	国士舘大	27(27)	25(16)	麗澤大	11(5)	67(19)
明治大	1(1)	1(1)	専修大	18(18)	16(9)	千葉工大	33(12)	77(11)	千葉商大	22(8)	19(11)

選抜方法
2024年春（実績）　特別推薦あり

推薦	推薦枠	調査書の活用	調査書	個人面接	作文	一次	学力検査	学力検査：調査書	ESAT-J
	20%	評定	300点	200点	100点		5教科	7：3	20点

過去２年間の応募状況

年度	性別	募集数	応募数	合格数	応募倍率
推薦 '24	男女	72	326	72	4.53
'23	男子	37	180	37	4.86
	女子	34	181	34	5.32

年度	性別	募集数	応募数	受検数	合格数	応募倍率	実質倍率
一次 '24	男女	284	471	454	285	1.66	1.59
'23	男子	149	251	245	133	1.68	1.84
	女子	136	264	258	152	1.94	1.70

合格のめやす

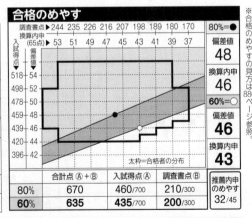

※合格のめやすの見方は886ページ参照。

80%＝●　偏差値 48　換算内申 46
60%＝○　偏差値 46　換算内申 43
推薦内申のめやす 32/45

	合計点 Ⓐ＋Ⓑ	入試得点 Ⓐ	調査書点 Ⓑ
80%	670	460/700	210/300
60%	635	435/700	200/300

受験特報　人気校で，一次では，男女計の実質倍率は，2016〜2023年に1.6〜1.87倍と高く推移。ただ2024年は応募者（男女計），受検者（同）減少で1.59倍に下がった（2023年は男女計1.76倍）。受検生は本所などへ動いたか。2025年一次は反動（倍率上昇）の可能性もあるので注意。

【併願例】〈挑戦〉安田学園，二松学舎，武蔵野大千代田，錦城学園　〈最適〉保善，正則，SDH昭和一，岩倉，共栄学園，貞静学園，関東一，修徳　〈堅実〉正則学園，中央学院中央

篠崎 高等学校

共学

アクセス／JR―小岩, 都営新宿線―篠崎, 瑞江よりバススポーツランド入口5分

〒133-0063 東京都江戸川区東篠崎1-10-1 ☎(03)3678-9331

【設置学科】 普通科
【沿 革】 1977年創立。
【生徒数】 男子443名, 女子371名
【特 色】 ①2年次より文理別となる。②国数英で習熟度別授業を行い, 基礎学力を定着させる。③3年間の系統的な総合的な探究の時間では, 江戸川区役所や大学, 企業などと連携して地域創生を行う。④可能性を引き出し, 生徒一人ひとりの将来を見据えたキャリア教育を実施。長期休業中の講習は, 希望進路の実現や幅広い知識の習得をめざした講座を開講。⑤東洋大学, 立正大学など, 4大学, 2短期大学と高大連携。大学の講座を受講できる(単位認定)。⑥地域の6中学校と連携し, 部活動交流や体験授業などを実施。⑦アメリカの高校などと学習・文化交流を行う。⑧制服あり。

【進路情報】 卒業生数― 269名
大学―163名 短大―25名 専門学校―43名 就職―25名 その他―13名
【指定校推薦】 日本大, 東洋大, 駒澤大, 大東文化大, 亜細亜大, 神奈川大, 他。
【見学ガイド】 文化祭, 説明会, 部活動体験, 授業公開, 見学会, 個別相談会

主な大学合格状況 '24年春速報は巻末資料参照

※( )内は現役生で内数。( )外は既卒生を含む。

大学名	'23	'22	大学名	'23	'22	大学名	'23	'22	大学名	'23	'22
明治大	3(2)	0	大東文化大	5(3)	0	千葉工大	4(4)	5(5)	東京福祉大	2(2)	8(8)
立教大	1	0	東海大	2(2)	0	東京女子医大	1(1)	1(1)	高千穂大	5(5)	3(3)
法政大	1(1)	0	亜細亜大	6(6)	5(5)	二松學舍大	3(3)	3(3)	淑徳大	7(7)	0
日本大	6(4)	1(1)	獨協大	4	0	帝京平成大	6(4)	3(3)	千葉商大	8(6)	7(5)
東洋大	8(3)	4(4)	神奈川大	3(3)	2(2)	拓殖大	2(2)	2(2)	中央学院大	5	5
駒澤大	1(1)	0	立正大	3(3)	8(8)	目白大	3(3)	2(1)	東京富士大	5(5)	6(6)
専修大	4(3)	1	国士舘大	7(5)	6(2)	帝京科学大	5(5)	7(7)	明海大	14(14)	8(8)

選抜方法 2024年春(実績) 特別推薦あり

推薦	推薦枠	調査書の活用	調査書	集団討論・個人面接	作文	一次	学力検査	学力検査:調査書	ESAT-J
	20%	評定	500点	400点	100点		5教科	7:3	20点

過去2年間の応募状況

年度	性別	募集数	応募数	合格数	応募倍率
推薦 '24	男女	56	174	56	3.11
'23	男子	29	93	29	3.21
	女子	26	90	26	3.46

年度	性別	募集数	応募数	受検数	合格数	応募倍率	実質倍率
一次 '24	男女	222	267	261	224	1.20	1.17
'23	男子	116	147	145	120	1.27	1.21
	女子	107	130	129	104	1.21	1.24

合格のめやす

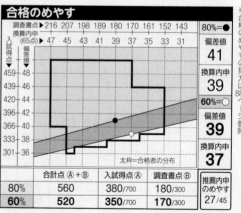

調査書点▶	216	207	198	189	180	170	161	152	143
換算内申(65点)▶	47	45	43	41	39	37	35	33	31

80%=● 偏差値 41
換算内申 39
60%=○ 偏差値 39
換算内申 37

太枠=合格者の分布

	合計点Ⓐ+Ⓑ	入試得点Ⓐ	調査書点Ⓑ
80%	560	380/700	180/300
60%	520	350/700	170/300

推薦内申のめやす 27/45

※合格のめやすの見方は886ページ参照。

【受験特報】 一次では, 男女計の実質倍率は, 2017・2018年の1.5倍台から, 2020年に1.19倍にダウンし, 2021年には全員合格の1.00倍に。「私立志向」などが影響したようだ。2022・2023年は1.06倍→1.22倍(男女計)に上がるも, 2024年は応募者(男女計)がやや減って1.17倍と下向いた。

【併願例】〈挑戦〉正則, SDH昭和一, 岩倉, 関東一, 修徳, 東京学館浦安 〈最適〉中央学院中央, 愛国, 神田女学園, 正則学園, 武蔵野, 東京実業, 大東学園, 不二女子

紅葉川 高等学校

共学

〒134-8573　東京都江戸川区臨海町2-1-1　☎(03)3878-3021

東京
全日制普通科・23区
江戸川区

【設置学科】　普通科
【沿　革】　1928年創立。
【生徒数】　男子384名，女子359名
【特　色】　①2年次より文理別となる。②3年次の総合的な探究の時間では，道徳教育とキャリア教育の一体化を図る教科「人間と社会」を行う。③英語の必修授業は3年間で18単位。英語4技能をバランスよく伸ばし，実技テストにより使える英語を身につける。英語外部試験GTECは全員が受験する。④数英で習熟度別授業を実施。⑤自学自習用の冊子「紅葉川学力向上プログラム」を，全生徒が活用して学習する。⑥あらゆる機会を利用したキャリア教育により，進路実現をめざす。⑦土曜日に講習を開講。⑧屋根開閉式プールやトレーニングルームなど施設が充実。⑨制服あり。
【進路情報】　卒業生数―232名
大学―157名　短大―6名　専門学校―48名　就職―6名　その他―15名
【指定校推薦】　日本大，東洋大，専修大，大東文化大，亜細亜大，帝京大，他。
【見学ガイド】　文化祭，説明会，部活動体験，授業公開，見学会

主な大学合格状況

'24年春速報は巻末資料参照　　　※(　)内は現役生で内数。(　)外は既卒生を含む。

大学名	'23	'22	大学名	'23	'22	大学名	'23	'22	大学名	'23	'22
◇室蘭工大	1(1)	0	専修大	4(4)	1(1)	東京電機大	1(1)	3(1)	武蔵野大	13(13)	12(8)
学習院大	2(2)	0	大東文化大	4(3)	4(4)	立正大	6(5)	22(21)	帝京平成大	9(7)	10(10)
明治大	1(1)	1	東海大	6(4)	8	国士舘大	22(20)	14(8)	拓殖大	22(16)	8(8)
法政大	3(3)	3(1)	亜細亜大	15(15)	4(4)	東京経済大	6(6)	4(3)	白百大	17(17)	7(8)
日本大	16(16)	15(11)	帝京大	29(26)	18(16)	千葉工大	3(3)	4(2)	文京学院大	12(10)	12(8)
東洋大	7(7)	4(3)	國學院大	4(4)	0	桜美林大	2(2)	9(5)	千葉商大	18(12)	11(11)
駒澤大	2(2)	5(2)	獨協大	11(10)	1	杏林大	4(2)	2(2)	東京成徳大	2(2)	7(7)

選抜方法　2024年春（実績）　特別推薦あり

推薦	推薦枠	調査書の活用	調査書	個人面接	小論文	一次	学力検査	学力検査：調査書	ESAT-J
	20%	評定	500点	300点	200点		5教科	7：3	20点

過去2年間の応募状況

	年度	性別	募集数	応募数	合格数	応募倍率
推薦	'24	男女	48	139	48	2.90
	'23	男子	29	71	29	2.45
		女子	26	64	26	2.46

	年度	性別	募集数	応募数	受検数	合格数	応募倍率	実質倍率
一次	'24	男女	189	284	274	189	1.50	1.45
	'23	男子	116	150	150	105	1.29	1.22
		女子	106	136	131	105	1.28	1.25

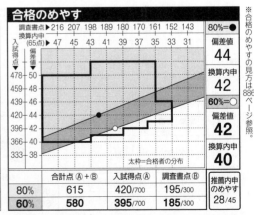

合格のめやす

調査書点▶ 216 207 198 189 180 170 161 152 143
換算内申(65点)▶ 47 45 43 41 39 37 35 33 31

偏差値 **44**　80%=●
換算内申 **42**
偏差値 **42**　60%=○
換算内申 **40**

太枠=合格者の分布

	合計点Ⓐ+Ⓑ	入試得点Ⓐ	調査書点Ⓑ
80%	615	420/700	195/300
60%	580	395/700	185/300

推薦内申のめやす **28/45**

※合格のめやすの見方は886ページ参照。

【受験特報】　一次では，男女計の実質倍率は，2018～2022年の1.41倍～1.58倍から，2023年に定員増，応募者（男女計）減少で低めの1.23倍に。2024年は応募者（同）が若干減るも，定員が元の規模に減ったことが響いて1.45倍に上がった。2025年一次も実質倍率「1.4倍以上」となるか。

【併願例】　〈挑戦〉錦城学園，正則，岩倉，SDH昭和一，上野学園　〈最適〉関東一，修徳，正則学園，武蔵野，中央学院中央，愛国，東京実業，京華商業，東京学館浦安

片倉 高等学校

共学

アクセス／JR―八王子
みなみ野12分
京王線―北野よりバス
片倉高校前

〒192-0914 東京都八王子市片倉町1643 ☎(042)635-3621

【設置学科】 普通科〔ほか造形美術コース〕
【沿 革】 1972年創立。
【生徒数】 男子347名，女子310名
【特 色】 ①1年次は数英の習熟度別授業などで基礎学力を身につける。2年次は必修選択制，3年次で選択講座に幅を持たせ，適性などに合った科目を選ぶ。②放課後や夏季休業中に個別学習や補習を行う。③英検などの資格取得に積極的で，一人ひとりに対応した指導を行う。④担任を中心とした面談を通し，将来の夢を叶えるキャリアプランを一緒に考えていく。小論文模試も行い，大学の学校推薦型選抜に活用する。⑤陸上競技・吹奏楽・陶芸美術・なぎなた部など，全国レベルの活躍をしている部活動が多く，全校を挙げて応援している。⑥豊かな自然に恵まれた環境。⑦制服あり。
【進路情報】 卒業生数―197名
大学―124名 短大―10名 専門学校―49名 就職―9名 その他―5名
【指定校推薦】〔コース制を含む〕中央大，日本大，東海大，帝京大，神奈川大，他。
【見学ガイド】 体育祭，文化祭，説明会，授業公開，見学会

主な大学合格状況

'24年春速報は巻末資料参照 ※コース制を含む。( )内は現役生で内数。( )外は既卒生を含む。

大学名	'23	'22	大学名	'23	'22	大学名	'23	'22	大学名	'23	'22
◇東京学芸大	2(2)	0	専修大	3(3)	1(1)	国士舘大	2(2)	1(1)	拓殖大	2(2)	3(1)
東京理科大	1(1)	0	大東文化大	3(3)	0	東京経済大	2(2)	5(5)	高千穂大	6(4)	2(2)
明治大	0	1	東海大	4(4)	2(2)	桜美林大	19(12)	7(7)	多摩美大	4(4)	6(3)
中央大	3(3)	1(1)	亜細亜大	4(4)	1(1)	関東学院大	3(3)	1(1)	武蔵野美大	3(3)	6(6)
法政大	0	1	帝京大	28(26)	24(23)	実践女子大	4(4)	5(5)	東京造形大	6(6)	5(5)
日本大	4(4)	6(6)	神奈川大	3(3)	1(1)	明星大	26(26)	6(6)	女子美大	6(6)	5(5)
東洋大	3(1)	5(3)	玉川大	1(1)	2(2)	東京工科大	8(8)	4(4)	駿河台大	8(8)	6(5)

選抜方法 2024年春（実績）

特別推薦あり

推薦	推薦枠	調査書の活用	調査書	個人面接	作文	一次	学力検査	学力検査：調査書	ESAT-J
	20%	評定	450点	350点	100点		5教科	7：3	20点

過去2年間の応募状況

	年度	性別	募集数	応募数	合格数	応募倍率
推薦	'24	男女	48	174	48	3.63
	'23	男子	24	133	24	5.54
		女子	22	95	22	4.32

	年度	性別	募集数	応募数	受検数	合格数	応募倍率	実質倍率
一次	'24	男女	189	230	219	190	1.22	1.15
	'23	男子	100	161	158	103	1.61	1.53
		女子	91	139	138	90	1.53	1.53

合格のめやす

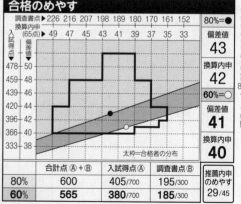

※合格のめやすの見方は886ページ参照。

| 80%=● | 偏差値 43 |
| 換算内申 42 |
| 60%=○ | 偏差値 41 |
| 換算内申 40 |

太枠=合格者の分布

	合計点Ⓐ+Ⓑ	入試得点Ⓐ	調査書点Ⓑ	推薦内申のめやす
80%	600	405/700	195/300	29/45
60%	565	380/700	185/300	

【受験特報】 一次では，男女計の実質倍率は，2018～2022年に1.14倍～1.25倍と低めで推移。それが2023年は応募者（男女計）急増で1.53倍（男女計）と高倍率に。このため2024年は敬遠層が出て，応募者（同）急減となり1.15倍に下がった。なお，特別推薦は吹奏楽，陸上競技など4種。

【併願例】〈挑戦〉工学院大附，八王子実践，大成，東海大菅生，昭和一学園，駒沢女子，国本女子 〈最適〉藤村女子，立川女子，聖パウロ，光明相模原 〈堅実〉科学技術学園

片倉 高等学校

共学 コース制

〒192-0914 東京都八王子市片倉町1643 ☎(042)635-3621

アクセス／JR—八王子 みなみ野12分 京王線—北野よりバス 片倉高校前

東京 全日制普通科・多摩部 八王子市

【設置学科】 普通科（造形美術コース）

【沿革】 1972年創立。1992年より，造形美術コースを設置。

【生徒数】 男子47名，女子184名

【特色】 ①美術の専門的な学習はもちろん，普通科と連携した学習を通じ，文化的で創造力のある人間形成をめざす。②1年次は美術の基礎全般を学ぶ。2年次よりアートとデザイン専攻に分かれ，自分にふさわしい表現方法や進路を見つけていく。3年次では洋画，日本画，彫刻，ビジュアルデザイン，クラフトデザインの5専攻に分かれる。③各実習室，陶芸窯，石彫室など施設が充実。④多摩美術大学と高大連携。⑤吹奏楽・陶芸美術・陸上競技・なぎなた部などが全国大会出場。⑥制服あり。

【進路情報】 卒業生数— 79名

大学—26名 短大—2名 専門学校—30名 就職—7名 その他—14名

【指定校推薦】 〔普通科を含む〕女子美大，東京造形大，東京工芸大，他。

【見学ガイド】 体育祭，文化祭，説明会，造形美術コース授業作品・卒業制作展，中学生デッサン教室，授業公開，見学会

主な大学合格状況

'24年春速報値は巻末資料参照※普通科全体の数値。（ ）内は現役生で内数。（ ）外は既卒生を含む。

大学名	'23	'22	大学名	'23	'22	大学名	'23	'22	大学名	'23	'22
◇東京学芸大	2(2)	0	専修大	3(3)	1(1)	国士舘大	2(2)	1(1)	拓殖大	2(2)	3(1)
東京理科大	1(1)	0	大東文化大	3(3)	0	東京経済大	2(2)	5(5)	高千穂大	6(4)	2(2)
明治大	0	1	東海大	4(4)	2(2)	桜美林大	19(12)	7(7)	多摩美大	4(4)	6(6)
中央大	3(3)	1(1)	亜細亜大	4(4)	1(1)	関東学院大	3(3)	1(1)	武蔵野美大	3(3)	6(6)
法政大	0	1	帝京大	28(26)	24(23)	実践女子大	4(4)	5(5)	東京造形大	6(6)	5(5)
日本大	4(4)	6(6)	神奈川大	3(3)	1(1)	明星大	26(26)	6(6)	女子美大	4(3)	6(5)
東洋大	5(5)	5(3)	玉川大	1(1)	2(2)	東京工科大	8(8)	4(4)	駿河台大	8(8)	6(5)

選抜方法 2024年春（実績）

※鉛筆による素描

推薦	推薦枠	調査書の活用	調査書	個人面接	実技検査
	30%	評定	360点	140点	*500点

一次	学力検査	学力検査：調査書	ESAT-J	実技検査
	5教科	7：3	20点	*1000点

過去2年間の応募状況

年度	性別	募集数	応募数	合格数	応募倍率
推薦 '24	男女	24	73	24	3.04
推薦 '23	男子	24	9	3	2.92
	女子		61	21	

年度	性別	募集数	応募数	受検数	合格数	応募倍率	実質倍率
一次 '24	男女	56	66	64	58	1.18	1.10
一次 '23	男子	56	11	9	9	1.22	1.30
	女子		62	56	49	1.14	

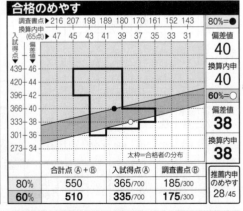

合格のめやす

※合格のめやすの見方は886ページ参照。

| 調査書▶ | 216 | 207 | 198 | 189 | 180 | 170 | 161 | 152 | 143 |
| 換算内申(65点)▶ | 47 | 45 | 43 | 41 | 39 | 37 | 35 | 33 | 31 |

80%=● 偏差値 40 換算内申 40

60%=○ 偏差値 38 換算内申 38

太枠=合格者の分布

	合計点Ⓐ＋Ⓑ	入試得点Ⓐ	調査書点Ⓑ
80%	550	365/700	185/300
60%	510	335/700	175/300

推薦内申のめやす 28/45

【受験特報】 一次では実質倍率（男女計）は，2018・2019年に1.00倍（全員合格）となり，2020・2021年も1.02倍→1.05倍（男女計）と低迷。しかし2022年に実質倍率1.26倍（男女計）にアップ。ただ，2023・2024年はやや応募者減で実質倍率1.16倍→1.10倍（男女計）と下向いた。

【併願例】 〈挑戦〉トキワ松（美），新渡戸文化，昭和一学園，駒沢女子，立川女子，聖パウロ，橘学苑（デザ），光明相模原 〈最適〉フェリシア，柏木学園

翔陽 高等学校

共学
単位制

アクセス
JR・京王高尾線―高尾よりバス医療センター1分

〒193-0944 東京都八王子市館町1097-136 ☎(042)663-3318

【設置学科】 普通科
【沿革】 2005年開校。
【生徒数】 男子294名，女子365名
【特色】 ①文系，理系に偏りなく多くの選択科目が設置され，自分の進路に合わせた学習ができる。②国数英で少人数・習熟度別授業を実施。セミナー合宿や月2～3回の土曜授業，講習，補習も充実している。③外国人講師4名の指導体制で英語4技能を伸ばし，英検や外部試験GTECをめざす。④国際理解教育を推進。イングリッシュキャンプ，海外修学旅行（シンガポール・マレーシア），海外留学・イングリッシュサロンなどを行う。⑤進学指導研究校として大学進学を重視し，3年間を通じて生徒の進路希望の実現に全力で取り組む。⑥ダンス部が全国大会優勝。⑦制服あり。

【進路情報】 卒業生数―232名
大学―190名 短大―4名 専門学校―25名 その他―13名
【指定校推薦】 中央大，法政大，日本大，東洋大，専修大，帝京大，成蹊大，他。
【見学ガイド】 文化祭，説明会，授業公開，部活動見学，見学会

主な大学合格状況
'24年春速報は巻末資料参照 ※既卒生を含む。'23の( )内は現役生で内数。

大学名	'23	'22	大学名	'23	'22	大学名	'23	'22	大学名	'23	'22
◇都立大	1(1)	2	学習院大	4(4)	0	東洋大	11(9)	23	東京経済大	15(9)	25
◇山梨大	0	1	明治大	6(4)	8	駒澤大	7(4)	14	桜美林大	40(16)	28
◇水産大	1	0	青山学院大	2(2)	2	専修大	11(11)	32	創価大	28(4)	8
早稲田大	0	2	立教大	6(2)	5	東海大	15(7)	5	東京農大	8(8)	7
慶應大	0	1	中央大	7(5)	14	亜細亜大	15(10)	22	明星大	75(31)	24
上智大	3(2)	0	法政大	13(9)	20	帝京大	23(14)	24	東京工科大	43(20)	9
東京理科大	0	1	日本大	25(18)	25	成蹊大	12(7)	3	拓殖大	16(9)	5

選抜方法 2024年春（実績）

推薦	推薦枠	調査書の活用	調査書	個人面接	作文	一次	学力検査	学力検査：調査書	ESAT-J
推薦	20%	評定	500点	200点	300点	一次	5教科	7：3	20点

過去2年間の応募状況

	年度	性別	募集数	応募数	合格数	応募倍率
推薦	'24	男女	48	72	48	1.50
推薦	'23	男子	48	25	11	1.83
推薦	'23	女子		63	37	

	年度	性別	募集数	応募数	受検数	合格数	応募倍率	実質倍率
一次	'24	男女	188	202	195	190	1.07	1.03
一次	'23	男子	188	99	99	97	1.06	1.02
一次	'23	女子		101	97	94		1.03

合格のめやす

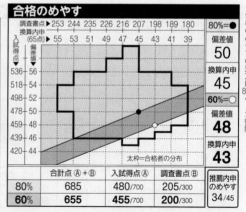

※合格のめやすの見方は886ページ参照。

| 調査書点 | 253 244 235 226 216 207 198 189 180 | 80%=● | 偏差値 50 |
| 換算内申(65点) | 55 53 51 49 47 45 43 41 39 | 換算内申 45 |

	合計点Ⓐ+Ⓑ	入試得点Ⓐ	調査書点Ⓑ	推薦内申のめやす
80%	685	480/700	205/300	34/45
60%	655	455/700	200/300	

60%=○ 偏差値 48 換算内申 43

太枠=合格者の分布

【受験特報】 一次の実質倍率（男女計）は2017～2019年に1.1倍台～1.2倍と低めで，2020年に1.00倍（全員合格）に。それが2021年に1.37倍（男女計）に盛り返すも，2022年は1.19倍（男女計），2023年は1.03倍（同）とダウンし，2024年も低倍率に。2025年一次は「反動」の倍率アップに注意。

【併願例】〈挑戦〉八王子学園，東京純心女子，共立女子二，工学院大附，明星，啓明学園，八王子実践 〈最適〉大成，白梅学園，東海大菅生，昭和一学園，日大明誠

八王子北 高等学校

共学

【アクセス】 JR—西八王子・八王子, 京王線—京王八王子よりバス楢原町5分

〒193-0803 東京都八王子市楢原町601 ☎(042)626-3787

【設置学科】 普通科
【沿革】 1978年創立。
【生徒数】 男子310名，女子284名
【特色】 ①「自主自律，学習と部活動の両立，地域貢献，挑戦」を目標に，夢を叶えるためにがんばる生徒を応援する。②数英で習熟度別，国語で少人数授業を行う。③「わかる」を実感させる授業で，基礎学力の定着から「考える」を大切にした確かな学力を育成する。④国際理解教育の一環として，2年次に全員が国内英語研修施設での語学研修に参加する。⑤地域探究推進校として，地域の課題について考え，その解決策を八王子市に提案する探究的な学び「ハチ北クエスト」を3年間かけて進めていく。⑥新部活「探究部」が始動し，オリジナル商品の開発を行う。⑦制服あり。

【進路情報】 卒業生数—197名
大学—81名 短大—7名 専門学校—71名 就職—21名 その他—17名
【指定校推薦】 中央大，帝京大，玉川大，国士舘大，桜美林大，杏林大，明星大，他。
【見学ガイド】 文化祭，説明会，授業公開，見学会，個別相談会

東京 全日制普通科・多摩部 八王子市

主な大学合格状況
'24年春速報は巻末資料参照 ※( )内は現役生で内数。( )外は既卒生を含む。

大学名	'23	'22	大学名	'23	'22	大学名	'23	'22	大学名	'23	'22
早稲田大	4	0	法政大	3	0	国士舘大	1	3(2)	城西大	1(1)	2(2)
慶應大	2	0	日本大	0	2(2)	桜美林大	5(4)	4(2)	目白大	1(1)	2(2)
上智大	1	0	駒澤大	2(1)	1	関東学院大	5	0	帝京科学大	5(5)	0
明治大	2	0	専修大	1(1)	0	明星大	20(19)	16(16)	東京医療学院大	1(1)	2(2)
青山学院大	1	0	東海大	1	0	帝京平成大	3(3)	0	東京純心大	3(3)	1(1)
立教大	1	0	帝京大	12(10)	8(8)	東京工科大	4(4)	13	日本文化大	3(3)	3(3)
中央大	3(1)	2(1)	國學院大	0	0	拓殖大	6(6)	4(4)	駿河台大	1	4(4)

選抜方法 2024年春（実績）
特別推薦あり

推薦	推薦枠	調査書の活用	調査書	個人面接	作文
	20%	評定	250点	150点	100点

一次	学力検査	学力検査：調査書	ESAT-J
	5教科	7：3	20点

過去2年間の応募状況

年度	性別	募集数	応募数	合格数	応募倍率
推薦 '24	男女	40	96	40	2.40
推薦 '23	男子	20	48	20	2.40
	女子	18	59	18	3.28

年度	性別	募集数	応募数	受検数	合格数	応募倍率	実質倍率
一次 '24	男女	158	181	175	160	1.15	1.09
一次 '23	男子	84	114	114	88	1.36	1.30
	女子	76	94	92	74	1.24	1.24

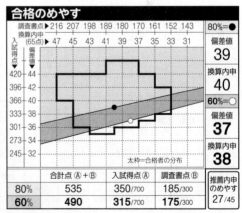

合格のめやす
※合格のめやすの見方は886ページ参照。

	調査書点▶	216	207	198	189	180	170	161	152	143
換算内申 (65点) ▶		47	45	43	41	39	37	35	33	31

80%=● 偏差値 39 換算内申 40
60%=○ 偏差値 37 換算内申 38

太枠=合格者の分布

	合計点Ⓐ+Ⓑ	入試得点Ⓐ	調査書点Ⓑ
80%	535	350/700	185/300
60%	490	315/700	175/300

推薦内申のめやす 27/45

【受験特報】 一次では，男女計の実質倍率は，2018年の1.54倍から2019〜2021年に1.2〜1.3倍台に下がり，2022年は1.02倍と低迷。私立や通信制高校への志向が影響したようだ。2023年は反動で1.27倍（男女計）に上がるも，2024年は応募者減（男女計）で1.09倍にダウン。2025年は反動に注意。

【併願例】〈挑戦〉東海大菅生，昭和一学園，駒沢女子，立川女子，聖パウロ，二階堂，光明相模原
〈最適〉日体大桜華，堀越，大東学園，フェリシア，柏木学園，東野

富士森 高等学校

共 学

アクセス
JR—西八王子13分，またはバス富士森高校

〒193-0824　東京都八王子市長房町420-2　☎(042)661-0444

【設置学科】　普通科
【沿　革】　1941年創立。
【生徒数】　男子451名，女子496名
【特　色】　①中堅以上の私立大学や看護医療系学校への進学に対応した教育課程を組む。②数英で習熟度別授業を実施。「ワードカップ（学年一斉単語テスト）」も行う。③学習サークル「学びの森」や年18回の土曜授業，長期休業中の講習，卒業生らのサポートティーチャー制を導入。④1・2年次に国内英語研修施設を訪れる。⑤第1志望実現のため，模擬試験を積極的に実施し，面接や小論文指導などを組織的に行う。⑥空手道部が全国大会ベスト16，陸上競技部，華道部が関東大会出場，吹奏楽部は東京都コンクールA組金賞受賞，被災地応援活動もしている。⑦制服あり。

【進路情報】　卒業生数—301名
大学—198名　短大—8名　専門学校—77名　就職—5名　その他—13名
【指定校推薦】　中央大，日本大，東洋大，駒澤大，専修大，東海大，亜細亜大，他。
【見学ガイド】　文化祭，説明会，オープンキャンパス，授業公開，見学会

主な大学合格状況
'24年春速報は巻末資料参照　※（ ）内は現役生で内数。（ ）外は既卒生を含む。

大学名	'23	'22	大学名	'23	'22	大学名	'23	'22	大学名	'23	'22
◇大阪大	1(1)	0	青山学院大	0	1(1)	専修大	9(8)	20(11)	国士舘大	10(6)	8(8)
◇東京学芸大	0	1(1)	立教大	0	1(1)	大東文化大	6(5)	5(5)	東京経済大	22(21)	26(26)
◇電通大	0	1(1)	中央大	11(7)	15(15)	東海大	19(8)	20(13)	桜美林大	47(22)	31(16)
早稲田大	0	1(1)	法政大	4(1)	9(9)	亜細亜大	19(16)	27(27)	明星大	38(33)	37(34)
慶應大			日本大	14(14)	23(16)	帝京大	42(28)	32(29)	帝京平成大	3(2)	8(7)
東京理科大	1(1)	0	東洋大	7(5)	11(10)	國學院大	3(3)	3(3)	東京工科大	13(10)	3(3)
明治大	4(1)	1(1)	駒澤大	2(1)	11(11)	神奈川大	6(4)	5(5)	拓殖大	14(9)	16(15)

選抜方法 2024年春（実績）
特別推薦あり

推薦	推薦枠	調査書の活用	調査書	個人面接	作文
	20%	評定	500点	250点	250点

一次	学力検査	学力検査：調査書	ESAT-J
	5教科	7：3	20点

過去2年間の応募状況

	年度	性別	募集数	応募数	合格数	応募倍率
推薦	'24	男女	62	193	62	3.11
	'23	男子	36	84	36	2.33
		女子	33	182	33	5.52

	年度	性別	募集数	応募数	受検数	合格数	応募倍率	実質倍率
一次	'24	男女	249	297	287	256	1.19	1.12
	'23	男子	148	177	172	119	1.20	1.45
		女子	134	249	170	170	1.86	1.45

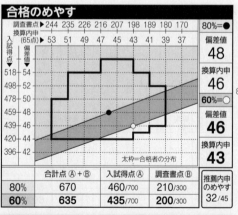

合格のめやす

80%=● 偏差値 48　換算内申 46
60%=○ 偏差値 46　換算内申 43

太枠＝合格者の分布

	合計点Ⓐ＋Ⓑ	入試得点Ⓐ	調査書点Ⓑ	推薦内申のめやす
80%	670	460/700	210/300	32/45
60%	635	435/700	200/300	

※合格のめやすの見方は886ページ参照。

【受験特報】　一次では男女計の実質倍率は，2019〜2024年に1.38倍→1.13倍→1.39倍→1.14倍→1.45倍→1.12倍と「隔年現象」的に推移。2024年は定員減となるも，一次は応募者（男女計）の大幅減により倍率ダウンとなった。2025年一次は反動（応募者増）で倍率が上がるだろう。

【併願例】　〈挑戦〉工学院大附，明星，八王子実践，東亜学園，帝京八王子，大成，日本工大駒場，日大明誠　〈最適〉白梅学園，東海大菅生，昭和一学園　〈堅実〉聖パウロ，立川女子

松が谷 高等学校

共 学

〒192-0354　東京都八王子市松が谷1772　☎(042)676-1231

アクセス／京王相模原線―京王堀之内15分　多摩モノレール―松が谷15分

【設置学科】　普通科〔ほか外国語コース〕
【沿革】　1981年創立。
【生徒数】　男子388名，女子357名
【特色】　①一人ひとりの学力と個性を伸ばし，希望進路を実現するカリキュラムを組み，親身な指導を行う。②1年次に幅広い基礎学力を習得し，2年次で進路や適性に応じた科目を選択。3年次は「情報Ⅱ」など最大16科目の自由選択科目を設置。③グローバル社会を生き抜く力を養うため，英語教育を推進し，将来に活かせる検定も力を入れている。④進学指導研究校として，模試の分析などを行い，進路希望実現のための指導に活用している。⑤立教大学と高大連携。⑥アーチェリー部，陸上競技部，和太鼓部が全国大会出場。⑦制服あり。
【進路情報】〔コース制を含む〕
卒業生数―304名
大学―206名　短大―4名　専門学校―77名　就職―6名　その他―11名
【指定校推薦】〔コース制を含む〕駒澤大，専修大，東海大，亜細亜大，帝京大，他。
【見学ガイド】　文化祭，説明会，授業公開，見学会，個別相談会

主な大学合格状況

'24年春速報は巻末資料参照　※コース制を含む。（ ）内は現役生で内数。（ ）外は既卒生を含む。

大学名	'23	'22	大学名	'23	'22	大学名	'23	'22	大学名	'23	'22
◇都立大	1(1)	0	立教大	3(3)	3(2)	東海大	22(17)	17(9)	国士舘大	7(5)	17(9)
早稲田大	2(2)	0	中央大	10(9)	18(13)	亜細亜大	13(13)	12(12)	東京経済大	15(13)	8(6)
慶應大	0	1(1)	法政大	6(5)	15(15)	帝京大	28(28)	29(28)	桜美林大	40(22)	51(35)
上智大	1(1)	2(2)	日本大	20(20)	21(21)	國學院大	3(3)	4(4)	杏林大	21(21)	20(20)
東京理科大	1(1)	1(1)	東洋大	20(10)	16(14)	明治学院大	3(3)	4(1)	武蔵野大	8(4)	10(9)
明治大	3(3)	3(3)	駒澤大	13(12)	7(7)	獨協大	2(2)	9(9)	東京農大	13(13)	2
青山学院大	3(3)	4(3)	専修大	32(32)	34(23)	東京電機大	6(2)	0	明星大	29(29)	40(28)

選抜方法 2024年春（実績）　特別推薦あり

推薦	推薦枠	調査書の活用	調査書	個人面接	作文	一次	学力検査	学力検査：調査書	ESAT-J
	20%	評定	500点	300点	200点		5教科	7：3	20点

過去2年間の応募状況

	年度	性別	募集数	応募数	合格数	応募倍率
推薦	'24	男女	56	160	56	2.86
	'23	男子	28	83	28	2.96
		女子	26	87	26	3.35

	年度	性別	募集数	応募数	受検数	合格数	応募倍率	実質倍率
一次	'24	男女	220	300	286	221	1.36	1.29
	'23	男子	116	163	153	114	1.41	1.34
		女子	106	150	144	109	1.42	1.32

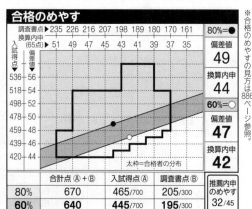

合格のめやす

80%=● 偏差値49　換算内申44
60%=○ 偏差値47　換算内申42

	合計点Ⓐ+Ⓑ	入試得点Ⓐ	調査書点Ⓑ	推薦内申のめやす
80%	670	465/700	205/300	32/45
60%	640	445/700	195/300	

【受験特報】　一次では，男女計の実質倍率は，2017～2022年に1.41倍～1.55倍で推移。しかし2023年は定員増が響いて1.33倍（男女計）にダウン，2024年は応募者（男女計）がやや減って1.29倍まで下がった。このため2025年一次は反動（倍率アップ）に注意。特別推薦は陸上競技，剣道など。

【併願例】〈挑戦〉八王子学園，明星，工学院大附，八王子実践，大成，麻布大附　〈最適〉駒場学園，東海大菅生，日本学園，昭和一学園，駒沢女子，日大明誠　〈堅実〉立川女子

松が谷 高等学校

共学 コース制

〒192-0354　東京都八王子市松が谷1772　☎(042)676-1231

アクセス／京王相模原線―京王堀之内15分　多摩モノレール―松が谷15分

【設置学科】　普通科（外国語コース）

【沿　革】　1981年創立。1990年より外国語コースを併設。

【生徒数】　男子57名，女子181名

【特　色】　①外国人講師による少人数の英会話授業を行う。②英語の授業は3年間習熟度別に編成。英語4技能を伸ばす特色ある教育の充実を図る。民間英語検定を全員が受験する。③図書館にある4,000冊以上の英語多読用図書の活用や英語版書評合戦ビブリオバトルを行う。④立教大学と高大連携。⑤進学指導研究校として生徒の進路希望の実現に全力で取り組む。⑥夏季休業中に希望者を対象に海外（2023年はフィリピン）語学研修を実施。国内の語学研修も積極的に行う。⑦制服あり。

【進路情報】〔普通科を含む〕
卒業生数―304名
大学―206名　短大―4名　専門学校―77名　就職―6名　その他―11名

【指定校推薦】〔普通科を含む〕東京理科大，中央大，法政大，日本大，東洋大，他。

【見学ガイド】　文化祭，説明会，体験授業，授業公開，見学会，個別相談会

主な大学合格状況

'24年春速報は巻末資料参照※普通科全体の数値。（　）内は現役生で内数。（　）外は既卒生を含む。

大学名	'23	'22	大学名	'23	'22	大学名	'23	'22	大学名	'23	'22
◇都立大	1(1)	0	立教大	3(3)	3(2)	東海大	22(17)	17(9)	国士舘大	7(5)	17(9)
早稲田大	2(2)	0	中央大	10(9)	18(13)	亜細亜大	13(13)	12(12)	東京経済大	15(13)	8(6)
慶應大	0	1(1)	法政大	6(5)	15(15)	帝京大	28(28)	29(28)	桜美林大	40(22)	51(35)
上智大	1(1)	2(2)	日本大	20(20)	21(21)	國學院大	3(3)	4(4)	杏林大	21(21)	20(20)
東京理科大	1(1)	1(1)	東洋大	20(10)	16(14)	明治学院大	3(3)	4(1)	武蔵野大	8(4)	10(9)
明治大	3(3)	3(3)	駒澤大	13(12)	7(7)	獨協大	2	9(9)	東京農大	13(13)	2
青山学院大	3(3)	4(3)	専修大	32(32)	34(23)	東京電機大	6(2)	0	明星大	29(29)	40(28)

選抜方法　2024年春（実績）

＊国語，英語各2倍

	推薦枠	調査書の活用	調査書	個人面接	作文	学力検査	学力検査：調査書	ESAT-J
推薦	30%	評定	500点	300点	200点	一次 ＊5教科	7：3	20点

過去2年間の応募状況

	年度	性別	募集数	応募数	合格数	応募倍率
推薦	'24	男女	24	54	24	2.25
	'23	男子	24	7	2	1.54
		女子		30	22	

	年度	性別	募集数	応募数	受検数	合格数	応募倍率	実質倍率
一次	'24	男女	56	81	75	57	1.45	1.32
	'23	男子	56	20	17	15	1.18	1.13
		女子		46	45	42		1.07

合格のめやす

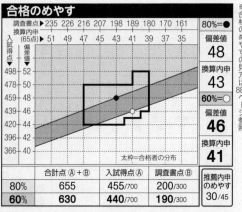

※合格のめやすの見方は886ページ参照。

調査書点▶	235	226	216	207	198	189	180	170	161
換算内申(65点)▶	51	49	47	45	43	41	39	37	35

80%=● 偏差値 48
換算内申 43
60%=○ 偏差値 46
換算内申 41

太枠=合格者の分布

	合計点Ⓐ+Ⓑ	入試得点Ⓐ	調査書点Ⓑ
80%	655	455/700	200/300
60%	630	440/700	190/300

推薦内申のめやす 30/45

【受験特報】　一次の実質倍率（男女計）は2020年に1.30倍に緩和，その後は2021年1.11倍→2022年1.26倍→2023年1.09倍→2024年1.32倍（男女計）と「隔年現象」で上下している。2025年一次も同様の流れで倍率ダウンとなるか。なお，特に推薦では外国語コースへの目的意識を明確にしよう。

【併願例】〈挑戦〉八王子実践，関東国際，佼成女子，日大明誠　〈最適〉下北沢成徳，駒場学園，白梅学園，日本学園，昭和一学園，駒沢女子，自由ヶ丘　〈堅実〉大東学園，東野

多摩 高等学校

共学

〒198-0088 東京都青梅市裏宿町580 ☎(0428)23-2151

【アクセス】 JR―青梅15分，または バス多摩高校前1分

東京 全日制普通科・多摩部 八王子市／青梅市

【設置学科】 普通科
【沿革】 1923年，実科高等女学校として創立。1950年より現校名。創立100周年。
【生徒数】 男子220名，女子212名
【特色】 ①多彩な選択科目を開設。2年次より自分の進路に合わせた科目を履修する。②週2回，45分×7時限授業を設定。国数英で習熟度別授業を展開し，ICT機器などを活用し，わかりやすく指導する。③放課後の校内寺子屋「たまなび（自習室）」のほか，夏期講習や進路別の個別指導を行う。④英語・情報技術・簿記検定などの各種検定を校内実施。⑤インターンシップ，森林保全活動，地域活性イベントの運営補助などの地域と連携した多彩な体験活動により，職業観を身につけ，社会に貢献できる生徒の育成を図る。⑥制服あり。
【進路情報】 卒業生数―179名
大学―21名　短大―3名　専門学校―85名　就職―56名　その他―14名
【指定校推薦】 亜細亜大，帝京大，桜美林大，東京女子体育大，嘉悦大，和光大，他。
【見学ガイド】 文化祭，説明会，授業公開，見学会

主な大学合格状況

'24春速報は巻末資料参照　　　※既卒生を含む。'22の( )内は現役生で内数。

大学名	'23	'22	大学名	'23	'22	大学名	'23	'22	大学名	'23	'22
明治大	1	0	明星大	0	4(4)	城西国際大	0	1(1)	駿河台大	3	3(3)
東海大	0	3(1)	駒沢女子大	0	1(1)	健康科学大	0	1(1)	聖学院大	8	2(2)
亜細亜大	2	2(1)	城西大	1	0	嘉悦大	2	0	西武文理大	2	1(1)
帝京大	3	1(1)	清泉女子大	0	1	東京純心大	0	0	東京国際大	1	1(1)
桜美林大	3	1(1)	東京家政学院大	0	1(1)	和光大	1	0	武蔵野学院大	1	0
杏林大	0	2(2)	東京女子体育大	1	0	田園調布学園大	1	0			
創価大	0	1	麻布大	0	1(1)	尚美学園大	1	0			

選抜方法 2024年春（実績）

	推薦枠	調査書の活用	調査書	個人面接	作文		学力検査	学力検査：調査書	ESAT-J
推薦	20%	評定	500点	300点	200点				
一次							5教科	7：3	20点

過去2年間の応募状況

	年度	性別	募集数	応募数	合格数	応募倍率
推薦	'24	男女	40	56	40	1.40
	'23	男子	20	25	20	1.25
		女子	18	38	18	2.11

	年度	性別	募集数	応募数	受検数	合格数	応募倍率	実質倍率
一次	'24	男女	157	109	104	104	0.69	1.00
	'23	男子	83	51	49	49	0.61	1.00
		女子	76	56	56	56	0.74	1.00

合格のめやす

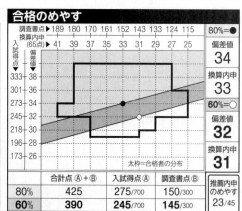

	合計点 Ⓐ+Ⓑ	入試得点Ⓐ	調査書点Ⓑ
80%	425	275/700	150/300
60%	390	245/700	145/300

80%≡● 偏差値 34　換算内申 33
60%≡○ 偏差値 32　換算内申 31

推薦内申のめやす 23/45

※合格のめやすの見方は886ページ参照。

太枠=合格者の分布

【受験特報】 一次では2017年に実質倍率は1.26倍（男女計）。しかし2018年以降，応募者が少なめになり，2018年に全員合格。2021～2024年は4年連続で「全入」となった。受検生が通信制高校などへ流れているようだ。2025年一次も入試状況に大きな変動は出ないと予想される。

【併願例】〈挑戦〉藤村女子，聖パウロ，立川女子，日体大桜華，堀越，大東学園，フェリシア，科学技術学園，光明相模原，東野

府中 高等学校

共学

アクセス JR—北府中 12分　JR—国分寺, 京王線—府中よりバス明星学苑5分

〒183-0051　東京都府中市栄町3-3-1　☎(042)364-8411

【設置学科】　普通科

【沿　革】　1917年創立の私立専修商業学校が前身。1961年都立高校となる。

【生徒数】　男子411名, 女子412名

【特　色】　①数英で習熟度別少人数授業を行う。授業準備や家庭学習も指導し, 学習習慣を確立させる。月2回程度の土曜授業も行う。②2年次は数学, 理科, 地理歴史など進路を切り拓くための科目, 3年次では進路実現のための科目を自ら選択して履修する。③2022年度より学習・進路支援塾「立志塾」を新設。進学指導研究校として, 大学受験を志望する生徒への試験対策講習や学習課題, 自学自習のための図書室開放, 個別受験指導などを実施。④校舎の改築, 体育施設の改修を行う。2024年冬に完成・移転の予定。⑤標準服あり (私服可)。

【進路情報】　卒業生数—267名
大学—202名　短大—6名　専門学校—29名　就職—2名　その他—28名

【指定校推薦】　東京理科大, 明治大, 中央大, 法政大, 日本大, 東洋大, 成蹊大, 他。

【見学ガイド】　文化祭, 説明会, 授業公開, 見学会, 学校見学, 個別相談会

主な大学合格状況　'24年春速報は巻末資料参照

※(　)内は現役生で内数。(　)外は既卒生を含む。

大学名	'23	'22	大学名	'23	'22	大学名	'23	'22	大学名	'23	'22
◇東京藝術大	1	0	東京理科大	1(1)	1	東大	27(23)	23(17)	國學院大	3(3)	7(7)
◇都立大	3(3)	0	明治大	3(2)	11(8)	駒澤大	11(10)	4(4)	成蹊大	14(14)	22(21)
◇信州大	0	1(1)	青山学院大	2(2)	4(3)	専修大	26(22)	20(19)	国士舘大	12(11)	12(10)
◇電通大	0	1(1)	立教大	0	1(1)	大東文化大	12(10)	8(8)	東京経済大	28(28)	15(15)
◇山口大	0	1(1)	中央大	10(9)	8(6)	東海大	17(9)	17(14)	桜美林大	14(9)	14(7)
慶應大	3(3)	0	法政大	9(8)	12(11)	亜細亜大	17(16)	37(36)	明星大	44(39)	27(19)
上智大	0	1(1)	日本大	31(29)	33(20)	帝京大	28(28)	33(32)	東京工科大	19(13)	30(5)

選抜方法　2024年春 (実績)　特別推薦あり

推薦	推薦枠	調査書の活用	調査書	個人面接	小論文
推薦	20%	評定	500点	200点	300点

一次	学力検査	学力検査:調査書	ESAT-J
一次	5教科	7:3	20点

過去2年間の応募状況

年度	性別	募集数	応募数	合格数	応募倍率
推薦 '24	男女	56	163	56	2.91
推薦 '23	男子	28	77	28	2.75
	女子	26	99	28	3.81

年度	性別	募集数	応募数	受検数	合格数	応募倍率	実質倍率
一次 '24	男女	220	418	391	222	1.90	1.76
一次 '23	男子	116	235	214	108	2.03	1.98
	女子	106	213	202	117	2.01	1.73

合格のめやす

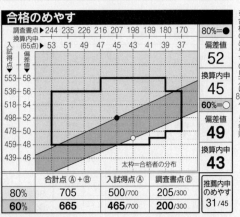

※合格のめやすの見方は886ページ参照。

	合計点 Ⓐ+Ⓑ	入試得点 Ⓐ	調査書点 Ⓑ
80%	705	500/700	205/300
60%	665	465/700	200/300

80%=● 偏差値 52　換算内申 45
60%=○ 偏差値 49　換算内申 43
推薦内申のめやす 31/45

【受験特報】　2023年度一次は過去5年間で最多の応募数 (男女計) を記録。その影響で2024年度は応募数が減少したものの高倍率を維持。安全志向により小平の学力層が流れてきている可能性がある。2024年冬に新校舎が完成する予定なので, 2025年度は応募増の可能性が高い。

【併願例】　〈挑戦〉八王子学園, 杉並学院　〈最適〉明星, 八王子実践, 和光, 大成, 日本工大駒場, 佼成女子, 文化学園杉並, 白梅学園, 東京立正, 日本学園　〈堅実〉昭和一学園

府中西 高等学校

共学

アクセス JR―西府15分　JR―国立，京王線―聖蹟桜ヶ丘よりバス府中西高校入口1分

〒183-0036　東京都府中市日新町4-6-7　☎(042)365-5933

【設置学科】　普通科
【沿革】　1975年創立。
【生徒数】　男子468名，女子427名
【特色】　①一人ひとりを伸ばすカリキュラムを組み，きめ細かく指導する。数英で少人数制授業や習熟度別授業を実施。②進路指導は，面倒見のよさが持ち味。一人ひとりの進路実現に向け，各説明会，分野別ガイダンス，講習など，様々な取り組みを計画的に行う。幼児教育・保育・看護医療の進路（分野別）体験学習も行う。③多様な文化的背景をもつ様々な国籍の在京外国人生徒が在籍している。④学校行事は生徒が主体となって企画運営する。⑤恵まれた環境で部活動が盛ん。合唱部が全国大会銀賞。女子ハンドボール部は都大会ベスト8。⑥制服あり（ダブルブレストのブレザー）。

【進路情報】　卒業生数―310名
大学―203名　短大―16名　専門学校―54名　就職―10名　その他―27名
【指定校推薦】　中央大，日本大，東洋大，駒澤大，専修大，大東文化大，東海大，他。
【見学ガイド】　文化祭，説明会，部活動体験・見学，授業公開，見学会

主な大学合格状況
'24年春速報は巻末資料参照　※（　）内は現役生で内数。（　）外は既卒生を含む。

大学名	'23	'22	大学名	'23	'22	大学名	'23	'22	大学名	'23	'22
◇名古屋大	1	0	日本大	8(8)	1(1)	帝京大	55(51)	23(23)	武蔵野大	5(5)	3(3)
早稲田大	0	1(1)	東洋大	5(5)	6(5)	成蹊大	3(3)	2(2)	創価大	1(1)	19(2)
東京理科大	1	1	駒澤大	3(3)	7(5)	玉川大	3(3)	4(2)	明星大	30(20)	24(24)
明治大	1(1)	2	専修大	8(8)	5(5)	国士舘大	17(13)	8(8)	拓殖大	4(4)	5(5)
青山学院大	2(1)	1	大東文化大	9(3)	1(1)	東京経済大	11(11)	8(8)	高千穂大	6(5)	5(4)
中央大	3(2)	6(3)	東海大	4(4)	1(1)	桜美林大	16(9)	4(2)	日本体育大	9(9)	9(9)
法政大	3(1)	1(1)	亜細亜大	18(18)	9(9)	杏林大	6(6)	7(7)	東京医療学院大	5(5)	4(4)

選抜方法
2024年春（実績）　特別推薦あり

推薦	推薦枠	調査書の活用	調査書	個人面接	作文	一次	学力検査	学力検査：調査書	ESAT-J
	20%	評定	500点	350点	150点		5教科	7：3	20点

過去2年間の応募状況

	年度	性別	募集数	応募数	合格数	応募倍率
推薦	'24	男女	59	123	59	2.08
	'23	男子	30	65	30	2.17
		女子	28	76	28	2.71

	年度	性別	募集数	応募数	受検数	合格数	応募倍率	実質倍率
一次	'24	男女	235	288	282	237	1.23	1.19
	'23	男子	124	161	154	122	1.30	1.26
		女子	112	161	148	113	1.37	1.26

合格のめやす

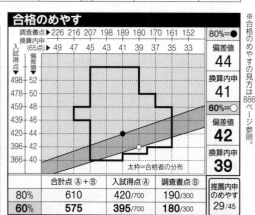

※合格のめやすの見方は886ページ参照。

80%●　偏差値 44　換算内申 41
60%○　偏差値 42　換算内申 39

太枠=合格者の分布

	合計点Ⓐ+Ⓑ	入試得点Ⓐ	調査書点Ⓑ
80%	610	420/700	190/300
60%	575	395/700	180/300

推薦内申のめやす　29/45

【受験特報】　2024年度は特別推薦に硬式野球を導入したが，推薦の応募数（男女計）は減少。一次では2023年度の応募数が過去5年間の平均より多く，不合格者も増えた影響で応募数が2022度並みに戻った。2025年度は応募増の見込み。在京外国人募集実施校のためその分募集数は少ない。

【併願例】〈挑戦〉明星，八王子実践，大成，文化学園杉並，東海大菅生，駒沢女子，昭和一学園　〈最適〉豊南，文華女子，聖パウロ，立川女子，二階堂，大東学園，堀越

府中東 高等学校

共学

【アクセス】
京王線―武蔵野台・飛田給各15分 西武多摩川線―白糸台25分

〒183-0012 東京都府中市押立町4-21 ☎(042)365-7611

【設置学科】 普通科
【沿革】 1972年創立。
【生徒数】 男子476名, 女子457名
【特色】 ①1年次は基礎学力の向上, 2年次は個性の伸長を重視した指導で, 高い志を抱かせる。3年次は進路に応じた学習を行う選択科目で進路実現を図る。②数英で習熟度別授業を実施。③基礎から発展まで幅広い講座の夏期講習は, 全校生徒が対象。進学希望者に放課後や土曜日の補習・補講を行う。④東京経済大学, 桜美林大学, 杏林大学と高大連携。⑤将来の生き方や職業まで考える場を広く設け, 進路実現ができるよう支援する。⑥都立特別支援学校との交流を45年以上続けている。⑦2020年に新校舎完成。広い体育館, 映像機器が整った視聴覚室などを備える。⑧制服あり。

【進路情報】 卒業生数―303名
大学―177名 短大―4名 専門学校―78名 就職―13名 その他―31名
【指定校推薦】 明治大, 法政大, 日本大, 大東文化大, 亜細亜大, 帝京大, 他。
【見学ガイド】 文化祭, 説明会, 公開授業, 見学会

主な大学合格状況

'24年春速報は巻末資料参照 ※( )内は現役生で内数。( )外は既卒生を含む。

大学名	'23	'22	大学名	'23	'22	大学名	'23	'22	大学名	'23	'22
◇都立大	0	1(1)	東洋大	7(5)	7(3)	成蹊大	5(5)	3	帝京平成大	5(5)	9(9)
◇職業能力開発大	0	1(1)	駒澤大	6(5)	2(2)	立正大	6(1)	7(5)	東京工科大	1(1)	5(5)
明治大	1(1)	1(1)	専修大	4(4)	2	国士舘大	8(3)	13(9)	拓殖大	4(2)	7(6)
青山学院大	1	0	大東文化大	5(3)	6(1)	東京経済大	7(7)	7(7)	帝京科学大	3(3)	3(3)
中央大	4(4)	0	東海大	4(2)	4(3)	桜美林大	16(7)	13(5)	多摩大	5(5)	4(4)
法政大	6(6)	2(2)	亜細亜大	24(13)	8(8)	杏林大	14(14)	5(5)	高千穂大	4(3)	4(1)
日本大	12(12)	5(5)	帝京大	35(32)	23(29)	明星大	25(20)	19(19)	日本体育大	4(4)	3(3)

選抜方法 2024年春(実績) 特別推薦あり

推薦	推薦枠	調査書の活用	調査書	個人面接	作文	前期	学力検査	学力検査：調査書	ESAT-J
	20%	評定	450点	250点	200点		5教科	7：3	20点

過去2年間の応募状況

年度	性別	募集数	応募数	合格数	応募倍率
推薦 '24	男女	64	223	64	3.48
推薦 '23	男子	33	85	33	2.58
	女子	30	102	30	3.40

年度	性別	募集数	応募数	受検数	合格数	応募倍率	実質倍率
前期 '24	男女	240	361	348	240	1.50	1.45
前期 '23	男子	126	181	167	117	1.44	1.43
	女子	115	168	162	124	1.46	1.31

※2024年度後期募集実施 男女計13名

合格のめやす

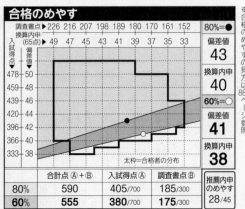

	合計点 Ⓐ+Ⓑ	入試得点 Ⓐ	調査書点 Ⓑ	推薦内申のめやす
80%	590	405/700	185/300	28/45
60%	555	380/700	175/300	

※合格のめやすの見方は886ページ参照。

偏差値 43 / 換算内申 40（80%=●）
偏差値 41 / 換算内申 38（60%=○）

【受験特報】 2024年度前期は過去5年間で最多の応募数(男女計)を記録した。2022年度から応募者が増えており, 90～100名程度の不合格者が出ている。校舎が新しく人気が上がっている模様。府中西から受検生が流れている可能性がある。しかし2025年度は反動で応募減の見込み。

【併願例】〈挑戦〉八王子実践, 大成, 日本工大駒場, 駒場学園, 東京立正, 日本学園, 昭和一学園, 駒沢女子, 自由ヶ丘 〈最適〉藤村女子, 立川女子, 聖パウロ, 大東学園

拝島 高等学校

共学

〒196-0002　東京都昭島市拝島町4-13-1　☎(042)543-1772

アクセス
JR—昭島23分
JR—拝島・立川よりバス拝島大師3分

東京 全日制普通科・多摩部 府中市／昭島市

【設置学科】　普通科
【沿　革】　1978年創立。
【生徒数】　男女751名
【特　色】　①基礎，基本の学び直しを重視しながら，大学進学希望者にも対応。少人数や習熟度別授業の科目もある。②基礎，基本を定着させる基礎ゼミ，大学入試，看護・医療分野進学，公務員試験に対応した発展ゼミを用意する。③必履修の「情報Ⅰ」に加え，「情報処理基礎」も全員履修する。④「進路指導重点主義」で社会人基礎力を育むことを重視する。1年次は職業体験や職業人インタビューで職業を考え，2年次で進路先を決定。3年次は面接練習や模擬試験などによる進路指導を行う。2022年度は96%以上の進路決定率。⑤すべての部活動が地域貢献活動を実施。⑥制服あり。

【進路情報】　卒業生数—218名
大学—44名　短大—11名　専門学校—111名　就職—44名　その他—8名
【指定校推薦】　帝京大，桜美林大，杏林大，明星大，拓殖大，帝京科学大，他。
【見学ガイド】　文化祭，説明会，体験入部，授業公開，見学会

主な大学合格状況
'24年春速報は巻末資料参照　※既卒生を含む。'22の（ ）内は現役生で内数。

大学名	'23	'22	大学名	'23	'22	大学名	'23	'22	大学名	'23	'22
日本大	1	0	創価大	0	3(2)	多摩大	2	5(5)	白梅学園大	1	1(1)
亜細亜大	1	0	明星大	7	7(7)	ものつくり大	0	1(1)	東京純心大	1	1(1)
帝京大	4	7(7)	帝京平成大	0	1(1)	横浜美大	1	0	東京富士大	1	0
桜美林大	3	1(1)	拓殖大	2	1(1)	東京女子体育大	1	0	日本文化大	4	0
杏林大	2	3(3)	駒沢女子大	0	3(3)	十文字学園女子大	1	2(2)	ヤマザキ動物看護大	0	2(2)
東京薬科大	0	1(1)	帝京科学大	1	3(3)	流通経済大	1	0	尚美学園大	1	0
武蔵野大	0	1(1)	東京福祉大	0	1(1)	嘉悦大	6	3(3)	駿河台大	6	12(12)

選抜方法　2024年春（実績）　特別推薦あり

推薦	推薦枠	調査書の活用	調査書	個人面接	作文	一次	学力検査	学力検査：調査書	ESAT-J
	20%	評定	400点	200点	200点		5教科	7：3	20点

過去2年間の応募状況

年度	性別	募集数	応募数	合格数	応募倍率
推薦 '24	男女	56	118	56	2.11
推薦 '23	男子	29	62	29	2.14
	女子	26	53	26	2.04

年度	性別	募集数	応募数	受検数	合格数	応募倍率	実質倍率
一次 '24	男女	221	267	254	222	1.21	1.14
一次 '23	男子	116	140	135	130	1.21	1.04
	女子	106	96	96	92	0.91	1.04

合格のめやす

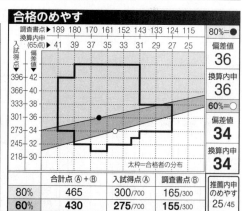

※合格のめやすの見方は886ページ参照。

	合計点Ⓐ＋Ⓑ	入試得点Ⓐ	調査書点Ⓑ	推薦内申のめやす
80%	465	300/700	165/300	25/45
60%	430	275/700	155/300	

80%●　偏差値 36　換算内申 36
60%○　偏差値 34　換算内申 34

太枠＝合格者の分布

【受験特報】　2024年度は硬式野球で特別推薦を実施したが，推薦の応募数（男女計）は2023年度とほぼ変わらなかった。一次は応募数が例年220〜240名で推移するなか，2年連続で増加し，2024年度は267名と過去5年間で最多を記録した。2025年はその反動で応募減の可能性がある。

【併願例】〈挑戦〉昭和一学園，藤村女子，聖パウロ，立川女子，日体大桜華，大東学園，堀越，フェリシア，光明相模原，自由の森，東野

神代 高等学校

共学

アクセス／京王線—仙川7分　小田急線—成城学園前・狛江よりバス神代高校前

〒182-0003　東京都調布市若葉町1-46-1　☎(03)3300-8261

【設置学科】　普通科
【沿　革】　1940年創立。
【生徒数】　男子400名，女子467名
【特　色】　①国公立・難関私大の一般選抜対応のカリキュラムを組む。②2年次の数学で習熟度別，英語で少人数授業を実施。放課後や長期休業中の補習や補講を充実させ，学力の伸長を図る。③1・2年次は週2日7時間授業を実施。平日の放課後は学年別に自習室を開放。④全学年でオンライン個別学習を活用して，学力の充実をめざす。⑤一生のキャリアの礎となる第1志望の実現をめざした進路指導計画を組む。⑥学校行事や部活動，生徒会活動を重視し，すべて生徒が中心となって運営する。⑦2019年9月より新校舎を使用。2022年7月に新体育棟が完成した。⑧標準服などの「責任を伴う自由」を伝統とする。

【進路情報】　卒業生数―274名
大学―202名　短大―1名　専門学校―24名　就職―3名　その他―44名
【指定校推薦】　上智大，東京理科大，明治大，青山学院大，中央大，法政大，他。
【見学ガイド】　文化祭，説明会，見学会

主な大学合格状況
'24年春速報は巻末資料参照　　　※既卒生を含む。'22の（ ）内は現役生で内数。

大学名	'23	'22	大学名	'23	'22	大学名	'23	'22	大学名	'23	'22
◇横浜国大	0	1	慶應大	3	0	中央大	24	30(26)	帝京大	25	33(28)
◇東京藝術大	1	1	上智大	6	2(2)	法政大	32	39(37)	國學院大	18	15(12)
◇東京農工大	1	2(1)	東京理科大	1	3(2)	日本大	57	43(41)	成蹊大	18	29(28)
◇都立大	2	1(1)	学習院大	5	5(4)	東洋大	35	29(21)	成城大	18	17(16)
◇茨城大	0	2(2)	明治大	16	13(12)	駒澤大	23	44(41)	明治学院大	24	13(11)
◇電通大	1	0	青山学院大	10	13(12)	専修大	55	39(31)	神奈川大	6	12(10)
早稲田大	2	2	立教大	7	3(2)	東海大	25	36(29)	桜美林大	19	32(18)

選抜方法 2024年春（実績）

推薦	推薦枠	調査書の活用	調査書	個人面接	作文	一次	学力検査	学力検査：調査書	ESAT-J
推	20%	評定	450点	150点	300点	次	5教科	7：3	20点

過去2年間の応募状況

推薦	年度	性別	募集数	応募数	合格数	応募倍率
推薦	'24	男女	64	177	64	2.77
	'23	男子	33	89	33	2.70
		女子	30	105	30	3.50

一次	年度	性別	募集数	応募数	受検数	合格数	応募倍率	実質倍率
一次	'24	男女	252	456	416	255	1.81	1.63
	'23	男子	132	229	207	106	1.73	1.95
		女子	121	258	244	150	2.13	1.63

合格のめやす

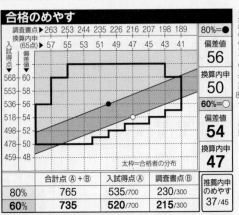

	合計点 Ⓐ+Ⓑ	入試得点Ⓐ	調査書点Ⓑ
80%	765	535/700	230/300
60%	735	520/700	215/300

80%=● 偏差値 56　換算内申 50
60%=○ 偏差値 54　換算内申 47
推薦内申のめやす 37/45

※合格のめやすの見方は886ページ参照。

【受験特報】　2023年度に一次の応募数（男女計）が過去5年間で最多を記録し不合格数（男女計）も100名を超えたため，2024年度は応募数が約30名減少して456名，高倍率により棄権者も増加し受検数（男女計）は416名まで減少。2023年度より1学級増で募集。募集数が戻ればさらに激戦になるだろう。

【併願例】　〈挑戦〉八王子学園，聖徳学園　〈最適〉日大櫻丘，明星学園，専修大附，実践学園，杉並学院，明星，八王子実践，大成，日本工大駒場　〈堅実〉駒場学園，昭和一学園

調布南 高等学校

共学

〒182-0025　東京都調布市多摩川6-2-1　☎(042)483-0765

アクセス
京王相模原線―京王多摩川3分
京王線―調布12分

【設置学科】　普通科
【沿　革】　1977年4月に開校。
【生徒数】　男子375名，女子336名
【特　色】　①3つの校訓「至誠」「創造」「力行」に基づく資質・能力の育成をめざす。②2年次に理系，文系に関係なく全員が「論理国語」「古典探究」「数学Ⅱ・B・C」などを学ぶ。3年次は進路に応じた選択科目を設置する。③新入生勉強合宿，年17回の土曜授業，数英での習熟度別少人数授業で，学力定着を図る。夏期・冬期講習も実施。④専修大学と高大連携。⑤朝，放課後に自習室を活用し，自己管理する力を獲得する。⑥将来を見据えたキャリア教育を推進。親身に個別指導をし，新鮮な情報を発信する。⑦部活動加入率98%。吹奏楽部が東京都コンクールで金賞を受賞。⑧制服あり。

【進路情報】　卒業生数―235名
大学―215名　短大―2名　専門学校―7名　就職―1名　その他―10名
【指定校推薦】　青山学院大，中央大，法政大，日本大，東洋大，専修大，東海大，他。
【見学ガイド】　文化祭，説明会，授業公開，見学会

主な大学合格状況

'24年春速報は巻末資料参照　　※(　)内は現役生で内数。(　)外は既卒生を含む。

大学名	'23	'22	大学名	'23	'22	大学名	'23	'22	大学名	'23	'22
◇筑波大	1(1)	1(1)	◇茨城大	0	1	青山学院大	7(7)	7(7)	専修大	43(39)	55(47)
◇東京外大	0	1	◇電通大	2(2)	0	立教大	4(3)	5(5)	國學院大	12(9)	14(8)
◇埼玉大	0	3(3)	早稲田大	3(3)	0	中央大	23(21)	30(25)	成蹊大	18(16)	29(25)
◇東京学芸大	1(1)	1(1)	上智大	2(2)	0	法政大	36(35)	28(24)	成城大	7(7)	8(4)
◇都立大	3(3)	3(3)	東京理科大	3(3)	5(3)	日本大	73(59)	62(45)	明治学院大	6(5)	15(14)
◇横浜市大	2(2)	0	学習院大	4(2)	7(5)	東洋大	27(17)	66(58)	芝浦工大	11(11)	8(2)
◇信州大	0	1	明治大	13(10)	19(14)	駒澤大	23(23)	16(15)	武蔵大	1(1)	3(1)

選抜方法　2024年春（実績）

推薦	推薦枠	調査書の活用	調査書	集団討論・個人面接	小論文	一次	学力検査	学力検査：調査書	ESAT-J
薦	20%	評定	500点	200点	300点	次	5教科	7：3	20点

過去2年間の応募状況

	年度	性別	募集数	応募数	合格数	応募倍率
推薦	'24	男女	48	105	48	2.19
	'23	男子	24	62	24	2.58
		女子	22	62	22	2.82

	年度	性別	募集数	応募数	受検数	合格数	応募倍率	実質倍率
一次	'24	男女	189	327	292	190	1.73	1.54
	'23	男子	100	222	199	112	2.22	1.91
		女子	91	169	152	89	1.86	1.71

合格のめやす

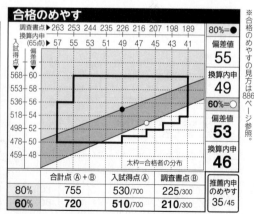

※合格のめやすの見方は886ページ参照。

調査点	263	253	244	235	226	216	207	198	189	80%=●
換算内申(65点)▶	57	55	53	51	49	47	45	43	41	偏差値 55

換算内申 49
60%=○
偏差値 53
換算内申 46

太枠=合格者の分布

	合計点 Ⓐ+Ⓑ	入試得点 Ⓐ	調査書点 Ⓑ	推薦内申のめやす
80%	755	530/700	225/300	35/45
60%	720	510/700	210/300	

【受験特報】　2024年度は推薦で集団討論を実施し，応募数（男女計）が減少。一次に回るかと思われたが，2023年度に過去5年間で最多の応募数を記録したことが影響なのか逆に減となった。棄権数も増加傾向にあり例年より少ない受検数での入試になったため，2025年度は応募増の可能性あり。

【併願例】〈挑戦〉聖徳学園，八王子学園，日大櫻丘　〈最適〉杉並学院，明星，八王子実践，大成，日本工大駒場，佼成女子　〈堅実〉駒場学園，日本学園，昭和一学園

小川 高等学校

共学

アクセス
JR—成瀬5分，町田よりバス小川高校入口2分

〒194-0003 東京都町田市小川2-1002-1 ☎(042)796-9301

【設置学科】 普通科
【沿　革】 1980年創立。
【生徒数】 男子446名，女子450名
【特　色】 ①基礎学力の強化を図り，2年次では多様な進路に対応。3年次は自由選択科目の幅を広げ，進路希望に対応する。②1・2年次の数英と3年次の英語で習熟度別・少人数授業を行う。③夏期休業中の約50の講習のほか，土曜・日曜・放課後補習を設定。基礎から発展，受験対策など，各自のニーズに合った講座を用意。④キャリア教育を推進し，進路3カ年計画に基づき一貫した指導を行う。また，個に応じたきめ細かな面談や多様なガイダンスも実施。⑤桜美林大学と高大連携。⑥各検定資格取得を奨励，学習支援も行う。⑦部活動を通して人間力を育成する。⑧制服あり。
【進路情報】 卒業生数—265名
大学—159名　短大—13名　専門学校—52名　就職—5名　その他—36名
【指定校推薦】 専修大，東海大，亜細亜大，帝京大，成蹊大，神奈川大，玉川大，他。
【見学ガイド】 体育祭，文化祭，説明会，授業公開，見学会，部活動見学,直前相談会

主な大学合格状況
'24年春速報は巻末資料参照　※( )内は現役生で内数。( )外は既卒生を含む。

大学名	'23	'22	大学名	'23	'22	大学名	'23	'22	大学名	'23	'22
◇東京藝術大	0	1(1)	東京理科大	0	1(1)	東洋大	10(4)	4(3)	神奈川大	21(21)	15(14)
◇都立大	1(1)	0	明治大	4(4)	2(1)	駒澤大	7(6)	4(4)	国士舘大	12(6)	12(9)
◇金沢大	0	1	青山学院大	5(5)	5(4)	専修大	14(14)	16(16)	桜美林大	43(27)	30(16)
◇都留文科大	1(1)	0	立教大	2(2)	0	東海大	49(25)	45(30)	関東学院大	3(3)	9(5)
早稲田大	3(3)	1	中央大	5(2)	5(2)	亜細亜大	4(3)	2(2)	明星大	16(13)	11(7)
慶應大	3(3)	0	法政大	9(5)	6(3)	帝京大	26(21)	18(15)	産業能率大	12(12)	5(5)
上智大	1(1)	0	日本大	15(11)	19(10)	國學院大	2(1)	4(2)	神奈川工科大	6(6)	23(9)

選抜方法 2024年春（実績）
特別推薦あり

推薦	推薦枠	調査書の活用	調査書	個人面接	作文	一次	学力検査	学力検査：調査書	ESAT-J
	20%	評定	500点	250点	250点		5教科	7：3	20点

過去2年間の応募状況

	年度	性別	募集数	応募数	合格数	応募倍率
推薦	'24	男女	64	198	64	3.09
	'23	男子	33	72	33	2.18
		女子	30	102	30	3.40

	年度	性別	募集数	応募数	受検数	合格数	応募倍率	実質倍率
一次	'24	男女	252	312	304	254	1.24	1.20
	'23	男子	132	175	170	121	1.33	1.40
		女子	121	174	171	136	1.44	1.26

合格のめやす

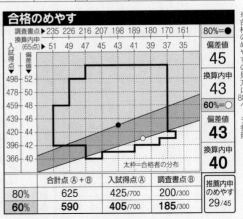

※合格のめやすの見方は886ページ参照。

	調査書点 235 226 216 207 198 189 180 170 161			80%=● 偏差値 45
換算内申（65点）▶ 51 49 47 45 43 41 39 37 35				換算内申 43
入試得点 498=52 478=50 459=48 439=46 420=44 396=42 366=40			60%=○ 偏差値 43
太枠=合格者の分布			換算内申 40

	合計点 Ⓐ+Ⓑ	入試得点 Ⓐ	調査書点 Ⓑ	推薦内申のめやす
80%	625	425/700	200/300	29/45
60%	590	405/700	185/300	

※合格のめやすの見方は886ページ参照。

【受験特報】 2024年度は硬式野球とバレーボールで特別推薦を導入し，推薦の倍率が3.0倍を超えた。一次では2023年度に不合格数（男女計）が過去5年間で最高を記録し，2024年度は反動で応募数（男女計）が2022年度並みに減少。応募数に隔年現象が見られるため，2025年度は応募増の予想。

【併願例】〈挑戦〉八王子実践，和光，日本工大駒場，下北沢成徳，駒場学園，東海大菅生，相模女子大 〈最適〉駒沢女子，自由ヶ丘，光明相模原 〈堅実〉大東学園，柏木学園

成瀬 高等学校

共学

【アクセス】
JR—成瀬10分　JR・小田急線—町田よりバス　成瀬高校入口1分

〒194-0044　東京都町田市成瀬7-4-1　☎(042)725-1533

【設置学科】普通科
【沿革】1977年創立。
【生徒数】男子447名，女子381名
【特色】①思考力を育成するカリキュラム編成。1年次は基礎力向上，2年次は理科と地理・歴史を選択とし，3年次には多様な選択科目を置く。数英は習熟度別や少人数授業を実施。②英語指導助手(JET)を2名配置し，生きた英語を学ぶ環境を充実させる。③理数分野の企業訪問，大学教授による講演会，大学の研究室との連携，野外実習などを行う。④金融教育研究校として，金融・経済に関する正しい知識を習得する授業を行う。⑤オーストラリア語学研修を実施(選抜あり)。⑥年20回以上の土曜授業，長期休業中や平常授業日の放課後の講習や補習などで，国公立・難関私大受験に対応する。⑦制服あり。

【進路情報】卒業生数—268名
大学—216名　短大—3名　専門学校—15名　就職—1名　その他—33名
【指定校推薦】非公表。
【見学ガイド】文化祭，説明会，授業公開，見学会，個別相談会

主な大学合格状況
'24年春速報は巻末資料参照　※( )内は現役生で内数。( )外は既卒生を含む。

大学名	'23	'22	大学名	'23	'22	大学名	'23	'22	大学名	'23	'22
◇東京農工大	0	1	早稲田大	12(12)	6(6)	立教大	7(5)	11(10)	東海大	78(53)	80(40)
◇東京学芸大	1(1)	0	慶應大	2(1)	1(1)	中央大	17(14)	17(16)	帝京大	24(18)	20(16)
◇都立大	2(2)	2(2)	上智大	1(1)	3(3)	法政大	39(39)	32(31)	國學院大	14(14)	18(17)
◇電通大	1	0	東京理科大	1(1)	0	日本大	34(33)	32(28)	成城大	11(11)	6(6)
◇秋田大	0	1(1)	学習院大	4(4)	2(1)	東洋大	37(21)	26(19)	神奈川大	42(42)	31(29)
◇静岡大	1(1)	0	明治大	18(18)	12(12)	駒澤大	33(32)	16(13)	桜美林大	34(15)	27(14)
◇都留文大	1(1)	0	青山学院大	15(14)	25(23)	専修大	83(58)	56(41)	明星大	23(20)	31(21)

選抜方法 2024年春（実績）

推薦	推薦枠	調査書の活用	調査書	個人面接	小論文	一次	学力検査	学力検査：調査書	ESAT-J
	20%	評定	500点	200点	300点		5教科	7：3	20点

過去2年間の応募状況

	年度	性別	募集数	応募数	合格数	応募倍率
推薦	'24	男女	56	98	56	1.75
	'23	男子	29	45	29	1.55
		女子	26	57	26	2.19

	年度	性別	募集数	応募数	受検数	合格数	応募倍率	実質倍率
一次	'24	男女	221	249	237	222	1.13	1.07
	'23	男子	116	157	141	119	1.35	1.18
		女子	106	123	127	104	1.25	1.22

合格のめやす

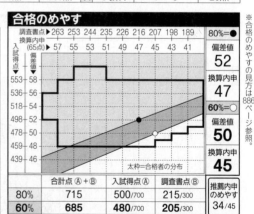

	80%●	60%○
偏差値	52	50
換算内申	47	45
推薦内申のめやす		34/45

	合計点Ⓐ+Ⓑ	入試得点Ⓐ	調査書点Ⓑ
80%	715	500/700	215/300
60%	685	480/700	205/300

※合格のめやすの見方は886ページ参照。

【受験特報】応募数（男女計）は249名と過去5年間で最も少なかった。この4年間は受検数（男女計）も減少し，不合格者も減少傾向。推薦も応募数が減少しており，学校全体で緩やかな入試が続いている。2025年度は反動で応募増になる可能性があるが，急激に増えることはないだろう。

【併願例】〈挑戦〉桜美林，八王子学園，桐蔭学園，麻布大附　〈最適〉工学院大附，明星，共立女子二，八王子実践，松蔭，国士舘，駒場学園，相模女子大　〈堅実〉昭和一学園

野津田 高等学校

共学

〒195-0063 東京都町田市野津田町2001 ☎(042)734-2311

アクセス
JR・小田急線—町田よりバス都立野津田高校

【設置学科】 普通科〔ほか福祉科，体育科⇒全日制専門学科〕
【沿　革】 1975年開校。
【生徒数】 男子156名，女子121名
【特　色】 ①基礎学力を定着，向上させ，発展的な学習に進む。「授業がわからない」をなくすため，生徒の学力に合わせた基礎基本を充実させる。②数英で習熟度別授業を実施。③各自の進路目標に対応する多様な選択科目を用意。④1・2年次から進路学習を行い，2年次の終わりから3年にかけて個々に応じた進路指導を実施。教員と生徒がタッグを組み，最後までねばり強く希望する進路の実現をめざす。⑤様々な行事で体験を積むことにより，社会で活躍できるスキルを身につける。⑥陸上競技部がインターハイで入賞。⑦制服あり。

【進路情報】 卒業生数— 93名
大学—24名　短大— 5名　専門学校—33名　就職—18名　その他—13名
【指定校推薦】 東洋大，亜細亜大，立正大，国士舘大，拓殖大，明星大，多摩大，他。
【見学ガイド】 文化祭，説明会，体験入学，公開授業，見学会

主な大学合格状況　'24年春速報は巻末資料参照

※（ ）内は現役生で内数。（ ）外は既卒生を含む。

大学名	'23	'22	大学名	'23	'22	大学名	'23	'22	大学名	'23	'22
青山学院大	1(1)	0	明星大	1(1)	3(3)	相模女子大	1(1)	0	和光大	4(4)	3(3)
日本大	1	0	拓殖大	2(2)	1(1)	桐蔭横浜大	1(1)	0	神奈川工科大	1(1)	0
東洋大	1(1)	0	多摩大	2(2)	6(6)	白梅学園大	1(1)	0	松蔭大	2(2)	2(2)
帝京大	1(1)	0	東京工芸大	1(1)	0	東京医療保健大	0	1(1)	湘南工科大	0	2(2)
国士舘大	2(2)	1(1)	日本体育大	0	1(1)	東洋学園大	2(2)	2(2)	鶴見大	0	2(1)
桜美林大	1(1)	2(2)	日本女子体育大	1(1)	0	日本社会事業大	2(2)	0	尚美学園大	1(1)	0
杏林大	1(1)	0	麻布大	0	2(2)	日本文化大	1(1)	1(1)	駿河台大	6(6)	2(2)

選抜方法　2024年春（実績）

推薦	推薦枠	調査書の活用	調査書	個人面接	作文	一次	学力検査	学力検査：調査書	ESAT-J
	20%	評定	300点	300点	50点		5教科	7：3	20点

過去2年間の応募状況

	年度	性別	募集数	応募数	合格数	応募倍率
推薦	'24	男女	24	20	20	0.83
	'23	男子	12	15	12	1.25
		女子	11	19	11	1.73

	年度	性別	募集数	応募数	受検数	合格数	応募倍率	実質倍率
一次	'24	男女	99	60	57	57	0.61	1.00
	'23	男子	50	41	38	38	0.82	1.00
		女子	46	28	27	27	0.61	1.00

合格のめやす

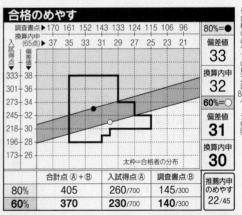

※合格のめやすの見方は886ページ参照。

80%=● 偏差値 **33**　換算内申 **32**
60%=○ 偏差値 **31**　換算内申 **30**

	合計点Ⓐ+Ⓑ	入試得点Ⓐ	調査書点Ⓑ	推薦内申のめやす
80%	405	260/700	145/300	22/45
60%	370	230/700	140/300	

太枠＝合格者の分布

【受験特報】 一次では2018年に実質倍率が1.11倍（男女計）に急落し，2019～2024年には6年連続で全員合格となった。地理的な要素や定員の少なさによる抵抗感，さらに通信制高校への志向も影響しているようだ。2025年の一次も倍率の急変（急上昇）などは考えにくい。

【併願例】〈挑戦〉立川女子，大東学園，堀越，フェリシア，科学技術学園，光明相模原，柏木学園，清心女子(通)

山崎 高等学校

共学

〒195-0074　東京都町田市山崎町1453-1　☎(042)792-2891

【アクセス】JR・小田急線―町田，JR―古淵よりバス北二号・山崎高校入口各3分

東京

全日制普通科・多摩部

町田市

【設置学科】普通科
【沿　革】1982年創立。
【生徒数】男子309名，女子249名
【特　色】①多様な進路に対応するカリキュラム編成。2・3年次には選択科目を開設。3年次の自由選択科目では，大学入試対応の講座を多く開講。公務員・一般企業への就職を対象とした科目もあり，進路にしぼった学習ができる。②数英で習熟度別の少人数授業を実施。③2024年に特進クラスを設置。④桜美林大学，東京家政学院大学と高大連携。⑤3年間のキャリア教育計画で，職業体験や模擬授業体験など進路選択に向けた様々な講座を開く。⑥町田市や山崎町を焦点とした探究学習に取り組む。⑦2022年ユネスコスクールに認定され，海外の学校と交流する。⑧アーチェリー部が関東大会出場。⑨制服あり。

【進路情報】卒業生数―187名
大学―80名　短大―13名　専門学校―61名　就職―13名　その他―20名
【指定校推薦】日本大，東洋大，駒澤大，専修大，東海大，帝京大，神奈川大，他。
【見学ガイド】文化祭，説明会，見学会

主な大学合格状況
'24年春速報は巻末資料参照　　　※（ ）内は現役生で内数。（ ）外は既卒生を含む。

大学名	'23	'22	大学名	'23	'22	大学名	'23	'22	大学名	'23	'22
東京理科大	1(1)	0	獨協大	2	0	明星大	5(5)	6(6)	高千穂大	1	4(4)
日本大	1(1)	3(2)	玉川大	4(1)	1(1)	大正大	2(2)	0	東京家政大	2(1)	0
東洋大	1(1)	1(1)	工学院大	3(1)	0	拓殖大	4(3)	3(1)	東京医療学院大	3(3)	4(4)
専修大	1(1)	0	国士舘大	5(2)	2(1)	駒沢女子大	2(1)	2(2)	東京純心大	3(3)	0
大東文化大	0	6(1)	桜美林大	7(7)	3(3)	産業能率大	3(3)	2(2)	日本文化大	2(2)	3(3)
東海大	7(4)	3(3)	関東学院大	2(2)	4(4)	帝京科学大	4(4)	1(1)	和光大	9(9)	8(8)
帝京大	15(15)	9(9)	日本薬科大	1(1)	0	多摩大	1(1)	6(6)	神奈川工科大	3(3)	1

選抜方法
2024年春（実績）　特別推薦あり

推薦	推薦枠	調査書の活用	調査書	個人面接	作文	前期	学力検査	学力検査：調査書	ESAT-J
	20%	評定	500点	300点	200点		5教科	7：3	20点

過去2年間の応募状況

年度	性別	募集数	応募数	合格数	応募倍率
推薦 '24	男女	40	65	40	1.63
'23	男子	20	28	20	1.40
	女子	18	25	18	1.39

年度	性別	募集数	応募数	受検数	合格数	応募倍率	実質倍率
前期 '24	男女	138	155	150	138	1.12	1.09
'23	男子	73	75	74	74	1.01	1.00
	女子	67	62	62	62	0.96	1.00

※2024年度後期募集実施　男女計19名

合格のめやす

調査書点▶	198	189	180	170	161	152	143	133	124
換算内申(65点)▶	43	41	39	37	35	33	31	29	27

80%●　偏差値 37
換算内申 36
60%○　偏差値 35
換算内申 34

太枠＝合格者の分布

	合計点Ⓐ＋Ⓑ	入試得点Ⓐ	調査書点Ⓑ	推薦内申のめやす
80%	480	315/700	165/300	25/45
60%	445	290/700	155/300	

※合格のめやすの見方は886ページ参照。

受験特報
2024年度はアーチェリーで特別推薦を導入。2023年度と比べ推薦応募数（男女計）は増加したが，過去5年間の平均よりも少ない。前期は2年連続した全入から抜け出し応募倍率1.1倍台に上がった。地域的に高倍率になりにくく全入になる年が多い。2025年度も緩やかな入試になるだろう。

【併願例】〈挑戦〉昭和一学園，駒沢女子，自由ヶ丘，藤村女子，立川女子，聖パウロ，大東学園，向上，光明相模原　〈最適〉フェリシア，科学技術学園，柏木学園

小平 高等学校

共学

〒187-0042　東京都小平市仲町112　☎(042)341-5410

アクセス	西武新宿線
一小平10分　西武多摩湖線—青梅街道10分	
JR—新小平17分	

【設置学科】　普通科〔ほか外国語コース〕
【沿　革】　1962年創立。
【生徒数】　男子271名，女子307名
【特　色】　①国公立大学受験にも対応でき，文理芸術など多様な進路にも合わせた幅広い選択科目を設置。②柔軟で多様な発想を育み，未知の課題に気づき向き合う，新しい学びの形に取り組む。③生徒が先生となって進める英語の授業がある。④GE-NET20として，台湾修学旅行，アメリカでの語学研修，長期留学生の受け入れなど，国際理解教育を推進する。⑤普通科でも3年間で英語を18〜27単位設置する。3年次に5カ国語から第二外国語を選択することもできる。⑥文芸部が全国大会に出品。吹奏楽部が都の大会で金賞を受賞。⑦制服あり。

【進路情報】〔コース制を含む〕
卒業生数―271名
大学―84%　短大・就職―1%　専門学校―4%　その他―11%
【指定校推薦】〔コース制を含む〕中央大，法政大，日本大，東洋大，東海大，他。
【見学ガイド】　文化祭，説明会，授業公開，見学会，個別相談会

主な大学合格状況

'24年春速報は巻末資料参照　※コース制を含む。（ ）内は現役生で内数。（ ）外は既卒生を含む。

大学名	'23	'22	大学名	'23	'22	大学名	'23	'22	大学名	'23	'22
◇千葉大	1(1)	0	◇都立大	3(3)	1	学習院大	8(7)	10(9)	東洋大	115(98)	104(88)
◇筑波大	1(1)	0	◇横浜国大	1(1)	1(1)	明治大	27(22)	33(28)	専修大	27(23)	43(27)
◇東京外大	1(1)	0	◇宇都宮大	1(1)	0	青山学院大	11(11)	19(19)	亜細亜大	19(17)	30(28)
◇埼玉大	2(2)	1(1)	早稲田大	10(9)	3(3)	立教大	38(29)	38(25)	帝京大	23(21)	32(32)
◇国際教養大	1(1)	0	慶應大	5(5)	3(3)	中央大	38(31)	24(19)	成蹊大	24(21)	32(31)
◇東京農工大	1(1)	1(1)	上智大	5(5)	2(1)	法政大	46(40)	46(42)	武蔵大	38(29)	44(33)
◇東京学芸大	5(5)	0	東京理科大	10(10)	6(4)	日本大	50(44)	39(32)	東京経済大	26(19)	34(30)

選抜方法 2024年春 (実績)

推薦	推薦枠	調査書の活用	調査書	個人面接	小論文	一次	学力検査	学力検査：調査書	ESAT-J
	20%	評定	500点	200点	300点		5教科	7：3	20点

過去2年間の応募状況

	年度	性別	募集数	応募数	合格数	応募倍率
推薦	'24	男女	48	96	48	2.00
	'23	男子	20	20	20	1.00
		女子	18	42	18	2.33

	年度	性別	募集数	応募数	受検数	合格数	応募倍率	実質倍率
一次	'24	男女	189	264	242	192	1.40	1.26
	'23	男子	83	104	92	71	1.25	1.30
		女子	76	111	106	91	1.46	1.16

合格のめやす

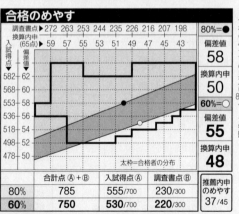

	合計点Ⓐ+Ⓑ	入試得点Ⓐ	調査書点Ⓑ
80%	785	555/700	230/300
60%	750	530/700	220/300

偏差値 58
換算内申 50
60%=○
偏差値 55
換算内申 48
推薦内申のめやす 37/45

太枠=合格者の分布

※合格のめやすの見方は886ページ参照。

【受験特報】一次の応募数（男女計）は減少傾向にあったが，2024年度はその反動で増加し2021年度並みに戻った。しかし1学級増での募集のため応募倍率は1.40倍で普通科の平均よりも低い倍率で留まる。もともと人気の高い学校なので，2025年度に募集数が戻れば倍率は上がるだろう。

【併願例】〈挑戦〉錦城，拓大一　〈最適〉八王子学園，聖徳学園，東京電機大，明法，実践学園，武蔵野大学，杉並学院，明星，目白研心　〈堅実〉大成，東亜学園，白梅学園，昭和一学園

小平 高等学校

高　共 学　コース制

〒187-0042　東京都小平市仲町112　☎(042)341-5410

アクセス　西武新宿線—小平10分　西武多摩湖線—青梅街道10分　JR—新小平17分

【設置学科】　普通科（外国語コース）

【沿 革】　1962年創立。1993年より外国語コースを設置。

【生徒数】　男子41名，女子199名

【特 色】　①GE-NET20としてグローバルな人材育成のため，国際理解を中心に教育活動を展開。②常勤のJETを2名配置。3名のALT（外国語指導助手）による年間授業数は700時間を超える。ネイティヴスピーカーの第二外国語講座は5カ国語。③1年次全員参加で，英語のスピーチの校内コンテストを行う。④成蹊大学と高大連携を行う。⑤海外留学生を受け入れる。⑥台湾への修学旅行や希望制のアメリカでの語学研修がある。語学研修の参加者対象に外国人講師の集中講座も開講。⑦制服あり。

【進路情報】〔普通科を含む〕
卒業生数—271名
大学—84%　短大・就職—1%　専門学校—4%　その他—11%

【指定校推薦】〔普通科を含む〕早稲田大，青山学院大，専修大，帝京大，成蹊大，他。

【見学ガイド】　文化祭，説明会，授業公開，見学会，個別相談会

主な大学合格状況

'24年春速報は巻末資料参照※普通科全体の数値。( )内は現役生で内数。( )外は既卒生を含む。

大学名	'23	'22	大学名	'23	'22	大学名	'23	'22	大学名	'23	'22
◇千葉大	1(1)	0	◇都立大	3(3)	1	学習院大	8(7)	10(9)	東洋大	115(98)	104(88)
◇筑波大	1(1)	0	◇横浜市大	1(1)	1(1)	明治大	27(22)	33(28)	専修大	27(23)	43(27)
◇東京外大	1(1)	0	◇宇都宮大	1(1)	0	青山学院大	11(11)	19(19)	亜細亜大	19(17)	30(28)
◇埼玉大	2(2)	1(1)	早稲田大	10(9)	4(3)	立教大	38(29)	38(25)	帝京大	23(21)	32(28)
◇国際教養大	1(1)	0	慶應大	5(5)	3(3)	中央大	38(31)	24(19)	成蹊大	24(21)	32(31)
◇東京農工大	1(1)	1(1)	上智大	5(5)	5(5)	法政大	46(40)	46(42)	武蔵大	38(29)	44(33)
◇東京学芸大	5(5)	0	東京理科大	10(10)	6(4)	日本大	50(44)	39(32)	東京経済大	26(19)	34(30)

選抜方法　2024年春（実績）　＊英語2倍

推薦	推薦枠	調査書の活用	調査書	個人面接	小論文	一次	学力検査	学力検査：調査書	ESAT-J
	30%	評定	500点	200点	300点		＊5教科	7：3	20点

過去2年間の応募状況

	年度	性別	募集数	応募数	合格数	応募倍率	
推薦	'24	男女	24	61	24	2.54	
	'23	男子	24	4	3	1.25	
		女子		26	21		

	年度	性別	募集数	応募数	受検数	合格数	応募倍率	実質倍率
一次	'24	男女	56	103	95	57	1.84	1.67
	'23	男子	56	16	14	10	1.52	1.40
		女子		69	65	48		1.35

合格のめやす

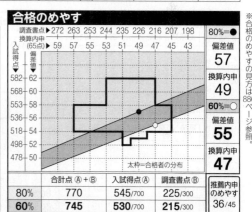

※合格のめやすの見方は886ページ参照。

調査書点	272	263	253	244	235	226	216	207	198
換算内申(65点)▶	59	57	55	53	51	49	47	45	43

80%●　偏差値 **57**　換算内申 **49**
60%○　偏差値 **55**　換算内申 **47**

太枠＝合格者の分布

	合計点Ⓐ＋Ⓑ	入試得点Ⓐ	調査書点Ⓑ
80%	770	545/700	225/300
60%	745	530/700	215/300

推薦内申のめやす **36/45**

【受験特報】　募集数が少ないため，倍率の変動が大きい。推薦，一次共に隔年現象が見られ応募数（男女計）に波がある。2021年度より推薦は48→72→30→61名，一次は75→106→85→103名と推移している。2024年度は推薦，一次とも応募数が増加。2025年度は反動で応募減になる見込み。

【併願例】〈挑戦〉錦城，拓大一　〈最適〉聖徳学園，明法，武蔵野大学，杉並学院，富士見丘，工学院大附，明星，目白研心，八王子実践　〈堅実〉関東国際，大成，佼成女子，昭和一学園

小平西 高等学校

共学

アクセス 西武拝島線
—東大和市15分
JR—立川よりバス小平西高校

〒187-0032 東京都小平市小川町1-502-95 ☎(042)345-1411

【設置学科】 普通科
【沿 革】 1977年創立。
【生徒数】 男子417名，女子390名
【特 色】 ①未来へはばたく原動力を身につけるカリキュラム。②1年次は3年間の学習の基盤となる科目を配置。2年次で将来の目標と豊かな感覚を身につけ，3年次は深い学びの定着を図り，個々の目標に適した多様な選択科目を配置する。③数英は少人数授業で生徒の学力に応じて指導する。④複数の外国語指導助手（ALT）による授業を行う。中国語・韓国語の選択科目もあ

る。⑤模擬授業や大学受験ガイダンス，職業理解ガイダンスなどで希望進路の実現をサポートする。⑥体育祭，文化祭，合唱祭の3大行事に力を入れる。⑦女子ソフトボール部が東日本大会出場。⑧制服あり。
【進路情報】 卒業生数—268名
大学—129名 短大—6名 専門学校—112名 就職—8名 その他—13名
【指定校推薦】 東洋大，亜細亜大，帝京大，工学院大，国士舘大，東京経済大，他。
【見学ガイド】 文化祭，説明会，授業公開，見学会，部活動見学，学校見学

主な大学合格状況 '24年春速報は巻末資料参照

※（ ）内は現役生で内数。（ ）外は既卒生を含む。

大学名	'23	'22	大学名	'23	'22	大学名	'23	'22	大学名	'23	'22
◇東京農工大	0	1(1)	東洋大	3(2)	8(4)	工学院大	2(2)	2(2)	帝京平成大	6(4)	6(5)
◇都留文科大	0	1(1)	駒澤大	2(2)	1(1)	立正大	2(2)	8(1)	拓殖大	5(5)	2(2)
◇釧路公立大	0	1(1)	専修大	4(4)	3	国士舘大	1	9(6)	目白大	4(4)	10(10)
明治大	1(1)	2(2)	大東文化大	3(1)	1(1)	東京経済大	11(11)	8(8)	高千穂大	5(5)	5(3)
立教大	1(1)	0	亜細亜大	6(6)	17(17)	杏林大	7(3)	1(1)	嘉悦大	2(2)	6(6)
法政大	5(2)	3(3)	帝京大	20(20)	19(15)	武蔵野大	5(5)	4(4)	駿河台大	3(3)	3(3)
日本大	8(6)	9(9)	武蔵大	3(3)	1(1)	明星大	16(16)	20(20)	東京国際大	3(3)	7(7)

選抜方法 2024年春（実績） 特別推薦あり

推薦	推薦枠	調査書の活用	調査書	個人面接	作文	一次	学力検査	学力検査：調査書	ESAT-J
推薦	20%	評定	450点	225点	225点	一次	5教科	7：3	20点

過去2年間の応募状況

	年度	性別	募集数	応募数	合格数	応募倍率
推薦	'24	男女	56	204	56	3.64
	'23	男子	29	108	29	3.72
		女子	26	61	26	2.35

	年度	性別	募集数	応募数	受検数	合格数	応募倍率	実質倍率
一次	'24	男女	222	313	299	223	1.41	1.34
	'23	男子	116	159	151	119	1.37	1.27
		女子	107	127	124	106	1.19	1.17

合格のめやす

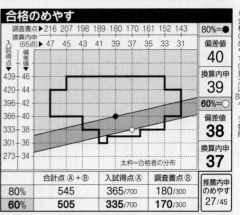

	合計点Ⓐ＋Ⓑ	入試得点Ⓐ	調査書点Ⓑ	推薦内申のめやす
80%	545	365/700	180/300	27/45
60%	505	335/700	170/300	

偏差値 40
換算内申 39
偏差値 38
換算内申 37

※合格のめやすの見方は886ページ参照。

【受験特報】 一次では2022年度に全入になったものの，2023年度には応募数（男女計）が戻り，2024年度はさらに増加した。2年連続で過去5年間の平均応募数より多い受検生が集まり不合格者も増えた。大学進学実績が良好で受検生の人気を集めている。しかし2025年度は反動で応募減の可能性あり。

【併願例】 〈挑戦〉白梅学園，保善，東海大菅生，昭和一学園，宝仙学園（女子），豊南，自由ヶ丘，文華女子，武蔵野，立川女子 〈最適〉日体大桜華，大東学園，堀越，東野

小平南 高等学校

共学

〒187-0022　東京都小平市上水本町6-21-1　☎(042)325-9331

【設置学科】　普通科
【沿　革】　1983年創立。
【生徒数】　男子419名，女子411名
【特　色】　①年18回の土曜授業を設定。数英では習熟度別授業を行う。②夏期休業中に大学受験対応の講座を約50開設。塾や予備校に頼らず，合格する力をつける。③自然科学への関心が高められるよう，1年次に物理基礎と生物基礎をおき，2年次は化学基礎を全員が学習する。④必履修の「情報Ⅰ」のほか，3年次の自由選択で「情報セキュリティ」を設置。⑤東京経済大学と高大連携。⑥1年次から進路説明会を計画的に行う進路指導で，現役での進路決定率は約90%。⑦美術部が全国大会に出展。⑧健脚大会は創立以来の伝統行事。最長50kmの道のりを歩く。⑨制服あり。

【進路情報】　卒業生数—279名
大学—227名　短大—3名　専門学校—20名　その他—29名
【指定校推薦】　東京理科大，学習院大，立教大，中央大，法政大，日本大，他。
【見学ガイド】　文化祭，説明会，授業公開，見学会，学校見学

主な大学合格状況

'24年春速報は巻末資料参照　※（　）内は現役生で内数。（　）外は既卒生を含む。

大学名	'23	'22	大学名	'23	'22	大学名	'23	'22	大学名	'23	'22
◇東京外大	1(1)	0	慶應大	1(1)	1(1)	中央大	30(26)	18(18)	亜細亜大	8(8)	45(44)
◇北海道大	1	0	上智大	3(3)	0	法政大	35(34)	28(25)	帝京大	32(30)	45(41)
◇防衛医大	1	0	東京理科大	5(3)	0	日本大	69(64)	55(46)	國學院大	8(7)	8(6)
◇東京学芸大	2(2)	0	学習院大	3(3)	3(3)	東洋大	88(72)	97(77)	成蹊大	10(10)	17(15)
◇都立大	2(2)	0	明治大	20(19)	14(11)	駒澤大	18(16)	21(15)	武蔵大	10(9)	22(12)
◇金沢大	1(1)	0	青山学院大	4(1)	1(1)	専修大	52(42)	70(52)	東京経済大	22(20)	32(29)
早稲田大	4(4)	3(3)	立教大	9(9)	13(10)	大東文化大	10(8)	20(12)	明星大	58(49)	66(49)

選抜方法　2024年春（実績）　特別推薦あり

推薦	推薦枠	調査書の活用	調査書	個人面接	作文
	20%	評定	450点	240点	210点

一次	学力検査	学力検査：調査書	ESAT-J
	5教科	7：3	20点

過去2年間の応募状況

	年度	性別	募集数	応募数	合格数	応募倍率
推薦	'24	男女	56	182	56	3.25
	'23	男子	29	63	29	2.17
		女子	26	62	26	2.38

	年度	性別	募集数	応募数	受検数	合格数	応募倍率	実質倍率
一次	'24	男女	221	363	338	222	1.64	1.52
	'23	男子	116	178	169	111	1.53	1.52
		女子	106	167	158	113	1.58	1.40

合格のめやす

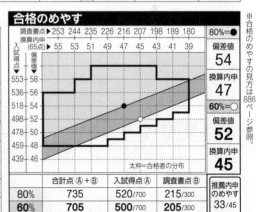

※合格のめやすの見方は886ページ参照。

	80%●	偏差値 54	換算内申 47
	60%○	偏差値 52	換算内申 45

太枠＝合格者の分布

	合計点Ⓐ＋Ⓑ	入試得点Ⓐ	調査書点Ⓑ
80%	735	520/700	215/300
60%	705	500/700	205/300

推薦内申のめやす 33/45

【受験特報】　一次の2020年度からの応募数（男女計）をみると350→296→403→345→363名となっており増減を繰り返している。人気校だが私立志向とコロナ禍で変動しやすくなった模様。2024年度は応募増の年で応募倍率は1.6倍台まで上がり厳しい入試だった。2025年度は応募減の可能性が高い。

【併願例】〈挑戦〉拓大一，八王子学園，聖徳学園，明星学園，明法　〈最適〉武蔵野大学，杉並学院，明星，八王子実践，大成，東亜学園，白梅学園，日大明誠　〈堅実〉昭和一学園

日野 高等学校

共 学

〒191-0021　東京都日野市石田1-190-1　☎(042)581-7123

アクセス
京王線―高幡不動20分
多摩モノレール―万願寺10分

【設置学科】 普通科
【沿　革】 1966年創立。
【生徒数】 男子513名，女子422名
【特　色】 ①１年次は国語を５単位学習。基礎学力の確実な定着をめざす。英語では習熟度別少人数授業を実施。②２年次には理系は「数学Ｂ」と「基礎化学」を，文系は「基礎古典」と「日本史」「世界史」「地理」から１科目を履修する。３年次で選択科目を16単位に増やし，進路希望や興味関心に応じて必要な科目を学ぶ。多様な自由選択科目も設置し，様々な進路実現に対応する。③個人面談など様々な取り組みで，進路指導部が生徒の支えとなる。④美術部が６年連続で全国大会出場。運動系の部活動も高い実績を誇る。⑤2023年８月に新校舎が完成。⑥制服あり。

【進路情報】 卒業生数―300名
大学―208名　短大―６名　専門学校―61名　就職―８名　その他―17名
【指定校推薦】 学習院大，中央大，日本大，東洋大，専修大，帝京大，成蹊大，他。
【見学ガイド】 文化祭，説明会，文化部活動発表会，公開授業，見学会

主な大学合格状況
'24年春速報は巻末資料参照　※（ ）内は現役生で内数。（ ）外は既卒生を含む。

大学名	'23	'22	大学名	'23	'22	大学名	'23	'22	大学名	'23	'22
◇都立大	0	1	明治大	8(7)	1(1)	駒澤大	2(2)	8(7)	玉川大	7(6)	4(4)
◇信州大	1	0	青山学院大	5(3)	2	専修大	34(33)	24(23)	国士舘大	10(9)	9(6)
早稲田大	3(3)	1	立教大	4(2)	0	東海大	20(17)	9(8)	東京経済大	28(28)	13(13)
慶應大	0	1	中央大	17(17)	13(11)	亜細亜大	15(14)	15(15)	桜美林大	51(22)	23(14)
上智大	1(1)	0	法政大	8(5)	9(6)	帝京大	39(34)	43(41)	杏林大	7(7)	12(12)
東京理科大	1(1)	1	日本大	21(17)	30(30)	國學院大	4(3)	3(3)	明星大	82(72)	41(34)
学習院大	4(4)	3(3)	東洋大	9(7)	9(8)	成蹊大	5(5)	7(6)	東京工科大	21(13)	9(7)

選抜方法 2024年春（実績）
特別推薦あり

推薦	推薦枠	調査書の活用	調査書	個人面接	作文	一次	学力検査	学力検査：調査書	ESAT-J
推薦	20%	評定	600点	250点	350点	一次	5教科	7：3	20点

過去２年間の応募状況

年度	性別	募集数	応募数	合格数	応募倍率
推薦 '24	男女	64	277	64	4.33
推薦 '23	男子	37	97	37	2.62
	女子	34	87	34	2.56

年度	性別	募集数	応募数	受検数	合格数	応募倍率	実質倍率
一次 '24	男女	253	430	417	256	1.70	1.63
一次 '23	男子	150	223	214	154	1.49	1.39
	女子	136	178	171	135	1.31	1.27

合格のめやす

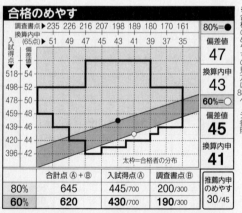

※合格のめやすの見方は886ページ参照。

| 調査書点▶ | 235 | 226 | 216 | 207 | 198 | 189 | 180 | 170 | 161 |
| 換算内申(65点)▶ | 51 | 49 | 47 | 45 | 43 | 41 | 39 | 37 | 35 |

80%●　偏差値 47　換算内申 43
60%○　偏差値 45　換算内申 41

太枠=合格者の分布

	合計点Ⓐ＋Ⓑ	入試得点Ⓐ	調査書点Ⓑ	推薦内申のめやす
80%	645	445/700	200/300	30/45
60%	620	430/700	190/300	

【受験特報】 2024年度は１学級減での募集となった。推薦は応募数（男女計）93名増で過去５年間で最多。一次も応募数が過去５年間の平均（約360名）より約70名多い430名で激戦に。学級減が影響して不合格者も増加した。新校舎の完成も応募増に影響。2025年度は反動で応募減の見込み。

【併願例】 〈挑戦〉工学院大附，明星，八王子実践，啓明学園，佼成女子，白梅学園，日大明誠　〈最適〉東海大菅生，昭和一学園，聖パウロ，立川女子，光明相模原　〈堅実〉二階堂

南平 高等学校

共 学

アクセス 京王線―南平10分

〒191-0041 東京都日野市南平8-2-3 ☎(042)593-5121

【設置学科】 普通科
【沿 革】 1985年創立。
【生徒数】 男子493名,女子455名
【特 色】 ①「わかるからできるへ」を合い言葉に,授業の質を保証。組織的かつ個に応じた学習支援に取り組む。②国公立・難関私大に対応したカリキュラム編成。週末課題,小テスト,数英の習熟度別授業により基礎力を定着させる。学習記録表などで学習状況を把握し,個別指導を行う。③東京薬科大学と高大連携。④自学自習のために校内自習室を開放。⑤進路指導研究校として,高い志に向けてチャレンジするよう支援。夏期講習,ウインターセミナーなども開講する。⑥教員の研究研修活動により,生徒の学力向上に取り組む。⑦陸上競技部が全国大会,水泳部が関東大会出場。ジャグリング部が珍しい。⑧制服あり。

【進路情報】 卒業生数―319名
大学―282名 短大―6名 専門学校―9名 就職―1名 その他―21名
【指定校推薦】 明治大,青山学院大,立教大,中央大,法政大,専修大,成蹊大,他。
【見学ガイド】 文化祭,説明会,授業公開

主な大学合格状況
'24年春速報は巻末資料参照　※(　)内は現役生で内数。(　)外は既卒生を含む。

大学名	'23	'22	大学名	'23	'22	大学名	'23	'22	大学名	'23	'22
◇千葉大	1(1)	0	◇信州大	0	1(1)	学習院大	9(9)	13(13)	東洋大	58(32)	52(39)
◇筑波大	1(1)	0	◇電通大	2(1)	1(1)	明治大	14(13)	41(38)	駒澤大	21(17)	24(17)
◇東京外大	0	1	◇金沢大	1(1)	0	青山学院大	23(23)	25(23)	専修大	48(34)	64(43)
◇横浜国大	0	0	早稲田大	0	15(1)	立教大	7(5)	17(17)	帝京大	21(17)	28(21)
◇埼玉大	1(1)	1(1)	慶應大	2(2)	5(3)	中央大	37(35)	87(62)	國學院大	15(15)	18(18)
◇東京学芸大	5(5)	0	上智大	6(6)	3(3)	法政大	60(57)	63(55)	成蹊大	20(17)	40(33)
◇都立大	7(6)	9(8)	東京理科大	9(8)	5(2)	日本大	84(67)	90(66)	明星大	139(70)	87(49)

選抜方法 2024年春 (実績)

	推薦枠	調査書の活用	調査書	個人面接	作文		学力検査	学力検査:調査書	ESAT-J
推薦	20%	評定	450点	225点	225点	一次	5教科	7:3	20点

過去2年間の応募状況

年度	性別	募集数	応募数	合格数	応募倍率
推薦 '24	男女	64	156	64	2.44
'23	男子	33	49	33	1.48
	女子	30	72	30	2.40

年度	性別	募集数	応募数	受検数	合格数	応募倍率	実質倍率
一次 '24	男女	253	398	376	256	1.57	1.47
'23	男子	133	192	182	128	1.44	1.42
	女子	121	188	188	129	1.56	1.46

合格のめやす

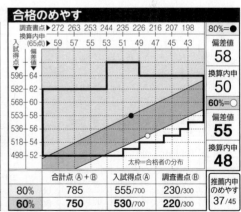

※合格のめやすの見方は886ページ参照。

80%=● 偏差値 58 換算内申 50
60%=○ 偏差値 55 換算内申 48

太枠=合格者の分布

	合計点Ⓐ+Ⓑ	入試得点Ⓐ	調査書点Ⓑ	推薦内申のめやす
80%	785	555/700	230/300	37/45
60%	750	530/700	220/300	

受験特報 2024年度一次の応募数(男女計)は398名で,過去5年間の平均379名よりも多かったが,棄権により受検数(男女計)が減少し,2023年度とほぼ同じ応募状況になった。2021年度より,応募数が400名弱で合格率が7割程度の安定した人気が続いている。2025年度も人気は続く見込み。

【併願例】〈挑戦〉東京工業高専,拓大一 〈最適〉八王子学園,聖徳学園,東京電機大,共立女子二,工学院大附,明星 〈堅実〉八王子実践,大成,佼成女子,昭和一学園,日大明誠

東村山西 高等学校

共学

〒189-0024　東京都東村山市富士見町5-4-41　☎(042)395-9121

アクセス JR—立川, 西武新宿線—久米川よりバス明法学院前5分　西武多摩湖線—八坂15分

【設置学科】　普通科
【沿　革】　1984年創立。
【生徒数】　男子318名，女子283名
【特　色】　①多様な進路に対応するカリキュラムを組む。数学で習熟度別，国語，英語で少人数制授業を行い，基礎学力の定着を図る。②統合型学習支援ツールを利用し，学習の結果に至るプロセスを重視する。自宅学習でも活用している。③3年次の総合的な探究の時間では卒業課題に取り組み，一人ひとりがテーマを決め，調査，フィールドワーク，発表を行う。④朝学習，週末課題，自習スペースの設置，長期休業中の講習や補講などで確かな学力を定着させる。⑤職業体験実習，上級学校訪問など，進学にも就職にも対応するプログラムで，進路実現をサポートする。⑥制服あり。
【進路情報】　卒業生数— 210名
大学—73名　短大— 4名　専門学校—95名　就職—25名　その他—13名
【指定校推薦】　大東文化大，亜細亜大，帝京大，国士舘大，東京経済大，杏林大，他。
【見学ガイド】　文化祭，説明会，授業公開，見学会，学校見学

主な大学合格状況　'24年春速報は巻末資料参照

※既卒生を含む。'23の( )内は現役生で内数。

大学名	'23	'22	大学名	'23	'22	大学名	'23	'22	大学名	'23	'22
日本大	1(1)	1	国士舘大	1(1)	0	帝京科学大	2(2)	1	嘉悦大	4(4)	0
東洋大	1(1)	0	東京経済大	3(3)	1	東京福祉大	1(1)	0	白梅学園大	1(1)	0
専修大	0	1	杏林大	4(2)	2	高千穂大	4(2)	1	東京医療学院大	1(1)	0
大東文化大	2(2)	0	創価大	0	2	日本女子体育大	1(1)	0	東京富士大	1(1)	0
亜細亜大	2(2)	0	明星大	19(19)	2	麻布大	1(1)	0	埼玉工大	1(1)	0
帝京大	7(5)	1	帝京平成大	2(2)	3	淑徳大	2(2)	0	駿河台大	5(5)	10
東京電機大	1(1)	0	拓殖大	1	0	東京成徳大	1(1)	0	西武文理大	1(1)	1

選抜方法　2024年春（実績）　特別推薦あり

推薦	推薦枠	調査書の活用	調査書	個人面接	作文	一次	学力検査	学力検査:調査書	ESAT-J
	20%	評定	450点	200点	250点		5教科	7:3	20点

過去2年間の応募状況

	年度	性別	募集数	応募数	合格数	応募倍率
推薦	'24	男女	48	78	48	1.63
	'23	男子	24	32	24	1.33
		女子	22	51	22	2.32

	年度	性別	募集数	応募数	受検数	合格数	応募倍率	実質倍率
一次	'24	男女	189	210	199	191	1.11	1.04
	'23	男子	100	95	94	94	0.95	1.00
		女子	91	91	91	91	1.00	1.00

合格のめやす

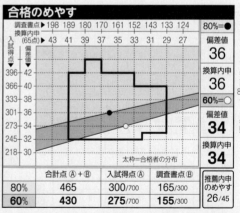

※合格のめやすの見方は886ページ参照。

80%=● 偏差値 36　換算内申 36
60%=○ 偏差値 34　換算内申 34

太枠=合格者の分布

	合計点 Ⓐ+Ⓑ	入試得点Ⓐ	調査書点Ⓑ	推薦内申のめやす
80%	465	300/700	165/300	26/45
60%	430	275/700	155/300	

受験特報　推薦，一次共に2022年度に応募数（男女計）が激減した。以降，推薦は落ち着いた応募数のまま推移，一次は2年連続で全入になったが，2024年度の応募数は210名に増加した。2021年度までは30〜40名程度の不合格者が出ていたので，2025年度も安心はできない。

【併願例】〈挑戦〉昭和一学園，豊南，藤村女子，文華女子，正則学園，立川女子，武蔵野，日体大桜華，大東学園，堀越，東野　〈最適〉科学技術学園

福生 高等学校

共学

〒197-0005　東京都福生市北田園2-11-3　☎(042)552-5601

アクセス
JR―福生12分

【設置学科】　普通科
【沿　革】　1971年創立。
【生徒数】　男子385名，女子391名
【特　色】　①2023年度より進学クラスを設置。2年次から開設し，大学受験に向けた様々な情報発信と学習支援を行う。②1・2年次の数英で習熟度別少人数授業を行う。3年次の選択科目は「デザインとプログラミング」などを設置。③英語4技能の習得，特にスピーキングに注力して指導する。④横田基地内にある横田ハイスクールと姉妹校提携を結び，交流を行う。⑤3年間を見通したキャリアサポートプログラムで，進路実現を強力に推進。生徒の志望，特性を踏まえ，多様な分野への支援を組織的に行う。⑥美術部中心に製作する巨大貼り絵は新たな伝統になっている。⑦制服あり。

【進路情報】　卒業生数―269名
大学―127名　短大―16名　専門学校―99名　就職―13名　その他―14名
【指定校推薦】　東洋大，帝京大，東京電機大，工学院大，国士舘大，東京経済大，他。
【見学ガイド】　文化祭，説明会，公開授業，見学会，個別相談会

主な大学合格状況
'24春速報は巻末資料参照　※（ ）内は現役生で内数。（ ）外は既卒生を含む。

大学名	'23	'22	大学名	'23	'22	大学名	'23	'22	大学名	'23	'22
◇筑波大	0	1(1)	帝京大	28(26)	28(26)	桜美林大	10(9)	3(2)	文京学院大	4(4)	3(3)
中央大	6(5)	1(1)	國學院大	6(4)	0	杏林大	8(8)	3(3)	東京家政大	2(2)	2(2)
法政大	2(2)	0	明治学院大	1(1)	0	実践女子大	3(3)	3(3)	文化学園大	3(3)	3(3)
日本大	2(1)	4(4)	武蔵大	2(2)	0	明星大	18(18)	19(19)	嘉悦大	6(6)	2(2)
東洋大	17(10)	0	工学院大	3(3)	3(3)	東京工科大	2(2)	2(2)	白梅学園大	1(1)	3(3)
専修大	1(1)	0	国士舘大	4(3)	3(3)	拓殖大	8(6)	6(6)	東京医療学院大	7(7)	0
亜細亜大	7(7)	7(7)	東京経済大	24(24)	9(9)	目白大	5(5)	5(5)	駿河台大	6(5)	7(7)

選抜方法
2024年春（実績）　特別推薦あり

推薦	推薦枠	調査書の活用	調査書	個人面接	作文
	20%	評定	500点	250点	250点

一次	学力検査	学力検査：調査書	ESAT-J
	5教科	7：3	20点

過去2年間の応募状況

年度	性別	募集数	応募数	合格数	応募倍率
推薦 '24	男女	56	158	56	2.82
推薦 '23	男子	29	98	29	3.38
	女子	26	97	26	3.73

年度	性別	募集数	応募数	受検数	合格数	応募倍率	実質倍率
一次 '24	男女	221	286	282	223	1.29	1.26
一次 '23	男子	116	137	132	103	1.18	1.28
	女子	106	141	138	119	1.33	1.16

合格のめやす

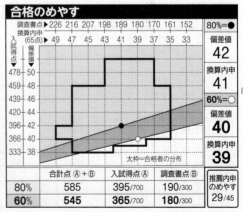

80%=● 偏差値 42
換算内申 41
60%=○ 偏差値 40
換算内申 39

太枠=合格者の分布

	合計点 Ⓐ+Ⓑ	入試得点 Ⓐ	調査書点 Ⓑ	推薦内申のめやす
80%	585	395/700	190/300	29/45
60%	545	365/700	180/300	

【受験特報】低めの倍率ながら安定した人気が続く。一次の応募数は2021年度に一度落ち込んだものの，以降227→274→278→286名と増加傾向で，2024年度は僅差ながら過去5年間で最多となった。前年度に上位大学への実績が伸びたことも影響したか。2025年度は応募減の可能性あり。

【併願例】〈挑戦〉八王子実践，啓明学園，大成，東海大菅生，東京立正，昭和一学園，豊南，宝仙学園（女子），藤村女子　〈最適〉聖パウロ，立川女子，二階堂，東野

狛江 高等学校 共学

〒201-8501　東京都狛江市元和泉3-9-1　☎(03)3489-2241

アクセス
小田急線―和泉多摩川 3分

【設置学科】　普通科
【沿　革】　1973年創立。
【生徒数】　男子485名，女子463名
【特　色】　①あらゆる進路に対応し，学ぶ力をつけるカリキュラム編成。②1年次は全員が共通科目を履修，国数英を中心に基礎学力をつける。2年次から必修選択，3年次は4類型の選択で，多様なニーズに対応する。③土曜授業を年17回実施。④専修大学と高大連携を行っている。⑤国際感覚を養う目的で修学旅行は台湾へ赴き，現地の高校生と交流。オーストラリア短期交換留学（選考制）も行う。ほかにも国内英語研修施設や大使館を訪問する国際理解講座を実施予定。海外からの長期留学生も受け入れている。⑥ダンス部が全国大会準優勝，箏曲部が全国大会ベスト4。⑦制服あり。

【進路情報】　卒業生数―319名
大学―262名　短大―1名　専門学校―11名　その他―45名
【指定校推薦】　東京理科大，学習院大，明治大，青山学院大，立教大，中央大，他。
【見学ガイド】　文化祭，説明会，部活動体験，授業公開，見学会

主な大学合格状況　'24年春速報は巻末資料参照

※（　）内は現役生で内数。（　）外は既卒生を含む。

大学名	'23	'22	大学名	'23	'22	大学名	'23	'22	大学名	'23	'22
◇一橋大	1	0	◇都立大	11(8)	7(5)	学習院大	8(8)	19(16)	東洋大	86(52)	70(47)
◇千葉大	1(1)	0	◇群馬大	2(2)	0	明治大	39(36)	60(50)	駒澤大	39(28)	38(26)
◇筑波大	2(2)	0	◇電通大	1(1)	3(3)	青山学院大	25(23)	27(25)	専修大	94(61)	55(44)
◇東京外大	2(2)	1(1)	早稲田大	5(2)	13(9)	立教大	30(29)	39(26)	東海大	42(24)	51(36)
◇横浜国大	0	3(1)	慶應大	4(4)	1	中央大	52(46)	68(46)	國學院大	13(12)	24(21)
◇北海道大	1(1)	0	上智大	0	7(6)	法政大	71(56)	70(57)	成蹊大	16(10)	37(33)
◇東京学芸大	4(4)	0	東京理科大	7(7)	4(2)	日本大	81(65)	94(76)	明治学院大	54(42)	18(14)

選抜方法　2024年春（実績）　特別推薦あり

推薦	推薦枠	調査書の活用	調査書	個人面接	作文	一次	学力検査	学力検査：調査書	ESAT-J
薦	20%	評定	600点	300点	300点	次	5教科	7：3	20点

過去2年間の応募状況

年度	性別	募集数	応募数	合格数	応募倍率
推薦 '24	男女	72	210	72	2.92
推薦 '23	男子	33	127	33	3.85
	女子	30	95	30	3.17

年度	性別	募集数	応募数	受検数	合格数	応募倍率	実質倍率
一次 '24	男女	285	460	420	289	1.61	1.45
一次 '23	男子	133	242	126	126	1.82	1.73
	女子	121	192	182	132	1.59	1.38

合格のめやす

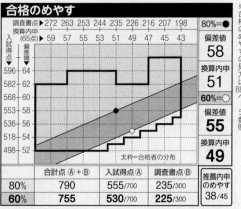

※合格のめやすの見方は886ページ参照。

80%=● 偏差値 58
換算内申 51
60%=○ 偏差値 55
換算内申 49

太枠=合格者の分布

	合計点Ⓐ+Ⓑ	入試得点Ⓐ	調査書点Ⓑ	推薦内申のめやす
80%	790	555/700	235/300	38/45
60%	755	530/700	225/300	

調査書点　272　263　253　244　235　226　216　207　198
換算内申（65点）　59　57　55　53　51　49　47　45　43

【受験特報】　毎年厳しい入試になる人気校。2024年度は1学級増での募集となったことが影響したのか，一次の応募者が約30名増加し過去5年間で最多になった。成瀬から受検生が流れたと思われる。2025年度は反動で応募減が見込まれるが，募集学級が元に戻れば倍率は上がる可能性がある。

【併願例】　〈挑戦〉国学院，拓大一，桜美林　〈最適〉八王子学園，専修大附，日大櫻丘，実践学園，杉並学院，麻布大附　〈堅実〉八王子実践，大成，日本工大駒場，佼成女子，駒場学園

東大和 高等学校

共学

〒207-0015 東京都東大和市中央3-945 ☎(042)563-1741

アクセス
多摩モノレール―上北台10分 西武拝島線―東大和市25分

【設置学科】 普通科
【沿 革】 1971年創立。
【生徒数】 男子445名，女子374名
【特 色】 ①将来の自己実現に向けて「自ら考え，判断できる」授業を実践する。②2年次から文系，理系に分かれ，3年次は自由選択科目を6〜16単位履修。生徒一人ひとりの興味関心や進路に合わせた学びを支援する。③数英で習熟度別少人数授業を実施。④多数の面談など，3年間を通して生徒の悩みを解決し，後悔しない進路を選択できるよう，丁寧な指導を行う。⑤行事にも一生懸命で，お祭りではなく真剣勝負の場である体育大会，ロードレース大会，合唱祭などがある。⑥陸上競技部，ダンス部が全国大会，吹奏楽部が東日本大会に出場。文武両道をめざす。⑦制服あり。

【進路情報】 卒業生数―276名
大学―182名 短大―2名 専門学校―60名 就職―7名 その他―25名
【指定校推薦】 青山学院大，中央大，法政大，日本大，東洋大，駒澤大，専修大，他。
【見学ガイド】 文化祭，説明会，公開授業，見学会

主な大学合格状況
'24年春速報は巻末資料参照　※( )内は現役生で内数。( )外は既卒生を含む。

大学名	'23	'22	大学名	'23	'22	大学名	'23	'22	大学名	'23	'22
◇東京学芸大	0	1(1)	立教大	1	0	大東文化大	11(11)	13(6)	武蔵大	3(1)	7(1)
早稲田大	0	1(1)	中央大	7(5)	7(4)	東海大	17(11)	4(4)	国士舘大	32(23)	24(24)
上智大	0	1	法政大	5(5)	10(8)	亜細亜大	24(23)	15(13)	東京経済大	25(25)	25(24)
東京理科大	2(2)	1	日本大	29(28)	28(28)	帝京大	38(35)	43(42)	桜美林大	21(13)	19(11)
学習院大	1(1)	2(2)	東洋大	12(12)	14(14)	國學院大	2(2)	5(3)	明星大	52(47)	21(20)
明治大	4(4)	6(6)	駒澤大	7(7)	18(17)	成蹊大	10(10)	10(10)	帝京平成大	10(9)	7(7)
青山学院大	4(4)	4(4)	専修大	23(23)	20(19)	獨協大	5(4)	3(2)	東京工科大	8(8)	5(5)

選抜方法 2024年春（実績）
特別推薦あり

推薦	推薦枠	調査書の活用	調査書	個人面接	作文		一次	学力検査	学力検査：調査書	ESAT-J
	20%	評定	450点	240点	210点			5教科	7：3	20点

過去2年間の応募状況

	年度	性別	募集数	応募数	合格数	応募倍率
推薦	'24	男女	56	182	56	3.25
	'23	男子	29	131	29	4.52
		女子	26	88	26	3.38

	年度	性別	募集数	応募数	受検数	合格数	応募倍率	実質倍率
一次	'24	男女	221	293	282	223	1.33	1.26
	'23	男子	116	161	156	129	1.39	1.21
		女子	106	122	119	94	1.15	1.27

合格のめやす

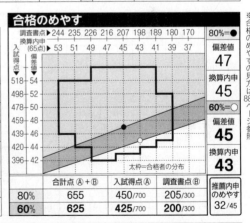

※合格のめやすの見方は886ページ参照。

80%=● 偏差値 47 換算内申 45
60%=○ 偏差値 45 換算内申 43

	合計点Ⓐ+Ⓑ	入試得点Ⓐ	調査書点Ⓑ
80%	655	450/700	205/300
60%	625	425/700	200/300

推薦内申のめやす 32/45

【受験特報】 一次は2022年度より270→283→293名と，3年連続で応募数（男女計）が増加。2021年度に269名まで減少したものの，徐々に受検生が戻ってきている。部活動が活発で，2020年度までは応募数300名以上で推移する人気校であったため，2025年度もまだ増える可能性がある。

【併願例】〈挑戦〉工学院大附，明星，八王子実践，東亜学園，大成，白梅学園，日大明誠 〈最適〉日本学園，東海大菅生，昭和一学園，駒沢女子，立川女子 〈堅実〉日体大桜華，東野

東大和南 高等学校

共学

アクセス
西武拝島線・多摩モノレール—玉川上水 5 分

〒207-0022 東京都東大和市桜が丘3-44-8 ☎(042)565-7117

【設置学科】 普通科
【沿 革】 1984年創立。
【生徒数】 男子447名，女子384名
【特色】 ①「授業で勝負」を合い言葉に，考えさせる授業，知的好奇心を引き出す授業を実践する。②数英で習熟度別授業を行い，基礎，基本の定着，発展的な学習に取り組む。2年次に「数学Ⅱ」と「数学B・C」を全員履修。③年18回の土曜授業を設定。土曜の午後は，部活動，講習と多様な学びを可能にしている。④自学自習の環境を整備。卒業生によるサポートティーチャーを活用し，20時まで自習室を利用できる。⑤英語4技能育成のため，外部試験や国内英語研修施設を利用した指導を行う。⑥水泳部が全国大会，女子バスケットボール部が関東大会出場。⑦制服あり。
【進路情報】 卒業生数—275名
大学—239名 短大—2名 専門学校—19名 就職—1名 その他—14名
【指定校推薦】 学習院大，明治大，青山学院大，立教大，中央大，法政大，他。
【見学ガイド】 文化祭，説明会，部活動体験，授業公開，見学会

主な大学合格状況 '24年春速報は巻末資料参照

※( )内は現役生で内数。( )外は既卒生を含む。

大学名	'23	'22	大学名	'23	'22	大学名	'23	'22	大学名	'23	'22
◇千葉大	0	1(1)	◇茨城大	1(1)	0	青山学院大	15(12)	9(8)	専修大	47(29)	30(23)
◇東京外大	1(1)	0	電通大	1(1)	1(1)	立教大	8(8)	7(7)	亜細亜大	30(28)	21(19)
◇東京学芸大	1(1)	0	早稲田大	3(2)	4(4)	中央大	36(33)	31(25)	帝京大	32(29)	26(22)
◇都立大	0	2(2)	慶應大	1	0	法政大	27(24)	41(31)	國學院大	12(12)	10(9)
◇群馬大	1(1)	0	東京理科大	5(1)	2(1)	日本大	69(52)	65(45)	成蹊大	15(14)	28(21)
◇信州大	2(2)	1(1)	学習院大	7(6)	7(7)	東洋大	83(52)	73(53)	武蔵野大	10(9)	38(24)
◇東京海洋大	1(1)	0	明治大	16(13)	21(18)	駒澤大	33(30)	18(12)	明星大	57(47)	62(45)

選抜方法 2024年春（実績） 特別推薦あり

推薦	推薦枠	調査書の活用	調査書	集団討論・個人面接	作文	一次	学力検査	学力検査：調査書	ESAT-J
	20%	評定	450点	250点	200点		5教科	7：3	20点

過去2年間の応募状況

年度	性別	募集数	応募数	合格数	応募倍率
推薦 '24	男女	56	185	56	3.30
推薦 '23	男子	28	113	28	4.04
	女子	26	71	26	2.73

年度	性別	募集数	応募数	受検数	合格数	応募倍率	実質倍率
一次 '24	男女	220	304	296	223	1.38	1.33
一次 '23	男子	116	192	184	139	1.66	1.32
	女子	106	121	118	85	1.14	1.39

合格のめやす

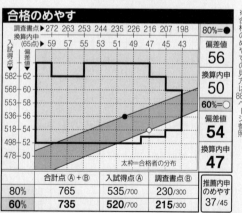

	合計点 Ⓐ＋Ⓑ	入試得点 Ⓐ	調査書点 Ⓑ
80%	765	535/700	230/300
60%	735	520/700	215/300

80%●
偏差値 56
換算内申 50
60%○
偏差値 54
換算内申 47
推薦内申のめやす 37/45

※合格のめやすの見方は886ページ参照。

【受験特報】 2024年度は推薦で集団討論を復活させたが，応募数（男女計）は2023年度と変わらなかった。一次は減少傾向で2年連続で応募減。近隣の上水や小平に流れていると思われる。2024年度の応募数304名は過去5年間で最も少なかったため，2025年度は反動で応募増の可能性がある。

【併願例】〈挑戦〉錦城，拓大一，聖徳学園，八王子学園，東京電機大 〈最適〉明法，工学院大附，明星，八王子実践 〈堅実〉白梅学園，保善，東海大菅生，昭和一学園，日大明誠

清瀬 高等学校

共学

〒204-0022　東京都清瀬市松山3-1-56　☎(042)492-3500

アクセス
西武池袋線―清瀬 7 分
JR―武蔵小金井よりバス保育園入口 1 分

【設置学科】 普通科
【沿　革】 1973年開校。
【生徒数】 男子393名，女子428名
【特　色】 ①土曜授業を年16回行う。また，国数英では習熟度別授業を用意する。②2年次から得意科目を伸ばすカリキュラムを組む。③卒業生である現役大学生が学習を支援している。④夏期休業中にオーストラリアへの海外体験研修を実施（希望者より選抜）。⑤東京学芸大学，埼玉大学，日本社会事業大学と高大連携を行う。⑥進路シラバスに沿って，3年間を通じてキャリア教育を行い，多様な進路に対応する。個人・三者面談を通して，ミスマッチのない進路実現をめざす。⑦少林寺拳法・ソフトテニス・ダンス部が全国大会に出場。写真部と美術部が総文祭に出品。⑧制服あり。

【進路情報】 卒業生数―266名
大学―239名　専門学校―6名　就職―1名　その他―20名
【指定校推薦】 東京理科大，明治大，青山学院大，立教大，中央大，法政大，他。
【見学ガイド】 体育祭，文化祭，説明会，部活動体験，授業公開，見学会

東京

全日制普通科・多摩部

東大和市／清瀬市

主な大学合格状況
'24年春速報は巻末資料参照
※（　）内は現役生で内数。（　）外は既卒生を含む。

大学名	'23	'22	大学名	'23	'22	大学名	'23	'22	大学名	'23	'22
◇東京外大	1(1)	0	◇都立大	2(1)	3(3)	東京理科大	7(4)	4(3)	日本大	80(72)	46(32)
◇埼玉大	2(1)	1(1)	◇宇都宮大	1(1)	1	学習院大	11(10)	11(4)	東洋大	104(66)	103(71)
◇東北大	0	1(1)	◇山梨大	1(1)	2(2)	明治大	16(15)	32(20)	駒澤大	35(34)	32(28)
◇東京医歯大	1(1)	0	◇埼玉県立大	3(3)	1(1)	青山学院大	3(1)	2(1)	専修大	23(16)	30(25)
◇防衛医大	1(1)	0	早稲田大	0	7(4)	立教大	22(21)	20(16)	帝京大	32(26)	26(22)
◇東京農工大	1(1)	0	慶應大	0	3(2)	中央大	29(25)	27(17)	成蹊大	30(26)	23(19)
◇東京学芸大	6(6)	0	上智大	1(1)	1(1)	法政大	39(31)	31(27)	武蔵大	36(27)	36(26)

選抜方法 2024年春（実績）
特別推薦あり

推薦	推薦枠	調査書の活用	調査書	個人面接	小論文		一次	学力検査	学力検査：調査書	ESAT-J
	20%	評定	450点	220点	230点			5教科	7：3	20点

過去2年間の応募状況

推薦	年度	性別	募集数	応募数	合格数	応募倍率
	'24	男女	56	136	56	2.43
	'23	男子	33	52	33	1.58
		女子	30	52	30	1.73

一次	年度	性別	募集数	応募数	受検数	合格数	応募倍率	実質倍率
	'24	男女	220	306	287	222	1.39	1.29
	'23	男子	132	135	134	124	1.02	1.03
		女子	121	142	134	132	1.17	1.00

合格のめやす

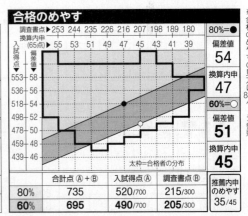

※合格のめやすの見方は886ページ参照。

80%＝●　偏差値 54　換算内申 47
60%＝○　偏差値 51　換算内申 45

	合計点 Ⓐ＋Ⓑ	入試得点 Ⓐ	調査書点 Ⓑ
80%	735	520/700	215/300
60%	695	490/700	205/300

推薦内申のめやす 35/45

【受験特報】 2024年度は1学級減での募集。募集数（男女計）は2020年度より276→236→276→316→276名と増減しているため，2025年度も募集数に注意が必要。一次の応募数（男女計）には隔年現象の動きが見られ，263→249→304→277→306名と推移している。2025年度は応募減の見込み。

【併願例】 〈挑戦〉錦城，拓大一，聖徳学園，明法 〈最適〉実践学園，武蔵野大学，杉並学院，目白研心，明星，城西大城西，豊島学院，東亜学園，白梅学園 〈堅実〉昭和一学園，豊南

久留米西 高等学校

共学

〒203-0041 東京都東久留米市野火止2-1-44 ☎(042)474-2661

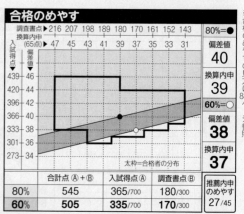

アクセス／西武池袋線
―清瀬17分　JR―武蔵
小金井よりバス久留米
西高校入口5分

【設置学科】　普通科
【沿　革】　1974年創立。
【生徒数】　男子366名，女子292名
【特　色】　①生徒一人ひとりの成長を見守り，とことん向き合う丁寧な指導を行う。②国数英で習熟度別授業を実施。少人数や個別指導によるきめ細かな対応で，基礎学力の充実を図る。大学進学希望者向けの土曜講習も行う。③3年次は多種多様な選択科目の中から自分の進路や興味関心に合う科目を選択し，個性を伸長。総合的な探究の時間では様々な体験活動を行う。④進路指導部が情報を発信し，様々なガイダンスで進路実現を支援する。⑤嘉悦大学と高大連携。⑥文化祭と体育祭は，有志の生徒実行委員会が企画運営を行う。⑦写真部が3年連続全国大会出場。⑧制服あり。

【進路情報】　卒業生数―239名
大学―110名　短大―15名　専門学校―82名　就職―8名　その他―24名

【指定校推薦】　日本大，東洋大，駒澤大，大東文化大，亜細亜大，帝京大，他。

【見学ガイド】　文化祭，説明会，オープンスクール，授業公開，見学会，学校見学

主な大学合格状況

'24年春速報は巻末資料参照　　　※（　）内は現役生で内数。（　）外は既卒生を含む。

大学名	'23	'22	大学名	'23	'22	大学名	'23	'22	大学名	'23	'22
明治大	0	1(1)	東京電機大	2(2)	3(3)	東京農大	2(2)	2(2)	目白大	7(7)	6(6)
法政大	1(1)	1(1)	立正大	2(2)	1(1)	実践女子大	2(2)	1(1)	帝京科学大	1(1)	3(2)
日本大	2	3(2)	国士舘大	7(6)	5(5)	明星大	4(4)	10(10)	文京学院大	1(1)	5(2)
東洋大	1(1)	4(2)	東京経済大	6(6)	4(4)	帝京平成大	6(6)	9(9)	十文字学園女子大	3(3)	3(3)
大東文化大	8(2)	4(4)	杏林大	2(2)	4(4)	東京工科大	2(1)	3(3)	嘉悦大	0	9(6)
亜細亜大	12(12)	8(8)	武蔵野大	6(6)	2(2)	拓殖大	3(3)	5(4)	駿河台大	7(7)	3(3)
帝京大	4(3)	11(10)	創価大	1(1)	2(1)	城西大	0	5(5)	東京国際大	9(9)	12(12)

選抜方法　2024年春（実績）

特別推薦あり

推薦	推薦枠	調査書の活用	調査書	個人面接	作文	一次	学力検査	学力検査：調査書	ESAT-J
	20%	評定	500点	300点	200点		5教科	7：3	20点

過去2年間の応募状況

	年度	性別	募集数	応募数	合格数	応募倍率
推薦	'24	男女	48	103	48	2.15
	'23	男子	24	74	24	3.08
		女子	22	73	22	3.32

	年度	性別	募集数	応募数	受検数	合格数	応募倍率	実質倍率
一次	'24	男女	188	203	197	189	1.08	1.04
	'23	男子	99	132	130	112	1.33	1.16
		女子	91	99	99	81	1.09	1.22

合格のめやす

調査書点▶ 216 207 198 189 180 170 161 152 143
換算内申(65点)▶ 47 45 43 41 39 37 35 33 31

入試得点：439～46／420～44／396～42／366～40／333～38／301～36／273～34

太枠=合格者の分布

	合計点 Ⓐ+Ⓑ	入試得点 Ⓐ	調査書点 Ⓑ
80%	545	365/700	180/300
60%	505	335/700	170/300

80%●　偏差値 40　換算内申 39
60%○　偏差値 38　換算内申 37
推薦内申のめやす 27/45

※合格のめやすの見方は886ページ参照。

【受験特報】　一次は2021年度に応募数（男女計）減で緩やかな入試になった後，2022年度は応募増になったものの学級増に吸収されて全入。2023年度にさらに増えて2020年度以前の状況に戻ったが，2024年度は再び2022年度並みと安定しない。周辺地域に同レベル校が多く高倍率になりにくい環境。

【併願例】　〈挑戦〉自由学園，東星学園，SDH昭和一，昭和鉄道，昭和一学園，豊南，貞静学園，文華女子，立川女子，武蔵野，西武台　〈最適〉日体大桜華，堀越，東野

上水 高等学校

共学
単位制

【アクセス】西武拝島線・多摩モノレール―玉川上水10分

〒208-0013 東京都武蔵村山市大南4-62-1 ☎(042)590-4580

東京 全日制普通科・多摩部

東久留米市／武蔵村山市

【設置学科】 普通科
【沿革】 2004年開校。
【生徒数】 男子252名，女子408名
【特色】 ①豊富な選択科目から，進路に応じて自分だけの時間割を作成する。②国数英の多くの科目で，習熟度別授業や少人数授業を用意。③１年次全員が留学生と一緒に３日間生活をするアメリカ・サマーキャンプに参加するほか，スピーチコンテストや，進路探索研修旅行（修学旅行）を実施。④独自の選択科目「表現」では，映像制作，武道，和楽器演奏，アニメ表現など12種類から選択。専門講師について表現力を磨く。⑤国立音楽大学などと高大連携。⑥放送部と写真部が全国大会，陸上部，女子バスケットボール部，卓球部，文芸部が関東大会出場。⑦制服あり。

【進路情報】 卒業生数―231名
大学―166名 短大―7名 専門学校―35名 就職―3名 その他―20名
【指定校推薦】 学習院大，中央大，法政大，日本大，東洋大，駒澤大，専修大，他。
【見学ガイド】 文化祭，説明会，部活動体験，授業公開，見学会，個別相談会

主な大学合格状況
'24春速報は巻末資料参照　※（ ）内は現役生で内数。（ ）外は既卒生を含む。

大学名	'23	'22	大学名	'23	'22	大学名	'23	'22	大学名	'23	'22
◇埼玉大	1	0	東京理科大	4(2)	0	日本大	20(16)	15(9)	成蹊大	4(4)	10(8)
◇都立大	2(2)	1	学習院大	3(2)	4(4)	東洋大	24(11)	24(21)	獨協大	4(3)	14(9)
◇山梨大	1(1)	0	明治大	3(1)	1(1)	駒澤大	17(14)	7(7)	東京経済大	34(30)	11(11)
◇都留文科大	1(1)	0	青山学院大	1	5(3)	専修大	17(17)	15(12)	桜美林大	23(13)	15(9)
◇川崎市立看護大	1(1)	1(1)	立教大	6	0	亜細亜大	9(9)	14(14)	武蔵野大	11(9)	10(9)
慶應大	0	1(1)	中央大	7(6)	8(6)	帝京大	28(28)	21(18)	明星大	32(19)	18(12)
上智大	0	1(1)	法政大	8(5)	17(13)	國學院大	7(7)	14(14)	東京工科大	14(11)	22(11)

選抜方法 2024年春（実績）
特別推薦あり／＊個人面接に２分程度の自己PRを含む

推薦	推薦枠	調査書の活用	調査書	個人面接	作文	一次	学力検査	学力検査：調査書	ESAT-J
	20%	評定	360点	*160点	200点		5教科	7：3	20点

過去２年間の応募状況

	年度	性別	募集数	応募数	合格数	応募倍率
推薦	'24	男女	48	137	48	2.85
	'23	男子	48	37	15	2.83
		女子		99	33	

	年度	性別	募集数	応募数	受検数	合格数	応募倍率	実質倍率
一次	'24	男女	188	263	258	191	1.40	1.35
	'23	男子	188	100	98	76	1.33	1.26
		女子		150	147	114		1.29

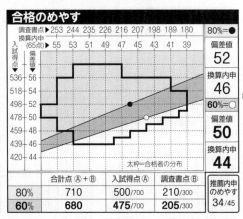

合格のめやす

| 調査書点 ▶ | 253 | 244 | 235 | 226 | 216 | 207 | 198 | 189 | 180 |
| 換算内申(65点) ▶ | 55 | 53 | 51 | 49 | 47 | 45 | 43 | 41 | 39 |

80%＝● 偏差値 52
換算内申 46
60%＝○ 偏差値 50
換算内申 44

太枠＝合格者の分布

	合計点 Ⓐ＋Ⓑ	入試得点 Ⓐ	調査書点 Ⓑ
80%	710	500/700	210/300
60%	680	475/700	205/300

推薦内申のめやす 34/45

※合格のめやすの見方は886ページ参照。

受験特報
2024年度は特別推薦にバスケットボールの男子を導入したが，応募数（男女計）は2023年度と変わらなかった。一次はこの４年間250～260名程度で推移しており同校としては多い方の人数になっている。東大和南から受検生が流れてきているか。2025年度は応募減の見込み。

【併願例】〈挑戦〉拓大一，八王子学園，明法，杉並学院 〈最適〉明星，工学院大附，啓明学園，八王子実践，白梅学園，東海大菅生，西武台，日大明誠 〈堅実〉昭和一学園，立川女子

武蔵村山 高等学校

共 学

〒208-0035　東京都武蔵村山市中原1-7-1　☎(042)560-1271

アクセス
JR―昭島，西武拝島線―西武立川よりバス
武蔵村山高校南5分

【設置学科】　普通科
【沿　革】　1975年創立。
【生徒数】　男子407名，女子349名
【特　色】　①数英は2または3段階の習熟度別授業。英語はALT，JETの先生と話す授業もある。②大学や公務員受験対策の講座，看護系に特化した講座を開講。また，職業体験など多彩な進路行事も用意している。③教科を問わず，ICTを駆使した授業や行事を行う。④女子栄養大学や東京経済大学，杏林大学と高大連携を行っている。⑤12年連続高吹連コンクールC組金賞の吹奏楽部，全国大会出場のブラックダンス部，軽音楽部，写真部など，部活動が活発。⑥自習室や学習室も多く揃え，施設が充実。情報の授業では，充実した機器が揃うパソコン室を使用。⑦2020年度より新制服。

【進路情報】　卒業生数―237名
大学―95名　短大―17名　専門学校―101名　就職―11名　その他―13名
【指定校推薦】　日本大，東洋大，大東文化大，亜細亜大，帝京大，東京電機大，他。
【見学ガイド】　文化祭，説明会，授業公開，見学会，部活動見学

主な大学合格状況　'24年春速報は巻末資料参照

※（　）内は現役生で内数。（　）外は既卒生を含む。

大学名	'23	'22	大学名	'23	'22	大学名	'23	'22	大学名	'23	'22
◇都立大	1(1)	0	日本大	6(3)	1(1)	国士舘大	1(1)	4(3)	東京工科大	3(3)	4(4)
東京理科大	3(1)	0	東洋大	1	1(1)	東京経済大	2(2)	3(3)	拓殖大	3(3)	0
学習院大	1(1)	0	駒澤大	1	1(1)	桜美林大	4(4)	2(1)	城西大	2(2)	4(3)
明治大	3(1)	0	専修大	3(3)	0	杏林大	5(4)	4(4)	帝京科学大	1(1)	5(4)
立教大	1(1)	0	大東文化大	1(1)	2	武蔵野大	1(1)	2(2)	埼玉医大	1(1)	1(1)
中央大	6(3)	2(1)	亜細亜大	3(3)	4(4)	明星大	18(18)	10(10)	駿河台大	7(7)	11(11)
法政大	1	2	帝京大	21(19)	18(13)	帝京平成大	7(7)	0	東京国際大	5(5)	0

選抜方法 2024年春（実績）　特別推薦あり

推薦	推薦枠	調査書の活用	調査書	個人面接	作文	一次	学力検査	学力検査：調査書	ESAT-J
	20%	評定	300点	150点	150点		5教科	7：3	20点

過去2年間の応募状況

年度	性別	募集数	応募数	合格数	応募倍率
推薦 '24	男女	56	152	56	2.71
推薦 '23	男子	29	113	29	3.90
	女子	26	55	26	2.12

年度	性別	募集数	応募数	受検数	合格数	応募倍率	実質倍率
一次 '24	男女	221	244	240	223	1.10	1.08
一次 '23	男子	116	128	125	125	1.10	1.00
	女子	106	95	94	94	0.90	1.00

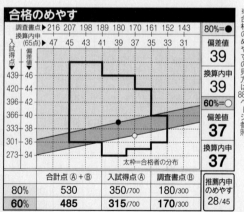

合格のめやす

※合格のめやすの見方は886ページ参照。

80%●　偏差値 39　換算内申 39
60%○　偏差値 37　換算内申 37

	合計点 Ⓐ＋Ⓑ	入試得点 Ⓐ	調査書点 Ⓑ
80%	530	350/700	180/300
60%	485	315/700	170/300

推薦内申のめやす　28/45

太枠＝合格者の分布

受験特報　2024年度は特別推薦にバスケットボールの男子を導入したが，応募数（男女計）は減少。一方，一次は2021年度から3年連続の全入から抜け出し応募倍率1.1倍にアップ。応募数は増加傾向で受検生が戻って来ている。四年制大学への合格実績が上昇していることが応募増に貢献しているか。

【併願例】〈挑戦〉白梅学園，東海大菅生，SDH昭和一，昭和一学園，文華女子，聖パウロ，立川女子，秋草学園　〈最適〉日体大桜華，大東学園，堀越，東野

永山 高等学校

共学

〒206-0025 東京都多摩市永山5-22 ☎(042)374-9891

【アクセス】 京王線—聖蹟桜ヶ丘, 京王相模原線・小田急多摩線—永山よりバス永山高校3分

【設置学科】 普通科
【沿　革】 1972年創立。
【生徒数】 男子434名, 女子434名
【特　色】 ①1時限45分, 週2回7時限の授業を編成。1・2年次は基本的な学力を定着させる。3年次は希望進路に合わせた自由選択科目が充実している。②国数英などで習熟度別や少人数授業を実施。③1人1台のICT端末を活用することで, 多様なニーズに対応。視覚的に刺激し, 学ぶ意欲を向上させる一役を担う。④図書館を有効利用するなど, 探究活動に力を入れる。⑤明治大学, 帝京大学, 多摩大学, 東京女子体育大学と高大連携。看護系の進学志望者には東京医療保健大学と連携した看護講座を開催する。⑥2021年の夏より新校舎。2023年11月グラウンドが完成。⑦制服あり。

【進路情報】 卒業生数—258名
大学—94名　短大—10名　専門学校—115名　就職—26名　その他—13名
【指定校推薦】 亜細亜大, 帝京大, 神奈川大, 国士舘大, 桜美林大, 関東学院大, 他。
【見学ガイド】 文化祭, 説明会, 体験授業, 部活動体験, 見学会, 学校見学

東京 全日制普通科・多摩部 武蔵村山市／多摩市

主な大学合格状況
'24年春速報は巻末資料参照　※( )内は現役生で内数。( )外は既卒生を含む。

大学名	'23	'22	大学名	'23	'22	大学名	'23	'22	大学名	'23	'22
日本大	0	2	國學院大	1(1)	0	大妻女子大	1(1)	1(1)	多摩大	4(4)	10(10)
東洋大	2(2)	0	成蹊大	1(1)	0	杏林大	2(1)	1(1)	高千穂大	5(4)	0
駒澤大	1(1)	1	神奈川大	2(2)	1(1)	明星大	13(13)	15(15)	東京工芸大	4(4)	4(4)
専修大	1(1)	0	東京電機大	0	2(2)	帝京平成大	2(2)	3(3)	桐蔭横浜大	2(2)	2(2)
東海大	1(1)	5(5)	国士舘大	2(2)	4(3)	東京工科大	2(2)	1(1)	東京医療保健大	2(2)	6(6)
亜細亜大	4(2)	2(1)	東京経済大	1(1)	2	拓殖大	6(6)	1(1)	東洋学園大	1(1)	0
帝京大	10(9)	15(10)	桜美林大	8(7)	5(3)	駒沢女子大	1(1)	3(3)	和光大	7(7)	2(2)

選抜方法 2024年春 (実績)
連携型入学者選抜あり

推薦	推薦枠	調査書の活用	調査書	集団討論・個人面接	作文
	20%	評定	450点	225点	225点

一次	学力検査	学力検査：調査書	ESAT-J
	5教科	7：3	20点

過去2年間の応募状況

年度	性別	募集数	応募数	合格数	応募倍率
推薦 '24	男女	64	160	64	2.50
推薦 '23	男子	33	47	33	1.42
	女子	30	73	30	2.43

年度	性別	募集数	応募数	受検数	合格数	応募倍率	実質倍率
一次 '24	男女	236	303	295	238	1.28	1.24
一次 '23	男子	125	137	131	119	1.10	1.10
	女子	109	123	122	117	1.13	1.04

合格のめやす

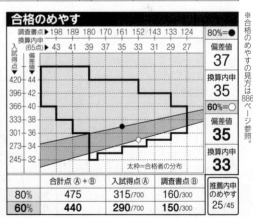

※合格のめやすの見方は886ページ参照。

80%＝●
偏差値 37
換算内申 35
60%＝○
偏差値 35
換算内申 33

推薦内申のめやす 25/45

	合計点 Ⓐ＋Ⓑ	入試得点 Ⓐ	調査書点 Ⓑ
80%	475	315/700	160/300
60%	440	290/700	150/300

【受験特報】 2024年度は推薦で集団討論を実施したが応募数 (男女計) は160名, 一次の応募数も303名で推薦, 一次共に2023年度に比べ約40名増加した。一次の応募数が300名を超えたのは2018年度以来。若葉総合から受検生が流れている。2025年度は反動で応募減の可能性大。

【併願例】 〈挑戦〉東海大菅生, 昭和一学園, 駒沢女子, 藤村女子, 立川女子, 日体大桜華, 大東学園, 光明相模原, 武相　〈最適〉フェリシア, 科学技術学園

羽村 高等学校

共学

〒205-0012 東京都羽村市羽4152-1 ☎(042)555-6631

アクセス
JR—羽村・箱根ヶ崎各20分 JR—羽村よりバス東台5分

【設置学科】 普通科
【沿　革】 1977年創立。
【生徒数】 男子296名，女子289名
【特　色】 ①大学受験など高い目標をめざす「発展的クラス」を設置。基礎の定着を図り，応用力に磨きをかける。②国数英の習熟度別授業，土曜補習や夏期講習などにより丁寧な学習指導を行う。③2023年4月入学生から2年次にインターンシップを行い，職業観を育成し，よりよい進路選択につなげる。④東京経済大学，帝京大学，駿河台大学などと高大連携。⑤連携する大学での学習，市役所・保育園・病院などにおける就業体験，各種検定試験を推進する。⑥進学・就職ガイダンス，進路講演会などできめ細かい指導を行う。⑦2023年度より制服をリニューアル。

【進路情報】 卒業生数—205名
大学—47名　短大—1名　専門学校—98名　就職—34名　その他—25名
【指定校推薦】 学習院大，亜細亜大，帝京大，立正大，国士舘大，東京経済大，他。
【見学ガイド】 文化祭，説明会，公開授業，見学会

主な大学合格状況 '24年春速報は巻末資料参照

※( )内は現役生で内数。( )外は既卒生を含む。

大学名	'23	'22	大学名	'23	'22	大学名	'23	'22	大学名	'23	'22
東京理科大	1(1)	0	成蹊大	0	1(1)	拓殖大	1	1(1)	東京純心大	1(1)	1(1)
学習院大	0	1(1)	国士舘大	2(2)	10(2)	多摩大	2(2)	1(1)	日本文化大	1(1)	2(2)
青山学院大	0	1(1)	東京経済大	5(5)	3(3)	高千穂大	2(2)	2(2)	和光大	1(1)	0
東洋大	0	1	日本薬科大	2(1)	0	東京工芸大	1(1)	0	神奈川工科大	0	5
東海大	1(1)	0	明星大	6(6)	7(6)	東京女子体育大	2(2)	0	駿河台大	7(7)	4(4)
亜細亜大	1(1)	1(1)	帝京平成大	2(1)	1(1)	嘉悦大	4(4)	2(1)	西武文理大	3(3)	2(2)
帝京大	1(1)	4(4)	東京工科大	2(1)	2(1)	東京医療保健大	2(2)	0	東京国際大	2(2)	1(1)

選抜方法 2024年春（実績）

特別推薦あり／*個人面接に1分程度のパーソナル・プレゼンテーションを含む

	推薦枠	調査書の活用	調査書	個人面接	作文		学力検査	学力検査:調査書	ESAT-J
推薦	20%	評定	500点	*250点	250点	前期	5教科	7:3	20点

過去2年間の応募状況

年度	性別	募集数	応募数	合格数	応募倍率
推薦 '24	男女	56	57	56	1.02
'23	男子	29	25	23	0.86
	女子	26	40	32	1.54

年度	性別	募集数	応募数	受検数	合格数	応募倍率	実質倍率
前期 '24	男女	201	136	133	133	0.68	1.00
'23	男子	105	63	63	63	0.60	1.00
	女子	97	74	72	72	0.76	1.00

※2024年度後期募集実施　男女計20名

合格のめやす

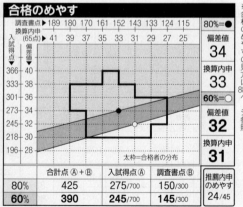

※合格のめやすの見方は886ページ参照。

	調査書点▶	189	180	170	161	152	143	133	124	115	80%=●
換算内申(65点)▶	41	39	37	35	33	31	29	27	25	偏差値 34

換算内申 33
60%=○
偏差値 32
換算内申 31

太枠=合格者の分布

	合計点Ⓐ+Ⓑ	入試得点Ⓐ	調査書点Ⓑ	推薦内申のめやす
80%	425	275/700	150/300	24/45
60%	390	245/700	145/300	

受験特報　一次では，2017・2018年に実質倍率が1.15倍→1.06倍（男女計）と低くなり，2019年にほぼ全員合格，2020〜2024年は5年連続で全員合格となった。受検生は通信制高校へ流れているようだ。一方，推薦では2024年に「狙い目」の状況で，2025年は反動（倍率上昇）が予想される。

【併願例】〈挑戦〉立川女子，聖パウロ，日体大桜華，大東学園，堀越，フェリシア，自由の森，東野，光明相模原

五日市 高等学校

共 学

アクセス
JR—武蔵五日市15分

〒190-0164 東京都あきる野市五日市894 ☎(042)596-0176

【設置学科】 普通科

【沿　革】 1948年創立。2020年商業科募集停止。2022年度，ことばと情報コースを特色ある普通科に改編。

【生徒数】 男子172名，女子101名

【特　色】 ①国数英は習熟度別授業で手厚くサポート。②２年次より，大学進学を視野に入れたアドバンス，多種多様な野外活動を実践するアウトドア，地域の企業と協力してビジネススキルを身につけるマネジメントの３コースに分かれる。③あきる野市，日の出町，檜原村などの自治体をはじめ，地元の事業者や大学などと連携した探究活動に取り組む。④東京女子体育大学，駿河台大学，東京経済大学，嘉悦大学などと高大連携。⑤ボルダリング施設を設置。⑥2020年度に制服をリニューアル。

【進路情報】 卒業生数—105名
大学—13名　短大—３名　専門学校—50名　就職—27名　その他—12名

【指定校推薦】 帝京大，明星大，多摩大，高千穂大，東京家政学院大，秀明大，他。

【見学ガイド】 文化祭，説明会，サマーセミナー，公開授業，見学会，個別相談

主な大学合格状況
'24年春速報は巻末資料参照　※(　)内は現役生で内数。(　)外は既卒生を含む。

大学名	'23	'22	大学名	'23	'22	大学名	'23	'22	大学名	'23	'22
帝京大	0	2(1)	東洋学園大	1(1)	0						
国士舘大	0	1(1)	日本社会事業大	2(1)	0						
東京経済大	0	2(1)	和光大	1(1)	0						
高千穂大	1(1)	0	駿河台大	5(5)	1(1)						
東京工芸大	0	1(1)	西武文理大	2(2)	2(2)						
嘉悦大	2(2)	2(2)									
東京純心大	0	1(1)									

選抜方法 2024年春(実績)　特別推薦あり

推薦	推薦枠	調査書の活用	調査書	個人面接	作文
	20%	評定	500点	300点	200点

一次	学力検査	学力検査:調査書	ESAT-J
	5教科	7：3	20点

過去２年間の応募状況

年度	性別	募集数	応募数	合格数	応募倍率
推薦 '24	男女	32	23	23	0.72
推薦 '23	男子	16	17	17	1.06
	女子	15	13	13	0.87

年度	性別	募集数	応募数	受検数	合格数	応募倍率	実質倍率
一次 '24	男女	136	48	48	48	0.35	1.00
一次 '23	男子	67	38	37	37	0.57	1.00
	女子	62	7	6	6	0.11	1.00

合格のめやす

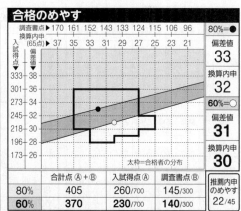

※合格のめやすの見方は886ページ参照。

調査書点		170	161	152	143	133	124	115	106	96
換算内申(65点)		37	35	33	31	29	27	25	23	21

80%=●　偏差値 33
換算内申 32
60%=○　偏差値 31
換算内申 30

太枠=合格者の分布

	合計点 Ⓐ+Ⓑ	入試得点 Ⓐ	調査書点 Ⓑ
80%	405	260/700	145/300
60%	370	230/700	140/300

推薦内申のめやす 22/45

受験特報 地理的な条件もあり，応募者は限られる傾向。一次では2016～2018年に実質倍率（男女計）1.1～1.2倍台と低く，2019～2024年には６年連続で全員合格。通信制高校への志向なども影響しているか。一方，推薦も2023・2024年は「全入」に。特別推薦はサッカー，ESS国際交流。

【併願例】〈挑戦〉聖パウロ，立川女子，日体大桜華，大東学園，堀越，フェリシア，光明相模原，柏木学園，自由の森，東野

田無 高等学校

共 学

アクセス／西武新宿線—田無18分　JR—武蔵境・吉祥寺よりバス向台町五丁目4分

〒188-0013　東京都西東京市向台町5-4-34　☎(042)463-8511

【設置学科】　普通科
【沿　革】　1982年創立。
【生徒数】　男子481名，女子405名
【特　色】　①大学進学に対応した授業を展開。数学と英語で習熟度別授業を行っている。進学向けの夏期講習も開講。②2・3年次の選択科目では，文系，理系など進路別に必要な科目を編成する。③夢を具体的な進路目標にするため，進路講演会，試験対策講座や，9の進路ガイダンスが用意され，納得できる進路選択をサポート。一人ひとりの進路目標の実現をめざし，教員による支援態勢が整う。④自己と社会への理解を深め，将来を考えられるよう，多くの体験活動などを行う。⑤陸上競技部が8年連続全国大会出場。男子硬式テニス部が関東公立大会準優勝。⑥制服あり。

【進路情報】　卒業生数—311名
大学—212名　短大—5名　専門学校—66名　就職—7名　その他—21名
【指定校推薦】　学習院大，日本大，東洋大，駒澤大，亜細亜大，帝京大，成蹊大，他。
【見学ガイド】　文化祭，説明会，公開授業，見学会

主な大学合格状況

'24年春速報は巻末資料参照　※( )内は現役生で内数。( )外は既卒生を含む。

大学名	'23	'22	大学名	'23	'22	大学名	'23	'22	大学名	'23	'22
◇東京外大	1	0	立教大	0	4(1)	大東文化大	6(2)	5(5)	桜美林大	6(3)	1(1)
◇横浜市大	1	0	中央大	1(1)	5(5)	東海大	5(4)	1(1)	杏林大	10(10)	2(2)
◇金沢大	0	1	法政大	5(5)	12(7)	亜細亜大	32(32)	17(17)	武蔵野大	10(10)	7(7)
◇都留文科大	0	1(1)	日本大	2(2)	4(3)	帝京大	43(40)	31(29)	明星大	29(29)	17(17)
東京理科大	1(1)	0	東洋大	8(8)	4(3)	成蹊大	2(2)	2(2)	帝京平成大	12(12)	11(11)
学習院大	4(4)	4(4)	駒澤大	10(10)	4(4)	国士舘大	14(10)	10(9)	目白大	8(8)	5(5)
青山学院大	0	1(1)	専修大	6(5)	2(2)	東京経済大	15(15)	13(13)	駿河台大	6(6)	9(8)

選抜方法　2024年春（実績）

特別推薦あり

	推薦枠	調査書の活用	調査書	個人面接	作文		学力検査	学力検査：調査書	ESAT-J
推薦	20%	評定	500点	300点	200点	一次	5教科	7：3	20点

過去2年間の応募状況

	年度	性別	募集数	応募数	合格数	応募倍率
推薦	'24	男女	64	200	64	3.13
	'23	男子	33	70	33	2.12
		女子	30	73	30	2.43

	年度	性別	募集数	応募数	受検数	合格数	応募倍率	実質倍率
一次	'24	男女	252	377	359	254	1.50	1.41
	'23	男子	132	202	191	152	1.53	1.26
		女子	121	165	158	104	1.36	1.52

合格のめやす

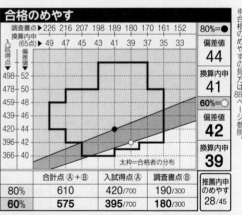

※合格のめやすの見方は886ページ参照。

	調査書点▶	226 216 207 198 189 180 170 161 152	偏差値 44
	換算内申(65点)▶	49 47 45 43 41 39 37 35 33	換算内申 41

80%=●　60%=○

偏差値 42
換算内申 39

太枠=合格者の分布

	合計点Ⓐ＋Ⓑ	入試得点Ⓐ	調査書点Ⓑ	推薦内申のめやす
80%	610	420/700	190/300	28/45
60%	575	395/700	180/300	

【受験特報】　一次の応募数（男女計）は377名で過去5年間で最多を記録。2021年度より284→338→367→377名と増加傾向にある。推薦も約60名増加し，学校全体で応募数が増えている。私立からの揺り戻しや久留米西からの移動で応募が増加している可能性あり。2025年度は反動で応募減の見込み。

【併願例】〈挑戦〉目白研心，東亜学園，大成，文化学園杉並，錦城学園，白梅学園，保善，東京立正，昭和一学園　〈最適〉豊南，貞静学園，文華女子，藤村女子，立川女子，堀越

保谷 高等学校

共 学

〒202-0005 東京都西東京市住吉町5-8-23 ☎(042)422-3223

東京 全日制普通科・多摩部 西東京市

【設置学科】 普通科
【沿 革】 1972年開校。
【生徒数】 男子497名，女子447名
【特 色】 ①数英などで少人数クラスを実施。②年17回の土曜授業や，様々な講習を実施する「夏のホウヤ・冬のホウヤ」，予備校の衛星放送講義を行う。③理系クラスでは全員が「数学B・C」を2年次に履修し，理系の基礎を身につける。④2年次の文理選択では国公立大学進学に対応し，文系も「数学C」を履修可能。⑤質問コーナーを設置し，放課後教室の実施により，日常的な学びを応援する。⑥進学指導研究校として，3年間を計画的に組み立て，目標達成のため各学年に様々なガイダンスや進路活動を設定している。⑦国際交流部がオランダの高校と交流。⑧制服あり。

【進路情報】 卒業生数―313名
大学―257名 短大―3名 専門学校―30名 就職―3名 その他―20名
【指定校推薦】 東京理科大，学習院大，青山学院大，立教大，中央大，法政大，他。
【見学ガイド】 文化祭，説明会，オープンキャンパス，見学会

主な大学合格状況
'24年春速報は巻末資料参照　※（ ）内は現役生で内数。（ ）外は既卒生を含む。

大学名	'23	'22	大学名	'23	'22	大学名	'23	'22	大学名	'23	'22
◇東京学芸大	2(2)	0	学習院大	3(3)	4(1)	東洋大	41(41)	54(54)	成蹊大	13(13)	13(13)
◇都立大	0	1(1)	明治大	6(5)	9(5)	駒澤大	12(12)	16(13)	獨協大	19(19)	4(3)
◇電通大	0	1	青山学院大	1(1)	1(1)	専修大	17(17)	20(17)	武蔵大	26(26)	14(12)
◇川崎市立看護大	1(1)	0	立教大	6(6)	7(7)	大東文化大	41(33)	36(22)	東京経済大	36(36)	18(17)
◇福井県立大	1(1)	0	中央大	8(8)	10(7)	亜細亜大	46(46)	35(32)	武蔵野大	16(16)	16(12)
早稲田大	4(4)	6(6)	法政大	16(16)	13(12)	帝京大	28(25)	29(29)	明星大	23(18)	14(14)
東京理科大	3(3)	1(1)	日本大	26(26)	27(26)	國學院大	3(3)	7(7)	目白大	19(19)	23(23)

選抜方法 2024年春（実績）
特別推薦あり

推薦	推薦枠	調査書の活用	調査書	個人面接	作文
	20%	評定	500点	200点	300点

一次	学力検査	学力検査：調査書	ESAT-J
	5教科	7：3	20点

過去2年間の応募状況

推薦	年度	性別	募集数	応募数	合格数	応募倍率
	'24	男女	64	202	64	3.16
	'23	男子	33	129	33	3.91
		女子	30	80	30	2.67

一次	年度	性別	募集数	応募数	受検数	合格数	応募倍率	実質倍率
	'24	男女	253	429	406	255	1.70	1.59
	'23	男子	133	215	149	149	1.38	
		女子	121	149	140	107	1.23	1.31

合格のめやす

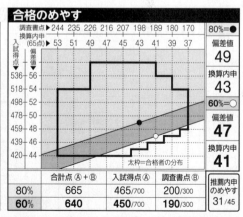

	合計点Ⓐ＋Ⓑ	入試得点Ⓐ	調査書点Ⓑ
80%	665	465/700	200/300
60%	640	450/700	190/300

偏差値 49　換算内申 43
偏差値 47　換算内申 41

推薦内申のめやす 31/45

※合格のめやすの見方は886ページ参照。

受験特報 2024年度一次は応募数（男女計）が429名で過去5年間で最多を記録した。400名を超えるのは2018年度以来で，近年にない厳しい入試になった。この3年間は応募数が増加傾向にあり，2024年度は2023年度に比べ65名増加した。2025年度は反動で大幅に応募数が減少する可能性がある。

【併願例】〈挑戦〉武蔵野大学，杉並学院，明星，目白研心，豊島学院，大成，東亜学園 〈最適〉文化学園杉並，白梅学園，保善，東京立正，昭和一学園，豊南，西武台 〈堅実〉文華女子

晴海総合 高等学校

共学 単位制

〒104-0053 東京都中央区晴海1-2-1 ☎(03)3531-5021

【設置学科】 総合学科
【沿　革】 1996年開校。
【生徒数】 男子237名，女子570名
【特　色】 ①都立初の総合学科高校。進路や興味に応じた，120を超える選択科目を設置。②情報システム，国際ビジネス，語学コミュニケーション，芸術・文化，自然科学，社会・経済の6系列を用意。③2年次から自分だけの時間割を作る。④文理の枠にとらわれず，科学，技術，工学，芸術，数学の学びを基盤とする。⑤年18回の土曜授業。⑥専修大学，東京都立大学，法政大学，中央大学などと高大連携。⑦探究活動で進路意識を高め，第1希望の実現に導く。学校推薦型選抜による進学者が多い。⑧剣道部が全国大会ベスト16。吹奏楽部，書道部は全国大会出場。⑨制服あり。

【進路情報】 卒業生数—253名
大学—150名　短大—8名　専門学校—56名　就職—9名　その他—30名
【指定校推薦】 東京理科大，青山学院大，中央大，法政大，日本大，東洋大，他。
【見学ガイド】 文化祭，説明会，授業体験，部活動体験，授業公開，見学会，学校見学

主な大学合格状況
'24年春速報は巻末資料参照　※（　）内は現役生で内数。（　）外は既卒生を含む。

大学名	'23	'22	大学名	'23	'22	大学名	'23	'22	大学名	'23	'22
◇東京藝術大	2	0	明治大	2(2)	2(1)	専修大	1(1)	2(2)	共立女子大	11(11)	10(10)
◇都立大	1(1)	0	青山学院大	3(3)	2(2)	東海大	2(2)	2(2)	東京農大	5(5)	5(5)
◇東京海洋大	1(1)	0	立教大	0	4(4)	帝京大	3(2)	5(4)	多摩美大	2(2)	6(6)
◇山口大	0	1(1)	中央大	3(3)	6(5)	駒澤大	5(5)	3(3)	武蔵野美大	2	5(5)
◇群馬県立女子大	0	1(1)	法政大	9(9)	13(13)	日本女子大	4(4)	5(5)	女子美大	5(3)	5(4)
上智大	1(1)	1(1)	日本大	6(6)	10(10)	武蔵大	2(2)	4(4)	東京工芸大	3(2)	6(6)
東京理科大	1(1)	0	東洋大	8(8)	15(15)	立正大	5(5)	2(2)	東京家政大	4(4)	5(5)

選抜方法 2024年春（実績）
特別推薦あり／＊個人面接に3分程度のパーソナル・プレゼンテーションを含む

	推薦枠	調査書の活用	調査書	個人面接	作文		学力検査	学力検査：調査書	ESAT-J
推薦	30%	評定	720点	＊480点	240点	一次	5教科	7：3	20点

過去2年間の応募状況

	年度	性別	募集数	応募数	合格数	応募倍率
推薦	'24	男女	84	277	84	3.30
	'23	男子	84	68	13	2.85
		女子		171	71	

	年度	性別	募集数	応募数	受検数	合格数	応募倍率	実質倍率
一次	'24	男女	192	412	392	194	2.15	2.02
	'23	男子	192	124	118	71	1.83	1.66
		女子		227	221	124		1.78

合格のめやす

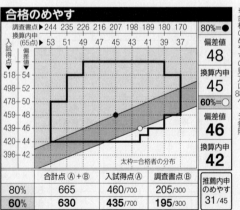

※合格のめやすの見方は886ページ参照。

調査書点► 244 235 226 216 207 198 189 180 170
換算内申（65点）► 53 51 49 47 45 43 41 39 37

80%＝● 偏差値 **48**　換算内申 **45**
60%＝○ 偏差値 **46**　換算内申 **42**

太枠＝合格者の分布

	合計点Ⓐ＋Ⓑ	入試得点Ⓐ	調査書点Ⓑ	推薦内申のめやす
80%	665	460/700	205/300	31/45
60%	630	435/700	195/300	

【受験特報】 近年の一次では，2018～2021年に実質倍率1.00倍～1.1倍台（男女計）と低く推移した。しかし2022年に応募者の大幅増で実質倍率（男女計）1.70倍に急上昇。2023・2024年も「勢い」は続き，2024年には実質倍率（男女計）2倍程度と高騰。このため2025年一次では敬遠層も出そう。

【併願例】〈挑戦〉二松学舎，関東国際，錦城学園　〈最適〉京華女子，正則，目黒学院，SDH昭和一，岩倉，上野学園，自由ヶ丘，関東一，大森学園　〈堅実〉神田女学園，東京実業

つばさ総合 高等学校

共学 単位制

〒144-8533 東京都大田区本羽田3-11-5 ☎(03)5737-0151

【設置学科】 総合学科
【沿 革】 2002年開校。
【生徒数】 男子338名, 女子363名
【特 色】 ①美術・デザイン, 科学・技術, 国際・コミュニケーション, スポーツ・健康, 生活・福祉の5つの専門系列を用意。2年次以降, 柱となる系列を中心に, 自分だけの時間割で学習する。②「産業社会と人間」で職業人インタビューを実施するなど, 学びと一体になったキャリア教育を展開。③希望進路実現のために教育プラットフォームのClassiを導入。④環境問題への取り組みで国際環境規格ISO14001を取得。文部科学大臣賞などを受賞している。⑤全天候型400mトラック, 屋根開閉型プール, 用途別実習室など施設が充実。⑥陸上部, ダンス部が全国大会出場。⑦制服あり。

【進路情報】 卒業生数—231名
大学—125名　短大—5名　専門学校—74名　就職—3名　その他—24名
【指定校推薦】 日本大, 東洋大, 専修大, 大東文化大, 東海大, 成城大, 玉川大, 他。
【見学ガイド】 文化祭, 説明会, 体験授業, 授業公開, 見学会, 学校見学

東京　全日制総合学科　中央区／大田区

主な大学合格状況

'24春速報は巻末資料参照　※( )内は現役生で内数。( )外は既卒生を含む。

大学名	'23	'22	大学名	'23	'22	大学名	'23	'22	大学名	'23	'22
◇東京藝術大	0	1	日本大	6(5)	12(12)	獨協大	1(1)	2(2)	杏林大	3(2)	4(4)
◇水産大	1(1)	0	東洋大	1(1)	9(5)	神奈川大	18(18)	15(14)	武蔵野大	8(4)	6(4)
◇職業能力開発大	1(1)	0	専修大	5(4)	6(6)	東京電機大	2(2)	2(2)	明星大	5(3)	0
明治大	1(1)	5(4)	大東文化大	2(1)	4(2)	立正大	14(14)	6(6)	帝京平成大	4(4)	4(4)
青山学院大	1(1)	1(1)	東海大	12(5)	6(4)	国士舘大	9(8)	12(12)	目白大	7(7)	6(6)
立教大	1(1)	2(1)	亜細亜大	2(2)	2	桜美林大	10(6)	4(4)	東京家政大	4(4)	5(5)
中央大	0	3(2)	帝京大	5(4)	8(8)	関東学院大	7(7)	8(7)	桐蔭横浜大	4(4)	4(4)

選抜方法 2024年春（実績）

特別推薦あり／＊発想・表現検査

推薦	推薦枠	調査書の活用	調査書	個人面接	実技検査
	30%	評定	400点	200点	＊200点

一次	学力検査	学力検査：調査書	ESAT-J
	5教科	7：3	20点

過去2年間の応募状況

年度	性別	募集数	応募数	合格数	応募倍率
推薦 '24	男女	72	124	72	1.72
推薦 '23	男子 女子	72	53 82	19 53	1.88

年度	性別	募集数	応募数	受検数	合格数	応募倍率	実質倍率
一次 '24	男女	164	164	148	148	1.00	1.00
一次 '23	男子 女子	164	111 82	106 80	95 70	1.18	1.12 1.14

合格のめやす

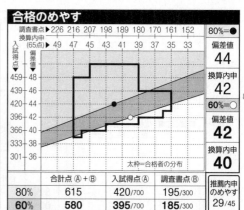

※合格のめやすの見方は886ページ参照。

偏差値 **44**
換算内申 **42**
偏差値 **42**
換算内申 **40**

太枠=合格者の分布

	合計点 Ⓐ+Ⓑ	入試得点Ⓐ	調査書点Ⓑ	推薦内申のめやす
80%	615	420/700	195/300	29/45
60%	580	395/700	185/300	

【受験特報】 一次の実質倍率は, 2016〜2018年の1.2倍台（男女計）から, 2019年に1.00倍（全員合格）に。2020〜2023年には1.1倍台（男女計）が続いて, 2024年は応募者減で全員合格となった。受検生は私立などへ流れているか。2025年一次は反動（倍率上昇）に注意。特別推薦は陸上競技などだ。

【併願例】 〈挑戦〉東京, 立正大立正, 品川翔英, 目黒学院, 正則, トキワ松, 岩倉　〈最適〉自由ヶ丘, 大森学園, 日体大荏原, 正則学園, 品川学藝, 羽田国際, 東京実業

世田谷総合 高等学校

共学 単位制

〒157-0076 東京都世田谷区岡本2-9-1 ☎(03)3700-4771

【設置学科】 総合学科
【沿 革】 2008年4月に開校。
【生徒数】 男子199名，女子443名
【特 色】 ①社会・教養，サイエンス・環境，国際・文化理解，情報デザイン，ライフデザイン，美術・ものづくりの6系列を設置。自己実現に最適な時間割を自分で決める。②1年次はキャリアデザイン，2年次はキャリア教育，3年次は課題研究に取り組む。③数英で習熟度別授業を実施。④多摩美術大学と高大連携。⑤生け花インターナショナルフェアで各国大使と積極的に交流。海外の高校生ともウェブ上で交流をしている。⑥ものづくり棟，陶芸棟，情報デザイン棟など各種専門施設が整う。⑦ダンス部が全国大会で準優勝。⑧制服あり。
【進路情報】 卒業生数—187名
大学—92名 短大—8名 専門学校—64名 就職—8名 その他—15名
【指定校推薦】 日本大，東洋大，駒澤大，大東文化大，亜細亜大，帝京大，他。
【見学ガイド】 文化祭，説明会，体験授業，部活動体験，授業公開，見学会，学校見学ツアー，入試相談会

主な大学合格状況

'24年春速報は巻末資料参照 ※( )内は現役生で内数。( )外は既卒生を含む。

大学名	'23	'22	大学名	'23	'22	大学名	'23	'22	大学名	'23	'22
◇海上保安大	0	1(1)	亜細亜大	1(1)	2(2)	桜美林大	10(7)	8(3)	武蔵野美大	4(2)	3(1)
◇富山大	1	0	帝京大	10(7)	4(2)	明星大	5(5)	3(2)	東京造形大	2(2)	5(5)
青山学院大	0	1(1)	成蹊大	2(2)	0	文教大	3(3)	1(1)	東京工芸大	4(4)	1(1)
日本大	2(2)	1	神奈川大	3(3)	4(3)	帝京平成大	1(1)	4(3)	日本体育大	3(3)	3(3)
東洋大	1(1)	1(1)	東京都市大	2(2)	2(2)	東京工科大	2(2)	3(3)	東京成徳大	5(4)	2(2)
駒澤大	0	3(3)	立正大	4(4)	2	東京福祉大	1(1)	1(1)	東京医療保健大	3(3)	6(6)
東海大	3(3)	4	国士舘大	10(8)	8(7)	多摩美大	6(4)	0	和光大	4(4)	1(1)

選抜方法 2024年春（実績）

特別推薦あり

	推薦枠	調査書の活用	調査書	個人面接	作文		学力検査	学力検査：調査書	ESAT-J
推薦	30%	評定	500点	300点	200点	一次	5教科	7：3	20点

過去2年間の応募状況

	年度	性別	募集数	応募数	合格数	応募倍率
推薦	'24	男女	72	138	72	1.92
推薦	'23	男子	72	29	4	2.35
推薦	'23	女子		140	68	

	年度	性別	募集数	応募数	受検数	合格数	応募倍率	実質倍率
一次	'24	男女	164	173	157	157	1.05	1.00
一次	'23	男子	164	88	81	65	1.29	1.25
一次	'23	女子		124	118	101		1.17

合格のめやす

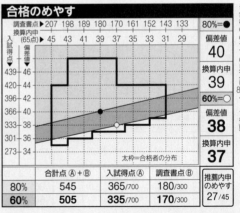

※合格のめやすの見方は886ページ参照。

偏差値 40
換算内申 39
60%=○
偏差値 38
換算内申 37

	合計点 Ⓐ+Ⓑ	入試得点Ⓐ	調査書点Ⓑ	推薦内申のめやす
80%	545	365/700	180/300	
60%	505	335/700	170/300	27/45

【受験特報】 近年，一次では実質倍率（男女計）は高くても1.2倍程度で，緩やかな入試状況。2019年，2021年には全員合格となり，2022・2023年は実質倍率（男女計）1.07倍→1.20倍と上がるも，2024年はかなり応募者，受検者が減り全員合格に。2025年は反動である程度，倍率が上がるだろう。

【併願例】〈挑戦〉駒場学園，下北沢成徳，目黒学院，東京立正，新渡戸文化，自由ヶ丘，大森学園
〈最適〉東京実業，大東学園，品川エトワール，科学技術学園

杉並総合 高等学校

共学 単位制

アクセス
京王井の頭線―浜田山 10分
京王線―上北沢12分

〒168-0073　東京都杉並区下高井戸5-17-1　☎(03)3303-1003

【設置学科】 総合学科
【沿革】 2004年開校。
【生徒数】 男子184名, 女子509名
【特色】 ①キャリア教育や国際理解教育など, 体験的学習を重視する。インターンシップやオーストラリア, 韓国, 台湾の高校生との交流, 部活動, 行事などへの参加を奨励。留学生の受け入れや台湾修学旅行, 海外ボランティア（希望制）も実施。②必修第二外国語として, 中国語または韓国語を履修する。③選択科目は進学に備える演習, 資格・検定, 外国語, 日本の伝統文化, 芸術, 福祉・介護, 児童文化や食文化について考える科目などから, 進路や興味・関心に応じて選ぶ。④数英で習熟度別授業を行う。⑤桜美林大学と高大連携。⑥ユネスコスクールに認定。⑦制服あり。

【進路情報】 卒業生数―221名
大学―135名　短大―6名　専門学校―60名　就職―6名　その他―14名
【指定校推薦】 日本大, 駒澤大, 成蹊大, 東京電機大, 武蔵大, 工学院大, 他。
【見学ガイド】 文化祭, 説明会, 部活動体験, 授業公開, 見学会, 個別相談会

主な大学合格状況
'24年春速報は巻末資料参照　※( )内は現役生で内数。( )外は既卒生を含む。

大学名	'23	'22	大学名	'23	'22	大学名	'23	'22	大学名	'23	'22
◇都立大	1	0	東洋大	2(2)	12(8)	武蔵大	1(1)	9(9)	武蔵野大	4(4)	8(8)
◇弘前大	1(1)	0	駒澤大	5(5)	3(3)	玉川大	8(8)	4(3)	明星大	8(4)	10(7)
早稲田大	0	1(1)	専修大	3(3)	5(3)	立正大	7(4)	0	帝京平成大	15(15)	6(3)
明治大	0	2(2)	大東文化大	2(2)	4(1)	国士舘大	14(5)	4(4)	神田外語大	4(4)	4(4)
立教大	0	6(6)	亜細亜大	9(9)	5(5)	東京経済大	5(5)	3(3)	東京工科大	7(7)	2(2)
中央大	3	5(3)	帝京大	7(7)	9(7)	桜美林大	8(5)	18(12)	東京造形大	1(1)	3(3)
日本大	16(11)	6(4)	國學院大	2(2)	5(5)	杏林大	8(6)	6(6)	東京工芸大	2(2)	4(3)

選抜方法 2024年春（実績）　特別推薦あり

推薦	推薦枠	調査書の活用	調査書	個人面接	作文	一次	学力検査	学力検査：調査書	ESAT-J
	30%	評定	225点	150点	100点		5教科	7：3	20点

過去2年間の応募状況

年度	性別	募集数	応募数	合格数	応募倍率
推薦 '24	男女	66	196	66	2.97
推薦 '23	男子	66	37	12	2.21
	女子		109	54	

年度	性別	募集数	応募数	受検数	合格数	応募倍率	実質倍率
一次 '24	男女	150	249	231	153	1.66	1.51
一次 '23	男子	150	64	58	54	1.23	1.07
	女子		120	114	104		1.10

合格のめやす

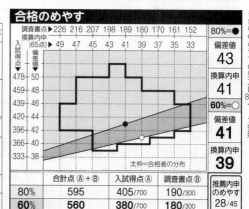

調査書点 ▶ 226 216 207 198 189 180 170 161 152
換算内申(65点) ▶ 49 47 45 43 41 39 35 33

	合計点Ⓐ＋Ⓑ	入試得点Ⓐ	調査書点Ⓑ
80%	595	405/700	190/300
60%	560	380/700	180/300

80%＝● 偏差値 43　換算内申 41
60%＝○ 偏差値 41　換算内申 39
推薦内申のめやす 28/45

太枠＝合格者の分布

※合格のめやすの見方は886ページ参照。

【受験特報】 一次では, 実質倍率（男女計）は2017～2019年の1.4～1.5倍台から, 2020年に1.27倍に下がり, 2021年には全員合格に。2022・2023年も実質倍率（男女計）1.04倍→1.09倍と低くなるも, 2024年は応募者がかなり増加し, 実質倍率1.5倍台にアップ。このため2025年は敬遠層が出るか。

【併願例】 〈挑戦〉関東国際, 大成, 日本工大駒場, 文化学園杉並, 駒場学園, 白梅学園, 保善, 東京立正, 昭和一学園, 新渡戸文化, 豊南　〈最適〉藤村女子, 大東学園, 堀越

王子総合 高等学校

共学　単位制

〒114-0023　東京都北区滝野川3-54-7　☎(03)3576-0602

アクセス	都営三田線
―西巣鴨6分　都電―	
西ヶ原四丁目4分	
JR・南北線―王子13分	

【設置学科】　総合学科

【沿　革】　2011年4月に開校。

【生徒数】　男子248名，女子454名

【特　色】　①1年次に共通の科目を学び，2年次からは選択科目を中心としたカリキュラム。②国際・ビジネス，芸術・デザイン，データサイエンス，スポーツ・健康の4系列から進路希望や興味に合った個々の時間割を作成。100を超える選択科目を設置。③職場訪問などの企業連携，多彩な講師を招いた進路講話，職業人や大学生との座談会など，キャリア教育を推進する。④2023年度入学生より，韓国修学旅行を実施予定。⑤多様な選択科目や実習授業に対応する充実した設備・施設が整う。⑥フェンシング部が全国大会で個人優勝。ダンス部，美術部は全国大会出場。⑦制服あり。

【進路情報】　卒業生数―226名

大学―108名　短大―6名　専門学校―85名　就職―10名　その他―17名

【指定校推薦】　日本大，大東文化大，東海大，亜細亜大，帝京大，神奈川大，他。

【見学ガイド】　文化祭，説明会，学校案内会，公開授業，見学会

主な大学合格状況

'24年春速報は巻末資料参照　※（　）内は現役生で内数。（　）外は既卒生を含む。

大学名	'23	'22	大学名	'23	'22	大学名	'23	'22	大学名	'23	'22
◇筑波大	1(1)	0	専修大	2(2)	1(1)	帝京平成大	7(7)	8(8)	女子美大	2(2)	0
◇東京学芸大	0	1(1)	亜細亜大	2(2)	2(2)	大正大	5(5)	3(3)	東京工芸大	2(2)	1(1)
◇都立大	0	1(1)	帝京大	2(2)	1(1)	拓殖大	7(7)	1(1)	洗足学園音大	0	1(1)
明治大	0	1(1)	芝浦工大	2(2)	0	目白大	7(7)	5(5)	文化学園大	3(3)	1(1)
立教大	0	1(1)	東京都市大	3(3)	0	帝京科学大	7(7)	3(3)	東京女子体育大	2(2)	1(1)
日本大	10(10)	2(2)	国士舘大	2(2)	4(4)	日本工大	5(4)	0	千葉商大	4(4)	1
東洋大	1(1)	3(3)	千葉工大	5(3)	1(1)	文京学院大	3(3)	4(4)	東京成徳大	3(3)	5(4)

選抜方法 2024年春（実績）

推薦	推薦枠	調査書の活用	調査書	個人面接	作文	一次	学力検査	学力検査：調査書	ESAT-J
	30%	評定	500点	250点	250点		5教科	7：3	20点

過去2年間の応募状況

	年度	性別	募集数	応募数	合格数	応募倍率
推薦	'24	男女	72	190	72	2.64
	'23	男子	72	55	17	2.57
		女子		130	55	

	年度	性別	募集数	応募数	受検数	合格数	応募倍率	実質倍率
一次	'24	男女	164	234	224	166	1.43	1.35
	'23	男子	164	108	104	76	1.61	1.37
		女子		156	151	90		1.68

合格のめやす

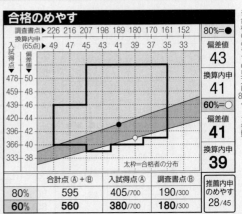

※合格のめやすの見方は886ページ参照。

	合計点Ⓐ＋Ⓑ	入試得点Ⓐ	調査書点Ⓑ
80%	595	405/700	190/300
60%	560	380/700	180/300

偏差値 43　換算内申 41　（80%●）
偏差値 41　換算内申 39　（60%○）

推薦内申のめやす　28/45

【受験特報】　近年，一次の実質倍率（男女計）は，2018〜2021年に1.1〜1.2倍台と低めで，2022年には1.04倍までダウン。その反動で2023年は応募者が大幅増，実質倍率（男女計）1.54倍に急上昇。このため2024年一次では敬遠層も出たようで応募者減となり，実質倍率1.3倍台に低下となった。

【併願例】　〈挑戦〉東洋女子，岩倉，上野学園，駿台学園，豊南，潤徳女子　〈最適〉関東一，貞静学園，神田女学園，正則学園，武蔵野，京華商業，品川エトワール　〈堅実〉安部学院

葛飾総合 高等学校

共学 単位制

アクセス	JR―金町15分，またはバス葛飾総合高校2分　京成金町線―京成金町16分

〒125-0035　東京都葛飾区南水元4-21-1　☎(03)3607-3878

【設置学科】　総合学科
【沿　革】　2007年開校。
【生徒数】　男子229名，女子313名
【特　色】　①120を超える選択科目から自分だけの時間割を作成。選択科目には，国際コミュニケーション，スポーツ福祉，生活アート，サイエンス・テクノロジーの4系列を設定。3年次は学びの集大成として「課題研究」に取り組む。②キャリア教育の中心的授業「キャリアコア」を設定。③朝学習や土曜講習，夏期講習などを行う。④文教大学，大正大学と高大連携。⑤授業や行事で多岐にわたり地域と連携している。⑥吹奏楽部が全国大会銀賞。⑦2024年度入学生より，スクールカラーのブルーでまとめた制服にリニューアル。

【進路情報】　卒業生数―215名
大学―113名　短大―2名　専門学校―72名　就職―10名　その他―18名
【指定校推薦】　東洋大，帝京大，獨協大，東京電機大，国士舘大，共立女子大，他。
【見学ガイド】　文化祭，説明会，授業体験，部活動体験，授業公開，見学会，葛総面接対策講座

主な大学合格状況

'24年春速報は巻末資料参照　※（　）内は現役生で内数。（　）外は既卒生を含む。

大学名	'23	'22	大学名	'23	'22	大学名	'23	'22	大学名	'23	'22
日本大	2(2)	5(4)	玉川大	2(2)	0	帝京平成大	3(3)	4(2)	昭和音大	2(2)	0
東洋大	4(4)	10(10)	立正大	2(2)	6(2)	大正大	5(3)	7(7)	淑徳大	6(6)	1(1)
亜細亜大	1(1)	3(3)	国士舘大	3(3)	4(2)	拓殖大	2(2)	4(1)	麗澤大	8(2)	4(1)
帝京大	3(2)	2(2)	千葉工大	4(1)	2(1)	帝京科学大	5(5)	6(5)	千葉商大	4(4)	8(1)
明治学院大	1(1)	1(1)	共立女子大	1(1)	2(2)	東京福祉大	2(2)	0	聖徳大	6(6)	6(2)
獨協大	4(4)	3(2)	大妻女子大	2(2)	0	東京工芸大	2(2)	3(3)	東京成徳大	6(6)	4(4)
東京電機大	2(2)	2(2)	文教大	4(4)	1(1)	東京音大	1(1)	1(1)	流通経済大	4(4)	3(3)

選抜方法 2024年春（実績）

特別推薦あり／*個人面接に3分間のパーソナル・プレゼンテーションを含む

推薦	推薦枠	調査書の活用	調査書	個人面接	作文
	30%	評定	720点	*540点	200点

一次	学力検査	学力検査：調査書	ESAT-J
	5教科	7：3	20点

過去2年間の応募状況

年度	性別	募集数	応募数	合格数	応募倍率
推薦 '24	男女	60	111	60	1.85
推薦 '23	男子	60	32	15	1.67
	女子		68	45	

年度	性別	募集数	応募数	受検数	合格数	応募倍率	実質倍率
一次 '24	男女	136	142	138	137	1.04	1.01
一次 '23	男子	136	66	65	62	1.09	1.05
	女子		79	75	75		1.05

合格のめやす

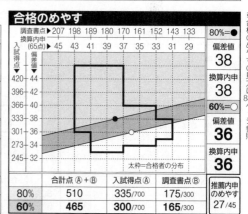

※合格のめやすの見方は886ページ参照。

偏差値 38
換算内申 38
偏差値 36
換算内申 36

太枠=合格者の分布

	合計点Ⓐ+Ⓑ	入試得点Ⓐ	調査書点Ⓑ	推薦内申のめやす
80%	510	335/700	175/300	27/45
60%	465	300/700	165/300	

【受験特報】　一次の実質倍率（男女計）は，2015～2018年に1.1～1.2倍前後と低く，2019～2022年は4年連続で全員合格の1.00倍に。2023年は1.05倍（男女計）と若干上向くも，2024年は応募者がやや減ってほぼ全員合格に。私立や通信制高校への志向も影響しているか。特別推薦は吹奏楽など。

【併願例】〈挑戦〉岩倉，上野学園，共栄学園，潤徳女子，貞静学園，関東一，修徳，大森学園，中央学院中央，愛国　〈最適〉品川エトワール，我孫子二階堂，不二女子

（高） 青梅総合 高等学校

共学　単位制

アクセス　JR—東青梅3分

〒198-0041　東京都青梅市勝沼1-60-1　☎(0428)22-7604

【設置学科】　総合学科
【沿　革】　2006年4月に開校。
【生徒数】　男子288名，女子411名
【特　色】　①1年次に基礎科目を学び，2年次以降は100講座以上の選択科目を用意する。②文科・理科，国際・文化，生命・環境，食品・生活，人間・健康の5系列の中に受験対応の演習科目も豊富に揃える。③「自然と農業」「自然と環境」といった農業を学ぶオリジナル科目がある。校内の演習林で森林を学び，水田で田植えから稲刈りまでを体験する。④国際理解教育を推進し，ドイツの姉妹校との短期交換留学，グアムへの海外修学旅行などを行い，異文化にふれて視野を広げる。⑤東京農業大学，杏林大学などと高大連携を行っている。⑥文芸部が全国大会に出場。⑦制服あり。

【進路情報】　卒業生数— 232名
大学—145名　短大—7名　専門学校—65名　就職—7名　その他—8名
【指定校推薦】　法政大，日本大，東洋大，東海大，亜細亜大，帝京大，成蹊大，他。
【見学ガイド】　文化祭，説明会，部活動体験，授業公開，見学会，個別相談会

主な大学合格状況
'24年春速報は巻末資料参照　※(　)内は現役生で内数。(　)外は既卒生を含む。

大学名	'23	'22	大学名	'23	'22	大学名	'23	'22	大学名	'23	'22
◇埼玉大	1(1)	0	上智大	1(1)	0	東洋大	8(8)	3(3)	東京経済大	9(9)	25(19)
◇都立大	0	1(1)	明治大	1(1)	1(1)	専修大	4(2)	3(3)	桜美林大	8(5)	5(4)
◇茨城大	2(2)	0	青山学院大	1(1)	0	大東文化大	5(1)	2(1)	明星大	24(11)	13(6)
◇電通大	1	0	立教大	2(1)	0	亜細亜大	5(5)	9(9)	帝京平成大	11(8)	4(4)
◇北海道教育大	1(1)	0	中央大	3(1)	1(1)	帝京大	12(7)	15(11)	東京工科大	20(9)	4(4)
早稲田大	0	1(1)	法政大	4(2)	5(5)	成蹊大	2(2)	6(6)	東京医療保健大	4(4)	3(3)
慶應大	1(1)	1(1)	日本大	7(6)	7(6)	国士舘大	13(7)	4(4)	駿河台大	15(6)	5(5)

選抜方法　2024年春（実績）
特別推薦あり

推薦	推薦枠	調査書の活用	調査書	個人面接	作文	一次	学力検査	学力検査：調査書	ESAT-J
推薦	30%	評定	400点	200点	200点	次	5教科	7：3	20点

過去2年間の応募状況

	年度	性別	募集数	応募数	合格数	応募倍率
推薦	'24	男女	72	212	72	2.94
推薦	'23	男子／女子	72	61／113	17／55	2.42

	年度	性別	募集数	応募数	受検数	合格数	応募倍率	実質倍率
一次	'24	男女	164	233	229	166	1.42	1.38
一次	'23	男子／女子	164	76／96	75／95	75／94	1.05	1.04／1.01

合格のめやす

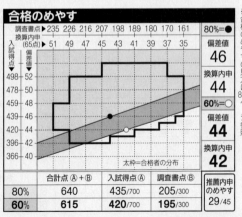

※合格のめやすの見方は886ページ参照。

	80%●	偏差値 46
	換算内申 44	
	60%○	偏差値 44
	換算内申 42	

太枠=合格者の分布

	合計点Ⓐ＋Ⓑ	入試得点Ⓐ	調査書点Ⓑ	推薦内申のめやす
80%	640	435/700	205/300	29/45
60%	615	420/700	195/300	

【受験特報】　一次の実質倍率（男女計）は，2018年に1.09倍にダウンするも，2019〜2021年に1.25倍→1.31倍→1.47倍と上昇。しかし2022・2023年は応募者が少なめで1.09倍→1.02倍（男女計）と低迷。2024年はその反動が起き，応募者急増，倍率が盛り返した。なお，特別推薦は剣道など。

【併願例】　〈挑戦〉明星，杉並学院，八王子実践，啓明学園，帝京八王子，白梅学園，聖望学園，日大明誠　〈最適〉東海大菅生，東京立正，昭和一学園，立川女子　〈堅実〉東野

_MACHISO

町田総合 高等学校

共学 単位制

アクセス JR—古淵25分　JR・小田急線—町田よりバス　町田総合高校前

〒194-0037　東京都町田市木曽西3-5-1　☎(042)791-7980

【設置学科】　総合学科
【沿　革】　2010年4月に開校。
【生徒数】　男子237名，女子407名
【特　色】　①生徒一人ひとりの「自分創り」を支援。多様な選択科目や特色ある部活動，地域探究活動など，自分創りの環境や選択肢を幅広く用意する。②2年次は10時限，3年次は最大16時限を選び，時間割を作る。③2年次の「日本文化」では，伝統文化に触れて豊かな感性を育む。④地域探究推進校の指定を受け，地域の企業や学校，関係機関などと連携した探究学習を実践。探究力，課題発見・解決力，創造性，主体性，協調性，コミュニケーション能力を育成して希望進路を実現させる。⑤東京家政学院大学，桜美林大学と高大連携。⑥ダンス部が全国大会出場。⑦制服あり。

【進路情報】　卒業生数—227名
大学—86名　短大—19名　専門学校—76名　就職—18名　その他—28名
【指定校推薦】　専修大，亜細亜大，帝京大，神奈川大，玉川大，工学院大，明星大，他。
【見学ガイド】　文化祭，説明会，公開授業，見学会，個別相談会

主な大学合格状況
'24年春速報は巻末資料参照　　※( )内は現役生で内数。( )外は既卒生を含む。

大学名	'23	'22	大学名	'23	'22	大学名	'23	'22	大学名	'23	'22
日本大	3(2)	1(1)	神奈川大	8(8)	5(5)	東京工科大	2(2)	2(2)	相模女子大	4(4)	10(10)
東洋大	0	1(1)	桜美林大	12(6)	8(7)	帝京科学大	2(1)		桐蔭横浜大	4(4)	2(2)
駒澤大	1(1)		関東学院大	3(3)	6(6)	多摩大	4(4)	4(4)	東京成徳大	2(2)	1(1)
専修大	2(2)	2(2)	杏林大	4(4)	1(1)	東京工芸大	4(4)	1(1)	東京医療学院大	3(3)	5(5)
東海大	2	2(2)	実践女子大	1(1)	0	東京家政学院大	2(2)	2(2)	和光大	8(8)	3(3)
亜細亜大	3(3)	1(1)	明星大	7(7)	6(6)	日本体育大	2(1)	2(1)	神奈川工科大	3(3)	2(1)
帝京大	5(2)	2(2)	帝京平成大	2(2)	2(1)	麻布大	3(3)	2(2)	横浜創英大	1(1)	2(2)

選抜方法
2024年春（実績）　特別推薦あり／*個人面接に3分間のパーソナル・プレゼンテーションを含む

推薦	推薦枠	調査書の活用	調査書	個人面接	作文	一次	学力検査	学力検査：調査書	ESAT-J
	30%	評定	500点	*300点	200点		5教科	7：3	20点

過去2年間の応募状況

年度	性別	募集数	応募数	合格数	応募倍率
推薦 '24	男女	72	111	72	1.54
推薦 '23	男子	72	48	21	1.74
	女子		77	51	

年度	性別	募集数	応募数	受検数	合格数	応募倍率	実質倍率
一次 '24	男女	164	169	166	165	1.03	1.01
一次 '23	男子	164	84	83	82	1.02	1.01
	女子		82	82	82		1.00

合格のめやす

	調査書点	207 198 189 180 170 161 152 143 133	80%=●
換算内申	(65点)▶	45 43 41 39 37 35 33 31 29	偏差値 38

入試得点
396-42
366-40
333-38
301-36
273-34
245-32
218-30

太枠=合格者の分布

換算内申 38
60%=○
偏差値 36
換算内申 36

※合格のめやすの見方は886ページ参照。

	合計点Ⓐ+Ⓑ	入試得点Ⓐ	調査書点Ⓑ	推薦内申のめやす
80%	510	335/700	175/300	
60%	465	300/700	165/300	27/45

【受験特報】　地理的な要素もあり，近年，一次の入試状況は緩やか。実質倍率（男女計）は，2018年に1.01倍（ほぼ全員合格）にダウン。2019〜2021年も1.05〜1.11倍（男女計）と低く，2022年に全員合格，2023年もほぼ「全入」に。2024年も応募状況は前年並みでほぼ全員合格が続いた。

【併願例】　〈挑戦〉目黒学院，日本学園，昭和一学園，駒沢女子，聖パウロ，二階堂，光明相模原，横浜学園　〈最適〉大東学園，科学技術学園，フェリシア，柏木学園

東久留米総合 高等学校

共学　単位制

【アクセス】／西武池袋線―清瀬15分、東久留米18分　JR―武蔵小金井よりバス　東久留米総合高校5分

〒203-0052　東京都東久留米市幸町5-8-46　☎(042)471-2510

【設置学科】　総合学科

【沿　革】　2007年開校。

【生徒数】　男子311名，女子332名

【特　色】　①国数英で習熟度別授業を実施。土曜授業は年18回。2年次以降，自分だけの時間割を作り，進路希望や興味，関心に合わせた授業を自由に選択できる。②2年次は国際・人文社会，自然科学探究，スポーツ，看護・保育，芸術・表現の5系列の選択科目があり，総合学科の専門性を活かした授業が充実している。③「25歳の自分創り」をめざし，3年間にわたるキャリア教育の体系化を図る。④小論文や面接などの個別対応指導と課題研究の二本柱で，大学入試を突破する力を育てる。3年次はゼミに所属し，論文を執筆する。⑤箏曲部が全国高校総合文化祭出場。⑥制服あり。

【進路情報】　卒業生数―193名

大学―121名　短大―4名　専門学校―43名　就職―3名　その他―22名

【指定校推薦】　東洋大，大東文化大，亜細亜大，帝京大，成蹊大，獨協大，他。

【見学ガイド】　文化祭，説明会，オープンスクール，授業公開，見学会，学校見学

主な大学合格状況

'24年春速報は巻末資料参照　※（ ）内は現役生で内数。（ ）外は既卒生を含む。

大学名	'23	'22	大学名	'23	'22	大学名	'23	'22	大学名	'23	'22
◇金沢大	1	0	法政大	4(3)	5(3)	亜細亜大	10(10)	12(7)	明星大	8(8)	8(8)
◇埼玉県立大	0	1(1)	日本大	6(6)	9(6)	帝京大	19(18)	17(16)	帝京平成大	10(10)	7(6)
東京理科大	0	1(1)	東洋大	19(17)	10(10)	國學院大	3(2)	2(2)	目白大	4(3)	8(5)
明治大	1(1)	10(8)	駒澤大	6(6)	6(6)	成蹊大	4(4)	4(4)	文京学院大	5(3)	6(2)
青山学院大	3(1)	2	専修大	10(5)	12(6)	獨協大	5(2)	7(5)	東京家政大	5(5)	7(4)
立教大	2(1)	1	大東文化大	7(4)	18(7)	東京経済大	8(7)	11(5)	東京医療保健大	5(5)	2(2)
中央大	0	12(11)	東海大	2(1)	6(4)	武蔵野大	12(7)	4(3)	東京国際大	6(6)	12(12)

選抜方法　2024年春（実績）

特別推薦あり

推薦	推薦枠	調査書の活用	調査書	集団討論・個人面接	作文	一次	学力検査	学力検査：調査書	ESAT-J
	30%	評定	900点	400点	500点		5教科	7：3	20点

過去2年間の応募状況

	年度	性別	募集数	応募数	合格数	応募倍率
推薦	'24	男女	72	138	72	1.92
	'23	男子	72	67	22	2.07
		女子		82	50	

	年度	性別	募集数	応募数	受検数	合格数	応募倍率	実質倍率
一次	'24	男女	164	174	166	166	1.06	1.00
	'23	男子	164	92	88	87	1.05	1.01
		女子		81	81	79		1.03

合格のめやす

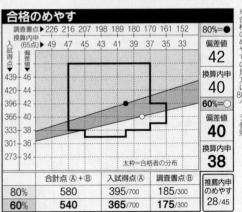

調査点▶	226	216	207	198	189	180	170	161	152	
換算内申(65%)▶	49	47	45	43	41	39	37	35	33	

80%:●　偏差値 42

換算内申 40

60%:○　偏差値 40

換算内申 38

太枠=合格者の分布

	合計点Ⓐ＋Ⓑ	入試得点Ⓐ	調査書点Ⓑ	推薦内申のめやす
80%	580	395/700	185/300	28/45
60%	540	365/700	175/300	

※合格のめやすの見方は886ページ参照。

【受験特報】　一次の実質倍率（男女計）は，2018年に応募者急減で1.00倍（全員合格）に。2019・2020年は1.05倍→1.30倍（男女計）と上がるも，2021・2022年は全員合格に。2023年も不合格はわずかで，2024年は「全入」に戻った。2025年は反動（倍率上昇）の想定を。特別推薦はサッカー。

【併願例】　〈挑戦〉保善，SDH昭和一，東京立正，岩倉，昭和一学園，豊南，駿台学園，自由ヶ丘，藤村女子，文華女子，西武台　〈最適〉立川女子，東京実業，日体大桜華，堀越

若葉総合 高等学校

共学 単位制

〒206-0822 東京都稲城市坂浜1434-3 ☎(042)350-0300

【アクセス】京王相模原線―若葉台10分 小田急多摩線―黒川16分

【設置学科】 総合学科

【沿 革】 2005年4月開校。

【生徒数】 男子229名，女子445名

【特 色】 ①進路を実現するための多彩な選択科目から，自分に合った時間割を作成する。国数理の共通科目の時間数を増やし，基礎学力も重視している。②人間探究，芸術表現，伝統継承，情報交流の4系列，合計14教科の総合選択科目を設置。③探究活動の授業では，興味，関心，進路などから独自のテーマを設定し，調査・研究・制作活動を行い，論文作成やプレゼンテーション能力を身につける。④1年次に進路をじっくり考える授業で，夢や希望からマイライフプランを作成。個性に合った進路を支援する。⑤伝統継承室，工芸室，看護・福祉実習室などが整う。⑥制服あり。

【進路情報】 卒業生数―223名

大学―84名 短大―5名 専門学校―107名 就職―12名 その他―15名

【指定校推薦】 東洋大，駒澤大，専修大，東京電機大，玉川大，東京経済大，他。

【見学ガイド】 文化祭，説明会，授業公開，見学会，学校見学，個別相談会

東京 全日制総合学科 東久留米市／稲城市

主な大学合格状況 '24年春速報は巻末資料参照

※（ ）内は現役生で内数。（ ）外は既卒生を含む。

大学名	'23	'22	大学名	'23	'22	大学名	'23	'22	大学名	'23	'22
明治大	1(1)	0	帝京大	5(3)	5(4)	杏林大	4(3)	3(3)	目白大	2(2)	3(3)
青山学院大	1(1)	0	成蹊大	2(2)	1	武蔵野大	3(3)	1(1)	東京造形大	2(2)	2(2)
中央大	3(3)	2	玉川大	2(2)	2(2)	東京農大	1(1)	2(2)	女子美大	1(1)	3(3)
日本大	4(4)	3(3)	国士舘大	3(2)	7(2)	明星大	11(11)	12(12)	洗足学園音大	2(2)	0
駒澤大	1(1)	2	東京経済大	3(2)	2(2)	東京工科大	5(5)	0	日本体育大	2(2)	2(2)
専修大	3(3)	3(3)	桜美林大	3(3)	4(4)	拓殖大	3(3)	2(2)	白梅学園大	3(3)	3(3)
東海大	3(3)	2(2)	大妻女子大	1(1)	1(1)	駒沢女子大	5(5)	3(1)	東京医療学院大	2(2)	2(2)

選抜方法 2024年春（実績） 特別推薦あり ＊個人面接に2分以内の自己PRを含む

推薦	推薦%	調査書の活用	調査書	個人面接	作文	一次	学力検査	学力検査：調査書	ESAT-J
	30%	評定	600点	＊300点	300点		5教科	7：3	20点

過去2年間の応募状況

年度	性別	募集数	応募数	合格数	応募倍率
推薦 '24	男女	72	135	72	1.88
推薦 '23	男子	72	57	16	2.13
	女子		96	56	

年度	性別	募集枠	応募数	受検数	合格数	応募倍率	実質倍率
一次 '24	男女	164	205	198	166	1.25	1.19
一次 '23	男子	164	106	102	80	1.37	1.28
	女子		118	115	86		1.34

合格のめやす

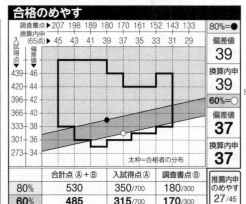

調査書点▶	207	198	189	180	170	161	152	143	133
換算内申(65点)▶	45	43	41	39	37	35	33	31	29

入試得点	偏差値
439	46
420	44
396	42
366	40
333	38
301	36
273	34

太枠=合格者の分布

80%=● 偏差値 39 換算内申 39
60%=○ 偏差値 37 換算内申 37

	合格点Ⓐ+Ⓑ	入試得点Ⓐ	調査書点Ⓑ	推薦内申のめやす
80%	530	350/700	180/300	27/45
60%	485	315/700	170/300	

※合格のめやすの見方は886ページ参照。

【受験特報】 一次では，私立志向のためか，実質倍率（男女計）は2018年に1.26倍に下がり，2019年・2020年とも1.02倍で低迷。2021・2022年は2年連続で全員合格に。しかし2023年に反動が起き，応募者が大幅増，実質倍率（男女計）1.31倍にアップ。ただ2024年は応募者減となり倍率が緩和。

【併願例】〈挑戦〉日本学園，昭和一学園，駒沢女子，藤村女子，立川女子，聖パウロ，二階堂，光明相模原 〈最適〉大東学園，フェリシア，科学技術学園，柏木学園

蒲田 高等学校

〒144-0053 東京都大田区蒲田本町1-1-30 ☎ (03) 3737-1331

共 学

【アクセス】 JR・東急池上線・東急多摩川線―蒲田7分 京急本線―京急蒲田15分

【設置学科】 普通科

【沿 革】 1978年開校。

【生徒数】 男子220名, 女子169名

【特 色】 ①学び直しを合い言葉に, なかなか力を発揮しきれずにいた人を「力づけ, 励まし, 勇気づける」学校。自信をつけさせて進路実現を支援する。②調査書, 面接, 小論文, 自己PRスピーチによる人物を重視した入学者選抜を行う。

【カリキュラム】 ①反復学習を徹底して, 基礎的・基本的な学力を定着させ, 多様な進路希望にも対応できるカリキュラムを組む。②1年次は30分授業を導入。国数英の習熟度別授業や少人数授業で基礎から学び直す。1年次は2名担任制で, きめ細かな指導を行う。③毎朝の10分学習に取り組む。朝学習と基礎基本重視の授業により, 大学, 企業などから求められる人材育成をめざす。④中間・期末試験の代わりに, 年8回の確認テストを行うほか, 提出物や授業態度などの日々の取り組みを評価する。⑤3年次で選択科目を設置。1年次の授業「体験」では, 生涯スポーツ, 教養文化・芸術, 実用講座を開講。優れた技術や豊かな教養を持った地域の方を市民講師として招く。⑥2年次に宿泊体験研修(修学旅行)を実施。⑦ユースソーシャルワーカー, スクールカウンセラーとの連携で, 「心の健康づくり」を推進する。

【進路指導】 ①生徒の個性, 特性, 適性, 能力を把握し, 進学に向けて充実した学校推薦型選抜の指導やハローワークと連携した就職指導で, 希望者全員の合格・内定をめざしている。②授業や体験プログラムなどにより, 「人として生きること」「行動すること」などを学ぶことで, 自信をもたせ, 学び続ける意欲を育む。生徒の希望進路実現に向けた指導を行う。

【施 設】 部活動の練習用トレーニング室, 「体験」の授業で使用する農場がある。

【制 服】 あり。

【進路情報】 卒業生数―126名
大学―21名 専門学校―62名 就職―28名 その他―15名

【大学合格状況】 帝京大, 神奈川大, 国士舘大, 関東学院大, 高千穂大, 和光大, 他。

【指定校推薦】 神奈川大, 国士舘大, 関東学院大, 東洋学園大, 駿河台大, 他。

【見学ガイド】 文化祭, 説明会, 授業公開, 見学会

選抜方法 2024年春(実績) ＊2分程度の自己PRスピーチを含む ＊＊観点別学習状況の評価を用いて得点化

推薦	推薦枠	調査書の活用	調査書	個人面接	小論文	前期	調査書	個人面接	小論文
	30%	観点別	300点	＊400点	300点		＊＊300点	＊400点	200点

過去3年間の応募状況 ※2024年度後期募集実施 男女計24名

年度	性別	募集数	応募数	合格数	応募倍率	年度	性別	募集数	応募数	受検数	合格数	応募倍率	実質倍率
推薦 '24	男女	48	93	48	1.94	前期 '24	男女	85	92	79	79	1.08	1.00
'23	男子	24	64	24	2.67	'23	男子	46	78	73	48	1.70	1.52
	女子	22	49	22	2.23		女子	41	55	53	39	1.34	1.36
'22	男子	24	47	24	1.96	'22	男子	45	57	55	49	1.27	1.12
	女子	22	42	22	1.91		女子	42	39	38	38	0.93	1.00

【受験特報】 近年, 前期の実質倍率(男女計)は, 2018年の1.37倍から緩和して, 2019年, 2021年には全員合格に。しかし2023年に1.45倍(男女計)とかなりアップ。それで2024年は敬遠層が出たのか, 応募者が少なめで「全入」となった。2025年前期は反動(倍率上昇)の想定を。

【併願例】〈挑戦〉堀越, 品川エトワール, 安部学院, 科学技術学園, 白鵬女子, 武相, 横浜学園, 清心女子(通), 秀英(通)

足立東 高等学校

共 学

アクセス
JR─亀有よりバス中川
小学校前2分，大谷田
陸橋5分

〒120-0001　東京都足立区大谷田2-3-5　☎(03)3620-5991

【設置学科】　普通科

【沿　革】　1976年創立。2003年度より，エンカレッジスクールに移行。

【生徒数】　男子281名，女子196名

【特　色】　小・中学校で十分能力を発揮できなかった生徒の頑張りを励まし，力づけて，勉強や学校行事・部活動などを通じて学校生活を充実させる。「元気・本気・やる気」を応援する学校。学ぶ意欲を重視した入学試験（面接，作文）で学力検査は行わない。また定期考査も実施せず，日常の学習活動による学習評価を行っている。

【カリキュラム】　①基礎，基本から学び直しができるよう，ゆったりと余裕をもったカリキュラムを組む。②毎朝10分ずつ，国数英を中心に義務教育段階から学び直す「スタディガイダンス」を実施。③1年次の1・2時限目をＡＢＣ時限に分けた30分授業を国数英，地理，公共で行う。④1クラスを複数に分け，小教室を使って授業を進める。国数英は習熟度別授業。⑤1・2年次は1クラス2名担任制をとり，きめ細かく指導する。⑥体験学習の授業では，文化スポーツ，伝統文化，職業理解，資格取得の中から興味のあるものを選んで学習。個性，資質，能力の伸長と，就業体験や資格取得による進路意識の向上をめざす。⑦放課後を利用し，元先生や大学生などによる「マナビバ」で徹底した学び直しを行う。

【進路指導】　週1回，キャリアガイダンスを実施。自分の適性や生き方を3年間かけて考え，希望進路実現に向かっていく。個別面接対策や小論文指導などで一人ひとりを計画的にサポートする。

【クラブ活動】　和太鼓部や吹奏楽部を中心に複数の部活動が地域行事，保育園や高齢者福祉施設などで活躍。東京都が推進する「日本の伝統・文化」教育にも注力する。ボクシング部がインターハイ出場。

【制　服】　あり。オプションとして女子制服にスラックスもある。

【進路情報】　卒業生数─127名
大学─10名　短大─3名　専門学校─40名　就職─66名　その他─8名

【大学合格状況】　帝京科学大，流通経済大，東京情報大，東洋学園大，聖学院大，他。

【指定校推薦】　帝京科学大，淑徳大，東京情報大，東洋学園大，江戸川大，他。

【見学ガイド】　文化祭，説明会，授業公開，見学会，個別相談会

選抜方法　2024年春（実績）

＊1分～1分30秒以内の自己PRスピーチを含む／
＊＊観点別学習状況の評価を用いて得点化

推薦	推薦枠	調査書の活用	調査書	個人面接	作文	前期	調査書	個人面接	作文
推薦	30%	観点別	400点	＊400点	200点	前期	＊＊400点	＊400点	400点

過去3年間の応募状況

※2024年度後期募集実施　男女計16名

年度	性別	募集数	応募数	合格数	応募倍率	年度	性別	募集数	応募数	受検数	合格数	応募倍率	実質倍率
推薦 '24	男女	60	140	60	2.33	前期 '24	男女	122	162	161	122	1.33	1.32
推薦 '23	男子	31	67	31	2.16	前期 '23	男子	64	99	97	70	1.55	1.39
推薦 '23	女子	28	55	28	1.96	前期 '23	女子	59	61	60	53	1.03	1.13
推薦 '22	男子	30	79	30	2.63	前期 '22	男子	65	92	92	86	1.42	1.07
推薦 '22	女子	28	54	28	1.93	前期 '22	女子	59	40	38	38	0.68	1.00

【受験特報】　近年，前期の実質倍率（男女計）は，2020年の1.51倍から2021年に応募者（男女計）急減で全員合格の1.00倍に。2022年も1.05倍と低迷。しかし2023年に応募者（同）増加で1.28倍（男女計）に上がり，2024年も実質倍率が上向く。通信制高校などから受検生の流入もあったか。

【併願例】　〈挑戦〉堀越，品川エトワール，安部学院，科学技術学園，不二女子

東京　エンカレッジスクール　大田区／足立区

東村山 高等学校

共 学

〒189-0011 東京都東村山市恩多町4-26-1 ☎ (042) 392-1235

【設置学科】 普通科

【沿 革】 1968年創立。2010年度より，進学応援型のエンカレッジスクールに移行。

【生徒数】 男子268名，女子281名

【特 色】 ①「エンカレッジ」は「力づける」「勇気づける」「励ます」などを意味する。②入学試験で学力検査は実施しない。③生活指導を徹底。基本的生活習慣や学校規律の確立に取り組む。④独自のポートフォリオ，進路ノートの作成や面接指導などで進路設計をサポート。⑤スクールカウンセラーが週1回，ユース・ソーシャルワーカーが週2回（3名）来校し，安心できる学校生活を支援する。

【カリキュラム】 ①1年次は2名担任制で，生活面や進路面などできめ細かく指導する。午前中は一部30分授業とし，中学の学び直しにあてる。時間短縮で行う独特な授業により集中力を高める。②3年次は多様な進路や個々の得意分野に合わせた幅広い自由選択科目を設置。③「校内寺子屋」などで不得意脱出支援を重点的に行う。朝学習も実施。④特別進学クラス，標準クラス，基礎クラスを設ける。特別進学クラスでは，大学の一般選抜による志望校合格をめざす。

また，国数英で少人数・習熟度別学習を取り入れ，標準クラスでは，進学に対応した授業を展開し，進路を支援する。基礎クラスでは，苦手科目を克服し，ステップアップをめざす。⑤1年次の体験学習はスポーツ，文化，音楽，美術など15講座から選択。受講後には発表会や作品展示なども行う。

【進路指導】 1年次から進路講演会，適性検査，職業人講演，進路ガイダンスなどを行い，論文や面接対策まで支援する。

【クラブ活動】 都立高校ではめずらしいビームライフル部が全国大会に出場，バトミントン部男子団体が関東大会出場。

【施 設】 2020年2学期より新校舎に移転。2022年には新グラウンドが完成。

【制 服】 あり。

【進路情報】 卒業生数—186名
大学—46名 短大—9名 専門学校—81名 就職—30名 その他—20名

【大学合格状況】 中央大，駒澤大，亜細亜大，帝京大，東京経済大，武蔵野大，他。

【指定校推薦】 東洋大，駒澤大，亜細亜大，帝京大，東京電機大，国士舘大，他。

【見学ガイド】 文化祭，説明会，授業公開，見学会，学校見学，個別相談会

選抜方法 2024年春（実績）

特別推薦あり／＊1分程度の自己PRスピーチを含む／＊＊観点別学習状況の評価を用いて得点化／＊＊＊文書を読み，その内容についての設問に回答（30分程度）

推薦	推薦枠	調査書の活用	調査書	個人面接	作文	前期	調査書	個人面接	小論文	実技検査
	30%	観点別	600点	*600点	200点		**300点	*600点	200点	***100点

過去3年間の応募状況

※2024年度後期募集実施 男女計20名

	年度	性別	募集数	応募数	合格数	応募倍率		年度	性別	募集数	応募数	受検数	合格数	応募倍率	実質倍率
推薦	'24	男女	60	201	60	3.35	前期	'24	男女	116	166	159	116	1.43	1.37
	'23	男子	30	129	30	4.30		'23	男子	62	117	110	62	1.89	2.20
		女子	27	108	27	4.00			女子	57	91	90	69	1.60	1.30
	'22	男子	30	103	30	3.43		'22	男子	62	81	78	60	1.31	1.30
		女子	28	89	28	3.18			女子	56	72	72	58	1.29	1.24

【受験特報】 前期では実質倍率（男女計）は，2020年に高めの1.68倍。それが2021・2022年に1.47倍→1.27倍（男女計）とダウン。しかし2023年に応募者（男女計）がかなり増え1.68倍（同）に盛り返す。ただ2024年は応募者（同）減少で1.3倍台（同）に。2025年は反動（倍率上昇）の可能性も。

【併願例】〈挑戦〉豊南，貞静学園，藤村女子，文華女子，立川女子，武蔵野，日体大桜華，堀越，自由の森，東野

秋留台 高等学校 共学

〒197-0812　東京都あきる野市平沢153-4　☎(042)559-6821

アクセス
JR—東秋留20分

【設置学科】　普通科

【沿　革】　1977年創立。2003年度よりエンカレッジスクールに移行。

【生徒数】　男子406名，女子228名

【特　色】　①学び直しをしたいと考えている生徒を励まし，自信を与え，潜在能力を伸ばすことを目的する。生徒一人ひとりに対して丁寧に，親身になって，とことん応援する。②オリジナルで作成した手帳を活用。社会で必要な自己管理能力やマナー，態度を身につける。③ICT教材を多く活用し，スマートスクール端末を文具のように日常的に活用できる力の育成をめざす。

【カリキュラム】　①2名担任制（1年次）で，1クラス最大35名。国語で少人数授業，数英で習熟度別授業を取り入れる。②特色ある授業として，「ベーシック」という独自科目を設置。「ベーシックⅠ」（1年次）は自分のペースに合わせて国数英とPCを基礎から学習し，中学でつまずいた部分を学び直す。「ベーシックⅡ」（1～3年次）では各教科の基礎，基本の学習を朝の30分授業のうちの20分間で実施。残りの10分は1日の予定や身だしなみを確認するセルフマネジメントを行う。③東京女子体育大学，東京学芸大学教職大学院と高大連携。

【進路指導】　1年次は校外学習や適性検査などで進学・就職について調査・探究し，2年次のインターンシップなどで進路を絞っていく。3年次には履歴書・面接指導などを行う。3年間かけた段階的かつ組織的な指導で，進路実現率100%をめざす。

【クラブ活動】　全員が加入するよう指導する。和太鼓部や吹奏楽部，写真部，弓道部，ハンドボール部など，26種がある。

【行　事】　体育大会，オリオン祭（文化祭），合唱コンクール，修学旅行などがある。

【施　設】　太陽光を多く取り入れられる造りの校舎。図書館，スポーツ施設も充実。

【制　服】　あり。社会のルールやマナーを守る大切さを教える。

【進路情報】　卒業生数—207名
大学—26名　短大—9名　専門学校—76名　就職—73名　その他—23名

【大学合格状況】　東洋大，国士舘大，杏林大，明星大，拓殖大，多摩大，麻布大，他。

【指定校推薦】　杏林大，明星大，帝京科学大，城西大，東京福祉大，駿河台大，他。

【見学ガイド】　文化祭，説明会，体験授業，授業公開，見学会

選抜方法　2024年春（実績）

＊2分程度の自己PRスピーチを含む　＊＊観点別学習状況の評価を用いて得点化

		調査書の活用	調査書	個人面接	小論文		調査書	個人面接	小論文
推薦	推薦枠 30%	観点別	300点	*600点	200点	前期	**400点	*500点	300点

過去3年間の応募状況

※2024年度後期募集実施　男女計30名

年度	性別	募集数	応募数	合格数	応募倍率	年度	性別	募集数	応募数	受検数	合格数	応募倍率	実質倍率
推薦 '24	男女	72	193	72	2.68	前期 '24	男女	136	184	182	136	1.35	1.34
'23	男子	37	104	37	2.81	'23	男子	72	94	93	72	1.31	1.00
	女子	34	55	34	1.62		女子	65	38	38	38	0.58	1.00
'22	男子	37	119	37	3.22	'22	男子	71	121	118	93	1.70	1.27
	女子	34	64	34	1.88		女子	66	44	44	44	0.67	1.00

【受験特報】　近年，前期の実質倍率（男女計）は，2018年の1.42倍から2019～2022年に1.2～1.3倍前後と緩和し，2023年には全員合格の1.00倍に。しかし2024年は反動で応募者（男女計）がかなり増え1.34倍（男女計）まで盛り返した。通信制高校から受検生の流入があったか。

【併願例】〈挑戦〉日体大桜華，大東学園，堀越，フェリシア，科学技術学園，東野

一橋 高等学校

共 学
定時制（単位制）

アクセス／JR—馬喰町 3分　JR・都営浅草線—浅草橋7分　JR・日比谷線—秋葉原13分

〒101-0031　東京都千代田区東神田1-12-13　☎(03)3862-6061

【設置学科】　普通科
【沿　革】　2005年開校。
【生徒数】　男子295名，女子318名
【学習時間帯】
Ⅰ部（午前）　8：45～12：05
Ⅱ部（午後）12：55～16：15
Ⅲ部（夜間）17：25～21：00
【特色】　①Ⅰ部・Ⅱ部・Ⅲ部いずれかに所属。学校外の学修（資格検定など）も単位が認定される。②オリジナルの時間割を作成する。③学年制を併用した単位制で，HR活動が充実。④夏季集中講座，就職講座，3段階面接など，徹底した個別指導を行う。

進路ガイダンスも充実している。⑤スクールカウンセラーを複数配置。ユースソーシャルワーカーも継続的に来校し，悩み相談や支援などを行う。⑥定時制通信制全国大会でサッカー部が優勝，女子バスケットボール部と剣道部女子が準優勝。⑦制服なし。
【進路情報】　卒業生数―129名
大学―32名　短大―1名　専門学校―24名　就職―34名　その他―38名
【指定校推薦】　東洋大，駒澤大，東京都市大，千葉工大，城西大，高千穂大，他。
【見学ガイド】　文化祭，説明会，授業公開，個別相談，学校見学

主な大学合格状況
'24年春速報は巻末資料参照　　※（　）内は現役生で内数。（　）外は既卒生を含む。

大学名	'23	'22	大学名	'23	'22	大学名	'23	'22	大学名	'23	'22
◇琉球大	0	1(1)	日本大	4(2)	2(1)	東京都市大	0	4(4)	帝京平成大	3	0
◇島根県立大	1(1)	0	東洋大	6(3)	4(4)	立正大	8(1)	0	帝京科学大	1	2
学習院大	1	0	駒澤大	2(2)	2(1)	国士舘大	4(2)	2	高千穂大	3(3)	2(1)
明治大	1	0	東海大	3	0	千葉工大	1(1)	3(3)	東京工芸大	1(1)	3(2)
青山学院大	1	1(1)	亜細亜大	2	0	桜美林大	2(1)	0	文化学園大	2(2)	0
中央大	2(1)	0	帝京大	3	0	順天堂大	1(1)	1(1)	横浜薬科大	2(1)	0
法政大	1	1(1)	獨協大	3	2	二松學舍大	4(3)	0	麗澤大	1	0

選抜方法　2024年春（実績）

推薦	推薦枠	調査書の活用	調査書	個人面接	作文	前期	学力検査	学力検査：調査書	ESAT-J	個人面接
		実施しない					3教科	6：4	20点	300点

過去2年間の応募状況
※2024年度後期募集実施　1学年相当48名

相当学年	年度	性別	募集数	応募数	受検数	合格数	応募倍率	実質倍率	相当学年	年度	性別	募集数	応募数	受検数	合格数	応募倍率	実質倍率
1学年相当（前期）	'24	男女	192	163	156	155	0.85	1.01	2学年相当以上	'24	男女	15	1	1	1	0.07	1.00
	'23	男子	192	78	78	78	0.88	1.00		'23	男子	15	1	1	1	0.07	1.00
		女子		91	90	90		1.00			女子		0	0	0		—

合格のめやす

	合格の可能性	偏差値	換算内申	合計点Ⓐ+Ⓑ	入試得点Ⓐ	調査書点Ⓑ	推薦	内申めやす
前期	80%	34	34	415	235/600	180/400		—
	60%	32	32	380	210/600	170/400		

受験特報　「1学年相当」の前期では，2019年からの定員増（48名増）で入試状況が一変し，2019年に全員合格に。2020年も低倍率で，2021年は「全入」に。2022年には更なる定員増（48名増）。それが響いて，2022・2023年も全員合格に。ただ2024年は定員割れでも「全入」ではなかった。

【併願例】〈挑戦〉修徳，北豊島，正則学園，武蔵野，中央学院中央，瀧野川女子，堀越，品川エトワール，安部学院，科学技術学園，不二女子

新宿山吹 高等学校

共学　定時制（単位制）

〒162-8612　東京都新宿区山吹町81　☎(03)5261-9771

アクセス／東西線―早稲田10分，神楽坂10分　有楽町線―江戸川橋10分

【設置学科】　普通科，情報科
【沿革】　1991年創立。
【生徒数】　普通科578名，情報科329名
【設置課程】　定時制課程のほか，社会人の学習要望にこたえた生涯学習講座や，通信制課程（単位制・無学年制・普通科）を設置。
【学習時間帯】

1部　8：40～12：20　普通科
2部　10：40～14：50　普通科，情報科
3部　13：10～16：50　普通科
4部　17：20～21：10　普通科・情報科

【特色】　①都立で唯一，無学年制を採用。普通科1～4部，情報科2・4部の計6部のいずれかに所属。必履修科目以外は好きな科目を選び，自分で時間割を作る。②3年以上在籍し，必履修科目を含む74単位以上修得すると卒業できる。③情報科は情報システムやコンテンツなどが総合的に学べる都立唯一の学科。情報社会で活躍できる人材の育成をめざす。④制服なし。

【進路情報】　卒業生数―175名
大学―106名　短大―1名　専門学校―8名　就職―7名　その他―53名
【指定校推薦】　東京理科大，学習院大，法政大，東洋大，駒澤大，東海大，他。
【見学ガイド】　文化祭，説明会，見学会

主な大学合格状況

'24年春速報は巻末資料参照　※（ ）内は現役生で内数。（ ）外は既卒生を含む。

大学名	'23	'22	大学名	'23	'22	大学名	'23	'22	大学名	'23	'22
◇東京大	1(1)	1(1)	◇東京学芸大	0	1(1)	学習院大	4	4(4)	東洋大	31(8)	33(20)
◇東工大	1	0	◇都立大	1	4(4)	明治大	14(5)	7(4)	駒澤大	17(5)	14(7)
◇筑波大	0	1	◇横浜市大	1	0	青山学院大	2(2)	3(3)	専修大	18(8)	18(2)
◇東京外大	1	1	早稲田大	9(7)	8(8)	立教大	14(4)	8(8)	東海大	3(2)	2(2)
◇東北大	1(1)	0	慶應大	6(4)	4(4)	中央大	21(7)	9(6)	國學院大	11(5)	5(3)
◇九州大	1	0	上智大	12(6)	4(4)	法政大	12(8)	23(23)	立正大	14(5)	19(10)
◇東京農工大	1(1)	0	東京理科大	10(6)	11(10)	日本大	43(20)	25(14)	東京農大	13(7)	5(2)

選抜方法　2024年春（実績）

※推薦は情報科2部・4部のみ実施

推薦	推薦枠	調査書の活用	調査書	個人面接	作文	一次	学力検査	学力検査：調査書	ESAT-J	集団面接
	30%	評定	450点	400点	200点		3教科	7：3	20点	135点

2024年度の応募状況

※情報科の一次は1学年相当のみの募集

	学科	相当学年	性別	募集数	応募数	受検数	合格数	応募倍率	実質倍率		学科	相当学年	性別	募集数	応募数	受検数	合格数	応募倍率	実質倍率
推薦	情報	1学年相当	男女	19	59	―	19	3.11	―	一次	普通	1学年相当	男女	100	221	183	112	2.21	1.63
一次	情報	1学年相当	男女	46	101	97	54	2.20	1.80			2学年相当	男女	5	4	4	4	0.08	1.33

合格のめやす

	科名	合格の可能性	偏差値	換算内申	合計点Ⓐ＋Ⓑ	入試得点Ⓐ	調査書点Ⓑ		科名	内申めやす
一次	普通	80%	50	39	635	480/700	155/300	推薦	普通	―
		60%	48	37	605	455/700	150/300			
	情報	80%	44	38	570	420/700	150/300		情報	25/45
		60%	42	36	540	395/700	145/300			

受験特報　「1学年相当」の一次では，近年の実質倍率（男女計）は2021年に普通科1.16倍，情報科1.00倍。それが2022～2024年には普通科は応募者増が続き1.40倍→1.54倍→1.63倍と上昇，情報科は1.49倍→1.21倍→1.80倍と特に2024年は高倍率に。このため2025年は敬遠層が出るか。

【併願例】〈挑戦〉日大櫻丘，目黒日大，武蔵野大学　〈最適〉日本工大駒場，豊島学院，錦城学園，目黒学院，保善，上野学園，駿台学園　〈堅実〉貞静学園，二階堂，堀越，大東学園

浅草 高等学校

共　学
定時制（単位制）

アクセス　東武スカイ
ツリーライン・銀座線
―浅草15分　都営浅草
線―浅草18分

〒111-0024　東京都台東区今戸1-8-13　☎(03)3874-3182

【設置学科】　普通科
【沿　革】　2006年開校。
【生徒数】　男子254名，女子248名
【学習時間帯】
Ⅰ部（午前部）　8：40～12：00
Ⅱ部（午後部）13：15～16：35
Ⅲ部（夜間部）17：45～21：05
【特　色】　①一人ひとり，自分だけの時間割を持つ。②中学校の学び直しや発展科目の「トライゼミ」を設置。国数英で習熟度別授業を行う。③「落語研究」「茶道」「邦楽演奏」「伝統工芸」など浅草ならではの科目をはじめ，基礎から応用まで多様な選択科目を設置。「保育体験」や「福祉体験」も履修できる。④スタディサプリで学び直しから大学進学まで自分に合った学習に取り組める。⑤昼休み，夕休み，土・日曜日に部活動を行う。⑥全館冷暖房完備。温水プールもある。⑦制服（標準服）あり。
【進路情報】　卒業生数―146名
大学―27名　専門学校―40名　就職―42名　その他―37名
【指定校推薦】　東洋大，東京工芸大，杏林大，麗澤大，聖徳大，中央学院大，他。
【見学ガイド】　文化祭，説明会，体験授業，授業公開，見学会，個別相談会

主な大学合格状況

'24年春速報は巻末資料参照　　※（　）内は現役生で内数。（　）外は既卒生を含む。

大学名	'23	'22	大学名	'23	'22	大学名	'23	'22	大学名	'23	'22
日本大	1(1)	4	千葉工大	1(1)	0	城西大	1(1)	1(1)	淑徳大	2(2)	1(1)
東洋大	3(3)	2(2)	桜美林大	1	0	日本工大	2(2)	0	麗澤大	1	0
大東文化大	2(1)	1(1)	武蔵野大	2(1)	0	文京学院大	0	1(1)	和洋女子大	1(1)	1(1)
亜細亜大	0	1(1)	文教大	1	0	高千穂大	2(2)	0	中央学院大	2(2)	1(1)
獨協大	0	1(1)	帝京平成大	0	2	多摩美大	1	0	流通経済大	2(2)	0
立正大	2(1)	0	大正大	2(1)	0	東京工芸大	1	1(1)	聖学院大	2	0
国士舘大	0	2(1)	拓殖大	0	2(2)	横浜美大	1(1)	0	東京国際大	1(1)	0

選抜方法　2024年春（実績）

推薦	推薦枠	調査書の活用	調査書	個人面接	前期	学力検査	学力検査：調査書	ESAT-J	個人面接
	実施しない					3教科	6：4	20点	300点

過去2年間の応募状況

※2024年度後期募集実施　1学年相当48名

相当学年	年度	性別	募集数	応募数	受検数	合格数	応募倍率	実質倍率	相当学年	年度	性別	募集数	応募数	受検数	合格数	応募倍率	実質倍率
1学年相当（前期）	'24	男女	192	166	161	155	0.86	1.04	2学年相当以上	'24	男女	15	0	0	0	—	—
	'23	男子	192	60	59	59	0.58	1.00		'23	男子	15	1	1	1	0.13	1.00
		女子		52	51	51		1.00			女子		1	1	1		1.00

合格のめやす

	合格の可能性	偏差値	換算内申	合計点Ⓐ＋Ⓑ	入試得点Ⓐ	調査書点Ⓑ	推薦	内申めやす
前期	80%	34	34	415	235/600	180/400		
	60%	32	32	380	210/600	170/400		

受験特報　「1学年相当」の前期では，2019年から定員が増え（48名増），2022年にもさらに定員増（48名増）。それが響いて，2019～2021年に実質倍率（男女計）1.01倍～1.15倍と低迷，2022・2023年は全員合格に。ただ2024年は定員割れでも不合格が出た。2025年も油断はできない。

【併願例】〈挑戦〉修徳，北豊島，正則学園，武蔵野，中央学院中央，愛国，瀧野川女子，堀越，安部学院，科学技術学園，不二女子

荻窪 高等学校

共　学
定時制（単位制）

アクセス
JR・丸ノ内線―荻窪 4 分

〒167-0051　東京都杉並区荻窪5-7-20　☎(03)3392-6436

【設置学科】　普通科
【沿　革】　2007年に開校。
【生徒数】　男子296名，女子242名
【学習時間帯】
Ⅰ部　8：35～12：00
Ⅱ部　12：40～16：05
Ⅲ部　17：30～20：55
【特　色】　①1日4時間授業で4年間かけてじっくり学ぶことを基本とする。②1クラス最大30名。国数英で少人数指導を行う。③インターンシップやボランティア，各種資格試験なども単位認定する。④担任や複数のスクールカウンセラー，ユースソーシャルワーカーなどによる充実した教育相談体制をとる。⑤進学希望者への個別指導，個性に合わせた就職指導など，様々な進路を支援する。⑥全国大会でバスケットボール部男子が準優勝，バトミントン部が3位。陸上部，卓球部，自転車競技部が全国大会出場。⑦制服（標準服）あり。

【進路情報】　卒業生数―154名
大学―36名　短大―2名　専門学校―56名　就職―20名　その他―40名
【指定校推薦】　駒澤大，亜細亜大，国士舘大，城西大，帝京科学大，多摩大，他。
【見学ガイド】　説明会，授業公開，見学会

東京　昼夜間定時制・普通科　台東区／杉並区

主な大学合格状況
'24春速報は巻末資料参照　※既卒生を含む。'22の( )内は現役生で内数。

大学名	'23	'22	大学名	'23	'22	大学名	'23	'22	大学名	'23	'22
立教大	0	1(1)	帝京大	3	2(2)	明星大	0	3(3)	高千穂大	1	5(4)
中央大	1	0	東京都市大	0	2(2)	文教大	2	0	東京家政大	1	0
法政大	0	1(1)	国士舘大	1	0	学習院女子大	1	0	フェリス女学院大	1	0
日本大	3	2(2)	東京経済大	2	0	帝京平成大	1	0	和洋女子大	2	1(1)
東洋大	0	2(2)	共立女子大	1	0	産業能率大	0	2	嘉悦大	0	5(3)
駒澤大	1	0	創価大	0	4	目白大	2	0	東京純心大	1	0
亜細亜大	0	3(3)	実践女子大	1	0	日本獣医生命科学大	1	0	明海大	0	1

選抜方法　2024年春（実績）

推薦	推薦枠	調査書の活用	調査書	個人面接	前期	学力検査	学力検査：調査書	ESAT-J	集団面接
		実施しない				3教科	7：3	20点	300点

過去2年間の応募状況
※2024年度後期募集実施　1学年相当48名

相当学年	年度	性別	募集数	応募数	受検数	合格数	応募倍率	実質倍率	相当学年	年度	性別	募集数	応募数	受検数	合格数	応募倍率	実質倍率
1学年相当（前期）	'24	男女	192	124	121	121	0.65	1.00	2学年相当以上	'24	男女	15	1	1	1	0.07	1.00
	'23	男子	192	67	64	64	0.61	1.00		'23	男子	15	0	0	0	―	―
		女子		50	48	48		1.00			女子		0	0	0	―	―

合格のめやす

	合格の可能性	偏差値	換算内申	合計点Ⓐ＋Ⓑ	入試得点Ⓐ	調査書点Ⓑ	推薦	内申めやす
前期	80%	35	35	425	285/700	140/300		―
	60%	33	33	390	260/700	130/300		

【受験特報】　「1学年相当」の前期では，2019年から定員枠を拡大（48名増），2022年にも更なる定員増（48名増）で入試状況が一変。2019年に全員合格となり，2020年も倍率低迷，2021～2024年は4年連続で「全入」となった。ただ，定員割れでも，不合格が出た年もあり油断はできない。

【併願例】〈挑戦〉豊南，自由ヶ丘，藤村女子，文華女子，武蔵野，立川女子，京華商業，二階堂，日体大桜華，堀越，大東学園，科学技術学園

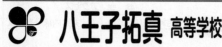

八王子拓真 高等学校

共 学
定時制（単位制）

アクセス
JR―西八王子8分　京
王高尾線―山田20分

〒193-0931　東京都八王子市台町3-25-1　☎(042)622-7563

【設置学科】　普通科

【沿　革】　2007年に開校。

【生徒数】　男子500名，女子400名

【学習時間帯】

Ⅰ部（午前部）　8：40～12：10

Ⅱ部（午後部）13：10～16：40

Ⅲ部（夜間部）17：40～21：10

【特　色】　①「学び直し」「居場所づくり」「キャリア教育」を3本柱に，多様な教育活動に取り組む。②各部1日4時限の授業を受け，4年間での卒業を基本とする。自由選択科目を週3回程度受講し，3年間での卒業も可能。③30名のクラス編成。数英の習熟度別授業や学び直し講座など，基礎，基本を重視した「わかる」授業を実践する。④インターンシップやキャリアガイダンスなど，地域と連携した進路指導を行う。⑤不登校経験者などを受け入れるチャレンジ枠を設ける。⑥制服（標準服）あり。

【進路情報】　卒業生数―275名

大学―44名　短大―6名　専門学校―106名　就職―79名　その他―40名

【指定校推薦】　帝京大，明星大，拓殖大，多摩大，東京工芸大，白梅学園大，他。

【見学ガイド】　文化祭，説明会，授業公開，見学会，個別相談会

主な大学合格状況　'24年春速報は巻末資料参照
※（　）内は現役生で内数。（　）外は既卒生を含む。

大学名	'23	'22	大学名	'23	'22	大学名	'23	'22	大学名	'23	'22
中央大	0	1	玉川大	1(1)	0	拓殖大	1(1)	3(3)	白梅学園大	3(3)	1(1)
法政大	1(1)	0	立正大	2(2)	1	産能率大	1(1)	1(1)	東京医療学院大	1(1)	1(1)
日本大	3(3)	0	桜美林大	3(1)	1(1)	帝京科学大	1(1)	0	東洋学園大	1(1)	0
東海大	1	1(1)	杏林大	3	0	多摩大	1(1)	3(3)	和光大	2(2)	3(3)
亜細亜大	2(2)	0	実践女子大	1(1)	0	高千穂大	1(1)	0	跡見学園女子大	3	0
帝京大	6(5)	2(2)	明星大	6(6)	4(4)	武蔵野美大	1(1)	0	駿河台大	3(3)	4(3)
國學院大	1	0	帝京平成大	2(1)	2(1)	東京工芸大	2(1)	1	西武文理大	1(1)	1(1)

選抜方法　2024年春（実績）　　※3教科を総合して50分で実施する自校作成問題

推薦	実施	整合問	学力検査	学力検査:調査書	集団面接	チャレンジ枠	学力検査	調査書	志願申告書	個人面接	作文
	しない		＊3教科	6：4	300点		―	―	100点	500点	500点

2024年度の応募状況　※2024年度一般枠後期募集実施　1学年相当48名

一般枠	性別	募集数	応募数	受検数	合格数	応募倍率	実質倍率	チャレンジ枠	性別	募集数	応募数	受検数	合格数	応募倍率	実質倍率
1学年相当（前期）	男女	192	234	225	180	1.22	1.25	1学年相当	男女	60	80	76	64	1.33	1.19
2学年相当以上	男女	15	0	0	0										

合格のめやす　一般枠

前期	合格の可能性	偏差値	換算内申	合計点Ⓐ+Ⓑ	入試得点Ⓐ	調査書点Ⓑ	推薦	内申めやす
	80%	36	37	455	260/600	195/400		―
	60%	34	35	420	235/600	185/400		

【受験特報】　一般枠（「1学年相当」）の前期では，実質倍率（男女計）は，2019～2022年に1.2～1.4倍台で，2023年に1.12倍（男女計）にダウン。ただ2024年は応募者増で1.25倍（同）に上向く。チャレンジ枠の実質倍率（男女計）は，2023年に高めの1.65倍に上がるも応募者減でかなり低下。

【併願例】　〈挑戦〉昭和一学園，駒沢女子，藤村女子，立川女子，聖パウロ，大東学園，堀越，フェリシア，光明相模原，柏木学園

砂川 高等学校

共 学
定時制（単位制）

【アクセス】
多摩モノレール―泉体育館3分

〒190-8583 東京都立川市泉町935-4 ☎(042)537-4611

【設置学科】 普通科
【沿 革】 1979年開校。2005年，昼夜間定時制に改編。
【生徒数】 男子194名，女子239名
【学習時間帯】
Ⅰ部 8：30〜14：15
Ⅱ部 10：10〜16：00
Ⅲ部 14：25〜20：40
【特 色】 ①国数英は少人数・習熟度別授業。進学対応のインテンシブ講座と，基礎・基本に重点をおいたベーシック講座がある。②生徒の興味を引き出すため，ICTや映像教材なども使用する。③東洋大学と高大連携。外部履修単位として，大学などの授業受講や資格取得による単位修得も可能。④豊富な体験活動を取り入れた進路指導で，夢をサポートする。⑤少林寺拳法部が男女共に世界大会，バトミントン部，卓球部が全国大会に出場。⑥制服あり。
【進路情報】 卒業生数―141名
大学―58名 短大―3名 専門学校―35名 就職―31名 その他―14名
【指定校推薦】 中央大，東洋大，駒澤大，桜美林大，杏林大，創価大，明星大，他。
【見学ガイド】 文化祭，説明会，体験授業，授業公開，見学会，個別相談会

主な大学合格状況　'24年春速報は巻末資料参照 ※（ ）内は現役生で内数。（ ）外は既卒生を含む。

大学名	'23	'22	大学名	'23	'22	大学名	'23	'22	大学名	'23	'22
◇都立大	0	1	法政大	5(1)	1(1)	國學院大	3(2)	1	帝京平成大	0	3(1)
◇横浜市大	1	0	日本大	6(1)	6	成蹊大	5	0	東京工科大	5	2
学習院大	0	1	東洋大	3(1)	7(3)	国士舘大	2	2(1)	拓殖大	3(3)	2(2)
明治大	0	4(1)	駒澤大	2(2)	0	東京経済大	4	1(1)	帝京科学大	0	4(2)
青山学院大	1	0	専修大	2	0	桜美林大	3(2)	6(2)	多摩大	2(2)	1(1)
立教大	0	2	東海大	1(1)	1(1)	杏林大	0	3(3)	高千穂大	2(2)	2(2)
中央大	1(1)	3(1)	帝京大	11(4)	3	明星大	5(5)	4(4)	駿河台大	1	5(5)

選抜方法　2024年春（実績）

推薦					前期				
	推薦枠	調査書の活用	調査書	個人面接		学力検査	学力検査：調査書	ESAT-J	集団面接
	実施しない					5教科	7：3	20点	100点

過去2年間の応募状況　※2024年度後期募集実施　1学年相当30名

相当学年	年度	性別	募集数	応募数	受検数	合格数	応募倍率	実質倍率	相当学年	年度	性別	募集数	応募数	受検数	合格数	応募倍率	実質倍率
1学年相当（前期）	'24	男女	120	146	142	120	1.22	1.18	2学年相当以上	'24	男女	15	0	0	0	―	―
	'23	男子	120	73	68	45	1.58	1.51		'23	男子	15	0	0	0	―	―
		女子		117	115	75		1.53			女子		0	0	0	―	―

合格のめやす

前期	合格の可能性	偏差値	換算内申	合計点Ⓐ+Ⓑ	入試得点Ⓐ	調査書点Ⓑ	推薦	内申めやす
	80%	37	35	475	315/700	160/300		―
	60%	35	33	440	290/700	150/300		

【受験特報】 「1学年相当」の前期では，実質倍率（男女計）は，2019年の高めの1.61倍から2020・2021年に1.23倍→1.06倍にダウン。それが2022・2023年は応募者増で1.41倍→1.53倍（男女計）と盛り返す。しかし2024年はかなり応募者減で倍率緩和。2025年には反動（倍率アップ）に注意。

【併願例】〈挑戦〉東海大菅生，昭和一学園，藤村女子，聖パウロ，立川女子，日体大桜華，大東学園，堀越，光明相模原，東野

六本木 高等学校

共 学
定時制（単位制）

〒106-0032　東京都港区六本木6-16-36　☎ (03) 5411-7327

アクセス／ 日比谷線―六本木7分　都営大江戸線―麻布十番8分　南北線―麻布十番9分

【設置学科】　総合学科

【沿　革】　2005年4月に開校。

【生徒数】　男子185名，女子423名

【学習時間帯】
Ⅰ部（午前部）8：45～12：05
Ⅱ部（午後部）13：00～16：20
Ⅲ部（夜間部）17：10～20：45

【学習システム】　①「見つけて　磨いて　未来をひらく」を教育目標とする。3年または4年での卒業に合わせて，自分で時間割をつくる。74単位以上の修得で卒業となる。②自分の部以外の時間に授業を受ける他部履修も可能。③昼休みに，委員会や部活動などが行われる。夕休みは，多くの部活動や委員会が活動している。

【カリキュラム】　①国数英で習熟度別授業を実施。②専門科目・総合科目で，芸術・カルチャー系，生活・ウェルネス系，情報・サイエンス系の3系列を用意。「情報演習」など多様な学校設定科目を設置し，自由選択科目は100講座以上。他に「クラフト」「香道」「天文」「防災学」「海洋エコツーリズム」といったユニークな科目もある。③大学や高等専門学校・専修学校での学習，各種検定試験，ボランティア，インターンシップ，社会体験活動（アルバイト）などが単位として認められる。④和光大学，帝京科学大学などと高大連携。⑤ユネスコスクールに加盟。ユネスコが推進するESD（持続可能な開発のための教育）の考え方を取り入れた様々な講座を多数設置している。

【教育相談】　カウンセリング面談に加え，ユースソーシャルワーカーやスクールカウンセラーのサポートが充実。

【クラブ活動】　バレーボール・陸上競技部，自転車競技同好会が全国大会，吟詠剣詩舞同好会が全国高校総合文化祭出場。

【施　設】　冷暖房完備の体育館，天文台，天然芝のグラウンド，トレーニングルーム，音楽室，福祉室，演劇室，畑などがある。

【制　服】　標準服あり。

【進路情報】　卒業生数―141名
大学―50名　短大―5名　専門学校―49名　就職―9名　その他―28名

【大学合格状況】　日本大，東洋大，駒澤大，帝京大，國學院大，武蔵大，国士舘大，他。

【指定校推薦】　国士舘大，桜美林大，駒沢女子大，城西大，目白大，高千穂大，他。

【見学ガイド】　文化祭，説明会，体験授業，授業公開，見学会，学校見学

選抜方法 2024年春（実績）

推薦	推薦枠	調査書の活用	調査書	個人面接	一次	学力検査	調査書	志願申告書	個人面接	作文
	実施しない					―	―	150点	600点	500点

過去3年間の応募状況

相当学年	年度	性別	募集数	応募数	受検数	合格数	応募倍率	実質倍率	相当学年	年度	性別	募集数	応募数	受検数	合格数	応募倍率	実質倍率
1学年相当（一次）	'24	男女	170	285	272	173	1.68	1.57	2学年相当以上	'24	男女	15	4	4	4	0.27	1.00
	'23	男子	170	93	89	48	1.71	1.85		'23	男子	15	0	0	0	0.07	―
		女子		198	188	126		1.49			女子		1	1	1		1.00
	'22	男子	170	108	100	46	1.62	2.17		'22	男子	15	0	0	0	0.13	―
		女子		167	164	128		1.28			女子		2	1	1		2.00

受験特報　近年，「1学年相当」の実質倍率（男女計）は，2018～2020年の1.51～1.60倍から，2021年に応募者急減で1.28倍にダウン。しかし2022・2023年に応募者が増え1.52倍→1.59倍と盛り返し，2024年も1.5倍台が続いた。なお，高校での学習や諸活動への強い意欲などは評価される。

【併願例】〈挑戦〉大東学園，堀越，品川エトワール，安部学院，科学技術学園，武相，白鵬女子，柏木学園

大江戸 高等学校

共学　定時制（単位制）

〒135-0015　東京都江東区千石3-2-11　☎ (03) 5606-9500

【設置学科】　総合学科

【沿　革】　2004年4月に開校。

【生徒数】　男子257名，女子326名

【学習時間帯】

1部（午前部）9：00～12：20

2部（午後部）13：30～16：50

3部（夜間部）17：45～21：05

【学習システム】　①「今までよりも，これから」を大切にして，「変わりたい」「学びたい」という意欲や熱意を応援。②1日の授業は各部とも4時限。卒業に必要な74単位分の授業を，目標に合わせて選択して，自分の時間割を作ることができる。4年での卒業が基本だが，所属部以外の授業を履修して3年で卒業することも可能。

【カリキュラム】　①少人数授業で，わかりやすい指導。体験的な学習や実習を重視する。②選択科目は3系列からなり，多数の講座を設置。伝統・文化系列，生活・福祉系列，情報・ビジネス系列と，系列以外の講座がある。情報系列では「情報探究」「マルチメディア」などを開講予定。特色ある講座から，自分に合った授業を選択できる。③大学進学支援を視野に入れた学習指導も行う。④1年次の「生活実践」「産業社会と人間」，2年次の「地域理解」，3・4年次の「総合研究」「テーマ研究」というチャレンジ指定科目で体験学習を推進。社会性を身につけながらキャリア教育を進める。⑤地域の伝統工芸士や福祉関係の専門家などの授業，地域でのボランティアや福祉活動も積極的に取り入れる。

【進路指導】　きめ細かい進路指導や履修ガイダンスで，一人ひとりの学習と進路実現を支援。幅広い希望の対応に取り組む。

【教育相談】　1年次の2名担任制を核に，スクールカウンセラー，ユースソーシャルワーカーなどを交えた組織的なカウンセリング体制をしく。教職員と専門家が連携し，教育支援体制の充実を図る。

【制　服】　あり。女子のスラックス着用可。

【進路情報】　卒業生数─ 159名

大学─57名　短大─8名　専門学校─48名　就職─15名　その他─31名

【大学合格状況】　筑波大，秋田公立美大，上智大，東京理科大，日本大，他。

【指定校推薦】　国士舘大，千葉工大，桜美林大，麗澤大，高千穂大，和洋女子大，他。

【見学ガイド】　文化祭，説明会，体験授業，授業公開，見学会

選抜方法　2024年春（実績）

推薦	推薦枠	調査書の活用	調査書	個人面接	一次	学力検査	調査書	志願申告書	個人面接	作文
薦	実施しない				次	─	─	100点	600点	600点

過去3年間の応募状況

相当学年	年度	性別	募集数	応募数	受検数	合格数	応募倍率	実質倍率	相当学年	年度	性別	募集数	応募数	受検数	合格数	応募倍率	実質倍率
1学年相当（一次）	'24	男女	170	261	252	176	1.54	1.43	2学年相当以上	'24	男女	15	2	2	1	0.13	2.00
	'23	男子	170	141	137	70	1.66	1.96		'23	男子	15	0	0	0	0.20	─
		女子		142	137	106		1.29			女子		0	0	0		─
	'22	男子	170	114	107	86	1.28	1.24		'22	男子	15	1	1	1	0.20	1.00
		女子		103	100	88		1.14			女子		2	2	0		─

【受験特報】　近年，「1学年相当」の実質倍率（男女計）は，2021年に1.11倍に下がり，2022年も低めの1.19倍。しかし2023年に反動が起き1.56倍（男女計）にアップ。ただ2024年は応募者減で倍率がやや下向いた。なお，本校の学習などへの意欲や三部制・単位制総合学科の理解が大切。

【併願例】〈挑戦〉堀越，大東学園，品川エトワール，安部学院，科学技術学園，不二女子

〈最適〉クラーク国際（通）

世田谷泉 高等学校

共 学　定時制（単位制）

〒 157-0061　東京都世田谷区北烏山9-22-1　☎ (03) 3300-6131

【設置学科】　総合学科
【沿　革】　2001年開校。
【生徒数】　男子280名，女子357名
【学習時間帯】
Ⅰ部（午前）8：40〜12：05
Ⅱ部（午後）12：50〜16：15
Ⅲ部（夜間）16：50〜20：50
【学習システム】　①3つに分かれた時間帯から，「学ぶ時間」を選ぶ。②必履修科目を履修し，74単位以上修得すれば卒業できる。他部の選択科目を受講することで，3年間での卒業が可能。③「学ぶ計画」（学ぶペース）を自分で決めることができる。④文化祭や体育祭などのため，一斉登校日が年約40日ある。⑤毎日のショートHRと，週1時限のロングHRがある。
【カリキュラム】　①数多くの選択科目があり，興味，関心に応じて受講できる。保育・住生活などの生活・福祉系列，ダンス・写真などの創作・表現系列，工業実習などの製作・技術系列の3系列を用意する。そのほか，入門から発展までの普通科目もある。②15 〜 25名の少人数授業。国数英では習熟度別講座を開講。③ボランティア活動，資格・検定取得や高校卒業程度認定試験も，

単位として認められる。
【進路指導】　希望進路の実現に向けて，卒業年次までの進路指導目標を設定する。充実した進路ガイダンス，細やかな個別指導，インターンシップ，面接指導などを行う。
【教育相談】　スクールカウンセラー，臨床発達心理士，ユースソーシャルワーカーなどがカウンセリング室で支援を行う。
【クラブ活動】　卓球・陸上・サッカー・剣道・バレーボール部が全国大会に出場。
【行　事】　華泉祭（文化祭），体育祭，校外学習，修学旅行，学習成果発表会など。
【施　設】　実習棟，介護実習室などに専門の施設や機械が揃う。スタジオは専門機材を設置。プロの先生の指導も受けられる。
【制　服】　標準服あり。
【進路情報】　卒業生数―144名
大学―45名　短大―3名　専門学校―42名　就職―14名　その他―40名
【大学合格状況】　千葉大，早稲田大，慶應大，学習院大，明治大，中央大，法政大，他。
【指定校推薦】　東洋大，駒澤大，桜美林大，駒沢女子大，ものつくり大，和光大，他。
【見学ガイド】　体育祭，文化祭，説明会，体験入学，部活動体験，授業公開，見学会

選抜方法 2024年春（実績）

推薦	推薦枠	調査書の活用	調査書	個人面接	一次	学力検査	調査書	志願申告書	個人面接	作文
	実施しない					―	―	100点	600点	500点

過去3年間の応募状況

相当学年	年度	性別	募集数	応募数	受検数	合格数	応募倍率	実質倍率	相当学年	年度	性別	募集数	応募数	受検数	合格数	応募倍率	実質倍率
1学年相当（一次）	'24	男女	170	257	248	174	1.51	1.43	2学年相当以上	'24	男女	15	4	4	2	0.27	2.00
	'23	男子	170	121	116	75	1.55	1.55		'23	男子	15	1	1	0	0.07	―
		女子		143	138	102		1.35			女子		0	0	0		―
	'22	男子	170	99	96	70	1.32	1.37		'22	男子	15	2	2	1	0.13	1.00
		女子		126	122	104		1.17			女子		0	0	0		―

【受験特報】　「1学年相当」の実質倍率（男女計）は，2018年の1.54倍から，2021年に1.08倍まで低下。しかし2022年に反動で1.25倍に上がり，2023年は1.44倍にアップ。ただ2024年は応募者が微減し倍率は若干，下向いた。学ぶ意欲，熱意と本校の三部制・単位制・総合学科の理解が必要。

【併願例】〈挑戦〉大東学園，堀越，フェリシア，品川エトワール，科学技術学園，柏木学園

稔ヶ丘 高等学校

共学　定時制（単位制）

アクセス／西武新宿線
―下井草7分　西武池袋線―富士見台15分

〒165-0031　東京都中野区上鷺宮5-11-1　☎(03)3970-8655

【設置学科】　総合学科
【沿　革】　2007年開校。
【生徒数】　男子424名，女子362名
【学習時間帯】
Ⅰ部　8：40〜12：10
Ⅱ部　13：05〜16：25
Ⅲ部　17：10〜21：00

【学習システム】　①Ⅰ〜Ⅲ部のいずれかに所属し，自分の部（自部）を中心に学校生活を送る。②1日4時限で，自部のみ履修で卒業まで4年。週3日×1日6時限の時間割により，3年での卒業が可能。③自分のペースで学習できるが，学ぶ意欲や自己管理が重要となる。④自部の最初の授業前にショートHRがある（Ⅲ部は給食前）。⑤昼休みや夕休みに部活動が行われる。

【カリキュラム】　①進路に合った時間割を自分で組む。②選択科目は多種多彩。情報・デザイン系列，ビジネス・コミュニケーション系列，人間・環境系列の3系列と，一般科目を設置。情報系列では「情報実習」「情報の表現と管理」などの選択科目がある。③15〜20名程度の少人数授業が多く，数英は習熟度別。④独自の学校設定科目「コーピング」では，早稲田大学人間科学学術院と連携し，人間関係のストレスにうまく対処し，人生の課題を解決する力を身につける。⑤検定対策，授業より高いレベルの教材を用いた「みのりゼミ」を実施。⑥博物館や美術館，様々な資料館などでの体験学習を重視。⑦ボランティアやインターンシップなどの多様な学習や体験活動を単位として認定するマイレージ制度がある。

【進路指導】　一人ひとりの生徒に丁寧にアドバイスし，希望の進路実現を支援する。
【クラブ活動】　バトミントン・陸上競技・女子バレーボール・剣道・男子バスケットボール・軟式野球部などが全国大会出場。
【施　設】　落ち着いた雰囲気で，安心して勉強できる学習環境が整っている。
【制　服】　あり。
【進路情報】　卒業生数―151名
大学―63名　短大―4名　専門学校―48名　就職―6名　その他―30名
【大学合格状況】　東京外大，都立大，学習院大，明治大，青山学院大，立教大，他。
【指定校推薦】　東洋大，駒澤大，帝京大，千葉工大，桜美林大，明星大，城西大，他。
【見学ガイド】　文化祭，説明会，体験入学，部活動体験，学校公開，見学会，学校見学

選抜方法 2024年春（実績）

推薦	推薦枠	調査書の活用	調査書	個人面接	一次	学力検査	調査書	志願申告書	個人面接	作文
	実施しない					―	―	100点	600点	500点

過去3年間の応募状況

相当学年	年度	性別	募集数	応募数	受検数	合格数	応募倍率	実質倍率	相当学年	年度	性別	募集数	応募数	受検数	合格数	応募倍率	実質倍率
1学年相当（一次）	'24	男女	230	351	337	235	1.53	1.43	2学年相当以上	'24	男女	15	0	0	0	―	―
	'23	男子	230	185	179	125	1.44	1.43		'23	男子	15	0	0	0	―	―
		女子		147	141	108		1.31			女子		0	0	0	―	―
	'22	男子	230	160	150	121	1.26	1.24		'22	男子	15	0	0	0	―	―
		女子		129	127	112		1.13			女子		0	0	0	―	―

【受験特報】　「1学年相当」の実質倍率（男女計）は，2019年の1.38倍から下がり，2021・2022年に1.2倍未満に緩和。しかし2023年に反動の応募者増で1.37倍（男女計）に盛り返し，2024年も倍率がやや上向いた。本校の特色をよく理解し，本校での学習，高校生活への強い意欲を持ちたい。

【併願例】〈挑戦〉武蔵野，京華商業，大東学園，堀越，品川エトワール，安部学院，科学技術学園，東野

桐ヶ丘 高等学校

定時制（単位制）　共学

〒115-0052　東京都北区赤羽北3-5-22　☎(03) 3906-2173

【設置学科】　総合学科

【沿　革】　2000年開校。

【生徒数】　男子269名，女子312名

【学習時間帯】
Ⅰ部（午前）　8：40～12：05
Ⅱ部（午後）13：00～16：25
Ⅲ部（夜間）17：15～21：10

【学習システム】　①学ぶ意欲と熱意，心の触れ合いを重視したアットホームで居心地のよい学校。学びたい科目を進路に合わせて学習でき，自分らしさが活かせる。②学年の区分がない。三部制で，学びたい部を選んで所属。他部の授業を年間10単位まで受講でき，3年で卒業に必要な単位を修得可能。③前期，後期の2学期制を採用。④中学校における成績などは問わない。「これまで」より「これから」を重視している。

【カリキュラム】　①「わかる授業」「楽しい授業」がモットー。基礎，基本を重視し，少人数できめ細かく指導。②必履修科目のほか，バラエティに富んだ選択科目は，福祉・教養，情報・ビジネス，アート・デザインの3系列。③独自のチャレンジ指定科目がある。「人と地球」など，体験学習を中心とした特色ある授業を行う。④国数英

で習熟度別授業を行い，丁寧な学習指導を実施している。⑤ボランティア活動や地域交流など校外での様々な楽しい授業を通し，実践力や社会で役立つ技術，資格を身につけ，自立心を養う。

【教育相談】　キャリアガイダンスやカウンセリングが手厚く行われる。複数人の専門相談員が常駐しているカウンセリングルームは，いつでも利用できる。

【クラブ活動】　陸上部，剣道部が全国大会，文芸部が関東大会に出場している。

【行　事】　ボウリング大会，地域交流（ボランティア）の日，ポロニアフェスティバル（文化祭と体育祭）などがある。

【施　設】　校舎の全面改修により仮設校舎を使用。新校舎は2026年夏に完成予定。

【制　服】　あり。

【進路情報】　卒業生数―143名
大学―34名　短大―2名　専門学校―47名　就職―20名　その他―40名

【大学合格状況】　立教大，駒澤大，玉川大，多摩美大，東京造形大，日本体育大，他。

【指定校推薦】　非公表。

【見学ガイド】　文化祭，説明会，一日体験入学，公開授業，見学会

選抜方法 2024年春（実績）

	推薦枠	調査書の活用	調査書	個人面接	一	学力検査	調査書	志願申告書	個人面接	作文
推薦	実施しない				次	―	―	100点	600点	500点

過去3年間の応募状況

相当学年	年度	性別	募集数	応募数	受検数	合格数	応募倍率	実質倍率	相当学年	年度	性別	募集数	応募数	受検数	合格数	応募倍率	実質倍率
1学年相当（一次）	'24	男女	170	183	178	170	1.08	1.05	2学年相当以上	'24	男女	15	2	2	2	0.13	1.00
	'23	男子	170	63	62	62	0.71	1.00		'23	男子	15	0	0	0	―	―
		女子		57	56	56		1.00			女子		0	0	0	―	―
	'22	男子	170	73	69	63	0.91	1.10		'22	男子	15	0	0	0	―	―
		女子		82	82	81		1.01			女子		0	0	0	―	―

受験特報　「1学年相当」では2018～2022年に実質倍率（男女計）1.05～1.14倍と低く，2023年には応募者がより少なめで全員合格に。ただ，2024年は反動で応募者がかなり増え「全入」からは脱した。なお，作文では高校生活の具体的な抱負，本校の特色（特徴）の理解が問われやすい。

【併願例】〈挑戦〉品川エトワール，安部学院，科学技術学園，堀越，東野

小台橋 高等学校

共学
定時制（単位制）

アクセス
都電荒川線—小台7分
日暮里舎人ライナー—
足立小台11分

〒120-8528　東京都足立区小台2-1-31　☎(03) 3913-1111

【設置学科】　総合学科
【沿　革】　2022年4月，新規開校。
【生徒数】　男女437名
【学習時間帯】
Ⅰ部（午前部）8：50〜12：15
Ⅱ部（午後部）13：15〜16：40
Ⅲ部（夜間部）17：10〜21：05
【学習システム】　①東京都で6番目のチャレンジスクールとして開校。新しい環境で目的意識を持って，学び直しから大学進学までチャレンジする生徒を応援。②三部制で，いずれかの部に所属。1日の授業は各部とも45分×4時限。③4年間での卒業が基本。他部の授業を履修することで，3年間で卒業も可能。④大学のようにゼミナール（ゼミ）の時間があり，興味のあること，深く学びたいことの課題研究を行い，プレゼンテーションをする。ビジネス，美術，物理など様々なゼミがあり，自ら調べ，考え，発表するゼミ活動が学びの中心になる。
【カリキュラム】　①多様で柔軟なカリキュラムから，自分の得意な科目を伸ばせるオリジナルの時間割を組む。②情報・ビジネス，アート・デザイン，人文・自然の3系列の幅広い選択科目を設置。国数英理社の

普通科目を多く学ぶ人文・自然系列では，大学入試に対応した学習も可能。③「フューチャーデザイニング（未来設計）」の授業で，キャリアの理論に従い，自己を知り，様々な情報を活用して将来を考えて進路を決定。1年次は「産業社会と人間」について学び，興味がある学問を見つける。2年次以降は総合的な探究の時間で職業について知り，働くことの意義を考え，課題研究発表を行う。ビジネススキル，豊かな感性と表現力，知識・情報の活用力，アントレプレナーシップ（起業家精神）などを身につける。④簿記・カラーコーディネーター検定の資格取得など，授業以外でも単位取得ができる。⑤東京電機大学と高大連携。
【教育相談】　悩みや不安を相談するカウンセラー室や生徒相談室，ラーニングコモンズ，ゼミ室など，安心できる居場所が充実。
【行　事】　文化祭，スポレク祭，修学旅行のほか，自然科学，伝統芸能，看護・保育など，本物体験ができる校外学習を計画。
【施　設】　2024年4月より新校舎を使用。
【制　服】　ポロシャツとジャケットのみ指定。TPOに合わせてコーディネートする。
【見学ガイド】　文化祭，説明会，見学会

選抜方法 2024年春（実績）

	推薦枠	調査書の活用	調査書	個人面接	一	学力検査	調査書	志願申告書	個人面接	作文
推薦	実施しない				次	—	—	100点	600点	600点

過去3年間の応募状況

相当学年	年度	性別	募集数	応募数	受検数	合格数	応募倍率	実質倍率	相当学年	年度	性別	募集数	応募数	受検数	合格数	応募倍率	実質倍率
1学年相当（一次）	'24	男女	260	281	270	264	1.08	1.02	2学年相当以上	'24	男女	15	0	0	0	—	—
	'23	男子	230	150	145	98	1.34	1.48		'23	男子	15	0	0	0	0.07	—
		女子		158	155	135		1.15			女子		1	1	1		1.00
	'22	男子	230	105	103	103	0.93	1.00		'22	男子	—	—	—	—	—	—
		女子		108	102	102		1.00			女子	—	—	—	—	—	—

受験特報　「1学年相当」の実質倍率（男女計）は，開校の2022年は全員合格の1.00倍に。それが2023年には応募者が大幅増，1.29倍にアップ。しかし2024年は定員増，応募者減が重なり倍率低迷となった。なお，本校の特色の理解や，高校生活と将来への志（夢や希望）を持つことが重要。

【併願例】〈挑戦〉堀越，品川エトワール，安部学院，不二女子

立川地区
チャレンジスクール (仮称)

共　学
定時制（単位制）

〒190-0022　東京都立川市錦町6-3-1　☎(070)3350-2893(開設準備室)

【設置学科】　総合学科

【沿　革】　2025年，多摩教育センター跡地に新規開校予定。

【学習時間帯】

1部（午前部），2部（午後部），3部（夜間部）の三部制とする。

【学習システム】　①多摩地域に初めて設置するチャレンジスクール。これまでの学校生活の中で自分の能力や適性を十分生かしきれなかった生徒が，好きなときに，好きなものを，好きなだけ学べる学校。②自分の生活スタイルなどに合わせて三部のうちいずれかの部に所属する。③各部とも1日4時限ずつ，ゆとりをもってじっくり4年間かけて学ぶことを基本とする。ただし，他部時間帯に設けられた選択科目を履修して1日6時限まで学ぶことや，学校外の学修の単位認定により，3年間で卒業することも可能。④総合学科の特色を生かして，多様な生徒が興味・関心を持つことができる幅広い選択科目を設置。学年による区別や系列による選択条件をできるだけ設けず，制限の少ない履修体系とする。

【カリキュラム】　①自分で学習計画を立てて，学習希望や進路希望に合った科目を中心に選択して時間割を作る。②基礎・基本を重視した学び直しから大学進学にも対応したカリキュラム。国数英は少人数・習熟度別授業を行う。③「わかる授業」「楽しい授業」をめざし，体験学習を多く取り入れる。社会に出てすぐ役立つようなマナーや生活に必要な知識・技術を実習を通して学んだり，地域社会に出向いて福祉活動を行ったりすることで，学ぶことの楽しさを実感できる。④選択科目には，生活・文化系列，アート・デザイン系列，人文・自然系列の3系列を設置予定。⑤家庭科技術検定・カラーコーディネーター検定・英語検定・理科検定など，各系列の学習に関連した資格・検定を取得した場合，関連する科目の単位として認定される。⑥ボランティアなどの体験的な活動を通じて，豊かな人間性を育成する。

【教育相談】　個別相談やカウンセリングのための生徒相談室，進路や履修などの様々な相談にも対応できる進路相談室（兼ガイダンス室）も設置。生徒が安心して学べるよう，生徒の居場所づくりを推進し，ユースソーシャルワーカーやスクールカウンセラーなどによる相談機能を充実させる。

【施　設】　物理・地学・化学・生物・音楽・美術・調理・被服・工芸・書道などの特別教室，保育・介護・デザイン・コンピュータなどの実習室を設置。特色ある科目の授業に対応できるよう，多目的な実習スペースを確保する。体育館・プール・柔道場・剣道場・トレーニング場・テニスコートなど，体育施設も充実している。生徒がいつでも学習したり，休憩したりできるよう，自習室や談話コーナーなど，ゆとりのスペースを整備する。各部の生徒がいつでも利用できる食堂も用意されている。

選抜方法

2025年度募集予定

応募状況

2025年度募集予定

【受験特報】2025年に開校予定。多摩地区で初のチャレンジスクール。このタイプの都立高校へと望む受検生が本校周辺のエリアなどから集まり，一定の支持を得るだろう。新校舎（地上3階、地下2階）も魅力の一つになりそう。学校のタイプが近いため砂川などとも競合するか。

【併願例】データ不足のため不明

ST 科学技術 高等学校

共学

〒136-0072　東京都江東区大島1-2-31　☎(03)5609-0227

【アクセス】
都営新宿線—住吉・西大島各8分
半蔵門線—住吉8分
JR—錦糸町・亀戸20分

【設置学科】 科学技術科，創造理数科

【沿　革】 2001年開校。2024年度より創造理数科を新設。

【生徒数】 男子488名，女子132名

【特　色】 ①スーパーサイエンスハイスクール指定校として，大学並みの施設を活かし，体験的に学ぶことで科学技術・研究者を育てる。②創造理数科では，理数系分野の幅広い教養と情報活用能力などを活かして新しい価値を生み出すことのできる人材を育成する。③科学技術科は，2年次に機械・制御工学系，電子・情報工学系，化学・バイオ系より専攻を決定。④制服あり。

【進路情報】 卒業生数—200名
大学—135名　短大—3名　専門学校—23名　就職—8名　その他—31名

【指定校推薦】 早稲田大，上智大，他。

【見学ガイド】 文化祭，説明会，体験入学

東京

全日制専門学科
チャレンジスクール

立川市

科学技術科／創造理数科

※合格のめやすの見方は886ページ参照。

主な大学合格状況　'24年春速報は巻末資料参照

※(　)内は現役生で内数。(　)外は既卒生を含む。

大学名	'23	'22	大学名	'23	'22	大学名	'23	'22	大学名	'23	'22
◇東京大	1(1)	0	◇秋田大	1(1)	1	立教大	3(3)	0	東京都市大	18(15)	10(10)
◇千葉大	1(1)	0	◇前橋工科大	1(1)	1	中央大	5(5)	1	千葉工大	85(42)	26(12)
◇埼玉大	0	1(1)	早稲田大	1(1)	2(1)	法政大	4(1)	1	東京農大	6(6)	12(12)
◇東京農工大	1(1)	0	上智大	1(1)	1(1)	日本大	19(18)	10(10)	東京工科大	7(6)	13(12)
◇都立大	3(3)	2(2)	東京理科大	8(8)	6(2)	東海大	8(4)	8(7)	帝京科学大	7(6)	4(2)
◇東京海洋大	0	1(1)	明治大	3(3)	0	芝浦工大	4(1)	5(3)	日本工大	7(4)	8(6)
◇茨城大	1	0	青山学院大	2(2)	0	東京電機大	12(12)	15(13)	東京工芸大	8(3)	15(15)

選抜方法　2024年春（実績）

*プレゼンテーション実技（シートの作成・発表）　**数学，理科各1.5倍

科学技術科	推薦	推薦枠	調査書の活用	調査書	個人面接	実技検査	一次	学力検査	学力検査：調査書	ESAT-J
		40%	評定	500点	200点	*300点		**5教科	7：3	20点

創造理数科	推薦	推薦枠	調査書の活用	調査書	個人面接	小論文	学校設定検査	一次	学力検査	学力検査：調査書	ESAT-J
		20%	評定	500点	100点	200点	200点		**5教科	7：3	20点

[推薦] 理数等特別推薦。出願時に科学分野等の研究に関するレポートを提出。
[学校設定検査] 科学分野等の研究に関するレポートについての口頭試問。

2024年度の応募状況

区分	学科	性別	募集数	応募数	合格数	応募倍率
推薦	科学	男女	70	78	70	1.11
	創造	男女	8	11	6	1.38

区分	学科	性別	募集数	応募数	受検数	合格数	応募倍率	実質倍率
一次	科学	男女	105	131	95	109	1.25	—
	創造	男女	34	77	58	36	2.26	1.61

合格のめやす　(　)=創造理数科

	合計点 Ⓐ+Ⓑ	入試得点 Ⓐ	調査書点 Ⓑ
80%	660(730)	465(520)/700	195(210)/300
60%	635(700)	450(495)/700	185(205)/300

80%＝● 偏差値 49(54)
換算内申 42(46)
60%＝○ 偏差値 47(52)
換算内申 40(44)

推薦内申のめやす 29(32)/45

[科学技術科]
太枠=合格者の分布

受験特報 2024年より創造理数科を新設。同科は定員が少ないことも響き，一次では高めの実質倍率に。一方，科学技術科の一次では応募者数，受検者数（2月発表）に創造理数科を第1志望とする者を含んでいない。そのため見かけ上，応募者，受検者急減になったと考えられる。

【併願例】〈挑戦〉芝浦工大附，東洋　〈最適〉日本工大駒場，正則，錦城学園，昭和学院　〈堅実〉目黒学院，保善，SDH昭和一，岩倉，関東一，正則学園，中央学院中央，東京実業

産業技術 高等専門学校

共学

アクセス （品川Ｃ）
京急本線—鮫洲９分，青物横丁10分（荒川Ｃ）JR・日比谷線・つくばEX.—南千住15分

高専品川キャンパス 〒140-0011 東京都品川区東大井1-10-40 ☎(03)3471-6331
高専荒川キャンパス 〒116-8523 東京都荒川区南千住8-17-1 ☎(03)3801-0145

【設置学科】 ものづくり工学科

【沿 革】 2006年開校。

【学生数】 男子1,396名，女子214名

【特 色】 ①東京都公立大学法人所轄の高等教育機関。卒業時には，準学士の称号が与えられる。②５年一貫教育で各学年に一般科目と専門科目・実験実習を効果的に配置し，普通高校（３年間）と工学系大学（４年制）の専門課程の内容を履修できる中身の濃いカリキュラム。③東京都立大学編入推薦枠など，グループ連携による進路選択肢を用意。④１年次はコース共通混成クラスで，工学の基礎である機械，電気，情報を学ぶ。２年次より機械システム・AIスマート・電気電子・情報システム（品川キャンパス），情報通信・ロボット・航空宇宙・医療福祉（荒川キャンパス）の工学８コースに分かれる。⑤都市課題解決に向けた教育として2021年より医工連携教育・研究プロジェクトをスタート。ほかに情報セキュリティ技術者育成プログラム，航空技術者育成プログラムも展開する。⑥東京都立大学，東京都立産業技術大学院大学と高大連携。⑦本科（５年間）修了後，さらに２年間の専攻科（創造工学専攻）に進むこともできる。専攻科は機械・情報・航空宇宙・電気電子の工学４コースがある。⑧最先端の実験研究設備・装置が多数用意されている。⑨ロボコン・プログラミング・デザコン・人力飛行機など技術系の部活動がコンテストやイベントで活躍。⑩制服なし。

【進路情報】 卒業生数—286名
大学—76名 専攻科—36名 専門学校—2名 就職—155名 その他—17名

【指定校推薦】 都立大，日本大，東京電機大，東京都市大，千葉工大，他。

【見学ガイド】 文化祭，説明会，体験入学，見学会，入試過去問紹介

選抜方法 2024年春（実績）

ほかに連携中学校対象の特別推薦あり／＊数学1.5倍

推薦	推薦枠	調査書の活用	調査書	個人面接	小論文
推薦	30%	評定	500点	300点	200点

一次	学力検査	学力検査：調査書
一次	＊３教科	7：3

過去２年間の応募状況

年度	性別	募集数	応募数	合格数	応募倍率
推薦 '24	男女	96	134	92	1.40
推薦 '23	男女	64	141	64	2.20

年度	性別	募集数	応募数	受検数	合格数	応募倍率	実質倍率
一次 '24	男女	224	377	369	274	1.68	1.35
一次 '23	男女	256	444	431	310	1.73	1.39

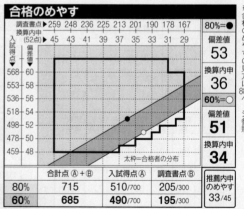

合格のめやす

	調査書点	換算内申
80%●●		
偏差値	53	
換算内申	36	
60%○○		
偏差値	51	
換算内申	34	

	合計点Ⓐ+Ⓑ	入試得点Ⓐ	調査書点Ⓑ
80%	715	510/700	205/300
60%	685	490/700	195/300

推薦内申のめやす 33/45

※合格のめやすの見方は886ページ参照。

太枠＝合格者の分布

【受験特報】 一次は定員内に都外在住者の枠があり，千葉，神奈川県からの受検も多い。2024年は推薦枠を20→30%に拡大。このため推薦の倍率は急落に。一方，一次では推薦の分，定員減となるも応募者がかなり減り倍率に大きな変動はなかった。2025年は推薦の反動（倍率アップ）に注意。

【併願例】〈挑戦〉東京工業高専，木更津高専 〈最適〉二松学舎，東海大高輪台，東京成徳大，サレジオ高専，日本工大駒場，錦城学園，保善 〈堅実〉岩倉，大森学園，東京学館浦安

大田桜台 高等学校

共学

〒143-0027 東京都大田区中馬込3-11-10 ☎(03)6303-7980

【設置学科】 ビジネスコミュニケーション科

【沿革】 2009年に開校。

【生徒数】 男子211名，女子172名

【特色】 ①ビジネスで役立つスキルと使える英語を身につけるカリキュラム編成。②多読・多聴で英語を英語のまま理解できるようにする。GE-NET20の指定校としてオンライン英会話の授業を開始。③ビジネス，会計，情報を広く学び，企業と連携して商品を開発する授業もある。④国英で習熟度別授業を実施。⑤全教員体制で1対1の進路指導を行う。資格取得にも挑戦できる。⑥専修大学と高大連携し，一日体験入学などを行う。⑦イギリス語学研修，ベトナムビジネスツアー（いずれも希望者）などを開催。⑧2024年度より新制服。

【進路情報】 卒業生数―145名
大学―78名 短大―4名 専門学校―46名 就職―5名 その他―12名

【指定校推薦】 駒澤大，専修大，大東文化大，亜細亜大，神奈川大，国士舘大，他。

【見学ガイド】 文化祭，説明会，体験授業，部活動体験，オープンスクール，学校見学

主な大学合格状況 '24年春速報は巻末資料参照

※( )内は現役生で内数。( )外は既卒生を含む。

大学名	'23	'22	大学名	'23	'22	大学名	'23	'22	大学名	'23	'22
明治大	0	2(1)	大東文化大	2(2)	0	桜美林大	4(4)	3(2)	日本女子体育大	2(2)	1(1)
青山学院大	1(1)	1(1)	東海大	3(3)	1(1)	帝京平成大	1(1)	3(1)	淑徳大	3(3)	0
中央大	0	2(2)	獨協大	3(1)	0	大正大	2(2)	0	千葉商大	2(2)	3(3)
日本大	2(2)	0	神奈川大	2(2)	2(2)	産業能率大	1(1)	1(1)	東京成徳大	2(2)	0
東洋大	1(1)	1(1)	立正大	1(1)	4(3)	多摩大	3(3)	0	東洋学園大	5(5)	4(3)
駒澤大	3(3)	4(4)	国士舘大	3(3)	1(1)	文京学院大	3(3)	2(2)	鶴見大	3(3)	0
専修大	2(2)	3(3)	東京経済大	2(2)	0	高千穂大	10(10)	3(3)	田園調布学園大	0	5(5)

選抜方法 2024年春（実績）

*国語，英語，社会各1.5倍

推薦	推薦枠	調査書の活用	調査書	個人面接	作文	一次	学力検査	学力検査：調査書	ESAT-J
	40%	観点別	650点	500点	150点		*5教科	7：3	20点

過去2年間の応募状況

	年度	性別	募集数	応募数	合格数	応募倍率
推薦	'24	男女	70	82	70	1.17
	'23	男子	70	40	28	1.21
		女子		45	40	

	年度	性別	募集数	応募数	受検数	合格数	応募倍率	実質倍率
一次	'24	男女	105	107	93	93	1.02	1.00
	'23	男子	107	44	39	39	0.59	1.00
		女子		19	16	16		1.00

合格のめやす

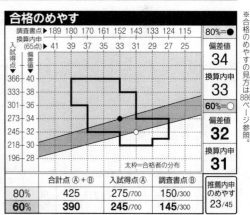

	調査書点	換算内申
80%=●		
偏差値		34
換算内申		33
60%=○		
偏差値		32
換算内申		31

太枠=合格者の分布

	合計点Ⓐ+Ⓑ	入試得点Ⓐ	調査書Ⓑ
80%	425	275/700	150/300
60%	390	245/700	145/300

推薦内申のめやす
23/45

【受験特報】 近年，一次では2016・2017年に実質倍率（男女計）1.12倍→1.16倍と低倍率で，2018年以降はより応募者が少なめの傾向で，2018～2024年に7年連続で全員合格となった。受検生は私立や通信制高校などへ流れているか。一方，推薦では2018年以降は倍率2倍未満で推移。

【併願例】〈挑戦〉大森学園，日体大荏原，品川学藝，東京実業，大東学園，堀越，品川エトワール，科学技術学園，大西学園，白鵬女子

千早 高等学校

共学

〒171-0044　東京都豊島区千早3-46-21　☎(03)5964-1721

アクセス／有楽町線・副都心線―千川7分　西武池袋線―東長崎10分

【設置学科】　ビジネスコミュニケーション科

【沿　革】　2004年に開校。

【生徒数】　男子124名，女子495名

【特　色】　①英語の授業数は都立校最多で，ネイティヴスピーカー教師が8名在籍。使える英語を身につける特色ある英語教育を行う。修学旅行はベトナムへ赴く。②簿記，情報処理など，ビジネスの基礎を学ぶ。課外活動「千早ビジネスプロジェクト」もある。③企業訪問などのキャリア教育を実施。大学教授の特別授業も開講。④GE-NET20

として海外6大学と連携し，教授の通信講座や英国語学研修などを行う。⑤文京学院大学と高大連携。⑥総合型選抜など多様な大学入試方式を積極的に利用。海外の大学にも指定校推薦枠がある。⑦制服あり。

【進路情報】　卒業生数―193名
大学―129名　短大―6名　専門学校―30名　就職―2名　その他―26名

【指定校推薦】　日本大，東洋大，駒澤大，大東文化大，亜細亜大，武蔵大，他。

【見学ガイド】　文化祭，説明会，体験授業，授業公開，見学会，学校見学，個別相談

主な大学合格状況
'24年春速報は巻末資料参照　※（　）内は現役生で内数。（　）外は既卒生を含む。

大学名	'23	'22	大学名	'23	'22	大学名	'23	'22	大学名	'23	'22
◇横浜市大	0	1(1)	駒澤大	2(2)	4(4)	東京経済大	2(2)	2(2)	目白大	4(4)	4(4)
上智大	2(2)	1(1)	専修大	4(4)	2(2)	桜美林大	4	14(7)	文京学院大	5(5)	5(5)
明治大	0	1(1)	大東文化大	5(4)	0	聖心女子大	4(4)	6(6)	高千穂大	5(4)	8(5)
立教大	2(1)	0	亜細亜大	5(5)	3(3)	杏林大	5(5)	4(4)	千葉商大	2(2)	2(2)
法政大	2(2)	1(1)	獨協大	5(5)	4(4)	実践女子大	3(3)	1(1)	東京成徳大	1(1)	4(4)
日本大	4(1)	4(4)	武蔵大	4(4)	3(3)	拓殖大	2(2)	8(1)	東洋学園大	6(6)	4(4)
東洋大	10(10)	6(6)	国士舘大	1(1)	7(7)	産業能率大	5(5)	4(4)	東京国際大	7(7)	6(6)

選抜方法 2024年春（実績）
特別推薦あり　＊国語，英語各1.5倍

推薦	推薦枠	調査書の活用	調査書	個人面接	小論文		一次	学力検査	学力検査：調査書	ESAT-J
	40%	評定	400点	300点	100点			＊5教科	7：3	20点

過去2年間の応募状況

	年度	性別	募集数	応募数	合格数	応募倍率
推薦	'24	男女	84	162	84	1.93
	'23	男子	84	32	12	1.96
		女子		133	72	

	年度	性別	募集数	応募数	受検数	合格数	応募倍率	実質倍率
一次	'24	男女	126	149	145	128	1.18	1.13
	'23	男子	126	50	47	40	1.30	1.18
		女子		114	113	88		1.28

合格のめやす

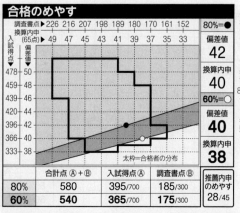

	調査書点 ▶	226	216	207	198	189	180	170	161	152
入試得点	換算内申(65分) ▶	49	47	45	43	41	39	37	35	33

太枠＝合格者の分布

	合計点Ⓐ＋Ⓑ	入試得点Ⓐ	調査書点Ⓑ
80%	580	395/700	185/300
60%	540	365/700	175/300

80%=● 偏差値 42
換算内申 40
60%=○ 偏差値 40
換算内申 38
推薦内申のめやす 28/45

※合格のめやすの見方は886ページ参照。

【受験特報】　一次の実質倍率（男女計）は，2018年に1.00倍（全員合格）となるも，2019・2020年1.2倍台→2021年1.36倍→2022年1.41倍とアップ。しかし2023・2024年は応募者減で1.25倍→1.13倍（男女計）に下がった。2025年一次は反動（倍率上昇）の可能性がある。特別推薦は英語など。

【併願例】　〈挑戦〉関東国際，目黒学院，川村，東京立正，岩倉，駿台学園，豊南，自由ヶ丘，文華女子，貞静学園，関東一　〈最適〉神田女学園，武蔵野，京華商業，堀越

駒場 高等学校

共学

【アクセス】京王井の頭線—駒場東大前7分　東急田園都市線—池尻大橋7分

〒153-0044　東京都目黒区大橋2-18-1　☎(03)3466-2481

【設置学科】　保健体育科

【沿　革】　1902年創立。1950年に保健体育科を併設。

【生徒数】　男子53名，女子71名

【特　色】①都教育委員会指定の進学指導特別推進校。②男子サッカー，女子バレー，バスケット，体操競技，水泳，陸上競技，柔道，剣道の専攻種目がある。③野外実習として，1年次は遠泳，2年次はスキー，3年次にキャンプを実施。④体育系・文系の大学進学に対応できるカリキュラム。数英は習熟度別少人数授業で，きめ細かく指導する。⑤東京工業大学，東京大学と高大連携。⑥部活動は都立高校随一の実績を誇る。水泳・体操競技部などが全国大会出場。⑦人工芝のサッカー・野球場など体育施設が充実。⑧制服（標準服）あり。

【進路情報】　卒業生数—42名
大学—36名　短大—1名　専門学校—1名　その他—4名

【指定校推薦】〔保健体育科〕立教大，東海大，國學院大，日本体育大，他。

【見学ガイド】　体育祭，文化祭，説明会，実技発表会，文化部発表会，授業公開

主な大学合格状況

'24年春速報は巻末資料参照　※普通科を含む。（ ）内は現役生で内数。（ ）外は既卒生を含む。

大学名	'23	'22	大学名	'23	'22	大学名	'23	'22
◇東京大	1	0	◇横浜国大	5(3)	6(6)	上智大	35(32)	17(15)	駒澤大	26(14)	26(17)
◇京都大	0	1(1)	◇埼玉大	3(2)	0	東京理科大	28(18)	35(29)	東海大	18(11)	14(10)
◇東工大	0	1	◇大阪大	2(2)	0	明治大	89(83)	100(77)	明治学院大	28(27)	19(14)
◇一橋大	2(2)	1(1)	◇北海道大	0	3(2)	青山学院大	41(38)	30(29)	立命館大	7(1)	11(4)
◇千葉大	0	7(7)	◇東北大	1	3(3)	立教大	61(53)	55(43)	国士舘大	10(7)	7(6)
◇筑波大	5(3)	7(5)	早稲田大	45(36)	37(32)	中央大	52(48)	53(40)	日本体育大	4(4)	10(10)
◇東京外大	0	1(1)	慶應大	11(10)	17(13)	法政大	84(63)	70(55)	日本女子体育大	1	1(1)

選抜方法 2024年春（実績）

＊運動能力テスト／＊＊運動能力テスト等

推薦	推薦枠	調査書の活用	調査書	個人面接	作文	実技検査	一次	学力検査	学力検査：調査書	ESAT-J	実技検査
	30%	評定	270点	90点	90点	＊600点		3教科	6：4	20点	＊＊300点

過去2年間の応募状況

推薦	年度	性別	募集数	応募数	合格数	応募倍率
	'24	男女	12	49	12	4.08
	'23	男子	12	17	6	3.50
		女子		25	6	

一次	年度	性別	募集数	応募数	受検数	合格数	応募倍率	実質倍率
	'24	男女	28	49	43	30	1.75	1.43
	'23	男子	28	20	15	13	1.86	1.54
		女子		30	28	17		1.65

合格のめやす

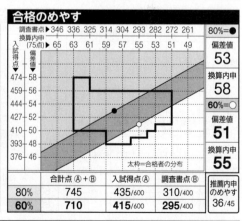

※合格のめやすの見方は886ページ参照。

偏差値 53
換算内申 58
60%=○
偏差値 51
換算内申 55
推薦内申のめやす 36/45

	合計点 Ⓐ＋Ⓑ	入試得点Ⓐ	調査書Ⓑ
80%	745	435/600	310/400
60%	710	415/600	295/400

【受験特報】一次の実質倍率（男女計）は，2017〜2019年の1.6倍台から，2020〜2022年に1.47倍→1.27倍→1.30倍と比較的低めに。しかし2023年に応募者増に転じ1.60倍（男女計）にアップ。ただ2024年は応募者，受検者がやや減って1.4倍台（同）に下がった。実技の対策も充分に進めよう。

【併願例】〈挑戦〉駒込，駒澤大学，実践学園〈最適〉杉並学院，目白研心，東京，関東国際，立正大立正，日本工大駒場，国士舘，錦城学園〈堅実〉日本学園，藤村女子，日体大荏原

橘 高等学校

共 学

〒131-0043　東京都墨田区立花4-29-7　☎(03)3617-8311

アクセス
東武亀戸線―東あずま
3分
JR―平井12分

【設置学科】 産業科

【沿　革】 2007年4月に開校。

【生徒数】 男子201名，女子343名

【特　色】 ①ものつくりから，流通・販売までを総合的・実践的に学び，産業界で活躍できる人材を育成する，日本初の産業科高校。②ものつくり系，ビジネス系，IT系の3系列の科目があり，専門教育が充実。活きた情報（技術）力を育成する。③国数英で習熟度別少人数授業を実施。英語は全学年でネイティヴスピーカーによる授業を行い，コミュニケーション能力を養う。また，英語暗唱大会も開催。④インターンシップや産業科目など，産業界と連携した授業を行う。⑤土・日曜日や放課後に補習，資格取得講座を開講。⑥伝統工芸教育推進校として陶芸や彫金などの実習を行う。⑦充実した施設・設備を誇る。⑧制服あり。

【進路情報】 卒業生数―191名
大学―31名　短大―6名　専門学校―83名　就職―52名　その他―19名

【指定校推薦】 非公表。

【見学ガイド】 文化祭，説明会，体験入学，体験入部，授業公開，見学会

主な大学合格状況　'24年春速報は巻末資料参照

※既卒生を含む。'22の（　）内は現役生で内数。

大学名	'23	'22	大学名	'23	'22	大学名	'23	'22	大学名	'23	'22
東洋大	0	1(1)	東京福祉大	0	2(2)	麗澤大	0	1			
駒澤大	0	1(1)	日本工大	0	1	千葉商大	7	6(5)			
亜細亜大	2	0	文京学院大	1	0	中央学院大	0	4			
国士舘大	1	0	高千穂大	4	1(1)	東京成徳大	2	0			
明星大	1	0	杉野服飾大	0	1(1)	東洋学園大	0	2			
帝京平成大	0	1(1)	城西国際大	1	0	駿河台大	0	1(1)			
東京工科大	0	1(1)	淑徳大	0	1(1)	聖学院大	0	1			

選抜方法 2024年春（実績）

	推薦枠	調査書の活用	調査書	個人面接	作文		学力検査	学力検査：調査書	ESAT-J
推薦	40%	評定	450点	300点	150点	一次	5教科	7：3	20点

過去2年間の応募状況

	年度	性別	募集数	応募数	合格数	応募倍率
推薦	'24	男女	84	95	84	1.13
	'23	男子	63	37	15	1.65
		女子		67	48	

	年度	性別	募集数	応募数	受検数	合格数	応募倍率	実質倍率
一次	'24	男女	126	112	111	111	0.89	1.00
	'23	男子	147	83	83	76	1.08	1.09
		女子		76	73	72		1.01

合格のめやす

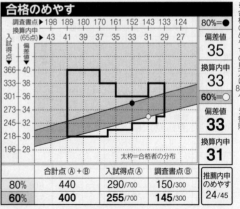

		80%=●
偏差値		35
換算内申		33
		60%=○
偏差値		33
換算内申		31

太枠=合格者の分布

	合格点Ⓐ+Ⓑ	入試得点Ⓐ	調査書点Ⓑ	
80%	440	290/700	150/300	推薦内申のめやす
60%	400	255/700	145/300	24/45

※合格のめやすの見方は886ページ参照

【受験特報】 一次では実質倍率（男女計）は，2016・2017年の1.4倍程度から2018～2021年に1.01倍～1.13倍と低くなり，2022年には全員合格に。2023年も1.05倍（男女計）と低迷。2024年は推薦枠拡大（30→40%）により一次は定員減となるも応募者がかなり減って再び「全入」となった。

【併願例】 〈挑戦〉修徳，関東一，中央学院中央，京華商業，瀧野川女子，武蔵野，東京実業，堀越，大東学園，品川エトワール，安部学院

八王子桑志 高等学校

共学

アクセス／ JR―西八王子10分

〒193-0835　東京都八王子市千人町4-8-1　☎(042)663-5970

【設置学科】　産業科

【沿　革】　2007年4月に開校。

【生徒数】　男子328名，女子284名

【特　色】　①ものづくりから流通まで総合的に考えられる人材を育成。②専門分野はデザイン，クラフト，システム情報，ビジネス情報の4つ。1年次に基礎，2年次より専門科目を重点的に学習する。3年間の学習成果を課題研究にまとめる。③数英ほか多くの授業で習熟別・少人数制授業を採用。授業や行事などで社会人基礎力も育成する。④国家資格や高度な資格に挑戦。

合格率は都内トップクラス。⑤多摩美術大学と高大連携。⑥11室のパソコン教室で高度なIT教育を実践。⑦自転車競技部，ビジネスライセンス部，吹奏楽部，写真部，美術部が全国大会出場。⑧制服あり。

【進路情報】　卒業生数―197名
大学―96名　短大―4名　専門学校―72名　就職―21名　その他―4名

【指定校推薦】　明治大，日本大，東洋大，専修大，成蹊大，東京電機大，拓殖大，他。

【見学ガイド】　文化祭，説明会，中学生体験教室，授業公開，見学会，個別相談会

東京

全日制専門学科

産業科

主な大学合格状況　'24春速報は巻末資料参照

※（ ）内は現役生で内数。（ ）外は既卒生を含む。

大学名	'23	'22	大学名	'23	'22	大学名	'23	'22	大学名	'23	'22
◇東京学芸大	0	1(1)	中央大	0	7(7)	帝京大	5(5)	2(2)	東京工科大	7(5)	4(4)
◇都立大	2(2)	0	法政大	0	4(4)	成蹊大	1(1)	5(5)	拓殖大	4(3)	5(5)
◇電通大	1(1)	0	日本大	3(3)	9(9)	玉川大	2(2)	5(5)	多摩美大	3(3)	6(5)
◇長岡造形大	0	1(1)	東洋大	5(5)	4(4)	工学院大	5(5)	8(8)	武蔵野美大	7	7(7)
慶應大	1(1)	0	駒澤大	1(1)	3(2)	東京経済大	6(6)	9(9)	東京造形大	8(8)	10(10)
東京理科大	1(1)	0	専修大	8(8)	4(4)	桜美林大	1(1)	0	女子美大	4(4)	3(3)
明治大	1(1)	1(1)	東海大	4(4)	4(4)	明星大	11(11)	4(4)	文化学園大	1(1)	4(4)

選抜方法　2024年春（実績）　クラフトのみ特別推薦あり

推薦	推薦枠	調査書の活用	調査書	個人面接	作文	一次	学力検査	学力検査：調査書	ESAT-J
	30%	評定	450点	200点	250点		5教科	7：3	20点

2024年度の応募状況

推薦	分野	募集数	応募数	合格数	応募倍率
	デザイン	21	59	21	2.81
	クラフト	10	24	10	2.40
	システム	10	33	10	3.30
	ビジネス	21	33	21	1.57

一次	分野	募集数	応募数	受検数	合格数	応募倍率	実質倍率
	デザイン	49	56	55	50	1.14	1.10
	クラフト	25	25	22	26	1.00	―
	システム	25	54	52	25	2.16	2.08
	ビジネス	49	47	45	50	0.96	―

合格のめやす

分野	合格の可能性	偏差値	換算内申	合計点Ⓐ+Ⓑ	得点Ⓐ+調査書点Ⓑ	推薦内申のめやす
デザイン	80%	46	42	630	435+195	29/45
	60%	44	40	605	420+185	
クラフト	80%	44	38	595	420+175	27/45
	60%	42	36	560	395+165	
システム情報	80%	48	41	650	460+190	29/45
	60%	46	39	620	440+180	
ビジネス情報	80%	41	38	595	380+175	27/45
	60%	39	36	515	350+165	

※合格のめやすの見方は886ページ参照。

【受験特報】　一次の実質倍率は，システム情報では2019年以降，1.0倍未満～2.1倍台で上下に波が出ている。デザインは2021年の1.5倍台から緩和となった。一方，ビジネス情報は2018年以降，2022年（1.0倍）を除いて1.0倍未満。クラフトも2020年の1.35倍から2021年以降は1.0倍未満に。

【併願例】　〈挑戦〉八王子学園（美），東京純心女子，八王子実践，サレジオ高専，聖望学園　〈最適〉昭和一学園，藤村女子，聖パウロ，立川女子，光明相模原　〈堅実〉東野

総合芸術 高等学校

共学 単位制

〒162-0067 東京都新宿区富久町22-1 ☎(03)3354-5288

アクセス
都営新宿線—曙橋9分
丸ノ内線—新宿御苑前11分

【設置学科】 美術科，舞台表現科，音楽科
【沿 革】 2010年開校。
【生徒数】 男子66名，女子405名
【特 色】 ①都立高校で唯一の芸術系3科を設置した専門高校。②美術科は日本画，油彩画，彫刻，デザイン，映像の5専攻。舞台表現科は演劇と舞踊の2専攻で，舞踊専攻はクラシックバレエとコンテンポラリーダンスに分かれる。音楽科は器楽（ピアノ，弦楽器，管楽器，打楽器），声楽，作曲，楽理の4専攻。③少人数による専門性の高い授業。④3年次の自由選択で「情報デザイン」などの専門科目や大学受験に向けた演習，芸術全般の科目を用意。⑤コンクール展，成果発表会，コンサートなど，発表の場が充実。⑥カレー部や殺陣部などユニークな部活動がある。⑦標準服あり。

【進路情報】 卒業生数—155名
大学—84名 短大—3名 専門学校—6名 その他—62名
【指定校推薦】 立教大，成城大，国立音大，東京音大，武蔵野美大，東京造形大，他。
【見学ガイド】 文化祭，説明会，体験入学，授業公開，施設見学会

主な大学合格状況　'24年春速報は巻末資料参照
※（ ）内は現役生で内数。（ ）外は既卒生を含む。

大学名	'23	'22	大学名	'23	'22	大学名	'23	'22	大学名	'23	'22
◇横浜国大	1(1)	0	慶應大	1(1)	0	玉川大	2(2)	2(2)	桐朋学園大	5(5)	4(3)
◇東京藝術大	12(12)	24(9)	青山学院大	2(2)	0	桜美林大	3(3)	3(1)	国立音大	6(3)	5(4)
◇東京学芸大	0	1(1)	立教大	0	2(1)	多摩美大	22(19)	27(26)	東京音大	14(11)	11(10)
◇信州大	1(1)	0	中央大	2(2)	1(1)	武蔵野美大	24(15)	28(20)	武蔵野音大	2(2)	2(2)
◇茨城大	1(1)	0	日本大	11(11)	7(6)	東京造形大	11(11)	2(2)	洗足学園音大	2(2)	2(2)
◇京都市芸術大	0	1(1)	成城大	1(1)	0	女子美大	3(3)	1(1)	日本女子体育大	1(1)	3(3)
◇公立芸術文化観光専門職大	0	1(1)	明治学院大	1(1)	1	東京工芸大	8(4)	2(1)	尚美学園大	1(1)	2(2)

選抜方法 2024年春（実績）
＊美術科は700点，舞台表現科は600点，音楽科は1,000点

推薦	推薦枠	調査書の活用	調査書	個人面接	実技検査	一次	学力検査	学力検査：調査書	ESAT-J	実技検査
	30%	評定	500点	100点	＊		3教科	6：4	20点	＊

2024年度の応募状況

推薦	学科	募集数	応募数	合格数	応募倍率
	美術	24	131	24	5.46
	舞台表現	12	58	12	4.83
	音楽	12	46	12	3.83

一次	学科	募集数	応募数	受検数	合格数	応募倍率	実質倍率
	美術	56	122	118	58	2.18	2.03
	舞台表現	28	49	48	28	1.75	1.60
	音楽	28	48	39	30	1.71	1.30

合格のめやす

学科	合格の可能性	偏差値	換算内申	合計点Ⓐ+Ⓑ	得点Ⓐ+調査書点Ⓑ	推薦内申のめやす
音楽	80%	50	54	700	410+290	34/45
	60%	48	52	670	395+275	
美術	80%	53	55	730	435+295	36/45
	60%	50	53	690	410+280	
舞台表現	80%	55	54	740	450+290	35/45
	60%	52	52	705	430+275	

※合格のめやすの見方は886ページ参照。

【受験特報】 一次の実質倍率は，美術では2018年以降，2倍前後～2.55倍で，一方，舞台表現は2012～2022年の長い高騰（2.0倍以上）から2023・2024年には1.27倍→1.60倍と推移。音楽では2019年に1.7倍に上がるも緩和して2021～2023年に「全入」が続いたが2024年は応募者増で倍率アップ。

【併願例】〈挑戦〉女子美大付 〈最適〉東京音大付，トキワ松（美），潤徳女子（美），東京立正，新渡戸文化，上野学園（音），自由ヶ丘，武蔵野音大 〈堅実〉品川学藝（音）

工芸 高等学校

共学

アクセス／JR・都営三田線―水道橋1分　丸ノ内線・南北線―後楽園7分

〒113-0033　東京都文京区本郷1-3-9　☎(03)3814-8755

東京　全日制専門学科　芸術に関する学科／工業に関する学科

【設置学科】　アートクラフト科，マシンクラフト科，インテリア科，グラフィックアーツ科，デザイン科

【沿　革】　1907年創立。

【生徒数】　男子125名，女子403名

【特　色】　①工芸・デザイン系の専門高校。②アートクラフト科では自らデザイン・制作し，ものづくりの充実感を味わう。マシンクラフト科はプロダクトデザインの基礎を学ぶ。インテリア科はリビング，キッチン，家具などをデザイン・制作して提案。グラフィックアーツ科では高度情報化社会を見据えた人材を育成。デザイン科は基礎的な造形や発想力，表現力などを学習。③様々なコンクールなどで多くの実績を誇る。④実習は少人数で細やかに指導。⑤専門的な検定・資格を取得可能。⑥標準服あり。

【進路情報】　卒業生数―172名
大学―100名　短大―1名　専門学校―45名　就職―7名　その他―19名

【指定校推薦】　中央大，日本大，東洋大，女子美大，東京造形大，東京工芸大，他。

【見学ガイド】　文化祭，説明会，体験入学，授業公開，見学会，個別相談会

主な大学合格状況

'24春速報は巻末資料参照　※( )内は現役生で内数。( )外は既卒生を含む。

大学名	'23	'22	大学名	'23	'22	大学名	'23	'22	大学名	'23	'22
◇千葉大	0	1(1)	◇公立諏訪東京理科大観光専門職大	1(1)	0	法政大	2	1(1)	実践女子大	3(2)	2(2)
◇筑波大	0	1(1)	◇沖縄県立芸術大	1(1)	0	日本大	6(6)	6(6)	東京工科大	2(2)	1(1)
◇埼玉大	1(1)	0	◇長岡造形大	1(1)	1(1)	東洋大	8(6)	4(4)	多摩美大	16(8)	15(12)
◇九州大	1(1)	0	◇金沢美術工芸大	1	0	東海大	9(4)	1(1)	武蔵野美大	18(15)	25(24)
◇東京藝大	2	2	明治大	1	0	成蹊大	1	3(3)	東京造形大	13(13)	18(18)
◇東京学芸大	1(1)	1(1)	青山学院大	1	0	東京電機大	1(1)	1(1)	女子美大	9(9)	12(12)
◇茨城大	1	0	中央大	1(1)	1(1)	工学院大	1(1)	1(1)	東京工芸大	13(13)	7(7)

選抜方法　2024年春（実績）

推薦	推薦枠	調査書の活用	調査書	個人面接	作文
	30%	評定	450点	300点	150点

一次	学力検査	学力検査：調査書	ESAT-J
	5教科	7：3	20点

2024年度の応募状況

	学科	募集数	応募数	合格数	応募倍率
推薦	アートクラフト	10	30	10	3.00
	マシンクラフト	10	19	10	1.90
	インテリア	10	25	10	2.50
	グラフィック	10	47	10	4.70
	デザイン	10	45	10	4.50

	学科	募集数	応募数	受検数	合格数	応募倍率	実質倍率
一次	アートクラフト	25	36	35	26	1.44	1.35
	マシンクラフト	25	30	27	26	1.20	1.04
	インテリア	25	34	33	26	1.36	1.27
	グラフィック	25	54	54	26	2.16	2.08
	デザイン	25	52	51	26	2.08	1.96

合格のめやす

学科	合格の可能性	偏差値	換算内申	合計点Ⓐ+Ⓑ	得点Ⓐ+調査書点Ⓑ	推薦内申のめやす
マシンクラフト	80%	51	46	700	490+210	32/45
	60%	49	44	670	465+205	
アートクラフト	80%	52	47	715	500+215	34/45
	60%	50	45	685	480+205	
インテリア	80%	52	47	715	500+215	35/45
	60%	50	45	685	480+205	
デザイン	80%	56	53	780	535+245	37/45
	60%	54	51	755	520+235	
グラフィックアーツ	80%	54	49	745	520+225	36/45
	60%	52	47	715	500+215	

※合格のめやすの見方は886ページ参照。

【受験特報】　一次の実質倍率は，デザインでは2018年以降1.8倍前後〜2.2倍台，グラフィックも2019年以降1.6〜2.2倍前後と高い。アートクラフトは2021年の1.7倍台から2022年以降1.3倍台。インテリアは2016年以降1.2倍前後〜1.5倍。マシンクラフトは2016年以降1.0倍未満〜1.8倍台で「急変」の年も。

【併願例】〈最適〉女子美大付，杉並学院，郁文館，豊島学院，日本工大駒場，品川翔英，文化学園杉並　〈堅実〉トキワ松（美），潤徳女子（美），SDH昭和一，豊南

共　学

園芸 高等学校

【設置学科】　園芸科，食品科，動物科
【所在地】　〒158-8566　東京都世田谷区深沢5-38-1　☎(03)3705-2154
【アクセス】　東急大井町線―等々力15分
【沿　革】　1908年創立。
【生徒数】　男子149名，女子269名
【特　色】　①園芸科は果樹，野菜，草花の基礎を学び，３年次に園芸デザイン，造園，盆栽などから選択を行う。食品科は３年次より加工，栄養，調理，食品微生物に分かれる。動物科は動物環境と生物活用がある。②朝学習，基礎力診断テスト，少人数授業，習熟別授業，幅広い選択授業などを実施。③東京農業大学との高大連携，産学連携，文化交流を推進。④広大な校地に緑豊かな学習環境が整う。
【進路情報】　卒業生数―132名
大学―52名　短大―8名　専門学校―45名
就職―21名　その他―6名
【大学合格状況】　日本大，東洋大，東京農大，帝京科学大，日本獣医生命科学大，麻布大，他。
【主な就職先】　伊藤ハムフードソリューション，新宿高野，JR東日本ステーションサービス，他。
【指定校推薦】　日本大，東京農大，女子栄養大，麻布大，酪農学園大，日本獣医生命科学大，他。
【見学ガイド】　文化祭，説明会，オープンスクール，体験入学，学校公開，見学会

選抜方法 2024年春(実績)　＊自己PRタイムを含む

推薦	推薦枠=30%　調査書の活用=評定 調査書=500点 ＊個人面接=300点　作文=200点
一次	調査書の活用=評定　学力検査=5教科 学力検査:調査書=7：3　ESAT-J=20点

応募状況

年度	学科	推薦		一次				
		募集	応募	募集	応募	倍率	受検	合格
'24	園芸	21	42	49	52	1.06	49	51
	食品	10	26	25	35	1.40	33	26
	動物	10	42	25	53	2.12	50	26
'23	園芸	21	36	49	46	0.94	46	51
	食品	10	24	25	30	1.20	28	26
	動物	10	40	25	52	2.08	52	26

合格のめやす

学科	合格の可能性	偏差値	換算内申	合計点 Ⓐ+Ⓑ	得点Ⓐ+ 調査書点Ⓑ		内申 めやす
園	60%	37	34	470	315+155	推薦	26/45
食	60%	39	35	510	350+160		27/45
動	60%	44	40	605	420+185		31/45

【併願例】〈挑戦〉自由ヶ丘，日体大荏原，新渡戸文化　〈最適〉品川エトワール，科学技術学園

共　学

農芸 高等学校

【設置学科】　園芸科学科，食品科学科，緑地環境科
【所在地】　〒167-0035　東京都杉並区今川3-25-1　☎(03)3399-0191
【アクセス】　西武新宿線―上井草10分　JR―西荻窪よりバス農芸高校
【沿　革】　1900年創立。
【生徒数】　男子202名，女子192名
【特　色】　①「環境教育実践宣言校」として，環境について考えさせる教育を実践。農，食，環境のスペシャリストを育てる。②専門教科の総合実習は，１クラスに教員５名以上の体制で安全・確実に技術を習得。③普通教科は習熟度別・少人数で，わかりやすい授業。④東京ドーム1.6個分の校地に果樹園や農場などがある。
【進路情報】　卒業生数―132名
大学―48名　短大―3名　専門学校―39名
就職―31名　その他―11名
【大学合格状況】　明治大，日本大，東海大，亜細亜大，桜美林大，東京農大，麻布大，他。
【主な就職先】　シュクレイ，サミット，山本海苔店，山崎製パン，武蔵野産業，宮内庁，他。
【指定校推薦】　北里大，東京農大，日本獣医生命科学大，女子栄養大，東京家政学院大，他。
【見学ガイド】　文化祭，説明会，体験入学，授業公開，見学会，個別相談会

選抜方法 2024年春(実績)

推薦	推薦枠=35%　調査書の活用=評定 調査書=450点　個人面接=360点 作文=100点
一次	調査書の活用=評定　学力検査=5教科 学力検査:調査書=7：3　ESAT-J=20点

応募状況

年度	学科	推薦		一次				
		募集	応募	募集	応募	倍率	受検	合格
'24	園芸科学	12	16	23	31	1.35	30	24
	食品科学	24	41	46	44	0.96	44	45
	緑地環境	12	13	23	20	0.87	19	23
'23	園芸科学	12	25	23	31	1.35	30	24
	食品科学	24	47	46	54	1.17	52	48
	緑地環境	12	15	23	21	0.91	19	23

合格のめやす

学科	合格の可能性	偏差値	換算内申	合計点 Ⓐ+Ⓑ	得点Ⓐ+ 調査書点Ⓑ		内申 めやす
園	60%	36	34	455	300+155	推薦	26/45
食	60%	38	35	495	335+160		27/45
緑	60%	33	33	440	290+150		24/45

【併願例】〈挑戦〉東京立正，貞静学園，藤村女子　〈最適〉日体大桜華，堀越，東野

共 学

農産 高等学校

【設置学科】 園芸デザイン科，食品科
【所在地】 〒124-0002 東京都葛飾区西亀有1-28-1 ☎(03)3602-2865
【アクセス】 JR―亀有15分 京成本線―お花茶屋20分
【沿革】 1948年創立。
【生徒数】 男子201名，女子175名
【特色】 ①園芸デザイン科は野菜・果樹・草花の栽培や造園技術など，食品科は製造，流通，販売，栄養・機能，安全性などの専門家を育成する。②農業を学ぶ高校生の全国組織「学校農業クラブ活動」に加入し，研究活動，国際交流などを行う。③1年次から計画的な進路指導を行う。専門性を活かし，進学や就職先を開拓する。④夏季休業中に集中講座を実施。⑤畜産加工，応用微生物など個性的な部活動がある。
【進路情報】 卒業生数―120名
大学―15名 短大―2名 専門学校―50名 就職―40名 その他―13名
【大学合格状況】 武蔵野大，帝京平成大，麗澤大，和洋女子大，他。
【主な就職先】 理研ビタミン，宝酒造，山崎製パン，木村屋總本店，住友林業緑化，虎屋，他。
【指定校推薦】 東京農大，日本獣医生命科学大，東京工芸大，千葉商大，東京聖栄大，他。
【見学ガイド】 体育祭，文化祭，説明会，体験入学，オープンスクール，個別相談会

選抜方法 2024年春(実績)

推薦	推薦枠=40% 調査書の活用=評定 調査書=450点 個人面接=250点 作文=200点
一次	調査書の活用=評定 学力検査=5教科 学力検査:調査書=7:3 ESAT-J=20点

応募状況

年度	学科	推薦		一次				
		募集	応募	募集	応募	倍率	受検	合格
'24	園芸デザイン	28	31	42	35	0.83	35	35
	食品	28	14	42	37	0.88	37	37
'23	園芸デザイン	28	35	42	48	1.14	47	43
	食品	28	55	42	53	1.26	53	43

合格のめやす

学科	合格の可能性	偏差値	換算内申	合計点Ⓐ+Ⓑ	得点Ⓐ+調査書点Ⓑ		内申めやす
園芸デザイン	80%	36	33	455	305+150	推薦	23/45
	60%	34	31	415	270+145		
食品	80%	37	34	470	315+155		25/45
	60%	35	32	435	290+145		

(一次)

【併願例】〈挑戦〉上野学園，共栄学園，駿台学園，関東一，中央学院中央，品川学藝

共 学

農業 高等学校

【設置学科】 都市園芸科，緑地計画科，食品科学科
【所在地】 〒183-0056 東京都府中市寿町1-10-2 ☎(042)362-2211
【アクセス】 京王線―府中5分
【沿革】 1909年創立。
【生徒数】 男子147名，女子161名
【特色】 ①都市園芸科は野菜・果樹・草花・フラワーデザイン，緑地計画科は造園設計・造園技術，食品科学科は食品製造・食品流通・応用微生物の各分野から1つを選択。②多数の資格を取得可能。③農場生産品販売や花壇植栽などで地域と交流。④特色ある教育が企業に高い評価を受け，毎年多数の求人票が届く。⑤自然がそのまま残された「神代農場」を所有。
【進路情報】〔農業学科〕卒業生数―102名
大学―21名 短大―2名 専門学校―37名 就職―34名 その他―8名
【大学合格状況】〔家庭学科を含む〕宮城大，秋田県立大，早稲田大，明治大，東京農大，他。
【主な就職先】〔農業学科〕東京南農業協同組合，花智，住友林業緑化，敷島製パン，他。
【指定校推薦】〔家庭学科を含む〕日本大，玉川大，東京農大，日本獣医生命科学大，他。
【見学ガイド】 文化祭，説明会，体験入学，授業公開，見学会

選抜方法 2024年春(実績)

推薦	推薦枠=40% 調査書の活用=評定 調査書=450点 個人面接=360点 作文=150点
一次	調査書の活用=評定 学力検査=5教科 学力検査:調査書=7:3 ESAT-J=20点

応募状況

年度	学科	推薦		一次				
		募集	応募	募集	応募	倍率	受検	合格
'24	都市園芸	14	47	21	49	2.33	48	22
	緑地計画	14	12	21	23	1.10	22	22
	食品科学	14	28	21	28	1.33	27	22
'23	都市園芸	12	26	23	25	1.09	25	24
	緑地計画	12	23	23	27	1.17	27	24
	食品科学	12	29	23	26	1.13	26	24

合格のめやす

学科	合格の可能性	偏差値	換算内申	合計点Ⓐ+Ⓑ	得点Ⓐ+調査書点Ⓑ		内申めやす
都	60%	38	36	500	335+165	推薦	27/45
緑	60%	36	33	455	305+150		25/45
食	60%	38	36	500	335+165		28/45

(次)

【併願例】〈挑戦〉駒場学園，昭和一学園，立川女子 〈最適〉大東学園，科学技術学園

共　学

瑞穂農芸 高等学校

【設置学科】　園芸科学科，畜産科学科，食品科
【所在地】　〒190-1211　東京都西多摩郡瑞穂
町石畑2027　☎(042)557-0142
【アクセス】　JR―箱根ヶ崎30分
【沿　革】　1949年創立。
【生徒数】　男子122名，女子187名
【特　色】　①園芸科学科は広い農場での体験学
習中心で少人数の実習。②畜産科学科は２年次
に酪農，養豚，実用動物の３類型に分かれる。
③食品科は農作物の栽培から食品加工，流通，
販売まで体験を通して学ぶ。④プロの講師を招
いた実習を各科で行っている。⑤日本農業技術
検定，家畜商，食品衛生責任者などの専門的な
資格をめざすことができる。⑥畜産科学科では
海外での農場研修を行っている。
【進路情報】〔農業学科〕卒業生数―96名
大学―31名　短大―９名　専門学校―32名
就職―20名　その他―４名
【大学合格状況】〔家庭学科を含む〕鹿児島大，
日本大，帝京科学大，日本獣医生命科学大，他。
【主な就職先】〔農業学科〕山崎製パン，ロッテ，
森永乳業，ニプロ，東菱薬品研究所，他。
【指定校推薦】〔家庭学科を含む〕日本大，北
里大，東京農大，日本獣医生命科学大，他。
【見学ガイド】　文化祭，説明会，体験入学，公
開授業，見学会，個別相談会

選抜方法 2024年春(実績)

推薦	推薦枠＝30%　調査書の活用＝評定　調査書＝450点　個人面接＝300点　作文＝250点
一次	調査書の活用＝評定　学力検査＝５教科　学力検査：調査書＝７：３　ESAT-J＝20点

応募状況

年度	学科	推薦		一次				
		募集	応募	募集	応募	倍率	受検	合格
'24	園芸科学	10	14	25	23	0.92	22	22
	畜産科学	10	21	25	24	0.96	23	23
	食　品	10	19	25	23	0.92	23	23
'23	園芸科学	10	11	25	20	0.80	20	25
	畜産科学	10	37	25	40	1.60	40	26
	食　品	10	17	25	17	0.68	17	23

合格のめやす

学科	合格の可能性	偏差値	換算内申	合計点	得点Ⓐ＋調査書点Ⓑ		内申めやす
園	60%	33	33	440	290+150	推薦	26/45
畜	60%	41	40	565	380+185		30/45
食	60%	35	34	445	290+155		27/45

（※「次」は推薦列の左に表示）

【併願例】〈挑戦〉東海大菅生，昭和一学園
〈最適〉文華女子，立川女子，堀越，東野

共　学

蔵前工科 高等学校

【設置学科】　機械科，電気科，建築科，設備工
業科
【所在地】　〒111-0051　東京都台東区蔵前1-
3-57　☎(03)3862-4488
【アクセス】　JR―浅草橋10分　都営浅草線―
蔵前６分　都営大江戸線―蔵前15分
【沿　革】　1924年創立。2023年度校名変更。
【生徒数】　男子368名，女子32名
【特　色】　①2023年度，機械科にロボティクス
コースを設置。１年次は機械・ロボットの学習
を行い，２年次からロボットの機構・プログラ
ム制御を学ぶコースと機械コースに分かれる。
②技術を身につけ，才能を伸ばし，スペシャリ
ストを育成する実習を中心とした授業を行う。
③先端技術を導入し，ＩＴとものづくりを組み
合わせた学習を強化。④第一種電気工事士，危
険物取扱者など，国家資格を含めた様々な資格
取得に挑戦し，実績をあげる。求人件数も多い。
【進路情報】　卒業生数―163名
大学―40名　専門学校―20名　就職―97名
その他―６名
【大学合格状況】　日本大，東京電機大，国士舘
大，千葉工大，関東学院大，拓殖大，他。
【主な就職先】　東京電力パワーグリッド，関東
工，鹿島建設，東京地下鉄，SUBARU，他。
【指定校推薦】　東洋大，東京電機大，他。
【見学ガイド】　文化祭，説明会，授業公開

選抜方法 2024年春(実績)　ほかに連携型入学者選抜あり

推薦	推薦枠＝40%　調査書の活用＝評定　調査書＝500点　個人面接＝300点　実技検査＝200点
一次	調査書の活用＝評定　学力検査＝５教科　学力検査：調査書＝７：３　ESAT-J＝20点

応募状況

年度	学科	推薦		一次				
		募集	応募	募集	応募	倍率	受検	合格
'24	機　械	28	35	41	36	0.88	33	39
	電　気	14	20	20	24	1.20	21	20
	建　築	14	33	19	34	1.79	32	19
	設備工業	14	17	20	9	0.45	9	16

合格のめやす

学科	合格の可能性	偏差値	換算内申	合計点Ⓐ＋Ⓑ	得点Ⓐ＋調査書点		内申めやす
機	60%	37	32	465	320+145	推薦	24/45
電	60%	39	35	510	350+160		25/45
建	60%	40	36	530	365+165		26/45
設	60%	38	34	490	335+155		25/45

【併願例】〈挑戦〉岩倉，共栄学園，豊南，中央
学院中央，東京実業　〈最適〉科学技術学園

共学

墨田工科 高等学校

【設置学科】 機械科，自動車科，電気科，建築科

【所在地】 〒135-0004 東京都江東区森下5-1-7 ☎(03)3631-4928

【アクセス】 都営新宿線―菊川5分 半蔵門線・都営大江戸線―清澄白河15分

【沿革】 1900年創立。2023年度校名変更。

【生徒数】 男子357名，女子18名

【特色】 ①機械科では，機械の知識や技術を習得。自動車科では，設計から整備まで適応できる人材を育成。電気科では，電気に関わる知識を幅広く学び，実習も行う。建築科では，構造や設計などの座学を基本とし，応用技術を専門家が指導する。②製図検定，電気工事士など800件以上の資格の取得実績がある。③就職希望者の就職率は100%。④原動機部や美術建築部など，工科高校ならではの部活動も多い。

【進路情報】 卒業生数―156名
大学―1名 専門学校―8名 就職―143名
その他―4名

【大学合格状況】 帝京平成大，他。

【主な就職先】 住友重機械工業，トヨタ自動車，本田技研工業，LIXIL，JR東日本，関電工，他。

【指定校推薦】 明星大，日本工大，千葉工大，拓殖大，城西国際大，江戸川大，埼玉工大，他。

【見学ガイド】 体育祭，文化祭，説明会，体験入学，授業公開，見学会，個別見学・相談会

選抜方法 2024年春(実績)

推薦	推薦枠=40% 調査書の活用=評定 調査書=500点 個人面接=350点 実技検査=150点 ※特別推薦あり
一次	調査書の活用=評定 学力検査=5教科 学力検査：調査書=7：3 ESAT-J=20点

応募状況

年度	学科	推薦		一次				
		募集	応募	募集	応募	倍率	受検	合格
'24	機械	14	9	26	9	0.35	9	9
	自動車	14	27	21	24	1.14	23	22
	電気	28	18	57	13	0.23	11	12
	建築	14	7	28	8	0.29	8	8

合格のめやす

学科	合格の可能性	偏差値	換算内申	合計点 ④+⑧	得点④+調査書点⑧		内申めやす
機	60%	33	29	390	255+135	推薦	21/45
自	60%	34	31	415	270+145		23/45
電	60%	33	29	390	255+135		21/45
建	60%	34	31	415	270+145		23/45

（「機自電建」は縦書きで「一次」「推薦」の表記あり）

【併願例】〈挑戦〉自由が丘，関東一，大森学園，中央学院中央，東京実業

共学
単位制

六郷工科 高等学校

【設置学科】 先端技術を学習する学科（仮称）

【所在地】 〒144-8506 東京都大田区東六郷2-18-2 ☎(03)3737-6565

【アクセス】 京急本線―雑色3分

【沿革】 2004年開校。2025年度よりプロダクト工学科，オートモビル工学科，システム工学科，デザイン工学科，デュアルシステム科を先端技術を学習する学科（仮称）に改編予定。

【生徒数】 男子272名，女子63名

【特色】 ①企業と連携し，ものづくり人材を育成。インターンシップ，長期就業訓練，企業見学を行う。②豊富な自由選択科目がある。②2021年に日本工学院専門学校と連携し，AIシステム・eスポーツなどの先端技術が学べる講座を開設。③海外姉妹校との教育交流を含む海外修学旅行を実施するほか，希望者対象の海外スタディツアーでは技術・技能教育を基盤とした海外交流を行う。④工業系の施設や設備が充実している。

【進路情報】 卒業生数―121名
大学―7名 短大―1名 専門学校―28名
就職―61名 その他―24名

【大学合格状況】 帝京大，東京電機大，桜美林大，関東学院大，杏林大，東京工芸大，他。

【主な就職先】 京浜急行電鉄，東芝エレベータ，日産自動車，関東電気保安協会，日本郵便，他。

【指定校推薦】 東京電機大，千葉工大，他。

【見学ガイド】 文化祭，説明会，体験授業，授業公開，見学会

選抜方法 2024年春(実績)

推薦	推薦枠=40% 調査書の活用=評定 調査書=500点 個人面接=400点 作文=100点
一次	調査書の活用=評定 学力検査=5教科 学力検査：調査書=7：3 ESAT-J=20点

応募状況

年度	学科	推薦		一次				
		募集	応募	募集	応募	倍率	受検	合格
'24	プロダクト	12	6	23	12	0.52	12	18
	オートモビル	12	18	20	22	1.10	21	20
	システム	12	19	20	31	1.55	28	20
	デザイン	12	21	20	18	0.90	17	19
	デュアル	12	7	25	4	0.16	4	5

合格のめやす

2025年度学科改編予定のため基準不明。

【併願例】〈挑戦〉自由ヶ丘，大森学園，日体大荏原，東京実業，科学技術学園

共　学

総合工科 高等学校

【設置学科】　機械・自動車科，電気・情報デザイン科，建築・都市工学科
【所在地】　〒157-0066　東京都世田谷区成城9-25-1　☎(03)3483-0204
【アクセス】　小田急線―成城学園前15分またはバス都立総合工科高校前
【沿　革】　2006年開校。
【生徒数】　男子343名，女子24名
【特　色】　①3学科6分野に分かれ，充実した施設や設備を活用して実験や実習を行い，スペシャリストを育成。②理工系大学への進学を重視した教育。様々な資格取得もめざす。③長期休業中の講習会，大学進学対応の放課後講習などを実施。④キャリア教育にも力を入れ，2年次は全員インターンシップを行う。⑤海外の高校との交流を行い，国際感覚を身につける。
【進路情報】　卒業生数―171名
大学―51名　短大―1名　専門学校―36名　就職―65名　その他―18名
【大学合格状況】　千葉大，都立大，日本大，駒澤大，東海大，芝浦工大，東京電機大，他。
【主な就職先】　SUBARU，東芝エレベータ，東京水道，日本道路，大和ハウス，京王バス，他。
【指定校推薦】　日本大，東洋大，芝浦工大，他。
【見学ガイド】　文化祭，説明会，体験入学・入部，公開授業，見学会，直前相談会

選抜方法 2024年春(実績)

推薦	推薦枠＝40%　調査書の活用＝評定 調査書＝500点　個人面接＝300点 実技検査＝200点　※特別推薦あり
一次	調査書の活用＝評定　学力検査＝5教科 学力検査:調査書＝7:3　ESAT-J＝20点

応募状況

年度	学科	推薦		一次				
		募集	応募	募集	応募	倍率	受検	合格
'24	機械・自動車	14	20	21	19	0.90	19	19
	電気・情報	28	39	42	26	0.62	24	23
	建築・都市	28	31	42	13	0.31	10	10
'23	機械・自動車	14	29	21	22	1.05	22	21
	電気・情報	28	23	46	16	0.35	11	11
	建築・都市	28	36	42	10	0.24	8	9

合格のめやす

学科		合格の可能性	偏差値	換算内申	合計点	得点Ⓐ＋調査書点Ⓑ		内申めやす
機	一次	60%	34	31	415	270+145	推薦	22/45
電		60%	34	31	415	270+145		22/45
建		60%	33	31	400	255+145		22/45

【併願例】〈挑戦〉昭和一学園，東京実業，大東学園，フェリシア　〈最適〉科学技術学園

共　学

中野工科 高等学校

【設置学科】　食品サイエンス科
【所在地】　〒165-0027　東京都中野区野方3-5-5　☎(03)3385-7445
【アクセス】　西武新宿線―野方7分　JR―中野・高円寺よりバス野方駅入口4分
【沿　革】　1946年創立。2018年度エンカレッジスクールのキャリア技術科に改編。2023年度校名変更。2024年度よりキャリア技術科を食品サイエンス科に改編。
【生徒数】　男子230名，女子58名
【特　色】　①都立工科高校で唯一「食品工業」が学べる学校。②1年次は普通科目の学び直しを重視。調理・生物・工業技術・デザインの基礎も学ぶ。③2年次より食品工業基礎と食品サイエンスの2コースに分かれる。食品サイエンスコースは食品製造，食品分析，食品デザインの3系列がある。④2025年に新校舎完成予定。
【進路情報】　卒業生数―101名
大学―6名　専門学校―25名　就職―64名　その他―6名
【大学合格状況】　東京福祉大，東京医療保健大，駿河台大，東洋学園大，他。
【主な就職先】　ブリヂストン，住友建機，立川バス，木村屋總本店，サミット，浅草今半，他。
【指定校推薦】　東京富士大，東洋学園大，湘南工科大，埼玉学園大，駿河台大，他。
【見学ガイド】　文化祭，説明会，授業公開，見学会，個別相談会

選抜方法 2024年春(実績)　＊パーソナル・プレゼンテーションを含む

推薦	推薦枠＝40%　調査書の活用＝観点別学習状況の評価 調査書＝400点　＊個人面接＝300点 実技検査＝300点
前期	調査書の活用＝観点別学習状況の評価 調査書＝300点　＊個人面接＝350点 実技検査＝350点

応募状況

年度	学科	推薦		前期				
		募集	応募	募集	応募	倍率	受検	合格
'24	食品	56	73	63	58	0.92	57	57
'23	キャリア	56	71	63	47	0.75	45	45
'22	キャリア	56	47	72	39	0.54	38	38

合格のめやす

学力検査がないため，基準は設定していません。

【併願例】〈挑戦〉大東学園，堀越，科学技術学園，東野

共　学

杉並工科 高等学校

【設置学科】　IT・環境科
【所在地】　〒167-0023　東京都杉並区上井草4-13-31　☎(03)3394-2471
【アクセス】　西武新宿線―上井草15分、上石神井20分　JR―西荻窪よりバス今川三丁目3分
【沿革】　1962年創立。2023年度校名変更。2024年度、機械科、電子科、理工環境科をIT・環境科に改編。
【生徒数】　男子200名、女子13名
【特色】　①2024年度よりIT・環境科がスタート。国数英の基礎教科からITや環境に関する専門教科まで幅広く学ぶ。②先端実験装置を使った実習や野外体験活動、企業・大学で本物に触れる体験学習を行い、課題研究に取り組む。③一般選抜や総合型選抜など、大学受験スタイル別クラスで大学入試に対応した授業を展開。④法政大学との高大連携でゼミ講座に参加する。
【進路情報】　卒業生数―102名
大学―13名　専門学校―20名　就職―47名
その他―22名
【大学合格状況】　東洋大、東京電機大、千葉工大、明星大、帝京平成大、拓殖大、他。
【主な就職先】　西武鉄道、トヨタ自動車、住友重機械工業、国立印刷局、日本金属、東京精密、他。
【指定校推薦】　日本大、東洋大、東海大、他。
【見学ガイド】　文化祭、説明会、体験入学、体験入部、授業公開、見学会、個別相談会

選抜方法 2024年春(実績)

推薦	推薦枠=40%　調査書の活用=評定 調査書=500点　個人面接=300点 作文=200点　※特別推薦あり
一次	調査書の活用=評定　学力検査=5教科 学力検査:調査書=7：3　ESAT-J=20点

応募状況

年度	学科	推薦		一次				
		募集	応募	募集	応募	倍率	受検	合格
'24	IT・環境	56	45	104	35	0.34	33	33
'23	機械	28	15	58	8	0.15	8	8
	電子	14	17	21	15	0.71	15	15
	理工環境	14	9	26	6	0.23	6	6

合格のめやす

	合格の可能性	偏差値	換算内申	合計点Ⓐ+Ⓑ	得点Ⓐ+調査書点Ⓑ		内申めやす
一次	80%	40	36	530	365+165	推薦	25/45
	60%	38	34	490	335+155		

【併願例】〈挑戦〉昭和一学園、自由ヶ丘、豊南、武蔵野　〈最適〉東京実業、大東学園、堀越

共　学

荒川工科 高等学校

【設置学科】　電気科、電子科、情報技術科
【所在地】　〒116-0003　東京都荒川区南千住6-42-1　☎(03)3802-1178
【アクセス】　JR・日比谷線・つくばEX.―南千住12分　京成本線―千住大橋12分
【沿革】　1948年創立。2023年度校名変更。
【生徒数】　男子281名、女子6名
【特色】　①産業社会を支える技術者になるために、免許・資格の取得や検定合格をめざす。②電気科では、発電、送電、配電などを総合的に学ぶ。電子科では、通信技術や情報伝達システムなどの各種技術を学習。情報技術科では、プログラミング・ネットワーク構築技術などを学ぶ。③企業と連携したキャリア説明会や施設見学を実施。④ドローンパイロット講習会を行う。⑤AIが活用できる人材を育てるAI部を新設。
【進路情報】　卒業生数―90名
大学―7名　専門学校―23名　就職―49名
その他―11名
【大学合格状況】　東京電機大、日本工大、千葉商大、江戸川大、東京国際工科専門職大、他。
【主な就職先】　関金工、関東電気保安協会、富士ソフト、東芝エレベータ、日本管財、他。
【指定校推薦】　東京電機大、日本工大、他。
【見学ガイド】　文化祭、説明会、体験入学、授業公開、見学会

選抜方法 2024年春(実績)

推薦	推薦枠=40%　調査書の活用=評定 調査書=450点　個人面接=400点 実技検査=150点　※特別推薦あり
一次	調査書の活用=評定　学力検査=5教科 学力検査:調査書=7：3　ESAT-J=20点

応募状況

年度	学科	推薦		一次				
		募集	応募	募集	応募	倍率	受検	合格
'24	電気	14	16	23	15	0.65	15	15
	電子	14	5	30	7	0.23	7	7
	情報技術	28	3	67	23	0.34	22	22
'23	電気	14	21	21	13	0.62	13	13
	電子	14	7	26	21	0.81	19	19
	情報技術	28	23	46	19	0.41	18	18

合格のめやす

学科		合格の可能性	偏差値	換算内申	合計点Ⓐ+Ⓑ	得点Ⓐ+調査書点Ⓑ		内申めやす
気	一次	60%	30	26	340	220+120	推薦	20/45
子	次	60%	30	26	340	220+120		20/45
情		60%	31	26	355	230+125		21/45

【併願例】〈挑戦〉中央学院中央、武蔵野、東京実業、堀越、科学技術学園

北豊島工科 高等学校

共学

【設置学科】 都市防災技術科

【所在地】 〒174-0062 東京都板橋区富士見町28-1 ☎(03)3963-4331

【アクセス】 都営三田線―板橋本町11分 東武東上線―中板橋9分

【沿 革】 1920年創立。2023年度校名変更。2024年度，総合技術科を都市防災技術科に改編。

【生徒数】 男子245名，女子24名

【特 色】 ①2024年度より都市防災技術科がスタート。全教科で防災に関する学びの授業を展開し，火おこしや簡易トイレ作りなどの実技体験も行う。②1年次は工業・防災に関する基礎学習。2年次から，ものづくりや制御・整備を行う機械系と，電気工事やプログラミング，電子回路，ドローンなどに関わる電気系に分かれる。③自主防災組織や学校，福祉施設，事業所などで需要が高まっている防災士をはじめ，電気工事士，危険物取扱者，消防設備士などの資格・検定の取得をめざす。④個々の目標を定めた朝学習で計画的に実行する力をつける。

【進路情報】 卒業生数―99名

大学―6名 専門学校―25名 就職―68名

【大学合格状況】 大正大，文京学院大，聖学院大，他。

【主な就職先】 東芝エレベータ，関電工，日本金属，関東電気保安協会，日経印刷，他。

【指定校推薦】 東京電機大，日本工大，他。

【見学ガイド】 文化祭，説明会，体験入学，公開授業，見学会，個別相談会

選抜方法 2024年春(実績)

推薦	推薦枠＝40％ 調査書の活用＝評定 調査書＝450点 個人面接＝300点 作文＝150点
一次	調査書の活用＝評定 学力検査＝5教科 学力検査：調査書＝7：3 ESAT-J＝20点

応募状況

年度	学科	推薦		一次				
		募集	応募	募集	応募	倍率	受検	合格
'24	都市防災	56	42	98	44	0.45	40	40
'23	総合技術	56	48	92	49	0.53	48	48
'22	総合技術	56	43	97	45	0.46	43	43

合格のめやす

	合格の可能性	偏差値	換算内申	合計点Ⓐ＋Ⓑ	得点Ⓐ＋調査書点Ⓑ	推薦	内申めやす
一次	80％	32	28	375	245+130	薦	20/45
	60％	30	26	340	220+120		

【併願例】〈挑戦〉武蔵野，東京実業，大東学園，堀越，科学技術学園，東野

練馬工科 高等学校

共学

【設置学科】 キャリア技術科

【所在地】 〒179-8909 東京都練馬区早宮2-9-18 ☎(03)3932-9251

【アクセス】 有楽町線・副都心線―平和台5分

【沿 革】 1963年創立。2006年度エンカレッジスクールとしてキャリア技術科に改編。2023年度校名変更。

【生徒数】 男子392名，女子50名

【特 色】 ①1年次の30分授業（国数英），習熟度別授業，少人数授業，朝学習，2名担任制などを採用。②3年次は機械加工技術，自動車技術，電気設備技術，電子コンピュータ技術，デザイン工芸技術の5つの系列より1つを選択。③「キャリアガイダンス」の授業で生き方を考え，1・2年次は全員がインターンシップを行う。「体験」の授業では資格取得の勉強や専門的な体験ができる。進路指導も細やかに行う。④台湾の姉妹校と国際交流を行っている。

【進路情報】 卒業生数―134名

大学―9名 短大―1名 専門学校―43名 就職―74名 その他―7名

【大学合格状況】 國學院大，大東文化大，東京電機大，関東学院大，目白大，日本文化大，他。

【主な就職先】 旭化成住宅建設，日本金属，住友重機械工業，東芝エレベータ，西武バス，他。

【指定校推薦】 東京電機大，拓殖大，日本工大，千葉工大，湘南工科大，他。

【見学ガイド】 文化祭，説明会，体験入学，体験入部，授業公開，見学会，個別相談会

選抜方法 2024年春(実績) ＊パーソナル・プレゼンテーションを含む

推薦	推薦枠＝40％ 調査書の活用＝観点別学習状況の評価 調査書＝400点 ＊個人面接＝350点 実技検査＝250点
前期	調査書の活用＝観点別学習状況の評価 調査書＝300点 ＊個人面接＝350点 作文＝350点

応募状況

年度	学科	推薦		前期				
		募集	応募	募集	応募	倍率	受検	合格
'24	キャリア	70	121	88	116	1.32	113	88
'23	キャリア	70	99	88	91	0.92	78	78
'22	キャリア	70	114	88	104	1.18	102	88

合格のめやす

学力検査がないため，基準は設定していません。

【併願例】〈挑戦〉大東学園，堀越，安部学院，科学技術学園，東野

共学

足立工科 高等学校

【設置学科】 総合技術科
【所在地】 〒123-0841 東京都足立区西新井4-30-1 ☎(03)3899-1196
【アクセス】 日暮里・舎人ライナー—谷在家10分 東武大師線—大師前15分
【沿革】 1962年創立。2023年度校名変更。
【生徒数】 男子277名,女子11名
【特色】 ①ものづくりに必要な機械・電気の基礎を全員が学び,地域や日本の産業を支える人材を育成する。②2年次から,機械,電気システム,制御システム,情報コミュニケーションの4コースに分かれる。③少人数制を多く取り入れ,丁寧に指導する。④3Dプリンタ実習装置など先端技術を学べる設備が整う。⑤電気工事士など将来役立つ資格取得を応援する。⑥多様な進路希望に対応。求人社数が多く,就職に有利。進学希望者向けの課外講習も開講する。
【進路情報】 卒業生数—141名
大学—14名 専門学校—18名 就職—100名その他—9名
【大学合格状況】 東京電機大,千葉工大,拓殖大,日本工大,帝京科学大,聖学院大,他。
【主な就職先】 東芝エレベータ,JR東海新幹線事業部,関電工,日本郵便,日本電算,他。
【指定校推薦】 東京電機大,千葉工大,帝京科学大,日本工大,ものつくり大,埼玉工大,他。
【見学ガイド】 説明会,体験入学,見学会,個別相談会

選抜方法 2024年春(実績)

推薦	推薦枠=40% 調査書の活用=評定 調査書=450点 集団討論・個人面接=400点 実技検査=350点
一次	調査書の活用=評定 学力検査=5教科 学力検査:調査書=7:3 ESAT-J=20点

応募状況

年度	学科	推薦		一次				
		募集	応募	募集	応募	倍率	受検	合格
'24	総合技術	56	33	107	71	0.66	70	70
'23	総合技術	56	20	120	56	0.47	56	56
'22	総合技術	56	48	92	74	0.80	72	72

合格のめやす

	合格の可能性	偏差値	換算内申	合計点A+B	得点A+調査書点B		内申めやす
一次	80%	32	28	375	245+130	推薦	20/45
	60%	30	26	340	220+120		

【併願例】〈挑戦〉武蔵野,中央学院中央,堀越,科学技術学園

共学

葛西工科 高等学校

【設置学科】 機械科,電子科,建築科,デュアルシステム科
【所在地】 〒132-0024 東京都江戸川区一之江7-68-1 ☎(03)3653-4111
【アクセス】 都営新宿線—一之江8分
【沿革】 1962年創立。2018年デュアルシステム科設置。2023年度校名変更。
【生徒数】 男子420名,女子24名
【特色】 ①機械科は,ものづくりの基礎から応用まで学ぶ。電子科は電子・情報・通信のスペシャリストをめざす。建築科は実習と製図に重点をおく。デュアルシステム科は企業で働くことが授業の一部になる。②3年間を通して計画的に国家資格や各種検定試験の学習に取り組む。③2年次に全員インターンシップを実施。
【進路情報】 卒業生数—149名
大学—16名 専門学校—17名 就職—116名
【大学合格状況】 亜細亜大,千葉工大,東京工科大,東京工芸大,東京情報大,他。
【主な就職先】 いすゞ自動車,日産自動車,JR東日本,大和ハウス工業,東芝エレベータ,他。
【指定校推薦】 千葉工大,日本工大,他。
【見学ガイド】 文化祭,説明会,体験授業,公開授業,見学会,学校見学,個別相談会

選抜方法 2024年春(実績)

推薦	推薦枠=40% 調査書の活用=評定 調査書=500点 個人面接=200点 実技検査=300点
一次	調査書の活用=評定 学力検査=5教科 学力検査:調査書=7:3 ESAT-J=20点

応募状況

年度	学科	推薦		一次				
		募集	応募	募集	応募	倍率	受検	合格
'24	機械	14	7	28	19	0.68	16	16
	電子	14	14	21	21	1.00	20	20
	建築	28	21	49	26	0.53	24	24
	デュアル	14	13	22	12	0.55	12	12
'23	機械	14	13	22	21	0.95	21	21
	電子	14	12	24	25	1.04	25	24
	建築	28	20	50	43	0.86	43	44
	デュアル	14	9	22	18	0.69	16	16

合格のめやす

学科		合格の可能性	偏差値	換算内申	合計点A+B	得点A+調査書点B		内申めやす
機	一次	60%	31	29	365	230+135	推薦	21/45
電子		60%	32	30	385	245+140		22/45
建		60%	32	30	385	245+140		22/45
デュ		60%	30	27	340	215+125		20/45

【併願例】〈挑戦〉大森学園,関東一,正則学園,中央学院中央,東京実業,大東学園

共 学

府中工科 高等学校

【設置学科】 機械科，電気科，情報技術科，工業技術科

【所在地】 〒183-0005 東京都府中市若松町2-19 ☎(042)362-7237

【アクセス】 京王線―東府中10分 JR―武蔵小金井よりバス府中工業高校

【沿 革】 1962年創立。2023年度校名変更。

【生徒数】 男子482名，女子19名

【特 色】 ①ものづくりを通して未来の技術者を育成。②機械科は金属材料の加工方法や図面の読み書きを学ぶ。電気科は電気工事士の合格者を多数輩出。情報技術科は専門学校や企業と連携して高度なIT学習を行うTokyo P-TECHを導入。工業技術科は機械・電気・情報を基にデザインや品質について学ぶ。③第一種電気工事士などの国家資格の取得に力を入れる。

【進路情報】 卒業生数―157名

大学―19名 専門学校―39名 就職―93名 その他―6名

【大学合格状況】 専修大，大東文化大，亜細亜大，東京電機大，武蔵大，国士舘大，他。

【主な就職先】 三菱重工業，日立国際電気，京王電鉄，NTT東日本，関東電気保安協会，他。

【指定校推薦】 東洋大，東京電機大，国士舘大，東京工科大，拓殖大，多摩大，他。

【見学ガイド】 文化祭，説明会，体験入学，体験入部，授業公開，見学会

選抜方法 2024年春（実績）

推薦	推薦枠＝40％ 調査書の活用＝評定 調査書＝500点 個人面接＝400点 作文＝100点 ※特別推薦あり
一次	調査の活用＝評定 学力検査＝5教科 学力検査：調査書＝7：3 ESAT-J＝20点

応募状況

年度	学科	推薦		一次				
		募集	応募	募集	応募	倍率	受検	合格
'24	機械	14	17	21	14	0.67	14	14
	電気	28	40	42	42	1.00	41	41
	情報技術	14	12	23	23	1.00	21	21
	工業技術	14	19	21	21	1.00	17	17

合格のめやす

学科		合格の可能性	偏差値	換算内申	合計点 A+B	得点A+調査書点B		内申めやす
機	一次	60%	32	29	380	245+135	推薦	22/45
電		60%	32	29	380	245+135		22/45
情		60%	37	32	465	320+145		25/45
工		60%	35	32	435	290+145		24/45

【併願例】〈挑戦〉大森学園，聖パウロ，東京実業，大東学園，堀越，科学技術学園

共 学

町田工科 高等学校

【設置学科】 総合情報科

【所在地】 〒194-0035 東京都町田市忠生1-20-2 ☎(042)791-1035

【アクセス】 JR・小田急線―町田よりバス町田工業高校前1分，上宿・忠生公園前各5分

【沿 革】 1962年創立。2023年度校名変更。

【生徒数】 男子342名，女子97名

【特 色】 ①IT（情報技術）社会に対応した専門学科。情報・工業に関連する様々な分野の知識，技術を学ぶ。②1年次に工業の基礎を学習。2年次より，4つの系列（情報デザイン，情報テクノロジー，電気システム，機械システム）から1つを選び，専門の学習を進める。③様々な資格取得をめざせる。全教員が一人ひとりにきめ細やかに対応。④専門学校・企業と連携したIT教育プログラムTokyo P-TECHを導入。⑤GE-NET20指定校としてグローバルに活躍する人材を育成。⑥eスポーツ部がある。

【進路情報】 卒業生数―141名

大学―26名 短大―3名 専門学校―41名 就職―60名 その他―11名

【大学合格状況】 東海大，神奈川大，玉川大，東京工科大，東京造形大，東京工芸大，他。

【主な就職先】 関東電気保安協会，三菱重工業，東京精密，東急電鉄，ニコン相模原製作所，他。

【指定校推薦】 東海大，神奈川大，玉川大，桜美林大，国士舘大，拓殖大，相模女子大，他。

【見学ガイド】 文化祭，説明会，授業体験会，授業公開，見学会，課題研究発表会

選抜方法 2024年春（実績）

推薦	推薦枠＝40％ 調査書の活用＝評定 調査書＝500点 集団討論・個人面接＝300点 実技検査＝200点 ※特別推薦あり
一次	調査書の活用＝評定 学力検査＝5教科 学力検査：調査書＝7：3 ESAT-J＝20点

応募状況

年度	学科	推薦		一次				
		募集	応募	募集	応募	倍率	受検	合格
'24	総合情報	70	95	105	110	1.05	108	106
'23	総合情報	70	93	105	86	0.82	84	84
'22	総合情報	70	110	105	91	0.87	89	89

合格のめやす

		合格の可能性	偏差値	換算内申	合計点 A+B	得点A+調査書点B		内申めやす
一次		80%	34	32	420	275+145	推薦	21/45
		60%	32	32	385	245+140		

【併願例】〈挑戦〉聖パウロ，立川女子，大東学園，科学技術学園，光明相模原，柏木学園

共 学

多摩工科 高等学校

【設置学科】 機械科，電気科，環境化学科，デュアルシステム科
【所在地】 〒197-0003　東京都福生市熊川215
☎(042)551-3435
【アクセス】 西武拝島線・JR—拝島10分
【沿　革】 1962年創立。2018年デュアルシステム科設置。2023年度校名変更。
【生徒数】 男子435名，女子43名
【特　色】 ①機械科は金属加工の基本技術から学ぶ。②電気科では電気工事士の国家資格取得をめざす。③環境化学科は環境や食品分析の手法を身につける。④デュアルシステム科では，ものづくり産業の即戦力を育成する。⑤インターンシップなどで全員が就業体験を行う。
【進路情報】 卒業生数—159名
大学—12名　短大—1名　専門学校—37名
就職—107名　その他—2名
【大学合格状況】 駒澤大，千葉工大，東京工科大，拓殖大，東京工芸大，駿河台大，他。
【主な就職先】 JR東日本，NTT東日本，佐藤製薬，関東電気保安協会，東京精密，京セラ，他。
【指定校推薦】 東京電機大，東京工科大，他。
【見学ガイド】 文化祭，説明会，工業体験実習，部活動体験入部会，公開授業，見学会

選抜方法 2024年春(実績)

推薦	推薦枠＝40％　調査書の活用＝評定 調査書＝500点　個人面接＝400点 作文＝100点　※デュアル以外特別推薦あり
一次	調査書の活用＝評定　学力検査＝5教科 学力検査:調査書＝7:3　ESAT-J＝20点

応募状況

年度	学科	推薦		一次				
		募集	応募	募集	応募	倍率	受検	合格
'24	機 械	28	27	42	39	0.93	37	43
	電 気	14	25	21	33	1.57	33	22
	環境化学	14	15	21	11	0.52	10	16
	デュアル	14	23	21	23	1.10	23	22
'23	機 械	28	45	42	43	1.02	42	43
	電 気	14	28	21	24	1.14	23	22
	環境化学	14	23	21	13	0.62	13	13
	デュアル	14	11	23	6	0.26	6	6

合格のめやす

学科	合格の可能性	偏差値	換算内申	合計点 Ⓐ+Ⓑ	得点Ⓐ+調査書点Ⓑ		内申めやす
機	60％	32	30	385	245+140	推薦	23/45
電 一次	60％	33	31	400	255+145		24/45
環	60％	32	30	385	245+140		23/45
デュ	60％	31	29	365	230+135		20/45

【併願例】〈挑戦〉聖パウロ，立川女子，大東学園，堀越，科学技術学園，東野

共 学

田無工科 高等学校

【設置学科】 機械科，建築科，都市工学科
【所在地】 〒188-0013　東京都西東京市向台町1-9-1　☎(042)464-2225
【アクセス】 西武新宿線—田無・西武柳沢各18分　JR—武蔵境・三鷹・吉祥寺よりバス武蔵野大学5分
【沿　革】 1962年創立。2023年度校名変更。
【生徒数】 男子391名，女子39名
【特　色】 ①機械科は製図，設計，工作，生産システムなどの授業と実習・実験を行う。建築科では安全，快適で美しい建築物を建てる知識と技術を，都市工学科では生活基盤と環境づくりを学ぶ。②1年次から卒業後を見据えた体系的なキャリア教育を実施し，希望進路100％を実現。③企業で就業体験や訓練を行うデュアルシステムを導入。④資格取得を推進している。
【進路情報】 卒業生数—170名
大学—13名　専門学校—47名　就職—108名
その他—2名
【大学合格状況】 日本大，関東学院大，日本工大，東京工芸大，明海大，流通経済大，他。
【主な就職先】 JR東日本，東芝エレベータ，大和ハウス工業，西武建設，東京メトロ，他。
【指定校推薦】 日本大，東洋大，明星大，他。
【見学ガイド】 文化祭，説明会，体験入学，授業公開，見学会，個別相談会

選抜方法 2024年春(実績)

推薦	推薦枠＝40％　調査書の活用＝評定 調査書＝400点　個人面接＝300点 作文＝100点　※特別推薦あり
一次	調査書の活用＝評定　学力検査＝5教科 学力検査:調査書＝7:3　ESAT-J＝20点

応募状況

年度	学科	推薦		一次				
		募集	応募	募集	応募	倍率	受検	合格
'24	機 械	28	27	42	29	0.69	29	29
	建 築	28	41	42	31	0.74	31	31
	都市工学	14	17	21	8	0.38	8	8
'23	機 械	28	31	48	22	0.46	22	22
	建 築	28	37	42	30	0.71	29	29
	都市工学	14	13	21	12	0.57	12	12

合格のめやす

学科	合格の可能性	偏差値	換算内申	合計点 Ⓐ+Ⓑ	得点Ⓐ+調査書点Ⓑ		内申めやす
機 一次	60％	32	30	385	245+140	推薦	21/45
建	60％	33	31	400	255+145		23/45
都	60％	33	31	400	255+145		23/45

【併願例】〈挑戦〉豊南，自由ヶ丘，堀越，大東学園，科学技術学園，東野

芝商業 高等学校

【設置学科】 ビジネス科
【所在地】 〒105-0022 東京都港区海岸1-8-25 ☎(03)3431-0760
【アクセス】 JR―浜松町5分 都営大江戸線・都営浅草線―大門5分 ゆりかもめ―竹芝5分
【沿 革】 1924年創立。2018年度商業科をビジネス科に改編。
【生徒数】 男子202名，女子262名
【特 色】 ①幅広い知識とビジネスの専門能力が身につく教育課程を組む。②企業と共同して商品開発や地域イベントに関わり，地域とも連携して竹芝地区の再開発に携わる。体験的・実践的な授業で創造的な能力を身につける。③1年次でビジネスの基礎的な知識・技術を学び，2年次からは専門性を深める。④多種多様な資格も取得できる。⑤1年次に全員がインターンシップを体験する。⑥3年間を通した手厚いキャリア教育で，就職内定・合格率は100%。
【進路情報】 卒業生数―193名
大学―57名 短大―5名 専門学校―47名 就職―75名 その他―9名
【大学合格状況】 日本大，東洋大，駒澤大，専修大，大東文化大，成蹊大，国士舘大，他。
【主な就職先】 YKK AP，日本通運，大日本印刷，日本ホテル，三越伊勢丹，日本郵便，他。
【指定校推薦】 日本大，東洋大，駒澤大，他。
【見学ガイド】 文化祭，説明会，体験授業，公開授業，見学会，個別相談会

選抜方法 2024年春（実績） ＼ ほかに連携型入学者選抜あり

推薦	推薦枠＝40% 調査書の活用＝評定 調査書＝300点 個人面接＝200点 作文＝100点 ※特別推薦あり
一次	調査書の活用＝評定 学力検査＝5教科 学力検査：調査書＝7：3 ESAT-J＝20点

応募状況

年度	学科	推薦		一次				
		募集	応募	募集	応募	倍率	受検	合格
'24	ビジネス	70	106	102	98	0.96	96	96
'23	ビジネス	70	84	101	91	0.90	88	88
'22	ビジネス	70	79	102	59	0.58	54	54

合格のめやす

一次	合格の可能性	偏差値	換算内申	合計点Ⓐ+Ⓑ	得点Ⓐ+調査書点Ⓑ	推薦	内申めやす
	80%	38	36	500	335+165		27/45
	60%	36	34	455	300+155		

【併願例】〈挑戦〉共栄学園，関東一，中央学院中央，京華商業 〈最適〉品川エトワール

江東商業 高等学校

【設置学科】 ビジネス科
【所在地】 〒136-0071 東京都江東区亀戸4-50-1 ☎(03)3685-1711
【アクセス】 東武亀戸線―亀戸水神4分 JR―亀戸北口12分，東口8分
【沿 革】 1905年創立。2003年，総合ビジネス科を新設。2018年度総合ビジネス科をビジネス科に改編。
【生徒数】 男子188名，女子236名
【特 色】 ①ビジネスの意義や役割を3年間で理解する。②1年次に，簿記，ビジネス基礎，情報処理の3科目を学習し，ビジネスの基礎を習得する。③2年次より，マーケティング，原価計算など，多様な商業選択科目を履修。3年次は，秘書実務などの課題研究に取り組み，専門性を身につける。④就職や進学に活かせる検定や資格取得の支援を行う。⑤英語，簿記，財務会計などの科目で少人数授業を実施する。
【進路情報】 卒業生数―146名
大学―35名 短大―1名 専門学校―36名 就職―59名 その他―15名
【大学合格状況】 日本大，東洋大，駒澤大，東京電機大，城西大，高千穂大，千葉商大，他。
【主な就職先】 東京東信用金庫，朝日信用金庫，関電工，大日本印刷，凸版印刷，国税庁，他。
【指定校推薦】 日本大，東洋大，駒澤大，他。
【見学ガイド】 文化祭，説明会，授業・部活動体験，授業公開，見学会，学校見学

選抜方法 2024年春（実績）

推薦	推薦枠＝40% 調査書の活用＝評定 調査書＝600点 個人面接＝300点 作文＝300点
一次	調査書の活用＝評定 学力検査＝5教科 学力検査：調査書＝7：3 ESAT-J＝20点

応募状況

年度	学科	推薦		一次				
		募集	応募	募集	応募	倍率	受検	合格
'24	ビジネス	70	84	105	100	0.95	99	99
'23	ビジネス	70	53	122	83	0.68	80	80
'22	ビジネス	70	80	105	64	0.61	61	61

合格のめやす

一次	合格の可能性	偏差値	換算内申	合計点Ⓐ+Ⓑ	得点Ⓐ+調査書点Ⓑ	推薦	内申めやす
	80%	35	33	440	290+150		23/45
	60%	33	31	400	255+145		

【併願例】〈挑戦〉関東一，中央学院中央，愛国，京華商業，堀越，品川エトワール

第三商業 高等学校

【設置学科】 ビジネス科
【所在地】 〒135-0044 東京都江東区越中島
3-3-1 ☎(03)3641-0380
【アクセス】 JR―越中島8分 東西線―門前
仲町15分 都営大江戸線―門前仲町18分 有
楽町線―豊洲20分
【沿 革】 1928年創立。2018年度商業科をビ
ジネス科に改編。
【生徒数】 男子135名，女子336名
【特 色】 ①商業科目として，「簿記」では帳
簿の作成方法，「情報処理」ではパソコンの活
用方法，「ビジネス基礎」ではビジネスの仕組
みなどを学ぶ。それぞれの科目で資格取得に挑
戦できる。②「ビジネスアイデア」はフィール
ドワーク中心の授業。「総合実践」では社会人
としてのマナーやビジネス機器の操作などを学
ぶ。③就職，進学，それぞれの進路希望に対応。
進路実現100%をめざし，進学も叶う商業高校。
【進路情報】 卒業生数―179名
大学―45名 短大―4名 専門学校―62名
就職―59名 その他―9名
【大学合格状況】 中央大，日本大，大東文化大，
亜細亜大，明治学院大，国士舘大，他。
【主な就職先】 日本郵便，凸版印刷，東洋証券，
関電工，東京地下鉄，理研ビタミン，他。
【指定校推薦】 中央大，明治学院大，他。
【見学ガイド】 文化祭，説明会，体験入学，授
業公開，見学会

選抜方法 2024年春（実績）

推薦	推薦枠＝40% 調査書の活用＝評定 調査書＝500点 個人面接＝300点 作文＝200点
一次	調査書の活用＝評定 学力検査＝5教科 学力検査：調査書＝7：3 ESAT-J＝20点

応募状況

年度	学科	推薦		一次				
		募集	応募	募集	応募	倍率	受検	合格
'24	ビジネス	70	114	105	125	1.19	122	107
'23	ビジネス	52	87	123	121	0.98	118	118
'22	ビジネス	52	88	123	123	1.00	120	120

合格のめやす

	合格の可能性	偏差値	換算内申	合計点 ⒜+⒝	得点⒜+調査書点⒝		
一次	80%	35	33	440	290+150	推薦	24/45
	60%	33	31	400	255+145		

【併願例】〈挑戦〉関東一，中央学院中央，愛国，
京華商業，品川エトワール，安部学院

第一商業 高等学校

【設置学科】 ビジネス科
【所在地】 〒150-0035 東京都渋谷区鉢山町
8-1 ☎(03)3463-2606
【アクセス】 東急東横線―代官山8分 JR―渋
谷15分 京王井の頭線―神泉15分
【沿 革】 1918年創立。2018年度商業科をビ
ジネス科に改編。
【生徒数】 男子240名，女子305名
【特 色】 ①地域探究推進校として，渋谷につ
いて学ぶ「渋谷学」を実施。1年次は渋谷にあ
る企業などに取材をして，発表会を行い，探究
学習の基礎となる自分の足で調べる力を身につ
ける。2年次は東急株式会社からの課題につい
て，ビジネスアイデアを考えて実行する。3年
次は課題研究を行う。②多くの科目が検定試験
に対応し，簿記・財務会計・情報処理・ビジネ
ス文書実務など，様々な資格が取得可能。
【進路情報】 卒業生数―186名
大学―68名 短大―4名 専門学校―62名
就職―32名 その他―20名
【大学合格状況】 明治大，中央大，日本大，東
洋大，駒澤大，専修大，國學院大，他。
【主な就職先】 世田谷信用金庫，ジャパンシス
テム，SUBARU，ミドリ安全，関電工，他。
【指定校推薦】 明治大，中央大，日本大，東洋
大，駒澤大，専修大，國學院大，武蔵大，他。
【見学ガイド】 文化祭，説明会，体験授業，授
業公開，見学会

選抜方法 2024年春（実績）

推薦	推薦枠＝40% 調査書の活用＝評定 調査書＝180点 個人面接＝90点 作文＝90点
一次	調査書の活用＝評定 学力検査＝5教科 学力検査：調査書＝7：3 ESAT-J＝20点

応募状況

年度	学科	推薦		一次				
		募集	応募	募集	応募	倍率	受検	合格
'24	ビジネス	84	109	126	117	0.93	106	106
'23	ビジネス	84	144	126	135	1.07	123	123
'22	ビジネス	84	137	126	132	1.05	125	125

合格のめやす

	合格の可能性	偏差値	換算内申	合計点 ⒜+⒝	得点⒜+調査書点⒝		
一次	80%	36	34	455	300+155	推薦	25/45
	60%	34	32	420	275+145		

【併願例】〈挑戦〉自由ヶ丘，藤村女子，大森学園，
堀越，品川エトワール 〈最適〉安部学院

第四商業 高等学校

【設置学科】 ビジネス科
【所在地】 〒176-0021 東京都練馬区貫井3-45-19 ☎(03)3990-4221
【アクセス】 西武池袋線―富士見台8分
【沿 革】 1940年創立。2018年度商業科・情報処理科をビジネス科に改編。
【生徒数】 男女433名
【特 色】 ①「マナーの四商」「資格の四商」「実学の四商」として、マナーや生活指導を徹底し、社会で役立つ資格取得を支援。企業や大学と連携した実践的な実学のビジネス教育を行い、即戦力としてビジネス社会に貢献できる人材を育てる。②1年次は全員同じ科目を学び、2年次から情報処理系または商業系の科目を自由に選択する。③在学中に簿記・情報処理・秘書・販売士・英語などの資格が取得可能。④進路希望決定率100%に向け、3年間を見通して一貫したキャリア教育を実施。⑤2023年度より新制服。
【進路情報】 卒業生数―163名
大学―42名 短大―3名 専門学校―49名
就職―60名 その他―9名
【大学合格状況】 日本大、東洋大、駒澤大、専修大、亜細亜大、拓殖大、文京学院大、他。
【主な就職先】 日本郵便、大日本印刷、関電工、山崎製パン、京浜急行電鉄、日本通運、他。
【指定校推薦】 日本大、東洋大、駒澤大、他。
【見学ガイド】 文化祭、説明会、体験授業、見学会

選抜方法 2024年春(実績)

推薦	推薦枠=40% 調査書の活用=評定 調査書=500点 個人面接=250点 作文=250点 ※特別推薦あり
一次	調査書の活用=評定 学力検査=5教科 学力検査:調査書=7:3 ESAT-J=20点

応募状況

年度	学科	推薦 募集	推薦 応募	一次 募集	一次 応募	一次 倍率	受検	合格
'24	ビジネス	70	87	105	93	0.89	88	88
'23	ビジネス	70	130	105	109	1.04	107	106
'22	ビジネス	70	91	105	72	0.69	70	70

合格のめやす

一次	合格の可能性	偏差値	換算内申	合計点Ⓐ+Ⓑ	得点Ⓐ+調査書点Ⓑ	推薦 めやす
	80%	35	33	440	290+150	24/45
	60%	33	31	400	255+145	

【併願例】〈挑戦〉豊南、日本大桜華、堀越、大東学園、科学技術学園、東野

葛飾商業 高等学校

【設置学科】 ビジネス科
【所在地】 〒125-0051 東京都葛飾区新宿3-14-1 ☎(03)3607-5170
【アクセス】 京成本線・北総線―高砂10分 JR―金町20分
【沿 革】 1962年創立。2018年度商業科・情報処理科をビジネス科に改編。
【生徒数】 男子295名、女子248名
【特 色】 ①1年次は全員が簿記・情報処理・ビジネス基礎を必修し、検定を受験。2・3年次も多くの検定にチャレンジ。②簿記・会計、ビジネス情報、マーケティング、マネジメントの4つのビジネススキルを身につけるカリキュラムを組む。③地元野菜の店舗販売実習や1・2年次からのインターンシップなど、体験・実践型のビジネス教育を行う。④企業や専門学校と連携し、様々なビジネス実践を学ぶ。⑤プログラミングやアプリ開発を行うAI部を設立。
【進路情報】 卒業生数―198名
大学―31名 短大―5名 専門学校―68名
就職―87名 その他―7名
【大学合格状況】 東洋大、専修大、千葉工大、東京経済大、拓殖大、文教大、帝京平成大、他。
【主な就職先】 東京東信用金庫、関電工、明治屋、凸版印刷、大日本印刷、ミドリ安全、他。
【指定校推薦】 東洋大、専修大、拓殖大、他。
【見学ガイド】 文化祭、説明会、体験入学、部活動体験、授業公開、見学会、個別相談会

選抜方法 2024年春(実績)

推薦	推薦枠=40% 調査書の活用=評定 調査書=450点 個人面接=200点 作文=250点
一次	調査書の活用=評定 学力検査=5教科 学力検査:調査書=7:3 ESAT-J=20点

応募状況

年度	学科	推薦 募集	推薦 応募	一次 募集	一次 応募	一次 倍率	受検	合格
'24	ビジネス	84	102	126	122	0.97	121	121
'23	ビジネス	84	114	126	144	1.14	135	126
'22	ビジネス	84	97	126	107	0.85	104	104

合格のめやす

一次	合格の可能性	偏差値	換算内申	合計点Ⓐ+Ⓑ	得点Ⓐ+調査書点Ⓑ	推薦 めやす
	80%	34	32	420	275+145	23/45
	60%	32	30	385	245+140	

【併願例】〈挑戦〉関東一、修徳、愛国、東京実業、安部学院、不二女子

第五商業 高等学校

共学

【設置学科】　ビジネス科
【所在地】　〒186-0004　東京都国立市中3-4
☎(042)572-0132
【アクセス】　JR―谷保・国立各18分　JR―国立よりバス五商入口
【沿革】　1941年創立。2018年度商業科をビジネス科に改編。
【生徒数】　男子214名，女子408名
【特色】　①簿記，情報処理など，多彩な資格取得を実現し，就職や進学に活かせる。日本商工会議所簿記検定2級，全国商業高等学校協会検定1級3種目以上を多数輩出。②就職は，内定率12年連続100%の実績をあげる。また資格取得を利用し，普通科高校よりも有利に大学入試に挑戦できる。独自の大学進学指導計画で，合格をサポートする。③地域ビジネスを実践的に学ぶため，イベントを企画・運営する起業家教育を行う。④2016年度，改修工事が完了し，充実した施設，設備に恵まれる。
【進路情報】　卒業生数―200名
大学―68名　短大―8名　専門学校―56名
就職―60名　その他―8名
【大学合格状況】　明治大，中央大，日本大，専修大，東海大，帝京大，國學院大，成蹊大，他。
【主な就職先】　多摩信用金庫，西武信用金庫，リーガロイヤルホテル東京，SUBARU，他。
【指定校推薦】　中央大，専修大，國學院大，他。
【見学ガイド】　文化祭，説明会，体験授業，授業公開，見学会，個別相談会

選抜方法 2024年春（実績）

推薦	推薦枠＝40%　調査書の活用＝評定 調査書＝500点　個人面接＝200点 作文＝300点
一次	調査書の活用＝評定　学力検査＝5教科 学力検査：調査書＝7：3　ESAT-J＝20点

応募状況

年度	学科	推薦		一次				
		募集	応募	募集	応募	倍率	受検	合格
'24	ビジネス	84	163	126	157	1.25	150	128
'23	ビジネス	84	100	126	115	0.91	115	115
'22	ビジネス	84	136	126	133	1.06	129	128

合格のめやす

一次	合格の可能性	偏差値	換算内申	合計点Ⓐ＋Ⓑ	得点Ⓐ＋調査書点Ⓑ	推薦	内申めやす
	80%	41	39	560	380+180		27/45
	60%	39	37	520	350+170		

【併願例】〈挑戦〉大成，昭和一学園　〈最適〉聖パウロ，立川女子，日体大桜華，堀越

忍岡 高等学校

共学
単位制

【設置学科】　生活科学科
【所在地】　〒111-0053　東京都台東区浅草橋5-1-24　☎(03)3863-3131
【アクセス】　JR・都営浅草線―浅草橋5～10分　JR・日比谷線―秋葉原12分
【沿革】　2006年開校。
【生徒数】　男子8名，女子176名
【特色】　①開設18年目の家庭科専門学科。②多様な家庭科専門科目を設置して，少人数制授業を実施。東京家政学院大学，和洋女子大学，聖徳大学など，高大連携大学の聴講ができ，本校の単位認定も可能。③資格取得のための科目も多数設置。単位認定される資格もある。④市民講師・大学教授などスペシャリストによる専門性の高い授業を用意。⑤充実した設備，最新の機器を使った授業を行う。⑥フランスのポール・ポワレ高校と姉妹校として交流を行う。
【進路情報】〔生活科学科〕卒業生数―64名
大学―22名　短大―3名　専門学校―32名
就職―2名　その他―5名
【大学合格状況】〔生活科学科〕大妻女子大，実践女子大，東京家政学院大，他。
【主な就職先】　日本郵便，トリンプ，リーガロイヤルホテル東京，ANA FESTA，他。
【指定校推薦】〔普通科を含む〕大妻女子大，実践女子大，女子栄養大，東京家政大，他。
【見学ガイド】　文化祭，説明会，体験授業，授業公開，見学会，学校見学，個別相談会

選抜方法 2024年春（実績）　＊自己PRタイムを含む

推薦	推薦枠＝30%　調査書の活用＝評定 調査書＝600点　＊個人面接＝300点 作文＝300点
一次	調査書の活用＝評定　学力検査＝5教科 学力検査：調査書＝7：3　ESAT-J＝20点

応募状況

年度	学科	推薦		一次				
		募集	応募	募集	応募	倍率	受検	合格
'24	生活科学	21	40	49	55	1.12	52	50
'23	生活科学	21	44	49	46	0.94	46	46
'22	生活科学	21	32	49	30	0.61	28	28

合格のめやす

一次	合格の可能性	偏差値	換算内申	合計点Ⓐ＋Ⓑ	得点Ⓐ＋調査書点Ⓑ	推薦	内申めやす
	80%	38	39	515	335+180		28/45
	60%	36	37	470	300+170		

【併願例】〈挑戦〉関東一，大森学園，貞静学園，中央学院中央　〈最適〉品川エトワール

共学

赤羽北桜 高等学校

【設置学科】 保育・栄養科, 調理科, 介護福祉科
【所在地】 〒115-0056 東京都北区西が丘3-14-20 ☎(03)5948-4390
【アクセス】 都営三田線―本蓮沼10分 JR―赤羽・十条各20分 JR―赤羽よりバスHPSC陸上門
【沿 革】 2021年, 元赤羽商業高校の敷地に, 家庭・福祉の専門高校として開校。
【生徒数】 男子100名, 女子355名
【特 色】 ①保育・栄養科と調理科がある家庭学科と, 介護福祉科のある福祉学科を併せもつ, 家庭・福祉の専門高校。②保育・栄養科は幼稚園教諭・保育士, 栄養士・管理栄養士の上級学校への進学をめざし, 2年次から幼児教育・保育系と栄養・健康系に分かれる。③調理科は卒業と同時に調理師免許を取得。④介護福祉科では介護福祉士国家試験受験資格を取得する。⑤インターンシップや施設実習,「高齢者ふれあいカフェ」「親子サロン」「スクールレストラン」の運営などで地域と連携。⑥保育・調理・入浴実習室, 課題研究室など, 広々とした専門施設が充実。⑦大正大学, 女子栄養大学, 淑徳大学などと高大連携を行っている。
【指定校推薦】 立正大, 大正大, 駒沢女子大, 城西大, 帝京科学大, 東京福祉大, 多摩大, 他。
【見学ガイド】 文化祭, 説明会, 体験授業, 授業公開, 見学会, 個別相談会

選抜方法 2024年春(実績)

推薦	推薦枠＝30% 調査書の活用＝評定 調査書＝450点 個人面接＝300点 作文＝150点
一次	調査書の活用＝評定 学力検査＝5教科 学力検査：調査書＝7：3 ESAT-J＝20点

応募状況

年度	学科	推薦		一次				
		募集	応募	募集	応募	倍率	受検	合格
'24	保育・栄養	42	58	98	53	0.54	52	66
	調理	10	40	25	49	1.96	48	25
	介護福祉	10	11	25	6	0.24	5	5
'23	保育・栄養	42	57	98	61	0.62	59	72
	調理	10	49	25	47	1.88	45	26
	介護福祉	10	21	25	21	0.84	20	20

合格のめやす

学科		合格の可能性	偏差値	換算内申	合計点 ④＋⑧	得点④＋調査書点⑧		内申めやす
保	一次	60%	34	34	430	275+155	推薦	27/45
調		60%	39	39	530	350+180		30/45
介		60%	34	36	440	275+165		28/45

【併願例】〈挑戦〉豊南, 貞静学園, 中央学院中央, 武蔵野, 小石川淑徳, 品川エトワール

共学

農業 高等学校

【設置学科】 服飾科, 食物科
【所在地】 〒183-0056 東京都府中市寿町1-10-2 ☎(042)362-2211
【アクセス】 京王線―府中5分
【沿 革】 1909年創立。
【生徒数】 男子32名, 女子170名
【特 色】 ①服飾科は, 被服製作, ファッションデザイン, 服飾手芸などの知識と技術を習得し, 感性や創造性を豊かに表現できる人材を育成する。②食物科は, 調理, 栄養, 食品衛生などの学習を通して, 適切な食品を選択できる能力と実践的な調理技術を習得する。卒業と同時に調理師免許が取得できる。③小・中学生対象のお菓子作り教室や保育園への手作りおもちゃ寄贈などで地域と交流。④特色ある教育が企業に高い評価を受け, 毎年多数の求人票が届く。⑤食品加工部など, 専門系の部活動がある。
【進路情報】〔家庭学科〕卒業生数― 66名
大学―19名 短大―7名 専門学校―28名 就職―9名 その他―3名
【大学合格状況】〔農業学科を含む〕中央大, 法政大, 帝京平成大, 女子栄養大, 他。
【主な就職先】〔家庭学科〕帝国ホテル, ホテルオークラエンタープライズ, 三笠会館, 他。
【指定校推薦】〔農業学科を含む〕多摩大, 他。
【見学ガイド】 文化祭, 説明会, 体験入学

選抜方法 2024年春(実績)

推薦	推薦枠＝30% 調査書の活用＝評定 調査書＝450点 個人面接＝360点 作文＝150点
一次	調査書の活用＝評定 学力検査＝5教科 学力検査：調査書＝7：3 ESAT-J＝20点

応募状況

年度	学科	推薦		一次				
		募集	応募	募集	応募	倍率	受検	合格
'24	服飾	10	36	25	42	1.68	40	26
	食物	10	31	25	39	1.56	37	26
'23	服飾	10	24	25	25	1.00	23	24
	食物	10	37	25	40	1.60	39	26

合格のめやす

学科		合格の可能性	偏差値	換算内申	合計点 ④＋⑧	得点④＋調査書点⑧		内申めやす
服飾	一次	80%	41	40	565	380+185	推薦	28/45
		60%	39	38	525	350+175		
食物		80%	45	41	620	430+190		31/45
		60%	43	39	590	410+180		

【併願例】〈挑戦〉八王子実践, 駒場学園 〈最適〉昭和一学園 〈堅実〉大東学園, 立川女子

共 学

瑞穂農芸 高等学校

【設置学科】 生活デザイン科
【所在地】 〒190-1211 東京都西多摩郡瑞穂町石畑2027 ☎(042)557-0142
【アクセス】 JR―箱根ヶ崎30分
【沿革】 1949年創立。
【生徒数】 男子7名，女子171名
【特色】 ①1年次で家庭科に関する基礎を学び，2年次に服飾デザイン，食物・調理，保育・福祉の3類型に分かれる。②生活に必要な力を身につけ，自らの生活も豊かにする工夫と努力のできる人材を育成する。③大学や専門学校の講師を招いた実習を行っている。④類型ごとに校外学習がある。保育・福祉類型は近隣の保育園での保育実習で，園児と触れあう貴重な体験を通して子どもとの関わりを学ぶ。⑤文化祭ではファッションショーなど類型ごとに発表を行い，3学期には合同学習成果発表会もある。
【進路情報】 〔生活デザイン科〕卒業生数―65名
大学―10名 短大―12名 専門学校―27名
就職―9名 その他―7名
【大学合格状況】 〔農業学科を含む〕国士舘大，女子栄養大，杉野服飾大，東京家政学院大，他。
【主な就職先】 〔生活デザイン科〕スーパーアルプス，ANAスカイビルサービス，東京都，他。
【指定校推薦】 〔農業学科を含む〕東海大，麻布大，女子栄養大，東京家政学院大，他。
【見学ガイド】 文化祭，説明会，体験入学，公開授業，見学会，個別相談会

選抜方法 2024年春（実績）

推薦	推薦枠＝30％ 調査書の活用＝評定 調査書＝450点 個人面接＝300点 作文＝250点
一次	調査書の活用＝評定 学力検査＝5教科 学力検査：調査書＝7：3 ESAT-J＝20点

応募状況

年度	学科	推薦		一次				
		募集	応募	募集	応募	倍率	受検	合格
'24	生活デザイン	21	31	49	33	0.67	33	33
'23	生活デザイン	21	47	49	50	1.02	49	49
'22	生活デザイン	21	31	49	26	0.53	26	26

合格のめやす

一次	合格の可能性	偏差値	換算内申	合計点内申	得点Ⓐ＋Ⓑ 調査書点Ⓑ	推薦 内申めやす
	80％	36	36	465	300+165	26/45
	60％	34	34	430	275+155	

【併願例】〈挑戦〉昭和一学園，文華女子，立川女子，堀越，フェリシア，東野

共 学

野津田 高等学校

【設置学科】 福祉科，体育科
【所在地】 〒195-0063 東京都町田市野津田町2001 ☎(042)734-2311
【アクセス】 JR・小田急線―町田よりバス都立野津田高校
【沿革】 1975年開校。
【生徒数】 男子78名，女子65名
【特色】 ①福祉科は体験的実習で知識と技術を体得し，介護福祉士国家試験の受験資格取得と共に，国家試験合格を目標とする。福祉・リハビリ・看護系の進学もめざせる。②体育科は専攻種目における技能向上に努め，体育分野に関するスペシャリストをめざす。スキー，キャンプ，ダイビングの実習で資格を取得。
【進路情報】 〔福祉・体育科〕卒業生数―51名
大学―14名 短大―2名 専門学校―12名
就職―19名 その他―4名
【大学合格状況】 〔普通科を含む〕日本女子体育大，日本ウェルネススポーツ大，他。
【主な就職先】 〔福祉・体育科〕（福）天寿会，サカイ引越センター，清水工務店，他。
【指定校推薦】 〔普通科を含む〕桜美林大，他。
【見学ガイド】 文化祭，説明会，体験入学，公開授業，見学会

選抜方法 2024年春（実績）

推薦	推薦枠＝30％ 調査書の活用＝評定 調査書＝300点 個人面接＝300点 作文（福祉科）＝50点 実技検査（体育科）＝500点
一前	調査書の活用＝評定 学力検査＝福祉科5教科 体育科3教科 学力検査：調査書＝福祉科7：3，体育科6：4 ESAT-J＝20点 実技検査（体育科）＝500点

応募状況

年度	学科	推薦		一次（福祉科）・前期				
		募集	応募	募集	応募	倍率	受検	合格
'24	福祉	10	7	28	8	0.29	8	8
	体育	12	16	24	10	0.42	9	9
'23	福祉	10	9	26	10	0.38	10	10
	体育	12	24	24	18	0.75	18	18

合格のめやす

学科		合格の可能性	偏差値	換算内申	合計点内申	得点Ⓐ＋Ⓑ Ⓐ＋Ⓑ	調査書点Ⓑ	内申めやす
福祉	一次	80％	35	35	450	290+160	推薦	23/45
		60％	33	33	410	260+150		
体育	前期	80％	34	37	430	235+195		23/45
		60％	32	35	395	210+185		

【併願例】〈挑戦〉聖パウロ，フェリシア，科学技術学園，柏木学園，清心女子（通）

共 学

大島海洋国際 高等学校

【設置学科】 海洋国際科

【所在地】 〒100-0211　東京都大島町差木地
字下原　☎(04992)4-0385

【アクセス】 バス―海洋国際高校前

【沿　革】 2005年，再編・開校。2022年度水産
に関する学科に改編。

【生徒数】 男子141名，女子36名

【特　色】 ①1年次は水産・海洋の基礎を学ぶ。
2年次進級時に船舶運航，海洋生物，海洋産業，
海洋探究の4つの系列から選択。②1・2年次
は全員，実習船（大島丸）で乗船実習を行う。
③3年間，ドミトリ（寄宿舎）生活を送る。④
1年次にロープワーク，カッター漕艇，2・3
年次は系列によって，操船シミュレーター，ダ
イビング，栽培漁業などの実習を行い，小型船
舶操縦士や潜水技術検定等の資格が取得できる。

【進路情報】 卒業生数― 65名

大学―40名　短大―2名　専門学校―9名
就職―5名　その他―9名

【大学合格状況】 東京海洋大，鹿児島大，長崎
大，日本大，東洋大，専修大，東海大，他。

【主な就職先】 陸上自衛隊，東京国際埠頭，ミ
タカ・リノベイト，平野水産，吉野家，他。

【指定校推薦】 大東文化大，東海大，亜細亜大，
国士舘大，東京農大，拓殖大，日本体育大，他。

【見学ガイド】 文化祭，説明会，部活動体験，
公開授業，見学会

選抜方法 2024年春(実績)

推薦	推薦枠＝40%　調査書の活用＝評定 調査書＝500点　個人面接＝300点 作文＝200点
一次	調査書の活用＝評定　学力検査＝5教科 学力検査：調査書＝7：3　ESAT-J＝20点 個人面接＝300点

応募状況

年度	学科	推薦		一次				
		募集	応募	募集	応募	倍率	受検	合格
'24	海洋国際	28	48	42	45	1.07	42	42
'23	海洋国際	28	36	42	28	0.67	23	23
'22	海洋国際	21	41	49	65	1.33	63	50

合格のめやす

	合格の 可能性	偏差 値	換算 内申	合計点 Ⓐ+Ⓑ	得点Ⓐ+ 調査書点Ⓑ		内申 めやす
一次	80%	38	34	490	335+155	推薦	26/45
	60%	36	32	450	305+145		

【併願例】〈挑戦〉岩倉，自由ヶ丘，潤徳女子，
関東一，大森学園　〈最適〉科学技術学園

定時制課程（夜間）の都立高校 （2024年春実績）

〔普通科〕

学校名	募集人員	学校名	募集人員	学校名	募集人員
大　　崎	30	足　　立	30	町　　田	30
小 山 台	30	南 葛 飾	30	福　　生	30
大　　森	30	葛 飾 商 業	30	五 日 市	30
桜　　町	30	江 戸 川	30		
松　　原	30	葛 西 南	30		
豊　　島	30	農　　業	30		
大　　山	30	神　　代	30		

（注）立川は2025年度募集停止予定。

〔単位制〕

学校名	科名	募集人員
飛　　鳥	普　　通	60
板 橋 有 徳	普　　通	30
六 郷 工 科	普　　通	30
	生 産 工 学	30
青 梅 総 合	総　　合	90
東久留米総合	総　　合	60

（注）一橋・新宿山吹・浅草・荻窪・八王子拓真・砂川は昼夜間定時制に，六本木・大江戸・世田谷泉・稔ヶ丘・桐ヶ丘・小台橋はチャレンジスクールに掲載。

〔農業に関する学科〕

学校名	科名	募集人員
園　　芸	園　　芸	30
農　　芸	農　　芸	30
農　　産	農　　産	30
農　　業	食 品 化 学	30

〔工業に関する学科〕

学校名	科名	募集人員
工　　芸	マシンクラフト	30
	アートクラフト	30
	インテリア	30
	グラフィックアーツ	30
蔵 前 工 科	建 築 工 学	30
墨 田 工 科	総 合 技 術	30
総 合 工 科	〃	30
中 野 工 科	〃	30
荒 川 工 科	電　　気	30
	電　　子	
北豊島工科	機　　械	30

〔商業に関する学科〕

学校名	科名	募集人員
第 三 商 業	商　　業	30
足　　立	〃	30
葛 飾 商 業	〃	30
第 五 商 業	〃	30

〔併合科〕

学校名	科名	募集人員
瑞 穂 農 芸	普　　通	30
	農　　業	

〔産業科〕

学校名	科名	募集人員
橘	産　　業	30

〔定時制課程だけの都立高校〕

本所工科高等学校

【所在地】 〒125-0035　東京都葛飾区南水元4-21-1　☎(03)3607-4500

【募集人員】 総合技術科30名

小金井工科高等学校

【所在地】 〒184-8581　東京都小金井市本町6-8-9　☎(042)381-4141

【募集人員】 機械科30名

電気科・電子科30名

通信制課程の都立高校 （2024年春実績）

一橋高等学校

【所在地】 〒101−0031　東京都千代田区
東神田1−12−13　☎(03)3865−6536

【募集人員】 普通科　1学年相当160名

新宿山吹高等学校

【所在地】 〒162−8612　東京都新宿区山
吹町81　☎(03)5261−9771

【募集人員】 普通科　1学年相当50名
2学年相当以上60名

砂川高等学校

【所在地】 〒190−8583　東京都立川市泉
町935−4　☎(042)537−4611

【募集人員】 普通科　1学年相当160名
2学年相当以上15名

島しょ部の都立高校 （2024年春実績）

大島高等学校

【所在地】 〒100−0101　東京都大島町元
町字八重の水127　☎(04992)2−1431

【募集人員】 〔全日制〕普通科　80名
併合科(農林・家政)　35名
〔定時制〕普通科　30名

新島高等学校

【所在地】 〒100−0402　東京都新島村本
村4−10−1　☎(04992)5−0091

【募集人員】 〔全日制〕普通科　40名

神津高等学校

【所在地】 〒100−0601　東京都神津島村
1620
☎(04992)8−0706

【募集人員】 〔全日制〕普通科　40名

三宅高等学校

【所在地】 〒100−1211　東京都三宅村坪
田4586　☎(04994)6−1136

【募集人員】 〔全日制〕普通科　40名
併合科(農業・家政)　35名

八丈高等学校

【所在地】 〒100−1401　東京都八丈町大
賀郷3020　☎(04996)2−1181

【募集人員】 〔全日制〕普通科　80名
併合科(園芸・家政)　35名
〔定時制〕普通科　30名

小笠原高等学校

【所在地】 〒100−2101　東京都小笠原村
父島字清瀬　☎(04998)2−2346

【募集人員】 〔全日制〕普通科　30名

(注)大島海洋国際高等学校は，全日制専門学
科ページに掲載。

都立高校の改編

　都立高校では下記の改編が予定されています。

　なお，あくまでも現段階での予定ですので，正式な情報は教育委員会からの発表にて確認してください。

◆都立高校改革推進計画・新実施計画

　東京都教育委員会は，「都立高校改革推進計画・新実施計画(第二次)」を策定し改革を進めており，下記の改編を予定しています。

【学校の配置】　※立川地区チャレンジスクール(仮称)は，当初予定の2023年度から2025年度に変更。

区　分	内　容	設置場所	実施年度
専門高校	新国際高校（仮称）を設置	旧東京都職員白金住宅	未定
チャレンジスクール	立川地区チャレンジスクール(仮称)を設置	旧多摩教育センター	2025年度

【閉課程】

区　分	内　容	対象校	実施年度
全日制・定時制併置校	夜間定時制課程の閉課程により併置を解消 既存のチャレンジスクール・昼夜間定時制高校のⅢ部(夜間)の規模を拡大し，夜間の時間帯における学習ニーズに対応	立川高校	2025年度
		小山台高校	未定

◆Next Kogyo START Project

　東京都教育委員会は「Next Kogyo START Project」により，工業高校の改革を計画しています。

【学科改編等】

区　分	内　容	対象校	実施年度
学科改編	プロダクト工学科・オートモビル工学科・システム工学科・デザイン工学科・デュアルシステム科を，先端技術を学習する学科（仮称）に改編	六郷工科高校	2025年度

ようこそ、数学クラブ

暗記もテストもない、もっと自由な「数」と「形」の世

数学が楽しいなんて、信じられる？
受験大国・韓国発！「ワクワク」が数学力を目覚めさせ

「なんで数学を勉強しなきゃいけないの？」

数学大好きなキム・ミニョン教授は、だんだん難しくなっていく数学を前に不安そうな2人の生徒に出会う。英語は好きだけど数学は苦手な**アイン**、計算は得意だけど楽しくない**ジュアン**。数学に自信をなくしたまま大人になった編集者**ボラム**も含めた4人は、ちょっとユニークなクラブをつくり、キム教授から特別レッスンを受ける——。

難しいところは
読み飛ばしても
OK！

キム・ミニョン 著　須見春奈 訳　A5判並製 252頁　定価2640円（10％税込）
ISBN978-4-7949-7400-6 C0041　2023年11月発売　　🐄 晶文

神奈川県公立高校

神奈川県公立高校　　目次

■ 全日制普通科ほか

横浜市

神奈川

公立

神奈川

公立

神奈川県公立高等学校略地図

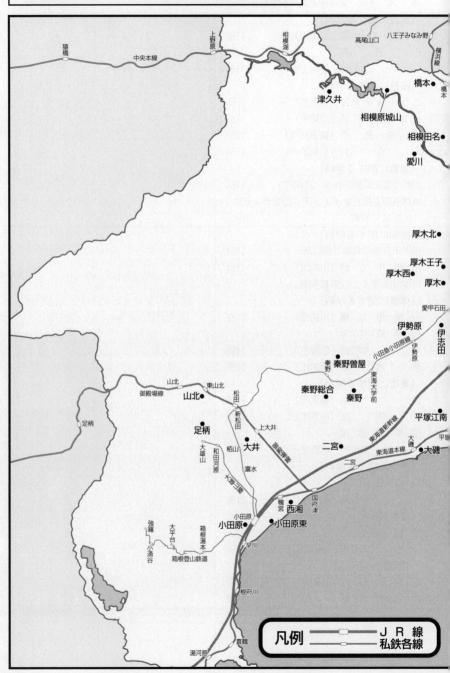

凡例　━━━ＪＲ線　━━━ 私鉄各線

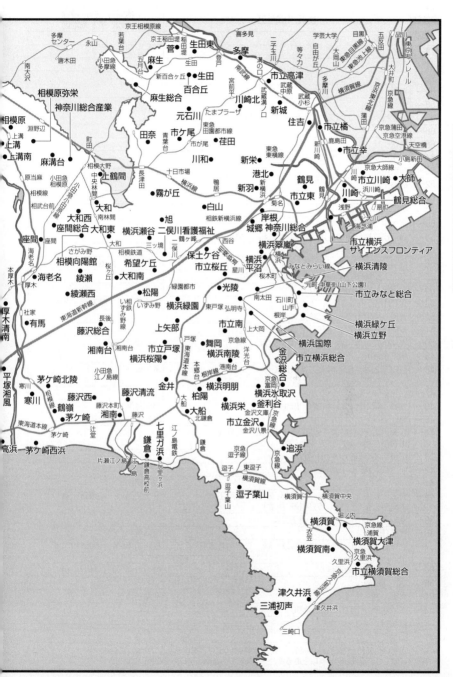

神奈川県公立高校学力段階表

偏差値	横浜・川崎地区	横須賀・三浦・鎌倉・藤沢・茅ヶ崎地区
73〜	横浜翠嵐	
72〜		
71〜		湘南
70〜		
69〜	柏陽	
68〜		
67〜	市立横浜サイエンスフロンティア，川和，横浜緑ケ丘	
66〜	多摩	
65〜	希望ケ丘	
64〜	神奈川総合(個)，光陵，横浜国際(バカロレア)	
63〜	神奈川総合(国)	横須賀，鎌倉
62〜	横浜平沼	
61〜	横浜市立金沢，新城	
60〜	横浜国際(国)	
59〜	市ケ尾，横浜市立南	茅ケ崎北陵
58〜	横浜市立桜丘，市立川崎総合科学(科)，神奈川総合(舞)	
57〜	横浜市立東，横浜市立戸塚(一般)	追浜
56〜	松陽，生田	七里ガ浜，大船
55〜	港北，川崎市立橘(普)，市立横浜商業(国)	
54〜	横浜栄，川崎市立橘(国)	
53〜	元石川	横須賀大津，藤沢西，湘南台
52〜	鶴見，横浜市立みなと総合	
51〜	岸根，横浜瀬谷，住吉，市立川崎総合科学(工)	鶴嶺
50〜	横浜市立戸塚(音)，市立横浜商業(商)	市立横須賀総合
49〜	横浜氷取沢，川崎市立高津	
48〜	荏田，金井，横浜清陵，神奈川工業	茅ケ崎
47〜		
46〜	城郷，霧が丘，横浜立野，麻生	津久井浜
45〜	舞岡	藤沢清流，藤沢総合
44〜	二俣川看護福祉(普)，金沢総合，川崎，百合丘，川崎市立橘(スポ)，上矢部(美)	
43〜	川崎市立幸(普)，白山(美)	
42〜	旭，横浜南陵，川崎北	
41〜		逗子葉山
40〜	新羽，新栄，横浜緑園，上矢部(普)，向の岡工業，川崎市立幸(ビジ)，市立川崎(生活)	茅ケ崎西浜，横須賀工業
39〜	生田東，市立横浜総合，磯子工業	
38〜	商工(総ビ)	横須賀南(福)
37〜	鶴見総合，白山(普)，横浜桜陽，菅，二俣川看護福祉(福)，市立川崎(福)	三浦初声(普)，海洋科学
36〜	保土ケ谷，川崎工科	横須賀南(普)，藤沢工科
35〜	商工(総技)	
34〜	大師，麻生総合	三浦初声(都市)
33〜	横浜明朋，市立川崎(定時制)	寒川
32〜	釜利谷	
31〜	田奈	

※2024年度以降に開校・改編予定の学校は，統合・改編前の偏差値を参考として掲載しています。
※専門学科で１つの課程に２学科以上ある場合，偏差値の一番高い学科の値を示しています。

※偏差値は，2023年度入試の合格者の5教科（3教科入試の場合は3教科）の平均偏差値を原則とします。
　たとえば，偏差値「60〜」は，偏差値60以上61未満を表します。

資料提供：神奈川全県模試

偏差値	平塚・秦野・伊勢原・県西地区	厚木・海老名・愛甲・大和・座間・綾瀬・相模原・津久井地区
73〜		
72〜		
71〜		
70〜		
69〜		
68〜		
67〜		厚木
66〜		
65〜		
64〜	小田原	大和，相模原
63〜		
62〜		
61〜	平塚江南	
60〜		
59〜		海老名
58〜		相模原弥栄（普）
57〜		座間
56〜		麻溝台
55〜	秦野	
54〜		相模原弥栄（美）
53〜		
52〜	西湘	
51〜	伊志田	大和西，上溝南
50〜	大磯	厚木王子（普）
49〜		相模原弥栄（音）
48〜		神奈川総合産業，橋本，相模原弥栄（スポ）
47〜		上溝
46〜		厚木西，有馬
45〜		相原（農）
44〜		相原（総ビ）
43〜	伊勢原	
42〜	秦野曽屋，足柄	座間総合，綾瀬
41〜	高浜	
40〜		厚木北（普），相模田名，相模原城山，中央農業，厚木王子（総ビ）
39〜	平塚農商（農），吉田島（農），小田原城北工業	大和南，上鶴間
38〜	平塚農商（総ビ），小田原東（総ビ）	
37〜	秦野総合，小田原東（普），山北，平塚工科	厚木清南，厚木北（スポ）
36〜	二宮，吉田島（生活）	綾瀬西，相模向陽館
35〜		大和東
34〜	平塚湘風	愛川，津久井（福）
33〜		
32〜	大井	津久井（普）
31〜		

神奈川県公立高校入学者選抜日程表　（2024年春実績）

1月

※インターネット出願

日	月	火	水	木	金	土
	1	2	3	4	5	6
7	8	9	10	11	12	13
14	15	16	17	18	19	20
21	22	23	24 共通選抜 募集期間※	25 共通選抜 募集期間※	26 共通選抜 募集期間※	27 共通選抜 募集期間※
28 共通選抜 募集期間※	29 共通選抜 募集期間※	30 共通選抜 募集期間※	31 共通選抜 募集期間※			

2月

日	月	火	水	木	金	土
				1	2	3
4	5 共通選抜 志願変更期間	6 共通選抜 志願変更期間	7 共通選抜 志願変更期間	8	9	10
11	12	13	14 共通選抜 共通検査 （学力検査等）・ 特色検査	15 共通選抜 （特色検査等）	16 共通選抜 （特色検査等）	17
18	19	20 追検査	21	22	23	24
25	26	27	28 共通選抜 合格発表	29		

3月

日	月	火	水	木	金	土
					1 二次募集 〈全・夜間以外定〉 募集期間	2
3	4 二次募集 〈全・夜間以外定〉 募集期間	5 二次募集〈全・夜間以外定〉 志願変更期間 定通分割選抜〈夜間定・通〉 募集期間	6 二次募集〈全・夜間以外定〉 志願変更期間 定通分割選抜〈夜間定・通〉 募集期間	7 定通分割選抜 志願変更 〈夜間定・通〉	8 二次募集共通検査 （学力検査等）・ 特色検査（面接） 〈全・夜間以外定〉	9
10	11	12	13 二次募集 〈全・夜間以外定〉 合格発表	14 定通分割選抜 共通検査 （学力検査等）・ 特色検査〈夜間定・通〉	15 定通分割選抜 特色検査 〈夜間定・通〉	16
17	18	19	20	21 定通分割選抜 〈夜間定・通〉 合格発表	22	23
24	25	26	27	28	29	30
31						

神奈川県公立高校の 入試要項 について

2024年春実績

※以下は2023年7月発表の要項に基づいています。

志願資格・学区

1. 志願資格

〈全日制〉

次の①と②の要件を満たしている者が志願できます。

①中学校もしくはこれに準ずる学校，または中等教育学校の前期課程を卒業（または修了）した者，もしくは2024年3月31日までに卒業（修了）見込みの者。

②本人及び保護者の住所が県内にある者。

〈定時制・通信制〉

2009年4月1日以前に出生した者で，上記①を満たし，かつ県内に住所または勤務先がある者。

2. 学区について

県立高校は学区の定めはありません。市立高校については，以下の通りです。

市立	学科・校名	学区
横浜市立の高校	普通科（音楽コースを除く）総合学科（全・定）	横浜市内
	普通科（音楽コース）定時制（単位制を除く）理数科，横浜商業	県内
川崎市立の高校	普通科（全・定）	川崎市内
	専門学科（全・定）	県内

※横須賀市立の高校は学区の定めがありません。

横浜市立・川崎市立のうち，市内全域を学区とする高校は，中学校長の同意を得て学区外からの志願ができます。ただし合格者数は募集定員の8％以内（市立金沢と市立南は30％以内）と定められています。

3. 募集

募集は各校の各課程の学科・コース・部ごとに行います。

共通選抜

1. 募集人員

共通選抜での募集人員は以下の通りです。

全日制▶ 募集定員の100％

定時制・通信制▶ 募集定員の80％

※夜間以外の定時制は募集定員の100％。

2. 志願の範囲

志願できる高校は1校1課程の1学科・コース・部のみです。

※市立戸塚・横浜国際及び定時制課程の高校（多部制，三部制）を志願する場合は，他のコース・部を第2希望として出願できます。

※農業科，工業科，商業科，水産科の志願者は同じ高校の同一学科内の他の科を第2希望として出願できます。

志願に必要な書類は以下の通りです。

①**入学願書▶** 出願サイトに情報を入力します。

②**受検料▶** 以下の表の金額を出願サイト上で決済します。

全日制	2,200円
県立・川崎市立・横須賀市立の定時制	950円
横浜市立の定時制	650円
通信制	無料

ほかに，志願する高校が特色検査で書類の提出を求める場合は，中学校長から志願

先の高校に提出します。

③調査書▶中学校長から提出されます。

3. 志願変更

　所定の期間内に1回に限り志願変更ができます。受検料については，定時制から全日制に志願変更する者はその差額分を納付します。県立から市立に，市立から県立に，通信制から全日制または定時制に志願変更する者はそれぞれの受検料を納付します。

4. 検査の実施

　学力検査を実施します。

※各校は必要に応じて特色検査（実技検査，自己表現検査及び面接から各校が定める）を実施できます。学力向上進学重点校及び学力向上進学重点校エントリー校の18校の特色検査の自己表現検査は，共通問題と共通選択問題で行われました。

〔時間割〕

8：50～9：10	検査についての注意
9：20～10：10	英語(50分)
10：30～11：20	国語(50分)
11：40～12：30	数学(50分)
13：20～14：10	理科(50分)
14：30～15：20	社会(50分)

※英語にはリスニングテストを含みます。

〈全日制〉

　国語，数学，英語，理科，社会の5教科（各100点，計500点満点）で行います。特色検査を実施する場合は，学力検査を3教科まで減らすことができます。

※ただしクリエイティブスクールは学力検査を行わず，共通の検査として特色検査（面接）を行います。

〈定時制〉

　国語，数学，英語の3教科（各100点，計300点満点）で行います。なお必要に応じて理科または社会の検査を実施できます。

〈通信制〉

　学力検査は行わず，作文を実施します。必要に応じて特色検査を実施できます。

5. 選考の方法

〈全日制〉

　調査書の学習の記録，学力検査の結果，調査書の「主体的に学習に取り組む態度」の評価を資料として第1次選考，第2次選考を行います。特色検査を実施した場合は，その検査の結果も資料とします。

(ア)各資料の扱い

◆調査書の学習の記録

A＝（第2学年の9科計）

　　＋（第3学年の9科計）×2

※調査書の評定は教科ごとの評定合計を3教科まで重点化（各2倍まで）することができます。

◆学力検査の結果

B＝（各教科の得点の合計）

※各教科の得点のうち2教科まで重点化（各2倍まで）することができます。

◆調査書の観点別学習状況の「主体的に学習に取り組む態度」の評価

C＝（第3学年の9科における評価を「評価A＝3，評価B＝2，評価C＝1」に換算した合計）

※各教科の評価のうち3教科まで重点化（各2倍まで）することができます。

◆特色検査を実施した場合の結果

D＝（特色検査点）

(イ)合計数値「S₁値，S₂値」の算出

◆A，B，C，Dを100点満点に換算した数値をそれぞれa，b，c，dとし，これに各校が定める数値f，g，h，iを掛けると，S_1値・S_2値になります。

（ウ）合格者の選考

◆第1次選考

$S_1 = a \times f + b \times g$

・S_1値の上位から共通選抜の募集人員の90%までを合格とします。

・特色検査を実施した場合は，

$S_1 = a \times f + b \times g + d \times i$

とします。

※ｆｇはｆ＋ｇ＝10となる2以上の整数，ｉは1～5の整数とします。

◆第2次選考

$S_2 = b \times g + c \times h$

・S_2値の上位から共通選抜の募集人員の残りの選抜を行います。

・特色検査を実施した場合は，

$S_2 = b \times g + c \times h + d \times i$

とします。

※ｇｈはｇ＋ｈ＝10となる2以上の整数，ｉは1～5の整数とします。

※クリエイティブスクールでは調査書の観点別学習状況と特色検査（面接）の結果を資料として総合的に選考します。面接以外の特色検査を実施した場合はその結果も資料とします。

※横浜国際の国際科（国際バカロレアコースを除く）では以下のように選考します。

第1回選考：募集定員の80%を選考

第2回選考：第1回選考の不合格者と国際バカロレアコースの不合格者で，国際科（国際バカロレアコースを除く）を第2志望としている者の中から募集定員までを選考

〈定時制〉

全日制の共通選抜の選考方法に準じて行います。ただし相模向陽館と横浜明朋は調査書の観点別学習状況，学力検査の結果を資料として総合的に選考します。特色検査を実施した場合はその結果も資料とします。

〈通信制〉

調査書，作文の結果を資料として総合的に選考します。特色検査を実施した場合はその結果も資料とします。

定通分割選抜

1. 募集人員

募集定員から共通選抜の募集人員の数を減じた人数とし，共通選抜の合格者が共通選抜の募集人員に満たない場合はその不足数を加えます。

2. 志願資格・範囲・志願変更

共通選抜に準じます。インターネット出願は行わず，紙による入学願書での出願となります。

3. 検査の方法

定時制，通信制それぞれの共通選抜に準じます（ただし定時制の学力検査は各教科30分，50点満点です。また，理社は実施しません）。

4. 選考の方法

〈定時制〉

$S = a \times f + b \times g$

募集人員に達するまでS値によって選考を行います。

※特色検査を実施した場合は，

$S = a \times f + b \times g + d \times i$

とします。

※a，bの値は共通選抜に準拠します。式に用いる係数ｆｇは，ｆ＋ｇ＝10となる2以上の整数，ｉは1～5の整数とし，各校が定めます。

〈通信制〉

通信制の共通選抜に準拠します。

二次募集

1. 募集

全日制，定時制（夜間を除く）において必要に応じて実施します。

2. 志願資格・出願

神奈川県公立高校の志願資格を有し，かつ2024年度選抜において，国立・公立・私立の合格者になっていない者とします。

インターネット出願は行わず，紙による入学願書での出願となります。

3. 志願変更

所定の期間内に1回に限り，二次募集を実施する他の高校，または同一の高校の他の課程・学科・コース・部に志願変更ができます。

4. 検査の方法

全日制（クリエイティブスクールを除く），定時制は国語，数学，英語の3教科の学力検査を実施します。なお，必要に応じて特色検査（面接）を実施することができます。クリエイティブスクールは特色検査（面接）を実施します。

5. 選考の方法

調査書，学力検査の結果（クリエイティブスクールは面接の結果）を資料として総合的に選考します。なお特色検査（面接）を実施した場合はその結果も資料とします。

※クリエイティブスクール，横浜明朋，相模向陽館では調査書の評定は使用しません。

連携型中高一貫教育校連携募集

〈募集〉

光陵，愛川の2校で実施します。

〈志願〉

上記の2校と連携型中高一貫教育を行っている中学校を2024年3月に卒業する見込みで，中学校長の推薦を得た者に限られます。なお，連携型中高一貫教育校連携募集に志願した者は，それ以外の募集に同時に志願することはできません。

〈検査〉

・光陵…面接・プレゼンテーション
・愛川…面接

入学手続

合格者は，所定の期日までに入学料を納付し，誓約書を提出しなければなりません（通信制は誓約書の提出のみ）。

〔県立・市立高校の授業料等（2024年度予定）〕

区分		入学料	※授業料（年額）
全日制	県立	5,650円	118,800円
	市立	5,650円	
定時制	県立	2,100円	32,400円
	市立 横浜	1,200円	
	その他	2,100円	
通信制		無料	1単位350円

※上記授業料については就学支援金が支給される場合は実際の負担はありません。所得制限（年収910万円程度）を超える世帯は就学支援金が支給されないため上記授業料を負担する必要が生じます。

県立高校の選抜に関する最新情報は，神奈川県教育委員会のホームページに逐一掲載されます。下記のアドレスより閲覧できますので参照してください。

https://www.pref.kanagawa.jp/kyouiku/

調査書 （2024年春実績）

第11号様式　令和4年度以降の卒業（見込）者用　　**調　査　書**　　　※ 受検番号

志願先高等学校		立　　　　　　　科			高等学校（コース・部）

学籍の記録	フリガナ			性別	入学年月	平成・令和　　年　　　月　　　　中学校第　　学年　　入学・編入学
	氏　名				転入学年月	平成・令和　　年　　　月　　　　中学校
	生年月日	平成　　年　　月　　日生				第　　学年　　転入学
	現住所				卒業年月	令和　　年　3月　同 中学校　卒業見込・卒業

各教科の学習の記録

教科	観点別学習状況	2年		3年	
		評価	評定	評価	評定
国語	知識・技能				
	思考・判断・表現				
	主体的に学習に取り組む態度				
社会	知識・技能				
	思考・判断・表現				
	主体的に学習に取り組む態度				
数学	知識・技能				
	思考・判断・表現				
	主体的に学習に取り組む態度				
理科	知識・技能				
	思考・判断・表現				
	主体的に学習に取り組む態度				
音楽	知識・技能				
	思考・判断・表現				
	主体的に学習に取り組む態度				
美術	知識・技能				
	思考・判断・表現				
	主体的に学習に取り組む態度				
保健体育	知識・技能				
	思考・判断・表現				
	主体的に学習に取り組む態度				
技術・家庭	知識・技能				
	思考・判断・表現				
	主体的に学習に取り組む態度				
外国語（英語）	知識・技能				
	思考・判断・表現				
	主体的に学習に取り組む態度				
	小計 ※			（×2.0）	
	計 ※				

総合的な学習の時間の記録

学年	学習活動の内容	活動状況及び所見
2年		
3年		

総合所見及び諸活動の記録

特別活動等の記録

行動の記録及び所見

本書の記載事項に誤りのないことを証明する。

令和　　年　　月　　日

中学校名

校長氏名　　　　　　　　　　㊞

記載者氏名　　　　　　　　　㊞

神奈川 公立

面接シート （2024年春実績）

第14号様式　　　　　　　　　　面　接　シ　ー　ト　　　　　※受　検
　　　　　　　　　　　　　　　　　　　　　　　　　　　　　　　　番　号

志願者 氏　名	フリガナ	中学校名	立	中学校

志願先	（県・市）立	高等学校	科	コース 部

◎　面接の質問内容の参考とするため、次のことについて記入してください。
◎　このシートは面接の際の参考資料で、直接に選考資料にはしません。

1　なぜこの学校に入学したいのですか。

2　教科等の学習活動や教科等以外の活動に対して、これまでに意欲的に取り組んだことや高校で意欲的
　に取り組みたいこと、また、自分自身のよいところなどを書いてください。

【記入上の注意】　1　※の欄は記入しないこと。
　　　　　　　　　2　枠内に自筆で記入すること。鉛筆書きも可。写真等は貼り付けないこと。

神奈川県公立高校の改編

　神奈川県内の公立高校では「県立高校改革実施計画（Ⅲ期）」により，下記の改編が予定されています。

　なお，2024年3月現在の予定ですので，正式な情報は神奈川県教育委員会からの発表で確認してください。

【学科改編】

実施年度	校　名	事　項
2025年度	二俣川看護福祉	看護科を普通科に改編予定

【募集停止】

実施年度	校　名	事　項
2025年度	横浜旭陵	旭高校と統合に向けて募集停止する予定
	永谷	横浜桜陽高校と統合に向けて募集停止する予定
	深沢	藤沢清流高校と統合に向けて募集停止する予定

【統合】

実施年度	校　名	事　項
2026年度	田奈 麻生総合	全日制総合学科（単位制クリエイティブスクール）として開校予定 　校地：田奈高校の敷地・施設を使用する予定
	小田原城北工業 大井	全日制普通科（クリエイティブスクール）・機械科・電気科・建設科・デザイン科として開校予定 　校地：小田原城北工業高校の敷地・施設を使用する予定
2027年度	旭 横浜旭陵	全日制普通科として開校予定 　校地：旭高校の敷地・施設を使用する予定
	横浜桜陽 永谷	全日制普通科（単位制）として開校予定 　校地：横浜桜陽高校の敷地・施設を使用する予定
	藤沢清流 深沢	全日制普通科（単位制）として開校予定 　校地：藤沢清流高校の敷地・施設を使用する予定

【定時制課程の募集停止・学科改編】

実施年度	校　名	事　項
2026年度	横浜翠嵐／向の岡工業 磯子工業／茅ケ崎 秦野総合／伊勢原	定時制課程募集停止予定
	神奈川工業	普通科・機械科・電気科・建設科（単位制）に改編予定
	神奈川総合産業	普通科（単位制）に改編予定

神奈川

公立

神奈川県公立高校　利用上の注意

❶ 生徒数—2023年9月に各学校に調査したものです。

❷ 進路情報——2023年春の卒業生の進路状況です。「大学」に留学，「その他」に進学準備を含みます。文部科学省管轄外の大学校は，防衛大学校・防衛医科大学校は「大学」に，その他の大学校は「その他」に含みます。

❸ 大学合格状況——2023年春に合格者（既卒生を含む）を出した主な大学を記載しました。また，巻末資料「主要大学への合格状況」（p.1407〜）では2024年春の速報値を他社に先がけて掲載しています。

［資料提供：大学通信］

❹ 指定校推薦——その高校を推薦入学の指定校とする大学・短期大学の実績です。

❺ 見学ガイド——例年受検生に向けて開催されるイベントを紹介しています。2024年度については各校のホームページなどで確認してください。

❻ 選抜方法　2024年春——2024年春に行われた入学者選抜について掲載しました。2025年春については，7月以降に神奈川県教育委員会から発表されますので，そちらを確認してください。

学力検査の科目は

　5教科＝国数英理社　3教科＝国数英

を表します。複数の学科があっても選抜方法が同じ場合は，科名は記載していません。

　f：gは，学習の記録（評定）：学力検査の比率を表します。iは特色検査の比率です。

　学力検査に重点化がある場合は，該当科目と数値を「数理2倍」のように記載しました。調査書に重点化がある場合は「（調査書）数英理2倍」のように記載しました。

❼ 応募状況——2024年春の入学者選抜の実績を掲載しました（追検査を含みます）。過去2〜3年間の実績を掲載している場合もあります。

<u>2025年春の志願状況（速報）が神奈川県より発表になりましたら，晶文社『高校受験案内』のSNSでお知らせする予定です。</u>

❽ 合格のめやす——2023年度入試の合格者の平均偏差値，平均調査書点を掲載しています。いずれも小数点以下第2位切り捨てです。

　「偏差値」は5教科（3教科入試の場合は3教科）の平均偏差値を原則としています。「調査書」は学習の記録で，9教科×5段階2年＋3年×2倍＝135点満点で算出しています。調査書点で重点化が行われる学校についても135点満点で算出しています。

　2024年度以降に開校・改編予定の学校は，統合・改編前の実績を参考として掲載しています。また，以下の学校は2023年度入試に加えて，過去のデータも参考にして算出しています。

横須賀南，大井，横浜明朋，市立川崎（昼間部），相模向陽館（午後部），磯子工業（化学科），横須賀工業（機械科，化学科）

［資料提供：神奈川全県模試］

❾ 併願例——併願可能な国立・私立高校を「挑戦」「最適」「堅実」の3つの学力レベルに分類しました。併願校の選び方についてはp.96〜99を参照してください。

［資料提供：神奈川全県模試］

横浜市立 **横浜サイエンス フロンティア 高等学校** 共学 単位制

【設置学科】 理数科
【所在地】 〒230-0046　神奈川県横浜市鶴見区小野町6　☎(045)511-3654
【アクセス】 JR—鶴見小野 3分，鶴見20分
【沿　革】 2008年創立。2017年度附属中学校を開校。

❶
【生徒数】 男子475名，女子232名
【特　色】 ①附属中学から進学する生徒とは1年次より混合クラスを編成する。②「Science Literacy」(SL)は課題探究型の授業。1年次は実習を通して研究の基礎を身につけ，2年次は全員が6分野15のコースに分かれ，個人で設定したテーマを1年間研究する。3年次は研究をさらに深めて学会などで発表する。③週35単位，実験・実習・実技を中心とする教科・科目は100分授業。④スーパーサイエンスハイスクール指定校。大学教授などによる講義や横浜市立大学との高大接続，海外の学生との国際共同課題研究などを行う。⑤ロボット探究部がFLL世界大会で2位。天文部が国際天文学オリンピックで金賞受賞の実績をもつ。

❷
【進路情報】 卒業生数— 225名
大学—175名　専門学校—1名　就職—1名
その他—48名

❸
【大学合格状況】 東京大，東工大，一橋大，筑波大，横浜国大，国際教養大，東北大，他。

❹
【指定校推薦】 横浜市大，早稲田大，慶應大，上智大，東京理科大，学習院大，明治大，他。

❺
【見学ガイド】 文化祭，説明会，オープンキャンパス

選抜方法 2024年春(実績)　〈第1次選考〉
調査書，学力検査（5教科），自己表現検査
※調査書=学習の記録（評定）
※f：g＝3：7，i＝2
※重点化　数理2倍，（調査書）数英理2倍
❻

応募状況

年度	学科	募集	志願	受検	合格	志願倍率
'24	理数	158	264	256	158	1.67
'23	理数	158	253	251	158	1.60
'22	理数	158	247	240	158	1.56

❼

合格のめやす

偏差値平均	67.0	調査書点平均	120.7

❽

❾
【併願例】 〈最適〉山手学院，青稜，桐蔭学園，東京科学大附，朋優学院　〈堅実〉日本大学

神奈川
公立

共 学

鶴見 高等学校

【設置学科】 普通科
【所在地】 〒230-0012 神奈川県横浜市鶴見区下末吉6-2-1 ☎(045)581-4692
【アクセス】 JR―鶴見・川崎よりバス寺尾中学入口5分
【沿 革】 1941年創立。
【生徒数】 男子454名, 女子495名
【特 色】 ①「自主自立」「文武両道」の校是のもと, 4つの能力「学び, 考え, 行動する力」「他者を尊重し協働する力」「課題の解決に向かう力」「自分と社会を変革する力」を育むことをめざす。②3年間を通して, 体験型授業や講話型授業により, 進路先を主体的に選択できる力（見出す力）を養成。1年次から面談や外部テストなどを通して, 第1志望に進学する力（勝ち取る力）を育成する。③2年次より文系, 理系に分かれ, 3年次より文理系も選べる。④3年次には, 大学入試の学校推薦型選抜・総合型選抜対策講座など, 豊富な選択科目を用意している。⑤サッカー部や吹奏楽部, SOS（軽音楽部）をはじめ, 25の部が活発に活動する。ラクロス部は2022年秋季関東大会でベスト8に進出。
【進路情報】 卒業生数―304名
大学―231名 短大―5名 専門学校―21名 就職―1名 その他―46名
【大学合格状況】 横浜市大, 富山大, 早稲田大, 上智大, 東京理科大, 明治大, 立教大, 他。
【指定校推薦】 横浜市大, 東京理科大, 学習院大, 明治大, 青山学院大, 中央大, 法政大, 他。
【見学ガイド】 文化祭, 説明会, 見学会

選抜方法 2024年春(実績) （第1次選考）
調査書, 学力検査（5教科）
※調査書＝学習の記録（評定）
※f：g＝5：5
※重点化なし

応募状況

年度	学科	募集	志願	受検	合格	志願倍率
'24	普通	319	411	406	319	1.29
'23	普通	318	436	428	318	1.37
'22	普通	318	474	469	319	1.49

合格のめやす

偏差値平均	52.2	調査書点平均	104.9

【併願例】〈最適〉鶴見大附, 横浜, 東京 〈堅実〉横浜清風, 橘学苑

共 学
単位制

鶴見総合 高等学校

【設置学科】 総合学科
【所在地】 〒230-0031 神奈川県横浜市鶴見区平安町2-28-8 ☎(045)506-1234
【アクセス】 京急本線―鶴見市場17分 JR―鶴見, 京急本線―京急鶴見よりバス鶴見総合高校前1分
【沿 革】 2004年開校。
【生徒数】 男子294名, 女子463名
【特 色】 ①自分で科目を選択し単位を修得する単位制を採用。選択科目は系列で区分されているが, 生徒はどの系列の科目も選ぶことができる。②「キャリア・プランニング」は従来の進路指導と異なり, 自分の適性や課題, 希望などを踏まえて, 教員と生徒が一緒になって高校生活をつくっていく。③生徒一人ひとりが将来像を明確にして, 実現につなげていく, 学校独自の「未来探索（みらたん）」を設置。1年次には自分の適性などを確認して将来の目標を設定。2年次には体験活動やガイダンスを通じて, 自分に適した進路を選択。3年次には自分でテーマを決めて課題研究を行う。④外国につながりのある生徒が多く在籍し, 校内・校外での様々な活動を通して国際交流を積極的に行う。⑤活発な26の部活動がある。
【進路情報】 卒業生数―226名
大学―49名 短大―5名 専門学校―109名 就職―30名 その他―33名
【大学合格状況】 非公表。
【指定校推薦】 非公表。
【見学ガイド】 文化祭, 説明会, 見学会

選抜方法 2024年春(実績) （第1次選考）
調査書, 学力検査（5教科）
※調査書＝学習の記録（評定）
※f：g＝6：4
※重点化（調査書）上位1教科2倍

応募状況

年度	学科	募集	志願	受検	合格	志願倍率
'24	総合	219	266	263	219	1.21
'23	総合	258	285	282	258	1.10
'22	総合	258	280	280	258	1.09

合格のめやす

偏差値平均	37.5	調査書点平均	79.3

【併願例】〈挑戦〉橘学苑, 武相, 横浜学園, 白鵬女子, 大森学園, 東京実業

横浜市立 東 高等学校

共学 単位制

【設置学科】 普通科
【所在地】 〒230-0076 神奈川県横浜市鶴見区馬場3-5-1 ☎(045)571-0851
【アクセス】 JR—鶴見，東急東横線—菊名よりバス東高校前・東高校入口・馬場谷
【沿 革】 1963年創立。
【生徒数】 男子435名，女子377名
【特 色】 ①2018年ユネスコスクールに認定。持続可能な開発のための教育「ESD」を推進する。②学習活動の柱を国際理解教育と社会貢献活動とする。国際理解教育では留学生の受け入れと派遣，SDGsの視点を持った海外フィールドワーク研修などを行う。社会貢献活動では地域活動ボランティアや修学旅行先での清掃活動ボランティアなどに取り組む。③イーストタイム（課題探究学習）は，総合的な探究の時間を活用した教科横断型学習。世界規模の課題の現状と解決に向けた取り組みを学ぶ。④英語を重視し，各学年に6単位を配置する。⑤チアダンス部，ダンス部，ラクロス部が全国大会に出場，ラクロス部は優勝。弓道部が関東大会に出場。
【進路情報】 卒業生数—273名
大学—239名 短大—1名 専門学校—14名 その他—19名
【大学合格状況】 お茶の水女子大，都立大，横浜市大，群馬大，早稲田大，慶應大，上智大，他。
【指定校推薦】 横浜市大，東京理科大，学習院大，明治大，青山学院大，中央大，神奈川大，他。
【見学ガイド】 文化祭，説明会，公開授業，見学会

選抜方法 2024年春(実績) 〈第1次選考〉
調査書，学力検査（5教科）
※調査書＝学習の記録（評定）
※f：g＝4：6
※重点化 英1.5倍

応募状況

年度	学科	募集	志願	受検	合格	志願倍率
'24	普通	268	328	322	268	1.22
'23	普通	268	409	405	268	1.53
'22	普通	268	394	386	269	1.47

合格のめやす

偏差値平均	57.6	調査書点平均	108.2

【併願例】〈挑戦〉桐蔭学園 〈最適〉横浜隼人，横浜翠陵，鶴見大附 〈堅実〉横浜

横浜市立 横浜サイエンスフロンティア 高等学校

共学 単位制

【設置学科】 理数科
【所在地】 〒230-0046 神奈川県横浜市鶴見区小野町6 ☎(045)511-3654
【アクセス】 JR—鶴見小野3分，鶴見20分
【沿 革】 2008年創立。2017年度附属中学校を開校。
【生徒数】 男子475名，女子232名
【特 色】 ①附属中学から進学する生徒とは1年次より混合クラスを編成する。②「Science Literacy」（SL）は課題探究型の授業。1年次は実習を通して研究の基礎を身につけ，2年次は全員が6分野15のコースに分かれ，個人で設定したテーマを1年間研究する。3年次は研究をさらに深めて学会などで発表する。③週35単位，実験・実習・実技を中心とする教科・科目は100分授業。④スーパーサイエンスハイスクール指定校。大学教授などによる講義や横浜市立大学との高大接続，海外の学生との国際共同課題研究などを行う。⑤ロボット探究部がFLL世界大会で2位。天文部が国際天文学オリンピックで金賞受賞の実績をもつ。
【進路情報】 卒業生数—225名
大学—175名 専門学校—1名 就職—1名 その他—48名
【大学合格状況】 東京大，東工大，一橋大，筑波大，横浜国大，国際教養大，東北大，他。
【指定校推薦】 横浜市大，早稲田大，慶應大，上智大，東京理科大，学習院大，明治大，他。
【見学ガイド】 文化祭，説明会，オープンキャンパス

選抜方法 2024年春(実績) 〈第1次選考〉
調査書，学力検査（5教科），自己表現検査
※調査書＝学習の記録（評定）
※f：g＝3：7，i＝2
※重点化 数理2倍，（調査書）数英理2倍

応募状況

年度	学科	募集	志願	受検	合格	志願倍率
'24	理数	158	264	256	158	1.67
'23	理数	158	253	251	158	1.60
'22	理数	158	247	240	158	1.56

合格のめやす

偏差値平均	67.0	調査書点平均	120.7

【併願例】〈最適〉山手学院，青稜，桐蔭学園，東京科学大附，朋優学院 〈堅実〉日本大学

神奈川 全日制 横浜市

共学

横浜翠嵐 高等学校

【設置学科】 普通科
【所在地】 〒221-0854 神奈川県横浜市神奈川区三ツ沢南町1-1 ☎(045)311-4621
【アクセス】 市営地下鉄―三ツ沢下町12分 JR―横浜20分またはバス翠嵐高校前
【沿 革】 1914年開校。
【生徒数】 男子697名, 女子361名
【特 色】 ①学力向上進学重点校として, 第1志望への進学を実現する学習支援に取り組む。②95分授業をベースに探究力, 論理的思考力, 表現力を伸ばす授業を展開する。③2年次の「数学Ⅱ・B」(文系)では小集団・習熟度別授業を, 2・3年次の英語の一部では小集団授業を行う。④土曜講習, 長期休業講習を実施し, さらなる学力の向上を図る。⑤米国の姉妹校と毎年相互訪問を実施。また, 大使館訪問や国際講演会などを行い, 海外の文化や生活について学び, 生徒の国際的視野を広げている。⑥第一線で活躍するOB・OGによる分野別職業講話, 先輩から大学での研究について学ぶ「東大ガイダンス」「医学部ガイダンス」を開催するなど, キャリア教育が充実。⑦科学部, 文芸部, 放送委員会が全国大会で活躍している。
【進路情報】 卒業生数―358名
大学―291名 専門学校―1名 就職―1名 その他―65名
【大学合格状況】 東京大, 京都大, 東工大, 一橋大, 大阪大, 北海道大, 名古屋大, 他。
【指定校推薦】 非公表。
【見学ガイド】 体育祭, 文化祭, 説明会, 見学会

選抜方法 2024年春(実績)　〈第1次選考〉
調査書, 学力検査(5教科), 自己表現検査
※調査書=学習の記録(評定)
※f：g＝3：7, i＝3
※重点化なし

応募状況

年度	学科	募集	志願	受検	合格	志願倍率
'24	普通	359	770	746	361	2.14
'23	普通	358	708	686	360	1.98
'22	普通	358	804	775	358	2.25

合格のめやす

偏差値平均	73.2	調査書点平均	127.3

【併願例】〈最適〉東京学芸大附, 市川 〈堅実〉山手学院, 桐光学園, 桐蔭学園, 朋優学院

共学

城郷 高等学校

【設置学科】 普通科
【所在地】 〒221-0862 神奈川県横浜市神奈川区三枚町364-1 ☎(045)382-5256
【アクセス】 市営地下鉄―片倉町10分
【沿 革】 1987年創立。
【生徒数】 男子283名, 女子477名
【特 色】 ①グループで考え, 発表するなど, 生徒が主体的に取り組みやすい授業を実践している。②すべての生徒にとって学びやすい環境を用意。黒板周囲の掲示をなくすフロントゼロを実践し, 各クラスにはプロジェクターとスクリーンを配置。校内をWi-Fiでつなぎ, 生徒所有のタブレット端末を活用した授業を行う。③生徒一人ひとりの個性と能力を伸ばすため, 1年次の数学, 英語で習熟度別授業を行っている。また, 国語, 数学, 理科などの一部クラスでティームティーチングを導入。④自宅学習ができるスタディサプリを利用して, 基礎学力の確立を図り, 年2回到達テストを行って生徒の弱点克服のための計画的な学習を指導する。⑤2020年度よりインクルーシブ教育実践推進校, 2022年度よりシチズンシップ教育実践校に指定。
【進路情報】 卒業生数―246名
大学―145名 短大―9名 専門学校―66名 就職―14名 その他―12名
【大学合格状況】 早稲田大, 学習院大, 明治大, 青山学院大, 立教大, 中央大, 法政大, 他。
【指定校推薦】 専修大, 東海大, 神奈川大, 東京女子大, 桜美林大, 拓殖大, 文教大, 他。
【見学ガイド】 説明会, 部活動体験

選抜方法 2024年春(実績)　〈第1次選考〉
調査書, 学力検査(5教科)
※調査書=学習の記録(評定)
※f：g＝5：5
※重点化なし

応募状況

年度	学科	募集	志願	受検	合格	志願倍率
'24	普通	239	345	342	239	1.44
'23	普通	238	341	338	238	1.43
'22	普通	238	317	312	239	1.33

合格のめやす

偏差値平均	46.1	調査書点平均	92.7

【併願例】〈挑戦〉鶴見大附, 横浜 〈最適〉横浜創学館, 横浜清風, 横浜商科大, 橘学苑

神奈川総合 高等学校

共学 単位制

【設置学科】 普通科（個性化コース，国際文化コース）〔ほか舞台芸術科⇒全日制専門学科〕
【所在地】 〒221-0812　神奈川県横浜市神奈川区平川町19-2　☎(045)491-2000
【アクセス】 東急東横線―東白楽3分　JR―東神奈川8分　京急本線―京急東神奈川10分
【沿　革】 1995年開校。2021年度舞台芸術科設置。
【生徒数】 男子195名，女子559名
【特　色】 ①2コースに分かれ，興味・関心と進路に応じて「MY時間割」を作成する。90分授業。②普通科の科目に加え，人文・社会，自然科学，スポーツ・生活科学，芸術，国際文化と5つのフィールド科目を設置。併置されている舞台芸術科の専門科目も履修できる。数日間にわたるフィールド発表会も行われる。③各界の専門家による講演や海外進学者向け説明会などを実施している。④他校を交えてglobal issue（国際問題）を英語で語り合うイベント「ワールドカフェ」がある。⑤アメリカ，フランス，韓国などにある海外パートナー校との交流が盛ん。
【進路情報】 〔普通科〕卒業生数―255名
大学―203名　専門学校―15名　その他―37名
【大学合格状況】 東工大，一橋大，横浜国大，国際教養大，北海道大，東北大，九州大，他。
【指定校推薦】 非公表。
【見学ガイド】 体育祭，文化祭，説明会

選抜方法 2024年春（実績）〈第1次選考〉
個性化コース=調査書，学力検査（5教科）
※f：g＝3：7　※重点化　上位1教科2倍
国際文化コース=調査書，学力検査（国数英・理社より1教科），自己表現検査
※f：g＝4：6，i＝2　※重点化　英2倍
※調査書=学習の記録（評定）

応募状況

年度	コース	募集	志願	受検	合格	志願倍率
'24	個性	119	188	182	119	1.58
	国際	89	120	116	89	1.35
'23	個性	119	235	233	119	1.97
	国際	89	154	153	90	1.73

合格のめやす

個性	偏差値平均	64.3	調査書点平均	124.9
国際		63.0		121.7

※国際文化コースの偏差値平均は5科の平均偏差値。

【併願例】〈最適〉桐蔭学園，日本大学，青稜〈堅実〉横須賀学院，横浜隼人

港北 高等学校

共学

【設置学科】 普通科
【所在地】 〒222-0037　神奈川県横浜市港北区大倉山7-35-1　☎(045)541-6251
【アクセス】 東急東横線―大倉山18分　市営地下鉄―新羽16分　JR・東急新横浜線・相鉄新横浜線―新横浜25分
【沿　革】 1969年創立。
【生徒数】 男子489名，女子539名
【特　色】 ①講義形式の授業だけでなく，グループ学習や発表・教え合いなど，生徒が能動的に参加するアクティブ・ラーニングの視点による授業を展開。これからの時代を生き抜くために必要な「自ら主体的に学び続ける力（自学力）」の育成をめざす。②3学期制を導入。2年次からは文系，理系に分かれて学ぶ。③大学訪問，大学・専門学校の出張授業の受講など，生徒一人ひとりにきめ細やかな進路指導を実施。進路実現に向け，生徒全員が受ける基礎テスト・実力テストを活用して学力向上を図り，約9割の生徒が四年制大学・短大に進学している。④部活動の加入率は約8割。水泳部，放送部，書道部，軽音楽部が全国大会に出場している。
【進路情報】 卒業生数―308名
大学―273名　短大―3名　専門学校―10名
就職―1名　その他―21名
【大学合格状況】 都立大，横浜市大，早稲田大，東京理科大，学習院大，明治大，青山学院大，他。
【指定校推薦】 学習院大，明治大，青山学院大，立教大，中央大，法政大，日本大，駒澤大，他。
【見学ガイド】 文化祭，説明会，見学会

選抜方法 2024年春（実績）〈第1次選考〉
調査書，学力検査（5教科）
※調査書=学習の記録（評定）
※f：g＝5：5
※重点化なし

応募状況

年度	学科	募集	志願	受検	合格	志願倍率
'24	普通	319	423	415	319	1.33
'23	普通	358	511	501	358	1.43
'22	普通	358	427	414	359	1.19

合格のめやす

偏差値平均	55.7	調査書点平均	107.2

【併願例】〈挑戦〉桐蔭学園　〈最適〉横浜翠陵，麻布大附，鶴見大附　〈堅実〉横浜

共 学

新羽 高等学校

【設置学科】 普通科
【所在地】 〒223-0057 神奈川県横浜市港北区新羽町1348 ☎(045)543-8631
【アクセス】 市営地下鉄―北新横浜13分 JR―小机25分
【沿 革】 1977年創立。
【生徒数】 男子508名, 女子627名
【特 色】 ①「課題解決能力」「自己管理能力」「豊かな人間性・社会性」という「3つの羽」を携えた人材を育成するための教育プログラムを組み立てている。②全教室に配置された65インチ大型モニターなどICTを利活用した授業を展開。単に暗記するだけの授業はなく, 教員は生徒の学習意欲を引き出すための新しい授業法の研究に取り組む。③進学サポートでは年6回の模試（希望者）や上級学校模擬授業, 小論文指導, 看護医療系ガイダンスなどを実施。就職サポートではハローワークと連携して行う面接やマナー指導, 公務員模試やインターンシップ, 職業人インタビューなどを行う。④写真部が関東大会で優良賞受賞の実績をもつ。
【進路情報】 卒業生数―380名
大学―171名 短大―31名 専門学校―144名 就職―11名 その他―23名
【大学合格状況】 慶應大, 青山学院大, 中央大, 日本大, 東洋大, 東海大, 神奈川大, 他。
【指定校推薦】 神奈川大, 桜美林大, 国士舘大, 関東学院大, 鎌倉女子大, 駒沢女子大, 他。
【見学ガイド】 文化祭, 説明会, 部活動体験, 学校見学

選抜方法 2024年春(実績) （第1次選考）
調査書, 学力検査（5教科）
※調査書＝学習の記録（評定）
※f：g＝6：4
※重点化なし

応募状況
年度	学科	募集	志願	受検	合格	志願倍率
'24	普通	399	478	475	399	1.20
'23	普通	398	486	481	398	1.22
'22	普通	398	476	474	400	1.20

合格のめやす
偏差値平均	40.4	調査書点平均	80.6

【併願例】〈挑戦〉横浜商科大, 橘学苑 〈最適〉武相, 横浜学園, 白鵬女子, 柏木学園

共 学

岸根 高等学校

【設置学科】 普通科
【所在地】 〒222-0034 神奈川県横浜市港北区岸根町370 ☎(045)401-7872
【アクセス】 JR・東急新横浜線・相鉄新横浜線―新横浜15分 市営地下鉄―岸根公園10分
【沿 革】 1983年創立。
【生徒数】 男子477名, 女子463名
【特 色】 ①三学期制, 52分授業。学習意欲を高め, 思考力, 判断力, 表現力を育む授業を工夫する。②ICTも活用した授業を展開。文系, 理系のコース制はとらず, 2・3年次の選択科目によって自分の進路を決めていく。③3年次の自由選択科目は, 「保育基礎」「フードデザイン」「情報システムのプログラミング」などから最大4科目選択できる。④総合的な探究の時間を中心にキャリアガイダンスやインターンシップ, 外部模試など, 一人ひとりに対応した進路指導を行う。⑤地域連携活動が盛ん。地元中学校での音楽交流会, 保育園での保育実習, 地域と連携した防災活動などを通して, 社会に貢献できる人材を育成。⑥21の部活が活動。競技かるた部が全国高校総合文化祭かるた大会に出場。
【進路情報】 卒業生数―309名
大学―217名 短大―9名 専門学校―71名 就職―1名 その他―11名
【大学合格状況】 横浜市大, 明治大, 青山学院大, 立教大, 中央大, 法政大, 日本大, 他。
【指定校推薦】 法政大, 日本大, 東洋大, 専修大, 東海大, 成城大, 神奈川大, 芝浦工大, 他。
【見学ガイド】 文化祭, 説明会, 見学会

選抜方法 2024年春(実績) （第1次選考）
調査書, 学力検査（5教科）
※調査書＝学習の記録（評定）
※f：g＝5：5
※重点化なし

応募状況
年度	学科	募集	志願	受検	合格	志願倍率
'24	普通	319	428	421	319	1.34
'23	普通	318	473	466	318	1.49
'22	普通	318	450	444	319	1.42

合格のめやす
偏差値平均	51.1	調査書点平均	97.3

【併願例】〈挑戦〉横浜翠陵 〈最適〉鶴見大附, 横浜, 横浜創学館, 横浜清風 〈堅実〉橘学苑

共 学

霧が丘 高等学校

【設置学科】 普通科
【所在地】 〒226-0016 神奈川県横浜市緑区霧が丘6-16-1 ☎(045)921-6911
【アクセス】 JR—十日市場・長津田，東急田園都市線—青葉台・長津田，相鉄本線—三ツ境・鶴ヶ峰よりバス霧が丘高校前
【沿 革】 1975年創立。
【生徒数】 男子544名，女子450名
【特 色】 ①インクルーシブ教育実践推進校。チャレンジしながら未来を切り拓く力を育む。②三学期制。50分×6時限授業を基本とする。③アクティブ・ラーニングを推進。ICTの利用やグループワーク，ペアワークを通して，思考を活性化し，主体的，対話的で深い学びができる授業を実践する。④2年次の数学，3年次の自由選択科目で少人数授業を行う。⑤総合的な探究の時間では，福祉教育や外部講師による講演や体験学習を実施し，自分の将来を考える力を身につける。⑥英検やGTECなどの検定試験を視野に入れた英語の授業を展開する。⑦進路支援では専任講師による進路講演会，分野別進路説明会，キャリアガイダンスなどを実施。⑧吹奏楽部が東関東大会に出場した。
【進路情報】 卒業生数—364名
大学—221名 短大—16名 専門学校—99名 就職—6名 その他—22名
【大学合格状況】 中央大，法政大，日本大，東洋大，駒澤大，専修大，大東文化大，東海大，他。
【指定校推薦】 非公表。
【見学ガイド】 文化祭，説明会

選抜方法 2024年春(実績) 〈第1次選考〉
調査書，学力検査（5教科）
※調査書＝学習の記録（評定）
※f：g＝5：5
※重点化なし

応募状況

年度	学科	募集	志願	受検	合格	志願倍率
'24	普通	319	398	392	319	1.25
'23	普通	318	424	421	318	1.33
'22	普通	318	337	332	318	1.06

合格のめやす

偏差値平均	46.1	調査書点平均	89.8

【併願例】〈挑戦〉横浜 〈最適〉横浜清風，横浜商科大，橘学苑，自由ヶ丘 〈堅実〉柏木学園

共 学

白山 高等学校

【設置学科】 普通科〔ほか美術科⇒全日制専門学科〕
【所在地】 〒226-0006 神奈川県横浜市緑区白山4-71-1 ☎(045)933-2231
【アクセス】 JR—鴨居・中山よりバス白山高校正門前
【沿 革】 1976年創立。2017年度美術コースを美術科に改編。
【生徒数】 男子448名，女子471名
【特 色】 ①個性を伸ばし，調和のとれた人間形成を目標に，基礎から発展までの学力の定着をめざすカリキュラムを組む。②数学，英語は小集団・習熟度別授業を展開。クラス替えは学期ごとに行う。③2年次では文型，文理型，理型に分かれる。3年次には文・文理型と理型となり，別の型への変更も可能。④進路希望の実現に向けた，補習や講習を行う。また，英語検定，書写検定などの受験指導などを通して，進路や自己の実現を図る。⑤保護者，地域などが協力し合う「ふれあい活動」を推進。⑥書道部は全国高校総合文化祭に出場実績がある。
【進路情報】〔全学科計〕卒業生数—295名
大学—88名 短大—19名 専門学校—122名 就職—26名 その他—40名
【大学合格状況】 法政大，日本大，大東文化大，東海大，亜細亜大，帝京大，神奈川大，他。
【指定校推薦】 駒澤大，東海大，神奈川大，桜美林大，産業能率大，他。
【見学ガイド】 文化祭，説明会，体験入学，見学会

選抜方法 2024年春(実績) 〈第1次選考〉
調査書，学力検査（5教科）
※調査書＝学習の記録（評定）
※f：g＝7：3
※重点化なし

応募状況

年度	学科	募集	志願	受検	合格	志願倍率
'24	普通	239	277	270	239	1.16
'23	普通	318	284	284	283	0.89
'22	普通	278	336	332	280	1.21

合格のめやす

偏差値平均	37.4	調査書点平均	73.0

【併願例】〈挑戦〉橘学苑，武相，横浜学園，白鵬女子，自由ヶ丘 〈最適〉柏木学園

神奈川 全日制 横浜市

共　学

市ケ尾 高等学校

【設置学科】 普通科
【所在地】 〒225-0024　神奈川県横浜市青葉区市ケ尾町1854　☎(045)971-2041
【アクセス】 東急田園都市線—市が尾15分
【沿　革】 1974年創立。
【生徒数】 男子600名，女子590名
【特　色】 ①自ら社会的な役割を果たし，人生を切り拓く人材を育成する。②3学期制と6時限授業（一部7時限）を導入。文系・理系など固定したコース制ではなく，3年間で多様な科目選択を可能にすることで進路希望に柔軟に対応する。③2年次は必修科目に加え3コース8単位の選択科目から1コースを選ぶ。3年次は4コース6単位の必修選択科目と，10単位まで選択可能な自由選択科目を設置する。④希望進路の実現に向け，実力テスト，平日・夏期・冬期の補習などの教科支援や，インターンシップ，社会人講話，分野別説明会などのキャリア形成支援を行う。⑤ダンス部，バトン部，女子バドミントン部，書道部が全国大会，陸上競技部が関東大会に出場している。
【進路情報】 卒業生数—386名
大学—337名　専門学校—14名　その他—35名
【大学合格状況】 筑波大，都立大，横浜市大，早稲田大，慶應大，上智大，東京理科大，他。
【指定校推薦】 東京理科大，学習院大，明治大，青山学院大，立教大，中央大，法政大，他。
【見学ガイド】 説明会，オープンスクール，見学会，学校見学

選抜方法 2024年春(実績) 〈第1次選考〉
調査書，学力検査（5教科）
※調査書＝学習の記録（評定）
※f：g＝5：5
※重点化 （調査書）音美保体技・家のうち上位1教科2倍

応募状況

年度	学科	募集	志願	受検	合格	志願倍率
'24	普通	399	486	471	399	1.22
'23	普通	398	513	497	398	1.29
'22	普通	398	592	583	399	1.49

合格のめやす

偏差値平均	59.8	調査書点平均	114.8

【併願例】〈挑戦〉桐蔭学園　〈最適〉麻布大附，横浜翠陵　〈堅実〉相模女子大

共　学

元石川 高等学校

【設置学科】 普通科
【所在地】 〒225-0004　神奈川県横浜市青葉区元石川町4116　☎(045)902-2692
【アクセス】 東急田園都市線—たまプラーザ・あざみ野よりバス元石川高校
【沿　革】 1984年創立。
【生徒数】 男子478名，女子579名
【特　色】 ①三学期制。55分×6時限授業。②企業や大学，地域と協働して開発した本校独自のアントレプレナーシップ教育を推進。これからの予測不能な社会を，たくましく生きる力を育むことを目的とした選択科目を2年次に設置している。5名程度のグループで行うプロジェクト型授業で，「飴細工師をプロデュース」「未来を創る海外修学旅行」といった各テーマの課題を発見・学習し，ディスカッションとプレゼンテーションを繰り返しながら解決策を導き出す。③土曜講習，夏期・冬期講習，外部模試を実施するなど，学習支援が充実。④美術部，書道部，競技かるた部が全国大会，陸上競技部がインターハイ，吹奏楽部が東関東大会に出場。
【進路情報】 卒業生数—346名
大学—282名　短大—4名　専門学校—29名その他—31名
【大学合格状況】 横浜市大，東京海洋大，早稲田大，東京理科大，学習院大，明治大，他。
【指定校推薦】 東京理科大，法政大，日本大，駒澤大，専修大，東海大，帝京大，國學院大，他。
【見学ガイド】 文化祭，説明会，公開授業，見学会

選抜方法 2024年春(実績) 〈第1次選考〉
調査書，学力検査（5教科）
※調査書＝学習の記録（評定）
※f：g＝5：5
※重点化なし

応募状況

年度	学科	募集	志願	受検	合格	志願倍率
'24	普通	359	508	500	359	1.42
'23	普通	358	481	470	358	1.34
'22	普通	358	483	472	358	1.35

合格のめやす

偏差値平均	53.2	調査書点平均	102.7

【併願例】〈挑戦〉駒澤大学　〈最適〉横浜翠陵，麻布大附，駒場学園　〈堅実〉横浜清風，向上

田奈 高等学校

● クリエイティブスクール

【設置学科】 普通科

【所在地】 〒227-0034 神奈川県横浜市青葉区桂台2-39-2 ☎(045)962-3135

【アクセス】 東急田園都市線―青葉台よりバス田奈高校3分

【沿革】 1978年創立。

【生徒数】 男子82名, 女子81名

【特色】 ①クリエイティブスクールとして, 学び直したいという意欲のある生徒を支援する。②きめ細かな指導と目配りを可能にするため, 1クラスを少人数で編成し, 複数担任制をとる。③全学年の数学と英語は, さらに1クラスを半分に分けた人数で授業を展開する。④数学, 英語などを中心に放課後補習「田奈ゼミ」を実施。大学生や近隣のボランティアが基礎から応用まで指導する。⑤NPO法人運営の「Drop-In (どろっぴん)」や「ぴっかりカフェ」で悩み相談などができる。⑥よこはま若者サポートステーションから相談員が派遣され, 進路をはじめ様々な悩みの相談にのる「田奈PASS」を設置している。⑦3年間を通して, 総合的な探究の時間を中心にキャリア教育を実施。マナー講習会, 職場見学体験などを通して目標進路の実現をめざす。

【進路情報】 卒業生数―75名
大学―15名 短大―1名 専門学校―25名
就職―19名 その他―15名

【大学合格状況】 駒澤大, 桜美林大, 他。

【指定校推薦】 非公表。

【見学ガイド】 文化祭, 説明会

選抜方法 2024年春(実績)

調査書, 面接, 自己表現検査
※調査書＝観点別学習状況の評価
※調査書＝50点, 面接＝20点, 自己表現検査＝30点

応募状況

年度	学科	募集	志願	受検	合格	志願倍率
'24	普通	159	73	72	72	0.46
'23	普通	158	56	55	55	0.35
'22	普通	158	76	75	74	0.48

合格のめやす

偏差値平均	31.7	調査書点平均	66.5

※偏差値平均は3科の平均偏差値。

【併願例】 〈挑戦〉光明相模原, 武相, 柏木学園, 星槎

川和 高等学校

【設置学科】 普通科

【所在地】 〒224-0057 神奈川県横浜市都筑区川和町2226-1 ☎(045)941-2436

【アクセス】 市営地下鉄―都筑ふれあいの丘15分

【沿革】 1962年創立。

【生徒数】 男子441名, 女子542名

【特色】 ①自らの志を立てて新しい社会を創造し, 時代を拓く力を持つリーダーの育成をめざす。②2年次から文理に分かれる。③カリキュラムの特徴は, 連続性と多様性。理系志望なら3年間を通じて受験に必要な理科2科目を学習できる。また, 生徒の多様なニーズに応えられるよう, 3年次には「文学国語(文系)」「物理(理系)」「探究美術」「フードデザイン」「演奏研究」「探究書道」など, 豊富な選択科目を設置している。④ロードレース大会, 球技大会, ダンス発表会, 芸術科発表会など, 多彩な学校行事に取り組む。⑤高い次元の文武両道を目標に, 学習と部活動の両立を支援。弓道部, 女子ハンドボール部, 水泳部, 山岳部が関東大会, 陸上競技部が南関東大会に出場実績をもつ。

【進路情報】 卒業生数―312名
大学―268名 短大―1名 専門学校―1名
その他―42名

【大学合格状況】 東工大, 一橋大, 筑波大, 国際教養大, 北海道大, 名古屋大, 東北大, 他。

【指定校推薦】 非公表。

【見学ガイド】 文化祭, 説明会, 学校見学, 部活動体験

選抜方法 2024年春(実績)   (第1次選考)

調査書, 学力検査(5教科), 自己表現検査
※調査書＝学習の記録(評定)
※f：g＝4：6, i＝1
※重点化なし

応募状況

年度	学科	募集	志願	受検	合格	志願倍率
'24	普通	319	399	393	319	1.25
'23	普通	358	431	426	358	1.20
'22	普通	318	431	415	318	1.36

合格のめやす

偏差値平均	67.3	調査書点平均	128.8

【併願例】 〈最適〉中大附横浜, 山手学院, 桐蔭学園, 青稜, 朋優学院 〈堅実〉日本大学

共　学

荏田 高等学校

【設置学科】 普通科
【所在地】 〒224-0007　神奈川県横浜市都筑区荏田南3-9-1　☎(045)941-3111
【アクセス】 東急田園都市線―江田15分　市営地下鉄―仲町台よりバス荏田高校前1分
【沿革】 1979年創立。2017年度体育コース募集停止。
【生徒数】 男子662名，女子522名
【特色】 ①「文武両道で，未来を拓く。」をスローガンとして，「知（すぐれた知性）・徳（豊かな心）・体（たくましい身体）」の調和のとれた人間性豊かな生徒の育成をめざす。②多様な進路選択に対応したカリキュラム。3年次には文系，理系の必修選択科目，多彩な自由選択科目により進路実現をめざす。③トレーニングルームなどの設備が充実している。④将来を支援するキャリア教育では，キャリア講演会などを実施し，将来を考える時間を段階的に提供。また，専修大学などとの高大連携により，高校の先の学びに触れる機会を提供している。⑤陸上競技部がインターハイに出場。ハンドボール部が関東大会に出場。
【進路情報】 卒業生数―389名
大学―277名　短大―20名　専門学校―64名　就職―7名　その他―21名
【大学合格状況】 筑波大，横浜国大，横浜市大，東京理科大，明治大，青山学院大，立教大，他。
【指定校推薦】 横浜市大，東京理科大，中央大，日本大，駒澤大，専修大，東海大，帝京大，他。
【見学ガイド】 文化祭，説明会，見学会

選抜方法 2024年春(実績)　(第1次選考)
調査書，学力検査（5教科）
※調査書＝学習の記録（評定）
※f：g＝6：4　※重点化（調査書）音美保体技・家のうち上位1教科2倍

応募状況
年度	学科	募集	志願	受検	合格	志願倍率
'24	普通	399	484	471	399	1.21
'23	普通	398	531	523	398	1.33
'22	普通	398	475	470	398	1.19

合格のめやす
偏差値平均	48.0	調査書点平均	93.2

【併願例】〈挑戦〉横浜翠陵　〈最適〉横浜，横浜清風，横浜商科大，橘学苑　〈堅実〉武相

共　学

新栄 高等学校

【設置学科】 普通科
【所在地】 〒224-0035　神奈川県横浜市都筑区新栄町1-1　☎(045)593-0307
【アクセス】 市営地下鉄―仲町台10分
【沿革】 1983年創立。
【生徒数】 男子520名，女子492名
【特色】 ①学習指導の充実で「蓄える力」，キャリア教育の実践で「拓く力」，部活動・行事の活性化で「発揮する力」，基本的生活習慣の定着で「律する力」を育む。②1・2年次は自分の進路希望を明確にし，大学・専門学校への進学に対応できる力を身につけるため，幅広い教科・科目を学習する。③3年次は，選択科目を多く設定。個々の進路希望に応じた学習を展開する。④全学年で「ことばの力」を養成。特に英語の必修時間を多くとり，これからの社会で必要とされる英語を用いたコミュニケーション能力を養う。⑤3年次の自由選択科目に，芸術系や保育系の大学・専門学校への進学を希望する生徒を対象とした科目を置き，幅広い進路希望に合わせた学習を行う。⑥陸上競技部，弓道部がインターハイ出場の実績。
【進路情報】 卒業生数―343名
大学―157名　短大―12名　専門学校―137名　就職―13名　その他―24名
【大学合格状況】 明治大，中央大，法政大，日本大，東洋大，駒澤大，専修大，東海大，他。
【指定校推薦】 非公表。
【見学ガイド】 文化祭，説明会，部活動見学，見学会

選抜方法 2024年春(実績)　(第1次選考)
調査書，学力検査（5教科）
※調査書＝学習の記録（評定）
※f：g＝5：5
※重点化なし

応募状況
年度	学科	募集	志願	受検	合格	志願倍率
'24	普通	352	445	438	352	1.26
'23	普通	351	358	356	351	1.02
'22	普通	351	424	418	351	1.21

合格のめやす
偏差値平均	40.9	調査書点平均	80.1

【併願例】〈挑戦〉横浜商科大，橘学苑　〈最適〉武相，横浜学園，白鵬女子，柏木学園

希望ケ丘 高等学校

【設置学科】 普通科
【所在地】 〒241-0824 神奈川県横浜市旭区南希望が丘79-1 ☎(045)391-0061
【アクセス】 相鉄本線―希望ケ丘8分
【沿 革】 1897年創立。
【生徒数】 男子530名，女子535名
【特 色】 ①自学自習を重んじ，自己の能力と資質を最大限に伸ばすための支援を行っている。②スーパーサイエンスハイスクール指定校。新たな価値の創造と科学技術および社会の発展に貢献できる人材の育成をめざし，情報活用能力，課題設定力，協働して課題解決する能力，論理的思考力，言語能力の5つの力を養成。そのための教科として「SS希望」(学校設定)，「理数探究」などを設置し，課題研究の過程を体系的に学ぶ。また，大学や企業，研究機関との連携・協働を深めて課題研究を充実させ，トップクラスの科学技術人材を育成する。③すべての教科・科目で探究的な学習活動に取り組み，その過程・成果をデジタル・ポートフォリオで蓄積・共有する。④2年次から将来の進路に合わせた科目を履修するコース制となる。⑤科学部が「科学の甲子園」に出場している。
【進路情報】 卒業生数―340名
大学―291名 専門学校―6名 就職―1名
その他―42名
【大学合格状況】 東工大，横浜国大，北海道大，東北大，都立大，電通大，早稲田大，慶應大，他。
【指定校推薦】 横浜市大，早稲田大，慶應大，他。
【見学ガイド】 文化祭，説明会

選抜方法 2024年春(実績)　(第1次選考)
調査書，学力検査（5教科），自己表現検査
※調査書＝学習の記録（評定）
※f：g＝4：6，i＝1
※重点化なし

応募状況

年度	学科	募集	志願	受検	合格	志願倍率
'24	普通	359	485	480	359	1.35
'23	普通	358	550	545	358	1.54
'22	普通	358	551	539	359	1.54

合格のめやす

偏差値平均	65.2	調査書点平均	123.3

【併願例】〈最適〉山手学院，桐蔭学園，日大藤沢，日本大学 〈堅実〉横浜隼人

旭 高等学校

【設置学科】 普通科
【所在地】 〒241-0806 神奈川県横浜市旭区下川井町2247 ☎(045)953-3301
【アクセス】 JR―中山よりバス川井宿7分
相鉄本線―三ツ境よりバス川井橋7分
【沿 革】 1973年創立。
【生徒数】 男子574名，女子401名
【特 色】 ①丁寧な指導を行い，一部の授業では習熟度に合わせた授業や，小集団授業を実施する。②1人1台タブレット端末を導入し，ICTを利活用した授業改善に取り組む。③オンラインを含む夏期講習，朝や放課後の補習，外部模試などにより，学力向上をめざす。④生徒主体で特別支援学校との交流や地域清掃，敬老会への参加などのボランティア活動を行い，協働の心を育む。⑤高校卒業10年後の28歳頃にどのように社会で活躍していきたいかを考え，そのための進路実現を支援する。⑥水泳部が全国大会，ライフル射撃部が関東大会に出場実績をもつ。水泳部男子が2022パラ水泳世界選手権50mバタフライで銀メダルを獲得した。
【進路情報】 卒業生数―306名
大学―174名 短大―8名 専門学校―101名
就職―9名 その他―14名
【大学合格状況】 明治大，中央大，法政大，日本大，駒澤大，専修大，東海大，亜細亜大，他。
【指定校推薦】 法政大，日本大，専修大，東海大，帝京大，神奈川大，東京電機大，他。
【見学ガイド】 文化祭，説明会，見学会，部活動体験，オープンスクール

選抜方法 2024年春(実績)　(第1次選考)
調査書，学力検査（5教科）
※調査書＝学習の記録（評定）
※f：g＝5：5
※重点化なし

応募状況

年度	学科	募集	志願	受検	合格	志願倍率
'24	普通	319	392	390	319	1.23
'23	普通	358	395	395	358	1.10
'22	普通	318	369	363	319	1.16

合格のめやす

偏差値平均	42.3	調査書点平均	86.8

【併願例】〈挑戦〉横浜，横浜創学館，横浜清風，横浜商科大 〈最適〉横浜学園，柏木学園

共学

二俣川看護福祉 高等学校

【設置学科】 普通科〔ほか福祉科⇒全日制専門学科〕

【所在地】 〒241-0815　神奈川県横浜市旭区中尾1-5-1　☎(045)391-6165

【アクセス】 相鉄本線─二俣川17分またはバス運転免許センター2分

【沿　革】 1964年創立。2025年度看護科を普通科に改編予定。

【生徒数】 男子70名，女子334名

【特　色】 ①二学期制。授業は50分×6時限を基本とし，必要に応じて弾力的な授業時間を設定する。②福祉科併設校としての特色を生かし，共通教科を中心に看護・医療・保健関連の専門科目を，段階的に学べるカリキュラムを編成。③選択科目や短期集中講座などでは，培ってきた看護・医療・保健分野の専門教育を行い，「看護の心・福祉の心・奉仕の心」を育む学びと，実践的・体験的な学習活動の機会を充実させる。④総合的な探究の時間では，「看護・医療・保健分野など多様な分野に関するテーマ」で探究的な学習活動を実践し，思考力・判断力・表現力を育成。⑤ICTを活用した学習により，生徒一人ひとりに応じたきめ細かい指導を行う。⑥看護・医療・保健分野などへの進路意識を高め，学習指導と一体的なキャリア教育を実践。インターンシップやボランティア学習など生徒の主体的な活動を支援する。⑦実習棟には3つの実習室があり，ベッドなどの設備が整う。⑧手話部が全国高校総合文化祭に出場。陸上競技部が関東大会に出場。箏曲部はボランティアとして病院で演奏を行う。2023年には新たに点字同好会が創立した。

【見学ガイド】 文化祭，説明会，体験授業

選抜方法

2025年度共通選抜にて募集の予定

応募状況

年度	学科	募集	志願	受検	合格	志願倍率
2025年度共通選抜にて募集の予定						

合格のめやす

偏差値平均	44.6	調査書点平均	90.8

※改編前の数値を参考として掲載。

【併願例】 〈挑戦〉横浜，アレセイア湘南〈最適〉横浜清風，向上，横浜商科大，横浜学園

共学

松陽 高等学校

【設置学科】 普通科

【所在地】 〒245-0016　神奈川県横浜市泉区和泉町7713　☎(045)803-3036

【アクセス】 相鉄いずみ野線─いずみ野15分市営地下鉄─立場よりバス松陽高校前

【沿　革】 1972年創立。

【生徒数】 男子478名，女子386名

【特　色】 ①55分×6時限授業を実施。②1・2年次の時間割は，1年次の芸術選択以外すべて必修授業。基礎，基本をしっかり学び，どのような進路にも対応できる確かな学力を身につける。③3年次には，生徒一人ひとりの受験科目に対応した選択科目を数多く用意している。④総合的な探究の時間「SHOYO WILL」を中心に，主体的に進路を選択するキャリアプランニング能力の育成をめざし，3年間を通じた学習を進めていく。⑤夏季休業中は，全学年対象の補習に加え，1・2年次対象の実力養成講座，3年次対象の入試対策講座がある。⑥球技大会の競技種目は全生徒からのアンケートで決定する。⑦吹奏楽部が東関東大会に出場している。

【進路情報】 卒業生数─ 275名
大学─253名　短大─3名　専門学校─2名その他─17名

【大学合格状況】 東京外大，東京農工大，横浜市大，早稲田大，上智大，学習院大，明治大，他。

【指定校推薦】 横浜市大，東京理科大，学習院大，明治大，青山学院大，立教大，中央大，他。

【見学ガイド】 文化祭，説明会，部活動見学，見学会

選抜方法 2024年春(実績)　(第1次選考)

調査書，学力検査（5教科）
※調査書＝学習の記録（評定）
※f：g＝5：5
※重点化なし

応募状況

年度	学科	募集	志願	受検	合格	志願倍率
'24	普通	319	368	363	319	1.15
'23	普通	318	335	334	318	1.05
'22	普通	278	376	373	278	1.35

合格のめやす

偏差値平均	56.3	調査書点平均	110.9

【併願例】 〈挑戦〉日大藤沢　〈最適〉横浜隼人，鵠沼　〈堅実〉湘南工科大附

横浜緑園 高等学校

共学
単位制

【設置学科】 普通科

【所在地】 〒245-0003 神奈川県横浜市泉区岡津町2667 ☎(045)812-3371

【アクセス】 相鉄いずみ野線―緑園都市15分 JR―戸塚よりバス岡津15分

【沿 革】 2017年度開校。

【生徒数】 男子224名，女子544名

【特 色】 ①パワーポイントスライドなどのICTを活用した，生徒主体の授業を実施。②共通教科・科目中心の年次進行型カリキュラム。基礎的な科目から応用・発展的な科目までを系統的に学習する。生徒の能力を高め，大学進学などの進路希望を実現する。③興味，関心を深める多彩な選択科目を用意。プログラミングの基礎を学べる増単位分の「情報Ⅰ」，手話技能検定の取得をめざす「社会福祉基礎」，乳幼児の発達を理解し，実習で実践力も養える「保育基礎」，食生活を総合的に学ぶ「フードデザイン」などがある。④生徒からボランティアを募り，校内の竹林整備や壁面塗装などを行っている。⑤吹奏楽部が全国大会に出場実績をもつ。

【進路情報】 卒業生数―214名
大学―78名 短大―11名 専門学校―98名
就職―11名 その他―16名

【大学合格状況】 青山学院大，中央大，法政大，日本大，東洋大，専修大，大東文化大，他。

【指定校推薦】 日本大，東海大，神奈川大，桜美林大，関東学院大，文教大，玉川大，他。

【見学ガイド】 文化祭，説明会，部活動見学，学校見学

選抜方法 2024年春(実績) （第1次選考）
調査書，学力検査（5教科）
※調査書＝学習の記録（評定）
※f：g＝5：5
※重点化なし

応募状況
年度	学科	募集	志願	受検	合格	志願倍率
'24	普通	279	360	359	279	1.29
'23	普通	278	303	302	278	1.09
'22	普通	278	333	330	278	1.20

合格のめやす
偏差値平均	40.4	調査書点平均	83.0

【併願例】〈挑戦〉横浜創学館，横浜清風，横浜商科大 〈最適〉横浜学園，白鵬女子，柏木学園

横浜瀬谷 高等学校

共学

【設置学科】 普通科

【所在地】 〒246-0011 神奈川県横浜市瀬谷区東野台29-1 ☎(045)301-6747

【アクセス】 相鉄本線―三ツ境20分またはバス西部病院前5分

【沿 革】 2023年，瀬谷高校と瀬谷西高校が統合されて開校。

【生徒数】 男子601名，女子343名

【特 色】 ①次世代の創り手に必要な資質・能力を育むことを目標に掲げる。②1・2年次ではほぼ全科目をクラス単位で展開する必修科目とし，3年次では進路希望や興味・関心に応じて，思考力や課題解決力を伸ばす選択科目を多く設置する。③総合的な探究の時間などを通じて，ICTを活用した多様な教育活動を展開する。④地域資源を積極的に活用。地域機関などと連携した体験的な学びを通して自己肯定感を高めると共に，探究力，コミュニケーション力，情報発信力を身につける。⑤キャリア支援では，外部の教育・研究機関と連携した教育活動を展開し，生徒一人ひとりをきめ細かくサポートする。⑥新校開校に合わせ，制服をリニューアル。多様性に応じた選択肢を用意している。⑦本館の自習室を2023年度に新しく設置。静かな空間と個別の机で勉強ができる。また，トイレもリニューアルされ，清潔で使いやすくなった。明るい採光を取り入れた図書室には，プロジェクターやWi-Fiを配備。グラウンドも2023年度に全面改修を実施した。⑧写真部が全国高校総合文化祭に出場実績をもつ。

【見学ガイド】 文化祭，説明会，部活動体験

選抜方法 2024年春(実績) （第1次選考）
調査書，学力検査（5教科）
※調査書＝学習の記録（評定）
※f：g＝5：5
※重点化なし

応募状況
年度	学科	募集	志願	受検	合格	志願倍率
'24	普通	319	366	362	319	1.15
'23	普通	318	400	397	318	1.26

合格のめやす
偏差値平均	51.4	調査書点平均	102.0

【併願例】〈挑戦〉横浜隼人，〈最適〉湘南工科大附，横浜，向上，横浜清風 〈堅実〉横浜商科大

神奈川 全日制 横浜市

共学

横浜平沼 高等学校

【設置学科】 普通科
【所在地】 〒220-0073 神奈川県横浜市西区岡野1-5-8 ☎(045)313-9200
【アクセス】 相鉄本線―平沼橋5分 JR―横浜13分
【沿革】 1900年創立。
【生徒数】 男子323名，女子622名
【特色】 ①二学期制，55分授業を行い，進路第1希望実現をめざす。②2年次で文系(α型)と理系(β型)に分かれ，3年次では幅広い専門的な科目選択ができる。③国公立大・難関私大受験をめざす生徒のために，希望制の「Hi-ゼミ」を実施している。④夏期休業中や入試前にスタディショップを開講。「受験対策講座」「基礎・教養講座」の2タイプがあり，自分の進路などに合わせて受講できる。⑤グローバル教育として授業だけでなく，専修学校留学生との交流会，英語スピーチコンテスト，外部試験GTECの1・2年次生全員受験などに取り組む。⑥1年次には本校の歴史を学ぶ時間を設ける。⑦社会の様々な分野で活躍する先輩を講師に招き，「先輩セミナー」を開催している。⑧かるた部，ハンドボール部が全国大会に出場。
【進路情報】 卒業生数―312名
大学―285名 専門学校―13名 その他―14名
【大学合格状況】 東工大，筑波大，横浜国大，北海道大，東北大，早稲田大，慶應大，他。
【指定校推薦】 非公表。
【見学ガイド】 文化祭，説明会，オープンキャンパス，公開授業，見学会，施設見学会

選抜方法 2024年春(実績) （第1次選考）
調査書，学力検査（5教科），自己表現検査
※調査書＝学習の記録（評定）
※f：g＝5：5，i＝1
※重点化なし

応募状況

年度	学科	募集	志願	受検	合格	志願倍率
'24	普通	319	433	429	319	1.36
'23	普通	318	400	392	318	1.26
'22	普通	318	481	475	318	1.51

合格のめやす

偏差値平均	62.4	調査書点平均	120.3

【併願例】〈挑戦〉山手学院，青稜 〈最適〉桐蔭学園，日本大学 〈堅実〉横浜隼人

共学

光陵 高等学校

【設置学科】 普通科
【所在地】 〒240-0026 神奈川県横浜市保土ケ谷区権太坂1-7-1 ☎(045)712-5577
【アクセス】 JR―保土ケ谷よりバス権太坂5分，東戸塚よりバス境木中学校前10分
【沿革】 1966年創立。
【生徒数】 男子486名，女子456名
【特色】 ①二学期制，65分授業を実施。1科目あたりの授業時間数を増やし，内容の充実を図る。②3年次より進路に応じた多彩な選択科目を設置。③横浜国立大学教育学部附属横浜中学校，横浜国立大学との中高大連携で，連携型教育を展開している。④総合的な探究の時間をKU（光陵ユニバース）と呼び，研究を論文にまとめ，校内発表を経て校外発表会へとつなげる。⑤学習姿勢を学ぶ学年集会，講習，勉強合宿を行う。⑥2年次全員が受講する大学体験授業や，卒業生によるキャリアガイダンスなどのキャリア教育活動に取り組む。⑦教員をめざす生徒に向けた科目「教職基礎」を開講。⑧2年次秋の修学旅行ではテーマ学習を行い，課題を探究する力を育成。⑨運動部加入率が60％を超え，文化部を含めた部活動加入率は90％を超える。
【進路情報】 卒業生数―312名
大学―268名 専門学校―6名 その他―38名
【大学合格状況】 東京大，京都大，東工大，千葉大，筑波大，東京外大，北海道大，東北大，他。
【指定校推薦】 非公表。
【見学ガイド】 文化祭，説明会

選抜方法 2024年春(実績) （第1次選考）
調査書，学力検査（5教科），自己表現検査
※調査書＝学習の記録（評定）
※f：g＝5：5，i＝1
※重点化なし
※ほかに連携募集あり

応募状況

年度	学科	募集	志願	受検	合格	志願倍率
'24	普通	279	360	359	279	1.29
'23	普通	278	404	401	278	1.45
'22	普通	278	380	378	279	1.37

合格のめやす

偏差値平均	64.2	調査書点平均	121.5

【併願例】〈最適〉山手学院，桐蔭学園，日大藤沢，日本大学 〈堅実〉横須賀学院，横浜隼人

共 学

保土ケ谷 高等学校

【設置学科】 普通科

【所在地】 〒240-0045　神奈川県横浜市保土ケ谷区川島町1557　☎(045)371-7781

【アクセス】 相鉄本線―西谷25分，鶴ヶ峰25分またはバスくぬぎ台団地入口10分

【沿　革】 1979年創立。

【生徒数】 男子527名，女子317名

【特　色】 ①自分の可能性を広げられる多彩な選択科目を設置する。②数学や英語などに少人数学習，「家庭総合」や「情報Ⅰ」などにティームティーチングを取り入れて，よりわかる授業，個人が伸びていく授業を展開する。③1・2年次に海外からの留学生との交流会や国際的な活動をする人の講演会を開くなど国際理解教育を実践。2・3年次の選択科目に第二外国語としてフランス語，ドイツ語，スペイン語，中国語を設置。④生徒の興味，関心や適性に配慮した進路指導を展開。総合的な探究の時間を活用し，キャリア教育を実践に結びつけていく指導を行っている。⑤不安や悩みに寄り添う教育相談などを通じて，きめ細やかな支援を行う。⑥自転車競技部，陸上競技部が全国大会に出場。

【進路情報】 卒業生数―237名
大学―76名　短大―6名　専門学校―97名
就職―41名　その他―17名

【大学合格状況】 日本大，専修大，神奈川大，国士舘大，桜美林大，関東学院大，麻布大，他。

【指定校推薦】 東海大，神奈川大，玉川大，桜美林大，和光大，横浜薬科大，関東学院大，他。

【見学ガイド】 文化祭，説明会，体験授業

選抜方法 2024年春(実績) （第1次選考)
調査書，学力検査（5教科)
※調査書=学習の記録（評定)
※f：g＝7：3
※重点化なし

応募状況

年度	学科	募集	志願	受検	合格	志願倍率
'24	普通	239	313	313	239	1.31
'23	普通	318	348	345	318	1.09
'22	普通	318	316	316	314	1.00

合格のめやす

偏差値平均	36.3	調査書点平均	72.4

【併願例】〈挑戦〉橘学苑，武相，横浜学園〈最適〉柏木学園，清心女子(通)，秀英(通)

横浜市立　　　　　　　　　　　共 学

桜丘 高等学校

【設置学科】 普通科

【所在地】 〒240-0011　神奈川県横浜市保土ケ谷区桜ケ丘2-15-1　☎(045)331-5021

【アクセス】 相鉄本線―星川15分　JR―保土ケ谷25分またはバス桜丘高校前

【沿　革】 1927年創立。

【生徒数】 男子447名，女子490名

【特　色】 ①1年次には国数英の指導に重点をおき，2年次には国公立大学をはじめとする多様な進路希望に対応できる科目を設置する。3年次には進路を実現する科目を多数配置している。②1・2年次は年4回，3年次は年5回，全国模試を校内で実施。長期休業中には全学年を対象に補習・補講を行う。③自習室が2カ所あり，約100名が学習できる。④横浜国立大学などとの高大連携による授業を行う。⑤希望制で看護師の業務を体験するインターンシップを実施。⑥「教員養成講座～桜ACEプログラム」を展開。3年間で教職に対する探究力を育む。⑦ドイツの高校と姉妹校提携して生徒を相互派遣する国際交流プログラムがある。

【進路情報】 卒業生数―311名
大学―289名　短大―1名　専門学校―3名
就職―1名　その他―17名

【大学合格状況】 横浜国大，北海道大，東京学芸大，都立大，横浜市大，早稲田大，慶應大，他。

【指定校推薦】 横浜市大，慶應大，東京理科大，明治大，青山学院大，立教大，法政大，他。

【見学ガイド】 文化祭，説明会，部活動体験，公開授業，見学会

選抜方法 2024年春(実績) （第1次選考)
調査書，学力検査（5教科)
※調査書=学習の記録（評定)
※f：g＝3：7
※重点化なし

応募状況

年度	学科	募集	志願	受検	合格	志願倍率
'24	普通	318	442	436	318	1.39
'23	普通	318	403	394	318	1.27
'22	普通	318	390	385	318	1.23

合格のめやす

偏差値平均	58.9	調査書点平均	115.4

【併願例】〈挑戦〉日大藤沢〈最適〉日本大学，横須賀学院，横浜隼人〈堅実〉横浜

神奈川　全日制　横浜市

共 学

舞岡 高等学校

【設置学科】 普通科
【所在地】 〒244-0814 神奈川県横浜市戸塚区南舞岡3-36-1 ☎(045)823-8761
【アクセス】 市営地下鉄―舞岡15分 JR―戸塚よりバス舞岡高校前
【沿 革】 1976年創立。
【生徒数】 男子580名，女子406名
【特 色】 ①1・2年次は多くの共修科目を学ぶことにより，基礎学力の充実をめざす。さらに2年次より，卒業後の進路選択を視野に入れた科目選択制を導入。自分の興味，関心に応じた学習ができる。②3年次には，大学受験に即応したより発展的な学習ができるカリキュラムを用意。スポーツや保育などについて学べるユニークな科目も充実している。③夏期・冬期・春期の休業期間を利用して季節講習を実施。生徒に様々な学びの機会を提供している。α型（科目強化型講座）は補習・予習・資格取得を目的に第1志望の進路実現をめざし，β型（キャリア育成型講座）は生涯学習・社会交流を通して未来の自分を描き，進路決定をめざす。④30の部活動があり，加入率は毎年約70%。
【進路情報】 卒業生数―309名
大学―186名 短大―6名 専門学校―89名
就職―5名 その他―23名
【大学合格状況】 青山学院大，法政大，日本大，東洋大，駒澤大，専修大，東海大，亜細亜大，他。
【指定校推薦】 日本大，東洋大，駒澤大，専修大，東海大，帝京大，明治学院大，神奈川大，他。
【見学ガイド】 文化祭，説明会

選抜方法 2024年春(実績) 〈第1次選考〉
調査書，学力検査（5教科），面接
※調査書＝学習の記録（評定）
※f：g＝5：5，i＝3
※重点化なし

応募状況

年度	学科	募集	志願	受検	合格	志願倍率
'24	普通	319	355	354	319	1.11
'23	普通	358	491	484	359	1.37
'22	普通	318	386	383	318	1.21

合格のめやす

偏差値平均	45.2	調査書点平均	87.8

【併願例】〈挑戦〉横浜，横浜創学館 〈最適〉横浜清風，横浜商科大，三浦学苑，横浜学園

共 学

上矢部 高等学校

【設置学科】 普通科〔ほか美術科⇒全日制専門学科〕
【所在地】 〒245-0053 神奈川県横浜市戸塚区上矢部町3230 ☎(045)861-3500
【アクセス】 JR・市営地下鉄―戸塚25分またはバス上矢部高校3分
【沿 革】 1983年創立。2017年度美術科新設。
【生徒数】 男子357名，女子478名
【特 色】 ①ちょっと背伸びの「進路希望」を実現するカリキュラムを用意。多様な生徒の進路希望に応えるため，様々な選択科目を設けている。また，基礎的な学力を身につけるため，国語，数学，英語に多くの授業時間を確保している。②1年次の「英語コミュニケーションⅠ」・体育・芸術，2年次の「数学Ⅱ」では，少人数制の授業を展開する。美術科と学ぶ自由選択科目もある。③3年間を通したキャリア学習が特徴。1年次には進路説明会や体験授業で上級学校や職業の実際にふれ，2年次後半からは志望分野を絞り込む。3年次には礼法講座や模擬面接などを実施し，より実践的な指導を行う。④インクルーシブ教育を実践し，2020年度から知的障がいのある生徒が普通科で共に学ぶ。
【進路情報】〔普通科〕卒業生数―237名
大学―81名 短大―17名 専門学校―111名
就職―16名 その他―12名
【大学合格状況】 法政大，日本大，東洋大，駒澤大，大東文化大，東海大，神奈川大，他。
【指定校推薦】 非公表。
【見学ガイド】 文化祭，説明会，部活動体験

選抜方法 2024年春(実績) 〈第1次選考〉
調査書，学力検査（5教科），面接
※調査書＝学習の記録（評定）
※f：g＝5：5，i＝2
※重点化なし

応募状況

年度	学科	募集	志願	受検	合格	志願倍率
'24	普通	239	270	267	239	1.13
'23	普通	238	287	286	238	1.21
'22	普通	238	248	248	238	1.04

合格のめやす

偏差値平均	40.8	調査書点平均	81.2

【併願例】〈挑戦〉横浜，横浜創学館，横浜清風，橘学苑 〈最適〉横浜学園，柏木学園

横浜桜陽 高等学校

共学
単位制

【設置学科】 普通科
【所在地】 〒245-0062 神奈川県横浜市戸塚区汲沢町973 ☎(045)862-9343
【アクセス】 市営地下鉄―立場・戸塚，JR―戸塚よりバス横浜桜陽高校前
【沿革】 2003年フレキシブルスクールとして開校。2017年度より年次進行型単位制に移行。
【生徒数】 男子338名，女子429名
【特色】 ①年次進行型単位制の特色を生かし，基礎から応用までの確かな学力の育成をめざす。②理解を深めるため，習熟度別授業を実施する科目もある。③校外講座，技能審査，就業体験活動など，生徒の興味・関心に応じて自ら学べる環境を整え，生徒個々の得意を伸ばす。④様々な分野から外部講師を招く「桜陽アカデミア」（大学に学ぶ，その道のプロに学ぶ）を1・2年次に開催。⑤進学，就職に関する資料やインターネットを利用できる進路ガイダンスルームを設置。⑥競技かるた部が全国大会に出場。華道部が小原流南関東地区大会で優秀賞を受賞。
【進路情報】 卒業生数―220名
大学―72名 短大―14名 専門学校―57名
就職―37名 その他―40名
【大学合格状況】 駒澤大，専修大，東海大，帝京大，神奈川大，関東学院大，桜美林大，他。
【指定校推薦】 専修大，東海大，亜細亜大，神奈川大，東京電機大，関東学院大，玉川大，他。
【見学ガイド】 文化祭，説明会，部活動体験，オープンウィーク，見学会

選抜方法 2024年春(実績) 〈第1次選考〉
調査書，学力検査（5教科）
※調査書＝学習の記録（評定）
※f：g＝5：5
※重点化 上位1教科2倍，（調査書）上位2教科2倍

応募状況

年度	学科	募集	志願	受検	合格	志願倍率
'24	普通	270	285	285	270	1.06
'23	普通	270	304	299	270	1.13
'22	普通	310	336	330	310	1.08

合格のめやす

偏差値平均	37.3	調査書点平均	73.6

【併願例】〈挑戦〉藤沢翔陵，武相，白鵬女子，横浜学園 〈最適〉柏木学園，旭丘

横浜市立 戸塚 高等学校

共学
単位制

【設置学科】 普通科（一般コース，音楽コース）
【所在地】 〒245-8588 神奈川県横浜市戸塚区汲沢2-27-1 ☎(045)871-0301
【アクセス】 市営地下鉄―踊場8分
【沿革】 1928年創立。
【生徒数】 男子370名，女子574名
【特色】 ①一般コースは2年次より進路実現に応じて，国公立文系，私立文系，国公立理系，私立理系，看護栄養系などの系列を置く。②2年次の数学と英語，3年次の英語は習熟度別で授業を行う。③3年次は「音楽史」「スポーツβ」など多彩な自由選択科目を設定している。④音楽コースは，音楽指導法，演奏法，器楽，ソルフェージュなどが学べる，特色ある音楽専門科目を設置するほか，一般コースに準じた科目を選択することもできる。⑤音楽コースの生徒の30％は音楽系に進学し，60％は教育・保育・文学・看護系などに進学する。⑥地域の幼稚園などとの交流を積極的に行う。⑦吹奏楽部が東関東大会に出場している。
【進路情報】 卒業生数―300名
大学―256名 短大―1名 専門学校―16名
就職―3名 その他―24名
【大学合格状況】 東工大，横浜国大，東北大，都立大，早稲田大，上智大，東京理科大，他。
【指定校推薦】 横浜市大，東京理科大，学習院大，明治大，立教大，日本大，成蹊大，他。
【見学ガイド】 文化祭，説明会

選抜方法 2024年春(実績) 〈第1次選考〉
調査書，学力検査（5教科），音楽コースのみ実技
※調査書＝学習の記録（評定）
※f：g＝5：5，i＝4
※重点化なし

応募状況

年度	コース	募集	志願	受検	合格	志願倍率
'24	一般	279	365	361	279	1.31
'24	音楽	39	44	44	39	1.13
'23	一般	279	359	357	279	1.29
'23	音楽	39	43	43	39	1.10

合格のめやす

	偏差値平均		調査書点平均	
一般	57.0		114.1	
音楽	50.0		104.8	

【併願例】〈挑戦〉日大藤沢 〈最適〉横須賀学院，横浜隼人，鵠沼 〈堅実〉横浜

横浜南陵 高等学校

共　学

【設置学科】 普通科
【所在地】 〒234-0053 神奈川県横浜市港南区日野中央2-26-1 ☎(045)842-3764
【アクセス】 JR―洋光台20分　京急本線―上大岡よりバス洋光台北口5分
【沿革】 2002年創立。2017年度健康福祉コース募集停止。
【生徒数】 男子466名，女子317名
【特色】 ①社会で活躍できる実践力を培い，自分や他の人の大切さを認め合う思いやりの心を育むことを学校目標に掲げる。②2024年度からインクルーシブ教育を行い，共生社会の実現をめざす。③ICT機器を効果的に取り入れた授業を実施。④健康と福祉を融合した分野を深く学ぶことを目的とした健康福祉棟がある。⑤体育祭，文化祭などの行事は，生徒主体の運営を行い，お互いを尊重する心を育む。⑥5階にある「天空の図書館」では，雑誌や新聞も閲覧できる。⑦地域と連携し，ボランティア活動や特別支援学校との交流などを行う。⑧ボウリング部，社会福祉部が全国大会に出場している。
【進路情報】 卒業生数―234名
大学―134名　短大―7名　専門学校―72名　就職―9名　その他―12名
【大学合格状況】 東京理科大，学習院大，立教大，中央大，法政大，日本大，駒澤大，他。
【指定校推薦】 法政大，日本大，専修大，東海大，帝京大，成蹊大，明治学院大，他。
【見学ガイド】 文化祭，説明会，体験入学，オープンキャンパス，公開授業，見学会

選抜方法 2024年春(実績) （第1次選考）

調査書，学力検査（5教科）
※調査書＝学習の記録（評定）
※f：g＝5：5
※重点化なし

応募状況

年度	学科	募集	志願	受検	合格	志願倍率
'24	普通	239	381	380	239	1.59
'23	普通	278	339	337	278	1.22
'22	普通	278	297	297	279	1.07

合格のめやす

偏差値平均	42.7	調査書点平均	84.3

【併願例】〈挑戦〉横浜，横浜創学館，横浜清風　〈最適〉湘南学院，三浦学苑，横浜学園

横浜市立

南 高等学校

共　学

【設置学科】 普通科
【所在地】 〒233-0011 神奈川県横浜市港南区東永谷2-1-1 ☎(045)822-1910
【アクセス】 市営地下鉄―上永谷15分　京急本線―上大岡18分
【沿革】 1954年創立。
【生徒数】 男子272名，女子305名
【特色】 ①併設中学からの生徒とは1年次より混合クラスとなる。②総合的な探究の時間「TRY＆ACT」では，SDGsをテーマにした課題研究や研修旅行に取り組む。次世代のグローバルリーダーを育成する。③国公立大学進学を想定した教育課程を編成している。④数英で少人数授業を展開。⑤大学や企業と連携し，講演やワークショップを開催する。⑥外部模試を計画的に行い，客観的なデータに基づく的確な進路指導を実施。⑦長期休業中や土曜日に，進学に向けた講習を開講する。⑧カナダの姉妹校との国際交流活動を推進。海外の様々な国から長期留学生を受け入れている。海外の高校に長期・短期留学する生徒もいる。⑨海外大学に進学を希望する生徒に向けた支援を行う。⑩コンピュータ部，弦楽部，書道部が全国大会に，弓道部が関東大会に出場。
【進路情報】 卒業生数―191名
大学―166名　専門学校―2名　その他―23名
【大学合格状況】 東京大，京都大，東工大，一橋大，千葉大，東京外大，大阪大，北海道大，他。
【指定校推薦】 非公表。
【見学ガイド】 文化祭，説明会

選抜方法 2024年春(実績) （第1次選考）

調査書，学力検査（5教科）
※調査書＝学習の記録（評定）
※f：g＝4：6
※重点化　英1.5倍

応募状況

年度	学科	募集	志願	受検	合格	志願倍率
'24	普通	38	59	57	38	1.55
'23	普通	38	52	50	38	1.37
'22	普通	38	59	56	38	1.55

合格のめやす

偏差値平均	59.8	調査書点平均	110.2

【併願例】〈挑戦〉朋優学院　〈最適〉横須賀学院，横浜隼人　〈堅実〉鶴見大附，横浜

金井 高等学校

共学

【設置学科】 普通科
【所在地】 〒244-0845 神奈川県横浜市栄区金井町100 ☎(045)852-4721
【アクセス】 JR―戸塚・大船，市営地下鉄―戸塚よりバス金井高校前
【沿革】 1975年創立。
【生徒数】 男子605名，女子372名
【特色】 ①自ら学び，考え，判断し，行動する生徒を育成する。②1年次は基礎科目をバランスよく配置。きめ細かな指導により，基礎学力の定着を図る。③2・3年次では希望進路をかなえる選択科目を設置して専門性を深め，質の高い進路実現を追求する。④授業や総合的な探究の時間，学校行事などを通して，キャリアに必要な人間関係形成・社会形成能力，自己理解・自己管理能力，課題対応能力，キャリアプランニング能力の4能力を育成する。⑤食育推進係が中心となって食育活動に取り組む。⑥生徒の自主的な集まり「かなキャン」が学校説明会などで活躍。⑦放送部がNHK杯全国放送コンテストで準決勝進出。弓道部が関東大会に，吹奏楽部が東関東吹奏楽コンクールに出場。
【進路情報】 卒業生数―307名
大学―223名 短大―6名 専門学校―51名 就職―2名 その他―25名
【大学合格状況】 横浜市大，防衛大，東京理科大，学習院大，明治大，青山学院大，立教大，他。
【指定校推薦】 横浜市大，東京理科大，学習院大，法政大，日本大，駒澤大，専修大，他。
【見学ガイド】 文化祭，説明会，見学会

選抜方法 2024年春(実績) （第1次選考）
調査書，学力検査（5教科）
※調査書＝学習の記録（評定）
※f：g＝5：5
※重点化なし

応募状況

年度	学科	募集	志願	受検	合格	志願倍率
'24	普通	319	369	366	319	1.16
'23	普通	318	436	435	318	1.37
'22	普通	358	390	386	358	1.09

合格のめやす

偏差値平均	48.7	調査書点平均	92.8

【併願例】〈挑戦〉鵠沼〈最適〉湘南工科大附，横浜，横浜創学館，横浜清風〈堅実〉三浦学苑

柏陽 高等学校

共学

【設置学科】 普通科
【所在地】 〒247-0004 神奈川県横浜市栄区柏陽1-1 ☎(045)892-2105
【アクセス】 JR―本郷台5分
【沿革】 1967年創立。
【生徒数】 男子513名，女子433名
【特色】 ①「授業の柏陽」をスローガンとし，将来の国際社会で活躍する人材を育成する。②授業時間は65分。精選された教材を使い，課題解決に向けた思考力・判断力・表現力などを養う。2年次に文系と理系に分かれ，3年次には必修科目で国公立大学の受験に対応できる教育課程を組む。③総合的な探究の時間で行う探究活動「科学と文化」は，1年次の基礎的な知識・技能を学ぶ活動から2年次の実践的な活動へと一貫して取り組む。④土曜日や長期休業中を活用した「実力アップ講習」を実施する。⑤大学・研究機関の最先端研究に触れる「キャリアアップ講座」を多数開講する。⑥グローバルリーダー育成のため，校内英語ディベート大会や海外修学旅行，米国高校生の受け入れなどを行ってきた。⑦部活動の加入率は9割を超える。英語部，軽音楽部，囲碁将棋部が全国大会に出場。陸上競技部が関東大会に出場している。
【進路情報】 卒業生数―311名
大学―264名 専門学校―1名 その他―46名
【大学合格状況】 東京大，京都大，東工大，一橋大，大阪大，北海道大，名古屋大，他。
【指定校推薦】 非公表。
【見学ガイド】 文化祭，説明会，見学会

選抜方法 2024年春(実績) （第1次選考）
調査書，学力検査（5教科），自己表現検査
※調査書＝学習の記録（評定）
※f：g＝3：7，i＝2
※重点化なし

応募状況

年度	学科	募集	志願	受検	合格	志願倍率
'24	普通	319	444	438	319	1.39
'23	普通	318	458	453	319	1.44
'22	普通	318	453	446	318	1.42

合格のめやす

偏差値平均	69.6	調査書点平均	126.6

【併願例】〈最適〉法政二，中大附横浜，山手学院，鎌倉学園，朋優学院〈堅実〉桐蔭学園

神奈川 全日制 横浜市

横浜栄 高等学校

共学
単位制

【設置学科】 普通科
【所在地】 〒247-0013 神奈川県横浜市栄区上郷町555 ☎(045)891-5581
【アクセス】 JR—港南台18分またはバス榎戸3分, 横浜栄高校前1分
【沿革】 2009年開校。2017年度より年次進行型単位制に移行。
【生徒数】 男子543名, 女子405名
【特色】 ①学習指導要領で定められた科目を「栄スタンダード」として位置づけ, 1年次はスタンダード科目を全員が学び, 2年次からは選択科目, 自由選択科目が増えていく。②2年次には自身の目標を「第一志望宣言」として具体的に記し, 将来への意識を明確にする。③3年次には大学入試に向けて, 学力試験による一般選抜の指導を行い, 総合型・学校推薦型選抜に対応して模擬面接や小論文, 自己推薦文の書き方指導も実施する。大学の入試担当者による入試ガイダンスも行われる。④定期テスト前の土曜日に自習の日を設定。自ら計画を立て, 学習習慣を養う。⑤1年次生を中心に希望者が地域福祉ボランティアに参加する。⑥毎年6月, 1年次生の希望者を対象にホタル観賞会を行う。
【進路情報】 卒業生数—308名
大学—269名 短大—2名 専門学校—19名
その他—18名
【大学合格状況】 都立大, 横浜市大, 早稲田大, 慶應大, 上智大, 学習院大, 明治大, 他。
【指定校推薦】 非公表。
【見学ガイド】 説明会, 体験授業

選抜方法 2024年春(実績) 〈第1次選考〉
調査書, 学力検査(5教科)
※調査書=学習の記録(評定)
※f:g=4:6
※重点化なし

応募状況

年度	学科	募集	志願	受検	合格	志願倍率
'24	普通	319	402	401	319	1.26
'23	普通	318	469	466	318	1.47
'22	普通	318	403	401	318	1.27

合格のめやす

偏差値平均	54.0	調査書点平均	101.6

【併願例】〈最適〉横須賀学院, 湘南工科大附, 横浜 〈堅実〉横浜創学館, 横浜清風, 湘南学院

横浜国際 高等学校

共学
単位制

【設置学科】 国際科〔国際科・国際科国際バカロレア(IB)コース〕
【所在地】 〒232-0066 神奈川県横浜市南区六ツ川1-731 ☎(045)721-1434
【アクセス】 京急本線—弘明寺20分
【沿革】 2008年開校。2019年国際バカロレア認定校となり, 国際バカロレアコース設置。
【生徒数】 男子143名, 女子396名
【特色】 ①国際科は, 英語・第二外国語をメインとした多彩な選択科目を用意。国際バカロレアコースは, 世界で使える大学入学資格(IBディプロマ)の取得をめざし, 世界の未来に貢献する人材を育成する。②多くのネイティヴスピーカー講師による学習サポートなどを通じて, 高度な英語教育を実践する。③国際科では, 1年次に独, 仏, スペイン, 中, ハングル, アラビアの6言語の中から第二外国語を選択。④1年次生が全員参加する「English Workshop」, 大学訪問など, 特色ある行事を行う。⑤陸上競技部がインターハイ女子走り高跳びに出場。
【進路情報】 卒業生数—174名
大学—151名 専門学校—3名 就職—1名
その他—19名
【大学合格状況】 千葉大, 東京外大, 横浜国大, 国際教養大, 早稲田大, 慶應大, 上智大, 他。
【指定校推薦】 早稲田大, 慶應大, 上智大, 学習院大, 明治大, 青山学院大, 立教大, 他。
【見学ガイド】 説明会

選抜方法 2024年春(実績) 〈国際科は第1回選考で80%〉
調査書, 学力検査(5教科), 自己表現検査
※調査書=学習の記録(評定)
※f:g=4:6, i=国際科1, IB 2
※重点化 英2倍, ほかに国際科のみ(調査書)英2倍

応募状況

年度	学科・コース	募集	志願	受検	合格	志願倍率
'24	国際	139	177	174	139	1.27
	IB	20	29	28	22	1.45
'23	国際	138	164	164	138	1.19
	IB	20	25	25	20	1.25

合格のめやす

	偏差値平均		調査書点平均	
国際	60.9		117.5	
IB	64.3		121.5	

【併願例】〈挑戦〉法政国際, 山手学院 〈最適〉桐蔭学園, 横須賀学院 〈堅実〉横浜隼人, 鵠沼

横浜清陵 高等学校

【設置学科】 普通科
【所在地】 〒232-0007 神奈川県横浜市南区清水ケ丘41 ☎(045)242-1926
【アクセス】 京急本線―南太田12分 市営地下鉄―吉野町15分
【沿 革】 2004年開校。2017年度総合学科から単位制普通科に改編、現校名に変更。
【生徒数】 男子375名、女子482名
【特 色】 ①主体的・対話的で深い学びを実践。習熟度別少人数授業やICTの利活用推進、生徒のニーズに応じた各種補習や各種検定試験の奨励などを進める。②体験的課題解決学習の充実にも努め、総合的な探究の時間やインターンシップ、防災教育などに取り組む。③地域清掃活動や外国につながりのある生徒との相互交流など、人間性を高める取り組みも行う。④進路指導では、進路相談室に週3日キャリアアドバイザーが常駐。年4回の外部模試の校内実施、年2回面接週間を設け、キャリア教育を推進する。⑤写真部がJPS展18歳以下部門で入選・優秀賞を受賞した実績をもつ。
【進路情報】 卒業生数―264名
大学―175名 短大―8名 専門学校―64名 就職―2名 その他―15名
【大学合格状況】 県立保健福祉大、東京理科大、学習院大、明治大、中央大、法政大、日本大、他。
【指定校推薦】 日本大、専修大、東海大、亜細亜大、神奈川大、他。
【見学ガイド】 文化祭、説明会、部活動体験、見学会

選抜方法 2024年春(実績) (第1次選考)
調査書、学力検査(5教科)
※調査書=学習の記録(評定)
※f：g＝4：6
※重点化なし

応募状況

年度	学科	募集	志願	受検	合格	志願倍率
'24	普通	266	400	398	266	1.50
'23	普通	305	411	408	305	1.35
'22	普通	265	389	385	265	1.47

合格のめやす

偏差値平均	48.5	調査書点平均	95.9

【併願例】〈挑戦〉鶴見大附 〈最適〉湘南工科大附、横浜、横浜創学館、横浜清風、湘南学院

横浜緑ケ丘 高等学校

【設置学科】 普通科
【所在地】 〒231-0832 神奈川県横浜市中区本牧緑ケ丘37 ☎(045)621-8641
【アクセス】 JR―山手13分
【沿 革】 1923年創立。
【生徒数】 男子335名、女子490名
【特 色】 ①スーパーサイエンスハイスクール指定校。未来の担い手として、他者と協働して課題解決に導く科学的探究力を備えた人材を育成する。②1・2年次では多くの共通科目を学び、総合的な知力を高める。3年次に2つの類型に分かれ、より高度な学習を展開。また多彩な選択科目により個を生かす学びを行い、大学進学やその先にあるキャリアにつながる力を養成する。③英語4技能の向上をめざし、英語外部試験のGTEC受験やディベートの実践などを行う。④論理的思考力を鍛える「アカデミックキャラバン」は、総合的な知的探究能力の養成を目的とした講演会。「理系研究者のリアル」「JAXAの宇宙への挑戦と軌道設計／システム設計の楽しさ」など、知的好奇心をくすぐるテーマを扱う。⑤36講座を展開する夏期講習を実施。生徒の多くが職員室近くの質問コーナーを利用する。⑥吹奏楽部が東関東大会に出場。
【進路情報】 卒業生数―274名
大学―232名 専門学校―4名 その他―38名
【大学合格状況】 東工大、一橋大、千葉大、国際教養大、北海道大、名古屋大、東北大、他。
【指定校推薦】 非公表。
【見学ガイド】 文化祭、説明会、見学会

選抜方法 2024年春(実績) (第1次選考)
調査書、学力検査(5教科)、自己表現検査
※調査書=学習の記録(評定)
※f：g＝4：6、i＝2
※重点化なし

応募状況

年度	学科	募集	志願	受検	合格	志願倍率
'24	普通	279	444	441	279	1.59
'23	普通	278	391	386	278	1.41
'22	普通	278	468	462	278	1.68

合格のめやす

偏差値平均	67.7	調査書点平均	127.4

【併願例】〈最適〉中大附横浜、山手学院、桐蔭学園、青稜、朋優学院 〈堅実〉日本大学

横浜立野 高等学校 共学

【設置学科】 普通科
【所在地】 〒231-0825 神奈川県横浜市中区本牧間門40-1 ☎(045)621-0261
【アクセス】 JR―根岸20分またはバス間門7分，東福院前5分
【沿革】 1936年創立。
【生徒数】 男子244名，女子541名
【特色】 ①「社会に貢献できる人材」を育成。卒業までに「自ら考え，自ら行動する力」「他者を理解し，他者と協働する力」などを身につけさせる。②週31時間授業。少人数や習熟度別の授業も行う。2年次からは，理系進学に対応するⅠ類と，文系進学に対応するⅡ類に分かれて学ぶ。③実力診断テスト，模試の実施と振り返り学習を行う。④3年間を通じて総合的な探究の時間でキャリア教育と探究活動を展開する。看護・医療進路説明会や就職・公務員説明会，総合型選抜・学校推薦型選抜説明会などを通じて様々な進路を支援。インターンシップ，職業体験なども行っている。⑤女子バスケットボール部がインターハイ出場。ソングリーダー部が全国大会，空手道部が関東大会に出場。
【進路情報】 卒業生数―231名
大学―146名 短大―15名 専門学校―52名 就職―2名 その他―16名
【大学合格状況】 早稲田大，明治大，法政大，日本大，駒澤大，専修大，東海大，亜細亜大，他。
【指定校推薦】 非公表。
【見学ガイド】 文化祭，説明会，部活動体験，オープンキャンパス，学校見学

選抜方法 2024年春（実績） 〈第1次選考〉

調査書，学力検査（5教科）
※調査書＝学習の記録（評定）
※f：g＝5：5
※重点化なし

応募状況

年度	学科	募集	志願	受検	合格	志願倍率
'24	普通	239	352	351	239	1.47
'23	普通	278	341	338	278	1.23
'22	普通	278	308	305	280	1.11

合格のめやす

偏差値平均	46.3	調査書点平均	94.0

【併願例】〈挑戦〉横浜 〈最適〉横浜創学館，横浜清風，橘学苑，湘南学院 〈堅実〉横浜学園

横浜市立 みなと総合 高等学校 共学 単位制

【設置学科】 総合学科
【所在地】 〒231-0023 神奈川県横浜市中区山下町231 ☎(045)662-3710
【アクセス】 JR―石川町4分 みなとみらい線―日本大通り7分
【沿革】 2002年開校。
【生徒数】 男子134名，女子569名
【特色】 ①「横浜の中心でみつける，新しい自分」がモットー。②共通履修科目と95科目から選べる多彩な選択科目で，志望大学や取りたい資格などのニーズに応える。③2024年度から関東学院大学と高大連携を開始。約80の講義を履修できる。④キャリア教育では総合的な探究の時間で企業が抱える課題をヒアリングし，課題解決のための企画書を作成する。⑤カナダ・中国の提携姉妹校と交流。留学生や訪問団も世界から受け，英語による学生会議にも参加するなど，確かな英語力を身につける。⑥校内にWi-Fiを完備し，1人1台ノートPCを貸与するなどICT教育に力を入れる。⑦チアダンス部が国際大会の高校生部門で好成績。女子フットサル部がペナルティカップで3位に入った。
【進路情報】 卒業生数―221名
大学―135名 短大―8名 専門学校―58名 その他―20名
【大学合格状況】 横浜市大，電通大，琉球大，鳴門教育大，室蘭工大，東京理科大，明治大，他。
【指定校推薦】 横浜市大，法政大，日本大，東洋大，駒澤大，専修大，大東文化大，他。
【見学ガイド】 文化祭，説明会

選抜方法 2024年春（実績） 〈第1次選考〉

調査書，学力検査（5教科）
※調査書＝学習の記録（評定）
※f：g＝5：5
※重点化なし

応募状況

年度	学科	募集	志願	受検	合格	志願倍率
'24	総合	232	347	343	232	1.50
'23	総合	232	289	288	233	1.25
'22	総合	232	321	317	232	1.38

合格のめやす

偏差値平均	52.5	調査書点平均	105.9

【併願例】〈挑戦〉横須賀学院 〈最適〉湘南工科大附，横浜 〈堅実〉横浜清風

横浜氷取沢 高等学校

【設置学科】 普通科
【所在地】 〒235-0043 神奈川県横浜市磯子区氷取沢町938-2 ☎(045)772-0606
【アクセス】 京急本線−能見台よりバス横浜氷取沢高校1分 JR−洋光台,京急本線−金沢文庫よりバス下ケ谷5分
【沿 革】 2020年,氷取沢高校と磯子高校が統合されて開校。
【生徒数】 男子539名,女子514名
【特 色】 ①グローバル教育研究推進校として,国際理解教育の充実を図る。②英語では学校独自の科目「コミュニカティブスキルズ」をはじめ,少人数展開も導入し,4技能をバランスよく伸ばす。③オーストラリアや韓国などの高校と相互に授業体験やホームステイを行う。④1・2年次には英語スピーチ・プレゼンテーションコンテストに全員参加する。⑤多様な文化・社会を体験するため,海外修学旅行を実施。2024年度入学生は台湾を予定。⑥全HR教室に電子黒板を設置。英語では外国人講師とオンライン英会話の授業などを行う。⑦文芸・競技かるた部,ダンス部が全国大会出場実績,ボランティア部がスポゴミ甲子園に参加。
【進路情報】 卒業生数─ 353名
大学─275名 短大─5名 専門学校─43名 就職─3名 その他─27名
【大学合格状況】 横浜国大,横浜市大,早稲田大,慶應大,東京理科大,学習院大,明治大,他。
【指定校推薦】 非公表。
【見学ガイド】 文化祭,説明会,体験入学

選抜方法 2024年春(実績) 〈第1次選考〉
調査書,学力検査（5教科）
※調査書＝学習の記録（評定）
※f：g＝4：6
※重点化（調査書）英2倍

応募状況

年度	学科	募集	志願	受検	合格	志願倍率
'24	普通	359	430	426	359	1.20
'23	普通	358	487	484	358	1.36
'22	普通	358	404	401	358	1.13

合格のめやす

偏差値平均	49.6	調査書点平均	95.0

【併願例】〈挑戦〉横須賀学院 〈最適〉横浜,横浜創学館,横浜清風 〈堅実〉湘南学院

釜利谷 高等学校

● クリエイティブスクール

【設置学科】 普通科
【所在地】 〒236-0042 神奈川県横浜市金沢区釜利谷東4-58-1 ☎(045)785-1670
【アクセス】 京急本線−金沢文庫よりバス釜利谷高校
【沿 革】 1984年創立。
【生徒数】 男子238名,女子277名
【特 色】 ①生徒のやる気と頑張りを応援し,生徒一人ひとりの未来を創造する。②すべての授業を1クラス30名以下の少人数で行う。③学び直しの学校設定科目を設置し,漢字,熟語,文章の学習などを通じて,実生活に必要な能力を育てる。④1年次は担任・准担任の2名が責任をもって指導する。⑤3年間ソーシャルスキルトレーニングを行い,社会生活における協働意識を高める。⑥大学生による土曜教室や学習支援員による試験前の補習の実施により,学びをサポート。⑦スクールキャリアカウンセラーやスクールソーシャルワーカー,コンソーシアムサポーターを配置して就職活動を支援。⑧レスリング部,ボウリング部が全国大会に出場。
【進路情報】 卒業生数─ 192名
大学─30名 短大─3名 専門学校─79名 就職─45名 その他─35名
【大学合格状況】 明治学院大,神奈川大,関東学院大,二松學舍大,東京工芸大,鶴見大,他。
【指定校推薦】 神奈川大,関東学院大,東京工芸大,東洋英和女学院大,湘南医療大,他。
【見学ガイド】 文化祭,説明会,体験授業,部活動体験

選抜方法 2024年春(実績)
調査書,面接,自己表現検査
※調査書＝観点別学習状況の評価
※調査書＝60点,面接＝25点,自己表現検査＝15点

応募状況

年度	学科	募集	志願	受検	合格	志願倍率
'24	普通	239	169	167	167	0.71
'23	普通	238	182	181	181	0.76
'22	普通	238	145	142	142	0.61

合格のめやす

偏差値平均	32.4	調査書点平均	62.9

※偏差値平均は3科の平均偏差値。

【併願例】〈挑戦〉横浜学園,白鵬女子,星槎,清心女子(通) 〈最適〉秀英(通)

神奈川 全日制 横浜市

金沢総合 高等学校

共学
単位制

【設置学科】 総合学科
【所在地】 〒236-0051 神奈川県横浜市金沢区富岡東6-34-1 ☎(045)773-6810
【アクセス】 京急本線―京急富岡10分
【沿 革】 2004年，富岡高校と東金沢高校が統合されて開校。
【生徒数】 男子254名，女子559名
【特 色】 ①興味・関心に応じた体験的な学習，進路に応じた豊富な系列選択科目といった，総合学科の特長を生かした学びができる。②進路を実現するためのガイダンスを1年次から実施する。働く人にインタビュー，職業研究，インターンシップなどを通して，希望進路に応じた学習プランやライフプランを作成，実現していく。③1年次は主にクラス単位で授業を行う。2年次からは必修科目に加え，総合学科高校ならではの4つの系列（グローバル教養，情報ビジネス，生活デザイン，芸術スポーツ）から科目選択して学習する。少人数の授業も多い。④ダンス部が全国大会で決勝進出の実績をもつ。陸上競技部が関東新人大会に出場した。
【進路情報】 卒業生数―267名
大学―120名 短大―19名 専門学校―105名
就職―11名 その他―12名
【大学合格状況】 法政大，日本大，駒澤大，専修大，大東文化大，東海大，獨協大，他。
【指定校推薦】 日本大，専修大，東海大，神奈川大，東京電機大，関東学院大，立正大，他。
【見学ガイド】 文化祭，説明会，オープンキャンパス

選抜方法 2024年春(実績)	第1次選考

調査書，学力検査（5教科）
※調査書＝学習の記録（評定）
※f：g＝5：5
※重点化（調査書）上位1教科2倍

応募状況

年度	学科	募集	志願	受検	合格	志願倍率
'24	総合	279	354	353	279	1.27
'23	総合	278	368	367	278	1.32
'22	総合	278	316	315	278	1.14

合格のめやす

偏差値平均	44.6	調査書点平均	90.0

【併願例】〈挑戦〉横浜，横浜創学館 〈最適〉湘南学院，三浦学苑，緑ヶ丘女子，横浜学園

横浜市立

金沢 高等学校

共学

【設置学科】 普通科
【所在地】 〒236-0027 神奈川県横浜市金沢区瀬戸22-1 ☎(045)781-5761
【アクセス】 京急本線―金沢八景5分
【沿 革】 1951年創立。
【生徒数】 男子516名，女子435名
【特 色】 ①独自の取り組みとして従来の「特進プログラム」を改め，さらに生徒の力を伸ばす「KANAZAWAプログラム」を2022年度からスタート。必修プログラムとしてセミナー研修や社会貢献活動などを行い，選択プログラムとして夏期講習や姉妹校である米・サンディエゴの高校との国際交流，教育ボランティアなどを展開する。②横浜市立大学と高大連携。市立大学リレー講座，市立大・外国人インストラクターによる実践的な英語力育成プログラムなどを受講できる。③週33時間授業で，国公立大学受験のための基礎は全員が2年次までに学ぶ。3年次には多様な進路希望に対応するため，選択科目を多く設定している。④弓道部，陸上競技部，水泳部が関東大会に出場。
【進路情報】 卒業生数―311名
大学―283名 短大―1名 専門学校―1名
就職―4名 その他―22名
【大学合格状況】 東工大，千葉大，横浜国大，東北大，東京農工大，都立大，信州大，他。
【指定校推薦】 横浜市大，早稲田大，慶應大，上智大，青山学院大，明治大，立教大，他。
【見学ガイド】 文化祭，説明会，公開授業，見学会

選抜方法 2024年春(実績)	第1次選考

調査書，学力検査（5教科）
※調査書＝学習の記録（評定）
※f：g＝3：7
※重点化 数1.2倍，英1.5倍

応募状況

年度	学科	募集	志願	受検	合格	志願倍率
'24	普通	318	412	408	318	1.30
'23	普通	318	430	425	318	1.35
'22	普通	318	449	443	318	1.41

合格のめやす

偏差値平均	61.9	調査書点平均	117.9

【併願例】〈挑戦〉山手学院 〈最適〉日大藤沢，横須賀学院 〈堅実〉横浜隼人

川崎 高等学校

共学
単位制

【設置学科】 普通科
【所在地】 〒210-0845　神奈川県川崎市川崎区渡田山王町22-6　☎(044)344-5821
【アクセス】 JR—川崎新町3分
【沿　革】 2004年にフレキシブルスクールとして開校。
【生徒数】 男子293名，女子407名
【特　色】 ①自ら学び，自ら行い，自らを高める人間の育成を教育目標に掲げる。②全日制と定時制の課程が一体となった教育活動を展開。多様な選択科目や，高大連携聴講生（専修大学，神奈川大学ほか）などの様々な学習システムを生徒が自ら選択し，各自の生活スタイルや進路に応じた「自分の時間割」をつくる。③授業時間は基本90分。10名〜30名程度の少人数で展開し，習熟度に応じた講座展開や個別指導も実施する。また，短期集中講座や夏期・冬期講習で学びを深める。④英検・漢検などを受験し合格することで単位認定が可能。⑤生徒が地域の人と学ぶ「県川崎公開セミナー」を開講する。⑥文芸部が関東地区高校生文芸大会の県代表。養蜂部が地域の和菓子店とコラボした。
【進路情報】 卒業生数—221名
大学—94名　短大—6名　専門学校—92名
就職—8名　その他—21名
【大学合格状況】 東京海洋大，明治大，中央大，法政大，日本大，東洋大，専修大，東海大，他。
【指定校推薦】 非公表。
【見学ガイド】 文化祭，説明会，オープンキャンパス，見学会

選抜方法 2024年春(実績)　（第1次選考）
調査書，学力検査（5教科）
※調査書＝学習の記録（評定）
※f：g＝5：5
※重点化なし

応募状況

年度	学科	募集	志願	受検	合格	志願倍率
'24	普通	223	297	294	223	1.33
'23	普通	223	302	300	223	1.35
'22	普通	223	282	279	223	1.26

合格のめやす

偏差値平均	44.5	調査書点平均	93.6

【併願例】〈挑戦〉横浜，横浜創学館
〈最適〉横浜清風，橘学苑，大森学園，東京実業

大師 高等学校

共学
単位制

【設置学科】 普通科
【所在地】 〒210-0827　神奈川県川崎市川崎区四谷下町25-1　☎(044)276-1201
【アクセス】 JR—川崎，京急本線—京急川崎よりバス大師高校前
【沿　革】 1983年創立。2017年度総合学科から単位制普通科に改編。
【生徒数】 男子310名，女子245名
【特　色】 ①小集団制・習熟度別学習を取り入れ，わかるまで丁寧に指導する。基礎学力の定着と学習意欲の向上のため「学習サポート」を配置し，基礎学力がしっかりつくように補講を行う。②在県外国人の生徒向けに日本語の勉強をサポートする時間もある。③2年次から必修選択科目と自由選択科目が多数あり，学校設定科目「ロボット制御」「理科実験」などがある。④上級学校訪問や事業所訪問，三者面談などで一人ひとりの将来の夢や希望をかなえるために必要な力を身につけられるよう全力でサポート。自らの歩みを振り返り，発表する力をつけ，進学や就職などに生かせる学力や社会人としての基礎力を育む。⑤陶芸室や情報室，自習室，トレーニングルームなどの施設が充実している。⑥ボウリング部が全国大会に出場。
【進路情報】 非公表。
【大学合格状況】 東海大，神奈川大，桜美林大，拓殖大，中央学院大，他。
【指定校推薦】 非公表。
【見学ガイド】 説明会

選抜方法 2024年春(実績)　（第1次選考）
調査書，学力検査（5教科）
※調査書＝学習の記録（評定）
※f：g＝5：5
※重点化（調査書）音美保体技・家のうち上位1教科2倍

応募状況

年度	学科	募集	志願	受検	合格	志願倍率
'24	普通	229	202	201	200	0.88
'23	普通	228	237	234	230	1.04
'22	普通	228	204	204	204	0.89

合格のめやす

偏差値平均	34.9	調査書点平均	68.7

【併願例】〈挑戦〉大西学園，武相，白鵬女子，羽田国際，東京実業，品川エトワール

神奈川　全日制　横浜市／川崎市

共 学

新城 高等学校

【設置学科】 普通科
【所在地】 〒211-0042 神奈川県川崎市中原区下新城1-14-1 ☎(044)766-7456
【アクセス】 JR—武蔵新城12分，武蔵中原12分
【沿 革】 1962年創立。
【生徒数】 男子344名，女子479名
【特 色】 ①「清楚質実」の校訓や伝統を理解し，高い学習意欲と向学心をもつ生徒を育てる。②2015年に校舎がリニューアル。部室棟，グラウンド，体育館なども整備され，プロジェクターが全教室に完備されるなど学習環境が整う。特に生徒の自習スペースが充実。これらによって自立した社会人の育成をめざすシチズンシップ教育を展開している。③校内模擬試験とその振り返り，実用英語技能検定の校内全員受験（1・2年次生）を実施。④キャリアガイダンスを計画的に行うことで，「行きたい進路」の実現をサポート。⑤部活動が盛んで加入率は約85％。水泳部が関東大会に出場。演劇部は近隣小学校で万引き防止の創作劇を上演し，地元警察署から感謝状を授与された。
【進路情報】 卒業生数—268名
大学—242名 専門学校—10名 就職—2名
その他—14名
【大学合格状況】 東工大，筑波大，横浜国大，埼玉大，九州大，早稲田大，慶應大，上智大，他。
【指定校推薦】 上智大，東京理科大，学習院大，明治大，青山学院大，立教大，中央大，他。
【見学ガイド】 文化祭，説明会，見学会

選抜方法 2024年春(実績)	（第1次選考）

調査書，学力検査（5教科）
※調査書＝学習の記録（評定）
※f：g＝5：5
※重点化なし

応募状況

年度	学科	募集	志願	受検	合格	志願倍率
'24	普通	269	389	375	269	1.45
'23	普通	268	423	412	268	1.58
'22	普通	268	428	410	268	1.60

合格のめやす

偏差値平均	61.0	調査書点平均	119.7

【併願例】〈挑戦〉青稜 〈最適〉桐蔭学園，日本大学，桜美林，駒澤大学

共 学

住吉 高等学校

【設置学科】 普通科
【所在地】 〒211-0021 神奈川県川崎市中原区木月住吉町34-1 ☎(044)433-8555
【アクセス】 東急東横線—元住吉8分 JR・東急東横線—武蔵小杉15分
【沿 革】 1980年創立。
【生徒数】 男子504名，女子559名
【特 色】 ①自ら学び，判断し，行動する生徒の育成をめざす。そのために生涯を通して自ら学び，知識を活用する力と，自他を尊重し，周囲と協力しながら社会に貢献する力を育てる。②プログラミング教育をすべての教科で展開しているのが本校の特色。4つのプログラミング的思考力「細分化」「抽象化」「類型化」「手順化」を身につける。例えば，情報の授業では自動販売機が利用される際の内部処理について，物事を要素ごとに分解する「細分化」を，数学の授業では演習時にどの公式を活用できるかを考える「類型化」を行う。③合唱コンクール（9月），球技大会（年3回）など行事が充実。④部活動が盛んで，15の運動部，8の文化部が活動している。⑤チアリーディング部が日本選手権に出場し，8位に入賞。
【進路情報】 卒業生数—355名
大学—278名 短大—9名 専門学校—45名
就職—1名 その他—22名
【大学合格状況】 東京農工大，横浜市大，電通大，高知工科大，東京理科大，明治大，他。
【指定校推薦】 非公表。
【見学ガイド】 文化祭，説明会，見学会

選抜方法 2024年春(実績)	（第1次選考）

調査書，学力検査（5教科）
※調査書＝学習の記録（評定）
※f：g＝4：6
※重点化なし

応募状況

年度	学科	募集	志願	受検	合格	志願倍率
'24	普通	359	467	459	359	1.30
'23	普通	358	551	543	358	1.54
'22	普通	358	503	493	359	1.41

合格のめやす

偏差値平均	51.7	調査書点平均	99.1

【併願例】〈最適〉鶴見大附，横浜，横浜清風，東京，駒場学園 〈堅実〉橘学苑

川崎市立 橘 高等学校

共学

【設置学科】 普通科〔ほか国際科，スポーツ科⇒全日制専門学科〕

【所在地】 〒211-0012 神奈川県川崎市中原区中丸子562 ☎(044)411-2640

【アクセス】 JR—向河原8分

【沿革】 1942年創立。

【生徒数】 男子384名，女子440名

【特色】 ①普通科，国際科，スポーツ科による多様な教育プログラムを展開。個性豊かな生徒たちが，お互いを励ましあい，尊敬しあいながら豊かな高校生活を送る。②授業内容の充実を図り，生徒一人ひとりの学力向上に努める。③個性を伸ばす多彩なカリキュラムを用意。2年次から生徒の興味，関心に応じた多様な選択科目を設置。基礎学力や活用力を育み，進路実現をめざす。④進路指導室の活用や学級担任との相談など，3年間の計画的で丁寧な進路指導を展開している。⑤2つのLL教室，情報処理室，理科実験室のほか，50m公認プール，トレーニング室など，施設・設備が充実。⑥陸上競技部，女子ソフトテニス部，バレーボール部，書道部，美術部が全国大会出場実績をもつ。

【進路情報】 〔全学科計〕卒業生数—270名
大学—236名 短大—7名 専門学校—16名
就職—2名 その他—9名

【大学合格状況】 横浜国大，都立大，早稲田大，慶應大，上智大，東京理科大，学習院大，他。

【指定校推薦】 青山学院大，中央大，法政大，日本大，駒澤大，専修大，東海大，他。

【見学ガイド】 文化祭，説明会

選抜方法 2024年春(実績) 〈第1次選考〉
調査書，学力検査（5教科），面接
※調査書＝学習の記録（評定）
※f：g＝4：6，i＝2
※重点化なし

応募状況

年度	学科	募集	志願	受検	合格	志願倍率
'24	普通	198	237	234	198	1.20
'23	普通	198	280	278	198	1.41
'22	普通	198	247	244	199	1.25

合格のめやす

偏差値平均	55.1	調査書点平均	112.4

【併願例】〈挑戦〉日本大学，駒澤大学 〈最適〉鶴見大附，東京 〈堅実〉駒場学園

川崎市立 高津 高等学校

共学

【設置学科】 普通科

【所在地】 〒213-0011 神奈川県川崎市高津区久本3-11-1 ☎(044)811-2555

【アクセス】 JR—武蔵溝ノ口7分 東急田園都市線—溝の口7分

【沿革】 1928年創立。

【生徒数】 男子374名，女子447名

【特色】 ①ICT化を推進。生徒全員がタブレット端末を所有し，オンライン学習支援システムClassiを導入。探究活動や地域，企業，大学などと連携した学習にもICTを活用している。②1年次では基礎，基本の着実な定着を図り，2年次からは進路希望に応じた選択制カリキュラムを設置。3年次では選択科目を多く取り入れ，生徒の興味，関心に対応した幅広い科目を設定している。③進路希望の実現に向け，1年次にはオープンキャンパスへ参加し，2年次には学校見学会などを実施。3年次には入試方法別のガイダンスや面接対策講座などを行う。④箏曲部，放送部が総文祭に出場。ハンドボール部，ソフトボール部が関東大会に出場。

【進路情報】 卒業生数—272名
大学—216名 短大—8名 専門学校—35名
就職—4名 その他—9名

【大学合格状況】 弘前大，県立保健福祉大，北九州市大，慶應大，上智大，明治大，立教大，他。

【指定校推薦】 駒澤大，専修大，神奈川大，桜美林大，関東学院大，東京都市大，明星大，他。

【見学ガイド】 文化祭，説明会，公開授業，見学会

選抜方法 2024年春(実績) 〈第1次選考〉
調査書，学力検査（5教科）
※調査書＝学習の記録（評定）
※f：g＝5：5
※重点化なし

応募状況

年度	学科	募集	志願	受検	合格	志願倍率
'24	普通	278	438	429	278	1.58
'23	普通	278	377	373	278	1.36
'22	普通	278	393	390	279	1.41

合格のめやす

偏差値平均	49.2	調査書点平均	98.3

【併願例】〈挑戦〉鶴見大附，東京清風，橘学苑，駒場学園 〈堅実〉日体大荏原

神奈川 全日制 川崎市

川崎北 高等学校

【設置学科】 普通科
【所在地】 〒216-0003 神奈川県川崎市宮前区有馬3-22-1 ☎(044)855-2631
【アクセス】 東急田園都市線一宮前平19分，鷺沼20分またはバス中有馬5分
【沿 革】 1974年創立。
【生徒数】 男子394名，女子469名
【特 色】 ①インクルーシブ教育実践推進校。共生社会の実現に向けた教育活動を実践する。②三学期制。50分授業×1日6時限が基本。ペアワーク・グループワークを多く取り入れ，主体的，対話的な学びを行う。③気が散らないよう，黒板の左右に授業以外のことを書かない「フロントゼロ」を取り入れる。また，授業の目標を再確認する振り返り学習を行う。④きめ細かい指導を行うティームティーチング，プロジェクターなどを活用したICT教育を推進する。⑤3年次から文型，理型に分かれ，進路や興味，関心に応じた選択科目を用意。⑥美術部が全日本学生美術展に出展。ダンス部が東日本大会のスモールクラスで優秀賞。吹奏楽部が東関東吹奏楽コンクールに，水泳部が関東大会に出場。
【進路情報】 卒業生数─281名
大学─171名 短大─10名 専門学校─82名 就職─7名 その他─11名
【大学合格状況】 青山学院大，立教大，中央大，日本大，東洋大，駒澤大，専修大，東海大，他。
【指定校推薦】 駒澤大，東海大，東京電機大，関東学院大，国士舘大，拓殖大，立正大，他。
【見学ガイド】 説明会，学校見学

選抜方法 2024年春(実績)	〉（第1次選考）

調査書，学力検査（5教科）
※調査書＝学習の記録（評定）
※f：g＝5：5
※重点化なし

応募状況

年度	学科	募集	志願	受検	合格	志願倍率
'24	普通	279	321	321	279	1.15
'23	普通	278	286	283	278	1.03
'22	普通	278	319	315	278	1.15

合格のめやす

偏差値平均	42.8	調査書点平均	88.2

【併願例】〈挑戦〉横浜清風，駒場学園，自由ヶ丘 〈最適〉橘学苑，大西学園，日体大荏原

多摩 高等学校

【設置学科】 普通科
【所在地】 〒214-0021 神奈川県川崎市多摩区宿河原5-14-1 ☎(044)911-7107
【アクセス】 JR─宿河原8分，登戸18分
【沿 革】 1956年創立。
【生徒数】 男子490名，女子348名
【特 色】 ①校訓は「質実剛健」「自重自恃」。自主自立の精神で社会の発展に努める力，どんな困難な状況でも自分を大切にして自分を見失わずに行動する力を培う。②学校設定科目「Meraki（メラーキ）」を設置。SDGsの視点や情報活用能力を踏まえて研究を深化。研究成果の発表会では，英語での発表・質疑応答もめざす。③70分授業。主体的，対話的で深い学びを実践し，学力を定着，伸長させる。④全学年対象の夏期講習を設定。土曜講習も実施。⑤キャリア教育では大学，社会人の出張講義を開催。⑥全教室エアコン完備。図書室をはじめ自習室や多目的学習スペースなど学習環境が充実。職員室前には教員への面談・質問コーナーもある。⑦データを活用し，塾・予備校に頼らない受験・進路指導に取り組む。⑧陸上競技部，地学部，放送特別委員会が全国大会に出場している。
【進路情報】 卒業生数─268名
大学─234名 その他─34名
【大学合格状況】 東工大，一橋大，東京外大，大阪大，北海道大，東北大，東京医歯大，他。
【指定校推薦】 非公表。
【見学ガイド】 体育祭，文化祭，説明会，見学会

選抜方法 2024年春(実績)	〉（第1次選考）

調査書，学力検査（5教科），自己表現検査
※調査書＝学習の記録（評定）
※f：g＝4：6，i＝2
※重点化なし

応募状況

年度	学科	募集	志願	受検	合格	志願倍率
'24	普通	279	455	444	279	1.63
'23	普通	278	519	502	280	1.87
'22	普通	278	495	470	280	1.78

合格のめやす

偏差値平均	66.9	調査書点平均	123.4

【併願例】〈最適〉中大附横浜，桐光学園，桐蔭学園，青稜，朋優学院 〈堅実〉日本大学

共学

生田 高等学校

【設置学科】 普通科
【所在地】 〒214-0035 神奈川県川崎市多摩区長沢3-17-1 ☎(044)977-3800
【アクセス】 小田急線―生田25分またはバス生田高校前5分
【沿革】 1969年創立。2017年度自然科学コース募集停止。
【生徒数】 男子615名，女子485名
【特色】 ①不確実で複雑な時代を生き抜く，主体的な意志のある自立した「個」の育成をめざす。②大学入学共通テストに対応した，シンプルで必要十分なカリキュラムを用意。高い目標に向け，「文理両道」の精神で学ぶ。③理数教育推進校。明治大学との高大連携プログラムで最先端の専門性に触れる年15回の講義を実施。また，生徒が自分の興味・関心からテーマを選び，研究レポートの作成や発表を行う総合的な探究の時間や，海の生物観察会やムササビ観察会などの自然科学教室も行う。④学習アプリなどを活用した主体的・対話的で深い学びを実現。⑤2022年に体育館の改修工事が完了した。⑥体育祭，文化祭は生徒主体で企画・運営。部活動加入率も高く，文武両道の精神を実践。
【進路情報】 卒業生数―350名
大学―303名 専門学校―6名 その他―41名
【大学合格状況】 筑波大，都立大，早稲田大，慶應大，上智大，東京理科大，明治大，他。
【指定校推薦】 慶應大，東京理科大，学習院大，明治大，青山学院大，立教大，中央大，他。
【見学ガイド】 説明会，見学会

選抜方法 2024年春(実績) 〈第1次選考〉
調査書，学力検査（5教科）
※調査書＝学習の記録（評定）
※f：g＝5：5
※重点化なし

応募状況

年度	学科	募集	志願	受検	合格	志願倍率
'24	普通	359	472	464	359	1.31
'23	普通	398	494	481	399	1.24
'22	普通	358	454	439	358	1.27

合格のめやす

偏差値平均	56.6	調査書点平均	109.0

【併願例】〈挑戦〉桐蔭学園 〈最適〉麻布大附，駒澤大学 〈堅実〉駒場学園

共学

百合丘 高等学校

【設置学科】 普通科
【所在地】 〒214-0036 神奈川県川崎市多摩区南生田4-2-1 ☎(044)977-8955
【アクセス】 小田急線―生田・百合ヶ丘・新百合ヶ丘，田園都市線―宮前平よりバス百合丘高校前2分
【沿革】 1975年創立。
【生徒数】 男子489名，女子594名
【特色】 ①充実した学習を実現するため，授業は55分で展開。プラス5分で振り返りの時間を確保し，授業の理解を確実にする。②グループワークやプレゼンテーション，ICTを取り入れ，生徒同士の協力的な学びを実践。③1・2年次は基礎学力と教養を身につけ，3年次は進路に合わせた科目を選択して受講。一人ひとりの進路に柔軟に対応できる教育課程を編成している。④夏期講習や大学の体験授業，インターンシップ体験など，大学入試改革に対応した進路指導を行っている。⑤スクールカウンセラーなどが定期的に来校。⑥ダンス部が全国大会，チアリーディング部が全国大会で決勝進出実績。
【進路情報】 卒業生数―335名
大学―203名 短大―11名 専門学校―93名 就職―5名 その他―23名
【大学合格状況】 慶應大，東京理科大，明治大，青山学院大，立教大，中央大，日本大，他。
【指定校推薦】 中央大，法政大，日本大，東洋大，駒澤大，専修大，東海大，亜細亜大，他。
【見学ガイド】 文化祭，説明会，部活動体験・見学会

選抜方法 2024年春(実績) 〈第1次選考〉
調査書，学力検査（5教科）
※調査書＝学習の記録（評定）
※f：g＝5：5
※重点化なし

応募状況

年度	学科	募集	志願	受検	合格	志願倍率
'24	普通	359	397	390	359	1.11
'23	普通	398	501	498	398	1.26
'22	普通	358	421	416	359	1.18

合格のめやす

偏差値平均	44.5	調査書点平均	88.0

【併願例】〈挑戦〉駒場学園 〈最適〉向上，橘学苑，光明相模原，自由ヶ丘 〈堅実〉柏木学園

神奈川 全日制 川崎市

共　学

生田東 高等学校

【設置学科】 普通科
【所在地】 〒214-0038　神奈川県川崎市多摩区生田4-32-1 ☎(044)932-1211
【アクセス】 小田急線―生田10分　JR―中野島20分
【沿　革】 1977年創立。
【生徒数】 男子416名，女子481名
【特　色】 ①ICTを活用し，「探究する力」「自ら学び調整する力」「協働する力」を育成する授業を実践する。②１年次は英語で少人数，数学で習熟度別の学習を行い，深い学びを展開する。③１・２年次では基本の学力を身につけ，３年次で進路に適したコースを選択できるカリキュラムを用意。④専修大学，桜美林大学，玉川大学との高大連携。⑤１年次の専修大学１日体験入学に始まり，進路ガイダンスやインターンシップなどを通じて，進路実現のために様々な手立てを考え，大学の総合型選抜や学校推薦型選抜のための小論文対策講座や，一般選抜に備える夏期講座などで，夢をかなえていく。⑥吹奏楽部が全日本学生国際ソロコンクールで入賞の実績，新聞部が総文祭で会長賞受賞実績をもつ。陸上競技部が全国大会に出場している。
【進路情報】 卒業生数―293名
大学―187名　短大―15名　専門学校―72名
就職―6名　その他―13名
【大学合格状況】 日本大，駒澤大，専修大，東海大，帝京大，國學院大，神奈川大，他。
【指定校推薦】 非公表。
【見学ガイド】 文化祭，説明会，見学会

選抜方法 2024年春(実績)　(第１次選考)
調査書，学力検査（５教科）
※調査書＝学習の記録（評定）
※ f : g = 4 : 6
※重点化なし

応募状況
年度	学科	募集	志願	受検	合格	志願倍率
'24	普通	319	382	380	319	1.20
'23	普通	318	340	340	318	1.07
'22	普通	318	369	367	318	1.16

合格のめやす
偏差値平均	39.7	調査書点平均	81.8

【併願例】〈挑戦〉橘学苑，大西学園，光明相模原，自由ヶ丘　〈最適〉武相，柏木学園

共　学

菅 高等学校

【設置学科】 普通科
【所在地】 〒214-0004　神奈川県川崎市多摩区菅馬場4-2-1 ☎(044)944-4141
【アクセス】 小田急線―読売ランド前20分　JR―稲田堤20分
【沿　革】 1983年創立。
【生徒数】 男子530名，女子464名
【特　色】 ①年間を通して，夏休みのインターンシップ体験，地域貢献活動，福祉施設訪問，地域の祭りボランティアなど，多彩な体験学習を実施。②毎朝10分間の朝読書を行い，集中力を高めて授業に臨む。③数学と英語では習熟度別クラス，英語や情報などの授業ではティームティーチングを導入し，指導の充実を図る。④テスト前補習や長期休業中の講習を行う。希望者を対象に，定期的に学力定着を図るための学習支援も実施する。⑤進学講座，就職ガイダンス，徹底した面接指導など，卒業後の進路を丁寧にサポートする。⑥2024年度よりインクルーシブ教育実践推進校。⑦ダンス部，吹奏楽部，鉄道研究部が全国大会に出場。
【進路情報】 卒業生数―327名
大学―122名　短大―15名　専門学校―132名
就職―43名　その他―15名
【大学合格状況】 日本大，駒澤大，専修大，帝京大，明治学院大，神奈川大，玉川大，他。
【指定校推薦】 日本大，駒澤大，東海大，帝京大，神奈川大，桜美林大，関東学院大，他。
【見学ガイド】 文化祭，説明会，オープンキャンパス，見学会

選抜方法 2024年春(実績)　(第１次選考)
調査書，学力検査（５教科）
※調査書＝学習の記録（評定）
※ f : g = 5 : 5
※重点化なし

応募状況
年度	学科	募集	志願	受検	合格	志願倍率
'24	普通	279	305	302	279	1.09
'23	普通	358	340	340	340	0.95
'22	普通	358	357	353	352	1.00

合格のめやす
偏差値平均	37.1	調査書点平均	74.2

【併願例】〈挑戦〉東京実業，武相　〈最適〉柏木学園，大東学園，フェリシア

麻生 高等学校

【設置学科】 普通科
【所在地】 〒215-0006 神奈川県川崎市麻生区金程3-4-1 ☎(044)966-7766
【アクセス】 小田急線―新百合ヶ丘20分またはバス金程4分
【沿 革】 1984年創立。
【生徒数】 男子447名，女子486名
【特 色】 ①英語・国際・芸術教育の充実を図り，次世代で求められる資質・能力を育成する。②1年次の数英は少人数授業できめ細かく指導。基礎の再認識からよりレベルの高い授業まで自分の学力に合わせて学べる。③2年次からはⅠ型，Ⅱ型に分かれて科目を選択。3年次では興味・関心や進路希望に応じて特定科目を重点的に選択したり自学自習する時間を増やすなど，進路実現に向けた時間割を組むことができる。④全教室にスクリーンとプロジェクターを完備。自習用の施設としてスタディーホールを用意する。⑤チアリーディング部は全国大会の常連。自然科学部が全国大会に参加。国際交流部が全国大会で受賞の実績。メディア研究部が全国高等学校総合文化祭に出場実績。
【進路情報】 卒業生数―310名
大学―208名 短大―13名 専門学校―64名 就職―3名 その他―22名
【大学合格状況】 都立大，山梨大，川崎市立看護大，早稲田大，東京理科大，明治大，他。
【指定校推薦】 中央大，日本大，専修大，東海大，成蹊大，明治学院大，神奈川大，他。
【見学ガイド】 文化祭，説明会，公開授業

選抜方法 2024年春(実績) （第1次選考）
調査書，学力検査（5教科）
※調査書＝学習の記録（評定）
※f：g＝5：5
※重点化なし

応募状況

年度	学科	募集	志願	受検	合格	志願倍率
'24	普通	319	345	340	319	1.08
'23	普通	318	353	350	318	1.11
'22	普通	318	374	369	318	1.18

合格のめやす

偏差値平均	46.8	調査書点平均	92.2

【併願例】〈挑戦〉相模女子大，駒場学園
〈最適〉向上，光明相模原 〈堅実〉柏木学園

麻生総合 高等学校

【設置学科】 総合学科
【所在地】 〒215-0023 神奈川県川崎市麻生区片平1778 ☎(044)987-1750
【アクセス】 小田急多摩線―五月台20分 小田急線―柿生25分，鶴川よりバス平和台北5分
【沿 革】 2004年開校。
【生徒数】 男子173名，女子217名
【特 色】 ①総合学科ならではの「ガイダンス科目」を生かし，3年間を通したキャリア教育を実施。豊富な選択科目から自分の興味，関心に合わせて学び，希望進路の実現をめざす。②1年次の数学と英語は少人数制授業。2・3年次はグローバル教養，情報ビジネス，生活デザイン，芸術スポーツの4つの系列選択科目から学びたい科目を選択する。③数多くの実習や体験を積極的に取り入れ，学んだことを発表する場も豊富に設ける。④大学・専門学校の校外講座，技能検定，ボランティア活動，インターンシップなどでの単位認定も可能。⑤食育を通して，生きる力と感謝の心を育む。⑥合唱部が国際声楽コンクール東京の本選で奨励賞（7位）の実績をもつ。
【進路情報】 卒業生数―137名
大学―50名 短大―4名 専門学校―33名 就職―24名 その他―26名
【大学合格状況】 日本大，帝京大，神奈川大，国士舘大，桜美林大，帝京平成大，他。
【指定校推薦】 東海大，神奈川大，桜美林大，明星大，他。
【見学ガイド】 文化祭，説明会

選抜方法 2024年春(実績) （第1次選考）
調査書，学力検査（5教科），面接
※調査書＝学習の記録（評定）
※f：g＝6：4，i＝2
※重点化なし

応募状況

年度	学科	募集	志願	受検	合格	志願倍率
'24	総合	190	86	86	85	0.45
'23	総合	190	134	133	130	0.71
'22	総合	230	107	104	104	0.47

合格のめやす

偏差値平均	34.8	調査書点平均	66.9

【併願例】〈挑戦〉武相，白鵬女子，柏木学園，大東学園，フェリシア，科学技術学園

幸 高等学校

川崎市立　共学

【設置学科】　普通科〔ほかビジネス教養科⇒全日制専門学科〕
【所在地】　〒212-0023　神奈川県川崎市幸区戸手本町1-150　☎(044)522-0125
【アクセス】　JR―矢向15分，川崎よりバス幸高校前
【沿革】　1953年創立。2017年度普通科を設置，川崎市立商業高等学校より現校名に改称。
【生徒数】　男子369名，女子332名
【特色】　①「幸研究（総合的な探究の時間）」，データ分析などを学習する「リサーチ基礎」を軸に，学びを深める。主体的に学ぶ姿勢が身につき，大学の総合型選抜試験などに自信を持って取り組める。②2名のネイティヴスピーカー講師により，実践的に英語を学習。希望者には12日間の海外研修を実施。③3年次の選択科目では，一人ひとりの受験科目に合わせたカリキュラム作りができる。④パソコン室や学習センターなど自習に適した学習環境を整備し，進路実現をめざす。⑤珠算同好会が全国大会出場。陸上競技部が関東大会に出場。
【進路情報】〔全学科計〕卒業生数―224名
大学―87名　短大―5名　専門学校―72名
就職―47名　その他―13名
【大学合格状況】　上智大，明治大，青山学院大，立教大，法政大，日本大，東洋大，駒澤大，他。
【指定校推薦】　日本大，駒澤大，専修大，明治学院大，神奈川大，関東学院大，国士舘大，他。
【見学ガイド】　体育祭，文化祭，説明会，授業体験会

選抜方法 2024年春(実績)　（第1次選考）
調査書，学力検査（5教科）
※調査書＝学習の記録（評定）
※f：g＝5：5
※重点化なし

応募状況

年度	学科	募集	志願	受検	合格	志願倍率
'24	普通	118	169	168	118	1.43
'23	普通	118	155	154	118	1.31
'22	普通	118	148	147	118	1.25

合格のめやす

偏差値平均	43.0	調査書点平均	88.6

【併願例】〈挑戦〉横浜清風　〈最適〉橘学苑，白鵬女子，自由ヶ丘，大西学園，東京実業

横須賀 高等学校

共学

【設置学科】　普通科
【所在地】　〒238-0022　神奈川県横須賀市公郷町3-109　☎(046)851-0120
【アクセス】　JR―衣笠12分　京急本線―横須賀中央よりバス佐野六丁目6分
【沿革】　1907年創立。
【生徒数】　男子502名，女子327名
【特色】　①スーパーサイエンスハイスクール指定校。本校独自の学校設定科目「Principia」では，グローバルな視点で課題を自ら発見し，科学的・論理的思考を基礎に，解決方法を世界に向けて発信できるリーダーの育成をめざす。②「Principia」や科学部で結成された研究チームなどを中心に，多くの生徒が「高校生科学技術チャレンジ」などでの発表やコンテストに取り組む。③オーストラリアやマレーシアの姉妹校・連携校と行う交流，科学的思考力と国際性をコンセプトに課題発見や解決方法を模索する研修旅行（沖縄または北海道）などを通じて，グローバル人材の育成を図る。④2つの自習室，充実した大学情報がそろうキャリアガイダンスルームがある。⑤部活動加入率95％以上。学習と両立させ，自己マネジメント力を育成する。
【進路情報】　卒業生数―269名
大学―232名　専門学校―2名　就職―1名
その他―34名
【大学合格状況】　東工大，一橋大，千葉大，大阪大，北海道大，名古屋大，東京農工大，他。
【指定校推薦】　非公表。
【見学ガイド】　体育祭，文化祭，説明会

選抜方法 2024年春(実績)　（第1次選考）
調査書，学力検査（5教科），自己表現検査
※調査書＝学習の記録（評定）
※f：g＝3：7，i＝1
※重点化（調査書）国数英2倍

応募状況

年度	学科	募集	志願	受検	合格	志願倍率
'24	普通	279	400	399	279	1.43
'23	普通	278	335	334	278	1.21
'22	普通	278	357	357	278	1.28

合格のめやす

偏差値平均	63.5	調査書点平均	119.8

【併願例】〈挑戦〉山手学院，鎌倉学園　〈最適〉日大藤沢，日本大学　〈堅実〉横須賀学院，鵠沼

横須賀大津 高等学校 共 学

【設置学科】 普通科
【所在地】 〒239-0808 神奈川県横須賀市大津町4-17-1 ☎(046)836-0281
【アクセス】 京急久里浜線―新大津5分
【沿革】 1906年創立。
【生徒数】 男子460名, 女子403名
【特色】 ①創立118年の伝統校。優れた知性と自主自立の精神を持ち, 社会に貢献できる人材を育成する。②50分授業を行う。1・2年次は週1回, 7時限授業がある。③変化に柔軟に対応できる資質・能力育成のために教育課程を編成。2年次では3類型から1つを選択。3年次は4類型の類型別となり, さらに「国語表現」「倫理」「情報Ⅱ」「保育基礎」などの自由選択科目群から科目を選択する。④進路ガイダンス, 模試やオープンキャンパスなどを通して人間力, コミュニケーション能力, 他者と協調する能力を身につけ, 社会参加への意欲を育成。また, 地域との協働による防災教育の実践やボランティア活動などで社会性と自主性, 学校行事や校内活動からは企画力, 実行力, 協力的活動力を育成する。
【進路情報】 卒業生数―313名
大学―241名 短大―14名 専門学校―27名 就職―5名 その他―26名
【大学合格状況】 都立大, 横浜市大, 東京海洋大, 富山大, 早稲田大, 慶應大, 東京理科大, 他。
【指定校推薦】 非公表。
【見学ガイド】 体育祭, 文化祭, 説明会, 部活動体験

選抜方法 2024年春(実績) （第1次選考）
調査書, 学力検査（5教科）
※調査書=学習の記録（評定）
※f：g＝4：6
※重点化なし

応募状況

年度	学科	募集	志願	受検	合格	志願倍率
'24	普通	279	329	328	279	1.18
'23	普通	278	347	346	278	1.25
'22	普通	318	336	335	318	1.06

合格のめやす

偏差値平均	53.0	調査書点平均	106.6

【併願例】〈挑戦〉横須賀学院 〈最適〉横浜, 横浜創学館 〈堅実〉湘南学院, 三浦学苑

追浜 高等学校 共 学

【設置学科】 普通科
【所在地】 〒237-0061 神奈川県横須賀市夏島町13 ☎(046)865-4174
【アクセス】 京急本線―追浜13分
【沿革】 1962年創立。
【生徒数】 男子390名, 女子477名
【特色】 ①授業は55分×6時間授業。プラス5分の授業時間で「あと1問」学びたい気持ちに応える。②学びの基本は「言語活動の充実」からとし, 対話, 小論文, レポート, プレゼンテーションで思いを伝える実践を繰り返し, 実力をつける。③プリントやデジタル端末を利用して, 日々の予習や復習, 振り返りを行う。④夏休みは全教科で講習を実施している。⑤本校特製の学習計画手帳「Spontaneous（通称スポンタ）」を活用し, 計画的に学習する習慣を身につけ, 希望進路の実現をめざす。⑥全学年で進路ガイダンス, 模擬試験を行うなど, きめ細かなキャリア支援を展開。大学の先生によるキャリア特別授業や先輩セミナーなども開催している。⑦陸上競技部, 弓道部が関東大会に出場。茶道部, 棋道部が総文祭に出場実績をもつ。
【進路情報】 卒業生数―276名
大学―237名 短大―2名 専門学校―13名 その他―24名
【大学合格状況】 筑波大, 都立大, 横浜市大, 静岡大, 早稲田大, 上智大, 立教大, 法政大, 他。
【指定校推薦】 横浜市大, 上智大, 東京理科大, 学習院大, 明治大, 青山学院大, 他。
【見学ガイド】 文化祭, 説明会

選抜方法 2024年春(実績) （第1次選考）
調査書, 学力検査（5教科）
※調査書=学習の記録（評定）
※f：g＝4：6
※重点化なし

応募状況

年度	学科	募集	志願	受検	合格	志願倍率
'24	普通	279	343	341	279	1.23
'23	普通	318	385	384	318	1.21
'22	普通	278	350	349	278	1.26

合格のめやす

偏差値平均	57.9	調査書点平均	114.1

【併願例】〈挑戦〉日本大学 〈最適〉横須賀学院, 鵠沼 〈堅実〉横浜, 横浜創学館

津久井浜 高等学校

【設置学科】 普通科
【所在地】 〒239-0843 神奈川県横須賀市津久井4-4-1 ☎(046)848-2121
【アクセス】 京急久里浜線―津久井浜4分
【沿 革】 1976年創立。
【生徒数】 男子417名, 女子329名
【特 色】 ①障がいの有無, 性別, 年齢や文化など多様性を認め合い, 共に暮らしていく社会を地域と協働して築いていくことをめざす。②教育方針として「思いやりの心」「たくましく未来を切り拓く力」「社会と関わる意欲」を身につけた人材育成に取り組む。③主要科目の基礎学力の向上と学習習慣の定着を目的にHR前の10分間を使って朝学習を実施。曜日ごとに教科を分け, 調べ学習や小テスト形式など, 工夫を凝らしている。④地域貢献活動として, 地域のお店のPRポスターの制作や, 海岸の清掃などを行っている。⑤マルチメディア部, SIW (異文化理解)部, 掃除ボランティア同好会などユニークな部活動がある。⑥茶道部が全国大会で高文連会長賞, 図書委員会が総文祭で教育長賞, 美術部が高校生国際美術展で奨励賞の実績をもつ。
【進路情報】 卒業生数―243名
大学―119名 短大―13名 専門学校―73名 就職―19名 その他―19名
【大学合格状況】 中央大, 日本大, 東洋大, 専修大, 東海大, 亜細亜大, 帝京大, 神奈川大, 他。
【指定校推薦】 明治大, 日本大, 専修大, 東海大, 亜細亜大, 東京電機大, 工学院大, 他。
【見学ガイド】 説明会, 見学会

選抜方法 2024年春(実績) (第1次選考)
調査書, 学力検査 (5教科)
※調査書=学習の記録 (評定)
※f:g=5:5
※重点化なし

応募状況

年度	学科	募集	志願	受検	合格	志願倍率
'24	普通	239	268	268	239	1.12
'23	普通	238	291	290	238	1.22
'22	普通	238	283	282	239	1.19

合格のめやす

偏差値平均	46.3	調査書点平均	95.6

【併願例】〈挑戦〉横浜 〈最適〉横浜創学館, 湘南学院, 三浦学苑, 緑ヶ丘女子

横須賀南 高等学校

● クリエイティブスクール

【設置学科】 普通科〔ほか福祉科⇒全日制専門学科〕
【所在地】 〒239-0835 神奈川県横須賀市佐原4-20-1 ☎(046)834-5671
【アクセス】 京急久里浜線―京急久里浜20分 JR―久里浜22分
【沿 革】 2020年, 横須賀明光高校と大楠高校が統合されて開校。
【生徒数】 男子148名, 女子313名
【特 色】 ①普通科, 福祉科併置の特色を活かし, 他者への理解を深め, 共に支え合う心を育む。②地域の教育資源を活用し, 体験的な学びを通して社会的・職業的自立に向けた資質・能力・態度の育成をめざす。③三学期制。もう一度学び直したい, 基礎学力をつけたいという生徒のために, 全教科で学び直しを支援。④30名以下の少人数クラス編成。1年次の数学と英語の授業は20名以下で行う。⑤人と関わりながら成長していく能力を身につけるため, 1年次の必修科目「コミュニケーション技術」を設置するなど, 協働的な学びを推進する。⑥柔道部がインターハイのウエイトリフティング競技に出場。関東大会では2位に入った。
【進路情報】〔普通科〕卒業生数―104名
大学―13名 短大―2名 専門学校―28名 就職―49名 その他―12名
【大学合格状況】 神奈川大, 国士舘大, 帝京平成大, 田園調布学園大, 横浜創英大, 他。
【指定校推薦】 非公表。
【見学ガイド】 文化祭, 説明会, 公開授業

選抜方法 2024年春(実績)
調査書, 面接, 自己表現検査
※調査書=観点別学習状況の評価
※調査書=50点, 面接=20点, 自己表現検査=30点

応募状況

年度	学科	募集	志願	受検	合格	志願倍率
'24	普通	119	113	110	110	0.95
'23	普通	118	124	123	118	1.05
'22	普通	118	116	116	115	0.98

合格のめやす

偏差値平均	36.9	調査書点平均	66.0

※偏差値平均は3科の平均偏差値。

【併願例】〈挑戦〉湘南学院, 三浦学苑, 緑ヶ丘女子, 武相, 清心女子(通)

横須賀市立
横須賀総合 高等学校
共学 単位制

【設置学科】 総合学科

【所在地】 〒239-0831 神奈川県横須賀市久里浜6-1-1 ☎(046)833-4111

【アクセス】 京急久里浜線―京急久里浜10分 JR―久里浜12分

【沿革】 2003年創立。

【生徒数】 男子448名, 女子501名

【特色】 ①自分で時間割をつくり, 卒業に必要な74単位以上を修得する。2年次より, 国際人文, 自然科学, 生活・福祉, 体育・健康, 芸術, 情報, ビジネス, 工学の8系列の総合選択科目を設置。生徒は自分の進路を見据えて科目を履修する。②国際交流では姉妹校（オーストラリア）との相互交流, 留学生の受け入れ, 海外修学旅行などを実施。③キャリアセンターには様々な進路資料がそろい, 担当の先生が生徒の進路相談に応じている。④グラウンドには総合運動場, 陸上競技場, テニスコート, プール, アーチェリー場があり, 校舎内には図書館, 福祉室, アリーナなどがある。⑤アーチェリー部, ワープロ＆検定部が全国大会, 美術部, 書道部, 室内楽部が総文祭に出場。

【進路情報】 卒業生数―313名
大学―217名 短大―10名 専門学校―56名 就職―11名 その他―19名

【大学合格状況】 筑波大, 都立大, 金沢美術工芸大, 早稲田大, 東京理科大, 学習院大, 他。

【指定校推薦】 法政大, 日本大, 東洋大, 駒澤大, 専修大, 東海大, 明治学院大, 神奈川大, 他。

【見学ガイド】 文化祭, 説明会, 体験入学

選抜方法 2024年春(実績) 〈第1次選考〉
調査書, 学力検査（5教科）
※調査書＝学習の記録（評定）
※f：g＝5：5
※重点化なし

応募状況
年度	学科	募集	志願	受検	合格	志願倍率
'24	総合	320	423	421	321	1.32
'23	総合	320	319	318	318	1.00
'22	総合	320	436	436	324	1.36

合格のめやす
偏差値平均	50.1	調査書点平均	100.9

【併願例】〈挑戦〉横須賀学院 〈最適〉湘南工科大附, 横浜 〈堅実〉湘南学院, 三浦学苑

逗子葉山 高等学校
共学

【設置学科】 普通科

【所在地】 〒249-0005 神奈川県逗子市桜山5-24-1 ☎(046)873-7322

【アクセス】 JR―東逗子18分, 逗子よりバス逗子葉山高校1分

【沿革】 2023年, 逗葉高校と逗子高校が統合されて開校。

【生徒数】 男子493名, 女子442名

【特色】 ①「挑戦できる居場所」をめざす学校。②基礎基本の徹底から発展的内容の修得まで, 進路実現のサポートを丁寧に行う。数学, 英語などの一部で少人数制授業を導入。③総合的な探究の時間では, 環境やSDGsに関わる学びやキャリアに関する取り組み, 地域と連携したワークショップの授業など, 多様な学びの機会を設ける。④大学入学共通テストも踏まえた思考力, 判断力, 表現力を育めるよう, 教職員が積極的に授業研究を進める。⑤地域に貢献するコミュニティスクールをめざし, 地元保育園との交流授業や逗子海岸周辺の清掃などのボランティア活動のほか, 生徒有志によるチームSDGsが学校や地域で活躍する。⑥体育祭, 文化祭, スポーツ大会などの行事を生徒主体で行う。⑦修学旅行は大阪・神戸・瀬戸内方面で, 防災教育や伝統文化について学ぶ。⑧制服は逗子葉山の海と夕陽に映える波をイメージ。スカート, キュロット, スラックスなどが選べる。⑨写真部が2年連続で全国大会に出場。電子技術研究部が全国大会に出場している。

【見学ガイド】 文化祭, 説明会, 部活動体験, 見学会

選抜方法 2024年春(実績) 〈第1次選考〉
調査書, 学力検査（5教科）
※調査書＝学習の記録（評定）
※f：g＝5：5
※重点化 （調査書）国数英2倍

応募状況
年度	学科	募集	志願	受検	合格	志願倍率
'24	普通	319	417	413	319	1.31
'23	普通	318	417	416	318	1.31

合格のめやす
偏差値平均	41.8	調査書点平均	83.4

【併願例】〈挑戦〉横浜, 横浜創学館 〈最適〉湘南学院, 三浦学苑, 緑ヶ丘女子, 横浜学園

三浦初声 高等学校

共 学
単位制

【設置学科】 普通科〔ほか都市農業科⇒全日制専門学科〕
【所在地】 〒238-0113　神奈川県三浦市初声町入江274-2（入江キャンパス）　☎(046)889-1771
【アクセス】 京急久里浜線―三崎口15分
【沿　革】 2018年，三浦臨海高校と平塚農業高校初声分校が統合されて開校。
【生徒数】 男子248名，女子281名
【特　色】 ①「自ら学ぶ力を育て，社会で活躍できる人材を創る」ことを教育目標に掲げる。②普通科，都市農業科の併置校として特色あるカリキュラムを展開。基礎から応用まで，多様な学びをサポートする。③2・3年次からは様々な進路に対応するため，多彩な自由選択科目を用意。都市農業科の授業も選択できる。④入江キャンパスにはカフェテリアがあり，多くの生徒で賑わう。食事や自習ができるスペースもある。⑤祭り（道寸祭）への参加や近隣の小学生を対象に夏期講座を開講するなど地域との関わりを大切にする。⑥28の部（同好会）活動がある。声優部は地元警察署と連携し，近隣の小学生に紙芝居を用いた「非行防犯教室」を実施している。
【進路情報】〔普通科〕卒業生数―137名
大学―17名　短大―3名　専門学校―57名　就職―33名　その他―27名
【大学合格状況】 日本大，東海大，神奈川大，関東学院大，東京農大，明星大，城西大，他。
【指定校推薦】 非公表。
【見学ガイド】 文化祭，説明会，体験入学

選抜方法 2024年春（実績）（第1次選考）
調査書，学力検査（5教科）
※調査書＝学習の記録（評定）
※f：g＝6：4
※重点化なし

応募状況

年度	学科	募集	志願	受検	合格	志願倍率
'24	普通	199	130	130	130	0.65
'23	普通	198	196	196	196	0.99
'22	普通	198	155	155	155	0.78

合格のめやす

偏差値平均	37.1	調査書点平均	74.0

【併願例】〈挑戦〉湘南学院，三浦学苑，緑ヶ丘女子，横浜学園　〈最適〉旭丘，秀英(通)

鎌倉 高等学校

共 学

【設置学科】 普通科
【所在地】 〒248-0026　神奈川県鎌倉市七里ガ浜2-21-1　☎(0467)32-4851
【アクセス】 江ノ島電鉄―鎌倉高校前5分
【沿　革】 1928年創立。
【生徒数】 男子512名，女子476名
【特　色】 ①科学的な視点を備えたグローバルリーダーを育成する。②総合的な探究の時間「K-ARP（Kamakura Academic Research Project）」を理数教育の中心に据え，科学的思考力を育む。1年次は課題研究に必要な思考法や知識，技能を身につけ，2年次は課題研究に取り組む。3年次には，自らの研究活動を論文にまとめ，発表を行う。③生徒の科学技術への興味，関心を高める活動も推進。これまでにも，「はやぶさ2」が持ち帰った小惑星の物質を分析する研究者，深海微生物の世界的研究者などによる講演を開催。第一線で活躍する教授や研究者の話を対話形式で聞くサイエンスカフェも実施。④2年次で文系と理系に分かれる。⑤自習室を2カ所設置。⑥室内楽部が総文祭に出場。弓道部がインターハイ決勝戦に進出。アメリカンフットボール部が関東大会に出場した。
【進路情報】 卒業生数―312名
大学―257名　短大―2名　専門学校―3名　就職―1名　その他―49名
【大学合格状況】 東工大，千葉大，筑波大，横浜国大，北海道大，東北大，東京医歯大，他。
【指定校推薦】 非公表。
【見学ガイド】 文化祭，説明会

選抜方法 2024年春（実績）（第1次選考）
調査書，学力検査（5教科），自己表現検査
※調査書＝学習の記録（評定）
※f：g＝4：6，i＝1
※重点化なし

応募状況

年度	学科	募集	志願	受検	合格	志願倍率
'24	普通	319	484	481	319	1.52
'23	普通	358	449	447	358	1.25
'22	普通	318	486	483	318	1.53

合格のめやす

偏差値平均	63.4	調査書点平均	121.3

【併願例】〈挑戦〉山手学院，鎌倉学園　〈最適〉日大藤沢　〈堅実〉横須賀学院，鵠沼

共 学

七里ガ浜 高等学校

【設置学科】 普通科
【所在地】 〒248-0025 神奈川県鎌倉市七里ガ浜東2-3-1 ☎(0467)32-5457
【アクセス】 江ノ島電鉄―七里ヶ浜1分
【沿 革】 1976年創立。
【生徒数】 男子547名，女子565名
【特 色】 ①四年制大学進学に向けて多彩な選択科目を設けたカリキュラムに基づき，自主性を重んじながら指導する。②1人1台タブレットを購入し，探究的で深い学びと個別最適な学びに取り組む。③平日の始業前，土曜日あるいは放課後に生徒の要望に応じた多彩な補習，補講を実施している。④夏季休業期間中のインターンシップやボランティア体験学習は，規定の時間数以上の体験をして申請すると，単位として認められる。⑤海外修学旅行を実施。現地の高校生との交流を中心に据え，単なる観光旅行にとどまらない取り組みを通じて，生徒は感動体験と共に大きく成長する。⑥韓国の姉妹校と相互に交流を行っている。また，海外研修としてグアム訪問を実施している。⑦卒業生や関係機関と連携したキャリアガイダンスなどを多く開催する。⑧生徒会行事や部活動が盛ん。ヨット部が全国大会に出場している。
【進路情報】 非公表。
【大学合格状況】 横浜国大，防衛大，茨城大，海上保安大，静岡大，早稲田大，上智大，他。
【指定校推薦】 上智大，東京理科大，学習院大，明治大，青山学院大，中央大，法政大，他。
【見学ガイド】 説明会，見学会

選抜方法 2024年春(実績) 〈第1次選考〉
調査書，学力検査（5教科）
※調査書＝学習の記録（評定）
※f：g＝4：6
※重点化なし

応募状況

年度	学科	募集	志願	受検	合格	志願倍率
'24	普通	359	520	517	359	1.45
'23	普通	358	516	513	358	1.44
'22	普通	398	569	567	398	1.43

合格のめやす

偏差値平均	56.5	調査書点平均	110.6

【併願例】〈挑戦〉日大藤沢 〈最適〉横須賀学院，鵠沼，平塚学園 〈堅実〉湘南工科大附

共 学

大船 高等学校

【設置学科】 普通科
【所在地】 〒247-0054 神奈川県鎌倉市高野8-1 ☎(0467)47-1811
【アクセス】 JR―北鎌倉15分，大船よりバス大船高校2分
【沿 革】 1983年創立。
【生徒数】 男子560名，女子610名
【特 色】 ①主体的に考え，行動力とコミュニケーション能力あふれる人間を育成する。②三学期制。1年次では基礎力を養成し，2年次からは各自の進路希望に向けて必要な科目を学習。地歴・理科の受験科目を2年間で仕上げるなど，系統的な学習を重視したカリキュラムを組む。③実力テストや夏期講習，進路講演会，インターンシップ，看護体験など，進路実現に向けて様々な取り組みを実践。④1年次で「鎌倉探策」の授業を行う。鎌倉の寺社やゆかりの文学などの調べ学習に取り組み，その成果をスライドにして発表する。⑤ICTを活用した授業も多く，前向きにいきいきと学べる環境が充実。⑥六国祭（体育祭）は後夜祭まで全員で取り組む。⑦文芸部，新聞委員会が総文祭に出場。剣道部，ウエイトリフティング部が関東大会に出場。
【進路情報】 卒業生数―386名
大学―325名 短大―5名 専門学校―16名 その他―40名
【大学合格状況】 千葉大，横浜国大，都立大，横浜市大，信州大，早稲田大，東京理科大，他。
【指定校推薦】 非公表。
【見学ガイド】 体育祭，文化祭，説明会，見学会

選抜方法 2024年春(実績) 〈第1次選考〉
調査書，学力検査（5教科）
※調査書＝学習の記録（評定）
※f：g＝3：7
※重点化 英1.5倍，国数のうち上位1教科1.5倍

応募状況

年度	学科	募集	志願	受検	合格	志願倍率
'24	普通	399	494	487	399	1.24
'23	普通	398	488	486	398	1.23
'22	普通	398	481	478	398	1.21

合格のめやす

偏差値平均	56.2	調査書点平均	107.4

【併願例】〈最適〉横須賀学院，鵠沼，平塚学園 〈堅実〉湘南工科大附，アレセイア湘南

神奈川 全日制 三浦市／鎌倉市

湘南 高等学校

【設置学科】 普通科
【所在地】 〒251-0021 神奈川県藤沢市鵠沼神明5-6-10 ☎(0466)26-4151
【アクセス】 小田急江ノ島線―藤沢本町7分
【沿 革】 1921年開校。
【生徒数】 男子599名, 女子470名
【特 色】 ①開校以来, 「天分発揮」を教育の根本に据え, 高い学力と総合的な人間力の育成をめざす。②二学期制。授業を最重視し, 70分授業を展開。2週間を1サイクルとしたカリキュラムを編成して学力向上に取り組む。③3年次は進路希望に応じて理系と文系に分かれる。夏季講習や夏季校外特別講座, 卒業生などによるキャリア教育講演会, 外部模試の校内実施などにより, 社会のリーダーとして活躍するための教養を身につけると共に, 大学受験に対応できる学力育成に努める。④国際的な視野を持ったリーダーを育成するため, 本校独自の海外研修旅行を実施している。⑤体育祭は全校あげての対抗戦。生徒が準備・運営にあたる。⑥吹奏楽部が全国大会, 美術部が総文祭, フェンシング部, 弓道部, 合唱部が関東大会出場, 陸上競技部が関東大会と全国大会に出場。
【進路情報】 卒業生数―353名
大学―246名 専門学校―1名 その他―106名
【大学合格状況】 東京大, 京都大, 東工大, 一橋大, 国際教養大, 大阪大, 北海道大, 他。
【指定校推薦】 非公表。
【見学ガイド】 文化祭, 説明会

選抜方法 2024年春(実績) 〈第1次選考〉
調査書, 学力検査(5教科), 自己表現検査
※調査書＝学習の記録(評定)
※f：g＝4：6, i＝2
※重点化なし

応募状況

年度	学科	募集	志願	受検	合格	志願倍率
'24	普通	359	586	577	360	1.63
'23	普通	358	572	566	360	1.60
'22	普通	358	537	524	360	1.50

合格のめやす

偏差値平均	71.7	調査書点平均	130.0

【併願例】〈挑戦〉東京学芸大附 〈最適〉鎌倉学園, 中大附横浜, 山手学院 〈堅実〉桐蔭学園

藤沢西 高等学校

【設置学科】 普通科
【所在地】 〒251-0861 神奈川県藤沢市大庭3608-2 ☎(0466)87-2150
【アクセス】 JR―辻堂・藤沢, 小田急江ノ島線―湘南台よりバス西高校前1分
【沿 革】 1974年創立。
【生徒数】 男子337名, 女子530名
【特 色】 ①「知・情・意・体」の調和ある発達を図り, 誠実で良識ある人材を育成する。②大学進学を前提とした教育課程。授業を大切にし, 一人ひとりの進路希望が実現するようきめ細かく指導する。③1・2年次の必修科目で基礎学力を充実させる。3年次からは文系, 理系1, 理系2の3コースに分かれ, 進路希望の実現に向けたさらなる学力の向上を図る。豊富な選択科目も用意する。④体育祭, 文化祭(西高祭), 合唱祭, 球技大会などの学校行事を通してコミュニケーション能力や自主的・実践的な態度を育てる。⑤自習室, 視聴覚教室, ラウンジ, 多目的コートなどの施設・設備が整う。⑥ゴルフ部が関東大会個人戦で決勝進出の実績。茶道部が全国高校総合文化祭の茶道部門に出場。
【進路情報】 卒業生数―277名
大学―209名 短大―5名 専門学校―46名就職―2名 その他―15名
【大学合格状況】 早稲田大, 学習院大, 明治大, 青山学院大, 立教大, 中央大, 法政大, 他。
【指定校推薦】 東京理科大, 学習院大, 明治大, 法政大, 日本大, 駒澤大, 専修大, 成蹊大, 他。
【見学ガイド】 文化祭, 説明会, 部活動見学

選抜方法 2024年春(実績) 〈第1次選考〉
調査書, 学力検査(5教科)
※調査書＝学習の記録(評定)
※f：g＝4：6
※重点化なし

応募状況

年度	学科	募集	志願	受検	合格	志願倍率
'24	普通	319	417	416	319	1.31
'23	普通	318	414	411	318	1.30
'22	普通	278	359	358	279	1.29

合格のめやす

偏差値平均	53.6	調査書点平均	112.4

【併願例】〈最適〉鵠沼, 横浜隼人, 平塚学園, 湘南工科大附, アレセイア湘南 〈堅実〉向上

湘南台 高等学校

共学

【設置学科】 普通科
【所在地】 〒252-0805 神奈川県藤沢市円行1986 ☎(0466)45-6600
【アクセス】 小田急江ノ島線・相鉄いずみ野線・市営地下鉄―湘南台8分
【沿革】 1985年創立。
【生徒数】 男子315名，女子444名
【特色】 ①安心して学び，「生きる力」を育み，夢が実現できる学校をめざす。②文系，理系と明確な区分はせず，2・3年次に柔軟な科目選択が可能で，様々な大学受験の科目に対応できるように工夫。選択次第では受験科目数の多い国公立大学にも対応する。③体力と健康重視の考えから，体育は標準単位数を上回る8単位を設定。④3年次の学校設定科目「生活と書文化」は，ICTを活用したデジタル書道や工芸書など，新しい時代にふさわしい書作品を制作し，校内や地域での展示などをめざす。⑤インクルーシブ教育実践推進校として，「共生社会」を創造する。⑥吹奏楽部がマーチングバンド全国大会でグランプリの文部科学大臣賞を受賞。
【進路情報】 卒業生数―248名
大学―164名　短大―8名　専門学校―55名　就職―5名　その他―16名
【大学合格状況】 県立保健福祉大，早稲田大，慶應大，東京理科大，学習院大，明治大，他。
【指定校推薦】 学習院大，青山学院大，法政大，日本大，駒澤大，専修大，東海大，他。
【見学ガイド】 文化祭，説明会，オープンキャンパス，公開授業，見学会

選抜方法 2024年春(実績) 〈第1次選考〉
調査書，学力検査（5教科）
※調査書＝学習の記録（評定）
※f：g＝5：5
※重点化なし

応募状況

年度	学科	募集	志願	受検	合格	志願倍率
'24	普通	239	282	277	242	1.18
'23	普通	238	288	286	239	1.21
'22	普通	238	397	397	244	1.67

合格のめやす

偏差値平均	53.0	調査書点平均	106.9

【併願例】〈挑戦〉横浜隼人，鵠沼 〈最適〉湘南工科大附，アレセイア湘南 〈堅実〉向上

藤沢清流 高等学校

共学
単位制

【設置学科】 普通科
【所在地】 〒251-0002 神奈川県藤沢市大鋸1450 ☎(0466)82-8111
【アクセス】 小田急江ノ島線―藤沢本町17分
【沿革】 2010年開校。
【生徒数】 男子486名，女子332名
【特色】 ①1・2年次は週1日7時間授業を設け，共通科目を中心に基礎力を育成。2年次は多様な進路の実現に向け8科目2タイプの必修選択科目を組み合わせて学ぶ。3年次は志望校の入試方法や自分の興味に応じて，多彩な科目から選択する。選択科目の多くは少人数で行う。②アクティブ・ラーニング型授業を導入。グループワークやペアワーク，プレゼンテーション，振り返り学習など対話型・参加型の学習を実践する。③21世紀型リーダーシップ（目標共有・率先垂範・相互支援）教育として，現代社会が求める「協働して課題解決を図る力」を身につける。④箏曲部が全国高校総合文化祭に出場。漫画研究部が全国大会，パソコン部がeスポーツの全国大会に出場実績をもつ。書道部が高円宮杯書道大会展覧会で銅賞の実績。
【進路情報】 卒業生数―267名
大学―171名　短大―9名　専門学校―69名　就職―6名　その他―12名
【大学合格状況】 明治大，中央大，法政大，日本大，東洋大，駒澤大，専修大，東海大，他。
【指定校推薦】 非公表。
【見学ガイド】 文化祭，説明会，部活動体験，オープンスクール，公開授業

選抜方法 2024年春(実績) 〈第1次選考〉
調査書，学力検査（5教科）
※調査書＝学習の記録（評定）
※f：g＝4：6
※重点化なし

応募状況

年度	学科	募集	志願	受検	合格	志願倍率
'24	普通	279	329	326	279	1.18
'23	普通	278	335	334	278	1.21
'22	普通	278	341	340	278	1.23

合格のめやす

偏差値平均	45.0	調査書点平均	89.7

【併願例】〈挑戦〉湘南工科大附，アレセイア湘南 〈最適〉藤沢翔陵，相洋 〈堅実〉柏木学園

神奈川

全日制

藤沢市

藤沢総合 高等学校

共学
単位制

【設置学科】 総合学科
【所在地】 〒252-0801 神奈川県藤沢市長後1909 ☎(0466)45-5200
【アクセス】 小田急江ノ島線―長後10分
【沿革】 2004年開校。
【生徒数】 男子221名，女子588名
【特色】 ①自分の進路に向けて学習を積み上げていく学校。生徒は興味・関心に基づいて自分だけの学習計画をつくる。②１年次は仕事を理解し，将来の職業を考える授業を用意する。③カリキュラムは普通教科の基礎・基本を学ぶ学校必修科目と，グローバル教養，芸術スポーツ，生活デザイン，情報ビジネスの４系列からなる約100講座の系列選択講座で構成。２時間の授業を１年間勉強すると２単位，３年間に80単位以上の修得で卒業となる。④夏季休業中には，大学や専門学校，他の総合科高校の講座の受講や，検定試験にチャレンジ，ボランティアやインターンシップの体験などに取り組む。⑤軽音楽部がガールズバンドステージコンテストで準グランプリを獲得。ボランティア部が長後ボランティアまつりで実行委員となる。
【進路情報】 卒業生数―267名
大学―105名　短大―11名　専門学校―128名
就職―10名　その他―13名
【大学合格状況】 慶應大，学習院大，明治大，中央大，法政大，日本大，駒澤大，専修大，他。
【指定校推薦】 非公表。
【見学ガイド】 文化祭，説明会，部活動体験会，公開授業，見学会

選抜方法 2024年春(実績) （第１次選考）
調査書，学力検査（５教科）
※調査書＝学習の記録（評定）
※ f : g = 5：5
※重点化（調査書）上位１教科２倍

応募状況

年度	学科	募集	志願	受検	合格	志願倍率
'24	総合	272	318	317	272	1.17
'23	総合	271	342	340	271	1.26
'22	総合	271	311	311	272	1.15

合格のめやす

偏差値平均	45.1	調査書点平均	92.6

【併願例】〈挑戦〉湘南工科大附，アレセイア湘南　〈最適〉向上，藤沢翔陵　〈堅実〉柏木学園

茅ケ崎 高等学校

共学

【設置学科】 普通科
【所在地】 〒253-0042 神奈川県茅ヶ崎市本村3-4-1 ☎(0467)52-2225
【アクセス】 JR―北茅ヶ崎20分，茅ヶ崎25分またはバス茅ケ崎高校前
【沿革】 1948年創立。
【生徒数】 男子430名，女子425名
【特色】 ①共生社会の実現に向けたインクルーシブ教育に取り組む。総合的な探究の時間では「共生社会」をテーマに様々な角度から情報収集と考察を行う。②基礎的な学力を固め，生徒の進路希望に対応した教育課程を編成。３年次からは文系，理系Ⅰ，理系Ⅱの３コースに分かれて学ぶ。「歴史総合」「生物基礎」「ビジュアルデザイン」などの自由選択科目があり，２単位以上９単位まで選べる。③１年次から計画的なキャリア教育を展開。主体的な進路選択ができる力を育み，大学進学希望者に対する補習などを行う。④体育大会，文化祭，球技大会，合唱祭などの行事は生徒が運営にあたる。⑤チアリーディング部が全国大会11位の実績。
【進路情報】 卒業生数―294名
大学―181名　短大―12名　専門学校―65名
就職―13名　その他―23名
【大学合格状況】 明治大，青山学院大，中央大，法政大，日本大，東洋大，駒澤大，他。
【指定校推薦】 青山学院大，日本大，専修大，東海大，明治学院大，神奈川大，玉川大，他。
【見学ガイド】 文化祭，学校見学会，部活動見学会

選抜方法 2024年春(実績) （第１次選考）
調査書，学力検査（５教科）
※調査書＝学習の記録（評定）
※ f : g = 5：5
※重点化なし

応募状況

年度	学科	募集	志願	受検	合格	志願倍率
'24	普通	319	393	391	319	1.23
'23	普通	278	381	378	280	1.37
'22	普通	278	340	340	280	1.22

合格のめやす

偏差値平均	48.1	調査書点平均	96.5

【併願例】〈挑戦〉平塚学園　〈最適〉湘南工科大附，アレセイア湘南，向上　〈堅実〉相洋

共 学

茅ケ崎北陵 高等学校

【設置学科】 普通科

【所在地】 〒253-0081 神奈川県茅ヶ崎市下寺尾128 ☎(0467)51-0311

【アクセス】 JR—香川10分，寒川15分

【沿 革】 1964年開校。

【生徒数】 男子444名，女子383名

【特 色】 ①「学力向上，人づくり」を掲げ，学習・学校行事・部活動を柱にバランスの取れた社会人を育成する。②１・２年次の学習時間は週31時間。③３年次からα系，β系，γ系となり，生徒は１つの系を選択。系別の選択科目と共通選択科目から，αとβは３〜11単位，γは６〜14単位を選択して学ぶ。α系には「世界史探究」や「日本史探究」，β・γ系では「物理」「化学」「数学Ｂ・Ｃ」などがあり，共通選択科目には音楽や「フードデザイン」などの科目がある。④卒業生の元宇宙飛行士，野口聡一さんは本校の応援旗を携えて宇宙飛行。帰還後，旗はNASAの飛行証明と共に学校に戻った。⑤陸上競技部が関東大会に出場。吹奏楽部がシンフォニックジャズ＆ポップスコンテスト全国大会で金賞とベストソリスト賞を受賞した。

【進路情報】 卒業生数—274名
大学—247名 短大—１名 専門学校—４名
その他—22名

【大学合格状況】 筑波大，東京外大，横浜国大，東北大，早稲田大，上智大，東京理科大，他。

【指定校推薦】 早稲田大，上智大，学習院大，明治大，青山学院大，立教大，中央大，他。

【見学ガイド】 文化祭，説明会，部活動見学

選抜方法 2024年春(実績) （第１次選考）

調査書，学力検査（５教科），自己表現検査
※調査書＝学習の記録（評定）
※ｆ：ｇ＝４：６，ｉ＝１
※重点化なし

応募状況

年度	学科	募集	志願	受検	合格	志願倍率
'24	普通	279	368	367	279	1.32
'23	普通	278	379	379	279	1.36
'22	普通	278	420	419	278	1.51

合格のめやす

偏差値平均	59.8	調査書点平均	116.6

【併願例】〈挑戦〉日大藤沢 〈最適〉鵠沼，横浜隼人 〈堅実〉平塚学園，湘南工科大附

共 学

鶴嶺 高等学校

【設置学科】 普通科

【所在地】 〒253-0084 神奈川県茅ヶ崎市円蔵1-16-1 ☎(0467)52-6601

【アクセス】 JR—茅ヶ崎よりバス ニュータウン入口２分，北茅ヶ崎12分

【沿 革】 1975年創立。

【生徒数】 男子495名，女子658名

【特 色】 ①国際教育に力を入れる。イギリス，ドイツ，ニュージーランドの交流校訪問，本校留学生や海外生活経験者との交流，世界各国の特色あるスポーツを体験する行事「ワールドスポーツフェスティバル」などを通して異文化への興味・関心を高めると共に，自国文化を発信する力を身につける。②英語は１年次からスピーキングやエッセイライティングを行い，GTECなどの外部試験も実施。③主体的な学びへの意欲を高めるため，ICTを取り入れた授業を展開する。④クラスや学内での発表や論文の作成により，テーマへの深い理解と文章力・表現力の向上を図る。⑤女子バレーボール部，男子フットサル部，文芸部が関東大会に出場している。

【進路情報】 卒業生数—391名
大学—291名 短大—14名 専門学校—61名
就職—１名 その他—24名

【大学合格状況】 東京海洋大，電通大，早稲田大，上智大，東京理科大，学習院大，明治大，他。

【指定校推薦】 上智大，東京理科大，明治大，青山学院大，中央大，法政大，日本大，他。

【見学ガイド】 文化祭，説明会，オープンスクール

選抜方法 2024年春(実績) （第１次選考）

調査書，学力検査（５教科）
※調査書＝学習の記録（評定）
※ｆ：ｇ＝４：６
※重点化なし

応募状況

年度	学科	募集	志願	受検	合格	志願倍率
'24	普通	384	470	469	384	1.22
'23	普通	383	485	483	384	1.27
'22	普通	383	417	417	385	1.09

合格のめやす

偏差値平均	51.1	調査書点平均	102.8

【併願例】〈挑戦〉鵠沼 〈最適〉平塚学園，湘南工科大附，アレセイア湘南，向上 〈堅実〉相洋

神奈川 全日制

藤沢市／茅ケ崎市

茅ケ崎西浜 高等学校

共学

【設置学科】 普通科
【所在地】 〒253-0061 神奈川県茅ヶ崎市南湖7-12869-11 ☎(0467)85-0008
【アクセス】 JR―茅ヶ崎よりバス団地中央5分，西浜高校前
【沿革】 1980年創立。
【生徒数】 男子507名，女子515名
【特色】 ①「生徒が主体的に学ぶ意欲を養い，自ら課題を発見し解決するための思考力，判断力，表現力を育む」を教育目標とする。②コンピュータを活用したプログラミングの学習をはじめとして，論理的な思考力や課題解決力を育む教育を実践。各教科でもICT機器を用いた授業に取り組む。③2年次から総合型と理型に分かれて学習する。④学習支援の一環として，タブレット端末などで基礎から応用力養成までの講座が受けられるスタディサプリに全員登録。中学の学び直しから大学受験まで対応できる動画を，意欲的に視聴している。また，スタディサプリイングリッシュにも登録し，英語4技能を高め，大学入試に対応している。⑤美術部が総文祭出場と高校生国際美術展で内閣総理大臣賞受賞，吹奏楽部が東関東大会に出場実績。
【進路情報】 卒業生数―324名
大学―121名 短大―14名 専門学校―129名 就職―28名 その他―32名
【大学合格状況】 法政大，日本大，駒澤大，専修大，東海大，帝京大，明治学院大，他。
【指定校推薦】 非公表。
【見学ガイド】 文化祭，説明会，見学会

選抜方法 2024年春(実績) (第1次選考)

調査書，学力検査（5科）
※調査書＝学習の記録（評定）
※f：g＝6：4
※重点化なし

応募状況

年度	学科	募集	志願	受検	合格	志願倍率
'24	普通	359	450	447	359	1.25
'23	普通	358	382	381	358	1.07
'22	普通	358	401	399	358	1.12

合格のめやす

偏差値平均	40.0	調査書点平均	80.1

【併願例】〈挑戦〉アレセイア湘南，藤沢翔陵，光明相模原，相洋 〈最適〉柏木学園，旭丘

寒川 高等学校

共学

【設置学科】 普通科
【所在地】 〒253-0111 神奈川県高座郡寒川町一之宮9-30-1 ☎(0467)74-2312
【アクセス】 JR―寒川15分，茅ヶ崎よりバス景観寺8分，寒川高校前2分
【沿革】 1978年創立。
【生徒数】 男子341名，女子308名
【特色】 ①基礎学力の定着を図る。特に1年次には国数英を学び直す科目「マナベーシック」を設置。週2時間の授業と毎朝10分間行う朝学習を合わせ週3時間をあてることで，知識の定着を図る。また，1クラス40名以下，指導教員2名体制で編成。数英は24名程度の少人数習熟度別授業を展開する。②音楽，美術，工芸の3科目を芸術科目として設置。生徒の感性を高めると共に，芸術系，保育系の大学・専門学校などの進路選択に対応する。③進路学習，適性検査や模試の活用，企業や大学などと連携したインターンシップや出前授業などキャリア教育が充実。④地域行事への参加や近隣小中学校，地域住民との交流など地域貢献活動が活発。
【進路情報】 卒業生数―223名
大学―28名 短大―5名 専門学校―68名 就職―100名 その他―22名
【大学合格状況】 國學院大，明治学院大，神奈川大，国士舘大，駒沢女子大，高千穂大，他。
【指定校推薦】 大東文化大，東海大，神奈川大，国士舘大，関東学院大，高千穂商大，他。
【見学ガイド】 文化祭，説明会，オープンスクール，見学会

選抜方法 2024年春(実績) (第1次選考)

調査書，学力検査（5教科）
※調査書＝学習の記録（評定）
※f：g＝7：3
※重点化なし

応募状況

年度	学科	募集	志願	受検	合格	志願倍率
'24	普通	279	152	152	150	0.54
'23	普通	278	214	214	213	0.77
'22	普通	278	223	220	220	0.80

合格のめやす

偏差値平均	33.4	調査書点平均	64.1

【併願例】〈挑戦〉藤沢翔陵，相洋，柏木学園，旭丘，フェリシア 〈最適〉秀英(通)

共学

平塚江南 高等学校

【設置学科】 普通科
【所在地】 〒254-0063 神奈川県平塚市諏訪町5-1 ☎(0463)31-2066
【アクセス】 JR—平塚25分またはバス共済病院前総合公園西・江南高校前各2分
【沿革】 1921年開校。
【生徒数】 男子489名，女子456名
【特色】 ①スーパーサイエンスハイスクール指定校。学校設定科目を通して，高度な課題研究や海外研修などを行う。また，大学・企業の研究室などと連携して研究の最先端を体感する。②65分の実践的な授業でじっくり考える力を培う。1年次は理科の基礎科目と数学を充実させ，理数教育の基礎を養う。2年次は一部の選択科目を除き，文系，理系の類型に分けない教育課程を編成する。3年次は文系，理系Ⅰ類，理系Ⅱ類に分かれ，将来の進路に向け，選択科目を中心に学ぶ。③生徒のほとんどが国公立・難関私立大学への進学を希望。新入生対象の土曜講習や全学年対象の難関大対策講座，夏期・冬期講習などを実施している。④陸上競技・卓球・コンピュータ・競技かるた・弦楽の各部と放送委員会が全国大会に出場。
【進路情報】 卒業生数—308名
大学—247名 専門学校—5名 その他—56名
【大学合格状況】 京都大，東工大，一橋大，千葉大，国際教養大，北海道大，東北大，他。
【指定校推薦】 非公表。
【見学ガイド】 体育祭，文化祭，説明会，公開授業，見学会

選抜方法 2024年春(実績) （第1次選考）
調査書，学力検査（5教科），自己表現検査
※調査書＝学習の記録（評定）
※f：g＝3：7，i＝1
※重点化なし

応募状況

年度	学科	募集	志願	受検	合格	志願倍率
'24	普通	319	392	391	319	1.23
'23	普通	318	377	376	319	1.19
'22	普通	318	404	403	318	1.27

合格のめやす

偏差値平均	61.9	調査書点平均	120.0

【併願例】〈挑戦〉山手学院，鎌倉学園 〈最適〉日大藤沢，桐蔭学園 〈堅実〉鵠沼，平塚学園

共学

高浜 高等学校

【設置学科】 普通科
【所在地】 〒254-0805 神奈川県平塚市高浜台8-1 ☎(0463)21-0417
【アクセス】 JR—平塚13分
【沿革】 1934年創立。2020年，高浜高校に平塚商業高校（定時制）が移行し，全日制・定時制併置校となる。
【生徒数】 男子315名，女子371名
【特色】 ①1年次の数学と英語で習熟度別学習を展開。苦手科目は「学び直し」，得意科目は「発展」と，個に応じた学習指導を行う。②2年次は，インターンシップや夏期講座などを活用し，多彩な体験学習を実施する。③2年次は文系と理系に，3年次には文系と理Ⅰ（医療・看護系），理Ⅱ（理工学系）に分かれて学ぶ。④大学進学をめざす生徒を対象に特学クラスを設ける。⑤福祉の心を育むため，3年次は「社会福祉基礎」を選択科目とし，特色選択科目の「コミュニケーション技術」では手話を学んで手話検定を受験することもできる。⑥手話コミュニケーション部が県の総文祭で知事賞を受賞した。
【進路情報】 卒業生数—226名
大学—97名 短大—18名 専門学校—86名
就職—7名 その他—18名
【大学合格状況】 明治大，中央大，法政大，日本大，東洋大，駒澤大，明治学院大，他。
【指定校推薦】 東海大，神奈川大，関東学院大，文教大，多摩大，鶴見大，神奈川工科大，他。
【見学ガイド】 体育祭，文化祭，説明会，授業体験

選抜方法 2024年春(実績) （第1次選考）
調査書，学力検査（5教科）
※調査書＝学習の記録（評定）
※f：g＝5：5
※重点化なし

応募状況

年度	学科	募集	志願	受検	合格	志願倍率
'24	普通	232	253	248	232	1.09
'23	普通	231	247	247	231	1.07
'22	普通	231	258	258	231	1.12

合格のめやす

偏差値平均	41.6	調査書点平均	82.2

【併願例】〈挑戦〉アレセイア湘南，向上 〈最適〉立花学園，藤沢翔陵，相洋，柏木学園，旭丘

平塚湘風 高等学校

共学
単位制

【設置学科】 普通科
【所在地】 〒254-0013 神奈川県平塚市田村3-13-1 ☎(0463)55-1532
【アクセス】 JR—平塚よりバス田村団地入口5分，駒返橋8分
【沿 革】 2009年開校。
【生徒数】 男子287名，女子207名
【特 色】 ①規律ある学校生活を基本に，豊かな人間性を備えた，社会で自立できる人材を育成する。②学校行事，部活動，地域との連携事業などを通して，社会の一員として主体的に生きる力を養う。③1年次は基礎，基本をしっかり身につける共通科目を学習。2・3年次は進学をサポートするための研究科目や進路選択の視野を広げる体験科目から，進路実現や興味・関心にあった科目を選んで学習する。④数学と英語は習熟度別授業により，理解度に合った授業が受けられる。また，少人数授業や2名の教員が1クラスを担当する講座を多く設置している。⑤パワーリフティング部が全国大会74kg級で2位，ウエイトリフティング部が関東大会89kg級で7位に入るなどの好成績を収めている。
【進路情報】 卒業生数—166名
大学—26名 短大—9名 専門学校—63名 就職—48名 その他—20名
【大学合格状況】 国士舘大，桜美林大，関東学院大，田園調布学園大，横浜商大，他。
【指定校推薦】 神奈川大，国士舘大，桜美林大，関東学院大，神奈川工科大，文教大，他。
【見学ガイド】 文化祭，説明会，見学会

選抜方法 2024年春(実績) 〈第1次選考〉
調査書，学力検査（5教科）
※調査書＝学習の記録（評定）
※f：g＝6：4
※重点化なし

応募状況

年度	学科	募集	志願	受検	合格	志願倍率
'24	普通	199	188	187	184	0.94
'23	普通	238	152	152	152	0.64
'22	普通	238	192	191	190	0.81

合格のめやす

偏差値平均	34.9	調査書点平均	62.4

【併願例】〈挑戦〉藤沢翔陵，立花学園，横浜学園，相洋，柏木学園，旭丘

大磯 高等学校

共学

【設置学科】 普通科
【所在地】 〒255-0002 神奈川県中郡大磯町東町2-9-1 ☎(0463)61-0058
【アクセス】 JR—大磯15分
【沿 革】 1927年創立。
【生徒数】 男子439名，女子382名
【特 色】 ①1日50分×6時間授業（月曜日は7時間授業）を行う。数学と英語は少人数クラスや習熟度別クラスの授業。②2年次で文系，理系に，3年次では文系，理系Ⅰ，理系Ⅱの3コースに分かれる。③夏期・冬期講習では50講座以上を用意。土曜講習，放課後補習（希望者）も実施する。④小論文トレーニングは進路実現・自己実現のための講座。思考力，判断力，表現力を育成する。⑤1人1台タブレット端末を導入し，授業内や総合的な探究の時間などで活用する。⑥グローバル人材育成のため，留学生の受け入れやスピーチコンテストなどを行う。⑦進路指導では小論文・面接指導，大学訪問（2年次）などを実施。⑧2024年度入学生から制服を一新。⑨女子囲碁部が総文祭の代表戦で1位の実績をもつ。
【進路情報】 卒業生数—278名
大学—212名 短大—10名 専門学校—36名 その他—20名
【大学合格状況】 東工大，東京海洋大，香川大，慶應大，上智大，東京理科大，明治大，他。
【指定校推薦】 東京理科大，学習院大，明治大，青山学院大，立教大，中央大，法政大，他。
【見学ガイド】 文化祭，説明会

選抜方法 2024年春(実績) 〈第1次選考〉
調査書，学力検査（5教科）
※調査書＝学習の記録（評定）
※f：g＝4：6
※重点化なし

応募状況

年度	学科	募集	志願	受検	合格	志願倍率
'24	普通	279	351	350	279	1.26
'23	普通	278	327	325	278	1.18
'22	普通	278	308	308	278	1.11

合格のめやす

偏差値平均	50.7	調査書点平均	104.1

【併願例】〈最適〉平塚学園，湘南工科大附，アレセイア湘南，向上 〈堅実〉立花学園，相洋

共 学

二宮 高等学校

【設置学科】 普通科
【所在地】 〒259-0134 神奈川県中郡二宮町一色1363 ☎(0463)71-3215
【アクセス】 JR―二宮25分またはバス緑が丘・二宮高校前3分，団地中央5分
【沿 革】 1978年創立。
【生徒数】 男子301名，女子392名
【特 色】 ①日々の学習，学校行事，部活動を通じ，主体的に考え，判断し，表現する力を養い，他者を尊重し多様性を認め合う，思いやる心を育む。②インクルーシブ教育実践推進校指定校として，生徒同士の相互理解を深められるよう，各学年で講座を開講する。③黒板には連絡事項を記入したり掲示物を貼ったりせず，授業に集中しやすい環境をつくる。④テレビやプロジェクターを増設し，ICTを活用した授業の充実に努める。⑤共通教科の必修科目を中心としたカリキュラム。少人数制学習やティームティーチングを通して基礎・基本の定着を図り，知識や技能を活用して課題解決力を養う。⑥3年次で文系と理系に分かれる。⑦ダンス部が二宮町のイベントでパフォーマンスを披露。
【進路情報】 卒業生数―232名
大学―94名 短大―13名 専門学校―85名
就職―17名 その他―23名
【大学合格状況】 東洋大，専修大，東海大，帝京大，成蹊大，神奈川大，玉川大，国士舘大，他。
【指定校推薦】 専修大，東海大，神奈川大，東京電機大，玉川大，関東学院大，国士舘大，他。
【見学ガイド】 文化祭，説明会，見学会

選抜方法 2024年春(実績) （第1次選考）
調査書，学力検査（5教科）
※調査書＝学習の記録（評定）
※f：g＝6：4
※重点化なし

応募状況

年度	学科	募集	志願	受検	合格	志願倍率
'24	普通	239	252	251	239	1.05
'23	普通	238	219	219	219	0.92
'22	普通	238	233	232	232	0.98

合格のめやす

偏差値平均	36.5	調査書点平均	73.2

【併願例】〈挑戦〉向上，立花学園，藤沢翔陵，相洋 〈最適〉柏木学園，旭丘，秀英(通)

共 学

秦野 高等学校

【設置学科】 普通科
【所在地】 〒257-0004 神奈川県秦野市下大槻113 ☎(0463)77-1422
【アクセス】 小田急線―東海大学前25分，秦野よりバス秦野高校前
【沿 革】 1886年創立。
【生徒数】 男子613名，女子464名
【特 色】 ①「伝統×挑戦」を掲げ，ICTを活用した授業を実践する。②科学，技術，工学，芸術・教養，数学での学習を実社会での問題発見・解決に生かすための教科横断型学習であるSTEAM教育に取り組む。③65分授業で確かな学力と思考力・応用力を養成。④1年次の国数英は標準単位を上回る単位で基礎学力の充実を図る。3年次は文系，理系に分かれ，国公立・難関私立大への挑戦を後押しする。⑤東海大学体験授業や産業能率大学との高大連携授業，社会人講話などのキャリア教育活動に取り組む。⑥オーストラリアの姉妹校と相互訪問などの交流を行う。⑦チアリーディング部が全国大会，剣道部，男子ソフトテニス部が関東大会に出場。
【進路情報】 卒業生数―358名
大学―323名 短大―3名 専門学校―14名
就職―1名 その他―17名
【大学合格状況】 筑波大，横浜国大，埼玉大，東京学芸大，横浜市大，早稲田大，慶應大，他。
【指定校推薦】 横浜市大，上智大，東京理科大，学習院大，明治大，青山学院大，立教大，他。
【見学ガイド】 文化祭，説明会，公開授業，部活動体験，見学会

選抜方法 2024年春(実績) （第1次選考）
調査書，学力検査（5教科）
※調査書＝学習の記録（評定）
※f：g＝4：6
※重点化なし

応募状況

年度	学科	募集	志願	受検	合格	志願倍率
'24	普通	359	385	382	359	1.07
'23	普通	358	404	402	361	1.13
'22	普通	358	419	417	363	1.17

合格のめやす

偏差値平均	55.6	調査書点平均	113.7

【併願例】〈挑戦〉桐蔭学園 〈最適〉横浜隼人，平塚学園，湘南工科大附 〈堅実〉向上，相洋

秦野曽屋 高等学校

共学

【設置学科】 普通科
【所在地】 〒257-0031 神奈川県秦野市曽屋3613-1 ☎(0463)82-4000
【アクセス】 小田急線—秦野20分またはバス末広小学校前3分
【沿革】 1987年創立。
【生徒数】 男子338名，女子432名
【特色】 ①福祉教育，英語教育，地域連携の3つに力を入れる。②福祉教育では，1・2年次の福祉実習や夏季福祉体験などを実施。英語教育では，英単語コンテストや少人数授業を行い，英検も校内で受験できる。地域連携は，地域貢献活動やあいさつ運動に取り組み，地域の人などを講師として学習する「曽屋塾」を開講する。③3年間を見通し，進路に合わせて効率よく学ぶ。1年次は基礎基本を充実。2年次から文系，理系に分かれ，3年次の理系はさらに理工系と看・医・農系に細分化して学ぶ。3年次の自由選択科目として「社会福祉基礎」を選択できる。④毎年，進路の手引き「自立への道」を配布。学年ごとにテーマを設定して進路実現をめざす。⑤山岳部が関東大会出場の実績。
【進路情報】 卒業生数—254名
大学—121名 短大—25名 専門学校—86名
就職—7名 その他—15名
【大学合格状況】 学習院大，日本大，駒澤大，東海大，成城大，明治学院大，獨協大，他。
【指定校推薦】 駒澤大，専修大，東海大，國學院大，神奈川大，東京電機大，桜美林大，他。
【見学ガイド】 文化祭，説明会，見学会

選抜方法 2024年春(実績) （第1次選考）
調査書，学力検査（5教科）
※調査書＝学習の記録（評定）
※f：g＝6：4
※重点化なし

応募状況

年度	学科	募集	志願	受検	合格	志願倍率
'24	普通	279	293	292	279	1.05
'23	普通	278	301	300	279	1.08
'22	普通	278	269	269	269	0.97

合格のめやす

偏差値平均	42.9	調査書点平均	89.6

【併願例】〈挑戦〉平塚学園，向上 〈最適〉立花学園，光明相模原，相洋，柏木学園 〈堅実〉旭丘

秦野総合 高等学校

共学
単位制

【設置学科】 総合学科
【所在地】 〒257-0013 神奈川県秦野市南が丘1-4-1 ☎(0463)82-1400
【アクセス】 小田急線—秦野25分
【沿革】 2008年開校。
【生徒数】 男子327名，女子267名
【特色】 ①生徒一人ひとりの可能性を大きく広げる教育をめざす。②共通教科・科目以外に，グローバル教養系列，情報ビジネス系列，生活デザイン系列，芸術スポーツ系列の4つに分類された，全70種類以上の専門選択科目を設置。福祉や看護，体育，外国語など，自分の個性や興味・関心に応じて学ぶことができる。夢に合わせた自分だけの時間割を作り，卒業後に活きる自分の専門性を高められる。③専門科目は専門学校に負けない少人数制をとる。④必要なスキルを高める生活指導やガイダンス，手厚い受験・面接指導で進路実現を全力で支援する。⑤朝のHRの5分間を利用して読書タイムを実施する。読む本は生徒の自由。⑥女子バスケットボール部，女子ソフトテニス部が関東大会出場。
【進路情報】 卒業生数—184名
大学—61名 短大—24名 専門学校—59名
就職—30名 その他—10名
【大学合格状況】 日本大，国士舘大，桜美林大，高千穂大，麻布大，日本文化大，他。
【指定校推薦】 東海大，神奈川大，関東学院大，国士舘大，桜美林大，多摩大，鶴見大，他。
【見学ガイド】 文化祭，説明会，体験部活動，部活動見学

選抜方法 2024年春(実績) （第1次選考）
調査書，学力検査（5教科）
※f：g＝5：5
※重点化 （調査書）上位1教科2倍

応募状況

年度	学科	募集	志願	受検	合格	志願倍率
'24	総合	239	239	239	239	1.00
'23	総合	238	192	191	190	0.81
'22	総合	238	198	198	198	0.83

合格のめやす

偏差値平均	37.8	調査書点平均	75.4

【併願例】〈挑戦〉立花学園，相洋，光明相模原〈最適〉柏木学園，旭丘 〈堅実〉クラーク国際(通)

共学

伊勢原 高等学校

【設置学科】 普通科
【所在地】 〒259-1142 神奈川県伊勢原市田中1008-3 ☎(0463)95-2578
【アクセス】 小田急線―伊勢原14分またはバス片町十字路3分
【沿 革】 1928年創立。
【生徒数】 男子320名，女子432名
【特 色】 ①主体的・対話的で深い学びを推進し，自分の考えをしっかり持った，表現力豊かな人材の育成をめざす。②授業理解の促進と学習効果の向上を狙いとし，ICT活用を推進。授業での映像の活用，WEBによる課題や授業動画の配信など，新しい学び方を取り入れている。スタディサプリも活用する。③インクルーシブ教育実践推進校として，共生教育の実現を図る。④進路実現に向け，1年次から上級学校などの分野別説明会を実施している。⑤将来の自分を具体的にイメージできるよう，キャリア教育の一環としてインターンシップや上級学校訪問を行っている。⑥ライフル射撃部が全国大会，女子バレーボール部が関東大会に出場。
【進路情報】 卒業生数―270名
大学―128名 短大―22名 専門学校―76名 就職―15名 その他―29名
【大学合格状況】 法政大，日本大，駒澤大，専修大，東海大，帝京大，神奈川大，玉川大，他。
【指定校推薦】 法政大，駒澤大，専修大，東海大，亜細亜大，神奈川大，他。
【見学ガイド】 体育祭，文化祭，説明会，公開授業

選抜方法 2024年春(実績) (第1次選考)
調査書，学力検査（5教科）
※調査書＝学習の記録（評定）
※f：g＝5：5
※重点化なし

応募状況

年度	学科	募集	志願	受検	合格	志願倍率
'24	普通	229	275	274	229	1.20
'23	普通	228	267	267	228	1.17
'22	普通	228	261	260	228	1.14

合格のめやす

偏差値平均	43.5	調査書点平均	90.5

【併願例】〈挑戦〉湘南工科大附，向上
〈最適〉立花学園，相洋，光明相模原，柏木学園

共学

伊志田 高等学校

【設置学科】 普通科
【所在地】 〒259-1116 神奈川県伊勢原市石田1356-1 ☎(0463)93-5613
【アクセス】 小田急線―愛甲石田7分
【沿 革】 1976年創立。
【生徒数】 男子429名，女子419名
【特 色】 ①バランスの取れた学習を目的とし，基礎学力の定着，向上をめざすカリキュラム編成。2年次から文系，理系に分かれて学ぶ。②国際理解教育を推進。国際理解講演会，スピーチフェスティバル，東海大学留学生との交流会などを開催。また，英語力のアップをめざして少人数による授業や英語外部試験などを実施している。③キャリア教育は，進路希望の実現と豊かな人間性の育成を柱に，3年間を通じて生徒を指導・支援する。④胸に抱く「志」を表現する日として，文化祭・体育祭を「宿志祭」の名称で開催する。⑤自然科学部が総文祭に出場，華道部が南関東地区学生いけばな競技会で優勝，茶道部が高校生伝統文化フェスティバルで神奈川県の点前代表として出場。
【進路情報】 卒業生数―261名
大学―202名 短大―14名 専門学校―31名 就職―4名 その他―10名
【大学合格状況】 東工大，早稲田大，慶應大，東京理科大，明治大，青山学院大，立教大，他。
【指定校推薦】 東京理科大，学習院大，明治大，青山学院大，中央大，法政大，日本大，他。
【見学ガイド】 文化祭，説明会，オープンスクール，公開授業，見学会

選抜方法 2024年春(実績) (第1次選考)
調査書，学力検査（5教科）
※調査書＝学習の記録（評定）
※f：g＝5：5
※重点化なし

応募状況

年度	学科	募集	志願	受検	合格	志願倍率
'24	普通	269	309	308	269	1.15
'23	普通	308	322	321	309	1.05
'22	普通	268	310	309	269	1.16

合格のめやす

偏差値平均	51.1	調査書点平均	104.3

【併願例】〈挑戦〉横浜隼人，麻布大附
〈最適〉平塚学園，向上 〈堅実〉立花学園，相洋

西湘 高等学校

【設置学科】 普通科
【所在地】 〒256-0816 神奈川県小田原市酒匂1-3-1 ☎(0465)47-2171
【アクセス】 JR—鴨宮8分
【沿 革】 1957年創立。
【生徒数】 男子512名，女子465名
【特 色】 ①論理的思考力や協働して問題を解決する能力を養うプログラミング教育を推進する。②国際理解教育に重点をおき，国内英語研修施設での英語研修など，豊かな体験ができる仕組みをつくる。③あらゆる教科，科目において探究的活動や発表活動を重視し，主体的，対話的で深い学びを大切にする。④職業観，勤労観の育成をめざしたキャリア教育に注力。インターンシップの内容の充実を図る。⑤互いに人格を尊重し，進んで民主的な社会に参加する精神を養うため，シチズンシップ教育を行う。食育教育も推進し，心身の健康増進を図る。⑥1年次から校内模試や英検の受験を実施。自発的な学習態度と確かな学力の育成で進路実現を支援する。⑦陸上競技部が全国大会出場。男子バレーボール部，少林寺拳法部が関東大会出場。
【進路情報】 卒業生数—305名
大学—252名 短大—10名 専門学校—25名 就職—4名 その他—14名
【大学合格状況】 東工大，筑波大，横浜国大，早稲田大，慶應大，上智大，明治大，他。
【指定校推薦】 早稲田大，上智大，学習院大，青山学院大，中央大，法政大，國學院大，他。
【見学ガイド】 文化祭，説明会，公開授業

選抜方法 2024年春(実績) 〈第1次選考〉
調査書，学力検査（5教科）
※調査書＝学習の記録（評定）
※f：g＝5：5
※重点化なし

応募状況

年度	学科	募集	志願	受検	合格	志願倍率
'24	普通	309	362	361	315	1.17
'23	普通	308	336	333	314	1.09
'22	普通	348	353	353	350	1.01

合格のめやす

偏差値平均	52.0	調査書点平均	107.8

【併願例】〈挑戦〉鵠沼 〈最適〉平塚学園，湘南工科大附 〈堅実〉向上，立花学園，相洋

小田原東 高等学校

【設置学科】 普通科〔ほか総合ビジネス科⇒全日制専門学科〕
【所在地】 〒250-0003 神奈川県小田原市東町4-12-1 ☎(0465)34-2847
【アクセス】 JR・小田急線—小田原，JR—国府津よりバス小田原東高校前2分
【沿 革】 2017年開校。
【生徒数】 男子240名，女子310名
【特 色】 ①総合ビジネス科・普通科の併置校。普通科が総合ビジネス科目を，総合ビジネス科が普通科目を共に学ぶことができる。②普通科は，四年制大学進学をはじめ，幅広い進路実現を目標にカリキュラムを編成。多彩な選択科目に加え，総合ビジネス科の設備を活用した，他にはない普通教育を実施する。③習熟度別学習を展開し，発展的な学習を行う「アドバンスクラス」を設置する。④1年次の「情報Ⅰ」の授業では情報処理検定の取得をめざす。⑤店舗経営部の生徒が中心となり，高校生ショップ「城湯屋」を運営。学校外のイベントにも参加する。⑥邦楽部が総文祭に，商業研究部が情報処理，ワープロ，ビジネス計算の各全国大会に出場。
【進路情報】〔全学科計〕卒業生数—179名
大学—33名 短大—14名 専門学校—66名 就職—53名 その他—13名
【大学合格状況】 日本大，専修大，東海大，神奈川大，国士舘大，関東学院大，駒沢女子大，他。
【指定校推薦】 専修大，神奈川大，他。
【見学ガイド】文化祭，説明会，体験入学，公開授業，見学会

選抜方法 2024年春(実績) 〈第1次選考〉
調査書，学力検査（5教科）
※調査書＝学習の記録（評定）
※f：g＝5：5
※重点化なし

応募状況

年度	学科	募集	志願	受検	合格	志願倍率
'24	普通	119	100	99	99	0.84
'23	普通	118	101	101	100	0.86
'22	普通	118	98	98	98	0.83

合格のめやす

偏差値平均	37.0	調査書点平均	73.8

【併願例】〈挑戦〉向上，立花学園，相洋 〈最適〉旭丘 〈堅実〉クラーク国際(通)

小田原 高等学校

共学
単位制

【設置学科】 普通科
【所在地】 〒250-0045 神奈川県小田原市城山3-26-1 ☎(0465)23-1202
【アクセス】 JR・小田急線—小田原15分
【沿革】 2004年，小田原高校と小田原城内高校が統合されて創立。2017年度より年次進行型単位制に移行。
【生徒数】 男子509名，女子437名
【特色】 ①進学型単位制普通科高校として，時代の先端をいく教科指導を展開。②1・2年次は共通教養が幅広く身につくカリキュラム。2年次に文系，理系に分かれ，3年次よりさらに国公立大・私立大の志望別に7つの型に分かれて履修登録を行い，進路実現に直結した教科指導を実施する。③2023年度よりスーパーサイエンスハイスクール指定校。特別講座として1・2年次に「Odatech」，2・3年次に学校設定科目「数学Σ」を配置する。④海外研修，夏期講習，先輩大学生と語る進路学習会などを実施。⑤弓道部，水泳部が全国大会，少林寺拳法部，男子ソフトテニス部が関東大会に出場。
【進路情報】 卒業生数—315名
大学—284名 短大—1名 専門学校—1名 その他—29名
【大学合格状況】 東京大，京都大，東工大，一橋大，北海道大，名古屋大，東北大，他。
【指定校推薦】 都立大，横浜市大，早稲田大，慶應大，東京理科大，明治大，他。
【見学ガイド】 文化祭，説明会，部活動見学，見学会

選抜方法 2024年春(実績) (第1次選考)
調査書，学力検査（5教科），自己表現検査
※調査書＝学習の記録（評定）
※f：g＝4：6，i＝1
※重点化なし

応募状況

年度	学科	募集	志願	受検	合格	志願倍率
'24	普通	319	421	420	319	1.32
'23	普通	318	386	381	318	1.21
'22	普通	318	412	409	318	1.30

合格のめやす

偏差値平均	64.8	調査書点平均	124.4

【併願例】〈最適〉山手学院，鎌倉学園，桐蔭学園，日大藤沢 〈堅実〉鵠沼，平塚学園

足柄 高等学校

共学

【設置学科】 普通科
【所在地】 〒250-0106 神奈川県南足柄市怒田860 ☎(0465)73-0010
【アクセス】 伊豆箱根鉄道—大雄山20分 小田急線—新松田よりバス足柄高校前5分
【沿革】 1977年創立。
【生徒数】 男子387名，女子316名
【特色】 ①将来の自分に向かって自らの課題を発見し，その解決に向けて主体的に考え，今なすべきことにチャレンジし，何事にも果敢に挑む生徒の育成をめざす。②様々な学習支援が充実。習熟度別授業やティームティーチングの導入，ICT機材（視聴覚教材，スクリーン）の活用などを通じてきめ細やかなサポートを行う。③朝読書で読書習慣や課題を探究する力（言語能力，読書力，表現力）を育む。④地域と連携し，地域清掃や美化活動，地域イベント参加により，地域に学ぶ。⑤障がいの有無にかかわらず，共に学び共に成長するインクルーシブ教育を実践する。⑥歴史研究部が全国大会出場。弓道部，陸上競技部が関東大会に出場した。
【進路情報】 卒業生数—230名
大学—121名 短大—12名 専門学校—69名 就職—18名 その他—10名
【大学合格状況】 静岡文化芸術大，明治大，日本大，駒澤大，専修大，東海大，亜細亜大，他。
【指定校推薦】 駒澤大，専修大，東海大，神奈川大，東京電機大，玉川大，武蔵野大，他。
【見学ガイド】 文化祭，説明会，オープンスクール，部活動体験・見学

選抜方法 2024年春(実績) (第1次選考)
調査書，学力検査（5教科）
※調査書＝学習の記録（評定）
※f：g＝4：6
※重点化なし

応募状況

年度	学科	募集	志願	受検	合格	志願倍率
'24	普通	239	231	231	229	0.97
'23	普通	238	246	243	238	1.03
'22	普通	238	212	211	211	0.89

合格のめやす

偏差値平均	42.1	調査書点平均	86.8

【併願例】〈挑戦〉平塚学園，相模女子大，向上 〈最適〉立花学園，相洋，旭丘

共 学

大井 高等学校

● クリエイティブスクール

【設置学科】 普通科

【所在地】 〒258-0017 神奈川県足柄上郡大井町西大井984-1 ☎(0465)83-4101

【アクセス】 小田急線—栢山25分 小田急線—開成25分 JR—上大井25分

【沿 革】 1983年創立。2017年度よりクリエイティブスクールに移行。

【生徒数】 男子130名，女子104名

【特 色】 ①ボランティア活動，福祉教育を推進する。②「学びなおしたい」意志を持つ生徒を積極的に受け入れ，きめ細かな学習・進路支援を行う。③「数学Ⅰ」と「現代の国語」は単位数を増やし，継続的に学習。勉強で必要となる計算する力，読む力，書く力を養う。④1年次の数学と英語は習熟度別授業による少人数クラス。生徒がどこでつまずいているのかを発見し，よりきめ細かな学習支援につなげる。⑤福祉に関する教育を通して，社会への適応能力や人間性の育成を図る。介護職員初任者研修修了の認定を受けることもできる。⑥大井町との連携事業を行う。大井町が抱える課題を解決する取り組みを開始し，みかんの収穫や町のPR活動など，地域の活性化に向け積極的に活動する。

【進路情報】 卒業生数—107名
大学—6名 短大—3名 専門学校—19名
就職—56名 その他—23名

【大学合格状況】 東京工芸大，昭和音大，和光大，湘南工科大，他。

【指定校推薦】 非公表。

【見学ガイド】 文化祭，説明会

選抜方法 2024年春(実績)
調査書，面接，自己表現検査
※調査書＝観点別学習状況の評価
※調査書＝60点，面接＝20点，自己表現検査＝20点

応募状況

年度	学科	募集	志願	受検	合格	志願倍率
'24	普通	79	78	78	78	0.99
'23	普通	158	79	78	78	0.50
'22	普通	158	85	85	83	0.54

合格のめやす

偏差値平均	32.8	調査書点平均	55.2

※偏差値平均は3科の平均偏差値。

【併願例】〈挑戦〉立花学園，相洋，光明相模原，旭丘

共 学

山北 高等学校

【設置学科】 普通科

【所在地】 〒258-0111 神奈川県足柄上郡山北町向原2370 ☎(0465)75-0828

【アクセス】 JR—東山北4分

【沿 革】 1942年創立。2017年度スポーツリーダーコース募集停止。

【生徒数】 男子351名，女子187名

【特 色】 ①1年次は少人数授業や習熟度クラスを展開。2年次から文系，理系，スポーツ系に分かれる。スポーツ系3年次には近隣幼稚園や保育園で追いかけっこやプール遊びをする幼稚園実習がある。②「探究の山北」として，総合的な探究の時間，SDGsをテーマとした学びに力を入れる。1年次は山北町の自然，災害，特産品，歴史などを学び，2年次では地域防災を研究して課題を設定し，「未病」「地域防災」についての校外実習を実施。3年次は研究成果をまとめ，町へ提案・発表する。③進路支援では分野別進路ガイダンス，面接練習ガイダンス，公務員試験対策講座などを実施する。④2024年度から制服を一新する。⑤男子バレーボール部が関東大会出場。弓道部が関東大会に出場実績。

【進路情報】 卒業生数—189名
大学—66名 短大—11名 専門学校—71名
就職—38名 その他—3名

【大学合格状況】 専修大，東海大，帝京大，東京電機大，国士舘大，桜美林大，他。

【指定校推薦】 東海大，神奈川大，他。

【見学ガイド】 文化祭，説明会，オープンスクール，見学会

選抜方法 2024年春(実績) 〈第1次選考〉
調査書，学力検査（5教科）
※調査書＝学習の記録（評定）
※f：g＝5：5
※重点化なし

応募状況

年度	学科	募集	志願	受検	合格	志願倍率
'24	普通	199	195	195	195	0.98
'23	普通	198	186	186	186	0.94
'22	普通	198	186	185	185	0.94

合格のめやす

偏差値平均	37.2	調査書点平均	77.9

【併願例】〈挑戦〉向上，立花学園，相洋
〈最適〉柏木学園，旭丘

共 学

厚木 高等学校

【設置学科】 普通科
【所在地】 〒243-0031 神奈川県厚木市戸室 2-24-1 ☎(046)221-4078
【アクセス】 小田急線―本厚木20分またはバス厚木高校前3分
【沿 革】 1902年創立。
【生徒数】 男子631名, 女子438名
【特 色】 ①密度の濃い65分×5時間の授業。学んだ基礎を実際に使って身につけ, 発展的な内容を扱って質を高める。②スーパーサイエンスハイスクール指定校。自然や社会を見つめて課題を発見, 探究活動に取り組む科目「ヴェリタス」を設置。③グローバル人材育成のため, 英語の授業ではプレゼンテーション能力, ディスカッション能力, ライティング能力を育成。外部試験GTECの1・2年次受験, 留学生の受け入れ・交流などを行う。④夏期・冬期講習では多くの講座を開講。⑤幅広いキャリア教育を展開。1・2年次には「知の探究講座」を実施し, 1年次は企業や大学を訪問。2年次は自然科学分野や社会科学分野の研究者などを講師に招いて直接指導してもらう。⑥軽音楽・吹奏楽・ダンスドリル・新聞部が全国大会に出場。
【進路情報】 卒業生数―351名
大学―312名 専門学校―3名 その他―36名
【大学合格状況】 東京大, 京都大, 東工大, 一橋大, 東京外大, 国際教養大, 北海道大, 他。
【指定校推薦】 非公表。
【見学ガイド】 文化祭, 説明会, 体験授業, 見学会

選抜方法 2024年春(実績) （第1次選考）
調査書, 学力検査（5教科）, 自己表現検査
※調査書=学習の記録（評定）
※f：g＝4：6, i＝2
※重点化なし

応募状況

年度	学科	募集	志願	受検	合格	志願倍率
'24	普通	359	506	500	359	1.41
'23	普通	358	446	440	359	1.25
'22	普通	358	485	475	358	1.35

合格のめやす

偏差値平均	67.7	調査書点平均	126.5

【併願例】〈最適〉中大附横浜, 山手学院, 桐光学園, 桐蔭学園, 日大藤沢 〈堅実〉桜美林

共 学

厚木王子 高等学校

【設置学科】 普通科〔ほか総合ビジネス科⇒全日制専門学科〕
【所在地】 〒243-0817 神奈川県厚木市王子 1-1-1 ☎(046)221-3158
【アクセス】 小田急線―本厚木よりバス高校入口3分, 緑ヶ丘小学校前7分
【沿 革】 2024年, 厚木東高校と厚木商業高校が統合されて開校。
【特 色】 ①厚木東高校がこれまで取り組んできた教育内容を充実・発展させ, 基礎的な科目から応用・発展的な科目までを設置し, 系統的な教育を行う。総合ビジネス科の科目も履修できる。②生徒一人ひとりの興味・関心や多様な進路希望に応じて科目選択できる。各教科・科目では学習の基盤となる言語能力や問題発見・解決能力の育成を図ると共に一般的な教養を高め, 豊かな感性を育む。③進路希望の実現に向けた科目構成を基本として, キャリア教育実践プログラムを踏まえた主体的・対話的な学びを展開。将来のキャリアを見据えた進路目標の実現を図る。④探究活動などを通して持続可能な社会の創り手となる人材の育成をめざす。⑤あつぎ鮎まつりなど地域行事への参加や近隣小中学校との交流など, 厚木東高校が育んできた地域との連携・協働を継承・発展させる。⑥弓道部が全国大会に, 陸上競技部が関東大会に, 吹奏楽部が東関東大会に出場（以上厚木東高校）。ソフトボール部が厚木商業高校と合同チームで関東大会に出場した。
【見学ガイド】 文化祭, 説明会, 体験入学, 公開授業, 見学会

選抜方法 2024年春(実績) （第1次選考）
調査書, 学力検査（5教科）
※調査書=学習の記録（評定）
※f：g＝5：5
※重点化なし

応募状況

年度	学科	募集	志願	受検	合格	志願倍率
'24	普通	199	212	212	199	1.07

合格のめやす

偏差値平均	50.9	調査書点平均	105.4

※統合前の数値を参考として掲載。

【併願例】〈挑戦〉東海大相模 〈最適〉相模女子大, 向上 〈堅実〉立花学園, 光明相模原, 相洋

神奈川 全日制・ 足柄上郡／厚木市

厚木北 高等学校

【設置学科】 普通科〔ほかスポーツ科学科⇒全日制専門学科〕
【所在地】 〒243-0203 神奈川県厚木市下荻野886 ☎(046)241-8001
【アクセス】 小田急線一本厚木よりバス子合10分，リコー前5分
【沿 革】 1978年創立。2017年度スポーツ科学コースをスポーツ科学科に改編。
【生徒数】 男子523名，女子249名
【特 色】 ①「鍛え，学び，輝く学校」。学校生活では生徒と教員が協力して規範意識を高めることに全力で取り組み，受験やその後の社会生活に対応する。②普通科はあらゆる進学に対応したカリキュラム。数学と英語は習熟度別学習を採用し，基礎基本をベースに主要5教科の充実を図る。③2年次から文系と理系に分かれて学ぶ。文系の選択科目では「スポーツライフマネジメント」など体育の専門科目を選択できる。④ウエイトルームがリニューアルされるなどスポーツ施設・設備が充実している。⑤ゴルフ部が全国大会に出場。弓道部，女子ソフトテニス部が関東大会に出場している。
【進路情報】 〔全学科計〕卒業生数―256名
大学―121名 短大―14名 専門学校―93名 就職―14名 その他―14名
【大学合格状況】 明治大，中央大，日本大，専修大，東海大，帝京大，神奈川大，他。
【指定校推薦】 駒澤大，東海大，帝京大，神奈川大，国士舘大，桜美林大，関東学院大，他。
【見学ガイド】 文化祭，説明会

選抜方法 2024年春(実績) 〈第1次選考〉
調査書，学力検査（5教科）
※調査書＝学習の記録（評定）
※f：g＝6：4
※重点化なし

応募状況

年度	学科	募集	志願	受検	合格	志願倍率
'24	普通	239	240	240	239	1.00
'23	普通	238	258	258	240	1.08
'22	普通	238	248	248	239	1.04

合格のめやす

偏差値平均	40.1	調査書点平均	85.7

【併願例】〈挑戦〉向上，立花学園 〈最適〉光明相模原，相洋，柏木学園，旭丘，フェリシア

厚木西 高等学校

【設置学科】 普通科
【所在地】 〒243-0123 神奈川県厚木市森の里青山12-1 ☎(046)248-1705
【アクセス】 小田急線一愛甲石田よりバス厚木西高校5分，本厚木よりバス森の里青山5分
【沿 革】 1984年創立。
【生徒数】 男子397名，女子353名
【特 色】 ①インクルーシブ教育実践推進校。学習環境のユニバーサルデザイン化を進め，生徒一人ひとりを大切に支援する「スチューデントファースト」を職員全体で実践している。②数学，英語は習熟度別少人数授業を行う。3年次より文系と理系に分かれる。③HR前の10分，タブレット端末を使った朝学習を実施。水曜日の学習サポート優先日や長期休業中に講習，補習も行う。漢検・数検などの資格試験も実施する。④グローバル人材育成のため，英語力向上をめざし，英検を実施する。⑤研究学園都市・森の里にある立地を生かして企業や地域とパートナーシップを結び，働く人の講話や企業の環境対策などを学ぶ。⑥放課後に勉強の悩みを相談できる「学びの相談室」を開設している。
【進路情報】 卒業生数―239名
大学―158名 短大―14名 専門学校―47名 就職―5名 その他―15名
【大学合格状況】 日本大，駒澤大，専修大，東海大，帝京大，國學院大，神奈川大，玉川大，他。
【指定校推薦】 明治大，青山学院大，法政大，日本大，専修大，東海大，亜細亜大，他。
【見学ガイド】 文化祭，説明会，見学会

選抜方法 2024年春(実績) 〈第1次選考〉
調査書，学力検査（5教科）
※調査書＝学習の記録（評定）
※f：g＝5：5
※重点化なし

応募状況

年度	学科	募集	志願	受検	合格	志願倍率
'24	普通	239	249	249	239	1.04
'23	普通	238	267	267	238	1.12
'22	普通	238	257	255	239	1.08

合格のめやす

偏差値平均	46.0	調査書点平均	93.6

【併願例】〈挑戦〉相模女子大 〈最適〉向上，立花学園，光明相模原，相洋 〈堅実〉柏木学園

共　学
単位制

厚木清南 高等学校

【設置学科】　普通科
【所在地】　〒243-0021　神奈川県厚木市岡田1-12-1　☎(046)228-2015
【アクセス】　小田急線―本厚木13分
【沿　革】　2005年開校。
【生徒数】　男子196名，女子450名
【特　色】　①全日制，定時制，通信制の３課程が一体のフレキシブルスクール。３年以上の在籍，特別活動の取り組み，必修科目の履修，74単位以上の修得により卒業できる。ボランティア活動，数検・英検などの技能審査などの校外活動を単位認定する。②学ぶ科目は自分で選択し，自分だけの時間割をつくる。多くの分野を学びながら自分の適性を探すことも，進路希望の分野を集中的に学ぶこともできる。他課程の授業も履修できる（制限あり）。③授業では基礎・基本から発展的な内容までサポート。数学と英語は習熟度別授業を行う。④電子黒板やプロジェクターなどICT環境が充実。生徒の個人端末や学習用PCを校内無線LANと接続し，授業を中心とした学習活動での利活用を推進する。⑤視聴覚室，PC教室，工芸室などの設備が整う。
【進路情報】　卒業生数―191名
大学―36名　短大―13名　専門学校―66名
就職―29名　その他―47名
【大学合格状況】　日本大，東海大，神奈川大，桜美林大，東京農大，文教大，拓殖大，他。
【指定校推薦】　神奈川大，東京電機大，国士舘大，桜美林大，神奈川工科大，大妻女子大，他。
【見学ガイド】　説明会

選抜方法 2024年春（実績）　（第１次選考）
調査書，学力検査（５教科）
※調査書＝学習の記録（評定）
※ｆ：ｇ＝6：4
※重点化なし

応募状況

年度	学科	募集	志願	受検	合格	志願倍率
'24	普通	230	274	273	230	1.19
'23	普通	230	241	239	230	1.05
'22	普通	230	250	249	231	1.09

合格のめやす

偏差値平均	37.6	調査書点平均	72.9

【併願例】〈挑戦〉向上，立花学園，光明相模原，相洋　〈最適〉柏木学園，旭丘，フェリシア

共　学

海老名 高等学校

【設置学科】　普通科
【所在地】　〒243-0422　神奈川県海老名市中新田1-26-1　☎(046)232-2231
【アクセス】　JR・小田急線―厚木12分　JR・小田急線・相鉄線―海老名20分
【沿　革】　1979年創立。
【生徒数】　男子594名，女子585名
【特　色】　①二学期制。授業時間を確保し，より丁寧な指導を受けられる体制を整えている。②発展的な内容を中心とした多教科・多科目にわたる補講を，長期休業中などに行う。③学習意欲を高め，進路目標を達成するカリキュラムを用意。２年次では進路を意識した緩やかな選択科目，３年次では多様な選択科目を設定する。④１年次の総合的な探究の時間に環境教育を実施。持続可能な社会の実現について考える機会を設けている。食品ロスや衣服のリサイクルなどのトピックに関して情報を収集，整理，分析し，新聞にまとめて発表する。⑤陸上競技部，ライフル射撃部が全国大会出場。ワンダーフォーゲル部は全国大会に出場し，部員が国際大会に選抜された。写真部が総文祭に参加した。
【進路情報】　卒業生数―386名
大学―351名　専門学校―14名　就職―4名
その他―17名
【大学合格状況】　京都大，東工大，千葉大，横浜国大，東京学芸大，早稲田大，慶應大，他。
【指定校推薦】　東京理科大，学習院大，明治大，青山学院大，立教大，中央大，法政大，他。
【見学ガイド】　文化祭，説明会，見学会

選抜方法 2024年春（実績）　（第１次選考）
調査書，学力検査（５教科）
※調査書＝学習の記録（評定）
※ｆ：ｇ＝3：7
※重点化なし

応募状況

年度	学科	募集	志願	受検	合格	志願倍率
'24	普通	399	489	483	399	1.23
'23	普通	398	538	536	398	1.35
'22	普通	398	488	486	399	1.23

合格のめやす

偏差値平均	59.7	調査書点平均	117.9

【併願例】〈挑戦〉桐蔭学園　〈最適〉横浜隼人，麻布大附，桜美林　〈堅実〉相模女子大

神奈川　全日制

厚木市／海老名市

有馬 高等学校

【設置学科】 普通科
【所在地】 〒243-0424 神奈川県海老名市社家5-27-1 ☎(046)238-1333
【アクセス】 JR―社家12分
【沿 革】 1983年創立。2017年度英語コース募集停止。
【生徒数】 男子345名，女子594名
【特 色】 ①ユネスコスクールに登録され，グローバル教育，特に英語教育と国際交流を柱に国際理解を進める。②英語教育では習熟度別授業を実施。希望者に英検準2級・2級の一次試験を年3回，校内で受験できる機会を設ける。また1・2年次生は英語学習プログラム「Arima English Days」（1日コース）に全員参加。夏季休業中にも希望者を対象に開催する。③米国と韓国の高校と姉妹校協定を締結。2023年度は米国の高校生が来校し，体育祭にも参加した。海外のユネスコスクールとも交流する。④2年次まで共通科目を中心に学び，3年次で文系・理系に分かれる。⑤SDGsをテーマに様々な探究活動を行う。校外からも多くの講師を招いて講演会を開催。学年末には活動をまとめ発表する。⑥少林寺拳法部がインターハイに出場。
【進路情報】 卒業生数―308名
大学―202名 短大―19名 専門学校―66名 就職―3名 その他―18名
【大学合格状況】 早稲田大，東京理科大，学習院大，明治大，青山学院大，中央大，他。
【指定校推薦】 非公表。
【見学ガイド】 文化祭，説明会，見学会

選抜方法 2024年春（実績） （第1次選考）
調査書，学力検査（5教科）
※調査書＝学習の記録（評定）
※f：g＝5：5
※重点化 （調査書）英1.2倍

応募状況

年度	学科	募集	志願	受検	合格	志願倍率
'24	普通	319	379	376	319	1.19
'23	普通	318	355	354	318	1.12
'22	普通	318	351	350	318	1.10

合格のめやす

偏差値平均	46.4	調査書点平均	96.6

【併願例】〈挑戦〉湘南工科大附 〈最適〉アレセイア湘南，向上，立花学園，光明相模原，相洋

愛川 高等学校

【設置学科】 普通科
【所在地】 〒243-0308 神奈川県愛甲郡愛川町三増822-1 ☎(046)286-2871
【アクセス】 小田急線―本厚木よりバス愛川高校前 JR―上溝よりバス箕輪辻3分
【沿 革】 1983年創立。
【生徒数】 男子381名，女子230名
【特 色】 ①連携型中高一貫校。地域に立脚し，地域との連携交流を通して自ら未来を切り拓く人材育成をめざす。②1年次の独自科目「i-Unit」は，毎朝10分間×5回のドリル学習＋時間割内の2時間で，基礎から発展まで確かな学力をつける授業。③基礎日本語は，日本語での授業が難しい生徒を対象とした授業で，日本語能力試験3級以上の取得をめざす。④2年次から文・理2コースに分かれる。2年次は分野が関連する科目をまとめて選択し，3年次ではさらに自分の進路に合わせた選択をする。⑤学校外の学修として英検・漢検・数検などの資格取得や，インターンシップ，ボランティア，大学などの公開講座に参加することで，自己肯定感やコミュニケーション能力を育む。⑥和太鼓部が関東地区高校和太鼓選手権で銀賞を受賞。
【進路情報】 卒業生数―163名
大学―19名 短大―8名 専門学校―58名 就職―54名 その他―24名
【大学合格状況】 東海大，神奈川大，他。
【指定校推薦】 東海大，神奈川大，桜美林大，国士舘大，神奈川工科大，多摩大，他。
【見学ガイド】 文化祭，説明会，見学会

選抜方法 2024年春（実績） （第1次選考）
調査書，学力検査（5教科），面接
※調査書＝学習の記録（評定）
※f：g＝6：4，i＝2
※重点化なし ※ほかに連携募集あり

応募状況

年度	学科	募集	志願	受検	合格	志願倍率
'24	普通	184	131	131	131	0.71
'23	普通	183	169	169	168	0.92
'22	普通	183	156	156	156	0.85

合格のめやす

偏差値平均	34.6	調査書点平均	67.8

【併願例】〈挑戦〉立花学園，光明相模原，柏木学園，旭丘，フェリシア

共 学

大和 高等学校

【設置学科】 普通科

【所在地】 〒242-0002 神奈川県大和市つき
み野3-4 ☎(046)274-0026

【アクセス】 小田急江ノ島線―中央林間12分
東急田園都市線―つきみ野7分

【沿革】 1962年創立。

【生徒数】 男子447名，女子378名

【特色】 ①二学期制，1授業時間は65分。国
公立大学進学に対応すると共に，多様な進路希
望を実現するカリキュラムを編成する。②1年
次は基礎学力の向上をめざし，芸術科目以外は
全員が共通の授業を受ける。2年次から文系・
理系を選択し，3年次では3コースに分かれて
学ぶ。どのコースも進路希望に対応する選択科
目を設ける。③教職員が模試結果などのデータ
分析方法を研究し，生徒の進路指導に生かす。
④大学や企業との連携を通して情報活用能力や
課題発見・解決能力の育成に取り組む。「大学
等出張講義」が充実し，2022年度は延べ約125
名が参加した。⑤校内の「万葉樹木園」は，
1973年に創立10周年の記念事業として起工。万
葉集の中に歌われる樹木25種以上が植栽されて
いる。⑥創作舞踊部，陸上競技部，水泳部，物
理部が全国大会に出場。

【進路情報】 卒業生数―274名
大学―244名 専門学校―1名 その他―29名

【大学合格状況】 東工大，一橋大，千葉大，筑
波大，東京外大，北海道大，東北大，他。

【指定校推薦】 非公表。

【見学ガイド】 文化祭，説明会，部活動見学

選抜方法 2024年春(実績) （第1次選考）
調査書，学力検査（5教科），自己表現検査
※調査書＝学習の記録（評定）
※f：g＝4：6，i＝1
※重点化なし

応募状況

年度	学科	募集	志願	受検	合格	志願倍率
'24	普通	279	407	398	279	1.46
'23	普通	278	426	421	278	1.53
'22	普通	278	400	391	278	1.44

合格のめやす

偏差値平均	64.3	調査書点平均	123.6

【併願例】〈最適〉桐蔭学園，日大藤沢，日本大
学，桜美林 〈堅実〉横浜隼人，麻布大附

共 学

大和南 高等学校

【設置学科】 普通科

【所在地】 〒242-0014 神奈川県大和市上和
田2557 ☎(046)269-5050

【アクセス】 小田急江ノ島線―桜ヶ丘23分，
高座渋谷25分，大和よりバス上和田団地7分

【沿革】 1977年創立。

【生徒数】 男子524名，女子406名

【特色】 ①高い規範意識と多様性を尊重する
価値観を持ち，他者と協働して課題の解決に取
り組む生徒を育成する。外国につながりのある
生徒も，一生懸命学習に取り組んでいる。②自
分の可能性を探る学びを実践し，部活動，委員
会活動，学校行事を通じて互いを高め合い，思
いやりある学校生活を送ることをめざす。③「保
育基礎」「フードデザイン」など自由選択科目が
豊富。「世界史ゼミ」「幼児教育音楽」などの学
校設定科目もある。④パンやお弁当，デザート
がそろう売店，部活動で利用するトレーニング
ルームなど，施設が充実している。⑤女子バレー
ボール部，ダンス部が関東大会出場。演劇部
が地元FM局のラジオドラマに出演した。

【進路情報】 卒業生数―303名
大学―122名 短大―8名 専門学校―130名
就職―18名 その他―25名

【大学合格状況】 日本大，専修大，大東文化大，
東海大，亜細亜大，帝京大，國學院大，他。

【指定校推薦】 専修大，東海大，帝京大，神奈
川大，東京電機大，神奈川工科大，他。

【見学ガイド】 文化祭，説明会，体験入学，オ
ープンスクール，公開授業，見学会

選抜方法 2024年春(実績) （第1次選考）
調査書，学力検査（5教科）
※調査書＝学習の記録（評定）
※f：g＝5：5
※重点化なし

応募状況

年度	学科	募集	志願	受検	合格	志願倍率
'24	普通	309	327	325	309	1.06
'23	普通	308	328	328	308	1.06
'22	普通	308	367	367	309	1.19

合格のめやす

偏差値平均	39.9	調査書点平均	81.8

【併願例】〈挑戦〉横浜商科大，藤沢翔陵，相洋，
光明相模原 〈最適〉横浜学園，柏木学園

神奈川 全日制 海老名市／愛甲郡／大和市

大和東 高等学校

共 学

● クリエイティブスクール

【設置学科】 普通科
【所在地】 〒242-0011 神奈川県大和市深見1760 ☎(046)264-1515
【アクセス】 小田急江ノ島線・相鉄本線—大和25分
【沿 革】 1981年創立。2017年度よりクリエイティブスクールに移行。
【生徒数】 男子316名，女子289名
【特 色】 ①「チャージ＆ゲット 力をためて未来を創ろう！」がスローガン。②全学年1クラス30名以下で，1年次の数学・英語は少人数授業を展開。各HR教室にプロジェクターを完備し，写真や映像を使ったわかりやすい授業を行う。③就職・進学後の21歳で壁に当たっても生き抜く力を身につける独自科目「RT-21」を設置。3年間を通じて国数英理社のつまずきを克服して知識と自信を身につけ，対人関係スキルや一般・社会常識についても学習する。④社会体験など，地域と連携したキャリアプログラムで早くから進路を意識し，社会人としての基礎力を身につける。⑤若者支援のNPOが運営する，開放された無料カフェがある。
【進路情報】 卒業生数—194名
大学—28名 短大—9名 専門学校—71名 就職—59名 その他—27名
【大学合格状況】 日本大，専修大，獨協大，神奈川大，桜美林大，高千穂大，麻布大，他。
【指定校推薦】 非公表。
【見学ガイド】 文化祭，説明会，公開授業，見学会

選抜方法 2024年春(実績)
調査書，面接，自己表現検査
※調査書＝観点別学習状況の評価
※調査書＝54点，面接＝20点，自己表現検査＝20点

応募状況

年度	学科	募集	志願	受検	合格	志願倍率
'24	普通	239	252	251	239	1.05
'23	普通	238	235	232	232	0.99
'22	普通	238	228	225	225	0.96

合格のめやす

偏差値平均	35.4	調査書点平均	65.4

※偏差値平均は3科の平均偏差値。

【併願例】〈挑戦〉藤沢翔陵，相洋，光明相模原，柏木学園，フェリシア 〈最適〉秀英(通)

大和西 高等学校

共 学

【設置学科】 普通科
【所在地】 〒242-0006 神奈川県大和市南林間9-5-1 ☎(046)276-1155
【アクセス】 小田急江ノ島線—南林間20分
【沿 革】 1986年創立。
【生徒数】 男子445名，女子379名
【特 色】 ①国際教育と進路実現を学校の柱に据える。②英検は全員が受験し，卒業までに2級取得をめざす。1年次にはイングリッシュ・キャンプ，2年次には留学生に英語で横浜を案内する「横浜B＆Sプログラム」と台湾への海外修学旅行を実施。③座間アメリカンハイスクールとの交流やアメリカ，ドイツ，ニュージーランド，オーストラリア，韓国との姉妹校交流など国際交流も活発。④第二外国語としてハングル，ドイツ語，中国語，スペイン語を設置し，毎年多くの生徒が受講する。⑤習熟度別少人数クラスによる英語の授業や，補習・講習の実施，社会人講師によるワークショップ「ドリームプロジェクト」など，学力向上と進路実現に向けた多彩なプログラムを用意。⑥イラスト部がまんが甲子園の本選に出場実績をもつ。
【進路情報】 卒業生数—265名
大学—215名 短大—4名 専門学校—24名 就職—3名 その他—19名
【大学合格状況】 横浜国大，東京理科大，学習院大，明治大，青山学院大，立教大，他。
【指定校推薦】 東京理科大，明治大，青山学院大，中央大，法政大，日本大，駒澤大，他。
【見学ガイド】 文化祭，説明会，見学会

選抜方法 2024年春(実績) (第1次選考)
調査書，学力検査（5教科）
※調査書＝学習の記録（評定）
※f：g＝4：6
※重点化（調査書）英2倍

応募状況

年度	学科	募集	志願	受検	合格	志願倍率
'24	普通	279	318	316	279	1.14
'23	普通	278	341	339	278	1.23
'22	普通	278	338	335	278	1.22

合格のめやす

偏差値平均	51.7	調査書点平均	101.1

【併願例】〈挑戦〉横浜隼人，麻布大附 〈最適〉湘南工科大附，向上 〈堅実〉横浜商科大

座間 高等学校

共 学

【設置学科】 普通科
【所在地】 〒252-0029 神奈川県座間市入谷西5-11-1 ☎(046)253-2011
【アクセス】 小田急線―座間7分 JR―入谷7分
【沿革】 1972年創立。
【生徒数】 男子470名，女子387名
【特色】 ①1年次の英語の一部は少人数授業，2年次は数英の一部で習熟度別の授業を展開。②英語教育は4技能をバランスよく高めるのが特徴。③理数科学教育を推進。希望者は「理数」を選択し，通常授業では学べない高度な内容を講義や実験・観察などを通して学べる。④夏季休業中だけでなく，平日も必要に応じて講習・補習を行う。大学進学に向けた高度な内容の希望者講習や，基礎学力の定着を目的とした指名講習がある。⑤1・2年次生を対象に大学模擬授業を実施。約20の学部学科の講義を校内で受講できる。⑥VRを用いた水害対策など，生徒の企画による実践的な防災訓練を行う。⑦少林寺拳法部が全国大会と世界大会に出場。創作舞踊部が全国大会，陸上競技部が関東大会に出場。
【進路情報】 卒業生数―271名
大学―222名 短大―1名 専門学校―5名 その他―43名
【大学合格状況】 横浜国大，都立大，早稲田大，慶應大，東京理科大，明治大，青山学院大，他。
【指定校推薦】 非公表。
【見学ガイド】 文化祭，説明会，公開授業，見学会

選抜方法 2024年春(実績) （第1次選考）
調査書，学力検査（5教科）
※調査書＝学習の記録（評定）
※f：g＝4：6
※重点化なし

応募状況

年度	学科	募集	志願	受検	合格	志願倍率
'24	普通	279	362	361	280	1.30
'23	普通	318	350	348	318	1.10
'22	普通	278	352	349	278	1.27

合格のめやす

偏差値平均	57.2	調査書点平均	112.8

【併願例】〈挑戦〉桐蔭学園 〈最適〉鵠沼，横浜隼人，麻布大附 〈堅実〉相模女子大，向上

座間総合 高等学校

共 学
単位制

【設置学科】 総合学科
【所在地】 〒252-0013 神奈川県座間市栗原2487 ☎(046)253-2920
【アクセス】 小田急線―相武台前・南林間よりバス座間総合高校前3分
【沿革】 2009年開校。
【生徒数】 男子297名，女子440名
【特色】 ①2年次からグローバル教養系列，情報ビジネス系列，生活デザイン系列，芸術スポーツ系列と4つの系列に多彩な選択科目を設定。自分の進路や興味，関心に応じて時間割を作る。②キャリア教育では職業人インタビューや課題研究・発表などを行う。インターンシップなど，校外での学びもある。また，県内の総合学科高校が行う夏季連携講座も選択可能。講座は文学から心理学，軽音楽，スポーツまで幅広く，専門学校との連携講座もあり，進路実現の道しるべとなる。③国際理解教育が多彩。第二外国語（スペイン語，フランス語，中国語，ハングル）の選択授業や国際理解講演会，希望者による語学研修，国際フェスタなどがある。
【進路情報】 卒業生数―233名
大学―104名 短大―23名 専門学校―85名 就職―17名 その他―4名
【大学合格状況】 学習院大，青山学院大，立教大，中央大，法政大，駒澤大，専修大，他。
【指定校推薦】 駒澤大，専修大，東海大，神奈川大，桜美林大，関東学院大，国士舘大，他。
【見学ガイド】 文化祭，説明会，部活動体験

選抜方法 2024年春(実績) （第1次選考）
調査書，学力検査（5教科）
※調査書＝学習の記録（評定）
※f：g＝5：5
※重点化 （調査書）英2倍，英以外の上位1教科2倍

応募状況

年度	学科	募集	志願	受検	合格	志願倍率
'24	総合	229	256	255	229	1.12
'23	総合	268	284	284	268	1.06
'22	総合	228	255	251	228	1.12

合格のめやす

偏差値平均	42.1	調査書点平均	84.8

【併願例】〈挑戦〉向上，横浜商科大 〈最適〉立花学園，相洋，柏木学園，光明相模原

神奈川 全日制 大和市／座間市

綾瀬 高等学校

【設置学科】 普通科
【所在地】 〒252-1134　神奈川県綾瀬市寺尾南1-4-1　☎(0467)76-1400
【アクセス】 相鉄本線―さがみ野，小田急江ノ島線―長後よりバス観音入口1分
【沿革】 1977年創立。
【生徒数】 男子496名，女子475名
【特色】 ①失敗を恐れず，自信を持って新しいことにチャレンジできるよう，生徒を支援する。②インクルーシブ教育実践推進校として，他者を尊重する姿勢を育む。③国数英などで2名の教師によるティームティーチングを実施。すべての教科でわかりやすい授業を展開する。④各教室に大型モニターやスクリーンを整備し，ICT学習を本格的に行う。⑤キャリア支援センターを創設。教員による補習や夏期講習，外部講師による上級学校の体験授業，模試や資格試験，面接指導，進路講座，キャリアカウンセリングなどで進路実現を支援。⑥ダンス部が東日本大会，弓道部が関東大会に出場。書道部が日本武道館主催の書道展で大会奨励賞受賞。
【進路情報】 卒業生数―318名
大学―136名　短大―24名　専門学校―121名
就職―20名　その他―17名
【大学合格状況】 横浜国大，明治大，青山学院大，中央大，法政大，日本大，東洋大，他。
【指定校推薦】 日本大，駒澤大，専修大，大東文化大，東海大，神奈川大，東京電機大，他。
【見学ガイド】 文化祭，説明会，部活動体験，オープンスクール，学校見学

選抜方法 2024年春(実績)　〈第1次選考〉

調査書，学力検査（5教科）
※調査書＝学習の記録（評定）
※f：g＝6：4
※重点化なし

応募状況

年度	学科	募集	志願	受検	合格	志願倍率
'24	普通	319	344	344	319	1.08
'23	普通	318	311	310	310	0.98
'22	普通	318	339	337	318	1.07

合格のめやす

偏差値平均	42.6	調査書点平均	87.5

【併願例】〈挑戦〉向上，横浜商科大　〈最適〉立花学園，藤沢翔陵，光明相模原，柏木学園

綾瀬西 高等学校

【設置学科】 普通科
【所在地】 〒252-1123　神奈川県綾瀬市早川1485-1　☎(0467)77-5121
【アクセス】 小田急線・相鉄本線・JR―海老名よりバス国分寺台第11 10分
【沿革】 1983年創立。2017年度福祉教養コース募集停止。
【生徒数】 男子449名，女子424名
【特色】 ①身につけてほしい7つの生きる力「綾西セブン」を設定。自分を理解する力，他者から学ぶ力，考え抜く力，前に踏み出す力，共に働く力，豊かな心で生きる力，健康に生きる力を育成する。②福祉をテーマとした授業があり，車いす体験や盲導犬指導者の講話，点字学習などを通して生徒の「心」を育てる。③職業体験や職業人の講話，事業所訪問などを行い，良識ある社会人としての自立を促す。④英語教育の取り組みとして年2～3回，英検の一次試験を校内で実施する。⑤生徒の得意分野を伸ばす進路指導を実践。外部講師を招いて職業比較ガイダンスを行う。⑥ボウリング部が関東地区高校対抗大会2連覇，全国大会でも優勝した。イラスト部がまんが甲子園に出場した。
【進路情報】 卒業生数―275名
大学―40名　短大―11名　専門学校―136名
就職―67名　その他―21名
【大学合格状況】 東海大，帝京大，神奈川大，桜美林大，多摩大，横浜創英大，横浜商大，他。
【指定校推薦】 非公表。
【見学ガイド】 文化祭，説明会

選抜方法 2024年春(実績)　〈第1次選考〉

調査書，学力検査（5教科）
※調査書＝学習の記録（評定）
※f：g＝6：4
※重点化なし

応募状況

年度	学科	募集	志願	受検	合格	志願倍率
'24	普通	319	331	330	319	1.04
'23	普通	318	309	308	308	0.97
'22	普通	318	349	347	318	1.10

合格のめやす

偏差値平均	36.8	調査書点平均	72.5

【併願例】〈挑戦〉横浜商科大，立花学園，光明相模原　〈最適〉柏木学園，旭丘，フェリシア

共　学

麻溝台 高等学校

【設置学科】　普通科
【所在地】　〒252-0329　神奈川県相模原市南区北里2-11-1　☎(042)778-2731
【アクセス】　小田急線―相模大野・小田急相模原，JR―古淵・相模原・原当麻よりバス麻溝台高校
【沿　革】　1974年開校。
【生徒数】　男子533名，女子533名
【特　色】　①進路実現と部活動・行事への取り組みを両立させたカリキュラムを編成する。②三学期制。55分授業を行い，週1回は7時間授業を実施。2年次から文系と理系に分かれる。③アクティブ・ラーニングやICT機器を効果的に活用した授業を展開する。放課後にも学習をサポート。職員室近くに自習スペースがあり，多くの生徒が利用する。④近隣の大学と連携。北里大学，麻布大学，神奈川工科大学などの講義の聴講，病院ボランティア（北里大学病院）や研究室体験（麻布大学）ができる。活動は単位として認定される。⑤山岳部，バトン部，自転車競技同好会が全国大会に出場。陸上競技部，空手道部が関東大会に出場している。
【進路情報】　卒業生数―350名
大学―301名　短大―4名　専門学校―20名　就職―2名　その他―23名
【大学合格状況】　千葉大，東京藝術大，東京農工大，早稲田大，上智大，東京理科大，他。
【指定校推薦】　非公表。
【見学ガイド】　文化祭，説明会，オープンスクール，見学会

選抜方法 2024年春(実績)　〈第1次選考〉
調査書，学力検査（5教科）
※調査書＝学習の記録（評定）
※f：g＝5：5
※重点化なし

応募状況

年度	学科	募集	志願	受検	合格	志願倍率
'24	普通	359	414	413	359	1.15
'23	普通	358	418	417	359	1.17
'22	普通	358	461	460	360	1.29

合格のめやす

偏差値平均	56.4	調査書点平均	109.8

【併願例】〈挑戦〉桐蔭学園，桜美林〈最適〉横浜隼人，麻布大附，相模女子大〈堅実〉向上

共　学

上鶴間 高等学校

【設置学科】　普通科
【所在地】　〒252-0318　神奈川県相模原市南区上鶴間本町9-31-1　☎(042)743-5622
【アクセス】　小田急線―相模大野よりバス上鶴間高校　東急田園都市線―つきみ野20分
【沿　革】　1977年創立。
【生徒数】　男子462名，女子422名
【特　色】　①すべての生徒が共に学ぶインクルーシブ教育実践推進校。②60分×5時限（週2日6時限）授業を行う。③授業支援ツールのロイロノートなどの学習アプリを活用。生徒のスマートフォンには，授業の復習として毎朝5分程度で解答できる課題が送られ，学習習慣を身につける。④タブレット端末やプロジェクター，Wi-FiなどのICT機器を授業に利用し，主体的・対話的な深い学びに取り組む。⑤夏期講習や基礎力診断テスト，課題テストなどで学習を支援。⑥職業人講座やインターンシップ，上級学校訪問，進路分野別模擬授業，卒業生講話などの進路プログラムも充実する。⑦ヨガ同好会がユニーク。軽音楽部が全国大会で最優秀賞を受賞。
【進路情報】　卒業生数―264名
大学―118名　短大―17名　専門学校―92名　就職―11名　その他―26名
【大学合格状況】　中央大，法政大，日本大，専修大，東海大，帝京大，神奈川大，立正大，他。
【指定校推薦】　日本大，専修大，亜細亜大，帝京大，神奈川大，国士舘大，桜美林大，他。
【見学ガイド】　文化祭，説明会，公開授業，見学会

選抜方法 2024年春(実績)　〈第1次選考〉
調査書，学力検査（5教科）
※調査書＝学習の記録（評定）
※f：g＝5：5
※重点化なし

応募状況

年度	学科	募集	志願	受検	合格	志願倍率
'24	普通	279	332	331	279	1.19
'23	普通	318	345	342	318	1.08
'22	普通	278	326	326	279	1.17

合格のめやす

偏差値平均	39.8	調査書点平均	80.4

【併願例】〈挑戦〉立花学園，藤沢翔陵，光明相模原〈最適〉武相，柏木学園，フェリシア

神奈川

全日制

綾瀬市／相模原市

神奈川総合産業 高等学校

共学
単位制

【設置学科】 総合産業科

【所在地】 〒252-0307 神奈川県相模原市南区文京1-11-1 ☎(042)742-6111

【アクセス】 小田急線―相模大野15分

【沿 革】 2005年開校。

【生徒数】 男子469名，女子209名

【特 色】 ①教養・科学・技術が学べる県内唯一の総合産業学科高校。新たな産業の創出や科学技術の発展に主体的に関わる人材の育成をめざす。②単位制特有の幅広い科目を工学系，情報系，環境バイオ系，科学系の4系とリベラルアーツ分野に分類。生徒はこの4系1分野を基本に自分で科目選択して時間割を作り，課題研究に取り組む。③研修旅行（修学旅行）では4系1分野の内容を含んだ旅行を企画し，学んだことを実践する。④1授業を100分で行う。座学ではワークショップやプレゼンテーション，実習系ではものづくりに時間をかけて取り組むなど様々な授業展開を行う。⑤前後期の二学期制。またセメスター制を採用しているので，通常1年間で学習する内容を前後期のいずれか半年間で習得し，単位認定される科目もある。⑥化学工学部が総文祭に出場した。

【進路情報】 卒業生数―223名

大学―131名 短大―1名 専門学校―66名 就職―6名 その他―19名

【大学合格状況】 慶應大，明治大，青山学院大，中央大，法政大，日本大，東洋大，他。

【指定校推薦】 非公表。

【見学ガイド】 文化祭，説明会

選抜方法 2024年春(実績) （第1次選考）

調査書，学力検査（5教科）
※調査書＝学習の記録（評定）
※f：g＝4：6
※重点化（調査書）数英理2倍

応募状況

年度	学科	募集	志願	受検	合格	志願倍率
'24	総合産業	239	261	258	239	1.09
'23	総合産業	238	265	260	239	1.11
'22	総合産業	238	282	280	239	1.18

合格のめやす

偏差値平均	48.5	調査書点平均	90.0

【併願例】〈挑戦〉八王子実践 〈最適〉向上，横浜商科大 〈堅実〉光明相模原，柏木学園

上溝 高等学校

共学

【設置学科】 普通科

【所在地】 〒252-0243 神奈川県相模原市中央区上溝6-5-1 ☎(042)762-0008

【アクセス】 JR―上溝10分，淵野辺よりバス上溝高校入口3分

【沿 革】 1911年創立。

【生徒数】 男子303名，女子411名

【特 色】 ①学習内容を着実に習得し，思考力，判断力，表現力を育むことを大切にする。②1年次は多くの科目をバランスよく学習する。2年次から文系と理系に緩やかに分かれる。3年次では一人ひとりの進路希望を実現するために，大学受験に対応する科目や将来の職業選択を見据えた科目など，幅広い選択科目を設置している。③1年次の数学で習熟度別少人数学習，英語で少人数学習を行う授業がある。④職員室前には自習スペースを設けてあり，わからないことがあれば先生の個別指導を受けることもできる。⑤食堂があり，400円前後で様々なメニューがそろっている。⑥児童文化部が地元の保育園などで公演活動を行う。

【進路情報】 卒業生数―235名

大学―129名 短大―28名 専門学校―61名 就職―5名 その他―12名

【大学合格状況】 明治大，青山学院大，中央大，法政大，日本大，東洋大，専修大，東海大，他。

【指定校推薦】 中央大，日本大，専修大，東海大，亜細亜大，帝京大，神奈川大，他。

【見学ガイド】 文化祭，説明会，オープンスクール

選抜方法 2024年春(実績) （第1次選考）

調査書，学力検査（5教科）
※調査書＝学習の記録（評定）
※f：g＝5：5
※重点化なし

応募状況

年度	学科	募集	志願	受検	合格	志願倍率
'24	普通	239	293	293	243	1.23
'23	普通	238	293	289	242	1.23
'22	普通	238	285	283	242	1.20

合格のめやす

偏差値平均	47.5	調査書点平均	95.9

【併願例】〈挑戦〉麻布大附，相模女子大，八王子実践 〈最適〉向上，光明相模原

共　学

相模原 高等学校

【設置学科】　普通科
【所在地】　〒252-0242　神奈川県相模原市中央区横山1-7-20　☎(042)752-4133
【アクセス】　JR—上溝15分，相模原20分
【沿　革】　1964年開校。
【生徒数】　男子430名，女子400名
【特　色】　①「県相（KENSO）」の愛称で親しまれる。②第1志望の進路実現に向けた授業・進路指導を行う。模擬試験を積極的に活用。試験前後の丁寧な指導で自分の課題を発見し，試験後は外部講師による講演会を実施する。③ティームティーチング支援制度があり，課題探究の授業で大学生や大学院生から指導を受けられる。④学習記録帳を活用し，日々の生活プランを担任と一緒に考える。⑤職員室に独自の「攻め机」を設置。生徒は納得いくまで教員に質問する。⑥PC教室や3Dプリンター，人工気象器など施設・設備で学びをサポート。⑦高大連携講座が14大学24講座あり，進路への意識を高める。⑧オーストラリア短期留学では，現地高校との交流で英語力を高める。⑨英語ディベート部，マンドリン部が全国大会出場。科学研究部は部員全員が各種科学コンテストに参加している。
【進路情報】　卒業生数—265名
大学—247名　専門学校—1名　その他—17名
【大学合格状況】　東京大，東工大，一橋大，千葉大，東京外大，横浜国大，東京農工大，他。
【指定校推薦】　非公表。
【見学ガイド】　文化祭，説明会，オープンスクール，学校見学

選抜方法 2024年春(実績)　＼第1次選考）
調査書，学力検査（5教科），自己表現検査
※調査書＝学習の記録（評定）
※f：g＝5：5，i＝1
※重点化なし

応募状況

年度	学科	募集	志願	受検	合格	志願倍率
'24	普通	279	349	345	279	1.25
'23	普通	278	339	335	278	1.22
'22	普通	278	344	335	278	1.24

合格のめやす

偏差値平均	64.3	調査書点平均	123.0

【併願例】〈最適〉桐蔭学園，日大藤沢，桜美林〈堅実〉横浜隼人，麻布大附，八王子学園

共　学

上溝南 高等学校

【設置学科】　普通科
【所在地】　〒252-0243　神奈川県相模原市中央区上溝269　☎(042)778-1981
【アクセス】　JR—番田8分
【沿　革】　1976年創立。
【生徒数】　男子554名，女子510名
【特　色】　①一人ひとりの可能性を広げ，高める学校。②様々な将来の目標に向けたカリキュラム。2年次までは共通履修で，3年次からI系（人文社会系），II系（理工系），III系（看護医療・栄養・農業系）に分かれ，めざす進路に合わせて科目を選択する。③学力向上の一環として1・2年次全員と3年次の希望者を対象に英検の校内受験を実施。英検取得に特化した夏期講習なども開講し，卒業までに2級取得を目標としている。④地域と共に学び，歩む学校づくりとして，ホタル観察会，農業体験，街づくりワークショップなどに地域と連携して取り組む。⑤女子ソフトテニス部が全国大会出場。男子バスケットボール部，男子ハンドボール部，陸上競技部が関東大会に出場した。
【進路情報】　卒業生数—351名
大学—275名　短大—12名　専門学校—46名
就職—4名　その他—14名
【大学合格状況】　都立大，県立保健福祉大，東京理科大，学習院大，明治大，青山学院大，他。
【指定校推薦】　東京理科大，青山学院大，中央大，法政大，日本大，駒澤大，専修大，他。
【見学ガイド】　文化祭，説明会，オープンスクール

選抜方法 2024年春(実績)　＼第1次選考）
調査書，学力検査（5教科）
※調査書＝学習の記録（評定）
※f：g＝5：5
※重点化なし

応募状況

年度	学科	募集	志願	受検	合格	志願倍率
'24	普通	359	393	391	359	1.09
'23	普通	358	446	445	358	1.25
'22	普通	358	387	387	359	1.08

合格のめやす

偏差値平均	51.8	調査書点平均	103.8

【併願例】〈挑戦〉麻布大附　〈最適〉相模女子大，向上，八王子実践　〈堅実〉光明相模原

相模田名 高等学校

共 学

【設置学科】 普通科
【所在地】 〒252-0244 神奈川県相模原市中央区田名6786-1 ☎(042)761-3339
【アクセス】 JR—相模原・淵野辺・上溝よりバス四ツ谷10分
【沿革】 1987年創立。
【生徒数】 男子480名，女子377名
【特色】 ①「チーム田名」として様々な教育活動に取り組み，2022年度には文部科学省から「キャリア教育優良学校大臣表彰」を受けた。②55分授業。基礎・基本の向上をめざし，1・2年次は1クラス35名の少人数学習を実施。1・2年次の数学と英語では3段階の習熟度授業により，「わかる・できる」が実感できる授業を行う。③桜美林大学，神奈川大学などと高大連携協定を締結している。公開講座の受講，出張授業などを行う。④携帯電話のマナーや身だしなみ指導，あいさつの励行など「マナー日本一」に取り組み，自転車通学指導や健康管理指導などを通して集団生活における規律を守る心と責任ある行動の確立をめざす。⑤弓道部が全国大会に出場した。
【進路情報】 卒業生数—269名
大学—129名 短大—14名 専門学校—83名 就職—32名 その他—11名
【大学合格状況】 学習院大，中央大，法政大，東洋大，駒澤大，専修大，帝京大，神奈川大，他。
【指定校推薦】 東海大，帝京大，神奈川大，国士舘大，桜美林大，神奈川工科大，他。
【見学ガイド】 文化祭，説明会，公開授業

選抜方法 2024年春(実績) 〈第1次選考〉
調査書，学力検査（5教科）
※調査書＝学習の記録（評定）
※f：g＝7：3
※重点化なし

応募状況

年度	学科	募集	志願	受検	合格	志願倍率
'24	普通	279	343	342	279	1.23
'23	普通	318	344	343	318	1.08
'22	普通	278	285	283	279	1.03

合格のめやす

偏差値平均	40.9	調査書点平均	81.7

【併願例】〈挑戦〉向上，立花学園 〈最適〉相洋，光明相模原，柏木学園，旭丘，フェリシア

相模原弥栄 高等学校

共 学
単位制

【設置学科】 普通科〔ほかスポーツ科学科，音楽科，美術科⇒全日制専門学科〕
【所在地】 〒252-0229 神奈川県相模原市中央区弥栄3-1-8 ☎(042)758-4695
【アクセス】 JR—淵野辺25分またはバス弥栄小学校前3分
【沿革】 2020年，弥栄高校と相模原青陵高校が統合されて開校。
【生徒数】 男子424名，女子618名
【特色】 ①進学重視の学校。国立大・難関私大への現役合格をめざす。②実験室が7室あり，1・2年次の「理数探究基礎」は課題を自ら設定し，探究する資質や能力を養う。③1年次には少人数の習熟度別授業で英語を学ぶほか，2泊3日を英語で過ごす英語合宿（希望制）を実施。2年次の「表現活動（英語劇）」では，台詞から演出まですべて生徒が考え，発表する。④学習成果を発表する学科連携行事「SAGM Synergy（さがみシナジー）」を開催。⑤陸上競技部，サイエンス部など5つの部が全国大会，吹奏楽部が東日本大会，女子バスケットボール部，ワンダーフォーゲル部が関東大会に出場。
【進路情報】〔普通科〕卒業生数—200名
大学—178名 短大—4名 専門学校—8名 就職—2名 その他—8名
【大学合格状況】 東京外大，横浜国大，東京藝術大，早稲田大，慶應大，東京理科大，他。
【指定校推薦】 非公表。
【見学ガイド】 文化祭，説明会，オープンスクール，公開授業

選抜方法 2024年春(実績) 〈第1次選考〉
調査書，学力検査（5教科）
※調査書＝学習の記録（評定）
※f：g＝5：5
※重点化なし

応募状況

年度	学科	募集	志願	受検	合格	志願倍率
'24	普通	184	218	216	184	1.18
'23	普通	183	223	222	183	1.22
'22	普通	183	222	221	183	1.21

合格のめやす

偏差値平均	58.4	調査書点平均	114.5

【併願例】〈挑戦〉桐蔭学園 〈最適〉横浜隼人，麻布大附，桜美林，八王子学園 〈堅実〉向上

共学

橋本 高等学校

【設置学科】 普通科
【所在地】 〒252-0143 神奈川県相模原市緑区橋本8-8-1 ☎(042)774-0611
【アクセス】 JR・京王相模原線―橋本15分
【沿 革】 1978年創立。
【生徒数】 男子325名，女子524名
【特 色】 ①インクルーシブ教育実践推進校として外国籍の生徒も受け入れる。②毎朝10分の学習「EBS」では週5日間，国数英理社を割り振り，基礎学力の定着と授業の理解力向上を図る。2023年度から教育プラットフォームClassiの活用を開始。上級学校受験に向けた自学自習や進路への準備を，タブレット端末を使って行う。③国際理解教育として2023年度はオーストラリアへの訪問研修を実施。また，選択科目に韓国語や中国語を設置し，外部講師による国際理解講座でグローバルな視点を養う。英語力向上のため，英検受験も促進する。④武道教育に力を入れる。剣道または居合道を3年間かけて学び，礼節を重んじる態度や姿勢，集中力，礼儀作法を身につける。2学期末には武道大会も行われ，段級を認定される生徒もいる。
【進路情報】 卒業生数―277名
大学―186名 短大―9名 専門学校―42名
就職―9名 その他―31名
【大学合格状況】 学習院大，明治大，青山学院大，立教大，中央大，法政大，日本大，他。
【指定校推薦】 学習院大，立教大，法政大，日本大，東洋大，駒澤大，専修大，國學院大，他。
【見学ガイド】 文化祭，説明会，公開授業

選抜方法 2024年春(実績) （第1次選考）
調査書，学力検査（5教科）
※調査書＝学習の記録（評定）
※f：g＝5：5
※重点化なし

応募状況

年度	学科	募集	志願	受検	合格	志願倍率
'24	普通	269	322	316	269	1.20
'23	普通	268	275	274	268	1.03
'22	普通	268	309	307	268	1.15

合格のめやす

偏差値平均	48.3	調査書点平均	97.2

【併願例】〈挑戦〉麻布大附，相模女子大，八王子実践 〈最適〉向上 〈堅実〉光明相模原

共学
単位制

相模原城山 高等学校

【設置学科】 普通科
【所在地】 〒252-0116 神奈川県相模原市緑区城山1-26-1 ☎(042)782-6565
【アクセス】 JR・京王相模原線―橋本よりバス城山高校前3分
【沿 革】 2023年，城山高校と相模原総合高校が統合されて開校。
【生徒数】 男子402名，女子417名
【特 色】 ①年次進行型の単位制高校。共通科目を最小限にし，文系，理系などの類型も設定しない。生徒は多様な選択科目から，科目選択をする。②選択必修科目には「科学実験」「中国語」「韓国語」「プログラミング発展」「幼児教育研究」などを設置。自由選択科目として「地域研究」「コンテンツの制作と発信」などがある。③ICTを活用した授業を推進。プロジェクター，Wi-Fiに接続されたタブレット端末や生徒のスマートフォンを利用して，ロイロノート（授業支援アプリ）などを活用したわかりやすい授業を行う。④プログラム教育にも力を入れる。神奈川工科大学との連携によるロボット制御のような専門的な授業だけでなく，一般教科でも問題解決のための分析評価・抽象化・一般化・手順の考察などを行い，情報活用能力，論理的思考力，課題発見・解決能力を育む。⑤幼児教育の授業を選択する3年次生で構成する同好会「ひまわりクラブ」は，人形劇公演やボランティア活動など，地域と密着した取り組みを行い，和泉短期大学との高大連携講座も開講する。
【見学ガイド】 文化祭，説明会，オープンキャンパス，見学会

選抜方法 2024年春(実績) （第1次選考）
調査書，学力検査（5教科）
※調査書＝学習の記録（評定）
※f：g＝6：4
※重点化なし

応募状況

年度	学科	募集	志願	受検	合格	志願倍率
'24	普通	279	333	330	279	1.19
'23	普通	278	284	284	278	1.02

合格のめやす

偏差値平均	40.8	調査書点平均	82.2

【併願例】〈挑戦〉向上，立花学園，日大明誠 〈最適〉光明相模原，柏木学園，フェリシア

共 学

津久井 高等学校

【設置学科】 普通科〔ほか福祉科⇒全日制専門学科〕

【所在地】 〒252-0159 神奈川県相模原市緑区三ケ木272-1 ☎(042)784-1053

【アクセス】 JR—相模湖・橋本よりバス三ケ木3分

【沿 革】 1948年創立。

【生徒数】 男子232名，女子164名

【特 色】 ①総合的な探究の時間の研究授業校。地域と協働し，地域社会に貢献できる生徒を育成する。②1年次の数学と英語は習熟度別少人数クラス編成で授業を展開。これまでの学び直しも行いながら，わかりやすく丁寧に指導する。③生徒の進路や興味・関心に合わせた選択科目を設定し，進学にも就職にも対応する。選択科目には，「理数探究基礎」「器楽」など専門的な学習ができる科目や，学校独自の「コミュニティ・イベント」「津久井の環境と産業」という地域に密着したユニークな科目もある。④1年次から進路指導に力を入れる。伝統校の強みで地元企業とのつながりが深く，毎年多くの求人がある。⑤ボート部は相模湖で練習を行う。

【進路情報】〔全学科計〕卒業生数—101名
大学—6名 短大—6名 専門学校—22名
就職—52名 その他—15名

【大学合格状況】 田園調布学園大，他。

【指定校推薦】 神奈川大，田園調布学園大，東京工芸大，和光大，多摩大，他。

【見学ガイド】 文化祭，説明会，体験入学，学校見学

選抜方法 2024年春(実績) 〈第1次選考〉

調査書，学力検査（3教科），自己表現検査
※調査書＝学習の記録（評定）
※f：g＝6：4，i＝3
※重点化なし

応募状況

年度	学科	募集	志願	受検	合格	志願倍率
'24	普通	159	87	87	87	0.55
'23	普通	158	105	104	104	0.66
'22	普通	158	110	109	108	0.70

合格のめやす

偏差値平均	32.8	調査書点平均	72.1

【併願例】〈挑戦〉光明相模原，白鵬女子，柏木学園，聖パウロ，フェリシア

横浜明朋 高等学校

共学　定時制（単位制）

【設置学科】　普通科
【所在地】　〒234-0054　神奈川県横浜市港南区港南9-18-1　☎(045)836-1680
【アクセス】　JR─港南台10分
【沿　革】　2014年開校。
【生徒数】　男子291名，女子257名
【特　色】　①昼間の時間帯に勉強する定時制高校。生徒は午前部・午後部いずれかの部に所属する。4年間での卒業が原則。しかし，午前部の生徒が午後部の5・6時限目を，午後部の生徒が午前部の1・2時限目を受ける「部間併修」制度を利用すれば，3年間での卒業も可能。②教育活動を通じて一人ひとりの自己肯定感を高め，社会生活実践力を身につけた生徒の育成をめざす。③毎朝10分間，学びの時間を設定している。④1年次の国語，数学，英語で学び直しの科目を設定する。⑤全クラス複数担任制，スクールカウンセラーなどが配置され，相談しやすい体制が整う。⑥生徒会活動が盛ん。学校をよりよくするために目安箱の設置などを行う。⑦陸上競技部，剣道部，ソフトテニス部（男子・女子）が定通全国大会で好成績を収める。
【進路情報】　卒業生数─152名
大学─18名　短大─1名　専門学校─51名
就職─48名　その他─34名
【大学合格状況】　玉川大，桜美林大，帝京科学大，田園調布学園大，東京工芸大，他。
【指定校推薦】　多摩大，東京工芸大，聖学院大，杉野服飾大，横浜創英大，横浜薬科大，他。
【見学ガイド】　文化祭，説明会

選抜方法 2024年春(実績)　（第1次選考）
調査書，学力検査（3教科），面接
※調査書＝観点別学習状況の評価
※調査書＝300点，学力検査＝200点，面接＝100点

応募状況

年度	部	募集	志願	受検	合格	志願倍率
'24	午前部	133	100	98	97	0.75
	午後部	133	41	40	39	0.31
'23	午前部	133	116	113	113	0.87
	午後部	133	31	31	31	0.23

合格のめやす

午前部	偏差値平均	33.2	調査書点平均	51.0
午後部		33.6		52.2

【併願例】〈挑戦〉横浜学園，武相，白鵬女子，柏木学園，清心女子（通），秀英（通）

横浜市立 横浜総合 高等学校

共学　定時制（単位制）

【設置学科】　総合学科
【所在地】　〒232-0061　神奈川県横浜市南区大岡2-29-1　☎(045)744-1900
【アクセス】　市営地下鉄─弘明寺3分　京急本線─弘明寺10分
【沿　革】　2002年開校。2013年，横浜市中区より移転。
【生徒数】　男子464名，女子521名
【特　色】　①Ⅰ部（午前），Ⅱ部（午後），Ⅲ部（夜間）の三部制。各部とも1日4時間学ぶが，他の部の時間帯で「プラスの授業」を選択すれば，3年間での卒業も可能。②プラスの授業は，内容によってエンジニア系列，ビジネス系列，生活文化系列の総合選択科目にまとめられ，さらに系列に属さない科目や大学受験などに必要な普通科目を設定した自由選択科目がある。③独自のイベントとして，70以上の教育機関や企業がブースを出す「横総未来博」，農作業体験や物産販売などを行う「第一次産業体験」，大学生や社会人と毎週水曜日に運営する「ようこそカフェ」がある。④女子バスケットボール・剣道・ソフトテニス・陸上競技・バドミントン・サッカーの各部が定通全国大会に出場。
【進路情報】　卒業生数─232名
大学─37名　短大─1名　専門学校─108名
就職─41名　その他─45名
【大学合格状況】　東洋大，東海大，神奈川大，桜美林大，関東学院大，武蔵野大，文教大，他。
【指定校推薦】　神奈川大，関東学院大，他。
【見学ガイド】　文化祭，説明会

選抜方法 2024年春(実績)　（第1次選考）
調査書，学力検査（3教科），面接
※調査書＝学習の記録（評定）
※ f：g＝4：6，i＝4
※重点化なし

応募状況

年度	部	募集	志願	受検	合格	志願倍率
'24	Ⅰ部	144	165	165	144	1.15
	Ⅱ部	98	102	101	98	1.04
	Ⅲ部	108	39	39	56	0.36

合格のめやす

Ⅰ部	偏差値平均	39.2	調査書点平均	69.1
Ⅱ部		38.1		68.1

【併願例】〈挑戦〉三浦学苑　〈最適〉横浜学園，武相，柏木学園，清心女子（通）〈堅実〉秀英（通）

神奈川　全日制　昼夜間定時制　横浜市　相模原市

川崎市立 川崎 高等学校

共学 / 定時制

【設置学科】 普通科
【所在地】 〒210-0806 神奈川県川崎市川崎区中島3-3-1 ☎(044)244-4981
【アクセス】 京急大師線―港町12分 JR―川崎20分またはバス市立川崎高校前
【沿革】 1953年創立。2014年昼間部を併設し、二部制定時制に移行。2024年夜間部を廃止。
【生徒数】 男子128名、女子111名
【特色】 ①少人数学習や習熟度別学習、学校設定科目の設置などを展開し、基礎・基本が身につく取り組みを行う。②授業は1日4時限。教員やクラスメイトとのより深いコミュニケーション、きめ細かい指導のため、少人数クラスを編成する。③高校卒業程度認定試験や技能審査の成果の単位認定により、3年間での卒業も可能。④総合的な探究の時間やLHRなどを活用してキャリア教育プログラムを実施。講演会や校外学習、専門学校での体験授業やインターンシップなど、様々な取り組みを通して生徒の進路実現を支援する。⑤屋上テニスコートや図書・メディアセンター、情報処理室など施設が充実。⑥陸上部、男子バレーボール部、女子バドミントン部が全国定通大会に出場した。
【進路情報】〔定時制〕卒業生数―63名
大学―2名 専門学校―14名 就職―23名 その他―24名
【大学合格状況】〔定時制〕神奈川工科大、他。
【指定校推薦】〔定時制〕多摩大、埼玉学園大、東洋学園大、サイバー大、他。
【見学ガイド】 文化祭、説明会、学校見学

選抜方法 2024年春（実績）〈第1次選考〉
調査書、学力検査（3教科）
※調査書＝学習の記録（評定）
※f：g＝4：6
※重点化なし

応募状況

年度	部	募集	志願	受検	合格	志願倍率
'24	昼間部	132	66	66	66	0.50
'23	昼間部	132	76	76	76	0.58
'22	昼間部	140	55	55	55	0.39

合格のめやす

偏差値平均	33.7	調査書点平均	58.2

【併願例】〈挑戦〉橘学苑、大西学園、白鵬女子、日体大荏原、羽田国際、東京実業

相模向陽館 高等学校

共学 / 定時制（単位制）

【設置学科】 普通科
【所在地】 〒252-0003 神奈川県座間市ひばりが丘3-58-1 ☎(046)298-3455
【アクセス】 相鉄本線―さがみ野18分、相模大塚20分 小田急江ノ島線―鶴間25分
【沿革】 昼間定時制高校として、2010年に開校。
【生徒数】 男子480名、女子431名
【特色】 ①午前部、午後部の二部制。各部とも1日4時限の授業を受け、4年間での卒業を基本とする。②大学や専門学校との連携による校外講座、漢検や英検などの技能審査、ボランティア活動などの学校外活動で単位を修得すれば3年間で卒業することも可能。③独自の科目「すこやか」を設置。実習や体験を交えながら、より良い人間関係の築き方を学ぶ。④午前部と午後部の間に「トライアルタイム」を設け、学校行事や部活動などを行う。⑤サッカー部、バレーボール部、バドミントン部、卓球部が全国定時制通信制大会に出場した。
【進路情報】 卒業生数―156名
大学―18名 短大―2名 専門学校―44名 就職―51名 その他―41名
【大学合格状況】 東海大、桜美林大、武蔵野大、横浜薬科大、田園調布学園大、横浜創英大、他。
【指定校推薦】 東京工芸大、田園調布学園大、和光大、横浜商大、東京家政学院大、他。
【見学ガイド】 文化祭、説明会、見学会

選抜方法 2024年春（実績）〈第1次段階・30%〉
調査書、学力検査（3教科）、面接、自己表現検査
※調査書＝観点別学習状況の評価
※調査書＝20点、学力検査＝30点、面接＝50点、自己表現検査＝20点

応募状況

年度	部	募集	志願	受検	合格	志願倍率
'24	午前部	130	151	149	133	1.16
'24	午後部	130	126	124	130	0.97
'23	午前部	130	139	139	131	1.07
'23	午後部	130	83	81	87	0.64

合格のめやす

	偏差値平均		調査書点平均	
午前部	36.5		69.0	
午後部	33.7		51.2	

【併願例】〈挑戦〉立花学園、光明相模原、横浜学園 〈最適〉柏木学園、旭丘、秀英（通）

三浦初声 高等学校

共学
単位制

【設置学科】 都市農業科
【所在地】 〒238-0114 神奈川県三浦市初声町和田3023-1(和田キャンパス)
☎(046)888-1036

選抜方法 2024年春(実績) (第1次選考)
調査書, 学力検査(5教科)
※調査書=学習の記録(評定)
※f:g=6:4
※重点化なし

応募状況

年度	学科	募集	志願	受検	合格	志願倍率
'24	都市農業	39	21	21	21	0.54
'23	都市農業	39	35	35	34	0.90
'22	都市農業	39	35	35	35	0.90

合格のめやす

偏差値平均	34.6	調査書点平均	70.6

吉田島 高等学校

共学
単位制

【設置学科】 都市農業科, 食品加工科, 環境緑地科
【所在地】 〒258-0021 神奈川県足柄上郡開成町吉田島281 ☎(0465)82-0151

選抜方法 2024年春(実績) (第1次選考)
調査書, 学力検査(5教科), 面接
※調査書=学習の記録(評定)
※f:g=6:4, i=2 ※重点化なし

応募状況

年度	学科	募集	志願	受検	合格	志願倍率
'24	都市農業	39	30	29	29	0.77
	食品加工	39	31	31	31	0.79
	環境緑地	39	27	27	27	0.69
'23	都市農業	39	35	35	34	0.90
	食品加工	39	22	21	21	0.56
	環境緑地	39	36	36	36	0.92

合格のめやす

	偏差値平均	調査書点平均	
都市	34.9		66.3
食品	39.8		76.5
環境	36.5		69.8

平塚農商 高等学校

共学

【設置学科】 都市農業科, 都市環境科, 食品科学科, 農業総合科
【所在地】 〒254-0064 神奈川県平塚市達上ケ丘10-10 ☎(0463)31-0944

選抜方法 2024年春(実績) (第1次選考)
調査書, 学力検査(5教科)
※調査書=学習の記録(評定)
※f:g=6:4
※重点化なし

応募状況

年度	学科	募集	志願	受検	合格	志願倍率
'24	都市農業	39	36	36	38	0.92
	都市環境	39	42	42	39	1.08
	食品科学	39	45	45	39	1.15
	農業総合	39	44	44	39	1.13

合格のめやす

	偏差値平均	調査書点平均	
都市農業	39.2		72.8
都市環境	36.3		72.6
食品科学	37.4		79.2
農業総合	38.2		78.3

中央農業 高等学校

共学

【設置学科】 園芸科学科, 畜産科学科, 農業総合科
【所在地】 〒243-0422 神奈川県海老名市中新田4-12-1 ☎(046)231-5202

選抜方法 2024年春(実績) (第1次選考)
調査書, 学力検査(5教科), 面接
※調査書=学習の記録(評定)
※f:g=5:5, i=2
※重点化なし

応募状況

年度	学科	募集	志願	受検	合格	志願倍率
'24	園芸科学	79	58	58	64	0.73
	畜産科学	39	52	51	39	1.33
	農業総合	79	72	72	76	0.91

合格のめやす

	偏差値平均	調査書点平均	
園芸	39.4		77.9
畜産	38.1		72.5
農業	40.3		80.1

神奈川 全日制 専門学科 農業 昼夜間定時制 川崎市／座間市

共学

相原 高等学校

【設置学科】 畜産科学科, 食品科学科, 環境緑地科

【所在地】 〒252-0132 神奈川県相模原市緑区橋本台4-2-1 ☎(042)760-6131

選抜方法 2024年春(実績) (第1次選考)
調査書, 学力検査(5教科)
※調査書=学習の記録(評定)
※f:g＝5:5
※重点化 環境緑地科のみ(調査書)美技・家2倍

応募状況

年度	学科	募集	志願	受検	合格	志願倍率
'24	畜産科学	39	54	53	39	1.38
	食品科学	39	47	47	39	1.21
	環境緑地	39	46	46	39	1.18

合格のめやす

畜産	偏差値平均	45.7	調査書点平均	93.5
食品		43.6		88.8
環境		42.1		83.5

共学

商工 高等学校

【設置学科】 総合技術科

【所在地】 〒240-0035 神奈川県横浜市保土ケ谷区今井町743 ☎(045)353-0591

選抜方法 2024年春(実績) (第1次選考)
調査書, 学力検査(3教科), 面接
※調査書=学習の記録(評定)
※f:g＝6:4, i＝3
※重点化なし

応募状況

年度	学科	募集	志願	受検	合格	志願倍率
'24	総合技術	119	121	120	119	1.02
'23	総合技術	118	106	106	106	0.90
'22	総合技術	118	124	124	118	1.05

合格のめやす

偏差値平均	35.6	調査書点平均	69.9

共学

神奈川工業 高等学校

【設置学科】 機械科, 建設科, 電気科, デザイン科

【所在地】 〒221-0812 神奈川県横浜市神奈川区平川町19-1 ☎(045)491-9461

選抜方法 2024年春(実績) (第1次選考)
調査書, 学力検査(5教科・デザイン科のみ3教科), デザイン科のみ実技検査 ※調査書=学習の記録(評定) ※f:g＝5:5, i＝5
※重点化 デザイン科のみ(調査書)美2倍

応募状況

年度	学科	募集	志願	受検	合格	志願倍率
'24	機械	79	98	96	80	1.24
	建設	79	90	90	80	1.14
	電気	119	130	128	120	1.09
	デザイン	39	53	53	40	1.36

合格のめやす

機械	偏差値平均	41.8	調査書点平均	79.8
建設		44.1		88.2
電気		43.9		85.5
デザイン		48.8		93.1

共学

磯子工業 高等学校

【設置学科】 機械科, 電気科, 建設科, 化学科

【所在地】 〒235-0023 神奈川県横浜市磯子区森5-24-1 ☎(045)761-0251

選抜方法 2024年春(実績) (第1次選考)
調査書, 学力検査(5教科)
※調査書=学習の記録(評定)
※f:g＝4:6
※重点化なし

応募状況

年度	学科	募集	志願	受検	合格	志願倍率
'24	機械	79	57	54	54	0.72
	電気	79	67	65	65	0.85
	建設	39	33	33	32	0.85
	化学	39	14	14	14	0.36

合格のめやす

機械	偏差値平均	35.9	調査書点平均	66.2
電気		38.6		70.0
建設		34.7		66.0
化学		39.3		66.5

川崎工科 高等学校

共 学

【設置学科】 総合技術科
【所在地】 〒211-0013　神奈川県川崎市中原区上平間1700-7　☎(044)511-0114

選抜方法 2024年春(実績) 〈第1次選考〉
調査書，学力検査（5教科）
※調査書＝学習の記録（評定）
※f：g＝6：4
※重点化なし

応募状況

年度	学科	募集	志願	受検	合格	志願倍率
'24	総合技術	239	191	190	189	0.80
'23	総合技術	238	161	160	160	0.68
'22	総合技術	238	180	179	177	0.76

合格のめやす

偏差値平均	36.2	調査書点平均	67.8

向の岡工業 高等学校

共 学

【設置学科】 機械科，電気科，建設科
【所在地】 〒214-0022　神奈川県川崎市多摩区堰1-28-1　☎(044)833-5221

選抜方法 2024年春(実績) 〈第1次選考〉
調査書，学力検査（5教科）
※調査書＝学習の記録（評定）
※f：g＝4：6
※重点化なし

応募状況

年度	学科	募集	志願	受検	合格	志願倍率
'24	機械	79	62	62	61	0.78
	電気	79	74	73	73	0.94
	建設	79	58	57	57	0.73
'23	機械	78	61	60	60	0.78
	電気	78	61	60	60	0.78
	建設	78	50	50	49	0.64

合格のめやす

機械		35.4		68.0
電気	偏差値平均	40.6	調査書点平均	71.5
建設		31.4		62.4

川崎市立 川崎総合科学 高等学校

共 学

【設置学科】 情報工学科，総合電気科，電子機械科，建設工学科，デザイン科
【所在地】 〒212-0002　神奈川県川崎市幸区小向仲野町5-1　☎(044)511-7336

選抜方法 2024年春(実績) 〈第1次選考〉
調査書，学力検査（5教科，建設工学科・デザイン科は3教科），建設工学科は自己表現検査，デザイン科は実技検査　※調査書＝学習の記録（評定）　※f：g＝5：5，i＝建設工学科3・デザイン科4　※重点化　デザイン科のみ（調査書）美2倍

応募状況

年度	学科	募集	志願	受検	合格	志願倍率
'24	情報工学	39	58	57	39	1.49
	総合電気	39	36	36	39	0.92
	電子機械	39	30	30	35	0.77
	建設工学	39	45	44	39	1.15
	デザイン	39	47	45	39	1.21

合格のめやす

情報工学		51.2		93.7
総合電気		43.3		85.2
電子機械	偏差値平均	44.2	調査書点平均	87.6
建設工学		41.4		83.5
デザイン		49.3		100.5

横須賀工業 高等学校

共 学

【設置学科】 機械科，電気科，化学科，建設科
【所在地】 〒238-0022　神奈川県横須賀市公郷町4-10　☎(046)851-2122

選抜方法 2024年春(実績) 〈第1次選考〉
調査書，学力検査（5教科）
※調査書＝学習の記録（評定）
※f：g＝5：5　※重点化なし

応募状況

年度	学科	募集	志願	受検	合格	志願倍率
'24	機械	79	71	70	70	0.90
	電気	79	73	72	72	0.92
	化学	39	24	24	24	0.62
	建設	39	39	39	39	1.00
'23	機械	78	64	64	63	0.82
	電気	78	51	51	51	0.65
	化学	39	28	27	27	0.72
	建設	39	39	39	39	1.00

合格のめやす

機械		37.7		73.2
電気	偏差値平均	38.8	調査書点平均	75.7
化学		37.3		68.7
建設		40.2		78.8

共学

藤沢工科 高等学校

【設置学科】 総合技術科
【所在地】 〒252-0803 神奈川県藤沢市今田744 ☎(0466)43-3402

選抜方法 2024年春(実績) （第1次選考）

調査書，学力検査（5教科），面接
※調査書＝学習の記録（評定）
※f：g＝6：4，i＝3
※重点化 （調査書）美技・家のうち上位1教科2倍

応募状況

年度	学科	募集	志願	受検	合格	志願倍率
'24	総合技術	239	193	192	191	0.81
'23	総合技術	238	219	218	218	0.92
'22	総合技術	238	169	167	167	0.71

合格のめやす

偏差値平均	36.7	調査書点平均	68.3

共学

小田原城北工業 高等学校

【設置学科】 機械科，建設科，電気科，デザイン科
【所在地】 〒250-0852 神奈川県小田原市栢山200 ☎(0465)36-0111

選抜方法 2024年春(実績) （第1次選考）

調査書，学力検査（5教科）
※調査書＝学習の記録（評定） ※f：g＝6：4
※重点化 （調査書）数理技・家（デザイン科のみ数理美）2倍

応募状況

年度	学科	募集	志願	受検	合格	志願倍率
'24	機械	39	36	36	36	0.92
	建設	39	18	18	18	0.46
	電気	39	37	37	37	0.95
	デザイン	39	27	27	27	0.69

合格のめやす

機械	偏差値平均	35.7	調査書点平均	69.1
建設		39.2		82.2
電気		37.5		71.6
デザイン		37.9		77.0

共学

平塚工科 高等学校

【設置学科】 総合技術科
【所在地】 〒254-0821 神奈川県平塚市黒部丘12-7 ☎(0463)31-0417

選抜方法 2024年春(実績) （第1次選考）

調査書，学力検査（5教科）
※調査書＝学習の記録（評定）
※f：g＝5：5
※重点化 数理2倍 （調査書）数理技・家2倍

応募状況

年度	学科	募集	志願	受検	合格	志願倍率
'24	総合技術	239	157	157	157	0.66
'23	総合技術	238	185	185	185	0.78
'22	総合技術	238	154	154	154	0.65

合格のめやす

偏差値平均	37.6	調査書点平均	67.9

共学

商工 高等学校

【設置学科】 総合ビジネス科
【所在地】 〒240-0035 神奈川県横浜市保土ケ谷区今井町743 ☎(045)353-0591

選抜方法 2024年春(実績) （第1次選考）

調査書，学力検査（3教科），面接
※調査書＝学習の記録（評定）
※f：g＝6：4，i＝3
※重点化なし

応募状況

年度	学科	募集	志願	受検	合格	志願倍率
'24	総合ビジ	119	124	124	119	1.04
'23	総合ビジ	118	127	127	119	1.08
'22	総合ビジ	118	106	104	104	0.90

合格のめやす

偏差値平均	38.2	調査書点平均	77.8

横浜市立
横浜商業 高等学校

共 学

【設置学科】 商業科，スポーツマネジメント科
【所在地】 〒232-0006 神奈川県横浜市南区南太田2-30-1 ☎(045)713-2323

選抜方法 2024年春(実績) （第1次選考）
調査書，学力検査(5教科)，スポーツマネジメント科のみ実技検査 ※調査書＝学習の記録（評定） ※f：g＝5：5（スポーツマネジメント科4：6，i＝3）
※重点化 スポーツマネジメント科のみ（調査書）保体2倍

応募状況

年度	学科	募集	志願	受検	合格	志願倍率
'24	商業	199	235	235	199	1.18
	スポーツ	39	54	54	39	1.38
'23	商業	199	226	225	199	1.14
	スポーツ	39	47	47	40	1.21

合格のめやす

商業	偏差値平均	50.5	調査書点平均	99.2
スポ		46.0		93.7

川崎市立
幸 高等学校

共 学

【設置学科】 ビジネス教養科
【所在地】 〒212-0023 神奈川県川崎市幸区戸手本町1-150 ☎(044)522-0125

選抜方法 2024年春(実績) （第1次選考）
調査書，学力検査(5教科)
※調査書＝学習の記録（評定）
※f：g＝5：5
※重点化なし

応募状況

年度	学科	募集	志願	受検	合格	志願倍率
'24	ビジネス	118	140	140	118	1.19
'23	ビジネス	118	132	130	118	1.12
'22	ビジネス	118	133	133	119	1.13

合格のめやす

偏差値平均	40.8	調査書点平均	86.9

平塚農商 高等学校

共 学

【設置学科】 総合ビジネス科
【所在地】 〒254-0064 神奈川県平塚市達上ケ丘10-10 ☎(0463)31-0944

選抜方法 2024年春(実績) （第1次選考）
調査書，学力検査(5教科)
※調査書＝学習の記録（評定）
※f：g＝6：4
※重点化なし

応募状況

年度	学科	募集	志願	受検	合格	志願倍率
'24	総合ビジ	159	163	163	159	1.03
'23	総合ビジ	158	147	147	147	0.93
'22	総合ビジ	158	158	158	158	1.00

合格のめやす

偏差値平均	38.7	調査書点平均	75.5

小田原東 高等学校

共 学

【設置学科】 総合ビジネス科
【所在地】 〒250-0003 神奈川県小田原市東町4-12-1 ☎(0465)34-2847

選抜方法 2024年春(実績) （第1次選考）
調査書，学力検査(5教科)
※調査書＝学習の記録（評定）
※f：g＝5：5
※重点化なし

応募状況

年度	学科	募集	志願	受検	合格	志願倍率
'24	総合ビジ	119	66	66	66	0.55
'23	総合ビジ	118	84	83	82	0.71
'22	総合ビジ	118	88	86	86	0.75

合格のめやす

偏差値平均	38.9	調査書点平均	78.7

神奈川 全日制専門学科 工業／商業

厚木王子 高等学校
共学

【設置学科】 総合ビジネス科
【所在地】 〒243-0817 神奈川県厚木市王子1-1-1 ☎(046)221-3158

選抜方法 2024年春(実績) 〈第1次選考〉
調査書, 学力検査(5教科)
※調査書＝学習の記録(評定)
※f：g＝5：5
※重点化なし

応募状況

年度	学科	募集	志願	受検	合格	志願倍率
'24	総合ビジ	159	174	174	159	1.09

合格のめやす

偏差値平均	40.7	調査書点平均	84.7

※統合前の数値を参考として掲載。

相原 高等学校
共学

【設置学科】 総合ビジネス科
【所在地】 〒252-0132 神奈川県相模原市緑区橋本台4-2-1 ☎(042)760-6131

選抜方法 2024年春(実績) 〈第1次選考〉
調査書, 学力検査(5教科)
※調査書＝学習の記録(評定)
※f：g＝5：5
※重点化なし

応募状況

年度	学科	募集	志願	受検	合格	志願倍率
'24	総合ビジ	119	156	156	119	1.31
'23	総合ビジ	118	122	122	118	1.03
'22	総合ビジ	118	144	144	120	1.22

合格のめやす

偏差値平均	44.0	調査書点平均	88.6

海洋科学 高等学校
共学

【設置学科】 船舶運航科, 水産食品科, 無線技術科, 生物環境科
【所在地】 〒240-0101 神奈川県横須賀市長坂1-2-1 ☎(046)856-3128

選抜方法 2024年春(実績) 〈第1次選考〉
調査書, 学力検査(5教科), 自己表現検査
※調査書＝学習の記録(評定)
※f：g＝5：5, i＝2 ※重点化なし

応募状況

年度	学科	募集	志願	受検	合格	志願倍率
'24	船舶運航	39	42	42	39	1.08
	水産食品	39	17	17	19	0.44
	無線技術	39	28	28	32	0.72
	生物環境	39	44	44	39	1.13

合格のめやす

	偏差値平均		調査書点平均
船舶運航	37.2		72.7
水産食品	—		—
無線技術	35.0		61.0
生物環境	37.1		69.3

川崎市立 川崎 高等学校
共学

【設置学科】 生活科学科
【所在地】 〒210-0806 神奈川県川崎市川崎区中島3-3-1 ☎(044)244-4981

選抜方法 2024年春(実績) 〈第1次選考〉
調査書, 学力検査(5教科), 面接
※調査書＝学習の記録(評定)
※f：g＝6：4, i＝5
※重点化 国2倍, (調査書)国1.5倍, 技・家2倍

応募状況

年度	学科	募集	志願	受検	合格	志願倍率
'24	生活科学	39	44	44	39	1.13
'23	生活科学	39	37	35	35	0.95
'22	生活科学	39	31	31	31	0.79

合格のめやす

偏差値平均	40.4	調査書点平均	85.7

吉田島 高等学校

共学
単位制

【設置学科】 生活科学科
【所在地】 〒258-0021 神奈川県足柄上郡開成町吉田島281 ☎(0465)82-0151

選抜方法 2024年春(実績) （第1次選考）
調査書，学力検査（5教科），面接
※調査書＝学習の記録（評定）
※f：g＝6：4，i＝2
※重点化（調査書）技・家2倍

応募状況

年度	学科	募集	志願	受検	合格	志願倍率
'24	生活科学	39	38	37	37	0.97
'23	生活科学	39	31	31	31	0.79
'22	生活科学	39	38	38	38	0.97

合格のめやす

偏差値平均	36.8	調査書点平均	80.1

川崎市立 川崎 高等学校

共学

【設置学科】 福祉科
【所在地】 〒210-0806 神奈川県川崎市川崎区中島3-3-1 ☎(044)244-4981

選抜方法 2024年春(実績) （第1次選考）
調査書，学力検査（5教科），面接
※調査書＝学習の記録（評定）
※f：g＝6：4，i＝5
※重点化なし

応募状況

年度	学科	募集	志願	受検	合格	志願倍率
'24	福祉	39	33	33	32	0.85
'23	福祉	39	31	31	30	0.79
'22	福祉	39	39	39	39	1.00

合格のめやす

偏差値平均	37.5	調査書点平均	82.8

二俣川看護福祉 高等学校

共学

【設置学科】 福祉科
【所在地】 〒241-0815 神奈川県横浜市旭区中尾1-5-1 ☎(045)391-6165

選抜方法 2024年春(実績) （第1次選考）
調査書，学力検査（5教科）
※調査書＝学習の記録（評定）
※f：g＝6：4
※重点化なし

応募状況

年度	学科	募集	志願	受検	合格	志願倍率
'24	福祉	79	45	45	45	0.57
'23	福祉	78	28	28	28	0.36
'22	福祉	78	79	79	79	1.01

合格のめやす

偏差値平均	37.2	調査書点平均	79.7

横須賀南 高等学校

共学

【設置学科】 福祉科
【所在地】 〒239-0835 神奈川県横須賀市佐原4-20-1 ☎(046)834-5671

選抜方法 2024年春(実績) （第1次選考）
調査書，学力検査（5教科），面接
※調査書＝学習の記録（評定）
※f：g＝5：5，i＝2
※重点化なし

応募状況

年度	学科	募集	志願	受検	合格	志願倍率
'24	福祉	79	43	43	43	0.54
'23	福祉	78	47	47	47	0.60
'22	福祉	78	40	40	40	0.51

合格のめやす

偏差値平均	38.7	調査書点平均	82.2

津久井 高等学校

共学

【設置学科】 福祉科
【所在地】 〒252-0159 神奈川県相模原市緑区三ケ木272-1 ☎(042)784-1053

選抜方法 2024年春(実績) (第1次選考)
調査書，学力検査(3教科)，自己表現検査
※調査書＝学習の記録(評定)
※f：g＝6：4，i＝3
※重点化なし

応募状況

年度	学科	募集	志願	受検	合格	志願倍率
'24	福祉	39	8	8	8	0.21
'23	福祉	39	29	29	29	0.74
'22	福祉	39	24	24	24	0.62

合格のめやす

偏差値平均	34.1	調査書点平均	62.8

横浜市立

横浜商業 高等学校

共学

【設置学科】 国際学科
【所在地】 〒232-0006 神奈川県横浜市南区南太田2-30-1 ☎(045)713-2323

選抜方法 2024年春(実績) (第1次選考)
調査書，学力検査(5教科)，面接
※調査書＝学習の記録(評定)
※f：g＝5：5，i＝2
※重点化 英2倍，(調査書)英2倍

応募状況

年度	学科	募集	志願	受検	合格	志願倍率
'24	国際学	35	53	53	35	1.51
'23	国際学	35	36	35	34	1.03
'22	国際学	35	58	57	35	1.66

合格のめやす

偏差値平均	55.7	調査書点平均	111.7

川崎市立

川崎総合科学 高等学校

共学

【設置学科】 科学科
【所在地】 〒212-0002 神奈川県川崎市幸区小向仲野町5-1 ☎(044)511-7336

選抜方法 2024年春(実績) (第1次選考)
調査書，学力検査(5教科)
※調査書＝学習の記録(評定)
※f：g＝4：6
※重点化 数理1.5倍

応募状況

年度	学科	募集	志願	受検	合格	志願倍率
'24	科学	39	42	41	39	1.08
'23	科学	39	54	52	39	1.38
'22	科学	39	42	42	39	1.08

合格のめやす

偏差値平均	58.9	調査書点平均	106.6

川崎市立

橘 高等学校

共学

【設置学科】 国際科
【所在地】 〒211-0012 神奈川県川崎市中原区中丸子562 ☎(044)411-2640

選抜方法 2024年春(実績) (第1次選考)
調査書，学力検査(5教科)，面接
※調査書＝学習の記録(評定)
※f：g＝4：6，i＝2
※重点化 英2倍，(調査書)英2倍

応募状況

年度	学科	募集	志願	受検	合格	志願倍率
'24	国際	39	64	63	39	1.64
'23	国際	39	58	56	39	1.49
'22	国際	39	44	41	39	1.13

合格のめやす

偏差値平均	54.8	調査書点平均	108.1

川崎市立
橘 高等学校

共学

【設置学科】 スポーツ科
【所在地】 〒211-0012　神奈川県川崎市中原区中丸子562　☎(044)411-2640

選抜方法 2024年春(実績)　〈第1次選考〉
調査書，学力検査(5教科)，実技検査
※調査書＝学習の記録(評定)
※f：g＝5：5，i＝5
※重点化なし

応募状況

年度	学科	募集	志願	受検	合格	志願倍率
'24	スポーツ	39	56	56	39	1.44
'23	スポーツ	39	46	45	39	1.18
'22	スポーツ	39	45	45	39	1.15

合格のめやす

偏差値平均	44.9	調査書点平均	90.9

厚木北 高等学校

共学

【設置学科】 スポーツ科学科
【所在地】 〒243-0203　神奈川県厚木市下荻野886　☎(046)241-8001

選抜方法 2024年春(実績)　〈第1次選考〉
調査書，学力検査(5教科)，実技検査，面接
※調査書＝学習の記録(評定)
※f：g＝5：5，i＝実技4：面接1
※重点化なし

応募状況

年度	学科	募集	志願	受検	合格	志願倍率
'24	スポーツ科	39	36	36	36	0.92
'23	スポーツ科	39	44	44	40	1.13
'22	スポーツ科	39	44	43	39	1.13

合格のめやす

偏差値平均	37.4	調査書点平均	76.0

相模原弥栄 高等学校

共学
単位制

【設置学科】 スポーツ科学科
【所在地】 〒252-0229　神奈川県相模原市中央区弥栄3-1-8　☎(042)758-4695

選抜方法 2024年春(実績)　〈第1次選考〉
調査書，学力検査(5教科)，実技検査
※調査書＝学習の記録(評定)
※f：g＝5：5，i＝5
※重点化　(調査書)保体2倍

応募状況

年度	学科	募集	志願	受検	合格	志願倍率
'24	スポーツ科	79	89	89	80	1.13
'23	スポーツ科	78	123	122	80	1.58
'22	スポーツ科	78	84	84	80	1.08

合格のめやす

偏差値平均	48.2	調査書点平均	99.1

白山 高等学校

共学

【設置学科】 美術科
【所在地】 〒226-0006　神奈川県横浜市緑区白山4-71-1　☎(045)933-2231

選抜方法 2024年春(実績)　〈第1次選考〉
調査書，学力検査(3教科)，実技検査
※調査書＝学習の記録(評定)
※f：g＝6：4，i＝4
※重点化　(調査書)美2倍

応募状況

年度	学科	募集	志願	受検	合格	志願倍率
'24	美術	39	47	45	39	1.21
'23	美術	39	58	55	39	1.49
'22	美術	39	51	51	39	1.31

合格のめやす

偏差値平均	43.3	調査書点平均	84.6

上矢部 高等学校

【設置学科】 美術科
【所在地】 〒245-0053 神奈川県横浜市戸塚区上矢部町3230 ☎(045)861-3500

選抜方法 2024年春(実績) 〈第1次選考〉
調査書，学力検査(3教科)，実技検査，面接
※調査書＝学習の記録(評定)
※f：g＝7：3，i＝実技4：面接1
※重点化 (調査書)美2倍

応募状況

年度	学科	募集	志願	受検	合格	志願倍率
'24	美術	39	44	43	39	1.13
'23	美術	39	40	40	39	1.03
'22	美術	39	43	43	39	1.10

合格のめやす

偏差値平均	44.1	調査書点平均	86.9

神奈川総合 高等学校

【設置学科】 舞台芸術科
【所在地】 〒221-0812 神奈川県横浜市神奈川区平川町19-2 ☎(045)491-2000

選抜方法 2024年春(実績) 〈第1次選考〉
調査書，学力検査(国数英・理社より1教科)，自己表現検査，実技検査
※調査書＝学習の記録(評定)
※f：g＝4：6，i＝自己表現1：実技2
※重点化なし

応募状況

年度	学科	募集	志願	受検	合格	志願倍率
'24	舞台芸術	30	45	44	30	1.50
'23	舞台芸術	30	58	57	30	1.93
'22	舞台芸術	30	50	50	30	1.67

合格のめやす

偏差値平均	58.0	調査書点平均	119.1

※偏差値平均は5科の平均偏差値。

相模原弥栄 高等学校

【設置学科】 音楽科，美術科
【所在地】 〒252-0229 神奈川県相模原市中央区弥栄3-1-8 ☎(042)758-4695

選抜方法 2024年春(実績) 〈第1次選考〉
調査書，学力検査(3教科)，実技検査
※調査書＝学習の記録(評定)
※f：g＝5：5，i＝5
※重点化 (調査書)音楽科音2倍・美術科美2倍

応募状況

年度	学科	募集	志願	受検	合格	志願倍率
'24	音楽	39	48	47	39	1.23
'24	美術	39	48	48	39	1.23
'23	音楽	39	53	48	39	1.36
'23	美術	39	61	60	39	1.56

合格のめやす

音楽	偏差値平均	49.4	調査書点平均	100.5
美術		54.8		108.5

定時制課程（夜間）の神奈川県公立高校　（2024年春実績）
通信制課程の神奈川県公立高校

〔定時制・普通科・総合学科〕

学　校　名	募集	学　校　名	募集	学　校　名	募集
横　浜　翠　嵐	105	伊　勢　原	70	〔総合学科・単位制〕	
希　望　ケ　丘	70	津　久　井	70	磯　子　工　業	70
横 浜 市 立 戸 塚	140	〔単　位　制〕		向 の 岡 工 業	70
川 崎 市 立 橘	70	川　　崎　※	70	神奈川総合産業	105
川 崎 市 立 高 津	70	高　　　　浜	70	秦　野　総　合	70
横　　須　　賀	70	湘　　　　南	70	横須賀市立	
追　　　　浜	70	小　　田　　原	70	横須賀総合	70
茅　ケ　崎	70	厚 木 清 南 ※	105		

※川崎・厚木清南は特別の時間定時制課程。
(注) 横浜明朋・横浜市立横浜総合・相模向陽館は昼夜間定時制に掲載。

〔定時制・専門学科〕

学　校　名	科名	募集	学　校　名	科名	募集	学　校　名	科名	募集
〔工業に関する学科〕				機械	35	〔商業に関する学科〕		
神奈川工業	機械	70	小田原城北工業	電気		川崎市立川崎	商業	35
	建設	35	川崎市立川崎	クリエイト	35	総合科学		
	電気	35	総合科学	工学				

〔通信制課程だけの公立高校〕

横浜修悠館高等学校
【所在地】 〒245−0016　神奈川県横浜市
泉区和泉町2563　☎ (045) 800−3711
【募集定員】 普通科　単位制1,250名

〔通信制課程の公立高校〕

厚木清南高等学校
【所在地】 〒243−0021　神奈川県厚木市
岡田１−12−１　☎ (046) 228−1612
【募集定員】 普通科　単位制270名

地球の冷やし方

ぼくたちに愉しくできること

非電化工房

藤村靖之

千葉県
公立高校

千葉県公立高校　　目次

■ 全日制普通科ほか

所在地の学区に掲載。学区については，
p.1202 参照。

第1学区

〔千葉市〕

第2学区

〔八千代市・習志野市・船橋市・市川市・
浦安市・松戸市〕

千葉公立

千
葉

公
立

千葉県公立高等学校略地図

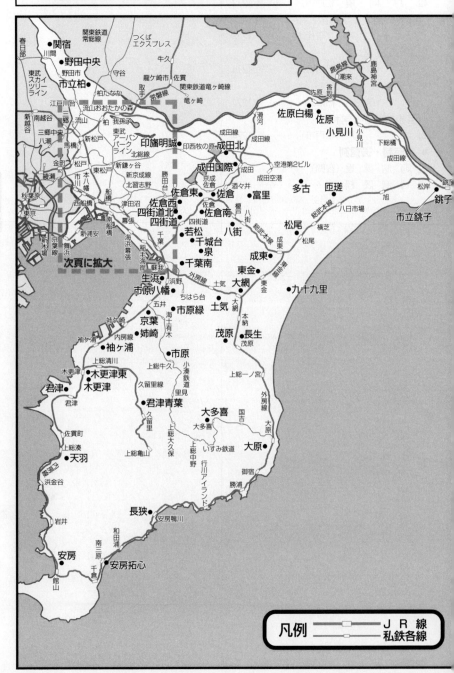

凡例　━━━□━━━　ＪＲ線
　　　━━━■━━━　私鉄各線

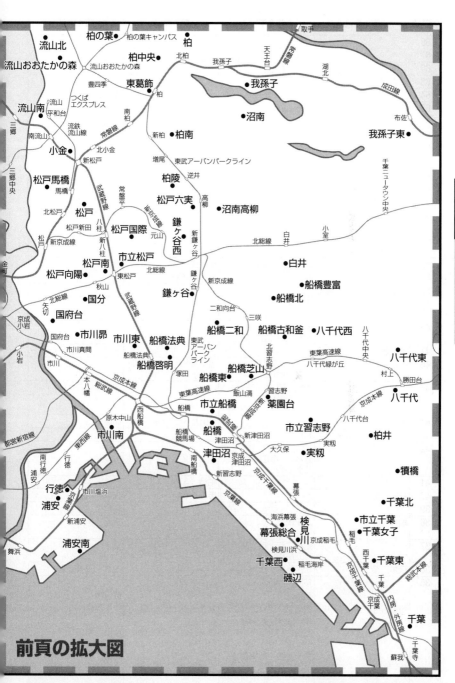

前頁の拡大図

千葉 公立

千葉県公立高校学力段階表

偏差値	第1学区	第2学区	第3学区	第4学区
68	千葉			
67		船橋(普)		
66		船橋(理)	東葛飾	
65	千葉東			
64				佐倉(普)
63	市立千葉(普)	薬園台(普)，小金		
62	市立千葉(理)			佐倉(理)
61				
60		船橋東	柏(普)	
59		八千代(普)	柏(理)	
58			鎌ヶ谷	
57				
56	幕張総合(総合)	国府台	柏南	成田国際(普)
55	千葉西			成田国際(国際)
54		津田沼，松戸国際(普)		
53	検見川，幕張総合(看護)	国分	柏の葉(普)	
52		松戸国際(国際)	柏中央	
51			柏の葉(情)	
50	千葉女子(普)，千葉南			
49		市川東		
48	磯辺	船橋芝山，市立松戸(国際)		
47	千葉北			
46		市立習志野(普)，市立松戸(普)	流山おおたかの森(普)，我孫子	
45		船橋啓明，市立船橋(普)，八千代(体)，松戸(芸)		四街道
44	千葉女子(家)	松戸(普)	流山おおたかの森(国際)	印旛明誠
43	千城台，千葉商業	松戸六実		成田北
42	千葉工業	実籾，市川昴，市立習志野(商)，市立船橋(商)，八千代(家)		
41			柏陵	
40	若松，土気		市立柏(普)	佐倉東(家)
39				佐倉東(普)
38	柏井	八千代東	野田中央，流山(商・情)，市立柏(スポ)	富里
37		船橋二和，市川南，市立船橋(体)		
36	京葉工業	松戸馬橋，市川工業		白井，四街道北
35〜	生浜　犢橋　泉	薬園台(園)　船橋法典　船橋北，浦安，松戸向陽(普／福)　船橋古和釜　八千代西，船橋豊富，行徳，浦安南	流山南　我孫子東，流山(園)　鎌ヶ谷西，沼南高柳，流山北　沼南，関宿，清水(食／機・電・環)	佐倉西　成田西陵(情)　成田西陵(農)　八街，下総(園／自／情)

※専門学科で1つの課程に2学科以上ある場合，偏差値の一番高い学科の値を示しています。

※偏差値は，**合格の可能性60%**の数値です。
2024年度入試に向けたデータに基づきます。

資料提供：進学研究会

千葉 公立

偏差値	第5学区	第6学区	第7学区	第8学区	第9学区
68					
67					
66					
65					
64					
63					
62					
61					
60					木更津(普)
59			長生(普·理)		
58					
57					木更津(理)
56	佐原(普)				
55					
54	佐原(理)	成東(普·理)			
53					
52					
51					
50				安房	
49	佐原白楊, 市立銚子(普·理)				
48					
47					君津(普)
46	匝瑳	東金(普)			
45		東金(国際)	茂原		袖ヶ浦(普)
44					
43					
42	銚子				袖ヶ浦(情)
41			大多喜	長狭	
40					市原八幡
39	銚子商業(商·情)				
38			一宮商業		木更津東(普)
37	小見川	東金商業			木更津東(家)
36	東総工業	松尾			京葉, 君津商業
35〜	多古(普), 旭農業 多古(園), 銚子商業(海)	大網(普／農) 九十九里	茂原樟陽(農／工) 大原	館山総合(商) 館山総合(工) 安房拓心, 館山総合(家) 館山総合(海)	姉崎 市原緑 君津青葉, 天羽, 市原(普／園), 君津(園)

千葉県公立高校入学者選抜日程表 （2024年春実績）

2月

日	月	火	水	木	金	土
				1 一般入学者選抜出願期間（郵送）	2 一般入学者選抜出願期間（郵送）	3
4	5 一般入学者選抜出願期間（郵送）	6 一般入学者選抜出願期間（窓口）	7 一般入学者選抜出願期間（窓口）	8 一般入学者選抜出願期間（窓口）	9	10
11	12	13	14 一般入学者選抜志願・希望変更期間	15 一般入学者選抜志願・希望変更期間	16	17
18	19	20 一般入学者選抜本検査	21 一般入学者選抜本検査	22	23	24
25	26	27	28	29 ※追検査		

※追検査について：感染症罹患による発熱で別室での受検も困難である等，やむを得ない理由で本検査を全部または一部受検することができなかった者を対象に実施。

3月

日	月	火	水	木	金	土
					1	2
3	4 一般入学者選抜合格発表	5	6	7 第2次募集出願期間	8 第2次募集志願・希望変更期間	9
10	11	12 第2次募集検査	13	14 第2次募集合格発表	15	16
17	18	19	20	21	22	23
24	25	26	27	28	29	30
31						

千葉県公立高校の 入試要項 について

2024 年春実績

※以下は2023年9月発表の要項に基づいています。

一般入学者選抜

1. 応募資格

次の①〜③のいずれかを満たしている者。
①2024年3月に中学校またはこれに準ずる学校を卒業見込みの者，中等教育学校の前期課程を修了見込みの者。
②中学校またはこれに準ずる学校を卒業した者，または中等教育学校の前期課程を修了した者。
③中学校を卒業した者と同等の学力があると認められた者。

2. 実施学科・募集人員

〈実施する課程・学科〉

全日制・定時制課程のすべての学科。

〈募集人員〉

募集定員の全部とします。

※併設型高校の募集人員は募集定員から併設型中学校からの進学者数を減じた人数とします。

※三部制定時制課程の各部の募集人員は，募集定員から転入学等の予定人員と秋季入学者選抜の募集人員を減じた人数とします。

3. 出願

県立および市立のそれぞれの通学区域に関する規則に基づいて，定められた通学区域の中から志願する高校を1校選びます。

同一高校の同一課程における異なる学科については，第2希望を申し出ることがで

きます。三部制定時制課程の異なる部については，第2・第3希望を申し出ることができます。

出願に必要な書類は，以下の通りです。
①入学願書　②調査書
③志願理由書（志願する高校が学科ごとに提出を求める場合は所定の様式で作成）
④得点に倍率をかける教科の申告書（5教科の学力検査を行う三部制定時制課程を志願する場合は所定の様式で作成）
⑤自己申告書（欠席が年間30日以上など，説明を希望する者が所定の様式で作成）
※2024年度入試では以下の全日制15校でインターネット出願を実施しました。インターネット出願については別に定めます。
千葉，千葉東，船橋，東葛飾，柏，佐倉，佐原，匝瑳，成東，長生，安房，木更津，市立千葉，市立稲毛，市立柏（市立稲毛は2025年度募集停止予定）

〈入学検査料〉

全日制（県立・市立）…2,200円
定時制・通信制（県立）…950円

4. 志願または希望の変更

〈志願変更〉

所定の期間内に1回に限り，他の高校に志願を変更することができます。

〈希望変更〉

所定の期間内に1回に限り，志願した高校の本検査における選抜の種類，課程，学科，三部制定時制課程の部を変更することができます。

千葉
公立

5. 検査の実施

〈第1日の検査内容〉

学力検査(国語・数学・英語)を行います。国語・数学は各50分, 英語は60分, 各100点満点で行います。

〔時間割〕

第1日	
9：30	集合
9：30〜9：50	受付・点呼
9：50〜10：05	注意事項伝達
10：20〜11：10	国語(聞き取り検査含む)
11：40〜12：30	数学
13：25〜14：25	英語(リスニング含む)
14：40〜	学校設定検査(定時制)

※定時制の課程は, 学力検査を3教科と定めることができます。その場合は, 学校設定検査を第1日の14：40以降, または第2日の9：30以降に行います。

〈第2日の検査内容〉

学力検査(理科・社会), 学校設定検査を行います。理科・社会は各50分, 各100点満点, 学校設定検査は面接, 集団討論, 自己表現, 作文, 小論文, 適性検査, 学校独自問題による検査およびその他の検査のうちから各校が定めた検査を実施します。

〔時間割〕

第2日	
9：30	集合
9：30〜9：50	受付・点呼
9：50〜10：05	注意事項伝達
10：20〜11：10	理科
11：40〜12：30	社会
13：25〜	学校設定検査

6. 選抜方法

以下の(ア)〜(ウ)を資料とし, 各得点を合計した「総得点」に基づき総合的に判定し, 選抜を行います。また, 学校の特色を重視した2段階の選抜を行うことができます。各高校は, 選抜の手順や選抜のための各資料の項目および配点等を定めた「選抜・評価方法」を作成, 公表します。

(ア) 調査書

評定の全学年の合計値について各校で定めるKの数値を乗じ, 「調査書の得点」とします。Kの数値は原則1とし, 各校の特色に応じて0.5〜2の範囲とします。調査書の記載事項については, 各校の特色に応じて50点を上限として「調査書の得点」に加点することができます。

(イ) 学力検査

各教科の得点を合計し,「学力検査の得点」とします。

理数に関する学科は(くくり募集を除く), 数学・理科の得点を1.5倍または2倍した値をそれぞれ数学・理科の得点とみなすことができます。

国際関係に関する学科は, 英語の得点を1.5倍または2倍した値を英語の得点とみなすことができます。

5教科で学力検査を行う三部制定時制課程では, 出願時に申告した3教科の得点を1〜3倍した値をそれぞれの教科の得点とみなすことができます。

(ウ) 学校設定検査

各校が特色に応じて, 10〜100点の範囲内で配点を定めます。ただし, 県が作成する「思考力を問う問題」の配点は100点とします。学校設定検査を2つ以上行う場合は, 合計得点は150点を上限とします。専門学科において適性検査を2つ以上実施し, さらに面接も行う場合は, 面接の配点は50点を上限とし, 学校設定検査の合計得点は200点を超えないものとします。

〈2段階選抜〉

2段階選抜を行う場合, 2段階目で選抜する人数は募集人員の20%以下とします。

選抜では, 1段階目で得点化した「調査書の得点」,「学校設定検査の得点」および

「学力検査の得点」に，以下のk1，k2，k3，k4を乗じた得点を，選抜の資料とすることができます。

k1…調査書の評定の全学年の合計値にKを乗じた数値に乗じる係数

k2…調査書の記載事項の加点に乗じる係数

k3…学校設定検査の得点に乗じる係数

k4…学力検査の得点（傾斜配点のある学校・学科は，傾斜をかけた後の値）に乗じる係数

※k1，k2，k3の値はそれぞれ1以上，k4の値は1以上1.5以下とし，各校が定めます。

〈入学許可候補者の発表〉

各校で掲示によって発表すると共に，ウェブサイトでも発表されます。

第2次募集

1. 応募資格

入学許可候補者数が募集定員に満たない場合は，第2次募集を行います。三部制の定時制課程では，入学許可候補者数が募集定員から転入学等の予定人員および秋季入学者選抜の募集人員を減じた人数に満たない場合に行います。

応募資格は，一般入学者選抜と同様です。ただし，すでに公立高校入学許可候補者となっている者は出願できません。

2. 志願または希望の変更

所定の期間内に，1回に限り，高校の志願変更，課程，学科，三部制定時制課程の部の希望変更ができます。

3. 検査の実施

すべての実施校で面接を行います。さらに集団討論，自己表現，作文，小論文，適性検査，学校独自問題による検査，その他の検査のうちから1つ，各校が定める検査を行います。

4. 選抜方法

調査書，面接の結果，および各校で実施した検査の結果等を資料として総合的に判定して選抜します。調査書の評定の合計値およびその他の記載事項，各校において実施した検査の結果を得点化します。選抜の資料の配点は，各校において別に定めます。

地域連携アクティブスクールの入学者選抜

地域連携アクティブスクールに指定された高校で実施します。

1. 応募資格

一般入学者選抜に同じ。

2. 出願

所定の通学区域に関する規則に基づいて出願します。他の公立高校を併願することはできません。

所定の期間内に1回に限り，他の高校に志願を変更することができます。

3. 検査の実施

〈第1日の検査内容〉

学力検査（国語・数学・英語）を行います。国語・数学は各50分，英語は60分，各100点満点で実施します。ほかに各校で別に定める検査を行うことがあります。

〈第2日の検査内容〉

各校において別に定める検査を行います。

〈第2次募集〉

入学許可候補者の数が募集定員に満たない場合は，第2次募集を行います。

学区について

〈県立全日制普通科〉

本人および保護者の住所があり，かつ本人が在籍する（または卒業した）中学校の位置する学区，またはその学区に隣接する学区の高校を選びます。なお，千葉女子，木更津東は県内全域が学区です。

学区	所属市町村名（隣接学区）
第1学区	千葉市（2・4・6・7・9）
第2学区	市川市，船橋市，松戸市，習志野市，八千代市，浦安市（1・3・4）
第3学区	野田市，柏市，流山市，我孫子市，鎌ケ谷市（2・4）
第4学区	成田市，佐倉市，四街道市，八街市，印西市，白井市，富里市，印旛郡内全町（1・2・3・5・6）
第5学区	銚子市，旭市，匝瑳市，香取市，香取郡内全町（4・6）
第6学区	東金市，山武市，大網白里市，山武郡内全町（1・4・5・7）
第7学区	茂原市，勝浦市，いすみ市，長生郡内全町村，夷隅郡内全町（1・6・8・9）
第8学区	館山市，鴨川市，南房総市，安房郡内全町（7・9）
第9学区	木更津市，市原市，君津市，富津市，袖ケ浦市（1・7・8）

〈県立全日制専門学科・総合学科〉

県内全域が学区です。

〈定時制〉

県内全域が学区です。

〈市立〉

市ごとに定められています。

校名	学区
千葉市立の高校	普通科：千葉市内 理数科：県内 国際教養科：県内
習志野市立の高校	普通科：当該高校が位置する県立学区と隣接学区 商業科：県内
船橋市立の高校	普通科：当該高校が位置する県立学区と隣接学区 商業科：県内 体育科：県内
松戸市立の高校	普通科：当該高校が位置する県立学区と隣接学区 国際人文科：県内
柏市立の高校	普通科：当該高校が位置する県立学区と隣接学区 スポーツ科学科：県内
銚子市立の高校	普通科：当該高校が位置する県立学区と隣接学区 理数科：当該高校が位置する県立学区と隣接学区

〔県立高校の授業料等（2024年度予定）〕

区分	入学料	※授業料（年額）
全日制	5,650円	118,800円
定時制	2,100円	1単位1,740円
通信制	500円	1単位330円

※上記授業料については原則として就学支援金が支給されるため，実際の負担はありません。なお，所得制限（年収910万円程度）を超える世帯の場合は上記の授業料を負担する必要が生じます。
※市立高校の入学料・授業料については各高校に確認してください。

県立高校の選抜に関する最新情報は，千葉県教育委員会のホームページに逐一掲載されます。下記のアドレスより閲覧できますので参照してください。

https://www.pref.chiba.lg.jp/kyouiku/

調査書 （2024年春実績）

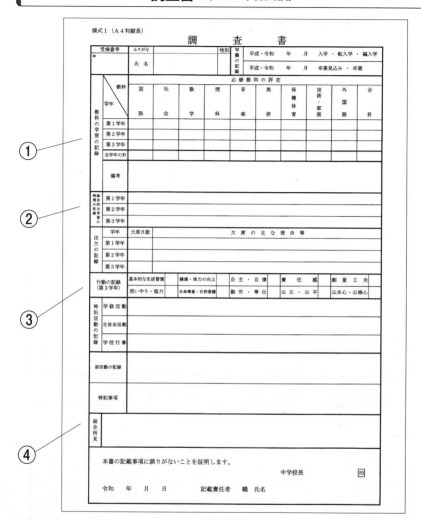

① **教科の学習の記録**

第1・2学年の評定は生徒指導要録記載のものが転記されます。第3学年の評定は目標に準拠した5段階評価とし，必修教科について記入されます。

② **総合的な学習の時間の記録**

総合的な学習の時間の学習活動が記入されます。

③ **行動の記録**

第3学年のそれぞれの項目ごとに十分に満足できると判断される場合は「○」，

そうでないと判断される場合は「／」が記入されます。

④ **総合所見**

「各教科の学習や総合的な学習の時間に関する所見」「行動に関する所見」「特別活動に関する所見」「進路指導に関する事項」「その他」について200字を超えない程度で記入されます。

千葉 公立

志願理由書 （2024年春実績）

様式３の⑴ （Ａ４判縦長）

志 願 理 由 書

年　　月　　日

高等学校長　　様

（※受検番号　　　　　　　　）

中 学 校 名

志願者氏名

保護者氏名

私は、下記により、貴校　　　　　の課程　　　科（　　　部）への入学を志願します。

記

1　志願の理由（当該高等学校・学科を志願する動機や理由等について書くこと。）

| |
| |
| |
| |
| |
| |
| |

2　自己アピール（自分について伝えたいことがらを書くこと。）

| |
| |
| |
| |
| |
| |

記入上の注意
1　黒のボールペン又は万年筆による志願者の直筆とする。ただし、「1　志願の理由」及び「2　自己アピール」の欄については、鉛筆による志願者の直筆でもよい。
2　志願する課程名及び学科名を記入する。部については、三部制の定時制の課程を志願する場合に記入すること。それ以外の場合には、斜線（／）を引くこと。
3　「2　自己アピール」の欄については、校内や校外での活動、趣味や特技、資格、受賞などについて書いてもよい。
4　※印の欄は、記入しない。

千葉県公立高校再編計画

　千葉県では，社会の変化に対応し，生徒それぞれの豊かな学びを支え，地域のニーズに応えるため，2022年3月に県立高校改革推進プランを策定しました。

　そして，2022年10月には「県立高校改革推進プラン・第1次実施プログラム」がまとめられ，下記の改編が予定されています。なお，2024年3月現在の予定ですので，正式な情報は教育委員会からの発表によって確認してください。

【学科・コースの改編・新設等】

実施年度	対象校	事項
2025年度	土気	保育基礎コースを設置予定

　千葉市立高校では以下の計画が予定されています。2024年3月現在の予定ですので，正式な情報は教育委員会からの発表によって確認してください。

【全日制高校の募集停止】

実施年度	対象校	内容
2025年度	市立稲毛	2022年度中等教育学校へ改編のため，高校は2025年度募集停止予定

千葉公立

千葉県公立高校　利用上の注意

❶ 学区──学区について注意事項のある場合は参照ページを記しています。

❷ 生徒数──2023年9月に各学校に調査したものです。

❸ 進路情報──2023年春の卒業生の進路状況です。「大学」に留学，「その他」に進学準備を含みます。文部科学省管轄外の大学校は，防衛大学校・防衛医科大学校は「大学」に，その他の大学校は「その他」に含みます。

❹ 大学合格状況──2023年春に合格者（既卒生を含む）を出した主な大学を記載しました。また，巻末資料「主要大学への合格状況」（p.1407～）では2024年春の速報値を他社に先がけて掲載しています。

[資料提供：大学通信]

❺ 指定校推薦──その高校を推薦入学の指定校とする大学・短期大学の実績です。

❻ 見学ガイド──例年受検生に向けて開催されるイベントを紹介しています。2024年度については各校のホームページや学校案内などで確認してください。

❼ 選抜方法　2024年春──2024年に行われた入学者選抜について掲載しました。2025年春については，7月以降に千葉県教育委員会から発表されますので，そちらを確認してください。
学力検査の科目は
　5教科＝国数英理社
　3教科＝国数英
を表します。

調査書は学習の記録（評定）が点数化されます。

Kは評定の合計値に乗じる数値です。

各校が定める学力検査・調査書・学校設定検査の詳しい配点などはp.1276～1279を参照してください。

❽ 応募状況──2024年春の入学者選抜の実績を掲載しました。過去2～3年間の実績を掲載している場合もあります。倍率は志願倍率（志願者数÷募集数）です（追検査は含みません）。合格者数は編集時点で間に合わないため割愛しています。合格者数は千葉県の発表を晶文社『高校受験案内』のSNSでお知らせします。
2025年春の志願状況（速報）が千葉県より発表になりましたら，晶文社『高校受験案内』のSNSでお知らせする予定です。

❾ 合格のめやす──合格のめやすとなる偏差値で，2024年度入試に向けたデータに基づきます。「合格の可能性60％」と「合格の可能性80％」の数値を掲載しています。

[資料提供：進学研究会]

❿ 併願例──併願可能な国立・私立高校を「挑戦」「最適」「堅実」の3つの学力レベルに分類しました。併願校の選び方についてはp.96～99を参照してください。

幕張総合 高等学校

共　学
単位制

● 第 1 学区(p.1202参照)　❶

【設置学科】　総合学科〔ほか看護科⇒全日制専門学科〕

【所在地】　〒261-0014　千葉県千葉市美浜区若葉3-1-6　☎(043)211-6311

【アクセス】　JR—海浜幕張15分，幕張25分

【沿　革】　1996年創立。2019年度普通科から総合学科に改編。

❷　【生徒数】　男子886名，女子1,255名

【特　色】　①進学重視型の総合学科高校。1年次に「産業社会と人間」を履修し，思い描く未来の実現に向けて最適な方法を考えていく。2年次より人文，文理，理工，芸術の4つの系列に分かれ，進路実現をめざしていく。「中国語」「フランス語」「映像表現」「演劇」「保育基礎」など多彩な講座が設置されている。②履修説明会，系統別分野別説明会といったガイダンス機能が多彩。③留学生との交流会，国際理解音楽公演，国際理解講演会を開催。④芸術の幕総として，各種大会や展覧会での上位入賞を果たす。シンフォニックオーケストラ部が全国大会で文部科学大臣賞（第1位），合唱部が全国大会で銅賞を受賞。ワンダーフォーゲル部（男子）が全国大会第2位の実績。男子卓球部，女子卓球部，ラグビーフットボール部が全国大会に出場。

❸　【進路情報】〔総合学科〕卒業生数—662名
大学—552名　短大—2名　専門学校—33名
就職—1名　その他—74名

❹　【大学合格状況】　千葉大，筑波大，東京外大，東京医歯大，早稲田大，慶應大，上智大，他。

❺　【指定校推薦】　東京理科大，学習院大，明治大，青山学院大，立教大，中央大，法政大，他。

❻　【見学ガイド】　文化祭，見学会

選抜方法 2024年春(実績)
学力検査（5教科），調査書，自己表現（口頭or実技）　※K＝1
※特定教科の得点にかける倍率　なし　❼

応募状況

年度	学科	募集	志願	受検	志願倍率
'24	総合	680	1,039	1,010	1.53
'23	総合	680	1,077	1,058	1.58
'22	総合	680	1,044	1,027	1.54

❽

合格のめやす

偏差値	合格の可能性▷60%＝56，80%＝58

❾

❿　【併願例】〈最適〉八千代松陰，千葉敬愛，千葉英和，東葉　〈堅実〉昭和学院，敬愛学園

千葉 公立

共　学

千葉 高等学校

● 第1学区

【設置学科】　普通科
【所在地】　〒260-0853　千葉県千葉市中央区葛城1-5-2　☎(043)227-7434
【アクセス】　JR―本千葉10分　京成千葉線―千葉中央15分
【沿　革】　1878年旧制千葉中学校として創立。2008年度より中学校を併設。
【生徒数】　男子531名，女子418名
【特　色】　①併設中学からの生徒とは入学時より混合クラスとなる。②難関公立高校で，東大合格者数は公立高校トップクラス。③3年次より文系と理系に分かれる。「重厚な教養主義」を掲げ，全教科で基礎・基本を徹底しながら，探究的で深く考える学び，教科横断的で視野を広げる学び，対話的で協働的な学びを重視した質の高い授業を展開。④生徒一人ひとりが自分なりにテーマを見つけ，1年次から約2年間をかけて個別に調査・研究を行う。最も優れた作品には「千葉高ノーベル賞」を授与。⑤学部学科説明会，東京大学見学会，医学部面接対策講座など同校の卒業生と連携した進路指導が充実。大学教授を招いた模擬講義も実施。⑥生徒が主体的・自主的に考え，協働的に学校行事に取り組む。⑦地理部が世界大会に，弓道部，山岳部，囲碁部，将棋部などが全国大会に出場。
【進路情報】　卒業生数―311名
大学―210名　その他―101名
【大学合格状況】　東京大，京都大，東工大，一橋大，国際教養大，大阪大，北海道大，他。
【指定校推薦】　早稲田大，慶應大，東京理科大，学習院大，中央大，国際基督教大，他。
【見学ガイド】　文化祭，説明会

選抜方法 2024年春(実績)
学力検査(5教科)，調査書，思考力を問う問題
※K=0.5
※特定教科の得点にかける倍率　なし

応募状況

年度	学科	募集	志願	受検	志願倍率
'24	普通	240	356	345	1.48
'23	普通	240	380	364	1.58
'22	普通	240	406	389	1.69

合格のめやす

偏差値	合格の可能性▷60%=68，80%=70

【併願例】〈挑戦〉渋谷教育幕張　〈最適〉市川，昭和秀英　〈堅実〉日大習志野，志学館，市原中央

女　子

千葉女子 高等学校

● 第1学区(p.1202参照)

【設置学科】　普通科〔ほか家政科⇒全日制専門学科〕
【所在地】　〒263-0043　千葉県千葉市稲毛区小仲台5-10-1　☎(043)254-1188
【アクセス】　JR―稲毛12分
【沿　革】　1900年創立。
【生徒数】　女子802名
【特　色】　①英語教育に力を入れ，少人数授業，放課後課外授業などを導入。英語資格検定の面接対策指導や国内での夏期英語研修などを実施。②1・2年次に教員基礎コースを設置。千葉大学，学習院大学などの大学教員による教育に関する授業のほか，小学校や特別支援学校での体験学習を行う。③3年次に文系，理系を選択する。④1人1台の端末導入を推進し，授業で活用する。⑤受験に向けた実力養成講座「進学課外」(希望者対象)を始業前や放課後，長期休業中に開講。⑥千葉大学，東邦大学などとの高大連携を実施。⑦国際交流が盛ん。オーストラリア，ニュージーランドの姉妹校でのホームステイプログラムなどを用意する。⑧各種ガイダンス，学問・大学研究を深める体験授業など進路行事が充実。⑨合唱部，なぎなた部，文学・弁論部が全国大会に出場している。
【進路情報】〔普通科〕卒業生数―266名
大学―217名　短大―8名　専門学校―21名
就職―3名　その他―17名
【大学合格状況】　千葉大，東京藝術大，茨城大，慶應大，東京理科大，学習院大，明治大，他。
【指定校推薦】　東京理科大，学習院大，立教大，中央大，法政大，日本大，國學院大，他。
【見学ガイド】　文化祭，説明会，公開授業

選抜方法 2024年春(実績)
学力検査(5教科)，調査書，集団面接
※K=1
※特定教科の得点にかける倍率　なし

応募状況

年度	学科	募集	志願	受検	志願倍率
'24	普通	240	253	251	1.05
'23	普通	240	347	346	1.45
'22	普通	240	322	318	1.34

合格のめやす

偏差値	合格の可能性▷60%=50，80%=52

【併願例】〈挑戦〉千葉敬愛　〈最適〉和洋国府台，敬愛学園，千葉経済大附　〈堅実〉植草学園大附

千葉東 高等学校

共学
単位制

● 第1学区

【設置学科】 普通科
【所在地】 〒263-0021 千葉県千葉市稲毛区轟町1-18-52 ☎(043)251-9221
【アクセス】 JR—西千葉8分 千葉都市モノレール—作草部5分
【沿革】 1941年創立。
【生徒数】 男子452名,女子495名
【特色】 ①1日7時限,50分授業で数英を中心に少人数授業を展開。②3年次に文理分けを行い,選択科目を多く設定。進路選択に応じた授業を展開する。理数系高大連携講座では「量子科学技術研究講座」「東邦大学遺伝子講座」などを開講。③千葉大学教育学部基礎教養講座,大学の講義に参加できるハイスクールオンキャンパスなどを実施して単位を認定する。④日米および日豪の高等学校交流プログラム,国内施設での体験プログラムなどにより,国際理解を深める。⑤1年次の「理数探究基礎」,2・3年次の総合的な探究の時間など,探究的な活動を重視する。⑥朝・放課後・土曜・長期休業中の補習,進路ガイダンス・講演会,卒業生によるバックアップ体制など進路指導が充実。⑦山岳部(女子)がインターハイ2位の実績。化学部,マンドリン楽部が総文祭に出場している。
【進路情報】 卒業生数—315名
大学—265名 専門学校—1名 就職—1名
その他—48名
【大学合格状況】 東京大,東工大,一橋大,千葉大,北海道大,東北大,東京医歯大,他。
【指定校推薦】 早稲田大,慶應大,上智大,東京理科大,明治大,立教大,中央大,他。
【見学ガイド】 説明会

選抜方法 2024年春(実績)
学力検査(5教科),調査書,思考力を問う問題
※K=0.5
※特定教科の得点にかける倍率 なし

応募状況

年度	学科	募集	志願	受検	志願倍率
'24	普通	320	418	410	1.31
'23	普通	320	429	426	1.34
'22	普通	320	529	522	1.65

合格のめやす

偏差値	合格の可能性▷60%=65,80%=67

【併願例】〈挑戦〉昭和秀英 〈最適〉日大習志野 〈堅実〉市原中央,八千代松陰,千葉敬愛

千葉南 高等学校

共学

● 第1学区

【設置学科】 普通科
【所在地】 〒260-0803 千葉県千葉市中央区花輪町45-3 ☎(043)264-1362
【アクセス】 JR—千葉・蘇我・鎌取よりバス千葉南高校3分
【沿革】 1972年創立。
【生徒数】 男子487名,女子462名
【特色】 ①週32時間授業。国公立・私立大学どちらの進学にも対応した選択科目を用意。進路第1希望の実現に向けたきめ細やかな指導を徹底する。②2・3年次の数学は習熟度別授業を実施。3年次に文理に分かれ,理系の理科は少人数制授業を展開する。③1人1台の端末を利用した授業を行う。④ALT(外国語指導助手)が常駐し,ティームティーチングによるコミュニケーション能力の育成をめざす授業や,演習形式の実践力を高める授業を展開。⑤千葉大学,東邦大学,淑徳大学との高大連携を実施。⑥課外ゼミ(通年・夏季)で進学に対応した学力を育成する。⑦東京情報大学の協力によるソーシャルスキルトレーニング(円滑な人間関係の育成)を実施。⑧空手道部,水泳部がインターハイに,書道部,美術部が全国大会に出場している。⑨2023年度より新制服。
【進路情報】 卒業生数—314名
大学—257名 短大—7名 専門学校—23名
就職—3名 その他—24名
【大学合格状況】 千葉大,東京農工大,信州大,早稲田大,東京理科大,学習院大,他。
【指定校推薦】 東京理科大,学習院大,明治大,青山学院大,中央大,法政大,日本大,他。
【見学ガイド】 文化祭,説明会,公開授業

選抜方法 2024年春(実績)
学力検査(5教科),調査書,集団面接
※K=1
※特定教科の得点にかける倍率 なし

応募状況

年度	学科	募集	志願	受検	志願倍率
'24	普通	320	359	355	1.12
'23	普通	320	413	411	1.29
'22	普通	320	409	408	1.28

合格のめやす

偏差値	合格の可能性▷60%=50,80%=52

【併願例】〈挑戦〉市原中央,千葉敬愛 〈最適〉敬愛学園,千葉明徳,東海大市原望洋

千葉

全日制

千葉市

検見川 高等学校

共学

● 第1学区

【設置学科】 普通科

【所在地】 〒261-0011　千葉県千葉市美浜区真砂4-17-1　☎(043)278-1218

【アクセス】 JR—検見川浜7分

【沿革】 1974年創立。

【生徒数】 男子634名，女子316名

【特色】 ①タブレット端末を導入。Wi-Fi環境を教室に完備し，基礎学力の定着のため，毎朝10分間のオンライン学習に取り組む。②3年次に文理を選択。豊富な選択科目と学校設定科目により，個に応じた多様な学びを実現する。③1年次の数学，英語で少人数授業を実施。④学習支援ソフトなどを活用し，学習の深化を図る。⑤国内の英語研修施設で語学研修を実施（希望者対象）。⑥大学進学希望者を対象とした「進学ゼミ」を平日放課後（一部は早朝，休日）に多数開講。長期休業中は集中講義を実施する。⑦各種ガイダンス，大学講義動画視聴，一般選抜バックアップ講座，模擬面接指導，公務員セミナーなどきめ細かい進路指導を実践。希望の進路実現へと導く。⑧地域行事などへの参加で，多様な人々と交流し社会とのつながりの意識を高める。⑨放送委員会が全国大会で制作奨励賞の実績。フェンシング部が全国大会に出場。

【進路情報】 卒業生数—317名

大学—282名　短大—6名　専門学校—9名　就職—2名　その他—18名

【大学合格状況】 千葉大，埼玉大，茨城大，早稲田大，慶應大，上智大，東京理科大，他。

【指定校推薦】 東京理科大，学習院大，明治大，青山学院大，中央大，法政大，日本大，他。

【見学ガイド】 文化祭，説明会，見学会

選抜方法 2024年春（実績）

学力検査（5教科），調査書，集団面接
※K= 1
※特定教科の得点にかける倍率　なし

応募状況

年度	学科	募集	志願	受検	志願倍率
'24	普通	320	404	396	1.26
'23	普通	320	442	439	1.38
'22	普通	320	407	403	1.27

合格のめやす

偏差値	合格の可能性▷60%＝53，80%＝55

【併願例】〈挑戦〉市原中央　〈最適〉千葉敬愛，敬愛学園　〈堅実〉千葉明徳，東京学館浦安

千葉北 高等学校

共学

● 第1学区

【設置学科】 普通科

【所在地】 〒263-0005　千葉県千葉市稲毛区長沼町153　☎(043)257-2753

【アクセス】 JR—稲毛よりバス千葉北高校3分，京成団地12分

【沿革】 1975年創立。

【生徒数】 男子521名，女子378名

【特色】 ①多様な進路実現を可能にするカリキュラムを導入。1年次は週32時間授業で基礎学力を確立。2・3年次には多様な選択科目を用意し，3年次で文系，理系に分かれる。②高大連携を活用し，充実した理科・国際教育プログラムを展開している。③国際理解教育の一環として，希望者を対象に2週間のオーストラリア短期留学を実施。また，各界で活躍中の方々を招いて国際理解セミナーも開催している。④総合的な探究の時間を軸に，全教科で探究型の学びを導入する。⑤長期休業中に進学対策としての課外授業を実施。始業前や放課後には補習授業も行っている。⑥1年次より進路指導を行い，一人ひとりの主体的な進路選択を支援し，進路志望の実現をめざす。⑦生物部が県の科学作品展で入賞。県大会でワンダーフォーゲル部が第3位，ラグビー部がベスト16の実績を持つ。

【進路情報】 卒業生数—312名

大学—250名　短大—13名　専門学校—26名　就職—3名　その他—20名

【大学合格状況】 千葉大，東京藝術大，早稲田大，慶應大，東京理科大，学習院大，他。

【指定校推薦】 東京理科大，学習院大，明治大，青山学院大，法政大，東海大，亜細亜大，他。

【見学ガイド】 説明会

選抜方法 2024年春（実績）

学力検査（5教科），調査書，集団面接
※K= 1
※特定教科の得点にかける倍率　なし

応募状況

年度	学科	募集	志願	受検	志願倍率
'24	普通	320	350	346	1.09
'23	普通	320	349	348	1.09
'22	普通	320	329	326	1.03

合格のめやす

偏差値	合格の可能性▷60%＝47，80%＝50

【併願例】〈挑戦〉千葉敬愛，千葉英和　〈最適〉敬愛学園，千葉経済大附　〈堅実〉秀明八千代

共学

若松 高等学校

● 第1学区

【設置学科】 普通科
【所在地】 〒264-0021 千葉県千葉市若葉区若松町429 ☎(043)232-5171
【アクセス】 JR・千葉都市モノレール―都賀18分
【沿革】 1976年創立。
【生徒数】 男子358名，女子572名
【特色】 ①1年次は数学，英語で少人数習熟度別授業を行い，基礎学力の定着を図る。②2年次以降は，文系，理系をコースに分けず，文理に固執しない学習を行う。③3年次は，個々の興味関心や進路希望に応じて，20科目以上の選択科目から選択可能。選択科目は保育，生活科学，生涯スポーツなど多様な進路に対応している。④敬愛大学など2大学との高大連携により，学びの幅を広げる。⑤希望者を対象にニュージーランドへの短期留学を実施している。⑥子育てサロン，保育実習（インターンシップ），特別支援学校ボランティアなど地域での体験学習が豊富。⑦進路希望に対応したガイダンスと進学補習を展開している。⑧陸上競技部が関東大会に出場している。ハンドボール部が県大会ベスト4，卓球部が男子団体で県大会ベスト8の実績を持つ。
【進路情報】 卒業生数―300名
大学―106名 短大―22名 専門学校―126名
就職―20名 その他―26名
【大学合格状況】 日本大，東洋大，駒澤大，東海大，國學院大，神奈川大，国士舘大，他。
【指定校推薦】 東洋大，駒澤大，東京電機大，産業能率大，国士舘大，立正大，他。
【見学ガイド】 文化祭，説明会

選抜方法 2024年春(実績)
学力検査（5教科），調査書，自己表現(口頭or実技) ※K=1
※特定教科の得点にかける倍率 なし

応募状況
年度	学科	募集	志願	受検	志願倍率
'24	普通	320	384	384	1.20
'23	普通	320	443	443	1.38
'22	普通	320	377	372	1.18

合格のめやす
偏差値 合格の可能性▷60%＝40，80%＝42

【併願例】〈挑戦〉千葉経済大附，東京学館浦安 〈最適〉東京学館，植草学園大附，桜林

共学

千城台 高等学校

● 第1学区

【設置学科】 普通科
【所在地】 〒264-0004 千葉県千葉市若葉区千城台西2-1-1 ☎(043)236-0161
【アクセス】 JR―千葉よりバス千城台駅3分 千葉都市モノレール―千城台3分
【沿革】 1977年創立。
【生徒数】 男子405名，女子510名
【特色】 ①1・2年次は文理融合したリベラルアーツを重視し，3年次に文理に分かれる。1年次の数英で習熟度別少人数授業を展開。②基礎学力養成のため，常用漢字テストや英単語テストを行う。③東京情報大学での特別講座の受講や，公的機関でのボランティア活動に参加できる。その成果は単位として認められる。さらに英検や漢検などで規定の級を取得した場合も単位を認定する。④大学，短大，看護医療系専門学校への進学や，検定対策のための実力養成講座を通年実施。1年次より受講可能。⑤自己のあり方・生き方を考え，主体的に進路を選択することができるように，学校教育活動全体を通じて，キャリア教育を計画的に推進する。⑥クライミング部が全国大会，美術部が総文祭，陸上競技部，演劇部が関東大会に出場。
【進路情報】 卒業生数―308名
大学―192名 短大―22名 専門学校―70名
就職―11名 その他―13名
【大学合格状況】 千葉大，県立保健医療大，学習院大，中央大，法政大，日本大，東洋大，他。
【指定校推薦】 東京理科大，学習院大，中央大，法政大，日本大，東洋大，大東文化大，他。
【見学ガイド】 文化祭，説明会，体験入学，公開授業

選抜方法 2024年春(実績)
学力検査（5教科），調査書，集団面接
※K=1
※特定教科の得点にかける倍率 なし

応募状況
年度	学科	募集	志願	受検	志願倍率
'24	普通	320	383	379	1.20
'23	普通	320	378	378	1.18
'22	普通	320	351	349	1.10

合格のめやす
偏差値 合格の可能性▷60%＝43，80%＝45

【併願例】〈挑戦〉敬愛学園，千葉経済大附，千葉明徳 〈最適〉植草学園大附 〈堅実〉桜林

生浜 高等学校

【設置学科】 普通科
【所在地】 〒260-0823 千葉県千葉市中央区塩田町372 ☎(043)266-4591
【アクセス】 JR─浜野15分
【沿革】 1978年創立。
【生徒数】 男子113名，女子113名
【特色】 ①二学期制，単位制を導入。②授業は1限45分と集中しやすくし，同じ授業を2限連続で行う（間に5分休憩）。勉強したことが定着しやすいカリキュラムとなっている。③基礎学力向上のため，1～3年次の全生徒を対象に，学び直しのドリル学習を国数英の3教科で実施。④ほとんどの授業を少人数（20名程度）または習熟度別に展開。生徒一人ひとりに丁寧な指導を行うことを重視している。⑤淑徳大学，東京情報大学と高大連携。⑥スクールカウンセラーとスクールソーシャルワーカーの2名がそれぞれ週2日体制で対応。教育相談体制を充実させている。⑦1年次から進路ガイダンス，インターンシップなどを展開。⑧地域の特別支援学校，保育所，小学校との異校種交流を図る。⑨全日制と定時制三部制が一体となって部活動や委員会活動などの学校行事に取り組む。生物部が日本学生科学賞で入選の実績。
【進路情報】〔全日制〕卒業生数─69名
大学─12名 短大─2名 専門学校─31名
就職─13名 その他─11名
【大学合格状況】 日本大，大東文化大，亜細亜大，国士舘大，千葉工大，国際医療福祉大，他。
【指定校推薦】 日本大，立正大，拓殖大，千葉経済大，中央学院大，流通経済大，淑徳大，他。
【見学ガイド】 文化祭，説明会，体験入学

選抜方法 2024年春(実績)
学力検査（5教科），調査書，自己表現(口頭)
※K＝1
※特定教科の得点にかける倍率　なし

応募状況

年度	学科	募集	志願	受検	志願倍率
'24	普通	80	87	86	1.09
'23	普通	80	87	87	1.09
'22	普通	80	85	84	1.06

合格のめやす
偏差値　合格の可能性▷60%＝34，80%＝36

【併願例】〈挑戦〉植草学園大附，木更津総合，拓大紅陵，茂原北陵，桜林

磯辺 高等学校

【設置学科】 普通科
【所在地】 〒261-0012 千葉県千葉市美浜区磯辺2-7-1 ☎(043)277-2211
【アクセス】 JR─検見川浜・稲毛海岸各25分，稲毛よりバス磯辺高校1分
【沿革】 1978年創立。
【生徒数】 男子419名，女子488名
【特色】 ①魅力的で分かる授業。興味関心に応じた授業を提供。落ち着いた学習環境の中で自分の目標に向けて真剣に日々の学習に取り組める。タブレット端末やICTツールを授業や学習支援に導入している。②2年次から科目選択制によって，将来の進路選択の意識付けを行う。③3年次より文系と理系に分かれる。④漢字テスト，英単語テストを定期的に行い，基礎学力の充実を図る。⑤大学，短大などの様々な進路に対応した進路指導を行い，放課後や長期休業中の進学課外補習，系統別の進路ガイダンス，模擬面接指導などを実施。⑥多くの行事を通して団結力を育成。クラス対抗で行われる百人一首大会は，日々の学習の成果を発揮する場ともなっている。⑦県内でも珍しいヨット部がインターハイ・国体に，アーチェリー部が国体に，陸上競技部が関東大会に出場。
【進路情報】 卒業生数─314名
大学─236名 短大─10名 専門学校─39名
その他─29名
【大学合格状況】 千葉大，電通大，東京理科大，学習院大，明治大，立教大，中央大，他。
【指定校推薦】 法政大，日本大，東洋大，駒澤大，成蹊大，獨協大，東京電機大，他。
【見学ガイド】 文化祭，説明会

選抜方法 2024年春(実績)
学力検査（5教科），調査書，作文
※K＝1
※特定教科の得点にかける倍率　なし

応募状況

年度	学科	募集	志願	受検	志願倍率
'24	普通	320	439	436	1.37
'23	普通	320	411	408	1.28
'22	普通	320	369	364	1.15

合格のめやす
偏差値　合格の可能性▷60%＝48，80%＝51

【併願例】〈挑戦〉千葉敬愛 〈最適〉敬愛学園，千葉明徳，千葉経済大附 〈堅実〉東京学館浦安

共学

泉 高等学校

● 地域連携アクティブスクール（第1学区）

【設置学科】 普通科

【所在地】 〒265-0061 千葉県千葉市若葉区高根町875-1 ☎(043)228-2551

【アクセス】 JR―千葉よりバス高根8分 千葉都市モノレール―千城台よりバス泉高校

【沿 革】 1979年創立。

【生徒数】 男子216名，女子178名

【特 色】 ①選択科目により，文系・理系どちらの進路にも応じた学習が可能。②3年間を通して少人数授業，習熟度別授業やティームティーチングによる指導を行い，きめ細やかな学習支援を実施。学び直しの授業「ベーシック」では，国数英理社の5教科で基礎学力の定着を図り，大学生の学習サポートボランティアも参加する。③年2回のインターンシップや年間10回以上の就職指導など実践的なキャリア教育を展開。④集中して授業に取り組める，全学年全教室統一レイアウトを採用。⑤ソーシャルスキルトレーニングで人間力を高める。⑥スクールカウンセラーやスクールソーシャルワーカーによる教育相談体制を確立している。地域の人材や行政機関と連携し，学習・進路・生活を支援。自立した社会人を育成する。

【進路情報】 卒業生数―128名
大学―15名 短大―7名 専門学校―33名
就職―60名 その他―13名

【大学合格状況】 日本体育大，城西国際大，和洋女子大，千葉商大，聖徳大，中央学院大，他。

【指定校推薦】 日本大，國學院大，東京電機大，淑徳大，千葉経済大，東京情報大，敬愛大，他。

【見学ガイド】 文化祭，説明会，体験入学，公開授業，学校見学

選抜方法 2024年春（実績）
学力検査（3教科），調査書，作文，個人面接
※特定教科の得点にかける倍率 なし

応募状況
年度	学科	募集	志願	受検	志願倍率
'24	普通	160	101	99	0.63
'23	普通	160	120	119	0.75
'22	普通	160	150	149	0.94

合格のめやす
偏差値　合格の可能性▷60％＝31，80％＝34

【併願例】〈挑戦〉植草学園大附，桜林，千葉聖心，東京学館船橋，愛国四街道，千葉学芸

共学
単位制

幕張総合 高等学校

● 第1学区（p.1202参照）

【設置学科】 総合学科〔ほか看護科⇒全日制専門学科〕

【所在地】 〒261-0014 千葉県千葉市美浜区若葉3-1-6 ☎(043)211-6311

【アクセス】 JR―海浜幕張15分，幕張25分

【沿 革】 1996年創立。2019年度普通科から総合学科に改編。

【生徒数】 男子886名，女子1,255名

【特 色】 ①進学重視型の総合学科高校。1年次に「産業社会と人間」を履修し，思い描く未来の実現に向けて最適な方法を考えていく。2年次より人文，文理，理工，芸術の4つの系列に分かれ，進路実現をめざしていく。「中国語」「フランス語」「映像表現」「演劇」「保育基礎」など多彩な講座が設置されている。②履修説明会，系統別分野別説明会といったガイダンス機能が多彩。③留学生との交流会，国際理解音楽公演，国際理解講演会を開催。④芸術の幕総として，各種大会や展覧会での上位入賞を果たす。シンフォニックオーケストラ部が全国大会で文部科学大臣賞（第1位），合唱部が全国大会で銅賞を受賞。ワンダーフォーゲル部（男子）が全国大会第2位の実績。男子卓球部，女子卓球部，ラグビーフットボール部が全国大会に出場。

【進路情報】〔総合学科〕卒業生数―662名
大学―552名 短大―2名 専門学校―33名
就職―1名 その他―74名

【大学合格状況】 千葉大，筑波大，東京外大，東京医歯大，早稲田大，慶應大，上智大，他。

【指定校推薦】 東京理科大，学習院大，明治大，青山学院大，立教大，中央大，法政大，他。

【見学ガイド】 文化祭，見学会

選抜方法 2024年春（実績）
学力検査（5教科），調査書，自己表現（口頭or実技）※K＝1
※特定教科の得点にかける倍率 なし

応募状況
年度	学科	募集	志願	受検	志願倍率
'24	総合	680	1,039	1,010	1.53
'23	総合	680	1,077	1,058	1.58
'22	総合	680	1,044	1,027	1.54

合格のめやす
偏差値　合格の可能性▷60％＝56，80％＝58

【併願例】〈最適〉八千代松陰，千葉敬愛，千葉英和，東葉 〈堅実〉昭和学院，敬愛学園

千葉
全日制
千葉市

共学

柏井 高等学校

●第1学区

【設置学科】 普通科
【所在地】 〒262-0041　千葉県千葉市花見川区柏井町1452　☎(047)484-5526
【アクセス】 京成本線―大和田20分，八千代台よりバス柏井高校
【沿　革】 1981年創立。
【生徒数】 男子369名，女子310名
【特　色】 ①「わかる授業」を実践。国数英の朝テスト，スタディサプリの活用などで，基礎学力の定着・向上を図る。②２年次から国際コミュニケーションコースを選択可能。ALT（外国語指導助手）が常駐し，少人数できめ細かい英語の授業を行う。英語に加え，中国語または韓国語，異文化研究，国際関係なども学ぶ。③普通科は３年次に文類型，理類型に分かれる。④夏季休業中のサマーセミナー，英語研修施設で行う語学研修，オーストラリアでの語学研修など英語力アップや異文化理解を深める機会を用意（全生徒対象／希望制）。⑤１年次より進路指導を展開。課外補習，小論文指導や面接指導，各種進路ガイダンスなどを通じて，進路志望の実現をめざす。⑥ダンス・チア部が全国大会に，女子バレーボール部が関東大会に出場。
【進路情報】 卒業生数―263名
大学―125名　短大―16名　専門学校―96名　就職―15名　その他―11名
【大学合格状況】 学習院大，立教大，日本大，東洋大，駒澤大，専修大，大東文化大，他。
【指定校推薦】 日本大，駒澤大，専修大，東京電機大，国士舘大，二松學舍大，立正大，他。
【見学ガイド】 文化祭，説明会，公開授業，見学会

選抜方法 2024年春(実績)
学力検査（5教科），調査書，自己表現（口頭or部活動実技）　※K＝1
※特定教科の得点にかける倍率　なし

応募状況
年度	学科	募集	志願	受検	志願倍率
'24	普通	240	278	275	1.16
'23	普通	240	267	263	1.11
'22	普通	240	212	212	0.88

合格のめやす
偏差値　合格の可能性▷60％＝38，80％＝40

【併願例】〈挑戦〉千葉経済大附，東京学館浦安，東京学館　〈最適〉秀明八千代，東京学館船橋

共学

土気 高等学校

●第1学区

【設置学科】 普通科
【所在地】 〒267-0067　千葉県千葉市緑区あすみが丘東2-24-1　☎(043)294-0014
【アクセス】 JR―土気12分
【沿　革】 1983年創立。2025年度より保育基礎コースを設置予定。
【生徒数】 男子438名，女子348名
【特　色】 ①「わかる授業」を実践し，少人数授業やICTを活用した授業などきめ細かな学習指導を展開する。②１年次は共通のカリキュラムで基礎力の充実を図る。２年次からは個々の適性，進路に対応するため，幅広い選択科目を設置している。３年次に文系・理系の類型分けを行う。③2025年度より保育基礎コースを設置予定。大学などの外部講師による出前講座や特別講座で保育技術を学び，関係機関と連携した実習も行う。④進路講座を早朝，放課後，長期休業中に開講。⑤夏期休業中にオーストラリア短期留学を実施（希望者）。⑥植草学園大などと高大連携。⑦進路ガイダンス，大学の授業体験，公務員講座など充実したキャリア教育で進路希望の実現をめざす。⑧吹奏楽部がジュニア打楽器アンサンブルコンクール全国大会で優秀賞，柔道部が県大会でベスト8の実績をもつ。
【進路情報】 卒業生数―307名
大学―142名　短大―26名　専門学校―94名　就職―21名　その他―24名
【大学合格状況】 法政大，日本大，東洋大，専修大，亜細亜大，帝京大，國學院大，他。
【指定校推薦】 日本大，東洋大，専修大，大東文化大，亜細亜大，帝京大，獨協大，他。
【見学ガイド】 文化祭，説明会，体験入学

選抜方法 2024年春(実績)
学力検査（5教科），調査書，自己表現（文章or実技）　※K＝1
※特定教科の得点にかける倍率　なし

応募状況
年度	学科	募集	志願	受検	志願倍率
'24	普通	280	276	274	0.99
'23	普通	280	295	294	1.05
'22	普通	280	315	314	1.13

合格のめやす
偏差値　合格の可能性▷60％＝40，80％＝42

【併願例】〈挑戦〉千葉明徳　〈最適〉植草学園大附，茂原北陵，木更津総合，拓大紅陵

千葉西 高等学校

共学
● 第1学区

【設置学科】 普通科
【所在地】 〒261-0012 千葉県千葉市美浜区磯辺3-30-3 ☎(043)277-0115
【アクセス】 JR—検見川浜15分
【沿革】 1984年創立。
【生徒数】 男子416名，女子525名
【特色】 ①週32時間授業を実施。②1・2年次は共通の課程で学習。1・2年次の合計で，国語10時間，数学11時間，英語11時間と基礎科目を多く履修する。③3年次で進路に合わせて文系，理系を選択する。授業時間を他の学年より1時間短くし，補習など自己実現のために使えるようにしている。④朝の10分間の読書活動を10年以上続けている。⑤放課後，長期休業中に実力養成講座を開講。⑥インターンシップ，卒業生との進路懇談会など進路行事が充実。個々のキャリアプランに応じた進路実現を支援する。⑦著名人を招いて，年に1回，進路講演会を開催する。⑧千葉大学などと高大連携事業を展開。希望により大学の授業を受けることができる。⑨全職員による毎朝の登校指導を実施。⑩地域との交流・連携が盛んで，様々な部活動が地域行事に積極的に参加している。陸上競技部が関東大会に出場。箏曲部が珍しい。
【進路情報】 卒業生数—314名
大学—277名 短大—2名 専門学校—9名 その他—26名
【大学合格状況】 千葉大，筑波大，埼玉大，早稲田大，東京理科大，学習院大，明治大，他。
【指定校推薦】 東京理科大，学習院大，立教大，法政大，日本大，東洋大，駒澤大，専修大，他。
【見学ガイド】 文化祭，説明会

選抜方法 2024年春（実績）
学力検査（5教科），調査書，集団面接
※K＝1
※特定教科の得点にかける倍率 なし

応募状況
年度	学科	募集	志願	受検	志願倍率
'24	普通	320	383	374	1.20
'23	普通	320	381	376	1.19
'22	普通	320	390	386	1.22

合格のめやす
偏差値 合格の可能性▷60%＝55，80%＝57

【併願例】〈最適〉八千代松陰，市原中央，千葉敬愛 〈堅実〉敬愛学園，千葉明徳，千葉経済大附

犢橋 高等学校

共学
● 第1学区

【設置学科】 普通科
【所在地】 〒262-0012 千葉県千葉市花見川区千種町381-1 ☎(043)257-8511
【アクセス】 JR—稲毛，京成線—勝田台よりバス犢橋高校入口10分
【沿革】 1985年創立。2020年度福祉コース設置。
【生徒数】 男子316名，女子356名
【特色】 ①2年次に文系，理系，福祉の3コースに分かれる。どのコースを選択しても偏りなく十分な基礎学力が身につけられる教育課程を編成している。②福祉コースでは，すべての年代の福祉に対応できる専門知識や技術を習得し，対人支援者としての心構えやマナーも学習する。介護職員初任者研修課程修了への資格取得をめざす。③基礎力診断テストを学期ごとに行う。放課後や夏期休業中には5教科の課外授業を実施し，実力アップを図る。④ビジネス文書実務検定などの資格取得を支援。⑤国際理解教育の一環として，国内施設を利用した語学研修を実施。⑥進路分野別ガイダンス，ハローワークと連携した就職指導など，進学にも就職にも対応した指導を行う。⑦男子バスケットボール部が県大会ベスト32の実績をもつ。
【進路情報】 卒業生数—259名
大学—70名 短大—21名 専門学校—115名 就職—35名 その他—18名
【大学合格状況】 日本大，帝京大，東京電機大，国士舘大，帝京平成大，横浜薬科大，他。
【指定校推薦】 日本大，国士舘大，千葉商大，千葉工大，千葉経済大，武蔵野大，淑徳大，他。
【見学ガイド】 文化祭，説明会，公開授業

選抜方法 2024年春（実績）
学力検査（5教科），調査書，集団面接，自己表現（文章or実技） ※K＝2
※特定教科の得点にかける倍率 なし

応募状況
年度	学科	募集	志願	受検	志願倍率
'24	普通	240	274	268	1.14
'23	普通	240	237	235	0.99
'22	普通	240	257	256	1.07

合格のめやす
偏差値 合格の可能性▷60%＝33，80%＝35

【併願例】〈挑戦〉東京学館，植草学園大附，秀明八千代，桜林，東京学館船橋

千葉市立 千葉 高等学校

共学
単位制

● 第1学区(p.1202参照)

【設置学科】 普通科，理数科
【所在地】 〒263-0043 千葉県千葉市稲毛区小仲台9-46-1 ☎(043)251-6245
【アクセス】 JR―稲毛15分
【沿 革】 1959年創立。
【生徒数】 男子495名，女子460名
【特 色】 ①スーパーサイエンスハイスクール指定校。多くの教科で他の教科の視点を取り入れた分野融合型授業を行う。理数科1年次の伊豆大島，2年次のカリフォルニア州など先進的なフィールドワークも実施。普通科には2年次よりSSHコースを設置する。②普通科では探究活動に取り組む。生徒が主体的に設定する課題について，情報を収集，整理，分析して導き出した結論をまとめて表現する資質能力を育成する。③国語，数学，英語をはじめ，個々の進路や選択科目などの状況を踏まえて，少人数・習熟度別授業を展開する。④大学や研究機関，博物館，美術館などと連携講座を開講。⑤ALT(外国語指導助手)を活用した授業の充実を図る。⑥文学部，地学部が全国高等学校総合文化祭に，吹奏楽部が全国大会に，男子ソフトボール部，男子バドミントン部，山岳部，柔道部(相撲)が関東大会に出場している。
【進路情報】 卒業生数―315名
大学―281名 その他―34名
【大学合格状況】 東工大，千葉大，筑波大，大阪大，北海道大，早稲田大，慶應大，他。
【指定校推薦】 早稲田大，慶應大，上智大，東京理科大，学習院大，明治大，青山学院大，他。
【見学ガイド】 文化祭，説明会，公開授業

選抜方法 2024年春(実績)
学力検査(5教科)，調査書，小論文
※K=1
※特定教科の得点にかける倍率 なし

応募状況

年度	学科	募集	志願	受検	志願倍率
'24	普通	280	425	421	1.52
	理数	40	71	70	1.78
'23	普通	280	480	478	1.71
	理数	40	69	67	1.73

合格のめやす

偏差値	普通	合格の可能性▷60%=63，80%=65
	理数	合格の可能性▷60%=62，80%=64

【併願例】〈挑戦〉昭和秀英 〈最適〉日大習志野 〈堅実〉八千代松陰，市原中央，千葉敬愛

八千代 高等学校

共学

● 第2学区

【設置学科】 普通科〔ほか家政科，体育科⇒全日制専門学科〕
【所在地】 〒276-0025 千葉県八千代市勝田台南1-1-1 ☎(047)484-2551
【アクセス】 京成本線―勝田台5分 東葉高速線―東葉勝田台5分
【沿 革】 1952年設置の県立佐倉第二高校大和田分校を前身に，1966年独立。
【生徒数】 男子497名，女子443名
【特 色】 ①2年次より地歴または理科の科目を選択し，進路に向けて効率的に学習を進める。3年次は国公立文・理系，私立文・理系の4コース制により，進路希望に応じた学習が可能となる。②大学進学に向けて数多くの進学講習を開講している。③学力向上のため，スタディーサポート，外部模試を取り入れている。各学年に必要なガイダンスの実施など，進路指導も充実している。④語学研修(2023年はニュージーランド)を行う。(希望制)。⑤千葉大学や順天堂大学などと高大連携を実施。大学レベルの教育や研究に触れることで，生徒の能力や意欲を高めると共に学びを充実させる。⑥柔道部が全国大会に出場している。
【進路情報】〔普通科〕卒業生数―273名
大学―251名 短大―2名 専門学校―2名
就職―1名 その他―17名
【大学合格状況】 千葉大，筑波大，東北大，早稲田大，慶應大，上智大，東京理科大，他。
【指定校推薦】 早稲田大，上智大，東京理科大，学習院大，明治大，青山学院大，立教大，他。
【見学ガイド】 文化祭，説明会，体験入学，見学会

選抜方法 2024年春(実績)
学力検査(5教科)，調査書，集団討論
※K=1
※特定教科の得点にかける倍率 なし

応募状況

年度	学科	募集	志願	受検	志願倍率
'24	普通	240	323	318	1.35
'23	普通	240	334	334	1.39
'22	普通	240	358	356	1.49

合格のめやす

偏差値	合格の可能性▷60%=59，80%=61

【併願例】〈挑戦〉日大習志野，専大松戸 〈最適〉成田，八千代松陰 〈堅実〉千葉英和，千葉敬愛

共 学

八千代東 高等学校

● 第2学区

【設置学科】 普通科

【所在地】 〒276-0028　千葉県八千代市村上881-1　☎(047)482-1751

【アクセス】 東葉高速線―村上20分　京成本線―勝田台よりバス村上団地第一3分

【沿 革】 1977年創立。

【生徒数】 男子399名，女子442名

【特 色】 ①3年次に文系と理系に分かれ，多彩な選択科目を含む専門的な科目を学習する。科目構成の工夫により，国立大学を含む難関大学や看護・医療系など多様な進路に対応可能。②少人数授業などきめ細かな指導を展開し，基礎力，応用力の充実を図る。③インターネットを利用した個別学習支援教材のスタディサプリを導入。④夏季休業中に全学年対象の進学補習を開講する。⑤夏季休業中に医療・福祉・保育施設などで希望制のインターンシップを実施。⑥進路ガイダンス，入試説明会など充実した進路指導を展開している。⑦百人一首かるた部，書道部が全国高等学校総合文化祭に，将棋部，吹奏楽部が全国大会に出場した実績をもつ。バスケットボール部，バドミントン部などが県大会で好成績を残している。

【進路情報】 卒業生数―299名
大学―146名　短大―24名　専門学校―93名　就職―13名　その他―23名

【大学合格状況】 東京藝術大，明治大，中央大，法政大，日本大，東洋大，駒澤大，専修大，他。

【指定校推薦】 日本大，駒澤大，立正大，目白大，和洋女子大，武蔵野大，実践女子大，他。

【見学ガイド】 文化祭，説明会，体験入学，公開授業

選抜方法 2024年春(実績)

学力検査(5教科)，調査書，自己表現(口頭or実技)　※K＝2
※特定教科の得点にかける倍率　なし

応募状況

年度	学科	募集	志願	受検	志願倍率
'24	普通	280	268	260	0.96
'23	普通	320	279	269	0.87
'22	普通	320	295	285	0.92

合格のめやす

偏差値	合格の可能性▷60%＝38，80%＝40

【併願例】〈挑戦〉東京学館浦安，東京学館，関東一　〈最適〉秀明八千代，東京学館船橋

共 学

八千代西 高等学校

● 第2学区

【設置学科】 普通科

【所在地】 〒276-0047　千葉県八千代市吉橋2405-1　☎(047)450-2451

【アクセス】 東葉高速線―八千代緑が丘よりバス八千代西高校

【沿 革】 1980年創立。

【生徒数】 男子211名，女子194名

【特 色】 ①1年次は1クラスを2分割した少人数授業で，わからないところも質問しやすく，落ち着いた雰囲気で授業に取り組める。②2・3年次に設置する選択科目や総合的な探究の時間で，社会のしくみや生活に関する知識，自立して働くことへの意識を育てるためのプログラムを用意。③朝の10分読書，学び直し(マナトレ)などを実践。定期的に漢字テストも行う。④1年次から計画的に進路指導を行い，将来の在り方・生き方につながるキャリア教育を行う。面接練習，フリーター対策といった指導も徹底。⑤「我が街に恩返し」をスローガンに，八千代緑が丘駅ボランティア清掃活動に取り組む。⑥スクールカウンセラーが週1回来校し，相談にのる。⑦専門領域・部活動を指導できる職員が多く，どの部・団体も丁寧に指導。ウエイトリフティング部，柔道部が関東大会に出場。

【進路情報】 卒業生数―144名
大学―15名　短大―3名　専門学校―65名　就職―42名　その他―19名

【大学合格状況】 日本大，亜細亜大，千葉工大，淑徳大，秀明大，東京情報大，江戸川大，他。

【指定校推薦】 日本大，亜細亜大，淑徳大，千葉経済大，東京情報大，明海大，敬愛大，他。

【見学ガイド】 説明会，体験入学

選抜方法 2024年春(実績)

学力検査(5教科)，調査書，個人面接
※K＝1
※特定教科の得点にかける倍率　なし

応募状況

年度	学科	募集	志願	受検	志願倍率
'24	普通	200	93	92	0.47
'23	普通	200	123	122	0.62
'22	普通	200	170	169	0.85

合格のめやす

偏差値	合格の可能性▷60%＝31，80%＝33

【併願例】〈挑戦〉東京学館，秀明八千代，東京学館船橋，不二女子，愛国四街道

共 学

津田沼 高等学校
● 第 2 学区

【設置学科】 普通科
【所在地】 〒275-0025 千葉県習志野市秋津5-9-1 ☎(047)451-1177
【アクセス】 JR—新習志野15分，津田沼よりバス津田沼高校 京成本線—京成津田沼25分
【沿 革】 1978年創立。
【生徒数】 男子449名，女子500名
【特 色】 ①週32時間授業を実施。②県内の公立高校で唯一，音楽コースを設置している。2年次に音楽コース，文理コースに分かれる。文理コースは3年次に文系コース，理系コースのいずれかを選択する。③放課後や長期休業中に進学講座を開講。基礎学力の向上と応用力の養成を図り，大学受験に向けた学力の育成をめざす。④基礎力と応用力を確認する目的で，1・2年次は年5回，3年次は年3回の実力テストを実施する。⑤米国タスカルーサ市の高校生との定期的に交流する。⑥ボランティア活動に積極的に参加し，地域社会へ貢献。隣接する谷津干潟の清掃や特別支援学校・近隣小学校での生徒支援など，幅広く取り組んでいる。⑦オーケストラ部，美術部が全国高等学校総合文化祭に出場。アーチェリー部，弓道部，ダブルダッチ部なども活躍している。
【進路情報】 卒業生数—312名
大学—268名 短大—5名 専門学校—16名
就職—4名 その他—19名
【大学合格状況】 千葉大，埼玉大，東京学芸大，県立保健医療大，早稲田大，東京理科大，他。
【指定校推薦】 東京理科大，学習院大，明治大，立教大，法政大，日本大，東洋大，駒澤大，他。
【見学ガイド】 文化祭，見学会

選抜方法 2024年春(実績)
学力検査（5教科），調査書，自己表現(口頭)
※K＝1
※特定教科の得点にかける倍率　なし

応募状況

年度	学科	募集	志願	受検	志願倍率
'24	普通	320	463	457	1.45
'23	普通	320	462	457	1.44
'22	普通	320	515	511	1.61

合格のめやす

偏差値　合格の可能性▷60%＝54，80%＝56

【併願例】〈挑戦〉千葉日大一 〈最適〉八千代松陰，東葉，千葉英和，千葉敬愛，昭和学院，敬愛学園

共 学

実籾 高等学校
● 第 2 学区

【設置学科】 普通科
【所在地】 〒275-0003 千葉県習志野市実籾本郷22-1 ☎(047)479-1144
【アクセス】 京成本線—実籾12分
【沿 革】 1983年創立。
【生徒数】 男子451名，女子478名
【特 色】 ①必修科目を1年次から履修し，文系理系問わず大学受験に向けたカリキュラムを組んでいる。②3年次に文系，理系に分かれる。2・3年次に適性・進路希望に応じた多様な科目選択ができるよう工夫している。③1年次の数学，英語では少人数制授業によりきめ細かく指導する。④補習授業や小論文・面接指導など個々に応じた進路指導を実施。大学進学希望者には実力養成のための進学補習を行う。⑤漢字検定や英語検定などの資格取得を支援している。合格の級により，単位を認定する。⑥市や選挙管理委員会，大学と連携し，課題研究，選挙事務実践，裁判所見学といった主権者教育に力を注ぐ。税務署や弁護士と連携した消費者教育も展開する。⑦千葉工業大学，千葉商科大学などと高大連携。⑧射撃部が全国大会に9年連続出場し，全国優勝の実績をもつ。チアリーディング部が全国大会に4年連続出場の実績。
【進路情報】 卒業生数—304名
大学—151名 短大—20名 専門学校—104名
就職—21名 その他—8名
【大学合格状況】 日本大，東洋大，駒澤大，専修大，亜細亜大，帝京大，獨協大，玉川大，他。
【指定校推薦】 日本大，東洋大，国士舘大，拓殖大，千葉工大，千葉商大，和洋女子大，他。
【見学ガイド】 文化祭，説明会

選抜方法 2024年春(実績)
学力検査（5教科），調査書，集団面接
※K＝1
※特定教科の得点にかける倍率　なし

応募状況

年度	学科	募集	志願	受検	志願倍率
'24	普通	320	398	395	1.24
'23	普通	320	380	377	1.19
'22	普通	320	361	360	1.13

合格のめやす

偏差値　合格の可能性▷60%＝42，80%＝44

【併願例】〈挑戦〉千葉英和，東葉 〈最適〉東京学館浦安，東京学館，植草学園大附，秀明八千代

習志野市立
共学

習志野 高等学校

● 第2学区(p.1202参照)

【設置学科】 普通科〔ほか商業科⇒全日制専門学科〕

【所在地】 〒275-0001 千葉県習志野市東習志野1-2-1 ☎(047)472-2148

【アクセス】 京成本線―実籾10分

【沿 革】 1957年創立。

【生徒数】 男子576名, 女子371名

【特 色】 ①3年次に文類型, 理類型に分かれ, 多彩な選択科目も設置する。②学校独自科目「自己発展学習」は, 基礎学力向上をはじめ, 受験対策, 資格検定, 探究活動, 競技力向上をめざした多彩な講座を開講。適性に合わせて好きなことや新しいことに挑戦できる環境を整えている。③3年次生を対象にした進学補習を実施。④ICTを活用した進路情報支援, 1年次からの計画的な小論文対策, 多彩な進路イベントなど進路実現のための支援体制が充実している。⑤海外語学研修を開催(希望者)。姉妹都市アメリカのタスカルーサ市との国際交流を推進。長期休業期間中にはスポーツ・文化の国際交流も行う。⑥インターハイで柔道部が優勝, ボクシング部が2位の実績。体操部, カヌー部などが全国大会に出場している。

【進路情報】〔普通科〕卒業生数―234名
大学―186名 短大―5名 専門学校―29名
就職―5名 その他―9名

【大学合格状況】 長崎大, 県立保健医療大, 東京理科大, 学習院大, 明治大, 立教大, 他。

【指定校推薦】 学習院大, 日本大, 東洋大, 駒澤大, 専修大, 大東文化大, 東海大, 他。

【見学ガイド】 文化祭, 説明会, 体験入学, 見学会

選抜方法 2024年春(実績)
学力検査(5教科), 調査書, 自己表現(口頭or実技) ※K=1
※特定教科の得点にかける倍率 なし

応募状況

年度	学科	募集	志願	受検	志願倍率
'24	普通	240	293	292	1.22
'23	普通	240	264	263	1.10
'22	普通	240	304	303	1.27

合格のめやす

偏差値	合格の可能性▷60%=46, 80%=49

【併願例】〈挑戦〉千葉英和, 敬愛学園 〈最適〉東京学館浦安 〈堅実〉東京学館, 秀明八千代

共学
単位制

船橋 高等学校

● 第2学区(p.1202参照)

【設置学科】 普通科, 理数科

【所在地】 〒273-0002 千葉県船橋市東船橋6-1-1 ☎(047)422-2188

【アクセス】 JR―東船橋7分

【沿 革】 1920年創立。

【生徒数】 男子622名, 女子452名

【特 色】 ①3年次を中心に少人数授業を行い, 厚みのある授業を展開。45分×1日7限で週35時限授業を実施し, より一層の授業の充実を図る。②普通科は1・2年次で文系・理系科目をまんべんなく学ぶ。3年次で文系, 理系に分かれ, 希望する進路に合わせて多くの科目を選択する。③理数科では, 野外実習などの本格的な探究活動を通じて探究力を高める。独自の学校設定科目により, 成長の基礎となる確かな学力を育成する。④早朝, 放課後, 土曜, 長期休業中に補習を行う。⑤高大連携により, 千葉大学で講義を受講することが可能。⑥オーストラリア短期留学, 英語で研究発表を行う台湾研修などの海外研修(希望制)を用意する。⑦船高カレッジ(分野別模擬講義)や職業出前授業, 大学説明会などキャリア教育が充実。⑧陶芸部, ソングリーディング部, 放送委員会が全国大会に出場している。

【進路情報】 卒業生数―355名
大学―300名 その他―55名

【大学合格状況】 東京大, 京都大, 東工大, 一橋大, 大阪大, 北海道大, 名古屋大, 他。

【指定校推薦】 早稲田大, 慶應大, 東京理科大, 学習院大, 明治大, 青山学院大, 中央大, 他。

【見学ガイド】 文化祭, 説明会

選抜方法 2024年春(実績)
学力検査(5教科), 調査書, 作文
※K=0.5 ※特定教科の得点にかける倍率 普通科=なし 理数科=数理1.5倍

応募状況

年度	学科	募集	志願	受検	志願倍率
'24	普通	320	641	600	2.00
	理数	40	87	86	2.18
'23	普通	320	569	547	1.78
	理数	40	67	66	1.68

合格のめやす

偏差値	普通	合格の可能性▷60%=67, 80%=69
	理数	合格の可能性▷60%=66, 80%=68

【併願例】〈挑戦〉市川 〈最適〉昭和秀英, 芝浦工大柏, 日大習志野, 専大松戸 〈堅実〉八千代松陰

薬園台 高等学校

共 学

● 第 2 学区

【設置学科】 普通科〔ほか園芸科⇒全日制専門学科〕

【所在地】 〒274-0077　千葉県船橋市薬円台5-34-1　☎(047)464-0011

【アクセス】 新京成線―習志野 5 分

【沿　革】 1963年創立。

【生徒数】 男子455名, 女子478名

【特　色】 ①基礎的・基本的な学力の定着を図ると共に, 一人ひとりの進路選択に合った教育課程を編成。進路実現に向けた学習活動を展開する。②2年次より文コース, 理コースを選択。3年次には文・理・文理の3コースに分かれ, 進路に必要な教科目を選択できる。③通年, 夏季・冬季休業中に実力養成講座を開設。スタディサプリを導入した学習支援も実施。④資格検定取得をめざした学習活動を展開する。⑤きめ細かなガイダンスをはじめ, 小論文指導, 医師・看護師体験, 進路探求活動など進路指導が充実。将来を見通した進路選択をサポートする指導を実践する。⑥大学, 研究機関などと連携した学習を実施。⑦異文化に触れる国際理解教育を推進。国際的な視野を育成する。⑧生徒会行事が盛ん。新入生歓迎会, りんどう祭（文化祭）などの行事に生徒が全力で参加している。⑨弓道部が全国大会に出場の実績をもつ。

【進路情報】〔普通科〕卒業生数―274名

大学―228名　専門学校―2名　その他―44名

【大学合格状況】 東工大, 一橋大, 千葉大, 北海道大, 東北大, 早稲田大, 慶應大, 他。

【指定校推薦】 早稲田大, 慶應大, 東京理科大, 学習院大, 明治大, 青山学院大, 立教大, 他。

【見学ガイド】 文化祭, 体験入学

選抜方法 2024年春(実績)

学力検査（5教科）, 調査書, 集団面接
※K＝1
※特定教科の得点にかける倍率　なし

応募状況

年度	学科	募集	志願	受検	志願倍率
'24	普通	280	423	418	1.51
'23	普通	280	409	406	1.46
'22	普通	280	394	384	1.41

合格のめやす

偏差値　合格の可能性▷60%＝63, 80%＝65

【併願例】〈最適〉芝浦工大柏, 日大習志野, 専大松戸, 日出学園　〈堅実〉八千代松陰, 安田学園

船橋東 高等学校

共 学

● 第 2 学区

【設置学科】 普通科

【所在地】 〒274-0816　千葉県船橋市芝山2-13-1　☎(047)464-1212

【アクセス】 東葉高速線―飯山満15分　JR―船橋よりバス芝山団地入口 5 分

【沿　革】 1972年創立。

【生徒数】 男子412名, 女子538名

【特　色】 ①週32時限（週2日7時限授業）で, 文武両道のための授業時間を確保している。②1・2年次は芸術を除いて全員が共通の科目を学習。基礎, 基本の定着を進める。3年次から文系と理系に分かれる。国公立大学受験希望者にも対応できるカリキュラムで, 多様な選択科目の中から希望進路に合わせて選択できる。③小テストや課題テスト, 苦手科目克服のための補習, 時期に応じた進路学習などを実施。④各学年に応じた進路説明会や各種試験, 進路相談など質の高い進路指導を展開する。⑤学習支援ソフトを全生徒が利用できるように導入し, 様々なコンテンツを提供することですきま時間の有効活用につなげている。⑥始業前, 放課後, 長期休業中に進学課外講座を開講。⑦水泳部が全国ベスト8, 書道部が高野山競書大会推薦・高校生国際美術展覧の部佳作の実績をもつ。空手道部が全国大会に出場している。

【進路情報】 卒業生数―318名

大学―284名　専門学校―4名　その他―30名

【大学合格状況】 東工大, 一橋大, 千葉大, 早稲田大, 慶應大, 上智大, 東京理科大, 他。

【指定校推薦】 早稲田大, 上智大, 東京理科大, 学習院大, 明治大, 青山学院大, 立教大, 他。

【見学ガイド】 文化祭, 説明会

選抜方法 2024年春(実績)

学力検査（5教科）, 調査書, 集団面接
※K＝1
※特定教科の得点にかける倍率　なし

応募状況

年度	学科	募集	志願	受検	志願倍率
'24	普通	320	508	499	1.59
'23	普通	320	500	495	1.56
'22	普通	320	375	373	1.17

合格のめやす

偏差値　合格の可能性▷60%＝60, 80%＝62

【併願例】〈挑戦〉日大習志野, 専大松戸　〈最適〉千葉日大一, 八千代松陰, 東洋, 安田学園

船橋啓明 高等学校

共学
単位制

● 第2学区

【設置学科】 普通科

【所在地】 〒273-0041　千葉県船橋市旭町333

☎ (047) 438-8428

【アクセス】 東武アーバンパークライン―塚田15分　JR―船橋法典25分

【沿革】 2011年開校。

【生徒数】 男子481名，女子401名

【特色】 ①二学期制の進学重視型単位制。進路や特性に合わせた授業選択が可能。②1・2年次は共通科目の学習により基礎基本の定着を図り，確かな学力を養う。③3年次は興味・関心や進路志望等に応じた幅広い科目選択を可能とし，少人数授業などできめ細かな指導と個性を生かす教育を推進。④受験対策から学習のつまずきまでをサポートする「啓明セミナー」を開講。毎月発表される「セミナー一覧」から自由に講座を選べる。⑤1人1台のタブレット端末などICTを活用した授業に取り組む。⑥オーストラリア夏季短期派遣を実施。姉妹校で2週間の語学留学を行う。⑦各学年に応じた進路ガイダンス，大学見学会など，進路実現のために計画的な指導を実践。⑧弓道部が関東大会に出場。陸上競技部，サッカー部，バレーボール部，バドミントン部などが県大会で活躍。

【進路情報】 卒業生数―311名
大学―234名　短大―8名　専門学校―46名
就職―2名　その他―21名

【大学合格状況】 千葉大，埼玉大，秋田大，東京理科大，学習院大，明治大，中央大，他。

【指定校推薦】 東京理科大，法政大，日本大，専修大，亜細亜大，成蹊大，獨協大，他。

【見学ガイド】 文化祭，説明会，見学会

選抜方法 2024年春(実績)
学力検査(5教科)，調査書，集団面接
※K＝2
※特定教科の得点にかける倍率　なし

応募状況

年度	学科	募集	志願	受検	志願倍率
'24	普通	320	391	385	1.22
'23	普通	320	329	327	1.03
'22	普通	320	341	336	1.07

合格のめやす

偏差値　合格の可能性▷60%＝45，80%＝47

【併願例】〈挑戦〉東葉，千葉商大付　〈最適〉東京学館浦安，関東一　〈堅実〉秀明八千代

船橋芝山 高等学校

共学

● 第2学区

【設置学科】 普通科

【所在地】 〒274-0816　千葉県船橋市芝山7-39-1　☎ (047) 463-5331

【アクセス】 東葉高速線―飯山満11分　新京成線―薬園台・高根木戸各18分

【沿革】 1978年創立。

【生徒数】 男子637名，女子306名

【特色】 ①1年次は芸術以外共通履修，2年次は選択科目を導入，3年次に文理別となる。習熟度別や少人数の授業も展開している。②多様な選択科目を用意し，一人ひとりのニーズに対応する。③小テストの実施や提出課題などで，家庭学習の定着と基礎力アップを図る。④実力養成講座で学習をサポート。大学進学や受験を見据えた講座などを，放課後や長期休業中に開講している。⑤分野別説明会，ガイダンスや個人指導など手厚いキャリア教育を展開する。⑥英語検定や漢字検定など各種資格の取得を奨励。⑦貴重な学習の場である里山生態園「芝山湿地」を活かした取り組みを行っている。⑧弓道部がインターハイに，陸上部が関東大会に出場。女子バスケットボール部，男子サッカー部が県大会ベスト8の実績。吹奏楽部，演劇部なども活躍している。⑨2024年度より新制服。

【進路情報】 卒業生数―315名
大学―241名　短大―9名　専門学校―39名
就職―4名　その他―22名

【大学合格状況】 国際教養大，東京藝術大，上智大，東京理科大，学習院大，明治大，他。

【指定校推薦】 法政大，日本大，東洋大，駒澤大，専修大，東海大，亜細亜大，拓殖大，他。

【見学ガイド】 文化祭，説明会，見学会

選抜方法 2024年春(実績)
学力検査(5教科)，調査書，集団面接
※K＝1
※特定教科の得点にかける倍率　なし

応募状況

年度	学科	募集	志願	受検	志願倍率
'24	普通	320	501	494	1.57
'23	普通	320	380	378	1.19
'22	普通	320	394	392	1.23

合格のめやす

偏差値　合格の可能性▷60%＝48，80%＝50

【併願例】〈挑戦〉東葉，千葉英和　〈最適〉敬愛学園　〈堅実〉東京学館浦安，秀明八千代，関東一

共　学

船橋二和 高等学校

● 第2学区

【設置学科】 普通科

【所在地】 〒274-0806　千葉県船橋市二和西
1-3-1　☎(047)447-4377

【アクセス】 新京成線―二和向台20分　JR―
船橋よりバス鎌ケ谷7分

【沿　革】 1979年創立。

【生徒数】 男子476名，女子383名

【特　色】 ①わかる授業，基礎・基本を重視し
た授業により，基礎学力の定着を図る。さらに
授業にグループワークを取り入れ，主体的で対
話的な深い学びを充実させている。②学校設定
科目を多数用意。基礎学力の養成と，進路や適
性に応じた科目選択が可能となっている。③3
年次より文類型と理類型に分かれる。④1人1
台の端末を活用した探究的な授業を展開する。
⑤上級学校訪問や体験授業，就職・公務員講座
など，充実したキャリア教育を実践し，進路実
現を支援する。⑥ボランティア活動の充実にも
力を入れている。⑦あいさつ運動を奨励し，服
装・身だしなみなどを整えさせる取り組みを行
う。⑧バレーボール部が関東大会に出場。テニ
ス部，サッカー部，陸上競技部などが県大会で
活躍。演劇部，美術部，吹奏楽部，弦楽同好会
なども活発に活動している。

【進路情報】 卒業生数―303名
大学―119名　短大―11名　専門学校―138名
就職―12名　その他―23名

【大学合格状況】 日本大，東洋大，駒澤大，専
修大，亜細亜大，立正大，国士舘大，他。

【指定校推薦】 日本大，拓殖大，二松學舍大，
中央学院大，千葉商大，千葉工大，他。

【見学ガイド】 文化祭，説明会，公開授業

選抜方法 2024年春(実績)

学力検査（5教科），調査書，集団面接，自己表
現（文章or実技）　※K＝2
※特定教科の得点にかける倍率　なし

応募状況

年度	学科	募集	志願	受検	志願倍率
'24	普通	280	286	282	1.02
'23	普通	320	304	302	0.95
'22	普通	320	291	288	0.91

合格のめやす

偏差値　合格の可能性▷60％＝37，80％＝39

【併願例】〈挑戦〉日体大柏，東京学館浦安　〈最
適〉秀明八千代，東京学館船橋，我孫子二階堂

共　学

船橋古和釜 高等学校

● 地域連携アクティブスクール(第2学区)

【設置学科】 普通科

【所在地】 〒274-0061　千葉県船橋市古和釜
町586　☎(047)466-1141

【アクセス】 新京成線・東葉高速線―北習志野
よりバス古和釜高校

【沿　革】 1980年創立。2015年，地域連携ア
クティブスクールとして再編。

【生徒数】 男子386名，女子238名

【特　色】 ①1年次は約30名の少人数クラスを
編成。専用の教材を使って中学校までの国数英
の学び直しをカリキュラムに設定（学校設定科
目として1年次は全員履修，2・3年次は選択
制）。②3年次に文系と理系に分かれる。③期
末考査前や成績不振者に対する個別指導を徹底。
④2年次に就業体験などのキャリア教育を学校
設定科目として，カリキュラムに設定（全員履
修）。90前後の事業所の協力を得て就業体験を
行う。⑤漢字検定，英語検定など資格取得を推
奨。⑥スクールカウンセラーやスクールソーシ
ャルワーカーとの連携など，きめ細やかな教育
相談体制をとる。⑦ボランティア活動，近隣の
小中学校や大学との交流など，地域と連携した
教育を実践。⑧陸上競技部がインターハイ出場。
男子バスケットボール部が県大会ベスト16。

【進路情報】 卒業生数―223名
大学―43名　短大―7名　専門学校―97名
就職―56名　その他―20名

【大学合格状況】 東洋大，千葉工大，帝京平成
大，大正大，目白大，帝京科学大，他。

【指定校推薦】 日本大，千葉経済大，千葉工大，
淑徳大，千葉商大，明海大，敬愛大，他。

【見学ガイド】 文化祭，体験入学

選抜方法 2024年春(実績)

学力検査（3教科），調査書，個人面接，作文，
志願理由書
※特定教科の得点にかける倍率　なし

応募状況

年度	学科	募集	志願	受検	志願倍率
'24	普通	240	234	231	0.98
'23	普通	240	214	213	0.89
'22	普通	240	232	230	0.97

合格のめやす

偏差値　合格の可能性▷60％＝32，80％＝34

【併願例】〈挑戦〉東京学館浦安，秀明八千代，
東京学館船橋，我孫子二階堂，愛国四街道

船橋法典 高等学校

共学
● 第2学区

【設置学科】 普通科
【所在地】 〒273-0047 千葉県船橋市藤原4-1-1 ☎(047)438-0721
【アクセス】 JR―船橋法典25分 東武アーバンパークライン―馬込沢25分 JR―船橋法典・西船橋よりバス大塚ガラス3分
【沿革】 1981年創立。
【生徒数】 男子303名，女子319名
【特色】 ①全学年で少人数クラスを展開して，生徒一人ひとりに対して丁寧に指導する。2年次の数学は少人数クラスをさらに分割し，15～17名の授業を実施している。②学び直し（中学校の学習内容の復習）を導入。③3年次には独自の科目を用意。興味や関心に応じて選択して学習することができる。④多くの科目で実験や実習をメインとした学びを実践する。⑤朝自習を設定。教科基礎力，各種検定対策，就職対策など，計画的に学習することで，幅広い教養を身につける。⑥習熟度や進路に合わせた補習授業を，放課後や夏季休業中に実施する。⑦インターンシップや進路説明会，就職試験直前指導など，進路指導が充実している。⑧書道部が全国大会に5年連続出場の実績。陸上競技部が関東大会に出場している。
【進路情報】 卒業生数―228名
大学―73名 短大―10名 専門学校―92名 就職―33名 その他―20名
【大学合格状況】 東洋大，帝京大，立正大，国士舘大，千葉工大，杏林大，日本薬科大，他。
【指定校推薦】 日本大，大東文化大，拓殖大，国士舘大，二松學舍大，千葉工大，他。
【見学ガイド】 文化祭，説明会，公開授業

選抜方法 2024年春（実績）
学力検査（5教科），調査書，自己表現（口頭or実技） ※K＝1
※特定教科の得点にかける倍率 なし

応募状況
年度	学科	募集	志願	受検	志願倍率
'24	普通	240	204	200	0.85
'23	普通	240	202	201	0.84
'22	普通	240	238	236	0.99

合格のめやす
偏差値 合格の可能性▷60％＝34，80％＝36

【併願例】〈挑戦〉東京学館浦安，秀明八千代，東京学館船橋，不二女子，桜林，関東一

船橋豊富 高等学校

共学
● 第2学区

【設置学科】 普通科
【所在地】 〒274-0053 千葉県船橋市豊富町656-8 ☎(047)457-5200
【アクセス】 新京成線―北習志野・三咲よりバス セコメディック病院3分
【沿革】 1983年創立。2023年度より福祉コースを設置。
【生徒数】 男子109名，女子101名
【特色】 ①「分かるから楽しい授業」を実践し，学習意欲の向上を図る。2年次からは情報，福祉，文理の3コースに分かれる。②1年次の数学，英語で少人数授業を実施。③1年次に「生活と福祉」という科目を置き，全員が社会福祉の基本を学ぶ。2年次以降の福祉コースでは，児童福祉，障害者福祉，高齢者福祉を専門的に学習する。介護職員初任者研修修了資格取得をめざす。④1年次の情報の授業はティームティーチングで情報リテラシーを身につけ，2年次以降の情報コースでワープロ検定などの資格取得に挑戦できる。⑤インターンシップなど体験を重視したキャリア教育を実施。進学希望者への進学補講，就職希望者への礼法指導などを行う。⑥東京情報大学と高大連携。⑦ユネスコスクールとしてボランティア活動に取り組む。
【進路情報】 卒業生数―130名
大学―14名 短大―1名 専門学校―39名 就職―65名 その他―11名
【大学合格状況】 千葉工大，帝京科学大，千葉商大，中央学院大，敬愛大，埼玉学園大，他。
【指定校推薦】 千葉工大，千葉経済大，淑徳大，流通経済大，敬愛大，秀明大，明海大，他。
【見学ガイド】 文化祭，説明会，体験入学

選抜方法 2024年春（実績）
学力検査（5教科），調査書，個人面接
※K＝1
※特定教科の得点にかける倍率 なし

応募状況
年度	学科	募集	志願	受検	志願倍率
'24	普通	160	63	61	0.39
'23	普通	160	58	58	0.36
'22	普通	160	83	83	0.52

合格のめやす
偏差値 合格の可能性▷60％＝31，80％＝33

【併願例】〈挑戦〉東京学館，秀明八千代，東京学館船橋，不二女子，桜林

船橋北 高等学校

共学
●第2学区

【設置学科】 普通科
【所在地】 〒274-0056 千葉県船橋市神保町133-1 ☎(047)457-3115
【アクセス】 新京成線―三咲25分 JR―船橋よりバス須賀神社6分
【沿革】 1985年創立。
【生徒数】 男子248名，女子208名
【特色】 ①数学，英語で習熟度別授業，公民，理科，選択科目の多くで少人数授業，情報でティームティーチングを実践している。さらに，毎朝10分間の朝学習を中心に，「学び直し」の機会を多く設定。また，放課後や長期休業期間中の補習などで確かな学力の定着を図る。②3年次に理系と文系に分かれ，進路，適性に応じた科目選択ができる。③2年次のインターンシップ（希望者のみ），ボランティア活動や大学などにおける学修も単位として認定。校外での学修体験を積極的にバックアップする。④全校生徒が受験する漢字検定など，資格取得を支援する。⑤「100%の進路保障」を目標として，進路支援に力を入れている。放課後に公務員や看護系進学の対策講座を実施し，毎年合格者を輩出している。⑥弓道部，剣道部が関東大会に，美術部が総文祭に出場の実績をもつ。
【進路情報】 卒業生数―226名
大学―77名 短大―11名 専門学校―92名 就職―39名 その他―7名
【大学合格状況】 日本大，東洋大，大東文化大，亜細亜大，国士舘大，二松學舍大，城西大，他。
【指定校推薦】 日本大，東京電機大，国士舘大，淑徳大，千葉商大，千葉経済大，麗澤大，他。
【見学ガイド】 文化祭，説明会

選抜方法 2024年春(実績)
学力検査（5教科），調査書，自己表現（実技or口頭）※K＝2
※特定教科の得点にかける倍率 なし

応募状況

年度	学科	募集	志願	受検	志願倍率
'24	普通	200	182	182	0.91
'23	普通	200	140	140	0.70
'22	普通	240	142	142	0.59

合格のめやす

偏差値 合格の可能性▷60%＝33，80%＝35

【併願例】〈挑戦〉東京学館浦安，秀明八千代，東京学館船橋，千葉聖心，桜林，我孫子二階堂

船橋市立
船橋 高等学校

共学
単位制
●第2学区(p.1202参照)

【設置学科】 普通科〔ほか商業科，体育科⇒全日制専門学科〕
【所在地】 〒273-0001 千葉県船橋市市場4-5-1 ☎(047)422-5516
【アクセス】 JR―東船橋8分
【沿革】 1957年創立。
【生徒数】 男子636名，女子545名
【特色】 ①学科の枠を越えて履修できる独自の学校設定科目「課題探究学」を設置。苦手科目の克服，発展した内容への挑戦，体力の向上など，様々な授業が選択できる。②普通科には3年次に幅広い科目選択が可能な文系，理学・工学系大学をめざす理系，英語教育に力を注ぐ国際教養コース，国公立大学をめざすα類型の4コースを設定。③高大連携で大学の講座に参加できるなど，多くの学習機会を確保している。④理数講義室，社会科教室，実験室など，多彩な特別教室にて効果的な授業を実践。⑤国際教養コースでは2年次にオーストラリア語学研修（希望制）を実施。全校生徒を対象としたアメリカの高校への海外派遣も行っている。⑥通年の進路課外講座，夏季休業中の課外授業を実施している。⑦体操競技部など全国大会常連の部活動が多数ある。
【進路情報】〔普通科〕卒業生数―237名
大学―174名 短大―9名 専門学校―34名 就職―10名 その他―10名
【大学合格状況】 筑波大，上智大，明治大，中央大，法政大，日本大，東洋大，駒澤大，他。
【指定校推薦】 立教大，法政大，日本大，大東文化大，亜細亜大，帝京大，國學院大，他。
【見学ガイド】 説明会

選抜方法 2024年春(実績)
学力検査（5教科），調査書，自己表現（口頭or実技）※K＝1
※特定教科の得点にかける倍率 なし

応募状況

年度	学科	募集	志願	受検	志願倍率
'24	普通	240	286	284	1.19
'23	普通	240	307	303	1.28
'22	普通	240	304	301	1.27

合格のめやす

偏差値 合格の可能性▷60%＝45，80%＝47

【併願例】〈挑戦〉東葉 〈最適〉千葉経済大附，東京学館浦安，関東一 〈堅実〉秀明八千代

共 学

国府台 高等学校

● 第2学区

【設置学科】 普通科

【所在地】 〒272-0827 千葉県市川市国府台2-4-1 ☎(047)373-2141

【アクセス】 京成本線―国府台12分 JR―市川・松戸よりバス和洋女子大前1分

【沿 革】 1943年創立。2024年度より教員基礎コースを設置。

【生徒数】 男子476名，女子468名

【特 色】 ①2024年度より教員基礎コースを設置。2・3年次に選択でき，大学との連携や体験的な学習など校内外での様々な活動を行う。コース選択者には最大2単位を認定。②将来の進路，興味関心に基づいた学習ができるよう，幅広い選択科目を展開するカリキュラムを用意。③3年次に文理選択。学力向上や大学進学をはじめとした進路実現をめざす。④長期休業中などに進学補講を開講。⑤3年間を見通した進路指導を実践。幅広いキャリアデザインのために手厚いバックアップを行う。⑥大学や地域の小中学校との連携など，様々な学びの機会を提供。⑦吹奏楽部，書道部が全国大会優勝，ダンス部が高校生ストリートダンスグランプリ決勝大会進出，ボート部が全国大会で7位の実績。陸上競技部，水泳部，弓道部が関東大会に出場。

【進路情報】 卒業生数―305名

大学―284名 専門学校―3名 その他―18名

【大学合格状況】 千葉大，北海道大，東北大，早稲田大，慶應大，上智大，東京理科大，他。

【指定校推薦】 上智大，東京理科大，学習院大，明治大，立教大，中央大，法政大，日本大，他。

【見学ガイド】 文化祭，説明会，オープンキャンパス

選抜方法 2024年春（実績）
学力検査（5教科），調査書，集団面接
※K＝1
※特定教科の得点にかける倍率 なし

応募状況

年度	学科	募集	志願	受検	志願倍率
'24	普通	320	390	381	1.22
'23	普通	320	395	387	1.23
'22	普通	320	422	410	1.32

合格のめやす

偏差値	合格の可能性▷60％＝56，80％＝58

【併願例】〈挑戦〉専大松戸 〈最適〉八千代松陰，千葉英和，安田学園 〈堅実〉昭和学院

共 学

国分 高等学校

● 第2学区

【設置学科】 普通科

【所在地】 〒272-0831 千葉県市川市稲越町2-2-1 ☎(047)371-6100

【アクセス】 JR―市川，京成本線―市川真間よりバス国分高校1分

【沿 革】 1964年創立。

【生徒数】 男子368名，女子588名

【特 色】 ①「進路実現に向けた力」と「生きる力」をバランスよく学習できるカリキュラム。1・2年次は基礎学力の定着を図り，進路実現の幅を確保する。3年次には文系，理Ⅰ，理Ⅱの3コースに分かれる。②ユネスコスクールとして，海外修学旅行を中心とした国際理解教育に加え，ユネスコの理念に沿ったSDGs（持続可能な開発目標）に取り組む。③3年次を中心に早朝，放課後，長期休業中の進学課外を開講。④1年次から段階的，計画的な進路指導を実践。分野別ガイダンス，大学の先生を招いた模擬講義などの進路行事が充実している。⑤広いグラウンド，マルチトレーニングマシンをそろえた小体育館など設備が充実。すべての普通教室・特別教室は冷房化され，快適な環境で学習に取り組める。⑥陸上部が関東大会2位，吹奏楽部が東関東大会で金賞の実績。

【進路情報】 卒業生数―315名

大学―271名 短大―6名 専門学校―22名 就職―2名 その他―14名

【大学合格状況】 千葉大，横浜国大，県立保健医療大，早稲田大，東京理科大，学習院大，他。

【指定校推薦】 明治大，青山学院大，立教大，法政大，東洋大，國學院大，成蹊大，他。

【見学ガイド】 文化祭，説明会，体験入学

選抜方法 2024年春（実績）
学力検査（5教科），調査書，集団面接
※K＝1
※特定教科の得点にかける倍率 なし

応募状況

年度	学科	募集	志願	受検	志願倍率
'24	普通	320	399	397	1.25
'23	普通	320	491	486	1.53
'22	普通	320	454	452	1.42

合格のめやす

偏差値	合格の可能性▷60％＝53，80％＝55

【併願例】〈最適〉二松学舎柏，東葉，千葉英和，昭和学院 〈堅実〉千葉商大付，関東一

千葉 全日制 船橋市／市川市

共 学

行徳 高等学校

● 地域連携アクティブスクール（第2学区）

【設置学科】 普通科
【所在地】 〒272-0127　千葉県市川市塩浜4-1-1　☎(047)395-1040
【アクセス】 東西線―南行徳15分　JR―市川塩浜20分，新浦安よりバス行徳高校
【沿　革】 1974年創立。2024年度より地域連携アクティブスクールに改編。
【生徒数】 男子214名，女子119名
【特　色】 ①2024年度より地域連携アクティブスクールに改編。より地域と連携した，信頼される活気あふれた学校をめざす。②国数英・情報などで少人数授業やティームティーチングを実施。理解度・習熟度にあった授業が受けられる。③3年次より普通，進学（文／理）の2類型となる。④進学希望者には長期休業中の補習，不得意な科目のある生徒には，放課後の個別指導や長期休業中の補習・課題等を行うなど，きめ細かな学習指導を展開する。⑤学校生活などの悩みにスクールカウンセラー等の専門家が対応するほか，学年職員がすぐに対応できる体制を整える。⑥男女別制服指定をなくした自由選択制。⑦水泳部が関東大会に，野球部，サッカー部が県大会に出場。
【進路情報】 卒業生数―138名
大学―26名　専門学校―46名　就職―44名
その他―22名
【大学合格状況】 日本大，千葉工大，多摩大，城西国際大，淑徳大，千葉商大，秀明大，他。
【指定校推薦】 日本大，千葉工大，城西国際大，明海大，聖徳大，淑徳大，江戸川大，他。
【見学ガイド】 文化祭，説明会，体験入学，学校見学

選抜方法 2024年春（実績）
学力検査（3教科），作文，個人面接
※特定教科の得点にかける倍率　なし

応募状況

年度	学科	募集	志願	受検	志願倍率
'24	普通	160	87	85	0.54
'23	普通	160	118	118	0.74
'22	普通	160	122	120	0.76

合格のめやす

偏差値	合格の可能性▷60%＝31，80%＝33

【併願例】〈挑戦〉秀明八千代，不二女子，東京学館船橋，千葉学芸

共 学

市川東 高等学校

● 第2学区

【設置学科】 普通科
【所在地】 〒272-0811　千葉県市川市北方町4-2191　☎(047)338-6810
【アクセス】 JR―船橋法典18分
【沿　革】 1977年開校。
【生徒数】 男子426名，女子516名
【特　色】 ①2年次から理系，文系の2類型を設け，3年次には文系に英語コースを設置。多くの選択科目を設定し，進路希望に応じたカリキュラムを編成する。②国際理解教育を推進，希望者はオーストラリア語学研修旅行に参加できる。③英語，情報の一部の授業でティームティーチングを取り入れている。④朝自習など，学習習慣の確立や学力向上への取り組みも充実している。⑤神田外語大学，麗澤大学，千葉工業大学と高大連携。大学の講義を受講して一定の成果が認められれば，単位として認定する。⑥英語教育の一環として，校内スピーチコンテストを開催。⑦進学課外やインターンシップ，希望進路に対応した進路ガイダンス，小論文模試，就職・公務員模試，面接指導など，きめ細かな進路指導を行う。⑧なぎなた部がインターハイに，水泳部が関東大会に，吹奏楽部が東関東コンクールに出場している。
【進路情報】 卒業生数―317名
大学―252名　短大―8名　専門学校―36名
就職―4名　その他―17名
【大学合格状況】 千葉大，東京理科大，学習院大，明治大，青山学院大，中央大，法政大，他。
【指定校推薦】 法政大，日本大，東洋大，駒澤大，東海大，亜細亜大，帝京大，成蹊大，他。
【見学ガイド】 文化祭，説明会

選抜方法 2024年春（実績）
学力検査（5教科），調査書，集団面接
※K＝1
※特定教科の得点にかける倍率　なし

応募状況

年度	学科	募集	志願	受検	志願倍率
'24	普通	320	390	383	1.22
'23	普通	320	438	433	1.37
'22	普通	320	385	381	1.20

合格のめやす

偏差値	合格の可能性▷60%＝49，80%＝51

【併願例】〈挑戦〉東葉　〈最適〉昭和学院，千葉商大付，日体大柏　〈堅実〉東京学館浦安，関東一

共 学

市川昴 高等学校

● 第2学区

【設置学科】 普通科

【所在地】 〒272-0833 千葉県市川市東国分1-1-1 ☎(047)371-2841

【アクセス】 JR―市川，京成本線―市川真間よりバス国分角7分

【沿　革】 市川西高校と市川北高校が統合し，2011年度に開校。

【生徒数】 男子412名，女子533名

【特　色】 ①ユネスコスクールとしてESD（持続可能な開発のための教育）に取り組む。②主体的，対話的で深い学びを推進し，思考力，判断力，表現力を向上させる。③1年次は国語，数学，英語に力を入れ，基礎学力の定着を図る。「数学Ⅰ」「論理・表現Ⅰ」の授業は少人数制で実施。2年次は進路を見据え，総合的かつ発展的な内容を学ぶ。3年次には文系，理系に分かれ，進路希望に合わせて中国語や韓国語など多彩な選択科目を設置する。④進学補講や進路ガイダンスなどの手厚い指導により，個に応じた進路実現をめざす。⑤留学生を迎えた語学交流会などの国際交流を行う。⑥ウエイトリフティング部，吹奏楽部が全国レベルで活躍。女子テニス部が関東大会準優勝の実績。

【進路情報】 卒業生数―310名

大学―152名　短大―11名　専門学校―129名　就職―4名　その他―14名

【大学合格状況】 学習院大，明治大，中央大，法政大，日本大，東洋大，駒澤大，専修大，他。

【指定校推薦】 日本大，東洋大，駒澤大，亜細亜大，東京電機大，国士舘大，千葉工大，他。

【見学ガイド】 文化祭，説明会，体験入学，公開授業

選抜方法 2024年春（実績）
学力検査（5教科），調査書，集団面接
※K＝1
※特定教科の得点にかける倍率　なし

応募状況

年度	学科	募集	志願	受検	志願倍率
'24	普通	320	382	376	1.19
'23	普通	320	422	420	1.32
'22	普通	320	329	327	1.03

合格のめやす
偏差値　合格の可能性▷60％＝42，80％＝44

【併願例】〈挑戦〉東葉，千葉商大付，日体大柏〈最適〉東京学館浦安，秀明八千代，関東一

共 学

市川南 高等学校

● 第2学区

【設置学科】 普通科

【所在地】 〒272-0013 千葉県市川市高谷1509 ☎(047)328-6001

【アクセス】 東西線―原木中山15分

【沿　革】 1981年創立。2019年度より保育基礎コースを設置。

【生徒数】 男子407名，女子501名

【特　色】 ①基礎基本を徹底し，わかりやすい授業，やる気を育てる指導を展開している。②2年次より文系，理系，保育基礎コースに，3年次には文系，文理，理系，保育基礎の4つのコースに分かれる。③保育基礎コースでは保育や幼児に関する基礎的な理論や技術の修得はもちろん，保育園や幼稚園での実習も行う。④聖徳大学，千葉商科大学，麗澤大学などと連携して，大学のハイレベルな講義を受講できる。⑤多様な進路に対応し，3年計画による進路指導を行う。様々な職業分野に触れる進路別説明会，資格取得のための漢字検定，就職や進学に向けた小論文模試，職業体験，進学補習など，将来を見据えた指導が充実している。⑥一日看護・医療者体験，市川市体験保育ボランティアといった体験学習を推進。⑦陸上部がインターハイに出場している。

【進路情報】 卒業生数―312名

大学―127名　短大―21名　専門学校―131名　就職―22名　その他―11名

【大学合格状況】 日本大，東洋大，駒澤大，大東文化大，帝京大，國學院大，立正大，他。

【指定校推薦】 日本大，東洋大，国士舘大，千葉工大，千葉商大，拓殖大，武蔵野大，他。

【見学ガイド】 文化祭，説明会

選抜方法 2024年春（実績）
学力検査（5教科），調査書，集団面接，自己表現（文章or実技）　※K＝1
※特定教科の得点にかける倍率　なし

応募状況

年度	学科	募集	志願	受検	志願倍率
'24	普通	280	264	260	0.94
'23	普通	320	347	343	1.08
'22	普通	320	305	304	0.95

合格のめやす
偏差値　合格の可能性▷60％＝37，80％＝39

【併願例】〈挑戦〉東京学館浦安，関東一〈最適〉秀明八千代，不二女子，東京学館船橋

千葉　全日制　市川市

浦安 高等学校

共 学

● 第2学区

【設置学科】 普通科
【所在地】 〒279-0003 千葉県浦安市海楽2-36-2 ☎(047)351-2135
【アクセス】 東西線―浦安20分 JR―新浦安20分またはバス浦安高校前
【沿 革】 1973年創立。
【生徒数】 男子268名, 女子245名
【特 色】 ①独自科目「ブラッシュアップ」を設定し, 毎朝10分間のプリント学習で学び直しに取り組む。②数学や英語をはじめとして, 習熟度別の授業や少人数制の授業を展開している。③2・3年次には進路に合わせて授業を選択, 学ぶ意欲を高める。④1年次に, 大学の先生や専門家を指導者とした探究ゼミを年間10回（20時間）設定。⑤明海大学などと高大連携を行っている。⑥各クラスにプロジェクターを設置し, タブレット端末を活用。⑦進路達成プログラム, キャリアカウンセリングやインターンシップ, 進路に合わせた対策講座など, 進路指導が充実している。⑧ボランティアや民泊による交流体験など, 独自の多様な体験活動を展開。⑨バドミントン部が県大会ベスト16, 男子バレーボール部がベスト20の実績。弓道部や陸上競技部なども県大会に出場している。
【進路情報】 卒業生数―220名
大学―80名 短大―10名 専門学校―101名 就職―19名 その他―10名
【大学合格状況】 日本大, 東洋大, 東海大, 亜細亜大, 桜美林大, 明星大, 帝京平成大, 他。
【指定校推薦】 日本大, 大東文化大, 亜細亜大, 国士舘大, 東京農大, 千葉工大, 城西大, 他。
【見学ガイド】 文化祭, 説明会, 体験入学

選抜方法 2024年春(実績)
学力検査（5教科）, 調査書, 自己表現(口頭or実技) ※K＝1
※特定教科の得点にかける倍率 なし

応募状況
年度	学科	募集	志願	受検	志願倍率
'24	普通	200	183	178	0.92
'23	普通	200	166	166	0.83
'22	普通	200	208	208	1.04

合格のめやす
偏差値 合格の可能性▷60%＝33, 80%＝35

【併願例】〈挑戦〉東京学館浦安, 秀明八千代, 不二女子, 千葉聖心, 東京学館船橋, 関東一

浦安南 高等学校

共 学

● 第2学区

【設置学科】 普通科
【所在地】 〒279-0023 千葉県浦安市高洲9-4-1 ☎(047)352-7621
【アクセス】 JR―新浦安よりバス浦安南高校・特養ホーム前1分
【沿 革】 1984年創立。
【生徒数】 男子108名, 女子82名
【特 色】 ①基礎, 基本の徹底学習を実践。1年次は生徒一人ひとりにきめ細かい学習指導を行うために, 1クラス20名の少人数制をとる。複数教員で授業を担当するティームティーチングも実施。②高校の授業に対応できるように独自の科目として「基礎国語Ⅰ・Ⅱ」「基礎数学Ⅰ・Ⅱ」「基礎英語Ⅰ・Ⅱ」を設定。中学校段階の復習から始め, 基礎学力を習得する。③3年次には進路や適性に合った選択科目を設定している。④全学年においてICTを積極的に活用し, よりわかりやすい授業をめざす。⑤1年次から始まるインターンシップなど, 系統的かつ計画的なキャリア教育が充実。一人ひとりの希望に即したきめ細かな進路指導を実践。⑥書道部が県の展覧会で入選。陸上競技部が県大会に出場。ボランティア部が市の防犯委員会で活躍。
【進路情報】 卒業生数―134名
大学―20名 専門学校―58名 就職―35名 その他―21名
【大学合格状況】 文京学院大, 城西国際大, 麗澤大, 聖学院大, 明海大, 東洋学園大, 他。
【指定校推薦】 日本大, 淑徳大, 明海大, 城西大, 東京情報大, 日本薬科大, 敬愛大, 他。
【見学ガイド】 文化祭, 説明会, 体験入学, 公開授業

選抜方法 2024年春(実績)
学力検査（5教科）, 調査書, 個人面接, 志願理由書 ※K＝2
※特定教科の得点にかける倍率 なし

応募状況
年度	学科	募集	志願	受検	志願倍率
'24	普通	160	78	77	0.49
'23	普通	160	55	52	0.34
'22	普通	160	80	78	0.50

合格のめやす
偏差値 合格の可能性▷60%＝31, 80%＝33

【併願例】〈挑戦〉秀明八千代, 東京学館船橋, 不二女子, 桜林, 愛国

共学

松戸 高等学校

● 第2学区

【設置学科】 普通科〔ほか芸術科⇒全日制専門学科〕

【所在地】 〒270-0025 千葉県松戸市中和倉590-1 ☎(047)341-1288

【アクセス】 JR―馬橋18分 新京成線―松戸新田25分 JR―北松戸よりバス県立松高前

【沿 革】 1919年創立。

【生徒数】 男子203名，女子540名

【特 色】 ①1年次は国数英を中心に基礎科目を多く学ぶ。学年が上がるにつれて選択科目が増え，文系，理系，国公立大学，私立大学など，すべての進路に対応する。②芸術科併設を活かし，芸術の専門科目や教科「演劇」の履修が可能。芸術文化の感性を高め，芸術に親しむ心など「豊かな心」を養う。③世の中の課題に関心を持たせ，課題解決の基盤となる学力をつけさせる授業を展開。ICTを活用した学習指導も実践する。④毎朝の小テストで読解力や表現力を養成する。⑤進学補習は通年で開講。また，外部講師による進路説明会，小論文・面接指導などを通じて進路実現を図る。⑥ボランティアや地域活動など豊かな体験活動の機会を用意。⑦フェンシング部がインターハイに，弓道部，バレーボール部，演劇部が関東大会に出場。

【進路情報】 〔全学科計〕卒業生数―234名

大学―134名 短大―2名 専門学校―70名 就職―4名 その他―24名

【大学合格状況】 東京藝術大，富山大，愛知県立芸術大，明治大，中央大，法政大，日本大，他。

【指定校推薦】 法政大，日本大，東洋大，亜細亜大，芝浦工大，神田外語大，千葉商大，他。

【見学ガイド】 文化祭，説明会

選抜方法 2024年春(実績)

学力検査(5教科)，調査書，集団面接
※K＝1
※特定教科の得点にかける倍率 なし

応募状況

年度	学科	募集	志願	受検	志願倍率
'24	普通	200	228	227	1.14
'23	普通	200	270	266	1.35
'22	普通	240	286	281	1.19

合格のめやす

偏差値 合格の可能性▷60％＝44，80％＝46

【併願例】〈挑戦〉東葉，中央学院 〈最適〉日体大柏，東京学館浦安，修徳 〈堅実〉秀明八千代

共学
単位制

小金 高等学校

● 第2学区(p.1202参照)

【設置学科】 総合学科

【所在地】 〒270-0032 千葉県松戸市新松戸北2-14-1 ☎(047)341-4155

【アクセス】 JR―南流山15分，新松戸15分

【沿 革】 1965年創立。2016年度より進学を重視した総合学科に改編。

【生徒数】 男子402名，女子550名

【特 色】 ①総合学科の特性を活かし，履修科目のほかに総合選択科目と自由選択科目を用意。専門科目や学校設定科目の中から進路に合わせた多様な選択が可能。②2年次より，人文社会，文理学際，数理科学，医薬医療の4系列に分かれる。③1人1台のタブレット端末を使ったアクティブ・ラーニング授業を展開している。④積み重ね学習，高大連携の実施，PBL（問題解決型学習）の実践を通して，学力の向上を図る。⑤夏期休業中の進学補習，全国模試の全員受験，外部進学学習教材の活用などで希望進路の実現をめざす。⑥大学教授によるキャリア講演，進学対策説明会など，進路行事が充実している。⑦充実した教育相談体制ときめ細やかな生活指導を展開する。⑧ラグビー部2名が全国大会の代表に選出。吹奏楽部が数々の全国大会で賞を受賞，写真部が総文祭に出場している。

【進路情報】 卒業生数―312名

大学―280名 短大―1名 専門学校―5名 就職―1名 その他―25名

【大学合格状況】 千葉大，筑波大，東京外大，横浜国大，東北大，早稲田大，慶應大，他。

【指定校推薦】 早稲田大，慶應大，東京理科大，学習院大，明治大，青山学院大，立教大，他。

【見学ガイド】 文化祭，説明会

選抜方法 2024年春(実績)

学力検査(5教科)，調査書，作文
※K＝0.5
※特定教科の得点にかける倍率 なし

応募状況

年度	学科	募集	志願	受検	志願倍率
'24	総合	320	523	516	1.63
'23	総合	320	488	482	1.53
'22	総合	320	582	578	1.82

合格のめやす

偏差値 合格の可能性▷60％＝63，80％＝65

【併願例】〈最適〉芝浦工大柏，専大松戸，日大習志野，駒込 〈堅実〉流経大柏，土浦日大

千葉 全日制

浦安市／松戸市

松戸国際 高等学校

共学
単位制

● 第2学区(p.1202参照)

【設置学科】 普通科, 国際教養科
【所在地】 〒270-2218 千葉県松戸市五香西5-6-1 ☎(047)386-0563
【アクセス】 JR―新八柱, 新京成線―八柱27分またはバス牧の原団地10分
【沿 革】 1973年創立。
【生徒数】 男子314名, 女子636名
【特 色】 ①2024年度よりグローバルスクールに指定。国際理解教育や国際交流活動を充実させ, 先進的な英語教育を実践する。②二学期制と週2日の7時限授業で授業時間を確保。2年次からは単位制の特徴を活かし, 科目選択制を取り入れ, あらゆる進路に対応。③外国語指導助手4名の常駐により, 国際的視野を広げる環境を完備。④フランス語, 韓国語, 中国語を選択できる(普通科は選択, 国際教養科は必須)。⑤1年次に英語合宿を開催(普通科は希望者, 国際教養科は全員)。⑥法政大学などとの高大連携により, 専門的な授業による単位修得が可能。⑦オーストラリアとアメリカで海外姉妹校交流プログラムを実施(希望者)。⑧進路ガイダンスを充実させ, きめ細かな進路指導を展開。⑨ウエイトリフティング部が全国大会に出場。
【進路情報】 卒業生数―343名
大学―277名 短大―3名 専門学校―24名 就職―1名 その他―38名
【大学合格状況】 埼玉大, 東京海洋大, 茨城大, 早稲田大, 慶應大, 上智大, 東京理科大, 他。
【指定校推薦】 上智大, 学習院大, 青山学院大, 立教大, 法政大, 日本大, 東洋大, 駒澤大, 他。
【見学ガイド】 文化祭, 説明会, 公開授業

選抜方法 2024年春(実績)
学力検査(5教科), 調査書, 集団面接 ※K=1 ※特定教科の得点にかける倍率 普通科=なし 国際教養科=英1.5倍

応募状況

年度	学科	募集	志願	受検	志願倍率
'24	普通	200	279	274	1.40
	国際	120	176	161	1.47
'23	普通	200	306	305	1.53
	国際	120	155	139	1.29

合格のめやす

偏差値	普通	合格の可能性▷60%=54, 80%=56
	国際	合格の可能性▷60%=52, 80%=54

【併願例】〈最適〉流経大柏, 二松学舎柏, 東葉, 昭和学院, 東洋大牛久 〈堅実〉千葉商大付

松戸六実 高等学校

共学

● 第2学区

【設置学科】 普通科
【所在地】 〒270-2203 千葉県松戸市六高台5-150-1 ☎(047)385-5791
【アクセス】 東武アーバンパークライン―高柳15分, 六実15分
【沿 革】 1978年創立。
【生徒数】 男子486名, 女子400名
【特 色】 ①2年次から興味, 関心に合わせた科目選択が可能。3年次に文系, 理系に分かれる。進路実現をめざすための幅広い選択科目を用意。②1年次の「英語コミュニケーションⅠ」は少人数・習熟度別授業。英語の学力向上に取り組む。③学習支援教材(スタディサプリ)を利用して, ICT教育を推進。一人ひとりの生徒に合わせて基礎学力の向上を図る。④学年ごとに実力テストを実施し, 結果を振り返ることで, 学習状況を改善していく。⑤保育・介護・小学校でのインターンシップを行い, 職業理解を深める。⑥公務員補習や夏季講座などを通して, 進路実現のための実力養成をめざす。⑦進路ガイダンスなど多彩な進路活動を展開し, 一人ひとりが進路目標を選べるようにサポートする。⑧陸上競技部が全国大会に, 卓球部が関東新人大会(男子)に出場の実績。
【進路情報】 卒業生数―317名
大学―164名 短大―16名 専門学校―98名 就職―20名 その他―19名
【大学合格状況】 早稲田大, 東京理科大, 学習院大, 明治大, 青山学院大, 立教大, 他。
【指定校推薦】 日本大, 東洋大, 駒澤大, 専修大, 東海大, 亜細亜大, 獨協大, 東京電機大, 他。
【見学ガイド】 文化祭, 説明会, 公開授業

選抜方法 2024年春(実績)
学力検査(5教科), 調査書, 自己表現(文章or実技) ※K=1 ※特定教科の得点にかける倍率 なし

応募状況

年度	学科	募集	志願	受検	志願倍率
'24	普通	320	407	405	1.27
'23	普通	320	365	362	1.14
'22	普通	320	297	294	0.93

合格のめやす

偏差値	合格の可能性▷60%=43, 80%=45

【併願例】〈挑戦〉東葉, 中央学院, 日体大柏 〈最適〉東京学館浦安, 秀明八千代, 修徳

松戸向陽 高等学校

共学

● 第2学区

【設置学科】 普通科〔ほか福祉教養科⇒全日制専門学科〕

【所在地】 〒270-2223 千葉県松戸市秋山682 ☎(047)391-4361

【アクセス】 北総線―秋山7分

【沿革】 松戸秋山高校と松戸矢切高校を統合し，2011年度に開校。

【生徒数】 男子255名，女子375名

【特色】 ①学び直し，少人数授業やティームティーチングの導入により，一人ひとりにきめ細かい指導を行い，基礎学力の定着を図る。②普通科全員が1年次に「社会福祉基礎」を履修し，2年次は赤ちゃんとのふれあい体験に参加する。③3年次より，普通コース（文系，理系），福祉コースに分かれる。福祉コースでは介護職員初任者研修課程修了者の資格取得が可能。④漢字・ワープロ・英語検定などの資格取得を推進する。⑤各学期の進路ガイダンスのほか，外部講師による講演会など，キャリア教育が充実している。⑥福祉教育拠点校として，大学や社会福祉施設，福祉関係の高校等と連携。福祉教育の充実を図る。⑦バドミントン部が県大会に出場，書道部が県の展覧会で入賞している。

【進路情報】〔普通科〕卒業生数—223名
大学—33名 短大—8名 専門学校—94名 就職—66名 その他—22名

【大学合格状況】 駒澤大，拓殖大，城西大，文京学院大，麗澤大，和洋女子大，千葉商大，他。

【指定校推薦】 日本大，流通経済大，立正大，麗澤大，千葉商大，敬愛大，他。

【見学ガイド】 文化祭，説明会，体験入学，公開授業

選抜方法 2024年春（実績）
学力検査（5教科），調査書，集団面接
※K＝1
※特定教科の得点にかける倍率 なし

応募状況
年度	学科	募集	志願	受検	志願倍率
'24	普通	200	211	208	1.06
'23	普通	200	192	190	0.96
'22	普通	200	192	189	0.96

合格のめやす
偏差値　合格の可能性▷60％＝33，80％＝35

【併願例】〈挑戦〉東京学館浦安，秀明八千代，我孫子二階堂，東京学館船橋，不二女子，関東一

松戸馬橋 高等学校

共学

● 第2学区

【設置学科】 普通科

【所在地】 〒271-0043 千葉県松戸市旭町1-7-1 ☎(047)345-3002

【アクセス】 JR―馬橋17分 JR―馬橋・松戸よりバス馬橋高校

【沿革】 1980年創立。

【生徒数】 男子413名，女子510名

【特色】 ①1年次は基礎学力を充実させる科目設定。2・3年次には一人ひとりの進路実現に向けた選択科目を設定する。②2023年度入学生から授業で1人1台のタブレット端末を活用。ICTを活用できるように3年次に学校設定科目「メディアリテラシー」を設置している。③諸外国に興味・関心を持てるよう，学校設定科目に「国際関係」「英会話」「速読」を用意。放課後には「韓国語講座」を開講する。④基礎・基本の問題集を活用した朝学習を実施（全学年）。⑤1・2年次は全員が英検・漢検を受験する。⑥夏期休業中にオーストラリアの姉妹校への短期留学を実施（隔年）。⑦分野別進路ガイダンス，介護・保育職場体験など進路指導が充実。⑧近隣の小中学校と連携した学習ボランティアを展開。⑨陸上競技部（男子三段跳び）がインターハイに出場している。

【進路情報】 卒業生数—310名
大学—108名 短大—9名 専門学校—153名 就職—29名 その他—11名

【大学合格状況】 慶應大，青山学院大，中央大，法政大，日本大，亜細亜大，獨協大，他。

【指定校推薦】 日本大，東洋大，大東文化大，流通経済大，千葉商大，千葉工大，淑徳大，他。

【見学ガイド】 文化祭，説明会，体験入学

選抜方法 2024年春（実績）
学力検査（5教科），調査書，集団面接，自己表現（文章or実技） ※K＝1
※特定教科の得点にかける倍率 なし

応募状況
年度	学科	募集	志願	受検	志願倍率
'24	普通	320	369	364	1.15
'23	普通	320	374	370	1.17
'22	普通	320	299	295	0.93

合格のめやす
偏差値　合格の可能性▷60％＝36，80％＝38

【併願例】〈挑戦〉中央学院，日本大柏，秀明八千代，修徳 〈最適〉我孫子二階堂，東京学館船橋

千葉　全日制　松戸市

松戸市立 松戸 高等学校

共学
単位制

● 第2学区（p.1202参照）

【設置学科】 普通科，国際人文科
【所在地】 〒270-2221 千葉県松戸市紙敷2-7-5 ☎(047)385-3201
【アクセス】 JR・北総線―東松戸13分
【沿 革】 1975年創立。2019年度より単位制に改編。
【生徒数】 男子456名，女子491名
【特 色】 ①多彩な選択科目を設置した単位制。生徒一人ひとりの興味・関心，進路希望に応じた科目選択が可能となっている。②ICTを活用した授業や少人数授業を展開している。③国際人文科では，少人数指導や外国語指導助手の常駐などにより，英語力を育成する。④普通科・国際人文科の希望者対象のオーストラリア研修を用意。⑤独自のキャリア発達プログラム「市松キャンパス」を展開。受験方法別個別ガイダンス，受験対策講座など大学進学サポートの体制も充実している。⑥千葉大学，東京海洋大学などと高大連携を行う。⑦吹奏楽部が管楽合奏の全国大会で最優秀賞を受賞。陸上競技部が全国大会に，弓道部が関東大会に出場。
【進路情報】 卒業生数―318名
大学―198名 短大―7名 専門学校―80名
就職―13名 海外・その他―20名
【大学合格状況】 千葉大，学習院大，明治大，青山学院大，中央大，法政大，日本大，他。
【指定校推薦】 法政大，日本大，東洋大，駒澤大，大東文化大，亜細亜大，東京電機大，他。
【見学ガイド】 文化祭，説明会，体験入学，見学会（部活動）

選抜方法 2024年春(実績)
学力検査（5教科），調査書，普通科は自己表現（実技or口頭），国際人文科は個人面接
※K＝1 ※特定教科の得点にかける倍率 普通科＝なし 国際人文科＝英1.5倍

応募状況

年度	学科	募集	志願	受検	志願倍率
'24	普通	280	457	449	1.63
	国際	40	61	61	1.53
'23	普通	280	462	458	1.65
	国際	40	51	51	1.28

合格のめやす

偏差値	普通	合格の可能性▷60％＝46，80％＝49
	国際	合格の可能性▷60％＝48，80％＝50

【併願例】〈挑戦〉東葉 〈最適〉千葉商大付，中央学院，日体大柏，東京学館浦安

鎌ヶ谷 高等学校

共学

● 第3学区

【設置学科】 普通科
【所在地】 〒273-0115 千葉県鎌ケ谷市東道野辺1-4-1 ☎(047)444-2171
【アクセス】 東武アーバンパークライン―鎌ヶ谷10分 新京成線―鎌ヶ谷大仏22分
【沿 革】 1971年創立。
【生徒数】 男子380名，女子574名
【特 色】 ①1・2年次の授業は週31時限。進学において重視される英語は，各学年週5時限以上設置し，英語力の向上をめざす。②3年次で文系と理系に分かれる。選択科目を多く設定し，幅広く深い教養を身につける。③探究的学習や課題解決学習を取り入れ，学ぶ意義や喜びを実感できる授業を実践。④ICTを活用した教育を推進している。⑤2023年度より1・2年次にスタディサプリを導入。個別の学習支援の充実を図り，家庭学習の習慣化を図る。⑥3年間の系統的な進路計画を策定。大学の教員を招く分野別説明会や個別の進路相談を充実させ，生徒の希望や能力に応じた進路指導を実践する。⑦蔵書が豊富な図書館，広いグラウンドなど学習や部活動に効率よく取り組める設備が整う。⑧放送部が全国放送コンテスト，百人一首かるた部が全国大会に出場している。
【進路情報】 卒業生数―312名
大学―283名 短大―4名 専門学校―11名
就職―1名 その他―13名
【大学合格状況】 東京大，千葉大，埼玉大，北海道大，早稲田大，上智大，東京理科大，他。
【指定校推薦】 東京理科大，学習院大，明治大，青山学院大，立教大，中央大，法政大，他。
【見学ガイド】 説明会，見学会

選抜方法 2024年春(実績)
学力検査（5教科），調査書，自己表現(口頭)
※K＝1
※特定教科の得点にかける倍率 なし

応募状況

年度	学科	募集	志願	受検	志願倍率
'24	普通	320	459	457	1.43
'23	普通	320	423	419	1.32
'22	普通	320	436	434	1.36

合格のめやす

偏差値	合格の可能性▷60％＝58，80％＝60

【併願例】〈挑戦〉専大松戸 〈最適〉八千代松陰，流経大柏，二松学舎柏 〈堅実〉昭和学院

鎌ヶ谷西 高等学校

共 学

● 第3学区

【設置学科】 普通科

【所在地】 〒273-0121　千葉県鎌ケ谷市初富284-7　☎(047)446-0051

【アクセス】 東武アーバンパークライン―六実15分　新京成線―元山15分　北総線―新鎌ケ谷18分

【沿 革】 1980年創立。2024年度より保育基礎コースを設置。

【生徒数】 男子171名，女子211名

【特 色】 ①独自科目「ベーシック」を設置。小中学校の学習内容を学び直し，基礎学力・学習習慣の定着をめざす。②2024年度より設置の保育基礎コースでは，大学や近隣の関係機関と連携した授業や実習を実施する。③少人数授業などを通して基礎学力の向上を図り，発展的学習のための補習にも取り組む。④高大連携による特別授業などで，学びに向かう力や人間力の涵養に努める。⑤インターンシップ，進路相談会，進路見学会などを行うほか，大学や企業の担当者が相談に対応する機会も用意。より具体的な進路指導を進める。⑥ユネスコスクールとして，ボランティア活動などの地域連携が活発。⑦合唱部がアジア国際合唱コンクールで銀賞の実績。バレーボール部が総体県大会ベスト8。

【進路情報】 卒業生数―|187名|

大学―36名　短大―1名　専門学校―63名　就職―78名　その他―9名

【大学合格状況】 日本大，獨協大，東京電機大，国士舘大，目白大，帝京科学大，千葉商大，他。

【指定校推薦】 日本大，東京電機大，拓殖大，千葉商大，千葉工大，中央学院大，麗澤大，他。

【見学ガイド】 文化祭，見学会

選抜方法 2024年春(実績)

学力検査(5教科)，調査書，個人面接
※K=2
※特定教科の得点にかける倍率　なし

応募状況

年度	学科	募集	志願	受検	志願倍率
'24	普通	200	142	141	0.71
'23	普通	200	135	134	0.68
'22	普通	240	124	122	0.52

合格のめやす

偏差値	合格の可能性▷60%=32，80%=34

【併願例】〈挑戦〉東京学館浦安，秀明八千代，東京学館船橋，我孫子二階堂，千葉聖心

東葛飾 高等学校

共 学

● 第3学区

【設置学科】 普通科

【所在地】 〒277-8570　千葉県柏市旭町3-2-1　☎(04)7143-4271

【アクセス】 JR・東武アーバンパークライン―柏8分

【沿 革】 1924年創立。2014年度より医歯薬コースを設置。2016年度，併設型中学校を開校。

【生徒数】 男子485名，女子462名

【特 色】 ①併設中学からの生徒とは1年次から混合クラスとなる。②二学期制を採用。授業時間を最大限確保し，基礎，基本の定着を重視。学問の本質を理解できる授業を展開する。③体験重視の授業，アクティブ・ラーニング，理科実験などを通して，主体的に学ぶ授業を展開する。④1年次は一般，医歯薬の2コース，2年次からは文，理，医歯薬の3コースに分かれる。医歯薬コースは大学や医師会と連携した授業を行う。⑤大学教授や各分野のスペシャリストによる東葛リベラルアーツ講座は，多彩な内容で60を超える講座を開講。⑥夏期・冬期講座，早朝・放課後特別講座で進路学習をサポート。⑦フェンシング部がインターハイに，書道・将棋部が全国高等学校総合文化祭に，軽音楽部が全国大会に出場している。理科部が科学の甲子園全国大会で第6位の実績。

【進路情報】 卒業生数―|316名|

大学―272名　専門学校―1名　その他―43名

【大学合格状況】 東京大，京都大，東工大，一橋大，北海道大，名古屋大，東北大，他。

【指定校推薦】 早稲田大，慶應大，東京理科大，学習院大，青山学院大，立教大，中央大，他。

【見学ガイド】 文化祭，説明会

選抜方法 2024年春(実績)

学力検査(5教科)，調査書，思考力を問う問題
※K=0.5
※特定教科の得点にかける倍率　なし

応募状況

年度	学科	募集	志願	受検	志願倍率
'24	普通	240	466	445	1.94
'23	普通	240	480	470	2.00
'22	普通	240	447	434	1.86

合格のめやす

偏差値	合格の可能性▷60%=66，80%=68

【併願例】〈挑戦〉市川　〈最適〉芝浦工大柏，専大松戸，江戸川取手　〈堅実〉流経大柏，土浦日大

千葉　全日制　松戸市／鎌ケ谷市／柏市

共 学

柏 高等学校

● 第3学区(p.1202参照)

【設置学科】 普通科, 理数科
【所在地】 〒277-0825 千葉県柏市布施254
☎(04)7131-0013
【アクセス】 JR―北柏よりバス前原10分
【沿 革】 1970年創立。
【生徒数】 男子524名, 女子429名
【特 色】 ①理数科は理数に特化したカリキュラムで, 実験を中心にした理科の授業, ゼミ形式や少人数制の授業を実践している。課題研究や野外宿泊実習による充実した探究活動にも取り組む。②普通科の1・2年次は国数英を柱とした科目設定。2年次から選択科目を多数設定し, 3年次は文理別となる。③総合的な探究の時間における探究活動を通して, 主体的に学ぶ力を育成している。④大学入試改革に対応した取り組みとして, オールイングリッシュの英語授業, プレゼン重視の授業を展開する。⑤進学対策講座を年間100講座以上開講している。⑥進路説明会, 個別面談などの取り組みを強化し, 進路指導の充実を図る。さらに教師, 看護師, 臨床検査技師などのキャリア体験, 卒業生から学ぶ「柏葉探究セミナー」を開催する。⑦書道部が総文祭に, 水泳部が関東大会に出場。
【進路情報】 卒業生数―312名
大学―275名 専門学校―6名 その他―31名
【大学合格状況】 東京大, 東工大, 千葉大, 国際教養大, 大阪大, 名古屋大, 東北大, 他。
【指定校推薦】 早稲田大, 上智大, 東京理科大, 学習院大, 明治大, 青山学院大, 立教大, 他。
【見学ガイド】 文化祭, 説明会, 体験入学, 見学会

選抜方法 2024年春(実績)
学力検査(5教科), 調査書, 作文 ※K=1 ※特定教科の得点にかける倍率 普通科=なし 理数科=数理1.5倍

応募状況

年度	学科	募集	志願	受検	志願倍率
'24	普通	280	360	352	1.29
	理数	40	65	63	1.63
'23	普通	280	370	367	1.32
	理数	40	46	44	1.15

合格のめやす

偏差値	普通	合格の可能性▷60%=60, 80%=62
	理数	合格の可能性▷60%=59, 80%=61

【併願例】〈挑戦〉芝浦工大柏, 専大松戸 〈堅実〉流経大柏, 二松学舎柏, 土浦日大, 東洋大牛久

共 学

柏南 高等学校

● 第3学区

【設置学科】 普通科
【所在地】 〒277-0033 千葉県柏市増尾1705
☎(04)7173-2101
【アクセス】 東武アーバンパークライン―新柏15分, 増尾13分
【沿 革】 1975年創立。
【生徒数】 男子584名, 女子490名
【特 色】 ①二学期制の導入により, 授業時間を確保。②1年次では基礎学習の充実を図る。2年次より文系と理系に分かれ, 多彩な選択授業を設置する。3年次では学力・応用力の確立をめざして, 毎日の授業に力を入れている。③1年次より進学補習を開講。学力到達度テストや模擬試験も取り入れている。④各教科で主体的で対話的な学びとなる活動やICTを活用した授業を実施。⑤異文化理解講座(1年次), 外務省職員による国際理解教育講座などを展開。⑥大学の教員による大学体験講義, 専門学校・就職ガイダンス, 進路別ガイダンス, 小論文・面接指導など, きめ細かな進路指導で希望進路の実現をバックアップ。⑦放送班がNHK杯全国高校放送コンテストや総文祭に, 陸上部, 水泳部が関東大会に出場している。
【進路情報】 卒業生数―358名
大学―334名 短大―3名 専門学校―5名 就職―1名 その他―15名
【大学合格状況】 東工大, 千葉大, 筑波大, 早稲田大, 慶應大, 上智大, 東京理科大, 他。
【指定校推薦】 東京理科大, 学習院大, 明治大, 青山学院大, 立教大, 中央大, 法政大, 他。
【見学ガイド】 文化祭, 説明会, 体験入学, オープンキャンパス, 公開授業, 見学会

選抜方法 2024年春(実績)
学力検査(5教科), 調査書, 作文 ※K=1 ※特定教科の得点にかける倍率 なし

応募状況

年度	学科	募集	志願	受検	志願倍率
'24	普通	360	551	543	1.53
'23	普通	360	516	515	1.43
'22	普通	360	530	527	1.47

合格のめやす

偏差値	合格の可能性▷60%=56, 80%=59

【併願例】〈挑戦〉専大松戸 〈最適〉麗澤, 流経大柏, 二松学舎柏, 土浦日大, 東洋大牛久

柏陵 高等学校

共学

● 第3学区

【設置学科】 普通科
【所在地】 〒277-0042 千葉県柏市逆井444-1 ☎(04)7174-8551
【アクセス】 東武アーバンパークライン―逆井20分 新京成線―五香よりバス柏陵高校3分
【沿革】 1978年創立。
【生徒数】 男子371名，女子577名
【特色】 ①1・2年次はほぼ同一のカリキュラムで基礎力を養成する。②3年次に文系，理系のコースに分かれ，進路を見据えた学習を行う。文系，理系共に精選された多彩な選択科目を設置し，多種多様な進路希望やニーズに対応する。③数学や英語では，習熟度別や少人数制の授業を導入。個々の生徒に応じた授業を行っている。英語の学力向上に重点をおいた指導で，全員英検準2級以上の取得をめざす。④進学補講，年3回の実力テストなどにより，学力の向上を図る。⑤進路実現の取り組みとして，看護体験や公務員講座などを実施。⑥漢字検定などの資格取得を推進。⑦読書に親しみ，読書の価値を見出す朝読書を継続している。⑧フェンシング部がインターハイに，ダンス部が全国大会に出場の実績。硬式テニス部が関東公立高校選手権第10位。
【進路情報】 卒業生数―344名
大学―171名 短大―12名 専門学校―135名 就職―14名 その他―12名
【大学合格状況】 法政大，日本大，東洋大，駒澤大，専修大，大東文化大，帝京大，他。
【指定校推薦】 法政大，日本大，東洋大，駒澤大，亜細亜大，帝京大，獨協大，立正大，他。
【見学ガイド】 文化祭，説明会

選抜方法 2024年春(実績)
学力検査(5教科)，調査書，自己表現(実技or口頭) ※K=1
※特定教科の得点にかける倍率 なし

応募状況
年度	学科	募集	志願	受検	志願倍率
'24	普通	320	409	407	1.28
'23	普通	320	367	366	1.15
'22	普通	320	328	321	1.03

合格のめやす
偏差値 合格の可能性▷60%=41，80%=44

【併願例】〈挑戦〉中央学院，日体大柏，西武台千葉 〈最適〉秀明八千代 〈堅実〉我孫子二階堂

柏の葉 高等学校

共学

● 第3学区(p.1202参照)

【設置学科】 普通科，情報理数科
【所在地】 〒277-0882 千葉県柏市柏の葉6-1 ☎(04)7132-7521
【アクセス】 つくばEX.―柏の葉キャンパス12分
【沿革】 2007年開校。
【生徒数】 男子373名，女子540名
【特色】 ①普通科は週31時間授業を実施し，大学進学に備えて基礎から発展までの内容をしっかり丁寧に学習する。3年次に豊富な選択科目を設定。希望進路に合わせたカリキュラムを選択できる。②情報理数科は，課題研究や少人数の専門科目の授業を通して，探究する力や発表する力などを伸ばす。大学や企業と連携した様々な取り組みにも力を入れている。研究発表会，ロボット講座，PC解剖授業などを開催する。③長期休業中の補習で，ワンランク上の大学進学を見据えた指導を行う。④総合的な探究の時間を活用し，3年間を見通した計画的な進路指導，キャリア教育を実践する。⑤国際キャンパスタウン構想「柏の葉」地区の大学・各種機関と連携した教育活動を行う。⑥主体的な活動を伸ばす学校行事と部活動を展開する。
【進路情報】 卒業生数―276名
大学―211名 短大―4名 専門学校―44名 就職―4名 その他―13名
【大学合格状況】 早稲田大，東京理科大，学習院大，明治大，青山学院大，立教大，他。
【指定校推薦】 東京理科大，学習院大，日本大，東洋大，駒澤大，専修大，國學院大，他。
【見学ガイド】 文化祭，説明会，見学会

選抜方法 2024年春(実績)
学力検査(5教科)，調査書，集団面接
※K=1
※特定教科の得点にかける倍率 なし

応募状況
年度	学科	募集	志願	受検	志願倍率
'24	普通	240	355	351	1.48
	情報	40	65	55	1.63
'23	普通	280	486	480	1.74
	情報	40	59	54	1.48

合格のめやす
偏差値 普通 合格の可能性▷60%=53，80%=55
情報 合格の可能性▷60%=51，80%=53

【併願例】〈最適〉流経大柏，二松学舎柏，東洋大牛久 〈堅実〉中央学院，日体大柏，西武台千葉

千葉 全日制 柏市

共 学

柏中央 高等学校

● 第3学区

【設置学科】 普通科

【所在地】 〒277-0835 千葉県柏市松ヶ崎884-1 ☎(04)7133-3141

【アクセス】 JR・東武アーバンパークライン—柏25分

【沿革】 1981年創立。

【生徒数】 男子508名，女子445名

【特色】 ①3年次に文系，理系の2コースに分かれる。学習習慣の確立と希望進路実現の実力養成を組織的に支援する。②主体的，対話的で深い学びを実践。授業と探究学習を通して，知識を活かした論理力や生きた言葉の4技能の向上をめざす。③小論文・面接の個別指導や英検などの受験に積極的に取り組み，新大学入試制度に対応する。④放課後や長期休業中に開講する「柏王ゼミ」など，多彩な進学補講を実施。⑤インターンシップ，年次やテーマごとの進路ガイダンスなど，進路指導が充実。専門学校ガイダンスや公務員模試など個々の進路志望に対応したプログラムを用意。⑥福祉関連施設や幼児教育機関などと連携し，人間力を高める。⑦放送部がNHK全国高校放送コンテスト全国大会，総文祭に出場。陸上競技部が関東大会出場，男子ソフトテニス部が県大会ベスト8の実績。

【進路情報】 卒業生数—351名
大学—262名 短大—2名 専門学校—27名 就職—1名 その他—59名

【大学合格状況】 千葉大，埼玉大，防衛大，早稲田大，東京理科大，学習院大，明治大，他。

【指定校推薦】 早稲田大，東京理科大，学習院大，中央大，法政大，日本大，東洋大，他。

【見学ガイド】 文化祭，説明会，体験入学

選抜方法 2024年春(実績)
学力検査（5教科），調査書，集団面接
※K＝1
※特定教科の得点にかける倍率　なし

応募状況

年度	学科	募集	志願	受検	志願倍率
'24	普通	320	425	417	1.33
'23	普通	320	370	367	1.16
'22	普通	320	436	429	1.36

合格のめやす

偏差値	合格の可能性▷60%＝52，80%＝54

【併願例】〈挑戦〉流経大柏，二松学舎柏 〈最適〉東洋大牛久 〈堅実〉中央学院，日体大柏

共 学

沼南 高等学校

● 第3学区

【設置学科】 普通科

【所在地】 〒270-1445 千葉県柏市岩井678-3 ☎(04)7191-8121

【アクセス】 JR・東武アーバンパークライン—柏よりバス沼南高校南口3分

【沿革】 1979年創立。

【生徒数】 男子165名，女子64名

【特色】 ①2年次より健康スポーツ，情報ビジネス，環境サイエンス，文化コミュニケーションの4コースに分かれる。興味・関心のある分野を専門的に学び，希望進路の実現をめざす。②学習内容を精選し，専門性の高い適切な学校設定科目を設置している。③国語，数学，英語など多くの教科で，少人数制によるきめ細かい授業を行う。ティームティーチングでの授業も展開し，一人ひとりの生徒を大切にした教育を実践する。④3年間を見通した，意図的・系統的進路指導の実施により，卒業時の高い進路決定率を誇る。⑤簿記実務検定，情報処理検定，ビジネス文書実務検定などの取得を推奨。⑥ボランティアなど，地域に貢献する活動を積極的に支援。⑦ボクシング部が関東大会3位入賞の実績。サッカー部，陸上競技部，バレーボール部，バドミントン部などが県大会に出場。

【進路情報】 卒業生数—150名
大学—35名 短大—4名 専門学校—45名 就職—41名 その他—25名

【大学合格状況】 法政大，日本大，目白大，文京学院大，城西国際大，麗澤大，千葉商大，他。

【指定校推薦】 日本大，専修大，麗澤大，千葉商大，中央学院大，流通経済大，江戸川大，他。

【見学ガイド】 説明会，学校見学

選抜方法 2024年春(実績)
学力検査（5教科），調査書，集団面接
※K＝2
※特定教科の得点にかける倍率　なし

応募状況

年度	学科	募集	志願	受検	志願倍率
'24	普通	160	70	69	0.44
'23	普通	160	58	58	0.36
'22	普通	200	72	71	0.36

合格のめやす

偏差値	合格の可能性▷60%＝31，80%＝33

【併願例】〈挑戦〉秀明八千代，我孫子二階堂，東京学館船橋，不二女子，愛国

沼南高柳 高等学校

共学

● 第3学区

【設置学科】 普通科
【所在地】 〒277-0941　千葉県柏市高柳995
☎(04)7191-5281
【アクセス】 東武アーバンパークライン―高柳
10分
【沿革】 1984年創立。
【生徒数】 男子299名，女子267名
【特色】 ①学び直しや基礎定着を支える「わかる授業」を実践。②1年次の国英は少人数制授業，数学は習熟度別授業で細やかに指導している。情報の授業は複数教員による指導体制。③2年次より芸術，総合の2コースに分かれる。総合コースでは，進路や興味・関心に合わせて授業を選択できる。芸術コースでは，音楽・美術・工芸・書道から1科目を選択。個性を伸長し，感性を磨く。④常用漢字テストを年に7～8回開催。また，日本漢字能力検定を全員が受験し，基本的知識の定着を図る。⑤定期考査前に学習会，長期休業中に補習を実施し，粘り強い指導を行う。⑥社会体験，職場学校見学などの行事が充実。⑦ボランティア体験講座や各種検定などの校外学修を単位認定。⑧10分間の朝読書を実施。⑨美術部，工芸部，書道部が総文祭県代表の実績をもつ。
【進路情報】 卒業生数―221名
大学―47名　短大―4名　専門学校―104名
就職―62名　その他―4名
【大学合格状況】 日本大，千葉工大，明星大，帝京平成大，神田外語大，文化学園大，他。
【指定校推薦】 日本大，淑徳大，千葉商大，千葉工大，中央学院大，流通経済大，他。
【見学ガイド】 文化祭，説明会，学校見学

選抜方法 2024年春(実績)
学力検査（5教科），調査書，個人面接
※K＝2
※特定教科の得点にかける倍率　なし

応募状況
年度	学科	募集	志願	受検	志願倍率
'24	普通	240	219	216	0.91
'23	普通	240	195	192	0.81
'22	普通	240	198	197	0.83

合格のめやす
偏差値　合格の可能性▷60%＝32，80%＝34

【併願例】〈挑戦〉秀明八千代，我孫子二階堂，東京学館船橋，千葉聖心，不二女子

柏 高等学校
柏市立

共学
単位制

● 第3学区(p.1202参照)

【設置学科】 普通科〔ほかスポーツ科学科⇒全日制専門学科〕
【所在地】 〒277-0801　千葉県柏市船戸山高野325-1　☎(04)7132-3460
【アクセス】 JR―柏，つくばEX.―柏たなかよりバス市立柏高校
【沿革】 1978年創立。
【生徒数】 男子559名，女子329名
【特色】 ①普通科に一般クラス（文系，理系，音楽，体育），総合進学クラス（文系，理系），国際教養クラスを設置。②一般クラスは2年次から進路別クラス編成。資格取得に向けた取り組みも充実している。③総合進学クラスは少人数指導で学力向上を図る。2年次から文系と理系に分かれる。④国際教養クラスは少人数と常駐の外国語指導助手のサポートで語学力を伸ばし，国際的視野を育てる。⑤夏季休業中にオーストラリア，中国の姉妹校への語学研修を実施（全学科対象・希望者）。⑥各種ガイダンス，インターンシップ，進学補講など進路指導が充実。⑦吹奏楽部が全国大会で受賞の実績をもつ。女子バスケットボール部，女子バレーボール部が全国大会に，陸上競技部が関東大会に出場。
【進路情報】〔普通科〕卒業生数―274名
大学―136名　短大―1名　専門学校―107名
就職―15名　その他―15名
【大学合格状況】 東京理科大，学習院大，明治大，中央大，日本大，専修大，東海大，他。
【指定校推薦】 学習院大，日本大，東洋大，亜細亜大，獨協大，東京電機大，玉川大，他。
【見学ガイド】 文化祭，説明会，体験入学，公開授業

選抜方法 2024年春(実績)
学力検査（5教科），調査書，自己表現（論述or実技）　※K＝1
※特定教科の得点にかける倍率　なし

応募状況
年度	学科	募集	志願	受検	志願倍率
'24	普通	280	348	337	1.24
'23	普通	280	322	313	1.15
'22	普通	280	296	288	1.06

合格のめやす
偏差値　合格の可能性▷60%＝40，80%＝42

【併願例】〈挑戦〉中央学院，日体大柏，西武台千葉，修徳　〈最適〉秀明八千代，我孫子二階堂

千葉　全日制　柏市

共学

流山おおたかの森 高等学校

● 第 3 学区(p.1202参照)

【設置学科】 普通科, 国際コミュニケーション科

【所在地】 〒270-0122 千葉県流山市大畔275-5 ☎(04)7154-3551

【アクセス】 東武アーバンパークライン―初石16分

【沿 革】 2008年開校。

【生徒数】 男子430名, 女子631名

【特 色】 ①情報活用能力, 論理的思考力, 課題探究力, 伝える力, 挑戦する力, セルフマネジメント能力, 多様性を活かす力の育成をめざす。②普通科では 3 年次で文系, 理系に分かれ, 希望進路に応じた学習が可能。③国際コミュニケーション科では, 実践的な語学力を養成。第二外国語(中国語, 韓国語)も学べる。④外国語指導助手が常駐し, すべてのクラスで先進的な英語の授業を展開。⑤オーストラリア語学研修を実施(希望制)。⑥東京理科大学などと高大連携。教員志望の大学生が授業や補習をサポートする。⑦アーチェリー部, アナウンス映像部が全国大会に出場している。

【進路情報】 卒業生数―352名
大学―213名 短大―5 名 専門学校―81名
就職―7 名 その他―46名

【大学合格状況】 明治大, 法政大, 日本大, 東洋大, 駒澤大, 専修大, 大東文化大, 他。

【指定校推薦】 日本大, 東洋大, 獨協大, 東京電機大, 国士舘大, 千葉商大, 立正大, 他。

【見学ガイド】 文化祭, 説明会

選抜方法 2024年春(実績)
学力検査(5 教科),調査書,面接(普通科は集団・国際コミュニケーション科は個人),国際コミュニケーション科のみ適性検査 ※K=1
※特定教科の得点にかける倍率 普通科=なし
国際コミュニケーション科=英1.5倍

応募状況

年度	学科	募集	志願	受検	志願倍率
'24	普通	320	399	395	1.25
	国際	40	61	54	1.53
'23	普通	320	486	485	1.52
	国際	40	58	54	1.45

合格のめやす

偏差値	普通	合格の可能性▷60%=46, 80%=48
	国際	合格の可能性▷60%=44, 80%=46

【併願例】〈挑戦〉二松学舎柏, 東葉, 東洋大牛久 〈最適〉中央学院, 日体大柏, 西武台千葉

共学

流山南 高等学校

● 第 3 学区

【設置学科】 普通科

【所在地】 〒270-0164 千葉県流山市流山9-800-1 ☎(04)7159-1231

【アクセス】 流鉄流山線―平和台 3 分 JR・つくばEX.―南流山15分

【沿 革】 1983年創立。

【生徒数】 男子406名, 女子331名

【特 色】 ①興味, 関心, 進路希望など, 個性に応じた学習ができる独自のコース選択システム。 1 年次に教養コースとスポーツ健康コースに分かれる。②少人数授業やティームティーチングによる, 個に応じた丁寧な指導を展開。ICTを活用したアクティブ・ラーニング型授業も実践する。③教養コースは様々な教科を偏りなく広範囲に学び, 基礎的な学力を定着。 3 年次に理系, 文系となる。多くの選択科目を設定し, 幅広い進路に対応する。④スポーツ健康コースは体育に関する科目を多く配置。 1 年次にはスキー実習がある。⑤漢字検定は全員が受験。検定に向けた校内テストを年間 6 回開催。⑥キャリア講座, 面接対策講座など 3 年間を通したキャリア教育を推進。⑦陸上競技部が全国大会に出場。相撲部が関東大会で個人第 3 位・第 5 位, 弓道部が県大会個人第 6 位の成績。

【進路情報】 卒業生数―295名
大学―88名 短大―9 名 専門学校―152名
就職―33名 その他―13名

【大学合格状況】 法政大, 日本大, 専修大, 大東文化大, 亜細亜大, 明治学院大, 立正大, 他。

【指定校推薦】 日本大, 東京農大, 千葉工大, 千葉商大, 流通経済大, 中央学院大, 他。

【見学ガイド】 文化祭, 説明会, 見学会

選抜方法 2024年春(実績)
学力検査(5 教科),調査書,自己表現(口頭or実技) ※K=1
※特定教科の得点にかける倍率 なし

応募状況

年度	学科	募集	志願	受検	志願倍率
'24	普通	280	269	266	0.96
'23	普通	280	283	282	1.01
'22	普通	320	240	233	0.75

合格のめやす

偏差値	合格の可能性▷60%=35, 80%=37

【併願例】〈挑戦〉日体大柏, 西武台千葉, 潤徳女子, 修徳 〈最適〉我孫子二階堂, 東京学館船橋

共学

流山北 高等学校
● 地域連携アクティブスクール(第3学区)

【設置学科】 普通科
【所在地】 〒270-0116 千葉県流山市中野久木7-1 ☎(04)7154-2100
【アクセス】 東武アーバンパークライン―江戸川台17分またはバス流山北高校前
【沿 革】 1985年創立。2015年度, 地域連携アクティブスクールとなる。
【生徒数】 男子319名, 女子269名
【特 色】 ①1年次に学び直しの授業「基礎学習Ⅰ」を設置するほか, 全学年で毎朝10分間の帯授業「基礎学習A」により, 基礎学力の定着と勉強に取り組む姿勢を育成。②習熟度別授業(数学, 英語), ティームティーチング(国語, 体育など), 少人数制授業(家庭など)により, きめ細かい指導を実践。③3年次に文理に分かれる。④2年次の全員参加のインターンシップなど実践的なキャリア教育を展開。⑤大学生の学習サポートボランティアなど, 地域の教育力を活用。江戸川大学や東京理科大学とも連携。⑥厳しさとやさしさを両立した生徒指導で, 一人ひとりを大切にし, しっかりとサポート。スクールカウンセラーやスクールソーシャルワーカーによる相談体制も用意。⑦ライフル部が関東大会出場。書道部がコンクール入選の実績。
【進路情報】 卒業生数―198名
大学―31名 短大―3名 専門学校―79名
就職―77名 その他―8名
【大学合格状況】 亜細亜大, 東京農大, 帝京科学大, 東京福祉大, 城西国際大, 麗澤大, 他。
【指定校推薦】 亜細亜大, 国士舘大, 千葉商大, 流通経済大, 千葉工大, 麗澤大, 聖徳大, 他。
【見学ガイド】 文化祭, 説明会, 体験入学

選抜方法 2024年春(実績)
学力検査(3教科), 調査書, 個人面接, 作文
※特定教科の得点にかける倍率 なし

応募状況
年度	学科	募集	志願	受検	志願倍率
'24	普通	240	176	171	0.73
'23	普通	240	211	209	0.88
'22	普通	240	200	197	0.83

合格のめやす
偏差値 合格の可能性▷60%=32, 80%=34

【併願例】〈挑戦〉秀明八千代, 我孫子二階堂, 東京学館船橋, 不二女子, 修徳, 愛国

共学

野田中央 高等学校
● 第3学区

【設置学科】 普通科
【所在地】 〒278-0046 千葉県野田市谷津713 ☎(04)7125-4108
【アクセス】 東武アーバンパークライン―七光台5分
【沿 革】 野田高校と野田北高校を統合し, 2006年4月に開校。
【生徒数】 男子369名, 女子556名
【特 色】 ①1・2年次の数学, 英語で習熟度別・少人数授業を導入し, 基礎学力の習得を徹底させる。②興味関心と進路を見据えたコース選択制をとる。2年次より総合, 特進の2コース制。多彩な選択科目で理系・文系進学や看護・医療系, 就職など多様な進路に対応する。③特進コースでは, 要点となる科目を増単位。ワンランク上をめざした進路実現を狙う。集中講座や進学補習も実施する。④進路指導部を中心に, 進学や就職を強力にサポートする。⑤英語・漢字・数学検定などの資格取得を奨励している。⑥スクールカウンセラーとの連携を図り, 生徒や家庭を支援する。⑦地元小中学校との相互授業公開など, 地域との交流活動を多面的に展開。⑧レスリング部が全国予選大会(関東ブロック)第1位の実績。陸上競技部が関東大会に出場。
【進路情報】 卒業生数―304名
大学―103名 短大―9名 専門学校―144名
就職―34名 その他―14名
【大学合格状況】 東京理科大, 日本大, 東洋大, 大東文化大, 獨協大, 東京電機大, 他。
【指定校推薦】 東京理科大, 日本大, 東洋大, 大東文化大, 東京電機大, 国士舘大, 他。
【見学ガイド】 文化祭, 説明会

選抜方法 2024年春(実績)
学力検査(5教科), 調査書, 集団面接, 自己表現(文章or実技) ※K=2
※特定教科の得点にかける倍率 なし

応募状況
年度	学科	募集	志願	受検	志願倍率
'24	普通	320	343	341	1.07
'23	普通	320	307	306	0.96
'22	普通	320	356	353	1.11

合格のめやす
偏差値 合格の可能性▷60%=38, 80%=40

【併願例】〈挑戦〉中央学院, 西武台千葉, 日体大柏, 修徳 〈最適〉我孫子二階堂, 東京学館船橋

千葉 全日制 流山市／野田市

共　学

関宿 高等学校
● 第3学区

【設置学科】 普通科
【所在地】 〒270-0222　千葉県野田市木間ケ瀬4376　☎(04)7198-5006
【アクセス】 東武アーバンパークライン―川間よりバス新堤9分
【沿　革】 1987年創立。
【生徒数】 男子97名，女子86名
【特　色】 ①市立木間ケ瀬・二川・関宿中学校と連携教育を行う。②数学，英語などの基本を学び直す学校設定科目「ベーシック」を用意。「地歴基礎」では地理，歴史の基本を学び直す。③国語，数学，英語，理科，ベーシックなどでは少人数授業を実施。教え合いなど言語活動を重視する。④1年次は共通の内容を学び，2年次よりコース別となる。選択科目で進学や就職などの多様な進路に対応した教養コース，就職をめざす情報ビジネスコースを選択する。情報ビジネスコースでは資格取得に重点をおく。⑤年間を通じて個人面談を多く開催するなど，手厚い相談体制を整えている。夏季補習，上級学校体験，職業体験講座，社会人としての基礎講座など充実したキャリア教育を実践。⑥基本的生活習慣の確立にも力を入れる。
【進路情報】 卒業生数―65名
大学―6名　専門学校―17名　就職―39名
その他―3名
【大学合格状況】 東京電機大，江戸川大，開智国際大，跡見学園女子大，他。
【指定校推薦】 東京電機大，淑徳大，中央学院大，城西大，流通経済大，ものつくり大，他。
【見学ガイド】 文化祭，説明会，体験入学

選抜方法 2024年春(実績)
学力検査(5教科)，調査書，個人面接
※K＝2
※特定教科の得点にかける倍率　なし
※ほかに連携型特別入学者選抜50%程度あり

応募状況
年度	学科	募集	志願	受検	志願倍率
'24	普通	120	34	33	0.28
'23	普通	120	61	61	0.51
'22	普通	120	54	54	0.45

合格のめやす
偏差値　合格の可能性▷60%＝31，80%＝33

【併願例】〈挑戦〉秀明八千代，我孫子二階堂，東京学館船橋，愛国

共　学

我孫子 高等学校
● 第3学区

【設置学科】 普通科
【所在地】 〒270-1147　千葉県我孫子市若松18-4　☎(04)7182-5181
【アクセス】 JR―我孫子20分またはバス我孫子高校前2分
【沿　革】 1970年創立。2018年度，教員基礎コースを設置。
【生徒数】 男子504名，女子437名
【特　色】 ①2年次より文類型，理類型に，3年次に文類型，理類型，文理類型のコースに分かれる。②難関大学の進路実現を図るため，1年次より特別進学クラスを設置。数学，英語の少人数授業，勉強合宿を行っている。③教員基礎コースは火曜の7限を利用し，学年を超えて受講する。千葉大学や東京学芸大学などと連携し，教育に関する講義，報告会など学校独自の取り組みを実施。外部講師による集中講座，教育ボランティアなどを展開する。④全学年を対象に，進学に向けた補習を開講。⑤教育施設や病院などでのインターンシップを行っている。⑥高大連携を実施。連携大学の講座を外部修得単位として設置している。⑦剣道部が関東大会出場の実績をもつ。書道部が全国レベルの大会・書道展で入賞している。
【進路情報】 卒業生数―314名
大学―214名　短大―8名　専門学校―65名
就職―8名　その他―19名
【大学合格状況】 帯広畜産大，上智大，東京理科大，学習院大，明治大，青山学院大，他。
【指定校推薦】 東京理科大，法政大，日本大，東洋大，駒澤大，亜細亜大，國學院大，他。
【見学ガイド】 文化祭，説明会，体験入学

選抜方法 2024年春(実績)
学力検査(5教科)，調査書，自己表現(文章or専門実技)　※K＝1
※特定教科の得点にかける倍率　なし

応募状況
年度	学科	募集	志願	受検	志願倍率
'24	普通	320	382	381	1.19
'23	普通	320	317	315	0.99
'22	普通	320	353	351	1.10

合格のめやす
偏差値　合格の可能性▷60%＝46，80%＝48

【併願例】〈挑戦〉二松学舎柏，土浦日大，東洋大牛久　〈最適〉中央学院，日体大柏，西武台千葉

我孫子東 高等学校

● 第3学区

【設置学科】　普通科
【所在地】　〒270-1104　千葉県我孫子市新々田172　☎(04)7189-4051
【アクセス】　JR—布佐6分
【沿　革】　布佐高校と湖北高校が統合し，2011年4月に開校。
【生徒数】　男子300名，女子262名
【特　色】　①総合，福祉，ビジネスの3コース制。福祉コースでは福祉・医療のスペシャリストによる実習や講義を実施し，介護職員初任者研修修了をめざす。ビジネスコースでは様々な資格取得をめざす。②1年次は全員が「社会福祉基礎」を履修。認知症サポーター講座を実施する。③ベーシック科目による基礎学力の定着を図る。④主体的・対話的な深い学びの研究とタブレットを活用したICT授業に取り組む。⑤10分間の朝学習で語彙力・集中力の向上をめざす。⑥進路対策講座を開講。きめ細かな指導により進路決定，自己実現へと導く。⑦進路実現に向け，3年間を見通した計画的なキャリア教育を実践する。組織的かつ継続的な指導を展開する。⑧レスリング部が関東大会に出場。野球部，陸上競技部なども活躍している。
【進路情報】　卒業生数—229名
大学—47名　短大—2名　専門学校—96名
就職—62名　その他—22名
【大学合格状況】　日本大，帝京大，目白大，帝京科学大，城西国際大，和洋女子大，他。
【指定校推薦】　日本大，東洋大，東京電機大，国士舘大，中央学院大，淑徳大，麗澤大，他。
【見学ガイド】　文化祭，説明会，体験入学，見学会

選抜方法 2024年春(実績)
学力検査(5教科)，調査書，集団面接
※K=2
※特定教科の得点にかける倍率　なし

応募状況
年度	学科	募集	志願	受検	志願倍率
'24	普通	240	136	134	0.57
'23	普通	240	165	161	0.69
'22	普通	240	209	207	0.87

合格のめやす
偏差値	合格の可能性▷60%=33，80%=35

【併願例】〈挑戦〉東京学館，秀明八千代，我孫子二階堂，東京学館船橋，桜林，愛国龍ケ崎

白井 高等学校

● 第4学区

【設置学科】　普通科
【所在地】　〒270-1425　千葉県白井市池の上1-8-1　☎(047)491-1511
【アクセス】　北総線—白井12分
【沿　革】　1983年創立。
【生徒数】　男子358名，女子319名
【特　色】　①2023年度よりコミュニティ・スクールを導入。地域連携による生徒の健全育成を目標とする。②2年次より文系，理系に分かれる。③数英で少人数指導を導入。全学年で学習支援ツールを取り入れ，学習機会の拡充を図る。④各学年に大学進学をめざす生徒を中心とする特別進学クラスを設置（希望制）。⑤毎朝10分間の朝読書や朝学習を実施。⑥進学課外授業で大学受験にも対応。⑦地域と連携した課題研究「白井市未来プロジェクト」やボランティア活動を推進する。⑧各種検定の受験をサポートし，資格取得を奨励。⑨インターンシップや進路ガイダンスなど，3年間を見通した段階的なキャリア教育を展開している。⑩心のバリアフリー教育，ボランティア活動などに力を入れ，多様性を認め合う道徳教育を推進。⑪男子バレーボール部とサッカー部が県ベスト8の実績。
【進路情報】　卒業生数—228名
大学—86名　短大—6名　専門学校—105名
就職—20名　その他—11名
【大学合格状況】　日本大，駒澤大，大東文化大，東京電機大，国士舘大，千葉工大，他。
【指定校推薦】　日本大，亜細亜大，東京電機大，拓殖大，千葉工大，千葉商大，文教大，他。
【見学ガイド】　文化祭，説明会，体験入学，公開授業

選抜方法 2024年春(実績)
学力検査(5教科)，調査書，集団面接
※K=1
※特定教科の得点にかける倍率　なし

応募状況
年度	学科	募集	志願	受検	志願倍率
'24	普通	240	314	313	1.31
'23	普通	240	259	257	1.08
'22	普通	240	236	235	0.98

合格のめやす
偏差値	合格の可能性▷60%=36，80%=38

【併願例】〈挑戦〉日体大柏，東京学館，秀明八千代　〈最適〉東京学館船橋，我孫子二階堂

千　葉　全日制

野田市／我孫子市／白井市

印旛明誠 高等学校

共学
単位制

● 第4学区

【設置学科】 普通科
【所在地】 〒270-1337 千葉県印西市草深1420-9 ☎(0476)47-7001
【アクセス】 北総線―印西牧の原20分
【沿革】 1901年創立。
【生徒数】 男子286名，女子279名
【特色】 ①進学重視の単位制高校。興味，関心，進路希望に応じて学べる多彩な選択科目を開講（希望者少数でも開講する）。国語，数学，英語の少人数学習や習熟度別学習など，力を伸ばす丁寧な指導を実施している。②大学進学をめざした進学学習会を1年次から開講。朝・放課後・長期休業中に行われ，独自に開設した講義動画も用意している。③全校生徒がスタディサプリに登録し，映像授業を受講する。④1・2年次は全員年2回，3年次には希望者が模擬試験を受験。さらに1・2年次は全員が国数英3科目の実力判定テストを年6回受験。弱点克服や実力向上を支援する。⑤台湾への修学旅行，留学生との交流会，国際理解教育講演会など国際化に対応した教育を展開。⑥近隣小学校との交流，ボランティアなど，地域と積極的に連携している。⑦陸上競技部，ゴルフ部が関東大会に出場している。
【進路情報】 卒業生数―195名
大学―134名 短大―4名 専門学校―39名 就職―5名 その他―13名
【大学合格状況】 山梨大，徳島大，県立保健医療大，早稲田大，東京理科大，明治大，他。
【指定校推薦】 日本大，専修大，東京電機大，拓殖大，千葉商大，千葉工大，立正大，他。
【見学ガイド】 文化祭，説明会，公開授業

選抜方法 2024年春（実績）
学力検査（5教科），調査書，集団面接
※K＝1
※特定教科の得点にかける倍率　なし

応募状況

年度	学科	募集	志願	受検	志願倍率
'24	普通	200	212	210	1.06
'23	普通	200	245	242	1.23
'22	普通	200	195	194	0.98

合格のめやす

偏差値	合格の可能性▷60%＝44，80%＝46

【併願例】〈挑戦〉千葉英和，中央学院 〈最適〉東京学館 〈堅実〉秀明八千代，東京学館船橋

成田国際 高等学校

共学
単位制

● 第4学区(p.1202参照)

【設置学科】 普通科，国際科
【所在地】 〒286-0036 千葉県成田市加良部3-16 ☎(0476)27-2610
【アクセス】 JR―成田10分
【沿革】 1975年創立。
【生徒数】 男子324名，女子624名
【特色】 ①普通科ではオールラウンドな知識の習得をめざす。2年次から文系と理系に分かれる。②国際科では，グローバル教育に重点をおいたカリキュラムを編成。豊かな国際感覚と実践的コミュニケーション能力を育成する。英語による発信力を鍛える授業や学んだ英語を実際に使う機会が充実している。③多様な進路希望に対応し，海外留学や海外大学への進学支援も行う。④普通科文系と国際科ではフランス語，中国語，韓国語を選択可能。⑤進学課外や進路講演会など充実した進路指導を展開する。⑥姉妹校交流，短期留学の派遣・受け入れ，台湾修学旅行，成田国際空港で語学力を活かしたインターンシップ，通訳ボランティア活動などを実施している。⑦箏曲部が全国高等学校総合文化祭に出場し，文化庁長官賞を受賞。少林寺拳法部がインターハイに出場している。
【進路情報】 卒業生数―317名
大学―283名 短大―2名 専門学校―10名 就職―2名 その他―20名
【大学合格状況】 千葉大，東京外大，東京医科大，都立大，早稲田大，慶應大，上智大，他。
【指定校推薦】 学習院大，青山学院大，立教大，法政大，日本大，獨協大，国際医療福祉大，他。
【見学ガイド】 文化祭，説明会

選抜方法 2024年春（実績）
学力検査（5教科），調査書，自己表現（口頭or実技） ※K＝1 ※特定教科の得点にかける倍率 普通科＝なし 国際科＝英1.5倍

応募状況

年度	学科	募集	志願	受検	志願倍率
'24	普通	200	308	304	1.54
'24	国際	120	175	150	1.46
'23	普通	200	313	310	1.57
'23	国際	120	158	141	1.32

合格のめやす

偏差値	普通	合格の可能性▷60%＝56，80%＝59
	国際	合格の可能性▷60%＝55，80%＝57

【併願例】〈挑戦〉日大習志野，成田 〈最適〉八千代松陰，千葉敬愛，千葉英和 〈堅実〉敬愛学園

共 学

成田北 高等学校

● 第4学区

【設置学科】 普通科
【所在地】 〒286-0011 千葉県成田市玉造5-1
☎(0476)27-3411
【アクセス】 京成成田スカイアクセス線―成田
湯川7分
【沿 革】 1980年創立。2020年度医療コース
設置。
【生徒数】 男子418名,女子403名
【特 色】 ①多彩な進路に対応可能な工夫され
たカリキュラムを展開。②2年次より医療コー
スを設置。外部講師から幅広い医療分野につい
ての講演を聴く授業のほか,3年次の総合的な
探究の時間では実習などを行う。③1・2年次
は基礎学力の定着に力を入れる。3年次より普
通科は文系と理系に,医療コースは,文系医療
と理系医療に分かれる。「数学Ⅱ」,「数学Ⅲ」,
英語は少人数・習熟度別授業を展開。④千葉科
学大学,国際医療福祉大学などと連携。⑤1年
次から進学希望者,成績不振者などを対象に習
熟度に応じた補習を実施する。⑥分野別進路講
演会,面接・論文指導などの進路指導が充実し
ている。⑦ニュージーランド短期語学研修を実
施(希望制)。⑧少林寺拳法部がインターハイ(個
人の部)でベスト16の実績をもつ。
【進路情報】 卒業生数―271名
大学―126名 短大―12名 専門学校―102名
就職―21名 その他―10名
【大学合格状況】 慶應大,学習院大,中央大,
日本大,東洋大,駒澤大,専修大,帝京大,他。
【指定校推薦】 日本大,東洋大,大東文化大,
國學院大,淑徳大,立正大,聖徳大,他。
【見学ガイド】 文化祭,説明会,学校見学

選抜方法 2024年春(実績)
学力検査(5教科),調査書,自己表現(口頭or
実技) ※K=1
※特定教科の得点にかける倍率 なし

応募状況

年度	学科	募集	志願	受検	志願倍率
'24	普通	280	318	317	1.14
'23	普通	280	338	336	1.21
'22	普通	280	292	288	1.04

合格のめやす

偏差値 合格の可能性▷60%=43,80%=45

【併願例】〈挑戦〉千葉敬愛,敬愛学園,千葉経済
大附 〈最適〉東京学館,千葉黎明,秀明八千代

共 学

富里 高等学校

● 第4学区

【設置学科】 普通科
【所在地】 〒286-0221 千葉県富里市七栄181
-1 ☎(0476)92-1441
【アクセス】 JR―成田・八街,京成本線―京
成成田よりバス富里高校前
【沿 革】 1986年創立。
【生徒数】 男子293名,女子273名
【特 色】 ①従来の文系,理系の枠を外し,生
徒の興味,関心,進路希望に合わせた多くの選
択科目を設定。一人ひとりが必要な学力を伸ば
すことができる。②1・2年次の数学,英語は
少人数・習熟度別授業を行い,基礎基本を徹底。
上級学校への受験対応をめざす。③各教科にお
いてBYODを活用。自ら学び,意見を共有し,わ
かりやすい授業を実践する。④インターンシッ
プ,進路学習,就職講座など個に応じた進路指
導を展開し,高い進路決定率を実現している。
⑤海外の学校との交流など,様々な国際交流を
行う。⑥ボランティア活動など,地域との交流
を推進している。⑦学校全体でSDGsに取り組
む。⑧ジャズオーケストラ部が日本ステューデ
ントジャズコンテストで最優秀賞を受賞。陸上
競技部が関東大会に出場。柔道部(女子)が県
大会3位の実績をもつ。
【進路情報】 卒業生数―228名
大学―78名 短大―11名 専門学校―94名
就職―36名 その他―9名
【大学合格状況】 日本大,東洋大,駒澤大,大
東文化大,国士舘大,千葉工大,大正大,他。
【指定校推薦】 日本大,駒澤大,國學院大,東
京電機大,立正大,国士舘大,千葉商大,他。
【見学ガイド】 説明会,体験入学

選抜方法 2024年春(実績)
学力検査(5教科),調査書,自己表現(口頭or
実技) ※K=1
※特定教科の得点にかける倍率 なし

応募状況

年度	学科	募集	志願	受検	志願倍率
'24	普通	200	194	189	0.97
'23	普通	200	188	182	0.94
'22	普通	200	195	190	0.98

合格のめやす

偏差値 合格の可能性▷60%=38,80%=40

【併願例】〈挑戦〉千葉黎明,東京学館 〈最適〉
秀明八千代,敬愛八日市場,東京学館船橋

千葉 全日制 印西市／成田市／富里市

佐倉 高等学校 単位制

共　学
単位制

● 第 4 学区(p.1202参照)

【設置学科】 普通科，理数科
【所在地】 〒285-0033　千葉県佐倉市鍋山町18　☎(043)484-1021
【アクセス】 京成本線―京成佐倉10分
【沿　革】 1792年に佐倉藩学問所として創設。
【生徒数】 男子510名，女子448名
【特　色】 ①主体的な学習者として，生涯学び続けられる資質・能力を育成。全生徒が課題研究による探究学習に取り組む。②普通科は３年次より文系と理系に分かれる。進路希望に合わせて基礎力，応用力を養う多種多様な選択科目を設定。③理数科では数学，理科の各分野の基礎的な実験や実習を通して，事象を科学的に探究するために必要な資質と能力を高める。④大学や研究機関と連携して科学の最先端に触れる講座や，野外実習を行う講座などがあり，普通科，理数科どちらの生徒も参加できる。⑤難関大学にも対応した進学講習を生徒のニーズにより効果的に開講。年間60講座程度を用意。⑥オランダ・ドイツ・台湾派遣など国際性を育成する海外研修，海外の生徒との交流といった国際交流を実施。⑦「３ヵ年一貫進路指導計画」のもと，個々の自己実現をサポート。⑧カヌー部，陸上競技部がインターハイに出場。
【進路情報】 卒業生数―309名
大学―255名　その他―54名
【大学合格状況】 東京大，京都大，東工大，一橋大，大阪大，北海道大，東北大，九州大，他。
【指定校推薦】 早稲田大，慶應大，上智大，東京理科大，学習院大，明治大，青山学院大，他。
【見学ガイド】 説明会

選抜方法 2024年春(実績)
学力検査（５教科），調査書，集団面接
※K＝0.5　※特定教科の得点にかける倍率　普通科＝なし　理数科＝数理1.5倍

応募状況

年度	学科	募集	志願	受検	志願倍率
'24	普通	280	435	431	1.55
	理数	40	68	61	1.70
'23	普通	280	395	394	1.41
	理数	40	59	59	1.48

合格のめやす

偏差値	普通	合格の可能性▷60％＝64，80％＝66
	理数	合格の可能性▷60％＝62，80％＝64

【併願例】〈挑戦〉昭和秀英　〈最適〉日大習志野，専大松戸，成田　〈堅実〉八千代松陰，千葉敬愛

佐倉東 高等学校

共　学

● 第 4 学区

【設置学科】 普通科〔ほか調理国際科，服飾デザイン科⇒全日制専門学科〕
【所在地】 〒285-0017　千葉県佐倉市城内町278　☎(043)484-1024
【アクセス】 JR―佐倉18分　京成本線―京成佐倉18分
【沿　革】 1907年，佐倉女子技芸学校として創立。
【生徒数】 男子215名，女子488名
【特　色】 ①普通科はコース別カリキュラムで進路希望に対応。１年次は全員が共通の科目で学び，３年次に文系，理系に分かれる。わかる授業で基礎，基本の定着と，総合的な人間形成をめざす。②補習や課外学習でサポートし，学力向上につなげる。③３年間を通じて，生徒一人ひとりのニーズに応じた進路指導を行っている。進路ガイダンス，看護医療系講座，公務員講座，進学・就職面接指導など，進路行事も充実している。④佐倉市役所，近隣の図書館，公民館，小学校などと連携し，積極的にボランティア活動や社会貢献活動を行う。⑤ライフル射撃部が全国大会に出場。陸上競技部が関東大会に，女子バスケットボール部，女子バレーボール部，剣道部などが県大会に出場している。
【進路情報】〔普通科〕卒業生数―150名
大学―45名　短大―14名　専門学校―75名　就職―10名　その他―６名
【大学合格状況】 日本大，東洋大，千葉工大，大妻女子大，国際医療福祉大，明星大，他。
【指定校推薦】 日本大，玉川大，拓殖大，千葉商大，中央学院大，東京情報大，淑徳大，他。
【見学ガイド】 文化祭，説明会

選抜方法 2024年春(実績)
学力検査（５教科），調査書，個人面接
※K＝2
※特定教科の得点にかける倍率　なし

応募状況

年度	学科	募集	志願	受検	志願倍率
'24	普通	160	139	138	0.87
'23	普通	160	173	172	1.08
'22	普通	200	166	166	0.83

合格のめやす

偏差値		
	合格の可能性▷60％＝39，80％＝41	

【併願例】〈最適〉東京学館，植草学園大附，千葉黎明，秀明八千代，東京学館船橋，愛国四街道

佐倉西 高等学校

共学

● 第4学区

【設置学科】 普通科
【所在地】 〒285-0841 千葉県佐倉市下志津263 ☎(043)489-5881
【アクセス】 京成本線―ユーカリが丘25分
【沿革】 1977年創立。2017年度入学生より福祉コースを設置。
【生徒数】 男子234名，女子259名
【特色】 ①2年次より進学（文系，理系），総合，福祉の4コースに分かれる。②1年次は全員が学校設定科目「共生社会と福祉」を学び，福祉マインドを育む。③福祉コースでは，専門の講師による実習等の授業も行われ，介護職員初任者研修修了の資格取得がめざせる。④習熟度別学習（数学，英語），ティームティーチング（情報）などで確かな学力を育む。⑤毎朝10分間の朝学習で基礎学力の定着や進路に向けた学習の積み上げをめざす。⑥進学補習「チーム佐西」で学習を強力にバックアップ。計画的な学習と個別指導で，最大限の学力の向上を図る。⑦キャリア教育を推進し，計画的かつ体系的に進路指導を行う。⑧ボランティア活動，施設訪問などで地域に貢献する。⑨ライフル射撃部，弓道部がインターハイに，レスリング部が関東大会に出場している。
【進路情報】 卒業生数―188名
大学―52名 短大―10名 専門学校―88名
就職―26名 その他―12名
【大学合格状況】 早稲田大，日本大，東洋大，成蹊大，国士舘大，千葉工大，順天堂大，他。
【指定校推薦】 日本大，国士舘大，千葉商大，千葉工大，淑徳大，中央学院大，敬愛大，他。
【見学ガイド】 文化祭，説明会

選抜方法 2024年春(実績)
学力検査（5教科），調査書，自己表現(口頭or実技) ※K＝1
※特定教科の得点にかける倍率 なし

応募状況

年度	学科	募集	志願	受検	志願倍率
'24	普通	160	159	158	0.99
'23	普通	200	188	186	0.94
'22	普通	200	175	174	0.88

合格のめやす

偏差値	合格の可能性▷60％＝34，80％＝36

【併願例】〈挑戦〉東京学館，千葉黎明，秀明八千代，東京学館船橋 〈最適〉愛国四街道

八街 高等学校

共学
単位制

● 第4学区(p.1202参照)

【設置学科】 総合学科
【所在地】 〒289-1144 千葉県八街市八街ろ145-3 ☎(043)444-1523
【アクセス】 JR―榎戸17分
【沿革】 1946年創立。
【生徒数】 男子210名，女子207名
【特色】 ①人文，生活，自然，商業，情報の5系列から興味や進路に合わせて科目を選択し学習する。普通科目から専門科目まで多彩な選択科目を用意。②少人数（平均20～30名程度）の分かりやすい授業を展開，丁寧な個別指導で実力を養う。③必履修科目「産業社会と人間」は講義形式の授業ではなく，企業・大学見学や社会人講話などを通して，自分の適性を見極め，進路を選択する一助とする。④国語，数学，英語を中心に進路に合わせた進学補習を実施している（希望制）。⑤漢字検定，英語検定，簿記検定，情報処理検定などの資格取得を奨励。⑥社会人講師による「手話」「中国語」「秘書実務」「硬筆」など，専門的な学習も可能。⑦充実したコンピュータ教室3室は放課後も利用可能。⑧バスケットボール部，サッカー部などが県大会で活躍している。
【進路情報】 卒業生数―143名
大学―10名 短大―7名 専門学校―49名
就職―72名 その他―5名
【大学合格状況】 東洋大，帝京大，大正大，敬愛大，和光大，城西国際大，千葉商大，他。
【指定校推薦】 淑徳大，敬愛大，城西国際大，千葉商大，千葉経済大，東京情報大，他。
【見学ガイド】 文化祭，説明会，体験入学，見学会

選抜方法 2024年春(実績)
学力検査（5教科），調査書，集団面接
※K＝1
※特定教科の得点にかける倍率 なし

応募状況

年度	学科	募集	志願	受検	志願倍率
'24	総合	160	157	156	0.98
'23	総合	160	140	140	0.88
'22	総合	160	165	165	1.03

合格のめやす

偏差値	合格の可能性▷60％＝31，80％＝33

【併願例】〈挑戦〉東京学館，千葉黎明，桜林，愛国四街道，千葉学芸，横芝敬愛

千葉 全日制 佐倉市／八街市

共 学

四街道 高等学校

● 第4学区

【設置学科】 普通科
【所在地】 〒284-0003 千葉県四街道市鹿渡
809-2 ☎(043)422-6215
【アクセス】 JR—四街道12分
【沿革】 1951年創立。
【生徒数】 男子359名，女子583名
【特色】 ①週30時間授業を導入。数学，英語
で習熟度別・少人数での授業を実施。②1・2
年次は各科目を網羅的に学習し，進路選択の力
を養う。③2年次で緩やかな文理分けを行う。
3年次では進路実現をめざした選択ができるよ
うに，文，文理，理系の3コースを設定。文理
コースは看護医療系の進学に対応する。④朝学
習を実施。学期中や長期休業中の進学補習も開
講している。⑤大学入学共通テストや個別の進
路希望に応じた学習アプリを活用する。⑥進路
ガイダンス，インターンシップ，進学・就職指
導などの進路指導が充実。⑦高大連携，小中高
や特別支援学校との連携など，地域との連携に
も力を入れる。⑧最新のPCを備えたパソコン
ルーム，冷暖房完備の普通教室など，教育環境
が充実。⑨部活動加入率は8割以上。ダンス部
が全国大会に出場。写真部，書道部が全国レベ
ルの大会で入賞の実績をもつ。
【進路情報】 卒業生数—315名
大学—195名 短大—25名 専門学校—72名
就職—10名 その他—13名
【大学合格状況】 茨城大，琉球大，学習院大，
立教大，法政大，日本大，東洋大，駒澤大，他。
【指定校推薦】 日本大，東洋大，専修大，大東
文化大，亜細亜大，東京電機大，拓殖大，他。
【見学ガイド】 文化祭，説明会

選抜方法 2024年春(実績)

学力検査（5教科），調査書，個人面接，自己表
現（口頭or実技） ※K＝1
※特定教科の得点にかける倍率 なし

応募状況

年度	学科	募集	志願	受検	志願倍率
'24	普通	320	353	350	1.10
'23	普通	320	409	406	1.28
'22	普通	320	412	411	1.29

合格のめやす

偏差値 合格の可能性▷60%＝45，80%＝48

【併願例】〈挑戦〉敬愛学園 〈最適〉千葉経済
大附，千葉明徳 〈堅実〉東京学館，千葉黎明

共 学

四街道北 高等学校

● 第4学区

【設置学科】 普通科
【所在地】 〒284-0027 千葉県四街道市栗山
1055-4 ☎(043)422-1788
【アクセス】 JR—四街道25分またはバス北高
入口5分
【沿革】 1985年創立。2020年度保育基礎コ
ース設置。
【生徒数】 男子234名，女子494名
【特色】 ①基礎的内容を復習するプログラム
を導入。②家庭科，体育で少人数制授業を，数
学，英語では習熟度別少人数制授業を展開。③
保育基礎コースは2年次からのコース選択とな
る。保育の基礎知識を学び，保育所や幼稚園な
どでの実習や体験，高大連携校での出前授業を
通して将来の目標をより明確にできる。④ICT
や外部人材を活用し，わかりやすい授業を展開
する。個に応じた学び直しの機会も設定。⑤通
年で開講する実力養成ゼミや目標進路に合わせ
た課外授業を実施。⑥植草学園大学，敬愛大学，
千葉経済大学などと高大連携教育を行う。⑦分
野別進路ガイダンス，インターンシップによる
職場経験などがあり，1年次より計画的かつ充
実した進路指導を展開している。⑧陸上競技部，
弓道部が関東大会に出場している。
【進路情報】 卒業生数—229名
大学—62名 短大—33名 専門学校—102名
就職—23名 その他—9名
【大学合格状況】 立正大，国士舘大，千葉工大，
実践女子大，千葉商大，麗澤大，他。
【指定校推薦】 日本大，東京電機大，国士舘大，
千葉工大，千葉商大，中央学院大，立正大，他。
【見学ガイド】 文化祭，説明会

選抜方法 2024年春(実績)

学力検査（5教科），調査書，集団面接
※K＝2
※特定教科の得点にかける倍率 なし

応募状況

年度	学科	募集	志願	受検	志願倍率
'24	普通	240	270	270	1.13
'23	普通	240	287	287	1.20
'22	普通	280	319	317	1.14

合格のめやす

偏差値 合格の可能性▷60%＝36，80%＝38

【併願例】〈挑戦〉東京学館，千葉黎明，秀明
八千代 〈最適〉桜林，千葉聖心，愛国四街道

佐原 高等学校

共 学
● 第5学区(p.1202参照)

【設置学科】 普通科, 理数科

【所在地】 〒287-0003 千葉県香取市佐原イ2685 ☎(0478)52-5131

【アクセス】 JR―佐原20分

【沿 革】 1900年, 千葉県佐原中学校として創立。1961年より現校名となる。

【生徒数】 男子469名, 女子351名

【特 色】 ①「未来を創造するリーダー」「未来を拓くエキスパート」の育成をめざし, 進路シラバスを軸にした充実した指導により自己実現を支援。②授業時間の確保と質の高い授業展開に努め, 1コマ45分授業を実施。③習熟度別少人数授業で, 個々に応じた指導を実践。④普通科は2年次に文型と理型に分かれる。⑤理数科では数学や理科に重点をおいた特別カリキュラムを組む。大学と連携した特別授業なども開講。⑥学習状況調査, 個別面談, 外部機関との連携したインターンシップや大学模擬授業などを通して進路実現を支えている。さらに, 卒業生による特別授業「佐高OB夢授業」を開催。⑦弓道・陸上競技部がインターハイに, 文学部が関東地区高校生文芸大会に県代表として出場。

【進路情報】 卒業生数― 273名
大学―258名 短大―1名 専門学校―3名
就職―3名 その他―8名

【大学合格状況】 東工大, 一橋大, 千葉大, 筑波大, 横浜国大, 埼玉大, 東北大, 防衛医大, 他。

【指定校推薦】 慶應大, 東京理科大, 学習院大, 明治大, 立教大, 中央大, 法政大, 他。

【見学ガイド】 文化祭, 説明会, 体験入学, 公開授業

選抜方法 2024年春(実績)
学力検査(5教科), 調査書, 作文
※K=1 ※特定教科の得点にかける倍率 普通科=なし 理数科=数理1.5倍

応募状況

年度	学科	募集	志願	受検	志願倍率
'24	普通	240	254	253	1.06
	理数	40	37	35	0.93
'23	普通	240	245	244	1.02
	理数	40	27	27	0.68

合格のめやす

偏差値	普通	合格の可能性▷60%=56, 80%=58
	理数	合格の可能性▷60%=54, 80%=56

【併願例】〈挑戦〉成田, 清真学園 〈最適〉八千代松陰, 千葉敬愛, 千葉英和 〈堅実〉鹿島学園

佐原白楊 高等学校

共 学
単位制
● 第5学区

【設置学科】 普通科

【所在地】 〒287-0003 千葉県香取市佐原イ861 ☎(0478)52-5137

【アクセス】 JR―佐原7分

【沿 革】 1910年創立。

【生徒数】 男子213名, 女子334名

【特 色】 ①2・3年次は約70ある講座群から進路希望や興味, 関心に合わせて科目を選択し, 自分だけの時間割を作る。「英語研究」「化学研究」「日本史探究」などを開設。②少人数授業, 習熟度別授業を行い, きめ細かい指導を実践。③放課後や長期休業中に進学ゼミを開講。専門学校と連携した公務員講座も行っている。④「エアロビクス」「陶芸」「地域伝統芸術(雅楽)」「韓国語」「中国語」は一般の方にも開放する聴講講座。各分野を専門とする社会人講師による本格的な授業が行われる。⑤「スタディサプリ」を導入。充実した学習コンテンツと進路情報から, 課題や目的に合わせた学びと情報収集が実現可能。⑥系統的なキャリア教育を推進し, 生徒一人ひとりの能力を最大限に発揮させる進路指導を行う。⑦部活動の加入率は90%以上。陸上競技部が南関東大会に出場。

【進路情報】 卒業生数― 198名
大学―121名 短大―5名 専門学校―51名
就職―18名 その他―3名

【大学合格状況】 慶應大, 上智大, 学習院大, 明治大, 青山学院大, 中央大, 法政大, 他。

【指定校推薦】 日本大, 東海大, 獨協大, 神奈川大, 東京電機大, 国際医療福祉大, 他。

【見学ガイド】 文化祭, 体験入学, 公開授業, 学校見学

選抜方法 2024年春(実績)
学力検査(5教科), 調査書, 作文
※K=1
※特定教科の得点にかける倍率 なし

応募状況

年度	学科	募集	志願	受検	志願倍率
'24	普通	200	202	201	1.01
'23	普通	200	213	212	1.07
'22	普通	200	182	179	0.91

合格のめやす

偏差値	合格の可能性▷60%=49, 80%=51

【併願例】〈挑戦〉千葉敬愛, 千葉英和 〈最適〉中央学院, 鹿島学園 〈堅実〉東京学館, 千葉萌陽

千葉 全日制 四街道市／香取市

共学

小見川 高等学校

● 第5学区

【設置学科】 普通科
【所在地】 〒289-0313 千葉県香取市小見川4735-1 ☎(0478)82-2146
【アクセス】 JR―小見川25分
【沿革】 1922年に町立小見川農学校として開校。1951年, 現校名に改称。2024年度より医療コースを設置。
【生徒数】 男子201名, 女子213名
【特色】 ①2024年度より設置された医療コースでは, 近隣の医療施設や大学と連携。様々な医療関連の仕事について, 講義や体験学習を通して学習していく。②1・2年次は基本的な教科を中心に学習を進める。1年次の国数英では少人数授業を展開している。③2年次より総合コース, 医療コースを選択する。3年次からは総合, 医療, 福祉の3コースに分かれる。3年次には多くの選択科目があり, 進路希望等に合わせた学習が可能。④福祉コースでは介護職員初任者研修修了の資格取得を目標に学習を進めるほか, 福祉施設や保育園での実習を行う。⑤3年間を通して各種進路ガイダンスを実施する。1年次から参加できる公務員合格力養成講座も開講。⑥ボート部, カヌー部, 陸上競技部が全国大会に出場している。
【進路情報】 卒業生数―144名
大学―23名 短大―7名 専門学校―85名
就職―27名 その他―2名
【大学合格状況】 東海大, 立正大, 城西国際大, 鶴見大, 麗澤大, 千葉商大, 中央学院大, 他。
【指定校推薦】 大東文化大, 立正大, 城西国際大, 千葉科学大, 麗澤大, 中央学院大, 他。
【見学ガイド】 文化祭, 説明会

選抜方法 2024年春(実績)
学力検査(5教科), 調査書, 集団面接
※K=1
※特定教科の得点にかける倍率 なし

応募状況

年度	学科	募集	志願	受検	志願倍率
'24	普通	160	146	146	0.91
'23	普通	160	131	130	0.82
'22	普通	160	145	144	0.91

合格のめやす

偏差値 合格の可能性▷60%=37, 80%=39

【併願例】〈挑戦〉東京学館, 鹿島学園
〈最適〉敬愛八日市場, 千葉萌陽, 横芝敬愛

共学

多古 高等学校

● 第5学区

【設置学科】 普通科〔ほか園芸科⇒全日制専門学科〕
【所在地】 〒289-2241 千葉県香取郡多古町多古3236 ☎(0479)76-2557
【アクセス】 JR―八日市場・佐原よりバス多古本町5分, 成田よりバス多古新町4分
【沿革】 1907年, 多古農学校として創立。1949年, 現校名に改称。
【生徒数】 男子161名, 女子68名
【特色】 ①目的意識をもって意欲的に学習に取り組めるように様々な進路に対応したカリキュラムを編成。2年次より, 進学文系, 進学理系, ビジネスの3コースに分かれる。②基礎基本の確実な習得のため, 選択科目以外にも20名程度の少人数制の授業を多く展開する。③英語検定をはじめ, ビジネス文書実務検定, 情報処理検定, 簿記実務検定など, 普通科でも商業系の資格取得をめざせる。④進路指導部と学年が協力して, 早い段階から一人ひとりの進路希望達成に向けた指導を行う。⑤コミュニティ・スクールとして, 地域と共に歩む学校づくりを行い, 朝の挨拶運動などを推進している。⑥野球部が県大会ベスト16の実績。
【進路情報】〔普通科〕卒業生数―46名
大学―10名 短大―1名 専門学校―9名
就職―22名 その他―4名
【大学合格状況】 城西国際大, 和洋女子大, 千葉工大, 淑徳大, 敬愛大, 国際武道大, 他。
【指定校推薦】 日本大, 千葉経済大, 千葉商大, 東京情報大, 城西国際大, 淑徳大, 他。
【見学ガイド】 文化祭, 説明会, 体験入学, 公開授業

選抜方法 2024年春(実績)
学力検査(5教科), 調査書, 個人面接, 自己表現(文章or実技) ※K=1
※特定教科の得点にかける倍率 なし

応募状況

年度	学科	募集	志願	受検	志願倍率
'24	普通	80	58	58	0.73
'23	普通	80	39	39	0.49
'22	普通	80	51	51	0.64

合格のめやす

偏差値 合格の可能性▷60%=32, 80%=34

【併願例】〈挑戦〉東京学館, 千葉黎明, 敬愛八日市場, 千葉萌陽, 東京学館船橋, 横芝敬愛

銚子 高等学校

共学

● 第5学区

【設置学科】 普通科
【所在地】 〒288-0033 千葉県銚子市南小川町943 ☎(0479)22-6906
【アクセス】 JR─銚子20分
【沿革】 1911年創立。
【生徒数】 男子135名，女子294名
【特色】 ①読書力・傾聴力，発信力，継続力の涵養に努める。②１年次の数学では少人数制授業・習熟度別授業，情報の授業ではティームティーチングを行う。２年次から文系と理系に分かれる。２・３年次には選択科目を設定。③受験勉強を目的とした土曜日の学校開放「尚志塾」や，夏期講習などで学力向上に取り組む。④１年次の「防災の学び」を中心とした防災学習と探究学習を展開。探究学習では１・２年次の発表の機会として「県銚アカデミア」を実施。⑤２・３年次では「グローバル英語」を開講し，英語４技能の育成を図る。⑥進路講話や大学見学会，文章表現指導など進学希望者への指導が充実。公務員・就職希望者を対象とした模試，校内・校外講座なども行う。⑦英語検定，漢字検定，数学検定などの資格取得を奨励。⑧弓道部がインターハイでベスト16の実績。写真部が全国高等学校総合文化祭に出展。
【進路情報】 卒業生数─160名
大学─104名 短大─13名 専門学校─25名
就職─15名 その他─3名
【大学合格状況】 県立保健医療大，日本大，東洋大，駒澤大，専修大，大東文化大，東海大，他。
【指定校推薦】 日本大，大東文化大，帝京大，獨協大，東邦大，国際医療福祉大，立正大，他。
【見学ガイド】 文化祭，説明会

選抜方法 2024年春(実績)
学力検査（5教科），調査書，集団面接
※K＝2
※特定教科の得点にかける倍率 なし

応募状況
年度	学科	募集	志願	受検	志願倍率
'24	普通	160	130	130	0.81
'23	普通	160	140	140	0.88
'22	普通	160	173	172	1.08

合格のめやす
偏差値 合格の可能性▷60％＝42，80％＝44

【併願例】〈挑戦〉鹿島学園 〈最適〉東京学館，千葉黎明，敬愛八日市場，千葉萌陽

銚子市立

銚子 高等学校

共学
単位制

● 第5学区(p.1202参照)

【設置学科】 普通科，理数科
【所在地】 〒288-0814 千葉県銚子市春日町2689 ☎(0479)25-0311
【アクセス】 JR─銚子20分
【沿革】 市立銚子高校と市立銚子西高校を統合し，2008年開校。
【生徒数】 男子372名，女子441名
【特色】 ①入学時に学科選択の必要がないくくり募集。２年次より普通科と理数科に分かれる。②45分・7時限授業を行う。１・２年次は国語，数学，英語で少人数習熟度別授業を展開。③普通科は２年次より文系，理系に分かれる。文系には難関大学をめざす選抜クラスを設置。④理数科の２・３年次は，授業全体の５割が理数系科目。医学部をはじめ，理系の難関大学をめざす。⑤早朝や放課後に習熟度や目的に合わせた進学講習を実施。長期休業中には集中的に開催すると共に，基礎固めの講習も行う。⑥総合的な探究の時間を利用して，職業，大学，進路の研究に取り組む。職業人講話，分野別大学模擬授業など，進路指導も充実している。⑦千葉科学大学と高大連携事業を推進。大学見学会や講義聴講などを行う。⑧弓道部が全国大会に，陸上競技部が関東大会に出場している。
【進路情報】 卒業生数─309名
大学─267名 短大─2名 専門学校─20名
就職─7名 その他─13名
【大学合格状況】 東京大，千葉大，筑波大，北海道大，東北大，慶應大，東京理科大，他。
【指定校推薦】 東京理科大，学習院大，青山学院大，中央大，東京女子大，他。
【見学ガイド】 文化祭，体験入学

選抜方法 2024年春(実績)
学力検査（5教科），調査書，自己表現（文章or実技） ※K＝1
※特定教科の得点にかける倍率 なし

応募状況
年度	学科	募集	志願	受検	志願倍率
'24	普・理	240	255	255	1.06
'23	普・理	280	271	270	0.97
'22	普・理	280	298	298	1.06

合格のめやす
偏差値 普・理 合格の可能性▷60％＝49，80％＝52

【併願例】〈挑戦〉成田，千葉敬愛 〈最適〉鹿島学園 〈堅実〉千葉黎明，東京学館，敬愛八日市場

匝瑳 高等学校

● 第5学区(p.1202参照)

【設置学科】 総合学科
【所在地】 〒289-2144 千葉県匝瑳市八日市場イ1630 ☎(0479)72-1541
【アクセス】 JR—八日市場15分
【沿 革】 1924年創立。2024年度より普通科・理数科を総合学科に改編。
【生徒数】 男子300名，女子312名
【特 色】 ①2024年度より進学を重視した総合学科を設置。2年次より人文社会，国際理解，文理学際，数理科学の4系列に分かれる。多くの選択科目と多様な探究活動を通して希望進路を設定し，その実現に向けた学習ができる。②専任ALT（外国語指導助手）を交えたティームティーチング，生徒の海外派遣などで国際社会で羽ばたくための土台づくりを実践。国際理解系列では英語以外の外国語を履修できる。③課外講習や夏期講習が充実。④ICT機器やタブレット端末を活用した授業を展開。⑤キャリア教育「仕事を知ろう〜医療編・看護編・教職編・成田空港編・起業編・保育編・福祉編〜」を実施。3年間を見通した進路指導が充実している。⑥美術部が総文祭に出品。弓道部が県大会2位，JRC部が青少年赤十字スタディプログラム千葉県代表の実績。⑦2023年度より新制服。
【進路情報】 卒業生数―211名
大学―158名 短大―6名 専門学校―33名
就職―8名 その他―6名
【大学合格状況】 千葉大，北海道大，都立大，早稲田大，慶應大，明治大，立教大，他。
【指定校推薦】 東京理科大，学習院大，青山学院大，中央大，法政大，日本大，東洋大，他。
【見学ガイド】 文化祭，説明会

選抜方法 2024年春(実績)
学力検査（5教科），調査書，集団面接
※K＝1
※特定教科の得点にかける倍率　なし

応募状況

年度	学科	募集	志願	受検	志願倍率
'24	総合	240	214	214	0.89
'23	普通	200	209	209	1.05
	理数	40	9	9	0.23

合格のめやす
偏差値 合格の可能性▷60%＝46，80%＝49

【併願例】〈挑戦〉千葉敬愛，敬愛学園 〈堅実〉千葉黎明，東京学館，敬愛八日市場，横芝敬愛

松尾 高等学校

● 第6学区

【設置学科】 普通科
【所在地】 〒289-1594 千葉県山武市松尾町大堤546 ☎(0479)86-4311
【アクセス】 JR—松尾10分
【沿 革】 1909年創立。
【生徒数】 男子94名，女子241名
【特 色】 ①3年間を通して地域の課題の研究を行うと共に，語学力の充実を図ることで，地域社会やグローバル世界で活躍できる人材を育成する。②1年次は共通科目を履修し，2年次に文系，理系，福祉の3コースに分かれる。文系コースでは商業や家庭などの専門教科を選択できる。理系コースでは理系大学進学に必要な数学，英語，理科を多く学ぶことができる。福祉コースでは少人数制で福祉の基礎を学び，介護職員初任者研修修了の資格取得をめざす。③ALT（外国語指導助手）1名が常駐。国内英語合宿を夏と冬の年2回実施する。④1年次より進路学習を幅広く実施。最善の進路選択ができるようサポートする。⑤情報処理検定やビジネス文書検定などの資格取得カリキュラムを用意。公務員講習も開催し，公務員試験対策も実施する。⑥弓道部が全国大会に，吹奏楽部が東関東大会に出場の実績をもつ。
【進路情報】 卒業生数―120名
大学―29名 短大―16名 専門学校―57名
就職―18名
【大学合格状況】 千葉工大，東邦大，大正大，拓殖大，城西国際大，麗澤大，千葉商大，他。
【指定校推薦】 千葉工大，拓殖大，城西国際大，千葉商大，千葉経済大，神田外語大，他。
【見学ガイド】 文化祭，説明会，見学会

選抜方法 2024年春(実績)
学力検査（5教科），調査書，集団面接
※K＝1
※特定教科の得点にかける倍率　なし

応募状況

年度	学科	募集	志願	受検	志願倍率
'24	普通	120	126	126	1.05
'23	普通	120	105	103	0.88
'22	普通	120	138	136	1.15

合格のめやす
偏差値 合格の可能性▷60%＝36，80%＝38

【併願例】〈挑戦〉千葉黎明，敬愛八日市場，茂原北陵 〈最適〉横芝敬愛，千葉学芸

成東 高等学校

共学
単位制

● 第6学区（p.1202参照）

【設置学科】 普通科，理数科

【所在地】 〒289-1326 千葉県山武市成東3596 ☎(0475)82-3171

【アクセス】 JR―成東25分またはバス成東高校前5分

【沿革】 1900年開校。2016年度，単位制に改編。2024年度より教員基礎コースを設置。

【生徒数】 男子443名，女子329名

【特色】 ①2024年度より入学時に学科を分けない「くくり募集」を行う。2年次に普通科文類，普通科理類，理数科に分かれる。②2024年度より教員基礎コースを設置。体験実習や大学との連携など専門的な学びを通して，教員になるための基礎を学ぶ。普通科，理数科共に受講可能。③普通科は多様化する大学入試に対応する。④理数科では「創造や思考，そして探究する力」を育むカリキュラムを設定している。⑤大学と連携した授業も展開。⑥全学年を対象に，朝課外を含む平日課外を通年で実施。夏季・冬季休業中も課外授業を開講。⑦職業研究講演会，大学模擬授業など進路指導が充実。⑧陸上競技部がインターハイに，山岳部，ホッケー部が関東大会に出場している。

【進路情報】 卒業生数―266名
大学―234名 短大―5名 専門学校―9名
その他―18名

【大学合格状況】 千葉大，筑波大，東京外大，早稲田大，慶應大，東京理科大，学習院大，他。

【指定校推薦】 東京理科大，学習院大，明治大，青山学院大，立教大，中央大，法政大，他。

【見学ガイド】 文化祭，説明会，公開授業，見学会

選抜方法 2024年春（実績）
学力検査（5教科），調査書，集団面接
※K＝1
※特定教科の得点にかける倍率 なし

応募状況

年度	学科	募集	志願	受検	志願倍率
'24	普・理	240	250	247	1.04
'23	普通	240	235	233	0.98
	理数	40	24	24	0.60

合格のめやす

偏差値	普・理	合格の可能性▷60%＝54，80%＝56

【併願例】〈最適〉市原中央，千葉敬愛，敬愛学園 〈堅実〉千葉明徳，千葉経済大附，千葉黎明

東金 高等学校

共学

● 第6学区（p.1202参照）

【設置学科】 普通科，国際教養科

【所在地】 〒283-0802 千葉県東金市東金1410 ☎(0475)54-1581

【アクセス】 JR―東金8分

【沿革】 1908年創立。

【生徒数】 男子276名，女子306名

【特色】 ①生徒一人ひとりに合わせた丁寧な授業を展開。普通科は，3年次に多くの選択科目や少人数科目を用意する。理系の数学は，理解度に応じた細かい指導を実践している。②国際教養科では少人数で充実した英語の授業を展開。グローバル人材育成のために独自に編成された専門科目を設定し，フランス語の選択も可能。2年次には希望制のニュージーランド海外研修も用意する。③1年次にソーシャル・スキル・トレーニングを取り入れ，コミュニケーション能力の醸成をめざす。④進学課外授業，面接・小論文指導など，3年間を通した計画的な進路指導を行う。⑤オーストラリア姉妹校との交換留学を実施。普通科の生徒も参加可能。⑥番組制作同好会が全国高等学校総合文化祭，NHK杯高校放送コンテスト全国大会に出場。新体操部が関東大会に出場している。

【進路情報】 卒業生数―193名
大学―125名 短大―4名 専門学校―34名
就職―16名 その他―14名

【大学合格状況】 県立保健医療大，学習院大，明治大，中央大，法政大，日本大，東洋大，他。

【指定校推薦】 学習院大，法政大，日本大，東洋大，専修大，明治学院大，東京電機大，他。

【見学ガイド】 文化祭，説明会

選抜方法 2024年春（実績）
学力検査（5教科），調査書，集団面接
※K＝1 ※特定教科の得点にかける倍率 普通科＝なし 国際教養科＝英1.5倍

応募状況

年度	学科	募集	志願	受検	志願倍率
'24	普通	160	165	164	1.03
	国際	40	43	41	1.08
'23	普通	160	187	187	1.17
	国際	40	38	38	0.95

合格のめやす

偏差値	普通	合格の可能性▷60%＝46，80%＝49
	国際	合格の可能性▷60%＝45，80%＝47

【併願例】〈挑戦〉市原中央 〈最適〉千葉明徳，東海大市原望洋 〈堅実〉千葉黎明，茂原北陵

千葉 全日制 匝瑳市／山武市／東金市

共学

大網 高等学校

● 第6学区

【設置学科】 普通科〔ほか農業科，食品科学科，生物工学科⇒全日制専門学科〕

【所在地】 〒299-3251 千葉県大網白里市大網435-1 ☎(0475)72-0003

【アクセス】 JR―大網13分

【沿 革】 2008年開校。

【生徒数】 男子187名，女子223名

【特 色】 ①生徒一人ひとりの個性や能力に合った学習環境を用意。普通科の生徒も農業の学びを選択できる柔軟な教育課程を編成している。②確かな学力の育成のために，少人数授業を導入。きめ細やかな指導により，わかる授業を展開し，基礎学力の定着を図る。③普通科は，就職・進学のどちらにも対応。2・3年次には進路希望に応じた専門科目も学べる。④英語検定，漢字検定，情報処理検定，簿記能力検定など各種資格の取得を奨励。普通科でもアーク溶接やフォークリフト運転などの資格取得が可能。⑤将来の職業生活に向けた体系的・系統的な学習など，キャリア教育が充実している。⑥体験学習や環境改善への取り組みなど，地域や関係機関と連携した活動を積極的に推進。⑦生徒指導にも力を入れ，教育相談体制が充実。⑧卓球部，バレーボール部が県大会に出場。

【進路情報】〔普通科〕卒業生数― 34名

大学―3名 短大―2名 専門学校―22名 就職―6名 その他―1名

【大学合格状況】 日本獣医生命科学大，城西国際大，千葉商大，植草学園大，他。

【指定校推薦】 城西国際大，千葉経済大，淑徳大，敬愛大，東京情報大，千葉商大，他。

【見学ガイド】 説明会，体験入学

選抜方法 2024年春(実績)

学力検査（5教科），調査書，個人面接
※K＝1
※特定教科の得点にかける倍率　なし

応募状況

年度	学科	募集	志願	受検	志願倍率
'24	普通	40	32	32	0.80
'23	普通	40	41	41	1.03
'22	普通	40	44	43	1.10

合格のめやす

偏差値　合格の可能性▷60％＝33，80％＝35

【併願例】〈挑戦〉千葉黎明，茂原北陵，桜林，千葉学芸，横芝敬愛

共学

九十九里 高等学校

● 第6学区

【設置学科】 普通科

【所在地】 〒283-0104 千葉県山武郡九十九里町片貝1910 ☎(0475)76-2256

【アクセス】 JR―東金よりバス九十九里学園前

【沿 革】 1919年片貝実業補習学校として創立，1973年現校名に改称。

【生徒数】 男子66名，女子59名

【特 色】 ①2年次よりコース制を採用。生活デザイン（服飾系），生活デザイン（食物系），ビジネス基礎（情報系），文系進学，理系進学の5コースで個々の興味や進路に対応。3年次には興味関心に合わせた科目選択が可能。②学び直しや国英の課題テスト，提出物の指導なども実施し，基礎学力の定着を図る。③外部講師やボランティアなどの教育力を活用した授業を推進。④専門学校や大学，企業など外部機関と連携し，個々に応じた進学・就職指導を実践。個別進学相談会，インターンシップ，課外授業など充実した進路指導を行う。⑤漢字検定，英語検定，簿記実務検定など資格取得を奨励。⑥コミュニティスクールとして，環境美化活動などにも参加し，様々な形で地域貢献を実施する。

【進路情報】 卒業生数― 42名

大学―5名 短大―3名 専門学校―9名 就職―24名 その他―1名

【大学合格状況】 日本大，千葉工大，淑徳大，東京情報大，植草学園大，他。

【指定校推薦】 日本大，拓殖大，立正大，城西大，千葉経済大，日本薬科大，淑徳大，他。

【見学ガイド】 文化祭，説明会，体験入学，公開授業，見学会

選抜方法 2024年春(実績)

学力検査（5教科），調査書，集団面接
※K＝1
※特定教科の得点にかける倍率　なし

応募状況

年度	学科	募集	志願	受検	志願倍率
'24	普通	120	28	27	0.23
'23	普通	120	46	45	0.38
'22	普通	120	43	43	0.36

合格のめやす

偏差値　合格の可能性▷60％＝31，80％＝33

【併願例】〈挑戦〉千葉黎明，茂原北陵，桜林，千葉学芸，横芝敬愛

長生 高等学校

共学
単位制

●第7学区(p.1202参照)

【設置学科】 普通科, 理数科

【所在地】 〒297-0029 千葉県茂原市高師286
☎(0475)22-3378

【アクセス】 JR―茂原13分

【沿 革】 1888年創立。

【生徒数】 男子485名, 女子340名

【特 色】 ①出願時に学科の区別がない「くくり募集」。1年次は全員が同じカリキュラムで学び, 2年次に普通科, 理数科に分かれる。②国数英の授業は少人数の習熟度別授業。年間1,500時間を超える大学進学のための課外授業を開講。③2年次より興味や進路に応じた授業を選択。3年次は受験に対応した様々な講座を用意。④2021年より, スーパーサイエンスハイスクール（SSH）に再指定（第3期）。数学や理科の学習を軸に, あらゆる分野で活躍できるイノベーション人材を育成する。⑤理数科では先進的な理数教育を行い, 大学, 研究所などと連携した講座を展開。⑥大学教授や各界の職業人を招くなど, 多彩な進路イベントを行う。⑦アメリカやオーストラリアでのホームステイプログラム, ワールドサイエンスツアー（台湾）など, 国際交流が盛ん。⑧陸上競技部, 水泳部, 写真部, 美術部が全国大会に出場。

【進路情報】 卒業生数―273名
大学―226名 就職―1名 その他―46名

【大学合格状況】 東京大, 東工大, 一橋大, 千葉大, 大阪大, 東北大, 東京医歯大, 他。

【指定校推薦】 都立大, 早稲田大, 慶應大, 学習院大, 明治大, 青山学院大, 立教大, 他。

【見学ガイド】 文化祭, 説明会, 体験入学, 公開授業

選抜方法 2024年春(実績)
学力検査（5教科）, 調査書, 作文
※K=1
※特定教科の得点にかける倍率　なし

応募状況

年度	学科	募集	志願	受検	志願倍率
'24	普・理	280	321	318	1.15
'23	普通	240	257	257	1.07
	理数	40	44	44	1.10

合格のめやす

偏差値	普・理	合格の可能性▷60%=59, 80%=61

【併願例】〈挑戦〉日大習志野 〈最適〉成田, 志学館, 市原中央 〈堅実〉千葉敬愛, 千葉明徳

茂原 高等学校

共学

●第7学区

【設置学科】 普通科

【所在地】 〒297-0029 千葉県茂原市高師1300 ☎(0475)22-4505

【アクセス】 JR―茂原25分またはバス茂原高校入口（登下校直通バスあり）

【沿 革】 1902年創立。

【生徒数】 男子224名, 女子247名

【特 色】 ①数学では習熟度別少人数, 国英の一部で少人数によるきめ細かい授業を展開。②2年次より, 理類型, 文類型に分かれる。3年次は進路に合わせた授業選択が可能となる。③1年次の総合的な探究の時間に「茂高街塾」と題し, 地元企業との座談会やインターンシップを実施。④大学進学対策や公務員対策などの課外授業を用意。夏期休業中にも多数の講座を開講し, 学習をサポートする。⑤朝の10分間読書で, 知識を深め, 情操を豊かにする。⑥一人ひとりに合わせた進路指導を実践。外部講師を招いた進路講演会, 大学・専門学校説明会などを行うほか, 面談, キャリア教育などを実施し, 進路選択をサポートする。⑦全教室に冷房を完備。学習効率もアップする快適な環境を用意している。⑧射撃部が全国大会に, 陸上競技部が関東大会に出場している。

【進路情報】 卒業生数―197名
大学―120名 短大―14名 専門学校―32名 就職―19名 その他―12名

【大学合格状況】 信州大, 県立保健医療大, 明治大, 青山学院大, 中央大, 法政大, 他。

【指定校推薦】 日本大, 東洋大, 東京電機大, 東邦大, 国士舘大, 千葉工大, 淑徳大, 他。

【見学ガイド】 文化祭, 説明会, 体験入学

選抜方法 2024年春(実績)
学力検査（5教科）, 調査書, 集団面接
※K=1
※特定教科の得点にかける倍率　なし

応募状況

年度	学科	募集	志願	受検	志願倍率
'24	普通	160	151	151	0.94
'23	普通	160	174	174	1.09
'22	普通	160	164	162	1.03

合格のめやす

偏差値		合格の可能性▷60%=45, 80%=47

【併願例】〈挑戦〉市原中央, 敬愛学園 〈最適〉千葉明徳, 東海大市原望洋 〈堅実〉茂原北陵

千葉 全日制

大網白里市／山武郡／茂原市

大多喜 高等学校

● 第 7 学区

【設置学科】 普通科
【所在地】 〒298-0216 千葉県夷隅郡大多喜町大多喜481 ☎(0470)82-2621
【アクセス】 いすみ鉄道—大多喜10分
【沿 革】 1900年創立。2004年度に大多喜女子高校と統合。2024年度より教員基礎コースを設置。
【生徒数】 男子187名，女子183名
【特 色】 ①2024年度より設置の教員基礎コースでは，体験を重視した学習，教員養成系大学などと連携した講座などを実施する。②基礎学力の定着と主体的，対話的な学びに取り組む。少人数授業や習熟度別授業，タブレット端末を活用した学習などで丁寧で分かりやすい，かつアクティブな授業を展開。③３年次には多様な選択科目を用意し，幅広い進路希望に応える。④「大高探究」（総合的な探究の時間）で地域創生への貢献をめざす。⑤課外授業や実力養成講座による学力の向上，進路別ガイダンスなどによる進路実現のサポートといった徹底した進路指導を実践。⑥漢字検定や英語検定などの資格取得を奨励。⑦美術部，書道部が総文祭に出場。吹奏楽部が東関東大会に出場。⑧いすみ鉄道活性化に向けた多彩な活動を行う。
【進路情報】 卒業生数—148名
大学—92名 短大—7名 専門学校—37名
就職—10名 その他—2名
【大学合格状況】 千葉大，慶應大，東京理科大，明治大，立教大，中央大，日本大，他。
【指定校推薦】 東京理科大，学習院大，中央大，法政大，日本大，駒澤大，帝京大，他。
【見学ガイド】 文化祭，体験入学，公開授業

選抜方法 2024年春(実績)
学力検査（5教科），調査書，集団面接
※K＝1
※特定教科の得点にかける倍率 なし

応募状況

年度	学科	募集	志願	受検	志願倍率
'24	普通	160	130	129	0.81
'23	普通	160	129	127	0.81
'22	普通	160	123	123	0.77

合格のめやす
偏差値 合格の可能性▷60％＝41，80％＝43

【併願例】〈挑戦〉千葉明徳，東海大市原望洋〈最適〉茂原北陵 〈堅実〉鴨川令徳

大原 高等学校

● 第 7 学区(p.1202参照)

【設置学科】 総合学科
【所在地】 〒298-0004 千葉県いすみ市大原7985 ☎(0470)62-1171
【アクセス】 JR—大原10分
【沿 革】 大原高校，岬高校，勝浦若潮高校が統合し，2015年開校。
【生徒数】 男子157名，女子112名
【特 色】 ①普通，生活福祉，園芸，海洋科学の４系列からなる総合学科を設置。２年次からの系列学習で，進路に合わせて学習する。②１年次から選抜クラスを設置。大学，短大，看護医療系の進学に必要な基礎力養成や受験対策を行う。③学び直しなどで「わかる授業」を実践する。進路希望別に少人数できめ細かい授業を展開。④１年次の「産業社会と人間」の科目では，系列決定のための系列体験授業や，社会人講話，校外学習など様々な体験活動やキャリア教育を実施。⑤進学希望者向けに１年次より課外補習授業を行う。⑥英語検定，漢字検定，簿記検定，情報処理検定など資格取得にも対応できる授業を展開。⑦進路ガイダンスや職業人講話をはじめ，個別の小論文・面接指導など，進路指導が充実している。⑧ホッケー部，柔道部，ボート部が関東レベルの大会に出場。
【進路情報】 卒業生数—122名
大学—11名 短大—5名 専門学校—43名
就職—58名 その他—5名
【大学合格状況】 日本大，東海大，城西国際大，日本体育大，中央学院大，植草学園大，他。
【指定校推薦】 城西国際大，東京情報大，植草学園大，敬愛大，他。
【見学ガイド】 文化祭，説明会，体験入学

選抜方法 2024年春(実績)
学力検査（5教科），調査書，個人面接
※K＝1
※特定教科の得点にかける倍率 なし

応募状況

年度	学科	募集	志願	受検	志願倍率
'24	総合	160	98	98	0.61
'23	総合	160	110	110	0.69
'22	総合	160	76	76	0.48

合格のめやす
偏差値 合格の可能性▷60％＝32，80％＝34

【併願例】〈挑戦〉茂原北陵，木更津総合，鴨川令徳，千葉学芸

長狭 高等学校

共学

● 第8学区

【設置学科】 普通科

【所在地】 〒296-0001 千葉県鴨川市横渚100
☎(04)7092-1225

【アクセス】 JR—安房鴨川15分

【沿 革】 1922年創立。2014年度医療・福祉
コースを設置。

【生徒数】 男子200名,女子209名

【特 色】 ①数英は学習習熟度に応じたレッスンルームで行う。学習進度に合わせた授業が受けられる。②1年次は全員が同じ科目を履修。2年次から文系,理系,医療・福祉のコースに分かれる。③医療コース,福祉コースでは,地域の病院や福祉施設,大学などと連携して,医療・福祉分野で活躍する人材を育成する。福祉コースは介護職員初任者研修修了資格の取得も可能。医療コースは医療系大学への進学をめざす。④サポートシステム(国公立大や有名私立大対策の課外授業),通年の進学課外や夏季スペシャル講習,小論文指導,公務員対策など,進路指導が充実している。⑤コミュニティスクールとして地域と連携する。⑥剣道部(男子),陸上競技部が関東大会に出場。バスケットボール部(男子)が県大会で準優勝。

【進路情報】 卒業生数—126名
大学—47名 短大—5名 専門学校—50名
就職—20名 その他—4名

【大学合格状況】 日本大,専修大,東海大,国士舘大,桜美林大,文教大,帝京平成大,他。

【指定校推薦】 日本大,専修大,神奈川大,国士舘大,玉川大,立正大,杏林大,淑徳大,他。

【見学ガイド】 文化祭,説明会,体験入学,見学会

選抜方法 2024年春(実績)
学力検査(5教科),調査書,個人面接
※K=1
※特定教科の得点にかける倍率 なし

応募状況

年度	学科	募集	志願	受検	志願倍率
'24	普通	160	146	146	0.91
'23	普通	160	161	160	1.01
'22	普通	160	110	107	0.69

合格のめやす

偏差値	合格の可能性▷60%=41, 80%=43

【併願例】〈挑戦〉翔凜 〈最適〉木更津総合,拓大紅陵,千葉県安房西 〈堅実〉鴨川令徳

安房拓心 高等学校

共学
単位制

● 第8学区(p.1202参照)

【設置学科】 総合学科

【所在地】 〒299-2795 千葉県南房総市和田町海発1604 ☎(0470)47-2551

【アクセス】 JR—南三原10分

【沿 革】 1922年創立。

【生徒数】 男子237名,女子155名

【特 色】 ①総合学科高校として,地域と連携したキャリア教育を推進している。②1年次の「産業社会と人間」の学習を通して,自身の適性や進路目標について考える機会を用意する。③2年次より文理,園芸,畜産,土木,調理の5系列となる。少人数制の科目や,実験・実習中心の科目も多く設定している。④文理系列では,進学,公務員就職などをめざす。科目選択により文系,理系の進路に対応。⑤3年次の総合的な探究の時間では,自らテーマを設定し,調査,研究,発表する課題別研究も行う。⑥毎朝10分間の「チャレンジタイム」で,基礎学力の定着を図る。⑦進路実現や資格取得のための補習を実施。大学,公務員,測量士補,土木施工管理技士などの合格をめざす。⑧サッカー部が夏の高校生フットサル大会で準優勝の実績をもつ。書道部が弘法大師奉賛高野山競書大会で全日本書道連盟賞を受賞。

【進路情報】 卒業生数—117名
大学—9名 短大—3名 専門学校—26名
就職—79名

【大学合格状況】 城西国際大,東京農大,亀田医療大,千葉経済大,淑徳大,他。

【指定校推薦】 日本大,城西大,千葉経済大,淑徳大,東京農大,清和大,千葉工大,他。

【見学ガイド】 体験入学,オープンキャンパス

選抜方法 2024年春(実績)
学力検査(5教科),調査書,個人面接
※K=1
※特定教科の得点にかける倍率 なし

応募状況

年度	学科	募集	志願	受検	志願倍率
'24	総合	160	125	125	0.78
'23	総合	160	117	116	0.73
'22	総合	160	128	128	0.80

合格のめやす

偏差値	合格の可能性▷60%=32, 80%=34

【併願例】〈挑戦〉木更津総合,拓大紅陵,千葉県安房西,鴨川令徳

千葉 全日制

夷隅郡／いすみ市／鴨川市／南房総市

安房 高等学校

共学
単位制

● 第8学区

【設置学科】 普通科
【所在地】 〒294-0047 千葉県館山市八幡385
☎(0470)22-0130
【アクセス】 JR—館山10分
【沿革】 1901年開校。2018年度単位制に改編。
【生徒数】 男子351名, 女子364名
【特色】 ①単位制を導入。1・2年次は共通に身につける科目を多く設置し, 3年次には多くの選択科目を設け, 一人ひとりの進路に向き合ったカリキュラムが編成できる。②1年次に難関大学への現役合格をめざす特別進学クラスと多様な進路に対応する少人数編成の総合クラスを設置。2・3年次には最難関大学や医学部をめざす特進S, 国公立大学や難関私立大学をめざす特進A, 少人数編成の総合のクラスに分かれる。③1年次の総合クラスは国数英で習熟度別授業を展開。④特進クラスでは難関大学の入試に対応できる学習支援を行う。⑤2年次より教員基礎コースの選択が可能。小中学校での教職体験実習や, 千葉大学等と連携した授業などを行う。⑥放課後や夏季休業中に進学のための課外授業を実施。⑦陸上競技部がインターハイに, 柔道部, 剣道部, ソフトテニス部, 水泳部が関東大会に出場している。
【進路情報】 卒業生数—225名
大学—162名 短大—3名 専門学校—28名
就職—16名 その他—16名
【大学合格状況】 千葉大, 筑波大, 横浜国大, 早稲田大, 上智大, 東京理科大, 学習院大, 他。
【指定校推薦】 早稲田大, 上智大, 学習院大, 明治大, 青山学院大, 立教大, 中央大, 他。
【見学ガイド】 文化祭, 説明会, 体験入学

選抜方法 2024年春(実績)
学力検査(5教科), 調査書, 個人面接
※K=1
※特定教科の得点にかける倍率 なし

応募状況

年度	学科	募集	志願	受検	志願倍率
'24	普通	240	238	233	0.99
'23	普通	240	259	259	1.08
'22	普通	240	243	243	1.01

合格のめやす

偏差値	合格の可能性▷60%=50, 80%=52

【併願例】〈挑戦〉志学館 〈最適〉暁星国際 〈堅実〉翔凜, 木更津総合, 拓大紅陵, 千葉県安房西

木更津 高等学校

共学
単位制

● 第9学区(p.1202参照)

【設置学科】 普通科, 理数科
【所在地】 〒292-0804 千葉県木更津市文京4-1-1 ☎(0438)22-6131
【アクセス】 JR—木更津15分
【沿革】 1900年創立。2017年度より, 理数科を設置。
【生徒数】 男子511名, 女子444名
【特色】 ①スーパーサイエンスハイスクール指定校。②単位制による多彩な科目設定で多様な大学入試に対応できるカリキュラムを組む。③45分×7限授業, 二学期制により, 授業時間数を確保している。国英で少人数授業, 数学で習熟度別授業を行う。④1年次は基礎的, 基本的な内容を確実に修得。普通科は2・3年次に選択科目を多く設置し, 多様な進路に対応。⑤理数科の2・3年次は理数系の科目を多く学習。実践的な課題探究力を鍛える。⑥企業・大学などと連携した「木更津開拓ラボ」を展開。千葉大学との高大連携講座も実施。⑦グローバル人材育成に向け, マレーシア海外研修を用意。⑧放課後や週末の進学補習, 長期休業中の課外講座を開講。進路説明会などの進路指導も充実。⑨囲碁部が総文祭将棋部門女子個人で第3位の実績。水泳部, 弓道部が関東大会に出場。
【進路情報】 卒業生数—315名
大学—257名 専門学校—1名 その他—57名
【大学合格状況】 東京大, 東工大, 千葉大, 東京外大, 大阪大, 北海道大, 東北大, 他。
【指定校推薦】 早稲田大, 慶應大, 東京理科大, 学習院大, 明治大, 青山学院大, 立教大, 他。
【見学ガイド】 文化祭, 説明会, 公開授業

選抜方法 2024年春(実績)
学力検査(5教科), 調査書, 作文
※K=1
※特定教科の得点にかける倍率 なし

応募状況

年度	学科	募集	志願	受検	志願倍率
'24	普通	280	405	400	1.45
	理数	40	56	51	1.40
'23	普通	280	351	346	1.25
	理数	40	53	47	1.33

合格のめやす

偏差値	普通	合格の可能性▷60%=60, 80%=62
	理数	合格の可能性▷60%=57, 80%=59

【併願例】〈挑戦〉日大習志野 〈最適〉成田, 日出学園, 志学館, 市原中央

女 子

木更津東 高等学校

●第9学区(p.1202参照)

【設置学科】 普通科〔ほか家政科⇒全日制専門学科〕

【所在地】 〒292-0056 千葉県木更津市木更津2-2-45 ☎(0438)23-0538

【アクセス】 JR―木更津5分

【沿 革】 1910年創立。

【生徒数】 女子457名

【特 色】 ①1・2年次は確実に基礎学力をつけ，3年次より希望する進路に応じた科目選択を行う。受験科目や芸術科目のほか，家庭科の専門科目も選べる。②社会の様々な場面で活用できる知識を習得。生涯にわたる自学の意欲，社会変化への対応力，主体的・自律的学習力を養う。③生徒一人ひとりの多様な進路に応じて，公務員講座や夏期講習，進路ガイダンス，看護医療系・保育系のインターンシップなどを行い，将来の目標に向けたサポートを実施する。④大学や短期大学での授業聴講や，保育園などでのボランティアなど，学びの場や体験の場を充実させている。⑤英語検定や漢字検定，簿記検定，ビジネス文書実務検定などの資格取得を支援。⑥家庭クラブ，クラフトデザイン部などが地域と連携した取り組みを展開。⑦2022年度より制服にネクタイ，スラックスを導入。

【進路情報】 〔普通科〕卒業生数―113名
大学―27名 短大―13名 専門学校―52名
就職―18名 その他―3名

【大学合格状況】 県立保健医療大，国際医療福祉大，実践女子大，文教大，帝京平成大，他。

【指定校推薦】 共立女子大，大妻女子大，実践女子大，清泉女子大，千葉商大，淑徳大，他。

【見学ガイド】 文化祭，説明会，公開授業

選抜方法 2024年春(実績)
学力検査（5教科），調査書，集団面接
※K＝1
※特定教科の得点にかける倍率　なし

応募状況

年度	学科	募集	志願	受検	志願倍率
'24	普通	120	121	119	1.01
'23	普通	120	120	119	1.00
'22	普通	120	105	105	0.88

合格のめやす
偏差値　合格の可能性▷60％＝38，80％＝40

【併願例】〈挑戦〉東海大市原望洋，翔凜，植草学園大附 〈最適〉木更津総合，拓大紅陵，千葉聖心

共 学

君津 高等学校

●第9学区

【設置学科】 普通科〔ほか園芸科⇒全日制専門学科〕

【所在地】 〒299-1142 千葉県君津市坂田454（君津キャンパス） ☎(0439)52-4583

【アクセス】 JR―君津15分

【沿 革】 君津高校と上総高校を統合し，2021年度統合校としてスタート。

【生徒数】 男子365名，女子411名

【特 色】 ①普通科は，2年次から文系，英語，理系の3コースに分かれる。1年次から国公立および難関私立大学進学希望者に対し，応用クラスを設置。2・3年次は文系クラスのみに設置し，早い進度で難度の高い授業を展開する。②英語コースでは英語の授業時間数を増やし，ほぼ全ての英語の授業とHRにALT（外国語指導助手）が入ることで，英語での発信力を向上させる。③教員基礎コースを設置し，水曜の7限目および長期休業中に授業を実施。近隣の教育機関・連携大学などの協力を得ながら，体験活動・実習や講義を通し，教員としての素養を育成する。④実力養成のための平日補習（約30講座），夏期ゼミ（30講座）を開講。模擬テストや公務員・看護模試は年に複数回実施する。⑤インターンシップ，分野別ガイダンス，大学による模擬授業，就職説明会など，進路実現のために様々な指導を行う。⑥陸上競技部が全国大会に出場している。

【進路情報】 ※2024年春の大学合格状況は巻末に掲載。

【指定校推薦】 東京理科大，法政大，日本大，東洋大，駒澤大，専修大，東海大，他。

【見学ガイド】 文化祭，体験入学

選抜方法 2024年春(実績)
学力検査（5教科），調査書，自己表現(口頭or実技)　※K＝1
※特定教科の得点にかける倍率　なし

応募状況

年度	学科	募集	志願	受検	志願倍率
'24	普通	240	275	267	1.15
'23	普通	240	228	224	0.95
'22	普通	240	245	242	1.02

合格のめやす
偏差値　合格の可能性▷60％＝47，80％＝50

【併願例】〈挑戦〉木更津高専，志学館 〈最適〉翔凜 〈堅実〉木更津総合，拓大紅陵

千葉 全日制 館山市／木更津市／君津市

君津青葉 高等学校

共学 単位制

● 第9学区(p.1202参照)

【設置学科】 総合学科
【所在地】 〒292-0454 千葉県君津市青柳48
☎(0439)27-2351
【アクセス】 JR—久留里12分
【沿革】 1917年創立。
【生徒数】 男子145名, 女子92名
【特色】 ①1年次は多彩な体験や校外学習を通して, 適性を見つける。②2年次より食品, 農業, 環境, 土木, 家庭・福祉, 普通の6系列となる。食品では衛生管理や化学分析等を通して食品製造を「科学」する。農業では植物の栽培と共に, 地域との連携でコミュニケーション能力も習得。環境では木や森と人との関わりを学ぶ。土木では設計や測量を学習。家庭・福祉では食生活・衣服・福祉を学び, 介護現場で生かせる資格取得をめざす。普通系列では少人数の丁寧な指導を展開し, 多様な進路に対応。③系列ごとに体験学習や校外学習を展開し, 思考力, 判断力, 表現力を育成。④1年次からキャリア教育を実施。職業別体験学習, 社会人講話, 就職試験・入学試験事前指導など計画的な進路指導を行う。⑤地域の教育機関等と連携した活動で, 主体的・協働的に社会貢献する力を養う。⑥新体操部, 農業クラブが関東大会に出場。
【進路情報】 卒業生数—[86名]
大学—3名 専門学校—18名 就職—60名
その他—5名
【大学合格状況】 帝京平成大, 亀田医療大, 他。
【指定校推薦】 日本大, 城西国際大, 千葉工大, 亀田医療大, 東京情報大, 城西大, 他。
【見学ガイド】 文化祭, 説明会, 体験入学, オープンキャンパス, 公開授業

選抜方法 2024年春(実績)

学力検査(5教科), 調査書, 個人面接
※K=1
※特定教科の得点にかける倍率　なし

応募状況

年度	学科	募集	志願	受検	志願倍率
'24	総合	120	60	60	0.50
'23	総合	120	78	77	0.65
'22	総合	120	88	87	0.73

合格のめやす

偏差値 合格の可能性▷60%=31, 80%=33

【併願例】〈挑戦〉木更津総合, 拓大紅陵, 千葉県安房西, 鴨川令徳

天羽 高等学校

共学

● 地域連携アクティブスクール(第9学区)

【設置学科】 普通科
【所在地】 〒299-1606 千葉県富津市数馬229
☎(0439)67-0571
【アクセス】 JR—上総湊15分
【沿革】 1902年創立。2020年度入学生より工業基礎コースを設置。
【生徒数】 男子80名, 女子83名
【特色】 ①地域連携アクティブスクールとして, 地域の教育力を活用して様々な角度から人間形成に取り組む。②少人数指導, 習熟度別指導, ティームティーチングで基礎・基本から繰り返し指導する。③学び直し科目「ステップアップ」, 学習サポートボランティアによる支援などにより, 基礎学力の定着を図る。④2年次から文理, 実務, 生活, 工業基礎の4コースに分かれる。⑤コミュニケーション能力の育成に重点をおき, 言語活動の授業「コミュニケーション能力育成プログラム」を取り入れている。⑥外部講師によるマナー・進路講座などを実施。⑦進路希望に合わせたインターンシップを推奨するなど, 進路実現に向けて, きめ細かな指導や多彩な体験学習を展開する。⑧地域行事に積極的に参加し, 地域連携を大切にする。⑨スクールソーシャルワーカーの配置など手厚い教育相談体制。⑩写真部が全国大会, 関東大会に出品。
【進路情報】 卒業生数—[71名]
大学—1名 短大—1名 専門学校—21名
就職—42名 その他—6名
【大学合格状況】 西南女学院大, 他。
【指定校推薦】 千葉経済大, 東京情報大, 埼玉工大, 城西大, 城西国際大, 東京工芸大, 他。
【見学ガイド】 文化祭, 体験入学

選抜方法 2024年春(実績)

学力検査(3教科), 調査書, 個人面接, 自己表現(スピーチor作文or実技)
※特定教科の得点にかける倍率　なし

応募状況

年度	学科	募集	志願	受検	志願倍率
'24	普通	120	74	73	0.62
'23	普通	120	49	48	0.41
'22	普通	120	55	55	0.46

合格のめやす

偏差値 合格の可能性▷60%=31, 80%=33

【併願例】〈挑戦〉木更津総合, 拓大紅陵, 千葉県安房西, 鴨川令徳

共 学

袖ヶ浦 高等学校

● 第9学区(p.1202参照)

【設置学科】 普通科,情報コミュニケーション科

【所在地】 〒299-0257 千葉県袖ケ浦市神納530 ☎(0438)62-7531

【アクセス】 JR—袖ケ浦20分またはバス袖ヶ浦高校前

【沿 革】 1976年創立。2024年度より情報コミュニケーション科に先進ITコースを設置。

【生徒数】 男子457名,女子367名

【特 色】 ①1日50分×6時限,1・2年次の月・火曜日,3年次の月曜日は7時限授業。②多岐にわたる進路に対応できるよう,1・2年次で基礎科目を履修。3年次には多くの選択科目を設置。普通科では,芸術・家庭・情報科目にも力を入れる。③情報コミュニケーション科ではタブレット端末を活用した学びを実践。2024年度からは先進ITコースを設置し,加速するデジタル社会に対応できる人材を育成する。④長期休業中に課外講座を開催。⑤2・3年次に公務員志望者のための早期講座を開講。⑥新体操部(男子個人・団体)がインターハイに,書道部が総文祭に出場している。

【進路情報】 卒業生数―275名
大学―106名 短大―15名 専門学校―90名
就職―48名 その他―16名

【大学合格状況】 法政大,日本大,東洋大,専修大,東海大,亜細亜大,帝京大,他。

【指定校推薦】 法政大,日本大,東洋大,専修大,神奈川大,東京電機大,国士舘大,他。

【見学ガイド】 文化祭,説明会

選抜方法 2024年春(実績)
学力検査(5教科),調査書,自己表現(普通科は文章or実技,情報コミュニケーション科は口頭or実技) ※K=1
※特定教科の得点にかける倍率 なし

応募状況

年度	学科	募集	志願	受検	志願倍率
'24	普通	240	292	289	1.22
	情報	40	53	51	1.33
'23	普通	240	249	248	1.04
	情報	40	41	41	1.03

合格のめやす

偏差値	普通	合格の可能性▷60%=45, 80%=48
	情報	合格の可能性▷60%=42, 80%=45

【併願例】 〈最適〉東海大市原望洋,千葉経済大附,翔凜 〈堅実〉木更津総合,拓大紅陵

共 学

市原 高等学校

● 地域連携アクティブスクール(第9学区)

【設置学科】 普通科〔ほか園芸科⇒全日制専門学科〕

【所在地】 〒290-0225 千葉県市原市牛久655 ☎(0436)92-1541

【アクセス】 小湊鉄道―上総牛久10分

【沿 革】 市原高等学校と鶴舞桜が丘高等学校が統合し,2019年に開校。2024年度より地域連携アクティブスクールに改編。

【生徒数】 男子143名,女子83名

【特 色】 ①地域連携アクティブスクールとして地域の教育力を活かし,個に応じたきめ細やかな学習,実践的なキャリア教育を展開する。②普通科は2年次に普通コースと商業コースに,3年次に普通コース,商業コース,福祉コースに分かれる。③少人数授業や学び直しを取り入れた授業で,個に応じた丁寧な学習指導を行う。④商業コースでは,簿記,情報処理などの資格取得をめざす。⑤福祉コースでは卒業までに介護職員初任者研修修了をめざす。⑥地域と連携した体験的な教育活動を展開。総合的な探究の時間を活用した「市原地域探究」で市原の歴史,文化,自然,産業を学ぶと共に,ゴルフ体験(1年次全員)を実施。⑦インターンシップ,進路ガイダンス,面接練習など進路指導が充実。

【進路情報】 〔普通科〕卒業生数―73名
大学―7名 短大―2名 専門学校―19名
就職―35名 その他―10名

【大学合格状況】 江戸川大,淑徳大,東京情報大,敬愛大,千葉工大,他。

【指定校推薦】 東京情報大,千葉商大,他。

【見学ガイド】 文化祭,説明会,体験入学,公開授業

選抜方法 2024年春(実績)
学力検査(3教科),個人面接,作文
※特定教科の得点にかける倍率 なし

応募状況

年度	学科	募集	志願	受検	志願倍率
'24	普通	80	30	29	0.38
'23	普通	80	46	45	0.58
'22	普通	120	64	62	0.53

合格のめやす

偏差値	合格の可能性▷60%=31, 80%=33

【併願例】 〈挑戦〉木更津総合,拓大紅陵,茂原北陵,千葉聖心,桜林

千葉

全日制

君津市／富津市／袖ケ浦市／市原市

京葉 高等学校

共 学

●第9学区

【設置学科】 普通科
【所在地】 〒290-0034 千葉県市原市島野222
☎(0436)22-2196
【アクセス】 JR―五井25分またはバス京葉高校前
【沿 革】 1952年市原高校八幡分校に始まり，1965年現校名で設立。
【生徒数】 男子176名，女子151名
【特 色】 ①1・2年次の数学，英語は少人数授業を展開。②3年次に文系と理系に分かれ，進路に応じた学習を行う。③外部講師を招いての出前授業，インターンシップ，公務員講座，就職講座など，キャリア教育が充実している。④スタディサポートや実力診断テストを活用し，基礎力，応用力を養成。夏季休業中の進路対策課外補習，大学・公務員・看護医療など各種受験対策の模擬テストなどの学習サポートを行う。⑤コミュニティ・スクールとして地域と連携。社会体験活動を学校外学修の単位として認定する（1～3年次のいずれかの1年間で半単位）。⑥英語検定，情報処理技能検定などの対策講座を開講。⑦アーチェリー部が関東大会に出場。男子バスケットボール部，サッカー部，剣道部が県大会で活躍している。
【進路情報】 卒業生数―118名
大学―36名 短大―5名 専門学校―45名
就職―27名 その他―5名
【大学合格状況】 日本大，亜細亜大，国士舘大，帝京平成大，城西国際大，千葉商大，他。
【指定校推薦】 日本大，神奈川大，東京電機大，拓殖大，千葉工大，二松學舍大，立正大，他。
【見学ガイド】 文化祭，体験入学，公開授業

選抜方法 2024年春(実績)
学力検査（5教科），調査書，自己表現(口頭or実技) ※K=1
※特定教科の得点にかける倍率 なし

応募状況

年度	学科	募集	志願	受検	志願倍率
'24	普通	120	135	135	1.13
'23	普通	120	129	129	1.08
'22	普通	120	134	134	1.12

合格のめやす

偏差値	合格の可能性▷60％=36，80％=38

【併願例】〈挑戦〉千葉経済大附，千葉明徳，東海大市原望洋，木更津総合，拓大紅陵，茂原北陵

市原緑 高等学校

共 学

●第9学区

【設置学科】 普通科
【所在地】 〒290-0011 千葉県市原市能満1531 ☎(0436)75-0600
【アクセス】 JR―八幡宿よりバス市原緑高校前1分
【沿 革】 1974年創立。
【生徒数】 男子160名，女子173名
【特 色】 ①毎朝，始業前10分間に学び直しをする「ブラッシュアップ」を設定。5教科を日替わりで学習し，基礎学力の定着・伸長を図る。1年間で1単位として認定する。②3年次には豊富な選択科目により，興味関心に応じた科目選択が可能。受験科目に加え，体育や芸術，家庭などの専門的な科目も選べる。③定期考査をなくし，普段の授業内での取り組み，単元テスト，提出物などで成績を評価。④ICTを活用した個別学習や調べ学習を取り入れ，個々のペースで学べる体制を用意。⑤保育実習や分野別インターンシップ，進学や就職，公務員・看護医療系講座など，進路指導が充実。⑥英語検定，漢字能力検定，日本語ワープロ検定などの資格取得を支援。⑦学校外の人々と協働する機会を設け，協働できる資質を養う。⑧柔道部，卓球部が県大会に出場している。
【進路情報】 卒業生数―111名
大学―12名 短大―4名 専門学校―42名
就職―48名 その他―5名
【大学合格状況】 日本大，杏林大，東京福祉大，淑徳大，和洋女子大，千葉商大，敬愛大，他。
【指定校推薦】 東京情報大，淑徳大，敬愛大，千葉経済大，明海大，城西国際大，他。
【見学ガイド】 文化祭，説明会，体験入学

選抜方法 2024年春(実績)
学力検査（5教科），調査書，個人面接
※K=2
※特定教科の得点にかける倍率 なし

応募状況

年度	学科	募集	志願	受検	志願倍率
'24	普通	120	108	108	0.90
'23	普通	120	134	134	1.12
'22	普通	120	115	115	0.96

合格のめやす

偏差値	合格の可能性▷60％=33，80％=35

【併願例】〈挑戦〉木更津総合，拓大紅陵，茂原北陵，桜林，千葉聖心

姉崎 高等学校

共学

● 第9学区

【設置学科】 普通科
【所在地】 〒299-0111 千葉県市原市姉崎2632 ☎(0436)62-0601
【アクセス】 JR—姉ヶ崎よりバス姉崎高校前
【沿 革】 1978年創立。2020年度より，ものづくりコースを設置。
【生徒数】 男子227名，女子218名
【特 色】 ①2年次は標準コースとものづくりコースに，3年次は標準コース，理系コース，ものづくりコースに分かれる。ものづくりコースは地元企業や大学と連携した就業や進学につながる学びを実現。②少人数指導による細やかな学習指導，基礎・基本を重視した「わかる授業」を展開。タブレット端末を活用した学習活動にも取り組む。③朝読書を実施。④発展学習として放課後や長期休業中に大学入試対策の課外ゼミを開講している。⑤継続的な就職ガイダンスで就職活動をサポート。公務員対策講座や作文・小論文指導，進路分野別講座，就職セミナーなどを実施する。⑥漢字検定，英語検定，フォークリフト，ガス溶接などの講習を行い，検定や資格取得を積極的に支援。⑦児童ボランティアなど，地域活動を推進している。⑧陸上競技部が関東大会に出場の実績をもつ。
【進路情報】 卒業生数—152名
大学—36名 短大—10名 専門学校—59名
就職—45名 その他—2名
【大学合格状況】 帝京平成大，東京農大，大正大，城西国際大，和洋女子大，千葉商大，他。
【指定校推薦】 千葉工大，淑徳大，城西国際大，千葉商大，明海大，東京情報大，他。
【見学ガイド】 文化祭，体験入学，公開授業

選抜方法 2024年春(実績)
学力検査(5教科)，調査書，個人面接，自己表現(口頭or実技) ※K=1
※特定教科の得点にかける倍率 なし

応募状況

年度	学科	募集	志願	受検	志願倍率
'24	普通	160	164	163	1.03
'23	普通	160	183	181	1.14
'22	普通	160	159	159	0.99

合格のめやす

偏差値 合格の可能性▷60%＝35，80%＝37

【併願例】〈挑戦〉翔凜，植草学園大附，木更津総合，拓大紅陵 〈最適〉千葉聖心

市原八幡 高等学校

共学
単位制

● 第9学区

【設置学科】 普通科
【所在地】 〒290-0062 千葉県市原市八幡1877-1 ☎(0436)43-7811
【アクセス】 JR—八幡宿20分またはバス八幡浦工業団地入口10分
【沿 革】 1983年創立。
【生徒数】 男子297名，女子320名
【特 色】 ①二学期制をとる。国数英で少人数・習熟度別授業を展開。個々の生徒の学力向上と学習意欲の向上を図る。②1年次で基礎学力を身につけ，2・3年次には豊富な選択科目を用意。幅広い進路選択に対応し，興味関心や資質に応じた授業の選択が可能なカリキュラムを編成している。③学校設定科目「防災の学び」の授業を実施。多角的な視点から災害時の対応を学び，地域の防災活動に自助・共助ができる人材を育成する。④通年，夏季休業中に課外授業を開講している。⑤協働学習やICTを活用した授業を積極的に実施。⑥進路ガイダンスや大学生による出前授業，公務員セミナー，看護・医療・就職ガイダンスなどの進路指導が充実している。⑦スクールカウンセラーと連携した教育相談体制を用意している。
【進路情報】 卒業生数—232名
大学—87名 短大—26名 専門学校—85名
就職—23名 その他—11名
【大学合格状況】 日本大，東京電機大，玉川大，立正大，国士舘大，千葉工大，武蔵野大，他。
【指定校推薦】 日本大，二松學舍大，立正大，淑徳大，千葉商大，東京情報大，武蔵野大，他。
【見学ガイド】 文化祭，説明会，体験入学，公開授業

選抜方法 2024年春(実績)
学力検査(5教科)，調査書，自己表現(口頭or実技) ※K=1
※特定教科の得点にかける倍率 なし

応募状況

年度	学科	募集	志願	受検	志願倍率
'24	普通	200	210	206	1.05
'23	普通	200	208	204	1.04
'22	普通	240	247	247	1.03

合格のめやす

偏差値 合格の可能性▷60%＝40，80%＝42

【併願例】〈挑戦〉千葉経済大附，東海大市原望洋 〈最適〉植草学園大附，木更津総合，拓大紅陵

生浜 高等学校

共 学
定時制（単位制）

● 第1学区（p.1202参照）

【設置学科】 普通科

【所在地】 〒260-0823 千葉県千葉市中央区塩田町372 ☎(043)266-4591

【アクセス】 JR—浜野15分

【沿 革】 1978年開校。

【生徒数】 男子253名，女子204名

【特 色】 ①二学期制を導入。②午前部，午後部，夜間部の3つの部からなる三部制の定時制。生徒の可能性を広げ，学ぶ意欲に応え，ライフスタイルに応じて学べるよう豊富な科目を設定。自分のペースで時間を有効活用しながら学べる。③他部履修により3年間での卒業も可能。④多くの授業を少人数で実施。国数英は1年次の授業の中で基礎から学ぶ時間を設けている。⑤普通科では珍しい商業の授業のほか，学校設定科目「日本語基礎」を設定。⑥殻なし卵羽化研究が注目を集めるほか，ウミホタルの研究，物理と数学のコラボ授業などを実施する。⑦スクールカウンセラー，スクールソーシャルワーカーの配置など，教育相談体制が充実している。⑧剣道部，ソフトテニス部，卓球部，バドミントン部，アーチェリー部，男子バスケットボール部が全国大会に出場。

【進路情報】 〔定時制〕卒業生数—150名
大学—23名 短大—3名 専門学校—37名
就職—50名 その他—37名

【大学合格状況】 〔全日制を含む〕帝京平成大，城西国際大，麗澤大，千葉商大，他。

【指定校推薦】 〔全日制を含む〕千葉科学大，城西国際大，東京情報大，聖徳大，他。

【見学ガイド】 文化祭，説明会，体験入学，公開授業

選抜方法 2024年春（実績）

学力検査（5教科），調査書，個人面接
※K＝1
※特定教科の得点にかける倍率 なし

応募状況

年度	部	募集	志願	受検	志願倍率
'24	午前	66	70	70	1.06
	午後	66	71	67	1.08
	夜間	66	18	11	0.27

合格のめやす

偏差値　合格の可能性▷60%＝—，80%＝—

【併願例】 〈挑戦〉木更津総合，拓大紅陵，茂原北陵，桜林，千葉学芸

松戸南 高等学校

共 学
定時制（単位制）

● 第2学区（p.1202参照）

【設置学科】 普通科

【所在地】 〒270-2221 千葉県松戸市紙敷1199 ☎(047)391-2849

【アクセス】 JR・北総線—東松戸10分 北総線—秋山10分

【沿 革】 1976年開校。

【生徒数】 男子429名，女子386名

【特 色】 ①午前部，午後部，夜間部の3つの部から選択できる。②4年間で卒業する「四修制」と3年間で卒業する「三修制」の選択が可能。③二学期制をとる。1・2年次の国数英で習熟度別授業を，選択科目は少人数授業を展開。情報の授業は複数の教員が指導する。④秋季入学者選抜も実施。⑤1年次から進路ガイダンスを行う。大学や専門学校の模擬授業や面接練習などを実施しながら，一人ひとりに応じた進路指導を進める。⑥スクールカウンセラーやスクールソーシャルワーカーが週2日待機。また，担任以外の教員が相談に対応するパーソナルチューター制もある。⑦部活は三部合同で活動し，他部との交流を通して充実した学校生活を送ることができる。バレーボール部，バスケットボール部，卓球部，柔道部，剣道部，陸上競技部が全国大会に出場。

【進路情報】 卒業生数—206名
大学—60名 短大—2名 専門学校—48名
就職—50名 その他—46名

【大学合格状況】 早稲田大，東京理科大，日本大，駒澤大，東京電機大，国士舘大，他。

【指定校推薦】 東洋大，国士舘大，植草学園大，中央学院大，千葉商大，城西国際大，他。

【見学ガイド】 文化祭，説明会

選抜方法 2024年春（実績）

学力検査（5教科），調査書，個人面接
※K＝1
※特定教科の得点にかける倍率 なし

応募状況

年度	部	募集	志願	受検	志願倍率
'24	午前	104	120	115	1.15
	午後	104	123	117	1.18
	夜間	66	64	60	0.97

合格のめやす

偏差値　合格の可能性▷60%＝—，80%＝—

【併願例】 〈挑戦〉秀明八千代，東京学館船橋，我孫子二階堂，不二女子

共　学
佐倉南 高等学校　定時制（単位制）
● 第4学区（p.1202参照）

【設置学科】　普通科
【所在地】　〒285-0808　千葉県佐倉市太田
1956　☎(043)486-1711
【アクセス】　JR―佐倉20分またはバス佐倉南
高校
【沿　革】　1983年創立。2022年度に三部制の
定時制に改編。
【生徒数】　男子223名, 女子215名
【特　色】　①2022年度より, 三部制の定時制の
学びがスタート。②午前部, 午後部, 夜間部か
ら成り, 学ぶ目的やライフスタイルに対応。3
年間での卒業も可能。③将来の進路や興味, 関
心, 能力, 適性に合わせて科目を選択できるカ
リキュラムを組む。④計画的な「学び直し」の
授業や, 到達度別クラス編成による少人数授業
などにより, 卒業後の進路先で必要な学力を育
成。より専門的な情報に関する学習も行う。⑤
多様な進路選択のニーズに応えるための進路指
導カリキュラムを実践。個々に応じた入試対策
や就職指導を行う。⑥行政や地域と連携した独
自のキャリア教育プログラムに取り組む。⑦ス
クールカウンセラー, スクールソーシャルワー
カーを配置し, 相談体制の充実を図る。⑧ユネ
スコスクールとして地域貢献活動を実施。
【進路情報】　卒業生数―│164名│
大学―29名　短大―5名　専門学校―79名
就職―37名　その他―14名
【大学合格状況】　法政大, 東洋大, 大東文化大,
立正大, 桜美林大, 大正大, 城西国際大, 他。
【指定校推薦】　日本大, 大東文化大, 千葉工大,
千葉商大, 淑徳大, 他。
【見学ガイド】　文化祭, 説明会

選抜方法 2024年春（実績）
学力検査（5教科）, 調査書, 個人面接
※K＝1
※特定教科の得点にかける倍率　なし

応募状況

年度	部	募集	志願	受検	志願倍率
'24	午前	66	64	63	0.97
	午後	66	64	62	0.97
	夜間	33	32	25	0.97

合格のめやす

偏差値	合格の可能性▷60%＝―, 80%＝―

【併願例】〈挑戦〉千葉黎明, 桜林, 東京学館船
橋, 愛国四街道

薬園台 高等学校

共学

【設置学科】 園芸科
【所在地】 〒274-0077　千葉県船橋市薬円台5-34-1　☎(047)464-0011

選抜方法 2024年春(実績)

学力検査（5教科），調査書，個人面接，志願理由書　※K= 1
※特定教科の得点にかける倍率　なし

応募状況

年度	学科	募集	志願	受検	志願倍率
'24	園芸	40	49	49	1.23
'23	園芸	40	48	48	1.20
'22	園芸	40	28	28	0.70

合格のめやす

偏差値　合格の可能性▷60%＝35，80%＝37

清水 高等学校

共学

【設置学科】 食品科学科
【所在地】 〒278-0043　千葉県野田市清水482　☎(04)7122-4581

選抜方法 2024年春(実績)

学力検査（5教科），調査書，個人面接，適性検査　※K= 1
※特定教科の得点にかける倍率　なし

応募状況

年度	学科	募集	志願	受検	志願倍率
'24	食品科学	40	40	40	1.00
'23	食品科学	40	40	39	1.00
'22	食品科学	40	33	33	0.83

合格のめやす

偏差値　合格の可能性▷60%＝31，80%＝33

流山 高等学校

共学

【設置学科】 園芸科
【所在地】 〒270-0114　千葉県流山市東初石2-98　☎(04)7153-3161

選抜方法 2024年春(実績)

学力検査（5教科），調査書，個人面接
※K= 1
※特定教科の得点にかける倍率　なし

応募状況

年度	学科	募集	志願	受検	志願倍率
'24	園芸	120	118	118	0.98
'23	園芸	120	109	109	0.91
'22	園芸	120	102	101	0.85

合格のめやす

偏差値　合格の可能性▷60%＝33，80%＝35

成田西陵 高等学校

共学

【設置学科】 園芸科，土木造園科，食品科学科
【所在地】 〒286-0846　千葉県成田市松崎20　☎(0476)26-8111

選抜方法 2024年春(実績)

学力検査（5教科），調査書，個人面接
※K= 1
※特定教科の得点にかける倍率　なし

応募状況

年度	学科	募集	志願	受検	志願倍率
'24	園芸	80	38	37	0.48
	土木造園	40	17	16	0.43
	食品科学	40	38	38	0.95
'23	園芸	80	45	45	0.56
	土木造園	40	20	20	0.50
	食品科学	40	45	44	1.13

合格のめやす

偏差値	園芸	合格の可能性▷60%＝31，80%＝33
	土木造園	合格の可能性▷60%＝31，80%＝33
	食品科学	合格の可能性▷60%＝32，80%＝34

下総 高等学校

【設置学科】 園芸科
【所在地】 〒289-0116　千葉県成田市名古屋
247　☎(0476)96-1161

選抜方法 2024年春（実績）

学力検査（5教科），調査書，個人面接
※K＝1
※特定教科の得点にかける倍率　なし

応募状況

年度	学科	募集	志願	受検	志願倍率
'24	園芸	40	11	11	0.28
'23	園芸	40	19	19	0.48
'22	園芸	40	13	13	0.33

合格のめやす

偏差値	合格の可能性▷60%＝31，80%＝33

旭農業 高等学校

【設置学科】 畜産科，園芸科，食品科学科
【所在地】 〒289-2516　千葉県旭市口1
☎(0479)62-0129

選抜方法 2024年春（実績）

学力検査（5教科），調査書，集団面接
※K＝1
※特定教科の得点にかける倍率　なし

応募状況

年度	学科	募集	志願	受検	志願倍率
'24	畜産	40	22	22	0.55
	園芸	40	28	27	0.70
	食品科学	40	34	34	0.85
'23	畜産	40	29	29	0.73
	園芸	40	45	45	1.13
	食品科学	40	27	27	0.68

合格のめやす

偏差値	畜産	合格の可能性▷60%＝31，80%＝33
	園芸	合格の可能性▷60%＝31，80%＝33
	食品科学	合格の可能性▷60%＝32，80%＝34

多古 高等学校

【設置学科】 園芸科
【所在地】 〒289-2241　千葉県香取郡多古町
多古3236　☎(0479)76-2557

選抜方法 2024年春（実績）

学力検査（5教科），調査書，個人面接，自己表
現（文章or実技）　※K＝1
※特定教科の得点にかける倍率　なし

応募状況

年度	学科	募集	志願	受検	志願倍率
'24	園芸	40	20	20	0.50
'23	園芸	40	21	21	0.53
'22	園芸	40	30	30	0.75

合格のめやす

偏差値	合格の可能性▷60%＝31，80%＝33

大網 高等学校

【設置学科】 農業科，食品科学科，生物工学科
【所在地】 〒299-3251　千葉県大網白里市大
網435-1　☎(0475)72-0003

選抜方法 2024年春（実績）

学力検査（5教科），調査書，個人面接
※K＝1
※特定教科の得点にかける倍率　なし

応募状況

年度	学科	募集	志願	受検	志願倍率
'24	農業	40	20	20	0.50
	食品科学	40	35	35	0.88
	生物工学	40	35	35	0.88
'23	農業	40	37	36	0.93
	食品科学	40	33	33	0.83
	生物工学	40	28	27	0.70

合格のめやす

偏差値	農業	合格の可能性▷60%＝32，80%＝34
	食品科学	合格の可能性▷60%＝33，80%＝35
	生物工学	合格の可能性▷60%＝32，80%＝34

茂原樟陽 高等学校

共学

【設置学科】 農業科，食品科学科，土木造園科
【所在地】 〒297-0019　千葉県茂原市上林283
☎(0475)22-3315

選抜方法 2024年春(実績)

学力検査（5教科），調査書，集団面接
※K=1
※特定教科の得点にかける倍率　なし

応募状況

年度	学科	募集	志願	受検	志願倍率
'24	農業	40	43	43	1.08
	食品科学	40	39	39	0.98
	土木造園	40	35	35	0.88
'23	農業	40	43	42	1.08
	食品科学	40	45	45	1.13
	土木造園	40	36	35	0.90

合格のめやす

偏差値	農業	合格の可能性▷60%=34, 80%=36
	食品科学	合格の可能性▷60%=35, 80%=37
	土木造園	合格の可能性▷60%=34, 80%=36

市原 高等学校

共学

● 地域連携アクティブスクール

【設置学科】 園芸科
【所在地】 〒290-0225　千葉市原市牛久655
☎(0436)92-1541

選抜方法 2024年春(実績)

学力検査（3教科），調査書，個人面接，作文
※特定教科の得点にかける倍率　なし

応募状況

年度	学科	募集	志願	受検	志願倍率
'24	園芸	40	20	20	0.50
'23	園芸	40	28	28	0.70
'22	園芸	40	14	14	0.35

合格のめやす

偏差値	合格の可能性▷60%=31, 80%=33

君津 高等学校

共学

【設置学科】 園芸科
【所在地】 〒299-1142　千葉県君津市坂田454
（君津キャンパス）☎(0439)52-4583

選抜方法 2024年春(実績)

学力検査（5教科），調査書，個人面接，志願理由書　※K=1
※特定教科の得点にかける倍率　なし

応募状況

年度	学科	募集	志願	受検	志願倍率
'24	園芸	40	40	40	1.00
'23	園芸	40	33	33	0.83
'22	園芸	40	45	45	1.13

合格のめやす

偏差値	合格の可能性▷60%=31, 80%=33

京葉工業 高等学校

共学

【設置学科】 機械科，電子工業科，設備システム科，建設科
【所在地】 〒263-0024　千葉県千葉市稲毛区穴川4-11-32　☎(043)251-4197

選抜方法 2024年春(実績)

学力検査（5教科），調査書，自己表現（口頭）
※K=1
※特定教科の得点にかける倍率　なし

応募状況

年度	学科	募集	志願	受検	志願倍率
'24	機械	80	70	69	0.88
	電子工業	80	83	79	1.04
	設備シス	40	36	36	0.90
	建設	40	36	35	0.90

合格のめやす

偏差値	機械	合格の可能性▷60%=34, 80%=36
	電子工業	合格の可能性▷60%=34, 80%=36
	設備シス	合格の可能性▷60%=33, 80%=35
	建設	合格の可能性▷60%=36, 80%=38

共 学

千葉工業 高等学校

【設置学科】 電子機械科，電気科，情報技術科，工業化学科，理数工学科
【所在地】 〒260-0815 千葉県千葉市中央区今井町1478 ☎(043)264-6251

選抜方法 2024年春(実績)
学力検査(5教科)，調査書，個人面接
※K＝1
※特定教科の得点にかける倍率 なし

応募状況

年度	学科	募集	志願	受検	志願倍率
'24	電子機械	80	53	51	0.66
	電気	40	36	35	0.90
	情報技術	40	48	46	1.20
	工業化学	40	13	13	0.33
	理数工学	40	26	24	0.65

合格のめやす

偏差値	電子機械	合格の可能性▷60%＝37，80%＝39
	電気	合格の可能性▷60%＝39，80%＝41
	情報技術	合格の可能性▷60%＝40，80%＝42
	工業化学	合格の可能性▷60%＝36，80%＝38
	理数工学	合格の可能性▷60%＝42，80%＝44

共 学

清水 高等学校

【設置学科】 機械科，電気科，環境化学科
【所在地】 〒278-0043 千葉県野田市清水482 ☎(04)7122-4581

選抜方法 2024年春(実績)
学力検査(5教科)，調査書，個人面接，適性検査 ※K＝1
※特定教科の得点にかける倍率 なし

年度	学科	募集	志願	受検	志願倍率
'24	機械 電気 環境化学	120	84	84	0.70
'23	機械 電気 環境化学	120	122	122	1.02

合格のめやす

偏差値	機 電 環	合格の可能性▷60%＝31，80%＝33

共 学

市川工業 高等学校

【設置学科】 機械科，電気科，建築科，インテリア科
【所在地】 〒272-0031 千葉県市川市平田3-10-10 ☎(047)378-4186

選抜方法 2024年春(実績)
学力検査(5教科)，調査書，個人面接
※K＝1
※特定教科の得点にかける倍率 なし

応募状況

年度	学科	募集	志願	受検	志願倍率
'24	機械	80	50	50	0.63
	電気	80	69	69	0.86
	建築	40	26	26	0.65
	インテリア	40	38	38	0.95

合格のめやす

偏差値	機械	合格の可能性▷60%＝33，80%＝35
	電気	合格の可能性▷60%＝35，80%＝37
	建築	合格の可能性▷60%＝35，80%＝37
	インテリア	合格の可能性▷60%＝36，80%＝38

共 学

下総 高等学校

【設置学科】 自動車科
【所在地】 〒289-0116 千葉県成田市名古屋247 ☎(0476)96-1161

選抜方法 2024年春(実績)
学力検査(5教科)，調査書，適性検査
※K＝1
※特定教科の得点にかける倍率 なし

応募状況

年度	学科	募集	志願	受検	志願倍率
'24	自動車	40	19	19	0.48
'23	自動車	40	21	21	0.53
'22	自動車	40	33	33	0.83

合格のめやす

偏差値	合格の可能性▷60%＝31，80%＝33

千葉 全日制専門学科 農業／工業

共 学

東総工業 高等学校

【設置学科】 電子機械科，電気科，情報技術科，建設科

【所在地】 〒289-2505　千葉県旭市鎌数字川西5146　☎(0479)62-2522

選抜方法 2024年春(実績)
学力検査(5教科)，調査書，自己表現(口頭or実技)　※K=1
※特定教科の得点にかける倍率　なし

応募状況

年度	学科	募集	志願	受検	志願倍率
'24	電子機械	40	38	38	0.95
	電気	40	30	30	0.75
	情報技術	40	39	39	0.98
	建設	40	26	25	0.65

合格のめやす

偏差値	電子機械	合格の可能性▷60%=35，80%=37
	電気	合格の可能性▷60%=35，80%=37
	情報技術	合格の可能性▷60%=36，80%=38
	建設	合格の可能性▷60%=35，80%=37

共 学

館山総合 高等学校

【設置学科】 工業科

【所在地】 〒294-8505　千葉県館山市北条106　☎(0470)22-2242

選抜方法 2024年春(実績)
学力検査(5教科)，調査書，個人面接
※K=1
※特定教科の得点にかける倍率　なし

応募状況

年度	学科	募集	志願	受検	志願倍率
'24	工業	40	13	13	0.33
'23	工業	40	25	25	0.63
'22	工業	40	14	14	0.35

合格のめやす

偏差値	合格の可能性▷60%=33，80%=35

共 学

茂原樟陽 高等学校

【設置学科】 電子機械科，電気科，環境化学科

【所在地】 〒297-0019　千葉県茂原市上林283　☎(0475)22-3315

選抜方法 2024年春(実績)
学力検査(5教科)，調査書，集団面接
※K=1
※特定教科の得点にかける倍率　なし

応募状況

年度	学科	募集	志願	受検	志願倍率
'24	電子機械	40	47	46	1.18
	電気	40	27	26	0.68
	環境化学	40	19	18	0.48
'23	電子機械	40	28	28	0.70
	電気	40	19	18	0.48
	環境化学	40	21	21	0.53

合格のめやす

偏差値	電子機械	合格の可能性▷60%=35，80%=38
	電気	合格の可能性▷60%=35，80%=38
	環境化学	合格の可能性▷60%=33，80%=35

共 学

千葉商業 高等学校

【設置学科】 商業科，情報処理科

【所在地】 〒260-0044　千葉県千葉市中央区松波2-22-48　☎(043)251-6335

選抜方法 2024年春(実績)
学力検査(5教科)，調査書，自己表現(口頭or実技)　※K=1
※特定教科の得点にかける倍率　なし

応募状況

年度	学科	募集	志願	受検	志願倍率
'24	商業・情報処理	320	360	357	1.13
'23	商業・情報処理	320	382	381	1.19
'22	商業・情報処理	320	312	308	0.98

合格のめやす

偏差値	商業・情報処理	合格の可能性▷60%=43，80%=45

習志野市立
習志野 高等学校

共学

【設置学科】 商業科
【所在地】 〒275-0001　千葉県習志野市東習志野1-2-1　☎(047)472-2148

選抜方法 2024年春(実績)
学力検査(5教科)，調査書，自己表現(口頭or実技)　※K= 1
※特定教科の得点にかける倍率　なし

応募状況

年度	学科	募集	志願	受検	志願倍率
'24	商業	80	121	121	1.51
'23	商業	80	100	100	1.25
'22	商業	80	110	109	1.38

合格のめやす

偏差値	合格の可能性▷60%＝42，80%＝44

流山 高等学校

共学

【設置学科】 商業科，情報処理科
【所在地】 〒270-0114　千葉県流山市東初石2-98　☎(04)7153-3161

選抜方法 2024年春(実績)
学力検査(5教科)，調査書，個人面接
※K= 1
※特定教科の得点にかける倍率　なし

応募状況

年度	学科	募集	志願	受検	志願倍率
'24	商業 情報処理	80	77	77	0.96
'23	商業 情報処理	80	81	80	1.01
'22	商業 情報処理	80	99	98	1.24

合格のめやす

偏差値	商業・情報処理	合格の可能性▷60%＝38，80%＝40

船橋市立
船橋 高等学校

共学
単位制

【設置学科】 商業科
【所在地】 〒273-0001　千葉県船橋市市場4-5-1　☎(047)422-5516

選抜方法 2024年春(実績)
学力検査(5教科)，調査書，個人面接，自己表現(口頭 or 実技)　※K= 1
※特定教科の得点にかける倍率　なし

応募状況

年度	学科	募集	志願	受検	志願倍率
'24	商業	80	107	104	1.34
'23	商業	80	114	113	1.43
'22	商業	80	105	104	1.31

合格のめやす

偏差値	合格の可能性▷60%＝42，80%＝44

成田西陵 高等学校

共学

【設置学科】 情報処理科
【所在地】 〒286-0846　千葉県成田市松崎20　☎(0476)26-8111

選抜方法 2024年春(実績)
学力検査(5教科)，調査書，個人面接
※K= 1
※特定教科の得点にかける倍率　なし

応募状況

年度	学科	募集	志願	受検	志願倍率
'24	情報処理	40	40	39	1.00
'23	情報処理	40	39	39	0.98
'22	情報処理	40	29	27	0.73

合格のめやす

偏差値	合格の可能性▷60%＝33，80%＝35

千葉

全日制専門学科　工業／商業

共 学

下総 高等学校

【設置学科】 情報処理科
【所在地】 〒289-0116 千葉県成田市名古屋
247 ☎(0476)96-1161

選抜方法 2024年春(実績)
学力検査(5教科),調査書,個人面接
※K=1
※特定教科の得点にかける倍率 なし

応募状況

年度	学科	募集	志願	受検	志願倍率
'24	情報処理	40	16	16	0.40
'23	情報処理	40	23	23	0.58
'22	情報処理	40	23	23	0.58

合格のめやす

偏差値	合格の可能性▷60%=31, 80%=33

共 学

東金商業 高等学校

【設置学科】 商業科,情報処理科
【所在地】 〒283-0805 千葉県東金市松之郷
字久我台1641-1 ☎(0475)52-2265

選抜方法 2024年春(実績)
学力検査(5教科),調査書,自己表現(口頭or
実技) ※K=1
※特定教科の得点にかける倍率 なし

応募状況

年度	学科	募集	志願	受検	志願倍率
'24	商業 情報処理	120	92	92	0.77
'23	商業 情報処理	120	92	92	0.77
'22	商業 情報処理	120	130	130	1.08

合格のめやす

偏差値	商業・情報処理	合格の可能性▷60%=37, 80%=39

共 学

銚子商業 高等学校

【設置学科】 商業科,情報処理科
【所在地】 〒288-0813 千葉県銚子市台町
1781 ☎(0479)22-5678

選抜方法 2024年春(実績)
学力検査(5教科),調査書,自己表現(口頭or
実技) ※K=2
※特定教科の得点にかける倍率 なし

応募状況

年度	学科	募集	志願	受検	志願倍率
'24	商業 情報処理	200	203	202	1.02
'23	商業 情報処理	200	190	190	0.95
'22	商業 情報処理	200	176	175	0.88

合格のめやす

偏差値	商業・情報処理	合格の可能性▷60%=39, 80%=41

共 学

一宮商業 高等学校

【設置学科】 商業科,情報処理科
【所在地】 〒299-4301 千葉県長生郡一宮町
一宮3287 ☎(0475)42-4520

選抜方法 2024年春(実績)
学力検査(5教科),調査書,自己表現(口頭or
実技) ※K=1
※特定教科の得点にかける倍率 なし

応募状況

年度	学科	募集	志願	受検	志願倍率
'24	商業 情報処理	160	132	132	0.83
'23	商業 情報処理	160	102	102	0.64
'22	商業 情報処理	160	132	130	0.83

合格のめやす

偏差値	商業・情報処理	合格の可能性▷60%=38, 80%=40

館山総合 高等学校

【設置学科】 商業科
【所在地】 〒294-8505　千葉県館山市北条106
☎(0470)22-2242

選抜方法 2024年春（実績）
学力検査（5教科），調査書，個人面接
※K＝1
※特定教科の得点にかける倍率　なし

応募状況

年度	学科	募集	志願	受検	志願倍率
'24	商業	40	22	22	0.55
'23	商業	40	26	25	0.65
'22	商業	40	28	28	0.70

合格のめやす

偏差値	合格の可能性▷60%＝34，80%＝36

銚子商業 高等学校

【設置学科】 海洋科
【所在地】 〒288-0837　千葉県銚子市長塚町
1-1-12　☎(0479)22-1348

選抜方法 2024年春（実績）
学力検査（5教科），調査書，自己表現（口頭or
実技）　※K＝2
※特定教科の得点にかける倍率　なし

応募状況

年度	学科	募集	志願	受検	志願倍率
'24	海洋	40	16	16	0.40
'23	海洋	40	11	10	0.28
'22	海洋	40	25	25	0.63

合格のめやす

偏差値	合格の可能性▷60%＝31，80%＝33

君津商業 高等学校

【設置学科】 商業科，情報処理科
【所在地】 〒293-0043　千葉県富津市岩瀬
1172　☎(0439)65-1131

選抜方法 2024年春（実績）
学力検査（5教科），調査書，自己表現（口頭or
実技）　※K＝1
※特定教科の得点にかける倍率　なし

応募状況

年度	学科	募集	志願	受検	志願倍率
'24	商業・情報処理	200	172	168	0.86
'23	商業・情報処理	200	185	184	0.93
'22	商業・情報処理	200	161	161	0.81

合格のめやす

偏差値	商業・情報処理	合格の可能性▷60%＝36，80%＝38

館山総合 高等学校

【設置学科】 海洋科
【所在地】 〒294-0037　千葉県館山市長須賀
155　☎(0470)22-0180

選抜方法 2024年春（実績）
学力検査（5教科），調査書，個人面接
※K＝1
※特定教科の得点にかける倍率　なし

応募状況

年度	学科	募集	志願	受検	志願倍率
'24	海洋	40	13	13	0.33
'23	海洋	40	10	10	0.25
'22	海洋	40	17	17	0.43

合格のめやす

偏差値	合格の可能性▷60%＝31，80%＝33

千葉　全日制専門学科　商業／水産

千葉女子 高等学校

【設置学科】 家政科
【所在地】 〒263-0043　千葉県千葉市稲毛区小仲台5-10-1　☎(043)254-1188

選抜方法 2024年春(実績)

学力検査(5教科)，調査書，適性検査
※K＝1
※特定教科の得点にかける倍率　なし

応募状況

年度	学科	募集	志願	受検	志願倍率
'24	家政	40	41	41	1.03
'23	家政	40	57	56	1.43
'22	家政	40	63	62	1.58

合格のめやす

偏差値　合格の可能性▷60%＝44，80%＝46

佐倉東 高等学校

【設置学科】 調理国際科，服飾デザイン科
【所在地】 〒285-0017　千葉県佐倉市城内町278　☎(043)484-1024

選抜方法 2024年春(実績)

学力検査(5教科)，調査書，個人面接
※K＝2
※特定教科の得点にかける倍率　なし

応募状況

年度	学科	募集	志願	受検	志願倍率
'24	調理	40	51	51	1.28
	服飾	40	38	38	0.95
'23	調理	40	45	44	1.13
	服飾	40	41	40	1.03
'22	調理	40	44	44	1.10
	服飾	40	28	28	0.70

合格のめやす

偏差値	調理	合格の可能性▷60%＝40，80%＝42
	服飾	合格の可能性▷60%＝38，80%＝40

八千代 高等学校

【設置学科】 家政科
【所在地】 〒276-0025　千葉県八千代市勝田台南1-1-1　☎(047)484-2551

選抜方法 2024年春(実績)

学力検査(5教科)，調査書，集団面接，適性検査　※K＝1
※特定教科の得点にかける倍率　なし

応募状況

年度	学科	募集	志願	受検	志願倍率
'24	家政	40	40	40	1.00
'23	家政	40	45	45	1.13
'22	家政	40	40	39	1.00

合格のめやす

偏差値　合格の可能性▷60%＝42，80%＝44

館山総合 高等学校

【設置学科】 家政科
【所在地】 〒294-8505　千葉県館山市北条106　☎(0470)22-2242

選抜方法 2024年春(実績)

学力検査(5教科)，調査書，個人面接
※K＝1
※特定教科の得点にかける倍率　なし

応募状況

年度	学科	募集	志願	受検	志願倍率
'24	家政	40	12	12	0.30
'23	家政	40	8	8	0.20
'22	家政	40	23	23	0.58

合格のめやす

偏差値　合格の可能性▷60%＝32，80%＝34

女 子

木更津東 高等学校

【設置学科】 家政科
【所在地】 〒292-0056　千葉県木更津市木更津2-2-45　☎(0438)23-0538

選抜方法 2024年春(実績)
学力検査(5教科), 調査書, 集団面接
※K= 1
※特定教科の得点にかける倍率　なし

応募状況
年度	学科	募集	志願	受検	志願倍率
'24	家政	40	37	36	0.93
'23	家政	40	40	40	1.00
'22	家政	40	48	48	1.20

合格のめやす
偏差値　合格の可能性▷60%=37, 80%=39

共 学

松戸向陽 高等学校

【設置学科】 福祉教養科
【所在地】 〒270-2223　千葉県松戸市秋山682　☎(047)391-4361

選抜方法 2024年春(実績)
学力検査(5教科), 調査書, 個人面接
※K= 1
※特定教科の得点にかける倍率　なし

応募状況
年度	学科	募集	志願	受検	志願倍率
'24	福祉教養	40	35	34	0.88
'23	福祉教養	40	36	36	0.90
'22	福祉教養	40	25	25	0.63

合格のめやす
偏差値　合格の可能性▷60%=33, 80%=35

共 学
単位制

幕張総合 高等学校

【設置学科】 看護科
【所在地】 〒261-0014　千葉県千葉市美浜区若葉2-10-2　☎(043)272-7711

選抜方法 2024年春(実績)
学力検査(5教科), 調査書, 個人面接, 志願理由書　※K= 1
※特定教科の得点にかける倍率　なし

応募状況
年度	学科	募集	志願	受検	志願倍率
'24	看護	40	54	54	1.35
'23	看護	40	59	59	1.48
'22	看護	40	54	52	1.35

合格のめやす
偏差値　合格の可能性▷60%=53, 80%=56

共 学

八千代 高等学校

【設置学科】 体育科
【所在地】 〒276-0025　千葉県八千代市勝田台南1-1-1　☎(047)484-2551

選抜方法 2024年春(実績)
学力検査(5教科), 調査書, 個人面接, 適性検査(Ⅰ・Ⅱ・Ⅲ)　※K= 1
※特定教科の得点にかける倍率　なし

応募状況
年度	学科	募集	志願	受検	志願倍率
'24	体育	40	54	54	1.35
'23	体育	40	43	43	1.08
'22	体育	40	50	50	1.25

合格のめやす
偏差値　合格の可能性▷60%=45, 80%=48

千葉　全日制専門学科　家庭／看護／福祉／体育

船橋市立
船橋 高等学校

共　学
単位制

【設置学科】　体育科

【所在地】　〒273-0001　千葉県船橋市市場 4-5-1　☎(047)422-9182

選抜方法 2024年春(実績)
学力検査（5教科），調査書，適性検査（Ⅰ・Ⅱ）
※K＝1
※特定教科の得点にかける倍率　なし

応募状況

年度	学科	募集	志願	受検	志願倍率
'24	体育	80	82	82	1.03
'23	体育	80	86	86	1.08
'22	体育	80	87	85	1.09

合格のめやす

偏差値　合格の可能性▷60%＝37，80%＝39

松戸 高等学校

共　学

【設置学科】　芸術科

【所在地】　〒270-0025　千葉県松戸市中和倉 590-1　☎(047)341-1288

選抜方法 2024年春(実績)
学力検査（5教科），調査書，集団面接，適性検査　※K＝1
※特定教科の得点にかける倍率　なし

応募状況

年度	学科	募集	志願	受検	志願倍率
'24	芸術	40	45	45	1.13
'23	芸術	40	49	49	1.23
'22	芸術	40	76	76	1.90

合格のめやす

偏差値　合格の可能性▷60%＝45，80%＝47

柏市立
柏 高等学校

共　学
単位制

【設置学科】　スポーツ科学科

【所在地】　〒277-0801　千葉県柏市船戸山高野325-1　☎(04)7132-3460

選抜方法 2024年春(実績)
学力検査（5教科），調査書，適性検査(基礎運動能力検査・専門種目運動能力検査)　※K＝1
※特定教科の得点にかける倍率　なし

応募状況

年度	学科	募集	志願	受検	志願倍率
'24	スポーツ科	40	42	42	1.05
'23	スポーツ科	40	41	41	1.03
'22	スポーツ科	40	43	43	1.08

合格のめやす

偏差値　合格の可能性▷60%＝38，80%＝40

定時制課程（夜間）の千葉県公立高校　通信制課程の千葉県公立高校　（2024年春実績）

〔定時制・普通科（単位制）〕

学 校 名	募集定員	学 校 名	募集定員	学 校 名	募集定員
東　葛　飾	80	東　　金	40	館　山　総　合	40
佐　　原	40	長　　生	40	木　更　津　東	40
匝　　瑳	40	長　　狭	40		

（注）生浜・松戸南・佐倉南は昼夜間定時制に掲載。

〔定時制・専門学科〕

学 校 名	科名	募集	学 校 名	科名	募集
〔総合学科・単位制〕			〔商業に関する学科（単位制）〕		
船橋	総合	120	千葉商業	商業	40
〔工業に関する学科（単位制）〕			銚子商業	商業	40
千葉工業	工業	40			
市川工業	工業	40			

〔通信制課程だけの公立高校〕

千葉大宮高等学校

【所在地】　〒264－8505　千葉県千葉市若葉区大宮町2699－1

☎ (043) 264－1981

【募集定員】　普通科（単位制）500名

普通科等選抜・評価方法一覧　（2024年春実績）

2段階選抜を行う学校は，第1段階の選抜の割合を校名の後に記載しました。選抜・評価の方法も第1段階のものです。

学区	学 校 名	学力検査		調査書の得点			学校設定検査の得点		総得点
		得点	傾斜配点	評定	Kの値	加点			
第1学区	千葉 (80%)	500	—	67.5	K=0.5	—	思考力を問う問題	100	667.5
	千葉女子	500	—	135	K= 1	20	面接	45	700
	千葉東	500	—	67.5	K=0.5	—	思考力を問う問題	100	667.5
	千葉南	500	—	135	K= 1	30	面接	20	685
	検見川	500	—	135	K= 1	25	面接	10	670
	千葉北	500	—	135	K= 1	40	面接	20	695
	若松 (80%)	500	—	135	K= 1	20	自己表現	30	685
	千城台	500	—	135	K= 1	30	面接	15	680
	生浜	500	—	135	K= 1	—	自己表現	100	735
	磯辺	500	—	135	K= 1	35	作文	20	690
	泉	300	—	180(3年次2倍)	—	50	面接・作文	180・30	740
	幕張総合 (80%)	500	—	135	K= 1	10	自己表現	20	665
	柏井	500	—	135	K= 1	—	自己表現	100	735
	土気	500	—	135	K= 1	50	自己表現	60	745
	千葉西	500	—	135	K= 1	27	面接	12	674
	犢橋	500	—	270	K= 2	50	面接・自己表現	50・100	970
	千葉市立千葉	500	—	135	K= 1	15	小論文	10	660
第2学区	八千代	500	—	135	K= 1	50	集団討論	40	725
	八千代東	500	—	270	K= 2	40	自己表現	100	910
	八千代西	500	—	135	K= 1	10	面接	100	745
	津田沼	500	—	135	K= 1	12	自己表現	18	665
	実籾	500	—	135	K= 1	30	面接	30	695
	習志野市立習志野＊ (60%)	500	—	135	K= 1	—	自己表現	100	735
	船橋（普通科）	500	—	67.5	K=0.5	—	作文	10	577.5
	船橋（理数科）	600	数・理	67.5	K=0.5	—	作文	10	677.5
	薬園台	500	—	135	K= 1	10	面接	10	655
	船橋東	500	—	135	K= 1	20	面接	10	665
	船橋啓明	500	—	270	K= 2	25	面接	15	810
	船橋芝山	500	—	135	K= 1	50	面接	12	697
	船橋二和	500	—	270	K= 2	50	面接・自己表現	50・100	970
	船橋古和釜	300	—	135	—	45	面接・作文	160・30	670
	船橋法典	500	—	135	K= 1	50	自己表現	96	781
	船橋豊富	500	—	135	K= 1	50	面接	99	784
	船橋北	500	—	270	K= 2	50	自己表現	96	916
	船橋市立船橋＊ (45%程度)	500	—	135	K= 1	40	自己表現	36	711
	国府台	500	—	135	K= 1	20	面接	40	695
	国分	500	—	135	K= 1	30	面接	30	695
	行徳	300	—	135	—	50	面接・作文	150・50	685
	市川東	500	—	135	K= 1	22	面接	18	675
	市川昴	500	—	135	K= 1	36	面接	36	721
	市川南	500	—	135	K= 1	48	面接・自己表現	90・60	833
	浦安	500	—	135	K= 1	50	自己表現	100	785

＊市内中学生優先入学制度あり。

学区	学 校 名	学力検査		調査書の得点			学校設定検査の得点		総得点
		得点	傾斜配点	評定	Kの値	加点			
第2学区	浦安南	500	―	270	K= 2	50	面接	90	910
	松戸	500	―	135	K= 1	50	面接	48	733
	小金	500	―	67.5	K=0.5	―	作文	10	577.5
	松戸国際（普通科）	500	―	135	K= 1	―	面接	20	655
	松戸国際（国際教養科）	550	英	135	K= 1	―	面接	20	705
	松戸六実（80%）	500	―	135	K= 1	25	自己表現	20	680
	松戸向陽	500	―	135	K= 1	50	面接	100	785
	松戸馬橋	500	―	135	K= 1	25	面接・自己表現	45・50	755
	松戸市立松戸（普通科・60%）＊	500	―	135	K= 1	35	自己表現	40	710
	松戸市立松戸（国際人文科）	550	英	135	K= 1	35	面接	40	760
第3学区	鎌ヶ谷	500	―	135	K= 1	30	自己表現	20	685
	鎌ヶ谷西	500	―	270	K= 2	50	面接	100	920
	東葛飾	500	―	67.5	K=0.5	―	思考力を問う問題	100	667.5
	柏（普通科）	500	―	135	K= 1	10	作文	10	655
	柏（理数科）	600	数・理	135	K= 1	15	作文	10	760
	柏南	500	―	135	K= 1	30	作文	20	685
	柏陵	500	―	135	K= 1	50	自己表現	96	781
	柏の葉	500	―	135	K= 1	25	面接	30	690
	柏中央	500	―	135	K= 1	30	面接	15	680
	沼南	500	―	270	K= 2	50	面接	100	920
	沼南高柳	500	―	270	K= 2	50	面接	100	920
	柏市立柏	500	―	135	K= 1	20	自己表現	150	805
	流山おおたかの森（普通科）	500	―	135	K= 1	20	面接	18	673
	流山おおたかの森（国際コミュニケーション科）	550	英	135	K= 1	20	面接・適性検査	18・20	743
	流山南	500	―	135	K= 1	50	自己表現	96	781
	流山北	300	―	135	―	50	面接・作文	200・50	735
	野田中央	500	―	270	K= 2	50	面接・自己表現	60・90	970
	関宿	500	―	270	K= 2	50	面接	80	900
	我孫子	500	―	135	K= 1	―	自己表現	70	705
	我孫子東	500	―	270	K= 2	50	面接	100	920
第4学区	白井	500	―	135	K= 1	50	面接	80	765
	印旛明誠	500	―	135	K= 1	30	面接	20	685
	成田国際（普通科）	500	―	135	K= 1	―	自己表現	30	665
	成田国際（国際科）	550	英	135	K= 1	―	自己表現	30	715
	成田北	500	―	135	K= 1	50	自己表現	50	735
	富里	500	―	135	K= 1	50	自己表現	100	785
	佐倉（普通科）	500	―	67.5	K=0.5	―	面接	30	597.5
	佐倉（理数科）	600	数・理	67.5	K=0.5	―	面接	30	697.5
	佐倉東	500	―	270	K= 2	50	面接	60	880
	佐倉西	500	―	135	K= 1	50	自己表現	100	785
	八街	500	―	135	K= 1	50	面接	75	760
	四街道（80%）	500	―	135	K= 1	20	面接・自己表現	10・20	685
	四街道北	500	―	270	K= 2	50	面接	100	920

＊市内中学生優先入学制度あり。

千葉 資料

学区	学 校 名	学力検査		調査書の得点			学校設定検査の得点		総得点
		得点	傾斜配点	評定	Kの値	加点			
第5学区	佐原（普通科・90%）	500	—	135	K=1	15	作文	15	665
	佐原（理数科・90%）	600	数・理	135	K=1	15	作文	15	765
	佐原白楊	500	—	135	K=1	30	作文	30	695
	小見川	500	—	135	K=1	50	面接	90	775
	多古	500	—	135	K=1	40	面接・自己表現	45・90	810
	銚子	500	—	270	K=2	50	面接	100	920
	銚子市立銚子	500	—	135	K=1	35	自己表現	30	700
	匝瑳	500	—	135	K=1	50	面接	36	721
第6学区	松尾	500	—	135	K=1	50	面接	60	745
	成東	500	—	135	K=1	30	面接	30	695
	東金（普通科）	500	—	135	K=1	50	面接	30	715
	東金（国際教養科）	550	英	135	K=1	50	面接	30	765
	大網	500	—	135	K=1	50	面接	96	781
	九十九里	500	—	135	K=1	—	面接	100	735
第7学区	長生	500	—	135	K=1	10	作文	10	655
	茂原	500	—	135	K=1	30	面接	30	695
	大多喜	500	—	135	K=1	50	面接	80	765
	大原（80%）	500	—	135	K=1	25	面接	45	705
第8学区	長狭	500	—	135	K=1	40	面接	50	725
	安房拓心	500	—	135	K=1	20	面接	40	695
	安房（80%）	500	—	135	K=1	10	面接	25	670
第9学区	木更津（80%）	500	—	135	K=1	—	作文	10	645
	木更津東	500	—	135	K=1	30	面接	40	705
	君津（80%）	500	—	135	K=1	—	自己表現	24	659
	君津青葉	500	—	135	K=1	30	面接	100	765
	天羽	300	—	135	—	15	面接・自己表現	200・100	750
	袖ヶ浦	500	—	135	K=1	—	自己表現	100	735
	市原	300	—	135	—	30	面接・作文	200・60	725
	京葉（80%）	500	—	135	K=1	20	自己表現	50	705
	市原緑	500	—	270	K=2	30	面接	100	900
	姉崎	500	—	135	K=1	50	面接・自己表現	60・90	835
	市原八幡	500	—	135	K=1	30	自己表現	75	740
定時制	生浜（定時制）	500	—	135	K=1	—	面接	100	735
	松戸南	500	—	135	K=1	—	面接	100	735
	佐倉南（80%）	500	—	135	K=1	30	面接	100	765

専門学科選抜・評価方法一覧 （2024年春実績）

科名	学校名	学力検査		調査書の得点			学校設定検査の得点		総得点
		得点	傾斜配点	評定	Kの値	加点			
農業	薬園台	500	—	135	K= 1	10	面接	90	735
	流山	500	—	135	K= 1	25	面接	45	705
	清水	500	—	135	K= 1	50	面接・適性検査	48・96	829
	成田西陵	500	—	135	K= 1	30	面接	90	755
	下総	500	—	135	K= 1	50	面接	96	781
	多古	500	—	135	K= 1	40	面接・自己表現	45・90	810
	旭農業	500	—	135	K= 1	50	面接	96	781
	大網	500	—	135	K= 1	50	面接	96	781
	茂原樟陽	500	—	135	K= 1	30	面接	50	715
	君津	500	—	135	K= 1	20	面接	84	739
	市原	300	—	135	—	30	面接・作文	200・60	725
工業	京葉工業	500	—	135	K= 1	40	自己表現	100	775
	千葉工業	500	—	135	K= 1	35	面接	90	760
	市川工業	500	—	135	K= 1	50	面接	100	785
	清水	500	—	135	K= 1	50	面接・適性検査	48・96	829
	下総	500	—	135	K= 1	50	適性検査	96	781
	東総工業	500	—	135	K= 1	50	自己表現	96	781
	茂原樟陽	500	—	135	K= 1	30	面接	50	715
	館山総合	500	—	135	K= 1	50	面接	84	769
商業	千葉商業	500	—	135	K= 1	40	自己表現	100	775
	習志野市立習志野	500	—	135	K= 1	—	自己表現	300	935
	船橋市立船橋	500	—	135	K= 1	30	面接・自己表現	160・160	985
	流山	500	—	135	K= 1	25	面接	45	705
	成田西陵	500	—	135	K= 1	30	面接	90	755
	下総	500	—	135	K= 1	50	面接	96	781
	銚子商業	500	—	270	K= 2	30	自己表現	90	890
	東金商業(80%)	500	—	135	K= 1	35	自己表現	50	720
	一宮商業(80%)	500	—	135	K= 1	25	自己表現	50	710
	館山総合	500	—	135	K= 1	50	面接	84	769
	君津商業	500	—	135	K= 1	45	自己表現	100	780
水産	銚子商業	500	—	270	K= 2	30	自己表現	90	890
	館山総合	500	—	135	K= 1	50	面接	84	769
家庭	千葉女子	500	—	135	K= 1	20	適性検査	60	715
	八千代	500	—	135	K= 1	—	面接・適性検査	40・40	715
	佐倉東	500	—	270	K= 2	50	面接	60	880
	館山総合	500	—	135	K= 1	50	面接	84	769
	木更津東	500	—	135	K= 1	30	面接	40	705
看護	幕張総合	500	—	135	K= 1	—	面接	30	665
福祉	松戸向陽	500	—	135	K= 1	50	面接	100	785
体育	八千代	500	—	135	K= 1	—	面接・適性検査(Ⅰ・Ⅱ・Ⅲ)	50・50・50・50	835
	船橋市立船橋	500	—	135	K= 1	—	適性検査(Ⅰ・Ⅱ)	90・260	985
	柏市立柏	500	—	135	K= 1	—	適性検査	340	975
芸術	松戸	500	—	135	K= 1	50	面接・適性検査	48・100	833

埼玉県
公立高校

埼玉県公立高校　　目次

■ 全日制普通科ほか

埼
玉

公
立

埼
玉

公
立

埼玉県公立高等学校略地図

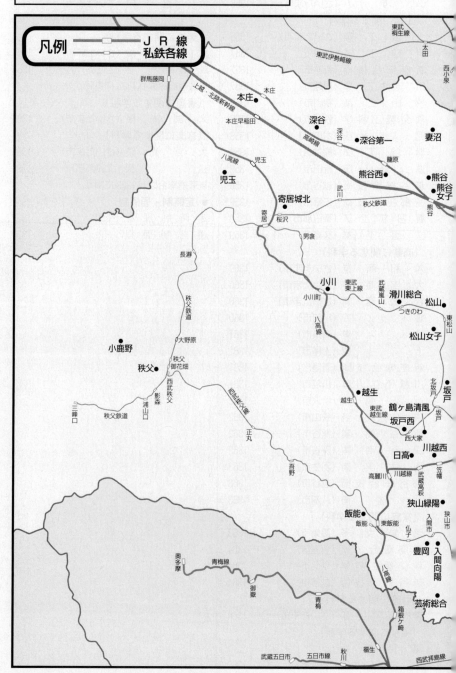

凡例
JR線
私鉄各線

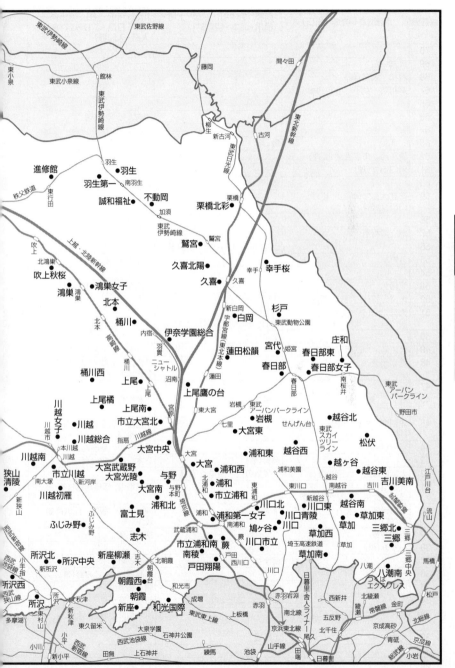

埼玉 公立

埼玉県公立高校学力段階表

偏差値	南部(さいたま・川口)	南部(蕨・戸田・鴻巣・上尾・桶川・北本・伊奈町)	西部(朝霞・志木・新座・和光・川越・所沢・狭山・富士見・坂戸・日高・ふじみ野・飯能・入間・入間郡)
70			
69	大宮(理)		
68	浦和，大宮(普)		
67	浦和第一女子，市立浦和		
66			
65			川越，所沢北(理)
64			川越女子
63		蕨(普)	所沢北(普)
62	浦和西，市立大宮北(理)		
61	川口市立(理)		和光国際(外)
60		蕨(外)	和光国際(普)
59	市立大宮北(普)，川口北，川口市立(普)		
58			川越南
57	市立浦和南		所沢
56		上尾(普)，伊奈学園総合(普)	坂戸(普／外)
55	与野		市立川越(普)
54			
53	浦和北		所沢西，市立川越(商)
52	大宮光陵(普／音)，常盤	伊奈学園総合(芸)	朝霞
51	大宮光陵(外／美)，川口	南稜(普／外)，伊奈学園総合(スポ)	
50		上尾(商)	
49	大宮南，川口市立(スポ)		
48	浦和商業		朝霞西，入間向陽，豊岡，芸術総合(美／映／舞)
47			川越工業
46	鳩ケ谷(普)	鴻巣(普)，桶川	川越総合，坂戸西
45	浦和東，岩槻(国際)，鳩ケ谷(情)		川越西，新座総合技術(工)，狭山経済
44	岩槻(普)		所沢中央，新座総合技術(家)
43		鴻巣(商)	志木，芸術総合(音)
42	大宮武蔵野，大宮光陵(書)	上尾鷹の台，鴻巣女子(家)	
41	大宮東(普)，川口東，鳩ケ谷(園)，大宮工業，大宮商業		新座柳瀬，新座総合技術(総ビ)
40	川口青陵，いずみ(生)，大宮東(体)	上尾南	狭山清陵，飯能，所沢商業，越生(美)
39	岩槻商業		狭山工業
38	いずみ(環)	戸田翔陽	
37		鴻巣女子(普)	日高(情)
36			日高(普)，ふじみ野(普／スポ)
35	川口工業	北本	鶴ヶ島清風
34		桶川西，吹上秋桜	新座，富士見
33			川越初雁，越生(普)，狭山緑陽
32	大宮中央	上尾橘	
31			
30			

※専門学科で1つの課程に2学科以上ある場合，偏差値の一番高い学科の値を示しています。

※偏差値は，**合格の可能性60%**の数値です。
　2023年度入試のデータに基づいた参考値です。

資料提供：埼玉教育ネットほか

偏差値	北西部（東松山・比企郡・秩父・秩父郡・本庄・熊谷・深谷・寄居町）	北東部（行田・加須・羽生・草加・越谷）	南東部（八潮・三郷・吉川・春日部・久喜・蓮田・幸手・白岡・宮代町・北葛飾郡）
70			
69			
68			
67			
66			
65		越谷北（理）	
64			
63		不動岡，越谷北（普）	春日部
62			
61			
60	熊谷女子	越ヶ谷	
59	熊谷，熊谷西（普）		
58	松山（理），熊谷西（理）		春日部女子（外）
57			
56		越谷南（普）	
55			春日部女子（普）
54	本庄		春日部東（普／人）
53	松山（普）	越谷南（外）	
52	松山女子	草加，越谷総合技術（工）	
51	深谷第一		杉戸
50	秩父	越谷西	
49	深谷商業		久喜
48		草加南（普／外）	久喜北陽
47		越谷総合技術（家）	
46		羽生第一，草加東，越谷総合技術（商）	
45	滑川総合，熊谷工業		
44			久喜工業
43		越谷東	鷲宮，三郷工業技術
42	小川，秩父農工科学（農）		
41	深谷，秩父農工科学（工／家）	進修館（総／工），草加西	三郷北，庄和，杉戸農業，春日部工業，松伏（音）
40	熊谷農業，熊谷商業		松伏（普／情）
39			
38	寄居城北	誠和福祉（福）	白岡，八潮南（商）
37		誠和福祉（総）	宮代
36		羽生実業（商）	吉川美南
35			八潮南（普），栗橋北彩
34	児玉（普／農）		幸手桜
33	児玉（工）	羽生実業（農）	三郷，蓮田松韻，吉川美南（定時制）
32	小鹿野，妻沼		
31		羽生	
30			

埼玉

公立

埼玉県公立高校入学者選抜日程表 （2024年春実績）

2月

日	月	火	水	木	金	土
				1	2	3
4	5	6	7 出願期間（郵送）	8 出願期間（窓口）	9 出願期間（窓口）	10
11	12	13	14 志願先変更期間	15 志願先変更期間	16	17
18	19	20	21 学力検査	22 実技検査・面接（一部の学校）	23	24
25	26	27	28	29		

3月

日	月	火	水	木	金	土
					1 合格発表	2
3	4 ※追検査	5	6	7	8	9
10	11	12	13	14	15	16
17	18 欠員補充開始	19	20	21	22	23
24	25	26	27	28	29	30
31						

※追検査について：インフルエンザ罹患をはじめとするやむを得ない事情により，学力検査を欠席，あるいは当日途中退席した者を対象に実施する。出願期間は2/22まで。合格発表は3/6。

埼玉県公立高校の 入試要項 について

2024
年春実績

※以下は2023年7月発表の要項に基づいて
います。

一般募集

1. 出願資格

次の①～③のいずれかを満たし，かつア
～オのいずれかに該当する者。

①2024年3月に中学校またはこれに準ずる
学校を卒業見込みの者，もしくは中等教育
学校の前期課程を修了する見込みの者。

②中学校またはこれに準ずる学校を卒業し
た者，または中等教育学校の前期課程を修
了した者。

③中学校を卒業した者と同等以上の学力が
あると認められた者。

（ア）全日制課程志願者は保護者と共に県
内に居住し，入学後も県内に居住できる者。

（イ）定時制課程志願者は県内に住所また
は勤務先がある者。

（ウ）通信制課程志願者は県内に住所また
は勤務先等がある者。

（エ）公立高等学校長が出願を承認した者。

（オ）埼玉県教育局（市立高校の場合は各市
教育委員会）より出願資格の認定を受けて
いる者。

2. 通学区域

通学区域の定めはないので，県立・市立
とも，県内どこからでも出願できます。

3. 出願

出願者は次の書類を志願先の高校に提出
します。電子出願については別に定めます。

※2024年度入試では以下の15校で電子出
願を実施しました。

春日部（全日制・定時制），春日部工業，
春日部女子，春日部東，児玉，庄和，本庄
（全日制・定時制），深谷，深谷商業，深谷
第一，寄居城北，川口市立（全日制），市
立浦和，市立浦和南，市立大宮北

①入学願書，受検票

②調査書…中学校長が作成。

③入学選考手数料

県立…全日制2,200円（振込）

定時制950円（振込）

川口市立…全日制：2,200円（電子収納）

定時制：950円（振込）

さいたま市立…全日制2,200円（振込）

川越市立…全日制2,200円（振込）

〈第2志望〉

同一課程に2学科以上ある高校，普通科
でコース等を設置する高校，2部制または
3部制の高校，いずみ高校については，第
2志望を申告することができます。

〈志願先変更〉

志願者は1回に限り，所定の期間内に志
願先を変更することができます。ただし一
般募集に出願した者は，帰国生徒特別選抜
または外国人特別選抜の出願資格があって
も，帰国生徒特別選抜または外国人特別選
抜に志願変更することはできません。

定時制から全日制に志願変更した場合は，
入学選考手数料の不足分を指定の金融機関
で納付します。

県立から市立に，また市立から県立に志
願変更する場合は，改めて所定の入学選考
手数料を納入します。

埼玉
公立

4. 検査の実施

〈学力検査〉

志願者はすべて学力検査を受検します。科目は5教科（各100点）で，数学・英語については，学校選択問題を実施する場合があります。なお，英語にはリスニングテストが含まれます。

〔時間割〕

8：45～9：20	一般諸注意
9：25～10：15	国語（50分）
10：35～11：25	数学（50分）
11：45～12：35	社会（50分）
13：30～14：20	理科（50分）
14：40～15：30	英語（50分）

〈実技検査〉

以下の学科・コース等の志願者は実技検査を受検しなければなりません。

（ア）芸術系学科（美術科，音楽科，書道科，映像芸術科，舞台芸術科）

（イ）体育科，スポーツサイエンス科

（ウ）伊奈学園総合の芸術系とスポーツ科

学系

※外国語科，外国語コースは，英語による問答を内容とする実技検査を実施できます。

〈面接〉

実技検査を実施しない学科・コース等では，面接を実施することができます。

5. 選抜

第1次選抜，第2次選抜の2段階を基本として選抜します。学力検査のほか，調査書の得点およびその他の資料の得点に，各校で定めた定数を乗じて得られる得点を算出し，その合計値をもとに選抜します。

（ア）第1次選抜

一般募集の人員60～80％を合格とし，下記の④の数値によって選抜します。

① 学力検査の得点の合計

② 調査書の得点の合計の換算点

③ その他の資料の得点の換算点

④ ①～③の合計点

※①を②で割った値は4/6～6/4の範囲に

【選抜の具体例】

（例）
- ● 学力検査の扱い…500点
- ● 調査書の扱い　学習の記録の得点（1：1：3）…225点 ┐
　　　　　　　　　特別活動等の記録の得点　　　…100点 ├ 計350点
　　　　　　　　　その他の項目の得点　　　　　…25点 ┘
- ● その他の資料　面接…30点

〈第1次選抜〉（定員の70％）各資料の配点
①学力検査の得点＝500点
②調査書の得点の合計の換算点＝490点
③その他の資料の得点の換算点＝30点
④合計点（①＋②＋③）＝1,020点

> この場合，第1次選抜は1,020点を満点として選抜されます。

〈第2次選抜〉（定員の25％）各資料の配点
⑤学力検査の得点＝500点
⑥調査書の得点の合計の換算点＝350点
⑦その他の資料の得点の換算点＝30点
⑧合計点（⑤＋⑥＋⑦）＝880点

> この場合，第2次選抜は880点を満点として選抜されます。

〈第3次選抜〉（定員の5％）※第3次選抜を行う場合
④または⑧の値に基づき，各校で定めた順位までの者を対象に「特別活動等の記録の得点」および「その他の項目の得点」で選抜する。なお「通学距離または通学時間」も資料に加える。

なるように，また③の値は①と②の合計値を超えないようにします。

（イ）第2次選抜

第1次選抜で合格とならなかった者を第2次選抜の対象とし，下記の⑧の数値によって選抜します。

⑤　学力検査の得点の合計（＝①）

⑥　調査書の得点の合計の換算点

⑦　その他の資料の得点の換算点

⑧　⑤〜⑦の合計点

※⑤を⑥で割った値は3/7〜7/3の範囲になるように，また⑦の値は⑤と⑥の合計値を超えないようにします。

（ウ）第3次選抜

第3次選抜を行う場合は，④または⑧の値に基づき，各校で定める順位までの者を対象とし，調査書の「特別活動等の記録の得点」「その他の項目の得点」およびその他の資料（実技，面接）を資料として選抜します。ただし，通学距離・通学時間を資料に加えることができます。

欠員補充

入学許可候補者の数が募集人員に達しない高校は欠員補充を行います。

〈出願資格〉

一般募集の出願資格を満たし，公立高校の入学許可候補者となっていない者は出願できます。

〈併願〉

2校以上に出願はできません。また同一高校の全日制と定時制の両方への出願はできません。

定時制課程の特別募集

〈出願資格〉

特別募集に出願できるのは定時制課程の出願資格を有し，2024年3月31日現在で19歳以上の者（2005年4月1日までに生まれた者）です。

〈志願先変更〉

志願者は1回に限り，所定の期間内に志願先を変更することができます。

〈検査内容〉

作文と面接を実施します。

〈選抜〉

志願理由書，作文，面接の各得点を資料として，各校で定める基準に従って総合得点を算出して選抜します。

〔県立高校の授業料等（2024年度予定）〕

区分	入学料	※授業料（年額）
全日制	5,650円	118,800円
定時制	2,100円	32,400円
定時制（単位制）	2,100円	1単位 1,750円
通信制	500円	1単位 330円

※上記授業料については就学支援金が支給される場合は実際の負担はありません。所得制限（年収910万円程度）を超える世帯の場合は上記の授業料を負担する必要が生じます。
※市立高校の入学金・授業料については各高校に確認してください。

県立高校の選抜に関する**最新情報**は，埼玉県教育委員会のホームページに逐一掲載されます。下記のアドレスより閲覧できますので参照してください。

https://www.pref.saitama.lg.jp/kyoiku/

埼玉公立

調査書 （2024年春実績）

（様式1）
令和6年度入学志願者調査書
（様式2）
成績及び諸活動等の記録通知書

志願先	高等学校	受検番号

第3学年	組	番	生徒氏名（ふりがな）	

性別		生年月日	平成　年　月　日生	卒業年月	平成　　令和　　年　　月	卒業　卒業見込

1 各教科の学習の記録	教科	評定			2 総合的な学習の時間の記録	
		1年	2年	3年		
	国語				3 特別活動等の記録	学級活動	1年
	社会						2年
	数学						3年
	理科					生徒会活動	
	音楽					学校行事	
	美術					その他	
	保健体育						
	技術・家庭						
	外国語				4 出欠の記録	学年	欠席日数	欠席の主な理由
	合計					1		
						2		
						3		

備考		5 その他	

令和6年度埼玉県公立高等学校入学者選抜のために作成した調査書の内容は、上記のとおり相違ありません。

令和　　年　　月　　日

学校名

校長氏名 ＿＿＿＿＿＿＿＿＿＿＿ 印

記入責任者
氏名 ＿＿＿＿＿＿＿＿＿＿＿

＊様式1として利用するときは、「成績及び諸活動等の記録通知書」及び下段の「令和6年度・・・調査書の内容は、」を ══ で消すこと。また、様式2として利用するときは、「令和6年度入学志願者調査書」を ══ で消すこと。

埼玉県公立高校の改編

埼玉県内の公立高校では，下記の改編が予定されています。

なお，2024年3月現在の予定ですので，正式な情報は埼玉県教育委員会からの発表で確認してください。

【統合】

実施年度	校　名	事　項
2026年度	和光新校（仮称）	和光国際と和光を統合，普通科・国際科の併置校として開校予定 校地：現在の和光国際高校の場所に設置する予定
	岩槻新校（仮称）	岩槻と岩槻北陵を統合，普通科・国際教養科の併置校として開校予定 校地：現在の岩槻高校の場所に設置する予定
	秩父・皆野新校（仮称）	秩父と皆野を統合，普通科・国際教養科の併置校として開校予定 校地：現在の秩父高校の場所に設置する予定
	越生・鳩山新校（仮称）	越生と鳩山を統合，普通科，美術表現科の併置校として開校予定 校地：現在の越生高校の場所に設置する予定
	八潮新校（仮称）	八潮南と八潮を統合，普通科・ビジネス探究科の併置校として開校予定 校地：現在の八潮南高校の場所に設置する予定
	大宮工業・浦和工業新校（仮称）	大宮工業と浦和工業を統合，工業科（機械工学科・電気工学科・建築デザイン工学科・ロボット工学科），情報科（情報サイエンス科）の併置校として開校予定 校地：現在の大宮工業高校の場所に設置する予定

埼

玉

公

立

埼玉県公立高校　利用上の注意

❶ 生徒数──2023年9月に各学校に調査したものです。

❷ 進路情報──2023年春の卒業生の進路状況です。「大学」に留学，「その他」に進学準備を含みます。文部科学省管轄外の大学校は，防衛大学校・防衛医科大学校は「大学」に，その他の大学校は「その他」に含みます。

❸ 大学合格状況──2023年春に合格者（既卒生を含む）を出した主な大学を記載しました。また，巻末資料「主要大学への合格状況」（p.1407〜）では2024年春の速報値を他社に先がけて掲載しています。

[資料提供：大学通信]

❹ 指定校推薦──その高校を推薦入学の指定校とする大学・短期大学の実績です。

❺ 見学ガイド──例年受検生に向けて開催されるイベントを紹介しています。2024年度については各校のホームページや学校案内などで確認してください。

❻ 選抜方法　2024年春──2024年春に行われた入学者選抜について掲載しました。2025年春については7月以降に埼玉県教育委員会から発表されますので，そちらを確認してください。

　学力検査の5教科は国数英理社を表します。

　調査書は学習の記録（評定），特別活動等の記録，その他の項目が点数化されました。うち，学習の記録（評定）は学校ごとの学年による比率が定められていました。学力

検査，調査書，その他の検査の詳しい配点などはp.1368〜1375を参照してください。

❼ 応募状況──2024年春の入学者選抜の実績を掲載しました（追検査は含みません）。過去2〜3年間の実績を掲載している場合もあります。合格者数は編集時点で間に合わないため割愛しています。合格者数は埼玉県の発表を晶文社『高校受験案内』のSNSでお知らせします。

2025年春の志願状況（速報）が埼玉県より発表になりましたら，晶文社『高校受験案内』のSNSでお知らせする予定です。

❽ 合格のめやす──合格のめやすとなる偏差値です。2023年度入試のデータに基づいた「合格の可能性60％」と「合格の可能性80％」の参考値を掲載しています。

[資料提供：埼玉教育ネットほか]

❾ 併願例──併願可能な国立・私立高校を「挑戦」「最適」「堅実」の3つの学力レベルに分類しました。併願校の選び方についてはp.96〜99を参照してください。

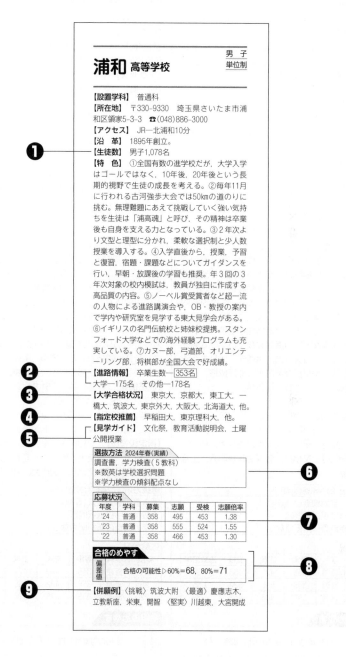

浦和 高等学校

男　子
単位制

【設置学科】 普通科
【所在地】 〒330-9330　埼玉県さいたま市浦和区領家5-3-3　☎(048)886-3000
【アクセス】 JR—北浦和10分
【沿　革】 1895年創立。
❶ 【生徒数】 男子1,078名
【特　色】 ①全国有数の進学校だが，大学入学はゴールではなく，10年後，20年後という長期的視野で生徒の成長を考える。②毎年11月に行われる古河強歩大会では50kmの道のりに挑む。無理難題にあえて挑戦していく強い気持ちを生徒は「浦高魂」と呼び，その精神は卒業後も自身を支える力となっている。③2年次より文型と理型に分かれ，柔軟な選択制と少人数授業を導入する。④入学直後から，授業，予習と復習，宿題・課題などについてガイダンスを行い，早朝・放課後の学習も推奨。年3回の3年次対象の校内模試は，教員が独自に作成する高品質の内容。⑤ノーベル賞受賞者など超一流の人物による進路講演会や，OB・教授の案内で学内や研究室を見学する東大見学会がある。⑥イギリスの名門伝統校と姉妹校提携。スタンフォード大学などでの海外経験プログラムも充実している。⑦カヌー部，弓道部，オリエンテーリング部，将棋部が全国大会で好成績。

❷ 【進路情報】 卒業生数—353名
　　大学—175名　その他—178名
❸ 【大学合格状況】 東京大，京都大，東工大，一橋大，筑波大，東京外大，大阪大，北海道大，他。
❹ 【指定校推薦】 早稲田大，東京理科大，他。
❺ 【見学ガイド】 文化祭，教育活動説明会，土曜公開授業

選抜方法 2024年春(実績)
調査書，学力検査（5教科）
※数英は学校選択問題
※学力検査の傾斜配点なし　❻

応募状況 ❼

年度	学科	募集	志願	受検	志願倍率
'24	普通	358	495	453	1.38
'23	普通	358	555	524	1.55
'22	普通	358	466	453	1.30

合格のめやす ❽

偏差値	合格の可能性▷60%=68，80%=71

❾ 【併願例】〈挑戦〉筑波大附　〈最適〉慶應志木，立教新座，栄東，開智　〈堅実〉川越東，大宮開成

埼玉
公立

浦和 高等学校

男 子
単位制

【設置学科】 普通科
【所在地】 〒330-9330　埼玉県さいたま市浦和区領家5-3-3　☎(048)886-3000
【アクセス】 JR—北浦和10分
【沿 革】 1895年創立。
【生徒数】 男子1,078名
【特 色】 ①全国有数の進学校だが，大学入学はゴールではなく，10年後，20年後という長期的視野で生徒の成長を考える。②毎年11月に行われる古河強歩大会では50㎞の道のりに挑む。無理難題にあえて挑戦していく強い気持ちを生徒は「浦高魂」と呼び，その精神は卒業後も自身を支える力となっている。③2年次より文型と理型に分かれ，柔軟な選択制と少人数授業を導入する。④入学直後から，授業，予習と復習，宿題・課題などについてガイダンスを行い，早朝・放課後の学習も推奨。年3回の3年次対象の校内模試は，教員が独自に作成する高品質の内容。⑤ノーベル賞受賞者など超一流の人物による進路講演会や，OB・教授の案内で学内や研究室を見学する東大見学会がある。⑥イギリスの名門伝統校と姉妹校提携。スタンフォード大学などでの海外経験プログラムも充実している。⑦カヌー部，弓道部，オリエンテーリング部，将棋部が全国大会で好成績。
【進路情報】 卒業生数—353名
大学—175名　その他—178名
【大学合格状況】 東京大，京都大，東工大，一橋大，筑波大，東京外大，大阪大，北海道大，他。
【指定校推薦】 早稲田大，東京理科大，他。
【見学ガイド】 文化祭，教育活動説明会，土曜公開授業

選抜方法 2024年春(実績)
調査書，学力検査(5教科)
※数英は学校選択問題
※学力検査の傾斜配点なし

応募状況

年度	学科	募集	志願	受検	志願倍率
'24	普通	358	495	453	1.38
'23	普通	358	555	524	1.55
'22	普通	358	466	453	1.30

合格のめやす
偏差値　合格の可能性▷60%=68，80%=71

【併願例】〈挑戦〉筑波大附　〈最適〉慶應志木，立教新座，栄東，開智　〈堅実〉川越東，大宮開成

浦和第一女子 高等学校

女 子

【設置学科】 普通科
【所在地】 〒330-0064　埼玉県さいたま市浦和区岸町3-8-45　☎(048)829-2031
【アクセス】 JR—浦和8分，南浦和12分
【沿 革】 1900年創立。
【生徒数】 女子1,067名
【特 色】 ①世界で活躍できる知性と教養，たくましさを備え，社会に貢献する高い志をもった魅力あるリーダーを育成する。②スーパーサイエンスハイスクール指定校として1・2年次生がそれぞれ興味のあるテーマについて研究している。③授業を学校の「コア(幹)」と位置づけ，本物の学問の魅力を伝える教育を通して，思考力，判断力，表現力を磨く。④英語を英語のまま理解する力を養う「多読プログラム」，すべての学びの礎となる読解力を磨く「新書レポート」(国語)，論理的思考力に加え独創性を養う「別解ニュース」(数学)など，特色ある学びを実践。⑤年間17回の土曜授業，週2回の7時間目授業で十分な授業時間を確保するほか，早朝・放課後・長期休業中に実力養成講座を開講。⑥台湾・イギリスの姉妹校との交流を実施。海外からの留学生も迎えている。⑦アナウンス・音楽・競技かるた・書道・美術・文芸・ボート・マンドリン部が全国大会出場。
【進路情報】 卒業生数—351名
大学—282名　その他—69名
【大学合格状況】 東京大，京都大，東工大，一橋大，筑波大，東京外大，北海道大，他。
【指定校推薦】 早稲田大，慶應大，上智大，東京理科大，学習院大，明治大，立教大，他。
【見学ガイド】 文化祭，説明会，公開授業

選抜方法 2024年春(実績)
調査書，学力検査(5教科)
※数英は学校選択問題
※学力検査の傾斜配点なし

応募状況

年度	学科	募集	志願	受検	志願倍率
'24	普通	358	490	471	1.37
'23	普通	358	482	465	1.35
'22	普通	358	528	513	1.47

合格のめやす
偏差値　合格の可能性▷60%=67，80%=69

【併願例】〈挑戦〉お茶の水女子大附，早大本庄　〈最適〉栄東，淑徳与野，開智　〈堅実〉大宮開成

浦和西 高等学校

共 学

【設置学科】 普通科

【所在地】 〒330-0042 埼玉県さいたま市浦和区木崎3-1-1 ☎(048)831-4847

【アクセス】 JR―与野20分 JR―さいたま新都心よりバス西高前

【沿 革】 1934年創立。

【生徒数】 男子505, 女子567名

【特 色】 ①学習, 学校行事, 部活動を通して, 西高力（自ら考え, 課題を発見し, その課題を解決する力）を養う。②創立90周年に向けた総合計画「UNビジョン」を策定。Challenge（挑戦）, Creativity（創造力）, Communication（コミュニケーション）の３つのCを掲げた取り組みを行う。③入学直後のスプリングセミナーで授業への取り組み方を学ぶ。④授業は50分×6時限（金曜日のみ7時限）。1年次は基礎学力を身につけ, 2年次には適性を考え, 文系, 理系に分かれる。3年次には進路実現に向け, 必要な科目を選択できる。⑤原則隔週土曜日に4時限授業を実施し, 公開している。⑥埼玉大学の講義を受講でき, 終了後には単位が認定される（希望制）。⑦夏期休業中にオーストラリア研修を実施（希望制）。⑧弓道部が関東大会に出場。

【進路情報】 卒業生数―357名
大学―319名 専門学校―9名 就職―1名
その他―28名

【大学合格状況】 東工大, 千葉大, 筑波大, 東京外大, 埼玉大, 大阪大, 早稲田大, 慶應大, 他。

【指定校推薦】 東京理科大, 学習院大, 明治大, 青山学院大, 立教大, 中央大, 法政大, 他。

【見学ガイド】 文化祭, 説明会, 土曜公開授業, 部活動体験会

選抜方法 2024年春(実績)
調査書, 学力検査（5教科）
※数英は学校選択問題
※学力検査の傾斜配点なし

応募状況

年度	学科	募集	志願	受検	志願倍率
'24	普通	358	512	505	1.43
'23	普通	358	520	513	1.45
'22	普通	358	558	555	1.56

合格のめやす
偏差値	合格の可能性▷60%＝62, 80%＝65

【併願例】〈最適〉大宮開成, 川越東, 春日部共栄, 獨協埼玉 〈堅実〉浦和麗明, 武南, 栄北

浦和 高等学校

さいたま市立

共 学

【設置学科】 普通科

【所在地】 〒330-0073 埼玉県さいたま市浦和区元町1-28-17 ☎(048)886-2151

【アクセス】 JR―北浦和12分

【沿 革】 1940年創立。2007年中学校を併設。

【生徒数】 男子437名, 女子528名

【特 色】 ①併設中学からの生徒とは卒業まで別クラスとなる。②類型制を取り入れ, 2年次より文系, 理系に分かれる。③50分授業, 三学期制。週当たり34単位の授業で, 隔週土曜日は4時限授業を行う。④ALT（外国語指導助手）として英語のネイティヴスピーカーが常駐。⑤全学年に1人1台のタブレット端末を活用した学びを実現。⑥シンガポール海外修学旅行やアメリカの高校との相互交流などを行う。⑦生徒の集団特性を把握し, 個別指導に反映させる系統的な進路指導により, 生徒一人ひとりが適切に進路を選択できるよう支援。複数回, 自習室で行う「学習マラソン」では, モチベーションと自学力を高める。学習状況調査, 進路説明会, OB・OG懇談会などの進路行事も充実している。⑧インターアクト部が国際大会でベスト16。弓道・陸上競技部などが全国大会に出場。

【進路情報】 卒業生数―310名
大学―281名 短大―1名 専門学校―2名
その他―26名

【大学合格状況】 東京大, 京都大, 東工大, 一橋大, 千葉大, 大阪大, 北海道大, 東北大, 他。

【指定校推薦】 都立大, 早稲田大, 東京理科大, 学習院大, 明治大, 青山学院大, 立教大, 他。

【見学ガイド】 文化祭, 説明会, 部活動体験, 公開授業

選抜方法 2024年春(実績)
調査書, 学力検査（5教科）
※数英は学校選択問題
※学力検査の傾斜配点なし

応募状況

年度	学科	募集	志願	受検	志願倍率
'24	普通	240	421	416	1.75
'23	普通	240	528	525	2.20
'22	普通	240	512	506	2.13

合格のめやす
偏差値	合格の可能性▷60%＝67, 80%＝70

【併願例】〈最適〉栄東, 開智, 淑徳与野 〈堅実〉大宮開成, 川越東, 春日部共栄, 武南

埼玉 全日制 さいたま市

浦和北 高等学校

共学
単位制

【設置学科】 普通科

【所在地】 〒338-0815　埼玉県さいたま市桜区五関595　☎(048)855-1000

【アクセス】 JR―浦和・北浦和よりバス浦和北高校1分

【沿革】 1978年創立。

【生徒数】 男子438名，女子544名

【特色】 ①単位制を採用。生徒は多彩な選択科目から学年に関係なく，自分の興味や希望進路に応じた科目を選択し，自分だけの時間割を作って授業を受ける。卒業に必要な単位数を修得できていれば卒業を認定される。2023年度は109種類457講座を開講。少人数授業が多いのも特色で，2023年度の全講座の平均は23名。②単位制で一人ひとり時間割が違うため，授業ごとに教室を移動。荷物は個人ロッカーで管理する。③大学進学に向けた夏期講習を40講座ほど開講。1コマ70分で，生徒は自由に講座を選べる。④埼玉大学と密接に連携。近隣の小学校とも連携した小高大連携事業に取り組むほか，放課後を利用して埼玉大学の講義を受け単位も修得できる（彩の国アカデミー）。⑤自転車競技部はインターハイロードレースで総合優勝の実績をもつ。バドミントン部が関東大会に出場。

【進路情報】 卒業生数―309名
大学―250名　短大―9名　専門学校―27名
就職―5名　その他―18名

【大学合格状況】 埼玉大，信州大，鹿児島大，埼玉県立大，秋田県立大，早稲田大，慶應大，他。

【指定校推薦】 東京理科大，学習院大，青山学院大，立教大，法政大，日本大，東洋大，他。

【見学ガイド】 文化祭，説明会，学校見学

選抜方法 2024年春(実績)
調査書，学力検査(5教科)
※学力検査の傾斜配点なし

応募状況

年度	学科	募集	志願	受検	志願倍率
'24	普通	318	373	372	1.17
'23	普通	318	448	444	1.41
'22	普通	358	398	395	1.11

合格のめやす

偏差値　合格の可能性▷60%=53，80%=56

【併願例】〈最適〉浦和麗明，細田学園，武南，栄北，埼玉栄，叡明　〈堅実〉浦和実業，浦和学院

浦和東 高等学校

共学

【設置学科】 普通科

【所在地】 〒336-0976　埼玉県さいたま市緑区寺山365　☎(048)878-2113

【アクセス】 JR―大宮・東川口・東浦和，埼玉高速鉄道―浦和美園よりバス浦和東高校入口

【沿革】 1983年創立。

【生徒数】 男子475名，女子457名

【特色】 ①1年次の数英は，習熟度別や少人数制授業を実施。2年次は文系と理系に，3年次は文系，総合理系，専門理系の3類型に分かれる。総合理系は生物・化学系や看護・医療系への進学を，専門理系は数学ⅢCを履修し理工系への進学をめざす。文系と総合理系には文理関係なく履修できる共通選択科目がある。②分野別ガイダンス，指定校推薦ガイダンスなどの進路行事を開催。③1年次から社説を利用した学習で小論文の書き方を練習。2年次からは大学入試で一般選抜をめざす生徒に向けた補講を行う。3年次はほぼすべての科目で補講を実施する。④特別支援学校との「ふれあい交流会」を開催。⑤バトン部が全国大会，なぎなた部が関東大会に出場，男子バレーボール部が関東ビーチバレー男女選手権大会で男子が準優勝。⑥2022年度に制服を刷新した。

【進路情報】 卒業生数―309名
大学―203名　短大―14名　専門学校―68名
就職―10名　その他―14名

【大学合格状況】 早稲田大，日本大，東洋大，駒澤大，大東文化大，東海大，亜細亜大，他。

【指定校推薦】 日本大，東洋大，駒澤大，大東文化大，亜細亜大，帝京大，獨協大，文教大，他。

【見学ガイド】 文化祭，説明会，公開授業

選抜方法 2024年春(実績)
調査書，学力検査(5教科)
※学力検査の傾斜配点なし

応募状況

年度	学科	募集	志願	受検	志願倍率
'24	普通	318	374	370	1.18
'23	普通	318	389	385	1.22
'22	普通	318	405	401	1.27

合格のめやす

偏差値　合格の可能性▷60%=45，80%=47

【併願例】〈挑戦〉埼玉栄，叡明　〈最適〉浦和実業，国際学院，浦和学院　〈堅実〉秀明英光

浦和南 高等学校

さいたま市立　　共 学　単位制

【設置学科】　普通科
【所在地】　〒336-0026　埼玉県さいたま市南区辻6-5-31　☎(048)862-2568
【アクセス】　JR—北戸田10分
【沿 革】　1963年創立。
【生徒数】　男子442名，女子504名
【特 色】　①55分授業，年8回の土曜授業を実施。週34単位の授業時間を確保し，進学重視型単位制高校として充実させている。②1年次の数学と英語，2・3年次の選択科目では，一人ひとりに目が届く少人数授業を展開。③2年次よりⅠ類(文系)とⅡ類(理系)に分かれる。多様な選択科目を34科目設置し，様々な進路に対応する。進学補習も充実している。④タブレット端末を全員に導入し，学びを深める。また全普通教室に電子黒板機能付きプロジェクターを設置。⑤研究所・大学や民間企業を訪問する「社会探検工房」を実施。⑥2年次は研修旅行でオーストラリアへ赴く(全員参加)。ニュージーランドの高校と姉妹校交流も行う。⑦7～8大学から教授を招いた大学模擬授業に，1年次生が全員参加する。⑧音楽部，バトン部，陸上競技部が全国大会，卓球部(女子)が関東大会に出場。
【進路情報】　卒業生数—306名
大学—272名　短大—5名　専門学校—6名　就職—1名　その他—22名
【大学合格状況】　筑波大，埼玉大，早稲田大，上智大，東京理科大，学習院大，明治大，他。
【指定校推薦】　東京理科大，学習院大，青山学院大，立教大，法政大，成蹊大，成城大，他。
【見学ガイド】　文化祭，説明会，部活動体験，公開授業

選抜方法 2024年春(実績)
調査書，学力検査(5教科)
※学力検査の傾斜配点なし

応募状況

年度	学科	募集	志願	受検	志願倍率
'24	普通	320	415	409	1.30
'23	普通	320	466	459	1.46
'22	普通	320	470	467	1.47

合格のめやす
偏差値　合格の可能性▷60%＝57，80%＝60

【併願例】〈挑戦〉大宮開成　〈最適〉浦和麗明，武南，栄北，桜丘　〈堅実〉埼玉栄，浦和実業

大宮 高等学校

共 学

【設置学科】　普通科，理数科
【所在地】　〒330-0834　埼玉県さいたま市大宮区天沼町2-323　☎(048)641-0931
【アクセス】　JR—さいたま新都心10分
【沿 革】　1927年創立。
【生徒数】　男子564名，女子500名
【特 色】　①65分授業に加え，二学期制や，隔週の土曜授業の実施，長期休業の短縮および計画的な設定などにより，合計で30日以上多く授業日を確保している。主体的，協働的な学習活動により，深い教養の育成をめざす。②普通科は授業だけでなく，部活や学校行事なども頑張り，毎年多くの生徒が進路希望を実現。③理数科は専門性の高い授業が日々展開され，最先端研究施設訪問などの独自の行事，OB組織「三六会」による受験相談会など，校外からの支援体制も充実している。④理数科2年次の「理数探究」は2週で3時間行う授業。生徒自らが課題を設定して研究や実験を行う。⑤ドイツの姉妹校との交流を通じて，広い国際的視野を身につける。⑥物理部の生徒が「国際物理オリンピック」で銀メダル。英語部は全国大会で3位入賞。
【進路情報】　卒業生数—350名
大学—291名　専門学校—1名　その他—58名
【大学合格状況】　東京大，京都大，東工大，一橋大，千葉大，大阪大，北海道大，東北大，他。
【指定校推薦】　早稲田大，慶應大，東京理科大，学習院大，明治大，中央大，法政大，他。
【見学ガイド】　文化祭，説明会，理数科体験入学，土曜授業公開

選抜方法 2024年春(実績)
調査書，学力検査(5教科)
※数英は学校選択問題
※学力検査の傾斜配点　普通科＝なし　理数科＝数理

応募状況

年度	学科	募集	志願	受検	志願倍率
'24	普通	318	448	426	1.41
	理数	40	99	85	2.48
'23	普通	318	458	447	1.44
	理数	40	106	88	2.65

合格のめやす
偏差値　普通　合格の可能性▷60%＝68，80%＝71
偏差値　理数　合格の可能性▷60%＝69，80%＝72

【併願例】〈挑戦〉筑波大附　〈最適〉早大本庄，栄東，開智，淑徳与野　〈堅実〉大宮開成，川越東

共学

大宮光陵 高等学校

【設置学科】 普通科（外国語コース含む）〔ほか美術科，音楽科，書道科⇒全日制専門学科〕

【所在地】 〒331-0057 埼玉県さいたま市西区中野林145 ☎(048)622-1277

【アクセス】 JR―大宮よりバス足立神社5分，水判土7分，大宮光陵高校前

【沿革】 1986年創立。

【生徒数】 男子376名，女子629名

【特色】 ①普通科は2年次より文系，理系の各コースに分かれる。少人数授業や充実した演習授業により，基礎力，応用力を育成。大学等との連携による高度な学習体験の場を設けるほか，進学講習も充実している。②外国語コースは，スピーチやプレゼンテーションが中心の授業もあり，伝える力を身につける。ALT（外国語指導助手）による少人数授業，英語キャンプ，スピーチコンテストなどを実施。2年次から第二外国語としてフランス語，ドイツ語などを選択できる。③オーストラリア姉妹校との交換留学制度や交流（外国語コース），日台友好親善訪問などの国際理解教育を行う。④吹奏楽部が東日本吹奏楽大会に出場。弓道部が関東大会に出場。

【進路情報】〔普通科〕卒業生数―223名
大学―171名 短大―9名 専門学校―32名
就職―2名 その他―9名

【大学合格状況】 筑波大，埼玉大，東京藝術大，学習院大，明治大，青山学院大，立教大，他。

【指定校推薦】 青山学院大，法政大，國學院大，成蹊大，成城大，津田塾大，日本女子大，他。

【見学ガイド】 体育祭，文化祭，説明会，体験入学，公開授業

選抜方法 2024年春(実績)
調査書，学力検査（5教科）
※学力検査の傾斜配点 普通科＝なし 外国語コース＝英

応募状況

年度	学科・コース	募集	志願	受検	志願倍率
'24	普通	198	215	213	1.09
	外国語	40	46	46	1.15
'23	普通	198	241	241	1.22
	外国語	40	43	43	1.08

合格のめやす

偏差値	普通	合格の可能性▷60％＝52，80％＝54
	外国語	合格の可能性▷60％＝51，80％＝53

【併願例】〈挑戦〉浦和麗明，武南 〈最適〉栄北，埼玉栄 〈堅実〉浦和実業，国際学院，浦和学院

共学

大宮南 高等学校

【設置学科】 普通科

【所在地】 〒331-0053 埼玉県さいたま市西区植田谷本793 ☎(048)623-7329

【アクセス】 JR―大宮よりバス大宮南高校

【沿革】 1982年創立。

【生徒数】 男子589名，女子458名

【特色】 ①生徒一人ひとりの進路希望を実現させると共に，教科横断的な総合力を養うことを目的としたカリキュラム。②個人用タブレット端末などの活用により，学力と自己管理能力を育む。朝学習や長期休業中の進学集中補講も実施。③1年次は共通教育課程で基礎学力を徹底。2年次で文理類型化して国公立大学志望にも対応し，各自の興味，関心を深める。④3年次ではさらに細かく類型化（文系・理系Ⅰ・理系Ⅱ）。多様な選択科目での学びを通して総合的な思考力・判断力・表現力を養い，将来の進路希望を実現するための学力向上を図る。⑤入学直後に「進路のしおり」を配布し，生徒個々の日々の学習から受験対策まで，3年間を通した進路計画を組み，総合的な探究の時間を活用したキャリア教育に役立てている。⑥放送部が全国大会，陸上競技部などが関東大会に出場。

【進路情報】 卒業生数―345名
大学―251名 短大―17名 専門学校―56名
就職―2名 その他―19名

【大学合格状況】 公立小松大，慶應大，東京理科大，青山学院大，立教大，中央大，他。

【指定校推薦】 法政大，日本大，東洋大，大東文化大，帝京大，國學院大，獨協大，他。

【見学ガイド】 文化祭，説明会，公開授業，部活動体験

選抜方法 2024年春(実績)
調査書，学力検査（5教科）
※学力検査の傾斜配点なし

応募状況

年度	学科	募集	志願	受検	志願倍率
'24	普通	358	396	393	1.11
'23	普通	358	425	424	1.19
'22	普通	358	396	393	1.11

合格のめやす

偏差値	合格の可能性▷60％＝49，80％＝51

【併願例】〈挑戦〉栄北 〈最適〉埼玉栄，浦和実業，国際学院 〈堅実〉浦和学院，秀明英光

大宮武蔵野 高等学校 _{共学}

【設置学科】 普通科
【所在地】 〒331-0061 埼玉県さいたま市西区西遊馬1601 ☎(048)622-0181
【アクセス】 JR―指扇15分
【沿革】 1976年創立。
【生徒数】 男子190名，女子460名
【特色】 ①幅広く教養を深めるために教科バランスを重視したカリキュラムで，自らの進路希望に合わせた講座を選択できる。②1・2年次は1クラスの定員を少なくし，数学は習熟度別の少人数授業，1年次の英語「論理・表現Ⅰ」も少人数授業を行う。③夏期・冬期の年2回，外部施設で行う英語研修（希望制）を実施。また，春期国語研修では國學院大學が主催する文学塾に参加。理科校外研修では，JAXA宇宙科学研究所の施設見学や講義に参加するなど，課外活動が充実している。④校内にある特別支援学校の分校と，学校行事を一緒に実施するなどの共生教育を行う。⑤1年次からガイダンスや進路説明会を行い，進路指導教諭による個別面談，面接練習なども実施。⑥学校全体で部活動の活性化に取り組む「ONE TEAMプロジェクト」を推進している。チアダンス部が全国高等学校ダンスドリル選手権大会に出場実績をもつ。
【進路情報】 卒業生数―211名
大学―52名 短大―11名 専門学校―106名
就職―20名 その他―22名
【大学合格状況】 青山学院大，日本大，東洋大，駒澤大，大東文化大，文教大，城西大，他。
【指定校推薦】 東洋大，駒澤大，大東文化大，城西大，立正大，跡見学園女子大，他。
【見学ガイド】 文化祭，説明会

選抜方法 2024年春(実績)
調査書，学力検査(5教科)
※学力検査の傾斜配点なし

応募状況

年度	学科	募集	志願	受検	志願倍率
'24	普通	238	229	227	0.96
'23	普通	238	231	230	0.97
'22	普通	238	253	248	1.06

合格のめやす

偏差値 合格の可能性▷60%=42，80%=44

【併願例】〈挑戦〉浦和実業，国際学院 〈最適〉浦和学院，花咲徳栄，武蔵野 〈堅実〉秀明英光

大宮東 高等学校 _{共学}

【設置学科】 普通科〔ほか体育科⇒全日制専門学科〕
【所在地】 〒337-0021 埼玉県さいたま市見沼区大字膝子567 ☎(048)683-0995
【アクセス】 東武アーバンパークライン―七里30分 JR―北浦和，大宮よりバス宮下10分
【沿革】 1980年創立。
【生徒数】 男子688名，女子233名
【特色】 ①学力向上の充実を図り，特に大学の学校推薦型選抜，総合型選抜などへの対応を考えて週当たり31単位の授業を実施。普通科は2年次で文系，理系の2類型，3年次では文理それぞれが2つに分かれる。②部活動の朝練，始業前10分間の朝学習で文武両道を実践。③長期休業中に進学補習を実施。④学習ガイダンスをはじめとする学習指導，進路講演会，大学入学共通テスト模試，看護医療模試，面接練習などを行う。段階的な進路指導体制で，自己理解を深めて進路選択ができるようにサポートする。⑤部活動加入率が9割。体育館が二つあるなど施設も充実している。⑥体操・陸上競技・柔道・弓道・ソングリーディング部など17部が全国大会に出場経験をもつ。
【進路情報】〔普通科〕卒業生数―236名
大学―122名 短大―11名 専門学校―82名
就職―12名 その他―9名
【大学合格状況】 都留文科大，青山学院大，日本大，東洋大，大東文化大，東海大，帝京大，他。
【指定校推薦】 東洋大，大東文化大，亜細亜大，帝京大，獨協大，東京電機大，国士舘大，他。
【見学ガイド】 体育祭，文化祭，説明会，見学会

選抜方法 2024年春(実績)
調査書，学力検査(5教科)
※学力検査の傾斜配点なし

応募状況

年度	学科	募集	志願	受検	志願倍率
'24	普通	238	232	228	0.97
'23	普通	238	257	257	1.08
'22	普通	278	244	243	0.88

合格のめやす

偏差値 合格の可能性▷60%=41，80%=43

【併願例】〈挑戦〉正智深谷，浦和実業，国際学院，浦和学院 〈最適〉花咲徳栄，秀明英光

共　学

さいたま市立
大宮北 高等学校

【設置学科】　普通科，理数科
【所在地】　〒331-0822　埼玉県さいたま市北区奈良町91-1　☎(048)663-2912
【アクセス】　JR—宮原15分
【沿　革】　1956年創立。2014年に理数科を設置。
【生徒数】　男子599名，女子369名
【特　色】　①スーパーサイエンスハイスクールとして，全校で課題解決型授業に取り組む。3年間行う探究活動「STEAMS TIME」や，グローバルに活躍するサイエンスリーダーの育成プログラム，天体観測フィールドワーク・臨海フィールドワークなどのサイエンスプログラムなど多彩な学びがある。②普通科・理数科共通科目の「BEST CLaSS」はネイティヴスピーカーによる授業で英語の実践力を高める。③ICT機器を積極活用した学びで成果をあげる。④普通科は3年次に私立文系，国立文系，国立理系に分かれる。⑤理数科は3年間クラス替えなし。理化学研究所の見学，埼玉大学サイエンススクールへの参加など独自のプログラムがある。海外の理系大学での受講や海外の理系高校などとの交流も活発。⑥カヌー・水泳部が関東大会に出場。
【進路情報】　卒業生数—312名
大学—288名　短大—1名　専門学校—12名
その他—11名
【大学合格状況】　東工大，千葉大，筑波大，埼玉大，早稲田大，慶應大，東京理科大，他。
【指定校推薦】　東京理科大，学習院大，立教大，中央大，法政大，日本大，東洋大，駒澤大，他。
【見学ガイド】　文化祭，説明会，公開授業，見学会

選抜方法 2024年春(実績)
調査書，学力検査（5教科）
※数英は学校選択問題
※学力検査の傾斜配点なし

応募状況
年度	学科	募集	志願	受検	志願倍率
'24	普通	280	388	384	1.39
	理数	40	79	76	1.98
'23	普通	280	307	303	1.10
	理数	40	72	69	1.80

合格のめやす
偏差値	普通	合格の可能性▷60%＝59，80%＝61
	理数	合格の可能性▷60%＝62，80%＝65

【併願例】〈挑戦〉大宮開成　〈最適〉春日部共栄，星野，浦和麗明，武南　〈堅実〉栄北，埼玉栄

共　学

与野 高等学校

【設置学科】　普通科
【所在地】　〒338-0004　埼玉県さいたま市中央区本町西2-8-1　☎(048)852-4505
【アクセス】　JR—与野本町10分
【沿　革】　1928年創立。
【生徒数】　男子582名，女子472名
【特　色】　①週2回の7時間授業で週32単位の授業を実現。②1年次はバランスよく学び，基礎を固める。少人数展開で行う科目もある。③2年次から文系，理系に分かれ，進路に合わせた授業を行う。④3年次は国公立大学や難関私立大学など，幅広い進路希望の実現に向け，文系，理系，薬・農・看護・医療・栄養系等進学の3つの類型を用意する。⑤早朝・放課後・長期休業中などには補習を実施。⑥進路室には大学入試や進路に関する資料が豊富にあり，PCも利用できる。⑦分野・学校別ガイダンスを年数回開催し，進学説明や受験対策のアドバイス，学校個別の説明会を行う。⑧書道部が小学生に書き初め講座を開催。野球部が保育園児と交流し，陸上部が小学校でイベントや教室を開いている。⑨バトン部，科学研究部，美術部，書道部が全国規模の大会で活躍。フェンシング部がジュニアオリンピックに出場。弓道部が関東大会，吹奏楽部が西関東大会に出場している。
【進路情報】　卒業生数—353名
大学—297名　短大—3名　専門学校—33名
就職—2名　その他—18名
【大学合格状況】　埼玉大，電通大，埼玉県立大，早稲田大，東京理科大，明治大，青山学院大，他。
【指定校推薦】　非公表。
【見学ガイド】　文化祭，公開授業，見学会

選抜方法 2024年春(実績)
調査書，学力検査（5教科）
※学力検査の傾斜配点なし

応募状況
年度	学科	募集	志願	受検	志願倍率
'24	普通	358	452	442	1.26
'23	普通	358	417	412	1.17
'22	普通	358	442	436	1.23

合格のめやす
偏差値	合格の可能性▷60%＝55，80%＝57

【併願例】〈最適〉浦和麗明，武南，栄北，埼玉栄，叡明　〈堅実〉浦和実業，浦和学院

共学

岩槻 高等学校

【設置学科】 普通科，国際文化科
【所在地】 〒339-0043 埼玉県さいたま市岩槻区城南1-3-38 ☎(048)798-7171
【アクセス】 東武アーバンパークライン─岩槻20分またはバス岩槻高校入口3分
【沿 革】 1948年創立。
【生徒数】 男子390名，女子538名
【特 色】 ①普通科は基礎，基本の充実に重点をおき，3年次に文理別となる。②国際文化科は読む，書く，話す，聞くの高度な語学力が身につく授業を展開。自己発信能力と他者受容能力を養い，国際社会に貢献できる人材を育成する。異文化セミナー，イングリッシュサマーキャンプ，普通科も含めた国際理解教育，オーストラリアへの海外授業体験を行い，各スピーチコンテストなどへも積極的に参加する。③留学生の受け入れにも積極的で，オーストラリア，フランス，フィンランド，インドネシアの高校生を受け入れた実績がある。④獨協大学と高大連携協定を締結。希望者は特別聴講生として大学の授業に通い，大学生と同じ授業を受ける。⑤吹奏楽部が西関東大会で好成績を残す。
【進路情報】 卒業生数─300名
大学─179名 短大─24名 専門学校─75名 就職─12名 その他─10名
【大学合格状況】 上智大，東京理科大，明治大，法政大，日本大，東洋大，専修大，東海大，他。
【指定校推薦】 日本大，東洋大，専修大，大東文化大，亜細亜大，帝京大，獨協大，他。
【見学ガイド】 文化祭，説明会，部活動体験，公開授業

選抜方法 2024年春（実績）
調査書，学力検査（5教科）
※学力検査の傾斜配点なし

応募状況
年度	学科	募集	志願	受検	志願倍率
'24	普通	278	331	330	1.19
	国際	40	60	59	1.50
'23	普通	278	337	336	1.21
	国際	40	46	45	1.15

合格のめやす
偏差値	普通	合格の可能性▷60%＝44，80%＝46
	国際	合格の可能性▷60%＝45，80%＝47

【併願例】〈挑戦〉埼玉栄 〈最適〉浦和実業，国際学院，浦和学院，花咲徳栄 〈堅実〉秀明英光

共学

川口 高等学校

【設置学科】 普通科
【所在地】 〒333-0826 埼玉県川口市新井宿諏訪山963 ☎(048)282-1615
【アクセス】 埼玉高速鉄道─新井宿8分
【沿 革】 1941年創立。
【生徒数】 男子507名，女子490名
【特 色】 ①校訓「高く正し」のもと，生徒の高い志を育む。その実践として朝自習を奨励し，朝10分の読書を行う。②2023年度1年次の数学は1クラス20名，英語は1・2年次で1クラス27名の少人数授業を展開。2年次では英語の少人数授業と，国数理社の選択科目を設けている。3年次から文系と理系A・Bの3系統に分かれ，進路実現に向けて総合力を身につける。③生徒の可能性を追求する進路指導体制をとり，大学見学会，職業ガイダンス，進路ガイダンス，上級学校体験授業，3年次生による受験報告会などを実施。また，隙間学習の推奨や家庭学習時間の確保，英検・漢検など資格試験の積極的な取得など，プロセス重視の進路指導を行う。④スケジュール手帳で自己管理能力を育成する。⑤ウエイトリフティング部は全国大会出場，書道部は全国高校生大作書道展で大作優秀賞を受賞の実績をもつ。軽音楽部が総文祭に出場。
【進路情報】 卒業生数─317名
大学─205名 短大─6名 専門学校─82名 就職─11名 その他─13名
【大学合格状況】 埼玉大，上智大，東京理科大，学習院大，明治大，青山学院大，法政大，他。
【指定校推薦】 日本大，東洋大，大東文化大，亜細亜大，獨協大，東京電機大，文教大，他。
【見学ガイド】 文化祭，説明会，部活動体験

選抜方法 2024年春（実績）
調査書，学力検査（5教科）
※学力検査の傾斜配点なし

応募状況
年度	学科	募集	志願	受検	志願倍率
'24	普通	318	425	421	1.34
'23	普通	318	374	372	1.18
'22	普通	358	416	413	1.16

合格のめやす
偏差値	合格の可能性▷60%＝51，80%＝53

【併願例】〈挑戦〉浦和麗明，武南 〈最適〉埼玉栄，叡明，成立学園 〈堅実〉浦和実業，浦和学院

共学

川口北 高等学校

【設置学科】 普通科
【所在地】 〒333-0831 埼玉県川口市木曽呂1477 ☎(048)295-1006
【アクセス】 JR—東浦和16分
【沿 革】 1974年創立。
【生徒数】 男子622名，女子444名
【特 色】 ①文武両道の精神のもと，高い志と品格を備えた，未来を拓くグローバルリーダーを育成する。②二学期制，55分授業で週34単位の授業時間を確保。中身の濃い授業を行い，土曜授業も実施する。③文理融合教育を実践。3年次は文系，理系，文理融合系に分かれて学ぶ。生徒自らが課題を発見する探究活動や教科横断型授業，SDGsをテーマにした教育を展開。④ICT先進校としてICTを活用した個別最適化学習を実施する。⑤校長面談，面談月間，面談週間などを行うほか，自学自習オリエンテーションなど生徒同士が高め合う環境を整備。⑥オーストラリアの姉妹校と隔年で交互に訪問・来校する研修を行い，多様な価値観を育む。⑦創立50周年を記念して2024年度入学生から制服をリニューアル。⑧陸上競技部がインターハイ出場。女子ハンドボール部が関東大会に出場。
【進路情報】 卒業生数—356名
大学—324名 短大—1名 専門学校—5名 その他—26名
【大学合格状況】 一橋大，千葉大，筑波大，北海道大，早稲田大，慶應大，上智大，他。
【指定校推薦】 早稲田大，東京理科大，学習院大，明治大，青山学院大，立教大，中央大，他。
【見学ガイド】 説明会，公開授業，部活動体験見学会

選抜方法 2024年春(実績)
調査書，学力検査（5教科）
※数英は学校選択問題
※学力検査の傾斜配点なし

応募状況

年度	学科	募集	志願	受検	志願倍率
'24	普通	358	528	519	1.47
'23	普通	358	459	456	1.28
'22	普通	358	453	447	1.27

合格のめやす

偏差値 合格の可能性▷60％＝59，80％＝61

【併願例】〈挑戦〉大宮開成 〈最適〉春日部共栄，獨協埼玉，浦和麗明，武南 〈堅実〉栄北，叡明

共学

川口青陵 高等学校

【設置学科】 普通科
【所在地】 〒333-0832 埼玉県川口市神戸東520-1 ☎(048)296-1154
【アクセス】 埼玉高速鉄道—新井宿20分 JR—川口・東川口よりバス神戸7分
【沿 革】 1984年創立。
【生徒数】 男子395名，女子366名
【特 色】 ①生徒一人ひとりが充実した学習ができ，様々な進路希望がかなえられるように教育課程を工夫している。②1年次は少人数学級編成で，高校3年間の基礎となる全員共通の科目を学ぶ。2年次は共通の科目を主としながら，生徒それぞれの興味・関心や希望の進路に合わせて2つの科目を選択する。③3年次から文系と理系に分かれる。選択科目も増え，進路実現に向けた学習をする。④朝学習を実施。長期休業期間は進学補習として春期講習，夏期講習，冬期講習を行う。⑤英検，漢検，数検，リテラス論理言語力検定の取得を奨励。⑥1年次から公務員講座を開講し，履歴書の書き方・面接指導を行うなど，進学から大手企業への就職まで，幅広い進路指導を行う。⑦男子バレーボール部は関東大会出場。軽音楽部は全国大会出場権を獲得した実績をもつ。2022年度は11の運動部・文化部が県大会に出場した。
【進路情報】 卒業生数—258名
大学—73名 短大—16名 専門学校—123名 就職—29名 その他—17名
【大学合格状況】 明治大，法政大，日本大，東洋大，大東文化大，帝京大，獨協大，他。
【指定校推薦】 非公表。
【見学ガイド】 文化祭，説明会，部活動体験

選抜方法 2024年春(実績)
調査書，学力検査（5教科），面接
※学力検査の傾斜配点なし

応募状況

年度	学科	募集	志願	受検	志願倍率
'24	普通	278	282	277	1.01
'23	普通	278	301	298	1.08
'22	普通	278	288	286	1.04

合格のめやす

偏差値 合格の可能性▷60％＝40，80％＝42

【併願例】〈挑戦〉浦和実業，浦和学院，駿台学園 〈最適〉秀明英光，武蔵野，瀧野川女子

共学

川口東 高等学校

【設置学科】 普通科

【所在地】 〒333-0807 埼玉県川口市長蔵3-1-1 ☎(048)296-7022

【アクセス】 埼玉高速鉄道―戸塚安行10分 JR―東川口よりバス川口東高校入口8分

【沿革】 1978年創立。

【生徒数】 男子407名，女子397名

【特色】 ①1・2年次は全員共通のカリキュラムで，基礎・基本の定着を図る。1年次の英語は少人数で展開。外国語指導助手も授業に参加する。②3年次から文系，理系，総合系に分かれて，多様な進路希望に対応する。③3年間にわたる系統的な進路ガイダンスなどを通して，進学から就職までを幅広く支援。④毎朝10分間，「みんなで，毎朝，好きな本を，読む」(アサヨミ)を実施。語彙力，読解力，集中力を養う土台を築く。⑤アクティブ・ラーニング型授業を実践。教科横断型授業にも取り組む。⑥夏期休業中に小学校で学習補助をするサマースクール，小学校において給食，清掃，クラブ活動などの指導補助を行うハートフルデーなどを通して，社会に貢献できる人材を育成する。⑦新聞部が全国高校新聞年間紙面審査賞で入賞，書道部が国際高校生選抜書展で入選実績をもつ。

【進路情報】 卒業生数―252名

大学―119名 短大―10名 専門学校―93名 就職―18名 その他―12名

【大学合格状況】 明治大，大東文化大，東海大，獨協大，国士舘大，桜美林大，関東学院大，他。

【指定校推薦】 日本大，東洋大，大東文化大，獨協大，東京電機大，武蔵大，国士舘大，他。

【見学ガイド】 文化祭，説明会，部活動体験

選抜方法 2024年春(実績)
調査書，学力検査(5教科)，面接
※学力検査の傾斜配点なし

応募状況
年度	学科	募集	志願	受検	志願倍率
'24	普通	278	309	308	1.11
'23	普通	278	317	316	1.14
'22	普通	278	284	281	1.02

合格のめやす
偏差値	合格の可能性▷60%=41，80%=43

【併願例】〈挑戦〉叡明，浦和実業，国際学院，浦和学院 〈最適〉秀明英光，武蔵野，瀧野川女子

共学

鳩ヶ谷 高等学校

【設置学科】 普通科〔ほか情報処理科，園芸デザイン科⇒全日制専門学科〕

【所在地】 〒334-0005 埼玉県川口市大字里225-1 ☎(048)286-0565

【アクセス】 JR―蕨よりバス鳩ヶ谷高校3分 埼玉高速鉄道―鳩ヶ谷・新井宿15分

【沿革】 1988年創立。

【生徒数】 男子322名，女子487名

【特色】 ①1年次は3学科の枠をはずした35名の少人数による学級編制。学科を越えた交流により，自分自身に対する理解を深め，自ら考え，情報を収集し，問題を解決する姿勢を育む。②2年次からは特進クラスと総合クラスの2クラス制。特進クラスは教科ごとに毎週進学補習を行い，大学進学に特化したカリキュラムで学ぶ。難関大学への進学体制も整う。総合クラスでは希望の進路に対応した多様な選択科目から授業を選択する。③2・3年次では進路希望に合わせて，他学科の授業も選択可能。④民間の学習動画の活用により，自学自習をサポートする。⑤英検，漢検，数検，簿記検定，秘書検定などの取得を奨励。⑥陸上競技部，弓道部が関東大会に出場した。

【進路情報】〔普通科〕卒業生数―151名

大学―84名 短大―10名 専門学校―49名 就職―4名 その他―4名

【大学合格状況】 筑波大，宇都宮大，中央大，法政大，日本大，東洋大，駒澤大，獨協大，他。

【指定校推薦】 東洋大，大東文化大，東京電機大，他。

【見学ガイド】 文化祭，説明会，体験入学，体験授業，部活動体験，オープンスクール

選抜方法 2024年春(実績)
調査書，学力検査(5教科)，面接
※学力検査の傾斜配点なし

応募状況
年度	学科	募集	志願	受検	志願倍率
'24	普通	158	184	183	1.16
'23	普通	158	185	184	1.17
'22	普通	158	199	196	1.26

合格のめやす
偏差値	合格の可能性▷60%=46，80%=48

【併願例】〈挑戦〉叡明，成立学園 〈最適〉浦和実業，浦和学院 〈堅実〉武蔵野，瀧野川女子

埼玉 全日制

川口市

川口市立 高等学校

共学
単位制

【設置学科】 普通科（スポーツ科学コース含む），理数科

【所在地】 〒333-0844 埼玉県川口市上青木3-1-40 ☎(048)483-5917

【アクセス】 JR—西川口25分またはバス川口市立高校

【沿革】 市立高校3校を統合し，2018年開校。2021年，文理スポーツコースを改編，スポーツ科学コースを設置，附属中学校開校。

【生徒数】 男子634名，女子554名

【特色】 ①併設中学からの生徒とは別クラスとなる。②スーパーサイエンスハイスクール指定校。③普通科には国公立・難関私大をめざす特進クラス，運動部活動に取り組みながら大学進学などをめざすスポーツ科学コースを設置。理数科は医歯薬理工系への進学をめざす。④朝学習，45分×7限授業，年12回の土曜講習などで，基礎力の定着と大学入試への応用力を育成。⑤お茶の水女子大学，東京理科大学など，大学や研究機関との連携を行う。⑥陸上競技・ボート・柔道・男子ソフトテニス・水泳部が全国大会，剣道・新体操部が関東大会に出場。

【進路情報】 卒業生数—474名
大学—389名 短大—6名 専門学校—41名
就職—2名 その他—36名

【大学合格状況】 東工大，筑波大，東京外大，北海道大，東北大，早稲田大，慶應大，他。

【指定校推薦】 学習院大，中央大，法政大，日本大，駒澤大，専修大，大東文化大，東海大，他。

【見学ガイド】 文化祭，説明会，見学会

選抜方法 2024年春(実績)
調査書，学力検査（5教科），スポーツ科学コースのみ面接 ※数英は学校選択問題
※学力検査の傾斜配点 普通科・スポーツ科学コース＝なし 理数科＝数理

応募状況

年度	学科・コース	募集	志願	受検	志願倍率
'24	普通	284	358	358	1.26
	スポーツ	80	131	131	1.64
	理数	40	66	64	1.65

合格のめやす

偏差値	普通	合格の可能性▷60%＝59，80%＝62
	スポーツ	合格の可能性▷60%＝49，80%＝52
	理数	合格の可能性▷60%＝61，80%＝64

【併願例】〈最適〉大宮開成，春日部共栄，浦和麗明，桜丘 〈堅実〉武南，叡明，埼玉栄

蕨 高等学校

共学

【設置学科】 普通科，外国語科

【所在地】 〒335-0001 埼玉県蕨市北町5-3-8 ☎(048)443-2473

【アクセス】 JR—蕨18分またはバス北町4丁目3分，南浦和20分またはバス文蔵小学校3分，北戸田20分

【沿革】 1957年創立。

【生徒数】 男子492名，女子578名

【特色】 ①合い言葉は「Wの挑戦」。普通科は3年次に少人数学級編成となり，文理分けして学ぶ。英語は4技能をバランスよく習得。ALT(外国語指導助手)の多読指導もある。②外国語科は少人数授業を実施。英語劇，ディベート，プレゼンテーションなどを取り入れる。また，第二外国語としてドイツ語，フランス語，中国語から選択して学ぶ。③外国語の外部コンテストには普通科生も参加し，好成績を残している。④海外留学プログラム参加者を積極支援。生徒はオーストラリアやシンガポールに派遣され，授業の受講や現地学生と意見交換などを行う。また，アジアやヨーロッパ諸国の留学生を受け入れ，交流を通して国際感覚を養う。⑤放送委員会，バトン部が全国大会に出場実績をもつ。

【進路情報】 卒業生数—350名
大学—317名 その他—33名

【大学合格状況】 東工大，千葉大，筑波大，東京外大，北海道大，東北大，早稲田大，他。

【指定校推薦】 早稲田大，東京理科大，学習院大，明治大，青山学院大，立教大，中央大，他。

【見学ガイド】 文化祭，説明会，部活動公開・体験

選抜方法 2024年春(実績)
調査書，学力検査（5教科）
※数英は学校選択問題
※学力検査の傾斜配点なし

応募状況

年度	学科	募集	志願	受検	志願倍率
'24	普通	318	477	473	1.50
	外国語	40	56	55	1.40
'23	普通	318	425	422	1.34
	外国語	40	54	54	1.35

合格のめやす

偏差値	普通	合格の可能性▷60%＝63，80%＝65
	外国語	合格の可能性▷60%＝60，80%＝62

【併願例】〈挑戦〉開智 〈最適〉大宮開成，川越東，春日部共栄，淑徳 〈堅実〉浦和麗明，武南

共学

南稜 高等学校

【設置学科】 普通科，外国語科
【所在地】 〒335-0031　埼玉県戸田市美女木4-23-4 ☎(048)421-1211
【アクセス】 JR—北戸田15分
【沿革】 1980年創立。
【生徒数】 男子362名，女子692名
【特色】 ①普通科は3年次に文理のコース別となる。英語の「論理・表現Ⅰ」は20名の少人数で，ALT（外国語指導助手）の指導のもと表現力を高める。英検など外部検定の受験も奨励。②外国語科は3分の1が外国語関係の授業。「ディベート・ディスカッション」「エッセイライティング」「ニュース英語」などの授業で英語の4技能を磨く。2年次から第二外国語としてドイツ語，フランス語，中国語など5つの言語から1科目を選択し，2年間継続して学ぶ。③進路体験談発表会などにより，系統的に進路指導を行う。希望制の看護体験も用意。④オーストラリア研修（希望者），在日外国人講師との交流など，国際理解教育に力を注ぐ。⑤最新のICT環境，メディアセンターなど施設が充実。⑥バトントワリング・水泳・ボート・美術・ホームメイキングの各部が全国レベルで活躍。
【進路情報】 卒業生数—350名
大学—240名　短大—10名　専門学校—74名　就職—6名　その他—20名
【大学合格状況】 筑波大，埼玉大，上智大，明治大，青山学院大，立教大，中央大，法政大，他。
【指定校推薦】 青山学院大，法政大，日本大，東洋大，駒澤大，大東文化大，亜細亜大，他。
【見学ガイド】 文化祭，説明会

選抜方法 2024年春（実績）
調査書，学力検査（5教科）
※学力検査の傾斜配点　普通科＝なし　外国語科＝英

応募状況
年度	学科	募集	志願	受検	志願倍率
'24	普通	318	420	416	1.32
	外国語	40	60	60	1.50
'23	普通	318	405	405	1.27
	外国語	40	51	51	1.28

合格のめやす
偏差値	普通	合格の可能性▷60%=51, 80%=53
	外国語	合格の可能性▷60%=51, 80%=53

【併願例】〈挑戦〉浦和麗明，武南　〈最適〉埼玉栄，叡明，西武台　〈堅実〉浦和実業，浦和学院

共学

鴻巣 高等学校

【設置学科】 普通科〔ほか商業科⇒全日制専門学科〕
【所在地】 〒365-0054　埼玉県鴻巣市大間1020 ☎(048)541-0234
【アクセス】 JR—鴻巣10分
【沿革】 1918年創立。
【生徒数】 男子391名，女子420名
【特色】 ①基礎からの徹底指導を行う。1年次の数英は1講座20名の少人数授業。年数回の実力テストとスタディサプリの活用で基礎学力の理解度を確認する。2年次から文系，理系に分かれ，3年次は選択科目で個々の進路に対応する。②総合的な探究の時間では，3年間を通して自ら課題を設定し，新聞を活用したり，修学旅行の事前学習を行うなど，主体的な学びを行う。③英検，数検などの受験対策を手厚く行い資格取得をサポート。また，夏季休業中は補講を実施し，小論文指導，看護学校対策講座など様々な進学先に対応した指導を行う。④3年間を見通した進路指導を実施。特に3年次には一般受験者集会，就職説明会，公務員説明会などで支援する。⑤バドミントン部が関東大会出場，簿記部が全国大会に出場実績がある。
【進路情報】〔普通科〕卒業生数—196名
大学—106名　短大—13名　専門学校—59名　就職—8名　その他—10名
【大学合格状況】 埼玉県立大，法政大，日本大，東洋大，駒澤大，専修大，大東文化大，他。
【指定校推薦】 日本大，東洋大，駒澤大，大東文化大，亜細亜大，東京電機大，工学院大，他。
【見学ガイド】 文化祭，説明会，体験入学，オープンキャンパス，見学会

選抜方法 2024年春（実績）
調査書，学力検査（5教科）
※学力検査の傾斜配点なし

応募状況
年度	学科	募集	志願	受検	志願倍率
'24	普通	198	214	213	1.08
'23	普通	198	210	210	1.06
'22	普通	198	214	214	1.08

合格のめやす
偏差値	合格の可能性▷60%=46, 80%=48

【併願例】〈最適〉正智深谷，浦和実業，国際学院，浦和学院，東京成徳深谷　〈堅実〉秀明英光

鴻巣女子 高等学校
女子

【設置学科】 普通科〔ほか保育科，家政科学科⇒全日制専門学科〕

【所在地】 〒365-0036 埼玉県鴻巣市天神1-1-72 ☎(048)541-0669

【アクセス】 JR—鴻巣13分

【沿革】 1966年創立。

【生徒数】 女子403名

【特色】 ①社会人としてのマナーを身につけ，多様な科目を学び，自立した女性を育成する。②専門的な知識や技術を身につけ，高度な資格取得もめざす。③1年次には数学と英語で，2年次に数学で2クラスを3クラスに編成し（1クラス27名程度），少人数授業を実施している。④多様な進路先に対応するため選択科目群を4種類用意。保育科・家政科学科の科目も選べる。⑤進路講演会，職業ガイダンス，マナー教室，面接講座のほか，希望者向けに小論文模試や看護体験などを実施。⑥地元小中学校への出前授業や特別支援学校との交流を行う。地元企業や上級学校などのスペシャリストによる特別授業も行われる。⑦1年次生は全員が部活動に加入する。美術部はJR鴻巣駅周辺の壁画を作成。人形劇部，チアダンス部，箏曲部などが，地域の保育園やイベントなどで発表を行っている。

【進路情報】 〔普通科〕卒業生数—71名
大学—13名 短大—4名 専門学校—32名 就職—18名 その他—4名

【大学合格状況】 東洋大，大東文化大，亜細亜大，立正大，白百合女子大，帝京平成大，他。

【指定校推薦】 大東文化大，立正大，拓殖大，東京家政大，女子栄養大，跡見学園女子大，他。

【見学ガイド】 文化祭，説明会，部活動体験

選抜方法 2024年春(実績)
調査書，学力検査（5教科），面接
※学力検査の傾斜配点なし

応募状況

年度	学科	募集	志願	受検	志願倍率
'24	普通	79	73	73	0.92
'23	普通	79	75	75	0.95
'22	普通	79	54	53	0.68

合格のめやす

偏差値	合格の可能性▷60%＝37, 80%＝39

【併願例】 〈挑戦〉正智深谷，国際学院，花咲徳栄，東京成徳深谷，瀧野川女子 〈最適〉秀明英光

上尾 高等学校
共学

【設置学科】 普通科〔ほか商業科⇒全日制専門学科〕

【所在地】 〒362-0073 埼玉県上尾市浅間台1-6-1 ☎(048)772-3322

【アクセス】 JR—北上尾1分

【沿革】 1958年創立。

【生徒数】 男子537名，女子542名

【特色】 ①「文武不岐（ぶんぶわかたず）」＝文（学習活動）と武（部活動）を両立させ，自主自律の精神を重んじる校風。②1年次は基礎を充実させ，土台となる学力を構築する。2年次で文系，理系に分かれて学習内容を深め，希望進路に沿った科目を学習。③3年次では進路希望に適した科目を学び，志望大学に一般選抜で合格できる力を養成する。④タブレット端末を利用したICT教育を推進する。⑤独自の大学入学共通テスト模擬試験を実施するほか，実用英語技能検定対策も行う。⑥1年次から3年次まで3段階のテーマを設定して探究活動を行い，社会で通用する力を養成する。⑦分野別講演会，小論文個別指導など進路指導が充実。⑧書道部，簿記同好会が全国大会，陸上競技部，チアダンス部が関東大会に出場実績をもつ。

【進路情報】 〔普通科〕卒業生数—233名
大学—192名 短大—5名 専門学校—22名 就職—6名 その他—8名

【大学合格状況】 横浜国大，埼玉大，大阪大，東京理科大，学習院大，明治大，青山学院大，他。

【指定校推薦】 学習院大，明治大，中央大，法政大，日本大，東洋大，駒澤大，専修大，他。

【見学ガイド】 体育祭，文化祭，説明会，体験入学，オープンキャンパス，公開授業

選抜方法 2024年春(実績)
調査書，学力検査（5教科）
※学力検査の傾斜配点なし

応募状況

年度	学科	募集	志願	受検	志願倍率
'24	普通	238	279	279	1.17
'23	普通	238	288	287	1.21
'22	普通	238	252	250	1.06

合格のめやす

偏差値	合格の可能性▷60%＝56, 80%＝58

【併願例】 〈最適〉浦和麗明，栄北，東京農大三 〈堅実〉埼玉栄，正智深谷，国際学院

共　学

上尾橘 高等学校

【設置学科】 普通科

【所在地】 〒362-0059　埼玉県上尾市平方2187-1　☎(048)725-3725

【アクセス】 JR—上尾・大宮よりバス上尾橘高校前，指扇・川越よりバス平方5分

【沿　革】 1983年創立。

【生徒数】 男子136名，女子161名

【特　色】 ①基礎からの学び直しを重視。少人数クラス編成と数学・英語の習熟度学習で「わかる」喜びを味わえるよう指導する。②1年次には独自の「キャッチアップタイム」を週1回行い，コミュニケーションスキルなどの向上をめざす。③2年次以降は，進学を見据えて発展的な学習をする「アドバンス」，基礎からじっくり学ぶ「スタンダード」，情報や商業の科目を学び，資格取得も可能な「情報ビジネス」の3コース制となり，3年次は一人ひとりの希望進路に合った学習を行う。④年数回の個別面談や，定期試験前の補習「放課後寺子屋」，進路講演会や進路ガイダンスなどを通して，学習と進路実現をサポート。月2回，スクールカウンセラー，スクールソーシャルワーカーが来校。⑤多文化共生を推進。日本語支援員が週1回来校する。

【進路情報】 卒業生数—124名

大学—8名　短大—4名　専門学校—42名　就職—53名　その他—17名

【大学合格状況】 大東文化大，城西大，淑徳大，跡見学園女子大，埼玉学園大，埼玉工大，他。

【指定校推薦】 大東文化大，聖学院大，城西大，尚美学園大，浦和大，埼玉学園大，他。

【見学ガイド】 文化祭，説明会，体験入学，公開授業，見学会

選抜方法 2024年春(実績)

調査書，学力検査(5教科)，面接
※学力検査の傾斜配点なし

応募状況

年度	学科	募集	志願	受検	志願倍率
'24	普通	158	99	99	0.63
'23	普通	159	96	94	0.60
'22	普通	159	127	126	0.80

合格のめやす

偏差値　合格の可能性▷60%=32，80%=34

【併願例】 〈挑戦〉秀明英光，安部学院

共　学

上尾南 高等学校

【設置学科】 普通科

【所在地】 〒362-0052　埼玉県上尾市中新井585　☎(048)781-3355

【アクセス】 JR—上尾よりバス上尾南高校前3分

【沿　革】 1977年創立。

【生徒数】 男子379名，女子303名

【特　色】 ①全学年全クラス34名の少人数学級制。②毎朝8時30分から15分の朝活を3年間継続。③「数学Ⅰ・A・Ⅱ」と英語の「論理・表現Ⅰ・Ⅱ」は，20名程度の習熟度別少人数授業を行う。④英検・数検・ビジネス情報処理検定など各種検定取得を推進。進学クラスも設置する。⑤進路情報の提供，面接対策講座，学力向上講座，模擬試験の実施などにより，一人ひとりの進路実現をサポート。⑥「フレンドシップ in あげなん」では，部活動を通した中高連携を実現。⑦2022年度より上尾特別支援学校上尾南分校とのインクルーシブ教育を推進。⑧1年次から総合的な探究の時間でソーシャルチェンジ（社会課題探究）に取り組み，全国大会（クエストカップ2023）でチェンジメーカー賞を受賞した。⑨男子ソフトテニス部がインターハイ出場実績。

【進路情報】 卒業生数—228名

大学—81名　短大—18名　専門学校—89名　就職—36名　その他—4名

【大学合格状況】 東洋大，駒澤大，大東文化大，帝京大，東京電機大，国士舘大，共栄大，他。

【指定校推薦】 東洋大，大東文化大，帝京大，東京電機大，拓殖大，国士舘大，城西大，他。

【見学ガイド】 文化祭，説明会，オープンキャンパス，公開授業，見学会

選抜方法 2024年春(実績)

調査書，学力検査(5教科)
※学力検査の傾斜配点なし

応募状況

年度	学科	募集	志願	受検	志願倍率
'24	普通	238	253	248	1.06
'23	普通	238	256	256	1.08
'22	普通	238	251	248	1.05

合格のめやす

偏差値　合格の可能性▷60%=40，80%=42

【併願例】 〈挑戦〉埼玉栄，正智深谷，国際学院，浦和実業，浦和学院　〈最適〉秀明英光

上尾鷹の台 高等学校

共学
単位制

【設置学科】 普通科
【所在地】 〒362-0021 埼玉県上尾市原市2800 ☎(048)722-1246
【アクセス】 ニューシャトル―沼南10分
【沿 革】 2008年開校。
【生徒数】 男子262名, 女子350名
【特 色】 ①1・2年次は1クラス34名学級。国語, 数学, 英語は20名程度の少人数・習熟度別授業できめ細かく指導。2年次以降は自分の進路に応じた科目を履修できる。②単位制により,「古典研究」「世界史探究」「英語探究」「財務会計」「ビジネス基礎」「フードデザイン」「ファッション造形基礎」「陶芸」など幅広い科目選択が可能。③すべての教室にプロジェクターを完備し, タブレット端末を活用した授業を行う。④看護職やビジネスマナーについて学ぶ「ようよう夢プラン特別講座」をはじめ, 分野別進路ガイダンス, 親子で聞く進路ガイダンス, 進路補習, 進路講習会など, 進路実現に向けた行事が充実。⑤日本語漢字能力検定, 実用英語技能検定, 情報処理検定, 簿記検定, ビジネス文書実務検定など多種多様な資格の取得が可能。⑥書道部が全国高校総合文化祭に出場, 美術部が高校生国際美術展に出展, 柔道部が関東大会に出場。
【進路情報】 卒業生数―220名
大学―68名 短大―19名 専門学校―102名 就職―22名 その他―9名
【大学合格状況】 中央大, 法政大, 日本大, 東洋大, 駒澤大, 大東文化大, 東京電機大, 他。
【指定校推薦】 大東文化大, 東京電機大, 東京女子大, 城西大, 立正大, 東京国際大, 他。
【見学ガイド】 文化祭, 説明会, 部活動体験

選抜方法 2024年春(実績)
調査書, 学力検査(5教科)
※学力検査の傾斜配点なし

応募状況

年度	学科	募集	志願	受検	志願倍率
'24	普通	198	196	196	0.99
'23	普通	198	207	205	1.05
'22	普通	238	251	251	1.05

合格のめやす

偏差値
合格の可能性▷60%=42, 80%=44

【併願例】〈挑戦〉正智深谷, 浦和実業, 国際学院〈最適〉浦和学院, 花咲徳栄 〈堅実〉秀明英光

桶川 高等学校

共学

【設置学科】 普通科
【所在地】 〒363-0008 埼玉県桶川市大字坂田945 ☎(048)728-4421
【アクセス】 JR―桶川よりバス加納公民館3分
【沿 革】 1972年創立。
【生徒数】 男子475名, 女子360名
【特 色】 ①主体的・対話的な授業を通じて, 探究心や多角的な視点, コミュニケーション力を養成する。②1年次は文系・理系科目をバランスよく学習し, 基礎力を身につける。③2年次からは進路実現のために文系, 理系に分かれ, 幅広い選択科目でより専門的に学習する。④全学年を対象に夏季休業中を活用して, 学力増進講座を開講。⑤一人ひとりが満足できる進路実現のために, 学習サポートでは通年補習を開講するほか, 段階的なきめ細かい指導を行う。1・2年次には進路講演会, 職業別ガイダンス, 分野別模擬授業を行い, 3年次には希望進路別の指導体制を整える。また, 公務員講座, 面接指導, 小論文模試などの多彩なプログラムを実施する。⑥囲碁将棋部が関東大会女子個人戦で3位, 弓道部が全国大会, 陸上競技部が関東大会に出場, 書道部が全国高校総合文化祭に出展の実績をもつ。
【進路情報】 卒業生数―313名
大学―166名 短大―20名 専門学校―100名 就職―15名 その他―12名
【大学合格状況】 日本大, 東洋大, 駒澤大, 大東文化大, 東海大, 亜細亜大, 明治学院大, 他。
【指定校推薦】 日本大, 東洋大, 大東文化大, 芝浦工大, 東京電機大, 玉川大, 立正大, 他。
【見学ガイド】 文化祭, 説明会, 公開授業

選抜方法 2024年春(実績)
調査書, 学力検査(5教科)
※学力検査の傾斜配点なし

応募状況

年度	学科	募集	志願	受検	志願倍率
'24	普通	278	283	280	1.02
'23	普通	278	290	289	1.04
'22	普通	318	318	318	1.00

合格のめやす

偏差値
合格の可能性▷60%=46, 80%=48

【併願例】〈挑戦〉栄北, 埼玉栄 〈最適〉正智深谷, 浦和実業, 国際学院 〈堅実〉秀明英光

共学

桶川西 高等学校

【設置学科】 普通科
【所在地】 〒363-0027 埼玉県桶川市川田谷1531-2 ☎(048)787-0081
【アクセス】 JR—桶川よりバス桶川西高校入口2分
【沿 革】 1980年創立。
【生徒数】 男子215名，女子173名
【特 色】 ①1年次は少人数クラス編成で授業を行う。②タブレット端末を授業などで活用。アクティブ・ラーニングも導入する。③3年次は3つの類型制で，より進路を意識した教育課程を組む。④「朝のコツコツ学び」を中心に，補習や「桶西サマースクール」，「考査前学習週間」などにより，基礎学力の向上を図る。⑤数学，英語などで定期的に学習サポーターが授業に参加し，勉強を補助する。⑥進路業者を招いての分野別ガイダンスなどを実施。進路実現に向けて丁寧に指導する。⑦英語検定，漢字検定など，資格取得のための補習を行う。⑧大東文化大学，浦和大学，武蔵丘短期大学との連携協定により，大学で学べる。⑨全国に2つしかない高校水族館「ハートフル桶西水族館」は科学部が管理運営を行っており，ボランティア・スピリットアワードを16年連続で受賞中。
【進路情報】 卒業生数—132名
大学—30名 短大—7名 専門学校—56名
就職—23名 その他—16名
【大学合格状況】 日本大，大東文化大，桜美林大，埼玉工大，聖学院大，平成国際大，他。
【指定校推薦】 日本大，大東文化大，淑徳大，城西大，聖学院大，埼玉工大，埼玉学園大，他。
【見学ガイド】 文化祭，説明会，部活動体験

選抜方法 2024年春（実績）
調査書，学力検査（5教科），面接
※学力検査の傾斜配点なし

応募状況
年度	学科	募集	志願	受検	志願倍率
'24	普通	158	60	60	0.38
'23	普通	159	132	132	0.83
'22	普通	159	128	125	0.81

合格のめやす
偏差値 合格の可能性▷60%＝34，80%＝36

【併願例】〈挑戦〉国際学院，浦和学院，東京成徳深谷，秀明英光 〈最適〉安部学院

共学

北本 高等学校

【設置学科】 普通科
【所在地】 〒364-0003 埼玉県北本市古市場1-152 ☎(048)592-2200
【アクセス】 JR—北本よりバス北本高校前
【沿 革】 1975年創立。
【生徒数】 男子255名，女子142名
【特 色】 ①少人数で学級を編成し，1・2年次まで共通の教科を学び，基礎学力を身につける。1年次の数学は習熟度別授業。②3年次は進路に合わせて，国語と社会の授業が多い文系（文系大学，就職に対応）と，数学，理科，情報の授業が多い理系（理系大学に対応）の2類型に分かれる。文・理系とも医療系の進学にも対応。③校内に騎西特別支援学校北本分校があり，共生社会の実現をめざしてインクルーシブ教育を推進している。④KISEP（北本市小・中・高相互交流事業）を通して，まなびあい，小学生陸上教室を行うなど，小・中学校との連携を深める。⑤ICT環境整備事業として，タブレット端末，プロジェクターなどを活用した授業を行う。⑥スクールカウンセラーなどが月1～2回来校して教育相談に応じる。⑦職員室前には生徒の自習コーナーを設置する。⑧和太鼓部が「べに花ふるさと館」（桶川市）で演奏を披露。
【進路情報】 卒業生数—143名
大学—30名 短大—7名 専門学校—60名
就職—32名 その他—14名
【大学合格状況】 大東文化大，武蔵野大，創価大，帝京平成大，神田外語大，拓殖大，他。
【指定校推薦】 大東文化大，東京電機大，国士舘大，立正大，城西大，流通経済大，他。
【見学ガイド】 文化祭，説明会，公開授業

選抜方法 2024年春（実績）
調査書，学力検査（5教科），面接
※学力検査の傾斜配点なし

応募状況
年度	学科	募集	志願	受検	志願倍率
'24	普通	158	127	126	0.80
'23	普通	159	136	136	0.86
'22	普通	159	151	151	0.95

合格のめやす
偏差値 合格の可能性▷60%＝35，80%＝37

【併願例】〈挑戦〉浦和実業，国際学院，花咲徳栄，東京成徳深谷 〈最適〉秀明英光

埼玉 全日制

上尾市／桶川市／北本市

共学

伊奈学園総合 高等学校

【設置学科】 普通科

【所在地】 〒362-0813 埼玉県北足立郡伊奈町学園4-1-1 ☎(048)728-2510

【アクセス】 ニューシャトル―羽貫10分

【沿革】 1984年創立。

【生徒数】 男子1,048名，女子1,262名

【特色】 ①併設中学からの生徒とは卒業まで別クラス編成。②人文，理数，語学，スポーツ科学，芸術，生活科学，情報経営の7学系で，その分野の学習に系統的に取り組む。スポーツ科学と芸術は出願時に選択，ほかは普通学系として入学し，2年次から5学系に分かれる。全192の選択科目から各自の時間割を作成，学びたい学問や就きたい職業につなげる。③1年次は必修科目を中心に基礎学力を固める。2年次は基礎に加え，学系ごとの選択科目を中心に自分のめざす方向に学びを進める。3年次は自由選択科目を中心に，進路実現に向けた科目選択により希望進路につなげる。④国際交流が盛んで，毎年長期休業中に海外5カ国に生徒を派遣している。⑤陸上競技部はインターハイ男子八種競技で優勝。女子バレーボール部はビーチバレーで国体出場。吹奏楽部は全国大会の常連。

【進路情報】 卒業生数―786名

大学―635名 短大―18名 専門学校―73名
就職―8名 その他―52名

【大学合格状況】 東京大，一橋大，千葉大，筑波大，東京外大，東北大，東京医歯大，他。

【指定校推薦】 非公表。

【見学ガイド】 体育祭，文化祭，説明会，体験入学，オープンキャンパス，公開授業，見学会

選抜方法 2024年春(実績)

調査書，学力検査(5教科)，スポーツ科学系・芸術系のみ実技検査
※学力検査の傾斜配点なし

応募状況

年度	学科	募集	志願	受検	志願倍率
'24	普通	721	849	843	1.18
'23	普通	717	887	882	1.24
'22	普通	716	852	848	1.19

合格のめやす

偏差値	普通	合格の可能性▷60%=56，80%=58
	芸術	合格の可能性▷60%=52，80%=54
	スポーツ	合格の可能性▷60%=51，80%=53

【併願例】〈挑戦〉春日部共栄 〈最適〉浦和麗明，武南，栄北，東京農大三 〈堅実〉埼玉栄

共学

朝霞西 高等学校

【設置学科】 普通科

【所在地】 〒351-0013 埼玉県朝霞市膝折2-17 ☎(048)466-4311

【アクセス】 東武東上線―朝霞20分

【沿革】 1979年創立。

【生徒数】 男子550名，女子477名

【特色】 ①数学，英語は少人数制授業。学習状況を把握して丁寧に指導。生徒の実態に合わせた課題や小テストにより，基礎学力の向上を図る。始業前，放課後，長期休業中の進学補習により，志望校合格をめざす。②1年次は基礎学力を重視した学びを実施。2年次から文系，理系に分かれ，授業を通して自ら考える力を養う。③オーストラリアの姉妹校への短期留学(定員有)や姉妹校生徒の受け入れを通して，国際感覚を身につける。また，青年海外協力隊や海外留学生との交流会により異文化理解を深める。④教育相談が充実。専門のカウンセラーや教職員の連携によるカウンセリングなど，生徒の悩みに丁寧に対応する。⑤ダンス部が朝霞市主催のイベント「彩夏祭」などで演舞，漫画研究部の作品が朝霞市消費者トラブル防止のパンフレットに掲載されるなど，地域に貢献。

【進路情報】 卒業生数―311名

大学―178名 短大―10名 専門学校―88名
就職―11名 その他―24名

【大学合格状況】 筑波大，東京外大，防衛大，早稲田大，上智大，明治大，立教大，中央大，他。

【指定校推薦】 日本大，東洋大，大東文化大，亜細亜大，帝京大，獨協大，東京電機大，他。

【見学ガイド】 文化祭，説明会，部活動体験，見学会

選抜方法 2024年春(実績)

調査書，学力検査(5教科)
※学力検査の傾斜配点なし

応募状況

年度	学科	募集	志願	受検	志願倍率
'24	普通	318	377	371	1.19
'23	普通	358	386	385	1.08
'22	普通	358	403	396	1.13

合格のめやす

偏差値	合格の可能性▷60%=48，80%=50

【併願例】〈挑戦〉細田学園，山村学園 〈最適〉西武台，山村国際，浦和実業，浦和学院，豊南

朝霞 高等学校

共学
単位制

【設置学科】 普通科
【所在地】 〒351-0015 埼玉県朝霞市幸町3-13-65 ☎(048)465-1010
【アクセス】 東武東上線―朝霞20分
【沿 革】 1963年創立。
【特 色】 ①進学重視型単位制を導入，生徒は自分の進路や興味，関心に応じた学習ができる。数学は習熟度別に選択できるように科目設定。また，クラスを分割することで，全教科で少人数授業を実施している。2023年度は20名以下の講座を60講座，21～30名の講座を135講座開講。②2・3年次には「保育基礎」「ファッション造形基礎」「外国事情」など特色ある講座がある。③進学補習は年間を通して行う。朝，放課後，土曜日の補習では年間16講座程度(2023年度)，長期休暇中も学年ごとに講座を開講。④大学見学や進路説明会，推薦説明会など，3年間を見通した進路指導計画に基づいた全体の指導に加え，個別指導も行い，適切な進路を選べるよう支援する。⑤陸上競技部が全国大会に出場。バトン部は全国大会に出場の実績。⑥県立高校としてはめずらしい天文台がある。
【進路情報】 卒業生数―316名
大学―261名 短大―3名 専門学校―24名
就職―3名 その他―25名
【大学合格状況】 東京大，埼玉大，北海道大，早稲田大，慶應大，東京理科大，学習院大，他。
【指定校推薦】 東京理科大，立教大，中央大，法政大，日本大，東洋大，専修大，成蹊大，他。
【見学ガイド】 文化祭，説明会，公開授業，部活動体験，見学会

選抜方法 2024年春(実績)
調査書，学力検査(5教科)
※学力検査の傾斜配点なし

応募状況
年度	学科	募集	志願	受検	志願倍率
'24	普通	318	358	355	1.13
'23	普通	318	348	345	1.09
'22	普通	358	352	347	0.98

合格のめやす
偏差値	合格の可能性▷60％＝52，80％＝54

【併願例】〈挑戦〉星野 〈最適〉細田学園，山村学園，西武台，大東文化一 〈堅実〉浦和実業

志木 高等学校

共学

【設置学科】 普通科
【所在地】 〒353-0001 埼玉県志木市上宗岡1-1-1 ☎(048)473-8111
【アクセス】 東武東上線―志木よりバス志木高校入口3分，いろは橋7分
【沿 革】 1974年創立。
【生徒数】 男子350名，女子382名
【特 色】 ①主体的・対話的な深い学びを促進する授業を展開。幅広い教養と社会に対応する力を身につける。②カリキュラムは，全7パターンの類型選択と12種類の選択科目で構成される。生徒は自分に適したカリキュラムを選び，自分の得意分野を伸ばすことができる。③2年次からは文系，文理系，理系に分かれて学ぶ。3つの類型があることで，生徒は自分の将来の夢の実現に向けて最適な学習をすることができる。類型・科目選択の準備として，面談やガイダンスなどを実施している。④数学と英語はアドバンス，スタンダード，ベーシックにクラス分けして習熟度別少人数授業を実施。学習意欲の向上をめざす。⑤生徒用オリジナル手帳「Shiki Diary」を活用し，セルフマネジメント力を育成。⑥美術部が埼玉県高校美術展で県知事賞を受賞。
【進路情報】 卒業生数―269名
大学―119名 短大―20名 専門学校―72名
就職―24名 その他―34名
【大学合格状況】 明治大，青山学院大，日本大，東洋大，専修大，大東文化大，東海大，他。
【指定校推薦】 日本大，東洋大，亜細亜大，帝京大，國學院大，東京電機大，工学院大，他。
【見学ガイド】 文化祭，説明会，公開授業，部活動キャンペーン

選抜方法 2024年春(実績)
調査書，学力検査(5教科)，面接
※学力検査の傾斜配点なし

応募状況
年度	学科	募集	志願	受検	志願倍率
'24	普通	238	300	299	1.26
'23	普通	238	245	243	1.03
'22	普通	278	300	298	1.08

合格のめやす
偏差値	合格の可能性▷60％＝43，80％＝45

【併願例】〈挑戦〉西武台，山村国際 〈最適〉浦和実業，浦和学院，埼玉平成 〈堅実〉秀明英光

埼玉

全日制

北足立郡／朝霞市／志木市

共学

和光国際 高等学校

【設置学科】 普通科, 外国語科
【所在地】 〒351-0106 埼玉県和光市広沢4-1
☎(048)467-1311
【アクセス】 東武東上線―和光市17分
【沿 革】 1987年開校。
【生徒数】 男子317名, 女子627名
【特 色】 ①55分授業, 33単位で学習時間の充実を図る。②普通科は3年次から人文, 理数のコースに分かれる。③外国語科は外国語指導助手の指導で生きた語学を習得。スピーチ, プレゼンテーションなども行う。④英検, TOEICの取得を推進している。⑤第二外国語は, 中国語, フランス語, ドイツ語, スペイン語から1つを学習(普通科は選択, 外国語科は必須)。⑥オーストラリア, アメリカ, イギリスなどでのホームステイを実施(希望者)。⑦3年次の夏期休業中には3泊4日の勉強合宿を行う。⑧「和国ONE DAY CAMPUS」では大学の講師陣による講義が体験できる。⑨米ローワー・コロンビア・カレッジ(LCC)と進学連携協定を締結。⑩少林寺拳法部とワンダーフォーゲル部がインターハイに, 吹奏楽部が西関東大会に出場。
【進路情報】 卒業生数―305名
大学―280名 短大―1名 専門学校―5名
その他―19名
【大学合格状況】 千葉大, 東京外大, 埼玉大, 北海道大, 都立大, 早稲田大, 慶應大, 他。
【指定校推薦】 東京理科大, 学習院大, 青山学院大, 立教大, 中央大, 法政大, 日本大, 他。
【見学ガイド】 文化祭, 説明会, 公開授業

選抜方法 2024年春(実績)
調査書, 学力検査(5教科)
※数英は学校選択問題
※学力検査の傾斜配点 普通科=なし 外国語科=英

応募状況
年度	学科	募集	志願	受検	志願倍率
'24	普通	238	348	347	1.46
	外国語	79	117	116	1.48
'23	普通	238	342	341	1.44
	外国語	79	92	92	1.16

合格のめやす
偏差値	普通	合格の可能性▷60%=60, 80%=63
	外国語	合格の可能性▷60%=61, 80%=63

【併願例】〈最適〉星野, 城北埼玉, 城西川越 〈堅実〉細田学園, 武南, 山村学園, 西武台

共学

新座 高等学校

【設置学科】 普通科
【所在地】 〒352-0015 埼玉県新座市池田1-1-2 ☎(048)479-5110
【アクセス】 JR―北朝霞, 東武東上線―朝霞台, 西武池袋線―ひばりヶ丘よりバス新座高校または池田2丁目5分
【沿 革】 1973年創立。
【生徒数】 男子211名, 女子303名
【特 色】 ①国語, 数学, 英語で20名前後の少人数制授業を実施。一人ひとりのペースに合った学習ができる。②実験, 実習, 選択科目などの多種多様な授業で好奇心を育てる。③看護師, 公務員を志望する生徒を対象に, 外部から講師を招き対策講座を実施。④グループ学習を通じてお互いの考えを共有し, 学びを深める場を提供する。⑤専門の指導員が放課後などにわからないところを指導する。⑥定期考査前には勉強会や補習でサポートする。⑦分野別ガイダンス, 卒業生と語る会, 面接指導, 小論文指導など, 進路支援制度が充実。⑧教員全員で生徒を育てることを大切にし, より良い授業で生徒の学びを高めるために, 授業研究会を開催している。⑨書道部が全国展に出展し団体賞を受賞, ダンス部が全国大会に出場している。
【進路情報】 卒業生数―161名
大学―33名 短大―15名 専門学校―55名
就職―47名 その他―11名
【大学合格状況】 大東文化大, 国士舘大, 帝京科学大, 尚美学園大, 駿河台大, 聖学院大, 他。
【指定校推薦】 大東文化大, 跡見学園女子大, 淑徳大, 城西大, 東京女子体育大, 浦和大, 他。
【見学ガイド】 文化祭, 説明会, 体験入学

選抜方法 2024年春(実績)
調査書, 学力検査(5教科), 面接
※学力検査の傾斜配点なし

応募状況
年度	学科	募集	志願	受検	志願倍率
'24	普通	198	194	191	0.98
'23	普通	198	215	214	1.09
'22	普通	198	185	183	0.93

合格のめやす
偏差値	合格の可能性▷60%=34, 80%=36

【併願例】〈挑戦〉浦和実業, 秋草学園, 東野, 秀明英光, 武蔵野, 堀越 〈最適〉安部学院

新座柳瀬 高等学校

共 学
単位制

【設置学科】 普通科
【所在地】 〒352-0004 埼玉県新座市大和田4-12-1 ☎(048)478-5151
【アクセス】 JR―新座20分 東武東上線―柳瀬川22分，志木よりバス団地南5分
【沿 革】 2008年開校。
【生徒数】 男子242名，女子330名
【特 色】 ①1年次は数学で習熟度別少人数授業，英語と体育で少人数授業を実施。放課後を利用して「一般常識ドリルマラソン」を行う。②多様な進路希望に対応するため，選択科目は2年次では3科目7単位，3年次では6〜7科目16単位を選択する。③2・3年次には資格取得をめざした授業を設置。年間のべ400名以上の生徒が合格証を取得している。④進路指導は1年次から開始する。2年次には地元企業と連携してインターンシップを実施するほか，体験型の模擬授業も行う。3年次には幼稚園実習体験や看護体験がある。⑤地域連携として男子バレーボール部，ソフトテニス部が小学校と交流。ボランティア体験交流部が障がい者施設と連携している。⑥演劇部が全国高校総合文化祭に出場。書道部も全国大会に出展の実績。
【進路情報】 卒業生数―209名
大学―61名 短大―6名 専門学校―102名 就職―35名 その他―5名
【大学合格状況】 日本大，東洋大，大東文化大，東京電機大，立正大，桜美林大，拓殖大，他。
【指定校推薦】 東洋大，大東文化大，東京電機大，城西大，淑徳大，立正大，駿河台大，他。
【見学ガイド】 文化祭，説明会，体験入学，公開授業，見学会

選抜方法 2024年春(実績)
調査書，学力検査(5教科)，面接
※学力検査の傾斜配点なし

応募状況

年度	学科	募集	志願	受検	志願倍率
'24	普通	198	227	225	1.15
'23	普通	198	227	227	1.15
'22	普通	198	225	220	1.14

合格のめやす
偏差値 合格の可能性▷60%＝41，80%＝43

【併願例】〈挑戦〉西武台沢，浦和実業，浦和学院 〈最適〉秋草学園，埼玉平成，東野，秀明英光

川越 高等学校

男 子
単位制

【設置学科】 普通科
【所在地】 〒350-0053 埼玉県川越市郭町2-6 ☎(049)222-0224
【アクセス】 西武新宿線―本川越15分 東武東上線―川越市20分
【沿 革】 1899年創立。
【生徒数】 男子1,067名
【特 色】 ①生徒の力を伸ばす授業は，高校の枠を超えた専門性の高い内容。隔週の土曜日授業，週2回の7時間授業により授業時間を確保する。②電子顕微鏡をはじめとした最先端実験機器を活用。ICT教育も推進する。③学校としてサイエンス探究事業に取り組み，その一環として自然科学と工学分野を融合した最先端科学を研究機関と連携しながら学ぶ授業がある。OBでノーベル物理学賞受賞者の梶田隆章氏などを講師に招いた特別講座も開講。国立研究開発法人・科学技術振興機構が主催する「科学の甲子園」出場を果たす。④異文化理解プログラム，疑似留学体験，次世代リーダー育成プログラムを通し，グローバル人材を育成。⑤弓道部，陸上競技部が全国大会に，物理部はロボカップジュニア・ジャパンオープンなどに出場，多数の受賞実績を誇る。音楽部が関東大会出場。
【進路情報】 卒業生数―352名
大学―233名 その他―119名
【大学合格状況】 東京大，京都大，東工大，一橋大，大阪大，北海道大，東北大，九州大，他。
【指定校推薦】 都立大，早稲田大，慶應大，東京理科大，学習院大，明治大，青山学院大，他。
【見学ガイド】 文化祭，説明会，公開授業，見学会

選抜方法 2024年春(実績)
調査書，学力検査(5教科)
※数英は学校選択問題
※学力検査の傾斜配点なし

応募状況

年度	学科	募集	志願	受検	志願倍率
'24	普通	358	526	522	1.47
'23	普通	358	502	494	1.40
'22	普通	358	519	509	1.45

合格のめやす
偏差値 合格の可能性▷60%＝65，80%＝67

【併願例】〈挑戦〉早大学院 〈最適〉栄東，川越東，大宮開成 〈堅実〉城北埼玉，城西川越

埼玉 全日制 和光市／新座市／川越市

女子

川越女子 高等学校

【設置学科】 普通科

【所在地】 〒350-0041 埼玉県川越市六軒町
1-23 ☎(049)222-3511

【アクセス】 東武東上線―川越市5分 西武新
宿線―本川越8分

【沿革】 1911年創立。

【生徒数】 女子1,065名

【特色】 ①スーパーサイエンスハイスクール
の継続指定校。活動として，大学や研究所など
校外施設の見学や実習を行うサイエンスツアー，
サイエンス教室，英語プレゼンテーション講座
などを用意。地球天文部が科学分野の全国大会
で優秀な成果をあげてきた。②二学期制と65分
授業を行い，隔週土曜日にも授業を実施。③3
年次に類型選択制を敷き，A類型（文系）とB
類型（理系）に分かれる。さらに個々の進路に
沿った科目選択が可能で，あらゆる分野への進
路実現を可能にしている。④放課後や長期休業
期間などを利用して，1・2年次対象の補習，
2・3年次対象の大学入試対策の課外補習を実
施。⑤難関大学対策として科目別の個人指導や
論述試験対策，小論文対策を行う。⑥陸上競技
部が全国大会に，放送部，書道部，音楽部，文
芸部が全国高校総合文化祭に出場した。

【進路情報】 卒業生数―348名
大学―307名 短大―1名 専門学校―4名
その他―36名

【大学合格状況】 東京大，東工大，一橋大，国
際教養大，大阪大，北海道大，東北大，他。

【指定校推薦】 早稲田大，慶應大，上智大，東
京理科大，明治大，立教大，中央大，他。

【見学ガイド】 文化祭，説明会，公開授業

選抜方法 2024年春(実績)
調査書，学力検査（5教科）
※数英は学校選択問題
※学力検査の傾斜配点なし

応募状況

年度	学科	募集	志願	受検	志願倍率
'24	普通	358	466	463	1.30
'23	普通	358	487	481	1.36
'22	普通	358	484	480	1.35

合格のめやす

偏差値 合格の可能性▷60%=64，80%=66

【併願例】〈挑戦〉早大本庄 〈最適〉淑徳与野，
開智，大宮開成，淑徳 〈堅実〉星野女子部

共学

川越西 高等学校

【設置学科】 普通科

【所在地】 〒350-1175 埼玉県川越市笠幡
2488-1 ☎(049)231-2424

【アクセス】 JR―笠幡15分

【沿革】 1979年創立。

【生徒数】 男子440名，女子534名

【特色】 ①1・2年次は基礎科目を重視し，
共通履修が中心になる。②3年次では多様な進
路希望に対応するために，文系，理系の類型を
選んだうえで，さらに多くの選択科目を用意し
ている。③1年次生が参加できる進学補習もあ
る。また全員がスタディサプリに加入する。④
総合型・学校推薦型選抜の対策として小論文指
導や志願理由書の書き方講座，模擬面接を実施。
実用英語技能検定は全員が受験する。⑤看護系，
幼教保育，福祉系希望者は夏期休業中などに職
場体験ができる。公務員模試は1年次から受験
でき，民間企業への就職指導面談や模擬面接な
ども行う。⑥全教室冷暖房完備。校舎のトイレ
は温水洗浄便座を採用。⑦近隣小中学校や公民
館の行事にボランティアとして参加。⑧ワンダ
ーフォーゲル部，軽音楽部が関東大会に出場。
女子空手道部が関東大会で準優勝，女子ソフト
テニス部が関東大会出場実績。

【進路情報】 卒業生数―304名
大学―107名 短大―40名 専門学校―124名
就職―14名 その他―19名

【大学合格状況】 法政大，日本大，東洋大，駒
澤大，大東文化大，成蹊大，東京電機大，他。

【指定校推薦】 日本大，東洋大，大東文化大，
帝京大，東京電機大，武蔵大，立正大，他。

【見学ガイド】 文化祭，説明会，体験入学

選抜方法 2024年春(実績)
調査書，学力検査（5教科）
※学力検査の傾斜配点なし

応募状況

年度	学科	募集	志願	受検	志願倍率
'24	普通	318	324	322	1.02
'23	普通	318	349	349	1.10
'22	普通	358	347	347	0.97

合格のめやす

偏差値 合格の可能性▷60%=45，80%=47

【併願例】〈挑戦〉細田学園，山村学園，西武台
〈最適〉山村国際，武蔵越生 〈堅実〉埼玉平成

共 学

川越初雁 高等学校

【設置学科】 普通科
【所在地】 〒350-1137 埼玉県川越市大字砂新田2564 ☎(049)244-2171
【アクセス】 東武東上線―新河岸20分
【沿 革】 1983年創立。
【生徒数】 男子276名，女子231名
【特 色】 ①学習の基礎，生活の基礎をしっかり身につける一般クラス（1年次5クラス，2・3年次4クラス）と，一般クラスよりも一歩進んだ授業を展開する総進クラス（各学年1クラス）を設置。②一般クラスではレベルに合った授業を行い，充実した進路プログラムにより社会に貢献できる人材を育てる。総進クラスは高いレベルの学力を習得すると共に人間としての豊かな成長をめざし，検定取得に向けての取り組みも強化する。③2年次に上級学校や企業を見学する校外進路見学会を実施。3年次は就職希望者に就職説明会を複数回開催する。④pitchトーク，全校協調学習，ビジネス手帳を用いた「キャリアパスポート」を主軸とした総合的な探究の時間を設定。⑤校内には森林道があり，森林浴が楽しめる。⑥陸上競技部，弓道部，放送局が全国大会に出場。⑦2023年度から制服を一新。女子はスラックスも選べる。
【進路情報】 卒業生数―170名
大学―32名 短大―1名 専門学校―56名
就職―65名 その他―16名
【大学合格状況】 日本大，東洋大，大東文化大，亜細亜大，成城大，日本薬科大，他。
【指定校推薦】 日本大，東洋大，大東文化大，他。
【見学ガイド】 文化祭，説明会，部活動体験，公開授業，見学会

選抜方法 2024年春(実績)
調査書，学力検査（5教科），面接
※学力検査の傾斜配点なし

応募状況
年度	学科	募集	志願	受検	志願倍率
'24	普通	198	171	170	0.86
'23	普通	198	208	205	1.05
'22	普通	198	193	188	0.97

合格のめやす
偏差値 合格の可能性▷60%=33，80%=35

【併願例】〈挑戦〉秋草学園，武蔵越生，埼玉平成，東野，秀明英光，安部学院

共 学

川越南 高等学校

【設置学科】 普通科
【所在地】 〒350-1162 埼玉県川越市南大塚1-21-1 ☎(049)244-5223
【アクセス】 西武新宿線―南大塚13分
【沿 革】 1975年創立。
【生徒数】 男子396名，女子664名
【特 色】 ①基礎学力の充実をめざし，進路に対する意識の啓発に努める。②3年次に文系，理系に分かれる。③Wi-Fi環境を整備し，ICT機器などを使った授業を行う。④多様化した進路に向けて，一人ひとりの志望に応じた選択科目を設けている。⑤始業前，放課後，長期休業中に，各教科で進学補講を開講。毎年20以上の講座を開講して学力向上に努める。⑥3年間を見通し，段階を踏んで計画的，組織的に進路指導を行う。⑦オーストラリアの学校と姉妹校提携を結び，短期ホームステイプログラムを隔年で実施。中国，台湾，ベトナムなどの外国人留学生を招いて，文化交流も行う。⑧専門のカウンセラーや教員によるカウンセリングを行う。⑨HRと特別教室は冷暖房完備。体育用グラウンドは2カ所ある。⑩放送部はNHK杯全国高校放送コンテストでラジオドラマ部門制作奨励賞。美術部が総文祭の美術・工芸部門に出品。
【進路情報】 卒業生数―353名
大学―309名 短大―4名 専門学校―19名
就職―6名 その他―15名
【大学合格状況】 千葉大，筑波大，東京外大，埼玉大，東京海洋大，早稲田大，慶應大，他。
【指定校推薦】 学習院大，青山学院大，立教大，中央大，法政大，日本大，東洋大，専修大，他。
【見学ガイド】 文化祭，見学会

選抜方法 2024年春(実績)
調査書，学力検査（5教科）
※数英は学校選択問題
※学力検査の傾斜配点なし

応募状況
年度	学科	募集	志願	受検	志願倍率
'24	普通	358	496	495	1.39
'23	普通	358	505	503	1.41
'22	普通	358	503	502	1.41

合格のめやす
偏差値 合格の可能性▷60%=58，80%=61

【併願例】〈最適〉星野，狭山ヶ丘，西武文理，細田学園 〈堅実〉山村学園，西武台，大東文化一

埼玉 全日制

川越市

川越総合 高等学校

共学
単位制

【設置学科】 総合学科
【所在地】 〒350-0036 埼玉県川越市小仙波町5-14 ☎(049)222-4148
【アクセス】 JR—川越20分 東武東上線—川越市20分 西武新宿線—本川越15分
【沿革】 1920年創立。
【生徒数】 男子159名, 女子524名
【特色】 ①普通科目から専門科目まで約100種類の選択科目が用意され, 進路や興味に応じた時間割で学ぶ。②選択科目は, 農業科学, 食品科学, 生物活用, 生活デザインの4系列からなり, 複数の系列から選択することも, 同一系列で基本から応用へ段階的に学習することも可能。普通科目を重点的に選択することもできる。選択科目の多くは少人数授業。③1年次に全員が農業を学習。選択科目も農業, 環境, 食品に関わる授業が多い。④畑・水田・果樹園・温室を備えた名細農場, 生物生産工学棟, 食品科学棟などの実習施設が充実している。⑤校内の養蚕資料室では, 蚕学校時代の校旗や実際に使用した養蚕道具などを多数展示する。⑥FFJ(日本学校農業クラブ)が農業鑑定競技会全国大会出場。陸上競技部, 弓道部がインターハイ出場。
【進路情報】 卒業生数—241名
大学—54名 短大—40名 専門学校—99名 就職—35名 その他—13名
【大学合格状況】 東洋大, 大東文化大, 東海大, 獨協大, 東京電機大, 日本獣医生命科学大, 他。
【指定校推薦】 大東文化大, 東京電機大, 玉川大, 東京農大, 立正大, 城西大, 尚美学園大, 他。
【見学ガイド】 文化祭, 説明会, 公開授業, 見学会

選抜方法 2024年春(実績)
調査書, 学力検査(5教科)
※学力検査の傾斜配点なし

応募状況

年度	学科	募集	志願	受検	志願倍率
'24	総合	238	311	310	1.31
'23	総合	238	247	247	1.04
'22	総合	238	275	274	1.16

合格のめやす
偏差値　合格の可能性▷60%＝46, 80%＝48

【併願例】〈挑戦〉西武台 〈最適〉山村国際, 秋草学園, 武蔵越生 〈堅実〉埼玉平成, 秀明英光

川越市立 川越 高等学校

共学

【設置学科】 普通科〔ほか情報処理科, 国際経済科⇒全日制専門学科〕
【所在地】 〒350-1126 埼玉県川越市旭町2-3-7 ☎(049)243-0800
【アクセス】 JR・東武東上線—川越15分
【沿革】 1926年創立。
【生徒数】 〔普通科〕男子74名, 女子342名
【特色】 ①個性を伸ばすと共に協調的精神を養成し, 職業を通じて社会に貢献する人物の育成をめざす。②全学科, 全学年において, 35名の少人数学級編成。生徒一人ひとりに目が行き届く授業を展開する。③普通科では, 基礎学力の充実と大学などへの進学に向けた応用力の育成を図る。補習授業なども実施する。3年次は, 進路に合わせ多くの科目から選択できる。④3年間を通して, 生徒の希望進路に応じたきめ細かい進路指導を実践している。⑤簿記, 情報処理, ビジネス文書, 英検, 漢検, 秘書検定などの資格取得に力を注ぐ。⑥アメリカ・オレゴン州の姉妹校にホームステイするなど, 国際交流を推進する。⑦体育館, 特別教室, 情報機器など, 施設, 設備が充実。⑧チアダンス部が全国大会で2位, 吹奏楽部が全国大会に, 柔道部, 女子バレーボール部が関東大会に出場。
【進路情報】 〔普通科〕卒業生数—137名
大学—96名 短大—10名 専門学校—23名 就職—5名 その他—3名
【大学合格状況】 中央大, 法政大, 日本大, 東洋大, 駒澤大, 専修大, 大東文化大, 帝京大, 他。
【指定校推薦】 法政大, 日本大, 東洋大, 大東文化大, 亜細亜大, 東京電機大, 文教大, 他。
【見学ガイド】 体育祭, 文化祭, 説明会

選抜方法 2024年春(実績)
調査書, 学力検査(5教科), 面接
※学力検査の傾斜配点なし
※ほかに地域特別選抜あり

応募状況

年度	学科	募集	志願	受検	志願倍率
'24	普通	140	208	208	1.49
'23	普通	140	190	188	1.36
'22	普通	140	207	205	1.48

合格のめやす
偏差値　合格の可能性▷60%＝55, 80%＝57

【併願例】〈挑戦〉星野共学部 〈最適〉細田学園, 山村学園, 埼玉栄 〈堅実〉西武台, 山村国際

共 学

所沢 高等学校

【設置学科】 普通科
【所在地】 〒359-1131 埼玉県所沢市久米1234 ☎(04)2922-2185
【アクセス】 西武池袋線―西所沢8分 西武池袋線・西武新宿線―所沢15分
【沿 革】 1898年創立。
【生徒数】 男子448名，女子598名
【特 色】 ①「自主自立」を重んじる伝統と校風のもと，「自分で考え行動する」力，「他者と協働して課題を見つけ解決する」力を育成する。②1・2年次で基礎，基本を確実に習得し，2年次で文理に分かれ，3年次は自分の進路希望に合わせて授業を選ぶ。③隔週で土曜授業を実施。同窓会館を放課後に自習室として開放。夏季休業中には全38講座の補習を開講する。④生徒と教員が一緒に学力について考える学力向上プロジェクトチームを設置，計画的に学習できるスタディープランを作成する。⑤授業アンケートにより生徒の声を反映する。⑥ニュージーランドへの語学研修がある。⑦地域との交流を深める「KIZUNA活動」では，川の清掃や森の管理ボランティアなどを行う。⑧フォーク部が全国大会で2位。山岳部が関東大会に出場。
【進路情報】 卒業生数―343名
大学―284名 短大―2名 専門学校―21名 就職―5名 その他―31名
【大学合格状況】 東京外大，埼玉大，防衛医大，東京農工大，信州大，早稲田大，上智大，他。
【指定校推薦】 早稲田大，上智大，学習院大，明治大，青山学院大，立教大，中央大，他。
【見学ガイド】 体育祭，文化祭，説明会，オープンスクール，公開授業

選抜方法 2024年春(実績)
調査書，学力検査(5教科)
※数英は学校選択問題
※学力検査の傾斜配点なし

応募状況
年度	学科	募集	志願	受検	志願倍率
'24	普通	358	513	504	1.43
'23	普通	358	480	475	1.34
'22	普通	358	471	460	1.32

合格のめやす
偏差値	合格の可能性▷60%=57，80%=59

【併願例】〈挑戦〉錦城 〈最適〉星野，狭山ヶ丘，細田学園 〈堅実〉山村学園，西武台，聖望学園

共 学

所沢北 高等学校

【設置学科】 普通科，理数科
【所在地】 〒359-0042 埼玉県所沢市並木5-4 ☎(04)2995-5115
【アクセス】 西武新宿線―新所沢10分
【沿 革】 1974年創立。2016年度理数科設置。
【生徒数】 男子592名，女子475名
【特 色】 ①65分34単位授業で授業時間を確保する。②普通科は教養主義を柱に，幅広い学力を養いながら高いレベルの進路目標を実現。3年次から進路希望実現に合わせて，より専門的な科目を設定。③理数科では実験，実習，体験を重視し，課題発見力，課題解決力，表現力を鍛え，科学的，数学的な考え方ができる人材を育成し，医歯薬理工系の難関国公立大学進学をめざす。大学などとの連携で専門的な実験や実習も行う。④1年次の所北セミナー，充実した補講，進路情報提供などにより，進路希望の実現をめざす。⑤ニュージーランド研修など，国際交流に力を注ぐ。⑥チアダンス部が全国大会で2位。陸上競技部，弓道部が全国大会出場。美術部，ギター部が総文祭に出場。
【進路情報】 卒業生数―347名
大学―304名 短大―2名 専門学校―2名 その他―39名
【大学合格状況】 東京大，東工大，一橋大，千葉大，筑波大，埼玉大，東北大，早稲田大，他。
【指定校推薦】 都立大，早稲田大，東京理科大，学習院大，明治大，青山学院大，立教大，他。
【見学ガイド】 文化祭，説明会，理数科説明会・体験授業，部活動体験，見学会

選抜方法 2024年春(実績)
調査書，学力検査(5教科)
※数英は学校選択問題
※学力検査の傾斜配点 普通科=なし 理数科=数理

応募状況
年度	学科	募集	志願	受検	志願倍率
'24	普通	318	354	348	1.11
	理数	40	54	52	1.35
'23	普通	318	417	413	1.31
	理数	40	62	59	1.55

合格のめやす
偏差値	普通	合格の可能性▷60%=63，80%=65
	理数	合格の可能性▷60%=65，80%=68

【併願例】〈最適〉川越東，星野，錦城 〈堅実〉西武文理，狭山ヶ丘，細田学園，山村学園

埼玉 全日制 川越市／所沢市

共 学

所沢中央 高等学校

【設置学科】 普通科
【所在地】 〒359-0042 埼玉県所沢市並木8-2
☎(04)2995-6088
【アクセス】 西武新宿線―航空公園よりバス並木通り団地5分
【沿 革】 1980年創立。
【生徒数】 男子415名，女子519名
【特 色】 ①学校のモットーは「心を育み，輝く未来へ」。②1・2年次の数学は習熟度別授業。1・3年次の英語と3年次の選択科目は少人数授業を行い，生徒の学習状況に合わせた指導を実施。③主体的，対話的な学びを通して，現代社会を生き抜くための「考える力」を育てる。④3年次からは文系，理系，看護医療薬学系の3つのコースに分かれて学ぶ。2022年度は看護学校への進学希望者全員が看護学校に進学した。⑤進路指導は計画的かつ体系的に行う。1年次は基礎学力を身につけ自分の適性を知ること，2年次は様々な情報から進路を具体化すること，3年次は進路実現に向けた生徒の努力を全面的に支援。分野別進路説明会，進路バス見学会などを開催する。⑥ダンス部が全国大会で3位，アーチェリー部が全国大会に出場実績をもつ。
【進路情報】 卒業数―313名
大学―138名 短大―24名 専門学校―122名 就職―15名 その他―14名
【大学合格状況】 日本大，東洋大，大東文化大，東海大，亜細亜大，帝京大，国士舘大，他。
【指定校推薦】 東洋大，駒澤大，大東文化大，亜細亜大，帝京大，東京電機大，東京経済大，他。
【見学ガイド】 文化祭，説明会，体験入学，オープンスクール，公開授業，見学会

選抜方法 2024年春(実績)
調査書，学力検査(5教科)
※学力検査の傾斜配点なし

応募状況

年度	学科	募集	志願	受検	志願倍率
'24	普通	318	345	345	1.08
'23	普通	318	347	344	1.09
'22	普通	318	363	361	1.14

合格のめやす

偏差値	合格の可能性▷60%＝44，80%＝46

【併願例】〈挑戦〉西武台 〈最適〉山村国際，秋草学園，埼玉平成，豊南 〈堅実〉東野

共 学

所沢西 高等学校

【設置学科】 普通科
【所在地】 〒359-1155 埼玉県所沢市北野新町2-5-11 ☎(04)2949-2411
【アクセス】 西武池袋線―小手指13分
【沿 革】 1979年創立。
【生徒数】 男子532名，女子481名
【特 色】 ①1・2年次は基礎科目に重点をおき，2年次で文系，理系に分かれる。3年次では文系，文理系，理系の3コースに分かれる。文系，文理系は，学問を楽しみながら探求していくことを目的としたリベラルアーツ選択群の中から，進路に応じた科目を選択することができる。②小論文指導，面接指導，学習ガイダンスなどの指導で，進路実現をサポート。③3年生による1年次生への授業や，卒業生を招いた対話「所西 de カタリバ」を開催するなど，上級生・卒業生との対話・交流が活発。④東日本大震災でのボランティア活動をきっかけに，福島県いわき市との交流を続ける。小中学生との交流やボランティア活動にも取り組む。⑤図書館活動が活発で，文部科学大臣表彰の実績がある。⑥部活動の加入率は8割以上。写真部が総文祭に出展，陸上競技部が関東大会に出場。
【進路情報】 卒業生数―313名
大学―222名 短大―9名 専門学校―58名 就職―6名 その他―18名
【大学合格状況】 岩手大，慶應大，明治大，青山学院大，中央大，法政大，日本大，他。
【指定校推薦】 明治大，法政大，日本大，東洋大，駒澤大，大東文化大，東海大，他。
【見学ガイド】 文化祭，説明会，体験入学，公開授業，見学会

選抜方法 2024年春(実績)
調査書，学力検査(5教科)
※学力検査の傾斜配点なし

応募状況

年度	学科	募集	志願	受検	志願倍率
'24	普通	318	399	395	1.25
'23	普通	358	388	387	1.08
'22	普通	358	394	388	1.10

合格のめやす

偏差値	合格の可能性▷60%＝53，80%＝55

【併願例】〈挑戦〉星野，狭山ヶ丘，細田学園 〈最適〉山村学園，西武台 〈堅実〉聖望学園

芸術総合 高等学校

共学
単位制

【設置学科】 美術科, 音楽科, 映像芸術科, 舞台芸術科
【所在地】 〒359-1164 埼玉県所沢市三ヶ島2-695-1 ☎(04)2949-4052
【アクセス】 西武池袋線―小手指よりバス芸術総合高校5分
【沿 革】 2000年創立。
【生徒数】 男子60名, 女子321名
【特 色】 ①毎年, 生徒の8～9割が現役で大学・短大・専門学校に進学。教育系・保育系大学にも進学する。②授業はノーチャイム制。1人1台タブレット端末を生かした学習を実践する。③芸術系の専門科目に加え, 一般科目を6割設置。数英などの科目で少人数授業を実施する。専門科目は現場の第一線で活躍する外部講師が指導する。④一般教科は日頃から補習で強化。進学に向けた実技・面接対策では個別レッスンやプレゼンテーション指導などを行う。⑤専攻に応じた施設設備が充実。⑥美術部, 演劇部, ダンス部が全国レベルで活躍している。
【進路情報】 卒業生数―|145名|
大学―91名 短大―8名 専門学校―32名
就職―6名 その他―8名
【大学合格状況】 沖縄県立芸術大, 立教大, 日本大, 多摩美大, 武蔵野美大, 国立音大, 他。
【指定校推薦】 立教大, 成城大, 武蔵野美大, 東京造形大, 女子美大, 洗足学園音大, 他。
【見学ガイド】 文化祭, 説明会, 体験入学, 公開授業

選抜方法 2024年春(実績)
調査書, 学力検査(5教科), 実技検査
※学力検査の傾斜配点なし

応募状況

年度	学科	募集	志願	受検	志願倍率
'24	美術	40	42	42	1.05
	音楽	40	22	22	0.55
	映像芸術	40	50	50	1.25
	舞台芸術	40	30	30	0.75

合格のめやす

偏差値	美術	合格の可能性▷60%=48, 80%=50
	音楽	合格の可能性▷60%=43, 80%=45
	映像	合格の可能性▷60%=48, 80%=50
	舞台	合格の可能性▷60%=48, 80%=50

【併願例】〈最適〉西武台, 浦和学院(アート), 秋草学園, 潤徳女子(美)〈堅実〉自由の森

狭山清陵 高等学校

共学

【設置学科】 普通科
【所在地】 〒350-1333 埼玉県狭山市上奥富34-3 ☎(04)2953-7161
【アクセス】 西武新宿線―新狭山10分
【沿 革】 1982年創立。
【生徒数】 男子237名, 女子307名
【特 色】 ①高い知性, 豊かな人間性, たくましい心身を育む学校。②生徒一人ひとりに目を配り, 基礎基本を重視した細やかな教科指導を行う。③基礎から応用へと発展し, 学びを深める教育課程。1年次は芸術以外共通履修で, 2年次には理科選択が加わる。3年次は多くの選択科目(3群17科目)から自分の進路・興味に応じた学習で, 進路希望に対応する。④1年次は1クラス33名程度, 3年次も多くの科目で少人数による授業を行う。⑤国際理解教育に力を入れ, オーストラリア海外研修(希望者)や姉妹校の来校およびホームステイの受け入れ, 国際理解講演会などを実施する。⑥教職員全員による3年間を通した学習・生活・キャリア指導を実践し, 生徒の成長を支える。⑦運動部・文化部合わせて19の部が活動し, 県大会で実績を残す。⑧2024年度から制服をマイナーチェンジ。女子の冬服にスラックスが導入された。
【進路情報】 卒業生数―|174名|
大学―49名 短大―17名 専門学校―66名
就職―28名 その他―14名
【大学合格状況】 東洋大, 大東文化大, 亜細亜大, 獨協大, 国士舘大, 文京学院大, 他。
【指定校推薦】 東洋大, 大東文化大, 亜細亜大, 東京電機大, 国士舘大, 日本薬科大, 他。
【見学ガイド】 文化祭, 説明会, 体験入学

選抜方法 2024年春(実績)
調査書, 学力検査(5教科), 面接
※学力検査の傾斜配点なし

応募状況

年度	学科	募集	志願	受検	志願倍率
'24	普通	198	202	201	1.02
'23	普通	198	219	219	1.11
'22	普通	198	224	222	1.13

合格のめやす

偏差値	合格の可能性▷60%=40, 80%=42

【併願例】〈挑戦〉西武台, 秋草学園 〈最適〉武蔵越生, 埼玉平成, 東野, 秀明英光, 日体大柏華

共 学

富士見 高等学校

【設置学科】 普通科
【所在地】 〒354-0002 埼玉県富士見市上南畑950 ☎(049)253-1551
【アクセス】 東武東上線―志木・鶴瀬よりバス富士見高校
【沿 革】 1976年創立。
【生徒数】 男子331名, 女子253名
【特 色】 ①34名程度の少人数学級編成。国数英は習熟度別授業を実施し, 22名程度のクラスで学ぶ。②大学進学希望者向けに大学クラスを編成。外部模試や高大連携により, 積極的に進路をひらく。③毎朝HR前の10分間, 国数英を学習。④総合的な探究の時間を通して, 課題解決力, プレゼンテーション力を向上させる。⑤スタディーサポートと実力診断テストを活用し, 自分の実力を客観把握。⑥短時間での学び直しや大学入試対策などにスタディサプリを利用する。⑦補習が充実。進学小論文講座, 看護小論文, 看護国語対策のための看護補習, 英検受験のための発展英語のほか, 公務員模試・試験対策, 面接所作・内容指導などで進路実現をサポート。⑧書道部が総文祭で特別賞を受賞。バドミントン部とジャグリング部が創設された。
【進路情報】 卒業生数―175名
大学―43名 短大―14名 専門学校―58名
就職―56名 その他―4名
【大学合格状況】 早稲田大, 東洋大, 大東文化大, 帝京大, 国士舘大, 実践女子大, 城西大, 他。
【指定校推薦】 大東文化大, 城西大, 文京学院大, 跡見学園女子大, 十文字学園女子大, 他。
【見学ガイド】 体育祭, 文化祭, 説明会, 体験入学, 部活動体験, オープンキャンパス, 見学会

選抜方法 2024年春(実績)
調査書, 学力検査(5教科)
※学力検査の傾斜配点なし

応募状況
年度	学科	募集	志願	受検	志願倍率
'24	普通	198	210	209	1.06
'23	普通	198	197	195	0.99
'22	普通	238	228	225	0.96

合格のめやす
偏差値 合格の可能性▷60%=34, 80%=36

【併願例】〈挑戦〉浦和実業, 秋草学園, 埼玉平成, 東野, 秀明英光 〈最適〉安部学院

共 学

ふじみ野 高等学校

【設置学科】 普通科〔ほかスポーツサイエンス科⇒全日制専門学科〕
【所在地】 〒356-0053 埼玉県ふじみ野市大井1158-1 ☎(049)264-7801
【アクセス】 東武東上線―ふじみ野よりバスふじみ野高校前
【沿 革】 大井高校と福岡高校を統合し, 2013年度開校。
【生徒数】 男子388名, 女子159名
【特 色】 ①少人数でクラス編成し, 数英は習熟度別や少人数制授業を実施する。2年次からは進路に合わせて科目選択する。②文京学院大学などとの教育連携による授業を行う。③進路希望に合わせてスポーツサイエンス科の選択科目を履修できる。④3年間で7回行う外部テストにより基礎力の定着を図る。⑤全学年で英検IBAを受験。漢検, 数検, 情報処理関係資格の積極的な取得も奨励する。⑥進路指導では, 就職模擬面接など年10回以上のガイダンスを実施。⑦2棟の体育館, 野球場, サッカーコート, 50mプールなど運動施設が充実している。⑧体操競技部と陸上競技部がインターハイに, 柔道部と水泳部が関東大会に出場した。
【進路情報】〔普通科〕卒業生数―116名
大学―50名 短大―3名 専門学校―36名
就職―23名 その他―4名
【大学合格状況】 筑波大, 日本大, 東洋大, 大東文化大, 東海大, 亜細亜大, 帝京大, 他。
【指定校推薦】 大東文化大, 亜細亜大, 城西大, 文京学院大, 東京女子体育大, 淑徳大, 他。
【見学ガイド】 体育祭, 文化祭, 説明会, 公開授業, 部活動体験

選抜方法 2024年春(実績)
調査書, 学力検査(5教科), 面接
※学力検査の傾斜配点なし

応募状況
年度	学科	募集	志願	受検	志願倍率
'24	普通	158	158	155	1.00
'23	普通	118	121	121	1.03
'22	普通	118	126	126	1.07

合格のめやす
偏差値 合格の可能性▷60%=36, 80%=38

【併願例】〈挑戦〉山村国際, 浦和実業, 武蔵越生, 埼玉平成, 東野 〈最適〉秀明英光

坂戸 高等学校

共学

【設置学科】 普通科，外国語科
【所在地】 〒350-0271 埼玉県坂戸市上吉田586 ☎(049)281-3535
【アクセス】 東武東上線―北坂戸13分
【沿革】 1971年創立。
【生徒数】 男子531名，女子525名
【特色】 ①45分×7時限授業を基に，週34単位を確保している。②普通科1・2年次は英語を標準より1単位多く設定，全員に英検2級の受験を奨励する。化学は年間授業の約半分が実験になる。2・3年次は文系，理系に分かれて，それぞれの進路志望に対応する科目を選択する。③外国語科の英語の専門科目では，ネイティヴスピーカーとの少人数ティームティーチングを行う授業も設置。また，ドイツ語，フランス語，スペイン語，中国語から1言語を選択し，少人数授業でトレーニングする。④オーストラリア研修（両科とも参加可能）を実施。⑤生徒が創るやなぎ祭（文化祭）には4,000名以上が来校する。⑥部活動の加入率は9割以上で，部活動と学習を両立させている。美術部と写真部が総文祭に出場。ギター部が全国大会で銀賞受賞，空手道部が関東大会に出場。
【進路情報】 卒業生数―357名
大学―291名 短大―8名 専門学校―30名 就職―3名 その他―25名
【大学合格状況】 東京外大，埼玉大，東京農工大，都立大，慶應大，上智大，東京理科大，他。
【指定校推薦】 学習院大，青山学院大，立教大，中央大，法政大，芝浦工大，武蔵大，他。
【見学ガイド】 文化祭，説明会

選抜方法 2024年春(実績)
調査書，学力検査（5教科）
※学力検査の傾斜配点 普通科＝なし 外国語科＝英

応募状況

年度	学科	募集	志願	受検	志願倍率
'24	普通	318	377	377	1.19
	外国語	40	37	37	0.93
'23	普通	318	361	361	1.14
	外国語	40	45	45	1.13

合格のめやす

偏差値	普通	合格の可能性▷60%=56，80%=58
	外国語	合格の可能性▷60%=56，80%=58

【併願例】〈挑戦〉星野 〈最適〉細田学園，山村学園，東京農大三 〈堅実〉西武台，山村国際

坂戸西 高等学校

共学
単位制

【設置学科】 普通科
【所在地】 〒350-0245 埼玉県坂戸市四日市場101 ☎(049)286-9473
【アクセス】 東武越生線―西大家6分
【沿革】 1979年創立。
【生徒数】 男子531名，女子400名
【特色】 ①少人数授業や習熟度別授業で，学ぶ意欲を高める。②自分の進路希望や興味，関心に合った授業で夢の実現を図るため，多くの選択授業から自分で時間割を作る。③2・3年次のほとんどの授業が選択授業。最新のパソコンスキルを身につける「情報デザイン」や大学一般入試を意識した「世界史総合研究」，ALT（外国語指導助手）を交えて生きた英語を身につける「英語会話探究」，食生活の知識や技術を身につける「フードデザイン」など多彩で，9割以上の講座が少人数で行われる。④夏季学習会，卒業生を囲む会，小論文講習会，看護医療模試，公務員模試など，きめ細かい進路指導を行う。⑤英検，漢検，情報処理検定，保育技術検定など，授業で学んだことを資格取得につなげる。⑥2022年度に校舎内のトイレをすべて一新し，1階には多目的トイレも設置された。⑦陸上競技部，弓道部が全国大会に出場。
【進路情報】 卒業生数―313名
大学―145名 短大―32名 専門学校―108名 就職―24名 その他―4名
【大学合格状況】 法政大，日本大，東洋大，駒澤大，専修大，大東文化大，亜細亜大，他。
【指定校推薦】 日本大，東洋大，大東文化大，亜細亜大，帝京大，芝浦工大，東京電機大，他。
【見学ガイド】 文化祭，説明会，部活動体験

選抜方法 2024年春(実績)
調査書，学力検査（5教科）
※学力検査の傾斜配点なし

応募状況

年度	学科	募集	志願	受検	志願倍率
'24	普通	318	360	359	1.13
'23	普通	318	327	326	1.03
'22	普通	318	334	332	1.05

合格のめやす

偏差値	合格の可能性▷60%=46，80%=48

【併願例】〈挑戦〉山村学園，西武台 〈最適〉山村国際，武蔵越生 〈堅実〉埼玉平成

埼玉

全日制

富士見市／ふじみ野市／坂戸市

鶴ヶ島清風 高等学校

共学
単位制

【設置学科】 普通科

【所在地】 〒350-2223 埼玉県鶴ヶ島市高倉946-1 ☎(049)286-7501

【アクセス】 東武越生線──本松15分

【沿革】 鶴ヶ島高校と毛呂山高校が統合し，2008年に開校。

【生徒数】 男子285名，女子260名

【特色】 ①国語，数学，英語はすべての年次で習熟度別に発展クラス，標準クラス，基礎クラスに分かれて授業を実施。クラスは実力に応じて学期ごとに変わる。②単位制高校として74の選択科目を用意。2・3年次では，1群から8群までの各科目群から，将来の進路や目的に合わせて科目を1科目ずつ選択。保育系，商業系，理系，文系など，夢の実現に向けた多様なプランを用意し，生徒は自分の進路に沿って自分だけの時間割を作成する。③選択科目の授業は10〜30名程度の少人数で行われ，全員が基礎を定着できるように，グループワークを取り入れた授業を展開する。④総合的な探究の時間「鶴ヶ島清風アカデミア（TSA）」では，探究のプロセスを通じて地域参画力を高め，よりよい社会を実現しようとする態度を育てる。⑤文芸・かるた部が関東大会に出場実績をもつ。

【進路情報】 卒業生数─177名
大学─36名 短大─17名 専門学校─55名
就職─53名 その他─16名

【大学合格状況】 駒澤大，大東文化大，帝京大，国際医療福祉大，明星大，拓殖大，城西大，他。

【指定校推薦】 駒澤大，大東文化大，立正大，城西大，拓殖大，日本医療科学大，他。

【見学ガイド】 文化祭，説明会，見学会

選抜方法 2024年春（実績）
調査書，学力検査（5教科）
※学力検査の傾斜配点なし

応募状況

年度	学科	募集	志願	受検	志願倍率
'24	普通	238	190	189	0.80
'23	普通	198	215	214	1.09
'22	普通	198	199	199	1.01

合格のめやす

偏差値 合格の可能性▷60%＝35，80%＝37

【併願例】〈挑戦〉秋草学園，武蔵越生，埼玉平成，東野 〈最適〉秀明英光

日高 高等学校

共学

【設置学科】 普通科（情報コース含む）

【所在地】 〒350-1203 埼玉県日高市旭ケ丘806 ☎(042)989-7920

【アクセス】 JR─武蔵高萩9分

【沿革】 1974年創立。

【生徒数】 男子181名，女子243名

【特色】 ①1クラス30名の学級編成。数英を中心に少人数授業を行う。朝学習，考査前や長期休業中の補習も実施する。②普通科は1・2年次に普通科目で基礎を固める。3年次では進路希望に応じて多様な選択科目を用意。21科目から3科目を選択する。③情報コースでは未来の社会が求める技術を身につける。1・2年次に計画的に資格取得をめざす。受験可能な検定試験は簿記，情報処理，珠算・電卓，ビジネス文書。3年次は商業科目と普通科目をバランスよく学習する。選択科目も幅広く用意している。④外部講師による進路ガイダンス，キャリア教育講演会，面接指導，企業や上級学校見学会などの進路支援を行う。⑤スクールカウンセラーを配置し，教育相談も充実。⑥生徒会主体でボランティア活動やあいさつ運動を行う。

【進路情報】 卒業生数─131名
大学─25名 短大─13名 専門学校─44名
就職─37名 その他─12名

【大学合格状況】 東洋大，浦和大，尚美学園大，駿河台大，聖学院大，西武文理大，他。

【指定校推薦】 東洋大，淑徳大，城西大，埼玉工大，高千穂大，西武文理大，尚美学園大，他。

【見学ガイド】 文化祭，説明会，部活動見学，情報コース体験授業，個別相談会

選抜方法 2024年春（実績）
調査書，学力検査（5教科）
※学力検査の傾斜配点なし

応募状況

年度	学科・コース	募集	志願	受検	志願倍率
'24	普通	118	110	110	0.93
'24	情報	40	23	23	0.58
'23	普通	119	128	128	1.08
'23	情報	40	38	38	0.95

合格のめやす

偏差値 普通 合格の可能性▷60%＝36，80%＝38
情報 合格の可能性▷60%＝37，80%＝39

【併願例】〈挑戦〉秋草学園，武蔵越生，埼玉平成，東野 〈最適〉秀明英光

越生 高等学校

共 学

【設置学科】 普通科〔ほか美術科⇒全日制専門学科〕

【所在地】 〒350-0412 埼玉県入間郡越生町西和田600 ☎(049)292-3651

【アクセス】 東武越生線・JR―越生20分

【沿 革】 1972年創立。

【生徒数】 男子106名，女子145名

【特 色】 ①1・2年次は1クラス26〜27名の少人数学級編成。生徒の不安や希望に，担任をはじめ様々な教員が生徒とじっくり向き合う。②1年次の国数英，2年次の国数，3年次の国語ではより少ない人数での少人数授業を展開。③3年次には，豊富な選択科目を用意する。④漢字検定，ビジネス文書実務検定，情報処理検定などの資格取得を推奨する。⑤総合的な探究の時間では，地域の人々との交流を積極的に行い，1年次には出身地付近の公共施設などで3日間のインターンシップを実施する。授業ではこの経験を生かしてより良いプログラムを進め，生徒が自分の夢を実現するために必要な基礎力，社会性，自己解決力を身につけられるように，ガイダンスや指導を行う。⑥美術部が全国高校総合文化祭に17年連続で出品している。

【進路情報】〔普通科〕卒業生数―73名
大学―5名 短大―2名 専門学校―23名
就職―33名 その他―10名

【大学合格状況】 大東文化大，城西大，実践女子大，尚美学園大，駿河台大，埼玉学園大，他。

【指定校推薦】 大東文化大，東海大，東京電機大，尚美学園大，ものつくり大，他。

【見学ガイド】 文化祭，説明会，体験入学，個別相談会

選抜方法 2024年春（実績）
調査書，学力検査（5教科）
※学力検査の傾斜配点なし

応募状況

年度	学科	募集	志願	受検	志願倍率
'24	普通	79	58	56	0.73
'23	普通	79	44	44	0.56
'22	普通	79	47	46	0.59

合格のめやす

偏差値 合格の可能性▷60%＝33，80%＝35

【併願例】〈挑戦〉武蔵越生，自由の森，埼玉平成，東野，秀明英光

飯能 高等学校

共 学
単位制

【設置学科】 普通科

【所在地】 〒357-0032 埼玉県飯能市本町17-13 ☎(042)973-4191

【アクセス】 西武池袋線―飯能12分 JR・西武池袋線―東飯能15分

【沿 革】 2023年度，飯能高校と飯能南高校が統合して開校。

【生徒数】 男子323名，女子407名

【特 色】 ①地域と協働した探究的な学びを通して，社会に貢献できる人材を育成する。②単位制を導入し，76の多種多様な選択科目を設置。「リベラルアーツ（一般教養）」「地域創造学」など教科横断的な科目も用意する。③生徒が時間割をつくる際の支援策として，ガイダンスや面談形式の個別相談を実施。失敗のない選択ができるようサポートする。④「進学重視」の学校として，大学進学に特化した特進クラスを設置。一般選抜で大学進学を実現できる実力を1年次から身につける。2年次からは，一般選抜向けの講座を開講。金曜7時限の補習や学期末特別演習などにより一般選抜での合格をめざす生徒の実力を徹底的に養成し，志望大学への合格を実現可能なものにする。⑤早朝の補習を行うほか，夏期・冬期休業期間を中心に大学進学に向けた補講を1年次より実施。⑥タブレット端末を1人1台導入し，ICT教育を推進。⑦進路に応じて個別の小論文・面接指導を行う。⑧2023年度から新たに自習室（ラーニングコモンズ）を開設し，生徒が主体的に進路や学びに向かう環境を整える。⑨男子ホッケー部，女子ホッケー部が全国大会に出場。

【見学ガイド】 体育祭，文化祭，説明会，体験入学，公開授業

選抜方法 2024年春（実績）
調査書，学力検査（5教科），面接
※学力検査の傾斜配点なし

応募状況

年度	学科	募集	志願	受検	志願倍率
'24	普通	278	280	280	1.01
'23	普通	278	282	282	1.01

合格のめやす

偏差値 合格の可能性▷60%＝40，80%＝42

【併願例】〈挑戦〉西武台，山村国際，秋草学園〈最適〉武蔵越生，埼玉平成，東野

埼玉 全日制 鶴ヶ島市／日高市／入間郡／飯能市

入間向陽 高等学校

【設置学科】 普通科
【所在地】 〒358-0001 埼玉県入間市向陽台1-1-1 ☎(04)2964-3805
【アクセス】 西武池袋線―入間市13分
【沿 革】 1983年創立。
【生徒数】 男子325名，女子622名
【特 色】 ①１年次は共通履修とし，基礎学力の充実を図る。②２年次から文系，理系に分かれる。３年次からは文系，理系，文理系の３コースに分かれ，週15時間の選択科目を設置。多様な進路に応える。③ICT活用や体験活動，地元図書館との連携など，多様な学びを通して深い学びと学力の充実に取り組む。④到達度テスト，スタディサプリの活用，向陽ゼミ（進学補講），面接・小論文指導，夏季講座などを実施する。⑤総合型選抜や学校推薦型選抜の対策として初期学習指導，上級学校生による模擬授業などを行い，生徒の進路意識を高める。⑥スクールカウンセラー，スクールソーシャルワーカーや地域の福祉機関と連携し，生徒のメンタルヘルスケアや教育相談に対応。⑦2023年度入学生からタブレット端末を１人１台導入。⑧文化祭（向陽祭）には例年4,000名が来校する。
【進路情報】 卒業生数─308名
大学―152名 短大―43名 専門学校―93名
就職―15名 その他―５名
【大学合格状況】 日本大，東洋大，駒澤大，大東文化大，亜細亜大，帝京大，獨協大，他。
【指定校推薦】 東洋大，大東文化大，亜細亜大，武蔵大，国士舘大，帝京大，東京電機大，他。
【見学ガイド】 文化祭，説明会，部活動体験，学校見学

選抜方法 2024年春（実績）
調査書，学力検査（５教科）
※学力検査の傾斜配点なし

応募状況

年度	学科	募集	志願	受検	志願倍率
'24	普通	318	367	362	1.15
'23	普通	318	344	344	1.08
'22	普通	318	392	392	1.23

合格のめやす
偏差値 合格の可能性▷60%＝48，80%＝50

【併願例】〈挑戦〉山村学園 〈最適〉西武台，聖望学園 〈堅実〉秋草学園，武蔵越生，東野

豊岡 高等学校

【設置学科】 普通科
【所在地】 〒358-0003 埼玉県入間市豊岡1-15-1 ☎(04)2962-5216
【アクセス】 西武池袋線―入間市５分
【沿 革】 1920年創立の豊岡農学校を前身とし，2013年に大学進学重視型の単位制となる。
【生徒数】 男子571名，女子371名
【特 色】 ①大学進学重視型の単位制として，多種多様な選択科目と少人数授業により，きめ細かい指導を行う。②理科は，講義に加え実験・観察も重視。大学の先生や専門家による特別授業もある。③英語は２年次から，外国語指導助手とのティームティーチングがあり，３年次の選択科目では英文読解やリスニングなどの講座を開設する。④数学は，１・２年次は習熟度別学級で学ぶ。朝テストや授業内の小テストを定期的に行う。また，毎月校内に掲示される数学の問題に，挑戦することができる。⑤国公立大や難関私大志望者のために開講する豊高ゼミ（選抜者対象），希望者全員が受講できる進学講習や長期休業中の特別講習のほか，面談も重視した指導で進路実現を支援する。⑥陸上競技部，アーチェリー部が全国大会に出場した。
【進路情報】 卒業生数─311名
大学―216名 短大―11名 専門学校―61名
就職―８名 その他―15名
【大学合格状況】 防衛大，茨城大，埼玉県立大，東京理科大，学習院大，明治大，中央大，他。
【指定校推薦】 東京理科大，中央大，法政大，日本大，東洋大，大東文化大，亜細亜大，他。
【見学ガイド】 文化祭，説明会，体験入学，公開授業，部活動見学

選抜方法 2024年春（実績）
調査書，学力検査（５教科）
※学力検査の傾斜配点なし

応募状況

年度	学科	募集	志願	受検	志願倍率
'24	普通	318	411	405	1.29
'23	普通	318	392	390	1.23
'22	普通	318	385	382	1.21

合格のめやす
偏差値 合格の可能性▷60%＝48，80%＝50

【併願例】〈挑戦〉細田学園，山村学園 〈最適〉西武台，聖望学園 〈堅実〉秋草学園，東野

男子

松山 高等学校

【設置学科】 普通科, 理数科
【所在地】 〒355-0018 埼玉県東松山市松山町1-6-10 ☎(0493)22-0075
【アクセス】 東武東上線―東松山15分
【沿 革】 1923年創立。
【生徒数】 男子943名
【特 色】 ①2023年度からスーパーサイエンスハイスクール指定校となり, 科学系人材の育成に力を入れる。②普通科に国公立大学受験に特化した特進クラスを設置。入学許可候補者から希望者を募り, 志願理由書などから総合的に選抜する。3年間クラス替えがなく, 少人数授業を展開する。③理数科は理科4科目を履修でき, 医学部など難関大学にも対応。数学は2年次までに3年間の学習を終え, 3年次からは実践的な問題演習を行う。④早朝・昼休み・放課後・夏期休業中に100以上の特別講座を開講する「松高塾」(希望制)を実施。⑤特進クラスと理数科は夏期休業中勉強合宿を行う。⑥新聞部が総文祭で最優秀賞受賞。書道部が総文祭に, 陸上競技部, ソフトテニス部がインターハイ, 映像制作部が全国大会に出場している。
【進路情報】 卒業生数―313名
大学―282名 専門学校―5名 就職―5名 その他―21名
【大学合格状況】 東京大, 東工大, 筑波大, 東京藝術大, 早稲田大, 慶應大, 東京理科大, 他。
【指定校推薦】 東京理科大, 学習院大, 明治大, 青山学院大, 立教大, 中央大, 法政大, 他。
【見学ガイド】 文化祭, 説明会, 理数科体験授業, 土曜オープンスクール

選抜方法 2024年春(実績)
調査書, 学力検査(5教科)
※学力検査の傾斜配点 普通科=なし 理数科=数理

応募状況

年度	学科	募集	志願	受検	志願倍率
'24	普通	278	284	281	1.02
	理数	40	63	63	1.58
'23	普通	278	268	267	0.96
	理数	40	62	60	1.55

合格のめやす

偏差値	普通	合格の可能性▷60%=53, 80%=55
	理数	合格の可能性▷60%=58, 80%=61

【併願例】〈挑戦〉星野共学部, 城西川越 〈最適〉東農大三, 西武台 〈堅実〉山村国際

女子

松山女子 高等学校

【設置学科】 普通科
【所在地】 〒355-0026 埼玉県東松山市和泉町2-22 ☎(0493)22-0251
【アクセス】 東武東上線―東松山8分
【沿 革】 1926年創立。
【生徒数】 女子944名
【特 色】 ①社会で活躍する「凛として輝く」女性を育て, 地域の期待に応える進学校。②特進クラスと総合クラスで編成。③特進クラスは週34時間授業。難関大進学をめざし3年間クラス替えなく学ぶ。1・2年次の夏秋には全員参加による進学補講を行う。④総合クラスは週32時間授業。2年次の数英は少人数授業を行う。⑤ビブリオバトルやスタディサプリを活用した学習などを通して, 主体的な学びを推進する。⑥進路指導では, 全教員で行う小論文指導や平日・長期休業中の進学補講, 個別面談, 進路ガイダンスなどを実施する。⑦部活動全員加入で協働力と人間性を磨く。⑧陸上部が全国大会に, 空手部が関東大会に出場, 音楽部が全日本合唱コンクールで銀賞を受賞。総文祭では, 音楽部と箏曲部が優良賞, 書道部が特別賞を受賞。美術部も総文祭に出場している。
【進路情報】 卒業生数―313名
大学―215名 短大―16名 専門学校―62名 就職―14名 その他―6名
【大学合格状況】 お茶の水女子大, 東京学芸大, 北海道教育大, 埼玉県立大, 早稲田大, 他。
【指定校推薦】 学習院大, 明治大, 立教大, 法政大, 日本大, 東洋大, 成城大, 津田塾大, 他。
【見学ガイド】 文化祭, 説明会, 部活動体験, 公開授業, 個別相談会

選抜方法 2024年春(実績)
調査書, 学力検査(5教科)
※学力検査の傾斜配点なし

応募状況

年度	学科	募集	志願	受検	志願倍率
'24	普通	318	331	330	1.04
'23	普通	318	358	357	1.13
'22	普通	318	345	340	1.08

合格のめやす

偏差値	合格の可能性▷60%=52, 80%=54

【併願例】〈挑戦〉星野 〈最適〉東京農大三, 山村学園, 大妻嵐山, 正智深谷 〈堅実〉山村国際

小川 高等学校

共　学

【設置学科】　普通科
【所在地】　〒355-0328　埼玉県比企郡小川町大塚1105　☎(0493)72-1158
【アクセス】　東武東上線・JR—小川町3分
【沿　革】　1925年創立。
【生徒数】　男子301名，女子223名
【特　色】　①1年次から進学選抜クラス（1クラス）と普通クラス（4クラス）を編成する。普通クラスは進学・就職希望者の実力を養成。進学選抜クラスは上位大学をめざす生徒を支援する。②両クラスとも2年次から文系と理系に分かれ，3年次には進路希望に応じた選択科目を用意している。③進学選抜クラスは，宿泊型勉強合宿に全員参加。夏期休業中には集中講座を開講する。④1人1台ノートPCを購入し課題提出などに活用。Classi（ICTプラットフォーム）を利用して動画視聴をするなど自学自習を進める。⑤探究活動として「おがわ学」を設定。地域の小中学校と連携して，地域資源を題材に協働的な学びを行う。⑥独立した図書館があり，ラウンジも併設する。⑦グローカルメディア研究部が全国大会に出場。少林寺拳法部，陸上競技部が関東大会に出場した。
【進路情報】　卒業生数—191名
大学—81名　短大—10名　専門学校—68名
就職—26名　その他—6名
【大学合格状況】　立教大，日本大，東洋大，大東文化大，帝京大，國學院大，明治学院大，他。
【指定校推薦】　立教大，日本大，東洋大，大東文化大，東京電機大，立正大，女子栄養大，他。
【見学ガイド】　文化祭，説明会，公開授業，部活動体験

選抜方法 2024年春(実績)
調査書，学力検査（5教科），面接
※学力検査の傾斜配点なし

応募状況
年度	学科	募集	志願	受検	志願倍率
'24	普通	198	206	206	1.04
'23	普通	198	186	185	0.94
'22	普通	198	182	182	0.92

合格のめやす
偏差値　合格の可能性▷60%＝42，80%＝44

【併願例】〈挑戦〉正智深谷，山村国際
〈最適〉武蔵越生，東京成徳深谷，埼玉平成

滑川総合 高等学校

共　学
単位制

【設置学科】　総合学科
【所在地】　〒355-0815　埼玉県比企郡滑川町月の輪4-18-26　☎(0493)62-7000
【アクセス】　東武東上線—つきのわ6分
【沿　革】　滑川高校と吉見高校を統合・再編し，2005年に総合高校として開校。
【生徒数】　男子347名，女子451名
【特　色】　①進学型総合学科高校として，人文社会，自然科学，国際文化，ビジネス・メディア，健康・スポーツ，ヒューマンデザインの6系列を設置。140以上の科目から2年次は週10時間分，3年次は週17時間分を選択して主体的に学ぶ。②「産業社会と人間」により，1年次から計画的にキャリア教育を実施している。③3年次選択科目の英語，中国語，フランス語，ドイツ語では，ネイティヴスピーカーが指導を行う。④栄養系や保育系などでは専門家を招いた授業を実施。⑤0限・7限の補習，スタディサプリ，サマーセミナーなどにより大学受験対策を行う。⑥最新設備を備えた実習室や講義室など施設が充実。⑦書道部，映像・放送部が全国大会に，陸上競技部，弓道部が関東大会に，吹奏楽部が西関東大会に出場している。
【進路情報】　卒業生数—267名
大学—67名　短大—28名　専門学校—107名
就職—54名　その他—11名
【大学合格状況】　山形大，法政大，東洋大，駒澤大，大東文化大，帝京大，東京電機大，他。
【指定校推薦】　東洋大，大東文化大，東京電機大，国士舘大，北里大，東京家政大，他。
【見学ガイド】　文化祭，説明会，体験入学，部活動体験

選抜方法 2024年春(実績)
調査書，学力検査（5教科），面接
※学力検査の傾斜配点なし

応募状況
年度	学科	募集	志願	受検	志願倍率
'24	総合	278	297	296	1.07
'23	総合	278	282	282	1.01
'22	総合	278	267	266	0.96

合格のめやす
偏差値　合格の可能性▷60%＝45，80%＝47

【併願例】〈挑戦〉正智深谷　〈最適〉山村国際，武蔵越生，東京成徳深谷　〈堅実〉埼玉平成

秩父 高等学校

共学

【設置学科】 普通科
【所在地】 〒368-0035 埼玉県秩父市上町2-23-45 ☎(0494)22-3606
【アクセス】 秩父鉄道―御花畑10分 西武秩父線―西武秩父13分
【沿 革】 1907年創立。
【生徒数】 男子269名，女子295名
【特 色】 ①１年次から大学・短大への進学や公務員，一般就職に対応した総合進学クラスと，国公立・難関私大への進学をめざす特別進学クラスを設置する。特別進学クラスの１年次は学力検査後の選抜試験で２クラスに編成する。②両クラスとも２年次から文系と理系に分かれる。３年次の選択科目の組み合わせは40パターン以上になる。③総合進学クラスは30名程度，特別進学クラスは35名程度の少人数クラスを編成，担任のサポートも充実している。④朝の小テストや平日の補習，スタディサプリを利用した学びを実践。⑤オーストラリアの高校と姉妹校提携を結び，語学研修を行って交流している。⑥大学入学模試，外部模試（１・２年次），看護系模試，公務員・就職模試，小論文模試を実施。⑦放送部が全国大会に，弓道部が関東大会に出場。
【進路情報】 卒業生数―219名
大学―127名 短大―18名 専門学校―53名 就職―10名 その他―11名
【大学合格状況】 千葉大，横浜国大，埼玉大，国際教養大，北海道大，群馬大，信州大，他。
【指定校推薦】 学習院大，青山学院大，中央大，法政大，日本大，東洋大，専修大，東海大，他。
【見学ガイド】 体育祭，文化祭，説明会，体験入学，オープンキャンパス，公開授業

選抜方法 2024年春(実績)
調査書，学力検査（5教科）
※学力検査の傾斜配点なし

応募状況

年度	学科	募集	志願	受検	志願倍率
'24	普通	198	190	189	0.96
'23	普通	199	179	178	0.90
'22	普通	199	208	207	1.05

合格のめやす
偏差値 合格の可能性▷60％＝50，80％＝52

【併願例】〈挑戦〉本庄東 〈最適〉聖望学園，正智深谷 〈堅実〉本庄一，武蔵越生，東京成徳深谷

小鹿野 高等学校

共学
単位制

【設置学科】 総合学科
【所在地】 〒368-0105 埼玉県秩父郡小鹿野町小鹿野962-1 ☎(0494)75-0205
【アクセス】 西武秩父線―西武秩父，秩父鉄道―秩父よりバス小鹿野5分
【沿 革】 1948年創立。
【生徒数】 男子62名，女子45名
【特 色】 ①２年次から福祉生活，地域観光，文理総合，文化教養の４系列に分かれ，80以上の選択科目から各自の時間割を組む。②少人数学級編成を展開。１年次の数英は分割授業を実施。③福祉生活系列は，在学中に介護職員初任者研修修了資格が取得可能。④地域観光系列は，地域の特色を学び，地域に貢献する人材を育成する。⑤文理総合系列は，文系科目と理系科目の２パターンに分かれて履修し，進路に合った学習ができる。⑥文化教養系列は，社会人として活躍できる幅広い教養を身につける。⑦進学指導では進学補習や夏季進学補習など，就職指導では面接指導や公務員試験対策講座などを行う。⑧小鹿野町と地域包括連携協定を締結している。⑨地域の観光スポットでライトアップ活動などを行う竹あかり同好会が，2021年度「埼玉WABISABI大祭典」で表彰された。
【進路情報】 卒業生数―51名
大学―6名 専門学校―10名 就職―33名 その他―2名
【大学合格状況】 尚美学園大，駿河台大，他。
【指定校推薦】 浦和大，城西大，城西国際大，尚美学園大，駿河台大，高千穂大，多摩大，他。
【見学ガイド】 文化祭，説明会，体験入学，公開授業，見学会

選抜方法 2024年春(実績)
調査書，学力検査（5教科）
※学力検査の傾斜配点なし

応募状況

年度	学科	募集	志願	受検	志願倍率
'24	総合	119	44	42	0.37
'23	総合	119	44	44	0.37
'22	総合	119	32	31	0.27

合格のめやす
偏差値 合格の可能性▷60％＝32，80％＝34

【併願例】〈挑戦〉本庄一，東京成徳深谷，武蔵越生，自由の森，東野

埼玉 全日制 比企郡／秩父市／秩父郡

児玉 高等学校

共 学

【設置学科】 普通科〔ほか機械科，電子機械科，生物資源科，環境デザイン科⇒全日制専門学科〕
【所在地】 〒367-0216 埼玉県本庄市児玉町金屋980 ☎(0495)72-1566
【アクセス】 JR—児玉22分，本庄よりバス児玉高校入口3分
【沿 革】 2023年度，児玉白楊高校と児玉高校が統合して開校。
【生徒数】 男子295名，女子182名
【特 色】 ①未来の地域産業を支え，学ぶ意欲と社会性を身につけた心豊かな人材を育てる。②1年次では全員が「ものづくり基礎」を履修し，農業や工業などものづくりの重要性を学ぶ。③2年次からは2つの類型に分かれ，実学を重視した学びで就職意識を高める。地域創造系は農業，工業の科目を選択。スポーツ健康科学系はスポーツと栄養，スポーツと健康についても学ぶ。3年次では地域課題の発見と解決に取り組む。こうした学びによって規範意識や社会性を身につけ，地域のリーダーとしての資質や態度を育成する。④取得可能な資格・検定は実用英語技能検定，日本漢字能力検定，アーク溶接特別教育講習，ガス溶接技能講習，小型車両系建設機械特別教育講習，小型フォークリフト特別教育講習など多岐にわたる。⑤基礎学力向上として朝学習と漢字検定対策を実施する。⑥進路指導では外部講師によるガイダンス，面接指導，マナー講習を開催。2年次には地元企業で就業体験をする。就職セミナーやバス見学を行い，企業や大学・専門学校を訪問。漢検・英検の取得サポートも行う。
【見学ガイド】 文化祭，説明会，体験入学，見学会，部活動体験会，ナイト入試相談会

選抜方法 2024年春（実績）
調査書，学力検査（5教科）
※学力検査の傾斜配点なし

応募状況

年度	学科	募集	志願	受検	志願倍率
'24	普通	79	71	69	0.90
'23	普通	79	64	60	0.81

合格のめやす

偏差値	合格の可能性▷60%=34，80%=36

【併願例】〈挑戦〉東京成徳深谷，武蔵越生，埼玉平成

本庄 高等学校

共 学
単位制

【設置学科】 普通科
【所在地】 〒367-0045 埼玉県本庄市柏1-4-1 ☎(0495)21-1195
【アクセス】 JR—本庄15分
【沿 革】 1922年創立の本庄高校が2013年に本庄北高校と統合し，単位制に移行。
【生徒数】 男子394名，女子567名
【特 色】 ①週2日7時限で週32時限の授業を実施。②1年次は共通に学び，高校学習の基礎を確立。数学，英語は少人数授業で個々の力を伸ばす。③2・3年次には多数の選択科目で多様な進路に対応。少人数授業に加え，独自の学校設定科目で一般授業に直結する発展学習ができる。④早朝，放課後，長期休業中などの補習授業や，全員模試などにより学びをサポートする。⑤オーストラリアの高校と姉妹校提携。10日間の交流プログラム（夏季休業中）やターム（学期）留学（1～3月），オンライン交流を実施している。⑥日本薬科大学と高大連携を結んでいる。⑦小学生とのスポーツ交流，地域の高齢者施設や保育園，病院での演奏会など地域と連携したボランティア活動が盛ん。⑧写真部，生物部が全国大会出場。弓道部が東日本大会，陸上競技部が関東大会出場した。
【進路情報】 卒業生数— 309名
大学—243名 短大—11名 専門学校—28名
就職—4名 その他—23名
【大学合格状況】 埼玉大，横浜市大，群馬大，早稲田大，明治大，立教大，中央大，法政大，他。
【指定校推薦】 明治大，青山学院大，立教大，法政大，日本大，東洋大，東海大，成城大，他。
【見学ガイド】 文化祭，説明会，土曜公開授業

選抜方法 2024年春（実績）
調査書，学力検査（5教科）
※学力検査の傾斜配点なし

応募状況

年度	学科	募集	志願	受検	志願倍率
'24	普通	318	354	353	1.11
'23	普通	318	338	338	1.06
'22	普通	318	359	359	1.13

合格のめやす

偏差値	合格の可能性▷60%=54，80%=56

【併願例】〈挑戦〉本庄東 〈最適〉東京農大三，埼玉栄 〈堅実〉正智深谷，本庄一，東京成徳深谷

熊谷 高等学校

男子
単位制

【設置学科】 普通科

【所在地】 〒360-0812 埼玉県熊谷市大原1-9-1 ☎(048)521-0050

【アクセス】 JR—熊谷よりバス気象台入口5分または円光4分 秩父鉄道—石原15分

【沿 革】 1895年創立。2016年度より単位制となる。

【生徒数】 男子955名

【特 色】 ①進学型単位制を導入。生徒一人ひとりに最適な授業が構成できるカリキュラムで, 確かな学力を身につける。1・2年次は国語, 数学, 英語が充実。3年次は幅広い選択科目で大学受験に必要な科目を多数用意する。少人数授業を多く展開し, きめ細かく指導。②図書館を平日20:30まで, 教室と廊下を平日19:00まで学習目的に開放。③手帳やポートフォリオを活用し, 自主的に学ぶ力を養成。④弱点克服とモチベーション維持のため, 模試を効果的に利用。放課後, 長期休業中の補習や, ICTを利用した授業外の課題提供も行う。⑤熊谷～上長瀞間の40kmハイク, 臨海学校など伝統ある学校行事がある。⑥ソフトテニス部, 水泳部, 陸上競技部が全国大会に, 軟式野球部が関東大会に出場。

【進路情報】 卒業生数—317名
大学—229名 短大—1名 専門学校—3名
就職—1名 その他—83名

【大学合格状況】 一橋大, 千葉大, 筑波大, 横浜国大, 埼玉大, 大阪大, 北海道大, 東北大, 他。

【指定校推薦】 早稲田大, 慶應大, 上智大, 東京理科大, 学習院大, 明治大, 青山学院大, 他。

【見学ガイド】 文化祭, 説明会, 部活体験, 体験会, 土曜授業見学, 見学会

選抜方法 2024年春(実績)
調査書, 学力検査(5教科)
※数英は学校選択問題
※学力検査の傾斜配点なし

応募状況

年度	学科	募集	志願	受検	志願倍率
'24	普通	318	353	351	1.11
'23	普通	318	358	355	1.13
'22	普通	318	350	349	1.10

合格のめやす

偏差値 合格の可能性▷60%=59, 80%=61

【併願例】〈挑戦〉川越東 〈最適〉城北埼玉, 本庄東, 城西川越 〈堅実〉栄北, 東京農大三

熊谷女子 高等学校

女子

【設置学科】 普通科

【所在地】 〒360-0031 埼玉県熊谷市末広2-131 ☎(048)521-0015

【アクセス】 JR・秩父鉄道—熊谷7分

【沿 革】 1911年創立。

【生徒数】 女子946名

【特 色】 ①創立113年を迎えた伝統ある女子校。②週2回の7時限授業, 隔週土曜日授業を実施。③数学と英語で少人数授業を展開。2年次で文型, 理型, 3年次で文型, 文理型, 理型に分かれる。④早朝や放課後, 長期休業中の進学補習が充実。⑤キャリア教育, 進路学習, 大学見学, 模擬試験などのほか「進路の手引」(学習編・資料編)などを進路室で発行, 有益な情報を提供する。また, 2年次には全員に小論文指導を実施する。⑥1・2年次で様々な探究活動に取り組む。⑦ICTを活用した個別で最適な学びにより, 自ら課題を発見する力, 生涯にわたる学びを実現する力を育む。⑧ニュージーランドの姉妹校と相互交流を行う。⑨学校行事と充実した部活動で, 生徒の自主性を伸ばす。⑩チアリーディング部が全国大会優勝, 水泳部, 陸上競技部, 写真部が全国出場の実績をもつ。

【進路情報】 卒業生数—307名
大学—283名 短大—1名 専門学校—8名
就職—1名 その他—14名

【大学合格状況】 筑波大, 横浜国大, 埼玉大, 北海道大, 東北大, 東京藝術大, 早稲田大, 他。

【指定校推薦】 早稲田大, 東京理科大, 明治大, 青山学院大, 立教大, 中央大, 法政大, 他。

【見学ガイド】 文化祭, 説明会, 部活動体験, 公開授業

選抜方法 2024年春(実績)
調査書, 学力検査(5教科)
※数英は学校選択問題
※学力検査の傾斜配点なし

応募状況

年度	学科	募集	志願	受検	志願倍率
'24	普通	318	314	311	0.99
'23	普通	318	358	358	1.13
'22	普通	318	342	342	1.08

合格のめやす

偏差値 合格の可能性▷60%=60, 80%=62

【併願例】〈挑戦〉淑徳与野 〈最適〉大宮開成, 星野女子部, 本庄東 〈堅実〉栄北, 東京農大三

埼玉 全日制 本庄市／熊谷市

共 学

熊谷西 高等学校

【設置学科】 普通科,理数科
【所在地】 〒360-0843 埼玉県熊谷市三ヶ尻
2066 ☎(048)532-8881
【アクセス】 JR—籠原15分
【沿 革】 1975年創立。
【生徒数】 男子436名,女子467名
【特 色】 ①「立志教育と進路実現」を基本方針に,国公立大学や難関私立大学への合格と自己実現に向けた進路指導にあたる。②55分授業を実施。論理的思考力・判断力・表現力を鍛える。③普通科は,希望の進路に応じた多様な選択科目を設置。2年次は1類(文系),2類(理系)に,3年次には志望に応じて5つに分かれる。④理数科は,3年間クラス替えがなく,数理を幅広くかつ深く学んで理系進学をめざす。生物,地学,天文学を実地で観察・学習する2泊3日の臨海実習もある。⑤長期休業中や放課後,早朝を中心に補習を実施。自習室は土曜日も開室し,進路指導室には指導教員が常駐する。⑥ニュージーランドへの語学研修がある。⑦美術部が「はんが甲子園」に10年連続出場。将棋・書道・自然科学部が総文祭に出場。
【進路情報】 卒業生数―322名
大学―296名 短大―3名 専門学校―8名
就職―2名 その他―13名
【大学合格状況】 千葉大,筑波大,埼玉大,北海道大,都立大,群馬大,早稲田大,上智大,他。
【指定校推薦】 東京理科大,学習院大,明治大,青山学院大,立教大,中央大,法政大,他。
【見学ガイド】 文化祭,説明会,公開授業

選抜方法 2024年春(実績)
調査書,学力検査(5教科)
※数英は学校選択問題
※学力検査の傾斜配点 普通科=なし 理数科=数理

応募状況

年度	学科	募集	志願	受検	志願倍率
'24	普通	278	326	325	1.17
	理数	40	57	55	1.43
'23	普通	278	306	305	1.10
	理数	40	49	49	1.23

合格のめやす

偏差値	普通	合格の可能性▷60%=59, 80%=61
	理数	合格の可能性▷60%=58, 80%=60

【併願例】〈挑戦〉大宮開成 〈最適〉本庄東,浦和麗明 〈堅実〉栄北,東京農大三,正智深谷

共 学

妻沼 高等学校

【設置学科】 普通科
【所在地】 〒360-0203 埼玉県熊谷市弥藤吾
480 ☎(048)588-6800
【アクセス】 JR—深谷などよりスクールバス JR・秩父鉄道—熊谷よりバス三ツ橋3分
【沿 革】 1979年創立。
【生徒数】 男子149名,女子109名
【特 色】 ①学校設定教科「カルティベートタイム」でつまずき解消と基礎固めを行う。基本からステップアップする教材(教員の手作り)を使用し,2名の教員によるティームティーチングで指導する。特に国語力と計算力の育成に力を入れる。②1年次は3クラスを4クラスで展開する少人数授業。また,数学と英語は習熟度別授業を実施。③漢字検定,英語検定,ビジネス文書実務検定,情報処理検定などの資格取得を推進している。④希望に応じた進路補習など,一人ひとりに応じたきめ細やかな進路指導を行う。⑤スクールカウンセラー,スクールソーシャルワーカー,就職支援アドバイザー,日本語支援員,特別支援巡回支援員を配置。⑥生徒会や部活動が地域イベントに参加したり,近隣小学校を訪問するなど,地域に開かれた取り組みを行う。⑦深谷方面にスクールバスを2コース運行。生徒の約4割が利用している。
【進路情報】 卒業生数―85名
大学―7名 短大―2名 専門学校―18名
就職―46名 その他―12名
【大学合格状況】 高千穂大,埼玉工大,聖学院大,他。
【指定校推薦】 大東文化大,城西大,他。
【見学ガイド】 文化祭,説明会,公開授業

選抜方法 2024年春(実績)
調査書,学力検査(5教科),面接
※学力検査の傾斜配点なし

応募状況

年度	学科	募集	志願	受検	志願倍率
'24	普通	119	121	121	1.02
'23	普通	119	101	100	0.85
'22	普通	119	121	120	1.02

合格のめやす

偏差値	合格の可能性▷60%=32, 80%=34

【併願例】〈挑戦〉本庄一,花咲徳栄,東京成徳深谷,秀明英光

深谷 高等学校

共学

【設置学科】 普通科
【所在地】 〒366-8515 埼玉県深谷市宿根315
☎(048)572-1215
【アクセス】 JR—深谷30分
【沿革】 1974年創立。
【生徒数】 男子342名，女子202名
【特色】 ①1年次は少人数学級編成。数英は習熟度別授業を行う。深谷市の地理や産業について学ぶ独自科目「ふかや学」を3年次の選択科目に設置する。②国公立大や中堅私大などへの進学をめざす特進クラスを設置。平日にはスタディサプリによる補習，土曜日は学力向上補習を実施。③一般クラスは進学から就職まで幅広い希望進路に対応できる学力を育成。1・2年次の学力向上補習，3年次の進学補習，小論文完全個別指導，大学進学模試などを行う。④タブレット端末などICTを活用した教育を推進し，協働的な学びを効果的に進める。⑤経験豊富な担当者が進路相談に対応。長年の実績により，多くの指定校推薦枠を確保する。⑥ラグビー部が関東大会に出場。⑦深谷駅より自転車で10分の距離に位置し，自転車通学者が多い。⑧創立50周年を記念して制服をリニューアル。
【進路情報】 卒業生数—187名
大学—46名 短大—6名 専門学校—67名
就職—64名 その他—4名
【大学合格状況】 青山学院大，法政大，日本大，東洋大，大東文化大，國學院大，芝浦工大，他。
【指定校推薦】 東京理科大，日本大，東洋大，大東文化大，亜細亜大，東京電機大，他。
【見学ガイド】 文化祭，説明会，体験授業，部活動体験

選抜方法 2024年春(実績)
調査書，学力検査(5教科)
※学力検査の傾斜配点なし

応募状況
年度	学科	募集	志願	受検	志願倍率
'24	普通	198	195	195	0.98
'23	普通	198	208	208	1.05
'22	普通	199	187	187	0.94

合格のめやす
偏差値 合格の可能性▷60%=41，80%=43

【併願例】〈挑戦〉正智深谷 〈最適〉本庄一，花咲徳栄，東京成徳深谷，秀明英光

深谷第一 高等学校

共学

【設置学科】 普通科
【所在地】 〒366-0034 埼玉県深谷市常盤町21-1 ☎(048)571-3381
【アクセス】 JR—深谷20分
【沿革】 1908年創立。
【生徒数】 男子423名，女子398名
【特色】 ①1年次は学習習慣の確立を図り，高校学習の基礎力を身につけ，上級学校へ進学するための土台作りをする。2年次は進路の多様化に対応し，「看護学」など多彩な選択科目を用意。3年次から文系，理系に分かり，進路希望に合わせて選択科目も多くなる。②2年次から大学の一般選抜に挑戦する生徒のために一般受験クラスを設置。③スタディーサポート，進学補習，看護医療模試などの学習支援体制が整う。④1年次より英語外部試験のGTECを受験する。⑤教員希望者説明会，大学や専門学校の教員による模擬授業，卒業生の進路体験発表会など，キャリア教育に基づいた進路指導を行う。⑥小学校との交流，深谷花フェスタへの参加，保育体験実習を通して，社会奉仕活動に取り組む。⑦放送部がNHK杯全国高校放送コンテストで3位。女子剣道部が関東大会に出場。
【進路情報】 卒業生数—276名
大学—169名 短大—15名 専門学校—77名
就職—5名 その他—10名
【大学合格状況】 高崎経済大，前橋工科大，学習院大，法政大，日本大，東洋大，駒澤大，他。
【指定校推薦】 学習院大，日本大，東洋大，大東文化大，亜細亜大，帝京大，東京電機大，他。
【見学ガイド】 文化祭，説明会，部活動体験入部，公開授業

選抜方法 2024年春(実績)
調査書，学力検査(5教科)
※学力検査の傾斜配点なし

応募状況
年度	学科	募集	志願	受検	志願倍率
'24	普通	278	278	278	1.00
'23	普通	278	308	307	1.11
'22	普通	278	319	318	1.15

合格のめやす
偏差値 合格の可能性▷60%=51，80%=53

【併願例】〈最適〉東京農大三，埼玉栄，正智深谷 〈堅実〉本庄一，花咲徳栄，東京成徳深谷

埼玉 全日制 熊谷市／深谷市

寄居城北 高等学校

共学
単位制

【設置学科】 総合学科
【所在地】 〒369-1202 埼玉県大里郡寄居町桜沢2601 ☎(048)581-3111
【アクセス】 秩父鉄道―桜沢3分
【沿革】 2008年度に単位制総合学科の高等学校として開校。
【生徒数】 男子194名，女子351名
【特色】 ①文理総合系列（文系，看護医療理系，保育），情報ビジネス系列（情報，ビジネス），健康教養系列（ウェルネス，スポーツ）の3系列7プランがあり，将来の夢や希望の実現に向けて科目が選択できる。「陶芸」「ビジネス基礎」など系列に関わらない多彩な科目も選択できる。②全学年で少人数の学級編成。1・2年次の主要教科で習熟度別授業を行い，一人ひとりの学力向上をめざす。③大学，短大，看護系学校などへ進学を希望する生徒のために，特別編成進学クラスを設置。④キャリア教育が充実。「産業社会と人間」での体験的学習や埼玉工業大学，武蔵丘短期大学との連携を通じてキャリア意識を高め，希望進路の実現をめざす。⑤剣道部が関東大会に出場。弓道部が東日本大会に出場。写真部が関東地区高等学校写真展に出品した。
【進路情報】 卒業生数―184名
大学―23名 短大―10名 専門学校―83名
就職―61名 その他―7名
【大学合格状況】 日本大，日本薬科大，高千穂大，埼玉工大，駿河台大，聖学院大，他。
【指定校推薦】 立正大，城西大，高崎健康福祉大，駿河台大，上武大，日本薬科大，他。
【見学ガイド】 文化祭，説明会，部活動体験入部，個別相談会

選抜方法 2024年春(実績)
調査書，学力検査（5教科）
※学力検査の傾斜配点なし

応募状況

年度	学科	募集	志願	受検	志願倍率
'24	総合	198	194	193	0.98
'23	総合	198	199	197	1.01
'22	総合	198	180	177	0.91

合格のめやす
偏差値 合格の可能性▷60%=38，80%=40

【併願例】〈挑戦〉正智深谷，本庄一，武蔵越生，東京成徳深谷 〈最適〉埼玉平成，秀明英光

進修館 高等学校

共学
単位制

【設置学科】 総合学科〔ほか電気システム科，情報メディア科，ものづくり科（学年制）⇒全日制専門学科〕
【所在地】 〒361-0023 埼玉県行田市長野1320 ☎(048)556-6291
【アクセス】 秩父鉄道―東行田8分
【沿革】 1915年創立の実科高等女学校を母体とする。2019年度普通科募集停止。
【生徒数】 男子506名，女子315名
【特色】 ①全クラスが33名程度の少人数学級。2年次から進路に合わせ5系列に分かれる。系列とは進路選択のめやすとなるよう，関連ある科目をまとめたグループ。2・3年次の半数以上の授業は各系列に応じた選択科目。②文科探究系列は文系大学への進学を，理科探究系列は理系大学への進学をめざす。③総合教養系列は，一般教養科目や基礎科目を学び，上級学校への進学や就職をめざす。④美術探究系列は，専門的な美術の学びを通して，美術系上級学校への進学や就職をめざす。⑤商業探究系列は，簿記検定などの資格を取得し，経済・経営系上級学校への進学や就職をめざす。⑥陸上競技部，電子機械研究部，写真部が全国大会出場。
【進路情報】〔総合学科〕卒業生数―190名
大学―52名 短大―8名 専門学校―90名
就職―35名 その他―5名
【大学合格状況】 早稲田大，明治大，立教大，法政大，日本大，東洋大，駒澤大，成城大，他。
【指定校推薦】 東洋大，駒澤大，大東文化大，獨協大，東京電機大，日本女子大，文教大，他。
【見学ガイド】 文化祭，説明会，体験授業，部活動体験，公開授業

選抜方法 2024年春(実績)
調査書，学力検査（5教科）
※学力検査の傾斜配点なし

応募状況

年度	学科	募集	志願	受検	志願倍率
'24	総合	198	193	193	0.97
'23	総合	198	191	191	0.96
'22	総合	198	179	177	0.90

合格のめやす
偏差値 合格の可能性▷60%=41，80%=43

【併願例】〈挑戦〉正智深谷 〈最適〉本庄一，花咲徳栄，東京成徳深谷，秀明英光，関東学園大附

不動岡 高等学校

共学
単位制

【設置学科】 普通科

【所在地】 〒347-8513 埼玉県加須市不動岡1-7-45 ☎(0480)61-0140

【アクセス】 東武伊勢崎線―加須20分またはバス不動岡高校前2分

【沿革】 1886年創立。2022年度, 外国語科募集停止。

【生徒数】 男子468名, 女子596名

【特色】 ①すべての英語でディベート, ディスカッションなどを取り入れた実践的な学びを展開。②文系・理系の類型を越え, 増加傾向にある教科横断型の大学入試問題にも対応したカリキュラムを整備。③3年間を通じた探究活動(未来探究)に取り組む。探究活動は2023年から3年間, 一般財団法人三菱みらい育成財団の助成対象プログラムに採択された。④教職員による大学入試問題分析や難関大学受験対策説明会などの進路指導を実践。⑤オーストラリア, ドイツ, フランスなどでの研修や, 海外の有名大学に通う学生を招いたグローバルスタディーズ・プログラムなどを実施。⑥新聞部が全国高校総合文化祭出場。理科学部が日本生物学オリンピックで敢闘賞を受賞。吹奏楽部が西関東大会に, 陸上競技部が関東大会に出場した。

【進路情報】 卒業生数―348名

大学―306名 就職―1名 その他―41名

【大学合格状況】 京都大, 筑波大, 東京外大, 大阪大, 北海道大, 東北大, 東京医歯大, 他。

【指定校推薦】 早稲田大, 東京理科大, 学習院大, 明治大, 青山学院大, 立教大, 中央大, 他。

【見学ガイド】 文化祭, 説明会, 土曜公開授業, 部活動体験

選抜方法 2024年春(実績)

調査書, 学力検査(5教科)
※数英は学校選択問題
※学力検査の傾斜配点なし

応募状況

年度	学科	募集	志願	受検	志願倍率
'24	普通	358	477	475	1.33
'23	普通	358	467	465	1.30
'22	普通	358	441	438	1.23

合格のめやす

偏差値 合格の可能性▷60%=63, 80%=65

【併願例】〈挑戦〉開智 〈最適〉大宮開成, 春日部共栄, 昌平 〈堅実〉本庄東, 開智未来, 栄北

羽生第一 高等学校

共学

【設置学科】 普通科

【所在地】 〒348-0045 埼玉県羽生市大字下岩瀬153 ☎(048)561-6511

【アクセス】 東武伊勢崎線・秩父鉄道―羽生15分

【沿革】 1976年創立。

【生徒数】 男子199名, 女子253名

【特色】 ①自己肯定力, 傾聴力, 分析力, 思考力, 発信力, 想像力, 創造力, 行動力の8つの力をもち, 主体的に考えられるような教育を行う。②1年次は基礎固めと学習習慣の確立をめざす。受験に必要な基礎学力と共に, 幅広い教養を身につける。2年次には進路希望に応じて文系, 理系に分かれる。3年次は大学進学をめざし, 多様な選択科目で学ぶ。③特進クラスを各学年1クラス設置。月曜7限の授業, 早朝補習, 長期休業中の進学補習で国公立大学をめざす。④生徒手帳とスケジュール帳が1つになった一高手帳で自己管理能力を鍛える。ほかにも, 新聞を取り入れた教育(NIE)の推進, 朝の10分間読書, 1年次生の全員部活加入, 地域ボランティアへの積極参加など, 自主自律を大切にした規律ある学校生活の確立に取り組む。⑤陸上競技部がインターハイと関東大会に出場。

【進路情報】 卒業生数―175名

大学―82名 短大―7名 専門学校―72名

就職―8名 その他―6名

【大学合格状況】 秋田大, 早稲田大, 学習院大, 明治大, 法政大, 日本大, 東洋大, 東海大, 他。

【指定校推薦】 法政大, 日本大, 東洋大, 帝京大, 獨協大, 東京電機大, 文教大, 他。

【見学ガイド】 文化祭, 説明会, 見学会

選抜方法 2024年春(実績)

調査書, 学力検査(5教科)
※学力検査の傾斜配点なし

応募状況

年度	学科	募集	志願	受検	志願倍率
'24	普通	159	148	148	0.93
'23	普通	159	147	147	0.92
'22	普通	159	165	163	1.04

合格のめやす

偏差値 合格の可能性▷60%=46, 80%=48

【併願例】〈最適〉正智深谷, 国際学院, 花咲徳栄, 東京成徳深谷, 関東学園大附

埼玉

全日制

大里郡／行田市／加須市／羽生市

誠和福祉 高等学校

共 学
単位制

【設置学科】 総合学科〔ほか福祉科⇒全日制専門学科〕

【所在地】 〒348-0024 埼玉県羽生市神戸706

☎(048)561-6651

【アクセス】 東武伊勢崎線―南羽生20分

【沿 革】 2008年開校。

【生徒数】 男子50名，女子242名

【特 色】 ①地域や社会を支える力と心を持ったスペシャリストを育てる。②２年次から自分の進路に合わせて福祉，保育，看護，教養の４系列から１系列を選択する。③共通の普通科目に加え，豊富な選択科目で幅広い進路に対応する。福祉科福祉総合コースとの共通選択科目も設定している。④例えば看護系列では，上級学校への進学に必要となる生物や数学探究など理数系の科目を重点的に学ぶこともできる。⑤看護体験や保育園実習を行うほか，福祉施設や特別支援学校との交流会も実施。遊具を手作りした「キッズランド」に保育園児を招く活動も行っている。⑥社会福祉・介護福祉，保育技術や福祉住環境コーディネーター資格にも挑戦できる。⑦2022年度の就職内定率は100％。卒業生は埼玉県下の福祉施設や事業所など多方面で活躍する。⑧介護実習室や器楽実習室，地域福祉交流実習室など設備が充実している。

【進路情報】 〔総合学科〕卒業生数―65名
大学―６名 短大―19名 専門学校―32名
就職―７名 その他―１名

【大学合格状況】 聖学院大，平成国際大，他。

【指定校推薦】 立教大，大東文化大，立正大，浦和大，埼玉学園大，東京福祉大，淑徳大，他。

【見学ガイド】 文化祭，説明会，体験入学

選抜方法 2024年春(実績)

調査書，学力検査（５教科），面接
※学力検査の傾斜配点なし

応募状況

年度	学科	募集	志願	受検	志願倍率
'24	総合	79	46	46	0.58
'23	総合	79	56	56	0.71
'22	総合	79	55	54	0.70

合格のめやす

偏差値 合格の可能性▷60％＝37，80％＝39

【併願例】〈挑戦〉国際学院，花咲徳栄，東京成徳深谷，関東学園大附 〈最適〉秀明英光

草加 高等学校

共 学

【設置学科】 普通科

【所在地】 〒340-0002 埼玉県草加市青柳5-3-1 ☎(048)935-4521

【アクセス】 東武スカイツリーライン―新田20分またはバス青柳五丁目３分

【沿 革】 1962年創立。

【生徒数】 男子550名，女子512名

【特 色】 ①２年次から文理に分かれて学ぶ。②英語教育は外国語指導助手によるティームティーチングで授業を充実させ，エンパワーメントプログラムで海外からの留学生とディスカッションする機会もある。１年次に英検準２級を全員受験して約半数が合格の実績。準１級合格者も出ている。③２年次には地域探究でフィールドワークを実施。④年12回行う７時間の学習マラソン，スタディサプリの活用，朝学習，通年補習，長期休業中補習など，学習機会を多く設ける。⑤渡り廊下を利用した自習ブースは46席あり，誰でも自由に使える。⑥全教室にプロジェクターを完備。図書館には話題の小説，コミックから受験参考書まで毎月100冊もの新しい本が入る。⑦パワーリフティング部が世界大会，陸上競技・書道部が関東大会に出場。

【進路情報】 卒業生数―342名
大学―266名 短大―３名 専門学校―52名
就職―５名 その他―16名

【大学合格状況】 千葉大，筑波大，埼玉大，都立大，埼玉県立大，明治大，立教大，中央大，他。

【指定校推薦】 日本大，東洋大，駒澤大，専修大，大東文化大，東海大，亜細亜大，他。

【見学ガイド】 文化祭，説明会，公開授業，部活動体験

選抜方法 2024年春(実績)

調査書，学力検査（５教科）
※学力検査の傾斜配点なし

応募状況

年度	学科	募集	志願	受検	志願倍率
'24	普通	358	374	373	1.04
'23	普通	358	370	368	1.03
'22	普通	358	374	369	1.04

合格のめやす

偏差値 合格の可能性▷60％＝52，80％＝54

【併願例】〈挑戦〉春日部共栄，浦和麗明，武南〈最適〉叡明 〈堅実〉浦和実業，浦和学院

共 学

草加西 高等学校

【設置学科】 普通科
【所在地】 〒340-8524 埼玉県草加市原町2-7-1 ☎(048)942-6141
【アクセス】 東武スカイツリーライン─新田よりバス草加西高校入口4分
【沿革】 1983年創立。
【生徒数】 男子292名，女子395名
【特色】 ①人に優しく，自分に厳しく，社会に貢献できる人間を育てる。②2年次より進路希望に沿った5つの類型（文系，理系，教育系，福祉系，医療系）で授業を選択する。医療・福祉・教育系は，看護師や保育士，介護福祉士をめざす生徒向けの特色ある授業を用意。医療系志望者を対象に医療系入試問題に取り組む科目，生物・化学分野を中心に実験を行い，探究学習や発表などを行う科目，保育所や幼稚園での実習のほか，家庭科保育技術検定を受験し保育系への進学をめざす科目，社会福祉の向上を図る能力と態度を育てる科目などを設置している。③実力テストや介護・看護体験，進学補講など進路指導が充実。④校内にある草加かがやき特別支援学校草加分校との共同開催行事や交流教室，ボランティア活動，地域清掃活動を行う。
【進路情報】 卒業生数─226名
大学─58名 短大─14名 専門学校─95名 就職─49名 その他─10名
【大学合格状況】 日本大，東洋大，駒澤大，大東文化大，亜細亜大，帝京大，獨協大，他。
【指定校推薦】 日本大，亜細亜大，獨協大，国士舘大，拓殖大，目白大，麗澤大，千葉商大，他。
【見学ガイド】 文化祭，説明会，部活動体験，見学会

選抜方法 2024年春（実績）
調査書，学力検査（5教科），面接
※学力検査の傾斜配点なし

応募状況
年度	学科	募集	志願	受検	志願倍率
'24	普通	238	234	233	0.98
'23	普通	238	272	272	1.14
'22	普通	238	247	247	1.04

合格のめやす
偏差値 合格の可能性▷60％=41，80％=43

【併願例】〈挑戦〉叡明，浦和実業，浦和学院，潤徳女子 〈最適〉花咲徳栄，秀明英光，武蔵野

共 学

草加東 高等学校

【設置学科】 普通科
【所在地】 〒340-0001 埼玉県草加市柿木町1110-1 ☎(048)936-3570
【アクセス】 JR─越谷レイクタウン20分 東武スカイツリーライン─新越谷，JR─南越谷よりバス草加東高校
【沿革】 1980年創立。
【生徒数】 男子409名，女子524名
【特色】 ①1年次は，基礎学力を定着させるための教科を充実させている。2年次から文系，理系に分かれる。理系の数学は少人数授業を行う。3年次では生徒一人ひとりの進路希望の実現をめざして多様な選択科目を設置する。②毎日15分の朝学習では，全員が自主学習に取り組む。また，1・2年次には年3回の実力テストを実施。夏期休業中には全学年を対象に実力補習も開講する。ほかにも進学・公務員希望者を対象に通年で実施する実力補習や面接指導などもある。③スポーツジムのようなトレーニングルームを整備。④福祉施設でのボランティア活動や地域の公共施設と連携した地域振興，様々な部活動での交流など地域活動が盛ん。⑤ダンス部が全国大会，弓道部が男女とも関東大会出場。
【進路情報】 卒業生数─308名
大学─159名 短大─16名 専門学校─110名 就職─18名 その他─5名
【大学合格状況】 上智大，中央大，法政大，日本大，東洋大，駒澤大，専修大，大東文化大，他。
【指定校推薦】 日本大，東洋大，大東文化大，亜細亜大，獨協大，東京電機大，城西大，他。
【見学ガイド】 文化祭，説明会，体験入学，オープンキャンパス，公開授業，見学会

選抜方法 2024年春（実績）
調査書，学力検査（5教科）
※学力検査の傾斜配点なし

応募状況
年度	学科	募集	志願	受検	志願倍率
'24	普通	318	361	358	1.14
'23	普通	318	368	367	1.16
'22	普通	318	345	342	1.08

合格のめやす
偏差値 合格の可能性▷60％=46，80％=48

【併願例】〈挑戦〉叡明 〈最適〉浦和実業，浦和学院，花咲徳栄，東洋女子，潤徳女子

草加南 高等学校

【設置学科】 普通科, 外国語科
【所在地】 〒340-0033 埼玉県草加市柳島町66 ☎(048)927-7671
【アクセス】 東武スカイツリーライン―谷塚17分
【沿 革】 1976年創立。
【生徒数】 男子381名, 女子468名
【特 色】 ①全校でグローバル教育が充実している。英語の授業では1クラス20名での少人数授業を実施し, ALT(外国語指導助手)が2名常駐する利点を生かして英語によるレシテーション(暗唱), プレゼンテーション, ディスカッションを行う。②外国語科の英語の授業時間数は普通科の2倍。2年次から第二外国語(ドイツ語, 中国語, フランス語)を選択できる。③全生徒を対象としてオーストラリア語学研修や国内語学研修, 大使館職員を招いての交流, 獨協大学などとの高大連携事業, 外国籍生徒への日本語指導などの教育活動に取り組む。④総合的な探究の時間ではグローバル教育の一環としてSDGsについて学習する。⑤陸上競技部, 女子バスケットボール部が関東大会に出場。
【進路情報】 卒業生数―265名
大学―168名 短大―9名 専門学校―78名 就職―2名 その他―8名
【大学合格状況】 東京藝術大, 埼玉県立大, 東京理科大, 学習院大, 明治大, 中央大, 他。
【指定校推薦】 日本大, 東洋大, 専修大, 大東文化大, 東海大, 亜細亜大, 東京電機大, 他。
【見学ガイド】 文化祭, 説明会, 体験入学, 公開授業

選抜方法 2024年春(実績)
調査書, 学力検査(5教科)
※学力検査の傾斜配点なし

応募状況

年度	学科	募集	志願	受検	志願倍率
'24	普通	238	257	253	1.08
	外国語	40	42	42	1.05
'23	普通	238	248	248	1.04
	外国語	40	44	43	1.10

合格のめやす

偏差値	普通	合格の可能性▷60%=48, 80%=50
	外国語	合格の可能性▷60%=48, 80%=50

【併願例】〈挑戦〉武南, 叡明 〈最適〉浦和実業, 浦和学院, 潤徳女子 〈堅実〉花咲徳栄

越谷北 高等学校

【設置学科】 普通科, 理数科
【所在地】 〒343-0044 埼玉県越谷市大泊500-1 ☎(048)974-0793
【アクセス】 東武スカイツリーライン―せんげん台18分
【沿 革】 1969年創立。
【生徒数】 男子495名, 女子583名
【特 色】 ①スーパーサイエンスハイスクール指定校。持続可能な社会について考える「グリーンエネルギープロジェクト」やリベラルアーツを育む科目横断授業を行う。②普通科は3年次からartsとscienceに分かれる。artsは国語, 英語, 地歴, 公民などに重点をおき, scienceは数学, 英語, 理科に重点をおいて学ぶ。③理数科は理数科目を中心に少人数授業を展開。科学・技術を発展させ, より良い社会作りに貢献できる科学系人材を育成する。④卒業生との懇談会や大学見学会などで進路意欲を高め, 学習室や廊下質問コーナー, 進学講習などで学力を伸ばす。⑤カナダへの短期派遣事業や英語力を伸ばす独自のプログラムを設定する。⑥パワーリフティング部, 新聞部, 書道部, 箏曲部, 物理部が全国大会, 吹奏楽部が西関東大会に出場。
【進路情報】 卒業生数―344名
大学―305名 短大―1名 専門学校―2名 その他―36名
【大学合格状況】 東工大, 千葉大, 筑波大, 東京外大, 埼玉大, 北海道大, 東京医歯大, 他。
【指定校推薦】 早稲田大, 慶應大, 上智大, 東京理科大, 明治大, 青山学院大, 立教大, 他。
【見学ガイド】 文化祭, 説明会, 土曜公開授業

選抜方法 2024年春(実績)
調査書, 学力検査(5教科)
※数英は学校選択問題
※学力検査の傾斜配点なし

応募状況

年度	学科	募集	志願	受検	志願倍率
'24	普通	318	368	366	1.16
	理数	40	61	58	1.53
'23	普通	318	372	371	1.17
	理数	40	79	78	1.98

合格のめやす

偏差値	普通	合格の可能性▷60%=63, 80%=65
	理数	合格の可能性▷60%=65, 80%=68

【併願例】〈挑戦〉開智 〈最適〉大宮開成, 獨協埼玉, 春日部共栄, 昌平 〈堅実〉浦和麗明, 武南

共　学

越谷西 高等学校

【設置学科】 普通科

【所在地】 〒343-0801 埼玉県越谷市野島460-1 ☎(048)977-4155

【アクセス】 東武アーバンパークライン―岩槻, 東武スカイツリーライン―越谷よりバス越谷西高校入口5分

【沿　革】 1979年創立。

【生徒数】 男子522名, 女子414名

【特　色】 ①すべての授業, 部活動, 行事などを通して, やり抜く力と協働する力を伸ばすことを目標に掲げる。②2・3年次と学年が進むと共に選択の幅が広がり, 生徒は個性を伸ばせる。③国語, 数学, 英語を中心に少人数のわかりやすい授業で実力アップに努める。大学入学共通テストにも対応する。④朝読書や朝テストなどで学力向上をサポート。漢字検定, 英語検定などの取得も支援する。⑤総合的な探究の時間や通常授業でアクティブ・ラーニングを実施。⑥1年次から計画的な進路指導を行う。担任による個人面談を重視し, 多様な希望に応じた進路指導を行う。各教科の実力向上のための進学補習や模擬試験も実施する。⑦陸上競技部, 応援部(ダンスドリル)が全国大会出場実績をもつ。

【進路情報】 卒業生数―301名
大学―201名　短大―13名　専門学校―65名　就職―5名　その他―17名

【大学合格状況】 埼玉県立大, 明治大, 立教大, 法政大, 日本大, 東洋大, 駒澤大, 専修大, 他。

【指定校推薦】 東京理科大, 法政大, 日本大, 東洋大, 大東文化大, 亜細亜大, 獨協大, 他。

【見学ガイド】 文化祭, 説明会, 公開授業, 見学会

選抜方法 2024年春(実績)
調査書, 学力検査(5教科)
※学力検査の傾斜配点なし

応募状況

年度	学科	募集	志願	受検	志願倍率
'24	普通	318	306	302	0.96
'23	普通	318	347	346	1.09
'22	普通	318	370	369	1.16

合格のめやす
偏差値　合格の可能性▷60%=50, 80%=52

【併願例】〈挑戦〉昌平, 栄北　〈最適〉叡明, 埼玉栄　〈堅実〉浦和実業, 浦和学院, 花咲徳栄

共　学

越谷東 高等学校

【設置学科】 普通科

【所在地】 〒343-0011 埼玉県越谷市増林5670-1 ☎(048)966-8566

【アクセス】 JR―越谷レイクタウンよりバス越谷東高校入口3分　JR―南越谷, 東武スカイツリーライン―新越谷よりバス越谷東中学校前3分

【沿　革】 1982年創立。

【生徒数】 男子398名, 女子421名

【特　色】 ①2年次でA類(文系), B類(理系)のコース選択, 3年次に文系, 理系のコース選択となる(条件により進級時のコース変更可能)。②授業の充実と予習・復習により家庭学習の習慣化を図る。プロジェクターやPCなどICT機器の活用やオンライン学習にも取り組み, 学びをサポート。③進路指導は3年間を通した進路計画を立てて対応。1年次では業界別進路別聞き比べ会や分野別進路講演会などを開催。2年次では上級学校の説明会への参加や小論文講座, 面接指導などを行い, 進路実現を近づける。3年次には校外模試や公務員模試, 看護医療系模試のほか, 個別の面接・小論文指導を実施し, 進路実現をめざす。④カヌー部がインターハイ出場。

【進路情報】 卒業生数―266名
大学―123名　短大―7名　専門学校―111名　就職―16名　その他―9名

【大学合格状況】 学習院大, 日本大, 東洋大, 大東文化大, 獨協大, 神奈川大, 東京電機大, 他。

【指定校推薦】 日本大, 東洋大, 駒澤大, 大東文化大, 獨協大, 東京電機大, 文教大, 他。

【見学ガイド】 文化祭, 説明会, 部活動体験, 公開授業

選抜方法 2024年春(実績)
調査書, 学力検査(5教科)
※学力検査の傾斜配点なし

応募状況

年度	学科	募集	志願	受検	志願倍率
'24	普通	318	345	344	1.08
'23	普通	278	306	306	1.10
'22	普通	278	278	277	1.00

合格のめやす
偏差値　合格の可能性▷60%=43, 80%=45

【併願例】〈挑戦〉叡明　〈最適〉浦和実業, 浦和学院, 花咲徳栄, 潤徳女子　〈堅実〉秀明英光

越谷南 高等学校

共学

【設置学科】 普通科，外国語科
【所在地】 〒343-0828 埼玉県越谷市レイクタウン7-9 ☎(048)988-5161
【アクセス】 JR―越谷レイクタウン5分
【沿 革】 1974年創立。
【生徒数】 男子496名，女子565名
【特 色】 ①1人1台の情報端末を授業や家庭学習で積極的に活用。授業で使う動画の事前視聴や先生への質問もできる。②独自の学校設定教科「PISAタイム」はICTを活用した授業。教科横断的なテキストで調査，分析，発表，振り返り，ブラッシュアップの行程を毎週繰り返し，読解力を身につける。③普通科は2年次から文理に分かれ，得意科目を伸ばすカリキュラムで難関私立大学レベルに対応する土台を築く。④外国語科は外国人講師とのコミュニケーションやICTによるプレゼンテーションなどの授業を展開。第二外国語（中国語，韓国語，ドイツ語，フランス語）も用意する。⑤進路室は教室2つ分の広さ。⑥陸上競技部，男・女ハンドボール部，男子バレーボール部が関東大会に出場。吹奏楽部が西関東大会に出場。
【進路情報】 卒業生数―347名
大学―292名 短大―6名 専門学校―33名 就職―6名 その他―10名
【大学合格状況】 千葉大，東北大，東京学芸大，都立大，群馬大，埼玉県立大，東京理科大，他。
【指定校推薦】 東京理科大，学習院大，青山学院大，立教大，中央大，法政大，日本大，他。
【見学ガイド】 文化祭，説明会，体験入学，公開授業

選抜方法 2024年春(実績)
調査書，学力検査（5教科）
※学力検査の傾斜配点 普通科=なし 外国語科=英

応募状況

年度	学科	募集	志願	受検	志願倍率
'24	普通	318	453	450	1.42
	外国語	40	57	56	1.43
'23	普通	318	460	456	1.45
	外国語	40	46	46	1.15

合格のめやす

偏差値	普通	合格の可能性▷60%=56, 80%=59
	外国語	合格の可能性▷60%=53, 80%=55

【併願例】〈挑戦〉春日部共栄 〈最適〉浦和麗明，武南 〈堅実〉叡明，埼玉栄，浦和学院

越ヶ谷 高等学校

共学
単位制

【設置学科】 普通科
【所在地】 〒343-0024 埼玉県越谷市越ヶ谷2788-1 ☎(048)965-3421
【アクセス】 東武スカイツリーライン―越谷・北越谷各15分
【沿 革】 1926年創立。
【生徒数】 男子505名，女子491名
【特 色】 ①未来を生きる人間に求められる思考力，表現力，多様性を育み，社会でリーダーシップを発揮できる人材を育成する。②65分授業を週34単位実施。探究・発表活動を重視した授業も多く展開する。少人数授業も取り入れ，3年次の平均授業人数は，1授業27名。③2年次から文系と理系に分かれ，3年次では2年間に培った力を自分の得意分野で発揮し，希望進路先の受験科目に対応できるように，複数の選択科目が履修可能な教育課程を用意する。④タブレット端末を1人1台導入。HR教室のプロジェクターやWi-Fi環境も整備する。⑤早朝，放課後や長期休業中の進学講習や，小論文・面接指導を実施。実力テストは3年次だけでも年10回ある。入試直前講習や卒業生による進路講演会も行う。⑥少林寺拳法・アーチェリー・軽音楽・ボート・弓道部が全国大会に出場。
【進路情報】 卒業生数―311名
大学―296名 専門学校―3名 その他―12名
【大学合格状況】 東工大，千葉大，筑波大，埼玉大，東京医歯大，東京農工大，東京学芸大，他。
【指定校推薦】 東京理科大，学習院大，明治大，青山学院大，立教大，中央大，法政大，他。
【見学ガイド】 文化祭，説明会，部活動見学会，授業見学会

選抜方法 2024年春(実績)
調査書，学力検査（5教科）
※数英は学校選択問題
※学力検査の傾斜配点なし

応募状況

年度	学科	募集	志願	受検	志願倍率
'24	普通	318	442	441	1.39
'23	普通	318	456	451	1.43
'22	普通	358	490	486	1.37

合格のめやす

偏差値	合格の可能性▷60%=60, 80%=63

【併願例】〈最適〉獨協埼玉，春日部共栄，昌平，駒込 〈堅実〉浦和麗明，武南，栄北，叡明

共 学

八潮南 高等学校

【設置学科】 普通科〔ほか商業科，情報処理科⇒全日制専門学科〕

【所在地】 〒340-0814 埼玉県八潮市大字南川崎字根通519-1 ☎(048)995-5700

【アクセス】 つくばEX.―八潮20分 東武スカイツリーライン―草加よりバス木曽根8分

【沿 革】 1984年創立。

【生徒数】 男子351名，女子305名

【特 色】 ①「勉学・誠実・実行」の校訓のもと，少人数や習熟度別授業，授業改善への取り組みなどを通して，基礎，基本の定着を図りながら，学力向上に力を注ぐ。②幅広い知識を習得できる人材を育成。より深く普通科目を学ぶと共に，専門学科併設の利点を活かし，商業科目も学んで資格取得もめざせる。③生徒の10年後の幸せを念頭に，職業理解(1年次)，自己理解(2年次)，進路実現(3年次)に向けて手厚く指導する。進学や公務員試験対策も強化し，2022年度卒業生の全校進路決定率は95.8%。④部活動有志300名で活動するポジティ部がある。学校行事への積極参加や校歌の全力歌唱で学校行事を盛り上げる。⑤簿記珠算部が全国高校ビジネス計算競技大会で優良賞を受賞。

【進路情報】〔普通科〕卒業生数―72名
大学―14名 短大―5名 専門学校―29名
就職―22名 その他―2名

【大学合格状況】 大東文化大，獨協大，国士舘大，文教大，日本工大，城西国際大，麗澤大，他。

【指定校推薦】 国士舘大，拓殖大，流通経済大，城西大，江戸川大，千葉商大，中央学院大，他。

【見学ガイド】 文化祭，説明会，体験入学，公開授業

選抜方法 2024年春(実績)
調査書，学力検査(5教科)，面接
※学力検査の傾斜配点なし

応募状況

年度	学科	募集	志願	受検	志願倍率
'24	普通	79	82	82	1.04
'23	普通	79	83	83	1.05
'22	普通	79	78	78	0.99

合格のめやす
偏差値 合格の可能性▷60%=35，80%=37

【併願例】〈挑戦〉浦和実業，浦和学院，潤徳女子，瀧野川女子 〈最適〉秀明英光，安部学院

共 学

三郷 高等学校

【設置学科】 普通科

【所在地】 〒341-0041 埼玉県三郷市花和田620-1 ☎(048)953-0021

【アクセス】 つくばEX.―三郷中央15分 JR―三郷よりバス三郷市役所1分

【沿 革】 1975年創立。

【生徒数】 男子238名，女子217名

【特 色】 ①1年次は少人数学級。2年次以降は，進学選択，情報選択，総合選択の各クラスに分かれて学ぶ。②進学選択は大学・短大への進学をはじめ，医療・看護・保育系専門学校や公務員など様々な進路目標に対応。③情報選択は情報・商業系の科目が履修可能。教員2名体制で指導し，ICT環境も充実している。④総合選択は進学，就職のどちらにも対応できるよう，多様な科目選択を通して自分の目標を見据えることができる。⑤長期休業を利用して大学進学希望者に補習を実施。オンライン学習(classi)で苦手分野の克服も支援。⑥分野別ガイダンス，外部講師による模擬面接，独自の進路ノートを活用した体系的なキャリア教育などで，進路実現をサポート。⑦校内には無線LANを完備。2022年度入学生からタブレット端末を導入した。

【進路情報】 卒業生数―156名
大学―30名 短大―7名 専門学校―65名
就職―31名 その他―23名

【大学合格状況】 東洋大，大東文化大，亜細亜大，国士舘大，武蔵野大，文教大，拓殖大，他。

【指定校推薦】 東洋大，大東文化大，亜細亜大，東京電機大，国士舘大，拓殖大，聖徳大，他。

【見学ガイド】 文化祭，説明会，体験授業，部活動体験

選抜方法 2024年春(実績)
調査書，学力検査(5教科)，面接
※学力検査の傾斜配点なし

応募状況

年度	学科	募集	志願	受検	志願倍率
'24	普通	198	204	201	1.03
'23	普通	198	162	161	0.82
'22	普通	198	122	121	0.62

合格のめやす
偏差値 合格の可能性▷60%=33，80%=35

【併願例】〈挑戦〉浦和学院，秀明英光，潤徳女子，瀧野川女子，安部学院

埼 玉 全日制 越谷市／八潮市／三郷市

三郷北 高等学校

共学

【設置学科】 普通科
【所在地】 〒341-0022 埼玉県三郷市大広戸808 ☎(048)952-0151
【アクセス】 JR―三郷13分またはバス三郷北高校前1分
【沿 革】 1980年創立。
【生徒数】 男子380名，女子326名
【特 色】 ①進路指導・生徒指導・部活動指導を柱に生徒の夢実現をめざす。②2年次から類型（文系，理系）を選択し，各類型の基礎になる思考力や知識を高める。3年次は2年間の学びをさらに向上させ，進路実現をめざす。③進路指導では特に2年次後半から進学希望者を大学・短大，専門学校・看護に，就職希望者を民間就職・公務員に分けて指導にあたる。④スタディサプリ，タブレット端末の導入により個別最適な学びを実現。学年ごとの基礎学力テストや外部模試・看護模試，進学補習なども行う。⑤国際交流事業に力を入れる。1年次には外国にルーツを持つ方を講師に国際理解講座を開講。ニュージーランドへの派遣プログラムも再開するなど，他言語や他文化について深く学べる環境がある。⑥吹奏楽部が全国大会に出場。
【進路情報】 卒業生数―256名
大学―100名 短大―15名 専門学校―91名 就職―40名 その他―10名
【大学合格状況】 日本大，東洋大，大東文化大，亜細亜大，獨協大，国士舘大，桜美林大，他。
【指定校推薦】 日本大，東洋大，専修大，亜細亜大，東京電機大，国士舘大，文教大，他。
【見学ガイド】 文化祭，説明会，オープンキャンパス，公開授業

選抜方法 2024年春(実績)
調査書，学力検査（5教科），面接
※学力検査の傾斜配点なし

応募状況

年度	学科	募集	志願	受検	志願倍率
'24	普通	238	253	250	1.06
'23	普通	238	240	238	1.01
'22	普通	238	246	241	1.03

合格のめやす

偏差値 合格の可能性▷60％＝41，80％＝43

【併願例】〈挑戦〉叡明，浦和実業，浦和学院，潤徳女子 〈最適〉秀明英光，修徳

吉川美南 高等学校

共学
単位制

【設置学科】 総合学科
【所在地】 〒342-0035 埼玉県吉川市高久600 ☎(048)982-3308
【アクセス】 JR―吉川美南12分
【沿 革】 2013年開校。
【生徒数】 男子153名，女子182名
【特 色】 ①全日制とⅠ部定時制は，制服，時間帯，部活動，学校行事などが同じ。②授業では基礎基本の定着を図り，学び直しを行う。少人数クラス編成や習熟度別学習を取り入れる。選択科目の取り方によって進学にも就職にも対応。商業系科目も充実し，資格取得にも有利。③「産業社会と人間」を生かした豊富な進路活動を行う。適性検査や進路ガイダンス，進路講演会を通じて自身の適性を知り，進路選択につなげる。④大学入試，看護医療系入試，公務員採用試験などに補習や模試を実施。学び直しを含めた補習も行う。⑤面接指導，志願書・履歴書の作成などを全教職員がサポート。社会で活躍するための準備として生活指導や容儀指導も行う。⑥ウエイトリフティング部が関東大会に出場実績をもつ。
【進路情報】〔全日制・Ⅰ部定時制〕
卒業生数―173名
大学―18名 短大―6名 専門学校―69名 就職―64名 その他―16名
【大学合格状況】 千葉工大，東邦大，東京農大，大正大，日本工大，文京学院大，流通経済大，他。
【指定校推薦】 浦和大，埼玉学園大，東京工芸大，東邦大，聖学院大，文京学院大，他。
【見学ガイド】 文化祭，説明会，公開授業，見学会

選抜方法 2024年春(実績)
調査書，学力検査（5教科）
※学力検査の傾斜配点なし

応募状況

年度	学科	募集	志願	受検	志願倍率
'24	総合	119	142	142	1.19
'23	総合	119	115	114	0.97
'22	総合	119	133	132	1.12

合格のめやす
偏差値 合格の可能性▷60％＝36，80％＝38

【併願例】〈挑戦〉浦和実業，浦和学院，武蔵野，瀧野川女子 〈最適〉秀明英光，安部学院

共学

松伏 高等学校

【設置学科】 普通科(情報ビジネスコース含む)
〔ほか音楽科⇒全日制専門学科〕
【所在地】 〒343-0114 埼玉県北葛飾郡松伏町ゆめみ野東2-7-1 ☎(048)992-0121
【アクセス】 東武スカイツリーライン―北越谷よりバス松伏高校前
【沿　革】 1981年創立。
【生徒数】 男子182名、女子303名
【特　色】 ①普通科は多岐にわたる進路希望に対応する。1学年1クラス30名編成。国語や数学では少人数授業も展開する。2年次から文系大学をめざす文系1、就職と資格取得が目標の文系2、理系大学の進学をめざす理系に分かれる。選択科目「ピアノ基礎」は、音楽科がある利点を生かした科目。保育系進学希望者を対象に、グランドピアノを使用した少人数レッスンを行う。②情報ビジネスコースは普通科目と商業の専門科目を学び、数多くの検定資格を取得する。パソコンを利用した情報教育やビジネス教育も実施する。③県知事から「専門資格等取得表彰」を多数受賞。④吹奏楽部が西関東吹奏楽コンクール出場の実績をもつ。
【進路情報】 〔普通科〕卒業生数―155名
大学―26名　短大―9名　専門学校―52名
就職―61名　その他―7名
【大学合格状況】 文教大、城西大、文京学院大、東京成徳大、共栄大、尚美学園大、他。
【指定校推薦】 日本大、東洋大、文教大、城西大、千葉商大、日本工大、千葉工大、他。
【見学ガイド】 文化祭、説明会、体験入学、公開授業

選抜方法 2024年春(実績)
調査書、学力検査(5教科)、面接
※学力検査の傾斜配点なし

応募状況
年度	学科・コース	募集	志願	受検	志願倍率
'24	普通	118	125	125	1.06
	情報	40	39	39	0.98
'23	普通	118	111	111	0.94
	情報	40	44	44	1.10

合格のめやす
偏差値	普通	合格の可能性▷60%=40、80%=42
	情報	合格の可能性▷60%=40、80%=42

【併願例】 〈挑戦〉叡明、浦和実業、浦和学院、花咲徳栄、潤徳女子　〈最適〉秀明英光

男子

春日部 高等学校

【設置学科】 普通科
【所在地】 〒344-0061 埼玉県春日部市粕壁5539 ☎(048)752-3141
【アクセス】 東武アーバンパークライン―八木崎1分
【沿　革】 1899年創立。
【生徒数】 男子1,068名
【特　色】 ①スーパーサイエンスハイスクール指定校。課外活動では理系志向の強い希望者を募り、サイエンスに特化したプログラムを展開する。②授業は50分ベース。土曜公開授業も行う。インターネット環境完備、タブレット端末を授業に活用する。③1・2年次は各教科を幅広く学習。3年次は進路希望に応じて科目を選択し、大学入学共通テストに対応する。④2年次からの数学と3年次の英語で、ハイレベルな少人数授業を展開。⑤早朝、放課後、長期休業中に進学講習で実力を養成する。学習室、図書館を平日20時、土日休日17時まで開放。⑥進路講演会、難関大学説明会や東京大学、東京工業大学、一橋大学、医学部医学科の先輩と語る会などにより、高い目標で第1志望校合格をめざす。⑦一橋大学、早稲田大学などの教授による模擬講義、大学体験授業・見学を開催。⑧メルボルンの高校と兄弟校交流を行う。⑨陸上競技・書道・生物・化学・物理・将棋・英語部が全国大会出場。
【進路情報】 卒業生数―358名
大学―212名　専門学校―1名　その他―145名
【大学合格状況】 東京大、京都大、東工大、一橋大、大阪大、北海道大、名古屋大、東北大、他。
【指定校推薦】 早稲田大、慶應大、他。
【見学ガイド】 文化祭、説明会、公開授業

選抜方法 2024年春(実績)
調査書、学力検査(5教科)
※数英は学校選択問題
※学力検査の傾斜配点なし

応募状況
年度	学科	募集	志願	受検	志願倍率
'24	普通	358	537	528	1.50
'23	普通	358	468	464	1.31
'22	普通	358	451	445	1.26

合格のめやす
偏差値	合格の可能性▷60%=63、80%=65

【併願例】 〈挑戦〉開智　〈最適〉大宮開成、川越東、春日部共栄、城北埼玉　〈堅実〉栄北

埼玉　全日制　三郷市／吉川市／北葛飾郡／春日部市

女子

春日部女子 高等学校

【設置学科】 普通科，外国語科
【所在地】 〒344-8521 埼玉県春日部市粕壁東6-1-1 ☎(048)752-3591
【アクセス】 東武スカイツリーライン・東武アーバンパークライン―春日部17分またはバス女子高前
【沿 革】 1911年創立。
【生徒数】 女子860名
【特 色】 ①平日6時間の55分授業。普通科は基礎から難関大合格まで丁寧な指導で実力を養成。外国語科は確かな語学力と国際性を養う。②外国語科は英語力養成のため，2名の外国語指導助手を交えた授業を実施。校外施設で行うスプリングセミナーは，すべて英語で行われる。様々な英語コンテストにも参加。獨協大学全国高校生英語プレゼンテーションコンテストでは優勝した。③全学科希望者対象のオーストラリア語学研修，国内外の大学生と取り組むグローバルスタディズプログラム，海外在住の外国人講師のレッスンを受けるオンライン英会話など，国際教育が充実。④陸上競技・競技かるた部が全国大会，水泳部が関東大会に出場。
【進路情報】 卒業生数―310名
大学―271名　短大―3名　専門学校―23名
就職―3名　その他―10名
【大学合格状況】 横浜国大，埼玉大，奈良女子大，早稲田大，慶應大，学習院大，明治大，他。
【指定校推薦】 東京理科大，学習院大，明治大，中央大，法政大，日本大，東洋大，立命館大，他。
【見学ガイド】 文化祭，説明会，部活動体験，公開授業，学校見学

選抜方法 2024年春(実績)
調査書，学力検査（5教科）
※学力検査の傾斜配点　普通科＝なし　外国語科＝英

応募状況

年度	学科	募集	志願	受検	志願倍率
'24	普通	238	288	286	1.21
	外国語	40	58	58	1.45
'23	普通	238	269	265	1.13
	外国語	40	51	51	1.28

合格のめやす

偏差値	普通	合格の可能性▷60%=55，80%=57
	外国語	合格の可能性▷60%=58，80%=60

【併願例】〈挑戦〉春日部共栄　〈最適〉浦和麗明，武南，栄北，叡明，埼玉栄　〈堅実〉浦和学院

共学

春日部東 高等学校

【設置学科】 普通科，人文科
【所在地】 〒344-0002 埼玉県春日部市樋籠363 ☎(048)761-0011
【アクセス】 東武スカイツリーライン・東武アーバンパークライン―春日部よりバス東高校入口3分
【沿 革】 1977年創立。
【生徒数】 男子723名，女子328名
【特 色】 ①55分授業により，週5日で34単位を確保。②普通科は2年次より文系，理系に分かれる。③人文科は国英社に重点をおき，私立文系大学をめざす生徒の進路実現をサポート。1・2年次の独自授業「人文科探究」は，2年間で1本の論文を作成する。サマースクール（語学研修）や希望者によるオーストラリア海外研修なども実施。④タブレット端末を利用して生活と学習の記録を作成。定期考査や長期休暇ごとの学習計画作成にも用いる。⑤国公立大学志願者・合格者を増やす取り組みとして，保護者も参加可能な説明会や二次試験対策向けの個別添削指導，難関大学訪問（希望者）などを実施。⑥陸上競技部がインターハイに出場。
【進路情報】 卒業生数―345名
大学―306名　短大―2名　専門学校―21名
就職―1名　その他―15名
【大学合格状況】 千葉大，筑波大，埼玉大，早稲田大，東京理科大，学習院大，明治大，他。
【指定校推薦】 東京理科大，学習院大，明治大，青山学院大，中央大，法政大，津田塾大，他。
【見学ガイド】 文化祭，説明会，人文科フェア，公開授業，見学会

選抜方法 2024年春(実績)
調査書，学力検査（5教科）
※学力検査の傾斜配点　普通科＝なし　人文科＝国英社

応募状況

年度	学科	募集	志願	受検	志願倍率
'24	普通	318	347	343	1.09
	人文	40	47	47	1.18
'23	普通	318	337	330	1.06
	人文	40	30	30	0.75

合格のめやす

偏差値	普通	合格の可能性▷60%=54，80%=56
	人文	合格の可能性▷60%=54，80%=56

【併願例】〈挑戦〉春日部共栄，昌平　〈最適〉武南，栄北，叡明，埼玉栄　〈堅実〉浦和学院

共 学

庄和 高等学校

【設置学科】 普通科
【所在地】 〒344-0117 埼玉県春日部市金崎583 ☎(048)746-7111
【アクセス】 東武アーバンパークライン―南桜井20分，春日部よりバス庄和総合支所2分
【沿革】 1980年創立。
【生徒数】 男子229名，女子257名
【特色】 ①「夢 飛揚」を校訓とし，生徒の個性を伸ばして質の高い多様な進路を実現させる。②1講座あたり20名程度の少人数・習熟度別授業を導入したカリキュラムを編成。個人のレベルに適した内容や進度で学びを進める。③3年間を通した学習・進路指導として，朝学習（毎朝5分間），表現トレーニング，担任との面談，進路講演会，保護者対象の進路説明会を行う。④学年別の取り組みでは，職業を知る座談会，進路別ガイダンス（1年次），進路分野別模擬授業，卒業生に聞く（2年次）を行い，3年次には入試対策，面接・小論文対策，学科試験対策などを実施するほか，大学・短大・専門学校，看護・医療，就職，公務員の4分野について進路分野別ガイダンスを行う。⑤陸上部が関東大会に出場。⑥2024年度に制服をリニューアル。
【進路情報】 卒業生数―195名
大学―65名 短大―17名 専門学校―80名
就職―26名 その他―7名
【大学合格状況】 東京理科大，日本大，東洋大，駒澤大，大東文化大，帝京大，東京電機大，他。
【指定校推薦】 東洋大，大東文化大，獨協大，東京電機大，大正大，城西大，二松學舍大，他。
【見学ガイド】 文化祭，説明会，部活動体験，見学会

選抜方法 2024年春（実績）
調査書，学力検査（5教科），面接
※学力検査の傾斜配点なし

応募状況
年度	学科	募集	志願	受検	志願倍率
'24	普通	158	184	182	1.16
'23	普通	159	178	177	1.12
'22	普通	198	178	176	0.90

合格のめやす
偏差値 合格の可能性▷60%=41，80%=43

【併願例】〈挑戦〉浦和実業，国際学院，浦和学院 〈最適〉花咲徳栄，秀明英光

女 子

久喜 高等学校

【設置学科】 普通科
【所在地】 〒346-0005 埼玉県久喜市本町3-12-1 ☎(0480)21-0038
【アクセス】 JR・東武伊勢崎線―久喜12分
【沿革】 1919年創立。
【生徒数】 女子815名
【特色】 ①真の生きる力をつけるため，勉強も部活動もあきらめない，総合力重視の女子高校をめざす。②授業，進路行事，総合的な探究の時間を通じて，幅広い教養と思考力，判断力，表現力を育み，生徒一人ひとりの進路実現を図る。③学校行事，ＨＲ活動，部活動などを通じて，主体性ある女性を育てる。④1年次は授業に集中し，基礎力をつける。2年次は学んだことを応用し，実践力をつける。3年次では授業を活用し，入試に対応する力をつける。⑤少人数クラスを展開し，学習アンケートに基づいた授業で大学入試の新傾向に対応する。⑥補習体制を充実させ，小論文，面接の個別指導も行う。⑦夏季休業中にオーストラリア語学研修を実施。⑧バスケットボール部が3×3U18日本選手権優勝。陸上競技部が全国大会出場。吹奏楽部が西関東大会金賞，登山部が関東大会出場。
【進路情報】 卒業生数―265名
大学―160名 短大―35名 専門学校―59名
就職―6名 その他―5名
【大学合格状況】 群馬県立女子大，早稲田大，日本大，東洋大，専修大，大東文化大，他。
【指定校推薦】 日本大，東洋大，大東文化大，帝京大，國學院大，獨協大，東京電機大，他。
【見学ガイド】 文化祭，説明会，部活動体験，公開授業

選抜方法 2024年春（実績）
調査書，学力検査（5教科）
※学力検査の傾斜配点なし

応募状況
年度	学科	募集	志願	受検	志願倍率
'24	普通	278	289	286	1.04
'23	普通	278	314	314	1.13
'22	普通	278	303	301	1.09

合格のめやす
偏差値 合格の可能性▷60%=49，80%=51

【併願例】〈挑戦〉栄北 〈最適〉埼玉栄，叡明，浦和実業，国際学院 〈堅実〉浦和学院，花咲徳栄

埼玉 全日制 春日部市／久喜市

鷲宮 高等学校

共学

【設置学科】 普通科
【所在地】 〒340-0213 埼玉県久喜市中妻1020 ☎(0480)58-1200
【アクセス】 東武伊勢崎線―鷲宮15分
【沿 革】 1978年創立。
【生徒数】 男子379名, 女子434名
【特 色】 ①２年次から文理に分かれる。英語は外国語指導助手によるグループ学習を行う。②取得可能な資格は, 英語, 数学, 茶道・華道, 調理技術, 情報処理, 簿記, 秘書, ビジネス文書実務, 書写技能と幅広い。③３年間の中で分野別ガイダンスや実力テスト, 夏季休業中の進学補習, 新聞コラム記事の書き写しなどを行う朝学習を実施する。④多様な希望や適性に対応する進路指導を行う。３年次には面接指導, 小論文指導, 大学・短大・専門学校受験指導, 看護医療系模試や公務員模試のほか, 就職ガイダンスを10回開催する。⑤考査前部活動勉強会で学習と部活動の両立を支援。⑥書道部が高校国際美術展書の部で奨励賞を受賞。男子ソフトテニス・男子卓球・陸上競技・調理部が関東大会出場。女子ソフトテニス部が全国大会, 男子バレーボール部が関東大会に出場実績。
【進路情報】 卒業生数―269名
大学―98名 短大―23名 専門学校―106名
就職―32名 その他―10名
【大学合格状況】 学習院大, 中央大, 日本大, 東洋大, 大東文化大, 亜細亜大, 帝京大, 他。
【指定校推薦】 大東文化大, 亜細亜大, 共立女子大, 実践女子大, 女子栄養大, 城西大, 他。
【見学ガイド】 文化祭, 説明会, 部活動見学会, 公開授業, 見学会

選抜方法 2024年春(実績)
調査書, 学力検査(５教科), 面接
※学力検査の傾斜配点なし

応募状況

年度	学科	募集	志願	受検	志願倍率
'24	普通	278	293	291	1.05
'23	普通	278	294	294	1.06
'22	普通	278	272	271	0.98

合格のめやす
偏差値 合格の可能性▷60％=43, 80％=45

【併願例】〈最適〉浦和実業, 国際学院, 浦和学院, 花咲徳栄, 関東学園大附 〈堅実〉秀明英光

栗橋北彩 高等学校

共学
単位制

【設置学科】 普通科
【所在地】 〒349-1128 埼玉県久喜市伊坂南2-16 ☎(0480)52-5120
【アクセス】 JR・東武日光線―栗橋10分
【沿 革】 栗橋高校と北川辺高校を統合・再編し, 2010年開校。
【生徒数】 男子234名, 女子244名
【特 色】 ①学年にとらわれず, ３年間で卒業に必要な単位を修得する単位制高校。②全年次での少人数学級制を敷く。１年次は基礎から学ぶ共通プランで, 国語, 数学, 英語で習熟度別授業を実施する。③２・３年次は進路や興味, 関心によって自分に合った学びのプランを選択して学ぶ。④プランは, 大学・短大への進学をめざす「プログレス」, 保育や衣食を学び生活をデザインする「ホームエコノミクス」, 基礎から着実に自分を磨く「ステップアップ」, 商業系の資格を取得し, 事務系への就職をめざす「ビジネス」の４つ。⑤進路行事は実力テスト, 校外模試(大学・短大, 看護医療, 公務員), 進路講演会, 職業別体験学習, 面接指導, 進路相談など多岐にわたる。⑥陸上競技部, 弓道部, 書道部, ボランティア部が全国大会に出場。
【進路情報】 卒業生数―170名
大学―22名 短大―９名 専門学校―62名
就職―70名 その他―７名
【大学合格状況】 中央学院大, 埼玉工大, 尚美学園大, 聖学院大, 平成国際大, 他。
【指定校推薦】 東洋大, 大東文化大, 立正大, 城西大, 浦和大, 共栄大, 埼玉工大, 他。
【見学ガイド】 文化祭, 説明会, 体験入学, 部活動体験, 入試対策講座, 見学会

選抜方法 2024年春(実績)
調査書, 学力検査(５教科), 面接
※学力検査の傾斜配点なし

応募状況

年度	学科	募集	志願	受検	志願倍率
'24	普通	198	159	158	0.80
'23	普通	198	180	179	0.91
'22	普通	198	193	191	0.97

合格のめやす
偏差値 合格の可能性▷60％=35, 80％=37

【併願例】〈挑戦〉浦和実業, 国際学院, 浦和学院, 花咲徳栄 〈最適〉秀明英光, 安部学院

久喜北陽 高等学校

共学
単位制

【設置学科】 総合学科
【所在地】 〒346-0031 埼玉県久喜市久喜本837-1 ☎(0480)21-3334
【アクセス】 JR・東武伊勢崎線―久喜25分
【沿 革】 1987年創立。
【生徒数】 男子541名，女子378名
【特 色】 ①進学型総合学科として，100を超える講座から，進学や資格取得など進路実現に役立つ科目を選択して学習する。②国公立・私立文系大学をめざす文系，国公立・私立理系大学をめざす理系，様々な分野を幅広く学べる総合の3パターンを設定。きめ細かな少人数授業を行う。③ITパスポート試験，全商情報処理検定，秘書検定といった資格を取得できる。④2年次の3学期を3年0学期と位置づけて，進路実現に向けた早めの準備を開始。実力テストや進路座談会などを行う。⑤希望者を対象にイングリッシュサマーセミナーとオーストラリア短期留学を隔年で実施。⑥地域連携活動として，近隣小学校と1日アシスタントティーチャーで交流。吹奏楽・チア・美術・書道部が地域の商業施設でイベント参加や作品展示を行う。⑦チア部，山岳部が全国大会に出場している。
【進路情報】 卒業生数―310名
大学―189名 短大―21名 専門学校―83名
就職―12名 その他―5名
【大学合格状況】 埼玉県立大，東京理科大，法政大，日本大，東洋大，専修大，東海大，他。
【指定校推薦】 埼玉県立大，東京理科大，法政大，日本大，東洋大，大東文化大，他。
【見学ガイド】 体育祭，文化祭，説明会，体験入学，オープンスクール，公開授業，見学会

選抜方法 2024年春(実績)
調査書，学力検査(5教科)
※学力検査の傾斜配点なし

応募状況

年度	学科	募集	志願	受検	志願倍率
'24	総合	318	342	340	1.08
'23	総合	318	315	315	0.99
'22	総合	318	348	345	1.09

合格のめやす
偏差値 合格の可能性▷60％=48，80％=50

【併願例】〈挑戦〉埼玉栄，叡明 〈最適〉浦和実業，国際学院，浦和学院 〈堅実〉花咲徳栄

蓮田松韻 高等学校

共学
単位制

【設置学科】 普通科
【所在地】 〒349-0101 埼玉県蓮田市黒浜4088 ☎(048)768-7820
【アクセス】 JR―白岡22分，蓮田よりバス国立東埼玉病院10分
【沿 革】 2010年開校。
【生徒数】 男子202名，女子144名
【特 色】 ①自分の興味や進路希望に合った授業を選択できる単位制。②1クラス約33名の少人数学級編成。数学と英語で習熟度別授業を展開する。③タブレット端末を活用した授業を進め，プロジェクターを利用してプレゼンテーションや動画による授業も行う。④英検，漢検，被服検定，食物検定，保育検定など，授業を通じて将来役立つ資格取得が可能。⑤進学補習や医療・公務員セミナー，大学見学ツアー，卒業生の話を聞く会などの多様な取り組みで，一人ひとりの進路実現を手厚くサポートする。⑥情報室は2教室でPCが80台あり，情報・商業系の授業や部活動で活用する。⑦教育相談室には相談員が常駐。スクールカウンセラー，スクールソーシャルワーカーもいる。⑧美術部が全日本学生美術展で入選・特選の実績。
【進路情報】 卒業生数―153名
大学―29名 短大―14名 専門学校―53名
就職―55名 その他―2名
【大学合格状況】 大東文化大，大妻女子大，創価大，文教大，城西大，文京学院大，他。
【指定校推薦】 大東文化大，共栄大，聖学院大，尚美学園大，杉野服飾大，東京家政学院大，他。
【見学ガイド】 文化祭，説明会，部活動体験，見学会

選抜方法 2024年春(実績)
調査書，学力検査(5教科)，面接
※学力検査の傾斜配点なし

応募状況

年度	学科	募集	志願	受検	志願倍率
'24	普通	198	152	149	0.77
'23	普通	198	122	118	0.62
'22	普通	198	135	134	0.68

合格のめやす
偏差値 合格の可能性▷60％=33，80％=35

【併願例】〈挑戦〉浦和学院，花咲徳栄，秀明英光

幸手桜 高等学校

【設置学科】 総合学科
【所在地】 〒340-0111 埼玉県幸手市北1-17-59 ☎(0480)42-1303
【アクセス】 東武日光線―幸手17分
【沿 革】 幸手商業高校と幸手高校を統合し, 2013年に開校。
【生徒数】 男子171名, 女子296名
【特 色】 ①1年次は全員が共通科目を履修する。2年次から自分の進路に合わせ, 総合進学, 教養基礎, 情報マネジメント, 総合ビジネスの4系列から選択。様々な進路選択に対応できる約90の選択科目を用意しており, 生徒は自分だけの時間割をつくる。②学期中, 長期休業中の進路補講は51講座（2022年度）。進学だけでなく公務員試験や, 英検, 簿記など資格取得向けの講座も開講する。2年次には就業体験も行う。③共栄大学と高大連携し, 大学講義の受講など大学生活を体験できる。地域連携にも力を入れ, 地元小学校とのスポーツ交流や, 幸手市商工会と連携した商品開発も行っている。④ワープロ部, 書道部, 珠算部が全国大会出場実績をもつ。演劇部が幸手市民まつりで「ちんどんパフォーマンス」を披露し, 50公演を達成した。
【進路情報】 卒業生数―147名
大学―22名 短大―3名 専門学校―41名
就職―70名 その他―11名
【大学合格状況】 帝京大, 帝京平成大, 拓殖大, 城西大, 目白大, 日本工大, 高千穂大, 他。
【指定校推薦】 日本工大, 千葉商大, 浦和大, 共栄大, 江戸川大, 聖学院大, 高千穂大, 他。
【見学ガイド】 文化祭, 説明会, 体験入学, オープンキャンパス, 見学会

選抜方法 2024年春(実績)
調査書, 学力検査（5教科）, 面接
※学力検査の傾斜配点なし

応募状況

年度	学科	募集	志願	受検	志願倍率
'24	総合	198	184	183	0.93
'23	総合	198	208	208	1.05
'22	総合	199	150	149	0.75

合格のめやす
偏差値　合格の可能性▷60%＝34, 80%＝36

【併願例】〈挑戦〉国際学院, 花咲徳栄, 秀明英光 〈最適〉安部学院

白岡 高等学校

【設置学科】 普通科
【所在地】 〒349-0213 埼玉県白岡市高岩275-1 ☎(0480)92-1505
【アクセス】 JR―新白岡15分
【沿 革】 1977年創立。2018年, 情報コミュニケーションコース募集停止。
【生徒数】 男子252名, 女子141名
【特 色】 ①2年次から文理に分かれて学ぶ。国数英は習熟度別や少人数授業。「情報処理」「簿記」「服飾手芸」「芸術」など生徒の興味や希望進路に対応して豊富な選択科目を用意する。②補習が充実。進学補習は1年次から参加可能で, 長期休業中や放課後に開講する。就職希望者には2年次から放課後に就職補習を開講。面接練習や一般教養, 志望理由書の書き方などを指導する。③英検, 漢検, 数検, ビジネス文書実務検定, 簿記実務検定, 情報処理検定などの検定試験に毎年多くの生徒が挑戦し, 合格する。④オーストラリアの高校と姉妹校提携している。⑤白岡八幡神社への絵馬奉納（美術部）や校外清掃活動など地域とも交流。⑥男子ソフトテニス部が関東大会出場。男子バスケットボール部, 陸上競技部が関東大会に出場実績をもつ。
【進路情報】 卒業生数―148名
大学―54名 短大―3名 専門学校―67名
就職―20名 その他―4名
【大学合格状況】 埼玉県立大, 日本大, 大東文化大, 玉川大, 立正大, 国士舘大, 杏林大, 他。
【指定校推薦】 日本大, 東洋大, 大東文化大, 東京電機大, 国士舘大, 文教大, 立正大, 他。
【見学ガイド】 文化祭, 説明会, 部活動体験, 公開授業

選抜方法 2024年春(実績)
調査書, 学力検査（5教科）, 面接
※学力検査の傾斜配点なし

応募状況

年度	学科	募集	志願	受検	志願倍率
'24	普通	158	165	165	1.04
'23	普通	159	146	146	0.92
'22	普通	159	131	129	0.82

合格のめやす
偏差値　合格の可能性▷60%＝38, 80%＝40

【併願例】〈挑戦〉浦和実業, 国際学院, 浦和学院, 花咲徳栄, 関東学園大附 〈最適〉秀明英光

共学

宮代 高等学校

【設置学科】 普通科
【所在地】 〒345-0814 埼玉県南埼玉郡宮代町字東611 ☎(0480)32-4388
【アクセス】 東武スカイツリーライン―姫宮8分
【沿革】 1982年創立。
【生徒数】 男子165名，女子374名
【特色】 ①平常点（出席状況・提出物・授業への取り組み状況）を積極的に評価し，成績に反映させる。②数学と英語は生徒の習熟度別に授業を行うほか，学習サポーターも配置する。③朝と放課後には実力増進補習を実施。各種検定試験の対策講座も開講する。④考査前は直前の土曜日に土曜勉強マラソンを自由参加で行い，1週間前には指名補習や部活動勉強会を実施する。⑤豊富な進路行事を用意。1年次は職業インタビュー，2年次には職場見学や専門学校の模擬授業，3年次には進路分野別に教員が模擬面接・小論文指導を行う。⑥ゲートボール交流会，小学校とのスポーツ交流会，商業施設での税に関する書道パフォーマンス（書道部），地域紹介ビデオの制作（放送部）など様々な地域連携活動に取り組む。⑦放送部が全国大会のビデオメッセージ部門で審査員特別賞を受賞。
【進路情報】 卒業生数―180名
大学―39名 短大―9名 専門学校―73名
就職―50名 その他―9名
【大学合格状況】 東洋大，亜細亜大，大正大，帝京科学大，文京学院大，東京家政大，他。
【指定校推薦】 東洋大，大東文化大，東京電機大，国士舘大，実践女子大，文教大，他。
【見学ガイド】 文化祭，説明会

選抜方法 2024年春（実績）
調査書，学力検査（5教科），面接
※学力検査の傾斜配点なし

応募状況

年度	学科	募集	志願	受検	志願倍率
'24	普通	198	192	192	0.97
'23	普通	198	205	205	1.04
'22	普通	198	188	184	0.95

合格のめやす

偏差値 合格の可能性▷60%=37，80%=39

【併願例】〈挑戦〉浦和実業，国際学院，浦和学院，花咲徳栄，潤徳女子 〈最適〉秀明英光

共学

杉戸 高等学校

【設置学科】 普通科
【所在地】 〒345-0025 埼玉県北葛飾郡杉戸町清地1-1-36 ☎(0480)34-6074
【アクセス】 東武スカイツリーライン・東武日光線―東武動物公園8分
【沿革】 1977年創立。
【生徒数】 男子483名，女子328名
【特色】 ①55分授業，週5日で33単位の教育課程を実現。2年次に文理に分かれて学ぶ。少人数授業も行う。②英単語100題テストに挑戦するコンテストを年3回実施。総合的な探究の時間ではSDGsについて学び，青年海外協力隊経験者の講座，山形大学などと連携した講座も開講する。③「生徒面談ウィーク」を設定し，学習や生活での悩みを把握する。スクールカウンセラーも定期的に来校。④進学補習，考査前勉強マラソンなどの進路指導を行う。⑤全国初の取り組み「スタートアッププログラム」を実施。入学直後の2日間，中学生の学びから高校生の深い学びへの意識改革をめざす。2日目の「英語しか話せない杉戸高校」は，在日の世界各国の外国語指導助手42名が来校。⑥ダンス部が全国大会，陸上競技部が関東大会に出場。
【進路情報】 卒業生数―274名
大学―216名 短大―6名 専門学校―35名
就職―5名 その他―12名
【大学合格状況】 埼玉大，琉球大，高崎経済大，埼玉県立大，慶應大，東京理科大，明治大，他。
【指定校推薦】 東京理科大，法政大，日本大，東洋大，専修大，大東文化大，東海大，他。
【見学ガイド】 文化祭，説明会，公開授業，イブニング個別相談会

選抜方法 2024年春（実績）
調査書，学力検査（5教科）
※学力検査の傾斜配点なし

応募状況

年度	学科	募集	志願	受検	志願倍率
'24	普通	278	333	331	1.20
'23	普通	278	284	282	1.02
'22	普通	278	289	286	1.04

合格のめやす

偏差値 合格の可能性▷60%=51，80%=53

【併願例】〈挑戦〉栄北 〈最適〉叡明，埼玉栄〈堅実〉浦和学院，花咲徳栄，西武台千葉

埼玉 全日制

幸手市／白岡市／南埼玉郡／北葛飾郡

大宮中央 高等学校

共学
定時制(単位制)

【設置学科】 普通科

【所在地】 〒331-0825 埼玉県さいたま市北区櫛引町2-499-1 ☎(048)653-1010

【アクセス】 JR—日進20分 ニューシャトル—鉄道博物館10分

【沿 革】 1948年通信制高校として創立。1989年，定時制課程を設置。

【生徒数】 男子223名，女子190名

【特 色】 ①9：00～16：40の昼間の定時制で，授業は月・火・水・金・土曜日の週5日行う。生徒は自分だけの時間割をつくって学ぶ。②1年を前期（4～9月）と後期（10～3月）に分けて，それぞれの学期ごとに授業やテストを行い，単位を認定する。高卒認定試験や入学後に合格した技能審査なども単位として認定する。③半期で最大14単位まで受講登録が可能で，その中の一部は単位制による通信制課程の科目にすることもできる。④指定する必修科目をすべて含む教科・科目と，総合的な探究の時間を74単位以上修得すれば卒業できる。またHR，学校行事，生徒会活動，対外競技会などの特別活動に一定時間以上出席し活動すること，3年以上在籍することも卒業条件になる。⑤バドミントン部，剣道部が定通全国大会に出場した。

【進路情報】 卒業生数—82名
大学—15名 短大—2名 専門学校—20名
就職—11名 その他—34名

【大学合格状況】 電通大，明治大，立教大，法政大，日本大，東洋大，駒澤大，帝京大，他。

【指定校推薦】 東洋大，帝京科学大，二松學舍大，埼玉工大，城西大，日本薬科大，他。

【見学ガイド】 説明会

選抜方法 2024年春(実績)
調査書，学力検査（5教科），面接
※学力検査の傾斜配点なし

応募状況

年度	学科	募集	志願	受検	志願倍率
'24	普通	80	50	48	0.63
'23	普通	80	37	37	0.46
'22	普通	80	35	32	0.44

合格のめやす
偏差値 合格の可能性▷60%＝32，80%＝34

【併願例】〈挑戦〉秀明英光，武蔵野，瀧野川女子，安部学院

戸田翔陽 高等学校

共学
定時制(単位制)

【設置学科】 総合学科

【所在地】 〒335-0021 埼玉県戸田市新曽1093-1 ☎(048)442-4963

【アクセス】 JR—戸田5分

【沿 革】 2005年開校。

【生徒数】 男子281名，女子291名

【特 色】 ①Ⅰ部（午前），Ⅱ部（午後），Ⅲ部（夜間）の三部制。HRは1クラス20～27名の少人数学級編成で，ショートHR「ふれあいタイム」を1日2回開く。②必修科目を各年次に配置。生徒は多彩な選択科目（総合・自由）と組み合わせてオリジナルの時間割をつくる。自由選択科目は1年次から豊富に設ける。他部の単位も年間12単位まで履修できる。③1年次の国数英は習熟度別・少人数授業を実施。アクティブ・ラーニングを取り入れた授業も多く，ICT設備も積極的に活用する。④生徒による授業評価アンケートを実施して，授業力の向上に活用。⑤74単位以上の修得で卒業できる。選択科目を多めに取得すれば3年間での卒業も可能。インターンシップ，英検などの検定や資格取得，ボランティア活動など校外学修の成果も卒業単位として認定する。⑥バドミントン部，剣道部が定通全国大会で好成績を収める。

【進路情報】 卒業生数—160名
大学—33名 短大—3名 専門学校—62名
就職—36名 その他—26名

【大学合格状況】 埼玉県立大，東洋大，大東文化大，東海大，千葉工大，共立女子大，他。

【指定校推薦】 日本大，大東文化大，駿河台大，高千穂大，東京国際大，千葉工大，他。

【見学ガイド】 文化祭，説明会，公開授業

選抜方法 2024年春(実績)
調査書，学力検査（5教科），面接
※学力検査の傾斜配点なし

応募状況

年度	部	募集	志願	受検	志願倍率
'24	Ⅰ	78	122	116	1.56
	Ⅱ	78	121	118	1.55
	Ⅲ	78	52	52	0.67

合格のめやす
偏差値 Ⅰ部 合格の可能性▷60%＝38，80%＝40
Ⅱ部 合格の可能性▷60%＝33，80%＝35

【併願例】〈挑戦〉浦和実業，浦和学院，武蔵野〈最適〉秀明英光，瀧野川女子，安部学院

吹上秋桜 高等学校

共 学
定時制（単位制）

【設置学科】　総合学科
【所在地】　〒369-0132　埼玉県鴻巣市前砂907-1　☎(048)548-5811
【アクセス】　JR—北鴻巣12分
【沿　革】　2010年開校。
【生徒数】　男子222名、女子255名
【特　色】　①Ⅰ部（9：50～）、Ⅱ部（17：10～）の昼夜開講二部制。二学期制を採用し、単位は半期ごとに認定。春と秋の2回の入学機会がある。②最短3年での卒業が可能。共通時間帯の選択科目履修、資格取得や技能検定、学校外の学修も単位認定する。③商業・情報、生活・福祉、文化・社会、科学・技術の4系列のモデルプランをもとに自分で時間割を作る。④1年次は24名の少人数HR編成、教育相談体制の充実により、多様な学習歴や生活環境をもつ生徒に細やかに対応する。外国籍の生徒向けの授業「日本語理解」も設置。⑤進学補習や就職試験対策など、生徒に合わせた進路指導を行う。⑥教育相談体制が充実。専門スタッフが生徒の抱える問題を早期発見・解決する。⑦サッカー・卓球・陸上・女子バレーボール部が定通全国大会出場。
【進路情報】　卒業生数—122名
大学—12名　短大—5名　専門学校—28名
就職—49名　その他—28名
【大学合格状況】　大東文化大、立正大、日本薬科大、麗澤大、東洋学園大、駿河台大、他。
【指定校推薦】　立正大、城西大、尚美学園大、東洋学園大、埼玉工大、西武文理大、他。
【見学ガイド】　文化祭、説明会、体験入学、公開授業

選抜方法　2024年春（実績）
調査書、学力検査（5教科）、面接
※学力検査の傾斜配点なし

応募状況

年度	部	募集	志願	受検	志願倍率
'24	Ⅰ	144	151	149	1.05
	Ⅱ	72	12	12	0.17
'23	Ⅰ	144	137	136	0.95
	Ⅱ	72	13	13	0.18

合格のめやす

偏差値	Ⅰ部	合格の可能性▷60%=34，80%=36

【併願例】　〈挑戦〉国際学院、東京成徳深谷、秀明英光　〈最適〉安部学院

狭山緑陽 高等学校

共 学
定時制（単位制）

【設置学科】　総合学科
【所在地】　〒350-1320　埼玉県狭山市広瀬東4-3-1　☎(04)2952-5295
【アクセス】　西武新宿線—狭山市26分またはバス狭山緑陽高校
【沿　革】　川越高校・豊岡高校の定時制課程と狭山高校が統合し、2008年度に開校。
【生徒数】　男子249名、女子241名
【特　色】　①Ⅰ部（午前～午後）、Ⅱ部（午後～夜間）の二部制。②共通選択科目の履修で、3年での卒業が可能。③少人数学級編成。生徒は情報ビジネス、国際教養、健康福祉、総合サイエンスのいずれかの系列に属して学ぶ。他系列の授業を受けることもできる。習熟度別授業も行う。④1年次の「産業社会と人間」、2・3年次の総合的な探究の時間を通して、進路意識の向上を図る。また外部機関と連携し、様々なガイダンスや補講を実施し、的確な進路指導を行う。⑤在学中に所定の養成講座を修了すれば、介護職員初任者研修修了資格を取得できる。⑥陸上部、ソフトテニス部、バドミントン部が定通全国大会に出場した。
【進路情報】　卒業生数—155名
大学—19名　短大—8名　専門学校—42名
就職—56名　その他—30名
【大学合格状況】　大東文化大、杏林大、文京学院大、東京農大、尚美学園大、駿河台大、他。
【指定校推薦】　尚美学園大、駿河台大、西武文理大、他。
【見学ガイド】　文化祭、説明会、体験入学、学校見学

選抜方法　2024年春（実績）
調査書、学力検査（5教科）、面接
※学力検査の傾斜配点なし

応募状況

年度	部	募集	志願	受検	志願倍率
'24	Ⅰ	156	160	157	1.03
	Ⅱ	78	16	16	0.21
'23	Ⅰ	156	193	190	1.24
	Ⅱ	78	22	22	0.28

合格のめやす

偏差値	Ⅰ部	合格の可能性▷60%=33，80%=35

【併願例】　〈挑戦〉武蔵越生、自由の森、埼玉平成、東野、秀明英光、文華女子、日体大桜華

埼玉　昼夜間定時制　さいたま市／戸田市／鴻巣市／狭山市

羽生 高等学校

共学
定時制（単位制）

【設置学科】 普通科

【所在地】 〒348-0031　埼玉県羽生市加羽ヶ崎303-1　☎(048)561-0718

【アクセス】 東武伊勢崎線・秩父鉄道―羽生15分

【沿　革】 不動岡高校羽生分校として1948年に開校。1971年に羽生高校と改名。

【生徒数】 男子116名，女子80名

【特　色】 ①昼間部（8：50～），夜間部（17：20～）の二部制。二学期制で授業時間を確保。②各自の関心や進路に応じて，学年に関係なく科目選択できる。卒業に必要な単位は74単位以上なので，ゆとりある時間割を組んで学べる。3年間での卒業も可能。③多くの講座が少人数編成。数学や英語では習熟度別学習を行い，学力に応じた学習ができる。また美容専門学校や調理製菓専門学校など，大学や専門学校から講師を招いた模擬授業に参加できる。④就職支援アドバイザー（外部講師）が面接練習を行う。ビジネスマナーも学べる。⑤スクールカウンセラー，さわやか相談員などによる教育相談体制が充実。⑥ソフトテニス部が定通全国大会で団体3位，書道部が高野山競書大会で銀賞を受賞。

【進路情報】 卒業生数― 59名

大学―5名　短大―1名　専門学校―13名　就職―22名　その他―18名

【大学合格状況】 大東文化大，東海大，十文字学園女子大，宇都宮共和大，白鷗大，他。

【指定校推薦】 流通経済大，聖学院大，埼玉学園大，城西大，駿河台大，西武文理大，他。

【見学ガイド】 文化祭，説明会

選抜方法 2024年春（実績）
調査書，学力検査（5教科），面接
※学力検査の傾斜配点なし

応募状況

年度	部	募集	志願	受検	志願倍率
'24	昼間	80	60	58	0.75
	夜間	40	9	9	0.23
'23	昼間	80	56	56	0.70
	夜間	40	11	11	0.28

合格のめやす

偏差値	昼間部	合格の可能性▷60％=31，80％=33

【併願例】 〈挑戦〉東京成徳深谷，秀明英光

吉川美南 高等学校

共学
定時制（単位制）

【設置学科】 総合学科

【所在地】 〒342-0035　埼玉県吉川市高久600　☎(048)982-3308

【アクセス】 JR―吉川美南12分

【沿　革】 2013年開校。

【生徒数】 〔Ⅰ部〕187名〔Ⅱ部〕63名

【特　色】 ①Ⅰ部定時制では，国数英理社の5教科をバランスよく学ぶ。特別進学クラスではより高いレベルの学びも可能。就職希望者にも柔軟に対応する。ウエイトリフティング部が全国大会に出場している。②Ⅱ部定時制（夜間部）は共通科目に加え，ビジネス系列と社会生活系列に分類される豊富な選択科目を用意。4年間の教育課程だが，3年間での卒業も可能（通常授業前に設定された科目の履修が必要）。基礎基本を大切にする授業を展開。学習サポーター，多文化共生推進員，就職支援アドバイザーなどの専門スタッフが，学習から就職・進学，生活まで全般にわたり丁寧な指導を行う。

【進路情報】 〔Ⅰ部・全日制〕卒業生数― 173名

大学―18名　短大―6名　専門学校―69名　就職―64名　その他―16名

〔Ⅱ部〕卒業生数― 31名

専門学校―5名　就職―13名　その他―13名

【大学合格状況】 〔全日制を含む〕東京聖栄大，東洋学園大，江戸川大，敬愛大，浦和大，他。

【指定校推薦】 〔Ⅰ部・全日制〕浦和大，埼玉学園大，東京工芸大，東邦大，聖学院大，他。

【見学ガイド】 〔Ⅰ部〕文化祭，説明会，公開授業，見学会

〔Ⅱ部〕説明会，学校見学（個別）

選抜方法 2024年春（実績）
調査書，学力検査（5教科），Ⅱ部のみ面接
※学力検査の傾斜配点なし

応募状況

年度	部	募集	志願	受検	志願倍率
'24	Ⅰ	78	88	84	1.13
	Ⅱ	78	26	26	0.33
'23	Ⅰ	78	76	75	0.97
	Ⅱ	78	21	21	0.27

合格のめやす

偏差値	Ⅰ部	合格の可能性▷60％=33，80％=35

【併願例】 〈挑戦〉浦和学院，秀明英光，武蔵野，瀧野川女子，安部学院

鳩ヶ谷 高等学校

共　学

【設置学科】 園芸デザイン科
【所在地】 〒334-0005　埼玉県川口市大字里225-1　☎(048)286-0565

選抜方法 2024年春(実績)
調査書，学力検査（5教科），面接
※学力検査の傾斜配点なし

応募状況
年度	学科	募集	志願	受検	志願倍率
'24	園芸デザ	40	38	38	0.95
'23	園芸デザ	40	45	45	1.13
'22	園芸デザ	40	44	44	1.10

合格のめやす
偏差値	合格の可能性▷60%=41，80%=43

児玉 高等学校

共　学

【設置学科】 生物資源科，環境デザイン科
【所在地】 〒367-0216　埼玉県本庄市児玉町金屋980　☎(0495)72-1566

選抜方法 2024年春(実績)
調査書，学力検査（5教科）
※学力検査の傾斜配点なし

応募状況
年度	学科	募集	志願	受検	志願倍率
'24	生物資源	39	36	34	0.92
	環境デザ	40	37	37	0.93
'23	生物資源	39	39	39	1.00
	環境デザ	40	33	33	0.83

合格のめやす
偏差値	生物資源	合格の可能性▷60%=34，80%=36
	環境デザ	合格の可能性▷60%=34，80%=36

秩父農工科学 高等学校

共　学

【設置学科】 農業科，食品化学科，森林科学科
【所在地】 〒368-0005　埼玉県秩父市大野原2000　☎(0494)22-3017

選抜方法 2024年春(実績)
調査書，学力検査（5教科）
※学力検査の傾斜配点なし

応募状況
年度	学科	募集	志願	受検	志願倍率
'24	農業	40	44	43	1.10
	食品	39	31	30	0.79
	森林	40	21	20	0.53
'23	農業	40	36	35	0.90
	食品	39	36	34	0.92
	森林	40	41	41	1.03

合格のめやす
偏差値	農業	合格の可能性▷60%=38，80%=40
	食品化学	合格の可能性▷60%=42，80%=44
	森林科学	合格の可能性▷60%=39，80%=41

熊谷農業 高等学校

共　学

【設置学科】 食品科学科，生物生産工学科，生活技術科，生物生産技術科
【所在地】 〒360-0812　埼玉県熊谷市大原3-3-1　☎(048)521-0051

選抜方法 2024年春(実績)
調査書，学力検査（5教科），面接
※学力検査の傾斜配点なし

応募状況
年度	学科	募集	志願	受検	志願倍率
'24	食品	40	34	34	0.85
	生産工	79	80	78	1.01
	生活	40	45	45	1.13
	生産技	80	81	81	1.01

合格のめやす
偏差値	食品科学	合格の可能性▷60%=40，80%=42
	生産工学	合格の可能性▷60%=36，80%=38
	生活技術	合格の可能性▷60%=36，80%=38
	生産技術	合格の可能性▷60%=40，80%=42

埼玉

全日制専門学科
昼夜間定時制

農業

羽生市／吉川市

羽生実業 高等学校
共 学

【設置学科】 園芸科，農業経済科
【所在地】 〒348-8502　埼玉県羽生市羽生323
☎(048)561-0341

選抜方法 2024年春（実績）
調査書，学力検査（5教科）
※学力検査の傾斜配点なし

応募状況

年度	学科	募集	志願	受検	志願倍率
'24	園芸	40	23	23	0.58
	農業	39	33	33	0.85
'23	園芸	40	14	14	0.35
	農業	39	38	38	0.97
'22	園芸	40	19	19	0.48
	農業	39	32	31	0.82

合格のめやす

偏差値	園芸	合格の可能性▷60%=32，80%=34
	農業経済	合格の可能性▷60%=33，80%=35

いずみ 高等学校
共 学

【設置学科】 生物系（生物生産科・生物サイエンス科・生物資源化学科），環境系（環境デザイン科・環境サイエンス科・環境建設科）
【所在地】 〒338-0007　埼玉県さいたま市中央区円阿弥7-4-1　☎(048)852-6880

選抜方法 2024年春（実績）
調査書，学力検査（5教科），面接
※学力検査の傾斜配点なし

応募状況

年度	学科	募集	志願	受検	志願倍率
'24	生物系	119	132	132	1.11
	環境系	119	127	127	1.07
'23	生物系	119	148	147	1.24
	環境系	119	151	151	1.27
'22	生物系	119	126	126	1.06
	環境系	119	122	121	1.03

合格のめやす

偏差値	生物系	合格の可能性▷60%=40，80%=42
	環境系	合格の可能性▷60%=38，80%=40

杉戸農業 高等学校
共 学

【設置学科】 生物生産技術科，園芸科，造園科，食品流通科，生活技術科，生物生産工学科
【所在地】 〒345-0024　埼玉県北葛飾郡杉戸町堤根1684-1　☎(0480)32-0029

選抜方法 2024年春（実績）
調査書，学力検査（5教科），面接
※学力検査の傾斜配点なし

応募状況

年度	学科	募集	志願	受検	志願倍率
'24	生産技	40	47	47	1.18
	園芸	40	41	41	1.03
	造園	39	36	34	0.92
	食品	40	46	46	1.15
	生活	40	43	43	1.08
	生産工	40	37	37	0.93

合格のめやす

偏差値	生産技術	合格の可能性▷60%=41，80%=43
	園芸	合格の可能性▷60%=41，80%=43
	造園	合格の可能性▷60%=33，80%=35
	食品流通	合格の可能性▷60%=40，80%=42
	生活技術	合格の可能性▷60%=40，80%=42
	生産工学	合格の可能性▷60%=38，80%=40

大宮工業 高等学校
共 学

【設置学科】 機械科，電気科，建築科，電子機械科
【所在地】 〒331-0802　埼玉県さいたま市北区本郷町1970　☎(048)651-0445

選抜方法 2024年春（実績）
調査書，学力検査（5教科），面接
※学力検査の傾斜配点なし

応募状況

年度	学科	募集	志願	受検	志願倍率
'24	機械	80	71	70	0.89
	電気	40	36	36	0.90
	建築	79	74	71	0.94
	電子	79	68	68	0.86

合格のめやす

偏差値	機械	合格の可能性▷60%=38，80%=40
	電気	合格の可能性▷60%=35，80%=37
	建築	合格の可能性▷60%=39，80%=41
	電子機械	合格の可能性▷60%=41，80%=43

川口工業 高等学校
共 学

【設置学科】 機械科，電気科，情報通信科
【所在地】 〒333-0846 埼玉県川口市南前川
1-10-1 ☎(048)251-3081

選抜方法 2024年春(実績)
調査書，学力検査(5教科)，面接
※学力検査の傾斜配点なし

応募状況

年度	学科	募集	志願	受検	志願倍率
'24	機械	80	89	89	1.11
	電気	79	88	85	1.11
	情報	79	87	86	1.10
'23	機械	80	77	77	0.96
	電気	79	74	74	0.94
	情報	79	88	87	1.11

合格のめやす

偏差値	機械	合格の可能性▷60%=33，80%=35
	電気	合格の可能性▷60%=35，80%=37
	情報通信	合格の可能性▷60%=35，80%=37

新座総合技術 高等学校
共 学

【設置学科】 電子機械科，情報技術科，デザイン科
【所在地】 〒352-0013 埼玉県新座市新塚
1-3-1 ☎(048)478-2111

選抜方法 2024年春(実績)
調査書，学力検査(5教科)，面接
※学力検査の傾斜配点なし

応募状況

年度	学科	募集	志願	受検	志願倍率
'24	電子	39	43	42	1.10
	情報	40	50	50	1.25
	デザイン	40	57	56	1.43
'23	電子	39	38	38	0.97
	情報	40	45	45	1.13
	デザイン	40	63	62	1.58

合格のめやす

偏差値	電子機械	合格の可能性▷60%=38，80%=40
	情報技術	合格の可能性▷60%=43，80%=45
	デザイン	合格の可能性▷60%=45，80%=47

川越工業 高等学校
共 学

【設置学科】 デザイン科，建築科，機械科，電気科，化学科
【所在地】 〒350-0035 埼玉県川越市西小仙波町2-28-1 ☎(049)222-0206

選抜方法 2024年春(実績)
調査書，学力検査(5教科)，面接
※学力検査の傾斜配点なし

応募状況

年度	学科	募集	志願	受検	志願倍率
'24	デザイン	40	49	49	1.23
	建築	40	36	36	0.90
	機械	79	61	61	0.77
	電気	40	48	47	1.20
	化学	79	69	67	0.87

合格のめやす

偏差値	デザイン	合格の可能性▷60%=47，80%=49
	建築	合格の可能性▷60%=45，80%=47
	機械	合格の可能性▷60%=45，80%=47
	電気	合格の可能性▷60%=45，80%=47
	化学	合格の可能性▷60%=40，80%=42

狭山工業 高等学校
共 学

【設置学科】 機械科，電気科，電子機械科
【所在地】 〒350-1306 埼玉県狭山市富士見2-5-1 ☎(04)2957-3141

選抜方法 2024年春(実績)
調査書，学力検査(5教科)，面接
※学力検査の傾斜配点なし

応募状況

年度	学科	募集	志願	受検	志願倍率
'24	機械	80	59	57	0.74
	電気	39	30	30	0.77
	電子	79	47	47	0.59
'23	機械	80	70	70	0.88
	電気	39	17	16	0.44
	電子	79	64	64	0.81

合格のめやす

偏差値	機械	合格の可能性▷60%=37，80%=39
	電気	合格の可能性▷60%=37，80%=39
	電子機械	合格の可能性▷60%=39，80%=41

埼玉 全日制専門学科 農業／工業

秩父農工科学 高等学校

共学

【設置学科】 電気システム科，機械システム科
【所在地】 〒368-0005　埼玉県秩父市大野原2000　☎(0494)22-3017

選抜方法 2024年春(実績)
調査書，学力検査(5教科)
※学力検査の傾斜配点なし

応募状況

年度	学科	募集	志願	受検	志願倍率
'24	電気	39	36	35	0.92
	機械	40	37	37	0.93
'23	電気	39	35	35	0.90
	機械	40	25	24	0.63
'22	電気	39	46	46	1.18
	機械	40	32	32	0.80

合格のめやす

偏差値	電気	合格の可能性▷60%＝41，80%＝43
	機械	合格の可能性▷60%＝41，80%＝43

熊谷工業 高等学校

共学

【設置学科】 電気科，建築科，土木科，機械科，情報技術科
【所在地】 〒360-0832　埼玉県熊谷市小島820　☎(048)523-3354

選抜方法 2024年春(実績)
調査書，学力検査(5教科)
※学力検査の傾斜配点なし

応募状況

年度	学科	募集	志願	受検	志願倍率
'24	電気	40	37	36	0.93
	建築	40	36	36	0.90
	土木	40	39	38	0.98
	機械	79	61	61	0.77
	情報	40	39	39	0.98

合格のめやす

偏差値	電気	合格の可能性▷60%＝42，80%＝44
	建築	合格の可能性▷60%＝45，80%＝47
	土木	合格の可能性▷60%＝40，80%＝42
	機械	合格の可能性▷60%＝42，80%＝44
	情報技術	合格の可能性▷60%＝45，80%＝47

児玉 高等学校

共学

【設置学科】 機械科，電子機械科
【所在地】 〒367-0216　埼玉県本庄市児玉町金屋980　☎(0495)72-1566

選抜方法 2024年春(実績)
調査書，学力検査(5教科)
※学力検査の傾斜配点なし

応募状況

年度	学科	募集	志願	受検	志願倍率
'24	機械	40	21	20	0.53
	電子機械	40	31	30	0.78
'23	機械	40	28	28	0.70
	電子機械	40	18	18	0.45

合格のめやす

偏差値	機械	合格の可能性▷60%＝33，80%＝35
	電子機械	合格の可能性▷60%＝33，80%＝35

進修館 高等学校

共学

【設置学科】 電気システム科，情報メディア科，ものづくり科
【所在地】 〒361-0023　埼玉県行田市長野1320　☎(048)556-6291

選抜方法 2024年春(実績)
調査書，学力検査(5教科)
※学力検査の傾斜配点なし

応募状況

年度	学科	募集	志願	受検	志願倍率
'24	電気	39	25	25	0.64
	情報	40	39	39	0.98
	もの	40	40	40	1.00
'23	電気	39	18	18	0.46
	情報	40	36	36	0.90
	もの	40	35	34	0.88

合格のめやす

偏差値	電気	合格の可能性▷60%＝36，80%＝38
	情報	合格の可能性▷60%＝41，80%＝43
	ものづくり	合格の可能性▷60%＝36，80%＝38

越谷総合技術 高等学校

共 学

【設置学科】 電子機械科，情報技術科
【所在地】 〒343-0856　埼玉県越谷市谷中町3-100-1　☎(048)966-4155

選抜方法 2024年春(実績)
調査書，学力検査(5教科)，面接
※学力検査の傾斜配点なし

応募状況

年度	学科	募集	志願	受検	志願倍率
'24	電子	39	31	30	0.79
	情報	40	47	46	1.18
'23	電子	39	33	33	0.85
	情報	40	51	50	1.28
'22	電子	39	34	34	0.87
	情報	40	58	58	1.45

合格のめやす

偏差値	電子機械	合格の可能性▷60%＝44，80%＝46
	情報技術	合格の可能性▷60%＝52，80%＝54

春日部工業 高等学校

共 学

【設置学科】 機械科，建築科，電気科
【所在地】 〒344-0053　埼玉県春日部市梅田本町1-1-1　☎(048)761-5235

選抜方法 2024年春(実績)
調査書，学力検査(5教科)，面接
※学力検査の傾斜配点なし

応募状況

年度	学科	募集	志願	受検	志願倍率
'24	機械	79	72	70	0.91
	建築	80	87	87	1.09
	電気	79	52	52	0.66
'23	機械	79	70	69	0.89
	建築	80	68	66	0.85
	電気	79	56	55	0.71

合格のめやす

偏差値	機械	合格の可能性▷60%＝40，80%＝42
	建築	合格の可能性▷60%＝41，80%＝43
	電気	合格の可能性▷60%＝41，80%＝43

三郷工業技術 高等学校

共 学

【設置学科】 機械科，電子機械科，電気科，情報技術科，情報電子科
【所在地】 〒341-0003　埼玉県三郷市彦成3-325　☎(048)958-2331

選抜方法 2024年春(実績)
調査書，学力検査(5教科)
※学力検査の傾斜配点なし

応募状況

年度	学科	募集	志願	受検	志願倍率
'24	機械	39	25	25	0.64
	電子	40	23	23	0.58
	電気	39	34	34	0.87
	情報技	40	27	27	0.68
	情報電	40	44	44	1.10

合格のめやす

偏差値	機械	合格の可能性▷60%＝36，80%＝38
	電子機械	合格の可能性▷60%＝33，80%＝35
	電気	合格の可能性▷60%＝35，80%＝37
	情報技術	合格の可能性▷60%＝41，80%＝43
	情報電子	合格の可能性▷60%＝43，80%＝45

久喜工業 高等学校

共 学

【設置学科】 電気科，工業化学科，機械科，環境科学科，情報技術科
【所在地】 〒346-0002　埼玉県久喜市野久喜474　☎(0480)21-0761

選抜方法 2024年春(実績)
調査書，学力検査(5教科)，面接
※学力検査の傾斜配点なし

応募状況

年度	学科	募集	志願	受検	志願倍率
'24	電気	39	29	29	0.74
	工業	40	25	25	0.63
	機械	80	73	73	0.91
	環境	40	15	14	0.38
	情報	40	37	36	0.93

合格のめやす

偏差値	電気	合格の可能性▷60%＝38，80%＝40
	工業化学	合格の可能性▷60%＝38，80%＝40
	機械	合格の可能性▷60%＝38，80%＝40
	環境科学	合格の可能性▷60%＝37，80%＝39
	情報技術	合格の可能性▷60%＝44，80%＝46

埼玉　全日制専門学科　工業

共学
浦和商業 高等学校

【設置学科】 商業科, 情報処理科
【所在地】 〒336-0022 埼玉県さいたま市南区白幡2-19-39 ☎(048)861-2564

選抜方法 2024年春(実績)
調査書, 学力検査(5教科)
※学力検査の傾斜配点なし

応募状況

年度	学科	募集	志願	受検	志願倍率
'24	商業	198	224	221	1.13
	情報処理	80	99	97	1.24
'23	商業	198	188	186	0.95
	情報処理	80	91	91	1.14
'22	商業	198	184	183	0.93
	情報処理	80	92	91	1.15

合格のめやす

偏差値	商業	合格の可能性▷60%=45, 80%=47
	情報処理	合格の可能性▷60%=48, 80%=50

共学
岩槻商業 高等学校

【設置学科】 商業科, 情報処理科
【所在地】 〒339-0052 埼玉県さいたま市岩槻区太田1-4-1 ☎(048)756-0100

選抜方法 2024年春(実績)
調査書, 学力検査(5教科)
※学力検査の傾斜配点なし

応募状況

年度	学科	募集	志願	受検	志願倍率
'24	商業	79	53	53	0.67
	情報処理	80	69	68	0.86
'23	商業	79	37	37	0.47
	情報処理	80	65	65	0.81
'22	商業	79	75	74	0.95
	情報処理	80	77	76	0.96

合格のめやす

偏差値	商業	合格の可能性▷60%=38, 80%=40
	情報処理	合格の可能性▷60%=39, 80%=41

共学
大宮商業 高等学校

【設置学科】 商業科
【所在地】 〒337-0053 埼玉県さいたま市見沼区大和田町1-356 ☎(048)683-0674

選抜方法 2024年春(実績)
調査書, 学力検査(5教科), 面接
※学力検査の傾斜配点なし

応募状況

年度	学科	募集	志願	受検	志願倍率
'24	商業	198	202	201	1.02
'23	商業	198	172	172	0.87
'22	商業	198	183	182	0.92

合格のめやす

偏差値	合格の可能性▷60%=41, 80%=43

共学
鳩ヶ谷 高等学校

【設置学科】 情報処理科
【所在地】 〒334-0005 埼玉県川口市大字里225-1 ☎(048)286-0565

選抜方法 2024年春(実績)
調査書, 学力検査(5教科), 面接
※学力検査の傾斜配点なし

応募状況

年度	学科	募集	志願	受検	志願倍率
'24	情報処理	80	100	100	1.25
'23	情報処理	80	86	86	1.08
'22	情報処理	80	96	96	1.20

合格のめやす

偏差値	合格の可能性▷60%=45, 80%=47

鴻巣 高等学校

共 学

【設置学科】 商業科
【所在地】 〒365-0054 埼玉県鴻巣市大間1020 ☎(048)541-0234

選抜方法 2024年春(実績)

調査書，学力検査（5科）
※学力検査の傾斜配点なし

応募状況

年度	学科	募集	志願	受検	志願倍率
'24	商業	80	74	74	0.93
'23	商業	80	84	83	1.05
'22	商業	80	70	70	0.88

合格のめやす

偏差値 合格の可能性▷60%=43，80%=45

新座総合技術 高等学校

共 学

【設置学科】 総合ビジネス科
【所在地】 〒352-0013 埼玉県新座市新塚1-3-1 ☎(048)478-2111

選抜方法 2024年春(実績)

調査書，学力検査（5教科），面接
※学力検査の傾斜配点なし

応募状況

年度	学科	募集	志願	受検	志願倍率
'24	総合ビジ	39	43	43	1.10
'23	総合ビジ	39	45	45	1.15
'22	総合ビジ	39	36	36	0.92

合格のめやす

偏差値 合格の可能性▷60%=41，80%=43

上尾 高等学校

共 学

【設置学科】 商業科
【所在地】 〒362-0073 埼玉県上尾市浅間台1-6-1 ☎(048)772-3322

選抜方法 2024年春(実績)

調査書，学力検査（5教科）
※学力検査の傾斜配点なし

応募状況

年度	学科	募集	志願	受検	志願倍率
'24	商業	120	173	172	1.44
'23	商業	120	151	151	1.26
'22	商業	120	127	127	1.06

合格のめやす

偏差値 合格の可能性▷60%=50，80%=52

川越市立
川越 高等学校

共 学

【設置学科】 情報処理科，国際経済科
【所在地】 〒350-1126 埼玉県川越市旭町2-3-7 ☎(049)243-0800

選抜方法 2024年春(実績)

調査書，学力検査（5教科），面接
※学力検査の傾斜配点なし

応募状況

年度	学科	募集	志願	受検	志願倍率
'24	情報処理	70	102	100	1.46
'24	国際経済	70	116	116	1.66
'23	情報処理	70	81	80	1.16
'23	国際経済	70	73	73	1.04
'22	情報処理	70	105	102	1.50
'22	国際経済	70	113	113	1.61

合格のめやす

偏差値	情報処理	合格の可能性▷60%=53，80%=55
	国際経済	合格の可能性▷60%=50，80%=52

埼玉 全日制専門学科 商業

所沢商業 高等学校

共学

【設置学科】 情報処理科，国際流通科，ビジネス会計科
【所在地】 〒359-1167 埼玉県所沢市林2-88
☎(04)2948-0888

選抜方法 2024年春(実績)
調査書，学力検査(5教科)
※学力検査の傾斜配点なし

応募状況

年度	学科	募集	志願	受検	志願倍率
'24	情報処理	79	83	83	1.05
	国際流通	79	76	76	0.96
	ビジネス	40	33	33	0.83
'23	情報処理	79	98	98	1.24
	国際流通	79	55	55	0.70
	ビジネス	40	32	32	0.80

合格のめやす

偏差値	情報処理	合格の可能性▷60%=40，80%=42
	国際流通	合格の可能性▷60%=38，80%=40
	ビジネス	合格の可能性▷60%=38，80%=40

熊谷商業 高等学校

共学

【設置学科】 総合ビジネス科
【所在地】 〒360-0833 埼玉県熊谷市広瀬800-6 ☎(048)523-4545

選抜方法 2024年春(実績)
調査書，学力検査(5教科)
※学力検査の傾斜配点なし

応募状況

年度	学科	募集	志願	受検	志願倍率
'24	総合ビジ	198	162	161	0.82
'23	総合ビジ	198	201	200	1.02
'22	総合ビジ	198	196	195	0.99

合格のめやす

偏差値	合格の可能性▷60%=40，80%=42

狭山経済 高等学校

共学

【設置学科】 流通経済科，会計科，情報処理科
【所在地】 〒350-1324 埼玉県狭山市稲荷山2-6-1 ☎(04)2952-6510

選抜方法 2024年春(実績)
調査書，学力検査(5教科)，面接
※学力検査の傾斜配点なし

応募状況

年度	学科	募集	志願	受検	志願倍率
'24	流通経済	79	77	77	0.97
	会計	40	27	26	0.68
	情報処理	80	93	93	1.16
'23	流通経済	79	56	56	0.71
	会計	40	30	30	0.75
	情報処理	80	75	75	0.94

合格のめやす

偏差値	流通経済	合格の可能性▷60%=44，80%=46
	会計	合格の可能性▷60%=42，80%=44
	情報処理	合格の可能性▷60%=45，80%=47

深谷商業 高等学校

共学

【設置学科】 商業科，会計科，情報処理科
【所在地】 〒366-0035 埼玉県深谷市原郷80
☎(048)571-3321

選抜方法 2024年春(実績)
調査書，学力検査(5教科)
※学力検査の傾斜配点なし

応募状況

年度	学科	募集	志願	受検	志願倍率
'24	商業	158	187	187	1.18
	会計	40	45	45	1.13
	情報処理	80	78	78	0.98
'23	商業	158	157	157	0.99
	会計	40	30	30	0.75
	情報処理	80	84	84	1.05

合格のめやす

偏差値	商業	合格の可能性▷60%=46，80%=48
	会計	合格の可能性▷60%=44，80%=46
	情報処理	合格の可能性▷60%=49，80%=51

羽生実業 高等学校

共 学

【設置学科】 商業科，情報処理科
【所在地】 〒348-8502 埼玉県羽生市羽生323
☎(048)561-0341

選抜方法 2024年春(実績)
調査書，学力検査(5教科)
※学力検査の傾斜配点なし

応募状況

年度	学科	募集	志願	受検	志願倍率
'24	商業	39	13	13	0.33
	情報処理	40	30	30	0.75
'23	商業	39	8	8	0.21
	情報処理	40	27	27	0.68
'22	商業	39	10	10	0.26
	情報処理	40	22	22	0.55

合格のめやす

偏差値	商業	合格の可能性▷60%=33，80%=35
	情報処理	合格の可能性▷60%=36，80%=38

八潮南 高等学校

共 学

【設置学科】 商業科，情報処理科
【所在地】 〒340-0814 埼玉県八潮市大字南
川崎字根通519-1 ☎(048)995-5700

選抜方法 2024年春(実績)
調査書，学力検査(5教科)，面接
※学力検査の傾斜配点なし

応募状況

年度	学科	募集	志願	受検	志願倍率
'24	商業	79	88	87	1.11
	情報処理	80	83	83	1.04
'23	商業	79	56	56	0.71
	情報処理	80	86	86	1.08
'22	商業	79	67	67	0.85
	情報処理	80	91	91	1.14

合格のめやす

偏差値	商業	合格の可能性▷60%=35，80%=37
	情報処理	合格の可能性▷60%=38，80%=40

越谷総合技術 高等学校

共 学

【設置学科】 流通経済科，情報処理科
【所在地】 〒343-0856 埼玉県越谷市谷中町
3-100-1 ☎(048)966-4155

選抜方法 2024年春(実績)
調査書，学力検査(5教科)，面接
※学力検査の傾斜配点なし

応募状況

年度	学科	募集	志願	受検	志願倍率
'24	流通経済	40	39	39	0.98
	情報処理	40	37	37	0.93
'23	流通経済	40	35	35	0.88
	情報処理	40	34	34	0.85
'22	流通経済	40	35	35	0.88
	情報処理	40	38	38	0.95

合格のめやす

偏差値	流通経済	合格の可能性▷60%=41，80%=43
	情報処理	合格の可能性▷60%=46，80%=48

鴻巣女子 高等学校

女 子

【設置学科】 保育科，家政科学科
【所在地】 〒365-0036 埼玉県鴻巣市天神1-
1-72 ☎(048)541-0669

選抜方法 2024年春(実績)
調査書，学力検査(5教科)，面接
※学力検査の傾斜配点なし

応募状況

年度	学科	募集	志願	受検	志願倍率
'24	保育	40	33	33	0.83
	家政	40	35	35	0.88
'23	保育	40	32	31	0.80
	家政	40	46	46	1.15
'22	保育	40	31	31	0.78
	家政	40	41	40	1.03

合格のめやす

偏差値	保育	合格の可能性▷60%=42，80%=44
	家政科学	合格の可能性▷60%=41，80%=43

共学
新座総合技術 高等学校

【設置学科】 服飾デザイン科，食物調理科
【所在地】 〒352-0013　埼玉県新座市新塚
1-3-1　☎(048)478-2111

選抜方法 2024年春(実績)
調査書，学力検査(5教科)，面接
※学力検査の傾斜配点なし

応募状況

年度	学科	募集	志願	受検	志願倍率
'24	服飾	40	41	41	1.03
	食物	40	48	48	1.20
'23	服飾	40	45	45	1.13
	食物	40	47	47	1.18
'22	服飾	40	42	42	1.05
	食物	40	41	41	1.03

合格のめやす

偏差値	服飾デザ	合格の可能性▷60%=42，80%=44
	食物調理	合格の可能性▷60%=44，80%=46

共学
越谷総合技術 高等学校

【設置学科】 服飾デザイン科，食物調理科
【所在地】 〒343-0856　埼玉県越谷市谷中町
3-100-1　☎(048)966-4155

選抜方法 2024年春(実績)
調査書，学力検査(5教科)，面接
※学力検査の傾斜配点なし

応募状況

年度	学科	募集	志願	受検	志願倍率
'24	服飾	39	32	32	0.82
	食物	40	48	48	1.20
'23	服飾	39	31	31	0.79
	食物	40	39	39	0.98
'22	服飾	39	31	31	0.79
	食物	40	31	31	0.78

合格のめやす

偏差値	服飾デザ	合格の可能性▷60%=42，80%=44
	食物調理	合格の可能性▷60%=47，80%=49

共学
秩父農工科学 高等学校

【設置学科】 ライフデザイン科，フードデザイン科
【所在地】 〒368-0005　埼玉県秩父市大野原
2000　☎(0494)22-3017

選抜方法 2024年春(実績)
調査書，学力検査(5教科)
※学力検査の傾斜配点なし

応募状況

年度	学科	募集	志願	受検	志願倍率
'24	ライフ	40	33	33	0.83
	フード	40	40	40	1.00
'23	ライフ	40	38	38	0.95
	フード	40	43	43	1.08
'22	ライフ	40	38	38	0.95
	フード	40	36	36	0.90

合格のめやす

偏差値	ライフ	合格の可能性▷60%=41，80%=43
	フード	合格の可能性▷60%=40，80%=42

共学
常盤 高等学校

【設置学科】 看護科
【所在地】 〒338-0824　埼玉県さいたま市桜
区上大久保519-1　☎(048)852-5711

選抜方法 2024年春(実績)
調査書，学力検査(5教科)，面接
※学力検査の傾斜配点なし

応募状況

年度	学科	募集	志願	受検	志願倍率
'24	看護	80	91	91	1.14
'23	看護	80	82	82	1.03
'22	看護	80	95	95	1.19

合格のめやす

偏差値	合格の可能性▷60%=52，80%=54

誠和福祉 高等学校

共学
単位制

【設置学科】 福祉科
【所在地】 〒348-0024 埼玉県羽生市神戸706
☎(048)561-6651

選抜方法 2024年春(実績)
調査書，学力検査(5教科)，面接
※学力検査の傾斜配点なし

応募状況

年度	学科	募集	志願	受検	志願倍率
'24	福祉	80	34	33	0.43
'23	福祉	80	42	42	0.53
'22	福祉	80	39	39	0.49

合格のめやす

偏差値	合格の可能性▷60%=38，80%=40

ふじみ野 高等学校

共学

【設置学科】 スポーツサイエンス科
【所在地】 〒356-0053 埼玉県ふじみ野市大井1158-1 ☎(049)264-7801

選抜方法 2024年春(実績)
調査書，学力検査(5教科)，実技検査
※学力検査の傾斜配点なし

応募状況

年度	学科	募集	志願	受検	志願倍率
'24	スポーツ	80	74	73	0.93
'23	スポーツ	80	80	80	1.00
'22	スポーツ	80	78	77	0.98

合格のめやす

偏差値	合格の可能性▷60%=36，80%=38

大宮東 高等学校

共学

【設置学科】 体育科
【所在地】 〒337-0021 埼玉県さいたま市見沼区大字膝子567 ☎(048)683-0995

選抜方法 2024年春(実績)
調査書，学力検査(5教科)，実技検査
※学力検査の傾斜配点なし

応募状況

年度	学科	募集	志願	受検	志願倍率
'24	体育	80	84	84	1.05
'23	体育	80	89	89	1.11
'22	体育	80	79	79	0.99

合格のめやす

偏差値	合格の可能性▷60%=40，80%=42

大宮光陵 高等学校

共学

【設置学科】 美術科，音楽科，書道科
【所在地】 〒331-0057 埼玉県さいたま市西区中野林145 ☎(048)622-1277

選抜方法 2024年春(実績)
調査書，学力検査(5教科)，実技検査
※学力検査の傾斜配点なし

応募状況

年度	学科	募集	志願	受検	志願倍率
'24	美術	40	66	65	1.65
	音楽	40	37	35	0.93
	書道	40	41	41	1.03
'23	美術	40	71	71	1.78
	音楽	40	42	40	1.05
	書道	40	34	34	0.85

合格のめやす

偏差値	美術	合格の可能性▷60%=51，80%=53
	音楽	合格の可能性▷60%=52，80%=54
	書道	合格の可能性▷60%=42，80%=44

埼玉

全日制専門学科

体育／美術／音楽／書道
家庭／看護／福祉

越生 高等学校

【設置学科】 美術科
【所在地】 〒350-0412 埼玉県入間郡越生町
西和田600 ☎(049)292-3651

選抜方法 2024年春(実績)

調査書, 学力検査(5教科), 実技検査
※学力検査の傾斜配点なし

応募状況

年度	学科	募集	志願	受検	志願倍率
'24	美術	40	47	47	1.18
'23	美術	40	29	28	0.73
'22	美術	40	40	40	1.00

合格のめやす

偏差値	合格の可能性▷60%=40, 80%=42

松伏 高等学校

【設置学科】 音楽科
【所在地】 〒343-0114 埼玉県北葛飾郡松伏
町ゆめみ野東2-7-1 ☎(048)992-0121

選抜方法 2024年春(実績)

調査書, 学力検査(5教科), 実技検査
※学力検査の傾斜配点なし

応募状況

年度	学科	募集	志願	受検	志願倍率
'24	音楽	40	32	32	0.80
'23	音楽	40	13	13	0.33
'22	音楽	40	23	23	0.58

合格のめやす

偏差値	合格の可能性▷60%=41, 80%=43

定時制課程（夜間）の埼玉県公立高校
通信制課程の埼玉県公立高校　（2024年春実績）

〔定時制・普通科〕

学　校　名	募集人員	学　校　名	募集人員	学　校　名	募集人員
浦　　　　　和	男 40	秩 父 農 工 科 学	40	〔単　位　制〕	
浦 和 第 一 女 子	女 40	本　　　　　庄	40	川　越　工　業	40
大 宮 商 業	40	熊　　　　　谷	40		
上　　　　　尾	40	越　　ヶ　　谷	80		
朝　　　　　霞	40	春　日　部	80		
所　　　　　沢	40	久　　　　　喜	40		
小　　　　　川	40	飯　　　　　能	40		

（注）羽生は昼夜間定時制に掲載。

〔定時制・専門学科〕

学　校　名	科名	募集	学　校　名	科名	募集
〔総合学科・単位制〕			〔工業に関する学科・単位制〕		
川口市立	総合	60	大宮工業	工業技術	80
〔商業に関する学科〕			川口工業	工業技術	80
大宮商業	商業	40	川越工業	工業技術	80

（注）戸田翔陽・吹上秋桜・狭山緑陽・吉川美南は昼夜間定時制に掲載。

〔通信制課程の公立高校〕

大宮中央高等学校

【所在地】　〒331−0825　埼玉県さいたま
市北区櫛引町2−499−1

☎(048)652−6481（通信制課程）

【募集人員】　普通科

〔単位制による通信制課程〕　550名（技能
連携を行う専修学校の入学許可候補者を対
象）

〔通信制課程〕　特に定めていない

普通科等選抜方法一覧：第1次選抜 （2024年春実績）

学校名	第1次選抜割合	学力検査(a) 配点	傾斜配点	調査書点(b) 学習の記録*	特別活動等	その他	合計	換算点	その他の検査 内容・配点	換算点
浦和	60%	500	—	180	70	70	320	334	—	
				*1年：2年：3年＝1：1：2						
浦和第一女子	60%	500	—	180	120	35	335	335	—	
				*1年：2年：3年＝1：1：2						
浦和西	60%	500	—	180	120	10	310	335	—	
				*1年：2年：3年＝1：1：2						
さいたま市立浦和	60%	500	—	180	120	60	360	334	—	
				*1年：2年：3年＝1：1：2						
浦和北	80%	500	—	225	60	15	300	336	—	
				*1年：2年：3年＝1：1：3						
浦和東	80%	500	—	225	100	75	400	400	—	
				*1年：2年：3年＝1：1：3						
さいたま市立浦和南	60%	500	—	180	60	10	250	335	—	
				*1年：2年：3年＝1：1：2						
大宮（普通科）	60%	500	—	180	90	90	360	334	—	
				*1年：2年：3年＝1：1：2						
大宮（理数科）	60%	700	数理	180	90	90	360	467	—	
				*1年：2年：3年＝1：1：2						
大宮光陵（普通科）	80%	500	—	225	40	15	280	340	—	
				*1年：2年：3年＝1：1：3						
大宮光陵（外国語コース）	80%	600	英	225	40	15	280	400	—	
				*1年：2年：3年＝1：1：3						
大宮南	80%	500	—	225	100	20	345	345	—	
				*1年：2年：3年＝1：1：3						
大宮武蔵野	80%	500	—	225	60	35	320	480	—	
				*1年：2年：3年＝1：1：3						
大宮東	80%	500	—	180	50	15	245	334	—	
				*1年：2年：3年＝1：1：2						
さいたま市立大宮北	70%	500	—	270	60	20	350	350	—	
				*1年：2年：3年＝1：2：3						
与野	70%	500	—	270	76	24	370	370	—	
				*1年：2年：3年＝1：2：3						
岩槻	70%	500	—	270	60	30	360	468	—	
				*1年：2年：3年＝1：2：3						
川口	80%	500	—	180	60	20	260	350	—	
				*1年：2年：3年＝1：1：2						
川口北	70%	500	—	180	80	50	310	334	—	
				*1年：2年：3年＝1：1：2						
川口青陵	70%	500	—	315	100	35	450	450	面接 50	50
				*1年：2年：3年＝2：2：3						
川口東	80%	500	—	270	40	20	330	500	面接 20	20
				*1年：2年：3年＝1：2：3						
鳩ヶ谷	80%	500	—	180	55	15	250	500	面接 25	50
				*1年：2年：3年＝1：1：2						
川口市立（普通科）	60%	500	—	180	60	30	270	335	—	
				*1年：2年：3年＝1：1：2						
川口市立（スポーツ科学コース）	60%	500	—	180	150	30	360	400	面接 50	50
				*1年：2年：3年＝1：1：2						

学校名	第1次選抜割合	学力検査(a)		調査書点(b)					その他の検査	
		配点	傾斜配点	学習の記録＊	特別活動等	その他	合計	換算点	内容・配点	換算点
川口市立(理数科)	60%	700	数理	180	60	30	270	468	—	
				＊1年：2年：3年＝1：1：2						
蕨(普通科)	60%	500	—	180	100	10	290	335	—	
				＊1年：2年：3年＝1：1：2						
蕨(外国語科)	60%	500	—	180	100	30	310	335	—	
				＊1年：2年：3年＝1：1：2						
南稜(普通科)	80%	500	—	225	75	20	320	334	—	
				＊1年：2年：3年＝1：1：3						
南稜(外国語科)	80%	600	英	225	75	20	320	400	—	
				＊1年：2年：3年＝1：1：3						
鴻巣	80%	500	—	180	40	30	250	750	—	
				＊1年：2年：3年＝1：1：2						
鴻巣女子	80%	500	—	180	100	20	300	400	面接100	100
				＊1年：2年：3年＝1：1：2						
上尾	75%	500	—	180	120	20	320	336	—	
				＊1年：2年：3年＝1：1：2						
上尾橘	80%	500	—	180	50	25	255	408	面接100	100
				＊1年：2年：3年＝1：1：2						
上尾南	80%	500	—	225	100	15	340	476	—	
				＊1年：2年：3年＝1：1：3						
上尾鷹の台	75%	500	—	225	110	65	400	400	—	
				＊1年：2年：3年＝1：1：3						
桶川	60%	500	—	225	45	25	295	680	—	
				＊1年：2年：3年＝1：1：3						
桶川西	80%	500	—	225	75	30	330	400	面接 50	50
				＊1年：2年：3年＝1：1：3						
北本	70%	500	—	225	145	30	400	400	面接100	100
				＊1年：2年：3年＝1：1：3						
伊奈学園総合(普通学系)	70%	500	—	225	50	25	300	334	—	
				＊1年：2年：3年＝1：1：3						
伊奈学園総合(スポーツ科学系・芸術系)	70%	500	—	225	50	25	300	334	実技150	150
				＊1年：2年：3年＝1：1：3						
朝霞西	80%	500	—	225	60	15	300	334	—	
				＊1年：2年：3年＝1：1：3						
朝霞	75%	500	—	225	40	5	270	405	—	
				＊1年：2年：3年＝1：1：3						
志木	70%	500	—	225	100	10	335	335	面接 30	30
				＊1年：2年：3年＝1：1：3						
和光国際(普通科)	60%	500	—	225	70	20	315	334	—	
				＊1年：2年：3年＝1：1：3						
和光国際(外国語科)	80%	600	英	225	70	20	315	400	—	
				＊1年：2年：3年＝1：1：3						
新座	70%	500	—	180	80	20	280	392	面接 50	50
				＊1年：2年：3年＝1：1：2						
新座柳瀬	80%	500	—	180	50	20	250	500	面接 30	30
				＊1年：2年：3年＝1：1：2						
川越	60%	500	—	180	55	30	265	335	—	
				＊1年：2年：3年＝1：1：2						
川越女子	60%	500	—	180	30	30	240	334	—	
				＊1年：2年：3年＝1：1：2						
川越西	80%	500	—	180	50	20	250	500	—	
				＊1年：2年：3年＝1：1：2						

埼玉

資料

学 校 名	第1次選抜割合	学力検査(a) 配点	傾斜配点	調査書点(b) 学習の記録*	特別活動等	その他	合計	換算点	その他の検査 内容・配点	換算点
川越初雁	80%	500	—	180	70	30	280	420	面接 80	80
				*1年：2年：3年＝1：1：2						
川越南	80%	500	—	225	80	30	335	335	—	
				*1年：2年：3年＝1：1：3						
川越総合	80%	500	—	180	35	20	235	500	—	
				*1年：2年：3年＝1：1：2						
川越市立川越	75%	500	—	225	60	65	350	350	面接 50	50
				*1年：2年：3年＝1：1：3						
所沢	60%	500	—	180	50	40	270	335	—	
				*1年：2年：3年＝1：1：2						
所沢北（普通科）	60%	500	—	225	60	50	335	335	—	
				*1年：2年：3年＝1：1：3						
所沢北（理数科）	60%	700	数理	225	60	50	335	467	—	
				*1年：2年：3年＝1：1：3						
所沢中央	80%	500	—	225	50	20	295	354	—	
				*1年：2年：3年＝1：1：3						
所沢西	60%	500	—	180	50	10	240	334	—	
				*1年：2年：3年＝1：1：2						
芸術総合（美術科・映像芸術科・舞台芸術科）	80%	500	—	315	25	5	345	345	実技100	100
				*1年：2年：3年＝2：2：3						
芸術総合（音楽科）	80%	500	—	315	25	5	345	345	実技100	300
				*1年：2年：3年＝2：2：3						
狭山清陵	80%	500	—	405	55	40	500	500	面接 50	50
				*1年：2年：3年＝2：2：5						
富士見	70%	500	—	225	100	75	400	400	—	
				*1年：2年：3年＝1：1：3						
ふじみ野	80%	500	—	225	100	15	340	340	面接 50	50
				*1年：2年：3年＝1：1：3						
坂戸（普通科）	60%	500	—	180	50	13	243	340	—	
				*1年：2年：3年＝1：1：2						
坂戸（外国語科）	60%	600	英	180	50	13	243	400	—	
				*1年：2年：3年＝1：1：2						
坂戸西	70%	500	—	225	80	10	315	504	—	
				*1年：2年：3年＝1：1：3						
鶴ヶ島清風	75%	500	—	225	80	30	335	500	—	
				*1年：2年：3年＝1：1：3						
日高	80%	500	—	225	125	50	400	400	—	
				*1年：2年：3年＝1：1：3						
越生	80%	500	—	225	40	15	280	504	—	
				*1年：2年：3年＝1：1：3						
飯能	80%	500	—	180	60	60	300	334	面接 30	30
				*1年：2年：3年＝1：1：2						
入間向陽	65%	500	—	225	60	50	335	335	—	
				*1年：2年：3年＝1：1：3						
豊岡	60%	500	—	225	65	45	335	335	—	
				*1年：2年：3年＝1：1：3						
松山（普通科）	70%	500	—	270	80	40	390	335	—	
				*1年：2年：3年＝1：2：3						
松山（理数科）	70%	700	数理	270	80	40	390	468	—	
				*1年：2年：3年＝1：2：3						
松山女子	80%	500	—	180	70	10	260	340	—	
				*1年：2年：3年＝1：1：2						

学 校 名	第1次選抜割合	学力検査(a)		調査書点(b)					その他の検査	
		配点	傾斜配点	学習の記録*	特別活動等	その他	合計	換算点	内容・配点	換算点
小川	80%	500	—	180	50	20	250	500	面接200	200
				*1年：2年：3年＝1：1：2						
滑川総合	80%	500	—	180	50	20	250	400	面接100	100
				*1年：2年：3年＝1：1：2						
秩父	80%	500	—	180	30	20	230	400	—	
				*1年：2年：3年＝1：1：2						
小鹿野	80%	500	—	180	50	20	250	500	—	
				*1年：2年：3年＝1：1：2						
児玉	80%	500	—	180	45	25	250	500	—	
				*1年：2年：3年＝1：1：2						
本庄	80%	500	—	180	50	30	260	338	—	
				*1年：2年：3年＝1：1：2						
熊谷	60%	500	—	405	55	10	470	335	—	
				*1年：2年：3年＝2：2：5						
熊谷女子	60%	500	—	180	60	20	260	334	—	
				*1年：2年：3年＝1：1：2						
熊谷西（普通科）	60%	500	—	180	25	25	230	345	—	
				*1年：2年：3年＝1：1：2						
熊谷西（理数科）	60%	700	数理	180	25	25	230	483	—	
				*1年：2年：3年＝1：1：2						
妻沼	60%	500	—	180	50	20	250	500	面接150	150
				*1年：2年：3年＝1：1：2						
深谷	70%	500	—	180	80	20	280	336	—	
				*1年：2年：3年＝1：1：2						
深谷第一	80%	500	—	225	60	15	300	350	—	
				*1年：2年：3年＝1：1：3						
寄居城北	80%	500	—	225	40	35	300	500	—	
				*1年：2年：3年＝1：1：3						
進修館	70%	500	—	225	105	30	360	648	—	
				*1年：2年：3年＝1：1：3						
不動岡	60%	500	—	270	100	30	400	336	—	
				*1年：2年：3年＝1：2：3						
羽生第一	65%	500	—	225	50	25	300	750	—	
				*1年：2年：3年＝1：1：3						
誠和福祉	80%	500	—	180	90	30	300	360	面接 50	40
				*1年：2年：3年＝1：1：2						
草加	80%	500	—	270	120	30	420	335	—	
				*1年：2年：3年＝1：2：3						
草加西	80%	500	—	225	75	35	335	450	面接 50	50
				*1年：2年：3年＝1：1：3						
草加東	80%	500	—	225	80	45	350	350	—	
				*1年：2年：3年＝1：1：3						
草加南	80%	500	—	180	60	10	250	375	—	
				*1年：2年：3年＝1：1：2						
越谷北	60%	500	—	180	70	20	270	335	—	
				*1年：2年：3年＝1：1：2						
越谷西	80%	500	—	180	60	10	250	375	—	
				*1年：2年：3年＝1：1：2						
越谷東	80%	500	—	180	90	30	300	360	—	
				*1年：2年：3年＝1：1：2						
越谷南（普通科）	80%	500	—	180	70	20	270	334	—	
				*1年：2年：3年＝1：1：2						

埼玉資料

学 校 名	第1次選抜割合	学力検査(a) 配点	学力検査(a) 傾斜配点	調査書点(b) 学習の記録*	調査書点(b) 特別活動等	調査書点(b) その他	調査書点(b) 合計	調査書点(b) 換算点	その他の検査 内容・配点	その他の検査 換算点
越谷南（外国語科）	80%	600	英	180	70	30	280	400	—	
				*1年：2年：3年＝1：1：2						
越ヶ谷	60%	500	—	225	80	20	325	335	—	
				*1年：2年：3年＝1：1：3						
八潮南	70%	500	—	180	70	30	280	364	面接 50	50
				*1年：2年：3年＝1：1：2						
三郷	70%	500	—	225	80	50	355	355	面接 50	100
				*1年：2年：3年＝1：1：3						
三郷北	80%	500	—	270	120	40	430	430	面接 50	50
				*1年：2年：3年＝1：2：3						
吉川美南	70%	500	—	270	70	60	400	400	—	
				*1年：2年：3年＝1：2：3						
松伏（普通科）	70%	500	—	270	100	30	400	720	面接 100	100
				*1年：2年：3年＝1：2：3						
松伏（情報ビジネスコース）	80%	500	—	270	100	30	400	720	面接 100	100
				*1年：2年：3年＝1：2：3						
春日部	60%	500	—	315	100	85	500	334	—	
				*1年：2年：3年＝1：2：4						
春日部女子（普通科）	80%	500	—	270	70	10	350	350	—	
				*1年：2年：3年＝1：2：3						
春日部女子（外国語科）	80%	600	英	270	70	10	350	400	—	
				*1年：2年：3年＝1：2：3						
春日部東（普通科）	80%	500	—	225	94	16	335	335	—	
				*1年：2年：3年＝1：1：3						
春日部東（人文科）	80%	800	国英社	315	94	48	457	535	—	
				*1年：2年：3年＝2：2：3						
庄和	80%	500	—	225	90	20	335	335	面接 50	50
				*1年：2年：3年＝1：1：3						
久喜	60%	500	—	180	45	25	250	500	—	
				*1年：2年：3年＝1：1：2						
鷲宮	70%	500	—	180	70	50	300	600	面接 100	100
				*1年：2年：3年＝1：1：2						
栗橋北彩	75%	500	—	225	100	50	375	525	面接 50	200
				*1年：2年：3年＝1：1：3						
久喜北陽	60%	500	—	270	80	20	370	334	—	
				*1年：2年：3年＝1：2：3						
蓮田松韻	80%	500	—	270	75	30	375	375	面接 100	100
				*1年：2年：3年＝1：2：3						
幸手桜	70%	500	—	180	40	30	250	750	面接 50	100
				*1年：2年：3年＝1：1：2						
白岡	70%	500	—	180	140	20	340	340	面接 100	100
				*1年：2年：3年＝1：1：2						
宮代	70%	500	—	180	100	20	300	495	面接 50	50
				*1年：2年：3年＝1：1：2						
杉戸	80%	500	—	180	50	20	250	350	—	
				*1年：2年：3年＝1：1：2						
大宮中央	80%	500	—	135	25	40	200	400	面接 200	200
				*1年：2年：3年＝1：1：1						
戸田翔陽	70%	500	—	180	40	30	250	400	面接 200	400
				*1年：2年：3年＝1：1：2						
吹上秋桜	80%	500	—	135	70	45	250	500	面接 50	150
				*1年：2年：3年＝1：1：1						

学 校 名	第1次選抜割合	学力検査(a)		調査書点(b)					その他の検査	
		配点	傾斜配点	学習の記録＊	特別活動等	その他	合計	換算点	内容・配点	換算点
狭山緑陽	80%	500	―	225	80	40	345	345	面接 100	150
				＊1年：2年：3年＝1：1：3						
羽生	70%	500	―	135	32	33	200	500	面接 50	500
				＊1年：2年：3年＝1：1：1						
吉川美南 (定時制Ⅰ部)	70%	500	―	270	70	60	400	400	―	
				＊1年：2年：3年＝1：2：3						
吉川美南 (定時制Ⅱ部)	70%	500	―	135	10	5	150	450	面接 100	200
				＊1年：2年：3年＝1：1：1						

埼玉
資料

専門学科選抜方法一覧：第1次選抜 （2024年春実績）

科名	学校名	第1次選抜割合	学力検査(a)	調査書点(b)					その他の検査	
				学習の記録*	特別活動等	その他	合計	換算点	内容・配点	換算点
農業	鳩ヶ谷	80%	500	180	55	15	250	500	面接 25	50
				*1年：2年：3年=1：1：2						
	秩父農工科学	80%	500	225	100	35	360	504	―	
				*1年：2年：3年=1：1：3						
	児玉	80%	500	180	45	25	250	500	―	
				*1年：2年：3年=1：1：2						
	熊谷農業	80%	500	270	70	30	370	370	面接 80	80
				*1年：2年：3年=1：2：3						
	羽生実業	80%	500	270	95	35	400	500		
				*1年：2年：3年=1：2：3						
	杉戸農業	75%	500	225	130	45	400	500	面接 100	100
				*1年：2年：3年=1：2：2						
生物環境	いずみ	80%	500	180	90	30	300	500	面接 100	100
				*1年：2年：3年=1：1：2						
工業	大宮工業	80%	500	135	25	25	185	440	面接 100	100
				*1年：2年：3年=1：1：1						
	川口工業	80%	500	135	100	30	265	371	面接 100	100
				*1年：2年：3年=1：1：1						
	新座総合技術	80%	500	225	45	30	300	480	面接 50	50
				*1年：2年：3年=1：1：3						
	川越工業	80%	500	180	40	30	250	500	面接 40	40
				*1年：2年：3年=1：1：2						
	狭山工業	80%	500	180	100	60	340	340	面接 160	160
				*1年：2年：3年=1：1：2						
	秩父農工科学	80%	500	225	100	35	360	504	―	
				*1年：2年：3年=1：1：3						
	児玉	80%	500	180	45	25	250	500	―	
				*1年：2年：3年=1：1：2						
	熊谷工業	70%	500	225	100	25	350	350	―	
				*1年：2年：3年=1：1：3						
	進修館	70%	500	225	105	30	360	648	―	
				*1年：2年：3年=1：1：3						
	越谷総合技術	80%	500	180	50	20	250	500	面接 50	50
				*1年：2年：3年=1：1：2						
	三郷工業技術	80%	500	225	100	90	415	457		
				*1年：2年：3年=1：2：2						
	春日部工業	80%	500	225	110	25	360	432	面接 50	50
				*1年：2年：3年=1：1：3						
	久喜工業	80%	500	180	100	20	300	600	面接 60	60
				*1年：2年：3年=1：1：2						
商業	浦和商業	80%	500	180	40	30	250	500		
				*1年：2年：3年=1：1：2						
	大宮商業	75%	500	315	100	35	450	450	面接 50	50
				*1年：2年：3年=2：2：3						
	岩槻商業	80%	500	180	50	20	250	500	―	
				*1年：2年：3年=1：1：1						
	鳩ヶ谷	80%	500	180	55	15	250	500	面接 25	50
				*1年：2年：3年=1：1：2						
	鴻巣	80%	500	180	40	30	250	750	―	
				*1年：2年：3年=1：1：2						

科名	学 校 名	第1次選抜割合	学力検査(a)	調査書点(b)					その他の検査	
				学習の記録*	特別活動等	その他	合計	換算点	内容・配点	換算点
商業	上尾	70%	500	180 / *1年：2年：3年＝1：1：2	120	20	320	336	―	
	新座総合技術	80%	500	225 / *1年：2年：3年＝1：1：3	45	30	300	480	面接 50	50
	川越市立川越	75%	500	225 / *1年：2年：3年＝1：1：2	60	65	350	350	面接 50	50
	所沢商業	60%	500	315 / *1年：2年：3年＝1：2：4	100	85	500	500	―	
	狭山経済	70%	500	225 / *1年：2年：3年＝1：1：3	60	10	295	354	面接 50	50
	熊谷商業	75%	500	180 / *1年：2年：3年＝1：1：2	40	30	250	500	―	
	深谷商業	80%	500	180 / *1年：2年：3年＝1：1：2	25	5	210	630	―	
	羽生実業	80%	500	270 / *1年：2年：3年＝1：2：3	95	35	400	500	―	
	越谷総合技術	80%	500	180 / *1年：2年：3年＝1：1：2	50	20	250	500	面接 50	50
	八潮南	70%	500	180 / *1年：2年：3年＝1：1：2	70	30	280	364	面接 50	50
家庭	鴻巣女子	80%	500	180 / *1年：2年：3年＝1：1：2	100	20	300	400	面接100	100
	新座総合技術	80%	500	225 / *1年：2年：3年＝1：1：3	45	30	300	480	面接 50	50
	秩父農工科学	80%	500	225 / *1年：2年：3年＝1：1：3	100	35	360	504	―	
	越谷総合技術	80%	500	180 / *1年：2年：3年＝1：1：2	50	20	250	500	面接 50	50
看護	常盤	60%	500	180 / *1年：2年：3年＝1：1：2	30	15	225	334	面接 20	20
福祉	誠和福祉	80%	500	180 / *1年：2年：3年＝1：1：2	90	30	300	360	面接 50	40
体育	大宮東	60%	500	135 / *1年：2年：3年＝1：1：1	50	10	195	500	実技300	300
	ふじみ野	80%	500	225 / *1年：2年：3年＝1：1：3	200	15	440	440	実技450	450
美術・音楽・書道	大宮光陵（美術科）	80%	500	225 / *1年：2年：3年＝1：1：3	40	15	280	350	実技100	200
	大宮光陵（音楽科）	80%	500	225 / *1年：2年：3年＝1：1：3	40	15	280	500	実技200	800
	大宮光陵（書道科）	80%	500	225 / *1年：2年：3年＝1：1：3	40	15	280	450	実技200	400
	越生（美術科）	80%	500	225 / *1年：2年：3年＝1：1：3	40	15	280	350	実技100	300
	松伏（音楽科）	70%	500	270 / *1年：2年：3年＝1：2：3	100	30	400	500	実技450	630

埼玉

資料

国立高校
国立高等専門学校

国立高校
国立高等専門学校

国立高校受験上の注意

国立高校では各高校の選考委員会が選抜に関する一切の権限をもっています。したがって共通の入試要項はなく，各高校で夏から秋頃発表する入学案内によって詳細を知るほかありません。ただ従来の入試状況から，受験上特に注意を要することがいくつかありますので，次に紹介します。

1. 国立大学附属高校とは

国立大学の附属高校は，教育学に関する研究・実験に協力するための「教育研究校」として設置されています。新しい教育理論を試したり研究したりするための場ですから，募集人数は少数です。学費は公立よりは少し高めですが，私立に比べると大幅に安いため，多くの受験生が志望し，入試の難易度が極めて高いのが特徴です。

附属高校から上部の併設大学に進学する場合，学校によっては若干名の内部推薦枠が設けられているケースもありますが，それを除くと基本的には特別な優遇制度はなく，他校出身者と同じように受験します。

2. 通学制限を設けている学校がある

国立高校にはふつう学区制がなく，他県からも受験できますが，筑波大学附属駒場高校は下記の通学区域内の在住者，また筑波大学附属坂戸高校は1時間30分程度で通学できることが望ましいとしています。

筑波大学附属駒場高等学校の通学区域

東京都

　23区，昭島市，稲城市，清瀬市，国立市，小金井市，国分寺市，小平市，狛江市，立川市，多摩市，調布市，西東京市，八王子市，東久留米市，東村山市，日野市，府中市，町田市，三鷹市，武蔵野市

神奈川県

　厚木市，海老名市，川崎市，座間市，大和市，横浜市（青葉区・旭区・泉区・神奈川区・港南区・港北区・瀬谷区・都筑区・鶴見区・戸塚区・中区・西区・保土ヶ谷区・緑区・南区），相模原市（南区，中央区，緑区の相原・大島・大山町・上九沢・下九沢・田名・西橋本・二本松・橋本・橋本台・東橋本・元橋本町）

千葉県

　市川市，浦安市，習志野市，船橋市，松戸市

埼玉県

　上尾市，朝霞市，川口市，さいたま市（浦和区，大宮区，北区，桜区，中央区，西区，南区），志木市，草加市，所沢市，戸田市，新座市，富士見市，ふじみ野市，三郷市，八潮市，和光市，蕨市

3. 併願受験の注意点

お茶の水女子大学附属，筑波大学附属駒場，筑波大学附属，東京学芸大学附属，東京科学大学附属科学技術の5校は，試験日の関係上，互いにかけもち受験ができないようになっています。

4. 選抜方法と合格の基準

内申書と学力検査を等価値で扱うのか，学力検査だけで判定するのか，一部の学校でしか公表していないのでわかりませんが，

大半の学校は学力検査を重んじているのではないかと思われます。また学区制がなく，東京都全域および首都圏各県から，優秀な生徒が私立・公立とかけもちで受験する上に，募集人員が少ないため，例年競争率はかなり高くなります。

※各校の入試要項は2023年秋発表の要項に基づいています。

高等専門学校について

1. 高等専門学校の特色

高等専門学校は，1962年に初めて創設された高等教育機関です。その目的は，実践的な技術の学習を重視し，高度の理論を実際面に生かす能力を持つ人材を育成することにあります。

大学や短期大学に入学するのは高等学校を卒業した後ですが，高等専門学校は中学校卒業という早い時期から入学し，その後5年間（商船に関する学科は5年6カ月）一貫したカリキュラムにより一般科目および専門科目を学ぶことになっています。つまり，中等教育（高校課程）と高等教育（大学課程）を合わせた教育制度であり，卒業生には「準学士」の称号が与えられます。

2. 高等専門学校の設置状況と学科

高等専門学校は2023年12月現在，国立51校，公立3校，私立4校となっています。高等専門学校には，主として工業関係と商船関係の学科があります。工業関係では，機械工学科，電気工学科，電子制御工学科，情報工学科，物質工学科，環境都市工学科，建築学科など多数あり，そのほか経営情報学科，ビジネスコミュニケーション学科，国際ビジネス学科など商業系の学科も見られます。

3. 入学資格

高等学校の入学資格と同じく中学校卒業またはこれと同程度以上です。

4. 高等専門学校卒業生の就職

卒業生の実力は高く評価されており，2022年度の就職希望者の就職率は99.2％（2023年4月現在　文部科学省・厚生労働省調べ）でした。会社などで多く見られる業務としては，研究・設計開発など高度で専門的な仕事が挙げられます。

5. 卒業生の進学

高等専門学校を卒業した後も，さらに高度な理論と技術を身につけるために進学する卒業生も多くいます。2023年3月の全国の卒業生9,859名のうち，39.7％に当たる3,914名が大学や高等専門学校の専攻科に進学しています。

通常，高等専門学校の卒業生が大学に進学する場合は3年次の編入試験を受けますが，高専の教育内容に接続することを目的として設立された長岡技術科学大学や豊橋技術科学大学は，一般入試のほかに3年次入試を行って高専卒業生を積極的に受け入れ，大学院までの一貫教育を行っています。

専攻科の修業年限は2年で，修了者は所定の条件を満たすと大学卒業者と同様の「学士」の学位を得られます。

※各校の入試要項は2023年秋発表の要項に基づいています。

国立

お茶の水女子大学附属 高等学校

女子

〒112-8610　東京都文京区大塚2-1-1　☎(03)5978-5855(事務室)・5856(教員室)

【設置学科】普通科
【アクセス】丸ノ内線—茗荷谷6分
有楽町線—護国寺13分
【沿　革】1882年創立。
【併設校】お茶の水女子大学附属小学校, 同中学校
【学校長】吉田　裕亮
【生徒総数】女子365名

特色

①大学受験に特化することのない高等学校の教育を, バランスのとれた教育課程と授業, 様々な行事や委員会活動と部活動などによって進める。②自由な校風。自主・自律の精神, 互いに協力していく態度を身につけることを大切にしている。③スーパーサイエンスハイスクール事業の取り組みを発展させた授業を展開。学校設定教科「課題研究」を設け, 1年次で科学的な課題研究の技能を身につけ, 2・3年次で課題研究に取り組む。科学的根拠に基づく価値判断・意思決定・合意形成する能力を高める。④お茶の水女子大学と高大連携特別教育プログラムを実施。1年次にアカデミックガイダンスとキャリア教育を融合した「新教養基礎」(必修)を設置, 2・3年次には大学の授業を受講できる(希望制)。⑤2年次の希望者を対象に台湾での3泊4日の研修を行う。ホームステイや, 科学的な探究テーマについて交流協定校の生徒と英語でディスカッションする。⑥科学英語の講座やワークショップを実施している。

進路情報　2023年3月卒業生

【進路内訳】卒業生数—118名
大学—92名　その他—26名
【大学合格状況】東京大, 東工大, 一橋大, 東北大, 東京医歯大, お茶の水女子大, 他。
【指定校推薦】早稲田大, 慶應大, 他。

入試要項　2024年春(実績)

【一　般】募集人員▶120名, ただし附属中学校からの入学者(例年約60名)を含む
選抜方法▶国数英理社, 調査書
【受検料】9,800円
【学　費】入学手続時—56,400円
年額—約465,000円(3カ月一括納入の教育後援会費, 教育環境整備費120,000円含む)
初年度総額—約521,400円
※2023年度実績。

入試日程

登録・出願	試験	発表	手続締切	説明会
12/1～1/13	2/13	2/16	2/16	3/2

応募状況

年度	応募数	受検数	合格数	実質倍率
'24	322	258	111	2.3
'23	392	346	106	3.3
'22	440	386	108	3.6

併願校の例

	都立・公立	私立
挑戦校		
最適校	日比谷／横浜翠嵐 湘南	慶應女子 早稲田実業 明大明治 青山学院 国際基督教
堅実校	西／国立 戸山／新宿 八王子東／千葉 船橋／千葉東 川和／浦和一女	中大杉並 青稜 淑徳 朋優学院 栄東

合格のめやす

合格の可能性 60% 80% の偏差値を表示しています。

普通科 ━━ 72 ━━ 75

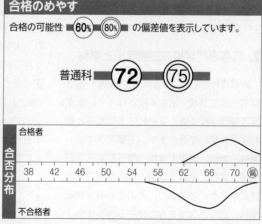

合格者

合否分布

| 38 | 42 | 46 | 50 | 54 | 58 | 62 | 66 | 70 | 偏 |

不合格者

見学ガイド　文化祭／説明会／理数体験授業

男子

筑波大学附属駒場 高等学校

〒154-0001　東京都世田谷区池尻 4-7-1　☎(03)3411-8521(代)

【設置学科】普通科
【アクセス】京王井の頭線―駒場東大前 7 分
東急田園都市線―池尻大橋15分
【沿　革】1947年創立。
【併設校】筑波大学附属駒場中学校
【学校長】北村　豊
【生徒総数】男子486名

特色

①自由・闊達の校風のもと，挑戦し，創造し，貢献する生き方をめざすことを目標とする。②筑波大学の附属校として，「先導的教育」「教師教育」「国際教育」の三つの教育で，国の拠点校をめざす。③１・２年次生のべ30名近くが，台湾台中第一高級中学や韓国釜山国際高校を訪問し，生徒研究交流会を行っている。また，国際科学オリンピックなどのコンクールには，毎年多くの生徒が参加している。④筑波大学の教員・研究者の協力のもと，講演会や実験講座を多数開講。２年次には全員が大学の研究室を訪問し，第一線の研究者から直接教えを受ける機会を設ける。⑤「学ぶ喜びの体験」をめざし，社会貢献プロジェクト「筑駒アカデメイア」を開設。公開講座を通して，教師，生徒，卒業生が一体となって地域に還元する。⑥２年次の進路懇談会は卒業生から職業選択や大学での研究について懇談する。３年次は大学生や大学院生を招き受験体験談を聞く。⑦三大行事の１つ「音楽祭」は本格的なホールで行われ，各クラスの合唱は専門家の審査・講評を受ける。

進路情報　2023年3月卒業生

【進路内訳】卒業生数―160名
大学―109名　その他―51名
【大学合格状況】東京大，京都大，東工大，一橋大，東北大，北海道大，東京医歯大，他。
【指定校推薦】非公表。

入試要項　2024年春（実績）

【一　般】募集人員▶海外帰国生徒と合わせて約40名
通学区域▶ p.1378参照
選抜方法▶ 国数英理社（英にリスニングあり），調査書
【受検料】9,800円
【学　費】入学手続時―56,400円
年額―115,200円　初年度総額―171,600円（ほかに諸費あり）　※2023年度実績。

入試日程

登録・出願	試験	発表	説明会	手続締切
12/18〜1/12	2/13	2/15	2/19	2/26

[説明会]保護者が出席。欠席は辞退とみなす。

応募状況

年度		応募数	受検数	合格数	実質倍率
'24	一般	137	129	46	2.8
	帰国生	4	3	1	3.0

併願校の例

	都立・公立	私立
挑戦校		
最適校		開成 早稲田実業 早大学院 慶應志木
堅実校	日比谷／西 八王子東／新宿 横浜翠嵐／湘南 市立横浜サイエンス 浦和／大宮	青山学院 明大明治 広尾学園 国際基督教 立教新座

合格のめやす

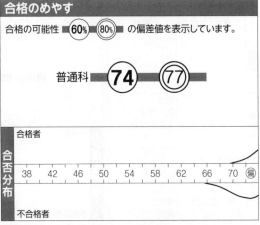

合格の可能性 ■ 60% ◎ 80% ◎ の偏差値を表示しています。

普通科 ■■■ 74 ◎ 77 ◎

合否分布

合格者

| 38 | 42 | 46 | 50 | 54 | 58 | 62 | 66 | 70 | (偏) |

不合格者

見学ガイド　文化祭，説明会

筑波大学附属 高等学校

〒112-0012　東京都文京区大塚 1-9-1　☎(03)3941-7176〜8

【設置学科】普通科

【アクセス】有楽町線―護国寺 8 分
丸ノ内線―茗荷谷10分

【沿　革】1888年創立。

【併設校】筑波大学附属小学校，筑波大学附属中学校

【学校長】藤生　英行

【生徒総数】非公表。

特色

①「自主・自律・自由」をモットーに，知育，徳育，体育の調和を図る。②1・2 年次は必修を中心に学び，3 年次は文理分けせず，興味や進路に応じて授業を選択する。③希望者は 2 年次から第二外国語（ドイツ語，フランス語，中国語）を選択できる。④総合的な探究の時間「筑波スタディ」での研究活動を通して，主体的に課題を発見し，解決する力を身につける。1 年次には探究のための基礎的な知識・技能や具体的なプロセスを学び，2 年次の本研究では，自ら課題を発見し，その解決に向けた研究に取り組む。大学や自治体，企業等との協働的活動や，学会での発表なども行う。⑤シンガポールとの学校間交流のほか，世界各国で開催される国際会議，フォーラムに生徒を派遣するなど，国際交流が盛ん。⑥進路研究の一環として，2 年次に筑波大学を訪問し，講義，実験，実習などを体験する。⑦2 年次秋の修学旅行先は沖縄かシンガポールが近年の主流となっている。

進路情報　2023年3月卒業生

【進路内訳】卒業生数―242名
内訳は非公表。

【大学合格状況】東京大，京都大，東工大，一橋大，北海道大，東北大，東京医歯大，他。

【指定校推薦】非公表。

入試要項　2024年春（実績）

【一 般】募集人員 ▶ 80名（内訳は男女ほぼ同数，海外帰国枠 3 名程度を含む）

選抜方法 ▶ 国数英理社（英にリスニングあり），調査書　【受検料】9,800円

【学 費】入学手続時―56,400円
年額―351,200円
初年度総額―407,600円（ほかに任意の後援会費あり）※2023年度実績。

入試日程

登録・出願	試験	発表	手続締切
1/9〜18	2/13	2/16	2/20

応募状況

年度		応募数	受検数	合格数	実質倍率
'24	男	373	323	98	3.3
	女	213	176	67	2.6
	帰国生	7	5	3	1.7
'23	男	390	340	90	3.8
	女	217	191	65	2.9
	帰国生	1	1	1	1.0

併願校の例

	都立・公立	私立
挑戦校		
最適校		開成 慶應女子 早稲田実業 早大学院 青山学院
堅実校	日比谷／西 国立／戸山 青山／立川 千葉／東葛飾 浦和／大宮	広尾学園 国際基督教 城北 青稜 淑徳

合格のめやす

合格の可能性 ■60%■ ■80%■ の偏差値を表示しています。

普通科 ━ 73　76 ━

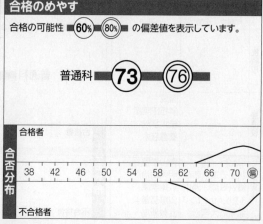

合否分布	合格者								
	38	42	46	50	54	58	62	66	70 偏
	不合格者								

見学ガイド　文化祭／説明会／公開授業／見学会

共学

東京学芸大学附属 高等学校

〒154-0002　東京都世田谷区下馬 4-1-5　☎(03)3421-5151

【設置学科】普通科
【アクセス】東急東横線―学芸大学15分
JR―渋谷よりバス学芸大学附属高校
【沿　革】1954年開校。
【併設校】東京学芸大学附属小学校 4 校，同中学校 3 校，同国際中等教育学校
【学校長】大野　弘
【生徒総数】男子465名，女子488名

特色

①「何を知っているか」ではなく，「何ができるか」という観点で，資質・能力の育成を重視したカリキュラムを組む。学問の本質を学ぶために，実物に触れる授業，学問の深みを感じる授業をめざす。②SULE（Scientific Universal Logic for Education）の理念の下，総合的な文理融合型の教育により，国際的リーダーを育成する。国際交流活動や大学教授による特別授業など，日常では体験できない学びを経験する。③地理実習や法廷訪問，地層の野外観察実習，観劇などがあり，多彩な行事で実物に触れ，協働の精神も養う。また 1・2 年次には男子 9 km，女子 7 kmのマラソン記録会やスキー教室を開催する。④ 1 人 1 台のノートPCを活用し，主体的に情報を集め，考え，表現，発信する力を育成する。探究活動や予習，授業，復習，課題のほかにも，HRや委員会，部活動など，様々な場面で活用している。

進路情報 2023年3月卒業生

【進路内訳】卒業生数―307名
大学―174名　その他―133名
高大接続プログラム特別入試で東京学芸大学へ 5 名が進学した。
【大学合格状況】シカゴ大，東京大，京都大，東工大，一橋大，国際教養大，北海道大，他。
【指定校推薦】早稲田大，慶應大，他。

入試要項 2024年春（実績）

【一　般】募集人員▶120名程度（内訳は男女ほぼ同数）ほか海外帰国生男女15名募集あり
選抜方法▶国数英理社（数学以外は一部マークシート。英にリスニングあり），調査書
【受検料】9,800円
【学　費】入学手続時―56,400円
年額―642,880円（PC 3 年間リース料150,000円を含む）初年度総額―699,280円
※2023年度実績。

入試日程

登録・出願	試験	発表	手続締切
12/15〜1/18	2/13	2/15	2/19

応募状況

年度		応募数	受検数	合格数	実質倍率
'24	男	693	595	161	3.7
	女	483	428	113	3.8
'23	男	647	534	153	3.5
	女	429	388	113	3.4

国立　筑波大学附属／東京学芸大学附属

併願校の例

	都立・公立	私立
挑戦校		
最適校	横浜翠嵐	開成 慶應女子 早稲田実業 早大学院 明大明治
堅実校	日比谷／西 国立／戸山 湘南／柏陽 川和／県立多摩 市立横浜サイエンス	国際基督教 広尾学園 中大杉並 青稜 桐光学園

合格のめやす

合格の可能性 60% 80% の偏差値を表示しています。

普通科　73　76

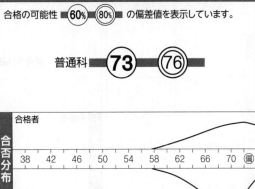

合格者										
合否分布	38	42	46	50	54	58	62	66	70	(偏)
不合格者										

見学ガイド　体育祭／文化祭／説明会／公開授業

東京藝術大学音楽学部附属音楽 高等学校

共学

〒110-8714 東京都台東区上野公園12-8 ☎(050)5525-2406

【設置学科】音楽科
【アクセス】JR—鶯谷10分，上野13分
千代田線—根津11分
【沿 革】1954年創立。
【学校長】山下 薫子
【生徒総数】男子27名，女子83名

特色

①音楽の早期専門教育を行う唯一の国立音楽高校。「グローバルな視点をもち音楽の力で未来を切り拓く人材の育成」を教育目標に掲げる。②専攻は作曲，ピアノ，弦楽器（5種），管打楽器（12種），邦楽（10種）。東京藝大の兼任教員の協力を得て，手厚い指導体制を組む。③副科実技はピアノ，声楽，打楽器。副科ピアノはピアノ専攻生を除き，邦楽を含む全員が履修する。④オーケストラの授業や弦楽器専攻の室内楽授業も東京藝大の教員が指導に参加。フルートを除く管打楽器専攻は，大学生の室内楽・管打合奏の授業を共修。⑤邦楽専攻の合奏は全学年合同の授業で，専攻以外の和楽器の演奏特性を理解する。⑥「音楽理論」は和声が中心。東京藝大進学後も本校出身者によるクラスで学ぶ一貫プログラムで，高大連携科目。理論だけでなく，合唱や和声を聴くことにより，音楽作品の構造や和声を身体的に捉え，味わうことをめざす。⑦普通教科では音楽との接点を意識した指導により，専門領域にとどまらない幅広い教養と見識を養う。⑧定期演奏会など，演奏の機会が豊富。2年次には演奏研修旅行を実施。

進路情報 2023年3月卒業生

【進路内訳】卒業生数—39名
大学—33名 その他—6名
【大学合格状況】東京藝術大，早稲田大，他。

入試要項 2024年春（実績）

【一 般】募集人員▶40名（弦楽器のうち，ヴァイオリンとヴィオラは併せて出願できる）
選抜方法▶専攻実技，楽典，聴音（邦楽各専攻は除く），新曲視唱（邦楽各専攻は視唱課題），副科ピアノ（邦楽各専攻は除く，ピアノ専攻は初見視奏），国数英（英にリスニングあり），個人面接，調査書
【受検料】9,800円
【学 費】入学手続時—56,400円
年額—約335,200円 初年度総額—約391,600円 ※2024年度予定。

入試日程

出願	試験	発表	説明会	手続締切
11/13～24	1/20～24	1/25	1/25	2/2

[説明会]保護者同伴で出席。

応募状況

年度	応募数	受検数	合格数	実質倍率
'24	75	73	36	2.0
'23	89	89	37	2.4
'22	77	77	38	2.0

併願校の例

	公立	私立
挑戦校		
最適校		
堅実校	大宮光陵（音）	八王子学園（音） 桐朋女子（音） 国立音大附（音）

合格のめやす

合格の可能性 60% 80% の偏差値を表示しています。

音楽科 62 66

合否分布：38 42 46 50 54 58 62 66 70（偏）

見学ガイド 説明会／演奏会

共学

東京科学大学附属科学技術 高等学校 (新校名・仮称)

〒108-0023 東京都港区芝浦 3-3-6 ☎(03)3453-2251(代) 現・東京工業大学附属科学技術高等学校

【設置学科】科学・技術科

【アクセス】JR一田町 2 分 都営三田線・都営浅草線一三田 5 分

【沿 革】1886年創立。2024年10月，東京工業大学・東京医科歯科大学の統合に伴う大学の校名変更時に校名変更予定。2026年 4 月，目黒区大岡山に移転予定。

【学校長】中川 茂樹

【生徒総数】男子425名，女子128名

特色

①スーパーサイエンスハイスクール指定校。②1 年次は科学技術に関する基礎的な科目を学び，専門学習への接続を行う。2 年次より「応用化学」「情報システム」「機械システム」「電気電子」「建築デザイン」の 5 分野に分かれる（推薦Ⅰ型入学者は出願時に選択）。③東京工業大学との連携授業を実施。1 年次は特別講義，2 年次には高大連携特別科目「先端科学技術入門」を用意する。3 年次の課題研究成果発表会では大学の教員による指導・講評を受ける。また，大学のある大岡山キャンパスに移転後は，大学の教員や学生との交流など，連携をさらに強化する予定。④2026年の移転に向けて，新時代の科学技術教育に適した新たな校舎を建設予定。

進路情報 2023年 3 月卒業生

【進路内訳】卒業生数一186名

大学一127名 専門学校一4 名 その他一55名

【大学合格状況】東京大，東工大，大阪大，北海道大，九州大，防衛医大，東京農工大，他。

【指定校推薦】横浜市大，早稲田大，慶應大，他。

入試要項 2024年春（実績）

【推 薦】募集人員▶Ⅰ：各分野12名以内，Ⅱ：Ⅰと併せて72名以内

選抜方法▶小テスト〔数・理（第 1 分野）〕，個人面接，調査書

【一 般】募集人員▶定員200名（5 分野各40名，推薦を含む） 選抜方法▶国数英，調査書

【受検料】9,800円

【学 費】入学手続時一56,400円 授業料一115,200円 初年度総額一171,600円（ほかに諸費あり） ※2024年度額。

入試日程

区分	登録・出願	試験	発表	手続締切
推薦	11/24～12/1	1/10	1/11	1/20
一般	1/15～20	2/13	2/15	2/19

応募状況

年度	区分	分野	応募数	受検数	合格数	実質倍率
'24	推薦Ⅰ	応	19	19	12	1.6
		情	15	15	12	1.3
		機	8	8	7	1.1
		電	8	8	6	1.3
		建	12	12	10	1.2
	推薦Ⅱ		12	12	7	1.7
	一般		425	359	258	1.4

併願校の例

	都立・公立	私立
挑戦校	日比谷／西 国立／横浜翠嵐 湘南／柏陽	早大学院 青山学院 広尾学園 中大附横浜
最適校	戸山／青山 新宿／立川 駒場／希望ケ丘 市立横浜サイエンス 横須賀／神奈川総合	青稜 朋優学院 芝浦工大附 桐光学園 桐蔭学園
堅実校	町田／豊多摩 城東／目黒 多摩科学技術／墨田川 市ケ尾／市立東 大船／麻溝台	駒澤大学 多摩大目黒 文教大付 日本大学

合格のめやす

合格の可能性 **60%** **80%** の偏差値を表示しています。

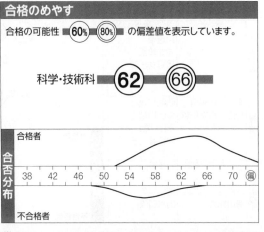

科学・技術科 **62** **66**

合格者											
合否分布	38	42	46	50	54	58	62	66	70	（偏）
不合格者										

見学ガイド 文化祭／説明会／体験入学

筑波大学附属坂戸 高等学校

共学

〒350-0214　埼玉県坂戸市千代田1-24-1　☎(049)281-1541(代)

【設置学科】総合科学科
【アクセス】東武東上線―若葉8分
【沿　革】1946年創立。
【学校長】江前　敏晴
【生徒総数】男子183名，女子286名

特色

①SGクラスとIGクラスを設置。SGクラスはIBプログラムをベースとした英語の授業を受講することができる。IGクラスはグローバルプログラムを総合的に学ぶ。②2年次より科目群選択科目をおく。生物資源・環境科学，工学システム・情報科学，生活・人間科学，人文社会・コミュニケーションの4つの科目群から1つを選択，その分野の考え方を系統的に自分で理解する。③国際バカロレア・ディプロマプログラム(IBDP)認定校。IB生はSGクラスに所属するが，2年次よりIBDP科目を中心に学習する。

進路情報　2023年3月卒業生

【進路内訳】卒業生数―151名
大学―121名　短大―4名　専門学校―18名
就職―1名　その他―7名
【大学合格状況】筑波大，東京学芸大，他。
【指定校推薦】明治大，立教大，他。

入試要項　2024年春（実績）

ほかにSG・IBは海外在留生特別選抜あり。

【S　G】募集人員▶SGクラス単願20名程度・併願5名程度　選抜方法▶国英または数英，個人面接，調査書，志願理由書（ほかに帰国生・外国人生徒対象特別選抜あり，募集人員は単願に含む）　【I　B】募集人員▶IBコース推薦・一般計10名程度　選抜方法▶個人面接（日本語と英語），保護者同伴面接，志願理由書，ほかに推薦は小論文・調査書，一般は国数英
【推　薦】募集人員▶IGクラス単願60～70名　選抜方法▶小論文，個人面接，調査書，志願理由書　【一　般】募集人員▶IGクラス50～60名　選抜方法▶国数英理社，個人面接，調査書
【受検料】9,800円　【学　費】入学手続時―56,400円　年額―501,400円　初年度総額―557,800円（ほかに諸費あり。IBコースは別途3カ年1,000,000円）　※2024年度予定。

入試日程

区分	登録・出願	試験	発表	手続締切
SG・IB・推	12/18～1/11	1/18	1/24	2/13
一般	1/24～29	2/2	2/6	2/13

［手続］入学金納入（SG併願は3/7）。入学手続はSG単願・IB・推薦・一般2/21，SG併願3/11。保護者同伴で本人が来ない場合は合格を取り消す。

応募状況

年度	区分	応募数	受検数	合格数	実質倍率
'24	SG単願	44	43	19	2.3
	SG併願	26	25	6	4.2
	IB	13	13	9	1.4
	推薦	214	214	77	2.8
	一般	165	158	46	3.4

併願校の例　※[IG]を中心に

	埼公立	私立
挑戦校		川越東 城北埼玉 星野女子部 星野共学部
最適校	坂戸／川越南 松山／市立川越	西武文理 城西川越 細田学園 東京農大三 山村学園
堅実校	松山女子／朝霞 川越総合／朝霞西 坂戸西／川越西 滑川総合	大妻嵐山 西武台 聖望学園 山村国際

合格のめやす

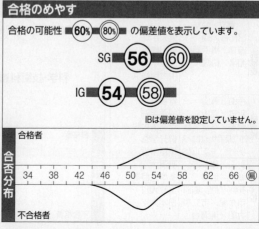

合格の可能性 ■60%■ ■80%■ の偏差値を表示しています。

SG 56 60

IG 54 58

IBは偏差値を設定していません。

合否分布　合格者／不合格者

34　38　42　46　50　54　58　62　66　偏

見学ガイド　文化祭／説明会／オープンキャンパス／見学会

共 学

東京工業 高等専門学校

〒193-0997　東京都八王子市椚田町 1220-2　☎(042)668-5127(学生課教務係)

【設置学科】 機械工学科，電気工学科，電子工学科，情報工学科，物質工学科

【アクセス】 京王線—狭間5分

【沿　革】 1965年創立。

【学校長】 谷合　俊一

【学生総数】 男子811名，女子209名

特色

①1年次は学科混合のクラス編成。「ものづくり基礎工学」で5学科の学習内容を体験し2年進級時の最終学科選択に生かす。②4・5年次必修の「社会実装プロジェクト」では企業や地域が抱えるリアルな課題を発見し，解決策を提案する。③将来の英文技術文書活用や外国人エンジニアとの連携などを見据え，専門基礎演習の英語による授業や，卒業研究の英語プレゼンテーション実施などでグローバル化を推進。④ロボコン，プロコンなどの各種コンテストで受賞の実績が多数ある。⑤専攻科は機械情報システム工学，電気電子工学，物質工学の3専攻。

進路情報　2023年3月卒業生

【進路内訳】 卒業生数—191名
大学編入—64名　専攻科—23名　就職—95名
その他—9名

入試要項　2024年春（実績）

【推　薦】 募集人員▶各学科とも40名の60%程度

選抜方法▶ 個人面接，調査書，面接シート

【学力入試】 募集人員▶各学科とも40名の40%程度

選抜方法▶ 国数英理（マークシート），調査書

【受検料】 16,500円

【学　費】 入学手続時—84,600円
年額—280,350円
初年度総額—364,950円（ほかに諸費あり）
※2024年度予定。

入試日程

区分	登録・出願	試験	発表	手続締切
推薦	12/18〜1/10	1/21	1/26	2/2
学力	1/15〜26	2/11	2/16	3/1

［手続］入学確約書提出。入学料納入は推薦・学力とも3/4，諸手続は3月中旬。

応募状況　※第1志望学科以外への合格・繰上合格を含む。

年度	区分	学科	応募数	受検数	合格数	実質倍率
'24	推薦	機械	29	—	24	—
		電気	27	—	24	—
		電子	19	—	24	—
		情報	49	—	24	—
		物質	24	—	24	—
	学力	機械	43	—	22	—
		電気	49	—	22	—
		電子	44	—	25	—
		情報	76	—	27	—
		物質	41	—	24	—

国立　筑波大学附属坂戸／東京工業

併願校の例

	都立・公立	私立
挑戦校	立川（創造理数）	桐朋 中大附属
最適校	八王子東／国分寺 厚木／相模原 市立横浜サイエンス 大和／平塚江南	桜美林 桐蔭学園 日本大学
堅実校	町田／調布北 南平／神代 調布南／茅ケ崎北陵 市ケ尾／秦野 市立川崎総合科学（科学）	日大三 八王子学園 東京電機大 工学院大附 麻布大附

合格のめやす

合格の可能性 60% 80% の偏差値を表示しています。

学科	60%	80%
機械工学科	59	63
電気工学科	59	63
電子工学科	60	64
情報工学科	61	65
物質工学科	59	63

見学ガイド　文化祭／説明会／公開授業／見学会／入試問題解説会

木更津工業 高等専門学校

共学

〒292-0041　千葉県木更津市清見台東 2-11-1　☎(0438)30-4040

【設置学科】 機械工学科，電気電子工学科，電子制御工学科，情報工学科，環境都市工学科
【アクセス】 JR―木更津よりバス高専前
【沿　革】 1967年創立。
【学校長】 山﨑　誠
【学生総数】 男子862名，女子183名

特色

①将来，優秀なエンジニアになるため，入学当初よりその目標に合った専門教育を行う。②実験，実習の時間が多く，自らものを作る創造的能力が培われる。技術者として大きく成長するための一般科目も並行して学ぶ。③4・5年次からは，各自の興味や進路に合わせて選択できる科目も用意。④5年次にはそれまでの学習を土台にして，1つのテーマを深く追求する卒業研究に取り組む。⑤10カ国・15校と連携交流協定を結び，ドイツ，台湾，シンガポールなどへの短期留学やインターンシップの形で学生の派遣や受け入れを行う。⑥実践力が評価され，2022年度は就職希望者に対して10.3倍の求人。学校推薦でも選考を受けられる。⑦専攻科では機械・電子システム工学，制御・情報システム工学，環境建設工学を設置している。

進路情報　2023年3月卒業生

【進路内訳】 卒業生数―|186名|
大学編入―56名　専攻科―33名　専門学校―2名　就職―89名　その他―6名

入試要項　2024年春（実績）

ほかに帰国子女特別選抜あり。
【推　薦】 募集人員▶各学科20名程度
選抜方法▶適性検査（数），個人面接，調査書
【学　力】 募集人員▶各学科20名程度
選抜方法▶国数英理社（マークシート），調査書　※本校第2志望者選抜あり。
【受検料】 16,500円
【学　費】 入学手続時―約179,600円　年額―234,600円　初年度総額―約414,200円（ほかに諸費あり）　※2024年度予定。

入試日程

区分	登録・出願	試験	発表	手続締切
推薦	12/11〜1/10	1/21	1/24	1/31
学力	1/11〜30	2/11	2/15	2/22

［手続］入学確約書提出。入学手続3/12。

応募状況　※機械，電気電子，電子制御の学力にスライド合格を含む。

年度	学科	区分	応募数	受検数	合格数	実質倍率
'24	機械	推薦	39	39	20	2.0
		学力	37	36	22	1.6
	電気電子	推薦	41	41	20	2.1
		学力	36	35	22	1.6
	電子制御	推薦	34	34	20	1.7
		学力	33	33	22	1.5
	情報	推薦	70	70	20	3.5
		学力	51	49	22	2.2
	環境都市	推薦	50	50	20	2.5
		学力	34	34	22	1.5

併願校の例

	千公立	私立
挑戦校		昭和秀英 芝浦工大柏 専大松戸 日大習志野
最適校	木更津	麗澤 志学館 千葉日大一 市原中央 八千代松陰
堅実校	幕張総合／津田沼 国分／検見川 磯辺／千葉北 君津	千葉敬愛 千葉英和 暁星国際 東海大市原望洋

合格のめやす

合格の可能性 **60%** **80%** の偏差値を表示しています。

機械工学科 **57** **61**

電気電子工学科 **57** **61**

電子制御工学科 **57** **61**

情報工学科 **58** **62**

環境都市工学科 **57** **61**

|見学ガイド| 文化祭／説明会／体験入学／オープンキャンパス／見学会

私立通信制高校

通信制

以下のページにも私立通信制高校を掲載しています。

あずさ第一 高等学校

広域通信制
共学

立川キャンパス	〒190-0023	東京都立川市柴崎町 3-8-14	☎(042)595-9915
町田キャンパス	〒194-0022	東京都町田市森野 1-39-10	☎(042)850-8800
渋谷キャンパス	〒150-0031	東京都渋谷区桜丘町 5-4	☎(03)6416-0425
横浜キャンパス	〒221-0834	神奈川県横浜市神奈川区台町 14-22	☎(045)322-6336
千葉キャンパス	〒260-0045	千葉県千葉市中央区弁天 1-3-5	☎(043)254-1877
柏キャンパス	〒277-0843	千葉県柏市明原 1-2-2	☎(04)7145-1023
野田キャンパス/野田本校	〒278-0037	千葉県野田市野田 405-1	☎(04)7122-2400
さいたまキャンパス	〒331-0812	埼玉県さいたま市北区宮原町 4-23-9	☎(048)782-9962

【設置学科】 普通科（単位制）

【特 色】 ①「自分らしく，自由に。自分らしく，明るく。好きなコトに，一生懸命。」をモットーに多彩なコースと個性に合わせた学習スタイルで，新しいスクールライフを実現。自分のペースで高校生活が送れる。②「楽しく，わかる授業」で，苦手な教科でも無理なく理解できるよう指導する。③全キャンパスで専任のカウンセラーが「こころの相談」に応じている。友だち，家族，勉強のことなど，高校生活の中で生まれる様々な悩みや問題を整理し，解決するために一緒に考えていく。安心して生徒の生活を見守れるよう，保護者からの相談にも応じている。専任のスクールソーシャルワーカーも配置。問題解決に向けたサポートを行う。④クラス担任制をとっているため，いつでも気軽に相談をすることができる。また，生徒の日々の様子は，クラスの垣根を越えて教職員が毎日のミーティングで情報を共有し，キャンパス全体で細やかなサポートに取り組んでいる。

【設置コース】 ①自分のペースで高校生活を送れるように，スタンダードスタイル５日制・スタンダードスタイル３日制＋one・フリーツーデイスタイル２日制・フリーワンデイスタイル１日・一般通信制スタイルの５つの学習スタイルから選択することができる。②午前を中心に通常授業を行い，希望者は午後に多彩なオリジナルコース（基礎，大学進学，資格，保育，声優・アニメ，音楽，ファッション，ダンス，eスポーツ，デザイナー・クリエイター）が選択でき，幅のあるスクールライフを送ることができる。特に，オリジナルコースでは，第一線で活躍するプロの指導も受けられる。③スペシャル授業と名付けられた授業もあり，教科書を広げての通常の授業とは異なり，「楽しく学べて，チョットためになる」をキーワードに今まで気づかなかった才能や興味を引き出す。もちろん，クラブ活動的な遊びの心を取り入れたものもあり，友達づくりの場にもなっている。この授業は様々な体験ができるので社会性が身につき，将来へのヒント，新しい自分を見つけるチャンスを大きく広げることができる。④専門技術を身につける特別コース（美容師，ファッション・情報，自動車・バイク，ホースマン，会計，調理／スイーツ・パン，情報）は技能連携校等へ入学する。

【各種行事・部活動】 ①学校生活に潤いと活気を与える多彩な課外授業や校外学習，体育祭，文化祭，修学旅行など学校行事・イベントも充実。②多彩なオリジナルコースがあるので文化系部活動が充実，特に音楽系は本格的。体育系部活動ではバスケット部やダンス部が活発。

【大学合格実績】 東京藝術大，茨城大，福知山公立大，学習院大，明治大，青山学院大，立教大，中央大，法政大，日本大，東洋大，専修大，大東文化大，東海大，帝京大，國學院大，成蹊大，明治学院大，獨協大，神奈川大，芝浦工大，立命館大，玉川大，国士舘大，千葉工大，桜美林大，東京農大，文教大，二松學舍大，神田外語大，大正大，武蔵野美大，他。

入試要項 2024年春（実績）

〔新入生募集要項〕

募集人員▶男女 前期900名 後期300名

出願期間▶前期 12/18 ～希望受験日の前日まで
後期 2/5 ～希望受験日の前日まで

試験日▶前期 1/17・27，2/3
後期 2/17・24，3/2・9・16・23・29
※1/27，2/3・17・24は併願を含む。

選考方法▶前期 書類審査，面接（本人のみ）
※出願時に自己推薦書を提出
後期 書類審査，作文，面接（本人のみ）

入学検定料▶20,000円

合格発表▶選考の3日後に郵送

手続期限▶書類到着後7日以内

学費等▶入学金―なし 初年度総額―240,000円～

クラーク記念国際 高等学校

広域通信制
共学

東京キャンパス	〒169-0075	東京都新宿区高田馬場 1-16-17	☎(03)3203-3600
CLARK SMART 東京	〒169-0075	東京都新宿区高田馬場1-16-17-3F	☎(03)6233-1155
CLARK NEXT Akihabara	〒101-0021	東京都千代田区外神田 6-5-12	☎(03)5807-3455
CLARK NEXT Tokyo	〒173-0004	東京都板橋区板橋 4-11-4	☎(03)6905-6911
立川キャンパス	〒190-0012	東京都立川市曙町 1-26-13	☎(0120)833-350
横浜キャンパス	〒220-0021	神奈川県横浜市西区桜木町 4-17-1	☎(045)224-8501
横浜青葉キャンパス	〒225-0003	神奈川県横浜市青葉区新石川 2-5-5	☎(045)905-2571
CLARK SMART 横浜	〒231-0063	神奈川県横浜市中区花咲町2-65-6 コウノビルMM21 8F	☎(045)260-6507
厚木キャンパス	〒243-0014	神奈川県厚木市旭町 1-32-7	☎(046)220-5539
千葉キャンパス	〒260-0044	千葉県千葉市中央区松波 1-1-1	☎(043)290-6133
CLARK SMART 千葉	〒260-0045	千葉県千葉市中央区弁天1-2-1	☎(043)306-4851
柏キャンパス	〒277-0852	千葉県柏市旭町 2-2-3	☎(04)7146-1455
さいたまキャンパス	〒330-0803	埼玉県さいたま市大宮区高鼻町 2-69-5	☎(048)657-9160
CLARK SMART さいたま	〒330-0803	埼玉県さいたま市大宮区高鼻町1-20-1 大宮中央ビルディング4F	☎(048)650-7355
所沢キャンパス	〒359-0038	埼玉県所沢市北秋津 788-3	☎(04)2991-5515

【設置学科】 普通科（単位制）

【教育理念】「君よ，大志を抱け」で有名なクラーク博士の精神を受け継ぎ，博士の子孫から正式に認められている世界で唯一の高等学校。夢に向かって挑戦する精神を，可能性あふれる若者たちへと伝え，一人ひとりの個性を大きく羽ばたかせる。冒険家でプロスキーヤーの三浦雄一郎が名誉校長を務める。

【特　色】 ①東京キャンパスには総合進学コース，インターナショナルコース，パフォーマンスコース，保育・福祉コース，ペット生命科学コース，食物栄養コース，美術デザインコース，スマートスタディコース（単位制）を設置。②CLARK NEXT Akihabaraには，実践的な技術が身につく声優・放送，コミック・イラスト，映像クリエーター，eスポーツの専攻を設置。CLARK NEXT Tokyoには，eスポーツ，ロボティクス，プログラミング＆デザインの3コースを設置。③横浜・厚木・千葉・柏・さいたま・所沢キャンパスの総合進学コースでは，基礎学力の向上から大学進学指導まで多彩なカリキュラムを用意。資格取得，専門分野の習得など，各自の興味や希望に応じた授業を受けることができる。④CLARK SMARTと立川キャンパス（スマートスタディコース）では，通学とオンライン授業を組み合わせて，自分に合ったペースで学習を進めることができる。場所や時間に縛られることなく，個人のペース・目標に合わせて，教員がコーチングをしながら，EdTechを活用した個別最適型教育を実践する。⑤最先端の「家庭学習用ウェブ学習システム」により，高校で必要なすべての学びをサポート。単位修得，基礎から応用までのフォローアップ，大学進学対策まで対応。⑥オーストラリアにもキャンパスがあり，クラークの日本人教師が常駐。留学期間も短期（3週間）から長期（最長27カ月）と選択が可能で，渡航中も含めて3年間で卒業することが可能。

【大学合格状況】 東京大，筑波大，横浜国大，埼玉大，国際教養大，大阪大，北海道大，名古屋大，東京藝術大，都立大，宇都宮大，金沢大，大阪公立大，早稲田大，慶應大，上智大など。

【系列進学】 クラーク系列の大学・短大・専門学校への優先入学制度がある。

【指定校推薦】 早稲田大，慶應大，上智大，他300校以上，推薦枠も1,400以上あり。

入試要項 2024年春（実績）

【新入生募集要項】

募集人員▶キャンパスごとに異なる

出願期間・試験日▶キャンパスごとに異なる

選抜方法▶推薦・自己推薦・一般：国数英（各30分・各100点），作文（30分・400字），保護者同伴面接，調査書

※出願前に，本人と保護者が学校説明会に参加すること。

受験料▶20,000円

●東京キャンパス

学費▶入学手続時─518,000円

納入額─第2回（9月）337,200円，第3回（12月）263,800円

※募集人員，入試日程，学費，入学手続きなどの詳細については各キャンパスに要問い合わせ。

通信制

鹿島学園 高等学校

広域通信制
共学

本校　〒314-0042　茨城県鹿嶋市田野辺141-9　☎(0299)85-2020

【設置学科】　普通科（単位制）

【沿　革】　1989年創立，2004年通信制課程を開設。

【教育目標】　自主性を尊重し，未来につながる生きる力を引き出す教育を行う。

【特　色】　①生徒一人ひとりが自分を見つめ直し，次の一歩を踏み出す足がかりをつくることを目的として開設。週2日～5日制，週1日制，自宅学習制，個人指導制，家庭教師制，ネット指導制の学習スタイルがあり，一人ひとりの希望に合った学び方を選ぶことができる。②どの科目をどのようなスケジュールで履修すればよいか，生徒に合わせたベストな履修方法をアドバイス。卒業までの道のりをきめ細かくサポートする。③大学進学，スポーツ，ペット，IT，保育・福祉，アニメ・マンガ・ゲーム，音楽，ダンス・芸能・声優，製菓・製パン，ネイル・メイク・美容，ファッション・デザイン・アート，eスポーツ，海外留学，スキルアップなど多彩なオプションコースも用意している。④条件を満たせば，全日制に転籍することができる。

【その他のキャンパス】　日本各地に300カ所以上ある学習等支援施設を選べるほか，インターネットでも学ぶこともできる。

【大学合格状況】　累積合格実績は，東工大，一橋大，信州大，岩手大，富山大，滋賀大，慶應大，東京理科大，学習院大，明治大，青山学院大，中央大，法政大，立命館大，他。

入試要項　2024年春（実績）

〔新入生募集要項〕

募集人員▶2,500名（転編入等を含む）

選考方法▶書類選考，面接等

受験料▶10,000円

学費▶入学金―38,000円

授業料―1単位8,000円　施設費―24,000円

その他諸費―37,252円

入試日程

区分	出願	試験	発表	手続締切
4月入学生	12/15～4/5	指定日	試験後2週間以内	指定日
10月入学生	8/1～9/25	指定日		

〔試験〕出願後，電話連絡（書類選考・面接）。
〔手続〕合格発表書類に記載。

鹿島山北 高等学校

広域通信制
共学

〒258-0201　神奈川県足柄上郡山北町中川921-87　☎(0465)78-3900（代）

【設置学科】　普通科（単位制）

【沿　革】　2017年開校。

【教育目標】　「大自然」から「現代社会」まで，幅広いテーマで「生きる力」を育む。地域と連携し，生徒がコミュニティーの一員になることで，課題発見・解決能力を養う。

【特　色】　①神奈川県西部の山北町丹沢湖のほとりに位置し，日常を離れ大自然に囲まれた環境で学ぶことにより，新たな気付きや生きる力を育む。②週2～5日学習等支援施設に通学して指導を受ける「週2日～5日制」，週1日学習等支援施設に通学して指導を受ける「週1日制」，年間数日のスクーリング以外は通学せず自宅で学習する「自宅学習制」，学習等支援施設で希望の時間に個人指導を受ける「個人指導制」，講師が自宅に来て指導を受ける「家庭教師制」，パソコンなどで指導を受ける「ネット指導制」の6つの学習スタイルから，自分にぴったりの学習サポートを受けることができる。③山北町で行われる宿泊型スクーリングが魅力。本物の自然に触れながら学ぶことで「なぜ？どうして？」と感じる力・考える力を養い，問題解決能力を高める。④地域特性を活かした独自科目「森林保全と生命」「山北町の新しい農業」「山北町の観光促進」「介護支援とコミュニケーション」を設置。山北町での地域と密着した実習を通じ，課題や問題点を見つけ，解決方法を考える。

入試要項　2024年春（実績）

〔新入生募集要項〕

募集人員▶1,200名（転編入等を含む）

選考方法▶書類選考（調査書，志望理由書），必要に応じて保護者同伴面接

受験料▶10,000円

学費▶入学金―38,000円

授業料―1単位8,000円　施設費―24,000円

その他諸費―37,252円

入試日程

区分	出願	試験	発表	手続締切
4月入学生	12/11～4/12	書類選考	試験後2週間以内	指定日
10月入学生	9/2～10/11			

〔手続〕合格発表書類に記載。

さくら国際 高等学校

広域通信制
共学

本校 〒386-1433 長野県上田市手塚1065 ☎(0268)39-7707
東京校 〒151-0053 東京都渋谷区代々木1-43-8 ☎(03)3370-0718

【設置学科】 普通科（単位制）
【沿　革】 2005年開校。
【特　色】 ①「楽しくなければ学校じゃない」という想いから開校した通信制高校。一人ひとりの気持ちを第一に考え，誰もが安心して学べる環境を大切にしている。②本校や東京校などに通う「全日型通学コース」と，自宅学習を中心に年数回のスクーリングに参加する「集中スクーリング型コース」を設置。教科学習はどのコースにも習熟度別クラスが編成されており，全ての生徒が真面目に授業を受けるための学習環境が整っている。基礎から大学進学指導までそれぞれの進度に合わせたきめ細かい指導を実施。③生徒自らが進路選択できるように，段階に合わせた進路指導を行う。④東京校では，◆進学◆美術・イラスト◆総合エンターテインメント◆ペット・アニマルの4コースを設置し，1年次から3年次まで一人ひとりの進路や希望に合わせて学習を支援する。⑤部活動や行事も充実。それぞれの個性が活かせる場所が必ず見つかる。

【大学合格状況】 累積合格実績は，東京大，京都大，東工大，筑波大，東京外大，北海道大，早稲田大，慶應大，上智大，東京理科大，青山学院大，中央大，国際基督教大，他。
【首都圏その他のキャンパス】 東京の足立などのほか，神奈川・千葉・埼玉などを合わせて首都圏に全163のキャンパス及び学習センターあり。詳細は本校または東京校に問い合わせ。

入試要項 2024年春（実績）

〔新入生募集要項〕 東京校は推薦入試あり
募集人員▶キャンパスごとに異なる
選抜方法▶書類審査，調査書，面接（保護者同伴），小テスト（国数英，推薦入試は除く）
入学選考費▶10,000円
学費▶入学金—10,000円　学費—250,000円　施設設備費—10,000円　初年度総額—270,000円　※東京校の納付金はコースにより異なる。詳細は直接問い合わせ。

学校法人 大阪滋慶学園

滋慶学園 高等学校

広域通信制
共学

東京学習サポートコース 〒134-0088 東京都江戸川区西葛西3-14-8（東京スクールオブミュージック&ダンス専門学校内） ☎(0120)532-304

【設置学科】 普通科（単位制）
【沿　革】 2018年開校。
【特　色】 ①実践教育・人間教育・国際教育の3つを建学の理念とし，夢を実現するための教育を行う。②「通学コース」は週1・3・5日の中から通学スタイルを選択。「通信コース」は自宅学習をメインとして，月1回程度登校。「専門特化型コース」は『ヴォーカル・ミュージシャン』『ダンス』『K-POP』『バーチャルパフォーマー』『ペット・動物・海洋・自然環境』『マンガ・イラスト』『e-sports』の各専攻から選択し，グループ校の専門学校で深く学び，スキをスキルにすることを目的とする。「ダブルスクールコース」は各分野に特化した学びができるグループ校と連携し，高卒資格取得をめざす。③通常授業は少人数にて午前中に実施。午後には補習を行うため，苦手教科の学び直しが可能。④学習サポートをはじめ，学校生活サポート，心身サポートで一人ひとりが安心して生活できるようバックアップするほか，内科・歯科の診療は提携医院にて無料で受診できる。⑤宿泊を伴うスクーリング（岡山県）をはじめ，有名テーマパークへの校外学習，社会科見学など，充実の学校行事で友人との絆も深めることができる。

入試要項 2024年春（実績）

〔新入生募集要項〕
選考方法▶通学コース推薦（5日コースのみ）
▶面接，作文　通学コース一般・通信コース▶基礎力テスト（国数英），面接，作文
受験料▶10,000円
学費▶初年度総額—通信コース400,000円，通学1日コース480,000円，通学3日コース590,000円，通学5日コース650,000円　詳細は問い合わせ

入試日程

区分	出願	試験	発表	手続
第1回	12/18〜1/9	1/14	試験後10日以内	指定日
第2回	1/22〜2/13	2/18		指定日
第3回	3/1〜15	3/20		指定日

〔手続〕合格通知到着後14日以内。併願者は一部延納可。

通信制

土浦日本大学 高等学校

広域通信制
共学

右籾桜キャンパス　〒300-0837　茨城県土浦市右籾1521-1　☎(029)893-3030

【設置学科】 普通科（単位制）

【沿　革】 2021年開校。

【教育方針】 「努・夢」のスローガンのもと，生徒一人ひとりの夢の実現に向けた努力をサポートする教育を行う。

【特　色】 ①多様な社会に応じた一人ひとりの夢の実現のため，新たな教育の機会を提供する。4コース制をとり，自分の生活スタイルやペースに合わせた学習ができる。②進学コースは日本大学への進学をめざす（週3日登校またはオンラインでのライブ授業）。③通学コースは中学の復習からはじめ，大学や専門学校をめざす（週3日登校またはオンラインでのライブ授業）。④一般コースは自主学習が中心で，自分のペースで卒業をめざす。⑤スポーツ・芸術コースは個人競技や各種芸術芸能と学業を両立させる。⑥2023年8月に新校舎が完成。

【協力校】 岩瀬日本大学高等学校，土浦日本大学中等教育学校

【大学合格状況】 富山大，武蔵野大，文教大，帝京科学大，共立女子短大，埼玉女子短大，他。

【系列進学】 日本大学全付属校で実施される基礎学力到達度テストの成績により，日本大学に内部進学ができる。2024年春は12名が合格。

入試要項 2024年春（実績）

〔新入生募集要項〕

募集人員▶ 160名

選抜方法▶ 面接，作文，調査書，志望理由書

受験料▶ 10,000円

学費▶ 入学金—50,000円　授業料—1単位10,000円　施設費—50,000円　教育運営費—50,000円　教育充実費—進学コース252,000円，通学コース216,000円，スポーツ・芸術コースと一般コースは学習支援の希望により60,000〜252,000円　※2023年度実績。

入試日程

登録・出願	試験	発表	手続締切
12/17〜	1/17から随時	試験後1週間以内	指定日

[出願]出願前に事前面談が必要。
[試験]出願後に日程連絡。
[手続]合格者に通知。

日々輝学園 高等学校

広域通信制
共学

本校　〒329-2332　栃木県塩谷郡塩谷町大宮2475-1　☎(0287)41-3851

【設置学科】 普通科（単位制）

【教育目標】 主体的に学び自己の「よさ」を伸ばす，真の個人としての自覚と自信を持って生きる人間を育成する。

【特　色】 ①生徒一人ひとりの学習状況を把握し，少人数授業の中で，それぞれのレベルを踏まえた丁寧な指導を行う。②1年次は，基礎力向上のための「総合クラス」，不登校経験生徒のための「ST（セルフトラスト）クラス」を選択（本校は3DAYSクラスも選択可能）。③1年次は「学び直し（中学校の復習）」で，確かな基礎力を養う。④2年次からは進路に応じたコース選択制。⑤情報技術を理解し修得するために，様々なICT教育を展開する。⑥オンラインコースではオンラインの一斉授業と個別指導により，学び直して学力を身につける。また，3つの専門的な学び（プログラミング，アート,ランゲージ）も用意する。

【大学合格状況】 日本大，成蹊大，芝浦工大，東京経済大，東京農大，順天堂大，昭和女子大，他。

【指定校推薦】 法政大，拓殖大，桜美林大，国士舘大，立正大，横浜薬科大，相模女子大，他。

【各地域の校舎】 東京校・神奈川校・横浜校・宇都宮キャンパス・さいたまキャンパス

入試要項 2024年春（実績）

〔新入生募集要項〕

募集人員▶ 本校40名，東京校100名，神奈川校110名，横浜校110名，宇都宮キャンパス50名，さいたまキャンパス50名　オンラインコース▷栃木県20名，東京都・神奈川県・埼玉県・千葉県・茨城県・群馬県120名

選抜方法▶ 校舎，クラス，受験種別などにより異なる（詳細は各校舎へ問い合わせ）

受験料・学費▶ 校舎，選択クラスにより異なる（詳細は各校舎へ問い合わせ）

入試日程　※本校・宇都宮キャンパス

区分	出願	試験	発表	手続締切
総合ST	12/4〜3/14	1/5〜3/16	試験4〜5日後	発表後3日以内

[試験]1/5・20，2/10・23，3/16
[延納]一般併願は一部延納可。

武蔵野星城 高等学校

広域通信制　共学

〒343-0857　埼玉県越谷市新越谷2-18-6　☎(048)987-1094(代)

【設置学科】　普通科（単位制）

【特　色】　①小規模校のため，生徒それぞれの成長に寄り添う細やかな指導を行う。②登校コースは週5日登校。2年次からは四年制大学をめざす大学進学クラスと，基礎から学び直す総合クラスを設置する。総合クラスでは3年次に，併設校と連携した保育の体験的な学習を受けることができる。登校コースは，1人1台タブレット端末による学習を行う。③一般コースは月2回程度の登校とオンラインの学習で，自分のペースで学習することができる。④数学・英語では，1年次に基礎から学び直し，苦手科目の克服をめざす。⑤ハワイ州立J.B.キャッスル高校と姉妹校提携を結び，登校コースは修学旅行で訪問・交歓などを行っている。

【大学合格状況】　東京藝術大，日本大，獨協大，国士舘大，桜美林大，帝京平成大，他。

【系列進学】　埼玉東萌短大，埼玉東萌美容専門学校への内部進学制度がある。

【指定校推薦】　東京福祉大，尚美学園大，埼玉工大，中央学院大，江戸川大，浦和大，他。

入試要項　2024年春(実績)

〔新入生募集要項〕

募集人員▶140名　**選抜方法**▶国数英（一般コースは作文），面接（登校コースの併願は記述面接），調査書　**受験料**▶20,000円

学費▶入学金—登校コース200,000円，一般コース20,000円

授業料—登校コース360,000円（年額）

一般コース1単位8,000円

その他—210,000円（登校コース）

入試日程

区分		出願	試験	発表	手続締切
登校コース	①単願	1/9〜15	1/22	試験後6日以内	1/31
	②併願	1/9〜15	1/25	試験後6日以内	2/6
	③単願・併願	3/5〜7	3/8	3/8	3/11
一般コース	①単願・併願	1/9〜15	1/22	試験後6日以内	単1/31・併＊
	②単願・併願	3/5〜7	3/8	3/8	単3/11・併＊

[手続] ＊一般コースの併願は①3/4，②併願校発表翌日まで。
[延納] 登校コースの併願は10,000円納入により残額は②3/4，③併願校発表翌日まで。

わせがく 高等学校

広域通信制　共学

〒289-2231　千葉県香取郡多古町飯笹向台 252-2　☎(0120)299-323

【設置学科】　普通科（単位制）

【特　色】　①「自由・個性・夢育」を教育方針とし，一人ひとりの夢や個性が十分に尊重され，いつも楽しい雰囲気にあふれている。②少人数制のクラスで基礎基本を重視。中学校の復習から始める。③全日型（週5日制）は朝から，通学型（週2日制）は月・木曜日の午後から通学する。フレックス通学型は，自分で登校日を計画する自由な登校スタイル。eキャンパスと自学型（通信制）は年間約6〜8日間のスクーリングに出席。自学型はレポート提出，eキャンパスはオンラインで学習を進める。それぞれのコースは希望により選択可能。④全日型（週5日制）を対象に，系列の早稲田予備校の入会金と授業料を免除する特典がある。⑤進路決定率は85.1％（全日型）。

【大学合格状況】　新潟大，早稲田大，慶應大，上智大，東京理科大，明治大，青山学院大，他。

【指定校推薦】　西武文理大，尚美学園大，東京情報大，城西大，東京工芸大，日本薬科大，他。

【キャンパス所在地】　柏・勝田台・稲毛海岸・西船橋・東京（高田馬場）・水戸・古河・守谷・太田・前橋・桐生

入試要項　2024年春(実績)

〔新入生募集要項〕

募集人員▶前期：書類選考140名，一般60名
後期：書類選考200名，一般80名

選抜方法▶書類選考入試▷書類選考，場合により面接　一般入試▷書類選考，面接

受験料▶10,000円　**学費**▶入学金—なし

単位登録料（授業料）—1単位12,000円

その他—全日型750,000円，通学型438,000円，フレックス通学型270,000円，eキャンパス342,000円，自学型84,000円

入試日程

区分		出願	試験	発表	手続締切
前期	書類	2/13まで随時	1/17以降随時	試験2日後	発表後7日
	一般	2/1まで随時	1/17〜2/3		
後期	書類	4/19まで随時	2/14以降随時		
	一般	4/19まで随時	2/17〜4/20		

[試験] 前期一般：1/17・20・27，2/3　後期一般：2/17・24，3/9・20・27，4/6・20。

はーばーらいと

吉本ばなな

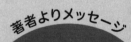
著者よりメッセージ

恋愛小説では
あるのですが、何よりも
人に優しいとはどういう
ことか、かなりまじめに
考えて書きました。

彼女を好きだったのかもしれない、
と本気で思った。
でも、彼女はもうこの町にいない。

信仰と自由、初恋と友情、訣別と回復
淡々と歌うように生きるさまが誰かを救う、完全書き下ろし小説。

定価1650円(10%税込)

晶文社

資　料

資

料

2024年春の大学入試はどう行われたか

大学入学共通テストの概況

新型コロナウイルスが5類相当に移行し，2024年度の一般選抜は，ほぼ通常通りの実施となりました。一般選抜の始まりを告げる大学入学共通テスト（以下，共通テスト）は4回目を迎えました。**共通テストの特徴は**，前身の大学入試センター試験（以下，センター試験）と比べると**思考力を重視した出題**になっていることです。象徴的だったのは，2022年度の数学の出題です。問題文が長文となり，問を読み解く思考力と計算力の両方が問われる形式になり，平均点が大幅に下がりました。ほかの科目も，複数の資料を読み解く力が求められるなど，解答を導き出すまでのプロセスが複雑になっているのです。

思考力が問われる出題となった結果，共通テストは，純粋に知識が問われることが多い**一般的な私立大の入試より難易度が上がり**ました。そのため，一般的な私立大をめざす受験生は共通テスト用の対策が求められることから，**今後は共通テストの受験を諦める受験生が増える**と見られています。

現役生中心の入試傾向が鮮明に

2023年度の共通テストの志願者は49万1,913名で，前年を2万668名下回りました（95.9%）。センター試験時代から6年連続の減少となり，志願者が50万名を下回るのは，

1992年度以来のことです。現役生は41万9,533名でした。現役志願率は過去最高だった2023年度と同じ45.2%でしたが，18歳人口が前年に比べて3.4万名と大きく減少していることもあり1万7,340名（4%）減となりました。既卒生は6万8,220名で3,422名（4.8%）減です。この結果，**共通テストの志願者に占める現役生の割合が85.2%，既卒生は13.9%**となり，近年の入試が現役生中心に回っていることを強く印象付ける結果となりました。

共通テストの平均点は安定せず，2021年度の導入以来アップダウンを繰り返してきました。初回の共通テストは，思考力が問われる出題になるためセンター試験より難易度が上がると見られていました。ところが5教科7（8）科目の平均点は，予想に反して前年のセンター試験を上回りました。その反動もあり，2022年度は数学の難化などの影響で大幅な平均点ダウン。2023年度は数学の平均点が回復したこともあり，5教科7（8）科目の平均点は前年を上回りましたが，理科②で生物の平均点がとても低くなり，教科内の平均点が20点以上開いたときに行われる得点調整が行われました。

2024年度は，共通テストが導入されて以来初めてとなる**2年連続の平均点アップ**となりました。**深い思考力が問われる出題形式に教員と生徒が対応できるようになったこと。**

井沢秀（大学通信 情報調査・編集部部長）
明治大学卒業後，1992年大学通信入社。大学の入り口（入試）から出口（就職）まで，情報を収集し発信。大学案内書，中高案内書，情報誌などを編集。「サンデー毎日」の年間を通しての教育企画，「週刊朝日」「東洋経済」「ダイヤモンド」「プレジデント」など，各誌へ情報提供と記事執筆を行う。

さらに，長文や複数の資料を組み合わせた出題は変わりませんが，**「なにが問われているのか」を理解するための丁寧な誘導**がなされていることが背景にあるようです。

2024年度大学入試概況

共通テストの平均点アップで国公立大の志願者増

2023年度の国公立大の一般選抜は，共通テストの平均点が上がったにもかかわらず志願者が減少しましたが，2024年度の国公立大の志願者は，共通テストの平均点アップと連動して前年を80名上回る42万3,260名となりました。これまでの**教育課程が切り替わる前年は，安全志向から国公立大の志願者が減少したものですが，2024年度はその影響はなかった**ようです。国立大と公立大を分けてみますと，国立大が29万9,715名で1,410名増に対し，公立大は12万3,545名で1,330名減。**公立大の志願者減は**，共通テストの平均点が上がったため，**公立大志望者が国立大に志望変更した影響**が考えられます。

受験生の安全志向が見られないことは，難関大の出願状況にも表れています。難関国立10大学（北海道大，東北大，東京大，名古屋大，京都大，大阪大，九州大，東工大，一橋大，神戸大）の前期・後期日程合計の志願者数は前年並みでした。**難関大人気の背景にあるのは，不透明な社会状況を生き抜く力を身**につけるため，**成績上位層が難関大をめざす傾向が続いていること**にあります。個別の大学に注目すると，東北大や東京大，一橋大，名古屋大，京都大，神戸大，九州大と，大半の大学で志願者が増えています。

筑波大や千葉大，横浜国大，新潟大，金沢大，岡山大，広島大，熊本大などの準難関大も志願者が増えている大学が多く，筑波大，千葉大，大阪公立大，岡山大，熊本大などが前年の志願者を上回りました。

地域別に前期日程の出願状況を前年と比較してみると，増加傾向なのは中国（106%），北関東（104%），南関東（102%），東海（102%），近畿（100%）。減少しているのは，四国（78%），北陸（94%），東北（95%），九州（96%），北海道（97%），甲信越（98%）です。**大都市圏で志願者が増加傾向なのは，コロナ禍の影響が薄れて受験生の移動が活発化したことが一因**として考えられます。

私立大志願者の減少傾向に歯止めがかかる

私立大の一般選抜の志願者は4年連続で減少してきましたが，主要100私立大学の集計では前年を上回っています。それでも，私立大が難化したわけではありません。私立大の志願者は，2021年度入試で史上最大となる14%減になりました。その要因になったのは大学入試改革です。2021年度は，センタ

合格状況

✳2024年大学入学共通テストスケジュール

	国公立大学				私立大学	
		一般選抜（共通テスト）			一般選抜（共通テスト利用）	
	前期（国公立）	中期（公立）	後期（国公立）	追加合格（国公立）	前期	後期
9月10月		9/25～10/5 共通テスト出願				
11月12月					出願	
1月		1/13・14 共通テスト				
		1/22～2/2 出願（個別試験）				
		1/27・28 共通テスト			追試験	
2月	2/25～ 試験				合格発表	出願
3月	3/6～10 合格発表（公立は3/1～10）	3/8～ 試験	3/12～ 試験			合格発表
		3/20～24 合格発表	3/20～24 合格発表	3/28～ 追加合格者決定		

一試験に代わって共通テストが導入されるなど，大学入試改革が実施された年でした。2020年度の受験生は翌年の大学入試改革を避けようと，多少志望を下げてでも大学に入学してしまったため，2021年度入試に臨む既卒生が大幅に減ったことが要因です。私立大の志願者は，2021年度入試以降も減少が続いてきたので，志願者が前年並みを維持したとしても入試のハードルは下がったままと言えます。18歳人口が減少することもあり，**今後も私立大の倍率が大幅に上がることはない**でしょう。

2024年度の**私立大の一般選抜は，難関大の人気が高かった**ことが大きな特徴です。早慶上理（早稲田大，慶應大，上智大，東京理科大），GMARCH（学習院大，明治大，青山学院大，立教大，中央大，法政大），関関同立（関西大，関西学院大，同志社大，立命館大）といった難関大グループはいずれも，前年の志願者を上回っています。

準難関大の動きを見ると，日東駒専（日本大，東洋大，駒澤大，専修大）と産近甲龍（京都産業大，近畿大，甲南大，龍谷大）は志願者が減少する大学が多く，増えているのは東洋大と専修大，甲南大のみです。一方，成成明学獨國武（成蹊大，成城大，明治学院大，獨協大，國學院大，武蔵大）で志願者が減っているのは明治学院と國學院大の２大学のみでした。

準難関大より難易度が低い一般的な大学は，学校推薦型選抜や総合型選抜に出願する受験生が多いことから，志願者が減少する大学が多くなっています。

学部志望動向は情報系人気が鮮明に

主要100私立大学の志願状況から，2024年度の学部志望動向について見ていきましょう。前年と比較して**志願者の増加率が最も高いのは情報・メディア**でした。世界から遅れている日本の情報技術の発展をめざして，国を挙げて情報系学部・学科の充実を進めています。IT化社会への関心が高まり，AI（人工知能）技術やIoT（モノのインターネット）技術が発達する中，DX（デジタルトランスフォーメーション）やGX（グリーントランスフォーメーション）への注目度が高まっています。そうした動きの中で，学部設置数が増えていることも情報・メディアの志願者増を後押ししています。

日本の経済状況が不安定な中，**資格が取得できる学部の志願者も増えています**。教育や獣医，医，社会福祉，薬，医療技術で前年の志願者を上回っています。教育や薬は人気が下がっていましたが，2024年度入試で盛り返しました。資格取得を主としない学部系統では，**就職率が高い理系学部の出願状況が堅調**です。農が前年を上回り，水産・海洋や理・工は前年並みを維持しています。

2024年度の学部志望動向の大きな特徴は，外国語や国際といった，これまで**コロナ禍で志願者の減少が続いていたグローバル系の志願者が増えている**ことです。コロナ禍で制限されていた，国を跨いだ人の移動が可能になり，留学に出やすくなったことや，インバウンド需要の回復など，海外との交流が活発化したことが背景にあるのでしょう。

社会科学系では，志願者が減少傾向だった法が前年の反動から増えています。経済・経営・商では，実学を学ぶ経営が前年を上回り商は前年並み。理論を学ぶイメージが強い経済は前年を下回っています。

学校推薦型選抜・総合型選抜

志願者数・合格者数共に増加傾向に

近年の大学入試は，学校推薦型選抜や総合型選抜へのシフトが進んでいます。**私立大は入学者の６割近くが学校推薦型選抜または総合型選抜を活用**しています。国立大の入学者は２割弱，公立大の入学者は３割強がこれらの方式のいずれかを利用しています。入学者に占める**学校推薦型選抜や総合型選抜の割合は，今後も高まる**と見られており，**国立大は将来的に両方式併せて３割，公立大は５割を学校推薦型選抜**にするとしています。そうし

た流れの中で東北大はすでに総合型選抜による入学者が3割を超えています。これからは、学校推薦型選抜や総合型選抜を視野に入れた高校生活が求められることになります。

近年の受験生は、学校推薦型選抜や総合型選抜を活用して、年明けの一般選抜の前に合格を決めたいと考える受験生が多くなっています。そうした影響もあり、両方式の志願者は増加傾向にあります。私立大の状況を見ますと、**2024年度入試では**、1月末の集計で**総合型選抜が前年の志願者を上回り**、公募制の学校推薦型選抜は前年並みでした。ただ、**公募制は前年並みですが、指定校制の学校推薦型選抜の志願者を含めると前年を上回っている**と見られます。2024年度入試に臨んだ受験生は高校1年生から2年生までコロナ禍の影響を大きく受け、高校生活が制限された世代です。それでも、高校生活の活動成果や大学進学の意欲などをしっかりと伝えようと頑張ったのでしょう。

2024年度の学校推薦型選抜や総合型選抜では、合格者も増加しています。早く合格を勝ち取りたい受験生と同様に、大学も早く学生を確保したいので、多くの合格者を出しているのです。そのため、**学校推薦型選抜や総合型選抜の志願者が増えても、大幅には難化していない**と見られ、例年並みの入試状況となりました。これからも学校推薦型選抜や総合型選抜は、ハードルが下がっていくことが見込まれています。

大学入試結果速報

国公立・私立大共に志願者増の大学が多く

国公立大の一般選抜の志願者数ランキングを見ると、20大学中11大学が増加しています。1位は大阪公立大です。2022年に大阪市立大と大阪公立大の統合により、大阪大、東京大につぐ定員規模の大学として誕生して以来、3年連続でトップをキープしています。2位は大阪公立大ができる以前に1位が定位置だった千葉大。前年の志願者減の反動もあり増加に転じました。3位の神戸大も前年の志願者減の反動で増加。対照的に4位の北海道大は前年の志願者増の反動で減少しています。**前年の反動で志願者が増減する隔年現象は、受験生が意識しておきたい動き**です。

前述の通り難関大の人気は高く、5位の東京大、7位の京都大、8位の九州大など、ランキング中の多くの大学で志願者が増えています。この中で注目したいのは18位の東北

合格状況

❀志願者数ランキング

国公立大					私立大		
順位	設置	大学名	2024年	前年比	順位	大学名	2024年	前年比
1	公	大阪公立大	14,323	171	1	近畿大	143,201	−9,256
2	国	千葉大	10,803	296	2	千葉工大	134,880	−10,248
3	国	神戸大	10,156	251	3	明治大	109,159	1,117
4	国	北海道大	9,482	−326	4	東洋大	102,697	15,601
5	国	東京大	9,432	126	5	法政大*	102,169	3,118
6	国	横浜国大	8,597	−874	6	立命館大	95,043	3,661
7	国	京都大	8,206	379	7	早稲田大*	89,420	−1,459
8	国	九州大	7,540	255	8	日本大	75,538	−22,968
9	国	大阪大	7,196	−202	9	関西大	71,520	−6,234
10	公	兵庫県立大	6,562	269	10	中央大	65,043	−2,743
11	公	東京都立大	6,455	−208	11	龍谷大	59,667	−1,416
12	国	静岡大	6,408	−576	12	立教大*	56,495	−1,713
13	国	信州大	6,294	−265	13	東京理科大*	52,261	1,563
14	国	茨城大	6,250	908	14	関西学院大	51,097	7,360
15	国	広島大	6,218	−391	15	専修大	51,050	6,132
16	国	埼玉大	6,203	−88	16	同志社大*	50,974	1,002
17	国	筑波大	5,711	153	17	青山学院大*	47,109	3,161
18	国	東北大	5,702	456	18	名城大	42,113	3,394
19	国	鹿児島大	5,574	−108	19	福岡大*	41,941	156
20	国	三重大	5,431	279	20	慶應大*	37,600	189

※2024年2月29日現在のデータ。一般選抜のみで、2部・夜間主コースなどを含む。
*は確定志願者数を表す。

大です。政府は10兆円規模のファンドを創設して，研究力が高い大学の支援を打ち出しています。東北大は，東京大や京都大に先駆けて支援対象に選ばれていることが，出願状況に影響を与えているようです。

私立大ランキング中で前年の志願者を上回っているのは，国公立大を上回る12大学です。1位は近畿大でした。前年に続き志願者が減りましたが，11年連続でトップの座を維持しました。2位の千葉工大は，コロナ禍に実施した共通テストの検定料無償化を2024年度入試も継続しています。3位は明治大で4位には前年の志願者を大幅に上回った東洋大が入りました。5位の法政大も志願者が増えて10万名台を回復しており，前年は3校だった**10万名超の大学が5校に増えました**。

6位の立命館大が前年に続き志願者が増加する一方，7位の早稲田大は前年に続き志願者が減少しています。8位の日本大も志願者が減っており2万名以上減少。前年の志願者増の反動と共に，志望者層が重なる東洋大に出願する受験生が多くなった影響と見られています。

ランキングに首都圏の総合大学が数多く並

ぶ中，西日本の大学では，前出の立命館大以外に14位の関西学院大，16位の同志社大，18位の名城大，19位の福岡大が前年の志願者を上回っています。

私立人気大学の入試結果速報

早慶上理

早稲田大は2021年度入試において，政治経済など3学部で共通テストと独自の記述式問題を組み合わせた，国立大型の選抜を始めました。この方式は，3教科で受験する一般的な私立大志望者にとって負担増になることから，2021年度の志願者は，長らく続いてきた10万名を割りました。その後，国立大型の選抜が他学部に広がったこともあり，2024年度の志願者は9万名を下回っています。もちろん，志願者は減りましたが，私立大最難関の地位は揺らぎません。ランキング1位の開成は，前年，渋谷教育学園幕張（2位）に抜かれて2位に下がりましたが，2024年は定位置に戻りました。3位の都立日比谷と4位の県立湘南は共に前年より合格者が増えて，順位を一つずつ上げています。一方前年3位だった県立横浜翠嵐は，合格者が減少して6位に順位を下げています。

✿合格者数ランキング

早稲田大学			慶應義塾大学			上智大学		
1	開成（東・私）	272	1	開成（東・私）	184	1	広尾学園（東・私）	108
2	渋谷教育学園幕張（千・私）	199	2	日比谷（都立）	156	2	湘南（神・公）	76
3	日比谷（都立）	197	3	湘南（神・公）	140	3	横浜翠嵐（神・公）	69
4	湘南（神・公）	166	4	渋谷教育学園幕張（千・私）	137	4	日比谷（都立）	66
5	市川（千・私）	156	5	横浜翠嵐（神・公）	114	5	市川（千・私）	62
6	横浜翠嵐（神・公）	140	6	栄東（埼・私）	99	6	国学院大久我山（東・私）	60
7	栄東（埼・私）	139		市川（千・私）	99	7	国際基督教大学（東・私）	56
8	県立浦和（埼・公）	130	8	県立千葉（千・公）	88	8	国際（都立）	55
9	西（都立）	127	9	広尾学園（東・私）	81	9	西（都立）	53
10	開智（埼・私）	126	10	桐朋（東・私）	80	10	県立船橋（千・公）	52
11	県立船橋（千・公）	125	11	東京学芸大学附属（東・国）	74		昭和学院秀英（千・私）	52
12	筑波大学附属駒場（東・国）	118	12	県立浦和（埼・公）	71		新宿（都立）	52
13	広尾学園（東・私）	112	13	西（都立）	69	13	開智（埼・私）	51
14	県立千葉（千・公）	110		桐光学園（神・私）	69		東京学芸大学附属（東・国）	51
15	筑波大学附属（東・国）	104	15	筑波大学附属（東・国）	65	15	淑徳与野（埼・私）	50
16	東葛飾（千・公）	100	16	開智（埼・私）	60	16	桐光学園（神・私）	48
17	東京学芸大学附属（東・国）	90	17	筑波大学附属駒場（東・国）	59	17	国立（都立）	46
18	国立（都立）	88	18	国立（都立）	58		成蹊（東・私）	46
19	大宮（埼・公）	84	19	戸山（都立）	52		東京都市大学等々力（東・私）	46
20	国学院大久我山（東・私）	79	20	県立船橋（千・公）	51	20	朋優学院（東・私）	45
				国学院大久我山（東・私）	51			

※早稲田大学と慶應義塾大学は2024年3月8日現在のデータ。上智大学は2024年3月1日現在のデータで，一般選抜のほか，特別入試を含む。

入試改革を進める早稲田大とは対照的に、入試方式をほとんど変えない**慶應大**の志願者はほぼ前年並みでした。文，経済，商，医，理工の5学部が前年の志願者を上回っています。ランキングの1位は11年連続の開成でした。2位は合格者が大きく増えて8位から順位が上がった都立日比谷，3位の県立湘南も合格者が増えて前年の4位から順位を上げています。4位の渋谷教育学園渋谷も合格者が増えていますが，都立日比谷と県立湘南の合格者数の伸びが大きいため，順位を一つ下げています。

上智大は2023年度入試で共通テスト利用方式に3教科型を導入。さらに2024年度は試験日を後ろ倒しにしたことで，余裕をもって受験に臨めるようになったこともあり，志願者は3,017名増え2万9,569名になりました。ランキングの1位は，前年に続き広尾学園でした。前年は東京学芸大学附属（13位）と並んでいましたが，2024年は単独トップになっています。2位は県立湘南で3位は県立横浜翠嵐といった神奈川の高校で，両校共に前年の15位から大きく順位を上げました。4位の都立日比谷と5位の市川の合格者数は前年と大きく変わりませんが，神奈川の2校

に押し出される形で順位を下げました。

東京理科大の志願者は，2023年度に減少した反動から増加に転じました。2023年度は，理工学部から名称変更した創域理工学部の認知が進まず志願者が減少しましたが，2024年度は認知が進んで増加に転じたことも大学全体の志願者増を後押ししています。ランキング1位は，合格者が減りながらも栄東がトップの座を守りました。2位の県立船橋が合格者増で4位から順位を上げる一方，合格者が減少した市川は2位から3位に順位を下げました。4位の県立東葛飾は前年並みの合格者数をキープ。大幅に合格者が増えた都立日比谷は，前年の20位から5位に大きく順位が上がりました。

GMARCH

学習院大の志願者は，前年の志願者増の反動はなく2,151名増えて2万245名になりました。文学部と国際社会学部が減少する一方，経済学部，法学部，理学部で志願者が増えています。ランキングの1位は，8年連続でトップを続けてきた大宮開成から，前年と比べて合格者が増えた開智に代わりました。2位は前年のベスト20位圏外から上がった市立

合格状況

❋合格者数ランキング

東京理科大学			学習院大学			明治大学		
1	栄東（埼・私）	227	1	開智（埼・私）	53	1	湘南（神・公）	253
2	県立船橋（千・公）	203	2	市立千葉（千・公）	48	2	川和（神・公）	229
3	市川（千・私）	162	3	不動岡（埼・公）	41	3	山手学院（神・私）	193
4	東葛飾（千・公）	158	4	大宮開成（埼・私）	39	4	厚木（神・公）	192
5	日比谷（都立）	149	5	浦和第一女子（埼・公）	38	5	大宮（埼・公）	184
6	横浜翠嵐（神・公）	147		浦和麗明（埼・私）	38	6	横浜緑ケ丘（神・公）	175
7	県立浦和（埼・公）	143		國學院（東・私）	38	7	市川（千・私）	174
8	県立千葉（千・公）	141	8	川越女子（埼・公）	34	8	開智（埼・私）	169
9	大宮（埼・公）	138		川越東（埼・私）	34		横浜翠嵐（神・公）	169
10	渋谷教育学園幕張（千・私）	136	10	蕨（埼・公）	33	10	西（都立）	165
11	開智（埼・私）	132		淑徳与野（埼・私）	33	11	新宿（都立）	164
	城北（東・私）	132	12	安田学園（東・私）	32	12	栄東（埼・私）	162
13	昭和学院秀英（千・私）	127	13	栄東（埼・私）	31	13	国学院大学久我山（東・私）	160
14	開成（東・私）	125	14	東葛飾（千・公）	30	14	鎌倉学園（神・私）	157
15	西（都立）	121	15	大宮（埼・公）	29	15	青山（都立）	156
16	桐朋（東・私）	102		東京都市大学等々力（東・私）	29	16	柏陽（神・公）	153
17	春日部（埼・公）	98	17	千葉東（千・公）	28	17	桐光学園（神・私）	152
	佐倉（千・公）	98	18	小金（千・公）	27	18	広尾学園（東・私）	146
	戸山（都立）	98		小山台（都立）	27	19	県立船橋（千・公）	144
	広尾学園（東・私）	98		横須賀（神・公）	27	20	戸山（都立）	142

※2024年3月1日現在のデータ。

千葉，3位は県立不動岡，4位は大宮開成でした。ランキング上位の顔ぶれは変わっても，埼玉の高校の強さは健在です。東京都豊島区にある目白キャンパスは池袋駅に近く，埼玉から通いやすいことが人気の理由でしょう。

明治大に志願者数に隔年現象は見られず，3年連続で増えています。ランキング1位の県立湘南と2位の県立川和は共に前年と同じ順位でした。3位は山手学院，4位は県立厚木，5位は合格者が増えて前年の20位から順位を上げた県立大宮でした。ランキングには，神奈川の高校が9校入っています。神奈川の高校が強いのは，理工と農の2学部が神奈川県川崎市の生田キャンパスにあり，ほかのキャンパスも神奈川から通いやすいことが挙げられます。県立の湘南や川和，厚木，横浜緑ケ丘，横浜翠嵐，柏陽は神奈川県から学力向上進学重点校に指定されていることも合格者が多い要因です。

青山学院大は明治大以上に神奈川の高校が強く，上位20校のうち13校を占めています。神奈川県相模原市に相模原キャンパスに4学部があることが一因です。1位と2位は前年と同じで，県立厚木と山手学院でした。3位は合格者が増えて前年の6位から順位を上げ

た桐蔭学園で，4位の県立横浜緑ケ丘も同様に8位から順位を上げています。4位までを神奈川の高校が並ぶ中，青山キャンパス（東京都渋谷区）がある東京の高校の最上位は5位の国学院大学久我山で，6位の朋優学院が続きます。ランキングに千葉の高校はなく，埼玉の高校では開智が12位に入っています。

立教大は志願者数が3年連続で減少しました。一般選抜の英語が，大半の学部で共通テストもしくは外部英語試験で代替されていることが一因と見られます。ランキング1位は，前年のベスト20圏外から大幅にランクアップした市立浦和。2位の県立浦和第一女子は前年5位から，3位の開智は前年8位から，それぞれ合格者が増えて順位を上げています。ランキング中には埼玉の高校が7校あります。立教大のキャンパスは，東京都北部の豊島区に池袋キャンパス，埼玉県新座市に新座キャンパスがあることが背景にあります。

中央大の志願者は，前年の志願者減の反動や法学部が東京郊外の多摩キャンパス（八王子市）から都心の茗荷谷キャンパス（文京区）に移転した効果などから，2023年度に大きく増えました。2024年度はその反動で減少に転じています。ランキング1位は前年の2

✿合格者数ランキング

青山学院大学		立教大学		中央大学	
1 厚木(神・公)	103	1 市立浦和(埼・公)	135	1 桐光学園(神・私)	120
2 山手学院(神・私)	99	2 浦和第一女子(埼・公)	127	2 八王子東(都立)	118
3 桐蔭学園(神・私)	94	3 開智(埼・私)	115	3 桐蔭学園(神・私)	117
4 横浜緑ケ丘(神・公)	88	4 国学院大学久我山(東・私)	112	4 開智(埼・私)	114
5 国学院大学久我山(東・私)	84	5 新宿(都立)	107	5 朋優学院(東・私)	110
6 朋優学院(東・私)	79	6 淑徳与野(埼・私)	104	6 町田(都立)	97
桐光学園(神・私)	79	7 小金(千・公)	100	国学院大学久我山(東・私)	97
8 多摩(神・公)	73	8 朋優学院(東・私)	91	8 市川(千・私)	96
9 東京都市大学等々力(東・私)	71	9 大宮開成(埼・私)	87	山手学院(神・私)	96
10 三田(都立)	69	10 県立船橋(千・公)	86	10 立川(都立)	95
川和(神・公)	69	11 山手学院(神・私)	85	11 日野台(都立)	94
12 開智(埼・私)	61	12 東葛飾(千・公)	81	12 桐朋(東・私)	92
13 新宿(都立)	60	小松川(都立)	81	13 南平(都立)	89
光陵(神・公)	60	14 東京都市大学等々力(東・私)	78	厚木(神・公)	89
大和(神・公)	60	15 千葉東(千・公)	76	15 鎌倉学園(神・私)	88
16 湘南(神・公)	58	16 川越女子(埼・公)	75	16 國學院(東・私)	87
17 八王子東(都立)	56	広尾学園(東・私)	75	17 錦城(東・私)	86
鎌倉(神・公)	56	18 専修大学松戸(千・私)	74	18 昭和(都立)	83
19 希望ケ丘(神・公)	53	三田(都立)	74	柏陽(神・公)	83
柏陽(神・公)	53	20 不動岡(埼・公)	72	20 東京都市大学等々力(東・私)	80
		武蔵野北(都立)	72		

※2024年3月1日現在のデータ。

位から順位を上げた桐光学園。2位は前年の11位から大きく順位を上げた都立八王子東で、3位は前年と同順位の桐蔭学園。4位の開智は前年9位、5位の朋優学院と6位の都立町田は共に前年はランク外でした。上位の多くの高校で合格者が増えて順位が上がっています。

法政大は前年の志願者減の反動から2024年度は増加に転じ、2年ぶりに10万名台を回復しました。ランキング1位は前年の2位から順位を上げた朋優学院、2位は合格者大幅増で16位から順位が上がった開智、3位は合格者が減少し1位から順位が下がった大宮開成でした。4位の県立小金は前年9位から、5位の県立川和は前年ランク外から順位が上がりました。法政大は、東京都千代田区に市ケ谷キャンパス、同町田市に多摩キャンパス、同小金井市に小金井キャンパスがあります。東京の中でキャンパスが分散しており、神奈川、埼玉、千葉からも通いやすいことから、各県の高校がランクインしています。

大学入試改革の今後

多面的評価が重視される入試に

これからの時代は、AI、IOT、ロボットの進歩、ビッグデータの活用などにより、事務など単純作業が機械に置き換わり、多くの仕事が自動化されると言われています。日本が停滞しているのは、アメリカの巨大IT企業、GAFA〔Google／Amazon.com／Facebook（現Meta）／Apple〕などに代表される、新たな産業を生み出すことができなかったからと言われています。

ITやAIによる産業構造の変化に加え、グローバル化や超高齢化社会など、先行きが見通せない混沌とした時代が到来しています。こうした時代の未来を切り開くためには、**答えが一つの課題に向き合うのではなく、多様な答え、あるいは答えがない問題と向き合うことが重要**になります。

このような社会状況の変化に対応するため、2022年の高校入学者から、学習指導要領が切り替わりました。学習指導要領の改訂は、変化の激しい社会で生きていく力を身につけることであり、「何ができるのか」を明確にしていることが大きな特徴です。そのために、「知識及び技能」「思考力，判断力，表現力」「学びに向かう力，人間性」といった、学力の3要素に基づく資質や能力をバランスよく育むことを目的としています。

❀合格者数ランキング

	法政大学	
1	朋優学院（東・私）	165
2	開智（埼・私）	159
3	大宮開成（埼・私）	133
4	小金（千・公）	131
5	川和（神・公）	130
6	山手学院（神・私）	124
7	市立浦和（埼・公）	122
8	春日部（埼・公）	119
9	城東（都立）	117
10	市立千葉（千・公）	116
11	千葉東（千・公）	115
12	厚木（神・公）	111
13	栄東（埼・私）	110
14	桐蔭学園（神・私）	109
15	東葛飾（千・公）	107
16	立川（都立）	106
17	蕨（埼・公）	104
	国学院大学久我山（東・私）	104
	光陵（神・公）	104
20	日野台（都立）	102

※2024年3月1日現在のデータ。

p.1401「志願者数ランキング」，p.1402〜1405「合格者数ランキング」の確定版データや分析記事，その他の情報が，大学通信ONLINE で公開されています。以下 QR コードよりご覧ください。

大学通信ONLINE
Topページ

志願者数ランキング

※確定版データ，分析記事は4月下旬公開予定

合格者数ランキング

※確定版データ，分析記事は4月下旬公開予定

合格状況

学習指導要領の改訂を経て，共通テストは現行の6教科30科目から7教科21科目にスリム化されます。教科数が増えているのは情報が入るためです。2021年度の共通テスト初年次に導入される予定だった，「外部英語試験により4技能を問うこと」「国語と数学の記述式問題」は，2025年度入試以降も採用されないことになりました。新たに加わる情報は，北海道大が配点しないなど，2025年度は合否に直接関係しない大学もありますが，国公立大の大半が共通テストで課します。私立大では早稲田大が選択科目とすることを公表しています。

制度としての入試改革と共に，学校推薦型選抜や総合型選抜による多面的評価の傾向が強まると見られています。すでに早稲田大や慶應大では，入学定員に対する一般選抜の募集人員の割合が40％を下回る学部があります。両大学の入学定員全体に占める一般選抜の募集人員の割合は6割弱です。MARCHの一般選抜の募集人員は入学定員の7割弱ありますが，これからは**学校推薦型選抜や総合型選抜などの募集人員が増える**可能性があります。国立大も入学定員の3割が学校推薦型選抜もしくは総合型選抜による入学者になることをめざしており，**一般選抜の募集人員が減少傾向**にあります。これからは，多面的評価が重視される入試に変わっていくのです。**探究活動や課外活動に積極的に取り組むなど，教科学習以外の能力が評価される傾向が強まる**ことを知っておいてください。

┃これからの大学入試展望

2025年度入試からの共通テストで，「外部英語試験により英語の4技能を問うこと」「国語と数学の記述式問題」の導入は見送られましたが，文部科学省は可能な限り個別試験で活用することを推奨しています。**英語4技能**や，**「思考力・判断力」を問う傾向が強まる**ことは間違いありませんので，高校3年間を通してしっかりと身につけることが大切になります。

学校推薦型選抜や総合型選抜といった多面的評価の募集枠が増えることが予想されるので，高校入学時からこれらの入試方式を意識した方がいいでしょう。多面的評価の入試で合格の可能性を高めるのは，学力を身につけることを大前提として，部活動や高校行事，自分が興味や関心を持っている分野の研究・発表など，高校時代の様々な活動です。また，これからの入試では，学校推薦型選抜や総合型選抜を通して主体性を評価する傾向が強まることも考えられます。**自ら考えて行動できる生徒が有利**になるということです。

ここまでの話を総合すると，これからは勉強だけをしていればいい，部活動だけをしていればいいとはならないということです。課外活動を含めた**豊かな高校生活が大学入試に結びついていく**のです。

2023年度の私立大は，半数近くの大学が定員割れ状態でした。私立大入試は，大学を選ばなければどこかの大学に入れる，実質的に「全入状態」になっているのです。今後も，少子化が進み，大学はますます入りやすくなることは間違いありません。将来，**どのような道に進みたいのかを考えながら大学・学部を選ぶ**ことが大切です。

こうした視点は**高校選び**にも通じます。校風やカリキュラムなどをしっかりと調べ，どの大学に強いのか，どの学部に強いのかなどを知った上で高校選びをする必要があります。特に，志望する大学の合格者が多い高校はどこなのかを見ることはとても重要です。高校入試の合格はゴールではなくスタート地点です。第1志望校に合格しても，そこから始まると考え，大学入試やさらにその先まで視野に入れて高校生活を送ることが大切です。

2024〜2022年春
主要大学への合格状況

データ提供：**大学通信**

次ページからの表のみかた

注1 ▶ 主に，各大学に対して調査を行いました。◆印の大学は2024年春の合格者出身校名を公表していません。東京大，京都大，東工大，一橋大は高校に調査を行い，回答のあった学校を掲載しています。東京外大は大学通信調べ。

注2 ▶ 2024年春の数値は3月11日現在の集計であり，最終的な集計が済んでいない学校を含みます。国立大学は原則として前期まで。埼玉大は編集時点でデータを入手できませんでした。明治大・中央大・法政大・東洋大・駒澤大・専修大・東海大・國學院大・獨協大・神奈川大・芝浦工大・日本女子大・立命館大・工学院大・東京都市大・立正大・東京経済大・千葉工大・関東学院大・共立女子大・聖心女子大は2月発表分。日本大・明治学院大は3月4日まで，大東文化大は3月5日まで，東京電機大・津田塾大は3月7日まで，帝京大はⅠ期・共通テスト前期，白百合女子大は前期・共通テスト前期の発表分。

注3 ▶ 2024年春の数値は昼間課程の合格者を対象とし，原則として，補欠・推薦入試・夜間課程の合格者を除きます。東京大，東工大，一橋大，筑波大，中央大，駒澤大，帝京大は推薦入試等を，上智大は特別入試を含みます。東京電機大学は情報系外部試験を除きます。

注4 ▶ 数値はのべ合格数です（既卒生を含む）。空欄でも合格者が0とは限りません。

注5 ▶ 国際基督教大の2024年春合格数は3名以上のみ掲載しています。

注6 ▶ 右側の欄の「その他の大学」は以下の13私立大学で，2024年春の合格数を掲載しました。

同志社大	立命館大	武蔵大	工学院大	東京都市大
立正大	東京経済大	千葉工大	関東学院大	
共立女子大	大妻女子大	聖心女子大	白百合女子大	

東京・私立 ／ 高校

高校	年	卒業生概数	◆東京大	◆京都大	◆東工大	◆一橋大	千葉大	筑波大	◆東京外大	横浜国大	埼玉大	早稲田大	慶應大	上智大	東京理科大	学習院大	明治大	青山学院大	立教大	中央大
女子校																				
愛国	'24	100																		
	'23	140																		
	'22	120																		
跡見学園	'24	140						1				4	2	4		7	7	2	4	4
	'23	140										5	1	3		11	11	5	4	3
	'22	220										1	2	4	2	15	11	11	16	8
安部学院	'24	100																		
	'23	110																		1
	'22	90																		
江戸川女子	'24	300					5	2				9	3	25	14	12	23	7	33	22
	'23	290				1	11	4	2	2		28	14	31	13	46	15			
	'22	310				1	13	4	4	2		21	12	27	17	19	38	11	40	17
桜蔭	'24	220	63	4		4	4	4			1	118	74	44	38	6	58	23	27	34
	'23	230	72	6	4	5	4	3	1	2	3	149	102	57	75	4	51	24	17	43
	'22	230	77	2	2	2	8	2	1	3	1	126	111	47	74		42	14	15	29
鷗友学園女子	'24	230	13	3	2	8	3	1	4		1	81	47	85	59	9	111	36	92	36
	'23	230	3	4	8	6	7	2	4	8	5	75	68	95	67	13	118	53	118	73
	'22	230	9	1	6	3	2	4	8	5		67	55	59	76	8	120	51	103	60
大妻	'24	270			2	4	4	2	1	1		29	20	40	32	28	68	38	69	41
	'23	280		1			7		3	1	1	36	15	34	32	21	75	29	60	36
	'22	250			1		4	2	4	1	3	42	16	31	23	25	80	22	63	33
大妻多摩	'24	150								1		6	3	10	5	2	18	13	8	16
	'23	140								2	2	6	5	10	2	9	12	13		24
	'22	150	1					2		2	1	24	10	14	4	4	36	5	42	30
大妻中野	'24	220										2		5	2		12	3	22	18
	'23	200										9	4	10	4	10	15	6	24	18
	'22	260							1	1		17	7	9	9		30	20	38	30
学習院女子	'24	190										5	5	16	2	111	14	2	15	11
	'23	180	2	1		1						29	34	46	10	91	19	17	20	9
	'22	190						1		3	2	22	21	20	7	107	15	5	7	19
川村	'24	50																2		1
	'23	70												1	1		2	1	3	1
	'22	70												1	2		4			
神田女学園	'24	130												3			1	2	7	2
	'23	100										1		2		1	1	6	2	2
	'22	130										1		1		1	1	6	2	2
北豊島	'24	70																2		
	'23	90										1				1	1	2	7	
	'22	70															1		7	4
吉祥女子	'24	270	1		4	8	7	2	2	2	2	69	45	51	113	7	145	45	72	92
	'23	240	6	2	6	8	3	3	2	5	1	75	38	70	51	11	120	38	87	96
	'22	250	3	1	3	8	1	3	3	5	2	82	62	46	49	12	111	59	93	81
共立女子	'24	300					5	1	1			37	24	38	15	14	83	25	87	32
	'23	310					1			2		24	16	15	23	19	37	29	57	22
	'22	310					5	2		1		51	15	21	22	20	44	36	74	20
共立女子第二	'24	140										2				2	1	1	1	6
	'23	150														3				6
	'22	170							1			5				1	3	5	11	10
国本女子	'24	30																		
	'23	60																		
	'22	60																		

	私											立							その他の大学
東洋大	駒澤大	専修大	大東文化大	東海大	亜細亜大	帝京大	國學院大	国際基督教大	成蹊大	成城大	明治学院大	獨協大	神奈川大	芝浦工大	東京電機大	津田塾大	東京女子大	日本女子大	（この欄はすべて'24年春のもの）
						1													立正1
2	10	2	5	6	1		8	1		1	6						3	5	12	大妻12,武蔵7,聖心6,共立4,白百
6	6	3	6	3	2	1		5	3		2	5	4	2	1	1	1	3	3	合4,工学院2,立正2,東京都市1,
6	23	10	6		2	1	2	6	4		4	6	5	18		1		3	15	16	千葉工1,関東学院1
	1												1							
2	40	16	18		4	3	5	5		9	5	15	4	4	6	2	9	11	27	千葉工37,共立16,大妻16,聖心5,
4	26	13	17		2	5	4	15		4	14	16	15	1	8	4	16	17	42	武蔵3,東京都市2,立正2,白百合2
7	35	13	12	5	2	4	13	8	1	4	8	17	15		7	3	14	26	43	
5	2						3	2	3	1	2	2				1	2	2		武蔵2,工学院2,同志社1,聖心1,
7	7	1				2	3		3	2	2	3				2	4	11	9	白百合1
2	2	3	2			1	2		2	5	4	2	2	4		14		2	1	
6	22	1	4	1	6		1	2	5	7	8	19		3	17	12	18	37	25	東京都市33,工学院13,武蔵4,東
9	14	7	10		6		3	6	6	6	10	22		4	29	1	10	24	20	京経済4,同志社2,立命館2,千葉
9	16	5	9		7		3	1	6	7	8	27		2	21	8	5	36	31	工2,共立1,大妻1,聖心1,白百合1
5	75	14	15		2		4	4		15	27	33	3	1	32	23	29	60	52	千葉工136,大妻26,東京都市18,共
4	41	19	17	5	3	4	10	8	2	9	22	28	4	7	21	8	9	27	39	13,武蔵10,白百合7,立命館5,工
7	76	18	23		14	3	13	7	2	20	28	22	7	3	26	9	9	29	46	学院5,関東学院4,立正3,同志社2
7	6	3	13	3	4	1	8	6		4	6	3		3	6		5	10	11	大妻8,武蔵7,立命館6,東京都市
4	20	7	10		4	6	2	9	2	8	13	18	14	3	3	1	1	10	12	6,共立5,白百合3,工学院2,立正2,
9	31	4	16	1	19		7	8		13	6	13	9		2		2	13	12	千葉工2,東京経済1,関東学院1
1	20	9	5	15	4	2	10	4		9	6	5		1	1		8	6	4	千葉工51,大妻41,武蔵12,工学院
9	24	3	10	2	4	1	11	3	1	12	12	4	3	2	2		8	11	16	3,共立3,聖心3,東京経済1
7	38	19	22	4	4		9	3		12	15	17	6	3	2	16	16	25	23	
3	1	2					2			2		5			2		2	6	3	聖心2,白百合1
0		2	2				4		1	2		4	2	2			4	3		
6	5				1							3			18	2	1	3		
3	1						1					3			2	1				工学院1
1	3	1		2			2			2	1	2					1	1	2	
3							2			2		2	1	2				2		
1	4	3	5				2				1	1	2						4	武蔵1
	6	1		1			2		3	1	1	1	1	5			1	6		
0	4	1	1	2			3			1		2		5						
1			2				1	1			1			3	2		3			千葉工4,関東学院3,聖心1
7	1	3	1	1			2			2	3	2		6			1	2		
1	5		1		3		4				1		4	1						
4	31	9	15	1	4	1	9	10		19	13	10	6	3	26	3	16	64	40	工学院26,千葉工20,東京都市12,
6	24	5	11		4		12	8	5	19	9	7		1	27	5	16	59	30	立命館8,武蔵6,白百合6,同志社
5	54	10	16		16	1	7	5		18	11	11	2		34	16	24	60	43	4,共立2,聖心2,大妻1
6	35	8	40	1	6		8	13		3	17	31		3	15	2	5	25	42	共立72,千葉工15,東京都市14,工
9	55	9	25	2	4		9	15	1	15	21	23	7	4	12	5	12	33	32	学院13,大妻10,白百合7,武蔵5,
2	50	7	15	2	2		9	15	2	13	22	16		3	15	6	9	41	55	立命館3,立正2,聖心2,同志社1
3	4	3			1		4	1			2	2					1	7	1	共立67,工学院5,大妻2
9	1	3	8		2		1	1		6	5	2			1		2	6	3	
7	3	4	1	2	2		4			5	7	4					3	10	9	
			1				2							1						
							1													
	1			5			2											1		

東京・私立 高校	年	卒業生概数	東京大	京都大	東工大	一橋大	千葉大	筑波大	東京外大	横浜国大	埼玉大	早稲田大	慶應大	上智大	東京理科大	学習院大	明治大	青山学院大	立教大	中央大
か 慶應義塾女子	'24	210					1									1				
	'23	200										2	188	1						1
	'22	200	1										189							
京華女子	'24	110												2		5	5	1	4	3
	'23	140										2	1	5	3	2	1		2	3
	'22	120										2		1	1	3	3		3	
恵泉女学園	'24	170	1						1	1		8	8	5	17	10	23	20	34	16
	'23	180						1				21	7	11	13	4	27	22	39	11
	'22	180	1							1		9	6	18	4	10	22	20	32	27
小石川淑徳学園	'24	50																		
	'23	50																	1	
	'22	50												1						
光塩女子学院	'24	120	3		1	2				1		9	7	6	8	8	17	5	6	7
	'23	130	1		1		1	1		1	1	15	13	21	17	8	18	5	14	5
	'22	130	2		1	1	1			2		15	15	27	7	4	20	5	14	5
晃華学園	'24	140	3	1	1	1	1	1	1	1		10	7	18	6	2	19	16	22	18
	'23	140	2			1				1	1	30	10	16	9	3	26	25	49	26
	'22	150	3			1	1			2	1	26	16	24	14	4	19	22	11	30
麹町学園女子	'24	120														1	1		4	1
	'23	160																	2	1
	'22	130							1			1		1			1	1	1	3
佼成学園女子	'24	170												3	14	2	1	2	2	8
	'23	200								1		6	4	19	5	2	2	3	13	10
	'22	150										5	3	20		2	2	5	10	11
香蘭女学校	'24	170								1		3	1	10		5	9	9	98	
	'23	160		1				1		2		11	2	7	6	1	4	3	102	3
	'22	170									1	4	7	8	5	1	4	4	97	3
駒沢学園女子	'24	150															4	1		1
	'23	140																		1
	'22	170												1						1
さ 実践女子学園	'24	230										1	1	2		2	2	1	2	7
	'23	190										6	2		2	5	5	9	10	7
	'22	210												7	7	4	14	12	11	16
品川エトワール女子	'24	210																		
	'23	180																		
	'22	200																2		
品川女子学院	'24	180	1				2				2	8	3	10	14	5	14	11	30	12
	'23	180				1	2		2	1		31	15	29	9	12	37	18	61	21
	'22	210				1	1		1			41	12	29	6	7	40	28	58	23
下北沢成徳	'24	80													1		1			1
	'23	90												2	1	1	1		2	5
	'22	100						1								1	1	2		
十文字	'24	220										16	1	9	2	2	9	8	27	7
	'23	220							1		1	7	7	4	13	5	13	3	20	6
	'22	230						2	1	2		14	4	7	4	9	21	19	19	11
潤徳女子	'24	150																		
	'23	220						1								1	2			1
	'22	200														1	1			
頌栄女子学院	'24	200	4	1	7	4	2	3	3	1		113	122	154	46	18	125	63	120	48
	'23	200	5	1	1	2	4	9	5	3	4	107	131	150	41	12	133	63	130	47
	'22	210	1		2		8	5	3	11	4	106	98	151	38	16	137	68	105	24
昭和女子大学附属昭和	'24	160										1	1	11	4	3	4	3	3	10
	'23	180							1	1	1	3	2	17	2	2	6	10	23	16
	'22	190					1		1	1		4	4	12	12	2	6	3	8	4

	私　　　　立																			その他の大学
	東洋大	駒澤大	専修大	大東文化大	東海大	亜細亜大	帝京大	國學院大	国際基督教大	成蹊大	成城大	明治学院大	獨協大	神奈川大	芝浦工大	東京電機大	津田塾大	東京女子大	日本女子大	（この欄はすべて'24年春のもの）
1							1													
3												1								
4	4	17	6	3	2			1				2					6	9	9	千葉工3,大妻3,立命館2,武蔵1,共立1,白百合1
2	13	7	6	6	13	7	1	1	2		2		4	3	2	1	3	4	4	
4	14	10	7	7	5	2		4				1	5	3			3	4	12	
2	2	22	7	19	11	4		3	11		7	12	23	2	12	3	16	25	21	共立9,大妻9,工学院7,東京都市9,東京経済5,武蔵4,立命館3,白百合3,立正2,聖心2,同志社1
0	26	5	20	20	3	31	6	7		4	8	9	20	8	9	5	17	19	25	
4	34	11	4		1			3			3	20	31	4			26	25	18	
2	2								1					2						共立3
1	5								1											
8	8	5	3	7	2	6	4	3	4		11	3	5		2	1	2	9	5	共立9,大妻6,武蔵3,白百合3,聖心2,立命館1,工学院1
9	9	4	2	3	2	1		2	5		3	2	7	4	1		11	15	16	
4	13	4	5	2	2			3	5		3	7	6		1		8	19	19	
8	8	4	3	14			11		6		8	13	10		1	9	2	8	17	工学院16,東京都市3,共立3,立正2,東京経済2,大妻2,聖心2,白百合2,武蔵1
4	8	6	14	14	3			4			7	16	6			17	2	18	15	
4	4	2	3	1	12			5			5	11	5	3	1	11	7	20	14	
2	52						2		3			3	7	2					3	千葉工2,武蔵1,大妻1
4	69	1							2		1	2		2		1		2		
4	61		2						2		2	3	2		1				3	
2		3			4			3			5	1			2			6	1	工学院6,東京都市5,大妻3,共立3,白百合2,聖心1
7	9	2	5	2	3	6	12			3	3		1			4	6			
2	6	5	2	1	1		5			1	4						4	5		
5	11	3	5	2	4			3			3	6	3	3		1		1	3	千葉工8,関東学院5,聖心3,工学院2,東京都市2,共立2,武蔵1,白百合1
7	5	1	1	1	4	1	3	2	1		4	3		2	4			2	2	
2	7	1	1	1	1			3			1	1	3					2		
			7	3				1			3		1						1	共立1
			4	3				3			2						2			
1			3	1		2		3			2								1	
4	4	16	6	1		14	2	7	1		5	10	1	3				4	1	東京都市5,大妻5,白百合4,立正3,武蔵1,関東学院1,共立1
8	8	6	5	3	1	7	1	3			4	5	1	2	4			13	7	
9	9	28	9	5	4	4	3	3	3		5	8	14	5		2	7	11	15	
4			2		1	1		2			2								1	立正1
4			1		1	1		3			3				2					
2	2	1	1			2						2			1				1	
6	6	25	4	10	4	11	3	6	7		4	10	27	4	8	13	3	10	1	武蔵11,東京都市10,関東学院8,共立8,大妻8,千葉工5,立正3,白百合2,立命館1,工学院1,聖心1
9	9	45	12	31	4	8	1	12			6	9	37	1	10	12		5	16	34
8	8	52	17	19	8	14		16	1		15	17	45		10	6		12	12	25
1			3	1				8	1		3	2							1	11	立正1,共立1
4	10	2	1			2		1			1	2						1	6	
4	2	3	2	1	2	1		2			1	2		1				1		
7	7	27	6	8	9	3	1	9	4		4	11	3	8	1	7	14	7	10	22	大妻28,千葉工22,共立9,東京都市6,立命館5,聖心3,白百合3,工学院2,武蔵1,立正1
8	14	2	6	6		3	10	6		2	9	10	2	2	5	6	14	9	14	
4	39	2	6		1	1		3			2	4		3	1	3	14	21		
4	3	3		2		3								1				1	3	武蔵1,東京都市1,共立1,大妻1
9	7		5	4	3	1					2	3	2		3			2	2	
2	7		1	5	4	3					2	13		2	3			3		
8	8	22	13	11		4		3	3	4		9	14	23		2	24	4	10	45	35	千葉工23,立命館12,東京都市9,武蔵6,同志社4,工学院2,共立2,東京経済1,大妻1
2	14	5	6	1	1	1			8		6	10	26		4	20	1	11	51	32
5	5	5	3	1				8			11	11	14	3	14	3	10	57	53
4	4	4		2				7	1		1	3	4		1	1			2	大妻3,共立2,東京都市1
9	4	5	1	1				2	2		11	2	13		3	2		2	3	2
0	4	3	1		3				2		2			2		2		1		

合格状況

東京・私立 高校	年	卒業生概数	東京大	京都大	東工大	一橋大	千葉大	筑波大	東京外大	横浜国大	埼玉大	早稲田	慶應	上智	東京理科	学習院	明治	青山学院	立教	中央
さ 女子学院	'24	210	2		2		1	2	1	1		124	71	78	96	4	66	24	30	33
	'23	210	27	6	8	9	3	2	7	1		144	76	84	87	7	116	41	62	33
	'22	220	31	11	4	11	5	2	1		6	176	108	90	81	11	101	31	56	26
女子聖学院	'24	100					1					1		1	2			1	3	1
	'23	120					1					1	2	2	6		4	3	5	8
	'22	100										2	1	2	2		4	3	8	3
女子美術大学付属	'24	190																	1	
	'23	210																		
	'22	210											1			1		2	1	
白梅学園	'24	280							1	1	1	1		2	2	2	4	1	2	5
	'23	240				1			1	1		3	1	4		3	1	5	7	7
	'22	300						1						2	4	5	2	2	10	7
白百合学園	'24	170						1		1		23	21	29	16	8	36	27	35	17
	'23	160	7	1			3	3	1	2	1	56	41	60	23	8	35	23	47	14
	'22	160	9	1	2		3	3	3		1	53	45	69	17	14	27	21	36	22
成　女	'24	15																		
	'23	20																		
	'22	25																		
聖ドミニコ学園	'24	40										3		2		5	8	4	5	3
	'23	40											1	2		2	1	6	7	3
	'22	70										6	1	2	1	3	13	7	7	3
た 瀧野川女子学園	'24	90																		
	'23	120														1		1		
	'22	110								1				1				2	1	
立川女子	'24	180																		
	'23	200																		
	'22	160																		
玉川聖学院	'24	140										1					1		1	
	'23	200												3	3		13	6		
	'22	190												3		1	6			
田園調布学園	'24	190	1	1	2		1			1		12	12	12	6	14	18	25	30	34
	'23	200							2	1	1	21	17	19	15	14	50	33	32	35
	'22	190	2						1	2		10	13	15	32	17	44	20	29	37
東京家政学院	'24	60																		
	'23	70													1	1				
	'22	60																		2
東京家政大学附属女子	'24	210										5	1			3	5	1	10	2
	'23	270			1					1	2	1		1	2	7	2		4	2
	'22	220						1						1		3	10			1
東京純心女子	'24	50													1					4
	'23	70					1					3		1	4		9	3	8	12
	'22	70								1		1		3	2	2	3	4	16	12
東京女学館	'24	220	1			1		1				28	19	43	8	14	27	37	45	21
	'23	210	1						3			20	34	29	14	20	41	26	47	26
	'22	220	1			1		1			1	24	24	23	10	15	36	41	46	22
桐朋女子	'24	200										6	2	8		3	4	4	8	12
	'23	230						1				8	4	13	6	6	11	10	19	11
	'22	210							2	2	1	5	3	5	2	6	9	11	18	7
東洋英和女学院	'24	180	3	1					1	1	1	44	18	37	9	8	36	38	42	16
	'23	170	1	1	1			2	1	2	1	28	27	26	17	9	34	34	52	19
	'22	190	1	1	1				2	2		48	56	57	12	14	48	37	62	18
東洋女子	'24	90																		
	'23	100														1	1			
	'22	170														1		1		2

						私					立									その他の大学 (この欄はすべて'24年春のもの)
日本大	東洋大	駒澤大	専修大	大東文化大	東海大	亜細亜大	帝京大	國學院大	国際基督教大	成蹊大	成城大	明治学院大	獨協大	神奈川大	芝浦工大	東京電機大	津田塾大	東京女子大	日本女子大	
9	3		3				1		1	6	1	4	11		3	10	9	6	6	東京都市17,工学院12,千葉工6,
22	10	3	5		6	2	2		4	6	6	9	4			8	2	7	19	同志社5,立命館3,東京経済1
21	11	5	1		3	3		4		6	6	8	4	2			2	9	23	
6	5	3	1	2					6	1		2	5	1		1	2	2	8	共立8,聖心3,武蔵1,関東学院1,
4	5		1	2	3		2		6	4	3	2	1	5	1	2	1	7	4	大妻1
4	10		1	2	1				4	3	3	1	5				1	2	3	
	1																2			大妻3
2	1									1	1	1		1						
	2																			
4	6	1	10	1		5	5	2		2		1	3		4	1	6	4	5	共立12,大妻12,立命館3,武蔵3,
1	9	1	6		2	7	8	4		3	7	1	2		2		8	12	13	工学院3,白百合3,立正2,東京経
9	23	3	5		3	1	14	2		8	3	3	2	1			5	12	7	済2
0	8	11	3				1	4		5	5	17			6	5	16	13	17	工学院33,白百合11,東京都市7,
20	4	1	1		6		7			5	5	9	3		7		5	12	10	立命館5,大妻4,共立3,同志社1,
8	6	5	1				4			5	6	11	3	1	5		15	23	19	聖心1
									1											
2	4	2	4		12		1	3		3	12	3	3			1			2	白百合8,聖心4,大妻3,武蔵2,東
3	7	4	2	1	1		2	2		4	7	3	2					2	1	京都市2,共立2
5			1	1	13		2	1		3	10	1	4						2	
1	2					1			7					2					4	
1	3			4					6					3						
									4											
1			3			1	1		3			1			1					
		1					3		6								2	1		
	1	1					2		2					1						
1		5	1		4	1	1				1	3					2	2		大妻4,立正2,関東学院2,白百合
1	2	2	1		2		8	6		1	14		2				1	14	4	2,武蔵1,共立1,聖心1
1	1	1		1	3		9	8		1	14					1	3	10	4	
30	13	8	8		12		6	6		4	8	20	2	5	7	1	3	6	17	東京都市26,関東学院7,大妻3,武
39	22	17	14		8		1	10		12	22	54	1	20	4	4	9	11	12	蔵2,共立2,同志社1,工学院1,立
53	15	19	14		21	2	6	8		5	7	36		15	10	6	12	12	13	正1,千葉工1
	2	1																	2	武蔵1
		2					1	1	1		3	3	1				1		4	
		2									3	1						3	4	
2	13	6	6	2	1	5	2	1				3				1			8	武蔵4,大妻4,共立3,白百合2,聖
3	9	4	14	10		1	16	4	1	9	4	5	1			1		5	13	心1
6	2			4			3			9	6	1	1						8	
5				1		3		3		1						12	3	4	白百合4,東京都市2,武蔵1,大妻
3	6				3		1								1	6	1,聖心1
5	3		1		1	5	1				2			1	3	2	8	11	3	
27	23	8	4		5	1	5	6		11	31	19		4	7	4	13	23	20	聖心15,大妻14,工学院12,東京都
31	28	8	5	4	11	1	2	1		9	28	36		4	16	3	18	24	38	市12,千葉工12,共立10,白百合7,
32	18	10	6	6	8		2	1		14	28	34		3	12	1	12	40	29	武蔵6,立命館5,立正2,関東学院1
7	4	3	3		2		6	1		5	3			1	3	2		4	11	大妻4,白百合3,同志社2,東京都
5	5	2	2		9		10	5		7		3		1		4	11	11	市2,聖心2,武蔵1,共立1
5	2	4				2	5	5		3		2				11	20	8	
1	10	4	3	2	1	1	5	2		14	13	17		2	2		5	31	11	千葉工22,大妻10,東京都市6,立
33	10	3	5				2	6		5	12	17		1		7	14	30	32	命館4,工学院4,聖心4,同志社3,
23	11	5	3				5			4	10	19		1		1	17	38	24	武蔵3,共立3
1				2	1		1			2		2					1		1	共立1
1	4	4		2	3		2	3		1	2					2	1		1	
6	13		9		3		2	4								2			2	

東京・私立 高校	年	卒業生概数	国立									私立									
			◆東京大	◆京都大	◆東工大	一橋大	千葉大	筑波大	◆東京外大	横浜国大	埼玉大	早稲田	慶應	◆上智	東京理科	◆学習院	明治	青山学院	立教	中央	法政
た トキワ松学園	'24	110												1		2	1	1		1	
	'23	110											6				1	3	2	3	
	'22	130												2			3				
豊島岡女子学園	'24	360	26	3	8	6	6	4	1			116	83	53	110	12	112	37	60	68	3
	'23	330	30	13	11	14	3	10	7			152	107	74	112	21	119	45	47	78	
	'22	340	14	2	12	12	11	12	7			133	100	71	121	30	111	25	67	64	
な 中村	'24	40										2	1	6		1	2	2	2	2	
	'23	40											1			1	1	1	1		
	'22	80		1														1	5	3	
日本体育大学桜華	'24	190																			
	'23	180																			
	'22	190																1			
日本女子体育大学附属二階堂	'24	60																			
	'23	60														2					
	'22	90									1										
日本大学豊山女子	'24	320												1			2	3	1	5	2
	'23	260																4	4	2	
	'22	240									1							6	2	1	
は フェリシア	'24	150																			
	'23	160																			
	'22	250																			
富士見	'24	210	1			1		3	1	1	1	14	9	19	24	12	51	16	67	30	5
	'23	230						3	2	2	6	25	10	14	37	14	50	28	78	31	
	'22	220						3	2		1	35	7	32	21	18	68	24	98	32	5
富士見丘	'24	100										7		13	1		3	2	18	9	7
	'23	100										6	1	22	2	4	10	11	21	7	1
	'22	90										2	1	6		1	2	5	7	7	
藤村女子	'24	90																			1
	'23	140																1	2		
	'22	180																2		1	
雙葉	'24	170			1	1		3	3	1		79	42	64	26	16	72	22	48	41	2
	'23	170	13	2	3	1	2	2	1	2	4	68	54	39	31	7	40	19	24	22	2
	'22	180	9	3	3	1	2	3	2	1	1	60	74	42	43	8	37	22	32	25	1
普連土学園	'24	110							1			18	3	14	10	11	19	13	34	12	2
	'23	130					1		2	2		20	25	21	9	6	25	15	38	7	1
	'22	120							1			20	13	11	9	13	28	8	26	10	1
文華女子	'24	40																			
	'23	70														1					
	'22	70																			
文京学院大学女子	'24	170										1	1	3	2	3		2	2	1	
	'23	170										1		1		3	2	2	3	7	
	'22	210												1		2	2	3	7		
ま 三輪田学園	'24	170							1			5	1				1	8	1	7	9
	'23	150												2		3	5	9	1	6	1
	'22	150									1	1		4		3	5	4	1	1	
や 山脇学園	'24	260										13	5	15	2	5	23	17	45	28	2
	'23	250		1				1	1	1		11	6	15	16	15	45	24	45	22	6
	'22	260										25	21	19	13	17	81	33	96	29	4
ら 立教女学院	'24	190			1	1						24	9	20	3	2	21	9	131	9	
	'23	190				1						13	23	13	9		11	3	129	1	9
	'22	180	1			1				1		13	12	6	11		12		131	9	
わ 和洋九段女子	'24	50												1		1		1			
	'23	80										1						2	1	1	
	'22	90										1		1		1		3		2	

	私								立											その他の大学
日本大	東洋大	駒澤大	専修大	大東文化大	東海大	亜細亜大	帝京大	國學院大	国際基督教大	成蹊大	成城大	明治学院大	獨協大	神奈川大	芝浦工大	東京電機大	津田塾大	東京女子大	日本女子大	（この欄はすべて'24年春のもの）
	1											1		1						
4		2					2					1	3	4					2	千葉工2
1							2	1				3								
8	14	2	3		6		6	3		2	3	8	5	3	16	1	12	11	7	工学院9,武蔵6,東京都市3,大妻
1	15	4	6		1		6	4		9	4	7	5	1	26	5	14	20	18	3,同志社2,聖心2,立命館1,東京
3	21	5	10		11		6	7		9	3	11	1	3	41	11	8	28	20	経済1
1	4	2	5									1	3	6	1			2	2	
2	1		1			3		2				1	3				2	2	1	千葉工5,共立5,東京経済2,大妻1
4								3				1								
2								3												
	3			1	1		9													
				1	1	4	5													
							5													
		1					2													
				1			2													
							4													
73	2	1	1				5			1									9	
13	7	1	1	6	2		2	2	1	4		5	5	2		1		1	5	共立3,武蔵2,大妻2,白百合1
97	2	2					2			4		2	4	1				1	5	
				1	1		3													
							1													
							2													
44	109	17	21	20	6	1	12	12		26	17	17	4	1	15	14	10	23	34	千葉工31,武蔵30,共立15,大妻
92	94	15	10	16	10	5	26	7	2	15	10	15	9	2	18	13	6	18	32	15,工学院13,立命館11,東京都市
47	117	18	20	12	15		15	15		33	13	15	2	1	29	16	11	43	27	6,聖心5,立正3,白百合2,同志社1
	6										1	4	1	10				3	5	共立4,白百合4,大妻3,武蔵1,聖
7	4	3	3					2	2	6	5	4	9	9	5			3	8	心1
2	4	4	1					2	2	4	4	9	9	1				13	11	
	3			1	1	4	2											1		
2	5	1	3	2	2	7	5	1		2		1	1	1					2	大妻6,武蔵3
2	2	8		3		5	3	1		1		1								
6	16							2	2	3	7	4	6	4	15		2	7	13	10	工学院14,東京都市14,武蔵6,聖
4		2					1	2	5	1	2	7	5		12		6	6	12	7	心5,立命館1,立正1,共立1,大妻1
4	10	8		4			1	4	4	5	4	1	1	6	6	25	18			
9	23	2	5				1	1	1	8	8	17	1	23			4	29	9	関東学院12,共立6,東京都市4,白
3	26	6	25		5	2	9	6	2	9	6	10	10	21		5	6	13	7	百合4,大妻3,聖心3,立命館1,工
2	11	5	9	2	15		9		15		4	18	3		3	3	14	23	23	学院1
2	1	1	3	1						1										
	3								1											東京経済1
	2																			
2	7	3	3	1		3	2			1	3		1				2			大妻2,聖心1,白百合1
5	6	3	3				9	7		3		5	4	1	2		2	4	3	
5	13	3	1	1			6	3		6	3	3	8	3	2		2	7		
5	15	4	1	4			2			4	2	7	2	1	4		2	1	8	大妻17,共立7,聖心5,武蔵3,工学
4	30	5	4	4		2	10			4	5	6	4		4		9		6	院2,関東学院2,白百合2,立正1,
33	33	4	3	1		1	9			3	3	4	1	3	2		10		6	千葉工1
9	45	11	16	7	2	1	12	7		8	18	35	12	4	13	2	13	36	39	千葉工78,大妻37,共立36,白百合
	74	14	27	10	12	9	18	14		11	30	45	9	6	17	6	11	24	27	18,聖心17,工学院13,武蔵10,同
2	44	11	11	3	20	3		13	3	14	29	26	10				11	29	42	志社3,立命館3,関東学院1
4	5		1		3					3		3		3			1	1	
1	6						2				1	2		1	3		3	2	4	東京都市5,武蔵1,大妻1
2		2	1					2		1			1						4	
2	1						1	1				2						1	1	
	1	1	4		1		2	2		3	2		2	1			1	1	2	
	1		6				2	1		3	3	4					1	3	4	

東京・私立 高校

男子校

高校	年	卒業生概数	◆東京大	◆京都大	◆東工大	一橋大	千葉大	筑波大	◆東京外大	横浜国大	埼玉大	早稲田大	慶應大	上智大	東京理科大	学習院大	明治大	青山学院大	立教大	中央大
あ 麻布	'24	290	54	19	12	7	1	3				147	95	36	96	7	80	28	19	36
	'23	290	79	14	18	10	6	5	1	3	3	151	112	74	94	1	89	15	12	41
	'22	310	64	16	10	10	12	3	2	4	1	108	136	28	79	4	77	20	11	38
足立学園	'24	250	1	1	3		1	2				10	5	9	8	6	22	7	14	24
	'23	280	1				3	2			1	7	2	3	11	16	20	5	19	21
	'22	370	1			2					1	15	7	4	15	5	28	5	21	21
か 海城	'24	310	49	7	11	16	4	3	1	2		136	119	33	69	2	96	8	17	43
	'23	300	43	7	12	10	9	6	1	5	2	140	113	37	126	2	112	27	22	53
	'22	310	57	8	10	11	15	5		10		167	154	43	136	9	99	11	18	43
開成	'24	400	149	17	9	3	8	2			1	272	184	40	125	2	56	6	9	27
	'23	390	148	10	5	9	19	7	1		2	210	189	55	89	10	66	14	5	32
	'22	410	193	22	16	9	22	7			1	261	218	34	89	4	97	11	14	38
科学技術学園	'24	140										1	2					2	4	2
	'23	170										1			4		4	1	2	3
	'22	180								1				3	2	3	5	4	6	
学習院	'24	200						1				5	14	9	8	128	14	11	3	11
	'23	200				1		1			2	14	11	7	7	116	18		10	9
	'22	200	3			1		1	2	1	3	18	27	13	23	121	17	4	8	15
暁星	'24	150	3	1	1	2	1	3	1	1		47	35	33	29	4	51	23	18	33
	'23	160	5	2	2	2	2	4				47	40	25	37	4	53	13	17	23
	'22	160	9		3		4	2			1	51	43	17	34	6	56	11	12	30
京華	'24	180						1				1			4	3	3	4	27	21
	'23	210				1					1	6	2		13	2	14	6	21	21
	'22	310					3				1	6	5	2	4	11	13	6	24	31
攻玉社	'24	240	9	2	11	5	3	2		1	3	100	102	28	90	11	128	33	31	64
	'23	240	13	1	10	5	2	2		1	12	96	94	53	106	3	137	45	38	51
	'22	220	12	1	12	2	2	2			5	101	78	29	96	5	122	31	33	41
佼成学園	'24	240						1	1	1		13	3	6	23	5	29	17	15	24
	'23	230				1			2	3		13	5	9	41	17	31	18	13	36
	'22	260			1		1	1		2	2	16	10	17	23	1	31	16	17	27
駒場東邦	'24	220	43	8	4	4	1	2			3	93	70	7	55	4	46	12	7	30
	'23	230	72	11	8	13	4	4	1		9	128	108	20	87	3	86	15	9	25
	'22	230	60	6	6	6	8	5	1		4	99	101	19	86	2	68	11	11	32
さ 芝	'24	280	18	4	11	5	4	1	1	2		94	77	37	145	9	122	27	21	62
	'23	280	13	6	12	8	7	2	2	5	2	120	79	49	147	17	99	21	18	60
	'22	290	14	3	10	11	4	6	1	7		89	100	50	135	10	129	21	33	70
城北	'24	350	7	7	10	9	1	3	2	3		68	48	30	132	19	132	40	48	72
	'23	330	6	3	7	6	3	4	3	3		85	64	44	108	25	119	23	48	66
	'22	330	9	4	3	5	6	4	3	2		106	66	33	144	29	160	33	60	79
巣鴨	'24	200	5		1		3	4	1	1		24	20	13	48	3	42	11	14	45
	'23	220	3	2	1	2	10	4		3	2	45	34	7	60	7	53	18	19	49
	'22	270	8	3	2	1	5	4		3		42	35	14	52	7	65	13	27	49
聖学院	'24	140										2	2		4	3		9	7	7
	'23	120							1	1		8	4	5	4	8	10	16	14	9
	'22	140										3	5	2	4	8	14	16	14	9
成城	'24	260	3	1	3	3	3	1	1	1		28	22	15	33	10	92	17	44	47
	'23	250	2		1	1	4	2	1		4	35	25	25	42	10	93	17	32	59
	'22	260	1		4		2	3			6	34	23	22	54	12	81	21	40	66
正則学園	'24	150																1	1	
	'23	180														1		2	2	
	'22	170														2		2	3	3

	日本大	東洋大	駒澤大	専修大	大東文化大	東海大	亜細亜大	帝京大	國學院大	国際基督教大	成蹊大	成城大	明治学院大	獨協大	神奈川大	芝浦工大	東京電機大	津田塾大	東京女子大	日本女子大	その他の大学（この欄はすべて'24年春のもの）
私											立										
	3	6	5	6				1	2	3	1	3	5		4	12	3				東京都市26,千葉工8,工学院5,立命館2,武蔵2,東京経済1
	1	3	5	1		11		1	4	3	4	4	11	2	6	38	5				
	6	21	9	10	4		4	1	4	1	4	4	3		5	3	22	4			
	3	46	5	4	15	12	4	10	7		11			6	5	3	20	18			千葉工87,武蔵10,関東学院5,立正3,東京経済2,東京都市1
	3	47	6	14	13	20	5	9	8		6	11	9	31	4	10	13				
	3	40	9	21	22	13	4	13	15		13	9	14	39	10	17	20				
	5	11	5	4	5	1	1	6	2		5	1				15	4				立命館12,千葉工8,東京都市4,武蔵2,工学院2
	1	9	5	1	2	6		1	2	3	11	4	3	4	2	15	4				
	7	15	3	1		1	1	2	2		5	2	1		2	57	8				
	8	4	1	10		1		1	2		2	1			1	5					立命館7,東京都市6,工学院1
	0	9	3	2		1		1	1				2			1	1				
	4	6	2	1		5		1	3		2			4		3	29	1			
	2	2	2	6				8	3		2	3		3							白百合6,武蔵3,共立2,東京経済1
	3			3	4	6		14				2									
	3		2					7	3			4		2							
	1	6	1	1	2			3			2		3		2	5					千葉工19,工学院3,同志社1
		1	3	5		2		9		2	4	2	2		1	6	1				
	8	5		1		1	1	1			2	1			2	15	2				
	3	1	2	2		5		4	2		8	8	1		1	14	7				立命館4,武蔵3,同志社2,工学院2,東京経済1
	0	7	2	7		9		3	5		2	9	2	3	2	4	2				
	3	12	7	10	1	4		5	5	2	12	15	7		1	30					
	5	121	6	33	16	9	10	30	6		2	11	8	22	4	7	15				千葉工84,武蔵33,東京経済23,東京都市6,立正4,工学院3,立命館2,関東学院1
	7	86	7	20	12	13	8	28	12		5	7	7	24	1	12	22				
	5	98	12	22	20	23	8	37	10		11	7	10	16	11	19	18				
	2	14	19	21	6	5	1	5	8		9	11	23		7	45	6				千葉工53,工学院10,東京都市9,関東学院6,武蔵3,立命館2,同志社1,立正1
	0	16	15	9	4	3		3	4	3	8	7	11		23	33	11				
	4	16	13	10	1	8		4	15		1	11	7	21	10	32	7				
	7	19	12	4	1	5	2	8			6	7	12	8	2	10	4				千葉工18,工学院10,東京経済8,武蔵5,東京都市4,立命館2
	2	20	8	10	2	21	11	15	13		17	11	6	14	3	24	14				
	4	17	2	11	1	11	3	14	5		6	4	6	5	5	22	5				
	3	5	1	7				1	3		2		4		3	8	6				東京都市8,工学院3
	9	5		6		5			2		7	1				24	1				
	7	8	1	2		1	1	3	2		4				4	10	4				
	8	24	9	8	8	4	2	1	4		1	7	4	5	7	50	6				千葉工114,工学院14,立命館9,武蔵7,東京都市4,同志社2,立正2
	3	17	8	7		15		7	6	3	12	4	4	1	5	37	4				
	4	36	8	15	3	9		2	8	3	8	3	9	12	2	44	20				
	7	29	11	10	10	7	4	10	15		8	8	14	4	3	152	34				工学院40,千葉工22,武蔵17,東京都市17,同志社5,立命館4,東京経済3
	5	27	12	6	12	3	15	19	1	3	21	13	17	5	74	18					
	2	35	16	7	10	6	3	19	10	1	12	14	6	4	53	19					
	9	18	7	8		5	1	8	3		9	3	6	7		18	5				千葉工52,立命館4,工学院3,東京経済2,同志社1
	6	19	3	19	3	19	2	14	6		8	4	6	11	2	50	15				
	5	20	3	6	1	10		8	5		1	5	4		1	59	6				
	5	28	3	12	27	5	5	8	3			3	9	7	6	7	11				武蔵24,千葉工12,工学院9,立命館5,東京都市3,同志社1,立正1,東京経済1
	4	40	6	5	16	3	12	8	3	2	7	6	7	4	22	2					
	4	14	5	14	10	13	7	19	11		2	12	14	22	2	6	1				
	7	74	17	19	14	15	7	8	15		27	12	28	1	10	38	38				千葉工66,東京都市33,工学院25,武蔵12,東京経済5,同志社4,立命館4,立正2,関東学院2
	2	57	18	34	4	17	8	12	18	1	21	8	23	17	12	39	10				
	9	69	17	19	25	17	6	17	15		15	20	11		4	60	27				
	3	4	8	5	9	1		1	5			1							6		立正1
	1	11	4	8	2	4	11	10	1		1	1			2	2					
	1	7	3		1	6	7	8			1				2	3					

東京・私立　高校

国立：◆東京大・◆京都大・◆東工大・一橋大・千葉大・筑波大・◆東京外大・横浜国大・埼玉大／私立：早稲田・慶應・上智・東京理科・学習院・明治・青山学院・立教・中央（法政大は右端で切れ）

高校	年	卒業生概数	◆東京大	◆京都大	◆東工大	一橋大	千葉大	筑波大	◆東京外大	横浜国大	埼玉大	早稲田	慶應	上智	東京理科	学習院	明治	青山学院	立教	中央
さ 世田谷学園	'24	240	5	1	3	2					1	49	56	25	86	10	84	30	16	56
	'23	240	6	1	5	1	2	1	1	5	1	58	50	33	92	10	95	33	37	65
	'22	240	3	2	4	4		3	3	3	3	52	63	26	91	18	86	39	32	73
た 高輪	'24	220	2		1	2	2		3			47	26	18	63	9	48	24	23	39
	'23	220	2						3		7	49	13	30	72	26	115	24	39	52
	'22	210	1		1	5	3		4	1	5	58	25	42	55	6	91	33	51	47
東京都市大学付属	'24	230	6	2	7	5	1	1	1		6	73	65	32	66	6	132	30	25	88
	'23	230	7	1	10	9	7		3	5	1	64	60	41	81	4	117	29	36	55
	'22	230	12	4				2	3		11	96	55	19	83	7	122	35	53	54
桐朋	'24	300	12	8	10	4	2	3	3			59	80	25	102	11	119	27	21	92
	'23	320	9	4	5	8	1	8	1	10	2	76	60	42	76	11	120	51	36	84
	'22	310	11	6	6	14	3	2	2	13	2	101	73	36	85	19	130	47	48	97
獨協	'24	190						1	1	1		8	5	4	11	14	27	8	4	19
	'23	190			1							15	1	7	13	15	24	3	15	19
	'22	190						1			1	7	7	7	12		26	7	5	24
な 日本学園	'24	170										3					4	3	2	5
	'23	120																2	1	
	'22	180							1			8		1			12	3	4	8
日本大学豊山	'24	550							1				6	5	11	5	4	7	4	3
	'23	490	1					2				2	6	5	11	5	18	10	5	13
	'22	490										5	4	4	11	5		7		
は 保善	'24	180										4	1		3	1	5	4		6
	'23	230										1	1	1	5		2	2	1	2
	'22	210									1	7	1			6	16	4	17	18
本郷	'24	240	13	2	6	5	4	5	2		1	114	81	29	146	9	163	20	28	63
	'23	310	14	6	5	3	6	9	4	1	7	128	89	57	132	10	142	24	51	75
	'22	310	13	2	5	5	6	8	4	1	6	110	93	22	135	12	162	22	38	50
ま 武蔵	'24	170	26	6	4	3	1	3			1	71	37	6	44	9	49	10	25	35
	'23	170	21	10	11	6	5	1		2	3	84	57	21	67	6	60	11	19	46
	'22	170	19	6	3	4	4	5		3	3	43	41	9	50	10	44	9	10	24
明治大学付属中野	'24	400	2				2					5	2	2	4	1	325	3	3	5
	'23	410		1		5	1	2	1	1		13	12	4	17		356	2	1	7
	'22	410			1						1	11	8	2	22	1	347	3	3	8
ら 立教池袋	'24	140			1		1	1				3	3	2	3		2	4	119	2
	'23	140									1	5	5		6			5	128	1
	'22	150							1			3	8	1				2	127	3
わ 早稲田	'24	310	43	11	12	3	2	5			1	292	66	13	55		32	4	5	13
	'23	320	39	8	10	3	5	4	4		1	253	72	19	56		30	5	11	
	'22	310	29	2	2	2	8	6			2	239	53	12	57	2	63		3	23
早稲田大学高等学院	'24	480												1		1	1	1		
	'23	480										470							1	
	'22	490										474							1	1

	東洋大	駒澤大	専修大	大東文化大	東海大	亜細亜大	帝京大	國學院大	国際基督教大	成蹊大	成城大	明治学院大	獨協大	神奈川大	芝浦工大	東京電機大	津田塾大	東京女子大	日本女子大	その他の大学（この欄はすべて'24年春のもの）
5	23	19	10	5	17	7	18	13		7	10	7	9	9	30	12				工学院22,東京都市17,千葉工16,同志社6,立命館6,武蔵3,立正3,東京経済3,関東学院1
7	21	38	18		20	5	8	16		13	13	8	6	5	79	18				
1	14	27	13	1	11	4	19	14		8	13	5	2	9	38	9				
9	35	9	15	5	15	2	5	9		10	17	12	12	14	37	22				千葉工97,東京都市17,工学院12,立正10,立命館8,武蔵7,関東学院5,同志社2
3	33	13	22	6	27		12	22	1	18	11	11	7	24	42	20				
4	36	26	19	3	20	1	11	15	1	9	10	19	4	21	18	13				
8	15	8	15	6	7		2	14		13	5	5			32	8				東京都市38,工学院18,千葉工10,武蔵5,立命館4,同志社3
8	18	14	11	1	7	1	4	8		5	4	7		3	31	4				
7	17	12		17						4	7	7		4	27					
6	21	16	16	8	9	4	7	8	3	12	14	8	2	1	16	10				千葉工31,工学院18,同志社10,立命館9,武蔵9,東京都市7,立正2
	31	7	20		7	3	9	11	2	19	24	20	5	5	35	6				
1	47	11	28		17	3	11	7		21	24	9	8	1	27	14				
8	20	9	12	9	19	3	15	12		7	8	9	19	2	2	16				千葉工47,武蔵14,東京都市7,工学院5,関東学院5,立正4,立命館3,東京経済2
6	28	14	17	5	20	2	18	5		8	12	11	20	1	10	12				
	36	12	15	3	13	2	21	9		5	7	5	27		6	18				
9	10	7	20	3	5	4	23	1		1	4	2							5	立命館2,東京経済1
1	6	7	31	3	16	8	26	2		2	1			5		5				
5	9	8	7	5	2	5	28	3		1	1		4	5	2	4				
1	12		4	4	16	3	3	2		4		2	1						1	武蔵9,東京都市2,東京経済2,関東学院2
4	10	6	1	2		2	3	5		3	5	2	3						1	
3			2			2	2			1		3	4							
7	15	4	3	1	5	7	16	1		3		3		1		5				千葉工2,同志社1,立命館1,武蔵1,工学院1,東京経済1,関東学院1
1	10	9	18	11	23	12	16	4		3	5	4	8	4	2	20				
1	18	9	11	3	8	6	17	11		3	3	5	3	4	3	6				
0	32	14	10	17		1	13	17		14	7	6	4	2	67	26				千葉工94,立命館14,工学院11,東京都市11,同志社7,武蔵7,立正4
2	36	19	5	5	4	8	4			10	7	6	14	4	93	15				
6	46	17	22	9		4	12		2	17	14	13	11		80	20				
8	8	2	2	1	10			4	7	5		17	7							工学院9,武蔵6,東京都市5,同志社3,千葉工2,立命館1
0	7	3	8		3			2	6	2	1 2	13	5							
7	12	13	5	3	11			4	6	3	4	13	5							
0	9	4	2	8	2	3	2	2		2	5	4		2	4					千葉工31,工学院6,東京経済3,東京都市2,同志社1
5	3	3	6	1	1	6	5			1		4	5		5					
5	7		3	1	1	6	5	1	3	1				1					
3			3	6					1					2						東京都市1
	1			1				1 3					1	1					
5			2	1		1								1					
2	8		5	1	1		2			3		1			3	7				東京都市2,立命館1,工学院1,千葉工1
0		2	2	3	2	1	1			2	1			2	16	6				
3	6	2	2	3	5	2	2	1		3	1			2	20	7				
						1					2									
	1		1																	

東京・私立 高校

共学校

高校	年（卒業生概数）	◆東京大	◆京都大	◆東工大	◆一橋大	千葉大	筑波大	◆東京外大	横浜国大	埼玉大	早稲田大	慶應大	上智大	東京理科大	学習院大	明治大	青山学院大	立教大	中央大
あ 青山学院	'24 400								1		9	16	9	10	3	11	349	6	8
	'23 410	2			2						21	27	29	19		10	373	18	10
	'22 410		1		1	1				1	16	18	9	12	1	13	369	7	15
郁文館	'24 220	1			1		2				5	1	1	5	3	17	7	4	11
	'23 250		1		1			1	1	1	10	9	6	10	6	18	7	5	8
	'22 210						2			1	4	3	3	3	2	14	2	9	6
郁文館グローバル	'24 70													4		1	1		6
	'23 80											8	2	3	1	9	7		6
	'22 100				1						2	7	5	2		4	5	5	7
岩倉	'24 350											1	1	1	3	2		2	3
	'23 440								1	2	2	1	1	4		6	2	4	10
	'22 440						1				2	1		6	3	3	4		3
上野学園	'24 110										1			1		4	1	2	
	'23 190												2	2		1	1		4
	'22 180													1	1				1
穎明館	'24 170	2	1	2					2		19	4	2	13	1	50	24	8	42
	'23 170	3		1	1			1	4	1	14	13	13	30	3	37	28	25	45
	'22 180	2		1		1	1	1	1	2	15	13	7	30	3	40	24	21	41
英明フロンティア	'24 '23 '22	現・東京女子学院高等学校。英明フロンティア高等学校としての実績はまだない。																	
桜美林	'24 470	1			1	2	1		3	2	11	10	14	11	8	45	31	32	68
	'23 420				2			2	1	1	18	7	16	9	12	39	33	35	48
	'22 410					1	3	4		2	7	3	16	11	10	50	29	24	75
大森学園	'24 180										1	1		1		4	1	8	4
	'23 220						1		1		2	1	2	6		3	3	2	3
	'22 270												2	4		8	3	5	6
か 開智日本橋学園	'24 130					2	2		2		18	5	12	17	7	29	13	26	17
	'23 140		1			2		1			14	5	11	15	4	18	11	23	20
	'22 170			1		1				4	10	5	8	22	2	28	15	25	20
かえつ有明	'24 150	1				1					10	5	13	6	2	12	2	4	12
	'23 190					1		1	1	2	12	9	15	16	5	25	18	26	12
	'22 170			2		4					14	11	16	16	6	25	10	23	14
関東国際	'24 330										4	1	6		1	5	5	4	7
	'23 410												11		3	1	6	9	3
	'22 360										2	3	15	1	4	2	14	10	9
関東第一	'24 570							1	1		2	2	1	4	3	2	3	11	8
	'23 700					2			1		3	6	2	3	2	11	2	4	16
	'22 760									1	6		1	2	2	5	6	3	11
共栄学園	'24 220						1						2	4	2	3	3		1
	'23 230								1		1			1	3	8			
	'22 330						2				1				2	3	1	6	1
錦城	'24 470	1			1	2	1	4	2		16	18	29	20	14	62	27	48	86
	'23 470	1				3	3	4	3	5	36	8	27	26	26	85	47	42	65
	'22 480			1	1	3		4	4	5	30	8	23	21	25	59	39	44	65
錦城学園	'24 120										2					2	2	1	1
	'23 360																		
	'22 360											1	1	3	5	4	5		3
国立音楽大学附属	'24 130										1		2			2	1	5	3
	'23 150												1			2	2	1	2
	'22 140										3			2		1			1

私					立															その他の大学
東洋大	駒澤大	専修大	大東文化大	東海大	亜細亜大	帝京大	國學院大	国際基督教大	成蹊大	成城大	明治学院大	獨協大	神奈川大	芝浦工大	東京電機大	津田塾大	東京女子大	日本女子大		（この欄はすべて'24年春のもの）
6				4		6					3				1					千葉工6
2	2	3				4			1	2	1	3				1	16			
9	2	3	1	3		3			2	1	3							1		
0	21	5	3	8	13	8	8	5		4	1	3	11	2	3	1			2	東京都市6,千葉工6,立正5,関東学院4,同志社3,東京経済3,共立3,大妻3,白百合3,聖心1
7	23	6	14	20	12	3	15	9	1	4	5	10	12	3	1	6	7		1	
9	15	9	10	4	12	15	3	11		4	3	2	11	3	12	6	7		2	3
4				1	5															立命館4,千葉工3,東京都市2,武蔵1,立正1
5	2	3	1	2			1	2	2		2	1	1						1	
3	4		1		1		3	1	1		1	1				2	1			
0	9	6	2	7	6	4	9	2			1	2	13			4		1		武蔵8,東京都市2,立正2
2	26	7	13	2	6	4	21	3		3	4	9	1		4	5			1	1
6	14	7	7	13	13	4	18	5		3	2	13	1	18	10	1				
7	5		1			1	10	3		3		1		2						立正2,千葉工1
8	10	2	5	3		2	10	1	1		2	1			4					
9	10	3	2	3	1		14	2				3			14			2		
5	9	4	18	3	14	6	11	3		9	7	11		5	8	12	3	1		千葉工34,東京都市22,工学院14,武蔵7,関東学院7,立正6,立命館5,共立3,東京経済2,同志社1,大妻1
0	22	6	13		22	1	10	7	1	6	9	12	2	11	26	11	8	10		
7	33	2	21	2	9	7	7	5	3	4	10	8		7	20	8	11	13		
9	38	30	90	5	67	6	21	22		17	20	46	6	19	9	23	25	17	19	工学院50,東京都市40,関東学院7,千葉工6,大妻5,東京経済4,聖心3,白百合3,立命館2,立正2,同志社1
2	36	26	83	4	72	9	34	22	2	16	23	57		59	3	3	13	11	13	
2	39	30	111	2	50	9	41	15	2	24	25	43	1	44	12	2	13	16	20	
6	8	7	1	1	6		5	1		1		2		6		2					千葉工20,武蔵3,立正2,関東学院1,共立1,大妻1
5	3	7	5	6	8	3	7		1	1	1	1		13	1	1				
3	26	13	14	9	13	4	7		1	4	4	2		25	3	3				
7	40	11	16		11		2	7		8	10	6	10	3	6	4	1	1		2	千葉工19,立命館7,東京都市5,共立6,白百合4,武蔵3,大妻3,工学院4,同志社2,立正1,東京経済1,聖心1
7	33	17	9			2	5	4	4	3	11	9	19	7	8	1				6
5	42	6	10	2	12	3	3	11	2	6	8	8	1	4	6	1				2
2	18	3	10		1	7	8	5		6	2	9	2	1	4			2			千葉工21,東京都市7,立命館6,工学院3,同志社1,東京経済1,共立1,大妻1,白百合1
0	34	14	8	2	11	4	10	5		5	14	9	7	6	17		3	5		4
4	21	6	2	5	3	2	9	5		5	3	7	2		11		2			2
9	12	4	5			3	12					1	3								武蔵4,立正3,共立1,大妻1
3	12	7	1		3	7	11	2	1	5	2	8	16	1			5		2	
1	9	3	8	2	8	1	9	5		7	5	8	10	5			2	1	3	
7	68	20	69	25	9	9	51	10		1		15	26	1	2	4	2			4	千葉工331,立正17,大妻15,東京経済14,工学院7,共立7,武蔵6,東京都市2,立命館1,関東学院1,白百合1
7	60	17	40	14	10	15	54	7		2	2	7	19	5	13	14				9
3	20	7	19	10	3	8	45	8		2	1	2	13	4	4	8				1
0	4	1	2	5			4	4		1	1		2	1	7	5					千葉工25,大妻4,工学院1,関東学院1,聖心1
3	3		1	2	7		4	2		3		1	8	6	1	7				
3	5	3	4		1	5	6	2		4	1	6	10	1		1				
9	95	23	30	10	13	18	19	15		51	11	15	13	6	18	22	22	16	15	千葉工52,武蔵23,東京経済17,工学院15,立命館6,立正6,東京都市5,大妻3,同志社3,聖心2,立正1,関東学院1
2	78	13	39	26	19	8	26	15		41	26	9	15	2	34	29	28	18	15	
3	111	22	32	9	16	10	23	9		38	17	8	3	1	23	19	24	30	14	3
0	10	2	2	5	6	3	3	4			1	4	3			3					千葉工10,立正3,武蔵2,工学院1,大妻1
0	28	14	24	14	7	25	15	1		1	2	16	7	2		3				
3	35	5	14	8	6	28	16	6		4	16	10	10	2	3	5				
4	2		2			1				3	6					2	2			立命館2,東京経済2,武蔵1,白百合1
2	4	2	2		11		5	3		5	5	2	1	2		3	1			
3	4		1	1		5	3	1		2	3	1		1		3	4	3		合1

東京・私立 高校	年	卒業生概数	◆東京大	◆京都大	◆東工大	◆一橋大	千葉大	筑波大	◆東京外大	横浜国大	埼玉大	早稲田	慶應	上智	東京理科	学習院	明治	青山学院	立教	中央	法政
か 京華商業	'24	130																			
	'23	150															1				
	'22	150															1				
啓明学園	'24	100						1						5	2			2		6	
	'23	120										1		5		1	3	5	9	1	
	'22	130										7	1	6	1	3	2	5	9	5	
工学院大学附属	'24	230							2			2		6			9	2	9	5	
	'23	270					1	1			1		1	2	8	2	10	6	3	10	
	'22	230				1	1					4		12	8	2	11	7	15	10	
国学院	'24	570					2		1			25	12	22	14	38	81	38	74	87	1
	'23	570					1			3	1	31	11	21	26	39	116	51	87	65	1
	'22	620					2	1			2	40	7	21	19	38	109	52	103	84	
国学院大学久我山	'24	430	5		1	5	1	4	3		2	79	51	60	50	14	160	84	116	97	1
	'23	410	4			4	3	6	6		5	63	50	64	59	17	130	73	102	99	
	'22	440	2	1	1	3	3	6	3		3	62	46	25	50	10	100	45	64	75	
国際基督教大学	'24	240							1	2		15	23	56	18	5	16	12	12	15	
	'23	240	2	1	2	3		2	3	2	1	46	33	51	29	3	32	24	23	32	
	'22	250	2	2	2	1		2		2	1	46	45	76	23	7	27	28	31	27	
国士舘	'24	270																	1	1	
	'23	330												1		1	1	2	1	7	1
	'22	370													1	1	1	4	2	1	1
駒込	'24	430					1		1	2		11	4	7	36	13	25	19	51	44	
	'23	480			1		3	3	1	1		11	8	11	38	11	40	18	40	20	
	'22	350	1		1		2					16	7	4	24	8	23	23	39	36	
駒澤大学	'24	520					1	1	1			10	2	3	7	1	20	13	20	43	
	'23	560						1				8	2	4	5		16	17	13	30	
	'22	530									1	7	9	5	5		24	11	12	36	
駒場学園	'24	380															1	2	8	6	10
	'23	560						1				5	4	3	7	6	29	10	11	11	
	'22	340														8	8	6	8	6	4
さ 桜丘	'24	270	1				5	1			6	5		5	13	13	12	8	46	24	
	'23	240					2				6	13	2	7	10	12	30	11	16	26	
	'22	350					3	1	1		1	12	2	7	12	22	30	18	30	29	
サレジアン国際学園	'24	60									1	2		6	1		3				1
	'23	50												3			2	1	2		
	'22	70						1						9	2	2	4	1	6	5	
サレジアン国際学園世田谷	'24	50										1		7							
	'23	60						1				2	1	6			1	2	3		
	'22	80							1					5	4	1	1	2	3	2	
実践学園	'24	280										6		1			15	4	7	8	
	'23	300						1	1	1		5	2	3	5	4	9	4	16	17	
	'22	350										4	3	3	8	9	14	11	15	25	
品川学藝	'24	30																			
	'23	50										1									
	'22	70																			
品川翔英	'24	740										3	4	3	4	2	5	11	6	13	
	'23	270											1	4			6		3	3	
	'22	70																			
芝浦工業大学附属	'24	220			4		1	1				3	2	5	21		10	4	3	8	
	'23	200					1	2		1	2	7	2	7	28	2	14	11	14	11	
	'22	230			1							3	4	8	20	4	16	5	10	9	
芝国際	'24																				
	'23																				
	'22																				

旧・東京女子学園高等学校。
芝国際高等学校としての実績はまだない。

	東洋大	駒澤大	専修大	大東文化大	東海大	亜細亜大	帝京大	國學院大	国際基督教大	成蹊大	成城大	明治学院大	獨協大	神奈川大	芝浦工大	東京電機大	津田塾大	東京女子大	日本女子大	その他の大学（この欄はすべて'24年春のもの）
		2		2		2	10							1						
6	4	1		9	2		12							1						
2	4		14	2			7							1						
5		1	1		10			3							5	5				
5	1	1	1	1	3	1	6		1	3	3	2	2	1		12	1	1		立正2,同志社1,東京経済1
4	3		4	3	3	2	4		3	3	1	4	2	1	12	2		2		
7	6		1	3	8	3	10	4		1	1	3		1		3				
7	21	6	17	4	17	7	22	3		6	2	1			4	6				工学院74,立正2,東京経済1
4	18		1	4	14	1	4	5	2	4	3	1		5		2				
1	117	42	57	33	12	4	33	162		29	29	32	10	14	23	25	10	7	5	千葉工84,工学院24,東京都市20,共立14,武蔵12,大妻12,東京経済10,立命館5,白百合3,同志社2,関東学院1,聖心1
0	86	35	42	4	22	7	14	220		43	36	60	13	10	23	26	7	16	23	
4	103	35	38	8	28	8	23	230		43	45	36	26	18	23	23	5	34	28	
9	49	22	21	17	10	9	11	71		39	15	31	5	3	67	11	2	21	17	千葉工44,東京都市30,武蔵14,工学院12,立命館5,同志社4,共立4,関東学院3,大妻3,東京経済2,白百合2,立正1
7	51	18	15	3	18	4	12	61	1	39	14	30	3	7	41	12	10	23	18	
0	39	20	33	5	14	6	18	62	4	21	13	18	3	5	40	11	11	11	10	
1	2	3	2		5		1		97	6	5	2	3		4	1	2	3	1	武蔵8,同志社6,千葉工6,立命館4,東京都市3,大妻3
5	1				1		2	2	108	6	5	2		2	2	6	1	1	4	
1	6	2		2	1			3	117	7	2	4	5	2	9	6	7		3	
5	6	5	11	2	6	1	4	1		1	2	3	1	1						武蔵3,立正2,工学院1,東京経済1
3	18	5	11	1	5		22			4	2	6		4						
5	7			1	7		15	2			1	2			1	2				
9	128	19	45	23	11	1	26	17		13	24	44	30	3	28	37	1	1	4	千葉工418,工学院32,武蔵24,関東学院11,大妻9,共立8,立正7,東京都市5,東京経済3,立命館2,白百合2,同志社1
2	96	35	44	18	10	7	23	32	1	22	10	31	43	6	21	20	11	11	9	
3	93	16	30	11	19	5	17	10	1	22	17	31	31	3	15	8	6	6	15	
6	23	352	8		1	2	4	10		3	7	11	6	6	4	7		3		武蔵33,東京都市10,千葉工10,立命館6,工学院4,共立2,大妻1
	24	416		15	1		11	36		7	7	27	2	11	6	5		4		
0	26	363	12	2	4		6	11		3	9	30		6	5	2				
4	21	21	57	9	64	21	32	12		1	14	18	6	12		7			1	関東学院26,武蔵15,大妻12,東京都市10,立正4,東京経済4,工学院3,聖心1,白百合3,千葉工2,共立1
9	41	40	68	13	68	24	56	18	1	5	14	18	5	30	1					
6	38	15	57	4	48	12	28	6		5	7	8	1	22	2					
8	112	11	23	53	8	1	28	6		6	6	11	36	1	12	12	2	6		千葉工140,白百合9,東京経済6,共立6,立命館4,工学院4,聖心3,東京都市3,関東学院3,立命館2,大妻1
0	97	24	25	22	3		23	15		5	8	9	34	5	23	19		1		
3	140	36	43	28	6		47	33		10	33	27	76	4	18	21	1	3	1	
1				4				1									3	2		
2	4	1		3	1		9	2		1	1				4			2		立命館3,立正1,共立1
	8		3	1			2				2	3			1			2		
5				1				1				1						1		
5			2		1		1	1		1		1				1		3		
							3					2	3	1	1					
3	15	8	5	5	11	1	18	3		5	2	4	3	2	3	1	1	9		千葉工13,武蔵12,東京都市4,工学院2,立正2,関東学院2,大妻2,立命館1,東京経済1
3	24	7	18		16		20	15		5	4	10	3	3	6	6		6		
2	37	22	17	12	11	18	32	12		11	2	12	6		3			3		
1														1						白百合1
3	20	14	20	13	32	16	31	1		3	5	9	13	26	3	1				立正20,関東学院20,東京都市10,大妻7,東京経済6,武蔵4,千葉工3,工学院2,白百合2
	3		2		6		10			1	5	3	2	18	2				1	
												1		3						
5	4	2		1	1		4	4		7	2	3			133	2				千葉工16,立命館2,同志社1,工学院1
2	11	5	9	1	8	2	4	6		5	5	8		1	97	6	1			
	24	4	2	6	9	1	6			5	5	5	1	1	113	13				

合格状況

東京・私立 / 高校	大学 年	卒業生概数	東京大	京都大	東工大	一橋大	千葉大	筑波大	東京外大	横浜国大	埼玉大	早稲田大	慶應大	上智大	東京理科大	学習院大	明治大	青山学院大	立教大	中央大	法政大
さ 渋谷教育学園渋谷	'24	190	43	5	3	5	6			2	1	119	86	56	55	6	52	12	21	23	1
	'23	200	40	7	5	10	3	1		8	1	119	85	43	57	2	58	16	11	16	
	'22	210	38	7	7	4	7	3	1	1	12	1	150	115	45	60	4	67	19	22	22
自由ヶ丘学園	'24	205														1					1
	'23	200															3			2	2
	'22	220														1					2
自由学園	'24	70															1				1
	'23	70										1	1	2			4	8		1	3
	'22	80								1		2	5				8		3	2
修徳	'24	280						1				2	3		1		6	7	2	1	1
	'23	240													4	1	1		1		7
	'22	230										6				1	9			5	7
淑徳	'24	380					6	2	2	5		17	8	28	44	21	57	29	39	73	
	'23	450	1	1	1		5	2		1	5	26	16	32	58	13	62	23	60	47	56
	'22	400					1	1	4	3	6	16	22	25	47	24	58	26	54	56	
淑徳巣鴨	'24	420			1		5	1				13	9	27	9	15	51	20	70	59	
	'23	360				1	1	1		2	1	18	5	17	29	16	61	23	53	41	
	'22	420	1				1	2		1		14	7	25	25	8	38	29	43	45	
順天	'24	230	1				3	2				12	3	10	18	18	31	21	43	32	
	'23	250					3	3			3	22	9	19	20	4	32	15	40	26	
	'22	190					3	2			1	11	9	6	34	11	31	19	38	23	
松蔭大学附属松蔭	'24	—												3					2		
	'23	70										1			1	3	2	6	1		
	'22	70												2		2	1	2	2	
城西大学附属城西	'24	260					1							1		3	4	3	1	5	
	'23	250								1	1	1		1	2	5	2	2	2	2
	'22	350												1	1	3	1	2	1	
聖徳学園	'24	190					1	1				10	3	5	4	1	9	4	8	17	
	'23	140			1		1	1	1	1	2	5	1	3	14	9	12	6	16	16
	'22	200			1		2			1	1	5	5	3	17	12	20	14	12	18
ＳＤＨ昭和第一	'24	190																			1
	'23	290												1	1	3				9	6
	'22	350												7	3	6	2	2	6	
昭和第一学園	'24	550												7	3	3	6	2	14	14	
	'23	510												1	4	3	6			8
	'22	500												1		4	3	1	6	
昭和鉄道	'24	200																			
	'23	180																			
	'22	190																			
杉並学院	'24	270										1	1	4	9	3	5	13	3	11	
	'23	450									1	5	1	7	12	8	22	16	5	24
	'22	390					1	1	1			5	1	6	10	2	19	10	14	20
駿台学園	'24	160					1					1		1			1			3	
	'23	100										2		1	1	1	1				
	'22	140																		2	4
成蹊	'24	310	2	1					1	1		21	14	46	10	4	32	22	19	30	
	'23	320	3	2	1	1	3		1	1		21	28	42	13	7	49	20	36	26
	'22	320	3	1	2		2		1			41	24	31	13	7	34	24	44	31
成城学園	'24	270						3				9	11	14		4	11	4	13	21	
	'23	270								1		8	10	20	1	7	13	11	21	16
	'22	280							1			8	10	13		4	6	8	13	
正則	'24	170														2		1	5	4	
	'23	230												4			3	2	1	8
	'22	270										2		4		9	1	2	1	8

私 立																			その他の大学
東洋大	駒澤大	専修大	大東文化大	東海大	亜細亜大	帝京大	國學院大	国際基督教大	成蹊大	成城大	明治学院大	獨協大	神奈川大	芝浦工大	東京電機大	津田塾大	東京女子大	日本女子大	（この欄はすべて'24年春のもの）
3		1	1		2		1		5	5	5	2	2		1	12		2	工学院5,東京都市2,同志社1,立命館1,関東学院1
2	6			5					2	4				27			3	6	
0	3			2													2		
5			2	4	5	33		5	5	2	2		5	6	1	1			関東学院6,東京都市5,立正2,工学院1
9	10	6	1	5	4	24	2		2	2	3	1	2	43	13	1		
7	10	3	1	5		19	2		2		1	1	1	29	3			
4		3		6		1				1		1		2	3				立命館5,東京経済1
4	6	3	1	4					5		1	1	2	1				
5	4	3				1		1	2	1	2		1					
2	48	7	19	20	12	2	17		3	1	2	17	1		1			1	立正11,千葉工6,大妻4
45	5	3	10	4	3	5	3		3		6	1	3	21				
29	8	10	5	10	5	8	3			2	12	3	3	5				
9	103	24	34	33	10	2	22	17		19	18	18	19	27	22	3	13	13	武蔵14,東京都市14,工学院11,千葉工9,東京経済8,共立7,立命館4,同志社3,大妻3,白百合1
7	99	17	27	31	5	14	26	15	6	17	20	20	14	43	13	5	5	7
3	90	16	31	28	12	1	28	15	3	19	10	14	12	29	3		18	22
1	157	47	74	110	26	6	21	13		7	34	43	79	5	4	9	12	9	武蔵47,東京経済11,大妻11,千葉工10,共立9,白百合9,立正6,工学院5,立命館3,東京都市2
81	31	47	22	8	6	13	17	24	24	17	24	39	4	34	12	4	10	4
98	21	36	35		8	37	15	22	17	23	37	4	36	11	1	12	7	
2	86	14	28	45	6	6	7	10		16	27	14	28		6	14	4	3	千葉工117,武蔵21,立命館12,工学院6,東京都市5,共立5,大妻4,白百合4,東京経済3,立正2,同志社1,関東学院1,聖心1
68	17	12	6	14	7	10	9	1	9	7	9	29	3	32	18	2	10	
46	13	12	10	14	4	12	9		6	17	23	10	1	23	6	4	7	
2		1	1		3				1										大妻1
5		3		1	2	1	4		4	1	1	2		1				
5		6		7	1	5	4				2	2	1	4				
12	6	6	20	2	4	17		6	1	5	1		8	12				2	武蔵8,東京経済8,千葉工4,工学院3,大妻2,立正1,関東学院1
28	13	16	14	23	4	23	5	12	3	6		2	4	1			
10	12	9	12	4	6	22	2	7	1	5	18	2						
12	4	4		6	10	19	4		8	9	3		2	2	4	1	5		工学院5,東京経済4,立正3,武蔵2,東京都市1,白百合1
13	5	9	5	20	2	6	6		8	6	5	1	1	13	8	2	1	4
15	7	9	3	4	7	11	9		6	1	6			8		1	2	5
4	2	1		1		2	4	1			2							1	武蔵3,千葉工2,共立2,関東学院1
12	4	19	12	1	2	11	3		3		2	6	4		6			1
9	4	6	6	5	10	13	3		3	1	3	4		6	5			
16	11	23	9	8	11	77	2		2	11	4	1		1					東京経済14,関東学院11,武蔵3,東京都市3,工学院1
22	13	18	3	12	19	51	1		6		1	1	4	2	12		1	
14	6	20	4	4	16	53			6		6	2		1	6			
		2		1		5	2			1	1								武蔵3,立正2,関東学院1
2		1		1	1	4									1			
						1							1		1			
26	5	24	4	6	19	24	3		9	10	1	2	7	8	7		4	4	千葉工20,工学院9,武蔵8,東京経済6,共立4,白百合4,関東学院3,大妻3,立正2,東京都市1,聖心1
58	38	28	13	28	30	43	19		15	12	17	17	11	11	10	3	15	9
39	22	40	9	20	11	34			25	11	10	7	7	6			7	5
5	1	7	11	5		6					2	2							千葉工18,工学院1,立正1,共立1
6			2	4	1	6						3	1					
7		4	15	1	9	7						4	2					
20	9	4		15		3	2	6	92	2	12	9	3	6	1	1	2	7	武蔵7,工学院5,立命館4,大妻4,千葉工2,共立2,東京都市1,東京経済1
33		2		12		6	4	6	116	19	20	14		13	6	1	1	5
9		2	3	10		9	5	3	106	6		4		6	2			2
3	3			1		1	1		4	162	10		3	1					工学院2,武蔵1,関東学院1,共立1
2	2	2		1		2	1		3	153	2		1					
2		1		6			5		4	181	2							1
8	9	6	7	3	5	7	1		2	1	4	6	2	1					千葉工4,同志社2,立命館2,武蔵2,立正2,関東学院2,東京都市1
26	13	11	7	8	11	12	6		4		5	6	11		6			
20	14	11	3	12	11	16			5		4	6	11		5	1	3	

東京・私立

高校	年	卒業生概数	東京大◆	京都大◆	東工大◆	一橋大◆	千葉大	筑波大	東京外大◆	横浜国大	埼玉大	早稲田大	慶應大	上智大	東京理科大	学習院大	明治大	青山学院大	立教大	中央大	法政大
さ 聖パウロ学園	'24	70												1			1		1		
	'23	80												6							
	'22	80												4		1	1			2	
成立学園	'24	400				1	1					7	1	1	3	11	14	15	10	64	
	'23	320						1				4	2	1	3	16	13	11	16	30	
	'22	300									1	1	3	1	8	24	18	10	27	35	
青稜	'24	420			2		1		1	1	2	28	11	12	25	24	93	40	58	67	
	'23	270			1	3	1	1	1	3	2	35	12	23	32	10	77	48	44	45	
	'22	330	1		3		1		1	7	2	36	29	16	35	12	75	43	44	46	
専修大学附属	'24	390												1	5		3	6	2	6	5
	'23	460													2			5			1
	'22	430													2		1				1
創価	'24	330	2		1				1			8	9	1	10		11	4	6	10	
	'23	350	2					3	2	2	1	13	14	4	8	1	15	6	11	14	
	'22	340			1			2	4		3	9	5	2	10	1	10	5	4	13	
た 大成	'24	440										3		1	4	4	13	3	2	16	
	'23	400										3		1	1	2	1	7	10	9	
	'22	410													1	4	11	4	1	24	
大東学園	'24	280																			
	'23	260																		1	
	'22	210																		1	
大東文化大学第一	'24	280															3	2		1	3
	'23	350										2	1		3		5	1	6	3	1
	'22	350							1			3	1		2		6	5	1	2	
拓殖大学第一	'24	510			2		2		2			14	6	5	10	18	41	33	28	73	
	'23	380					1	2			1	26	2	3	18	15	43	25	29	63	1
	'22	430	1	1			1				2	16	6	9	14	19	57	25	26	45	
玉川学園	'24	200													11	2	1			4	
	'23	220						1		2		4	9	8	5	2	11	10	15	10	
	'22	220										10	6	12		4	4	13	15	10	
多摩大学附属聖ヶ丘	'24	90														4	2	2	2	4	13
	'23	110											1	5	2	5	4	5	7	6	4
	'22	100										4		1		4	2	7	6	4	13
多摩大学目黒	'24	230								1		6	6		1	1	19	12	15	15	15
	'23	240			1		1					17	3	8	9	7	34	15	15	19	19
	'22	330										3		2	11		22	11	9	17	17
中央学院大学中央	'24	200																			
	'23	190																		1	
	'22	140																			
中央大学	'24	170					3	2				2	1		7		4	1	2	156	
	'23	160				1				2		4	4	3	2	1	5	1	2	149	
	'22	180					1	1				14	1	6	3	1	1			159	
中央大学杉並	'24	310					1					6	1	7	5	1	7	4	4	288	
	'23	310			1		1		2			1	3	3	7	1	2	7	3	289	
	'22	350						1	2	1		1		9	8					328	
中央大学附属	'24	380						2				3					1		3	331	
	'23	380					1	1		2		3	10	16	4		6	1		321	2
	'22	390				2		1		2		9	7	16	2		6	1	1	334	3
帝京大学	'24	180	2		3				1		1	25	17	30	37	4	64	32	28	49	
	'23	180	2		3		2	1		1	3	46	33	43	48	11	76	39	36	59	
	'22	160			1	3	6	3	3	5	3	36	25	20	35	8	69	30	39	66	
帝京大学系属帝京	'24	320												6		2	1	1		1	5
	'23	350										3		4	4	5	1	6	6	4	5
	'22	290						1				1	5	5	4	4	5	6	4	5	

私　　　　立																			その他の大学
東洋大	駒澤大	専修大	大東文化大	東海大	亜細亜大	帝京大	國學院大	国際基督教大	成蹊大	成城大	明治学院大	獨協大	神奈川大	芝浦工大	東京電機大	津田塾大	東京女子大	日本女子大	（この欄はすべて'24年春のもの）
6	4		1			2	17			2									
1		1	6	2	1	2	18											1	東京経済2,武蔵1
2			1	2	2		16												
80	19	6	78	3		1	74		2	1	3			42	1	3	9	5	
73	26	10	23	4	3	5	47	5	1	1	8	1	2	3		1	1		千葉工649,大妻17,東京都市14,白百合10,武蔵8,共立4,工学院3,立正3,東京経済2,関東学院1,聖心1
94	14	9	9	4	6	5	39	6	4	8	13		1	2		1			東京経済3,関東学院1,聖心1
75	29	45	4	42	2	14	14		13	27	63	5	28	46	16	6	2	7	千葉工95,工学院35,東京都市33,立命館13,関東学院12,武蔵11,立正10,東京経済6,同志社5,共立5,大妻3,聖心3,白百合2
24	21	30	2	20	3	14	10		13	14	25		41	25	18		6	2	
57	17	20	4	33	7	17	25		10	21	27	7	33	32	12		4	5	
4	4	352	3				4		4		1	1	1						
8		398	1		3		3	1	1				1						聖心1
2		399	1				1						1						
6		1		1		4			1		2	2	1	8	2	2		8	東京都市3,工学院2,武蔵1,千葉工1,共立1
9			2	6		2					3	2		5	1				
5	3			4		1						1		1					
26	9	29	10	4	12	67			9	13	4		2	1	2	2	2		東京経済11,武蔵3,東京都市3,大妻3,同志社2,共立2,白百合2,立命館1,千葉工1,聖心1
39	14	24	6	24	26	74	11		10	4	1		3	4	4	1	1	3	
13	14	31	4	8	19	43	9		6	4			3	5	4	1	1	3	
3		2	2		1		9												
							5												
				1			1												
24	16	23	74	10			14	8	2	1	1	1			3				千葉工4,武蔵1,東京都市1,東京経済1,大妻1
29	10	15	116	1	8		12	6	3	9			4	2	1			4	
17	5	11	113	7	3		10	4		2			4	5					
132	29	49	19	22	26	46	24		51	27	13	17	4	22	35	14	16	14	東京経済33,工学院26,武蔵24,東京都市21,千葉工20,大妻9,立正8,聖心5,白百合5,立命館4,同志社3
66	34	69	14	15	35	68	14		23	20	11	24	9	4	18	36	3	6	6
105	34	77	19	16	49	63	30		48	26	21	9	6	16	18	17	6	29	11
2	1	2		4		6	2	1	1	2	2	6	2	3	4	1			同志社1
		4		6		9	3		4	3	2	10	3	2	1	1			
		5	1	14		9	7		3	3		2	2	1	1				
8	5	1	2	12	3	9	3		10	4			5	7	1	1	1	3	千葉工30,関東学院6,工学院4,武蔵3,立命館2,立正2,東京都市1,白百合1
14	2	13		7	2	15	6		6	5	1		10		3	1	2		
7	1	9	3	13	1	7	6		7	6	8		11	3			1	2	
15	11	13	2	14	3	7	4		10	12	12	1	8	10	4	3	4	3	千葉工34,関東学院11,工学院7,東京都市7,大妻7,武蔵3,東京経済3,共立3,立命館2,白百合2,立正1
22	16	25	3	25	4	33	11		15	26	6		31	14	9	6	6	7	
15	26	26	3	47		27	13		13	18	12	8	15	6		4	3	4	
2	1	2	1				5											1	立正1
1	1	1	3		1		1			1					1				
1					1		3												
	3	6	3				1			1		2			2	1			
			2									1	2			1			工学院6,東京都市3
4	1	7								1		1	2						
3					1				1					5		3	1		
	1	3		2						1				4	3				大妻6,東京都市1
		7											2	1					
			1							1				1					
	1	2	2	1							1								白百合1
4		1		1					2					18					
18	6	21	33	1		7	7	7	16	12	14		1	18	9	3	5	8	工学院23,東京都市9,千葉工9,立命館5,東京経済5,武蔵2,大妻1
20	14	16	2	14	9	9	7	1	12	9	24	2	3	16	8	5	16	11	
19	9	7	13	2	8	7	2	2	13	18	12	8	15	29	5	6	10	22	
15	6	9	13	16		80	2		1	1	1		1		3	3	6	8	立正3,立命館1,共立1,大妻1,聖心1,白百合1
31	7	4	9	16		79	1		1	1		1	5	7	9		1		
7	4	4	8	5		71	63		3	3			5	7		3	9	1	

東京・私立　高校　た

高校	年	卒業生概数	◆東京大	◆京都大	◆東工大	◆一橋大	千葉大	筑波大	◆東京外大	横浜国大	埼玉大	早稲田	慶應	上智	東京理科	学習院	明治	青山学院	立教	中央	法政
帝京八王子	'24	90																	2		
	'23	140																			
	'22	110																			3
貞静学園	'24	150										1		1			1		1		
	'23	130														1					
	'22	170												1							
東亜学園	'24	280										2	1	9		5	7	4	3	2	2
	'23	190										2			1	1	3		4		6
	'22	290										2		1	1	1	4				8
東海大学菅生	'24	390						1												2	5
	'23	400												2					1	1	5
	'22	410													1		4	4	4	5	5
東海大学付属高輪台	'24	510												1				2			
	'23	520												1							
	'22	450									1	1		1					2	1	
東京	'24	300						1				1	2	1	2	4	7		1	7	
	'23	310						1				1	1		1	2	7	4	1	4	
	'22	290			1							1			2	2	2	3	1	6	
東京音楽大学付属	'24	60										1					5		1	2	
	'23	80																			
	'22	90																			
東京実業	'24	210																			3
	'23	280																			
	'22	270															1				
東京成徳大学	'24	490						1				1	1	4	3	5	20	8	21	22	
	'23	420					2	3	1		1	7	3	7	11	7	17	6	42	11	
	'22	360					1	1			2	4	3	6	14	12	25	14	27	19	
東京電機大学	'24	250			1			1				8	3	4	5	10	19	8	6	31	
	'23	260			2							4	2	1	9	4	7	7	5	16	
	'22	260										3	4	3	10	4	13			20	
東京都市大学等々力	'24	280	2			1	1		6	6		53	31	46	80	29	136	71	81	80	
	'23	280				2	3	1	2	5	1	34	15	34	71	26	128	63	54	108	
	'22	220		1	1	2	2		2	4	5	33	27	38	61	34	68	46	59	91	
東京農業大学第一高等学校	'24	310	1		2	3	1	3	2	3	7	48	44	35	43	21	95	52	70	74	
	'23	330	3		1	2	2	1	2	3	1	52	29	21	37	7	120	31	54	72	
	'22	350	1			1	2	1	2	1	7	25	29	14	46	12	93	40	54	83	
東京立正	'24	100																1			2
	'23	160												3					1	1	
	'22	160																		1	2
東星学園	'24	30										3		6				1		1	
	'23	20												3				1			
	'22	30												3					1		
東邦音楽大学附属東邦	'24	—																1			
	'23	—																			
	'22	—																			
東洋	'24	400					7	2		1		14	2	5	17	19	45	19	25	26	
	'23	450					5	8			9	7		6	9	18	32	19	22	15	
	'22	300					2	3			3	5	1	5	11	12	20	14	7	15	
東洋大学京北	'24	260					3	1				6	2	4	9	14	26	11	24	26	
	'23	370					2		1	1	1	16	9	2	10	18	42	22	22	27	
	'22	320						2			2	13	5	10	9	11	29	14	13		
豊島学院	'24	390						1	1	1	1	1	1		3	3	11	5	6	4	
	'23	320						1		1	1	1	2		3	2	5	13	4	6	2
	'22	320			1			1	1	1	6	2	8	1	4	12	6	17	7	18	13

東洋大	駒澤大	専修大	大東文化大	東海大	亜細亜大	帝京大	國學院大	国際基督教大	成蹊大	成城大	明治学院大	獨協大	神奈川大	芝浦工大	東京電機大	津田塾大	東京女子大	日本女子大	その他の大学（この欄はすべて'24年春のもの）
	1					1	45		1		2					2	2		千葉工9,東京経済1
2				3		1	85	1								2	2		
1				4			42		2		2		2						
1	2			1	1	1	5					2	1		1				千葉工15,武蔵3,立正2,共立1,白百合1
11	4	4	4	2	1	1	5					3	1		4				
3	1	1	1	1	2	1	4						1						
19	9	2	33	21	9	21	1		4		1		1	1	1		2	1	東京経済9,武蔵6,関東学院5,立正4,東京都市3,聖心2,工学院1,千葉工1,大妻1
17	3	10	12	4	10	13	4		2	2	4		2	2	6	1	1	1	
18	16	24	4	5	21	23	5		17	4		2	8	2	6			3	
1	1		148		1	22			1		1				7				東京経済2,武蔵1,東京都市1
6	1	8	145	16	2				1		1		3		7		1	2	
6	1	7	2	136	9	27			2		1	1	4		7				
1		1	424			2					1			2	3				東京経済1,関東学院1
6			492				3				3		1						
	1		382			4							1						
6	7	12	8	17	4	23	1		1	3	4	7	11	1	1				関東学院17,千葉工9,立正4,東京経済2,武蔵1,東京都市1
8	6	24		16	2	18	1		1	9	9	2	27	4	2		1		
6	5	13	6	14	3	18			3	4	9	9	16						
2				1		1													
	1			2															
	1					5	1							1	1	1			千葉工6,立正1
	2					12							1	1		1			
					1	6							1						
84	31	36	84	7	8	49	9		20	7	16	39	3	4	15			4	東京都市33,千葉工18,武蔵15,立正11,大妻6,工学院5,東京経済5,関東学院5,白百合4,共立3,立命館2
71	21	33	48	24	11	33	10		7	6	10	29	2	11	13	3	6	7	
85	17	18	12	16	11	18	7		15	6	11	21	4	21	22	5			
13	5	14	12	7	6	4	2		16	3	4	6		23	79	2	6		千葉工27,東京都市16,東京経済10,工学院9,武蔵8,立命館6,共立2,大妻1,聖心1
26	4	5		16	6	18	4		7	4	9	5	5	17	75		6	4	
14	2	8		8	7	5	1		13	4	4		3	5	69			2	
45	36	31	11		5	14	17		19	12	50	16	29	38	10	6	6	2	東京都市68,千葉工20,工学院16,関東学院11,立命館7,立正3,武蔵2,聖心2,同志社1,東京経済1,大妻1
21	29	30	38		4	11	31	2	19	7	52	4	22	44	7	5	4	22	
46	22	43	16		2	8	24	1	11	19	19	4	21	36		6	4	11	
37	20	14		17	5	7	18		26	31	29		8	24	11		6	11	7	千葉工21,工学院20,武蔵16,立命館13,東京都市11,大妻6,聖心4,同志社3,白百合3,立正1,関東学院1,共立1
60	20	32	1	27	5	20	12	1	28	21	33	2	22	65	19	4	7	5	
64	18	36		2	35	2	13	14	16	24	30	4	21	42	12		6	3	
	8		3	4	2	5	11		1				1	1		1			関東学院4,東京経済2,武蔵1
4	2	9	7	2	6	5	13		6	5	2	1	2		4	1			
	3						2	1											
			1				3												
101	31	48	34	21	9	18	18		17	20	29	19	3	11	5	1	12	10	千葉工116,武蔵27,大妻16,共立13,東京都市11,立正10,工学院8,東京経済5,関東学院5,白百合5,同志社1,立命館1,聖心1
127	47	42	17	31	6	41	22	1	24	21	35	23	35	26	23	6	1	12	
68	12	35	8	10	6	23	9		20	11	20	13	12	8	6	5		5	
110	13	14	20	6	4	10	5		12	18	18	4	4	10	7	4	13	5	武蔵16,立正9,千葉工8,東京都市7,共立7,関東学院4,立命館3,工学院3,大妻3,同志社2,白百合2
172	12	31	7	8	6	15	19		14	9	35	16	5	8	18	4	7	11	
182	12	27	6	19	15	15	8		14	9	37	13	7	4	15	11		6	
61	27	15	66	17	12	35	10		13	3	9	25	4	4	6	5	7	4	千葉工112,立正17,共立9,東京経済7,立命館3,大妻3,東京都市2,白百合1
51	21	29	17	9	12	35	8		13	5	25	24	5	6	17	2	2		
40	20	20	35	9	17	35	10		13	6	26	18	4	8	14	21		1	

東京・私立

高校	年	卒業生概数	東京大	京都大	東工大	一橋大	千葉大	筑波大	東京外大	横浜国大	埼玉大	早稲田大	慶應大	上智大	東京理科大	学習院大	明治大	青山学院大	立教大	中央大
な 二松学舎大学附属	'24	260														1	2	2	7	1
	'23	200														1	2	3	2	2
	'22	230												1			8	3	3	4
日本工業大学駒場	'24	290									1	12	3		7	2	9	14	9	8
	'23	270			1							7		1	3	1	11	4	6	7
	'22	460									1	8	4		7	1	8	6	7	17
日本体育大学荏原	'24	270																		
	'23	370															1		2	
	'22	320										1					1			
新渡戸文化	'24	70																		
	'23	50																	1	
	'22	50																		
日本大学櫻丘	'24	530						1				3		2	1	1	14	11	15	19
	'23	480						2				1	3	4	1	9	9	8	7	19
	'22	490										2	1	2	3	4	3	2	3	7
日本大学第一	'24	330			1	1							4	2	7	3	4		2	7
	'23	340										2	2	2	7	7	7	3	3	10
	'22	350												1	7	6	2	1	1	5
日本大学第二	'24	430	1						1			10	3	7	6	9	22	11	8	41
	'23	400				1					2	12	7	13	23	11	19	13	15	31
	'22	410		1		1	1	1				11	2	9	19	14	33	15	19	41
日本大学第三	'24	360							2			9	2	6		2	21	18	12	23
	'23	370	1			1		1				5	6	8	7	6	15	15	9	23
	'22	370						1			1	10	4	3	6	10	34	15	7	28
日本大学鶴ヶ丘	'24	450										4				2	14	3	7	8
	'23	420						1	1	1	1	10	4	3	9	12	19	12	10	10
	'22	420						2			2	4	1	6	11	8	14	8	12	18
は 八王子学園八王子	'24	430			2	2	2					13	12	4	20	10	43	28	18	35
	'23	480				1			2	2	1	17	10	8	16	7	35	29	17	38
	'22	500	1					2		2	2	20	7	7	12	11	45	31	27	60
八王子実践	'24	530										1			4	2	7	4	3	12
	'23	630						1	1			1		2	5	3	6	4	6	6
	'22	460												1		3	6	4	6	
羽田国際	'24		旧・蒲田女子高等学校。羽田国際高等学校としての実績はまだない。																	
	'23																			
	'22																			
広尾学園	'24	260	9	5	7	7	7		2	2	2	112	81	108	98	15	146	47	77	66
	'23	270	9	5	3	6	4		7	4	4	119	86	96	85	7	93	38	50	36
	'22	280	5	3	3	6	5		7	4	8	93	72	97	77	10	100	58	67	72
広尾学園小石川	'24	130						1				5	5	4	4	2	15	12	8	16
	'23	60										1					1			
	'22	60											2			1	6	2	6	3
文化学園大学杉並	'24	270										3	1	11	1		7	4	15	22
	'23	250						1			1	7	2	12		4	5	11	19	17
	'22	380										3	2	3		4	12	4	9	8
文教大学付属	'24	280	1							1		4			9	2	3	27	15	22
	'23	240										2	1			3	5	9	11	3
	'22	260					2			1		7			6	1	5	15	8	4
法政大学	'24	240										2	3	6	2		1	1	1	3
	'23	230										6	5	7	1	1	7		3	2
	'22	230										1	1	1	1		6	2		1
宝仙学園	'24	240	2				1	5	1	1	1	17	11	7	29	9	63	32	44	28
	'23	250		1	1	1			1		2	16	8	27	20	9	40	14	34	22
	'22	230			1	1		3	1		1	20	8	13	16	10	40	18	35	55

	私							立											その他の大学
東洋大	駒澤大	専修大	大東文化大	東海大	亜細亜大	帝京大	國學院大	国際基督教大	成蹊大	成城大	明治学院大	獨協大	神奈川大	芝浦工大	東京電機大	津田塾大	東京女子大	日本女子大	（この欄はすべて'24年春のもの）
3	4	9	2	19	10	1	14	1			6	4	14	3			2	1	2	立正6,共立4,東京経済3,大妻3,
2	11	11	5	4	4	3	8	7		5	1	4	6	3		3			2	武蔵2,立命館1,工学院1,東京都市1,千葉工1,関東学院1,白百合1
7	10	12	14	6	3	10	13	9		2	2	4	4	2	1	4			1	
	11	8	21	3	22	4	27	3		3	4	6	2	4	2	6	5			千葉工31,関東学院15,立正6,工学院4,東京経済3,武蔵2,白百合2
	9	2	4	9	18	7	14	4		3	2	3	2	2	1	13	6	7		東京都市3,東京経済3,武蔵
	23	15	15	9	47	38	15	1		3	10	3	9	2	2	18	7	21	2	蔵2,白百合2
	8	7	3		8	1	4	2			1		2						1	立正4,立命館2,関東学院2,聖心1
	5	3	7	1	4	8	9	3			1	5	4		2			2		
	4	7	7			4	3	1			6		4					2		
													1		1					
	18	11	1		9	3	4	4		17	9	10		1	5	3	5		2	千葉工15,工学院10,東京都市8,立命館5,武蔵3,共立2,白百合2,同志社1,東京経済1,関東学院1
	21	6	9	5	11	4	4	9		12	2	13		1	4	2	1	4		
	11	3		2	4	1	6	3		8	2	2		1	2	2		1		
	7		5	4	1	1		1		4	4	5	3	2	3	3				武蔵3,東京都市1,聖心1
	16	1	2	4	1		2	13		2	5	6	4		3	5	3			
	3	1	5			2				4	3	4			5	6			2	
	23	6	9	15	7	5	9	5		8	8	8	9	2	6	2	5		3	東京都市15,武蔵14,千葉工8,共立5,大妻5,工学院4,東京経済3,立命館2,立正2,聖心2,白百合1
	26	8	18		5	5	14	15	2	19	9	19	7	1	11	4	6	8		
	16	7	8	10	6	4	30	6	1	20	10	7	2	2	15	9	4		4	
	16	6	14	6	7	3	6	7		9	8	6		3	3	1				大妻9,工学院8,武蔵6,東京都市3,立命館2,千葉工2,同志社1,白百合1
	14	2	13		28		2	15		5	10	9		16	1	1	3		2	
	14	5	13		31	2	12	6		11	6		5	18		1	2			
	9	1	2		2		3	2		6	7	1	4	1	1	3		1		武蔵5,同志社2,白百合2,聖心1
	13	5					2	2		1	6	11	6	1	1	2	1	12		
	11	3	8		6			6		7	10		7		4		3			
	15	35	3	31	13	34	6		12	8	21	1	12	2	4	6	7		7	武蔵9,東京都市9,立命館7,工学院7,同志社4,東京経済4,立正3,
	12	31	4	30	9	23	19		19	19	31	3	9	9	10	14	14		2	
	12	40	2	29	10	32	18		31	20	15	8	10	25	11	17	19		6	
	12	14	10	27	6	83	11		6	3	8	3	2	3	5		1		2	東京経済10,工学院6,武蔵5,東京都市5,関東学院3,立正2,千葉工1,大妻1
	13	67	11	31	23	86	12		7	5	6	6	23	3	5					
	12	37	4	17	10	52			10	4	5	8	15	1						
	1	2		2		5	4	4	7	7	9		2	10	21	1	5			東京都市12,工学院8,立命館6,武蔵4,同志社3
	10	7		12	2	5	1	15	10	6	10	2	2	35	8		5	6		
	14	13	2	10		8		14	16	19	19	5		50	11	4	6			
	1	13		1	1	3	1		4	6	8		1		3	4				千葉工12,武蔵4,工学院4,大妻4,聖心1
	1	1	3			2	1			2	1							2		
	1	5	6		1	1				2	1	3								
	5	17	4	2	4	11	4		3	3			1	3	1	1	1			東京経済8,武蔵7,東京都市5,大妻5,千葉工2,工学院1,共立1
	13	16	2	16	13	8	2		4	4	3	6		4	2		5			
	7	16	11	6	22	31	3		4	3	11		4	2	2	1	9			
	19	36	2	15	4	9	9		10	5	24	7	11	3	6	1	1			関東学院18,東京都市17,千葉工13,武蔵5,東京経済5,白百合5,立正4,大妻3,共立2,工学院1
	30	22	4	14	2	16	8		7	3	17	15	39	11	5		4			
	15	51	6	4	2	20	1		7	3	19	15	33	6		2	15			
	1								1				1							武蔵1
															5					
	11	25	6	28	12	11	6		21	30	33	5	5	15	7	1	4		5	工学院38,武蔵22,千葉工21,東京都市13,共立5,大妻5,立正4,東京経済4,聖心2,白百合2,同志社1
	18	21	2	11	7	17	11		2	15	10	17	13	5	13	16	4	8		
	9	19	7	16	13	7	4		30	13	25	10	3	43	21	2	15	10		

合格状況

東京・私立 高校	年	卒業生概数	◆東京大	◆京都大	◆東工大	◆一橋大	千葉大	筑波大	◆東京外大	横浜国大	埼玉大	早稲田	慶應	上智	東京理科	学習院	明治	青山学院	立教	中央
は 豊南	'24	310										3		1	1	1	1	4	7	
	'23	310											1	2		3	2			5
	'22	250									1			1		2	4		3	2
朋優学院	'24	440	2		3	2	4	4	2	2	7	58	20	45	31	24	131	79	98	110
	'23	340	1			1	4	3	1	2	2	51	10	57	52	24	125	77	79	73
	'22	530	1	1		1	3	3		2	2	42	16	34	73	16	105	40	119	112
堀越	'24	310																		
	'23	400												1			1	2		
	'22	390												1						
ま 三田国際学園	'24	180	2		1	1	1		4		2	26	18	21	13	3	35	25	43	20
	'23	160		1							1	24	19	32	14	7	36	24	34	19
	'22	260							2	2	1	16	15	12	1	5	11	10	23	19
明星学園	'24	250										5	4	1	2	1	9	6	3	9
	'23	240						2				2	1	2	3	4	6	5	4	5
	'22	210										1		1	2		1	5	4	4
武蔵野	'24	230							1											
	'23	270															1			
	'22	190															1			
武蔵野大学	'24	210								1		1	4	6	3	2	3		2	7
	'23	430										6	1	9	2	3	5	3	7	12
	'22	220										1	1	4		2	3	3	4	5
武蔵野大学附属千代田	'24	160													1		2	2		
	'23	260											2	5	1		2	2	2	2
	'22	110											2	5			2	2	2	
明治学院	'24	300							1			12	1	16	9	6	30	14	38	25
	'23	300										9	8	11	5	8	34	30	32	24
	'22	310										5	11	12	6	9	25	34	26	25
明治学院東村山	'24	250										3	2	3	1	3	7	6	27	18
	'23	260				1						5	3	2	3	10	2	8	13	18
	'22	250						1	1		1	4	2	1	3	12	9	7	16	16
明治大学付属八王子	'24	310							1	1				1			287			
	'23	320										3			2		284		1	
	'22	310	1						1				2		1		281			
明治大学付属明治	'24	250										7	6	8	3		233		1	
	'23	280				1		2				4	23	3	20		265			3
	'22	260				1	1		2			7	12	12	13		241			
明星	'24	450										7	4	9	10	4	17	15	24	17
	'23	370					2	1		1		17	4	7	11	7	16	5	15	40
	'22	480						1		3	1	5	3	11	7	10	17	16	15	42
明法	'24	160										2				3	2	2	4	7
	'23	130			1			1		1			1	1	6	4	10	1	3	7
	'22	260					1	1	1			4	3	1	4	17	5	16	12	
目黒学院	'24	180									1	2		1			4			5
	'23	270									1	3	3	3	4	4	11	2	9	6
	'22	340			1							4	6	5	5	4	14	5	6	12
目黒日本大学	'24	340										4	1	2	1	4	12	8	9	14
	'23	300										3	4	2	1	3	13	2	13	17
	'22	330							1			1	2	5		3	14	2	14	11
目白研心	'24	250										4	3	1		2	7	10	12	13
	'23	280					1						4		3	4	10	5	8	5
	'22	220										3				1		4	5	5

東洋大	駒澤大	専修大	大東文化大	東海大	亜細亜大	帝京大	國學院大	国際基督教大	成蹊大	成城大	明治学院大	獨協大	神奈川大	芝浦工大	東京電機大	津田塾大	東京女子大	日本女子大	その他の大学 （この欄はすべて'24年春のもの）
2	16	7	11	11	1			23	3		2			2			1		武蔵3,工学院3,東京経済3,千葉工2,大妻2,東京都市1,立正1,関東学院
9	2	9	13	11		6	25	19	4		1	5	2	13	3		2	7	
14	9	7	7	5	6	10	19	4	6			3	3	2		1		3	
159	32	50	6	31	7	4	42		41	52	76	35	43	26	22	11	30	36	千葉工152,東京都市62,工学院33,武蔵25,大妻20,共立10,立命館6,同志社4,東京経済4,関東学院3,立正2,白百合1
81	26	30	7	13	3	10	32		25	17	29	41	25	53	16	9	16	19	
225	36	79	12	56	4	26	52		50	48	65	69	58	55	24	11	36	39	
2		1		1		14													立命館4
1	1	1	2	1		8	16			3	2	4							
			1			10	13					4	4						
15	6	7		2	6	5	4		3	9	5	1	6	6		2		5	東京都市12,千葉工6,工学院4,関東学院4,武蔵3,同志社2,立正2,聖心1
43	20	14	1	14	1	3	6	6	5	9	14	21	2	8	17	13		1	
6	8	16	4	20	5	7	6	6	9	8	6	10	1	4			3	3	
19	1	5	7	9	5	15	7		1	4	3	6	1				2		武蔵16,工学院3,東京経済3,同志社2,立命館2,東京都市1,大妻1,聖心1
8	4		8	5	5	2	2	2	3	3	3	4			2	1		4	
11	8	2	9	8	5	5	7	2	3	7	10	3				1		1	
7	3	2	14	11	3	17								5					千葉工53,武蔵3,立正3,東京経済3,関東学院2,共立1
8	8	8	20	2	2						11								
18	2	8	5	12	2	22	33				7								
4	13	6	1	4	4	5		1		3	3	1				1	6		千葉工8,東京経済7,大妻7,武蔵5,工学院2,共立2
14	9	13	6	9	4	13		1	10	4	18				5	2	7	6	
13	4	1		6	2	2		1	3	4	1				2		7	6	
1	8	3	8	3					1	2							1		立正3,千葉工3,大妻3,白百合2,東京都市1,関東学院1,共立1
9	3	6	2	2		7		4	2	2		2	4				1		
2		1	2	2		3		1	2	2							1		
21	6	10	2	13	2	5	6		2	13	138	8	1	4			3		工学院14,武蔵8,千葉工6,東京都市5,立命館3,同志社2,白百合2,立正1,共立1
18	9	9	5	16	1	3	5		13	9	145	4		4	2				
10	15	6	1	14		4	5		9	14	130	12		4	17	12			
25	3	5	2	2	5	10	4		9	5	139	3		2	1	1	1		大妻4,立命館3,工学院3,東京経済3,千葉工1,共立1
18	5	4	2	3		9			6	9	135			1	10				
32	4	2		3		5			9	7	124	1		1		1			
	5	1	4		1	1					2			1	1				
5			1	3	1						1	2							
					1	3													
			1					1	1						1				立命館2
22	9	13	9	11	16	32	2		9	7	3	1		6	5	5	5	2	東京都市18,武蔵10,工学院10,東京経済8,共立7,白百合4,立正3
37	22	30	5	11	12	33	7		10	3	5	3	4	7	26	8	4		
32	21	59	8	36	20	44	13	2	20	6	8	6	5	12	8	1	7		
13	1	5	6		3	28			4	2	1			1	11	2	3		千葉工19,東京経済11,立正5,武蔵3,工学院1
18	7	4	4	11	12	19	6		4	3	2		1	6	1			6	
34	5	21	11	5	12	31	6		10	4	10	2	7	3					
7	2	5		12	4	7	2		1	3	4		7		1		3		東京都市4,武蔵3,立正3,同志社2,関東学院1
20	15	19	8	50	8	20	4		7	8	9	4	10	6	2	2	6		
33	15	9	14	25	3	32			3	8	11	4	11						
1	3	8	2	11	2	10	3		5	5	20		3		1		3		関東学院9,聖心3,工学院2,大妻2,立命館1,立正1
11		1	3		3	5				5	7	2				1	1	3	
6	4		3		3	8				6	9	4						3	
50	13	13	7	11	14	24	4		7	12	3	6		1	1		3		武蔵12,立正10,東京経済8,大妻8,共立4,白百合3,立命館2,工学院2,千葉工2,同志社1,東京都市1,聖心1
48	12	40	34	16	19	30	9		14	5	8	11	1	7	3	3	3		
28	6	16	13	13	17	23	6		10	3	10	3	4				1		

私　立

東京・私立 高校	大学 年	卒業生概数	◆東京大	◆京都大	◆東工大	◆一橋大	千葉大	筑波大	◆東京外大	横浜国立大	埼玉大	早稲田大	慶應大	上智大	東京理科大	学習院大	明治大	青山学院大	立教大	中央大
や 八雲学園	'24	110										1				1	3	1	2	1
	'23	90									1	1	1	1	2	3	4	2	2	1
	'22	80														3	2	4	2	
安田学園	'24	510	2	1		1	6	3	1	1	1	26	19	6	54	32	64	34	52	35
	'23	380	1		2	1	10	4	2	3	1	37	15	45	46	31	61	21	28	28
	'22	340	3		1	3	9		1	1	1	29	13	31	49	28	41	22	26	45
ら 立志舎	'24	240												1						
	'23	210													1					
	'22	170															3			1
立正大学付属立正	'24	300									1	5	1	1	5	2	13		9	6
	'23	310			1							2	1	2	5	7	1	2	9	4
	'22	330		1		1						5	5			3	16	4	12	5
わ 和光	'24	230										4		1	1	1	3		1	4
	'23	240											2		4		4	1	4	7
	'22	250										1		2	2			1	1	1
早稲田大学系属早稲田実業学校	'24	380						1				376	2		5			3		
	'23	390	2		1						1	375	4		2					
	'22	420	2							1		411	5	4						

	東洋大	駒澤大	専修大	大東文化大	東海大	亜細亜大	帝京大	國學院大	国際基督教大	成蹊大	成城大	明治学院大	獨協大	神奈川大	芝浦工大	東京電機大	津田塾大	東京女子大	日本女子大	その他の大学（この欄はすべて'24年春のもの）
	2	2	5	10	1		4	2		2		3	4	2				2		東京都市2,大妻2,関東学院1,聖心1
	1	3	5	4			7			5	1	4	4	2	6	4	1	1	3	6	
	2				2							1								2	
		133	35	60	13	43	9	29	24		9	17	26	45	9	22	38	3	6	4	千葉工370,立正26,東京都市24,武蔵20,東京経済11,大妻4,白百合4,工学院2,共立2,立命館1,聖心1
	2	81	22	47	24	13	22	25	26		7	10	16	40	6	9	44	18	1	3	
	6	83	38	45	16	21	13	31	27	3	1	15	19	18	38	9	28	18	4	3	12
	3				2	2		1						1							関東学院4
	1	6		1	1								5				1				
	1	31	5	9		20		8	2		2	1	9		8	7	5				立正90,関東学院18,武蔵5,東京都市4,同志社1,共立1
	1	17	5	34	1	10	3	1	5	1	8	3	11		30	7	4				
	0	20	14	27		4	3	29	6		6	2	12	5	22	1	5				
	4	1	5					5	5		1										関東学院3
	6		6	3		4		2	3						3						
	2	2	2	4	2	16	1	3			2	1	1	2	3	1	1	1			
	2				2																
					1																
	1				1																

神奈川・私立　女子校

高校	年	卒業生概数	東京大	京都大	東工大	一橋大	千葉大	筑波大	東京外大	横浜国大	埼玉大	早稲田大	慶應大	上智大	東京理科大	学習院大	明治大	青山学院大	立教大	中央大	法政大
あ 英理女子学院	'24	180															1	2			
	'23	170										1				2	2	4	3	1	
	'22	170														1	2	2	1	3	1
か 神奈川学園	'24	170										4	3	5	6	7	18	8	34	8	2
	'23	170										2	2	8	4	7	6	9	16	9	
	'22	170										2	3	4	2	17	8	14	21	17	
鎌倉女学院	'24	150				1	1	1		2	1	35	14	47	20	14	53	32	72	27	
	'23	150		1			2	2		2	3	36	17	33	9	16	43	20	40	18	
	'22	160			1		1			3	2	24	16	23	6	13	44	17	52	15	
鎌倉女子大学	'24	90																1			1
	'23	100												1			1		1	1	
	'22	100																	1	2	3
カリタス女子	'24	160	1			1	1					17	5	14	3	4	17	13	15	18	
	'23	170		1	1				1		1	23	15	27	7	3	29	13	19	18	
	'22	170			1		1			3	2	16	16	23	8	10	21	17	26	13	
函嶺白百合学園	'24	30												3							1
	'23	30											1	5							
	'22	30															1				
北鎌倉女子学園	'24	110										2				2		5	1		
	'23	110										7		3		2	3	3	4	3	
	'22	120						1						3		1	2	4	2	1	
さ 相模女子大学	'24	340						1				3	1	5			1	2	7	4	
	'23	290								1		1		1			1	2	3	4	
	'22	290										1					3	4	1	3	7
湘南白百合学園	'24	160										13	20	30	10	4	14	15	19	13	
	'23	170		1	1			3	1		3	18	27	23	7	9	18	25	41	25	
	'22	160		2	1	1		1		1	1	28	27	15	14	13	43	23	32	30	
聖セシリア女子	'24	80													4		3	1		1	3
	'23	80										3	1	6			4	6			
	'22	100									1			2	6	1	2	4	9	7	2
清泉女学院	'24	160	2							1		11	8	34	2	5	12	3	27	7	
	'23	170						1		1	1	7	10	24		11	17	13	16	14	
	'22	160	3							1		14	13	24	3	2	20	17	22	8	
聖和学院	'24	20																			
	'23	20								1		3		2		2		1	3		1
	'22	30										3		1			3	1	2		1
洗足学園	'24	230	15	2	6	2		1	2	7		95	76	77	83	13	137	74	96	44	
	'23	240	22	1	2	2	5	3	1	6	9	127	104	108	60	8	156	65	79	52	
	'22	230	20	2	2	3	6		2	4	3	119	112	74	55	15	144	54	81	59	
捜真女学校	'24	120																			
	'23	150			1										4	1	8	8	2	4	
	'22	170										1		3		1	3	8	2	4	
な 日本女子大学附属	'24	370										7	5	9	6		8	3	7	15	
	'23	370								1	1	14	19	25	4	2	13	12	17	20	
	'22	380			1					1		21	14	12	11	8	10	12	18	12	
は 白鵬女子	'24	320												1		2					
	'23	360																2	2	4	1
	'22	360						1				1	1	1			1				
フェリス女学院	'24	170					4	1		7		79	40	52	61	7	91	38	43	23	
	'23	170	9	4	4	1		3	1	7	2	77	49	57	41	11	60	45	50	27	
	'22	180	10	4	1	4	6		3	2	1	81	69	37	57	17	91	44	71	27	

			私							立										その他の大学
東洋大	駒澤大	専修大	大東文化大	東海大	亜細亜大	帝京大	國學院大	国際基督教大	成蹊大	成城大	明治学院大	獨協大	神奈川大	芝浦工大	東京電機大	津田塾大	東京女子大	日本女子大		（この欄はすべて'24年春のもの）
3	1	3		6	2	1	1				2		3	2					1	東京都市6,関東学院4,立正3,工学院2,白百合2,武蔵1,大妻1,聖心1
7	5	1	3	3	1		1			2	8	4	18			2				
5	2			1	1						7		11	1						
6	7	7	27	11	1	12	6		3	2	32		18		5	2	7	12		関東学院16,共立13,東京都市7,大妻5,白百合3,立正1,聖心1
27	11	11	11	11	2	16	8	1	2	7	18	3	24			7	7	8		
8	2	11	11	11		11	5		3	7	11		20		2		11	13		
2	29	7	5	14	1	1	4		4	5	49		11	5	6	11	11	19		東京都市22,共立6,立正5,関東学院4,立命館2,工学院2,大妻2,同志社1,武蔵1,千葉工1
13	6	8	22	22				3	1	14	28	3	6	9	4	10	17	13		
22	10	23	16	1	3	12	1	13	14	50		18	9		15	15	22			
1	3		2	2						1	9		3							関東学院9
4	3	1		4		1	1			1	1		4						1	
3	2	1		2	1	3				4	2		5				1			
0	6	4	9	2	9		3		2	11	13	6	4					5	6	白百合14,共立10,大妻9,東京都市8,関東学院8,立正6,聖心6,千葉工2
23	10	9	1	21	3	7	1	1		7	19		11	9		4	5	9		
16	6	2	5	6	1	4	3	3	3	9	12	6				9	21	13		葉工2
1				1												2				白百合3
				1	1					1						1				
		2		1	1						1									
5	3	1		3		1					3		2						4	共立1
6				10			1	1	2	2	4		4		1	2	2		2	
2		2		1		1	1		2	3			2	1	2		1			
2	4	8	6	18		5	2		4	3	1		2				2	2		関東学院6,共立3,工学院2,東京都市2,聖心2,武蔵1,大妻1
4	6	2	5	8	4	7	4		7	6	3		9	2			2	5	12	
2	6	2	4	11		7			4	6	3		11			3			6	
4	11	4	15	19		5			1	6	12		6	5		5		20		白百合12,立命館8,関東学院5,大妻5,東京都市4,同志社3,聖心3,武蔵2,工学院1,立正1
8	4	7	3	14			1		6	15	23	1	11	9		10	4	10		
7	4	10	8	7		6	6	1	6	13	24		15	9		5		19		武蔵2,工学院1,立正1
7			4	2		3			1		2	1	1	1	1	1	1	1		大妻3,武蔵2,関東学院2,共立2
1		5		6						2	2	1	2	2	2	2	2	1		
1	1	1	4	4	2	4			1	2	2	1	3	2	1	5	5	3		
2	17	4	7	4		2	8		1	12	18	2	1	1		3	9	10		東京都市12,関東学院7,大妻6,工学院4,共立4,聖心3,白百合3,立正2,東京経済2
5	11	2	5	12		2	5		2	9	20		14	4		8	8	20		
0	17	6	3	16		3			1	8	25		6	4			5			正2,東京経済2
			2	1						1			3					2		関東学院9
1	1			4		1					1		3					1		
2		1		1		1					1		2							
5	29	20	20	8	1	4	5		15	34	47	1	8	9		10	13	17		東京都市29,大妻9,工学院4,立命館3,共立3,聖心2,白百合2,武蔵1
9	12	9	17	8	1	2	2	7	4	23	23		3	45		12	14	13		
7	11	10	1	15			3		5	14	27		10	15	3	14	37	25		
1	1	2		11		3	2	1		1	1	2	2		4		2	9		千葉工24,東京都市6,聖心3,関東学院1
	1			5						2	9	2				2	3	4		
7	3	4								4	11					3				学院1
8	2			7		1				3	2			1		4	283			東京都市3
6	1	3	4	1		4	2	1		3	2		1	1		3	285			
3		4		1		3				2						2	291			
8		6	1	1		4					3	3	3							関東学院4,東京都市1,立正1,共立1
9	7	7	7	3	2	1	2	3		3	3	3	4			1				
3		4		4		4				3	1		4							
8	14	4	5	6		2	4		3	5	24		8	14	1	5	2	10		東京都市41,共立14,工学院9,同志社3,立命館3,大妻1
5	12	3	6	13		5	6			13	37		9	13	6		15	15		
2	13	5	10							3	12		8	4	4	17	23	23		志社3,立命館3,大妻1

合格状況

神奈川・私立 高校	年	卒業生概数	東京大◆	京都大◆	東工大◆	一橋大◆	千葉大	筑波大	東京外大◆	横浜国大	埼玉大	早稲田大	慶應大	上智大	東京理科大	学習院大	明治大	青山学院大	立教大	中央大
			国立									私立								
ま 聖園女学院	'24	60												3		3	3	3	2	1
	'23	100	1								1		2	10	1	1	8	9	5	4
	'22	80										1	3	5		2	3	4	9	
緑ヶ丘女子	'24	90																		
	'23	100																		
	'22	80													1					
や 横浜共立学園	'24	170	1		2	1						29	16	20	18	19	50	43	45	23
	'23	180	2		1	1		1	2	2		51	35	23	20	15	70	39	55	25
	'22	180		1		1	1	2	1	2	3	41	30	33	24	11	72	37	72	22
横浜女学院	'24	100										1		2		2		5	5	3
	'23	100							1	1			3	2	2	1	3	2	4	4
	'22	90											1	2		1	2	5	6	5
横浜雙葉	'24	170	2		1	2			2			15	17	34	17	6	39	18	26	17
	'23	180	2			2		3	2	1	5	36	27	37	28	9	41	35	40	26
	'22	180	4			5	1		2	1	2	41	45	20	16	9	42	29	41	23

男子校

高校	年	卒業生概数	東京大	京都大	東工大	一橋大	千葉大	筑波大	東京外大	横浜国大	埼玉大	早稲田大	慶應大	上智大	東京理科大	学習院大	明治大	青山学院大	立教大	中央大
あ 浅野	'24	250	45	7	13	11	3	3		8		127	133	17	93	3	87	31	24	54
	'23	260	43	7	9	10	1	3		22		123	135	33	109	5	87	32	19	33
	'22	260	36	4	24	12	1	4	3	13		97	134	26	100	5	78	26	14	28
栄光学園	'24	180	47	7	6	7	2	2	1	2		86	71	22	38	3	26	10	15	19
	'23	180	46	6	14	9	5	1		6		93	80	35	51		40	12	14	24
	'22	170	58	9	14	8	1	5		6	1	100	97	36	54	2	53	5	17	22
か 鎌倉学園	'24	280			1	6	2	1	5	13		70	27	18	53	18	157	41	51	88
	'23	330			2		5	6	3	9	1	49	28	34	45	20	120	48	44	83
	'22	380			1	2	5	5		11		54	29	18	41	15	142	43	33	80
慶應義塾	'24	680										2	1	1			5	2	3	
	'23	720										2	714		1	1	1			
	'22	710						1	1			1	700	1			1			
さ サレジオ学院	'24	180	11	5	7	8	1			5		76	50	41	62	9	124	24	41	26
	'23	180	8	3	8	6	1	2	1	8		60	60	43	65	7	90	22	48	34
	'22	180	8	5	6	15	1	1	1	15		82	86	44	71	3	112	34	52	33
逗子開成	'24	260	4	6	4	8	2	2	1	7		78	42	39	72	13	116	39	43	65
	'23	270	7	5	7	6	5	4		21		84	62	58	105	6	155	35	48	69
	'22	260	9	3	2	7	3	2	2	14		62	48	30	96	13	96	26	41	49
聖光学院	'24	220	97	5	2	5	4	3		3		185	148	14	44	2	36	6	4	12
	'23	230	78	6	6	4	2	3		8		175	127	54	62	1	60	9	18	23
	'22	230	91	6	6	6	4	2		11		172	131	20	70	2	44	3	13	11
た 藤嶺学園藤沢	'24	130												1	2	3	1	3	1	6
	'23	170						1				9	3			4	2	6	4	9
	'22	180														5	2	6	3	11
は 藤沢翔陵	'24	200															1			1
	'23	190										1	2				4	2		3
	'22	250												1		1	1	2		4
武相	'24	230													1		3	2	1	5
	'23	250										1	1		1	2	3	3	1	2
	'22	300										2		1		1	1			7

	私											立							その他の大学
東洋大	駒澤大	専修大	大東文化大	東海大	亜細亜大	帝京大	國學院大	国際基督教大	成蹊大	成城大	明治学院大	獨協大	神奈川大	芝浦工大	東京電機大	津田塾大	東京女子大	日本女子大	（この欄はすべて'24年春のもの）
5	3	5		8		3	3				1	10	6				2	2	関東学院6,大妻4,東京都市3,立正2,同志社1,共立1,白百合1
1		3	2	10			4				1	4	5			1	3	1	
3	2	2		7		4	7				2	10	4		2	2	1	5	
										1									
		2		2									2						
1		3		7							1		2						
3	7	6	11	8		1	7		2	18	33		18	4	5	7	7	18	東京都市18,関東学院16,大妻9,工学院8,立命館4,共立4,同志社4,聖心1
2	16	4	17	4		1	6	3	1	15	65	1	34	7	3	6	21	25	
5	12	11	16	9			6	1	4	5	53	1	25	3	5	8	16	42	聖心1
5	3			6	1	7	2		2	1	1	2	1		1	2	1		関東学院7,共立1
1	1	2		15	5	2	2	2	5	1	7	2	5	1			6	2	
	5	1		5	5	1			2	2	4		6				3	4	
3	3	2	9	3		2	1		4	5	10		7		7	2	5	12	工学院15,東京都市13,同志社5,聖心3,立命館1
2	4	7	6	10			2		5	10	22		31	3	5	6	12	21	
3	8	7	5	6		2	6		2	6	16		26	20	5	9	14	26	
7	6	3	6	4		1	1		5	6	12		16	11	2				東京都市25,工学院14,立命館5,関東学院2,同志社1,東京経済1
	14	7	13	14			3		2	5	10		7	11	1				
5	2	15	13	5			4		2	5	10		18	5	2				関東学院2,同志社1,東京経済1
1		1							3	2	3	2		6	2				工学院3,東京都市1
2	4	4						3	2	6	2	12	6	5	3				
3	13	3		10		1			2	2	5			13	4				
30	25	11		25			1		24	5	15	40		18	20	11			東京都市71,千葉工36,工学院20,関東学院16,立命館10,同志社5,立正3,武蔵2
49	16	26		49	3		5		35	5	18	44	5	45	38	15			
30	21	25	4	52			1		12	10	14	30		39	37	14			立正3,武蔵2
												1							
								1											
9	4	8	13	12		2	2		2	3	10		8	33	1				工学院44,東京都市33,立命館6,武蔵6,同志社1
3	15	4	5			3	7		2		28	2	8	23					
7	20	4	5	6		7	12		1	9	19		8	23					同志社1
5	20	5	12	26		1	10		10	15	28		18	37	13				東京都市24,工学院21,立命館17,関東学院12,同志社2,千葉工2
4	26	6	8	23		3	12	3	5	6	18	2	16	93	4				
4	17	11	13	26	2	11	8		6	9	24		26	50					同志社2,千葉工2
1	2	2		7		1	1		2	1		6	7	1					東京都4,立命館2,東京経済2,関東学院1
	1	2	9					2		1			2				8		
2	1			1				4	5	1		2		2			2		
3	2	7	8	39	2	4	6			2	1		13		4				武蔵15,関東学院14,立命館4,東京都市4,千葉工4
5	4	6	3	17		14	2			3	8	7	13	4					
9	10	6	32	1	35	1	12	10		11	2	2	24	15					京都市4,千葉工4
2		2			1	2						2		4					関東学院5,立正3,立命館2,同志社1,武蔵1
3	5	13		15	2	3	3	1		1	1		14		2				
3	1	17		10	2	7	1				2	2	20						社1,武蔵1
4	4	1		12	2	7			1	4			2		2				工学院3,武蔵2,東京都市2,立正1,関東学院1
10	7	13	4	17	4	5	2		1	1			14		5				
2	4	5	4	8	4	13				1			11		4				1,関東学院1

神奈川・私立　高校

共学校

	高校	年	卒業生概数	東京大◆	京都大◆	東工大◆	一橋大◆	千葉大	筑波大	東京外大◆	横浜国大	埼玉大	早稲田	慶應	上智	東京理科	学習院	明治	青山学院	立教	中央
あ	青山学院横浜英和	'24	240	1		2	2					1	14	7	8	7	1	14	141	8	8
		'23	150										4	3	5	3		10	92	8	5
		'22	160									2	2	3	3	2		3	86	5	2
	旭丘	'24	230																	1		
		'23	330												1			1	1		
		'22	280																		
	麻布大学附属	'24	300								1		3		4	9	5	18	21	12	15
		'23	490						1			1	5	3	1	11	7	28	31	12	36
		'22	400									1	1	3		2	5	9	8	3	24
	アレセイア湘南	'24	230								1		7	1	5	3	4	8	4	6	4
		'23	140										6	2	2		3	7	5	2	5
		'22	250								1				4		3	5	5		5
	大西学園	'24	15																		
		'23	50																		
		'22	60																		
か	柏木学園	'24	250																		1
		'23	330																		
		'22	330																		
	神奈川大学附属	'24	210	4	1	3	4	1			6	1	28	22	13	32	7	80	50	49	50
		'23	200	3	2	3	6	3	2		9	1	45	32	26	52	4	92	39	58	41
		'22	220	3		3	6	2	4	1	9	1	43	29	16	37	4	131	48	59	40
	関東学院	'24	220								1	1	15	9	5	11	1	28	10	32	13
		'23	240						1			1	5	6	5	20	10	18	23	27	15
		'22	250									3	7	9	6	10	5	14	14	16	15
	関東学院六浦	'24	160							1				2					1		2
		'23	160	1								1	2	3	1	4	2	2	7	5	2
		'22	180										2			1	1	3	4	2	3
	鵠沼	'24	230									1	1	2	1	2	3	11	4	11	2
		'23	260									1		2		6		6	9	4	8
		'22	270									1	1	1	1	1	3	9	4	13	9
	公文国際学園	'24	140	5	1	2				3		1	21	10	18	17	4	30	27	13	21
		'23	160	5		3	2	1		1	1	4	40	38	38	23	4	43	26	33	26
		'22	150	6	1	2	3	1			2	5	33	36	25	24	7	52	27	28	18
	慶應義塾湘南藤沢	'24	240																		
		'23	230											231							
		'22	240											236							
	向上	'24	500									1	5			1	1	6	12	11	9
		'23	440								1	1	4			1	1	6	10	14	6
		'22	420									2			1			2	10	11	7
	光明学園相模原	'24	460										6						2		3
		'23	370																	1	
		'22	470											1						1	
さ	自修館中等教育	'24	90						1	1		1	1		4	4		5	4	8	12
		'23	110	1				1			2	1	4		4	3		14	17	2	10
		'22	110				1	1	1			1	1		4	4		8	11	4	8
	湘南学院	'24	450														1	2	2	1	7
		'23	410												3	1	3	1	2	5	2
		'22	490													1			2		2
	湘南学園	'24	160				1				1	2	7	3	6	4	5	13	5	8	7
		'23	180								2	1	15	5	8	4	4	23	11	16	7
		'22	190						1		1	1	7	8	3	13	7	23	13	15	11

	東洋大	駒澤大	専修大	大東文化大	東海大	亜細亜大	帝京大	國學院大	国際基督教大	成蹊大	成城大	明治学院大	獨協大	神奈川大	芝浦工大	東京電機大	津田塾大	東京女子大	日本女子大	その他の大学（この欄はすべて'24年春のもの）
0			1		4	1		1			2	6		10	3		2	1		関東学院13,工学院2,武蔵1,立正1,共立1
6		3	1	2	5			1	2	1	1	2	3	8	3			1	6	
3					9						1			3					23	
3			3		8			3			1	1		2	7					関東学院3
		3		1	14	2		4	1		1		1	7			2			
0	26	26	60		88	2		49	20		8	20	11		32	8	1			東京都市23,関東学院6,武蔵4,共立3,立正2,東京経済2,工学院1
7	47	29	88	3	154	13		71	26		13	35	30		63	7	4	1	5	東京都市23...
9	42	18	75	1	66	4		54	12		11	7	20		47	3			3	
2	10	2	6		23			4			2	2	4		10	1	4			関東学院22,武蔵8,東京都市2,東京経済2,立正1
9	10	6	13	2	18			3	1		2	15	2		13		2			
5	19	9	10		18			9	4		3	1	22		15		3	2	4	
1	1												1		2				2	
								2							2					
4			3	1	2			10				1	1		1					関東学院1
6	4	1			5			6	1					2	5					
	4	1			6	2		8			1			5						
9	20	19	23		4			2	3		25	31	36		22	32	7	5	1	1	東京都市75,工学院34,武蔵5,立命館3,同志社2,立正2,千葉2
6	22	4	19		18	1		1	7		15	21	30		59	24	9	4	11	7	
9	22	15	14	1	9			1	8	1	21	24	41		37	41	9		1	3	
1	44	6	19	4	26	1		9	6		6	6	23		31	17	10				関東学院38,千葉工37,武蔵13,東京都市12,工学院9,立正1,共立1
1	16	2	14		28			13	6		5	22	15		24	16	2		3		
2	30	4	11	2	46	3		17	8		5	6	26		17	9	5	1			
7			6		8			4	1				1		1				1		関東学院56,立正1,東京経済1
8	6	2	10	6	19						3	1	10		8	1			1		
0	2	2	3		10						1	5	7		5	2			1		
4	1	4	13		41	1		7	7		2	4	11		16		6		1	1	関東学院15,東京都市7,共立3,大妻3,工学院2,立正2,東京経済2,千葉工2,立命館1
8	12	15	10	1	47			14	6		2	10	16	2	37	4	13		1	1	
7	10	9	46	1	30			8	2			1	32	1	37	7	2		1	7	
7	9	5			15			4	6		3	6	19		14	12	7		2	2	千葉工14,東京都市7,関東学院5,工学院3,立命館2,共立2,同志社1,聖心1
1	18	9	7	3	11	5		8	5	5	7	3	35		26	9	4	2	2	1	
5	12	9									3	5	16	4	11	4	3	4	3	1	
1																				
7	14	10	25	1	71	1		32	10		1	7	11		17		7	1		6	関東学院16,立正7,東京都市6,千葉工2,立命館1,武蔵1,工学院1,大妻1
9	29	12	42	3	51	9		22	14		4	11	7	1	8		8			2	
0	12	2	12		53			34	4			6	4		12		4				
2	1	1	17		3	1		37				4	1		1						関東学院5,東京経済1
7	1	2	3	1	12	2		36				1			7						
5	1	5	11		10	1		33			2				14						
5	6	9	22	4	17	1		2	1			1	10		5	1	2				関東学院12,東京都市5,立命館2,立正1
4	5	7	11		60			1	5		1	5	15		20	3	8				
4	5	6	4	3	33	1		13	6			2	7		6	3	1				
2	10	14	5	11	11	1		25				3	4		12		1				関東学院15,東京都市6,立正2,立命館1,大妻1
7	4	12	5	2	17	1		13	5		1	1	8	2	35		4		2		
7	11	5	7	2	12			13	5			6	20	2	29		3				
4	12	4	6	1	12	1		5	5		2	1	14	5	13	3	6		1	3	工学院24,関東学院10,立正5,武蔵4,東京都市3,同志社1,東京経済1
5	8	6	10	3	24	1		4	4		2	3	6	1	18	5	5		1	5	
30	17	10	22		31			8	8		6	11	20		22	13	6	2			

神奈川・私立

	高校	年	卒業生概数	◆東京大	◆京都大	◆東工大	◆一橋大	千葉大	筑波大	◆東京外大	横浜国大	埼玉大	早稲田大	慶應大	上智大	東京理科大	学習院大	明治大	青山学院大	立教大	中央大
				国立									私立								
さ	湘南工科大学附属	'24	610						1		1		2	2		12	1	10	2	1	8
		'23	580								1		1				1	9	3	4	5
		'22	620						1		2		5	1		1	3	16	13	5	4
	星槎	'24	110																		
		'23	120																		
		'22	90									1									
	聖ヨゼフ学園	'24	40												8						
		'23	40											1	7				1	4	
		'22	50										2		4			6		3	
	相洋	'24	500								1		1	1			1	5	1	7	7
		'23	440						1					1		3		2	4	3	3
		'22	400										1	2		2	1	7	2	2	11
た	立花学園	'24	380										2					7	8	2	3
		'23	500													1	6	6	9	8	6
		'22	480												1	2	1	2	6	6	17
	橘学苑	'24	220														2		2		5
		'23	230															1	2		2
		'22	280										2	1				3	1	4	1
	中央大学附属横浜	'24	310					1		3	8		18	18	13	20	1	32	13	23	253
		'23	310			6	3		1	1	13		18	24	16	43		38	14	10	261
		'22	330	2			4			1	6		21	14	9	7	2	23	14	28	282
	鶴見大学附属	'24	200							1			11	1	1	2	3	11	10	11	9
		'23	190					1	1				3	3	1	2	2	17	5	2	9
		'22	170			1							2			4	5	9	9	3	10
	桐蔭学園	'24	1020	2		10	2	4	8	2	15		49	49	34	76	24	132	94	58	117
		'23	860	3	1	6	4	4	6	5	13	3	57	51	46	51	25	127	80	51	116
		'22	1030	3		5	3	5	6	2	20	2	70	63	29	66	42	149	102	80	157
	桐蔭学園中等教育	'24	150	2		3	2						8	13	9	32	2	32	28	16	29
		'23	140	5		3	3		1		5		33	35	32	46	8	72	45	29	50
		'22	130	2		2	4	1	2	1	6		29	36	23	32		41	36	11	21
	東海大学付属相模	'24	460										1				1		2		8
		'23	490													1		1	3	1	
		'22	690						1		1						1	2	1	2	2
	桐光学園	'24	580	5	4	5	4		2	3	6	1	56	69	48	55	14	152	79	58	120
		'23	570			1	3	2	6	3	16	1	62	60	55	70	19	153	96	59	119
		'22	610	3	1	3	3	2	5	8	13	1	52	40	44	59	15	132	52	61	122
な	日本大学	'24	550						1		1		2	3	5	10	7	26	28	14	21
		'23	520			1		1			7		14	8	10	27	8	41	26	29	35
		'22	440			5		1	1	3		1	18	16	4	22	6	46	29	10	27
	日本大学藤沢	'24	690						1		5		15	10	5	3	11	41	19	27	29
		'23	580	1				1	1		3		14	4	12	13	18	32	29	16	28
		'22	440					1	2		5		12	5	8	7	13	33	24	12	24
は	平塚学園	'24	330										6	2	5	5	8	17	10	11	15
		'23	440					1					4	1	4	7	5	23	25	17	12
		'22	500				1	1		1	4		6	7	7	6	9	26	29	13	47
	法政大学国際	'24	310										1	1	24	1		2	4		
		'23	300			1			1		2		8	7	20	3		3		5	
		'22	310								1		2	9	16			2		6	
	法政大学第二	'24	610								1			3	12	10		7	3	2	6
		'23	620			1				2	4		13	19	12	13		16	9	4	9
		'22	620						3		3		4	7	7	11		14	8	3	8

東洋大	駒澤大	専修大	大東文化大	東海大	亜細亜大	帝京大	國學院大	国際基督教大	成蹊大	成城大	明治学院大	獨協大	神奈川大	芝浦工大	東京電機大	津田塾大	東京女子大	日本女子大	その他の大学（この欄はすべて'24年春のもの）
5	20	8	18	3	61		31	4		2	3	11		29	2	5		1	1	関東学院65,東京都市11,立正5,武蔵3,千葉工2,共立1
1	22	12	29	2	73	4	27	10		6	3	15	3	48	3	5			2	
0	28	18	32	1	58	5	34	4		3	1	12	1	47	5	5	1			
		5	1		1		7				2			1						立正1
1					6									1						
1				1	2		2							2						
1			4		1		1				1		2			1		4	3	東京都市4,東京経済2
1		1		2	2		1	2			1	6	2						2	
			1							2										
6	12	10	8	2	39		43	2		1	5	9		19					1	関東学院25,立命館3,武蔵3,東京都市3
7	10	7	16	1	42	4	31	2		2	2	5		34	1	1			4	
7	7	11	17	2	36	2	27	3		1	3	8		38		1				
5	17	3	21		136	1	60	4		2	2	6	9	4	1	7	1			関東学院22,東京都市1,千葉工1
2	28	12	22	7	87	3	73	11		2	4	4		36	1	6				
2	40	8	31	3	89	4	84	17		4	5	9		13		2				
8	7	1	14		7	1	30	1			1		9							関東学院14,東京都市4,工学院2,武蔵1,東京経済1,共立1
	9		15		9	1	34	7		1	1	2	1	25						
8	12	8	22		11	2	17	5		1	3	4	1	23						
7		3	1		1			1		3	1		1	1		1	2		2	東京都市5,工学院3,同志社2,共立2
1					5				2		2	1		4	9			1		
	3		1		5		1			2	1	3								
7	17	6	14	6	31	1	4	6		1		11	1	16	2	4				関東学院27,東京都市8,工学院7,武蔵4,立正4,千葉工4,大妻1
2	11	12	11		11		5	4		3	2	12	1	27						
2	12	7	6		17	3	16	9		2	2	2		24						
7	83	49	106	9	151	5	57	26		44	20	83	5	61	35	16	13	31	東京都市55,千葉工46,関東学院38,工学院30,立命館23,大妻16,武蔵9,共立9,同志社6,聖心5,東京経済4,白百合3,立正2
8	89	42	62	8	139	5	44	34	1	30	37	60	19	81	46	14	14	27	
8	84	77	123	10	201	13	63	41		47	59	73	13	119	68	28	29	38	
1	6	8	17	2	32		5	2	3	5	6	10		12	8	3				東京都市11,関東学院10,工学院9,東京経済2,大妻2,同志社1,立命館1,武蔵1,立正1,千葉工1
5	21	9	12		13		6	3	2	4	7	16		7	7					
0	23	5	8		26		3	2		11	6	2	1	7	16					
0	3	4	6		355			3		2			2	5	1					工学院3,東京都市3,関東学院1
3	2	5	5		372		3	2		1	1	1		4						
0	1	4	10	1	544	1	1	2		2	1	2	3	3	1					
9	51	16	40		44	6	15	9		34	21	22	6	17	47	13	9	5	4	東京都市58,工学院20,立命館15,武蔵10,関東学院8,大妻7,東京経済4,千葉工4,共立4,同志社3,立正2,白百合2
3	51	18	49	5	42	4	20	16	3	20	25	30	3	16	46	13	4	6	5	
8	53	28	32	7	63		20	8		27	15	42	6	35	31	19	11	9		
8	12	3	11		12					5	8	18	2	8	11	4	1	1	13	東京都市15,工学院5,千葉工5,関東学院3,立命館2,武蔵1,共立1
2	31	4	8		29			14		12	20	15	1	17	24	3	1	2	5	
4	14	8	15		15	2	7	4		2	5	14		22	14	1	1	2	5	
1	23	13	14	2	26		5	11		4	16	35		10	9	12	1	4	4	東京都市19,工学院12,共立4,立命館2,武蔵3,大妻3,同志社2,立正2,東京経済2,関東学院2
0	13	11	19		28	1	5	11		6	12	30		22	15	6		1	4	
9	17	13	16		21	1	13	6		6	14	25		10	10	4		2	5	
4	8	8	11		42		12	11		1	3	9		12	2	3	4	3	15	関東学院18,東京都市9,大妻6,工学院3,共立2,立命館1
3	13	12	25	3	88	1	20	7		4	8	26	1	86	6	4	6	2	15	
9	19	13	45	2	70		26	24		6	13	31		67	6	5		9	16	
2	2				1					1	3		1							大妻2,共立1
2	2		2				1		5				1							
1		1			3		2		2				2							
3	1	1	4		1		1					1		2						東京都市2,関東学院1
6			3		3						2							1		
4					2	3	3	1						3						

合格状況

神奈川・私立

高校	年	卒業生概数	◆東京大	◆京都大	◆東工大	◆一橋大	千葉大	筑波大	◆東京外大	横浜国大	埼玉大	早稲田	慶應	上智	東京理科	学習院	明治	青山学院	立教	中央
三浦学苑	'24	400							1							1	1	2		2
	'23	370											1	1	1	3	1	3		5
	'22	390												1		1		4		5
森村学園	'24	160				1	1			1		12	7	12	11	10	31	14	21	18
	'23	170	1		2							12	7	13	11	4	14	14	12	22
	'22	170	1		2				1		2	20	10	12	17	4	40	25	9	58
山手学院	'24	470	1		8	3	2	3	3	10		77	36	27	85	21	193	99	91	96
	'23	500		2	5	5	2	1	1	17	2	61	62	50	100	24	199	103	117	94
	'22	590	1	1	2	5	5	2	5	15		73	48	30	96	26	178	108	139	123
横須賀学院	'24	560						2	1	2		8	2	5	5	5	21	36	15	19
	'23	630					1			2		11	3	5	10	15	46	42	26	12
	'22	520						1				8	1	5	2	7	27	37	6	22
横浜	'24	600										2		4	3			1	6	6
	'23	890										2				1	5	2	11	1
	'22	340								1	1									
横浜学園	'24	250														1				
	'23	240																		
	'22	310																		
横浜商科大学	'24	350														1	2	1		
	'23	340								1		2		1			8	3		3
	'22	360									1							3		2
横浜翠陵	'24	250										3		2	1	2	4	8	2	14
	'23	260			1					1		1		5	3	3	12	9	16	6
	'22	240			1					1	1	3		5	5	9	22	9	5	14
横浜清風	'24	320												1		1	6	2	5	4
	'23	410								1		6		1		1	2	15	13	7
	'22	340							1	1						1	2	5	3	
横浜創英	'24	270										5		2	1	6	12	8	12	9
	'23	540								2		3		2	1	2	24	11	19	15
	'22	530		1							1	2		2	1		25	15	8	16
横浜創学館	'24	450													1				8	2
	'23	400															1			
	'22	400															1	1	2	4
横浜隼人	'24	530	1		2		2	1		4		6	8	3	20	5	20	29	19	29
	'23	520		1	2					3		8	5	7	6	11	16	33	29	23
	'22	680				1	1		2	6	1	10	2	7	11	13	43	37	16	33
横浜富士見丘学園	'24	70													1					
	'23	60															1		4	3
	'22	70								1				1	2	1	1	3	2	

	私								立											その他の大学
日本大	東洋大	駒澤大	専修大	大東文化大	東海大	亜細亜大	帝京大	國學院大	国際基督教大	成蹊大	成城大	明治学院大	獨協大	神奈川大	芝浦工大	東京電機大	津田塾大	東京女子大	日本女子大	（この欄はすべて'24年春のもの）
3	3	3	1		3		8						2	3						関東学院11,共立4,東京都市2,立正2,立命館1
26	6	3	4	1	9		11				1		3	34						
53		4	12		9	1	14				2		4	37						
7	21	9	9	4	12	1	6	4		8	7	15		7	6		2	3	5	千葉工16,東京都市13,工学院4,東京経済4,関東学院4,大妻3,同志社2,立命館2,共立2,武蔵1,聖心1
28	9	5	11	3	42		6	5	1	10	3	9	2	10	22	10	1	1	11	
24	4	10	23	1	34		6	6	1	8	3	12	2	14	8	4	2	8	9	
74	56	26	42	8	39		16	27		20	29	69	7	35	46	31	14	24	13	東京都市76,千葉工43,関東学院24,工学院20,立命館19,武蔵11,大妻11,同志社9,立正8,共立7,東京経済3
104	76	23	51	1	34		9	21	1	16	36	83	4	141	73	20	11	29	24	
143	110	27	109	4	70	5	14	32		15	40	94	4	136	86	27	15	38	47	
66	22	24	35	1	52	5	13	15		13	10	35	3	58	4	11	3	3	8	東京都市14,立正7,大妻7,工学院3,共立3,同志社2,立命館2,武蔵2,東京経済2
60	34	21	52	4	60	1	12	23		15	11	22	6	88	8	13	1	2	3	
65	29	15	31	2	52	2	12	16		14	4	25	2	78	5	7	1	2	6	
42	14	16	22	7	44		35				3		8	26		5	5	5	9	関東学院75,共立11,大妻9,立正7,武蔵2,東京都市1
22	13	9	12	3	34	2	22	4		1	1	1	12	54	2	4			3	
8	1						6			1	1	1		2				1		
1					4									4						関東学院25,立正3
	3	2	9	5	12	1								2						
1		3	3	5	5			1						8						
7	2	5	3		22		12			1	1		1	11						関東学院21,武蔵1,東京都市1
4	3	1	7		13		22	1					1	14						
2	4		7		8		17	1					1	28	1					
23	23	16	30	5	46	7	21	7		4	10	11	5	21	2	7	1	1	1	関東学院43,武蔵8,東京都市8,大妻3,共立2,立命館1,工学院1,東京経済1
33	45	13	43	5	73	13	24	11		7	9	17	1	52	6	4		2	1	
29	21	18	18	1	27	8	12	10		10	5	13		66		4	2	2	1	
20	13	4	12	1	24	3	31	2		1	1	4		23	1			2	5	関東学院48,武蔵8,立正5,千葉工4,東京都市1,白百合1
21	21	8	11		25	2	30	6			3	8		53	1		1	6	4	
25	8	11	19	3	21	2	20	2			3	8		28			2		1	
24	16	11	28		15	3	3	9		4	10	26	1	19	3	3		1	5	千葉工22,関東学院17,東京都市9,工学院6,武蔵5,大妻5,共立4
60	61	21	42	2	61	14	29	26		9	3	36		58	7	5		6	7	
61	37	24	17	2	60	4	18	12		6	2	12		66	10			7	5	
8	6	6			16		9	1		1		8		9	1	1			2	関東学院28,立正4,東京都市2,千葉工2
	9	5	3	2	13		14	3		2	1	5		22	3	7				
1	4	6	5	3	12		11	2		1		3		27		3				
36	31	34	51	16	83	1	17	9		6	7	30		53	4	10		1	2	東京都市32,関東学院23,千葉工10,武蔵8,工学院8,立正6,大妻2,共立1,聖心1
53	56	21	33	2	91	4	19	31		16	11	19	1	78	6	24	6	5	6	
65	76	23	76	2	89	4	24	17		9	13	35	5	105	11		3	5	2	
3	4	1	5		2		1	2		2	2	5				3			2	立正4,関東学院3,武蔵2,東京都市1,聖心1
4	2	1	3	2	1		2			1	5			6	3					
4		1	2		2		3	1		1		4	1	3		3				

千葉・私立 高校	年	卒業生概数	東京大	京都大	東工大	一橋大	千葉大	筑波大	東京外大	横浜国大	埼玉大	早稲田大	慶應大	上智大	東京理科大	学習院大	明治大	青山学院大	立教大	中央大	法政大
女子校																					
あ 愛国学園大学附属四街道	'24	30																			
	'23	30																			
	'22	30																			
か 国府台女子学院	'24	310					2	3				12	5	8	6	13	22	10	12	18	2
	'23	320	1				4	1			1	22	7	13	13	23	33	13	40	11	1
	'22	310					6	1				23	6	6	5	15	24	10	33	14	1
た 千葉聖心	'24	180																			
	'23	140																			
	'22	150																			
千葉萌陽	'24	25																			
	'23	25																			
	'22	30																			
は 不二女子	'24	140																			
	'23	130																			
	'22	110																			
わ 和洋国府台女子	'24	200							1									1	1		2
	'23	160							1			1		1		1	1		1		2
	'22	190							1											1	2
共学校																					
あ 我孫子二階堂	'24	120																			
	'23	130														1					
	'22	170															2				
市川	'24	420	30	5	9	8	22	7		6		156	99	62	162	16	174	52	68	96	7
	'23	420	15	7	7	17	35	17	5	6	1	140	105	89	240	13	201	37	74	67	9
	'22	450	23	7	7	8	48	12	12	5	6	149	115	53	159	19	169	59	93	66	8
市原中央	'24	200					6					1			10	1	4	4	5	10	1
	'23	210					4					5	1	1	8	16	8	3	11	21	2
	'22	300				1	11	1		2	2	1		3	8	6	8	3	6	14	12
植草学園大学附属	'24	210					2														
	'23	190																			
	'22	160															2	2			
桜林	'24	110																	1		
	'23	150															1				
	'22	150															10				
か 鴨川令徳	'24	25																			
	'23	40												1							
	'22	30															1				
木更津総合	'24	570																	3	3	2
	'23	590										1				2	1	1		3	
	'22	570					1									2	2				2
暁星国際	'24	90										3	2	11	8	2	2	3			2
	'23	90										4	3	4	4	2	5	6			
	'22	90	1									1	3	4	3	4	2	2			6
敬愛学園	'24	300					2					3	1		3	2	9	1	6	8	2
	'23	390					4	1				7	3	1	12	6	10	4	5	1	5
	'22	430					1					2	3		11	4	14	1	1	5	5
敬愛大学八日市場	'24	90												1							
	'23	90																			
	'22	60																			

	私							立											その他の大学
	東洋大	駒澤大	専修大	大東文化大	東海大	亜細亜大	帝京大	國學院大	国際基督教大	成蹊大	成城大	明治学院大	獨協大	神奈川大	芝浦工大	東京電機大	津田塾大	東京女子大	日本女子大	（この欄はすべて'24年春のもの）
0	21	8	6				1	8	9		4	17	16	4	4	6	7	16	24	千葉工91,大妻11,共立8,立命館4,聖心4,白百合3,武蔵2,工学院2
0	38	6	12	2	2			8	16		6	11	14	9	3	4	9	37	31	
6	22	6	4				3	7	17		3	9	12	8	4	2	11	21	36	
									1											
7	9		3	5	1	6	1	3				2	1	4	1		2		3	千葉工153,共立8,大妻8,立命館3,白百合3,同志社2,工学院2,立正2,聖心1
2	1		3	1	1						4	1	2	4	1		1		3	
6	6		1	1	1			3	1			2	1	8	1		2		9	
5			1					1												
1		3	2	1		3	1						2	1			1			
5	1		2		3		1													
1	24	7	13				1	1	11		5	9	9	1	1	26	10	2	3	千葉工213,武蔵10,立命館6,東京都市6,工学院5,東京経済4,立正2,大妻1
4	24	9	15	7			2	2	7	45	8	12	11	12	1	53	9	11	20	
6	45	15	21				5	6	13	45	17	20	9	9	5	64	17	12	4	
0	17	10	28	20	8		1	13	1		2	5	9	9	2	2		3	1	千葉工147,立正9,東京都市7,大妻5,工学院4,立命館2,武蔵2,東京経済2,白百合1
4	32	12	29	5			8	9	4		5	3	12	6	8	7	1	2	2	
6	42	7	7	9			2	8	4		8	6	13		1	13	3	3	4	
2	4		2	2				4				1			1					千葉工8
1	1	2	3	1								1	1		1					
4	4	2	2	2							2			1						
2	2		1	1			6	2												立正2
							4					1								
3			1	1								1								
1															2				2	千葉工3
2															2					
2	1		3										1	2						
3	7	2	10	9	2	1	2	1				3			5				2	関東学院11,立正6,千葉工6,工学院4,大妻2
2	8	2	5	7	2		1	4				1			9		1			
7	4	3	4	3	2			6				1			4					
3	3									1		2	4		1	1	1	1		千葉工8,立命館3,工学院2,聖心1
2	2		2							2		2	4	7		2				
0			2							1		1	2			1				
2	36	10	13	3	3	3	4	4		5	4	9	4	5	3	10		2		千葉工236,立正7,東京都市4,共立4,同志社2,武蔵2,大妻1
8	28	14	9	7	13		7	6	11		5	5	4	7	3	4		1		
4	20	10	15	7	2		6	16	3	5	3	4	7	2	17	3	3			
2												1	2						2	
					1															

千葉・私立 高校	年	卒業生概数	◆東京大	◆京都大	◆東工大	◆一橋大	千葉大	筑波大	◆東京外大	◆横浜国大	埼玉大	早稲田大	慶應大	上智大	東京理科大	学習院大	明治大	青山学院大	立教大	中央大
か 光英VERITAS	'24	120										2		1	2		1	1	2	3
	'23	110	1										1	1	1		2	1	2	3
	'22	120									1			1	2	1	4	3		
さ 志学館	'24	290		1	1		8					7	3	5	6	2	13	10	19	18
	'23	290					4	3		1	2	9	1	1	9	2	12	19	27	17
	'22	260					10				1	7		6	13	9	15	9	11	
芝浦工業大学柏	'24	280	4		2	2	11	7			1	31	4	10	69	12	56	14	28	27
	'23	310	1	1	4	2	14	13	2		5	37	19	27	100	15	62	18	34	38
	'22	290			4	2	13	7	2		2	20	14	14	57	13	62	12	37	36
渋谷教育学園幕張	'24	340	64	12	11	6	16	8				199	137	38	136	10	74	10	31	40
	'23	350	74	12	11	19	28	13	1	3	2	235	138	70	145	2	97	27	26	37
	'22	350	74	7	9	10	32	15	1		2	220	153	59	126	5	100	21	26	36
秀明大学学校教師学部附属秀明八千代	'24	360														3	3			
	'23	360														4	2			
	'22	360					1					2				3	2		2	1
翔凜	'24	170					1							8	4			4	1	5
	'23	140								1				5	7	1	7	9	6	10
	'22	190	1											2	9		3	4	3	1
昭和学院	'24	300									1	5	3	4	3	2	10	3	10	7
	'23	330					4	1				5	2	1	1	1	4	5	9	4
	'22	290					2	1				6		1	2	3	12	3	9	2
昭和学院秀英	'24	250	6	3	10	11	30	4	2		3	63	47	52	127	18	115	36	64	46
	'23	230	8		5	5	19	5		2	2	62	45	39	107	11	105	23	88	42
	'22	290	3	1	9	9	41	5	5	2	4	81	57	51	117	14	109	36	79	50
西武台千葉	'24	280			1		1					1		3	9	3	4	3	9	1
	'23	320										6	2	2	2	10	1	4	3	
	'22	330					3				1	5	2	2	3	2	9	3	5	7
専修大学松戸	'24	420	1	1			14	9				30	12	29	35	22	72	24	82	52
	'23	410	1				14	5	1		3	31	9	20	51	18	69	34	65	47
	'22	420			1	3	12	7	1	3	2	41	15	25	56	22	89	22	46	49
た 拓殖大学紅陵	'24	370														1				
	'23	460														1				
	'22	410										1				1			1	
千葉英和	'24	360					1						1	1	1	1	5		6	6
	'23	400					1					2	1	2	6	1	4	5	5	3
	'22	370							1			3		3	4	4	5	5	5	4
千葉学芸	'24	160																		
	'23	170													1					
	'22	180															1		1	4
千葉敬愛	'24	450					9	1				5	2		6	13	22	3	10	20
	'23	500					5				1	6	1		7	9	11	5	4	8
	'22	480								1		11		1	3	5	16	5	13	4
千葉経済大学附属	'24	570					2	1				3			1	2	1		1	4
	'23	590					1	1				1	2			3	1		1	
	'22	570													1	2				
千葉県安房西	'24	90														1	2			3
	'23	70															2			
	'22	70								1										
千葉商科大学付属	'24	370												1			2	1		2
	'23	290													2	4	1		3	4
	'22	260					1					3			2	2	1	8	1	
千葉日本大学第一	'24	330					2					4	1	2	6	8	19	2	13	21
	'23	330			1		2	1				7	2	8	21	10	25	8	23	24
	'22	360					3				2	7	2	2	10	15	33	10	16	19

	東洋大	駒澤大	専修大	大東文化大	東海大	亜細亜大	帝京大	國學院大	国際基督教大	成蹊大	成城大	明治学院大	獨協大	神奈川大	芝浦工大	東京電機大	津田塾大	東京女子大	日本女子大	その他の大学（この欄はすべて'24年春のもの）
	1	1	1		4	8		2								3			1	
	3	1		2	2		1				2	2			1			1	4	2
	0	3	2	2	1			2	2				1	1				4	2	6
	2	45	7	17	6	10	4	12	7		6		9		11	1	8		6	3	千葉工106,立正7,武蔵5,東京都市4,共立4,東京経済3,関東学院3,立命館2,工学院1,大妻1
	4	17	14	7	1	5	3	14	6		8	4	9	9	9	7	2		1	5	
	7	30	16	13	1	6	11	3	9		3	3	9	3	7	2	8	4	2	3
	0	59	7	14	17	12	2	3	11		13	13	7	13	1	74	18			4	千葉工309,工学院7,立命館5,武蔵5,東京都市5,立正3,白百合2,同志社1,共立1
	1	31	6	8		14	4	4	8	1	12	2	7	13	2	119	26	4	14	7	
	0	48	13	5	5	8	3	4	14		15	12	17	12	4	58	12		9	5	
	4	14					1	5		1	4	4	2	2	3	2		6	3		千葉工104,立命館8,同志社1,東京都市1,大妻1
	0	22	1	12			1			3	1	4	4		18	2		10		4	
	1	19	5	4		1	3	2	1	7	4			4	16	4					
	5		1	2	3	3	1	2							3	2					武蔵1,千葉工1
	6	10		7	2	4	4	5	1		1		3	2		4					
	9	5		5	3	4	7				1	1		1							
	3	10	1	3		5		6			2		2		1		3	5	2		立命館8,東京経済2,大妻2,立正1,関東学院1,共立1
	0	3	3			3			1	1	4	2		2	3	3	3			1	
	6	7	6	3	1		4	1					6	2		2					
	8	17	9	13		10	1	7	5		5	3	3	11		2	5	1			千葉工36,東京経済7,東京都市4,共立4,工学院1,立正1,大妻1,白百合1
	0	33	11	35	4	12	5	11	6		4	5	9	8	2	1	8			1	
	9	18	6	10	8	2	10	12	8		2	2	6	2	2	5	4				
	5	32	9	12		1		2	11		12	8	10	1		32	6	4	15	21	千葉工75,武蔵8,立命館7,東京都市3,共立3,立正2,同志社1,工学院1,大妻1,白百合1
	2	48	15	9		1	1	7		1	6	11	21		1	55	5	4	12	20	
	7	58	16	4	6	9	3	10			10	6	15	6		36	4	5	23	29	
	4	16	5	2	12	1	2	5	1		2			11		2				4	千葉工32,共立2,大妻1,武蔵1,工学院1,立正1
	0	13	5	8	9	1	7	1			1			15	1	3				2	
	1	13	7	2	7	7	7	11	3		1			10	3	5	8		1		
	1	101	21	71	2	5	3	3	24		15	27	12	22	1	19	30	9	11	8	千葉工343,武蔵23,工学院10,立正7,立命館5,東京都市4,共立3,同志社2,関東学院1,大妻1
	4	77	10	68	5	7	5	11	12	1	21	30	33	20	3	39	24	3	17	12	
	7	67	10	62	6	18	3	6	14	2	23	19	25	33	3	42	21	6	14	13	
	9		3	2		2	1	1			1		2					2	1	2	立正2,東京経済2,千葉工2,聖心1
	3	4	8	6	4		1		1		1			2	1						
	2	3			4		3	2	1				1								
	2	22	12	14	4	2	6	4			2	5	1	17	1	1			1		千葉工182,武蔵11,大妻6,立正5,共立5,聖心1,白百合1
	6	25	11	14	4	1	10	7			3	6	10	17	2			4	6	3	
	1	40	10	12	5	5	9	7			3	3	15	13	2	15	4		1		
		1		1		2	1														
					2	1															
	1	2		1	1					1			1								
	5	39	11	19	7	6	2	5	9		5	2	4	7	1	4	5	1	2	9	千葉工138,立正10,大妻6,共立5,武蔵4,工学院4,東京経済2
	3	43	15	32	7	5	4	9	7		4	7	5	14	1	11	6	1	5		
	1	21	12	19	3	4	4	5			4	5	3	6		4	11	6			
	1	7	12	5		2	1	6			1					1	1				千葉工5,武蔵1,立正1
	4	7	8	6		9	5	7	1			1	7	2				1			
	6	6	6	3	3	1	6	9					2								
	2				2		2											2	3		
	1	1			5						2								2	3	
			3		12		1														
	3	7	6	11	6		5	9	4		4	2	2	5	3						千葉工34,立正5,武蔵4,大妻4,共立3,工学院1,東京都市1
	5	24	10	3	11	4	10	15	9		1	1	4	10	3	3	3	8			
	3	20	2	9	14	6	7	4	1		1		1	21			4	8			
	7	10	5	3	3		9	4			5	6	6	4	1	6	5		6	3	千葉工57,共立6,立命館4,立正4,工学院3,東京経済2,武蔵1,東京都市1,大妻1
	6	24	9	11	2	2		3	1		6	10	11	4		7	6		8	5	
	2	35	18	25	3		1				2	1	16	6	12				4		都市1,大妻1

千葉・私立 高校	年	卒業生概数	◆東京大	◆京都大	◆東工大	◆一橋大	千葉大	筑波大	◆東京外大	横浜国大	埼玉大	早稲田大	慶應大	上智大	東京理科大	学習院大	明治大	青山学院大	立教大	中央大	法政大
た 千葉明徳	'24	300					6	1				5		4	7	6	8	4	21	5	2
	'23	290					7					1		5	7	2	6	1	2	5	6
	'22	380					5					1		5	11	7	12	4	10	5	6
千葉黎明	'24	270									1			1	2	4	6	1	1	3	4
	'23	280			1									1	2	2	4			3	4
	'22	270									1	3		2	1	2	2				
中央学院	'24	340												1		1				2	2
	'23	280										2			1		2	2		2	
	'22	350						2									1		1	2	5
東海大学付属市原望洋	'24	270																	3		
	'23	310															1			2	
	'22	320					1									1					
東海大学付属浦安	'24	420																			4
	'23	440										1		1			2	1	6	5	3
	'22	420										1			3	1	7	2	5	3	
東京学館	'24	350					1									5	3	1	1	3	
	'23	340												2		2	3	3	1	3	6
	'22	400					3	1				5		1	4	3	1	1	3		
東京学館浦安	'24	410							1			4		2	1	4	8	3	2	9	
	'23	490												2	11	1		1	3	4	9
	'22	440					1	2				2		1	4	2	15	5	4	9	
東京学館船橋	'24	270													4				1	1	
	'23	330														1				1	
	'22	290														1	2	1	1	2	2
東邦大学付属東邦	'24	320	10	2	7	4	16	1	1	1	1	55	44	29	175	17	88	26	40	48	
	'23	310	5		11	2	18	7	8		2	53	43	42	131	11	105	39	47	46	
	'22	300		2	16		23		1		1	63	52	32	163	10	89	19	55	48	
東葉	'24	280				1	1					2	2	1		2	3	1	11	6	
	'23	420											2	3		4	5	3	8	1	
	'22	340								1							1		1	1	
な 成田	'24	280			1		9	3	1			6	4	6	10	17	23	14	12	20	2
	'23	290					12	2		2	3	12	9	10	27	15	22	15	22	16	1
	'22	320		1			9	1			9	21	9	8	27	15	45	24	24	33	
二松学舎大学附属柏	'24	400					3					5	2	4	7	4	16	9	13	12	1
	'23	270					2	2				3	1	2	8	6	2	2	9	4	
	'22	360					5				1	8	1	2	8	8	11	4	4	4	
日本体育大学柏	'24	290										2			2	3	1	5	1	7	
	'23	290					1					3	2		1	2	4	2		3	7
	'22	400										3		1	3	2	1			7	
日本大学習志野	'24	370					11		2			23	11	15	22	20	58	14	47	53	
	'23	380			1		14	5	1	1		8	10	13	25	9	34	12	24	39	
	'22	410			1	1	13	5		1	1	17	10	10	26	17	43	17	17	30	
は 日出学園	'24	180					4					3		4	13	17	34	8	17	14	
	'23	160					4	1				3		6	7	12	15	4	12	14	
	'22	180					6	2	1		1	9	1	2	7	7	16	4	11	1	
ま 茂原北陵	'24	150																			
	'23	160																			
	'22	160										3			1			4			
や 八千代松陰	'24	750			1		12	2			1	8	5	7	32	16	37	12	35	35	
	'23	610				1	13	6	1	1	3	12	9	7	30	19	48	24	38	40	
	'22	650		1	1		6	3			3	14	9	10	25	19	34	9	36	36	
横芝敬愛	'24	60																			
	'23	80																			
	'22	70																			

	東洋大	駒澤大	専修大	大東文化大	東海大	亜細亜大	帝京大	國學院大	国際基督教大	成蹊大	成城大	明治学院大	獨協大	神奈川大	芝浦工大	東京電機大	津田塾大	東京女子大	日本女子大	その他の大学（この欄はすべて'24年春のもの）
5	40	13	17	8	9	6	13	5			7	7	2	17	1	1	20		3	3	千葉工186,立正10,大妻10,共立3,武蔵1,工学院1,聖心1
7	33	4	20	13	9	2	3	12	2			3	9	2	12		2	4	1	3	
	36	13	19	11	3	6	19	9					2	2	3		3				
1	12	5	7	1		3	1	10	1		1			5	5	1				2	1	武蔵1
9	7	4	5				5	8	2		1	1		2			1		2	2	3	
5	4	3	1				3	8	2		1					1		1				
9	11	14	4	10	2	1	7	2				1			1		7				千葉工113,立正11,武蔵4,大妻1,聖心1
6	10	8	13	5	2	5	4	12			1	4	1		9			3				
1	12	7	11	13			5	10	1		1			3	2			3				
7	2			198			1							1			1				千葉工30
4	6	1		2	208	1	2			2	2	2	1					1				
5				238		1					2	1									
9	1	2		1	330		2				1		2								立正11,千葉工6,東京都市2,工学院1,東京経済1,共立1,大妻1
7	14	3	12	3	334	3	4	3		2	2	1	3	1		2					
9	4	1		334			1	2	1				4								
0	6	2				2				1											千葉工350,武蔵4,立正2
2	17	6	4	2	6	4	4			2	6	3		2	5		1				
1	13	4	1	6	4	4	5			5		2		2	5		1	5			
0	16	9	2	3	2	4	9	3		2	2	6	8		7	5			3		千葉工102,武蔵13,東京都市1,立正1,東京経済1,大妻1
6	21	10	5	5	6	13	16	3		1	4	7		2	6	1		3			
1	28	7	7	2	3	6	20	6		5	11	11	10	2	5	1	8				
3		1					1				1				1						
3		1	3			2	1	1		1	1				2	1					
0	37		13		10	2	4	2		9	12	11	4	1	50	12	3	4	15		千葉工534,工学院21,東京都市16,大妻8,立命館6,同志社3,武蔵2,共立1
1	48	5	8	3	19	2		3	3	2	13	18	12		30	16	6	4	12		
4	33	7		4	12			5		2	12	11	8	12	2	48	12	2	13	15	
2	54	10	21	35		8	4	5		3	3	5	9	1	5	1	2	3			千葉工81,共立10,武蔵8,立正7,大妻2,白百合2,立命館1,東京都市1
9	16	15	16	7	5		8	13	5	3	1	5	3	1		8		3			
8		11	10	2	2	6		8		2	1		1		4	3					
5	46	16	19	8	7		6	14		5	17	3	5	4	6	7		8	7		千葉工225,共立12,武蔵8,東京都市7,大妻7,工学院6,立命館4,立正2,東京経済2,同志社1,関東学院1
2	59	16	22	7	11	11	3	18		7	10	8	14	1	13	15		11	8		
1	57	16	14	11	4	10	14			11	10	9	15	2	14	10	4	8			
0	29	13	13	14	2	1	5	9		1	10	9	19	1	2	11		4	6		千葉工68,武蔵10,立正7,大妻3,立命館1,共立1,白百合1
3	55	10	9	9	2	4	6	3		2	5	11	2	11	4	4		4	8		
4	18	14	6	9	4		12	1		10	3	37		4		3	8				
1	13	2		4	9	4	9	1		1		1			6						大妻8,千葉工6,立命館4,立正2,白百合2,同志社1
9	12	2		4	4		1	10	2		1		12	2		21		1	2		
1	20	1		4	12		5	7	3		1	8		2		4		1	2		
5	43		6	2		2	2	8		8	14	17	4		10	11		3	6		千葉工202,武蔵24,大妻9,工学院5,共立3,聖心3,東京都市2,関東学院2,立命館1
7	43	6	12		9	2	7	9	1	7	15	14	10	2	18	5	2	5			
5	25	7	3	11	1	4	10			12	11	11	10	2	17	16		3			
3	44	21	44	7	7	6	7	3		9	17	20	29		27	6	2	5			千葉工79,立正9,武蔵7,工学院5,東京都市5,立命館4,東京経済3,共立3,大妻2,聖心1
3	30	12	10	7	1	3	5	7		4	11	11	3	3	18	15		1			
9	31	12	16	3		6	19			10	6	6		3	18	10	2	8			
2			1																		立正1,千葉工1
	3		1	1																	
4	78	18	31	23	18	18	20	20		23	26	23	52	6	9	19			4		千葉工705,立正20,大妻16,武蔵13,工学院5,東京経済5,関東学院5,東京都市4,共立4,立命館3,白百合3
5	91	30	31	12	14	10	21	28		14	10	32	27	8	6	9	9		3	3	
3	84	18	20	14	20	25	24	16		16	19	28	31	6	31	19	2	6	14		
2				13						1											
2				3			1														

千葉・私立 高校	大学 年	卒業生概数	国立									私立								
			◆東京大	◆京都大	◆東工大	◆一橋大	千葉大	筑波大	◆東京外大	横浜国大	埼玉大	早稲田	慶應	上智	東京理科	学習院	明治	青山学院	立教	中央
ら 流通経済大学付属柏	'24	390					3	1				8			16	7	9	1	7	6
	'23	320	1					5			2	3		1	7	8	13	3	5	5
	'22	440			1	1	4	2		1		7	1	7	15	7	12	3	17	8
麗澤	'24	230					5	7	2			19	3	4	26	11	34	17	27	20
	'23	220		1	1		4	2	6		1	4	3	12	18	7	19	8	18	18
	'22	240					3	6	1		3	16	7	7	15	15	24	18	28	20

	私									立										その他の大学
	東洋大	駒澤大	専修大	大東文化大	東海大	亜細亜大	帝京大	國學院大	国際基督教大	成蹊大	成城大	明治学院大	獨協大	神奈川大	芝浦工大	東京電機大	津田塾大	東京女子大	日本女子大	（この欄はすべて'24年春のもの）
4	15	13	7	13	5	1	6	3		5	4	2	4	1	5	6			1	千葉工61,立正3,大妻3,武蔵2,工学院1,東京都市1,東京経済1
2	20	7	12	3	7	3	10	1		3	3	10	21	4	6	6			2	
4	41	13	7	1	1	5	18	4		6	8	9	17	1	8	6		1	3	
0	44	8	14	13	1	4	11	12		2	9	7	22		8	17	4	8	7	千葉工84,武蔵10,立正10,東京経済8,共立7,立命館6,工学院5,同志社3,大妻3,東京都市2
	20	4	7	13	7	1				7	13	7	11		12	8		1	7	
4	46	6	19	9	20			1		14	10	11	31		20	17		10	12	

合格状況

埼玉・私立

国立（◆印＝◆東京大～埼玉大）／私立（早稲田大～中央大）

高校	年	卒業生概数	◆東京	◆京都	◆東工	◆一橋	千葉	筑波	◆東京外	横浜国立	埼玉	早稲田	慶應	上智	東京理科	学習院	明治	青山学院	立教	中央
女子校																				
あ 秋草学園	'24	200																3	2	2
	'23	230															1	1	1	
	'22	250						1			2								1	10
浦和明の星女子	'24	160				1	3	1	6	1	1	44	16	28	28	5	43	11	53	27
	'23	170	4			1	1	4	2		3	52	46	45	44	11	69	21	58	22
	'22	170	4	7	2	2	2	4	4	2	2	48	36	32	44	16	57	18	43	29
大妻嵐山	'24	130								1				1		2				1
	'23	120												1			4	2	2	
	'22	90												1			2	1		1
さ 淑徳与野	'24	360	1			1	1	2			1	37	12	50	29	33	76	20	106	44
	'23	360						5	3	1	5	47	5	60	42	29	80	31	138	42
	'22	410						3	3	3	8	65	21	46	31	55	103	27	152	42
男子校																				
か 川越東	'24	410	2	1	3	2	4	3		3		39	16	9	54	34	82	19	75	69
	'23	440	2		1	1	3	6	4	5	16	43	24	18	66	35	124	27	92	118
	'22	470			2	2	5	4	2	5	18	48	20	21	49	47	120	25	89	95
慶應義塾志木	'24	240										2	235	2						
	'23	240										3	235		1		1			
	'22	240											242							
さ 城西大学付属川越	'24	170							2			10	2	5	10	11	32	6	17	29
	'23	210				1	1				5	3	3		24	14	12	5	5	23
	'22	230		1			1					9	1	1	7	10	13	4	17	19
城北埼玉	'24	230	1			2	1	2				15	9	2	22	12	18	3	22	31
	'23	230						2				7	3	1	23	13	8	8	5	17
	'22	170						1		1	2	7	6	1	8	13	8	5	5	26
ら 立教新座	'24	330								1	1	10	9	8	8		13	4	250	6
	'23	310	2			3	2	1				11	16	7	29	1	22	5	259	5
	'22	320				3	1					23	16	5	17	1	16	5	268	5
共学校																				
あ 青学浦和ルーテル学院	'24	70														1	2	14		3
	'23	70										3	1	2	1	6	21	14	1	
	'22	60						1				5	7	2	4	15	7			
浦和学院	'24	740													2	2	1	5	11	8
	'23	720					2	2			1	3	3	3	3	4	3	6	8	
	'22	710					2	1			1	3	2	4	6	1	4	6	4	10
浦和実業学園	'24	600						1	1					1	11	6	8	3	10	15
	'23	800									1	3	2		2	3	12	1	8	10
	'22	880				1					5	1	3		7	3	7	3	9	7
浦和麗明	'24	390				1						6	1	2	14	38	35	12	23	37
	'23	390						1	2			1	1		1	5	9	10	9	7
	'22	290									1	5	1		1	5	11	4	3	12
叡明	'24	610					1			1		3		3	2	8	5	2	4	10
	'23	480					1	1				3			2		6	3	9	9
	'22	650													1	3	9	5	16	10
さ 大宮開成	'24	400	1	1	2	2	3	5	2			61	24	25	66	39	90	46	94	75
	'23	630	1	1	2	1	3	6	5	2	24	85	55	39	128	96	160	65	235	139
	'22	550	2	1	1	3	3	5	7	4	20	80	55	18	75	85	105	98	218	179

私立 東洋大	駒澤大	専修大	大東文化大	東海大	亜細亜大	帝京大	國學院大	国際基督教大	成蹊大	成城大	明治学院大	獨協大	神奈川大	芝浦工大	東京電機大	津田塾大	東京女子大	日本女子大	その他の大学（この欄はすべて'24年春のもの）
4	2	1	1	14		1	4		1	1		1					4	1	武蔵10
3	3	4		5	51	2	4		2	2							2	2	3
	2	7	2		7	1		4		2							1		1
2	9	3	8	1			7	5			6	3	1		12	3	3	8	8	大妻5,工学院4,千葉工3,同志社1,立命館1,武蔵1,東京都市1,共立1,聖心1
0	18	1	7	3			6	4	1	5	7	12	5		16	3	5	7	13	18
8		9	3		1		6	6		3	4	4	3		20		19	30
	4		2	4	3		3			2						2	1		大妻48,共立3,立正2,東京経済1,千葉工1,関東学院1
5	6		2	3			6			1	2	3	5	1			2	1
4	2		1	3						1		4				1		4
5	56	15	16	18	1	1	17	10		14	20	10	33		29	1	17	58	79	武蔵16,大妻11,立命館8,千葉工7,工学院5,共立5,同志社3,白百合3,聖心2,立正1
2	47	11	12	16	1	2	7	17		8	20	16	19	3	12	1	25	49	123
0	70	7	14	11	5		15	12	1	18	21	9	31		20		18	64	157
7	224	23	21	94	11	5	10	20		21	25	16	22	3	37	59				千葉工132,工学院32,武蔵24,東京経済8,東京都市6,立命館4,立正3,関東学院1
3	212	29	36	76	15	4	20	24	2	30	17	18	36	2	108	60			
6	161	23	39	63	14	1	34	27		32	44	13	54	10	83	40			
1																				
1	65	6	13	59	15	9	29	9		9	6	4	12		11	28				千葉工113,東京都市9,武蔵3,工学院3,東京経済2,同志社1
5	62	11	24	45	13	10	53	11	1	8	2		31	3	29	12			
9	44	11	15	37	24	2	58	12		6	4	3	38	1	24	6			
2	69	10	15	80	21	4	18	12		13	7	10	6	2	17	31				千葉工66,工学院40,武蔵18,東京都市9,東京経済8,立正5,立命館4
6	41	14	18	24	9	5	18	9		9	4	5	7	1	21	15			
4	39	10	11	10	7	4	12	8		7	3	6	3	2	16	7			
5	7				1	4				1			4	4						千葉工8,立正4,工学院3,同志社1,東京都市1
						2			1	1	8	1		7	4				
9	3	1	1			2		1	2	2	3	4	1	1				
5	7	2	1	4			2			2	2	1	1	4		14	1			千葉工7,工学院5,東京経済3
4	10		2	1	8		2	1				2	2	2		8	1	1	3	2
3	2	3		4	1		2	3				2	5				1	3	2
5	28	8	5	12	1	4	50	4		3	3	1	18		2	10	1	3		千葉工7,武蔵5,工学院3,立正3,東京都市2,関東学院1,共立1,大妻1,白百合1
3	38	6	32	16	3	11	44	9		5	1	2	13	2	2	10		2	2
7	45	9	35	28	5	11	65	4		5	4	2	25	1	5	7		1	大妻1,白百合1
3	37	12	10	91	8	14	38	6		3	4	10	18	1	10	12			2	立正14,東京都市13,千葉工5,武蔵4,東京経済4,大妻4,共立2,同志社1,立命館1
3	35	13	13	174	14	49	54	11		10	6	5	51	1	12	35	2	9	2
1	43	11	37	58	19	38	42	7		5	2	19	18	1	10	35		4	志社1,立命館1
7	71	38	30	69	11	11	55	20		10	10	18	129	2	3	27	1	8	14	千葉工212,武蔵44,東京経済10,共立9,大妻5,立命館5,関東学院5,白百合4,工学院3,立正2,東京都市1,聖心1
5	53	21	13	31	9	13	48	21		6	6	5	65	4	12	16	1	4
7	46	11	14	42	5	4	39	10		6		2	37		4	13	1
3	37	8	10	27	3	9	42	2			6		50	1	34	28		4	千葉工103,工学院14,武蔵6,立命館5,東京経済4,共立4,東京都市1,立正1,関東学院1
3	74	15	7	45	3	12	34	8		5	4	3	35	2	7	18	1
7	47	7	15	38	7	10	58	4		7	2	7	51	5	9	22	1	8
9	246	29	34	278	10	4	18	12		13	24	20	89		39	50	8	8	18	千葉工62,大妻20,武蔵15,工学院10,立命館8,白百合7,立正6,共立6,東京経済5,東京都市2
9	443	57	42	143	11	18	44	31	2	26	44	54	96	6	82	77	13	30	68
3	457	36	36	141	24	18	68	23		23	48	36	107	2	37	56	15	30	43

合格状況

埼玉・私立

高校	年	卒業生概数	東京大	京都大	東京工大	一橋大	千葉大	筑波	東京外大	横浜国大	埼玉大	早稲田	慶應	上智	東京理科	学習院	明治	青山学院	立教	中央
か 開智	'24	600	7	4	2	1	7	16	1	4		126	60	51	132	53	169	61	118	114
	'23	550	8	1	7	2	10	12	1	6	11	96	51	35	128	39	170	63	100	90
	'22	590	9	1	1		14	10	4	3	16	90	64	49	158	36	154	42	97	103
開智未来	'24	150					1	3				6	1	3	14	10	17	8	13	13
	'23	120	1			1	1				1	4	7	4	17	7	12	8	6	35
	'22	160					2	3		3	3	4	10	12	10	26	33	8	6	35
春日部共栄	'24	560					2	4	2	1		15	3	7	10	11	32	8	31	31
	'23	440		1		2	9	4	2	1	6	15	8	11	20	16	57	15	51	25
	'22	520				1	5	3	1		12	11	8	6	7	32	19	34	20	29
国際学院	'24	210							1										1	2
	'23	240										1	1				3	2	2	5
	'22	220												1		6	1	2	2	3
さ 埼玉栄	'24	890						4				1	2		3		25	10	14	18
	'23	840					1		1	1	5	5	1	3	14	4	18	8	16	10
	'22	790					2		1		1	11		1	5	2	15	5	11	17
埼玉平成	'24	240																		3
	'23	320									1	1					4		2	2
	'22	260													3	1	1		2	3
栄北	'24	330				1		1				9	2	2	45	9	14	5	20	30
	'23	380		1			2				3	7	2	1	31	14	13	24	44	44
	'22	400					2				4	11	1	1	42	13	24	8	31	28
栄東	'24	430	19	2	2	2	6	8	1	3		139	99	25	227	31	162	38	59	72
	'23	500	13	3	2	3	8	11	2	6	24	143	77	29	266	35	116	36	65	56
	'22	450	14	1	5	2	14	6	4	4	30	144	78	26	213	26	137	46	71	69
狭山ヶ丘	'24	360	2									9	8	9	12	3	19	13	28	29
	'23	320	2				1		1		7	8	4	1	16	4	24	16	11	16
	'22	380					1	2		1	5	11	4	10	8	6	27	17	36	49
自由の森学園	'24	210																1	2	1
	'23	220										1	1				1	2	1	1
	'22	180															1	1	1	2
秀明	'24	50					1					2		1	1		1	6	1	2
	'23	60					1								1		1			
	'22	80	1				2	2				1	2		1	1	2	1	1	
秀明英光	'24	250																		
	'23	310																1		1
	'22	280																		1
正智深谷	'24	400										3			2	1	5	3	8	3
	'23	390								1	2		1				2		5	1
	'22	320									5		2				2		1	3
昌平	'24	510	1		3	1	3	9		1		10	3	15	17	16	43	12	36	33
	'23	490			2	1	4	10			7	19	7	7	48	19	28	19	27	36
	'22	540	2		2	3	9	3	4	5	5	22	7	7	47	25	57	6	45	42
西武学園文理	'24	240	1				1	1	1			8	9	10	8	7	18	8	25	21
	'23	300	1					1	1			15	3	15	17	15	25	14	26	22
	'22	260	1			1	2		2	2	4	11	8	13	9	13	16	15	34	21
西武台	'24	510										2	1		2	3	2	1	1	8
	'23	380										2	2		2	4	2	4	5	2
	'22	370					1	1				2			2	2	3	4	2	2
聖望学園	'24	270						1				4		1		5	9	7	3	7
	'23	280									1			1	4	1	4	3	4	12
	'22	310										3	2		3	3	3	5	8	12

私　　　　立

東洋大	駒澤大	専修大	大東文化大	東海大	亜細亜大	帝京大	國學院大	国際基督教大	成蹊大	成城大	明治学院大	獨協大	神奈川大	芝浦工大	東京電機大	津田塾大	東京女子大	日本女子大	その他の大学（この欄はすべて '24年春のもの）
144	25	24	42	11	3	27	23		32	42	33	66	3	96	53	16	29	39	千葉工237,工学院39,武蔵26,立命館22,東京都市16,大妻14,共立12,同志社4,立正4,東京経済2,白百合2,聖心1
178	36	31	27	18	9	32	36	2	37	47	21	73	2	55	61	11	20	47	
175	29	55	30	16	7	32	14	4	42	33	38	49	8	126	58	21	43	35	
45	12	15	31	6	1	16	4		3	4	4	27		20	19	4	3	10	武蔵25,千葉工17,共立3,立正2,聖心2,立命館1,工学院1,東京都市1,東京経済1
39	6	11	16	5	1	11			3	4	3	36	2	20	10	1	5	3	
50	19	18	12	8	1	16	9		3	3	6	26	1	28	19	5	5	8	
95	20	14	52	9	4	28	16		5	14	11	44	1	11	22	5	8	2	千葉工152,工学院21,東京都市18,立正17,大妻14,武蔵12,共立9,立命館5,東京経済5,聖心1,白百合1
84	30	22	45	3	7	19	9		7	15	14	24	1	19	16	6	6	11	
98	22	28	55	14	11	39	17		3	7	12	34	2	20	35	9	14	10	
3	7	2		4		1	2			1					1			1	千葉工12,立正8,東京都市2
17		1	5	17	2	7	10	4			1			14				1	
10		2			8	2	5	4				2		4	1				
57	20	19	100	16	7	67	6		5	4	5	18	2	4	4	4	4		千葉工41,立正12,東京経済9,東京都市8,武蔵7,大妻5,工学院2,関東学院2,白百合2,共立1
72	16	27	56	19	8	52	13		11	6	3	17	6	19	18	1		3	
46	14	19	43	27	10	45	9		3	2	3	12	4	29	6		1	3	
1		1		6	12	3		14										1	立命館1,武蔵1,立正1,東京経済1
13	3		30		4	11		2			2			7				2	
12	1		27		4	1		2			3			1					
84	12	21	79	1	12	13	6		7	21	14	65	2	1	15	5	6	6	千葉工670,武蔵31,東京都市24,立正18,大妻12,東京経済8,工学院7,白百合6,立命館3,共立3,聖心1
99	13	20	39	9	4	28	13		12	25	4	45	2	37	40	1	11	24	
103	10	17	37	14	10	28	11		15	8	8	42	3	67	20	2	10	24	
87	15	26	18	3		16	14		17	29	17	56	1	308	26	30	31	31	千葉工782,工学院55,武蔵10,東京都市7,東京経済7,白百合6,立命館5,立正5,大妻5,同志社3,共立3,聖心1
64	17	19	13	15	5	24	11		9	10	15	22	3	121	38	8	26	21	
94	27	26	8	14	3	19	8		15	9	12	17	2	83	35	6	39	39	
48	18	5	56	14	9	31	15		7	7	7	14		18	22	19		7	武蔵29,工学院11,東京経済6,千葉工6,共立6,立正5,同志社1,立命館1,東京都市1,関東学院1
54	20	30	60	21	14	44	14		11	9	8	31	12	14	12	8	7	10	
65	8	20	42	16	16	49	22		5	10	9	17		20	23	6	8	10	
3			1			2			1										
3			2	1	1	1	1		1	1				4					
			1	1		2													
3	3		2			4								2					東京都市4,武蔵2,千葉工2
1				3		8	1	1				1		1					
2			1	5		7	1			2		1	1	3					
3			6			3						4							関東学院2
7		1	7			1								1					
				5	6	1					2								
20	13	3	19	3	1	5	3		1					4	4		3	2	立正10,工学院1,千葉工1,白百合1
32	9	4	41	3	10	4	4		6	1	4	13	1		2				
31	5	1	22		3	4	4			2	1	15		4	4				
114	26	30	29	11	3	25	14		14	16	8	55	2	14	20		4	4	千葉工26,武蔵13,東京経済9,共立4,立正3,関東学院3,大妻2,工学院1,聖心1
77	23	24	40	14	2	19	19		14	16	10	33		45	18	6		15	
120	31	21	25	14	3	37	9		12	19	14	47		42	21	6	6	15	
43	5	15	15	10	3	12	1		9	11	4	13		23	18	5	1	7	東京経済10,武蔵9,工学院4,千葉工4,東京都市3,立命館2,立正2,大妻2,同志社1,聖心1,白百合1
46	6	12	25	11	4	22	8	1	15	27	8	15	1	10	21	6	7	1	
54	8	13	22	12	3	16	1		16	15	12	47	5	24	6	4	5	13	
21	10	9	60	1	3	49	2		2	1	1	4	3	1	2		7	1	千葉工30,武蔵4,工学院1,立正1,東京経済1,共立1,聖心1
35	14	12	43	2	15	35	4		4	3	3	11	1	5	5		1		
18	8	6	23	9		31	3		4	3	3	9	1	7	9				
22	12	2	23	10	4	48	5		5	5	3	1	6		1		4	5	武蔵19,工学院6,立正5,東京経済5,大妻3,同志社2
8	9	9	15		3	21	5	2	1	10	2	5		2	1	2	4	4	
15	6	9	9	2	4	27	3		5	2	2	6		3	11			4	

合格状況

埼玉・私立 高校	年	卒業生概数	国立									私立									
			◆東京大	◆京都大	◆東工大	◆一橋大	千葉大	筑波大	◆東京外大	横浜国大	埼玉大	早稲田大	慶應大	上智大	東京理科大	学習院大	明治大	青山学院大	立教大	中央大	法政大
た 東京成徳大学深谷	'24	250														3	1			1	
	'23	320									1	5		1		2	1	2	13	1	
	'22	370						1									3				
東京農業大学第三	'24	420										3			1	4	6	5	9	10	
	'23	490					1		1	1	5	2		3	5	5	11	4	10	10	
	'22	520						3			5	4		3	7	7	12	5	19	10	
東邦音楽大学附属東邦第二	'24	20																			
	'23	30																			
	'22	40																			
獨協埼玉	'24	320						1		1		7			9	3	13	20	11	46	22
	'23	300						1	1	1		6		3	1	9	17	20	15	15	15
	'22	340						3				2		5	9	11	16	29	24	41	31
は 花咲徳栄	'24	610																2	3		2
	'23	550									2	1				1		4	1	4	4
	'22	510						2			4					2		3		1	
東野	'24	300										2						2	4	6	8
	'23	280									1	1				1		2		2	5
	'22	420														2		1	2		5
武南	'24	410					1	2				16	3	3	3	5	18	12	12	25	18
	'23	450				1	1	1			4	4	2	2	9	11	25	6	12	13	13
	'22	550					1	2			9	6		1	5	13	22	10	11	11	13
星野	'24	800					3	4				10	1	8	8	13	27	6	58	27	
	'23	740				1	2	3	1	3	9	14	6	11	25	23	37	13	41	31	
	'22	560			1					1	8	10	5	15	12	17	24	12	43	30	
細田学園	'24	490					1		1			9	1	4	2	3	3	4	13	3	
	'23	360				1						12	3	1	2	9	5	14	7	12	16
	'22	390										1	1	1		9	9	10	10	12	16
本庄第一	'24	330												1		2	1	3	4	1	3
	'23	250														1	3	2	1	4	2
	'22	280														3	1	2	1	2	2
本庄東	'24	420					2	2				15	5	15	30	18	27	13	24	20	
	'23	430			1	1	3	2	2	1	15	21	11	12	33	21	52	20	31	31	
	'22	440	1		1	2	1	2	2		7	16	13	8	26	13	58	21	38	42	
ま 武蔵越生	'24	320						1										1			
	'23	330						1						2				3	1	1	
	'22	340									1	1		1				1	1	1	
武蔵野音楽大学附属	'24	15																			
	'23	15																			
	'22	20																			
や 山村学園	'24	370					1	1				1		2	7	3	4	3	15	11	
	'23	320										1		4	3	5	4	1	4	3	
	'22	460						1			6	1		2	7	11	11	2	19	10	
山村国際	'24	230										1		1	3	3	2	4	8	2	
	'23	240									2				1	3	4	2	1	5	
	'22	320							1		1				1	2		2		5	
わ 早稲田大学本庄	'24	330										322									
	'23	310										303				1					
	'22	340										340									

東洋大	駒澤大	専修大	大東文化大	東海大	亜細亜大	帝京大	國學院大	国際基督教大	成蹊大	成城大	明治学院大	獨協大	神奈川大	芝浦工大	東京電機大	津田塾大	東京女子大	日本女子大	その他の大学（この欄はすべて'24年春のもの）
1	10	2	2	14	2	2	11			1			3	1	2	3			東京都市5,千葉工5,立命館1,工学院1,立正1,関東学院1
6	11	3	5	24	3	5	27		3	2		4	3	1	3	5			
3	24	3	4	15	3	5	10		3	2		3	1	2	5				
5	34	17	10	62	17	4	27		9	4	6	3	4	2	3	9	1	1	武蔵23,工学院15,立正13,千葉工56,東京経済4,立命館3,共立3,大妻3,東京都市2,聖心1
3	41	13	13	53	26	7	20	18	2	9	5	12	2	1	4	1	2		
2	55	24	9	40	14	9	29	22	6	3	13	1	5	2	4				
								1											
6	4					2													
2	62	21	24	29	4	8	18	16	6	20	10	123	2	9	36	3	5	11	千葉工146,工学院29,東京都市18,武蔵13,大妻11,共立10,立正5,東京経済4,聖心2,白百合2,立命館1
7	41	14	22	34	19	5	25	9	8	16	15	78	12	12	13	2	5	7	
6	48	9	19	8	17	1	31	25	16	15	16	103	7	27	19	5	6	11	
9	27	12	3	42	4	6	20		1	3		25	1	2	3			4	千葉工37,東京経済4,立正3,聖心3,共立2,工学院1,大妻1
7	18	8	6	44	9	7	24		5	1		22	1	4	2				
4	22	4	8	29	7	24		3		6	2		22	2	3	4	5		2
1	108	12	12	15	2	1	29		1		1	25		2	2				武蔵18,東京経済7
5	103	9	8	15	8	5	20		7			7						2	
5	85	9	5	26	12	13	40		1			7							
2	100	9	14	61	6	5	22		7	8	13	15	38		14	6	3	4	武蔵29,共立11,千葉工10,立命館85,東京経済5,立正4,大妻4,工学院2,白百合3,東京都市2,関東学院1
9	92	28	41	64	13	22	34	15	12	10	14	49	3	7	14	7	4	8	
0	98	31	26	45	10	15	42	11	22	11	15	68	4	20	19	4	8	12	
3	128	32	30	103	17	15	44	11		15	10	8	38	6	25	24	20	23	21 — 武蔵33,工学院20,共立18,大妻15,東京都市10,立正9,千葉工7,聖心7,立命館6,東京経済6,白百合4,関東学院3,同志社1
3	104	30	41	98	13	15	43	14		24	21	20	33	6	20	14	21	19	43
0	85	13	15	33	5	7	25	11	1	20	13	6	27		15	16	14	23	40
2	37	13	21	120	8	8	50		6	1	2	18		6	7	1	3	21	千葉工14,大妻5,東京経済4,武蔵2,工学院2,東京都市1,立正1,共立1
9	46	4	8	63	6	9	38		3	6	3	16	1	1	12	1			
5	47	10	12	27	2	6	47	1	5	3	4	21	2	4		1			
7	4	2	1	14	5		7	3		1		7					1	1	千葉工9,同志社2,武蔵2,工学院2,大妻2,立正1
3	16	1	2	25	1	3	8	10		2	1	4		1	2		3	4	
2	21	6	12	14		4	16	14			2	1	6	10					
	78	16	11	147	28	6	16	12		9	20	13	41	7	9	37	8	17	8 — 千葉工57,武蔵14,立正9,工学院6,共立4,大妻4,白百合4,東京経済3,東京都市1,聖心1
9	87	13	26	60	25	6	27	14	1	16	11	16	36	4	9	28	38	9	96
2	92	15	16	58	27	4	40	14		18	14	16	38	11	32	27	9	11	14
	5	2		10	2		71	1		2			2					2	千葉工19,武蔵2,東京都市2,立正2,工学院1,東京経済1
1	17	5		30	1	2	50	1		1	3	3			2	4		5	
1	13	2		13	2		25	14			3	4			2	3			
0	33	11	6	38	4	3	37	5		3	1	2	9		2	4	1	3	武蔵6,同志社2,東京経済2,立正1,大妻1
2	32	12	12	38	3	14	22	4		3	1	3	5	5	5	13	2	10	9
5	53	27	11	69	3	12	33	10		3	1	3	5	14	5	22	23	6	5
	24	3	10	36		1	9			3		1	1		3	1	1	2	武蔵16,立正2,東京経済2,東京都市1
3	10	1	1	18	3	8	6			3	1		1	1		3	4	6	
3	16	5	7	33		6	15	4		3	1		1	3		4	4	3	

合格状況

その他・私立

高校	年	卒業生概数	◆東京大	◆京都大	◆東工大	◆一橋大	千葉大	筑波大	◆東京外大	横浜国大	埼玉大	早稲田	慶應	上智	東京理科	学習院	明治	青山学院	立教	中央	法政
茨城県																					
〔女子〕 愛国学園大学附属龍ヶ崎	'24	一																			
	'23	一																			
	'22	一																			
〔女子〕 聖徳大学附属取手聖徳女子	'24	60												1			1				
	'23	一												1							
	'22	一																			
〔共学〕 岩瀬日本大学	'24	170																			1
	'23	210																			1
	'22	160																			1
〔共学〕 江戸川学園取手	'24	420	5	1	6	1	4	15				51	39	26	78	25	67	30	36	35	
	'23	410	4		2	1	8	12	2	2	7	38	36	20	107	24	77	29	55	36	
	'22	430	6		1	1	8	9	2	4	7	36	36	21	79	16	48	20	31	61	
〔共学〕 鹿島学園	'24	230							4		1	7	3	2	10	6	16	13	9	15	
	'23	250						1	2			5	3	2	6	4	11	9	22	11	
	'22	190							3		1	5	3	2	6	4	22	6	8	18	
〔共学〕 霞ヶ浦	'24	360						1	2						3	4	7	4	3	8	
	'23	390						1	1			3			2	5	4	3	6	2	
	'22	510													4	5	2	3	6	2	
〔共学〕 常総学院	'24	540	2					11				1	3	6	16	3	6	10	7	21	
	'23	570	2				2	13			2	7	5	7	26	12	21	8	8	17	
	'22	620	2				2	11		1	1	13	6	5	17	17	19	7	11	25	
〔共学〕 清真学園	'24	150			2	1	2	2	1			10	4	12	8	3	11	11	13	18	
	'23	170	1		2	2	4	5	1			10	8	5	15	2	14	13	8	7	
	'22	150	3			2	1	11	1		1	5	4	1	14	4	17		8	12	
〔共学〕 つくば国際大学	'24	160																			
	'23	140														1					
	'22	190																			
〔共学〕 土浦日本大学	'24	560	1				3	23		1	5	11	6	6	29	8	16	9	12	20	
	'23	720	1				2	32			1	14	4	5	24	9	28	18	19	22	
	'22	590	1				2	17	1		1	15	3	8	16	9	17	10	13	10	
〔共学〕 東洋大学附属牛久	'24	520					3	2	1			4	2	2	6	8	5	4	8	7	
	'23	650					2	5				1			4	7	6	5	8	9	
	'22	510					1	2				2			4	5	8		8	2	
〔共学〕 茗溪学園	'24	250				1	1	19			1	16	4	11	22	7	11	13	12	12	
	'23	290				1	1	20		2	1	18	11	9	26	7	19	21	32	26	
	'22	270	1			3		15		1	1	18	12	17	28	9	23	16	27	28	
栃木県																					
〔共学〕 國學院大學栃木	'24	390					1	1				2			3	2	4	1	2	11	
	'23	420					1	1			2	7	2	1	7	3	4	6	4	10	
	'22	470					1	1			2	2		2	10	4	6	3	6	13	
〔共学〕 佐野日本大学	'24	430	1			1		2			1	1			2	1	7	2	5	7	
	'23	430						1	1			1	2	2	6	6	5	2	6	4	
	'22	380					1	1				1	2	2	5			3			
群馬県																					
〔共学〕 関東学園大学附属	'24	140																			1
	'23	190																			1
	'22	200																			

東洋大	駒澤大	専修大	大東文化大	東海大	亜細亜大	帝京大	國學院大	国際基督教大	成蹊大	成城大	明治学院大	獨協大	神奈川大	芝浦工大	東京電機大	津田塾大	東京女子大	日本女子大	その他の大学（この欄はすべて'24年春のもの）
1	1										2	1						1	
2															1				
2	5		2	8	8		1					3	2						
6	15	1	5	5		1	1					4	6	1	3	2			4 千葉工15,関東学院6,大妻2
2	4	2	1	8	1	2						6	1				1		
31	4	9	12	11			9		11	17	9	8	2	20	19	9	13	21	千葉工267,共立14,立命館12,東京都市12,大妻9,立正7,工学院4,同志社3,武蔵1,聖心1,白百合1
46	15	12	26	9	5	16	11	1	19	10	18	27	2	32	34	18	17	21	
49	14	21	4	9	3	16	8	1	11	8	12	24	2	60	23	2	8	12	
50	18	25	24	43	5	36	13			3	3	8	7	8	4	1	1	4	立正29,千葉工24,関東学院19,大妻13,東京経済8,立命館7,武蔵7,共立7,工学院5,同志社3,白百合3,東京都市2,聖心2
30	2	10	15	29	9	27	6			11	3	5	3	11	8	6		4	
19	19	15	19	32		16	14			11	12	11	9		6		2	5	
13	8	4	5				6	11				10		2	2			1	
21	7	4	16	2	8	1	11	11		1	4		3		2	5		1	千葉工6,共立5,大妻2,立正1
16	6	4	8	6	3		13	13		1			3	3		2	5	1	3
29	11	11	3	2	2	39	1		1	3	3	9	1	3		1	4	6	千葉工129,武蔵6,立正5,東京経済2,大妻2,立命館1,共立1
23	24	17	11	13	3	64	7		3	1	3	10	4	37	13		4	5	
15	16	14	9	16		38			3	4	5	5	12	3	15	16	2	6	
24		14	20	14	5	7	3		1	8	8	3	2			1			千葉工66,立命館19,関東学院4,立正2,大妻2,武蔵1,東京都市1,東京経済1,白百合1
14	5	12	9	14		7	1		5	3	4	8	3	6		4	1		
11	4	8	6	16		7			1	2	8	1	11	3		1		1	
								1	2										
									1				1						
17	2	11	1	19		7	3	3	4	4	5	16	1	4	10	3	5	10	千葉工232,立命館9,工学院4,関東学院4,立正4,立正3,東京経済3,同志社2,東京都市2,大妻2,武蔵1
13	7	4	4	12	1	17	2	1	9	5	10	22	7	18	26	6	4	11	
11	6	2	6	10		7	3	4	5	4	7	11	2	21	16	4		5	
243	10	9	19	9	1	7	5		3	5	5	28		1	1	1		6	千葉工17,武蔵10,聖心3,立正1,共立1,大妻1,白百合1
298	3	5	8	12	1	18	5	2	6	7	6	8	4	13	14	2			
269	6	5	11	10		7	2		7	6	8	4	11	1	1	1		5	
20	7	5	2	11	1	4	6		4	3	2	4	9	5	1		5	1	千葉工58,立命館11,同志社3,武蔵3,工学院3,東京都市1,立正1,東京経済1,関東学院1,聖心1
15	8	1	5	8	1	9	2	3	13	7	8	12	5	16	5		6	1	
23	6	4	6	8	1	15	4	5	3		15	13		3	16	10	9	10	
18	9	5	9	12		15	81		1	2	2	13	2	1	1		1	1	千葉工48,武蔵10,立命館2,東京都市2,共立2,大妻1
19	8	6	10	5		19	95		3	2	5	8	13	1	6	9	2	3	4
7	5	14	10	3		14	97		2	2	3	2	4	5	3		3	7	
10	6	5	3	2	7		3			1	1	2	2	12	3		3		千葉工34,工学院1,立正1
4	6	3	2	1		1	4			2	1	6		3	7				
5	2	1		8	1	3	5			2	4		2	6	3		7	3	
2			5			1						3							
	1		9			1	2					1	1		1				
			1			1	3												

その他・私立

高校	年	卒業生概数	◆東京大	◆京都大	◆東工大	◆一橋大	千葉大	筑波大	◆東京外大	横浜国大	埼玉大	早稲田大	慶應大	上智大	東京理科大	学習院大	明治大	青山学院大	立教大	中央大
			国立									私立								
山梨県																				
駿台甲府	'24	320	1	1				2				8	4	2	9	3	14	10	10	31
	'23	—	1	1				3	1	2		18	7	4	11	5	12	4	8	22
	'22	—	1				3		1	3		17	9	4	17	6	19	10	12	26
日本大学明誠	'24	350																		1
	'23	370														1	2			3
	'22	350						1												1
山梨学院	'24	350	1		2				1			3	2	2	9	2	8	6	4	11
	'23	370						1			1	3	2	4	9	1	10	1	5	7
	'22	320	1		1	1			2	1	1	5	5	7	5	1	6	3	2	6

私								立											その他の大学
東洋大	駒澤大	専修大	大東文化大	東海大	亜細亜大	帝京大	國學院大	国際基督教大	成蹊大	成城大	明治学院大	獨協大	神奈川大	芝浦工大	東京電機大	津田塾大	東京女子大	日本女子大	（この欄はすべて'24年春のもの）
3	18	4	10	20	8	4	5	4		1	4	4	3	8	8	4	1	3	千葉工46,工学院8,立命館7,関東
5	14	7	7	10	8	2	13	3		3	2	6	3	5	9	8	2	1	学院7,大妻7,同志社5,共立5,立
	32	2	4	4	8	1	11	6		4	2	3	3	5	3	2	1	8	正3,武蔵2,東京都市1,東京経済1
4						3	2	3												
0		2	1								1			1		2			
0		2		1				3		6			1			2			
7	10	2	4	3	2		10			2	2	1	3					2	千葉工13,立命館5,東京経済2,同
5	4	5	9	2	7	4	5	6		3	3	6	1	12	16	4		1	志社1,武蔵1,工学院1,立正1,関
6	8	4	6	4	1	3	2	4		3	3	6		7	4				東学院1

合格状況

東京・都立 高校

全日制

区分	高校	年	卒業生概数	東京大	京都大	東工大	一橋大	千葉大	筑波大	東京外大	横浜国大	埼玉大	早稲田大	慶應大	上智大	東京理科大	学習院大	明治大	青山学院大	立教大	中央大
進学指導重点校	日比谷	'24	320	59	11	5	15	9	5	6	6		197	156	66	149	6	106	33	45	60
		'23	310	51	4	4	10	9	6	7	10	2	184	90	69	99	4	85	31	64	50
		'22	320	65	13	7	9	11	7	4	7		185	153	68	116	6	76	39	45	36
	戸山	'24	320	12	7	9	15	6	6	4	7		78	52	38	98	14	142	27	47	60
		'23	310	9	6	9	9	18	12	6	11	3	78	52	48	116	13	146	22	59	34
		'22	320	12	7	7	10	23	12	6	9	3	76	36	23	85	8	112	24	37	52
	青山	'24	270	7		2	14	15	6	9	10		68	44	42	68	11	156	50	67	57
		'23	270	2	5	5	13	15	13	8	8	3	86	70	68	107	24	166	61	91	81
		'22	280	6	1	4	13	11	7	6	11		121	56	52	79	16	189	57	114	62
	西	'24	310	17	19	6	11	3	8	8	4		127	69	53	121	14	165	20	48	71
		'23	310	17	18	10	20	11	5	7	8		144	86	50	122	8	152	21	55	54
		'22	310	27	23	13	19	7	10	8	8	1	172	104	62	122	4	165	36	74	73
	八王子東	'24	300	1		8	5	1	1	12	5		42	25	33	45	18	97	56	46	118
		'23	310	2	3	6	8	1	10	4	6	3	54	17	22	71	15	123	58	47	86
		'22	310	6		7	4	4	5	6	7	6	42	30	30	44	11	100	45	34	117
	立川	'24	300	1	3	5	9	4	8	8	1		58	19	37	47	17	129	32	69	95
		'23	310	3	5	5	9	4	6	6	5		61	18	27	50	14	110	44	60	75
		'22	320	1	3	5	9	10	7	6	10	3	40	20	12	51	16	111	35	53	98
	国立	'24	310	17	6	8	16	1	4	12	9		88	58	46	79	7	140	46	30	76
		'23	320	10	17	16	22	4	9	8	11	2	131	72	55	97	9	149	35	56	88
		'22	320	19	15	22	14	4	5	6	11	3	159	86	79	113	6	167	36	42	73
進学指導特別推進校	新宿	'24	310	3	1	5	3	10	7	4	4		78	23	52	65	23	164	60	116	60
		'23	310	1	1	5	15	4	7	4	4	3	73	32	37	61	16	161	62	57	85
		'22	320	3	1	4	8	9	4	5	9		80	37	29	54	20	131	54	83	92
	小山台	'24	300			1	2	4	11	7	4	6	42	34	17	46	27	115	50	57	45
		'23	310			4	1	5	7	4	10	6	62	41	47	33	18	131	36	69	60
		'22	310			8	2	17	3	4	5	6	72	25	32	31	13	114	59	70	75
	駒場	'24	320			2	2	1	2	9		2	49	27	19	32	17	125	51	58	74
		'23	320	1				2		5	5	3	45	11	35	28	21	89	41	61	52
		'22	320		1		1	1		2	7	1	37	17	17	35	16	100	30	55	53
	小松川	'24	310			1	2	2	19	6	2	3	38	8	19	37	21	89	25	81	55
		'23	310			2	3	4	20	7	3	8	41	5	14	38	18	79	21	58	38
		'22	320				1	23	8	2	3	11	19	5	9	46	25	79	14	57	51
	町田	'24	300			3	2	1			1	3	30	7	4	17	6	88	46	23	57
		'23	310				1			1	1	1	13	8	9	4	6	73	38	37	63
		'22	320			2	2	1		1	1	6	14	8	4	8	6	83	41	28	53
	国分寺	'24	310					2	6	4	4		26	12	13	28	7	79	37	56	68
		'23	310			1	1	4	6	7	3	1	27	18	15	26	13	108	38	43	70
		'22	310	2	2	2	3	5	9	8	7	2	43	15	34	35	11	109	51	66	95
	国際	'24	220	1				1			4		26	11	55	1	7	41	33	46	16
		'23	230				1	1	2	9	1	1	38	22	57	8	9	58	32	72	40
		'22	240				3		1	2	5	1	54	35	86	8	7	48	44	62	26
進学指導推進校	三田	'24	270		1			4	1	2	1		47	13	26	22	26	108	69	82	45
		'23	270	1	1	2	2	4	4	2	1		35	26	40	12	18	110	49	96	39
		'22	280	1			1	2		6	3	1	44	24	38	21	26	89	62	91	48
	竹早	'24	230	1	1	6	3	5	2	4	2		31	6	10	29	20	88	36	52	31
		'23	240			3		5	3	3	1	2	37	7	16	39	16	64	18	51	51
		'22	270		1		2	1			3	6	29	12	14	34	16	64	14	49	33
	上野	'24	300			1				2	3	4	15	4	11	12	13	44	28	34	28
		'23	310			1		6	2	1		3	11	3	14	14	21	55	25	27	34
		'22	310					3	3	1		3	9	3	6	17	24	45	20	31	35

	東洋大	駒澤大	専修大	大東文化大	東海大	亜細亜大	帝京大	國學院大	国際基督教大	成蹊大	成城大	明治学院大	獨協大	神奈川大	芝浦工大	東京電機大	津田塾大	東京女子大	日本女子大	その他の大学（この欄はすべて'24年春のもの）
0	7	3	4		2	2	3	3	4	5	2	4	2		15		2	2	8	立命館10,東京都市7,同志社4,大妻4,工学院3,千葉工3,共立2
5	3	2	1		5		3	2	4	6	2	3	2	1	17	5	8	1	5	
6	9	2	3	1	3		2		4	4					17	5	4	5	7	
4	20	10	11		3		4	5		19	2	4	1	1	24	7	6	6	9	千葉工38,工学院25,東京都市16,立命館4,同志社3,武蔵1
1	22	3	3		6			1		4	3	11	4	4	38	2	11	12	16	
2	17	8	13		2		1	1	4	18	8	9	4	3	35	3	11	19	12	
2	32	7	10		1		2	9		11	9	42	8	1	31	7	3	5		工学院42,千葉工5,武蔵3,東京都市3,同志社1
1	21	16	9		1			2		22	20	17	2		58	9	11	21		
9	49	14	10				4	1	7	25	27	26	6	1	47	9	12	16	14	
3	11	7	6	1	10	3	3	5	3	17	5	11			31	3	18	11	9	工学院10,東京都市9,同志社6,武蔵3,立命館2,東京経済2
3	7	9	6		7		1	3	3	1					31	8	11	9		
3	16	4	8		2	2	5	6	11	7	8				44	3	9	21	8	
1	41	23	25		8	2	4		24	17	28	1	4	9	5	25	8		6	工学院34,武蔵12,東京都市10,東京経済6,立命館5,立正1,千葉工1,大妻1
5	21	17	19		8		5	9	2	17	24	2	7	22	6	13	20		
5	55	27	18	1	13	6	8	18	1	19	15	9	4	39	9	13	20	16	1,大妻1
1	23	21	13		2	1	2	11		38	9	7		18	12	9	16	8		工学院49,東京都市18,立命館11,千葉工10,武蔵8,同志社5,東京経済3,立正1
5	17	13	12		3	5	2	10	4	35	11	2	3	1	21	10	13	13	18	
4	43	18	21	4	2	5	11	17	3	23	8	4	11	2	23	3	11	20	13	3,立正1
7	14	5	5						3	6	4	5		1	13	1	10	7	7	工学院11,東京都市5,共立2,同志社1,武蔵1,千葉工1
7	7	3	7	2	2		1		5	7	5	5			45	4	12	8	6	
7	24	8	5				5	3	11	3	5		1	20	2	6	8		
4	51	22	10			8			26	15	15	3		29	4	15	34	31	武蔵15,東京都市10,工学院7,共立4,千葉工3,聖心1,白百合1
5	58	16	13	2	2	3	13		19	20	28	1	1	25	23	8	31		
7	66	10	28		4	2	3	14		26	26	35	3	68	8	20	26	18	
7	77	15	19	11	4	3	3	26		13	14	46	8	5	49	16	7	14	17	東京都市15,千葉工15,武蔵12,立命館12,工学院9,関東学院4,大妻3,同志社2,立正2,東京経済
0	100	26	19	3	10	3	10	33		1	20	20	27	7	4	26	17	8	9	
0	102	20	31	10	14		4	32		9	18	31	6	4	26	10	13		13	同志社2,立正2,東京経済1
2	65	26	30	7	17	2	8	21		25	27	38	5	7	23	20	3	15	5	東京都市16,工学院10,立命館8,共立8,千葉工7,武蔵6,大妻5,同志社4,聖心1,白百合1
3	61	26	37	5	18	4	9	19	3	18	10	28	9	7	10	12	7	19	12	
0	84	26	23	6	14	5	14		15	26	19	11	2	4	3	17	7	13	
3	155	33	31	7	6	5	6	27		13	22	34	27	3	36	36	2	5	7	千葉工127,武蔵29,工学院8,東京都市7,大妻4,立命館3,立正3,共立1
6	126	27	43	3	10	4	15	16		12	7	21	46	4	34	19	2	16	22	
2	161	26	33	8	7	5	11	20		32	14	22	34	2	39	23	4	9	16	立1
1	38	37	61	4	35	2	10	20		22	58	18	4	25	19	7		6	14	東京都市68,工学院64,武蔵6,大妻6,東京経済5,共立3,関東学院2,立命館1
9	41	34	68	2	55	4	6	20		33	29	31		31	19	6	7		13	
4	44	16	57	5	65	5	16	22		30	25	13	2	25	18	4	3	14	2,立命館1
2	81	10	22	4	4	2	5	18		35	16	9	3	2	19	14	36	23	14	武蔵30,工学院25,東京経済11,東京都市8,立命館3,千葉工2,聖心1,白百合1
9	61	18	22	8	9	7	4	2	3	31	5	10	1	4	21	8	25	20	9	
0	65	20	31	4	6	6	9		54	17	6	4		61	10	27	32	15	2,白百合1
2	59	20	4		5	4		3		11	13	19	2	1	2	1	17	2	5	武蔵8,立正4,東京都市3,大妻3,聖心1,白百合1
0	30	18	9		2				6	14	16	23	9	2	12	9	10	
0	35	13	13		3	3	3	4	13	10	4	20	13	2	9		
2	100	25	27	1	2	5	3	16		10	29	70	10	9	23	13	4	8	7	武蔵17,千葉工17,東京都市16,工学院8,共立3,大妻3,立命館2,立正1,関東学院1
6	62	27	21	13	24	4	5	9	1	13	22	44	11	5	21	17	8	
8	78	23	23	4	16	1	4	25		17	15	45	14	14	9	13	22	正1,関東学院1
2	92	14	20	8		1	2	13		12	22	28	10	4	33	17	5	8	13	千葉工42,武蔵16,工学院9,立命館7,東京経済5,東京都市4,立正2,大妻3,同志社1,白百合1
5	75	19	33	3		2	11	14		15	19	12	12	9	32	24	6	12	
2	76	22	50	4	15	4	8	14		22	16	9		3	大妻3,同志社1,白百合1
7	124	39	48	17	7	5	13	21		12	12	17	58	9	15	21		6	6	千葉工248,武蔵20,大妻12,共立8,東京都市7,立正6,聖心3,工学院2,白百合1
3	135	53	60	24	16	19	18	29		22	23	23	35	1	34	51	1	2	
6	153	32	70	23	18	13	12	20		16	22	15	31	7	34	28	2	10	院2,白百合1

東京・都立 高校	年	卒業生概数	東京大◆	京都大	東工大◆	一橋大◆	千葉大	筑波大	東京外大◆	横浜国大	埼玉大	早稲田	慶應	上智	東京理科	学習院	明治	青山学院	立教	中央
進学指導推進校 墨田川	'24	260					2					3		2	4	2	4	6	4	10
	'23	310					6	2				5	4	4	7	10	25	13	21	13
	'22	310					7	1			5	16	3	3	15	13	28	7	18	19
城東	'24	320				1	11	1				20	2	11	22	10	86	22	52	23
	'23	320					5	4	1	1	1	24	3	16	25	17	55	23	32	29
	'22	310			1	1	8	3			3	20	4	4	22	7	70	27	45	29
豊多摩	'24	300			1				2	1	3	26	8	15	20	20	87	29	52	52
	'23	310								1	2	24	16	8	13	14	88	35	62	44
	'22	300			1						3	24	11	5	14	13	62	22	34	59
北園	'24	310					1	3	3	1		41	12	15	9	24	55	25	67	37
	'23	310	1			2	3	5	5	5	14	27	11	18	23	35	80	23	79	36
	'22	310	1				3	3	3	3	12	51	12	15	10	32	62	39	102	49
江北	'24	300										6	1	3	2	5	4	2	9	3
	'23	300								2	2	2	1		3		8	3	10	5
	'22	310								2	1	2	1		3	8	12	7	11	10
江戸川	'24	310										1	1		3	5	19	6	14	6
	'23	320								1					4	10	24	3	19	12
	'22	320					1				1	5	2		3	20	46	8	16	12
武蔵野北	'24	230			3		2	2	4	4		32	3	8	20	7	69	27	76	32
	'23	230	2				5		4	4	1	24	5	7	12	8	64	24	47	40
	'22	230	1			1	3	4	6	2	3	45	3	14	25	6	94	27	62	49
昭和	'24	310					1	1	3	2		17	5	12	3	5	46	11	14	83
	'23	310			3			3		1	2	15	2	4	6	11	44	18	23	58
	'22	310							1	1	2	13	2	4	6	11	17	12	17	69
調布北	'24	230			1		1		1	1		32	5	13	6	11	72	25	51	65
	'23	230					3	1	3	1		7	3	8	3	8	47	11	17	76
	'22	230						1		3	1	9	3	3	15	11	75	19	36	76
小金井北	'24	240	1			1	2	3	2			21	4	9	10	9	75	23	55	69
	'23	240			2		2	2	5	1	1	20	7	7	11	15	70	27	57	55
	'22	230	1		2			2	1		5	18	3	9	11		60	24	32	42
日野台	'24	310	1		1		1		3	1		14	1	10	22	9	45	30	34	94
	'23	320			2		1	1	4		5	39	4	19	11	6	50	48	60	68
	'22	310			2	2	1	1		1	1	15	11	5	14	9	49	31	40	103
多摩科学技術	'24	200				1	1	2		2		3	2	4	17	4	15	7	8	14
	'23	200			2		1	2			5	2	1	3	22	2	17	7	8	17
	'22	200		1			1	1				3		2	10	2	4	2	7	9
文京区 向丘	'24	290												1		1	3	5	3	23
	'23	270										3	2	2	4	7	9	5	16	13
	'22	280									1	1			3	7	9	2	7	6
台東区 忍岡	'24	200																2		3
	'23	210															2	1		1
	'22	210														1				1
墨田区 日本橋	'24	210																	1	
	'23	220																1		3
	'22	220											1					1		1
本所	'24	230										1					3	3	9	4
	'23	230										1		2	5	4	10	3	8	7
	'22	230													2	1	7	4	3	3
江東区 東	'24	230															6	6	3	3
	'23	230					1					1		1			10	8	2	2
	'22	240					1					9		2	3		12	2	9	8
深川	'24	300					1	1	1			2		1	7	10	25	15	24	11
	'23	320							1		2	2	4	4	1	15	22	8	16	9
	'22	310					3					8	1	3	3	16	35	15	32	8

	私								立										その他の大学
東洋大	駒澤大	専修大	大東文化大	東海大	亜細亜大	帝京大	國學院大	国際基督教大	成蹊大	成城大	明治学院大	獨協大	神奈川大	芝浦工大	東京電機大	津田塾大	東京女子大	日本女子大	（この欄はすべて'24年春のもの）
52	18	24	28	12	8	7	9		3	7	11	28	4	10	17	3	3	4	千葉工81,大妻21,共立16,東京都市12,立命館7,武蔵6,立正4,工学院3,東京経済2,聖心2,関東学院1,白百合1
87	23	29	12	15	7	17	24	1	5	5	7	28	6	5	15	2	2	8	
87	23	29	7	18	5	7	19	1	8	3	10	48	4	13	12	3	2	11	
194	39	42	16	12	6	9	28		30	23	29	72	5	30	15		2	9	千葉工211,武蔵23,工学院21,共立14,大妻14,東京都市7,立正6,立命館3,東京経済3,白百合1
178	25	34	16	18	6	15	18		18	19	30	32	5	35	26		4	12	
152	41	49	13	28	6	18	39		32	13	15	42	6	18	21	4	5	12	
80	16	31	1	2	1	5	18		27	22	15	11	3	17	9	9	27	13	武蔵18,大妻13,工学院12,立命館10,東京都市6,立正6,同志社2,共立2,白百合2,聖心1
84	41	34	13	20	17	10	27	1	33	17	15	11	7	15	10	7	30	19	
78	32	33	8	10	14	14	26		45	24	15	15	6	24	9	4	20	10	
169	22	51	44	16	3	7	14		16	21	19	47	2	17	33	9	19	15	武蔵49,千葉工45,大妻16,東京都市12,共立9,工学院8,東京経済3,関東学院3,立命館2
171	23	48	17	9	11	25	3		22	19	19	35	1	25	21	6	14	20	
236	16	27	34	6	10	10	18	1	22	21	29	28	3	28	16	4	10	16	
74	15	14	29	7	7	9	11		6	6	7	58	2	8	19	2	1	3	千葉工32,立正18,関東学院14,武蔵9,大妻9,共立3,工学院1,東京経済1,聖心1
79	25	28	30	4	17	15	8		5	1	3	38	2	4	18				
94	20	41	16	25	5	9	14		2	4	6	59	2	8	31			1	
94	25	44	6	10	15	19	20		23	8	4	37	1	6	14	1		2	千葉工270,武蔵29,工学院8,立正7,東京経済7,共立6,大妻5,東京都市3,白百合1
132	36	67	12	10	11	23	21		23	24	10	41	4	14	25			6	
90	37	27	15	34	22	16	16		25	24	5	36	1	23	25			5	
85	21	32	6	2	9	6	18		46	15	17	3	2	11	13	7	14		武蔵19,工学院17,東京都市6,大妻6,立正2,千葉工2,共立2,白百合1
56	20	33	6	2	4	11	11		25	7	12	2	1	14	10	5	18	8	
92	22	17	6	4	6	7	11		33	12	12	3		12	33	6	17	15	
78	43	44	10	8	10	8	28		35	14	6	1	3	7	10	7	6	7	千葉工56,武蔵25,東京都市25,工学院24,東京経済23,大妻3,共立2,関東学院1
77	28	39	7	18	21	20	16		30	13	8		3	9	13	6	8	6	
92	29	71	19	21	9	9	26		43	27	9	14	3	9		6		2	
79	36	32	5	14	7	13	24		65	26	21		2	6		8	17	7	工学院32,武蔵20,東京都市16,東京経済8,大妻5,白百合4,立命館2,立正2,千葉工2,同志社1,聖心1
43	27	40	4	7	14	9	14		25	17	7		3		6	4		11	
70	35	36	3	20	10	11	12		23	23	19	1	3	6	10	6	14	14	
105	59	45		1	6	8	20		38	19	11	4		9	10	4	6	11	工学院28,武蔵21,東京経済12,千葉工10,立正9,立命館5,東京都市4,共立3,白百合3
62	33	23	6	2	5	12	14		44	21	15	4		27	12	4	8	7	
114	14	50	2	5	12	10	20		38	13	13	4		12	18	4	26	9	
109	10	46	2	7	10	14	12		28	10	17	12	6	21	22	13		9	工学院48,東京都市12,東京経済10,大妻5,武蔵4,共立4,立正1,白百合1
125	23	78	11	13	3	10	11		30	17	14	14	14	17	17		3	9	
84	25	76	9	35	10	16	16		33	30	9	9	7	12	6	11	10	14	
13	2	11	1	10	1	2	1		16	2			3	23	44	1	2		千葉工56,工学院41,東京都市10,武蔵2,立正1,関東学院1
12	3	10		8	1	2	1		13	1			8	25	22	2	2		
9	7	4	4	1	21				14			2		15	15				
70	32	34	76	13	16	9	12		5	7	10	40	3	2	11		1	3	千葉工22,武蔵20,立正10,共立10,大妻6,東京経済3,工学院2,白百合1
95	13	46	55	19	16	13	8	1	4	8	21	22	4	8	13		2	10	
68	17	34	55	12	9	20	10		11	9	7	14	1	3	11	2		2	
5	4	2	1	2	5	4			1			7				1			千葉工9,武蔵5,立命館1,東京都市1,立正1,大妻1
4	2	1	3		5	2				2		6	2	1					
3	3	1		6	3							2	1	6					
3		2		3	3					1			2						大妻3,千葉工2,立正1
7	4	4	6	5		6	1					3	1						
7		3	3		3	6						1	1						
22	15	20	12	3	19	15	1			2	1	24	2	3	12			2	千葉工66,関東学院13,共立11,立正9,大妻7,東京経済6,武蔵3,東京都市2,立命館1,工学院1,聖心1
38	27	29	23	6	16	12	12		2	7	3	30	6		3	1			
37	7	14	15	19	7	12	9		2	4	4	31	5		6			1	
53	10	30	16	18	14	8	7		4	4	2	22	1					2	千葉工45,立正19,武蔵12,東京経済7,大妻7,共立3,関東学院1
76	26	38	17	12	9	11	11		6	5	13	13	1	7	7	1			
60	12	37	7	12	12	12	4		8	5	13	19		1	6			1	
128	24	41	21	3	15	8	21		10	11	16	56	4	5	5	4	5	6	千葉工87,武蔵31,大妻20,共立14,立正6,関東学院5,立命館3,工学院3,東京都市3,東京経済3
82	26	53	31	23	12	8	18		11	11	13	56	4	5	18		3	1	
111	18	53	7	7	15	14	23		14	12	21	44	3	16				11	

合格状況

東京・都立 高校 / 大学

国立 = 東京大〜埼玉大、私立 = 早稲田大〜法政大

区	高校	年	卒業生概数	東京大	京都大	東工大	一橋大	千葉大	筑波大	東京外大	横浜国立大	埼玉大	早稲田大	慶應大	上智大	東京理科大	学習院大	明治大	青山学院大	立教大	中央大	法政大
品川区	大崎	'24	260											1			1	1	2		5	
		'23	260										1		2			3	2	3	7	5
		'22	270												1						5	5
	八潮	'24	170																		2	
		'23	200																			
		'22	220																			
目黒区	目黒	'24	220										7	3	4	11	15	27	26	25	37	
		'23	230					1		2	3	2	9	3	4	3	14	42	22	32	21	
		'22	240		1			2				3	11	4	3	9	16	37	17	21	21	
大田区	大森	'24	110																			
		'23	140																			
		'22	190																			
	田園調布	'24	220										7		1	3	5	14	7	6	10	
		'23	230						1				1			3	4	9	4	9	15	
		'22	240									1	1		3	2	5	16	2	7	7	
	美原	'24	170																			
		'23	220								1											
		'22	220																			
	雪谷	'24	270					1					9	1	1		4	32	7	28	15	
		'23	270						2		1	1	9	2	4	2	10	34	9	25	24	
		'22	280						1					1	4	1	2	8	9	13	10	
世田谷区	桜町	'24	290														1		1	1	3	
		'23	310													2		3	3			
		'22	300															1	2		4	
	千歳丘	'24	200																	1	1	
		'23	240																	1	1	
		'22	230																		1	
	深沢	'24	140												1			1				
		'23	170																			
		'22	170																			
	松原	'24	180																1	1	1	2
		'23	180															1		1		
		'22	180															1				
	芦花	'24	270								1					1	1	8	5	3	5	5
		'23	270										1			1	1	4	6		5	9
		'22	270													3		6		5	9	
渋谷区	広尾	'24	190										3	1	1	4	2	6		6	3	
		'23	190						1				4	4	4	7	11	17	15	11	14	
		'22	230									1	4	1	1	2	10	12	7	5	14	
中野区	鷺宮	'24	270																2	3		4
		'23	260										1			1	3	5	4	1	1	7
		'22	270												1	2	3	1	4		1	7
	武蔵丘	'24	300					1					1			4	8	6	9	6		
		'23	310										1			5	3		17	5	5	
		'22	310										1			2		5	2	6		
杉並区	杉並	'24	260										3			2		5	1	1	5	
		'23	300										3				4	7	3	2	12	
		'22	300									1	2		2	4		10	3	2	12	
豊島区	豊島	'24	270						1			1	2	1		1	10	18	5	13	5	
		'23	270						1				2				2	9	5	11	10	
		'22	280						1			2	3		1	1	7	10	7	17		
	文京	'24	330					3	3				16	3	13	15	14	56	17	70	25	
		'23	350					3	1			3	16	1	6	7	19	50	13	94	26	
		'22	350					1		1		3	32	1	3	6	20	80	23	63	40	

東洋大	駒澤大	専修大	大東文化大	東海大	亜細亜大	帝京大	國學院大	国際基督教大	成蹊大	成城大	明治学院大	獨協大	神奈川大	芝浦工大	東京電機大	津田塾大	東京女子大	日本女子大	その他の大学（この欄はすべて'24年春のもの）
8	11	12	10	7	22	9	10	2		1	1	6	2	20					立正29,関東学院23,東京都市10,千葉工9,白百合2,武蔵1,東京経済1,大妻1
3	19	18	10	8	19	3	16	15			2	1	13	1	23		2	3	
9	15	7	5	9	21	15	1				2	1	1	14		1	3		
1		1				2	2			1			1				1		立正4,関東学院1
2		1	5		4					1			1	5		3			
	2	1	4	1		2				1			3			1			
8	87	33	23	15	38	3	13	13		13	15	50	5	22	14	12	7	3	6	大妻11,東京都市10,千葉工9,関東学院9,武蔵7,立正6,共立4,工学院3,聖心3,同志社2,立命館2,白百合2
9	92	30	27	5	24	7	14	26	1	10	9	41	12	21	12	12	9	5	
5	73	40	37	5	14	4	12	20	1	18	16	28	7	31	20	9	6	3	
	1			1									1						
2	3	1																	
2	46	23	29		32	2	7	11		2	13	21	3	29		4	2	3	4	千葉工42,関東学院22,東京都市13,立正12,大妻10,武蔵4,工学院3,立命館2,同志社1,東京経済1,聖心1
7	31	24	22	1	24	8	10	9		10	9	16	6	26	2	4	3	5	
7	17	26	17		17	10	14	8		3	5	7	3	28		4	3		
		1		1		1							9						関東学院11,立正10
3		2	3	4		2							9	8					
1	1																		
3	53	11	24	8	46	3	11	10		8	9	30	5	21	4	11	1			千葉工62,武蔵24,東京都市18,関東学院18,立正11,共立6,大妻5,工学院1,東京経済1,聖心1
6	93	37	53	16	35	3	16	11		14	7	35	11	30	5	10	4	1	2
6	70	26	48	15	33	10	35			6	35	4	3	31	4	2			2
4	7	7	7	4	29	10	14	1		1	2	2		10						立正8,関東学院6,東京経済1,千葉工1
8	9	7	6	12	11	10	20	4	2	6	2		1						
8	25	10	9	19	14	11	2	6	2	4		5	9	2	3				
1		1			1	1	8			1							1		聖心1
1	2	1		3	10	1		2		1			1						
		4	2										5	1					
2		3				1				1									
1			2			1	1	1					1	6					
1	2	3	1			1		1					4						
1	1	2	1	1	3	14	2		6	4					3				東京経済6,立正2,武蔵1
6	2	2	6	3	24	9	12	1	3			1	2	2	1				
9	6	5	9		4	10	4	1	4		1	2	2	1					
7	19	22	24	10	30	14	16	4	9	4	8		2			3			立正15,武蔵7,白百合5,東京経済4,大妻4,東京都市3,工学院1,関東学院1,共立1,聖心1
0	36	28	29	9	46	12	32	12	6	6	2	4	5	2	2	1		1	
0	21	17	21	7	20	9	7	3	6	7	3	1	1			1			
9	37	28	27	3	16	10	6	14	7	9	8	14	6		5		1	2	千葉工47,武蔵11,東京都市5,立正5,東京経済5,大妻4,関東学院2,白百合2,工学院1,共立1,聖心1
4	43	24	11	10	12	18	12	16	7	11	11	3	15	1			5	2	
1	48	24	22	8	11	11	25	16	22	9	12	4	12				5	2	
8	11	5	15	8	3	16	15	1		1		2	3						立正13,東京経済9,武蔵2,関東学院2,大妻2,共立1
1	26	11	14	11	15	25	26		5	4	2	1	1					2	
2	16	15	14	22	6	29	22	7	7	4	1	4	11				2	4	
1	58	19	29	24	14	13	20	7	4	2	6	13	3			1		1	東京経済36,武蔵27,大妻16,共立9,立正4,千葉工3,聖心3,工学院1,東京都市1,白百合1
7	37	13	36	29	9	8	18	7	14	6	3	22	2	2	3	9		5	
3	42	11	34	29	15	11	7	3	15	5	3	31	4	4	12				
8	30	7	19	30	11	35	17		10	3	2	4	2	1			2	2	武蔵11,東京経済8,共立5,立正3,白百合3,東京都市2,大妻2,聖心2,工学院1
6	22	17	24	11	26	18	26	3	19	6	3	6			1		2	1	
2	31	6	12	20	8	17	15	3	5	5	2	1					2	2	
9	81	31	32	96	2	8	14	11	15	10	10	14	3	6	14		3	4	武蔵34,東京経済7,共立5,大妻5,立命館3,千葉工3,東京都市2,立正2,白百合2,工学院1
1	68	16	28	59	11	9	7	4	1	2	4	9	1					3	
0	65	20	23	46	6	11	17	10	5	11	17	4	30		38			1	
5	205	32	55	83	17	7	6	25	12	15	15	37	5	20	48	5	6		武蔵54,千葉工51,工学院16,東京都市9,大妻8,共立6,立正4,同志社2,東京経済2,白百合1
7	235	40	60	68	29	13	31	34	14	35	20	24	2	16	19	6	6		
3	182	38	57	47	9	18	20	30	32	28	13	13	30	38	5	11			

合格状況

区	高校	年	卒業生概数	東京大	京都大	東工大	一橋大	千葉大	筑波大	東京外大	横浜国大	埼玉大	早稲田大	慶應大	上智大	東京理科大	学習院大	明治大	青山学院大	立教大	中央大	法政大
北区	飛鳥	'24	180										1	4	1	4		1	1	1	2	
		'23	220											1	3			3	2	2	1	
		'22	230														2	1	1	1		
荒川区	竹台	'24	180																			
		'23	190										2	1				1	2	1	1	3
		'22	200												1		1					3
板橋区	板橋	'24	260																			
		'23	260																			
		'22	260																			
	板橋有徳	'24	160																			
		'23	190										2				1	4	1	4		
		'22	230																			
	大山	'24	170																			
		'23	170														1					
		'22	180																			
	高島	'24	290																	11		
		'23	310													2	6	2		1	2	6
		'22	310										1		3	1	7	7	1	3	2	6
練馬区	井草	'24	270							1	2		13	5	5	11	10	43	17	45	39	
		'23	270							1		4	16	5	8	5	23	34	18	40	37	
		'22	270						1	1			11	3	1	7	9	28	22	16	22	
	大泉桜	'24	150																			
		'23	180																1			
		'22	220																			
	石神井	'24	270							1			4	1	3		14	17	11	28	21	
		'23	280						1			1	7	1	4	6	5	22	5	5	19	
		'22	270									1	11	1	2	3	10	37	9	16	15	
	田柄	'24	130														1					
		'23	160										1						1			
		'22	140																			
	練馬	'24	210																			
		'23	260																			
		'22	260																			
	光丘	'24	190																			
		'23	200																			
		'22	240																			1
足立区	青井	'24	150																			
		'23	170														1					
		'22	180																			
	足立	'24	270																1	2		1
		'23	260																		1	1
		'22	270														1				1	1
	足立新田	'24	220														1	1		1	1	1
		'23	260														1	1			1	1
		'22	270										1									
	足立西	'24	180																			
		'23	180																			
		'22	190														1	2				
	淵江	'24	170																			
		'23	210																			
		'22	220																			

私 立

｜	東洋大	駒澤大	専修大	大東文化大	東海大	亜細亜大	帝京大	國學院大	国際基督教大	成蹊大	成城大	明治学院大	獨協大	神奈川大	芝浦工大	東京電機大	津田塾大	東京女子大	日本女子大	その他の大学（この欄はすべて'24年春のもの）
0	5	1		6	18	1	1	2				1	11					1	2	
	11	1	3	6	4	4	6	6			1	1	14	2	1	6		1		大妻8,立正3,共立2,武蔵1
7	11			5	6	4	5	6			1	1	7			1			1	
4		1				1		2					2							
4	2	1	1	2		3		3					4	1						東京経済1,大妻1
2	2	1						3							1					
3	7	2	1	3	4	4	9	1		1		1			3	1	4			
9	9	1	4	10	3	15	3	1	1	1			1	3	1	4	3			共立3
3	10		4	6	2	2	9	2					1			4	3			
4	5		1	7	3	2	2			2	1	2	6					7		
3	6	3	2	13	2	3	7			2	3	2	6					7	5	立正1
5	5		2	12	2	1	4			1		2	6	5				7	5	
1		1		4				1												
	1			2	1	4														武蔵1,大妻1
	3			7		2														
2	20	4	13	30	6	6	10		1			4		3	1			3		立正11,武蔵5,東京経済2,大妻1,白百合1
	32	8	25	34	4	18	18	3		1	1	5	3	1	3	1		3	7	
	25	6	13	14	7	6	11	4		1	3	2	3	1		3	7			
4	99	26	43	28	11	10	15	13		22	17	16	8		8	13	6	7	6	武蔵56,東京経済9,工学院7,千葉工5,立命館3,共立3,立正2,関東学院2
5	72	23	35	21	11	10	14	14	1	27	19	16	8	1	14	19	10	11	7	
2	78	22	15	12	5	14	17	17		18	9	18	14	3	20	13	7	7	6	
1				1		1				2										
4						1										2				白百合1
8	1			1												3				
5	91	30	42	12	19	16	27	31		16	13	7	7		10	16	3	6	9	武蔵17,共立11,立命館10,大妻9,工学院7,東京都市5,東京経済5,立正3,千葉工2,白百合2
3	91	34	27	24	20	28	22	39		22	4	5	5	1	6	12		4	1	
8	80	31	24	23	7	19	19	14		40	13	9	11		21	8	1	3		
2	2						2	5										1		
2	2				1		2	5										1		
			11	1	1	2												1		
2		1	6	3		4	3											1		武蔵1
1			3		4		4											1		
1	1	3	2		2	6	1										2	2		
1	3		1	8	2	6	2	1									2	2		東京経済2,立正1
2	5	1	2	8	1	1											2	2		
				4																
1				1																
7	11	2	4	18	4	7	9	4				10				9				
6	13	4	3	5	1	3	11	1	1	1	14				9	5				立正19,大妻3,千葉工2,共立2
9	9		6	5	5	8	3	2	1		5	1				1		1		
4	2			3		1			2											
5	1	1		3		2	5					1	1							千葉工4
7	2	1	2	5	1		1		1			2	1	1						
3			1	5	1	7					2		2		1					
2	5	1	5		2		2	1		1		2	2	5				1		
1	5	5		6		2		1			1	2	5					1		
2						1			1											
1																	4			大妻1
1					2						1						3			

東京・都立 高校	年	卒業生概数	東京大	京都大	東工大	一橋大	千葉大	筑波大	東京外国語大	横浜国立大	埼玉大	早稲田大	慶應大	上智大	東京理科大	学習院大	明治大	青山学院大	立教大	中央大
葛飾区 葛飾野	'24	260																		
	'23	300	1									3			2		2		2	1
	'22	300															1			1
南葛飾	'24	210															1	2	1	
	'23	220														1				
	'22	220																		
江戸川区 葛西南	'24	170																		
	'23	190																		
	'22	220																		
小岩	'24	350													2	1	9	4	4	1
	'23	350										1	2	1	1	1	1	1	1	
	'22	350												1			1	1	2	1
篠崎	'24	270																		
	'23	270															3		1	
	'22	260																		
紅葉川	'24	220					1										1		1	1
	'23	230															1	1		
	'22	230															2			
八王子市 片倉	'24	250																		1
	'23	280														1	3			
	'22	310															1			1
翔陽	'24	190													1		1	4	2	6
	'23	230												3	4		6	2	5	7
	'22	240										2	1		1		8	2	5	14
八王子北	'24	190															1			2
	'23	200										4	2	1			2		1	3
	'22	190																		2
富士森	'24	270													1		3	3	1	13
	'23	300												1	1	2	4		1	11
	'22	310										1					1	1	1	15
松が谷	'24	300										1	1		1		6	3	4	13
	'23	300										2					3	3	3	10
	'22	320												1	1	1	3	3	3	10
青梅市 多摩	'24	140																		1
	'23	180															1			
	'22	160																		
府中市 府中	'24	270										1			2	1	3	3	2	10
	'23	270												3	1	1	3	2	1	8
	'22	270													1		11	4	1	10
府中西	'24	260																2		6
	'23	310														1	1	2	1	3
	'22	300										1			2		1			6
府中東	'24	300								1					1		1	1		8
	'23	300															1	1		4
	'22	300															1			
昭島市 拝島	'24	220																		
	'23	220																		
	'22	240																		
調布市 神代	'24	270										10	3		1	2	33	9	28	39
	'23	270										2	3	6	1	5	16	10	7	24
	'22	280								1		2		2	3	5	13	13	3	30
調布南	'24	230						2				3				5	10	2	11	19
	'23	240				1		1			3	3		2		5	13	7	7	23
	'22	230						1			3					5	19	7	5	30

				私								立							
東洋大	駒澤大	専修大	大東文化大	東海大	亜細亜大	帝京大	國學院大	国際基督教大	成蹊大	成城大	明治学院大	獨協大	神奈川大	芝浦工大	東京電機大	津田塾大	東京女子大	日本女子大	その他の大学（この欄はすべて'24年春のもの）
3	7	2	2	1	7	7	6					1							関東学院5,立正2,東京経済2,武蔵1
4	6	2	4	67	4	12	8					69	1		1				
6	4	6	10	7	3	7	2					9		1					
2	3						2	1											
	1						1	1					7		1				
2	2		1										2		3				
		1					2						2	1					
2	1																		立正2
4				6								2							
4	49	18	13	21	22	7	14	1			1	6	30		6			1	千葉工77,立正23,武蔵22,東京経済6,大妻2,工学院1
3	17	11	18	4	2	25	13			1	2	6	67		3		2		
7	18	9	16	17	2	12	14				1	7	62		8				
6	8	2	4	5	2	6	1						4	3					立正2,東京経済1
		1				5					1			2					
7	10	4	3		5	4	6	4			2	4			1				立正6,千葉工4,東京都市2,同志社1
	4	4	4	4	6	15	29					11			1				
5	4	4	1	4	8	4	18			2		1			3				
8	1	2			4	1	22						1						東京経済1
4	3	1	3	3	4	4	28	4			1	3							
6	5				2	1	24			1		1							
0	10	11	4	3	7	10	28	1		4	6	2	2	2			1		東京経済9,立命館3,工学院2,立正2,白百合2,関東学院1,共立1,大妻1
5	11	7	11	2	15	15	23	5		12	3	2	2	1	3	1	1		
5	23	14	32	4	5	22	24	1		3	6	1	2	2		15			大妻1
	2	1	1		1	1	22						1						東京経済2
		2	1		2	2	12	8		1	1		2						
2							8	8											
4	11	5	10	5	30	18	43	2		5	2	1	4	1	1				東京経済18,関東学院2,東京都市1
4	7	2	9	6	19	19	42	3		4		2	6			3	1		
3	11	11	20	5	20	27	32	5		2	2	1	5		3				
1	32	6	34	12	30	10	28	2		1	3	2	4		1		2		東京経済10,武蔵8,工学院3,立正2,共立1
0	20	13	32	4	22	13	28	3		4		3	2		6		2		
2	16	7	34	3	17	12	29	4		5	4	4	9				1		
1		1	2				2												東京経済2
						2	3												
				3	2	1	1												
5	18	2	28	7	11	13	30	3		5	3	1	1	3	1				千葉工20,東京経済16,工学院10,武蔵7,立正5,大妻4,共立3,東京都市2,白百合1
1	27	11	26	12	17	17	28	3		14	2	2	2	2	1	1	4	4	
3	23	4	20	8	17	37	33	7		22		3	3	7	2	1	1	2	
5	5	4	10			5	35					3			1		2		東京経済2,大妻2,関東学院1
8	5	3	8	9	4	18	55	2	1	3							1	1	
	2	4	7	2	4	10	33			1		3			6			1	
6	2	4	7	2	4	10	28	1		1	2	2							東京経済5,武蔵3
2	7	6	4	5	4	24	35			5			2						
5	7	2	6	6	4	8	33			3	3		3						
1	3	1	1			1	10												東京経済3,立正1
							4												
							7												
7	53	29	46	10	24	20	25	7		21	21	12	1	6	3	3		5	2	東京経済14,武蔵13,共立12,大妻10,立正5,千葉工5,工学院3,東京都市2,白百合2,立命館1
7	35	23	55	2	25	14	25	18		18	18	24	2	6			6	4	
3	29	44	39	6	36	12	33	15		29	17	13	1	12	2	7	6	4	
7	38	15	44	2	25	11	36	3		14	9	5		10	6	4	1	1	武蔵19,東京経済15,工学院9,共立3,東京都市2,大妻2,聖心1,白百合1
2	27	23	43	5	40	11	30	12		18	7	6	3	5	11	7	3	3	
3	66	16	55	6	72	21	31	14		29	8	15	3	12	2	6	2	2	百合1

合格状況

東京・都立 高校

国立の ◆ は 東京大・京都大・東工大・一橋大・東京外大

市	高校	年	卒業生概数	◆東京大	◆京都大	◆東工大	◆一橋大	千葉大	筑波大	◆東京外大	横浜国大	埼玉大	早稲田	慶應	上智	東京理科	学習院	明治	青山学院	立教	中央
町田市	小川	'24	260															1	2	1	8
		'23	270										3	3	1		1	4	2	2	5
		'22	310										1		1			2	5		5
	成瀬	'24	270										2	1	1	1	3	11	4	3	20
		'23	270										12	2	1	1	4	18	15	7	17
		'22	270										6	1	3		2	12	25	11	17
	野津田	'24	130																		
		'23	140																1		
		'22	140																		
	山崎	'24	170														1				
		'23	190														1				
		'22	220																		
小平市	小平	'24	260									1	14	1	15	2	12	28	24	65	41
		'23	270						1	1		2	10	5	5	10	8	27	11	38	38
		'22	270									1	3	3	2	6	10	33	19	38	24
	小平西	'24	260																		
		'23	270														1	1		1	
		'22	270															2			
	小平南	'24	270										5	2		7	4	13	2	3	11
		'23	280										4	1	3	5	3	20	4	9	30
		'22	270										3	1	1		3	14	1	13	18
日野市	日野	'24	260													2	1		1	3	4
		'23	300										3		1	1	4	8	5		17
		'22	310										1		1	1	3	1	2		13
	南平	'24	310									1	4	1	2	3	8	23	18	16	89
		'23	320					1		1		1		2	6	3	9	14	23	7	37
		'22	320									1	15		5	3	13	41	23	17	87
東村山市	東村山西	'24	170														1				2
		'23	210																		
		'22	220																		
福生市	福生	'24	230																		
		'23	270																		
		'22	280						1												
狛江市	狛江	'24	310							1	2		5	4	3	6	5	34	29	16	59
		'23	320			1	1	2		2	3		5	4		7	8	39	25	30	52
		'22	310							1	3	1	13	1	7	4	19	60	27	36	68
東大和市	東大和	'24	260																2	1	11
		'23	280													2	1	4	4	1	7
		'22	310										1		1	2	2	6	4		7
	東大和南	'24	270										4		2	2	5	18	3	7	33
		'23	280										3		2	2	7	16	15	8	36
		'22	270					1				1	4			2	7	21	9	7	31
清瀬市	清瀬	'24	230						2				4	1	2	2	11	23	8	30	26
		'23	270									2			1	7	11	16	3	22	29
		'22	270									1	7	3	1	4	6	32	2	20	27
東久留米市	久留米西	'24	180																		
		'23	240																1		
		'22	230																		
武蔵村山市	上水	'24	180															4	8	5	2
		'23	230													4		3	3	1	6
		'22	230									1			1	4		1	5		
	武蔵村山	'24	220																		
		'23	240														3	1	3		1
		'22	260																		

| 私 | | | | | | | | 立 | | | | | | | | | | | その他の大学 |
東洋大	駒澤大	専修大	大東文化大	東海大	亜細亜大	帝京大	國學院大	国際基督教大	成蹊大	成城大	明治学院大	獨協大	神奈川大	芝浦工大	東京電機大	津田塾大	東京女子大	日本女子大	（この欄はすべて'24年春のもの）
7		9	29	5	40	4	22	2			4	5	7					1	
5	10	7	14	1	49	4	26	2		1		3	21			1		1	東京都市5,関東学院2,大妻2
9	4	4	16	1	45		18	4		3			15			1		2	
7	28	30	45	1	56	1	15	7		8	5	6	20			3	1	2	関東学院9,東京経済8,武蔵7,東京都市3,立正3,大妻3,同志社2,工学院1
4	37	33	83	2	78	5	24	14		8	11	8	42	2		14	1	3	
2	26	16	56	3	80	5	20	18		11	6	10	31	4		1		2	
1	1							4											
1	1							1											
1	1	1		1			3	5			1		1						
1	1		1		7	1	15			1		2							関東学院3
3	1		1		6	3	1	9					2						
5	137	41	45	58	3	27	17	15		28	13	20	17	5	5	4	6	14	武蔵57,東京経済28,工学院8,共立7,立正6,東京都市3,大妻3,白百合3,聖心1
10	115	21	27	4	9	19	23	10	1	24	8	18	11		2	12	8	7	
9	104	21	43	13	9	30	32	17	1	32	16	12	28	2	6	3	6	6	
4	6		2	5	1	8	41					1						2	東京経済4,共立1,聖心1
3		2	4	3		1	20			1								2	
9	8	1	3	1		17	19			1	1						5		
5	88	13	42	12	16	32	43	7		10	6	1	3	6	5	3	4		東京経済25,共立9,大妻9,工学院27,立正7,武蔵6,東京都市3,千葉工2,聖心2,白百合2
9	88	18	52	10	11	8	32	8		10	8	10	2	4	9	8	3	2	
9	97	21	70	20	14	45	45	8		17	10	7	5	3	4	6	3		
3	9	3	12	10	7	12	30	2		3	4	1	1	3	2				東京経済13,武蔵11,千葉工8,工学院5,大妻4,立正3,立命館1,東京都市1,関東学院1
1	9	2	34	1	2	20	39	4		5	2	1	4	2	2				
10	9	8	24	7	9	15	43	3		7	1	1	5	3					
10	91	29	58	14	27	12	36	28		19	27	13	6	10	2	12	3	11	東京経済23,工学院16,大妻9,武蔵8,白百合7,東京都市5,立正3,共立3
4	58	21	48	3	19	15	21	15		20	19	9	5	9	8	5	1	6	
5	52	24	64	8	26	9	28	15		40	26	9	5	5	11	1	3	5	
1				1		2	3	10									2		
1	1			2													1		
1		1																	
2	4	1	9	5	3	5	25	2				1				1		1	東京経済7,東京都市2,立正1
2	17		1		7	28	6					1						1	
4					7	28			1	1									
3	56	28	88	12	51	9	28	19		21	24	30	6	12	7	16	4	4	東京都市27,工学院23,武蔵10,立正7,関東学院7,大妻6,東京経済4,立命館3,共立2,白百合2
1	86	39	94	6	42	4	16	13		16	10	54	1	17	13	11	3	2	
4	70	38	55	8	51	7	12	24		37	18	18	4	22	14	10	3	2	
6	9	5	31	11	7	9	46	2		2	1		2		1	2			東京経済21,関東学院6,立正2,大妻2,武蔵1,千葉工1
9	12	7	17	17	4	24	38	2		10	2	4		2		2	1		
8	14	18	20	13	4	15	43	5		10	4	1		3		2	3	1	
2	82	17	39	6	1	9	19	3		21	13	7	3	4	1	5	2	10	武蔵40,東京経済28,工学院10,大妻7,東京都市5,立正4,共立3,白百合3,聖心2,同志社1
9	83	33	47	16	14	30	32	12	1	15	17	4	1	13	12	7	3		
5	73	18	30	14	10	28	10	7		28	10	7	1	6	7	7	12		
4	67	30	30	56	6	30	23	9		17	9	9	3		13	4	1	1	武蔵38,工学院27,東京経済14,東京都市5,立正4,共立2,大妻2,聖心1,白百合1
10	104	35	23	41	17	18	32	20		30	8	4	3	9	8	10	21	4	
6	103	32	30	11	11	16	26	15		23	8	6	12		7	7	12		
4	5			8	1		4												
2	1			8			12	4								2			東京経済1
1	4			4			8	11								3			
1	27	12	29	1	4	21	22	7		8					6	7	2	3	千葉工23,武蔵19,東京経済17,東京都市5,立正3,共立2,大妻1
10	24	17	17	4	3	9	28	7		4			4		5	1	1		
5	24	7	15	9		14	21	14		10	4	2	14			1	2		
6				2		1	19												
6	1	1	3	1		3	21					1							
1	1	1	2		2	18				1	1								

合格状況

東京・都立 高校	大学 年	卒業生概数	東京大	京都大	東工大	一橋大	千葉大	筑波大	東京外大	横浜国大	埼玉大	早稲田大	慶應大	上智大	東京理科大	学習院大	明治大	青山学院大	立教大	中央大
多摩市 永山	'24	240																		
	'23	260																		
	'22	280																		
羽村市 羽村	'24	180																		
	'23	210														1				
	'22	240															1			
あきる野市 五日市	'24	100																		
	'23	110																		
	'22	110																		
西東京市 田無	'24	260										1				4	1			5
	'23	310							1					1		4		1	4	1
	'22	310															1	1		5
保谷	'24	300													1	3	8	2	11	10
	'23	310										4		3		3	6	1	6	8
	'22	310										6				4	1	1	7	10
総合学科 晴海総合	'24	250																		4
	'23	250												1		1	2	3		3
	'22	260														1	2	2	4	6
つばさ総合	'24	230														2	1			
	'23	230														1	1	1	1	
	'22	220														5	1	1	2	3
世田谷総合	'24	170															1			
	'23	190																		
	'22	220															1			
杉並総合	'24	220										1	1		2		3	1		2
	'23	220																		3
	'22	230										1					2		6	5
王子総合	'24	230																		
	'23	230						1												
	'22	230														1	1		1	
葛飾総合	'24	160																		1
	'23	220																		
	'22	210																		
青梅総合	'24	230														1	1			1
	'23	230							1		1			1	2		1	1	2	3
	'22	230										1	1				1			1
町田総合	'24	180																		
	'23	230																		
	'22	230																		
東久留米総合	'24	170															1	2	2	1
	'23	190															1	3	2	1
	'22	230													1	1	10	2	1	12
若葉総合	'24	200																		
	'23	220															1	1		3
	'22	230																		2

	東洋大	駒澤大	専修大	大東文化大	東海大	亜細亜大	帝京大	國學院大	国際基督教大	成蹊大	成城大	明治学院大	獨協大	神奈川大	芝浦工大	東京電機大	津田塾大	東京女子大	日本女子大	その他の大学（この欄はすべて'24年春のもの）
	2	1	1		1	4	24	1		1		1		2		2				
2		1			5	2	10							1						
							15													
1	4	4	4				4					1								
			1	1	1		4					1								
							1													
							1													
							2													
7	5	1	9	3		16	32	1			1			4		5				東京経済3,立正2,白百合2
2	8	10	6	6	5	32	43			2	3	1				2				
4	4	4	6	5	1	17	31	3		3			1			2				
10	42	10	45	22	4	24	28	4	10	2	8	8			2	6		1		武蔵25,東京経済25,立正7,大妻7,千葉工4,東京都市3,共立3,工学院1,白百合1
56	41	12	17	41	8	46	28	3	13	4	8	25	19	4	4	9	2	1	3	
57	54	16	20	36	4	35	29	7	13	8	5	4	4		4	10		3		
9		4	1	5	9	1	2		1	1	1	1	1	5	2			1	2	千葉工60,立正8,関東学院5,武蔵4,大妻3,東京経済1,共立1,聖心1
8		3	2	2	1	2			1	1	2	5	3		1	2		1	2	
0		3		1	9						2		2						2	
0	9	8	5	9	12		6	2			2	1		12						関東学院14,立正10,東京経済1,共立1
6	1	5	5	2	12		6	2	1	1	1	1		18		2				
1	9		6	4	6		4					3		15						
3			5	6	1	8	6	2		1				1						立正3,東京経済2,武蔵1,関東学院1
2	1			3	1	10				1	2	1		3	4					
1	1	3		1	4		2			1				1	4					
6	6	5	5	3	1	4	8	1		1	1			2			2	2	1	武蔵3,立正2
6	6	5	3	5	3	9	7	2	1	2		5	2	2	2			1		
1	2	12	3	5		9	7			2				1		1				
3	1		2			1	1						1							千葉工2,共立1
0	1		2			2	2						2	2		1				
2	3		1			2							1	2						
5				2	1								1		3					
5	4		1	1	3	2				1	4	1				2				
5	10	1	2	3		2			1	1	3									
8	4	2	4	3	2	7	13		1			4					3			武蔵11,東京経済9,立正3,大妻3,共立2
7	8		4	4	5	1	5	12		2	6	1	4	3	1	1	3	1		
7	3	6	3		2	9	15			2	1	2								共立2
1	1		3				6													
3	1		2	2	3	5							8		1					
1		2	2	1	5		1						5							
6	6	1	2	7	5	16	6		3				5		2					千葉工5,東京経済4,武蔵1
6	19	6	10	7	2	10	19	3	2	4	1	1	5	2		3	4	1		
9	10	6	12	18	6	12	17	3	2	1	4	1	1	7		1	4	1	1	
2					2								5							
4		1	1	3	1	2			5			2			1			1		関東学院1
3	1	2	3	2	1	5				2	1									

東京・都立 高校	年	卒業生概数	東京大	京都大	東工大	一橋大	千葉大	筑波大	東京外国語大	横浜国立大	埼玉大	早稲田大	慶應大	上智大	東京理科大	学習院大	明治大	青山学院大	立教大	中央大
エンカレッジスクール																				
蒲田	'24	100																		
	'23	130																		
	'22	110																		
足立東	'24	100																		
	'23	130																		
	'22	170																		
東村山	'24	170																		
	'23	190																		1
	'22	170																		
秋留台	'24	170																		
	'23	210																		
	'22	220																		
昼夜間定時制																				
普通科他																				
一橋	'24	—																		
	'23	130															1	1	1	2
	'22	120																	1	
新宿山吹	'24	—						1				2	2		7	1	10	7	9	10
	'23	180	1			1			1	1		9	6	12	10	4	14	2	14	21
	'22	180	1						1			8	4	4	11	4	7	3	8	9
浅草	'24	—																		
	'23	150																		
	'22	130																		
荻窪	'24	—														1				1
	'23	150																		
	'22	160																1		
八王子拓真	'24	—																		
	'23	280																		
	'22	240																		1
砂川	'24	—																		
	'23	140														1	2	1	2	1
	'22	130														1	4		2	3
チャレンジスクール																				
六本木	'24	—															1			
	'23	140																		
	'22	120																		
大江戸	'24	—																1		
	'23	160						1						1	2		2			
	'22	120										2					2	2		
世田谷泉	'24	—										1					1			1
	'23	140					1					1	1				2	2	1	5
	'22	110															1	1		
稔ヶ丘	'24	—										2	2		4	1	4	3	2	2
	'23	150						1				2				2	1	2	1	1
	'22	180										1				1	2	2	2	1
桐ヶ丘	'24	—																2		
	'23	140																1		2
	'22	110										5								1

東洋大	駒澤大	専修大	大東文化大	東海大	亜細亜大	帝京大	國學院大	国際基督教大	成蹊大	成城大	明治学院大	獨協大	神奈川大	芝浦工大	東京電機大	津田塾大	東京女子大	日本女子大	その他の大学（この欄はすべて'24年春のもの）
						1							1						
			1										1						
1			1		2	2													東京経済1
2	1				5	1										1			
					4	2													
1																			
								1											
4			6	6	2	1						1	1		1	1	1	1	
4	6	2	1		3	2	3				1	3	2		1	1			立正3,関東学院1
2	4	2	1	1								2							
7	19	12	19	11	6	3	4	6		6	12	16	4	5	1	3	3	6	東京経済10,立正9,東京都市7,武蔵6,大妻3,聖心2,白百合2,工学院1,千葉工1,関東学院1
3	31	17	18	10	5	5	9	11		5	6	4	6	1	1	6	2	10	
5	33	14	18	5	2	5	6	5	1	3	3	5	1			5		2	
1											1		1						
1	3		2																
4	2		1			1					1		1						
7	3					2	1												
3	2	1				1	3												東京経済4,工学院1
2						3	1						1						
3						6													
			1		2	6	1					1							東京経済3
			1			2						1							
		1				5	7		3	2									
6	3	2	2		1	1	11	3	5	1									
6	7				1	1	3	1					2						
2	1					1													
1	2	3			2	3	1												白百合1
	3	3	2	4	4		1	1		1		1							
2	4		1		1	3	1									1			大妻14,東京経済6,共立2
4	1	1		1		3	2								1	1			
1	10		3				1									3		2	
	3	1		1	1	2						3			3				
3	4	1	2		1	1		1	2	2									立正1,東京経済1
1		2										1							
1		1	4	7	9	3	6	3		1		2	2		1			2	武蔵9,東京経済4,工学院3,立正2,千葉工2,大妻1
4	6	3	1	4		5	5					2	2		1				
7	9	2	2	5	13	3	10	2			4	2	2						
			4	3				1				1	1						
	2			1			2					1	2						

東京・都立 高校 — 全日制 — 専門学科

高校	年	卒業生概数	東京大	京都大	東工大	一橋大	千葉大	筑波大	東京外大	横浜国大	埼玉大	早稲田大	慶應大	上智大	東京理科大	学習院大	明治大	青山学院大	立教大	中央大
科学技術	'24	190	1				1							1	2	1	1		1	3
	'23	200										1		1	8		3	2	1	5
	'22	200									1	2		1	6					1
大田桜台	'24	130												1				2		
	'23	150																1	1	
	'22	180															2	1	1	2
千早	'24	200													4	2				
	'23	190													2				2	
	'22	200													1		1			
橘	'24	170																		
	'23	190																		
	'22	190																		
八王子桑志	'24	200																1		
	'23	200											1	1			1			
	'22	210															1			7
総合芸術	'24	160					1	1												
	'23	160							1					1				2		2
	'22	160								1							1		2	2
工芸	'24	170															1		2	4
	'23	170									1						2	1		1
	'22	170					1	1												1

（注）専門学科の駒場・国際は進学指導特別推進校，多摩科学技術は進学指導推進校に掲載。

	私 立																			その他の大学 (この欄はすべて'24年春のもの)
	東洋大	駒澤大	専修大	大東文化大	東海大	亜細亜大	帝京大	國學院大	国際基督教大	成蹊大	成城大	明治学院大	獨協大	神奈川大	芝浦工大	東京電機大	津田塾大	東京女子大	日本女子大	
	7	10	2		2	17	1	2	2			2		4	2	6				千葉工62,東京都市6,関東学院3
	9	5		1		8	2	3			3		1	2	4	5				
		4				8	4	2		1	1	1		1	12	15				
	1		2	1		2	1	1	4				1	2						武蔵2
	2	1	3	2	2	3		2					3	2						
	1		4	3		1							1							
	2	1	8	3	7	2		1				1		5		1				武蔵5
	4	10	2	4	5			2	3		1			5	5	1		1	1	
	4	6	4	2		1		2			1	1		5	4	3				
	2										1									
		1	1						2											
	2	5	1	8		1	1	4				1					2	1		工学院1
	3	4	3	6	2	1	1	5			1	5		1						
	9			2				2										1		
	1			1					1				1	1				1	1	
	1		4	1									1	1			1	1		
	7	2							2											
	2	3	1	1		9		2			1				3		1		2	工学院1,東京都市1
	6	8	1	1	2	1	1		2		1	3		1			1	1		
	6	4	3		2						1			1						

合格状況

神奈川・公立　全日制（横浜市）

高校	年	卒業生概数	◆東京大	◆京都大	◆東工大	◆一橋大	◆千葉大	筑波大	◆東京外大	横浜国大	埼玉大	早稲田大	慶應大	上智大	東京理科大	学習院大	明治大	青山学院大	立教大	中央大
			国立									私立								
鶴見	'24	310									1	3		5	2	2	6	3	4	7
	'23	300										3		2		3	10	8	4	2
	'22	310														2	3	11	8	
鶴見総合	'24	210																		
	'23	230																		
	'22	260																		
市立東	'24	260	1									3	1	1		8	34	29	13	25
	'23	270										8	4	3	4	15	27	19	20	16
	'22	270									1	6	2	4	7	6	34	22	35	27
市立横浜サイエンス	'24	230	4	1	4		1	3		10		34	34	16	93	3	62	31	17	34
	'23	230	4		1	10	3	4	4	20		38	25	14	64	6	66	19	19	29
	'22	230		1	3	8		4	4	18	1	25	15		51	1	51	22	14	26
横浜翠嵐	'24	350	43	7	9	9		1	1	17		140	114	69	147	2	169	30	43	45
	'23	360	44	14	25	9	2	5	2	46	1	188	146	45	184	11	196	44	52	50
	'22	330	52	6	12	13		5	2	34		146	139	33	123	7	151	29	30	48
城郷	'24	240																		
	'23	250										1				1	5	2	1	1
	'22	310														2		1		1
神奈川総合	'24	250					1	1		1		25	11	26	9	10	44	38	59	28
	'23	260			1		7		1	1	7	27	15	22	12	8	65	42	62	34
	'22	260					2	3	1	5		36	16	28	14	14	38	43	60	40
港北	'24	310										6	2	3	2	1	11	10	10	15
	'23	310										2			6	6	23	19	11	17
	'22	350								2		6	2	2	6	8	32	22	10	24
新羽	'24	360														1			1	3
	'23	380														1		1		3
	'22	370														1		1		2
岸根	'24	310												1		1	2	3	3	8
	'23	310															5	2	1	6
	'22	320														1				1
霧が丘	'24	320																		
	'23	360																	3	
	'22	390																	2	3
白山	'24	280																		
	'23	300																		
	'22	280																		
市ケ尾	'24	390								4		13	2	5	7	8	67	36	37	47
	'23	390						2		1	4	4	2	2		14	31	28	26	37
	'22	400		1			1			1	4	26	4	7	8	17	83	49	37	58
元石川	'24	340										2	2				10	9	6	15
	'23	350										1			4	3	12	7	5	10
	'22	350										2	2		3	2	9	7	5	13
田奈	'24	50																		
	'23	80																		
	'22	130																		
川和	'24	310			1	5	8	2	8	9	22	68	47	44	57	13	229	69	73	76
	'23	310			1	4	7	4	3	5	35	82	43	25	41	3	219	78	79	51
	'22	310	1		2	4	4	2	1	5	31	99	46	43	59	8	215	80	105	61
荏田	'24	390										2	1				7	6	3	5
	'23	390						1		1						2	1	3	1	5
	'22	390											2			1	2	3	1	3

東洋大	駒澤大	専修大	大東文化大	東海大	亜細亜大	帝京大	國學院大	国際基督教大	成蹊大	成城大	明治学院大	獨協大	神奈川大	芝浦工大	東京電機大	津田塾大	東京女子大	日本女子大	その他の大学（この欄はすべて'24年春のもの）
8	21	17	39	4	67	8	11	4		5	5	13		58	3	16	1		4	関東学院76,立正18,東京都市12,
2	18	13	22	9	3 50	4	2		5	6	6	4	9	11		66	3	10	5	共立3,武蔵2,工学院2,聖心2,立
9	26	9	9		41		2	15	13	6	4	4	5	37	3	3		5	1	命館1,千葉工1
1	2		1		3 8		1							1 6 1						関東学院2
9	43	25	37		31		5	23		4	10	30		68	8	8			1	千葉工32,関東学院30,東京都市
6	63	26	42	5	48	2	12	18		7	9	34	6	91	9	5	1	2	15,武蔵4,工学院4,立正3,立命館
0	41	17	28	1	41		13	16	1	9	13	31	3	71	8	9			2,大妻2,共立1,聖心1
0	12	1	5		23		3	1		8	1	5		27	17	13			1	千葉工65,東京都市48,工学院11,
1	10	4	11		19		4	7	1	1	1	8		27	23	10			3	立命館3,武蔵2,関東学院2,共立1
9	14	3	15		24		1	1		1	1	4		20	52	8	8	3	2	
3	7	2	6		1			2		5	2	12		6	26				6	東京都市28,工学院18,千葉工2,
4	16	7	2		6	2		1		4	4	13		11	14	4		3	5	同志社1
6	14	1	1		7		1		2	3	5	14		10	11	4		5	10	
4			1	2	12									3						関東学院12
6	1	2	8	1	3		2	2			2	2	1	23						
0		7	3	2	11		2	9	1					38						
1	26	18	19		18		1	2	10		5	4	39		18	6	5	1	3 12	関東学院13,立命館9,武蔵9,工学
	45	18	21	1	14	1	2	17		8	17	50		29	4	6	4	4	12	院3,東京都市3,千葉工3,立正2,
0	30	22	42	1	24			6	17	1	4	18	48	6	28	11	2	2	5	聖心2,同志社1,大妻1
6	30	19	44		55		10	6		3	1	15		74	4	7				関東学院42,東京都市24,千葉工
1	21	31	46	2	80	1	11	15		11	9	17		90	5	5		4	21,大妻9,東京経済8,立正7,武蔵
3	33	24	33		49		1	23		11	3	16	3	87	5	5			3	6,共立6,工学院2
1	4				2		7					1		1		1				関東学院4
2					3		7							19						
5		2			2		2							26		2				
0	11	4	17		38	7	13	4		3	8	7		39		1	1			関東学院56,武蔵7,東京都市2,立
6	6	1	23	5	31	1	13	2		1	4	3	1	47	1			1	命館1,立正1,大妻1
3	6	12	25	5	30	1	9	7			3	1		42	3	2				
5		4	3	1	22	2	16							7						関東学院23,東京都市3,立正2,東
6	2		6	1	19	3	14	1		2			2	34	2	2				京経済1
9	1	1	14		14	1	11							35	1	2				
2		1			1		1	3						6						関東学院4,立正1
				2	1			3						7						
								3						1						
0	74	52	73	5	90	3	16	26		15	23	43		78	5	8	4	3	3	東京都市45,関東学院20,工学院
6	47	27	66	1	61	4	19	29		12	19	40	1	90	14	10	2	8	3	13,武蔵5,大妻4,千葉工3,共立3,
4	83	38	68	1	67	3	21	37		14	24	45	3	87	15	18	8	6	8	立正1,聖心1
5	13	22	52	4	77	1	22	12		5	6	9		53		2			1	関東学院46,東京都市25,工学院
3	37	21	75	7	81	11	30	19		8	3	11	8	80	4	10		1	2	6,立正5,武蔵3,大妻3,共立1
2	22	23	52	6	60		15	15		8	1	2		58		11			1	
		1									2			2						
											2			2						
2	51	33	35		15			21		8	17	49		15	39	5	3	4	10	東京都市28,工学院17,武蔵10,大
1	43	17	10		18	1	2	26	1	10	19	42	1	27	13	2	8	6	18	妻2,同志社2,千葉工2,関東学院
6	27	24	34	2	12	1	2	28		14	13	55		10	33	1	7	6	16	2,共立1
0	3	5	19		37	2	15	1		2	1	3		21		1				関東学院24,立正5
9	8	3	23	4	28	5	13	10		3		4	2	33	2					
9	13	11	21	3	32	2	13	3		3	2			22						

合格状況

神奈川・公立 — 横浜市

国立＝東京大・京都大・東工大・一橋大・千葉大・筑波大・東京外国大・横浜国大・埼玉大／私立＝早稲田・慶應・上智・東京理科大・学習院・明治・青山学院・立教・中央大

高校	年	卒業生概数	東京大	京都大	東工大	一橋大	千葉大	筑波大	東京外国大	横浜国大	埼玉大	早稲田	慶應	上智	東京理科大	学習院	明治	青山学院	立教	中央大
新栄	'24	310																		1
	'23	340																2		2
	'22	350												1				3	1	
希望ケ丘	'24	340						2	1	3		37	17	23	18	15	97	53	46	52
	'23	340				1				17		32	22	9	41	15	108	65	39	59
	'22	350				2	1	2	1	12		42	15	23	43	9	136	94	59	86
旭	'24	300															1		1	1
	'23	310															1			1
	'22	310																		
松陽	'24	270										1			1	3	6	7	9	19
	'23	280						1				2		2	2	3	14	12	8	16
	'22	270									1	4	1	1	3	3	9	11	6	16
横浜緑園	'24	220								1									1	
	'23	210																2		
	'22	260																		1
横浜平沼	'24	310								1	5	15	6	13	7	13	47	24	29	31
	'23	310				4			1		6	18	11	16	24	16	58	48	44	42
	'22	320					1	1	5	2	5	27	15	12	10	14	58	38	51	44
光陵	'24	310			1			3	3	2	14	19	15	5	35	9	114	60	48	67
	'23	310	1	1	1		1	2	2	21		34	13	24	25	19	65	42	24	66
	'22	310			1		1	1	1	19		25	12	4	15	14	84	40	51	55
保土ケ谷	'24	240																		
	'23	240																		
	'22	290						1												
市立桜丘	'24	300									6	12	1	2	2	11	28	19	15	35
	'23	310									6	7	4	12	7	13	31	23	28	30
	'22	310								6	2	6	4	4	4	14	44	33	18	34
舞岡	'24	310																2	1	1
	'23	310																3	1	
	'22	310																2		
上矢部	'24	270																		4
	'23	280																		
	'22	300																		
横浜桜陽	'24	220																		
	'23	220																		
	'22	240																1		
市立戸塚	'24	310							1		3	5	1		5	6	26	19	3	18
	'23	300			1						3	3		1	4	9	18	13	7	23
	'22	310										2		1	5	8	20	12	5	7
横浜南陵	'24	220										1						1		
	'23	230												1		1			1	1
	'22	270														1				
市立南	'24	190	5	1	8	7	2	4	2	12		57	37	25	50	7	108	40	45	33
	'23	190	12	1	3	7	1	3	2	14		59	43	33	25	5	68	30	65	37
	'22	190	6		2	7	1	5	4	16	2	58	29	24	23	12	77	32	59	26
金井	'24	310														1				2
	'23	310														2	4	6	3	2
	'22	350														1	3	3		3
柏陽	'24	300	1	2	12	1	7	4	2	16		56	41	24	70	22	153	53	33	83
	'23	310	1	2	8	2	11	5	3	44		103	35	45	88	15	213	84	83	66
	'22	310	6	1	9		10	6	5	33	2	95	47	22	84	21	213	63	75	86
横浜栄	'24	310							1			2		3	2	5	10	7	7	16
	'23	310										5	1	4	2	10	18	13	15	15
	'22	310			1						1	4	1	2	5	11	28	9	3	19

東洋大	駒澤大	専修大	大東文化大	東海大	亜細亜大	帝京大	國學院大	国際基督教大	成蹊大	成城大	明治学院大	獨協大	神奈川大	芝浦工大	東京電機大	津田塾大	東京女子大	日本女子大	その他の大学（この欄はすべて'24年春のもの）
4		6	6	1			3	1					5						
2	5	4	4	11	2	5	1			3		1	36		1	1	1		関東学院3
3	4	6	2	4		8						1	29						
6	43	35	71		33	1	3	22		16	14	62		46	19	19	3	5	6	東京都市42,工学院21,千葉工12,
39	39	46	1	36	2	5	4	12		8	24	34	2	58	13	13	3	5	11	関東学院11,大妻7,武蔵6,立命館
49	33	48	3	47		10	21			22	14	46		38	30	17	5	7	16	3,共立2,聖心1
3		1	1	19		14	1			2	1		5						
	3	7		23		4				1			19			2			関東学院33
	2	9		7		8				1		1	22						
7	41	14	50	1	49	1	9	8		9	10	27	2	57	4	3		1		関東学院29,工学院14,東京都市
8	49	25	27	2	71	3	14	6		6	3	19		64	5	3			2	10,千葉工10,武蔵6,大妻3,東京
7	37	13	64	6	79		16	15		5	5	20	3	50	3	6		1	2	経済2,立1
3		1	4		14							2	1						
3	2	2		1	3								15						関東学院8,立正1
			3		3	1					1		9						
7	51	35	66	2	48	4	5	27		6	17	52		41	7	3	1	4	10	東京都市27,関東学院17,千葉工
7	63	40	36	1	40		8	23		19	17	57	3	76	13	12	2	5	16	15,大妻8,工学院6,共立5,立命館
6	47	21	39		36		7	15	1	6	13	38	5	59	4	11	2	6	9	4,立正3,武蔵2,白百合1
7	58	33	42	3	17		2	13		19	19	69		38	14	14	2	9	8	東京都市58,工学院10,関東学院
5	59	31	30	2	30	1	6	22		16	19	30	2	74	10	9	3	5	9	6,共立7,千葉工6,同志社5,武蔵5,
5	42	37	29		68	1	8	13		8	19	44		52	31	10	2	5	10	大妻1
2			1										12						
3				1		1							10						
2	47	21	61	4	71	1	4	32		10	9	72		71	9	6		1	6	関東学院43,東京都市26,立正15,
1	64	26	43	3	68		12	27		10	14	41		80	15	8		4	7	武蔵11,大妻6,工学院5,千葉工4,
4	53	29	36	1	58		8	18		16	10	37	2	67	15	4		2	11	共立3
5	7	1	6	1	17		5				1		7					1	6	関東学院20,東京都市3,東京経済
7	2	2	6		8	1	8	1				5	30						3,工学院1
5	5	3		2	10	2	11					2	28						
	2		4		14		1						4						
1	2	1		1	8		3						13						関東学院25,武蔵8,立正2,共立1
3		1			2		3						17						
			1				1						1						
	1	4		1	1	1	4						11						関東学院6,立正1
		3		1									12						
4	34	34	37		56	2	4	11		6	8	27		64	6	3			1	関東学院37,東京都市16,武蔵12,
0	30	29	63		58	1	9	14		4	8	21		82	7	4				工学院4,立正4,千葉工4,立命館2
3	34	16	41	1	51	2	7	13		8	4	35	3	89	9	6	1	1	2	
3		2	2	1	3		1				1		9						
4	1	4	2		9		3			1			19						関東学院5,東京都市2,立正2
3	2	5	1	10					1		3	2	20						
4	22	3	14	4	14		1	4		6		23	2	22	20			2	2	東京都市36,千葉工35,関東学院
0	26	9	11		9		2	9	1	5	1	30		30	8	7			11	15,工学院7,武蔵2,白百合2,立命
0	9	4	20	1	12		2	7		1		24		39	17		2	7	5	館1,立1
3	2	11	18	1	86	2	17	2			2	3		27		2				関東学院90,立正8,東京都市2,武
8	8	2	16	2	44	1	10	1		3		7		42		1				蔵1
	10	10	13	4	27	5	10	4			2	5		38		2				
2	26	12	24		23		1	22	3	7	10	38	1	15	33	25	1	5	10	東京都市47,工学院16,千葉工16,
3	30	16	17		17		1	4		8	14	57		19	60	9	1	4	8	関東学院10,立命館3,共立3,武蔵
3	36	16	11		20			9		10	12	36		22	75	12	3	10	15	1
0	25	25	36	7	73		9	4		6	3	32	1	81	1	19		2		関東学院76,東京都市18,立正7,
	44	17	25	2	59	6	4	14		7	10	30	3	86	3	14			3	工学院6,聖心1,白百合1
5	42	21	41	6	47	4	14	12		6	10	21	3	69	12	5				

神奈川・公立 高校	大学 年	卒業生概数	東京大	京都大	東工大	一橋大	千葉大	筑波大	◆東京外大	横浜国大	埼玉大	早稲田大	慶應大	上智大	東京理科大	学習院大	明治大	青山学院大	立教大	中央大	法
横浜市 横浜国際	'24	170								3		7	9	28	1	4	10	20	24	31	
	'23	170						1	3	3	2	16	17	20	1	5	19	10	21	20	
	'22	180							1	5	1	6	7	37	2	2	14	17	18	22	
横浜清陵	'24	260														1	2	2		9	
	'23	260											2	1			1	1	1	3	
	'22	270							2			1					3	1		2	
横浜緑ケ丘	'24	270	2	2	1	2	2	10	1	14		70	42	19	24	14	175	88	64	52	1
	'23	270			3			6	2	4	9	67	44	36	13	18	161	74	96	56	
	'22	280			1		5	4	1	14		66	34	36	26	11	164	64	94	60	
横浜立野	'24	230											1				1	1			
	'23	230										1					1				
	'22	270															4	2	2	1	
市立みなと総合	'24	220															4	11	2	1	
	'23	220												1	1	1	2	1	1	2	
	'22	220												3	1	1	1	5	2	1	4
横浜氷取沢	'24	340										2			3		2	3	1	1	
	'23	350								1		5	1		3		4	9	3	2	12
	'22	—																			
釜利谷	'24	180																			
	'23	190										1									
	'22	200																			
金沢総合	'24	260																			
	'23	270																			
	'22	270																			
市立金沢	'24	310						6		8		30	12	13	11	15	66	42	39	27	
	'23	310			2		1		1	8	7	32	9	14	16	12	80	43	31	41	
	'22	320			1		1	4		8		19	13	5	13	21	77	60	49	42	
川崎市 川崎	'24	230																1		1	
	'23	220																1			
	'22	230								1											
大師	'24	140																			
	'23	150																			
	'22	190																			
新城	'24	270							1	1		37	12	13	24	15	89	26	55	51	
	'23	270			1				1	2	1	20	7	11	6	7	64	32	32	54	
	'22	270						1	1	3		7	1	7	10	13	57	28	33	48	
住吉	'24	340													2	2	3	3	3	8	
	'23	360									1				3	3	6	5	3	15	
	'22	350								1		4	2		3		10	5	3	18	
市立橘	'24	270										6	2	1	1		25	8	25	16	
	'23	270								1		11	1	6	3	8	14	13	44	28	
	'22	270										2	5	2			5	11	19	20	21
市立高津	'24	260												1			3	1	1		
	'23	270											2	1			1	1		2	
	'22	270											2	1			1			2	
川崎北	'24	280																2			
	'23	280																1	4		1
	'22	310																1		3	
多摩	'24	270	2		5	2	2	1	3	10		33	33	26	44	9	113	73	38	74	
	'23	270		1	3	4	1		2	17	1	41	15	29	24	9	113	66	53	53	
	'22	270		1	6	1			4	16		39	23	13	23	11	113	65	58	91	
生田	'24	340					1			1		7	3	2	3	11	47	18	28	58	
	'23	350				1	1			1		14	5	4	12	9	52	25	34	49	
	'22	390		1	2		1	1		3		15	8	7	11	7	35	27	17	52	

私立

東洋大	駒澤大	専修大	大東文化大	東海大	亜細亜大	帝京大	國學院大	国際基督教大	成蹊大	成城大	明治学院大	獨協大	神奈川大	芝浦工大	東京電機大	津田塾大	東京女子大	日本女子大	その他の大学（この欄はすべて'24年春のもの）
20	1	3	2							5	5	27		13	2		6	1	2	武蔵9,関東学院8,東京都市4,立命館2,工学院2,千葉工1,大妻1,聖心1
7	3	9	2	6	1		3	2	6	3		12	4	9	2		4	2	4	
20	12	12	1				1		3	1	5	11	8	9	2		4	3	3	
12	2	18	4	50		8	2			2	3	2	35							関東学院62,立正5,大妻2,武蔵1,工学院1,東京経済1
6	8	12	5	41	4	3	2		3				31	1		2				
4	4	3	9	3	27	4	4	9	2	2			36			3				
52	18	53		11			2	17		11	21	68	1	18	20	7	1	2	13	東京都市50,工学院14,大妻3,立正2,関東学院2,武蔵1,千葉工1
41	11	29		15	2	4	4	10		5	13	69	3	17	11		3	9	24	
43	18	30		14	1	4	2	21		6	21	42	1	24	18	2	3	9	26	
2	3	8	3	25	1	4					1		11	1	9					関東学院27,東京都市6,立正1
1	2	5		10	5	3	1				3		2	11						
6	3	3	1	11	1	7	2				2		2	22						
3	11	10	15		30	2	6	11		1	4	11		25	4	3			1	関東学院24,立正8,武蔵5,東京経済2,工学院1,東京都市1,共立1
8	10	8	10	1	7	1	6	3				6	5	39	4					
4	4	8	8	1	13	1	2	3		1	3	11		30	3	1				
1	10	9	9	1	26		10	3		3	2	7	6	41	1					関東学院78,立正7,武蔵6,東京経済3,聖心2,工学院1,東京都市1
4	18	24	42	6	28	1	10	16		3	8	11	3	87	7		2	1	2	
1														3						関東学院6,大妻1
												1		1						
4			5		1											4				
5		2	3	1	4							1		18			3			関東学院1
	3					3								3						
				3										1						
														1						
3	57	32	35		37			5	14		7	13	76	4	63	12	26			4	東京都市39,関東学院38,千葉工22,工学院17,大妻7,立命館6,共立4,白百合2,武蔵1,立正1
3	60	44	45		25	2	4	4	26		11	10	43	2	86	28	10	1	2	2	
2	46	20	56	3	34		7	32		10	9	65	4	59	22	13	1	7	3	
4	1	2	1		8	1	5				1		15		4				3	関東学院16,立正6,東京都市3
3	2	2	8	3	6		1	1			1		19		3					
5		1	4		3		6	1			1		19							
				3									1							
													1							
5	57	59	64	3	35	4	6	28		14	33	38	3	62	6	6	2	11	6	東京都市23,関東学院13,立正10,工学院7,武蔵6,大妻6,東京経済4,千葉工2,共立2,聖心1
4	41	37	57	3	17	3	10	21		9	28	30		61	9	10	1	2	4	
4	67	31	69	7	45	3	12	19		11	10	17	3	62	17	6	5	4	5	
3	11	25	53	2	29	3	20	5		4	8	4		48	6	2	1			関東学院30,立正26,東京都市7,共立4,大妻4,武蔵3,東京経済3,工学院2
2	17	14	37	7	33	4	19	10		3	5	5		53	2	4		1		
3	26	17	26	6	50	1	29	17		3	3	12	3	46	5	1		1		
3	45	18	35	1	29	4	16	15		5	5	25		48	2	1		1	2	関東学院18,立正8,武蔵5,東京都市5,共立4,工学院4,大妻4,東京経済3,千葉工3
3	39	9	55	7	23	1	18	20		4	13	28	5	46	11	2	1	2	4	
2	47	14	36	6	36	1	20	14		9	20	21	3	54	2			3	5	
1	7	8	13	2	14		21	3			5		1	15						関東学院15,立正9,東京都市8,工学院1,東京経済1,大妻1
5	2	15	33	6	28	1	26	8		2	1	3	2	22						
5	16	5	17	1	22	3	12	1		3	3	12	1	39						
5		2	7		17		10				1	2	2	15						関東学院9,武蔵3,立正2
5	14	3	4		5	1	12	1			2			21		3				
1	1	3	5		12	3					1			23						
39	21	22		22	1	3	20		15	19	39	1	21	8	4	3	2	10		東京都市35,工学院33,千葉工31,武蔵3,関東学院3,共立3
40	15	27	1	18	1	4	14		11	26	40		25	26	7	1		8		
44	33	40		24		5	15		1	22	24	37	1	27	25	8		8		
38	31	69	1	72	2	26	23		8	21	26	1	36	4	22	1	3	1	東京都市28,千葉工13,武蔵11,工学院10,関東学院8,立正7,共立4,東京経済3,同志社2,大妻2
42	29	59	2	67	3	23	18		18	21	22	1	34	12	12	1	3	9	6	
30	37	61		84	3	22	20		12	17	11		44	28	14	3	9	5	7	

合格状況

神奈川・公立 市	高校	年	卒業生概数	東京大◆	京都大◆	東工大◆	一橋大◆	千葉大	筑波大	東京外大◆	横浜国大	埼玉大	早稲田大	慶應大	上智大	東京理科大	学習院大	明治大	青山学院大	立教大	中央大
川崎市	百合丘	'24	330										1					1	1		2
		'23	340											1	1		1	2	3	1	3
		'22	340									1			2			1			3
	生田東	'24	270																1		
		'23	290																		
		'22	300																		
	菅	'24	310																		
		'23	330																		
		'22	320																		1
	麻生	'24	300															3	3	2	4
		'23	310											1		2	1	3	3	1	4
		'22	310															1			3
	麻生総合	'24	150																		
		'23	140																		
		'22	190																	3	
	市立幸	'24	230												1		1		1		2
		'23	220											1				2	1	1	1
		'22	220																		1
横須賀市	横須賀	'24	270		1	1		2	3	1	15	1	27	16	6	15	27	61	32	19	34
		'23	270			2	1	2	1	1	11	1	25	18	23	31	27	73	37	48	46
		'22	270		1	3	2	2	1		4		26	20	10	22	11	61	28	12	36
	横須賀大津	'24	270										2	1		1	5	19	10	5	12
		'23	310										3	1	4	5	3	6	8	10	8
		'22	310							1			1		4	8	3	7	4	8	8
	追浜	'24	270									1	16	3	2	6	4	27	14	24	19
		'23	280						1				3		1	8	16	32	13	15	19
		'22	280										8	2	5	4	7	17	8	18	20
	津久井浜	'24	240																		1
		'23	240																		1
		'22	230														1				
	横須賀南	'24	150																		
		'23	180																		
		'22	—																		
	市立横須賀総合	'24	310												1	3	3	9	9	3	4
		'23	310							1			2			3	1	15	6	3	10
		'22	310						1			1	1		2			1	3	3	8
三浦市	三浦初声	'24	160																		
		'23	160																		
		'22	220																		
鎌倉市	鎌倉	'24	310			1		1	1	2	13		31	8	1	13	10	99	56	71	65
		'23	310			1			1	4	10	1	25	19	10	9	9	95	62	34	82
		'22	310	1		2			1	1	6		38	20	7	14	15	112	48	49	74
	七里ガ浜	'24	350										2	2	3	1	6	25	16	13	27
		'23	350								1		8		4	2	7	30	17	21	39
		'22	400										4		2	1	11	20	8		37
	大船	'24	380									3	10		1		10	28	8	19	19
		'23	390						1			2	1			8	10	16	17	9	18
		'22	390									1	9	2	3	8	9	30	27	17	28
藤沢市	湘南	'24	350	20	12	14	23	1	5	4	21		166	140	76	66	7	253	58	72	74
		'23	350	20	8	11	11	3	5	4	32		166	112	56	64	5	225	69	62	61
		'22	350	20	7	16	16	7	4	5	39	1	192	124	60	94	7	199	51	46	80
	藤沢西	'24	270								1		5		1		1	11	11	1	19
		'23	280										1			5		8	2	10	5
		'22	310									1	5		1	4		11	7	4	15

				私						立									その他の大学
東洋大	駒澤大	専修大	大東文化大	東海大	亜細亜大	帝京大	國學院大	国際基督教大	成蹊大	成城大	明治学院大	獨協大	神奈川大	芝浦工大	東京電機大	津田塾大	東京女子大	日本女子大	（この欄はすべて'24年春のもの）
	7	3		7	2	22	1						2	1	2				東京経済9,関東学院6,白百合5,東京都市2,聖心2,工学院1
3	3	10	2	23	3	23	2			1	1		10		2				
3	2	12	7	23	3	14	1			1	1		14		3				
		2	2	5		2		3			4		11		1				立正1
	2	7	7	3		28		3					11						
3	4	7		4		11							18						
		1	3			8				13			10						
	1		3			13	1			13	1		8						
2	4	6	19	28	2	22				1	5		11		2				東京都市5,関東学院3,工学院2,武蔵1,立正1
4	9	2	16	16	3	32				5	2	1	12	4	1			2	
5	4	2	12	17		21				4	3		13						
1						1				1			2						
2				1		1							5						
	2	3		1		7			4		1		7						関東学院9
5	1	2	1	2		2			2	1	1		8	1					
3	1	1	1	2						1	1		7	3					
34	25	31		13		2	23		6	6	53		46	17	2		4	5	関東学院37,東京都市18,立命館45,工学院5,武蔵3,共立2,立正1,東京経済3,聖心1
43	34	25		16	2	5	21	1	6	8	28		47	17	15	1	2	1	
37	8	23	1	15		5	14	1	10	4	17		36	31	9		1	3	
27	16	29		25		1	4		6	1	22		58	3					関東学院79,立正30,東京都市8,大妻4,東京経済1
23	19	24		47	5	11	11		3	7	20		65	2	4				
29	24	33	5	25		11	11	1	5	5	17	3	70		1		1	2	
39	25	17		52		3	11		6	8	27	4	42	10	12			5	関東学院25,千葉工21,東京都市16,工学院6,立正2,共立2,大妻2,同志社1,立命館1
21	17	27	2	30		1	7		7	10	20	2	65	8	4			3	
23	16	31	2	34		1	9	10	5	6	12		43		4			4	
	1			15	2	3							13				1		関東学院54,立正2
1				6		2	1						29		1		1		
1		2		5		1				1			23		1				
													4						
11	13	13	3	25	1	1	4		1	2	2		39	6			1		関東学院56,立正16,東京都市4
23	12	21	3	34		6	8		4	2	19		62		4			2	
9	6	5		12		4	4		9		9	1	47		1				
				2									3						
	1												4						
40	17	34	3	47	1	8	19		8	21	87	4	41	11	9	2	3	6	東京都市34,工学院12,関東学院29,立命館3,武蔵3,同志社2,聖心1
30	26	33		64		5	11		10	16	57		43	16	29	1		5	
35	24	48		31	1	4	18		5	12	54		36	4	14		2	5	
28	21	52		96	2	14	7		8	10	38	1	71	5	8				関東学院58,東京都市21,工学院5,大妻5,武蔵3
37	39	66	1	74	9	14	18		9	16	40	1	83		5			5	
24	29	62	1			12	9		6	27	57	3	57	4	5			1	
29	34	92	2	131		22	24		6	18	33	2	85	4	20	1	4	8	関東学院75,千葉工27,東京都市13,工学院12,武蔵8,立正8,同志社5,大妻3,立命館2,共立2,白百合2
60	19	49	4	89	6	14	22		9	13	32	4	82	6	22			5	
62	32	74	1	90	3	18	16		13	14	36		65	4	24	5		3	
15	3	4		4		2			12	11	22		2	26	10	2	1	4	東京都市30,工学院17,千葉工10,立命館3,同志社2
13	7	7		9		10	2		11	9	33	1	6	11	7			4	
21	9	18		10	2	10	2		7	10	36	3	10	18	6			9	
14	14	37	1	59		6	4		3	8	27		31					2	関東学院28,立正5,工学院3,武蔵1,東京都市1
39	17	33	3	47	1	9	3		6	6	32		57		3			3	
16	17	43	1	56	3	18	8		6	9	14		47	1	2			3	

神奈川・公立 市	高校	年	卒業生概数	国立									私立									
				◆東京大	◆京都大	◆東工大	◆一橋大	千葉大	筑波大	◆東京外大	横浜国大	埼玉大	早稲田大	慶應大	上智大	東京理科大	学習院大	明治大	青山学院大	立教大	中央大	法政大
藤沢市	湘南台	'24	250															2	3	5	1	5
		'23	250										3	1			1	3	3	1	1	3
		'22	270										1					2	12	3	1	11
	藤沢清流	'24	260																			1
		'23	270																	1		1
		'22	310														1	4				3
	藤沢総合	'24	260																			
		'23	270												1			1	2			
		'22	260																			
茅ヶ崎市	茅ケ崎	'24	270						1						1		1	3	1			4
		'23	290															1	2	3		2
		'22	290										1					6	3			3
	茅ケ崎北陵	'24	270								1	1	9	3	3	8	13	34	32	25	42	
		'23	270						1	2	1	3	7	7	8	14	9	47	24	16	35	
		'22	270				1			2	1	5	24	8	8	8	11	54	45	15	56	
	鶴嶺	'24	370										2	2	3	3		8		6	6	
		'23	390										1				1	11	12	6	6	
		'22	380										1	1	1		4	4	8	6	9	
	茅ケ崎西浜	'24	320																			
		'23	320																			
		'22	330																			
高座郡	寒川	'24	200																			
		'23	220																			
		'22	270																			
平塚市	平塚江南	'24	310						2	2	12		22	9	2	17	8	80	41	35	39	
		'23	310		1	3	2	1	1	1	10		21	20	6	24	21	75	53	20	62	
		'22	320		1	1		1		1	11		38	18	7	27	21	86	52	27	58	
	高浜	'24	220																2	1		2
		'23	230															1				3
		'22	230																			
	平塚湘風	'24	160																			
		'23	170																			
		'22	200																			
中郡	大磯	'24	260										3	2				2	4	2	2	12
		'23	280					1							1		1	3	4	7	5	9
		'22	270								1							4	5			5
	二宮	'24	220																			
		'23	230																			
		'22	260																			
秦野市	秦野	'24	350							1			5	1	2	3	6	8	20	7	28	
		'23	360						1	3		1	3	2	2	3	8	25	45	21	46	
		'22	360							3		4	6	1	2	3	6	26	32	15	49	
	秦野曽屋	'24	230																			
		'23	250																3			
		'22	270																			1
	秦野総合	'24	200																			
		'23	180																			
		'22	220																			
伊勢原市	伊勢原	'24	240																			
		'23	270																			
		'22	270																	1		
	伊志田	'24	270								1		5					2	13	4	11	5
		'23	260										3		1			2	14	9	8	11
		'22	270													1	2		3	13		8

	私							立											その他の大学
東洋大	駒澤大	専修大	大東文化大	東海大	亜細亜大	帝京大	國學院大	国際基督教大	成蹊大	成城大	明治学院大	獨協大	神奈川大	芝浦工大	東京電機大	津田塾大	東京女子大	日本女子大	（この欄はすべて'24年春のもの）
14	20	32		59			10	8		1	1	11	60		1				関東学院39,工学院2,東京都市2,
8	9	10	1	49			9	4			3	6	38		3		3	4	共立2,立正1
9	8	19	1	18		4	14	5			1	4	35	1	3		3		
4		6		15			8	1			5		7						関東学院18,立正3
3	1	3	7	16			9	1	1			5	20						
9	7	2	6	3	19		13	4			5		26		1				
4		1		6			2					1	1						関東学院4
5		1	5	4			1						21						
	1	3		6			6				2		12						
6	2	10		13			8	1		1		14	14		1				関東学院14,東京都市3,工学院2,
8	2	22		24			12	2	2		4		34		1	1			立正1
5	5	15	4	18	5	2	2		1		8	1	51		1				
44	30	53		70	1	7	10		9	19	37	1	29	4	19	3	3	4	東京都市26,工学院11,関東学院
21	19	65		118	1	8	20		6	4	46		54	18	22	5	1		11,武蔵6,共立2,立命館4,大妻2,
42	30	68	4	97	3	8	32		10	32	40		52	8	20	1	8		同志社1,東京経済1
4	13	29	2	53			13	2		2		13	34	2	6				関東学院50,武蔵4,立正3,共立3,
7	6	28	2	67	2		18	3			8	12	43	2	5		4		工学院2,東京都市2,大妻2,立命
7	7	27	5	45			8	3	1	4	10	12	37		4			1	館1
		1	2	22	2	1						1							関東学院11,大妻1
		2		6		4					2		21						
5		3		6		3				1		1	12	3		1			
				1			1				1		1						
													3						
33	16	46	1	81			6	14		10	11	45	30	11	18			3	4	東京都市56,工学院12,千葉工6,
45	50	64	4	76	2		7	18		5	16	36	42	19	17	4	11	4	関東学院6,立命館5,武蔵3,立正
29	19	53	2	107			8	13		5	7	43	53	24	26		6	17	3,共立2,大妻2,同志社1
	2	2		4		3							16						東京経済2,関東学院1
2	2	8		7							1		11						
				7		2													
				1									3						
1													4						
22	19	44		102	1	10	5		1	5	22		27		1			1	関東学院44,立正5,千葉工4,武蔵
19	14	57	5	112	5	10	6			4	7	8	44	1	5				2,工学院2,大妻2,白百合2,共立1
20	18	29	2	89	2	15	6			4	9		39	1					
1				2		2							9						関東学院3
	3	2		12		2			1				11						
21	26	53		204	2	16	17		11	10	21	2	50	1	7	4	1	2	東京都市22,千葉工15,立正11,工
36	35	66	1	125		27	16		9	22	19	1	81	4	5	1		3	学院9,関東学院8,立命館4,大妻
37	11	43		102	4	26	14		16	18	14		60	7	18			3	4,白百合2,武蔵1
1	1	3		17		4	3			1			1						武蔵2,関東学院1
	1	4		15		6	1			1	1	7	11		1				
	2	4		16		5							14		3				
				4		3							4						
		1		1		3					1	2	2						
	1	2		13		3							15						
	1	3		9									11						
8	6	48		78		14	9			5	5		29	1	2			1	東京都市11,関東学院7,工学院5,
16	7	35	2	56	4	8	1		1	8	8		43	2	2	6	4	2	立正3,東京経済2,同志社1,大妻1
3	4	24	2	55	2	12	1			2	12		42	3	4				

合格状況

神奈川・公立

国立 / 私立 区分（◆印の大学）

市	高校	年	卒業生概数	◆東京大	◆京都大	◆東工大	◆一橋大	千葉大	筑波大	◆東京外大	横浜国大	埼玉大	早稲田大	慶應大	上智大	東京理科大	学習院大	明治大	青山学院大	立教大	中央大	法政大	日本大
小田原市	西湘	'24	300									1	3	1	1			2	2		7		
		'23	310			1			1			1	1	1	3		1	2	14	10	7	18	17
		'22	310						1			1	8				3	4	16	16	6	17	
	小田原東	'24	180																				
		'23	180																				
		'22	210																				
	小田原	'24	310					4	5	2	8		38	14	13	20	9	103	48	35	67		
		'23	320	3	1	4	2	4	6	3	22		42	29	15	44	14	106	65	49	76		
		'22	310	1		3	1	1	3	2	17		37	19	19	29	18	94	40	30	70		
南足柄市	足柄	'24	230																		1		
		'23	230															1	1				
		'22	250															1	2		3		
足柄上郡	大井	'24	90																				
		'23	110																				
		'22	150																				
	山北	'24	160																				
		'23	190																				
		'22	190																				
厚木市	厚木	'24	350	1	1	8	5	2	10	5	16		46	27	19	40	11	192	103	41	89		
		'23	350	6	2	11	5	2	4	5	30	1	102	30	26	48	17	207	91	81	101		
		'22	350	2	1	13	2	5	4	9	30	1	83	51	51	67	19	227	96	49	139		
	厚木北	'24	220																				
		'23	260															2					
		'22	270																		1		
	厚木西	'24	250										4	1									
		'23	240																				
		'22	260															3	4				
	厚木清南	'24	180																				
		'23	190																				
		'22	200																		1		
海老名市	海老名	'24	380				1			1		2	16	2	3	6	18	53	36	29	67		
		'23	390		1	1			1			4	6	1	2	5	10	58	46	18	54		
		'22	390									4	13	1	5	8	4	58	49	13	59		
	有馬	'24	310													2			3		2		
		'23	310										2			2	1	4			4		
		'22	310							1			1										
愛甲郡	愛川	'24	190																				
		'23	160																				
		'22	190																				
大和市	大和	'24	270			3		1	7	3	8		28	11	17	12	13	73	60	42	73		
		'23	270			1	2	2	4	1	8		33	6	11	22	5	113	58	53	59		
		'22	280			1		2	2		14		21	6	3	30	8	127	75	41	71		
	大和南	'24	290																				
		'23	300																				
		'22	300						1												2		
	大和東	'24	190																				
		'23	190																				
		'22	190																				
	大和西	'24	270															2	2	3	1	1	7
		'23	270								1							6	2	11	10		
		'22	280										3		1	3	2	15	8	2	6	11	

			私							立									その他の大学（この欄はすべて'24年春のもの）
東洋大	駒澤大	専修大	大東文化大	東海大	亜細亜大	帝京大	國學院大	国際基督教大	成蹊大	成城大	明治学院大	獨協大	神奈川大	芝浦工大	東京電機大	津田塾大	東京女子大	日本女子大	
13	7	42	2	90	1	10	2		3	2	9		38		4		1		関東学院24,工学院12,武蔵5,東京都市3
20	13	31	1	80	2	11	11		6	3	14	5	39	1	19		4		
23	9	48	1	61		8	12	1	4	4	17		26	4	4				
				1									2						関東学院2,千葉工1
				1															
41	15	39		51		2	14		14	11	28		16	9	13	1		3	東京都市45,工学院30,千葉工14,立命館3,武蔵3,立正1,関東学院1
34	25	57		52		5	22		12	24	48	3	33	16	29	4	3	10	
38	23	44	3	62		9	23	1	18	17	31	1	24	19	7		6	10	
				4		1	4						1						関東学院12,武蔵5
	3	5		22						1			13						
		5		23		6				2			23		4				
				1			2												
				4									8		1				
				1									9						
27	26	31		23		4	16		5	31	16		13	20	9	8	8	6	東京都市59,工学院20,同志社1,立命館1,立正1,大妻1
26	24	44		38		4	26	2	9	22	37		15	23	11	9	13	27	
29	19	29		36		4	21		20	30	30	1	21	31	11	10	14		
				5		13							12		1				
		2		2		14					1		1						
				2	2	24													
		1		8		15							7						関東学院3
	1	5		11		1	18	2		1			8						
1		8		8	1	1	8						14						
			1	1		2							2						関東学院1
				5									3						
2	3	5										1	5		1				
48	33	80	6	108	2	16	21		15	18	35	2	67	4	10	2		2	東京都市40,工学院32,関東学院21,武蔵7,千葉工7,大妻2,東京経済1,共立1,白百合1
65	37	86		103	2	18	23		12	13	37	2	95	5	18	1		14	
61	26	65	1	147	5	23	21		10	21	36	1	85	10	12	1	2	13	
		5		16	1	22		1	18			8		12					関東学院14,東京都市2,東京経済2,立命館1,立正1
3		10		42	1	13	3			1	3		38		3			1	
6	1	17		40	2	20	2				3	1	29		3				
				1									1						
													1						
58	35	49	5	44	1	1	29		16	12	36		34	4	7	1		8	東京都市43,工学院17,立命館11,立正8,武蔵7,関東学院7,大妻6,東京経済3,同志社1,千葉工1
64	37	43	4	67	3	4	22	2	13	22	32	2	46	22	23	4	5	17	
45	32	45		36	3	5	11		19	14	33	39	30	13	7	1	6	13	
				3	1								5						
	5		4	6	1	4	3						15						
		10		6		4					1		26						
												1	4						
		1		1									4						
14	12	40		69	1	17	8		3	2	9	1	26	3					関東学院16,武蔵3,立正2,東京経済2,東京都市1
11	31	42	2	56		18	12		6	10	16	1	54		3		1	1	
10	12	67	1	83	2	16	7		1	7	13		66		6		1	1	

合格状況

市	高校	年	卒業生概数	◆東京大	◆京都大	◆東工大	◆一橋大	千葉大	筑波大	◆東京外大	横浜国大	埼玉大	早稲田大	慶應大	上智大	東京理科大	学習院大	明治大	青山学院大	立教大	中央大
座間市	座間	'24	270									1	12	2		4	7	30	19	10	20
		'23	270									1	2	2		3	3	22	20	9	30
		'22	270			1		1				1	8	2	2		3	16	17	15	27
	座間総合	'24	220													1					
		'23	230															2	1	1	2
		'22	270															1			
綾瀬市	綾瀬	'24	320																		1
		'23	320								1								1	1	
		'22	330																		
	綾瀬西	'24	250																		
		'23	280																		
		'22	280																		
相模原市	麻溝台	'24	340						1				3	1		2		12	11	10	18
		'23	350										7	1	6	3	3	18	16	8	36
		'22	360					1					6	1	3	3		13	17	8	32
	上鶴間	'24	280																	3	1
		'23	260																		1
		'22	350																		
	神奈川総合産業	'24	210																		
		'23	220														1	3	1		1
		'22	220															1	2		
	上溝	'24	230																1		7
		'23	240															1	1		4
		'22	230																1		1
	相模原	'24	270	2		1		1	3	3	10		32	15	6	14	10	67	45	15	73
		'23	270	1		1	1	1	3	3	6		26	13	8	18	13	79	73	34	69
		'22	280			2		2	2	1	9		36	15	8	17	11	90	51	24	87
	上溝南	'24	350										3			1		7	4	5	4
		'23	350												1	2		8	8	7	4
		'22	350													2	1	7	7	1	11
	相模田名	'24	260													2			1	1	1
		'23	270														1	1			
		'22	260																		
	相模原弥栄	'24	330										6		1	1	4	14	11	13	28
		'23	360								1	2	22	9	6	6	5	21	18	20	27
		'22	—																		
	橋本	'24	270										3	2	1	1		5	7	8	6
		'23	280															3	2	3	1
		'22	270										6	1		2		4	3	4	1
	津久井	'24	110																		
		'23	100																		
		'22	130																		

	東洋大	駒澤大	専修大	大東文化大	東海大	亜細亜大	帝京大	國學院大	国際基督教大	成蹊大	成城大	明治学院大	獨協大	神奈川大	芝浦工大	東京電機大	津田塾大	東京女子大	日本女子大	その他の大学（この欄はすべて'24年春のもの）
8	16	22	51	3	96	1	8	12		5	16	18	2	47	1	16			2	東京都市27,関東学院14,工学院7,大妻3,立正2,東京経済1
6	29	23	58		116		21	8		7	15	21		55	2	4		2	2	
7	29	36	56		54		16	12		12	14	8		55	2	8			1	
			4	10	2		3							1						
1			3	9	8						1			11		1				
					3		8				1			11						
2					1	1	1	9						5						関東学院7,武蔵2
4	1			2	12			6						14						
2		1			3			6												
					3	1	1													
					2			1						3						
4					2			1												
6	42	19	63	2	100	3	26	14		12	4	7		56	1	6				工学院21,東京都市16,関東学院11,立命館5,立正4,武蔵3,東京経済2,共立2,大妻2
3	44	25	92	4	86	5	36	24		13	5	11		55	2	4				
7	24	16	52	5	55	3	27	10		14	10		1	45	3	12	1	3	3	
1	4	6	6	2	1		11					2		12						東京経済1
3		1	3	1	2		11							13						
			3		5		10				2									
1	1		3	4	16		4				2			7		1				立正3,東京都市2,工学院1,関東学院1
3	3	2			13		5		1		1			11	1	6				
9	1		2		6	1			2		1			15		3				
5	2	7	5		13	2	4	4						11						関東学院5,武蔵3,東京都市1,大妻1
5	2		6		2	2	4	1						11						
6	10	1	7		15	2	12	1					1	21		1				
4	30	23	51	2	40	1	5	15		22	26	30		31	6	5	1	10	1	工学院40,東京都市39,武蔵2,立正2,共立2,大妻2,東京経済1
2	21	26	56		52		8	31		17	21	33	1	29	7	9	5	7	11	
2	40	25	28	1	45	2	11	23		20	12	19	2	36	35	13	3	10	8	
0	14	12	27		57	4	28	2		2	1	3	3	22	6	3				関東学院24,武蔵10,工学院5,東京都市5,東京経済5,立正1,白百合1
7	13	11	30	5	58	6	28	6		7	5	1	1	44	1	3				
3	12	9	27		60	3	34	2		5	3	2	2	32	1	4				
		1	7		1		22							2	1					工学院2
1	1	1					22							10						
1	1	1			4		16							10						
3	19	15	33	1	27	3	13	14		5	10	18		35		1	3	4	2	関東学院14,東京都市12,工学院7,立正3,武蔵2,共立2,東京経済1
5	21	12	35		23	1	17	7	1	4	8	13	1	41	2	2			2	
7	13	10	39	1	26	2	26	4			2		1	19				1	2	工学院6,東京経済6,関東学院3,東京都市2,白百合2,武蔵1
4	2	3	26	2	13	3	19	2		2	1		1	28				1		
0	6	4	21	2	15	3	16	2				2		8	1	1	2			

合格状況

神奈川・公立 高校	大学 年	卒業生概数	国立 ◆東京大	◆京都大	◆東工大	◆一橋大	千葉大	筑波大	◆東京外大	横浜国大	埼玉大	私立 早稲田	慶應	上智	東京理科	学習院	明治	青山学院	立教	中央
昼夜間定時制																				
横浜市 横浜明朋	'24	—																		
	'23	150																		
	'22	170																		
市立横浜総合	'24	—																1		1
	'23	230																		
	'22	230																1		
川崎市 市立川崎	'24	—	1		3	3	2	1		1	5	27	7	13	18	11	53	21	19	24
	'23	290		1	2		1			4	4	31	9	28	16	7	54	26	32	24
	'22	280			1					3	1	21	10	18	5	7	37	19	16	19
座間市 相模向陽館	'24	—																		
	'23	160																		
	'22	210																		

（注）川崎市立川崎は全日制を含む。

	私											立								その他の大学 （この欄はすべて'24年春のもの）
	東洋大	駒澤大	専修大	大東文化大	東海大	亜細亜大	帝京大	國學院大	国際基督教大	成蹊大	成城大	明治学院大	獨協大	神奈川大	芝浦工大	東京電機大	津田塾大	東京女子大	日本女子大	
		1												1						
														2						
	2				2									1						武蔵3,関東学院2
	3		1		1		1							5						
2		1			20		1					2		10			3			
3	23	9	19		4		6	7		10	10	15		18	18	3	2	6	5	工学院42,関東学院11,東京都市
4	34	6	20	1	5		2	10		8	5	29		24	7	3	3	3	4	4,千葉工4,立正2,共立2,武蔵1,大
5	22	11	22	1	8	1	7	9	1	6	10	13	2	38	9		4	7	7	妻1
		1			1															
					1															
					1															

千葉・公立 — 第1学区　全日制

高校	年	卒業生概数	東京大◆	京都大◆	東工大◆	一橋大◆	千葉大	筑波大	東京外大◆	横浜国大	埼玉大	早稲田大	慶應大	上智大	東京理科大	学習院大	明治大	青山学院大	立教大	中央大
千　葉	'24	310	20	9	9	7	23	11	2	2		110	88	35	141	12	106	18	39	65
	'23	310	25	9	9	14	48	5	3	4	1	126	91	57	150	8	117	25	67	48
	'22	310	19	9	7	24	54	6	4	3	1	143	122	59	157	12	144	21	36	104
千　葉　女　子	'24	250														2	1	2	1	2
	'23	300					1							1		3	6	1	6	3
	'22	300					3									4	6	3	4	3
千　葉　東	'24	310			2	3	35	9		5		54	19	12	97	28	113	33	84	71
	'23	320	1		6	5	68	9	5	5		53	29	42	108	29	126	30	107	82
	'22	320	2		2	5	47	9	6	5	2	50	37	33	97	23	148	31	90	60
千　葉　南	'24	310					1					1	2			3	8	3	3	1
	'23	310					3					2			3	4	6	1	4	9
	'22	310					3					2	1		3	3	8	1	3	3
検　見　川	'24	310					1				1	5	1	4	4	10	10	5	16	16
	'23	320					1				1	6	3	2	4	14	29	2	20	20
	'22	320					2		1		1	4	2	1	3	13	14	5	13	10
千　葉　北	'24	260														3	4			
	'23	310					2					2	2		3	2	3	3	5	6
	'22	320										2	2		3	3	3		6	2
若　松	'24	300														1				
	'23	300																		
	'22	310																		
千　城　台	'24	280																		1
	'23	310															2			1
	'22	310					1	1								2	4	3		
生　浜	'24	—																		
	'23	220																		
	'22	210																		
磯　辺	'24	270										3			3	6	3		4	
	'23	310					1								1	4	7		1	
	'22	320													1	2	3		1	
泉	'24	130																		
	'23	130																		
	'22	160																		
幕　張　総　合	'24	700		1	2		7	1				13	8	15	18	18	70	27	39	34
	'23	700					9	2	1	1	2	20	5	15	23	27	66	18	34	28
	'22	700					13	2			1	25	8	7	16	21	82	24	54	22
柏　井	'24	230																		
	'23	260														1			3	
	'22	270																		
土　気	'24	240																		
	'23	310																	1	
	'22	300																		
千　葉　西	'24	310					3								10	11	22	5	11	8
	'23	310					3	1			1	8			8	13	25	4	9	7
	'22	310					1					7		2	3	14	26	8	12	7
犢　橋	'24	210																		
	'23	260																		
	'22	270																1		
市　立　千　葉	'24	310					51	4	3	3		32	11	21	77	48	88	18	60	65
	'23	320			3		45	4		2	1	47	13	17	60	22	109	26	75	60
	'22	320					44			3	1	21	9	8	46	16	75	11	62	65

	私立																立			その他の大学
日大	東洋	駒澤	専修	大東文化	東海	亜細亜	帝京	國學院	国際基督教	成蹊	成城	明治学院	獨協	神奈川	芝浦工	東京電機	津田塾	東京女子	日本女子	（この欄はすべて'24年春のもの）
4	31	5	6			1				10	3	2	5		14		2	4	3	千葉工48,同志社4,武蔵4,大妻2,立命館1,工学院1,東京都市1,共立1,聖心1,白百合1
5	27	4	11		4		3	7		5	1	5	4		12	1	10	7	8	
3	25	12	9	18	7	1	8	11		5	5	11	4	3	27	5	7		6	
8	10	2	4	8	1	2	6	3			2		2	1				4	6	共立19,大妻16,千葉工15,立正8,聖心5,関東学院2,白百合2
	5	5	4	3	1	3	5	10		1	5	4	2	1			10	6	9	
8	13	2	8	3		3	3			3	3						4	7	5	
	66	21	15						21	15	12	13	6	2	39	7	4	21	18	千葉工231,東京都市14,立命館9,工学院8,武蔵4,共立3,大妻2,同志社1,東京経済1
2	87	10	29			1	2	16		16	17	27	3	2	46	8	9	19	38	
7	83	10	26	2	7	1	1	19	1	16	10	17	12	1	56	9	4	18	36	
1	49	23	9	9	15	5	9	1		2	2	1	2		3			3	11	千葉工415,立正29,大妻17,共立5,立命館2,東京経済2,武蔵1,東京都市1
9	84	19	38	6	11	9	6	8		3	5	12	11	1	3	5		1		
3	40	20	18	2	9	4	9	14		2	6	6	3		4	1	8		1	
2	73	20	46	16	21	8	8	13		9	3	6	13	4	6	27		5	4	千葉工371,立正38,共立12,武蔵10,大妻10,東京経済5,工学院3,関東学院3
7	106	42	44	2	6	16	12	30		16	17	9	14	5	24	21		1	4	
	80	26	47	6	16	12	16	35		11	12	7	15	2	10	4			8	
4	20	9	3	9	4	6	6				1		1	1		1				立正26,千葉工21,共立3,大妻3
6	30	12	9	2	3	6	14			1	2		2	7	1			3		
3	29	8	11	12	2	7	10	7			2	2	7	1	2			2		
3	9	3	2		1	3	2							1						大妻5,立正2,共立1
1	2	1			1	1								1						
	3					1	1							1						
5	1		2	3	4	6	3			2					1	1				立正15,武蔵8,千葉工4,関東学院1
9	3	6	5		3	9	1			4	1		2	3				2		
8	12	1	1	3		7				4	3						1	2		
2									1		1									
			3		2	2	1													
3										1										
7	20	11	13	7	4	7	1	4			1		11			1				千葉工136,立正30,工学院4,関東学院4,共立4,武蔵3,大妻2,東京経済1
2	25	13	13	2	7	3	9	8		5		2	1	4	3	3		1	2	
9	26	13	1	7	2	6	10	3			4		7		3	3		1	2	
1									1											
3	179	50	56	27	14	11	12	40		20	28	23	20	6	27	25	1	6	6	千葉工292,大妻44,武蔵25,共立16,立正9,東京経済6,東京都市5,工学院4,聖心4,立命館2,関東学院1,白百合1
7	199	59	85	17	29	11	10	57		16	30	55	39	5	48	17	1	10	14	
3	192	58	52	14	21	18	16	43		23	19	31	31	9	35	30	7	7	13	
6	3			11		2		2			1		1							千葉工25,立正1
2	12	2	4	3	2	2	3	1		1	1							2		
	1					1								1						
7							1													武蔵3,立正1,千葉工1
	1		1			1	2	1		1										
3	8		1			1				2			5	1						
8	95	34	53	4	3	12	5	22		5	7	11	4	5	5	14		5	3	千葉工358,大妻30,立正21,共立12,東京都市5,東京経済4,武蔵3,工学院2,関東学院1,聖心1
7	83	23	37	8	1	6	10	15		12	14	17	26	6	9	11		4	6	
6	101	13	41	11	4	3	10	20		7	12	21	8	6	12	19		4	7	
1						1	1						1							
6	130	24	23		2	1	2	24		15	6	24	1	2	32	27	1	7	16	千葉工395,共立11,工学院10,大妻10,武蔵7,立命館6,東京都市6,立正2,東京経済1,白百合1
5	106	13	23	11		2	3	29		12	10	10	10	4	44	12	5	9	19	
3	129	29	33	9		4	2	34		17	13	13	15	1	60	12	6	6	20	

合格状況

千葉・公立

学区	高校	年	卒業生概数	国立 ◆東京大	◆京都大	◆東工大	◆一橋大	千葉大	筑波大	◆東京外大	横浜国大	埼玉大	私立 早稲田大	慶應大	上智大	東京理科大	学習院大	明治大	青山学院大	立教大	中央大
第2学区	八千代	'24	310			1		7			1		12	5	5	10	17	45	10	27	19
		'23	350					12	2			2	27	3	5	17	15	67	14	54	22
		'22	360		1		1	14	2	1			19	2	7	12	20	63	16	41	27
	八千代東	'24	240																		
		'23	300															1			2
		'22	310														1	1			2
	八千代西	'24	130																		
		'23	140																		
		'22	160																		
	津田沼	'24	300					1	2				7	1		5	10	22	9	5	6
		'23	310					6				2	5			5	5	31	4	6	14
		'22	360					6				4	2	3	3	9	2	8	4	9	12
	実籾	'24	300														1	3			1
		'23	300																		
		'22	300															1			
	市立習志野	'24	310														3	4			
		'23	310													1	3	2		3	2
		'22	320										5		2		2	8		5	3
	船橋	'24	350	21	8	21	20	40	15	5	2		125	51	52	203	26	144	33	89	68
		'23	360	12	5	16	27	56	18	1	2	3	145	72	73	166	16	179	39	94	68
		'22	360	11	13	19	21	63	17	5	11	2	113	68	61	180	22	142	35	103	61
	薬園台	'24	300					21	1	2	1		28	12	3	55	19	98	33	69	29
		'23	310			1	1	33	3	1	3	1	35	16	36	49	22	85	25	47	46
		'22	300		1	1		29	7		2	3	50	18	12	41	22	103	18	76	36
	船橋東	'24	310					15		3			8	2	5	19	24	52	6	44	29
		'23	320			2	1	19	4	2		1	40	11	23	40	32	90	19	71	50
		'22	320					23	2	1	1	6	19	6	14	22	27	72	22	49	26
	船橋啓明	'24	250											1				1	1		3
		'23	310					1				1				4	1	5			5
		'22	310														1	3	1	1	4
	船橋芝山	'24	300															2	2		2
		'23	320												1	1	11	11	7	2	7
		'22	310						1				2		1		5	10	4	8	5
	船橋二和	'24	250																		
		'23	300																		
		'22	310															4			2
	船橋古和釜	'24	200																		
		'23	220																		
		'22	210																		
	船橋法典	'24	180																		
		'23	230																		
		'22	230													1					
	船橋豊富	'24	90																		
		'23	130																		
		'22	140																		
	船橋北	'24	170																		
		'23	230																		
		'22	200																		
	市立船橋	'24	390						1						1						3
		'23	400						1						1		1	2	3	3	3
		'22	400						2							1		1		3	1
	国府台	'24	310					6			1		7	2	3	8	18	51	4	19	18
		'23	310					4					4	3	5	11	22	44	10	19	19
		'22	310					1			1	2	9	2	3	7	14	44	5	16	13

東洋大	駒澤大	専修大	大東文化大	東海大	亜細亜大	帝京大	國學院大	国際基督教大	成蹊大	成城大	明治学院大	獨協大	神奈川大	芝浦工大	東京電機大	津田塾大	東京女子大	日本女子大	その他の大学（この欄はすべて'24年春のもの）
6	103	21	26		1	8	5	20	8	10	29	17	5	5	8	1	5	10	千葉工213,武蔵18,立正10,立命館7,工学院7,共立5,同志社4,東京都市2,東京経済2,大妻2,白百合1
13	106	22	20	2		3	12	9	7		28		10	12	22	10	4	6	
36	108	9	32		10	12	5	20		11	12	24	20	15		4	1	11	
2	1	4		2		2					2				1				千葉工8
7	3	10	4	1	1	3	2		2			4	1			1			
2	2	4	10	1		2	2	1								1			
1																			
1						1													
				1															
5	95	30	35	12	10	12	7	17	7	11	6	13	7	3	12	1			千葉工196,立正20,大妻11,武蔵5,共立4,東京都市2,東京経済2,聖心1,白百合1
16	74	30	35	8	8	13	12	10	5	3	5	12	1	8	12		4	9	
13	64	35	25	21	15	17	9	18	9	7	12	19	1	8	5	2		1	
3	5	4	1	3			1		1	1		2	2						千葉工53,大妻2,立正1
5	4	2	1			4	3					8	1				1		
7	6	1			4	5	1	3											
8		3	2	1	8	9	3	1		2	5		5	4		1			千葉工3
8	7	9	4	3	8	6	4	3			3	4	5	4	3	2			
21	6	5	5	2	5	6	1	3		1	4	4	3	2					
2	39	4	8	5				8	11	10	10	2		31	13	4	10	17	千葉工142,共立4,同志社3,工学院3,白百合3,立命館1,武蔵1,東京経済1
16	37	7	7	2	2			9	9	4	5	2	1	30	11	4	16	16	
32	34	9	9					9	10	10	7	2	2	43	19	4	16	25	
12	108	20	24	2	1	4		17	17	38	23	10	4	15	15	2	16	25	千葉工387,武蔵18,工学院13,共立9,大妻6,同志社2,立命館2,立正1,東京経済1
06	85	9	29	13		2	5	18	11	22	29	19	2	12	12	4	13	23	
97	106	18	31	1	4	3	22	18	39	14	25		53		4	6	23		
24	132	39	35	2	6	2	3	43	36	19	11	37	1	14	25	1	17	20	千葉工380,武蔵18,大妻16,立正15,共立13,東京都市9,工学院8,立命館1,東京経済1
27	144	27	60	11	9	3	8	28	16	15	17	41	3	36	32	5	27	23	
24	160	40	40	3	4	8	5	27	22	23	22	35	5	53	19	2	11	16	立命館1,東京経済1
29	22	13	19	11	11	5	11	2	1		2	16	3		2			2	千葉工87,立正29,武蔵11,東京経済4,関東学院1
38	17	13	9	13	4	26	10	2	1	1	4	15	2	5	4		2	1	
16	19	13	11	12	10	16	7	4		2	10	3		6					
51	42	24	14	7	6	13	11	6	2		2	4		1	1		2		千葉工126,立正55,武蔵10,大妻4,東京経済2,関東学院1,共立1,白百合1
78	72	22	34	5	13	18	11	13	9	1	23	6	1	2	5	1			
71	41	17	27	13	13		13	6	3	9	3	10	2	2	5	1			
4	5	1	5			2		1						6		2			
0	8			2		1		1							2	2			
		2					1												
1							1												
1			1			1	2										2	1	立正1
1	1					1													
1				1															
		1																	
1	1				1														
2						1	1								1				
8	2	8		9	1	2	7						1						千葉工3,大妻2,共立1
8	7	7	1	2	1	3		2			2	4			2	2			
1			3	3		1	6			2	3		2						
98	131	44	38	22	3	11	15	32	32	21	14	44	2	6	26	1	4	13	千葉工329,立正48,大妻33,共立18,武蔵15,東京経済9,関東学院4,工学院3,聖心3,東京都市2
20	109	37	34	13	10	12	15	24	14	14	15	29	4	19	12		4	8	
37	90	44	24	12	6	5	18	26	11	10	17	35	2	17	40	4	6	13	

合格状況

千葉・公立 高校	大学	年	卒業生概数	東京大	京都大	東工大	一橋大	千葉大	筑波大	東京外大	横浜国大	埼玉大	早稲田大	慶應大	上智大	東京理科大	学習院大	明治大	青山学院大	立教大	中央大	法政大
	第2学区 国分	'24	310										1			2		8		7	7	2
		'23	320					1				1	1	6	4			15	5	4	4	3
		'22	320					2					4	5	12			26	4	20	18	
	行徳	'24	100																			
		'23	140																			
		'22	150																			
	市川東	'24	310												3				6	3	6	1
		'23	320					1									1	2	2	1	5	2
		'22	350									1					1	2	6		5	2
	市川昴	'24	310					1									1	1			3	
		'23	310														1	3			1	1
		'22	310															1			1	1
	市川南	'24	300																			
		'23	310																1			
		'22	310																			
	浦安	'24	140																			
		'23	220																			
		'22	230																			2
	浦安南	'24	60																			
		'23	130																			
		'22	110																			
	松戸	'24	220														1					
		'23	230																2			2
		'22	230						1								1			1		
	小金	'24	310				1	16	15	2		7	21	11	13	36	27	87	21	113	48	13
		'23	310					22	10		1	7	30	4	5	37	25	104	22	101	32	15
		'22	320					30	10	4		4	32		18	44	33	109	18	102	46	13
	松戸国際	'24	310					3					2		1	5	7	9	7	13	5	
		'23	340									3	7	1	1	5	5	19	30	12	26	7
		'22	350					1					1			4	9	18	11	14	4	2
	松戸六実	'24	260											1						3		
		'23	320										2			3	4	5	1	3	4	
		'22	310													6		4		1	1	
	松戸向陽	'24	180																			
		'23	250																			
		'22	260																			
	松戸馬橋	'24	300																			
		'23	310												1				1		1	
		'22	310																			
	市立松戸	'24	310													1	1			1	1	1
		'23	320					1									2	2	1	1	2	2
		'22	320												1					1	1	
	第3学区 鎌ヶ谷	'24	310					5			1		5		1	8	8	26	4	25	15	4
		'23	310	1				6				2	8		5	9	20	31	27	44	18	7
		'22	320			1		7				5	3	3	6	16	21	39	5	19	25	
	鎌ヶ谷西	'24	110																			
		'23	190																			
		'22	210																			
	東葛飾	'24	310	8		11	5	24	25	4	2		100	31	35	158	30	122	51	83	73	10
		'23	320	9	2	10	12	35	39	4	1	2	124	44	58	157	24	168	19	93	53	12
		'22	310	9	3	8	4	26	23	1	1	2	120	54	38	114	36	157	25	90	45	8
	柏	'24	310	1		1	2	16	4	1		3	18	2	14	27	23	63	11	39	47	10
		'23	310	1		2		19	7			7	18	5	11	39	29	58	9	31	39	6
		'22	310	1		1	1	19	7	2	1	6	21	4	14	30	21	45	14	32	40	

	私									立										
	東洋大	駒澤大	専修大	大東文化大	東海大	亜細亜大	帝京大	國學院大	国際基督教大	成蹊大	成城大	明治学院大	獨協大	神奈川大	芝浦工大	東京電機大	津田塾大	東京女子大	日本女子大	その他の大学（この欄はすべて'24年春のもの）
6	49	28	20	19	6	21	9	7		5	1	3	14		3	7	8		2		千葉工360,立正34,共立13,大妻12,立命館2,武蔵2,白百合2,関東学院1
0	57	25	23	7	12	12	11	20		14	6	7	20	8	15	14	7	1	8		
0	65	46	18	10	14	11	8	22		16	7	5	35		5	4	7		3		
1																				
1																				
7	28	11	15	4	7	11	9	3		1	2	3	17	2	4				1		千葉工152,立正17,武蔵14,同志社6,東京経済5,大妻5,立命館2,工学院2,東京都市1,共立1
2	35	15	29	16	9	26	10	4		3	4	1	14	3	7				2		
4	44	19	11	7	2	13	4	5		7	1	2	10	4	2	8					
3		3	3	3	6	7	3	1		1			1			1	4				立正1,東京経済1
8	2	6	1	2			2	1													
5	4	2	3		1	6	4	1		1											
	1																			
2	1	1			2	2		1		2	1							1		東京経済2
3	1	2	2			2											1				
1	1			3		1														
3	3		1							2							1				
1	1			1	1															
	1																			
	1	1	1	1																
1	5	1		3					1	1			2			1				東京経済3,武蔵2,千葉工1,大妻1
5	5	3				1							1			2					
4	4	1	4	2	3								3					1		
4	190	31	31	4		2	1	41		29	38	27	35		32	22	8	15	53		千葉工119,武蔵25,大妻18,共立14,立正2,白百合2,立命館1,工学院1,聖心1
34	173	24	23	11	9	3		6	20	41	34	32	31	4	31	37	38	4	5	30	
5	139	29	22	7	3		10	25		30	32	10	42		72		15	18	27		
1	64	14	16	5	10	5	4	7		4	5	3	22		6	13	1	3	3		千葉工203,大妻23,立正13,共立10,武蔵5,東京経済1,聖心1
8	107	32	32	24	8	14	9	15		16	13	16	54	9	3	7	8		5		
4	82	20	22	19	8	8	5	11		9	9	8	38		3	5			3		
3	6	5	4	8		4	6			1			1								武蔵4,立正4,千葉工1
8	12	9	8		1	6				1	1	8			3	1					
0	3	5	3	5	3		5	5		1	2										
		1							1											白百合2,大妻1
								1	2											
2	1			1																	
4				1						2					7						
3										2	1	3									
7	9		1			1	4			1					1	1		1			千葉工52,武蔵3,立命館2,白百合2,共立1
3	12	6	9	5	4	7				1	1	2	5		8	10			1		
5	15	6	6	5	4	3	2			2	10										
3	92	27	41	17	19	12	11	13		13	14	5	49	1	4	16		6	8		千葉工326,立正30,武蔵21,共立14,大妻14,工学院1,関東学院3,東京経済1
6	107	41	35	10	7	9	11	24		20	17	11	30	1	18	18		7	20		
2	122	40	22	10	13	15	9	11		17	10	10	42		8	16		3	13		
4													1			4	2				
6	54	10	8		1		2	7		10	19	11	8	1	41	19	6	20	15		千葉工177,武蔵10,工学院8,東京都市6,共立3,東京経済2,立正1
2	45	17	16	5	2		2	2	13	7	20	13	3	2	41	23	10	25	33		
8	40	9	13	6	3		2	2	16	19	13	10	11		30	14	9	30	47		
*1	69	18	22		6	4		2	25	14	21	12	31	2	42	64	5	6	3		千葉工250,武蔵21,共立9,立命館7,立正5,東京都市3,関東学院2,工学院1,白百合1
*1	53	19	18	2	6		4	4	17	11	24	8	43	2	26	45	4	5	20		
*1	49	23	20	6	1		2	2	13	20	11	20	5	78	2	25	34	5	6	6	

千葉・公立

第3学区・第4学区

高校	年	卒業生概数	◆東京大	◆京都大	◆東工大	◆一橋大	千葉大	筑波大	◆東京外大	横浜国大	埼玉大	早稲田大	慶應大	上智大	東京理科大	学習院大	明治大	青山学院大	立教大	中央大
柏南	'24	350					1	1				6		2	10	13	30	12	44	15
	'23	360			1		3	2				12	1	6	29	25	57	22	49	28
	'22	360			1		4	1			3	11	1	6	11	21	25	12	25	17
柏陵	'24	310															1			
	'23	340																		
	'22	350														1	2			
柏の葉	'24	270												1	2	1	8	2	6	3
	'23	280										1			6	4	2	4	1	4
	'22	270										2			5	4	6	2	7	2
柏中央	'24	310										1			9	3	3	2	14	3
	'23	350					1				1	5			8	5	7	1	3	4
	'22	350					1				1	2		2	3	8	8	4	4	4
沼南	'24	100																		
	'23	150																		
	'22	120																		
沼南高柳	'24	170																		
	'23	220																		
	'22	210																		
市立柏	'24	250										1				3	1	2		
	'23	310												1		1	1			2
	'22	310												1		2				1
流山おおたかの森	'24	340													2				2	
	'23	350															3			
	'22	340														1	1		4	
流山南	'24	210																		
	'23	300																		
	'22	310																		
流山北	'24	190																		
	'23	200																		
	'22	210																		
野田中央	'24	290															1		2	2
	'23	300														1				1
	'22	310														1	3			
関宿	'24	60																		
	'23	70																		
	'22	60																		
我孫子	'24	300										3			1	3	3	1	3	2
	'23	310												2	5	3	8	7	4	3
	'22	320										1			1	7	2	1	3	3
我孫子東	'24	190																		
	'23	230																		
	'22	200																		
白井	'24	200																	1	1
	'23	230																		
	'22	230																		
印旛明誠	'24	180					1										1			1
	'23	200														1	1	4	1	1
	'22	200										2	1	2		1	1	2		1
成田国際	'24	300					9	1			1	9	1	5	3	13	30	11	39	10
	'23	320					17		3		1	25	1	25	9	13	31	8	57	13
	'22	320					7		1			5		13	11	20	36	10	55	20
成田北	'24	270															1			
	'23	270												1		1				1
	'22	270														1	4			1

	東洋大	駒澤大	専修大	大東文化大	東海大	亜細亜大	帝京大	國學院大	国際基督教大	成蹊大	成城大	明治学院大	獨協大	神奈川大	芝浦工大	東京電機大	津田塾大	東京女子大	日本女子大	その他の大学（この欄はすべて'24年春のもの）
20	118	52	34	20	12	7	10	28		13	28	4	63	1	12	46		2	26	千葉工317,武蔵36,大妻29,共立18,立正14,東京経済10,東京都市4,関東学院4,工学院1,白百合1
75	141	38	41	13	8	2	13	40		24	44	19	58	3	36	36	1	10	19	
30	86	30	17	23	13	11	12	15		14	27	10	47	1	47	47	5	9	11	
3	6	1	2					4												千葉工8,立正2,工学院1
3	2	2	2		10			2				1	1	1						
1	7	1						3								2				
6	29	18	25	8	6	5	4	4		3	3	4	28	2	1	5			1	千葉工53,立正17,大妻8,共立6,武蔵4,東京経済3,工学院1,東京都市1
7	34	22	20	9	8	9	6	8		5	8	1	25		2	12			1	
5	28	13	7	9	2	3	5	6		6	1	1	30		2	7			2	
9	44	10	27	21	11	10	24	4		2	6	6	30	2		7			1	千葉工84,立正36,武蔵14,大妻7,東京経済6,共立6,東京都市1
54	46	20	20	38	6	11	12	11		4	10	6	61	1	10	13		1	4	
32	56	22	40	14	10	9	8	14		5	4	3	38	3	7	11		3		
2			2	2									2							
1		1	1																	
4	3			2		2		2	1			2	2	1		1				千葉工6
2	4		2	6	3	1	1					1	9	1		4				
4	4			3		3							6	3		2				
30	6	4	9	7	1	3	10	5		1			10		1	2				立正21,千葉工7,大妻7,共立6,東京経済4
25	23	12	6	5	2	6	12	1		1			17		1	2				
23	18	2	8	11	1	6	5		2	1	1		8			5				
5			3		1		1			2		1								
1																				
						1	2													
1	1		1	6			2								1					千葉工11
2	8	3	4	1		1	1	1					3			1				
2				5				1								1				
32	7	4	5	14		3	4	1		1			4	1	1					千葉工72,立正9,大妻4,武蔵3,関東学院3,立命館1,東京都市1,東京経済1,聖心1
29	15	9	9	25		4	13	5		3	1	1	15	3	6	4			1	
20	14	2	6	13	1	7	6	2		3	5		19		1	11				
1							1													
1	1		1				1											1		
1		2		4			2											1		
	2	2				2	1									1				
28	7	3	2	2	4	7		2					4							千葉工14,立正11,大妻5,関東学院3,共立2
32	17	10	7	6	9	6	5				2		4	1	1	2				
24	16	3	7	4	2	3	5			2		1	10			1				
78	89	21	26	9	6	5	4	14		5	5	4	14	2	4	7	1	2	11	千葉工229,共立16,立正12,大妻11,武蔵6,立命館4,東京都市3,同志社1,東京経済1
72	110	12	25	8	17	5	8	18		3	12	21	22	2	17	8	3	11	7	
30	130	12	25	9	14	5	7	19		8	7	12	19	2	11	16		2	6	
15	6	1			2	2		1								1				千葉工35,東京都市2,立正2
9	17	6	9	3			2	3				9				1				
15	6	3	3					1												

千葉・公立

学区	高校	年	卒業生概数	東京大	京都大	東工大	一橋大	千葉大	筑波大	東京外国大	横浜国立大	埼玉大	早稲田大	慶應大	上智大	東京理科大	学習院大	明治大	青山学院大	立教大	中央大	法政大
第4学区	富里	'24	190															1	1			
		'23	230																			
		'22	240												1							
	佐倉	'24	320	1		1	3	26	8	3	2		44	19	35	98	21	81	26	75	75	9
		'23	310	2	1	1	1	42	16	3	3	6	65	15	34	66	38	105	27	93	55	
		'22	320	1		3	4	49	16		5	4	62	21	17	74	26	120	31	90	62	
	佐倉東	'24	220																			
		'23	220																			
		'22	230																			
	佐倉西	'24	130																			
		'23	190										1									
		'22	190																			
	八街	'24	130																			
		'23	140																			
		'22	150																			
	四街道	'24	300										2					2	3	2	1	1
		'23	320															3			5	1
		'22	310										1					2			1	4
	四街道北	'24	220																			
		'23	230																			
		'22	230										1									
第5学区	佐原	'24	270					14	2		1		4		1	10	8	13	3	7	21	1
		'23	270				2	20	7		1	3	3	4	2	18	3	19	6	11	26	3
		'22	280				1	13	8		2	2	7	3	2	18	1	24	5	15	31	3
	佐原白楊	'24	160					1										1	1	3	1	
		'23	200												1		1	1	1	1	4	
		'22	190													1						
	小見川	'24	140					1														
		'23	140																			
		'22	160																			
	多古	'24	90																			
		'23	70																			
		'22	110																			
	銚子	'24	130																	2		
		'23	160																			
		'22	160															1				
	市立銚子	'24	260					4			2						2	4	2	7	5	
		'23	310	1				5	1					2	1	1	2	8	5	4	6	1
		'22	320					8		1	1	1	3		2	2	4	11	3	8	17	1
	匝瑳	'24	210					3									1	2		5	6	
		'23	210					1					2	1			2	4	2	3	7	3
		'22	260									1	7				4	5		3	3	
第6学区	松尾	'24	110																		1	
		'23	150																			
		'22	150																			
	成東	'24	220					12				2	4		1	5	8	20	5	3	12	2
		'23	270					19	2			1	3		1	11	8	23	13	13	25	2
		'22	280					15				1	6		2	8	23	21	16	20	20	3
	東金	'24	190																1	2	3	
		'23	190															1	1			1
		'22	200						1									3			1	
	大網	'24	120																			
		'23	140																			
		'22	180																			

	東洋大	駒澤大	専修大	大東文化大	東海大	亜細亜大	帝京大	國學院大	国際基督教大	成蹊大	成城大	明治学院大	獨協大	神奈川大	芝浦工大	東京電機大	津田塾大	東京女子大	日本女子大	その他の大学 （この欄はすべて'24年春のもの）
3																				
2	1	1		1																
1	4						2													
4	116	29	20	8	1	1	2	10		21	7	12	10		43	21	8	13	28	千葉工426,武蔵19,共立9,東京都市6,工学院5,大妻4,立命館2,立正2
	97	12	26	2	3	5	1	2	3	20		20	17	22	12	28	13	4	11	6
1	109	16	20		1		2		19		17	22	12	17		33	6		11	24	
2	2																			立正3,千葉工3
5	2																			
4	1										1									
2							1													
				3								4								
1	1						1													
6	6	2		1			4	2	1	1	1							4		千葉工58,立正5,武蔵1
4	14	4	6		1	2	5	2	2	2			1	4	2	1		3	2	
3	6	3	4		4	2	5	2	2	2			1	2	1			2		
4				1			1													立正2
3	1									1										
1	58	15	24	24	28	3	7	7		11	6	14	17	9	7	5		1	3	千葉工191,立命館9,武蔵6,東京経済5,関東学院4,共立4,工学院3,立正2,大妻1
9	68	22	22	35	39		3	7	5	11	4	5	4	6	31	7	4	4	5	
1	53	12	29	26	29	5	3	7		17	18	3	9	3	43	11		1		
7	7	7	11	14	4		3	6	3	1	4		8	2				1		千葉工23,立正5,共立1
3	18	6	6	5	7		4	6	2	1	1		3	3	6	2				
8	24	4	13	1	5		2	3	2	1		3	3	2	2			1	
				3				1								1				
1	1																			
2	3	1	17	2	9	2	8	2		2				1						千葉工26,立命館3,関東学院2,立正1,東京経済1,共立1
4	11	2	4	9	4	2	9							3	1					
3	4	3	2	6	6		7	1						4	2					
1	32	13	22	22	32	3	11	7		2	1	5	9	7	7	5		2		千葉工114,関東学院11,立正9,武蔵7,工学院7,東京経済3,立命館2,東京都市2,共立2
1	60	10	16	37	36	9	16	3		2	8	11	7	14	5	5		4	2	
4	59	7	21	30	34	2	15	2		5	8	15	10	12	5	5	1	4	2	
5	9	7	4	17	13	6	6	1		3	2	1		2	1	1	3			千葉工37,立正8,共立4,関東学院3,大妻3,白百合3,立命館2,武蔵2,東京都市2,東京経済2
4	6	3	2	2	10	1	8	6		1		2	12	4			3	1		
5	15	7	4	19	13	5	9	3				4	2				1			
2			1																	
			1																	
7	66	18	41	3	19	4	4	6		8	3	13	4	4	4	5	3		3	千葉工238,立正16,大妻7,共立5,工学院4,東京経済4,関東学院1
8	47	16	15	12	25	8	7	17		10	8	14	2	6	10	6	1	1	2	
7	82	16	42	11	8	20	11	20		16	10	12	2	6	13	5		1	2	
1	16	1	6	4	3	1	1	1		2			2	2		4				千葉工22,立正9,共立1
2	12	4	3					4			1	1	4	2		1	1		
7	13	5	11				2	2		2		1	5	2		1			

合格状況

学区	高校	年	卒業生概数	◆東京大	◆京都大	◆東工大	◆一橋大	千葉大	筑波大	◆東京外大	横浜国大	埼玉大	早稲田大	慶應大	上智大	東京理科大	学習院大	明治大	青山学院大	立教大	中央大
第6学区	九十九里	'24	40																		
		'23	40																		
		'22	50																		
第7学区	長　生	'24	260	1	1	1	1	21	1	1			15	2	7	21	14	46	11	15	41
		'23	270	1		1	1	30	1	2	1		21	6	14	28	16	62	12	47	30
		'22	270			1	1	17	2			1	17	5	2	25	13	39	3	26	38
	茂　原	'24	150															1	1		
		'23	200															2		1	3
		'22	190												1					1	
	大多喜	'24	110							1											1
		'23	150					1							1	1	2	1		1	1
		'22	140					1							2		1			4	3
	大　原	'24	90																		
		'23	120																		
		'22	130										1								
第8学区	長　狭	'24	140					1													
		'23	130																		
		'22	140																		
	安房拓心	'24	150																		
		'23	120																		
		'22	140																		
	安　房	'24	230					2					7	2	2	1	7	13	3	3	26
		'23	230					2	1		2		4	1	3	2	10	4	2	6	13
		'22	230				1	2			1	1	4	3		3	14	3	2	13	
第9学区	木　更　津	'24	310			1		31	2			1	7	1	1	22	11	45	10	14	32
		'23	320	1		1		27		1	1	1	21	5	7	18	14	72	13	40	26
		'22	320			2	1	26	3	1	3	2	15	7	12	17	23	39	10	41	41
	木更津東	'24	140																		
		'23	150																		
		'22	150																		
	君　津	'24	240					2												1	5
		'23	—																		
		'22	—																		
	君津青葉	'24	80																		
		'23	90																		
		'22	90					1								1		1			
	天　羽	'24	60																		
		'23	70																		
		'22	70																		
	袖　ヶ　浦	'24	270					1													
		'23	280																		
		'22	270					1											2		
	市　原	'24	80																		
		'23	100																		
		'22	110																		
	京　葉	'24	90																		
		'23	120																		
		'22	160																		
	市　原　緑	'24	90																		
		'23	110																		
		'22	120																		
	姉　崎	'24	120																		
		'23	150																		
		'22	150																		

			私									立								その他の大学
日本大	東洋大	駒澤大	専修大	大東文化大	東海大	亜細亜大	帝京大	國學院大	国際基督教大	成蹊大	成城大	明治学院大	獨協大	神奈川大	芝浦工大	東京電機大	津田塾大	東京女子大	日本女子大	（この欄はすべて'24年春のもの）
9	55	19	19		7	5	4	22		8	6	6	9		27	11	2	1	6	千葉工487,大妻10,武蔵7,工学院7,共立7,同志社2,立命館2,東京都市2,立正2,東京経済2,関東学院1
0	77	26	29	10	6	4	3	32		12	15	18	9	6	30	14	5	7	5	
05	71	18	27	2	4	3	5	19		8	12	13	11	4	32	6	1	6	4	
3	6	3	1	3	1	3	2												1	大妻3,東京経済2,千葉工2,武蔵1,立正1
5	11	4	7		1		1	6	5			7		1		2			2	
7	14	5	4	6			3	3	5				5		2					
1		1			2	1		3	1					3	2			1		
1	2	2			2								3		2			1		
2	5	1					1		2				5		2			2		
1					1					1										
4	1	2	1	14				5												千葉工22,関東学院1
3		3	3	1	3			1												
	3		2	1																
3	20	12	10	6	26		2	3		4	4	3	9	12	3	4	5		3/1	千葉工71,立正6,東京経済3,関東学院3,立命館1,武蔵1,大妻1
25	9	12	9	9	13	3	5			3	2	9	2	12	1	3			3	
22	8	9	12	5	7	1	11	4		4	4	5	2	9	3	2		2	1	
24	79	20	17	9	7	5	8	11		9	4	14	2	8	7	19		3	12	千葉工513,東京都市15,共立9,武蔵6,立正6,大妻6,立命館5,関東学院4,聖心5,白百合3,工学院2,東京経済2,同志社1
25	99	15	13	5	5	1	5	14		3	19	13	13	8	14	11	4	6	9	
05	71	32	22	12	7	5	5	16		7	7	16	8	15	14	9		3	5	
2			1																	
34	33	18	9	4	6	7	5	1				4		10		2			2	千葉工120,立正14,共立10,東京経済4,大妻4,東京都市1
5	2	1	3		5		2	1					2			1				千葉工3,武蔵1,工学院1
1	2		1	2	4	2	4	1					2		1					
1	5	1	2				1						4		1					
6						1														
5																				
1																				

合格状況

千葉・公立 / 高校	大学 年	卒業生概数	東京大◆	京都大◆	東工大◆	一橋大◆	千葉大	筑波大	東京外大◆	横浜国大	埼玉大	早稲田	慶應	上智	東京理科	学習院	明治	青山学院	立教	中央
第9学区 市原八幡	'24	180																		1
	'23	230																		
	'22	240															1			
三部制定時制																				
松戸市 松戸南	'24	—															2		2	
	'23	210										1			2			1	2	
	'22	190										2		2	4		1		1	
佐倉市 佐倉南	'24	—																		
	'23	160																		
	'22	140																		

（注）三部制定時制の生浜は第1学区に掲載。

	東洋大	駒澤大	専修大	大東文化大	東海大	亜細亜大	帝京大	國學院大	国際基督教大	成蹊大	成城大	明治学院大	獨協大	神奈川大	芝浦工大	東京電機大	津田塾大	東京女子大	日本女子大	その他の大学（この欄はすべて'24年春のもの）
8	4	1			1		1	2									1			千葉工57,武蔵1
2	1																1			
4																				
4	1	1				2											2			立正1
9	5	2	1	2		3			1			2	2		2	2	2			
3	1			1																

埼玉・公立　全日制

国立＝東京大・京都大・東工大・一橋大・千葉大・筑波大・東京外大・横浜国大・埼玉大／私立＝早稲田大・慶應大・上智大・東京理科大・学習院大・明治大・青山学院大・立教大・中央大

市	高校	年	卒業生概数	東京大	京都大	東工大	一橋大	千葉大	筑波大	東京外大	横浜国大	埼玉大	早稲田大	慶應大	上智大	東京理科大	学習院大	明治大	青山学院大	立教大	中央大
さいたま市	浦和	'24	350	44	19	7	10	2	11			4	130	71	21	143	5	138	11	21	77
		'23	350	36	9	7	20	16	14	1		9	111	67	26	111		131	9	42	77
		'22	350	27	21	12	14	18	23	3		15	120	91	29	169	11	188	14	37	91
	浦和一女	'24	350	2	3	2	6	16	5	7	1		39	13	25	55	38	95	38	137	49
		'23	350	6	2	1	2	11	13	6	3	19	50	23	42	41	36	122	24	110	37
		'22	360	4	1		8	14	20	4	3	24	42	15	37	36	37	110	22	109	51
	浦和西	'24	350					5	4	1		3	14	1	5	18	17	72	16	54	42
		'23	360					3	2	1	1	21	15	7	5	15	22	68	35	54	24
		'22	360					4	3	1	1	15	14	12	11	21	25	54	31	65	45
	市立浦和	'24	320	3	3	8	7	9	14	5	6		46	29	38	91	25	135	35	141	59
		'23	310	7	2	3	2	5	3	7	5	23	83	37	25	61	19	130	33	85	46
		'22	320	1		3	4	5	9	15	3	18	76	34	32	69	23	167	40	133	61
	浦和北	'24	300															2	4	4	1
		'23	310									1	3	2		3	2	1	4	1	5
		'22	310						1			3	2			1		4	1	1	5
	浦和東	'24	300																1		
		'23	310										2								
		'22	320													1		3			
	市立浦和南	'24	310										4			5		13		6	7
		'23	310						1				3		1	4	17	13	7	17	3
		'22	320								1	10	3			5	10	21	7	25	19
	大宮	'24	350	19	4	15	8	17	13	3	7		84	46	16	138	29	184	31	69	79
		'23	350	19	1	11	9	14	17	5	9	17	102	59	21	145	21	145	32	73	74
		'22	360	10	5	15	10	24	15	2	10	12	108	66	27	167	14	163	28	62	91
	大宮光陵	'24	330															2	1		3
		'23	320						1			2						1	3	2	1
		'22	290						2			2						1	2	1	3
	大宮南	'24	330																1		
		'23	350												2	1		3	1		1
		'22	350													1			1		1
	大宮武蔵野	'24	190																		
		'23	210																1		
		'22	220																		
	大宮東	'24	290																		1
		'23	310																1		
		'22	300																		
	市立大宮北	'24	310					2	2	1	1		2		1	2	17	17	11	20	16
		'23	310			2		1	1			7	3				4	9	21	16	4
		'22	300					1	1			7	2			7		10	9	6	20
	与野	'24	340										3		1	4	6	9	2	10	11
		'23	350									3	1			2	6	6	6	2	7
		'22	360								1	2			3	4	10			10	11
	岩槻	'24	310																		2
		'23	300												1	2				1	
		'22	310						1				1			1			1		1
川口市	川口	'24	320										1		1		3	2			3
		'23	320									1			1	2	1	3	2		
		'22	320									1									
	川口北	'24	340					2			1	1	8	1	1	8	13	23	2	24	21
		'23	360			1		3	3			16	5	9	5	25	18	30	13	38	46
		'22	350			1		3	3	1		17	9	1	10	5	15	26	10	25	40

東洋大	駒澤大	専修大	大東文化大	東海大	亜細亜大	帝京大	國學院大	国際基督教大	成蹊大	成城大	明治学院大	獨協大	神奈川大	芝浦工大	東京電機大	津田塾大	東京女子大	日本女子大	その他の大学（この欄はすべて'24年春のもの）
3	21	6	2		2		2			7	5			1	30	6			千葉工45,工学院10,立命館8,同
6	27	2	3	2				2		1	3	3			50	9			志社2,武蔵1,東京都市1,立正1
0	39		7	4	3		2	7		5	3	2	2		80	10			
5	82	22	9	23	3		3	12		13	17	7	18	2	53	18	33	52	69	工学院35,千葉工26,東京都市8,
1	61	8	14	2	2	2	2	7		13	14	11	15	3	18	7	36	57	94	武蔵7,大妻4,同志社2,立命館1,
5	55	11	8	11	2		6	10		9	11	9	18		20	8	32	83	103	共立1
8	196	41	25	62	15	5	9	22		25	27	24	53	5	52	42	10	24	27	千葉工88,武蔵33,東京都市17,工
4	200	26	39	38	7	6	14	23		18	27	23	37	9	47	37	3	11	34	学院13,大妻10,共立5,東京経済
7	171	21	28	31	9	7	17	16		18	31	15	42	3	61	33		14	29	4,立正3,同志社2,立命館2,聖心1
0	144	10	16	8			5	9		20	20	25	36	2	74	27		6	14	28	武蔵20,千葉工15,工学院10,東京
8	97	15	11	7	2		3	12	1	10	22	24	12		33	22	24	20	29	都市10,共立6,大妻4,東京経済3,
4	151	25	21	18	12		2	11		15	20	23	31	4	55	24	11	16	30	立命館2
8	20	8	16	62	2	5	22	3			5	2	8	1		3	5		1	千葉工36,立正9,大妻6,東京経済
4	21	8	5	46	1	4	11	7		1	2	6	19		3	5				4,共立2,工学院1
2	35	11	13	33	8	9	23			2	2	6	9	12	5	4	5	7		
1	3	5		6		5	10				1		5			1				千葉工19,立正3,東京経済3,大妻
7	6	2		20	1	10	18			1		1		4			1			1
4	8	1	2	11		1	20				1		1		2		1			
4	83	23	35	62	8	11	37	8		9	7	12	44	3	3	9			3	千 葉工29,立 正13,大 妻13,共立
7	76	17	22	46	15	8	37	14		6	9	16	27	3	14	12		2	5	12,東京経済9,武蔵6,工学院4,東
5	89	26	25	24	14	7	17	11		8	16	12	32	3	18	17	6	2	5	京都市3
4	58	15	11	2	1		5	11		17	19	17	6	1	47	26	4	11	16	武蔵13,東京都市6,千葉工5,工学
0	64	10	4	4	1	3	13		22	10	13	5		67	6	8	13	25		院2,東京経済2,共立2,同志社1,
9	53	15	11	10	2	1		12	21	12	11	11	1	69	16	5	9	28		大妻1
0	6	2	1	45	1	3	5		3			3		1				1		武蔵2,立正1,東京経済1
7	33	4	8	29	1	11	7	6		2	6	1	11		3	7	4			
4	18	2	9	22	2	3	16		2	6	6	4		7	4					
3	11	4	3	24	4	5	24				1	9	3	2	1					立正10,東京経済5,関東学院2,千
9	11	5	5	33	6	9	25	1		2	9	8		11						葉工1
1	8	4	3	24	4	11	39		1		8	11	2	5						
	1			1	2		2													
2	5	1		3	1															
2	2		1																	
1	2	2		6		1	3	1			4						1			
1	6		13	3	5	3			3						1					
2		10		5	5			1			2									
7	147	12	19	51	12	3	20	21		7	10	6	31	7	31	39		1	1	千葉工108,武蔵22,東京経済12,
0	157	29	14	81	40	18	25	5		15	9	9	36	5	28	19		2		工学院8,立正8,東京都市6,関東
7	91	19	26	46	28	5	34	5		10	7	9	32	2	16	32				学院5,共立4
3	88	32	45	117	15	10	34	8		8	6	3	24	2	34	68	1		1	千葉工25,武蔵20,立正18,東京経
0	73	26	24	52	17	12	26	22		12	6	11	30	2	8	37			1	済13,東京都市9,工学院8,大妻6,
7	65	21	24	90	15	12	26	10		6	3	9	30	5	8	27			1	白百合1
6	3	2		23		5	4	3				6	2							立正13,大妻3,白百合2,共立1
5	7		8	10		1		1		6		5								
4	6	2		8		4	4			1		6		3						
5	12	6	10	17		5	15	2		1	2		10		2	1			1	千葉工7,武蔵4,立正4,大妻4,共
6	29	1	5	16	5	11	21	5		2	3		16		4	6		1		立3,東京経済2,白百合1
1	11	6	15	12	3	7	20	2		5	2		10		1		3			
2	160	32	49	130	14	10	30	22		15	16	18	51	7	37	27	5	10	6	千葉工115,武蔵16,工学院15,大
3	150	27	46	57	17	9	20	28		23	19	23	49	11	39	60	4	8	7	妻15,東京経済11,立正10,立命館
3	148	27	39	68	12	10	29	18		26	18	12	46	7	19	7		7		4,東京都市4,共立3,白百合1

埼玉・公立

市	高校	年	卒業生概数	◆東京大	◆京都大	◆東工大	◆一橋大	千葉大	筑波大	◆東京外大	横浜国大	埼玉大	早稲田大	慶應大	上智大	東京理科大	学習院大	明治大	青山学院大	立教大	中央大
川口市	川口青陵	'24	230																		
		'23	260																1		
		'22	270																		
	川口東	'24	260												1						
		'23	250																2		
		'22	260																		
	鳩ヶ谷	'24	270																		
		'23	270						1												
		'22	280																		1
	川口市立	'24	390			2		2	2			1				14	10	19	6	18	22
		'23	470			1		1	4	1		12	1	2	1	11	7	12	7	14	13
		'22	480					3				12	1	1	2	14	23	12	12	9	15
蕨市	蕨	'24	350	2	1	1	1	4	4	2	3		20	12	12	28	33	76	16	70	67
		'23	350		1			5	3	5	3	6	25	4	11	17	29	95	18	76	62
		'22	350					10	5	3	1	19	18	6	3	46	38	97	29	47	52
戸田市	南稜	'24	340										1	1		1	2	3		1	1
		'23	350						1			1			1			3	2	1	5
		'22	350													2			1	2	5
鴻巣市	鴻巣	'24	260														2				
		'23	280																		
		'22	270																		
	鴻巣女子	'24	130																		
		'23	140																		
		'22	190																		
上尾市	上尾	'24	350												2		4	5	5	6	6
		'23	360								1	1			2		3	10	1	6	8
		'22	370									1	2				8	14	6	2	4
	上尾橘	'24	90																		
		'23	120																		
		'22	110																		
	上尾南	'24	210																		
		'23	230																1		
		'22	230																		
	上尾鷹の台	'24	180																		1
		'23	220																		1
		'22	220																		
桶川市	桶川	'24	240													1	1	1		1	
		'23	310																		
		'22	310																		
	桶川西	'24	130																		
		'23	130																		
		'22	180																		
北本市	北本	'24	120																		
		'23	140																		
		'22	170																		
北足立郡	伊奈学園総合	'24	730	1			1		2			14	13	1	8	4	15	34	12	27	22
		'23	790	2	1		1	1	3	3	1	14	9	2	8	16	22	31	13	36	33
		'22	770	1				1	2		1	8	18		7	13	25	31	18	32	26
朝霞市	朝霞西	'24	310													1		3	1		6
		'23	310						1		1		1		2			1	5		2
		'22	310																1	2	1
	朝霞	'24	310				1								2		1	5	1	4	6
		'23	320	1									1	2	4	2	8	5	4	4	2
		'22	310										1	2			1	5	4	4	3

東洋大	駒澤大	専修大	大東文化大	東海大	亜細亜大	帝京大	國學院大	国際基督教大	成蹊大	成城大	明治学院大	獨協大	神奈川大	芝浦工大	東京電機大	津田塾大	東京女子大	日本女子大	その他の大学（この欄はすべて'24年春のもの）
8		2	4	1		3 4						2			1				
			2	3	1	4													
7			3	1		1						1 3 1			1				
			5																
1	1		3 2			1 2			1		2	3			2				武蔵3,東京経済1
1			7			4						3			1				
134	29	33	101	15	20	18	13		7	6	7	76	7	16	21	2	1	1	千葉工201,立正21,東京経済16,武蔵13,工学院12,共立7,東京都市5,大妻5,
128	38	38	80	10	13	30	22		8	5	6	37	6	12	30	1	3	3	関東学院4,立命館2,白百合2,同志社1
140	18	23	35	29	7	23	22		17	14	13	82		16	29			8	
178	39	27	65	1	12	14	18		15	14	13	73	3	23	29	15	15	27	千葉工188,武蔵26,東京都市11,共立11,大妻8,工学院7,立命館5,
190	42	32	35	4	11	20	20		25	25	26	86	6	49	37	7	47	36	同志社3,立正3,東京経済2
152	19	23	51	6	6	14	28		19	19	16	51	1	82	43	9	17	23	
12	7	7	26	1	6	14	1		1		1	3		3	4	3		2	武蔵7,東京経済5,千葉工5,立正2,工学院1,共立1
24	9	5	30	5	12	12	5		1	1	2	10			2	3	1		
12	2		13	2	8	15	5				2				9				
2	2		11			2					2				1				立正3
6	1	3	21			2			2	2	1								
5	1		12		2	3					2								
						1													
1			1		1	1													
			1			1													
74	13	9	127	5	8	16	3		1	2	3	20	1	3	12	3			立正25,武蔵10,東京経済5,大妻5,共立4
46	11	7	79	6	8	13	3		3	8	1	22		3	9			2	
47	7	14	54	8	2	19	6		4	6	2	10	4	10	17			3	
			5																
			1																
			1																
			1																
1	1		7		1				1						4				
1			7																
2	3	1	2			1						2							東京経済3
1	1		8												1				
3	1		4				1												
1			5			2					1		1		2	1			立正2,立命館1
1	4		27	1	2	8			1		1	1			6	2			
12	3	5	21			4					2				2				
			2																
			2																
			3																
			8	2															
114	19	17	106	17	16	33	12		14	8	9	41	11	9	13			5	6	立正18,東京経済13,千葉工11,武蔵...
122	24	46	101	11	13	54	13	1	12	17	9	59	5	21	36	10	3	9	立命館3,工学院3,関東学院3,共立...
116	28	24	96	33	9	68	20	1	29	16	7	55	5	11	18	3		9	大妻2,聖心2,東京都市1,白百合1
14	3	6	56	1	2	21			1	4	7				4				東京経済5,武蔵4,立正4,千葉工4,関東学院3
11			36		7	20	1				1				10				
7	2	6	19	6	5	14	1		2			3			8				
44	16	26	183	1	10	17	5		6	5		3	1	2	5				東京経済27,立正15,武蔵5
55	11	13	82	4	13	16	4		6	5	2	8	3	3	14				
49	17	11	58	4	10	24	2		3		1	18	3	7	15		2	1	

合格状況

埼玉・公立

市	高校	年	卒業生概数	東京大	京都大	東工大	一橋大	千葉大	筑波大	東京外大	横浜国大	埼玉大	早稲田大	慶應大	上智大	東京理科大	学習院大	明治大	青山学院大	立教大	中央大	西
志木市	志木	'24	220																			
		'23	270																	4	1	
		'22	270										1									
和光市	和光国際	'24	310							7	1		6	2	5	10	11	33	9	45	18	
		'23	310					1	2	3		9	9	1	6	3	17	35	13	71	35	
		'22	320					1		1		9	9	2	7	4	17	33	9	52	27	
新座市	新座	'24	150																			
		'23	160																			
		'22	170																			
	新座柳瀬	'24	180																			
		'23	210																			
		'22	230																			
川越市	川越	'24	350	7	2	10	7	3	6	2		4	70	26	20	95	14	115	27	39	75	
		'23	350	5	6	7	7	6	7	13	13	22	90	41	15	103	20	163	15	69	80	
		'22	360	1	4	7	9	13	11	4	12	29	72	39	11	118	23	142	12	67	105	
	川越女子	'24	350	2			3	3	6	8	1		33	3	40	16	34	60	20	79	37	
		'23	350	2		1	6	3	4	7	4	23	62	14	33	26	30	96	32	122	45	
		'22	360	2		1	6	2	3	5	5	26	38	9	27	28	34	85	21	130	30	
	川越西	'24	300																			
		'23	300																			
		'22	320																			
	川越初雁	'24	140																			
		'23	170																			
		'22	150														1					
	川越南	'24	350			1		2					3	1		5	14	33	10	23	15	
		'23	350					1	1	1			10	1	1	1	15	20	7	31	12	9
		'22	360									7	6				1	6	16	9	8	9
	川越総合	'24	200														1					
		'23	240																			
		'22	230																			
	市立川越	'24	270																			
		'23	280																			
		'22	280													3			4	3	2	1
所沢市	所沢	'24	340								2		5	1	1		2	23	4	10	32	
		'23	340						1				6	6	3	4	6	28	7	14	29	
		'22	350						1				6	4	2	1	10	7	16	9	18	28
	所沢北	'24	350			1	3	5	2	3	5		13	3	10	23	12	61	16	72	70	
		'23	350	1		1	3	1	3	4	6	17	12	5	2	15	15	35	15	40	34	
		'22	350			3	1	1	5	4	6	17	28	10	12	34	20	80	28	79	52	
	所沢中央	'24	300																			
		'23	310																			
		'22	320															1				1
	所沢西	'24	300															3	2	3	5	5
		'23	310												1			6	3	3	3	
		'22	320									1						3	3	3	7	
	芸術総合	'24	120						1													
		'23	150																			2
		'22	150						1			1										3
狭山市	狭山清陵	'24	160																			
		'23	170																			
		'22	190																			
富士見市	富士見	'24	170																			
		'23	180										1									
		'22	200																			

	私								立											その他の大学
	東洋大	駒澤大	専修大	大東文化大	東海大	亜細亜大	帝京大	國學院大	国際基督教大	成蹊大	成城大	明治学院大	獨協大	神奈川大	芝浦工大	東京電機大	津田塾大	東京女子大	日本女子大	（この欄はすべて'24年春のもの）
	2	2	1	8			3													
1	4	1	1	8	7		1		1				1							
	5			6												3				
5	101	28	32	159	10		8	15	12		12	6	18	75	5	15	24	8	6	4	武蔵20,大妻11,工学院7,共立6,東京都市2,立正2,東京経済2,千葉工,聖心1
7	94	15	25	102			21	15	13		13	25	13	72	6	6	25	7	4	13	
1	132	29	26	86	6		22	15	26		31	14	16	56	3	7	17	6	9	7	
				3																
				2																
	3			7												1				
	2			4					1							1				
2	95	18	6	9	10		2	2	4		9	7	2	7		36	26				東京都市29,工学院23,武蔵7,立正7,千葉工7,同志社2
7	86	5	5	12	5		3	3			11	3	8	1		65	27				
	90	8	5	9	9		3	4			14	6	10	2		98	39				
	106	18	21	65	3		2	13	8		18	13	8	17	25	15	44	73	55		武蔵43,工学院15,東京都市9,大妻8,共立7,千葉工6,立命館2,立正2,東京経済2,白百合1
3	123	13	24	8			4	6	18	2	13	23	11	25	18	16	35	75	70		
2	115	11	19	24	5		4	11	14	1	27	16	7	18	36	21	47	85	75		
	9	2		6			1	2			1						3				
	7			22								1					2				
				11			1														
	2			2			1					1									
	2											1									
	117	28	19	234	19		14	27	11	14	8	5	28	1	5	22	3	7		6	武蔵42,東京経済21,千葉工14,大妻11,共立6,立正5,東京都市4,工学院2,聖心2,白百合2
	117	46	17	95	24		13	36	19	9	12	7	15	1	5	19	1	3		5	
	112	37	43	98	6		15	40	13	24	6	1	26	2	11	7		3		4	
	1			3	1				1				1			2					武蔵1
	1			1																	
	2	1	2	5	2		4					4			5				1		武蔵2,工学院1,東京経済1,大妻1
	7	4	2	14			5				2	2	7			5					
	13	7	8	17	3		2		2	1	2	7		3	5						
	71	23	20	49	5		13	37	10		14	8	2	13	4	2	3	1	2	1	武蔵30,東京経済17,立正11,工学院5,大妻4,共立3,立命館2,聖心1,白百合1
	100	26	25	50	6	12	12	24	10		21	14	13	1	15	25	4	5	12		
	55	19	11	38	12	14	24	6			17	5	9	2	13		7				
	207	37	33	79	14		2	24	24	26	21	6	12	1	34	23	6	10	12		工学院39,武蔵30,千葉工23,東京都市13,東京経済9,共立5,立正3,大妻3
	167	23	22	66	7		7	23	11	14	14	8	24	3	28	40	6	6	3		
	168	26	21	50	10		5	26	20	28	11	4	20	4	64	70	6	19	18		
			1	9	4	6	3						3								
	7	3	8	11	1	2	8									1					
				8		4	4														
	47	18	29	80			13	35	2		4	3		2		2	13				東京経済18,立正13,武蔵9,大妻3,工学院2,東京都市1,千葉工1,共立1,聖心1,白百合1
	21	7	6	28	14	12	20	4			4	3	1	6	1	3	10				
	23	2	9	33	7	14	34				3	3		10		12			2		
		2											1								
												1		1							
	2			5	3		3						2								
	2			3	2		2				1					1					
	1			1			2	1													
	1	1	1	3			1														
	1			1			4														

埼玉・公立

市	高校	年	卒業生概数	◆東京大	◆京都大	◆東工大	◆一橋大	千葉大	筑波大	◆東京外大	横浜国大	埼玉大	早稲田	慶應	上智	東京理科大	学習院	明治	青山学院	立教	中央大	法
ふじみ野市	ふじみ野	'24	170																			
		'23	180						1													
		'22	200																			
坂戸市	坂戸	'24	330									6	3	1	2	1	9	10	3	9	7	
		'23	360							2		6			2	2	5	17	11	3	14	
		'22	360					1				5	3		3	1		13	12	6	10	
	坂戸西	'24	300																			
		'23	320																			
		'22	320																1			
鶴ヶ島市	鶴ヶ島清風	'24	160																			
		'23	180																			
		'22	200																			
日高市	日高	'24	120																			
		'23	130																			
		'22	150																			
入間郡	越生	'24	90																			
		'23	110																			
		'22	120																			
入間市	入間向陽	'24	310																			1
		'23	310																			
		'22	320																			
	豊岡	'24	310																			1
		'23	310															2	1	1	4	
		'22	320									4						1	1	5	2	
東松山市	松山	'24	300														1	3	13	1	5	13
		'23	310	1		1			3			5	13	1	3		6	10	17	4	14	22
		'22	310						3			7			1		3	7	9	8	6	22
	松山女子	'24	310										4						1	5	2	
		'23	310										1				1		2	2	1	
		'22	300									1					1		1	1		
比企郡	小川	'24	160																1			
		'23	190																1			
		'22	190																			
	滑川総合	'24	260																1			
		'23	270																			
		'22	270																			1
秩父市	秩父	'24	190														1		1	3	3	
		'23	220						1		1	1	1					5	1	1	1	4
		'22	200									1	1			1		5	4	2	3	3
秩父郡	小鹿野	'24	30																			
		'23	50																			
		'22	60																			
本庄市	本庄	'24	310																4	2	2	5
		'23	310				1		1			1	1						3	2	4	1
		'22	320						1			3	1	1	2	2	2		2	6	5	
熊谷市	熊谷	'24	310					5	3		1	7	13	2	3	23	13	39	2	28	35	
		'23	320			1		4	3		1	11	10	6	14	26	18	46	5	29	54	
		'22	320		1			7	3		3	21	24	14	15	36	26	62	12	50	57	
	熊谷女子	'24	310							1		1	3		3	2	12	11	1	20	7	
		'23	310							1	1	9	5	1	5	4	18	13	8	18	11	
		'22	320								1	12	6	2	4	2	11			20	11	
	熊谷西	'24	270										5	1	3	4	8	10	1	16	5	
		'23	320						3	2		12	1			3	10	12	4	9	15	
		'22	310			1			2	2	1	6	1			3	10	14	2	4	10	

私											立								
東洋大	駒澤大	専修大	大東文化大	東海大	亜細亜大	帝京大	國學院大	国際基督教大	成蹊大	成城大	明治学院大	獨協大	神奈川大	芝浦工大	東京電機大	津田塾大	東京女子大	日本女子大	その他の大学（この欄はすべて'24年春のもの）
	2		**2**			**4**													
1			3	1	1	1													
1			2	2	1	4													
97	**17**	**16**	**237**	**2**	**8**	**23**	**7**		**1**	**7**		**23**	**2**	**2**	**37**				
138	30	25	156	8	8	25	11		10	9	1	36	6	9	20	1	1	2	武蔵24,東京経済11,立正10,共立7,東京都市5,工学院2,大妻1,聖心1,白百合1
114	14	22	124	11	9	16	6		7	2	6	33	5	34	26		1	2	
5	**1**		**32**			**4**									**3**				
4	1	2	30		5	5								1	1				東京経済6,武蔵2,立正1
2	2	1	20	1	1	1						1							
			2																
	1		2			1													
1			2																
1																			
1				1															
			1																
			1			2													
2		**1**	**3**	**2**	**2**	**8**						**1**							
4	1		14		4	12			1			2			4				東京経済1
4	1	2	8	2	3	12	1					1			2				
3	**3**	**8**	**19**	**1**	**10**	**27**			**2**										
9	4	2	22	12	9	13			1			1			12	1	4	3	東京経済7,関東学院3,武蔵2,立正1
23	1	7	18	5	10	24	1		2	1		8			6				
63	**13**	**8**	**121**	**17**	**3**	**12**	**5**		**1**	**4**		**22**	**1**	**6**	**56**				
87	9	26	70	11	2	18	6		3	8	4	11	1	16	50				千葉工26,立正12,武蔵10,工学院6,東京経済5,関東学院1
78	19	22	60	12	7	25	6	1	3	3	3	10	2	8	33				
4	**3**	**3**	**27**		**1**	**6**	**2**		**1**	**1**									
7	4	1	28	1	4	6	3		1	4	1	4		1	1	2	2	4	立正5,大妻2,共立1,聖心1
10	6	3	32		11	6				2	1	9		1	3	5	1		
			4		**1**														
3			10			1	1				5								立正2,東京経済2
15			14	2	1	1	1					2							
1	1		11			1						1			1				
2			13			1						3						1	
6	**5**	**7**	**47**	**9**	**1**	**7**						**3**		**1**	**1**				
7		3	11	9	3	14	1		1			3	1	3	4	1	3	1	武蔵6,工学院4,立正3,東京経済3,関東学院1
11	1	4	11	7	1	8	2					3		3	2				
				1		1													
33	**4**	**19**	**125**	**6**	**6**	**12**	**2**		**1**	**3**		**3**	**1**	**1**	**6**				
30	7	5	51	4	4	7	4			7	3	7	2		11		1	1	立正11,大妻5,東京経済3,武蔵2,共立2,東京都市1,聖心1,白百合1
28	8	12	59		1	10	2		2	2	2	15	4	1	11				
143	**18**	**15**	**86**	**7**	**2**	**8**	**13**		**14**	**12**	**7**	**18**	**5**	**23**	**37**				
147	16	22	58	31	6	12	7		9	14	13	11	2	49	47				千葉工151,武蔵17,立正17,工学院6,東京都市6,同志社3,立命館2,東京経済1,関東学院1
168	24	8	34	22	1	10	8		25	12	11	21	4	80	37				
40	**23**	**16**	**92**	**9**	**1**	**15**	**16**		**4**	**8**	**6**	**17**		**3**	**9**	**10**	**12**	**24**	
81	31	12	79	7	3	19	10	1	12	14	19	32		10	12	11	14	23	大妻20,共立19,立正15,武蔵13,千葉工12,聖心4,白百合4,立命館3,東京経済3,東京都市2,工学院1,関東学院1
108	25	17	88	6	6	11	12		14	11	5	29	4	2	7	9	23	25	
59	**12**	**10**	**97**	**14**	**8**	**9**	**10**		**5**	**2**	**2**	**22**		**13**	**36**	**1**	**1**	**3**	
143	29	17	127	21	9	14	17		13	10	10	24	4	36	41		2	6	立正12,大妻11,共立8,武蔵7,工学院4,千葉工2,立命館1,東京都市1,東京経済1,関東学院1
95	22	26	86	27	6	13	6		7	10	8	17	4	15	14	3	1	1	

合格状況

埼玉・公立 高校	大学 年	卒業生概数	◆東京大	◆京都大	◆東工大	◆一橋大	千葉大	筑波大	◆東京外国語大	横浜国立大	埼玉大	早稲田大	慶應大	上智大	東京理科大	学習院大	明治大	青山学院大	立教大	中央大	法政大
熊谷市 妻沼	'24	70																			
	'23	90																			
	'22	100																			
深谷市 深谷	'24	170																			
	'23	190																1			
	'22	210																			
深谷第一	'24	260														2	1	1			
	'23	280														2					
	'22	280														3		1			
大里郡 寄居城北	'24	170																			
	'23	180																			
	'22	200																			
行田市 進修館	'24	270									1										
	'23	300										1						2			
	'22	290																		2	
加須市 不動岡	'24	350			1	1	8	8	1			15	5	8	18	41	52	28	77	42	
	'23	350		1			8	8	7	1	21	15	5	7	6	8	25	34	47	27	66
	'22	360				1	8	3	7	3	26	27	6	12	25	29	45	45	32	69	30
羽生市 羽生第一	'24	140																			
	'23	180										1						1	1		
	'22	190																			1
誠和福祉	'24	100																			
	'23	120																			
	'22	150																			
草加市 草加	'24	340					1											1	3	1	2
	'23	340					1	1			1							2	8	5	2
	'22	360									2							2	6		3
草加西	'24	220																			
	'23	230																			
	'22	230																			
草加東	'24	300																			
	'23	310														1					
	'22	310																			1
草加南	'24	260								1					3			1	1		
	'23	270														1		1	2		
	'22	270																			1
越谷市 越谷北	'24	350			2		11	10		2		40	6	14	51	20	69	11	49	37	
	'23	340			1	3	8	3	2	2	5	34	7	4	45	23	65	14	49	31	
	'22	360			3		7	10			17	28	7	6	47	16	67	11	41	46	
越谷西	'24	300																2	3	2	2
	'23	300													1			1	2	1	3
	'22	310														1			2	1	
越谷東	'24	270																		1	
	'23	270														2					
	'22	270																			
越谷南	'24	350											2			1	3	12	5	10	6
	'23	350														3	7	8	4	6	8
	'22	360									1	1				5	3	11	3	6	14
越ヶ谷	'24	310			1		3	1				7		1	11	9	36	4	40	17	
	'23	310					6	2			10	20	1	9	14	22	47	28	36	29	
	'22	320					1	1	1	3	14	5	2	4	6	25	38	16	33	30	
八潮市 八潮南	'24	200																			
	'23	220																			
	'22	220																			

	私							立											その他の大学
東洋大	駒澤大	専修大	大東文化大	東海大	亜細亜大	帝京大	國學院大	国際基督教大	成蹊大	成城大	明治学院大	獨協大	神奈川大	芝浦工大	東京電機大	津田塾大	東京女子大	日本女子大	（この欄はすべて'24年春のもの）
1			1																
2				5			2							1	3				
3		1		8	2										2				
	1																		
1			5							1		2			1			1	
1															1				
247	37	23	91	5	4	20	25		28	19	19	55		47	46	16	16	16	千葉工53,武蔵23,工学院16,東京都市8,共立8,大妻8,立正7,東京経済7,関東学院7,同志社6,立命館1,白百合1
219	36	22	33	22	6	6	22		25	16	19	59	5	38	22	8	13	30	
223	21	31	52	14	3	21	14	1	10	27	13	64	9	80	24	19	18	30	
1										3					3				立正3,千葉工2,共立2,大妻1
2			8	2		3	1			2				1	5				
4		2	11							1					6				
	1	1	1																
34	12	6	60			5	27		2	1	3	31	1		8				千葉工71,東京経済7,立正3,大妻2
32	12	10	51	9		13	21		3	4	3	22	1		23			1	
43	10	27	40	10		10	14			7	8	33	1		11				
			4			2					1	1							東京都市1
3	2		3			2	2					12							
	5		3				1					4							
4						1	1					2			2				千葉工46,武蔵2,東京経済1
9	3	2	7			1	4				2	9			2				
1		1	3	1		2	4		2			5			4				
2	1	6	25			3	3		1	1	1	6			2	1		1	東京経済5,武蔵1,大妻1
8	4	6	16			3	8					14		2	9	3			
13	6	6	10	7			14				2	19			3				
212	9	23	41	2	3	3	3	9	11	13	5	84	3	56	75	2	16	17	千葉工115,工学院21,共立13,立命館12,大妻11,東京経済6,武蔵5,立正4,東京都市2
195	29	28	31	11	5	5	10	12	12	18	2	70	3	45	46	10	18	29	
168	33	29	44	7		3	24	24	20	15	3	58	2	59	50	10	21	17	
12	2	4	18	1		1	6		1			16		2	3				千葉工14,東京経済2,共立2,関東学院1
15	4	2	16			4	12					13		4	4				
8	10	3	16			6	12				2	15		1					
				1											1				千葉工34,東京経済1
4	1		10								4		2		3				
12			3			2					4				1				
72	11	33	109	6	5	16	2		3	9	2	77		5	15	9	4	2	千葉工140,立正19,共立12,武蔵7,関東学院5,大妻5,東京経済3,同志社1,聖心1
65	17	24	69	27	15	32	4		5	7	4	62	2	5	18		2		
36	15	34	38	6	7	17	9		6	9	4	44	5	8	11				
168	32	13	84	5	3	10	14		7	32	16	66	3	26	36	1	5	8	千葉工99,武蔵16,共立10,立正8,大妻8,工学院6,東京経済5,白百合2,関東学院1,聖心1
168	28	29	22	13	14	21	32		6	22	9	85		51	41	8	5	22	
141	37	24	33	20	16	13	27		7	14	10	86	4	21	39	5	6	12	
			1									1							
															2				

市	高校	年	卒業生概数	東京大◆	京都大◆	東工大◆	一橋大◆	千葉大	筑波大	東京外大◆	横浜国大	埼玉大	早稲田大	慶應大	上智大	東京理科大	学習院大	明治大	青山学院大	立教大	中央大	法政大
三郷市	三郷	'24	140																			
		'23	160																			
		'22	160																			
	三郷北	'24	230																			
		'23	260																			
		'22	270																			
吉川市	吉川美南	'24	—																			
		'23	200																			
		'22	200																			
北葛飾郡	松伏	'24	160																			
		'23	180																			
		'22	190																1			
春日部市	春日部	'24	350	2	2	2	5	12	12	4	2		40	34	7	98	20	139	24	37	64	80
		'23	360	4	3	1		17	9	2	6	11	60	42	23	79	16	120	19	53	80	96
		'22	350	1			2	5	20		3	17	49	26	14	94	33	161	18	40	96	
	春日部女子	'24	270							1			1		4	1		11	2	2	15	10
		'23	310									2	2	1	1	3	6	9	2	7	1	
		'22	310						1			3	3		3	1	4	6	3	6	4	
	春日部東	'24	340										3		1	1		11	2	13	5	
		'23	350					2		1		6	1			6	18	15	3	12	8	
		'22	350				1	2	1				4		1	7	15	23	4	8	10	
	庄和	'24	140																			
		'23	200															1				
		'22	190																			
久喜市	久喜	'24	270																			
		'23	270										1									
		'22	280																1			
	鷲宮	'24	260															1				
		'23	270															1				
		'22	290																		1	
	栗橋北彩	'24	130																			
		'23	170																			
		'22	210																			
	久喜北陽	'24	290																1			
		'23	310														1					
		'22	310												3		2	1			2	
蓮田市	蓮田松韻	'24	100																			
		'23	150																			
		'22	150																			
幸手市	幸手桜	'24	130																			
		'23	150																			
		'22	170																			
白岡市	白岡	'24	120																			
		'23	150																			
		'22	190																		1	
南埼玉郡	宮代	'24	170																			
		'23	180																			
		'22	190																			
北葛飾郡	杉戸	'24	260														2		1	2		1
		'23	270								1				1		2	3		1	1	3
		'22	310								1			1				3			2	1

| | | | 私 | | | | | | | | 立 | | | | | | | | その他の大学 |
東洋大	駒澤大	専修大	大東文化大	東海大	亜細亜大	帝京大	國學院大	国際基督教大	成蹊大	成城大	明治学院大	獨協大	神奈川大	芝浦工大	東京電機大	津田塾大	東京女子大	日本女子大	（この欄はすべて'24年春のもの）
1			2									1			2				
1												1							
1	1		1			2													
3	1		2	4								2							
1	4		4	3				1											
			1																
1												1							
1																			
1	2																		
87	15	16	19	5		6	4		17	14	9	25		74	37				千葉工105,武蔵20,工学院7,同志社5,東京都市3,立正2,立命館1,関学院1
94	30	17	16	3		3	12		13	13	15	12	1	73	34				関東学院1
80	21	14	10	13		3	25	1	12	11	11		1	161	43				
38	10	11	35	1		5	10	6		3	7		57			23	16	19	共立35,大妻17,立正13,東京経済8,聖心4,武蔵3,千葉工2,関東学院1,白百合1
22	10	14	41			6	12	7		4	4	7	22	1		3	5	11	
27	10	11	19	7		1	16	6		2	5	7	46		1	4	13	7	10
90	26	23	154	10		6	16	12		3	2	4	71	3	4	35	2		千葉工30,東京経済15,立正11,武蔵9,工学院8,共立3,大妻3,聖心3
99	22	17	78	6		14	27	26		6	3	9	7	56	3	21	72		
82	21	28	82	12		10	23	35		6	9	5	98	53	6	22		1	3
	1																		
1	1		1			2						1		2					
2	1		1			1						1		1					
4	1	3	7			2					2	4							大妻4,共立3,武蔵2
3		1	2				1					4						1	7
6			3	4			1					3		1		2			4
4			5		2	2		1				4			1				東京都市1
4			3			2		1				5			1				
1			1																
			3																
			1			2													
1												1							
1			4																
			4																
1						1									2				
			1			1													
8	4	3	24			4	4					7							立正3,武蔵2,東京経済2
13		1	13	1		6	8		1		1	11		2		8	1		
9		2	24	5		8	5	1		1		8		2		4	1		
18	3	6	34	3		8	17	1		1			13		1	8	3	1	千葉工21,立正10,東京経済4,武蔵3,大妻3
19	3	13	44	14		5	11	2		2			34	2	9	11		3	
15	4	6	35	9		4	12	2		1	2		28	1	4	8			

合格状況

埼玉・公立 高校	大学 年 卒業生概数	国立									私立					立				
		東京大◆	京都大◆	東工大◆	一橋大◆	千葉大	筑波大	東京外国語大◆	横浜国立大	埼玉大	早稲田大	慶應大	上智大	東京理科大	学習院大	明治大	青山学院大	立教大	中央大	法
昼夜間定時制																				
さいたま市 大宮中央	'24 —										2	1				2		1	5	
	'23 80															2				
	'22 100																			
戸田市 戸田翔陽	'24 —																			
	'23 160																			
	'22 190										3			2	1					
鴻巣市 吹上秋桜	'24 —																			
	'23 120																			
	'22 100																			
狭山市 狭山緑陽	'24 —																			
	'23 160																			
	'22 150													1						
羽生市 羽生	'24 —																			
	'23 60																			
	'22 60																			

（注）昼夜間定時制の吉川美南は全日制に掲載。

	東洋大	駒澤大	専修大	大東文化大	東海大	亜細亜大	帝京大	國學院大	国際基督教大	成蹊大	成城大	明治学院大	獨協大	神奈川大	芝浦工大	東京電機大	津田塾大	東京女子大	日本女子大	その他の大学 （この欄はすべて'24年春のもの）
4	2	3	2	11		2					1		10			1			2	
5	14	5		10		2	2	1			1		1		5	2				立正3,東京経済1,共立1,大妻1
3	7		1	2	3								2	1						
1	2			3									1							立正1
	1			1	2															
3	11		1	4	6	3	1		3			1	3			2			1	
				1																立正2
				1																
				1																
	3																			
				5																
				2	1															

国立／高校	年	卒業生概数	◆東京大	◆京都大	◆東工大	◆一橋大	千葉大	筑波大	◆東京外大	横浜国大	埼玉大	早稲田大	慶應大	上智大	東京理科大	学習院大	明治大	青山学院大	立教大	中央大
東京都																				
女子 お茶の水女子大学附属	'24	110	5		3	4	2	3			1	34	23	17	31	3	45	20	27	19
	'23	120	4			3	3	4	1	4	5	33	17	21	34	4	38	9	25	34
	'22	120	4	3		3	3	1	1	1	5	25	24	12	25	4	33	11	21	12
男子 筑波大学附属駒場	'24	160							1			118	59	22	30		25	11	1	12
	'23	160	87	2	4	4	6	2	1		4	97	72	25	28	5	24	5	3	14
	'22	160	84	1	2	1	2			4	1	84	74	18	34		30	3	5	2
共学 筑波大学附属	'24	—	36	9	4	4	8	4	1	2	5	104	65	40	89	8	72	15	25	60
	'23	—	29	6	5	6	5	6	3	2	5	106	79	59	75	11	64	22	44	37
	'22	240	42	10	9	4	5	8	1	5	3	95	86	21	76	2	58	12	34	45
共学 東京学芸大学附属	'24	300	21	5	9	5	3	6	3	2		90	74	51	62	9	86	27	32	77
	'23	310	14	4	11	10	11	5	6	2	14	119	114	78	80	12	107	33	53	71
	'22	330	27	10	3	8	4	8		12		138	117	44	79	12	109	39	40	77
共学 東京学芸大附属国際中等	'24	120	4	1		3	2	1	5	1		26	20	29	13	1	11	9	15	17
	'23	120	3	2			5	1	2	3		46	31	32	8	7	30	16	25	25
	'22	130	4			1	1		6		3	39	36	43	22	2	27	13	16	33
共学 東京藝術大学附属音楽	'24	35										1								
	'23	40											1							
	'22	40																		
共学 東京工業大学附属科学技術	'24	150			6						1	11	9	6	32	2	9	7	3	12
	'23	190	1		4			4	2		1	11	11	5	52	2	15	5	5	12
	'22	190	1		15		4	2			5	12	13	11	43		25	13	3	19
共学 東京大学附属中等教育	'24	120	1	1		1			3	1	1	10	8	8	8	9	15	7	14	15
	'23	110							3	4	1	4	7	2	6	4	9	8	4	7
	'22	120					2			1		7	2	6	4	3			4	13
埼玉県																				
共学 筑波大学附属坂戸	'24	140										2	1	1				1	1	1
	'23	150						1		1			1	1		1	4	1	3	5
	'22	150															2		1	1

	東洋大	駒澤大	専修大	大東文化大	東海大	亜細亜大	帝京大	國學院大	国際基督教大	成蹊大	成城大	明治学院大	獨協大	神奈川大	芝浦工大	東京電機大	津田塾大	東京女子大	日本女子大	その他の大学（この欄はすべて'24年春のもの）
	8	2	2	1				1			3	4	3	3		5		10	2	9	千葉工6,立命館2,立正1,大妻1
	2						2	3			2	1	9	1		7		6	4	4	
	10	3						3	3		7	8	6			8	3	9	5	11	
	2		1	3											1						
	2								1	1		1		2	7						
	4														3	3					
	15	5	8	4	1	1		3	4		10	2	5			17	8	2	3	2	千葉工10,同志社8,東京都市6,工学院5,立命館3,武蔵1,聖心1
	9	6	9	1	1			6	1		5	1	13	4	1	22		3	3	7	
	3	3	4		1				5		8	6	2	1		6	5	4	4	6	
	10	2	1	1	2		1	2			6	8	9	12	1	21	2	19	9	9	千葉工13,工学院9,立命館5,大妻5,武蔵4,共立4,東京都市2,同志社1,聖心1
	16	7	16			2			2	1	10	8	12	6	2	21	6	13	9	6	
	26	7	4		10	1	4	3	3	3	12	13	9		2	12	1	10	14	4	
	6							1			4	4	5	2	1	6	1	2		4	武蔵2,工学院2
	8	3	5				1		6	6	3	4	2	6		1		9	2	2	
	3				2	2			4	3	4	6	4		2	1	2	3	5	
																			1	
	7	3	2		7						4	2	3		6	12	14		1	東京都市31,千葉工25,工学院11,立命館2,立正1,東京経済1,共立1
	6				17	2	1	1		1	6		2		7	21	17		8	
	15		6		12			2	2	2	4				9	33	26	1	4	
	5	5	9	3	3			4			4	4	3	1	3	6		1	1	立命館4,武蔵4,東京都市4,工学院2,同志社1,立正1,共立1
	9	7	7	2	8	3		4	1		4	1	6		2	9	1		2	
	10	12	15		3			5	1		4	3	1	1	3	6	8			
	16	1	1										2			3	1	1	2	武蔵3,立命館1,立正1,東京経済1
		1		1	2		3	6			1	1	1							
	1	2		3	2		2				1	1	2		2	3	4	2	1	1	

大学付属校の内部進学状況 （2023年3月卒業生）

- 各大学付属・提携校の2023年3月卒業生が，主に内部推薦制度を利用して併設・提携大学へ進学した人数をまとめています。主要大学については学部ごとの内訳を掲載。
- 進学率＝進学者数÷卒業生数です（小数点以下四捨五入）。
- 「進学者」の数値の頭に「＊」が付いている場合は，合格者数を示しています。
- 「○」印の付いた学校は中学校の設置がない学校です。
- 「△」印の付いた高校は高校募集を行っていない学校です。

■早稲田大学

		政治経済	法	文	教育	商	基幹理工	創造理工	先進理工	社会科	人間科	スポ科	国際教養	文化構想	進学者計	卒業生	進学率
早稲田（東・男）	△	20	13	9	17	15	15	13	15	15	7	1	2	11	153	315	49%
早稲田大学（東・男）		110	76	14	25	45	68	35	30	30	0		10	27	470	非公表	―
早稲田実業（東・共）		65	33	20	42	55	29	16	23	50	4	2	11	25	375	394	95%
早稲田大学本庄（埼・共） ○		73	35	16	14	32	38	28	13	20	0		13	21	303	308	98%

■慶應義塾大学

		文	経済	法	商	医	理工	総合政策	環境情報	看護医療	薬	進学者計	卒業生	進学率
慶應義塾女子（東・女） ○		11	55	54	21	5	25	2	6	2	7	188	197	95%
慶應義塾（神・男）		15	210	225	93	22	102	16	20	0	8	711	724	98%
慶應義塾湘南藤沢（神・共）		5	60	64	16	7	37	15	21	0	6	231	232	100%
慶應義塾志木（埼・男） ○		13	80	74	20	7	33	2	5	0	0	234	237	99%

■学習院大学

		法	経済	文	理	国際社会	進学者計	卒業生	進学率
学習院女子（東・女）	△	18	30	16	11	8	83	184	45%
学習院（東・男）		30	53	11	4	17	115	196	59%

■明治大学

	法	商	政治経済	文	理工	農	経営	情報コミ	国際日本	総合数理	進学者計	卒業生	進学率
明治大学付属中野（東・男）	56	57	60	24	33	16	38	20	9	12	325	406	80%
明治大学付属八王子（東・共）	49	47	48	17	23	16	38	23	10	11	282	318	89%
明治大学付属明治（東・共）	18	57	59	28	18	14	41	17	10	20	244	278	88%

■青山学院大学

		文	教育人間	経済	法	経営	国際政経	理工	総合文化	社会情報	地球社会	コミ人間	進学者計	卒業生	進学率
青山学院（東・共）		34	31	47	31	85	60	14	47	5	0	0	354	408	87%
青山学院横浜英和（神・共）	△	18	7	1	12	10	13	3	13	6	4	3	90	154	58%
浦和ルーテル学院（埼・共）		3	2	1	2	2	2	5	1	1	1	1	21	73	29%

■立教大学		現代心理	観光	コミ福祉	経営	経済	文	理	社会	法	異文化	スポーツ	GLAP	進学者計	卒業生	進学率
香蘭女学校(東・女)	△	3	4	3	12	21	15	2	15	17	5	0	0	97	162	60%
立教女学院(東・女)	△	11	1	1	15	28	14	2	24	19	6	0	1	122	185	66%
立教池袋(東・男)		2	2	0	16	27	22	9	18	24	6	1	1	128	144	89%
立教新座(埼・男)		4	13	0	36	60	26	9	42	49	12	3	0	254	308	82%

■中央大学		法	経済	商	文	総合政策	理工	国際経営	国際情報	進学者計	卒業生	進学率
中央大学(東・共)	○	42	39	15	6	7	33	2	4	148	158	94%
中央大学杉並(東・共)	○	81	48	55	27	20	35	7	7	280	312	90%
中央大学附属(東・共)		102	54	63	30	22	27	8	9	315	378	83%
中央大学附属横浜(神・共)		75	23	55	23	8	20	5	7	216	314	69%

■法政大学		法	文	経営	国際文化	人間環境	キャリア	デザイン	GIS	経済	社会	現代福祉	理工	生命科	情報科	スポ健康	進学者計	卒業生	進学率
法政大学(東・共)		29	22	28	9	12	9	12	1	30	27	4	6	3	7	4	203	232	88%
法政大学国際(神・共)	○	36	28	32	12	15	13	12	3	21	31	9	8	7	6	2	235	297	79%
法政大学第二(神・共)		74	60	68	23	31	27	28	4	77	63	10	41	13	16	11	545	624	87%

■日本大学		法	文理	経済	商	芸術	国際関係	理工	生産工	工	医	歯	松戸歯	生物資源	薬	危機管理	スポ科	一部	進学者計	卒業生	進学率
日本大学豊山女子(東・女)		27	23	24	14	16	1	15	5	0	0	1	0	14	3	2	1	3	149	255	58%
日本大学豊山(東・男)		44	38	49	27	8	2	102	21	2	1	0	1	37	6	8	3	8	357	487	73%
日本大学櫻丘(東・共)	○	67	70	59	39	13	1	39	6	0	0	0	0	40	9	11	3	2	359	479	75%
日本大学第一(東・共)		42	18	25	13	6	5	58	13	3	0	1	0	13	3	4	2	0	206	336	61%
日本大学第二(東・共)		17	15	7	9	14	1	22	8	1	0	6	2	12	3	3	1	3	124	400	31%
日本大学第三(東・共)		10	29	8	21	6	1	12	6	1	0	1	0	36	0	7	1	3	142	367	39%
日本大学鶴ヶ丘(東・共)	○	52	50	40	22	16	2	32	9	1	0	1	1	48	3	13	1	4	282	423	67%
目黒日本大学(東・共)		22	29	33	12	6	7	31	10	1	0	0	0	33	6	1	4	3	217	301	72%
日本大学(神・共)		40	37	32	20	10	4	45	5	0	0	0	2	41	3	7	2	3	251	515	49%
日本大学藤沢(神・共)		47	61	33	20	9	4	31	2	1	0	1	1	53	3	8	6	0	280	581	48%
千葉日本大学第一(千・共)		25	23	21	11	8	0	54	15	0	0	1	1	15	13	6	3	0	196	331	59%
日本大学習志野(千・共)	○	10	13	6	2	7	0	52	1	1	0	0	1	3	6	0	0	0	102	379	27%
岩瀬日本大学(茨・共)	○	4	9	4	10	1	1	14	26	0	0	1	1	9	0	4	0	4	107	214	50%
土浦日本大学(茨・共)	○	26	52	42	21	10	11	63	28	3	0	2	2	35	13	8	1	13	330	718	46%
土浦日本大学通信制(茨・共)	○	0	0	1	0	1	0	0	0	0	0	0	1	2	0	0	0	0	＊5	14	—
土浦日本大学中等(茨・共)	△	非公表																	—	88	—
佐野日本大学(栃・共)	○	11	23	21	17	5	20	29	37	25	0	1	3	30	5	3	3	4	237	432	55%
佐野日本大学中等(栃・共)	△	1	2	5	2	2	1	3	2	3	1	0	2	3	0	0	0	0	＊27	72	—
日本大学明誠(山・共)	○	14	34	38	43	0	4	34	15	1	0	1	0	68	2	6	1	17	278	374	74%

資料

■東洋大学	文	経済	経営	法	社会	福祉社会	健康スポ	理工	総合情報	国際	国際観光	情報連携	生命科	食環境科	二部	進学者計	卒業生	進学率
麴町学園女子(東・女)	9	8	0	7	10	6	5	1	3	7	8	0	0	2	0	66	156	42%
東洋大学京北(東・共)	9	14	19	12	14	6	5	5	5	6	10	1	3	3	2	114	366	31%
東洋大学附属牛久(茨・共)	30	34	41	29	31	27	13	6	14	15	20	3	3	1	6	273	645	42%

■駒澤大学	仏教	文	経済	法	経営	医療健康	GMS	一部	進学者計	卒業生	進学率
駒澤大学(東・共) ○	7	90	92	67	71	8	40	2	377	564	67%

■専修大学	経済	法	経営	商	文	人間科	ネット情	国際コミ	進学者計	卒業生	進学率
専修大学附属(東・共) ○	24	92	64	88	53	17	24	36	398	464	86%
専修大学松戸(千・共)	2	18	11	15	2	0	1	1	51	408	13%

■大東文化大学	文	外国語	経済	経営	法	国際関係	社会	スポ健康	進学者計	卒業生	進学率
大東文化大学第一(東・共) ○	22	9	13	38	8	1	7	11	109	353	31%

■東海大学	文	政治経済	経営	法	教養	児童教育	人文	国際文化	国際	文化社会	理	情報理工	情報通信	建築都市	工	海洋	生物	農	体育	医	文理融合	健康	観光	進学者計	卒業生	進学率
東海大学菅生(東・共)	8	17	3	17	3	3	1	0	12	10	12	5	5	7	18	4	2	0	5	1	2	1	4	140	399	35%
東海大学付属高輪台(東・共)	31	41	39	23	17	12	1	4	17	49	5	31	14	21	71	11	2	2	14	10	1	24	19	459	519	88%
東海大学付属相模(神・共)	22	25	12	22	19	22	0	6	12	28	11	22	8	25	52	3	3	1	40	15	0	15	8	371	490	76%
東海大学付属市原望洋(千・共) ○	15	15	7	9	10	5	3	4	7	11	3	7	23	10	38	7	4	1	8	3	2	7	8	207	309	67%
東海大学付属浦安(千・共)	10	36	21	9	15	6	1	6	21	19	4	32	19	33	12	2	2	18	9	4	18	11	26	334	435	77%

■帝京大学	医	薬	経済	法	文	外国語	教育	理工	医療技術	福岡医療	進学者計	卒業生	進学率
帝京大学(東・共)	2	0	0	0	0	0	0	0	0	0	2	180	1%
帝京(東・共)	0	5	23	7	3	4	0	0	17	0	63	352	18%
帝京八王子(東・共)	0	1	22	13	11	5	9	0	6	0	67	144	47%

■國學院大學	文	経済	法	神道文化	人間開発	観光まち	進学者計	卒業生	進学率
国学院(東・共) ○	30	38	8	0	20	3	99	566	17%
国学院大学久我山(東・共)	4	6	14	0	9	1	34	411	8%
國學院大學栃木(栃・共)	17	41	12	3	16	6	95	421	23%

■国際基督教大学	教養	進学者計	卒業生	進学率
国際基督教大学(東・共) ○	88	88	244	36%

■成蹊大学	経済	理工	文	法	経営	進学者計	卒業生	進学率
成蹊（東・共）	19	10	20	18	32	99	324	31%

■成城大学	経済	文芸	法	社会イノ	進学者計	卒業生	進学率
成城学園（東・共）	63	43	12	34	152	274	55%

■明治学院大学	文	経済	社会	法	国際	心理	進学者計	卒業生	進学率
明治学院（東・共）　○	14	43	22	22	10	15	126	302	42%
明治学院東村山（東・共）	20	36	22	29	7	15	129	255	51%

■獨協大学	国際教養	外国語	経済	法	進学者計	卒業生	進学率
獨協（東・男）　△	0	2	3	2	7	191	4%
獨協埼玉（埼・共）	0	23	14	7	44	304	14%

■神奈川大学	法	経済	経営	外国語	人間科	理	工	化学生命	情報	国際日本	建築	進学者計	卒業生	進学率
神奈川大学附属（神・共）△	0	0	3	0	1	0	2	0	1	1	0	8	197	4%

■芝浦工業大学	工	システム	デザイン	建築	進学者計	卒業生	進学率
芝浦工業大学附属（東・共）	50	14	14	18	96	200	48%
芝浦工業大学柏（千・共）	15	4	2	8	29	308	9%

■東京電機大学	未来科	工	理工	システム	二部	進学者計	卒業生	進学率
東京電機大学（東・共）	18	13	12	10	1	54	257	21%

■日本女子大学	家政	文	理	人間社会	国際文化	進学者計	卒業生	進学率
日本女子大学附属（神・女）	129	12	26	74	35	276	374	74%

資料

あ行

■愛国学園大学

	進学者	卒業生	進学率
愛国（東・女）	4	137	3%
愛国学園大学附属四街道（千・女）○	1	25	4%

■麻布大学

	進学者	卒業生	進学率
麻布大学附属（神・共）○	17	490	3%

■跡見学園女子大学

	進学者	卒業生	進学率
跡見学園（東・女）△	＊24	135	—

■石巻専修大学

	進学者	卒業生	進学率
専修大学附属（東・共）○	1	464	1%未満
専修大学松戸（千・共）	0	408	0%

■茨城キリスト教大学

	進学者	卒業生	進学率
茨城キリスト教学園（茨・共）	55	244	23%

■植草学園大学

	進学者	卒業生	進学率
植草学園大学附属（千・共）○	24	189	13%

■宇都宮共和大学

	進学者	卒業生	進学率
宇都宮短期大学附属（栃・共）	66	770	9%

■浦和大学

	進学者	卒業生	進学率
浦和実業学園（埼・共）	20	801	2%

■江戸川大学

	進学者	卒業生	進学率
江戸川女子（東・女）	0	292	0%

■桜美林大学

	進学者	卒業生	進学率
桜美林（東・共）	35	420	8%

■大妻女子大学

	進学者	卒業生	進学率
大妻（東・女）△	3	281	1%
大妻多摩（東・女）△	2	141	1%
大妻中野（東・女）△	29	199	15%
大妻嵐山（埼・女）	37	119	31%

か行

■開智国際大学

	進学者	卒業生	進学率
開智日本橋学園（東・共）△	0	140	0%
開智未来（埼・共）	33	117	28%
開智（埼・共）※中高一貫部含む	1	546	1%未満
開智　中高一貫部（埼・共）△	1	313	1%未満

■嘉悦大学

	進学者	卒業生	進学率
かえつ有明（東・共）	0	191	0%

■学習院女子大学

	進学者	卒業生	進学率
学習院女子（東・女）△	3	184	2%

■鎌倉女子大学

	進学者	卒業生	進学率
鎌倉女子大学（神・女）	22	95	23%

■川村学園女子大学

	進学者	卒業生	進学率
川村（東・女）	8	70	11%

■関東学院大学

	進学者	卒業生	進学率
関東学院（神・共）△	8	237	3%
関東学院六浦（神・共）	23	164	14%

■関東学園大学

	進学者	卒業生	進学率
関東学園大学附属（群・共）○	17	193	9%

■共栄大学

	進学者	卒業生	進学率
共栄学園（東・共）	3	226	1%
春日部共栄（埼・共）	1	441	1%未満

■共立女子大学

	進学者	卒業生	進学率
共立女子（東・女）△	26	311	8%
共立女子第二（東・女）	52	147	35%

■国立音楽大学

	進学者	卒業生	進学率
国立音楽大学附属（東・共）	53	148	36%

■敬愛大学

	進学者	卒業生	進学率
敬愛学園（千・共）○	15	391	4%
敬愛大学八日市場（千・共）○	6	91	7%
千葉敬愛（千・共）○	10	497	2%
横芝敬愛（千・共）○	11	81	14%

■工学院大学

	進学者	卒業生	進学率
工学院大学附属（東・共）	76	269	28%

■国士舘大学

	進学者	卒業生	進学率
国士舘（東・共）	156	333	47%

■こども教育宝仙大学

		進学者	卒業生	進学率
宝仙学園 女子部（東・女）	○	15	37	41%

■駒沢女子大学

	進学者	卒業生	進学率
駒沢学園女子（東・女）	26	140	19%

さ行

■埼玉工業大学

		進学者	卒業生	進学率
正智深谷（埼・共）	○	8	387	2%

■相模女子大学

	進学者	卒業生	進学率
相模女子大学（神・女）	57	292	20%

■作新学院大学

	進学者	卒業生	進学率
作新学院（栃・共）	58	1,190	5%

■実践女子大学

		進学者	卒業生	進学率
実践女子学園（東・女）	△	31	190	16%

■秀明大学

		進学者	卒業生	進学率
秀明八千代（千・共）		35	362	10%
秀明（埼・共）		0	62	0%
秀明英光（埼・共）	○	23	307	7%

■十文字学園女子大学

	進学者	卒業生	進学率
十文字（東・女）	9	215	4%

■淑徳大学

	進学者	卒業生	進学率
淑徳（東・共）	0	448	0%
淑徳巣鴨（東・共）	7	364	2%
淑徳与野（埼・女）	0	357	0%

■松蔭大学

		進学者	卒業生	進学率
松蔭大学附属松蔭（東・共）	○	1	約70	約1%

■城西大学

	進学者	卒業生	進学率
城西大学附属城西（東・共）	10	252	4%
城西大学付属川越（埼・男）	3	206	1%

■城西国際大学

	進学者	卒業生	進学率
城西大学附属城西（東・共）	10	252	4%
城西大学付属川越（埼・男）	0	206	0%

■湘南工科大学

		進学者	卒業生	進学率
湘南工科大学附属（神・共）	○	85	579	15%

■昭和女子大学

		進学者	卒業生	進学率
昭和女子大学附属昭和（東・女）	△	65	179	36%

■女子美術大学

	進学者	卒業生	進学率
女子美術大学付属（東・女）	158	206	77%

■白梅学園大学

	進学者	卒業生	進学率
白梅学園（東・共）※中高一貫部含む	36	242	15%
白梅学園清修 中高一貫部（東・女）	1	17	6%

■白百合女子大学

		進学者	卒業生	進学率
函嶺白百合学園（神・女）		1	31	3%
湘南白百合学園（神・女）	△	6	165	4%

■聖学院大学

		進学者	卒業生	進学率
女子聖学院（東・女）	△	1	120	1%
聖学院（東・男）		1	118	1%

■清泉女子大学

		進学者	卒業生	進学率
清泉女学院（神・女）	△	5	168	3%

■聖徳大学

	進学者	卒業生	進学率
光英VERITAS（千・共）	22	106	21%

■西武文理大学

	進学者	卒業生	進学率
西武学園文理（埼・共）	1	303	1%未満

■清和大学

		進学者	卒業生	進学率
市原中央（千・共）	○	0	208	0%
木更津総合（千・共）	○	26	586	4%

■創価大学

	進学者	卒業生	進学率
創価（東・共）	205	345	59%

資料

た行

■拓殖大学

		進学者	卒業生	進学率
拓殖大学第一（東・共）	○	9	379	2%
拓殖大学紅陵（千・共）	○	34	460	7%

■多摩大学

	進学者	卒業生	進学率
多摩大学附属聖ヶ丘（東・共）	0	106	0%
多摩大学目黒（東・共）	3	242	1%

■玉川大学

	進学者	卒業生	進学率
玉川学園（東・共）	51	223	23%

■千葉経済大学

		進学者	卒業生	進学率
千葉経済大学附属（千・共）	○	77	586	13%

■千葉商科大学

		進学者	卒業生	進学率
千葉商科大学付属（千・共）	○	75	286	26%

■中央学院大学

		進学者	卒業生	進学率
中央学院大学中央（東・共）	○	47	191	25%
中央学院（千・共）	○	34	276	12%

■鶴見大学

	進学者	卒業生	進学率
鶴見大学附属（神・共）	1	191	1%

■帝京科学大学

	進学者	卒業生	進学率
帝京大学（東・共）	0	180	0%
帝京（東・共）	12	352	3%
帝京八王子（東・共）	2	144	1%

■帝京平成大学

	進学者	卒業生	進学率
帝京大学（東・共）	3	180	2%
帝京（東・共）	30	352	9%
帝京八王子（東・共）	19	144	13%

■東京音楽大学

		進学者	卒業生	進学率
東京音楽大学付属（東・共）	○	67	78	86%

■東京学芸大学（国立）

	進学者	卒業生	進学率
東京学芸大学附属（東・共）	5	307	2%

■東京家政大学

	進学者	卒業生	進学率
東京家政大学附属女子（東・女）	92	272	34%

■東京家政学院大学

	進学者	卒業生	進学率
東京家政学院（東・女）	11	72	15%

■東京純心大学

	進学者	卒業生	進学率
東京純心女子（東・女）	1	65	2%

■東京情報大学

		進学者	卒業生	進学率
東京農業大学第一（東・共）	△	0	329	0%
東京農業大学第三（埼・共）		3	489	1%

■東京女子体育大学

	進学者	卒業生	進学率
藤村女子（東・女）	4	139	3%

■東京成徳大学

	進学者	卒業生	進学率
東京成徳大学（東・共）	7	416	2%
東京成徳大学深谷（埼・共）	4	319	1%

■東京都市大学

		進学者	卒業生	進学率
東京都市大学付属（東・男）	△	3	228	1%
東京都市大学等々力（東・共）		18	284	6%

■東京農業大学

		進学者	卒業生	進学率
東京農業大学第一（東・共）	△	12	329	4%
東京農業大学第三（埼・共）		112	489	23%

■東邦大学

		進学者	卒業生	進学率
駒場東邦（東・男）	△	1	229	1%未満
東邦大学付属東邦（千・共）	△	17	非公表	―

■東邦音楽大学

		進学者	卒業生	進学率
東邦音楽大学附属東邦（東・共）		非公表	非公表	―
東邦音楽大学附属東邦第二（埼・共）	○	非公表	30	―

■桐朋学園大学

		進学者	卒業生	進学率
桐朋女子 普通科（東・女）		0	173	0%
桐朋女子 音楽科（東・共）	○	51	61	84%

■東洋英和女学院大学

		進学者	卒業生	進学率
東洋英和女学院（東・女）	△	1	172	1%

■獨協医科大学

		進学者	卒業生	進学率
獨協（東・男）	△	11	191	6%
獨協埼玉（埼・共）		1	304	1%未満

な行

■南山大学

	進学者	卒業生	進学率
聖園女学院（神・女）	1	96	1%

■二松學舎大学

		進学者	卒業生	進学率
二松学舎大学附属（東・共）	○	24	201	12%
二松学舎大学附属柏（千・共）		23	269	9%

■日本工業大学

	進学者	卒業生	進学率
日本工業大学駒場（東・共）	16	265	6%

■日本体育大学

		進学者	卒業生	進学率
日本体育大学桜華（東・女）		29	181	16%
日本体育大学荏原（東・共）	○	179	371	48%
日本体育大学柏（千・共）	○	55	293	19%

■日本医療科学大学

	進学者	卒業生	進学率
城西大学附属城西（東・共）	0	252	0%
城西大学付属川越（埼・男）	1	206	1%未満

■日本女子体育大学

		進学者	卒業生	進学率
日本女子体育大学附属二階堂（東・女）	○	9	63	14%
我孫子二階堂（千・共）	○	0	130	0%

は行

■白鷗大学

	進学者	卒業生	進学率
白鷗大学足利（栃・共）	65	387	17%

■フェリス女学院大学

		進学者	卒業生	進学率
フェリス女学院（神・女）	△	0	173	0%

■文化学園大学

	進学者	卒業生	進学率
文化学園大学杉並（東・共）	22	249	9%

■文教大学

	進学者	卒業生	進学率
文教大学付属（東・共）	20	237	8%

■文京学院大学

	進学者	卒業生	進学率
文京学院大学女子（東・女）	28	169	17%

■平成国際大学

		進学者	卒業生	進学率
栄北（埼・共）	○	0	380	0%
花咲徳栄（埼・共）	○	7	552	1%

ま行

■武蔵大学

		進学者	卒業生	進学率
武蔵（東・男）	△	0	171	0%

■武蔵野大学

	進学者	卒業生	進学率
武蔵野大学（東・共）	120	434	28%
武蔵野大学附属千代田（東・共）	46	260	18%

■武蔵野音楽大学

		進学者	卒業生	進学率
武蔵野音楽大学附属（埼・共）	○	11	14	79%

■武蔵野学院大学

	進学者	卒業生	進学率
武蔵野（東・共）	79	270	29%

■明星大学

	進学者	卒業生	進学率
明星（東・共）	64	371	17%

■目白大学

	進学者	卒業生	進学率
目白研心（東・共）	6	284	2%

や行

■山梨学院大学

	進学者	卒業生	進学率
山梨学院（山・共）	114	369	31%

■横浜商科大学

		進学者	卒業生	進学率
横浜商科大学（神・共）	○	43	338	13%

■横浜創英大学

	進学者	卒業生	進学率
横浜翠陵（神・共）	0	262	0%
横浜創英（神・共）	5	543	1%

■横浜美術大学

	進学者	卒業生	進学率
トキワ松学園（東・女）	7	109	6%

資料

ら行

■立正大学

	進学者	卒業生	進学率
立正大学付属立正（東・共）	64	312	21%

■流通経済大学

	進学者	卒業生	進学率
流通経済大学付属柏（千・共）	57	317	18%

■麗澤大学

	進学者	卒業生	進学率
麗澤（千・共）	0	216	0%

わ行

■和光大学

	進学者	卒業生	進学率
和光（東・共）	12	239	5%

■和洋女子大学

	進学者	卒業生	進学率
和洋九段女子（東・女）	3	82	4%
和洋国府台女子（千・女）	49	163	30%

外部募集を行わない高校

(注) 併設中学校からの進学者のみで，高校からの入学生を募集しない東京都・神奈川県・千葉県・埼玉県・群馬県の高校をまとめました。2025年度は転・編入学の募集が行われることがありますので，早めに各校へご確認ください。

■東京都

〔女子〕

跡見学園高等学校
〒112-8629　文京区大塚 1-5-9

桜蔭高等学校
〒113-0033　文京区本郷 1-5-25

鷗友学園女子高等学校
〒156-8551　世田谷区宮坂1-5-30

大妻高等学校
〒102-8357　千代田区三番町12

大妻多摩高等学校
〒206-8540　多摩市唐木田2-7-1

大妻中野高等学校
〒164-0002　中野区上高田2-3-7

学習院女子高等科
〒162-8656　新宿区戸山 3-20-1

吉祥女子高等学校
〒180-0002　武蔵野市吉祥寺東町 4-12-20

共立女子高等学校
〒101-8433　千代田区一ツ橋 2-2-1

恵泉女学園高等学校
〒156-8520　世田谷区船橋5-8-1

光塩女子学院高等科
〒166-0003　杉並区高円寺南 2-33-28

晃華学園高等学校
〒182-8550　調布市佐須町5-28-1

香蘭女学校高等科
〒142-0064　品川区旗の台6-22-21

実践女子学園高等学校
〒150-0011　渋谷区東 1-1-11

品川女子学院高等部
〒140-8707　品川区北品川3-3-12

頌栄女子学院高等学校
〒108-0071　港区白金台 2-26-5

昭和女子大学附属昭和高等学校
〒154-8533　世田谷区太子堂 1-7-57

女子学院高等学校
〒102-0082　千代田区一番町 22-10

女子聖学院高等学校
〒114-8574　北区中里 3-12-2

白百合学園高等学校
〒102-8185　千代田区九段北 2-4-1

聖心女子学院高等科
〒108-0072　港区白金 4-11-1

聖ドミニコ学園高等学校
〒157-0076　世田谷区岡本 1-10-1

田園調布学園高等部
〒158-8512　世田谷区東玉川 2-21-8

田園調布雙葉高等学校
〒158-8511　世田谷区玉川田園調布 1-20-9

東京女学館高等学校
〒150-0012　渋谷区広尾 3-7-16

東洋英和女学院高等部
〒106-8507　港区六本木 5-14-40

豊島岡女子学園高等学校
〒170-0013　豊島区東池袋 1-25-22

富士見高等学校
〒176-0023　練馬区中村北4-8-26

雙葉高等学校
〒102-0085　千代田区六番町 14-1

普連土学園高等学校
〒108-0073　港区三田 4-14-16

三輪田学園高等学校
〒102-0073　千代田区九段北 3-3-15

山脇学園高等学校
〒107-8371　港区赤坂 4-10-36

立教女学院高等学校
〒168-8616　杉並区久我山4-29-60

〔男子〕

麻布高等学校
〒106-0046　港区元麻布 2-3-29

海城高等学校
〒169-0072　新宿区大久保 3-6-1

暁星高等学校
〒102-8133　千代田区富士見 1-2-5

資料

攻玉社高等学校
　〒141-0031　品川区西五反田 5-14-2
駒場東邦高等学校
　〒154-0001　世田谷区池尻4-5-1
芝高等学校
　〒105-0011　港区芝公園 3-5-37
成城高等学校
　〒162-8670　新宿区原町3-87
世田谷学園高等学校
　〒154-0005　世田谷区三宿1-16-31
（注）スポーツ推薦・仏教専修科のみ募集あり。
高輪高等学校
　〒108-0074　港区高輪 2-1-32
東京都市大学付属高等学校
　〒157-8560　世田谷区成城1-13-1
獨協高等学校
　〒112-0014　文京区関口 3-8-1
本郷高等学校
　〒170-0003　豊島区駒込 4-11-1
武蔵高等学校
　〒176-8535　練馬区豊玉上1-26-1
早稲田高等学校
　〒162-8654　新宿区馬場下町 62

〔共学〕
穎明館高等学校
　〒193-0944　八王子市館町2600
開智日本橋学園高等学校
　〒103-8384　中央区日本橋馬喰町2-7-6
サレジアン国際学園世田谷高等学校
　〒157-0074　世田谷区大蔵 2-8-1
渋谷教育学園渋谷高等学校
　〒150-0002　渋谷区渋谷 1-21-18
東京農業大学第一高等学校
　〒156-0053　世田谷区桜3-33-1
（注）2025年度より募集停止予定。
ドルトン東京学園高等部
　〒182-0004　調布市入間町 2-28-20
広尾学園小石川高等学校
　〒113-8665　文京区本駒込2-29-1
三田国際学園高等学校
　〒158-0097　世田谷区用賀2-16-1
（注）国際生のみ募集あり。
都立大泉高等学校
　〒178-0063　練馬区東大泉 5-3-1
都立白鷗高等学校
　〒111-0041　台東区元浅草1-6-22

都立富士高等学校
　〒164-0013　中野区弥生町5-21-1
都立武蔵高等学校
　〒180-0022　武蔵野市境4-13-28
都立両国高等学校
　〒130-0022　墨田区江東橋1-7-14

■神奈川県
〔女子〕
神奈川学園高等学校
　〒221-0844　横浜市神奈川区沢渡 18
鎌倉女学院高等学校
　〒248-0014　鎌倉市由比ガ浜 2-10-4
カリタス女子高等学校
　〒214-0012　川崎市多摩区中野島 4-6-1
湘南白百合学園高等学校
　〒251-0034　藤沢市片瀬目白山 4-1
清泉女学院高等学校
　〒247-0074　鎌倉市城廻200
洗足学園高等学校
　〒213-8580　川崎市高津区久本 2-3-1
フェリス女学院高等学校
　〒231-8660　横浜市中区山手町 178
横浜共立学園高等学校
　〒231-8662　横浜市中区山手町 212
横浜女学院高等学校
　〒231-8661　横浜市中区山手町 203
（注）帰国生のみ募集あり。
横浜雙葉高等学校
　〒231-8653　横浜市中区山手町 88

〔男子〕
浅野高等学校
　〒221-0012　横浜市神奈川区子安台
　1-3-1
栄光学園高等学校
　〒247-0071　鎌倉市玉縄 4-1-1
サレジオ学院高等学校
　〒224-0029　横浜市都筑区南山田
　3-43-1
逗子開成高等学校
　〒249-8510　逗子市新宿 2-5-1
聖光学院高等学校
　〒231-0837　横浜市中区滝之上 100

〔共学〕
青山学院横浜英和高等学校
　〒232-8580　横浜市南区蒔田町 124
神奈川大学附属高等学校
　〒226-0014　横浜市緑区台村町 800
関東学院高等学校
　〒232-0002　横浜市南区三春台4
(注)2026年度以降の募集については未定。
公文国際学園高等部
　〒244-0004　横浜市戸塚区小雀町 777
シュタイナー学園高等部
　〒252-0183　相模原市緑区吉野407
湘南学園高等学校
　〒251-8505　藤沢市鵠沼松が岡 4-1-32
森村学園高等部
　〒226-0026　横浜市緑区長津田町 2695
川崎市立川崎高等学校
　〒210-0806　川崎市川崎区中島 3-3-1
(注)全日制生活科学科・福祉科，昼間定時制
　　は募集あり。

■**千葉県**
〔共学〕
東邦大学付属東邦高等学校
　〒275-8511　習志野市泉町 2-1-37
千葉市立稲毛高等学校
　〒261-0003　千葉市美浜区高浜 3-3-1
(注)2025年度より募集停止予定。

■**埼玉県**
〔女子〕
浦和明の星女子高等学校
　〒336-0926　さいたま市緑区東浦和
　6-4-19

■**群馬県**
〔共学〕
ぐんま国際アカデミー高等部
　〒373-0813　太田市内ケ島町 1361-4

資
料

クラブ活動優秀校一覧（2023年度）

■吹奏楽

東京

＜東京都吹奏楽コンクール　金賞＞

岩倉	
駒澤大学	
東海大高輪台	全日本金賞
東海大菅生	全日本金賞
八王子学園	
都立片倉	

＜東日本学校吹奏楽大会　出場＞

玉川学園	
都立立川	
都立東大和	

神奈川＜東関東吹奏楽コンクール　金賞＞

部門	学校	
A部門	横浜創英	
	市立橘	
B部門	県立相模原中等	

千葉＜東関東吹奏楽コンクール　金賞＞

部門	学校	
A部門	市立柏	全日本金賞
	市立習志野	全日本出場
	県立幕張総合	全日本金賞
B部門	昭和学院	東日本金賞
	東海大市原望洋	
	東海大浦安	
	流経大柏	
	県立柏中央	
	県立国分	
	県立船橋啓明	

埼玉＜西関東吹奏楽コンクール　金賞＞

部門	学校	
Aの部	叡明	
	春日部共栄	全日本金賞
	埼玉栄	全日本出場
	県立伊奈学園総合	全日本出場
	県立越谷北	
	県立越谷南	
Bの部	慶應志木	
	東京農大三	
	東野	
	県立大宮光陵	東日本金賞
	県立久喜	

■マーチングバンド

＜全日本マーチングコンテスト東京都大会　金賞＞

東海大高輪台	全日本金賞
八王子学園	

＜東関東マーチングコンテストA部門　金賞＞

市立柏（千葉）	全日本出場
市立習志野（千葉）	全日本金賞
市立船橋（千葉）	全日本出場

＜西関東マーチングコンテスト部門A　金賞＞

叡明（埼玉）	
県立伊奈学園総合（埼玉）	全日本出場

＜マーチングバンド関東大会　金賞＞

小編成	京華女子（東京）	全国出場
	鎌倉女子大（神奈川）	全国金賞
	千葉敬愛（千葉）	全国出場
中編成	星野（埼玉）	
大編成	関東学院（神奈川）	全国出場
	埼玉栄（埼玉）	全国出場
	県立湘南台（神奈川）	全国金賞・グランプリ

■合唱

東京＜東京都合唱コンクール　金賞＞

Aグループ	国学院久我山	
	早稲田実業	
	都立府中西	全日本出場
Bグループ	大妻中野	全日本出場
	豊島岡女子	

神奈川＜関東合唱コンクール　出場＞

高校部門A	神奈川学園	金賞
	清泉女学院	金賞／全日本金賞
	日本女子大附	
	県立海老名	金賞
高校部門B	桐光学園	
	県立湘南	

千葉＜関東合唱コンクール　出場＞

高校部門A	国府台女子	金賞／全日本出場
	県立千葉	
高校部門B	県立幕張総合	金賞／全日本出場

埼玉＜関東合唱コンクール　出場＞

高校部門A	県立川越	金賞
高校部門B	叡明	金賞
	埼玉栄	
	星野	金賞
	県立浦和	
	県立浦和一女	金賞／全日本金賞
	県立川越女子	
	県立松山女子	金賞／全日本金賞

［クラブ関連用語］

● インターハイ ▷ 高校スポーツの全国大会「全国高等学校総合体育大会」の通称。夏季は水泳，陸上，各種の球技，格闘技など約30競技で開催されます。冬季はスキー，スケートが行われるほか，全国高等学校駅伝競走大会と全国高等学校ラグビーフットボール大会も冬季大会に位置づけられています。

● 国体 ▷ 国体（国民体育大会）は，都道府県対抗方式のスポーツ大会で約40競技があります。年齢によって成年・少年の部に分かれ，少年の部は主に高校生。予選会などで各都道府県の代表に選抜された選手が出場。なお2024年開催の第78回大会冬季大会から，大会名称が国民スポーツ大会へ変更されました。

● 総文祭 ▷ 総文祭（全国高等学校総合文化祭）は，都道府県代表の高校生が集まる芸術文化活動の祭典です。演劇，吹奏楽，美術・工芸，将棋，新聞など約20部門があり，部門によってはコンクールを行うものもあります。

■軽音楽

東京＜東京都高等学校軽音楽コンテスト＞

グランプリ	桜美林	全国大会グランプリ
準グランプリ	法政大学	全国大会出場
	都立桜町	全国大会奨励賞
奨励賞	中大杉並	
	日大二	
	都立練馬	
	都立鷲宮	

神奈川＜神奈川県高等学校軽音楽コンテスト＞

グランプリ	県立厚木	全国大会準グランプリ
準グランプリ	県立厚木	全国大会出場
	県立港北	全国大会準グランプリ
奨励賞	県立厚木	
	県立市ケ尾	
	県立市ケ尾	
	県立岸根	

千葉＜高等学校軽音楽コンテスト千葉県大会＞

グランプリ	千葉英和	全国大会出場
準グランプリ	東京学館	全国大会出場
奨励賞	敬愛学園	
	千葉英和	
	東海大浦安	
	東京学館	

埼玉＜埼玉県高等学校軽音楽コンテスト＞

グランプリ	県立所沢	全国大会出場
準グランプリ	県立所沢	全国大会出場
奨励賞	本庄東	
	立教新座	
	県立三郷	

● ○○甲子園 ▷ 硬式野球の「甲子園」のほかに，高校の全国大会の通称では「選手権」（全国高校サッカー選手権大会），「花園」（全国高等学校ラグビーフットボール大会），「春高バレー」（全日本バレーボール高等学校選手権大会）などが有名です。一方，「ダンス甲子園」「まんが甲子園」「書道パフォーマンス甲子園」などの通称も。

● 模擬国連 ▷ 生徒が各国の大使役となり，国連の会議をシミュレーションする取り組み。授業や課外活動に取り入れる高校が増えており，全国大会や国際大会も開催されます。

資

料

■演劇

東京＜東京都高等学校文化祭演劇部門中央大会・東京都高等学校演劇コンクール＞

[シアターイースト会場]

全国高等学校演劇協議会長賞	筑波大駒場	関東大会出演
東京都高等学校演劇研究会長賞	立川女子	新国立劇場特別出演推薦
東京都高等学校演劇研究会賞	都立駒場	

[シアターウエスト会場]

水木京太賞	目黒日大	関東大会最優秀賞
落合矯一賞	都立千早	関東大会最優秀賞
米本一夫賞	都立桜町	

神奈川＜神奈川県高等学校演劇発表会＞

最優秀賞	神奈川大附	関東大会優秀賞
	県立神奈川総合	サマフェス推薦
	県立岸根	関東大会出演

千葉＜千葉県高等学校演劇研究中央発表会＞

最優秀賞	八千代松陰	関東大会出演
優秀賞第1席	県立松戸	関東大会優秀賞
優秀賞第2席	市川	サマフェス推薦
優秀賞第3席	県立東葛飾	
優秀賞第4席	県立船橋芝山	

埼玉＜埼玉県高等学校演劇中央発表会＞

最優秀賞	県立芸術総合	関東大会優秀賞
優秀賞	細田学園	
	県立秩父農工科学	関東大会出演

[今注目の部活動]

●eスポーツ部▷eスポーツ（esports）とは，「エレクトロニック・スポーツ」の略で，コンピュータゲーム，ビデオゲームを使った対戦をスポーツ競技として捉える際の名称。近年では部として活動する学校も増えています。2018年より「全国高校eスポーツ選手権」が開催。部活動内で，チームでも個人でも技を磨き，大会での優勝をめざします。

参考：eスポーツとは｜一般社団法人日本eスポーツ連合オフィシャルサイト (jesu.or.jp)
全国高校eスポーツ選手権 (ajhs-esports.jp)

■競技かるた

＜小倉百人一首かるた全国高等学校選手権大会　出場＞

関東一（東京）	優勝
慶應湘南藤沢（神奈川）	
成田（千葉）	
流経大柏（千葉）	ベスト8
浦和明の星（埼玉）	3位
都立白鷗（東京）	
県立横浜平沼（神奈川）	準優勝
県立浦和一女（埼玉）	ベスト8

■囲碁

＜全国高校囲碁選手権大会　出場＞

〔男子〕

麻布（東京）	7位
駒場東邦（東京）	
慶應義塾（神奈川）	5位
渋谷教育幕張（千葉）	
川越東（埼玉）	
県立柏陽（神奈川）	

〔女子〕

鷗友女子（東京）	5位
白百合学園（東京）	
東洋女子（東京）	3位
豊島岡女子（東京）	
桐蔭学園（神奈川）	
星野（埼玉）	
県立千葉（千葉）	6位

●ドローン部▷ドローンは，空撮や調査，農薬の散布など多方面で活躍している無人航空機。スポーツ競技としては操縦の腕や速さを競うドローンレースや，ドローンを使って風船を割るドローンファイトも行われています。埼玉県にある秀明英光高等学校ではドローンを使った空撮を行うドローン部を設置。校内で学校の全景・部活練習などを撮影しているそうです。

参考：航空安全：無人航空機（ドローン・ラジコン機等）の飛行ルール - 国土交通省 (mlit.go.jp)
ドローンとは？国土交通省の定義や語源、ヘリ・ラジコンとの違いも解説！(drone-navigator.com)
日本発の新しいドローンスポーツ！ – 一般社団法人日本ドローンファイト協会 (drone-fight.org)
ドローン部｜秀明英光高等学校 (shumei-eiko.ac.jp)

■野球 ＜全国高等学校野球選手権記念大会　都県大会＞

	東京・東東京	東京・西東京	神奈川	千葉	埼玉
1位	共栄学園	日大三	慶應義塾	専大松戸	浦和学院
2位	東亜学園	日大鶴ヶ丘	横浜	市立習志野	花咲徳栄
3位	岩倉 城西大城西	明大中野八王子＊ 早大学院	東海大相模 市立横浜商業	志学館 千葉商大付	川越東 昌平
ベスト8	実践学園 修徳 日大豊山 都立文京	佼成学園 駒澤大学 創価 早稲田実業	相洋 桐光学園 日大藤沢 横浜創学館	木更津総合 拓大紅陵 東京学館 市立船橋	埼玉栄 秀明英光 東京農大三 県立春日部東

＊2024年度校名変更により明治大学付属八王子
全国高等学校野球選手権記念大会　［1位］慶應義塾（神奈川）

■軟式野球〔男子〕　＜高等学校軟式野球選手権大会　都県予選＞

	東京	神奈川	千葉A	千葉B	埼玉
1位	明治学院	三浦学苑	八千代松陰	拓大紅陵	花咲徳栄
2位	関東一	横浜隼人	千葉商大付	市川	正智深谷
3位	早大学院 都立上野	横浜創学館 県立横浜修悠館	木更津総合 日出学園	県立千葉聾学校 筑波大附聴覚特別支援学校	浦和実業 慶應志木
ベスト8	駒場東邦 中央大学 東洋大京北 都立小石川中等	向上 光明相模原 日大藤沢 横浜清風			

全国高等学校軟式野球選手権大会　［ベスト4］明治学院（東京）　［ベスト8］拓大紅陵（千葉）

■ソフトボール〔女子〕　＜高等学校総合体育大会　都県予選＞

	東京	神奈川	千葉	埼玉
1位	神田女学園	光明相模原	千葉経済大附	星野
2位	藤村女子	湘南学院	市立習志野	花咲徳栄
3位	目黒日大 都立小平西	横浜清風 県立厚木商業・厚木東＊	千葉英和 東海大市原望洋	埼玉栄 市立川越
ベスト8	駒澤大学 東京立正 都立江戸川 都立保谷	捜真女学校 県立座間総合 市立高津 市立横須賀総合	木更津総合 八千代松陰 県立柏陵 県立八千代	浦和実業 浦和麗明 山村学園 県立大宮東

＊2024年度統合により厚木王子高校として開校
全国高等学校総合体育大会　［ベスト4］星野（埼玉）　［ベスト8］千葉経済大附（千葉）

■ラグビー　＜全国高等学校ラグビーフットボール大会　都県予選＞

	東京・第1地区	東京・第2地区	神奈川	千葉	埼玉
1位	早稲田実業	目黒学院	桐蔭学園	流経大柏	川越東
2位	成城学園	国学院久我山	東海大相模	専大松戸	昌平
3位	東京 本郷	東京朝鮮 明大中野	慶應義塾 法政二	東海大浦安 八千代松陰	慶應志木 県立深谷
ベスト8	明大中野八王子＊ 明学東村山 都立青山 都立豊多摩	大東文化一 成蹊 保善 都立石神井	関東六浦 湘南工科大附 日大藤沢 県立湘南	芝浦工大柏 東京学館浦安 県立千葉東 県立千葉南	本庄一 県立浦和 県立熊谷 県立熊谷工業

＊2024年度校名変更により明治大学付属八王子
全国高等学校ラグビーフットボール大会　［1位］桐蔭学園（神奈川）　［ベスト8］流経大柏（千葉）

資料

■サッカー〔男子〕 ＜全国高等学校サッカー選手権大会　地区大会＞

	東京・Aブロック	東京・Bブロック	神奈川	千葉	埼玉
1位	早稲田実業	堀越	日大藤沢	市立船橋	昌平
2位	国学院久我山	修徳	桐蔭学園	日体大柏	市立浦和南
3位	国士舘	大成	湘南工科大附	拓大紅陵	聖望学園
	帝京	日大三	桐光学園	流経大柏	武南
ベスト8	青山学院	大森学園	慶應義塾	木更津総合	狭山ヶ丘
	実践学園	駒澤大学	横浜創英	千葉明徳	正智深谷
	東京朝鮮	多摩大目黒	横浜創学館	茂原北陵	細田学園
	都立東久留米総合	都立片倉	県立座間	県立白井	市立浦和

全国高等学校サッカー選手権大会　［ベスト4］市立船橋（千葉）・堀越（東京）　［ベスト8］昌平（埼玉）

■サッカー〔女子〕 ＜全日本高等学校女子サッカー選手権大会　都県予選＞

	東京	神奈川	千葉	埼玉
1位	修徳	星槎国際湘南	暁星国際	花咲徳栄
2位	十文字	湘南学院	流経大柏	昌平
3位	都立飛鳥	桐蔭学園	市立船橋	県立南稜
4位	都立杉並総合	県立藤沢清流	日本大柏	本庄一
ベスト8	日体大桜華	白鵬女子	八千代松陰	川口市立
	文京学院大学女子	県立伊勢原	市立柏	埼玉栄
	都立東久留米総合	県立相模原弥栄	県立船橋法典	県立浦和西
	都立東大和	県立大和	県立幕張総合	県立松山女子

全日本高等学校女子サッカー選手権大会　［2位］十文字（東京）　［ベスト8］修徳（東京）・暁星国際（千葉）

■ハンドボール　＜高等学校総合体育大会＞

〔男子〕

		東京	神奈川	千葉	埼玉
1位		明星	法政二	昭和学院	浦和学院
2位		昭和一学園	横浜創英	二松学舎柏	浦和実業
3位		関東一	湘南学園	市川	県立川口東
		東海大菅生	湘南工科大附	県立若松	県立越谷南
ベスト8		早稲田実業	県立生田	東邦大東邦	埼玉栄
		都立小岩	県立荏田	県立小金	東京農大三
		都立立川		県立千葉商業	県立伊奈学園総合
		都立調布北		県立八千代	県立川口北

全国高等学校総合体育大会　［ベスト8］法政二（神奈川）

〔女子〕

		東京	神奈川	千葉	埼玉
1位		白梅学園	県立川和	昭和学院	埼玉栄
2位		佼成女子	県立横浜平沼	県立幕張総合	浦和実業
3位		明星	県立荏田	県立我孫子	県立川口北
		都立府中	市立高津	県立八千代	県立越谷南
ベスト8		日体大桜華	横浜創英	日体大柏	県立伊奈学園総合
		都立東大和	県立上溝南	県立鎌ケ谷	県立春日部女子
		都立日野台	県立希望ケ丘	県立柏陵	県立川越南
		都立府中西	県立湘南台	県立若松	県立三郷北

全国高等学校総合体育大会　［1位］白梅学園（東京）　［2位］昭和学院（千葉）

■陸上・駅伝　＜全国高等学校駅伝競走大会 都県予選＞

〔男子〕

	東京	神奈川	千葉	埼玉
1位	国学院久我山	相洋	八千代松陰	埼玉栄
2位	拓大一	市立橘	市立船橋	武蔵越生
3位	城西大城西	三浦学苑	西武台千葉	花咲徳栄
4位	東京実業	東海大相模	専大松戸	東京農大三
5位	駒澤大学	藤沢翔陵	流経大柏	西武文理
6位	早稲田実業	県立荏田	成田	県立春日部
7位	東京	慶應義塾	日体大柏	昌平
8位	大東文化一	鎌倉学園	拓大紅陵	川口市立

全国高等学校駅伝競走大会　〔3位〕八千代松陰（千葉）　〔5位〕埼玉栄（埼玉）

〔女子〕

	東京	神奈川	千葉	埼玉
1位	錦城学園	白鵬女子	市立船橋	埼玉栄
2位	駒澤大学	東海大相模	成田	県立坂戸西
3位	順天	県立荏田	流経大柏	昌平
4位	城西大城西	三浦学苑	日体大柏	本庄東
5位	都立上水	法政二	市立柏	本庄一
6位	都立福生	市立橘	県立我孫子	市立浦和
7位	都立西	中大附横浜	市立松戸	川口市立
8位	東京	市立金沢	八千代松陰	東京農大三

■卓球　＜高等学校総合体育大会＞

〔男子〕

	東京	神奈川	千葉	埼玉
1位	実践学園	三浦学苑	東京学館浦安	埼玉栄
2位	安田学園	湘南工科大附	千葉商大付	川越東
3位	足立学園	日本大学	〔3位〕木更津総合	〔3位〕埼玉平成
4位	日大豊山	市立横浜商業	〔3位〕千葉経済大附	〔3位〕県立春日部
ベスト8	東海大菅生 明大中野 都立大田桜台 都立三田	立花学園 桐蔭学園 法政二 県立上溝南	敬愛学園 拓大紅陵 県立成東 県立幕張総合	正智深谷 市立浦和南 県立草加 県立鷲宮

〔女子〕

	東京・Aクラス	神奈川	千葉	埼玉
1位	武蔵野	横浜隼人	和洋国府台	正智深谷
2位	早稲田実業	市立横浜商業	千葉商大付	星野
3位	〔3位〕文化学園杉並	立花学園	〔3位〕千葉経済大附	〔3位〕秋草学園
4位	〔3位〕明大中野八王子*	横浜創英	〔3位〕県立幕張総合	〔3位〕埼玉栄
ベスト8	東海大菅生 東京成徳大 都立大田桜台 都立日野台	県立相原 県立湘南 市立橘 県立秦野	木更津総合 県立袖ヶ浦 県立千葉東 県立松戸六実	市立浦和南 県立春日部女子 県立熊谷女子 県立秩父農工科学

＊2024年度校名変更により明治大学付属八王子
全国高等学校総合体育大会　〔ベスト8〕横浜隼人（神奈川）

■バスケットボール　＜高等学校総合体育大会＞

〔男 子〕

		東京	神奈川	千葉	埼玉
1位		八王子学園	桐光学園	拓大紅陵	正智深谷
2位		実践学園	東海大相模	日体大柏	埼玉栄
3位		国学院久我山	湘南工科大附	市立習志野	県立伊奈学園総合
4位		成立学園	法政二	市立船橋	昌平
ベスト8	〔5位〕都立東大和南	立花学園	木更津総合	〔5位〕春日部共栄
	〔6位〕早稲田実業	横浜清風	八千代松陰	〔5位〕本庄東
	〔7位〕東海大菅生	県立厚木北	市立柏	〔7位〕武蔵生越
	〔8位〕保善	県立小田原	県立八千代	〔7位〕県立川口北

〔女 子〕

		東京	神奈川	千葉	埼玉
1位		明星学園	鵠沼	千葉経済大附	昌平
2位		東京成徳大	県立横浜立野	昭和学院	埼玉栄
3位		実践学園	星槎国際湘南	市立船橋	正智深谷
4位		佼成女子	白鵬女子	県立八千代	県立草加南
ベスト8	〔5位〕文化学園杉並	県立相模原弥栄	千葉英和	〔5位〕県立朝霞西
	〔6位〕藤村女子	県立松陽	市立柏	〔5位〕県立久喜
	〔7位〕都立駒場	県立秦野総合	県立東金	〔7位〕県立浦和西
	〔8位〕都立目黒	県立横須賀大津	県立幕張総合	〔7位〕市立川越

全国高等学校総合体育大会　〔ベスト8〕千葉経済大附（千葉）

■バレーボール　＜高等学校総合体育大会＞

〔男 子〕

		東京	神奈川	千葉	埼玉
1位		駿台学園	市立橘	市立習志野	正智深谷
2位		日本学園	東海大相模	東京学館船橋	昌平
3位		東亜学園	慶應義塾	県立船橋二和	春日部共栄
4位		駒澤大学	県立舞岡	県立幕張総合	埼玉栄
ベスト8	〔5位〕東洋	〔5位〕向上	千葉商大付	本庄一
	〔6位〕安田学園	〔5位〕県立西湘	東邦大東邦	県立伊奈学園総合
	〔7位〕早稲田実業	〔7位〕県立厚木	県立白井	県立越谷南
	〔8位〕明大中野	〔7位〕県立山北	市立船橋	県立深谷

全国高等学校総合体育大会　〔1位〕駿台学園（東京）　〔ベスト8〕市立習志野（千葉）

〔女 子〕

		東京	神奈川	千葉	埼玉
1位		下北沢成徳	横浜隼人	敬愛学園	春日部共栄
2位		文京学院女子	市立橘	市立習志野	細田学園
3位		八王子実践	星槎国際湘南	植草学園大附	狭山ヶ丘
4位		共栄学園	県立大和南	市立柏	本庄一
ベスト8	〔5位〕実践学園	〔5位〕相洋	翔凜	正智深谷
	〔5位〕駿台学園	〔5位〕東海大相模	昭和学院	聖望学園
	〔7位〕淑徳SC＊	〔7位〕三浦学苑	西武台千葉	市立川越
	〔7位〕藤村女子	〔7位〕県立伊勢原	県立松戸	県立久喜

＊2024年度校名変更により小石川淑徳学園
全国高等学校総合体育大会　〔1位〕下北沢成徳（東京）　〔ベスト4〕敬愛学園（千葉）

■バドミントン ＜高等学校総合体育大会＞

〔男子〕

	東京・東ブロック	東京・西ブロック	神奈川	千葉	埼玉
1位	関東一	淑徳巣鴨	横浜	千葉敬愛	埼玉栄
2位	実践学園	都立東村山	市立川崎総合科学	敬愛学園	叡明
3位	目黒日大	明学東村山	〔3位〕立花学園	西武台千葉	〔3位〕川越東
4位	都立城東	明大中野	〔3位〕法政二	県立松戸六実	〔3位〕県立浦和北
ベスト8	共栄学園	国士館	鵠沼	木更津総合	県立大宮東
	錦城学園	大成	慶應義塾	昭和学院	県立熊谷工業
	本郷	都立成瀬	藤沢翔陵	千葉黎明	県立鴻巣
	都立戸山	都立町田総合	県立相模原弥栄	中央学院	県立草加東

全国高等学校総合体育大会　〔ベスト4〕埼玉栄（埼玉）

〔女子〕

	東京・東ブロック	東京・西ブロック	神奈川	千葉	埼玉
1位	目黒日大	淑徳巣鴨	市立川崎総合科学	西武台千葉	埼玉栄
2位	実践学園	藤村女子	鵠沼	千葉明徳	叡明
3位	東京家政学院	国士舘	〔3位〕法政二	千葉敬愛	〔3位〕県立浦和北
4位	都立小岩	明星	〔3位〕横浜	敬愛学園	〔3位〕県立大宮東
ベスト8	朋優学院	都立杉並総合	立花学園	昭和学院	浦和麗明
	都立足立新田	都立第五商業	横須賀学院	中央学院	星野
	都立小山台	都立東村山	横浜富士見丘学園	東葉	県立川口青陵
	都立新宿	都立町田総合	県立相模原弥栄	県立柏	県立鴻巣

全国高等学校総合体育大会　〔ベスト8〕埼玉栄（埼玉）

■柔道 ＜高等学校総合体育大会＞

〔男子〕

	東京	神奈川	千葉	埼玉
1位	国士舘	東海大相模	木更津総合	埼玉栄
2位	足立学園	桐蔭学園	東海大浦安	武蔵越生
3位	修徳	光明相模原	千葉経済大附	武南
	日体大荏原	日大藤沢	市立習志野	県立ふじみ野
ベスト8	東海大高輪台	慶應義塾	我孫子二階堂	本庄東
	八王子学園	湘南学院	成田	県立大宮工業
	武蔵野	立花学園	流経大柏	川口市立
	早稲田実業	日本大学	県立安房	県立久喜工業

全国高等学校総合体育大会　〔1位〕国士舘（東京）　〔2位〕東海大相模（神奈川）

〔女子〕

	東京	神奈川	千葉	埼玉
1位	都立福生	横須賀学院	木更津総合	埼玉栄
2位	淑徳	桐蔭学園	県立八千代	川口市立
3位	岩倉	三浦学苑	千葉経済大附	県立大宮東
	藤村女子	湘南学院	東海大浦安	県立川口工業
ベスト8	渋谷教育渋谷	光明相模原	千葉県安房西	西武台
	早稲田実業	日大藤沢	千葉明徳	花咲徳栄
	都立墨田川	白鵬女子	茂原北陵	県立熊谷工業
	都立田無	横浜	県立千葉商業	県立八潮＊

＊2024年度募集停止　2026年度八潮南と統合により八潮新校（仮名）として開校予定
全国高等学校総合体育大会　〔ベスト4〕木更津総合（千葉）　〔ベスト8〕横須賀学院（神奈川）

資料

■剣道　＜高等学校総合体育大会＞

〔男子〕

		東京	神奈川	千葉	埼玉
1位		郁文館	横浜	東海大浦安	本庄一
2位		足立学園	桐蔭学園	中央学院	城北埼玉
3位		杉並学院	鎌倉学園	木更津総合	県立浦和
		東海大高輪台	東海大相模	翔凜	県立大宮東
ベスト8		駒澤大学	湘南工科大附	拓大紅陵	東京農大三
		東海大菅生	日本大学	茂原北陵	山村学園
		明大中野	横浜隼人	市立習志野	立教新座
		都立富士	県立荏田	県立薬園台	県立朝霞

全国高等学校総合体育大会　［ベスト8］東海大浦安（千葉）

〔女子〕

		東京	神奈川	千葉	埼玉
1位		淑徳巣鴨	桐蔭学園	翔凜	淑徳与野
2位		日体大桜華	東海大相模	東海大浦安	星野
3位		東海大菅生	日本大学	拓大紅陵	本庄一
		都立深川	県立希望ケ丘	東京学館浦安	川口市立
ベスト8		駒澤大学	湘南学院	中央学院	昌平
		修徳	横浜隼人	県立安房	東京農大三
		東海大高輪台	県立大船	市立柏	山村学園
		都立向丘	県立秦野	市立船橋	県立春日部女子

全国高等学校総合体育大会　［ベスト8］淑徳与野（埼玉）

■弓道　＜高等学校総合体育大会＞

〔男子〕

	東京	神奈川	千葉	埼玉
1位	早大学院	慶應義塾	県立佐原	県立坂戸西
2位	都立東	県立秦野	県立松尾	県立伊奈学園総合
3位	都立美原	県立厚木	県立安房	県立浦和
4位		山手学院	市立松戸	県立所沢北
5位		県立山北	県立千葉商業	
6位		慶應湘南藤沢	県立津田沼	
7位		県立川和	県立銚子	
8位		県立厚木東＊	県立幕張総合	

＊2024年度厚木商業との統合により厚木王子高校として開校
全国高等学校総合体育大会　［7位]県立坂戸西（埼玉）　［8位]県立佐原（千葉）

〔女子〕

	東京	神奈川	千葉	埼玉
1位	都立東	県立厚木東＊	県立佐原	県立草加西
2位	都立井草	県立厚木	東葉	正智深谷
3位	東海大菅生	県立横浜平沼	千葉経済大附	県立大宮東
4位		市立金沢	麗澤	県立草加東
5位		相洋	県立長生	
6位		県立相模田名	県立薬園台	
7位		県立小田原	県立松戸	
8位		市立南	流経大柏	
			県立松尾	

＊2024年度厚木商業との統合により厚木王子高校として開校

さくいん

さくいん

凡例1：[地域の略称]
　　東＝東京都　　**神**＝神奈川県　　**千**＝千葉県　　**埼**＝埼玉県
　　茨＝その他の地区（茨城県）　　**栃**＝その他の地区（栃木県）
　　群＝その他の地区（群馬県）　　**山**＝その他の地区（山梨県）
凡例2：[設置形態の略称]
　　私＝私立高校・私立高等専門学校　　**都立**＝都立高校・都立高等専門学校
　　公＝公立高校　　**国立**＝国立高校・国立高等専門学校
　　通信＝通信制高校

さくいん

さくいん

さくいん

さくいん

さくいん

■ 掲載広告さくいん

さくいん

【 編 集 部 便 り 】

　この『首都圏 高校受験案内2025年度用』は、弊社にとって節目となる書籍となりました。首都圏で公開模試を実施する進学研究会様（模試名：Vもぎ）、伸学工房様（模試名：神奈川全県模試）などのご協力を得て「合格のめやす」を刷新したからです。基となるデータの移行に伴い、「合格のめやす」の掲載項目を見直し、デザインを変えたり、学力段階表を合格の可能性60％あるいは合格者平均の偏差値で作成したりといった変更をしました。今まで以上に、受験生に有益な情報をお届けできれば幸いです。

　そのほか、巻頭カラーページの制服紹介を、「憧れの制服特集」というタイトルでリニューアルしました。女子用スラックスや男女兼用デザインなど、時代に合わせて制服も進化しています。

　都立高校の入試は男女別に募集人員を定めていましたが、2024年度より男女合同選抜になったこともトピックです。

　志望校選びは、学力面から合格の可能性を探りつつとなりますが、大事にしてほしいのは、自分を成長させてくれる学校かどうかです。この「黄色い受験案内」で学校の概要をつかんだら、必ず学校に足を運んでください。現場でしか感じ取れないことがありますよ。

（晶文社　学校案内編集部）

編集協力

株式会社Kクリエイト
株式会社キーステージ21
株式会社ステラ
鈴木優希

首都圏 高校受験案内 2025年度用

2024年4月10日　第1刷発行

編　集	晶文社学校案内編集部
発行者	株式会社　晶文社

〒101-0051　東京都千代田区神田神保町1-11
電話 (03) 3518-4943 (編集)
電話 (03) 3518-4940 (営業)
URL https://www.shobunsha.co.jp

装丁・本文デザイン：山口敦
DTP制作：有限会社修学舎
印刷・製本：中央精版印刷株式会社，大日本印刷株式会社
©Shobun-sha 2024
ISBN 978-4-7949-9845-3 C6037

Leaders'Brain

プロ家庭教師のリーダーズブレイン

現役プロ教師が認める指導力上位4.7%に厳選されたプロ教師陣

合格への最短距離をオンライン家庭教師で

受験終了後のご利用者様の評価
IMPRESSION

効果があった・大いにあった
合計**92.6%**

期待通り・期待以上だった
合計**82.5%**

受験終了時に実施した「ご利用アンケート」の保護者様の回答結果です。(2022年度)

無料体験授業受付中

無料体験授業後に「この先生にお願いしたい」と思われた場合のみ入会の手続きをいたします。

問合せ・資料請求☎**0120-11-3967**（受付時間9:30〜21:30 日祝定休）

式サイトでは、費用やシステムの詳細・プロ教師のプロフィールを公開しています。

〒169-0075 東京都新宿区高田馬場1-29-4新陽ビルⅢ
株式会社リーダーズブレイン（設立1985年）／一般社団法人日本青少年育成協会会員

個性に合わせて選べる学習スタイル

スタンダードスタイル【5日制】

集合授業5日間

+

スペシャル授業
（ウィークリー・マンスリー）

5日の集合授業で
ゆっくり学習を進めます。

スタンダードスタイル【3日制】+one

集合授業3日間

+

フリースタイル学習

+

スペシャル授業
（ウィークリー・マンスリー）

各教科の大切なところに
ポイントを絞り学習します。

フリーツーデイスタイル【2日制】

| フリースタイル学習 2日間 | **+** | スペシャル授業 （マンスリー） |

自分のペースで学習を進めます。

フリーワンデイスタイル【1日】

| フリースタイル学習 1日 | **+** | スペシャル授業 （マンスリー） |

自分時間を優先したい人に最適です。

一般通信制スタイル

| 年13日程度の登校 | **+** | レポート | **+** | テスト |

加えて特別活動の出席で高校卒業を目指します。

※スペシャル授業…レポートや教科書の内容から離れて楽しく学べる授業

キミを伸ばす多彩なオリジナルコース

基礎コース	基礎コース
大学進学コース	大学進学コース
資格コース	パソコン専攻
保育コース	保育専攻
音楽コース	ボーカル専攻、ギター専攻、ベース専攻 ドラム専攻
ダンスコース	ダンス専攻
声優・アニメコース	声優専攻、アニメ・まんが専攻
ファッションコース	トータルビューティ専攻 ヘア・メイクアップ専攻 ネイルアート専攻 ソーイング専攻
プログラミングコース	プログラミング専攻
eスポーツコース	eスポーツ専攻
デザイナー・クリエイターコース	デザイナー・クリエイター専攻 ※2024年度新設
特別コース	調理コース、情報メディアコース、パリ美容コース、 自動車・バイクコース、ファッション・情報コース、 ホースマンコース、美術・アートコース、美容師コース、 ライフデザインコース、会計コース ※2024年度新設

スクール
カウンセラー
配置

スクール
ソーシャル
ワーカー
配置

※コースの詳細は各キャンパスにお問い合わせください。